사도신경
e Apostles' Creed

전능하사 천지를 만드신 하나님 아버지를 내가 믿사오며,
그 외아들 우리 주 예수 그리스도를 믿사오니,
이는 성령으로 잉태하사 동정녀 마리아에게 나시고,
본디오 빌라도에게 고난을 받으사,
십자가에 못 박혀 죽으시고,
장사한 지 사흘 만에 죽은 자 가운데서 다시 살아나시며,
하늘에 오르사, 전능하신 하나님 우편에 앉아 계시다가,
저리로서 산 자와 죽은 자를 심판하러 오시리라.
성령을 믿사오며, 거룩한 공회와,
성도가 서로 교통하는 것과,
죄를 사하여 주시는 것과, 몸이 다시 사는 것과,
영원히 사는 것을 믿사옵나이다. 아멘.

¹⁾사도신경 　새번역

나는 전능하신 아버지 하나님, 천지의 창조주를 믿습니다.
나는 그의 유일하신 아들, 우리 주 예수 그리스도를 믿습니다.
그는 성령으로 잉태되어 동정녀 마리아에게서 나시고,
본디오 빌라도에게 고난을 받아 십자가에 못 박혀 죽으시고,
장사된 지²⁾ 사흘 만에 죽은 자 가운데서 다시 살아나셨으며,
하늘에 오르시어 전능하신 아버지 하나님 우편에 앉아 계시다가,
거기로부터 살아 있는 자와 죽은 자를 심판하러 오십니다.
나는 성령을 믿으며, 거룩한 공교회와 성도의 교제와
죄를 용서받는 것과 몸의 부활과 영생을 믿습니다. 아멘.

1) '사도신조'로도 번역할 수 있다.
2) '장사 되시어 지옥에 내려가신 지'가 공인된 원문(Forma Recepta)에는 있으나 대다수의 본문에는 없다.

개역개정

Illustrated
Children's Bible

일러스트 어린이성경

주일학교용

님께

주후   년   월   일

드립니다.

Illustrated Children's Bible

성경 일러스트레이션:이보경
'선생님 궁금해요' 일러스트레이션:연제혜
사진:김한기

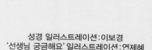

Agape Illustrated Children's Bible

간행사

어린이들은 다음 세대의 믿음의 역군들입니다. 예수님께서는 누구라도 어린이와 같이 되지 않으면 결코 천국에 들어가지 못한다고 하셨고, 어린이들이 당신 가까이 오는 것을 막지 못하게 하셨습니다(마 19:13-15).

성경전문출판사인 (주)아가페출판사에서는 이번 겨울에 어린이들을 위한 「개역개정판 일러스트 어린이성경」을 출판하였습니다. 「개역개정판 일러스트 어린이성경」을 통해 어린이들의 때묻지 않은 마음밭에 복음이 뿌려지고 믿음의 싹이 터서 성령의 열매가 맺히는 귀한 역사가 일어나길 바랍니다. 또한 하나님께서 우리에게 맡겨주신 이 천국의 보배들이 신앙으로 잘 성장하는 데 「개역개정판 일러스트 어린이성경」이 귀하게 쓰임받기를 원합니다.

「개역개정판 일러스트 어린이성경」의 가장 큰 특징은 성경 일러스트가 수록되어 있다는 점입니다. 그림은 만국 공용어로서 어린이뿐 아니라 장년들도 내용을 쉽게 이해할 수 있도록 도와줍니다. 「개역개정판 일러스트 어린이성경」에 수록된 성경 일러스트는 어린이들이 보다 성경을 흥미있게 읽을 수 있도록 도와주며, 일러스트와 함께 수록된 성경 관련 사진들도 성경을 이해하는 데 도움을 줄 것입니다.

그 외에도 어린이들이 궁금해하는 질문들을 모아 그에 관한 답변을 수록하였으며, 각 장마다 장별 해설을 넣어서 어린이들이 스스로 성경의 흐름을 이해하도록 했습니다.

또한 '술술 풀리는 성경 말씀', '비전을 심어주는 3분 예화', '토막상식', '도표·지도', '어려운 단어 설명', '어린이들이 암송해야 할 구절' 등을 수록하여 어린이들이 직접 성경을 읽으면서 성경 지식도 넓히고 성경 읽는 즐거움도 누릴 수 있도록 기획하였습니다.

이번 「개역개정판 일러스트 어린이성경」에 사용된 개역개정판 한글성경 본문은 옛말을 쉬운 현대말로 바꾸고, 1950년대 맞춤법을 현대 맞춤법으로 바꾼 성경으로서 어린이들이 읽었을 때 쉽게 이해할 수 있다는 장점이 있습니다.

저희 아가페출판사는 늘 하나님의 말씀을 귀히 여기며 이 말씀이 성도들 곁에 더 가까이 갈 수 있도록 최선을 다하고 있습니다. 어린 믿음의 새싹들이 이 성경을 통해 믿음이 더욱 성장하고, 아직 복음을 듣지 못한 어린이들에게 이 성경이 믿음의 도구로 사용되길 진심으로 소원합니다.

발행인 정형철

일러두기

1. 성경 본문

- 본서의 한글 성경본문과 소제목은 대한성서공회 발행 『성경전서 개역개정판』을, 한자는 『國漢文簡易貫珠聖經全書』를 표준으로 삼았다.
- 관련 구절 : 『성경전서 개역개정판』에 수록된 것으로서 소제목이 끝나는 부분의 괄호 안에 표시하였다.
- 난외주 : 난외의 주는 본문을 이렇게 번역할 수도 있음을 밝히거나 이해를 돕기 위하여 설명을 덧붙인 것이다.
- 관련 찬송 및 배경 연대 : 관련 찬송은 소제목이 끝나는 부분의 괄호 안에, 배경 연대는 하이픈으로 연결하여 표시하였다.
- 절 관주 : 본문 각 절이 끝나는 빈란에 연관되는 구절을 적었다.
- 본문에 사용한 ●표는 새로운 문단의 시작을 가리킨다.

2. 성경에 기초한 일러스트레이션

- 성경의 내용을 바탕으로 한 일러스트레이션을 수록하여 어린이 누구나 성경을 재미있고 정확하게 이해할 수 있도록 하였다.

3. 사진 · 지도

- 성경상의 사실들을 뒷받침해주는 사진과 지도를 수록하여 어린이들이 현실감 있게 성경을 이해하도록 하였다.

4. 성경 이해를 돕기 위한 코너

- ~장에는 무엇이 기록되어 있을까? : 각 장의 내용을 알기 쉽게 간단히 요약하여 성경 본문의 전체적인 흐름과 내용을 정확하게 파악할 수 있도록 하였다.
- 선생님, 궁금해요 : 어린이들이 평소에 궁금해하는 성경 내용을 질문과 대답 형식으로 어린이의 눈높이에 맞게 설명하였다.
- 술술 풀리는 성경 말씀 : 성경의 기초적인 지식을 자세하게 풀어주어 성경을 폭넓게 이해하는 데 도움이 되도록 하였다.
- 비전을 심어주는 3분 예화 : 감동을 주고 비전을 심어주는 신앙 예화를 수록하여 어린 시절에 꿈을 가지고 성장할 수 있도록 하였다. 수록된 예화는 『키워드로 불러오는 설교 예화』(아가페 출판사/하천덕 편)에서 발췌하였다.
- 토막상식 : 성경을 이해하는 데 참고가 되는 간단한 성경 상식을 수록하였다.
- 어려운 단어 설명 : 성경 본문 중에서 이해하기 어려운 단어나 한자어를 쉽게 풀어주는 단어 사전을 수록했으며, 단어의 사전적인 의미와 함께 성경 이해를 돕는 성경적 의미도 실었다.
- 암송 구절 : 어려서부터 암송하면 좋을 중요한 성경 구절을 선별하여 성경 본문에 별도로 표시하였다.
- 도표 : 성경 내용을 도표로 일목요연하게 정리하였다.

성경책명 약자표

구약전서

창세기	창	역대하	대하	다니엘	단
출애굽기	출	에스라	스	호세아	호
레위기	레	느헤미야	느	요엘	욜
민수기	민	에스더	에	아모스	암
신명기	신	욥기	욥	오바댜	옵
여호수아	수	시편	시	요나	욘
사사기	삿	잠언	잠	미가	미
룻기	룻	전도서	전	나훔	나
사무엘상	삼상	아가	아	하박국	합
사무엘하	삼하	이사야	사	스바냐	습
열왕기상	왕상	예레미야	렘	학개	학
열왕기하	왕하	예레미야애가	애	스가랴	슥
역대상	대상	에스겔	겔	말라기	말

신약전서

마태복음	마	에베소서	엡	히브리서	히
마가복음	막	빌립보서	빌	야고보서	약
누가복음	눅	골로새서	골	베드로전서	벧전
요한복음	요	데살로니가전서	살전	베드로후서	벧후
사도행전	행	데살로니가후서	살후	요한일서	요일
로마서	롬	디모데전서	딤전	요한이서	요이
고린도전서	고전	디모데후서	딤후	요한삼서	요삼
고린도후서	고후	디도서	딛	유다서	유
갈라디아서	갈	빌레몬서	몬	요한계시록	계

개역개정 성경과
일치된 페이지

각 단락의 주제를
나타내는 소제목

각 단락의
배경이 되는
역사적 연대

성경에 일어난
사건을 생생하게
보여주는
흥미진진한
일러스트

병행성구 및
관련구절을 밝힌
절관주

성경 연구에
도움이 되는
각주

어려운 단어를 설명
해주는 단어 사전

홍해가 갈라짐(14:21-31)

과 그 마병들이 다 그들의 뒤를 추격하
여 바다 가운데로 들어오는지라
24새벽에 여호와께서 불과 구름 기둥 가
운데서 애굽 군대를 보시고 애굽 군대
를 어지럽게 하시며
25그들의 병거 바퀴를 벗겨서 달리기가
어렵게 하시니 애굽 사람들이 이르되
이스라엘 앞에서 우리가 도망하자 여
호와가 그들을 위하여 싸워 애굽 사람
들을 치는도다
26ⓐ여호와께서 모세에게 이르시되 네
손을 바다 위로 내밀어 물이 애굽 사람
들과 그들의 병거들과 마병들 위에 다
시 흐르게 하라 하시니
27모세가 곧 손을 바다 위로 내밀매 새벽
이 되어 바다의 힘이 회복된지라 애굽
사람들이 물을 거슬러 도망하나 여호
와께서 애굽 사람들을 바다 가운데 엎
으시니
28물이 다시 흘러 병거들과 기병들을 덮
되 그들의 뒤를 따라 바다로 들어간 바
로의 군대를 다 덮으니 하나도 남지 아
니하였더라
29그러나 이스라엘 자손은 바다 가운데
를 육지로 행하였고 물이 좌우에 벽이
되었더라
30그 날에 여호와께서 이같이 이스라엘
을 애굽 사람의 손에서 구원하시매 이
스라엘이 바닷가에서 애굽 사람들이
죽어 있는 것을 보았더라

31이스라엘이 여호와께
서 애굽 사람들에게 행
하신 그 큰 능력을 보았
으므로 백성이 여호와를
경외하며 여호와와 그
의 종 모세를 믿었더라
모세의 노래   B.C. 1450년경

15 이 때에 모세와
이스라엘 자손
이 이 노래로 여호와께
노래하니 일렀으되
내가 여호와를 찬송하리니 그는 높
고 영화로우심이요 말과 그 탄 자를
바다에 던지셨음이로다
2 여호와는 나의 힘이요 노래시며 나
의 구원이시로다 그는 나의 하나님
이시니 내가 그를 찬송할 것이요 내
아버지의 하나님이시니 내가 그를
높이리로다
3 여호와는 용사시니 여호와는 그의
이름이시로다
4 그가 바로의 병거와 그의 군대를 바
다에 던지시니 최고의 지휘관들이
홍해에 잠겼고
5 깊은 물이 그들을 덮으니 그들이 돌
처럼 깊음 속에 가라앉았도다
6 여호와여 주의 오른손이 권능으로
영광을 나타내시니이다 여호와여 주
의 오른손이 원수를 부수시니이다
7 주께서 주의 큰 위엄으로 주를 거스
르는 자를 엎으시니이다 주께서 진
노를 발하시니 그 진노가 그들을 지
푸라기 같이 사르니이다
8 주의 콧김에 물이 쌓이되 파도가 언
덕 같이 일어서고 큰 물이 바다 가운
데 엉기니이다
9 원수가 말하기를 내가 뒤쫓아 따라
잡아 탈취물을 나누리라, 내가 그들
로 말미암아 내 욕망을 채우리라, 내
가 내 칼을 빼리니 내 손이 그들을 멸

26절 ❶ 손

계교(14:31) 공경하고 어려워함.
탈취물(15:9) 빼앗아 얻은 물건.

성경상의 사실들을
눈으로 확인시켜주는
현장감 넘치는 사진

하라 하였으나

10 주께서 바람을 일으키시매 바다가 그들을 덮으니 그들이 거센 물에 납같이 잠겼나이다

11 여호와여 신 중에 주와 같은 자가 누구니이까 주와 같이 거룩함으로 영광스러우며 찬송할 만한 위엄이 있으며 기이한 일을 행하는 자가 누구니이까

12 주께서 오른손을 드신즉 땅이 그들을 삼켰나이다　15:6

13 주의 인자하심으로 주께서 구속하신 백성을 인도하시되 주의 힘으로 그들을 주의 거룩한 처소에 들어가게 하시나이다

14 여러 나라가 듣고 떨며 블레셋 주민이 두려움에 잡히네

15 에돔 두령들이 놀라고 모압 영웅이 떨림에 잡히며 가나안 주민이 다 낙담하나이다

16 놀람과 두려움이 그들에게 임하매 주의 팔이 크므로 그들이 돌 같이 침묵하였사오니 여호와여 주의 백성이 통과하기까지 곧 주께서 사신 백성이 통과하기까지였나이다

17 주께서 백성을 인도하사 그들을 주의 기업의 산에 심으시리이다 여호와여 이는 주의 처소를 삼으시려고 예비하신 것이라 주여 이것은 주의 손으로 세우신 성소로소이다

18 여호와께서 영원무궁 하도록 다스리시도다

하였더라　※ 5:7,15

15 에는 무엇이 기록되어 있을까?

15장의 대부분은 '모세의 노래'라고도 불립니다. 모세는 홍해에서 다신들을 구제해 주신 하나님께 감사하며 찬양했지요. 뒷부분에서는 홍해에서 애굽으로 가는 여정을 기록하고 있어요. 이스라엘 백성은 '마라'에서 물이 나오지 않자 모세를 원망했지요. 그러나 하나님께서는 그들을 용서하시고 쓴 물을 단 물로 바꿔주셨답니다.

마라의 쓴 물(15:23)

미리암의 노래

19 ◎바로의 말과 병거와 마병이 함께 바다에 들어가매 여호와께서 바닷물을 그들 위에 돌이려 흐르게 하셨으나 이스라엘 자손은 바다 가운데서 마른 땅으로 지나간지라

20 아론의 누이 선지자 미리암이 손에 소고를 잡으매 모든 여인도 그를 따라 나오며 소고를 잡고 춤추니　2:4

21 미리암이 그들에게 화답하여 이르되 너희는 여호와를 찬송하라 그는 높고 영화로우심이요 말과 그 탄 자를 바다에 던지셨음이로다

하였더라　15:1

단 물로 변한 마라의 쓴 물

22 ◎모세가 홍해에서 이스라엘을 인도하매 그들이 나와서 수르 광야로 들어가서 거기서 사흘길을 걸었으나 물을 얻지 못하고

23 마라에 이르렀더니 그 곳 물이 써서 마시지 못하겠으므로 그 이름을 '마라라 하였더라

24 백성이 모세에게 원망하여 이르되 우리가 무엇을 마실까 하매　14:11

25 모세가 여호와께 부르짖었더니 여호와께서 그에게 한 나무를 가리키시니 그 가물에 던지니 물이 달게 되었더라 거기서 여호와께서 그들을 위하여 법도와 율례를 정하시고 그들을 시험하실새

26 이르시되 너희가 너희 하나님 나 여호와의 말을 들어 순종하고 내가 보기에 의를 행하며 내 계명에 귀를 기울이며 내 모든 규례를 지키면 내가 애굽 사람

1)쓴곳

성경의 흐름을 파악할 수
있도록 각 장의 내용을
쉽게 풀어놓은 장별요약

그 외

• 선생님! 궁금해요
• 술술 풀리는 성경 말씀
• 비전을 심어주는 3분 예화

• 토막 상식
• 암송 구절
• 도표 · 지도

구약전서

The Old Testament

구약성경 목차

Genesis
창세기

천지 창조

1 태초에 하나님이 천지를 창조하시니라 _{암송}

2 땅이 ¹⁾혼돈하고 공허하며 흑암이 깊음 위에 있고 하나님의 영은 수면 위에 운행하시니라

3 하나님이 이르시되 빛이 있으라 하시니 빛이 있었고 _{고후 4:6}

4 빛이 하나님이 보시기에 좋았더라 하나님이 빛과 어둠을 나누사 _{사 45:7}

5 하나님이 빛을 낮이라 부르시고 어둠을 밤이라 부르시니라 저녁이 되고 아침이 되니 이는 첫째 날이니라

6 ●하나님이 이르시되 물 가운데에 궁창이 있어 물과 물로 나뉘라 하시고

7 하나님이 궁창을 만드사 궁창 아래의 물과 궁창 위의 물로 나뉘게 하시니 그

8 하나님이 궁창을 하늘이라 부르시니라 저녁이 되고 아침이 되니 이는 둘째 날이니라

9 ●하나님이 이르시되 천하의 물이 한 곳으로 모이고 뭍이 드러나라 하시니 그대로 되니라

10 하나님이 뭍을 땅이라 부르시고 모인 물을 바다라 부르시니 하나님이 보시기에 좋았더라

11 하나님이 이르시되 땅은 풀과 씨 맺는 채소와 각기 종류대로 씨 가진 열매 맺는 나무를 내라 하시니 그대로 되어

12 땅이 풀과 각기 종류대로 씨 맺는 채소와 각기 종류대로 씨 가진 열매 맺는 나무를 내니 하나님이 보시기에 좋았더라 _{2:9}

13 저녁이 되고 아침이 되니 이는 셋째 날이니라

14 ●하나님이 이르시되 하늘의 궁창에 ²⁾광명체들이 있어 낮과 밤을 나누게 하고 그것들로 징조와 계절과 날과 해를 이루게 하라

1 창 에는 무엇이 기록되어 있을까?

하나님은 말씀으로 이 세상의 모든 것을 창조하셨어요. 하늘과 땅의 모든 것은 우연히 생겨난 것이 아니라 하나님께서 분명한 목적을 가지고 지으신 것이지요. 그 가운데 하나님의 형상대로 창조된 인간은 하나님과 사랑을 나누며 하나님께서 지으신 모든 것을 다스리는 권세를 받았답니다.

_{1)또는 형체가 없는 2)히, 또는 발광체}

하늘과 땅, 바다에 온갖 생물들을 만드시고 아담과 하와를 만드심(1:20-30)

15 또 광명체들이 하늘의 궁창에 있어 땅을 비추라 하시니 그대로 되니라

16 하나님이 두 큰 광명체를 만드사 큰 광명체로 낮을 주관하게 하시고 작은 광명체로 밤을 주관하게 하시며 또 별들을 만드시고

17 하나님이 그것들을 하늘의 궁창에 두어 땅을 비추게 하시며

18 낮과 밤을 주관하게 하시고 빛과 어둠을 나뉘게 하시니 하나님이 보시기에 좋았더라

19 저녁이 되고 아침이 되니 이는 넷째 날이니라

20 ●하나님이 이르시되 물들은 생물을 번성하게 하라 땅 위 하늘의 궁창에는 새가 날으라 하시고

21 하나님이 큰 바다 짐승들과 물에서 번성하여 움직이는 모든 생물을 그 종류대로, 날개 있는 모든 새를 그 종류대로 창조하시니 하나님이 보시기에 좋았더라

22 하나님이 그들에게 복을 주시며 이르시되 생육하고 번성하여 여러 바닷물에 충만하라 새들도 땅에 번성하라 하시니라

23 저녁이 되고 아침이 되니 이는 다섯째 날이니라

24 ●하나님이 이르시되 땅은 생물을 그 종류대로 내되 가축과 기는 것과 땅의 짐승을 종류대로 내라 하시니 그대로 되니라

25 하나님이 땅의 짐승을 그 종류대로, 가축을 그 종류대로, 땅에 기는 모든 것을 그 종류대로 만드시니 하나님이 보시기에 좋았더라

26 하나님이 이르시되 우리의 형상을 따라 우리의 모양대로 우리가 사람을 만들고 그들로 바다의 물고기와 하늘의 새와 가축과 [1]온 땅과 땅에 기는 모든 것을 다스리게 하자 하시고

27 하나님이 자기 형상 곧 하나님의 형상대로 사람을 창조하시되 남자와 여자를 창조하시고

28 하나님이 그들에게 복을 주시며 하나님이 그들에게 이르시되 생육하고 번성하여 땅에 충만하라, 땅을 정복하라, 바다의 물고기와 하늘의 새와 땅에 움직이는 모든 생물을 다스리라 하시니라

29 하나님이 이르시되 내가 온 지면의 씨 맺는 모든 채소와 씨 가진 열매 맺는 모든 나무를 너희에게 주노니 너희의 먹을 거리가 되리라

30 또 땅의 모든 짐승과 하늘의 모든 새와 생명이 있어 땅에 기는 모든 것에게는 내가 모든 푸른 풀을 먹을 거리로 주노라 하시니 그대로 되니라

31 하나님이 지으신 그 모든 것을 보시니 보시기에 심히 좋았더라 저녁이 되고 아침이 되니 이는 여섯째 날이니라

2 천지와 만물이 다 이루어지니라

2 하나님이 그가 하시던 일을 일곱째 날에 마치시니 그가 하시던 모든 일을 그치고 일곱째 날에 안식하시니라

3 하나님이 그 일곱째 날을 복되게 하사 거룩하게 하셨으니 이는 하나님이 그 창조하시며 만드시던 모든 일을 마치시고 그 날에 안식하셨음이니라

1) 시리아어 역본에는 온 땅의 짐승과

에덴 동산

4 ●이것이 천지가 창조될 때에 하늘과 땅의 내력이니 여호와 하나님이 땅과 하늘을 만드시던 날에

5 여호와 하나님이 땅에 비를 내리지 아니하셨고 땅을 갈 사람도 없었으므로 들에는 초목이 아직 없었고 밭에는 채소가 나지 아니하였으며

6 안개만 땅에서 올라와 온 지면을 적셨더라

에덴 동산을 다스리는 아담과 하와(2:15)

7 여호와 하나님이 땅의 흙으로 사람을 지으시고 생기를 그 코에 불어넣으시니 사람이 ¹⁾생령이 되니라

8 여호와 하나님이 동방의 에덴에 동산을 창설하시고 그 지으신 사람을 거기 두시니라

9 여호와 하나님이 그 땅에서 보기에 아름답고 먹기에 좋은 나무가 나게 하시니 동산 가운데에는 생명 나무와 ²⁾선악을 알게 하는 나무도 있더라

10 강이 에덴에서 흘러 나와 동산을 적시고 거기서부터 갈라져 네 근원이 되었으니
　　　　　　　　　　　　　　　계 22:1, 17

11 첫째의 이름은 비손이라 금이 있는 하윌라 온 땅을 둘렀으며

12 그 땅의 금은 순금이요 그 곳에는 ³⁾베델리엄과 호마노도 있으며

13 둘째 강의 이름은 기혼이라 구스 온 땅을 둘렀고

14 셋째 강의 이름은 힛데겔이라 앗수르 동쪽으로 흘렀으며 넷째 강은 유브라데더라
　　　　　　　　　　　　　　　　단 10:4

15 여호와 하나님이 그 사람을 이끌어 에덴 동산에 두어 그것을 경작하며 지키게 하시고

16 여호와 하나님이 그 사람에게 명하여 이르시되 동산 각종 나무의 열매는 네가 임의로 먹되

17 선악을 알게 하는 나무의 열매는 먹지 말라 네가 먹는 날에는 반드시 죽으리라 하시니라

18 ●여호와 하나님이 이르시되 사람이 혼자 사는 것이 좋지 아니하니 내가 그를 위하여 돕는 배필을 지으리라 하시니라

19 여호와 하나님이 흙으로 각종 들짐승과 공중의 각종 새를 지으시고 아담이 무엇이라고 부르나 보시려고 그것들을 그에게로 이끌어 가시니 아담이 각 생물을 부르는 것이 곧 그 이름이 되었더라

20 아담이 모든 가축과 공중의 새와 들의 모든 짐승에게 이름을 주니라 아담이 돕는 배필이 없으므로

21 여호와 하나님이 아담을 깊이 잠들게 하시니 잠들매 그가 그 갈빗대 하나를 취하고 살로 대신 채우시고
　　　　　　　　　　　　　　삼상 26:12

22 여호와 하나님이 아담에게서 취하신 그 갈빗대로 여자를 만드시고 그를 아담에게로 이끌어 오시니

23 아담이 이르되 이는 내 뼈 중의 뼈요 살 중의 살이라 이것을 남자에게서 취하였은즉 여자라 부르리라 하니라

24 이러므로 남자가 부모를 떠나 그의 아내와 합하여 둘이 한 몸을 이룰지로다

25 아담과 그의 아내 두 사람이 벌거벗었으나 부끄러워하지 아니하니라

2 에는 무엇이 기록되어 있을까?

하나님은 흙으로 사람을 지으시고 그 코에 생기를 불어넣으셨어요. 이것은 하나님의 형상대로 지음 받은 우리가 얼마나 소중하고 존귀한 존재인지를 보여주지요. 그리고 선악을 알게 하는 나무는 사람이 하나님의 말씀에 겸손히 순종하게 된다는 것을 가르쳐줍니다. 우리는 하나님의 뜻대로 살아갈 때 가장 행복할 수 있답니다.

1) 히, 생물　2) 선악 지식의 나무　3) 진주

사람의 불순종과 하나님의 심판 선언

3 그런데 뱀은 여호와 하나님이 지으신 들짐승 중에 가장 간교하니라 뱀이 여자에게 물어 이르되 하나님이 참으로 너희에게 동산 모든 나무의 열매를 먹지 말라 하시더냐

2 여자가 뱀에게 말하되 동산 나무의 열매를 우리가 먹을 수 있으나

3 동산 중앙에 있는 나무의 열매는 하나님의 말씀에 너희는 먹지도 말고 만지지도 말라 너희가 죽을까 하노라 하셨느니라

4 뱀이 여자에게 이르되 너희가 결코 죽지 아니하리라

5 너희가 그것을 먹는 날에는 너희 눈이 밝아져 하나님과 같이 되어 선악을 알줄 하나님이 아심이니라

6 여자가 그 나무를 본즉 먹음직도 하고 보암직도 하고 지혜롭게 할 만큼 탐스럽기도 한 나무인지라 여자가 그 열매를 따먹고 자기와 함께 있는 남편에게도 주매 그도 먹은지라   딤전 2:14

7 이에 그들의 눈이 밝아져 자기들이 벗은 줄을 알고 무화과나무 잎을 엮어 치마로 삼았더라

8 그들이 그 날 바람이 불 때 동산에 거니시는 여호와 하나님의 소리를 듣고 아담과 그의 아내가 여호와 하나님의 낯을 피하여 동산 나무 사이에 숨은지라

9 여호와 하나님이 아담을 부르시며 그에게 이르시되 네가 어디 있느냐

10 이르되 내가 동산에서 하나님의 소리를 듣고 내가 벗었으므로 두려워하여 숨었나이다

선악과를 따먹음(3:6)

11 이르시되 누가 너의 벗었음을 네게 알렸느냐 내가 네게 먹지 말라 명한 그 나무 열매를 네가 먹었느냐

12 아담이 이르되 하나님이 주셔서 나와 함께 있게 하신 여자 그가 그 나무 열매를 내게 주므로 내가 먹었나이다

13 여호와 하나님이 여자에게 이르시되 네가 어찌하여 이렇게 하였느냐 여자가 이르되 뱀이 나를 꾀므로 내가 먹었나이다

14 여호와 하나님이 뱀에게 이르시되 네가 이렇게 하였으니 네가 모든 가축과 들의 모든 짐승보다 더욱 저주를 받아 배로 다니고 살아 있는 동안 흙을 먹을지니라

15 내가 너로 여자와 원수가 되게 하고 네 후손도 여자의 후손과 원수가 되게 하리니 여자의 후손은 네 머리를 상하게 할 것이요 너는 그의 발꿈치를 상하게 할 것이니라 하시고

16 또 여자에게 이르시되 내가 네게 임신하는 고통을 크게 더하리니 네가 수고하고 자식을 낳을 것이며 너는 남편을 원하고 남편은 너를 다스릴 것이니라 하시고

17 아담에게 이르시되 네가 네 아내의 말을 듣고 내가 네게 먹지 말라 한 나무의 열매를 먹었은즉 땅은 너로 말미암아 저주를 받고 너는 네 평생에 수고하여야 그 소산을 먹으리라

18 땅이 네게 가시덤불과 엉겅퀴를 낼 것이라 네가 먹을 것은 밭의 채소인즉

19 네가 흙으로 돌아갈 때까지 얼굴에 땀을 흘려야 먹을 것을 먹으리니 네가 그것에

동산에서 쫓겨나는
아담과 하와(3:24)

서 취함을 입었음이라 너는 흙이니 흙으로 돌아갈 것이니라 하시니라

20 아담이 그의 아내의 이름을 ¹⁾하와라 불렀으니 그는 모든 산 자의 어머니가 됨이더라

21 여호와 하나님이 아담과 그의 아내를 위하여 가죽옷을 지어 입히시니라

아담과 하와를 쫓아내다

22 ●여호와 하나님이 이르시되 보라 이 사람이 선악을 아는 일에 우리 중 하나 같이 되었으니 그가 그의 손을 들어 생명 나무 열매도 따먹고 영생할까 하노라 하시고

23 여호와 하나님이 에덴 동산에서 그를 내보내어 그의 근원이 된 땅을 갈게 하시니라

24 이같이 하나님이 그 사람을 쫓아내시고 에덴 동산 동쪽에 그룹들과 두루 도는 불 칼을 두어 생명 나무의 길을 지키게 하시니라

가인과 아벨

4 아담이 그의 아내 하와와 ²⁾동침하매 하와가 임신하여 ³⁾가인을 낳고 이르되 내가 여호와로 말미암아 득남하였다 하니라

2 그가 또 가인의 아우 아벨을 낳았는데 아벨은 양 치는 자였고 가인은 농사하는 자였더라

3 세월이 지난 후에 가인은 땅의 소산으로 제물을 삼아 여호와께 드렸고

4 아벨은 자기도 양의 첫 새끼와 그 기름으로 드렸더니 여호와께서 아벨과 그의 제물은 받으셨으나

5 가인과 그의 제물은 받지 아니하신지라 가인이 몹시 분하여 안색이 변하니

6 여호와께서 가인에게 이르시되 네가 분하여 함은 어찌 됨이며 안색이 변함은 어찌 됨이냐

7 네가 선을 행하면 어찌 낯을 들지 못하겠느냐 선을 행하지 아니하면 죄가 문에 엎드려 있느니라 죄가 너를 원하나 너는 죄를 다스릴지니라

8 가인이 그의 아우 아벨에게 ⁴⁾말하고 그들이 들에 있을 때에 가인이 그의 아우 아벨을 쳐죽이니라 　마 23:35

9 여호와께서 가인에게 이르시되 네 아우 아벨이 어디 있느냐 그가 이르되 내가 알지 못하나이다 내가 내 아우를 지키는 자니이까

10 이르시되 네가 무엇을 하였느냐 네 아우의 핏소리가 땅에서부터 내게 호소하느니라

11 땅이 그 입을 벌려 네 손에서부터 네 아우의 피를 받았은즉 네가 땅에서 저주를 받으리니

12 네가 밭을 갈아도 땅이 다시는 그 효력을 네게 주지 아니할 것이요 너는 땅에서 피하며 유리하는 자가 되리라

13 가인이 여호와께 아뢰되 내 죄벌이 지기가 너무 무거우니이다

14 주께서 오늘 이 지면에서 나를 쫓아내시온즉 내가 주의 낯을 뵈옵지 못하리니 내가 땅에서 피하며 유리하는 자가 될지라 무릇 나를 만나는 자마다 나를 죽이겠나이다

15 여호와께서 그에게 이르시되 그렇지

4장에는 무엇이 기록되어 있을까?
아담의 죄 짓는 마음은 그의 자손에게 그대로 이어졌어요. 아담의 큰 아들 가인은 하나님께서 자신의 제물은 받지 않으시고 동생 아벨의 제물을 기뻐 받으시자 화가 나서 동생을 쳐 죽였지요. 하나님은 가인에게 큰 벌을 내리셨지만, 그 가운데서도 자비를 베푸셔서 가인의 생명을 보호해 주셨답니다.

₁₎생명 ₂₎알게 되매 ₃₎얻음 ₄₎고대 역본들에 의하면 '우리가 들로 나가자'가 있음

창

갈대아 우르에서 발견된 악기(4:21)

아니하다 가인을 죽이는 자는 벌을 칠 배나 받으리라 하시고 가인에게 표를 주사 그를 만나는 모든 사람에게서 죽임을 면하게 하시니라

가인의 자손

16 ●가인이 여호와 앞을 떠나서 에덴 동쪽 1)놋 땅에 거주하더니
17 아내와 동침하매 그가 임신하여 에녹을 낳은지라 가인이 성을 쌓고 그의 아들의 이름으로 성을 이름하여 에녹이라 하니라
18 에녹이 이랏을 낳고 이랏은 므후야엘을 낳고 므후야엘은 므드사엘을 낳고 므드사엘은 라멕을 낳았더라
19 라멕이 두 아내를 맞이하였으니 하나의 이름은 아다요 하나의 이름은 씰라였더라
20 아다는 야발을 낳았으니 그는 장막에 거주하며 가축을 치는 자의 조상이 되었고
21 그의 아우의 이름은 유발이니 그는 수금과 퉁소를 잡는 모든 자의 조상이 되었으며
22 씰라는 두발가인을 낳았으니 그는 구리와 쇠로 여러 가지 기구를 만드는 자요 두발가인의 누이는 나아마였더라
23 라멕이 아내들에게 이르되
아다와 씰라여 내 목소리를 들으라 라멕의 아내들이여 내 말을 들으라 나의 상처로 말미암아 내가 사람을 죽였고 나의 상함으로 말미암아 소년을 죽였도다
출 20:13
24 가인을 위하여는 벌이 칠 배일진대

1) 유리함

라멕을 위하여는 벌이 칠십칠 배이리로다
하였더라

셋과 에노스

25 ●아담이 다시 자기 아내와 동침하매 그가 아들을 낳아 그의 이름을 셋이라 하였으니 이는 하나님이 내게 가인이 죽인 아벨 대신에 다른 씨를 주셨다 함이며
26 셋도 아들을 낳고 그의 이름을 에노스라 하였으며 그 때에 사람들이 비로소 여호와의 이름을 불렀더라
시 116:17

아담의 계보

5 이것은 아담의 계보를 적은 책이니라 하나님이 사람을 창조하실 때에 하나님의 모양대로 지으시되
1:26
2 남자와 여자를 창조하셨고 그들이 창조되던 날에 하나님이 그들에게 복을 주시고 그들의 이름을 사람이라 일컬으셨더라
3 아담은 백삼십 세에 자기의 모양 곧 자기의 형상과 같은 아들을 낳아 이름을 셋이라 하였고
4 아담은 셋을 낳은 후 팔백 년을 지내며 자녀들을 낳았으며
5 그는 구백삼십 세를 살고 죽었더라
6 ●셋은 백오 세에 에노스를 낳았고
7 에노스를 낳은 후 팔백칠 년을 지내며 자녀들을 낳았으며
8 그는 구백십이 세를 살고 죽었더라
9 ●에노스는 구십 세에 게난을 낳았고
10 게난을 낳은 후 팔백십오 년을 지내며 자녀들을 낳았으며
11 그는 구백오 세를 살고 죽었더라

5 에는 무엇이 기록되어 있을까?

아담이 창조될 때로부터 노아에 이르기까지 아담의 족보를 소개하고 있어요. 가인은 하나님을 떠나 자기 마음대로 살았지만, 하나님이 죽은 아벨을 대신해서 아담에게 주신 셋은 하나님의 구원 역사의 조상이 되지요. 특히 그 가운데 에녹은 거룩한 삶을 살아서 하나님께서는 300년 동안 그와 늘 함께하여 주셨답니다.

12 ●게난은 칠십 세에 마할랄렐을 낳았고

13 마할랄렐을 낳은 후 팔백사십 년을 지내며 자녀들을 낳았으며

사람의 죄악이 세상에 가득함 (6:5-7)

14 그는 구백십 세를 살고 죽었더라

15 ●마할랄렐은 육십오 세에 야렛을 낳았고

16 야렛을 낳은 후 팔백삼십 년을 지내며 자녀를 낳았으며

17 그는 팔백구십 세를 살고 죽었더라

18 ●야렛은 백육십이 세에 에녹을 낳았고

19 에녹을 낳은 후 팔백 년을 지내며 자녀들을 낳았으며

20 그는 구백육십이 세를 살고 죽었더라

21 ●에녹은 육십오 세에 므두셀라를 낳았고

22 므두셀라를 낳은 후 삼백 년을 하나님과 동행하며 자녀들을 낳았으며

23 그는 삼백육십오 세를 살았더라

24 에녹이 하나님과 동행하더니 하나님이 그를 데려가시므로 세상에 있지 아니하였더라

25 ●므두셀라는 백팔십칠 세에 라멕을 낳았고

26 라멕을 낳은 후 칠백팔십이 년을 지내며 자녀를 낳았으며

27 그는 구백육십구 세를 살고 죽었더라

28 ●라멕은 백팔십이 세에 아들을 낳고

29 이름을 1)노아라 하여 이르되 여호와께서 땅을 저주하시므로 수고롭게 일하는 우리를 이 아들이 안위하리라 하였더라

30 라멕은 노아를 낳은 후 오백구십오 년을 지내며 자녀들을 낳았으며

31 그는 칠백칠십칠 세를 살고 죽었더라

32 ●노아는 오백 세 된 후에 셈과 함과 야벳을 낳았더라

사람의 죄악

6 사람이 땅 위에 번성하기 시작할 때에 그들에게서 딸들이 나니

2 하나님의 아들들이 사람의 딸들의 아름다움을 보고 자기들이 좋아하는 모든 여자를 아내로 삼는지라

3 여호와께서 이르시되 나의 영이 영원히 사람과 함께 하지 아니하리니 이는 그들이 육신이 됨이라 그러나 그들의 날은 백이십 년이 되리라 하시니라

4 당시에 땅에는 2)네피림이 있었고 그 후에도 하나님의 아들들이 사람의 딸들에게로 들어와 자식을 낳았으니 그들은 용사(勇士)라 고대에 명성(名聲)이 있는 사람들이었더라

5 여호와께서 사람의 죄악이 세상에 가득함과 그의 마음으로 생각하는 모든 계획이 항상 악할 뿐임을 보시고

6 땅 위에 사람 지으셨음을 한탄하사 마음에 근심하시고

7 이르시되 내가 창조한 사람을 내가 지면에서 쓸어버리되 사람으로부터 가축과 기는 것과 공중의 새까지 그리하리니 이는 내가 그것들을 지었음을 한탄함이니라 하시니라

8 그러나 노아는 여호와께 은혜를 입었더라

노아의 족보

9 ●이것이 노아의 족보니라 노아는 의인이요 당대에 완전한 자라 그는 하나

6장에는 무엇이 기록되어 있을까?

온 땅이 사람들의 죄악으로 가득차게 되자, 하나님은 사람 지으신 것을 한탄하시며 홍수로 이 세상을 심판하기로 작정하셨어요. 한편, 하나님은 의롭게 살아가고 있는 노아를 부르셔서 방주를 만들도록 명령하시고, 노아와 노아의 가족, 그리고 모든 생물들을 한 쌍씩 방주로 이끌어 들이도록 하셨답니다.

1) 안위함 2) 장부가

님과 동행하였으며

10 세 아들을 낳았으니 셈과 함과 야벳이라

11 그 때에 온 땅이 하나님 앞에 부패하여 포악함이 땅에 가득한지라

12 하나님이 보신즉 땅이 부패하였으니 이는 땅에서 모든 혈육 있는 자의 행위가 부패함이었더라

13 ●하나님이 노아에게 이르시되 모든 혈육 있는 자의 포악함이 땅에 가득하므로 그 끝 날이 내 앞에 이르렀으니 내가 그들을 땅과 함께 멸하리라

14 너는 고페르 나무로 너를 위하여 방주를 만들되 그 안에 칸들을 막고 역청을 그 안팎에 칠하라

15 네가 만들 방주는 이러하니 그 길이는 삼백 1)규빗, 너비는 오십 규빗, 높이는 삼십 규빗이라

16 거기에 창을 내되 위에서부터 한 규빗에 내고 그 문은 옆으로 내고 상 중 하 삼층으로 할지니라

17 내가 홍수를 땅에 일으켜 무릇 생명의 기운이 있는 모든 육체를 천하에서 멸절하리니 땅에 있는 것들이 다 죽으리라

18 그러나 너와는 내가 내 언약을 세우리니 너는 네 아들들과 네 아내와 네 며느리들과 함께 그 방주로 들어가고

19 혈육 있는 모든 생물을 너는 각기 암수 한 쌍씩 방주로 이끌어들여 너와 함께 생명을 보존하게 하되

20 새가 그 종류대로, 가축이 그 종류대로, 땅에 기는 모든 것이 그 종류대로 각기 둘씩 네게로 나아오리니 그 생명을 보존하게 하라

방주로 들어가는 동물들과 노아 가족들(7:13-15)

21 너는 먹을 모든 양식을 네게로 가져다가 저축하라 이것이 너와 그들의 먹을 것이 되리라

22 노아가 그와 같이 하여 하나님이 자기에게 명하신 대로 다 준행하였더라

홍수

7

여호와께서 노아에게 이르시되 너와 네 온 집은 방주로 들어가라 이 세대에서 네가 내 앞에 의로움을 내가 보았음이니라

2 너는 모든 정결한 짐승은 암수 일곱씩, 부정한 것은 암수 둘씩을 네게로 데려오며

_창 44:23_

3 공중의 새도 암수 일곱씩을 데려와 그 씨를 온 지면에 유전하게 하라

4 지금부터 칠 일이면 내가 사십 주야를 땅에 비를 내려 내가 지은 모든 생물을 지면에서 쓸어버리리라

5 노아가 여호와께서 자기에게 명하신 대로 다 준행하였더라

6 ●홍수가 땅에 있을 때에 노아가 육백 세라

7 노아는 아들들과 아내와 며느리들과 함께 홍수를 피하여 방주에 들어갔고

8 정결한 짐승과 부정한 짐승과 새와 땅에 기는 모든 것은

9 하나님이 노아에게 명하신 대로 암수 둘씩 노아에게 나아와 방주로 들어갔으며

10 칠 일 후에 홍수가 땅에 덮이니

11 노아가 육백 세 되던 해 둘째 달 곧 그 달 열이렛날이라 그 날에 큰 깊음의

1) 히, 암마

샘들이 터지며 하늘의 창문들이 열려

12 사십 주야를 비가 땅에 쏟아졌더라

13 ●곧 그 날에 노아와 그의 아들 셈, 함, 야벳과 노아의 아내와 세 며느리가 다 방주로 들어갔고

14 그들과 모든 들짐승이 그 종류대로, 모든 가축이 그 종류대로, 땅에 기는 모든 것이 그 종류대로, 모든 새가 그 종류대로

15 무릇 생명의 기운이 있는 육체가 둘씩 노아에게 나아와 방주로 들어갔으니

16 들어간 것들은 모든 것의 암수라 하나님이 그에게 명하신 대로 들어가매 여호와께서 그를 들여보내고 문을 닫으시니라

17 홍수가 땅에 사십 일 동안 계속된지라 물이 많아져 방주가 땅에서 떠올랐고

18 물이 더 많아져 땅에 넘치매 방주가 물위에 떠 다녔으며

19 물이 땅에 더욱 넘치매 천하의 높은 산이 다 잠겼더니

20 물이 불어서 십오 규빗이나 오르니 산들이 잠긴지라 시 104:6

21 땅 위에 움직이는 생물이 다 죽었으니 곧 새와 가축과 들짐승과 땅에 기는 모든 것과 모든 사람이라

22 육지에 있어 그 코에 생명의 기운의 숨이 있는 것은 다 죽었더라

23 지면의 모든 생물을 쓸어버리시니 곧 사람과 가축과 기는 것과 공중의 새까지라 이들은 땅에서 쓸어버림을 당하였으되 오직 노아와 그와 함께 방주에 있던 자들만 남았더라

24 물이 백오십 일을 땅에 넘쳤더라

홍수가 그치다

8

하나님이 노아와 그와 함께 방주에 있는 모든 들짐승과 가축을 기

노아가 비둘기를 날려 보냄(8:8)

억하사 하나님이 바람을 땅 위에 불게 하시매 물이 줄어들었고

2 깊음의 샘과 하늘의 창문이 닫히고 하늘에서 비가 그치매

3 물이 땅에서 물러가고 점점 물러가서 백오십 일 후에 줄어들고

4 일곱째 달 곧 그 달 열이렛날에 방주가 아라랏 산에 머물렀으며

5 물이 점점 줄어들어 열째 달 곧 그 달 초하룻날에 산들의 봉우리가 보였더라

6 ●사십 일을 지나서 노아가 그 방주에 낸 창문을 열고

7 까마귀를 내놓으매 까마귀가 물이 땅에서 마르기까지 날아 왕래하였더라

8 그가 또 비둘기를 내놓아 지면에서 물이 줄어들었는지를 알고자 하매

9 온 지면에 물이 있으므로 비둘기가 발붙일 곳을 찾지 못하고 방주로 돌아와 그에게로 오는지라 그가 손을 내밀어 방주 안 자기에게로 받아들이고

10 또 칠 일을 기다려 다시 비둘기를 방주에서 내놓으매

11 저녁때에 비둘기가 그에게로 돌아왔는데 그 입에 감람나무 새 잎사귀가 있는지라 이에 노아가 땅에 물이 줄어든 줄을 알았으며

12 또 칠 일을 기다려 비둘기를 내놓으매 다시는 그에게로 돌아오지 아니하였더라

13 ●육백일 년 첫째 달 곧 그 달 초하룻날에 땅 위에서 물이 걷힌지라 노아가 방주 뚜껑을 제치고 본즉 지면에서 물이 걷혔더니

14 둘째 달 스무이렛날에 땅이 말랐더라

방주에서 나와 감사의 제사를 드리는 노아 가족들(8:18-20)

15 하나님이 노아에게 말씀하여 이르시되
16 너는 네 아내와 네 아들들과 네 며느리들과 함께 방주에서 나오고
17 너와 함께 한 모든 혈육 있는 생물 곧 새와 가축과 땅에 기는 모든 것을 다 이끌어내라 이것들이 땅에서 생육하고 땅에서 번성하리라 하시매
18 노아가 그 아들들과 그의 아내와 그 며느리들과 함께 나왔고
19 땅 위의 동물 곧 모든 짐승과 모든 기는 것과 모든 새도 그 종류대로 방주에서 나왔더라

노아가 번제를 드리다

20 노아가 여호와께 제단을 쌓고 모든 정결한 1)짐승과 모든 정결한 새 중에서 제물을 취하여 번제로 제단에 드렸더니
21 여호와께서 그 향기를 받으시고 그 중심에 이르시되 내가 다시는 사람으로 말미암아 땅을 저주하지 아니하리니 이는 사람의 마음이 계획하는 바가 어려서부터 악함이라 내가 전에 행한 것 같이 모든 생물을 다시 멸하지 아니하리니
22 땅이 있을 동안에는 심음과 거둠과 추위와 더위와 여름과 겨울과 낮과 밤이 *쉬지 아니하리라*

하나님이 노아와 언약을 세우시다

9 하나님이 노아와 그 아들들에게 복을 주시며 그들에게 이르시되 생육하고 번성하여 땅에 충만하라
2 땅의 모든 짐승과 공중의 모든 새와 땅

에 기는 모든 것과 바다의 모든 물고기가 너희를 두려워하며 너희를 무서워하리니 이것들은 너희의 손에 붙였음이니라
3 모든 산 동물은 너희의 먹을 것이 될지라 채소 같이 내가 이것을 다 너희에게 주노라
4 그러나 고기를 그 생명 되는 피째 먹지 말 것이니라
5 내가 반드시 너희의 피 곧 너희의 생명의 피를 찾으리니 짐승이면 그 짐승에게서, 사람이나 사람의 형제면 그에게서 그의 생명을 찾으리라
6 다른 사람의 피를 흘리면 그 사람의 피도 흘릴 것이니 이는 하나님이 자기 형상대로 사람을 지으셨음이니라
7 너희는 생육하고 번성하며 땅에 가득하여 그 중에서 번성하라 하셨더라
8 하나님이 노아와 그와 함께 한 아들들에게 말씀하여 이르시되
9 내가 내 언약을 너희와 너희 후손과
10 너희와 함께 한 모든 생물 곧 너희와 함께 한 새와 가축과 땅의 모든 생물에게 세우리니 방주에서 나온 모든 것 곧 땅의 모든 짐승에게니라
11 내가 너희와 언약을 세우리니 다시는 모든 생물을 홍수로 멸하지 아니할 것

1) 히, 또는 가축

이라 땅을 멸할 홍수가 다시 있지 아니하리라　사 54:9

12 하나님이 이르시되 내가 나와 너희와 및 너희와 함께 하는 모든 생물 사이에 대대로 영원히 세우는 언약의 증거는 이것이니라

13 내가 내 무지개를 구름 속에 두었나니 이것이 나와 세상 사이의 언약의 증거니라

14 내가 구름으로 땅을 덮을 때에 무지개가 구름 속에 나타나면

15 내가 나와 너희와 및 육체를 가진 모든 생물 사이의 내 언약을 기억하리니 다시는 물이 모든 육체를 멸하는 홍수가 되지 아니할지라

16 무지개가 구름 사이에 있으리니 내가 보고 나 하나님과 모든 육체를 가진 땅의 모든 생물 사이의 영원한 언약을 기억하리라

17 하나님이 노아에게 또 이르시되 내가 나와 땅에 있는 모든 생물 사이에 세운 언약의 증거가 이것이라 하셨더라

노아와 그 아들들

18 ●방주에서 나온 노아의 아들들은 셈과 함과 야벳이며 함은 가나안의 아버지라

19 노아의 이 세 아들로부터 사람들이 온 땅에 퍼지니라　5:32

20 노아가 농사를 시작하여 포도나무를 심었더니　5:29

21 포도주를 마시고 취하여 그 장막 안에서 벌거벗은지라

22 가나안의 아버지 함이 그의 아버지의 하체를 보고 밖으로 나가서 그의 두 형제에게 알리매

23 셈과 야벳이 옷을 가져다가 자기들의 어깨에 메고 뒷걸음쳐 들어가서 그들의 아버지의 하체를 덮었으며 그들이 얼굴을 돌이키고 그들의 아버지의 하체를 보지 아니하였더라

24 노아가 술이 깨어 그의 1)작은 아들이 자기에게 행한 일을 알고

25 이에 이르되
가나안은 저주를 받아 그의 형제의 종들의 종이 되기를 원하노라
하고

26 또 이르되
셈의 하나님 여호와를 찬송하리로다
가나안은 셈의 종이 되고

27 하나님이 야벳을 창대하게 하사 셈의 장막에 거하게 하시고 가나안은 그의 종이 되게 하시기를 원하노라 하였더라

28 홍수 후에 노아가 삼백오십 년을 살았고

29 그의 나이가 구백오십 세가 되어 죽었더라

노아의 아들들의 족보 (대상 1:5-23)

10 노아의 아들 셈과 함과 야벳의 족보는 이러하니라 홍수 후에 그들이 아들들을 낳았으니

2 야벳의 아들은 고멜과 마곡과 마대와 야완과 두발과 메섹과 디라스요

3 고멜의 아들은 아스그나스와 리밧과 도갈마요　창 27:14

4 야완의 아들은 엘리사와 달시스와 깃딤과 도다님이라

5 이들로부터 여러 나라 백성으로 나뉘어서 각기 언어와 종족과 나라대로 바닷가의 땅에 머물렀더라　5:32

6 ●함의 아들은 구스와 미스라임과 붓과 가나안이요　대하 1:8-10

7 구스의 아들은 스바와 하윌라와 삽다와 라아마와 삽드가요 라아마의 아들은 스바와 드단이며

8 구스가 또 니므롯을 낳았으니 그는 세

10 에는 무엇이 기록되어 있을까?

노아의 세 아들의 자손들을 이야기하면서 노아의 세 아들로부터 사람들이 온 땅에 퍼지게 되는 과정을 보여줍니다. 그 중에서도 하나님께서 약속하신 구세주가 탄생하게 될 셈의 후손이 다른 후손들과 어떻게 나누어지고 또 이어지는지 주목해서 볼 수 있어요.

1) 둘째

상에 첫 용사라

9 그가 여호와 앞에서 용감한 사냥꾼이 되었으므로 속담에 이르기를 아무는 여호와 앞에 니므롯 같이 용감한 사냥꾼이로다 하더라

10 그의 나라는 시날 땅의 바벨과 에렉과 악갓과 갈레에서 시작되었으며

11 그가 그 땅에서 앗수르로 나아가 니느웨와 르호보딜과 갈라와

12 및 니느웨와 갈라 사이의 레센을 건설하였으니 이는 큰 성읍이라

13 미스라임은 루딤과 아나밈과 르하빔과 납두힘과 ㄷㅐㅅㅏㅇ 1:8, 11

14 바드루심과 가슬루힘과 갑도림을 낳았더라 (가슬루힘에게서 블레셋이 나왔더라)

15 ●가나안은 장자 시돈과 헷을 낳고

16 또 여부스 족속과 아모리 족속과 기르가스 족속과

17 히위 족속과 알가 족속과 신 족속과

18 아르왓 족속과 스말 족속과 하맛 족속을 낳았더니 이 후로 가나안 자손의 족속이 흩어져 나아갔더라

19 가나안의 경계는 시돈에서부터 그랄을 지나 가사까지와 소돔과 고모라와 아드마와 스보임을 지나 라사까지였더라

20 이들은 함의 자손이라 각기 족속과 언어와 지방과 나라대로였더라

21 ●셈은 에벨 온 자손의 조상이요 야벳의 형이라 그에게도 자녀가 출생하였으니

22 셈의 아들은 엘람과 앗수르와 아르박삿과 룻과 아람이요

23 아람의 아들은 우스와 훌과 게델과 마스며

24 아르박삿은 셀라를 낳고 셀라는 에벨을 낳았으며 11:12

25 에벨은 두 아들을 낳고 하나의 이름을 1)벨렉이라 하였으니 그 때에 세상이 나뉘었음이요 1)벨렉의 아우의 이름은 욕단이며

26 욕단은 알모닷과 셀렙과 하살마웻과 예라와

27 하도람과 우살과 디글라와

28 오발과 아비마엘과 스바와

29 오빌과 하윌라와 요밥을 낳았으니 이들은 다 욕단의 아들이며

30 그들이 거주하는 곳은 메사에서부터 스발로 가는 길의 동쪽 산이었더라

31 이들은 셈의 자손이니 그 족속과 언어와 지방과 나라대로였더라

32 ●이들은 그 백성들의 족보에 따르면 노아 자손의 족속들이요 홍수 후에 이들에게서 그 땅의 백성들이 나뉘었더라

바벨

11 온 땅의 언어가 하나요 말이 하나였더라

2 이에 그들이 동방으로 옮기다가 시날 평지를 만나 거기 거류하며

3 서로 말하되 자, 벽돌을 만들어 견고히 굽자 하고 이에 벽돌로 돌을 대신하며 역청으로 진흙을 대신하고

4 또 말하되 자, 성읍과 탑을 건설하여 그 탑 꼭대기를 하늘에 닿게 하여 우리 이름을 내고 온 지면에 흩어짐을 면하자 하였더니

5 여호와께서 사람들이 건설하는 그 성읍과 탑을 보려고 내려오셨더라

하늘에 닿는 탑을 쌓으려는 사람들(11:4)

11 에는 무엇이 기록되어 있을까?

아직 이 세상의 말이 하나였을 때 사람들은 나라를 세우고 하늘까지 닿는 탑을 쌓아 자신들의 힘을 자랑하려 했어요. 이것은 하나님의 뜻에 맞지 않을 뿐만 아니라 하나님 앞에 교만한 행동이었지요. 결국 하나님은 사람들의 말을 뒤섞어 놓으시고 그들이 온 땅에 흩어지게 하셨답니다.

1)나눔

6 여호와께서 이르시되 이 무리가 한 족속이요 언어도 하나이므로 이같이 시작하였으니 이 후로는 그 하고자 하는 일을 막을 수 없으리로다

7 자, 우리가 내려가서 거기서 그들의 언어를 혼잡하게 하여 그들이 서로 알아듣지 못하게 하자 하시고

8 여호와께서 거기서 그들을 온 지면에 흩으셨으므로 그들이 그 도시를 건설하기를 그쳤더라   눅 1:51

9 그러므로 그 이름을 바벨이라 하니 이는 여호와께서 거기서 온 땅의 언어를 혼잡하게 하셨음이니라 여호와께서 거기서 그들을 온 지면에 흩으셨더라

언어가 나뉘어 말이 통하지 않음(11:9)

셈의 족보 (대상 1:24-27)

10 ●셈의 족보는 이러하니라 셈은 백 세 곧 홍수 후 이 년에 아르박삿을 낳았고

11 아르박삿을 낳은 후에 오백 년을 지내며 자녀를 낳았으며

12 아르박삿은 삼십오 세에 셀라를 낳았고

13 셀라를 낳은 후에 사백삼 년을 지내며 자녀를 낳았으며

14 셀라는 삼십 세에 에벨을 낳았고

15 에벨을 낳은 후에 사백삼 년을 지내며 자녀를 낳았으며

16 에벨은 삼십사 세에 벨렉을 낳았고

17 벨렉을 낳은 후에 사백삼십 년을 지내며 자녀를 낳았으며

18 벨렉은 삼십 세에 르우를 낳았고

19 르우를 낳은 후에 이백구 년을 지내며 자녀를 낳았으며

20 르우는 삼십이 세에 스룩을 낳았고

21 스룩을 낳은 후에 이백칠 년을 지내며 자녀를 낳았으며

22 스룩은 삼십 세에 나홀을 낳았고

23 나홀을 낳은 후에 이백 년을 지내며 자녀를 낳았으며

24 나홀은 이십구 세에 데라를 낳았고

25 데라를 낳은 후에 백십구 년을 지내며 자녀를 낳았으며

26 데라는 칠십 세에 아브람과 나홀과 하란을 낳았더라

데라의 족보

27 ●데라의 족보는 이러하니라 데라는 아브람과 나홀과 하란을 낳고 하란은 롯을 낳았으며

28 하란은 그 아비 데라보다 먼저 1)고향 갈대아인의 우르에서 죽었더라

29 아브람과 나홀이 장가 들었으니 아브람의 아내의 이름은 사래며 나홀의 아내의 이름은 밀가니 하란의 딸이요 하란은 밀가의 아버지이며 또 이스가의 아버지더라

30 사래는 임신하지 못하므로 자식이 없었더라

31 데라가 그 아들 아브람과 하란의 아들인 그의 손자 롯과 그의 며느리 아브람의 아내 사래를 데리고 갈대아인의 우르를 떠나 가나안 땅으로 가고자 하더니 하란에 이르러 거기 거류하였으며

32 데라는 나이가 이백오 세가 되어 하란에서 죽었더라

여호와께서 아브람에게 이르시다

12 여호와께서 아브람에게 이르시되 너는 너의 고향과 친척과

에는 무엇이 기록되어 있을까?

12장

하나님은 아브람을 부르셔서 하나님께서 보여주실 땅으로 가라고 말씀하셨어요. 그리고 그곳에서 큰 민족을 이루고 복의 근원이 될 것을 약속하셨지요. 이것은 아브람의 후손 중에 모든 사람을 구원할 구세주가 탄생될 것을 미리 알려줍니다. 한편, 이렇게 믿음이 좋은 아브람도 아내 사래를 누이라고 속이는 실수를 하기도 했습니다.

1) 히, 그의 출생지

하나님의 명령을 듣는
아브람(12:1)

아버지의 집을 떠나 내가 네게 보여 줄 땅으로 가라

2 내가 너로 큰 민족을 이루고 네게 복을 주어 네 이름을 창대하게 하리니 너는 복이 될지라

3 너를 축복하는 자에게는 내가 복을 내리고 너를 저주하는 자에게는 내가 저주하리니 땅의 모든 족속이 너로 말미암아 복을 얻을 것이라 하신지라

4 이에 아브람이 여호와의 말씀을 따라 갔고 롯도 그와 함께 갔으며 아브람이 하란을 떠날 때에 칠십오 세였더라

5 아브람이 그의 아내 사래와 조카 롯과 하란에서 모은 모든 소유와 얻은 사람들을 이끌고 가나안 땅으로 가려고 떠나서 마침내 가나안 땅에 들어갔더라

6 아브람이 그 땅을 지나 세겜 땅 모레 상수리나무에 이르니 그 때에 가나안 사람이 그 땅에 거주하였더라

7 여호와께서 아브람에게 나타나 이르시되 내가 이 땅을 네 자손에게 주리라 하신지라 자기에게 나타나신 여호와께 그가 그 곳에서 제단을 쌓고

8 거기서 벧엘 동쪽 산으로 옮겨 장막을 치니 서쪽은 벧엘이요 동쪽은 아이라 그가 그 곳에서 여호와께 제단을 쌓고 여호와의 이름을 부르더니

9 점점 남방으로 옮겨갔더라

아브람이 애굽으로 내려가다

10 ● 그 땅에 기근이 들었으므로 아브람이 애굽에 거류하려고 그리로 내려갔으니 이는 그 땅에 기근이 심하였음이라

11 그가 애굽에 가까이 이르렀을 때에 그의 아내 사래에게 말하되 내가 알기에 그대는 아리따운 여인이라

12 애굽 사람이 그대를 볼 때에 이르기를 이는 그의 아내라 하여 나는 죽이고 그대는 살리리니

13 원하건대 그대는 나의 누이라 하라 그러면 내가 그대로 말미암아 안전하고 내 목숨이 그대로 말미암아 보존되리라 하니라

14 아브람이 애굽에 이르렀을 때에 애굽 사람들이 그 여인이 심히 아리따움을 보았고

15 바로의 고관들도 그를 보고 바로 앞에서 칭찬하므로 그 여인을 바로의 궁으로 이끌어들인지라

16 이에 바로가 그로 말미암아 아브람을 후대하므로 아브람이 양과 소와 노비와 암수 나귀와 낙타를 얻었더라 20:14

17 여호와께서 아브람의 아내 사래의 일로 바로와 그 집에 큰 재앙을 내리신지라

18 바로가 아브람을 불러서 이르되 네가 어찌하여 나에게 이렇게 행하였느냐 네가 어찌하여 그를 네 아내라고 내게 말하지 아니하였느냐

19 네가 어찌 그를 누이라 하여 내가 그를 데려다가 아내를 삼게 하였느냐 네 아내가 여기 있으니 이제 데려가라 하고

20 바로가 사람들에게 그의 일을 명하매 그들이 그와 함께 그의 아내와 그의 모든 소유를 보내었더라 창 21:1

아브람과 롯이 서로 떠나다

13 아브람이 애굽에서 그와 그의 아내와 모든 소유와 롯과 함께

가나안으로 돌아온
아브람(13:1-4)

네게브로 올라가니

2 아브람에게 가축과 은과 금이 풍부하였더라

3 그가 네게브에서부터 길을 떠나 벧엘에 이르며 벧엘과 아이 사이 곧 전에 장막 쳤던 곳에 이르니

4 그가 처음으로 제단을 쌓은 곳이라 그가 거기서 여호와의 이름을 불렀더라

5 아브람의 일행 롯도 양과 소와 장막이 있으므로

6 그 땅이 그들이 동거하기에 넉넉하지 못하였으니 이는 그들의 소유가 많아서 동거할 수 없었음이니라

7 그러므로 아브람의 가축의 목자와 롯의 가축의 목자가 서로 다투고 또 가나안 사람과 브리스 사람도 그 땅에 거주하였는지라

8 아브람이 롯에게 이르되 우리는 [1]친족이라 나나 너나 내 목자나 네 목자나 서로 다투게 하지 말자

9 네 앞에 온 땅이 있지 아니하냐 나를 떠나가라 네가 좌하면 나는 우하고 네가 우하면 나는 좌하리라

10 이에 롯이 눈을 들어 요단 지역을 바라본즉 소알까지 온 땅에 물이 넉넉하니 여호와께서 소돔과 고모라를 멸하시기 전이었으므로 여호와의 동산 같고 애굽 땅과 같았더라

11 그러므로 롯이 요단 온 지역을 택하고 동으로 옮기니 그들이 서로 떠난지라

12 아브람은 가나안 땅에 거주하였고 롯은 그 지역의 도시들에 머무르며 그 장

막을 옮겨 소돔까지 이르렀더라 19:29

13 소돔 사람은 여호와 앞에 악하며 큰 죄인이었더라 벧후 2:7, 8

아브람이 헤브론으로 옮기다

14 ●롯이 아브람을 떠난 후에 여호와께서 아브람에게 이르시되 너는 눈을 들어 너 있는 곳에서 북쪽과 남쪽 그리고 동쪽과 서쪽을 바라보라

15 보이는 땅을 내가 너와 네 자손에게 주리니 영원히 이르리라

16 내가 네 자손이 땅의 티끌 같게 하리니 사람이 땅의 티끌을 능히 셀 수 있을진대 네 자손도 세리라

17 너는 일어나 그 땅을 종과 횡으로 두루 다녀 보라 내가 그것을 네게 주리라

18 이에 아브람이 장막을 옮겨 헤브론에 있는 마므레 상수리 수풀에 이르러 거주하며 거기서 여호와를 위하여 제단을 쌓았더라

아브람이 롯을 구하다

14 당시에 시날 왕 아므라벨과 엘라살 왕 아리옥과 엘람 왕 그돌라오멜과 고임 왕 디달이

2 소돔 왕 베라와 고모라 왕 비르사와 아드마 왕 시납과 스보임 왕 세메벨과 벨라 곧 소알 왕과 싸우니라 잠 29:23

3 이들이 다 싯딤 골짜기 곧 지금의 염해에 모였더라

4 이들이 십이 년 동안 그돌라오멜을 섬기다가 제십삼년에 배반한지라

5 제십사년에 그돌라오멜과 그와 함께 한 왕들이 나와서 아스드롯 가르나임에서 르바 족속을, 함에서 수스 족속을, [2]사웨 기랴다임에서 엠 족속을 치고

14 에는 무엇이 기록되어 있을까?

당시 사해 주변의 다섯 나라와 엘람 동맹국 네 나라 사이에 전쟁이 일어나서 롯은 엘람 동맹국의 포로가 되고 말았어요. 이에 아브람은 집에서 훈련시킨 사람들을 데리고 뒤쫓아가서 롯을 구해냈지요. 한편, 아브람은 돌아오는 길에 멜기세덱을 만나는데, 그는 훗날 오실 그리스도를 상징한답니다.

6 호리 족속을 그 산 세일에서 쳐서 광야 근방 엘바란까지 이르렀으며 신 2:12

7 그들이 돌이켜 엔미스밧 곧 가데스에 이르러 아말렉 족속의 온 땅과 하사손 다말에 사는 아모리 족속을 친지라

8 소돔 왕과 고모라 왕과 아드마 왕과 스보임 왕과 벨라 곧 소알 왕이 나와서 싯딤 골짜기에서 그들과 전쟁을 하기 위하여 진을 쳤으나

9 엘람 왕 그돌라오멜과 고임 왕 디달과 시날 왕 아므라벨과 엘라살 왕 아리옥 네 왕이 곧 그 다섯 왕과 맞서니라

10 싯딤 골짜기에는 역청 구덩이가 많은 지라 소돔 왕과 고모라 왕이 달아날 때에 그들이 거기 빠지고 그 나머지는 산으로 도망하매

11 네 왕이 소돔과 고모라의 모든 재물과 양식을 빼앗아 가고

12 소돔에 거주하는 아브람의 조카 롯도 사로잡고 그 재물까지 노략하여 갔더라

13 ●도망한 자가 와서 히브리 사람 아브람에게 알리니 그 때에 아브람이 아모리 족속 마므레의 상수리 수풀 근처에 거주하였더라 마므레는 에스골의 형제요 또 아넬의 형제라 이들은 아브람과 동맹한 사람들이더라

14 아브람이 그의 조카가 사로잡혔음을 듣고 집에서 길리고 훈련된 자 삼백십팔 명을 거느리고 단까지 쫓아가서 15:3

15 그와 그의 가신들이 나뉘어 밤에 그들을 쳐부수고 다메섹 왼편 호바까지 쫓아가

16 모든 빼앗겼던 재물과 자기의 조카 롯과 그의 재물과 또 부녀와 친척을 다 찾아왔더라

멜기세덱이 아브람에게 축복하다

17 ●아브람이 그돌라오멜과 그와 함께 한 왕들을 쳐부수고 돌아올 때에 소돔 왕이 사웨 골짜기 곧 왕의 골짜기로 나와 그를 영접하였고

18 살렘 왕 멜기세덱이 떡과 포도주를 가지고 나왔으니 그는 지극히 높으신 하나님의 제사장이었더라

19 그가 아브람에게 축복하여 이르되 천지의 주재이시요 지극히 높으신 하나님이여 아브람에게 복을 주옵소서 마 11:25

20 너희 대적을 네 손에 붙이신 지극히 높으신 하나님을 찬송할지로다 하매 아브람이 그 얻은 것에서 십분의 일을 멜기세덱에게 주었더라

21 소돔 왕이 아브람에게 이르되 사람은 내게 보내고 물품은 네가 가지라

22 아브람이 소돔 왕에게 이르되 천지의 주재이시요 지극히 높으신 하나님 여호와께 내가 손을 들어 맹세하노니

23 네 말이 내가 아브람으로 치부하게 하였다 할까 하여 네게 속한 것은 실 오라기나 들메끈 한 가닥도 내가 가지지 아니하리라

24 오직 젊은이들이 먹은 것과 나와 동행한 아넬과 에스골과 마므레의 분깃을 제할지니 그들이 그 분깃을 가질 것이니라

여호와께서 아브람과 언약을 세우시다

15

이 후에 여호와의 말씀이 환상 중에 아브람에게 임하여 이르시되 아브람아 두려워하지 말라 나는 네 방패요 너의 지극히 큰 상급이니라

2 아브람이 이르되 주 여호와여 무엇을 내게 주시려 하나이까 나는 자식이 없사오니 나의 상속자는 이 다메섹 사람 엘리에셀이니이다

3 아브람이 또 이르되 주께서 내게 씨를 주지 아니하셨으니 내 집에서 길린 자가 나의 상속자가 될 것이니이다 14:14

4 여호와의 말씀이 그에게 임하여 이르시되 그 사람이 네 상속자가 아니라 네

15 창 에는 무엇이 기록되어 있을까?

승리의 대가로 적군에게서 빼앗은 물품을 취하지 않은 아브람에게 하나님은 장차 아들을 주실 것과 그의 자손의 하늘의 별들처럼 많아질 것을 약속하셨어요. 아브람이 하나님을 믿자, 하나님께서는 기뻐하시고 아브람을 의롭게 여기셨지요. 한편, 하나님은 아브람의 자손들이 나중에 겪게 될 일들을 아브람에게 미리 알려주셨답니다.

벌처럼 많은 자손을 약속하심(15:5)

몸에서 날 자가 네 상속자가 되리라 하시고
갈 4:28

5 그를 이끌고 밖으로 나가 이르시되 하늘을 우러러 뭇별을 셀 수 있나 보라 또 그에게 이르시되 네 자손이 이와 같으리라

6 아브람이 여호와를 믿으니 여호와께서 이를 그의 의로 여기시고

7 또 그에게 이르시되 나는 이 땅을 네게 주어 소유를 삼게 하려고 너를 갈대아인의 우르에서 이끌어 낸 여호와니라

8 그가 이르되 주 여호와여 내가 이 땅을 소유로 받을 것을 무엇으로 알리이까

9 여호와께서 그에게 이르시되 나를 위하여 삼 년 된 암소와 삼 년 된 암염소와 삼 년 된 숫양과 산비둘기와 집비둘기 새끼를 가져올지니라

10 아브람이 그 모든 것을 가져다가 그 중간을 쪼개고 그 쪼갠 것을 마주 대하여 놓고 그 새는 쪼개지 아니하였으며

11 솔개가 그 사체 위에 내릴 때에는 아브람이 쫓았더라

12 ●해 질 때에 아브람에게 깊은 잠이 임하고 큰 흑암과 두려움이 그에게 임하였더니
창 2:21

13 여호와께서 아브람에게 이르시되 너는 반드시 알라 네 자손이 이방에서 객이 되어 그들을 섬기겠고 그들은 사백 년 동안 네 자손을 괴롭히리니

14 그들이 섬기는 나라를 내가 징벌할지며 그 후에 네 자손이 큰 재물을 이끌고 나오리라

15 너는 장수하다가 평안히 조상에게로 돌아가 장사될 것이요

16 네 자손은 사대 만에 이 땅으로 돌아오리니 이는 아모리 족속의 죄악이 아직 가득 차지 아니함이니라 하시더니

17 해가 져서 어두울 때에 연기 나는 화로가 보이며 타는 횃불이 쪼갠 고기 사이로 지나더라

18 그 날에 여호와께서 아브람과 더불어 언약을 세워 이르시되 내가 이 땅을 애굽 강에서부터 그 큰 강 유브라데까지 네 자손에게 주노니

19 곧 겐 족속과 그니스 족속과 갓몬 족속과

20 헷 족속과 브리스 족속과 르바 족속과

21 아모리 족속과 가나안 족속과 기르가스 족속과 여부스 족속의 땅이니라 하셨더라

하갈과 이스마엘

16 아브람의 아내 사래는 출산하지 못하였고 그에게 한 여종이 있으니 애굽 사람이요 이름은 하갈이라

2 사래가 아브람에게 이르되 여호와께서 내 출산을 허락하지 아니하셨으니 원하건대 내 여종에게 들어가라 내가 혹 그로 말미암아 자녀를 얻을까 하노라 하매 아브람이 사래의 말을 들으니라

16 에는 무엇이 기록되어 있을까?

하나님께서 아브람에게 약속하신 아들이 태어나지 않자, 아브람은 아내 사래의 말을 듣고 여종 하갈을 통해 아들을 낳았어요. 아브람이 하나님의 약속을 기다리지 못하고 사람의 말을 따른 결과, 이로 인해 태어난 이스마엘은 아브람의 가정과 그 자손에게 커다란 불화의 씨앗이 되고 말았답니다.

토막상식

할례

할례는 하나님께서 아브라함에게 명령하신 것으로, 하나님과의 언약에 동의하고 꼭 지키겠다는 약속을 몸에 표시하는 거예요. 생후 8일 만에 실시하는 이 의식은, 일종의 포경수술로 이스라엘 남자의 모든 일생을 하나님께 바친다는 것을 나타내는 신앙의 행위랍니다. 17장 10-14절

3 아브람의 아내 사래가 그 여종 애굽 사람 하갈을 데려다가 그 남편 아브람에게 1)첩으로 준 때는 아브람이 가나안 땅에 거주한 지 십 년 후였더라 12:5

4 아브람이 하갈과 동침하였더니 하갈이 임신하매 그가 자기의 임신함을 알고 그의 여주인을 멸시한지라

5 사래가 아브람에게 이르되 내가 받는 모욕은 당신이 받아야 옳도다 내가 나의 여종을 당신의 품에 두었거늘 그가 자기의 임신함을 알고 나를 멸시하니 당신과 나 사이에 여호와께서 판단하시기를 원하노라 31:53

6 아브람이 사래에게 이르되 당신의 여종은 당신의 수중에 있으니 당신의 눈에 좋을 대로 그에게 행하라 하매 사래가 하갈을 학대하였더니 하갈이 사래 앞에서 도망하였더라

7 여호와의 사자가 광야의 샘물 곁 곧 술 길 샘 곁에서 그를 만나

8 이르되 사래의 여종 하갈아 네가 어디서 왔으며 어디로 가느냐 그가 이르되 나는 내 여주인 사래를 피하여 도망하나이다

9 여호와의 사자가 그에게 이르되 네 여주인에게로 돌아가서 그 수하에 복종하라

10 여호와의 사자가 또 그에게 이르되 내가 네 씨를 크게 번성하여 그 수가 많아 셀 수 없게 하리라 17:20

11 여호와의 사자가 또 그에게 이르되 네가 임신하였은즉 아들을 낳으리니 그

이름을 2)이스마엘이라 하라 이는 여호와께서 네 고통을 들으셨음이니라

12 그가 사람 중에 들나귀 같이 되리니 그의 손이 모든 사람을 치겠고 모든 사람의 손이 그를 칠지며 그가 모든 형제와 대항해서 살리라 하니라

13 하갈이 자기에게 이르신 여호와의 이름을 나를 살피시는 하나님이라 하였으니 이는 내가 어떻게 여기서 나를 살피시는 하나님을 뵈었는고 함이라

14 이러므로 그 샘을 3)브엘라해로이라 불렀으며 그것은 가데스와 베렛 사이에 있더라

15 ● 하갈이 아브람의 아들을 낳으매 아브람이 하갈이 낳은 그 아들을 이름하여 이스마엘이라 하였더라 갈 4:22

16 하갈이 아브람에게 이스마엘을 낳았을 때에 아브람이 팔십육 세였더라 12:4

할례 : 언약의 표징

17

아브람이 구십구 세 때에 여호와께서 아브람에게 나타나서 그에게 이르시되 나는 전능한 하나님이라 너는 내 앞에서 행하여 완전하라

2 내가 내 언약을 나와 너 사이에 두어 너를 크게 번성하게 하리라 하시니 15:18

3 아브람이 엎드렸더니 하나님이 또 그에게 말씀하여 이르시되

4 보라 내 언약이 너와 함께 있으니 너는 여러 민족의 아버지가 될지라

5 이제 후로는 네 이름을 아브람이라 하지 아니하고 4)아브라함이라 하리니 이는 내가 너를 여러 민족의 아버지가 되게 함이니라

6 내가 너로 심히 번성하게 하리니 내가

17 에는 무엇이 기록되어 있을까?

하나님은 아브람에게 다시 나타나셔서 아브람과 언약을 세우신고 그 언약의 표시로 할례를 명령하셨어요. 또한 아브람(존귀한 아버지)의 이름을 아브라함(많은 무리의 아버지)으로, 사래(왕비)의 이름을 사라(많은 무리의 어머니)로 바꿔주셨지요. 그리고 하나님은 아브라함과 사라를 통해 이삭을 낳게 될 것을 말씀하셨습니다.

1)히, 아내 2)하나님이 들으심 3)나를 살피시는 살아 계신 이의 우물이라 4)많은 무리의 아버지

아브라함과 사라가
나이 많아 늙음(17:17)

네게서 민족들이 나게 하며 왕들이 네게로부터 나오리라

7 내가 내 언약을 나와 너 및 네 대대 후손 사이에 세워서 영원한 언약을 삼고 너와 네 후손의 하나님이 되리라 갈 3:17

8 내가 너와 네 후손에게 네가 거류하는 이 땅 곧 가나안 온 땅을 주어 영원한 기업이 되게 하고 나는 그들의 하나님이 되리라

9 ●하나님이 또 아브라함에게 이르시되 그런즉 너는 내 언약을 지키고 네 후손도 대대로 지키라

10 너희 중 남자는 다 할례를 받으라 이것이 나와 너희와 너희 후손 사이에 지킬 내 언약이니라

11 너희는 포피를 베어라 이것이 나와 너희 사이의 언약의 표징이니라 눅 12:48

12 너희의 대대로 모든 남자는 집에서 난 자나 또는 너희 자손이 아니라 이방 사람에게서 돈으로 산 자를 막론하고 난 지 팔 일 만에 할례를 받을 것이라

13 너희 집에서 난 자든지 너희 돈으로 산 자든지 할례를 받아야 하리니 이에 내 언약이 너희 살에 있어 영원한 언약이 되려니와

14 할례를 받지 아니한 남자 곧 그 포피를 베지 아니한 자는 백성 중에서 끊어지리니 그가 내 언약을 배반하였음이니라

15 ●하나님이 또 아브라함에게 이르시되 네 아내 사래는 이름을 사래라 하지 말고 1)사라라 하라

16 내가 그에게 복을 주어 그가 네게 아들을 낳아 주게 하며 내가 그에게 복을 주어 그를 여러 민족의 어머니가 되게 하리니 민족의 여러 왕이 그에게서 나리라

17 아브라함이 엎드려 웃으며 마음속으로 이르되 백 세 된 사람이 어찌 자식을 낳을까 사라는 구십 세니 어찌 출산하리요 하고

18 아브라함이 이에 하나님께 아뢰되 이스마엘이나 하나님 앞에 살기를 원하나이다

19 하나님이 이르시되 아니라 네 아내 사라가 네게 아들을 낳으리니 너는 그 이름을 2)이삭이라 하라 내가 그와 내 언약을 세우리니 그의 후손에게 영원한 언약이 되리라 18:10

20 이스마엘에 대하여는 내가 네 말을 들었나니 내가 그에게 복을 주어 그를 매우 크게 생육하고 번성하게 할지라 그가 열두 두령을 낳으리니 내가 그를 큰 나라가 되게 하려니와

21 내 언약은 내가 내년 이 시기에 사라가 네게 낳을 이삭과 세우리라

22 하나님이 아브라함과 말씀을 마치시고 그를 떠나 올라가셨더라

23 ●이에 아브라함이 하나님이 자기에게 말씀하신 대로 이 날에 그 아들 이스마엘과 집에서 태어난 모든 자와 돈으로 산 모든 자 곧 아브라함의 집 사람 중 모든 남자를 데려다가 그 포피를 베었으니

24 아브라함이 그의 포피를 벤 때는 구십구 세였고

25 그의 아들 이스마엘이 그의 포피를 벤

수하(16:9) 손 아래를 말하는데 자기의 손발처럼 쓰는 사람을 의미하기도 한다.
언약(17:2) 맹세를 함으로써 구속력이 행사되는 엄숙한 약속.
포피(17:11) 남자 생식기의 껍질.
표징(17:11) 겉으로 드러나는 표적. 상징.
두령(17:20) 여러 사람을 거느리는 우두머리가 되는 사람. 두목.

1) 여주인 2) 웃음

아브라함을 찾아온
세 천사(18:1-8)

때는 십삼 세였더라

26 그 날에 아브라함과 그 아들 이스마엘이 할례를 받았고

27 그 집의 모든 남자 곧 집에서 태어난 자와 돈으로 이방 사람에게서 사온 자다 그와 함께 할례를 받았더라

아브라함이 아들을 약속받다

18 여호와께서 마므레의 상수리 나무들이 있는 곳에서 아브라함에게 나타나시니라 날이 뜨거울 때에 그가 장막 문에 앉아 있다가

2 눈을 들어 본즉 사람 셋이 맞은편에 서 있는지라 그가 그들을 보자 곧 장막 문에서 달려나가 영접하며 몸을 땅에 굽혀

3 이르되 내 주여 내가 주께 은혜를 입었사오면 원하건대 종을 떠나 지나가지 마시옵고

4 물을 조금 가져오게 하사 당신들의 발을 씻으시고 나무 아래에서 쉬소서

5 내가 떡을 조금 가져오리니 당신들의 마음을 상쾌하게 하신 후에 지나가소서 당신들이 종에게 오셨음이니이다 그들이 이르되 네 말대로 그리하라

6 아브라함이 급히 장막으로 가서 사라에게 이르되 속히 고운 가루 세 스아를 가져다가 반죽하여 떡을 만들라 하고

7 아브라함이 또 가축 떼 있는 곳으로 달려가서 기름지고 좋은 송아지를 잡아

하인에게 주니 그가 급히 요리한지라

8 아브라함이 엉긴 젖과 우유와 하인이 요리한 송아지를 가져다가 그들 앞에 차려 놓고 나무 아래에 모셔 서매 그들이 먹으니라

9 그들이 아브라함에게 이르되 네 아내 사라가 어디 있느냐 대답하되 장막에 있나이다

10 그가 이르되 내년 이맘때 내가 반드시 네게로 돌아오리니 네 아내 사라에게 아들이 있으리라 하시니 사라가 그 뒤 장막 문에서 들었더라

11 아브라함과 사라는 나이가 많아 늙었고 사라에게는 여성의 생리가 끊어졌는지라 ^{롬 4:19}

12 사라가 속으로 웃고 이르되 내가 노쇠하였고 내 주인도 늙었으니 내게 무슨 즐거움이 있으리요

13 여호와께서 아브라함에게 이르시되 사라가 왜 웃으며 이르기를 내가 늙었거늘 어떻게 아들을 낳으리요 하느냐

14 여호와께 능하지 못한 일이 있겠느냐 기한이 이를 때에 내가 네게로 돌아오리니 사라에게 아들이 있으리라 ^{렘 32:17}

15 사라가 두려워서 부인하여 이르되 내가 웃지 아니하였나이다 이르시되 아니라 네가 웃었느니라

아브라함이 소돔을 위하여 빌다

16 ●그 사람들이 거기서 일어나서 소돔으로 향하고 아브라함은 그들을 전송하려 함께 나가니라

17 여호와께서 이르시되 내가 하려는 것을 아브라함에게 숨기겠느냐

18장 에는 무엇이 기록되어 있을까?

아브라함의 극진한 대접을 받은 하나님은 그의 아내 사라가 아들을 낳게 될 것이라고 말씀하셨어요. 한편 소돔과 고모라의 죄악이 매우 심해지자, 하나님께서는 그 죄악이 사실인지 확인하러 가셨지요. 아브라함은 소돔과 고모라를 위해서 안타까운 마음으로 하나님께 기도드렸답니다.

18아브라함은 강대한 나라가 되고 천하 만민은 그로 말미암아 복을 받게 될 것이 아니냐

19내가 그로 그 자식과 권속에게 명하여 여호와의 도를 지켜 의와 공도를 행하게 하려고 그를 택하였나니 이는 나 여호와가 아브라함에게 대하여 말한 일을 이루려 함이니라 　신 4:9

20여호와께서 또 이르시되 소돔과 고모라에 대한 부르짖음이 크고 그 죄악이 심히 무거우니

21내가 이제 내려가서 그 모든 행한 것이 과연 내게 들린 부르짖음과 같은지 그렇지 않은지 내가 보고 알려 하노라

22●그 사람들이 거기서 떠나 소돔으로 향하여 가고 아브라함은 여호와 앞에 그대로 섰더니

23아브라함이 가까이 나아가 이르되 주께서 의인을 악인과 함께 멸하려 하시나이까 　출 23:7

24그 성 중에 의인 오십 명이 있을지라도 주께서 그 곳을 멸하시고 그 오십 의인을 위하여 용서하지 아니하시리이까

25주께서 이같이 하사 의인을 악인과 함께 죽이심은 부당하오며 의인과 악인을 같이 하심도 부당하니이다 세상을 심판하시는 이가 정의를 행하실 것이 아니니이까 　출 8:20

26여호와께서 이르시되 내가 만일 소돔 성읍 가운데에서 의인 오십 명을 찾으면 그들을 위하여 온 지역을 용서하리라

27아브라함이 대답하여 이르되 나는 티끌이나 재와 같사오나 감히 주께 아뢰나이다

28오십 의인 중에 오 명이 부족하다면 그 오 명이 부족함으로 말미암아 온 성읍을 멸하시리이까 이르시되 내가 거기서 사십오 명을 찾으면 멸하지 아니하리라

29아브라함이 또 아뢰어 이르되 거기서 사십 명을 찾으시면 어찌 하려 하시나이까 이르시되 사십 명으로 말미암아

멸하지 아니하리라

30아브라함이 이르되 내 주여 노하지 마시옵고 말씀하게 하옵소서 거기서 삼십 명을 찾으시면 어찌 하려 하시나이까 이르시되 내가 거기서 삼십 명을 찾으면 그리하지 아니하리라

31아브라함이 또 이르되 내가 감히 내 주께 아뢰나이다 거기서 이십 명을 찾으시면 어찌 하려 하시나이까 이르시되 내가 이십 명으로 말미암아 그리하지 아니하리라

32아브라함이 또 이르되 주는 노하지 마옵소서 내가 이번만 더 아뢰리이다 거기서 십 명을 찾으시면 어찌 하려 하시나이까 이르시되 내가 십 명으로 말미암아 멸하지 아니하리라

33여호와께서 아브라함과 말씀을 마치시고 가시니 아브라함도 자기 곳으로 돌아갔더라

소돔의 죄악

19 저녁 때에 그 두 천사가 소돔에 이르니 마침 롯이 소돔 성문에 앉아 있다가 그들을 보고 일어나 영접하고 땅에 엎드려 절하며

2 이르되 내 주여 돌이켜 종의 집으로 들어와 발을 씻고 주무시고 일찍이 일어나 갈 길을 가소서 그들이 이르되 아니라 우리가 거리에서 밤을 새우리라

3 롯이 간청하매 그제서야 돌이켜 그 집으로 들어오는지라 롯이 그들을 위하여 식탁을 베풀고 무교병을 구우니 그

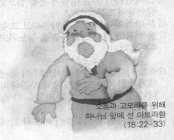

소돔과 고모라를 위해 하나님 앞에 선 아브라함 (18:22-33)

소돔

'소돔'이란 말은 성경에서 극도로 타락한 죄악을 상징하는 말로 쓰이고 있어요. 따라서 '소돔의 포도나무'(신 32:32)나 '소돔의 관원'(사 1:10)은 타락한 지도자를 가리키는 표현이지요. 에스겔 선지자도 이러한 의미에서 예루살렘의 죄악을 '소돔의 죄악'이라고 불렀답니다(겔 16:49).

19장 4절

들이 먹으니라

4 그들이 눕기 전에 그 성 사람 곧 소돔 백성들이 노소를 막론하고 원근에서 다 모여 그 집을 에워싸고

5 롯을 부르고 그에게 이르되 오늘 밤에 네게 온 사람들이 어디 있느냐 이끌어 내라 우리가 그들을 상관하리라

6 롯이 문 밖의 무리에게로 나가서 뒤로 문을 닫고

7 이르되 청하노니 내 형제들아 이런 악을 행하지 말라 *상 19:23*

8 내게 남자를 가까이 하지 아니한 두 딸이 있노라 청하건대 내가 그들을 너희에게로 이끌어 내리니 너희 눈에 좋을 대로 그들에게 행하고 이 사람들은 내 집에 들어왔은즉 이 사람들에게는 아무 일도 저지르지 말라

9 그들이 이르되 너는 물러나라 또 이르되 이 자가 들어와서 거류하면서 우리의 법관이 되려 하는도다 이제 우리가 그들보다 너를 더 해하리라 하고 롯을 밀치며 가까이 가서 그 문을 부수려고 하는지라 *벧후 2:7, 8*

10 그 사람들이 손을 내밀어 롯을 집으로 끌어들이고 문을 닫고

11 문 밖의 무리를 대소를 막론하고 그 눈을 어둡게 하니 그들이 문을 찾느라고 *애쓰었더라*

롯이 소돔을 떠나다

12 ●그 사람들이 롯에게 이르되 이 외에 네게 속한 자가 또 있느냐 네 사위나 자녀나 성 중에 네게 속한 자들을 다 성 밖으로 이끌어 내라

13 그들에 대한 부르짖음이 여호와 앞에

크므로 여호와께서 이 곳을 멸하시려고 우리를 보내셨나니 우리가 멸하리라

14 롯이 나가서 그 딸들과 결혼할 사위들에게 말하여 이르기를 여호와께서 이 성을 멸하실 터이니 너희는 일어나 이 곳에서 떠나라 하되 그의 사위들은 농담으로 여겼더라

15 동틀 때에 천사가 롯을 재촉하여 이르되 일어나 여기 있는 네 아내와 두 딸을 이끌어 내라 이 성의 죄악 중에 함께 멸망할까 하노라

16 그러나 롯이 지체하매 그 사람들이 롯의 손과 그 아내의 손과 두 딸의 손을 잡아 인도하여 성 밖에 두니 여호와께서 그에게 자비를 더하심이었더라

17 그 사람들이 그들을 밖으로 이끌어 낸 후에 이르되 도망하여 생명을 보존하라 돌아보거나 들에 머물지 말고 산으로 도망하여 멸망함을 면하라 *마상 19:3*

18 롯이 그들에게 이르되 내 주여 그리 마옵소서

19 주의 종이 주께 은혜를 입었고 주께서 큰 인자를 내게 베푸사 내 생명을 구원하시오나 내가 도망하여 산에까지 갈 수 없나이다 두렵건대 재앙을 만나 죽을까 하나이다

20 보소서 저 성읍은 도망하기에 가깝고 작기도 하오니 나를 그 곳으로 도망하게 하소서 이는 작은 성읍이 아니니이까 내 생명이 보존되리이다

21 그가 그에게 이르되 내가 이 일에도 네 소원을 들었은즉 네가 말하는 그 성읍을 멸하지 아니하리니

19강 에는 무엇이 기록되어 있을까?

소돔과 고모라의 멸망은 죄악에 대해서 철저하게 심판하시는 하나님의 공의로운 모습을 보여주고 있어요. 하나님은 소돔과 고모라를 심판하시기 전에 천사를 보내셔서 롯과 그의 가족이 피신할 수 있게 하셨지요. 하지만 롯의 두 딸은 하나님의 큰 은혜를 체험하고도 아버지와 불륜 관계를 맺는 큰 죄를 지었답니다.

롯이 피한 소알(19:23)

22 그리로 속히 도망하라 네가 거기 이르
기까지는 내가 아무 일도 행할 수 없노
라 하였더라 그러므로 그 성읍 이름을
¹⁾소알이라 불렀더라

소돔과 고모라를 멸하시다

23 ●롯이 소알에 들어갈 때에 해가 돋았
더라
24 여호와께서 하늘 곧 여호와께로부터
유황과 불을 소돔과 고모라에 비같이
내리사
25 그 성들과 온 들과 성에 거주하는 모든
백성과 땅에 난 것을 다 엎어 멸하셨더
라 ···› 벧후 2:6
26 롯의 아내는 뒤를 돌아보았으므로 소
금 기둥이 되었더라
27 아브라함이 그 아침에 일찍이 일어나
여호와 앞에 서 있던 곳에 이르러 18:22
28 소돔과 고모라와 그 온 지역을 향하여
눈을 들어 연기가 옹기 가마의 연기같
이 치솟음을 보았더라
29 ●하나님이 그 지역의 성을 멸하실 때
곧 롯이 거주하는 성을 엎으실 때에 하
나님이 아브라함을 생각하사 롯을 그
엎으시는 중에서 내보내셨더라

모압과 암몬 자손의 조상

30 ●롯이 소알에 거주하기를 두려워하
여 두 딸과 함께 소알에서 나와 산에 올
라가 거주하되 그 두 딸과 함께 굴에 거
주하였더니
31 큰 딸이 작은 딸에게 이르되 우리 아버
지는 늙으셨고 온 세상의 도리를 따라 우
리의 배필 될 사람이 이 땅에는 없으니

32 우리가 우리 아버지에게 술을 마시게
하고 동침하여 우리 아버지로 말미암
아 후손을 이어가자 하고
33 그 밤에 그들이 아버지에게 술을 마시
게 하고 큰 딸이 들어가서 그 아버지와
동침하니라 그러나 그 아버지는 그 딸
이 눕고 일어나는 것을 깨닫지 못하였
더라
34 이튿날 큰 딸이 작은 딸에게 이르되 어
제 밤에는 내가 우리 아버지와 동침하
였으니 오늘 밤에도 우리가 아버지에
게 술을 마시게 하고 네가 들어가 동침
하고 우리가 아버지로 말미암아 후손
을 이어가자 하고
35 그 밤에도 그들이 아버지에게 술을 마
시게 하고 작은 딸이 일어나 아버지와
동침하니라 그러나 그 아버지는 그 딸
이 눕고 일어나는 것을 깨닫지 못하였더라
36 롯의 두 딸이 아버지로 말미암아 임신
하고
37 큰 딸은 아들을 낳아 이름을 모압이라
하였으니 오늘날 모압의 조상이요
38 작은 딸도 아들을 낳아 이름을 벤암미
라 하였으니 오늘날 암몬 자손의 조상
이었더라

아브라함과 아비멜렉

20
아브라함이 거기서 네게브 땅
으로 옮겨가 가데스와 술 사
이 그랄에 거류하며
2 그의 아내 사라를 자기 누이라 하였으
므로 그랄 왕 아비멜렉이 사람을 보내
어 사라를 데려갔더니
3 그 밤에 하나님이 아비멜렉에게 현몽
하시고 그에게 이르시되 네가 데려간

20장에는 무엇이 기록되어 있을까?

과거에 애굽에 갔을 때처럼 그랬던 것처럼 아
브라함은 다시금 사라를 누이라고 하는 실수
를 했어요. 그래서 아브라함은 또다시 자기 아내
를 빼앗기고 말았지요. 하지만 하나님께서는 사
라를 데려간 아비멜렉의 꿈에 직접 나타나셔서
사라가 다시 아브라함에게 돌아갈 수 있도록 도
와주셨답니다.

---

¹⁾작음

이삭이 태어남(21:2-3)

이 여인으로 말미암아 네가 죽으리니 그는 남편이 있는 여자임이라 28:12

4 아비멜렉이 그 여인을 가까이 하지 아니하였으므로 그가 대답하되 주여 주께서 의로운 백성도 멸하시나이까

5 그가 나에게 이는 내 누이라고 하지 아니하였나이까 그 여인도 그는 내 오라비라 하였사오니 나는 온전한 마음과 깨끗한 손으로 이렇게 하였나이다 12:17

6 하나님이 꿈에 또 그에게 이르시되 네가 온전한 마음으로 이렇게 한 줄을 나도 알았으므로 너를 막아 내게 범죄하지 아니하게 하였나니 여인에게 가까이 하지 못하게 함이 이 때문이니라

7 이제 그 사람의 아내를 돌려보내라 그는 선지자라 그가 너를 위하여 기도하리니 네가 살려니와 네가 돌려보내지 아니하면 너와 네게 속한 자가 다 반드시 죽을 줄 알지니라 삼상 7:5

8 ●아비멜렉이 그 날 아침에 일찍이 일어나 모든 종들을 불러 그 모든 일을 말하여 들려 주니 그들이 심히 두려워하였더라

9 아비멜렉이 아브라함을 불러서 그에게 이르되 네가 어찌하여 우리에게 이렇게 하느냐 내가 무슨 죄를 네게 범하였기에 네가 나와 내 나라가 큰 죄에 빠질 뻔하게 하였느냐 네가 합당하지 아니한 일을 내게 행하였도다 하고

10 아비멜렉이 또 아브라함에게 이르되 네가 무슨 뜻으로 이렇게 하였느냐

11 아브라함이 이르되 이 곳에서는 하나님을 두려워함이 없으니 내 아내로 말미암아 사람들이 나를 죽일까 생각하였음이요

12 또 그는 정말로 나의 이복 누이로서 내 아내가 되었음이니라

13 하나님이 나를 내 아버지의 집을 떠나 두루 다니게 하실 때에 내가 아내에게 말하기를 이 후로 우리의 가는 곳마다 그대는 나를 그대의 오라비라 하라 이것이 그대가 내게 베풀 은혜라 하였었노라

14 아비멜렉이 양과 소와 종들을 이끌어 아브라함에게 주고 그의 아내 사라도 그에게 돌려보내고 12:16

15 아브라함에게 이르되 내 땅이 네 앞에 있으니 네가 보기에 좋은 대로 거주하라 하고 13:9

16 사라에게 이르되 내가 은 천 개를 네 오라비에게 주어서 그것으로 너와 함께 한 여러 사람 앞에서 네 수치를 가리게 하였노니 네 일이 다 해결되었느니라

17 아브라함이 하나님께 기도하매 하나님이 아비멜렉과 그의 아내와 여종을 치료하사 출산하게 하셨으니 민 12:13

18 여호와께서 이왕에 아브라함의 아내 사라의 일로 아비멜렉의 집의 모든 태를 닫으셨음이더라

나라가 이삭을 낳다

21 여호와께서 말씀하신 대로 사라를 돌보셨고 여호와께서 말씀하신 대로 사라에게 행하셨으므로

2 사라가 임신하고 하나님이 말씀하신 시기가 되어 노년의 아브라함에게 아

21 장 에는 무엇이 기록되어 있을까?

하나님께서 약속하신 대로 사라는 아들 이삭을 낳았어요. 하갈이 낳은 이스마엘이 자신의 아들 이삭을 놀리는 모습을 본 사라는 아브라함에게 하갈과 이스마엘을 내어쫓을 것을 요구했답니다. 한편, 아비멜렉과 그 군대 장관 비골은 하나님께서 언제나 아브라함과 함께 하심을 고백하였지요.

들을 낳으니

3 아브라함이 그에게 태어난 아들 곧 사라가 자기에게 낳은 아들을 이름하여 이삭이라 하였고

4 그 아들 이삭이 난 지 팔 일 만에 그가 하나님이 명령하신 대로 할례를 행하였더라　17:12

5 아브라함이 그의 아들 이삭이 그에게 태어날 때에 백 세라　17:17

6 사라가 이르되 하나님이 나를 웃게 하시니 듣는 자가 다 나와 함께 웃으리로다　시 126:2

7 또 이르되 사라가 자식들을 젖먹이겠다고 누가 아브라함에게 말하였으리요마는 아브라함의 노경에 내가 아들을 낳았도다 하니라

하갈과 이스마엘을 내쫓다

8 ●아이가 자라매 젖을 떼고 이삭이 젖을 떼는 날에 아브라함이 큰 잔치를 베풀었더라

9 사라가 본즉 아브라함의 아들 애굽 여인 하갈의 아들이 이삭을 놀리는지라

10 그가 아브라함에게 이르되 이 여종과 그 아들을 내쫓으라 이 종의 아들은 내 아들 이삭과 함께 기업을 얻지 못하리라 하므로

11 아브라함이 그의 아들로 말미암아 그 일이 매우 근심이 되었더니

12 하나님이 아브라함에게 이르시되 네 아이나 네 여종으로 말미암아 근심하지 말고 사라가 네게 이른 말을 다 들으라 이삭에게서 나는 자라야 네 씨라 부를 것임이니라

13 그러나 여종의 아들도 네 씨니 내가 그로 한 민족을 이루게 하리라 하신지라　21:18

14 아브라함이 아침에 일찍이 일어나 떡과 물 한 가죽부대를 가져다가 하갈의 어깨에 메워 주고 그 아이를 데리고 가게 하니 하갈이 나가서 브엘세바 광야에서 방황하더니

15 가죽부대의 물이 떨어진지라 그 자식을 관목덤불 아래에 두고

16 이르되 아이가 죽는 것을 차마 보지 못하겠다 하고 화살 한 바탕 거리 떨어져 마주 앉아 바라보며 소리 내어 우니

17 하나님이 그 어린 아이의 소리를 들으셨으므로 하나님의 사자가 하늘로부터 하갈을 불러 이르시되 하갈아 무슨 일이냐 두려워하지 말라 하나님이 저기 있는 아이의 소리를 들으셨나니

18 일어나 아이를 일으켜 네 손으로 붙들라 그가 큰 민족을 이루게 하리라 하시니라　21:13

19 하나님이 하갈의 눈을 밝히셨으므로 샘물을 보고 가서 가죽부대에 물을 채워다가 그 아이에게 마시게 하였더라

20 하나님이 그 아이와 함께 계시매 그가 장성하여 광야에서 거주하며 활 쏘는 자가 되었더니

21 그가 바란 광야에 거주할 때에 그의 어머니가 그를 위하여 애굽 땅에서 아내를 얻어 주었더라

아브라함과 아비멜렉의 언약

22 ●그 때에 아비멜렉과 그 군대 장관 비골이 아브라함에게 말하여 이르되 가 무슨 일을 하든지 하나님이 너와 함께 계시도다　26:26

23 그런즉 너는 나와 내 아들과 내 손자에

아브라함의 고향 갈대아우르

이삭을 제물로
바치러 가는
아브라함(22:3)

게 거짓되이 행하지 아니하기를 이제 여기서 하나님을 가리켜 내게 맹세하라 내가 네게 후대한 대로 너도 나와 네가 머무는 이 땅에 행할 것이니라
24 아브라함이 이르되 내가 맹세하리라 하고
25 아비멜렉의 종들이 아브라함의 우물을 빼앗은 일에 관하여 아브라함이 아비멜렉을 책망하매　26:15
26 아비멜렉이 이르되 누가 그리하였는지 내가 알지 못하노라 너도 내게 알리지 아니하였고 나도 듣지 못하였더니 오늘에야 들었노라
27 아브라함이 양과 소를 가져다가 아비멜렉에게 주고 두 사람이 서로 언약을 세우니라
28 아브라함이 일곱 암양 새끼를 따로 놓으니
29 아비멜렉이 아브라함에게 이르되 이 일곱 암양 새끼를 따로 놓음은 어찜이냐
30 아브라함이 이르되 너는 내 손에서 이 암양 새끼 일곱을 받아 내가 이 우물 판 증거를 삼으라 하고
31 두 사람이 거기서 서로 맹세하였으므로 그 곳을 1)브엘세바라 이름하였더라 그들이 브엘세바에서 언약을 세우매 아비멜렉과 그 군대 장관 비골은 떠나 블레셋 사람의 땅으로 돌아갔고　20:2
33 아브라함은 브엘세바에 에셀 나무를 심고 거기서 영원하신 하나님 여호와의 이름을 불렀으며

34 그가 블레셋 사람의 땅에서 여러 날을 지냈더라

이삭을 번제로 드리라 하시다
22 그 일 후에 하나님이 아브라함을 시험하시려고 그를 부르시되 아브라함아 하시니 그가 이르되 내가 여기 있나이다
2 여호와께서 이르시되 네 아들 네 사랑하는 독자 이삭을 데리고 모리아 땅으로 가서 내가 네게 일러 준 한 산 거기서 그를 번제로 드리라
3 아브라함이 아침에 일찍이 일어나 나귀에 안장을 지우고 두 종과 그의 아들 이삭을 데리고 번제에 쓸 나무를 쪼개어 가지고 떠나 하나님이 자기에게 일러 주신 곳으로 가더니
4 제삼일에 아브라함이 눈을 들어 그 곳을 멀리 바라본지라
5 이에 아브라함이 종들에게 이르되 너희는 나귀와 함께 여기서 기다리라 내가 아이와 함께 저기 가서 예배하고 우리가 너희에게로 돌아오리라 하고
6 아브라함이 이에 번제 나무를 가져다가 그의 아들 이삭에게 지우고 자기는 불과 칼을 손에 들고 두 사람이 동행하더니
7 이삭이 그 아버지 아브라함에게 말하여 이르되 내 아버지여 하니 그가 이르되 내 아들아 내가 여기 있노라 이삭이 이르되 불과 나무는 있거니와 번제할 어린 양은 어디 있나이까
8 아브라함이 이르되 내 아들아 번제할 어린 양은 하나님이 자기를 위하여 친히 준비하시리라 하고 두 사람이 함께 나아가서

1) 맹세의 우물

22장 에는 무엇이 기록되어 있을까?

하나님께서는 아브라함을 시험하시려고 그의 하나뿐인 아들 이삭을 제물로 바칠 것을 명령하셨어요. 아브라함의 순종을 통해서 그가 하나님을 얼마나 경외하는지를 알게 된 하나님은 아브라함과 그의 후손에게 놀라운 축복을 말씀하셨답니다.

번제물을 예비하신 하나님
(22:12-13)

9 하나님이 그에게 일러 주신 곳에 이른지라 이에 아브라함이 그 곳에 제단을 쌓고 나무를 벌여 놓고 그의 아들 이삭을 결박하여 제단 나무 위에 놓고

10 손을 내밀어 칼을 잡고 그 아들을 잡으려 하니

11 여호와의 사자가 하늘에서부터 그를 불러 이르시되 아브라함아 아브라함아 하시는지라 아브라함이 이르되 내가 여기 있나이다 하매

12 사자가 이르시되 그 아이에게 네 손을 대지 말라 그에게 아무 일도 하지 말라 네가 네 아들 네 독자까지도 내게 아끼지 아니하였으니 내가 이제야 네가 하나님을 경외하는 줄을 아노라

13 아브라함이 눈을 들어 살펴본즉 숫양이 뒤에 있는데 뿔이 수풀에 걸려 있는지라 아브라함이 가서 그 숫양을 가져다가 아들을 대신하여 번제로 드렸더라

14 아브라함이 그 땅 이름을 여호와이레¹⁾라 하였으므로 오늘날까지 사람들이 이르기를 여호와의 산에서 준비되리라 하더라

15 여호와의 사자가 하늘에서부터 두 번째 아브라함을 불러

16 이르시되 여호와께서 이르시기를 내가 나를 가리켜 맹세하노니 네가 이같이 행하여 네 아들 네 독자도 아끼지 아니하였은즉

17 내가 네게 큰 복을 주고 네 씨가 크게 번성하여 하늘의 별과 같고 바닷가의 모래와 같게 하리니 네 씨가 그 대적의 성문을 차지하리라

18 또 네 씨로 말미암아 천하 만민이 복을 받으리니 이는 네가 나의 말을 준행하였음이니라 하셨다 하니라

19 이에 아브라함이 그의 종들에게로 돌아가서 함께 떠나 브엘세바에 이르러 거기 거주하였더라

나홀의 후예

20 이 일 후에 어떤 사람이 아브라함에게 알리어 이르기를 밀가가 당신의 형제 나홀에게 자녀를 낳았다 하였더라

21 그의 맏아들은 우스요 우스의 형제는 부스와 아람의 아버지 그무엘과

22 게셋과 하소와 빌다스와 이들랍과 브두엘이라

23 이 여덟 사람은 아브라함의 형제 나홀의 아내 밀가의 소생이며 브두엘은 리브가를 낳았고

24 나홀의 첩 르우마라 하는 자도 데바와 가함과 다하스와 마아가를 낳았더라

아브라함이 막벨라 굴을 사다

23 사라가 백이십칠 세를 살았으니 이것이 곧 사라가 누린 햇수라

2 사라가 가나안 땅 헤브론 곧 기럇아르바에서 죽으매 아브라함이 들어가서 사라를 위하여 슬퍼하며 애통하다가

3 그 시신 앞에서 일어나 나가서 헷 족속에게 말하여 이르되

4 나는 당신들 중에 나그네요 거류하는 자이니 당신들 중에서 내게 매장할 소유지를 주어 내가 나의 죽은 자를 내 앞에서 내어다가 장사하게 하시오

5 헷 족속이 아브라함에게 대답하여 이

---

1) 여호와께서 준비하심

결박(22:9) 몸이나 손 따위를 마음대로 움직이지 못하게 단단히 동이어 묶음.

르되

6 내 주여 들으소서 당신은 우리 가운데 있는 하나님이 세우신 지도자이시니 우리 묘실 중에서 좋은 것을 택하여 당신의 죽은 자를 장사하소서 우리 중에서 자기 묘실에 당신의 죽은 자 장사함을 금할 자가 없으리이다

7 아브라함이 일어나 그 땅 주민 헷 족속을 향하여 몸을 굽히고

8 그들에게 말하여 이르되 나로 나의 죽은 자를 내 앞에서 내어다가 장사하게 하는 일이 당신들의 뜻일진대 내 말을 듣고 나를 위하여 소할의 아들 에브론에게 구하여

25:9

9 그가 그의 밭머리에 있는 그의 막벨라 굴을 내게 주도록 하되 충분한 대가를 받고 그 굴을 내게 주어 당신들 중에서 매장할 소유지가 되게 하기를 원하노라 하매

10 에브론이 헷 족속 중에 앉아 있더니 그가 헷 족속 곧 성문에 들어온 모든 자가 듣는 데서 아브라함에게 대답하여 이르되

11 내 주여 그리 마시고 내 말을 들으소서 내가 그 밭을 당신에게 드리고 그 속의 굴도 내가 당신에게 드리되 내가 내 동족 앞에서 당신에게 드리오니 당신의 죽은 자를 장사하소서

12 아브라함이 이에 그 땅의 백성 앞에서 몸을 굽히고

13 그 땅의 백성이 듣는 데서 에브론에게 말하여 이르되 당신이 합당히 여기면 청하건대 내 말을 들으시오 내가 그 밭 값을 당신에게 주리니 당신은 내게서

헷 족(히타이트 족)의 발원지(23:10)

받으시오 내가 나의 죽은 자를 거기 장사하겠노라

14 에브론이 아브라함에게 대답하여 이르되

15 내 주여 내 말을 들으소서 땅 값은 은 사백 세겔이나 그것이 나와 당신 사이에 무슨 문제가 되리이까 당신의 죽은 자를 장사하소서

16 아브라함이 에브론의 말을 따라 에브론이 헷 족속이 듣는 데서 말한 대로 상인이 통용하는 은 사백 세겔을 달아 에브론에게 주었더니

17 마므레 앞 막벨라에 있는 에브론의 밭 곧 그 밭과 거기에 속한 굴과 그 밭 그 주위에 둘린 모든 나무가

18 성 문에 들어온 모든 헷 족속이 보는 데서 아브라함의 소유로 확정된지라

19 그 후에 아브라함이 그 아내 사라를 가나안 땅 마므레 앞 막벨라 밭 굴에 장사하였더라 (마므레는 곧 헤브론이라)

20 이와 같이 그 밭과 거기에 속한 굴이 헷 족속으로부터 아브라함이 매장할 소유지로 확정되었더라

이삭이 리브가를 아내로 삼다

24

아브라함이 나이가 많아 늙었고 여호와께서 그에게 범사에 복을 주셨더라

2 아브라함이 자기 집 모든 소유를 맡은 늙은 종에게 이르되 청하건대 내 허벅지 밑에 네 손을 넣으라

3 내가 너에게 하늘의 하나님, 땅의 하나님이신 여호와를 가리켜 맹세하게 하노니 너는 내가 거주하는 이 지방 가나

안 족속의 딸 중에서 내 아들을 위하여
아내를 택하지 말고 26:34

4 내 고향 내 족속에게로 가서 내 아들 이
삭을 위하여 아내를 택하라 28:2

5 종이 이르되 여자가 나를 따라 이 땅으
로 오려고 하지 아니하거든 내가 주인
의 아들을 주인이 나오신 땅으로 인도
하여 돌아가리이까

6 아브라함이 그에게 이르되 내 아들을 그
리로 데리고 돌아가지 아니하도록 하라

7 하늘의 하나님 여호와께서 나를 내 아
버지의 집과 내 고향 땅에서 떠나게 하
시고 내게 말씀하시며 내게 맹세하여
이르시기를 이 땅을 네 씨에게 주리라
하셨으니 그가 그 사자를 너보다 앞서
보내실지라 네가 거기서 내 아들을 위
하여 아내를 택할지니라

8 만일 여자가 너를 따라 오려고 하지 아
니하면 나의 이 맹세가 너와 상관이 없
나니 오직 내 아들을 데리고 그리로 가
지 말지니라

9 그 종이 이에 그의 주인 아브라함의 허
벅지 아래에 손을 넣고 이 일에 대하여
그에게 맹세하였더라

10 ●이에 종이 그 주인의 낙타 중 열 필
을 끌고 떠났는데 곧 그의 주인의 모든
좋은 것을 가지고 떠나 메소보다미아
로 가서 나홀의 성에 이르러 11:31

11 그 낙타를 성 밖 우물 곁에 꿇렸으니 저
녁 때라 여인들이 물을 길으러 나올 때
였더라

12 그가 이르되 우리 주인 아브라함의 하
나님 여호와여 원하건대 오늘 나에게

토막 상식 세 겔

서아시아에서 무게를 잴 때 기본 단위로 사용하던
저울 추예요. 히브리인들에게 한 세겔은 11g이 약간
넘는 중량이었어요. 한편, 신약시대에는 돈의 단위로
도 사용되었답니다. 23장 15절

순조롭게 만나게 하사 내 주인 아브라
함에게 은혜를 베푸시옵소서

13 성 중 사람의 딸들이 물 길으러 나오겠
사오니 내가 우물 곁에 서 있다가

14 한 소녀에게 이르기를 청하건대 너는
물동이를 기울여 나로 마시게 하라 하
리니 그의 대답이 마시라 내가 당신의
낙타에게도 마시게 하리라 하면 그는
주께서 주의 종 이삭을 위하여 정하신
자라 이로 말미암아 주께서 내 주인에
게 은혜 베푸심을 내가 알겠나이다

15 말을 마치기도 전에 리브가가 물동이
를 어깨에 메고 나오니 그는 아브라함
의 동생 나홀의 아내 밀가의 아들 브두
엘의 소생이라

16 그 소녀는 보기에 심히 아리땁고 지금
까지 남자가 가까이 하지 아니한 처녀
더라 그가 우물로 내려가서 물을 그 물
동이에 채워가지고 올라오는지라

17 종이 마주 달려가서 이르되 청하건대 네
물동이의 물을 내게 조금 마시게 하라

18 그가 이르되 내 주여 마시소서 하며 급
히 그 물동이를 손에 내려 마시게 하고

19 마시게 하기를 다하고 이르되 당신의
낙타를 위하여서도 물을 길어 그것들
도 배불리 마시게 하리이다 하고 24:14

20 급히 물동이의 물을 구유에 붓고 다시
길으려고 우물로 달려가서 모든 낙타
를 위하여 긷는지라

21 그 사람이 그를 묵묵히 주목하며 여호
와께서 과연 평탄한 길을 주신 여부를
알고자 하더니

22 낙타가 마시기를 다하매 그가 반 세겔
무게의 금 코걸이 한 개와 열 세겔 무게

24 에는 무엇이 기록되어 있을까?

아브라함은 자신의 충성스런 종을
자신의 고향 땅에 보내서 이삭의 아내를 구해
올 것을 명령하였어요. 이방인의 딸들과 결혼하
게 되면 하나님을 떠나 죄를 지을 수 있기 때문
이지요. 아브라함의 종은 하나님께 이삭의 아내
를 순조롭게 만날 수 있도록 기도하였고, 하나
님께서는 그대로 응답해주셨답니다.

장사(23:6) 시체를 묻거나 화장하는 일.
매장(23:9) 시체를 땅에 묻음.

의 금 손목고리 한 쌍을 그에게 주며

23 이르되 네가 누구의 딸이냐 청하건대 내게 말하라 네 아버지의 집에 우리가 유숙할 곳이 있느냐

24 그 여자가 그에게 이르되 나는 밀가가 나홀에게서 낳은 아들 브두엘의 딸이니이다 ^{24:15}

25 또 이르되 우리에게 짚과 사료가 족하며 유숙할 곳도 있나이다 ^{42:27}

26 이에 그 사람이 머리를 숙여 여호와께 경배하고 ^{4:31}

27 이르되 나의 주인 아브라함의 하나님 여호와를 찬송하나이다 나의 주인에게 주의 사랑과 성실을 그치지 아니하셨사오며 여호와께서 길에서 나를 인도하사 내 주인의 동생 집에 이르게 하셨나이다 하니라

28 ●소녀가 달려가서 이 일을 어머니 집에 알렸더니 ^{29:12}

29 리브가에게 오라버니가 있어 그의 이름은 라반이라 그가 우물로 달려가 그 사람에게 이르러

30 그의 누이의 코걸이와 그 손의 손목고리를 보고 또 그의 누이 리브가가 그 사람이 자기에게 이같이 말하더라 함을 듣고 그 사람에게로 나아감이라 그 때에 그가 우물가 낙타 곁에 서 있더라

31 라반이 이르되 여호와께 복을 받은 자여 들어오소서 어찌 밖에 서 있나이까 내가 방과 낙타의 처소를 준비하였나이다

32 그 사람이 그 집으로 들어가매 라반이 낙타의 짐을 부리고 짚과 사료를 낙타에게 주고 그 사람의 발과 그의 동행자들의 발 씻을 물을 주고

33 그 앞에 음식을 채우니 그 사람이 이르

마구간으로 사용하고 있는 하란의 옛 주거지 투툴리 (24:32)

되 내가 내 일을 진술하기 전에는 먹지 아니하겠나이다 라반이 이르되 말하소서

34 그가 이르되 나는 아브라함의 종이니이다

35 여호와께서 나의 주인에게 크게 복을 주시어 창성하게 하시되 소와 양과 은금과 종들과 낙타와 나귀를 그에게 주셨고

36 나의 주인의 아내 사라가 노년에 나의 주인에게 아들을 낳으매 주인이 그의 모든 소유를 그 아들에게 주었나이다

37 나의 주인이 나에게 맹세하게 하여 이르되 너는 내 아들을 위하여 내가 사는 땅 가나안 족속의 딸들 중에서 아내를 택하지 말고

38 내 아버지의 집, 내 족속에게로 가서 내 아들을 위하여 아내를 택하라 하시기로

39 내가 내 주인에게 여쭈되 혹 여자가 나를 따르지 아니하면 어찌하리이까 한즉

40 주인이 내게 이르되 내가 섬기는 여호와께서 그의 사자를 너와 함께 보내어 네게 평탄한 길을 주시리니 너는 내 족속 중 내 아버지 집에서 내 아들을 위하여 아내를 택할 것이니라

41 네가 내 족속에게 이를 때에는 네가 내 맹세와 상관이 없으리라 만일 그들이 네게 주지 아니할지라도 네가 내 맹세와 상관이 없으리라 하시므로

42 내가 오늘 우물에 이르러 말하기를 내 주인 아브라함의 하나님 여호와여 만일 내가 행하는 길에 형통함을 주실진대

유숙(24:23) 남의 집에서 묵음.
처소(24:31) 사람이 거처하는 곳
창성(24:35) 번성하여 잘 되어감. 힘차게 성하여 잘 되어감.
사자(24:40) 어떠한 임무를 띠고 심부름하는 사람.
형통(24:42) 모든 일이 뜻대로 잘됨. 번영. 번창.
만류(24:56) 붙잡고 못하게 말림.

43내가 이 우물 곁에 서 있다가 젊은 여자가 물을 길으러 오거든 내가 그에게 청하기를 너는 물동이의 물을 내게 조금 마시게 하라 하여

44그의 대답이 당신은 마시라 내가 또 당신의 낙타를 위하여도 길으리라 하면 그 여자는 여호와께서 내 주인의 아들을 위하여 정하여 주신 자가 되리이다 하며

45내가 마음속으로 말하기를 마치기도 전에 리브가가 물동이를 어깨에 메고 나와서 우물로 내려가 긷기로 내가 그에게 이르기를 청하건대 내게 마시게 하라 한즉

46그가 급히 물동이를 어깨에서 내리며 이르되 마시라 내가 당신의 낙타에게도 마시게 하리라 하기로 내가 마시매 그가 또 낙타에게도 마시게 한지라 24:18

47내가 그에게 묻기를 네가 뉘 딸이냐 한즉 이르되 밀가가 나홀에게서 낳은 브두엘의 딸이라 하기로 내가 코걸이를 그 코에 꿰고 손목고리를 그 손에 끼우고

48내 주인 아브라함의 하나님 여호와께서 나를 바른 길로 인도하사 나의 주인의 동생의 딸을 그의 아들을 위하여 택하게 하셨으므로 내가 머리를 숙여 그에게 경배하고 찬송하였나이다

49이제 당신들이 인자함과 진실함으로 내 주인을 대접하려거든 내게 알게 해 주시고 그렇지 아니할지라도 내게 알게 해 주셔서 내가 우로든지 좌로든지 행하게 하소서 ☆ 2:14

50●라반과 브두엘이 대답하여 이르되 이 일이 여호와께로 말미암았으니 우리는 가부를 말할 수 없노라 ☆ 118:23

51리브가가 당신 앞에 있으니 데리고 가서 여호와의 명령대로 그를 당신의 주인의 아들의 아내가 되게 하라

52아브라함의 종이 그들의 말을 듣고 땅에 엎드려 여호와께 절하고 24:26

53은금 패물과 의복을 꺼내어 리브가에게 주고 그의 오라버니와 어머니에게도 보물을 주니라

54이에 그들 곧 종과 동행자들이 먹고 마시고 유숙하고 아침에 일어나서 그가 이르되 나를 보내어 내 주인에게로 돌아가게 하소서

55리브가의 오라버니와 그의 어머니가 이르되 이 아이로 하여금 며칠 또는 열흘을 우리와 함께 머물게 하라 그 후에 그가 갈 것이니라

56그 사람이 그들에게 이르되 나를 만류하지 마소서 여호와께서 내게 형통한 길을 주셨으니 나를 보내어 내 주인에게로 돌아가게 하소서

57그들이 이르되 우리가 소녀를 불러 그에게 물으리라 하고

58리브가를 불러 그에게 이르되 네가 이 사람과 함께 가려느냐 그가 대답하되 가겠나이다

59그들이 그 누이 리브가와 그의 유모와 아브라함의 종과 그 동행자들을 보내며

60리브가에게 축복하여 이르되 우리 누이여 너는 천만인의 어머니가 될지어다 네 씨로 그 원수의 성 문을 얻게 할지어다

이삭과 리브가의 결혼

24장에는 이삭과 리브가가 결혼하게 되는 과정이 자세하게 나와 있어요. 특별히 이 이야기에는 아브라함의 종이 두드러지게 나타나고 있는데요. 그는 매 순간마다 하나님을 의지하며 기도를 드렸답니다. 그때마다 하나님께서는 그를 축복의 길로 인도하였어요.

그러므로 이 이야기의 주제는 '하나님의 인도하심'이라고 할 수 있어요. 이처럼 하나님께서는 모든 역사뿐만 아니라 한 사람의 삶 구석구석까지 인도해주신답니다. 우리는 평범한 일상생활속에서도 하나님의 손길과 축복이 머무는 것을 깨닫고, '항상 기뻐하고 쉬지 않고 기도하며 범사에 감사'(살전 5:16~18)하는 삶을 살아야 하겠어요.

24장

61 ●리브가가 일어나 여자 종들과 함께 낙타를 타고 그 사람을 따라가니 그 종이 리브가를 데리고 가니라

62 그 때에 이삭이 브엘라해로이에서 왔으니 그가 네게브 지역에 거주하였음이라
16:14

63 이삭이 저물 때에 들에 나가 묵상하다가 눈을 들어 보매 낙타들이 오는지라

64 리브가가 눈을 들어 이삭을 바라보고 낙타에서 내려

65 종에게 말하되 들에서 배회하다가 우리에게로 마주 오는 자가 누구냐 종이 이르되 이는 내 주인이니이다 리브가가 너울을 가지고 자기의 얼굴을 가리더라

66 종이 그 행한 일을 다 이삭에게 아뢰매

67 이삭이 리브가를 인도하여 그의 어머니 사라의 장막으로 들이고 그를 맞이하여 아내로 삼고 사랑하였으니 이삭이 그의 어머니를 장례한 후에 위로를 얻었더라

쌍둥이 에서와 야곱
(25:21-26)

아브라함이 죽다

25 아브라함이 후처를 맞이하였으니 그의 이름은 그두라라

2 그가 시므란과 욕산과 므단과 미디안과 이스박과 수아를 낳고

3 욕산은 스바와 드단을 낳았으며 드단의 자손은 앗수르 족속과 르두시 족속과 르움미 족속이며

4 미디안의 아들은 에바와 에벨과 하녹과 아비다와 엘다아이니 다 그두라의 자손이었더라

5 아브라함이 이삭에게 자기의 모든 소유를 주었으나
24:35, 36

6 자기 서자들에게도 재산을 주어 자기

생전에 그들로 하여금 자기 아들 이삭을 떠나 동방 곧 동쪽 땅으로 가게 하였더라
수 6:3

7 아브라함의 향년이 백칠십오 세라

8 그의 나이가 높고 늙어서 기운이 다하여 죽어 자기 열조에게로 돌아가매

9 그의 아들들인 이삭과 이스마엘이 그를 마므레 앞 헷 족속 소할의 아들 에브론의 밭에 있는 막벨라 굴에 장사하였으니

10 이것은 아브라함이 헷 족속에게서 산 밭이라 아브라함과 그의 아내 사라가 거기 장사되니라

11 아브라함이 죽은 후에 하나님이 그의 아들 이삭에게 복을 주셨고 이삭은 브엘라해로이 근처에 거주하였더라

이스마엘의 후예

12 ●사라의 여종 애굽인 하갈이 아브라함에게 낳은 아들 이스마엘의 족보는 이러하고
16:15

13 이스마엘의 아들들의 이름은 그 이름과 그 세대대로 이와 같으니라 이스마엘의 장자는 느바욧이요 그 다음은 게달과 앗브엘과 밉삼과

14 미스마와 두마와 맛사와

15 하닷과 데마와 여둘과 나비스와 게드마니

16 이들은 이스마엘의 아들들이요 그 촌과 부락대로 된 이름이며 그 족속대로는 열두 지도자들이었더라

17 이스마엘은 향년이 백삼십칠 세에 기운이 다하여 죽어 자기 백성에게로 돌아갔고

18 그 자손들은 하윌라에서부터 앗수르로 통하는 애굽 앞 술까지 이르러 그 모든 형제의 맞은편에 거주하였더라

에서와 야곱이 태어나다

19 ●아브라함의 아들 이삭의 족보는 이러하니라 아브라함이 이삭을 낳았고
20 이삭은 사십 세에 리브가를 맞이하여 아내를 삼았으니 리브가는 밧단 아람의 아람 족속 중 브두엘의 딸이요 아람 족속 중 라반의 누이였더라
21 이삭이 그의 아내가 임신하지 못하므로 그를 위하여 여호와께 간구하매 여호와께서 그의 간구를 들으셨으므로 그의 아내 리브가가 임신하였더니
22 그 아들들이 그의 태 속에서 서로 싸우는지라 그가 이르되 이럴 경우에는 내가 어찌할꼬 하고 가서 여호와께 묻자온대
23 여호와께서 그에게 이르시되 두 국민이 네 태중에 있구나 두 민족이 네 복중에서부터 나누이리라 이 족속이 저 족속보다 강하겠고 큰 자가 어린 자를 섬기리라 하셨더라

민 20:14

24 그 해산 기한이 찬즉 태에 쌍둥이가 있었는데
25 먼저 나온 자는 붉고 전신이 털옷 같아서 이름을 에서라 하였고
26 후에 나온 아우는 손으로 에서의 발꿈치를 잡았으므로 그 이름을 1)야곱이라 하였으며 리브가가 그들을 낳을 때에 이삭이 육십 세였더라

에서가 장자의 명분을 팔다

27 ●그 아이들이 장성하매 에서는 익숙한 사냥꾼이었으므로 들사람이 되고

서로 다른 두 형제
(25:27)

팥죽 한 그릇에 장자의 명분을 판 에서
(25:29-34)

야곱은 조용한 사람이었으므로 장막에 거주하니
28 이삭은 에서가 사냥한 고기를 좋아하므로 그를 사랑하고 리브가는 야곱을 사랑하였더라
29 야곱이 죽을 쑤었더니 에서가 들에서 돌아와서 심히 피곤하여
30 야곱에게 이르되 내가 피곤하니 그 붉은 것을 내가 먹게 하라 한지라 그러므로 에서의 별명은 2)에돔이더라
31 야곱이 이르되 형의 장자의 명분을 오늘 내게 팔라
32 에서가 이르되 내가 죽게 되었으니 이 장자의 명분이 내게 무엇이 유익하리요
33 야곱이 이르되 오늘 내게 맹세하라 에서가 맹세하고 장자의 명분을 야곱에게 판지라
34 야곱이 떡과 팥죽을 에서에게 주매 에서가 먹으며 마시고 일어나 갔으니 에서가 장자의 명분을 가볍게 여김이었더라

이삭이 그랄에 거주하다

26 아브라함 때에 첫 흉년이 들었더니 그 땅에 또 흉년이 들매 이삭이 그랄로 가서 블레셋 왕 아비멜렉에게 이르렀더니
2 여호와께서 이삭에게 나타나 이르시되 애굽으로 내려가지 말고 내가 네게 지시하는 땅에 거주하라

1)발꿈치를 잡았다는 뜻 2)붉음

3 이 땅에 거류하면 내가 너와 함께 있어 네게 복을 주고 내가 이 모든 땅을 너와 네 자손에게 주리라 내가 네 아버지 아브라함에게 맹세한 것을 이루어

4 네 자손을 하늘의 별과 같이 번성하게 하며 이 모든 땅을 네 자손에게 주리니 네 자손으로 말미암아 천하 만민이 복을 받으리라

5 이는 아브라함이 내 말을 순종하고 내 명령과 내 계명과 내 율례와 내 법도를 지켰음이라 하시니라

6 이삭이 그랄에 거주하였더니

7 그 곳 사람들이 그의 아내에 대하여 물으매 그가 말하기를 그는 내 누이라 하였으니 리브가는 보기에 아리따우므로 그 곳 백성이 리브가로 말미암아 자기를 죽일까 하여 그는 내 아내라 하기를 두려워함이었더라

8 이삭이 거기 오래 거주하였더니 이 곳 왕 아비멜렉이 창으로 내다본지라

9 이에 아비멜렉이 이삭을 불러 이르되 그가 분명히 네 아내거늘 어찌 네 누이라 하였느냐 이삭이 그에게 대답하되 내 생각에 그로 말미암아 내가 죽게 될까 두려워하였음이로라

10 아비멜렉이 이르되 네가 어찌 우리에게 이렇게 행하였느냐 백성 중 하나가 네 아내와 동침할 뻔하였도다 네가 죄를 우리에게 입혔으리라

11 아비멜렉이 이에 모든 백성에게 명하여 이르되 이 사람이나 그의 아내를 범하는 자는 죽이리라 하였더라

12 ●이삭이 그 땅에서 농사하여 그 해에

브엘세바 시대에 있는 이삭의 우물 (앞)과 아브라함 우물(뒤)
브엘세바는 이스라엘의 족장인 이삭의 중심 거주지였으며, 아브라함 집에서 쫓겨난 하갈과 그의 아들 이스마엘이 통곡한 곳이다.

백 배나 얻었고 여호와께서 복을 주시므로 26:3

13 그 사람이 창대하고 왕성하여 마침내 거부가 되어

14 양과 소가 떼를 이루고 종이 심히 많으므로 블레셋 사람이 그를 시기하여

15 그 아버지 아브라함 때에 그 아버지의 종들이 판 모든 우물을 막고 흙으로 메웠더라 21:25

16 아비멜렉이 이삭에게 이르되 네가 우리보다 크게 강성한즉 우리를 떠나라

17 이삭이 그 곳을 떠나 그랄 골짜기에 장막을 치고 거기 거류하며

18 그 아버지 아브라함 때에 팠던 우물들을 다시 팠으니 이는 아브라함이 죽은 후에 블레셋 사람이 그 우물들을 메웠음이라 이삭이 그 우물들의 이름을 그의 아버지가 부르던 이름으로 불렀더라

19 이삭의 종들이 골짜기를 파서 샘 근원을 얻었더니

20 그랄 목자들이 이삭의 목자와 다투어 이르되 이 물은 우리의 것이라 하매 이삭이 그 다툼으로 말미암아 그 우물 이름을 1)에섹이라 하였으며 요 4:10, 11

21 또 다른 우물을 팠더니 그들이 또 다투므로 그 이름을 2)싯나라 하였으며

22 이삭이 거기서 옮겨 다른 우물을 팠더니 그들이 다투지 아니하였으므로 그 이름을 3)르호봇이라 하여 이르되 이제는 여호와께서 우리를 위하여 넓게 하셨으니 이 땅에서 우리가 번성하리로다 하였더라

23 ●이삭이 거기서부터 브엘세바로 올

26 왜는 우엇이 기록되어 있을까?

이삭은 블레셋 왕 아비멜렉을 두려워하여 아내 리브가를 자신의 누이라고 속였어요. 한편, 이삭이 하나님의 축복으로 아주 큰 부자가 되자 블레셋 사람들이 이삭을 시기하고 괴롭혔지요. 그러나 이삭은 그들과 다투지 않고 조용히 다른 곳으로 옮겨갔답니다.

1) 다툼 2) 대적함 3) 장소가 넓음

라라더니

24 그 밤에 여호와께서 그에게 나타나 이르시되 나는 네 아버지 아브라함의 하나님이니 두려워하지 말라 내 종 아브라함을 위하여 내가 너와 함께 있어 네게 복을 주어 네 자손이 번성하게 하리라 하신지라

25 이삭이 그 곳에 제단을 쌓고, 여호와의 이름을 부르며 거기 장막을 쳤더니 이삭의 종들이 거기서도 우물을 팠더라

이삭과 아비멜렉의 계약

26 ●아비멜렉이 그 친구 아훗삿과 군대 장관 비골과 더불어 그랄에서부터 이삭에게로 온지라

27 이삭이 그들에게 이르되 너희가 나를 미워하여 나에게 너희를 떠나게 하였거늘 어찌하여 내게 왔느냐 26:16

28 그들이 이르되 여호와께서 너와 함께 계심을 우리가 분명히 보았으므로 우리의 사이 곧 우리와 너 사이에 맹세하여 너와 계약을 맺으리라 말하였노니

29 너는 우리를 해하지 말라 이는 우리가 너를 범하지 아니하고 선한 일만 네게 행하여 네가 평안히 가게 하였음이니라 이제 너는 여호와께 복을 받은 자니라

30 이삭이 그들을 위하여 잔치를 베풀매 그들이 먹고 마시고

31 아침에 일찍이 일어나 서로 맹세한 후에 이삭이 그들을 보내매 그들이 평안히 갔더라

32 그 날에 이삭의 종들이 자기들이 판 우물에 대하여 이삭에게 와서 알리어 이르되 우리가 물을 얻었나이다 하매

33 그가 그 이름을 세바라 한지라 그러므로 그 성읍 이름이 오늘까지 브엘세바더라

에서의 이방인 아내들

34 ●에서가 사십 세에 헷 족속 브에리의 딸 유딧과 헷 족속 엘론의 딸 바스맛을 아내로 맞이하였더니

35 그들이 이삭과 리브가의 마음에 근심이 되었더라 27:46

이삭이 야곱에게 축복하다

27 이삭이 나이가 많아 눈이 어두워 잘 보지 못하더니 맏아들 에서를 불러 이르되 내 아들아 하매 그가 이르되 내가 여기 있나이다 하니

2 이삭이 이르되 내가 이제 늙어 어느 날 죽을는지 알지 못하니

3 그런즉 네 기구 곧 화살통과 활을 가지고 들에 가서 나를 위하여 사냥하여

4 내가 즐기는 별미를 만들어 내게로 가져와서 먹게 하여 내가 죽기 전에 내 마음껏 네게 축복하게 하라 27:27

5 ●이삭이 그의 아들 에서에게 말할 때에 리브가가 들었더니 에서가 사냥하여 오려고 들로 나가매

6 리브가가 그의 아들 야곱에게 말하여 이르되 네 아버지가 네 형 에서에게 말씀하시는 것을 내가 들으니 이르시기를

7 나를 위하여 사냥하여 가져다가 별미를 만들어 내가 먹게 하여 죽기 전에 여호와 앞에서 네게 축복하게 하라 하셨으니

8 그런즉 내 아들아 내 말을 따라 내가 네게 명하는 대로

9 염소 떼에 가서 거기서 좋은 염소 새끼 두 마리를 내게로 가져오면 내가 그것

에서를 축복하려는 이삭
(27:1-4)

27장 에는 무엇이 기록되어 있을까?

에서에게서 장자의 명분을 가로챈 야곱은 이제 장자의 축복마저 가로챕니다. 이삭이 나이가 많아져서 앞이 잘 안 보이는 것을 이용하여 야곱이 에서 대신 장자의 축복을 받은 거지요. 사실 이것은 에서보다 야곱을 더 사랑하던 리브가가 꾸민 것이랍니다. 한편, 야곱에게 장자의 축복을 빼앗긴 에서는 야곱을 죽이려고 했으요.

으로 네 아버지를 위하여 그가 즐기시
는 별미를 만들리니

10 네가 그것을 네 아버지께 가져다 드려
서 그가 죽기 전에 네게 축복하기 위하
여 잡수시게 하라

11 야곱이 그 어머니 리브가에게 이르되
내 형 에서는 털이 많은 사람이요 나는
매끈매끈한 사람인즉

12 아버지께서 나를 만지실진대 내가 아버
지의 눈에 속이는 자로 보일지라 복
은 고사하고 저주를 받을까 하나이다

13 어머니가 그에게 이르되 내 아들아 너
의 저주는 내게로 돌리리니 내 말만 따
르고 가서 가져오라

14 그가 가서 끌어다가 어머니에게로 가
져왔더니 그의 어머니가 그의 아버지
가 즐기는 별미를 만들었더라

15 리브가가 집 안 자기에게 있는 그의 맏
아들 에서의 좋은 의복을 가져다가 그
의 작은 아들 야곱에게 입히고

16 또 염소 새끼의 가죽을 그의 손과 목의
매끈매끈한 곳에 입히고

17 자기가 만든 별미와 떡을 자기 아들 야
곱의 손에 주니

18 야곱이 아버지에게 나아가서 내 아버
지여 하고 부르니 이르되 내가 여기 있
노라 내 아들아 네가 누구냐

19 야곱이 아버지에게 대답하되 나는 아
버지의 맏아들 에서로소이다 아버지
께서 내게 명하신 대로 내가 하였사오
니 원하건대 일어나 앉아서 내가 사냥
한 고기를 잡
수시고 아버
지 마음껏 내
게 축복하소
서 27:4

20 이삭이 야곱에게 이르
되 내 아들
아 네가 어
떻게 이같

이삭을 속이는 야곱과 리브가
(27:11-17)

이 속히 잡았느냐 그가 이르되 아버지
의 하나님 여호와께서 나로 순조롭게
만나게 하셨음이니이다

21 이삭이 야곱에게 이르되 내 아들아 가
까이 오라 네가 과연 내 아들 에서인지
아닌지 내가 너를 만져보려 하노라

22 야곱이 그의 아버지 이삭에게 가까이 가니
이삭이 만지며 이르되 음성은 야곱의
음성이나 손은 에서의 손이로다 하며

23 그의 손이 형 에서의 손과 같이 털이 있
으므로 분별하지 못하고 축복하였더
라 27:16

24 이삭이 이르되 네가 참 내 아들 에서냐
그가 대답하되 그러하니이다

25 이삭이 이르되 내게로 가져오라 내 아
들이 사냥한 고기를 먹고 내 마음껏 네
게 축복하리라 야곱이 그에게로 가져
가매 그가 먹고 또 포도주를 가져가매
그가 마시고

26 그의 아버지 이삭이 그에게 이르되 내
아들아 가까이 와서 내게 입맞추라

27 그가 가까이 가서 그에게 입맞추니 아
버지가 그의 옷의 향취를 맡고 그에게
축복하여 이르되
내 아들의 향취는 여호와께서 복 주
신 밭의 향취로다

28 하나님은 하늘의 이슬과 땅의 기름
짐이며 풍성한 곡식과 포도주를 네
게 주시기를 원하노라

29 만민이 너를 섬기고 열국이 네게 굴
복하리니 네가 형제들의 주가 되고
네 어머니의 아들들이 네게 굴복하
며 너를 저주하는 자는 저주를 받고
너를 축복하는 자는 복을 받기를 원
하노라

30 이삭이 야곱에게 축복하기를 마치매
야곱이 그의 아버지 이삭 앞에서 나가
자 곧 그의 형 에서가 사냥하여 돌아온
지라

31 그가 별미를 만들어 아버지에게로 가
지고 가서 이르되 아버지여 일어나서
아들이 사냥한 고기를 잡수시고 마음

껏 내게 축복하소서

32 그의 아버지 이삭이 그에게 이르되 너는 누구냐 그가 대답하되 나는 아버지의 아들 곧 아버지의 맏아들 에서로소이다

33 이삭이 심히 크게 떨며 이르되 그러면 사냥한 고기를 내게 가져와 그 자가 누구냐 네가 오기 전에 내가 다 먹고 그를 위하여 축복하였은즉 그가 반드시 복을 받을 것이니라

34 에서가 그의 아버지의 말을 듣고 소리 질러 슬피 울며 아버지에게 이르되 내 아버지여 내게 축복하소서 내게도 그리하소서

35 이삭이 이르되 네 아우가 와서 속여 네 복을 빼앗았도다

36 에서가 이르되 그의 이름을 야곱이라 함이 합당하지 아니하니이까 그가 나를 속임이 이것이 두 번째니이다 전에는 나의 장자의 명분을 빼앗고 이제는 내 복을 빼앗았나이다 또 이르되 아버지께서 나를 위하여 빌 복을 남기지 아니하셨나이까

37 이삭이 에서에게 대답하여 이르되 내가 그를 너의 주로 세우고 그의 모든 형제를 내가 그에게 종으로 주었으며 곡식과 포도주를 그에게 주었으니 내 아들아 내가 네게 무엇을 할 수 있으랴

38 에서가 아버지에게 이르되 내 아버지여 아버지가 빌 복이 이 하나 뿐이리이까 내 아버지여 내게 축복하소서 내게도 그리하소서 하고 소리를 높여 우니

39 그 아버지 이삭이 그에게 대답하여 이르되

축복받는 야곱
(27:27-29)

네 주소는 땅의 기름짐에서 멀고 내리는 하늘 이슬에서 멀 것이며

40 너는 칼을 믿고 생활하겠고 네 아우를 섬길 것이며 네가 매임을 벗을 때에는 그 멍에를 네 목에서 떨쳐버리리라

하였더라

41 그의 아버지가 야곱에게 축복한 그 축복으로 말미암아 에서가 야곱을 미워하여 심중에 이르기를 아버지를 곡할 때가 가까웠은즉 내가 내 아우 야곱을 죽이리라 하였더니

42 맏아들 에서의 이 말이 리브가에게 들리매 이에 사람을 보내어 작은 아들 야곱을 불러 그에게 이르되 네 형 에서가 너를 죽여 그 한을 풀려 하니

43 내 아들아 내 말을 따라 일어나 하란으로 가서 내 오라버니 라반에게로 피신하여 24:29

44 네 형의 노가 풀리기까지 몇 날 동안 그와 함께 거주하라

45 네 형의 분노가 풀려 네가 자기에게 행

한 것을 잊어버리거든 내가 곧 사람을 보내어 너를 거기서 불러오리라 어찌 하루에 너희 둘을 잃으랴

밧단아람으로 도망가는 야곱 (28:7)

이삭이 야곱을 리브가에게 보내다

46 ●리브가가 이삭에게 이르되 내가 헷 사람의 딸들로 말미암아 내 삶이 싫어 졌거늘 야곱이 만일 이 땅의 딸들 곧 그들과 같은 헷 사람의 딸들 중에서 아내를 맞이하면 내 삶이 내게 무슨 재미가 있으리이까   26:34, 35

28 이삭이 야곱을 불러 그에게 축복하고 또 당부하여 이르되 너는 가나안 사람의 딸들 중에서 아내를 맞이하지 말고

2 일어나 밧단아람으로 가서 네 외조부 브두엘의 집에 이르러 거기서 네 외삼촌 라반의 딸 중에서 아내를 맞이하라

3 전능하신 하나님이 네게 복을 주시어 네가 생육하고 번성하게 하여 네가 여러 족속을 이루게 하시고   17:1, 6

4 아브라함에게 허락하신 복을 네게 주시되 너와 너와 함께 네 자손에게도 주사 하나님이 아브라함에게 주신 땅 곧 네가 거류하는 땅을 네가 차지하게 하시기를 원하노라

5 이에 이삭이 야곱을 보내매 그가 밧단아람으로 가서 라반에게 이르렀으니 라반은 아람 사람 브두엘의 아들이요 야곱과 에서의 어머니 리브가의 오라비더라

에서가 다른 아내를 맞이하다

6 ●에서가 본즉 이삭이 야곱에게 축복하고 그를 밧단아람으로 보내어 거기서 아내를 맞이하게 하였고 또 그에게 축복하고 명하기를 너는 가나안 사람

의 딸들 중에서 아내를 맞이하지 말라 하였고   28:1

7 또 야곱이 부모의 명을 따라 밧단아람으로 갔으며   27:8

8 에서가 또 본즉 가나안 사람의 딸들이 그의 아버지 이삭을 기쁘게 하지 못하는지라

9 이에 에서가 이스마엘에게 가서 그 본처들 외에 아브라함의 아들 이스마엘의 딸이요 느바욧의 누이인 마할랏을 아내로 맞이하였더라

야곱이 벧엘에서 꿈을 꾸다

10 ●야곱이 브엘세바에서 떠나 하란으로 향하여 가더니

11 한 곳에 이르러는 해가 진지라 거기서 유숙하려고 그 곳의 한 돌을 가져다가 베개로 삼고 거기 누워 자더니

12 꿈에 본즉 사닥다리가 땅 위에 서 있는데 그 꼭대기가 하늘에 닿았고 또 본즉 하나님의 사자들이 그 위에서 오르락내리락 하고

13 또 본즉 여호와께서 그 위에 서서 이르시되 나는 여호와니 너의 조부 아브라함의 하나님이요 이삭의 하나님이라 네가 누워 있는 땅을 내가 너와 네 자손에게 주리니

14 네 자손이 땅의 티끌 같이 되어 네가 서쪽과 동쪽과 북쪽과 남쪽으로 퍼져나갈지며 땅의 모든 족속이 너와 네 자손으로 말미암아 복을 받으리라

15 내가 너와 함께 있어 네가 어디로 가든지 너를 지키며 너를 이끌어 이 땅으로 돌아오게 할지라 내가 네게 허락한 것

28장 에는 무엇이 기록되어 있을까?

야곱은 에서를 피해 삼촌 라반의 집으로 떠나가게 되었어요. 이삭은 야곱을 축복하면서 가나안의 딸들 중에서 아내를 삼지 말고 삼촌 라반의 딸들 중에서 아내를 삼으라고 당부했어요. 벧엘에서 하룻밤을 머무르게 된 야곱은 꿈속에서 하나님을 만나 놀라운 축복을 받게 되었답니다.

돌베개를 베고 잠이 든 야곱(28:11)

을 다 이루기까지 너를 떠나지 아니하리라 하신지라

16 야곱이 잠이 깨어 이르되 여호와께서 과연 여기 계시거늘 내가 알지 못하였도다

17 이에 두려워하여 이르되 두렵도다 이곳이여 이것은 다름 아닌 하나님의 집이요 이는 하늘의 문이로다 하고

18 야곱이 아침에 일찍이 일어나 베개로 삼았던 돌을 가져다가 기둥으로 세우고 그 위에 기름을 붓고

19 그 곳 이름을 1) 벧엘이라 하였더라 이 성의 옛 이름은 루스더라

20 야곱이 서원하여 이르되 하나님이 나와 함께 계셔서 내가 가는 이 길에서 나를 지키시고 먹을 떡과 입을 옷을 주시어

21 내가 평안히 아버지 집으로 돌아가게 하시오면 여호와께서 나의 하나님이 되실 것이요

22 내가 기둥으로 세운 이 돌이 하나님의 집이 될 것이요 하나님께서 내게 주신 모든 것에서 십분의 일을 내가 반드시 하나님께 드리겠나이다 하였더라

야곱이 라반의 집에 이르다

29

야곱이 길을 떠나 동방 사람의 땅에 이르러

2 본즉 들에 우물이 있고 그 곁에 양 세 떼가 누워 있으니 이는 목자들이 그 우물에서 양 떼에게 물을 먹임이라 큰 돌로 우물 아귀를 덮었다가

3 모든 떼가 모이면 그들이 우물 아귀에서 돌을 옮기고 그 양 떼에게 물을 먹

이고는 우물 아귀 그 자리에 다시 그 돌을 덮더라

4 야곱이 그들에게 이르되 내 형제여 어디서 왔느냐 그들이 이르되 하란에서 왔노라

5 야곱이 그들에게 이르되 너희가 나홀의 손자 라반을 아느냐 그들이 이르되 아노라

6 야곱이 그들에게 이르되 그가 평안하냐 이르되 평안하니라 그의 딸 라헬이 지금 양을 몰고 오느니라

7 야곱이 이르되 해가 아직 높은즉 가축 모일 때가 아니니 양에게 물을 먹이고 가서 풀을 뜯게 하라

8 그들이 이르되 우리가 그리하지 못하겠노라 떼가 다 모이고 목자들이 우물 아귀에서 돌을 옮겨야 우리가 양에게 물을 먹이느니라

9 야곱이 그들과 말하는 동안에 라헬이 그의 아버지의 양과 함께 오니 그가 그의 양들을 치고 있었기 때문이더라

10 야곱이 그의 외삼촌 라반의 딸 라헬과 그의 외삼촌의 양을 보고 나아가 우물 아귀에서 돌을 옮기고 외삼촌 라반의 양 떼에게 물을 먹이고

11 그가 라헬에게 입맞추고 소리 내어 울며

12 그에게 자기가 그의 아버지의 생질이요 리브가의 아들 됨을 말하였더니 라헬이 달려가서 그 아버지에게 알리매

13 라반이 그의 생질 야곱의 소식을 듣고 달려와서 그를 영접하여 안고 입맞추며 자기 집으로 인도하여 들이니 야곱

꿈에서 하나님을 만난 야곱(28:12-15)

1) 하나님의 집

이 자기의 모든 일을 라반에게 말하매

14 라반이 이르되 너는 참으로 내 혈육이로다 하였더라 야곱이 한 달을 그와 함께 거주하더니

15 라반이 야곱에게 이르되 네가 비록 내 생질이나 어찌 그저 내 일을 하겠느냐 네 품삯을 어떻게 할지 내게 말하라

16 라반에게 두 딸이 있으니 언니의 이름은 레아요 아우의 이름은 라헬이라

17 레아는 시력이 약하고 라헬은 곱고 아리따우니

18 야곱이 라헬을 더 사랑하므로 대답하되 내가 외삼촌의 작은 딸 라헬을 위하여 외삼촌에게 칠 년을 섬기리이다

19 라반이 이르되 그를 네게 주는 것이 타인에게 주는 것보다 나으니 나와 함께 있으라

20 야곱이 라헬을 위하여 칠 년 동안 라반을 섬겼으나 그를 사랑하는 까닭에 칠 년을 며칠 같이 여겼더라

할꽃채(30:14-15) 이것을 먹으면 임신할 수 있는 능력을 얻을 수 있다고 믿었다.

야곱이 레아와 라헬을 아내로 맞다

21 ●야곱이 라반에게 이르되 내 기한이 찼으니 내 아내를 내게 주소서 내가 그에게 들어가겠나이다

22 라반이 그 곳 사람을 다 모아 잔치하고

23 저녁에 그의 딸 레아를 야곱에게 데려가매 야곱이 그에게로 들어가니라

24 라반이 또 그의 여종 실바를 그의 딸 레아에게 시녀로 주었더라

25 야곱이 아침에 보니 레아라 라반에게 이르되 외삼촌이 어찌하여 내게 이같이 행하셨나이까 내가 라헬을 위하여 외삼촌을 섬기지 아니하였나이까 외삼촌이 나를 속이심은 어찌됨이니이까

26 라반이 이르되 언니보다 아우를 먼저 주는 것은 우리 지방에서 하지 아니하는 바이나

27 이를 위하여 칠 일을 채우라 우리가 그도 네게 주리니 네가 또 나를 칠 년 동안 섬길지니라

28 야곱이 그대로 하여 그 칠 일을 채우매 라반이 딸 라헬도 그에게 아내로 주고

29 라반이 또 그의 여종 빌하를 그의 딸 라헬에게 주어 시녀가 되게 하매

30 야곱이 또한 라헬에게로 들어갔고 그가 레아보다 라헬을 더 사랑하여 다시 칠 년 동안 라반을 섬겼더라

야곱에게 아이들이 생기다

31 ●여호와께서 레아가 사랑 받지 못함을 보시고 그의 태를 여셨으나 라헬은 자녀가 없었더라

32 레아가 임신하여 아들을 낳고 그 이름을 1)르우벤이라 하여 이르되 여호와께서 나의 괴로움을 돌보셨으니 이제는 내 남편이 나를 사랑하리로다 하였더라

33 그가 다시 임신하여 아들을 낳고 이르되 여호와께서 내가 사랑 받지 못함을 들으셨으므로 내게 이 아들도 주셨도다 하고 그의 이름을 2)시므온이라 하였으며

34 그가 또 임신하여 아들을 낳고 이르되 내가 그에게 세 아들을 낳았으니 내 남편이 지금부터 나와 연합하리로다 하고 그의 이름을 3)레위라 하였으며 49:5

35 그가 또 임신하여 아들을 낳고 이르되

29장 에는 무엇이 기록되어 있을까?

야곱은 삼촌 라반의 두 딸과 결혼하여 아들들을 얻게 되었어요. 형 에서를 속여 장자의 명분과 축복을 빼앗은 야곱은 이제 삼촌 라반에게 속임을 당하게 되었지요. 하지만 야곱은 라헬을 너무나도 사랑했기 때문에 14년이라는 세월을 힘든 줄도 모르고 성실하게 일했답니다.

1) 보라 아들이라 2) 들으심 3) 연합함

내가 이제는 여호와를 찬송하리로다 하고 이로 말미암아 그가 그의 이름을 1)유다라 하였고 그의 출산이 멈추었더라

30 라헬이 자기가 야곱에게서 아들을 낳지 못함을 보고 그의 언니를 시기하여 야곱에게 이르되 내게 자식을 낳게 하라 그렇지 아니하면 내가 죽겠노라

2 야곱이 라헬에게 성을 내어 이르되 그대를 임신하지 못하게 하시는 이는 하나님이시니 내가 하나님을 대신하겠느냐

3 라헬이 이르되 내 여종 빌하에게로 들어가라 그가 아들을 낳아 내 무릎에 두리니 그러면 나도 그로 말미암아 자식을 얻겠노라 하고

4 그의 시녀 빌하를 남편에게 아내로 주매 야곱이 그에게로 들어갔더니

5 빌하가 임신하여 야곱에게 아들을 낳은지라

6 라헬이 이르되 하나님이 내 억울함을 푸시려고 내 호소를 들으사 내게 아들을 주셨다 하고 이로 말미암아 그의 이름을 2)단이라 하였으며

7 라헬의 시녀 빌하가 다시 임신하여 둘째 아들을 야곱에게 낳으매

8 라헬이 이르되 내가 언니와 크게 경쟁하여 이겼다 하고 그의 이름을 3)납달리라 하였더라

9 ●레아가 자기의 출산이 멈춤을 보고 그의 시녀 실바를 데려다가 야곱에게 주어 아내로 삼게 하였더니

10 레아의 시녀 실바가 야곱에게서 아들을 낳으매

11 레아가 이르되 복되도다 하고 그의 이름을 4)갓이라 하였으며

12 레아의 시녀 실바가 둘째 아들을 야곱에게 낳으매

13 레아가 이르되 기쁘도다 모든 딸들이 나를 기쁜 자라 하리로다 하고 그의 이름을 5)아셀이라 하였더라

14 ●밀 거둘 때 르우벤이 나가서 들에서 합환채를 얻어 그의 어머니 레아에게 드렸더니 라헬이 레아에게 이르되 언니의 아들의 합환채를 청구하노라

15 레아가 그에게 이르되 네가 내 남편을 빼앗은 것이 작은 일이냐 그런데 네가 내 아들의 합환채도 빼앗고자 하느냐 라헬이 이르되 그러면 언니의 아들의 합환채 대신에 오늘 밤에 내 남편이 언니와 동침하리라 하니라

16 저물 때에 야곱이 들에서 돌아오매 레아가 나와서 그를 영접하며 이르되 내게로 들어오라 내가 내 아들의 합환채로 당신을 샀노라 그 밤에 야곱이 그와 동침하였더라

17 하나님이 레아의 소원을 들으셨으므로 그가 임신하여 다섯째 아들을 야곱에게 낳은지라

18 레아가 이르되 내가 내 시녀를 내 남편에게 주었으므로 하나님이 내게 그 값을 주셨다 하고 그의 이름을 6)잇사갈이라 하였으며

19 레아가 다시 임신하여 여섯째 아들을 야곱에게 낳은지라

20 레아가 이르되 하나님이 내게 후한 선물을 주시도다 내가 남편에게 여섯 아들을 낳았으니 이제는 그가 나와 함께

---

1) 찬송함 2) 억울함을 푸심 3) 경쟁함 4) 복됨 5) 기쁨 6) 값

생질(29:15) 누이의 아들.
품삯(29:15) 일을 한 데 대하여 보수로 주는 돈이나 물품을 말함.
태(29:31) 뱃속의 아기를 싸고 있는 태반과 탯줄의 총칭.
시녀(30:4) 시중드는 여자.
청구(30:14) 달라고 요구함.
영접(30:16) 손님을 맞아 대접함.

30장 에는 무엇이 기록되어 있을까?

레아와 라헬은 자신들의 시녀를 야곱에게 주면서까지 서로 시기하며 경쟁적으로 야곱의 아들들을 낳았어요. 한편 야곱이 자신의 고향으로 되돌아가려고 하자, 라반은 야곱에게 새로운 품삯을 약속하면서 야곱을 붙들었어요. 야곱은 아주 불리한 조건의 품삯을 약속받았지만 하나님의 축복으로 부유해졌답니다.

살리라 하고 그의 이름을 1)스불론이라
하였으며

21 그 후에 그가 딸을 낳고 그의 이름을 디
나라 하였더라

22 하나님이 라헬을 생각하신지라 하나
님이 그의 소원을 들으시고 그의 태를
여셨으므로

23 그가 임신하여 아들을 낳고 이르되 하
나님이 내 부끄러움을 씻으셨다 하고

24 그 이름을 2)요셉이라 하니 여호와는
다시 다른 아들을 내게 더하시기를 원
하노라 하였더라

야곱이 라반과 품삯을 정하다

25 ●라헬이 요셉을 낳았을 때에 야곱이
라반에게 이르되 나를 보내어 내 고향
나의 땅으로 가게 하시되

26 내가 외삼촌에게서 일하고 얻은 처자를
내게 주시어 나로 가게 하소서 내가 외
삼촌에게 한 일은 외삼촌이 아시나이다

27 라반이 그에게 이르되 여호와께서 너
로 말미암아 내게 복 주신 줄을 내가 깨
달았노니 네가 나를 사랑스럽게 여기
거든 그대로 있으라

28 또 이르되 네 품삯을 정하라 내가 그것
을 주리라 29:15

29 야곱이 그에게 이르되 내가 어떻게 외
삼촌을 섬겼는지, 어떻게 외삼촌의 가
축을 쳤는지 외삼촌이 아시나이다

30 내가 오기 전에는 외삼촌의 소유가 적
더니 번성하여 떼를 이루었으니 내 발
이 이르는 곳마다 여호와께서 외삼촌
에게 복을 주셨나이다 그러나 나는 언
제나 내 집을 세우리이까

31 라반이 이르되 내가 무엇으로 네게 주
랴 야곱이 이르되 외삼촌께서 내게 아
무것도 주시지 않아도 나를 위하여 이
일을 행하시면 내가 다시 외삼촌의 양
떼를 먹이고 지키리이다

32 오늘 내가 외삼촌의 양 떼에 두루 다니
며 그 양 중에 아롱진 것과 점 있는 것
과 검은 것을 가려내며 또 염소 중에 점
있는 것과 아롱진 것을 가려내리니 이
같은 것이 내 품삯이 되리이다

33 후일에 외삼촌께서 오셔서 내 품삯을
조사하실 때에 나의 의가 내 대답이 되
리라 내게 혹시 염소 중 아롱지지 아
니한 것이나 점이 없는 것이나 양 중에
검지 아니한 것이 있거든 다 도둑질한
것으로 인정하소서 37:6

34 라반이 이르되 내가 네 말대로 하리라
하고

35 그 날에 그가 숫염소 중 얼룩무늬 있는
것과 점 있는 것을 가리고 암염소 중
흰 바탕에 아롱진 것과 점 있는 것을
가리고 양 중의 검은 것들을 가려 자기
아들들의 손에 맡기고

36 자기와 야곱의 사이를 사흘 길이 뜨게
하였고 야곱은 라반의 남은 양 떼를 치
니라

37 ●야곱이 버드나무와 살구나무와 신풍
나무의 푸른 가지를 가져다가 그것들
의 껍질을 벗겨 흰 무늬를 내고 31:9-12

38 그 껍질 벗긴 가지를 양 떼가 와서 먹
는 개천의 물 구유에 세워 양 떼를 향
하게 하매 그 떼가 물을 먹으러 올 때
에 새끼를 배니

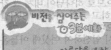

아름다운 유산

낙서와 그림을 좋아하던 소년 '월트 디즈니'는
1955년에 세계적인 위원회 '디즈니랜드'를 개장하
고 1966년에 죽었어요. 그후 1971년에 디즈니랜드
의 100배가 넘는 '디즈니 월드'가 완성되어 개장하
였지요. 디즈니는 디즈니 월드를 자신의 눈으로는 직
접 보지는 못했지만, 꿈으로 그것을 미리 보았고 또
그 꿈대로 그것이 완성되게 하였어요.

월트가 가진 꿈은 월트를 이끌어주었고, 그의 꿈은
다른 사람들에게도 전달되어 또 그들을 이끌었습니
다. 월트가 죽은 후에도 그의 꿈은 여전히 살아서 많
은 사람을 이끌었고, 결국 그의 꿈은 현실로 이루어
졌어요. 그는 지금까지도 많은 사람들에게 아름다운
꿈과 사업을 물려주고 있답니다.

---

1)거함 2)더함

39 가지 앞에서 새끼를 배므로 얼룩얼룩한 것과 점이 있고 아롱진 것을 낳은지라

40 야곱이 새끼 양을 구분하고 그 얼룩무늬와 검은 빛 있는 것을 라반의 양과 서로 마주보게 하며 자기 양을 따로 두어 라반의 양과 섞이지 않게 하며

41 튼튼한 양이 새끼 밸 때에는 야곱이 개천에다가 양 떼의 눈 앞에 그 가지를 두어 양이 그 가지 곁에서 새끼를 배게 하고

42 약한 양이면 그 가지를 두지 아니하니 그렇게 함으로 약한 것은 라반의 것이 되고 튼튼한 것은 야곱의 것이 된지라

43 이에 그 사람이 매우 번창하여 양 떼와 노비와 낙타와 나귀가 많았더라 □32:16

야곱이 라반을 떠나다

31 야곱이 라반의 아들들이 하는 말을 들은즉 야곱이 우리 아버지의 소유를 다 빼앗고 우리 아버지의 소유로 말미암아 이 모든 재물을 모았다 하는지라

2 야곱이 라반의 안색을 본즉 자기에게 대하여 전과 같지 아니하더라

3 여호와께서 야곱에게 이르시되 네 조상의 땅 네 족속에게로 돌아가라 내가 너와 함께 있으리라 하신지라 □28:15

4 야곱이 사람을 보내어 라헬과 레아를 자기 양 떼가 있는 들로 불러다가

5 그들에게 이르되 내가 그대들의 아버지의 안색을 본즉 내게 대하여 전과 같지 아니하도다 그러할지라도 내 아버지의 하나님은 나와 함께 계셨느니라

6 그대들도 알거니와 내가 힘을 다하여 그대들의 아버지를 섬겼거늘

7 그대들의 아버지가 나를 속여 품삯을

부자가 되었으나 고향으로 돌아가고 싶어하는 야곱(31:1-3)

열 번이나 변경하였느니라 그러나 하나님이 그를 막으사 나를 해치지 못하게 하셨으며

8 그가 이르기를 점 있는 것이 네 삯이 되리라 하면 온 양 떼가 낳은 것이 점 있는 것이요 또 얼룩무늬 있는 것이 네 삯이 되리라 하면 온 양 떼가 낳은 것이 얼룩무늬 있는 것이니

9 하나님이 이같이 그대들의 아버지의 가축을 빼앗아 내게 주셨느니라

10 그 양 떼가 새끼 밸 때에 내가 꿈에 눈을 들어 보니 양 떼를 탄 숫양은 다 얼룩무늬 있는 것과 점 있는 것과 아롱진 것이었더라

11 꿈에 하나님의 사자가 내게 말씀하시기를 야곱아 하기로 내가 대답하기를 여기 있나이다 하매

12 이르시되 네 눈을 들어 보라 양 떼를 탄 숫양은 다 얼룩무늬 있는 것, 점 있는 것과 아롱진 것이니라 라반이 네게 행한 모든 것을 내가 보았노라

13 나는 벧엘의 하나님이라 네가 거기서 기둥에 기름을 붓고 거기서 내게 서원하였으니 지금 일어나 이 곳을 떠나서 네 출생지로 돌아가라 하셨느니라

14 라헬과 레아가 그에게 대답하여 이르되 우리가 우리 아버지 집에서 무슨 분깃이나 유산이 있으리요

15 아버지가 우리를 팔고 우리의 돈을 다 먹어버렸으니 아버지가 우리를 외국인처럼 여기는 것이 아닌가

31 창 에는 무엇이 기록되어 있을까?

야곱의 재산이 늘어가자, 라반은 야곱을 못마땅하게 여겼어요. 마침 꿈속에서 가나안으로 돌아가라는 하나님의 지시를 받은 야곱은 라반 몰래 고향을 향해 길을 떠납니다. 뒤늦게 야곱을 뒤쫓아간 라반은 하나님의 도우심으로 야곱 일행을 축복하면서 보내주었답니다.

드라빔(31:19)

16 하나님이 우리 아버지에게서 취하여 가신 재물은 우리와 우리 자식의 것이니 이제 하나님이 당신에게 이르신 일을 다 준행하라

17 ●야곱이 일어나 자식들과 아내들을 낙타들에게 태우고

18 그 모은 바 모든 가축과 모든 소유물 곧 그가 밧단아람에서 모은 가축을 이끌고 가나안 땅에 있는 그의 아버지 이삭에게로 가려 할새

19 그 때에 라반이 양털을 깎으러 갔으므로 라헬은 그의 아버지의 드라빔을 도둑질하고

20 야곱은 그 거취를 아람 사람 라반에게 말하지 아니하고 가만히 떠났더라

21 그가 그의 모든 소유를 이끌고 강을 건너 길르앗 산을 향하여 도망한 지 37:25

22 삼 일 만에 야곱이 도망한 것이 라반에게 들린지라 30:36

23 라반이 그의 형제를 거느리고 칠 일 길을 쫓아가 길르앗 산에서 그에게 이르렀더니 13:8

24 밤에 하나님이 아람 사람 라반에게 현몽하여 이르시되 너는 삼가 야곱에게 선악간에 말하지 말라 하셨더라

25 라반이 야곱을 뒤쫓아 이르렀으니 야곱이 그 산에 장막을 친지라 라반이 그 형제와 더불어 길르앗 산에 장막을 치고

26 라반이 야곱에게 이르되 네가 나를 속이고 내 딸들을 칼에 사로잡은 자 같이 끌고 갔으니 어찌 이같이 하였느냐

27 내가 즐거움과 노래와 북과 수금으로 너를 보내겠거늘 어찌하여 네가 나를 속이고 가만히 도망하고 내게 알리지 아니하였으며

28 내가 내 손자들과 딸들에게 입맞추지 못하게 하였으니 네 행위가 참으로 어리석도다

29 너를 해할 만한 능력이 내 손에 있으나 너희 아버지의 하나님이 어제 밤에 내게 말씀하시기를 너는 삼가 야곱에게 선악간에 말하지 말라 하셨느니라

30 이제 네가 네 아버지 집을 사모하여 돌아가려는 것은 옳거니와 어찌 내 신을 도둑질하였느냐

31 야곱이 라반에게 대답하여 이르되 내가 생각하기를 외삼촌이 외삼촌의 딸들을 내게서 억지로 빼앗으리라 하여 두려워하였음이니이다

32 외삼촌의 신을 누구에게서 찾든지 그는 살지 못할 것이요 우리 형제들 앞에서 무엇이든지 외삼촌의 것이 발견되거든 외삼촌에게로 가져가소서 하니 야곱은 라헬이 그것을 도둑질한 줄을 알지 못함이었더라 44:9

33 라반이 야곱의 장막에 들어가고 레아의 장막에 들어가고 두 여종의 장막에 들어갔으나 찾지 못하고 레아의 장막에서 나와 라헬의 장막에 들어가매

술술 풀리는 **성경 말씀**

드라빔

'수호신들'이라는 뜻으로, 사람의 모양을 하고 있는 일종의 우상이에요. 고대의 '누지 문서'에 의하면, 드라빔은 한 집안의 호주 또는 상속자를 나타내는 상징이었다고 해요.

야곱은 가나안으로 떠날 것을 결심하고 아내들과 함께 의논하는데, 레아와 라헬은 야곱의 의견을 흔쾌히 따르면서 아버지 라반이 자신들에게 줄 돈을 가로챘다고 비난했어요. 라헬은 라반에 대한 반항의 표시로 그의 드라빔을 훔쳤지요.

라반은 드라빔을 찾기 위해서 야곱의 짐을 전부 뒤졌지만, 라헬의 지혜로운 행동으로 결국은 발견하지 못했어요. 낙타 안장 속에 숨겨져 있던 이 수호신상은 아무런 능력도 발휘하지 못했답니다.

31장 19절

34 라헬이 그 드라빔을 가져 낙타 안장 아래에 넣고 그 위에 앉은지라 라반이 그 장막에서 찾다가 찾아내지 못하매

35 라헬이 그의 아버지에게 이르되 마침 생리가 있어 일어나서 영접할 수 없사오니 내 주는 노하지 마소서 하니라 라반이 그 드라빔을 두루 찾다가 찾아내지 못한지라

36 야곱이 노하여 라반을 책망할새 야곱이 라반에게 대답하여 이르되 내 허물이 무엇이니이까 무슨 죄가 있기에 외삼촌께서 내 뒤를 급히 추격하나이까

37 외삼촌께서 내 물건을 다 뒤져보셨으니 외삼촌의 집안 물건 중에서 무엇을 찾아내었나이까 여기 내 형제와 외삼촌의 형제 앞에 그것을 두고 우리 둘 사이에 판단하게 하소서

38 내가 이 이십 년을 외삼촌과 함께 하였거니와 외삼촌의 암양들이나 암염소들이 낙태하지 아니하였고 또 외삼촌의 양 떼의 숫양을 내가 먹지 아니하였으며

39 물려 찢긴 것은 내가 외삼촌에게로 가져가지 아니하고 낮에 도둑을 맞았든지 밤에 도둑을 맞았든지 외삼촌이 그것을 내 손에서 찾았으므로 내가 스스로 그것을 보충하였으며

40 내가 이와 같이 낮에는 더위와 밤에는 추위를 무릅쓰고 눈 붙일 겨를도 없이 지냈나이다

41 내가 외삼촌의 집에 있는 이 이십 년 동안 외삼촌의 두 딸을 위하여 십사 년, 외삼촌의 양 떼를 위하여 육 년을 외삼촌에게 봉사하였거니와 외삼촌께서 내 품삯을 열 번이나 바꾸셨으며

42 우리 아버지의 하나님, 아브라함의 하나님 곧 이삭이 경외하는 이가 나와 함께 계시지 아니하셨더라면 외삼촌께서 이제 나를 빈손으로 돌려보내셨으리이다마는 하나님이 내 고난과 내 손의 수고를 보시고 어제 밤에 외삼촌을 책망하셨나이다

야곱과 라반의 언약

43 ● 라반이 야곱에게 대답하여 이르되 딸들은 내 딸이요 자식들은 내 자식이요 양 떼는 내 양 떼요 네가 보는 것은 다 내 것이라 내가 오늘 내 딸들과 그들이 낳은 자식들에게 무엇을 하겠느냐

44 이제 오라 너와 내가 언약을 맺고 그것으로 너와 나 사이에 증거를 삼을 것이니라

45 이에 야곱이 돌을 가져다가 기둥으로 세우고

46 또 그 형제들에게 돌을 모으라 하니 그들이 돌을 가져다가 무더기를 이루매 무리가 거기 무더기 곁에서 먹고

47 라반은 그것을 1)여갈사하두다라 불렀고 야곱은 그것을 2)갈르엣이라 불렀으니

48 라반의 말에 오늘 이 무더기가 너와 나 사이에 증거가 된다 하였으므로 그 이름을 갈르엣이라 불렀으니

49 또 미스바라 하였으니 이는 그의 말에 우리가 서로 떠나 있을 때에 여호와께서 나와 너 사이를 살피시옵소서 함이라

50 만일 네가 내 딸을 박대하거나 내 딸들 외에 다른 아내들을 맞이하면 우리와 함께 할 사람은 없어도 보라 하나님이 나와 너 사이에 증인이 되시느니라 함이었더라

51 라반이 또 야곱에게 이르되 내가 나와 너 사이에 둔 이 무더기를 보라 또 이 기둥을 보라

52 이 무더기가 증거가 되고 이 기둥이 증거가 되나니 내가 이 무더기를 넘어 네

주거용 천막(31:33)

1) 아람 방언이니 증거의 무더기 2) 히브리 방언이니 증거의 무더기

계로 가서 해하지 않을 것이요 네가 내
무더기, 이 기둥을 넘어 내게로 와서
해하지 아니할 것이라

53 아브라함의 하나님, 나홀의 하나님, 그
들의 조상의 하나님은 우리 사이에 판
단하옵소서 하매 야곱이 그의 아버지
이삭이 경외하는 이를 가리켜 맹세하고

54 야곱이 또 산에서 제사를 드리고 형제
들을 불러 떡을 먹이니 그들이 떡을 먹
고 산에서 밤을 지내고　　창 18:12

55 라반이 아침에 일찍이 일어나 손자들
과 딸들에게 입맞추며 그들에게 축복
하고 떠나 고향으로 돌아갔더라　31:28

야곱이 에서를 만날 준비를 하다

32 야곱이 길을 가는데 하나님의
사자들이 그를 만난지라

2 야곱이 그들을 볼 때에 이르기를 이는
하나님의 군대라 하고 그 땅 이름을 마
하나임이라 하였더라

3 ●야곱이 세일 땅 에돔 들에 있는 형 에
서에게로 자기보다 앞서 사자들을 보
내며　　33:14

4 그들에게 명령하여 이르되 너희는 내 주
에서에게 이같이 말하라 주의 종 야곱
이 이같이 말하기를 내가 라반과 함께
거류하며 지금까지 머물러 있었사오며

5 내게 소와 나귀와 양 떼와 노비가 있으
므로 사람을 보내어 내 주께 알리고 내
주께 은혜 받기를 원하나이다 하라 하
였더니　　30:43

6 사자들이 야곱에게 돌아와 이르되 우
리가 주인의 형 에서에게 이른즉 그가
사백 명을 거느리고 주인을 만나려고
오더이다　　33:1

7 야곱이 심히 두렵고 답답하여 자기와
함께 한 동행자와 양과 소와 낙타를 두
떼로 나누고

8 이르되 에서가 와서 한 떼를 치면 남은
한 떼는 피하리라 하고

9 야곱이 또 이르되 내 조부 아브라함의
하나님, 내 아버지 이삭의 하나님 여호
와여 주께서 전에 내게 명하시기를
고향, 네 족속에게로 돌아가라 내가 네
게 은혜를 베풀리라 하셨나이다

10 나는 주께서 주의 종에게 베푸신 모든
은총과 모든 진실하심을 조금도 감당
할 수 없사오나 나는 내가 내 지팡이만 가지
고 이 요단을 건넜더니 지금은 두 떼나
이루었나이다

11 내가 주께 간구하오니 내 형의 손에서,
에서의 손에서 나를 건져내시옵소서 내
가 그를 두려워함은 그가 와서 나와 내
처자들을 칠까 겁이 나기 때문이니이다

12 주께서 말씀하시기를 내가 반드시 네
게 은혜를 베풀어 네 씨로 바다의 셀 수
없는 모래와 같이 많게 하리라 하셨나
이다

야곱이 브니엘에서 씨름을 하다

13 ●야곱이 거기서 밤을 지내고 그 소유
중에서 형 에서를 위하여 예물을 택하니

14 암염소가 이백이요 숫염소가 이십이
요 암양이 이백이요 숫양이 이십이요

15 젖 나는 낙타 삼십과 그 새끼요 암소가
사십이요 황소가 열이요 암나귀가 이
십이요 그 새끼 나귀가 열이라

16 그것을 각각 떼로 나누어 종들의 손에

형 에서를 두려워하는 야곱(32:6-7)

천사와 씨름하는 야곱(32:24-32)

맡기고 그의 종에게 이르되 나보다 앞서 건너가서 각 떼로 거리를 두게 하라 하고

17 그가 또 앞선 자에게 명령하여 이르되 내 형 에서가 너를 만나 묻기를 네가 누구의 사람이며 어디로 가느냐 네 앞의 것은 누구의 것이냐 하거든

18 대답하기를 주의 종 야곱의 것이요 자기 주 에서에게로 보내는 예물이오며 야곱도 우리 뒤에 있나이다 하라 하고

19 그 둘째와 셋째와 각 떼를 따라가는 자에게 명령하여 이르되 너희도 에서를 만나거든 곧 이같이 그에게 말하고

20 또 너희는 말하기를 주의 종 야곱이 우리 뒤에 있다 하라 하니 이는 야곱이 말하기를 내가 내 앞에 보내는 예물로 형의 감정을 푼 후에 대면하면 형이 혹시 나를 받아 주리라 함이었더라

21 그 예물은 그에 앞서 보내고 그는 무리 가운데서 밤을 지내다가

22 밤에 일어나 두 아내와 두 여종과 열한 아들을 인도하여 얍복 나루를 건널새

23 그들을 인도하여 시내를 건너가게 하며 그의 소유도 건너가게 하고

24 야곱은 홀로 남았더니 어떤 사람이 날이 새도록 야곱과 씨름하다가 ▶호 12:3, 4

25 자기가 야곱을 이기지 못함을 보고 그가 야곱의 허벅지 관절을 치매 야곱의 허벅지 관절이 그 사람과 씨름할 때에 어긋났더라

26 그가 이르되 날이 새려하니 나로 가게 하라 야곱이 이르되 당신이 내게 축복하지 아니하면 가게 하지 아니하겠나이다

27 그 사람이 그에게 이르되 네 이름이 무엇이냐 그가 이르되 야곱이니이다

28 그가 이르되 네 이름을 다시는 야곱이라 부를 것이 아니요 1)이스라엘이라 부를 것이니 이는 네가 하나님과 및 사람들과 겨루어 이겼음이니라

29 야곱이 청하여 이르되 당신의 이름을 알려주소서 그 사람이 이르되 어찌하여 내 이름을 묻느냐 하고 거기서 야곱에게 축복한지라

30 그러므로 야곱이 그 곳 이름을 2)브니엘이라 하였으니 그가 이르기를 내가 하나님과 대면하여 보았으나 내 생명이 보전되었다 함이더라

31 그가 브니엘을 지날 때에 해가 돋았고 그의 허벅다리로 말미암아 절었더라

32 그 사람이 야곱의 허벅지 관절에 있는 둔부의 힘줄을 쳤으므로 이스라엘 사람들이 지금까지 허벅지 관절에 있는 둔부의 힘줄을 먹지 아니하더라

야곱이 에서를 만나다

33

야곱이 눈을 들어 보니 에서가 사백 명의 장정을 거느리고 오고 있는지라 그의 자식들을 나누어 레아와 라헬과 두 여종에게 맡기고

2 여종들과 그들의 자식들은 앞에 두고 레아와 그의 자식들은 다음에 두고 라헬과 요셉은 뒤에 두고

3 자기는 그들 앞에서 나아가되 몸을 일곱 번 땅에 굽히며 그의 형 에서에게 가

33장 에는 무엇이 기록되어 있을까?

야곱이 밤새 드린 기도로 하나님은 형 에서의 마음을 바꿔놓으셨어요. 그래서 야곱과 에서는 서로 부둥켜안고 울면서 화해하게 되었지요. 하나님은 야곱을 지켜주시고 동행해주시겠다는 약속을 지키신 거예요. 야곱은 하나님의 도우심에 감사드리며 하나님께 제단을 쌓았습니다.

1) 하나님과 겨루어 이김 2) 하나님의 얼굴

아곱을 용서하는
에서(33:4)

까이 가니

4 에서가 달려와서 그를 맞이하여 안고 목을 어긋맞추어 그와 입맞추고 서로 우니라
45:14

5 에서가 눈을 들어 여인들과 자식들을 보고 묻되 너와 함께 한 이들은 누구냐 야곱이 이르되 하나님이 주의 종에게 은혜로 주신 자식들이니이다

6 그 때에 여종들이 그의 자식들과 더불어 나아와 절하고

7 레아도 그의 자식들과 더불어 나아와 절하고 그 후에 요셉이 라헬과 더불어 나아와 절하니

8 에서가 또 이르되 내가 만난 바 이 모든 떼는 무슨 까닭이냐 야곱이 이르되 내 주께 은혜를 입으려 함이니이다

9 에서가 이르되 내 동생아 내게 있는 것이 족하니 네 소유는 네게 두라

10 야곱이 이르되 그렇지 아니하니이다 내가 형님의 눈앞에서 은혜를 입었사오면 청하건대 내 손에서 이 예물을 받으소서 내가 형님의 얼굴을 뵈온즉 하나님의 얼굴을 본 것 같사오며 형님도 나를 기뻐하심이니이다

11 하나님이 내게 은혜를 베푸셨고 내 소유도 족하오니 청하건대 내가 형님께 드리는 예물을 받으소서 하고 그에게 강권하매 받으니라

12 에서가 이르되 우리가 떠나자 내가 너와 동행하리라

13 야곱이 그에게 이르되 내 주도 아시거

니와 자식들은 연약하고 내게 있는 양 떼와 소가 새끼를 데리고 있은즉 하루만 지나치게 몰면 모든 떼가 죽으리니

14 청하건대 내 주는 종보다 앞서 가소서 나는 앞에 가는 가축과 자식들의 걸음대로 천천히 인도하여 세일로 가서 내 주께 나아가리이다

15 에서가 이르되 내가 내 종 몇 사람을 네게 머물게 하리라 야곱이 이르되 어찌하여 그리하리이까 나로 내 주께 은혜를 얻게 하소서 하매

16 이 날에 에서는 세일로 돌아가고

17 야곱은 숙곳에 이르러 자기를 위하여 집을 짓고 그의 가축을 위하여 [1]우릿간을 지었으므로 그 땅 이름을 [2]숙곳이라 부르더라

18 ● 야곱이 밧단아람에서부터 평안히 가나안 땅 세겜 성읍에 이르러 그 성읍 앞에 장막을 치고

19 그가 장막을 친 밭을 세겜의 아버지 하몰의 아들들의 손에서 백 [3]크시타에 샀으며

20 거기에 제단을 쌓고 그 이름을 [4]엘엘로헤이스라엘이라 불렀더라

디나가 부끄러운 일을 당하다

34장

레아가 야곱에게 낳은 딸 디나가 그 땅의 딸들을 보러 나갔더니
30:21

2 히위 족속 중 하몰의 아들 그 땅의 추장 세겜이 그를 보고 끌어들여 강간하여 욕되게 하고

3 그 마음이 깊이 야곱의 딸 디나에게 연연하며 그 소녀를 사랑하여 그의 마음

34장 에는 무엇이 기록되어 있을까?

히위 족속의 세겜이 야곱의 딸 디나를 겁탈하는 사건이 일어났어요. 화가 난 야곱의 아들들 중 시므온과 레위는 그곳에 거하는 모든 남자들을 죽여버렸답니다. 이 사건은 야곱이 고향으로 다시 돌아올 때 벧엘에 하나님의 전을 짓겠다고 한 맹세를 지키지 않았기 때문에 일어난 것이랍니다.

1) 히, 막 2) 막들 3) 히, 화폐 단위임 4) 하나님, 이스라엘의 하나님

토막상식

세겜

'상수리 나무의 폐허'라는 뜻으로, 예루살렘에서 북쪽으로 65km 지점인 그리심 산 동쪽 기슭에 위치한 성읍이었어요. 그곳은 가나안 땅의 중심지였으며, 또한 교통의 요지였답니다.　　33장 18절

을 말로 위로하고

4 그의 아버지 하몰에게 청하여 이르되 이 소녀를 내 아내로 얻게 하여 주소서 하였더라

5 야곱이 그 딸 디나를 그가 더럽혔다 함을 들었으나 자기의 아들들이 들에서 목축하므로 그들이 돌아오기까지 잠잠하였고

6 세겜의 아버지 하몰은 야곱에게 말하러 왔으며

7 야곱의 아들들은 들에서 이를 듣고 돌아와서 그들 모두가 근심하고 심히 노하였으니 이는 세겜이 야곱의 딸을 강간하여 이스라엘에게 부끄러운 일 곧 행하지 못할 일을 행하였음이더라

8 하몰이 그들에게 이르되 내 아들 세겜이 마음으로 너희 딸을 연연하여 하니 원하건대 그를 세겜에게 주어 아내로 삼게 하라

9 너희가 우리와 통혼하여 너희 딸을 우리에게 주며 우리 딸을 너희가 데려가고

10 너희가 우리와 함께 거주하되 땅이 너희 앞에 있으니 여기 머물러 매매하며 여기서 기업을 얻으라 하고　　13:9

11 세겜도 디나의 아버지와 그의 남자 형제들에게 이르되 나로 너희에게 은혜를 입게 하라 너희가 내게 말하는 것은 내가 다 주리니

12 이 소녀만 내게 주어 아내가 되게 하라 아무리 큰 혼수와 예물을 청할지라도 너희가 내게 말한 대로 주리라

13 야곱의 아들들이 세겜과 그의 아버지 하몰에게 속여 대답하였으니 이는 세겜이 그 누이 디나를 더럽혔음이라

14 야곱의 아들들이 그들에게 말하되 우리는 그리하지 못하겠노라 할례 받지 아니한 사람에게 우리 누이를 줄 수 없노니 이는 우리의 수치가 됨이니라

15 그런즉 이같이 하면 너희에게 허락하리라 만일 너희 중 남자가 다 할례를 받고 우리 같이 되면

16 우리 딸을 너희에게 주며 너희 딸을 우리가 데려오며 너희와 함께 거주하여 한 민족이 되려니와

17 너희가 만일 우리 말을 듣지 아니하고 할례를 받지 아니하면 우리는 곧 우리 딸을 데리고 가리라

18 ● 그들의 말을 하몰과 그의 아들 세겜이 좋게 여기므로

19 이 소년이 그 일 행하기를 지체하지 아니하였으니 그가 야곱의 딸을 사랑함이며 그는 그의 아버지 집에서 가장 존귀하였더라

20 하몰과 그의 아들 세겜이 그들의 성읍 문에 이르러 그들의 성읍 사람들에게 말하여 이르되

21 이 사람들은 우리와 친목하고 이 땅은 넓어 그들을 용납할 만하니 그들이 여기서 거주하며 매매하게 하고 우리가 그들의 딸들을 아내로 데려오고 우리 딸들도 그들에게 주자

22 그러나 우리 중의 모든 남자가 그들이 할례를 받음 같이 할례를 받아야 그 사람들이 우리와 함께 거주하여 한 민족되기를 허락할 것이라

23 그러면 그들의 가축과 재산과 그들의 모든 짐승이 우리의 소유가 되지 않겠느냐 다만 그들의 말대로 하자 그러면 그들이 우리와 함께 거주하리라

세겜(33:18)

24 성문으로 출입하는 모든 자가 하몰과 그의 아들 세겜의 말을 듣고 성문으로 출입하는 그 모든 남자가 할례를 받으니라

25 제삼일에 아직 그들이 아파할 때에 야곱의 두 아들 디나의 오라버니 시므온과 레위가 각기 칼을 가지고 가서 몰래 그 성읍을 기습하여 그 모든 남자를 죽이고

26 칼로 하몰과 그의 아들 세겜을 죽이고 디나를 세겜의 집에서 데려오고

27 야곱의 여러 아들이 그 시체 있는 성읍으로 가서 노략하였으니 이는 그들이 그들의 누이를 더럽힌 까닭이라

28 그들이 양과 소와 나귀와 그 성읍에 있는 것과 들에 있는 것과

29 그들의 모든 재물을 빼앗으며 그들의 자녀와 그들의 아내들을 사로잡고 집 속의 물건을 다 노략한지라

30 야곱이 시므온과 레위에게 이르되 너희가 내게 화를 끼쳐 나로 하여금 이 땅의 주민 곧 가나안 족속과 브리스 족속에게 악취를 내게 하였도다 나는 수가 적은즉 그들이 모여 나를 치고 나를 죽이리니 그러면 나와 내 집이 멸망하리라

31 그들이 이르되 그가 우리 누이를 창녀같이 대우함이 옳으니이까

야곱이 서원을 이행하기 위해
올라간 벧엘(35:1)

하나님이 야곱에게 복을 주시다

35 하나님이 야곱에게 이르시되 일어나 벧엘로 올라가서 거기 거주하며 네가 네 형 에서의 낯을 피하여 도망하던 때에 네게 나타났던 하나님께 거기서 제단을 쌓으라 하신지라

2 야곱이 이에 자기 집안 사람과 자기와 함께 한 모든 자에게 이르되 너희 중에 있는 이방 신상들을 버리고 자신을 정결하게 하고 너희들의 의복을 바꾸어 입으라

3 우리가 일어나 벧엘로 올라가자 내 환난 날에 내게 응답하시며 내가 가는 길에서 나와 함께 하신 하나님께 내가 거기서 제단을 쌓으려 하노라 하매 28:15

4 그들이 자기 손에 있는 모든 이방 신상들과 자기 귀에 있는 귀고리들을 야곱에게 주는지라 야곱이 그것들을 세겜 근처 상수리나무 아래에 묻고

5 그들이 떠났으나 하나님이 그 사면 고을들로 크게 두려워하게 하셨으므로 야곱의 아들들을 추격하는 자가 없었더라

6 야곱과 그와 함께 한 모든 사람이 가나안 땅 루스 곧 벧엘에 이르고

7 그가 거기서 제단을 쌓고 그 곳을 1)엘벧엘이라 불렀으니 이는 그의 형의 낯을 피할 때에 하나님이 거기서 그에게 나타나셨음이더라

8 리브가의 유모 드보라가 죽으매 그를 벧엘 아래에 있는 상수리나무 밑에 장사하고 그 나무 이름을 2)알론바굿이라 불렀더라

9 ●야곱이 밧단아람에서 돌아오매 하나님이 다시 야곱에게 나타나사 그에게 복을 주시고

10 하나님이 그에게 이르시되 네 이름이 야곱이지마는 네 이름을 다시는 야곱이라 부르지 않겠고 이스라엘이 네 이름이 되리라 하시고 그가 그의 이름을

35 에는 무엇이 기록되어 있을까?

하나님은 야곱에게 벧엘로 가서 하나님께 제단을 쌓을 것을 명령하셨어요. 이에 야곱은 자신의 가족과 함께하는 모든 사람들과 함께 몸과 마음을 정결히 하고 벧엘로 가서 하나님께 제단을 쌓았지요. 하나님은 야곱에게 다시금 놀라운 축복들을 약속해주셨답니다. 한편, 라헬은 베냐민을 낳다가 죽음을 맞이하게 되었어요.

1) 벧엘의 하나님 2) 곡함의 상수리

이스라엘이라 부르시고 32:28

11 하나님이 그에게 이르시되 나는 전능한 하나님이라 생육하며 번성하라 한 백성과 백성들의 총회가 네게서 나오고 왕들이 네 허리에서 나오리라

12 내가 아브라함과 이삭에게 준 땅을 네게 주고 내가 네 후손에게도 그 땅을 주리라 하시고

13 하나님이 그와 말씀하시던 곳에서 그를 떠나 올라가시는지라

14 야곱이 하나님이 자기와 말씀하시던 곳에 기둥 곧 돌 기둥을 세우고 그 위에 전제물을 붓고 또 그 위에 기름을 붓고

15 하나님이 자기와 말씀하시던 곳의 이름을 벧엘이라 불렀더라

라헬이 낳고로 죽다

16 ●그들이 벧엘에서 길을 떠나 에브랏에 이르기까지 얼마간 거리를 둔 곳에서 라헬이 해산하게 되어 심히 고생하여

17 그가 난산할 즈음에 산파가 그에게 이르되 두려워하지 말라 지금 네가 또 득남하느니라 하매

18 그가 죽게 되어 그의 혼이 떠나려 할 때 아이의 이름을 1)베노니라 불렀으나 그의 아버지는 2)베냐민이라 불렀더라

19 라헬이 죽으매 에브랏 곧 베들레헴 길에 장사되었고 *마 2:6*

20 야곱이 라헬의 묘에 비를 세웠더니 지금까지 라헬의 묘비라 일컫더라

21 이스라엘이 다시 길을 떠나 에델 망대를 지나 장막을 쳤더라

22 이스라엘이 그 땅에 거주할 때에 르우벤이 가서 그 아버지의 첩 빌하와 동침하매 이스라엘이 이를 들었더라

야곱의 아들들 (대상 2:1~2)

●야곱의 아들은 열둘이라

23 레아의 아들들은 야곱의 장자 르우벤과 그 다음 시므온과 레위와 유다와 잇사갈과 스불론이요

24 라헬의 아들들은 요셉과 베냐민이며

25 라헬의 여종 빌하의 아들들은 단과 납달리요

26 레아의 여종 실바의 아들들은 갓과 아셀이니 이들은 야곱의 아들들이요 밧단아람에서 그에게 낳은 자더라 30:9~13

이삭이 죽다

27 ●야곱이 기럇아르바의 마므레로 가서 그의 아버지 이삭에게 이르렀으니 기럇아르바는 곧 아브라함과 이삭이 거류하던 헤브론이더라

28 이삭의 나이가 백팔십 세라

29 이삭이 나이가 많고 늙어 기운이 다하매 죽어 자기 열조에게로 돌아가니 그의 아들 에서와 야곱이 그를 장사하였더라

에서의 자손 (대상 1:34~37)

36 에서 곧 에돔의 족보는 이러하니라

2 에서가 가나안 여인 중 헷 족속 엘론의 딸 아다와 히위 족속 시브온의 딸인 아나의 딸 오홀리바마를 자기 아내로 맞이하고

3 또 이스마엘의 딸 느바욧의 누이 바스맛을 맞이하였더니

4 아다는 엘리바스를 에서에게 낳았고 바스맛은 르우엘을 낳았고

5 오홀리바마는 여우스와 얄람과 고라를 낳았으니 이들은 에서의 아들들이

---

1) 슬픔의 아들 2) 오른손의 아들

노략(34:27) 떼를 지어 돌아다니면서 사람이나 재물을 마구 빼앗아감.

전제물(35:14) 하나님께 드리는 제사에 사용되는 것으로서 포도주나 기름과 같은 액체를 가리킨다.

난산(35:17) 해산이 순조롭지 못하여 아기를 어렵게 낳음.

산파(35:17) 아이를 낳을 때 아이를 받고 산모를 구호하는 일을 직업으로 하는 여자.

---

36 에는 무엇이 기록되어 있을까?

이스라엘 민족과 원수 사이였던 에서, 즉 에돔의 족보를 자세히 설명하고 있어요. 에서와 그의 후손을 이렇게 자세하게 소개하고 있는 것은 "두 국민이 네 태중에 있구나 두 민족이 네 복중에서부터 나누이리라"(25:23)고 하신 하나님의 말씀이 실제로 이루어졌음을 보여주기 위한 것이랍니다.

세일 산(36:9)

요 가나안 땅에서 그에게 태어난 자들이더라

6 에서가 자기 아내들과 자기 자녀들과 자기 집의 모든 사람과 자기의 가축과 자기의 모든 짐승과 자기가 가나안 땅에서 모은 모든 재물을 이끌고 그의 동생 야곱을 떠나 다른 곳으로 갔으니

7 두 사람의 소유가 풍부하여 함께 거주할 수 없음이러라 그들이 거주하는 땅이 그들의 가축으로 말미암아 그들을 용납할 수 없었더라

8 이에 에서 곧 에돔이 세일 산에 거주하니라

9 ●세일 산에 있는 에돔 족속의 조상 에서의 족보는 이러하고

10 그 자손의 이름은 이러하니라 에서의 아내 아다의 아들은 엘리바스요 에서의 아내 바스맛의 아들은 르우엘이며

11 엘리바스의 아들들은 데만과 오말과 스보와 가담과 그나스요

12 에서의 아들 엘리바스의 첩 딤나는 아말렉을 엘리바스에게 낳았으니 이들은 에서의 아내 아다의 자손이며

13 르우엘의 아들들은 나핫과 세라와 삼마와 미사니 이들은 에서의 아내 바스맛의 자손이며

14 시브온의 손녀 아나의 딸 에서의 아내 오홀리바마의 아들들은 이러하니 그가 여우스와 얄람과 고라를 에서에게 낳았더라

15 ●에서 자손 중 족장은 이러하니 에서의 장자 엘리바스의 자손으로는 데만 족장, 오말 족장, 스보 족장, 그나스 족장과

16 고라 족장, 가담 족장, 아말렉 족장이니 이들은 에돔 땅에 있는 엘리바스의 족장들이요 이들은 아다의 자손이며

17 에서의 아들 르우엘의 자손으로는 나핫 족장, 세라 족장, 삼마 족장, 미사 족장이니 이들은 에돔 땅에 있는 르우엘의 족장들이요 이들은 에서의 아내 바스맛의 자손이며

18 에서의 아내인 오홀리바마의 아들들은 여우스 족장, 얄람 족장, 고라 족장이니 이들은 아나의 딸이요 에서의 아내인 오홀리바마로 말미암아 나온 족장들이라

19 에서 곧 에돔의 자손으로서 족장 된 자들이 이러하였더라

●세일의 자손 (대상 1:38-41)

20 ●그 땅의 주민 호리 족속 세일의 자손은 로단과 소발과 시브온과 아나와

21 디손과 에셀과 디산이니 이들은 에돔 땅에 있는 세일의 자손 중 호리 족속의 족장들이요

22 로단의 자녀는 호리와 헤맘과 로단의 누이 딤나며　대상 1:39

23 소발의 자녀는 알완과 마나핫과 에발과 스보와 오남이요

24 시브온의 자녀는 아야와 아나며 이 아나는 그 아버지 시브온의 나귀를 칠 때에 광야에서 온천을 발견하였고

25 아나의 자녀는 디손과 오홀리바마니 오홀리바마는 아나의 딸이며　대상 1:52

26 디손의 자녀는 헴단과 에스반과 이드란과 그란이요

27 에셀의 자녀는 빌한과 사아완과 아간이요

37 에는 무엇이 기록되어 있을까?

야곱이 노년에 얻은 아들 요셉은 그의 형들과 사이가 그리 썩 좋지 못했어요. 그 이유는 아버지의 특별한 사랑을 받았을 뿐만 아니라 아버지께 형들의 잘못을 고자질했기 때문이지요. 더구나 요셉이 자신이 꾼 꿈을 자랑하자, 형들의 미움과 시기는 더해졌지만 갔어요. 결국 요셉은 형들에 의해서 애굽에 노예로 팔려 갔답니다.

요셉을 미워하는 형들
(37:3-4)

28 디산의 자녀는 우스와 아란이니

29 호리 족속의 족장들은 곧 로단 족장, 소발 족장, 시브온 족장, 아나 족장,

30 디손 족장, 에셀 족장, 디산 족장이라 이들은 그들의 족속들에 따라 세일 땅에 있는 호리 족속의 족장들이었더라

에돔의 왕들 (대상 1:43~54)

31 ●이스라엘 자손을 다스리는 왕이 있기 전에 에돔 땅을 다스리던 왕들은 이러하니라

32 브올의 아들 벨라가 에돔의 왕이 되었으니 그 도성의 이름은 딘하바며

33 벨라가 죽고 보스라 사람 세라의 아들 요밥이 그를 대신하여 왕이 되었고

34 요밥이 죽고 데만 족속의 땅의 후삼이 그를 대신하여 왕이 되었고

35 후삼이 죽고 브닷의 아들 곧 모압 들에서 미디안 족속을 친 하닷이 그를 대신하여 왕이 되었으니 그 도성 이름은 아윗이며

36 하닷이 죽고 마스레가의 삼라가 그를 대신하여 왕이 되었고

37 삼라가 죽고 유브라데 강변 르호봇의 사울이 그를 대신하여 왕이 되었고

38 사울이 죽고 악볼의 아들 바알하난이 그를 대신하여 왕이 되었고

39 악볼의 아들 바알하난이 죽고 하닷이 그를 대신하여 왕이 되었으니 그 도성 이름은 바우며 그의 아내의 이름은 므헤다벨이니 마드렛의 딸이요 메사합의 손녀더라

40 ●에서에게서 나온 족장들의 이름은 그 종족과 거처와 이름을 따라 나누면 이러하니 딤나 족장, 알와 족장, 여뎃 족장,

41 오홀리바마 족장, 엘라 족장, 비논 족장,

42 그나스 족장, 데만 족장, 밉살 족장,

43 막디엘 족장, 이람 족장이라 이들은 그 구역과 거처를 따른 에돔 족장들이며 에돔 족속의 조상은 에서더라

요셉과 형제들

37

야곱이 가나안 땅 곧 그의 아버지가 거류하던 땅에 거주하였으니

2 야곱의 족보는 이러하니라 요셉이 십칠 세의 소년으로서 그의 형들과 함께 양을 칠 때에 그의 아버지의 아내들 빌하와 실바의 아들들과 더불어 함께 있었더니 그가 그들의 잘못을 아버지에게 말하더라

3 요셉은 노년에 얻은 아들이므로 이스라엘이 여러 아들들보다 그를 더 사랑하므로 그를 위하여 채색옷을 지었더니

4 그의 형들이 아버지가 형들보다 그를 더 사랑함을 보고 그를 미워하여 그에게 편안하게 말할 수 없었더라

5 ●요셉이 꿈을 꾸고 자기 형들에게 말하매 그들이 그를 더욱 미워하였더라

6 요셉이 그들에게 이르되 청하건대 내가 꾼 꿈을 들으시오

7 우리가 밭에서 곡식 단을 묶더니 내 단은 일어서고 당신들의 단은 내 단을 둘러서서 절하더이다

8 그의 형들이 그에게 이르되 네가 참으로 우리의 왕이 되겠느냐 참으로 우리

요셉의 꿈
(37:5-11)

를 다스리게 되겠느냐 하고 그의 꿈과 그의 말로 말미암아 그를 더욱 미워하더니

9 요셉이 다시 꿈을 꾸고 그의 형들에게 말하여 이르되 내가 또 꿈을 꾼즉 해와 달과 열한 별이 내게 절하더이다 하니라

10 그가 그의 꿈을 아버지와 형들에게 말하매 아버지가 그를 꾸짖고 그에게 이르되 네가 꾼 꿈이 무엇이냐 나와 네 어머니와 네 형들이 참으로 가서 땅에 엎드려 네게 절하겠느냐

11 그의 형들은 시기하되 그의 아버지는 그 말을 간직해 두었더라

요셉이 애굽으로 팔려가다

12 ● 그의 형들이 세겜에 가서 아버지의 양 떼를 칠 때에　33:18

13 이스라엘이 요셉에게 이르되 네 형들이 세겜에서 양을 치지 아니하느냐 너를 그들에게로 보내리라 요셉이 아버지에게 대답하되 내가 그리하겠나이다

14 이스라엘이 그에게 이르되 가서 네 형들과 양 떼가 다 잘 있는지를 보고 돌아와 내게 말하라 하고 그를 헤브론 골짜기에서 보내니 그가 세겜으로 가니라

15 어떤 사람이 그를 만난즉 그가 들에서 방황하는지라 그 사람이 그에게 물어 이르되 네가 무엇을 찾느냐

16 그가 이르되 내가 내 형들을 찾으오니 청하건대 그들이 양치는 곳을 내게 가르쳐 주소서

17 그 사람이 이르되 그들이 여기서 떠났

형들이 요셉을 구덩이에 던짐(37:23-24)

요셉의 죽음을 슬퍼하는 야곱 (37:31-35)

느니라 내가 그들의 말을 들으니 도단으로 가자 하더라 하니라 요셉이 그의 형들의 뒤를 따라 가서 도단에서 그들을 만나니라　왕하 6:13

18 ● 요셉이 그들에게 가까이 오기 전에 그들이 요셉을 멀리서 보고 죽이기를 꾀하여

19 서로 이르되 꿈 꾸는 자가 오는도다

20 자, 그를 죽여 한 구덩이에 던지고 우리가 말하기를 악한 짐승이 그를 잡아먹었다 하자 그의 꿈이 어떻게 되는지를 우리가 볼 것이니라 하는지라

21 르우벤이 듣고 요셉을 그들의 손에서 구원하려 하여 이르되 우리가 그의 생명은 해치지 말자

22 르우벤이 또 그들에게 이르되 피를 흘리지 말라 그를 광야 그 구덩이에 던지고 손을 그에게 대지 말라 하니 이는 그가 요셉을 그들의 손에서 구출하여 그의 아버지에게로 돌려보내려 함이었더라

23 요셉이 형들에게 이르매 그의 형들이 요셉의 옷 곧 그가 입은 채색옷을 벗기고

24 그를 잡아 구덩이에 던지니 그 구덩이는 빈 것이라 그 속에 물이 없었더라

25 ● 그들이 앉아 음식을 먹다가 눈을 들어 본즉 한 무리의 이스마엘 사람들이 길르앗에서 오는데 그 낙타들에 향품과 유향과 몰약을 싣고 애굽으로 내려가는지라　렘 8:22

26 유다가 자기 형제에게 이르되 우리가 우리 동생을 죽이고 그의 피를 덮어둔들 무엇이 유익할까　욥 16:18

27 자 그를 이스마엘 사람들에게 팔고 그에게 우리 손을 대지 말자 그는 우리의 동생이요 우리의 혈육이니라 하매 그의 형제들이 청종하였더라

28 그 때에 미디안 사람 상인들이 지나가고 있는지라 형들이 요셉을 구덩이에서 끌어올리고 은 이십에 그를 이스마엘 사람들에게 팔매 그 상인들이 요셉을 데리고 애굽으로 갔더라

29 ●르우벤이 돌아와 구덩이에 이르러 본즉 거기 요셉이 없는지라 옷을 찢고

30 아우들에게로 되돌아와서 이르되 아이가 없도다 나는 어디로 갈까

31 그들이 요셉의 옷을 가져다가 숫염소를 죽여 그 옷을 피에 적시고

32 그의 채색옷을 보내어 그의 아버지에게로 가지고 가서 이르기를 우리가 이것을 발견하였으니 아버지 아들의 옷인가 보소서 하매

33 아버지가 그것을 알아보고 이르되 내 아들의 옷이라 악한 짐승이 그를 잡아먹었도다 요셉이 분명히 찢겼도다 하고

34 자기 옷을 찢고 굵은 베로 허리를 묶고 오래도록 그의 아들을 위하여 애통하니

35 그의 모든 자녀가 위로하되 그가 그 위로를 받지 아니하여 이르되 내가 슬퍼하며 스올로 내려가 아들에게로 가리라 하고 그의 아버지가 그를 위하여 울었더라

이집트로 팔려간 요셉의 이동로(37:28)

36 그 미디안 사람들은 그를 애굽에서 바로의 신하 친위대장 보디발에게 팔았더라
39:1

유다와 다말

38 그 후에 유다가 자기 형제들로부터 떠나 내려가서 아둘람 사람 히라와 가까이 하니라

2 유다가 거기서 가나안 사람 수아라 하는 자의 딸을 보고 그를 데리고 동침하니

3 그가 임신하여 아들을 낳으매 유다가 그의 이름을 엘이라 하니라

4 그가 다시 임신하여 아들을 낳고 그의 이름을 오난이라 하고

5 그가 또 다시 아들을 낳고 그의 이름을 셀라라 하니라 그가 셀라를 낳을 때에 유다는 거십에 있었더라

6 유다가 장자 엘을 위하여 아내를 데려오니 그의 이름은 다말이더라

7 유다의 장자 엘이 여호와가 보시기에 악하므로 여호와께서 그를 죽이신지라

8 유다가 오난에게 이르되 네 형수에게로 들어가서 남편의 아우 된 본분을 행하여 네 형을 위하여 씨가 있게 하라

9 오난이 그 씨가 자기 것이 되지 않을 줄 알므로 형수에게 들어갔을 때에 그의 형에게 씨를 주지 아니하려고 땅에 설정하매

10 그 일이 여호와가 보시기에 악하므로 여호와께서 그도 죽이시니

11 유다가 그의 며느리 다말에게 이르되 수절하고 네 아버지 집에 있어 내 아들 셀라가 장성하기를 기다리라 하니 셀라도 그 형 같이 죽을까 염려함이라 다말이 가서 그의 아버지 집에 있으니라

38장 에는 무엇이 기록되어 있을까?

유다는 가나안 여인과 결혼해서 아들들을 낳았어요. 첫째 며느리 다말은 남편이 악한 행동으로 하나님의 벌을 받아 죽고 그의 동생들은 그 의무를 수행하지 않음으로서 자녀를 낳지 못했어요. 그러자 다말은 변장하여 시아버지 유다를 속이고 그와 불륜 관계를 맺어 아들을 낳았습니다.

✚ 고대의 도장(38:18) 원통형 도장으로 굴려 찍는다. 이 도장은 끈으로 꿰어 목에 매달고 다녔다.

12 ●얼마 후에 유다의 아내 수아의 딸이 죽은지라 유다가 위로를 받은 후에 그의 친구 아둘람 사람 히라와 함께 딤나로 올라가서 자기의 양털 깎는 자에게 이르렀더니

13 어떤 사람이 다말에게 말하되 네 시아버지가 자기의 양털을 깎으려고 딤나에 올라왔다 한지라

14 그가 과부의 의복을 벗고 너울로 얼굴을 가리고 몸을 휩싸고 딤나 길 곁에 나임 문에 앉으니 이는 셀라가 장성함을 보았어도 자기를 그의 아내로 주지 않음으로 말미암음이라

15 그가 얼굴을 가리었으므로 유다가 그를 보고 창녀로 여겨

16 길 곁으로 그에게 나아가 이르되 청하건대 나로 네게 들어가게 하라 하니 그의 며느리인 줄을 알지 못하였음이라 그가 이르되 당신이 무엇을 주고 내게 들어오려느냐

17 유다가 이르되 내가 내 떼에서 염소 새끼를 주리라 그가 이르되 당신이 그것을 줄 때까지 담보물을 주겠느냐

18 유다가 이르되 무슨 담보물을 네게 주랴 그가 이르되 당신의 도장과 그 끈과 당신의 손에 있는 지팡이로 하라 유다가 그것들을 그에게 주고 그에게로 들어갔더니 그가 유다로 말미암아 임신하였더라

19 그가 일어나 떠나가서 그 너울을 벗고 과부의 의복을 도로 입으니라 　38:14

20 유다가 그 친구 아둘람 사람의 손에 부탁하여 염소 새끼를 보내고 그 여인의 손에서 담보물을 찾으려 하였으나 그가 그 여인을 찾지 못한지라

21 그가 그곳 사람에게 물어 이르되 길 곁 에나임에 있던[1] 창녀가 어디 있느냐 그들이 이르되 여기는[1] 창녀가 없느니라

22 그가 유다에게로 돌아와 이르되 내가 그를 찾지 못하였고 그 곳 사람도 이르기를 거기에는 창녀가 없다 하더이다 하더라

23 유다가 이르되 그로 그것을 가지게 두라 우리가 부끄러움을 당할까 하노라 내가 이 염소 새끼를 보냈으나 그대가 그를 찾지 못하였느니라

24 석 달쯤 후에 어떤 사람이 유다에게 일러 말하되 네 며느리 다말이 행음하였고 그 행음함으로 말미암아 임신하였느니라 유다가 이르되 그를 끌어내어 불사르라

25 여인이 끌려갈 때에 사람을 보내어 시아버지에게 이르되 이 물건 임자로 말미암아 임신하였나이다 청하건대 보소서 이 도장과 그 끈과 지팡이가 누구의 것이니이까 한지라

26 유다가 그것들을 알아보고 이르되 그는 나보다 옳도다 내가 그를 내 아들 셀라에게 주지 아니하였음이로다 하고 다시는 그를 가까이 하지 아니하였더라

27 해산할 때에 보니 쌍태라

28 해산할 때에 손이 나오는지라 산파가 이르되 이는 먼저 나온 자라 하고 홍색 실을 가져다가 그 손에 매었더니

29 그 손을 도로 들이며 그의 아우가 나오는지라 산파가 이르되 네가 어찌하여 터뜨리고 나오느냐 하였으므로 그 이름을[2] 베레스라 불렀고

30 그의 형 곧 손에 홍색 실 있는 자가 뒤에 나오니 그의 이름을 세라라 불렀더라

[1] 히, 크데사, 가나안 이방 성소의 창녀 [2] 터뜨림

너울(38:14) 예전에 여자들이 얼굴을 가리기 위하여 머리에 쓰던 물건.
쌍태(38:27) 한 배안의 두 태아.

요셉과 보디발의 아내

39

요셉이 이끌려 애굽에 내려가 매 바로의 신하 친위대장 애굽 사람 보디발이 그를 그리로 데려간 이스마엘 사람의 손에서 요셉을 사니라

2 여호와께서 요셉과 함께 하시므로 그가 형통한 자가 되어 그의 주인 애굽 사람의 집에 있으니

3 그의 주인이 여호와께서 그와 함께 하심을 보며 또 여호와께서 그의 범사에 형통하게 하심을 보았더라 ^{행 7:9}

4 요셉이 그의 주인에게 은혜를 입어 섬기매 그가 요셉을 가정 총무로 삼고 자기의 소유를 다 그의 손에 위탁하니

5 그가 요셉에게 자기의 집과 그의 모든 소유물을 주관하게 한 때부터 여호와께서 요셉을 위하여 그 애굽 사람의 집에 복을 내리시므로 여호와의 복이 그의 집과 밭에 있는 모든 소유에 미친지라

6 주인이 그의 소유를 다 요셉의 손에 위탁하고 자기가 먹는 음식 외에는 간섭하지 아니하였더라 요셉은 용모가 빼어나고 아름다웠더라

7 ●그 후에 그의 주인의 아내가 요셉에게 눈짓하다가 동침하기를 청하니

8 요셉이 거절하며 자기 주인의 아내에게 이르되 내 주인이 집안의 모든 소유를 간섭하지 아니하고 다 내 손에 위탁하였으니

9 이 집에는 나보다 큰 이가 없으며 주인이 아무것도 내게 금하지 아니하였어도 금한 것은 당신뿐이니 당신은 그의 아내임이라 그런즉 내가 어찌 이 큰 악을 행하여 하나님께 죄를 지으리이까

감옥에 갇힌 요셉
(39:7-23)

10 여인이 날마다 요셉에게 청하였으나 요셉이 듣지 아니하여 동침하지 아니할 뿐더러 함께 있지도 아니하니라

11 그러할 때에 요셉이 그의 일을 하러 그 집에 들어갔더니 그 집 사람들은 하나도 거기에 없었더라

12 그 여인이 그의 옷을 잡고 이르되 나와 동침하자 그러나 요셉이 자기의 옷을 그 여인의 손에 버려두고 밖으로 나가매

13 그 여인이 요셉이 그의 옷을 자기 손에 버려두고 도망하여 나감을 보고

14 그 여인의 집 사람들을 불러서 그들에게 이르되 보라 주인이 히브리 사람을 우리에게 데려다가 우리를 희롱하게 하는도다 그가 나와 동침하고자 내게로 들어오므로 내가 크게 소리질렀더니

15 그가 나의 소리 질러 부름을 듣고 그의 옷을 내게 버려두고 도망하여 나갔느니라 하고

16 그의 옷을 곁에 두고 자기 주인이 집으로 돌아오기를 기다려

17 이 말로 그에게 말하여 이르되 당신이 우리에게 데려온 히브리 종이 나를 희롱하려고 내게로 들어왔으므로 ^{창 23:1}

18 내가 소리 질러 불렀더니 그가 그의 옷을 내게 버려두고 밖으로 도망하여 나갔나이다

39 장 에는 무엇이 기록되어 있을까?

애굽으로 팔려간 요셉은 바로의 신하 친위대장 보디발에게 인정을 받아 그 집의 가정 총무가 되었어요. 한편 보디발의 아내는 계속해서 요셉을 유혹했지만, 요셉은 넘어가지 않았어요. 결국 요셉은 보디발의 아내로 인해 거짓 누명을 쓰고 감옥에 갇히는 신세가 되었지만, 감옥에서도 하나님께서는 요셉과 함께하여 주셨어요.

19 ●그의 주인이 자기 아내가 자기에게 이르기를 당신의 종이 내게 이같이 행하였다 하는 말을 듣고 심히 노한지라

20 이에 요셉의 주인이 그를 잡아 옥에 가두니 그 옥은 왕의 죄수를 가두는 곳이었더라 요셉이 옥에 갇혔으나

21 여호와께서 요셉과 함께 하시고 그에게 인자를 더하사 간수장에게 은혜를 받게 하시매

22 간수장이 옥중 죄수를 다 요셉의 손에 맡기므로 그 제반 사무를 요셉이 처리하고

23 간수장은 그의 손에 맡긴 것을 무엇이든지 살펴보지 아니하였으니 이는 여호와께서 요셉과 함께 하심이라 여호와께서 그를 범사에 형통하게 하셨더라

39:4

요셉이 관원장의 꿈을 해석하다

40 그 후에 애굽 왕의 술 맡은 자와 떡 굽는 자가 그들의 주인 애굽 왕에게 범죄한지라

2 바로가 그 두 관원장 곧 술 맡은 관원장과 떡 굽는 관원장에게 노하여

3 그들을 친위대장의 집 안에 있는 옥에 가두니 곧 요셉이 갇힌 곳이라

4 친위대장이 요셉에게 그들을 수종들게 하매 요셉이 그들을 섬겼더라 그들이 갇힌 지 여러 날이라

37:36

5 옥에 갇힌 애굽 왕의 술 맡은 자와 떡 굽는 자 두 사람이 하룻밤에 꿈을 꾸니 각기 그 꿈의 내용이 다르더라

6 아침에 요셉이 들어가 보니 그들에게 근심의 빛이 있는지라

7 요셉이 그 주인의 집에 자기와 함께 갇힌 바로의 신하들에게 묻되 어찌하여

관원장들의 꿈을 풀어주는 요셉(40:1-23)

오늘 당신들의 얼굴에 근심의 빛이 있나이까

8 그들이 그에게 이르되 우리가 꿈을 꾸었으나 이를 해석할 자가 없도다 요셉이 그들에게 이르되 해석은 하나님께 있지 아니하니이까 청하건대 내게 이르소서

9 ●술 맡은 관원장이 그의 꿈을 요셉에게 말하여 이르되 내가 꿈에 보니 내 앞에 포도나무가 있는데

10 그 나무에 세 가지가 있고 싹이 나서 꽃이 피고 포도송이가 익었고

11 내 손에 바로의 잔이 있기로 내가 포도를 따서 그 즙을 바로의 잔에 짜서 그 잔을 바로의 손에 드렸노라

12 요셉이 그에게 이르되 그 해석이 이러하니 세 가지는 사흘이라

13 지금부터 사흘 안에 바로가 당신의 머리를 들고 당신의 전직을 회복시키리니 당신이 그 전에 술 맡은 자가 되었을 때에 하던 것 같이 바로의 잔을 그의 손에 드리게 되리이다

14 당신이 잘 되시거든 나를 생각하고 내게 은혜를 베풀어서 내 사정을 바로에게 아뢰어 이 집에서 나를 건져 주소서

15 나는 히브리 땅에서 끌려온 자요 여기서도 옥에 갇힐 일은 행하지 아니하였나이다

16 ●떡 굽는 관원장이 그 해석이 좋은 것을 보고 요셉에게 이르되 나도 꿈에 보

니 흰 떡 세 광주리가 내 머리에 있고
17 맨 윗광주리에 바로를 위하여 만든 각종 구운 음식이 있는데 새들이 내 머리의 광주리에서 그것을 먹더라
18 요셉이 대답하여 이르되 그 해석은 이러하니 세 광주리는 사흘이라 40:12
19 지금부터 사흘 안에 바로가 당신의 머리를 들고 당신을 나무에 달리니 새들이 당신의 고기를 뜯어 먹으리이다 하더니
20 제삼일은 바로의 생일이라 바로가 그의 모든 신하를 위하여 잔치를 베풀 때에 술 맡은 관원장과 떡 굽는 관원장에게 그의 신하들 중에 머리를 들게 하니라
21 바로의 술 맡은 관원장은 전직을 회복하매 그가 잔을 바로의 손에 받들어 드렸고 40:13
22 떡 굽는 관원장은 매달리니 요셉이 그들에게 해석함과 같이 되었으나
23 술 맡은 관원장이 요셉을 기억하지 못하고 그를 잊었더라 40:14

요셉이 바로의 꿈을 해석하다

41 만 이 년 후에 바로가 꿈을 꾼즉 자기가 나일 강 가에 서 있는데
2 보니 아름답고 살진 일곱 암소가 강가에서 올라와 갈밭에서 뜯어먹고
3 그 뒤에 또 흉하고 파리한 다른 일곱 암소가 나일 강 가에서 올라와 그 소와 함께 나일 강 가에 서 있더니 41:20, 21
4 그 흉하고 파리한 소가 그 아름답고 살진 일곱 소를 먹은지라 바로가 곧 깨었다가
5 다시 잠이 들어 꿈을 꾸니 한 줄기에 무성하고 충실한 일곱 이삭이 나오고
6 그 후에 또 가늘고 동풍에 마른 일곱 이삭이 나오더니
7 그 가는 일곱 이삭이 무성하고 충실한 일곱 이삭을 삼킨지라 바로가 깬즉 꿈이라
8 아침에 그의 마음이 번민하여 사람을 보내어 애굽의 점술가와 현인들을 모

두 불러 그들에게 그의 꿈을 말하였으나 그것을 바로에게 해석하는 자가 없었더라
9 ●술 맡은 관원장이 바로에게 말하여 이르되 내가 오늘 내 죄를 기억하나이다
10 바로께서 종들에게 노하사 나와 떡 굽는 관원장을 친위대장의 집에 가두셨을 때에
11 나와 그가 하룻밤에 꿈을 꾼즉 각기 뜻이 있는 꿈이라
12 그 곳에 친위대장의 종 된 히브리 청년이 우리와 함께 있으므로 우리가 그에게 말하매 그가 우리의 꿈을 풀되 그 꿈대로 각 사람에게 해석하더니
13 그 해석한 대로 되어 나는 복직되고 그는 매달렸나이다
14 ●이에 바로가 사람을 보내어 요셉을 부르매 그들이 급히 그를 옥에서 내 놓은지라 요셉이 곧 수염을 깎고 그의 옷을 갈아 입고 바로에게 들어가니
15 바로가 요셉에게 이르되 내가 한 꿈을 꾸었으나 그것을 해석하는 자가 없더니 들은즉 너는 꿈을 들으면 능히 푼다 하더라
16 요셉이 바로에게 대답하여 이르되 내가 아니라 하나님께서 바로에게 편안한 대답을 하시리이다

술술 풀리는 생명말씀

술 맡은 관원장과 떡 굽는 관원장

'술 맡은 관원장'은 애굽 왕(바로)의 술잔에 포도주를 따르는 관리였어요. 또한 그는 왕에게 바쳐지는 모든 음료를 확인하고, 왕실 포도원과 포도주 저장실을 직접 감독하였지요. 한편 '떡 굽는 관원장'은 바로가 먹는 모든 음식에 대해 책임을 지는 관리였어요.

이 두 직책은 왕이 특별히 신임하는 사람들에게 주어지는 것으로, 이들은 왕의 문제를 해결해주기도 하는 등(41:9-13) 궁중에서 매우 커다란 영향력을 행사하였답니다.

후에 느헤미야가 예루살렘 성과 성전을 재건하는 데 큰 영향력을 발휘할 수 있었던 것도, 그가 아닥사스다 왕의 술 관원장이었기 때문이지요(느 1:11).

40장 2절

17 바로가 요셉에게 이르되 내가 꿈에 나
일 강 가에 서서　41:1-7
18 보니 살지고 아름다운 일곱 암소가 나
일 강 가에 올라와 갈밭에서 뜯어먹고
19 그 뒤에 또 약하고 심히 흉하고 파리한
일곱 암소가 올라오니 그같이 흉한 것
들은 애굽 땅에서 내가 아직 보지 못한
것이라
20 그 파리하고 흉한 소가 처음의 일곱 살
진 소를 먹었으며
21 먹었으나 먹은 듯 하지 아니하고 여전
히 흉하더라 내가 곧 깨었다가
22 다시 꿈에 보니 한 줄기에 무성하고 충
실한 일곱 이삭이 나오고
23 그 후에 또 가늘고 동풍에 마른 일곱 이
삭이 나더니
24 그 가는 이삭이 좋은 일곱 이삭을 삼키
더라 내가 그 꿈을 점술가에게 말하였
으나 그것을 내게 풀이해 주는 자가 없
느니라　41:8
25 ●요셉이 바로에게 아뢰되 바로의 꿈
은 하나라 하나님이 그가 하실 일을 바
로에게 보이심이니이다　41:28, 32
26 일곱 좋은 암소는 일곱 해요 일곱 좋은
이삭도 일곱 해니 그 꿈은 하나라
27 그 후에 올라온 파리하고 흉한 일곱 소
는 칠 년이요 동풍에 말라 속이 빈 일
곱 이삭도 일곱 해 흉년이니　참8:1
28 내가 바로에게 이르기를 하나님이 그
가 하실 일을 바로에게 보이신다 함이
이것이라
29 온 애굽 땅에 일곱 해 큰 풍년이 있겠고
30 후에 일곱 해 흉년이 들므로 애굽 땅에
있던 풍년을 다 잊어버리게 되고 이 땅
이 그 기근으로 망하리니　47:13

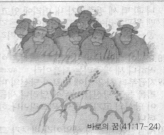

바로의 꿈 (41:17-24)

31 후에 든 그 흉년이 너무 심하므로 이전
풍년을 이 땅에서 기억하지 못하게 되
리이다
32 바로께서 꿈을 두 번 겹쳐 꾸신 것은 하
나님이 이 일을 정하셨음이라 하나님
이 속히 행하시리니
33 이제 바로께서는 명철하고 지혜 있는
사람을 택하여 애굽 땅을 다스리게 하
시고
34 바로께서는 또 이같이 행하사 나라 안
에 감독관들을 두어 그 일곱 해 풍년에
애굽 땅의 오분의 일을 거두되　신1:13
35 그들로 장차 올 풍년의 모든 곡물을 거
두고 그 곡물을 바로의 손에 돌려 양식
을 위하여 각 성읍에 쌓아 두게 하소서
36 이와 같이 그 곡물을 이 땅에 저장하여
애굽 땅에 임할 일곱 해 흉년에 대비하
시면 땅이 이 흉년으로 말미암아 망하
지 아니하리이다

요셉이 애굽의 총리가 되다

37 ●바로와 그의 모든 신하가 이 일을 좋
게 여긴지라　행7:10
38 바로가 그의 신하들에게 이르되 이와
같이 하나님의 영에 감동된 사람을 우
리가 어찌 찾을 수 있으리요 하고
39 요셉에게 이르되 하나님이 이 모든 것
을 네게 보이셨으니 너와 같이 명철하
고 지혜 있는 자가 없도다
40 너는 내 집을 다스리라 내 백성이 다 네
명령에 복종하리니 내가 너보다 높은
것은 내 왕좌뿐이니라

41 장 에는 무엇이 기록되어 있을까?

애굽에 어떤 지혜 있는 사람도 바로
의 꿈을 해석해주지 못하였으나, 하지만 요셉은 바
로의 꿈을 해석해주었을 뿐만 아니라 앞으로 다
가올 흉년을 위하여 어떻게 준비해야 하는지를
미리 가르쳐주었답니다. 그러자 바로는 요셉을
애굽 온 땅의 총리로 삼았어요.

바로의 인정을 받은
요셉(41:37-39)

41 바로가 또 요셉에게 이르되 내가 너를 애굽 온 땅의 총리가 되게 하노라 하고

42 자기의 인장 반지를 빼어 요셉의 손에 끼우고 그에게 세마포 옷을 입히고 금 사슬을 목에 걸고

43 자기에게 있는 버금 수레에 그를 태우매 무리가 그의 앞에서 소리 지르기를 엎드리라 하더라 바로가 그에게 애굽 전국을 총리로 다스리게 하였더라

44 바로가 요셉에게 이르되 나는 바로라 애굽 온 땅에서 네 허락이 없이는 수족을 놀릴 자가 없으리라 하고 시 105:21, 22

45 그가 요셉의 이름을 사브낫바네아라 하고 또 온의 제사장 보디베라의 딸 아스낫을 그에게 주어 아내로 삼게 하니라 요셉이 나가 애굽 온 땅을 순찰하니라

46 ●요셉이 애굽 왕 바로 앞에 설 때에 삼십 세라 그가 바로 앞을 떠나 애굽 온 땅을 순찰하니

47 일곱 해 풍년에 토지 소출이 심히 많은지라

48 요셉이 애굽 땅에 있는 그 칠 년 곡물을 거두어 각 성에 저장하되 각 성읍 주위의 밭의 곡물을 그 성읍 중에 쌓아 두매

49 쌓아 둔 곡식이 바다 모래 같이 심히 많아 세기를 그쳤으니 그 수가 한이 없음이었더라

50 흉년이 들기 전에 요셉에게 두 아들이 나되 곧 온의 제사장 보디베라의 딸 아스낫이 그에게서 낳은지라

51 요셉이 그의 장남의 이름을 1)므낫세라 하였으니 하나님이 내게 내 모든 고난과 내 아버지의 온 집 일을 잊어버리게

하셨다 함이요

52 차남의 이름을 2)에브라임이라 하였으니 하나님이 나를 내가 수고한 땅에서 번성하게 하셨다 함이었더라

53 애굽 땅에 일곱 해 풍년이 그치고

54 요셉의 말과 같이 일곱 해 흉년이 들기 시작하매 각국에는 기근이 있으나 애굽 온 땅에는 먹을 것이 있더니 행 7:11

55 애굽 온 땅이 굶주리매 백성이 바로에게 부르짖어 양식을 구하는지라 바로가 애굽 모든 백성에게 이르되 요셉에게 가서 그가 너희에게 이르는 대로 하라 하니라

56 온 지면에 기근이 있으매 요셉이 모든 창고를 열고 애굽 백성에게 팔새 애굽 땅에 기근이 심하며

57 각국 백성도 양식을 사려고 애굽으로 들어와 요셉에게 이르렀으니 기근이 온 세상에 심함이었더라

요셉의 형들이 애굽으로 가다

42 그 때에 야곱이 애굽에 곡식이 있음을 보고 아들들에게 이르되 너희는 어찌하여 서로 바라보고만 있느냐

2 야곱이 또 이르되 내가 들은즉 저 애굽에 곡식이 있다 하니 너희는 그리로 가서 거기서 우리를 위하여 사오라 그러면 우리가 살고 죽지 아니하리라 하매

3 요셉의 형 열 사람이 애굽에서 곡식을 사려고 내려갔으나

4 야곱이 요셉의 아우 베냐민은 그의 형들과 함께 보내지 아니하였으니 이는

총리가 되어 애굽을 다스리는
요셉(41:40-49)

그의 생각에 재난이 그에게 미칠까 두려워함이었더라

5 이스라엘의 아들들이 양식 사러 간 자 중에 있으니 가나안 땅에 기근이 있음이라

6 때에 요셉이 나라의 총리로서 그 땅 모든 백성에게 곡식을 팔더니 요셉의 형들이 와서 그 앞에서 땅에 엎드려 절하매

형들을 만난 요셉(42:6-7)

7 요셉이 보고 형들인 줄을 아나 모르는 체하고 엄한 소리로 그들에게 말하여 이르되 너희가 어디서 왔느냐 그들이 이르되 곡물을 사려고 가나안에서 왔나이다 42:30

8 요셉은 그의 형들을 알아보았으나 그들은 요셉을 알아보지 못하더라

9 요셉이 그들에게 대하여 꾼 꿈을 생각하고 그들에게 이르되 너희는 정탐꾼들이라 이 나라의 틈을 엿보려고 왔느니라

10 그들이 그에게 이르되 내 주여 아니니이다 당신의 종들은 곡물을 사러 왔나이다

11 우리는 다 한 사람의 아들들로서 확실한 자들이니 당신의 종들은 정탐꾼이 아니니이다

12 요셉이 그들에게 이르되 아니라 너희가 이 나라의 틈을 엿보러 왔느니라

13 그들이 이르되 당신의 종 우리들은 열두 형제로서 가나안 땅 한 사람의 아들들이라 막내 아들은 오늘 아버지와 함께 있고 또 하나는 없어졌나이다 37:30

14 요셉이 그들에게 이르되 내가 너희에게 이르기를 너희는 정탐꾼들이라 한 말이 이것이니라

15 너희는 이같이 하여 너희 진실함을 증명할 것이라 바로의 생명으로 맹세하노니 너희 막내 아우가 여기 오지 아니하면 너희가 여기서 나가지 못하리라

16 너희 중 하나를 보내어 너희 아우를 데려오게 하고 너희는 갇히어 있으라 내가 너희의 말을 시험하여 너희 중에 진실이 있는지 보리라 바로의 생명으로 맹세하노니 그리하지 아니하면 너희는 과연 정탐꾼이니라 하고

17 그들을 다 함께 삼 일을 가두었더라

18 ●사흘 만에 요셉이 그들에게 이르되 나는 하나님을 경외하노니 너희는 이같이 하여 생명을 보전하라 레 25:43

19 너희가 확실한 자들이면 너희 형제 중 한 사람만 그 옥에 갇히게 하고 너희는 곡식을 가지고 가서 너희 집안의 굶주림을 구하고

20 너희 막내 아우를 내게로 데리고 오라 그러면 너희 말이 진실함이 되고 너희가 죽지 아니하리라 하니 그들이 그대로 하니라

21 그들이 서로 말하되 우리가 아우의 일로 말미암아 범죄하였도다 그가 우리에게 애걸할 때에 그 마음의 괴로움을 보고도 듣지 아니하였으므로 이 괴로움이 우리에게 임하도다

22 르우벤이 그들에게 대답하여 이르되 내가 너희에게 그 아이에 대하여 죄를 짓지 말라고 하지 아니하였더냐 그래도

42장 에는 무엇이 기록되어 있을까?

가나안 땅에 기근이 들자, 요셉의 형들은 양식을 구하려 애굽으로 와서 요셉 앞에 엎드려 절했어요. 요셉은 그들이 자신의 형들이라는 것을 알면서도 일부러 정탐꾼이라는 누명을 씌웠지요. 그리고 그들에게 막내 동생을 데려오지 아니하면 막내 동생을 데려오라고 명령했습니다.

너희가 듣지 아니하였느니라 그러므로 그의 핏값을 치르게 되었도다 하니
23 그들 사이에 통역을 세웠으므로 그들은 요셉이 듣는 줄을 알지 못하였더라
24 요셉이 그들을 떠나가서 울고 다시 돌아와서 그들과 말하다가 그들 중에서 시므온을 끌어내어 그들의 눈 앞에서 결박하고
25 명하여 곡물을 그 그릇에 채우게 하고 각 사람의 돈은 그의 자루에 도로 넣게 하고 또 길 양식을 그들에게 주게 하니 그대로 행하였더라

요셉의 형들이 가나안으로 돌아오다

26 ● 그들이 곡식을 나귀에 싣고 그 곳을 떠났더니
37:31-35
27 한 사람이 여관에서 나귀에게 먹이를 주려고 자루를 풀고 본즉 그 돈이 자루 아귀에 있는지라
28 그가 그 형제에게 말하되 내 돈을 도로 넣었도다 보라 자루 속에 있도다 이에 그들이 혼이 나서 떨며 서로 돌아보며 말하되 하나님이 어찌하여 이런 일을 우리에게 행하셨는가 하고
29 그들이 가나안 땅에 돌아와 그들의 아버지 야곱에게 이르러 그들이 당한 일을 자세히 알리어 아뢰되

술술 풀리는 성경 말씀

요셉을 못 알아본 그의 형들

요셉과 헤어질 당시에 요셉의 형들은 이미 거의 다 자란 어른이었어요. 그래서 요셉은 형들과 헤어진 지 20여 년이 지났어도 큰 어려움 없이 그들을 알아볼 수 있었지요. 게다가 형들은 열 명이나 되었기 때문에 더욱 더 알아보기 쉬웠을 거예요.
그러나 요셉의 형들의 경우는 상황이 달랐어요. 그들은 요셉이 애굽에 그처럼 높은 지위에 올랐으리라고는 상상하지 못했어요. 더구나 요셉은 애굽 옷을 입고, 통역을 통해 대화를 나누었기 때문에(42:23) 더욱 알아보기 어려웠지요. 또한 수염을 깨끗하게 밀었기 때문에(41:14) 수염을 깎지 않는 풍습을 지키던 유대인 형들은 요셉을 애굽 사람이라고 생각했을 거예요.

42장 8절

30 그 땅의 주인인 그 사람이 엄하게 우리에게 말씀하고 우리를 그 땅에 대한 정탐꾼으로 여기기로
42:7
31 우리가 그에게 이르되 우리는 확실한 자들이요 정탐꾼이 아니니이다
32 우리는 한 아버지의 아들 열두 형제로서 하나는 없어지고 막내는 오늘 우리 아버지와 함께 가나안 땅에 있나이다 하였더니
33 그 땅의 주인인 그 사람이 우리에게 이르되 내가 이같이 하여 너희가 확실한 자들임을 알리니 너희 형제 중의 하나를 내게 두고 양식을 가지고 가서 너희 집안의 굶주림을 구하고
34 너희 막내 아우를 내게로 데려 오라 그러면 너희가 정탐꾼이 아니요 확실한 자들임을 내가 알고 너희 형제를 너희에게 돌리리니 너희가 이 나라에서 무역하리라 하더이다 하고
35 각기 자루를 쏟고 본즉 각 사람의 돈 뭉치가 그 자루 속에 있는지라 그들과 그들의 아버지가 돈뭉치를 보고 다 두려워하더니
36 그들의 아버지 야곱이 그들에게 이르되 너희가 나에게 내 자식들을 잃게 하도다 요셉도 없어졌고 시므온도 없어졌거늘 베냐민을 또 빼앗아 가고자 하니 이는 다 나를 해롭게 함이로다
37 르우벤이 그의 아버지에게 말하여 이르되 내가 그를 아버지께로 데리고 오지 아니하거든 내 두 아들을 죽이소서 그를 내 손에 맡기소서 내가 그를 아버지께로 데리고 돌아오리이다
38 야곱이 이르되 내 아들은 너희와 함께 내려가지 못하리니 그의 형은 죽고 그만 남았음이라 만일 너희가 가는 길에서 재난이 그에게 미치면 너희가 내 흰 머리를 슬퍼하며 스올로 내려가게 함이 되리라

형들이 베냐민을 데리고 애굽으로 가다

43 그 땅에 기근이 심하고
2 그들이 애굽에서 가져온 곡

식을 다 먹으매 그 아버지가 그들에게 이르되 다시 가서 우리를 위하여 양식을 조금 사오라

3 유다가 아버지에게 말하여 이르되 그 사람이 우리에게 엄히 경고하여 이르되 너희 아우가 너희와 함께 오지 아니하면 너희가 내 얼굴을 보지 못하리라 하였으니

4 아버지께서 우리 아우를 우리와 함께 보내시면 우리가 내려가서 아버지를 위하여 양식을 사려니와

5 아버지께서 만일 그를 보내지 아니하시면 우리는 내려가지 아니하리니 그 사람이 우리에게 말하기를 너희의 아우가 너희와 함께 오지 아니하면 너희가 내 얼굴을 보지 못하리라 하였음이니이다

6 이스라엘이 이르되 너희가 어찌하여 너희에게 또 다른 아우가 있다고 그 사람에게 말하여 나를 괴롭게 하였느냐

7 그들이 이르되 그 사람이 우리와 우리의 친족에 대하여 자세히 질문하여 이르기를 너희 아버지가 아직 살아 계시느냐 너희에게 아우가 있느냐 하기로 그 묻는 말에 따라 그에게 대답한 것이니 그가 너희의 아우를 데리고 내려오라 할 줄을 우리가 어찌 알았으리이까

8 유다가 그의 아버지 이스라엘에게 이르되 저 아이를 나와 함께 보내시면 우리가 곧 가리니 그러면 우리와 아버지와 우리 어린 아이들이 다 살고 죽지 아니하리이다 4:2:2

9 내가 그를 위하여 담보가 되오리니 아버지께서 내 손에서 그를 찾으소서 내

가 만일 그를 아버지께 데려다가 아버지 앞에 두지 아니하면 내가 영원히 죄를 지리이다 44:32

10 우리가 지체하지 아니하였으면 벌써 두 번 갔다 왔으리이다

11 그들의 아버지 이스라엘이 그들에게 이르되 그러할진대 이렇게 하라 너희는 이 땅의 아름다운 소산을 그릇에 담아 가지고 내려가서 그 사람에게 예물로 드릴지니 곧 유향 조금과 꿀 조금과 향품과 몰약과 유향나무 열매와 감복숭아이니라

12 너희 손에 갑절의 돈을 가지고 너희 자루 아귀에 도로 넣어져 있던 그 돈을 다시 가지고 가라 혹 잘못이 있었을까 두렵도다

13 네 아우도 데리고 떠나 다시 그 사람에게로 가라 42:38

14 전능하신 하나님께서 그 사람 앞에서 너희에게 은혜를 베푸사 그 사람으로 너희 다른 형제와 베냐민을 돌려보내게 하시기를 원하노라 내가 자식을 잃게 되면 잃으리로다 시 106:46

15 그 형제들이 예물을 마련하고 갑절의 돈을 자기들의 손에 가지고 베냐민을 데리고 애굽에 내려가서 요셉 앞에 서니라

16 ●요셉은 베냐민이 그들과 함께 있음을 보고 자기의 청지기에게 이르되 이

43 에는 무엇이 기록되어 있을까?

요셉의 형들은 가나안으로 돌아와 아버지 야곱에게 자초지종을 말했어요. 야곱은 요셉에 이어 아들을 또 잃을까 봐 베냐민을 보내지 않으려고 했지만, 기근이 계속되자 어쩔 수 없이 아들들의 말을 따랐지요. 사랑하는 동생 베냐민을 만난 요셉은 주체할 수 없는 자신의 마음을 감춘 채 형제들을 극진하게 대접해주었답니다.

형제들보다 뛰어난 유다(43:8-10)	
신상	• 이름의 뜻 : 찬양하다 • 부모 : 야곱과 레아에게서 난 넷째 아들 • 직업 : 양치는 목동 • 아내 : 가나안 여인 수아
특징	• 형제들이 요셉을 죽이려 할 때 반대하여 이스마엘 상인에게 팔게 함(37:26~27) • 며느리 다말과 결혼하여 베레스와 세라를 낳음(38:29~30) • 식량을 구하기 위해 애굽으로 갈 때 베냐민을 데려갈 수 있도록 야곱을 설득함(43:8-10) • 요셉 앞에서 베냐민을 대신하여 자신이 종이 되겠다고 자원함(44:18~33)
축복	• 형제보다 뛰어나고, 주권자(메시아)가 유다로 말미암아 나올 것임(대상 5:2)

사람들을 집으로 인도해 들이고 짐승을 잡고 준비하라 이 사람들이 정오에 나와 함께 먹을 것이니라

17 청지기가 요셉의 명대로 하여 그 사람들을 요셉의 집으로 인도하니

18 그 사람들이 요셉의 집으로 인도되매 두려워하여 이르되 전번에 우리 자루에 들어 있던 돈의 일로 우리가 끌려드는도다 이는 우리를 억류하고 달려들어 우리를 잡아 노예로 삼고 우리의 나귀를 빼앗으려 함이로다 하고

19 그들이 요셉의 집 청지기에게 가까이 나아가 그 집 문 앞에서 그에게 말하여

20 이르되 내 주여 우리가 전번에 내려와서 양식을 사가지고

21 여관에 이르러 자루를 풀어본즉 각 사람의 돈이 전액 그대로 자루 아귀에 있기로 우리가 도로 가져왔고 `42:35`

22 양식 살 다른 돈도 우리가 가지고 내려왔나이다 우리의 돈을 우리 자루에 넣은 자는 누구인지 우리가 알지 못하나이다

23 그가 이르되 너희는 안심하라 두려워하지 말라 너희 하나님, 너희 아버지의 하나님이 재물을 너희 자루에 넣어 너희에게 주신 것이니라 너희 돈은 내가 이미 받았느니라 하고 시므온을 그들에게로 이끌어내고

24 그들을 요셉의 집으로 인도하고 물을 주어 발을 씻게 하며 그들의 나귀에게 먹이를 주더라

25 그들이 거기서 음식을 먹겠다 함을 들었으므로 예물을 정돈하고 요셉이 정오에 오기를 기다리더니

26 요셉이 집으로 오매 그들이 집으로 들어가서 예물을 그에게 드리고 땅에 엎드려 절하니

27 요셉이 그들의 안부를 물으며 이르되 너희 아버지 너희가 말하던 그 노인이 안녕하시냐 아직도 생존해 계시느냐

28 그들이 대답하되 주의 종 우리 아버지

담보(43:9) 장차 남에게 끼칠지도 모르는 손해의 보상이 되는 것을 말함.

가 평안하고 지금까지 생존하였나이다 하고 머리 숙여 절하더라 `37:7, 10`

29 요셉이 눈을 들어 자기 어머니의 아들 자기 동생 베냐민을 보고 이르되 너희가 내게 말하던 너희 작은동생이 이아이냐 그가 또 이르되 소자여 하나님이 네게 은혜 베푸시기를 원하노라

30 요셉이 아우를 사랑하는 마음이 복받쳐 급히 울 곳을 찾아 안방으로 들어가서 울고

31 얼굴을 씻고 나와서 그 정을 억제하고 음식을 차리라 하매

32 그들이 요셉에게 따로 차리고 그 형제들에게 따로 차리고 그와 함께 먹는 애굽 사람에게도 따로 차리니 애굽 사람은 히브리 사람과 같이 먹으면 부정을 입음이었더라 `46:34`

33 그들이 요셉 앞에 앉되 그들의 나이에 따라 앉히게 되니 그들이 서로 이상히 여겼더라

34 요셉이 자기 음식을 그들에게 주되 베냐민에게는 다른 사람보다 다섯 배나 주매 그들이 마시며 요셉과 함께 즐거워하였더라

은잔이 없어지다

44

요셉이 그의 집 청지기에게 명하여 이르되 양식을 각자의 자루에 운반할 수 있을 만큼 채우고 각자의 돈을 그 자루에 넣고

2 또 내 잔 곧 은잔을 그 청년의 자루 아귀에 넣고 그 양식 값 돈도 함께 넣으라 하매 그가 요셉의 명령대로 하고

3 아침이 밝을 때에 사람들과 그들의 나

44장에는 무엇이 기록되어 있을까?

요셉은 자신의 은잔을 베냐민의 자루에 몰래 넣고서 베냐민을 도둑으로 몰아붙였어요. 그러자 유다는 요셉에게 베냐민 대신에 자신이 종이 되게 해달라고 간절히 부탁했답니다. 이를 통해 요셉은 그의 형들이 과거의 잘못을 진심으로 뉘우치고 아버지 야곱과 베냐민을 얼마나 걱정하는지 알게 되었답니다.

귓들을 보내니라

4 그들이 성읍에서 나가 멀리 가기 전에 요셉이 청지기에게 이르되 일어나 그 사람들의 뒤를 따라 가서 그들에게 이르기를 너희가 어찌하여 선을 악으로 갚느냐

5 이것은 내 주인이 가지고 마시며 늘 점치는 데에 쓰는 것이 아니냐 너희가 이같이 하니 악하도다 하라 신 18:10-14

6 청지기가 그들에게 따라 가서 그대로 말하니

7 그들이 그에게 대답하되 내 주여 어찌 이렇게 말씀하시나이까 당신의 종들이 이런 일은 결단코 아니하나이다

8 우리 자루에 있던 돈도 우리가 가나안 땅에서부터 당신에게로 가져왔거늘 우리가 어찌 당신의 주인의 집에서 은 금을 도둑질하리이까

9 당신의 종들 중 누구에게서 발견되든지 그는 죽을 것이요 우리는 내 주의 종들이 되리이다

10 그가 이르되 그러면 너희의 말과 같이 하리라 그것이 누구에게서든지 발견되면 그는 내게 종이 될 것이요 너희는 죄가 없으리라

비전을 심어주는 3분예화

하나님과 전기의 비슷한 점

불신자가 성도에게 말했어요.
"눈에 안 보이는 신은 믿을 수 없어요. 하나님을 보여주면 당장 믿진다."

그러자 성도가 불신자에게 질문했답니다.
"그렇다면 전기가 있다는 것은 어떻게 믿나요?"
"전기에 의해 전깃불이 켜지고 선풍기가 돌아가고 텔레비전이 나오는 것을 보고 알지요."

그러자 신자가 웃으며 말했어요.
"하나님도 마찬가지에요. 온 우주 만물이 질서 있게 움직이고, 하나님을 믿는 사람들이 거룩하게 변화되고, 새로운 방언을 말하고, 기도응답이 이루어지고, 병자가 낫고, 표적이 나타나지요. 이런 하나님의 능력을 보면 하나님이 계신다는 것을 얼마든지 알 수 있답니다."

11 그들이 각각 급히 자루를 땅에 내려놓고 자루를 각기 푸니

12 그가 나이 많은 자에게서부터 시작하여 나이 적은 자에게까지 조사하매 그 잔이 베냐민의 자루에서 발견된지라

13 그들이 옷을 찢고 각기 짐을 나귀에 싣고 성으로 돌아 가니라

유다가 베냐민을 위하여 인질을 청하다

14 ●유다와 그의 형제들이 요셉의 집에 이르니 요셉이 아직 그 곳에 있는지라 그의 앞에서 땅에 엎드리니

15 요셉이 그들에게 이르되 너희가 어찌하여 이런 일을 행하였느냐 나 같은 사람이 점을 잘 치는 줄을 너희는 알지 못하였느냐 44:5

16 유다가 말하되 우리가 내 주께 무슨 말을 하오리이까 무슨 설명을 하오리이까 우리가 어떻게 우리의 정직함을 나타내리이까 하나님이 종들의 죄악을 찾아내셨으니 우리와 이 잔이 발견된 자가 내 주의 노예가 되겠나이다

17 요셉이 이르되 내가 결코 그리하지 아니하리라 잔이 그 손에서 발견된 자만 내 종이 되고 너희는 평안히 너희 아버지께로 도로 올라갈 것이니라

18 유다가 그에게 가까이 가서 이르되 내 주여 원하건대 당신의 종에게 내 주의 귀에 한 말씀을 아뢰게 하소서 주의 종에게 노하지 마소서 주는 바로와 같으심이니이다

19 이전에 내 주께서 종들에게 물으시되 너희는 아버지가 있느냐 아우가 있느냐 하시기에

20 우리가 내 주께 아뢰되 우리에게 아버지가 있으니 노인이요 또 그가 노년에 얻은 아들 청년이 있으니 그의 형은 죽고 그의 어머니가 남긴 것은 그뿐이므로 그의 아버지가 그를 사랑하나이다 하였더니

21 주께서 또 종들에게 이르시되 그를 내게로 데리고 내려와서 내가 그를 보게 하라 하시기로

22 우리가 내 주께 말씀드리기를 그 아이

는 그의 아버지를 떠나지 못할지니 떠나면 그의 아버지가 죽겠나이다

23 주께서 또 주의 종들에게 말씀하시되 너희 막내 아우가 너희와 함께 내려오지 아니하면 너희가 다시 내 얼굴을 보지 못하리라 하시기로

24 우리가 주의 종 우리 아버지에게로 도로 올라가서 내 주의 말씀을 그에게 아뢰었나이다

25 그 후에 우리 아버지가 다시 가서 곡물을 조금 사오라 하시기로

26 우리가 이르되 우리가 내려갈 수 없나이다 우리 막내 아우가 함께 내려 가려니와 막내 아우가 우리와 함께 가지 아니하면 그 사람의 얼굴을 볼 수 없음이니이다

27 주의 종 우리 아버지가 우리에게 이르되 너희도 알거니와 내 아내가 내게 두 아들을 낳았으나

28 하나는 내게서 나갔으므로 내가 말하기를 틀림없이 찢겨 죽었다 하고 내가 지금까지 그를 보지 못하거늘

29 너희가 이 아이도 내게서 데려 가려하니 만일 재해가 그 몸에 미치면 나의 흰 머리를 슬퍼하며 스올로 내려가게 하리라 하니

30 아버지의 생명과 아이의 생명이 서로 하나로 묶여 있거늘 이제 내가 주의 종 우리 아버지에게 돌아갈 때에 아이가 우리와 함께 가지 아니하면 *삼상 18:1*

31 *아버지가 아이의 없음을 보고 죽으리니* 이같이 되면 종들이 주의 종 우리 아버지의 흰 머리로 슬퍼하며 스올로 내려가게 함이니이다

32 주의 종이 내 아버지에게 아이를 담보

하기를 내가 이를 아버지께로 데리고 돌아오지 아니하면 영영히 아버지께 죄짐을 지리이다 하였으오니 *43:9*

33 이제 주의 종으로 그 아이를 대신하여 머물러 있어 내 주의 종이 되게 하시고 그 아이는 그의 형제들과 함께 올려 보내소서

34 그 아이가 나와 함께 가지 아니하면 내가 어찌 내 아버지에게로 올라갈 수 있으리이까 두렵건대 재해가 내 아버지에게 미침을 보리이다

요셉이 형제들에게 자기를 밝히다

45 요셉이 시종하는 자들 앞에서 그 정을 억제하지 못하여 소리질러 모든 사람을 자기에게서 물러가라 하고 그 형제들에게 자기를 알리니 그 때에 그와 함께 한 다른 사람이 없었더라

2 요셉이 큰 소리로 우니 애굽 사람에게 들리며 바로의 궁중에 들리더라 *46:29*

3 요셉이 그 형제들에게 이르되 나는 요셉이라 내 아버지께서 아직 살아 계시니이까 형들이 그 앞에서 놀라서 대답하지 못하더라

4 요셉이 형들에게 이르되 내게로 가까이 오소서 그들이 가까이 가니 이르되 나는 당신들의 아우 요셉이니 당신들이 애굽에 판 자라

5 당신들이 나를 이 곳에 팔았다고 해서 근심하지 마소서 한탄하지 마소서 하나님이 생명을 구원하시려고 나를 당신들보다 먼저 보내셨나이다 *50:20*

6 이 땅에 이 년 동안 흉년이 들었으나 아직 오 년은 밭갈이도 못하고 추수도

청지기(44:6) 집안일을 주인 대신 책임지고 맡아보는 사람. 주인을 위한 음식 준비로부터 하인 감독, 재산 관리에 이르기까지 청지기가 하는 일은 다양하다.

노년(44:20) 늙은 나이.

재해(44:29) 재앙으로 인한 해.

스올(44:29) 죽은 사람들의 영혼이 머무는 곳. 무덤.

한탄(45:5) 뉘우치거나 원통하여 한숨짓는 것.

45장 에는 무엇이 기록되어 있을까?

드디어 요셉은 형들에게 자신의 정체를 밝혔어요. 그리고 두려워하는 형들을 위로하면서, 자신은 비록 형들의 손에 팔려서 애굽으로 왔지만 이 모든 것은 자신의 가족을 구해주시기 위한 하나님의 계획이었다고 설명해주었지요. 요셉의 형들은 가나안으로 돌아와서 아버지 야곱에게 요셉의 소식을 전해주었답니다.

못할지라

7 하나님이 큰 구원으로 당신들의 생명을 보존하고 당신들의 후손을 세상에 두시려고 나를 당신들보다 먼저 보내셨나니

8 그런즉 나를 이리로 보낸 이는 당신들이 아니요 하나님이시라 하나님이 나를 바로에게 아버지로 삼으시고 그 온 집의 주로 삼으시며 애굽 온 땅의 통치자로 삼으셨나이다

9 당신들은 속히 아버지께로 올라가서 아뢰기를 아버지의 아들 요셉의 말에 하나님이 나를 애굽 전국의 주로 세우셨으니 지체 말고 내게로 내려오사

10 아버지의 아들들과 아버지의 손자들과 아버지의 양과 소와 모든 소유가 고센 땅에 머물며 나와 가깝게 하소서

11 흉년이 아직 다섯 해가 있으니 내가 거기서 아버지를 봉양하리이다 아버지와 아버지의 가족과 아버지께 속한 모든 사람에게 부족함이 없도록 하겠나이다 하더라고 전하소서 45:6

12 당신들의 눈과 내 아우 베냐민의 눈이 보는 바 당신들에게 이 말을 하는 것은 내 입이라

13 당신들은 내가 애굽에서 누리는 영화와 당신들이 본 모든 것을 다 내 아버지께 아뢰고 속히 모시고 내려오소서 하며

14 자기 아우 베냐민의 목을 안고 우니 베냐민도 요셉의 목을 안고 우니라

15 요셉이 또 형들과 입맞추며 안고 우니 형들이 그제서야 요셉과 말하니라

16 ●요셉의 형들이 왔다는 소문이 바로의 궁에 들리매 바로와 그의 신하들이 기뻐하고

17 바로는 요셉에게 이르되 네 형들에게 명령하기를 너희는 이렇게 하여 너희 양식을 싣고 가서 가나안 땅에 이르거든

텔 브엘세바에서 발굴된 유적(46:1)

18 너희 아버지와 너희 가족을 이끌고 내게로 오라 내가 너희에게 애굽의 좋은 땅을 주리니 너희가 나라의 기름진 것을 먹으리라

19 이제 명령을 받았으니 이렇게 하라 너희는 애굽 땅에서 수레를 가져다가 너희 자녀와 아내를 태우고 너희 아버지를 모셔 오라

20 또 너희의 기구를 아끼지 말라 온 애굽 땅의 좋은 것이 너희 것임이니라

21 ●이스라엘의 아들들이 그대로 할새 요셉이 바로의 명령대로 그들에게 수레를 주고 길 양식을 주며

22 또 그들에게 다 각기 옷 한 벌씩을 주되 베냐민에게는 은 삼백과 옷 다섯 벌을 주고 43:34

23 그가 또 이와 같이 그 아버지에게 보내되 수나귀 열 필에 애굽의 아름다운 물품을 실리고 암나귀 열 필에는 아버지에게 길에서 드릴 곡식과 떡과 양식을 실리고

24 이에 형들을 돌려보내며 그들에게 이르되 당신들은 길에서 다투지 말라 하였더라

25 그들이 애굽에서 올라와 가나안 땅으로 들어가서 아버지 야곱에게 이르러

26 알리어 이르되 요셉이 지금까지 살아 있어 애굽 땅 총리가 되었더이다 야곱이 그들의 말을 믿지 못하여 어리둥절하더니

27 그들이 또 요셉이 자기들에게 부탁한 모든 말로 그에게 말하매 그들의 아버

봉양(45:11) 부모나 조부모를 받들어 모심.
이상(46:2) 하나님의 뜻을 계시하던 수단의 하나이다. 초자연적으로 눈에 보이는 것이나 귀로 듣는 것을 포함할 수도 있다.

지 야곱은 요셉이 자기를 태우려고 보낸 수레를 보고서야 기운이 소생한지라

28 이스라엘이 이르되 족하도다 내 아들 요셉이 지금까지 살아 있으니 내가 죽기 전에 가서 그를 보리라 하니라

야곱 가족이 애굽으로 내려가다

46 이스라엘이 모든 소유를 이끌고 떠나 브엘세바에 이르러 그의 아버지 이삭의 하나님께 희생제사를 드리니

2 그 밤에 하나님이 이상 중에 이스라엘에게 나타나 이르시되 야곱아 야곱아 하시는지라 야곱이 이르되 내가 여기 있나이다 하매

3 하나님이 이르시되 나는 하나님이라 네 아버지의 하나님이니 애굽으로 내려가기를 두려워하지 말라 내가 거기서 너로 큰 민족을 이루게 하리라 28:13

4 내가 너와 함께 애굽으로 내려가겠고 반드시 너를 인도하여 다시 올라올 것이며 요셉이 그의 손으로 네 눈을 감기리라 하셨더라

5 야곱이 브엘세바에서 떠날새 이스라엘의 아들들이 바로가 그를 태우려고 보낸 수레에 자기들의 아버지 야곱과 자기들의 처자들을 태우고

6 그들의 가축과 가나안 땅에서 얻은 재물을 이끌었으며 야곱과 그의 자손들이 다함께 애굽으로 갔더라

7 이와 같이 야곱이 그 아들들과 손자들과 딸들과 손녀들 곧 그의 모든 자손을 데리고 애굽으로 갔더라

8 ●애굽으로 내려간 이스라엘 가족의

○ 야곱의 이동로(46:1-7)
에서를 피해 하란으로 피난한 이후 애굽으로 내려가기까지 파란만장한 그의 생애를 잘 보여준다.

이름은 이러하니라 야곱과 그의 아들들 곧 야곱의 맏아들 르우벤과

9 르우벤의 아들 하녹과 발루와 헤스론과 갈미요 민 26:5

10 시므온의 아들은 여무엘과 야민과 오핫과 야긴과 스할과 가나안 여인의 아들 사울이요

11 레위의 아들은 게르손과 그핫과 므라리요

12 유다의 아들 곧 엘과 오난과 셀라와 베레스와 세라니 엘과 오난은 가나안 땅에서 죽었고 베레스의 아들은 헤스론과 하물이요

13 잇사갈의 아들은 돌라와 부와와 욥과 시므론이요 30:18

14 스불론의 아들은 세렛과 엘론과 얄르엘이니

15 이들은 레아가 밧단아람에서 야곱에게 난 자손들이라 그 딸 디나를 합하여 남자와 여자가 삼십삼 명이며

16 갓의 아들은 시본과 학기와 수니와 에스본과 에리와 아로디와 아렐리요

17 아셀의 아들은 임나와 이스와와 이스위와 브리아와 그들의 누이 세라며 또 브리아의 아들은 헤벨과 말기엘이니

18 이들은 라반이 그의 딸 레아에게 준 실바가 야곱에게 낳은 자손들이니 모두 십육 명이라

19 야곱의 아내 라헬의 아들 곧 요셉과 베

46장에는 무엇이 기록되어 있을까?

야곱은 약속의 땅 가나안을 떠나 애굽으로 내려가는 것이 두려웠어요. 그러나 하나님께서는 야곱에게 애굽에서 큰 축복을 베푸실 것을 약속하셨지요. 드디어 온 가족과 함께 애굽에 도착한 야곱은 죽은 줄로 알았던 아들 요셉을 다시 만나게 되었답니다.

나민이요

44:27

20 애굽 땅에서 온 이 제사장 보디베라의 딸 아스낫이 요셉에게 낳은 므낫세와 에브라임이요

21 베냐민의 아들 곧 벨라와 베겔과 아스벨과 게라와 나아만과 에히와 로스와 뭅빔과 훕빔과 아릇이니

22 이들은 라헬이 야곱에게 낳은 자손들이니 모두 십사 명이요

35:24

23 단의 아들 후심이요

대상 7:12

24 납달리의 아들 곧 야스엘과 구니와 예셀과 실렘이라

25 이들은 라반이 그의 딸 라헬에게 준 빌하가 야곱에게 낳은 자손들이니 모두 칠 명이라

26 야곱과 함께 애굽에 들어간 자는 야곱의 며느리들 외에 육십육 명이니 이는 다 야곱의 몸에서 태어난 자이며

27 애굽에서 요셉이 낳은 아들은 두 명이니 야곱의 집 사람으로 애굽에 이른 자가 모두 칠십 명이었더라

신 10:22

야곱 일행이 애굽에 이르다

28 ●야곱이 유다를 요셉에게 미리 보내어 자기를 고센으로 인도하게 하고 다 고센 땅에 이르니

29 요셉이 그의 수레를 갖추고 고센으로 올라가서 그의 아버지 이스라엘을 맞으며 그에게 보이고 그의 목을 어긋맞춰 안고 얼마 동안 울매

30 이스라엘이 요셉에게 이르되 네가 지금까지 살아 있고 내가 네 얼굴을 보았

으니 지금 죽어도 족하도다

31 요셉이 그의 형들과 아버지의 가족에게 이르되 내가 올라가서 바로에게 아뢰어 이르기를 가나안 땅에 있던 내 형들과 내 아버지의 가족이 내게로 왔는데

32 그들은 목자들이라 목축하는 사람이므로 그들의 양과 소와 모든 소유를 이끌고 왔나이다 하리니

33 바로가 당신들을 불러서 너희의 직업이 무엇이냐 묻거든

34 당신들은 이르기를 주의 종들은 어렸을 때부터 지금까지 목축하는 자들이온데 우리와 우리 선조가 다 그러하니이다 하소서 애굽 사람은 다 목축을 가증히 여기나니 당신들이 고센 땅에 살게 되리이다

47

요셉이 바로에게 가서 고하여 이르되 내 아버지와 내 형들과 그들의 양과 소와 모든 소유가 가나안 땅에서 와서 고센 땅에 있나이다 하고

2 그의 형들 중 다섯 명을 택하여 바로에게 보이니

3 바로가 요셉의 형들에게 묻되 너희 생업이 무엇이냐 그들이 바로에게 대답하되 종들은 목자이온데 우리와 선조가 다 그러하니이다 하고

46:33

4 그들이 또 바로에게 고하되 가나안 땅에 기근이 심하여 종들의 양 떼를 칠 곳이 없기로 종들이 이 곳에 거류하고자 왔사오니 원하건대 종들로 고센 땅에 살게 하소서

5 바로가 요셉에게 말하여 이르되 네 아버지와 형들이 네게 왔은즉

6 애굽 땅이 네 앞에 있으니 땅의 좋은 곳

야곱이 요셉을 만남(46:29-30)

에 네 아버지와 네 형들이 거주하게 하
되 그들이 고센 땅에 거주하고 그들 중
에 능력 있는 자가 있거든 그들로 내 가
축을 관리하게 하라

7 요셉이 자기 아버지 야곱을 인도하여
바로 앞에 서게 하니 야곱이 바로에게
축복하매

8 바로가 야곱에게 묻되 네 나이가 얼마냐

9 야곱이 바로에게 아뢰되 내 나그네 길
의 세월이 백삼십 년이니이다 내 나이
가 얼마 못 되니 우리 조상의 나그네 길
의 연조에 미치지 못하나 험악한 세월
을 보내었나이다

10 야곱이 바로에게 축복하고 그 앞에서
나오니라

라암셋에 있는
라암셋상
(47:11)

11 요셉이 바로의 명령대로 그의 아버지
와 그의 형들에게 거주할 곳을 주되 애
굽의 좋은 땅 라암셋을 그들에게 주어
소유로 삼게 하고

12 또 그의 아버지와 그의 형들과 그의 아
버지의 온 집에 그 식구를 따라 먹을 것
을 주어 봉양하였더라

기근이 더욱 심해지다

13 ●기근이 더욱 심하여 사방에 먹을 것
이 없고 애굽 땅과 가나안 땅이 기근으
로 황폐하니

14 요셉이 곡식을 팔아 애굽 땅과 가나안
땅에 있는 돈을 모두 거두어들이고 그
돈을 바로의 궁으로 가져가니

15 애굽 땅과 가나안 땅에 돈이 떨어진지
라 애굽 백성이 다 요셉에게 와서 이르
되 돈이 떨어졌사오니 우리에게 먹을
거리를 주소서 어찌 주 앞에서 죽으리
이까

16 요셉이 이르되 너희의 가축을 내라 돈

이 떨어졌은즉 내가 너희의 가축과 바
꾸어 주리라

17 그들이 그들의 가축을 요셉에게 끌어
오는지라 요셉이 그 말과 양 떼와 소
떼와 나귀를 받고 그들에게 먹을 것을
주되 곧 그 모든 가축과 바꾸어서 그
해 동안에 먹을 것을 그들에게 주니라

18 그 해가 다 가고 새 해가 되매 무리가
요셉에게 와서 그에게 말하되 우리가
주께 숨기지 아니하나이다 우리의 돈
이 다하였고 우리의 가축 떼가 주께로
돌아갔사오니 주께 낼 것이 아무것도
남지 아니하고 우리의 몸과 토지뿐이
라

19 우리가 어찌 우리의 토지와 함께 주의
목전에 죽으리이까 우리 몸과 우리 토
지를 먹을 것을 주고 사소서 우리가 토
지와 함께 바로의 종이 되리니 우리에
게 종자를 주시면 우리가 살고 죽지 아
니하며 토지도 황폐하게 되지 아니하
리이다

20 ●그러므로 요셉이 애굽의 모든 토지
를 다 사서 바로에게 바치니 애굽의 모
든 사람들이 기근에 시달려 각기 토지
를 팔았음이라 땅이 바로의 소유가 되
니라

21 요셉이 애굽 땅 이 끝에서 저 끝까지의
백성을 성읍들에 옮겼으나

22 제사장들의 토지는 사지 아니하였으
니 제사장들은 바로에게서 녹을 받음
이라 바로가 주는 녹을 먹으므로 그들
이 토지를 팔지 않음이었더라 	레 25:34

47 장 에는 무엇이 기록되어 있을까?

야곱의 가족은 요셉의 말대로 가나
안 땅에서처럼 목축을 하면서 고센 땅에 머무르
게 되었어요. 기근은 더욱 심해졌지만, 요셉의 뛰
어난 지혜로 바로의 소유는 나날이 많아졌지요.
한편, 죽음을 앞두게 된 야곱은 요셉에게 자신을
가나안에서 장사 지낼 것을 부탁했답니다.

23 요셉이 백성에게 이르되 오늘 내가 바로를 위하여 너희 몸과 너희 토지를 샀노라 여기 종자가 있으니 너희는 그 땅에 뿌리라

24 추수의 오분의 일을 바로에게 상납하고 오분의 사는 너희가 가져서 토지의 종자로도 삼고 너희의 양식으로도 삼고 너희 가족과 어린 아이의 양식으로도 삼으라

25 그들이 이르되 주께서 우리를 살리셨사오니 우리가 주께 은혜를 입고 바로의 종이 되겠나이다

26 요셉이 애굽 토지법을 세우매 그 오분의 일이 바로에게 상납되나 제사장의 토지는 바로의 소유가 되지 아니하여 오늘날까지 이르니라

야곱의 마지막 청

27 ●이스라엘 족속이 애굽 고센 땅에 거주하며 거기서 생업을 얻어 생육하고 번성하였더라

28 야곱이 애굽 땅에 십칠 년을 거주하였으니 그의 나이가 백사십칠 세라

29 이스라엘이 죽을 날이 가까우매 그의 아들 요셉을 불러 그에게 이르되 이제 내가 네게 은혜를 입었거든 청하노니 네 손을 내 허벅지 아래에 넣고 인애와 성실함으로 내게 행하여 애굽에 나를 장사하지 아니하도록 하라

30 내가 조상들과 함께 눕거든 너는 나를 애굽에서 메어다가 조상의 묘지에 장사하라 요셉이 이르되 내가 아버지의 말씀대로 행하리이다

31 야곱이 또 이르되 내게 맹세하라 하매 그가 맹세하니 이스라엘이 침상 머리

에서 하나님께 경배하니라

야곱이 에브라임과 므낫세에게 축복하다

48

이 일 후에 어떤 사람이 요셉에게 말하기를 네 아버지가 병들었다 하므로 그가 곧 두 아들 므낫세와 에브라임과 함께 이르니

2 어떤 사람이 야곱에게 말하되 네 아들 요셉이 네게 왔다 하매 이스라엘이 힘을 내어 침상에 앉아

3 요셉에게 이르되 이전에 가나안 땅 루스에서 전능하신 하나님이 내게 나타나사 복을 주시며

4 내게 이르시되 내가 너로 생육하고 번성하게 하여 네게서 많은 백성이 나게 하고 내가 이 땅을 네 후손에게 주어 영원한 소유가 되게 하리라 하셨느니라

5 내가 애굽으로 와서 네게 이르기 전에 애굽에서 네가 낳은 두 아들 에브라임과 므낫세는 내 것이라 르우벤과 시므온처럼 내 것이 될 것이요

6 이들 후의 네 소생은 네 것이 될 것이며 그들의 유산은 그들의 형의 이름으로 함께 받으리라

7 내게 대하여는 내가 이전에 밧단에서 올 때에 라헬이 나를 따르는 도중 가나안 땅에서 죽었는데 그 곳은 에브랏까지 길이 아직도 먼 곳이라 내가 거기서

술술 풀리는 성경말씀

에브라임과 므낫세

야곱은 요셉의 두 아들 에브라임과 므낫세를 축복하였어요(48:5). 이것은 야곱이 애굽 여인에게서 태어난 그들을 자신의 양자로 삼음으로써, 그들에게 완벽한 족장의 신분을 준다는 것을 의미했어요.

한편 요셉은 첫째인 므낫세가 더 큰 축복을 받기를 원했어요(48:13). 그래서 야곱이 팔을 어긋나게 마주 얹었을 때, 요셉은 아버지가 눈이 침침하여 실수로 손을 바꿔 얹은 것으로 생각하고 바로잡으려 했지요. 그러나 야곱은 하나님의 뜻에 따라 에브라임에게 보다 큰 축복을 주었어요(48:17-19). 훗날 에브라임 지파는 북왕국 이스라엘의 중심 세력이 될 정도로 크게 번성했답니다.

48장에는 무엇이 기록되어 있을까?

죽음을 앞둔 야곱은 자신의 열두 아들을 축복하기 전에 먼저 요셉의 두 아들을 자신의 양자로 삼고 축복했어요. 야곱은 오른손으로 둘째 에브라임을 축복하고 왼손으로는 첫째 므낫세를 축복하였는데, 여기에는 하나님의 뜻과 계획이 있었답니다.

48장 1-20절

그를 에브랏 길에 장사하였느니라 (에브랏은 곧 베들레헴이라)

8 ●이스라엘이 요셉의 아들들을 보고 이르되 이들은 누구냐

9 요셉이 그의 아버지에게 아뢰되 이는 하나님이 여기서 내게 주신 아들들이니이다 아버지가 이르되 그들을 데리고 내 앞으로 나아오라 내가 그들에게 축복하리라

10 이스라엘의 눈이 나이로 말미암아 어두워서 보지 못하더라 요셉이 두 아들을 이끌어 아버지 앞으로 나아가니 이스라엘이 그들에게 입맞추고 그들을 안고

11 요셉에게 이르되 내가 네 얼굴을 보리라고는 생각하지 못하였더니 하나님이 내게 네 자손까지도 보게 하셨도다

12 요셉이 아버지의 무릎 사이에서 두 아들을 물러나게 하고 땅에 엎드려 절하고

13 오른손으로는 에브라임을 이스라엘의 왼손을 향하여 하고 왼손으로는 므낫세를 이스라엘의 오른손을 향하게 하여 이끌어 그에게 가까이 나아가매

14 이스라엘이 오른손을 펴서 차남 에브라임의 머리에 얹고 왼손을 펴서 므낫세의 머리에 얹으니 므낫세는 장자라도 팔을 엇바꾸어 얹었더라 41:51, 52

15 그가 요셉을 위하여 축복하여 이르되 내 조부 아브라함과 아버지 이삭이 섬기던 하나님, 나의 출생으로부터 지금까지 나를 기르신 하나님,

16 나를 모든 환난에서 건지신 여호와의 사자께서 이 아이들에게 복을 주시오며 이들로 내 이름과 내 조상 아브라함과 이삭의 이름으로 칭하게 하시오며 이들이 세상에서 번식되게 하시기를 원하나이다

17 요셉이 그 아버지가 오른손을 에브라임의 머리에 얹은 것을 보고 기뻐하지 아니하여 아버지의 손을 들어 에브라

임의 머리에서 므낫세의 머리로 옮기고자 하여

18 그의 아버지에게 이르되 아버지여 그리 마옵소서 이는 장자이니 오른손을 그의 머리에 얹으소서 하였으나

19 그의 아버지가 허락하지 아니하며 이르되 나도 안다 내 아들아 나도 안다 그도 한 족속이 되며 그도 크게 되려니와 그의 아우가 그보다 큰 자가 되고 그의 자손이 여러 민족을 이루리라 하고

20 그 날에 그들에게 축복하여 이르되 이스라엘이 너로 말미암아 축복하기를 하나님이 네게 에브라임 같고 므낫세 같게 하시리라 하며 에브라임을 므낫세보다 앞세웠더라

21 이스라엘이 요셉에게 또 이르되 나는 죽으나 하나님이 너희와 함께 계시사 너희를 인도하여 너희 조상의 땅으로 돌아가게 하시려니와

22 내가 네게 네 형제보다 1)세겜 땅을 더 주었나니 이는 내가 내 칼과 활로 아모리 족속의 손에서 빼앗은 것이니라

야곱의 유언과 죽음

49

야곱이 그 아들들을 불러 이르되 너희는 모이라 너희가 후일에 당할 일을 내가 너희에게 이르리라

2 너희는 모여 들으라 야곱의 아들들아 너희 아버지 이스라엘에게 들을지어다 잠1:8

3 르우벤아 너는 내 장자요 내 능력이요 내 기력의 시작이라 위풍이 월등하고 권능이 탁월하다마는

4 물의 끓음 같았은즉 너는 탁월하지

1) 또는 한 몫을

상납(47:24) 나라에 조세 등을 바치는 일을 말함.
생육(47:27) 낳아서 기름.

못하리니 네가 아버지의 침상에 올라 더럽혔음이로다 그가 내 침상에 올랐었도다

5 시므온과 레위는 형제요 그들의 칼은 폭력의 도구로다

6 내 혼아 그들의 모의에 상관하지 말지어다 내 영광아 그들의 집회에 참여하지 말지어다 그들이 그들의 분노대로 사람을 죽이고 그들의 혈기대로 소의 발목 힘줄을 끊었음이로다

7 그 노여움이 혹독하니 저주를 받을 것이요 분기가 맹렬하니 저주를 받을 것이라 내가 그들을 야곱 중에서 나누며 이스라엘 중에서 흩으리로다

8 유다야 너는 네 형제의 찬송이 될지라 네 손이 네 원수의 목을 잡을 것이요 네 아버지의 아들들이 네 앞에 절하리로다

9 유다는 사자 새끼로다 내 아들아 너는 움킨 것을 찢고 올라갔도다 그가 엎드리고 웅크림이 수사자 같고 암사자 같으니 누가 그를 범할 수 있으랴

10 규가 유다를 떠나지 아니하며 통치자의 지팡이가 그 발 사이에서 떠나지 아니하기를 실로가 오시기까지 이르리니 그에게 모든 백성이 복종하리로다

11 그의 나귀를 포도나무에 매며 그의 암나귀 새끼를 아름다운 포도나무에 맬 것이며 또 그 옷을 포도주에 빨며 그의 복장을 포도즙에 빨리로다

12 그의 눈은 포도주로 인하여 붉겠고

그의 이는 우유로 말미암아 희리로다

13 스불론은 해변에 거주하리니 그 곳은 배 매는 해변이라 그의 경계가 시돈까지리로다

14 잇사갈은 양의 우리 사이에 꿇어앉은 건장한 나귀로다

15 그는 쉴 곳을 보고 좋게 여기며 토지를 보고 아름답게 여기고 어깨를 내려 짐을 메고 압제 아래에서 섬기리로다

16 단은 이스라엘의 한 지파 같이 그의 백성을 심판하리로다

17 단은 길섶의 뱀이요 샛길의 독사로다 말굽을 물어서 그 탄 자를 뒤로 떨어지게 하리로다

18 여호와여 나는 주의 구원을 기다리나이다

19 갓은 군대의 추격을 받으나 도리어 그 뒤를 추격하리로다

20 아셀에게서 나는 먹을 것은 기름진 것이라 그가 왕의 수라상을 차리리로다

21 납달리는 놓인 암사슴이라 아름다운 소리를 발하는도다

22 요셉은 무성한 가지 곧 샘 곁의 무성한 가지라 그 가지가 담을 넘었도다

23 활쏘는 자가 그를 학대하며 적개심을 가지고 그를 쏘았으나

24 요셉의 활은 도리어 굳세며 그의 팔은 힘이 있으니 이는 야곱의 전능자 이스라엘의 반석인 목자의 손을 힘입음이라

25 네 아버지의 하나님께로 말미암나니 그가 너를 도우실 것이요 전능자로 말미암나니 그가 네게 복을 주실 것이라 위로 하늘의 복과 아래로 깊은 샘의 복과 젖먹이는 복과 태의 복이리로다

26 네 아버지의 축복이 내 선조의 축복

➕ 포도즙틀(49:11-12)
바위를 깎아 만든 것으로, 포도를 넣고 밟으면 포도즙이 옷에 튀고 옷과 복장이 붉게 물들었다.

집회(49:6) 여러 사람이 특정한 공동 목적을 위하여 일시적으로 모이는 일.
적개심(49:23) 적과 싸우고자 하는 성낸 마음, 또는 증오심.
기병(50:9) 말타고 싸우는 군사.

○ 라헬의 무덤(49:29-31)
야곱의 식구들이 하란에서 가나안으로 내려오는 도중 라헬이 베냐민을 낳고 죽었으므로 베들레헴 길에 장사를 지내고 묘에 비를 세웠더라(창 35:19).

보다 나아서 영원한 산이 한 없음 같이 이 이 축복은 요셉의 머리로 돌아오며 그 형제 중 뛰어난 자의 정수리로 돌아오리로다

27 베냐민은 물어뜯는 이리라 아침에는 빼앗은 것을 먹고 저녁에는 움킨 것을 나누리로다

28 이들은 이스라엘의 열두 지파라 이와 같이 그들의 아버지가 그들에게 말하고 그들에게 축복하였으니 곧 그들 각 사람의 분량대로 축복하였더라

29 그가 그들에게 명하여 이르되 내가 내 조상들에게로 돌아가리니 나를 헷 사람 에브론의 밭에 있는 굴에 우리 선조와 함께 장사하라 25:8

30 이 굴은 가나안 땅 마므레 앞 막벨라 밭에 있는 것이라 아브라함이 헷 사람 에브론에게서 밭과 함께 사서 그의 매장지를 삼았으므로

31 아브라함과 그의 아내 사라가 거기 장사되었고 이삭과 그의 아내 리브가도 거기 장사되었으며 나도 레아를 그 곳에 장사하였노라

32 이 밭과 거기 있는 굴은 헷 사람에게서 산 것이니라 23:19

33 야곱이 아들에게 명하기를 마치고 그 발을 침상에 모으고 숨을 거두니 그의 ¹⁾백성에게로 돌아갔더라

50

요셉이 그의 아버지 얼굴에 구푸려 울며 입맞추고

2 그 수종 드는 의원에게 명하여 아버지

의 몸을 향으로 처리하게 하매 의원이 이스라엘에게 그대로 하되 50:26

3 사십 일이 걸렸으니 향으로 처리하는 데는 이 날수가 걸림이며 애굽 사람들은 칠십 일 동안 그를 위하여 곡하였더라

4 ●곡하는 기한이 지나매 요셉이 바로의 궁에 말하여 이르되 내가 너희에게 은혜를 입었으면 원하건대 바로의 귀에 아뢰기를

5 우리 아버지가 나로 맹세하게 하여 이르되 내가 죽거든 가나안 땅에 내가 파놓은 묘실에 나를 장사하라 하였으니 나로 올라가서 아버지를 장사하게 하소서 내가 다시 오리이다 하라 하였더니

6 바로가 이르되 그가 네게 시킨 맹세대로 올라가서 네 아버지를 장사하라

7 요셉이 자기 아버지를 장사하러 올라가니 바로의 모든 신하와 바로 궁의 원로들과 애굽 땅의 모든 원로와

8 요셉의 온 집과 그의 형제들과 그의 아버지의 집이 그와 함께 올라가고 그들의 어린 아이들과 양 떼와 소 떼만 고센 땅에 남겼으며

9 병거와 기병이 요셉을 따라 올라가니 그 떼가 심히 컸더라

10 그들이 요단 강 건너편 아닷 타작 마당에 이르러 거기서 크게 울고 애통하며 요셉이 아버지를 위하여 칠 일 동안 애곡하였더니

11 그 땅 거민 가나안 백성들이 아닷 마당의 애통을 보고 이르되 이는 애굽 사람의 큰 애통이라 하였으므로 그 땅 이름을 ²⁾아벨미스라임이라 하였으니 곧 요

50장에는 무엇이 기록되어 있을까?

창세기는 야곱의 장례식과 요셉의 죽음으로 마칩니다. 요셉과 그의 형제들은 아버지 야곱의 유언대로 가나안으로 가서 성대하게 그를 장사 지냅니다. 야곱이 죽고 나자, 요셉의 형들은 요셉이 자신들이 행한 모든 악한 일을 갚지 않을까 염려했지만 요셉은 형들을 용서하고 위로하였답니다.

야곱의 무덤 입구(50:13)

단 강 건너편이더라

12 야곱의 아들들이 아버지가 그들에게 명령한 대로 그를 위해 따라 행하여

13 그를 가나안 땅으로 메어다가 마므레 앞 막벨라 밭 굴에 장사하였으니 이는 아브라함이 헷 족속 에브론에게 밭과 함께 사서 매장지를 삼은 곳이더라

14 요셉이 아버지를 장사한 후에 자기 형제와 호상꾼과 함께 애굽으로 돌아왔더라

요셉이 형들을 위로하다

15 ●요셉의 형제들이 그들의 아버지가 죽었음을 보고 말하되 요셉이 혹시 우리를 미워하여 우리가 그에게 행한 모든 악을 다 갚지나 아니할까 하고 37:28

16 요셉에게 말을 전하여 이르되 당신의 아버지가 돌아가시기 전에 명령하여 이르시기를

17 너희는 이같이 요셉에게 이르라 네 형들이 네게 악을 행하였을지라도 이제 바라건대 그들의 허물과 죄를 용서하라 하셨나니 당신 아버지의 하나님의 종들인 우리 죄를 이제 용서하소서 하

매 요셉이 그들이 그에게 하는 말을 들을 때에 울었더라

18 그의 형들이 또 친히 와서 요셉의 앞에 엎드려 이르되 우리는 당신의 종들이니이다

19 요셉이 그들에게 이르되 두려워하지 마소서 내가 하나님을 대신하리이까

20 당신들은 나를 해하려 하였으나 하나님은 그것을 선으로 바꾸사 오늘과 같이 많은 백성의 생명을 구원하게 하시려 하셨나니

21 당신들은 두려워하지 마소서 내가 당신들과 당신들의 자녀를 기르리이다 하고 그들을 간곡한 말로 위로하였더라

요셉이 죽다

22 ●요셉이 그의 아버지의 가족과 함께 애굽에 거주하여 백십 세를 살며

23 에브라임의 자손 삼대를 보았으며 므낫세의 아들 마길의 아들들도 요셉의 슬하에서 양육되었더라

24 요셉이 그의 형제들에게 이르되 나는 죽을 것이나 하나님이 당신들을 돌보시고 당신들을 이 땅에서 인도하여 내사 아브라함과 이삭과 야곱에게 맹세하신 땅에 이르게 하시리라 하고

25 요셉이 또 이스라엘 자손에게 맹세시켜 이르기를 하나님이 반드시 당신들을 돌보시리니 당신들은 여기서 내 해골을 메고 올라가겠다 하라 하였더라

26 요셉이 백십 세에 죽으매 그들이 그의 몸에 향 재료를 넣고 애굽에서 입관하였더라

비전을 심어주는
하루 3분 묵상

기뻐하는 걸인

톨스토이가 길을 가다가 구걸하는 걸인을 만났어요.
"선생님, 한 푼만 주십시오!"
톨스토이는 주머니에 손을 넣어보았으나 주머니가 비어 있었지요. 톨스토이는 미안한 생각으로 손을 내밀어 걸인의 손을 잡아주었어요.
"미안합니다. 지금 가진 것이 없습니다."

하지만, 걸인은 사랑의 손길을 느끼며 감동의 눈물을 흘렸어요. 냉대와 천시만을 받아왔던 걸인은 많은 돈을 얻은 것보다도 더 기뻤답니다.
걸인은 어쩌면 사랑을 구걸하는지도 몰라요. 가장 큰 사랑을 표현하는 방법이 무엇일까요? 동전 하나도 사랑을 담아서 나누어줍시다.

출애굽기

출애굽기를 읽기 전에

출애굽기는 모세가 쓴 책이에요. 이 책의 제목은 '애굽(이집트)에서 탈출한 기록'이란 뜻으로 애굽에서 해방된 이스라엘의 역사를 배경으로 하고 있어요. 모세, 아론, 이드로, 바로, 미리암, 브살렐, 오홀리압, 여호수아 등이 등장합니다.

언제, 왜, 누구를 위하여 썼나요?

출애굽기를 기록한 때는 B.C. 1450~1400년경이라고 해요. 이 책은 이스라엘 백성들에게 이스라엘을 큰 민족으로 이루시고 약속의 땅으로 다시 인도하시는 하나님의 신실하심을 보여주기 위해 썼답니다.

어떤 내용인가요?

하나님은 애굽에서 노예로 살던 이스라엘 백성을 구원하시기 위해 놀라운 사건들을 보여주셨어요. 또 십계명과 다른 율법들을 통해 그들이 어떻게 살아야 하는지를 가르쳐주셨어요.

이스라엘 자손이 학대를 받다 — B.C. 1530년경

1 야곱과 함께 각각 자기 가족을 데리고 애굽에 이른 이스라엘 아들들의 이름은 이러하니

2 르우벤과 시므온과 레위와 유다와

3 잇사갈과 스불론과 베냐민과

4 단과 납달리와 갓과 아셀이요

5 야곱의 허리에서 나온 사람이 모두 칠십이요 요셉은 애굽에 있었더라

6 요셉과 그의 모든 형제와 그 시대의 사람은 다 죽었고   창 50:26

7 이스라엘 자손은 생육하고 불어나 번성하고 매우 강하여 온 땅에 가득하게 되었더라

8 ●요셉을 알지 못하는 새 왕이 일어나 애굽을 다스리더니

9 그가 그 백성에게 이르되 이 백성 이스라엘 자손이 우리보다 많고 강하도다

10 자, 우리가 그들에게 대하여 지혜롭게 하자 두렵건대 그들이 더 많게 되면 전쟁이 일어날 때에 우리 대적과 합하여 우리와 싸우고 이 땅에서 나갈까 하노라 하고

11 감독들을 그들 위에 세우고 그들에게 무거운 짐을 지워 괴롭게 하여 그들이 바로를 위하여 국고성 비돔과 라암셋을 건축하게 하니라

12 그러나 학대를 받을수록 더욱 번성하여 퍼져나가니 애굽 사람이 이스라엘 자손으로 말미암아 근심하여

13 이스라엘 자손에게 일을 엄하게 시켜

14 어려운 노동으로 그들의 생활을 괴롭게 하니 곧 흙 이기기와 벽돌 굽기와 농사의 여러 가지 일로 그 시키는 일이 모두 엄하였더라

15 ●애굽 왕이 히브리 산파 십브라라 하는 사람과 부아라 하는 사람에게 말하여

16 이르되 너희는 히브리 여인을 위하여 해산을 도울 때에 그 자리를 살펴서 아들이거든 그를 죽이고 딸이거든 살려두라

17 그러나 산파들이 하나님을 두려워하여 애굽 왕의 명령을 어기고 남자 아기

1 에는 무엇이 기록되어 있을까?

1장은 애굽으로 이주한 야곱의 열두 자손들의 명단으로 시작됩니다. 야곱 자손이 애굽에서 큰 민족을 이루게 된 것은 하나님께서 약속하신 언약 때문이었어요. 이스라엘 민족이 번창하는 것에 불안을 느낀 애굽 사람들은 이스라엘 사람들에게 고된 노동을 시키고, 태어나는 남자아이를 다 죽이려고 했지만 실패했습니다.

강물에 버려진 모세
(2:3-4)

들을 살린지라

18 애굽 왕이 산파를 불러 그들에게 이르되 너희가 어찌하여 이같이 남자 아기들을 살렸느냐

19 산파가 바로에게 대답하되 히브리 여인은 애굽 여인과 같지 아니하고 건장하여 산파가 그들에게 이르기 전에 해산하였더이다 하매

20 하나님이 그 산파들에게 은혜를 베푸시니 그 백성은 번성하고 매우 강해지니라

21 그 산파들은 하나님을 경외하였으므로 하나님이 그들의 집안을 흥왕하게 하신지라

22 그러므로 바로가 그의 모든 백성에게 명령하여 이르되 아들이 태어나거든 너희는 그를 나일 강에 던지고 딸이거든 살려두라 하였더라

모세가 태어나다 — B.C. 1530년경

2 레위 가족 중 한 사람이 가서 레위 여자에게 장가 들어

2 그 여자가 임신하여 아들을 낳으니 그가 잘 생긴 것을 보고 석 달 동안 그를 숨겼으나　히 11:23

3 더 숨길 수 없게 되매 그를 위하여 갈대 상자를 가져다가 역청과 나무 진을 칠하고 아기를 거기 담아 나일 강가 갈대 사이에 두고

4 그의 누이가 어떻게 되는지를 알려고 멀리 섰더니　15:20

5 바로의 딸이 목욕하러 나일 강으로 내려오고 시녀들은 나일 강가를 거닐 때에 그가 갈대 사이의 상자를 보고 시녀를 보내어 가져다가

6 열고 그 아기를 보니 아기가 우는지라 그가 그를 불쌍히 여겨 이르되 이는 히브리 사람의 아기로다

7 그의 누이가 바로의 딸에게 이르되 내가 가서 당신을 위하여 히브리 여인 중에서 유모를 불러다가 이 아기에게 젖을 먹이게 하리이까

8 바로의 딸이 그에게 이르되 가라 하매 그 소녀가 가서 그 아기의 어머니를 불러오니

9 바로의 딸이 그에게 이르되 이 아기를 데려다가 나를 위하여 젖을 먹이라 내가 그 삯을 주리라 여인이 아기를 데려다가 젖을 먹이더니

10 그 아기가 자라매 바로의 딸에게로 데려가니 그가 그의 아들이 되니라 그가 그의 이름을 [1]모세라 하여 이르되 이는 내가 그를 물에서 건져내었음이라 하였더라　삼하 22:17

모세가 미디안으로 피하다

11 ●모세가 장성한 후에 한번은 자기 형제들에게 나가서 그들이 고되게 노동하는 것을 보더니 어떤 애굽 사람이 한 히브리 사람 곧 자기 형제를 치는 것을 본지라　행 7:23

12 좌우를 살펴 사람이 없음을 보고 그 애굽 사람을 쳐죽여 모래 속에 감추니라

13 이튿날 다시 나가니 두 히브리 사람이 서로 싸우는지라 그 잘못한 사람에게 이르되 네가 어찌하여 동포를 치느냐 하매

14 그가 이르되 누가 너를 우리를 다스리는 자와 재판관으로 삼았느냐 네가 애

애굽 공주의 아들이
된 모세(2:5-10)

1) 건져 냄

불꽃 가운데 나타나신
하나님(3:2-5)

굽 사람을 죽인 것처럼 나도 죽이려느냐 모세가 두려워하여 이르되 일이 탄로되었도다

15 바로가 이 일을 듣고 모세를 죽이고자 하여 찾는지라 모세가 바로의 낯을 피하여 미디안 땅에 머물며 하루는 우물 곁에 앉았더라

16 ●미디안 제사장에게 일곱 딸이 있었더니 그들이 와서 물을 길어 구유에 채우고 그들의 아버지의 양 떼에게 먹이려 하는데

17 목자들이 와서 그들을 쫓는지라 모세가 일어나 그들을 도와 그 양떼에게 먹이니라

18 그들이 그들의 아버지 르우엘에게 이를 때에 아버지가 이르되 너희가 오늘은 어찌하여 이같이 속히 돌아오느냐

19 그들이 이르되 한 애굽 사람이 우리를 목자들의 손에서 건져내고 우리를 위하여 물을 길어 양 떼에게 먹였나이다

20 아버지가 딸들에게 이르되 그 사람이 어디에 있느냐 너희가 어찌하여 그 사람을 버려두고 왔느냐 그를 청하여 음식을 대접하라 하였더라

21 모세가 그와 동거하기를 기뻐하매 그가 그의 딸 십보라를 모세에게 주었더니

22 그가 아들을 낳으매 모세가 그의 이름을 게르솜이라 하여 이르되 내가 타국에서 나그네가 되었음이라 하였더라 183

23 ●여러 해 후에 애굽 왕은 죽었고 이스라엘 자손은 고된 노동으로 말미암아 탄식하며 부르짖으니 그 고된 노동으로 말미암아 부르짖는 소리가 하나님께 상달된지라

24 하나님이 그들의 고통 소리를 들으시고 하나님이 아브라함과 이삭과 야곱에게 세운 그의 언약을 기억하사

25 하나님이 이스라엘 자손을 돌보셨고 하나님이 그들을 기억하셨더라

여호와께서 모세를 부르시다

3 모세가 그의 장인 미디안 제사장 이드로의 양 떼를 치더니 그 떼를 광야 서쪽으로 인도하여 하나님의 산 호렙에 이르매 2:18

2 여호와의 사자가 떨기나무 가운데로부터 나오는 불꽃 안에서 그에게 나타나시니라 그가 보니 떨기나무에 불이 붙었으나 그 떨기나무가 사라지지 아니하는지라

3 이에 모세가 이르되 내가 돌이켜 가서 이 큰 광경을 보리라 떨기나무가 어찌하여 타지 아니하는고 하니 그 때에 행 7:31

4 여호와께서 그가 보려고 돌이켜 오는 것을 보신지라 하나님이 떨기나무 가운데서 그를 불러 이르시되 모세야 모세야 하시매 그가 이르되 내가 여기 있나이다

5 하나님이 이르시되 이리로 가까이 오지 말라 네가 선 곳은 거룩한 땅이니 네 발에서 신을 벗으라 수 5:15

6 또 이르시되 나는 네 조상의 하나님이니 아브라함의 하나님, 이삭의 하나님, 야곱의 하나님이니라 모세가 하나님 뵈옵기를 두려워하여 얼굴을 가리매

7 여호와께서 이르시되 내가 애굽에 있는 내 백성의 고통을 분명히 보고 그들

2 에는 무엇이 기록되어 있을까?

이스라엘 민족의 지도자인 모세가 태어나고 성장하고 광야로 도피하는 과정이 자세히 기록되어 있어요. 당시 이스라엘은 남자아이들이 모두 죽임을 당하는 위기에 처한 어른들은 고된 노동으로 탄식하고 있었지만, 그때에도 하나님은 족장들과 맺은 언약을 기억하시고 그들의 후손을 구원하실 계획을 갖고 계셨답니다.

이 그들의 감독자로 말미암아 부르짖음을 듣고 그 근심을 알고 ^{행 7:34}

8 내가 내려가서 그들을 애굽인의 손에서 건져내고 그들을 그 땅에서 인도하여 아름답고 광대한 땅, 젖과 꿀이 흐르는 땅 곧 가나안 족속, 헷 족속, 아모리 족속, 브리스 족속, 히위 족속, 여부스 족속의 지방에 데려가려 하노라

9 이제 가라 이스라엘 자손의 부르짖음이 내게 달하고 애굽 사람이 그들을 괴롭히는 학대도 내가 보았으니 ^{2:23}

10 이제 가서 너를 바로에게 보내어 너에게 내 백성 이스라엘 자손을 애굽에서 인도하여 내게 하리라

11 모세가 하나님께 아뢰되 내가 누구이기에 바로에게 가며 이스라엘 자손을 애굽에서 인도하여 내리이까

12 하나님이 이르시되 내가 반드시 너와 함께 있으리라 네가 그 백성을 애굽에서 인도하여 낸 후에 너희가 이 산에서 하나님을 섬기리니 이것이 내가 너를 보낸 증거니라

13 ● 모세가 하나님께 아뢰되 내가 이스라엘 자손에게 가서 이르기를 너희의 조상의 하나님이 나를 너희에게 보내셨다 하면 그들이 내게 묻기를 그의 이름이 무엇이냐 하리니 내가 무엇이라고 그들에게 말하리이까 ^{15:3}

14 하나님이 모세에게 이르시되 나는¹⁾스스로 있는 자이니라 또 이르시되 너는 이스라엘 자손에게 이같이 이르기를 ¹⁾스스로 있는 자가 나를 너희에게 보내셨다 하라

15 ● 하나님이 또 모세에게 이르시되 너

학대받는 이스라엘 백성
(3:9-10)

는 이스라엘 자손에게 이같이 이르기를 너희 조상의 하나님 여호와 곧 아브라함의 하나님, 이삭의 하나님, 야곱의 하나님께서 나를 너희에게 보내셨다 하라 이는 나의 영원한 이름이요 대대로 기억할 나의 칭호니라

16 너는 가서 이스라엘의 장로들을 모으고 그들에게 이르기를 여호와 너희 조상의 하나님 곧 아브라함과 이삭과 야곱의 하나님이 내게 나타나 이르시되 내가 너희를 돌보아 너희가 애굽에서 당한 일을 확실히 보았노라

17 내가 말하였거니와 내가 너희를 애굽의 고난 중에서 인도하여 내어 젖과 꿀이 흐르는 땅 곧 가나안 족속, 헷 족속, 아모리 족속, 브리스 족속, 히위 족속, 여부스 족속의 땅으로 올라가게 하리라 하셨다 하면 ^{창 15:14, 16}

18 그들이 네 말을 들으리니 너는 그들의 장로들과 함께 애굽 왕에게 이르기를 히브리 사람의 하나님 여호와께서 우리에게 임하셨은즉 우리가 우리 하나님 여호와께 제사를 드리려 하오니 사흘길쯤 광야로 가도록 허락하소서 하라

19 내가 아노니 강한 손으로 치기 전에는 애굽 왕이 너희가 가도록 허락하지 아니하다가 ^{5:2}

20 내가 내 손을 들어 애굽 중에 여러 가지 이적으로 그 나라를 친 후에야 그가 너희를 보내리라

21 내가 애굽 사람으로 이 백성에게 은혜

1) 히, 나는 ~이다

이스라엘 백성에게 보냄 받은 모세(4:10-17)

를 입게 할지라 너희가 나갈 때에 빈손으로 가지 아니하리니 22 여인들은 모두 그 이웃 사람과 및 자기 집에 거류하는 여인에게 은 패물과 금 패물과 의복을 구하여 너희의 자녀를 꾸미라 너희는 애굽 사람들의 물품을 ¹⁾취하리라

여호와께서 모세에게 능력을 주시다

4 모세가 대답하여 이르되 그러나 그들이 나를 믿지 아니하며 그 말을 듣지 아니하고 이르기를 여호와께서 네게 나타나지 아니하셨다 하리이다

2 여호와께서 그에게 이르시되 네 손에 있는 것이 무엇이냐 그가 이르되 지팡이니이다

3 여호와께서 이르시되 그것을 땅에 던지라 하시매 곧 땅에 던지니 그것이 뱀이 된지라 모세가 뱀 앞에서 피하매 7:10

4 여호와께서 모세에게 이르시되 네 손을 내밀어 그 꼬리를 잡으라 그가 손을 내밀어 그것을 잡으니 그의 손에서 지팡이가 된지라

5 이는 그들에게 그들의 조상의 하나님 곧 아브라함의 하나님, 이삭의 하나님, 야곱의 하나님 여호와가 네게 나타난 줄을 믿게 하려 함이라 하시고

6 여호와께서 또 그에게 이르시되 네 손을 품에 넣으라 하시매 그가 손을 품에 넣었다가 내어보니 그의 손에 나병이 생겨 눈 같이 된지라

7 이르시되 네 손을 다시 품에 넣으라 하시매 그가 다시 손을 품에 넣었다가 내어보니 그의 손이 본래의 살로 되돌아왔더라

8 여호와께서 이르시되 만일 그들이 너를 믿지 아니하며 그 처음 표적의 ²⁾표징을 받지 아니하여도 나중 표적의 ³⁾표징은 믿으리라

9 그들이 이 두 이적을 믿지 아니하며 네 말을 듣지 아니하거든 너는 나일 강물을 조금 떠다가 땅에 부으라 네가 떠온 나일 강물이 땅에서 피가 되리라

10 ●모세가 여호와께 아뢰되 오 주여 나는 본래 말을 잘 하지 못하는 자니이다 주께서 주의 종에게 명령하신 후에도 역시 그러하니 나는 입이 뻣뻣하고 혀가 둔한 자니이다 렘 1:6

11 여호와께서 그에게 이르시되 누가 사람의 입을 지었느냐 누가 말 못 하는 자나 못 듣는 자나 눈 밝은 자나 맹인이 되게 하였느냐 나 여호와가 아니냐

12 이제 가라 내가 네 입과 함께 있어서 할 말을 가르치리라

13 모세가 이르되 오 주여 보낼 만한 자를 보내소서

14 여호와께서 모세를 향하여 노하여 이르시되 레위 사람 네 형 아론이 있지 아니하냐 그가 말 잘 하는 것을 내가 아노니 그가 너를 만나러 나오나니 그가 너를 볼 때에 그의 마음에 기쁨이 있을 것이라

15 너는 그에게 말하고 그의 입에 할 말을 주라 내가 네 입과 그의 입에 함께 있어서 너희들이 행할 일을 가르치리라

16 그가 너를 대신하여 백성에게 말할 것이니 그는 네 입을 대신할 것이요 너는 그에게 하나님 같이 되리라

17 너는 이 지팡이를 손에 잡고 이것으로 이적을 행할지니라

4 에는 무엇이 기록되어 있을까?

하나님은 모세에게 세 가지 기사를 보여주시고 아론을 모세의 대언자로 붙여주시면서까지 모세가 하나님의 부르심에 응하도록 하셨어요. 한편 모세는 애굽으로 돌아가는 중에 아들에게 할례를 행하는데 이것은 하나님의 백성으로서 언약의 증표를 지녀야 할 것과 그럴 때에 인도자가 모범을 보여야 한다는 것을 알려주지요.

1) '약탈' 의 뜻이 있음 2) 히, 소리를 듣지 3) 히, 소리는

18 ● 모세가 그의 장인 이드로에게로 돌아가서 그에게 이르되 내가 애굽에 있는 내 형제들에게로 돌아가서 그들이 아직 살아 있는지 알아보려 하오니 나로 가게 하소서 이드로가 모세에게 평안히 가라 하니라

19 여호와께서 미디안에서 모세에게 이르시되 애굽으로 돌아가라 네 목숨을 노리던 자가 다 죽었느니라

20 모세가 그의 아내와 아들들을 나귀에 태우고 애굽으로 돌아가는데 모세가 하나님의 지팡이를 손에 잡았더라 17:9

21 여호와께서 모세에게 이르시되 네가 애굽으로 돌아가거든 내가 네 손에 준 이적을 바로 앞에서 다 행하라 그러나 내가 그의 마음을 완악하게 한즉 그가 백성을 보내 주지 아니하리니

22 너는 바로에게 이르기를 여호와의 말씀에 이스라엘은 내 아들 내 장자라

23 내가 네게 이르기를 내 아들을 보내 주어 나를 섬기게 하라 하여도 네가 보내 주기를 거절하니 내가 네 아들 네 장자를 죽이리라 하라 하셨더니

24 모세가 길을 가다가 숙소에 있을 때에 여호와께서 그를 만나사 그를 죽이려 하신지라 민 22:22

슬슬 풀리는 성경 말씀

모세를 죽이려고 하신 하나님

하나님께서 모세를 죽이려 하셨던 이유에 관해서는 성경학자들 사이에서도 여러 가지 의견이 있어요. 그중에서도 모세가 이방(미디안) 여자인 그의 아내 십보라의 반대로 자기 아들에게 할례를 행하라는(창 17:9~14) 하나님의 명령을 어겼기 때문이라는 것이 대체적인 의견이에요.

할례는 하나님과의 언약에 대한 충성의 상징이었어요. 모세는 이스라엘의 구원이라는 막중한 사명을 수행하기에 앞서, 먼저 자신을 하나님께 온전히 바쳐야 했지요. 또한 이 사건은 앞으로 이스라엘의 자녀들이 어린양의 피로 구원받게 된다는 것을 미리 보여 준 것이었답니다.   4장 24절

25 십보라가 돌칼을 가져다가 그의 아들의 포피를 베어 그의 발에 갖다 대며 이르되 당신은 참으로 내게 피 남편이로다 하니

26 여호와께서 그를 놓아 주시니라 그 때에 십보라가 피 남편이라 함은 할례 때문이었더라

27 ● 여호와께서 아론에게 이르시되 광야에 가서 모세를 맞으라 하시매 그가 가서 하나님의 산에서 모세를 만나 그에게 입맞추니

28 모세가 여호와께서 자기에게 분부하여 보내신 모든 말씀과 여호와께서 자기에게 명령하신 모든 이적을 아론에게 알리니라 4:15,16

29 모세와 아론이 가서 이스라엘 자손의 모든 장로들을 모으고

30 아론이 여호와께서 모세에게 이르신 모든 말씀을 전하고 그 백성 앞에서 이적을 행하니

31 백성이 믿으며 여호와께서 이스라엘 자손을 찾으시고 그들의 고난을 살피셨다 함을 듣고 머리 숙여 경배하였더라

모세와 아론이 바로 앞에 서다

5 그 후에 모세와 아론이 바로에게 가서 이르되 이스라엘의 하나님 여호와께서 이렇게 말씀하시기를 내 백성을 보내라 그러면 그들이 광야에서 내 앞에 절기를 지킬 것이니라 하셨나이다

2 바로가 이르되 여호와가 누구이기에 내가 그의 목소리를 듣고 이스라엘을 보내겠느냐 나는 여호와를 알지 못하니 이스라엘을 보내지 아니하리라 욥 21:15

3 그들이 이르되 히브리인의 하나님이 우리에게 나타나셨은즉 우리가 광야로 사흘길쯤 가서 우리 하나님 여호와께 제사를 드리려 하오니 가도록 허락하소서 여호와께서 전염병이나 칼로 우리를 치실까 두려워하나이다

4 애굽 왕이 그들에게 이르되 모세와 아론

감하다(5:8) 줄이다, 말다.
학대(5:22) 가혹한 대우. 남을 혹독하게 괴롭힘.

아 너희가 어찌하여 백성의 노역을 쉬게 하려느냐 가서 너희의 노역이나 하라

5 바로가 또 이르되 이제 이 땅의 백성이 많아졌거늘 너희가 그들로 노역을 쉬게 하는도다 하고

6 바로가 그 날에 백성의 감독들과 기록원들에게 명령하여 이르되

7 너희는 백성에게 다시는 벽돌에 쓸 짚을 전과 같이 주지 말고 그들이 가서 스스로 짚을 줍게 하라

8 또 그들이 전에 만든 벽돌 수효대로 그들에게 만들게 하고 감하지 말라 그들이 게으르므로 소리 질러 이르기를 우리가 가서 우리 하나님께 제사를 드리자 하나니

9 그 사람들의 노동을 무겁게 함으로 수고롭게 하여 그들로 거짓말을 듣지 않게 하라

10 ●백성의 감독들과 기록원들이 나가서 백성에게 말하여 이르되 바로가 이렇게 말하기를 내가 너희에게 짚을 주지 아니하리니

11 너희는 짚을 찾을 곳으로 가서 주우라 그러나 너희 일은 조금도 감하지 아니하리라 하셨느니라

12 백성이 애굽 온 땅에 흩어져 곡초 그루터기를 거두어다가 짚을 대신하니

13 감독들이 그들을 독촉하여 이르되 너희는 짚이 있을 때와 같이 그 날의 일을 그 날에 마치라 하며

14 바로의 감독들이 자기들이 세운 바 이스라엘 자손의 기록원들을 때리며 이르되 너희가 어찌하여 어제와 오늘에 만드는 벽돌의 수효를 전과 같이 채우지 아니하였느냐 하니라

바로가 이스라엘 백성의 일을 더 힘들게 함(5:4-9)

15 ●이스라엘 자손의 기록원들이 가서 바로에게 호소하여 이르되 왕은 어찌하여 당신의 종들에게 이같이 하시나이까

16 당신의 종들에게 짚을 주지 아니하고 그들이 우리에게 벽돌을 만들라 하나이다 당신의 종들이 매를 맞사오니 이는 당신의 백성의 죄니이다

17 바로가 이르되 너희가 게으르다 게으르다 그러므로 너희가 이르기를 우리가 가서 여호와께 제사를 드리자 하는도다

18 이제 가서 일하라 짚은 너희에게 주지 않을지라도 벽돌은 너희가 수량대로 바칠지니라

19 기록하는 일을 맡은 이스라엘 자손이 너희가 매일 만드는 벽돌을 조금도 감하지 못하리라 함을 듣고 화가 몸에 미친 줄 알고

20 그들이 바로를 떠나 나올 때에 모세와 아론이 길에 서 있는 것을 보고

21 그들에게 이르되 너희가 우리를 바로의 눈과 그의 신하의 눈에 1)미운 것이 되게 하고 그들의 손에 칼을 주어 우리를 죽이게 하는도다 여호와는 너희를 살피시고 판단하시기를 원하노라

모세가 여호와께 아뢰다

22 ●모세가 여호와께 돌아와서 아뢰되 주여 어찌하여 이 백성이 학대를 당하게 하셨나이까 어찌하여 나를 보내셨나이까

23 내가 바로에게 들어가서 주의 이름으로 말한 후로부터 그가 이 백성을 더 학

1)히, 나쁜 냄새

5 장 에는 무엇이 기록되어 있을까?

모세는 바로 앞에 서서 이스라엘 백성은 하나님께서 택한 백성이므로 자유롭게 하나님을 섬길 수 있도록 해방시키라고 요구했어요. 하지만 바로는 해방은커녕 이스라엘 백성들을 더 억누르고 괴롭혔답니다.

하나님께서 이스라엘을 구원해 약속의 땅을 기업으로 주시겠다고 약속하심(6:8)

대하며 주께서도 주의 백성을 구원하지 아니하시나이다 3:8

6 여호와께서 모세에게 이르시되 이 제 내가 바로에게 하는 일을 네가 보리라 강한 손으로 말미암아 바로가 그들을 보내리라 강한 손으로 말미암아 바로가 그들을 그의 땅에서 쫓아내리라

하나님이 모세를 부르시다

2 ●하나님이 모세에게 말씀하여 이르시되 나는 여호와이니라

3 내가 아브라함과 이삭과 야곱에게 1)전능의 하나님으로 나타났으나 나의 이름을 여호와로는 그들에게 알리지 아니하였고 시 68:4

4 가나안 땅 곧 그들이 거류하는 땅을 그들에게 주기로 그들과 언약하였더니

5 이제 애굽 사람이 종으로 삼은 이스라엘 자손의 신음 소리를 내가 듣고 나의 언약을 기억하노라 2:24

6 그러므로 이스라엘 자손에게 말하기를 나는 여호와라 내가 애굽 사람의 무거운 짐 밑에서 너희를 빼내며 그들의 노역에서 너희를 건지며 편 팔과 여러 큰 심판들로써 너희를 속량하여

7 너희를 내 백성으로 삼고 나는 여호와 너희의 하나님이 되리니 나는 애굽 사람의 무거운 짐 밑에서 너희를 빼낸 너희의 하

나님 여호와인 줄 너희가 알지라

8 내가 아브라함과 이삭과 야곱에게 주기로 맹세한 땅으로 너희를 인도하고 그 땅을 너희에게 주어 기업을 삼게 하리라 나는 여호와라 하셨다 하라

9 모세가 이와 같이 이스라엘 자손에게 전하나 그들이 마음의 상함과 가혹한 노역으로 말미암아 모세의 말을 듣지 아니하였더라

10 ●여호와께서 모세에게 말씀하여 이르시되

11 들어가서 애굽 왕 바로에게 말하여 이스라엘 자손을 그 땅에서 내보내게 하라

12 모세가 여호와 앞에 아뢰어 이르되 이스라엘 자손도 내 말을 듣지 아니하였거든 바로가 어찌 들으리이까 나는 입이 둔한 자니이다

13 여호와께서 모세와 아론에게 말씀하사 그들로 이스라엘 자손과 애굽 왕 바로에게 명령을 전하고 이스라엘 자손을 애굽 땅에서 인도하여 내게 하시니라

모세와 아론의 조상

14 ●그들의 조상을 따라 집의 어른은 이러하니라 이스라엘의 장자 르우벤의 아들은 하녹과 발루와 헤스론과 갈미니 이들은 르우벤의 족장이요

15 시므온의 아들들은 여무엘과 야민과 오핫과 야긴과 소할과 가나안 여인의 아들 사울이니 이들은 시므온의 가족이요

16 레위의 아들들의 이름은 그들의 족보대로 이러하니 게르손과 고핫과 므라리요 레위의 나이는 백삼십칠 세였으며

6장 에는 무엇이 기록되어 있을까?

분노한 바로가 이스라엘 백성들의 노동을 무겁게 하자, 이스라엘 백성들은 모세를 원망했어요. 6장에는 이러한 고난을 당하는 모세에게 주시는 하나님의 위로가 기록되어 있습니다. 한편 아론의 족보가 언급된 것은 그가 야곱의 셋째 아들인 레위의 후손이며, 앞으로 그의 가문이 제사장직을 감당하게 될 것을 밝히기 위해서랍니다.

17 게르손의 아들들은 그들의 가족대로 립니와 시므이요

18 고핫의 아들들은 아므람과 이스할과 헤브론과 웃시엘이요 고핫의 나이는 백삼십삼 세였으며

19 므라리의 아들들은 마흘리와 무시니 이들은 그들의 족보대로 레위의 족장이요

20 아므람은 그들의 아버지의 누이 요게 벳을 아내로 맞이하였고 그는 아론과 모세를 낳았으며 아므람의 나이는 백삼십칠 세였으며

21 이스할의 아들들은 고라와 네벡과 시그리요

22 웃시엘의 아들들은 미사엘과 엘사반과 시드리요
레 10:4

23 아론은 암미나답의 딸 나손의 누이 엘리세바를 아내로 맞이하였고 그는 나답과 아비후와 엘르아살과 이다말을 낳았으며

24 고라의 아들들은 앗실과 엘가나와 아비아삽이니 이들은 고라 사람의 족장이요
민 26:11

25 아론의 아들 엘르아살은 부디엘의 딸 중에서 아내를 맞이하였고 그는 비느하스를 낳았으니 이들은 레위 사람의 조상을 따라 가족의 어른이라

26 이스라엘 자손을 그들의 군대대로 애굽 땅에서 인도하라 하신 여호와의 명령을 받은 자는 이 아론과 모세요

27 애굽 왕 바로에게 이스라엘 자손을 애굽에서 내보내라 말한 사람도 이 모세와 아론이었더라

여호와께서 모세와 아론에게 명령하시다

28 ●여호와께서 애굽 땅에서 모세에게 말씀하시던 날에
6:2

29 여호와께서 모세에게 말씀하여 이르시되 나는 여호와라 내가 네게 이르는 바를 너는 애굽 왕 바로에게 다 말하라
7:6

30 모세가 여호와 앞에서 아뢰되 나는 입이 둔한 자이오니 바로가 어찌 나의 말

을 들으리이까

7 여호와께서 모세에게 이르시되 볼지어다 내가 너를 바로에게 신 같이 되게 하였은즉 네 형 아론은 네 [1]대언자가 되리니

2 내가 네게 명령한 바를 너는 네 형 아론에게 말하고 그는 바로에게 말하여 그에게 이스라엘 자손을 그 땅에서 내보내게 할지니라

3 내가 바로의 마음을 완악하게 하고 내 표징과 내 이적을 애굽 땅에서 많이 행할 것이나

4 바로가 너희의 말을 듣지 아니할 터인즉 내가 내 손을 애굽에 뻗쳐 여러 큰 심판을 내리고 내 군대, 내 백성 이스라엘 자손을 그 땅에서 인도하여 낼지라

5 내가 내 손을 애굽 위에 펴서 이스라엘 자손을 그 땅에서 인도하여 낼 때에야 애굽 사람이 나를 여호와인 줄 알리라 하시매

6 모세와 아론이 여호와께서 자기들에게 명령하신 대로 행하였더라

7 그들이 바로에게 말할 때에 모세는 팔십 세였고 아론은 팔십삼 세였더라

뱀이 된 아론의 지팡이

8 ●여호와께서 모세와 아론에게 말씀하여 이르시되

9 바로가 너희에게 이르기를 너희는 이적을 보이라 하거든 너는 아론에게 말하기를 너의 지팡이를 들어서 바로 앞에 던지라 하라 그것이 뱀이 되리라

10 모세와 아론이 바로에게 가서 여호와께서 명령하신 대로 행하여 아론이 바

7 애는 무엇이 기록되어 있을까?

모세와 아론은 다시 바로에게 이스라엘의 해방을 요구했으나, 바로는 뱀으로 변한 아론의 지팡이가 애굽 요술사들의 지팡이를 집어삼키는 것을 보고도 거절했어요. 하나님은 이런 바로에게 자신이 우주 만물을 주관하는 존재임을 확신시켜줄 필요가 있으셨기 때문에 결국 나일 강물이 피로 변하는 첫 번째 재앙을 행하셨습니다.

1) 히, 예언자가

모세의 말을 거절하는
바로(7:13)

로와 그의 신하 앞에 지팡이를 던지니
뱀이 되리라

11 바로도 현인들과 마술사들을 부르매
그 애굽 요술사들도 그들의 요술로 그
와 같이 행하되

12 각 사람이 지팡이를 던지매 뱀이 되었
으나 아론의 지팡이가 그들의 지팡이를
삼키니라

13 그러나 바로의 마음이 완악하여 그들
의 말을 듣지 아니하니 여호와의 말씀
과 같더라

4:21

첫째 재앙 : 물이 피가 되다

14 ●여호와께서 모세에게 이르시되 바
로의 마음이 완강하여 백성 보내기를
거절하는도다

15 아침에 너는 바로에게로 가라 보라 그
가 물 있는 곳으로 나오리니 너는 나일
강 가에 서서 그를 맞으며 그 뱀 되었
던 지팡이를 손에 잡고

16 그에게 이르기를 히브리 사람의 하나
님 여호와께서 나를 왕에게 보내어 이
르시되 내 백성을 보내라 그러면 그들
이 광야에서 나를 섬길 것이니라 하였
으나 이제까지 네가 듣지 아니하도다

17 여호와가 이같이 이르노니 네가 이로
말미암아 나를 여호와인 줄 알리라 볼
지어다 내가 내 손의 지팡이로 나일 강
을 치면 그것이 피로 변하고

18 나일 강의 고기가 죽고 그 물에서는 악
취가 나리니 애굽 사람들이 그 강물 마
시기를 싫어하리라 하라

19 여호와께서 또 모세에게 이르시되 아

론에게 명령하기를 네 지팡이를 잡고
네 팔을 애굽의 물들과 강들과 운하와
못과 모든 호수 위에 내밀라 하라 그것
들이 피가 되리니 애굽 온 땅과 나무 그
릇과 돌 그릇 안에 모두 피가 있으리라

20 ●모세와 아론이 여호와께서 명령하
신 대로 행하여 바로와 그의 신하의 목
전에서 지팡이를 들어 나일 강을 치니
그 물이 다 피로 변하고

21 나일 강의 고기가 죽고 그 물에서는 악취
가 나니 애굽 사람들이 나일 강 물을 마
시지 못하며 애굽 온 땅에는 피가 있으므로

22 애굽 요술사들도 자기들의 요술로 그
와 같이 행하므로 바로의 마음이 완악
하여 그들의 말을 듣지 아니하니 여호
와의 말씀과 같더라

23 바로가 돌이켜 궁으로 들어가고 그 일
에 관심을 가지지 아니하였고

24 애굽 사람들은 나일 강 물을 마실 수 없
으므로 나일 강 가를 두루 파서 마실 물
을 구하였더라

25 여호와께서 나일 강을 치신 후 이레가
지나니라

둘째 재앙 : 개구리가 올라오다

8 여호와께서 모세에게 이르시되 너
는 바로에게 가서 그에게 이르기를
여호와의 말씀에 내 백성을 보내라 그
들이 나를 섬길 것이니라

2 네가 만일 보내기를 거절하면 내가 개
구리로 너의 온 땅을 치리라

3 개구리가 나일 강에서 무수히 생기고
올라와서 네 궁과 네 침실과 네 침상 위
와 네 신하의 집과 네 백성과 네 화덕

8장 에는 무엇이 기록되어 있을까?

애굽 사람들은 그들이 출산을 돕는
신으로 숭배했던 개구리로 인해 피해를 입게 되
었어요. 이 재앙을 겪으면서 애굽 사람들은 하
나님의 권능을 인정하기 시작했지만, 바로는 계
속 거부했지요. 파리 재앙부터는 애굽 사람들에
게만 내려졌는데, 이는 단순한 자연 재해가 아니
라 하나님께서 내리신 재앙임을 알 수 있답니다.

피 재앙 (7:17-25)

개구리 재앙 (8:2-15)

이 재앙 (8:16-19)　　파리 재앙 (8:21-31)

과 네 떡 반죽 그릇에 들어갈 것이며

4 개구리가 너와 네 백성과 네 모든 신하에게 기어오르리라 하셨다 하라

5 여호와께서 모세에게 이르시되 아론에게 명령하기를 네 지팡이를 잡고 내를 강들과 운하들과 못 위에 펴서 개구리들이 애굽 땅에 올라오게 하라 할지니라

6 아론이 애굽 물들 위에 그의 손을 내밀매 개구리가 올라와서 애굽 땅에 덮이니   ▲1 78:45

7 요술사들도 자기 요술대로 그와 같이 행하여 개구리가 애굽 땅에 올라오게 하였더라   7:11

8 ●바로가 모세와 아론을 불러 이르되 여호와께 구하여 나와 내 백성에게서 개구리를 떠나게 하라 내가 이 백성을 보내리니 그들이 여호와께 제사를 드릴 것이니라

9 모세가 바로에게 이르되 내가 왕과 왕의 신하와 왕의 백성을 위하여 이 개구리를 왕과 왕궁에서 끊어 나일 강에만 있도록 언제 간구하는 것이 좋을는지 내게 분부하소서

10 그가 이르되 내일이니라 모세가 이르되 왕의 말씀대로 하여 왕에게 우리 하나님 여호와와 같은 이가 없는 줄을 알게 하리니

11 개구리가 왕과 왕궁과 왕의 신하와 왕의 백성을 떠나서 나일 강에만 있으리이다 하고

12 모세와 아론이 바로를 떠나 나가서 바로에게 내리신 개구리에 대하여 모세가 여호와께 간구하매

13 여호와께서 모세의 말대로 하시니 개구리가 집과 마당과 밭에서부터 나와서 죽은지라

14 사람들이 모아 무더기로 쌓으니 땅에서 악취가 나더라

15 그러나 바로가 숨을 쉴 수 있게 됨을 보았을 때에 그의 마음을 완강하게 하여 그들의 말을 듣지 아니하였으니 여호와께서 말씀하신 것과 같더라

네째 재앙 : 티끌이 이가 되다

16 ●여호와께서 모세에게 이르시되 아론에게 명령하기를 네 지팡이를 들어 땅의 티끌을 치라 그것이 애굽 온 땅에서 이가 되리라

17 그들이 그대로 행할새 아론이 지팡이를 잡고 손을 들어 땅의 티끌을 치매 애굽 온 땅의 티끌이 다 이가 되어 사람과 가축에게 오르니

18 요술사들도 자기 요술로 그같이 행하여 1)이를 생기게 하려 하였으나 못하였고 이가 사람과 가축에게 생긴지라   7:11

19 요술사가 바로에게 말하되 이는 하나님의 2)권능이니이다 하였으나 바로의 마음이 완악하게 되어 그들의 말을 듣지 아니하였으니 여호와의 말씀과 같더라

네째 재앙 : 파리가 가득하다

20 ●여호와께서 모세에게 이르시되 아침에 일찍이 일어나 바로 앞에 서라 그가 물 있는 곳으로 나오리니 그에게 이르기를 여호와께서 이와 같이 말씀하시기를 내 백성을 보내라 그러면 그들이 나를 섬길 것이니라

21 네가 만일 내 백성을 보내지 아니하면 내가 너와 네 신하와 네 백성과 네 집

운해(8:5) 육지를 파서 강을 내고 배가 다닐 수 있게 한 수로.

1) 각다귀 종류로 볼 수 있음 2) 히, 손가락

들에 파리 떼를 보내리니 애굽 사람의 집집에 파리 떼가 가득할 것이며 그들이 사는 땅에도 그러하리라

22 그 날에 나는 내 백성이 거주하는 고센 땅을 구별하여 그 곳에는 파리가 없게 하리니 이로 말미암아 이 땅에서 내가 여호와인 줄을 네가 알게 될 것이라

23 내가 내 백성과 네 백성 사이를 구별하리니 내일 이 표징이 있으리라 하셨다 하라 하시고

24 여호와께서 그와 같이 하시니 무수한 파리가 바로의 궁과 그의 신하의 집과 애굽 온 땅에 이르니 파리로 말미암아 그 땅이 황폐하였더라

25 ●바로가 모세와 아론을 불러 이르되 너희는 가서 이 땅에서 너희 하나님께 제사를 드리라

26 모세가 이르되 그리함은 부당하니이다 우리가 우리 하나님 여호와께 제사를 드리는 것은 애굽 사람이 싫어하는 바인즉 우리가 만일 애굽 사람의 목전에서 제사를 드리면 그들이 그것을 미워하여 우리를 돌로 치지 아니하리이까

27 우리가 사흘길쯤 광야로 들어가서 우리 하나님 여호와께 제사를 드리되 우리에게 명령하시는 대로 하려 하나이다

28 바로가 이르되 내가 너희를 보내리니 너희가 너희의 하나님 여호와께 광야에서 제사를 드릴 것이나 너무 멀리 가지는 말라 그런즉 너희는 나를 위하여 간구하라

29 모세가 이르되 내가 왕을 떠나가서 여호와께 간구하리니 내일이면 파리 떼가 바로와 바로의 신하와 바로의 백성을 떠나려니와 바로는 이 백성을 보내어 여호와께 제사를 드리는 일에 다시 거짓을 행하지 마소서 하고　8:8, 15

30 모세가 바로를 떠나 나와서 여호와께 간구하니　8:12

31 여호와께서 모세의 말대로 하시니 그 파리 떼가 바로와 그의 신하와 그의 백성에게서 떠나니 하나도 남지 아니하였더라

32 그러나 바로가 이 때에도 그의 마음을 완강하게 하여 그 백성을 보내지 아니하였더라

다섯째 재앙 : 가축의 죽음

9 여호와께서 모세에게 이르시되 바로에게 들어가서 그에게 이르라 히브리 사람의 하나님 여호와께서 말씀하시기를 내 백성을 보내라 그들이 나를 섬길 것이니라

2 네가 만일 보내기를 거절하고 억지로 잡아두면　8:2

3 여호와의 손이 들에 있는 네 가축 곧 말과 나귀와 낙타와 소와 양에게 더하리니 심한 돌림병이 있을 것이며　9:18

4 여호와가 이스라엘의 가축과 애굽의 가축을 구별하리니 이스라엘 자손에게 속한 것은 하나도 죽지 아니하리라 하셨다 하라 하시고

5 여호와께서 기한을 정하여 이르시되 여호와가 내일 이 땅에서 이 일을 행하리라 하시더니

6 이튿날에 여호와께서 이 일을 행하시니 애굽의 모든 가축은 죽었으나 이스라엘 자손의 가축은 하나도 죽지 아니한지라

7 바로가 사람을 보내어 본즉 이스라엘의 가축은 하나도 죽지 아니하였더라 그러나 바로의 마음이 완강하여 백성을 보내지 아니하니라

9 에는 무엇이 기록되어 있을까?

애굽 사람들은 동물신도 숭배했는데, 동물들에게 돌림병이 돈 것은 그들을 조롱한 것이라고 할 수 있어요. 또 애굽의 요술사들까지 악성 종기로 꼼짝 못한 것도 그들의 신이 헛된 것임을 드러내주지요. 우박 재앙 역시 애굽의 신들이 오히려 하나님의 도구로 사용되어 애굽 사람들을 파멸시켰음을 보여준답니다.

완강(8:32) 생각이나 태도가 굳셈.

재(9:8) 불에 타고 남은 찌꺼기. 무가치함, 거짓됨, 고통, 멸망을 뜻함.

돌림병 재앙
(9:2-7)

우박 재앙(9:18-34)

악성 종기 재앙(9:9-11)

여섯째 재앙 : 악성 종기가 생기다

8 ● 여호와께서 모세와 아론에게 이르시되 너희는 화덕의 재 두 움큼을 가지고 모세가 바로의 목전에서 하늘을 향하여 날리라

9 그 재가 애굽 온 땅의 티끌이 되어 애굽 온 땅의 사람과 짐승에게 붙어서 악성 종기가 생기리라　2대 13:18

10 그들이 화덕의 재를 가지고 바로 앞에 서서 모세가 하늘을 향하여 날리니 사람과 짐승에게 붙어 악성 종기가 생기고

11 요술사들도 악성 종기로 말미암아 모세 앞에 서지 못하니 악성 종기가 요술사들로부터 애굽 모든 사람에게 생겼음이라　8:18

12 그러나 여호와께서 바로의 마음을 완악하게 하셨으므로 그들의 말을 듣지 아니하였으니 여호와께서 모세에게 말씀하심과 같더라

일곱째 재앙 : 우박이 내리다

13 ● 여호와께서 모세에게 이르시되 아침에 일찍이 일어나 바로 앞에 서서 그에게 이르기를 히브리 사람의 하나님 여호와의 말씀에 내 백성을 보내라 그들이 나를 섬길 것이니라

14 내가 이번에는 모든 재앙을 ¹⁾너와 네 신하와 네 백성에게 내려 온 천하에 나와 같은 자가 없음을 네가 알게 하리라

15 내가 손을 펴서 돌림병으로 너와 네 백성을 쳤더라면 네가 세상에서 끊어졌을 것이나　3:20

16 내가 너를 세웠음은 나의 능력을 네게 보이고 내 이름이 온 천하에 전파되게 하려 하였음이니라

17 네가 여전히 내 백성 앞에 교만하여 그들을 보내지 아니하느냐

18 내일 이맘때면 내가 무거운 우박을 내리리니 애굽 나라가 세워진 그 날로부터 지금까지 그와 같은 일이 없었더라

19 이제 사람을 보내어 네 가축과 네 들에 있는 것을 다 모으라 사람이나 짐승이나 무릇 들에 있어서 집에 돌아오지 않는 것들에게는 우박이 그 위에 내리리니 그것들이 죽으리라 하셨다 하라 하시니라

20 바로의 신하 중에 여호와의 말씀을 두려워하는 자들은 그 종들과 가축을 집으로 피하여 들였으나

21 여호와의 말씀을 마음에 두지 아니하는 사람은 그의 종들과 가축을 들에 그대로 두었더라

22 ● 여호와께서 모세에게 이르시되 너는 하늘을 향하여 손을 들어 애굽 전국에 우박이 애굽 땅의 사람과 짐승과 밭의 모든 채소에 내리게 하라

23 모세가 하늘을 향하여 지팡이를 들매 여호와께서 우렛소리와 우박을 보내시고 불을 내려 땅에 달리게 하시니라 여호와께서 우박을 애굽 땅에 내리시매

24 우박이 내림과 불덩이가 우박에 섞여 내림이 심히 맹렬하니 나라가 생긴 그 때로부터 애굽 온 땅에는 그와 같은 일

애굽의 채소밭(9:22)

성막상식 메뚜기 떼

고대 근동 지방에서는 메뚜기 떼로 인해 발생한 피해가 너무나 컸어요. 이 때문에 구약에서는 메뚜기 떼가 하나님의 심판을 상징하는 경우가 많았답니다(욜 1:4~7; 암 7:1~3).

10장 1~20절

이 없었더라

25 우박이 애굽 온 땅에서 사람과 짐승을 막론하고 밭에 있는 모든 것을 쳤으며 우박이 또 밭의 모든 채소를 치고 들의 모든 나무를 꺾었으되

26 이스라엘 자손들이 있는 그곳 고센 땅에는 우박이 없었더라

27 ●바로가 사람을 보내어 모세와 아론을 불러 그들에게 이르되 이번은 내가 범죄하였노라 여호와는 의로우시고 나와 나의 백성은 악하도다 (대하 12:6)

28 여호와께 구하여 이 우렛소리와 우박을 그만 그치게 하라 내가 너희를 보내리니 너희가 다시는 머물지 아니하리라

29 모세가 그에게 이르되 내가 성에서 나가서 곧 내 손을 여호와를 향하여 펴리니 그리하면 우렛소리가 그치고 우박이 다시 있지 아니할지라 세상이 여호와께 속한 줄을 왕이 알리이다

30 그러나 왕과 왕의 신하들이 여호와 하나님을 아직도 두려워하지 아니할 줄을 내가 아노라

31 그 때에 보리는 이삭이 나왔고 삼은 꽃이 피었으므로 삼과 보리가 상하였으나

32 그러나 밀과 쌀보리는 자라지 아니한 고로 상하지 아니하였더라

33 모세가 바로를 떠나 성에서 나가 여호와를 향하여 손을 펴매 우렛소리와 우박이 그치고 비가 땅에 내리지 아니하니라

34 바로가 비와 우박과 우렛소리가 그친 것을 보고 다시 범죄하여 마음을 완악하게 하니 그와 그의 신하가 꼭 같더라

35 바로의 마음이 완악하여 이스라엘 자손을 내보내지 아니하였으니 여호와께서 모세에게 말씀하심과 같더라 (4:21)

여덟째 재앙 : 메뚜기가 땅을 덮다

10 여호와께서 모세에게 이르시되 바로에게로 들어가라 내가 그의 마음과 그의 신하들의 마음을 완강하게 함은 나의 표징을 그들 중에 보이기 위함이며

2 네게 내가 애굽에서 행한 일들 곧 내가 그들 가운데에서 행한 표징을 네 아들과 네 자손의 귀에 전하기 위함이라 너희는 내가 여호와인 줄을 알리라 (신 4:9)

3 모세와 아론이 바로에게 들어가서 그에게 이르되 히브리 사람의 하나님 여호와께서 말씀하시기를 네가 어느 때까지 내 앞에 겸비하지 아니하겠느냐 내 백성을 보내라 그들이 나를 섬길 것이라

4 네가 만일 내 백성 보내기를 거절하면 내일 내가 메뚜기를 네 경내에 들어가게 하리라

5 메뚜기가 지면을 덮어서 사람이 땅을 볼 수 없을 것이라 메뚜기가 네게 남은 그것 곧 우박을 면하고 남은 것을 먹으며 너희를 위하여 들에서 자라나는 모든 나무를 먹을 것이며

6 또 네 집들과 네 모든 신하의 집들과 모든 애굽 사람의 집들에 가득하리니 이는 네 아버지와 네 조상이 이 땅에 있었던 그 날로부터 오늘까지 보지 못하였던 것이리라 하셨다 하고 돌이켜 바로에게서 나오니

7 바로의 신하들이 그에게 말하되 어느 때까지 이 사람이 우리의 함정이 되리

10 에는 무엇이 기록되어 있을까?

애굽 사람들은 메뚜기 떼의 피해를 피하기 위해 '세라피스'라는 신을 섬겼지만, 메뚜기 재앙을 피하지는 못했어요. 그리고 흑암 재앙은 애굽 사람들의 최고의 신인 태양신 '라(Ra)'에 치명타를 가했지요. 하나님이 바로의 마음을 완강하게 하신 이유는 이러한 하나님의 권능을 보이시기 위해서였답니다.

이까 그 사람들을 보내어 그들의 하나
님 여호와를 섬기게 하소서 왕은 아직
도 애굽이 망한 줄을 알지 못하시나이
까 하고

8 모세와 아론을 바로에게로 다시 데려
오니 바로가 그들에게 이르되 가서 너
희의 하나님 여호와를 섬기라 갈 자는
누구 누구냐

9 모세가 이르되 우리가 여호와 앞에 절
기를 지킬 것인즉 우리가 남녀 노소와
양과 소를 데리고 가겠나이다 12:37, 38

10 바로가 그들에게 이르되 내가 너희와
너희의 어린 아이들을 보내면 여호
와가 너희와 함께 함과 같으니라 보라 그
것이 너희에게는 나쁜 것이니라

11 그렇게 하지 말고 너희 장정만 가서 여
호와를 섬기라 이것이 너희가 구하는
바니라 이에 그들이 바로 앞에서 쫓겨
나니라

12 ●여호와께서 모세에게 이르시되 애
굽 땅 위에 네 손을 내밀어 메뚜기를 애
굽 땅에 올라오게 하여 우박에 상하지
아니한 밭의 모든 채소를 먹게 하라

13 모세가 애굽 땅 위에 그 지팡이를 들매
여호와께서 동풍을 일으켜 온 낮과 온
밤에 불게 하시니 아침이 되매 동풍이
메뚜기를 불어 들인지라

14 메뚜기가 애굽 온 땅에 이르러 그 사방
에 내리매 그 피해가 심하니 이런 메뚜
기는 전에도 없었고 후에도 없을 것이라

15 메뚜기가 온 땅을 덮어 땅이 어둡게 되
었으며 메뚜기가 우박에 상하지 아니
한 밭의 채소와 나무 열매를 다 먹었으
므로 애굽 온 땅에서 나무나 밭의 채소
나 푸른 것은 남지 아니하였더라

16 바로가 모세와 아론을 급히 불러 이르
되 내가 너희의 하나님 여호와와 너희
에게 죄를 지었으니 민 22:34

메뚜기 재앙
(10:4-20)

흑암 재앙(10:21-23)

17 바라건대 이번만 나의 죄를 용서하고
너희의 하나님 여호와께 구하여 이 죽
음만은 내게서 떠나게 하라

18 그가 바로에게서 나가서 여호와께 구
하매

19 여호와께서 돌이켜 강렬한 서풍을 불
게 하사 메뚜기를 홍해에 몰아넣으시
니 애굽 온 땅에 메뚜기가 하나도 남지
아니하니라

20 그러나 여호와께서 바로의 마음을 완
악하게 하셨으므로 이스라엘 자손을
보내지 아니하였더라

아홉째 재앙 : 흑암이 땅에 있다

21 ●여호와께서 모세에게 이르시되 하
늘을 향하여 네 손을 내밀어 애굽 땅
위에 흑암이 있게 하라 곧 더듬을 만한
흑암이리라

22 모세가 하늘을 향하여 손을 내밀매 캄
캄한 흑암이 삼 일 동안 애굽 온 땅에
있어서

23 그 동안은 사람들이 서로 볼 수 없으며
자기 처소에서 일어나는 자가 없으되
온 이스라엘 자손들이 거주하는 곳에
는 빛이 있었더라

24 바로가 모세를 불러서 이르되 너희는
가서 여호와를 섬기되 너희의 양과 소
는 머물러 두고 너희 어린 것들은 너희
와 함께 갈지니라

표징(10:1) 겉으로 드러나는 표적.
겸비(10:3) 자기를 겸손하게 낮춤.
경내(10:4) 일정한 구역 안.
절기(10:9) 명절.
흑암(10:21) 몹시 컴컴함.

하나님께서 장자의 죽음을
예고하심(11:4-5)

25 모세가 이르되 왕이라도 우리 하나님 여호와께 드릴 제사와 번제물을 우리에게 주어야 하겠고

26 우리의 가축도 우리와 함께 가고 한 마리도 남길 수 없으니 이는 우리가 그 중에서 가져다가 우리 하나님 여호와를 섬길 것이며 또 우리가 거기에 이르기까지는 어떤 것으로 여호와를 섬길는지 알지 못함이니이다 하나 10:9

27 여호와께서 바로의 마음을 완악하게 하셨으므로 그들 보내기를 기뻐하지 아니하고 10:20

28 바로가 모세에게 이르되 너는 나를 떠나가고 스스로 삼가 다시 내 얼굴을 보지 말라 네가 내 얼굴을 보는 날에는 죽으리라

29 모세가 이르되 당신이 말씀하신 대로 내가 다시는 당신의 얼굴을 보지 아니하리이다

처음 난 것의 죽음을 경고하다 — B.C. 1450년경

11 여호와께서 모세에게 이르시기를 내가 이제 한 가지 재앙을 바로와 애굽에 내린 후에야 그가 너희를 여기서 내보내리라 그가 너희를 내보낼 때에는 여기서 반드시 다 쫓아내리니

2 백성에게 말하여 사람들에게 각기 이웃들에게 은금 패물을 구하게 하라 하시더니 3:22

3 여호와께서 그 백성으로 애굽 사람의 은혜를 받게 하셨고 또 그 사람 모세는 애굽 땅에 있는 바로의 신하와 백성의 눈에 아주 위대하게 보였더라 3:21

4 ●모세가 바로에게 이르되 여호와께서 이와 같이 말씀하시기를 밤중에 내가 애굽 가운데로 들어가리니

5 애굽 땅에 있는 모든 처음 난 것은 왕위에 앉아 있는 바로의 장자로부터 맷돌 뒤에 있는 몸종의 장자와 모든 가축의 처음 난 것까지 죽으리니

6 애굽 온 땅에 전무후무한 큰 부르짖음이 있으리라 12:30

7 그러나 이스라엘 자손에게는 사람에게나 짐승에게나 개 한 마리도 그 혀를 움직이지 아니하리니 여호와께서 애굽 사람과 이스라엘 사이를 구별하는 줄을 너희가 알리라 하셨나니

8 왕의 이 모든 신하가 내게 내려와 내게 절하며 이르기를 너와 너를 따르는 온 백성은 나가라 한 후에야 내가 나가리라 하고 심히 노하여 바로에게서 나오니라

9 ●여호와께서 모세에게 이르시기를 바로가 너희의 말을 듣지 아니하리라 그러므로 내가 애굽 땅에서 나의 기적을 더하리라 하셨고

10 모세와 아론이 이 모든 기적을 바로 앞에서 행하였으나 여호와께서 바로의 마음을 완악하게 하셨으므로 그가 이스라엘 자손을 그 나라에서 보내지 아

11 에는 무엇이 기록되어 있을까?

바로는 어떤 재앙을 당해도 끝까지 이스라엘 백성을 붙잡아두려고 하였어요. 그러나 하나님은 마지막 열 번째 재앙을 경고하셨지요. 그것은 바로의 아들부터 가축에 이르기까지 애굽에서 태어난 모든 장자의 죽음이랍니다. 반면 이스라엘 백성들은 아무런 해도 당하지 않을 것이라고 말씀하셨답니다.

니하였더라

유월절——B.C. 1450년경

12 여호와께서 애굽 땅에서 모세와 아론에게 일러 말씀하시되

2 이 달을 너희에게 달의 시작 곧 해의 첫 달이 되게 하고

3 너희는 이스라엘 온 회중에게 말하여 이르라 이 달 열흘에 너희 각자가 어린 양을 취할지니 각 가족대로 그 식구를 위하여 어린 양을 취하되

4 그 어린 양에 대하여 식구가 너무 적으면 그 집의 이웃과 함께 사람 수를 따라서 하나를 취하며 각 사람이 먹을 수 있는 분량에 따라서 너희 어린 양을 계산할 것이며

5 너희 어린 양은 흠 없고 일 년 된 수컷으로 하되 양이나 염소 중에서 취하고

6 이 달 열나흗날까지 간직하였다가 해 질 때에 이스라엘 회중이 그 양을 잡고

7 그 피를 양을 먹을 집 좌우 문설주와 인방에 바르고

8 그 밤에 그 고기를 불에 구워 무교병과 쓴 나물과 아울러 먹되

9 날것으로나 물에 삶아서 먹지 말고 머리와 다리와 내장을 다 불에 구워 먹고

10 아침까지 남겨두지 말며 아침까지 남은 것은 곧 불사르라

11 너희는 그것을 이렇게 먹을지니 허리에 띠를 띠고 발에 신을 신고 손에 지팡이를 잡고 급히 먹으라 이것이 여호와의 유월절이니라

12 내가 그 밤에 애굽 땅에 두루 다니며 사람이나 짐승을 막론하고 애굽 땅에 있는 모든 처음 난 것을 다 치고 애굽의 모든 신을 내가 심판하리라 나는 여호와라

13 내가 애굽 땅을 칠 때에 그 피가 너희가 사는 집에 있어서 너희를 위하여 표적이 될지라 내가 피를 볼 때에 너희를 넘어가리니 재앙이 너희에게 내려 멸하지 아니하리라

14 너희는 이 날을 기념하여 여호와의 절 기를 삼아 영원한 규례로 대대로 지킬 지니라 13:9

무교절

15 ●너희는 이레 동안 무교병을 먹을지니 그 첫날에 누룩을 너희 집에서 제하라 무릇 첫날부터 일곱째 날까지 유교병을 먹는 자는 이스라엘에서 끊어지리라

16 너희에게 첫날에도 성회요 일곱째 날에도 성회가 되리니 너희는 이 두 날에는 아무 일도 하지 말고 각자의 먹을 것만 갖출 것이니라

17 너희는 무교절을 지키라 이 날에 내가 너희 군대를 애굽 땅에서 인도하여 내었음이니라 그러므로 너희가 영원한 규례로 삼아 대대로 이 날을 지킬지니라

18 첫째 달 그 달 열나흗날 저녁부터 이십일일 저녁까지 너희는 무교병을 먹을 것이요

19 이레 동안은 누룩이 너희 집에서 발견되지 아니하도록 하라 무릇 유교물을 먹는 자는 타국인이든지 본국에서 난 자든지를 막론하고 이스라엘 회중에서 끊어지리니

20 너희는 아무 유교물이든지 먹지 말고 너희 모든 유하는 곳에서 무교병을 먹을지니라

첫 유월절

21 ●모세가 이스라엘 모든 장로를 불러서 그들에게 이르되 너희는 나가서 너희의 가족대로 어린 양을 택하여 유월절 양으로 잡고

22 우슬초 묶음을 가져다가 그릇에 담은 피에 적셔서 그 피를 문 인방과 좌우

12 에는 무엇이 기록되어 있을까?

애굽에 열 번째 재앙이 내려지기 직전에 세워진 유월절의 규례에 대한 내용으로, 유월절은 하나님이 이스라엘 민족을 구속하신 것을 기념하는 절기지요. 애굽의 장자들이 모두 죽게 되는 그 밤에 이스라엘 백성에게는 구원과 축복이 임하였고, 마침내 하나님께서 약속하신 출애굽이 이루어졌습니다.

설주에 뿌리고 아침까지 한 사람도 자기 집 문 밖에 나가지 말라

23 여호와께서 애굽 사람들에게 재앙을 내리려고 지나가실 때에 문 인방과 좌우 문설주의 피를 보시면 여호와께서 그 문을 넘으시고 멸하는 자에게 너희 집에 들어가서 너희를 치지 못하게 하실 것임이니라

24 너희는 이 일을 규례로 삼아 너희와 너희 자손이 영원히 지킬 것이니

25 너희는 여호와께서 허락하신 대로 너희에게 주시는 땅에 이를 때에 이 예식을 지킬 것이라

26 이 후에 너희의 자녀가 묻기를 이 예식이 무슨 뜻이냐 하거든

27 너희는 이르기를 이는 여호와의 유월절 제사라 여호와께서 애굽 사람에게 재앙을 내리실 때에 애굽에 있는 이스라엘 자손의 집을 넘으사 우리의 집을 구원하셨느니라 하라 하매 백성이 머리 숙여 경배하니라

28 이스라엘 자손이 물러가서 그대로 행하되 여호와께서 모세와 아론에게 명령하신 대로 행하니라

열째 재앙: 처음 난 것들의 죽음

29 ●밤중에 여호와께서 애굽 땅에서 모든 처음 난 것 곧 왕위에 앉은 바로의 장자로부터 옥에 갇힌 사람의 장자까지와 가축의 처음 난 것을 다 치시매

30 그 밤에 바로와 그 모든 신하와 모든 애굽 사람이 일어나고 애굽에 큰 부르짖음이 있었으니 이는 그 나라에 죽임을

당하지 아니한 집이 하나도 없었음이었더라

31 밤에 바로가 모세와 아론을 불러서 이르되 너희와 이스라엘 자손은 일어나 내 백성 가운데에서 떠나 너희의 말대로 가서 여호와를 섬기며

32 너희가 말한 대로 너희 양과 너희 소도 몰아가고 나를 위하여 축복하라 하며

33 애굽 사람들은 말하기를 우리가 다 죽은 자가 되도다 하고 그 백성을 재촉하여 그 땅에서 속히 내보내려 하므로

34 그 백성이 발효되지 못한 반죽 담은 그릇을 옷에 싸서 어깨에 메니라

35 이스라엘 자손이 모세의 말대로 하여 애굽 사람에게 은금 패물과 의복을 구하매

36 여호와께서 애굽 사람들에게 이스라엘 백성에게 은혜를 입히게 하사 그들이 구하는 대로 주게 하시므로 그들이 애굽 사람의 물품을 1)취하였더라

이스라엘이 애굽 땅에서 나오다

37 이스라엘 자손이 라암셋을 떠나서 숙곳에 이르니 유아 외에 보행하는 장정이 육십만 가량요

38 수많은 잡족과 양과 소와 심히 많은 가축이 그들과 함께 하였으며

39 그들이 애굽으로부터 가지고 나온 발교되지 못한 반죽으로 무교병을 구웠으니 이는 그들이 애굽에서 쫓겨나므로 지체할 수 없었음이며 아무 양식도 준비하지 못하였음이었더라

40 이스라엘 자손이 애굽에 거주한 지 사

1) '약탈'의 뜻이 있음

백삼십 년이라

행 7:6

41 사백삼십 년이 끝나는 그 날에 여호와의 군대가 다 애굽 땅에서 나왔은즉

42 이 밤은 그들을 애굽 땅에서 인도하여 내심으로 말미암아 여호와 앞에 지킬 것이니 이는 여호와의 밤이라 이스라엘 자손이 다 대대로 지킬 것이니라

유월절 규례

43 ●여호와께서 모세와 아론에게 이르시되 유월절 규례는 이러하니라 이방 사람은 먹지 못할 것이나

12:11, 48

44 각 사람이 돈으로 산 종은 할례를 받은 후에 먹을 것이며

45 거류인과 타국 품꾼은 먹지 못하리라

46 한 집에서 먹되 그 고기를 조금도 집 밖으로 내지 말고 뼈도 꺾지 말며

47 이스라엘 회중이 다 이것을 지킬지니라

48 너희와 함께 거류하는 타국인이 여호와의 유월절을 지키고자 하거든 그 모든 남자는 할례를 받은 후에야 가까이 하여 지킬지니 곧 그는 본토인과 같이 될 것이나 할례 받지 못한 자는 먹지 못할 것이니라

49 본토인에게나 너희 중에 거류하는 이방인에게 이 법이 동일하니라 하셨으므로

민 15:15

50 온 이스라엘 자손이 이와 같이 하되 여호와께서 모세와 아론에게 명령하신 대로 행하였으며

51 바로 그 날에 여호와께서 이스라엘 자손을 그 무리대로 애굽 땅에서 인도하여 내셨더라

무교절 — B.C. 1450년경

13 여호와께서 모세에게 일러 이르시되

2 이스라엘 자손 중에서 사람이나 짐승을 막론하고 태에서 처음 난 모든 것은

다 거룩히 구별하여 내게 돌리라 이는 내 것이니라 하시니라

3 모세가 백성에게 이르되 너희는 애굽 곧 종 되었던 집에서 나온 그 날을 기념하여 유교병을 먹지 말라 여호와께서 그 손의 권능으로 너희를 그 곳에서 인도해 내셨음이니라

4 아빕월 이 날에 너희가 나왔으니

5 여호와께서 너를 인도하여 가나안 사람과 헷 사람과 아모리 사람과 히위 사람과 여부스 사람의 땅 곧 네게 주시려고 네 조상들에게 맹세하신 바 젖과 꿀이 흐르는 땅에 이르게 하시거든 너는 이 달에 이 예식을 지켜

6 이레 동안 무교병을 먹고 일곱째 날에는 여호와께 절기를 지키라

7 이레 동안에는 무교병을 먹고 유교병을 네게 보이지 아니하게 하며 네 땅에서 누룩을 네게 보이지 아니하게 하라

8 너는 그 날에 네 아들에게 보여 이르기를 이 예식은 내가 애굽에서 나올 때에 여호와께서 나를 위하여 행하신 일로 말미암음이라 하고

9 이것으로 네 손의 기호와 네 미간의 표를 삼고 여호와의 율법이 네 입에 있게 하라 이는 여호와께서 강하신 손으로 너를 애굽에서 인도하여 내셨음이니

10 해마다 절기가 되면 이 규례를 지킬지니라

태에서 처음 난 것

11 ●여호와께서 너와 네 조상에게 맹세하신 대로 너를 가나안 사람의 땅에 인도하시고 그 땅을 네게 주시거든

13:5

---

13 에는 무엇이 기록되어 있을까?

모세는 이스라엘 백성들에게 처음 태어난 것은 하나님의 소유로 하나님께 바쳐야 한다는 규례를 정했어요. 한편 애굽을 탈출한 이스라엘은 가나안을 향해 행군을 시작했어요. 그러나 하나님은 그들을 곧장 시내 산으로 인도하시지 않고 홍해 길로 돌리셨지요. 이것은 하나님의 크신 능력을 온 천하에 알리기 위해서였답니다.

12 너는 태에서 처음 난 모든 것과 네게 있는 가축의 태에서 처음 난 것을 다 구별하여 여호와께 돌리라 수컷은 여호와의 것이니라 　신 15:19

13 나귀의 첫 새끼는 다 어린 양으로 대속할 것이요 그렇게 하지 아니하려면 그 목을 꺾을 것이며 네 아들 중 처음 난 모든 자는 대속할지니라

14 후일에 네 아들이 네게 묻기를 이것이 어찌 됨이냐 하거든 너는 그에게 이르기를 여호와께서 그 손의 권능으로 우리를 애굽에서 곧 종이 되었던 집에서 인도하여 내실새 　12:26

15 그 때에 바로가 완악하여 우리를 보내지 아니하매 여호와께서 애굽 나라 가운데 처음 난 모든 것은 사람의 장자로부터 가축의 처음 난 것까지 다 죽이셨으므로 태에서 처음 난 모든 수컷들은 내가 여호와께 제사를 드려서 내 아들 중에 모든 처음 난 자를 다 대속하리니

16 이것이 네 손의 기호와 네 미간의 표가 되리라 이는 여호와께서 그 손의 권능으로 우리를 애굽에서 인도하여 내셨음이니라 할지니라

구름 기둥과 불 기둥

17 ●바로가 백성을 보낸 후에 블레셋 사람의 땅의 길은 가까울지라도 하나님이 그들을 그 길로 인도하지 아니하셨으니 이는 하나님이 말씀하시기를 이 백성이 전쟁을 하게 되면 마음을 돌이켜 애굽으로 돌아갈까 하셨음이라

18 그러므로 하나님이 홍해의 광야 길로 돌려 백성을 인도하시매 이스라엘 자손이 애굽 땅에서 대열을 지어 나올 때에

19 모세가 요셉의 유골을 가졌으니 이는 요셉이 이스라엘 자손으로 단단히 맹세하게 하여 이르기를 하나님이 반드시 너희를 찾아오시리니 너희는 내 유골을 여기서 가지고 나가라 하였음이더라

20 그들이 숙곳을 떠나서 광야 끝 에담에 장막을 치니

21 여호와께서 그들 앞에서 가시며 낮에는 구름 기둥으로 그들의 길을 인도하시고 밤에는 불 기둥을 그들에게 비추사 낮이나 밤이나 진행하게 하시니 　14:19

22 낮에는 구름 기둥, 밤에는 불 기둥이 백성 앞에서 떠나지 아니하니라

홍해를 건너다

14 여호와께서 모세에게 말씀하여 이르시되

2 이스라엘 자손에게 명령하여 돌이켜 바다와 믹돌 사이의 비하히롯 앞 곧 바알스본 맞은편 바닷가에 장막을 치게 하라

3 바로가 이스라엘 자손에 대하여 말하기를 그들이 그 땅에서 멀리 떠나 광야에 갇힌 바 되었다 하리라

4 내가 바로의 마음을 완악하게 한즉 바로가 그들의 뒤를 따르리니 내가 그와 그의 온 군대로 말미암아 영광을 얻어 애굽 사람들이 나를 여호와인 줄 알게 하리라 하시매 무리가 그대로 행하니라

5 그 백성이 도망한 사실이 애굽 왕에게 알려지매 바로와 그의 신하들이 그 백성에 대하여 마음이 변하여 이르되 우리가 어찌 이같이 하여 이스라엘을 우리를 섬김에서 놓아 보내었는가 하고

6 바로가 곧 그의 병거를 갖추고 그의 백

구름 기둥과 불 기둥(13:21-22)

14장 에는 무엇이 기록되어 있을까?

이스라엘 백성들이 홍해 길로 갔다는 소식을 들은 바로는 군대를 이끌고 뒤쫓아 갔어요. 이스라엘은 앞에는 홍해가 있고, 뒤에는 애굽 군대가 쫓아오는 막다른 골목에 이르게 되었지요. 바로 이때 하나님께서는 홍해를 가르시고 이스라엘을 구원하셨어요. 이것은 하나님만이 행한 구원 자이심을 증거하는 놀라운 사건이었답니다.

홍해 바다에 가로막힘(14:5-14)

성을 데리고 갈새

7 선발된 병거 육백 대와 애굽의 모든 병거를 동원하니 지휘관들이 다 거느렸더라

8 여호와께서 애굽 왕 바로의 마음을 완악하게 하셨으므로 그가 이스라엘 자손의 뒤를 따르니 이스라엘 자손이 [1]담대히 나갔음이라

9 애굽 사람들과 바로의 말들, 병거들과 그 마병과 그 군대가 그들의 뒤를 따라 바알스본 맞은편 비하히롯 곁 해변 그들이 장막 친 데에 미치니라

10 ●바로가 가까이 올 때에 이스라엘 자손이 눈을 들어 본즉 애굽 사람들이 자기들 뒤에 이른지라 이스라엘 자손이 심히 두려워하여 여호와께 부르짖고

11 그들이 또 모세에게 이르되 애굽에 매장지가 없어서 당신이 우리를 이끌어 내어 이 광야에서 죽게 하느냐 어찌하여 당신이 우리를 애굽에서 이끌어 내어 우리에게 이같이 하느냐

12 우리가 애굽에서 당신에게 이른 말이 이것이 아니냐 이르기를 우리를 내버려 두라 우리가 애굽 사람을 섬길 것이라 하지 아니하더냐 애굽 사람을 섬기는 것이 광야에서 죽는 것보다 낫겠노라

13 모세가 백성에게 이르되 너희는 두려워하지 말고 가만히 서서 여호와께서 오늘 너희를 위하여 행하시는 구원을 보라 너희가 오늘 본 애굽 사람을 영원히 다시 보지 아니하리라

14 여호와께서 너희를 위하여 싸우시리니 너희는 가만히 있을지니라

15 ●여호와께서 모세에게 이르시되 너는 어찌하여 내게 부르짖느냐 이스라엘 자손에게 명령하여 앞으로 나아가게 하고

16 지팡이를 들고 손을 바다 위로 내밀어 그것이 갈라지게 하라 이스라엘 자손이 바다 가운데서 마른 땅으로 행하리라

17 내가 애굽 사람들의 마음을 완악하게 할 것인즉 그들이 그 뒤를 따라 들어갈 것이라 내가 바로와 그의 모든 군대와 그의 병거와 마병으로 말미암아 영광을 얻으리니

18 내가 바로와 그의 병거와 마병으로 말미암아 영광을 얻을 때에야 애굽 사람들이 나를 여호와인 줄 알리라 하시니라

19 이스라엘 진 앞에 가던 하나님의 사자가 그들의 뒤로 옮겨 가매 구름 기둥도 앞에서 그 뒤로 옮겨

20 애굽 진과 이스라엘 진 사이에 이르러 서니 저쪽에는 구름과 흑암이 있고 이쪽에는 밤이 밝으므로 밤새도록 저쪽이 이쪽에 가까이 못하였더라

21 ●모세가 바다 위로 손을 내밀매 여호와께서 큰 동풍이 밤새도록 바닷물을 물러가게 하시니 물이 갈라져 바다가 마른 땅이 된지라

22 이스라엘 자손이 바다 가운데를 육지로 걸어가고 물은 그들의 좌우에 벽이 되니

23 애굽 사람들과 바로의 말들, 병거들

홍해를 향해 손을 내민 모세(14:15-20)

1) 히, 높은 손으로

홍해가 갈라짐(14:21-31)

과 그 마병들이 다 그들의 뒤를 추격하여 바다 가운데로 들어오는지라

24 새벽에 여호와께서 불과 구름 기둥 가운데서 애굽 군대를 보시고 애굽 군대를 어지럽게 하시며

25 그들의 병거 바퀴를 벗겨서 달리기가 어렵게 하시니 애굽 사람들이 이르되 이스라엘 앞에서 우리가 도망하자 여호와가 그들을 위하여 싸워 애굽 사람들을 치는도다

26 ●여호와께서 모세에게 이르시되 네 손을 바다 위로 내밀어 물이 애굽 사람들과 그들의 병거들과 마병들 위에 다시 흐르게 하라 하시니

27 모세가 곧 손을 바다 위로 내밀매 새벽이 되어 바다의 힘이 회복된지라 애굽 사람들이 물을 거슬러 도망하나 여호와께서 애굽 사람들을 바다 가운데 엎으시니

28 물이 다시 흘러 병거들과 기병들을 덮되 그들의 뒤를 따라 바다에 들어간 바로의 군대를 다 덮으니 하나도 남지 아니하였더라

29 그러나 이스라엘 자손은 바다 가운데를 육지로 행하였고 물이 좌우에 벽이 되었더라

30 그 날에 여호와께서 이같이 이스라엘을 애굽 사람의 손에서 구원하시매 이스라엘이 바닷가에서 애굽 사람들이 죽어 있는 것을 보았더라

31 이스라엘이 여호와께서 애굽 사람들에게 행하신 그 큰 [1]능력을 보았으므로 백성이 여호와를 경외하며 여호와와 그의 종 모세를 믿었더라

모세의 노래—B.C. 1450년경

15 이 때에 모세와 이스라엘 자손이 이 노래로 여호와께 노래하니 일렀으되

내가 여호와를 찬송하리니 그는 높고 영화로우심이요 말과 그 탄 자를 바다에 던지셨음이로다

2 여호와는 나의 힘이요 노래시며 나의 구원이시로다 그는 나의 하나님이시니 내가 그를 찬송할 것이요 내 아버지의 하나님이시니 내가 그를 높이리로다

3 여호와는 용사시니 여호와는 그의 이름이시로다

4 그가 바로의 병거와 그의 군대를 바다에 던지시니 최고의 지휘관들이 홍해에 잠겼고

5 깊은 물이 그들을 덮으니 그들이 돌처럼 깊음 속에 가라앉았도다

6 여호와여 주의 오른손이 권능으로 영광을 나타내시니이다 여호와여 주의 오른손이 원수를 부수시니이다

7 주께서 주의 큰 위엄으로 주를 거스르는 자를 엎으시니이다 주께서 진노를 발하시니 그 진노가 그들을 지푸라기 같이 사르니이다

8 주의 콧김에 물이 쌓이되 파도가 언덕 같이 일어서고 큰 물이 바다 가운데 엉기니이다

9 원수가 말하기를 내가 뒤쫓아 따라잡아 탈취물을 나누리라 내가 그들로 말미암아 내 욕망을 채우리라 내가 내 칼을 빼리니 내 손이 그들을 멸

경외(14:31) 공경하고 어려워함.
탈취물(15:9) 빼앗아 얻은 물건.

1) 히, 손

하리라 하였으나

10 주께서 바람을 일으키시매 바다가 그들을 덮으니 그들이 거센 물에 납 같이 잠겼나이다

11 여호와여 신 중에 주와 같은 자가 누구니이까 주와 같이 거룩함으로 영광스러우며 찬송할 만한 위엄이 있으며 기이한 일을 행하는 자가 누구니이까

12 주께서 오른손을 드신즉 땅이 그들을 삼켰나이다 15:6

13 주의 인자하심으로 주께서 구속하신 백성을 인도하시되 주의 힘으로 그들을 주의 거룩한 처소에 들어가게 하시나이다

14 여러 나라가 듣고 떨며 블레셋 주민이 두려움에 잡히며

15 에돔 두령들이 놀라고 모압 영웅이 떨림에 잡히며 가나안 주민이 다 낙담하나이다

16 놀람과 두려움이 그들에게 임하매 주의 팔이 크므로 그들이 돌 같이 침묵하였さ오니 여호와여 주의 백성이 통과하기까지 곧 주께서 사신 백성이 통과하기까지였나이다

17 주께서 백성을 인도하사 그들을 주의 기업의 산에 심으시리이다 여호와여 이는 주의 처소를 삼으시려고 예비하신 것이라 주여 이것이 주의 손으로 세우신 성소로소이다

18 여호와께서 영원무궁 하도록 다스리시도다

하였더라

쓴물이 단물이 된 마라 (15:23)

미리암의 노래

19 ●바로의 말과 병거와 마병이 함께 바다에 들어가매 여호와께서 바닷물을 그들 위에 되돌려 흐르게 하셨으나 이스라엘 자손은 바다 가운데서 마른 땅으로 지나간지라

20 아론의 누이 선지자 미리암이 손에 소고를 잡으매 모든 여인도 그를 따라 나오며 소고를 잡고 춤추니 2:4

21 미리암이 그들에게 화답하여 이르되 너희는 여호와를 찬송하라 그는 높고 영화로우심이요 말과 그 탄 자를 바다에 던지셨음이로다

하였더라

단 물로 변한 마라의 쓴 물

22 ●모세가 홍해에서 이스라엘을 인도하매 그들이 나와서 수르 광야로 들어가서 거기서 사흘길을 걸었으나 물을 얻지 못하고

23 마라에 이르렀더니 그 곳 물이 써서 마시지 못하겠으므로 그 이름을 [1]마라라 하였더라

24 백성이 모세에게 원망하여 이르되 우리가 무엇을 마실까 하매 14:11

25 모세가 여호와께 부르짖었더니 여호와께서 그에게 한 나무를 가리키시니 그가 물에 던지니 물이 달게 되었더라 거기서 여호와께서 그들을 위하여 법도와 율례를 정하시고 그들을 시험하실새

26 이르시되 너희가 너희 하나님 나 여호와의 말을 들어 순종하고 내가 보기에 의를 행하며 내 계명에 귀를 기울이며 내 모든 규례를 지키면 내가 애굽 사람

15 장 에는 무엇이 기록되어 있을까?

15장의 앞부분은 '모세의 노래' 라고도 불린답니다. 모세는 홍해에서 자신들을 구원해 주신 하나님께 찬양 감사하며 노래해요. 뒷부분에서는 홍해에서 엘림으로 가는 여정을 기록하고 있어요. 이스라엘 백성은 '마라'에서 물이 나오지 않자 모세를 원망했지요. 그러나 하나님께서는 그들을 용서하시고 쓴 물을 단 물로 바꿔주셨답니다.

[1] 쓴것

먹을 것이 없어 불평하는 백성들(16:2-3)

에게 내린 모든 질병 중 하나도 너희에게 내리지 아니하리니 나는 너희를 치료하는 여호와임이라 신 7:12

27 ●그들이 엘림에 이르니 거기에 물 샘 열둘과 종려나무 일흔 그루가 있는지라 거기서 그들이 그 물 곁에 장막을 치니라

만나와 메추라기 — B.C. 1450년경

16 이스라엘 자손의 온 회중이 엘림에서 떠나 엘림과 시내 산 사이에 있는 신 광야에 이르니 애굽에서 나온 후 둘째 달 십오일이라

2 이스라엘 자손 온 회중이 그 광야에서 모세와 아론을 원망하여

3 이스라엘 자손이 그들에게 이르되 우리가 애굽 땅에서 고기 가마 곁에 앉아 있던 때와 떡을 배불리 먹던 때에 여호와의 손에 죽었더라면 좋았을 것을 너희가 이 광야로 우리를 인도하여 내어 이 온 회중이 주려 죽게 하는도다 2:23

4 ●그 때에 여호와께서 모세에게 이르시되 보라 내가 너희를 위하여 하늘에서 양식을 비 같이 내리리니 백성이 나가서 일용할 것을 날마다 거둘 것이라 이같이 하여 그들이 내 율법을 준행하나 아니하나 내가 시험하리라

5 여섯째 날에는 그들이 그 거둔 것을 준비할지니 날마다 거두던 것의 갑절이 되리라 16:22

6 모세와 아론이 온 이스라엘 자손에게 이르되 저녁이 되면 너희가 여호와께서 너희를 애굽 땅에서 인도하여 내셨음을 알 것이요

7 아침에는 너희가 여호와의 영광을 보리니 이는 여호와께서 너희가 자기를 향하여 원망함을 들으셨음이라 우리가 누구이기에 너희가 우리에게 대하여 원망하느냐

8 모세가 또 이르되 여호와께서 저녁에는 너희에게 고기를 주어 먹이시고 아침에는 떡으로 배불리시리니 이는 여호와께서 자기를 향하여 너희가 원망하는 그 말을 들으셨음이라 우리가 누구냐 너희의 원망은 우리를 향하여 함이 아니요 여호와를 향하여 함이로다

9 모세가 또 아론에게 이르되 이스라엘 자손의 온 회중에게 말하기를 여호와께 가까이 나아오라 여호와께서 너희의 원망함을 들으셨느니라 하라

10 아론이 이스라엘 자손의 온 회중에게 말하매 그들이 광야를 바라보니 여호와의 영광이 구름 속에 나타나더라

11 여호와께서 모세에게 말씀하여 이르시되

12 내가 이스라엘 자손의 원망함을 들었노라 그들에게 말하여 이르기를 너희가 해 질 때에는 고기를 먹고 아침에는 떡으로 배부르리니 내가 여호와 너희의 하나님인 줄 알리라 하라 하시니라

13 ●저녁에는 메추라기가 와서 진에 덮이고 아침에는 이슬이 진 주위에 있더니

14 그 이슬이 마른 후에 광야 지면에 작고 둥글며 서리 같이 가는 것이 있는지라

15 이스라엘 자손이 보고 그것이 무엇인지 알지 못하여 서로 이르되 이것이 무엇이냐 하니 모세가 그들에게 이르되

16장에는 무엇이 기록되어 있을까?

애굽을 탈출한 지 꼭 한 달이 되었을 때, 광야에 있던 이스라엘 백성들의 양식이 떨어졌어요. 이번에도 백성들은 모세와 아론을 원망하였지만, 하나님은 메추라기와 만나를 내려주셔서 그들의 문제를 해결해주셨지요. 만나는 그리스도를 나타내는 것으로, 예수님은 자신을 '하늘로서 내려온 떡'(요 6:41)이라고 말씀하셨답니다.

메추라기
(16:13)

이는 여호와께서 너희에게 주어 먹게 하신 양식이라 16:4

16 여호와께서 이같이 명령하시기를 너희 각 사람은 먹을 만큼만 이것을 거둘지니 곧 너희 사람 수효대로 한 사람에 한 [1)오멜씩 거두되 각 사람이 그의 장막에 있는 자들을 위하여 거둘지니라 하셨느니라

17 이스라엘 자손이 그같이 하였더니 그 거둔 것이 많기도 하고 적기도 하나

18 오멜로 되어 본즉 많이 거둔 자도 남음이 없고 적게 거둔 자도 부족함이 없이 각 사람은 먹을 만큼만 거두었더라

19 모세가 그들에게 이르기를 아무든지 아침까지 그것을 남겨두지 말라 하였으나

20 그들이 모세에게 순종하지 아니하고 더러는 아침까지 두었더니 벌레가 생기고 냄새가 난지라 모세가 그들에게 노하니라

21 ●무리가 아침마다 각 사람은 먹을 만큼만 거두었고 햇볕이 뜨겁게 쬐면 그것이 스러졌더라

22 여섯째 날에는 각 사람이 갑절의 식물 곧 하나에 두 오멜씩 거둔지라 회중의 모든 지도자가 와서 모세에게 알리매

23 모세가 그들에게 이르되 여호와께서 이같이 말씀하셨느니라 내일은 휴일이니 여호와께 거룩한 안식일이라 너희가 구울 것은 굽고 삶을 것은 삶고 그 나머지는 다 너희를 위하여 아침까지 간수하라

24 그들이 모세의 명령대로 아침까지 간수하였으나 냄새도 나지 아니하고 벌레도 생기지 아니한지라 16:20

25 모세가 이르되 오늘은 그것을 먹으라 오늘은 여호와의 안식일인즉 오늘은 너희가 들에서 그것을 얻지 못하리라

26 엿새 동안은 너희가 그것을 거두되 일곱째 날은 안식일인즉 그 날에는 없으리라 하였으나

27 일곱째 날에 백성 중 어떤 사람들이 거두러 나갔다가 얻지 못하니라

28 여호와께서 모세에게 이르시되 어느 때까지 너희가 내 계명과 내 율법을 지키지 아니하려느냐

29 볼지어다 여호와가 너희에게 안식일을 줌으로 여섯째 날에는 이틀 양식을 너희에게 주는 것이니 너희는 각기 처소에 있고 일곱째 날에는 아무도 그의 처소에서 나오지 말지니라

30 그러므로 백성이 일곱째 날에 안식하니라

31 ●이스라엘 족속이 그 이름을 2)만나라 하였으며 3)깟씨 같이 희고 맛은 꿀 섞은 과자 같았더라

32 모세가 이르되 여호와께서 이같이 명령하시기를 이것을 오멜에 채워서 너희의 대대 후손을 위하여 간수하라 이는 내가 너희를 애굽 땅에서 인도하여 낼 때에 광야에서 너희에게 먹인 양식을 그들에게 보이기 위함이니라 하셨다 하고

33 또 모세가 아론에게 이르되 항아리를 가져다가 그 속에 만나 한 오멜을 담아 여호와 앞에 두어 너희 대대로 간수하라

34 아론이 여호와께서 모세에게 명령하신 대로 그것을 증거판 앞에 두어 간수하게 하였고

만나(16:31)

1) 한 오멜은 약 2리터임 2) 히, 만 3) 깟은 식물의 일종

ㄴ 9:14

35 사람이 사는 땅에 이르기까지 이스라엘 자손이 사십 년 동안 만나를 먹었으니 곧 가나안 땅 접경에 이르기까지 그들이 만나를 먹었더라

36 오멜은 십분의 일 에바이더라

반석에서 물이 나오다 (민 20:1-13)

17 이스라엘 자손의 온 회중이 여호와의 명령대로 신 광야에서 떠나 그 노정대로 행하여 르비딤에 장막을 쳤으나 백성이 마실 물이 없는지라

2 백성이 모세와 다투어 이르되 우리에게 물을 주어 마시게 하라 모세가 그들에게 이르되 너희가 어찌하여 나와 다투느냐 너희가 어찌하여 여호와를 시험하느냐

3 거기서 백성이 목이 말라 물을 찾으매 그들이 모세에게 대하여 원망하여 이르되 당신이 어찌하여 우리를 애굽에서 인도해 내어서 우리와 우리 자녀와 우리 가축이 목말라 죽게 하느냐

4 모세가 여호와께 부르짖어 이르되 내가 이 백성에게 어떻게 하리이까 그들이 조금 있으면 내게 돌을 던지겠나이다

5 여호와께서 모세에게 이르시되 백성 앞을 지나서 이스라엘 장로들을 데리고 나일 강을 치던 네 지팡이를 손에 잡고 가라

6 내가 호렙 산에 있는 그 반석 위 거기서 네 앞에 서리니 너는 그 반석을 치라 그것에서 물이 나오리니 백성이 마시리라 모세가 이스라엘 장로들의 목전에서 그대로 행하니라

7 그가 그 곳 이름을 맛사 또는 므리바라

반석에서 나온 물 (17:1-7)

불렀으니 이는 이스라엘 자손이 다투었음이요 또는 그들이 여호와를 시험하여 이르기를 여호와께서 우리 중에 계신가 안 계신가 하였음이더라

아말렉과 싸우다

8 ●그 때에 아말렉이 와서 이스라엘과 르비딤에서 싸우니라

9 모세가 여호수아에게 이르되 우리를 위하여 사람들을 택하여 나가서 아말렉과 싸우라 내일 내가 하나님의 지팡이를 손에 잡고 산 꼭대기에 서리라

10 여호수아가 모세의 말대로 행하여 아말렉과 싸우고 모세와 아론과 훌은 산 꼭대기에 올라가서

11 모세가 손을 들면 이스라엘이 이기고 손을 내리면 아말렉이 이기더니

12 모세의 팔이 피곤하매 그들이 돌을 가져다가 모세의 아래에 놓아 그가 그 위에 앉게 하고 아론과 훌이 한 사람은 이쪽에서, 한 사람은 저쪽에서 모세의 손을 붙들어 올렸더니 그 손이 해가 지도록 내려오지 아니한지라

13 여호수아가 칼날로 아말렉과 그 백성을 쳐서 무찌르니라

14 여호와께서 모세에게 이르시되 이것을 책에 기록하여 기념하게 하고 여호수아의 귀에 외워 들리라 내가 아말렉을 없이하여 천하에서 기억도 못 하게 하리라

15 모세가 제단을 쌓고 그 이름을 여호와 [1]닛시라 하고

창 22:14

1) 나의 기

출 20:10

히 12:2

16이르되 [1]여호와께서 맹세하시기를 여호와가 아말렉과 더불어 대대로 싸우리라 하셨다 하였더라

이드로가 모세를 방문하다 — B.C. 1450년경

18 모세의 장인이며 미디안 제사장 이드로가 하나님이 모세에게와 자기 백성 이스라엘에게 하신 일 곧 여호와께서 이스라엘을 애굽에서 인도하여 내신 모든 일을 들으니라

2 모세의 장인 이드로가 모세가 돌려 보냈던 그의 아내 십보라와

3 그의 두 아들을 데리고 왔으니 그 하나의 이름은 [2]게르솜이라 이는 모세가 이르기를 내가 이방에서 나그네가 되었다 함이요

4 하나의 이름은 [3]엘리에셀이라 이는 내 아버지의 하나님이 나를 도우사 바로의 칼에서 구원하셨다 함이더라

5 모세의 장인 이드로가 모세의 아들들과 그의 아내와 더불어 광야에 들어와 모세에게 이르니 곧 모세가 하나님의 산에 진 친 곳이라

6 그가 모세에게 말을 전하되 네 장인 나 이드로가 네 아내와 그와 함께 한 그의 두 아들들과 함께 네게 왔노라

7 모세가 나가서 그의 장인을 맞아 절하고 그에게 입 맞추고 그들이 서로 문안하고 함께 장막에 들어가서

8 모세가 여호와께서 이스라엘을 위하여 바로와 애굽 사람에게 행하신 모든 일과 길에서 그들이 당한 모든 고난과 여호와께서 그들을 구원하신 일을 다 그 장인에게 말하매

9 이드로가 여호와께서 이스라엘에게 큰 은혜를 베푸사 애굽 사람의 손에서 구원하심을 기뻐하여

10이드로가 이르되 여호와를 찬송하리로다 너희를 애굽 사람의 손에서와 바로의 손에서 건져내시고 백성을 애굽 사람의 손 아래에서 건지셨도다

11이제 내가 알았도다 여호와는 모든 신보다 크시므로 이스라엘에게 교만하게 행하는 그들을 이기셨도다

12모세의 장인 이드로가 번제물과 희생제물들을 하나님께 가져오매 아론과 이스라엘 모든 장로가 와서 모세의 장인과 함께 하나님 앞에서 떡을 먹으니라

우두머리를 세워 재판하게 하다 (신1:9-18)

13●이튿날 모세가 백성을 재판하느라고 앉아 있고 백성은 아침부터 저녁까지 모세 곁에 서 있는지라

14모세의 장인이 모세가 백성에게 행하는 모든 일을 보고 이르되 네가 이 백성에게 행하는 이 일이 어찌 됨이냐 어찌하여 네가 홀로 앉아 있고 백성은 아침부터 저녁까지 네 곁에 서 있느냐

15모세가 그의 장인에게 대답하되 백성이 하나님께 물으려고 내게로 옴이라

16그들이 일이 있으면 내게로 오나니 내가 그 양쪽을 재판하여 하나님의 율례와 법도를 알게 하나이다

17모세의 장인이 그에게 이르되 네가 하는 것이 옳지 못하도다

18너와 또 너와 함께 한 이 [백]성이 필경 기력이 쇠하리니 이 일이 네게 너무 중함이라 네가 혼자 할 수 없으리라

19이제 내 말을 들으라 내가 네게 방침을 가르치리니 하나님이 너와 함께 계실지

1) 여호와의 보좌를 향해 손을 들었으니 2) 객이라는 뜻 3) 하나님이 도우심.

목전(17:6) 눈앞.

여호와 닛시(17:15) '여호와는 나의 깃발'이란 뜻.

장막(18:7) 별 또는 비를 막고 사람이 들어가 있도록 둘러치는 막.

기력(18:18) 일을 감당해나갈 수 있는 힘.

방침(18:19) 일을 처리할 방향과 계획.

로다 너는 하나님 앞에서 그 백성을 위하여 그 사건들을 하나님께 가져오며

20 그들에게 율례와 법도를 가르쳐서 마땅히 갈 길과 할 일을 그들에게 보이고

21 너는 또 온 백성 가운데서 능력 있는 사람들 곧 하나님을 두려워하며 진실하며 불의한 이익을 미워하는 자를 살펴서 백성 위에 세워 천부장과 백부장과 오십부장과 십부장을 삼아

22 그들이 때를 따라 백성을 재판하게 하라 큰 일은 모두 네게 가져갈 것이요 작은 일은 모두 그들이 스스로 재판할 것이니 그리하면 그들이 너와 함께 담당할 것인즉 일이 네게 쉬우리라

23 네가 만일 이 일을 하고 하나님께서도 네게 허락하시면 네가 이 일을 감당하고 이 모든 백성도 자기 곳으로 평안히 가리라

24 이에 모세가 자기 장인의 말을 듣고 그 모든 말대로 하여

25 모세가 이스라엘 무리 중에서 능력 있는 사람들을 택하여 그들을 백성의 우두머리 곧 천부장과 백부장과 오십부장과 십부장을 삼으매

26 그들이 때를 따라 백성을 재판하되 어려운 일은 모세에게 가져오고 모든 작은 일은 스스로 재판하더라

27 모세가 그의 장인을 보내니 그가 자기 땅으로 가니라

이스라엘 자손이 시내 산에 이르다

19 이스라엘 자손이 애굽 땅을 떠난 지 삼 개월이 되던 날 그들

시내 산에 오르는 모세(19:3)

이 시내 광야에 이르니라

2 그들이 르비딤을 떠나 시내 광야에 이르러 그 광야에 장막을 치되 이스라엘이 거기 산 앞에 장막을 치니라

3 모세가 하나님 앞에 올라가니 여호와께서 산에서 그를 불러 말씀하시되 너는 이같이 야곱의 집에 말하고 이스라엘 자손들에게 말하라

4 내가 애굽 사람에게 어떻게 행하였음과 내가 어떻게 독수리 날개로 너희를 업어 내게로 인도하였음을 너희가 보았느니라

5 세계가 다 내게 속하였나니 너희가 내 말을 잘 듣고 내 언약을 지키면 너희는 모든 민족 중에서 내 소유가 되겠고

6 너희가 내게 대하여 제사장 나라가 되며 거룩한 백성이 되리라 너는 이 말을 이스라엘 자손에게 전할지니라

7 ●모세가 내려와서 백성의 장로들을 불러 여호와께서 자기에게 명령하신 그 모든 말씀을 그들 앞에 진술하니

8 백성이 일제히 응답하여 이르되 여호와께서 명령하신 대로 우리가 다 행하리이다 모세가 백성의 말을 여호와께 전하매

9 여호와께서 모세에게 이르시되 내가 빽빽한 구름 가운데서 네게 임함은 내가 너와 말하는 것을 백성들이 듣게 하며 또한 너를 영영히 믿게 하려 함이니

라 모세가 백성의 말을 여호와께 아뢰었으므로

10 여호와께서 모세에게 이르시되 너는 백성에게로 가서 오늘과 내일 그들을 성결하게 하며 그들에게 옷을 빨게 하고

11 준비하게 하여 셋째 날을 기다리게 하라 이는 셋째 날에 나 여호와가 온 백성의 목전에서 시내 산에 강림할 것임이니

12 너는 백성을 위하여 주위에 경계를 정하고 이르기를 너희는 삼가 산에 오르거나 그 경계를 범하지 말지니 산을 침범하는 자는 반드시 죽임을 당할 것이라

13 그런 자에게는 손을 대지 말고 돌로 쳐 죽이거나 화살로 쏘아 죽여야 하리니 짐승이나 사람을 막론하고 살아남지 못하리라 하고 나팔을 길게 불거든 산 앞에 이를 것이니라 하라

14 모세가 산에서 내려와 백성에게 이르러 백성을 성결하게 하니 그들이 자기 옷을 빨더라

15 모세가 백성에게 이르되 준비하여 셋째 날을 기다리고 여인을 가까이 하지 말라 하니라

16 ●셋째 날 아침에 우레와 번개와 빽빽한 구름이 산 위에 있고 나팔 소리가 매우 크게 들리니 진중에 있는 모든 백성이 다 떨더라

17 모세가 하나님을 맞으려고 백성을 거느리고 진에서 나오매 그들이 산 기슭에 서 있는데

18 시내 산에 연기가 자욱하니 여호와께서 불 가운데서 거기 강림하심이라 그 연기가 옹기 가마 연기 같이 떠오르고 온 산이 크게 진동하며

19 나팔 소리가 점점 커질 때에 모세가 말한즉 하나님이 음성으로 대답하시더라

20 여호와께서 시내 산 곧 그 산 꼭대기에 강림하시고 모세를 그리로 부르시니 모세가 올라가매

21 여호와께서 모세에게 이르시되 내려가서 백성을 경고하라 백성이 밀고 들

하나님이 강림하신 시내 산(19:18)

어와 나 여호와에게로 와서 보려고 하다가 많이 죽을까 하노라

22 또 여호와에게 가까이 하는 제사장들에게 그 몸을 성결히 하게 하라 나 여호와가 그들을 칠까 하노라 레 10:3

23 모세가 여호와께 아뢰되 주께서 우리에게 명령하여 이르시기를 산 주위에 경계를 세우고 산을 거룩하게 하라 하셨사온즉 백성이 시내 산에 오르지 못하리이다 19:12

24 여호와께서 그에게 이르시되 가라 너는 내려가서 아론과 함께 올라오고 제사장들과 백성에게는 경계를 넘어 나 여호와에게로 올라오지 못하게 하라 내가 그들을 칠까 하노라

25 모세가 백성에게 내려가서 그들에게 알리니라

신계명 (신 5:1-21)

20

하나님이 이 모든 말씀으로 말씀하여 이르시되

2 나는 너를 애굽 땅, 종 되었던 집에서 인도하여 낸 네 하나님 여호와니라

3 ●너는 [1]나 외에는 다른 신들을 네게 두지 말라 신 6:14

4 ●너를 위하여 새긴 우상을 만들지 말고 또 위로 하늘에 있는 것이나 아래로 땅에 있는 것이나 땅 아래 물 속에 있는 것의 어떤 형상도 만들지 말며

5 그것들에게 절하지 말며 그것들을 섬기지 말라 나 네 하나님 여호와는 질투하는 하나님인즉 나를 미워하는 자의

1) 히, 내 앞에

십계명(20:1-17)

죄를 갚되 아버지로부터 아들에게로 삼사 대까지 이르게 하거니와

6 나를 사랑하고 내 계명을 지키는 자에게는 천 대까지 은혜를 베푸느니라

7 ● 너는 네 하나님 여호와의 이름을 망령되게 부르지 말라 여호와는 그의 이름을 망령되게 부르는 자를 죄 없다 하지 아니하리라

8 ● 안식일을 기억하여 거룩하게 지키라

9 엿새 동안은 힘써 네 모든 일을 행할 것이나

10 일곱째 날은 네 하나님 여호와의 안식일인즉 너나 네 아들이나 네 딸이나 네 남종이나 네 여종이나 네 가축이나 네 문안에 머무는 객이라도 아무 일도 하지 말라

11 이는 엿새 동안에 나 여호와가 하늘과 땅과 바다와 그 가운데 모든 것을 만들고 일곱째 날에 쉬었음이라 그러므로 나 여호와가 안식일을 복되게 하여 그 날을 거룩하게 하였느니라

12 ● 네 부모를 공경하라 그리하면 네 하나님 여호와가 네게 준 땅에서 네 생명이 길리라

13 ● 살인하지 말라

14 ● 간음하지 말라

15 ● 도둑질하지 말라

16 ● 네 이웃에 대하여 거짓 증거하지 말라

17 ● 네 이웃의 집을 탐내지 말라 네 이웃의 아내나 그의 남종이나 그의 여종이나 그의 소나 그의 나귀나 무릇 네 이웃의 소유를 탐내지 말라

백성이 두려워 떨다 (신 5:22-33)

18 ● 뭇 백성이 우레와 번개와 나팔 소리와 산의 연기를 본지라 그들이 볼 때에 떨며 멀리 서서

19 모세에게 이르되 당신이 우리에게 말씀하소서 우리가 들으리이다 하나님이 우리에게 말씀하시지 말게 하소서 우리가 죽을까 하나이다

20 모세가 백성에게 이르되 두려워하지 말라 하나님이 임하심은 너희를 시험하고 너희로 경외하여 범죄하지 않게 하려 하심이니라

21 백성은 멀리 서 있고 모세는 하나님이 계신 흑암으로 가까이 가니라

제단에 관한 법

22 ● 여호와께서 모세에게 이르시되 너는 이스라엘 자손에게 이같이 이르라 내가 하늘로부터 너희에게 말하는 것을 너희 스스로 보았으니

23 너희는 나를 비겨서 은이나 금으로나 너희를 위하여 신상을 만들지 말고

24 내게 토단을 쌓고 그 위에 네 양과 소로 네 번제와 화목제를 드리라 내가 내 이름을 기념하게 하는 모든 곳에서 네게 임하여 복을 주리라

25 네가 내게 돌로 제단을 쌓거든 다듬은 돌로 쌓지 말라 네가 정으로 그것을 쪼면 부정하게 함이니라

26 너는 층계로 내 제단에 오르지 말라 네 하체가 그 위에서 드러날까 함이니라

20장
에는 무엇이 기록되어 있을까?

십계명에 관한 내용이에요. 십계명은 크게 두 부분으로 나뉘는데, 처음 네 계명은 하나님과 이스라엘의 관계를 규정하고, 나머지 여섯 계명은 사람들 사이에서 가족과 이웃을 대할 때의 원칙들을 말해주고 있어요. 한편 하나님이 시내 산에 강림하신 표징을 본 백성들은 그 영광이 얼마도록 몹시 두려워하였습니다.

21 네가 백성 앞에 세울 법규는 이러하니라

2 ●네가 히브리 종을 사면 그는 여섯 해 동안 섬길 것이요 일곱째 해에는 몸값을 물지 않고 나가 자유인이 될 것이며

3 만일 그가 단신으로 왔으면 단신으로 나갈 것이요 장가 들었으면 그의 아내도 그와 함께 나가려니와

4 만일 상전이 그에게 아내를 주어 그의 아내가 아들이나 딸을 낳았으면 그의 아내와 그의 자식들은 상전에게 속할 것이요 그는 단신으로 나갈 것이로되

5 만일 종이 분명히 말하기를 내가 상전과 내 처자를 사랑하니 나가서 자유인이 되지 않겠노라 하면

6 상전이 그를 데리고 재판장에게로 갈 것이요 또 그를 문이나 문설주 앞으로 데리고 가서 그것에다가 송곳으로 그의 귀를 뚫을 것이라 그는 종신토록 그 상전을 섬기리라

7 ●사람이 자기의 딸을 여종으로 팔았으면 그는 남종 같이 나오지 못할지며

8 만일 상전이 그를 기뻐하지 아니하여 상관하지 아니하면 그를 속량하게 할 것이나 상전이 그 여자를 속인 것이 되었으니 외국인에게는 팔지 못할 것이요

9 만일 그를 자기 아들에게 주기로 하였으면 그를 딸 같이 대우할 것이요

10 만일 상전이 다른 여자에게 장가 들지라도 그 여자의 음식과 의복과 동침하는 것은 끊지 말 것이요

11 그가 이 세 가지를 시행하지 아니하면,

여자는 속전을 내지 않고 거저 나가게 할 것이니라

폭행에 관한 법

12 ●사람을 쳐죽인 자는 반드시 죽일 것이나

13 만일 사람이 고의적으로 한 것이 아니라 나 하나님이 사람을 그의 손에 넘긴 것이면 내가 그를 위하여 한 곳을 정하리니 그 사람이 그리로 도망할 것이며

14 사람이 그의 이웃을 고의로 죽였으면 너는 그를 내 제단에서라도 잡아내려 죽일지니라

15 ●자기 아버지나 어머니를 치는 자는 반드시 죽일지니라

16 ●사람을 납치한 자가 그 사람을 팔았든지 자기 수하에 두었든지 그를 반드시 죽일지니라

17 ●자기의 아버지나 어머니를 저주하는 자는 반드시 죽일지니라 레 20:9

18 ●사람이 서로 싸우다가 하나가 돌이나 주먹으로 그 상대방을 쳤으나 그가 죽지 않고 자리에 누웠다가

19 지팡이를 짚고 일어나 걸으면 그를 친 자가 형벌은 면하되 그간의 손해를 배상하고 그가 완치되게 할 것이니라

20 ●사람이 매로 그 남종이나 여종을 쳐서 당장에 죽으면 반드시 형벌을 받으려니와

21 그가 하루나 이틀을 연명하면 형벌을 면하리니 그는 상전의 재산임이라

22 ●사람이 서로 싸우다가 임신한 여인을 쳐서 낙태하게 하였으나 다른 해가 없으면 그 남편의 청구대로 반드시 벌금을 내되 재판장의 판결을 따라 낼 것이니라

23 그러나 다른 해가 있으면 갚되 생명은

1) 하나님

망령되게(20:7) 하나님의 이름을 아무렇게나 내세워 하나님을 모독하는 것.

화목제(20:24) 하나님의 은혜에 감사하거나 소원 올릴 때 흠 없는 양과 염소의 피를 제단에 뿌리고 그 기름을 태워 드리는 제사.

속전(21:11) 노예를 풀어주거나 저당 잡힌 재산을 되찾기 위해 지불한 돈.

생명으로,

24 눈은 눈으로, 이는 이로, 손은 손으로, 발은 발로,

25 덴 것은 덴 것으로, 상하게 한 것은 상함으로, 때린 것은 때림으로 갚을지니라

26 ●사람이 그 남종의 한 눈이나 여종의 한 눈을 쳐서 상하게 하면 그 눈에 대한 보상으로 그를 놓아 줄 것이며

27 그 남종의 이나 여종의 이를 쳐서 빠뜨리면 그 이에 대한 보상으로 그를 놓아 줄지니라

임자의 책임

28 ●소가 남자나 여자를 받아서 죽이면 그 소는 반드시 돌로 쳐서 죽일 것이요 그 고기는 먹지 말 것이며 임자는 형벌을 면하려니와

29 소가 본래 받는 버릇이 있고 그 임자는 그로 말미암아 경고를 받았으되 단속하지 아니하여 남녀를 막론하고 받아 죽이면 그 소는 돌로 쳐죽일 것이고 임자도 죽일 것이며

30 만일 그에게 속죄금을 부과하면 무릇 그 명령한 것을 생명의 대가로 낼 것이요

31 아들을 받든지 딸을 받든지 이 법규대

로 그 임자에게 행할 것이며

32 소가 만일 남종이나 여종을 받으면 소 임자가 은 삼십 세겔을 그의 상전에게 줄 것이요 소는 돌로 쳐서 죽일지니라

33 ●사람이 구덩이를 열어두거나 구덩이를 파고 덮지 아니하므로 소나 나귀가 거기에 빠지면

34 그 구덩이 주인이 잘 보상하여 짐승의 임자에게 돈을 줄 것이요 죽은 것은 그가 차지할 것이니라

35 ●이 사람의 소가 저 사람의 소를 받아 죽이면 살아 있는 소를 팔아 그 값을 반으로 나누고 또한 죽은 것도 반으로 나누려니와

36 그 소가 본래 받는 버릇이 있는 줄을 알고도 그 임자가 단속하지 아니하였으면 그는 소로 소를 갚을 것이요 죽은 것은 그가 차지할지니라

배상에 관한 법 · B.C. 1450년경

22

1 사람이 소나 양을 도둑질하여 잡거나 팔면 그는 소 한 마리에 소 다섯 마리로 갚고 양 한 마리에 양 네 마리로 갚을지니라

2 도둑이 뚫고 들어오는 것을 보고 그를 쳐죽이면 피 흘린 죄가 없으나

3 해 돋은 후에는 피 흘린 죄가 있으리라 도둑은 반드시 배상할 것이나 배상할 것이 없으면 그 몸을 팔아 그 도둑질한 것을 배상할 것이요

4 도둑질한 것이 살아 그의 손에 있으면 소나 나귀나 양을 막론하고 갑절을 배상할지니라

5 ●사람이 밭에서나 포도원에서 짐승을 먹이다가 자기의 짐승을 놓아 남의 밭에서 먹게 하면 자기 밭의 가장 좋은 것과 자기 포도원의 가장 좋은 것으로 배상할지니라

6 ●불이 나서 가시나무에 댕겨 낟가리나 거두지 못한 곡식이나 밭을 태우면 불 놓은 자가 반드시 배상할지니라

7 ●사람이 돈이나 물품을 이웃에게 맡겨 지키게 하였다가 그 이웃 집에서 도

둑을 맞았는데 그 도둑이 잡히면 갑절을 배상할 것이요

8 도둑이 잡히지 아니하면 그 집 주인이 1)재판장 앞에 가서 자기가 그 이웃의 물품에 손 댄 여부의 조사를 받을 것이며　4:12

9 어떤 잃은 물건 즉 소나 나귀나 양이나 의복이나 또는 다른 잃은 물건에 대하여 어떤 사람이 이르기를 이것이 그것이라 하면 양편이 1)재판장 앞에 나아갈 것이요 재판장이 죄 있다고 하는 자가 그 상대편에게 갑절을 배상할지니라

10 ●사람이 나귀나 소나 양이나 다른 짐승을 이웃에게 맡겨 지키게 하였다가 죽거나 상하거나 끌려가도 본 사람이 없으면

11 두 사람 사이에 맡은 자가 이웃의 것에 손을 대지 아니하였다고 여호와께 맹세할 것이요 그 임자는 그대로 믿을 것이며 그 사람은 배상하지 아니하려니와

12 만일 자기에게서 도둑 맞았으면 그 임자에게 배상할 것이며

13 만일 찢겼으면 그것을 가져다가 증언할 것이요 그 찢긴 것에 대하여 배상하지 아니할지니라

14 ●만일 이웃에게 빌려온 것이 그 임자가 함께 있지 아니할 때에 상하거나 죽으면 반드시 배상하려니와

15 그 임자가 그것과 함께 있었으면 배상하지 아니할지니라 만일 세 낸 것이면 세로 족하니라

도덕에 관한 법

16 ●사람이 약혼하지 아니한 처녀를 꾀어 동침하였으면 납폐금을 주고 아내로 삼을 것이요

17 만일 처녀의 아버지가 딸을 그에게 주기를 거절하면 그는 처녀에게 납폐금으로 돈을 낼지니라

18 ●너는 무당을 살려두지 말라

19 ●짐승과 행음하는 자는 반드시 죽일지니라

20 ●여호와 외에 다른 신에게 제사를 드리는 자는 멸할지니라

21 너는 이방 나그네를 압제하지 말며 그들을 학대하지 말라 너희도 애굽 땅에서 나그네였음이라　24:19:33

22 너는 과부나 고아를 해롭게 하지 말라

23 네가 만일 그들을 해롭게 하므로 그들이 내게 부르짖으면 내가 반드시 그 부르짖음을 들으리라

24 나의 노가 맹렬하므로 내가 칼로 너희를 죽이리니 너희의 아내는 과부가 되고 너희 자녀는 고아가 되리라　4:69:24

25 ●네가 만일 너와 함께 한 내 백성 중에서 가난한 자에게 돈을 꾸어 주면 너는 그에게 채권자 같이 하지 말며 이자를 받지 말 것이며

26 네가 만일 이웃의 옷을 전당 잡거든 해가 지기 전에 그에게 돌려보내라

27 그것이 유일한 옷이라 그것이 그의 알몸을 가릴 옷인즉 그가 무엇을 입고 자겠느냐 그가 내게 부르짖으면 내가 들으리니 나는 자비로운 자임이니라

28 ●너는 재판장을 모독하지 말며 백성의 지도자를 저주하지 말지니라

29 너는 네가 추수한 것과 네가 짜낸 즙을 바치기를 더디지 말지며 네 처음 난 아들들을 내게 줄지며

30 네 소와 양도 그와 같이 하되 이레 동

1)하나님

낟가리(22:6) 낟알이 붙은 볏단이나 보리단 따위를 쌓아올린 더미.

납폐금(22:16) 혼인할 때 결혼 성립의 증거로 신랑 집에서 신부집으로 보내는 지참금.

무당(22:18) 악령에 사로잡혀 마력이나 주술로써 초인간적인 능력을 나타내는 여자.

전당(22:26) 재산을 담보로 하고 돈을 빌려주는 일.

안 어미와 함께 있게 하다가 여드레 만에 내게 줄지니라　레 22:3

31 너희는 내게 거룩한 사람이 될지니 들에서 짐승에게 찢긴 동물의 고기를 먹지 말고 그것을 개에게 던질지니라　레 19:6

공평에 관한 법·B.C. 1450년경

23 너는 거짓된 풍설을 퍼뜨리지 말며 악인과 연합하여 위증하는 증인이 되지 말며

2 다수를 따라 악을 행하지 말며 송사에 다수를 따라 부당한 증언을 하지 말며

3 가난한 자의 송사라고 해서 편벽되이 두둔하지 말지니라　잘 1:10

4 ●네가 만일 네 원수의 길 잃은 소나 나귀를 보거든 반드시 그 사람에게로 돌릴지며

5 네가 만일 너를 미워하는 자의 나귀가 짐을 싣고 엎드러짐을 보거든 그것을 버려두지 말고 그것을 도와 그 짐을 부릴지니라

6 ●너는 가난한 자의 송사라고 정의를 굽게 하지 말며

7 거짓 일을 멀리 하며 무죄한 자와 의로운 자를 죽이지 말라 나는 악인을 의롭다 하지 아니하겠노라

8 너는 뇌물을 받지 말라 뇌물은 밝은 자의 눈을 어둡게 하고 의로운 자의 말을 굽게 하느니라

9 너는 이방 나그네를 압제하지 말라 너희가 애굽 땅에서 나그네 되었었은즉 나그네의 사정을 아느니라　22:21

안식년과 안식일에 관한 법

10 ●너는 여섯 해 동안은 너의 땅에 파종

하여 그 소산을 거두고

11 일곱째 해에는 갈지 말고 묵혀두어서 네 백성의 가난한 자들이 먹게 하라 그 남은 것은 들짐승이 먹으리라 네 포도원과 감람원도 그리할지니라

12 너는 엿새 동안에 네 일을 하고 일곱째 날에는 쉬라 네 소와 나귀가 쉴 것이며 네 여종의 자식과 나그네가 숨을 돌리리라

13 내가 네게 이른 모든 일을 삼가 지키고 다른 신들의 이름은 부르지도 말며 네 입에서 들리게도 하지 말지니라　시 39:1

세 가지 절기에 관한 법
(출 34:18-26; 신 16:1-17)

14 ●너는 매년 세 번 내게 절기를 지킬지니라

15 너는 무교병의 절기를 지키라 내가 네게 명령한 대로 아빕월의 정한 때에 이레 동안 무교병을 먹을지니 이는 그 달에 네가 애굽에서 나왔음이라 빈 손으로 내 앞에 나오지 말지니라

16 맥추절을 지키라 이는 네가 수고하여 밭에 뿌린 것의 첫 열매를 거둠이니라 수장절을 지키라 이는 네가 수고하여 이룬 것을 연말에 밭에서부터 거두어

선생님!! 궁금해요

다른 신에게도 기도할 수 있어요?

기도는 이 세상의 모든 것을 창조하신 하나님 한 분께만 드려야 해요. 우상을 만들고 그 앞에 엎드려 절을 하거나 기도를 드리면, 하나님은 몹시 슬퍼하시고 분노하신답니다. 하나님 말고 다른 신은 가짜거든요.

진짜 신은 성경에 기록된 하나님 한 분뿐이에요. 해나 달이든, 동상이든, 무엇이든 그 어떤 것도 신으로 섬길 수 없어요. 우리 하나님은 다른 모든 신보다 뛰어나시며, 어떤 종교나 사람이나 우상보다 더 높고 위대하신 분이에요.

갈멜 산에서 바알 신에게 제사를 드리며 기도한 사람들은 응답을 받지 못했지만, 엘리야는 살아 계신 하나님께 기도를 드려 응답 받았던 것을 잊지 마세요.
　　　　　　　　　　　23장 13절

23장 에는 무엇이 기록되어 있을까?

재판에 관한 법은 제9계명과 관련된 것이에요. 하나님은 정의로운 사회를 위해 이스라엘에게 공의의 법을 가르쳐주셨어요. 또 안식년과 이스라엘의 3대 절기에 관한 규례는 하나님의 은혜로 구원받은 이스라엘 백성이 하나님 중심으로 살아가야 한다는 것을 교훈해주고 있답니다.

저장함이니라

17 네 모든 남자는 매년 세 번씩 주 여호와께 보일지니라

18 ●너는 네 제물의 피를 유교병과 함께 드리지 말며 내 절기 제물의 기름을 아침까지 남겨두지 말지니라

19 네 토지에서 처음 거둔 열매의 가장 좋은 것을 가져다가 너의 하나님 여호와의 전에 드릴지니라 너는 염소 새끼를 그 어미의 젖으로 삶지 말지니라

명령과 약속

20 내가 사자를 네 앞서 보내어 길에서 너를 보호하여 너를 내가 예비한 곳에 이르게 하리니

21 너희는 삼가 그의 목소리를 청종하고 그를 노엽게 하지 말라 그가 너희의 허물을 용서하지 아니할 것은 내 이름이 그에게 있음이니라

22 네가 그의 목소리를 잘 청종하고 내 모든 말대로 행하면 내가 네 원수에게 원수가 되고 네 대적에게 대적이 될지라

23 내 사자가 네 앞서 가서 너를 아모리 사람과 헷 사람과 브리스 사람과 가나안 사람과 히위 사람과 여부스 사람에게로 인도하고 나는 그들을 끊으리니

24 너는 그들의 신을 경배하지 말며 섬기지 말며 그들의 행위를 본받지 말고 그것들을 다 깨뜨리며 그들의 주상을 부수고

25 네 하나님 여호와를 섬기라 그리하면 여호와가 너희의 양식과 물에 복을 내리고 너희 중에서 병을 제하리니

26 네 나라에 낙태하는 자가 없고 임신하지 못하는 자가 없을 것이라 내가 너의 날 수를 채우리라

27 내가 내 위엄을 네 앞서 보내어 네가 이를 곳의 모든 백성을 물리치고 네 모든 원수들이 네게 등을 돌려 도망하게 할 것이며

28 내가 왕벌을 네 앞서 보내리니 그 벌이 히위 족속과 가나안 족속과 헷 족속을 네 앞에서 쫓아내리라

29 그러나 그 땅이 황폐하게 됨으로 들짐승이 번성하여 너희를 해할까 하여 일 년 안에는 그들을 네 앞에서 쫓아내지 아니하고

30 네가 번성하여 그 땅을 기업으로 얻을 때까지 내가 그들을 네 앞에서 조금씩 쫓아내리라

31 내가 네 경계를 홍해에서부터 블레셋 바다까지, 광야에서부터 강까지 정하고 그 땅의 주민을 네 손에 넘기리니 네가 그들을 네 앞에서 쫓아낼지라

32 너는 그들과 그들의 신들과 언약하지 말라

33 그들이 네 땅에 머무르지 못할 것은 그들이 너를 내게 범죄하게 할까 두려움이라 네가 그 신들을 섬기면 그것이 너의 올무가 되리라

시내 산에서 언약을 세우다──B.C. 1450년경

24 또 모세에게 이르시되 너는 아론과 나답과 아비후와 이스라엘 장로 칠십 명과 함께 여호와께로 올라와 멀리서 경배하고

2 너 모세만 여호와께 가까이 나아오고 그들은 가까이 나아오지 말며 백성은 너와 함께 올라오지 말지니라

3 모세가 와서 여호와의 모든 말씀과 그의 모든 율례를 백성에게 전하매 그들이 한 소리로 응답하여 이르되 여호와께서 말씀하신 모든 것을 우리가 준행하리이다

4 모세가 여호와의 모든 말씀을 기록하고 이튿날 아침에 일어나 산 아래에 제단을 쌓고 이스라엘 열두 지파대로 열두

24 에는 무엇이 기록되어 있을까?

하나님과 공식적인 언약을 맺은 이스라엘은 번제와 화목제를 드렸어요. 제사를 지낼 때 제단과 제물의 피를 뿌리는 것은, 약속을 어겼을 때 피의 보응이 따른다는 것을 경고하는 것이지요. 이 제물의 피는 새 언약의 중보자이신 예수님이 흘린 보혈을 뜻하기도 한답니다(마 26:28/히 10:1~22).

1) 유브라데 강

증거궤(25:10)

기둥을 세우고

5 이스라엘 자손의 청년들을 보내어 여호와께 소로 번제와 화목제를 드리게 하고

6 모세가 피를 가지고 반은 여러 양푼에 담고 반은 제단에 뿌리고

7 언약서를 가져다가 백성에게 낭독하여 듣게 하니 그들이 이르되 여호와의 모든 말씀을 우리가 준행하리이다 ³¹ 9:19

8 모세가 그 피를 가지고 백성에게 뿌리며 이르되 이는 여호와께서 이 모든 말씀에 대하여 너희와 세우신 언약의 피니라

9 ●모세와 아론과 나답과 아비후와 이스라엘 장로 칠십 인이 올라가서 24:1

10 이스라엘의 하나님을 보니 그의 발 아래에는 청옥을 편 듯하고 하늘 같이 청명하더라

11 하나님이 이스라엘 자손들의 존귀한 자들에게 손을 대지 아니하셨고 그들은 하나님을 뵙고 먹고 마셨더라 19:21

나님 나에게 머님 일을 맡길

12 ●여호와께서 모세에게 이르시되 너는 산에 올라 내게로 와서 거기 있으라 네가 그들을 가르치도록 내가 율법과 계명을 친히 기록한 돌판을 네게 주리라

13 모세가 그의 부하 여호수아와 함께 일어나 모세가 하나님의 산으로 올라가며

14 장로들에게 이르되 너희는 여기서 우리가 너희에게로 돌아오기까지 기다리라 아론과 훌이 너희와 함께 하리니 무릇 일이 있는 자는 그들에게로 나아갈지니라 하고

15 모세가 산에 오르매 구름이 산을 가리며 19:9

16 여호와의 영광이 시내 산 위에 머무르고 구름이 엿새 동안 산을 가리더니 일곱째 날에 여호와께서 구름 가운데서 모세를 부르시니라

17 산 위의 여호와의 영광이 이스라엘 자손의 눈에 맹렬한 불 같이 보였고

18 모세는 구름 속으로 들어가서 산 위에 올랐으며 모세가 사십 일 사십 야를 산에 있으니라

성소를 지을 예물 — B.C. 1450년경

25 여호와께서 모세에게 말씀하여 이르시되

2 이스라엘 자손에게 명령하여 내게 예물을 가져오라 하고 기쁜 마음으로 내는 자가 내게 바치는 모든 것을 너희는 받을지니라

3 너희가 그들에게서 받을 예물은 이러하니 금과 은과 놋과

4 청색 자색 홍색 실과 가는 베 실과 염소 털과

5 붉은 물 들인 숫양의 가죽과 ¹⁾해달의 가죽과 ²⁾조각목과

6 등유와 관유에 드는 향료와 분향할 향을 만들 향품과 27:20

7 호마노며 에봇과 흉패에 물릴 보석이니라

8 내가 그들 중에 거할 성소를 그들이 나를 위하여 짓되

9 무릇 내가 네게 보이는 모양대로 장막을 짓고 기구들도 그 모양을 따라 지을지니라 행 7:44

¹⁾또는 물고래 ²⁾또는 아카시아 나무

증거궤 (출 37:1-9)

10 ●그들은 조각목으로 궤를 짜되 길이는 두 ¹⁾규빗 반, 너비는 한 규빗 반, 높이는 한 규빗 반이 되게 하고

11 너는 순금으로 그것을 싸되 그 안팎을 싸고 위축 가장자리에 돌아가며 금 테를 두르고

12 금 고리 넷을 부어 만들어 그 네 발에 달되 이쪽에 두 고리 저쪽에 두 고리를 달며

13 조각목으로 채를 만들어 금으로 싸고

14 그 채를 궤 양쪽 고리에 꿰어서 궤를 메게 하며

15 채를 궤의 고리에 꿴 대로 두고 빼내지 말지며

16 내가 네게 줄 ²⁾증거판을 궤 속에 둘지며 신 31:26

17 순금으로 ³⁾속죄소를 만들되 길이는 두 규빗 반, 너비는 한규빗 반이 되게 하고

18 금으로 그룹 둘을 ³⁾속죄소 두 끝에 쳐서 만들되

19 한 그룹은 이 끝에, 또 한 그룹은 저 끝에 곧 ³⁾속죄소 두 끝에 ³⁾속죄소와 한 덩이로 연결할지며

20 그룹들은 그 날개를 높이 펴서 그 날개로 ³⁾속죄소를 덮으며 그 얼굴을 서로 대하여 ³⁾속죄소를 향하게 하고 히 8:7

21 ³⁾속죄소를 궤 위에 얹고 내가 네게 줄 ²⁾증거판을 궤 속에 넣으라

22 거기서 내가 너와 만나고 ³⁾속죄소 위 곧 ⁴⁾증거궤 위에 있는 두 그룹 사이에서 내가 이스라엘 자손을 위하여 네게 명령할 모든 일을 네게 이르리라

진설병을 두는 상 (출 37:10-16)

23 ●너는 조각목으로 상을 만들되 길이는 두 규빗, 너비는 한 규빗, 높이는 한 규빗 반이 되게 하고

24 순금으로 싸고 주위에 금 테를 두르고

25 그 주위에 손바닥 넓이만한 턱을 만들고 그 턱 주위에 금으로 테를 만들고

26 그것을 위하여 금 고리 넷을 만들어 그 네 발 위 네 모퉁이에 달되

27 턱 곁에 붙이라 이는 상을 멜 채를 꿸 곳이며

28 또 조각목으로 그 채를 만들고 금으로 싸라 상을 이것으로 멜 것이니라

29 너는 대접과 숟가락과 병과 붓는 잔을 만들되 순금으로 만들며

30 상 위에 진설병을 두어 항상 내 앞에 있게 할지니라 레 24:5

등잔대와 기구들 (출 37:17-24)

31 ●너는 순금으로 등잔대를 쳐 만들되 그 밑판과 줄기와 잔과 꽃받침과 꽃을 한 덩이로 연결하고

32 가지 여섯을 등잔대 곁에서 나오게 하되 다른 세 가지는 이쪽으로 나오고 다른 세 가지는 저쪽으로 나오게 하며

33 이쪽 가지에 살구꽃 형상의 잔 셋과 꽃받침과 꽃이 있게 하고 저쪽 가지에도 살구꽃 형상의 잔 셋과 꽃받침과 꽃이 있게 하여 등잔대에서 나온 가지 여섯을 같게 할지며

34 등잔대 줄기에는 살구꽃 형상의 잔 넷과 꽃받침과 꽃이 있게 하고

35 등잔대에서 나온 가지 여섯을 위하여 꽃받침이 있게 하되 두 가지 아래에 꽃받침이 있어 줄기와 연결하며 또 두

1) 히, 암마 2) 법 3) 시은좌 곧 은혜의 자리 4) 법궤

관유(25:6) 희생 제사 때 쓰는 기름으로, 올리브 기름.
분향(25:6) 향을 피움.
호마노(25:7) 대제사장의 흉패.
에봇(25:7) 구약 시대 대제사장이 흉패 밑에 입는 앞치마 같은 것.
속죄소(25:17) 화해의 장소로 속죄의 제사를 드리는 곳.
그룹(25:18) 여호와의 보좌를 떠받들고 있는 천사를 상징함. 법궤의 양끝에 서서 날개로 가리고 있음.

진설병을 두는 상 (25:23-30)

가지 아래에 한 꽃받침이 있어 줄기와 연결하며 또 두 가지 아래에 한 꽃받침이 있어 줄기와 연결하게 하고

36 그 꽃받침과 가지를 줄기와 연결하여 전부를 순금으로 쳐 만들고

37 등잔 일곱을 만들어 그 위에 두어 앞을 비추게 하며 3:23

38 그 불 집게와 불 똥 그릇도 순금으로 만들지니

39 등잔대와 이 모든 기구를 순금 한 달란트로 만들되

40 너는 삼가 이 산에서 네게 보인 양식대로 할지니라

26 성막 [출 36:8–38]

너는 성막을 만들되 가늘게 꼰 베 실과 청색 자색 홍색 실로 그룹을 정교하게 수 놓은 열 폭의 휘장을 만들지니 36:8

2 매 폭의 길이는 스물여덟 규빗, 너비는 네 규빗으로 각 폭의 장단을 같게 하고

3 그 휘장 다섯 폭을 서로 연결하며 다른 다섯 폭도 서로 연결하고

4 그 휘장을 이을 끝폭 가에 청색 고를 만들며 이어질 다른 끝폭 가에도 그와 같이 하고

5 휘장 끝폭 가에 고 쉰 개를 달며 다른 휘장 끝폭 가에도 고 쉰 개를 달고 그 고들을 서로 마주 보게 하되

6 금 갈고리 쉰 개를 만들고 그 갈고리로 휘장을 연결하여 한 성막을 이루며

7 그 성막을 덮는 막 곧 휘장을 염소털로 만들되 열한 폭을 만들지며 36:14

8 각 폭의 길이는 서른 규빗, 너비는 네

성소와 지성소를 구별하는
수놓은 장 (26:31–33)

규빗으로 열한 폭의 길이를 같게 하고

9 그 휘장 다섯 폭을 서로 연결하며 또 여섯 폭을 서로 연결하고 그 여섯째 폭 절반은 성막 전면에 접어 드리우고

10 휘장을 끝폭 가에 고 쉰 개를 달며 다른 이을 끝폭 가에도 고 쉰 개를 달고

11 놋 갈고리 쉰 개를 만들고 그 갈고리로 고를 꿰어 연결하여 한 막이 되게 하고

12 그 막 곧 휘장의 그 나머지 반 폭은 성막 뒤에 늘어뜨리고

13 막 곧 휘장의 길이의 남은 것은 이쪽에 한 규빗, 저쪽에 한 규빗씩 성막 좌우 양쪽에 덮어 늘어뜨리고

14 붉은 물 들인 숫양의 가죽으로 막의 덮개를 만들고 [1]해달의 가죽으로 그 윗덮개를 만들지니라

15 ●너는 조각목으로 성막을 위하여 널판을 만들어 세우되

16 각 판의 길이는 열 규빗, 너비는 한 규빗 반으로 하고

17 각 판에 두 촉씩 내어 서로 연결하게 하되 너는 성막 널판을 다 그와 같이 하라

18 너는 성막을 위하여 널판을 만들되 남쪽을 위하여 널판 스무 개를 만들고 36:14

19 스무 널판 아래에 은 받침 마흔 개를 만들지니 이쪽 널판 아래에도 그 두 촉을 위하여 두 받침을 만들고 저쪽 널판 아래에도 그 두 촉을 위하여 두 받침을 만들지며

20 성막 다른 쪽 곧 그 북쪽을 위하여도 널판 스무 개로 하고 36:23

21 은 받침 마흔 개를 이쪽 널판 아래에도 두 받침, 저쪽 널판 아래에도 두 받침

1) 또는 물고래

번제단(27:1-8)

으로 하며

22 성막 뒤 곧 그 서쪽을 위하여는 널판 여섯 개를 만들고

23 성막 뒤 두 모퉁이 쪽을 위하여는 널판 두 개를 만들되

24 아래에서부터 위까지 각기 두 겹 두께로 하여 윗고리에 이르게 하고 두 모퉁이 쪽을 다 그리하며

25 그 여덟 널판에는 은 받침이 열여섯이니 이쪽 판 아래에도 두 받침이요 저쪽 판 아래에도 두 받침이니라

26 너는 조각목으로 띠를 만들지니 성막 이쪽 널판을 위하여 다섯 개요

27 성막 저쪽 널판을 위하여 다섯 개요 성막 뒤 곧 서쪽 널판을 위하여 다섯 개이며

28 널판 가운데에 있는 중간 띠는 이 끝에서 저 끝에 미치게 하고

29 그 널판들을 금으로 싸고 그 널판들의 띠를 꿸 금 고리를 만들고 그 띠를 금으로 싸라

30 너는 산에서 보인 양식대로 성막을 세울지니라

31 ●너는 청색 자색 홍색 실과 가늘게 꼰 베 실로 짜서 휘장을 만들고 그 위에 그룹들을 정교하게 수 놓아서

32 금 갈고리를 네 기둥 위에 늘어뜨리되 그 네 기둥을 조각목으로 만들고 금으로 싸서 네 은 받침 위에 둘지며

33 그 휘장을 갈고리 아래에 늘어뜨린 후에 [1]증거궤를 그 휘장 안에 들여놓으라 그 휘장이 너희를 위하여 성소와 지성소를 구분하리라

34 너는 지성소에 있는 [1]증거궤 위에 [2]속

1) 법궤 2) 시은좌 곧 은혜의 자리

죄소를 두고

35 그 휘장 바깥 북쪽에 상을 놓고 남쪽에 등잔대를 놓아 상과 마주하게 할지며

36 청색 자색 홍색 실과 가늘게 꼰 베 실로 수 놓아 짜서 성막 문을 위하여 휘장을 만들고

37 그 휘장 문을 위하여 기둥 다섯을 조각목으로 만들어 금으로 싸고 그 갈고리도 금으로 만들지며 또 그 기둥을 위하여 받침 다섯 개를 놋으로 부어 만들지니라

제단 (출 38:1-7)

27 너는 조각목으로 길이가 다섯 규빗, 너비가 다섯 규빗의 제단을 만들되 네모 반듯하게 하며 높이는 삼 규빗으로 하고

2 그 네 모퉁이 위에 뿔을 만들되 그 뿔이 그것에 이어지게 하고 그 제단을 놋으로 싸고

3 재를 담는 통과 부삽과 대야와 고기 갈고리와 불 옮기는 그릇을 만들되 제단의 그릇을 다 놋으로 만들지며

4 제단을 위하여 놋으로 그물을 만들고 그 위 네 모퉁이에 놋 고리 넷을 만들고

5 그물은 제단 주위 가장자리 아래 곧 제단 절반에 오르게 할지며

6 또 그 제단을 위하여 채를 만들되 조각목으로 만들고 놋으로 쌀지며

7 제단 양쪽 고리에 그 채를 꿰어 제단을 메게 할지니라

8 제단은 널판으로 속이 비게 만들되 산에서 네게 보인 대로 그들이 만들게 하라

성막의 뜰 (출 38:9-20)

9 ●너는 성막의 뜰을 만들지니 남쪽을 향

27 장에는 무엇이 기록되어 있을까?

27장에는 성막 뜰에 설치될 번제단과 성막의 뜰, 성막을 밝힐 기름인 감람 유에 관한 규정이 나와 있어요. 번제단은 짐승을 잡아 드리는 제단이에요. 여기서 죽임을 당한 짐승은 우리 죄를 대신해 돌아가신 예수님을 예표해요. 성막의 뜰은 제사 드리러 온 사람들이 모이는 장소예요.

감람나무 열매로 기름 짜는 고대 기구(27:20)

9 하여 뜰 남쪽에 너비가 백 규빗의 세마포 휘장을 쳐서 그 한쪽을 당하게 할지니

10 그 기둥이 스물이며 그 받침 스물은 놋으로 하고 그 기둥의 갈고리와 가름대는 은으로 할지며

11 그 북쪽에도 너비가 백 규빗의 포장을 치되 그 기둥이 스물이며 그 기둥의 받침 스물은 놋으로 하고 그 기둥의 갈고리와 가름대는 은으로 할지며

12 뜰의 옆 곧 서쪽에 너비 쉰 규빗의 포장을 치되 그 기둥이 열이요 받침이 열이며

13 동쪽을 향하여 뜰 동쪽의 너비도 쉰 규빗이 될지며

14 문 이쪽을 위하여 포장이 열다섯 규빗이며 그 기둥이 셋이요 받침이 셋이요

15 문 저쪽을 위하여도 포장이 열다섯 규빗이며 그 기둥이 셋이요 받침이 셋이며

16 뜰 문을 위하여는 청색 자색 홍색 실과 가늘게 꼰 베 실로 수 놓아 짠 스무 규빗의 휘장이 있게 할지니 그 기둥이 넷이요 받침이 넷이며

17 뜰 주위 모든 기둥의 가름대와 갈고리는 은이요 그 받침은 놋이며

18 뜰의 길이는 백 규빗이요 너비는 쉰 규빗이요 세마포 휘장의 높이는 다섯 규빗이요 그 받침은 놋이며

19 성막에서 쓰는 모든 기구와 그 말뚝과 뜰의 포장 말뚝을 다 놋으로 할지니라

등불 관리 (레 24:1-4)

20 ●너는 또 이스라엘 자손에게 명령하여 감람으로 짠 순수한 기름을 등불을 위하여 네게로 가져오게 하고 끊이지

않게 등불을 켜되 레 24:2

21 아론과 그의 아들들로 회막 안 1)증거궤 앞 휘장 밖에서 저녁부터 아침까지 항상 여호와 앞에 그 등불을 보살피게 하라 이는 이스라엘 자손이 대대로 지킬 규례이니라

제사장의 옷 (출 39:1-7)

28

너는 이스라엘 자손 중 네 형 아론과 그의 아들들 곧 아론과 아론의 아들들 나답과 아비후와 엘르아살과 이다말을 그와 함께 네게로 나아오게 하여 나를 섬기는 제사장 직분을 행하게 하되

2 네 형 아론을 위하여 거룩한 옷을 지어 영화롭고 아름답게 할지니

3 너는 무릇 마음에 지혜 있는 모든 자 곧 내가 지혜로운 영으로 채운 자들에게 말하여 아론의 옷을 지어 그를 거룩하게 하여 내게 제사장 직분을 행하게 하라

4 그들이 지을 옷은 이러하니 곧 흉패와 에봇과 겉옷과 반포 속옷과 관과 띠라 그들이 네 형 아론과 그의 아들들을 위하여 거룩한 옷을 지어 아론이 내게 제사장 직분을 행하게 하라

5 그들이 쓸 것은 금 실과 청색 자색 홍색 실과 가늘게 꼰 베 실이니라 레 8:7

6 ●그들이 금 실과 청색 자색 홍색 실과 가늘게 꼰 베 실로 정교하게 짜서 에봇을 짓되 39:2

7 그것에 어깨받이 둘을 달아 그 두 끝을 이어지게 하고

8 에봇 위에 매는 띠는 에봇 짜는 법으로 금 실과 청색 자색 홍색 실과 가늘게 꼰

28장 에는 무엇이 기록되어 있을까?

제사장의 옷은 흉패와 에봇, 겉옷, 반포 속옷, 관, 띠, 그리고 성막로 되어 있어요. 제사장의 옷은 첫째로 하나님께로부터 위임받은 제사장 직분의 거룩성과 위엄을 나타내고, 둘째로는 권위를 주신 하나님께 대한 절대적인 순종을 나타내요. 오늘날 모든 그리스도인은 예수님으로 인해 모두 왕 같은 제사장이 되었답니다.

1) 법궤

거룩하게 구별된
제사장의 옷(28:1~4)

베 실로 에봇에 정교하게 붙여 짤지며

9 호마노 두 개를 가져다가 그 위에 이스라엘 아들들의 이름을 새기되 대상 9:2

10 그들의 나이대로 여섯 이름을 한 보석에, 나머지 여섯 이름은 다른 보석에 새기라

11 보석을 새기는 자가 도장에 새김 같이 너는 그 두 보석에 이스라엘 아들들의 이름을 새겨 금 테에 물리고

12 그 두 보석을 에봇의 두 어깨받이에 붙여 이스라엘 아들들의 기념 보석을 삼되 아론이 여호와 앞에서 그들의 이름을 그 두 어깨에 메워서 기념이 되게 할지며

13 너는 금으로 테를 만들고

14 순금으로 노끈처럼 두 사슬을 땋고 그 땋은 사슬을 그 테에 달지니라

판결 흉패 (출 39:8~21)

15 ●너는 판결 흉패를 에봇 짜는 방법으로 금 실과 청색 자색 홍색 실과 가늘게 꼰 베 실로 정교하게 짜서 만들되 39:8

16 길이와 너비가 한 뼘씩 두 겹으로 네모 반듯하게 하고

17 그것에 네 줄로 보석을 물리되 첫 줄은 홍보석 황옥 녹주옥이요

18 둘째 줄은 석류석 [1]남보석 [2]홍마노요

19 셋째 줄은 호박 백마노 자수정이요

20 넷째 줄은 녹보석 호마노 벽옥으로 다 금 테에 물릴지니

21 이 보석들은 이스라엘 아들들의 이름대

로 열둘이라 보석마다 열두 지파의 한 이름씩 도장을 새기는 법으로 새기고

22 순금으로 노끈처럼 땋은 사슬을 흉패 위에 붙이고

23 또 금 고리 둘을 만들어 흉패 위 곧 흉패 두 끝에 그 두 고리를 달고

24 땋은 두 금 사슬로 흉패 두 끝 두 고리에 꿰어 매고 39:17

25 두 땋은 사슬의 다른 두 끝을 에봇 앞 두 어깨받이의 금 테에 매고

26 또 금 고리 둘을 만들어 흉패 아래 양쪽 가 안쪽 곧 에봇에 닿은 곳에 달고

27 또 금 고리 둘을 만들어 에봇 앞 두 어깨받이 아래 매는 자리 가까운 쪽 곧 정교하게 짠 띠 위쪽에 달고

28 청색 끈으로 흉패 고리와 에봇 고리에 꿰어 흉패로 정교하게 짠 에봇 띠 위에 붙여 떨어지지 않게 하라

29 아론이 성소에 들어갈 때에는 이스라엘 아들들의 이름을 기록한 이 판결 흉패를 가슴에 붙여 여호와 앞에 영원한 기념을 삼을 것이니라

30 너는 [3]우림과 [4]둠밈을 판결 흉패 안에 넣어 아론이 여호와 앞에 들어갈 때에 그의 가슴에 붙이게 하라 아론은 여호와 앞에서 이스라엘 자손의 흉패를 항상 그의 가슴에 붙일지니라

제사장의 또 다른 옷 (출 39:22~31)

31 ●너는 에봇 받침 겉옷을 전부 청색으로 하되

32 두 어깨 사이에 머리 들어갈 구멍을 내고 그 주위에 갑옷 깃 같이 깃을 짜서 찢어지지 않게 하고

33 그 옷 가장자리로 돌아가며 청색 자색 홍색 실로 석류를 수 놓고 금 방울을 간격을 두어 달되

34 그 옷 가장자리로 돌아가며 한 금 방

1) 청보석 2) 금강석 3) 빛 및 4) 완전함

직분(28:1) 자기가 마땅히 할 본분.
반포(28:4) 반물빛의 실과 흰 실을 섞어 짠 수건감의 무명.

도막상식 　에봇

구약시대 대제사장 의복이에요. 흉패 아래 앞치마 같은 것으로, 하나님의 뜻을 알기 위한 도구(삼상 23:6,9)로써 사용될 때도 있었답니다. 28장 4절

돌패(29:5)

울, 한 석류, 한 금 방울, 한 석류가 있게 하라

35 아론이 입고 여호와를 섬기러 성소에 들어갈 때와 성소에서 나올 때에 그 소리가 들릴 것이라 그리하면 그가 죽지 아니하리라

36 ● 너는 또 순금으로 패를 만들어 도장을 새기는 법으로 그 위에 새기되 '여호와께 성결'이라 하고

37 그 패를 청색 끈으로 관 위에 매되 곧 관 전면에 있게 하라

38 이 패를 아론의 이마에 두어 그가 이스라엘 자손이 거룩하게 드리는 성물과 관련된 죄책을 담당하게 하라 그 패가 아론의 이마에 늘 있으므로 그 성물을 여호와께서 받으시게 되리라

39 너는 가는 베 실로 반포 속옷을 짜고 가는 베 실로 관을 만들고 띠를 수 놓아 만들지니라

40 ● 너는 아론의 아들들을 위하여 속옷을 만들며 그들을 위하여 띠를 만들며 그들을 위하여 관을 만들어 영화롭고 아름답게 하되 39:27

41 너는 그것들로 네 형 아론과 그와 함께 한 그의 아들들에게 입히고 그들에게 기름을 부어 위임하고 거룩하게 하여 그들이 제사장 직분을 내게 향하게 할지며

42 또 그들을 위하여 베로 속바지를 만들어 허리에서부터 두 넓적다리까지 이르게 하여 하체를 가리게 하라 39:28

43 아론과 그의 아들들이 회막에 들어갈 때에나 제단에 가까이 하여 거룩한 곳에서 섬길 때에 그것들을 입어야 죄를

짊어진 채 죽지 아니하리니 그와 그의 후손이 영원히 지킬 규례니라

제사장 직분 위임 (레 8:1-36) ── B.C. 1450년경

29

1 네가 그들에게 나를 섬길 제사장 직분을 위임하여 그들을 거룩하게 할 일은 이러하니 곧 어린 수소 하나와 흠 없는 숫양 둘을 택하고

2 무교병과 기름 섞인 무교 과자와 기름 바른 무교 전병을 모두 고운 밀가루로 만들고

3 그것들을 한 광주리에 담고 그것을 광주리에 담은 채 그 송아지와 두 양과 함께 가져오라

4 너는 아론과 그의 아들들을 회막 문으로 데려다가 물로 씻기고

5 의복을 가져다가 아론에게 속옷과 에봇 받침 겉옷과 에봇을 입히고 흉패를 달고 에봇에 정교하게 짠 띠를 띠게 하고

6 그의 머리에 관을 씌우고 그 위에 거룩한 패를 더하고 28:36

7 관유를 가져다가 그의 머리에 부어 바르고

8 그의 아들들을 데려다가 그들에게 속옷을 입히고 레 8:13

9 아론과 그의 아들들에게 띠를 띠우며 관을 씌워 그들에게 제사장의 직분을 맡겨 영원한 규례가 되게 하라 너는 이같이 아론과 그의 아들들에게 위임하여 거룩하게 할지니라

10 너는 수송아지를 회막 앞으로 끌어 오고 아론과 그의 아들들은 그 송아지 머리에 안수할지며 레 1:4

11 너는 회막 문 여호와 앞에서 그 송아지

를 잡고

12 그 피를 네 손가락으로 제단 뿔들에 바르고 그 피 전부를 제단 밑에 쏟으며

13 내장에 덮인 모든 기름과 간 위에 있는 꺼풀과 두 콩팥과 그 위의 기름을 가져다가 제단 위에 불사르고

14 그 수소의 고기와 가죽과 똥을 진 밖에서 불사르라 이는 속죄제니라 24 4:11

15 ●너는 또 숫양 한 마리를 끌어오고 아론과 그의 아들들은 그 숫양의 머리 위에 안수할지며

16 너는 그 숫양을 잡고 그 피를 가져다가 제단 위의 주위에 뿌리고

17 그 숫양의 각을 뜨고 그 장부와 다리는 씻어 각을 뜬 고기와 그 머리와 함께 두고

18 그 숫양 전부를 제단 위에 불사르라 이는 여호와께 드리는 번제요 이는 향기로운 냄새니 여호와께 드리는 화제니라

19 ●너는 다른 숫양을 택하고 아론과 그의 아들들은 그 숫양의 머리 위에 안수할지며

20 너는 그 숫양을 잡고 그것의 피를 가져다가 아론의 오른쪽 귓부리와 그의 아들들의 오른쪽 귓부리에 바르고 그 오른손 엄지와 오른발 엄지에 바르고 그 피를 제단 주위에 뿌리고

21 제단 위의 피와 관유를 가져다가 아론과 그의 옷과 그의 아들들과 그의 아들들의 옷에 뿌리라 그와 그의 옷과 그의 아들들과 그의 아들들의 옷이 거룩하리라

22 또 너는 그 숫양의 기름과 기름진 꼬리와 그것의 내장에 덮인 기름과 간 위의 꺼풀과 두 콩팥과 그것들 위의 기름과 오른쪽 넓적다리를 가지라 이는 위임식의 숫양이라

23 또 여호와 앞에 있는 무교병 광주리에서 떡 한 개와 기름 바른 과자 한 개와 전병 한 개를 가져다가 24 8:26

24 그 전부를 아론의 손과 그의 아들들의 손에 주고 그것을 흔들어 여호와 앞에 요제를 삼을지며

25 너는 그것을 그들의 손에서 가져다가 제단 위에서 번제물을 더하여 불사르

라 이는 여호와 앞에 향기로운 냄새니 곧 여호와께 드리는 화제니라 24 8:28

26 ●너는 아론의 위임식 숫양의 가슴을 가져다가 여호와 앞에 흔들어 요제를 삼으라 이것이 네 분깃이니라

27 너는 그 흔든 요제물 곧 아론과 그의 아들들의 위임식 숫양의 가슴과 넓적다리를 거룩하게 하라

28 이는 이스라엘 자손이 아론과 그의 자손에게 돌릴 영원한 분깃이요 거제물이니 곧 이스라엘 자손이 화목제의 제물 중에서 취한 거제물로서 여호와께 드리는 거제물이니라

29 ●아론의 성의는 후에 아론의 아들들에게 돌릴지니 그들이 그것을 입고 기름 부음으로 위임을 받을 것이며

30 그를 이어 제사장이 되는 아들이 회막에 들어가서 성소에서 섬길 때에는 이레 동안 그것을 입을지니라 민 20:28

31 ●너는 위임식 숫양을 가져다가 거룩한 곳에서 그 고기를 삶고

32 아론과 그의 아들들은 회막 문에서 그 숫양의 고기와 광주리에 있는 떡을 먹

비전을 심어주는 한줄예화

일하는 목적

같은 일을 하고 있는 세 사람에게 물었어요.

"당신은 무엇 때문에 이 일을 합니까?"

첫 번째 사람이 말했어요.

"먹고살자니 어쩔 수 없습니다. 벽돌이라도 쌓아야지요."

두 번째 사람이 말했습니다.

"나는 집 짓는 일이 재미있어요. 취미 생활도 하고 돈도 벌고 참 좋지요."

세 번째 사람이 말했어요.

"지금 나는 하나님의 집을 짓고 있습니다. 내가 지은 성전에서 성도님들이 하나님께 예배드리게 될 것을 생각하니 큰 보람이 있지요."

세상 사람들은 먹고살기 위해서 일을 하지요. 하지만 하나님을 믿는 사람은 하나님의 뜻을 이루기 위해 즐겁게 일해야 해요. 그럴 때 하나님께서는 우리의 모든 필요를 책임져주신답니다.

금 향단(30:1-10)

을지라 마 12:4

33 그들은 속죄물 곧 그들을 위임하며 그들을 거룩하게 하는 데 쓰는 것을 먹되 타인은 먹지 못할지니 그것이 거룩하기 때문이라

34 위임식 고기나 떡이 아침까지 남아 있으면 그것을 불에 사를지니 이는 거룩한즉 먹지 못할지니라

35 ●너는 내가 네게 명령한 모든 대로 아론과 그의 아들들에게 그같이 하여 이레 동안 위임식을 행하되

36 매일 수송아지 하나로 속죄하기 위하여 속죄제를 드리며 또 제단을 위하여 속죄하여 깨끗하게 하고 그것에 기름을 부어 거룩하게 하라

37 너는 이레 동안 제단을 위하여 속죄하여 거룩하게 하라 그리하면 지극히 거룩한 제단이 되리니 제단에 접촉하는 모든 것이 거룩하리라

매일 드릴 번제 (민 28:1-8)

38 ●네가 제단 위에 드릴 것은 이러하니라 매일 일 년 된 어린 양 두 마리니

39 한 어린 양은 아침에 드리고 한 어린 양은 저녁 때에 드릴지며

40 한 어린 양에 고운 밀가루 십분의 일 에바와 찧은 기름 사분의 일 힌을 더하고 또 전제로 포도주 사분의 일 힌을 더할지며

41 한 어린 양은 저녁 때에 드리되 아침에 한 것처럼 소제와 전제를 그것과 함께 드려 향기로운 냄새가 되게 하여 여호와께 화제로 삼을지니 시 141:2

42 이는 너희가 대대로 여호와 앞 회막 문에서 늘 드릴 번제라 내가 거기서 너희와 만나고 네게 말하리라

43 내가 거기서 이스라엘 자손을 만나리니 내 영광으로 말미암아 회막이 거룩하게 될지라

44 내가 그 회막과 제단을 거룩하게 하며 아론과 그의 아들들도 거룩하게 하여 내게 제사장 직분을 행하게 하며

45 내가 이스라엘 자손 중에 거하여 그들의 하나님이 되리니

46 그들은 내가 그들의 하나님 여호와로서 그들 중에 거하려고 그들을 애굽 땅에서 인도하여 낸 줄을 알리라 나는 그들의 하나님 여호와니라 20:2

분향할 제단 (출 37:25-28) · B.C. 1450년경

30

너는 분향할 제단을 만들지니 곧 조각목으로 만들되

2 길이가 한 규빗, 너비가 한 규빗으로 네모가 반듯하게 하고 높이는 두 규빗으로 하며 그 뿔을 그것과 이어지게 하고

3 제단 상면과 전후 좌우 면과 뿔을 순금으로 싸고 주위에 금 테를 두를지며

4 금 테 아래 양쪽에 금 고리 둘을 만들되 곧 그 양쪽에 만들지니 이는 제단을 메는 채를 꿸 곳이며

5 그 채를 조각목으로 만들고 금으로 싸고

6 그 제단을 1)증거궤 위 2)속죄소 맞은편 곧 증거궤 앞에 있는 휘장 밖에 두라 속죄소는 내가 너와 만날 곳이며 25:21

7 아론이 아침마다 그 위에 향기로운 향을 사르되 등불을 손질할 때에 사르며

30장 에는 무엇이 기록되어 있을까?

분향단은 성도의 기도를 상징합니다. 물두멍은 제사장이 제사를 드리기에 앞서 더러운 손발을 씻는 일종의 대야였어요. 이것은 하나님께 나아가는 자는 물과 성령으로 거듭나야 하는 것을 의미하지요. 또한 부자나 가난한 사람이나 똑같은 속전을 바쳐야 했는데, 이것은 하나님 앞에서 모든 사람이 동등한 인격체임을 가르쳐주고 있습니다.

1)법궤 2)시은좌 곧 은혜의 자리

8 또 저녁 때 등불을 켤 때에 사를지니 이 향은 너희가 대대로 여호와 앞에 끊지 못할지며
9 너희는 그 위에 다른 향을 사르지 말며 번제나 소제를 드리지 말며 전제의 술을 붓지 말며
10 아론이 일 년에 한 번씩 이 향단 뿔을 위하여 속죄하되 속죄제의 피로 일 년에 한 번씩 대대로 속죄할지니라 이 제단은 여호와께 지극히 거룩하니라 레 16:18

회막 봉사에 쓰는 속전

11 ●여호와께서 모세에게 말씀하여 이르시되
12 네가 이스라엘 자손의 수효를 조사할 때에 조사 받은 각 사람은 그들을 계수할 때에 자기의 생명의 속전을 여호와께 드릴지니 이는 그들을 계수할 때에 그들 중에 질병이 없게 하려 함이라
13 무릇 계수 중에 드는 자마다 성소의 세겔로 반 세겔을 낼지니 한 세겔은 이십 게라라 그 반 세겔을 여호와께 드릴지며
14 계수 중에 드는 모든 자 곧 스무 살 이상 된 자가 여호와께 드리되
15 너희의 생명을 대속하기 위하여 여호와께 드릴 때에 부자라고 반 세겔에서 더 내지 말고 가난한 자라고 덜 내지 말지며
16 너는 이스라엘 자손에게서 속전을 취하여 회막 봉사에 쓰라 이것이 여호와 앞에서 이스라엘 자손의 기념이 되어서 너희의 생명을 대속하리라

놋 물두멍

17 ●여호와께서 모세에게 말씀하여 이르시되

18 너는 물두멍을 놋으로 만들고 그 받침도 놋으로 만들어 씻게 하되 그것을 회막과 제단 사이에 두고 그 속에 물을 담으라
19 아론과 그의 아들들이 그 두멍에서 수족을 씻되　41 26:6
20 그들이 회막에 들어갈 때에 물로 씻어 죽기를 면할 것이요 제단에 가까이 가서 그 직분을 행하여 여호와 앞에 화제를 사를 때에도 그리 할지니라
21 이와 같이 그들이 그 수족을 씻어 죽기를 면할지니 이는 그와 그의 자손이 대대로 영원히 지킬 규례니라　28:43

거룩한 향기름

22 ●여호와께서 모세에게 또 말씀하여 이르시되
23 너는 상등 향품을 가지되 액체 몰약 오백 세겔과 그 반수의 향기로운 육계 이백오십 세겔과 향기로운 창포 이백오십 세겔과
24 계피 오백 세겔을 성소의 세겔로 하고 감람 기름 한 힌을 가지고
25 그것으로 거룩한 관유를 만들되 향 제조하는 법대로 향기름을 만들지니 그것이 거룩한 관유가 될지라　37:29
26 너는 그것을 회막과 1)증거궤에 바르고
27 상과 그 모든 기구이며 등잔대와 그 기구이며 분향단과
28 및 번제단과 그 모든 기구와 물두멍과 그 받침에 발라
29 그것들을 지극히 거룩한 것으로 구별하라 2)이것에 접촉하는 것은 모두 거룩하리라

---

1)법궤 2)이것을 만지는 자가

속죄제(29:36) 사람이 알지 못하고 지은 죄를 속하기 위해 드리는 제사.
화제(29:41) 제물을 불에 태우는 제사. 번제와 소제의 총칭.
규빗(30:2) 팔꿈치에서 가운데 손가락 끝까지의 길이.
향단(30:10) 하나님 앞에 향을 피우는 단.
게라(30:13) 중량의 가장 작은 단위로 0.57g임.
힌(30:24) 도량형의 단위로 3.8ℓ임.

물두멍(30:18)

30 너는 아론과 그의 아들들에게 기름을 발라 그들을 거룩하게 하고 그들이 내게 제사장 직분을 행하게 하고
31 이스라엘 자손에게 말하여 이르기를 이것은 너희 대대로 내게 거룩한 관유니
32 사람의 몸에 붓지 말며 이 방법대로 이와 같은 것을 만들지 말라 이는 거룩하니 너희는 거룩히 여기라 30:25, 37
33 이와 같은 것을 만드는 모든 자와 이것을 타인에게 붓는 모든 자는 그 백성 중에서 끊어지리라

거룩한 향

34 ●여호와께서 모세에게 이르시되 너는 소합향과 나감향과 풍자향의 향품을 가져다가 그 향품을 유향에 섞되 각기 같은 분량으로 하고
35 그것으로 향을 만들되 향 만드는 법대로 만들고 그것에 소금을 쳐서 성결하게 하고
36 그 향 얼마를 곱게 찧어 내가 너와 만날 회막 안 증거궤 앞에 두라 이 향은 너희에게 지극히 거룩하니라 레 16:2
37 네가 여호와를 위하여 만들 향은 거룩한 것이니 너희를 위하여는 그 방법대로 만들지 말라
38 냄새를 맡으려고 이같은 것을 만드는 모든 자는 그 백성 중에서 끊어지리라

회막 기구를 만들게 하라 (출 35:30-36:1)

31

1 여호와께서 모세에게 말씀하여 이르시되
2 내가 유다 지파 훌의 손자요 우리의 아들인 브살렐을 지명하여 부르고
3 하나님의 영을 그에게 충만하게 하여 지

모세를 기다리는 백성들(32:1)

혜와 총명과 지식과 여러 가지 재주로
4 정교한 일을 연구하여 금과 은과 놋으로 만들게 하며
5 보석을 깎아 물리며 여러 가지 기술로 나무를 새겨 만들게 하리라
6 내가 또 단 지파 아히사막의 아들 오홀리압을 세워 그와 함께 하게 하며 지혜로운 마음이 있는 모든 자에게 내가 지혜를 주어 그들이 내가 네게 명령한 것을 다 만들게 할지니
7 곧 회막과 증거궤와 그 위의 속죄소와 회막의 모든 기구와
8 상과 그 기구와 순금 등잔대와 그 모든 기구와 분향단과 25:31
9 번제단과 그 모든 기구와 물두멍과 그 받침과
10 제사직을 행할 때에 입는 정교하게 짠 의복 곧 제사장 아론의 성의와 그의 아들들의 옷과
11 관유와 성소의 향기로운 향이라 무릇 내가 네게 명령한 대로 그들이 만들지니라

안식일

12 ●여호와께서 모세에게 말씀하여 이르시되
13 너는 이스라엘 자손에게 말하여 이르기를 너희는 나의 안식일을 지키라 이는 나와 너희 사이에 너희 대대의 표징이니 나는 너희를 거룩하게 하는 여호와인 줄 너희가 알게 함이라
14 너희는 안식일을 지킬지니 이는 너희에게 거룩한 날이 됨이니라 그 날을 더

1)법궤 2)시은좌 곧 은혜의 자리

럽히는 자는 모두 죽일지며 그 날에 일하는 자는 모두 그 백성 중에서 그 생명이 끊어지리라
15 엿새 동안은 일할 것이나 일곱째 날은 큰 안식일이니 여호와께 거룩한 것이라 안식일에 일하는 자는 누구든지 반드시 죽일지니라 16:23
16 이같이 이스라엘 자손이 안식일을 지켜서 그것으로 대대로 영원한 언약을 삼을 것이니
17 이는 나와 이스라엘 자손 사이에 영원한 표징이며 나 여호와가 엿새 동안에 천지를 창조하고 일곱째 날에 일을 마치고 쉬었음이니라 하라

증거판
18 ●여호와께서 시내 산 위에서 모세에게 이르시기를 마치신 때에 1)증거판 둘을 모세에게 주시니 이는 돌판이요 하나님이 2)친히 쓰신 것이더라 24:12

금송아지 (신 9:6-29)

이스라엘 백성이 만든 금송아지(32:8)

32 백성이 모세가 산에서 내려옴이 더딤을 보고 모여 백성이 아론에게 이르러 말하되 일어나라 우리를 위하여 우리를 인도할 신을 만들라 이 모세 곧 우리를 애굽 땅에서 인도하여 낸 사람은 어찌 되었는지 알지 못함이니라
2 아론이 그들에게 이르되 너희의 아내와 자녀의 귀에서 금 고리를 빼어 내게로 가져오라
3 모든 백성이 그 귀에서 금 고리를 빼어 아론에게로 가져가매
4 아론이 그들의 손에서 금 고리를 받아

32장 애는 무엇이 기록되어 있을까?
이스라엘 백성은 모세가 산에서 내려오지 않자 금송아지를 만들어 숭배하였어요. 이것이 우상을 섬기지 말라고 한 하나님의 계명을 어긴 것이었지요. 이 소식을 들은 모세는 하나님의 자비를 구하는 한편, 회개하지 않는 자들을 처벌했어요. 백성을 위해 하나님의 자비를 간구한 모세의 중보는 예수님의 사역을 나타내고 있답니다.

부어서 조각칼로 새겨 송아지 형상을 만드니 그들이 말하되 이스라엘아 이는 너희를 애굽 땅에서 인도하여 낸 너희의 신이로다 하는지라
5 아론이 보고 그 앞에 제단을 쌓고 이에 아론이 공포하여 이르되 내일은 여호와의 절일이니라 하니
6 이튿날에 그들이 일찍이 일어나 번제를 드리며 화목제를 드리고 백성이 앉아서 먹고 마시며 일어나서 뛰놀더라
7 ●여호와께서 모세에게 이르시되 너는 내려가라 네가 애굽 땅에서 인도하여 낸 네 백성이 부패하였도다 신 9:12
8 그들이 내가 그들에게 명령한 길을 속히 떠나 자기를 위하여 송아지를 부어 만들고 그것을 예배하며 그것에게 제물을 드리며 말하기를 이스라엘아 이는 너희를 애굽 땅에서 인도하여 낸 너희 신이라 하였도다
9 여호와께서 또 모세에게 이르시되 내가 이 백성을 보니 목이 뻣뻣한 백성이로다
10 그런즉 내가 하는 대로 두라 내가 그들에게 진노하여 그들을 진멸하고 너를 큰 나라가 되게 하리라
11 모세가 그의 하나님 여호와께 구하여 이르되 여호와여 어찌하여 그 큰 권능과 강한 손으로 애굽 땅에서 인도하여 내신 주의 백성에게 진노하시나이까
12 어찌하여 애굽 사람들이 이르기를 여호와가 자기의 백성을 산에서 죽이고 지면에서 진멸하려는 악한 의도로 인도해 내었다고 말하게 하시려 하나이까 주의 맹렬한 노를 그치시고 뜻을 돌

1) 법 2) 손가락으로

증거판을 들고 시내 산에서 내려오는 모세(32:15)

이키사 주의 백성에게 이 화를 내리지 마옵소서

13 주의 종 아브라함과 이삭과 이스라엘을 기억하소서 주께서 그들을 위하여 주를 가리켜 맹세하여 이르시기를 내가 너희의 자손을 하늘의 별처럼 많게 하고 내가 허락한이 온 땅을 너희의 자손에게 주어 영원한 기업이 되게 하리라 하셨나이다

14 여호와께서 뜻을 돌이키사 말씀하신 화를 그 백성에게 내리지 아니하시니라

15 ●모세가 돌이켜 산에서 내려오는데 두 [1]증거판이 그의 손에 있고 그 판의 양면 이쪽 저쪽에 글자가 있으니

16 그 판은 하나님이 만드신 것이요 글자는 하나님이 쓰셔서 판에 새기신 것이더라

17 여호수아가 백성들의 요란한 소리를 듣고 모세에게 말하되 진중에서 싸우는 소리가 나나이다

18 모세가 이르되 이는 승전가도 아니요 패하여 부르짖는 소리도 아니라 내가 듣기에는 노래하는 소리로다 하고

19 진에 가까이 이르러 그 송아지와 그 춤 추는 것을 보고 크게 노하여 손에서 그 판들을 산 아래로 던져 깨뜨리니라

20 모세가 그들이 만든 송아지를 가져다가 불살라 부수어 가루를 만들어 물에 뿌려 이스라엘 자손에게 마시게 하니라

21 ●모세가 아론에게 이르되 이 백성이 당신에게 어떻게 하였기에 당신이 그들을 큰 죄에 빠지게 하였느냐

22 아론이 이르되 내 주여 노하지 마소서 이 백성의 악함을 당신이 아나이다

23 그들이 내게 말하기를 우리를 위하여 우리를 인도할 신을 만들라 이 모세 곧 우리를 애굽 땅에서 인도하여 낸 사람은 어찌 되었는지 알 수 없노라 하기에

24 내가 그들에게 이르기를 금이 있는 자는 빼내라 한즉 그들이 그것을 내게로 가져왔기로 내가 불에 던졌더니 이 송아지가 나왔나이다

25 ●모세가 본즉 백성이 방자하니 이는 아론이 그들을 방자하게 하여 원수에게 조롱거리가 되게 하였음이라

26 이에 모세가 진 문에 서서 이르되 누구든지 여호와의 편에 있는 자는 내게로 나아오라 하매 레위 자손이 다 모여 그에게로 가는지라

27 모세가 그들에게 이르되 이스라엘의 하나님 여호와께서 이렇게 말씀하시기를 너희는 각각 허리에 칼을 차고 진 이 문에서 저 문까지 왕래하며 각 사람이 그 형제를, 각 사람이 자기의 친구를, 각 사람이 자기의 이웃을 죽이라 하셨느니라 민 25:5

28 레위 자손이 모세의 말대로 행하매 이 날에 백성 중에 삼천 명 가량이 죽임을 당하니라

29 모세가 이르되 각 사람이 자기의 아들과 자기의 형제를 쳤으니 오늘 여호와

백성들을 꾸짖는 모세(32:20~24)

[1] 법

께 헌신하게 되었느니라 그가 오늘 너희에게 복을 내리시리라

30 ●이튿날 모세가 백성에게 이르되 너희가 큰 죄를 범하였도다 내가 이제 여호와께로 올라가노니 혹 너희를 위하여 속죄가 될까 하노라 하고

31 모세가 여호와께로 다시 나아가 여짜오되 슬프도소이다 이 백성이 자기들을 위하여 금 신을 만들었사오니 큰 죄를 범하였나이다 20:23

32 그러나 이제 그들의 죄를 사하시옵소서 그렇지 아니하시오면 원하건대 주께서 기록하신 책에서 내 이름을 지워 버려 주옵소서 시 139:16

33 여호와께서 모세에게 이르시되 누구든지 내게 범죄하면 내가 내 책에서 그를 지워 버리리라 시 18:4

34 이제 가서 내가 네게 말한 곳으로 백성을 인도하라 내 사자가 네 앞서 가리라 그러나 내가 보응할 날에는 그들의 죄를 보응하리라

35 여호와께서 백성을 치시니 이는 그들이 아론이 만든 바 그 송아지를 만들었음이더라

니네 산을 떠나라고 명하시다―B.C. 1450년경

33 여호와께서 모세에게 이르시되 너는 네가 애굽 땅에서 인도하여 낸 백성과 함께 여기를 떠나서 내가 아브라함과 이삭과 야곱에게 맹세하여 네 자손에게 주기로 한 그 땅으로 올라가라

2 내가 사자를 너보다 앞서 보내어 가나안 사람과 아모리 사람과 헷 사람과 브리스 사람과 히위 사람과 여부스 사람을 쫓아내고

3 너희를 젖과 꿀이 흐르는 땅에 이르게 하려니와 나는 너희와 함께 올라가지 아니하리니 너희는 목이 곧은 백성인즉 내가 길에서 너희를 진멸할까 염려함이니라 하시니

4 백성이 이 준엄한 말씀을 듣고 슬퍼하여 한 사람도 자기의 몸을 단장하지 아니하니 민 14:1

5 여호와께서 모세에게 이르시기를 이스라엘 자손에게 이르라 너희는 목이 곧은 백성인즉 내가 한 순간이라도 너희 가운데에 이르면 너희를 진멸하리니 너희는 장신구를 떼어 내라 그리하면 내가 너희에게 어떻게 할 것인지 정하겠노라 하셨음이라 시 139:23

6 이스라엘 자손이 호렙 산에서부터 그들의 장신구를 떼어 내니라

회막

7 ●모세가 항상 장막을 취하여 진 밖에 쳐서 진과 멀리 떠나게 하고 회막이라 이름하니 여호와를 앙모하는 자는 다 진 바깥 회막으로 나아가며

8 모세가 회막으로 나아갈 때에는 백성이 다 일어나 자기 장막 문에 서서 모세가 회막에 들어가기까지 바라보며

9 모세가 회막에 들어갈 때에 구름 기둥이 내려 회막 문에 서며 여호와께서 모세와 말씀하시니

10 모든 백성이 회막 문에 구름 기둥이 서 있는 것을 보고 다 일어나 각기 장막 문에 서서 예배하며

11 사람이 자기의 친구와 이야기함 같이 여호와께서는 모세와 대면하여 말씀하시며 모세는 진으로 돌아오나 눈의 아들 젊은 수종자 여호수아는 회막을 떠나지 아니하니라 민 12:8

여호와께서 친히 가리라 하시다

12 ●모세가 여호와께 아뢰되 보시옵소

33 장에는 무엇이 기록되어 있을까?

하나님은 모세의 끈질긴 중보 기도와 백성들의 회개를 보시고 그들을 용서해주셨어요. 그리고 그들과 함께하겠다고 약속해주셨지요. 하나님은 죄를 지은 사람이라 하더라도 살려주시기를 원하세요. 우리가 구원을 받는 것은 오직 하나님의 은혜에 의해서예요. 사람의 행위로는 구원을 받을 수 없답니다.

진(33:7) 군사가 머물러 둔을 친 곳.
앙모(33:7) 우러러 사모함.

서 주께서 내게 이 백성을 인도하여 올
라가라 하시면서 나와 함께 보낼 자를
내게 지시하지 아니하시나이다 주께
서 전에 말씀하시기를 나는 이름으로
도 너를 알고 너도 내 앞에 은총을 입
었다 하셨사온즉

13 내가 참으로 주의 목전에 은총을 입
었사오면 원하건대 주의 길을 내게 보이
사 내가 주를 알리시고 나로 주의 목전
에 은총을 입게 하시며 이 족속을 주의
백성으로 여기소서

14 여호와께서 이르시되 내가 친히 가리
라 내가 너를 쉬게 하리라

15 모세가 여호와께 아뢰되 주께서 친히
가지 아니하시려거든 우리를 이 곳에
서 올려 보내지 마옵소서

16 나와 주의 백성이 주의 목전에 은총 입
은 줄을 무엇으로 알리이까 주께서 우리
와 함께 행하심으로 나와 주의 백성을
천하 만민 중에 구별하심이 아니니이까

17 ●여호와께서 모세에게 이르시되 네
가 말하는 이 일도 내가 하리니 너는 내
목전에 은총을 입었고 내가 이름으로
도 너를 앎이니라

18 모세가 이르되 원하건대 주의 영광을
내게 보이소서 　　　　　　　　　　신 4:6

19 여호와께서 이르시되 내가 내 모든 선
한 것을 네 앞으로 지나가게 하고 여호
와의 이름을 네 앞에 선포하리라 나는

은혜 베풀 자에게 은혜를 베풀고 긍휼
히 여길 자에게 긍휼을 베푸느니라

20 또 이르시되 네가 내 얼굴을 보지 못
하리니 나를 보고 살 자가 없음이니라

21 여호와께서 또 이르시기를 보라 내 곁
에 한 장소가 있으니 너는 그 반석 위
에 서라

22 내 영광이 지나갈 때에 내가 너를 반석
틈에 두고 내가 지나도록 내 손으로 너
를 덮었다가

23 손을 거두리니 네가 내 등을 볼 것이요
얼굴은 보지 못하리라

두 번째 돌판 (신 10:1-5)

34 여호와께서 모세에게 이르시
되 너는 돌판 둘을 처음 것과
같이 다듬어 만들라 네가 깨뜨린 처음
판에 있던 말을 내가 그 판에 쓰리니

2 아침까지 준비하고 아침에 시내 산에
올라와 산 꼭대기에서 내게 보이되

3 아무도 너와 함께 오르지 말며 온 산
아무도 나타나지 못하게 하고 양과 소
도 산 앞에서 먹지 못하게 하라

4 모세가 돌판 둘을 처음 것과 같이 깎
아 만들고 아침에 일찍이 일어나 그
두 돌판을 손에 들고 여호와의 명령대
로 시내 산에 올라가니

5 여호와께서 구름 가운데에 강림하사
그와 함께 거기 서서 여호와의 이름을
선포하실새

선생님!! 궁금해요

기도란 무엇인가요?

기도란 하나님과 이야기를 나누는 것이랍니다. 구약 시대에
믿음의 조상 아브라함과 모세도 늘 하나님 앞에 나아가 이야기를
했어요. 기도는 우리가 생각하고 고민하는 것과 좋아하는 모든
것을 가지고 하나님 앞에 나아가는 거예요. 어려운 일이 생겼을
때에는 하나님께 도움을 구하는 기도를 하고, 좋은 일이 생겼을
때에는 하나님 앞에 나아가 감사의 기도를 드려야 하지요.

기도는 또 하나님과 교제한다는 의미가 있어요. 조용히 하나님
께 나아가 그분과 이야기를 나누며 교제할 때, 하나님은 기뻐하시
며 우리에게 많은 것들을 나누어주신답니다.

33장 11절

6 여호와께서 그의 앞으로 지나시며 선포하시되 여호와라 여호와라 자비롭고 은혜롭고 노하기를 더디하고 인자와 진실이 많은 하나님이라

7 인자를 천대까지 베풀며 악과 과실과 죄를 용서하리라 그러나 벌을 면제하지는 아니하고 아버지의 악행을 자손 삼사 대까지 보응하리라 시 103:3

8 모세가 급히 땅에 엎드려 경배하며

9 이르되 주여 내가 주께 은총을 입었거든 원하건대 주는 우리와 동행하옵소서 이는 목이 뻣뻣한 백성이니이다 우리의 악과 죄를 사하시고 우리를 주의 기업으로 삼으소서

다시 언약을 세우나 (출 23:14-19; 신 7:1-5; 16:1-17)

10 ● 여호와께서 이르시되 보라 내가 언약을 세우나니 곧 내가 아직 온 땅 아무 국민에게도 행하지 아니한 이적을 너희 전체 백성 앞에 행할 것이라 네가 머무는 나라 백성이 다 여호와의 행하심을 보리니 내가 너를 위하여 행할 일이 두려운 것임이니라

11 너는 내가 오늘 네게 명령하는 것을 삼가 지키라 보라 내가 네 앞에서 아모리 사람과 가나안 사람과 헷 사람과 브리스 사람과 히위 사람과 여부스 사람을 쫓아내리니

12 너는 스스로 삼가 네가 들어가는 땅의 주민과 언약을 세우지 말라 그것이 너희에게 올무가 될까 하노라 23:32, 33

13 너희는 도리어 그들의 제단들을 헐고 그들의 주상을 깨뜨리고 그들의 아세라 상을 찍을지어다

14 너는 다른 신에게 절하지 말라 여호와는 질투라 이름하는 질투의 하나님임이니라 신 4:24

15 너는 삼가 그 땅의 주민과 언약을 세우지 말지니 이는 그들이 모든 신을 음란하게 섬기며 그들의 신들에게 제물을 드리고 너를 청하면 네가 그 제물을 먹을까 함이며

16 또 네가 그들의 딸들을 네 아들들의 아내로 삼음으로 그들의 딸들이 그들의 신들을 음란하게 섬기며 네 아들에게 그들의 신들을 음란하게 섬기게 할까 함이니라

17 너는 신상들을 부어 만들지 말지니라

18 ● 너는 무교절을 지키되 내가 네게 명령한 대로 아법월 절기에 이레 동안 무교병을 먹으라 이는 네가 아법월에 애굽에서 나왔음이니라

19 모든 첫 태생은 다 내 것이며 네 가축의 모든 처음 난 수컷인 소와 양도 다 그러하며 13:2

20 나귀의 첫 새끼는 어린 양으로 대속할 것이요 그렇게 하지 아니하려면 그 목을 꺾을 것이며 네 아들 중 장자는 다 대속할지며 빈손으로 내 얼굴을 보지 말지니라

21 ● 너는 엿새 동안 일하고 일곱째 날에는 쉴지니 밭 갈 때에나 거둘 때에도 쉴지며 20:9

22 칠칠절 곧 맥추의 초실절을 지키고 세밀에는 수장절을 지키라

23 너희의 모든 남자는 매년 세 번씩 주 여호와 이스라엘의 하나님 앞에 보일지라

24 내가 이방 나라들을 네 앞에서 쫓아내고 네 지경을 넓히리니 네가 매년 세 번씩 여호와 네 하나님을 뵈려고 올 때에 아무도 네 땅을 탐내지 못하리라

25 ● 너는 내 제물의 피를 유교병과 함께 드리지 말며 유월절 제물을 아침까지 두지 말지며

26 네 토지 소산의 처음 익은 것을 가져다가 네 하나님 여호와의 전에 드리며

하나님은 모세에게 돌판을 다시 만들라고 하셨어요. 이것은 하나님께서 이스라엘과 맺은 언약 관계를 회복시켜주시겠다는 뜻이지요. 한편 새로운 십계명 두 돌판을 받아 온 모세는 얼굴에서 광채가 났어요. 이것은 장차 하나님 나라에서 영원토록 하나님과 함께하게 될 성도의 영광을 보여줍니다(마 13:43).

너는 염소 새끼를 그 어미의 젖으로 삶지 말지니라 23:19

27 ●여호와께서 모세에게 이르시되 너는 이 말들을 기록하라 내가 이 말들의 뜻대로 너와 이스라엘과 언약을 세웠음이니라 하시니라

28 모세가 여호와와 함께 사십 일 사십 야를 거기 있으면서 떡도 먹지 아니하였고 물도 마시지 아니하였으며 여호와께서는 언약의 말씀 곧 십계명을 그 판들에 기록하셨더라

모세가 시내 산에서 내려오다

29 ●모세가 그 증거의 두 판을 모세의 손에 들고 시내 산에서 내려오니 그 산에서 내려올 때에 모세는 자기가 여호와와 말하였음으로 말미암아 얼굴 피부에 광채가 나나 깨닫지 못하였더라

30 아론과 온 이스라엘 자손이 모세를 볼 때에 모세의 얼굴 피부에 광채가 남을 보고 그에게 가까이 하기를 두려워하더니

31 모세가 그들을 부르매 아론과 회중의 모든 어른이 모세에게로 오고 모세가 그들과 말하니

32 그 후에야 온 이스라엘 자손이 가까이 오는지라 모세가 여호와께서 시내 산에서 자기에게 이르신 말씀을 다 그들에게 명령하고 24:3

33 모세가 그들에게 말하기를 마치고 수건으로 자기 얼굴을 가렸더라

34 그러나 모세가 여호와 앞에 들어가서 함께 말할 때에는 나오기까지 수건을 벗고 있다가 나와서는 그 명령하신 일을 이스라엘 자손에게 전하며

희막 건축을 위한 예물(35:4-9)

35 이스라엘 자손이 모세의 얼굴의 광채를 보므로 모세가 여호와께 말하러 들어가기까지 다시 수건으로 자기 얼굴을 가렸더라 34:32

안식일 규례 —— B.C. 1450년경

35 모세가 이스라엘 자손의 온 회중을 모으고 그들에게 이르되 여호와께서 너희에게 명령하사 행하게 하신 말씀이 이러하니라

2 엿새 동안은 일하고 일곱째 날은 너희를 위한 거룩한 날이니 여호와께 엄숙한 안식일이라 누구든지 이 날에 일하는 자는 죽일지니 31:15

3 안식일에는 너희의 모든 처소에서 불도 피우지 말지니라

여호와께 드릴 것들 (출 25:1~9)

4 ●모세가 이스라엘 자손의 온 회중에게 말하여 이르되 여호와께서 명령하신 일이 이러하니라 이르시기를 25:1-9

5 너희의 소유 중에서 너희는 여호와께 드릴 것을 택하되 마음에 원하는 자는 누구든지 그것을 가져다가 여호와께 드릴지니 곧 금과 은과 놋과

6 청색 자색 홍색 실과 가는 베 실과 염소 털과

7 붉은 물 들인 숫양의 가죽과 1)해달의 가죽과 조각목과

8 등유와 및 관유에 드는 향품과 분향할 향을 만드는 향품과

9 호마노며 에봇과 흉패에 물릴 보석이니라

10 ●무릇 너희 중 마음이 지혜로운 자는

35 에는 무엇이 기록되어 있을까?

35장은 성막 제작에 필요한 재료와 일꾼들을 모으는 내용이에요. 이 과정에서 백성들은 기쁨으로 자원하여 헌물을 드렸고, 그들이 드린 헌물을 쓰고도 남을 만큼 많았어요. 이 사실은 하나님이 받으시는 예물이 물질이 아니라 스스로 드리려고 하는 사람들의 마음이라는 것을 알려주고 있습니다.

1)또는 돌고래

와서 여호와께서 명령하신 것을 다 만들지니
31:6

11 곧 성막과 천막과 그 덮개와 그 갈고리와 그 널판과 그 띠와 그 기둥과 그 받침과
26:1

12 증거궤와 그 채와 속죄소와 그 가리는 휘장과

13 상과 그 채와 그 모든 기구와 진설병과

14 불 켜는 등잔대와 그 기구와 그 등잔과 등유와

15 분향단과 그 채와 관유와 분향할 향품과 성막 문의 휘장과

16 번제단과 그 놋 그물과 그 채와 그 모든 기구와 물두멍과 그 받침과

17 뜰의 포장과 그 기둥과 그 받침과 뜰 문의 휘장과

18 장막 말뚝과 뜰의 말뚝과 그 줄과

19 성소에서 섬기기 위하여 정교하게 만든 옷 곧 제사 직분을 행할 때에 입는 제사장 아론의 거룩한 옷과 그의 아들들의 옷이니라

여호와께 자원하여 드린 예물

20 ● 이스라엘 자손의 온 회중이 모세 앞에서 물러갔더니

21 마음이 감동된 모든 자와 자원하는 모든 자가 와서 회막을 짓기 위하여 그곳에서 쓸 모든 것을 위하여, 거룩한 옷을 위하여 예물을 가져다가 여호와께 드렸으니

22 곧 마음에 원하는 남녀가 와서 팔찌와 귀고리와 가락지와¹⁾ 목걸이와 여러 가지 금품을 가져다가 사람마다 여호와께 금 예물을 드렸으며

23 무릇 청색 자색 홍색 실과 가는 베 실과 염소 털과 붉은 물 들인 숫양의 가죽과²⁾ 해달의 가죽이 있는 자도 가져

왔으며

24 은과 놋으로 예물을 삼는 모든 자가 가져다가 여호와께 드렸으며 섬기는 일에 소용되는 조각목이 있는 모든 자는 가져왔으며

25 마음이 슬기로운 모든 여인은 손수 실을 빼고 그 뺀 청색 자색 홍색 실과 가는 베 실을 가져왔으며

26 마음에 감동을 받아 슬기로운 모든 여인은 염소 털로 실을 뽑았으며

27 모든 족장은 호마노와 및 에봇과 흉패에 물릴 보석을 가져왔으며

28 등불과 관유와 분향할 향에 소용되는 기름과 향품을 가져왔으니

29 마음에 자원하는 남녀는 누구나 여호와께서 모세의 손을 빌어 명령하신 모든 것을 만들기 위하여 물품을 드렸으니 이것이 이스라엘 자손이 여호와께 자원하여 드린 예물이니라
35:21

성막 일꾼 (출 31:1-11)

30 ● 모세가 이스라엘 자손에게 이르되 볼지어다 여호와께서 유다 지파 훌의 손자요 우리의 아들인 브살렐을 지명하여 부르시고

31 하나님의 영을 그에게 충만하게 하여 지혜와 총명과 지식으로 여러 가지 일을 하게 하시되

32 금과 은과 놋으로 제작하는 기술을 고안하게 하시며

33 보석을 깎아 물리며 나무를 새기는 여러 가지 정교한 일을 하게 하셨고

기쁨으로 예물을 드리는 백성들
(35:20-29)

성막(35:11) 이스라엘 백성이 성전을 건축하기 전에 하나님의 언약궤를 모셔 놓았던 막.
물두멍(35:16) 물을 길어놓고 쓰는 큰 가마. 손발을 씻는 곳으로 성결을 의미함.
직분(35:19) 자기가 마땅히 해야 할 본분.
흉패(35:27) 대제사장의 가슴에 달았던 네모진 모양.

1) 팔고리 2) 또는 돌고래

34 또 그와 단 지파 아히사막의 아들 오홀리압을 감동시키사 가르치게 하시며

35 지혜로운 마음을 그들에게 충만하게 하사 여러 가지 일을 하게 하시되 조각하는 일과 세공하는 일과 청색 자색 홍색 실과 가는 베 실로 수 놓는 일과 짜는 일과 그 외에 여러 가지 일을 하게 하시고 정교한 일을 고안하게 하셨느니라

36

브살렐과 오홀리압과 및 마음이 지혜로운 사람 곧 여호와께서 지혜와 총명을 부으사 성소에 쓸 모든 일을 할 줄 알게 하신 자들은 모두 여호와께서 명령하신 대로 할 것이니라

예물로 드린 재료가 넉넉하다

2 ●모세가 브살렐과 오홀리압과 및 마음이 지혜로운 사람 곧 그 마음에 여호와께로부터 지혜를 얻고 와서 그 일을 하려고 마음에 원하는 모든 자를 부르매 출 29:5

3 그들이 이스라엘 자손의 성소의 모든 것을 만들기 위하여 가져온 예물을 모세에게서 받으니라 그러나 백성이 아침마다 자원하는 예물을 연하여 가져왔으므로 35:27

4 성소의 모든 일을 하는 지혜로운 자들이 각기 하는 일을 중지하고 와서

5 모세에게 말하여 이르되 백성이 너무 많이 가져오므로 여호와께서 명령하신 일에 쓰기에 남음이 있나이다

6 모세가 명령을 내리매 그들이 진중에 공포하여 이르되 남녀를 막론하고 성소에 드릴 예물을 다시 만들지 말라 하매 백성이 가져오기를 그치니

성막(36:8-38)

7 있는 재료가 모든 일을 하기에 넉넉하여 남음이 있었더라

성막을 만들다 (출 26:1-37)

8 ●일하는 사람 중에 마음이 지혜로운 모든 사람이 열 폭 휘장으로 성막을 지었으니 곧 가늘게 꼰 베 실과 청색 자색 홍색 실로 그룹들을 무늬 놓아 짜서 지은 것이라

9 매 폭의 길이는 스물여덟 규빗, 너비는 네 규빗으로 각 폭의 장단을 같게 하여

10 그 다섯 폭을 서로 연결하며 또 그 다섯 폭을 서로 연결하고

11 연결할 끝폭 가에 청색 [1]고를 만들며 다른 연결할 끝폭 가에도 [1]고를 만들되

12 연결할 한 폭에 고리 쉰 개를 달고 다른 연결할 한 폭의 가에도 고리 쉰 개를 달아 그 고들이 서로 대하게 하고

13 금 갈고리 쉰 개를 만들어 그 갈고리로 두 휘장을 연결하여 한막을 이루었더라

14 ●그 성막을 덮는 막 곧 휘장을 염소 털로 만들되 열한 폭을 만들었으니 26:7

15 각 폭의 길이는 서른 규빗, 너비는 네 규빗으로 열한 폭의 장단을 같게 하여

16 그 휘장 다섯 폭을 서로 연결하며 또 여섯 폭을 서로 연결하고

17 휘장을 연결할 끝폭 가에 고리 쉰 개를 달며 다른 연결할 끝폭 가에도 고리 쉰 개를 달고

18 놋 갈고리 쉰 개를 만들어 그 휘장을 연결하여 한 막이 되게 하고

모세가 브살렐과 오홀리압을 책임자로 세우고 필요한 일꾼들을 불러 성막 건축을 시작하는 장면이에요. 제일 먼저 제작한 것은 성막을 덮는 천막과 그 뼈대를 이루는 널판과 띠, 휘장이었어요. 하나님은 일하는 사람들에게 지혜와 총명을 주셨으며, 백성들이 자원하여 드린 예물이 충분하도록 도우셨답니다.

1) 또는 고리

19 붉은 물 들인 숫양의 가죽으로 막의 덮개를 만들고 1)해달의 가죽으로 그 윗덮개를 만들었더라

20 ●그가 또 조각목으로 성막에 세울 널판들을 만들었으니

21 각 판의 길이는 열 규빗, 너비는 한 규빗 반이며

22 각 판에 두 촉이 있어 서로 연결하게 하였으니 성막의 모든 판이 그러하며

23 성막을 위하여 널판들을 만들었으되 남으로는 남쪽에 널판이 스무 개라

24 그 스무 개 널판 밑에 은 받침 마흔 개를 만들었으되 곧 이 널판 밑에도 두 받침이 그 두 촉을 받게 하였고 저 널판 밑에도 두 받침이 그 두 촉을 받게 하였으며　26:21

25 성막 다른 쪽 곧 북쪽을 위하여도 널판 스무 개를 만들고

26 또 은 받침 마흔 개를 만들었으니 곧 이 판 밑에도 받침이 둘이요 저 판 밑에도 받침이 둘이며

27 장막 뒤 곧 서쪽을 위하여는 널판 여섯 개를 만들었고　26:22

28 장막 뒤 두 모퉁이 편을 위하여는 널판 두 개를 만들되

29 아래에서부터 위까지 각기 두 겹 두께로 하여 윗고리에 이르게 하고 두 모퉁이 쪽을 다 그리하며

30 그 널판은 여덟 개요 그 받침은 은 받침 열여섯 개라 각 널판 밑에 두 개씩이었더라

31 ●그가 또 조각목으로 띠를 만들었으니 곧 성막 이쪽 널판을 위하여 다섯 개요　26:26

32 성막 저쪽 널판을 위하여 다섯 개요

성막 뒤 곧 서쪽 널판을 위하여 다섯 개며

33 그 중간 띠를 만들되 널판 중간 이 끝에서 저 끝에 미치게 하였으며

34 그 널판들을 금으로 싸고 그 널판에 띠를 꿸 금 고리를 만들고 그 띠도 금으로 쌌더라

35 ●그가 또 청색 자색 홍색 실과 가늘게 꼰 베 실로 휘장을 짜고 그 위에 그룹들을 정교하게 수 놓고　레 16:2

36 조각목으로 네 기둥을 만들어 금으로 쌌으며 그 갈고리는 금으로 기둥의 네 받침은 은으로 부어 만들었으며

37 청색 자색 홍색 실과 가늘게 꼰 베 실로 수 놓아 장막 문을 위하여 휘장을 만들고

38 휘장 문의 기둥 다섯과 그 갈고리를 만들고 기둥 머리와 그 가름대를 금으로 쌌으며 그 다섯 받침은 놋이었더라

언약궤를 만들다 (출 25:10~22) · B.C. 1450년경

37

브살렐이 조각목으로 궤를 만들었으니 길이가 두 규빗 반, 너비가 한 규빗 반, 높이가 한 규빗 반이며

2 순금으로 안팎을 싸고 위쪽 가장자리로 돌아가며 금 테를 만들었으며

3 금 고리 넷을 부어 네 발에 달았으니 곧 이쪽에 두 고리요 저쪽에 두 고리이며　25:12

4 조각목으로 채를 만들어 금으로 싸고

5 그 채를 궤 양쪽 고리에 꿰어 궤를 메게 하였으며

6 순금으로 2)속죄소를 만들었으니 길이가 두 규빗 반, 너비가 한 규빗 반이며

1) 또는 돌고래 2) 시은좌 곧 은혜의 자리

세공(35:35) 자질구레한 물건을 만드는 수공업.
고안(35:35) 연구하고 생각하여 새로운 안을 냄.
공포(36:6) 새 법령을 널리 알림.
휘장(36:8) 여러 폭의 천을 이어서 둘러치는 막.
속죄소(37:6) 속죄의 제사를 드리는 곳.

성막을 덮는 휘장(36:14-19)

7 금으로 그룹 둘을 [1]속죄소 양쪽에 쳐서 만들었으되
8 한 그룹은 이쪽 끝에, 한 그룹은 저쪽 끝에 곧 [1]속죄소와 한 덩이로 그 양쪽에 만들었으니
9 그룹들이 그 날개를 높이 펴서 그 날개로 [1]속죄소를 덮었으며 그 얼굴은 서로 대하여 [1]속죄소를 향하였더라

상을 만들다 (출 25:23-30)

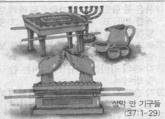

성막 안 기구들
(37:1-29)

10 ●그가 또 조각목으로 상을 만들었으니 길이가 두 규빗, 너비가 한 규빗, 높이가 한 규빗 반이며
11 순금으로 싸고 위쪽 가장자리로 돌아가며 금 테를 둘렀으며
12 그 주위에 손바닥 넓이만한 턱을 만들고 그 턱 주위에 금으로 테를 만들었고
13 상을 위하여 금 고리 넷을 부어 만들어 네 발 위, 네 모퉁이에 달았으니
14 그 고리가 턱 곁에 있어서 상을 메는 채를 꿰게 하였으며
15 또 조각목으로 상 멜 채를 만들어 금으로 쌌으며
16 상 위의 기구 곧 대접과 숟가락과 잔과 따르는 병을 순금으로 만들었더라

등잔대를 만들다 (출 25:31-40)

17 ●그가 또 순금으로 등잔대를 만들되 그것을 쳐서 만들었으니 그 밑판과 줄기와 잔과 꽃받침과 꽃이 그것과 한 덩이로 되었고
18 가지 여섯이 그 곁에서 나왔으니 곧 등잔대의 세 가지는 저쪽으로 나왔고 등잔대의 세 가지는 이쪽으로 나왔으며
19 이쪽 가지에 살구꽃 형상의 잔 셋과 꽃

받침과 꽃이 있고 저쪽 가지에 살구꽃 형상의 잔 셋과 꽃받침과 꽃이 있어 등잔대에서 나온 가지 여섯이 그러하며
20 등잔대 줄기에는 살구꽃 형상의 잔 넷과 꽃받침과 꽃이 있고
21 등잔대에서 나온 가지 여섯을 위하여는 꽃받침이 있게 하였으되 두 가지 아래에 한 꽃받침이 있어 줄기와 연결하였고 또 두 가지 아래에 한 꽃받침이 있어 줄기와 연결하였고 또 다시 두 가지 아래에 한 꽃받침이 있어 줄기와 연결되게 하였으니
22 이 꽃받침과 가지들을 줄기와 연결하여 전부를 순금으로 쳐서 만들었으며
23 등잔 일곱과 그 불 집게와 불 똥 그릇을 순금으로 만들었으니
24 등잔대와 그 모든 기구는 순금 한 달란트로 만들었더라

분향할 제단을 만들다 (출 30:1-5; 30:22-38)

25 ●그가 또 조각목으로 분향할 제단을 만들었으니 길이는 한 규빗이요 너비도 한 규빗이라 네모가 반듯하고 높이는 두 규빗이며 그 뿔들이 제단과 연결되었으며
26 제단 상면과 전후 좌우면과 그 뿔을 순금으로 싸고 주위에 금 테를 둘렀고
27 그 테 아래 양쪽에 금 고리 둘을 만들었으되 곧 그 양쪽에 만들어 제단을 메는 채를 꿰게 하였으며
28 조각목으로 그 채를 만들어 금으로 쌌으며
29 거룩한 관유와 향품으로 정결한 향을

1) 시온좌 곧 은혜의 자리

만들었으되 향을 만드는 법대로 하였더라
30:23, 24

번제단을 만들다 (출 27:1-8)

38 그가 또 조각목으로 번제단을 만들었으니 길이는 다섯 규빗이요 너비도 다섯 규빗이라 네모가 반듯하고 높이는 세 규빗이며

2 그 네 모퉁이 위에 그 뿔을 만들되 그 뿔을 제단과 연결하게 하고 제단을 놋으로 쌌으며

3 제단의 모든 기구 곧 통과 부삽과 대야와 고기 갈고리와 불 옮기는 그릇을 다 놋으로 만들고

4 제단을 위하여 놋 그물을 만들어 제단 주위 가장자리 아래에 두되 제단 절반에 오르게 하고

5 그 놋 그물 네 모퉁이에 채를 뀈 고리 넷을 부어 만들었으며

6 채를 조각목으로 만들어 놋으로 싸고

7 제단 양쪽 고리에 그 채를 꿰어 메게 하였으며 제단을 널판으로 속이 비게 만들었더라

놋 물두멍을 만들다 (출 30:18)

8 ●그가 놋으로 물두멍을 만들고 그 받침도 놋으로 하였으니 곧 회막 문에서 수종드는 여인들의 거울로 만들었더라

성막 울타리를 만들다 (출 27:9-19)

9 ●그가 또 뜰을 만들었으니 남으로 뜰의 남쪽에는 세마포 포장이 백 규빗이라

10 그 기둥이 스물이며 그 받침이 스물이니 놋이요 기둥의 갈고리와 가름대는 은이며

11 그 북쪽에도 백 규빗이라 그 기둥이 스

등잔대
(37:17-24)

물이며 그 받침이 스물이니 놋이요 기둥의 갈고리와 가름대는 은이며 27:11

12 서쪽에 포장은 쉰 규빗이라 그 기둥이 열이요 받침이 열이며 기둥의 갈고리와 가름대는 은이며

13 동으로 동쪽에도 쉰 규빗이라

14 문 이쪽의 포장이 열다섯 규빗이요 그 기둥이 셋이요 받침이 셋이며

15 문 저쪽도 그와 같으니 뜰 문 이쪽, 저쪽의 포장이 열다섯 규빗씩이요 그 기둥이 셋씩, 받침이 셋씩이라

16 뜰 주위의 포장은 세마포요

17 기둥 받침은 놋이요 기둥의 갈고리와 가름대는 은이요 기둥 머리 싸개는 은이며 뜰의 모든 기둥에 은 가름대를 꿰었으며

18 뜰의 휘장 문을 청색 자색 홍색 실과 가늘게 꼰 베 실로 수 놓아 짰으니 길이는 스무 규빗이요 너비와 높이는 뜰의 포장과 같이 다섯 규빗이며

19 그 기둥은 넷인데 그 받침 넷은 놋이요 그 갈고리는 은이요 그 머리 싸개와 가름대도 은이며

20 성막 말뚝과 뜰 주위의 말뚝은 모두 놋이더라

성막 재료의 물자 목록

21 ●성막 곧 1)증거막을 위하여 레위 사람이 쓴 재료의 물목은 제사장 아론의 아들 이다말이 모세의 명령대로 계산하였으며

22 유다 지파 훌의 손자요 우리의 아들인 브살렐은 여호와께서 모세에게 명령하신 모든 것을 만들었고

38장 에는 무엇이 기록되어 있을까?

성막 뜰에 설치될 번제단과 물두멍, 성막 뜰을 둘러칠 세마포 포장(휘장)을 제작한 내용이 나와 있어요. 번제단과 성막 뜰에 대해서는 27장에도 자세히 나와 있지요. 성막 건축용 자재의 경우, 명세서가 상세히 기록되었지만, 이것은 성막 제작에 대해서만이 아니라 물자 관리도 매우 철저하게 감독했음을 보여줍니다.

1)법

23 단 지파 아히사막의 아들 오홀리압이 그와 함께 하였으니 오홀리압은 재능이 있어서 조각하며 또 청색 자색 홍색 실과 가는 베 실로 수 놓은 자더라

24 ●성소 건축 비용으로 들인 금은 성소의 세겔로 스물아홉 달란트와 칠백삼십 세겔이며

25 계수된 회중이 드린 은은 성소의 세겔로 백 달란트와 천칠백칠십오 세겔이니

26 계수된 자가 이십 세 이상으로 육십만 삼천오백오십 명인즉 성소의 세겔로 각 사람에게 은 한 베가 곧 반 세겔씩이라

27 은 백 달란트로 성소의 받침과 휘장 문의 기둥 받침을 모두 백 개를 부어 만들었으니 각 받침마다 한 달란트씩 모두 백 달란트요

28 천칠백칠십오 세겔로 기둥 갈고리를 만들고 기둥 머리를 싸고 기둥 가름대를 만들었으며

29 드린 놋은 칠십 달란트와 이천사백 세겔이라

30 이것으로 회막 문 기둥 받침과 놋 제단과 놋 그물과 제단의 모든 기구를 만들었으며

31 뜰 주위의 기둥 받침과 그 휘장 문의 기둥 받침과 성막의 모든 말뚝과 뜰 주위의 모든 말뚝을 만들었더라

제사장의 옷을 만들다 (출 28:1~14)

39 그들은 여호와께서 모세에게 명령하신 대로 청색 자색 홍색 실로 성소에서 섬길 때 입을 정교한 옷을 만들고 또 아론을 위해 거룩한 옷을 만들었더라 35:23

2 ●그는 또 금 실과 청색 자색 홍색 실과 가늘게 꼰 베 실로 에봇을 만들었으되

3 금을 얇게 쳐서 오려서 실을 만들어 청색 자색 홍색 실과 가는 베 실에 섞어 정교하게 짜고

4 에봇에는 어깨받이를 만들어 그 두 끝에 달아 서로 연결되게 하고

5 에봇 위에 에봇을 매는 띠를 에봇과 같은 모양으로 금 실과 청색 자색 홍색 실과 가늘게 꼰 베 실로 에봇에 붙여 짰으니 여호와께서 모세에게 명령하신 대로 하였더라

6 ●그들은 또 호마노를 깎아 금 테에 물려 도장을 새김 같이 이스라엘의 아들들의 이름을 그것에 새겨 28:9

7 에봇 어깨받이에 달아 이스라엘의 아들들을 기념하는 보석을 삼았으니 여호와께서 모세에게 명령하신 대로 하였더라

흉패를 만들다 (출 28:15~30)

8 ●그가 또 흉패를 정교하게 짜되 에봇과 같은 모양으로 금 실과 청색 자색 홍색 실과 가늘게 꼰 베 실로 하였으니

9 그것의 길이가 한 뼘, 너비가 한 뼘으로 네모가 반듯하고 두 겹이며

10 그것에 네 줄 보석을 물렸으니 곧 홍보석 황옥 녹주옥이 첫 줄이요

11 둘째 줄은 석류석 1)남보석 2)홍마노요

12 셋째 줄은 호박 백마노 자수정이요

13 넷째 줄은 녹보석 호마노 벽옥이라 다 금 테에 물렸으니

14 이 보석들은 이스라엘의 아들들의 이름 곧 그들의 이름대로 열둘이라 도장을 새김 같이 그 열두 지파의 각 이름을 새겼으며 28:21:12

15 그들이 또 순금으로 노끈처럼 사슬을

1)청보석 2)금강석

39 에는 무엇이 기록되어 있을까?

제사장의 의복을 만드는 것과 성막의 모든 공사를 완성한 것을 설명하고 있어요. 이제 남은 일은 모든 것이 과연 하나님의 지시대로 완성되었는지를 확인하고 봉헌식을 거행하는 것뿐이지요. 모세는 브살렐과 오홀리압을 중심으로 모든 역사가 하나님의 명령대로 되었음을 확인하고 축복하였답니다.

땅아 흉패에 붙이고

16 또 금 테 둘과 금 고리 둘을 만들어 그 두 고리를 흉패 두 끝에 달고

17 그 땋은 두 금 사슬을 흉패 끝 두 고리에 꿰매었으며

18 그 땋은 두 사슬의 다른 두 끝을 에봇 앞 두 어깨받이의 금 테에 매고

19 또 금 고리 둘을 만들어 흉패 두 끝에 달았으니 곧 그 에봇을 마주한 안쪽 가장자리에 달았으며

20 또 금 고리 둘을 만들어 에봇 앞 두어 깨받이 아래 매는 자리 가까운 쪽 곧 정교하게 짠 에봇 띠 위쪽에 달고

21 청색 끈으로 흉패 고리와 에봇 고리에 꿰어 흉패로 정교하게 짠 에봇 띠 위에 붙여서 에봇에서 벗어지지 않게 하였으니 여호와께서 모세에게 명령하신 대로 하였더라

제사장의 또 다른 옷을 만들다 (출 28:31-43)

22 ●또 에봇 받침 긴 옷을 전부 청색으로 짜서 만들되

23 그 옷의 두 어깨 사이에 구멍을 내고 갑옷 깃 같이 그 구멍 주위에 깃을 짜서 찢어지지 않게 하고

24 청색 자색 홍색 실과 가는 베 실로 그 옷 가장자리에 석류를 수 놓고

25 순금으로 방울을 만들어 그 옷 가장자리로 돌아가며 석류 사이사이에 달되

26 방울과 석류를 서로 간격을 두고 번갈아 그 옷 가장자리로 돌아가며 달았으니 여호와께서 모세에게 명령하신 대로 하였더라

27 ●그들이 또 직조한 가는 베로 아론과 그의 아들들을 위하여 속옷을 짓고

28 세마포로 두건을 짓고 세마포로 빛난 관을 만들고 가는 베 실로 짜서 세마포 속바지들을 만들고

29 가는 베 실과 청색 자색 홍색 실로 수놓아 띠를 만들었으니 여호와께서 모세에게 명령하신 대로 하였더라

30 ●그들이 또 순금으로 거룩한 1)패를 만들고 도장을 새김 같이 그 위에 '여호와께 성결'이라 새기고

31 그 패를 청색 끈으로 관 전면에 달았으니 여호와께서 모세에게 명령하신 대로 하였더라

성막의 모든 역사를 마치다 (출 35:10-19)

32 ●이스라엘 자손이 이와 같이 성막 곧 회막의 모든 역사를 마치되 여호와께서 모세에게 명령하신 대로 다 행하고

33 그들이 성막을 모세에게로 가져왔으니 곧 막과 그 모든 기구와 그 갈고리들과 그 널판들과 그 띠들과 그 기둥들과 그 받침들과

34 붉은 물을 들인 숫양의 가죽 덮개와 2)해달의 가죽 덮개와 가리는 휘장과

35 3)증거궤와 그 채들과 4)속죄소와

36 상과 그 모든 기구와 진설병과

37 순금 등잔대와 그 잔 곧 벌여놓는 등잔대와 그 모든 기구와 등유와

38 금 제단과 관유와 향기로운 향과 장막 휘장 문과

1) 히, 면류관의 패 2) 또는 돌고래 3) 법궤 4) 시은좌 곧 은혜의 자리

선생님!! 궁금해요

이스라엘의 12지파가 뭐예요?

야곱에게 12명의 아들이 있었어요. 그 12명이 이스라엘 각 지파의 조상이 되었지요. 하나님께서 야곱에게 주신 새 이름 "이스라엘"은 나라의 이름이 되었고요.

12지파의 이름은 야곱의 열두 아들의 이름에 따라 르우벤, 시므온, 유다, 잇사갈, 스불론, 요셉(에브라임, 므낫세), 베냐민, 단, 아셀, 갓, 납달리 지파랍니다. 우리나라도 '경기도' '충청도' '경상도' '전라도' '강원도' '제주도' … 이렇게 나누어져 있는 것과 같은 것이지요.

39장 14절

39 놋 제단과 그 놋 그물과 그 채들과 그 모든 기구와 물두멍과 그 받침과
40 뜰의 포장들과 그 기둥들과 그 받침들과 뜰 문의 휘장과 그 줄들과 그 말뚝들과 성막 곧 회막에서 사용할 모든 기구와
41 성소에서 섬기기 위한 정교한 옷 곧 제사 직분을 행할 때에 입는 제사장 아론의 거룩한 옷과 그의 아들들의 옷이라 26:33
42 여호와께서 모세에게 명령하신 대로 이스라엘 자손이 모든 역사를 마치매
43 모세가 그 마친 모든 것을 본즉 여호와께서 명령하신 대로 되었으므로 모세가 그들에게 축복하였더라 민 9:22, 23

성막 봉헌

40 여호와께서 모세에게 말씀하여 이르시되
2 너는 첫째 달 초하루에 성막 곧 회막을 세우고
3 또 증거궤를 들여놓고 또 휘장으로 그 궤를 가리고 25:9, 10
4 또 상을 들여놓고 그 위에 물품을 진설하고 등잔대를 들여놓아 불을 켜고
5 또 금 향단을 증거궤 앞에 두고 성막 문에 휘장을 달고
6 또 번제단을 회막의 성막 문 앞에 놓고
7 또 물두멍을 회막과 제단 사이에 놓고 그 속에 물을 담고
8 또 뜰 주위에 포장을 치고 뜰 문에 휘장을 달고
9 또 관유를 가져다가 성막과 그 안에 있는 모든 것에 발라 그것과 그 모든 기구

10 너는 또 번제단과 그 모든 기구에 발라 그 안을 거룩하게 하라 그 제단이 지극히 거룩하리라
11 너는 또 물두멍과 그 받침에 발라 거룩하게 하고 29:36, 37
12 너는 또 아론과 그 아들들을 회막 문으로 데려다가 물로 씻기고
13 아론에게 거룩한 옷을 입히고 그에게 기름을 부어 거룩하게 하여 그가 내게 제사장의 직분을 행하게 하라 28:41
14 너는 또 그 아들들을 데려다가 그들에게 겉옷을 입히고
15 그 아버지에게 기름을 부음 같이 그들에게도 부어서 그들이 내게 제사장의 직분을 행하게 하라 그들이 기름 부음을 받았은즉 대대로 영영히 제사장이 되리라 하시매
16 모세가 그같이 행하되 곧 여호와께서 자기에게 명령하신 대로 다 행하였더라
17 ○둘째 해 첫째 달 곧 그 달 초하루에 성막을 세우니라
18 모세가 성막을 세우되 그 받침들을 놓고 그 널판들을 세우고 그 띠를 띠우고 그 기둥들을 세우고
19 또 성막 위에 막을 펴고 그 위에 덮개를 덮으니 여호와께서 모세에게 명령하신 대로 되니라
20 그는 또 증거판을 궤 속에 넣고 채를 궤에 꿰고 속죄소를 궤 위에 두고
21 또 그 궤를 성막에 들여놓고 가리개 휘장을 늘어뜨려 그 증거궤를 가리니 여호와께서 모세에게 명령하신 대로 되니라
22 그는 또 회막 안 곧 성막 북쪽으로 휘장 밖에 상을 놓고 26:35

40 에는 무엇이 기록되어 있을까?

하나님이 지시하신 대로 완성된 성막이 봉헌되자, 하나님의 영광을 나타내는 구름이 성막에 가득하였어요. 이후 구름 기둥은 이스라엘의 앞길을 인도하였는데, 이것은 하나님이 내 이스라엘의 발걸음을 인도하셨음을 나타냅니다. 하나님은 지금도 영적 이스라엘인 우리 모든 믿는 자들과 늘 함께 계시답니다.

1) 법궤 2) 또는 발라

진설(40:4) 제사나 잔치 때 음식을 갖추어 상을 차려 놓음.
포장(40:8) 베나 무명으로 만든 휘장.
물두멍(40:30) 물을 길어다 놓고 쓰는 큰 가마.
역사(40:33) 토목, 건축 등의 공사.

23 또 여호와 앞 그 상 위에 떡을 진설하
니 여호와께서 모세에게 명령하신 대
로 되니라 40:4
24 그는 또 회막 안 곧 성막 남쪽에 등잔
대를 놓아 상과 마주하게 하고
25 또 여호와 앞에 등잔대에 불을 켜니 여
호와께서 모세에게 명령하신 대로 되
니라 25:37
26 그가 또 금 향단을 회막 안 휘장 앞에
두고
27 그 위에 향기로운 향을 사르니 여호와
께서 모세에게 명령하신 대로 되니라
28 그는 또 성막 문에 휘장을 달고
29 또 회막의 성막 문 앞에 번제단을 두고
번제와 소제를 그 위에 드리니 여호와
께서 모세에게 명령하신 대로 되니라
30 그는 또 물두멍을 회막과 제단 사이에
두고 거기 씻을 물을 담으니라
31 모세와 아론과 그 아들들이 거기서 수
족을 씻되
32 그들이 회막에 들어갈 때와 제단에 가
까이 갈 때에 씻었으니 여호와께서 모
세에게 명령하신 대로 되니라 30:19, 20
33 그는 또 성막과 제단 주위 뜰에 포장을
치고 뜰 문에 휘장을 다니라 모세가 이
같이 역사를 마치니

여호와의 영광이 성막에 충만하다 (민 9:15-23)

34 ●구름이 회막에 덮이고 여호와의 영
광이 성막에 충만하매
35 모세가 회막에 들어갈 수 없었으니 이
는 구름이 회막 위에 덮이고 여호와의
영광이 성막에 충만함이었으며
36 구름이 성막 위에서 떠오를 때에는 이
스라엘 자손이 그 모든 행진하는 길에
앞으로 나아갔고 민 9:17
37 구름이 떠오르지 않을 때에는 떠오르
는 날까지 나아가지 아니하였으며
38 낮에는 여호와의 구름이 성막 위에 있
고 밤에는 불이 그 구름 가운데에 있
음을 이스라엘의 온 족속이 그 모든
행진하는 길에서 그들의 눈으로 보았
더라 13:21

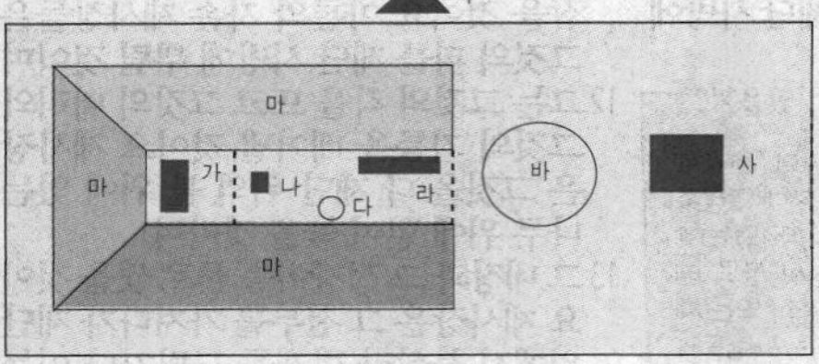

가:언약궤 나:향단 다:등잔대 라:진설병 상
마:지성소와 성소 위를 덮고 있는 막 바:물두멍 사:번제단

완성된 성막(40:33)
이스라엘 자손은 항상 하나님의 임재의 상징인 성막을 중심으로 진을 치고 행진하며 생활하였는데, 이것은 하나님과 동행하는 삶이야말로 진정한 성도의 삶임을 보여준다.

Leviticus

레위기

☀ 레위기를 읽기 전에

레위기는 모세가 쓴 책이에요. 레위기는 하나님께 드리는 제사법에 관하여 말해주고 있지요. 레위인들 가운데 특별히 제사장들은, 온전한 예배를 위하여 거룩하게 구별되었고 모든 백성들에게 거룩한 삶의 본이 되어야 했어요.

☀ 언제, 왜, 누구를 위하여 썼나요?

레위기를 기록한 때는 B.C. 1450~1400년경이라고 해요. 이 책은 애굽에서 구원받은 이스라엘 백성에게 거룩한 삶을 사는 방법을 알려주기 위해 기록되었어요. 또, 제사장들에게는 하나님께 드리는 제사법을 가르쳐주고 있지요.

☀ 어떤 내용인가요?

레위기는 하나님의 백성이 하나님께 나아가는 방법을 알려주는 책이에요. 하나님은 거룩한 분이시므로, 하나님 앞에 나아가는 백성들도 반드시 거룩한 모습을 지녀야 해요.

번제

1 여호와께서 회막에서 모세를 부르시고 그에게 말씀하여 이르시되

2 이스라엘 자손에게 말하여 이르라 너희 중에 누구든지 여호와께 예물을 드리려거든 가축 중에서 소나 양으로 예물을 드릴지니라

3 ●그 예물이 소의 번제이면 흠 없는 수컷으로 회막 문에서 여호와께 앞에 기쁘게 받으시도록 드릴지니라

4 그는 번제물의 머리에 안수할지니 그를 위하여 기쁘게 받으심이 되어 그를 위하여 속죄가 될 것이라

5 그는 여호와 앞에서 그 수송아지를 잡을 것이요 아론의 자손 제사장들은 그 피를 가져다가 회막 문 앞 제단 사방에 뿌릴 것이며

6 그는 또 그 번제물의 가죽을 벗기고 각을 뜰 것이요

7 제사장 아론의 자손들은 제단 위에 불을 붙이고 불 위에 나무를 벌여 놓고 6:8-13

8 아론의 자손 제사장들은 그 뜬 각과 머리와 기름을 제단 위의 불 위에 있는 나무에 벌여 놓을 것이며

9 그 내장과 정강이를 물로 씻을 것이요 제사장은 그 전부를 제단 위에서 불살라 번제를 드릴지니 이는 화제라 여호와께 향기로운 냄새니라

10 ●만일 그 예물이 가축 떼의 양이나 염소의 번제이면 흠 없는 수컷으로 드릴지니

11 그가 제단 북쪽 여호와 앞에서 그것을 잡을 것이요 아론의 자손 제사장들은 그것의 피를 제단 사방에 뿌릴 것이며

12 그는 그것의 각을 뜨고 그것의 머리와 그것의 기름을 베어낼 것이요 제사장은 그것을 다 제단 위의 불 위에 있는 나무 위에 벌여 놓을 것이며

13 그 내장과 그 정강이를 물로 씻을 것이요 제사장은 그 전부를 가져다가 제단 위에서 불살라 번제를 드릴지니 이는 화제라 여호와께 향기로운 냄새니라

1 에는 무엇이 기록되어 있을까?

하나님이 거하실 성막이 세워진 후, 하나님께서는 모세에게 제사에 대해 알려주셨어요. 제일 처음으로 번제가 소개되어 있는데, '번제'는 제물 전체를 하나님 앞에서 불로 태우는 제사예요. 제물로는 소나 양, 염소, 또는 새가 드려졌으며, 이것은 제사 드리는 사람들의 경제적 형편에 따라 정해졌지요.

고운 가루를
반죽하는 여인(2:4-6)

14 ●만일 여호와께 드리는 예물이 새의 번제이면 산비둘기나 집비둘기 새끼로 예물을 드릴 것이요

15 제사장은 그것을 제단으로 가져가서 그것의 머리를 비틀어 끊고 제단 위에서 불사르고 피는 제단 곁에 흘릴 것이며

16 그것의 모이주머니와 1)그 더러운 것은 제거하여 제단 동쪽 재 버리는 곳에 던지고

17 또 그 날개 자리에서 그 몸을 찢되 아주 찢지 말고 제사장이 그것을 제단 위의 불 위에 있는 나무 위에서 불살라 번제를 드릴지니 이는 화제라 여호와께 향기로운 냄새니라

소제의 예물

2 누구든지 소제의 예물을 여호와께 드리려거든 고운 가루로 예물을 삼아 그 위에 기름을 붓고 또 그 위에 유향을 놓아

2 아론의 자손 제사장들에게로 가져갈 것이요 제사장은 그 고운 가루 한 움큼과 기름과 그 모든 유향을 가져다가 기념물로 제단 위에서 불사를지니 이는 화제라 여호와께 향기로운 냄새니라

3 그 소제물의 남은 것은 아론과 그의 자손에게 돌릴지니 이는 여호와의 화제물 중에 지극히 거룩한 것이니라 10:12, 13

4 ●네가 화덕에 구운 것으로 소제의 예물을 드리려거든 고운 가루에 기름을 섞어 만든 무교병이나 기름을 바른 무교전병을 드릴 것이요

5 철판에 부친 것으로 소제의 예물을 드리려거든 고운 가루에 누룩을 넣지 말고 기름을 섞어

6 조각으로 나누고 그 위에 기름을 부을지니 이는 소제니라

7 네가 냄비의 것으로 소제를 드리려거든 고운 가루와 기름을 섞어 만들지니라

8 너는 이것들로 만든 소제물을 여호와께로 가져다가 제사장에게 줄 것이요 제사장은 그것을 제단으로 가져가서

9 그 소제물 중에서 기념할 것을 가져다가 제단 위에서 불사를지니 이는 화제라 여호와께 향기로운 냄새니라

10 소제물의 남은 것은 아론과 그의 아들들에게 돌릴지니 이는 여호와의 화제물 중에 지극히 거룩한 것이니라 2:3

11 ●너희가 여호와께 드리는 모든 소제물에는 누룩을 넣지 말지니 너희가 누룩이나 꿀을 여호와께 화제로 드려 사르지 못할지니라

12 처음 익은 것으로는 그것을 여호와께 드릴지나 향기로운 냄새를 위하여는 제단에 올리지 말지며

13 네 모든 소제물에 소금을 치라 네 하나님의 언약의 소금을 네 소제에 빼지 못할지니 네 모든 예물에 소금을 드릴지니라

14 ●너는 첫 이삭의 소제를 여호와께 드리거든 첫 이삭을 볶아 찧은 것으로 네 소제를 삼되

15 그 위에 기름을 붓고 그 위에 유향을 더할지니 이는 소제니라

16 제사장은 찧은 곡식과 기름을 모든 유향과 함께 기념물로 불사를지니 이는 여호와께 드리는 화제니라

2장 에는 무엇이 기록되어 있을까?

'소제'는 제사 중에서 유일하게 피 흘림이 없이 곡식을 가지고 드리는 제사예요. 이 제사는 생명을 주신 하나님께 모든 삶을 드리는 것을 의미합니다. 소제의 종류는 소제물에 따라 구분되는데, 곡식 가루, 화덕에 구운 것, 철판에 부친 것, 냄비의 것 등이 있어요. 그리고 소제물의 남은 것은 아론과 그 자손에게 주었답니다.

1)또는 깃털

화목제의 예물 (♪346, 404장)

3 사람이 만일 ¹⁾화목제의 제물을 예물로 드리되 소로 드리려면 수컷이나 암컷이나 흠 없는 것으로 여호와 앞에 드릴지니

2 그 예물의 머리에 안수하고 회막 문에서 잡을 것이요 아론의 자손 제사장들은 그 피를 제단 사방에 뿌릴 것이며

3 그는 또 그 화목제의 제물 중에서 여호와께 화제를 드릴지니 곧 내장에 덮인 기름과 내장에 붙은 모든 기름과

4 두 콩팥과 그 위의 기름 곧 허리 쪽에 있는 것과 간에 덮인 꺼풀을 콩팥과 함께 떼어낼 것이요

5 아론의 자손은 그것을 제단 위의 불 위에 있는 나무 위의 번제물 위에서 사를지니 이는 화제라 여호와께 향기로운 냄새니라

6 ●만일 여호와께 예물로 드리는 화목제의 제물이 양이면 수컷이나 암컷이나 흠 없는 것으로 드리며

7 만일 그의 예물로 드리는 것이 어린 양이면 그것을 여호와 앞으로 끌어다가

8 그 예물의 머리에 안수하고 회막 앞에서 잡을 것이요 아론의 자손은 그 피를 제단 사방에 뿌릴 것이며

9 그는 그 화목제의 제물 중에서 여호와께 화제를 드릴지니 그 기름 곧 미골에서 벤 기름진 꼬리와 내장에 덮인 기름과 내장에 붙은 모든 기름과

10 두 콩팥과 그 위의 기름 곧 허리 쪽에 있는 것과 간에 덮인 꺼풀을 콩팥과 함께 떼어낼 것이요

11 제사장은 그것을 제단 위에서 불사를지니 이는 화제로 여호와께 드리는 음식이니라

12 ●만일 그의 예물이 염소면 그것을 여호와 앞으로 끌어다가 □15:6

13 그것의 머리에 안수하고 회막 앞에서 잡을 것이요 아론의 자손은 그 피를 제단 사방에 뿌릴 것이며

14 그는 그 중에서 예물을 가져다가 여호와께 화제를 드릴지니 곧 내장에 덮인 기름과 내장에 붙은 모든 기름과

15 두 콩팥과 그 위의 기름 곧 허리 쪽에 있는 것과 간에 덮인 꺼풀을 콩팥과 함께 떼어낼 것이요

16 제사장은 그것을 제단 위에서 불사를지니 이는 화제로 드리는 음식이요 향기로운 냄새라 모든 기름은 여호와의 것이니라

17 너희는 기름과 피를 먹지 말라 이는 너희의 모든 처소에서 너희 대대로 지킬 영원한 규례니라

속죄제를 드리는 규례

4 여호와께서 모세에게 말씀하여 이르시되

2 이스라엘 자손에게 말하여 이르라 누구든지 여호와의 계명 중 하나라도 그릇 범하였으되

3 만일 기름 부음을 받은 제사장이 범죄하여 백성의 허물이 되었으면 그가 범한 죄로 말미암아 흠 없는 수송아지로 속죄제물을 삼아 여호와께 드릴지니

4 그 수송아지를 회막 문 여호와 앞으로 끌어다가 그 수송아지의 머리에 안수하고 여호와 앞에서 잡을 것이요

3 에는 무엇이 기록되어 있을까?

'화목제'는 하나님과 인간 사이의 화평을 위한 제사예요. 화목제의 종류에는 감사제(구원과 축복에 감사하는 제사)와 서원제(서원의 예물을 드리는 제사), 자원제(자발적으로 드리는 제사)가 있어요. 화목제는 드린 예물을 나누어 먹는 유일한 제사지요. 예수님은 하나님과 인간 사이의 화평을 위해 친히 화목 제물이 되셨어요.

---

1) 또는 감사제

회막(3:2) 법궤를 보관했던 장막, 성막.
미골(3:9) 등뼈의 끝에서부터 잘라내는 꼬리.
간에 덮인 꺼풀(3:15) 내장을 둘러싸고 있는 기름.
향단(4:7) 높이는 약 90cm, 길이와 목이 45cm쯤 되는 향을 피우는 제단. 네 모퉁이에 뿔이 달려 있다.
회중(4:13) 모여 있는 많은 무리.
부지중(4:13) 알지 못하는 사이.
기름 부음을 받은 제사장(4:16) 대제사장을 가리킨다.

5 기름 부음을 받은 제사장은 그 수송아지의 피를 가지고 회막에 들어가서

6 그 제사장이 손가락에 그 피를 찍어 여호와 앞 곧 성소의 휘장 앞에 일곱 번 뿌릴 것이며

7 제사장은 또 그 피를 여호와 앞 곧 회막 안 향단 뿔들에 바르고 그 송아지의 피 전부를 회막 문 앞 번제단 밑에 쏟을 것이며 9:9

번제단(4:7)

8 또 그 속죄제물이 된 수송아지의 모든 기름을 떼어낼지니 곧 내장에 덮인 기름과 내장에 붙은 모든 기름과 3:3-5

9 두 콩팥과 그 위의 기름 곧 허리쪽에 있는 것과 간에 덮인 꺼풀을 콩팥과 함께 떼어내되

10 화목제 제물의 소에게서 떼어냄 같이 할 것이요 제사장은 그것을 번제단 위에서 불사를 것이며

11 그 수송아지의 가죽과 그 모든 고기와 그것의 머리와 정강이와 내장과

12 똥 곧 그 송아지의 전체를 진영 바깥 재 버리는 곳인 정결한 곳으로 가져다가 불로 나무 위에서 사르되 곧 재 버리는 곳에서 불사를지니라

13 ●만일 이스라엘 온 회중이 여호와의 계명 중 하나라도 범하여 허물이 있으나 스스로 깨닫지 못하다가

14 그 범한 죄를 깨달으면 회중은 수송아지를 속죄제로 드릴지니 그것을 회막 앞으로 끌어다가

15 회중의 장로들이 여호와 앞에서 그 수송아지 머리에 안수하고 그것을 여호와 앞에서 잡을 것이요

16 기름 부음을 받은 제사장은 그 수송아지의 피를 가지고 회막에 들어가서

17 그 제사장이 손가락으로 그 피를 찍어 여호와 앞, 휘장 앞에 일곱 번 뿌릴 것이며

18 또 그 피로 회막 안 여호와 앞에 있는 제단 뿔들에 바르고 그 피 전부는 회막 문 앞 번제단 밑에 쏟을 것이며

19 그것의 기름은 다 떼어 제단 위에서 불사르되

20 그 송아지를 속죄제의 수송아지에게 한 것 같이 할지며 제사장이 그것으로 회중을 위하여 속죄한즉 그들이 사함을 받으리라

21 그는 그 수송아지를 진영 밖으로 가져다가 첫번 수송아지를 사름 같이 불사를지니 이는 회중의 속죄제니라

22 ●만일 족장이 그의 하나님 여호와의 계명 중 하나라도 부지중에 범하여 허물이 있었는데

23 그가 범한 죄를 누가 그에게 깨우쳐 주면 그는 흠 없는 숫염소를 예물로 가져다가

24 그 숫염소의 머리에 안수하고 여호와 앞 번제물을 잡는 곳에서 잡을지니 이는 속죄제라

25 제사장은 그 속죄 제물의 피를 손가락에 찍어 번제단 뿔들에 바르고 피는 번제단 밑에 쏟고

26 그 모든 기름은 화목제 제물의 기름 같이 제단 위에서 불사를지니 이같이 제사장이 그 범한 죄에 대하여 그를 위하여 속죄한즉 그가 사함을 얻으리라

27 ●만일 평민의 한 사람이 여호와의 계명 중 하나라도 부지중에 범하여 허물이

4장 에는 무엇이 기록되어 있을까?

'속죄제'는 죄를 용서받기 위해 드리는 제사예요. 죄를 지은 사람이 제사장에게 짐승을 끌고 가면, 제사장이 그 짐승에게 안수를 해주었어요. 그러면 제사를 드리는 자의 죄가 짐승에게 전해지고 그 대속물은 죽음을 당함으로 속죄가 이루어졌지요. 이 원리는 예수님의 대속의 죽음을 통해 완성되었답니다.

이 있었는데

28 그가 범한 죄를 누가 그에게 깨우쳐 주면 그는 흠 없는 암염소를 끌고 와서 그 범한 죄로 말미암아 그것을 예물로 삼아

29 그 속죄물의 머리에 안수하고 그 제물을 번제물을 잡는 곳에서 잡을 것이요

30 제사장은 손가락으로 그 피를 찍어 번제단 뿔들에 바르고 그 피 전부를 제단 밑에 쏟고

31 그 모든 기름을 화목제물의 기름을 떼어낸 것 같이 떼어내 제단 위에서 불살라 여호와께 향기롭게 할지니 제사장이 그를 위하여 속죄한즉 그가 사함을 받으리라

32 ●그가 만일 어린 양을 속죄제물로 가져오려거든 흠 없는 암컷을 끌어다가

33 그 속죄제 제물의 머리에 안수하고 번제물을 잡는 곳에서 속죄제물로 잡을 것이요

34 제사장은 그 속죄제물의 피를 손가락으로 찍어 번제단 뿔들에 바르고 그 피는 전부 제단 밑에 쏟고

35 그 모든 기름을 화목제 어린 양의 기름을 떼낸 것 같이 떼어내 제단 위 여호와의 화제물 위에서 불사를지니 이같이 제사장이 그가 범한 죄에 대하여 그를 위하여 속죄한즉 그가 사함을 받으리라

5 만일 누구든지 저주하는 소리를 듣고서도 증인이 되어 그가 본 것이나 알고 있는 것을 알리지 아니하면 그는 자기의 죄를 져야 할 것이요 그 허물이 그에게로 돌아갈 것이며

2 만일 누구든지 부정한 것들 곧 부정한

들짐승의 사체나 부정한 가축의 사체나 부정한 곤충의 사체를 만졌으면 부지중이라고 할지라도 그 몸이 더러워져서 허물이 있을 것이요

3 만일 부지중에 어떤 사람의 부정에 닿았는데 그 사람의 부정이 어떠한 부정이든지 그것을 깨달았을 때에는 허물이 있을 것이요

4 만일 누구든지 입술로 맹세하여 악한 일이든지 선한 일이든지 하리라고 함부로 말하면 그 사람이 함부로 말하여 맹세한 것이 무엇이든지 그가 깨닫지 못하다가 그것을 깨닫게 되었을 때에는 그 중 하나에 그에게 허물이 있을 것이니

5 이 중 하나에 허물이 있을 때에는 아무 일에 잘못하였노라 자복하고

6 그 잘못으로 말미암아 여호와께 1)속죄제를 드리되 양 떼의 암컷 어린 양이나 염소를 끌어다가 속죄제를 드릴 것이요 제사장은 그의 허물을 위하여 속죄할지니라

7 ●만일 그의 힘이 어린 양을 바치는 데에 미치지 못하면 그가 지은 죄를 속죄하기 위하여 산비둘기 두 마리나 집비

1) 히. 벌금

쑥쑥 풀리는 성경말씀!

속죄제와 속건제의 차이점

속죄제는 특별한 죄에 대하여 드리는 제사이고, 속건제는 보상이 가능한 죄, 즉 성물이나 이웃에게 범죄한 죄에 대하여 드리는 제사입니다(5:15~16).

속죄제와 속건제의 형식적 차이를 살펴보면, 첫째, 속죄제는 소·염소·양·비둘기·고운 가루를 드렸지만, 속건제는 오로지 한 마리 숫양을 제물로 드렸어요. 둘째, 속죄제는 남은 피를 번제단 밑에 쏟았지만, 속건제는 쏟지 않았어요. 셋째, 속죄제는 집단적인 제사도 포함했지만, 속건제는 언제나 개인적인 제사였어요. 끝으로, 속건제는 속죄제와 달리 특별한 경우에도 드려졌는데, 곧 나병 환자가 제사장에게 나온 때(14:10~13)나 나실인이 부정한 허물을 용서받기 위해 나왔을 때(민 6:1~12) 드렸답니다.

5 에는 무엇이 기록되어 있을까?

앞부분은 어떤 경우에 속죄제를 드려야 하는지를 소개하고 있어요. 또한 형편이 어려운 사람들은 어떤 제물을 드려야 하는지도 알려주고 있지요. 뒷부분은 속건제에 관한 규례로, 속건제를 드려야 하는 죄의 종류로는 성물에 관한 죄, 여호와의 계명을 범한 죄, 사람들 사이의 범죄 등이 포함되어 있습니다.

둘기 새끼 두 마리를 여호와께로 가져
가되 하나는 속죄제물을 삼고 하나는
번제물을 삼아

8 제사장에게로 가져갈 것이요 제사장
은 그 속죄제물을 먼저 드리되 그 머리
를 목에서 비틀어 끊고 몸은 아주 쪼개
지 말며

9 그 속죄제물의 피를 제단 곁에 뿌리고
그 남은 피는 제단 밑에 흘릴지니 이는
속죄제요　　　4:7

10 그 다음 것은 규례대로 번제를 드릴지
니 제사장이 그의 잘못을 위하여 속죄
한즉 그가 사함을 받으리라

11 ●만일 그의 손이 산비둘기 두 마리나
집비둘기 두 마리에도 미치지 못하면
그의 범죄로 말미암아 고운 가루 십분
의 일 [1]에바를 예물로 가져다가 속죄
제물로 드리되 이는 속죄제인즉 그 위
에 기름을 붓지 말며 유향을 놓지 말고

12 그것을 제사장에게로 가져갈 것이요
제사장은 그것을 기념물로 한 움큼을
가져다가 제단 위 여호와의 화제물 위
에서 불사를지니 이는 속죄제라

13 제사장이 그가 이 중에서 하나를 범하
여 얻은 허물을 위하여 속죄한즉 그가
사함을 받으리라 그 나머지는 소제물
같이 제사장에게 돌릴지니라　　4:26

속건제를 드리는 규례

14 ●여호와께서 모세에게 말씀하여 이
르시되

15 누구든지 여호와의 성물에 대하여 부
지중에 범죄하였으면 여호와께 속건
제를 드리되 네가 지정한 가치를 따라
성소의 [2]세겔로 몇 세겔 은에 상당한
흠 없는 숫양을 양 떼 중에서 끌어다가
속건제로 드려서　　출 30:13

16 성물에 대한 잘못을 보상하되 그것에
오분의 일을 더하여 제사장에게 줄 것
이요 제사장은 그 속건제의 숫양으로
그를 위하여 속죄한즉 그가 사함을 받
으리라

17 ●만일 누구든지 여호와의 계명 중 하
나를 부지중에 범하여도 허물이라 벌
을 당할 것이니

18 그는 네가 지정한 가치대로 양 떼 중 흠
없는 숫양을 속건제물로 제사장에게
로 가져갈 것이요 제사장은 그가 부지
중에 범죄한 허물을 위하여 속죄한즉
그가 사함을 받으리라

19 이는 속건제니 그가 여호와 앞에 참으
로 잘못을 저질렀음이니라

6 여호와께서 모세에게 말씀하여 이
르시되

2 누구든지 여호와께 신실하지 못하여
범죄하되 곧 이웃이 맡긴 물건이나 전
당물을 속이거나 도둑질하거나 착취
하고도 사실을 부인하거나

3 남의 잃은 물건을 줍고도 사실을 부인
하여 거짓 맹세하는 등 사람이 이 모든
일 중의 하나라도 행하여 범죄하면

4 이는 죄를 범하였고 죄가 있는 자니 그
훔친 것이나 착취한 것이나 맡은 것이
나 잃은 물건을 주운 것이나

5 그 거짓 맹세한 모든 물건을 돌려보내
되 곧 그 본래 물건에 오분의 일을 더하
여 돌려보낼 것이니 그 죄가 드러나는
날에 그 임자에게 줄 것이요　　민 5:7, 8

6 그는 또 그 속건제물을 여호와께 가져
갈지니 곧 네가 지정한 가치대로 양 떼
중 흠 없는 숫양을 속건제물을 위하여
제사장에게로 끌고 갈 것이요

7 제사장은 여호와 앞에서 그를 위하여
속죄한즉 그는 무슨 허물이든지 사함
을 받으리라

6장 에는 무엇이 기록되어 있을까?

6장에는 속건제에 관한 규례와 5대
제사(번제, 소제, 속죄제, 속건제, 화목제)에 관한
구체적인 설명이 나와 있어요. 그 가운데 소제는
고운 가루 십분의 일 에바를 기름에 적셔 철판에
구운 후 잘게 썰어서 불로 태우는 방식으로 드려
졌어요. 속죄제에서 하나님께 드리는 기름을 여
호와님 남은 고기 모두는 제사장의 몫이었지요.

번제를 드리는 규례

8 ● 여호와께서 모세에게 말씀하여 이르시되

9 아론과 그의 자손에게 명령하여 이르라 번제의 규례는 이러하니라 번제물은 아침까지 제단 위에 있는 석쇠 위에 두고 제단의 불이 그 위에서 꺼지지 않게 할 것이요

10 제사장은 세마포 긴 옷을 입고 세마포 속바지로 하체를 가리고 제단 위에서 불타운 번제의 재를 가져다가 제단 곁에 두고

11 그 옷을 벗고 다른 옷을 입고 그 재를 진영 바깥 정결한 곳으로 가져갈 것이요

12 제단 위의 불은 항상 피워 꺼지지 않게 할지니 제사장은 아침마다 나무를 그 위에서 태우고 번제물을 그 위에 벌여놓고 화목제의 기름을 그 위에서 불사를지며   6:9

13 불은 끊임이 없이 제단 위에 피워 꺼지지 않게 할지니라

소제를 드리는 규례

14 ● 소제의 규례는 이러하니라 아론의 자손은 그것을 제단 앞 여호와 앞에 드리되   2:1, 2

15 그 소제의 고운 가루 한 움큼과 기름과 소제물 위의 유향을 다 가져다가 기념물로 제단 위에서 불살라 여호와 앞에 향기로운 냄새가 되게 하고

16 그 나머지는 아론과 그의 자손이 먹되 누룩을 넣지 말고 거룩한 곳 회막 뜰에서 먹을지니라

17 그것에 누룩을 넣어 굽지 말라 이는 나의 화제물 중에서 내가 그들에게 주어 그들의 소득이 되게 하는 것이라 속죄제와 속건제 같이 지극히 거룩한즉

18 아론 자손의 남자는 모두 이를 먹을지니 이는 여호와의 화제물 중에서 대대로 그들의 영원한 소득이 됨이라 이를 만지는 자마다 거룩하리라

19 ● 여호와께서 모세에게 말씀하여 이르시되

20 아론과 그의 자손이 기름 부음을 받는 날에 여호와께 드릴 예물은 이러하니라 고운 가루 십분의 일 에바를 항상 드리는 소제물로 삼아 그 절반은 아침에, 절반은 저녁에 드리되

21 그것을 기름으로 반죽하여 철판에 굽고 기름에 적셔 썰어서 소제로 여호와께 드려 향기로운 냄새가 되게 하라

22 이 소제는 아론의 자손 중 기름 부음을 받고 그를 이어 제사장 된 자가 드릴 것이요 영원한 규례로 여호와께 온전히 불사를 것이니

23 제사장의 모든 소제물은 온전히 불사르고 먹지 말지니라

속죄제를 드리는 규례

24 ● 여호와께서 모세에게 말씀하여 이르시되

25 아론과 그의 아들들에게 말하여 이르라 속죄제의 규례는 이러하니라 속죄제 제물은 지극히 거룩하니 여호와 앞 번제물을 잡는 곳에서 그 속죄제 제물을 잡을 것이요

26 죄를 위하여 제사 드리는 제사장이 그것을 먹되 곧 회막 뜰 거룩한 곳에서

유기(놋그릇)로 된 제사 기구(6:28)

먹을 것이며

27 그 고기에 접촉하는 모든 자는 거룩할 것이며 그 피가 어떤 옷에든지 묻었으면 묻은 그것을 거룩한 곳에서 빨 것이요

28 그 고기를 토기에 삶았으면 그 그릇을 깨뜨릴 것이요 유기에 삶았으면 그 그릇을 닦고 물에 씻을 것이며

29 제사장인 남자는 모두 그것을 먹을지니 그것은 지극히 거룩하니라

30 그러나 피를 가지고 회막에 들어가 성소에서 속죄하게 한 속죄제 제물의 고기는 먹지 못할지니 불사를지니라

속건제를 드리는 규례

7 속건제의 규례는 이러하니라 이는 지극히 거룩하니 5:14-19

2 번제물을 잡는 곳에서 속건제의 번제물을 잡을 것이요 제사장은 그 피를 제단 사방에 뿌릴 것이며

3 그 기름을 모두 드리되 곧 그 기름진 꼬리와 내장에 덮인 기름과

4 두 콩팥과 그 위의 기름 곧 허리 쪽에 있는 것과 간에 덮인 꺼풀을 콩팥과 함께 떼어내고

5 제사장은 그것을 다 제단 위에서 불살라 여호와께 화제로 드릴 것이니 이는 속건제니라

6 제사장인 남자는 모두 그것을 먹되 거룩한 곳에서 먹을지니라 그것은 지극히 거룩하니라

7 속죄제와 속건제는 규례가 같으니 그 제물은 속죄하는 제사장에게로 돌아갈 것이요

8 사람을 위하여 번제를 드리는 제사장 곧 그 제사장은 그 드린 번제물의 가죽

을 자기가 가질 것이며

9 화덕에 구운 소제물과 냄비에나 철판에서 만든 소제물은 모두 그 드린 제사장에게로 돌아갈 것이니

10 소제물은 기름 섞은 것이나 마른 것이나 모두 아론의 모든 자손이 균등하게 분배할 것이니라

화목제물을 드리는 규례

11 ●여호와께 드릴 화목제물의 규례는 이러하니라 3:1-17

12 만일 그것을 감사함으로 드리려면 기름 섞은 무교병과 기름 바른 무교전병과 고운 가루에 기름 섞어 구운 과자를 그 감사제물과 함께 드리고

13 또 유교병을 화목제의 감사제물과 함께 그 예물로 드리되

14 그 전체의 예물 중에서 하나씩 여호와께 거제로 드리고 그것은 화목제의 피를 뿌린 제사장들에게로 돌릴지니라

15 ●감사함으로 드리는 화목제물의 고기는 드리는 그 날에 먹을 것이요 조금이라도 이튿날 아침까지 두지 말 것이니라

16 그러나 그의 예물의 제물이 서원이나 자원하는 것이면 그 제물을 드린 날에 먹을 것이요 그 남은 것은 이튿날에도 먹되

17 그 제물의 고기가 셋째 날까지 남았으면 불사를지니 출 29:14

18 만일 그 화목제의 고기를 셋째 날에 조금이라도 먹으면 그 제사는 기쁘게 받아들여지지 않을 것이라 드린 자에게도 예물답게 되지 못하고 도리어 가증한 것이 될 것이며 그것을 먹는 자는 그 죄를 짊어지리라

7 장에는 무엇이 기록되어 있을까?

1-7절은 속건제를 드릴 때 제사장이 행할 규례를 말해주고 있어요. 이어서 8, 9절은 번제와 소제를 드릴 때 제사장에게로 돌아가는 몫을, 11절부터는 화목제에 관해 보충해서 설명하고 있지요. 또한 28-36절은 화목제물 가운데 제사장에게 분배되는 몫에 대한 설명이고, 37, 38절은 1-7장의 요약입니다.

19 그 고기가 부정한 물건에 접촉되었
으면 먹지 말고 불사를 것이라 그 고기
는 깨끗한 자만 먹을 것이요
20 만일 몸이 부정한 자가 여호와께 속한
화목제물의 고기를 먹으면 그 사람은
자기 백성 중에서 끊어질 것이요
21 만일 누구든지 부정한 것 곧 사람의 부
정이나 부정한 짐승이나 부정하고 가
증한 무슨 물건을 만지고 여호와께 속
한 화목제물의 고기를 먹으면 그 사람
도 자기 백성 중에서 끊어지리라

피와 기름은 먹지 말라

22 ● 여호와께서 모세에게 말씀하여 이
르시되
23 이스라엘 자손에게 말하여 이르라 너
희는 소나 양이나 염소의 기름을 먹지
말 것이요
24 스스로 죽은 것의 기름이나 짐승에게
찢긴 것의 기름은 다른 데는 쓰려니와
결단코 먹지는 말지니라
25 사람이 여호와께 화제로 드리는 제물
의 기름을 먹으면 그 먹는 자는 자기 백
성 중에서 끊어지리라
26 너희가 사는 모든 곳에서 새나 짐승의
피나 무슨 피든지 먹지 말라
27 무슨 피든지 먹는 사람이 있으면 그 사
람은 다 자기 백성 중에서 끊어지리라

화목제물 중에서 제사장이 받을 소득

28 ● 여호와께서 모세에게 말씀하여 이
르시되
29 이스라엘 자손에게 말하여 이르라 화
목제물을 여호와께 드리려는 자는 그
화목제물 중에서 그의 예물을 여호와
께 가져오되
30 여호와의 화제물은 그 사람이 자기 손
으로 가져올지니 곧 그 제물의 기름과
가슴을 가져올 것이요 제사장은 그 가
슴을 여호와 앞에 흔들어 요제를 삼고
31 그 기름은 제단 위에서 불사를 것이며
가슴은 아론과 그의 자손에게 돌릴 것
이며
32 또 너희는 그 화목제물의 오른쪽 뒷다

리를 제사장에게 주어 거제를 삼을지니
33 아론의 자손 중에서 화목제물의 피와
기름을 드리는 자는 그 오른쪽 뒷다리
를 자기의 소득으로 삼을 것이니라
34 내가 이스라엘 자손의 화목제물 중에
서 그 흔든 가슴과 든 뒷다리를 가져다
가 제사장 아론과 그의 자손에게 주었
나니 이는 이스라엘 자손에게서 받을
영원한 소득이니라

맺는 말 (1)

35 ● 이는 여호와의 화제물 중에서 아론
에게 돌릴 것과 그의 아들들에게 돌릴
것이니 그들을 세워 여호와의 제사장
의 직분을 행하게 한 날
36 곧 그들에게 기름 부은 날에 여호와께
서 명령하사 이스라엘 자손 중에서 그
들에게 돌리라 하신 것이라 대대로 영
원히 받을 소득이니라

맺는 말 (2)

37 ● 이는 번제와 소제와 속죄제와 속건
제와 위임식과 화목제의 규례라
38 여호와께서 시내 광야에서 이스라엘
자손에게 그 예물을 여호와께 드리라
명령하신 날에 시내 산에서 이같이 모
세에게 명령하셨더라

아론과 그의 아들들의 제사장 위임식

8

여호와께서 모세에게 말씀하여 이
르시되
2 너는 아론과 그의 아들들과 함께 그 의복
과 관유와 속죄제의 수송아지와 숫양
두 마리와 무교병 한 광주리를 가지고
3 온 회중을 회막 문에 모으라

8장에는 무엇이 기록되어 있을까?

제사장의 위임식에 관한 내용이
에요. 위임식은 모두 일곱 단계로 요약돼요.
(1) 온 회중을 성막 앞에 소집 (2) 제사장을 물
로 씻음 (3) 예복을 입힘 (4) 기름 부음 (5) 속
죄제와 번제와 위임식 제사 드림 (6) 하나님과
의 교제를 뜻하는 음식 먹음 (7) 칠 일 동안 성
막 안에 머무름. 끝으로 하나님은 아론과 그의
아들들에게 순종을 명하셨어요.

4 모세가 여호와께서 자기에게 명령하신 대로 하매 회중이 회막 문에 모인지라

5 모세가 회중에게 이르되 여호와께서 행하라고 명령하신 것이 이러하니라 하고

6 모세가 아론과 그의 아들들을 데려다가 물로 그들을 씻기고 출 29:4-6

7 아론에게 속옷을 입히며 띠를 띠우고 겉옷을 입히며 에봇을 걸쳐 입히고 에봇의 장식 띠를 띠워서 에봇을 몸에 매고

8 흉패를 붙이고 흉패에 우림과 둠밈을 넣고

9 그의 머리에 관을 씌우고 그 관 위 전면에 금 패를 붙이니 곧 거룩한 관이라 여호와께서 모세에게 명령하신 것과 같았더라

10 ●모세가 관유를 가져다가 성막과 그 안에 있는 모든 것에 발라 거룩하게 하고 출 30:25-33

11 또 제단에 일곱 번 뿌리고 또 그 제단과 그 모든 기구와 물두멍과 그 받침에 발라 거룩하게 하고

12 또 관유를 아론의 머리에 붓고 그에게 발라 거룩하게 하고 출 30:30

13 모세가 또 아론의 아들들을 데려다가 그들에게 속옷을 입히고 띠를 띠우며 관을 씌웠으니 여호와께서 모세에게 명령하신 것과 같았더라

14 ●모세가 또 속죄제의 수송아지를 끌어오니 아론과 그의 아들들이 그 속죄제의 수송아지 머리에 안수하매 16:6

15 모세가 잡고 그 피를 가져다가 손가락으로 그 피를 제단의 네 귀퉁이 뿔에 발라 제단을 깨끗하게 하고 그 피는 제단 밑에 쏟아 제단을 속하여 거룩하게 하고

16 또 내장에 덮인 모든 기름과 간 꺼풀과 두 콩팥과 그 기름을 가져다가 모세가 제단 위에 불사르고

17 그 수송아지 곧 그 가죽과 고기와 똥은 진영 밖에서 불살랐으니 여호와께서 모세에게 명령하심과 같았더라 4:11, 12

18 ●또 번제의 숫양을 드릴새 아론과 그의 아들들이 그 숫양의 머리에 안수하매

19 모세가 잡아 그 피를 제단 사방에 뿌리고

20 그 숫양의 각을 뜨고 모세가 그 머리와 각 뜬 것과 기름을 불사르고

21 물로 내장과 정강이들을 씻고 모세가 그 숫양의 전부를 제단 위에서 불사르니 이는 향기로운 냄새를 위하여 드리는 번제로 여호와께 드리는 화제라 여호와께서 모세에게 명령하심과 같았더라

22 ●또 다른 숫양 곧 위임식의 숫양을 드릴새 아론과 그의 아들들이 그 숫양의 머리에 안수하매

23 모세가 잡고 그 피를 가져다가 아론의 오른쪽 귓부리와 그의 오른쪽 엄지 손

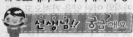

선생님!! 궁금해요

하나님, 예수님, 성령님은 세 분이면서 어떻게 한 분이 되나요?

하나님은 무엇을 통해서 알 수 있을까요? 바로 성경을 통해서 알 수 있어요. 성경에 기록된 하나님은 세 분이 아니라 한 분 하나님이에요. 단지 삼위, 즉 성부(하나님)와 성자(예수님)와 성령님이 계신 거랍니다. 그래서 삼위일체 하나님이라고 해요. 하나님은 한 분이신데 세 가지 역할을 하는 거죠. 어렵다고요? 사실, 이 세상의 어떤 비유로도 하나님을 설명할 수는 없답니다.

삼위 하나님은 함께 일하시지만, 성부 하나님은 이 세상을 창조하셨고, 성자 예수님은 우리 죄를 대신해서 십자가에서 돌아가셨고, 성령님은 우리에게 믿음을 주시고 자녀로 삼아주시며 옳은 길로 인도해주시는 일을 하시죠. 마 28장 19절

가락과 그의 오른쪽 엄지 발가락에 바르고

24 아론의 아들들을 데려다가 모세가 그 오른쪽 귓부리와 그들의 손의 오른쪽 엄지 손가락과 그들의 발의 오른쪽 엄지 발가락에 그 피를 바르고 또 모세가 그 피를 제단 사방에 뿌리고

25 그가 또 그 기름과 기름진 꼬리와 내장에 덮인 모든 기름과 간 꺼풀과 두 콩팥과 그 기름과 오른쪽 뒷다리를 떼어 내고

26 여호와 앞 무교병 광주리에서 무교병한 개와 기름 섞은 떡 한 개와 전병 한 개를 가져다가 그 기름 위에와 오른쪽 뒷다리 위에 놓아

27 그 전부를 아론의 손과 그의 아들들의 손에 두어 여호와 앞에 흔들어 요제를 삼게 하고

28 모세가 그것을 그들의 손에서 가져다가 제단 위에 있는 번제물 위에 불사르니 이는 향기로운 냄새를 위하여 드리는 위임식 제사로 여호와께 드리는 화제라

29 이에 모세가 그 가슴을 가져다가 여호와 앞에 흔들어 요제를 삼았으니 이는 위임식에서 잡은 숫양 중 모세의 몫이라 여호와께서 모세에게 명령하심과 같았더라 8:22

30 ●모세가 관유와 제단 위의 피를 가져다가 아론과 그의 옷과 그의 아들들과 그의 아들들의 옷에 뿌려서 아론과 그의 옷과 그의 아들들과 그의 아들들의 옷을 거룩하게 하고

31 모세가 아론과 그의 아들들에게 이르되 내게 이미 명령하시기를 아론과 그의 아들들은 먹으라 하셨은즉 너희는 회막 문에서 그 고기를 삶아 위임식 광주리 안의 떡과 아울러 그 곳에서 먹고

32 고기와 떡의 나머지는 불사르며

33 위임식은 이레 동안 행하나니 위임식이 끝나는 날까지 이레 동안은 회막 문에 나가지 말라

34 오늘 행한 것은 여호와께서 너희를 위하여 속죄하게 하시려고 명령하신 것이니

35 너희는 칠 주야를 회막 문에 머물면서 여호와께서 지키라고 하신 것을 지키라 그리하면 사망을 면하리라 내가 이같이 명령을 받았느니라

36 아론과 그의 아들들이 여호와께서 모세를 통하여 명령하신 모든 일을 준행하니라

아론이 첫 제사를 드리다

9 여덟째 날에 모세가 아론과 그의 아들들과 이스라엘 장로들을 불러다가

2 아론에게 이르되 속죄제를 위하여 흠 없는 송아지를 가져오고 번제를 위하여 흠 없는 숫양을 여호와 앞에 가져다 드리고

3 이스라엘 자손에게 말하여 이르기를 너희는 속죄제를 위하여 숫염소를 가져오고 또 번제를 위하여 일 년 되고 흠 없는 송아지와 어린 양을 가져오고 4:23

4 또 화목제를 위하여 여호와 앞에 드릴 수소와 숫양을 가져오고 또 기름 섞은 소제물을 가져오라 하라 오늘 여호와께서 너희에게 나타나실 것임이니라 하매

9 에는 무엇이 기록되어 있을까?

칠 일 간의 제사장 위임식 후, 여덟째 날에 제사장은 자신을 위해 속죄제와 번제를 드렸어요. 그리고 나서 백성들을 위해 속죄제, 번제, 소제, 화목제를 드렸지요. 이 제사의 순서는 오늘날 예배 순서와도 일치합니다. 즉 성도는 믿음으로 죄사함을 받고 늘 순종함으로 날마다 하나님과 아름다운 교제를 나누어야 하지요.

전병(8:26) 무교전병으로 누룩을 넣지 않고 반죽하여 넓적하게 만든 과자.

관유(8:30) 제사 때 쓰는 거룩한 기름.

주야(8:35) 낮과 밤.

준행(8:36) 그대로 따라 행함을 말함.

진영(9:11) 군사 등이 때 지어 모여 있는 일정한 구역.

각(9:13) 짐승을 잡아서 그 고기를 나누어 놓은 것.

분향(10:1) 향을 불에 태움.

향로(10:4)

5 그들이 모세가 명령한 모든 것을 회막 앞으로 가져오고 온 회중이 나아와 여호와 앞에 선지라

6 모세가 이르되 이는 여호와께서 너희에게 하라고 명령하신 것이니 여호와의 영광이 너희에게 나타나리라 9:23

7 모세가 또 아론에게 이르되 너는 제단에 나아가 네 속죄제와 네 번제를 드려서 너를 위하여, 백성을 위하여 속죄하고 또 백성의 예물을 드려서 그들을 위하여 속죄하되 여호와의 명령대로 하라

8 ●이에 아론이 제단에 나아가 자기를 위한 속죄제 송아지를 잡으매

9 아론의 아들들이 그 피를 아론에게 가져오니 아론이 손가락으로 그 피를 찍어 제단 뿔들에 바르고 그 피는 제단 밑에 쏟고

10 그 속죄제물의 기름과 콩팥과 간 꺼풀을 제단 위에서 불사르니 여호와께서 모세에게 명령하심과 같았고

11 그 고기와 가죽은 진영 밖에서 불사르니라

12 ●아론이 또 번제물을 잡으매 아론의 아들들이 그 피를 그에게로 가져오니 그가 그 피를 제단 사방에 뿌리고

13 그들이 또 번제의 제물 곧 그의 각과 머리를 그에게로 가져오매 그가 제단 위에서 불사르고

14 또 내장과 정강이는 씻어서 단 위에 있는 번제물 위에서 불사르니라

15 ●그가 또 백성의 예물을 드리되 곧 백성을 위한 속죄제의 염소를 가져다가 잡아 전과 같이 죄를 위하여 드리고

16 또 번제물을 드리되 규례대로 드리고

17 또 소제를 드리되 그 중에서 그의 손에 한 움큼을 채워서 아침 번제물에 더하여 제단 위에서 불사르고

18 또 백성을 위하는 화목제물의 수소와 숫양을 잡으매 아론의 아들들이 그 피를 그에게로 가져오니 그가 제단 사방에 뿌리고 3:1-11

19 그들이 또 수소와 숫양의 기름과 기름진 꼬리와 내장에 덮인 것과 콩팥과 간 꺼풀을 아론에게로 가져다가

20 그 기름을 가슴들 위에 놓으매 아론이 그 기름을 제단 위에서 불사르고

21 가슴들과 오른쪽 뒷다리를 그가 여호와 앞에 요제로 흔드니 모세가 명령한 것과 같았느니라

22 ●아론이 백성을 향하여 손을 들어 축복함으로 속죄제와 번제와 화목제를 마치고 내려오니라 민 6:24-26

23 모세와 아론이 회막에 들어갔다가 나와서 백성에게 축복하매 여호와의 영광이 온 백성에게 나타나며

24 불이 여호와 앞에서 나와 제단 위의 번제물과 기름을 사른지라 온 백성이 이를 보고 소리 지르며 엎드렸더라

나답과 아비후가 벌을 받아 죽다

10 아론의 아들 나답과 아비후가 각기 향로를 가져다가 여호와께서 명령하시지 아니하신 다른 불을 담아 여호와 앞에 분향하였더니

2 불이 여호와 앞에서 나와 그들을 삼키매 그들이 여호와 앞에서 죽은지라

3 모세가 아론에게 이르되 이는 여호와

10장에는 무엇이 기록되어 있을까?

아론의 두 아들 나답과 아비후의 사건(1-7절)은, 큰 일을 맡은 자일수록 더욱 책임이 크다는 사실을 가르쳐줍니다. 이어서 하나님은 제사장이 회막에 들어갈 때 포도주나 독주를 마시지 말 것을 당부하셨지요. 뒷부분은 제물 가운데 제사장에게 돌아갈 몫(8-15절)과 속죄제물을 처리하는 방법(16-20절)에 대해 설명하고 있어요.

의 말씀이라 이르시기를 나는 나를 가
까이 하는 자 중에서 내 거룩함을 나타
내겠고 온 백성 앞에서 내 영광을 나타
내리라 하셨느니라 아론이 잠잠하니

4 모세가 아론의 삼촌 웃시엘의 아들 미
사엘과 엘사반을 불러 그들에게 이르
되 나아와 너희 형제들을 성소 앞에서
진영 밖으로 메고 나가라 하매

5 그들이 나와 모세가 말한 대로 그들을
옷 입은 채 진영 밖으로 메어 내니

6 모세가 아론과 그의 아들 엘르아살과
이다말에게 이르되 너희는 머리를 풀거
나 옷을 찢지 말라 그리하여 너희가 죽
음을 면하고 여호와의 진노가 온 회중
에게 미침을 면하게 하라 오직 너희 형
제 이스라엘 온 족속은 여호와께서 치
신 불로 말미암아 슬퍼할 것이니라

7 여호와의 관유가 너희에게 있은즉 너
희는 회막 문에 나가지 말라 그리하면
죽음을 면하리라 그들이 모세의 말대
로 하니라

제사장이 회막에 들어갈 때의 규례

8 ●여호와께서 아론에게 말씀하여 이
르시되

9 너와 네 자손들이 회막에 들어갈 때에

술술 풀리는 성경말씀

부정한 짐승

돼지는 음식물을 완전히 소화하지 못하기 때문에
몸에 해로운 물질이 남게 되는데, 그로 인해 돼지의
기가 불결하다는 소문이 있어요. 하지만 돼지를 비롯
해서 하나님이 이스라엘에게 먹지 말라고 한 짐승들
그 자체에는 불결한 것이 없답니다(레위기 10:9～23).

실제로 정결과 불결에 관한 모세의 규율 가운데 대
부분이 위생이나 건강상의 문제와 전혀 관계가 없어
요. 다만, 그 규례는 이스라엘 백성에게 그들이 세상
의 다른 민족과 다르다는 사실을 늘 일깨워주는 역할
을 했지요. 하나님께서는 그들을 택하시고 그들이 누
구와 결혼하는지, 무슨 음식을 먹는지, 곡식을 어떻
게 심고 거두는지 관심을 가지고 지켜보셨어요. 마찬
가지로 하나님은 오늘날 우리에게도 큰 관심을 갖고
계신답니다.   11장

는 포도주나 독주를 마시지 말라 그리
하여 너희 죽음을 면하라 이는 너희 대
대로 지킬 영영한 규례라

10 그리하여야 너희가 거룩하고 속된 것
을 분별하며 부정하고 정한 것을 분별
하고   겔 22:26

11 또 나 여호와가 모세를 통하여 모든 규
례를 이스라엘 자손에게 가르치리라

제사장이 거룩한 곳에서 먹을 제물

12 ●모세가 아론과 그 남은 아들 엘르아
살에게와 이다말에게 이르되 여호와
께 드린 화제물 중 소제의 남은 것은
지극히 거룩하니 너희는 그것을 취하
여 누룩을 넣지 말고 제단 곁에서 먹되

13 이는 여호와의 화제물 중 네 소득과 네
아들들의 소득인즉 너희는 그것을 거
룩한 곳에서 먹으라 내가 명령을 받았
느니라

14 흔든 가슴과 들어올린 뒷다리는 너와
네 자녀가 너와 함께 정결한 곳에서 먹
을지니 이는 이스라엘 자손의 화목제
물 중에서 네 소득과 네 아들들의 소득
으로 주신 것임이니라

15 그 들어올린 뒷다리와 흔든 가슴을 화
제물의 기름과 함께 가져다가 여호와
앞에 흔들어 요제를 삼을지니 이는 여
호와의 명령대로 너와 네 자손의 영원
한 소득이니라

16 ●모세가 속죄제 드린 염소를 찾은즉
이미 불살랐는지라 그가 아론의 남은
아들 엘르아살과 이다말에게 노하여
이르되

17 이 속죄제물은 지극히 거룩하거늘 너희
가 어찌하여 거룩한 곳에서 먹지 아니
하였느냐 이는 너희로 회중의 죄를 담
당하여 그들을 위하여 여호와 앞에 속
죄하게 하려고 너희에게 주신 것이니라

18 그 피는 성소에 들여오지 아니하는 것
이었으니 그 제물은 너희가 내가 명령
한 대로 거룩한 곳에서 먹었어야 했을
것이니라

19 아론이 모세에게 이르되 오늘 그들이

먹는 것이 금지된
타조(11:16)

그 속죄제와 번제를 여호와께 드렸어
도 이런 일이 내게 임하였거늘 오늘 내
가 속죄제물을 먹었더라면 여호와께
서 어찌 좋게 여기셨으리요

20 모세가 그 말을 듣고 좋게 여겼더라

11 정한 짐승과 부정한 짐승

여호와께서 모세와 아론에게 말
씀하여 이르시되

2 이스라엘 자손에게 말하여 이르라 육
지의 모든 짐승 중 너희가 먹을 만한
생물은 이러하니

3 모든 짐승 중 굽이 갈라져 쪽발이 되고
새김질하는 것은 너희가 먹되

4 새김질하는 것이나 굽이 갈라진 짐승
중에 너희가 먹지 못할 것은 이러하
니 낙타는 새김질은 하되 굽이 갈라지
지 아니하였으므로 너희에게 부정하고

5 사반도 새김질은 하되 굽이 갈라지지
아니하였으므로 너희에게 부정하고

6 토끼도 새김질은 하되 굽이 갈라지지
아니하였으므로 너희에게 부정하고

7 돼지는 굽이 갈라져 쪽발이로되 새김
질을 못하므로 너희에게 부정하니

8 너희는 이러한 고기를 먹지 말고 그 주
검도 만지지 말라 이것들은 너희에게
부정하니라

9 ●물에 있는 모든 것 중에서 너희가 먹
을 만한 것은 이것이니 강과 바다와 다
른 물에 있는 모든 것 중에서 지느러미
와 비늘 있는 것은 너희가 먹되

10 물에서 움직이는 모든 것과 물에서 사
는 모든 것 곧 강과 바다에 있는 것으

로서 지느러미와 비늘 없는 모든 것은
너희에게 가증한 것이라

11 이들은 너희에게 가증한 것이니 너희
는 그 고기를 먹지 말고 그 주검을 가
증히 여기라

12 수중 생물에 지느러미와 비늘 없는 것
은 너희가 혐오할 것이니라

13 ●새 중에 너희가 가증히 여길 것은 이
것이라 이것들이 가증한즉 먹지 말지
니 곧 독수리와 솔개와 물수리와

14 말똥가리와 말똥가리 종류와

15 까마귀 종류와

16 타조와 1)타흐마스와 갈매기와 새매 종
류와

17 올빼미와 가마우지와 부엉이와

18 흰 올빼미와 사다새와 너새와

19 황새와 백로 종류와 오디새와 박쥐니라

20 ●날개가 있고 네 발로 기어 다니는 곤
충은 너희가 혐오할 것이로되

21 다만 날개가 있고 네 발로 기어 다니는
모든 곤충 중에 그 발에 뛰는 다리가 있
어서 땅에서 뛰는 것은 너희가 먹을지니

22 곧 그 중에 메뚜기 종류와 베짱이 종류
와 귀뚜라미 종류와 팥중이 종류는 너
희가 먹으려니와

23 오직 날개가 있고 기어다니는 곤충은
다 너희가 혐오할 것이니라

24 ●이런 것은 너희를 부정하게 하나니
누구든지 이것들의 주검을 만지면 저
녁까지 부정할 것이며

25 그 주검을 옮기는 모든 자는 그 옷을 빨
지니 저녁까지 부정하리라 11:40

26 굽이 갈라진 모든 짐승 중에 쪽발이 아

11 에는 무엇이 기록되어 있을까?

구약 시대에는 하나님께서 먹을 수
있는 것과 먹을 수 없는 것을 정해주셨어요. 예
를 들면 소, 양, 염소, 사슴과 같이 굽이 갈라지
고 새김질하는 짐승과, 지느러미와 비늘이 있는
물고기만 먹을 수 있었지요. 이것은 하나님의
백성이 타락한 세상과 구별되어야 하는 것을 가
르쳐주고 있답니다.

1) 히, 새의 일종

닌 것이나 새김질 아니하는 것의 주검
은 다 네게 부정하니 만지는 자는 부정
할 것이요

27 네 발로 다니는 모든 짐승 중 발바닥으로
다니는 것은 다 네게 부정하니 그 주검
을 만지는 자는 저녁까지 부정할 것이며

28 그 주검을 옮기는 자는 그 옷을 빨지니
저녁까지 부정하리라 그것들이 네게
부정하니라

29 ●땅에 기는 길짐승 중에 네게 부정한
것은 이러하니 곧 두더지와 쥐와 큰
도마뱀 종류와

30 도마뱀붙이와 육지 악어와 도마뱀과
사막 도마뱀과 카멜레온이라

31 모든 기는 것 중 이것들은 네게 부정하
니 그 주검을 만지는 모든 자는 저녁까
지 부정할 것이며

32 이런 것 중 어떤 것의 주검이 나무 그
릇에든지 의복에든지 가죽에든지 자
루에든지 무엇에 쓰는 그릇에든지 떨
어지면 부정하여지리니 물에 담그라
저녁까지 부정하다가 정할 것이며

33 그것 중 어떤 것이 어느 질그릇에 떨어
지면 그 속에 있는 것이 다 부정하여지
나니 너는 그 그릇을 깨뜨리라　6:28

34 먹을 만한 축축한 식물이 거기 담겼으
면 부정하여질 것이요 그같은 그릇에
담긴 마실 것도 부정할 것이며

35 이런 것의 주검이 물건 위에 떨어지면
그것이 모두 부정하여지리니 화덕이
든지 화로이든지 깨뜨려 버리라 이것
이 부정하여져서 너희에게 부정한 것
이 되리라

36 샘물이나 물이 고인 웅덩이는 부정하
여지지 아니하되 그 주검에 닿는 것은
모두 부정하여질 것이요

37 이것들의 주검이 심을 종자에 떨어지
면 그것이 정하거니와

38 만일 종자에 물이 묻었을 때에 그것이
그 위에 떨어지면 너희에게 부정하리라

39 ●너희가 먹을 만한 짐승이 죽은 때에
그 주검을 만지는 자는 저녁까지 부정
할 것이며

40 그것을 먹는 자는 그 옷을 빨 것이요 저
녁까지 부정할 것이며 그 주검을 옮기
는 자도 그의 옷을 빨 것이요 저녁까지
부정하리라

41 ●땅에 기어 다니는 모든 길짐승은 가
증한즉 먹지 못할지니

42 곧 배로 밀어 다니는 것이나 네 발로 걷
는 것이나 여러 발을 가진 것이라 너희
가 먹지 말지니 이것들은 가증함이니라

43 너희는 기는 바 기어다니는 것 때문에
자기를 가증하게 되게 하지 말며 또한
그것 때문에 스스로 더럽혀 부정하게
되게 하지 말라　20:25

44 나는 여호와 너희의 하나님이라 내가
거룩하니 너희도 몸을 구별하여 거룩
하게 하고 땅에 기는 길짐승으로 말미
암아 스스로 더럽히지 말라

45 나는 너희의 하나님이 되려고 너희를
애굽 땅에서 인도하여 낸 여호와라 내
가 거룩하니 너희도 거룩할지니라

46 ●이는 짐승과 새와 물에서 움직이는
모든 생물과 땅에 기는 모든 길짐승에
대한 규례니

12에는 무엇이 기록되어 있을까?

아기를 낳은 여인에 대한 규례입니
다. 아기를 낳는 것은 하나님이 주신 축복이에요.
그러나 해산 후의 산혈과 분비물 때문에 산모는
정결하게 되는 기한을 두어야 했어요. 정결하게
하는 기한이 끝나기 전에는 성소에 갈 수 없었
지요. 3절에 '아이의 포피를 벨 것이요'라는 말
씀은 종교적 관습, 곧 할례를 말합니다.

새김질(11:26)(소나 염소가) 한 번 삼킨 먹이를 도로
입으로 꺼내 다시 잘게 씹어 삼키는 것.
주검(11:26) 시체.
포피(12:3) 남자 생식기의 껍질 부분.
산혈(12:4) 아이를 낳을 때 나오는 피.
성물(12:4) 제사 드릴 예물. 소, 양, 염소, 고운 가루를
말함.
환부(13:3) 상처가 생긴 곳.
우묵(13:4) 가운데가 둥그스름하게 들어간 모양.
정하다(13:6) 깨끗하다.

토막상식 나병

나병의 원어는 히브리어로 '차라아트'이며, 피부병과 피부 질환을 가리키는 포괄적인 용어지요. 조그만 반점으로 시작하지만, 결국에는 온몸에 퍼져 전신을 파괴하는 전염성을 가진 치명적인 질병입니다.

13장 2절

47 부정하고 정한 것과 먹을 생물과 먹지 못할 생물을 분별한 것이니라 10:10

아이를 낳은 여인에 대한 규례 ─ B.C. 1450년경

12 여호와께서 모세에게 말씀하여 이르시되

2 이스라엘 자손에게 말하여 이르라 여인이 임신하여 남자를 낳으면 그는 이레 동안 부정하리니 곧 월경할 때와 같이 부정할 것이며

3 여덟째 날에는 그 아이의 포피를 벨 것이요

4 그 여인은 아직도 삼십삼 일을 지내야 산혈이 깨끗하리니 정결하게 되는 기한이 차기 전에는 성물을 만지지도 말며 성소에 들어가지도 말 것이며

5 여자를 낳으면 그는 두 이레 동안 부정하리니 월경할 때와 같을 것이며 산혈이 깨끗하게 됨은 육십육 일을 지내야 하리라

6 ●아들이나 딸이나 정결하게 되는 기한이 차면 그 여인은 번제를 위하여 일 년 된 어린 양을 가져가고 속죄제를 위하여 집비둘기 새끼나 산비둘기를 회막 문 제사장에게로 가져갈 것이요

7 제사장은 그것을 여호와 앞에 드려서 그 여인을 위하여 속죄할지니 그리하면 산혈이 깨끗하리라 이는 아들이나 딸을 생산한 여인에 대한 규례니라

8 그 여인이 어린 양을 바치기에 힘이 미치지 못하면 산비둘기 두 마리나 집비둘기 새끼 두 마리를 가져다가 하나는 번제물로, 하나는 속죄제물로 삼을 것이요 제사장은 그를 위하여 속죄할지니 그가 정결하리라

1) 넓은 의미로 악성 피부병을 뜻함

피부에 나병 같은 것이 생기거든

13 여호와께서 모세와 아론에게 말씀하여 이르시되

2 만일 사람이 그의 피부에 무엇이 돋거나 뾰루지가 나거나 색점이 생겨서 그의 피부에 1)나병 같은 것이 생기거든 그를 곧 제사장 아론에게나 그의 아들 중 한 제사장에게로 데리고 갈 것이요

3 제사장은 그 피부의 병을 진찰할지니 환부의 털이 희어졌고 환부가 피부보다 우묵하여졌으면 이는 나병의 환부라 제사장이 그를 진찰하여 그를 부정하다 할 것이요

4 피부에 색점이 희나 우묵하지 아니하고 그 털이 희지 아니하면 제사장은 그 환자를 이레 동안 가두어둘 것이며 13:21

5 이레 만에 제사장이 그를 진찰할지니 그가 보기에 그 환부가 변하지 아니하고 병색이 피부에 퍼지지 아니하였으면 제사장이 그를 또 이레 동안을 가두어둘 것이며

6 이레 만에 제사장이 또 진찰할지니 그 환부가 엷어졌고 병색이 피부에 퍼지지 아니하였으면 피부병이라 제사장이 그를 정하다 할 것이요 그의 옷을 빨을 것이라 그리하면 정하리라

7 그러나 그가 정결한지를 제사장에게 보인 후에 병이 피부에 퍼지면 제사장에게 다시 보일 것이요 눅 5:14

8 제사장은 진찰할지니 그 병이 피부에 퍼졌으면 그를 부정하다 할지니라 이는 나병임이니라

9 ●사람에게 나병이 들었거든 그를 제

13장 에는 무엇이 기록되어 있을까?

나병이 사람에게 나타난 경우에 관한 규례와 의복에 나타난 경우에 관한 규례예요. 나병이 성경에서 심각하게 다뤄진 이유는, 나병이 죄의 무서운 속성을 상징적으로 나타내기 때문이지요. 나병은 제사장이 진단하여 다스렸는데, 그 이유는 정결함과 거룩함의 중요성을 가르치기 위해서였습니다.

사장에게로 데려갈 것이요

10 제사장은 진찰할지니 피부에 흰 점이 돋고 털이 희어지고 거기 생살이 생겼으면

11 이는 그의 피부의 오랜 나병이라 제사장이 부정하다 할 것이요 그가 이미 부정하였은즉 가두어두지는 않을 것이며

12 제사장이 보기에 나병이 그 피부에 크게 발생하였으되 그 환자의 머리부터 발끝까지 퍼졌으면

13 그가 진찰할 것이요 나병이 과연 그의 전신에 퍼졌으면 그 환자를 정하다 할지니 다 희어진 자인즉 정하거니와

14 아무 때든지 그에게 생살이 보이면 그는 부정한즉

15 제사장이 생살을 진찰하고 그를 부정하다 할지니 그 생살은 부정한 것인즉 이는 나병이며

16 그 생살이 변하여 다시 희어지면 제사장에게로 갈 것이요

17 제사장은 그를 진찰하여서 그 환부가 희어졌으면 환자를 정하다 할지니 그는 정하니라

18 ●피부에 종기가 생겼다가 나았고

19 그 종처에 흰 점이 돋거나 희고 불그스

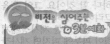

름한 색점이 생겼으면 제사장에게 보일 것이요

20 그는 진찰하여 피부보다 얕고 그 털이 희면 그를 부정하다 할지니 이는 종기로 된 나병의 환부임이니라

21 그러나 제사장이 진찰하여 거기 흰 털이 없고 피부보다 얕지 아니하고 빛이 엷으면 제사장은 그를 이레 동안 가두어둘 것이며

22 그 병이 크게 피부에 퍼졌으면 제사장은 그를 부정하다 할지니 이는 환부임이니라

23 그러나 그 색점이 여전하고 퍼지지 아니하였으면 이는 종기 흔적이니 제사장은 그를 정하다 할지니라

24 ●피부가 불에 데었는데 그 덴 곳에 불그스름하고 희거나 순전히 흰 색점이 생기면

25 제사장은 진찰할지니 그 색점의 털이 희고 그 자리가 피부보다 우묵하면 이는 화상에서 생긴 나병인즉 제사장이 그를 부정하다 할 것은 나병의 환부가 됨이니라

26 그러나 제사장이 보기에 그 색점에 흰 털이 없으며 그 자리가 피부보다 얕지 아니하고 빛이 엷으면 그는 그를 이레 동안 가두어둘 것이며

27 이레 만에 제사장이 그를 진찰할지니 만일 병이 크게 피부에 퍼졌으면 그가 그를 부정하다 할 것은 나병의 환부임이니라

28 만일 색점이 여전하여 피부에 퍼지지 아니하고 빛이 엷으면 화상으로 부은 것이니 제사장이 그를 정하다 할 것은 이는 화상의 흔적임이니라

29 ●남자나 여자의 머리에나 수염에 환부가 있으면

30 제사장은 진찰할지니 환부가 피부보다 우묵하고 그 자리에 누르스름하고 가는 털이 있으면 그가 그를 부정하다 할 것은 이는 옴이니 머리에나 수염

종처(13:19) 종기가 난 근처.

에 발생한 나병임이니라

31 만일 제사장이 보기에 그 옴의 환부가 피부보다 우묵하지 아니하고 그 자리에 검은 털이 없으면 제사장은 그 옴 환자를 이레 동안 가두어둘 것이며

32 이레 만에 제사장은 그 환부를 진찰할지니 그 옴이 퍼지지 아니하고 그 자리에 누르스름한 털이 없고 피부보다 우묵하지 아니하며

33 그는 모발을 밀되 환부는 밀지 말 것이요 제사장은 옴 환자를 또 이레 동안 가두어둘 것이며

34 이레 만에 제사장은 그 옴을 또 진찰할지니 그 옴이 피부에 퍼지지 아니하고 피부보다 우묵하지 아니하면 그는 그를 정하다 할 것이요 그는 자기의 옷을 빨아서 정하게 되려니와

35 깨끗한 후라도 옴이 크게 피부에 퍼지면

36 제사장은 그를 진찰할지니 과연 옴이 피부에 퍼졌으면 누른 털을 찾을 것 없이 그는 부정하니라

37 그러나 제사장이 보기에 옴이 여전하고 그 자리에 검은 털이 났으면 그 옴은 나았고 그 사람은 정하니 제사장은 그를 정하다 할지니라

38 ●남자나 여자의 피부에 색점 곧 흰 색점이 있으면

39 제사장은 진찰할지니 그 피부의 색점이 부유스름하면 이는 피부에 발생한 어루러기라 그는 정하니라

40 ●누구든지 그 머리털이 빠지면 그는 대머리니 정하고

41 앞머리가 빠져도 그는 이마 대머리니 정하니라

42 그러나 대머리나 이마 대머리에 희고 불그스름한 색점이 있으면 이는 나병이 대머리에나 이마 대머리에 발생함이라

43 제사장은 그를 진찰할지니 그 대머리에나 이마 대머리에 돋은 색점이 희고 불그스름하여 피부에 발생한 나병과

같으면

44 이는 나병 환자라 부정하니 제사장이 그를 확실히 부정하다고 할 것은 그 환부가 그 머리에 있음이니라

13:29

45 ●나병 환자는 옷을 찢고 머리를 풀며 윗입술을 가리고 외치기를 부정하다 부정하다 할 것이요

46 병 있는 날 동안은 늘 부정할 것이라 그가 부정한즉 혼자 살되 진영 밖에서 살지니라

의복이나 가죽에 생기는 곰팡이

47 ●만일 의복에 나병 색점이 발생하여 털옷에나 베옷에나

48 베나 털의 [1]날에나 씨에나 혹 가죽에나 가죽으로 만든 모든 것에 있으되

49 의복이나 가죽에나 그 날에나 씨에나 가죽으로 만든 모든 것에 병색이 푸르거나 붉으면 이는 나병의 색점이라 제사장에게 보일 것이요

50 제사장은 그 색점을 진찰하고 그것을 이레 동안 간직하였다가

51 이레 만에 그 색점을 살필지니 그 색점이 그 의복의 날에나 씨에나 가죽에나 가죽으로 만든 것에 퍼졌으면 이는 악성 나병이라 그것이 부정하므로 14:44

52 그는 그 색점 있는 의복이나 털이나 베의 날이나 씨나 모든 가죽으로 만든

1) 직조한 것에나 편물

것을 불사를지니 이는 악성 나병인즉 그것을 불사를지니라

53 그러나 제사장이 보기에 그 색점이 그 의복의 날에나 씨에나 모든 가죽으로 만든 것에 퍼지지 아니하였으면

54 제사장은 명령하여 그 색점 있는 것을 빨게 하고 또 이레 동안 간직하였다가

55 그 빤 곳을 볼지니 그 색점의 빛이 변하지 아니하고 그 색점이 퍼지지 아니하였으면 부정하니 너는 그것을 불사르라 이는 거죽에 있든지 속에 있든지 악성 나병이니라

56 ●빤 후에 제사장이 보기에 그 색점이 엷으면 그 의복에서나 가죽에서나 그 날에서나 씨에서나 그 색점을 찢어 버릴 것이요

57 그 의복의 날에나 씨에나 가죽으로 만든 모든 것에 색점이 여전히 보이면 재발하는 것이니 너는 그 색점 있는 것을 불사를지니라

58 네가 빤 의복의 날에나 씨에나 가죽으로 만든 모든 것에 그 색점이 벗겨졌으면 그것을 다시 빨아야 정하리라

59 ●이는 털옷에나 베옷에나 그 날에나 씨에나 가죽으로 만든 모든 것에 발생한 나병 색점의 정하고 부정한 것을 진단하는 규례니라

환자가 정결하게 되는 날의 규례

14

여호와께서 모세에게 말씀하여 이르시되

2 나병 환자가 정결하게 되는 날의 규례는 이러하니 곧 그 사람을 제사장에게

1) 약 0.31리터

로 데려갈 것이요

3 제사장은 진영에서 나가 진찰할지니 그 환자에게 있던 나병 환부가 나았으면

4 제사장은 그 정결함을 받을 자를 위하여 명령하여 살아 있는 정결한 새 두 마리와 백향목과 홍색 실과 우슬초를 가져오게 하고

5 제사장은 또 명령하여 그 새 하나는 흐르는 물 위 질그릇 안에서 잡게 하고

6 다른 새는 산 채로 가져다가 백향목과 홍색 실과 우슬초와 함께 가져다가 흐르는 물 위에서 잡은 새의 피를 찍어

7 나병에서 정결함을 받을 자에게 일곱 번 뿌려 정하다 하고 그 살아 있는 새는 들에 놓을지며

8 정결함을 받는 자는 그의 옷을 빨고 모든 털을 밀고 물로 몸을 씻을 것이라 그리하면 정하리니 그 후에 진영에 들어올 것이나 자기 장막 밖에 이레를 머물 것이요

9 일곱째 날에 그는 모든 털을 밀되 머리털과 수염과 눈썹을 다 밀고 그의 옷을 빨고 몸을 물에 씻을 것이라 그리하면 정하리라

10 ●여덟째 날에 그는 흠 없는 어린 숫양 두 마리와 일 년 된 흠 없는 어린 암양 한 마리와 또 고운 가루 십분의 삼 에바에 기름 섞은 소제물과 기름 한 1)록을 취할 것이요

11 정결하게 하는 제사장은 정결함을 받을 자와 그 물건들을 회막 문 여호와 앞에 두고

12 어린 숫양 한 마리를 가져다가 기름 한

13:34

막 1:44

14장에는 무엇이 기록되어 있을까?

앞부분은 나병이 나은 후의 정결 의식에 대한 규례예요. 나병이 나으면 정결 의식을 거쳐야 언약 백성 안에 다시 들어올 수 있었어요. 이것은 언약 백성이 영육간의 성결함을 항상 유지해야 한다는 것을 가르쳐주지요. 뒷부분은 건물에 발생하는 나병을 진단하고 정결하게 하는 의식에 관한 규례입니다.

나병에 대한 분류표(13~14장)

정의	현대의 나병(한센씨병)보다 더 폭넓은 의미의 심각한 피부병
종류	피부병, 종기, 머리나 수염에 생긴 피부병, 대머리에 생긴 피부병, 의복, 집에 생긴 것
판단	제사장
성결제	예물을 제사장에게 가져가 속죄제를 올린 후, 언약 백성으로 다시 회복됨

록과 아울러 속건제로 드리되 여호와 앞에 흔들어 요제를 삼고

13 그 어린 숫양은 거룩한 장소 곧 속죄제와 번제물 잡는 곳에서 잡을 것이며 속건제물은 속죄제물과 마찬가지로 제사장에게 돌릴지니 이는 지극히 거룩한 것이니라 1:11~13

14 제사장은 그 속건제물의 피를 취하여 정결함을 받을 자의 오른쪽 귓부리와 오른쪽 엄지 손가락과 오른쪽 엄지 발가락에 바를 것이요

15 제사장은 또 한 록의 기름을 취하여 자기 왼쪽 손바닥에 따르고

16 오른쪽 손가락으로 왼쪽 손의 기름을 찍어 그 손가락으로 그것을 여호와 앞에 일곱 번 뿌릴 것이요

17 손에 남은 기름은 제사장이 정결함을 받을 자의 오른쪽 귓부리와 오른쪽 엄지 손가락과 오른쪽 엄지 발가락 곧 속건제물의 피 위에 바를 것이며

18 아직도 그 손에 남은 기름은 제사장이 그 정결함을 받는 자의 머리에 바르고 제사장은 여호와 앞에서 그를 위하여 속죄하고

19 또 제사장은 속죄제를 드려 그 부정함으로 말미암아 정결함을 받을 자를 위하여 속죄하고 그 후에 번제물을 잡을 것이요

20 제사장은 그 번제와 소제를 제단에 드려 그를 위하여 속죄할 것이라 그리하면 그가 정결하리라

21 ●만일 그가 가난하여 그의 힘이 미치지 못하면 그는 흔들어 자기를 속죄할 속건제를 위하여 어린 숫양 한 마리와 소제를 위하여 고운 가루 십분의 일 에바에 기름 섞은 것과 기름 한 록을 취하고

22 그의 힘이 미치는 대로 산비둘기 둘이나 집비둘기 새끼 둘을 가져다가 하나는 속죄제물로, 하나는 번제물로 삼아

23 여덟째 날에 그 결례를 위하여 그것들을 회막 문 여호와 앞 제사장에게로 가져갈 것이요

24 제사장은 속건제의 어린 양과 기름 한 록을 가져다가 여호와 앞에 흔들어 요제를 삼고 14:12

25 속건제의 어린 양을 잡아서 제사장은 그 속건제의 피를 가져다가 정결함을 받을 자의 오른쪽 귓부리와 오른쪽 엄지 손가락과 오른쪽 엄지 발가락에 바를 것이요

26 제사장은 그 기름을 자기 왼쪽 손바닥에 따르고

27 오른쪽 손가락으로 왼쪽 손의 기름을 조금 찍어 여호와 앞에 일곱 번 뿌릴 것이요

28 그 손의 기름은 제사장이 정결함을 받을 자의 오른쪽 귓부리와 오른쪽 엄지 손가락과 오른쪽 엄지 발가락 곧 속건제물의 피를 바른 곳에 바를 것이며

29 또 그 손에 남은 기름은 제사장이 그 정결함을 받는 자의 머리에 발라 여호와 앞에서 그를 위하여 속죄할 것이며 5:6

30 그는 힘이 미치는 대로 산비둘기 한 마리나 집비둘기 새끼 한 마리를 드리되

31 곧 그의 힘이 미치는 대로 한 마리는 속죄제로, 한 마리는 소제와 함께 번제로 드릴 것이요 제사장은 정결함을 받을 자를 위하여 여호와 앞에 속죄할지니

술술 풀리는 **성경말씀**

정결 의식의 새 두 마리

나병 환자가 완전히 나으면 제사장에게 몸을 보여 확인을 받은 후 정결 의식을 치렀어요. 이 의식 중에는 살아 있는 새 두 마리를 드리는 차례가 있지요.

한 마리는 제사장이 흐르는 시냇물이나 솟아나는 샘물을 질그릇에 떠 놓고 그 물 위에서 잡았어요. 다른 한 마리는 백향목, 우슬초, 홍색실과 함께 죽은 새에서 받아낸 피를 섞은 물에 적셨다가 꺼내, 나병이 나은 사람에게 뿌린 뒤 들판으로 날려보냈지요.

여기서 죽임을 당한 새는 나병으로 인하여 죽을 수밖에 없는 사람이 하나님의 자비로 치료 받았음을 뜻하고, 들판으로 날려보낸 새는 나병에서 치료받은 후 새 생명과 힘을 부여받은 모습을 상징한답니다.

14장 4~7절

32 나병 환자로서 그 정결예식에 그의 힘이 미치지 못한 자의 규례가 그러하니라

집에 생기는 곰팡이

33 ●여호와께서 모세와 아론에게 말씀하여 이르시되

34 내가 네게 기업으로 주는 가나안 땅에 너희가 이를 때에 너희 기업의 땅에서 어떤 집에 나병 색점을 발생하게 하거든

35 그 집 주인은 제사장에게 가서 말하여 알리기를 무슨 색점이 집에 생겼다 할 것이요

36 제사장은 그 색점을 살펴보러 가기 전에 그 집안에 있는 모든 것이 부정을 면하게 하기 위하여 그 집을 비우도록 명령한 후에 들어가서 그 집을 볼지니

37 그 색점을 볼 때에 그 색점이 벽에 푸르거나 붉은 무늬의 색점이 있어 벽보다 우묵하면

38 제사장은 그 집 문으로 나와 그 집을 이레 동안 폐쇄하였다가

39 이레 만에 또 가서 살펴볼 것이요 그 색점이 벽에 퍼졌으면

40 그 명령하여 색점 있는 돌을 빼내어 성 밖 부정한 곳에 버리게 하고

41 또 집 안 사방을 긁게 하고 그 긁은 흙을 성 밖 부정한 곳에 쏟아버리게 할 것이요

42 그들은 다른 돌로 그 돌을 대신하며 다른 흙으로 집에 바를지니라

43 ●돌을 빼내며 집을 긁고 고쳐 바른 후에 색점이 집에 재발하면

44 제사장은 또 가서 살펴볼 것이요 그 색점이 만일 집에 퍼졌으면 악성 나병인즉 이는 부정하니

45 그는 그 집을 헐고 돌과 그 재목과 그 집의 모든 흙을 성 밖 부정한 곳으로 내어 갈 것이며

46 그 집을 폐쇄한 날 동안에 들어가는 자는 저녁까지 부정할 것이요

47 그 집에서 자는 자는 그의 옷을 빨 것이요 그 집에서 먹는 자도 그의 옷을 빨 것이니라

48 ●그 집을 고쳐 바른 후에 제사장이 들어가 살펴보아서 색점이 집에 퍼지지 아니하였으면 이는 색점이 나은 것이니 제사장은 그 집을 정하다 하고

49 그는 그 집을 정결하게 하기 위하여 새 두 마리와 백향목과 홍색 실과 우슬초를 가져다가

50 그 새 하나를 흐르는 물 위 질그릇 안에서 잡고

51 백향목과 우슬초와 홍색 실과 살아 있는 새를 가져다가 잡은 새의 피와 흐르는 물을 찍어 그 집에 일곱 번 뿌릴 것이요

52 그는 새의 피와 흐르는 물과 살아 있는 새와 백향목과 우슬초와 홍색 실로 집을 정결하게 하고

53 그 살아 있는 새는 성 밖 들에 놓아 주고 그 집을 위하여 속죄할 것이라 그러면 정결하리라

54 ●이는 각종 나병 환부에 대한 규례니 곧 옴과

55 의복과 가옥의 나병과

56 돋는 것과 뾰루지와 색점이

57 어느 때는 부정하고 어느 때는 정함을 가르치는 것이니 나병의 규례가 이러하니라

몸에 유출병이 있으면
B.C. 1450년경

15 여호와께서 모세와 아론에게 말씀하여 이르시되

2 이스라엘 자손에게 말하여 이르라 누구든지 그의 몸에 유출병이 있으면 그 유출병으로 말미암아 부정한 자라

3 그의 유출병으로 말미암아 부정함이

기업(14:34) 대대로 전해오는 사업과 재산, 생을 위한 주된 사업.
색점(14:34) 집에 발생하는 곰팡이로, 그 특징은 색이 있다는 것과 전염성이 강하다는 것이다.
벽보다 우묵하면(14:37) 가운데가 조금 둥글게 깊

숙함. 곰팡이의 균이 깊이 침투하여 잠복해 있는 상태를 말한다.
옴(14:54) 백선 종류의 전염성 피부병.
저녁까지(15:5) 이스라엘인들은 하루를 저녁부터 그 다음날 저녁까지로 계산했다. 즉 '하루 동안'이란 뜻.

이러하니 곧 그의 몸에서 흘러 나오든지 그의 몸에서 흘러 나오는 것이 막혔든지 부정한즉

4 유출병 있는 자가 눕는 침상은 다 부정하고 그가 앉았던 자리도 다 부정하니

5 그의 침상에 접촉하는 자는 그의 옷을 빨고 물로 몸을 씻을 것이며 저녁까지 부정하리라

6 유출병이 있는 자가 앉았던 자리에 앉는 자는 그의 옷을 빨고 물로 씻을 것이요 저녁까지 부정하리라

7 유출병이 있는 자의 몸에 접촉하는 자는 그의 옷을 빨고 물로 몸을 씻을 것이며 저녁까지 부정하리라

8 유출병이 있는 자가 정한 자에게 침을 뱉으면 정한 자는 그의 옷을 빨고 물로 몸을 씻을 것이며 저녁까지 부정하리라

9 유출병이 있는 자가 탔던 안장은 다 부정하며

10 그의 몸 아래에 닿았던 것에 접촉한 자는 다 저녁까지 부정하며 그런 것을 옮기는 자는 그의 옷을 빨고 물로 몸을 씻을 것이며 저녁까지 부정하리라

11 유출병이 있는 자가 물로 그의 손을 씻지 아니하고 아무든지 만지면 그 자는 그의 옷을 빨고 물로 몸을 씻을 것이며 저녁까지 부정하리라

12 유출병이 있는 자가 만진 질그릇은 깨뜨리고 나무 그릇은 다 물로 씻을지니라

13 ●유출병이 있는 자는 그의 유출이 깨끗해지거든 그가 정결하게 되기 위하여 이레를 센 후에 옷을 빨고 흐르는 물에 그의 몸을 씻을 것이라 그러면 그가

정하리니

14 여덟째 날에 산비둘기 두 마리나 집비둘기 새끼 두 마리를 자기를 위하여 가져다가 회막 문 여호와 앞으로 가서 제사장에게 줄 것이요

15 제사장은 그 한 마리는 속죄제로, 다른 한 마리는 번제로 드려 그의 유출병으로 말미암아 여호와 앞에서 속죄할지니라
14:30, 31

16 ●설정한 자는 전신을 물로 씻을 것이며 저녁까지 부정하리라

17 정수가 묻은 모든 옷과 가죽은 물에 빨 것이며 저녁까지 부정하리라

18 남녀가 동침하여 설정하였거든 둘 다 물로 몸을 씻을 것이며 저녁까지 부정하리라

19 ●어떤 여인이 유출을 하되 그의 몸에 그의 유출이 피이면 이레 동안 불결하니 그를 만지는 자마다 저녁까지 부정할 것이요

20 그가 불결한 동안에는 그가 누웠던 자리도 다 부정하며 그가 앉았던 자리도 다 부정한즉

21 그의 침상을 만지는 자는 다 그의 옷을

술술 풀리는 성경 말씀

유출병에 관한 규례

이 규례는 부정한 사람이 자기가 부정한 것을 알지 못하고 거룩한 성막에 들어가거나 죽음을 당하지 않도록 하기 위해 쓰였어요(15:31), 유출병자들은 병이 나을 때까지 집 안에 머물러 있었으며(15:11~12), 유출병이 나았을 경우, 7일 동안을 기다리면서 옷을 빨고 몸을 씻은 후 8일째 되는 날 속죄제와 번제를 드렸어요.
15장 2절

정의	은밀한 성기에 생기는 병으로, 피나 고름이 나오는 병
종류	• 만성적 남녀의 유출병 • 일시적 남녀의 유출병(월경, 설정)
판단	자신 스스로가 판단
성결례	• 만성적 남녀 유출병(15:2~15, 25~30)은 제사를 드림 • 일시적 남녀 유출병은 목욕을 함

15장 에는 무엇이 기록되어 있을까?

15장은 남자나 여자가 유출병으로 부정하게 되는 경우와 유출병에서 정결함을 받는 과정 등이 나와 있어요. 이 규례는 부정한 사람이 자기의 부정을 깨닫지 못하고 성막에 들어갔다가 죽임을 당하는 일이 없게 하고자 기록되었어요. 하나님 앞에서는 어떠한 부정이라도 감추질 수 없기 때문입니다.

빨고 물로 몸을 씻을 것이요 저녁까지
부정할 것이며
22 그가 앉은 자리를 만지는 자도 다 그들
의 옷을 빨고 물로 몸을 씻을 것이요 저
녁까지 부정할 것이며
23 그의 침상 위에나 그가 앉은 자리 위에
있는 것을 만지는 모든 자도 저녁까지
부정할 것이며
24 누구든지 이 여인과 동침하여 그의 불
결함에 전염되면 이레 동안 부정할 것
이라 그가 눕는 침상은 다 부정하며
25 ●만일 여인의 피의 유출이 그의 ¹⁾불결
기가 아닌데도 여러 날이 간다든지 그
유출이 그의 ¹⁾불결기를 지나도 계속되
면 그 부정을 유출하는 모든 날 동안은
그 불결한 때와 같이 부정한즉
26 그의 유출이 있는 모든 날 동안에 그
가 눕는 침상은 그에게 불결한 때의
침상과 같고 그가 앉는 모든 자리도
부정함이 불결한 때의 부정과 같으니
27 그것들을 만지는 자는 다 부정한즉 그
의 옷을 빨고 물로 몸을 씻을 것이며 저
녁까지 부정할 것이요
28 그의 유출이 그치면 이레를 센 후에야
정하리니
29 그는 여덟째 날에 산비둘기 두 마리나
집비둘기 새끼 두 마리를 자기를 위하
여 가져다가 회막 문 앞 제사장에게로
가져갈 것이요
30 제사장은 그 한 마리는 속죄제로, 다른
한 마리는 번제로 드려 유출로 부정한
여인을 위하여 여호와 앞에서 속죄할
지니라
31 ●너희는 이와 같이 이스라엘 자손이 그
들의 부정에서 떠나게 하여 그들 가운데
에 있는 내 성막을 그들이 더럽히고 그들
이 부정한 중에서 죽지 않도록 할지니라
32 ●이 규례는 유출병이 있는 자와 설정
함으로 부정하게 된 자와
33 불결기의 앓는 여인과 유출병이 있는
남녀와 그리고 불결한 여인과 동침한

자에 대한 것이니라

속죄일—B.C. 1450년경

16

16 아론의 두 아들이 여호와 앞에
나아가다가 죽은 후에 여호와
께서 모세에게 말씀하시니라　10:1, 2
2 여호와께서 모세에게 이르시되 네 형 아
론에게 이르라 성소의 휘장 안 법궤 위
속죄소 앞에 아무 때나 들어오지 말라 그
리하여 죽지 않도록 하라 이는 내가 구름
가운데에서 속죄소 위에 나타남이니라
3 아론이 성소에 들어오려면 수송아지를
속죄제물로 삼고 숫양을 번제물로 삼고
4 거룩한 세마포 속옷을 입으며 세마포 속
바지를 몸에 입고 세마포 띠를 띠며 세
마포 관을 쓸지니 이것들은 거룩한 옷
이라 물로 그의 몸을 씻고 입을 것이며
5 이스라엘 자손의 회중에게서 속죄제
물로 삼기 위하여 숫염소 두 마리와 번
제물로 삼기 위하여 숫양 한 마리를 가
져갈지니라
6 ●아론은 자기를 위한 속죄제의 수송
아지를 드리되 자기와 집안을 위하여
속죄하고　히 5:2
7 또 그 두 염소를 가지고 회막 문 여호
와 앞에 두고
8 두 염소를 위하여 제비 뽑되 한 제비는
여호와를 위하고 한 제비는 ²⁾아사셀을
위하여 할지며
9 아론은 여호와를 위하여 제비 뽑은 염
소를 속죄제로 드리고
10 아사셀을 위하여 제비 뽑은 염소는 산
채로 여호와 앞에 두었다가 그것으로
속죄하고 아사셀을 위하여 광야로 보

16장 에는 무엇이 기록되어 있을까?

속죄일은 1년 중 가장 중요한 날로서
온 백성이 안식하며 금식하는 날이에요. 대
제사장은 자신과 자신의 가문을 위해 수송아지
를 희생 제물로 드리고, 백성을 위해서는 염소
를 희생 제물로 드려어요. 두 염소 중 남은 한
마리는 광야로 보내는데, 이것은 그들의 죄가
온전히 용서되었음을 의미한답니다.

○ 아사셀 염소
(16:8)
아사셀은 한 번에 속죄된 죄는 완전히 속죄된다는 것을 의미한다.

널지니라

11 ●아론은 자기를 위한 속죄제의 수송아지를 드리되 자기와 집안을 위하여 속죄하고 자기를 위한 그 속죄제 수송아지를 잡고

히 7:27

12 향로를 가져다가 여호와 앞 제단 위에서 피운 불을 그것에 채우고 또 곱게 간 향기로운 향을 두 손에 채워 가지고 휘장 안에 들어가서

13 여호와 앞에서 분향하여 향연이 1)증거궤 위 2)속죄소를 가리게 할지니 그리하면 그가 죽지 아니할 것이며

22:9

14 그는 또 수송아지의 피를 가져다가 손가락으로 2)속죄소 동쪽에 뿌리고 또 손가락으로 그 피를 2)속죄소 앞에 일곱 번 뿌릴 것이며

15 또 백성을 위한 속죄제 염소를 잡아 그 피를 가지고 휘장 안에 들어가서 그 수송아지 피로 행함 같이 그 피로 행하여 2)속죄소 위와 2)속죄소 앞에 뿌릴지니

16 곧 이스라엘 자손의 부정과 그들이 범한 모든 죄로 말미암아 지성소를 위하여 속죄하고 그들의 부정한 중에 있는 회막을 위하여 그같이 할 것이요

17 그가 지성소에 속죄하러 들어가서 자기와 그의 집안과 이스라엘 온 회중을 위하여 속죄하고 나오기까지는 누구든지 회막에 있지 못할 것이며

18 그는 여호와 앞 제단으로 나와서 그것을 위하여 속죄할지니 곧 그 수송아지의 피와 염소의 피를 가져다가 제단 귀퉁이 뿔들에 바르고

19 또 손가락으로 그 피를 그 위에 일곱 번 뿌려 이스라엘 자손의 부정에서 제단을 성결하게 할 것이요

20 그 지성소와 회막과 제단을 위하여 속죄하기를 마친 후에 살아 있는 염소를 드리되

21 아론은 그의 두 손으로 살아 있는 염소의 머리에 안수하여 이스라엘 자손의 모든 불의와 그 범한 모든 죄를 아뢰고 그 죄를 염소의 머리에 두어 미리 정한 사람에게 맡겨 광야로 보낼지니

22 염소가 그들의 모든 불의를 지고 접근하기 어려운 땅에 이르거든 그는 그 염소를 광야에 놓을지니라

23 ●아론은 회막에 들어가서 지성소에 들어갈 때에 입었던 세마포 옷을 벗어 거기 두고

24 거룩한 곳에서 물로 그의 몸을 씻고 자기 옷을 입고 나와서 자기의 번제와 백성의 번제를 드려 자기와 백성을 위하여 속죄하고

25 속죄제물의 기름을 제단에서 불사를 것이요

26 염소를 아사셀에게 보낸 자는 그의 옷을 빨고 물로 그의 몸을 씻은 후에 진영에 들어갈 것이며

속죄일

히브리어로 '욤 키푸르'인 이 날은, 유대력으로 7월(양력으로 10월) 10일입니다. 이 날은 대제사장과 성전, 백성들을 성결케 하는 날로서, 정기적인 희생 제사를 드리고 조금의 노동도 금지되었으므 엄격하게 금식을 지켰어요. 또한 1년 중 대제사장이 성막의 휘장 뒤에 있는 지성소에 들어갈 수 있는 유일한 날이기도 했지요.

속죄일은 이스라엘 자손과 유대인들의 가장 중요한 절기로, 모세의 율법에 규정된 유일한 금식일이었어요(출 30:10). 이제 이러한 의식들은 예수 그리스도의 대속을 미리 나타내는 것으로 이해할 수 있어요. 불완전하고 임시적인 율법의 속죄 의식과는 달리 예수님의 희생은 완전하고도 영원한 구원을 주신답니다.

16장

27 속죄제 수송아지와 속죄제 염소의 피를 성소로 들여다가 속죄하였은즉 그 가죽과 고기와 똥을 밖으로 내다가 불사를 것이요

28 불사른 자는 그의 옷을 빨고 물로 그의 몸을 씻은 후에 진영에 들어갈지니라

29 ●너희는 영원히 이 규례를 지킬지니라 일곱째 달 곧 그 달 십일에 너희는 스스로 괴롭게 하고 아무 일도 하지 말되 본토인이든지 너희 중에 거류하는 거류민이든지 그리하라 히 29:7

30 이 날에 너희를 위하여 속죄하여 너희를 정결하게 하리니 너희의 모든 죄에서 너희가 여호와 앞에 정결하리라

31 이는 너희에게 안식일 중의 안식일인즉 너희는 스스로 괴롭게 할지니 영원히 지킬 규례라

32 기름 부음을 받고 위임되어 자기의 아버지를 대신하여 제사장의 직분을 행하는 제사장은 속죄하되 세마포 옷 곧 거룩한 옷을 입고 히 16:4

33 지성소를 1)속죄하며 회막과 제단을 속죄하고 또 제사장들과 백성의 회중을 위하여 속죄할지니 히 16:16-18

34 이는 너희가 영원히 지킬 규례라 이스라엘 자손의 모든 죄를 위하여 일 년에 한 번 속죄할 것이니라 아론이 여호와께서 모세에게 명령하신 대로 행하니라

제물을 드릴 곳

17

여호와께서 모세에게 말씀하여 이르시되

2 아론과 그의 아들들과 이스라엘의 모든 자손에게 말하여 그들에게 이르기를 여호와의 명령이 이러하시다 하라

3 이스라엘 집의 모든 사람이 소나 어린 양이나 염소를 진영 안에서 잡든지 진영 밖에서 잡든지

4 먼저 회막 문으로 끌고 가서 여호와의 성막 앞에서 여호와께 예물로 드리지 아니하는 자는 피 흘린 자로 여길 것이라 그가 피를 흘렸은즉 자기 백성 중에서 끊어지리라

5 그런즉 이스라엘 자손이 들에서 잡던 그들의 제물을 회막 문 여호와께로 끌고 가서 제사장에게 주어 화목제로 여호와께 드려야 할 것이요

6 제사장은 그 피를 회막 문 여호와의 제단에 뿌리고 그 기름을 불살라 여호와께 향기로운 냄새가 되게 할 것이라

7 그들은 전에 음란하게 섬기던 숫염소에게 다시 제사하지 말 것이니라 이는 그들이 대대로 지킬 영원한 규례니라

8 ●너는 또 그들에게 이르라 이스라엘 집 사람이나 혹은 그들 중에 거류하는 거류민이 번제나 제물을 드리되

9 회막 문으로 가져다가 여호와께 드리지 아니하면 그는 백성 중에서 끊어지리라

피를 먹지 말라

10 ●이스라엘 집 사람이나 그들 중에 거류하는 거류민 중에 무슨 피든지 먹는 자가 있으면 내가 그 피를 먹는 그 사람에게는 내 얼굴을 대하여 그를 백성 중에서 끊으리니

11 육체의 생명은 피에 있음이라 내가 이 피를 너희에게 주어 제단에 뿌려 너희의 생명을 위하여 속죄하게 하였나니 생명이 피에 있으므로 피가 죄를 속하느니라 히 9:22

12 그러므로 내가 이스라엘 자손에게 말하기를 너희 중에 아무도 피를 먹지 말며 너희 중에 거류하는 거류민이라도 피를 먹지 말라 하였나니

13 모든 이스라엘 자손이나 그들 중에 거류하는 거류민이 먹을 만한 짐승이나

17장에는 무엇이 기록되어 있을까?

17장부터 마지막 장까지는 하나님의 백성이 실제로 어떻게 살아야 하는지를 가르치고 있어요. 그래서 '성결 법전'이라고도 하지요. 먼저 앞부분은 하나님께 드릴 희생 제물을 반드시 성막에서 잡아야 한다는 것을 가르쳐줍니다. 이것은 당시 우상 숭배자들이 제물을 광야에서 죽였던 것을 경계하기 위한 조치였어요.

1) 또는 정결하게 하고

새를 사냥하여 잡거든 그것의 피를 흘리고 흙으로 덮을지니라

14 모든 생물은 그 피가 생명과 일체라 그러므로 내가 이스라엘 자손에게 이르기를 너희는 어떤 육체의 피든지 먹지 말라 하였나니 모든 육체의 생명은 그것의 피인즉 그 피를 먹는 모든 자는 끊어지리라

15 또 스스로 죽은 것이나 들짐승에게 찢겨 죽은 것을 먹은 모든 자는 본토인이거나 거류민이거나 그의 옷을 빨고 물로 몸을 씻을 것이며 저녁까지 부정하고 그 후에는 정하려니와

16 그가 빨지 아니하거나 그의 몸을 물로 씻지 아니하면 그가 죄를 담당하리라

가증한 풍속을 따르지 말라 — B.C. 1450년경

18
여호와께서 모세에게 말씀하여 이르시되

2 너는 이스라엘 자손에게 말하여 이르라 나는 여호와 너희의 하나님이니라

3 너희는 너희가 거주하던 애굽 땅의 풍속을 따르지 말며 내가 너희를 인도할 가나안 땅의 풍속과 규례도 행하지 말고

4 너희는 내 법도를 따르며 내 규례를 지켜 그대로 행하라 나는 너희의 하나님 여호와이니라

5 너희는 내 규례와 법도를 지키라 사람이 이를 행하면 그로 말미암아 살리라 나는 여호와이니라

6 ●각 사람은 자기의 살붙이를 가까이 하여 그의 하체를 범하지 말라 나는 여호와이니라

7 네 어머니의 하체는 곧 네 아버지의 하체이니 너는 범하지 말라 그는 네 어머니인즉 너는 그의 하체를 범하지 말지니라 20:11

8 너는 네 아버지의 아내의 하체를 범하지 말라 이는 네 아버지의 하체니라

9 너는 네 자매 곧 네 아버지의 딸이나 네 어머니의 딸이나 집에서나 다른 곳에서 출생하였음을 막론하고 그들의 하체를 범하지 말지니라

10 네 손녀나 네 외손녀의 하체를 범하지 말라 이는 네 하체니라

11 네 아버지의 아내가 네 아버지에게 낳은 딸은 네 누이니 너는 그의 하체를 범하지 말지니라

12 너는 네 고모의 하체를 범하지 말라 그는 네 아버지의 살붙이니라

13 너는 네 이모의 하체를 범하지 말라 그는 네 어머니의 살붙이니라

14 너는 네 아버지 형제의 아내를 가까이 하여 그의 하체를 범하지 말라 그는 네 숙모니라

15 너는 네 며느리의 하체를 범하지 말라 그는 네 아들의 아내이니 그의 하체를 범하지 말지니라 20:12

16 너는 네 형제의 아내의 하체를 범하지

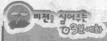

비전을 심어주는 3분예화

건강을 위해 지켜야 할 것

어떤 사람이 모든 관절이 약해져 몸을 움직일 수 없는 무서운 병에 걸렸어요. 그 병이 완치될 확률은 1%도 되지 못했지요. 그러나 그는 우연히 어느 건강 서적을 읽다가 감동과 희망을 얻게 되었어요. 그 내용은 '부정적인 생각은 신체에 나쁜 영향을 미치지만 긍정적인 생각은 건강을 회복해준다'는 것이었지요.

그날부터 그 사람은 비극적이거나 폭력적인 것들을 피하고 창조적이고 긍정적인 것만 읽고 보았어요. 그리고 주변 사람들에게 부정적이거나 비극적인 말을 하지 않도록 당부했지요. 그의 병실에는 즐거운 음악이 늘 흘렀고, 희망을 주고 긍정적인 생각을 하게 하는 사람들이 곁에 쌓여갔어요.

1년이 흐른 후, 그 사람은 이전보다 매우 건강하게 되어 퇴원하였답니다.

18장에는 무엇이 기록되어 있을까?

하나님의 백성들이 거룩한 삶을 살아야 하는 근본적인 이유를 알려주고 있어요. 그것은 '나는 여호와 너희의 하나님이니라'(2절)는 말씀 때문이지요. 즉 하나님께서 거룩하시기 때문에 하나님의 백성들도 거룩해야 하는 것이지요. 거룩한 삶을 사는 구체적인 규례 중 첫 번째는 부도덕한 성행위를 하지 않는 거에요.

말라 이는 네 형제의 하체니라

17 너는 여인과 그 여인의 딸의 하체를 아울러 범하지 말며 또 그 여인의 손녀나 외손녀를 아울러 데려다가 그의 하체를 범하지 말라 그들은 그의 살붙이니 이는 악행이니라 20:14

18 너는 아내가 생존할 동안에 그의 자매를 데려다가 그의 하체를 범하여 그로 질투하게 하지 말지니라

19 ●너는 여인이 월경으로 불결한 동안에 그에게 가까이 하여 그의 하체를 범하지 말지니라

20 너는 네 이웃의 아내와 동침하여 설정하므로 그 여자와 함께 자기를 더럽히지 말지니라

21 너는 결단코 자녀를 몰렉에게 주어 불로 통과하게 함으로 네 하나님의 이름을 욕되게 하지 말라 나는 여호와이니라

22 너는 여자와 동침함 같이 남자와 동침하지 말라 이는 가증한 일이니라

23 너는 짐승과 교합하여 자기를 더럽히지 말며 여자는 짐승 앞에 서서 그것과 교접하지 말라 이는 문란한 일이니라

24 ●너희는 이 모든 일로 스스로 더럽히지 말라 내가 너희 앞에서 쫓아내는

족속들이 이 모든 일로 말미암아 더러워졌고

25 그 땅도 더러워졌으므로 내가 그 악으로 말미암아 벌하고 그 땅도 스스로 그 주민을 토하여 내느니라

26 그러므로 너희 곧 너희의 동족이나 혹은 너희 중에 거류하는 거류민이나 내 규례와 내 법도를 지키고 이런 가증한 일의 하나라도 행하지 말라

27 너희 전에 있던 그 땅 주민이 이 모든 가증한 일을 행하였고 그 땅도 더러워졌느니라

28 너희도 더럽히면 그 땅이 너희가 있기 전 주민을 토함 같이 너희를 토할까 하노라

29 이 가증한 모든 일을 행하는 자는 그 백성 중에서 끊어지리라

30 그러므로 너희는 내 명령을 지키고 너희가 들어가기 전에 행하던 가증한 풍속을 하나라도 따름으로 스스로 더럽히지 말라 나는 너희의 하나님 여호와이니라 신 1:13

너희는 거룩하라

19 여호와께서 모세에게 말씀하여 이르시되

2 너는 이스라엘 자손의 온 회중에게 말하여 이르라 너희는 거룩하라 이는 나 여호와 너희 하나님이 거룩함이니라

3 너희 각 사람은 부모를 경외하고 나의 안식일을 지키라 나는 너희의 하나님 여호와이니라

4 너희는 헛된 것들에게로 향하지 말며 너희를 위하여 신상들을 부어 만들지 말라 나는 너희의 하나님 여호와이니라

5 ●너희는 화목제물을 여호와께 드릴 때에 기쁘게 받으시도록 드리고

6 그 제물은 드리는 날과 이튿날에 먹고 셋째 날까지 남았거든 불사르라

7 셋째 날에 조금이라도 먹으면 가증한 것이 되어 기쁘게 받으심이 되지 못하고

8 그것을 먹는 자는 여호와의 성물을 더럽힘으로 말미암아 죄를 담당하리니

솔솔 풀리는 **성경 말씀**

자녀를 바치는 가증한 우상, 몰렉

'몰렉'이라는 고대 가나안의 우상은 놋쇠로 속이 비게 만들었으며, 인간의 몸에다 황소의 머리를 하고 놋쇠 보좌에 손을 펼친 채 앉아 있었어요. 몰렉에게 제물을 바칠 때에는 우상 안에 놓은 놋쇠 두 팔을 빨갛게 달구었지요. 그리고 부모들이 자기 자녀를 달궈진 우상의 팔에 놓으면 북과 징이 울리고 어린 아이가 타들어 가는 소리는 그 소음에 잠겨 파묻혀 말았습니다.

이 우상과 연관된 신전 방이 일곱 개나 있었다는 말이 있어요. 이에 따르면 바친 제물의 가치에 따라 그 방에 들어갈 수 있었는데, 자녀를 바친 사람만이 일곱째 방에 들어갈 수 있었다고 합니다. 인간을 제물로 바치는 행위는 고대 페니키아와 이집트를 비롯한 여러 나라에서 이루어졌어요. 18장 21절

그가 그의 백성 중에서 끊어지리라

9 ●너희가 너희의 땅에서 곡식을 거둘 때에 너는 밭 모퉁이까지 다 거두지 말고 네 떨어진 이삭도 줍지 말며

10 네 포도원의 열매를 다 따지 말며 네 포도원에 떨어진 열매도 줍지 말고 가난한 사람과 거류민을 위하여 버려두라 나는 너희의 하나님 여호와이니라

11 ●너희는 도둑질하지 말며 속이지 말며 서로 거짓말하지 말며 〔함송〕

12 너희는 내 이름으로 거짓 맹세함으로 네 하나님의 이름을 욕되게 하지 말라 나는 여호와이니라

13 ●너는 네 이웃을 억압하지 말며 착취하지 말며 품꾼의 삯을 아침까지 밤새도록 네게 두지 말며　약 5:4

14 너는 귀먹은 자를 저주하지 말며 맹인 앞에 장애물을 놓지 말고 네 하나님을 경외하라 나는 여호와이니라　신 27:18

15 ●너희는 재판할 때에 불의를 행하지 말며 가난한 자의 편을 들지 말며 세력 있는 자라고 두둔하지 말고 공의로 사람을 재판할지며

16 너는 네 백성 중에 돌아다니며 사람을 비방하지 말며 네 이웃의 피를 흘려 이익을 도모하지 말라 나는 여호와이니라

17 ●너는 네 형제를 마음으로 미워하지 말며 네 이웃을 반드시 견책하라 그러면 네가 그에 대하여 죄를 담당하지 아니하리라　눅 17:3

18 원수를 갚지 말며 동포를 원망하지 말며 네 이웃 사랑하기를 네 자신과 같이

애굽 사람의 머리 모양(19:27)

사랑하라 나는 여호와이니라

19 ●너희는 내 규례를 지킬지어다 네 가축을 다른 종류와 교미시키지 말며 네 밭에 두 종자를 섞어 뿌리지 말며 두 재료로 직조한 옷을 입지 말지며

20 만일 어떤 사람이 다른 사람과 정혼한 여종 곧 아직 속량되거나 해방되지 못한 여인과 동침하여 설정하면 그것은 책망을 받을 일이니라 그러나 그들은 죽임을 당하지는 아니하리니 그 여인이 해방되지 못하였기 때문이니라

21 그 남자는 그 속건제물 곧 속건제 숫양을 회막 문 여호와께로 끌고 올 것이요　5:15

22 제사장은 그가 범한 죄를 위하여 그 속건제의 숫양으로 여호와 앞에 속죄할 것이요 그리하면 그가 범한 죄를 사함 받으리라

23 ●너희가 그 땅에 들어가 각종 과목을 심거든 그 열매는 아직 할례 받지 못한 것으로 여기되 곧 삼 년 동안 너희는 그것을 할례 받지 못한 것으로 여겨 먹지 말 것이요

24 넷째 해에는 그 모든 과실이 거룩하니 여호와께 드려 찬송할 것이며　잠 3:9

25 다섯째 해에는 그 열매를 먹을지니 그리하면 너희에게 그 소산이 풍성하리라 나는 너희의 하나님 여호와이니라

26 ●너희는 무엇이든지 피째 먹지 말며 점을 치지 말며 술법을 행하지 말며

27 머리 가를 둥글게 깎지 말며 수염 끝을 손상하지 말며

28 죽은 자 때문에 너희의 살에 문신을 하지 말며 무늬를 놓지 말라 나는 여

19장 에는 무엇이 기록되어 있을까?

19장에는 하나님께 대한 종교적 의무와 이웃에 대한 사랑의 의무 등이 폭넓게 나와 있어요. 이스라엘은 일반 국가들과는 달리 신앙 공동체였기 때문에, 사회적·윤리적인 규례를 지키는 것도 신앙적인 범죄가 되었답니다. 그 이유는 '너희는 거룩하라 이는 나 여호와 너희 하나님이 거룩함이니라'(2절)는 말씀에 분명히 제시되어 있지요.

호와이니라 21:5

29 ●네 딸을 더럽혀 창녀가 되게 하지 말
라 음행이 전국에 퍼져 죄악이 가득할
까 하노라

30 내 안식일을 지키고 내 성소를 귀히 여
기라 나는 여호와이니라

31 ●너희는 신접한 자와 박수를 믿지 말
며 그들을 추종하여 스스로 더럽히지
말라 나는 너희 하나님 여호와이니라

32 ●너는 센 머리 앞에서 일어서고 노인
의 얼굴을 공경하며 네 하나님을 경외
하라 나는 여호와이니라

33 ●거류민이 너희의 땅에 거류하여 함
께 있거든 너희는 그를 학대하지 말고

34 너희와 함께 있는 거류민을 너희 중에
서 낳은 자 같이 여기며 자기 같이 사
랑하라 너희도 애굽 땅에서 거류민이
되었었느니라 나는 너희의 하나님 여
호와이니라 신 10:19

35 ●너희는 재판할 때나 길이나 무게나
양을 잴 때 불의를 행하지 말고

36 공평한 저울과 공평한 추와 공평한 에
바와 공평한 1)힌을 사용하라 나는 너희
를 인도하여 애굽 땅에서 나오게 한 너
희의 하나님 여호와이니라

37 너희는 내 모든 규례와 내 모든 법도를
지켜 행하라 나는 여호와이니라

반드시 죽여야 하는 죄 — B.C. 1450년경

20

여호와께서 모세에게 말씀하
여 이르시되

2 너는 이스라엘 자손에게 또 이르라 그
가 이스라엘 자손이든지 이스라엘에
거류하는 거류민이든지 그의 자식을

20 에는 무엇이 기록되어 있을까?

20장에서는 앞에서 기록된 규례들
을 어겼을 때 받는 벌들을 구체적으로 제시
하고 있어요. 이 처벌 기준은 오늘날에도 똑같
이 적용된답니다. 다만 우리는 그리스도 안에서
회개함으로써 우리의 죄를 용서받을 수 있지요.
22절 이하에서는 하나님께서 그 모든 규례와
법도를 지킬 것을 다시 한 번 강조하셨습니다.

호와이니라

몰렉에게 주면 반드시 죽이되 그 지방
사람이 돌로 칠 것이며

3 나도 그 사람에게 진노하여 그를 그의
백성 중에서 끊으리니 이는 그가 그의
자식을 몰렉에게 주어서 내 성소를 더
럽히고 내 성호를 욕되게 하였음이라

4 그가 그의 자식을 몰렉에게 주는 것을
그 지방 사람이 못 본 체하고 그를 죽
이지 아니하면

5 내가 그 사람과 그의 권속에게 진노하
여 그와 그를 본받아 몰렉을 음란하게
섬기는 모든 사람을 그들의 백성 중에
서 끊으리라

6 ●접신한 자와 박수무당을 음란하게
따르는 자에게는 내가 진노하여 그를
그의 백성 중에서 끊으리니 19:31

7 너희는 스스로 깨끗하게 하여 거룩할지
어다 나는 너희의 하나님 여호와이니라

8 너희는 내 규례를 지켜 행하라 나는 너
희를 거룩하게 하는 여호와이니라

9 만일 누구든지 자기의 아버지나 어머
니를 저주하는 자는 반드시 죽일지니
그가 자기의 아버지나 어머니를 저주
하였은즉 그의 피가 자기에게로 돌아
가리라

10 ●누구든지 남의 아내와 간음하는 자
곧 그의 이웃의 아내와 간음하는 자는
그 간부와 음부를 반드시 죽일지니라

11 누구든지 그의 아버지의 아내와 동침
하는 자는 그의 아버지의 하체를 범하
였은즉 둘 다 반드시 죽일지니 그들의
피가 자기들에게로 돌아가리라

12 누구든지 그의 며느리와 동침하거든
둘 다 반드시 죽일지니 그들이 가증한
일을 행하였음이라 그들의 피가 자기
들에게로 돌아가리라

13 누구든지 여인과 동침하듯 남자와 동
침하면 둘 다 가증한 일을 행함인즉 반
드시 죽일지니 자기의 피가 자기에게
로 돌아가리라 18:22

14 누구든지 아내와 자기의 장모를 함께

---

1) 한 힌은 3.67리터

데리고 살면 악행인즉 그와 그들을 함께 불사를지니 이는 너희 중에 악행이 없게 하려 함이니라

15 남자가 짐승과 교합하면 반드시 죽이고 너희는 그 짐승도 죽일 것이며 18:23

16 여자가 짐승에게 가까이 하여 교합하면 너는 여자와 짐승을 죽이되 그들을 반드시 죽일지니 그들의 피가 자기들에게로 돌아가리라

17 ●누구든지 그의 자매 곧 그의 아버지의 딸이나 그의 어머니의 딸을 데려다가 그 여자의 하체를 보고 여자는 그 남자의 하체를 보면 부끄러운 일이라 그들의 민족 앞에서 그들이 끊어질지니 그가 자기의 자매의 하체를 범하였은즉 그가 그의 죄를 담당하리라

18 누구든지 월경 중의 여인과 동침하여 그의 하체를 범하면 남자는 그 여인의 근원을 드러냈고 여인은 자기의 피 근원을 드러내었음인즉 둘 다 백성 중에서 끊어지리라 18:19

19 네 이모나 고모의 하체를 범하지 말지니 이는 살붙이의 하체인즉 그들이 그들의 죄를 담당하리라

20 누구든지 그의 숙모와 동침하면 그의 숙부의 하체를 범함이니 그들은 그들의 죄를 담당하여 자식이 없이 죽으리라

21 누구든지 그의 형제의 아내를 데리고 살면 더러운 일이라 그가 그의 형제의 하체를 범함이니 그들에게 자식이 없으리라 18:16

22 ●너희는 나의 모든 규례와 법도를 지켜 행하라 그리하여야 내가 너희를 인도하여 거주하게 하는 땅이 너희를 토하지 아니하리라

23 너희는 내가 너희 앞에서 쫓아내는 족속의 풍속을 따르지 말라 그들이 이 모든 일을 행하므로 내가 그들을 가증히 여기노라

24 내가 전에 너희에게 이르기를 너희가 그들의 땅을 기업으로 받을 것이라 내가 그 땅 곧 젖과 꿀이 흐르는 땅을 너희에게 주어 유업을 삼게 하리라 하였노라 나는 너희를 만민 중에서 구별한 너희의 하나님 여호와이니라 출 13:5

25 너희는 짐승이 정하고 부정함과 새가 정하고 부정함을 구별하고 내가 너희를 위하여 부정한 것으로 구별한 짐승이나 새나 땅에 기는 것들로 너희의 몸을 더럽히지 말라

26 너희는 나에게 거룩할지어다 이는 나 여호와가 거룩하고 내가 또 너희를 나의 소유로 삼으려고 너희를 만민 중에서 구별하였음이니라

27 ●남자나 여자가 접신하거나 박수무당이 되거든 반드시 죽일지니 곧 돌로 그를 치라 그들의 피가 자기들에게로 돌아가리라

선생님!! 궁금해요

교회에 다니는 어린이는 유행가를 부르면 안 되나요?

교회에 다니는 어린이들은 세상 사람들과 다른 점이 있어요. 세상 사람들은 자기를 위해 자기가 기뻐하고 좋아하는 일을 하지만, 예수님을 믿는 사람들은 하나님을 기쁘시게 하려고 하나님이 좋아하시는 일을 골라서 하게 되죠. 예를 들어 유행가보다 찬송가나 찬양을 더 좋아하고, 교회보다 교회를 좋아하는 거예요. 또 세상의 이야기보다 예수님 이야기를 더 좋아하며, 세상의 인기를 얻려고 하기보다 하나님의 말씀대로 살아가려고 한답니다.

하지만 유행가를 부른다고 지옥에 가는 것은 아니니까 너무 걱정하지 않아도 돼요. 그렇지만 세상의 노래나 사람보다는 찬양과 예수님을 더 좋아해야겠죠? 잘못하면 연예인이나 인기 스타들을 우상처럼 따르게 되니까요.

롬 12장 2절

제사장이 지켜야 할 규례

21 여호와께서 모세에게 이르시되 아론의 자손 제사장들에게 말하여 이르라 그의 백성 중에서 죽은 자를 만짐으로 말미암아 스스로를 더럽히지 말려니와

2 그의 살붙이인 그의 어머니나 그의 아버지나 그의 아들이나 그의 딸이나 그의 형제나

3 출가하지 아니한 처녀인 그의 자매로 말미암아서는 몸을 더럽힐 수 있느니라

4 제사장은 그의 백성의 ¹⁾어른인즉 자신을 더럽혀 속되게 하지 말지니라

5 제사장들은 머리털을 깎아 대머리 같게 하지 말며 자기의 수염 양쪽을 깎지 말며 살을 베지 말고

6 그들의 하나님께 대하여 거룩하고 그들의 하나님의 이름을 욕되게 하지 말 것이며 그들은 여호와의 화제 곧 그들의 하나님의 음식을 드리는 자인즉 거룩할 것이라

7 그들은 부정한 창녀나 이혼 당한 여인을 취하지 말지니 이는 그가 여호와 하나님께 거룩함이니라

8 너는 그를 거룩하게 여기라 그는 네 하나님의 음식을 드림이니라 너는 그를 거룩히 여기라 너희를 거룩하게 하는 나 여호와는 거룩함이니라

9 어떤 제사장의 딸이든지 행음하여 자신을 속되게 하면 그의 아버지를 속되게 함이니 그를 불사를지니라

10 ●자기의 형제 중 관유로 부음을 받고 위임되어 그 예복을 입은 대제사장은 그의 머리를 풀지 말며 그의 옷을 찢지 말며

11 어떤 시체에든지 가까이 하지 말지니 그의 부모로 말미암아서도 더러워지게 하지 말며

12 그 성소에서 나오지 말며 그의 하나님의 성소를 속되게 하지 말라 이는 하나님께서 성별하신 관유가 그 위에 있음이니라 나는 여호와이니라

13 그는 처녀를 데려다가 아내를 삼을지니

14 과부나 이혼 당한 여자나 창녀 짓을 하는 더러운 여인을 취하지 말고 자기 백성 중에서 처녀를 취하여 아내를 삼아

15 그의 자손이 그의 백성 중에서 속되게 하지 말지니 나는 그를 거룩하게 하는 여호와임이니라

16 ●여호와께서 모세에게 말씀하여 이르시되

17 아론에게 말하여 이르라 누구든지 너의 자손 중 대대로 육체에 흠이 있는 자는 그 하나님의 음식을 드리려고 가까이 오지 못할 것이니라

18 누구든지 흠이 있는 자는 가까이 하지 못할지니 곧 맹인이나 다리 저는 자나 코가 불완전한 자나 지체가 더한 자나

21:14

1) 또는 남편

술술 풀리는 **성경말씀**

누구나 제사장입니다

아론의 자손으로 태어나게 되면 자연히 제사장이 되었지만, 지위 자체와 그 지위의 특권을 누리는 능력은 별개의 문제였지요. 아론의 자손이더라도 흠이나 부정으로 인하여 거룩하지 못하면 하나님 앞에 나아갈 특권을 잃어버렸어요.

이처럼 참된 그리스도인이라면 누구나 제사장이지만(벧전 2:9), 하나님의 자녀가 된다는 것과 자녀로서의 모든 축복을 누린다는 것과는 차이가 있지요. 우리도 믿음으로 제사장이 되긴 했으나, 영적인 결합이나 도덕적인 미성숙으로 인해 우리가 누릴 수 있는 특권을 많이 잃어버릴 수 있어요. 우리가 하나님의 말씀을 온전히 순종하고 따른다면, 하나님의 자녀라는 지위에 합당한 모든 특권을 당당하게 누리며 살게 될 거예요.

21장

21장 에는 무엇이 기록되어 있을까?

제사장들의 거룩한 생활에 대한 규례예요. 제사장들에 대한 규례는 백성들보다 더욱 엄격했어요. 21장에는 제사장들의 장례 참석과 결혼에 대한 규례(1~9절), 제사를 드릴 때 제사장들의 자격과 그들이 지켜야 할 규례 등(10~15절)이 나와 있어요. 대제사장은 제사를 드릴 때 부모님이 돌아가시더라도 장례식에 참석할 수 없답니다.

19 발 부러진 자나 손 부러진 자나
20 등 굽은 자나 키 못 자란 자나 눈에 백막이 있는 자나 습진이나 버짐이 있는 자나 고환 상한 자나
21 제사장 아론의 자손 중에 흠이 있는 자는 나와 여호와께 화제를 드리지 못할지니 그는 흠이 있은즉 나와서 그의 하나님께 음식을 드리지 못하느니라
22 그는 그의 하나님의 음식이 지성물이든지 성물이든지 먹을 것이나
23 휘장 안에 들어가지 못할 것이요 제단에 가까이 하지 못할지니 이는 그가 흠이 있음이니라 이와 같이 그가 내 성소를 더럽히지 못할 것은 나는 그들을 거룩하게 하는 여호와임이니라
24 이와 같이 모세가 아론과 그의 아들들과 온 이스라엘 자손에게 말하였더라

성물을 먹는 규례 — B.C. 1450년경

22 여호와께서 모세에게 말씀하여 이르시되
2 아론과 그의 아들들에게 말하여 그들로 이스라엘 자손이 내게 드리는 그 성물에 대하여 스스로 구별하여 내 성호를 욕되게 함이 없게 하라 나는 여호와이니라
3 그들에게 이르라 누구든지 네 자손 중에 대대로 그의 몸이 부정하면서도 이스라엘 자손이 구별하여 여호와께 드리는 성물에 가까이 하는 자는 내 앞에서 끊어지리라 나는 여호와이니라
4 아론의 자손 중 나병 환자나 유출병자는 그가 정결하기 전에는 그 성물을 먹지 말 것이요 시체의 부정에 접촉된 자나 설정한 자나
5 무릇 사람을 부정하게 하는 벌레에 접촉된 모든 사람과 무슨 부정이든지 사람을 더럽힐 만한 것에게 접촉된 자
6 곧 이런 것에 접촉된 자는 저녁까지 부정하니 그 몸을 물로 씻지 아니하면 그 성물을 먹지 못할지며
7 해 질 때에야 정하리니 그 후에야 그 성물을 먹을 것이니라 이는 자기의 음식이 됨이니라

8 시체나 찢겨 죽은 짐승을 먹음으로 자기를 더럽히지 말라 나는 여호와이니라
9 그들은 내 명령을 지킬 것이니라 그것을 속되게 하면 그로 말미암아 죄를 짓고 그 가운데에서 죽을까 하노라 나는 그들을 거룩하게 하는 여호와이니라
10 ●일반인은 성물을 먹지 못할 것이며 제사장의 객이나 품꾼도 다 성물을 먹지 못할 것이니라
11 그러나 제사장이 그의 돈으로 어떤 사람을 샀으면 그는 그것을 먹을 것이며 그의 집에서 출생한 자도 그렇게 하여 그들이 제사장의 음식을 먹을 것이며
12 제사장의 딸이 일반인에게 출가하였으면 거제의 성물을 먹지 못하되
13 만일 그가 과부가 되든지 이혼을 당하든지 자식이 없이 그의 친정에 돌아와서 젊었을 때와 같으면 그는 그의 아버지 몫의 음식을 먹을 것이나 일반인은 먹지 못할 것이니라
14 만일 누가 부지중에 성물을 먹으면 그 성물에 그것의 오분의 일을 더하여 제사장에게 줄지니라
15 이스라엘 자손이 여호와께 드리는 성물을 그들이 속되게 하지 말지니
16 그들이 성물을 먹으면 그 죄로 인하여 형벌을 받게 할 것이니라 나는 그 음식을 거룩하게 하는 여호와이니라   22:9

여호와께서 기쁘게 받으시는 제물

17 ●여호와께서 모세에게 말씀하여 이르시되
18 아론과 그의 아들들과 이스라엘 온 족속에게 말하여 이르라 이스라엘 자손

22 에는 무엇이 기록되어 있을까?

성물에 대한 규례(1-16절)와 합당한 제물에 관한 규례(17-33절)에 대하여 자세히 설명하고 있어요. 이 규례들에 따라 비록 제사장이라도 부정한 상태에서는 성물을 먹을 수 없어요. 또 결함이 있는 짐승은 제물로 사용될 수 없지요. 예수님께서는 우리 죄를 위해 자신의 몸을 하나님 앞에 흠 없는 제물로 드리셨답니다.

이나 그 중에 거류하는 자가 서원제물이나 자원제물로 번제와 더불어 여호와께 예물로 드리려거든

19 기쁘게 받으심이 되도록 소나 양이나 염소의 흠 없는 수컷으로 드릴지니

20 흠 있는 것은 무엇이나 너희가 드리지 말 것은 그것이 기쁘게 받으심이 되지 못할 것임이니라

21 만일 누구든지 서원한 것을 갚으려 하든지 자의로 예물을 드리려 하여 소나 양으로 화목제물을 여호와께 드리는 자는 기쁘게 받으심이 되도록 아무 흠이 없는 온전한 것으로 할지니

22 너희는 눈 먼 것이나 상한 것이나 지체에 베임을 당한 것이나 종기 있는 것이나 습진 있는 것이나 비루먹은 것을 여호와께 드리지 말며 이런 것들은 제단 위에 화제물로 여호와께 드리지 말라

23 소나 양의 지체가 더하거나 덜하거나 한 것은 너희가 자원제물로는 쓰려니와 서원제물로 드리면 기쁘게 받으심이 되지 못하리라

24 너희는 고환이 상하였거나 치었거나 터졌거나 베임을 당한 것은 여호와께

드리지 말며 너희의 땅에서는 이런 일을 행하지도 말지며

25 너희는 외국인에게서도 이런 것을 받아 너희의 하나님의 음식으로 드리지 말라 이는 결점이 있고 흠이 있는 것인즉 너희를 위하여 기쁘게 받으심이 되지 못할 것임이니라 21:6, 17

26 ● 여호와께서 모세에게 말씀하여 이르시되

27 수소나 양이나 염소가 나거든 이레 동안 그것의 어미와 같이 있게 하라 여덟째 날 이후로는 여호와께 화제로 예물을 드리면 기쁘게 받으심이 되리라

28 암소나 암양을 막론하고 어미와 새끼를 같은 날에 잡지 말지니라

29 너희가 여호와께 감사제물을 드리려거든 너희가 기쁘게 받으심이 되도록 드릴지며 7:12

30 그 제물은 그 날에 먹고 이튿날까지 두지 말라 나는 여호와이니라

31 너희는 내 계명을 지키며 행하라 나는 여호와이니라

32 너희는 내 성호를 속되게 하지 말라 나는 이스라엘 자손 중에서 거룩하게 함을 받을 나는 너희를 거룩하게 하는 여호와요

33 너희의 하나님이 되려고 너희를 애굽 땅에서 인도하여 낸 자니 나는 여호와이니라 출 6:7

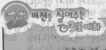

유학을 간 한 청년이 아르바이트를 하고서 받은 첫 월급으로 녹음기를 사고 싶었어요. 아직 외국어 강의 내용을 잘 알아듣을 수가 없어서 강의를 녹음했다가 다시 들어야 했거든요. 그런데 십일조를 구분하다 보니, 녹음기를 살 돈이 부족하여 갈등을 하게 되었지요. 주일이 되기까지 고민하던 청년은 결국 예배시간에 경심을 하고 심일조를 드렸어요. 그러자 비로소 마음이 편안해졌답니다.

예배를 마친 후 목사님은 그 청년에게 한국에서 이민 온 어떤 부인을 소개시켜주셨어요. 얼마 후 청년은 그 부인의 집에 놀러가게 되었는데, 함께 시간을 보내고 집에 돌아갈 무렵 부인이 그에게 물었답니다.

"혹시 녹음기가 필요하지 않으세요? 내가 유학 시절에 쓰던 것인데 필요하면 줄까요?"

성화를 남을 여호와의 절기

23 여호와께서 모세에게 말씀하여 이르시되

2 이스라엘 자손에게 말하여 이르라 이 것이 나의 절기들이니 너희가 성회로 공포할 여호와의 절기들이니라

3 엿새 동안은 일할 것이요 일곱째 날은 쉴 안식일이나 성회의 날이라 너희는 아무 일도 하지 말라 이는 너희가 거주하는 각처에서 지킬 여호와의 안식일이니라

유월절과 무교절

4 ●이것이 너희가 그 정한 때에 성회로

공포할 여호와의 절기들이니라

5 첫째 달 열나흘날 저녁은 여호와의 유월절이요

6 이 달 열닷샛날은 여호와의 무교절이니 이레 동안 너희는 무교병을 먹을 것이요

7 그 첫 날에는 너희가 성회로 모이고 아무 노동도 하지 말지며

8 너희는 이레 동안 여호와께 화제를 드릴 것이요 일곱째 날에도 성회로 모이고 아무 노동도 하지 말지니라 23:8, 21

사마리아 유대인들의 유월절(23:5)

영원한 규례니라

첫 이삭 한 단을 바치는 절기

9 ●여호와께서 모세에게 말씀하여 이르시되

10 이스라엘 자손에게 말하여 이르라 너희는 내가 너희에게 주는 땅에 들어가서 너희의 곡물을 거둘 때에 너희의 곡물의 첫 이삭 한 단을 제사장에게로 가져갈 것이요

11 제사장은 너희를 위하여 그 단을 여호와 앞에 기쁘게 받으심이 되도록 흔들되 안식일 이튿날에 흔들 것이며

12 너희가 그 단을 흔드는 날에 일 년 되고 흠 없는 숫양을 여호와께 번제로 드리고

13 그 소제로는 기름 섞은 고운 가루 십분의 이 에바를 여호와께 드려 화제로 삼아 향기로운 냄새가 되게 하고 전제로는 포도주 사분의 일 힌을 쓸 것이며

14 너희는 너희 하나님께 예물을 가져오는 그 날까지 떡이든지 볶은 곡식이든지 생 이삭이든지 먹지 말지니 이는 너희가 거주하는 각처에서 대대로 지킬

두 번째 거둔 곡식을 바치는 절기

15 ●안식일 이튿날 곧 너희가 요제로 곡식단을 가져온 날부터 세어서 일곱 안식일의 수효를 채우라

16 일곱 안식일 이튿날까지 합하여 오십 일을 계수하여 새 소제를 여호와께 드리되 신 28:26

17 너희의 처소에서 십분의 이 에바로 만든 떡 두 개를 가져다가 흔들지니 이는 고운 가루에 누룩을 넣어서 구운 것이요 이는 첫 요제로 여호와께 드리는 것이며

18 너희는 또 이 떡과 함께 일 년 된 흠 없는 어린 양 일곱 마리와 어린 수소 한 마리와 숫양 두 마리를 드리되 이것들을 그 소제와 그 전제물과 함께 여호와께 드려서 번제로 삼을지니 이는 화제라 여호와께 향기로운 냄새며

19 또 숫염소 하나로 속죄제를 드리며 일 년 된 어린 숫양 두 마리를 화목제물로 드릴 것이요

20 제사장은 그 첫 이삭의 떡과 함께 그 두 마리 어린 양을 여호와 앞에 흔들어서 요제를 삼을 것이요 이것들은 여호와께 드리는 성물이니 제사장에게 돌릴 것이니

21 이 날에 너희는 너희 중에 성회를 공포하고 어떤 노동도 하지 말지니 이는 너희가 그 거주하는 각처에서 대대로 지킬 영원한 규례니라

22 ●너희 땅의 곡물을 벨 때에 밭 모퉁이까지 다 베지 말며 떨어진 것을 줍지 말고 그것을 가난한 자와 거류민을 위하여 남겨두라 나는 너희의 하나님

여호와이니라

일곱째 달 첫 날은 쉬는 날

23 ●여호와께서 모세에게 말씀하여 이르시되

24 이스라엘 자손에게 말하여 이르라 일곱째 달 곧 그 달 첫 날은 너희에게 쉬는 날이 될지니 이는 나팔을 불어 기념할 날이요 성회라

25 어떤 노동도 하지 말고 여호와께 화제를 드릴지니라
23:7

속죄일

26 ●여호와께서 모세에게 말씀하여 이르시되

27 일곱째 달 열흘날은 속죄일이니 너희는 성회를 열고 스스로 괴롭게 하며 여호와께 화제를 드리고

28 이 날에는 어떤 일도 하지 말 것은 너희를 위하여 너희 하나님 여호와 앞에 속죄할 속죄일이 됨이니라

29 이 날에 스스로 괴롭게 하지 아니하는 자는 그 백성 중에서 끊어질 것이라

30 이 날에 누구든지 어떤 일이라도 하는 자는 내가 그의 백성 중에서 멸절시키리니

31 너희는 아무 일도 하지 말라 이는 너희가 거주하는 각처에서 대대로 지킬 영원한 규례라

32 이는 너희가 쉴 안식일이라 너희는 스스로 괴롭게 하고 이 달 아흐렛날 저녁 곧 그 저녁부터 이튿날 저녁까지 안식을 지킬지니라

초막 (23:42-43)

초막절

33 ●여호와께서 모세에게 말씀하여 이르시되

34 이스라엘 자손에게 말하여 이르라 일곱째 달 열닷샛날은 초막절이니 여호와를 위하여 이레 동안 지킬 것이라

35 첫 날에는 성회로 모일지니 너희는 아무 노동도 하지 말지며

36 이레 동안에 너희는 여호와께 화제를 드릴 것이요 여덟째 날에도 너희는 성회로 모여서 여호와께 화제를 드릴지니 이는 거룩한 대회라 너희는 어떤 노동도 하지 말지니라

37 ●이것들은 여호와의 절기라 너희는 공포하여 성회를 열고 여호와께 화제를 드릴지니 번제와 소제와 희생제물과 전제를 각각 그 날에 드릴지니
23:2, 4

38 이는 여호와의 안식일 외에, 너희의 헌물 외에, 너희의 모든 서원제물 외에 또 너희의 모든 자원제물 외에 너희가 여호와께 드리는 것이니라

39 ●너희가 토지 소산 거두기를 마치거든 일곱째 달 열닷샛날부터 이레 동안 여호와의 절기를 지키되 첫 날에도 안식하고 여덟째 날에도 안식할 것이요

40 첫 날에는 너희가 아름다운 나무 실과와 종려나무 가지와 무성한 나무 가지와 시내 버들을 취하여 너희의 하나님 여호와 앞에서 이레 동안 즐거워할 것이라

41 너희는 매년 이레 동안 여호와께 이 절기를 지킬지니 너희 대대의 영원한 규례라 너희는 일곱째 달에 이를 지킬지니라

42 너희는 이레 동안 초막에 거주하되 이스라엘에서 난 자는 다 초막에 거주할

이스라엘 자손의 절기(23장)

절 기	일 자	목 적
안식일	제칠일	하나님의 창조 사역과 구원 사역을 기념
유월절	1월(아빕월) 14일	애굽에서의 해방을 기념
무교절	1월 15~21일	급히게 출애굽한 것을 기념
초실절	1월 16일	곡물의 첫 이삭을 드림
오순절	3월(시보월) 6일 초실절 후 50일째	풍성한 수확을 감사
나팔절	7월(티쉬리) 1일 (태양력 정월)	새해 첫날을 드림
속죄일	7월 10일	죄 문제를 해결
초막절 (수장절)	7월 15~21일	1년 수확을 감사하고 광야 생활을 기념
거룩한 대회	7월 22일	모든 추수를 마감

지니   ㄴ 8:14-16

43 이는 내가 이스라엘 자손을 애굽 땅에서 인도하여 내던 때에 초막에 거주하게 한 줄을 너희 대대로 알게 함이니라 나는 너희의 하나님 여호와이니라

44 모세는 이와 같이 여호와의 절기를 이스라엘 자손에게 공포하였더라

계속해서 켜 둘 등잔불 — B.C. 1450년경

24

여호와께서 모세에게 말씀하여 이르시되

2 이스라엘 자손에게 명령하여 불을 켜기 위하여 감람을 찧어낸 순결한 기름을 네게로 가져오게 하여 계속해서 등잔불을 켜 둘지며

3 아론은 회막안1) 증거궤 휘장 밖에서 저녁부터 아침까지 여호와 앞에 항상 등잔불을 정리할지니 이는 너희 대대로 지킬 영원한 규례라

4 그는 여호와 앞에서 2)순결한 등잔대 위의 등잔들을 항상 정리할지니라

여호와 앞에 진설할 떡

5 ●너는 고운 가루를 가져다가 떡 열두 개를 굽되 각 덩이를 십분의 이 에바로 하여

6 여호와 앞 2)순결한 상 위에 두 줄로 한 줄에 여섯씩 진설하고

7 너는 또 정결한 유향을 그 각 줄 위에 두어 기념물로 여호와께 화제를 삼을 것이며

8 안식일마다 이 떡을 여호와 앞에 항상 진설할지니 이는 이스라엘 자손을 위한 것이요 영원한 언약이니라   민 4:7

진설병(24:5-9)

9 이 떡은 아론과 그의 자손에게 돌리고 그들은 그것을 거룩한 곳에서 먹을지니 이는 여호와의 화제 중 그에게 돌리는 것으로서 지극히 거룩함이니라 이는 영원한 규례니라   막 2:26

여호와의 이름을 모독하면

10 ●이스라엘 자손 중에 그의 어머니가 이스라엘 여인이요 그의 아버지는 애굽 사람인 어떤 사람이 나가서 한 이스라엘 사람과 진영 중에서 싸우다가

11 그 이스라엘 여인의 아들이 여호와의 이름을 모독하며 저주하므로 무리가 끌고 모세에게로 가니라 그의 어머니의 이름은 슬로밋이요 단 지파 디브리의 딸이었더라

12 그들이 그를 가두고 여호와의 명령을 기다리더니

13 여호와께서 모세에게 말씀하여 이르시되

14 그 저주한 사람을 진영 밖으로 끌어내어 그것을 들은 모든 사람이 그들의 손을 그의 머리에 얹게 하고 온 회중이 돌로 그를 칠지니라

15 너는 이스라엘 자손에게 말하여 이르라 누구든지 그의 하나님을 저주하면 죄를 담당할 것이요

16 여호와의 이름을 모독하면 그를 반드시 죽일지니 온 회중이 돌로 그를 칠 것이니라 거류민이든지 본토인이든지 여호와의 이름을 모독하면 그를 죽일지니라

17 사람을 쳐죽인 자는 반드시 죽일 것이요

18 짐승을 쳐죽인 자는 짐승으로 짐승을 갚을 것이며   24:21

24장 에는 무엇이 기록되어 있을까?

24장에는 성소 관리에 대한 규례(1-9절)와 여호와를 모독하는 자에 대한 처벌(10-16절), 피해를 입은 만큼 보복하는 법 등이 나와 있어요. 성소 관리에 대한 규례는 순금 등잔불과 떡상(진설병을 차려놓는 진설대)을 관리하는 규례를 설명하고 있는데, 이것은 언제나 하나님과의 관계를 최우선시하며 살아 갈 것을 촉구하는 것입니다.

1)법궤 2)또는 순금

19 사람이 만일 그의 이웃에게 상해를 입혔으면 그가 행한 대로 그에게 행할 것이니

20 상처에는 상처로, 눈에는 눈으로, 이에는 이로 갚을지라 남에게 상해를 입힌 그대로 그에게 그렇게 할 것이며

21 짐승을 죽인 자는 그것을 물어 줄 것이요 사람을 죽인 자는 죽일지니

22 거류민에게든지 본토인에게든지 그 법을 동일하게 할 것은 나는 너희의 하나님 여호와임이니라 출 12:49

23 모세가 이스라엘 자손에게 말하니 그들이 그 저주한 자를 진영 밖으로 끌어내어 돌로 쳤더라 이스라엘 자손이 여호와께서 모세에게 명령하신 대로 행하였더라

안식년 ─ B.C. 1450년경

25 여호와께서 시내 산에서 모세에게 말씀하여 이르시되

2 이스라엘 자손에게 말하여 이르라 너희는 내가 너희에게 주는 땅에 들어간 후에 그 땅으로 여호와 앞에 안식하게 하라

3 너는 육 년 동안 그 밭에 파종하며 육 년 동안 그 포도원을 가꾸어 그 소출을 거둘 것이나

4 일곱째 해에는 그 땅이 쉬어 안식하게 할지니 여호와께 대한 안식이라 너는 그 밭에 파종하거나 포도원을 가꾸지 말며

5 네가 거둔 후에 자라난 것을 거두지 말고 가꾸지 아니한 포도나무가 맺은 열매를 거두지 말라 이는 땅의 안식년임이니라

6 안식년의 소출은 너희가 먹을 것이니

너와 네 남종과 네 여종과 네 품꾼과 너와 함께 거류하는 자들과 25:20, 21

7 네 가축과 네 땅에 있는 들짐승들이 다 그 소출로 먹을 것을 삼을지니라

8 ●너는 일곱 안식년을 계수할지니 이는 칠 년이 일곱 번인즉 안식년 일곱 번 동안 곧 사십구 년이라

9 일곱째 달 열흘날은 속죄일이니 너는 뿔나팔 소리를 내되 전국에서 뿔나팔을 크게 불지며

10 너희는 오십 년째 해를 거룩하게 하여 그 땅에 있는 모든 주민을 위하여 자유를 공포하라 이 해는 너희에게 희년이니 너희는 각각 자기의 1)소유로 돌아가며 각각 자기의 가족에게로 돌아갈지며

11 그 오십 년째 해는 너희의 희년이니 너희는 파종하지 말며 스스로 난 것을 거두지 말며 가꾸지 아니한 포도를 거두지 말라

12 이는 희년이니 너희에게 거룩함이니라 너희는 밭의 소출을 먹으리라

부당한 이익을 취하지 말라

13 ●이 희년에는 너희가 각기 자기의 소유지로 돌아갈지라

14 네 이웃에게 팔든지 네 이웃의 손에서 사거든 너희 각 사람은 그의 형제를 속이지 말라

15 그 희년 후의 연수를 따라서 너는 이웃

1)분배 받은 토지

술술 풀리는 성경말씀

은혜와 안식의 해, 희년

희년이 되면 노예를 해방시켜 자유롭게 해주고 그가 잃어버렸던 가족과 집과 토지까지 되돌려주었어요. 하나님께서는 희년을 통해서 하나님께서 정해주신 질서가 온전히 유지되고, 가난한 자들의 자유가 파괴되지 않도록 하셨어요.

하나님께서는 사람들 사이에 빈부 격차가 심해지는 것을 기뻐하지 않으셨고 사람들이 재물에 지나친 기대를 갖지 않기를 바라셨어요. 그러나 희년의 가장 큰 의미는 장래에 회복될 영원한 안식을 바라보게 한다는 점이지요. 25장 12절

25 에는 무엇이 기록되어 있을까?

안식년에 관한 규례(1-7절)와 토지를 원래 주인에게 돌려주는 희년에 관한 규례(8-55절)가 나와 있어요. 35절 이하에는 가난한 이웃과 종으로 팔린 이스라엘 백성에 대한 설명이 덧붙여져 있지요. 여기에는 이스라엘을 평등한 사랑의 공동체로 만드시려는 하나님의 의도가 담겨 있답니다.

에게서 살 것이요 그도 소출을 얻을 연수를 따라서 네게 팔 것인즉 27:18, 23

16 연수가 많으면 너는 그것의 값을 많이 매기고 연수가 적으면 너는 그것의 값을 적게 매길지니 곧 그가 소출의 다소를 따라서 네게 팔 것이라

17 너희 각 사람은 자기 이웃을 속이지 말고 네 하나님을 경외하라 나는 너희의 하나님 여호와이니라

18 ●너희는 내 규례를 행하며 내 법도를 지켜 행하라 그리하면 너희가 그 땅에 안전하게 거주할 것이라

19 땅은 그것의 열매를 내리니 너희가 배불리 먹고 거기 안전하게 거주하리라

20 만일 너희가 말하기를 우리가 만일 일곱째 해에 심지도 못하고 소출을 거두지도 못하면 우리가 무엇을 먹으리요 하겠으나 25:4, 5

21 내가 명령하여 여섯째 해에 내 복을 너희에게 주어 그 소출이 삼 년 동안 쓰기에 족하게 하리라

22 너희가 여덟째 해에는 파종하려니와 묵은 소출을 먹을 것이며 아홉째 해에 그 땅에 소출이 들어오기까지 너희는 묵은 것을 먹으리라 26:10

23 ●토지를 영구히 팔지 말 것은 토지는 다 내 것임이니라 너희는 1)거류민이요 동거하는 자로서 나와 함께 있느니라

24 너희 기업의 온 땅에서 그 토지 무르기를 허락할지니

25 만일 네 형제가 가난하여 그의 기업 중에서 얼마를 팔았으면 그에게 가까운 기업 무를 자가 와서 그의 형제가 판 것을 무를 것이요

26 만일 그것을 무를 사람이 없고 자기가 부유하게 되어 무를 힘이 있으면

27 그 판 해를 계수하여 그 남은 값을 산 자에게 주고 자기의 소유로 돌릴 것이니라 25:50-52

28 그러나 자기가 무를 힘이 없으면 그 판 것이 희년에 이르기까지 산 자의 손에 있다가 희년에 이르러 돌아올지니 그것이 곧 그의 기업으로 돌아갈 것이니라

29 ●성벽 있는 성 내의 가옥을 팔았으면 판 지 만 일 년 안에는 무를 수 있나니 곧 그 만 일 년 안에 무르려니와

30 일 년 안에 무르지 못하면 그 성 안의 가옥은 산 자의 소유로 확정되어 대대로 영구히 그에게 속하고 희년에라도 돌려보내지 아니할 것이니라

31 그러나 성벽이 둘리지 아니한 촌락의 가옥은 나라의 전토와 같이 물러 주기도 할 것이요 희년에 돌려보내기도 할 것이니라

32 레위 족속의 성읍 곧 그들의 소유의 성읍의 가옥은 레위 사람이 언제든지 무를 수 있으나

33 만일 레위 사람이 무르지 아니하면 그의 소유 성읍의 판 가옥은 희년에 돌려보낼지니 이는 레위 사람의 성읍의 가옥은 이스라엘 자손 중에서 받은 그들의 기업이 됨이니라

34 그러나 그들의 성읍 주위에 있는 들판은 그들의 영원한 소유지이니 팔지 못할지니라

35 ●네 형제가 가난하게 되어 빈손으로 네 곁에 있거든 너는 그를 도와 거류민이나 동거인처럼 너와 함께 생활하게 하되

36 너는 그에게 이자를 받지 말고 네 하나님을 경외하여 네 형제로 너와 함께 생활하게 할 것인즉

1) 또는 소작인

상해(24:19) 남의 몸에 상처를 내어 해롭게 함.
안식년(25:5) 이스라엘 백성이 6년간 일하고 1년 동안 쉬는 해.
소출(25:7) 논밭에서 거둔 곡식.
파종(25:22) 논밭에 씨앗을 뿌림.
거류민(25:23) 일시적으로 머물러 사는 사람.
동거(25:23) 집이나 한 방에서 같이 삶.

기업(25:24) 대대로 전하여 오는 사업과 재산. 생을 위한 주된 사업.
무르다(25:24) 샀던 물건을 도로 주고, 값으로 치른 돈을 찾는 것.
계수(25:27) 수효를 계산함. 또는 그 결과의 값.
영구(25:30) 길고 오램.
전토(25:31) 논과 밭.

37 너는 그에게 이자를 위하여 돈을 꾸어 주지 말고 이익을 위하여 네 양식을 꾸어 주지 말라
38 나는 너희의 하나님이 되며 또 가나안 땅을 너희에게 주려고 애굽 땅에서 너희를 인도하여 낸 너희의 하나님 여호와이니라 11:45
39 ●너와 함께 있는 네 형제가 가난하게 되어 네게 몸이 팔리거든 너는 그를 종으로 부리지 말고
40 품꾼이나 동거인과 같이 함께 있게 하여 희년까지 너를 섬기게 하라
41 그 때에는 그와 그의 자녀가 함께 네게서 떠나 그의 가족과 그의 조상의 기업으로 돌아가게 하라
42 그들은 내가 애굽 땅에서 인도하여 낸 내 종들이니 종으로 팔지 말 것이라
43 너는 그를 엄하게 부리지 말고 네 하나님을 경외하라
44 네 종은 남녀를 막론하고 네 사방 이방인 중에서 취할지니 남녀 종은 이런 자 중에서 사올 것이며
45 또 너희 중에 거류하는 동거인들의 자녀 중에서도 너희가 사올 수 있고 또 그들이 너희와 함께 있어서 너희 땅에서 가정을 이룬 자들 중에서도 그리 할 수 있은즉 그들이 너희의 소유가 될지니라
46 너희는 그들을 너희 후손에게 기업으로 주어 소유가 되게 할 것이라 이방인 중에서는 너희가 영원한 종을 삼으려니와 너희 동족 이스라엘 자손은 너희가 피차 엄하게 부리지 말지니라
47 ●만일 너와 함께 있는 거류민이나 동거인은 부유하게 되고 그와 함께 있는 네 형제는 가난하게 되므로 그가 너와 *함께 있는 거류민이나* 동거인 또는 거류민의 가족의 후손에게 팔리면
48 그가 팔린 후에 그에게는 속량 받을 권리가 있나니 그의 형제 중 하나가 그를

속량하거나
49 또는 그의 삼촌이나 그의 삼촌의 아들이 그를 속량하거나 그의 가족 중 그의 살붙이 중에서 그를 속량할 것이요 그가 부유하게 되면 스스로 속량하되
50 자기 몸이 팔린 해로부터 희년까지를 그 산 자와 계산하여 그 연수를 따라서 그 몸의 값을 정할 때에 그 사람을 섬긴 날을 그 사람에게 고용된 날로 여길 것이니
51 만일 남은 해가 많으면 그 연수대로 팔린 값에서 속량하는 값을 그 사람에게 도로 주고
52 만일 희년까지 남은 해가 적으면 그 사람과 계산하여 그 연수대로 속량하는 그 값을 그에게 도로 줄지며
53 주인은 그를 매년의 삯꾼과 같이 여기고 네 목전에서 엄하게 부리지 말지니라
54 그가 이같이 속량되지 못하면 희년에 이르러는 그와 그의 자녀가 자유하리니
55 이스라엘 자손은 나의 종들이 됨이라 그들은 내가 애굽 땅에서 인도하여 낸 내 종이요 나는 너희의 하나님 여호와이니라

26 너희는 자기를 위하여 우상을 만들지 말지니 조각한 것이나 주상을 세우지 말며 너희 땅에 조각한 석상을 세우고 그에게 경배하지 말라 나는 너희의 하나님 여호와임이니라
2 너희는 내 안식일을 지키며 내 성소를 경외하라 나는 여호와이니라 19:30

낭과 벌

3 ●너희가 내 규례와 계명을 준행하면

26에는 무엇이 기록되어 있을까?

26장은 레위기 전체의 결론에 해당됩니다. 즉, 순종하는 자는 축복을 받고 불순종하는 자는 저주를 받는다는 내용이지요. 하지만 저주를 받았다고 해도 즉시 회개하면 다시 구원과 회복의 은총을 받을 수 있다는 약속이 첨가되어 있답니다. 저주에 관한 경고가 긴 이유는 불순종하는 자에게 경각심을 일깨우기 위해서였지요.

속량(25:48) 몸값을 받고 종의 신분을 풀어주는 것.
열병(26:16) 몸을 쇠약하게 하는 병. 장티푸스, 콜레라, 말라리아 같은 전염병.

명에의 비장

말이나 소의 목에 가로얹는 둥그렇게 구부러진 막대입니다. 여기에서는 죄수의 어깨 위에 가로얹어서 그를 부자유스럽게 만드는 막대를 말해요. 26장 13절

4 내가 너희에게 철따라 비를 주리니 땅은 그 산물을 내고 밭의 나무는 열매를 맺으리라

5 너희의 타작은 포도 딸 때까지 미치며 너희의 포도 따는 것은 파종할 때까지 미치리니 너희가 음식을 배불리 먹고 너희의 땅에 안전하게 거주하리라

6 내가 그 땅에 평화를 줄 것인즉 너희가 누울 때 너희를 두렵게 할 자가 없을 것이며 내가 사나운 짐승을 그 땅에서 제할 것이요 칼이 너희의 땅에 두루 행하지 아니할 것이며

7 너희의 원수들을 쫓으리니 그들이 너희 앞에서 칼에 엎드러질 것이라

8 또 너희 다섯이 백을 쫓고 너희 백이 만을 쫓으리니 너희 대적들이 너희 앞에서 칼에 엎드러질 것이며

9 내가 너희를 돌보아 너희를 번성하게 하고 너희를 창대하게 할 것이며 내가 너희와 함께 한 내 언약을 이행하리라

10 너희는 오래 두었던 묵은 곡식을 먹다가 새 곡식으로 말미암아 묵은 곡식을 치우게 될 것이며

11 내가 내 성막을 너희 중에 세우리니 내 마음이 너희를 싫어하지 아니할 것이며

12 나는 너희 중에 행하여 너희의 하나님이 되고 너희는 내 백성이 될 것이니라

13 나는 너희를 애굽 땅에서 인도해 내어 그들에게 종된 것을 면하게 한 너희의 하나님 여호와이니라 내가 너희의 명에의 빗장을 부수고 너희를 바로 서서 걷게 하였느니라

14 ●그러나 너희가 내게 청종하지 아니하여 이 모든 명령을 준행하지 아니하며

15 내 규례를 멸시하며 마음에 내 법도를 싫어하여 내 모든 계명을 준행하지 아니하며 내 언약을 배반할진대

16 내가 이같이 너희에게 행하리니 곧 내가 너희에게 놀라운 재앙을 내려 폐병과 열병으로 눈이 어둡고 생명이 쇠약하게 할 것이요 너희가 파종한 것은 헛되리니 너희의 대적이 그것을 먹을 것임이며

17 내가 너희를 치리니 너희가 너희의 대적에게 패할 것이요 너희를 미워하는 자가 너희를 다스릴 것이며 너희는 쫓는 자가 없어도 도망하리라

18 또 만일 너희가 그렇게까지 되어도 내게 청종하지 아니하면 너희의 죄로 말미암아 내가 너희를 일곱 배나 더 징벌하리라

19 내가 너희의 세력으로 말미암은 교만을 꺾고 너희의 하늘을 철과 같게 하며 너희 땅을 놋과 같게 하리니

20 너희의 수고가 헛될지라 땅은 그 산물을 내지 아니하고 땅의 나무는 그 열매를 맺지 아니하리라

21 ●너희가 나를 거슬러 내게 청종하지 아니할진대 내가 너희의 죄대로 너희에게 일곱 배나 더 재앙을 내릴 것이라

22 내가 들짐승을 너희 중에 보내리니 그것들이 너희의 자녀를 움키고 너희 가축을 멸하며 너희의 수효를 줄이리니

술술 풀리는 성경 말씀

공의와 사랑

만약 이스라엘이 순종의 길을 걸었더라면, 결코 앗수르나 바벨론에게 정복당하지 않았을 거예요. 그들이 순종했다면 하나님은 그들의 방패와 울타리가 되어 싸워 주셨겠지요(26:3~13). 안타깝게도 그들은 불순종의 길을 걸었기 때문에 하나님의 무서운 징계를 받았지요.

우리는 '하나님의 공의'와 '하나님의 사랑'을 자주 혼동합니다. 물론 하나님께서는 우리를 다스리실 때에 인내와 사랑을 잊지 않으시지요. 하지만 하나님의 사랑은 불순종한 자들의 죄악을 내버려두시는 것이 아니라, 그들을 징계해서 순종의 길로 들어서게 만드는 것이랍니다. 하나님은 우리의 발이 순종의 길을 걸을 때에 비로소 우리의 손이 축복으로 채워질 수 있다고 약속하셨어요.

26장

너희의 길들이 황폐하리라

23 ●이런 일을 당하여도 너희가 내게로 돌아오지 아니하고 내게 대항할진대

24 나 곧 나도 너희에게 대항하여 너희 죄로 말미암아 너희를 칠 배나 더 치리라

25 내가 칼을 너희에게로 가져다가 언약을 어긴 원수를 갚을 것이며 너희가 성읍에 모일지라도 너희 중에 염병을 보내고 너희를 대적의 손에 넘길 것이며

26 내가 너희가 의뢰하는 양식을 끊을 때에 열 여인이 한 화덕에서 너희 떡을 구워 저울에 달아 주리니 너희가 먹어도 배부르지 아니하리라

27 ●너희가 이같이 될지라도 내게 청종하지 아니하고 내게 대항할진대

28 내가 진노로 너희에게 대항하되 너희의 죄로 말미암아 칠 배나 더 징벌하리니

29 너희가 아들의 살을 먹을 것이요 딸의 살을 먹을 것이며

30 내가 너희의 산당들을 헐며 너희의 분향단들을 부수고 너희의 시체들을 부서진 우상들 위에 던지고 내 마음이 너희를 싫어할 것이며

31 내가 너희의 성읍을 황폐하게 하고 너희의 성소들을 황량하게 할 것이요 너희의 향기로운 냄새를 내가 흠향하지 아니하고

　　　　　　　　　　　시 74:7

32 그 땅을 황무하게 하리니 거기 거주하는 너희의 원수들이 그것으로 말미암아 놀랄 것이며

33 내가 너희를 여러 민족 중에 흩을 것이요 내가 칼을 빼어 너희를 따르게 하리니 너희의 땅이 황무하며 너희의 성읍이 황폐하리라

34 ●너희가 원수의 땅에 살 동안에 너희의 본토가 황무할 것이므로 땅이 안식을 누릴 것이라 그 때에 땅이 안식을 누리리니

35 너희가 그 땅에 거주하는 동안 너희가 안식할 때에 땅은 쉬지 못하였으나 그 땅이 황무할 동안에는 쉬게 되리라

36 너희 남은 자에게는 그 원수들의 땅에서 내가 그들의 마음을 약하게 하리니 그들은 바람에 불린 잎사귀 소리에도 놀라 도망하기를 칼을 피하여 도망하듯 할 것이요 쫓는 자가 없어도 엎드러질 것이라

37 그들은 쫓는 자가 없어도 칼 앞에 있음 같이 서로 겹쳐 넘어지리니 너희가 원수들을 맞설 힘이 없을 것이요 슥 7:12, 13

38 너희가 여러 민족 중에서 망하리니 너희의 원수들의 땅이 너희를 삼킬 것이라

39 너희 남은 자는 자기가 너희의 원수들의 땅에서 자기의 죄로 말미암아 쇠잔하며 그 조상의 죄로 말미암아 그 조상 같이 쇠잔하리라

선생님!! 궁금해요

하나님은 왜 세상에 나쁜 일이 일어나게 그냥 두시는 거예요?

세상에는 나쁜 사람들이 있지요. 남의 물건을 훔치기도 하고, 남을 속여서 돈을 많이 벌기도 해요. 하나님께서 그런 사람들을 당장 벌주지 않고 참으시는 이유는 두 가지예요.

첫 번째, 하나님은 사랑이 많으시고 자비로운 분이시기 때문에 회개하고 돌아오기를 기다리며 참으시는 거예요. 두 번째, 하나님은 나중에 예수님이 이 땅에 다시 오시는 날 그들이 행동한 대로 심판 받도록 하기 위해 참으신답니다.

또 이 땅에서 잘 살았다고 하더라도 하늘나라에 가지 못하고 지옥으로 가는 사람도 많아요. 그러니까 나쁜 사람들이 금방 벌을 안 받는다고 불평하거나 하나님을 의심하지 말아야겠죠? 우리는 항상 하나님께서 기뻐하시는 일을 하며 착하게 살아야 해요. 마 16장 27절

40 ●그들이 나를 거스른 잘못으로 자기의 죄악과 그들의 조상의 죄악을 자복하고 또 그들이 내게 대항하므로

41 나도 그들에게 대항하여 내가 그들을 그들의 원수들의 땅으로 끌어 갔음을 깨닫고 그 할례 받지 아니한 그들의 마음이 낮아져서 그들의 죄악의 형벌을 기쁘게 받으면

42 내가 야곱과 맺은 내 언약과 이삭과 맺은 내 언약을 기억하며 아브라함과 맺은 내 언약을 기억하고 그 땅을 기억하리라

43 그들이 내 법도를 싫어하며 내 규례를 멸시하였으므로 그 땅을 떠나서 사람이 없을 때에 그 땅은 황폐하여 안식을 누릴 것이요 그들은 자기 죄악의 형벌을 기쁘게 받으리라

44 그런즉 그들이 그들의 원수들의 땅에 있을 때에 내가 그들을 내버리지 아니하며 미워하지 아니하며 아주 멸하지 아니하고 그들과 맺은 내 언약을 폐하지 아니하리니 나는 여호와 그들의 하나님이 됨이니라

45 내가 그들의 하나님이 되기 위하여 민족들이 보는 앞에서 애굽 땅으로부터 그들을 인도하여 낸 그들의 조상과의 언약을 그들을 위하여 기억하리라 나는 여호와이니라   25:38

46 ●이것은 여호와께서 시내 산에서 자기와 이스라엘 자손 사이에 모세를 통하여 세우신 규례와 법도와 율법이니라
서원 예물의 값—B.C. 1450년쯤

27

여호와께서 모세에게 말씀하여 이르시되

2 이스라엘 자손에게 말하여 이르라 만일 어떤 사람이 사람의 값을 여호와께 드리기로 분명히 서원하였으면 너는 그 값을 정할지니

3 네가 정한 값은 스무 살로부터 예순 살까지는 남자면 성소의 세겔로 은 오십 세겔로 하고

4 여자면 그 값을 삼십 세겔로 하며

5 다섯 살로부터 스무 살까지는 남자면 그 값을 이십 세겔로 하고 여자면 열 세겔로 하며

6 일 개월로부터 다섯 살까지는 남자면 그 값을 은 다섯 세겔로 하고 여자면 그 값을 은 삼 세겔로 하며

7 예순 살 이상은 남자면 그 값을 십오 세겔로 하고 여자는 열 세겔로 하라

8 그러나 서원자가 가난하여 네가 정한 값을 감당하지 못하겠으면 그를 제사장 앞으로 데리고 갈 것이요 제사장은 그 값을 정하되 그 서원자의 형편대로 값을 정할지니라   27:12

9 ●사람이 서원하는 예물로 여호와께 드리는 것이 가축이면 여호와께 드릴 때는 다 거룩하니

10 그것을 변경하여 우열간 바꾸지 못할 것이요 혹 가축으로 가축을 바꾸면 둘 다 거룩할 것이며

11 부정하여 여호와께 예물로 드리지 못할 가축이면 그 가축을 제사장 앞으로 끌어갈 것이요

12 제사장은 우열간에 값을 정할지니 그 값이 제사장의 정한 대로 될 것이며

13 만일 그가 그것을 무르려면 네가 정한 값에 그 오분의 일을 더할지니라

14 ●만일 어떤 사람이 자기 집을 성별하여 여호와께 드리려하면 제사장이 우열간에 값을 정할지니 그 값이 제사장이 정한 대로 될 것이요

15 만일 그 사람이 자기 집을 무르려면 네가 값을 정한 돈에 그 오분의 일을 더할지니 그리하면 자기 소유가 되리라

27 에는 무엇이 기록되어 있을까?

서원에 관한 규례(1~29절)와 십일조에 관한 규례(30~34절)로 레위기가 마무리되고 있어요. 서원은 간절함과 헌신의 표현이니요, 그리스도인들이 위기의 순간을 만나면 하나님께 서원했다가 어려운 순간이 지나면 서원을 무시할 때가 있는데, 성경은 이런 태도를 엄하게 책망하고 있습니다(전 4:5).

16 ●만일 어떤 사람이 자기 기업된 밭 얼마를 성별하여 여호와께 드리려하면 마지기 수대로 네가 값을 정하되 보리 한 호멜지기에는 은 오십 세겔로 계산할지며

17 만일 그가 그 밭을 희년부터 성별하여 드렸으면 그 값을 네가 정한 대로 할 것이요

18 만일 그 밭을 희년 후에 성별하여 드렸으면 제사장이 그 희년까지 남은 연수를 따라 그 값을 계산하고 정한 값에서 그 값에 상당하게 감할 것이며

19 만일 밭을 성별하여 드린 자가 그것을 무르려면 네가 값을 정한 돈에 그 오분의 일을 더할지니 그리하면 그것이 자기 소유가 될 것이요

20 만일 그가 그 밭을 무르지 아니하려거나 타인에게 팔았으면 다시는 무르지 못하고

21 희년이 되어서 그 밭이 돌아오게 될 때에는 여호와께 바친 성물이 되어 영영히 드린 땅과 같이 제사장의 기업이 될 것이며

22 만일 사람에게 샀고 자기 기업이 아닌 밭을 여호와께 성별하여 드렸으면 　민 18:14

23 너는 값을 정하고 제사장은 그를 위하여 희년까지 계산하고 그는 네가 값을 정한 돈을 그 날에 여호와께 드려 성물로 삼을지며

24 그가 판 밭은 희년에 그 판 사람 곧 그 땅의 원주인에게로 되돌아갈지니라

25 또 네가 정한 모든 값은 성소의 세겔로 하되 이십 게라를 한 세겔로 할지니라

처음 난 가축

26 ●오직 가축 중의 처음 난 것은 여호와께 드릴 첫 것이라 소나 양은 여호와의 것이니 누구든지 그것으로는 성별하여 드리지 못할 것이며

27 만일 부정한 짐승이면 네가 정한 값에 그 오분의 일을 더하여 무를 것이요 만일 무르지 아니하려면 네가 정한 값대로 팔지니라

여호와께 온전히 바친 것

28 ●어떤 사람이 자기 소유 중에서 오직 여호와께 온전히 바친 모든 것은 사람이든지 가축이든지 기업의 밭이든지 팔지도 못하고 무르지도 못하나니 바친 것은 다 여호와께 지극히 거룩함이며

29 온전히 바쳐진 그 사람은 다시 무르지 못하나니 반드시 죽일지니라

십분의 일은 여호와의 것

30 ●그리고 그 땅의 십분의 일 곧 그 땅의 곡식이나 나무의 열매는 그 십분의 일은 여호와의 것이니 여호와의 성물이라

31 또 만일 어떤 사람이 그의 십일조를 무르려면 그것에 오분의 일을 더할 것이요

32 모든 소나 양의 십일조는 목자의 지팡이 아래로 통과하는 것의 열 번째의 것마다 여호와의 성물이 되리라

33 그 우열을 가리거나 바꾸거나 하지 말라 바꾸면 둘 다 거룩하리니 무르지 못하리라

34 ●이것은 여호와께서 시내 산에서 이스라엘 자손을 위하여 모세에게 명령하신 계명이니라

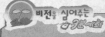

민수기를 읽기 전에

민수기는 모세가 쓴 책이에요. 이 책에는 백성들의 숫자를 세는 사건이 두 번 나옵니다. 그래서 '민수기'라는 제목이 붙여졌지요. 이스라엘 백성들의 광야 생활 동안에 하나님께서 어떻게 그들을 인도해주셨는지를 보여주고 있어요.

언제, 왜, 누구를 위하여 썼나요?

민수기를 기록한 때는 B.C. 1450-1400년경이라고 해요. 하나님의 인도하심을 경험했지만 이스라엘 백성들은 여전히 불순종했지요. 그래서 광야 생활의 사건들을 보여줌으로써 이스라엘을 인도하신 분이 하나님이심을 깨닫게 하고, 순종을 강조하기 위해 쓰였답니다.

어떤 내용인가요?

애굽에서 처음 나온 백성들의 숫자와 약속의 땅에 들어간 사람들의 숫자를 보여주고 있어요. 또 광야에서 있었던 많은 사건들과 약속의 땅을 어떻게 차지하고 나눴는지도 살펴볼 수 있답니다.

싸움에 나갈 만한 자를 계수하다

1 이스라엘 자손이 애굽 땅에서 나온 후 둘째 해 둘째 달 첫째 날에 여호와께서 시내 광야 회막에서 모세에게 말씀하여 이르시되

2 너희는 이스라엘 자손의 모든 회중 각 남자의 수를 그들의 종족과 조상의 가문에 따라 그 명수대로 계수할지니

3 이스라엘 중 이십 세 이상으로 싸움에 나갈 만한 모든 자를 너와 아론은 그 진영별로 계수하되

4 각 지파의 각 조상의 가문의 우두머리 한 사람씩을 너희와 함께 하게 하라

5 너희와 함께 설 사람들의 이름은 이러하니 르우벤 지파에서는 스데울의 아들 엘리술이요

6 시므온 지파에서는 수리삿대의 아들 슬루미엘이요

7 유다 지파에서는 암미나답의 아들 나손이요

8 잇사갈 지파에서는 수알의 아들 느다넬이요

9 스불론 지파에서는 헬론의 아들 엘리압이요

10 요셉의 자손들 중 에브라임 지파에서는 암미훗의 아들 엘리사마요 므낫세 지파에서는 브다술의 아들 가말리엘이요

11 베냐민 지파에서는 기드오니의 아들 아비단이요

12 단 지파에서는 암미삿대의 아들 아히에셀이요

13 아셀 지파에서는 오그란의 아들 바기엘이요

14 갓 지파에서는 1)드우엘의 아들 엘리아삽이요

15 납달리 지파에서는 에난의 아들 아히라이니라 하시니

16 그들은 회중에서 부름을 받은 자요 그

1

에는 무엇이 기록되어 있을까?

이스라엘 백성이 시내 광야에서 성막을 세운 지 한 달째 되던 날에 인구 조사가 시작되었어요. 이것은 가나안 정복 전쟁을 대비한 군사 체제를 갖추기 위한 조치였지요. 하나님께서는 지금까지 이스라엘의 모든 자녀들을 보호하고 앞으로도 계속해서 보호하실 분이 하나님 자신이심을 이스라엘이 알기 원하셨어요.

1) 2:14 '르우엘'

조상 지파의 지휘관으로서 이스라엘 종족들의 우두머리라 16:2

17 모세와 아론이 지명된 이 사람들을 데리고

18 둘째 달 첫째 날에 온 회중을 모으니 그들이 각 종족과 조상의 가문에 따라 이십 세 이상인 남자의 이름을 자기 계통별로 신고하매

19 여호와께서 모세에게 명령하신 대로 그가 시내 광야에서 그들을 계수하였더라

20 ● 이스라엘의 장자 르우벤의 아들들에게서 난 자를 그들의 종족과 조상의 가문에 따라 이십 세 이상으로 싸움에 나갈 만한 각 남자를 그 명수대로 다 계수하니 26:5-11

21 르우벤 지파에서 계수된 자는 사만 육천오백 명이었더라

22 ● 시므온의 아들들에게서 난 자를 그들의 종족과 조상의 가문에 따라 이십 세 이상으로 싸움에 나갈 만한 각 남자를 그 명수대로 다 계수하니

23 시므온 지파에서 계수된 자는 오만 구천삼백 명이었더라

24 ● 갓의 아들들에게서 난 자를 그들의 종족과 조상의 가문에 따라 이십 세 이상으로 싸움에 나갈 만한 자를 그 명수대로 다 계수하니

25 갓 지파에서 계수된 자는 사만 오천육백오십 명이었더라

26 ● 유다의 아들들에게서 난 자를 그들의 종족과 조상의 가문에 따라 이십 세 이상으로 싸움에 나갈 만한 자를 그 명수대로 다 계수하니

27 유다 지파에서 계수된 자는 칠만 사천육백 명이었더라

28 ● 잇사갈의 아들들에게서 난 자를 그들의 종족과 조상의 가문에 따라 이십 세 이상으로 싸움에 나갈 만한 자를 그 명수대로 다 계수하니

29 잇사갈 지파에서 계수된 자는 오만 사천사백 명이었더라

30 ● 스불론의 아들들에게서 난 자를 그들의 종족과 조상의 가문에 따라 이십 세 이상으로 싸움에 나갈 만한 자를 그 명수대로 다 계수하니

31 스불론 지파에서 계수된 자는 오만 칠천사백 명이었더라

32 ● 요셉의 아들 에브라임의 아들들에게서 난 자를 그들의 종족과 조상의 가문에 따라 이십 세 이상으로 싸움에 나갈 만한 자를 그 명수대로 다 계수하니

33 에브라임 지파에서 계수된 자는 사만 오백 명이었더라

34 ● 므낫세의 아들들에게서 난 자를 그들의 종족과 조상의 가문에 따라 이십 세 이상으로 싸움에 나갈 만한 자를 그 명수대로 다 계수하니

35 므낫세 지파에서 계수된 자는 삼만 이천이백 명이었더라

36 ● 베냐민의 아들들에게서 난 자를 그들의 종족과 조상의 가문에 따라 이십 세 이상으로 싸움에 나갈 만한 자를 그 명수대로 다 계수하니

37 베냐민 지파에서 계수된 자는 삼만 오천사백 명이었더라

38 ● 단의 아들들에게서 난 자를 그들의

1차 인구 조사(1장)

十二支派와 各 支派의 수가 제일 많은 것을 알 수 있다. 유다는 열두 형제 중에서 가장 뛰어났으며 그 후손들을 통해 다윗 왕국이 세워졌고, 메시아가 유다 지파를 통해서 이 땅에 오셨던 것처럼 성경에서 유다가 차지하는 비중은 매우 크다.

■ 대상 : 20세 이상으로 싸움에 나갈 만한 자(레단, 레위인은 제외) ■ 단위 : 명

1 르우벤	2 시므온	3 갓	4 유다	5 잇사갈	6 스불론	7 에브라임	8 므낫세	9 베냐민	10 단	11 아셀	12 납달리
46,500	59,300	45,650	74,600	54,400	57,400	40,500	32,200	35,400	62,700	41,500	53,400

총 계	603,550

이스라엘 백성들이 시내 산 밑에 진을 친 곳 (1장)

종족과 조상의 가문에 따라 이십 세 이상으로 싸울 만한 자를 그 명수대로 다 계수하니

39 단 지파에서 계수된 자는 육만 이천칠백 명이었더라

40 ●아셀의 아들들에게서 난 자를 그들의 종족과 조상의 가문에 따라 이십 세 이상으로 싸움에 나갈 만한 자를 그 명수대로 다 계수하니

41 아셀 지파에서 계수된 자는 사만 천오백 명이었더라

42 ●납달리의 아들들에게서 난 자를 그들의 종족과 조상의 가문에 따라 이십 세 이상으로 싸움에 나갈 만한 자를 그 명수대로 다 계수하니

43 납달리 지파에서 계수된 자는 오만 삼천사백 명이었더라

44 ●이 계수함을 받은 자는 모세와 아론과 각기 이스라엘 조상의 가문을 대표한 열두 지휘관이 계수하였더라 26:64

45 이같이 이스라엘 자손이 그 조상의 가문을 따라 이십 세 이상으로 싸움에 나갈 만한 이스라엘 자손이 다 계수되었으니

46 계수된 자의 총계는 육십만 삼천오백오십 명이었더라

레위 지파는 계수하지 말라

47 ●그러나 레위인은 그들의 조상의 지파대로 그 계수에 들지 아니하였으니 2:33

48 이는 여호와께서 모세에게 말씀하여 이르시되

49 너는 레위 지파만은 계수하지 말며 그들을 이스라엘 자손 계수 중에 넣지 말고

50 그들에게 증거의 성막과 그 모든 기구와 그 모든 부속품을 관리하게 하라 그들은 그 성막과 그 모든 기구를 운반하며 거기서 봉사하며 성막 주위에 진을 칠지며

51 성막을 운반할 때에는 레위인이 그것을 걷고 성막을 세울 때에는 레위인이 그것을 세울 것이요 외인이 가까이 오면 죽일지며

52 이스라엘 자손은 막사를 치되 그 진영별로 각각 그 진영과 군기 곁에 칠 것이나 2:2

53 레위인은 증거의 성막 사방에 진을 쳐서 이스라엘 자손의 회중에게 진노가 임하지 않게 할 것이라 레위인은 증거의 성막에 대한 책임을 지킬지니라 하셨음이라

54 이스라엘 자손이 그대로 행하되 여호와께서 모세에게 명령하신 대로 행하였더라

진 편성 및 행군 순서 · B.C. 약1450년경

2 여호와께서 모세와 아론에게 말씀하여 이르시되

2 이스라엘 자손은 각각 자기의 진영의 군기와 자기의 조상의 가문의 기호 곁에 진을 치되 회막을 향하여 사방으로 치라

3 동방 해 돋는 쪽에 진 칠 자는 그 진영별로 유다의 진영의 군기에 속한 자라 유다 자손의 지휘관은 암미나답의 아들 나손이요 10:14

4 그의 군대로 계수된 자가 칠만 사천육백 명이며

5 그 곁에 진 칠 자는 잇사갈 지파라 잇

2
에는 무엇이 기록되어 있을까?

하나님의 지시대로 각 지파의 진영의 위치가 정해졌어요. 성막을 중심으로 동쪽에는 유다·잇사갈·스불론 지파가, 남쪽에는 르우벤·시므온·갓 지파가, 서쪽에는 에브라임·므낫세·베냐민 지파가, 북쪽에는 단·아셀·납달리 지파가 배치되었지요. 이런 배치도는 성막이 항상 중앙에 위치하였음을 보여줍니다.

사갈 자손의 지휘관은 수알의 아들 느다넬이요 1:8

6 그의 군대로 계수된 자가 오만 사천사백 명이라

7 그리고 스불론 지파라 스불론 자손의 지휘관은 헬론의 아들 엘리압이요

8 그의 군대로 계수된 자가 오만 칠천사백 명이니

9 유다 진영에 속한 군대로 계수된 군인의 총계는 십팔만 육천사백 명이라 그들은 제일대로 행진할지니라 10:14

10 ●남쪽에는 르우벤 군대 진영의 군기가 있을 것이라 르우벤 자손의 지휘관은 스데울의 아들 엘리술이요 1:5

11 그의 군대로 계수된 자가 사만 육천오백 명이며

12 그 곁에 진 칠 자는 시므온 지파라 시므온 자손의 지휘관은 수리삿대의 아들 슬루미엘이요

13 그의 군대로 계수된 자가 오만 구천삼백 명이며

14 또 갓 지파라 갓 자손의 지휘관은[1) 르우엘의 아들 엘리아삽이요

15 그의 군대로 계수된 자가 사만 오천육

16 르우벤 진영에 속하여 계수된 군인의 총계는 십오만 천사백오십 명이라 그들은 제이대로 행진할지니라

17 ●그 다음에 회막이 레위인의 진영과 함께 모든 진영의 중앙에 있어 행진하되 그들의 진 친 순서대로 각 사람은 자기의 위치에서 자기들의 기를 따라 앞으로 행진할지니라

18 ●서쪽에는 에브라임의 군대의 진영의 군기가 있을 것이라 에브라임 자손의 지휘관은 암미훗의 아들 엘리사마요

19 그의 군대로 계수된 자가 사만 오백 명이며

20 그 곁에는 므낫세 지파가 있을 것이라 므낫세 자손의 지휘관은 브다술의 아들 가말리엘이요

21 그의 군대로 계수된 자가 삼만 이천이백 명이며

22 또 베냐민 지파라 베냐민 자손의 지휘관은 기드오니의 아들 아비단이요

23 그의 군대로 계수된 자가 삼만 오천사백 명이니

24 에브라임 진영에 속하여 계수된 군인의 총계는 십만 팔천백 명이라 그들은 제삼대로 행진할지니라 10:22

25 ●북쪽에는 단 군대 진영의 군기가 있을 것이라 단 자손의 지휘관은 암미삿대의 아들 아히에셀이요 1:12

26 그의 군대로 계수된 자가 육만 이천칠백 명이며

27 그 곁에 진 칠 자는 아셀 지파라 아셀 자손의 지휘관은 오그란의 아들 바기엘이요 1:13

28 그의 군대로 계수된 자가 사만 천오백 명이며

29 또 납달리 지파라 납달리 자손의 지휘관은 에난의 아들 아히라요

30 그의 군대로 계수된 자가 오만 삼천사백 명이니

31 단의 진영에 속하여 계수함을 받은 군

이스라엘 진영도(2장)

이스라엘 자손은 항상 성막을 중심으로 진을 쳤다.

지파	족장명	지파	족장명
유다	나손	에브라임	엘리사마
잇사갈	느다넬	므낫세	가말리엘
스불론	엘리압	베냐민	아비단
르우벤	엘리술	단	아히에셀
시므온	슬루미엘	아셀	바기엘
갓	엘리아삽	납달리	아히라

1) 1:14 '드우엘'

인의 총계는 십오만 칠천육백 명이라 그들은 기를 따라 후대로 행진할지니라 하시니라

32 ●이상은 이스라엘 자손이 그들의 조상의 가문을 따라 계수된 자니 모든 진영의 군인 곧 계수된 자의 총계는 육십만 삼천오백오십 명이며

33 레위인은 이스라엘 자손과 함께 계수되지 아니하였으니 여호와께서 모세에게 명령하심과 같았느니라 1:47

34 이스라엘 자손이 여호와께서 모세에게 명령하신 대로 다 준행하여 각기 종족과 조상의 가문에 따르며 자기들의 기를 따라 진 치기도 하며 행진하기도 하였더라

아론의 아들들 —B.C. 1450년경

3

여호와께서 시내 산에서 모세와 말씀하실 때에 아론과 모세가 낳은 자는 이러하니라

2 아론의 아들들의 이름은 이러하니 장자는 나답이요 다음은 아비후와 엘르아살과 이다말이니 26:60

3 이는 아론의 아들들의 이름이며 그들은 기름 부음을 받고 거룩하게 구별되어 제사장 직분을 위임 받은 제사장들이라

4 나답과 아비후는 시내 광야에서 여호와 앞에 다른 불을 드리다가 여호와 앞에서 죽어 자식이 없었으며 엘르아살과 이다말이 그의 아버지 아론 앞에서 제사장의 직분을 행하였더라

제사장을 돕는 레위 사람

5 ●여호와께서 또 모세에게 말씀하여 이르시되

6 레위 지파는 나아가 제사장 아론 앞에 서서 그에게 시중하게 하라

7 그들이 회막 앞에서 아론의 직무와 온 회중의 직무를 위하여 회막에서 시무하되

8 곧 회막의 모든 기구를 맡아 지키며 이스라엘 자손의 직무를 위하여 성막에서 시무할지니

9 너는 레위인을 아론과 그의 아들들에게 맡기라 그들은 이스라엘 자손 중에서 아론에게 온전히 맡겨진 자들이니라

10 너는 아론과 그의 아들들을 세워 제사장 직무를 행하게 하라 외인이 가까이 하면 죽임을 당할 것이니라 출 29:9

11 ●여호와께서 모세에게 말씀하여 이르시되

12 보라 내가 이스라엘 자손 중에서 레위인을 택하여 이스라엘 자손 중에 태를 열어 태어난 모든 맏이를 대신하게 하였은즉 레위인은 내 것이라

13 처음 태어난 자는 다 내 것임은 내가 애굽 땅에서 그 처음 태어난 자를 다 죽이던 날에 이스라엘의 처음 태어난 자는 사람이나 짐승을 다 거룩하게 구별하였음이니 그들은 내 것이 될 것임이니라 나는 여호와이니라

레위 자손 인구 조사

14 ●여호와께서 시내 광야에서 모세에게 말씀하여 이르시되

15 레위 자손을 그들의 조상의 가문과 종족을 따라 계수하되 일 개월 이상된 남자를 다 계수하라

16 모세가 여호와의 말씀을 따라 그 명령하신 대로 계수하니라

3 장 에는 무엇이 기록되어 있을까?

레위인들의 임무와 인구 조사에 관한 내용이에요. 레위 지파 중에서도 제사장직을 맡은 사람들은 아론과 그 자손들이었어요. 나머지 레위 사람들은 제사장들을 도와 성막에서 일했지요. 레위인의 인구 조사는 전쟁을 하기 위해서가 아니라 하나님의 거룩한 곳에서 봉사하게 하기 위한 것이었답니다.

계수(2:6) 수효를 계산함. 또는 그 결과의 수효.
후대(2:31) 군사적 용어로 뒤에 있는 대열. 또는 뒤에 따라오는 대열.
직분(3:3) 직무상의 본분. 자기가 마땅히 하여야 할 본분.
위임(3:3) 어떤 일을 맡겨 맡김.
시중(3:6) 여기서는 제사장을 도와 이스라엘 온 백성을 위해 성막에서 봉사하는 것을 말한다.
시무(3:8) 일을 맡아 근무함.

17 레위의 아들들의 이름은 이러하니 게르손과 고핫과 므라리요

18 게르손의 아들들의 이름은 그들의 종족대로 이러하니 립니와 시므이요

19 고핫의 아들들은 그들의 종족대로 이러하니 아므람과 이스할과 헤브론과 웃시엘이요

20 므라리의 아들들은 그들의 종족대로 말리와 무시이니 이는 그의 종족대로 된 레위인의 조상의 가문들이니라

21 게르손에게서는 립니 종족과 시므이 종족이 났으니 이들이 곧 게르손의 조상의 가문들이라

22 계수된 자 곧 일 개월 이상 된 남자의 수효 합계는 칠천오백 명이며

23 게르손 종족들은 성막 뒤 곧 서쪽에 진을 칠 것이요

24 라엘의 아들 엘리아삽은 게르손 사람의 조상의 가문의 지휘관이 될 것이며

25 게르손 자손이 회막에서 맡을 일은 성막과 장막과 그 덮개와 회막 휘장 문과

26 뜰의 휘장과 및 성막과 제단 사방에 있는 뜰의 휘장 문과 그 모든 것에 쓰는 줄들이니라

27 ●고핫에게서는 아므람 종족과 이스할 종족과 헤브론 종족과 웃시엘 종족이 났으니 이들은 곧 고핫 종족들이라

28 계수된 자로서 출생 후 일 개월 이상 된 남자는 모두 팔천육백 명인데 성소를 맡을 것이며

29 고핫 자손의 종족들은 성막 남쪽에 진을 칠 것이요   참 6:18

30 웃시엘의 아들 엘리사반은 고핫 사람의 종족과 조상의 가문의 지휘관이 될 것이며

31 그들이 맡을 것은 [1]증거궤와 상과 등잔대와 제단들과 성소에서 봉사하는 데 쓰는 기구들과 휘장과 그것에 쓰는 모든 것이며

32 제사장 아론의 아들 엘르아살은 레위인의 지휘관들의 어른이 되고 또 성소를 맡을 자를 통할할 것이니라

33 ●므라리에게서는 말리 종족과 무시 종족이 났으니 이들은 곧 므라리 종족들이라

34 그 계수된 자 곧 일 개월 이상 된 남자는 모두 육천이백 명이며

35 아비하일의 아들 수리엘은 므라리 종족과 조상의 가문의 지휘관이 될 것이요 이 종족은 성막 북쪽에 진을 칠 것이며

36 므라리 자손이 맡을 것은 성막의 널판과 그 띠와 그 기둥과 그 받침과 그 모든 기구와 그것에 쓰는 모든 것이며

37 뜰 사방 기둥과 그 받침과 그 말뚝과 그 줄들이니라

38 ●성막 앞 동쪽 곧 회막 앞 해 돋는 쪽에는 모세와 아론과 아론의 아들들이 진을 치고 이스라엘 자손의 직무를 위하여 성소의 직무를 수행할 것이며 외인이 가까이 하면 죽일지니라

39 모세와 아론이 여호와의 명령을 따라 레위인을 각 종족대로 계수한즉 일 개월 이상 된 남자는 모두 이만 이천 명이었더라

1) 법궤

고핫 자손이 챙겨야 할 회막 안 지성물(4:4-16)

레위 사람이 맡아들 구실을 하다

40 ●여호와께서 또 모세에게 이르시되 이스라엘 자손의 처음 태어난 남자를 일 개월 이상으로 다 계수하여 그 명수를 기록하라

41 나는 여호와라 이스라엘 자손 중 모든 처음 태어난 자 대신에 레위인을 내게 돌리고 또 이스라엘 자손의 가축 중 모든 처음 태어난 것 대신에 레위인의 가축을 내게 돌리라 3:12, 45

42 모세가 여호와께서 자기에게 명령하신 대로 이스라엘 자손 중 모든 처음 태어난 자를 계수하니

43 일 개월 이상으로 계수된 처음 태어난 남자의 총계는 이만 이천이백칠십삼 명이었더라

44 ●여호와께서 모세에게 말씀하여 이르시되

45 이스라엘 자손 중 모든 처음 태어난 자 대신에 레위인을 취하고 또 그들의 가축 대신에 레위인의 가축을 취하라 레위인은 내 것이라 나는 여호와니라

46 이스라엘 자손의 처음 태어난 자가 레위인보다 이백칠십삼 명이 더 많은즉 속전으로

47 한 사람에 다섯 세겔씩 받되 성소의 세겔로 받으라 한 세겔은 이십 게라니라

48 그 더한 자의 속전을 아론과 그의 아들들에게 줄 것이니라

49 모세가 레위인으로 대속한 이외의 사람에게서 속전을 받았으니

50 곧 이스라엘 자손의 처음 태어난 자에게서 받은 돈이 성소의 세겔로 천삼백

육십오 세겔이라

51 모세가 이 속전을 여호와의 말씀대로 아론과 그의 아들들에게 주었으니 여호와께서 모세에게 명령하심과 같았느니라

고핫 자손의 임무 ─ B.C. 1450년경

4 또 여호와께서 모세와 아론에게 말씀하여 이르시되

2 레위 자손 중에서 고핫 자손을 그들의 종족과 조상의 가문에 따라 집계할지니

3 곧 삼십 세 이상으로 오십 세까지 회막의 일을 하기 위하여 그 역사에 참가할 만한 모든 자를 계수하라 8:24

4 고핫 자손이 회막 안의 지성물에 대하여 할 일은 이러하니라

5 진영이 전진할 때에 아론과 그의 아들들이 들어가서 칸막는 휘장을 걷어 [1]증거궤를 덮고

6 그 위를 해달의 가죽으로 덮고 그 위에 순청색 보자기를 덮은 후에 그 채를 꿰고

7 진설병의 상에 청색 보자기를 펴고 대접들과 숟가락들과 주발들과 붓는 잔들을 그 위에 두고 또 항상 진설하는 떡을 그 위에 두고

8 홍색 보자기를 그 위에 펴고 그것을 해달의 가죽 덮개로 덮은 후에 그 채를 꿰고

9 청색 보자기를 취하여 등잔대와 등잔들과 불 집게들과 불똥 그릇들과 그 쓰는 바 모든 기름 그릇을 덮고

10 등잔대와 그 모든 기구를 해달의 가죽 덮개 안에 넣어 메는 틀 위에 두고

11 금제단 위에 청색 보자기를 펴고 해달의 가죽 덮개로 덮고 그 채를 꿰고

12 성소에서 봉사하는 데에 쓰는 모든 기

4 에는 무엇이 기록되어 있을까?

모세는 하나님의 지시대로 레위인들의 업무를 보다 세밀하게 나누어주었어요. 고핫 자손은 성소에서 가장 거룩한 것을 관리했고, 게르손 자손은 성막의 휘장과 성막을, 므라리 자손은 널판과 기둥, 띠를 관리하였지요. 우리는 여기에서 이들이 하는 일에 보다 중요하고 덜 중요한 것의 구분이 없음을 기억해야 하겠어요.

---

1) 법궤

구를 취하여 청색 보자기에 싸서 해달의 가죽 덮개로 덮어 메는 틀 위에 두고

13 제단의 재를 버리고 그 제단 위에 자색 보자기를 펴고

14 봉사하는 데에 쓰는 모든 기구 곧 불 옮기는 그릇들과 고기 갈고리들과 부삽들과 대야들과 제단의 모든 기구를 두고 해달의 가죽 덮개를 그 위에 덮고 그 채를 꿸 것이며

15 진영을 떠날 때에 아론과 그의 아들들이 ¹⁾성소와 성소의 모든 기구 덮는 일을 마치거든 고핫 자손들이 와서 멜 것이니라 그러나 성물은 만지지 말라 그들이 죽으리라 회막 물건 중에서 이것들은 고핫 자손이 멜 것이며 _{삼하 6:6, 7}

16 제사장 아론의 아들 엘르아살이 맡을 것은 등유와 태우는 향과 항상 드리는 소제물과 관유이며 또 장막 전체와 그 중에 있는 모든 것과 성소와 그 모든 기구니라

17 ●여호와께서 또 모세와 아론에게 말씀하여 이르시되

18 너희는 고핫 족속의 지파를 레위인 중에서 끊어지게 하지 말지니

19 그들이 지성물에 접근할 때에 그들의 생명을 보존하고 죽지 않게 하기 위하여 이같이 하라 아론과 그의 아들들이 들어가서 각 사람에게 그가 할 일과 그가 멜 것을 지휘하게 할지니라

20 그들은 잠시라도 들어가서 ¹⁾성소를 보지 말라 그들이 죽으리라

게르손 자손의 임무

21 ●여호와께서 또 모세에게 말씀하여 이르시되

22 게르손 자손도 그 조상의 가문과 종족에 따라 계수하되

23 삼십 세 이상으로 오십 세까지 회막에서 복무하고 봉사할 모든 자를 계수하라

24 게르손 종족의 할 일과 멜 것은 이러하니

25 곧 그들이 성막의 휘장들과 회막과 그 덮개와 그 위의 해달의 가죽 덮개와 회막 휘장 문을 메며 _{3:25, 26}

26 뜰의 휘장과 성막과 제단 사방에 있는 뜰의 휘장 문과 그 줄들과 그것에 사용하는 모든 기구를 메며 이 모든 것을 이렇게 맡아 처리할 것이요

27 게르손 자손은 그들의 모든 일 곧 멜 것과 처리할 것을 아론과 그의 아들들의 명령대로 할 것이니 너희는 그들이 멜 짐을 그들에게 맡길 것이니라 _{3:21}

28 게르손 자손의 종족들이 회막에서 할 일은 이러하며 그들의 직무는 제사장 아론의 아들 이다말이 감독할지니라

므라리 자손의 임무

29 ●너는 므라리 자손도 그 조상의 가문

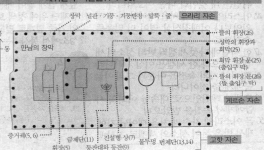

레위인의 역할들(4:4-33)

고핫 자손은 그들이 맡은 성막 기구를 어깨에 메어 운반했고, 게르손 자손과 므라리 자손은 제사장의 감독 아래 성막 기구를 포장했다. 그래서 게르손 자손에게는 수레가 2대, 므라리 자손에게는 4대가 주어졌다.

장막 · 널판 · 기둥 · 기둥받침 · 말뚝 · 줄 — 므라리 자손

북 · 서 · 동 · 남

만남의 장막

뜰의 휘장(26)
성막의 휘장과 회막(25)
회막 휘장 문(25) (출입구 막)
뜰의 휘장 문(26) (뜰 출입구 막)

게르손 자손

증거궤(5, 6) · 금제단(11) · 진설병 상(7) · 물두멍 · 번제단(13,14)
휘장(5) · 등잔대와 등잔(9) · 고핫 자손

1) 성물

과 종족에 따라 계수하되

30 삼십 세부터 오십 세까지 회막에서 복무하고 봉사할 모든 자를 계수하라

31 그들이 직무를 따라 회막에서 할 모든 일 곧 그 멜 것은 이러하니 곧 장막의 널판들과 그 띠들과 그 기둥들과 그 받침들과

32 뜰 둘레의 기둥들과 그 받침들과 그 말뚝들과 그 줄들과 그 모든 기구들과 그것에 쓰는 모든 것이라 너희는 그들이 맡아 멜 모든 기구의 품목을 지정하라

33 이는 제사장 아론의 아들 이다말의 수하에 있을 므라리 자손의 종족들이 그 모든 직무대로 회막에서 행할 일이니라

레위 사람 인구 조사

34 ●모세와 아론과 회중의 지도자들이 고핫 자손을 그 종족과 조상의 가문에 따라 계수하니

35 삼십 세부터 오십 세까지 회막에서 복무하고 봉사할 모든 자

36 곧 그 종족대로 계수된 자가 이천칠백오십 명이니

37 이는 모세와 아론이 여호와께서 모세에게 명령하신 대로 회막에서 종사하는 고핫인의 모든 종족 중 계수된 자이니라

38 ●게르손 자손 중 그 종족과 조상의 가문을 따라 계수된 자는

39 삼십 세부터 오십 세까지 회막 봉사에 참여하여 일할 만한 모든 자라

40 그 종족과 조상의 가문을 따라 계수된 자는 이천육백삼십 명이니

41 이는 모세와 아론이 여호와의 명령대로 회막에서 종사하는 게르손 자손의 모든 종족 중 계수된 자니라 4:22

42 ●므라리 자손의 종족 중 그 종족과 조상의 가문을 따라 계수된 자는

43 삼십 세부터 오십 세까지 회막에서 복무하고 봉사할 모든 자라

44 그 종족을 따라 계수된 자는 삼천이백 명이니

45 이는 모세와 아론이 여호와께서 모세에게 명령하신 대로 므라리 자손들의

종족 중 계수된 자니라

46 ●모세와 아론과 이스라엘 지휘관들이 레위인을 그 종족과 조상의 가문에 따라 다 계수하니

47 삼십 세부터 오십 세까지 회막 봉사와 메는 일에 참여하여 일할 만한 모든 자

48 곧 그 계수된 자는 팔천오백팔십 명이라

49 그들이 할 일과 짐을 메는 일을 따라 모세에게 계수되었으되 여호와께서 모세에게 명령하신 대로 그들이 계수되었더라

부정한 사람의 처리 —B.C. 1450년경

5

여호와께서 모세에게 말씀하여 이르시되

2 이스라엘 자손에게 명령하여 모든 나병 환자와 유출증이 있는 자와 주검으로 부정하게 된 자를 다 진영 밖으로 내보내되

3 남녀를 막론하고 다 진영 밖으로 내보내 그들이 진영을 더럽히게 하지 말라 내가 그 진영 가운데에 거하느니라 하시매

4 이스라엘 자손이 그같이 행하여 그들을 진영 밖으로 내보냈으니 곧 여호와께서 모세에게 이르신 대로 이스라엘 자손이 행하였더라

죄에 대한 값

5 ●여호와께서 모세에게 말씀하여 이르시되

6 이스라엘 자손에게 이르라 남자나 여자나 사람들이 범하는 죄를 범하여 여호와께 거역함으로 죄를 지으면

5장 에는 무엇이 기록되어 있을까?

일반 백성에게 내려진 정결 규례에 관한 내용이에요. 거룩하신 하나님이 이스라엘 진영에 함께 계시므로 그분의 백성 역시 신체적으로나 이웃과의 관계에서나 그리고 부부 관계에서도 거룩해야 했지요. 이것을 위해 하나님은 공동체에 해악을 끼치는 각종 부정 행위를 엄중히 다스리셨답니다.

7 그 지은 죄를 자복하고 그 죄 값을 온전히 갚되 오분의 일을 더하여 그가 죄를 지었던 그 사람에게 돌려줄 것이요
8 만일 죄 값을 받을 만한 친척이 없으면 그 죄 값을 여호와께 드려 제사장에게로 돌릴 것이니 이는 그를 위하여 속할 속죄의 숫양과 함께 돌릴 것이니라
9 이스라엘 자손이 거제로 제사장에게 가져오는 모든 성물은 그의 것이 될 것이라 _레 6:17_
10 각 사람이 구별한 물건은 그의 것이 되나니 누구든지 제사장에게 주는 것은 그의 것이 되느니라 _레 10:13_

아내의 간통을 밝히는 법

11 ●여호와께서 모세에게 말씀하여 이르시되
12 이스라엘 자손에게 말하여 그들에게 이르라 만일 어떤 사람의 아내가 탈선하여 남편에게 신의를 저버렸고 _레 20:14_
13 한 남자가 그 여자와 동침하였으나 그의 남편의 눈에 숨겨 드러나지 아니하였고 그 여자의 더러워진 일에 증인도 없고 그가 잡히지도 아니하였어도
14 그 남편이 의심이 생겨 그 아내를 의심하였는데 그의 아내가 더럽혀졌거나 또는 그 남편이 의심이 생겨 그 아내를 의심하였으나 그 아내가 더럽혀지지 아니하였든지
15 그의 아내를 데리고 제사장에게로 가서 그를 위하여 보리 가루 십분의 일에 바를 헌물로 드리되 그것에 기름도 붓지 말고 유향도 두지 말라 이는 의심의 소제요 죄악을 기억나게 하는 기억의 소제라
16 ●제사장은 그 여인을 가까이 오게 하여 여호와 앞에 세우고 _15:1~10_

17 토기에 거룩한 물을 담고 성막 바닥의 티끌을 취하여 물에 넣고
18 여인을 여호와 앞에 세우고 그의 머리를 풀게 하고 기억나게 하는 소제물 곧 의심의 소제물을 그의 두 손에 두고 제사장은 저주가 되게 할 쓴 물을 자기 손에 들고
19 여인에게 맹세하게 하여 그에게 이르기를 네가 네 남편을 두고 탈선하여 다른 남자와 동침하여 더럽힌 일이 없으면 저주가 되게 하는 이 쓴 물의 해독을 면하리라
20 그러나 네가 네 남편을 두고 탈선하여 몸을 더럽혀서 네 남편 아닌 사람과 동침하였으면
21 (제사장이 그 여인에게 저주의 맹세를 하게 하고 그 여인에게 말할지니라) 여호와께서 네 넓적다리가 마르고 네 배가 부어서 네가 네 백성 중에 저줏거리, 맹셋거리가 되게 하실지라
22 이 저주가 되게 하는 이 물이 네 창자에 들어가서 네 배를 붓게 하고 네 넓적다리를 마르게 하리라 할 것이요 여인은 아멘 아멘 할지니라
23 ●제사장이 저주의 말을 두루마리에 써서 그 글자를 그 쓴 물에 빨아 넣고
24 여인에게 그 저주가 되게 하는 쓴 물을 마시게 할지니 그 저주가 되게 하는 물이 그의 속에 들어가서 쓰리라
25 제사장이 먼저 그 여인의 손에서 의심의 소제물을 취하여 그 소제물을 여호와 앞에 흔들고 제단으로 가지고 가서
26 제사장은 그 소제물 중에서 한 움큼을 취하여 그 여자의 기억나게 하는 소제로 제단 위에 불사르고 그 후에 여인에게 그 물을 마시게 할지라
27 그 물을 마시게 한 후에 만일 여인이 몸을 더럽혀서 그 남편에게 범죄하였으면 그 저주가 되게 하는 물이 그의 속에 들어가서 쓰게 되어 그의 배가 부으며 그의 넓적다리가 마르리니 그 여인이 그 백성 중에서 저줏거리가 될 것이니라

거제(5:9) 제물을 높이 들어올렸다가 아래로 내려놓는 형식을 취하는 제사. 하나님께 바쳤다가 다시 제사장이 하나님께로부터 받는다는 것을 뜻한다.
성물(5:9) 하나님을 위하여 구별된 물건.
에바(5:15) 부피의 단위로 약 22ℓ에 해당됨.
삭도(6:5) 머리털을 깎을 때 쓰는 칼.

28 그러나 여인이 더럽힌 일이 없고 정결하면 해를 받지 않고 임신하리라

29 ●이는 의심의 법이니 아내가 그의 남편을 두고 탈선하여 더럽힌 때나 5:12

30 또는 그 남편이 의심이 생겨서 자기의 아내를 의심할 때에 여인을 여호와 앞에 두고 제사장이 이 법대로 행할 것이라

31 남편은 무죄할 것이요 여인은 죄가 있으면 당하리라

나실인의 법 — B.C. 1450년경

6 여호와께서 모세에게 말씀하여 이르시되

2 이스라엘 자손에게 전하여 그들에게 이르라 남자나 여자가 특별한 서원 곧 1)나실인의 서원을 하고 자기 몸을 구별하여 여호와께 드리려고 하면

3 포도주와 독주를 멀리하며 포도주로 된 초나 독주로 된 초를 마시지 말며 포도즙도 마시지 말며 생포도나 건포도도 먹지 말지니

4 자기 몸을 구별하는 모든 날 동안에는 포도나무 소산은 씨나 껍질이라도 먹지 말지며

5 그 서원을 하고 구별하는 모든 날 동안은 삭도를 절대로 그의 머리에 대지 말 것이라 자기 몸을 구별하여 여호와께 드리는 날이 차기까지 그는 거룩한즉 그의 머리털을 길게 자라게 할 것이며

6 자기의 몸을 구별하여 여호와께 드리는 모든 날 동안은 시체를 가까이 하지 말 것이며

7 그의 부모 형제 자매가 죽은 때에라도 그로 말미암아 몸을 더럽히지 말 것이니 이는 자기의 몸을 구별하여 하나님께 드리는 표가 그의 머리에 있음이라

8 자기의 몸을 구별하는 모든 날 동안 그는 여호와께 거룩한 자니라

9 누가 갑자기 그 곁에서 죽어서 스스로 구별한 자의 머리를 더럽히면 그의 몸을 정결하게 하는 날에 머리를 밀 것이니 곧 일곱째 날에 밀 것이며

10 여덟째 날에 산비둘기 두 마리나 집비둘기 새끼 두 마리를 가지고 회막 문에 와서 제사장에게 줄 것이며 레 5:7

11 제사장은 그 하나를 속죄제물로, 하나를 번제물로 드려서 그의 시체로 말미암아 얻은 죄를 속하고 또 그는 그 날에 그의 머리를 성결하게 할 것이며 레 5:7

12 자기 몸을 구별하여 여호와께 드릴 날을 새로 정하고 일 년 된 숫양을 가져다가 속건제물로 드릴지니라 자기의 몸을 구별한 때에 그의 몸을 더럽혔은즉 지나간 기간은 무효니라

13 ●나실인의 법은 이러하니라 자기의 몸을 구별한 날이 차면 그 사람을 회막

1) 구별

술술 풀리는 성경말씀

구별된 사람, 나실인

나실인은 여호와께 자신을 거룩하게 구별하기로 서원한 사람으로, 세 가지 중요한 금지 사항을 지켜야 했어요. (1) 포도에서 나오는 모든 것을 먹지 않는다. (2) 어떠한 시체도 만지지 않는다. (3) 머리카락을 자르지 않는다.

이러한 나실인의 거룩함은 제사장의 거룩함을 능가하며 대제사장의 거룩함에 버금갔어요. 나실인의 서원은 남자, 여자, 심지어는 종까지도(단, 이방인은 제외) 할 수 있었답니다.

서원은 특정 기간을 정하여 할 수도 있었고(최소한 30일 이상) 평생 할 수도 있었지요. 일정한 기간만을 서원한 자는 그 특정 기간이 끝날 때 서원 기간 동안 자라난 머리털과 함께 율법이 정한 대로 몇 가지 제사들을 여호와께 드렸어요. 서원한 규례를 어긴 자 역시 이와 비슷한 제사를 드려야만 했어요.

6장 1-21절

6 에는 무엇이 기록되어 있을까?

나실인이란 일정 기간 동안 자신을 거룩하게 구별하여 하나님께 헌신하는 사람을 말합니다. 남녀 모두가 할 수 있었어요. 이러한 나실인 제도를 통해 레위인이 아니더라도 하나님께 특별히 봉사하려는 사람들이 헌신할 수 있었어요. 그리고 서원한 기간이 다 차면 정상적인 생활로 돌아올 수 있었답니다.

문으로 데리고 갈 것이요 ^{행 21:26}

14 그는 여호와께 헌물을 드리되 번제물로 일 년 된 흠 없는 숫양 한 마리와 속죄제물로 일 년 된 흠 없는 어린 암양 한 마리와 화목제물로 흠 없는 숫양 한 마리와 ^{15:27}

15 무교병 한 광주리와 고운 가루에 기름 섞은 과자들과 기름 바른 무교전병들과 그 소제물과 전제물을 드릴 것이요

16 제사장은 그것들을 여호와 앞에 가져다가 속죄제와 번제를 드리고

17 화목제물로 숫양에 무교병 한 광주리를 아울러 여호와께 드리고 그 소제와 전제를 드릴 것이요

18 자기의 몸을 구별한 나실인은 회막 문에서 자기의 머리털을 밀고 그것을 화목제물 밑에 있는 불에 둘지며 ^{행 21:24}

19 자기의 몸을 구별한 나실인이 그의 머리 털을 민 후에 제사장이 삶은 숫양의 어깨와 광주리 가운데 무교병 하나와 무교전병 하나를 취하여 나실인의 두 손에 두고 ^{15:1-7}

20 여호와 앞에 요제로 흔들 것이며 그것과 흔든 가슴과 받들어 올린 ¹⁾넓적다리는 성물이라 다 제사장에게 돌릴 것이니라 그 후에는 나실인이 포도주를 마실 수 있느니라

21 ●이는 곧 서원한 나실인이 자기의 몸을 구별한 일로 말미암아 여호와께 헌물을 드림과 행할 법이며 이외에도 힘이 미치는 대로 하려니와 그가 서원한 대로 자기의 몸을 구별하는 법을 따라 할 것이니라

7 에는 무엇이 기록되어 있을까?

7장에는 열두 지파의 감독된 자들이 성막 봉헌을 할 때 예물을 바친 내용이 나와 있어요. 열두 지파가 드린 예물과 제물이 동일하게 반복되는데, 이것은 모든 지파가 균등하게 하나님을 예배하는 일에 참여하고 있음을 보여줍니다. 또한 각 지파가 서로 협동하여 성막과 제사장 일을 받들었음을 보여주기도 하지요.

제사장의 축복

22 ●여호와께서 모세에게 말씀하여 이르시되

23 아론과 그의 아들들에게 말하여 이르기를 너희는 이스라엘 자손을 위하여 이렇게 축복하여 이르되

24 여호와는 네게 복을 주시고 너를 지키시기를 원하며

25 여호와는 그의 얼굴을 네게 비추사 은혜 베푸시기를 원하며

26 여호와는 그 얼굴을 네게로 향하여 드사 평강 주시기를 원하노라 할지니라 하라 ^{시 4:6}

27 ●그들은 이같이 내 이름으로 이스라엘 자손에게 축복할지니 내가 그들에게 복을 주리라

감독된 자들이 드린 헌물——B.C. 1450년경

7 모세가 장막 세우기를 끝내고 그것에 기름을 발라 거룩히 구별하고 또 그 모든 기구와 제단과 그 모든 기물에 기름을 발라 거룩히 구별한 날에

2 이스라엘 지휘관들 곧 그들의 조상 가문의 우두머리들이요 그 지파의 지휘관으로서 그 계수함을 받은 자의 감독된 자들이 헌물을 드렸으니

3 그들이 여호와께 드린 헌물은 ²⁾덮개 있는 수레 여섯 대와 소 열두 마리이니 지휘관 두 사람에 수레가 하나씩이요 지휘관 한 사람에 소가 한 마리씩이라 그것들을 장막 앞에 드린지라

4 여호와께서 모세에게 말씀하여 이르시되

5 그것을 그들에게서 받아 레위인에게 주어 각기 직임대로 회막 봉사에 쓰게 할지니라

6 모세가 수레와 소를 받아 레위인에게 주었으니

7 곧 게르손 자손들에게는 그들의 직임대로 수레 둘과 소 네 마리를 주었고

8 므라리 자손들에게는 그들의 직임대로 수레 넷과 소 여덟 마리를 주고 제

1) 어깨 2) 짐차

사장 아론의 아들 이다말에게 감독하게 하였으나

9 고핫 자손에게는 주지 아니하였으니 그들의 성소의 직임은 그 어깨로 메는 일을 하는 까닭이었더라 4:4-15

10 제단에 기름을 바르던 날에 지휘관들이 제단의 봉헌을 위하여 헌물을 가져다가 그 헌물을 제단 앞에 드리니라

11 여호와께서 모세에게 이르시기를 지휘관들은 하루 한 사람씩 제단의 봉헌물을 드릴지니라 하셨더라

12 ●첫째 날에 헌물을 드린 자는 유다 지파 암미나답의 아들 나손이라

13 그의 헌물은 성소의 세겔로 백삼십 세겔 무게의 은반 하나와 칠십 세겔 무게의 은 바리 하나라 이 두 그릇에는 소제물로 기름 섞은 고운 가루를 채웠고

14 또 열 세겔 무게의 금 그릇 하나라 그 것에는 향을 채웠고

15 또 번제물로 수송아지 한 마리와 숫양 한 마리와 일 년 된 어린 숫양 한 마리이며

16 속죄제물로 숫염소 한 마리이며

17 화목제물로 소 두 마리와 숫양 다섯 마리와 숫염소 다섯 마리와 일 년 된 어린 숫양 다섯 마리라 이는 암미나답의 아들 나손의 헌물이었더라

18 ●둘째 날에는 잇사갈의 지휘관 수알의 아들 느다넬이 헌물을 드렸으니 1:8

19 그가 드린 헌물도 성소의 세겔로 백삼십 세겔 무게의 은반 하나와 칠십 세겔 무게의 은 바리 하나라 이 두 그릇에는 소제물로 기름 섞은 고운 가루를 채웠고

20 또 열 세겔 무게의 금 그릇 하나라 그 것에는 향을 채웠고

21 또 번제물로 수송아지 한 마리와 숫양 한 마리와 일 년 된 어린 숫양 한 마리이며

22 속죄제물로 숫염소 한 마리이며

23 화목제물로 소 두 마리와 숫양 다섯 마리와 숫염소 다섯 마리와 일 년 된 어린 숫양 다섯 마리라 이는 수알의 아들 느다넬의 헌물이었더라

24 ●셋째 날에는 스불론 자손의 지휘관 헬론의 아들 엘리압이 헌물을 드렸으니 1:9

25 그의 헌물도 성소의 세겔로 백삼십 세겔 무게의 은반 하나와 칠십 세겔 무게의 은 바리 하나라 이 두 그릇에는 소제물로 기름 섞은 고운 가루를 채웠고

26 또 열 세겔 무게의 금 그릇 하나라 이 것에는 향을 채웠고

27 또 번제물로 수송아지 한 마리와 숫양 한 마리와 일 년 된 어린 숫양 한 마리이며

28 속죄제물로 숫염소 한 마리이며

29 화목제물로 소 두 마리와 숫양 다섯 마리와 숫염소 다섯 마리와 일 년 된 어

친구가 듣기 싫어하더라도 예수님 이야기를 해야 하나요?

예수님의 이야기를 전하는 것은 생명을 구하는 일이에요. 친구가 싫어해도 전해야만 하는 거지요. 그렇기 때문에 지혜가 필요하답니다.

먼저 친구와 사이좋게 지내도록 노력하세요. 친구와 다투고 나서 예수님 이야기를 하면 그 친구는 귀를 막고 아예 듣지 않으려고 할 거예요. 만일 친구가 나를 싫어한다면 그 이유를 살펴보세요. 혹시 내가 심한 장난을 쳤거나 잘난 척한 것은 없는지 생각해보세요. 만일 있다면 고쳐야겠죠.

그런데 나에게 아무런 잘못도 없는데 나를 싫어한다면 그 친구의 잘못된 성격이나 생각 때문일 수 있어요. 이럴 때에는 친구의 잘못을 덮어 주어야 해요. 맛있는 것을 나누어 먹거나 선물을 해보세요. 그런 후 친구에게 전도하면 싫어하지 않을 거예요.

마 10장 16절

린 숫양 다섯 마리라 이는 헬론의 아들 엘리압의 헌물이었더라

30 ●넷째 날에는 르우벤 자손의 지휘관 스데울의 아들 엘리술이 헌물을 드렸으니 1:5

31 그의 헌물도 성소의 세겔로 백삼십 세겔 무게의 은 쟁반 하나와 칠십 세겔 무게의 은 바리 하나라 이 두 그릇에는 소제물로 기름 섞은 고운 가루를 채웠고

32 또 열 세겔 무게의 금 그릇 하나라 이것에는 향을 채웠고

33 또 번제물로 수송아지 한 마리와 숫양 한 마리와 일 년 된 어린 숫양 한 마리이며

34 속죄제물로 숫염소 한 마리이며

35 화목제물로 소 두 마리와 숫양 다섯 마리와 숫염소 다섯 마리와 일 년 된 어린 숫양 다섯 마리라 이는 스데울의 아들 엘리술의 헌물이었더라

36 ●다섯째 날에는 시므온 자손의 지휘관 수리삿대의 아들 슬루미엘이 헌물을 드렸으니 1:6

37 그 헌물도 성소의 세겔로 백삼십 세겔 무게의 은 쟁반 하나와 칠십 세겔 무게의 은 바리 하나라 이 두 그릇에는 소제물로 기름 섞은 고운 가루를 채웠고

38 또 열 세겔 무게의 금 그릇 하나라 이것에는 향을 채웠고

39 또 번제물로 수송아지 한 마리와 숫양

한 마리와 일 년 된 어린 숫양 한 마리이며

40 속죄제물로 숫염소 한 마리이며

41 화목제물로 소 두 마리와 숫양 다섯 마리와 숫염소 다섯 마리와 일 년 된 어린 숫양 다섯 마리라 이는 수리삿대의 아들 슬루미엘의 헌물이었더라

42 ●여섯째 날에는 갓 자손의 지휘관 드우엘의 아들 엘리아삽이 헌물을 드렸으니 1:14

43 그의 헌물도 성소의 세겔로 백삼십 세겔 무게의 은 쟁반 하나와 칠십 세겔 무게의 은 바리 하나라 이 두 그릇에는 소제물로 기름 섞은 고운 가루를 채웠고

44 또 열 세겔 무게의 금 그릇 하나라 이것에는 향을 채웠고

45 또 번제물로 수송아지 한 마리와 숫양 한 마리와 일 년 된 어린 숫양 한 마리이며

46 속죄제물로 숫염소 한 마리이며

47 화목제물로 소 두 마리와 숫양 다섯 마리와 숫염소 다섯 마리와 일 년 된 어린 숫양 다섯 마리라 이는 드우엘의 아들 엘리아삽의 헌물이었더라

48 ●일곱 날에는 에브라임 자손의 지휘관 암미훗의 아들 엘리사마가 헌물을 드렸으니

49 그의 헌물도 성소의 세겔로 백삼십 세겔 무게의 은 쟁반 하나와 칠십 세겔 무

종 류	제물의 분배	목 적
번 제	1. 모두 태운다 2. 피는 단 사면에 뿌린다	1. 자원하여 드리는 제사 2. 무의식 중에 지은 죄의 속죄 3. 하나님께 헌신·완전한 복종의 의미
속죄제	1. 일부는 태우고 남은 것은 제사장에게 2. 피는 제단·성막 여러 곳에 바른다	1. 무의식 중에 지은 죄의 대속 2. 죄의 고백 3. 죄의 용서 4. 부정에서의 정결
속건제	1. 일부는 태우고 남은 것은 제사장에게 2. 피는 제단 사면에 뿌린다	1. 무의식 중에 지은 죄나 보상이 필요한 죄 2. 부정에서의 정결 3. 보상 4. 고의로 저지른 드러난 죄의 속죄
화목제	1. 일부는 태우고 남은 것은 제사장과 제물을 드린 사람에게 2. 피는 단 사면에 뿌린다	1. 자원하여 드리는 제사 2. 감사와 교제
소 제	1. 한 움큼은 번제물과 함께 드리고 남은 것은 제사장에게	1. 자원하여 드리는 제사 2. 하나님께서 양식을 주셨다는 것에 대한 깨달음 3. 하나님께 헌신

제사법(7장)

게의 은 바리 하나라 이 두 그릇에는 소
제물로 기름 섞은 고운 가루를 채웠고

50 또 열 세겔 무게의 금 그릇 하나라 이
것에는 향을 채웠고

51 또 번제물로 수송아지 한 마리와 숫양
한 마리와 일 년 된 어린 숫양 한 마리
이며

52 속죄제물로 숫염소 한 마리이며

53 화목제물로 소 두 마리와 숫양 다섯 마
리와 숫염소 다섯 마리와 일 년 된 어
린 숫양 다섯 마리라 이는 암미훗의 아
들 엘리사마의 헌물이었더라

54 ●여덟째 날에는 므낫세 자손의 지휘
관 브다술의 아들 가말리엘이 헌물을
드렸으니   7:10

55 그 헌물도 성소의 세겔로 백삼십 세겔
무게의 은 쟁반 하나와 칠십 세겔 무게
의 은 바리 하나라 이 두 그릇에는 소
제물로 기름 섞은 고운 가루를 채웠고

56 또 열 세겔 무게의 금 그릇 하나라 이
것에는 향을 채웠고

57 또 번제물로 수송아지 한마리와 숫양 한
마리와 일 년 된 어린 숫양 한 마리이며

58 속죄제물로 숫염소 한 마리이며

59 화목제물로 소 두 마리와 숫양 다섯 마
리와 숫염소 다섯 마리와 일 년 된 어
린 숫양 다섯 마리라 이는 브다술의 아
들 가말리엘의 헌물이었더라

60 ●아홉째 날에는 베냐민 자손의 지휘
관 기드오니의 아들 아비단이 헌물을
드렸으니

61 그의 헌물도 성소의 세겔로 백삼십 세
겔 무게의 은 쟁반 하나와 칠십 세겔 무
게의 은 바리 하나라 이 두 그릇에는 소
제물로 기름 섞은 고운 가루를 채웠고

62 또 열 세겔 무게의 금 그릇 하나라 이
것에는 향을 채웠고

63 또 번제물로 수송아지 한 마리와 숫양
한 마리와 일 년 된 어린 숫양 한 마리
이며

64 속죄제물로 숫염소 한 마리이며

65 화목제물로 소 두 마리와 숫양 다섯 마
리와 숫염소 다섯 마리와 일 년 된 어
린 숫양 다섯 마리라 이는 기드오니의
아들 아비단의 헌물이었더라

66 ●열째 날에는 단 자손의 지휘관 암미
삿대의 아들 아히에셀이 헌물을 드렸
으니   7:12

67 그의 헌물도 성소의 세겔로 백삼십 세
겔 무게의 은 쟁반 하나와 칠십 세겔 무
게의 은 바리 하나라 이 두 그릇에는 소
제물로 기름 섞은 고운 가루를 채웠고

68 또 열 세겔 무게의 금 그릇 하나라 이
것에는 향을 채웠고

69 또 번제물로 수송아지 한마리와 숫양 한
마리와 일 년 된 어린 숫양 한 마리이며

70 속죄제물로 숫염소 한 마리이며

71 화목제물로 소 두 마리와 숫양 다섯 마
리와 숫염소 다섯 마리와 일 년 된 어
린 숫양 다섯 마리라 이는 암미삿대의
아들 아히에셀의 헌물이었더라

72 ●열한째 날에는 아셀 자손의 지휘관
오그란의 아들 바기엘이 헌물을 드렸
으니

73 그의 헌물도 성소의 세겔로 백삼십 세
겔 무게의 은 쟁반 하나와 칠십 세겔 무
게의 은 바리 하나라 이 두 그릇에는 소
제물로 기름 섞은 고운 가루를 채웠고

74 또 열 세겔 무게의 금 그릇 하나라 이
것에는 향을 채웠고

75 또 번제물로 수송아지 한마리와 숫양 한
마리와 일 년 된 어린 숫양 한마리이며

76 속죄제물로 숫염소 한 마리이며

77 화목제물로 소 두 마리와 숫염소 다섯 마

헌물(7:29) 높은 분께 바치는 물건.
지휘관(7:30) 목적을 효과적으로 이루기 위해 단체
의 행동을 통솔하는 사람.
세겔(7:31) 무게의 단위로 약 11.4g
은 바리(7:31) 은 대접.
소제물(7:31) 성결한 생애를 하나님께 약속하는 표

시로 드리는 제사에 드리는 제물.
번제물(7:33) 태워서 드리는 제물.
속죄(7:34) 물질적으로나 그 밖의 방법으로 죄·잘
못 등을 씻는 일.
성소(7:43) 거룩한 처소, 지성소 휘장 밖을 말하며,
이곳에서 제사장이 제사를 드린다.

증거궤 위
두 그룹(7:89)

리와 숫염소 다섯 마리와 일 년 된 어린 숫양 다섯 마리라 이는 오그란의 아들 바기엘의 헌물이었더라

78 ●열두째 날에는 납달리 자손의 지휘관 에난의 아들 아히라가 헌물을 드렸으니　1:15

79 그의 헌물도 성소의 세겔로 백삼십 세겔 무게의 은 쟁반 하나와 칠십 세겔 무게의 은 바리 하나라 이 두 그릇에는 소제물로 기름 섞은 고운 가루를 채웠고

80 또 열 세겔 무게의 금 그릇 하나라 이것에는 향을 채웠고

81 또 번제물로 수송아지 한 마리와 숫양 한 마리와 일 년 된 어린 숫양 한 마리이며

82 속죄제물로 숫염소 한 마리이며

83 화목제물로 소 두 마리와 숫양 다섯 마리와 숫염소 다섯 마리와 일 년 된 어린 숫양 다섯 마리라 이는 에난의 아들 아히라의 헌물이었더라

84 ●이는 곧 제단에 기름 바르던 날에 이스라엘 지휘관들이 드린 바 제단의 봉헌물이라 은 쟁반이 열둘이요 은 바리가 열둘이요 금 그릇이 열둘이며　7:1, 10

85 은 쟁반은 각각 백삼십 세겔 무게요 은 바리는 각각 칠십 세겔 무게라 성소의 세겔로 모든 기구의 은이 모두 이천사백 세겔이요

86 또 향을 채운 금 그릇이 열둘이니 성소의 세겔로 각각 열 세겔 무게라 그 그릇의 금이 모두 백이십 세겔이요

87 또 번제물로 수송아지가 열두 마리요 숫양이 열두 마리요 일 년 된 어린 숫양이 열두 마리요 그 소제물이며 속죄제물로 숫염소가 열두 마리이며　상 8:20

88 화목제물로 수소가 스물네 마리요 숫양이 육십 마리요 숫염소가 육십 마리요 일 년 된 어린 숫양이 육십 마리라 이는 제단에 기름 바른 후에 드린 바 제단의 봉헌물이었더라

89 ●모세가 회막에 들어가서 여호와께 말하려 할 때에 1)증거궤 위 2)속죄소 위의 두 그룹 사이에서 자기에게 말씀하시는 목소리를 들었으니 여호와께서 그에게 말씀하심이었더라

등잔을 차려 놓는 방식 — B.C. 1450년경

8

여호와께서 또 모세에게 말씀하여 이르시되

2 아론에게 말하여 이르라 등불을 켤 때에는 일곱 등잔을 등잔대 앞으로 비추게 할지니라 하시매

3 아론이 그리하여 등불을 등잔대 앞으로 비추도록 켰으니 여호와께서 모세에게 명령하심과 같았더라

4 이 등잔대의 제작법은 이러하니 곧 금을 쳐서 만든 것인데 밑판에서 그 꽃까지 쳐서 만든 것이라 모세가 여호와께서 자기에게 보이신 양식을 따라 이 등잔대를 만들었더라　출 25:31-40

레위인을 요제로 여호와께 드리다

5 ●여호와께서 모세에게 말씀하여 이르시되

8장 에는 무엇이 기록되어 있을까?

8장은 등잔대와 레위인의 성결 의식에 대해 다루고 있어요. 성막 안의 어둠을 밝히던 등잔대는 세상의 참 빛이신 그리스도를 대표하는 것이에요. 뿐만 아니라 이 세상에서 빛된 역할을 감당해야 할 그리스도인의 의무를 생각나게 하지요. 한편 레위인의 성결 의식은 자신을 하나님 앞에 거룩하게 구별하도록 하기 위한 것이었답니다.

1)법궤 2)시은좌 곧 은혜의 자리

6 이스라엘 자손 중에서 레위인을 데려다가 정결하게 하라

7 너는 이같이 하여 그들을 정결하게 하되 곧 속죄의 물을 그들에게 뿌리고 그들에게 그들의 전신을 삭도로 밀게 하고 그 의복을 빨게 하여 몸을 정결하게 하고

8 또 그들에게 수송아지 한 마리를 번제물로, 기름 섞은 고운 가루를 그 소제물로 가져오게 하고 그 외에 너는 또 수송아지 한 마리를 속죄제물로 가져오고

9 레위인을 회막 앞에 나오게 하고 이스라엘 자손의 온 회중을 모으고

10 레위인을 여호와 앞에 나오게 하고 이스라엘 자손이 그들에게 안수하게 한 후에

11 아론이 이스라엘 자손을 위하여 레위인을 흔들어 바치는 제물로 여호와 앞에 드릴지니 이는 그들에게 여호와께 봉사하게 하기 위함이라

12 레위인으로 수송아지들의 머리에 안수하게 하고 네가 그 하나는 속죄제물로, 하나는 번제물로 여호와께 드려 레위인을 속죄하고

13 레위인을 아론과 그의 아들들 앞에 세워 여호와께 요제로 드릴지니라

14 ●너는 이같이 이스라엘 자손 중에서 레위인을 구별하라 그리하면 그들이 내게 속할 것이라

15 네가 그들을 정결하게 하여 요제로 드린 후에 그들이 회막에 들어가서 봉사할 것이니라

16 그들은 이스라엘 자손 중에서 내게 온전히 드린 바 된 자라 이스라엘 자손 중모든 초태생 곧 모든 처음 태어난 자 대신 내가 그들을 취하였나니

17 이스라엘 자손 중에 처음 태어난 것은 사람이든지 짐승이든지 다 내게 속하였음은 내가 애굽 땅에서 모든 처음 태어난 자를 치던 날에 그들을 내게 구별하였음이라

18 이러므로 내가 이스라엘 자손 중 모든

처음 태어난 자 대신 레위인을 취하였느니라

19 내가 이스라엘 자손 중에서 레위인을 취하여 그들을 아론과 그의 아들들에게 주어 그들로 회막에서 이스라엘 자손을 대신하여 봉사하게 하며 또 이스라엘 자손을 위하여 속죄하게 하였나니 이는 이스라엘 자손이 성소에 가까이 할 때에 그들 중에 재앙이 없게 하려 하였음이니라

20 ●모세와 아론과 이스라엘 자손의 온회중이 여호와께서 레위인에 대하여 모세에게 명령하신 것을 다 따라 레위인에게 행하였으되 곧 이스라엘 자손이 그와 같이 그들에게 행하였더라

21 레위인이 이에 죄에서 스스로 깨끗하게 하고 그들의 옷을 빨매 아론이 그들을 여호와 앞에 요제로 드리고 그가 또 그들을 위하여 속죄하여 정결하게 하였으나

22 후에 레위인이 회막에 들어가서 아론과 그의 아들들 앞에서 봉사하니라 여호와께서 레위인의 일에 대하여 모세에게 명령하게 하신 것을 따라 그와 같이 그들에게 행하였더라

23 ●여호와께서 또 모세에게 말씀하여 이르시되

24 레위인은 이같이 할지니 곧 이십오 세이상으로는 회막에 들어가서 복무하고 봉사할 것이요

25 오십 세부터는 그 일을 쉬어 봉사하지

○ 등잔대
(8:4)

빛깔에서 꽃까지 금을 쳐서 만든 것으로, 모세가 여호와께서 보여 주신 양식을 따라 만들었다.

아니할 것이나

26 그의 형제와 함께 회막에서 돕는 직무를 지킬 것이요 일하지 아니할 것이라 너는 레위인의 직무에 대하여 이같이 할지니라

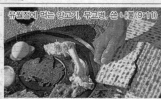

유월절에 먹는 양고기, 무교병, 쓴 나물(9:11)

두 번째 유월절 · B.C. 1450년경

9 애굽 땅에서 나온 다음 해 첫째 달에 여호와께서 시내 광야에서 모세에게 말씀하여 이르시되

2 이스라엘 자손에게 유월절을 그 정한 기일에 지키게 하라 _출 12:6_

3 그 정한 기일 곧 이 달 열넷째 날 해질 때에 너희는 그것을 지키되 그 모든 율례와 그 모든 규례대로 지킬지니라

4 모세가 이스라엘 자손에게 명령하여 유월절을 지키라 하매

5 그들이 첫째 달 열넷째 날 해 질 때에 시내 광야에서 유월절을 지켰으되 이스라엘 자손이 여호와께서 모세에게 명령하신 것을 다 따라 행하였더라 _출 5:10_

6 그 때에 사람의 시체로 말미암아 부정하게 되어서 유월절을 지킬 수 없는 사람들이 있었는데 그들이 그 날에 모세와 아론 앞에 이르러

7 그에게 이르되 우리가 사람의 시체로 말미암아 부정하게 되었거니와 우리를 금지하여 이스라엘 자손과 함께 정한 기일에 여호와께 헌물을 드리지 못하게 하심은 어찌함이니이까

8 모세가 그들에게 이르되 기다리라 여호와께서 너희에게 대하여 어떻게 명령하시는지 내가 들으리라 _출 18:15_

9 ●여호와께서 모세에게 말씀하여 이

르시되

10 이스라엘 자손에게 말하여 이르라 너희나 너희 후손 중에 시체로 말미암아 부정하게 되든지 먼 여행 중에 있다 할지라도 다 여호와 앞에 마땅히 유월절을 지키되

11 둘째 달 열넷째 날 해 질 때에 그것을 지켜서 어린 양에 무교병과 쓴 나물을 아울러 먹을 것이요 _출 12:8_

12 아침까지 그것을 조금도 남겨두지 말며 그 뼈를 하나도 꺾지 말아서 유월절 모든 율례대로 지킬 것이니라

13 그러나 사람이 정결하기도 하고 여행 중에도 있지 아니하면서 유월절을 지키지 아니하는 자는 그 백성 중에서 끊어지리니 이런 사람은 그 정한 기일에 여호와께 헌물을 드리지 아니하였은즉 그의 죄를 담당할지며

14 만일 타국인이 너희 중에 거류하여 여호와 앞에 유월절을 지키고자 하면 유월절 율례대로 그 규례를 따라서 행할지니 거류민에게나 본토인에게나 그 율례는 동일할 것이니라

길을 안내한 구름 (출 40:34~38)

15 ●성막을 세운 날에 구름이 성막 곧 증거의 성막을 덮었고 저녁이 되면 성막 위에 불 모양 같은 것이 나타나서 아침까지 이르렀으되

16 항상 그러하여 낮에는 구름이 그것을 덮었고 밤이면 불 모양이 있었는데

17 구름이 성막에서 떠오르는 때에는 이스라엘 자손이 곧 행진하였고 구름이 머무는 곳에 이스라엘 자손이 진을 쳤으니

18 이스라엘 자손이 여호와의 명령을 따라 행진하였고 여호와의 명령을 따라 진을 쳤으며 구름이 성막 위에 머무는 동안에는 그들이 진영에 머물렀고

19 구름이 성막 위에 머무는 날이 오랠 때에는 이스라엘 자손이 여호와의 명령을 지켜 행진하지 아니하였으며 1:53

20 혹시 구름이 성막 위에 머무는 날이 적을 때에도 그들이 다만 여호와의 명령을 따라 진영에 머물고 여호와의 명령을 따라 행진하였으며

21 혹시 구름이 저녁부터 아침까지 있다가 아침에 그 구름이 떠오를 때에는 그들이 행진하였고 구름이 밤낮 있다가 떠오르면 곧 행진하였으며

22 이틀이든지 한 달이든지 일 년이든지 구름이 성막(聖幕) 위에 머물러 있을 동안에는 이스라엘 자손이 진영(陣營)에 머물고 행진하지 아니하다가 떠오르면 행진하였으니 출 40:33, 37

23 곧 그들이 여호와의 명령을 따라 진을 치며 여호와의 명령을 따라 행진하고 또 모세를 통하여 이르신 여호와의 명령을 따라 여호와의 직임을 지켰더라

나팔 신호─B.C.1450년경

10

여호와께서 모세에게 말씀하여 이르시되

2 은 나팔 둘을 만들되 두들겨 만들어서 그것으로 회중을 소집하며 진영을 출발하게 할 것이라

3 나팔 두 개를 불 때에는 온 회중이 회막 문 앞에 모여서 네게로 나아올 것이요

4 하나만 불 때에는 이스라엘의 천부장

행진할 때의 위치(10:11-28)

단	에브라임		르우벤		유다
아셀	므낫세	고핫성물	시므온	게르손 므라리 (성막)	잇사갈
납달리	베냐민		갓		스불론

된 지휘관들이 모여서 네게로 나아올 것이며

5 너희가 그것을 크게 불 때에는 동쪽 진영들이 행진할 것이며

6 두 번째로 크게 불 때에는 남쪽 진영들이 행진할 것이라 떠나려 할 때에는 나팔 소리를 크게 불 것이며 10:18

7 또 회중을 모을 때에도 나팔을 불 것이나 소리를 크게 내지 말며

8 그 나팔은 아론의 자손인 제사장들이 불지니 이는 너희 대대에 영원한 율례니라 31:6

9 또 너희 땅에서 너희가 자기를 압박하는 대적을 치러 나갈 때에는 나팔을 크게 불지니 그리하면 너희 하나님 여호와가 너희를 기억하고 너희를 너희의 대적에게서 구원하시리라

10 또 너희의 희락의 날과 너희가 정한 절기와 초하루에는 번제물을 드리고 화목제물을 드리며 나팔을 불라 그로 말미암아 너희의 하나님이 너희를 기억하시리라 나는 너희의 하나님 여호와니라

이스라엘 자손이 진영하기를 시작함

11 ●둘째 해 둘째 달 스무날에 구름이 증거의 성막에서 떠오르매

12 이스라엘 자손이 시내 광야에서 출발하여 자기 길을 가더니 바란 광야에 구름이 머무니라

13 이와 같이 그들이 여호와께서 모세에게 명령하신 것을 따라 행진하기를 시작하였는데

14 선두로 유다 자손의 진영의 군기에 속한 자들이 그들의 진영별로 행진하였으니 유다 군대는 암미나답의 아들 나

10장에는 무엇이 기록되어 있을까?

하나님은 모세에게 나팔 소리를 울려 출발과 정지, 각종 절기를 알리는 신호로 삼으라고 명령하셨어요. 우렁찬 나팔 소리는 하나님의 명령에 즉각 순종할 것을 촉구하는 도구로 사용되었지요. 이것은 하나님께 온전히 의지하라는 표현이기도 합니다. 이스라엘은 이렇게 시내 광야를 떠나 바란 광야로 행군하기 시작했어요.

손이 이끌었고

15 잇사갈 자손 지파의 군대는 수알의 아들 느다넬이 이끌었고

16 스불론 자손 지파의 군대는 헬론의 아들 엘리압이 이끌었더라

17 ●이에 성막을 걷으매 게르손 자손과 므라리 자손이 성막을 메고 출발하였으며

4:21-33

가버나움 회당에 조각된 언약궤(10:33)

18 다음으로 르우벤 진영의 군기에 속한 자들이 그들의 진영별로 출발하였으니 르우벤의 군대는 스데울의 아들 엘리술이 이끌었고

19 시므온 자손 지파의 군대는 수리삿대의 아들 슬루미엘이 이끌었고

20 갓 자손 지파의 군대는 드우엘의 아들 엘리아삽이 이끌었더라

21 ●고핫인은 성물을 메고 행진하였고 그들이 이르기 전에 성막을 세웠으며

22 다음으로 에브라임 자손 진영의 군기에 속한 자들이 그들의 진영별로 행진하였으니 에브라임 군대는 암미훗의 아들 엘리사마가 이끌었고

23 므낫세 자손 지파의 군대는 브다술의 아들 가말리엘이 이끌었고

24 베냐민 자손 지파의 군대는 기드오니의 아들 아비단이 이끌었더라

25 ●다음으로 단 자손 진영의 군기에 속한 자들이 그들의 진영별로 행진하였으니 이 군대는 모든 진영의 마지막 진영이었더라 단 군대는 암미삿대의 아들 아히에셀이 이끌었고

26 아셀 자손 지파의 군대는 오그란의 아들 바기엘이 이끌었고

27 납달리 자손 지파의 군대는 에난의 아들 아히라가 이끌었더라

28 이스라엘 자손이 행진할 때에 이와 같이 그들의 군대를 따라 나아갔더라

29 ●모세가 모세의 장인 미디안 사람 르우엘의 아들 호밥에게 이르되 여호와께서 주마 하신 곳으로 우리가 행진하나니 우리와 동행하자 그리하면 선대하리라 여호와께서 이스라엘에게 복을 내리리라 하셨느니라

창 12:7

30 호밥이 그에게 이르되 나는 가지 아니하고 내 고향 내 친족에게로 가리라

31 모세가 이르되 청하건대 우리를 떠나지 마소서 당신은 우리가 광야에서 어떻게 진 칠지를 아나니 우리의 눈이 되리이다

32 우리와 동행하면 여호와께서 우리에게 복을 내리시는 대로 우리도 당신에게 행하리이다

33 ●그들이 여호와의 산에서 떠나 삼 일 길을 갈 때에 여호와의 언약궤가 그 삼 일 길에 앞서 가며 그들의 쉴 곳을 찾았고

34 그들이 진영을 떠날 때에 낮에는 여호와의 구름이 그 위에 덮였더라

35 ●궤가 떠날 때에는 모세가 말하되 여호와여 일어나사 주의 대적들을 흩으시고 주를 미워하는 자가 주 앞에서 도망하게 하소서 하였고

36 궤가 쉴 때에는 말하되 여호와여 이스라엘 종족들에게로 돌아오소서 하였더라

다베라 —B.C. 1450년경

11 여호와께서 들으시기에 백성이 악한 말로 원망하매 여호와께서 들으시고 진노하사 여호와의 불을 그들 중에 붙여서 진영 끝을 사르게 하시매

2 백성이 모세에게 부르짖으므로 모세가 여호와께 기도하니 불이 꺼졌더라

3 그 곳 이름을[1] 다베라라 불렀으니 이는 여호와의 불이 그들 중에 붙은 까닭이었더라

모세가 장로 칠십 인을 뽑다

4 ●그들 중에 섞여 사는 다른 인종들이 탐욕을 품으매 이스라엘 자손도 다시 울며 이르되 누가 우리에게 고기를 주어 먹게 하랴

5 우리가 애굽에 있을 때에는 값없이 생선과 오이와 참외와 부추와 파와 마늘들을 먹은 것이 생각나거늘   출 16:3

6 이제는 우리의 기력이 다하여 이 만나 외에는 보이는 것이 아무 것도 없도다 하니

7 만나는[2] 깟씨와 같고 모양은 진주와 같은 것이라

8 백성이 두루 다니며 그것을 거두어 맷돌에 갈기도 하며 절구에 찧기도 하고 가마에 삶기도 하여 과자를 만들었으니 그 맛이 기름 섞은 과자 맛 같았더라

9 밤에 이슬이 진영에 내릴 때에 만나도 함께 내렸더라

10 ●백성의 온 종족들이 각기 자기 장막 문에서 우는 것을 모세가 들으니라 이러므로 여호와의 진노가 심히 크고 모세도 기뻐하지 아니하여

11 모세가 여호와께 여쭈오되 어찌하여 주께서 종을 괴롭게 하시나이까 어찌하여 내게 주의 목전에서 은혜를 입게 아니하시고 이 모든 백성을 내게 맡기사 나로 그 짐을 지게 하시나이까

12 이 모든 백성을 내가 배었나이까 내가 그들을 낳았나이까 어찌 주께서 내게 양육하는 아버지가 젖 먹는 아이를 품듯 그들을 품에 품고 주께서 그들의 열조에게 맹세하신 땅으로 가라 하시나이까

13 이 모든 백성에게 줄 고기를 내가 어디서 얻으리이까 그들이 나를 향하여 울며 이르되 우리에게 고기를 주어 먹게 하라 하온즉

14 책임이 심히 중하여 나 혼자는 이 모든 백성을 감당할 수 없나이다

15 주께서 내게 이같이 행하실진대 구하옵나니 내게 은혜를 베푸사 즉시 나를 죽여 내가 고난 당함을 내가 보지 않게 하옵소서

16 ●여호와께서 모세에게 이르시되 이스라엘 노인 중에 네가 알기로 백성의 장로와 지도자가 될 만한 자 칠십 명을 모아 내게 데리고 와 회막에 이르러 거기서 너와 함께 서게 하라

17 내가 강림하여 거기서 너와 말하고 네게 임한 영을 그들에게도 임하게 하리니 그들이 너와 함께 백성의 짐을 담당하고 너 혼자 담당하지 아니하리라

18 또 백성에게 이르기를 너희의 몸을 거룩히 하여 내일 고기 먹기를 기다리라 너희가 울며 이르기를 누가 우리에게 고기를 주어 먹일까 애굽에 있을 때가 우리에게 좋았다 하는 말이 여호와께 들렸으므로 여호와께서 너희에게

11장 에는 무엇이 기록되어 있을까?

출애굽 이후 조금만 힘들어도 하나님께 불평하는 사람들이 있었어요. 그들은 먹을 양식으로 인해 또다시 불평하여 하나님을 진노하시게 했지요. 그러나 모세의 중보 기도로 인해 하나님께서는 그 진노를 푸셨답니다. 그리고 하나님은 모세를 도울 칠십 인의 장로를 세우시고, 백성들에게는 메추라기를 보내주셨어요.

[1] 불사름 [2] 식물의 일종

고기를 주어 먹게 하실 것이라

19 하루나 이틀이나 닷새나 열흘이나 스무 날만 먹을 뿐 아니라

20 냄새도 싫어하기까지 한 달 동안 먹게 하시리니 이는 너희가 너희 중에 계시는 여호와를 멸시하고 그 앞에서 울며 이르기를 우리가 어찌하여 애굽에서 나왔던가 함이라 하라

21 모세가 이르되 나와 함께 있는 이 백성의 보행자가 육십만 명이온데 주의 말씀이 한 달 동안 고기를 주어 먹게 하겠다 하시오니

22 그들을 위하여 양 떼와 소 떼를 잡은들 족하오며 바다의 모든 고기를 모은들 족하오리이까

23 여호와께서 모세에게 이르시되 여호와의 손이 짧으냐 네가 이제 내 말이 네게 응하는 여부를 보리라 23:19

24 모세가 나가서 여호와의 말씀을 백성에게 알리고 백성의 장로 칠십 인을 모아 장막에 둘러 세우매 11:16

25 여호와께서 구름 가운데 강림하사 모세에게 말씀하시고 그에게 임한 영을 칠십 장로에게도 임하게 하시니 영이

1) 히, 암마 2) 호멜은 약 220리터 3) 탐욕의 무덤

임하신 때에 그들이 예언을 하다가 다시는 하지 아니하였더라

26 ●그 기명된 자 중 엘닷이라 하는 자와 메닷이라 하는 자 두 사람이 진영에 머물고 장막에 나아가지 아니하였으나 그들에게도 영이 임하였으므로 진영에서 예언한지라

27 한 소년이 달려와서 모세에게 전하여 이르되 엘닷과 메닷이 진중에서 예언하나이다 하매

28 택한 자 중 한 사람 곧 모세를 섬기는 눈의 아들 여호수아가 말하여 이르되 내 주 모세여 그들을 말리소서

29 모세가 그에게 이르되 네가 나를 두고 시기하느냐 여호와께서 그의 영을 그의 모든 백성에게 주사 다 선지자가 되게 하시기를 원하노라

30 모세와 이스라엘 장로들이 진중으로 돌아왔더라

여호와께서 메추라기를 보내시다

31 ●바람이 여호와에게서 나와 바다에서부터 메추라기를 몰아 진영 곁 이쪽 저쪽 곧 진영 사방으로 각기 하룻길 되는 지면 위 두 1)규빗쯤에 내리게 한지라

32 백성이 일어나 그 날 종일 종야와 그 이튿날 종일토록 메추라기를 모으니 적게 모은 자도 열 2)호멜이라 그들이 자기들을 위하여 진영 사면에 펴 두었더라

33 고기가 아직 이 사이에 있어 씹히기 전에 여호와께서 백성에게 대하여 진노하사 심히 큰 재앙으로 치셨으므로

34 그 곳 이름을 3)기브롯 핫다아와라 불렀으니 욕심을 낸 백성을 거기 장사함

술술 풀리는 **생명 말씀**

하나님은 왜 메추라기를 주신 후
곧바로 벌을 내리셨을까?

이스라엘은 출애굽기 16장에서도 이와 같이 불신앙적이고 은혜를 저버리는 태도를 보였지만, 징계를 받지는 않았어요. 그러나 이번엔 하나님께서 큰 징벌을 내리셨지요. 이 두 사건 사이에는 매우 기본적이고 단순한 변화가 있었던 거예요. 즉, 하나님께서는 율법을 내리셨고 이스라엘 백성은 그 율법에 순종하겠다고 약속했던 것이지요.

율법을 내리시기 전에는 그들을 징계할 기준이 없었기 때문에, 하나님께서는 이스라엘이 받아야 했던 징벌을 미뤄두셨으나. 하지만 이제는 이스라엘과 왕이신 하나님의 관계가 확고해졌기 때문에 하나님께서는 그들의 불신앙적인 태도를 징계하신 거예요. 우리는 여기서 불순종은 곧 징벌로 이어지는 것임을 이해할 수 있답니다. 11장 31-35절

12장 에는 무엇이 기록되어 있을까?

모세의 누나인 미리암과 형인 아론이 모세에게 불평했어요. 이것은 하나님이 모세에게 주신 권위에 대한 도전이었지요. 하지만 이러한 상황에서도 모세는 온유한 태도를 보여 주었고, 하나님은 이 사건에 직접 개입하셔서 모세를 도와주셨어요. 그리고 미리암을 엄하게 징계하여 백성들도 조심하도록 하셨답니다.

이었더라

35 백성이 기브롯 핫다아와에서 행진하여 하세롯에 이르러 거기 거하니라

미리암이 벌을 받다 — B.C. 1450년경

12 모세가 구스 여자를 취하였더니 그 구스 여자를 취하였으므로 미리암과 아론이 모세를 비방하니라

2 그들이 이르되 여호와께서 모세와만 말씀하셨느냐 우리와도 말씀하지 아니하셨느냐 하매 여호와께서 이 말을 들으셨더라

3 이 사람 모세는 온유함이 지면의 모든 사람보다 더하더라
16:3

4 ●여호와께서 갑자기 모세와 아론과 미리암에게 이르시되 너희 세 사람은 회막으로 나아오라 하시니 그 세 사람이 나아가매

5 여호와께서 구름 기둥 가운데로부터 강림하사 장막 문에 서시고 아론과 미리암을 부르시는지라 그 두 사람이 나아가매

6 이르시되 내 말을 들으라 너희 중에 선지자가 있으면 나 여호와가 환상으로 나를 그에게 알리기도 하고 꿈으로 그와 말하기도 하거니와

7 내 종 모세와는 그렇지 아니하니 그는 내 온 집에 충성함이라

8 그와는 내가 대면하여 명백히 말하고 은밀한 말로 하지 아니하며 그는 또 여호와의 형상을 보거늘 너희가 어찌하여 내 종 모세 비방하기를 두려워하지 아니하느냐

9 여호와께서 그들을 향하여 진노하시고 떠나시매
신31

10 구름이 장막 위에서 떠나갔고 미리암은 나병에 걸려 눈과 같더라 아론이 미리암을 본즉 나병에 걸렸는지라

11 아론이 이에 모세에게 이르되 슬프도다 내 주여 우리가 어리석은 일을 하여 죄를 지었으나 청하건대 그 벌을 우리에게 돌리지 마소서

12 그가 살이 반이나 썩어 모태로부터 죽어서 나온 자 같이 되지 않게 하소서

13 모세가 여호와께 부르짖어 이르되 하나님이여 원하건대 그를 고쳐 주옵소서

14 여호와께서 모세에게 이르시되 그의 아버지가 그의 얼굴에 침을 뱉었을지라도 그가 이레 동안 부끄러워하지 않겠느냐 그런즉 그를 진영 밖에 이레 동안 가두고 그 후에 들어오게 할지니라 하시니

15 이에 미리암이 진영 밖에 이레 동안 갇혀 있었고 백성은 그를 다시 들어오게 하기까지 행진하지 아니하다가

16 그 후에 백성이 하세롯을 떠나 바란 광야에 진을 치니라

가나안 땅 정탐 (신 1:19~33)

B.C. 1450년경

13 여호와께서 모세에게 말씀하여 이르시되

2 사람을 보내어 내가 이스라엘 자손에게 주는 가나안 땅을 정탐하게 하되 그들의 조상의 가문 각 지파 중에서 지휘관 된 자 한 사람씩 보내라
신 1:22

3 모세가 여호와의 명령을 따라 바란 광야에서 그들을 보냈으니 그들은 다 이스라엘 자손의 수령 된 사람이라

4 그들의 이름은 이러하니라 르우벤 지파에서는 삭굴의 아들 삼무아요

5 시므온 지파에서는 호리의 아들 사밧이요

6 유다 지파에서는 여분네의 아들 갈렙이요

7 잇사갈 지파에서는 요셉의 아들 이갈이요

13 에는 무엇이 기록되어 있을까?

하나님은 열두 명의 정탐꾼을 선발하여 약속의 땅 가나안을 탐지하도록 하셨어요. 하지만 정탐꾼들 중 열 명은 그 땅을 절대로 정복할 수 없다고 했어요. 오직 갈렙과 여호수아만이 그 땅을 정복할 수 있다고 했지요. 이 사건으로 인해 이스라엘 백성은 가나안 땅을 눈 앞에 두고도 사십 년을 광야에서 방황하게 되었답니다.

8 에브라임 지파에서는 눈의 아들 호세아요

9 베냐민 지파에서는 라부의 아들 발디요

10 스불론 지파에서는 소디의 아들 갓디엘이요

11 요셉 지파 곧 므낫세 지파에서는 수시의 아들 갓디요

12 단 지파에서는 그말리의 아들 암미엘이요

13 아셀 지파에서는 미가엘의 아들 스둘이요

14 납달리 지파에서는 웝시의 아들 나비요

15 갓 지파에서는 마기의 아들 그우엘이니

16 이는 모세가 땅을 정탐하러 보낸 자들의 이름이라 모세가 눈의 아들 호세아를 여호수아라 불렀더라 13:8

17 ●모세가 가나안 땅을 정탐하러 그들을 보내며 이르되 너희는 네겝 길로 행하여 산지로 올라가서 13:21

18 그 땅이 어떠한지 정탐하라 곧 그 땅 거민이 강한지 약한지 많은지 적은지와

지 중 해

르홉

예루살렘

헤브론

가데스바네아

애굽

나일강

바란 광야

시내 광야

시내 산

홍해

19 그들이 사는 땅이 좋은지 나쁜지와 사는 성읍이 진영인지 산성인지와

20 토지가 비옥한지 메마른지 나무가 있는지 없는지를 탐지하라 담대하라 또 그 땅의 실과를 가져오라 하니 그 때는 포도가 처음 익을 즈음이었더라

21 ●이에 그들이 올라가서 땅을 정탐하되 신 광야에서부터 하맛 어귀 르홉에 이르렀고

22 또 네겝으로 올라가서 헤브론에 이르렀으니 헤브론은 애굽 소안보다 칠 년 전에 세운 곳이라 그 곳에 아낙 자손 아히만과 세새와 달매가 있었더라

23 또 에스골 골짜기에 이르러 거기서 포도송이가 달린 가지를 베어 둘이 막대기에 꿰어 메고 또 석류와 무화과를 따니라

24 이스라엘 자손이 거기서 포도를 베었으므로 그 곳을 에스골 골짜기라 불렀더라

25 ●사십 일 동안 땅을 정탐하기를 마치고 돌아와

26 바란 광야 가데스에 이르러 모세와 아론과 이스라엘 자손의 온 회중에게 나아와 그들에게 보고하고 그 땅의 과일을 보이고

27 모세에게 말하여 이르되 당신이 우리를 보낸 땅에 간즉 과연 그 땅에 젖과 꿀이 흐르는데 이것은 그 땅의 과일이니이다 출 3:8

28 그러나 그 땅 거주민은 강하고 성읍은 견고하고 심히 클 뿐 아니라 거기서 아낙 자손을 보았으며

29 아말렉인은 남방 땅에 거주하고 헷인과 여부스인과 아모리인은 산지에 거주하고 가나안인은 해변과 요단 가에 거주하더이다

30 ●갈렙이 모세 앞에서 백성을 조용하게 하고 이르되 우리가 곧 올라가서 그 땅을 취하자 능히 이기리라 하나 14:6, 24

31 그와 함께 올라갔던 사람들은 이르되 우리는 능히 올라가서 그 백성을 치지

못하리라 그들은 우리보다 강하니라 하고

32 이스라엘 자손 앞에서 그 정탐한 땅을 악평하여 이르되 우리가 두루 다니며 정탐한 땅은 그 거주민을 삼키는 땅이요 거기서 본 모든 백성은 신장이 장대한 자들이며

33 거기서 네피림 후손인 아낙 자손의[1]거인들을 보았나니 우리는 스스로 보기에도 메뚜기 같으니 그들이 보기에도 그와 같았을 것이니라

백성의 원망 — B.C. 1450년경

14 온 회중이 소리를 높여 부르짖으며 백성이 밤새도록 통곡하였더라

2 이스라엘 자손이 다 모세와 아론을 원망하며 온 회중이 그들에게 이르되 우리가 애굽 땅에서 죽었거나 이 광야에서 죽었으면 좋았을 것을

3 어찌하여 여호와가 우리를 그 땅으로 인도하여 칼에 쓰러지게 하려 하는가 우리 처자가 사로잡히리니 애굽으로 돌아가는 것이 낫지 아니하랴

4 ●이에 서로 말하되 우리가 한 지휘관을 세우고 애굽으로 돌아가자 하매

5 모세와 아론이 이스라엘 자손의 온 회중 앞에서 엎드린지라

6 그 땅을 정탐한 자 중 눈의 아들 여호수아와 여분네의 아들 갈렙이 자기의 옷을 찢고

7 이스라엘 자손의 온 회중에게 말하여 이르되 우리가 두루 다니며 정탐한 땅은 심히 아름다운 땅이라

8 여호와께서 우리를 기뻐하시면 우리를 그 땅으로 인도하여 들이시고 그 땅을 우리에게 주시리라 이는 곧 젖과 꿀이 흐르는 땅이니라

9 다만 여호와를 거역하지는 말라 또 그 땅 백성을 두려워하지 말라 그들은 우리의 먹이라 그들의 보호자는 그들에게서 떠났고 여호와는 우리와 함께 하시느니라 그들을 두려워하지 말라 하나

10 온 회중이 그들을 돌로 치려 하는데 그 때에 여호와의 영광이 회막에서 이스라엘 모든 자손에게 나타나시니라 레 9:23

모세가 백성을 두고 기도하다

11 ●여호와께서 모세에게 이르시되 이 백성이 어느 때까지 나를 멸시하겠느냐 내가 그들 중에 많은 이적을 행하였으나 어느 때까지 나를 믿지 않겠느냐

12 내가 전염병으로 그들을 쳐서 멸하고 네게 그들보다 크고 강한 나라를 이루게 하리라

13 ●모세가 여호와께 여짜오되 애굽인 중에서 주의 능력으로 이 백성을 인도하여 내셨거늘 그리하시면 그들이 듣고

14 이 땅 거주민에게 전하리이다 주 여호와께서 이 백성 중에 계심을 그들도 들었으니 곧 주 여호와께서 대면하여 보이시며 주의 구름이 그들 위에 섰으며 주께서 낮에는 구름 기둥 가운데에서, 밤에는 불 기둥 가운데에서 그들 앞에 행하시는 것이니이다 출 2:9, 10

15 이제 주께서 이 백성을 하나 같이 죽이시면 주의 명성을 들은 여러 나라가 말하여 이르기를

16 여호와가 이 백성에게 주기로 맹세한

1)히, '네피림'

14장에는 무엇이 기록되어 있을까?

정탐꾼들의 보고를 들은 백성들은 모세를 원망하고 애굽으로 돌아가기로 결심했어요. 이는 하나님의 약속을 믿지 않고 그분의 뜻에 정면으로 거스르는 일이었지요. 하나님은 이 사건으로 인해 여호수아와 갈렙을 제외한 사람들 중 20세 이상의 남자들은 다 광야에서 죽게 되리라고 말씀하셨답니다.

진영인지 산성인지(13:19) 도시에 성벽이 있는지 없는지.
탐지(13:20) 더듬어 살펴 알아내는 것.
담대(13:20) 겁이 없이 용감함.
회중(13:26) 많이 모인 군중.
장대(13:32) 허우대가 크고 튼튼함.
대면(14:14) 서로 얼굴을 마주봄.

땅에 인도할 능력이 없었으므로 광야에서 죽였다 하리이다

17 이제 구하옵나니 이미 말씀하신 대로 주의 큰 권능을 나타내옵소서 이르시기를

18 여호와는 노하기를 더디하시고 인자가 많아 죄악과 허물을 사하시나 형벌받을 자는 결단코 사하지 아니하시고 아버지의 죄악을 자식에게 갚아 삼사대까지 이르게 하리라 하셨나이다

19 구하옵나니 주의 인자의 광대하심을 따라 이 백성의 죄악을 사하시되 애굽에서부터 지금까지 이 백성을 사하신 것 같이 사하시옵소서

20 ●여호와께서 이르시되 내가 네 말대로 사하노라

21 그러나 진실로 내가 살아 있는 것과 여호와의 영광이 온 세계에 충만할 것을 두고 맹세하노니

22 내 영광과 애굽과 광야에서 행한 내 이적을 보고서도 이같이 열 번이나 나를 시험하고 내 목소리를 청종하지 아니한 그 사람들은

23 내가 그들의 조상들에게 맹세한 땅을 결단코 보지 못할 것이요 또 나를 멸시하는 사람은 한 사람도 그것을 보지 못하리라

24 그러나 내 종 갈렙은 그 마음이 그들과 달라서 나를 온전히 따랐은즉 그가 갔던 땅으로 내가 그를 인도하여 들이리니 그의 자손이 그 땅을 차지하리라

25 아말렉인과 가나안인이 골짜기에 거주하나니 너희는 내일 돌이켜 홍해 길을 따라 광야로 들어갈지니라

여호와께서 원망하는 백성을 벌하시다

26 ●여호와께서 모세와 아론에게 말씀하여 이르시되

27 나를 원망하는 이 악한 회중에게 내가 어느 때까지 참으랴 이스라엘 자손이 나를 향하여 원망하는 바 그 원망하는 말을 내가 들었노라

28 그들에게 이르기를 여호와의 말씀에 내삶을 두고 맹세하노라 너희 말이 내 귀에 들린 대로 너희에게 행하리니

29 너희 시체가 이 광야에 엎드러질 것이라 너희 중에서 이십 세 이상으로서 계수된 자 곧 나를 원망한 자 전부가

30 여분네의 아들 갈렙과 눈의 아들 여호수아 외에는 내가 1)맹세하여 너희에게 살게 하리라 한 땅에 결단코 들어가지 못하리라

31 너희가 사로잡히겠다고 말하던 너희의 유아들은 내가 인도하여 들이리니 그들은 너희가 싫어하던 땅을 보려니와

32 너희의 시체는 이 광야에 엎드러질 것이요

33 너희의 자녀들은 너희 반역한 죄를 지고 너희의 시체가 광야에서 소멸되기

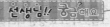

선생님!! 궁금해요

지도를 보면 아주 가까운데 왜 이스라엘 사람은 40년이나 걸려서 가나안에 갔어요?

애굽에서 하나님이 약속하신 가나안까지는 걸어서 40일이면 갈 수 있는 거리였지요. 그러나 이스라엘 백성들은 하나님이 하시는 말씀에 귀를 기울이지 않고 조금만 힘들면 애굽으로 돌아가자며 모세와 하나님을 원망했어요. 이런 이스라엘 사람들의 불순종과 원망 때문에 하나님께서는 그들을 광야에서 40년 동안 훈련시키셨답니다.

이스라엘 백성들은 하나님을 믿지 않고 죄를 지었기 때문에 고통스러운 먼 길을 걸어야만 했어요. 그리고 결국은 가나안에 들어가지 못했지요. 그렇지만 여호수아와 갈렙처럼 하나님의 약속의 말씀을 믿고 순종한 사람들은 큰 축복을 받고 가나안 땅에 들어갔답니다.

14장 33절

---

1) 손을 들어

까지 사십 년을 광야에서 1)방황하는 자
가 되리라

시 107:40

34 너희는 그 땅을 정탐한 날 수인 사십 일
의 하루를 일 년으로 쳐서 그 사십 년
간 너희의 죄악을 담당할지니 너희는
그제서야 내가 싫어하면 어떻게 되는
지를 알리라 하셨다 하라

35 나 여호와가 말하였거니와 모여 나를
거역하는 이 악한 온 회중에게 내가 반
드시 이같이 행하리니 그들이 이 광야
에서 소멸되어 거기서 죽으리라

36 ●모세의 보냄을 받고 땅을 정탐하고
돌아와서 땅을 악평하여 온 회중이
모세를 원망하게 한 사람

37 곧 그 땅에 대하여 악평한 자들은 여호
와 앞에서 재앙으로 죽었고

38 그 땅을 정탐하러 갔던 사람들 중에서
오직 눈의 아들 여호수아와 여분네의
아들 갈렙은 생존하니라

시 14:6

첫번째 절령 나포 (신 1:41-46)

39 ●모세가 이 말로 이스라엘 모든 자손
에게 알리매 백성이 크게 슬퍼하여

40 아침에 일찍이 일어나 산 꼭대기로 올
라가며 이르되 보소서 우리가 여기 있
나이다 우리가 여호와께서 허락하신
곳으로 올라가리니 우리가 범죄하였
음이니라

41 모세가 이르되 너희가 어찌하여 이제
여호와의 명령을 범하느냐 이 일이 형
통하지 못하리라

42 여호와께서 너희 중에 계시지 아니하
니 올라가지 말라 너희의 대적 앞에서
패할까 하노라

43 아말렉인과 가나안인이 너희 앞에 있
으니 너희가 그 칼에 망하리라 너희가
여호와를 배반하였으니 여호와께서
너희와 함께 하지 아니하시리라 하나

44 그들이 그래도 산 꼭대기로 올라갔고
여호와의 언약궤와 모세는 진영을 떠
나 아니하였더라

신 1:43

45 아말렉인과 산간지대에 거주하는 가

나안인이 내려와 그들을 무찌르고 호
르마까지 이르렀더라

여호와께 드리는 제물
— B.C. 1450년경

15

1 여호와께서 모세에게 말씀하
여 이르시되

2 이스라엘 자손에게 말하여 그들에게
이르라 너희는 내가 주어 살게 할 땅에
들어가서

3 여호와께 화제나 번제나 2)서원을 갚는
제사나 낙헌제나 정한 절기제에 소나
양을 여호와께 향기롭게 드릴 때에

4 그러한 헌물을 드리는 자는 고운 가루
십분의 일에 기름 사분의 일 힌을 섞어
여호와께 소제로 드릴 것이며

5 번제나 다른 제사로 드리는 제물이 어
린 양이면 전제로 포도주 사분의 일 힌
을 준비할 것이요

6 숫양이면 소제로 고운 가루 십분의 이
에 기름 삼분의 일 힌을 섞어 준비하고

7 전제로 포도주 삼분의 일 힌을 드려 여
호와 앞에 향기롭게 할 것이요

8 번제로나 서원을 갚는 제사나 화목
제로 수송아지를 예비하여 여호와께
드릴 때에는

9 소제로 고운 가루 십분의 삼 에바에 기
름 반 힌을 섞어 그 수송아지와 함께 드
리고

10 전제로 포도주 반 힌을 드려 여호와 앞
에 향기로운 화제를 삼을지니라

11 ●수송아지나 숫양이나 어린 숫양이
나 어린 염소에는 그 마리 수마다 위와
같이 행하되

15 에는 무엇이 기록되어 있을까?

강 15장은 이스라엘이 앞으로 도착하
게 될 가나안 땅에서 지켜야 할 제사 제도와 안
식일 규례, 그리고 옷단의 술에 관한 규정을 기
록하고 있어요. 이것은 이스라엘의 불평과 불순
종하는 태도에도 불구하고 하나님이 그 후손을
반드시 가나안 땅으로 인도해주실 것을 알 수
있게 합니다.

1) 목자 2) 특별 서원하는

12 너희가 준비하는 수효를 따라 각기 수효에 맞게 하라

13 누구든지 본토 소생이 여호와께 향기로운 화제를 드릴 때에는 이 법대로 할 것이요

14 너희 중에 거류하는 타국인이나 너희 중에 대대로 있는 자나 누구든지 여호와께 향기로운 화제를 드릴 때에는 너희가 하는 대로 그도 그리할 것이라

15 회중 곧 너희에게나 거류하는 타국인에게나 같은 율례이니 너희의 대대로 영원한 율례라 너희가 어떠한 대로 타국인도 여호와 앞에 그러하리라 9:14

16 너희에게나 너희 중에 거류하는 타국인에게나 같은 법도, 같은 규례이니라

17 ● 여호와께서 모세에게 말씀하여 이르시되

18 이스라엘 자손에게 말하여 이르라 너희는 내가 인도하는 땅에 들어가거든

19 그 땅의 양식을 먹을 때에 여호와께 거제를 드리되 수 5:11, 12

20 너희의 처음 익은 곡식¹⁾ 가루 떡을 거제로 타작 마당의 거제 같이 들어 드리라

21 너희의 처음 익은 곡식¹⁾ 가루 떡을 대대에 여호와께 거제로 드릴지니라

22 ● 너희가 그릇 범죄하여 여호와가 모세에게 말씀하신 이 모든 명령을 지키지 못하여서 레 4:2

23 곧 여호와께서 모세를 통하여 너희에게 명령한 모든 것을 여호와께서 명령한 날 이후부터 너희 대대에 지키지 못하여

24 회중이 부지중에 범죄하였거든 온 회중은 수송아지 한 마리를 여호와께 향기로운 화제로 드리고 규례대로 소제와 전제를 드리고 숫염소 한 마리를 속

죄제로 드릴 것이라

25 제사장이 이스라엘 자손의 온 회중을 위하여 속죄하면 그들이 사함을 받으리니 이는 그가 부지중에 범죄함이며 또 부지중에 범죄함으로 말미암아 헌물 곧 화제와 속죄제를 여호와께 드렸음이라

26 이스라엘 자손의 온 회중과 그들 중에 거류하는 타국인도 사함을 받을 것은 온 백성이 부지중에 범죄하였음이니라

27 ● 만일 한 사람이 부지중에 범죄하면 일 년 된 암염소로 속죄제를 드릴 것이요 레 4:27, 28

28 제사장은 그 부지중에 범죄한 사람이 부지중에 여호와 앞에 범한 죄를 위하여 속죄하여 그 죄를 속할지니 그리하면 사함을 얻으리라

29 이스라엘 자손 중 본토 소생이든지 그들 중에 거류하는 타국인이든지 누구든 부지중에 범죄한 자에 대한 법이 동일하거니와 15:15

30 본토인이든지 타국인이든지 고의로 무엇을 범하면 누구나 여호와를 비방하는 자니 그의 백성 중에서 끊어질 것이라

31 그런 사람은 여호와의 말씀을 멸시하고 그의 명령을 파괴하였은즉 그의 죄악이 자기에게로 돌아가서 온전히 끊어지리라

안식일에 일을 한 사람

32 ● 이스라엘 자손이 광야에 거류할 때에 안식일에 어떤 사람이 나무하는 것을 발견한지라

33 그 나무하는 자를 발견한 자들이 그를 모세와 아론과 온 회중 앞으로 끌어왔으나

34 어떻게 처치할지 지시하심을 받지 못한 고로 가두었더니

35 여호와께서 모세에게 이르시되 그 사람을 반드시 죽일지니 온 회중이 진영 밖에서 돌로 그를 칠지니라 행 7:58

1) 거친 먹을 거리

36 온 회중이 곧 그를 진영 밖으로 끌어내고 돌로 그를 쳐죽여서 여호와께서 모세에게 명령하신 대로 하니라

옷단 귀에 다는 술

37 ●여호와께서 모세에게 말씀하여 이르시되

38 이스라엘 자손에게 명령하여 대대로 그들의 옷단 귀에 술을 만들고 청색 끈을 그 귀의 술에 더하라 마 23:5

39 이 술은 너희가 보고 여호와의 모든 계명을 기억하여 준행하고 너희를 방종하게 하는 자신의 마음과 눈의 욕심을 따라 음행하지 않게 하기 위함이라

40 그리하여 너희가 내 모든 계명을 기억하고 행하면 너희의 하나님 앞에 거룩하리라

41 나는 여호와 너희 하나님이라 나는 너희의 하나님이 되려고 너희를 애굽 땅에서 인도해 내었느니라 나는 여호와 너희의 하나님이니라

고라와 다단과 아비람의 반역

16 레위의 증손 고핫의 손자 이스할의 아들 고라와 르우벤 자손 엘리압의 아들 다단과 아비람과 벨렛의 아들 온이 당을 짓고

2 이스라엘 자손 총회에서 택함을 받은 자 곧 회중 가운데에서 이름 있는 지휘관 이백오십 명과 함께 일어나서 모세를 거스르니라

3 그들이 모여서 모세와 아론을 거슬러 그들에게 이르되 너희가 분수에 지나도다 회중이 다 각각 거룩하고 여호와께서도 그들 중에 계시거늘 너희가 어

찌하여 여호와의 총회 위에 스스로 높이느냐

4 ●모세가 듣고 엎드렸다가

5 고라와 그의 모든 무리에게 말하여 이르되 아침에 여호와께서 자기에게 속한 자가 누구인지, 거룩한 자가 누구인지 보이시고 그 사람을 자기에게 가까이 나아오게 하시되 곧 그가 택하신 자를 자기에게 가까이 나아오게 하시리니

6 이렇게 하라 너 고라와 네 모든 무리는 향로를 가져다가

7 내일 여호와 앞에서 그 향로에 불을 담고 그 위에 향을 두라 그 때에 여호와께서 택하신 자는 거룩하게 되리라 레위 자손들이 너희가 너무 분수에 지나치느니라

8 모세가 또 고라에게 이르되 너희 레위 자손들아 들으라

9 이스라엘의 하나님이 이스라엘 회중에서 너희를 구별하여 자기에게 가까이 하게 하사 여호와의 성막에서 봉사하게 하시며 회중 앞에 서서 그들을 대신하여 섬기게 하심이 너희에게 작은

술술 풀리는 성경말씀

하나님의 질서를 거역한 고라 당

고라는 레위인으로서 아론이 제사장인 것을 불만스럽게 생각했어요. 그래서 가까이에 진을 치고 있던 르우벤 지파의 다단, 아비람, 온 등과 함께 반역을 계획하고 모세의 권위에 도전하였지요. 즉 그는 모세와 아론의 정치적, 종교적 권위에 반대하여 250명의 족장들을 선동하였던 거예요.

하지만 고라가 모세와 아론에게 한 비난은 터무니없는 것이었어요. 왜냐하면 모세와 아론을 불러 높은 위치에 세우신 분은 하나님이시기 때문이에요. 결국 고라 당은 하나님께서 세우신 권위에 도전하여 그분의 뜻을 거역함으로 죽음을 맞게 되었답니다.

우리는 하나님께서 주신 청지기의 사명을 충실하게 해나가야 해요. 자신에게 맡겨진 일을 소중하게 여기며 최선을 다해 이루어나갈 때 하나님의 뜻에 맞는 사람이 될 수 있을 거예요. 또한 교회에서도 자신의 직분을 남용하지 말고, 그 질서를 깨뜨리지 말아야 한답니다.

16장 1-35절

16 에는 무엇이 기록되어 있을까?

고라는 다단과 아비람같이 자신을 따르는 무리를 모아 모세와 아론을 반역하려 했어요. 그는 모세와 아론을 물리치고 자신이 이스라엘을 다스리려다가 결국 하나님의 진노를 사서 죽게 되었지요. 고라가 엉뚱한 야망에 사로잡힌 이유는 자기도 모세와 아론처럼 레위인이므로 제사장이 될 수 있다고 착각했기 때문이었어요.

일이겠느냐 신 10:8

10 하나님이 너와 네 모든 형제 레위 자손으로 너와 함께 가까이 오게 하셨거늘 너희가 오히려 제사장의 직분을 구하느냐

11 이를 위하여 너와 너의 무리가 다 모여서 여호와를 거스르는도다 아론이 어떠한 사람이기에 너희가 그를 원망하느냐

12 ●모세가 엘리압의 아들 다단과 아비람을 부르러 사람을 보냈더니 그들이 이르되 우리는 올라가지 않겠노라

13 네가 우리를 젖과 꿀이 흐르는 땅에서 이끌어 내어 광야에서 죽이려 함이 어찌 작은 일이기에 오히려 스스로 우리 위에 왕이 되려 하느냐

14 이뿐 아니라 네가 우리를 젖과 꿀이 흐르는 땅으로 인도하여 들이지도 아니하고 밭도 포도원도 우리에게 기업으로 주지 아니하니 네가 이 사람들의 눈을 [1]빼려느냐 우리는 올라가지 아니하겠노라 민 20:24

15 ●모세가 심히 노하여 여호와께 여짜오되 주는 그들의 헌물을 돌아보지 마옵소서 나는 그들의 나귀 한 마리도 빼

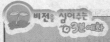

비전을 심어주는 9월의 대화

마귀의 대책회의①

마귀들이 인간을 파멸시키기 위해 대책회의를 열었습니다. 첫 번째, 인간의 마음속에 악한 마음을 심어주자. 두 번째, 사람의 마음속에 이기심과 독선을 심어주자. 세 번째, 인간의 양심을 파괴하여 잘못된 것들을 바르게 여기도록 하자. 네 번째, 사람의 마음에 화려한 옷과 첨단의 유행을 추구하는 허영심을 심어주자.

이 중에서 마귀들은 네 번째 의견을 선택했어요. 그리고 곧 화려한 옷을 만들어 인간 세상에 퍼뜨렸지요. 그러자 사람들은 곧 허영과 사치에 눈이 멀어 온갖 방법을 동원하여 외모만 화려하게 보이려고 애썼답니다.

최근에는 '성형중독증'이라는 정신병까지 생길 만큼 성형수술이 유행처럼 번졌지요. 허영과 외모에 집착하게 하는 마귀의 전략에 수많은 사람들이 넘어가고 있답니다.

앗지 아니하였고 그들 중의 한 사람도 해하지 아니하였나이다 하고

16 이에 모세가 고라에게 이르되 너와 너의 온 무리는 아론과 함께 내일 여호와 앞으로 나아오되

17 너희는 제각기 향로를 들고 그 위에 향을 얹고 각 사람이 그 향로를 여호와 앞으로 가져오라 향로는 모두 이백오십 개라 너와 아론도 각각 향로를 가지고 올지니라

18 그들이 제각기 향로를 가져다가 불을 담고 향을 그 위에 얹고 모세와 아론과 더불어 회막 문에 서니라

19 고라가 온 회중을 회막 문에 모아 놓고 그 두 사람을 대적하려 하매 여호와의 영광이 온 회중에게 나타나시니라

20 ●여호와께서 모세와 아론에게 말씀하여 이르시되

21 너희는 이 회중에게서 떠나라 내가 순식간에 그들을 멸하려 하노라 16:45

22 그 두 사람이 엎드려 이르되 하나님이여 모든 육체의 생명의 하나님이여 한 사람이 범죄하였거늘 온 회중에게 진노하시나이까

23 여호와께서 모세에게 말씀하여 이르시되

24 회중에게 명령하여 이르기를 너희는 고라와 다단과 아비람의 장막 사방에서 떠나라 하라

25 ●모세가 일어나 다단과 아비람에게로 가니 이스라엘 장로들이 따랐더라

26 모세가 회중에게 말하여 이르되 이 악인들의 장막에서 떠나고 그들의 물건은 아무 것도 만지지 말라 그들의 모든 죄중에서 너희도 멸망할까 두려워하노라 하매

27 무리가 고라와 다단과 아비람의 장막 사방을 떠나고 다단과 아비람은 그들의 처자와 유아들과 함께 나와서 자기 장막 문에 선지라

28 모세가 이르되 여호와께서 나를 보내사 이 모든 일을 행하게 하신 것이요 나의 임의로 함이 아닌 줄을 이 일로 말

1) 꿰뚫으려

미암아 알리라

29 곧 이 사람들의 죽음이 모든 사람과 같고 그들이 당하는 벌이 모든 사람이 당하는 벌과 같으면 여호와께서 나를 보내심이 아니거니와

30 만일 여호와께서 새 일을 행하사 땅이 입을 열어 이 사람들과 그들의 모든 소유물을 삼켜 산 채로 스올에 빠지게 하시면 이 사람들이 과연 여호와를 멸시한 것인 줄을 너희가 알리라

31 ●그가 이 모든 말을 마치자마자 그들이 섰던 땅바닥이 갈라지니라

32 땅이 그 입을 열어 그들과 그들의 집과 고라에게 속한 모든 사람과 그들의 재물을 삼키매

33 그들과 그의 모든 재물이 산 채로 스올에 빠지며 땅이 그 위에 덮이니 그들이 회중 가운데서 망하니라

34 그 주위에 있는 온 이스라엘이 그들의 부르짖음을 듣고 도망하며 이르되 땅이 우리도 삼킬까 두렵다 하였고

35 여호와께로부터 불이 나와서 분향하는 이백오십 명을 불살랐더라 11:1-3

향로

36 ●여호와께서 모세에게 말씀하여 이르시되

37 너는 제사장 아론의 아들 엘르아살에게 명령하여 붙는 불 가운데에서 향로를 가져다가 그 불을 다른 곳에 쏟으라 그 향로는 거룩함이니라

38 사람들은 범죄하여 그들의 생명을 스스로 해하였거니와 그들이 향로를 여호와 앞에 드렸으므로 그 향로가 거룩하게 되었나니 그 향로를 쳐서 제단을 싸는 철판을 만들라 이스라엘 자손에게 표가 되리라 하신지라 26:10

39 제사장 엘르아살이 불탄 자들이 드렸던 놋 향로를 가져다가 쳐서 제단을 싸서

40 이스라엘 자손의 기념물이 되게 하였으니 이는 아론 자손이 아닌 다른 사람은 여호와 앞에 분향하러 가까이 오지 못하게 함이며 또 고라와 그의 무리와 같이 되지 않게 하기 위함이라 여호와께서 모세를 시켜 그에게 명령하신 대로 하였더라

아론이 백성을 구하다

41 ●이튿날 이스라엘 자손의 온 회중이 모세와 아론을 원망하여 이르되 너희가 여호와의 백성을 죽였도다 하고

42 회중이 모여 모세와 아론을 칠 때에 회막을 바라본즉 구름이 회막을 덮었고 여호와의 영광이 나타났더라

43 모세와 아론이 회막 앞에 이르매

44 여호와께서 모세에게 말씀하여 이르시되

45 너희는 이 회중에게서 떠나라 내가 순식간에 그들을 멸하려 하노라 하시매 그 두 사람이 엎드리니라

46 이에 모세가 아론에게 이르되 너는 향로를 가져다가 제단의 불을 그것에 담고 그 위에 향을 피워 급히 회중에게로 가서 그들을 위하여 속죄하라 여호와께서 진노하셨으므로 염병이 시작되었음이니라

47 아론이 모세의 명령을 따라 향로를 가

술술 풀리는 명령말씀

고라

레위 지파 중 고핫 자손으로 모세의 사촌 형이며 성막 봉사자였습니다. 그는 명예욕이 많아서 모세와 아론의 권위에 도전하였습니다. 그리하여 다단, 온, 아비람 등과 작당하고 족장 250명을 끌어들여 반역을 도모했습니다. 그 결과 종들, 소유물들과 함께 갈라진 땅 속에 묻히는 벌을 받게 되었습니다. 그러나 고라의 아들들은 죽지 않고 (민 26:9-11) 번성하여 그 자손들은 성전에서 찬송 부르는 일, 성막 문지기, 수종드는 일을 맡게 되었습니다 (대상 9:19,31; 26:1), 한편 250명의 족장들은 하나님께서 보내신 불에 타 죽었습니다.

16장 16절

기업(16:14) 대대로 전하여 오는 사업과 재산. 생을 위한 주된 사업을 말한다.

스올(16:30) 죽은 자의 거주지를 가리키는 말로 악마의 거주지를 뜻함.

염병(16:46) 페스트와 같이 발작을 일으키며 급작스럽게 죽게 되는 일종의 급성 전염병.

지고 회중에게로 달려간즉 백성 중에 염병이 시작되었는지라 이에 백성을 위하여 속죄하고

48 죽은 자와 산 자 사이에 섰을 때에 염병이 그치니라

49 고라의 일로 죽은 자 외에 염병에 죽은 자가 만 사천칠백 명이었더라

50 염병이 그치매 아론이 회막 문 모세에게로 돌아오니라

아론의 지팡이 — B.C. 1430년경

17

여호와께서 모세에게 말씀하여 이르시되

2 너는 이스라엘 자손에게 말하여 그들 중에서 각 조상의 가문을 따라 지팡이 하나씩을 취하되 곧 그들의 조상의 가문대로 그 모든 지휘관에게서 지팡이 열둘을 취하고 그 사람들의 이름을 각각 그 지팡이에 쓰되

3 레위의 지팡이에는 아론의 이름을 쓰라 이는 그들의 조상의 가문의 각 수령이 지팡이 하나씩 있어야 할 것임이니라

4 그 지팡이를 회막 안에 내가 너희와 만나는 곳인 1)증거궤 앞에 두라

5 내가 택한 자의 지팡이에는 싹이 나리니 이것으로 이스라엘 자손이 너희에게 대하여 원망하는 말을 내 앞에서 그치게 하리라
16:5, 11

6 모세가 이스라엘 자손에게 말하매 그들의 지휘관들이 각 지파대로 지팡이 하나씩을 그에게 주었으니 그 지팡이가 모두 열둘이라 그 중에 아론의 지팡이가 있었더라

7 모세가 그 지팡이들을 1)증거의 장막 안

여호와 앞에 두었더라

8 ●이튿날 모세가 증거의 장막에 들어가 본즉 레위 집을 위하여 낸 아론의 지팡이에 움이 돋고 순이 나고 꽃이 피어서 살구 열매가 열렸더라

9 모세가 그 지팡이 전부를 여호와 앞에서 이스라엘 모든 자손에게로 가져오매 그들이 보고 각각 자기 지팡이를 집어들었더라

10 여호와께서 또 모세에게 이르시되 아론의 지팡이는 증거궤 앞으로 도로 가져다가 거기 간직하여 반역한 자에 대한 표징이 되게 하여 그들로 내게 대한 원망을 그치고 죽지 않게 할지니라

11 모세가 곧 그같이 하되 여호와께서 자기에게 명령하신 대로 하였더라

12 ●이스라엘 자손이 모세에게 말하여 이르되 보소서 우리는 죽게 되었나이다 망하게 되었나이다 다 망하게 되었나이다

13 가까이 나아가는 자 곧 여호와의 성막에 가까이 나아가는 자마다 다 죽사오니 우리가 다 망하여야 하리이까
1:51

제사장과 레위인의 직무 — B.C. 1430년경

18

여호와께서 아론에게 이르시되 너와 네 아들들과 네 조상의 가

1)법궤

술술 풀리는 성경말씀

순이 난 아론의 지팡이

이 이적은 제사장 직분의 특성과 의미를 상징하고 있어요.

(1) 지팡이는 자연적인 방법으로는 순이 나고 꽃이 필 수 없지만, 하나님은 이 마른 막대기에도 생명을 주실 수 있답니다. 마찬가지로 아론은 다른 지파의 지도자들보다 뛰어날 것이 없었지만, 하나님은 아론에게 기름부어 거룩하게 하시고 그와 교제하셨어요.

(2) 살구나무는 하얀 꽃이 피는데, 성경에서 하얀색은 하나님 자신을 상징하지요. 그리고 예레미야는 살구나무(히, 쇼케드)와 '지키다, 깨어 있다'(히, 쇼카드)를 연관시킨 적이 있어요(렘 1:11). 즉, 아론은 하나님 앞에서 이스라엘을 대표하고, 백성들을 지켜주(쇼카드)할 자임을 알려준답니다.

17장 8절쯤

17장 에는 무엇이 기록되어 있을까?

하나님은 아론의 지팡이에서 살구 열매를 맺게 하셨어요. 죽은 나무에서 꽃이 피고 열매가 맺힐 것이죠. 이것은 아론이 하나님께서 세우신 지도자임을 알려주는 증거가 되었어요. 또한 영적으로 죽은 자들과 다름없는 패역한 자들도 하나님께로 돌아오면 다시 살아날 수 있다는 것을 가르쳐준답니다.

문은 성소에 대한 죄를 함께 담당할 것
이요 너와 네 아들들은 너희의 제사장
직분에 대한 죄를 함께 담당할 것이니라

2 너는 네 형제 레위 지파 곧 네 조상의
지파를 데려다가 너와 함께 있게 하여
너와 네 아들들이 ¹⁾증거의 장막 앞에
있을 때 그들이 너를 돕게 하라 3:5-10

3 레위인은 네 직무와 장막의 모든 직무
를 지키려니와 성소의 기구와 제단에
는 가까이 하지 못하리니 두렵건대 그
들과 너희가 죽을까 하노라 3:25

4 레위인은 너와 합동하여 장막의 모든
일과 회막의 직무를 다할 것이요 다른
사람은 너희에게 가까이 하지 못할 것
이니라

5 이와 같이 너희는 성소의 직무와 제단
의 직무를 다하라 그리하면 여호와의
진노가 다시는 이스라엘 자손에게 미
치지 아니하리라

6 보라 내가 이스라엘 자손 중에서 너희
의 형제 레위인을 택하여 내게 돌리고
너희에게 선물로 주어 회막의 일을 하
게 하였나니 3:9

7 너와 네 아들들은 제단과 휘장 안의 모
든 일에 대하여 제사장의 직분을 지켜
섬기라 내가 제사장의 직분을 너희에
게 선물로 주었은즉 거기 가까이 하는
외인은 죽임을 당할지니라

제사장의 몫

8 ●여호와께서 또 아론에게 이르시되
보라 내가 내 거제물 곧 이스라엘 자손
이 거룩하게 한 모든 헌물을 네가 주관
하게 하고 네가 기름 부음을 받았으므
로 말미암아 그것을 너와 네 아들들에
게 영구한 몫의 음식으로 주노라

9 지성물 중에 불사르지 아니한 것은 네 것
이라 그들이 내게 드리는 모든 헌물의 모
든 소제와 속죄제와 속건제물은 다 지극히
거룩한즉 너와 네 아들들에게 돌리리니

10 지극히 거룩하게 여김으로 먹으라 이는
네게 성물인즉 남자들이 다 먹을지니라

11 네게 돌릴 것은 이것이니 곧 이스라엘
자손이 드리는 거제물과 모든 요제물
이라 내가 그것을 너와 네 자녀에게 영
구한 몫의 음식으로 주었은즉 네 집의
정결한 자마다 먹을 것이니라

12 그들이 여호와께 드리는 첫 소산 곧 제
일 좋은 기름과 제일 좋은 포도주와 곡
식을 네게 주었은즉

13 그들이 여호와께 드리는 그 땅의 처음
익은 모든 열매는 네 것이니 네 집에서
정결한 자마다 먹을 것이라 출 22:29

14 이스라엘 중에서 특별히 드린 모든 것
은 네 것이 되리라

15 여호와께 드리는 모든 생물의 처음 나
는 것은 사람이나 짐승이나 다 네 것이
로되 처음 태어난 사람은 반드시 대속
할 것이요 처음 태어난 부정한 짐승도
대속할 것이며

16 그 사람을 대속할 때에는 난 지 한 달
이후에 네가 정한 대로 성소의 세겔을
따라 은 다섯 세겔로 대속하라 한 세겔
은 이십 게라이니라

17 오직 처음 태어난 소나 처음 태어난 양
이나 처음 태어난 염소는 대속하지 말
지니 그것들은 거룩한즉 그 피는 제단
에 뿌리고 그 기름은 불살라 여호와께
향기로운 화제로 드릴 것이며

18 그 고기는 네게 돌릴지니 흔든 가슴과 오
른쪽 넓적다리 같이 네게 돌릴 것이니라

19 이스라엘 자손이 여호와께 거제로 드
리는 모든 성물은 내가 영구한 몫의 음
식으로 너와 네 자녀에게 주노니 이는
여호와 앞에 너와 네 후손에게 영원한

18장에는 무엇이 기록되어 있을까?

레위인과 제사장의 직무와 그들에게 나누어진 몫에 대한 규정이에요. 하나님께서는 이스라엘 각 지파에게 땅을 나누어 주셨는데, 레위인에게는 땅을 주지 않으셨지요. 그 이유는 하나님이 친히 그들의 기업이 되어주시겠다고 약속하셨기 때문이에요. 그리고 제사장에게는 하나님 앞에서 성직을 담당하는 특권을 주셨답니다.

¹⁾법궤

소금 언약(18:19) 변치 않는 언약이라는 의미로, 이 사진은 사해의 소금 기둥이다.

소금 언약이니라

20 여호와께서 또 아론에게 이르시되 너는 이스라엘 자손의 땅에 기업도 없겠고 그들 중에 아무 분깃도 없을 것이나 내가 이스라엘 자손 중에 네 분깃이요 네 기업이니라

레위인의 몫

21 ●내가 이스라엘의 십일조를 레위 자손에게 기업으로 다 주어서 그들이 하는 일 곧 회막에서 하는 일을 갚나니
22 이 후로는 이스라엘 자손이 회막에 가까이 하지 말 것이라 죄값으로 죽을까 하노라
23 그러나 레위인은 회막에서 봉사하며 자기들의 죄를 담당할 것이요 이스라엘 자손 중에는 기업이 없을 것이니 이는 너희 대대에 영원한 율례라
24 이스라엘 자손이 여호와께 거제로 드리는 십일조를 레위인에게 기업으로 주었으므로 내가 그들에 대하여 말하기를 이스라엘 자손 중에 기업이 없을 것이라 하였노라

레위인의 십일조

25 ●여호와께서 모세에게 말씀하여 이르시되
26 너는 레위인에게 말하여 그에게 이르라 내가 이스라엘 자손에게 받아 너희

에게 기업으로 준 십일조를 너희가 그들에게서 받을 때에 그 십일조의 십일조를 거제로 여호와께 드릴 것이라
27 내가 너희의 거제물을 타작 마당에서 드리는 곡물과 포도즙 틀에서 드리는 즙 같이 여기리니
28 너희는 이스라엘 자손에게서 받는 모든 것의 십일조 중에서 여호와께 거제로 드리고 여호와께 드린 그 거제물은 제사장 아론에게로 돌리되
29 너희가 받은 모든 헌물 중에서 너희는 그 아름다운 것 곧 거룩하게 한 부분을 가져다가 여호와께 거제로 드릴지니라
30 이러므로 너는 그들에게 이르라 너희가 그 중에서 아름다운 것을 가져다가 드리고 남은 것은 너희 레위인에게는 타작 마당의 소출과 포도즙 틀의 소출 같이 되리니
31 너희와 너희의 권속이 어디서든지 이것을 먹을 수 있음은 이는 회막에서 일한 너희의 보수임이니라 고전 9:13
32 너희가 그 중 아름다운 것을 받들어 드린즉 이로 말미암아 죄를 담당하지 아니할 것이라 너희는 이스라엘 자손의 성물을 더럽히지 말라 그리하여야 죽지 아니하리라

붉은 암송아지의 재—B.C. 1430년경

19

여호와께서 모세와 아론에게 말씀하여 이르시되
2 여호와께서 명령하시는 법의 율례를 이제 이르노니 이스라엘 자손에게 일러서 온전하여 흠이 없고 아직 멍에 메

소출(18:30) 논밭에서 생산되는 곡식, 또는 그 수확량.
권속(18:31) 한 집안의 식구.

술술 풀리는 성경 말씀

레위 지파의 기업과 분깃

제사장은 제물의 일부, 처음 거둔 곡식, 처음 난 짐승을 성막에서 일한 보수로 받았어요. 제사장이 받는 보수는 두 종류로 되어 있었지요. 첫째, 소제·속죄제·속건제 등을 드릴 때 제단에서 불태워지지 않은 부분이고 둘째, 단순히 거룩하다고 묘사된 제물이었어요.

레위인이 가나안에서 기업으로 땅을 분배받지 못한 것은 제사장들뿐만 아니라 전체 레위인들의 기업도 되셨기 때문이에요(신 10:9; 수 13:33). 제사장과 레위인은 하나님이 그들에게 허락하신 수입이 아니고, 이스라엘의 하나님 여호와께 소유하신 것입니다. 그러므로 레위인은 그 어느 것을 소유한 것보다 더욱 좋은 것을 소유한 것이지요.   18장

지 아니한 붉은 암송아지를 네게로 끌
어오게 하고 신 21:3

3 너는 그것을 제사장 엘르아살에게 줄
것이요 그는 그것을 진영 밖으로 끌어
내어서 자기 목전에서 잡게 할 것이며

4 제사장 엘르아살은 손가락에 그 피를
찍고 그 피를 회막 앞을 향하여 일곱 번
뿌리고

5 그 암소를 자기 목전에서 불사르게 하
되 그 가죽과 고기와 피와 똥을 불사르
게 하고

6 동시에 제사장은 백향목과 우슬초와
홍색 실을 가져다가 암송아지를 사르
는 불 가운데 던질 것이며

7 제사장은 자기의 옷을 빨고 물로 몸을
씻은 후에 진영에 들어갈 것이라 그는
저녁까지 부정하리라

8 송아지를 불사른 자도 자기의 옷을 물
로 빨고 물로 그 몸을 씻을 것이라 그
도 저녁까지 부정하리라

9 이에 정결한 자가 암송아지의 재를 거
두어 진영 밖 정한 곳에 둘지니 이것은
이스라엘 자손 회중을 위하여 간직하
였다가 부정을 씻는 물을 위해 간직할
지니 그것은 속죄제니라

10 암송아지의 재를 거둔 자도 자기의 옷
을 빨 것이며 저녁까지 부정하리라 이
는 이스라엘 자손과 그중에 거류하는
외인에게 영원한 율례니라

시체를 만진 자

11 ●사람의 시체를 만진 자는 이레 동안
부정하리니 레 21:1

12 그는 ¹⁾셋째 날과 일곱째 날에 잿물로 자

산을 정결하게 할 것이라 그리하면 정하
려니와 셋째 날과 일곱째 날에 자신을
정결하게 하지 아니하면 그냥 부정하니

13 누구든지 죽은 사람의 시체를 만지고
자신을 정결하게 하지 아니하는 자는
여호와의 성막을 더럽힘이라 그가 이
스라엘에서 끊어질 것은 정결하게 하
는 물을 그에게 뿌리지 아니하므로 깨
끗하게 되지 못하고 그 부정함이 그대
로 있음이니라

14 ●장막에서 사람이 죽을 때의 법은 이
러하니 누구든지 그 장막에 들어가는
자와 그 장막에 있는 자가 이레 동안 부
정할 것이며

15 뚜껑을 열어 놓고 덮지 아니한 그릇은
모두 부정하니라

16 누구든지 들에서 칼에 죽은 자나 시체
나 사람의 뼈나 무덤을 만졌으면 이레
동안 부정하리니

17 그 부정한 자를 위하여 죄를 깨끗하게
하려고 불사른 재를 가져다가 흐르는
물과 함께 그릇에 담고 19:9

18 정결한 자가 우슬초를 가져다가 그 물을
찍어 장막과 그 모든 기구와 거기 있는
사람들에게 뿌리고 또 뼈나 죽임을 당한
자나 시체나 무덤을 만진 자에게 뿌리되

19 그 정결한 자가 셋째 날과 일곱째 날에
그 부정한 자에게 뿌려서 일곱째 날에
그를 정결하게 할 것이며 그는 자기 옷
을 빨고 물로 몸을 씻을 것이라 저녁이
면 정결하리라

20 ●사람이 부정하고도 자신을 정결하게
하지 아니하면 여호와의 성소를 더럽힘
이니 그러므로 회중 가운데에서 끊어
질 것이니라 그는 정결하게 하는 물로
뿌림을 받지 아니하였은즉 부정하니라

21 이는 그들의 영구한 율례니라 정결하
게 하는 물을 뿌린 자는 자기의 옷을 빨
것이며 정결하게 하는 물을 만지는 자
는 저녁까지 부정할 것이며

19장에는 무엇이 기록되어 있을까?

지금까지 하나님을 원망하고 반역
하던 사람들의 죽음으로 온 이스라엘이 부정하
게 되었어요. 그래서 하나님은 '정결하게 하는
물'로 그들의 부정을 깨끗하게 해주셨지요. '정결
하게 하는 물'은 흠이 없고 온전한 암송아지를
태운 재로 만들었어요. 하나님은 시체를 만진 사
람들도 이 물로 부정함을 씻게 해주셨답니다.

---

1) 제삼일에 이 물로 정결하게 하면 제칠일에 정하려니와 제삼일에
스스로 정결하지 아니하면 제칠일에 정하지 못하며

22 부정한 자가 만진 것은 무엇이든지 부정할 것이며 그것을 만지는 자도 저녁까지 부정하리라

하세롯으로 가는 사막길에 있는 거대한 바위 산(20:11)

가데스의 다툼과 므리바 물 (출 17:1-7)

20 첫째 달에 이스라엘 자손 곧 온 회중이 신 광야에 이르러 백성이 가데스에 머물더니 미리암이 거기서 죽으매 거기에 장사되니라

2 ●회중이 물이 없으므로 모세와 아론에게로 모여드니라

3 백성이 모세와 다투어 말하여 이르되 우리 형제들이 여호와 앞에서 죽을 때에 우리도 죽었더라면 좋을 뻔하였도다

4 너희가 어찌하여 여호와의 회중을 이 광야로 인도하여 우리와 우리 짐승이 다 여기서 죽게 하느냐

5 너희가 어찌하여 우리를 애굽에서 나오게 하여 이 나쁜 곳으로 인도하였느냐 이 곳에는 파종할 곳이 없고 무화과도 없고 포도도 없고 석류도 없고 마실 물도 없도다

6 모세와 아론이 회중 앞을 떠나 회막 문에 이르러 엎드리매 여호와의 영광이 그들에게 나타나며

7 여호와께서 모세에게 말씀하여 이르시되

8 지팡이를 가지고 네 형 아론과 함께 회중을 모으고 그들의 목전에서 너희는 반석에게 명령하여 물을 내라 하라 네가 그 반석이 물을 내게 하여 회중과 그들의 짐승에게 마시게 할지니라

9 모세가 그 명령대로 여호와 앞에서 지팡이를 잡으니라

10 ●모세와 아론이 회중을 그 반석 앞에 모으고 모세가 그들에게 이르되 반역한 너희여 들으라 우리가 너희를 위하여 이 반석에서 물을 내랴 하고

11 모세가 그의 손을 들어 그의 지팡이로 반석을 두 번 치니 물이 많이 솟아나오므로 회중과 그들의 짐승이 마시니라

12 여호와께서 모세와 아론에게 이르시되 너희가 나를 믿지 아니하고 이스라엘 자손의 목전에서 내 거룩함을 나타내지 아니한 고로 너희는 이 회중을 내가 그들에게 준 땅으로 인도하여 들이지 못하리라 하시니라

13 이스라엘 자손이 여호와와 다투었으므로 이를 1)므리바 물이라 하니라 여호와께서 그들 중에서 그 거룩함을 나타내셨더라　시 95:8

에돔이 이스라엘이 지나감을 거절하다

14 ●모세가 가데스에서 에돔 왕에게 사신을 보내며 이르되 당신의 형제 이스라엘의 말에 우리가 당한 모든 고난을 당신도 아시거니와

15 우리 조상들이 애굽으로 내려갔으므로 우리가 애굽에 오래 거주하였더니 애굽인이 우리 조상들과 우리를 학대하였으므로

16 우리가 여호와께 부르짖었더니 우리 소리를 들으시고 천사를 보내사 우리를 애굽에서 인도하여 내셨나이다 이제 우리가 당신의 변방 모퉁이 한 성읍 가데스에 있사오니　출 2:23

17 청하건대 우리에게 당신의 땅을 지나가게 하소서 우리가 밭으로나 포도원

229-230

20 에는 무엇이 기록되어 있을까?

광야에서 방랑한 지 38년째 이스라엘 백성은 마실 물이 없다고 가데스바네아에서 모세와 아론을 원망했어요. 이에 모세는 하나님의 말씀을 듣고 바위를 쳐서 물을 내었지요. 하지만 하나님을 거룩한 분으로 경외하도록 백성들을 이끌지 못했기 때문에 모세와 아론은 가나안 땅에 들어갈 수 없었답니다.

1)다툼

아론이 장사된 호르산(21:4-9)

으로 지나가지 아니하고 우물물도 마시지 아니하고 왕의 큰길로만 지나가고 당신의 지경에서 나가기까지 왼쪽으로나 오른쪽으로나 치우치지 아니하리이다 한다고 하라 하였더니

18 에돔 왕이 대답하되 너는 우리 가운데로 지나가지 못하리라 내가 칼을 들고 나아가 너를 대적할까 하노라

19 이스라엘 자손이 이르되 우리가 큰길로만 지나가겠고 우리나 우리 짐승이 당신의 물을 마시면 그 값을 낼 것이라 우리가 도보로 지나갈 뿐인즉 아무 일도 없으리이다 하나

20 그는 이르되 너는 지나가지 못하리라 하고 에돔 왕이 많은 백성을 거느리고 나와서 강한 손으로 막으니

21 에돔 왕이 이같이 이스라엘이 그의 영토로 지나감을 용납하지 아니하므로 이스라엘이 그들에게서 돌이키니라

아론의 죽음

22 ●이스라엘 자손 곧 온 회중이 가데스를 떠나 호르 산에 이르렀더니 33:37

23 여호와께서 에돔 땅 변경 호르 산에서 모세와 아론에게 말씀하시니라 이르시되

24 아론은 그 조상들에게로 돌아가고 내가 이스라엘 자손에게 준 땅에는 들어가지 못하리니 이는 너희가 므리바 물에서 내 말을 거역한 까닭이니라 20:12

25 너는 아론과 그의 아들 엘르아살을 데리고 호르 산에 올라

26 아론의 옷을 벗겨 그의 아들 엘르아살

에게 입히라 아론은 거기서 죽어 그 조상에게로 돌아가리라

27 모세가 여호와의 명령을 따라 그들과 함께 회중의 목전에서 호르 산에 오르니라

28 모세가 아론의 옷을 벗겨 그의 아들 엘르아살에게 입히매 아론이 그 산 꼭대기에서 죽으니라 모세와 엘르아살이 산에서 내려오니

29 온 회중 곧 이스라엘 온 족속이 아론이 죽은 것을 보고 그를 위하여 삼십 일 동안 애곡하였더라

호르마를 점령하다 ─ B.C. 1410년경

21 네겝에 거주하는 가나안 사람 곧 아랏의 왕이 이스라엘이 1)아다림 길로 온다 함을 듣고 이스라엘을 쳐서 그 중 몇 사람을 사로잡은지라

2 이스라엘이 여호와께 서원하여 이르되 주께서 만일 이 백성을 내 손에 넘기시면 내가 그들의 성읍을 다 멸하리이다

3 여호와께서 이스라엘의 목소리를 들으시고 가나안 사람을 그들의 손에 넘기시매 그들과 그들의 성읍을 다 멸하니라 그러므로 그 곳 이름을 2)호르마라 하였더라

놋뱀으로 백성을 구하다

4 백성이 호르 산에서 출발하여 홍해 길을 따라 에돔 땅을 우회하려 하였다가 길로 말미암아 백성의 마음이 상하니라

5 백성이 하나님과 모세를 향하여 원망하되 어찌하여 우리를 애굽에서 인도해 내어 이 광야에서 죽게 하는가 이 곳에는 먹을 것도 없고 물도 없도다 우리

21장 에는 무엇이 기록되어 있을까?

에돔 족속은 이스라엘이 에돔 땅을 지나가는 것을 거부했어요. 그래서 이스라엘은 먼 길로 돌아가게 되었지요. 그 때문에 백성들은 하나님을 원망했고, 결국 불뱀에 물려 죽게 되었답니다. 그러나 장대 위에 달린 놋뱀을 쳐다본 사람들은 살아날 수 있었어요. 그 후 이스라엘은 그들을 대적하면 아랏과 시온, 옥을 물리쳤답니다.

마음이 이 하찮은 음식을 싫어하노라 하매

6 여호와께서 불뱀들을 백성 중에 보내어 백성을 물게 하시므로 이스라엘 백성 중에 죽은 자가 많은지라

7 백성이 모세에게 이르러 말하되 우리가 여호와와 당신을 향하여 원망함으로 범죄하였사오니 여호와께 기도하여 이 뱀들을 우리에게서 떠나게 하소서 모세가 백성을 위하여 기도하매

8 여호와께서 모세에게 이르시되 불뱀을 만들어 장대 위에 매달아라 물린 자마다 그것을 보면 살리라

9 모세가 놋뱀을 만들어 장대 위에 다니 뱀에게 물린 자가 놋뱀을 쳐다본즉 모두 살더라

이스라엘 자손이 모압으로 떠나다

10 ●이스라엘 자손이 그 곳을 떠나 오봇에 진을 쳤고

11 오봇을 떠나 모압 앞쪽 해 돋는 쪽 광야 이예아바림에 진을 쳤고

12 거기를 떠나 세렛 골짜기에 진을 쳤고

13 거기를 떠나 아모리인의 영토에서 흘러 나와서 광야에 이른 아르논 강 건너편에 진을 쳤으니 아르논은 모압과 아모리 사이에서 모압의 경계가 된 곳이라

14 이러므로 여호와의 전쟁기에 일렀으되

  [1]수바의 와헙과 아르논 골짜기와

15 모든 골짜기의 비탈은 아르 고을을 향하여 기울어지고 모압의 경계에 닿았도다

하였더라

21:28

16 거기서 [2]브엘에 이르니 브엘은 여호와께서 모세에게 명령하시기를 백성을 모으라 내가 그들에게 물을 주리라 하시던 우물이라

17 그 때에 이스라엘이 노래하여 이르되 우물물이 솟아나라 너희는 그것을 노래하라

18 이 우물은 지휘관들이 팠고 백성의 귀인들이 규와 지팡이로 판 것이로다 하였더라 그들은 광야에서 맛다나에 이르렀고

19 맛다나에서 나할리엘에 이르렀고 나할리엘에서 바못에 이르렀고

20 바못에서 모압 들에 있는 골짜기에 이르러 [3]광야가 내려다 보이는 비스가 산 꼭대기에 이르렀더라

요단 동쪽을 점령하다 (신 2:26~3:11)

21 ●이스라엘이 아모리 왕 시혼에게 사신을 보내어 이르되

22 우리에게 당신의 땅을 지나가게 하소서 우리가 밭에든지 포도원에든지 들어가지 아니하며 우물물도 마시지 아니하고 당신의 지경에서 다 나가기까지 왕의 큰길로만 지나가리이다 하나

23 시혼이 이스라엘이 자기 영토로 지나감을 용납하지 아니하고 그의 백성을 다 모아 이스라엘을 치러 광야로 나와서 야하스에 이르러 이스라엘을 치므로

24 이스라엘이 칼날로 그들을 쳐서 무찌르고 그 땅을 아르논에서부터 얍복까지 점령하여 암몬 자손에게까지 미치니 암몬 자손의 경계는 견고하더라

25 이스라엘이 이같이 그 모든 성읍을 빼

---

1) 폭풍우 2) 우물 3) 여시몬

앉고 그 아모리인의 모든 성읍 헤스본과 그 모든 촌락에 거주하였으니

26 헤스본은 아모리인의 왕 시혼의 도성이라 시혼이 그 전 모압 왕을 치고 그의 모든 땅을 아르논까지 그의 손에서 빼앗았더라

27 그러므로 시인이 읊어 이르되 너희는 헤스본으로 올지어다 시혼의 성을 세워 견고히 할지어다

28 헤스본에서 불이 나오며 시혼의 성에서 화염이 나와서 모압의 아르를 삼키며 아르논 높은 곳의 주인을 멸하였도다

29 모압아 네가 화를 당하였도다 그모스의 백성아 네가 멸망하였도다 그가 그의 아들들을 도망하게 하였고 그의 딸들을 아모리인의 왕 시혼의 포로가 되게 하였도다

30 우리가 그들을 쏘아서 헤스본을 디본까지 멸하였고 메드바에 가까운 노바까지 황폐하게 하였도다 하였더라

31 이스라엘이 아모리인의 땅에 거주하였더라

32 모세가 또 사람을 보내어 야셀을 정탐하게 하고 그 촌락들을 빼앗고 그 곳에 있던 아모리인을 몰아 내었더라

33 ●그들이 돌이켜 바산 길로 올라가매 바산 왕 옥이 그의 백성을 다 거느리고 나와서 그들을 맞아 에드레이에서 싸우려 하는지라

34 여호와께서 모세에게 이르시되 그를 두려워하지 말라 내가 그와 그의 백성

과 그의 땅을 네 손에 넘겼나니 너는 헤스본에 거주하던 아모리인의 왕 시혼에게 행한 것 같이 그에게도 행할지니라

35 이에 그와 그의 아들들과 그의 백성을 다 쳐서 한 사람도 남기지 아니하고 그의 땅을 점령하였더라

모압의 왕 발락이 발람을 불러오다 B.C. 1410년경

22
이스라엘 자손이 또 길을 떠나 모압 평지에 진을 쳤으니 요단 건너편 곧 여리고 맞은편이더라 33:48

2 ●십볼의 아들 발락이 이스라엘이 아모리인에게 행한 모든 일을 보았으므로

3 모압이 심히 두려워하였으니 이스라엘 백성이 많음으로 말미암아 모압이 이스라엘 자손 때문에 번민하더라

4 미디안 장로들에게 이르되 이제 이 무리가 소가 밭의 풀을 뜯어먹음 같이 우리 사방에 있는 것을 다 뜯어먹으리로다 하니 그 때에 십볼의 아들 발락이 모압 왕이었더라

5 그가 사신을 브올의 아들 발람의 고향인 ¹⁾강 가 브돌에 보내어 발람을 부르게 하여 이르되 보라 한 민족이 애굽에서 나왔는데 그들이 지면에 덮여서 우리 맞은편에 거주하였고

6 우리보다 강하니 청하건대 와서 나를 위하여 이 백성을 저주하라 내가 혹 그들을 쳐서 이겨 이 땅에서 몰아내리라 그대가 복을 비는 자는 복을 받고 저주하는 자는 저주를 받을 줄을 내가 앎이니라

7 ●모압 장로들과 미디안 장로들이 손

1) 히, 나할, 유브라데 강

에 1)복채를 가지고 떠나 발람에게 이르러 발락의 말을 그에게 전하매

8 발람이 그들에게 이르되 이 밤에 여기서 유숙하라 여호와께서 내게 이르시는 대로 너희에게 대답하리라 모압 귀족들이 발람에게서 유숙하니라 22:19

9 하나님이 발람에게 임하여 말씀하시되 너와 함께 있는 이 사람들이 누구냐

10 발람이 하나님께 아뢰되 모압 왕 십볼의 아들 발락이 내게 보낸 자들이니이다 이르기를

11 보라 애굽에서 나온 민족이 지면에 덮였으니 이제 와서 나를 위하여 그들을 저주하라 내가 혹 그들을 쳐서 몰아낼 수 있으리라 하나이다

12 하나님이 발람에게 이르시되 너는 그들과 함께 가지도 말고 그 백성을 저주하지도 말라 그들은 복을 받은 자들이니라

13 발람이 아침에 일어나서 발락의 귀족들에게 이르되 너희는 너희의 땅으로 돌아가라 여호와께서 내가 너희와 함께 가기를 허락하지 아니하시느니라

14 모압 귀족들이 일어나 발락에게로 가서 전하되 발람이 우리와 함께 오기를 거절하더이다

15 ●발락이 다시 그들보다 더 높은 고관들을 더 많이 보내매

16 그들이 발람에게로 나아가서 그에게 이르되 십볼의 아들 발락의 말씀에 청하건대 아무것에도 거리끼지 말고 내게로 오라

17 내가 그대를 높여 크게 존귀하게 하고 그대가 내게 말하는 것은 무엇이든지 시행하리니 청하건대 와서 나를 위하여 이 백성을 저주하라 하시더이다

18 발람이 발락의 신하들에게 대답하여 이르되 발락이 그 집에 가득한 은금을 내게 줄지라도 내가 능히 여호와 내 하나님의 말씀을 어겨 덜하거나 더하지 못하겠노라

19 그런즉 이제 너희도 이 밤에 여기서 유숙하라 여호와께서 내게 무슨 말씀을 더하실는지 알아보리라

20 밤에 하나님이 발람에게 임하여 이르시되 그 사람들이 너를 부르러 왔거든 일어나 함께 가라 그러나 내가 네게 이르는 말만 준행할지니라

발람과 그 나귀

21 ●발람이 아침에 일어나서 자기 나귀에 안장을 지우고 모압 고관들과 함께 가니

22 그가 감으로 말미암아 하나님이 진노하시므로 여호와의 사자가 그를 막으려고 길에 서니라 발람은 자기 나귀를 탔고 그의 두 종은 그와 함께 있더니

23 나귀가 여호와의 사자가 칼을 빼어 손에 들고 길에 선 것을 보고 길에서 벗어나 밭으로 들어간지라 발람이 나귀를 길로 돌이키려고 채찍질하매 벧후 2:16

24 여호와의 사자는 포도원 사이 좁은 길에 섰고 좌우에는 담이 있더라 삼 6:12

25 나귀가 여호와의 사자를 보고 몸을 담에 대고 발람의 발을 그 담에 짓누르매 발람이 다시 채찍질하니

26 여호와의 사자가 더 나아가서 좌우로 피할 데 없는 좁은 곳에 선지라

27 나귀가 여호와의 사자를 보고 발람 밑

술술 풀리는 **생생말씀**

돈을 사랑한 예언자 발람

모압 왕 발락은 이스라엘 백성들이 출애굽하여 아모리 사람과 싸워 이긴 것을 보고 큰 두려움을 느꼈어요. 발락 왕은 메소포타미아 지방에서 이름난 예언자 발람이 말만 하면 그대로 이루어진다는 소문을 듣고 많은 돈을 주며, 이스라엘을 저주하도록 두 번에 걸쳐 요구하였지요. 발람은 발락 왕이 약속한 보상금을 탐내어(벧후 2:15~16) 모압으로 여행을 떠났습니다.

이때 하나님께서는 칼을 든 천사를 보내서서 발람이 자신의 잘못을 깨닫게 하셨지요. 또한 고향 집으로 돌아가려는 발람에게 가서 예언자로서의 사역을 계속하라는 명을 주십니다. 그래서 발람은 발락에게 가서 처음 의도와는 달리 이스라엘을 네 번씩이나 축복해주었답니다.

22장 7~40절

1) 히. 점쾌

에돔의 수도였던 셀라(22:41)
-오벨리스크 무덤

에 엎드리니 발람이 노하여 자기 지팡이로 나귀를 때리는지라

28 여호와께서 나귀 입을 여시니 발람에게 이르되 내가 당신에게 무엇을 하였기에 나를 이같이 세 번을 때리느냐

29 발람이 나귀에게 말하되 네가 나를 거역하기 때문이니 내 손에 칼이 있었더면 곧 너를 죽였으리라

30 나귀가 발람에게 이르되 나는 당신이 오늘까지 당신의 일생 동안 탄 나귀가 아니냐 내가 언제 당신에게 이같이 하는 버릇이 있었더냐 그가 말하되 없었느니라

31 ●그 때에 여호와께서 발람의 눈을 밝히시매 여호와의 사자가 손에 칼을 빼들고 길에 선 것을 그가 보고 머리를 숙이고 엎드리니

32 여호와의 사자가 그에게 이르되 너는 어찌하여 네 나귀를 이같이 세 번 때렸느냐 보라 내 앞에서 네 길이 사악하므로 내가 너를 막으려고 나왔더니

33 나귀가 나를 보고 이같이 세 번을 돌이켜 내 앞에서 피하였느니라 나귀가 만일 돌이켜 나를 피하지 아니하였더면 내가 벌써 너를 죽이고 나귀는 살렸으리라

34 발람이 여호와의 사자에게 말하되 내가 범죄하였나이다 당신이 나를 막으려고 길에 서신 줄을 내가 알지 못하였나이다 당신이 이를 기뻐하지 아니하시면 나는 돌아가겠나이다

35 여호와의 사자가 발람에게 이르되 그 사람들과 함께 가라 내가 네게 이르는 말만 말할지니라 발람이 발락의 고관

들과 함께 가니라 22:20

발락이 발람을 대접하다

36 ●발락은 발람이 온다 함을 듣고 모압 변경의 끝 아르논 가에 있는 성읍까지 가서 그를 영접하고

37 발락은 발람에게 이르되 내가 특별히 사람을 보내어 그대를 부르지 아니하였느냐 그대가 어찌 내게 오지 아니하였느냐 내가 어찌 그대를 높여 존귀하게 하지 못하겠느냐

38 발람이 발락에게 이르되 내가 오기는 하였으나 무엇을 말할 능력이 있으리이까 하나님이 내 입에 주시는 말씀 그것을 말할 뿐이니이다

39 발람이 발락과 동행하여 기럇후솟에 이르러서는

40 발락이 소와 양을 잡아 발람과 그와 함께 한 고관들을 대접하였더라

발람의 첫번째 예언

41 ●아침에 발락이 발람과 함께 하고 그를 인도하여 바알의 산당에 오르매 발람이 거기서 이스라엘 백성의 진 끝까지 보니라 신 12:2

23
발람이 발락에게 이르되 나를 위하여 여기 제단 일곱을 쌓고 거기 수송아지 일곱 마리와 숫양 일곱 마리를 준비하소서 하매

2 발락이 발람의 말대로 준비한 후에 발락과 발람이 제단에 수송아지와 숫양을 드리니라

3 발람이 발락에게 이르되 당신의 번제물 곁에 서소서 나는 저리로 가리니 여호와께서 혹시 오셔서 나를 만나시

23 에는 무엇이 기록되어 있을까?

발람이 이스라엘을 축복하자, 발락은 그가 이스라엘의 거대한 군대를 보고 겁이 났기 때문이라고 생각했어요. 그래서 발락은 두 번이나 장소를 바꾸어 발람을 유혹했지요. 하지만 장소가 바뀌어도 발락은 계속해서 이스라엘을 축복했어요. 결국 발락의 계략은 하나도 이루어지지 못했습니다.

리니 그가 내게 지시하시는 것은 다 당신에게 알리리이다 하고 언덕길로 가니

4 하나님이 발람에게 임하시는지라 발람이 아뢰되 내가 일곱 제단을 쌓고 각 제단에 수송아지와 숫양을 드렸나이다

5 여호와께서 발람의 입에 말씀을 주시며 이르시되 발락에게 돌아가서 이렇게 말할지니라

6 그가 발락에게로 돌아간즉 발락과 모압의 모든 고관이 번제물 곁에 함께 섰더라

7 발람이 예언을 전하여 말하되

발락이 나를 아람에서, 모압 왕이 동쪽 산에서 데려다가 이르기를 와서 나를 위하여 야곱을 저주하라, 와서 이스라엘을 꾸짖으라 하도다

8 하나님이 저주하지 않으신 자를 내가 어찌 저주하며 여호와께서 꾸짖지 않으신 자를 내가 어찌 꾸짖으랴 22:18

9 내가 바위 위에서 그들을 보며 작은 산에서 그들을 바라보니 이 백성은 홀로 살 것이라 그를 여러 민족 중의 하나로 여기지 않으리로다

10 야곱의 티끌을 누가 능히 셈며 이스라엘 사분의 일을 누가 능히 셀고 나는 의인의 죽음을 죽기 원하며 나의 종말이 그와 같기를 바라노라 하매

11 발락이 발람에게 이르되 그대가 어찌 내게 이같이 행하느냐 나의 원수를 저주하라고 그대를 데려왔거늘 그대가 오히려 축복하였도다

12 발람이 대답하여 이르되 여호와께서 내 입에 주신 말씀을 내가 어찌 말하지 아니할 수 있으리이까

발람의 두 번째 예언

13 ●발락이 말하되 나와 함께 그들을 달리 볼 곳으로 가자 거기서는 그들을 다 보지 못하고 그들의 끝만 보리니 거기서 나를 위하여 그들을 저주하라 하고

14 소빔 들로 인도하여 비스가 꼭대기에 이르러 일곱 제단을 쌓고 각 제단에 수송아지와 숫양을 드리고 23:1,2

15 발람이 발락에게 이르되 내가 저기서 여호와를 만나뵐 동안에 여기 당신의 번제물 곁에 서소서 하니라

16 여호와께서 발람에게 임하사 그의 입에 말씀을 주시며 이르시되 발락에게로 돌아가서 이렇게 말할지니라 22:20

17 발람이 가서 본즉 발락이 번제물 곁에 섰고 모압 고관들이 함께 있더라 발락이 발람에게 이르되 여호와께서 무슨 말씀을 하시더냐

18 발람이 예언하여 이르기를

발락이여 일어나 들을지어다 십볼의 아들이여 내게 자세히 들으라

19 하나님은 사람이 아니시니 거짓말을 하지 않으시고 인생이 아니시니 후회가 없으시도다 어찌 그 말씀하신바를 행하지 않으시며 하신 말씀을 실행하지 않으시랴 앞송

20 내가 축복할 것을 받았으니 그가 주신 복을 내가 돌이키지 않으리라

21 야곱의 허물을 보지 아니하시며 이

야곱의 티끌(23:10) 이스라엘의 인구가 많음을 나타내는 비유적인 표현이다.

복술(23:23) 거짓된 신의 계시를 받아 예언하는 것.

아각(24:7) 아말렉 왕을 가리키는 칭호이다.

산꼭대기 산당에는 짐승을 잡아 피흘린 흔적이 있다. 흐르는 피를 한 곳에 모이게 한 터 (23:13-14)

스라엘의 반역을 보지 아니하시는도다 여호와 그들의 하나님이 그들과 함께 계시니 왕을 부르는 소리가 그 중에 있도다

22 하나님이 그들을 애굽에서 인도하여 내셨으니 그의 힘이 들소와 같도다

23 야곱을 해할 점술이 없고 이스라엘을 해할 복술이 없도다 이 때에 야곱과 이스라엘에 대하여 논할진대 하나님께서 행하신 일이 어찌 그리 크냐 하리로다

24 이 백성이 암사자 같이 일어나고 수사자 같이 일어나서 움킨 것을 먹으며 죽인 피를 마시기 전에는 눕지 아니하리로다

하매

25 발락이 발람에게 이르되 그들을 저주하지도 말고 축복하지도 말라

26 발람이 발락에게 대답하여 이르되 내가 당신에게 말하여 이르기를 여호와께서 말씀하신 것은 내가 그대로 하지 않을 수 없다고 하지 아니하더이까

발람의 네 번째 예언

27 ●발락이 발람에게 또 이르되 오라 내가 너를 다른 곳으로 인도하리니 네가 거기서 나를 위하여 그들을 저주하기를 하나님이 혹시 기뻐하시리라 하고

28 발락이 발람을 인도하여 1)광야가 내려다 보이는 브올 산 꼭대기에 이르니

29 발람이 발락에게 이르되 나를 위하여 여기 일곱 제단을 쌓고 거기 수송아지 일곱 마리와 숫양 일곱 마리를 준비하소서

30 발락이 발람의 말대로 행하여 각 제단에 수송아지와 숫양을 드리니라

24 발람이 자기가 이스라엘을 축복하는 것을 여호와께서 선히 여기심을 보고 전과 같이 점술을 쓰지 아니하고 그의 낯을 광야로 향하여

2 눈을 들어 이스라엘이 그 지파대로 천막 친 것을 보는데 그 때에 하나님의 영이 그 위에 임하신지라

3 그가 예언을 전하여 말하되 브올의 아들 발람이 말하며 눈을 2)감았던 자가 말하며

4 하나님의 말씀을 듣는 자, 전능자의 환상을 보는 자, 엎드려서 눈을 뜬 자가 말하기를

5 야곱이여 네 장막들이, 이스라엘이여 네 거처들이 어찌 그리 아름다운고

6 그 벌어짐이 골짜기 같고 강 가의 동산 같으며 여호와께서 심으신 침향목들 같고 물 가의 백향목들 같도다

7 그 물통에서는 물이 넘치겠고 그 씨는 많은 물 가에 있으리로다 그의 왕이 아각보다 높으니 그의 나라가 흥왕하리로다

8 하나님이 그를 애굽에서 인도하여 내셨으니 그 힘이 들소와 같도다 그의 적국을 삼키고 그들의 뼈를 꺾으며 화살로 쏘아 꿰뚫으리로다

9 꿇어 앉고 누움이 수사자와 같고 암사자와도 같으니 일으킬 자 누구이랴 너를 축복하는 자마다 복을 받을 것이요 너를 저주하는 자마다 저주를 받을지로다

장 9:9

24 장 에는 무엇이 기록되어 있을까?

이스라엘을 저주하려던 발락의 음모는 완전히 실패하였고, 하나님께서 발람의 입술을 통해 이스라엘을 축복하는 그들의 장래를 예언해주셨어요. 발람이 예언한 '하나님의 백성을 대적하는 모든 원수를 정복할 왕'은 메시아를 말하는 것이지요(17절). 이처럼 하나님의 계획은 사람의 꾀나 음모로 좌절될 수 없답니다.

1)여리고본 2)뜬 자

붉은 산악 지대 에돔 땅(24:18)

발람의 마지막 예언

10 ●발락이 발람에게 노하여 손뼉을 치며 말하되 내가 그대를 부른 것은 내 원수를 저주하라는 것이어늘 그대가 이같이 세 번 그들을 축복하였도다

11 그러므로 그대는 이제 그대의 곳으로 달아나라 내가 그대를 높여 심히 존귀하게 하기로 뜻하였더니 여호와께서 그대를 막아 존귀하지 못하게 하셨도다

12 발람이 발락에게 이르되 당신이 내게 보낸 사신들에게 내가 말하여 이르지 아니하였나이까

13 가령 발락이 그 집에 가득한 은금을 내게 줄지라도 나는 여호와의 말씀을 어기고 선악간에 내 마음대로 행하지 못하고 여호와께서 말씀하신 대로 말하리라 하지 아니하였나이까

14 이제 나는 내 백성에게로 돌아가거니와 들으소서 내가 이 백성이 후일에 당신의 백성에게 어떻게 할지를 당신에게 말하리이다 하고

15 예언하여 이르기를
브올의 아들 발람이 말하며 눈을 [1]감았던 자가 말하며

16 하나님의 말씀을 듣는 자가 말하며 지극히 높으신 자의 지식을 아는 자, 전능자의 환상을 보는 자, 엎드려서 눈을 뜬 자가 말하기를

17 내가 그를 보아도 이 때의 일이 아니며 내가 그를 바라보아도 가까운 일이 아니로다 한 별이 야곱에게서 나오며 한 규가 이스라엘에게서 일어나서 모압을 이쪽에서 저쪽까지 쳐서 무찌르고 또 셋의 자식들을 다 멸하리로다

18 그의 원수 에돔은 그들의 유산이 되며 그의 원수 세일도 그들의 유산이 되고 그와 동시에 이스라엘은 용감히 행동하리로다

19 주권자가 야곱에게서 나서 남은 자들을 그 성읍에서 멸절하리로다
하고
창 49:10

20 또 아말렉을 바라보며 예언하여 이르기를
아말렉은 민족들의 으뜸이나 그의 종말은 멸망에 이르리로다
하고
출 17:8, 14, 16

21 또 겐 족속을 바라보며 예언하여 이르기를
네 거처가 견고하고 네 보금자리는 바위에 있도다

22 그러나 가인이 쇠약하리니 나중에는 앗수르의 포로가 되리로다
하고

23 또 예언하여 이르기를
슬프다 하나님이 이 일을 행하시리니 그 때에 살 자가 누구이냐

24 깃딤 해변에서 배들이 와서 앗수르를 학대하며 에벨을 괴롭힐 것이나

[1]뜬 자

25장 에는 무엇이 기록되어 있을까?

시내 광야에서 일어난 금송아지 사건(출 32장)과 매우 비슷한 사건이 일어났어요. 이는 하나님의 말씀을 무시한 행동이었기에, 여기에 참여한 자들은 모두 죽임을 당했지요. 이 사건은 비느하스의 헌신적인 행위로 수습되었고, 이 일로 그는 영원한 제사장직을 상속받았답니다.

그도 멸망하리로다

하고

민 10:4, 21

25 발람이 일어나 자기 곳으로 돌아가고 발락도 자기 길로 갔더라

브올에서 생긴 일 — B.C. 1410년경

25 이스라엘이 싯딤에 머물러 있더니 그 백성이 모압 여자들과 음행하기를 시작하니라

2 그 여자들이 자기 신들에게 제사할 때에 이스라엘 백성을 청하매 백성이 먹고 그들의 신들에게 절하므로

3 이스라엘이 바알브올에게 가담한지라 여호와께서 이스라엘에게 진노하시니라

민 9:10

4 여호와께서 모세에게 이르시되 백성의 수령들을 잡아 태양을 향하여 여호와 앞에 목매어 달라 그리하면 여호와의 진노가 이스라엘에게서 떠나리라

5 모세가 이스라엘 재판관들에게 이르되 너희는 각각 바알브올에게 가담한 사람들을 죽이라 하니라

6 ●이스라엘 자손의 온 회중이 회막 문에서 울 때에 이스라엘 자손 한 사람이 모세와 온 회중의 눈앞에 미디안의 한 여인을 데리고 그의 형제에게로 온지라

7 제사장 아론의 손자 엘르아살의 아들 비느하스가 보고 회중 가운데에서 일어나 손에 창을 들고

8 그 이스라엘 남자를 따라 그의 막사에 들어가 이스라엘 남자와 그 여인의 배를 꿰뚫어서 두 사람을 죽이니 염병이 이스라엘 자손에게서 그쳤더라

9 그 염병으로 죽은 자가 이만 사천 명이었더라

10 ●여호와께서 모세에게 말씀하여 이르시되

11 제사장 아론의 손자 엘르아살의 아들 비느하스가 내 질투심으로 질투하여 이스라엘 자손 중에서 내 노를 돌이켜서 내 질투심으로 그들을 소멸하지 않게 하였도다

12 그러므로 말하라 내가 그에게 내 평화

13 그와 그의 후손에게 영원한 제사장 직분의 언약이라 그가 그의 하나님을 위하여 질투하여 이스라엘 자손을 속죄하였음이니라

14 ●죽임을 당한 이스라엘 남자 곧 미디안 여인과 함께 죽임을 당한 자의 이름은 시므리니 살루의 아들이요 시므온인의 조상의 가문 중 한 지도자이며

15 죽임을 당한 미디안 여인의 이름은 고스비이니 수르의 딸이라 수르는 미디안 백성의 한 조상의 가문의 수령이었더라

16 ●여호와께서 모세에게 말씀하여 이르시되

17 미디안인들을 대적하여 그들을 치라

18 이는 그들이 속임수로 너희를 대적하되 브올의 일과 미디안 지휘관의 딸 곧 브올의 일로 염병이 일어난 날에 죽임을 당한 그들의 자매 고스비의 사건으로 너희를 유혹하였음이니라

두 번째 인구 조사 — B.C. 1410년경

26 염병 후에 여호와께서 모세와 제사장 아론의 아들 엘르아살에게 말씀하여 이르시되

2 이스라엘 자손의 온 회중의 총수를 그들의 조상의 가문을 따라 조사하되 이스라엘 중에 이십 세 이상으로 능히 전쟁에 나갈 만한 모든 자를 계수하라 하시니

3 모세와 제사장 엘르아살이 여리고 맞은편 요단 가 모압 평지에서 그들에게 전하여 이르되

4 여호와께서 애굽 땅에서 나온 모세와 이스라엘 자손에게 명령하신 대로 너희는

26장에는 무엇이 기록되어 있을까?

가나안 정복에 앞서 제2차 인구조사가 실시되었어요. 그 결과는 1차 조사 때보다 1,820명이나 감소되었습니다. 특히 시므온 지파는 37,100명이나 감소되었어요. 이것은 아마도 시므온 지파의 두령인 시므리가 25장에서 나온 음행 사건을 주동해서 그 지파가 염병으로 가장 많이 죽었기 때문일 것입니다.

이십 세 이상 된 자를 계수하라 하니라

5 ●이스라엘의 장자는 르우벤이라 르우벤 자손은 하녹에게서 난 하녹 종족과 발루에게서 난 발루 종족과 ^{창 6:14}

6 헤스론에게서 난 헤스론 종족과 갈미에게서 난 갈미 종족이니

7 이는 르우벤 종족들이라 계수된 자가 사만 삼천칠백삼십 명이었더라

8 발루의 아들은 엘리압이요

9 엘리압의 아들은 느무엘과 다단과 아비람이라 이 다단과 아비람은 회중 가운데서 부름을 받은 자들이니 고라의 무리에 들어가서 모세와 아론을 거슬러 여호와께 반역할 때에

10 땅이 그 입을 벌려서 그 무리와 고라를 삼키매 그들이 죽었고 당시에 불이 이백오십 명을 삼켜 징표가 되게 하였으나

11 고라의 아들들은 죽지 아니하였더라

12 ●시므온 자손의 종족들은 이러하니 ¹⁾느무엘에게서 난 느무엘 종족과 야민에게서 난 야민 종족과 ²⁾야긴에게서 난 야긴 종족과

13 ³⁾세라에게서 난 세라 종족과 사울에게서 난 사울 종족이라

제2차 인구 조사(26장)

이스라엘 백성은 가나안 입성을 앞두고 모압 평지에서 공동체 재정비와 가나안 땅 분배를 위해 2차 인구 조사를 실시했다.

지파	제1차 인구 조사 (시내 광야)	제2차 인구 조사 (모압 평지)	증감/감소
르우벤	46,500	43,730	▼2,770
시므온	59,300	22,200	▼37,100
갓	45,650	40,500	▼5,150
유다	74,600	76,500	△1,900
잇사갈	54,400	64,300	△9,900
스불론	57,400	60,500	△3,100
므낫세	32,200	52,700	△20,500
에브라임	40,500	32,500	▼8,000
베냐민	35,400	45,600	△10,200
단	62,700	64,400	△1,700
아셀	41,500	53,400	△11,900
납달리	53,400	45,400	▼8,000
총계	603,550	601,730	▼1,820

14 이는 시므온의 종족들이니 계수된 자가 이만 이천이백 명이었더라

15 ●갓 자손의 종족들은 이러하니 ⁴⁾스본에게서 난 스본 종족과 학기에게서 난 학기 종족과 수니에게서 난 수니 종족과

16 ⁵⁾오스니에게서 난 오스니 종족과 에리에게서 난 에리 종족과

17 ⁶⁾아롯에게서 난 아롯 종족과 아렐리에게서 난 아렐리 종족이라

18 이는 갓 자손의 종족들이니 계수된 자가 사만 오천오백 명이었더라 ^{1:25}

19 ●유다의 아들들은 에르와 오난이라 에르와 오난은 가나안 땅에서 죽었고

20 유다 자손의 종족들은 이러하니 셀라에게서 난 셀라 종족과 베레스에게서 난 베레스 종족과 세라에게서 난 세라 종족이며

21 또 베레스 자손은 이러하니 헤스론에게서 난 헤스론 종족과 하물에게서 난 하물 종족이라

22 이는 유다 종족들이니 계수된 자가 칠만 육천오백 명이었더라 ^{1:27}

23 잇사갈 자손의 종족들은 이러하니 돌라에게서 난 돌라 종족과 부와에게서 난 부니 종족과

24 ⁷⁾야숩에게서 난 야숩 종족과 시므론에게서 난 시므론 종족이라

25 이는 잇사갈 종족들이니 계수된 자가 육만 사천삼백 명이었더라

26 ●스불론 자손의 종족들은 이러하니 세렛에게서 난 세렛 종족과 엘론에게서 난 엘론 종족과 얄르엘에게서 난 얄르엘 종족이라

27 이는 스불론 종족들이니 계수된 자가 육만 오백 명이었더라 ^{1:31}

28 ●요셉의 아들들의 종족들은 므낫세와 에브라임이요

29 므낫세의 자손 중 마길에게서 난 자손은 마길 종족이라 마길이 길르앗을 낳았고 길르앗에게서 난 자손은 길르앗

1) 창 46:10; 출 6:15, 여므엘 2) 대상 4:24, 야립 3) 창 46:10, 소할 4) 창 46:16; 시본 5) 창 46:16, 에스본 6) 창 46:16, 아로디 7) 창 46:13, 욥

종족이라

30 길르앗 자손은 이러하니 이에셀에게서 난 이에셀 종족과 헬렉에게서 난 헬렉 종족과

31 아스리엘에게서 난 아스리엘 종족과 세겜에게서 난 세겜 종족과

32 스미다에게서 난 스미다 종족과 헤벨에게서 난 헤벨 종족이며

33 헤벨의 아들 슬로브핫은 아들이 없고 딸뿐이라 그 딸의 이름은 말라와 노아와 호글라와 밀가와 디르사며

34 이는 므낫세의 종족들이라 계수된 자가 오만 이천칠백 명이었더라

35 ●에브라임 자손의 종족들은 이러하니 수달라에게서 난 수달라 종족과 1)베겔에게서 난 베겔 종족과 다한에게서 난 다한 종족이며

36 수달라 자손은 이러하니 에란에게서 난 에란 종족이라

37 이는 에브라임 자손의 종족들이니 계수된 자가 삼만 이천오백 명이라 이상은 그 종족을 따른 요셉 자손이었더라

38 ●베냐민 자손의 종족들은 이러하니 벨라에게서 난 벨라 종족과 아스벨에게서 난 아스벨 종족과 2)아히람에게서 난 아히람 종족과

39 3)스부밤에게서 난 스부밤 종족과 후밤에게서 난 후밤 종족이며

40 벨라의 아들들은 4)아룻과 나아만이라 아룻에게서 아룻 종족과 나아만에게서 나아만 종족이 났으니

41 이는 그들의 종족을 따른 베냐민 자손이라 계수된 자가 사만 오천육백 명이었더라

42 ●단 자손의 종족들은 이러하니라 5)수함에게서 수함 종족이 났으니 이는 그들의 종족을 따른 단 종족들이라

43 수함 모든 종족의 계수된 자가 육만 사천사백 명이었더라

44 ●아셀 자손의 종족들은 이러하니 임

나에게서 난 임나 종족과 이스위에게서 난 이스위 종족과 브리아에게서 난 브리아 종족이며

45 브리아의 자손 중 헤벨에게서 난 헤벨 종족과 말기엘에게서 난 말기엘 종족이며

46 아셀의 딸의 이름은 세라라

47 이는 아셀 자손의 종족들이니 계수된 자가 오만 삼천사백 명이었더라 1:41

48 ●납달리 자손은 그들의 종족대로 이러하니 야셀에게서 난 야셀 종족과 구니에게서 난 구니 종족과

49 예셀에게서 난 예셀 종족과 실렘에게서 난 실렘 종족이라

50 이는 그들의 종족을 따른 납달리 종족들이니 계수된 자가 사만 오천사백 명이었더라

51 ●이스라엘 자손의 계수된 자가 육십만 천칠백삼십 명이었더라

52 ●여호와께서 모세에게 말씀하여 이르시되

53 이 명수대로 땅을 나눠 주어 기업을 삼게 하라

54 수가 많은 자에게는 기업을 많이 줄 것이요 수가 적은 자에게는 기업을 적게 줄 것이니 그들이 계수된 수대로 각기

술술 풀리는 성경말씀

순종의 축복

구약에서는 가족의 수가 많은 것이 하나님의 축복 가운데 하나였어요. 그러나 제2차 인구 조사에서 나온 각 지파의 인구 수는, 제1차 인구 조사 때에 비해 줄어든 것을 알 수 있어요. 이는 이스라엘 백성들이 광야에서 하나님을 제대로 섬기지 못해, 하나님으로부터 많은 징벌을 받았기 때문이에요.

그러나 이 와중에서도 일곱 지파의 수는 증가했는데, 특히 유다 지파는 76,500명으로 가장 많았어요. 불순종한 이스라엘 백성 중에서도 하나님을 잘 섬김으로 축복을 받은 사람들이 있었던 것이지요. 하나님께서는 그분의 뜻에 반역하는 자들에게는 징벌하시지만, 그럼에도 불구하고 세상을 따라가지 않고 믿음을 굳게 지키며 하나님께 순종하는 자들에게는 축복으로 대하신답니다.

26장

1)대상 7:20, 베렛 2)대상 8:1, 아하라, 창 46:21, 에히 3)창 46:21, 뭅빔과 훕빔 4)대상 8:3, 앗달 5)창 46:23, 후심

모압의 메시가 점령한 후
모압 땅이 된 헤스본 (26:63)

기업을 주되 33:54

55 오직 그 땅을 제비 뽑아 나누어 그들의 조상 지파의 이름을 따라 얻게 할지니라

56 이 다소를 막론하고 그들의 기업을 제비 뽑아 나눌지니라

57 ●레위인으로 계수된 자들의 종족들은 이러하니 게르손에게서 난 게르손 종족과 고핫에게서 난 고핫 종족과 므라리에게서 난 므라리 종족이며

58 레위 종족들은 이러하니 립니 종족과 헤브론 종족과 말리 종족과 무시 종족과 고라 종족이라 고핫은 아므람을 낳았으며

59 아므람의 처의 이름은 요게벳이니 레위의 딸이요 애굽에서 레위에게서 난 자라 그가 아므람에게서 아론과 모세와 그의 누이 미리암을 낳았고 출 6:20

60 아론에게서는 나답과 아비후와 엘르아살과 이다말이 났더라

61 나답과 아비후는 다른 불을 여호와 앞에 드리다가 죽었더라

62 일 개월 이상으로 계수된 레위인의 모든 남자는 이만 삼천 명이었더라 그들은 이스라엘 자손 중 계수에 들지 아니하였으니 이는 이스라엘 자손 중에서 그들에게 준 기업이 없음이었더라

63 ●이는 모세와 제사장 엘르아살이 계*수한 자라* 그들이 여리고 맞은*편* 요단가 모압 평지에서 이스라엘 자손을 계수한 중에는

64 모세와 제사장 아론이 시내 광야에서 계수한 이스라엘 자손은 한 사람도 들지 못하였으니

65 이는 여호와께서 그들에 대하여 말

씀하시기를 그들이 반드시 광야에서 죽으리라 하셨음이라 이러므로 여분네의 아들 갈렙과 눈의 아들 여호수아 외에는 한 사람도 남지 아니하였더라

슬로브핫의 딸들 — B.C. 1410년경

27 요셉의 아들 므낫세 종족들에게 므낫세의 현손 마길의 증손 길르앗의 손자 헤벨의 아들 슬로브핫의 딸들이 찾아왔으니 그의 딸들의 이름은 말라와 노아와 호글라와 밀가와 디르사라 26:33

2 그들이 회막 문에서 모세와 제사장 엘르아살과 지휘관들과 온 회중 앞에 서서 이르되

3 우리 아버지가 광야에서 죽었으나 여호와를 거슬러 모인 고라의 무리에 들지 아니하고 자기 죄로 죽었고 아들이 없나이다

4 어찌하여 아들이 없다고 우리 아버지의 이름이 그의 종족 중에서 삭제되리이까 우리 아버지의 형제 중에서 우리에게 기업을 주소서 하매

5 모세가 그 사연을 여호와께 아뢰니라

6 ●여호와께서 모세에게 말씀하여 이르시되

7 슬로브핫 딸들의 말이 옳으니 너는 반드시 그들의 아버지의 형제 중에서 그들에게 기업을 주어 받게 하되 그들의 아버지의 기업을 그들에게 돌릴지니라

8 너는 이스라엘 자손에게 말하여 이르기를 사람이 죽고 아들이 없으면 그의 기업을 그의 딸에게 돌릴 것이요

9 딸도 없으면 그의 기업을 그의 형제에

27 에는 무엇이 기록되어 있을까?

가나안 땅은 각 지파의 인원대로 나누어졌어요. 그러자 슬로브핫의 딸들이 모세에게 찾아와 자신들의 집안에는 상속권을 가진 남자가 없기 때문에 땅을 받을 수 없으니 여자들에게도 상속권을 달라고 부탁했어요. 하나님께서는 이들의 소원을 들어주셔서 여자도 상속을 받을 수 있도록 해주셨답니다.

토막상식

상번제

매일 드리는 제사로, '일 년 된 흠 없는 숫양' 두 마리를 아침과 저녁에 번제로 드리는 것이에요. 아침에 드리는 번제는 헌신과 서원의 의미가 담겨 있으며, 저녁에 드리는 번제는 사죄와 감사의 의미가 담겨 있답니다.

28장 3절

게 줄 것이요

10 형제도 없으면 그의 기업을 그의 아버지의 형제에게 줄 것이요

11 그의 아버지의 형제도 없으면 그의 기업을 가장 가까운 친족에게 주어 받게 할지니라 하고 나 여호와가 너 모세에게 명령한 대로 이스라엘 자손에게 판결의 규례가 되게 할지니라

모세의 후계자 여호수아 (신 31:1-8)

12 ●여호와께서 모세에게 이르시되 너는 이 아바림 산에 올라가서 내가 이스라엘 자손에게 준 땅을 바라보라 신 32:49

13 본 후에는 네 형 아론이 돌아간 것 같이 너도 ¹⁾조상에게로 돌아가리니

14 이는 신 광야에서 회중이 분쟁할 때에 너희가 내 명령을 거역하고 그 물 가에서 내 거룩함을 그들의 목전에 나타내지 아니하였음이니라 이 물은 신 광야 가데스의 므리바 물이니라

15 모세가 여호와께 여짜와 이르되

16 여호와, 모든 육체의 생명의 하나님이 시여 원하건대 한 사람을 이 회중 위에 세워서

17 그로 그들 앞에 출입하며 그들을 인도하여 출입하게 하사 여호와의 회중이 목자 없는 양과 같이 되지 않게 하옵소서

18 여호와께서 모세에게 이르시되 눈의 아들 여호수아는 그 안에 영이 머무르는 자니 너는 데려다가 그에게 안수하고

19 그를 제사장 엘르아살과 온 회중 앞에 세우고 그들의 목전에서 그에게 위탁하여

20 네 존귀를 그에게 돌려 이스라엘 자손의 온 회중을 그에게 복종하게 하라

21 그는 제사장 엘르아살 앞에 설 것이요 엘르아살은 그를 위하여 우림의 판결로써 여호와 앞에 물을 것이며 그와 온 이스라엘 자손 곧 온 회중은 엘르아살의 말을 따라 나가며 들어올 것이니라

22 모세가 여호와께서 자기에게 명령하신 대로 하여 여호수아를 데려다가 제사장 엘르아살과 온 회중 앞에 세우고

23 그에게 안수하여 위탁하되 여호와께서 모세에게 명령하신 대로 하였더라

날마다 바치는 번제물 (출 29:38-46)

28

여호와께서 모세에게 말씀하여 이르시되

2 이스라엘 자손에게 명령하여 그들에게 이르라 내 헌물, 내 음식인 화제물 내 향기로운 것은 너희가 그 정한 시기에 삼가 내게 바칠지니라

3 또 그들에게 이르라 너희가 여호와께 드릴 화제는 이러하니 일 년 되고 흠 없는 숫양을 매일 두 마리씩 상번제로 드리되

4 어린 양 한 마리는 아침에 드리고 어린 양 한 마리는 해 질 때에 드릴 것이요

5 또 고운 가루 십분의 일 에바에 빻아 낸 기름 사분의 일 힌을 섞어서 소제로 드릴 것이니

6 이는 시내 산에서 정한 상번제로서 여호와께 드리는 향기로운 화제며

7 또 그 전제는 어린 양 한 마리에 사분의 일 힌을 드리되 거룩한 곳에서 여호와께 독주의 전제를 부어 드릴 것이며

8 해 질 때에는 두 번째 어린 양을 드리되 아침에 드린 소제와 전제와 같이 여호

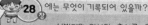

28장 에는 무엇이 기록되어 있을까?

상번제와 안식일, 초하루, 유월절, 칠칠절에 관한 규례가 나옵니다. 상번제는 날마다 하나님께 헌신, 감사하는 삶을 살아야 함을 가르쳐주죠. 안식일은 하나님의 창조 사역과, 인간이 구속받아 새로운 피조물이 된 것을 기념하는 날이지요. 유월절과 칠칠절에는 헌신을 상징하는 번제와 성결된 삶을 상징하는 소제를 드려야 했어요.

1) 백성

와께 향기로운 화제로 드릴 것이니라

안식일

9 ●안식일에는 일 년 되고 흠 없는 숫양 두 마리와 고운 가루 십분의 이에 기름 섞은 소제와 그 전제를 드릴 것이니

10 이는 상번제와 그 전제 외에 매 안식일의 번제니라 28:3

초하루

11 ●초하루에는 수송아지 두 마리와 숫양 한 마리와 일 년 되고 흠 없는 숫양 일곱 마리로 여호와께 번제를 드리되

12 매 수송아지에는 고운 가루 십분의 삼에 기름 섞은 소제와 숫양 한 마리에는 고운 가루 십분의 이에 기름 섞은 소제와

13 매 어린 양에는 고운 가루 십분의 일에 기름 섞은 소제를 향기로운 번제로 여호와께 화제를 드릴 것이며

14 그 전제는 수송아지 한 마리에 포도주 반 힌이요 숫양 한 마리에 삼분의 일 힌이요 어린 양 한 마리에 사분의 일 힌이니 이는 일 년 중 매월 초하루의 번제며

15 또 상번제와 그 전제 외에 숫염소 한 마리를 속죄제로 여호와께 드릴 것이니라

술술 풀리는 성경 말씀

처음 익은 열매를 드리는 날

맥추절은 절기 계산상의 '일곱 주'와 관련하여 '칠칠절'이라고도 부르지요. 또 추수한 밀로 만든 첫 떡을 이 날에 주님께 바쳤기 때문에 '초실절'이라고도 불렀어요. 후에는 유월절 후 50일째 되는 날이라고 해서 '오순절'이라고도 불렀답니다.

이 절기는 주로 추수한 것에 대해 하나님께 감사 표시를 하기 위해 지켜졌어요. 또한 유대인들은 하나님께서 시내 산에서 율법을 주신 것을 기리는 의도도 있다고 말하지요.

이 날에 사람들은 모든 노동을 멈추고 쉬었답니다. 그리고 햇밀로 만든 누룩이 든 떡 두 개와 땅의 첫 열매를 바구니에 담아 하나님께 바쳤어요. 또한 어린 숫양 일곱 마리와 수송아지 두 마리, 그리고 숫양 한 마리를 번제로 바쳤답니다. 28장 26-31절

유월절 (레 23:5~14)

16 ●첫째 달 열넷째 날은 여호와를 위하여 지킬 유월절이며 레 23:5

17 또 그 달 열다섯째 날부터는 명절이니 이레 동안 무교병을 먹을 것이며

18 그 첫날에는 성회로 모일 것이요 아무 일도 하지 말 것이며

19 수송아지 두 마리와 숫양 한 마리와 일 년 된 숫양 일곱 마리를 다 흠 없는 것으로 여호와께 화제를 드려 번제가 되게 할 것이며

20 그 소제로는 고운 가루에 기름을 섞어서 쓰되 수송아지 한 마리에는 십분의 삼이요 숫양 한 마리에는 십분의 이를 드리고

21 어린 양 일곱에는 어린 양 한 마리마다 십분의 일을 드릴 것이며

22 또 너희를 속죄하기 위하여 숫염소 한 마리로 속죄제를 드리되

23 아침의 번제 곧 상번제 외에 그것들을 드릴 것이니라 28:3

24 너희는 이 순서대로 이레 동안 매일 여호와께 향기로운 화제의 음식을 드리되 상번제와 그 전제 외에 드릴 것이며

25 일곱째 날에는 성회로 모일 것이요 아무 일도 하지 말 것이니라

칠칠절

26 ●칠칠절 처음 익은 열매를 드리는 날에 너희가 여호와께 새 소제를 드릴 때에도 성회로 모일 것이요 아무 일도 하지 말 것이며

27 수송아지 두 마리와 숫양 한 마리와 일 년 된 숫양 일곱 마리로 여호와께 향기로운 번제를 드릴 것이며

28 그 소제로는 고운 가루에 기름을 섞어서 쓰되 수송아지 한 마리마다 십분의 삼이요 숫양 한 마리에는 십분의 이요

29 어린 양 일곱 마리에는 어린 양 한 마리마다 십분의 일을 드릴 것이며

30 또 너희를 속죄하기 위하여 숫염소 한 마리를 드리되

31 너희는 다 흠 없는 것으로 상번제와 그 소제와 전제 외에 그것들을 드릴 것이니라

일곱째 달 초하루 (레 23:23-25)

29 일곱째 달에 이르러는 그 달 초하루에 성회로 모이고 아무 노동도 하지 말라 이는 너희가 나팔을 불 날이니라 10:10

2 너희는 수송아지 한 마리와 숫양 한 마리와 일 년 되고 흠 없는 숫양 일곱 마리를 여호와께 향기로운 번제로 드릴 것이요

3 그 소제로는 고운 가루에 기름을 섞어서 쓰되 수송아지에는 십분의 삼이요 숫양에는 십분의 이요

4 어린 양 일곱 마리에는 어린 양 한 마리마다 십분의 일을 드릴 것이며

5 또 너희를 속죄하기 위하여 숫염소 한 마리로 속죄제를 드리되

6 그 달의 번제와 그 소제와 상번제와 그 소제와 그 전제 외에 그 규례를 따라 향기로운 냄새로 화제를 여호와께 드릴 것이니라 28:3, 11

속죄일 (레 23:26-32)

7 ●일곱째 달 열흘 날에는 너희가 성회로 모일 것이요 너희의 심령을 괴롭게 하며 아무 일도 하지 말 것이니라

8 너희는 수송아지 한 마리와 숫양 한 마리와 일 년 된 숫양 일곱 마리를 다 흠 없는 것으로 여호와께 향기로운 번제를 드릴 것이며

9 그 소제로는 고운 가루에 기름을 섞어서 쓰되 수송아지 한 마리에는 십분의

삼이요 숫양 한 마리에는 십분의 이요

10 어린 양 일곱 마리에는 어린 양 한 마리마다 십분의 일을 드릴 것이며

11 속죄제와 상번제와 그 소제와 그 전제 외에 숫염소 한 마리를 속죄제로 드릴 것이니라

장막절 (레 23:33-44)

12 ●일곱째 달 열다섯째 날에는 너희가 성회로 모일 것이요 아무 일도 하지 말 것이며 이레 동안 여호와 앞에 절기를 지킬 것이라

13 너희 번제로 여호와께 향기로운 화제를 드리되 수송아지 열세 마리와 숫양 두 마리와 일 년 된 숫양 열네 마리를 다 흠 없는 것으로 드릴 것이며

14 그 소제로는 고운 가루에 기름을 섞어서 수송아지 열세 마리에는 각기 십분의 삼이요 숫양 두 마리에는 각기 십분의 이요

15 어린 양 열네 마리에는 각기 십분의 일을 드릴 것이며

16 상번제와 그 소제와 그 전제 외에 숫염소 한 마리를 속죄제로 드릴 것이니라 29:11

17 ●둘째 날에는 수송아지 열두 마리와 숫양 두 마리와 일 년 되고 흠 없는 숫양 열네 마리를 드릴 것이며

18 그 소제와 전제는 수송아지와 숫양과 어린 양의 수효를 따라서 규례대로 할 것이요

19 상번제와 그 소제와 그 전제 외에 숫염소 한 마리를 속죄제로 드릴 것이니라

20 ●셋째 날에는 수송아지 열한 마리와 숫양 두 마리와 일 년 되고 흠 없는 숫

---

29 에는 무엇이 기록되어 있을까?

29장은 매년 7월에 정기적으로 지키던 절기에 관한 규례예요. 나팔절은 7월 1일에 모든 백성이 성회로 모여 하나님께 감사하며 안식하는 날이에요. 속죄일은 7월 10일에 온 백성의 죄를 속죄하기 위한 날이요, 장막절은 7월 15일에 시작되어 한 주간이나 계속되며, 광야에서의 장막 생활을 기념하는 절기랍니다.

성회(29:1) 거룩한 집회. 성도들이 예배에 모임.

소제(29:9) 성결한 생애를 하나님께 약속하는 표시로, 한 홉의 밀가루와 기름과 유향을 불태우고 떡을 구워놓음의 제사.

속죄제(29:16) 무의식 중에 지은 죄를 깨끗하게 해주시도록 드리는 제사.

상번제(29:19) 제단에서 계속적으로 제물을 태우는 제사.

전제(29:19) 포도주, 기름을 부어서 드리는 제사.

양 열네 마리를 드릴 것이며
21 그 소제와 전제는 수송아지와 숫양과 어린 양의 수효를 따라서 규례대로 할 것이며
22 상번제와 그 소제와 그 전제 외에 숫염소 한 마리를 속죄제로 드릴 것이니라
23 ●넷째 날에는 수송아지 열 마리와 숫양 두 마리와 일 년 되고 흠 없는 숫양 열네 마리를 드릴 것이며
24 그 소제와 전제는 수송아지와 숫양과 어린 양의 수효를 따라 규례대로 할 것이며
25 상번제와 그 소제와 그 전제 외에 숫염소 한 마리를 속죄제로 드릴 것이니라
26 ●다섯째 날에는 수송아지 아홉 마리와 숫양 두 마리와 일 년 되고 흠 없는 숫양 열네 마리를 드릴 것이며
27 그 소제와 전제는 수송아지와 숫양과 어린 양의 수효를 따라서 규례대로 할 것이며
28 상번제와 그 소제와 그 전제 외에 숫염소 한 마리를 속죄제로 드릴 것이니라
29 ●여섯째 날에는 수송아지 여덟 마리와 숫양 두 마리와 일 년 되고 흠 없는 숫양 열네 마리를 드릴 것이며

30 그 소제와 전제는 수송아지와 숫양과 어린 양의 수효를 따라서 규례대로 할 것이며
31 상번제와 그 소제와 그 전제 외에 숫염소 한 마리를 속죄제로 드릴 것이며
32 ●일곱째 날에는 수송아지 일곱 마리와 숫양 두 마리와 일 년 되고 흠 없는 숫양 열네 마리를 드릴 것이며
33 그 소제와 전제는 수송아지와 숫양과 어린 양의 수효를 따라 규례대로 할 것이며
34 상번제와 그 소제와 그 전제 외에 숫염소 한 마리를 속죄제로 드릴 것이니라
35 ●여덟째 날에는 장엄한 대회로 모일 것이요 아무 일도 하지 말 것이며
36 번제로 여호와께 향기로운 화제를 드리되 수송아지 한 마리와 숫양 한 마리와 일 년 되고 흠 없는 숫양 일곱 마리를 드릴 것이며
37 그 소제와 전제는 수송아지와 숫양과 어린 양의 수효를 따라 규례대로 할 것이며
38 상번제와 그 소제와 그 전제 외에 숫염소 한 마리를 속죄제로 드릴 것이니라
39 ●너희가 이 절기를 당하거든 여호와께 이같이 드릴지니 이는 너희의 서원제나 낙헌제로 드리는 번제, 소제, 전제, 화목제 외에 드릴 것이니라
40 모세가 여호와께서 모세에게 명령하신 모든 일을 이스라엘 자손에게 말하니라

여호와께 서원한 것 - B.C. 1410년경

30 모세가 이스라엘 자손 지파의 수령들에게 말하여 이르되 여

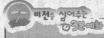

비전을 심어주는 3분여화

아름다운 이름

'미켈란젤로'하면 우리는 '천지창조'와 '최후의 심판'으로 유명한 미술가 '미켈란젤로 부오나로티'를 떠올립니다. 그의 뛰어난 재능과 위대한 작품 때문에 미켈란젤로는 오직 한 사람의 이름이 되었지요. 그의 작품은 사람이 아닌 신의 작품이라고 찬사를 받을 정도로 뛰어났지요. 헌데 더 아름다운 것은 그 덕분에 당시에 천하게 대우받던 화가라는 직업이 귀한 직업으로 대우받게 되었답니다.
사람은 태어날 때와 친구들이 불러줄 때, 그리고 후대에 남겨질 때 세 가지 이름을 가집니다. 이 중에서 후대에 남겨지는 이름이 가장 가치 있는 이름이지요. 그러나 더욱 아름다운 이름은 천국의 생명책에 기록되는 이름이랍니다.

30 에는 무엇이 기록되어 있을까?

30장에는 하나님께 드리기 27가지 제사에 대해 있는 서원 규례를 기록하고 있어요. 여기서는 결혼하지 않은 딸과 남편이 있는 아내가 서원한 경우 어떻게 해야 하는지에 대해 설명하고 있지요. 이스라엘 사회에서는 남자가 모든 일에 대해 법적 책임을 졌기 때문에 딸이나 아내가 한 서원에 대해 동의하거나 거부할 수 있었답니다.

호와의 명령이 이러하니라

2 사람이 여호와께 서원하였거나 결심하고 서약하였으면 깨뜨리지 말고 그가 입으로 말한 대로 다 이행할 것이니라

3 또 여자가 만일 어려서 그의 집에 있을 때에 여호와께 서원한 일이나 스스로 결심하려고 한 일이 있다고 하자

4 그의 아버지가 그의 서원이나 그가 결심한 서약을 듣고도 그에게 아무 말이 없으면 그의 모든 서원을 행할 것이요 그가 결심한 서약을 지킬 것이니라

5 그러나 그의 아버지가 그것을 듣는 날에 허락하지 아니하면 그의 서원과 결심한 서약을 이루지 못할 것이니 그의 아버지가 허락하지 아니하였은즉 여호와께서 사하시리라   전 5:4

6 ●또 혹시 남편을 맞을 때에 서원이나 결심한 서약을 경솔하게 그의 입술로 말하였으면

7 그의 남편이 그것을 듣고 그 듣는 날에 그에게 아무 말이 없으면 그 서원을 이행할 것이요 그가 결심한 서약을 지킬 것이니라

8 그러나 그의 남편이 그것을 듣는 날에 허락하지 아니하면 그 서원과 결심하려고 경솔하게 입술로 말한 것은 무효가 될 것이니 여호와께서 그 여자를 사하시리라

9 ●과부나 이혼 당한 여자의 서원이나 그가 결심한 모든 서약은 지킬 것이니라

10 부녀가 혹시 그의 남편의 집에서 서원을 하였다든지 결심하고 서약을 하였다 하자

11 그의 남편이 그것을 듣고도 아무 말이 없고 금하지 않으면 그 서원은 다 이행할 것이요 그가 결심한 서약은 다 지킬 것이니라

12 그러나 그의 남편이 그것을 듣는 날에 무효하게 하면 그 서원과 결심한 일에 대하여 입술로 말한 것을 아무것도 이루지 못하나니 그의 남편이 그것을 무효하게 하였은즉 여호와께서 그 부녀를 사하시느니라   엡 5:22

13 ●모든 서원과 마음을 자제하기로 한 모든 서약은 그의 남편이 그것을 지키게도 할 수 있고 무효하게도 할 수 있으니

14 그의 남편이 여러 날이 지나도록 말이 없으면 아내의 서원과 스스로 결심하는 일을 지키게 하는 것이니 이는 그가 그것을 들을 때에 그의 아내에게 아무 말도 아니하였으므로 지키게 됨이니라

15 그러나 그의 남편이 들은 지 얼마 후에 그것을 무효하게 하면 그가 아내의 죄를 담당할 것이니라   호 3:18

16 이는 여호와께서 모세에게 명령하신 규례니 남편이 아내에게, 아버지가 자기 집에 있는 어린 딸에 대한 것이니라

미디안에게 여호와의 원수를 갚다

31 여호와께서 모세에게 말씀하여 이르시되

2 이스라엘 자손의 원수를 미디안에게 갚으라 그 후에 네가 네 1)조상에게로 돌아가리라

3 모세가 백성에게 말하여 이르되 너와 함께 있는 사람들 가운데서 전쟁에 나갈 사람들을 무장시키고 미디안을 치러 보내어 여호와의 원수를 갚되

4 이스라엘 모든 지파에게 각 지파에서 천 명씩을 전쟁에 보낼지니라 하매

5 각 지파에서 천 명씩 이스라엘 2)백만

1) 히, 백성 2) 히, 천천의인

31장 에는 무엇이 기록되어 있을까?

이스라엘이 미디안 족속을 진멸한 이야기예요. 하나님은 이미 25:16-18에서 그들을 멸하라는 명령을 주셨어요. 이것은 하나님의 백성을 꾀어 다른 신을 섬기게 한 악의 세력을 제하는 거룩한 전쟁이지만, 이것은 시체를 만진 군사들이 깨끗하게 된 후에야 진영 안에 들어갈 수 있었던 사실로도 알 수 있답니다.

신호 나팔(31:6)

명 중에서 만 이천 명을 택하여 무장을 시킬지라

6 모세가 각 지파에 천 명씩 싸움에 보내되 제사장 엘르아살의 아들 비느하스에게 성소의 기구와 신호 나팔을 들려서 그들과 함께 전쟁에 보내매

7 그들이 여호와께서 모세에게 명령하신 대로 미디안을 쳐서 남자를 다 죽였고

8 그 죽인 자 외에 미디안의 다섯 왕을 죽였으니 미디안의 왕들은 에위와 레겜과 수르와 후르와 레바이며 또 브올의 아들 발람을 칼로 죽였더라

9 이스라엘 자손이 미디안의 부녀들과 그들의 아이들을 사로잡고 그들의 가축과 양 떼와 재물을 다 탈취하고

10 그들이 거처하는 성읍들과 촌락을 다 불사르고

11 탈취한 것, 노략한 것, 사람과 짐승을 다 빼앗으니라

12 그들이 사로잡은 자와 노략한 것과 탈취한 것을 가지고 여리고 맞은편 요단 강 가 모압 평지의 진영에 이르러 모세와 제사장 엘르아살과 이스라엘 자손의 회중에게로 나아오니라

13 ● 모세와 제사장 엘르아살과 회중의 지도자들이 다 진영 밖에 나가서 영접하다가

14 모세가 군대의 지휘관 곧 싸움에서 돌아온 천부장들과 백부장들에게 노하니라

15 모세가 그들에게 이르되 너희가 여자들을 다 살려두었느냐

16 보라 이들이 발람의 꾀를 따라 이스라엘 자손을 브올의 사건에서 여호와 앞에 범죄하게 하여 여호와의 회중 가운데에 염병이 일어나게 하였느니라

17 그러므로 아이들 중에서 남자는 다 죽이고 남자와 동침하여 사내를 아는 여자도 다 죽이고

18 남자와 동침하지 아니하여 사내를 알지 못하는 여자들은 다 너희를 위하여 살려둘 것이니라

19 너희는 이레 동안 진영 밖에 주둔하라 누구든지 살인자나 죽임을 당한 시체를 만진 자는 셋째 날과 일곱째 날에 몸을 깨끗하게 하고 너희의 포로도 깨끗하게 할 것이며

20 모든 의복과 가죽으로 만든 모든 것과 염소털로 만든 모든 것과 나무로 만든 모든 것을 다 깨끗하게 할지니라

21 ● 제사장 엘르아살이 싸움에 나갔던 군인들에게 이르되 이는 여호와께서 모세에게 명령하신 율법이니라

22 금, 은, 동, 철과 주석과 납 등의

23 불에 견딜 만한 모든 물건은 불을 지나게 하라 그리하면 깨끗하려니와 다만 정결하게 하는 물로 그것을 깨끗하게 할 것이며 불에 견디지 못할 모든 것은 물을 지나게 할 것이니라

24 너희는 일곱째 날에 옷을 빨아서 깨끗하게 한 후에 진영에 들어올지니라

전리품 분배

25 ● 여호와께서 모세에게 말씀하여 이르시되

26 너는 제사장 엘르아살과 회중의 수령들과 더불어 이 사로잡은 사람들과 짐승들을 계수하고

27 그 얻은 물건을 반분하여 그 절반은 전쟁에 나갔던 군인들에게 주고 절반은 회중에게 주고

천부장(31:14) 1,000명의 부하를 거느린 군인 지휘관.
백부장(31:14) 100명의 부하를 거느린 군인 지휘관.
주둔(31:19) 군대가 어떤 곳에 머무름.
반분(31:27) 절반으로 나눔.
도합(31:35) 모두 합함.

28 전쟁에 나갔던 군인들은 사람이나 소나 나귀나 양 떼의 오백분의 일을 여호와께 드릴지니라

29 곧 이를 그들의 절반에서 가져다가 여호와의 거제로 제사장 엘르아살에게 주고

30 또 이스라엘 자손이 받은 절반에서는 사람이나 소나 나귀나 양 떼나 각종 짐승 오십분의 일을 가져다가 여호와의 성막을 맡은 레위인에게 주라

31 모세와 제사장 엘르아살이 여호와께서 모세에게 명령하신 대로 하니라

32 ●그 탈취물 곧 군인들의 다른 탈취물 외에 양이 육십칠만 오천 마리요

33 소가 칠만 이천 마리요

34 나귀가 육만 천 마리요

35 사람은 남자와 동침하지 아니하여서 사내를 알지 못하는 여자가 도합 삼만 이천 명이니

36 그 절반 곧 전쟁에 나갔던 자들의 소유가 양이 삼십삼만 칠천오백 마리라

37 여호와께 공물로 드린 양이 육백칠십오요

38 소가 삼만 육천 마리라 그 중에서 여호와께 공물로 드린 것이 칠십이 마리요

39 나귀가 삼만 오백 마리라 그 중에서 여호와께 공물로 드린 것이 육십일 마리요

40 사람이 만 육천 명이라 그 중에서 여호와께 공물로 드린 자가 삼십이 명이니

41 여호와께 거제의 공물로 드린 것을 모세가 제사장 엘르아살에게 주었으니 여호와께서 모세에게 명령하심과 같았더라

42 ●모세가 전쟁에 나갔던 자에게서 나누어 회중에게 받은 절반 곧 이스라엘 자손에게 준 절반

43 곧 회중이 받은 절반은 양이 삼십삼만 칠천오백 마리요

44 소가 삼만 육천 마리요

45 나귀가 삼만 오백 마리요

46 사람이 만 육천 명이라

47 이스라엘 자손의 그 절반에서 모세가 사람이나 짐승의 오십분의 일을 취하여 여호와의 장막을 맡은 레위인에게 주었으니 여호와께서 모세에게 명령하심과 같았더라 31:30

48 ●군대의 지휘관들 곧 천부장과 백부장들이 모세에게 나아와서

49 모세에게 말하되 당신의 종들이 이끈 군인을 계수한즉 우리 중 한 사람도 축나지 아니하였기로

50 우리 각 사람이 받은 바 금 패물 곧 발목 고리, 손목 고리, 인장 반지, 귀 고리, 목걸이들을 여호와께 헌금으로 우리의 생명을 위하여 여호와 앞에 속죄하려고 가져왔나이다 출 30:12, 16

51 모세와 제사장 엘르아살이 그들에게서 그 금으로 만든 모든 패물을 취한즉

52 천부장과 백부장들이 여호와께 드린 거제의 금의 도합이 만 육천칠백오십 세겔이니

53 군인들이 각기 자기를 위하여 탈취한 것이니라 신 20:14

54 모세와 제사장 엘르아살이 천부장과

술술 풀리는 성경말씀

전리품의 공정한 분배

12,000명의 군인들은 이스라엘 백성 전체를 대신해서 미디안 정복 전쟁을 했지요. 따라서 전리품은 이스라엘 백성 전체의 몫이었지요.

하지만 군인들은 온갖 위험을 무릅쓰고 전쟁을 치렀기 때문에 자기들의 수고에 대한 보상을 주장할 수 있었어요. 그래서 군인들은 자신들의 몫에서 1/500만을 제사장들에게 주었습니다. 반면 일반 백성은 1/50을 레위인에게 주어야 했어요.

이 비율이 어느 시대에나 적용되었던 것은 아니에요. 또한 전쟁에 나가지 않았던 사람들에게도 전리품을 나누어주는 것은 일반적인 관례였지요. 이처럼 이스라엘 공동체는 한 사람도 소외되지 않고 하나님의 축복에 모두 참여했답니다.

31장 25~54절

백부장들에게서 금을 취하여 회막에 드려 여호와 앞에서 이스라엘 자손의 기념을 삼았더라

요단 강 동쪽 지파들 (신 3:12-22)
- B.C. 1410년경

32 르우벤 자손과 갓 자손은 심히 많은 가축 떼를 가졌더라 그들이 야셀 땅과 길르앗 땅을 본즉 그 곳은 목축할 만한 장소인지라

2 갓 자손과 르우벤 자손이 와서 모세와 제사장 엘르아살과 회중 지휘관들에게 말하여 이르되

3 아다롯과 디본과 야셀과 니므라와 헤스본과 엘르알레와 스밤과 느보와 브온

4 곧 여호와께서 이스라엘 회중 앞에서 쳐서 멸하신 땅은 목축할 만한 장소요 당신의 종들에게는 가축이 있나이다

5 또 이르되 우리가 만일 당신에게 은혜를 입었으면 이 땅을 당신의 종들에게 그들의 소유로 주시고 우리에게 요단 강을 건너지 않게 하소서

6 ●모세가 갓 자손과 르우벤 자손에게 이르되 너희 형제들은 싸우러 가거늘 너희는 여기 앉아 있고자 하느냐

7 너희가 어찌하여 이스라엘 자손에게 낙심하게 하여서 여호와께서 그들에게 주신 땅으로 건너갈 수 없게 하려 하느냐

8 너희 조상들도 내가 가데스바네아에서 그 땅을 보라고 보냈을 때에 그리 하였느니라

9 그들이 에스골 골짜기에 올라가서 그 땅을 보고 이스라엘 자손을 낙심하게

요단 동편 길르앗 땅(32:1)

하여서 여호와께서 그들에게 주신 땅으로 갈 수 없게 하였었느니라 13:24

10 그 때에 여호와께서 진노하사 맹세하여 이르시되

11 애굽에서 나온 자들이 이십 세 이상으로는 한 사람도 내가 아브라함과 이삭과 야곱에게 맹세한 땅을 결코 보지 못하리니 이는 그들이 나를 온전히 따르지 아니하였음이니라

12 그러나 그나스 사람 여분네의 아들 갈렙과 눈의 아들 여호수아는 여호와를 온전히 따랐느니라 하시고 신 1:36, 38

13 여호와께서 이스라엘에게 진노하사 그들에게 사십 년 동안 광야에 방황하게 하셨으므로 여호와의 목전에 악을 행한 그 세대가 마침내는 다 끊어졌느니라

14 보라 너희는 너희의 조상의 대를 이어 일어난 죄인의 무리로서 이스라엘을 향하신 여호와의 노를 더욱 심하게 하는도다

15 너희가 만일 돌이켜 여호와를 떠나면 여호와께서 다시 이 백성을 광야에 버리시리니 그리하면 너희가 이 모든 백성을 멸망시키리라

16 ●그들이 모세에게 가까이 나아와 이르되 우리가 이 곳에 우리 가축을 위하여 우리를 짓고 우리 어린 아이들을 위하여 성읍을 건축하고

17 이 땅의 원주민이 있으므로 우리 어린 아이들을 그 견고한 성읍에 거주하게 한 후에 우리는 무장하고 이스라엘 자손을 그 곳으로 인도하기까지 그들의 앞에서 가고

32장 에는 무엇이 기록되어 있을까?

르우벤과 갓 지파는 요단 동편 땅을 자신들의 기업으로 달라고 요청했어요. 이것은 하나님이 약속하신 땅 밖에서 살려는 것이었죠. 모세가 그들을 훈계하자, 그들은 가나안을 완전히 정복할 때까지 다른 지파들과 함께 싸우겠으니 자기들의 요구를 들어달라고 간청했어요. 결국 모세는 이 제의를 받아들여 문제를 일단락지었답니다.

18 이스라엘 자손이 각기 기업을 받기까지 우리 집으로 돌아오지 아니하겠사오며

수 22:1-4

19 우리는 요단 이쪽 곧 동쪽에서 기업을 받았사오니 그들과 함께 요단 저쪽에서는 기업을 받지 아니하겠나이다

32:33

20 ● 모세가 그들에게 이르되 너희가 만일 이 일을 행하여 무장하고 여호와 앞에서 가서 싸우되

21 너희가 다 무장하고 여호와 앞에서 요단을 건너가서 여호와께서 그의 원수를 자기 앞에서 쫓아내시고

22 그 땅이 여호와 앞에 복종하게 하시기까지 싸우면 여호와 앞에서나 이스라엘 앞에서나 무죄하여 돌아오겠고 이 땅은 여호와 앞에서 너희의 소유가 되리라마는

신 3:12-20

23 너희가 만일 그같이 아니하면 여호와께 범죄함이니 너희 죄가 반드시 너희를 찾아낼 줄 알라

24 너희는 어린 아이들을 위하여 성읍을 건축하고 양을 위하여 우리를 지으라 그리고 너희의 입이 말한 대로 행하라

32:16

25 갓 자손과 르우벤 자손이 모세에게 대답하여 이르되 주의 종들인 우리는 우리 주의 명령대로 행할 것이라

26 우리의 어린 아이들과 아내와 양 떼와 모든 가축은 이곳 길르앗 성읍들에 두고

27 종들은 우리 주의 말씀대로 무장하고 여호와 앞에서 다 건너가서 싸우리라

28 ● 이에 모세가 그들에 대하여 제사장 엘르아살과 눈의 아들 여호수아와 이스라엘 자손 지파의 수령들에게 명령하니라

29 모세가 그들에게 이르되 갓 자손과 르우벤 자손이 만일 각각 무장하고 너희와 함께 요단을 건너가서 여호와 앞에서 싸워서 그 땅이 너희 앞에 항복하기에 이르면 길르앗 땅을 그들의 소유로 줄 것이니라

32:1

30 그러나 만일 그들이 너희와 함께 무장하고 건너지 아니하면 그들은 가나안 땅에서 너희와 함께 땅을 소유할 것이니라

31 갓 자손과 르우벤 자손이 대답하여 이르되 여호와께서 당신의 종들에게 명령하신 대로 우리가 행할 것이라

32 우리가 무장하고 여호와 앞에서 가나안 땅에 건너가서 요단 이쪽을 우리가 소유할 기업이 되게 하리이다

33 ● 모세가 갓 자손과 르우벤 자손과 요셉의 아들 므낫세 반 지파에게 아모리인의 왕 시혼의 나라와 바산 왕 옥의 나라를 주되 곧 그 땅과 그 경내의 성읍들과 그 성읍들의 사방 땅을 그들에게 주매

34 갓 자손은 디본과 아다롯과 아로엘과

35 아다롯소반과 야셀과 욕브하와

36 벧니므라와 벧하란들의 견고한 성읍을 건축하였고 또 양을 위하여 우리를 지었으며

37 르우벤 자손은 헤스본과 엘르알레와 기랴다임과

38 느보와 바알므온들을 건축하고 그 이름을 바꾸었고 또 십마를 건축하고 건

술술 풀리는 성경말씀

요단을 건너지 않은 지파들

요단 건너 모압 평지에서 약속의 땅에 들어가려고 준비할 때, 가축 떼가 많던 르우벤, 갓 자손과 므낫세 반 지파는 전쟁에서 빼앗은 길르앗과 야셀 땅이 마음에 들어 요단을 건너가지 않게 해달라고 요청했어요. 그래서 그들은 요단 동편의 땅을 기업으로 받았지요. 하지만 그 후손들은 그곳의 지리적 조건 때문에 이방의 침략을 많이 받았어요. 그 중에서도 특히 길르앗은 자주 침략의 대상이 되었답니다(암 1:3,13).

32장

축한 성읍들에 새 이름을 주었고

39 므낫세의 아들 마길의 자손은 가서 길
르앗을 쳐서 빼앗고 거기 있는 아모리
인을 쫓아내매

40 모세가 길르앗을 므낫세의 아들 마길
에게 주매 그가 거기 거주하였고

41 므낫세의 아들 야일은 가서 그 촌락들
을 빼앗고 ¹⁾하봇야일이라 불렀으며

42 노바는 가서 그낫과 그 마을들을 빼앗
고 자기 이름을 따라서 노바라 불렀더라

마라의 우물(33:8)

애굽에서 모압까지 · B.C. 1410년경

33 모세와 아론의 인도로 대오를
갖추어 애굽을 떠난 이스라엘
자손들의 노정은 이러하니라　민 6:4

2 모세가 여호와의 명령대로 그 노정을
따라 그들이 행진한 것을 기록하였으
니 그들이 행진한 대로의 노정은 이러
하니라

3 그들이 첫째 달 열다섯째 날에 라암셋
을 떠났으니 곧 유월절 다음 날이라 이
스라엘 자손이 애굽 모든 사람의 목전
에서 큰 권능으로 나왔으니　출 12:37

4 애굽인은 여호와께서 그들 중에 치신
그 모든 장자를 장사하는 때라 여호와
께서 그들의 신들에게도 벌을 주셨더라

5 ●이스라엘 자손이 라암셋을 떠나 숙
곳에 진을 치고

6 숙곳을 떠나 광야 끝 에담에 진을 치고

7 에담을 떠나 바알스본 앞 비하히롯으
로 돌아가서 믹돌 앞에 진을 치고

8 하히롯 앞을 떠나 광야를 바라보고 바
다 가운데를 지나 에담 광야로 사흘 길
을 가서 마라에 진을 치고

9 마라를 떠나 엘림에 이르니 엘림에는
샘물 열둘과 종려 칠십 그루가 있으므
로 거기에 진을 치고

10 엘림을 떠나 홍해 가에 진을 치고

11 홍해 가를 떠나 신 광야에 진을 치고

12 신 광야를 떠나

13 돕가에 진을 치고 돕가를 떠나 알루스
에 진을 치고

14 알루스를 떠나 르비딤에 진을 쳤는데
거기는 백성이 마실 물이 없었더라

15 르비딤을 떠나 시내 광야에 진을 치고

16 시내 광야를 떠나 기브롯핫다아와에
진을 치고　11:34

17 기브롯핫다아와를 떠나 하세롯에 진
을 치고

18 하세롯을 떠나 릿마에 진을 치고

19 릿마를 떠나 림몬베레스에 진을 치고

20 림몬베레스를 떠나 립나에 진을 치고

21 립나를 떠나 릿사에 진을 치고

22 릿사를 떠나 그헬라다에 진을 치고

23 그헬라다를 떠나 세벨 산에 진을 치고

24 세벨 산을 떠나 하라다에 진을 치고

25 하라다를 떠나 막헬롯에 진을 치고

26 막헬롯을 떠나 다핫에 진을 치고

27 다핫을 떠나 데라에 진을 치고

28 데라를 떠나 밋가에 진을 치고

29 밋가를 떠나 하스모나에 진을 치고

30 하스모나를 떠나 모세롯에 진을 치고

31 모세롯을 떠나 브네야아간에 진을 치고

32 브네야아간을 떠나 홀하깃갓에 진을
치고

33 홀하깃갓을 떠나 욧바다에 진을 치고

34 욧바다를 떠나 아브로나에 진을 치고

33 에는 무엇이 기록되어 있을까?

●이스라엘이 라암셋을 출애굽하여 모압 광야에 이르기까지의 여정을 회고하는 내용이에요. 이스라엘 백성은 그렇게 멀지 않은 거리를 행진하는데 불순종의 탓에 40년이라는 오랜 세월이 걸려서야 비로소 도착할 수 있었지요. 그들은 이러한 과거를 반성하고 하나님께 대한 절대복종을 다짐해야 했어요.

1) 야일의 촌락

약속된 땅의 경계선 (34:1-12)

35 아브로나를 떠나 에시온게벨에 진을 치고

36 에시온게벨을 떠나 신 광야 곧 가데스에 진을 치고

37 가데스를 떠나 에돔 땅 변경의 호르 산에 진을 쳤더라

38 ●이스라엘 자손이 애굽 땅에서 나온 지 사십 년째 오월 초하루에 제사장 아론이 여호와의 명령으로 호르 산에 올라가 거기서 죽었으니

39 아론이 호르 산에서 죽던 때의 나이는 백이십삼 세였더라

40 ●가나안 땅 남방에 살고 있는 가나안 사람 아랏 왕은 이스라엘 자손이 온다는 소식을 들었더라

41 ●그들이 호르 산을 떠나 살모나에 진을 치고

42 살모나를 떠나 부논에 진을 치고

43 부논을 떠나 오봇에 진을 치고

44 오봇을 떠나 모압 변경 이예아바림에 진을 치고

45 이임을 떠나 디본갓에 진을 치고

46 디본갓을 떠나 알몬디블라다임에 진을 치고

47 알몬디블라다임을 떠나 느보 앞 아바림 산에 진을 치고

48 아바림 산을 떠나 여리고 맞은편 요단 강 가 모압 평지에 진을 쳤으니

49 요단 강 가 모압 평지의 진영이 벧여시못에서부터 아벨싯딤에 이르렀더라

가나안 땅을 제비 뽑아 나누다

50 ●여리고 맞은편 요단 강 가 모압 평지에서 여호와께서 모세에게 말씀하여 이르시되

51 이스라엘 자손에게 말하여 그들에게 이르라 너희가 요단 강을 건너 가나안 땅에 들어가거든

52 그 땅의 원주민을 너희 앞에서 다 몰아내고 그 새긴 석상과 부어 만든 우상을 다 깨뜨리며 산당을 다 헐고

53 그 땅을 점령하여 거기 거주하라 내가 그 땅을 너희 소유로 너희에게 주었음이라

54 너희의 종족을 따라 그 땅을 제비 뽑아 나눌 것이니 수가 많으면 많은 기업을 주고 적으면 적은 기업을 주되 각기 뽑은 대로 그 소유가 될 것인즉 너희 조상의 지파를 따라 기업을 받을 것이니라 26:53-55

55 너희가 만일 그 땅의 원주민을 너희 앞에서 몰아내지 아니하면 너희가 남겨둔 자들이 너희의 눈에 가시와 너희의 옆구리에 찌르는 것이 되어 너희가 거주하는 땅에서 너희를 괴롭게 할 것이요

56 나는 그들에게 행하기로 생각한 것을 너희에게 행하리라

가나안 땅의 경계—B.C. 1410년경

34

여호와께서 모세에게 말씀하여 이르시되

2 너는 이스라엘 자손에게 명령하여 그들에게 이르라 너희가 가나안 땅에 들어가는 때에 그 땅은 너희의 기업이 되리니 곧 가나안 사방 지경이라

3 너희 남쪽은 에돔 곁에 접근한 신 광야

34장 에는 무엇이 기록되어 있을까?

34장에는 가나안의 경계와 기업을 나눌 열두 지파의 대표들이 나옵니다. 하나님은 이스라엘에게 아브라함 때부터 애굽 강에서 유브라데 강까지 이르는 넓은 땅을 주시겠다고 약속하셨어요(창 15:18). 그 약속대로 훗일 다윗과 솔로몬 통치 때에는 이스라엘의 영토가 유브라데 강까지 확장되었답니다.

모압에서 본 염해 일몰(34:12)

니 너희의 남쪽 경계는 동쪽으로 염해
끝에서 시작하여　수 15:1-3

4 돌아서 아그랍빔 언덕 남쪽에 이르고
산을 지나 가데스바네아 남쪽에 이르고
또 하살아달을 지나 아스몬에 이르고

5 아스몬에서 돌아서 애굽 시내를 지나
바다까지 이르느니라

6 ●서쪽 경계는 ¹⁾대해가 경계가 되나니
이는 너희의 서쪽 경계니라

7 ●북쪽 경계는 이러하니 대해에서부
터 호르 산까지 그어라

8 호르 산에서 그어 하맛 어귀에 이르러
스닷에 이르고　13:21

9 그 경계가 또 시브론을 지나 하살에난에
이르나니 이는 너희의 북쪽 경계니라

10 ●너희의 동쪽 경계는 하살에난에서
그어 스밤에 이르고

11 그 경계가 또 스밤에서 리블라로 내려
가서 아인 동쪽에 이르고 또 내려가서
긴네렛 동쪽 해변에 이르고　신 3:17

12 그 경계가 또 요단으로 내려가서 염해
에 이르나니 너희 땅의 사방 경계가 이
러하니라

13 ●모세가 이스라엘 자손에게 명령하
여 이르되 이는 너희가 제비 뽑아 받을
땅이라 여호와께서 이것을 아홉 지파와
반 쪽에게 주라고 명령하셨나니

14 이는 르우벤 자손의 지파와 갓 자손의
지파가 함께 그들의 조상의 가문에 따
라 그들의 기업을 받을 것이며 므낫세
의 반쪽도 기업을 받았음이니라

15 이 두 지파와 그 반 지파는 여리고 맞

은편 요단 건너편 곧 해 돋는 쪽에서 그
들의 기업을 받으리라

각 지파의 기업 분할 책임자

16 ●여호와께서 또 모세에게 말씀하여
이르시되

17 너희에게 땅을 기업으로 나눌 자의 이
름은 이러하니 제사장 엘르아살과 눈
의 아들 여호수아니라

18 너희는 또 기업의 땅을 나누기 위하여
각 지파에 한 지휘관씩 택하라　1:4, 16

19 그 사람들의 이름은 이러하니 유다 지
파에서는 여분네의 아들 갈렙이요

20 시므온 지파에서는 암미훗의 아들 스
므엘이요

21 베냐민 지파에서는 기슬론의 아들 엘
닷이요

22 단 자손 지파에서는 지휘관 요글리의
아들 북기요

23 요셉 자손 중 므낫세 자손 지파에서는
지휘관 에봇의 아들 한니엘이요

24 에브라임 자손 지파에서는 지휘관 십
단의 아들 그므엘이요

25 스불론 자손 지파에서는 지휘관 바르
낙의 아들 엘리사반이요

26 잇사갈 자손 지파에서는 지휘관 앗산
의 아들 발디엘이요

27 아셀 자손 지파에서는 지휘관 슬로미
의 아들 아히훗이요

28 납달리 자손 지파에서는 지휘관 암미
훗의 아들 브다헬이니라 하셨느니라

29 이들이 여호와께서 명령하사 가나안
땅에서 이스라엘 자손에게 기업을 받

35장 에는 무엇이 기록되어 있을까?

레위인은 백성을 대표하여 하나님
을 섬기기 위해 구별하여 사랑했어요. 이스라
엘 백성들은 레위인의 생활을 책임져야 했어
요. 그래서 하나님은 각 지파들이 약간의 성읍
을 레위인들에게 나눠주게 하셨어요. 한편 하
나님은 실수로 살인한 자들을 긍휼히 여겨 도
피성으로 피하여 살 수 있는 방법을 마련해 주
셨답니다.

¹⁾대해로 경계를 삼을지니

게 하신 자들이니라

레위 사람에게 준 성읍

35 여호와께서 여리고 맞은편 요단 강 가 모압 평지에서 모세에게 말씀하여 이르시되

2 이스라엘 자손에게 명령하여 그들이 받은 기업에서 레위인에게 거주할 성읍들을 주게 하고 너희는 또 그 성읍들을 두르고 있는 초장을 레위인에게 주어서

3 성읍은 그들의 거처가 되게 하고 초장은 그들의 재산인 가축과 짐승들을 둘 곳이 되게 할 것이라

4 너희가 레위인에게 줄 성읍들의 들은 성벽에서부터 밖으로 사방 천 규빗이라

5 성을 중앙에 두고 성 밖 동쪽으로 이천 규빗, 남쪽으로 이천 규빗, 서쪽으로 이천 규빗, 북쪽으로 이천 규빗을 측량할지니 이는 그들의 성읍의 들이며

6 너희가 레위인에게 줄 성읍은 살인자들이 피하게 할 도피성으로 여섯 성읍이요 그 외에 사십이 성읍이라

7 너희가 레위인에게 모두 사십팔 성읍을 주고 그 초장도 함께 주되

8 너희가 이스라엘 자손의 소유에서 레위인에게 너희가 성읍을 줄 때에 많이 받은 자에게서는 많이 떼어서 주고 적게 받은 자에게서는 적게 떼어 줄 것이라 각기 받은 기업을 따라서 그 성읍을 레위인에게 줄지니라

도피성 (민 19:1-13, 수 20:1-9)

9 ●여호와께서 또 모세에게 말씀하여 이르시되

10 이스라엘 자손에게 말하여 그들에게 이르라 너희가 요단 강을 건너 가나안 땅에 들어가거든

11 너희를 위하여 성읍을 도피성으로 정하여 부지중에 살인한 자가 그리로 피하게 하라

12 이는 너희가 복수할 자에게서 도피하는 성을 삼아 살인자가 회중 앞에 서서 판결을 받기까지 죽지 않게 하기 위함이니라

13 너희가 줄 성읍 중에 여섯을 도피성이 되게 하되

14 세 성읍은 요단 이쪽에 두고 세 성읍은 가나안 땅에 두어 도피성이 되게 하라

15 이 여섯 성읍은 이스라엘 자손과 타국인과 이스라엘 중에 거류하는 자의 도피성이 되리니 부지중에 살인한 모든 자가 그리로 도피할 수 있으리라 35:11

16 ●만일 철 연장으로 사람을 쳐죽이면 그는 살인자니 그 살인자를 반드시 죽일 것이요

17 만일 사람을 죽일 만한 돌을 손에 들고 사람을 쳐죽이면 이는 살인한 자니 그 살인자는 반드시 죽일 것이요

18 만일 사람을 죽일 만한 나무 연장을 손에 들고 사람을 쳐죽이면 이는 살인한 자니 그 살인자는 반드시 죽일 것이니라

19 피를 보복하는 자는 그 살인한 자를 자신이 죽일 것이니 그를 만나면 죽일 것이요

20 만일 미워하는 까닭에 밀쳐 죽이거나 기회를 엿보아 무엇을 던져 죽이거나

21 악의를 가지고 손으로 쳐죽이면 그 친 자는 반드시 죽일 것이니 이는 살인하였음이라 피를 보복하는 자는 살인자

도피성의 규례(35:11)

하나님께서는 실수로 살인한 자를 위해 요단 강 동편과 서편에 각각 도피성 세 곳을 만들어 피하게 하셨다. 이것은 영원한 피난처이신 그리스도를 예표하는 것이다.

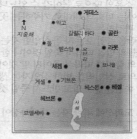

여리고 맞은편 모압 평지(36:13)
두 번째 인구 조사를 했던 곳으로
건너편에는 여리고가 보인다.

를 만나면 죽일 것이니라

22 악의가 없이 우연히 사람을 밀치거나 기회를 엿봄이 없이 무엇을 던지거나

23 보지 못하고 사람을 죽일 만한 돌을 던져서 죽였을 때에 이는 악의도 없고 해하려 한 것도 아닌즉

24 회중이 친 자와 피를 보복하는 자 간에 이 규례대로 판결하여

25 피를 보복하는 자의 손에서 살인자를 건져내어 그가 피하였던 도피성으로 돌려보낼 것이요 그는 거룩한 기름 부음을 받은 대제사장이 죽기까지 거기 거주할 것이니라

26 그러나 살인자가 어느 때든지 그 피하였던 도피성 지경 밖에 나가면

27 피를 보복하는 자가 도피성 지경 밖에서 그 살인자를 만나 죽일지라도 피 흘린 죄가 없나니

28 이는 살인자가 대제사장이 죽기까지 그 도피성에 머물러야 할 것임이라 대제사장이 죽은 후에는 그 살인자가 자기 소유의 땅으로 돌아갈 수 있느니라

29 이는 너희의 대대로 거주하는 곳에서 판결하는 규례라

30 사람을 죽인 모든 자 곧 살인한 자는 증인들의 말을 따라서 죽일 것이나 한 증인의 증거만 따라서 죽이지 말 것이요

31 고의로 살인죄를 범한 살인자는 생명의 속전을 받지 말고 반드시 죽일 것이며

32 또 도피성에 피한 자는 대제사장이 죽기 전에는 속전을 받고 그의 땅으로 돌아가 거주하게 하지 말 것이니라

33 너희는 너희가 거주하는 땅을 더럽히지 말라 피는 땅을 더럽히나니 피 흘림을 받은 땅은 그 피를 흘리게 한 자의 피가 아니면 1)속함을 받을 수 없느니라 ☞창 9:6

34 너희는 너희가 거주하는 땅 곧 내가 거주하는 땅을 더럽히지 말라 나 여호와는 이스라엘 자손 중에 있음이니라

슬로브핫 딸들의 유산

36 요셉 자손의 종족 중 므낫세의 손자 마길의 아들 길르앗 자손 종족들의 수령들이 나아와 모세와 이스라엘 자손의 수령 된 지휘관들 앞에 말하여

2 이르되 여호와께서 우리 주에게 명령하사 이스라엘 자손에게 제비 뽑아 그 기업의 땅을 주게 하셨고 여호와께서 또 우리 주에게 명령하사 우리 형제 슬로브핫의 기업을 그의 딸들에게 주게 하셨은즉 ☞27:1, 7

3 그들이 만일 이스라엘 자손의 다른 지파들의 남자들의 아내가 되면 그들의 기업은 우리 조상의 기업에서 떨어져 나가고 그들이 속할 그 지파의 기업에 첨가되리니 그러면 우리가 제비 뽑은 기업에서 떨어져 나갈 것이요

4 이스라엘 자손의 희년을 당하여 그 기업이 그가 속한 지파에 첨가될 것이라 그런즉 그들의 기업은 우리 조상 지파의 기업에서 아주 삭감되리이다

5 모세가 여호와의 말씀으로 이스라

36장에는 무엇이 기록되어 있을까?

슬로브핫의 딸들로 인해 여자도 상속을 받게 되었어요. 하지만 상속을 받은 여자가 다른 지파 사람과 결혼하면 그 딸은 다른 지파의 땅으로 넘어가게 되는 문제가 생겼지요. 그래서 족장들의 회의를 통해, 상속받은 딸들은 자기 지파의 남자와만 결혼해야 한다는 규례가 제정되었답니다.

엘 자손에게 명령하여 이르되 요셉 자손 지파의 말이 옳도다

6 슬로브핫의 딸들에게 대한 여호와의 명령이 이러하니라 이르시되 슬로브핫의 딸들은 마음대로 시집가려니와 오직 그 조상 지파의 종족에게로만 시집갈지니　36:12

7 그리하면 이스라엘 자손의 기업이 이 지파에서 저 지파로 옮기지 않고 이스라엘 자손이 다 각기 조상 지파의 기업을 지킬 것이니라 하셨나니

8 이스라엘 자손의 지파 중 그 기업을 이은 딸들은 모두 자기 조상 지파의 종족 되는 사람의 아내가 될 것이라 그리하면 이스라엘 자손이 각기 조상의 기업을 보전하게 되어

9 그 기업이 이 지파에서 저 지파로 옮기게 하지 아니하고 이스라엘 자손 지파가 각각 자기 기업을 지키리라

10 ●슬로브핫의 딸들이 여호와께서 모세에게 명령하신 대로 행하니라

11 슬로브핫의 딸 말라와 디르사와 호글라와 밀가와 노아가 다 그들의 숙부의 아들들의 아내가 되니라　27:1

12 그들이 요셉의 아들 므낫세 자손의 종족 사람의 아내가 되었으므로 그들의 종족 지파에 그들의 기업이 남아 있었더라

13 ●이는 여리고 맞은편 요단 가 모압 평지에서 여호와께서 모세를 통하여 이스라엘 자손에게 명령하신 계명과 규례니라　22:1

비전을 심어주는 3분에화

카타콤

초대 교회 당시 기독교인들은 로마의 핍박을 피해 '카타콤'이라는 지하 동굴을 만들어 생활했어요. 그 카타콤이 지금까지 50개 이상 발견되었는데, 가장 긴 것은 28km나 된다고 해요.

그런데 그 카타콤을 만들 때에 신비한 현상들이 있었다고 합니다. 그곳은 손으로도 파기 쉬운 부드러운 흙으로 되어 있었는데, 동굴을 파고 시간이 지나면 흙

이 굳으면서 단단한 벽이 되었다고 해요. 그리고 지하 동굴 안은 전혀 습하지 않고 숨쉬기에 전혀 지장이 없도록 공기가 아주 상쾌했답니다. 흙이 공기 정화작용을 하고 습기를 흡수했기 때문이지요.

이것은 현대의 과학으로도 이해되지 않는 부분이라고 하는데, 바로 동굴에 피해 있는 성도들을 보호하기 위한 하나님의 섭리였답니다.

신명기

신명기는 '하나님의 계명을 더욱 자세히 설명해주는 책'이라는 뜻이에요. 출애굽의 역사와 그 가운데 함께하신 하나님의 섭리, 그리고 택한 백성을 위한 율법이 종합적으로 정리되어 있는 모세오경의 결론이 되는 책이랍니다.

언제, 왜, 누구를 위하여 썼나요?

이 책을 기록한 때는 B.C. 1410~1395년경이라고 해요. 광야에서 태어난 2세들에게 하나님께 불순종해서 벌 받은 사건과 순종해서 축복 받은 사건을 이야기해줌으로써, 하나님의 약속을 신실하게 지키는 백성이 되게 하기 위해 쓴 책이에요.

어떤 내용인가요?

모세는 이스라엘 백성들에게 하나님과 맺은 언약을 잊지 말고 신실하게 지킬 것을 명령했어요. 또 죽음을 앞두고 약속의 땅에 들어갈 2세들에게 하나님의 율법에 순종할 것을 당부했답니다.

서론 — B.C. 1410년경

1 이는 모세가 요단 저쪽 술 맞은편의 아라바 광야 곧 바란과 도벨과 라반과 하세롯과 디사합 사이에서 이스라엘 무리에게 선포한 말씀이니라 수 9:1

2 호렙 산에서 세일 산을 지나 가데스 바네아까지 열 하룻길이었더라

3 마흔째 해 열한째 달 그 달 첫째 날에 모세가 이스라엘 자손에게 여호와께서 그들을 위하여 자기에게 주신 명령을 다 알렸으니

4 그 때는 모세가 헤스본에 거주하는 아모리 왕 시혼을 쳐죽이고 에드레이에서 아스다롯에 거주하는 바산 왕 옥을 쳐죽인 후라

5 모세가 요단 저쪽 모압 땅에서 이 율법을 설명하기 시작하였더라 일렀으되

6 우리 하나님 여호와께서 호렙 산에서 우리에게 말씀하여 이르시기를 너희가 이 산에 거주한 지 오래니 출 3:1

7 방향을 돌려 행진하여 아모리 족속의 산지로 가고 그 근방 곳곳으로 가고 아라바와 산지와 평지와 네겝과 해변과 가나안 족속의 땅과 레바논과 큰 강 유브라데까지 가라

8 내가 너희의 조상 아브라함과 이삭과 야곱에게 맹세하여 그들과 그들의 후손에게 주리라 한 땅이 너희 앞에 있으니 들어가서 그 땅을 차지할지니라

모세가 수령을 세우다 (출 18:13~17)

9 ● 그때에 내가 너희에게 말하여 이르기를 나는 홀로 너희의 짐을 질 수 없도다

10 너희의 하나님 여호와께서 너희를 번성하게 하셨으므로 너희가 오늘날 하늘의 별 같이 많거니와

11 너희 조상의 하나님 여호와께서 너희를 현재보다 천 배나 많게 하시며 너희에게 허락하신 것과 같이 너희에게 복 주시기를 원하노라 창 22:17

12 그런즉 나 홀로 어찌 능히 너희의 괴로운 일과 너희의 힘겨운 일과 너희의 다

---

1 ○○에는 무엇이 기록되어 있을까?

신명기는 세 차례에 걸친 모세의 설교로 구성되어 있어요. 그중 첫 번째 설교(1:1~4:43)에서 모세는 사실 년 광야 생활을 돌이켜보고 있지요. 1장은 호렙 산으로부터 가데스 바네아에 이르는 여정 중에 있었던 일을 이야기하고 있는데, 특히 가데스 바네아에서의 불순종 사건이 큰 비중을 차지한답니다.

가나안 땅으로 12명의
정탐꾼을 보내는 모세
(1:19-24)

투는 일을 담당할 수 있으랴 ㅎ 18:13, 14

13 너희의 각 지파에서 지혜와 지식이 있는 인정 받는 자들을 택하라 내가 그들을 세워 너희 수령을 삼으리라 한즉

14 너희가 내게 대답하여 이르기를 당신의 말씀대로 하는 것이 좋다 하기에

15 내가 너희 지파의 수령으로 지혜가 있고 인정 받는 자들을 취하여 너희의 수령을 삼되 곧 각 지파를 따라 천부장과 백부장과 오십부장과 십부장과 조장을 삼고

16 내가 그 때에 너희의 재판장들에게 명하여 이르기를 너희가 너희의 형제 중에서 송사를 들을 때에 쌍방간에 공정히 판결할 것이며 그들 중에 있는 타국인에게도 그리 할 것이라

17 재판은 하나님께 속한 것인즉 너희는 재판할 때에 외모를 보지 말고 귀천을 차별 없이 듣고 사람의 낯을 두려워하지 말 것이며 스스로 결단하기 어려운 일이 있거든 내게로 돌리라 내가 들으리라 하였고

18 내가 너희의 행할 모든 일을 그 때에 너희에게 다 명령하였느니라

정탐할 사람을 보내다 (민 13:1-33)

19 ●우리 하나님 여호와께서 우리에게 명령하신 대로 우리가 호렙 산을 떠나 너희가 보았던 그 크고 두려운 광야를 지나 아모리 족속의 산지 길로 가데스 바네아에 이른 때에 1:2

20 내가 너희에게 이르기를 우리 하나님 여호와께서 우리에게 주신 아모리 족속의 산지에 너희가 이르렀느니라

21 너희의 하나님 여호와께서 이 땅을 너희 앞에 두셨은즉 너희 조상의 하나님

여호와께서 너희에게 이르신 대로 올라가서 차지하라 두려워하지 말라 주저하지 말라 한즉

22 너희가 다 내 앞으로 나아와 말하기를 우리가 사람을 우리보다 먼저 보내어 우리를 위하여 그 땅을 정탐하고 어느 길로 올라가야 할 것과 어느 성읍으로 들어가야 할 것을 우리에게 알리게 하자 하기에

23 내가 그 말을 좋게 여겨 너희 중 각 지파에서 한 사람씩 열둘을 택하매

24 그들이 돌이켜 산지에 올라 에스골 골짜기에 이르러 그 곳을 정탐하고

25 그 땅의 열매를 손에 가지고 우리에게로 돌아와서 우리에게 말하여 이르되 우리의 하나님 여호와께서 우리에게 주시는 땅이 좋더라 하였느니라

26 그러나 너희가 올라가기를 원하지 아니하고 너희의 하나님 여호와의 명령을 거역하여

27 장막 중에서 원망하여 이르기를 여호와께서 우리를 미워하시므로 아모리 족속의 손에 넘겨 멸하시려고 우리를 애굽 땅에서 인도하여 내셨도다

28 우리가 어디로 가랴 우리의 형제들이 우리를 낙심하게 하여 말하기를 그 백성은 우리보다 장대하며 그 성읍들은 크고 성곽은 하늘에 닿았으며 우리가 또 거기서 아낙 자손을 보았노라 하는도다 하기로 9:1, 2

29 내가 너희에게 말하기를 그들을 무서워하지 말라 두려워하지 말라

원망하고 불평하는 정탐꾼들(1:26-28)

여호수아와 갈렙과 어린 자녀들도 가나안으로 들어갈 수 있게 됨(1:34-39)

30 너희보다 먼저 가시는 너희의 하나님 여호와께서 애굽에서 너희를 위하여 너희 목전에서 모든 일을 행하신 것 같이 이제도 너희를 위하여 싸우실 것이며

31 광야에서도 너희가 당하였거니와 사람이 자기의 아들을 안는 것 같이 너희의 하나님 여호와께서 너희가 걸어온 길에서 너희를 안으사 이 곳까지 이르게 하셨느니라 하나

32 이 일에 너희가 너희의 하나님 여호와를 믿지 아니하였도다

33 그는 너희보다 먼저 그 길을 가시며 장막 칠 곳을 찾으시고 밤에는 불로, 낮에는 구름으로 너희가 갈 길을 지시하신 자이시니라 출 13:21

여호와께서 이스라엘을 벌하시다(민 14:20-45)

34 ● 여호와께서 너희의 말소리를 들으시고 노하사 맹세하여 이르시되

35 이 악한 세대 사람들 중에는 내가 그들의 조상에게 주기로 맹세한 좋은 땅을 볼 자가 하나도 없으리라

36 오직 여분네의 아들 갈렙은 온전히 여호와께 순종하였은즉 그는 그것을 볼 것이요 그가 밟은 땅을 내가 그와 그의 자손에게 주리라 하시고

37 여호와께서 너희 때문에 내게도 진노하사 이르시되 너도 그리로 들어가지 못하리라

38 네 앞에 서 있는 눈의 아들 여호수아는

그리로 들어갈 것이니 너는 그를 담대하게 하라 그가 이스라엘에게 그 땅을 기업으로 차지하게 하리라

39 또 너희가 사로잡히리라 하던 너희의 아이들과 당시에 선악을 분별하지 못하던 너희의 자녀들도 그리로 들어갈 것이라 내가 그 땅을 그들에게 주어 산업이 되게 하리라

40 너희는 방향을 돌려 홍해 길을 따라 광야로 들어갈지니라 하시매 민 14:25

41 너희가 대답하여 내게 이르기를 우리가 여호와께 범죄하였사오니 우리 하나님께서 우리에게 명령하신 대로 우리가 올라가서 싸우리이다 하고 너희가 각각 무기를 가지고 경솔히 산지로 올라가려 할 때에

42 여호와께서 내게 이르시되 너는 그들에게 이르기를 너희는 올라가지 말라 싸우지도 말라 내가 너희 중에 있지 아니하니 너희가 대적에게 패할까 하노라 하시기로

43 내가 너희에게 말하였으나 너희가 듣지 아니하고 여호와의 명령을 거역하고 거리낌 없이 산지로 올라가매

44 그 산지에 거주하는 아모리 족속이 너희에게 마주 나와 벌 떼 같이 너희를 쫓아 세일 산에서 쳐서 호르마까지 이른지라 사 8:12

45 너희가 돌아와 여호와 앞에서 통곡하나 여호와께서 너희의 소리를 듣지 아니하시며 너희에게 귀를 기울이지 아니하셨으므로

46 너희가 가데스에 여러 날 동안 머물렀나니 곧 너희가 그 곳에 머물던 날 수대로니라

토막상식 갈렙

갈렙은 유다 지파 여분네의 아들이에요. 열두 정탐꾼 중의 한 명으로, 믿음의 보고를 하여 여호수아와 함께 가나안에 들어간 사람이지요. 85세에 헤브론을 정복하여 자신의 땅으로 삼았으며, 첫 번째 사사 옷니엘을 사위로 두었답니다. 1장 36절

2 우리가 방향을 돌려 여호와께서 내게 명령하신 대로 홍해 길로 광야에 들어가서 여러 날 동안 세일 산을 두루 다녔더니

2 여호와께서 내게 말씀하여 이르시되

3 너희가 이 산을 두루 다닌 지 오래니 돌이켜 북으로 나아가라

4 너는 또 백성에게 명령하여 이르기를 너희는 세일에 거주하는 너희 동족 에서의 자손이 사는 지역으로 지날진대 그들이 너희를 두려워하리니 너희는 스스로 깊이 삼가고

5 그들과 다투지 말라 그들의 땅은 한 발자국도 너희에게 주지 아니하리니 이는 내가 세일 산을 에서에게 기업으로 주었음이라

6 너희는 돈으로 그들에게서 양식을 사서 먹고 돈으로 그들에게서 물을 사서 마시라

7 네 하나님 여호와께서 네가 하는 모든 일에 네게 복을 주시고 네가 이 큰 광야에 두루 다님을 알고 네 하나님 여호와께서 이 사십 년 동안 너와 함께 하셨으므로 네게 부족함이 없었느니라 하시기로 8:2-4

8 우리가 세일 산에 거주하는 우리 동족 에서의 자손을 떠나서 아라바를 지나며 엘랏과 에시온 게벨 곁으로 지나 행진하고 돌이켜 모압 광야 길로 지날 때에

9 ○여호와께서 내게 이르시되 모압을 괴롭히지 말라 그와 싸우지도 말라 그 땅을 내가 네게 기업으로 주지 아니하리니 이는 내가 롯 자손에게 아르를 기업

에돔과 모압의 경계가 되는
세렛 시내(2:13-14)

으로 주었음이라

10 (이전에는 에밈 사람이 거기 거주하였는데 아낙 족속 같이 강하고 많고 키가 크므로

11 그들을 아낙 족속과 같이 르바임이라 불렀으나 모압 사람은 그들을 에밈이라 불렀으며

12 호리 사람도 세일에 거주하였는데 에서의 자손이 그들을 멸하고 그 땅에 거주하였으니 이스라엘이 여호와께서 주신 기업의 땅에서 행한 것과 같았느니라)

13 이제 너희는 일어나서 세렛 시내를 건너가라 하시기로 우리가 세렛 시내를 건넜으니

14 가데스 바네아에서 떠나 세렛 시내를 건너기까지 삼십팔 년 동안에 이 때에는 그 시대의 모든 군인들이 여호와께서 그들에게 맹세하신 대로 진영 중에서 다 멸망하였나니

15 여호와께서 손으로 그들을 치사 진영 중에서 멸하신 고로 마침내는 다 멸망되었느니라 민 13:26

16 ○모든 군인이 사망하여 백성 중에서 멸망한 후에

17 여호와께서 내게 말씀하여 이르시되

18 네가 오늘 모압 변경 아르를 지나리니

19 암몬 족속에게 가까이 이르거든 그들을 괴롭히지 말고 그들과 다투지도 말라 암몬 족속의 땅은 내가 네게 기업으로 주지 아니하리니 이는 내가 그것을 롯 자손에게 기업으로 주었음이라 2:9

20 (이곳도 르바임의 땅이라 하였나니 전에 르바임이 거기 거주하였음이요 암몬 족속은 그들을 삼숨밈이라 일컬었으며

헤스본(2:26)

21 그 백성은 아낙 족속과 같이 강하고 많고 키가 컸으나 여호와께서 암몬 족속 앞에서 그들을 멸하셨으므로 암몬 족속이 대신하여 그 땅에 거주하였으니

22 마치 세일에 거주한 에서 자손 앞에 호리 사람을 멸하심과 같으니 그들이 호리 사람을 쫓아내고 대신하여 오늘까지 거기에 거주하였으며 창 36:8

23 또 갑돌에서 나온 갑돌 사람이 가사까지 각 촌에 거주하는 아위 사람을 멸하고 그들을 대신하여 거기에 거주하였느니라) 삼 9:7

24 너희는 일어나 행진하여 아르논 골짜기를 건너라 내가 헤스본 왕 아모리 사람 시혼과 그의 땅을 네 손에 넘겼은즉 이제 더불어 싸워서 그 땅을 차지하라

25 오늘부터 내가 천하 만민이 너를 무서워하며 너를 두려워하게 하리니 그들이 네 명성을 듣고 떨며 너로 말미암아 근심하리라 하셨느니라 출 15:14-16

이스라엘이 헤스본 왕 시혼을 치다

26 ● 내가 그데못 광야에서 헤스본 왕 시혼에게 사자를 보내어 평화의 말로 이르기를 20:10

27 나를 네 땅으로 통과하게 하라 내가 큰 길로만 행하고 좌로나 우로나 치우치지 아니하리라

28 너는 돈을 받고 양식을 팔아 내가 먹게 하고 돈을 받고 물을 주어 내가 마시게 하라 나는 걸어서 지날 뿐인즉

29 세일에 거주하는 에서 자손과 아르에 거주하는 모압 사람이 내게 행한 것 같이 하라 그리하면 내가 요단을 건너서 우리 하나님 여호와께서 우리에게 주시는 땅에 이르리라 하나

30 헤스본 왕 시혼이 우리가 통과하기를 허락하지 아니하였으니 이는 네 하나님 여호와께서 그를 네 손에 넘기시려고 그의 성품을 완강하게 하셨고 그의 마음을 완고하게 하셨음이 오늘날과 같으니라

31 그 때에 여호와께서 내게 이르시되 내가 이제 시혼과 그의 땅을 네게 넘기노니 너는 이제부터 그의 땅을 차지하여 기업으로 삼으라 하시더니 1:8

32 시혼이 그의 모든 백성을 거느리고 나와서 우리를 대적하여 야하스에서 싸울 때에

33 우리 하나님 여호와께서 그를 우리에게 넘기시매 우리가 그와 그의 아들들과 그의 모든 백성을 쳤고

34 그 때에 우리가 그의 모든 성읍을 점령하고 그 각 성읍을 그 남녀와 유아와 함께 하나도 남기지 아니하고 진멸하였고

35 다만 그 가축과 성읍에서 탈취한 것은 우리의 소유로 삼았으며

36 우리 하나님 여호와께서 그 모든 땅을 우리에게 넘겨주심으로 아르논 골짜기 가장자리에 있는 아로엘과 골짜기 가운데에 있는 성읍으로부터 길르앗까지 우리가 모든 높은 성읍을 점령하지 못한 것이 하나도 없었으나 사 44:3

37 오직 암몬 족속의 땅 얍복 강 가와 산지에 있는 성읍들과 우리 하나님 여호와께서 우리가 가기를 금하신 모든 곳

3
장 에는 무엇이 기록되어 있을까?

헤스본 왕 시혼을 정복한 이스라엘

은 북으로 더 전진하여 바산 왕 옥의 땅과 그 백성을 철저히 정복했어요. 모세는 정복한 요단 동편 땅을 여호와의 명령에 따라 르우벤, 갓, 므낫세 반 지파에게 나눠줬지요. 하지만 그 지파들의 군사들은 요단 서편 땅을 정복할 때까지 다른 지파 사람들과 함께 전쟁을 치러야 했습니다.

은 네가 가까이 하지 못하였느니라

이스라엘이 바산 왕 옥을 치다 (민 21:21-35)

3 우리가 돌이켜 바산으로 올라가매 바산 왕 옥이 그의 모든 백성을 거느리고 나와서 우리를 대적하여 에드레이에서 싸우고자 하는지라

2 여호와께서 내게 이르시되 그를 두려워하지 말라 내가 그와 그의 모든 백성과 그의 땅을 네 손에 넘겼으니 네가 헤스본에 거주하던 아모리 족속의 왕 시혼에게 행한 것과 같이 그에게도 행할 것이니라 하시고

3 우리 하나님 여호와께서 바산 왕 옥과 그의 모든 백성을 우리 손에 넘기시매 우리가 그들을 쳐서 한 사람도 남기지 아니하였느니라

4 그 때에 우리가 그들에게서 빼앗지 아니한 성읍이 하나도 없이 다 빼앗았는데 그 성읍이 육십이니 곧 아르곱 온 지방이요 바산에 있는 옥의 나라이니라

5 그 모든 성읍이 높은 성벽으로 둘려 있고 문과 빗장이 있어 견고하며 그 외에 성벽 없는 고을이 심히 많았느니라

6 우리가 헤스본 왕 시혼에게 행한 것과 같이 그 성읍들을 멸망시키되 각 성읍의 남녀와 유아를 멸망시켰으나

7 다만 모든 가축과 그 성읍들에서 탈취한 것은 우리의 소유로 삼았으며

8 그 때에 우리가 요단 강 이쪽 땅을 아르논 골짜기에서부터 헤르몬 산에까지 아모리 족속의 두 왕에게서 빼앗았으니

9 (헤르몬 산을 시돈 사람은 시룐이라 부르고 아모리 족속은 스닐이라 불렀느니라)

시 29:6

10 우리가 빼앗은 것은 평원의 모든 성읍과 길르앗 온 땅과 바산의 온 땅 곧 옥의 나라 바산의 성읍 살르가와 에드레이까지이니라

11 (르바임 족속의 남은 자는 바산 왕 옥뿐이었으며 그의 침상은 철 침상이라 아직도 암몬 족속의 랍바에 있지 아니

하냐 그것을 사람의 보통 1)규빗으로 재면 그 길이가 아홉 규빗이요 너비가 네 규빗이니라)

삼하 12:26

요단 강 동쪽에 자리잡은 지파들 (민 32:1-42)

12 ● 그 때에 우리가 이 땅을 얻으매 아르논 골짜기 곁의 아로엘에서부터 길르앗 산지 절반과 그 성읍들을 내가 르우벤 자손과 갓 자손에게 주었고

13 길르앗의 남은 땅과 옥의 나라였던 아르곱 온 지방 곧 온 바산으로는 내가 므낫세 반 지파에게 주었노라 (바산을 옛적에는 르바임의 땅이라 부르더니

14 므낫세의 아들 야일이 그술 족속과 마아갓 족속의 경계까지의 아르곱 온 지방을 점령하고 자기의 이름으로 이 바산을 오늘날까지 하봇야일이라 불러 오느니라)

15 내가 마길에게 길르앗을 주었고

16 르우벤 자손과 갓 자손에게는 길르앗에서부터 아르논 골짜기까지 주었으되 그 골짜기의 중앙으로 지역을 정하였으니 곧 암몬 자손의 지역 얍복 강가까지며

17 또는 아라바와 요단과 그 지역이요 긴네렛에서 아라바 바다 곧 염해와 비스가 산기슭에 이르기까지의 동쪽 지역이니라

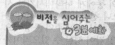

비전을 심어주는 3분 여화

가장 귀한 보물

　알렉산더는 온 세계를 하나로 만들겠다는 꿈을 품고 원정길을 떠났어요. 그는 길을 떠나기 전에 자기의 재산을 모두 사람들에게 나누어주었지요. 그러자 한 신하가 물었어요.

　"폐하께서는 왜 전 재산을 사람들에게 나누어주십니까?"

　"나는 재산 전부를 나누어준 것이 아니네. 내가 가장 아끼고 있는 보물만은 끝까지 간직하고 있을 걸세."

　"그 보물이 무엇입니까?"

　그러자 알렉산더는 빙그레 웃으며 말했답니다.

　"그것은 희망이네."

1)히. 암마

18 ●그 때에 내가 너희에게 명령하여 이르기를 너희의 하나님 여호와께서 이 땅을 너희에게 주어 기업이 되게 하셨은즉 너희의 군인들은 무장하거나 너희의 형제 이스라엘 자손의 선봉이 되어 건너가되

19 너희에게 가축이 많은 줄 내가 아노니 너희의 처자와 가축은 내가 너희에게 준 성읍에 머무르게 하라

20 여호와께서 너희에게 주신 것 같이 너희의 형제에게도 안식을 주시리니 그들도 요단 저쪽에서 너희의 하나님 여호와께서 그들에게 주시는 땅을 받아 기업을 삼기에 이르거든 너희는 각기 내가 준 기업으로 돌아갈 것이니라 하고

21 그 때에 내가 여호수아에게 명령하여 이르기를 너희의 하나님 여호와께서 이 두 왕에게 행하신 모든 일을 네 눈으로 보았거니와 네가 가는 모든 나라에도 여호와께서 이와 같이 행하시리니

22 너희는 그들을 두려워하지 말라 너희의 하나님 여호와께서 친히 너희를 위하여 싸우시리라 하였노라

23 ●그 때에 내가 여호와께 간구하기를

24 주 여호와여 주께서 주의 크심과 주의 권능을 주의 종에게 나타내시기를 시작하셨사오니 천지간에 어떤 신이 능히 주께서 행하신 일 곧 주의 큰 능력으로 행하신 일 같이 행할 수 있으리이까

25 구하옵나니 나를 건너가게 하사 요단 저쪽에 있는 아름다운 땅, 아름다운 1)산과 레바논을 보게 하옵소서 하되

26 여호와께서 너희 때문에 내게 진노하사 내 말을 듣지 아니하시고 내게 이르시기를 그만해도 족하니 이 일로 다시 내게 말하지 말라

27 너는 비스가 산 꼭대기에 올라가서 눈을 들어 동서남북을 바라고 네 눈으로 그 땅을 바라보라 너는 이 요단을 건너지 못할 것임이니라

28 너는 여호수아에게 명령하고 그를 담대하게 하며 그를 강하게 하라 그는 이 백성을 거느리고 건너가서 네가 볼 땅을 그들이 기업으로 얻게 하리라 하셨느니라

29 그 때에 우리가 벳브올 맞은편 골짜기에 거주하였느니라

지켜야 할 하나님의 규례들

4 이스라엘아 이제 내가 너희에게 가르치는 규례와 법도를 듣고 준행하라 그리하면 너희가 살 것이요 너희 조상의 하나님 여호와께서 너희에게 주시는 땅에 들어가서 그것을 얻게 되리라

2 내가 너희에게 명령하는 말을 너희는 가감하지 말고 내가 너희에게 내리는 너희 하나님 여호와의 명령을 지키라

3 여호와께서 바알브올의 일로 말미암아 행하신 바를 너희가 눈으로 보았거니와 바알브올을 따른 모든 사람을 너희의 하나님 여호와께서 너희 가운데에서 멸망시키셨으되

4 오직 너희의 하나님 여호와께 붙어 떠나지 않은 너희는 오늘까지 다 생존하였느니라

5 내가 나의 하나님 여호와께서 명령하신 대로 규례와 법도를 너희에게 가르쳤나니 이는 너희가 들어가서 기업으로 차지할 땅에서 그대로 행하게 하려 함인즉

6 너희는 지켜 행하라 이것이 여러 민족 앞에서 너희의 지혜요 너희의 지식이라 그들이 이 모든 규례를 듣고 이르기

4 강 에는 무엇이 기록되어 있을까?

모세는 지난 역사를 돌이켜보면서, 하나님의 위대하심과 율법의 완전함을 근거로 하여 이스라엘 백성들이 하나님께 순종할 것을 권고하였어요. 또한 이스라엘이 직접 보아온 하나님의 놀라운 일들과 호렙 산에서 두 돌판을 받은 일을 기억하라고 당부하면서 우상 숭배를 경고하였지요.

1)산지

호렙 산(4:15)

를 이 큰 나라 사람은 과연 지혜와 지식이 있는 백성이로다 하리라

7 우리 하나님 여호와께서 우리가 그에게 기도할 때마다 우리에게 가까이 하심과 같이 그 신이 가까이 함을 얻은 큰 나라가 어디 있느냐

8 오늘 내가 너희에게 선포하는 이 율법과 같이 그 규례와 법도가 공의로운 큰 나라가 어디 있느냐

9 ●오직 너는 스스로 삼가며 네 마음을 힘써 지키라 그리하여 네가 눈으로 본 그 일을 잊어버리지 말라 네가 생존하는 날 동안에 그 일들이 네 마음에서 떠나지 않도록 조심하라 너는 그 일들을 네 아들들과 네 손자들에게 알게 하라

10 네가 호렙 산에서 네 하나님 여호와 앞에 섰던 날에 여호와께서 내게 이르시기를 나에게 백성을 모으라 내가 그들에게 내 말을 들려주어 그들이 세상에 사는 날 동안 나를 경외함을 배우게 하며 그 자녀에게 가르치게 하리라 하시매 _{출 19:7-9}

11 너희가 가까이 나아와서 산 아래에 서니 그 산에 불이 붙어 불길이 충천하고 어둠과 구름과 흑암이 덮였는데

12 여호와께서 불길 중에서 너희에게 말씀하시되 음성뿐이므로 너희가 그 말소리만 듣고 형상은 보지 못하였느니라

13 여호와께서 그의 언약을 너희에게 반포하시고 너희에게 지키라 명령하셨으니 곧 십계명이며 두 돌판에 친히 쓰

신 것이라

14 그 때에 여호와께서 내게 명령하사 너희에게 규례와 법도를 교훈하게 하셨나니 이는 너희가 거기로 건너가 받을 땅에서 행하게 하려 하심이니라

우상을 만들고 섬기지 말라

15 ●여호와께서 호렙 산 불길 중에서 너희에게 말씀하시던 날에 너희가 어떤 형상도 보지 못하였은즉 너희는 깊이 삼가라 _{출 19:9, 18}

16 그리하여 스스로 부패하여 자기를 위해 어떤 형상대로든지 우상을 새겨 만들지 말라 남자의 형상이든지, 여자의 형상이든지,

17 땅 위에 있는 어떤 짐승의 형상이든지, 하늘을 나는 날개 가진 어떤 새의 형상이든지,

18 땅 위에 기는 어떤 곤충의 형상이든지, 땅 아래 물 속에 있는 어떤 어족의 형상이든지 만들지 말라

19 또 그리하여 네가 하늘을 향하여 눈을 들어 해와 달과 별들, 하늘 위의 모든 천체 곧 너희의 하나님 여호와께서 천하 만민을 위하여 배정하신 것을 보고 미혹하여 그것에 경배하며 섬기지 말라

20 여호와께서 너희를 택하시고 너희를 쇠 풀무불 곧 애굽에서 인도하여 내사

술술 풀리는 성경말씀

바알브올의 일

바알브올의 일은 이스라엘 백성이 싯딤에 이르렀을 때, 일부 남자들이 모압 여자들의 유혹에 넘어가 그들과 음행을 저지르고 바알의 제사 의식에까지 참석한 사건이에요. 이것은 모압 왕 발락에게 매수되어 이스라엘을 저주하려다가 도리어 축복했던 발람이 모압을 부추겨서 벌어진 일이었지요(민 31:16).

모세는 범죄에 가담한 사람들을 공개적으로 처형했어요. 또한 하나님의 진노로 24,000명에 이르는 사람들이 전염병으로 죽게 되었지요. 이 전염병은 아론의 손자 비느하스가 미디안 여자와 음행을 하려던 시므온 지파의 족장 시므리를 죽인 뒤에야 그치게 되었답니다.

4장 3절

자기 기업의 백성을 삼으신 것이 오늘과 같아도 　　　　상11 8:5

21 여호와께서 너희로 말미암아 내게 진노하사 내게 요단을 건너지 못하며 내 하나님 여호와께서 네게 기업으로 주신 그 아름다운 땅에 들어가지 못하게 하리라고 맹세하셨은즉 　　1:37

22 나는 이 땅에서 죽고 요단을 건너지 못하려니와 너희는 건너가서 그 아름다운 땅을 얻으리니

23 너희는 스스로 삼가 너희의 하나님 여호와께서 너희와 세우신 언약을 잊지 말고 네 하나님 여호와께서 금하신 어떤 형상의 우상도 조각하지 말라

24 네 하나님 여호와는 소멸하는 불이시요 질투하시는 하나님이시니라

25 ●네가 그 땅에서 아들을 낳고 손자를 얻으며 오래 살게 될 때에 만일 스스로 부패하여 무슨 형상의 우상이든지 조각하여 네 하나님 여호와 앞에 악을 행함으로 그의 노를 일으키면 　　4:16

26 내가 오늘 천지를 불러 증거를 삼노니 너희가 요단을 건너가서 얻는 땅에서 속히 망할 것이라 너희가 거기서 너희의 날이 길지 못하고 전멸될 것이니라

27 여호와께서 너희를 여러 민족 중에 흩으실 것이요 여호와께서 너희를 쫓아 보내실 그 여러 민족 중에 너희의 남은 수가 많지 못할 것이며

우상 숭배 금지(4:15-31)

우상의 종류	남·녀의 형상, 땅 위 짐승의 형상, 새의 형상 곤충의 형상, 물 속 어족의 형상, 해·달·별 등 모든 형상(16~19절)
금지 이유	호렙 산에서 아무도 하나님의 형상을 보지 못했기 때문에(15절)
하나님의 나타나심	소멸하시는 불, 질투하시는 하나님(24절)
징계	약속의 땅에서 속히 망함(26절) 날이 길지 못하고 모두 멸망함(26절) 여러 민족 중에 흩어짐(27절) 여러 민족 중에 남은 자가 많지 않음(27절) 목석의 신들을 섬기게 됨(28절)

28 너희는 거기서 사람의 손으로 만든 바 보지도 못하며 듣지도 못하며 먹지도 못하며 냄새도 맡지 못하는 목석의 신들을 섬기리라

29 그러나 네가 거기서 네 하나님 여호와를 찾게 되리니 만일 마음을 다하고 뜻을 다하여 그를 찾으면 만나리라

30 이 모든 일이 네게 임하여 환난을 당하다가 끝날에 네가 네 하나님 여호와께로 돌아와서 그의 말씀을 청종하리니

31 네 하나님 여호와는 자비하신 하나님이심이라 그가 너를 버리지 아니하시며 너를 멸하지 아니하시며 네 조상들에게 맹세하신 언약을 잊지 아니하시리라

32 ●네가 있기 전 하나님이 사람을 세상에 창조하신 날부터 지금까지 지나간 날을 상고하여 보라 하늘 이 끝에서 저 끝까지 이런 큰 일이 있었느냐 이런 일을 들은 적이 있었느냐

33 어떤 국민이 불 가운데에서 말씀하시는 하나님의 음성을 너처럼 듣고 생존하였느냐

34 어떤 1)신이 와서 시험과 이적과 기사와 전쟁과 강한 손과 편 팔과 크게 두려운 일로 한 민족을 다른 민족에게서 인도하여 낸 일이 있느냐 이는 다 너희의 하나님 여호와께서 애굽에서 너희를 위하여 너희의 목전에서 행하신 일이라

35 이것을 네게 나타내심은 여호와는 하나님이시요 그 외에는 다른 신이 없음을 네게 알게 하려 하심이니라

36 여호와께서 너를 교훈하시려고 하늘에서부터 그의 음성을 네게 듣게 하시며 땅에서는 그의 큰 불을 네게 보이시고 네가 불 가운데서 나오는 그의 말씀을 듣게 하셨느니라 　　31 12:18

37 여호와께서 네 조상들을 사랑하신 고

---

1) 히, 하나님

청종(4:30) 시키는 대로 온순하게 순종함.
상고(4:32) 자세하게 검토함.
언약(5:2) 말로 약속하는 일. 성경.

바산 골란이 있는 시리아 쪽에서 본
헤르몬 산(4:43.48)

로 그 후손인 너를 택하시고 큰 권능으
로 친히 인도하여 애굽에서 나오게 하
시며

38 너보다 강대한 여러 민족을 네 앞에서
쫓아내고 너를 그들의 땅으로 인도하
여 들여서 그것을 네게 기업으로 주려
하심이 오늘과 같으니라

39 그런즉 너는 오늘 위로 하늘에나 아래
로 땅에 오직 여호와는 하나님이시요
다른 신이 없는 줄을 알아 명심하고

40 오늘 내가 네게 명령하는 여호와의 규
례와 명령을 지키라 너와 네 후손이 복
을 받아 네 하나님 여호와께서 네게 주
시는 땅에서 한 없이 오래 살리라

요단 강 동쪽의 도피성

41 ●그 때에 모세가 요단 이쪽 해 돋는 쪽
에서 세 성읍을 구별하였으니

42 이는 과거에 원한이 없이 부지중에 살
인한 자가 그 곳으로 도피하게 하기 위
함이며 그 중 한 성읍으로 도피한 자가
그의 생명을 보전하게 하기 위함이라

43 하나는 광야 평원에 있는 베셀이라 르
우벤 지파를 위한 것이요 하나는 길르
앗 라못이라 갓 지파를 위한 것이요 하
나는 바산 골란이라 므낫세 지파를 위
한 것이었더라

모세가 선포한 율법

44 ●모세가 이스라엘 자손에게 선포한
율법은 이러하니라

45 이스라엘 자손이 애굽에서 나온 후에
모세가 증언과 규례와 법도를 선포하
였으니

46 요단 동쪽 벳브올을 맞은편 골짜기에서

그리하였더라 이 땅은 헤스본에 사는
아모리 족속의 왕 시혼에게 속하였더
니 모세와 이스라엘 자손이 애굽에서
나온 후에 그를 쳐서 멸하고

47 그 땅을 기업으로 얻었고 또 바산 왕 옥
의 땅을 얻었으니 그 두 사람은 아모리
족속의 왕으로서 요단 이쪽 해 돋는 쪽
에 살았으며

48 그 얻은 땅은 아르논 골짜기 가장자리
의 아로엘에서부터 시온 산 곧 헤르몬
산까지요 　　　　　　　　　　3:12

49 요단 이쪽 곧 그 동쪽 온 아라바니 비스
가 기슭 아래 아라바의 바다까지이니라

닙계명 (출 20:1~17) ─ B. C. 1410년경

5
모세가 온 이스라엘을 불러 그들에
게 이르되 이스라엘아 오늘 내가
너희의 귀에 말하는 규례와 법도를 듣
고 그것을 배우며 지켜 행하라

2 우리 하나님 여호와께서 호렙 산에서
우리와 언약을 세우셨나니

3 이 언약은 여호와께서 우리 조상들과
세우신 것이 아니요 오늘 여기 살아 있
는 우리 곧 우리와 세우신 것이라

4 여호와께서 산 위 불 가운데에서 너희
와 대면하여 말씀하시매

5 그 때에 너희가 불을 두려워하여 산에
오르지 못하므로 내가 여호와와 너희
중간에 서서 여호와의 말씀을 너희에
게 전하였노라 여호와께서 이르시되

6 나는 너를 애굽 땅, 종 되었던 집에서
인도하여 낸 네 하나님 여호와라

7 ●나 외에는 다른 신들을 네게 두지 말
지니라

5장 에는 무엇이 기록되어 있을까?

모세의 두 번째 설교(4:44~28:68)
는 언약 신앙의 본질(5:1~11:32)이 무엇이며
생생한 언약 규정(12:1~26:19)이 무엇인지를
가르쳐주고 있어요. 5장에서 모세는 호렙 산에
서 두 돌판을 받던 광경을 떠올리면서 그 돌판
에 새겨진 십계명을 소개했지요. 십계명은 하나
님과 이스라엘이 맺은 언약의 기초랍니다.

8 ●너는 자기를 위하여 새긴 우상을 만들지 말고 위로 하늘에 있는 것이나 아래로 땅에 있는 것이나 땅밑 물 속에 있는 것의 어떤 형상도 만들지 말며

9 그것들에게 절하지 말며 그것들을 섬기지 말라 나 네 하나님 여호와는 질투하는 하나님인즉 나를 미워하는 자의 죄를 갚되 아버지로부터 아들에게로 삼사 대까지 이르게 하거니와

10 나를 사랑하고 내 계명을 지키는 자에게는 천 대까지 은혜를 베푸느니라

11 ●너는 네 하나님 여호와의 이름을 망령되이 일컫지 말라 나 여호와는 내 이름을 망령되이 일컫는 자를 죄 없는 줄로 인정하지 아니하리라

12 ●네 하나님 여호와가 네게 명령한 대로 안식일을 지켜 거룩하게 하라

13 엿새 동안은 힘써 네 모든 일을 행할 것이나

14 일곱째 날은 네 하나님 여호와의 안식일인즉 너나 네 아들이나 네 딸이나 네 남종이나 네 여종이나 네 소나 네 나귀나 네 모든 가축이나 네 문 안에 유하는 객이라도 아무 일도 하지 못하게 하고 네 남종이나 네 여종에게 너 같이 안식하게 할지니라 창 2:2

15 너는 기억하라 네가 애굽 땅에서 종이 되었더니 네 하나님 여호와가 강한 손과 편 팔로 거기서 너를 인도하여 내었

나니 그러므로 네 하나님 여호와가 네게 명령하여 안식일을 지키라 하느니라

16 ●너는 네 하나님 여호와께서 명령한 대로 네 부모를 공경하라 그리하면 네 하나님 여호와가 네게 준 땅에서 네 생명이 길고 복을 누리리라

17 ●살인하지 말지니라

18 ●간음하지 말지니라

19 ●도둑질 하지 말지니라

20 ●네 이웃에 대하여 거짓 증거하지 말지니라

21 ●네 이웃의 아내를 탐내지 말지니라 네 이웃의 집이나 그의 밭이나 그의 남종이나 그의 여종이나 그의 소나 그의 나귀나 네 이웃의 모든 소유를 탐내지 말지니라 롬 7:7

여호와의 음성 듣기를 두려워하다(출 20:18~21)

22 ●여호와께서 이 모든 말씀을 산 위 불 가운데, 구름 가운데, 흑암 가운데에서 큰 음성으로 너희 총회에 이르신 후에 더 말씀하지 아니하시고 그것을 두 돌판에 써서 내게 주셨느니라

23 산이 불에 타며 캄캄한 가운데에서 나오는 그 소리를 너희가 듣고 너희 지파의 수령과 장로들이 내게 나아와

24 말하되 우리 하나님 여호와께서 그의 영광과 위엄을 우리에게 보이시매 불 가운데에서 나오는 음성을 우리가 들었고 하나님이 사람과 말씀하시되 그

선생님!! 궁금해요

부모님께 순종하면 어떤 복을 받아요?

성경 말씀을 살펴보면 십계명을 통해서 부모님을 공경하라고 가르쳐주신 것을 알 수 있어요. 사람들을 위한 계명(제5~10계명) 중에 제일 중요한 계명이죠. 부모님께 순종하면 하나님과 부모님이 무척 기뻐하세요.

이 계명에는 하나님의 약속이 있어요. 땅에서 잘되는 복을 받게 되지요. 세상에서 사는 동안 하는 일이 잘되는 것은 우리의 재능이나 노력보다 하나님의 은혜예요. 하나님이 도와주시니까요. 그리고 또 다른 약속도 있어요. 바로 장수의 축복을 받게 된다는 말씀이에요. 건강하기 위해서 음식을 골고루 먹고 운동하는 것도 좋지만, 이보다 더 중요한 것은 부모님께 순종해서 하나님의 은총을 받는 것이랍니다.

5장 16절

사람이 생존하는 것을 오늘 우리가 보았나이다

25 이제 우리가 죽을 까닭이 무엇이니이까 이 큰 불이 우리를 삼킬 것이요 만일 우리가 우리 하나님 여호와의 음성을 다시 들으면 죽을 것이라

26 육신을 가진 자로서 우리처럼 살아 계시는 하나님의 음성이 불 가운데에서 발함을 듣고 생존한 자가 누구니이까

27 당신은 가까이 나아가서 우리 하나님 여호와께서 하시는 말씀을 다 듣고 우리 하나님 여호와께서 당신에게 이르시는 것을 다 우리에게 전하소서 우리가 듣고 행하겠나이다 하였느니라

28 ●여호와께서 너희가 내게 말할 때에 너희가 말하는 소리를 들으신지라 여호와께서 내게 이르시되 이 백성이 네게 말하는 그 말소리를 내가 들은즉 그 말이 다 옳도다

29 다만 그들이 항상 이같은 마음을 품어 나를 경외하며 내 모든 명령을 지켜서 그들과 그 자손이 영원히 복 받기를 원하노라

30 가서 그들에게 각기 장막으로 돌아가라 이르고

31 너는 여기 내 곁에 서 있으라 내가 모든 명령과 규례와 법도를 네게 이르리니 너는 그것을 그들에게 가르쳐서 내가 그들에게 기업으로 주는 땅에서 그들로 이것을 행하라 하셨느니라

32 그런즉 너희 하나님 여호와께서 너희에게 명령하신 대로 너희는 삼가 행하여 좌로나 우로나 치우치지 말고

33 너희 하나님 여호와께서 너희에게 명령하신 모든 도를 행하라 그리하면 너희가 살 것이요 복이 너희에게 있을 것이며 너희가 차지한 땅에서 너희의 날이 길리라

여호와의 명령과 규례와 법도 ─ B.C. 1410년경

6 이는 곧 너희의 하나님 여호와께서 너희에게 가르치라고 명하신 명령과 규례와 법도라 너희가 건너가서 차

지할 땅에서 행할 것이니

2 곧 너와 네 아들과 네 손자들이 평생에 네 하나님 여호와를 경외하며 내가 너희에게 명한 그 모든 규례와 명령을 지키게 하기 위한 것이며 또 네 날을 장구하게 하기 위한 것이라

3 이스라엘아 듣고 삼가 그것을 행하라 그리하면 네가 복을 받고 네 조상들의 하나님 여호와께서 네게 허락하심 같이 젖과 꿀이 흐르는 땅에서 네가 크게 번성하리라

출 3:8

4 ●이스라엘아 들으라 우리 하나님 여호와는 오직 유일한 여호와이시니

소 17:3

5 너는 마음을 다하고 뜻을 다하고 힘을 다하여 네 하나님 여호와를 사랑하라

6 오늘 내가 네게 명하는 이 말씀을 너는 마음에 새기고

7 네 자녀에게 부지런히 가르치며 집에 앉았을 때에든지 길을 갈 때에든지 누워 있을 때에든지 일어날 때에든지 이 말씀을 강론할 것이며

8 너는 또 그것을 네 손목에 매어 기호를 삼으며 네 미간에 붙여 표로 삼고

9 또 네 집 문설주와 바깥 문에 기록할지니라

불순종에 대한 경고

10 ●네 하나님 여호와께서 네 조상 아브라함과 이삭과 야곱을 향하여 네게 주리라 맹세하신 땅으로 너를 들어가게 하시고 네가 건축하지 아니한 크고 아름다운 성읍을 얻게 하시며

11 네가 채우지 아니한 아름다운 물건이 가득한 집을 얻게 하시며 네가 파지 아

6장에는 무엇이 기록되어 있을까?

6장에는 신명기 전체의 주제이기도 한, '여호와를 사랑하라'는 명령으로 되어 있어요. 특히 유대인들은 전통적으로 4~9절을 '쉐마'라고 하여 날마다 낭송하는 신앙 고백으로 삼았지요. 한편, 모세는 애굽 종살이에서 구원해 주신 하나님의 크신 은혜를 잊지 말고, 그것을 우리 손들에게도 전해야 할 것을 강조했답니다.

니한 우물을 차지하게 하시며 네가 심
지 아니한 포도원과 감람나무를 차지
하게 하사 네게 배불리 먹게 하실 때에
12 너는 조심하여 너를 애굽 땅 종 되었던
집에서 인도하여 내신 여호와를 잊지
말고
13 네 하나님 여호와를 경외하며 그를 섬
기며 그의 이름으로 맹세할 것이니라
14 너희는 다른 신들 곧 네 사면에 있는 백
성의 신들을 따르지 말라
15 너희 중에 계신 너희의 하나님 여호와
는 질투하시는 하나님이신즉 너희의
하나님 여호와께서 네게 진노하사 너
를 지면에서 멸절시키실까 두려워하
노라
16 ●너희가 맛사에서 시험한 것 같이 너
희의 하나님 여호와를 시험하지 말고
17 너희의 하나님 여호와께서 너희에게
명하신 명령과 증거와 규례를 삼가 지
키며
18-19 여호와께서 보시기에 정직하고 선
량한 일을 행하라 그리하면 네가 복을
받고 그 땅에 들어가서 여호와께서 모
든 대적을 네 앞에서 쫓아내시겠다고
네 조상들에게 맹세하신 아름다운 땅
을 차지하리니 여호와의 말씀과 같으
니라

20 ●후일에 네 아들이 네게 묻기를 우리
하나님 여호와께서 명령하신 증거와
규례와 법도가 무슨 뜻이냐 하거든
21 너는 네 아들에게 이르기를 우리가 옛
적에 애굽에서 바로의 종이 되었더니
여호와께서 권능의 손으로 우리를 애
굽에서 인도하여 내셨나니　출 13:8, 14
22 곧 여호와께서 우리의 목전에서 크고
두려운 이적과 기사를 애굽과 바로와
그의 온 집에 베푸시고
23 우리 조상들에게 맹세하신 땅을 우리
에게 주어 들어가게 하시려고 우리를
거기서 인도하여 내시고
24 여호와께서 우리에게 이 모든 규례를
지키라 명령하셨으니 이는 우리가 우
리 하나님 여호와를 경외하여 항상 복
을 누리게 하기 위하심이며 또 여호와
께서 우리를 오늘과 같이 살게 하려 하
심이라
25 우리가 그 명령하신 대로 이 모든 명령
을 우리 하나님 여호와 앞에서 삼가 지
키면 그것이 곧 우리의 의로움이니라
할지니라

여호와께서 택하신 민족 (출 34:11-16)

7 네 하나님 여호와께서 너를 인도하
사 네가 가서 차지할 땅으로 들이
시고 네 앞에서 여러 민족 헷 족속과 기
르가스 족속과 아모리 족속과 가나안
족속과 브리스 족속과 히위 족속과 여
부스 족속 곧 너보다 많고 힘이 센 일
곱 족속을 쫓아내실 때에　출 3:8
2 네 하나님 여호와께서 그들을 네게 넘
겨 네게 치게 하시리니 그 때에 너는 그
들을 진멸할 것이라 그들과 어떤 언약
도 하지 말 것이요 그들을 불쌍히 여기
지도 말 것이며
3 또 그들과 혼인하지도 말지니 네 딸을
그들의 아들에게 주지 말 것이요 그들
의 딸도 네 며느리로 삼지 말 것은
4 그가 네 아들을 유혹하여 그가 여호와
를 떠나고 다른 신들을 섬기게 하므로
여호와께서 너희에게 진노하사 갑자

술술 풀리는 명령말씀

그리스도인의 기준

신을 섬기는 자들은 옳든 그르든 간에 자신이 섬기
는 신의 특징을 닮아가기 마련이지요. 여기서 '따르
지 말라'는 말은, 그릇된 신들을 모범으로 삼지 말라
는 뜻이에요.

가나안, 헬라, 로마 사람들은 부도덕한 사람들이
었어요. 왜냐하면 부도덕한 신을 섬기고 그 신을 그
들의 모범으로 삼았기 때문이에요. 그리스도인들은
하나님을 '따르는 자들'입니다. 따라서 하나님을 기
준으로 삼고 그분의 거룩함을 닮아가야 하지요.

하나님께서는 모든 믿는 자들에게 말씀하세요.
"하늘에 계신 너희 아버지의 온전하심과 같이 너희
도 온전하라"(마 5:48).　　6장 14절

기 너희를 멸하실 것임이니라

5 오직 너희가 그들에게 행할 것은 이러하니 그들의 제단을 헐며 주상을 깨뜨리며 아세라 목상을 찍으며 조각한 우상들을 불사를 것이니라

B.C. 1900년
경의 아세라
신상(7:5)

6 너는 여호와 네 하나님의 성민이라 네 하나님 여호와께서 지상 만민 중에서 너를 자기 기업의 백성으로 택하셨나니

7 여호와께서 너희를 기뻐하시고 너희를 택하심은 너희가 다른 민족보다 수효가 많기 때문이 아니니라 너희는 오히려 모든 민족 중에 가장 적으니라

8 여호와께서 다만 너희를 사랑하심으로 말미암아, 또는 너희의 조상들에게 하신 맹세를 지키려 하심으로 말미암아 자기의 권능의 손으로 너희를 인도하여 내시되 너희를 그 종 되었던 집에서 애굽 왕 바로의 손에서 속량하셨나니

9 그런즉 너는 알라 오직 네 하나님 여호와는 하나님이시요 신실하신 하나님이시라 그를 사랑하고 그의 계명을 지키는 자에게는 천 대까지 그의 언약을 이행하시며 인애를 베푸시되

10 그를 미워하는 자에게는 당장에 보응하여 멸하시나니 여호와는 자기를 미워하는 자에게 지체하지 아니하시고 당장에 그에게 보응하시느니라

11 그런즉 너는 오늘 내가 네게 명하는 명령과 규례와 법도를 지켜 행할지니라

법도를 듣고 지켜 행하면 (민 28:1~14)

12 ●너희가 이 모든 법도를 듣고 지켜 행하면 네 하나님 여호와께서 네 조상들에게 맹세하신 언약을 지켜 네게 인애를 베푸실 것이라

13 곧 너를 사랑하시고 복을 주사 너를 번성하게 하시되 네게 맹세하신 땅에서 네 소생에게 은혜를 베푸시며 네 토지 소산과 곡식과 포도주와 기름을 풍성하게 하시고 네 소와 양을 번식하게 하시리니

14 네가 복을 받음이 만민보다 훨씬 더하여 너희 중의 남녀와 너희의 짐승의 암수에 생육하지 못함이 없을 것이며

15 여호와께서 또 모든 질병을 네게서 멀리 하사 너희가 아는 애굽의 악질에 걸리지 않게 하시고 너를 미워하는 모든 자에게 걸리게 하실 것이라

16 네 하나님 여호와께서 네게 넘겨주신 모든 민족을 네 눈이 긍휼히 여기지 말고 진멸하며 그들의 신을 섬기지 말라 그것이 네게 올무가 되리라

17 ●네가 혹시 심중에 이르기를 이 민족들이 나보다 많으니 내가 어찌 그를 쫓아낼 수 있으리요 하리라마는

18 그들을 두려워하지 말고 네 하나님 여호와께서 바로와 온 애굽에 행하신 것을 잘 기억하되

19 네 하나님 여호와께서 너를 인도하여 내실 때에 네가 본 큰 시험과 이적과 기사와 강한 손과 편 팔을 기억하라 네 하나님 여호와께서 네가 두려워하는 모든 민족에게 그와 같이 행하실 것이요

7장 에는 무엇이 기록되어 있을까?

7장은 이스라엘이 가나안을 정복한 후, 하나님의 거룩한 백성답게 행해야 할 것들을 가르치는 내용이에요. 이를 위해서 이스라엘은 우상 숭배하는 이방 족속들을 철저히 진멸하는데, 이것은 전쟁을 일으키려는 것이 아니라, 하나님의 공의로운 나라를 세우려는 것이지요.

선량(6:18~19) 착하고 어짊.
성민(7:6) 하나님의 백성으로 택함된 이스라엘 민족.
신실(7:9) 믿음성이 있고 착실함.

20 네 하나님 여호와께서 또 왕벌을 그들 중에 보내어 그들의 남은 자와 너를 피하여 숨은 자를 멸하시리니 수 24:12

21 너는 그들을 두려워하지 말라 너희의 하나님 여호와 곧 크고 두려운 하나님이 너희 중에 계심이니라

22 네 하나님 여호와께서 이 민족들을 네 앞에서 조금씩 쫓아내시리니 너는 그들을 급히 멸하지 말라 들짐승이 번성하여 너를 해할까 하노라

23 네 하나님 여호와께서 그들을 네게 넘기시고 그들을 크게 혼란하게 하여 마침내 진멸하시고

24 그들의 왕들을 네 손에 넘기시리니 너는 그들의 이름을 천하에서 제하여 버리라 너를 당할 자가 없이 네가 마침내 그들을 진멸하리라

25 너는 그들이 조각한 신상들을 불사르고 그것에 입힌 은이나 금을 탐내지 말며 취하지 말라 네가 그것으로 말미암아 올무에 걸릴까 하노니 이는 네 하나님 여호와께서 가증히 여기시는 것임이니라

26 너는 가증한 것을 네 집에 들이지 말라 너도 그것과 같이 진멸 당할까 하노라 너는 그것을 멀리하며 심히 미워하라 그것은 진멸 당할 것임이니라

이스라엘이 차지할 아름다운 땅

8 내가 오늘 명하는 모든 명령을 너희는 지켜 행하라 그리하면 너희가 살고 번성하고 여호와께서 너희의 조상들에게 맹세하신 땅에 들어가서 그것을 차지하리라

2 네 하나님 여호와께서 이 사십 년 동안에 네게 광야 길을 걷게 하신 것을 기억하라 이는 너를 낮추시며 너를 시험하사 네 마음이 어떠한지 그 명령을 지키는지 지키지 않는지 알려 하심이라

3 너를 낮추시며 너를 주리게 하시며 또 너도 알지 못하며 네 조상들도 알지 못하던 만나를 네게 먹이신 것은 사람이 떡으로만 사는 것이 아니요 여호와의 입에서 나오는 모든 말씀으로 사는 줄을 네가 알게 하려 하심이니라 마 4:4

4 이 사십 년 동안에 네 의복이 해어지지 아니하였고 네 발이 부르트지 아니하였느니라 29:5

5 너는 사람이 그 아들을 징계함 같이 네 하나님 여호와께서 너를 징계하시는 줄 마음에 생각하고

6 네 하나님 여호와의 명령을 지켜 그의 길을 따라가며 그를 경외할지니라

7 네 하나님 여호와께서 너를 아름다운 땅에 이르게 하시나니 그 곳은 골짜기든지 산지든지 시내와 분천과 샘이 흐르고

8 밀과 보리의 소산지요 포도와 무화과와

와 석류와 감람나무와 꿀의 소산이라
9 네가 먹을 것에 모자람이 없고 네게 아무 부족함이 없는 땅이며 그 땅의 돌은 철이요 산에서는 동을 캘 것이니
10 네가 먹어서 배부르고 네 하나님 여호와께서 옥토를 네게 주셨음으로 말미암아 그를 찬송하리라

여호와를 잊지 말라

11 ●내가 오늘 네게 명하는 여호와의 명령과 법도와 규례를 지키지 아니하고 네 하나님 여호와를 잊어버리지 않도록 삼갈지어다
12 네가 먹어서 배부르고 아름다운 집을 짓고 거주하게 되며
13 또 네 소와 양이 번성하며 네 은금이 증식되며 네 소유가 다 풍부하게 될 때에
14 네 마음이 교만하여 네 하나님 여호와를 잊어버릴까 염려하노라 여호와는 너를 애굽 땅 종 되었던 집에서 이끌어 내시고
15 너를 인도하여 그 광대하고 위험한 광야 곧 불뱀과 전갈이 있고 물이 없는 간조한 땅을 지나게 하셨으며 또 너를 위하여 단단한 반석에서 물을 내셨고
16 네 조상들도 알지 못하던 만나를 광야에서 네게 먹이셨나니 이는 다 너를 낮추시며 너를 시험하사 마침내 네게 복을 주려 하심이었느니라
17 그러나 네가 마음에 이르기를 내 능력과 내 손의 힘으로 내가 이 재물을 얻었다 말할 것이라
18 네 하나님 여호와를 기억하라 그가 네게 재물 얻을 능력을 주셨음이라 이같이 하심은 네 조상들에게 맹세하신 언약을 오늘과 같이 이루려 하심이니라
19 네가 만일 네 하나님 여호와를 잊어버리고 다른 신들을 따라 그들을 섬기며 그들에게 절하면 내가 너희에게 증거하노니 너희가 반드시 멸망할 것이라
20 여호와께서 너희 앞에서 멸망시키신 민족들 같이 너희도 멸망하리니 이는 너희가 너희의 하나님 여호와의 소리

를 청종하지 아니함이니라

단 9:11,12

백성의 불순종 — B.C. 1410년경

9 이스라엘아 들으라 네가 오늘 요단을 건너 너보다 강대한 나라들로 들어가서 그것을 차지하리니 그 성읍들은 크고 성벽은 하늘에 닿았으며
2 크고 많은 백성은 네가 아는 아낙 자손이라 그에 대한 말을 네가 들었나니 이르기를 누가 아낙 자손을 능히 당하리요 하거니와
3 오늘 너는 알라 네 하나님 여호와께서 맹렬한 불과 같이 네 앞에 나아가신즉 여호와께서 그들을 멸하사 네 앞에 엎드러지게 하시리니 여호와께서 네게 말씀하신 것 같이 너는 그들을 쫓아내며 속히 멸할 것이라

사 78:52,53

4 네 하나님 여호와께서 그들을 네 앞에서 쫓아내신 후에 네가 심중에 이르기를 내 공의로움으로 말미암아 여호와께서 나를 이 땅으로 인도하여 들여서 그것을 차지하게 하셨다 하지 말라 이 민족들이 악함으로 말미암아 여호와께서 그들을 네 앞에서 쫓아내심이니라
5 네가 가서 그 땅을 차지함은 네 공의로 말미암음도 아니며 네 마음이 정직함으로 말미암음도 아니요 이 민족들이 악함으로 말미암아 네 하나님 여호와께서 그들을 네 앞에서 쫓아내심이라 여호와께서 이같이 하심은 네 조상 아브라함과 이삭과 야곱에게 하신 맹세를 이루려 하심이니라
6 ●그러므로 네가 알 것은 네 하나님 여호와께서 네게 이 아름다운 땅을 기업으로 주신 것이 네 공의로 말미암음이

9 장 에는 무엇이 기록되어 있을까?

모세는 이스라엘이 가나안 땅을 차지하게 된 것은 이스라엘의 힘으로 된 것이 아니라 하나님의 은혜로우신 뜻 가운데 이루어진 것임을 밝혔어요. 또한 출애굽 이후 이스라엘이 거듭하여 범했던 반역과 불순종의 자취들, 그리고 자신의 중보기도를 상기시켰습니다.

아니라라 너는 목이 곧은 백성이니라

7 너는 광야에서 네 하나님 여호와를 격노하게 하던 일을 잊지 말고 기억하라 네가 애굽 땅에서 나오던 날부터 이 곳에 이르기까지 늘 여호와를 거역하였으되

8 호렙 산에서 너희가 여호와를 격노하게 하였으므로 여호와께서 진노하사 너희를 멸하려 하셨느니라 　출 32:7

9 그 때에 내가 돌판들 곧 여호와께서 너희와 세우신 언약의 돌판들을 받으려고 산에 올라가서 사십 주 사십 야를 산에 머물며 떡도 먹지 아니하고 물도 마시지 아니하였더니 　출 24:12

10 여호와께서 두 돌판을 내게 주셨나니 그 돌판의 글은 하나님이 손으로 기록하신 것이요 너희의 총회 날에 여호와께서 산상 불 가운데서 너희에게 이르신 모든 말씀이니라 　4:13

11 사십 주 사십 야를 지난 후에 여호와께서 내게 돌판 곧 언약의 두 돌판을 주시고

12 내게 이르시되 일어나 여기서 속히 내려가라 네가 애굽에서 인도하여 낸 네 백성이 스스로 부패하여 내가 그들에게 명령한 도를 속히 떠나 자기를 위하여 우상을 부어 만들었느니라

13 여호와께서 또 *내게* 말씀하여 이르시되 내가 이 백성을 보았노라 보라 이는 목이 곧은 백성이니라

14 나를 막지 말라 내가 그들을 멸하여 그들의 이름을 천하에서 없애고 너를 그들보다 강대한 나라가 되게 하리라 하시기로

15 내가 돌이켜 산에서 내려오는데 산에는 불이 붙었고 언약의 두 돌판은 내 두 손에 있었느니라

16 내가 본즉 너희가 너희의 하나님 여호와께 범죄하여 자기를 위하여 송아지를 부어 만들어서 여호와께서 명령하신 도를 빨리 떠났기로

17 내가 그 두 돌판을 내 두 손에 들어 던져 너희의 목전에서 깨뜨렸노라

18 그리고 내가 전과 같이 사십 주 사십 야를 여호와 앞에 엎드려서 떡도 먹지 아니하고 물도 마시지 아니하였으니 이는 너희가 여호와의 목전에 악을 행하여 그를 격노하게 하여 크게 죄를 지었음이라

19 여호와께서 심히 분노하사 너희를 멸하려 하셨으므로 내가 두려워하였노라 그러나 여호와께서 그 때에도 내 말을 들으셨고

20 여호와께서 또 아론에게 진노하사 그를 멸하려 하셨으므로 내가 그 때에도 아론을 위하여 기도하고

21 너희의 죄 곧 너희가 만든 송아지를 가져다가 불살라 찧고 티끌 같이 가늘게 갈아 그 가루를 산에서 흘러내리는 시내에 뿌렸노라

22 ●너희가 다베라와 맛사와 기브롯 핫다아와에서도 여호와를 격노하게 하였느니라 　민 11:3

23 여호와께서 너희를 가데스 바네아에서 떠나게 하실 때에 이르시기를 너희는 올라가서 내가 너희에게 준 땅을 차지하라 하시되 너희가 너희의 하나님 여호와의 명령을 거역하여 믿지 아니하고 그 말씀을 듣지 아니하였나니

24 내가 너희를 알던 날부터 너희가 항상 여호와를 거역하여 왔느니라 9:7

25 ●그 때에 여호와께서 너희를 멸하겠다 하셨으므로 내가 여전히 사십 주야를 여호와 앞에 엎드리고 9:18

26 여호와께 간구하여 이르되 주 여호와여 주께서 큰 위엄으로 속량하시고 강한 손으로 애굽에서 인도하여 내신 주의 백성 곧 주의 기업을 멸하지 마옵소서

27 주의 종 아브라함과 이삭과 야곱을 생각하사 이 백성의 완악함과 악과 죄를 보지 마옵소서

28 주께서 우리를 인도하여 내신 그 땅 백성이 말하기를 여호와께서 그들에게 허락하신 땅으로 그들을 인도하여 들일 만한 능력도 없고 그들을 미워하기도 하사 광야에서 죽이려고 인도하여 내셨다 할까 두려워하나이다

29 그들은 주의 큰 능력과 펴신 팔로 인도하여 내신 주의 백성 곧 주의 기업으로 소이다 하였노라

신 광야의 싯딤 나무(10:3)

모세가 십계명을 다시 받다 (출 34:1-10)

10 그 때에 여호와께서 내게 이르시기를 너는 처음과 같은 두 돌판을 다듬어 가지고 산에 올라 내게로 나아오고 또 나무궤 하나를 만들라

2 네가 깨뜨린 처음 판에 쓴 말을 내가 그 판에 쓰리니 너는 그것을 그 궤에 넣으라 하시기로

3 내가 조각목으로 궤를 만들고 처음 것과 같은 돌판 둘을 다듬어 손에 들고 산에 오르매

4 여호와께서 그 총회 날에 산 위 불 가운데에서 너희에게 이르신 십계명을 처음과 같이 그 판에 쓰시고 그것을 내게 주시기로

5 내가 돌이켜 산에서 내려와서 여호와께서 내게 명령하신 대로 그 판을 내가 만든 궤에 넣었더니 지금까지 있느니라

6 (이스라엘 자손이 [1]브에롯 브네야아간에서 길을 떠나 모세라에 이르러 아론이 거기서 죽어 장사되었고 그의 아들 엘르아살이 그를 이어 제사장의 직임을 행하였으며

7 또 거기를 떠나 굿고다에 이르고 굿고다를 떠나 욧바다에 이른즉 그 땅에는 시내가 많았으며

8 그 때에 여호와께서 레위 지파를 구별하여 여호와의 언약 궤를 메게 하며 여호와 앞에 서서 그를 섬기며 또 여호와의 이름으로 축복하게 하셨으니 그 일은 오늘까지 이르느니라

9 그러므로 레위는 그의 형제 중에 분깃이 없으며 기업이 없고 네 하나님 여호와께서 그에게 말씀하심 같이 여호와가 그의 기업이시니라)

10 내가 처음과 같이 사십 주야를 산에 머물렀고 그 때에도 여호와께서 내 말을 들으사 너를 차마 멸하지 아니하시고

11 여호와께서 내게 이르시되 일어나서 백성보다 먼저 길을 떠나라 내가 그들에게 주리라고 그들의 조상들에게 맹세한 땅에 그들이 들어가서 그것을 차지하리라 하셨느니라

10장 에는 무엇이 기록되어 있을까?

모세는 하나님께서 다시금 두 돌판을 주신 사건을 회상하며, 이스라엘의 불순종과 하나님의 자비를 생생하게 비교하고 있어요. 이 사건은 하나님이 이스라엘을 버리지 않으시고 그들과 맺으신 약속을 신실하게 지키신다는 표시였지요. 그러므로 이스라엘은 하나님만을 섬기며 순종함으로써 그 은혜를 잊지 말아야 했답니다.

---

1) 야아간의 아들들의 우물들

여호와께서 요구하시는 것

12 ●이스라엘아 네 하나님 여호와께서 네게 요구하시는 것이 무엇이냐 곧 네 하나님 여호와를 경외하여 그의 모든 도를 행하고 그를 사랑하며 마음을 다하고 뜻을 다하여 네 하나님 여호와를 섬기고

13 내가 오늘 네 행복을 위하여 네게 명하는 여호와의 명령과 규례를 지킬 것이 아니냐

14 하늘과 모든 하늘의 하늘과 땅과 그 위의 만물은 본래 네 하나님 여호와께 속한 것이로되

15 여호와께서 오직 네 조상들을 기뻐하시고 그들을 사랑하사 그들의 후손인 너희를 만민 중에서 택하셨음이 오늘과 같으니라 ^{4:37}

16 그러므로 너희는 마음에 할례를 행하고 다시는 목을 곧게 하지 말라 ^{렘 4:4}

17 너희의 하나님 여호와는 신 가운데 신이시며 주 가운데 주시요 크고 능하시며 두려우신 하나님이시라 사람을 외모로 보지 아니하시며 뇌물을 받지 아니하시고

18 고아와 과부를 위하여 정의를 행하시며 나그네를 사랑하여 그에게 떡과 옷을 주시나니

19 너희는 나그네를 사랑하라 전에 너희도 애굽 땅에서 나그네 되었음이니라

20 네 하나님 여호와를 경외하여 그를 섬기며 그에게 의지하고 그의 이름으로 맹세하라

21 그는 네 찬송이시요 네 하나님이시라 네 눈으로 본 이같이 크고 두려운 일을

너를 위하여 행하셨느니라 ^{출 15:2}

22 애굽에 내려간 네 조상들이 겨우 칠십 인이었으나 이제는 네 하나님 여호와께서 너를 하늘의 별 같이 많게 하셨느니라 ^{창 46:27}

여호와께서 행하신 큰 일 — B.C. 1410년경

11 그런즉 네 하나님 여호와를 사랑하여 그가 주신 책무와 법도와 규례와 명령을 항상 지키라

2 너희의 자녀는 알지도 못하고 보지도 못하였으나 너희가 오늘날 기억할 것은 너희의 하나님 여호와의 교훈과 그의 위엄과 그의 강한 손과 펴신 팔과

3 애굽에서 그 왕 바로와 그 전국에 행하신 이적과 기사와

4 또 여호와께서 애굽 군대와 그 말과 그 병거에 행하신 일 곧 그들이 너희를 뒤쫓을 때에 홍해 물로 그들을 덮어 멸하사 오늘까지 이른 것과 ^{출 14:27}

5 또 너희가 이 곳에 이르기까지 광야에서 너희에게 행하신 일과

6 르우벤 자손 엘리압의 아들 다단과 아비람에게 하신 일 곧 땅이 입을 벌려서 그들과 그들의 가족과 그들의 장막과 그들을 따르는 온 이스라엘의 한가운데서 모든 것을 삼키게 하신 일이라

7 너희가 여호와께서 행하신 이 모든 큰 일을 너희의 눈으로 보았느니라

주리라고 맹세하신 땅

8 ●그러므로 너희는 내가 오늘 너희에게 명하는 모든 명령을 지키라 그리하면 너희가 강성할 것이요 너희가 건너가 차지할 땅에 들어가서 그것을 차지할 것이며

9 또 여호와께서 너희의 조상들에게 맹세하여 그들과 그들의 후손에게 주리라고 하신 땅 곧 젖과 꿀이 흐르는 땅에서 너희의 날이 장구하리라 ^{출 3:8}

10 네가 들어가 차지하려 하는 땅은 네가 나온 애굽 땅과 같지 아니하니 거기서는 너희가 파종한 후에 발로 물 대기를 채소밭에 댐과 같이 하였거니와

11 에는 무엇이 기록되어 있을까?

'여호와를 사랑하고 순종하라'는 내용이 이어집니다. 먼저 모세는 출애굽과 광야 생활 중에 드러낸 하나님의 놀라운 능력을 상기시켜요. 그리고 그 하나님만 하나님을 순종함으로써 축복을 누리라고 권면했어요. 이스라엘이 가나안에서 번영을 누릴 수 있는 비결은 하나님과 그 말씀에 순종하는 것뿐이기 때문이에요.

율법 두루마리를 읽는 유대인 (11:18-21)

11 너희가 건너가서 차지할 땅은 산과 골짜기가 있어서 하늘에서 내리는 비를 흡수하는 땅이요

12 네 하나님 여호와께서 돌보아 주시는 땅이라 연초부터 연말까지 네 하나님 여호와의 눈이 항상 그 위에 있느니라

13 ●내가 오늘 너희에게 명하는 내 명령을 너희가 만일 청종하고 너희의 하나님 여호와를 사랑하여 마음을 다하고 뜻을 다하여 섬기면

14 ¹⁾여호와께서 너희의 땅에 이른 비, 늦은 비를 적당한 때에 내리시리니 너희가 곡식과 포도주와 기름을 얻을 것이요

15 또 가축을 위하여 들에 풀이 나게 하시리니 네가 먹고 배부를 것이라 　6:11

16 너희는 스스로 삼가라 두렵건대 마음에 미혹하여 돌이켜 다른 신들을 섬기며 그것에게 절하므로

17 여호와께서 너희에게 진노하사 하늘을 닫아 비를 내리지 아니하여 땅이 소산을 내지 않게 하시므로 너희가 여호와께서 주신 아름다운 땅에서 속히 멸망할까 하노라

18 ●이러므로 너희는 나의 이 말을 너희의 마음과 뜻에 두고 또 그것을 너희의 손목에 매어 기호를 삼고 너희 미간에 붙여 표를 삼으며

19 또 그것을 너희의 자녀에게 가르치며 집에 앉아 있을 때에든지, 길을 갈 때에든지, 누워 있을 때에든지, 일어날 때에든지 이 말씀을 강론하고　4:9

20 또 네 집 문설주와 바깥 문에 기록하라

21 그리하면 여호와께서 너희 조상들에게 주리라고 맹세하신 땅에서 너희의 날과 너희의 자녀의 날이 많아서 하늘이 땅을 덮는 날과 같으리라

22 너희가 만일 내가 너희에게 명하는 이 모든 명령을 잘 지켜 행하여 너희의 하나님 여호와를 사랑하고 그의 모든 도를 행하여 그에게 의지하면　6:17

23 여호와께서 그 모든 나라 백성을 너희 앞에서 다 쫓아내실 것이라 너희가 너희보다 강대한 나라들을 차지할 것인즉

24 너희의 발바닥으로 밟는 곳은 다 너희의 소유가 되리니 너희의 경계는 곧 광야에서부터 레바논까지나 유브라데 강에서부터 서해까지라

25 너희의 하나님 여호와께서 너희에게 말씀하신 대로 너희가 밟는 모든 땅 사람들에게 너희를 두려워하고 무서워하게 하시리니 너희를 능히 당할 사람이 없으리라

26 ●내가 오늘 복과 저주를 너희 앞에 두나니

27 너희가 만일 내가 오늘 너희에게 명하는 너희의 하나님 여호와의 명령을 들으면 복이 될 것이요

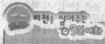

비전을 심어주는
3분예화

장애인의 승리

'윌마 루돌프'는 흑인이었고, 왼쪽다리가 비정상적으로 마른 소아마비 장애인이었어요. 윌마의 부모는 그 다리를 주무르면서 끊임없이 기도했지요.
"하나님, 우리 윌마가 다른 아이들처럼 걸을 수 있게 해주세요."
4년이 지나자 윌마는 보통아이처럼 걸을 수 있게 되었어요. 그러나 한쪽 다리는 여전히 힘들어했지요. 윌마와 부모는 계속 기도하였고, 차츰 놀라운 일들이 일어나기 시작했어요.
윌마는 중2 때 반에서 제일 잘 달리게 되었고, 고2 때는 여자고등학교 육상대표선수가 되었어요. 그리고 1960년에는 로마 올림픽에 나가 100M, 200M, 400M의 육상에서 우승하여 3관왕이 되었답니다.

1) 히, 내가

28 너희가 만일 내가 오늘 너희에게 명령하는 도에서 돌이켜 떠나 너희의 하나님 여호와의 명령을 듣지 아니하고 본래 알지 못하던 다른 신들을 따르면 저주를 받으리라

29 네 하나님 여호와께서 네가 가서 차지할 땅으로 너를 인도하여 들이실 때에 너는 그리심 산에서 축복을 선포하고 에발 산에서 저주를 선포하라

30 이 두 산은 요단 강 저쪽 곧 해지는 쪽으로 가는 길 뒤 길갈 맞은편 모레 상수리나무 곁의 아라바에 거주하는 가나안 족속의 땅에 있지 아니하냐

31 너희가 요단을 건너 너희의 하나님 여호와께서 너희에게 주시는 땅에 들어가서 그 땅을 차지하려 하나니 반드시 그것을 차지하여 거기 거주할지라

32 내가 오늘 너희 앞에 베푸는 모든 규례와 법도를 너희는 지켜 행할지니라

택하신 예배 처소 — B.C. 1410년경

12

1 네 조상의 하나님 여호와께서 네게 주셔서 차지하게 하신 땅에서 너희가 평생에 지켜 행할 규례와 법도는 이러하니라

2 너희가 쫓아낼 민족들이 그들의 신들을 섬기는 곳은 높은 산이든지 작은 산이든지 푸른 나무 아래든지를 막론하고 그 모든 곳을 너희가 마땅히 파멸하며

3 그 제단을 헐며 주상을 깨뜨리며 아세라 상을 불사르고 또 그 조각한 신상들을 찍어 그 이름을 그 곳에서 멸하라

4 너희의 하나님 여호와께는 너희가 그처럼 행하지 말고

5 오직 너희의 하나님 여호와께서 자기의 이름을 두시려고 너희 모든 지파 중에서 택하신 곳인 그 계실 곳으로 찾아 나아가서

6 너희의 번제와 너희의 제물과 너희의 십일조와 너희 손의 거제와 너희의 서원제와 낙헌 예물과 너희 소와 양의 처음 난 것들을 너희는 그리로 가져다가 드리고

레 17:3, 4

7 거기 곧 너희의 하나님 여호와 앞에서 먹고 너희의 하나님 여호와께서 너희의 손으로 수고한 일에 복 주심으로 말미암아 너희와 너희의 가족이 즐거워할지니라

8 우리가 오늘 여기에서는 각기 소견대로 하였거니와 너희가 거기에서는 그렇게 하지 말지니라

9 너희가 너희 하나님 여호와께서 주시는 안식과 기업에 아직은 이르지 못하였거니와

10 너희가 요단을 건너 너희 하나님 여호와께서 너희에게 기업으로 주시는 땅에 거주하게 될 때 또는 여호와께서 너희에게 너희 주위의 모든 대적을 이기게 하심으로 너희에게 안식을 주사 너희를 평안히 거주하게 하실 때에

수 3:17

11 너희는 너희의 하나님 여호와께서 자기 이름을 두시려고 택하실 그 곳으로 내가 명령하는 것을 모두 가지고 갈지니 곧 너희의 번제와 너희의 희생과 너희의 십일조와 너희 손의 거제와 너희가 여호와께 서원하는 모든 아름다운 서원물을 가져가고

12 너희와 너희의 자녀와 노비와 함께 너희의 하나님 여호와 앞에서 즐거워할 것이요 네 성중에 있는 레위인과도 그

12 에는 무엇이 기록되어 있을까?

12:1~16:17에는 거룩한 백성으로서 하나님께 드리는 예배에 관한 규정이 나와 있어요. 12장은 성소에 관한 규정, 고기 먹는 규정 및 우상 숭배에 대한 경고 등으로 구분됩니다. 한편, 이스라엘은 구별된 제사장 나라로서 하나님께서 정하신 장소에서만 제사를 드려야 했어요.

주상(12:3) 가나안의 우상 숭배 장소에 똑바로 세워 놓은 기둥들로 바알 신을 상징한다.

거제(12:6) 제물을 높이 올렸다가 내려놓는 제사 방법으로, 하나님께 바친 것을 하나님으로부터 다시 받았음을 의미한다.

십일조(12:17) 농산물의 소득 중 십분의 일을 하나님께 드리는 것.

리할지니 레위인은 너희 중에 분깃이나 기업이 없음이니라 10:9

13 너는 삼가서 네게 보이는 아무 곳에서나 번제를 드리지 말고

14 오직 너희의 한 지파 중에 여호와께서 택하실 그 곳에서 번제를 드리고 또 내가 네게 명령하는 모든 것을 거기서 행할지니라

15 ●그러나 네 하나님 여호와께서 네게 주신 복을 따라 각 성에서 네 마음에 원하는 대로 가축을 잡아 그 고기를 먹을 수 있나니 곧 정한 자나 부정한 자를 막론하고 노루나 사슴을 먹는 것 같이 먹으려니와

16 오직 그 피는 먹지 말고 물 같이 땅에 쏟을 것이며 레 17:10-12

17 너는 곡식과 포도주와 기름의 십일조와 네 소와 양의 처음 난 것과 네 서원을 갚는 예물과 네 낙헌 예물과 네 손의 거제물을 네 각 성에서 먹지 말고

18 오직 네 하나님 여호와께서 택하실 곳에서 네 하나님 여호와 앞에서 너는 네 자녀와 노비와 성중에 거주하는 레위인과 함께 그것을 먹고 또 네 손으로 수고한 모든 일로 말미암아 네 하나님 여호와 앞에서 즐거워하되 12:5

19 너는 삼가 네 땅에 거주하는 동안에 레위인을 저버리지 말지니라

20 ●네 하나님 여호와께서 네게 허락하신 대로 네 지경을 넓히신 후에 네 마음에 고기를 먹고자 하여 이르기를 내가 고기를 먹으리라 하면 네가 언제나

마음에 원하는 만큼 고기를 먹을 수 있으리니

21 만일 네 하나님 여호와께서 자기 이름을 두시려고 택하신 곳이 네게서 멀거든 내가 네게 명령한 대로 너는 여호와께서 주신 소와 양을 잡아 네 각 성에서 네가 마음에 원하는 모든 것을 먹되

22 정한 자나 부정한 자를 막론하고 노루나 사슴을 먹는 것 같이 먹을 수 있거니와

23 다만 크게 삼가서 그 피는 먹지 말라 피는 그 생명인즉 네가 그 생명을 고기와 함께 먹지 못하리니 레 17:11

24 너는 그것을 먹지 말고 물 같이 땅에 쏟으라

25 너는 피를 먹지 말라 네가 이같이 여호와께서 의롭게 여기시는 일을 행하면 너와 네 후손이 복을 누리리라 13:18

26 오직 네 성물과 서원물을 여호와께서 택하신 곳으로 가지고 가라

27 네가 번제를 드릴 때에는 그 고기와 피를 네 하나님 여호와의 제단에 드릴 것이요 네 제물의 피는 네 하나님 여호와의 제단 위에 붓고 그 고기는 먹을지니라

28 내가 네게 명령하는 이 모든 말을 너는 듣고 지키라 네 하나님 여호와의 목전에 선과 의를 행하면 너와 네 후손에게 영구히 복이 있으리라 4:40

다른 신들을 섬기지 말라

29 ●네 하나님 여호와께서 네가 들어가서 쫓아낼 그 민족들을 네 앞에서 멸절하시고 네가 그 땅을 차지하여 거기에 거주하게 하실 때에

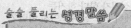

술술 풀리는 명령말씀

피를 먹지 말라!

고대 사람들은 악마를 숭배하는 데에 피를 사용했어요. 사비교도(sabian)들은 그들의 우상인 마귀를 숭배하기 위해 피를 모으고, 그 피를 내세 마귀와의 교섭을 통해 예언을 하고 점을 치기도 했지요.

힌두교도들도 역시 우상 숭배할 때에 여러 짐승의 다양한 피를 사용하였고, 막 잡은 짐승의 따뜻한 피를 마시기도 했어요. 특히 힌두교의 경전에는 피를 땅에 쏟는 것을 엄격하게 금지하고 있지요.

하지만 12장 23-24절에서 하나님은 이러한 그들의 의식과는 정반대로 피를 먹지 말고 땅에 쏟아버릴 것을 명령하신 것입니다.

한편 옛 유대 랍비들은 이러한 하나님의 금지 명령이 아직 따뜻한 피가 흐르는 산 짐승의 고기를 베거나 찢어 먹던 옛날 관습 때문에 생겨났다고 말하기도 합니다.

12장 15-28절

30 너는 스스로 삼가 네 앞에서 멸망한 그들의 자취를 밟아 올무에 걸리지 말라 또 그들의 신을 탐구하여 이르기를 이 민족들은 그 신들을 어떻게 섬겼는고 나도 그와 같이 하겠다 하지 말라

31 네 하나님 여호와께는 네가 그와 같이 행하지 못할 것이라 그들은 여호와께서 꺼리시며 가증히 여기시는 일을 그들의 신들에게 행하여 심지어 자기들의 자녀를 불살라 그들의 신들에게 드렸느니라

32 ●내가 너희에게 명령하는 이 모든 말을 너희는 지켜 행하고 그것에 가감하지 말지니라

13

너희 중에 선지자나 꿈 꾸는 자가 일어나서 이적과 기사를 네게 보이고

2 그가 네게 말한 그 이적과 기사가 이루어지고 너희가 알지 못하던 다른 신들을 우리가 따라 섬기자고 말할지라도

3 너는 그 선지자나 꿈 꾸는 자의 말을 청종하지 말라 이는 너희의 하나님 여호와께서 너희가 마음을 다하고 뜻을 다하여 너희의 하나님 여호와를 사랑하는 여부를 알려 하사 너희를 시험하심이니라

4 너희는 너희의 하나님 여호와를 따르며 그를 경외하며 그의 명령을 지키며 그의 목소리를 청종하며 그를 섬기며 그를 의지하며

5 그런 선지자나 꿈 꾸는 자는 죽이라 이는 그가 너희에게 너희를 애굽 땅에서 인도하여 내시며 종 되었던 집에서 속량하신 너희의 하나님 여호와를 배반하

게 하려 하며 너희의 하나님 여호와께서 네게 행하라 명령하신 도에서 너를 꾀어내려고 말하였음이라 너는 이같이 하여 너희 중에서 악을 제할지니라

6 ●네 어머니의 아들 곧 네 형제나 네 자녀나 네 품의 아내나 너와 생명을 함께 하는 친구가 가만히 너를 꾀어 이르기를 너와 네 조상들이 알지 못하던 다른 신들

7 곧 네 사방을 둘러싸고 있는 민족 혹 네게서 가깝든지 네게서 멀든지 땅 이 끝에서 저 끝까지에 있는 민족의 신들을 우리가 가서 섬기자 할지라도

8 너는 그를 따르지 말며 듣지 말며 긍휼히 여기지 말며 애석히 여기지 말며 덮어 숨기지 말고

9 너는 용서 없이 그를 죽이되 죽일 때에 네가 먼저 그에게 손을 대고 후에 뭇 백성이 손을 대라

10 그는 애굽 땅 종 되었던 집에서 너를 인도하여 내신 네 하나님 여호와에게서 너를 꾀어 떠나게 하려 한 자이니 너는 돌로 쳐죽이라

11 그리하면 온 이스라엘이 듣고 두려워하여 이같은 악을 다시는 너희 중에서 행하지 못하리라 19:20

12 ●네 하나님 여호와께서 네게 주어 거주하게 하시는 한 성읍에 대하여 네게 소문이 들리기를

13 너희 가운데서 어떤 불량배가 일어나서 그 성읍 주민을 유혹하여 이르기를 너희가 알지 못하던 다른 신들을 우리가 가서 섬기자 한다 하거든

14 너는 자세히 묻고 살펴 보아서 이런 가증한 일이 너희 가운데에 있다는 것이 확실한 사실로 드러나면

15 너는 마땅히 그 성읍 주민을 칼날로 죽이고 그 성읍과 그 가운데에 거주하는 모든 것과 그 가축을 칼날로 진멸하고

16 또 그 속에서 빼앗아 차지한 물건을 다 거리에 모아 놓고 그 성읍과 그 탈취물 전부를 불살라 네 하나님 여호와께

13 에는 무엇이 기록되어 있을까?

12장에 이어 13장은 우상 숭배에 대한 경고를 보다 단호하게 명하고 있어요. 앞부분은 각종 우상 숭배자들을 처단하라는 명령이고, 뒷부분은 우상 숭배에 빠진 성읍 전체를 멸하라는 명령이지요. 이러한 우상 숭배는 외부의 유혹보다도 이스라엘 내부의 유혹에 의한 것이 더 많았어요.

릴지니 그 성읍은 영구히 폐허가 되어 다시는 건축되지 아니할 것이라

17 너는 이 진멸할 물건을 조금도 네 손에 대지 말라 그리하면 여호와께서 그의 진노를 그치시고 너를 긍휼히 여기시고 자비를 더하사 네 조상들에게 맹세하심 같이 너를 번성하게 하실 것이라

18 네가 만일 네 하나님 여호와의 말씀을 듣고 오늘 내가 네게 명하는 그 모든 명령을 지켜 네 하나님 여호와의 목전에서 정직하게 행하면 이같이 되리라

금지된 애도법 — B.C. 1410년경

14

너희는 너희 하나님 여호와의 자녀이니 죽은 자를 위하여 자기 몸을 베지 말며 눈썹 사이 이마 위의 털을 밀지 말라

2 너는 네 하나님 여호와의 성민이라 여호와께서 지상 만민 중에서 너를 택하여 자기 기업의 백성으로 삼으셨느니라

정한 짐승과 부정한 짐승 (레 11:1-47)

3 ●너는 가증한 것은 무엇이든지 먹지 말라

4 너희가 먹을 만한 짐승은 이러하니 곧 소와 양과 염소와

5 사슴과 노루와 불그스름한 사슴과 산염소와 볼기가 흰 노루와 뿔이 긴 사슴과 산양들이라

6 짐승 중에 굽이 갈라져 쪽발도 되고 새김질도 하는 모든 것은 너희가 먹을 것이니라

7 다만 새김질을 하거나 굽이 갈라진 짐승 중에도 너희가 먹지 못할 것은 이것이니 곧 낙타와 토끼와 사반, 그것들은

새김질은 하나 굽이 갈라지지 아니하였으니 너희에게 부정하고

8 돼지는 굽은 갈라졌으나 새김질을 못하므로 너희에게 부정하니 너희는 이런 것의 고기를 먹지 말 것이며 그 사체도 만지지 말 것이니라

9 ●물에 있는 모든 것 중에서 이런 것은 너희가 먹을 것이니 지느러미와 비늘 있는 모든 것은 너희가 먹을 것이요

10 지느러미와 비늘이 없는 모든 것은 너희가 먹지 말지니 이는 너희에게 부정함이니라

11 정한 새는 모두 너희가 먹으려니와

12 이런 것은 먹지 못할지니 곧 독수리와 솔개와 물수리와

13 매와 새매와 매의 종류와

14 까마귀 종류와

15 타조와 타흐마스와 갈매기와 새매 종류와

16 올빼미와 부엉이와 흰 올빼미와

17 당아와 올응과 노자와

18 학과 황새 종류와 대승과 박쥐며

19 또 날기도 하고 기어다니기도 하는 것은 너희에게 부정하니 너희는 먹지 말

솔솔 풀리는 성경 말씀!

먹을 수 없는 동물

신약 시대 그리스도인들은 여기에 나오는 음식 규례를 그대로 지킬 필요가 없어요. 예수님께서 모든 음식이 깨끗하다고 말씀하셨기 때문이죠.(눅 7:3~19). 그렇다고 해서 이 말씀이 오늘의 그리스도인들에게 아무런 의미가 없는 것은 아니에요. 이스라엘 백성들이 이 음식에 관한 규례를 지킴으로써 자신들이 이방인과 구별된 거룩한 하나님의 백성이라는 것을 깨달았듯이, 오늘날 우리들도 이 말씀을 깊이 생각하며 거룩하고 깨끗한 삶을 살아야 합니다. 14장 3-21절

14장 에는 무엇이 기록되어 있을까?

여기서는 먼저 당시 고대 근동 지방에서 행해지던 악한 습관을 금하라고 명령하고 있어요. 이어서 정한 음식과 부정한 음식을 철저히 구별할 것을 강조했지요. 14장에 열거된 짐승들은 이방 종교와 관련돼. 것이기에 부정한 것으로 규정되었어요. 또한 22-29절은 십일조에 관한 규정을 설명하고 있답니다.

것이나
20 정한 새는 모두 너희가 먹을지니라
21 ●너희는 너희의 하나님 여호와의 성
민이라 스스로 죽은 모든 것은 먹지 말
것이나 그것을 성중에 거류하는 객에
게 주어 먹게 하거나 이방인에게 파는
것은 가하니라 너는 염소 새끼를 그 어
미의 젖에 삶지 말지니라   출 23:19

십일조 규례

22 ●너는 마땅히 매 년 토지 소산의 십일
조를 드릴 것이며
23 네 하나님 여호와 앞 곧 여호와께서 그
의 이름을 두시려고 택하신 곳에서 네
곡식과 포도주와 기름의 십일조를 먹
으며 또 네 소와 양의 처음 난 것을 먹
고 네 하나님 여호와 경외하기를 항상
배울 것이니라
24 그러나 네 하나님 여호와께서 자기의
이름을 두시려고 택하신 곳이 네게서
너무 멀고 행로가 어려워서 네 하나님
여호와께서 그 풍부히 주신 것을 가지
고 갈 수 없거든
25 그것을 돈으로 바꾸어 그 돈을 싸 가지
고 네 하나님 여호와께서 택하신 곳으
로 가서
26 네 마음에 원하는 모든 것을 그 돈으로
사되 소나 양이나 포도주나 독주 등 네
마음에 원하는 모든 것을 구하고 거기
네 하나님 여호와 앞에서 너와 네 권속
이 함께 먹고 즐거워할 것이며
27 네 성에 거주하는 레위인은 너희 중
에 분깃이나 기업이 없는 자이니 또한
저버리지 말지니라   민 18:20

15 에는 무엇이 기록되어 있을까?

연약한 사람들을 위한 규례예요. 이
스라엘은 7년마다 동족의 빚을 없애주고 종으로
팔린 히브리인을 해방시켰어요. 이것은 연약 백
성이 사랑의 공동체로 뭉치기 위한 조치였다요.
또한 소나 양의 첫 새끼를 하나님께 바침으로써
출애굽 당시 장자들을 살려주신 하나님의 은혜
를 기억하게 하는 규례도 소개되고 있어요.

28 ●매 삼 년 끝에 그 해 소산의 십분의
일을 다 내어 네 성읍에 저축하여 26:12
29 너희 중에 분깃이나 기업이 없는 레위
인과 네 성중에 거류하는 객과 및 고아
와 과부들이 와서 먹고 배부르게 하라
그리하면 네 하나님 여호와께서 네 손
으로 하는 범사에 네게 복을 주시리라

빚을 면제해 주는 해 (레 25:1-7)
— B.C. 1410년경

15 매 칠 년 끝에는 면제하라
2 면제의 규례는 이러하니라 그
의 이웃에게 꾸어준 모든 채주는 그것
을 면제하고 그의 이웃에게나 그 형제
에게 독촉하지 말지니 이는 여호와를
위하여 면제를 선포하였음이라
3 이방인에게는 네가 독촉하려니와 네
형제에게 꾸어준 것은 네 손에서 면제
하라
4-5 네가 만일 네 하나님 여호와의 말씀
만 듣고 내가 오늘 네게 내리는 그 명
령을 다 지켜 행하면 네 하나님 여호와
께서 네게 기업으로 주신 땅에서 네가
반드시 복을 받으리니 너희 중에 가난
한 자가 없으리라   28:1
6 네 하나님 여호와께서 네게 허락하신
대로 네게 복을 주시리니 네가 여러 나
라에 꾸어 줄지라도 너는 꾸지 아니하
겠고 네가 여러 나라를 통치할지라도
너는 통치를 당하지 아니하리라
7 ●네 하나님 여호와께서 네게 주신 땅
어느 성읍에서든지 가난한 형제가 너
와 함께 거주하거든 그 가난한 형제에
게서 네 마음을 완악하게 하지 말며 네 손
을 움켜 쥐지 말고
8 반드시 네 손을 그에게 펴서 그에게 필
요한 대로 쓸 것을 넉넉히 꾸어주라
9 삼가 너는 마음에 악한 생각을 품지 말
라 곧 이르기를 일곱째 해 면제년이 가
까이 왔다 하고 네 궁핍한 형제를 악한
눈으로 바라보며 아무것도 주지 아니
하면 그가 너를 여호와께 호소하리니
그것이 네게 죄가 되리라

10 너는 반드시 그에게 줄 것이요, 줄 때에는 아끼는 마음을 품지 말 것이니라 이로 말미암아 네 하나님 여호와께서 네가 하는 모든 일과 네 손이 닿는 모든 일에 네게 복을 주시리라

11 땅에는 언제든지 가난한 자가 그치지 아니하겠으므로 내가 네게 명령하여 이르노니 너는 반드시 네 땅 안에 네 형제 중 곤란한 자와 궁핍한 자에게 네 손을 펼지니라

종을 대우하는 법 (출 21:1-11)

12 ●네 동족 히브리 남자나 히브리 여자가 네게 팔렸다 하자 만일 여섯 해 동안 너를 섬겼거든 일곱째 해에 너는 그를 놓아 자유롭게 할 것이요

13 그를 놓아 자유하게 할 때에는 빈 손으로 가게 하지 말고

14 네 양 무리 중에서와 타작 마당에서와 포도주 틀에서 그에게 후히 줄지니 곧 네 하나님 여호와께서 네게 복을 주신 대로 그에게 줄지니라

15 너는 애굽 땅에서 종 되었던 것과 네 하나님 여호와께서 너를 속량하셨음을 기억하라 그것으로 말미암아 내가 오늘 이같이 네게 명령하노라

16 종이 만일 너와 네 집을 사랑하므로 너와 동거하기를 좋게 여겨 네게 향하여 내가 주인을 떠나지 아니하겠노라 하거든

17 송곳을 가져다가 그의 귀를 문에 대고 뚫으라 그리하면 그가 영구히 네 종이 되리라 네 여종에게도 그같이 할지니라

18 그가 여섯 해 동안에 품꾼의 삯의 배나 받을 만큼 너를 섬겼은즉 너는 그를 놓아 자유하게 하기를 어렵게 여기지 말라 그리하면 네 하나님 여호와께서 네 범사에 네게 복을 주시리라

처음 난 소와 양의 내끼

19 ●네 소와 양의 처음 난 수컷은 구별하여 네 하나님 여호와께 드릴 것이니 네 소의 첫 새끼는 부리지 말고 네 양의 첫 새끼의 털은 깎지 말고　출 34:19

20 너와 네 가족은 매년 여호와께서 택하신 곳 네 하나님 여호와 앞에서 먹을지니라

21 그러나 그 짐승이 흠이 있어서 절거나 눈이 멀었거나 무슨 흠이 있으면 네 하나님 여호와께 잡아 드리지 못할지니

22 네 성중에서 먹되 부정한 자나 정한 자가 다 같이 먹기를 노루와 사슴을 먹음 같이 할 것이요

23 오직 피는 먹지 말고 물 같이 땅에 쏟을지니라

유월절 (출 12:1-20) — B.C. 1410년경

16

아빕월을 지켜 네 하나님 여호와께 유월절을 행하라 이는 아빕월에 네 하나님 여호와께서 밤에 너를 애굽에서 인도하여 내셨음이라

2 여호와께서 자기의 이름을 두시려고

술술 풀리는 명경말씀

노예에 관한 법

많은 하나님께서 이스라엘 백성에게 주신 것이기 때문에, 땅과 사람은 개인의 소유가 될 수 없었어요. 어쩔 수 없는 사정으로 다른 사람의 소유가 된 경우에는 안식년에 되돌려주어야 했지요. 단, 종이 자원하여 계속 어떤 주인의 종으로 있길 원한다면, 송곳으로 그의 귀를 뚫고 영원히 종으로 삼았답니다.

※ 노예가 되는 경우
① 전쟁 포로로 끌려온 노예
② 외국에서 팔려온 이방인 노예
③ 부모가 판 연소자
④ 생계 유지가 힘들어 스스로 자원한 노예
⑤ 남에게 진 빚을 갚지 못해서 된 노예

15장 12-18절

16장에는 무엇이 기록되어 있을까?

이스라엘의 세 절기, 곧 유월절·칠칠절·초막절에 관한 내용이에요. 유월절은 이스라엘에의 가장 큰 절기로서 애굽의 속박으로부터 해방된 것을 기념하여 구원의 하나님을 깨닫게 해주었어요. 그리고 칠칠절과 초막절은 가나안 땅에 정착한 이스라엘 백성이 받은 축복을 통해 하나님의 보호하시는 섭리를 깨닫게 해주었답니다.

택하신 곳에서 소와 양으로 네 하나님 여호와께 유월절 제사를 드리되 12:5

3 유교병을 그것과 함께 먹지 말고 이레 동안은 무교병 곧 고난의 떡을 그것과 함께 먹으라 이는 네가 애굽 땅에서 급히 나왔음이니 이같이 행하여 네 평생에 항상 네가 애굽 땅에서 나온 날을 기억할 것이니라

4 그 이레 동안에는 네 모든 지경 가운데에 누룩이 보이지 않게 할 것이요 또 네가 첫날 해 질 때에 제사 드린 고기를 밤을 지내 아침까지 두지 말 것이며

5 유월절 제사를 네 하나님 여호와께서 네게 주신 각 성에서 드리지 말고

6 오직 네 하나님 여호와께서 자기의 이름을 두시려고 택하신 곳에서 네가 애굽에서 나오던 시각 곧 초저녁 해 질 때에 유월절 제물을 드리고

7 네 하나님 여호와께서 택하신 곳에서 그 고기를 구워 먹고 아침에 네 장막으로 돌아갈 것이니라 창 12:8, 9

8 너는 엿새 동안은 무교병을 먹고 일곱째 날에 네 하나님 여호와 앞에 성회로 모이고 일하지 말지니라

9 ●일곱 주를 셀지니 곡식에 낫을 대는 첫 날부터 일곱 주를 세어

10 네 하나님 여호와 앞에 칠칠절을 지키되 네 하나님 여호와께서 네게 복을 주신 대로 네 힘을 헤아려 자원하는 예물을 드리고

11 너와 네 자녀와 노비와 네 성중에 있는 레위인과 및 너희 중에 있는 객과 고아와 과부가 함께 네 하나님 여호와께서 자기의 이름을 두시려고 택하신 곳에서 네 하나님 여호와 앞에서 즐거워할지니라

12 너는 애굽에서 종 되었던 것을 기억하고 이 규례를 지켜 행할지니라

13 ●너희 타작 마당과 포도주 틀의 소출을 거두어 들인 후에 이레 동안 초막절을 지킬 것이요

14 절기를 지킬 때에는 너와 네 자녀와 노비와 네 성중에 거주하는 레위인과 객과 고아와 과부가 함께 즐거워하되

15 네 하나님 여호와께서 택하신 곳에서 너는 이레 동안 네 하나님 여호와 앞에서 절기를 지키고 네 하나님 여호와께서 네 모든 소출과 네 손으로 행한 모든 일에 복 주실 것이니 너는 온전히 즐거워할지니라

16 너의 가운데 모든 남자는 일 년에 세 번 곧 무교절과 칠칠절과 초막절에 네 하나님 여호와께서 택하신 곳에서 여호와를 뵈옵되 빈손으로 여호와를 뵈옵지 말고

17 각 사람이 네 하나님 여호와께서 주신 복을 따라 그 힘대로 드릴지니라

18 ●네 하나님 여호와께서 네게 주시는 각 성에서 네 지파를 따라 재판장들과 지도자들을 둘 것이요 그들은 공의로 백성을 재판할 것이니라 1:16

19 너는 재판을 굽게 하지 말며 사람을 외모로 보지 말며 또 뇌물을 받지 말라 뇌물은 지혜자의 눈을 어둡게 하고 의인의 말을 굽게 하느니라

비전을 심어주는 **3분예화**

기독교인이 된 나이

기독교인들이 예수님을 믿기 시작한 나이를 조사해보면, 어린이들에게 전도하는 것이 얼마나 중요한지를 알 수 있습니다.

다음은 1,000명의 기독교인이 예수님을 믿기 시작한 나이를 조사한 결과입니다.

20세 이전	: 548명
21 – 30세	: 337명
31 – 40세	: 96명
41 – 50세	: 15명
51세 이후	: 4명

이 조사 결과를 보면, 나이가 어릴수록 마음이 순수하고 겸손하여 복음을 잘 받아들인다는 것을 알 수 있습니다.

신명기 17장

20 너는 마땅히 공의만을 따르라 그리하면 네가 살겠고 네 하나님 여호와께서 네게 주시는 땅을 차지하리라

21 ●네 하나님 여호와를 위하여 쌓은 제단 곁에 어떤 나무로든지 아세라 상을 세우지 말며

22 자기를 위하여 주상을 세우지 말라 네 하나님 여호와께서 미워하시느니라

17 흠이나 악질이 있는 소와 양은 아무것도 네 하나님 여호와께 드리지 말지니 이는 네 하나님 여호와께 가증한 것이 됨이니라

2 ●네 하나님 여호와께서 네게 주시는 어느 성중에서든지 너희 가운데에 어떤 남자나 여자가 네 하나님 여호와의 목전에 악을 행하여 그 언약을 어기고

3 가서 다른 신들을 섬겨 그것에게 절하며 내가 명령하지 아니한 일월성신에게 절하다 하자

4 그것이 네게 알려지므로 네가 듣거든 자세히 조사해 볼지니 만일 그 일과 말이 확실하여 이스라엘 중에 이런 가증한 일을 행함이 있으면

5 너는 그 악을 행한 남자나 여자를 네 성문으로 끌어내고 그 남자나 여자를 돌로 쳐죽이되

6 죽일 자를 두 사람이나 세 사람의 증언으로 죽일 것이요 한 사람의 증언으로는 죽이지 말 것이며

7 이런 자를 죽이기 위하여는 증인이 먼저 그에게 손을 댄 후에 못 백성이 손을 댈지니라 너는 이와 같이 하여 너희 중에서 악을 제할지니라

8 ●네 성중에서 서로 피를 흘렸거나 다투었거나 구타하였거나 서로 간에 고소하여 네가 판결하기 어려운 일이 생기거든 너는 일어나 네 하나님 여호와께서 택하실 곳으로 올라가서

9 레위 사람 제사장과 당시 재판장에게 나아가서 물으라 그리하면 그들이 어떻게 판결할지를 네게 가르치리니

10 여호와께서 택하신 곳에서 그들이 네게 보이는 판결의 뜻대로 네가 행하되 그들이 네게 가르치는 대로 삼가 행할 것이니

11 곧 그들이 네게 가르치는 율법의 뜻대로, 그들이 네게 말하는 판결대로 행할 것이요 그들이 네게 보이는 판결을 어겨 좌로나 우로나 치우치지 말 것이니라

12 사람이 만일 무법하게 행하고 네 하나님 여호와 앞에 서서 섬기는 제사장이나 재판장에게 듣지 아니하거든 그 사람을 죽여 이스라엘 중에서 악을 제하여 버리라

13 그리하면 온 백성이 듣고 두려워하여 다시는 무법하게 행하지 아니하리라

이스라엘의 왕

14 ●네가 네 하나님 여호와께서 네게 주시는 땅에 이르러 그 땅을 차지하고 거주할 때에 만일 우리도 우리 주위의 모든 민족을 같이 우리 위에 왕을 세워야겠다는 생각이 나거든

15 반드시 네 하나님 여호와께서 택하신 자를 네 위에 왕으로 세울 것이며 네 위에 왕을 세우려면 네 형제 중에서 한 사람을 할 것이요 네 형제 아닌 타국인을 네 위에 세우지 말 것이며

17장 에는 무엇이 기록되어 있을까?

두 가지 재판 규례에 대해서 말하고 있어요. 우상 숭배자들은 극형에 처하되 두세 사람의 증인들을 세우도록 하고, 반드시 제사장이나 재판장의 판결을 따르도록 했지요. 한편 하나님은 이스라엘이 왕을 요구할 것을 예언하시고, 이방 국가의 왕정과 구분되는 제도를 알려주셨습니다.

무교병(16:8) 누룩을 넣지 않고 번철에 구운 떡.
성회(16:8) 거룩하고 헌신된 사람들, 즉 성도들의 거룩한 모임.
소출(16:13) 논이나 밭에서 나는 곡식의 양, 또는 그 형편.
악질(17:1) 고치기 어려운 병.
일월성신(17:3) 해와 달과 별.
가증(17:4) 괘씸하고 얄미움.
무법(17:12) 법이 없음. 도리에 어긋남.

16 그는 병마를 많이 두지 말 것이요 병마를 많이 얻으려고 그 백성을 애굽으로 돌아가게 하지 말 것이니 이는 여호와께서 너희에게 이르시기를 너희가 이 후에는 그 길로 다시 돌아가지 말 것이라 하셨음이며

17 그에게 아내를 많이 두어 그의 마음이 미혹되게 하지 말 것이며 자기를 위하여 은금을 많이 쌓지 말 것이니라

18 ●그가 왕위에 오르거든 이 율법서의 등사본을 레위 사람 제사장 앞에서 책에 기록하여

19 평생에 자기 옆에 두고 읽어 그의 하나님 여호와 경외하기를 배우며 이 율법의 모든 말과 이 규례를 지켜 행할 것이라

20 그리하면 그의 마음이 그의 형제 위에 교만하지 아니하고 이 명령에서 떠나 좌로나 우로나 치우치지 아니하리니 이스라엘 중에서 그와 그의 자손이 왕위에 있는 날이 장구하리라

제사장과 레위 사람의 몫 ·B.C. 1410년경

18 레위 사람 제사장과 레위의 온 지파는 이스라엘 중에 분깃도 없고 기업도 없을지니 그들은 여호와의 화제물과 그 기업을 먹을 것이라

2 그들이 그들의 형제 중에서 기업을 가지지 않을 것은 여호와께서 그들의 기업이 되심이니 그들에게 말씀하심 같으니라

3 제사장이 백성에게서 받을 몫은 이러하니 곧 그 드리는 제물의 소나 양이나 그 앞다리와 두 볼과 위라 이것을 제사장에게 줄 것이요

4 또 네가 처음 거둔 곡식과 포도주와 기름과 네가 처음 깎은 양털을 네가 그에게 줄 것이니

5 이는 네 하나님 여호와께서 네 모든 지파 중에서 그를 택하여 내시고 그와 그의 자손에게 항상 여호와의 이름으로 서서 섬기게 하셨음이니라

6 ●이스라엘 온 땅 어떤 성읍에든지 거주하는 레위인이 간절한 소원이 있어 그가 사는 곳을 떠날지라도 여호와께서 택하신 곳에 이르면

7 여호와 앞에 선 그의 모든 형제 레위인과 같이 그의 하나님 여호와의 이름으로 섬길 수 있나니

8 그 사람의 몫은 그들과 같을 것이요 그가 조상의 것을 판 것은 별도의 소유이니라

느 12:44

다른 민족들의 가증한 행위

9 ●네 하나님 여호와께서 네게 주시는 땅에 들어가거든 너는 그 민족들의 가증한 행위를 본받지 말 것이니 12:29-31

10 그의 아들이나 딸을 불 가운데로 지나게 하는 자나 점쟁이나 길흉을 말하는 자나 요술하는 자나 무당이나

11 진언자나 신접자나 박수나 초혼자를

술술 풀리는 성경 말씀

이스라엘의 왕

　하나님께서는 훗날 이스라엘이 주변 국가들의 영향을 받아 왕을 요구하게 되리라는 것을 미리 아셨어요. 이스라엘의 그와 같은 요구는 하나님께서 그들의 왕이 되어 축복과 보호를 약속하신 이스라엘은 그분의 백성이 되어 충성을 맹세한 언약을 깨뜨리는 것을 의미하지요.

　그럼에도 불구하고 하나님께서 왕을 선택하는 법규를 주신 것은 하나님께서 인간의 연약함을 이해하시고 왕이 세워진 이후에도 그분의 목적을 이루시기 위해서였답니다. 이를 위해 하나님은 당시 이스라엘에게 주변 국가들과는 완전히 다른 지침을 제시하셨는데, 그것은 이스라엘의 왕이 하나님의 뜻을 따라 백성을 다스리는 대리자라는 것을 의미합니다.

17장 14-20절

---

18 에는 무엇이 기록되어 있을까?

제사장들과 제사인들의 분깃, 선지자에 관한 규정이에요. 레위인들은 백성들의 십일조와 제물로 생계를 유지함으로써 자신들의 업무에 전념할 수 있었지요. 한편, 이스라엘은 이방 민족들의 점쟁이, 무당, 신접자 등을 철저히 물리치고 여호와께서 세우시는 선지자의 말에 순종해야 했어요.

너희 가운데에 용납하지 말라

12 이런 일을 행하는 모든 자를 여호와께서 가증히 여기시나니 이런 가증한 일로 말미암아 네 하나님 여호와께서 그들을 네 앞에서 쫓아내시느니라 9:4

13 너는 네 하나님 여호와 앞에서 완전하라

14 네가 쫓아낼 이 민족들은 길흉을 말하는 자나 점쟁이의 말을 듣거니와 네게는 네 하나님 여호와께서 이런 일을 용납하지 아니하시느니라

선지자를 일으키실 약속

15 ●네 하나님 여호와께서 너희 가운데 네 형제 중에서 너를 위하여 나와 같은 선지자 하나를 일으키시리니 너희는 그의 말을 들을지니라

16 이것이 곧 네가 총회의 날에 호렙 산에서 네 하나님 여호와께 구한 것이라 곧 네가 말하기를 내가 다시는 내 하나님 여호와의 음성을 듣지 않게 하시고 다시는 이 큰 불을 보지 않게 하소서 두렵건대 내가 죽을까 하나이다 하매

17 여호와께서 내게 이르시되 그들의 말이 옳도다 5:28

18 내가 그들의 형제 중에서 너와 같은 선지자 하나를 그들을 위하여 일으키고 내 말을 그 입에 두리니 내가 그에게 명령하는 것을 그가 무리에게 다 말하리라

19 누구든지 내 이름으로 전하는 내 말을 듣지 아니하는 자는 내게 벌을 받을 것이요

20 만일 어떤 선지자가 내가 전하라고 명령하지 아니한 말을 제 마음대로 내 이름으로 전하든지 다른 신들의 이름으로 말하면 그 선지자는 죽임을 당하리라 하셨느니라 13:1

21 네가 마음속으로 이르기를 그 말이 여호와께서 이르신 말씀인지 우리가 어떻게 알리요 하리라

22 만일 선지자가 있어 여호와의 이름으로 말한 일에 증험도 없고 성취함도 없으면 이는 여호와께서 말씀하신 것이 아니요 그 선지자가 제 마음대로 한 말

이니 너는 그를 두려워하지 말지니라

도피성 (민 35:9~28; 수 20:1~9)

19 네 하나님 여호와께서 이 여러 민족을 멸절하시고 네 하나님 여호와께서 그 땅을 네게 주시므로 네가 그것을 받고 그들의 성읍과 가옥에 거주할 때에 6:10~12

2 네 하나님 여호와께서 네게 기업으로 주신 땅 가운데에서 세 성읍을 너를 위하여 구별하고

3 네 하나님 여호와께서 네게 기업으로 주시는 땅 전체를 세 구역으로 나누어 길을 닦고 모든 살인자를 그 성읍으로 도피하게 하라

4 살인자가 그리로 도피하여 살 만한 경우는 이러하니 곧 누구든지 본래 원한이 없이 부지중에 그의 이웃을 죽인 일

5 가령 사람이 그 이웃과 함께 벌목하러 삼림에 들어가서 손에 도끼를 들고 벌목하려고 찍을 때에 도끼가 자루에서 빠져 그의 이웃을 맞춰 그를 죽게 함과 같은 것이라 이런 사람은 그 성읍 중 하나로 도피하여 생명을 보존할 것이니라

6 그 사람이 그에게 본래 원한이 없으니 죽이기에 합당하지 아니하나 두렵건대 그 피를 보복하는 자의 마음이 복수심에 불타서 살인자를 뒤쫓는데 그 가는 길이 멀면 그를 따라 잡아 죽일까 하노라

7 그러므로 내가 네게 명령하기를 세 성읍을 너를 위하여 구별하라 하노라

8 네 하나님 여호와께서 네 조상들에게

19 장 에는 무엇이 기록되어 있을까?

도피성 제도와 증인에 관한 법이 나와 있어요. 고의적으로 사람을 죽이면 자는 사형이지만, 실수로 사람을 죽인 경우에는 도피성에 피신하여 생명을 보존할 수 있었어요. 이것은 피의 보복이 악순환되는 것을 막기 위한 조치였어요. 한편, 거짓 증인죄에 대한 형벌은 당한 만큼 그대로 되갚게 했답니다.

땅의 경계를 표시하는 게셀의 경계표
(19:14)

맹세하신 대로 네 지경을 넓혀 네 조상
들에게 주리라고 말씀하신 땅을 다 네
게 주실 때

9 또 너희가 오늘 내가 너희에게 명하는
이 모든 명령을 지켜 행하여 네 하나님
여호와를 사랑하고 항상 그의 길로 행
할 때에는 이 셋 외에 세 성읍을 더하여

10 네 하나님 여호와께서 네게 기업으로
주시는 땅에서 무죄한 피를 흘리지 말
라 이같이 하면 그의 피가 네게로 돌아
가지 아니하리라

11 ●그러나 만일 어떤 사람이 그의 이웃
을 미워하여 엎드려 그를 기다리다가
일어나 상처를 입혀 죽게 하고 이 한 성
읍으로 도피하면

12 그 본 성읍 장로들이 사람을 보내어 그
를 거기서 잡아다가 보복자의 손에 넘
겨 죽이게 할 것이라

13 네 눈이 그를 긍휼히 여기지 말고 무죄
한 피를 흘린 죄를 이스라엘에서 제하
라 그리하면 네게 복이 있으리라 7:2

이웃의 경계표를 옮기지 말라

14 ●네 하나님 여호와께서 네게 주어 차
지하게 하시는 땅 곧 네 소유가 된 기
업의 땅에서 조상이 정한 네 이웃의 경
계표를 옮기지 말지니라 27:17

두 세 증인의 입으로 하라

15 ●사람의 모든 악에 관하여 또한 모든
죄에 관하여는 한 증인으로만 정할 것이
아니요 두 증인의 입으로나 또는 세 증
인의 입으로 그 사건을 확정할 것이며

16 만일 위증하는 자가 있어 어떤 사람이
악을 행하였다고 말하면 27:12

17 그 논쟁하는 쌍방이 같이 하나님 앞에
나아가 그 당시의 제사장과 재판장 앞
에 설 것이요

18 재판장은 자세히 조사하여 그 증인이
거짓 증거하여 그 형제를 거짓으로 모
함한 것이 판명되면

19 그가 그의 형제에게 행하려고 꾀한 그
대로 그에게 행하여 너희 중에서 악을
제하라

20 그리하면 그 남은 자들이 듣고 두려워
하여 다시는 그런 악을 너희 중에서 행
하지 아니하리라

21 네 눈이 긍휼히 여기지 말라 생명에는
생명으로, 눈에는 눈으로, 이에는 이
로, 손에는 손으로, 발에는 발로니라

적군과 싸우려 할 때에　B.C. 1410년경

20 네가 나가서 적군과 싸우려
할 때에 말과 병거와 백성이
너보다 많음을 볼지라도 그들을 두려
워하지 말라 애굽 땅에서 너를 인도하
여 내신 네 하나님 여호와께서 너와 함
께 하시느니라 1:29, 30

2 너희가 싸울 곳에 가까이 가면 제사장
은 백성에게 나아가서 고하여 그들에
게

3 말하여 이르기를 이스라엘아 들으라
너희가 오늘 너희의 대적과 싸우려고
나아왔으니 마음에 겁내지 말며 두려
워하지 말며 떨지 말며 그들로 말미암
아 놀라지 말라

4 너희 하나님 여호와는 너희와 함께 행
하시며 너희를 위하여 너희 적군과 싸
우시고 구원하실 것이라 할 것이며

20장에는 무엇이 기록되어 있을까?

이스라엘은 언약 백성으로서 침략
전쟁이나 영토 확장 전쟁을 할 수 없었어요. 이스
록한 전쟁의 승패는 여호와께 대한 순종에 달려
있었어요. 그래서 거룩한 전쟁 수행에 걸림돌이
되는 군사들은 제외되었지요. 5-9절은 군대에
가지 않은 사람들에 대한 규정이며, 10-18절은
적군의 성들을 다루는 방법을 설명합니다.

5 책임자들은 백성에게 말하여 이르기를 새 집을 건축하고 낙성식을 행하지 못한 자가 있느냐 그는 집으로 돌아갈지니 전사하면 타인이 낙성식을 행할까 하노라

6 포도원을 만들고 그 과실을 먹지 못한 자가 있느냐 그는 집으로 돌아갈지니 전사하면 타인이 그 과실을 먹을까 하노라

7 여자와 약혼하고 그와 결혼하지 못한 자가 있느냐 그는 집으로 돌아갈지니 전사하면 타인이 그를 데려갈까 하노라 하고

8 책임자들은 또 백성에게 말하여 이르기를 두려워서 마음이 허약한 자가 있느냐 그는 집으로 돌아갈지니 그의 형제들의 마음도 그의 마음과 같이 낙심될까 하노라 하고

9 백성에게 이르기를 마친 후에 군대의 지휘관들을 세워 무리를 거느리게 할지니라

10 ●네가 어떤 성읍으로 나아가서 치려 할 때에는 그 성읍에 먼저 화평을 선언하라   삼하 20:17-21

11 그 성읍이 만일 화평하기로 회답하고 너를 향하여 성문을 열거든 그 모든 주민들에게 네게 조공을 바치고 너를 섬기게 할 것이요

12 만일 너와 화평하기를 거부하고 너를 대적하여 싸우려 하거든 너는 그 성읍을 에워쌀 것이며

13 네 하나님 여호와께서 그 성읍을 네 손에 넘기시거든 너는 칼날로 그 안의 남자를 다 쳐죽이고

14 너는 오직 여자들과 유아들과 가축들

과 성읍 가운데에 있는 모든 것을 너를 위하여 탈취물로 삼을 것이며 너는 네 하나님 여호와께서 네게 주신 적군에게서 빼앗은 것을 먹을지니라

15 네가 네게서 멀리 떠난 성읍들 곧 이 민족들에게 속하지 아니한 성읍들에게는 이같이 행하려니와

16 오직 네 하나님 여호와께서 네게 기업으로 주시는 이 민족들의 성읍에서는 호흡 있는 자를 하나도 살리지 말지니

17 곧 헷 족속과 아모리 족속과 가나안 족속과 브리스 족속과 히위 족속과 여부스 족속을 네가 진멸하되 네 하나님 여호와께서 네게 명령하신 대로 하라

18 이는 그들이 그 신들에게 행하는 모든 가증한 일을 너희에게 가르쳐 본받게 하여 너희가 너희의 하나님 여호와께 범죄하게 할까 함이니라   7:4

19 ●너희가 어떤 성읍을 오랫동안 에워싸고 그 성읍을 쳐서 점령하려 할 때에 도끼를 둘러 그 곳의 나무를 찍어내지 말라 이는 너희가 먹을 것이 될 것임이니 찍지 말라 들의 수목이 사람이냐 너희가 어찌 그것을 에워싸겠느냐

20 다만 과목이 아닌 수목은 찍어내어 너희와 싸우는 그 성읍을 치는 기구를 만들어 그 성읍을 함락시킬 때까지 쓸지니라

죽인 자를 알지 못하거든

21 네 하나님 여호와께서 네게 주어 차지하게 하신 땅에서 피살된 시체가 들에 엎드러진 것을 발견하고 그 쳐죽인 자가 누구인지 알지 못하거든

21 장 예는 무엇이 기록되어 있을까?

21장에는 살인자를 알 수 없는 살인 사건과 전쟁에서 포로로 잡은 여자를 아내로 맞는 것, 맏아들의 상속권, 패역한 아들에게 내리는 형벌 등과 같이 가정에서 일어날 수 있는 여러 가지 문제들의 해결책이 자세하게 설명되어 있어요. 이 모든 규정들 속에는 공의로우신 하나님의 자상하신 배려가 담겨 있답니다.

위증(19:16) 거짓의 증거.

모함(19:18) 없는 일을 꾸며 남을 함정에 몰아넣음.

낙성식(20:5) 건축물의 공사를 완성하여 그것을 기념하는 의식.

전사(20:5) 싸움터에서 싸우다가 죽는 것.

조공(20:11) 속국이 종주국에게 때 맞추어 예물을 바치는 일.

탈취물(20:14) 빼앗아 얻은 물건.

송아지에게 씌우는 멍에(21:3)

2 너희의 장로들과 재판장들은 나가서 그 피살된 곳의 사방에 있는 성읍의 원근을 잴 것이요

3 그 피살된 곳에서 제일 가까운 성읍의 장로들이 그 성읍에서 아직 부리지 아니하고 멍에를 메지 아니한 암송아지를 취하여

4 그 성읍의 장로들이 물이 항상 흐르고 갈지도 않고 씨도 뿌린 일도 없는 골짜기로 그 송아지를 끌고 가서 그 골짜기에서 그 송아지의 목을 꺾을 것이요

5 레위 자손 제사장들도 그리로 갈지니 그들은 네 하나님 여호와께서 택하사 자기를 섬기게 하시며 또 여호와의 이름으로 축복하게 하신 자라 모든 소송과 모든 투쟁이 그들의 말대로 판결될 것이니라

6 그 피살된 곳에서 제일 가까운 성읍의 모든 장로들은 그 골짜기에서 목을 꺾은 암송아지 위에 손을 씻으며　시 26:6

7 말하기를 우리의 손이 이 피를 흘리지 아니하였고 우리의 눈이 이것을 보지도 못하였나이다

8 여호와여 주께서 속량하신 주의 백성 이스라엘을 사하시고 무죄한 피를 주의 백성 이스라엘 중에 머물러 두지 마옵소서 하면 그 피 흘린 죄가 사함을 받으리니

9 너는 이와 같이 여호와께서 보시기에 정직한 일을 행하여 무죄한 자의 피 흘린 죄를 너희 중에서 제할지니라　19:13

여자 포로를 아내로 삼는 규정

10 ●네가 나가서 적군과 싸울 때에 네 하나님 여호와께서 그들을 네 손에 넘기

시므로 네가 그들을 사로잡은 후에

11 네가 만일 그 포로 중의 아리따운 여자를 보고 그에게 연연하여 아내를 삼고자 하거든

12 그를 네 집으로 데려갈 것이요 그는 그 머리를 밀고 손톱을 베고

13 또 포로의 의복을 벗고 네 집에 살며 그 부모를 위하여 한 달 동안 애곡한 후에 네가 그에게로 들어가서 그의 남편이 되고 그는 네 아내가 될 것이요

14 그 후에 네가 그를 기뻐하지 아니하거든 그의 마음대로 가게 하고 결코 돈을 받고 팔지 말지라 네가 그를 욕보였은즉 종으로 여기지 말지니라

장자의 상속권

15 ●어떤 사람이 두 아내를 두었는데 하나는 사랑을 받고 하나는 미움을 받다가 그 사랑을 받는 자와 미움을 받는 자가 둘 다 아들을 낳았다 하자 그 미움을 받는 자의 아들이 장자이면

16 자기의 소유를 그의 아들들에게 기업으로 나누는 날에 그 사랑을 받는 자의 아들을 장자로 삼아 참 장자 곧 미움을 받는 자의 아들보다 앞세우지 말고

17 반드시 그 미움을 받는 자의 아들을 장자로 인정하여 자기의 소유에서 그에게는 두 몫을 줄 것이니 그는 자기의 기력의 시작이라 장자의 권리가 그에게 있음이니라

패역한 아들에게 내리는 벌

18 ●사람에게 완악하고 패역한 아들이 있어 그의 아버지의 말이나 그 어머니의 말을 순종하지 아니하고 부모가 징계하여도 순종하지 아니하거든　삼상 30:1

19 그의 부모가 그를 끌고 성문에 이르러 그 성읍 장로들에게 나아가서

20 그 성읍 장로들에게 말하기를 우리의 이 자식은 완악하고 패역하여 우리 말을 듣지 아니하고 방탕하며 술에 잠긴 자라 하면

21 그 성읍의 모든 사람들이 그를 돌로 쳐 죽일지니 이같이 네가 너희 중에서 악

을 제하라 그리하면 온 이스라엘이 듣고 두려워하리라 13:5

기타 규정

22 ●사람이 만일 죽을 죄를 범하므로 네가 그를 죽여 나무 위에 달거든

23 그 시체를 나무 위에 밤새도록 두지 말고 그 날에 장사하여 네 하나님 여호와께서 네게 기업으로 주시는 땅을 더럽히지 말라 나무에 달린 자는 하나님께 저주를 받았음이니라

22 네 형제의 소나 양이 길 잃은 것을 보거든 못 본 체하지 말고 너는 반드시 그것들을 끌어다가 네 형제에게 돌릴 것이요

2 네 형제가 네게서 멀거나 또는 네가 그를 알지 못하거든 그 짐승을 네 집으로 끌고 가서 네 형제가 찾기까지 네게 두었다가 그에게 돌려 줄지니

3 나귀라도 그리하고 의복이라도 그리하고 형제가 잃어버린 어떤 것이든지 네가 얻거든 다 그리하고 못 본 체하지 말 것이며

4 네 형제의 나귀나 소가 길에 넘어진 것을 보거든 못 본 체하지 말고 너는 반드시 형제를 도와 그것들을 일으킬지니라

5 ●여자는 남자의 의복을 입지 말 것이요 남자는 여자의 의복을 입지 말 것이라 이같이 하는 자는 네 하나님 여호와께 가증한 자이니라

6 ●길을 가다가 나무에나 땅에 있는 새의 보금자리에 새 새끼나 알이 있고 어미 새가 그의 새끼나 알을 품은 것을 보거든 그 어미 새와 새끼를 아울러 취

7 어미는 반드시 놓아 줄 것이요 새끼는 취하여도 되나니 그리하면 네가 복을 누리고 장수하리라 4:40

8 ●네가 새 집을 지을 때에 지붕에 난간을 만들어 사람이 떨어지지 않게 하라 그 피가 네 집에 돌아갈까 하노라

9 ●네 포도원에 두 종자를 섞어 뿌리지 말라 그리하면 네가 뿌린 씨의 열매와 포도원의 소산을 다 1)빼앗길까 하노라

10 네는 소와 나귀를 겨리하여 갈지 말며

11 양 털과 베 실로 섞어 짠 것을 입지 말지니라

12 ●너희는 너희가 입는 겉옷의 네 귀에 술을 만들지니라 마 23:5

순결에 관한 법

13 ●누구든지 아내를 맞이하여 그에게 들어간 후에 그를 미워하여

14 비방거리를 만들어 그에게 누명을 씌워 이르되 내가 이 여자를 맞이하였더니 그와 동침할 때에 그가 처녀임을 보지 못하였노라 하면

15 그 처녀의 부모가 그 처녀의 처녀인 표를 얻어가지고 그 성문 장로들에게로 가서 22:23

1)히, 성물이

술술 풀리는 병경말씀

남자와 여자가 옷을 바꿔 입지 말라

하나님께서 이러한 율법을 주신 이유에는 여러 가지 의견이 있어요.

(1) 비너스 숭배자들은 제사를 지내는 동안에 여자는 갑옷을 입고 남자는 여자 옷을 입었는데, 그와 같은 우상 숭배를 따르지 않게 하기 위해 이런 법을 주셨다는 의견이 있어요.

(2) 비정상적인 성행위의 한 가지 종류로 보는 것이에요. 그래서 그런 행동을 금지하기 위해 이 법이 주어졌다는 것이지요.

(3) 남녀의 성별이 혼동되는 것을 금지하기 위해 주신 율법이라는 주장도 있어요. 즉, 하나님께서는 남녀를 각각 다르게 지으신 창조 질서를 보존하시기 위해 이 법을 주셨다는 것이지요. 22장 5절

22장 에는 무엇이 기록되어 있을까?

일상 생활에서 일어날 수 있는 일들에 관한 규례들에 이어 성도덕에 관한 규례를 다루고 있어요. 특히 성도덕에 관한 강조는 하나님이 영육간의 순결성을 각별히 중요하게 여기신다는 사실을 분명히 보여주고 있지요. 우리는 하나님의 관심과 요구하시는 사항의 범위가 매우 넓다는 것을 알 수 있어요.

16 처녀의 아버지가 장로들에게 말하기를 내 딸을 이 사람에게 아내로 주었더니 그가 미워하여

17 비방거리를 만들어 말하기를 내가 네 딸에게서 처녀임을 보지 못하였노라 하나 보라 내 딸의 처녀의 표적이 이것이라 하고 그 부모가 그 자리옷을 그 성읍 장로들 앞에 펼 것이요

18 그 성읍 장로들은 그 사람을 잡아 때리고

19 이스라엘 처녀에게 누명을 씌움으로 말미암아 그에게서 은 일백 세겔을 벌금으로 받아 여자의 아버지에게 주고 그 여자는 그 남자가 평생에 버릴 수 없는 아내가 되게 하려니와

20 그 일이 참되어 그 처녀에게 처녀의 표적이 없으면

21 그 처녀를 그의 아버지 집 문에서 끌어내고 그 성읍 사람들이 그를 돌로 쳐죽일지니 이는 그가 그의 아버지 집에서 창기의 행동을 하여 이스라엘 중에서 악을 행하였음이라 너는 이와 같이 하여 너희 가운데서 악을 제할지니라

22 ●만일 남자가 유부녀와 동침한 것이 드러나거든 그 동침한 남자와 그 여자를 둘 다 죽여 이스라엘 중에 악을 제할지니라 `레 20:10`

23 ●처녀인 여자가 남자와 약혼한 후에 어떤 남자가 그를 성읍 중에서 만나 동침하면

24 너희는 그들을 둘 다 성읍 문으로 끌어내고 그들을 돌로 쳐죽일 것이니 그 처녀는 성안에 있으면서도 소리 지르지 아니하였음이요 그 남자는 그 이웃의 아내를 욕보였음이라 너는 이같이 하여 너희 가운데에서 악을 제할지니라

25 ●만일 남자가 어떤 약혼한 처녀를 들에서 만나 강간하였으면 그 강간한 남자만 죽일 것이요 `삿 8:1-11`

26 처녀에게는 아무것도 행하지 말 것은 처녀에게는 죽일 죄가 없음이라 이 일은 사람이 일어나 그 이웃을 쳐죽인 것과 같은 것이라

27 남자가 처녀를 들에서 만난 까닭에 그 약혼한 처녀가 소리질러도 구원할 자가 없었음이니라

28 ●만일 남자가 약혼하지 아니한 처녀를 만나 그를 붙들고 동침하는 중에 그 두 사람이 발견되면 `출 22:16, 17`

29 그 동침한 남자는 그 처녀의 아버지에게 은 오십 세겔을 주고 그 처녀를 아내로 삼을 것이라 그가 그 처녀를 욕보였은즉 평생에 그를 버리지 못하리라

30 ●사람이 그의 아버지의 아내를 취하여 아버지의 하체를 드러내지 말지니라

총회에 들어오지 못하는 사람들

23 고환이 상한 자나 음경이 잘린 자는 여호와의 총회에 들어오지 못하리라

2 ●사생자는 여호와의 총회에 들어오지 못하리니 십 대에 이르기까지도 여호와의 총회에 들어오지 못하리라

3 ●암몬 사람과 모압 사람은 여호와의 총회에 들어오지 못하리니 그들에게 속한 자는 십 대뿐 아니라 영원히 여호와의 총회에 들어오지 못하리니

4 그들은 너희가 애굽에서 나올 때에 떡과 물로 너희를 길에서 영접하지 아니하고 메소보다미아의 브돌 사람 브올의 아들 발람에게 뇌물을 주어 너희를 저주하게 하려 하였으나

5 네 하나님 여호와께서 너를 사랑하시므로 네 하나님 여호와께서 발람의 말을 듣지 아니하시고 네 하나님 여호와께서 그 저주를 변하여 복이 되게 하셨나니

23 에는 무엇이 기록되어 있을까?

1~8절에는 여호와의 총회에 참여할 수 없는 사람들이 언급되었어요. 9-14절은 전쟁을 앞둔 가운데서도 위생 및 정결에 대해 당부하는 내용이지요. 그 외에 외국인 노예에 대한 인도적인 배려, 창기와 남창을 근절시키려는 당부, 동족에게 이자를 받지 말 것에 대한 명령 등이 나와 있어요.

6 네 평생에 그들의 평안함과 형통함을 영원히 구하지 말지니라

7 ●너는 에돔 사람을 미워하지 말라 그는 네 형제임이니라 애굽 사람을 미워하지 말라 네가 그의 땅에서 객이 되었음이니라

8 그들의 삼 대 후 자손은 여호와의 총회에 들어올 수 있느니라

진영을 거룩하게 하는 법

9 네가 적군을 치러 출진할 때에 모든 악한 일을 스스로 삼갈지니

10 너희 중에 누가 밤에 몽설함으로 부정하거든 진영 밖으로 나가고 진영 안에 들어오지 아니하다가

11 해 질 때에 목욕하고 해 진 후에 진에 들어올 것이요

12 네 진영 밖에 변소를 마련하고 그리로 나가되

13 네 기구에 작은 삽을 더하여 밖에 나가서 대변을 볼 때에 그것으로 땅을 팔 것이요 몸을 돌려 그 배설물을 덮을지니

14 이는 네 하나님 여호와께서 너를 구원하시고 적군을 네게 넘기시려고 네 진영 중에 행하심이라 그러므로 네 진영을 거룩하게 하라 그리하면 네게 불결한 것을 보시지 않으므로 너를 떠나지 아니하시리라

기타 규정

15 ●종이 그의 주인을 피하여 네게로 도망하거든 너는 그의 주인에게 돌려주지 말고

16 그가 네 성읍 중에서 원하는 곳을 택하는 대로 너와 함께 네 가운데에 거주하게 하고 그를 압제하지 말지니라

17 ●이스라엘 여자 중에 창기가 있지 못할 것이요 이스라엘 남자 중에 남창이 있지 못할지니

18 창기가 번 돈과 개 같은 자의 소득은 어떤 서원하는 일로든지 네 하나님 여호와의 전에 가져오지 말라 이 둘은 다 네 하나님 여호와께 가증한 것임이니라

19 ●네가 형제에게 꾸어주거든 이자를 받지 말지니 곧 돈의 이자, 식물의 이자, 이자를 낼 만한 모든 것의 이자를 받지 말 것이라

20 타국인에게 네가 꾸어주면 이자를 받아도 되거니와 네 형제에게 꾸어주거든 이자를 받지 말라 그리하면 네 하나님 여호와께서 네가 들어가서 차지할 땅에서 네 손으로 하는 범사에 복을 내리시리라

21 ●네 하나님 여호와께 서원하거든 갚기를 더디하지 말라 네 하나님 여호와께서 반드시 그것을 네게 요구하시리니 더디면 그것이 네게 죄가 될 것이라

22 네가 서원하지 아니하였으면 무죄하리라 그러나

23 네 입으로 말한 것은 그대로 실행하도록 유의하라 무릇 자원한 예물은 네 하

선생님! 궁금해요

에덴 동산은 어디에 있어요? 지금도 에덴 동산에 갈 수 있나요?

원래 에덴 동산은 생명과 빛의 근원지인 동방 지역에 있었지요. 메소포타미아의 어느 지역이었던 것 같아요. 그 동산에는 맛있는 과일과 아름다운 꽃들이 가득했으며 동물들도 모두 사이좋게 지냈으며, 금은 보화, 수많은 보석들이 있는 아주 기름진 땅이었죠.

그런데 그만 아담과 하와가 죄를 지어서 그 동산에서 살 수 없게 되었어요. 죄가 있는 사람은 에덴 동산에 가지 못하기 때문에 그 아름다운 동산은 더 이상 찾을 수 없게 되었지요. 과학자, 고고학자들이 아무리 발견하려고 해도 소용없었어요. 하지만 우리가 예수님을 믿으면 하늘에 있는 새 하늘과 새 땅, 새로운 에덴 동산에서 영원히 살 수 있답니다.

창 2장 15절

나님 여호와께 네가 서원하여 입으로 언약한 대로 행할지니라

24 ●네 이웃의 포도원에 들어갈 때에는 마음대로 그 포도를 배불리 먹어도 되느니라 그러나 그릇에 담지는 말 것이요

25 네 이웃의 곡식밭에 들어갈 때에는 네가 손으로 그 이삭을 따도 되느니라 그러나 네 이웃의 곡식밭에 낫을 대지는 말지니라

이혼과 재혼 — B.C. 1410년경

24 사람이 아내를 맞이하여 데려온 후에 그에게 수치되는 일이 있음을 발견하고 그를 기뻐하지 아니하면 이혼 증서를 써서 그의 손에 주고 그를 자기 집에서 내보낼 것이요

2 그 여자는 그의 집에서 나가서 다른 사람의 아내가 되려니와

3 그의 둘째 남편도 그를 미워하여 이혼 증서를 써서 그의 손에 주고 그를 자기 집에서 내보냈거나 또는 그를 아내로 맞이한 둘째 남편이 죽었다 하자

4 그 여자는 이미 몸을 더럽혔은즉 그를 내보낸 전남편이 그를 다시 아내로 맞이하지 말지니 이 일은 여호와 앞에 가증한 것이라 너는 네 하나님 여호와께서 네게 기업으로 주시는 땅을 범죄하게 하지 말지니라 (렘 3:1)

기타 규정

5 ●사람이 새로이 아내를 맞이하였으면 그를 군대로 내보내지 말 것이요 아무 직무도 그에게 맡기지 말 것이며 그는 일 년 동안 한가하게 집에 있으면서 그가 맞이한 아내를 즐겁게 할지니라

6 ●사람이 맷돌이나 그 위짝을 전당 잡지 말지니 이는 그 생명을 전당 잡음이니라

7 ●사람이 자기 형제 곧 이스라엘 자손 중 한 사람을 유인하여 종으로 삼거나 판 것이 발견되면 그 유인한 자를 죽일지니 이같이 하여 너희 중에서 악을 제할지니라

8 ●너는 나병에 대하여 삼가서 레위 사람 제사장들이 너희에게 가르치는 대로 네가 힘써 다 지켜 행하되 너희는 내가 그들에게 명령한 대로 지켜 행하라

9 너희는 애굽에서 나오는 길에서 네 하나님 여호와께서 미리암에게 행하신 일을 기억할지니라

10 ●네 이웃에게 무엇을 꾸어줄 때에 너는 그의 집에 들어가서 전당물을 취하지 말고 (15:8)

11 너는 밖에 서 있고 네게 꾸는 자가 전당물을 밖으로 가지고 나와서 네게 줄 것이며

12 그가 가난한 자이면 너는 그의 전당물을 가지고 자지 말고

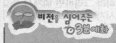

비전을 심어주는 3분 예화

최초의 유치원

독일의 '프뢰벨'은 세계 최초의 유아 교육기관인 유치원을 세운 사람이에요. 다섯 형제 중 막내였던 프뢰벨은 어머니를 일찍 여의고 아버지는 목사로서 바쁘셨기 때문에 부모의 사랑을 충분히 받지 못하고 자랐어요. 그래서 어린 시절 마음의 상처 때문에 우울하고 폐쇄적인 성격이 되었지요. 하지만 어릴 때부터 성경을 묵상하는 일은 거르지 않았답니다.

대학을 졸업하고 교사가 된 프뢰벨은 생애를 교육에 바치기로 결심했어요. 마침내 그는 1816년에 그리스하임에 일반 학교인 독일 교육연구소를 창설하였고, 1840년 블랑켄부르크에 세계 최초의 유치원을 세웠어요. 마음의 상처를 입었던 어린 시절을 잊지 못하고 자신과 같이 힘들어하는 어린이가 생기지 않도록 사랑과 정성으로 가르칠 교육기관을 만들었던 거예요.

24장에는 무엇이 기록되어 있을까?

이혼, 신혼 부부에 대한 특별 배려, 생활 필수품인 맷돌을 저당으로 잡지 말 것, 유괴범과 나병 환자에 관한 규례들이 소개되고 있어요. 뒷부분에서는 가난한 이웃과 품꾼, 나그네, 고아와 과부 등과 같이 힘없는 자들을 도와 사랑과 정의가 사라지지 않게 할 것을 명령하고 있답니다.

13 해 질 때에 그 전당물을 반드시 그에게 돌려줄 것이라 그리하면 그가 그 옷을 입고 자며 너를 위하여 축복하리니 그 일이 네 하나님 여호와 앞에서 네 공의로움이 되리라

14 ●곤궁하고 빈한한 품꾼은 너희 형제든지 네 땅 성문 안에 우거하는 객이든지 그를 학대하지 말며

15 그 품삯을 당일에 주고 해 진 후까지 미루지 말라 이는 그가 가난하므로 그 품삯을 간절히 바람이라 그가 너를 여호와께 호소하지 않게 하라 그렇지 않으면 그것이 네게 죄가 될 것임이니라

16 ●아버지는 그 자식들로 말미암아 죽임을 당하지 않을 것이요 자식들은 그 아버지로 말미암아 죽임을 당하지 않을 것이니 각 사람은 자기 죄로 말미암아 죽임을 당할 것이니라

17 ●너는 객이나 고아의 송사를 억울하게 하지 말며 과부의 옷을 전당 잡지 말라

18 너는 애굽에서 종 되었던 일과 네 하나님 여호와께서 너를 거기서 속량하신 것을 기억하라 이러므로 내가 네게 이 일을 행하라 명령하노라

19 ●네가 밭에서 곡식을 벨 때에 그 한 뭇을 밭에 잊어버렸거든 다시 가서 가져오지 말고 나그네와 고아와 과부를 위하여 남겨두라 그리하면 네 하나님 여호와께서 네 손으로 하는 모든 일에 복을 내리시리라

20 네가 네 감람나무를 떤 후에 그 가지를 다시 살피지 말고 그 남은 것은 객과 고아와 과부를 위하여 남겨두며

21 네가 네 포도원의 포도를 딴 후에 그 남은 것을 다시 따지 말고 객과 고아와 과부를 위하여 남겨두라

22 너는 애굽 땅에서 종 되었던 것을 기억하라 이러므로 내가 네게 이 일을 행하라 명령하노라

25 사람들 사이에 시비가 생겨 재판을 청하면 재판장은 그들을 재판하여 의인은 의롭다 하고 악인은 정죄할 것이며

2 악인에게 태형이 합당하면 재판장은 그를 엎드리게 하고 그 앞에서 그의 죄에 따라 수를 맞추어 때리게 하라

3 사십까지는 때리려니와 그것을 넘기지는 못할지니 만일 그것을 넘겨 매를 지나치게 때리면 네가 네 형제를 경히 여기는 것이 될까 하노라

4 ●곡식 떠는 소에게 망을 씌우지 말지니라

죽은 형제에 대한 의무

5 ●형제들이 함께 사는데 그 중 하나가 죽고 아들이 없으면 그 죽은 자의 아내는 나가서 타인에게 시집 가지 말 것이요 그의 남편의 형제가 그에게로 들어가서 그를 맞이하여 아내로 삼아 그의 남편의 형제 된 의무를 그에게 다 행할 것이요

6 그 여인이 낳은 첫 아들이 그 죽은 형제의 이름을 잇게 하여 그 이름이 이스라엘 중에서 끊어지지 않게 할 것이니라

7 그러나 그 사람이 만일 그 형제의 아내 맞이하기를 즐겨하지 아니하면 그 형제의 아내는 그 성문으로 장로들에게로 나아가서 말하기를 내 남편의 형제가 그의 형제의 이름을 이스라엘 중에 잇기를 싫어하여 남편의 형제 된 의무를 내게 행하지 아니하나이다 할 것이요

8 그 성읍 장로들은 그를 불러다가 말할 것이며 그가 이미 정한 뜻대로 말하기를 내가 그 여자를 맞이하기를 즐겨하지 아니하노라 하면

9 그의 형제의 아내가 장로들 앞에서 그

25장 에는 무엇이 기록되어 있을까?

사형에 처할 만큼 심한 죄가 아닌 경우에는 매로 볼기를 때리도록 하되, 사십 대 이상을 넘지 못하게 했어요. 이어서 죽은 형제에 대한 의무에 대한 규정, 공정한 상거래의 당부 등과 아말렉을 진멸하라는 명령을 살펴볼 수 있지요.

오리 모양의 저울추(25:13)
B.C. 2090년 우르 지방에서
사용하던 것

에게 나아가서 그의 발에서 신을 벗기고 그의 얼굴에 침을 뱉으며 이르기를 그의 형제의 집을 세우기를 즐겨 아니하는 자에게는 이같이 할 것이라 하고

10 이스라엘 중에서 그의 이름을 신 벗김 받은 자의 집이라 부를 것이니라

다른 법

11 ●두 사람이 서로 싸울 때에 한 사람의 아내가 그 치는 자의 손에서 그의 남편을 구하려 하여 가까이 가서 손을 벌려 그 사람의 음낭을 잡거든

12 너는 그 여인의 손을 찍어버릴 것이고 네 눈이 그를 불쌍히 여기지 말지니라

13 ●너는 네 주머니에 두 종류의 저울추 곧 큰 것과 작은 것을 넣지 말 것이며

14 네 집에 두 종류의 되 곧 큰 것과 작은 것을 두지 말 것이요

15 오직 온전하고 공정한 저울추를 두며 온전하고 공정한 되를 둘 것이라 그리하면 네 하나님 여호와께서 네게 주시는 땅에서 네 날이 길리라

16 이런 일들을 행하는 모든 자, 악을 행하는 모든 자는 네 하나님 여호와께 가증하니라

아말렉에 대한 기억을 지워버리라

17 ●너희는 애굽에서 나오는 길에 아말렉이 네게 행한 일을 기억하라 출 17:8

18 곧 그들이 너를 길에서 만나 네가 피곤할 때에 네 뒤에 떨어진 약한 자들을 쳤고 하나님을 두려워하지 아니하였느니라

19 그러므로 네 하나님 여호와께서 네게

기업으로 주어 차지하게 하시는 땅에서 네 하나님 여호와께서 사방에 있는 모든 적군으로부터 네게 안식을 주실 때에 너는 천하에서 아말렉에 대한 기억을 지워버리라 너는 잊지 말지니라

토지 소산 · B.C. 1410년경

26 네 하나님 여호와께서 네게 기업으로 주어 차지하게 하실 땅에 네가 들어가서 거기에 거주할 때에

2 네 하나님 여호와께서 네게 주신 땅에서 그 토지의 모든 소산의 맏물을 거둔 후에 그것을 가져다가 광주리에 담고 네 하나님 여호와께서 그의 이름을 두시려고 택하신 곳으로 그것을 가지고 가서

3 그 때의 제사장에게 나아가 그에게 이르기를 내가 오늘 당신의 하나님 여호와께 아뢰나이다 내가 여호와께서 우리에게 주시겠다고 우리 조상들에게 맹세하신 땅에 이르렀나이다 할 것이요

4 제사장은 네 손에서 그 광주리를 받아서 네 하나님 여호와의 제단 앞에 놓을 것이며

5 너는 또 네 하나님 여호와 앞에 아뢰기를 내 조상은 방랑하는 아람 사람으로서 애굽에 내려가 거기에서 소수로 거류하였더니 거기에서 크고 강하고 번성한 민족이 되었는데 1:10

6 애굽 사람이 우리를 학대하며 우리를 괴롭히며 우리에게 중노동을 시키므로

7 우리가 우리 조상의 하나님 여호와께 부르짖었더니 여호와께서 우리 음성을 들으시고 우리의 고통과 신고와 압

26 에는 무엇이 기록되어 있을까?

모세는 이제 이스라엘이 가나안 땅을 소유하자마자 실행해야 할 두 가지 의식에 관해 설명해주었어요. 하나는 그 땅의 첫 열매를 여호와께 바치는 것이었고 또 하나는 3년마다 모든 소산의 십일조를 내어 레위인은 물론, 고아나 과부와 같이 의지할 데 없는 소외된 사람들에게 나누어주는 것이었답니다.

제를 보시고

8 여호와께서 강한 손과 편 팔과 큰 위엄과 이적과 기사로 우리를 애굽에서 인도하여 내시고

9 이곳으로 인도하사 이 땅 곧 젖과 꿀이 흐르는 땅을 주셨나이다

10 여호와여 이제 내가 주께서 내게 주신 토지 소산의 맏물을 가져왔나이다 하고 너는 그것을 네 하나님 여호와 앞에 두고 네 하나님 여호와 앞에 경배할 것이며

11 네 하나님 여호와께서 너와 네 집에 주신 모든 복으로 말미암아 너는 레위인과 너희 가운데에 거류하는 객과 함께 즐거워할지니라

12 ●셋째 해 곧 십일조를 드리는 해에 네 모든 소산의 십일조 내기를 마친 후에 그것을 레위인과 객과 고아와 과부에게 주어 네 성읍 안에서 먹고 배부르게 하라

13 그리 할 때에 네 하나님 여호와 앞에 아뢰기를 내가 성물을 내 집에서 내어 레위인과 객과 고아와 과부에게 주기를 주께서 내게 명령하신 명령대로 하였사오니 내가 주의 명령을 범하지도 아니하였고 잊지도 아니하였나이다

14 내가 애곡하는 날에 이 성물을 먹지 아니하였고 부정한 몸으로 이를 떼어두지 아니하였고 죽은 자를 위하여 이를 쓰지 아니하였고 내 하나님 여호와의 *말씀을 청종하여 주께서 내게 명령하신* 대로 다 행하였사오니

15 원하건대 주의 거룩한 처소 하늘에서 보시고 주의 백성 이스라엘에게 복을 주시며 우리 조상들에게 맹세하여 우리에게 주신 젖과 꿀이 흐르는 땅에

24 7:20

복을 내리소서 할지니라

하나님의 보배로운 백성

16 ●오늘 네 하나님 여호와께서 이 규례와 법도를 행하라고 네게 명령하시나니 그런즉 너는 마음을 다하고 뜻을 다하여 지켜 행하라

4:29

17 네가 오늘 여호와를 네 하나님으로 인정하고 또 그 도를 행하고 그의 규례와 명령과 법도를 지키며 그의 소리를 들으리라 확언하였고

18 여호와께서도 네게 말씀하신 대로 오늘 너를 그의 보배로운 백성이 되게 하시고 그의 모든 명령을 지키라 확언하셨느니라

7:6

19 그런즉 여호와께서 너를 그 지으신 모든 민족 위에 뛰어나게 하사 찬송과 명예와 영광을 삼으시고 그가 말씀하신 대로 너를 네 하나님 여호와의 성민이 되게 하시리라

돌 위에 기록한 율법 · B.C. 1410년경

27

모세와 이스라엘 장로들이 백성에게 명령하여 이르되 내가 오늘 너희에게 명령하는 이 명령을 너희는 다 지킬지니라

2 너희가 요단을 건너 네 하나님 여호와께서 네게 주시는 땅에 들어가는 날에 큰 돌들을 세우고 석회를 바르라

3 요단을 건넌 후에 이 율법의 모든 말씀을 그 위에 기록하라 그리하면 네 하나님 여호와께서 네게 주시는 땅 곧 젖과 꿀이 흐르는 땅에 네가 들어가기를 네 조상들의 하나님 여호와께서 네게 말씀하신 대로 하리라

26:9

27 장에는 무엇이 기록되어 있을까?

모세는 이스라엘 백성에게 약속의 땅으로 들어가는 날에 율법을 기록할 큰 돌들을 에발 산에 세우라고 했어요. 그리고 그곳에 제단을 쌓아 번제와 화목제를 드리라고 명령했지요. 율법은 순종의 필요성을 깨우치기 위한 것이었으며, 제단은 불순종할 경우 하나님 앞에서 회복될 수 있는 유일한 방법이었답니다.

신고(26:7) 어려움에 처해 몹시 애씀, 또는 고통, 고생.

성물(26:13) 하나님을 위하여 구별된 물건. 여기서는 3년만마다 레위인과 객과 고아와 과부를 구제하기 위해 내놓도록 하나님께서 정하신 십일조를 말한다.

석회(27:2) 조개껍질과 석회석을 고온에서 태워 얻는 흰 알칼리성 물질. 돌 위에 이것을 발라 그 위에 글씨를 새겨넣는다.

그리심 산과 에발 산 (27:11-13)

4 너희가 요단을 건너거든 내가 오늘 너희에게 명령하는 이 돌들을 에발 산에 세우고 그 위에 석회를 바를 것이며

5 또 거기서 네 하나님 여호와를 위하여 제단 곧 돌단을 쌓되 그것에 쇠 연장을 대지 말지니라

6 너는 다듬지 않은 돌로 네 하나님 여호와의 제단을 쌓고 그 위에 네 하나님 여호와께 번제를 드릴 것이며

7 또 화목제를 드리고 거기에서 먹으며 네 하나님 여호와 앞에서 즐거워하라

8 너는 이 율법의 모든 말씀을 그 돌들 위에 분명하고 정확하게 기록할지니라

9 ●모세와 레위 제사장들이 온 이스라엘에게 말하여 이르되 이스라엘아 잠잠하여 들으라 오늘 네가 네 하나님 여호와의 백성이 되었으니

10 그런즉 네 하나님 여호와의 말씀을 청종하여 내가 오늘 네게 명령하는 그 명령과 규례를 행할지니라

에발 산에서 선포할 저주

11 ●모세가 그 날 백성에게 명령하여 이르되

12 너희가 요단을 건넌 후에 시므온과 레위와 유다와 잇사갈과 요셉과 베냐민은 백성을 축복하기 위하여 그리심 산에 서고

13 르우벤과 갓과 아셀과 스불론과 단과 납달리는 저주하기 위하여 에발 산에 서고

14 레위 사람은 큰 소리로 이스라엘 모든 사람에게 말하여 이르기를

15 장색의 손으로 조각하였거나 부어 만든 우상은 여호와께 가증하니 그것을 만들어 은밀히 세우는 자는 저주를 받을 것이라 할 것이요 모든 백성은 응답하여 말하되 아멘 할지니라

16 ●그의 부모를 경홀히 여기는 자는 저주를 받을 것이라 할 것이요 모든 백성은 아멘 할지니라

17 ●그의 이웃의 경계표를 옮기는 자는 저주를 받을 것이라 할 것이요 모든 백성은 아멘 할지니라　레 19:14

18 ●맹인에게 길을 잃게 하는 자는 저주를 받을 것이라 할 것이요 모든 백성은 아멘 할지니라

19 ●객이나 고아나 과부의 송사를 억울하게 하는 자는 저주를 받을 것이라 할 것이요 모든 백성은 아멘 할지니라

20 ●그의 아버지의 아내와 동침하는 자는 그의 아버지의 하체를 드러냈으니 저주를 받을 것이라 할 것이요 모든 백성은 아멘 할지니라

21 ●짐승과 교합하는 모든 자는 저주를 받을 것이라 할 것이요 모든 백성은 아멘 할지니라

22 ●그의 자매 곧 그의 아버지의 딸이나 어머니의 딸과 동침하는 자는 저주를 받을 것이라 할 것이요 모든 백성은 아멘 할지니라　레 18:9

23 ●장모와 동침하는 자는 저주를 받을 것이라 할 것이요 모든 백성은 아멘 할지니라

24 ●그의 이웃을 암살하는 자는 저주를 받을 것이라 할 것이요 모든 백성은 아멘 할지니라

25 ●무죄한 자를 죽이려고 뇌물을 받는

28장에는 무엇이 기록되어 있을까?

28장에서는 5장 12-26장에서 말한 규정과 관련해서, 하나님의 말씀에 순종할 때 받는 축복과 불순종할 때 받는 저주를 다시 한 번 말씀하고 있어요. 여기서도 축복보다는 저주에 관한 내용이 훨씬 더 자세하게 나와 있는데, 이것은 하나님께서 이스라엘의 패역한 본성을 강력하게 깨우치려고 하셨기 때문이었어요.

304 　신명기 28장　 304

자는 저주를 받을 것이라 할 것이요 모든 백성은 아멘 할지니라　수 23:7

26 ●이 율법의 말씀을 실행하지 아니하는 자는 저주를 받을 것이라 할 것이요 모든 백성은 아멘 할지니라

순종하여 받는 복 (레 26:3-13, 신 7:12-24)

28 네가 네 하나님 여호와의 말씀을 삼가 듣고 내가 오늘 네게 명령하는 그의 모든 명령을 지켜 행하면 네 하나님 여호와께서 너를 세계 모든 민족 위에 뛰어나게 하실 것이라

2 네가 네 하나님 여호와의 말씀을 청종하면 이 모든 복이 네게 임하며 네게 이르리니

3 성읍에서도 복을 받고 들에서도 복을 받을 것이며　시 39:5

4 네 몸의 자녀와 네 토지의 소산과 네 짐승의 새끼와 소와 양의 새끼가 복을 받을 것이며

5 네 광주리와 떡 반죽 그릇이 복을 받을 것이며

6 네가 들어와도 복을 받고 나가도 복을 받을 것이니라

7 ●여호와께서 너를 대적하기 위해 일어난 적군들을 네 앞에서 패하게 하시리라 그들이 한 길로 너를 치러 들어왔으나 네 앞에서 일곱 길로 도망하리라

8 여호와께서 명령하사 네 창고와 네 손으로 하는 모든 일에 복을 내리시고 네 하나님 여호와께서 네게 주시는 땅에서 네게 복을 주실 것이며

9 여호와께서 네게 맹세하신 대로 너를 세워 자기의 성민이 되게 하시리니 이는 네가 네 하나님 여호와의 명령을 지켜 그 길로 행할 것임이니라　7:6

10 땅의 모든 백성이 여호와의 이름이 너를 위하여 불리는 것을 보고 너를 두려워하리라

11 여호와께서 네게 주리라고 네 조상들에게 맹세하신 땅에서 네게 복을 주사 네 몸의 소생과 가축의 새끼와 토지의 소산을 많게 하시며

12 여호와께서 너를 위하여 하늘의 아름다운 보고를 여시사 네 땅에 때를 따라 비를 내리시고 네 손으로 하는 모든 일에 복을 주시리니 네가 많은 민족에게 꾸어줄지라도 너는 꾸지 아니할 것이요

13 여호와께서 너를 머리가 되고 꼬리가 되지 않게 하시며 위에만 있고 아래에 있지 않게 하시리니 오직 너는 내가 오늘 네게 명령하는 네 하나님 여호와의 명령을 듣고 지켜 행하며

14 내가 오늘 너희에게 명령하는 그 말씀을 떠나 좌로나 우로나 치우치지 아니하고 다른 신을 따라 섬기지 아니하면 이와 같으리라

15 네가 만일 네 하나님 여호와의 말씀을 순종하지 아니하여 내가 오늘 네게 명령하는 그의 모든 명령과 규례를 지켜 행하지 아니하면 이 모든 저주가 네게 임하며 네게 이를 것이니　27:15

16 네가 성읍에서도 저주를 받으며 들에서도 저주를 받을 것이요

17 또 네 광주리와 떡 반죽 그릇이 저주를 받을 것이요

18 네 몸의 소생과 네 토지의 소산과 네 소와 양의 새끼가 저주를 받을 것이며

비전을 심어주는 3분 여화

가장 많이 도전한 사람

어느 잡지에 독자들을 위하여 이런 격려의 글이 실렸답니다.

"만약에 당신이 힘들고 지치거든 이 사람을 생각해보십시오. 학력은 초등학교 중퇴. 시골에서 구멍가게를 열었지만 실패. 남에게 빌린 돈을 갚는데 걸린 시간은 15년. 결혼 생활은 악처를 만나 불행. 정치가가 되어 상원의원에 입후보하였지만 두 번 낙선. 하원의원에서도 두 번 낙선. 훌륭한 연설을 했지만 신문의 그치지 않는 비난. 벌레 보는 듯한 많은 사람들의 시선. 그러나 그는 결국 많은 사람들로부터 존경을 받는 대통령이 되었습니다. 그는 바로 '아브라함 링컨' 입니다."

19 네가 들어와도 저주를 받고 나가도 저주를 받으리라

불순종하여 받는 저주

20 ●네가 악을 행하여 1)그를 잊으므로 네 손으로 하는 모든 일에 여호와께서 저주와 혼란과 책망을 내리사 망하며 속히 파멸하게 하실 것이며

21 여호와께서 네 몸에 염병이 들게 하사 네가 들어가 차지할 땅에서 마침내 너를 멸하실 것이며

22 여호와께서 폐병과 열병과 염증과 학질과 한재와 풍재와 썩는 재앙으로 너를 치시리니 이 재앙들이 너를 따라서 너를 진멸하게 할 것이라

23 네 머리 위의 하늘은 놋이 되고 네 아래의 땅은 철이 될 것이며

24 여호와께서 비 대신에 티끌과 모래를 네 땅에 내리시리니 그것들이 하늘에서 네 위에 내려 마침내 너를 멸하리라

25 ●여호와께서 네 적군 앞에서 너를 패하게 하시리니 네가 그들을 치러 한 길로 나가서 그들 앞에서 일곱 길로 도망할 것이며 네가 또 땅의 모든 나라 중에 흩어지고

26 네 시체가 공중의 모든 새와 땅의 짐승들의 밥이 될 것이나 그것들을 쫓아줄 자가 없을 것이며 렘 7:33

27 여호와께서 애굽의 종기와 치질과 괴혈병과 피부병으로 너를 치시리니 네가 치유 받지 못할 것이며 28:60, 61

28 여호와께서 또 너를 미치는 것과 눈 머는 것과 정신병으로 치시리니

29 맹인이 어두운 데에서 더듬는 것과 같이 네가 백주에도 더듬고 네 길이 형통하지 못하여 항상 압제와 노략을 당할 뿐이리니 너를 구원할 자가 없을 것이며

30 네가 여자와 약혼하였으나 다른 사람이 그 여자와 같이 동침할 것이요 집을 건축하였으나 거기에 거주하지 못할 것이요 포도원을 심었으나 네가 그 열매를 사용하지 못할 것이며

31 네 소를 네 목전에서 잡았으나 네가 먹지 못할 것이며 네 나귀를 네 목전에서 빼앗기고 도로 찾지 못할 것이며 네 양을 원수에게 빼앗길 것이나 너를 2)도와줄 자가 없을 것이며

32 네 자녀를 다른 민족에게 빼앗기고 종일 생각하고 찾음으로 눈이 피곤하여지나 네 손에 힘이 없을 것이며 28:41

33 네 토지 소산과 네 수고로 얻은 것을 네가 알지 못하는 민족이 먹겠고 너는 항상 압제와 학대를 받을 뿐이리니

34 이러므로 네 눈에 보이는 일로 말미암아 네가 미치리라 28:28

35 여호와께서 네 무릎과 다리를 쳐서 고치지 못할 심한 종기를 생기게 하여 발바닥에서부터 정수리까지 이르게 하시리라

36 ●여호와께서 너와 네가 세울 네 임금을 너와 네 조상들이 알지 못하던 나라로 끌어 가시리니 네가 거기서 목석으로 만든 다른 신들을 섬길 것이며

37 여호와께서 너를 끌어 가시는 모든 민족 중에서 네가 놀람과 속담과 비방거리가 될 것이라

1) 히, 나 2) 히, 구원할

38 네가 많은 종자를 들에 뿌릴지라도 메뚜기가 먹으므로 거둘 것이 적을 것이며

39 네가 포도원을 심고 가꿀지라도 벌레가 먹으므로 포도를 따지 못하고 포도주를 마시지 못할 것이며

40 네 모든 경내에 감람나무가 있을지라도 그 열매가 떨어지므로 그 기름을 네 몸에 바르지 못할 것이며

41 네가 자녀를 낳을지라도 그들이 포로가 되므로 너와 함께 있지 못할 것이며

42 네 모든 나무와 토지 소산은 메뚜기가 먹을 것이며

43 너의 중에 우거하는 이방인은 점점 높아져서 네 위에 뛰어나고 너는 점점 낮아질 것이며

44 그는 네게 꾸어줄지라도 너는 그에게 꾸어주지 못하리니 그는 머리가 되고 너는 꼬리가 될 것이라

45 네가 네 하나님 여호와의 말씀을 청종하지 아니하고 네게 명령하신 그의 명령과 규례를 지키지 아니하므로 이 모든 저주가 네게 와서 너를 따르고 네게 이르러 마침내 너를 멸하리니

46 이 모든 저주가 너와 네 자손에게 영원히 있어서 표징과 훈계가 되리라

47 ●네가 모든 것이 풍족하여도 기쁨과 즐거운 마음으로 네 하나님 여호와를 섬기지 아니함으로 말미암아

48 네가 주리고 목마르고 헐벗고 모든 것이 부족한 중에서 여호와께서 보내사 너를 치게 하실 적군을 섬기게 될 것이니 그가 철 멍에를 네 목에 메워 마침내 너를 멸할 것이라

49 곧 여호와께서 멀리 땅 끝에서 한 민족을 독수리가 날아오는 것 같이 너를 치러 오게 하시리니 이는 네가 그 언어를 알지 못하는 민족이요

50 그 용모가 흉악한 민족이라 노인을 보살피지 아니하며 유아를 불쌍히 여기지 아니하며

51 네 가축의 새끼와 네 토지의 소산을 먹어 마침내 너를 멸망시키며 또 곡식이나 포도주나 기름이나 소의 새끼나 양의 새끼를 너를 위하여 남기지 아니하고 마침내 너를 멸절시키리라

52 그들이 전국에서 네 모든 성읍을 에워싸고 네가 의뢰하는 높고 견고한 성벽을 다 헐며 네 하나님 여호와께서 네게 주시는 땅의 모든 성읍에서 너를 에워싸리니

53 네가 적군에게 에워싸이고 맹렬한 공격을 받아 곤란을 당하므로 네 하나님 여호와께서 네게 주신 자녀 곧 네 몸의 소생의 살을 먹을 것이라

54 너희 중에 온유하고 연약한 남자까지도 그의 형제와 그의 품의 아내와 그의 남은 자녀를 미운 눈으로 바라보며

55 자기가 먹는 그 자녀의 살을 그 중 누구에게든지 주지 아니하리니 이는 네 적군이 네 모든 성읍을 에워싸고 맹렬히 너를 쳐서 곤란하게 하므로 아무것도 그에게 남음이 없는 까닭일 것이며

학질(28:22) 일정한 시간이 되면 오한이 나고 발열하는 병.
한재(28:22) 극심한 가뭄으로 인해 생기는 재앙.
풍재(28:22) 사막에서 불어오는 열풍으로 인해서 생기는 재앙.
괴혈병(28:27) 피가 잘 흐르고 빈혈이 생기는 병.
청종(28:45) 시키는 대로 온순하게 순종하는 것.
철 멍에(28:48) 결코 벗어날 수 없는 예속 상태.

32:15

솔솔 풀리는 성경말씀

팔레스타인의 곡식들

곡식은 팔레스타인 정착 초기부터 초원 지대나 나무가 덮인 지역에서 경작되었습니다. 밭에서는 주로 보리와 밀을 경작했는데, 조와 귀리 등의 곡식류에 대해서도 성경은 가끔씩 언급하고 있습니다(사 28:25; 겔 4:9). 출애굽한 이스라엘 백성들은 팔레스타인에 도착하여 이전에 살던 가나안 원주민들로부터 농사짓는 일을 이어받았습니다(8:8). 팔레스타인 지역에서는 여러 가지 곡식류를 다양한 방법으로 조리하여 다양한 목적으로 사용하였습니다. 밀은 날 것으로 먹기도 했으며(민 21:1), 볶에 부어서 먹기도 했습니다(레 2:14;23:14). 그러나 대부분의 경우에는 가루로 빻아서 빵이나 전병을 만들어 먹었습니다.

28장 51절

56 또 너희 중에 온유하고 연약한 부녀 곧 온유하고 연약하여 자기 발바닥으로 땅을 밟아 보지도 아니하던 자라도 자기 품의 남편과 자기 자녀를 미운 눈으로 바라보며　28:54

57 자기 다리 사이에서 나온 태와 자기가 낳은 어린 자식을 남몰래 먹으리니 이는 네 적군이 네 생명을 에워싸고 맹렬히 쳐서 곤란하게 하므로 아무것도 얻지 못함이리라

58 ●네가 만일 이 책에 기록한 이 율법의 모든 말씀을 지켜 행하지 아니하고 네 하나님 여호와라 하는 영화롭고 두려운 이름을 경외하지 아니하면

59 여호와께서 네 재앙과 네 자손의 재앙을 극렬하게 하시리니 그 재앙이 크고 오래고 그 질병이 중하고 오랠 것이라

60 여호와께서 네가 두려워하던 애굽의 모든 질병을 네게로 가져다가 네 몸에 들어붙게 하실 것이며

61 또 이 율법책에 기록하지 아니한 모든 질병과 모든 재앙을 네가 멸망하기까지 여호와께서 네게 내리실 것이니

62 너희가 하늘의 별 같이 많을지라도 네 하나님 여호와의 말씀을 청종하지 아니하므로 남는 자가 얼마 되지 못할 것이라

63 여호와께서 너희에게 선을 행하시고 너희를 번성하게 하시기를 기뻐하시던 것 같이 이제는 여호와께서 너희를 망하게 하시며 멸하시기를 기뻐하시리니 너희가 들어가 차지할 땅에서 뽑힐 것이요　렘 12:14

64 여호와께서 너를 땅 이 끝에서 저 끝까지 만민 중에 흩으시리니 네가 그 곳에서 너와 네 조상들이 알지 못하던 목석 우상을 섬길 것이라

65 그 여러 민족 중에서 네가 평안함을 얻지 못하며 네 발바닥이 쉴 곳도 얻지 못하고 여호와께서 거기에서 네 마음을 떨게 하고 눈을 쇠하게 하고 정신을 산란하게 하시리니　레 26:16, 36

66 네 생명이 위험에 처하고 주야로 두려워하며 네 생명을 확신할 수 없을 것이라

67 네 마음의 두려움과 눈이 보는 것으로 말미암아 아침에는 이르기를 아하 저녁이 되었으면 좋겠다 할 것이요 저녁에는 이르기를 아하 아침이 되었으면 좋겠다 하리라　28:34

68 여호와께서 너를 배에 싣고 전에 네게 말씀하여 이르시기를 네가 다시는 그 길을 보지 아니하리라 하시던 그 길로 너를 애굽으로 끌어 가실 것이라 거기서 너희가 너희 몸을 적군에게 남녀 종으로 팔려 하나 너희를 살 자가 없으리라

모압 땅에서 세우신 언약

29

호렙에서 이스라엘 자손과 세우신 언약 외에 여호와께서 모세에게 명령하여 모압 땅에서 그들과 세우신 언약의 말씀은 이러하니라

2 ●모세가 온 이스라엘을 소집하고 그들에게 이르되 여호와께서 애굽 땅에서 너희의 목전에 바로와 그의 모든 신하와 그의 온 땅에 행하신 모든 일을 너희가 보았나니

3 곧 그 큰 시험과 이적과 큰 기사를 네 눈으로 보았느니라　4:34

4 그러나 깨닫는 마음과 보는 눈과 듣는 귀는 오늘까지 여호와께서 너희에게

술술 풀리는 성경말씀

유대인의 수난

이 말씀은 앞으로 이스라엘 백성이 어떻게 흩어지게 될 것인가에 대해서 자세히 말해주고 있어요. 이 스라엘 민족이 각 나라로 흩어지리라는 이 말씀은, 유다 백성들이 바벨론에 포로로 잡혀감으로써 그대로 이루어졌지요. 특히 68절의 '너를 배에 싣고'라는 구절은 이스라엘 멸망의 절정을 의미한답니다.

유대인들이 하나님의 저주를 받아 온 세계에 흩어지는 비극은 그 이후의 역사에서도 계속 진행되었어요. 중세에도 그러했고 근세에도 유대인들은 외국에서 커다란 수난을 당했지요. 특별히 제2차 세계 대전 때에 유대인들은 독일에서 민족의 대량학살을 당했답니다.

28장 62-68절

1) 히, 내가

주지 아니하셨느니라

5 ¹⁾주께서 사십 년 동안 너희를 광야에서 인도하셨거니와 너희 몸의 옷이 낡아지지 아니하였고 너희 발의 신이 해어지지 아니하였으며 8:4

6 너희에게 떡도 먹지 못하며 포도주나 독주를 마시지 못하게 하셨음은 ¹⁾주는 너희의 하나님 여호와이신 줄을 알게 하려 하심이니라 8:3

7 너희가 이 곳에 올 때에 헤스본 왕 시혼과 바산 왕 옥이 우리와 싸우러 나왔으므로 우리가 그들을 치고

8 그 땅을 차지하여 르우벤과 갓과 므낫세 반 지파에게 기업으로 주었나니

9 그런즉 너희는 이 언약의 말씀을 지켜 행하라 그리하면 너희가 하는 모든 일이 형통하리라

10 ●오늘 너희 곧 너희의 수령과 너희의 지파와 너희의 장로들과 너희의 지도자와 이스라엘 모든 남자와

11 너희의 유아들과 너희의 아내와 및 네 진중에 있는 객과 너를 위하여 나무를 패는 자로부터 물 긷는 자까지 다 너희의 하나님 여호와 앞에 서 있는 것은

12 네 하나님 여호와의 언약에 참여하며 또 네 하나님 여호와께서 오늘 네게 하시는 맹세에 참여하여

13 여호와께서 네게 말씀하신 대로 또 네 조상 아브라함과 이삭과 야곱에게 맹세하신 대로 오늘 너를 세워 자기 백성을 삼으시고 그는 친히 네 하나님이 되시려 함이니라

시내 광야
"사십 년 동안 너희를 광야에서 인도하게 하셨거니와…" (29:5)

14 ●내가 이 언약과 맹세를 너희에게만 세우는 것이 아니라

15 오늘 우리 하나님 여호와 앞에서 우리와 함께 여기 서 있는 자와 오늘 우리와 함께 여기 있지 아니한 자에게까지이니

16 (우리가 애굽 땅에서 살았던 것과 너희가 여러 나라를 통과한 것을 너희가 알며

17 너희가 또 그들 중에 있는 가증한 것과 목석과 은금의 우상을 보았느니라)

18 너희 중에 남자나 여자나 가족이나 지파나 오늘 그 마음이 우리 하나님 여호와를 떠나서 그 모든 민족의 신들에게 가서 섬길까 염려하며 독초와 쑥의 뿌리가 너희 중에 생겨서 13:6

19 이 저주의 말을 듣고도 심중에 스스로 복을 빌어 이르기를 내가 내 마음이 완악하여 젖은 것과 마른 것이 멸망할지라도 내게는 평안이 있으리라 할까 함이라

20 여호와는 이런 자를 사하지 않으실 뿐 아니라 그 위에 여호와의 분노와 질투의 불을 부으시며 또 이 책에 기록된 모든 저주를 그에게 더하실 것이라 여호와께서 그의 이름을 천하에서 지워버리시되 시 74:1

21 여호와께서 곧 이스라엘 모든 지파 중에서 그를 구별하시고 이 율법책에 기록된 모든 언약의 저주대로 그에게 화를 더하시리라

22 ●너희 뒤에 일어나는 너희의 자손과 멀리서 오는 객이 그 땅의 재앙과 여호와께서 그 땅에 유행시키시는 질병을 보며

23 그 온 땅이 유황이 되며 소금이 되며 또 불에 타서 심지도 못하며 결실함도 없

29장 에는 무엇이 기록되어 있을까?

모세의 세 번째 설교에 해당하는 내용이에요. 먼저 모세는 여호와께서 이스라엘을 위해 베푸신 구원의 역사를 회상함으로 설교를 시작하는데, 이 언약 총회에는 이스라엘의 남자들뿐만 아니라 모든 여자들과 유아들, 나그네들과 종들까지 참석할 수 있었어요. 이 것은 언약에 참여하는 것이 모두에게 개방되었음을 의미한답니다.

1) 히, 나는

으며 거기에는 아무 풀도 나지 아니함
이 옛적에 여호와께서 진노와 격분으
로 멸하신 소돔과 고모라와 아드마와
스보임의 무너짐과 같음을 보고 물을
것이요

24 여러 나라 사람들도 묻기를 여호와께
서 어찌하여 이 땅에 이같이 행하셨느
냐 이같이 크고 맹렬하게 노하심은 무
슨 뜻이냐 하면

25 그 때에 사람들이 대답하기를 그 무리
가 자기 조상의 하나님 여호와께서 그
들의 조상을 애굽에서 인도하여 내실
때에 더불어 세우신 언약을 버리고

26 가서 자기들이 알지도 못하고 여호와
께서 그들에게 주시지도 아니한 다른
신들을 따라가서 그들을 섬기고 절한
까닭이라

27 이러므로 여호와께서 이 땅에 진노하
사 이 책에 기록된 모든 저주대로 재앙
을 내리시고

28 여호와께서 또 진노와 격분과 크게 통
한하심으로 그들을 이 땅에서 뽑아내
사 다른 나라에 내던지심이 오늘과 같
다 하리라

29 감추어진 일은 우리 하나님 여호와께
속하였거니와 나타난 일은 영원히 우
리와 우리 자손에게 속하였나니 이는
우리에게 이 율법의 모든 말씀을 행하
게 하심이니라

복 받는 길 ·B.C. 1410년경

30 내가 네게 진술한 모든 복과
저주가 네게 임하므로 네가 네
하나님 여호와로부터 쫓겨간 모든 나

30장 에는 무엇이 기록되어 있을까?

모세는 이스라엘 백성들에게 포로
로 잡혀가더라도 회개하여 회복의 은혜를 받기
를 당부하고 있어요. 아무리 이스라엘이 불순종
한다 해도 그들을 향한 하나님의 구속 역사는
결코 좌절될 수 없어요. 따라서 모세는 순종
의 길을 택함으로써 생명과 축복을 누리라고 이
스라엘 백성들에게 간곡히 호소했답니다.

라 가운데서 이 일이 마음에서 기억이
나거든

2 너와 네 자손이 네 하나님 여호와께로
돌아와 내가 오늘 네게 명령한 것을 온
전히 따라 마음을 다하고 뜻을 다하여
여호와의 말씀을 청종하면

3 네 하나님 여호와께서 마음을 돌이키시
고 너를 긍휼히 여기사 포로에서 돌아오
게 하시되 네 하나님 여호와께서 흩으신
그 모든 백성 중에서 너를 모으시리니

4 네 쫓겨간 자들이 하늘 가에 있을지라
도 네 하나님 여호와께서 거기서 너를
모으실 것이며 거기서부터 너를 이끄
실 것이라

5 네 하나님 여호와께서 너를 네 조상들
이 차지한 땅으로 돌아오게 하사 네게
다시 그것을 차지하게 하실 것이며 여
호와께서 또 네게 선을 행하사 너를 네
조상들보다 더 번성하게 하실 것이며

6 네 하나님 여호와께서 네 마음과 네 자
손의 마음에 할례를 베푸사 너로 마음
을 다하며 뜻을 다하여 네 하나님 여호
와를 사랑하게 하사 너로 생명을 얻게
하실 것이며

7 네 하나님 여호와께서 네 적군과 너를
미워하고 핍박하던 자에게 이 모든 저
주를 내리게 하시리니

8 너는 돌아와 다시 여호와의 말씀을 청

술술 풀리는 성경 말씀

마음의 할례

할례는 이스라엘이 언약의 백성이라는 것을 눈으로
보여주는 외적인 표시예요. 하지만 하나님의 백성은
겉으로 보이는 것보다 마음이 더 중요하지요. 마음의
할례란 손으로 하지 않은 할례, 즉 영적인 할례를 뜻해
요. 그런 의미에서 '네 마음에 할례를 행하라'는 것은 순
종하는 마음을 갖게 하신다는 것을 뜻하지요.

하나님께서는 이스라엘 백성들의 마음에 할례를
베푸셔서, 그들로 하여금 하나님을 진실로 사랑하
도록 하였어요. 그렇게 될 때 이스라엘 백성들은 생명
을 얻게 되기 때문이지요. 한편 신약에서는 할례가 세
례로 바뀌어서 표현되고 있답니다. **30장 6절**

종하고 내가 오늘 네게 명령하는 그 모든 명령을 행할 것이라

9·10 네가 네 하나님 여호와의 말씀을 청종하여 이 율법책에 기록된 그의 명령과 규례를 지키고 네 마음을 다하며 뜻을 다하여 여호와 네 하나님께로 돌아오면 네 하나님 여호와께서 네 손으로 하는 모든 일과 네 몸의 소생과 네 가축의 새끼와 네 토지 소산을 많게 하시고 네게 복을 주시되 곧 여호와께서 네 조상들을 기뻐하신 것과 같이 너를 다시 기뻐하사 네게 복을 주시리라

11 ●내가 오늘 네게 명령한 이 명령은 네게 어려운 것도 아니요 먼 것도 아니라

12 하늘에 있는 것이 아니니 네가 이르기를 누가 우리를 위하여 하늘에 올라가 그의 명령을 우리에게로 가지고 와서 우리에게 들려 행하게 하랴 할 것이 아니요

13 이것이 바다 밖에 있는 것이 아니니 네가 이르기를 누가 우리를 위하여 바다를 건너가서 그의 명령을 우리에게로 가지고 와서 우리에게 들려 행하게 하랴 할 것도 아니라

14 오직 그 말씀이 네게 매우 가까워서 네 입에 있으며 네 마음에 있은즉 네가 이를 행할 수 있느니라

15 ●보라 내가 오늘 네게 생명과 복과 사망과 화를 네 앞에 두었나니

16 곧 내가 오늘 네게 명령하여 네 하나님 여호와를 사랑하고 그 모든 길로 행하며 그의 명령과 규례와 법도를 지키라 하는 것이라 그리하면 네가 생존하며 번성할 것이요 또 네 하나님 여호와께서 네가 가서 차지할 땅에서 네게 복을 주실 것임이니라

17 그러나 네가 만일 마음을 돌이켜 듣지 아니하고 유혹을 받아 다른 신들에게 절하고 그를 섬기면

18 내가 오늘 너희에게 선언하노니 너희가 반드시 망할 것이라 너희가 요단을 건너가서 차지할 땅에서 너희의 날이 길지 못할 것이니라

19 내가 오늘 하늘과 땅을 불러 너희에게 증거를 삼노라 내가 생명과 사망과 복과 저주를 네 앞에 두었은즉 너와 네 자손이 살기 위하여 생명을 택하고

20 네 하나님 여호와를 사랑하고 그의 말씀을 청종하며 또 그를 의지하라[1] 그는 네 생명이시요 네 장수이시니 여호와께서 네 조상 아브라함과 이삭과 야곱에게 주리라고 맹세하신 땅에 네가 거주하리라

여호수아가 모세의 뒤를 잇다

31 또 모세가 가서 온 이스라엘에게 이 말씀을 전하여

2 그들에게 이르되 이제 내 나이 백이십 세라 내가 더 이상 출입하지 못하겠고 여호와께서도 내게 이르시기를 너는 이 요단을 건너지 못하리라 하셨으니

3 여호와께서 이미 말씀하신 것과 같이 네 하나님 여호와께서 너보다 먼저 건너가사 이 민족들을 네 앞에서 멸하시고 네가 그 땅을 차지하게 할 것이며 여호수아는 네 앞에서 건너갈지라 3:28

4 또한 여호와께서 이미 멸하신 아모리 왕 시혼과 옥과 및 그 땅에 행하신 것과 같이 그들에게도 행하실 것이라

5 또한 여호와께서 그들을 너희 앞에 넘기시리니 너희는 내가 너희에게 명한 모든 명령대로 그들에게 행할 것이라

6 너희는 강하고 담대하라 두려워하지 말라 그들 앞에서 떨지 말라 이는 네 하

1) 그것이

31 에는 무엇이 기록되어 있을까?

여기서부터 신명기 마지막 장까지는 모세의 마지막 행적과 죽음을 다루고 있어요. 모세는 자신의 죽음이 임박한 사실을 깨닫고서, 백성들에게 가나안 정복을 당부하고, 여호수아를 새 지도자로 임명했으며, 그리고 일곱 해마다 한 번씩 율법을 낭독하여 모든 세대들에게 하나님 경외함을 가르칠 것을 당부했답니다.

나님 여호와 그가 너와 함께 가시며 결
코 너를 떠나지 아니하시며 버리지 아
니하실 것임이라 하고

7 모세가 여호수아를 불러 온 이스라엘
의 목전에서 그에게 이르되 너는 강하
고 담대하라 너는 이 백성을 거느리고
여호와께서 그들의 조상에게 주리라
고 맹세하신 땅에 들어가서 그들에게
그 땅을 차지하게 하라　　　　3:28

8 그리하면 여호와 그가 네 앞에서 가시
며 너와 함께 하사 너를 떠나지 아니하
시며 버리지 아니하시나니 너는 두려
워하지 말라 놀라지 말라
　　　　일곱 해마다 율법을 낭독하여 주라

9 ●또 모세가 이 율법을 써서 여호와의
언약궤를 메는 레위 자손 제사장들과
이스라엘 모든 장로에게 주고　　10:8

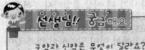

선생님!! 궁금해요

구약과 신약은 무엇이 달라요?

구약(39권)은 예수님이 오시기 전의 일들을 기록
한 말씀이고, 신약(27권)은 예수님이 오신 이후에 있
었던 일을 기록한 하나님의 말씀이에요.
　구약은 모세가 기록한 창세기, 출애굽기, 레위기,
민수기, 신명기로부터 말라기 선지자가 기록한 말라
기까지의 책을 가리켜요. 천지 창조와 율법, 예언을
들을 통해 메시아(예수님)가 이 땅에 구원자로 오신
다는 사실을 예언하고 있지요. 신약은 마태, 마가, 누
가, 요한, 바울 등이 기록한 말씀인데, 천국 복음을
전하러 오셔서 십자가에서 죽으시고 부활하신 예수
님에 관한 이야기와 그리스도인으로서 어떻게 살아
야 하는지에 대한 이야기가
담겨 있어요.
　우리는 하나
님의 말씀인
성경을 귀
하게 여기
고 신·구
약 말씀 모
두를 열심
히 읽어야 한
답니다.
　　고후 3장 14절

10 모세가 그들에게 명령하여 이르기를 매
칠 년 끝 해 곧 면제년의 초막절에　15:1

11 온 이스라엘이 네 하나님 여호와 앞 그
가 택하신 곳에 모일 때에 이 율법을 낭
독하여 온 이스라엘에게 듣게 할지니

12 곧 백성의 남녀와 어린이와 네 성읍 안
에 거류하는 타국인을 모으고 그들에
게 듣고 배우고 네 하나님 여호와를 경
외하며 이 율법의 모든 말씀을 지켜 행
하게 하고　　　　4:10

13 또 너희가 요단을 건너가서 차지할 땅
에 거주할 동안에 이 말씀을 알지 못하
는 그들의 자녀에게 듣고 네 하나님 여
호와 경외하기를 배우게 할지니라
　　　　여호와께서 모세에게 하신 마지막 지시

14 ●여호와께서 모세에게 이르시되 네
가 죽을 기한이 가까웠으니 여호수아
를 불러서 함께 회막으로 나아오라 내
가 그에게 명령을 내리리라 모세와 여
호수아가 나아가서 회막에 서니

15 여호와께서 구름 기둥 가운데에서 장
막에 나타나시고 구름 기둥은 장막 문
위에 머물러 있더라

16 또 여호와께서 모세에게 이르시되 너
는 네 조상과 함께 누우려니와 이 백성
은 그 땅으로 들어가 음란히 그 땅의 이
방 신들을 따르며 일어날 것이요 나를
버리고 내가 그들과 맺은 언약을 어길
것이라　　　　4:25

17 내가 그들에게 진노하여 그들을 버리
며 내 얼굴을 숨겨 그들에게 보이지 않
게 할 것인즉 그들이 삼킴을 당하여 허
다한 재앙과 환난이 그들에게 임할 그
때에 그들이 말하기를 이 재앙이 우리
에게 내림은 우리 하나님이 우리 가운
데에 계시지 않은 까닭이 아니냐 할 것
이라

18 또 그들이 돌이켜 다른 신들을 따르는
모든 악행으로 말미암아 내가 그 때에
반드시 내 얼굴을 숨기리라

19 그러므로 이제 너희는 이 노래를 써서
이스라엘 자손들에게 가르쳐 그들의

입으로 부르게 하여 이 노래로 나를 위하여 이스라엘 자손들에게 증거가 되게 하라

20 내가 그들의 조상들에게 맹세한 바 젖과 꿀이 흐르는 땅으로 그들을 인도하여 들인 후에 그들이 먹어 배부르고 살찌면 돌이켜 다른 신들을 섬기며 나를 멸시하여 내 언약을 어기리니 　6:10-12

21 그들이 수많은 재앙과 환난을 당할 때에 그들의 자손이 부르기를 잊지 아니한 이 노래가 그들 앞에 증인처럼 되리라 나는 내가 맹세한 땅으로 그들을 인도하여 들이기 전 오늘 나는 그들이 생각하는 바를 아노라 　레 26:40-41

22 그러므로 모세가 그 날 이 노래를 써서 이스라엘 자손들에게 가르쳤더라

23 여호와께서 또 눈의 아들 여호수아에게 명령하여 이르시되 너는 이스라엘 자손들을 인도하여 내가 그들에게 맹세한 땅으로 들어가게 하리니 강하고 담대하라 내가 너와 함께 하리라 하시니라

24 ●모세가 이 율법의 말씀을 다 책에 써서 마친 후에

25 모세가 여호와의 언약궤를 메는 레위 사람에게 명령하여 이르되 　31:9

26 이 율법책을 가져다가 너희 하나님 여호와의 언약궤 곁에 두어 너희에게 증거가 되게 하라

27 내가 너희의 반역함과 목이 곧은 것을 아나니 오늘 내가 살아서 너희와 함께 있어도 너희가 여호와를 거역하였거든 하물며 내가 죽은 후의 일이랴

28 너희 지파 모든 장로와 관리들을 내 앞에 모으라 내가 이 말씀을 그들의 귀에 들려주고 그들에게 하늘과 땅을 증거로 삼으리라

29 내가 알거니와 내가 죽은 후에 너희가 스스로 부패하여 내가 너희에게 명령한 길을 떠나 여호와의 목전에 악을 행하여 너희의 손으로 하는 일로 그를 격노하게 하므로 너희가 후일에 재앙을 당하리라 하니라 　28:15

모세의 노래 — B.C. 1410년경

30 ●그리고 모세가 이스라엘 총회에 이 노래의 말씀을 끝까지 읽어 들리니라

32 하늘이여 귀를 기울이라 내가 말하리라 땅은 내 입의 말을 들을지어다

2 내 교훈은 비처럼 내리고 내 말은 이슬처럼 맺히나니 연한 풀 위의 가는 비 같고 채소 위의 단비 같도다

3 내가 여호와의 이름을 전파하리니 너희는 우리 하나님께 위엄을 돌릴지어다 　시 33:19

4 그는 반석이시니 그가 하신 일이 완전하고 그의 모든 길이 정의롭고 진실하고 거짓이 없으신 하나님이시니 공의로우시고 바르시도다

5 그들이 여호와를 향하여 악을 행하니 하나님의 자녀가 아니요 흠이 있고 삐뚤어진 세대로다 　31:27

6 어리석고 지혜 없는 백성아 여호와께 이같이 보답하느냐 그는 네 아버지시요 너를 지으신 이가 아니시냐 그가 너를 만드시고 너를 세우셨도다

7 옛날을 기억하라 역대의 연대를 생각하라 네 아버지에게 물으라 그가 네게 설명할 것이요 네 어른들에게 물으라 그들이 네게 말하리로다

8 지극히 높으신 자가 민족들에게 기업을 주실 때에, 인종을 나누실 때에 이스라엘 자손의 수효대로 백성들의 경계를 정하셨도다

9 여호와의 분깃은 자기 백성이라 야곱은 그가 택하신 기업이로다

32 에는 무엇이 기록되어 있을까?

32장에 실린 모세의 노래는 언약을 새롭게 하는 증거가 됩니다. 이 노래의 주제는 하나님의 선하심과 위대하심, 우상의 허구성, 이스라엘의 완악성과 불순종, 하나님의 심판 등이에요. 고별사를 끝낸 모세는 하나님의 명령에 따라 느보 산에 올라, 자신이 들어가지 못하는 가나안 땅을 바라보았답니다.

10 여호와께서 그를 황무지에서, 짐승이 부르짖는 광야에서 만나시고 호위하시며 보호하시며 자기의 눈동자 같이 지키셨도다

11 마치 독수리가 자기의 보금자리를 어지럽게 하며 자기의 새끼 위에 너풀거리며 그의 날개를 펴서 새끼를 받으며 그의 날개 위에 그것을 업는 것 같이

12 여호와께서 홀로 그를 인도하셨고 그와 함께 한 다른 신이 없었도다

13 여호와께서 그가 땅의 높은 곳을 타고 다니게 하시며 밭의 소산을 먹게 하시며 반석에서 꿀을, 굳은 반석에서 기름을 빨게 하시며

14 소의 엉긴 젖과 양의 젖과 어린 양의 기름과 바산에서 난 숫양과 염소와 지극히 아름다운 밀을 먹이시며 또 포도즙의 붉은 술을 마시게 하셨도다

15 그런데 여수룬이 기름지매 발로 찼도다 네가 살지고 비대하고 윤택하매 자기를 지으신 하나님을 버리고 자기를 구원하신 반석을 업신여겼도다

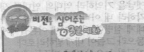

비전을 심어주는 양분여화

고통을 참는 이유

프랑스 화가 르느와르는 집안이 가난하여 13세부터 도자기 공장에 들어가 도자기에 그림 그리는 일을 했어요. 이곳에서 색채를 익힌 것이 후에 그림을 그리는 데 큰 도움이 되었지요.

말년에는 류머티스 관절염 때문에 손가락에 연필을 매고 그림을 그렸는데, 연필을 한 번씩 움직일 때마다 바늘로 찌르는 것 같은 아픔을 느꼈어야 했어요. 이런 고통 속에서도 르느와르는 계속해서 그림을 그렸는데, 마지막 10년 동안에는 조각 작품까지 남겼지요.

르느와르가 고통을 참으며 그림을 그리고 있을 때, 한 친구가 물었어요. "자네는 왜 그렇게 자신을 괴롭히면서 그림을 계속 그리나?"

그러자 르느와르는 땀을 닦으며 이렇게 대답했습니다. "고통은 지나가버리지만, 아름다움은 영원히 남기 때문이라네."

16 그들이 다른 신으로 그의 질투를 일으키며 가증한 것으로 그의 진노를 격발하였도다

17 그들은 하나님께 제사하지 아니하고 귀신들에게 하였으니 곧 그들이 알지 못하던 신들, 근래에 들어온 새로운 신들 너희의 조상들이 두려워하지 아니하던 것들이로다

18 너를 낳은 반석을 네가 상관하지 아니하고 너를 내신 하나님을 네가 잊었도다

19 그러므로 여호와께서 보시고 미워하셨으니 그 자녀가 그를 격노하게 한 까닭이로다

20 그가 말씀하시기를 내가 내 얼굴을 그들에게서 숨겨 그들의 종말이 어떠함을 보리니 그들은 심히 패역한 세대요 진실이 없는 자녀임이로다

21 그들이 하나님이 아닌 것으로 내 질투를 일으키며 허무한 것으로 내 진노를 일으켰으니 나도 백성이 아닌 자로 그들에게 시기가 나게 하며 어리석은 민족으로 그들의 분노를 일으키리로다

22 그러므로 내 분노의 불이 일어나서 스올의 깊은 곳까지 불사르며 땅과 그 소산을 삼키며 산들의 터도 불타게 하는도다

23 내가 재앙을 그들 위에 쌓으며 내 화살이 다할 때까지 그들을 쏘리로다

24 그들이 주리므로 쇠약하며 불 같은 더위와 독한 질병에 삼켜질 것이라 내가 들짐승의 이와 티끌에 기는 것의 독을 그들에게 보내리로다

25 밖으로는 칼에, 방 안에서는 놀람에 멸망하리니 젊은 남자도 처녀도 백발 노인과 함께 젖 먹는 아이까지 그러하리로다

26 내가 그들을 흩어서 사람들 사이에서 그들에 대한 기억이 끊어지게 하리라 하였으나

27 혹시 내가 원수를 자극하여 그들의

롬 10:19

원수가 잘못 생각할까 걱정하였으니 원수들이 말하기를 우리의 수단이 높으며 여호와가 이 모든 것을 행함이 아니라 할까 염려함이라

28 그들은 모략이 없는 민족이라 그들 중에 분별력이 없도다

29 만일 그들이 지혜가 있어 이것을 깨달았으면 자기들의 종말을 분별하였으리라

30 그들의 반석이 그들을 팔지 아니하였고 여호와께서 그들을 내주지 아니하셨더라면 어찌 하나가 천을 쫓으며 둘이 만을 도망하게 하였으리요

31 진실로 그들의 반석이 우리의 반석과 같지 아니하니 우리의 원수들이 스스로 판단하도다

32 이는 그들의 포도나무는 소돔의 포도나무요 고모라의 밭의 소산이라 그들의 포도는 독이 든 포도이니 그 송이는 쓰며

33 그들의 포도주는 뱀의 독이요 독사의 맹독이라

34 이것이 내게 쌓여 있고 내 곳간에 봉하여 있지 아니한가

35 그들이 실족할 그 때에 내가 보복하리라 그들의 환난날이 가까우니 그들에게 닥칠 그 일이 속히 오리로다

36 참으로 여호와께서 자기 백성을 판단하시고 그 종들을 불쌍히 여기시리니 곧 그들의 무력함과 갇힌 자나 놓인 자가 없음을 보시는 때에로다

37 또한 그가 말씀하시기를 그들의 신들이 어디 있으며 그들이 피하던 반석이 어디 있느냐

38 그들의 제물의 기름을 먹고 그들의 전제의 제물인 포도주를 마시던 자들이 일어나 너희를 돕게 하고 너희를 위해 피난처가 되게 하라

39 이제는 나 곧 내가 그인 줄 알라 나 외에는 신이 없도다 나는 죽이기도 하며 살리기도 하며 상하게도 하며

낫게도 하나니 내 손에서 능히 빼앗을 자가 없도다

40 이는 내가 하늘을 향하여 내 손을 들고 말하기를 내가 영원히 살리라 하였노라

41 내가 내 번쩍이는 칼을 갈며 내 손이 정의를 붙들고 내 대적들에게 복수하며 나를 미워하는 자들에게 보응할 것이라

42 내 화살이 피에 취하게 하고 내 칼이 그 고기를 삼키게 하리니 곧 피살자와 포로된 자의 피요 1)대적의 우두머리의 머리로다

43 너희 민족들아 주의 백성과 즐거워하라 주께서 그 종들의 피를 갚으사 그 대적들에게 복수하시고 자기 땅과 자기 백성을 위하여 속죄하시리로다

44 모세와 눈의 아들 호세아가 와서 이 노래의 모든 말씀을 백성에게 말하여 들리니라

45 모세가 이 모든 말씀을 온 이스라엘에게 말하기를 마치고

46 그들에게 이르되 내가 오늘 너희에게 증언한 모든 말을 너희의 마음에 두고 너희의 자녀에게 명령하여 이 율법의 모든 말씀을 지켜 행하게 하라 6:6

독이 든 포도의 땅, 고모라

고모라는 아브라함에게 패배하였던 싯딤 골짜기의 다섯 성읍들 가운데 한 성읍이에요(창 14:2-3, 8). 하나님께서는 그곳 사람들의 나쁜 행실들을 보시고, 소돔과 함께 멸망시키셨지요. 다만 롯과 그의 가족만이 살아남을 수 있었어요(창 19:24-29).

이로 인해서 소돔과 고모라는 악에 대한 하나님의 무서운 심판을 말할 때마다 대표적으로 이야기되는 곳이 되었답니다.

한편, 사해 남쪽에 있었던 것으로 보이는 이 지역은 수세기 동안 황무지로 남아 있다가(습 2:9), 후에 사해의 수면이 높아져서 그 속에 잠긴 것으로 추측되고 있습니다.

32장 32절

---

1)히, 또는 장발한

느보 산의 전경 32:48-52

47 이는 너희에게 헛된 일이 아니라 너희의 생명이니 이 일로 말미암아 너희가 요단을 건너가 차지할 그 땅에서 너희의 날이 장구하리라

48 ●바로 그 날에 여호와께서 모세에게 말씀하여 이르시되

49 너는 여리고 맞은편 모압 땅에 있는 아바림 산에 올라가 느보 산에 이르러 내가 이스라엘 자손에게 기업으로 주는 가나안 땅을 바라보라

50 네 형 아론이 호르 산에서 죽어 그의 1)조상에게로 돌아간 것 같이 너도 올라가는 이 산에서 죽어 네 조상에게로 돌아가리니

민 25:17

51 이는 너희가 신 광야 가데스의 므리바 물 가에서 이스라엘 자손 중 내게 범죄하여 내 거룩함을 이스라엘 자손 중에서 나타내지 아니한 까닭이라

52 네가 비록 내가 이스라엘 자손에게 주는 땅을 맞은편에서 바라보기는 하려니와 그리로 들어가지는 못하리라 하시니라

34:1-3

모세의 축복　─B.C. 1410년경

33

하나님의 사람 모세가 죽기 전에 이스라엘 자손을 위하여 축복함이 이러하니라

2 그가 일렀으되

여호와께서 시내 산에서 오시고 세일 산에서 일어나시고 바란 산에서 비추시고 일만 성도 가운데서 강림하셨고 그의 오른손에는 그들을 위해 2)번쩍이는 불이 있도다

3 여호와께서 백성을 사랑하시나니 모든 성도가 그의 수중에 있으며 주의 발 아래에 앉아서 주의 말씀을 받는도다

4 모세가 우리에게 율법을 명령하였으니 곧 야곱의 총회의 기업이로다

5 여수룬에 왕이 있었으니 곧 백성의 수령이 모이고 이스라엘 모든 지파가 함께 한 때에로다

6 르우벤은 죽지 아니하고 살기를 원하며 그 사람 수가 적지 아니하기를 원하나이다

7 유다에 대한 축복은 이러하니라 일렀으되

여호와여 유다의 음성을 들으시고 그의 백성에게로 인도하시오며 그의 손으로 자기를 위하여 싸우게 하시고 주께서 도우사 그가 그 대적을 치게 하시기를 원하나이다

8 레위에 대하여는 일렀으되

주의 둠밈과 우림이 주의 경건한 자에게 있도다 주께서 그를 맛사에서 시험하시고 므리바 물 가에서 그와 다투셨도다

9 그는 그의 부모에게 대하여 이르기를 내가 그들을 보지 못하였다 하며 그의 형제들을 인정하지 아니하며 그의 자녀를 알지 아니한 것은 주의 말씀을 준행하고 주의 언약을 지킴으로 말미암음이로다

10 주의 법도를 야곱에게, 주의 율법을 이스라엘에게 가르치며 주 앞에 분향하고 온전한 번제를 주의 제단 위에 드리로다

11 여호와여 그의 재산을 풍족하게 하

33장에는 무엇이 기록되어 있을까?

33장은 이스라엘 열두 지파에게 남긴 모세의 유언적인 축복이에요. 그 내용의 시작은 출애굽 이후로부터 늘 함께 해주신 여호와의 크신 위엄을 묘사하는 것이에요. 그리고 이스라엘 지파들에 대한 축복을 예언하며, 모든 축복의 근원이신 하나님의 위대하심을 찬양하는 것으로 끝이 납니다.

1) 히, 백성 2) 불가타 역과 몇 사본에는 '불타는 율례'

시고 그의 손의 일을 받으소서 그를
대적하여 일어나는 자와 미워하는
자의 허리를 꺾으사 다시 일어나지
못하게 하옵소서
12 베냐민에 대하여는 일렀으되
여호와의 사랑을 입은 자는 그 곁에
안전히 살리로다 여호와께서 그를
날이 마치도록 보호하시고 그를 자
기 어깨 사이에 있게 하시리로다
13 요셉에 대하여는 일렀으되
원하건대 그 땅이 여호와께 복을 받
아 하늘의 보물인 이슬과 땅 아래에
저장한 물과
14 태양이 결실하게 하는 선물과 태음
이 자라게 하는 선물과
15 옛 산의 좋은 산물과 영원한 작은 언
덕의 선물과
16 땅의 선물과 거기 충만한 것과 가시
떨기나무 가운데에 계시던 이의 은
혜로 말미암아 복이 요셉의 머리에,
그의 형제 중 1)구별한 자의 정수리에
임할지로다
17 그는 첫 수송아지 같이 위엄이 있으니
그 뿔이 들소의 뿔 같도다 이것으로
민족들을 받아 땅 끝까지 이르리니 곧
에브라임의 자손은 만만이요 므낫세
의 자손은 천천이리로다   민 24:22
18 스불론에 대하여는 일렀으되
스불론이여 너는 밖으로 나감을 기
뻐하라 잇사갈이여 너는 장막에 있
음을 즐거워할지로다
19 그들이 백성들을 불러 산에 이르게
하고 거기에서 의로운 제사를 드릴
것이며 바다의 풍부한 것과 모래에
감추어진 보배를 흡수하리로다
20 갓에 대하여는 일렀으되
갓을 광대하게 하시는 이에게 찬송
을 부를지어다 갓이 암사자 같이 엎
드리고 팔과 정수리를 찢는도다
21 그가 자기를 위하여 먼저 기업을 택

하였으니 곧 입법자의 분깃으로 준
비된 것이로다 그가 백성의 수령들
과 함께 와서 여호와의 공의와 이스
라엘과 세우신 법도를 행하도다
22 단에 대하여는 일렀으되
단은 바산에서 뛰어나오는 사자의
새끼로다
23 납달리에 대하여는 일렀으되
은혜가 풍성하고 여호와의 복이 가
득한 납달리여 너는 2)서쪽과 남쪽을
차지할지로다
24 아셀에 대하여는 일렀으되
아셀은 아들들 중에 더 복을 받으며
그의 형제에게 기쁨이 되며 그의 발
이 기름에 잠길지로다
25 네 문빗장은 철과 놋이 될 것이니 네
가 사는 날을 따라서 능력이 있으리
로다
26 여수룬이여 하나님 같은 이가 없도
다 그가 너를 도우시려고 하늘을 타
고 궁창에서 위엄을 나타내시는도다
27 영원하신 하나님이 네 처소가 되시
니 그의 영원하신 팔이 네 아래에 있
도다 그가 네 앞에서 대적을 쫓으시
며 멸하라 하시도다
28 이스라엘이 안전히 거하며 야곱의

술술 풀리는 성경 말씀

우림과 둠밈

대제사장의 의복 중에는 에봇 위에 걸치는 흉패
(가슴받이)가 있었어요. 이 흉패 안에는 '우림'과
'둠밈'이란 것을 넣었는데, 이스라엘 백성들 사이에
옳고 그름을 가릴 때는 반드시 이 흉패를 입었지요.
그래서 이것을 '판결 흉패', 즉 옳고 그름을 가리는
가슴받이라고 불렀답니다(출28:15-30).
히브리어로 '우림'은 '빛', '둠밈'은 '완전'이
란 뜻이에요. 이것은 제비뽑기에 쓰이는 작은 막대
처럼 하나님의 뜻을 아는 거룩한 도구로 쓰였던 것으
로 짐작되고 있지요. 우림과 둠밈은 이스라엘 백성
들의 신앙을 지도하는 레위인들에게 하나님께서 지
혜를 주신다는 것을 보여주는 상징물이었답니다.
                                      33장 8절

1) 귀한 2) 바다 쪽
수령(33:21) 여러 사람들을 거느린 두목.

샘은 곡식과 새 포도주의 땅에 홀로 있나니 곧 그의 하늘이 이슬을 내리는 곳에로다

29 이스라엘이여 너는 행복한 사람이로다 여호와의 구원을 너 같이 얻은 백성이 누구냐 그는 너를 돕는 방패시요 네 영광의 칼이시로다 네 대적이 네게 복종하리니 네가 그들의 높은 곳을 밟으리로다

모세의 죽음 — B.C. 1410년경

34 모세가 모압 평지에서 느보 산에 올라가 여리고 맞은편 비스가 산꼭대기에 이르매 여호와께서 길르앗 온 땅을 단까지 보이시고 32:49
2 또 온 납달리와 에브라임과 므낫세의 땅과 서해까지의 유다 온 땅과
3 네겝과 종려나무의 성읍 여리고 골짜기 평지를 소알까지 보이시고
4 여호와께서 그에게 이르시되 이는 내가 아브라함과 이삭과 야곱에게 맹세하여 그의 후손에게 주리라 한 땅이라 내가 네 눈으로 보게 하였거니와 너는 그리로 건너가지 못하리라 하시매
5 이에 여호와의 종 모세가 여호와의 말

6 씀대로 모압 땅에서 죽어
6 벳브올 맞은편 모압 땅에 있는 골짜기에 장사되었고 오늘까지 그의 묻힌 곳을 아는 자가 없느니라
7 모세가 죽을 때 나이 백이십 세였으나 그의 눈이 흐리지 아니하였고 기력이 쇠하지 아니하였더라 31:2
8 이스라엘 자손이 모압 평지에서 모세를 위하여 애곡하는 기간이 끝나도록 모세를 위하여 삼십 일을 애곡하니라
9 ● 모세가 눈의 아들 여호수아에게 안수하였으므로 그에게 지혜의 영이 충만하니 이스라엘 자손이 여호와께서 모세에게 명령하신 대로 여호수아의 말을 순종하였더라 민 27:18, 23
10 그 후에는 이스라엘에 모세와 같은 선지자가 일어나지 못하였으니 모세는 여호와께서 대면하여 아시던 자요
11 여호와께서 그를 애굽 땅에 보내사 바로와 그의 모든 신하와 그의 온 땅에 모든 이적과 기사와
12 모든 큰 권능과 위엄을 행하게 하시매 온 이스라엘의 목전에서 그것을 행한 자이더라

34에는 무엇이 기록되어 있을까?

34장은 여호수아가 기록한 것으로 추정되는데, 모세가 죽고 여호수아가 그 뒤를 이어 지도자의 자리를 계승하는 내용이에요. 비록 하나님의 위대한 종이었던 모세는 죽었지만, 하나님의 사역은 중단될 수 없었지요. 따라서 하나님은 모세의 뒤를 이어 여호수아를 세우시고, 그에게 필요한 능력과 권위를 부여주셨답니다.

애곡(34:8) 슬피 흐느끼는 울음.
안수(34:9) 머리에 손을 얹는 것으로, 여기서는 하나님께 바치고 거룩하게 구별해두는 것을 의미함.
대면(34:10) 서로 얼굴을 마주 봄.
이적(34:11) 하나님의 권능으로 되는 불가사의한 일.
기사(34:11) 기이한 일.
목전(34:12) 눈앞.

Joshua

여호수아

★ **여호수아를 읽기 전에**

여호수아가 쓴 책이에요. 하지만 전체를 다 쓴 것은 아니고 그가 죽고 난 이후의 일들은 다른 사람들이 기록한 것으로 보고 있어요. 여호수아는 모세의 뒤를 이어 이스라엘 백성의 지도자가 된 사람이랍니다.

★ **언제, 왜, 누구를 위하여 썼나요?**

여호수아서는 B.C. 1370~1330년경에 완성된 것으로 보고 있어요. 이스라엘 백성들이 가나안 땅을 차지하는 과정에서 하나님의 말씀에 순종하는 것이 얼마나 중요한지 가르쳐주기 위해 쓴 책이랍니다.

★ **어떤 내용인가요?**

이스라엘 백성들은 하나님의 말씀에 순종함으로써 전쟁에서 이길 수 있었고 그 덕분에 각 지파별로 가나안 땅을 나누어 가질 수 있었어요.

여호와께서 여호수아에게 말씀하시다

1 여호와의 종 모세가 죽은 후에 여호와께서 모세의 수종자 눈의 아들 여호수아에게 말씀하여 이르시되

2 내 종 모세가 죽었으니 이제 너는 이 모든 백성과 더불어 일어나 이 요단을 건너 내가 그들 곧 이스라엘 자손에게 주는 그 땅으로 가라

3 내가 모세에게 말한 바와 같이 너희 발바닥으로 밟는 곳은 모두 내가 너희에게 주었노니

4 곧 광야와 이 레바논에서부터 큰 강 곧 유브라데 강까지 헷 족속의 온 땅과 또 해 지는 쪽 대해까지 너희의 영토가 되리라

5 네 평생에 너를 능히 대적할 자가 없으

리니 내가 모세와 함께 있었던 것 같이 너와 함께 있을 것임이니라 내가 너를 떠나지 아니하며 버리지 아니하리니

6 강하고 담대하라 너는 내가 그들의 조상에게 맹세하여 그들에게 주리라 한 땅을 이 백성에게 차지하게 하리라

7 오직 강하고 극히 담대하여 나의 종 모세가 네게 명령한 그 율법을 다 지켜 행하고 우로나 좌로나 치우치지 말라 그리하면 어디로 가든지 형통하리니   신 5:32

8 이 율법책을 네 입에서 떠나지 말게 하며 주야로 그것을 묵상하여 그 안에 기록된 대로 다 지켜 행하라 그리하면 네 길이 평탄하게 될 것이며 네가 형통하리라   엡송

9 내가 네게 명령한 것이 아니냐 강하고 담대하라 두려워하지 말며 놀라지 말라 네가 어디로 가든지 네 하나님 여호와가 너와 함께 하느니라 하시니라

여호수아가 백성에게 명령을 내리다

10 ●이에 여호수아가 그 백성의 관리들에게 명령하여 이르되

11 진중에 두루 다니며 그 백성에게 명령하여 이르기를 양식을 준비하라 사흘 안에 너희가 이 요단을 건너 너희의 하

1 **경**에는 무엇이 기록되어 있을까?

신명기의 마지막 장과 연결되는 장입니다. 하나님은 이스라엘의 새 지도자 여호수아에게 가나안 땅을 정복하고 율법을 지키라고 명령하셨어요. 가나안 땅을 정복하는 것은 하나님의 말씀에 절대 순종해야만 이뤄질 수 있는 일이었지요. 여호수아는 이스라엘 백성들 모두가 가나안 정복에 참여하도록 명령을 내렸습니다.

이스라엘의 새로운 지도자가 된
여호수아(1장)

나님 여호와께서 너희에게 주사 차지
하게 하시는 땅을 차지하기 위하여 들
어갈 것이니라 하라

12 ●여호수아가 또 르우벤 지파와 갓 지
파와 므낫세 반 지파에게 말하여 이르되

13 여호와의 종 모세가 너희에게 명령하
여 이르기를 너희의 하나님 여호와께
서 너희에게 안식을 주시며 이 땅을 너
희에게 주시리라 하였나니 너희는 그
말을 기억하라

14 너희의 처자와 가축은 모세가 너희에
게 준 요단 이쪽 땅에 머무르려니와 너
희 모든 용사들은 무장하고 너희의 형
제보다 앞서 건너가서 그들을 돕되

15 여호와께서 너희를 안식하게 하신 것
같이 너희의 형제도 안식하며 그들도
너희의 하나님 여호와께서 주시는 그
땅을 차지하기까지 하라 그리고 너희
는 너희 소유지 곧 여호와의 종 모세가
너희에게 준 요단 이쪽 해 돋는 곳으로
돌아와서 그것을 차지할지니라   22:4

16 그들이 여호수아에게 대답하여 이르
되 당신이 우리에게 명령하신 것은 우
*리가 다 행할 것이*요 당신이 우리를 보
내시는 곳에는 우리가 가리이다

17 우리는 범사에 모세에게 순종한 것 같
이 당신에게 순종하려니와 오직 당신
의 하나님 여호와께서 모세와 함께 계
시던 것 같이 당신과 함께 계시기를 원
하니이다

18 누구든지 당신의 명령을 거역하며 당신
의 말씀을 순종하지 아니하는 자는 죽
임을 당하리니 오직 강하고 담대하소서

여호수아가 여리고에 정탐꾼을 보내다

2 눈의 아들 여호수아가 싯딤에서 두
사람을 정탐꾼으로 보내며 이르되
가서 그 땅과 여리고를 엿보라 하매 그
들이 가서 라합이라 하는 기생의 집에
들어가 거기서 유숙하더니

2 어떤 사람이 여리고 왕에게 말하여 이
르되 보소서 이 밤에 이스라엘 자손 중
의 몇 사람이 이 땅을 정탐하러 이리로
들어왔나이다

3 여리고 왕이 라합에게 사람을 보내어
이르되 네게로 와서 네 집에 들어간 그
사람들을 끌어내라 그들은 이 온 땅을
정탐하러 왔느니라

4 그 여인이 그 두 사람을 이미 숨긴지라
이르되 과연 그 사람들이 내게 왔으
나 그들이 어디에서 왔는지 나는 알지
못하였고

5 그 사람들이 어두워 성문을 닫을 때쯤
되어 나갔으니 어디로 갔는지 내가 알
지 못하나 급히 따라가라 그리하면 그
들을 따라잡으리라 하였으나

6 그가 이미 그들을 이끌고 지붕에 올라가
서 그 지붕에 벌여 놓은 삼대에 숨겼더라

7 그 사람들은 요단 나루터까지 그들을
쫓아갔고 그들을 뒤쫓는 자들이 나가
자 곧 성문을 닫았더라

8 ●또 그들이 눕기 전에 라합이 지붕에
올라가서 그들에게 이르러

9 말하되 여호와께서 이 땅을 너희에게

2 장에는 무엇이 기록되어 있을까?

여호수아는 첫 번째 정탐자가 되
리고 성에 정탐꾼을 보내요. 대리고 성 사람들
은 이스라엘 사람들을 두려워해서 정탐꾼들을
잡으려 했어요. 하지만 기생 라합은 위험에 처한
정탐꾼들을 도와주고 무사히 돌려보냈어요. 이
방인이면서도 하나님을 믿은 라합은 훗날 구세
주로 태어나실 예수님의 조상이 된답니다.

주신 줄을 내가 아노라 우리가 너희를 심히 두려워하고 이 땅 주민들이 다 너희 앞에서 간담이 녹나니

10 이는 너희가 애굽에서 나올 때에 여호와께서 너희 앞에서 홍해 물을 마르게 하신 일과 너희가 요단 저쪽에 있는 아모리 사람의 두 왕 시혼과 옥에게 행한 일 곧 그들을 전멸시킨 일을 우리가 들었음이니라

11 우리가 듣자 곧 마음이 녹았고 너희로 말미암아 사람이 정신을 잃었나니 너희의 하나님 여호와는 위로는 하늘에서도 아래로는 땅에서도 하나님이시니라

12 그러므로 이제 청하노니 내가 너희를 선대하였은즉 너희도 내 아버지의 집을 선대하도록 여호와로 내게 맹세하고 내게 증표를 내라

13 그리고 나의 부모와 나의 남녀 형제와 그들에게 속한 모든 사람을 살려 주어 우리 목숨을 죽음에서 건져내라

14 그 사람들이 그에게 이르되 네가 우리의 이 일을 누설하지 아니하면 우리의 목숨으로 너희를 대신할 것이요 여호와께서 우리에게 이 땅을 주실 때에는 인자하고 진실하게 너를 대우하리라 *삼 1:24*

15 ●라합이 그들을 창문에서 줄로 달아 내리니 그의 집이 성벽 위에 있으므로 그가 성벽 위에 거주하였음이라

16 라합이 그들에게 이르되 두렵건대 뒤쫓는 사람들이 너희와 마주칠까 하노니 너희는 산으로 가서 거기서 사흘 동안 숨어 있다가 뒤쫓는 자들이 돌아간 후에 너희의 길을 갈지니라

17 그 사람들이 그에게 이르되 네가 우리에게 서약하게 한 이 맹세에 대하여 우리가 허물이 없게 하리니

18 우리가 이 땅에 들어올 때에 우리를 달아 내린 창문에 이 붉은 줄을 매고 네 부모와 형제와 네 아버지의 가족을 다 네 집에 모으라 *6:23*

19 누구든지 네 집 문을 나가서 거리로 가면 그의 피가 그의 머리로 돌아갈 것이요 우리는 허물이 없으리라 그러나 누구든지 너와 함께 집에 있는 자에게 손을 대면 그의 피는 우리의 머리로 돌아오려니와

20 네가 우리의 이 일을 누설하면 네가 우리에게 서약하게 한 맹세에 대하여 우리에게 허물이 없으리라 하니라

21 라합이 이르되 너희의 말대로 할 것이라 하고 그들을 보내어 가게 하고 붉은 줄을 창문에 매니라

22 ●그들이 가서 산에 이르러 뒤쫓는 자들이 돌아가기까지 사흘을 거기 머물매 뒤쫓는 자들이 그들을 길에서 두루 찾다가 찾지 못하니라

23 그 두 사람이 돌이켜 산에서 내려와 강을 건너 눈의 아들 여호수아에게 나아가서 그들이 겪은 모든 일을 고하고

24 또 여호수아에게 이르되 진실로 여호와께서 그 온 땅을 우리 손에 주셨으므로 그 땅의 모든 주민이 우리 앞에서 간담이 녹더이다 하더라

이스라엘 백성이 요단을 건너다
-B.C. 1410년경

3

또 여호수아가 아침에 일찍이 일어나서 그와 모든 이스라엘 자손들과 더불어 싯딤에서 떠나 요단에 이르러 건너가기 전에 거기서 유숙하니라

3 장에는 무엇이 기록되어 있을까?

3장에는 이스라엘 백성이 요단 강을 건너 가나안에 들어가는 장면이 나옵니다. 여기서 하나님의 언약궤가 앞장선 것은 가나안 정복 전쟁을 주도하시는 분이 하나님이심을 나타내는 것입니다. 백성들은 앞에서 인도하시는 하나님께 순종하며 그분의 뒤를 따르기만 하면 되었답니다.

제사장들이 언약궤를 메고
요단을 건넘 (3:14)

2 사흘 후에 관리들이 진중으로 두루 다니며

3 백성에게 명령하여 이르되 너희는 레위 사람 제사장들이 너희 하나님 여호와의 언약궤 메는 것을 보거든 너희가 있는 곳을 떠나 그 뒤를 따르라

4 그러나 너희와 그 사이 거리가 이천[1]규 빗쯤 되게 하고 그것에 가까이 하지는 말라 그리하면 너희가 행할 길을 알리니 너희가 이전에 이 길을 지나보지 못하였음이니라 하니라

5 여호수아가 또 백성에게 이르되 너희는 자신을 성결하게 하라 여호와께서 내일 너희 가운데에 기이한 일들을 행하시리라

출 19:10

6 여호수아가 또 제사장들에게 말하여 이르되 언약궤를 메고 백성에 앞서 건너라 하매 곧 언약궤를 메고 백성에 앞서 나아가니라

7 ●여호와께서 여호수아에게 이르시되 내가 오늘부터 시작하여 너를 온 이스라엘의 목전에서 크게 하여 내가 모세와 함께 있었던 것 같이 너와 함께 있는 것을 그들이 알게 하리라

8 너는 언약궤를 멘 제사장들에게 명령하여 이르기를 너희가 요단 물 가에 이르거든 요단에 들어서라 하라

9 여호수아가 이스라엘 자손에게 이르되 이리 와서 너희의 하나님 여호와의 말씀을 들으라 하고

10 또 말하되 살아 계신 하나님이 너희 가

운데에 계시사 가나안 족속과 헷 족속과 히위 족속과 브리스 족속과 기르가스 족속과 아모리 족속과 여부스 족속을 너희 앞에서 반드시 쫓아내실 줄을 이것으로 너희가 알리라 신 7:1

11 보라 온 땅의 주의 언약궤가 너희 앞에서 요단을 건너가나니

12 이제 이스라엘 지파 중에서 각 지파에 한 사람씩 열두 명을 택하라

13 온 땅의 주 여호와의 궤를 멘 제사장들의 발바닥이 요단 물을 밟고 멈추면 요단 물 곧 위에서부터 흘러내리던 물이 끊어지고 한 곳에 쌓여 서리라 시 78:13

14 ●백성이 요단을 건너려고 자기들의 장막을 떠날 때에 제사장들은 언약궤를 메고 백성 앞에서 나아가니라

15 요단이 곡식 거두는 시기에는 항상 언덕에 넘치더라 궤를 멘 자들이 요단에 이르러 궤를 멘 제사장들의 발이 물 가에 잠기자

16 곧 위에서부터 흘러내리던 물이 그쳐서 사르단에 가까운 매우 멀리 있는 아담 성읍 변두리에 일어나 한 곳에 쌓이고 아라바의 바다 염해로 향하여 흘러가는 물은 온전히 끊어지매 백성이 여리고 앞으로 바로 건널새

17 여호와의 언약궤를 멘 제사장들은 요단 가운데 마른 땅에 굳게 섰고 그 모든 백성이 요단을 건너기를 마칠 때까지 모든 이스라엘은 그 마른 땅으로 건너갔더라

길갈에 세운 열두 돌 · B.C. 1410년경

4 그 모든 백성이 요단을 건너가기를 마치매 여호와께서 여호수아에게

4장 에는 무엇이 기록되어 있을까?

이스라엘 백성들은 기적적인 방법으로 요단 강을 건넜어요. 하나님은 요단 강에서 열두 개의 돌을 가져다 길갈에 세우라고 하셨지요. 열두 개의 돌은 이스라엘의 열두 지파를 상징하는 것인데, 이것은 이스라엘에게 베푸신 하나님의 은혜를 기억하고 순종하게 하기 위해 세우는 것이었답니다.

1) 히, 알마

말씀하여 이르시되

2 백성의 각 지파에 한 사람씩 열두 사람을 택하고 3:12

3 그들에게 명령하여 이르기를 요단 가운데 제사장들의 발이 굳게 선 그곳에서 돌 열둘을 택하여 그것을 가져다가 오늘밤 너희가 유숙할 그 곳에 두게 하라 하시니라

4 여호수아가 이스라엘 자손 중에서 각 지파에 한 사람씩 준비한 그 열두 사람을 불러

5 그들에게 이르되 요단 가운데로 들어가 너희 하나님 여호와의 궤 앞으로 가서 이스라엘 자손들의 지파 수대로 각기 돌 한 개씩 가져다가 어깨에 메라

6 이것이 너희 중에 표징이 되리라 후일에 너희의 자손들이 물어 이르되 이 돌들은 무슨 뜻이냐 하거든

7 그들에게 이르기를 요단 물이 여호와의 언약궤 앞에서 끊어졌나니 곧 언약궤가 요단을 건널 때에 요단 물이 끊어졌으므로 이 돌들이 이스라엘 자손에게 영원히 기념이 되리라 하라 하니라

8 이스라엘 자손들이 여호수아가 명령한 대로 행하되 여호와께서 여호수아에게 이르신 대로 이스라엘 자손들의 지파의 수를 따라 요단 가운데에서 돌 열둘을 택하여 자기들이 유숙할 곳으로 가져다가 거기에 두었더라 4:19

9 여호수아가 또 요단 가운데 곧 언약궤를 멘 제사장들의 발이 선 곳에 돌 열둘을 세웠더니 오늘까지 거기에 있더라

10 또 여호와께서 여호수아에게 명령하사 백성에게 말하게 하신 일 곧 모세가 여호수아에게 명령한 일이 다 마치기까지 궤를 멘 제사장들이 요단 가운데에 서 있고 백성은 속히 건넜으며

11 모든 백성이 건너기를 마친 후에 여호와의 궤와 제사장들이 백성의 목전에서 건넜으며

12 르우벤 자손과 갓 자손과 므낫세 반 지파는 모세가 그들에게 이른 것 같이 무

장하고 이스라엘 자손들보다 앞서 건너갔으니

13 무장한 사만 명 가량이 여호와 앞에서 건너가 싸우려고 여리고 평지에 이르니라

14 그 날에 여호와께서 모든 이스라엘의 목전에서 여호수아를 크게 하시매 그가 생존한 날 동안에 백성이 그를 두려워하기를 모세를 두려워하던 것 같이 하였더라 3:7

15 ●여호와께서 여호수아에게 말씀하여 이르시되

16 증거궤를 멘 제사장들에게 명령하여 요단에서 올라오게 하라 하신지라

17 여호수아가 제사장들에게 명령하여 이르기를 요단에서 올라오라 하매

18 여호와의 언약궤를 멘 제사장들이 요단 가운데에서 나오며 그 발바닥으로 육지를 밟는 동시에 요단 물이 본 곳으로 도로 흘러서 전과 같이 언덕에 넘쳤더라 3:15

19 ●첫째 달 십일에 백성이 요단에서 올라와 여리고 동쪽 경계 길갈에 진 치매 5:9

20 여호수아가 요단에서 가져온 그 열두 돌을 길갈에 세우고

21 이스라엘 자손들에게 말하여 이르되

술술 풀리는 **성경 말씀**

기념비

요단 강 서쪽 약 10마일 지점에 위치한 길갈에 세워진 기념비는 이스라엘 백성의 후손들이 그 기념비를 볼 때마다 하나님께서 그들을 위해 하신 일을 기억하게 하기 위한 것이었어요. 하나님은 사람의 힘으로는 건널 수 없는 요단 강을 걸어서 건널 수 있게 하셨지요.

현재의 우리에게 주어진 기념비는 바로 그리스도의 살과 피를 먹고 마심으로써 우리를 위해 죽으시고 고난 당하신 그리스도의 은혜를 기억하고 그분의 함께하심을 느끼는 거예요. 우리에게 베푸신 은혜를 믿고 감사하며 하나님을 의지합니다.

4장 19-24절

후일에 너희의 자손들이 그들의 아버지에게 묻기를 이 돌들은 무슨 뜻이니이까 하거든 4:6

22 너희는 너희의 자손들에게 알게 하여 이르기를 이스라엘이 마른 땅을 밟고 이 요단을 건넜음이라

23 너희의 하나님 여호와께서 요단 물을 너희 앞에서 마르게 하사 너희를 건너게 하신 것이 너희의 하나님 여호와께서 우리 앞에 홍해를 말리시고 우리를 건너게 하심과 같음이라

24 이는 땅의 모든 백성에게 여호와의 손이 강하신 것을 알게 하며 너희가 너희의 하나님 여호와를 항상 경외하게 하려 하심이라 하라

5

요단 서쪽의 아모리 사람의 모든 왕들과 해변의 가나안 사람의 모든 왕들이 여호와께서 요단 물을 이스라엘 자손들 앞에서 말리시고 [1]우리를 건너게 하셨음을 듣고 마음이 녹았고 이스라엘 자손들 때문에 정신을 잃었더라

이스라엘이 길갈에서 할례를 받다

2 ●그 때에 여호와께서 여호수아에게 이르시되 너는 부싯돌로 칼을 만들어 이스라엘 자손들에게 다시 할례를 행하라 하시매

3 여호수아가 부싯돌로 칼을 만들어 [2]할례 산에서 이스라엘 자손들에게 할례를 행하니라

4 여호수아가 할례를 시행한 까닭은 이것이니 애굽에서 나온 모든 백성 중 남자 곧 모든 군사는 애굽에서 나온 후 광야 길에서 죽었는데

5 그 나온 백성은 다 할례를 받았으나 다만 애굽에서 나온 후 광야 길에서 난 자는 할례를 받지 못하였음이라

6 이스라엘 자손들이 여호와의 음성을 청종하지 아니하므로 여호와께서 그들에게 대하여 맹세하사 그들의 조상들에게 맹세하여 우리에게 주리라고 하신 땅 곧 젖과 꿀이 흐르는 땅을 그들이 보지 못하게 하리라 하시매 애굽에서 나온 족속 곧 군사들이 다 멸절하기까지 사십 년 동안을 광야에서 헤매었더니

7 그들의 대를 잇게 하신 이 자손에게 여호수아가 할례를 행하였으니 길에서는 그들에게 할례를 행하지 못하였으므로 할례 없는 자가 되었음이었더라

8 또 그 모든 백성에게 할례 행하기를 마치매 백성이 진중 각 처소에 머물며 낫기를 기다릴 때에

9 여호와께서 여호수아에게 이르시되 내가 오늘 애굽의 수치를 너희에게서 떠나가게 하였다 하셨으므로 그 곳 이름을 오늘까지 [3]길갈이라 하느니라

10 ●또 이스라엘 자손들이 길갈에 진 쳤고 그 달 십사일 저녁에는 여리고 평지에서 유월절을 지켰으며

11 유월절 이튿날에 그 땅의 소산물을 먹되 그 날에 무교병과 볶은 곡식을 먹었더라

12 또 그 땅의 소산물을 먹은 다음 날에 만나가 그쳤으니 이스라엘 사람들이 다시는 만나를 얻지 못하였고 그 해에 가나안 땅의 소출을 먹었더라

칼을 든 여호와의 군대 대장 (♪392장)

13 ●여호수아가 여리고에 가까이 이르렀을 때에 눈을 들어 본즉 한 사람이 칼을 빼어 손에 들고 마주 서 있는지라 여호수아가 나아가서 그에게 묻되 너는 우리를 위하느냐 우리의 적들을 위

---

1) 그들 2) 기브앗 하아랄롯 3) 굴러간다

소산(5:11) 그 곳에서 생산되는 온갖 물건.
양각(6:4) 나팔 끝이 위로 구부러진 양의 뿔로 만든 나팔.

5장 에는 무엇이 기록되어 있을까?

하나님은 가나안 정복 전에 백성들에게 할례를 명하셨어요. 이것은 적에게 공격할 틈을 주는 일이 아니었지만, 하나님은 이스라엘이 하나님만을 의지하기 원하셨지요. 이스라엘 백성들은 하나님의 명령에 따라 할례를 행하고 유월절을 지켰어요. 한편, 완전무장을 한 여호와의 군대 대장이 여호수아 앞에 나타났답니다.

하느냐 하니

14 그가 이르되 아니라 나는 여호와의 군대 대장으로 지금 왔느니라 하는지라 여호수아가 얼굴을 땅에 대고 엎드려 절하고 그에게 이르되 내 주여 종에게 무슨 말씀을 하려 하시나이까

15 여호와의 군대 대장이 여호수아에게 이르되 네 발에서 신을 벗으라 네가 선 곳은 거룩하니라 하니 여호수아가 그대로 행하니라

여리고 성이 무너지다

6 이스라엘 자손들로 말미암아 여리고는 굳게 닫혔고 출입하는 자가 없더라

2 여호와께서 여호수아에게 이르시되 보라 내가 여리고와 그 왕과 용사들을 네 손에 넘겨 주었으니

3 너희 모든 군사는 그 성을 둘러 성 주위를 매일 한 번씩 돌되 엿새 동안을 그리하라

4 제사장 일곱은 일곱 양각 나팔을 잡고 언약궤 앞에서 나아갈 것이요 일곱째 날에는 그 성을 일곱 번 돌며 그 제사장들은 나팔을 불 것이며

5 제사장들이 양각 나팔을 길게 불어 그 나팔 소리가 너희에게 들릴 때에는 백성은 다 큰 소리로 외쳐 부를 것이라 그리하면 그 성벽이 무너져 내리리니 백성은 각기 앞으로 올라갈지니라 하시매

6 눈의 아들 여호수아가 제사장들을 불러 그들에게 이르되 너희는 언약궤를 메

고 제사장 일곱은 양각 나팔 일곱을 잡고 여호와의 궤 앞에서 나아가라 하고

7 또 백성에게 이르되 나아가서 그 성을 돌되 무장한 자들이 여호와의 궤 앞에서 나아가라 하니라

8 ●여호수아가 백성에게 이르기를 마치매 제사장 일곱은 양각 나팔 일곱을 잡고 여호와 앞에서 나아가며 나팔을 불고 여호와의 언약궤는 그 뒤를 따르며

9 그 무장한 자들은 나팔 부는 제사장들 앞에서 행진하며 후군은 궤 뒤를 따르고 제사장들은 나팔을 불며 행진하더라

10 여호수아가 백성에게 명령하여 이르되 너희는 외치지 말며 너희 음성을 들리게 하지 말며 너희 입에서 아무 말도 내지 말라 그리하다가 내가 너희에게 명령하여 외치라 하는 날에 외칠지니라 하고

11 여호와의 궤가 그 성을 한 번 돌게 하고 그들이 진영으로 들어와서 진영에서 자니라

12 ●또 여호수아가 아침에 일찍이 일어나니 제사장들이 여호와의 궤를 메고

13 제사장 일곱은 양각 나팔 일곱을 잡고 여호와의 궤 앞에서 계속 행진하며 나팔을 불고 무장한 자들은 그 앞에 행진하며 후군은 여호와의 궤 뒤를 따르고 제사장들은 나팔을 불며 행진하니라

14 그 둘째 날에도 그 성을 한 번 돌고 진영으로 돌아오니라 엿새 동안을 이같이 행하니라

선생님!! 궁금해요

성경에 나오는 이야기들은 정말 있었던 일인가요, 아니면 꾸며낸 이야기인가요?

성경에 나오는 모든 이야기는 꾸미거나 만들어낸 이야기가 아니에요. 성경에 기록된 것은 모두 사실이고, 구원의 역사를 그대로 보여주고 있지요. 이 세상을 언제, 누가 만들었는지, 또 이 세상이 어디로 향하고 있는지 잘 보여준답니다. 또 성경에 나오는 사람들도 그 시대에 정말로 있었던 사람들이에요. 때때로 학자들이 성경에 나오는 유적을 발견하기도 하죠.

성경에는 어느 한 가지도 꾸며낸 이야기가 없어요. 꾸며낸 이야기라면 복음을 쉽게 설명하기 위해 예수님이 비유로 들려주셨던 이야기뿐이에요. 그러니까 성경을 그대로 하나님의 말씀으로 믿어야 한답니다.

벧후 1장 21절

여리고 성벽이 무너짐(6:20)

15 ●일곱째 날 새벽에 그들이 일찍이 일어나서 전과 같은 방식으로 그 성을 일곱 번 도니 그 성을 일곱 번 돌기는 그 날뿐이었더라
16 일곱 번째에 제사장들이 나팔을 불 때에 여호수아가 백성에게 이르되 외치라 여호와께서 너희에게 이 성을 주셨느니라
17 이 성과 그 가운데에 있는 모든 것은 여호와께 온전히 바치되 기생 라합과 그 집에 동거하는 자는 모두 살려 주라 이는 우리가 보낸 사자들을 그가 숨겨 주었음이니라
18 너희는 온전히 바치고 그 바친 것 중에서 어떤 것이든지 취하여 너희가 이스라엘 진영으로 바치는 것이 되게 하여 고통을 당하게 되지 아니하도록 오직 너희는 그 바친 물건에 손대지 말라
19 은금과 동철 기구들은 다 여호와께 구별될 것이니 그것을 여호와의 곳간에 들일지니라 하니라
20 이에 백성은 외치고 제사장들은 나팔을 불매 백성이 나팔 소리를 들을 때에 크게 소리 질러 외치니 성벽이 무너져 내린지라 백성이 각기 앞으로 나아가 그 성에 들어가서 그 성을 점령하니라
21 그 성 안에 있는 모든 것을 온전히 바치되 남녀 노소와 소와 양과 나귀를 칼날로 멸하니라
22 ●여호수아가 그 땅을 정탐한 두 사람에게 이르되 그 기생의 집에 들어가서 너희가 그 여인에게 맹세한 대로 그와 그에게 속한 모든 것을 이끌어 내라 하매 　히11:31
23 정탐한 젊은이들이 들어가서 라합과 그의 부모와 그의 형제와 그에게 속한 모든 것을 이끌어 내고 또 그의 친족도 다 이끌어 내어 그들을 이스라엘의 진영 밖에 두고
24 무리가 그 성과 그 가운데에 있는 모든 것을 불로 사르고 은금과 동철 기구는 여호와의 집 곳간에 두었더라 　6:19
25 여호수아가 기생 라합과 그의 아버지의 가족과 그에게 속한 모든 것을 살렸으므로 그가 오늘까지 이스라엘 중에 거주하였으니 이는 여호수아가 여리고를 정탐하려고 보낸 사자들을 숨겼음이었더라
26 여호수아가 그 때에 맹세하게 하여 이르되 누구든지 일어나서 이 여리고 성을 건축하는 자는 여호와 앞에서 저주를 받을 것이라 그 기초를 쌓을 때에 그의 맏아들을 잃을 것이요 그 문을 세울 때에 그의 막내아들을 잃으리라 하였더라
27 여호와께서 여호수아와 함께 하시니 여호수아의 소문이 그 온 땅에 퍼지니라

아간의 범죄── B.C. 1410년경

7 이스라엘 자손들이 온전히 바친 물건으로 말미암아 범죄하였으니 이는 유다 지파 세라의 증손 삽디의 손자

6장 ●여는 무엇이 기록되어 있을까?

6장에서는 첫 번째 정복지인 여리고 성이 무너지는 장면이 나와요. 이스라엘은 이해할 수 없는 하나님의 명령에도 순종하여 여리고 성을 정복했지요. 그리고 하나님은 무너져 내린 여리고 성을 그대로 내버려두라고 말씀하셨어요. 이것은 하나님이 여리고 성을 심판하셨다는 것을 보여주기 위해서였답니다.

갈미의 아들 아간이 온전히 바친 물건을 가졌음이라 여호와께서 이스라엘 자손들에게 진노하시니라

2 ●여호수아가 여리고에서 사람을 벧엘 동쪽 벧아웬 곁에 있는 아이로 보내며 그들에게 말하여 이르되 올라가서 그 땅을 정탐하라 하매 그 사람들이 올라가서 아이를 정탐하고

3 여호수아에게로 돌아와 그에게 이르되 백성을 다 올라가게 하지 말고 이삼천 명만 올라가서 아이를 치게 하소서 그들은 소수이니 모든 백성을 그리로 보내어 수고롭게 하지 마소서 하므로

4 백성 중 삼천 명쯤 그리로 올라갔다가 아이 사람 앞에서 도망하니

5 아이 사람이 그들을 삼십육 명쯤 쳐죽이고 성문 앞에서부터 스바림까지 쫓아가 내려가는 비탈에서 쳤으므로 백성의 마음이 녹아 물 같이 된지라

6 여호수아가 옷을 찢고 이스라엘 장로들과 함께 여호와의 궤 앞에서 땅에 엎드려 머리에 티끌을 뒤집어쓰고 저물도록 있다가

7 이르되 슬프도소이다 주 여호와여 어찌하여 이 백성을 인도하여 요단을 건너게 하시고 우리를 아모리 사람의 손에 넘겨 멸망시키려 하셨나이까 우리가 요단 저쪽을 만족하게 여겨 거주하였더라면 좋을 뻔하였나이다

8 주여 이스라엘이 그의 원수들 앞에서 돌아섰으니 내가 무슨 말을 하오리이까

9 가나안 사람과 이 땅의 모든 사람들이 듣고 우리를 둘러싸고 우리 이름을 세상에서 끊으리니 주의 크신 이름을 위하여 어떻게 하시려 하나이까 하니

10 여호와께서 여호수아에게 이르시되 일어나라 어찌하여 이렇게 엎드렸느냐

11 이스라엘이 범죄하여 내가 그들에게 명령한 나의 언약을 어겼나니 곧 그들이 온전히 바친 물건을 가져가고 도둑질하며 속이고 그것을 그들의 물건

들 가운데에 두었느니라

12 그러므로 이스라엘 자손들이 그들의 원수 앞에 능히 맞서지 못하고 그 앞에서 돌아섰나니 이는 그들도 온전히 바친 것이 됨이라 그 온전히 바친 물건을 너희 중에서 멸하지 아니하면 내가 다시는 너희와 함께 있지 아니하리라

13 너는 일어나서 백성을 거룩하게 하여 이르기를 너희는 내일을 위하여 스스로 거룩하게 하라 이스라엘의 하나님 여호와의 말씀에 이스라엘아 너희 가운데에 온전히 바친 물건이 있나니 너희가 그 온전히 바친 물건을 너희 가운데에서 제하기까지는 네 원수들 앞에 능히 맞서지 못하리라

14 너희는 아침에 너희의 지파대로 가까이 나아오라 여호와께 뽑히는 그 지파는 그 족속대로 가까이 나아올 것이요 여호와께 뽑히는 족속은 그 가족대로 가까이 나아올 것이요 여호와께 뽑히는 그 가족은 그 남자들이 가까이 나아올 것이며

15 온전히 바친 물건을 가진 자로 뽑힌 자를 불사르되 그와 그의 모든 소유를 그리하라 이는 여호와의 언약을 어기고 이스라엘 가운데에서 명령된 일을 행하였음이라 하셨다 하라

16 ●이에 여호수아가 아침 일찍이 일어나서 이스라엘을 그의 지파대로 가까이 나아오게 하였더니 유다 지파가 뽑혔고

17 유다 족속을 가까이 나아오게 하였더

7 장 에는 무엇이 기록되어 있을까?

이스라엘은 아이 성을 정복하는 데 실패하고 말았어요. 아이 성을 우습게 보고 방심한 잘못도 있지만, 더 큰 이유는 아간이 욕심을 부렸기 때문이에요. 아간은 하나님께 바쳐야 할 물건을 몰키고 그것을 땅속에 묻어두고 있지요. 따라서 여호수아는 하나님께 용서를 받기 위해 아간을 벌하고 그 위에 돌 무더기를 쌓았답니다.

니 세라 족속이 뽑혔고 세라 족속의 각 남자를 가까이 나아오게 하였더니 삽디가 뽑혔고

18 삽디의 가족 각 남자를 가까이 나아오게 하였더니 유다 지파 세라의 증손이요 삽디의 손자요 갈미의 아들인 아간이 뽑혔더라

19 그러므로 여호수아가 아간에게 이르되 내 아들아 청하노니 이스라엘의 하나님 여호와께 영광을 돌려 그 앞에 자복하고 네가 행한 일을 내게 알게 하라 그 일을 내게 숨기지 말라 하니

20 아간이 여호수아에게 대답하여 이르되 참으로 나는 이스라엘의 하나님 여호와께 범죄하여 이러이러하게 행하였나이다

21 내가 노략한 물건 중에 시날 산의 아름다운 외투 한 벌과 은 이백 세겔과 그무게가 오십 세겔 되는 금덩이 하나를 보고 탐내어 가졌나이다 보소서 이제 그 물건들을 내 장막 가운데 땅속에 감추었는데 은은 그 밑에 있나이다 하더라

22 ●이에 여호수아가 사자들을 보내매 그의 장막에 달려가 본즉 물건이 그의 장막 안에 감추어져 있는데 은은 그 밑

에 있는지라

23 그들이 그것을 장막 가운데서 취하여 여호수아와 이스라엘 모든 자손에게 가지고 와서 여호와 앞에 쏟아 놓으니라

24 여호수아가 이스라엘 모든 사람과 더불어 세라의 아들 아간을 잡고 그 은과 그 외투와 그 금덩이와 그의 아들들과 그의 딸들과 그의 소들과 그의 나귀들과 그의 [1]양들과 그의 장막과 그에게 속한 모든 것을 이끌고 아골 골짜기로 가서

25 여호수아가 이르되 네가 어찌하여 우리를 괴롭게 하였느냐 여호와께서 오늘 너를 괴롭게 하시리라 하니 온 이스라엘이 그를 돌로 치고 물건들도 돌로 치고 불사르고 신 17:5

26 그 위에 돌 무더기를 크게 쌓았더니 오늘까지 있더라 여호와께서 그의 맹렬한 진노를 그치시니 그러므로 그 곳 이름을 오늘까지 [2]아골 골짜기라 부르더라

아이 성을 점령하다 ─B.C. 1410년경

8

여호와께서 여호수아에게 이르시되 두려워하지 말라 놀라지 말라 군사를 다 거느리고 일어나 아이로 올라가라 보라 내가 아이 왕과 그의 백성과 그의 성읍과 그의 땅을 다 네 손에 넘겨 주었으니

2 너는 여리고와 그 왕에게 행한 것 같이 아이와 그 왕에게 행하되 오직 거기서 탈취할 물건과 가축은 스스로 가지라 너는 아이 성 뒤에 복병을 둘지니라 하시니

3 ●이에 여호수아가 일어나서 군사와 함께 아이로 올라가려 하여 용사 삼만 명을 뽑아 밤에 보내며 6:18

4 그들에게 명령하여 이르되 너희는 성읍 뒤로 가서 성읍을 향하여 매복하되 그 성읍에서 너무 멀리 하지 말고 다스스로 준비하라

5 나와 나를 따르는 모든 백성은 다 성읍으로 가까이 가리니 그들이 처음과 같

비전을 심어주는 3분 여화

가장 중요한 진리

세계적인 신학자 칼 바르트가 시카고 대학에서 신학 특강을 하고 나자, 어느 학생이 질문을 했어요.

"저는 교수님께서 쓰신 책을 몇 권 읽었는데, 정말 감동적이었습니다. 그런데 교수님께서 평생 동안 신학을 연구하면서 깨달은 가장 중요한 진리는 무엇입니까?"

그러자 칼 바르트는 어렸을 때 부른 찬송가 한 구절을 외웠어요.

"날 사랑하심 날 사랑하심 날 사랑하심 성경에 써 있네."

그리고 이렇게 말했답니다.

"이것이 진리의 핵심이고 중심이네. 그리고 또 나의 신앙 고백이라네."

1) 히, 양과 염소의 떼 2) 괴로움

이 우리에게로 쳐 올라올 것이라 그리할 때에 우리가 그들 앞에서 도망하면

6 그들이 나와서 우리를 추격하며 이르기를 그들이 처음과 같이 우리 앞에서 도망한다 하고 우리의 유인을 받아 그 성읍에서 멀리 떠날 것이라 우리가 그들 앞에서 도망하거든 7:5

7 너희는 매복한 곳에서 일어나 그 성읍을 점령하라 너희 하나님 여호와께서 그 성읍을 너희 손에 주시리라

8 너희가 그 성읍을 취하거든 그것을 불살라 여호와의 말씀대로 행하라 보라 내가 너희에게 명령하였느니라 하고

9 그들을 보내매 그들이 매복할 곳으로 가서 아이 서쪽 벧엘과 아이 사이에 매복하였고 여호수아는 그 밤에 백성 가운데에서 잤더라

10 ●여호수아가 아침에 일찍이 일어나 백성을 점호하고 이스라엘 장로들과 더불어 백성에 앞서 아이로 올라가매

11 그와 함께 한 군사가 다 올라가서 그 성읍 앞에 가까이 이르러 아이 북쪽에 진치니 그와 아이 사이에는 한 골짜기가 있더라

12 그가 약 오천 명을 택하여 성읍 서쪽 벧엘과 아이 사이에 매복시키니

13 이와 같이 성읍 북쪽에는 온 군대가 있고 성읍 서쪽에는 복병이 있었더라 여호수아가 그 밤에 골짜기 가운데로 들어가니

14 아이 왕이 이를 보고 그 성읍 백성과 함께 일찍이 일어나 급히 나가 아라바 앞에 이르러 정한 때에 이스라엘과 싸우나

❶ 폐허가 된 벧엘(8:9)
중세 십자군 시대의 교회 유적

려 하나 성읍 뒤에 복병이 있는 줄은 알지 못하였더라

15 여호수아와 온 이스라엘이 그들 앞에서 거짓으로 패한 척하여 광야 길로 도망하매

16 그 성읍에 있는 모든 백성이 그들을 추격하려고 모여 여호수아를 추격하며 유인함을 받아 아이 성읍을 멀리 떠나니

17 아이와 벧엘에 이스라엘을 따라가지 아니한 자가 하나도 없으며 성문을 열어 놓고 이스라엘을 추격하였더라

18 ●여호와께서 여호수아에게 이르시되 네 손에 잡은 단창을 들어 아이를 가리키라 내가 이 성읍을 네 손에 넘겨 주리라 여호수아가 그의 손에 잡은 단창을 들어 그 성읍을 가리키니

19 그의 손을 드는 순간에 복병이 그들의 자리에서 급히 일어나 성읍으로 달려 들어가서 점령하고 곧 성읍에 불을 놓았더라

20 아이 사람이 뒤를 돌아본즉 그 성읍에 연기가 하늘에 닿은 것이 보이니 이 길로도 저 길로도 도망할 수 없이 되었고 광야로 도망하던 이스라엘 백성은 그 추격하던 자에게로 돌아섰더라

21 여호수아와 온 이스라엘이 그 복병이 성읍을 점령함과 성읍에 연기가 오름을 보고 다시 돌이켜 아이 사람들을 쳐죽이고

22 복병도 성읍에서 나와 그들을 치매 그들이 이스라엘 중간에 든지라 어떤 사람들은 이쪽에서 어떤 사람들은 저쪽에서 쳐죽여서 한 사람도 남기거나 도망하지 못하게 하였으며 민 21:35

23 아이 왕을 사로잡아 여호수아 앞으로

8장 에는 무엇이 기록되어 있을까?

이스라엘은 하나님의 말씀에 순종하여 아이 성과의 전쟁에서 승리합니다. 이로써 이스라엘 백성은 가나안의 가장 중심이 되는 땅을 차지하게 되었어요. 아이 성을 정복한 후 여호수아는 에발 산과 그리심 산에서 하나님의 율법을 낭독하고 백성들은 이를 철저히 지키겠다는 서약식을 가졌답니다.

끌어 왔더라

24 ● 이스라엘이 자기들을 광야로 추격
하던 모든 아이 주민을 들에서 죽이되
그들을 다 칼날에 엎드러지게 하여 진
멸하기를 마치고 온 이스라엘이 아이
로 돌아와서 칼날로 죽이매

25 그 날에 엎드러진 아이 사람들은 남녀
가 모두 만 이천 명이라

26 아이 주민들을 진멸하여 바치기까지
여호수아가 단창을 잡아 든 손을 거두
지 아니하였고

27 오직 그 성읍의 가축과 노략한 것은 여
호와께서 여호수아에게 명령하신 대
로 이스라엘이 탈취하였더라　8:2

28 이에 여호수아가 아이를 불살라 그것
으로 영원한 무더기를 만들었더니 오
늘까지 황폐하였으며　신 13:16

29 그가 또 아이 왕을 저녁 때까지 나무에
달았다가 해 질 때에 명령하여 그의 시
체를 나무에서 내려 그 성문 어귀에 던
지고 그 위에 돌로 큰 무더기를 쌓았으
니 그것이 오늘까지 있더라

30 ● 그 때에 여호수아가 이스라엘의 하
나님 여호와를 위하여 에발 산에 한 제
단을 쌓았으니

31 이는 여호와의 종 모세가 이스라엘 자
손에게 명령한 것과 모세의 율법책에
기록된 대로 쇠 연장으로 다듬지 아니
한 새 돌로 만든 제단이라 무리가 여호
와께 번제물과 화목제물을 그 위에 드
렸으며

32 여호수아가 거기서 모세가 기록한 율
법을 이스라엘 자손의 목전에서 그 돌

여호수아가 제단을 쌓고
율법을 낭독한 에발 산　8:30-35

에 기록하매

33 온 이스라엘과 그 장로들과 관리들과
재판장들과 본토인뿐 아니라 이방인
까지 여호와의 언약궤를 멘 레위 사람
제사장들 앞에서 궤의 좌우에 서되 절
반은 그리심 산 앞에, 절반은 에발 산
앞에 섰으니 이는 전에 여호와의 종 모
세가 이스라엘 백성에게 축복하라고
명령한 대로 함이라

34 그 후에 여호수아가 율법책에 기록된
모든 것 대로 축복과 저주하는 율법의
모든 말씀을 낭독하였으니

35 모세가 명령한 것은 여호수아가 이스
라엘 온 회중과 여자들과 아이와 그들
중에 동행하는 거류민들 앞에서 낭독
하지 아니한 말이 하나도 없었더라

9
기브온 주민들이 여호수아를 속이다

이 일 후에 요단 서쪽 산지와 평지
와 레바논 앞 대해 연안에 있는 헷
사람과 아모리 사람과 가나안 사람과
브리스 사람과 히위 사람과 여부스 사
람의 모든 왕들이 이 일을 듣고

2 모여서 일심으로 여호수아와 이스라
엘에 맞서서 싸우려 하더라

3 ● 기브온 주민들이 여호수아가 여리
고와 아이에 행한 일을 듣고

4 꾀를 내어 사신의 모양을 꾸미되 해어
진 전대와 해어지고 찢어져서 기운 가
죽 포도주 부대를 나귀에 싣고

5 그 발에는 낡아서 기운 신을 신고 낡은
옷을 입고 다 마르고 곰팡이가 난 떡을
준비하고

6 그들이 길갈 진영으로 가서 여호수아
에게 이르러 그와 이스라엘 사람들에

게 이르되 우리는 먼 나라에서 왔나이
다 이제 우리와 조약을 맺읍시다 하니
7 이스라엘 사람들이 히위 사람에게 이
르되 너희가 우리 가운데에 거주하는
듯하니 우리가 어떻게 너희와 조약을
맺을 수 있으랴 하나
8 그들이 여호수아에게 이르되 우리는
당신의 종들이니이다 하매 여호수아
가 그들에게 묻되 너희는 누구며 어디
서 왔느냐 하니
9 그들이 여호수아에게 대답하되 종들
은 당신의 하나님 여호와의 이름으로
말미암아 심히 먼 나라에서 왔사오니
이는 우리가 그의 소문과 그가 애굽에
서 행하신 모든 일을 들으며
10 또 그가 요단 동쪽에 있는 아모리 사람
의 두 왕들 곧 헤스본 왕 시혼과 아스
다롯에 있는 바산 왕 옥에게 행하신 모
든 일을 들었음이니이다 민 21:24, 33
11 그러므로 우리 장로들과 우리 나라의
모든 주민이 우리에게 말하여 이르되
너희는 여행할 양식을 손에 가지고 가
서 그들을 만나서 그들에게 이르기를
우리는 당신들의 종들이니 이제 우리
와 조약을 맺읍시다 하라 하였나이다
12 우리의 이 떡은 우리가 당신들에게로 오
려고 떠나던 날에 우리들의 집에서 아직
도 뜨거운 것을 양식으로 가지고 왔으나
보소서 이제 말랐고 곰팡이가 났으며
13 또 우리가 포도주를 담은 이 가죽 부
대도 새 것이었으나 찢어지게 되었으
며 우리의 이 옷과 신도 여행이 매우
길었으므로 낡아졌나이다 한지라

**○ 원통형
저수조**
(9:16-21)
기브온 지역에서
원통형 바위 연
못(저수 시설)이
발굴되었다.

14 무리가 그들의 양식을 취하고는 어떻
게 할지를 여호와께 묻지 아니하고
15 여호수아가 곧 그들과 화친하여 그들
을 살리리라는 조약을 맺고 회중 족장
들이 그들에게 맹세하였더라 초 23:32
16 ●그들과 조약을 맺은 후 사흘이 지나
서야 그들이 이웃에서 자기들 중에 거
주하는 자들이라 함을 들으니라
17 이스라엘 자손이 행군하여 셋째 날에
그들의 여러 성읍들에 이르렀으니 그
들의 성읍들은 기브온과 그비라와 브
에롯과 기량여아림이라
18 이스라엘 회중 족장들이 이스라엘의 하
나님 여호와로 그들에게 맹세했기 때
문에 이스라엘 자손이 그들을 치지 못
한지라 그러므로 회중이 다 족장들을
원망하니 창 5:2
19 모든 족장이 온 회중에게 이르되 우리
가 이스라엘의 하나님 여호와로 그들
에게 맹세하였은즉 이제 그들을 건드
리지 못하리라
20 우리가 그들에게 맹세한 맹약으로 말미
암아 진노가 우리에게 임할까 하노니
이렇게 행하여 그들을 살리리라 하고
21 무리에게 이르되 그들을 살리라 하니
족장들이 그들에게 이른 대로 그들이
온 회중을 위하여 나무를 패며 물을 긷
는 자가 되었더라
22 ●여호수아가 그들을 불러다가 말하
여 이르되 너희가 우리 가운데에 거주
하면서 어찌하여 심히 먼 곳에서 왔다
고 하여 우리를 속였느냐 9:6, 9
23 그러므로 너희가 저주를 받나니 너희

가 대를 이어 종이 되어 다 내 하나님
의 집을 위하여 나무를 패며 물을 긷는
자가 되리라 하니

24 그들이 여호수아에게 대답하여 이르
되 당신의 하나님 여호와께서 그의 종
모세에게 명령하사 이 땅을 다 당신들
에게 주고 이 땅의 모든 주민을 당신들
앞에서 멸하라 하신 것이 당신의 종들
에게 분명히 들리므로 당신들로 말미
암아 우리의 목숨을 잃을까 심히 두려
워하여 이같이 하였나이다

25 보소서 이제 우리가 당신의 손에 있으
니 당신의 의향에 좋고 옳은 대로 우리
에게 행하소서 한지라　창 16:6

26 여호수아가 곧 그대로 그들에게 행하
여 그들을 이스라엘 자손의 손에서 건
져서 죽이지 못하게 하니라

27 그 날에 여호수아가 그들을 여호와께서
택하신 곳에서 회중을 위하며 여호와
의 제단을 위하여 나무를 패며 물을 긷
는 자들로 삼았더니 오늘까지 이르니라

여호수아가 기브온을 구하다 —B.C. 1410년경

10

그 때에 여호수아가 아이를 빼
앗아 진멸하되 여리고와 그 왕
에게 행한 것 같이 아이와 그 왕에게 행
한 것과 또 기브온 주민이 이스라엘과
화친하여 그 중에 있다 함을 예루살렘
왕 아도니세덱이 듣고

2 크게 두려워하였으니 이는 기브온은
왕도와 같은 큰 성읍이요 아이보다 크
고 그 사람들은 다 강함이라　대상 21:29

3 예루살렘 왕 아도니세덱이 헤브론 왕
호함과 야르뭇 왕 비람과 라기스 왕야

기브온 전경(10:1-5)

비아와 에글론 왕 드빌에게 보내어 이
르되

4 내게로 올라와 나를 도우라 우리가 기
브온을 치자 이는 기브온이 여호수아
와 이스라엘 자손과 더불어 화친하였
음이니라 하매

5 아모리 족속의 다섯 왕들 곧 예루살렘
왕과 헤브론 왕과 야르뭇 왕과 라기스
왕과 에글론 왕이 함께 모여 자기들의
모든 군대를 거느리고 올라와 기브온
에 대진하고 싸우니라　민 13:29

6 ●기브온 사람들이 길갈 진영에 사람
을 보내어 여호수아에게 전하되 당신
의 종들 돕기를 더디게 하지 마시고 속
히 우리에게 올라와 우리를 구하소서
산지에 거주하는 아모리 사람의 왕들
이 다 모여 우리를 치나이다 하매

7 여호수아가 모든 군사와 용사와 더불
어 길갈에서 올라가니라

8 그 때에 여호와께서 여호수아에게 이
르시되 그들을 두려워하지 말라 내가
그들을 네 손에 넘겨 주었으니 그들 중
에서 한 사람도 너를 당할 자 없으리라
하신지라

9 여호수아가 길갈에서 밤새도록 올라
가 갑자기 그들에게 이르니

10 여호와께서 그들을 이스라엘 앞에서
패하게 하시므로 여호수아가 그들을
기브온에서 크게 살륙하고 벧호론에
올라가는 비탈에서 추격하여 아세가
와 막게다까지 이르니라　신 7:23

11 그들이 이스라엘 앞에서 도망하여 벧
호론의 비탈에서 내려갈 때에 여호와
께서 하늘에서 큰 우박 덩이를 아세가

에 이르기까지 내리시매 그들이 죽었으니 이스라엘 자손의 칼에 죽은 자보다 우박에 죽은 자가 더 많았더라

12 ●여호와께서 아모리 사람을 이스라엘 자손에게 넘겨 주시던 날에 여호수아가 여호와께 아뢰어 이스라엘의 목전에서 이르되

태양아 너는 기브온 위에 머무르라
달아 너도 아얄론 골짜기에서 그리 할지어다

하며

13 태양이 머물고 달이 멈추기를 백성이 그 대적에게 원수를 갚기까지 하였느니라 야살의 책에 태양이 중천에 머물러서 거의 종일토록 속히 내려가지 아니하였다고 기록되지 아니하였느냐

14 여호와께서 사람의 목소리를 들으신 이같은 날은 전에도 없었고 후에도 없었나니 이는 여호와께서 이스라엘을 위하여 싸우셨음이니라

15 ●여호수아가 온 이스라엘과 더불어 길갈 진영으로 돌아왔더라

아모리의 모든 왕과 땅을 취하다

16 ●그 다섯 왕들이 도망하여 막게다의 굴에 숨었더니

17 어떤 사람이 여호수아에게 고하여 이르되 막게다의 굴에 그 다섯 왕들이 숨은 것을 발견하였나이다 하니

18 여호수아가 이르되 굴 어귀에 큰 돌을 굴려 막고 사람을 그 곁에 두어 그들을 지키게 하고

19 너희는 지체하지 말고 너희 대적의 뒤를 따라가 그 후군을 쳐서 그들이 자기들의 성읍에 들어가지 못하게 하라 너희 하나님 여호와께서 그들을 너희 손에 넘겨 주셨느니라 하고

20 여호수아와 이스라엘 자손이 그들을 크게 살륙하여 거의 멸하였고 그 남은 몇 사람은 견고한 성읍으로 들어간 고로

21 모든 백성이 평안히 막게다 진영으로 돌아와 여호수아에게 이르렀더니 혀를 놀려 이스라엘 자손을 대적하는 자

가 없었더라

22 ●그 때에 여호수아가 이르되 굴 어귀를 열고 그 굴에서 그 다섯 왕들을 내게로 끌어내라 하매

23 그들이 그대로 하여 그 다섯 왕들 곧 예루살렘 왕과 헤브론 왕과 야르뭇 왕과 라기스 왕과 에글론 왕을 굴에서 그에게로 끌어내니라

24 그 왕들을 여호수아에게로 끌어내매 여호수아가 이스라엘 모든 사람을 부르고 자기와 함께 갔던 지휘관들에게 이르되 가까이 와서 이 왕들의 목을 발로 밟으라 하매 그들이 가까이 가서 그들의 목을 밟으매

25 여호수아가 그들에게 이르되 두려워하지 말며 놀라지 말고 강하고 담대하라 너희가 맞서서 싸우는 모든 대적에게 여호와께서 다 이와 같이 하시리라 하고

26 그 후에 여호수아가 그 왕들을 쳐죽여 다섯 나무에 매달고 저녁까지 나무에 달린 채로 두었다가

27 해 질 때에 여호수아가 명령하매 그들의 시체를 나무에서 내려 그들이 숨었던 굴 안에 던지고 굴 어귀를 큰 돌로 막

술술 풀리는 **성경 말씀**

태양이 머물고

'태양이 머물렀다'는 표현은 여러 가지로 이해할 수 있어요. 첫째, 지구의 정상적인 자전 속도가 느려져 여호수아에게 더 많은 시간을 주었을 경우. 둘째, 태양 광선의 특수한 굴절로 인해 빛이 비춰지는 시간이 길어졌을 경우. 셋째, 13절의 기록을 문자 그대로 받아들이는 경우.

하나님의 방법이 무엇인지 우리로서는 알 수 없지만, 성경은 그 날이 기적에 의해 길어졌다는 것을 분명히 말하고 있어요. 이러한 하나님의 도우심으로 인해 이스라엘 백성은 승리할 수 있었답니다.

10장 13절

앉더니 오늘까지 그대로 있더라 ^{신 21:23}

28 ●그 날에 여호수아가 막게다를 취하고 칼날로 그 성읍과 왕을 쳐서 그 성읍과 그 중에 있는 모든 사람을 진멸하여 바치고 한 사람도 남기지 아니하였으니 막게다 왕에게 행한 것이 여리고 왕에게 행한 것과 같았더라

29 ●여호수아가 온 이스라엘과 더불어 막게다에서 립나로 나아가서 립나와 싸우매 ^{대상 6:57}

30 여호와께서 또 그 성읍과 그 왕을 이스라엘의 손에 붙이신지라 칼날로 그 성읍과 그 중의 모든 사람을 쳐서 멸하여 한 사람도 남기지 아니하였으니 그 왕에게 행한 것이 여리고 왕에게 행한 것과 같았더라

31 여호수아가 또 온 이스라엘과 더불어 립나에서 라기스로 나아가서 대진하고 싸우더니

32 여호와께서 라기스를 이스라엘의 손에 넘겨 주신지라 이튿날에 그 성읍을 점령하고 칼날로 그것과 그 안의 모든 사람을 쳐서 멸하였으니 립나에 행한 것과 같았더라

33 ●그 때에 게셀 왕 호람이 라기스를 도우려 올라오므로 여호수아가 그와 그의 백성을 쳐서 한 사람도 남기지 아니하였더라

34 ●여호수아가 온 이스라엘과 더불어 라기스에서 에글론으로 나아가서 대진하고 싸워

35 그 날에 그 성읍을 취하고 칼날로 그것을 쳐서 그 중에 있는 모든 사람을 당일에 진멸하여 바쳤으니 라기스에 행한 것과 같았더라

36 ●여호수아가 또 온 이스라엘과 더불어 에글론에서 헤브론으로 올라가서 싸워 ^{삿 1:10}

37 그 성읍을 점령하고 그것과 그 왕과 그 속한 성읍들과 그 중의 모든 사람을 칼날로 쳐서 하나도 남기지 아니하였으니 그 성읍들과 그 중의 모든 사람을 진멸하여 바친 것이 에글론에 행한 것과 같았더라

38 ●여호수아가 온 이스라엘과 더불어 돌아와서 드빌에 이르러 싸워 ^{삿 1:11}

39 그 성읍과 그 왕과 그 속한 성읍들을 점령하고 칼날로 그 성읍을 쳐서 그 안의 모든 사람을 진멸하여 바치고 하나도 남기지 아니하였으니 드빌과 그 왕에게 행한 것이 헤브론에 행한 것과 같았으며 립나와 그 왕에게 행한 것과 같았더라

40 ●이와 같이 여호수아가 그 온 땅 곧 산지와 네겝과 평지와 경사지와 그 모든 왕을 쳐서 하나도 남기지 아니하고 호흡이 있는 모든 자는 다 진멸하여 바쳤으니 이스라엘의 하나님 여호와께서 명령하신 것과 같았더라 ^{신 1:7}

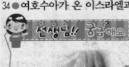

선생님! 궁금해요

장난감을 고쳐달라고 기도했는데 들어주시지 않았어요. 왜 그럴까요? 하나님은 모든 것을 하실 수 있잖아요!

하나님은 모든 일을 하실 수 있으시지만, 사람이 할 수 있는 일은 사람들 스스로가 하도록 하셨답니다. 장난감을 고쳐달라는 것은 좋은 기도가 아니에요. 숟가락으로 밥을 떠서 먹여달라고 기도하는 것과 마찬가지죠. 그런 종류의 기도는 하나님이 결코 듣지 않으신답니다.

하나님은 사람들이 할 수 있는 일은 사람들이 스스로 연구하고 노력해서 문제를 해결하기 바라세요. 집을 짓는 일, 공부하는 일, 고장이 난 장난감을 고치는 일 등은 우리 자신이 해야 해요. 부모님이나 어른들께 도움을 구하는 것도 좋은 방법이에요. 하나님은 일을 위해 과학자도 사용하시고 의사와 기술자도 사용하시며 부모님도 사용하시니까요.

계 15장 3절

41 여호수아가 또 가데스 바네아에서 가사까지와 온 고센 땅을 기브온에 이르기까지 치매

42 이스라엘의 하나님 여호와께서 이스라엘을 위하여 싸우셨으므로 여호수아가 이 모든 왕들과 그들의 땅을 단번에 빼앗으니라

43 여호수아가 온 이스라엘과 더불어 길갈 진영으로 돌아왔더라

가나안 북방을 취하다

11 하솔 왕 야빈이 이 소식을 듣고 마돈 왕 요밥과 시므론 왕과 악삽 왕과   11:10

2 및 북쪽 산지와 긴네롯 남쪽 아라바와 평지와 서쪽 돌의 높은 곳에 있는 왕들과

3 동쪽과 서쪽의 가나안 족속과 아모리 족속과 헷 족속과 브리스 족속과 산지의 여부스 족속과 미스바 땅 헤르몬 산 아래 히위 족속에게 사람을 보내매

4 그들이 그 모든 군대를 거느리고 나왔으니 백성이 많아 해변의 수많은 모래 같고 말과 병거도 심히 많았으며

5 이 왕들이 모두 모여 나아와서 이스라엘과 싸우려고 메롬 물 가에 함께 진 쳤더라

6 ●여호와께서 여호수아에게 이르시되 그들로 말미암아 두려워하지 말라 내일 이맘때에 내가 그들을 이스라엘 앞에 넘겨 주어 몰살시키리니 너는 그들의 말 뒷발의 힘줄을 끊고 그들의 병거를 불사르라 하시니라

7 이에 여호수아가 모든 군사와 함께 메롬 물 가로 가서 갑자기 습격할 때에

8 여호와께서 그들을 이스라엘의 손에 넘겨 주셨기 때문에 그들을 격파하고 큰 시돈과 미스르봇 마임까지 추격하고 동쪽으로는 미스바 골짜기까지 추격하여 한 사람도 남기지 아니하고 쳐죽이고

9 여호수아가 여호와께서 자기에게 명령하신 대로 행하여 그들의 말 뒷발의 힘줄을 끊고 그들의 병거를 불로 살랐더라

10 ●하솔은 본래 그 모든 나라의 머리였더니 그 때에 여호수아가 돌아와서 하솔을 취하고 그 왕을 칼날로 쳐죽이고

11 그 가운데 모든 사람을 칼날로 쳐서 진멸하여 호흡이 있는 자는 하나도 남기지 아니하였고 또 하솔을 불로 살랐고

12 여호수아가 그 왕들의 모든 성읍과 그 모든 왕을 붙잡아 칼날로 쳐서 진멸하여 바쳤으니 여호와의 종 모세가 명령한 것과 같이 하였으되

13 여호수아가 하솔만 불살랐고 산 위에 세운 성읍들은 이스라엘이 불사르지 아니하였으며

14 이 성읍들의 모든 재물과 가축은 이스라엘 자손들이 탈취하고 모든 사람은 칼날로 쳐서 멸하여 호흡이 있는 자는 하나도 남기지 아니하였으니

15 여호와께서 그의 종 모세에게 명령하신 것을 모세는 여호수아에게 명령하였고 여호수아는 그대로 행하여 여호와께서 모세에게 명하신 모든 것을 하나도 행하지 아니한 것이 없었더라

여호수아가 취한 지역

16 ●여호수아가 이같이 그 온 땅 곧 산지와 온 네겝과 고센 온 땅과 평지와 아라바와 이스라엘 산지와 평지를 점령하였으니

17 곧 세일로 올라가는 할락 산에서부터 헤르몬 산 아래 레바논 골짜기의 바알갓까지의 그들의 왕들을 모두 잡아 쳐죽였으며   신 7:24

18 여호수아가 그 모든 왕들과 싸운 지가 오랫동안이라

11장 에는 무엇이 기록되어 있을까?

가나안 북쪽의 모든 족속들이 군대를 거느리고 이스라엘을 공격하러 왔어요. 만약 라합과 기브온 족속처럼 이들이 하나님을 믿고 돌아왔다면 구원을 얻었겠지만, 그들은 애굽의 바로처럼 고집이 셌어요. 결국 이들 모두 이스라엘을 대적하다가 멸망하고 말았지요. 이로 인해 이스라엘은 가나안 땅을 차지하게 되었답니다.

19 기브온 주민 히위 족속 외에는 이스라엘 자손과 화친한 성읍이 하나도 없고 이스라엘 자손이 싸워서 다 점령하였으니

20 그들의 마음이 완악하여 이스라엘을 대적하여 싸우러 온 것은 여호와께서 그리하게 하신 것이라 그들을 진멸하여 바치게 하여 은혜를 입지 못하게 하시고 여호와께서 모세에게 명령하신 대로 그들을 멸하려 하심이었더라

21 ●그 때에 여호수아가 가서 산지와 헤브론과 드빌과 아납과 유다 온 산지와 이스라엘의 온 산지에서 아낙 사람들을 멸절하고 그가 또 그들의 성읍들을 1)진멸하여 바쳤으므로   삿 13:33

22 이스라엘 자손의 땅에는 아낙 사람들이 하나도 남지 아니하였고 가사와 가드와 아스돗에만 남았더라

23 이와 같이 여호수아가 여호와께서 모세에게 말씀하신 대로 그 온 땅을 점령하여 이스라엘 지파의 구분에 따라 기업으로 주매 그 땅에 전쟁이 그쳤더라

모세가 정복한 왕들－B.C. 1410년경

12

이스라엘 자손이 요단 저편 해 돋는 쪽 곧 아르논 골짜기에서 헤르몬 산까지의 동쪽 온 아라바를 차지하고 그 땅에서 쳐죽인 왕들은 이러하니라   신 3:8, 9

2 시혼은 헤스본에 거주하던 아모리 족속의 왕이라 그가 다스리던 땅은 아르논 골짜기 가에 있는 아로엘에서부터 골짜기 가운데 성읍과 길르앗 절반 곧 암몬 자손의 경계 얍복 강까지이며

가나안 땅의 북쪽 끝에 있는
헤르몬(헐몬) 산(12:1)

3 또 동방 아라바 긴네롯 바다까지이며 또 동방 아라바의 바다 곧 염해의 벳여시못으로 통한 길까지와 남쪽으로 비스가 산기슭까지이며

4 옥은 르바의 남은 족속으로서 아스다롯과 에드레이에 거주하던 바산의 왕이라

5 그가 다스리던 땅은 헤르몬 산과 살르가와 온 바산과 및 그술 사람과 마아가 사람의 경계까지의 길르앗 절반이니 헤스본 왕 시혼의 경계에 접한 곳이라

6 여호와의 종 모세와 이스라엘 자손이 그들을 치고 여호와의 종 모세가 그 땅을 르우벤 사람과 갓 사람과 므낫세 반 지파에게 기업으로 주었더라

여호수아가 정복한 왕들

7 ●여호수아와 이스라엘 자손이 요단 이편 곧 서쪽 레바논 골짜기의 바알갓에서부터 세일로 올라가는 곳 할락 산까지 쳐서 멸한 그 땅의 왕들은 이러하니라 (그 땅을 여호수아가 이스라엘의 지파들에게 구분에 따라 소유로 주었으니   11:17, 23

8 곧 산지와 평지와 아라바와 경사지와 광야와 네겝 곧 헷 족속과 아모리 족속과 가나안 족속과 브리스 족속과 히위 족속과 여부스 족속의 땅이라)

9 하나는 여리고 왕이요 하나는 벧엘 곁의 아이 왕이요   6:2

10 하나는 예루살렘 왕이요 하나는 헤브론 왕이요 하나는 야르뭇 왕이요

11 하나는 라기스 왕이요

12 에는 무엇이 기록되어 있을까?

　　12장은 이스라엘이 애굽을 떠나 지금까지 정복한 성과 왕들에 대해 말하고 있어요. 이스라엘은 모세가 죽기 전에 요단 강 동쪽의 땅을 정복했고, 여호수아가 지도자로 세워진 후에는 요단 강 서쪽의 땅도 정복했지요. 이스라엘이 가나안 땅을 정복한 것은 모두 하나님의 뜻과 능력에 의해 성취된 것이랍니다.

1) 히, 바쳤으므로

12하나는 에글론 왕이요 하나는 게셀 왕이요

13하나는 드빌 왕이요 하나는 게델 왕이요

14하나는 호르마 왕이요 하나는 아랏 왕이요

15하나는 립나 왕이요 하나는 아둘람 왕이요

16하나는 막게다 왕이요 하나는 벧엘 왕이요

17하나는 답부아 왕이요 하나는 헤벨 왕이요

18하나는 아벡 왕이요 하나는 랏사론 왕이요

19하나는 마돈 왕이요 하나는 하솔 왕이요

20하나는 시므론 므론 왕이요 하나는 악삽 왕이요

21하나는 다아낙 왕이요 하나는 므깃도 왕이요

22하나는 게데스 왕이요 하나는 갈멜의 욕느암 왕이요

23하나는 돌의 높은 곳의 돌 왕이요 하나는 길갈의 고임 왕이요

24하나는 디르사 왕이라 모두 서른한 왕이었더라   신 7:24

정복하지 못한 지역—B.C. 1400년경

13 여호수아가 나이가 많아 늙으매 여호와께서 그에게 이르시되 너는 나이가 많아 늙었고 얻을 땅이 매우 많이 남아 있도다
2 이 남은 땅은 이러하니 블레셋 사람의 모든 지역과 그술 족속의 모든 지역

13장 에는 무엇이 기록되어 있을까?

여호수아는 정복한 땅을 각 지파에게 나눠주어 살게 하고, 아직 정복하지 못한 곳은 완전히 정복하도록 해요. 요단 강 동쪽의 땅은 모세가 살아 있을 때 르우벤 지파, 갓 지파, 므낫세 반 지파에게 이미 나눠주었던 것이에요. 따라서 이들 지파와 레위인들은 가나안 땅의 분배 과정에서 제외됐습니다.

3 곧 애굽 앞 시홀 시내에서부터 가나안 사람에게 속한 북쪽 에그론 경계까지와 블레셋 사람의 다섯 통치자들의 땅 곧 가사 족속과 아스돗 족속과 아스글론 족속과 가드 족속과 에그론 족속과 또 남쪽 아위 족속의 땅과
4 또 가나안 족속의 모든 땅과 시돈 사람에게 속한 므아라와 아모리 족속의 경계 아벡까지와
5 또 그발 족속의 땅과 해 뜨는 곳의 온 레바논 곧 헤르몬 산 아래 바알갓에서부터 하맛에 들어가는 곳까지와
6 또 레바논에서부터 미스르봇마임까지 산지의 모든 주민 곧 모든 시돈 사람의 땅이라 내가 그들을 이스라엘 자손 앞에서 쫓아내리니 너는 내가 명령한 대로 그 땅을 이스라엘에게 분배하여 기업이 되게 하되   11:8
7 너는 이 땅을 아홉 지파와 므낫세 반 지파에게 나누어 기업이 되게 하라 하셨더라

요단 동쪽 기업의 분배

8 ●므낫세 반 지파와 함께 르우벤 족속과 갓 족속은 요단 저편 동쪽에서 그들의 기업을 모세에게 받았는데 여호와의 종 모세가 그들에게 준 것은 이러하니
9 곧 아르논 골짜기 가에 있는 아로엘에서부터 골짜기 가운데에 있는 성읍과 디본까지 이르는 메드바 온 평지와
10 헤스본에서 다스리던 아모리 족속의 왕 시혼의 모든 성읍 곧 암몬 자손의 경계까지와
11 길르앗과 및 그술 족속과 마아갓 족속의 지역과 온 헤르몬 산과 살르가까지 온 바산
12곧 르바의 남은 족속으로서 아스다롯

족속(11:19) 같은 종족, 핏줄 관계가 있는 무리.
화친(11:19) 서로 사이좋게 지내는 것.
완악(11:20) 성질이 억세게 고집스럽고 모짐.
멸절(11:21) 멸망시켜 없앰.
진멸(11:21) 죽여 없애 버림.
기업(11:23) 물려받는 땅.
산기슭(12:3) 산의 아래 부분.

과 에드레이에서 다스리던 바산 왕 옥의 온 나라라 모세가 이 땅의 사람들을 쳐서 쫓아냈으나

13 그술 족속과 마아갓 족속은 이스라엘 자손이 쫓아내지 아니하였으므로 그술과 마아갓이 오늘까지 이스라엘 가운데에서 거주하니라

14 오직 레위 지파에게는 여호수아가 기업으로 준 것이 없었으니 이는 그에게 말씀하신 것과 같이 이스라엘의 하나님 여호와께 드리는 화제물이 그들의 기업이 되었음이더라 신 18:1

르우벤 자손의 기업

15 ●모세가 르우벤 자손의 지파에게 그들의 가족을 따라서 기업을 주었으니

16 그들의 지역은 아르논 골짜기 가에 있는 아로엘에서부터 그 골짜기 가운데 있는 성읍과 메드바 곁에 있는 온 평지와

17 헤스본과 그 평지에 있는 모든 성읍 곧 디본과 바못 바알과 벧 바알 므온과

18 야하스와 그데못과 메바앗과

19 기랴다임과 십마와 골짜기의 언덕에 있는 세렛 사할과

20 벳브올과 비스가 산기슭과 벧여시못과

21 평지 모든 성읍과 헤스본에서 다스리던 아모리 족속의 왕 시혼의 온 나라라 모세가 시혼을 그 땅에 거주하는 시혼의 군주들 곧 미디안의 귀족 에위와 레겜과 술과 훌과 레바와 함께 죽였으며 민 31:8

22 이스라엘 자손이 그들을 살륙하는 중에 브올의 아들 점술가 발람도 칼날로 죽였더라

23 르우벤 자손의 서쪽 경계는 요단과 그 강 가라 이상은 르우벤 자손의 기업으로 그 가족대로 받은 성읍들과 주변 마을들이니라

갓 자손의 기업

24 ●모세가 갓 지파 곧 갓 자손에게도 그들의 가족을 따라서 기업을 주었으니

25 그들의 지역은 야셀과 길르앗 모든 성읍과 암몬 자손의 땅 절반 곧 랍바 앞의 아로엘까지와

26 헤스본에서 라맛 미스베와 브도님까지와 마하나임에서 드빌 지역까지와

27 골짜기에 있는 벧 하람과 벧니므라와 숙곳과 사본 곧 헤스본 왕 시혼의 나라의 남은 땅 요단과 그 강 가에서부터 요단 동쪽 긴네렛 바다의 끝까지라

28 이는 갓 자손의 기업으로 그들의 가족대로 받은 성읍들과 주변 마을들이니라

동쪽 므낫세 자손의 기업

29 ●모세가 므낫세 반 지파에게 기업을 주었으되 므낫세 자손의 반 지파에게 그들의 가족대로 주었으니

30 그 지역은 마하나임에서부터 온 바산 곧 바산 왕 옥의 온 나라와 바산에 있는 야일의 모든 고을 육십 성읍과 민 32:41

31 길르앗 절반과 바산 왕 옥의 나라 성읍 아스다롯과 에드레이라 이는 므낫세의 아들 마길의 자손에게 돌린 것이니 곧 마길 자손의 절반이 그들의 가족대로 받으니라

32 ●요단 동쪽 여리고 맞은편 모압 평지에서 모세가 분배한 기업이 이러하여도

33 오직 레위 지파에게는 모세가 기업을 주지 아니하였으니 이는 그들에게 말씀

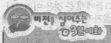

비전을 심어주는 0원 여파

미키 마우스

디즈니랜드의 '월트 디즈니'는 젊을 때 많은 고생을 하였어요. 한때는 남의 집 창고에서 생활을 했는데, 그 창고에는 생쥐 몇 마리가 드나들었어요. 디즈니는 쥐를 쫓지 않고 먹이를 나누어주며 관찰하는 것을 즐겼지요. 쥐들도 친밀감을 느꼈는지 디즈니에게 가까이 다가왔어요.

디즈니는 생쥐를 유일한 친구로 생각하였고, 그 쥐들을 그림으로 그리기 시작했어요. 다정하고 친근감이 가는 생쥐로 그리려고 애썼지요. 그렇게 하여 그 유명한 '미키마우스'가 탄생했어요.

미키마우스는 디즈니랜드의 마스코트가 되었고, 지금까지 수십 년 동안 전 세계의 수많은 사람들에게 사랑을 받고 있답니다.

하신 것과 같이 이스라엘의 하나님 여호와께서 그들의 기업이 되심이었더라

14
요단 서쪽 기업의 분배

이것은 이스라엘 자손이 가나안 땅에서 받은 기업 곧 제사장 엘르아살과 눈의 아들 여호수아와 이스라엘 자손 지파의 족장들이 분배한 것이니라

2 여호와께서 모세에게 명령하신 대로 그들의 기업을 제비 뽑아 아홉 지파와 반 지파에게 주었으니

3 이는 두 지파와 반 지파의 기업은 모세가 요단 저쪽에서 주었음이요 레위 자손에게는 그들 가운데에서 기업을 주지 아니하였으니 민 32:33

4 이는 요셉의 자손이 므낫세와 에브라임의 두 지파가 되었음이라 이 땅에서 레위 사람에게 아무 분깃도 주지 아니하고 다만 거주할 성읍들과 가축과 재산을 위한 목초지만 주었으니

5 이스라엘 자손이 여호와께서 모세에게 명령하신 것과 같이 행하여 그 땅을 나누었더라

갈렙이 헤브론을 기업으로 받다

6 ●그 때에 유다 자손이 길갈에 있는 여호수아에게 나아오고 그니스 사람 여분네의 아들 갈렙이 여호수아에게 말하되 여호와께서 가데스 바네아에서 나와 당신에게 대하여 하나님의 사람 모세에게 이르신 일을 당신이 아시는 바라

7 내 나이 사십 세에 여호와의 종 모세가 가데스 바네아에서 나를 보내어 이 땅을 정탐하게 하였으므로 내가 성실한

12지파간의 경계(13-19장)
경계에 대한 설명은 가나안 정복이 마무리 되어가는 사사 시대에 구체화되었고, 이 시대에 이르러서는 지파간의 경계가 절대적으로 중요하게 되었다.

마음으로 그에게 보고하였고

8 나와 함께 올라갔던 내 형제들은 백성의 간담을 녹게 하였으나 나는 내 하나님 여호와께 충성하였으며

9 그 날에 모세가 맹세하여 이르되 네가 내 하나님 여호와께 충성하였은즉 네 발로 밟는 땅은 영원히 너와 네 자손의 기업이 되리라 하였나이다 민 1:36

10 이제 보소서 여호와께서 이 말씀을 모세에게 이르신 때로부터 이스라엘이 광야에서 방황한 이 사십오 년 동안을 여호와께서 말씀하신 대로 나를 생존하게 하셨나이다 오늘 내가 팔십오 세로되

11 모세가 나를 보내던 날과 같이 오늘도 내가 여전히 강건하니 내 힘이 그 때나 지금이나 같아서 싸움에나 출입에 감당할 수 있으니

12 그 날에 여호와께서 말씀하신 이 산지를 지금 내게 주소서 당신도 그 날에 들으셨거니와 그 곳에는 아낙 사람이 있고 그 성읍들은 크고 견고할지라도 여호와께서 나와 함께 하시면 내가 여호와께서 말씀하신 대로 그들을 쫓아내리이다 하니

13 ●여호수아가 여분네의 아들 갈렙을 위하여 축복하고 헤브론을 그에게 주어 기업을 삼게 하매

14 헤브론이 그니스 사람 여분네의 아들 갈렙의 기업이 되어 오늘까지 이르렀

14 에는 무엇이 기록되어 있을까?

여호수아는 요단 강 서쪽의 땅도 나머지 아홉 지파와 므낫세 남은 반 지파에게 제비뽑기를 통해 나누어주었어요. 한편 갈렙은 여호수아에게 모세로부터 약속받은 헤브론 땅을 달라고 요청했지요. 여호수아가 이를 승낙함으로써 갈렙은 40여 년 만에 그 땅을 얻게 되었답니다.

으니 이는 그가 이스라엘의 하나님 여호와를 온전히 좇았음이라 14:8, 9

15 헤브론의 옛 이름은 기럇 아르바라 아르바는 아낙 사람 가운데서 가장 큰 사람이었더라 그리고 그 땅에 전쟁이 그쳤더라

유다 자손의 땅―B.C. 1400년경

15 또 유다 자손의 지파가 그들의 가족대로 제비 뽑은 땅의 남쪽으로는 에돔 경계에 이르고 또 남쪽 끝은 신 광야까지라

2 또 그들의 남쪽 경계는 염해의 끝 곧 남향한 해만에서부터 민 34:3

3 아그랍빔 비탈 남쪽으로 지나 신에 이르고 가데스 바네아 남쪽으로 올라가서 헤스론을 지나며 아달로 올라가서 돌이켜 갈가에 이르고

4 거기서 아스몬에 이르러 애굽 시내로 나아가 바다에 이르러 경계의 끝이 되나니 이것이 너희 남쪽 경계가 되리라

5 그 동쪽 경계는 염해이니 요단 끝까지요 그 북쪽 경계는 요단 끝에 있는 해만에서부터

6 벧호글라로 올라가서 벧아라바 북쪽을 지나 르우벤 자손 보한의 돌에 이르고

7 또 아골 골짜기에서부터 드빌을 지나 북쪽으로 올라가서 그 강 남쪽에 있는 아둠밈 비탈 맞은편 길갈을 향하고 나아가 엔 세메스 물들을 지나 엔로겔에 이르며

8 또 힌놈의 아들의 골짜기로 올라가서 여부스 곧 예루살렘 남쪽 어깨에 이르며 또 힌놈의 골짜기 앞 서쪽에 있는 산

아둠읩 비탈의 마을(15:7)

꼭대기로 올라가나니 이곳은 르바임 골짜기 북쪽 끝이며

9 또 이 산 꼭대기에서부터 넵도아 샘물까지 이르러 에브론 산 성읍들로 나아가고 또 바알라 곧 기럇 여아림으로 접어들며

10 또 바알라에서부터 서쪽으로 돌이켜 세일 산에 이르러 여아림 산 곧 그살론 곁 북쪽에 이르고 또 벧세메스로 내려가서 딤나를 지나고

11 또 에그론 비탈 북쪽으로 나아가 식그론으로 접어들어 바알라 산을 지나고 얍느엘에 이르나니 그 끝은 바다며

12 서쪽 경계는 대해와 그 해안이니 유다 자손이 그들의 가족대로 받은 사방 경계가 이러하니라 15:47

갈렙이 헤브론과 드빌을 정복하다(삿 1:11-15)

13 ● 여호와께서 여호수아에게 명령하신 대로 여호수아가 기럇 아르바 곧 헤브론을 유다 자손 중에서 분깃으로 여분네의 아들 갈렙에게 주었으니 아르바는 아낙의 아버지였더라

14 갈렙이 거기서 아낙의 소생 그 세 아들 곧 세새와 아히만과 달매를 쫓아내었고

15 거기서 올라가서 드빌 주민을 쳤는데 드빌의 본 이름은 기럇 세벨이라

16 갈렙이 말하기를 기럇 세벨을 쳐서 그것을 점령하는 자에게는 내가 내 딸 악사를 아내로 주리라 하였더니 삿 1:12

17 갈렙의 아우 그나스의 아들인 옷니엘이 그것을 점령함으로 갈렙이 자기 딸 악사를 그에게 아내로 주었더라

18 악사가 출가할 때에 그에게 청하여 자

15 장에는 무엇이 기록되어 있을까?

유다 지파는 나머지 지파들 중 가장 먼저 제비를 뽑았어요. 게다가 요단 강 서쪽 땅의 1/3이 넘는 넓은 땅을 차지하게 되었답니다. 이는 유다가 형제들 가운데서 가장 으뜸이 되리라고 한 야곱의 예언이 이루어진 것이지요. 하지만 가장 중심지인 예루살렘에는 여전히 여부스 족이 살고 있었어요.

기 아버지에게 밭을 구하자 하고 나귀에서 내리매 갈렙이 그에게 묻되 네가 무엇을 원하느냐 하니

19 이르되 내게 복을 주소서 아버지께서 나를 네겝 땅으로 보내시오니 샘물도 내게 주소서 하매 갈렙이 윗샘과 아랫샘을 그에게 주었더라

유다 자손의 기업

20 ●유다 자손의 지파가 그들의 가족대로 받은 기업은 이러하니라

21 ●유다 자손의 지파의 남쪽 끝 에돔 경계에 접근한 성읍들은 갑스엘과 에델과 야굴과

22 기나와 디모나와 아다다와

23 게데스와 하솔과 잇난과

24 십과 텔렘과 브알롯과

25 하솔 하닷다와 그리욧 헤스론 곧 하솔과

26 아맘과 세마와 몰라다와

27 하살갓다와 헤스몬과 벧 벨렛과

28 하살 수알과 브엘세바와 비스요댜와

29 바알라와 이임과 에셈과

30 엘돌랏과 그실과 홀마와

31 시글락과 맛만나와 산산나와

32 르바옷과 실힘과 아인과 림몬이니 모두 스물아홉 성읍과 그 마을들이었으며

33 평지에는 에스다올과 소라와 아스나와

34 사노아와 엔간님과 답부아와 에남과

35 야르뭇과 아둘람과 소고와 아세가와

36 사아라임과 아디다임과 그데라와 그데로다임이니 열네 성읍과 그 마을들이었으며

37 스난과 하다사와 믹달갓과

38 딜르안과 미스베와 욕드엘과

39 라기스와 보스갓과 에글론과

40 갑본과 라맘과 기들리스와

41 그데롯과 벧다곤과 나아마와 막게다이니 열여섯 성읍과 그 마을들이었으며

42 립나와 에델과 아산과

43 입다와 아스나와 느십과

44 그일라와 악십과 마레사니 아홉 성읍과 그 마을들이었으며

45 에그론과 그 촌락들과 그 마을들과

46 에그론부터 바다까지 아스돗 곁에 있는 모든 성읍과 그 마을들과

47 아스돗과 그 촌락들과 그 마을들과 가사와 그 촌락들과 그 마을들이니 애굽 시내와 대해의 경계에까지 이르렀으며

48 산지는 사밀과 얏딜과 소고와

49 단나와 기럇 산나 곧 드빌과

50 아납과 에스드모와 아님과

51 고센과 홀론과 길로이니 열한 성읍과 그 마을들이었으며

52 아랍과 두마와 에산과

53 야님과 벧 답부아와 아베가와

54 훔다와 기럇 아르바 곧 헤브론과 시올이니 아홉 성읍과 그 마을들이었으며

55 마온과 갈멜과 십과 윳다와

56 이스르엘과 욕드암과 사노아와

57 가인과 기브아와 딤나니 열 성읍과 그 마을들이었으며

58 할훌과 벧술과 그돌과

59 마아랏과 벧 아놋과 엘드곤이니 여섯 성읍과 그 마을들이었으며

60 기럇 바알 곧 기럇 여아림과 랍바이니 두 성읍과 그 마을들이었으며

19:4

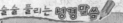

술술 풀리는 성경말씀

제비 뽑기

제비(히브리어로는 '고랄', 헬라어로는 '클레로스')는 인간의 생각으로 도무지 이해할 수 없거나, 땅이나 물건을 나눌 때처럼 공정한 결정을 내려야할 때 하나님의 뜻을 묻거나 신들을 불러내기 위해(2:1:7) 사용하는 물건이에요. 제비뽑기는 고대에 두루 사용되었는데, 이스라엘에서도 하나님의 뜻을 알기 위해 하나님께서 모든 일을 다스리심을 믿으며 제비를 뽑았답니다 (잠 16:33).

15장 1절

61 광야에는 벧 아라바와 밋딘과 스가가와
62 닙산과 소금 성읍과 엔 게디니 여섯 성
읍과 그 마을들이었더라
63 ●예루살렘 주민 여부스 족속을 유다
자손이 쫓아내지 못하였으므로 여부
스 족속이 오늘까지 유다 자손과 함께
예루살렘에 거주하니라

에브라임과 ┴ 므낫세 자손의 기업

16 요셉 자손이 제비 뽑은 것은 여
리고 샘 동쪽 곧 여리고 곁 요
단으로부터 광야로 들어가 여리고로
부터 벧엘 산지로 올라가고
2 벧엘에서부터 루스로 나아가 아렉 족
속의 경계를 지나 아다롯에 이르고
3 서쪽으로 내려가서 야블렛 족속의 경
계와 아래 벧호론과 게셀에까지 이르
고 그 끝은 바다라
4 요셉의 자손 므낫세와 에브라임이 그
들의 기업을 받았더라

에브라임 자손의 기업

5 ●에브라임 자손이 그들의 가족대로
받은 지역은 이러하니라 그들의 기업
의 경계는 동쪽으로 아다롯 앗달에서
윗 벧호론에 이르고
6 또 서쪽으로 나아가 북쪽 믹므다에 이
르고 동쪽으로 돌아 다아낫 실로에 이
르러 야노아 동쪽을 지나고
7 야노아에서부터 아다롯과 나아라로
내려가 여리고를 만나서 요단으로 나
아가고
8 또 답부아에서부터 서쪽으로 지나서
가나 시내에 이르나니 그 끝은 바다라
에브라임 자손의 지파가 그들의 가족

엔 게디(16:5-8)

대로 받은 기업이 이러하였고
9 그 외에 므낫세 자손의 기업 중에서 에
브라임 자손을 위하여 구분한 모든 성
읍과 그 마을들도 있었더라
10 그들이 게셀에 거주하는 가나안 족속
을 쫓아내지 아니하였으므로 가나안
족속이 오늘까지 에브라임 가운데에
거주하며 노역하는 종이 되니라

므낫세 자손의 기업

17 므낫세 지파를 위하여 제비 뽑
은 것은 이러하니라 므낫세는
요셉의 장자였고 므낫세의 장자 마길
은 길르앗의 아버지라 그는 용사였기
때문에 길르앗과 바산을 받았으므로
2 므낫세의 남은 자손을 위하여 그들의
가족대로 제비를 뽑았는데 그들은 곧
아비에셀의 자손과 헬렉의 자손과 아
스리엘의 자손과 세겜의 자손과 헤벨
의 자손과 스미다의 자손이니 그들의
가족대로 요셉의 아들 므낫세의 남자
자손들이며
3 헤벨의 아들 길르앗의 손자 마길의 증
손 므낫세의 현손 슬로브핫은 아들이
없고 딸뿐이요 그 딸들의 이름은 말라
와 노아와 호글라와 밀가와 디르사라
4 그들이 제사장 엘르아살과 눈의 아들
여호수아와 지도자들 앞에 나아와서
말하기를 여호와께서 모세에게 명령
하사 우리 형제 중에서 우리에게 기업
을 주라 하셨다 하매 여호와의 명령을
따라 그들에게 그들의 아버지 형제들
중에서 기업을 주므로
5 요단 동쪽 길르앗과 바산 외에 므낫세

16 에는 무엇이 기록되어 있을까?

요셉의 자손인 에브라임 지파와 므
낫세 지파도 땅을 얻게 되었어요. 이들이 받은
땅은 가나안 북부의 가장 중심이 되는 땅이었지
요. 16장에서는 먼저 에브라임 지파가 받은 땅
에 대해 말하고 있어요. 이는 에브라임이 므낫
세의 동생이지만 동생이 형보다 큰 자가 되리라
고 한 야곱의 예언이 이루어진 것이랍니다.

에게 열 분깃이 돌아갔으니

6 므낫세의 여자 자손들이 그의 남자 자손들 중에서 기업을 받은 까닭이었으며 길르앗 땅은 므낫세의 남은 자손들에게 속하였더라

7 ●므낫세의 경계는 아셀에서부터 세겜 앞 믹므닷까지이며 그 오른쪽으로 가서 엔답부아 주민의 경계에 이르나니

8 답부아 땅은 므낫세에게 속하였으되 므낫세 경계에 있는 답부아는 에브라임 자손에게 속하였으며   16:8

9 또 그 경계가 가나 시내로 내려가서 그 시내 남쪽에 이르나니 므낫세의 성읍 중에 이 성읍들은 에브라임에게 속하였으며 므낫세의 경계는 그 시내 북쪽이요 그 끝은 바다이며

10 남쪽으로는 에브라임에 속하였고 북쪽으로는 므낫세에 속하였고 바다가 그 경계가 되었으며 그들의 땅 북쪽은 아셀에 이르고 동쪽은 잇사갈에 이르렀으며

11 잇사갈과 아셀에도 므낫세의 소유가 있으니 곧 벧 스안과 그 마을들과 이블르암과 그 마을들과 돌의 주민과 그 마을들이요 또 엔돌 주민과 그 마을들과 다아낙 주민과 그 마을들과 므깃도 주민과 그 마을들 세 언덕 지역이라

12 그러나 므낫세 자손이 그 성읍들의 주민을 쫓아내지 못하매 가나안 족속이 결심하고 그 땅에 거주하였더니

13 이스라엘 자손이 강성한 후에야 가나안 족속에게 노역을 시켰고 다 쫓아내지 아니하였더라

희막을 세운 실로(18:1)

에브라임과 므낫세 지파가 땅을 더 요구함

14 ●요셉 자손이 여호수아에게 말하여 이르되 여호와께서 지금까지 내게 복을 주시므로 내가 큰 민족이 되었거늘 당신이 나의 기업을 위하여 한 제비, 한 분깃으로만 내게 주심은 어찌함이니이까 하니

15 여호수아가 그들에게 이르되 네가 큰 민족이 되므로 에브라임 산지가 네게 너무 좁을진대 브리스 족속과 르바임 족속의 땅 삼림에 올라가서 스스로 개척하라 하니라

16 요셉 자손이 이르되 그 산지는 우리에게 넉넉하지도 못하고 골짜기 땅에 거주하는 모든 가나안 족속에게는 벧 스안과 그 마을들에 거주하는 자이든지 이스르엘 골짜기에 거주하는 자이든지 다 철 병거가 있나이다 하니

17 여호수아가 다시 요셉의 족속 곧 에브라임과 므낫세에게 말하여 이르되 너는 큰 민족이요 큰 권능이 있은즉 한 분깃만 가질 것이 아니라

18 그 산지도 네 것이 되리니 비록 삼림이라도 네가 개척하라 그 끝까지 네 것이 되리라 가나안 족속이 비록 철 병거를 가졌고 강할지라도 네가 능히 그를 쫓아내리라 하였더라

나머지 땅 분배 · B.C. 1400년경

18 이스라엘 자손의 온 회중이 실로에 모여서 거기에 회막을 세웠으며 그 땅은 그들 앞에서 돌아와 정복되었더라

2 그러나 이스라엘 자손 중에 그 기업의 분배를 받지 못한 자가 아직도 일곱 지

17 장에는 무엇이 기록되어 있을까?

므낫세 남은 반 지파도 요단 강 동쪽 땅 나뉘받게 되었어요. 그중 슬로브핫은 아들이 없어 딸들이 대신 땅을 차지했지요. 한편 에브라임과 므낫세는 두 지파로 인정받으면서도 땅을 나눌 때는 하나의 제비만 뽑는 것을 불평했답니다. 그러자 여호수아는 그들에게 가나안 족속의 땅으로 가서 개척할 것을 제안했어요.

파라

3 여호수아가 이스라엘 자손에게 이르되 너희가 너희 조상의 하나님 여호와께서 너희에게 주신 땅을 점령하러 가기를 어느 때까지 지체하겠느냐

4 너희는 각 지파에 세 사람씩 선정하라 내가 그들을 보내리니 그들은 일어나서 그 땅에 두루 다니며 그들의 기업에 따라 그 땅을 그려 가지고 내게로 돌아올 것이라

5 그들이 그 땅을 일곱 부분으로 나누되 유다는 남쪽 자기 지역에 있고 요셉의 족속은 북쪽에 있는 그들의 지역에 있으니 15:1

6 그 땅을 일곱 부분으로 그려서 이 곳 내게로 가져오라 그러면 내가 여기서 너희를 위하여 우리 하나님 여호와 앞에서 제비를 뽑으리라

7 레위 사람은 너희 중에 분깃이 없나니 여호와의 제사장 직분이 그들의 기업이 됨이며 갓과 르우벤과 므낫세 반 지파는 요단 저편 동쪽에서 이미 기업을 받았나니 이는 여호와의 종 모세가 그들에게 준 것이니라 하더라

8 ●그 사람들이 일어나 떠나니 여호수아가 그 땅을 그리러 가는 사람들에게 명령하여 이르되 가서 그 땅으로 두루 다니며 그것을 그려 가지고 내게로 돌아오라 내가 여기 실로의 여호와 앞에서 너희를 위하여 제비를 뽑으리라 하니

9 그 사람들이 가서 그 땅으로 두루 다니며 성읍들을 따라서 일곱 부분으로 책에 그려서 실로 진영에 돌아와 여호수아에게 나아오니

10 여호수아가 그들을 위하여 실로의 여호와 앞에서 제비를 뽑고 그가 거기서 이스라엘 자손의 분파대로 그 땅을 분배하였더라

베냐민 자손의 기업

11 ●베냐민 자손 지파를 위하여 그들의 가족대로 제비를 뽑았으니 그 제비 뽑은 땅의 경계는 유다 자손과 요셉 자손의 중간이라

12 그들의 북방 경계는 요단에서부터 여리고 북쪽으로 올라가서 서쪽 산지를 넘어서 또 올라가서 벧아웬 황무지에 이르며

13 또 그 경계가 거기서부터 루스로 나아가서 루스 남쪽에 이르나니 루스는 곧 벧엘이며 또 그 경계가 아다롯 앗달로 내려가서 아래 벧호론 남쪽 산 곁으로 지나고

14 벧호론 앞 남쪽 산에서부터 서쪽으로 돌아 남쪽으로 향하여 유다 자손의 성읍 기럇 바알 곧 기럇 여아림에 이르러 끝이 되나니 이는 서쪽 경계며 15:9

술술 풀리는 **성경말씀**

영광스러운 지파 스불론

스불론은 야곱의 열 번째 아들이며, 레아에게는 여섯 번째 아들입니다(창 30:19,20). 이스라엘 백성들이 출애굽 후 시내 광야에 이르렀을 때, 이 지파 사람으로서 싸움에 나갈 만한 자는 57,400명이었는데(민 1:30,31) 후에 있었던 인구 조사에서는 60,500명으로 증가되었습니다(민 26:26,27). 이 지파의 구역은 갈릴리 지역에 위치하는데 서쪽으로는 아셀 지파, 동쪽으로는 납달리 지파, 남서쪽으로는 므낫세 지파, 남동쪽으로는 잇사갈 지파와 접해 있었습니다. 비록 이 지역이 작고 척박한 이스라엘 땅의 일부를 포함하나, 그 대부분은 아스돗 평원의 선기 가장자리로 제한되어 있어 스불론 지파는 육지로만 둘러싸인 내륙의 빽빽한 삼림 지역에 위치하였습니다. 또한 가나안 원주민들이 거주하는 중심지로부터도 쫓겨나 있는 형편이었습니다. 그러나 스불론 지파는 종종 그들의 세력을 확장하여 지중해변으로도 뻗어나갔습니다.

19장 10절

18장에는 무엇이 기록되어 있을까?

나머지 일곱 지파에게 땅을 나눠주기 전에 이스라엘 사람들은 실로에 모여 회막을 세웠어요. 그리고 나서 여호수아는 각 지파별로 세 사람씩을 뽑아 남은 땅을 조사하러 보냈지요. 그리고 이렇게 조사해온 땅을 7등분하여 제비 뽑아 각 지파에 나눠주었답니다. 18장 뒷부분은 베냐민 지파가 받은 땅에 대해 말하고 있어요.

15 남쪽 경계는 기럇 여아림 끝에서부터 서쪽으로 나아가 넵도아 물 근원에 이르고

16 르바임 골짜기 북쪽 힌놈의 아들 골짜기 앞에 있는 산 끝으로 내려가서 또 힌놈의 골짜기로 내려가서 여부스 남쪽에 이르러 엔 로겔로 내려가고

17 또 북쪽으로 접어들어 엔 세메스로 나아가서 아둠밈 비탈 맞은편 글릴롯으로 나아가서 르우벤 자손 보한의 돌까지 내려가고

18 북으로 아라바 맞은편을 지나 아라바로 내려가고

19 또 북으로 벧 호글라 곁을 지나서 요단 남쪽 끝에 있는 염해의 북쪽 해만이 그 경계의 끝이 되나니 이는 남쪽 경계며

20 동쪽 경계는 요단이니 이는 베냐민 자손이 그들의 가족대로 받은 기업의 사방 경계였더라

21 ●베냐민 자손의 지파가 그들의 가족대로 받은 성읍들은 여리고와 벧 호글라와 에멕 그시스와

22 벧 아라바와 스마라임과 벧엘과

23 아윔과 바라와 오브라와

24 그발 암모니와 오브니와 게바이니 열두 성읍과 또 그 마을들이며

25 기브온과 라마와 브에롯과

26 미스베와 그비라와 모사와

27 레겜과 이르브엘과 다랄라와

28 셀라와 엘렙과 여부스 곧 예루살렘과 기부앗과 기럇이니 열네 성읍이요 또 그 마을들이라 이는 베냐민 자손이 그들의 가족대로 받은 기업이었더라

시므온 자손의 기업—B.C. 1400년경

19 둘째로 시므온 곧 시므온 자손의 지파를 위하여 그들의 가족대로 제비를 뽑았으니 그들의 기업은 유다 자손의 기업 중에서라

2 그들이 받은 기업은 브엘세바 곧 세바와 몰라다와

3 하살 수알과 발라와 에셈과

4 엘돌랏과 브둘과 호르마와

5 시글락과 벧 말가봇과 하살수사와

6 벧 르바옷과 사루헨이니 열세 성읍이요 또 그 마을들이며

7 또 아인과 림몬과 에델과 아산이니 네 성읍(城邑)이요 또 그 마을들이며

8 또 네겝의 라마 곧 바알랏 브엘까지 이 성읍들을 둘러 있는 모든 마을들이니 이는 시므온 자손의 지파가 그들의 가족대로 받은 기업이라

9 시므온 자손의 이 기업은 유다 자손의 기업 중에서 취하였으니 이는 유다 자손의 분깃이 자기들에게 너무 많으므로 시므온 자손이 자기의 기업을 그들의 기업 중에서 받음이었더라

스불론 자손의 기업

10 ●셋째로 스불론 자손을 위하여 그들의 가족대로 제비를 뽑았으니 그들의 기업의 경계는 사릿까지이며

11 서쪽으로 올라가서 마랄라에 이르러 답베셋을 만나 욕느암 앞 시내를 만나고　21:34

12 사릿에서부터 동쪽으로 돌아 해 뜨는 쪽을 향하여 기슬롯 다볼의 경계에 이르고 다브랏으로 나가서 야비아으로 올라가고

13 또 거기서부터 동쪽으로 가드 헤벨을 지나 엣 가신에 이르고 네아까지 연결

---

19 **장**　에는 무엇이 기록되어 있을까?

19장은 나머지 여섯 지파가 받은 땅을 말하고 있어요. 시므온 지파는 유다 지파의 땅을 받았고, 스불론 지파는 지중해에 가까운 땅을 받았고, 잇사갈과 아셀, 납달리 지파는 기름진 땅을 차지하였으며, 단 지파는 레셈 골짜기의 레셈을 정복해서 야곱의 예언처럼 용맹을 떨쳤답니다.

지체(18:3) 어물어물하여 늦어짐.
선정(18:4) 골라서 정함.
분파(18:10) 여러 갈래로 나누어진 지파.
힌놈(18:16) 예루살렘 서쪽에서 남으로 둘러 있는 넓고 깊은 골짜기.
해만(18:19) 바다가 육지 깊숙이 들어간 곳.
기업(19:1) 상속자로서 받은 땅.
분깃(19:9) 나누어진 몫.

아얄론 골짜기(19:42)

된 림몬으로 나아가서

14 북쪽으로 돌아 한나돈에 이르고 입다 엘 골짜기에 이르러 끝이 되며

15 또 갓닷과 나할랄과 시므론과 이달라와 베들레헴이니 모두 열두 성읍과 그 마을들이라

16 스불론 자손이 그들의 가족대로 받은 기업은 이 성읍들과 그 마을들이었더라

잇사갈 자손의 기업

17 ●넷째로 잇사갈 곧 잇사갈 자손을 위하여 그들의 가족대로 제비를 뽑았으니

창 49:14-15

18 그들의 지역은 이스르엘과 그술롯과 수넴과

19 하바라임과 시온과 아나하랏과

20 랍빗과 기시온과 에베스와

21 레멧과 엔 간님과 엔핫다와 벧 바세스이며

22 그 경계는 다볼과 사하수마와 벧 세메스에 이르고 그 끝은 요단이니 모두 열여섯 성읍과 그 마을들이라

23 잇사갈 자손 지파가 그 가족대로 받은 기업은 이 성읍들과 그 마을들이었더라

아셀 자손의 기업

24 ●다섯째로 아셀 자손의 지파를 위하여 그 가족대로 제비를 뽑았으니

25 그들의 지역은 헬갓과 할리와 베덴과 악삽과

26 알람멜렉과 아맛과 미살이며 그 경계의 서쪽은 갈멜을 만나 시홀 림낫에 이르고

27 해 뜨는 쪽으로 돌아 벧 다곤에 이르며 스불론을 만나고 북쪽으로 입다 엘 골짜기를 만나 벧에멕과 느이엘에 이르고 가불 왼쪽으로 나아가서

28 에브론과 르홉과 함몬과 가나를 지나 큰 시돈까지 이르고

29 돌아서 라마와 견고한 성읍 두로에 이르고 돌아서 호사에 이르고 악십 지방 곁 바다가 끝이 되며

30 또 움마와 아벡과 르홉이니 모두 스물두 성읍과 그 마을들이라 21:31

31 아셀 자손의 지파가 그 가족대로 받은 기업이 이 성읍들과 그 마을들이었더라

납달리 자손의 기업

32 ●여섯째로 납달리 자손을 위하여 납달리 자손의 가족대로 제비를 뽑았으니

33 그들의 지역은 헬렙과 사아난님의 상수리나무에서부터 아다미 네겝과 얍느엘을 지나 락굼까지요 그 끝은 요단이며

34 서쪽으로 돌아 아스놋 다볼에 이르고 그곳에서부터 훅곡으로 나아가 남쪽은 스불론에 이르고 서쪽은 아셀에 이르며 해 뜨는 쪽은 요단에서 유다에 이르고

35 그 견고한 성읍들은 싯딤과 세르와 함맛과 락갓과 긴네렛과

36 아다마와 라마와 하솔과

37 게데스와 에드레이와 엔 하솔과

38 이론과 믹다렐과 호렘과 벧 아낫과 벧 세메스니 모두 열아홉 성읍과 그 마을들이라

술술 풀리는 **성경말씀**

딧낫 세라

여호수아가 마지막으로 분배받은 곳이에요. 여호수아는 이곳에 성읍을 중건하였는데, '중건'은 원어로 보면 처음부터 새로 짓는다는 뜻에 가까워요. 따라서 그 성읍은 매우 황폐했던 것으로 보입니다.

여호수아는 가장 좋은 땅(지위나 부귀)을 받을 수 있었어요. 하지만 그는 모든 백성들이 땅을 분배받은 후에 겸손히 자기 분깃을 요구하였지요. 여호수아가 아무런 욕심 없이 가장 황폐한 곳을 순순히 받아들였던 사실을 통해 우리는 그의 참된 지도자로서의 모습을 발견할 수 있답니다.

19장 49~50절

39 납달리 자손의 지파가 그 가족대로 받은 기업은 이 성읍들과 그 마을들이었더라

단 자손의 기업

40 ●일곱째로 단 자손의 지파를 위하여 그들의 가족대로 제비를 뽑았으니
41 그들의 기업의 지역은 소라와 에스다올과 이르세메스와
42 사알랍빈과 아얄론과 이들라와
43 엘론과 딤나와 에그론과
44 엘드게와 깁브돈과 바알랏과
45 여홋과 브네브락과 가드 림몬과
46 메얄곤과 락곤과 욥바 맞은편 경계까지라
47 그런데 단 자손의 경계는 더욱 확장되었으니 이는 단 자손이 올라가서 레셈과 싸워 그것을 점령하여 칼날로 치고 그것을 차지하여 거기 거주하였음이라 그들의 조상 단의 이름을 따라서 레셈을 단이라 하였더라
48 단 자손의 지파가 그에 딸린 가족대로 받은 기업은 이 성읍들과 그들의 마을들이었더라

기업의 땅 나누기를 마치다

49 ●이스라엘 자손이 그들의 경계를 따라서 기업의 땅 나누기를 마치고 자기들 중에서 눈의 아들 여호수아에게 기업을 주었으니
50 곧 여호와의 명령대로 여호수아가 요구한 성읍 에브라임 산지 딤낫 세라를 주매 여호수아가 그 성읍을 건설하고 거기 거주하였더라
51 ●제사장 엘르아살과 눈의 아들 여호

수아와 이스라엘 자손의 지파의 족장들이 실로에 있는 회막 문 여호와 앞에서 제비 뽑아 나눈 기업이 이러하니라 이에 땅 나누는 일을 마쳤더라

도피성 · B.C. 1400년경

20

여호와께서 여호수아에게 말씀하여 이르시되
2 이스라엘 자손에게 말하여 이르기를 내가 모세를 통하여 너희에게 말한 도피성들을 너희를 위해 정하여
3 부지중에 실수로 사람을 죽인 자를 그리로 도망하게 하라 이는 너희를 위해 피의 보복자를 피할 곳이니라
4 이 성읍들 중의 하나에 도피하는 자는 그 성읍에 들어가는 문 어귀에 서서 그 성읍의 장로들의 귀에 자기의 사건을 말할 것이요 그들은 그를 성읍에 받아들여 한 곳을 주어 자기들 중에 거주하게 하고
5 피의 보복자가 그의 뒤를 따라온다 할지라도 그들은 그 살인자를 그의 손에 내주지 말지니 이는 본래 미워함이 없이 이 부지중에 그의 이웃을 죽였음이라
6 그 살인자는 회중 앞에 서서 재판을 받기까지 또는 그 당시 대제사장이 죽기까지 그 성읍에 거주하다가 그 후에 그 살인자는 그 성읍 곧 자기가 도망하여 나온 자기 성읍 자기 집으로 돌아갈지니라 하라 하시니라
7 ●이에 그들이 납달리의 산지 갈릴리 *게데스와 에브라임 산지의 세겜과 유다 산지의 기럇 아르바 곧 헤브론과 **※1:39
8 여리고 동쪽 요단 저쪽 르우벤 지파 중에서 평지 광야의 베셀과 갓 지파 중에서 길르앗 라못과 므낫세 지파 중에서 바산 골란을 구별하였으니 21:36
9 이는 곧 이스라엘 모든 자손과 그들 중에 거류하는 거류민을 위하여 선정된 성읍들로서 누구든지 부지중에 살인한 자가 그리로 도망하여 그가 회중 앞에 설 때까지 피의 보복자의 손에 죽지 아니하게 하기 위함이라 민 35:15

20장 에는 무엇이 기록되어 있을까?

열두 지파에 땅을 모두 나뉘주고 여호수아에게 이제 남은 일은 백성들이 하나님과의 약속대로 계명과 명령을 따르고 살도록 하는 것이었으며, 이에 여호수아는 먼저 가나안 땅에 여섯 개의 도피성을 정하고 구별하였어요. 이것은 하나님이 모세에게 말씀하신 명령(민 35:9-34/신 19:1-13)을 지키기 위해서였답니다.

레위 사람의 성읍 —B.C. 1400년경

21 그 때에 레위 사람의 족장들이 제사장 엘르아살과 눈의 아들 여호수아와 이스라엘 자손의 지파 족장들에게 나아와

2 가나안 땅 실로에서 그들에게 말하여 이르되 여호와께서 모세에게 명령하사 우리가 거주할 성읍들과 우리 가축을 위해 그 목초지들을 우리에게 주라 하셨나이다 하매

3 이스라엘 자손이 여호와의 명령을 따라 자기의 기업에서 이 성읍들과 그 목초지들을 레위 사람에게 주니라

4 ●그핫 가족을 위하여 제비를 뽑았는데 레위 사람 중 제사장 아론의 자손은 유다 지파와 시므온 지파와 베냐민 지파 중에서 제비 뽑은 대로 열세 성읍을 받았고

5 그핫 자손들 중에 남은 자는 에브라임 지파의 가족과 단 지파와 므낫세 반 지파 중에서 제비 뽑은 대로 열 성읍을 받았으며

6 게르손 자손들은 잇사갈 지파의 가족들과 아셀 지파와 납달리 지파와 바산에 있는 므낫세 반 지파 중에서 제비 뽑은 대로 열세 성읍을 받았더라

7 ●므라리 자손들은 그 가족대로 르우벤 지파와 갓 지파와 스불론 지파 중에서 열두 성읍을 받았더라 21:34

8 ●여호와께서 모세에게 명령하신 대로 이스라엘 자손이 제비 뽑아 레위 사람에게 준 성읍들과 그 목초지들이 이러하니라

9 유다 자손의 지파와 시므온 자손의 지파 중에서는 이 아래에 기명한 성읍들을 주었는데

10 레위 자손 중 그핫 가족들에 속한 아론 자손이 첫째로 제비 뽑혔으므로

11 아낙의 아버지 아르바의 성읍 유다 산지 기럇 아르바 곧 헤브론과 그 주위의 목초지를 그들에게 주었고

12 그 성읍의 밭과 그 촌락들은 여분네의 아들 갈렙에게 주어 소유가 되게 하였더라

13 ●제사장 아론의 자손에게 준 것은 살인자의 도피성 헤브론과 그 목초지이요 또 립나와 그 목초지와

14 얏딜과 그 목초지와 에스드모아와 그 목초지와

15 홀론과 그 목초지와 드빌과 그 목초지와

16 아인과 그 목초지와 윳다와 그 목초지와 벧세메스와 그 목초지이니 이 두 지파에서 아홉 성읍을 냈고 대상 6:59

17 또 베냐민 지파 중에서는 기브온과 그 목초지와 게바와 그 목초지와

18 아나돗과 그 목초지와 알몬과 그 목초지 곧 네 성읍을 냈으니

19 제사장 아론 자손의 성읍은 모두 열세 성읍과 그 목초지들이었더라

20 ●레위 사람인 그핫 자손 중에 남은 자들의 가족들 곧 그핫 자손에게는 제비 뽑아 에브라임 지파 중에서 그 성읍들을 주었으니

21 곧 살인자의 도피성 에브라임 산지 세겜과 그 목초지이요 또 게셀과 그 목초지와 20:7

22 깁사임과 그 목초지와 벧호론과 그 목초지이니 네 성읍이요

23 또 단 지파 중에서 준 것은 엘드게와 그 목초지와 깁브돈과 그 목초지와

24 아얄론과 그 목초지와 가드 림몬과 그 목초지이니 네 성읍이요

25 또 므낫세 반 지파 중에서 준 것은 다아낙과 그 목초지와 가드 림몬과 그 목초지이니 두 성읍이라

26 그핫 자손의 남은 가족들을 위한 성읍들

21 장 에는 무엇이 기록되어 있을까?

레위 사람들은 모든 지파가 하나님을 섬길 수 있도록 특별히 구별되어 봉사하는 사람들이에요. 여호수아는 열두 지파에게서 받은 48개의 성읍을 레위 사람들에게 주어 그들이 전국에 흩어져 살면서 봉사할 수 있게 하였지요. 이것 역시 하나님이 이전에 모세에게 주신 명령(민 35:1-8)을 따라 지킨 것이었답니다.

기명(21:9) 이름을 기록함.

은 모두 열 성읍과 그 목초지들이었더라

27 ●레위 가족의 게르손 자손에게는 므낫세 반 지파 중에서 살인자의 도피성 바산 골란과 그 목초지를 주었고 또 브에스드라와 그 목초지를 주었으니 두 성읍이요 21:6

28 잇사갈 지파 중에서는 기시온과 그 목초지와 다브랏과 그 목초지와

29 야르뭇과 그 목초지와 엔 간님과 그 목초지를 주었으니 네 성읍이요

30 아셀 지파 중에서는 미살과 그 목초지와 압돈과 그 목초지와

31 헬갓과 그 목초지와 르홉과 그 목초지를 주었으니 네 성읍이요

32 납달리 지파 중에서는 살인자의 도피성 갈릴리 게데스와 그 목초지를 주었고 또 함못 돌과 그 목초지와 가르단과 그 목초지를 주었으니 세 성읍이라

33 게르손 사람이 그 가족대로 받은 성읍은 모두 열세 성읍과 그 목초지들이었더라

34 ●그 남은 레위 사람 므라리 자손의 가족들에게 준 것은 스불론 지파 중에서 욕느암과 그 목초지와 가르다와 그 목초지와 21:7

35 딤나와 그 목초지와 나할랄과 그 목초지이니 네 성읍이요

36 르우벤 지파 중에서 준 것은 베셀과 그 목초지와 야하스와 그 목초지와

37 그데못과 그 목초지와 므바앗과 그 목초지이니 네 성읍이요

38 갓 지파 중에서 준 것은 살인자의 도피성 길르앗 라못과 그 목초지요 또 마하나임과 그 목초지와

39 헤스본과 그 목초지와 야셀과 그 목초지이니 모두 네 성읍이라

40 이는 레위 가족의 남은 자 곧 므라리 자손이 그들의 가족대로 받은 성읍이니 그들이 제비 뽑아 얻은 성읍이 열두 성읍이었더라

41 ●레위 사람들이 이스라엘 자손의 기업 중에서 받은 성읍은 모두 마흔여덟 성읍이요 또 그 목초지들이라 민 35:7

42 이 각 성읍의 주위에 목초지가 있었고 모든 성읍이 다 그러하였더라

약속하신 온 땅을 차지하다

43 ●여호와께서 이스라엘의 조상들에게 맹세하사 주리라 하신 온 땅을 이와 같이 이스라엘에게 다 주셨으므로 그들이 그것을 차지하여 거기에 거주하였으니

44 여호와께서 그들의 주위에 안식을 주셨으되 그 조상들에게 맹세하신 대로 하셨으므로 그들의 모든 원수들 중에 그들과 맞선 자가 하나도 없었으니 이는 여호와께서 그들의 모든 원수들을 그들의 손에 넘겨 주셨음이니라

45 여호와께서 이스라엘 족속에게 말씀하신 선한 말씀이 하나도 남음이 없이 다 응하였더라

1장 약속	→	21장 성취
6절	→	43절	주리라 하신 온 땅을 이스라엘에게 주심
11절	→	43절	거기 거주하게 됨
15절	→	44절	주위에 안식을 주심
5절	→	44절	모든 원수들 중에 그들과 맞선 자가 없음

22장 에는 무엇이 기록되어 있을까?

가나안 정복 전쟁이 끝나자, 르우벤, 갓, 므낫세 반 지파는 요단 동쪽 땅으로 돌아갈 수 있었어요. 그런데 이들이 요단 강가에 쌓은 제단을 보고 요단 강 서쪽의 지파들은 그들에 대해 오해를 하고 싸우려고 했어요. 하지만 그 제단이 하나님을 믿는 이스라엘 백성임을 증명하기 위해 쌓은 제단이라는 것을 알고는 곧 화해했답니다.

여호수아가 동쪽 지파들을 보내다

22 그 때에 여호수아가 르우벤 사람과 갓 사람과 므낫세 반 지파를 불러서

2 그들에게 이르되 여호와의 종 모세가 너희에게 명령한 것을 너희가 다 지키며 또 내가 너희에게 명령한 모든 일에 너희가 내 말을 순종하여

3 오늘까지 날이 오래도록 너희가 너희 형제를 떠나지 아니하고 오직 너희의 하나님 여호와께서 명령하신 그 책임을 지키도다

4 이제는 너희의 하나님 여호와께서 이미 말씀하신 대로 너희 형제에게 안식을 주셨으니 그런즉 이제 너희는 여호와의 종 모세가 요단 저쪽에서 너희에게 준 소유지로 가서 너희의 장막으로 돌아가되

5 오직 여호와의 종 모세가 너희에게 명령한 명령과 율법을 반드시 행하여 너희의 하나님 여호와를 사랑하고 그의 모든 길로 행하며 그의 계명을 지켜 그에게 친근히 하고 너희의 마음을 다하며 성품을 다하여 그를 섬길지니라 하고

6 여호수아가 그들에게 축복하여 보내매 그들이 자기 장막으로 갔더라

7 ●므낫세 반 지파에게는 모세가 바산

실로 유적지 보호 건물로
뒤쪽에 실로 유대인 마을 (22:9,12)

에서 기업을 주었고 그 남은 반 지파에게는 여호수아가 요단 이쪽 서쪽에서 그들의 형제들과 함께 기업을 준지라 여호수아가 그들을 그들의 장막으로 돌려보낼 때에 그들에게 축복하고

8 말하여 이르되 너희는 많은 재산과 심히 많은 가축과 은과 금과 구리와 쇠와 심히 많은 의복을 가지고 너희의 장막으로 돌아가서 너희의 원수들에게서 탈취한 것을 너희의 형제와 나눌지니라 하매

9 르우벤 자손과 갓 자손과 므낫세 반 지파가 가나안 땅 실로에서 이스라엘 자손을 떠나 여호와께서 모세에게 명령하신 대로 받은 땅 곧 그들의 소유지 길르앗으로 가니라

요단 가에 제단을 쌓다

10 ●르우벤 자손과 갓 자손과 므낫세 반 지파가 가나안 땅 요단 언덕 가에 이르자 거기서 요단 가에 제단을 쌓았는데 보기에 큰 제단이었더라

11 이스라엘 자손이 들은즉 이르기를 르우벤 자손과 갓 자손과 므낫세 반 지파가 가나안 땅의 맨 앞쪽 요단 언덕 가 이스라엘 자손에 속한 쪽에 제단을 쌓았다 하는지라

12 이스라엘 자손이 이를 듣자 곧 이스라엘 자손의 온 회중이 실로에 모여서 그들과 싸우러 가려 하니라

13 ●이스라엘 자손이 제사장 엘르아살의 아들 비느하스를 길르앗 땅으로 보내어 르우벤 자손과 갓 자손과 므낫세 반 지파를 보게 하되

14 이스라엘 각 지파에서 한 지도자씩 열 지도자들을 그와 함께 하게 하니 그들은 각기 그들의 조상들의 가문의 수령으로서 이스라엘 중에서 천부장들이라

15 그들이 길르앗 땅에 이르러 르우벤 자손과 갓 자손과 므낫세 반 지파에게 나아가서 그들에게 말하여 이르되

16 여호와의 온 회중이 말하기를 너희가 어찌하여 이스라엘 하나님께 범죄하여 오늘 여호와를 따르는 데서 돌아서서 너희를 위하여 제단을 쌓아 너희가 오늘 여호와께 거역하고자 하느냐

17 브올의 죄악으로 말미암아 여호와의 회중에 재앙이 내렸으나 오늘까지 우리가 그 죄에서 정결함을 받지 못하였거늘 그 죄악이 우리에게 부족하여서

18 오늘 너희가 돌이켜 여호와를 따르지 아니하려고 하느냐 너희가 오늘 여호와를 배역하면 내일은 그가 이스라엘 온 회중에게 진노하시리라

19 그런데 너희의 소유지가 만일 깨끗하지 아니하거든 여호와의 성막이 있는 여호와의 소유지로 건너와 우리 중에서 소유지를 나누어 가질 것이니라 오직 우리 하나님 여호와의 제단 외에 다른 제단을 쌓음으로 여호와를 거역하지 말며 우리에게도 거역하지 말라

20 세라의 아들 아간이 온전히 바친 물건에 대하여 범죄하므로 이스라엘 온 회중에 진노가 임하지 아니하였느냐 그의 죄악으로 멸망한 자가 그 한 사람만이 아니었느니라 하니라

21 ●르우벤 자손과 갓 자손과 므낫세 반 지파가 이스라엘 천천의 수령들에게 대답하여 이르되

22 전능하신 자 하나님 여호와, 전능하신 자 하나님 여호와께서 아시나니 이스라엘도 장차 알리라 이 일이 만일 여호와를 거역함이거나 범죄함이거든 주께서는 오늘 우리를 구원하지 마시옵소서

23 우리가 제단을 쌓은 것이 돌이켜 여호와를 따르지 아니하려 함이거나 또는 그 위에 번제나 소제를 드리려 함이거나 또는 화목제물을 드리려 함이거든 여호와는 친히 벌하시옵소서

24 우리가 목적이 있어서 주의하고 이같이 하였노라 곧 생각하기를 후일에 너희의 자손이 우리 자손에게 말하여 이르기를 너희가 이스라엘 하나님 여호와와 무슨 상관이 있느냐

25 너희 르우벤 자손 갓 자손아 여호와께서 우리와 너희 사이에 요단으로 경계를 삼으셨나니 너희는 여호와께 받을 분깃이 없느니라 하여 너희의 자손이 우리 자손에게 여호와 경외하기를 그치게 할까 하여

26 우리가 말하기를 우리가 이제 한 제단 쌓기를 준비하자 하였노니 이는 번제를 위함도 아니요 다른 제사를 위함도 아니라

27 우리가 여호와 앞에서 우리의 번제와 우리의 다른 제사와 우리의 화목제로 섬기는 것을 우리와 너희 사이와 우리의 후대 사이에 증거가 되게 할 뿐으로서 너희 자손들이 후일에 우리 자손들에게 이르기를 너희는 여호와께 받을 분깃이 없다 하지 못하게 하려 함이라

28 우리가 말하였거니와 만일 그들이 후일에 우리에게나 우리 후대에게 이같이 말하면 우리가 말하기를 우리 조상이 지은 여호와의 제단 모형을 보라 이는 번제를 위한 것도 아니요 다른 제사를 위한 것도 아니라 오직 우리와 너희 사이에 증거만 되게 할 뿐이라

29 우리가 번제나 소제나 다른 제사를 위하여 우리 하나님 여호와의 성막 앞에 있는 제단 외에 제단을 쌓음으로 여호

브올의 죄악

이스라엘은 브올에서 우상 바알을 섬김으로써 하나님께 죄를 지었어요. 그 결과 전염병으로 이스라엘 백성 24,000명이 죽었지요(민 25:1-9). 다른 지파 사람들은 르우벤·갓·므낫세 반 지파가 세운 제단이 거짓된 섬김과 하나님의 분노를 불러올 수 있다고 생각했기에 민감하게 반응하였답니다. 22장 17절 개-26

와를 거역하고 오늘 여호와를 따르는
데에서 돌아서려는 것은 결단코 아니
라 하리라

30 ●제사장 비느하스와 그와 함께 한 회
중의 지도자들 곧 이스라엘 천천의 수
령들이 르우벤 자손과 갓 자손과 므낫
세 자손의 말을 듣고 좋게 여긴지라

31 제사장 엘르아살의 아들 비느하스가
르우벤 자손과 갓 자손과 므낫세 자손
에게 이르되 우리가 오늘 여호와께서
우리 중에 계신 줄을 아노니 이는 너희
가 이 죄를 여호와께 범하지 아니하였
음이니라 너희가 이제 이스라엘 자손을
여호와의 손에서 건져내었느니라 하고

32 제사장 엘르아살의 아들 비느하스와 지
도자들이 르우벤 자손과 갓 자손을 떠
나 길르앗 땅에서 가나안 땅 이스라엘
자손에게 돌아와 그들에게 보고하매

33 그 일이 이스라엘 자손을 즐겁게 한지
라 이스라엘 자손이 하나님을 찬송하
고 르우벤 자손과 갓 자손이 거주하는
땅에 가서 싸워 그것을 멸하자 하는 말
을 다시는 하지 아니하였더라

34 르우벤 자손과 갓 자손이 그 제단을 엣
이라 불렀으니 우리 사이에 이 제단은
여호와께서 하나님이 되시는 증거라
함이었더라   24:27

여호수아의 마지막 말 · B.C. 1390년경

23 여호와께서 주위의 모든 원수
들로부터 이스라엘을 쉬게 하
신 지 오랜 후에 여호수아가 나이 많아
늙은지라

2 여호수아가 온 이스라엘 곧 그들의 장

로들과 수령들과 재판장들과 관리들
을 불러다가 그들에게 이르되 나는 나
이가 많아 늙었도다

3 너희의 하나님 여호와께서 너희를 위하
여 이 모든 나라에 행하신 일을 너희가
다 보았거니와 너희의 하나님 여호와
그는 너희를 위하여 싸우신 이시니라

4 보라 내가 요단에서부터 해 지는 쪽 대
해까지의 남아 있는 나라들과 이미 멸
한 모든 나라를 내가 너희를 위하여 제
비 뽑아 너희의 지파에게 기업이 되게
하였느니라

5 너희의 하나님 여호와 그가 너희 앞에
서 그들을 쫓아내사 너희 목전에서 그
들을 떠나게 하시리니 너희의 하나님
여호와께서 너희에게 말씀하신 대로
너희가 그 땅을 차지할 것이라

6 그러므로 너희는 크게 힘써 모세의 율법
책에 기록된 것을 다 지켜 행하라 그것
을 떠나 우로나 좌로나 치우치지 말라

7 너희 중에 남아 있는 이 민족들 중에
들어 가지 말라 그들의 신들의 이름을
부르지 말라 그것들을 가리켜 맹세하
지 말라 또 그것을 섬기며 그것들에게
절하지 말라

8 오직 너희의 하나님 여호와께 가까이
하기를 오늘까지 행한 것 같이 하라   시 16:4

9 이는 여호와께서 강대한 나라들을 너희
의 앞에서 쫓아내셨으므로 오늘까지 너
희에게 맞선 자가 하나도 없었느니라

10 너희 중 한 사람이 천 명을 쫓으리니 이
는 너희의 하나님 여호와 그가 너희에
게 말씀하신 것 같이 너희를 위하여 싸
우심이라

11 그러므로 스스로 조심하여 너희의 하
나님 여호와를 사랑하라

12 너희가 만일 돌아서서 너희 중에 남아
있는 이 민족들을 가까이 하여 더불어
혼인하며 서로 왕래하면   신 7:3

13 확실히 알라 너희의 하나님 여호와께
서 이 민족들을 너희 목전에서 다시는
쫓아내지 아니하시리니 그들이 너희

23 에는 무엇이 기록되어 있을까?

23~24장에는 여호수아가 고별 설
교를 하는 장면이 나와요. 여호수아는 사회의
지도자들과 백성들에게 단단히 부탁합니다. 그
것은 이스라엘에게 가나안을 주신 하나님을 계
속 믿고 섬기면 가나안 땅에서 영원토록 살게
될 것이지만, 다른 신을 섬기면 그 땅을 잃게 될
것이라는 내용이었지요.

에게 올무가 되며 덫이 되며 너희의 옆 구리에 채찍이 되며 너희의 눈에 가시 가 되어서 너희가 마침내 너희의 하나 님 여호와께서 너희에게 주신 이 아름 다운 땅에서 멸하리라

14 ●보라 나는 오늘 온 세상이 가는 길로 가려니와 너희의 하나님 여호와께서 너희에게 대하여 말씀하신 모든 선한 말씀이 하나도 틀리지 아니하고 다 너 희에게 응하여 그 중에 하나도 어김이 없음을 너희 모든 사람은 마음과 뜻으 로 아는 바라

15 너희의 하나님 여호와께서 너희에게 말씀하신 모든 선한 말씀이 너희에게 임한 것 같이 여호와께서 모든 불길한 말씀도 너희에게 임하게 하사 너희의 하나님 여호와께서 너희에게 주신 이 아름다운 땅에서 너희를 멸절하기까 지 하실 것이라

　　　　　　　　　　　　　レ 26:16上

16 만일 너희가 너희의 하나님 여호와께 서 너희에게 명령하신 언약을 범하고 가서 다른 신들을 섬겨 그들에게 절하 면 여호와의 진노가 너희에게 미치리 니 너희에게 주신 아름다운 땅에서 너

하란 지역에서 발견된 신상들 (24:2-3)

희가 속히 멸망하리라 하나라

여호수아가 세겜에 모인 백성에게 이르다

24 여호수아가 이스라엘 모든 지 파를 세겜에 모으고 이스라엘 장로들과 그들의 수령들과 재판장들 과 관리들을 부르매 그들이 하나님 앞 에 나와 선지라

2 여호수아가 모든 백성에게 이르되 이 스라엘의 하나님 여호와께서 이같이 말씀하시기를 옛적에 너희의 조상들 곧 아브라함의 아버지, 나홀의 아버지 데라가 강 저쪽에 거주하여 다른 신들 을 섬겼으나

3 내가 너희의 조상 아브라함을 강 저쪽 에서 이끌어 내어 가나안 온 땅에 두루 행하게 하고 그의 씨를 번성하게 하려 고 그에게 이삭을 주었으며　　　창 12:1

4 이삭에게는 야곱과 에서를 주었고 에 서에게는 세일 산을 소유로 주었으나 야곱과 그의 자손들은 애굽으로 내려 갔으므로

5 내가 모세와 아론을 보냈고 또 애굽 에 재앙을 내렸나니 곧 내가 그들 가운 데 행한 것과 같고 그 후에 너희를 인 도하여 내었노라

6 내가 너희의 조상들을 애굽에서 인도 하여 내어 바다에 이르게 한즉 애굽 사 람들이 병거와 마병을 거느리고 너희 의 조상들을 홍해까지 쫓아오므로

7 너희의 조상들이 나 여호와께 부르짖 기로 내가 너희와 애굽 사람들 사이에 흑암을 두고 바다를 이끌어 그들을 덮 었으나 내가 애굽에서 행한 일을 너희 의 눈이 보았으며 또 너희가 많은 날을 광야에서 거주하였느니라

8 내가 또 너희를 인도하여 요단 저쪽에 거주하는 아모리 족속의 땅으로 들어가게 하매 그들이 너희와 싸우기로 내가 그들을 너희 손에 넘겨 주매 너희가 그 땅을 점령하였고 나는 그들을 너희 앞에서 멸절시켰으며

9 또한 모압 왕 십볼의 아들 발락이 일어나 이스라엘과 싸우더니 사람을 보내어 브올의 아들 발람을 불러다가 너희를 저주하게 하려 하였으나

10 내가 발람을 위해 듣기를 원하지 아니하였으므로 그가 오히려 너희를 축복하였고 나는 너희를 그의 손에서 건져 내었으며

11 너희가 요단을 건너 여리고에 이른즉 여리고 주민들 곧 아모리 족속과 브리스 족속과 가나안 족속과 헷 족속과 기르가스 족속과 히위 족속과 여부스 족속이 너희와 싸우기로 내가 그들을 너희의 손에 넘겨 주었으며

12 내가 왕벌을 너희 앞에 보내어 그 아모리 족속의 두 왕을 너희 앞에서 쫓아내게 하였나니 너희의 칼이나 너희의 활로써 이같이 한 것이 아니며 *비44:3, 6

13 내가 또 너희가 수고하지 아니한 땅과 너희가 건설하지 아니한 성읍들을 너희에게 주었더니 너희가 그 가운데에 거주하며 너희는 또 너희가 심지 아니한 포도원과 감람원의 열매를 먹는다 하셨느니라

14 ● 그러므로 이제는 여호와를 경외하며 온전함과 진실함으로 그를 섬기라 너희의 조상들이 강 저쪽과 애굽에서 섬기던 신들을 치워 버리고 여호와만 섬기라

15 만일 여호와를 섬기는 것이 너희에게 좋지 않게 보이거든 너희 조상들이 강 저쪽에서 섬기던 신들이든지 또는 너희가 거주하는 땅에 있는 아모리 족속의 신들이든지 너희가 섬길 자를 오늘 택하라 오직 나와 내 집은 여호와를 섬기겠노라 하니

16 백성이 대답하여 이르되 우리가 결단코 여호와를 버리고 다른 신들을 섬기기를 하지 아니하오리니

17 이는 우리 하나님 여호와께서 친히 우리와 우리 조상들을 인도하여 애굽 땅 종 되었던 집에서 올라오게 하시고 우리 목전에서 그 큰 이적들을 행하시고 우리가 행한 모든 길과 우리가 지나온 모든 백성들 중에서 우리를 보호하셨음이며

18 여호와께서 또 모든 백성들과 이 땅에 거주하던 아모리 족속을 우리 앞에서 쫓아내셨음이라 그러므로 우리도 여호와를 섬기리니 그는 우리 하나님이심이니이다 하니라

19 ● 여호수아가 백성에게 이르되 너희가 여호와를 능히 섬기지 못할 것은 그는 거룩하신 하나님이시요 질투하시는 하나님이시니 너희의 잘못과 죄들을 사하지 아니하실 것임이라

20 만일 너희가 여호와를 버리고 이방 신들을 섬기면 너희에게 복을 내리신 후에라도 돌이켜 너희에게 재앙을 내리시고 너희를 멸하시리라 하니

21 백성이 여호수아에게 말하되 아니니이다 우리가 여호와를 섬기겠나이다 하는지라

22 여호수아가 백성에게 이르되 너희가 여호와를 택하고 그를 섬기리라 하였으니 스스로 증인이 되었느니라 하니 그들이 이르되 우리가 증인이 되었나이다 하더라

23 여호수아가 이르되 그러면 이제 너희

24장 에는 무엇이 기록되어 있을까?

여호수아는 고별 설교를 마무리하면서 이스라엘의 역사를 떠올렸어요. 이는 백성들이 그들을 위해 베푸신 하나님의 능력과 은혜를 깨닫고 그분만을 섬기도록 하기 위해서였지요. 한편, 여호수아서의 마지막 부분은 여호수아와 제사장 엘르아살의 죽음으로 끝맺고 있습니다.

중에 있는 이방 신들을 치워 버리고 너희의 마음을 이스라엘의 하나님 여호와께로 향하라 하니

24 백성이 여호수아에게 말하되 우리 하나님 여호와를 우리가 섬기고 그의 목소리를 우리가 청종하리이다 하는지라
신 5:26, 27

25 그 날에 여호수아가 세겜에서 백성과 더불어 언약을 맺고 그들을 위하여 율례와 법도를 제정하였더라

26 여호수아가 이 모든 말씀을 하나님의 율법책에 기록하고 큰 돌을 가져다가 거기 여호와의 성소 곁에 있는 상수리나무 아래에 세우고

27 모든 백성에게 이르되 보라 이 돌이 우리에게 증거가 되리니 이는 여호와께서 우리에게 하신 모든 말씀을 이 돌이 들었음이니라 그런즉 너희가 너희의 하나님을 부인하지 못하도록 이 돌이 증거가 되리라 하고

28 백성을 보내어 각기 기업으로 돌아가게 하였더라

여호수아와 엘르아살이 죽다

29 ● 이 일 후에 여호와의 종 눈의 아들 여호수아가 백십 세에 죽으매
삿 2:8

30 그들이 그를 그의 기업의 경내 담낫 세라에 장사하였으니 담낫 세라는 에브

에발산과 그리심산 사이의 세겜 (24:25-27)

라임 산지 가아스 산 북쪽이었더라

31 이스라엘이 여호수아가 사는 날 동안과 여호수아 뒤에 생존한 장로들 곧 여호와께서 이스라엘을 위하여 행하신 모든 일을 아는 자들이 사는 날 동안 여호와를 섬겼더라
삿 2:7

32 또 이스라엘 자손이 애굽에서 가져 온 요셉의 뼈를 세겜에 장사하였으니 이곳은 야곱이 백 크시타를 주고 세겜의 아버지 하몰의 자손들에게서 산 밭이라 그것이 요셉 자손의 기업이 되었더라

33 아론의 아들 엘르아살도 죽으매 그들이 그를 그의 아들 비느하스가 에브라임 산지에서 받은 산에 장사하였더라
22:13

1) 크시타는 옛 무게 단위로서 정확한 중량은 불분명함

행복해진 황금새

어느 숲에 아름다운 황금빛 깃털을 가진 새가 있었어요. 하지만 그 황금새는 친구가 하나도 없었지요. 그러던 어느 날, 새로 이사 온 새 한 마리가 황금새를 보고 눈에 반해서 이렇게 말했어요. "너의 깃털은 너무 아름답구나. 깃털을 하나만 줄 수 있겠니?"

황금새는 깃털을 나누어주었고 둘은 친구가 되었습니다. 그러자 다른 새들도 황금새에게 깃털을 부탁했

고, 황금새는 아낌없이 깃털을 주어 모두와 친구가 되었어요.

황금새는 차츰 황금빛을 잃어갔지요. 그러나 황금 깃털을 얻은 새들이 날아다니자, 숲속은 황금빛이 나는 아름다운 숲이 되었어요. 황금새는 아름다운 숲과 친구들을 보며 행복했지요. 그리고 얼마 후, 황금새는 새로운 황금빛 깃털이 자라나는 것을 발견한답니다.

Judges
사사기

★ 사사기를 읽기 전에

탈무드에 의하면 사무엘이 사사기를 기록했다고 하지만, 확실하지는 않아요. 사사는 왕이 세워지기 전에 하나님께서 이스라엘 백성들을 구원하기 위해 세우셨던 믿음의 지도자들이에요. 사사기에는 총 12명의 사사가 나옵니다.

언제, 왜, 누구를 위하여 썼나요?
"그 때에는 이스라엘에 왕이 없으므로"(삿 17:6)라는 구절을 통해 이스라엘에 왕이 세워지고 나서 기록된 책으로 보고 있어요. 가나안 문화에 빠져 범죄한 이스라엘 백성들에게 하나님의 뜻대로 살 것을 가르치는 책이에요.

어떤 내용인가요?
사사기는 이스라엘 백성들이 죄를 짓고 불순종할 때 하나님께서 심판을 내리시고, 백성들이 회개하면 사사를 세우셔서 다시 평안을 주시는 내용이 계속 반복됩니다.

유다와 시므온이 지파가 아도니 베섹을 잡다

1 여호수아가 죽은 후에 이스라엘 자손이 여호와께 여쭈어 이르되 우리 가운데 누가 먼저 올라가서 가나안 족속과 싸우리이까

2 여호와께서 이르시되 유다가 올라갈지니라 보라 내가 이 땅을 그의 손에 넘겨 주었노라 하시니라

3 유다가 그의 형제 시므온에게 이르되 내가 제비 뽑아 얻은 땅에 나와 함께 올라가서 가나안 족속과 싸우자 그리하면 나도 네가 제비 뽑아 얻은 땅에 함께 가리라 하니 이에 시므온이 그와 함께 가니라

4 유다가 올라가매 여호와께서 가나안 족속과 브리스 족속을 그들의 손에 넘겨 주시니 그들이 베섹에서 만 명을 죽이고

1장 에는 무엇이 기록되어 있을까?

1:1-3:6은 사사기의 서론 부분이랍니다. 1장에는 여호수아가 죽기 전에 정복하지 못했던 가나안 땅을 정복하는 사건이 나와요. 이스라엘 백성은 가나안 족속을 무찔러 모조리 멸하라는 하나님의 명령에 순종하지 않았지요. 이것은 결국 이스라엘이 타락하게 된 원인이 되었답니다.

5 또 베섹에서 아도니 베섹을 만나 그와 싸워서 가나안 족속과 브리스 족속을 죽이니

6 아도니 베섹이 도망하는지라 그를 쫓아가서 잡아 그의 엄지손가락과 엄지발가락을 자르매

7 아도니 베섹이 이르되 옛적에 칠십 명의 왕들이 그들의 엄지손가락과 엄지발가락이 잘리고 내 상 아래에서 먹을 것을 줍더니 하나님이 내가 행한 대로 내게 갚으심이로다 하니라 무리가 그를 끌고 예루살렘에 이르렀더니 그가 거기서 죽었더라

유다 지파가 예루살렘과 헤브론을 치다

8 ● 유다 자손이 예루살렘을 쳐서 점령하여 칼날로 치고 그 성을 불살랐으며

9 그 후에 유다 자손이 내려가서 산지와 남방과 평지에 거주하는 가나안 족속과 싸웠고

10 유다가 또 가서 헤브론에 거주하는 가나안 족속을 쳐서 세새와 아히만과 달매를 죽였더라 헤브론의 본 이름은 기럇 아르바였더라

옷니엘이 드빌을 치다 (수 15:13-19)

11 ● 거기서 나아가서 드빌의 주민들을

첫으니 드빌의 본 이름은 기랏 세벨이
라
수 15:15

12갈렙이 말하기를 기랏 세벨을 쳐서 그
것을 점령하는 자에게는 내 딸 악사를
아내로 주리라 하였더니

13갈렙의 아우 그나스의 아들인 옷니엘
이 그것을 점령하였으므로 갈렙이 그
의 딸 악사를 그에게 아내로 주었더라

14악사가 출가할 때에 그에게 청하여 자
기 아버지에게 밭을 구하자 하고 나귀
에서 내리매 갈렙이 묻되 네가 무엇을
원하느냐 하니

15이르되 내게 복을 주소서 아버지께서
나를 남방으로 보내시니 샘물도 내게
주소서 하매 갈렙이 윗샘과 아랫샘을
그에게 주었더라

유다와 베냐민 지파의 승리

16 ●모세의 장인은 겐 사람이라 그의
자손이 유다 자손과 함께 종려나무
성읍에서 올라가서 아랏 남방의 유다
황무지에 이르러 그 백성 중에 거주하
니라
신 34:3

17유다가 그의 형제 시므온과 함께 가서
스밧에 거주하는 가나안 족속을 쳐서
그곳을 1)진멸하였으므로 그 성읍의 이
름을 호르마라 하니라

18유다가 또 가사 및 그 지역과 아스글
론 및 그 지역과 에그론 및 그 지역을
점령하였고

19여호와께서 유다와 함께 계셨으므로
그가 산지 주민을 쫓아내었으나 골짜
기의 주민들은 철 병거가 있으므로 그
들을 쫓아내지 못하였으며

20그들이 모세가 명령한 대로 헤브론을
갈렙에게 주었더니 그가 거기서 아낙

토막상식

시므온

야곱의 둘째 아들로서, 누이 디나 사건으로 세겜 사
람을 살해한 후 야곱으로부터 후손이 흩어질 것이라
는 예언을 받았어요. 그 결과 가나안 땅에 들어가서
한 지파로서의 독특성을 잃어버리고, 영토와 정치적
인 면에서 유다 지파에 종속되었답니다.   1장 17절

의 세 아들을 쫓아내었고

21베냐민 자손은 예루살렘에 거주하는
여부스 족속을 쫓아내지 못하였으므
로 여부스 족속이 베냐민 자손과 함께
오늘까지 예루살렘에 거주하니라

에브라임과 므낫세 지파가 벧엘을 치다

22 ●요셉 가문도 벧엘을 치러 올라가니
여호와께서 그와 함께 하시니라

23요셉 가문이 벧엘을 정탐하게 하였는
데 그 성읍의 본 이름은 루스라

24정탐꾼들이 그 성읍에서 한 사람이 나
오는 것을 보고 그에게 이르되 청하노
니 이 성읍의 입구를 우리에게 보이라
그리하면 우리가 네게 선대하리라 하
매

25그 사람이 성읍의 입구를 가리킨지라
이에 그들이 칼날로 그 성읍을 쳤으되
오직 그 사람과 그의 가족을 놓아 보내
매

26그 사람이 헷 사람들의 땅에 가서 성읍
을 건축하고 그것의 이름을 루스라 하였
더니 오늘까지 그 곳의 이름이 되니라

쫓아내지 못한 가나안 족속

27 ●므낫세가 벳스안과 그에 딸린 마을
의 주민과 다아낙과 그에 딸린 마을
의 주민과 돌과 그에 딸린 마을들의 주
민과 이블르암과 그에 딸린 마을들의
주민과 므깃도와 그에 딸린 마을들의
주민들을 쫓아내지 못하매 가나안 족
속이 결심하고 그 땅에 거주하였더니

28이스라엘이 강성한 후에야 가나안 족
속에게 노역을 시켰고 다 쫓아내지 아
니하였더라

29 ●에브라임이 게셀에 거주하는 가나안
족속을 쫓아내지 못하매 가나안 족속
이 게셀에서 그들 중에 거주하였더라

30 ●스불론은 기드론 주민과 나할롤 주
민을 쫓아내지 못하였으므로 가나안
족속이 그들 중에 거주하면서 노역을
하였더라

31 ●아셀이 악고 주민과 시돈 주민과 알

1)여호와께 드릴 목적으로 멸망시킴을 뜻함

랍과 악십과 헬바와 아빅과 르홉 주민
을 쫓아내지 못하고

32 아셀 족속이 그 땅의 주민 가나안 족속
가운데 거주하였으니 이는 그들을 쫓
아내지 못함이었더라

33 ●납달리는 벧세메스 주민과 벧아낫
주민을 쫓아내지 못하고 그 땅의 주민
가나안 족속 가운데 거주하였으나 벧
세메스와 벧아낫 주민들이 그들에게
노역을 하였더라

34 ●아모리 족속이 단 자손을 산지로 몰
아넣고 골짜기에 내려오기를 용납하
지 아니하였으며

35 결심하고 헤레스 산과 아얄론과 사알
빔에 거주하였더니 요셉의 가문의 힘
이 강성하매 아모리 족속이 마침내는
노역을 하였으며

36 아모리 족속의 경계는 아그랍빔 비탈
의 바위부터 위쪽이었더라　☆ 15:3

여호와의 사자가 보김에 나타나다

2 여호와의 사자가 길갈에서부터 보
김으로 올라와 말하되 내가 너희를
애굽에서 올라오게 하여 내가 너희의 조
상들에게 맹세한 땅으로 들어가게 하였
으며 또 내가 이르기를 내가 너희와 함
께한 언약을 영원히 어기지 아니하리니

2 너희는 이 땅의 주민과 언약을 맺지 말
며 그들의 제단들을 헐라 하였거늘 너
희가 내 목소리를 듣지 아니하였으니
어찌하여 그리하였느냐

3 그러므로 내가 또 말하기를 내가 그들
을 너희 앞에서 쫓아내지 아니하리니
그들이 너희 옆구리에 가시가 될 것이

며 그들의 신들이 너희에게 올무가 되
리라 하였노라

4 여호와의 사자가 이스라엘 모든 자손
에게 이 말씀을 이르매 백성이 소리를
높여 운지라

5 그러므로 그 곳을 이름하여 1)보김이라
하고 그들이 거기서 여호와께 제사를
드렸더라

여호수아가 죽다

6 ●전에 여호수아가 백성을 보내매 이
스라엘 자손이 각기 그들의 기업으로
가서 땅을 차지하였고　☆ 24:28-31

7 백성이 여호수아가 사는 날 동안과 여
호수아 뒤에 생존한 장로들 곧 여호와
께서 이스라엘을 위하여 행하신 모든
큰 일을 본 자들이 사는 날 동안에 여
호와를 섬겼더라

8 여호와의 종 눈의 아들 여호수아가 백
십 세에 죽으매

9 무리가 그의 기업의 경내 에브라임 산
지 가아스 산 북쪽 딤낫 헤레스에 장사
하였고

10 그 세대의 사람도 다 그 조상들에게로
돌아갔고 그 후에 일어난 다른 세대는
여호와를 알지 못하며 여호와께서 이
스라엘을 위하여 행하신 일도 알지 못
하였더라

이스라엘이 여호와를 버리다

11 ●이스라엘 자손이 여호와의 목전에
악을 행하여 바알들을 섬기며　☆ 3:7

12 애굽 땅에서 그들을 인도하여 내신 그
들의 조상들의 하나님 여호와를 버리
고 다른 신들 곧 그들의 주위에 있는
백성의 신들을 따라 그들에게 절하여
여호와를 진노하시게 하였으되

13 곧 그들이 여호와를 버리고 바알과 아
스다롯을 섬겼으므로

14 여호와께서 이스라엘에게 진노하사
노략하는 자의 손에 넘겨 주사 그들이
노략을 당하게 하시며 또 주위에 있는
모든 대적의 손에 팔아 넘기시매 그들

2 에는 무엇이 기록되어 있을까?

2장에서는 사사 시대가 시작되기
전의 모습(1-5절)과 사사 시대에 이스라엘이
하나님께 죄를 지으며 살았던 모습(6-23절)을
말하고 있어요. 하나님은 타락한 가나안 족속들
을 쫓아내라고 명령하셨지만, 이스라엘은 그 명
령을 듣지 않고 가나안 족속들과 같이 우상을
숭배하고 말았답니다.

1) 우는 자들

이 다시는 대적을 당하지 못하였으며

15 그들이 어디로 가든지 여호와의 손이 그들에게 재앙을 내리시니 곧 여호와께서 말씀하신 것과 같고 여호와께서 그들에게 맹세하신 것과 같아서 그들의 괴로움이 심하였더라

16 ●여호와께서 사사들을 세우사 노략자의 손에서 그들을 구원하게 하셨으나

17 그들이 그 사사들에게도 순종하지 아니하고 오히려 다른 신들을 따라가 음행하며 그들에게 절하고 여호와의 명령을 순종하던 그들의 조상들이 행하던 길에서 속히 치우쳐 떠나서 그와 같이 행하지 아니하였더라 2:7

18 여호와께서 그들을 위하여 사사들을 세우실 때에는 그 사사와 함께 하셨고 그 사사가 사는 날 동안에는 여호와께서 그들을 대적의 손에서 구원하셨으니 이는 그들이 대적에게 압박과 괴롭게 함을 받아 슬피 부르짖으므로 여호와께서 뜻을 돌이키셨음이거늘

19 그 사사가 죽은 후에는 그들이 돌이켜 그들의 조상들보다 더욱 타락하여 다른 신들을 따라 섬기며 그들에게 절하고 그들의 행위와 패역한 길을 그치지 아니하였으므로

20 여호와께서 이스라엘에게 진노하여 이르시되 이 백성이 내가 그들의 조상들에게 명령한 언약을 어기고 나의 목소리를 순종하지 아니하였은즉

21 나도 여호수아가 죽을 때에 남겨 둔 이방 민족들을 다시는 그들 앞에서 하나도 쫓아내지 아니하리니

22 이는 이스라엘이 그들의 조상들이 지킨 것 같이 나 여호와의 도를 지켜 행하나 아니하나 그들을 시험하려 함이라 하시니라

23 여호와께서 그 이방 민족들을 머물러 두사 그들을 속히 쫓아내지 아니하셨으며 여호수아의 손에 넘겨 주지 아니하셨더라

그 땅에 남겨 두신 나람들

3 여호와께서 가나안의 모든 전쟁을 알지 못한 이스라엘을 시험하려 하시며 2:21, 22

2 이스라엘 자손의 세대 중에 아직 전쟁을 알지 못하는 자들에게 그것을 가르쳐 알게 하려 하사 남겨 두신 이방 민족들은

3 블레셋의 다섯 군주들과 모든 가나안 족속과 시돈 족속과 바알 헤르몬 산에서부터 하맛 입구까지 레바논 산에 거주하는 히위 족속이라

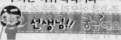

사사는 무엇을 하는 사람이에요?

사사는 이스라엘에 왕이 세워지기 전에 이스라엘을 구하고 다스리던 지도자예요. "사사"라는 말에는 '다스리다', '재판하다'라는 뜻이 있어요. 사사는 이스라엘 백성들을 가르치고 다스리며 재판하는 일까지 맡았지요.

"사사기"라는 구약 성경을 보면 열두 명의 사사가 나와요. 나라에 특별한 어려운 일이 생길 때 사사가 나서서 해결하곤 했죠. 미디안을 물리친 기드온, 블레셋과 싸운 삼손도 사사였어요. 하나님 말씀에 따르지 않을 때는 나라에 어려움이 생겼지만, 사사가 하나님의 말씀대로 다스리고 가르쳤을 때는 나라가 위기에서 구원받고 평안을 누렸답니다.

2장 18절

3 에는 무엇이 기록되어 있을까?

하나님은 이스라엘 자손을 시험하시기 위해 가나안 땅에 이방 민족들을 남겨두셨어요. 하지만 이스라엘이 이방 민족들로부터 고난을 받을 때에는 사사를 세우셔서 평안히 살도록 해주셨답니다. 옷니엘(7~11절), 에훗(12~30절), 삼갈(31절)은 이스라엘을 적들로부터 구해낸 용감한 사사들이지요.

이웃 나라의 괴롭힘을 받는 이스라엘 백성(3:8)

4 남겨 두신 이 이방 민족들로 이스라엘을 시험하사 여호와께서 모세를 통하여 그들의 조상들에게 이르신 명령들을 순종하는지 알고자 하셨더라

5 그러므로 이스라엘 자손은 가나안 족속과 헷 족속과 아모리 족속과 브리스 족속과 히위 족속과 여부스 족속 가운데에 거주하면서

6 그들의 딸들을 맞아 아내로 삼으며 자기 딸들을 그들의 아들들에게 주고 또 그들의 신들을 섬겼더라 출 34:16

나사사 옷니엘—B.C. 1390년경

7 ●이스라엘 자손이 여호와의 목전에 악을 행하여 자기들의 하나님 여호와를 잊어버리고 바알들과 아세라들을 섬긴지라 2:11-13

8 여호와께서 이스라엘에게 진노하사 그들을 1)메소보다미아 왕 구산 리사다임의 손에 파셨으므로 이스라엘 자손이 구산 리사다임을 팔 년 동안 섬겼더니

9 이스라엘 자손이 여호와께 부르짖으매 여호와께서 이스라엘 자손을 위하여 한 구원자를 세워 그들을 구원하게 하시니 그는 곧 갈렙의 아우 그나스의 아들 옷니엘이라

10 여호와의 영이 그에게 임하셨으므로 그가 이스라엘의 사사가 되어 나가서 싸울

때에 여호와께서 메소보다미아 왕 구산 리사다임을 그의 손에 넘겨 주시매 옷니엘의 손이 구산 리사다임을 이기니라

11 그 땅이 평온한 지 사십 년에 그나스의 아들 옷니엘이 죽었더라

나사사 에훗

12 ●이스라엘 자손이 또 여호와의 목전에 악을 행하니라 이스라엘 자손이 여호와의 목전에 악을 행하므로 여호와께서 모압 왕 에글론을 강성하게 하사 그들을 대적하게 하시매

13 에글론이 암몬과 아말렉 자손들을 모아 가지고 와서 이스라엘을 쳐서 종려나무 성읍을 점령한지라 1:16

14 이에 이스라엘 자손이 모압 왕 에글론을 열여덟 해 동안 섬기니라

15 ●이스라엘 자손이 여호와께 부르짖으매 여호와께서 그들을 위하여 한 구원자를 세우셨으니 그는 곧 베냐민 사람 게라의 아들 왼손잡이 에훗이라 이스라엘 자손이 그를 통하여 모압 왕에글론에게 공물을 바칠 때에

16 에훗이 길이가 한 2)규빗 되는 좌우에 날선 칼을 만들어 그의 오른쪽 허벅지 옷 속에 차고

17 공물을 모압 왕 에글론에게 바쳤는데 에글론은 매우 비둔한 자였더라 3:12

18 에훗이 공물 바치기를 마친 후에 공물을 메고 온 자들을 보내고

19 자기는 길갈 근처 돌 뜨는 곳에서부터 돌아와서 이르되 왕이여 내가 은밀한 일을 왕에게 아뢰려 하나이다 하니 왕이 명령하여 조용히 하라 하매 모셔 선 자들이 다 물러간지라

20 에훗이 그에게로 들어가니 왕은 서늘한 다락방에 홀로 앉아 있는 중이라 에훗이 이르되 내가 하나님의 명령을 받들어 왕에게 아뢸 일이 있나이다 하매 왕이 그의 좌석에서 일어나니

21 에훗이 왼손을 뻗쳐 그의 오른쪽 허벅

비둔(3:17) 살이 찌거나 옷을 두껍게 입어서 동작이 둔함.

디볼 산 전경(4:6-16)
드보라가 야빈과 싸울 때 바락을 보내어 야빈의 군대 장관 시스라를 격파한 곳이다.

지 위에서 칼을 빼어 왕의 몸을 찌르매
22 칼자루도 날을 따라 들어가서 그 끝이 등 뒤까지 나갔고 그가 칼을 그의 몸에서 빼내지 아니하였으므로 기름이 칼날에 엉겼더라
23 에훗이 현관에 나와서 다락문들을 뒤에서 닫아 잠그니라
24 ●에훗이 나간 후에 왕의 신하들이 들어와서 다락문들이 잠겼음을 보고 이르되 왕이 분명히 서늘한 방에서 그의 [1]발을 가리우신다 하고
25 그들이 [2]오래 기다려도 왕이 다락문들을 열지 아니하는지라 열쇠를 가지고 열어 본즉 그들의 군주가 이미 땅에 엎드러져 죽었더라
26 ●그들이 기다리는 동안에 에훗이 피하여 돌 뜨는 곳을 지나 스이라로 도망하니라
27 그가 이르러 에브라임 산지에서 나팔을 불매 이스라엘 자손이 산지에서 그를 따라 내려오니 에훗이 앞서 가며
28 그들에게 이르되 나를 따르라 여호와께서 너희의 원수들인 모압을 너희의 손에 넘겨 주셨느니라 하매 무리가 에훗을 따라 내려가 모압 맞은편 요단 강 나루를 장악하여 한 사람도 건너지 못하게 하였고
29 그 때에 모압 사람 약 만 명을 죽였으니 모두 장사요 모두 용사라 한 사람도 도망하지 못하였더라
30 그 날에 모압이 이스라엘 수하에 굴복하매 그 땅이 팔십 년 동안 평온하였더라

나바 삼갈
31 ●에훗 후에는 아낫의 아들 삼갈이 있어 소 모는 막대기로 블레셋 사람 육백 명을 죽였고 그도 이스라엘을 구원하였더라
나바 드보라—B.C. 1225년경

4 에훗이 죽으니 이스라엘 자손이 또 여호와의 목전에 악을 행하매
2 여호와께서 하솔에서 통치하는 가나안 왕 야빈의 손에 그들을 파셨으니 그의 군대 장관은 하로셋 학고임에 거주하는 시스라요
3 야빈 왕은 철 병거 구백 대가 있어 이십 년 동안 이스라엘 자손을 심히 학대했으므로 이스라엘 자손이 여호와께 부르짖었더라
4 ●그 때에 랍비돗의 아내 여선지자 드보라가 이스라엘의 사사가 되었는데
5 그는 에브라임 산지 라마와 벧엘 사이 드보라의 종려나무 아래에 거주하였고 이스라엘 자손은 그에게 나아가 재판을 받더라
6 드보라가 사람을 보내어 아비노암의 아들 바락을 납달리 게데스에서 불러다가 그에게 이르되 이스라엘의 하나님 여호와께서 이같이 명령하지 아니하셨느냐 너는 납달리 자손과 스불론 자손 만 명을 거느리고 다볼 산으로 가라
7 내가 야빈의 군대 장관 시스라와 그의 병거들과 그의 무리를 기손 강으로 이끌어 네게 이르게 하고 그를 네 손에 넘겨 주리라 하셨느니라
8 바락이 그에게 이르되 만일 당신이 나와 함께 가면 내가 가려니와 만일 당신

4장에는 무엇이 기록되어 있을까?

가나안 왕 야빈은 하솔에 살면서 오랫동안 이스라엘을 괴롭혔어요. 그래서 하나님은 여선지자 드보라를 사사로 세우시고 바락을 시켜 야빈 왕의 군대와 맞서 싸우게 하셨지요. 또한 겐 사람 헤벨의 아내 야엘은 야빈 왕의 군대 장관 시스라를 죽여서 이스라엘이 전쟁에서 승리할 수 있도록 도와주었답니다.

1) 용변을 보신다 2) 히, 부끄러울 때까지

이 나와 함께 가지 아니하면 나도 가지 아니하겠노라 하니

9 이르되 내가 반드시 너와 함께 가리라 그러나 네가 이번에 가는 길에서는 영광을 얻지 못하리니 이는 여호와께서 시스라를 여인의 손에 파실 것임이니라 하고 드보라가 일어나 바락과 함께 게데스로 가니라

10 바락이 스불론과 납달리를 게데스로 부르니 만 명이 그를 따라 올라가고 드보라도 그와 함께 올라가니라

11 °모세의 ¹장인 ²호밥의 자손 중 겐 사람 헤벨이 자기 족속을 떠나 게데스에 가까운 사아난님 상수리나무 곁에 이르러 장막을 쳤더라

12 ●아비노암의 아들 바락이 다볼 산에 오른 것을 사람들이 시스라에게 알리매

13 시스라가 모든 병거 곧 철 병거 구백 대와 자기와 함께 있는 모든 백성을 하로셋학고임에서부터 기손 강으로 모은지라

14 드보라가 바락에게 이르되 일어나라 이는 여호와께서 시스라를 네 손에 넘겨 주신 날이라 여호와께서 너에 앞서 나가지 아니하시느냐 하는지라 이에 바락이 만 명을 거느리고 다볼 산에서 내려가니

15 여호와께서 바락 앞에서 시스라와 그

기손 강 (4:12-16)

의 모든 병거와 그의 온 군대를 칼날로 혼란에 빠지게 하시매 시스라가 병거에서 내려 걸어서 도망한지라 ▲ 10:10

16 바락이 그의 병거들과 군대를 추격하여 하로셋학고임에 이르니 시스라의 온 군대가 다 칼에 엎드러졌고 한 사람도 남은 자가 없었더라

17 ●시스라가 걸어서 도망하여 겐 사람 헤벨의 아내 야엘의 장막에 이르렀으니 이는 하솔 왕 야빈과 겐 사람 헤벨의 집 사이에는 화평이 있음이라

18 야엘이 나가 시스라를 영접하며 그에게 말하되 나의 주여 들어오소서 내게로 들어오시고 두려워하지 마소서 하매 그가 그 장막에 들어가니 야엘이 이불로 그를 덮으니라

19 시스라가 그에게 말하되 청하노니 내게 물을 조금 마시게 하라 내가 목이 마르다 하매 우유 부대를 열어 그에게 마시게 하고 그를 덮으니

20 그가 또 이르되 장막 문에 섰다가 만일 사람이 와서 네게 묻기를 여기 어떤 사람이 있느냐 하거든 너는 없다 하라 하고

21 그가 깊이 잠드니 헤벨의 아내 야엘이 장막 말뚝을 가지고 손에 방망이를 들고 그에게로 가만히 가서 말뚝을 그의 관자놀이에 박으매 말뚝이 꿰뚫고 땅에 박히니 그가 기절하여 죽으니라

22 바락이 시스라를 추격할 때에 야엘이 나가서 그를 맞아 그에게 이르되 오라 네가 찾는 그 사람을 내가 네게 보이리라 하매 바락이 그에게 들어가 보니 시스라가 엎드러져 죽었고 말뚝이 그의

1) 히, 처남이란 뜻도 있음 2) 민 10:29를 보라

관자놀이에 박혔더라

23 ●이와 같이 이 날에 하나님이 가나안 왕 야빈을 이스라엘 자손 앞에 굴복하게 하신지라

24 이스라엘 자손의 손이 가나안 왕 야빈을 점점 더 눌러서 마침내 가나안 왕 야빈을 진멸하였더라

드보라와 바락의 노래

5 이 날에 드보라와 아비노암의 아들 바락이 노래하여 이르되 ^{삼 15:11, 21}

2 이스라엘의 영솔자들이 영솔하였고 백성이 즐거이 헌신하였으니 여호와를 찬송하라

3 너희 왕들아 들으라 통치자들아 귀를 기울이라 나 곧 내가 여호와를 노래할 것이요 이스라엘의 하나님 여호와를 찬송하리로다

4 여호와여 주께서 세일에서부터 나오시고 에돔 들에서부터 진행하실 때에 땅이 진동하고 하늘이 물을 내리고 구름도 물을 내렸나이다

5 산들이 여호와 앞에서 진동하니 저 시내 산도 이스라엘의 하나님 여호와 앞에서 진동하였도다 ^{시 97:5}

6 아낫의 아들 삼갈의 날에 또는 야엘의 날에는 대로가 비었고 길의 행인들은 오솔길로 다녔도다

7 이스라엘에는 마을 ¹⁾사람들이 그쳤으니 나 드보라가 일어나 이스라엘의 어머니가 되기까지 그쳤도다

8 무리가 새 신들을 택하였으므로 그 때에 전쟁이 성문에 이르렀으나 이스라엘의 사만 명 중에 방패와 창이 보였던가

9 내 마음이 이스라엘의 방백을 사모함은 그들이 백성 중에서 즐거이 헌신하였음이니 여호와를 찬송하라

10 흰 나귀를 탄 자들, 양탄자에 앉은 자들, 길에 행하는 자들아 전파할지어다

11 활 쏘는 자들의 소리로부터 멀리 떨어진 물 긷는 곳에서도 여호와의 공의로우신 일을 전하라 이스라엘에서 마을 사람들을 위한 의로우신 일을 노래하라 그 때에 여호와의 백성이 성문에 내려갔도다 ^{미 6:5}

12 깰지어다 깰지어다 드보라여 깰지어다 깰지어다 너는 노래할지어다 일어날지어다 바락이여 아비노암의 아들이여 네가 사로잡은 자를 끌고 갈지어다

13 그 때에 남은 귀인과 백성이 내려왔고 여호와께서 나를 위하여 용사를 치시려고 내려오셨도다

14 에브라임에게서 나온 자들은 아말렉에 뿌리 박힌 자들이요 베냐민은 백성들 중에서 너를 따르는 자들이요 마길에게서는 명령하는 자들이 내려왔고 스불론에게서는 ²⁾대장군의 지팡이를 잡은 자들이 내려왔도다

15 잇사갈의 방백들이 드보라와 함께 하니 잇사갈과 같이 바락도 그의 뒤를 따라 골짜기로 달려 내려가니 르우벤 시냇가에서 큰 결심이 있었도다 ^{4:10}

16 네가 양의 우리 가운데에 앉아서 목자의 피리 부는 소리를 들음은 어찌 됨이냐 르우벤 시냇가에서 큰 결심이 있었도다

17 길르앗은 요단 강 저쪽에 거주하며 단은 배에 머무름이 어찌 됨이냐 아셀은 해변에 앉으며 자기 항만에 거주하도다

18 스불론은 죽음을 무릅쓰고 목숨을 아끼지 아니한 백성이요 납달리도

---

1) 또는 지도자들이 2) 히, 기록하는 자의

영솔(5:2) 부하나 식솔을 보살피며 거느림.
귀인(5:13) 존귀한 사람.

5장 에는 무엇이 기록되어 있을까?

드보라와 바락은 전쟁에서 승리한 것을 기념하여 하나님을 찬양하는 노래를 불렀어요. 1~11절은 승리의 비결이 하나님께 있음을 밝힌 믿음의 노래이고, 12절부터는 승리를 축하하는 노래랍니다. 뒷면에 전투에 열심히 참여하지 않은 사람들을 날카롭게 꾸짖기도 하였어요.

므깃도에 있는 곡식 창고(5:19)

들의 높은 곳에서 그러하도다 4:6

19 왕들이 와서 싸울 때에 가나안 왕들이 므깃도 물 가 다아낙에서 싸웠으나 은을 탈취하지 못하였도다 1:27

20 별들이 하늘에서부터 싸우되 그들이 다니는 길에서 시스라와 싸웠도다

21 기손 강은 그 무리를 표류시켰으니 이 기손 강은 옛 강이라 내 영혼아 네가 힘 있는 자를 밟았도다

22 그 때에 군마가 빨리 달리니 말굽 소리가 땅을 울리도다

23 여호와의 사자의 말씀에 메로스를 저주하라 너희가 거듭거듭 그 주민들을 저주할 것은 그들이 와서 여호와를 돕지 아니하며 여호와를 도와 용사를 치지 아니함이니라 하시도다

24 겐 사람 헤벨의 아내 야엘은 다른 여인들보다 복을 받을 것이니 장막에 있는 여인들보다 더욱 복을 받을 것이로다 4:17

25 시스라가 물을 구하매 우유를 주되 곧 엉긴 우유를 귀한 그릇에 담아 주었고

26 손으로 장막 말뚝을 잡으며 오른손에 일꾼의 방망이를 들고 시스라를 쳐서 그의 머리를 뚫되 곧 그의 관자놀이를 꿰뚫었도다

27 그가 그의 발 앞에 꾸부러지며 엎드러지고 쓰러졌고 그의 발 앞에 꾸부러져 엎드러져서 그 꾸부러진 곳에 엎드러져 죽었도다

28 시스라의 어머니가 창문을 통하여 바라보며 창살을 통하여 부르짖기를 그의 병거가 어찌하여 더디 오는가 그의 병거들의 걸음이 어찌하여 늦어지는가 하매

29 그의 지혜로운 시녀들이 대답하였겠고 그도 스스로 대답하기를

30 그들이 어찌 노략물을 얻지 못하였으랴 그것을 나누지 못하였으랴 사람마다 한두 처녀를 얻었으리로다 시스라는 채색 옷을 노략하였으리니 그것은 수 놓은 채색 옷이리로다 곧 양쪽에 수 놓은 채색 옷이리니 노략한 자의 목에 꾸미리로다 하였으리라 창 15:9

31 여호와여 주의 원수들은 다 이와 같이 망하게 하시고 주를 사랑하는 자들은 해가 힘 있게 돋음 같게 하시옵소서 하니라 그 땅이 사십 년 동안 평온하였더라

사사 기드온 — B.C. 1150년경

6 이스라엘 자손이 또 여호와의 목전에 악을 행하였으므로 여호와께서 칠 년 동안 그들을 미디안의 손에 넘겨 주시니

2 미디안의 손이 이스라엘을 이긴지라 이스라엘 자손이 미디안으로 말미암아 산에서 웅덩이와 굴과 산성을 자기들을 위하여 만들었으며

3 이스라엘이 파종한 때면 미디안과 아말렉과 동방 사람들이 치러 올라와서

4 진을 치고 가사에 이르도록 토지 소산을 멸하여 이스라엘 가운데 먹을 것을 남겨 두지 아니하며 양이나 소나 나귀도 남기지 아니하니

5 이는 그들이 그들의 짐승과 장막을 가지고 올라와 메뚜기 떼 같이 많이 들어

6장 에는 무엇이 기록되어 있을까?

하나님은 미디안 족속으로부터 고통 받는 이스라엘 백성을 구하기 위해 기드온을 사사로 부르셨어요. 사실 이스라엘이 겪고 있는 고난과 환난의 진짜 이유는 바로 우상 숭배 때문이었지요. 하나님은 이스라엘 백성에게 미디안 족속과 전투를 벌이기 전에 먼저 이런 우상들을 없애라고 명령하셨답니다.

사사 기드온
(6:11-18)

오니 그 사람과 낙타가 무수함이라 그들이 그 땅에 들어와 멸하려 하니

6 이스라엘이 미디안으로 말미암아 궁핍함이 심한지라 이에 이스라엘 자손이 여호와께 부르짖었더라

7 ●이스라엘 자손이 미디안으로 말미암아 여호와께 부르짖었으므로

8 여호와께서 이스라엘 자손에게 한 선지자를 보내시니 그가 그들에게 이르되 여호와께서 이같이 말씀하시기를 이스라엘의 하나님 내가 너희를 애굽에서 인도하여 내며 너희를 그 종 되었던 집에서 나오게 하여

9 애굽 사람의 손과 너희를 학대하는 모든 자의 손에서 너희를 건져내고 그들을 너희 앞에서 쫓아내고 그 땅을 너희에게 주었으며

10 내가 또 너희에게 이르기를 나는 너희의 하나님 여호와이니 너희가 거주하는 아모리 사람의 땅의 신들을 두려워하지 말라 하였으나 너희가 내 목소리를 듣지 아니하였느니라 하셨다 하니라

11 ●여호와의 사자가 아비에셀 사람 요아스에게 속한 오브라에 이르러 상수리나무 아래에 앉으니라 마침 요아스의 아들 기드온이 미디안 사람에게 알리지 아니하려 하여 밀을 포도주 틀에서 타작하더니

12 여호와의 사자가 기드온에게 나타나 이르되 큰 용사여 여호와께서 너와 함께 계시도다 하매

13 기드온이 그에게 대답하되 오 나의 주여 여호와께서 우리와 함께 계시면 어찌하여 이 모든 일이 우리에게 일어났나이까 또 우리 조상들이 일찍이 우리에게 이르기를 여호와께서 우리를 애굽에서 올라오게 하신 것이 아니냐 한 그 모든 이적이 어디 있나이까 이제 여호와께서 우리를 버리사 미디안의 손에 우리를 넘겨 주셨나이다 하니

14 여호와께서 그를 향하여 이르시되 너는 가서 이 너의 힘으로 이스라엘을 미디안의 손에서 구원하라 내가 너를 보낸 것이 아니냐 하시니라

15 그러나 기드온이 그에게 대답하되 오 주여 내가 무엇으로 이스라엘을 구원하리이까 보소서 나의 집은 므낫세 중에 극히 약하고 나는 내 아버지 집에서 가장 작은 자니이다 하니

16 여호와께서 그에게 이르시되 내가 반드시 너와 함께 하리니 네가 미디안 사람 치기를 한 사람을 치듯 하리라 하시니라

17 기드온이 그에게 대답하되 만일 내가 주께 은혜를 얻었사오면 나와 말씀하신 이가 주 되시는 표징을 내게 보이소서

18 내가 예물을 가지고 다시 주께로 와서 그것을 주 앞에 드리기까지 이 곳을 떠나지 마시기를 원하나이다 하니 그가 이르되 내가 너 돌아올 때까지 머무르리라 하니라

19 ●기드온이 가서 염소 새끼 하나를 준비하고 가루 한 에바로 무교병을 만들고 고기를 소쿠리에 담고 국을 양푼에 담아 상수리나무 아래 그에게로 가져다가 드리매

20 하나님의 사자가 그에게 이르되 고기와 무교병을 가져다가 이 바위 위에 놓

병거(5:28) 전쟁을 하는 데 쓰이는 말이 끄는 수레.
노략물(5:30) 떼를 지어 약탈한 물건.
파종(6:3) 씨앗을 뿌림.
사자(6:11) 어떠한 임무를 띠고 심부름을 하는 사람.

고 국을 부으라 하니 기드온이 그대로 하니라

21 여호와의 사자가 손에 잡은 지팡이 끝을 내밀어 고기와 무교병에 대니 불이 바위에서 나와 고기와 무교병을 살랐고 여호와의 사자는 떠나서 보이지 아니한지라

22 기드온이 그가 여호와의 사자인 줄을 알고 이르되 슬프도소이다 주 여호와여 내가 여호와의 사자를 대면하여 보았나이다 하니

23 여호와께서 그에게 이르시되 너는 안심하라 두려워하지 말라 죽지 아니하리라 하시니라

24 기드온이 여호와를 위하여 거기서 제단을 쌓고 그것을 1)여호와 살롬이라 하였더라 그것이 오늘까지 아비에셀 사람에게 속한 오브라에 있더라

25 ●그 날 밤에 여호와께서 기드온에게 이르시되 네 아버지에게 있는 수소 곧 칠 년 된 둘째 수소를 끌어 오고 네 아버지에게 있는 바알의 제단을 헐며 그 곁의 아세라 상을 찍고

26 또 이 산성 꼭대기에 네 하나님 여호와를 위하여 규례대로 한 제단을 쌓고 그 둘째 수소를 잡아 네가 찍은 아세라 나무로 번제를 드릴지니라 하시니라

27 이에 기드온이 종 열 사람을 데리고 여호와께서 그에게 말씀하신 대로 행하되 그의 아버지의 가문과 그 성읍 사람들을 두려워하므로 이 일을 감히 낮에 행하지 못하고 밤에 행하니라

28 ●그 성읍 사람들이 아침에 일찍이 일어나 본즉 바알의 제단이 파괴되었으며 그 곁의 아세라가 찍혔고 새로 쌓은 제단 위에 그 둘째 수소를 드렸는지라

29 서로 물어 이르되 이것이 누구의 소행인가 하고 그들이 캐어 물은 후에 이르되 요아스의 아들 기드온이 이를 행하였도다 하고

30 성읍 사람들이 요아스에게 이르되 네 아들을 끌어내라 그는 당연히 죽을지니 이는 바알의 제단을 파괴하고 그 곁의 아세라를 찍었음이니라 하니

31 요아스가 자기를 둘러선 모든 자에게 이르되 너희가 바알을 위하여 다투느냐 너희가 바알을 구원하겠느냐 그를 위하여 다투는 자는 아침까지 죽임을 당하리라 바알이 과연 신일진대 그의 제단을 파괴하였은즉 그가 자신을 위해 다툴 것이니라 하니라

32 그 날에 기드온을 여룹바알이라 불렀으니 이는 그가 바알의 제단을 파괴하였으므로 바알이 그와 더불어 다툴 것이라 함이었더라

33 ●그 때에 미디안과 아말렉과 동방 사람들이 다 함께 모여 요단 강을 건너와서 이스르엘 골짜기에 진을 친지라

34 여호와의 영이 기드온에게 임하시니 기드온이 나팔을 불매 아비에셀이 그의 뒤를 따라 부름을 받으니라

35 기드온이 또 사자들을 온 므낫세에 두루 보내매 그들도 모여서 그를 따르고 또 사자들을 아셀과 스불론과 납달리에 보내매 그 무리도 올라와 그를 영접하더라

36 기드온이 하나님께 여쭈되 주께서

1)여호와는 평강이라

대면(6:22) 얼굴을 마주보고 대함.
처소(7:7) 사람이 살거나 임시로 머물러 있는 곳.

이미 말씀하심 같이 내 손으로 이스라엘을 구원하시려거든 6:14

37 보소서 내가 양털 한 뭉치를 타작 마당에 두리니 만일 이슬이 양털에만 있고 주변 땅은 마르면 주께서 이미 말씀하심 같이 내 손으로 이스라엘을 구원하실 줄을 내가 알겠나이다 하였더니

38 그대로 된지라 이튿날 기드온이 일찍이 일어나서 양털을 가져다가 그 양털에서 이슬을 짜니 물이 그릇에 가득하더라

39 기드온이 또 하나님께 여쭈되 주여 내게 노하지 마옵소서 내가 이번만 말하리이다 구하옵나니 내게 이번만 양털로 시험하게 하소서 원하건대 양털만 마르고 그 주변 땅에는 다 이슬이 있게 하옵소서 하였더니

40 그 밤에 하나님이 그대로 행하시니 곧 양털만 마르고 그 주변 땅에는 다 이슬이 있었더라

기드온이 미디안을 치다 · B.C. 1150년경

7 여룹바알이라 하는 기드온과 그를 따르는 모든 백성이 일찍이 일어나 하롯 샘 곁에 진을 쳤고 미디안의 진영은 그들의 북쪽이요 모레 산 앞 골짜기에 있었더라

2 ●여호와께서 기드온에게 이르시되 너를 따르는 백성이 너무 많은즉 내가 그들의 손에 미디안 사람을 넘겨 주지 아니하리니 이는 이스라엘이 나를 거슬러 스스로 자랑하기를 내 손이 나를 구원하였다 할까 함이니라 왕상 10:13

3 이제 너는 백성의 귀에 외쳐 이르되 누구든지 두려워 떠는 자는 길르앗 산

하롯 샘에서 흐르는 물 (7:1,5)

을 떠나 돌아가라 하라 하시니 이에 돌아간 백성이 이만 이천 명이요 남은 자가 만 명이었더라

4 ●여호와께서 또 기드온에게 이르시되 백성이 아직도 많으니 그들을 인도하여 물 가로 내려가라 거기서 내가 너를 위하여 그들을 시험하리라 내가 누구를 가리켜 네게 이르기를 이 사람이 너와 함께 가리라 하면 그는 너와 함께 갈 것이요 내가 누구를 가리켜 네게 이르기를 이 사람은 너와 함께 가지 말 것이니라 하면 그는 가지 말 것이니라 하신지라

5 이에 백성을 인도하여 물 가에 내려가매 여호와께서 기드온에게 이르시되 누구든지 개가 핥는 것 같이 혀로 물을 핥는 자들을 너는 따로 세우고 또 누구든지 무릎을 꿇고 마시는 자들도 그와 같이 하라 하시더니

6 손으로 움켜 입에 대고 핥는 자의 수는 삼백 명이요 그 외의 백성은 다 무릎을 꿇고 물을 마신지라

7 여호와께서 기드온에게 이르시되 내가 이 물을 핥아 먹은 삼백 명으로 너희를 구원하며 미디안을 네 손에 넘겨 주리니 남은 백성은 각각 자기의 처소로 돌아갈 것이니라 하시니 삼상 14:6

8 이에 백성이 양식과 나팔을 손에 든지라 기드온이 이스라엘 모든 백성을 각각 그의 장막으로 돌려보내고 그 삼백 명은 머물러 두니라 미디안 진영은 그 아래 골짜기 가운데에 있었더라

9 ●그 밤에 여호와께서 기드온에게 이르시되 일어나 진영으로 내려가라 내가 그것을 네 손에 넘겨 주었느니라

항아리에 횃불을
감춤(7:16)

10 만일 네가 내려가기를 두려워하거든 네 부하 부라와 함께 그 진영으로 내려가서

11 그들이 하는 말을 들으라 그 후에 네 손이 강하여져서 그 진영으로 내려가리라 하시니 기드온이 이에 그의 부하 부라와 함께 군대가 있는 진영 근처로 내려간즉

12 미디안과 아말렉과 동방의 모든 사람들이 골짜기에 누웠는데 메뚜기의 많은 수와 같고 그들의 낙타의 수가 많아 해변의 모래가 많음 같은지라

13 기드온이 그 곳에 이른즉 어떤 사람이 그의 친구에게 꿈을 말하여 이르기를 보라 내가 한 꿈을 꾸었는데 꿈에 보리떡 한 덩어리가 미디안 진영으로 굴러 들어와 한 장막에 이르러 그것을 쳐서 무너뜨려 위쪽으로 엎으니 그 장막이 쓰러지더라

14 그의 친구가 대답하여 이르되 이는 다른 것이 아니라 이스라엘 사람 요아스의 아들 기드온의 칼이라 하나님이 미디안과 그 모든 진영을 그의 손에 넘겨 주셨느니라 하더라

15 ●기드온이 그 꿈과 해몽하는 말을 듣고 경배하며 이스라엘 진영으로 돌아와 이르되 일어나라 여호와께서 미디안과 그 모든 진영을 너희 손에 넘겨 주셨느니라 하고 _삼상 15:31_

16 삼백 명을 세 대로 나누어 각 손에 나팔과 빈 항아리를 들리고 항아리 안에는 횃불을 감추게 하고

17 그들에게 이르되 너희는 나만 보고 내가 하는 대로 하되 내가 그 진영 근처에 이르러서 내가 하는 대로 너희도 그리하여

18 나와 나를 따르는 자가 다 나팔을 불거든 너희도 모든 진영 주위에서 나팔을 불며 이르기를 여호와를 위하라, 기드온을 위하라 하라 하니라

19 ●기드온과 그와 함께 한 백 명이 이경 초에 진영 근처에 이른즉 바로 파수꾼들을 교대한 때라 그들이 나팔을 불며 손에 가졌던 항아리를 부수니라

20 세 대가 나팔을 불며 항아리를 부수고 왼손에 횃불을 들고 오른손에 나팔을 들어 불며 외쳐 이르되 여호와와 기드온의 칼이다 하고

21 각기 제자리에 서서 그 진영을 에워싸매 그 온 진영의 군사들이 뛰고 부르짖으며 도망하였는데 _눅 14:25_

22 삼백 명이 나팔을 불 때에 여호와께서 그 온 진영에서 친구끼리 칼로 치게 하시므로 적군이 도망하여 스레라의 벧싯다에 이르고 또 답밧에 가까운 아벨므홀라의 경계에 이르렀으며

23 이스라엘 사람들은 납달리와 아셀과 온 므낫세에서부터 부름을 받고 미디안을 추격하였더라

24 ●기드온이 사자들을 보내서 에브라임 온 산지로 두루 다니게 하여 이르기를 내려와서 미디안을 치고 그들을 앞질러 벧 바라와 요단 강에 이르는 수로

300명의 군사로 미디안을 물리침(7:19-23)

를 점령하라 하매 이에 에브라임 사람들이 다 모여 벧 바라와 요단 강에 이르는 수로를 점령하고

25 또 미디안의 두 방백 오렙과 스엡을 사로잡아 오렙은 오렙 바위에서 죽이고 스엡은 스엡 포도주 틀에서 죽이고 미디안을 추격하였고 오렙과 스엡의 머리를 요단 강 건너편에서 기드온에게 가져왔더라 　사 10:26

기드온이 죽인 미디안 왕들

8 에브라임 사람들이 기드온에게 이르되 네가 미디안과 싸우러 갈 때에 우리를 부르지 아니하였으니 우리를 이같이 대접함은 어찌 됨이냐 하고 그와 크게 다투는지라

2 기드온이 그들에게 이르되 내가 이제 행한 일이 너희가 한 것에 비교되겠느냐 에브라임의 끝물 포도가 아비에셀의 맏물 포도보다 낫지 아니하냐

3 하나님이 미디안의 방백 오렙과 스엡을 너희 손에 넘겨 주셨으니 내가 한 일이 어찌 능히 너희가 한 것에 비교되겠느냐 하니라 기드온이 이 말을 하매 그 때에 그들의 노여움이 풀리니라

4 ●기드온과 그와 함께 한 자 삼백 명이 요단 강에 이르러 건너고 비록 피곤하나 추격하며

5 그가 숙곳 사람들에게 이르되 나를 따르는 백성이 피곤하니 청하건대 그들에게 떡덩이를 주라 나는 미디안의 왕들인 세바와 살문나의 뒤를 추격하고 있노라 하니

8 에는 무엇이 기록되어 있을까?

기드온과 삼백 명의 용사들은 전쟁에서 도망한 미디안의 군대를 계속 좇아갔어요. 결국 기드온은 추격에 성공해 형제들을 죽인 세바와 살문나 왕을 죽이고, 그들을 조롱한 숙곳과 브누엘에 처벌하였지요. 이스라엘 사람들은 기드온을 왕으로 세우려고 했지만, 기드온은 하나님만이 이스라엘을 다스리실 분이라며 거절했습니다.

6 숙곳의 방백들이 이르되 세바와 살문나의 손이 지금 네 손 안에 있다는거냐 어찌 우리가 네 군대에게 떡을 주겠느냐 하는지라 　8:15

7 기드온이 이르되 그러면 여호와께서 세바와 살문나를 내 손에 넘겨 주신 후에 내가 들가시와 찔레로 너희 살을 찢으리라 하고 　7:15

8 거기서 브누엘로 올라가서 그들에게도 그같이 구한즉 브누엘 사람들의 대답도 숙곳 사람들의 대답과 같은지라

9 기드온이 또 브누엘 사람들에게 말하여 이르되 내가 평안히 돌아올 때에 이 망대를 헐리라 하니라 　8:18

10 ●이 때에 세바와 살문나가 갈골에 있는데 동방 사람의 모든 군대 중에 칼든 자 십이만 명이 죽었고 그 남은 만 오천 명가량은 그들을 따라와서 거기에 있더라

11 적군이 안심하고 있는 중에 기드온이 노바와 욕브하 동쪽 장막에 거주하는 자의 길로 올라가서 그 진영을 치니

12 세바와 살문나가 도망하는지라 기드온이 그들의 뒤를 추격하여 미디안의 두 왕 세바와 살문나를 사로잡고 그 온 진영을 격파하니라

13 ●요아스의 아들 기드온이 헤레스 비탈 전장에서 돌아오다가

14 숙곳 사람 중 한 소년을 잡아 그를 심문하매 그가 숙곳의 방백들과 장로들 칠십칠 명을 그에게 적어 준지라

15 기드온이 숙곳 사람들에게 이르러 말하되 너희가 전에 나를 희롱하여 이르기를 세바와 살문나의 손이 지금 네 손 안에 있다는거냐 어찌 우리가 네 피곤한 사람들에게 떡을 주겠느냐 한 그 세바와 살문나를 보라 하고 　8:6

16 그 성읍의 장로들을 붙잡고 들가시와 찔레로 숙곳 사람들을 징벌하며

17 브누엘 망대를 헐며 그 성읍 사람들을 죽이니라

18 ●이에 그가 세바와 살문나에게 말하되 너희가 다볼에서 죽인 자들은 어떠

한 사람들이더냐 하니 대답하되 그들이 너와 같아서 하나 같이 왕자들의 모습과 같더라 하니라

19 그가 이르되 그들은 내 형제들이며 내 어머니의 아들들이니라 여호와께서 살아 계심을 두고 맹세하노니 너희가 만일 그들을 살렸더라면 나도 너희를 죽이지 아니하였으리라 하고

20 그의 맏아들 여델에게 이르되 일어나 그들을 죽이라 하였으나 그 소년이 그의 칼을 빼지 못하였으니 이는 아직 어려서 두려워함이었더라

21 세바와 살문나가 이르되 네가 일어나 우리를 치라 사람이 어떠하면 그의 힘도 그러하니라 하니 기드온이 일어나 세바와 살문나를 죽이고 그들의 낙타 목에 있던 초승달 장식들을 떼어서 가지니라

22 ● 그 때에 이스라엘 사람들이 기드온에게 이르되 당신이 우리를 미디안의 손에서 구원하셨으니 당신과 당신의 아들과 당신의 손자가 우리를 다스리소서 하는지라

23 기드온이 그들에게 이르되 내가 너희를 다스리지 아니하겠고 나의 아들도 너희를 다스리지 아니할 것이요 여호와께서 너희를 다스리시리라 하니라

24 기드온이 또 그들에게 이르되 내가 너희에게 요청할 일이 있으니 너희는 각기 탈취한 귀고리를 내게 줄지니라 하였으니 이는 그들이 이스마엘 사람들이므로 금 귀고리가 있었음이라

25 무리가 대답하되 우리가 즐거이 드리리이다 하고 겉옷을 펴고 각기 탈취한 귀고리를 그 가운데에 던지니

26 기드온이 요청한 금 귀고리의 무게가 금 천칠백 세겔이요 그 외에 초승달 장식들과 패물과 미디안 왕들이 입었던 자색의복과 또 그 외에 그들의 낙타 목에 둘렸던 사슬이 있었더라

27 기드온이 그 금으로 에봇 하나를 만들어 자기의 성읍 오브라에 두었더니 온 이스라엘이 그것을 음란하게 위하므로 그것이 기드온과 그의 집에 올무가 되니라

28 미디안이 이스라엘 자손 앞에 복종하여 다시는 그 머리를 들지 못하였으므로 기드온이 사는 사십 년 동안 그 땅이 평온하였더라

기드온이 죽다

29 ● 요아스의 아들 여룹바알이 돌아가서 자기 집에 거주하였는데

30 기드온이 아내가 많으므로 그의 몸에서 낳은 아들이 칠십 명이었고

31 세겜에 있는 그의 첩도 아들을 낳았으므로 그 이름을 아비멜렉이라 하였더라

32 요아스의 아들 기드온이 나이가 많아 죽으매 아비에셀 사람의 오브라에 있는 그의 아버지 요아스의 묘실에 장사되었더라

33 ● 기드온이 이미 죽으매 이스라엘 자손이 돌아서서 바알들을 따라가 음행하였으며 또 바알브릿을 자기들의 신으로 삼고

34 이스라엘 자손이 주위의 모든 원수들의 손에서 자기들을 건져내신 여호와 자기들의 하나님을 기억하지 아니하며

35 또 여룹바알이라 하는 기드온이 이스

이스라엘의 사사들 Ⅰ(3-8장)

하나님은 여자, 왼손잡이, 소 모는 사람처럼 당시 천대 받는 위치에 있던 사람들을 사사로 세우셨다.

사사명	성경본문	지파	압제자	속박 기간	태평 기간	특징
옷니엘	3:9-11	유다	메소포타미아 왕 구산 리사다임	8년	40년	첫 사사, 갈렙의 조카
에훗	3:12-30	베냐민	모압 왕 에글론	18년	80년	왼손잡이, 칼로 에글론을 죽임
삼갈	3:31		블레셋	-	-	소 모는 막대기로 600명을 죽임
드보라	4:4-5:31	에브라임	가나안 왕 야빈	20년	40년	여 사사, 바락과 함께 시스라의 군대를 물리침
기드온	6:11-8:35	므낫세	미디안	7년	40년	바알의 단을 훼파함(여룹바알이라 함) 삼백 명의 용사로 승리함 아들을 둠, 왕위를 거절함

라엘에 베푼 모든 은혜를 따라 그의 집
을 후대하지도 아니하였더라

아비멜렉——B.C. 1115년경

9 여룹바알의 아들 아비멜렉이 세겜
에 가서 그의 어머니의 형제에게
이르러 그들과 그의 외조부의 집의 온
가족에게 말하여 이르되

2 청하노니 너희는 세겜의 모든 사람들의
귀에 말하라 여룹바알의 아들 칠십 명이
다 너희를 다스림과 한 사람이 너희를
다스림이 어느 것이 너희에게 나으냐 또
나는 너희와 골육임을 기억하라 하니

3 그의 어머니의 형제들이 그를 위하여
이 모든 말을 세겜의 모든 사람들의
귀에 말하매 그들의 마음이 아비멜렉
에게로 기울어서 이르기를 그는 우리
형제라 하고

4 바알브릿 신전에서 은 칠십 개를 내어
그에게 주매 아비멜렉이 그것으로 방
탕하고 경박한 사람들을 사서 자기를
따르게 하고

5 오브라에 있는 그의 아버지의 집으로
가서 여룹바알의 아들 곧 자기 형제
칠십 명을 한 바위 위에서 죽였으되
다만 여룹바알의 막내 아들 요담은 스
스로 숨었으므로 남으니라

6 세겜의 모든 사람과 밀로 모든 족속이
모여서 세겜에 있는 상수리나무 기둥
곁에서 아비멜렉을 왕으로 삼으니라

7 ●사람들이 요담에게 그 일을 알리매 요
담이 그리심 산 꼭대기로 가서 서서 그
의 목소리를 높여 그들에게 외쳐 이르되
세겜 사람들아 내 말을 들으라 그리하

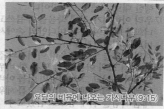

요담의 비유에 나오는 가시나무 (9:15)

여야 하나님이 너희의 말을 들으시리라

8 하루는 나무들이 나가서 기름을 부어
자신들 위에 왕으로 삼으려 하여 감람
나무에게 이르되 너는 우리 위에 왕이
되라 하매

9 감람나무가 그들에게 이르되 내게 있
는 나의 기름은 하나님과 사람을 영화
롭게 하나니 내가 어찌 그것을 버리고
가서 나무들 위에 우쭐대리요 한지라

10 나무들이 또 무화과나무에게 이르되
너는 와서 우리 위에 왕이 되라 하매

11 무화과나무가 그들에게 이르되 나의
단 것과 나의 아름다운 열매를 내가 어
찌 버리고 가서 나무들 위에 우쭐대리
요 한지라

12 나무들이 또 포도나무에게 이르되 너
는 와서 우리 위에 왕이 되라 하매

13 포도나무가 그들에게 이르되 하나님
과 사람을 기쁘게 하는 내 포도주를 내
가 어찌 버리고 가서 나무들 위에 우쭐
대리요 한지라

14 이에 모든 나무가 가시나무에게 이르
되 너는 와서 우리 위에 왕이 되라 하매

15 가시나무가 나무들에게 이르되 너희
가 참으로 내게 기름을 부어 너희 위에 왕
위에 왕으로 삼겠거든 와서 내 그늘에
피하라 그리하지 아니하면 불이 가시
나무에서 나와서 레바논의 백향목을
사를 것이니라 하였느니라

16 이제 너희가 아비멜렉을 세워 왕으로
삼았으니 너희가 행한 것이 과연 진실
하고 의로우냐 이것이 여룹바알과 그
의 집을 선대함이냐 이것이 그의 손이

행한 대로 그에게 보답함이냐

17 우리 아버지가 전에 죽음을 무릅쓰고 너희를 위하여 싸워 미디안의 손에서 너희를 건져냈거늘

18 너희가 오늘 일어나 우리 아버지의 집을 쳐서 그의 아들 칠십 명을 한 바위 위에서 죽이고 그의 여종의 아들 아비멜렉이 너희 형제가 된다고 그를 세워 세겜 사람들 위에 왕으로 삼았도다

19 만일 너희가 오늘 여룹바알과 그의 집을 대접한 것이 진실하고 의로운 일이면 너희가 아비멜렉으로 말미암아 기뻐할 것이요 아비멜렉도 너희로 말미암아 기뻐하려니와

20 그렇지 아니하면 아비멜렉에게서 불이 나와서 세겜 사람들과 밀로의 집을 사를 것이요 세겜 사람들과 밀로의 집에서도 불이 나와 아비멜렉을 사를 것이니라 하고

21 요담이 그의 형제 아비멜렉 앞에서 도망하여 피해서 브엘로 가서 거기에 거주하니라

22 ●아비멜렉이 이스라엘을 다스린 지 삼 년에

23 하나님이 아비멜렉과 세겜 사람들 사이에 악한 영을 보내시매 세겜 사람들이 아비멜렉을 배반하였으니 삼상 16:14

24 이는 여룹바알의 아들 칠십 명에게 저지른 포학한 일을 갚되 그들을 죽여 피 흘린 죄를 그들의 형제 아비멜렉과 아비멜렉의 손을 도와 그의 형제들을 죽이게 한 세겜 사람들에게로 돌아가게 하심이라

25 세겜 사람들이 산들의 꼭대기에 사람을 매복시켜 아비멜렉을 엿보게 하고 그 길로 지나는 모든 자를 다 강탈하게 하니 어떤 사람이 그것을 아비멜렉에게 알리니라

26 ●에벳의 아들 가알이 그의 형제와 더불어 세겜에 이르니 세겜 사람들이 그를 신뢰하니라

27 그들이 밭에 가서 포도를 거두어다가 밟아 짜서 연회를 베풀고 그들의 신당에 들어가서 먹고 마시며 아비멜렉을 저주하니

28 에벳의 아들 가알이 이르되 아비멜렉은 누구며 세겜은 누구기에 우리가 아비멜렉을 섬기리요 그가 여룹바알의 아들이 아니냐 그의 신복은 스불이 아니냐 차라리 세겜의 아버지 하몰의 후손을 섬길 것이라 우리가 어찌 아비멜렉을 섬기리요 창 34:2, 6

29 이 백성이 내 수하에 있었더라면 내가 아비멜렉을 제거하였으리라 하고 아비멜렉에게 이르되 네 군대를 증원해서 나오라 하니라

30 ●그 성읍의 방백 스불이 에벳의 아들 가알의 말을 듣고 노하여

31 사자들을 아비멜렉에게 가만히 보내어 이르되 보소서 에벳의 아들 가알과 그의 형제들이 세겜에 이르러 그 성읍이 당신을 대적하려 하니

32 당신은 당신과 함께 있는 백성과 더불어 밤에 일어나 밭에 매복하였다가

33 아침 해 뜰 때에 당신이 일찍 일어나 이 성읍을 엄습하면 가알 및 그와 함께 있는 백성이 나와서 당신을 대적하리니 당신은 기회를 보아 그에게 행하소서 하니

34 ●아비멜렉과 그와 함께 있는 모든 백성이 밤에 일어나 네 떼로 나누어 세겜에 맞서 매복하였더니

35 에벳의 아들 가알이 나와서 성읍 문 입구에 설 때에 아비멜렉과 그와 함께 있는 백성이 매복하였던 곳에서 일어난지라

36 가알이 그 백성을 보고 스불에게 이르

보답(9:16) 남의 은혜를 갚음.
포학(9:24) 횡포하고 잔학함.
매복(9:25) 몰래 숨어 있음.
연회(9:27) 축하, 위로, 환영, 석별 등을 위하여 여러 사람이 모여 베푸는 잔치.

신복(9:28) 임금을 섬기는 벼슬자리에 있는 사람. 신하.
엄습(9:33) 갑자기 습격함.
돌격(9:44) 불시에 덤비어 침. 돌진하여 공격함.
망대(9:46) 움직임을 살펴보는 높은 대.

되 보라 백성이 산 꼭대기에서부터 내려오는도다 하니 스불이 그에게 이르되 네가 산 그림자를 사람으로 보았느니라 하는지라

37 가알이 다시 말하여 이르되 보라 백성이 밭 가운데를 따라 내려오고 또 한 떼는 므오느님 상수리나무 길을 따라 오는도다 하니

38 스불이 그에게 이르되 네가 전에 말하기를 아비멜렉이 누구이기에 우리가 그를 섬기리요 하던 그 입이 이제 어디 있느냐 이들이 네가 업신여기던 그 백성이 아니냐 청하노니 이제 나가서 그들과 싸우라 하니   9:28, 29

39 가알이 세겜 사람들보다 앞에 서서 나가 아비멜렉과 싸우다가

40 아비멜렉이 그를 추격하니 그 앞에서 도망하였고 부상하여 엎드러진 자가 많아 성문 입구까지 이르렀더라

41 아비멜렉은 아루마에 거주하고 스불은 가알과 그의 형제들을 쫓아내어 세겜에 거주하지 못하게 하더니

42 이튿날 백성이 밭으로 나오매 사람들이 그것을 아비멜렉에게 알리니라

43 아비멜렉이 자기 백성을 세 무리로 나누어 밭에 매복시켰더니 백성이 성에서 나오는 것을 보고 일어나 그들을 치되

44 아비멜렉과 그 떼는 돌격하여 성문 입구에 서고 두 무리는 밭에 있는 자들에게 돌격하여 그들을 죽이니

45 아비멜렉이 그 날 종일토록 그 성을 쳐

견고한 망대(9:51)

서 마침내는 점령하고 거기 있는 백성을 죽이며 그 성을 헐고 소금을 뿌리니라

46 ●세겜 망대의 모든 사람들이 이를 듣고 엘브릿 신전의 보루로 들어갔더니

47 세겜 망대의 모든 사람들이 모인 것이 아비멜렉에게 알려지매

48 아비멜렉 및 그와 함께 있는 모든 백성이 살몬 산에 오르고 아비멜렉이 손에 도끼를 들고 나뭇가지를 찍어 그것을 들어 올려 자기 어깨에 메고 그와 함께 있는 백성에게 이르되 너희는 내가 행하는 것을 보나니 빨리 나와 같이 행하라 하니

49 모든 백성들도 각각 나뭇가지를 찍어서 아비멜렉을 따라 보루 위에 놓고 그것들이 얹혀 있는 보루에 불을 놓으매 세겜 망대에 있는 사람들이 다 죽었으니 남녀가 약 천 명이었더라

50 ●아비멜렉이 데베스에 가서 데베스에 맞서 진 치고 그것을 점령하였더니

51 성읍 중에 견고한 망대가 있으므로 그 성읍 백성의 남녀가 모두 그리로 도망하여 들어가서 문을 잠그고 망대 꼭대

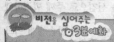

기로 올라간지라

52 아비멜렉이 망대 앞에 이르러 공격하며 망대의 문에 가까이 나아가서 그것을 불사르려 하더니

53 한 여인이 맷돌 위짝을 아비멜렉의 머리 위에 내려 던져 그의 두개골을 깨뜨리니

54 아비멜렉이 자기의 무기를 든 청년을 급히 불러 그에게 이르되 너는 칼을 빼어 나를 죽이라 사람들이 나를 가리켜 이르기를 여자가 그를 죽였다 할까 하노라 하니 그 청년이 그를 찌르매 그가 죽은지라

55 이스라엘 사람들이 아비멜렉이 죽은 것을 보고 각각 자기 처소로 떠나갔더라

56 아비멜렉이 그의 형제 칠십 명을 죽여 자기 아버지에게 행한 악행을 하나님이 이같이 갚으셨고

57 또 세겜 사람들의 모든 악행을 하나님이 그들의 머리에 갚으셨으니 여룹바알의 아들 요담의 저주가 그들에게 응하니라

시돈 동전
(10:12)

10 아비멜렉의 뒤를 이어서 잇사갈 사람 도도의 손자 부아의 아들 돌라가 일어나서 이스라엘을 구원하니라 그가 에브라임 산지 사밀에 거주하면서

2 이스라엘의 사사가 된 지 이십삼 년 만에 죽으매 사밀에 장사되었더라

3 ●그 후에 길르앗 사람 야일이 일어나서 이십이 년 동안 이스라엘의 사사가 되니라

4 그에게 아들 삼십 명이 있어 어린 나귀 삼십을 탔고 성읍 삼십을 가졌는데 그 성읍들은 길르앗 땅에 있고 오늘까지

B.C. 1115년경

1)하봇야일이라 부르더라

5 야일이 죽으매 가몬에 장사되었더라

6 ●이스라엘 자손이 다시 여호와의 목전에 악을 행하여 바알들과 아스다롯과 아람의 신들과 시돈의 신들과 모압의 신들과 암몬 자손의 신들과 블레셋 사람들의 신들을 섬기고 여호와를 버리고 그를 섬기지 아니하므로

7 여호와께서 이스라엘에게 진노하사 블레셋 사람들의 손과 암몬 자손의 손에 그들을 파시매

8 그 해에 그들이 요단 강 저쪽 길르앗에 있는 아모리 족속의 땅에 있는 모든 이스라엘 자손을 쳤으며 열여덟 해 동안 억압하여

9 암몬 자손이 또 요단을 건너서 유다와 베냐민과 에브라임 족속과 싸우므로 이스라엘의 곤고가 심하였더라

10 ●이스라엘 자손이 여호와께 부르짖어 이르되 우리가 우리 하나님을 버리고 바알들을 섬김으로 주께 범죄하였나이다 하니

11 여호와께서 이스라엘 자손에게 이르시되 내가 애굽 사람과 아모리 사람과 암몬 자손과 블레셋 사람에게서 너희를 구원하지 아니하였느냐

12 또 시돈 사람과 아말렉 사람과 마온 사람이 너희를 압제할 때에 너희가 내게 부르짖으므로 내가 너희를 그들의 손에서 구원하였거늘

신 3:16

신 3:14

삿 2:13

삿 3:7

10장 에는 무엇이 기록되어 있을까?

10장의 앞부분에서는 사사 돌라와 야일을 소개하고 있어요. 6절부터는 사사 입다가 등장하기 전, 이스라엘이 암몬 족속으로부터 고통당하는 모습을 볼 수 있지요. 이러한 고통의 원인은 이스라엘이 하나님이 아닌 다른 신을 섬겼기 때문이었어요.

1)야일의 동네

13 너희가 나를 버리고 다른 신들을 섬기니 그러므로 내가 다시는 너희를 구원하지 아니하리라

14 가서 너희가 택한 신들에게 부르짖어 너희의 환난 때에 그들이 너희를 구원하게 하라 하신지라

15 이스라엘 자손이 여호와께 여쭈되 우리가 범죄하였사오니 주께서 보시기에 좋은 대로 우리에게 행하시려니와 오직 주께 구하옵나니 오늘 우리를 건져내옵소서 하고

삼상 3:18

16 자기 가운데에서 이방 신들을 제하여 버리고 여호와를 섬기매 여호와께서 이스라엘의 곤고로 말미암아 마음에 근심하시니라

17 ●그 때에 암몬 자손이 모여서 길르앗에 진을 쳤으므로 이스라엘 자손도 모여서 미스바에 진을 치고

18 길르앗 백성과 방백들이 서로 이르되 누가 먼저 나가서 암몬 자손과 싸움을 시작하랴 그가 길르앗 모든 주민의 머리가 되리라 하니라

11 길르앗 사람 입다는 큰 용사였으니 기생이 길르앗에게서 낳은 아들이었고

2 길르앗의 아내도 그의 아들들을 낳았더라 그 아내의 아들들이 자라매 입다를 쫓아내며 그에게 이르되 너는 다른 여인의 자식이니 우리 아버지의 집에서 기업을 잇지 못하리라 한지라

3 이에 입다가 그의 형제들을 피하여 돕 땅에 거주하매 잡류가 그에게로 모여 와서 그와 함께 출입하였더라

로마 상식

미스바

'망루'라는 뜻인데, 이 이름을 가진 장소는 여러 곳이 있어요. 입다의 본부는 길르앗에 있는 한 요새(11:11)로서 '길르앗 미스베'라고 불렸습니다(11:29). 이곳은 벤산에서 동쪽으로 약 50km 떨어진 라맛 미스바와 같은 장소랍니다.

10장 17절

4 ●얼마 후에 암몬 자손이 이스라엘을 치려 하니라

10:9, 17

5 암몬 자손이 이스라엘을 치려 할 때에 길르앗 장로들이 입다를 데려오려고 돕 땅에 가서

6 입다에게 이르되 우리가 암몬 자손과 싸우려 하니 당신은 와서 우리의 장관이 되라 하니

7 입다가 길르앗 장로들에게 이르되 너희가 전에 나를 미워하여 내 아버지 집에서 쫓아내지 아니하였느냐 이제 너희가 환난을 당하였다고 어찌하여 내게 왔느냐 하니라

8 그러므로 길르앗 장로들이 입다에게 이르되 이제 우리가 당신을 찾아온 것은 우리와 함께 가서 암몬 자손과 싸우게 하려 함이니 그리하면 당신이 우리 길르앗 모든 주민의 머리가 되리라 하매

9 입다가 길르앗 장로들에게 이르되 너희가 나를 데리고 고향으로 돌아가서 암몬 자손과 싸우게 할 때에 만일 여호와께서 그들을 내게 넘겨 주시면 내가 과연 너희의 머리가 되겠느냐 하니

10 길르앗 장로들이 입다에게 이르되 여호와는 우리 사이의 증인이시니 당신의 말대로 우리가 그렇게 행하리이다 하니라

11 이에 입다가 길르앗 장로들과 함께 가니 백성이 그를 자기들의 머리와 장관을 삼은지라 입다가 미스바에서 자기의 말을 다 여호와 앞에 아뢰니라

12 ●입다가 암몬 자손의 왕에게 사자들을 보내 이르되 네가 나와서 무슨 상관이 있기에 내 땅을 치러 내게 왔느냐 하니

13 암몬 자손의 왕이 입다의 사자들에게 대답하되 이스라엘이 애굽에서 올라

11장에는 무엇이 기록되어 있을까?

길르앗 사람 입다는 암몬 사람들이 이스라엘을 공격하려 할 때 사사로 세워졌어요. 입다는 암몬과 평화적으로 문제를 해결하고 싶었지만, 암몬 왕은 받아들이지 않았어요. 이에 암몬과의 전쟁에서 입다는 큰 승리를 거두게 되었지만, 자신의 서원대로 외동딸을 번제물로 바쳐야 하는 큰 비극을 겪게 되었답니다.

올 때에 아르논에서부터 얍복과 요단까지 내 땅을 점령했기 때문이니 이제 그것을 평화롭게 돌려 달라 하니라

14 입다가 암몬 자손의 왕에게 다시 사자들을 보내

15 그에게 이르되 입다가 이같이 말하노라 이스라엘이 모압 땅과 암몬 자손의 땅을 점령하지 아니하였느니라

16 이스라엘이 애굽에서 올라올 때에 광야로 행하여 홍해에 이르고 가데스에 이르러서는

17 이스라엘이 사자들을 에돔 왕에게 보내어 이르기를 청하건대 나를 네 땅 가운데로 지나게 하라 하였으나 에돔 왕이 이를 듣지 아니하였고 또 그와 같이 사람을 모압 왕에게도 보냈으나 그도 허락하지 아니하므로 이스라엘이 가데스에 머물렀더니

18 그 후에 광야를 지나 에돔 땅과 모압 땅을 돌아서 모압 땅의 해 뜨는 쪽으로 들어가 아르논 저쪽에 진 쳤고 아르논은 모압의 경계이므로 모압 지역 안에는 들어가지 아니하였으며

19 이스라엘이 헤스본 왕 곧 아모리 족속의 왕 시혼에게 사자들을 보내어 그에게 이르되 청하건대 우리를 당신의 땅으로 지나 우리의 곳에 이르게 하라 하였으나

20 시혼이 이스라엘을 믿지 아니하여 그의 지역으로 지나지 못하게 할 뿐 아니라 그의 모든 백성을 모아 야하스에 진 치고 이스라엘을 치므로

21 이스라엘의 하나님 여호와께서 시혼과 그의 모든 백성을 이스라엘의 손에 넘겨 주시매 이스라엘이 그들을 쳐서 그 땅 주민 아모리 족속의 온 땅을 점령하되

22 아르논에서부터 얍복까지와 광야에서부터 요단까지 아모리 족속의 온 지역을 점령하였느니라

23 이스라엘의 하나님 여호와께서 이같이 아모리 족속을 자기 백성 이스라엘 앞에서 쫓아내셨거늘 네가 그 땅을 얻고자 하는 것이 옳으냐

24 네 신 그모스가 네게 주어 차지하게 한 것을 네가 차지하지 아니하겠느냐 우리 하나님 여호와께서 우리 앞에서 어떤 사람이든지 쫓아내시면 그것을 우리가 차지하리라

25 이제 네가 모압 왕 십볼의 아들 발락보다 더 나은 것이 있느냐 그가 이스라엘과 더불어 다툰 일이 있었느냐 싸운 일이 있었느냐

26 이스라엘이 헤스본과 그 마을들과 아로엘과 그 마을들과 아르논 강 가에 있는 모든 성읍에 거주한 지 삼백 년이거늘 그 동안에 너희가 어찌하여 도로 찾지 아니하였느냐 신 2:36

27 내가 네게 죄를 짓지 아니하였거늘 네가 나를 쳐서 내게 악을 행하고자 하는도다 원하건대 심판하시는 여호와께서 오늘 이스라엘 자손과 암몬 자손 사이에 판결하시옵소서 하였으나

28 암몬 자손의 왕이 입다가 사람을 보내어 말한 것을 듣지 아니하였더라

29 ●이에 여호와의 영이 입다에게 임하시니 입다가 길르앗과 므낫세를 지나서 길르앗의 미스베에 이르고 길르앗의 미스베에서부터 암몬 자손에게로

나아갈 때에

3:10

30 그가 여호와께 서원하여 이르되 주께서 과연 암몬 자손을 내 손에 넘겨 주시면

31 내가 암몬 자손에게서 평안히 돌아올 때에 누구든지 내 집 문에서 나와서 나를 영접하는 그는 여호와께 돌릴 것이니 내가 그를 번제물로 드리겠나이다 하니라

32 이에 입다가 암몬 자손에게 이르러 그들과 싸우더니 여호와께서 그들을 그의 손에 넘겨 주시매

33 아로엘에서부터 민닛에 이르기까지 이십 성읍을 치고 또 아벨 그라밈까지 매우 크게 무찌르니 이에 암몬 자손이 이스라엘 자손 앞에 항복하였더라

입다의 딸

34 ●입다가 미스바에 있는 자기 집에 이를 때에 보라 그의 딸이 소고를 잡고 춤추며 나와서 영접하니 이는 그의 무남독녀라

렘 31:4

35 입다가 이를 보고 자기 옷을 찢으며 이르되 어찌할꼬 내 딸이여 너는 나를 참담하게 하는 자요 너는 나를 괴롭게 하는 자 중의 하나로다 내가 여호와를 향하여 입을 열었으니 능히 돌이키지 못하리로다 하니

36 딸이 그에게 이르되 나의 아버지여 아버지께서 여호와를 향하여 입을 여셨으니 아버지의 입에서 낸 말씀대로 내게 행하소서 이는 여호와께서 아버지를 위하여 아버지의 대적 암몬 자손에게 원수를 갚으셨음이니이다 하니라

37 또 그의 아버지에게 이르되 이 일만 내게 허락하사 나를 두 달만 버려 두소서 내가 내 여자 친구들과 산에 가서 나

의 처녀로 죽음을 인하여 애곡하겠나이다 하니

38 그가 이르되 가라 하고 두 달을 기한하고 그를 보내니 그가 그 여자 친구들과 가서 산 위에서 처녀로 죽음을 인하여 애곡하고

39 두 달 만에 그의 아버지에게로 돌아온지라 그는 자기가 서원한 대로 딸에게 행하니 딸이 남자를 알지 못하였더라 이것이 이스라엘에 관습이 되어

40 이스라엘의 딸들이 해마다 가서 길르앗 사람 입다의 딸을 위하여 나흘씩 애곡하더라

입다와 에브라임 사람들 · B.C. 1105년경

12

에브라임 사람들이 모여 북쪽으로 가서 입다에게 이르되 네가 암몬 자손과 싸우러 건너갈 때에 어찌하여 우리를 불러 너와 함께 가게 하지 아니하였느냐 우리가 반드시 너와 네 집을 불사르리라 하니

8:1

2 입다가 그들에게 이르되 나와 내 백성이 암몬 자손과 크게 싸울 때에 내가 너희를 부르되 너희가 나를 그들의 손에서 구원하지 아니한 고로

3 나는 너희가 도와 주지 아니하는 것을 보고 내 목숨을 돌보지 아니하고 건너가서 암몬 자손을 쳤더니 여호와께서 그들을 내 손에 넘겨 주셨거늘 너희가 어찌하여 오늘 내게 올라와서 나와 더불어 싸우고자 하느냐 하니라

4 입다가 길르앗 사람을 다 모으고 에브라임과 싸웠으며 길르앗 사람들이 에브라임을 쳐서 무찔렀으니 이는 에브

서원(11:30) 맹세하여 소원을 세움. 여기서는 하나님께 드리는 약속을 말한다.

평안(11:31) 무사하여 마음에 걱정이 없음.

소고(11:34) 가죽으로 만든 타악기.

영접(11:34) 손님을 맞아 접대함.

무남독녀(11:34) 아들이 없는 집안의 외동딸.

참담(11:35) 가슴이 아플 정도로 비참함.

애곡(11:38) 소리내어 슬피 욺.

관습(11:39) 사회적으로 인정된 질서나 습관.

12장 에는 무엇이 기록되어 있을까?

에브라임 사람들은 기드온이 미디안을 무찔렀을 때(8:1)처럼 입다의 승리를 시기했어요. 입다는 기드온과 달리 길르앗 사람을 모두 모아 에브라임과 싸웠지요. 이 사건은 당시 이스라엘이 같은 종족끼리도 사이가 좋지 않았음을 말해주고 있어요. 입다가 죽은 후에는 입산, 엘론, 압돈이 사사가 되었습니다.

요단 강 나루터(12:5-6)

라임의 말이 너희 길르앗 사람은 본래 에브라임에서 도망한 자로서 에브라임과 므낫세 중에 있다 하였음이라

5 길르앗 사람이 에브라임 사람보다 앞서 요단 강 나루턱을 장악하고 에브라임 사람의 도망하는 자가 말하기를 청하건대 나를 건너가게 하라 하면 길르앗 사람이 그에게 묻기를 네가 에브라임 사람이냐 하여 그가 만일 아니라 하면

6 그에게 이르기를 쉽볼렛이라 발음하라 하여 에브라임 사람이 그렇게 바로 말하지 못하고 십볼렛이라 발음하면 길르앗 사람이 곧 그를 잡아서 요단 강 나루턱에서 죽였더라 그 때에 에브라임 사람의 죽은 자가 사만 이천 명이었더라

7 ●입다가 이스라엘의 사사가 된 지 육 년이라 길르앗 사람 입다가 죽으매 길르앗에 있는 그의 성읍에 장사되었더라

나나 입산

8 ●그 뒤를 이어 베들레헴의 입산이 이스라엘의 사사가 되었더라

9 그가 아들 삼십 명과 딸 삼십 명을 두었더니 그가 딸들을 밖으로 시집 보내고 아들들을 위하여는 밖에서 여자 삼십 명을 데려왔더라 그가 이스라엘의 사사가 된 지 칠 년이라

10 입산이 죽으매 베들레헴에 장사되었더라

11 ●그 뒤를 이어 스불론 사람 엘론이 이스라엘의 사사가 되어 십 년 동안 이스

쉽볼렛(12:6) '이삭', 또는 '폭풍우'란 뜻 여기서는 길르앗 사람들이 요단 강가에서 도망가는 에브라임 사람들을 붙잡기 위한 암호로 사용되었다.

라엘을 다스렸더라

12 스불론 사람 엘론이 죽으매 스불론 땅 아얄론에 장사되었더라

나나 압돈

13 ●그 뒤를 이어 비라돈 사람 힐렐의 아들 압돈이 이스라엘의 사사가 되었더라

14 그에게 아들 사십 명과 손자 삼십 명이 있어 어린 나귀 칠십 마리를 탔더라 압돈이 이스라엘의 사사가 된 지 팔 년이라

15 비라돈 사람 힐렐의 아들 압돈이 죽으매 에브라임 땅 아말렉 사람의 산지 비라돈에 장사되었더라

삼손이 태어나다

13 이스라엘 자손이 다시 여호와의 목전에 악을 행하였으므로 여호와께서 그들을 사십 년 동안 블레셋 사람의 손에 넘겨 주시니라

2 소라 땅에 단 지파의 가족 중에 마노아라 이름하는 자가 있더라 그의 아내가 임신하지 못하므로 출산하지 못하더니

3 여호와의 사자가 그 여인에게 나타나서 그에게 이르시되 보라 네가 본래 임신하지 못하므로 출산하지 못하였으나 이제 임신하여 아들을 낳으리니

4 그러므로 너는 삼가 포도주와 독주를 마시지 말며 어떤 부정한 것도 먹지 말지니라

5 보라 네가 임신하여 아들을 낳으리니 그의 머리 위에 삭도를 대지 말라 이 아이는 태에서 나옴으로부터 하나님께 바쳐진 나실인이 됨이라 그가 블레셋

13장 에는 무엇이 기록되어 있을까?

13-16장은 삼손의 이야기를 기록하고 있어요. 삼손은 다른 사사들과는 달리 태어나기 전부터 하나님의 특별한 뜻에 의해 나실인으로 구별되었어요. 삼손이 태어날 당시는 블레셋이 이스라엘을 다스리고 있었지요. 하나님은 삼손을 통해 블레셋으로부터 이스라엘을 구원할 계획을 갖고 계셨답니다.

사람의 손에서 이스라엘을 구원하기 시작하리라 하시니

6 이에 그 여인이 가서 그의 남편에게 말하여 이르되 하나님의 사람이 내게 오셨는데 그의 모습이 하나님의 사자의 용모 같아서 심히 두려우므로 어디서부터 왔는지를 내가 묻지 못하였고 그도 자기 이름을 내게 이르지 아니하였으며

7 그가 내게 이르기를 보라 네가 임신하여 아들을 낳으리니 이제 포도주와 독주를 마시지 말며 어떤 부정한 것도 먹지 말라 이 아이는 태에서부터 그가 죽는 날까지 하나님께 바쳐진 나실인이 됨이라 하더이다 하니라

8 ●마노아가 여호와께 기도하여 이르되 주여 구하옵나니 주께서 보내셨던 하나님의 사람을 우리에게 다시 오게 하사 우리가 그 낳을 아이에게 어떻게 행할지를 우리에게 가르치게 하소서 하니

9 하나님이 마노아의 목소리를 들으시니라 여인이 밭에 앉았을 때에 하나님의 사자가 다시 그에게 임하였으나 그의 남편 마노아는 함께 있지 아니한지라

10 여인이 급히 달려가서 그의 남편에게 알리어 이르되 보소서 전일에 내게 오셨던 그 사람이 내게 나타났나이다 하매

11 마노아가 일어나 아내를 따라가서 그 사람에게 이르러 그에게 묻되 당신이 이 여인에게 말씀하신 그 사람이니이까 하니 이르되 내가 그로다 하니라

12 마노아가 이르되 이제 당신의 말씀대로 되기를 원하나이다 이 아이를 어떻게 기르며 우리가 그에게 어떻게 행하리이까

13 여호와의 사자가 마노아에게 이르되 내가 여인에게 말한 것들을 그가 다 삼가서

14 포도나무의 소산을 먹지 말며 포도주와 독주를 마시지 말며 어떤 부정한 것도 먹지 말고 내가 그에게 명령한 것은 다 지킬 것이니라 하니라

15 ●마노아가 여호와의 사자에게 말하되 구하옵나니 당신은 우리에게 머물러서 우리가 당신을 위하여 염소 새끼 하나를 준비하게 하소서 하니

16 여호와의 사자가 마노아에게 이르되 네가 비록 나를 머물게 하나 내가 네 음식을 먹지 아니하리라 번제를 준비하려거든 마땅히 여호와께 드릴지니라 하니 이는 그가 여호와의 사자인 줄을 마노아가 알지 못함이었더라

17 마노아가 또 여호와의 사자에게 말하되 당신의 이름이 무엇이니이까 당신의 말씀이 이루어질 때에 우리가 당신을 존귀히 여기리이다 하니

18 여호와의 사자가 그에게 이르되 어찌하여 내 이름을 묻느냐 내 이름은 기묘자라 하니라

19 이에 마노아가 염소 새끼와 소제물을 가져다가 바위 위에서 여호와께 드리매 이적이 일어난지라 마노아와 그의 아내가 본즉

20 불꽃이 제단에서부터 하늘로 올라가는 동시에 여호와의 사자가 제단 불꽃에 휩싸여 올라간지라 마노아와 그의 아내가 그것을 보고 그들의 얼굴을 땅

이스라엘의 사사들 II (10~16장)						
사사명	성경본문	지파	압력자	속박 기간	태평 기간	특 장
돌라	10:1~2	잇사갈			23년	도도의 손자
야일	10:3~5	길르앗			22년	아들 30명, 성읍 30개를 둠
입다	11:1~12:7	길르앗	암몬	18년	6년	거리의 부랑아, 큰 승리를 얻었으나 서원을 잘못하여 딸을 제물로 바침
입산	12:8~10	유다			7년	아들, 딸을 각각 30명씩 둠
엘론	12:11~12	스불론			10년	
압돈	12:13~15	에브라임			8년	아들 40명, 손자 30명을 둠
삼손	13:2~16:31	단	블레셋	40년	20년	나실인, 나귀 턱뼈로 1,000명을 죽임 죽을 때 많은 블레셋 사람을 죽임

에 대고 엎드리니라

21 ●여호와의 사자가 마노아와 그의 아내에게 다시 나타나지 아니하니 마노아가 그제야 그가 여호와의 사자인 줄 알고 13:16

22 그의 아내에게 이르되 우리가 하나님을 보았으니 반드시 죽으리로다 하니

23 그의 아내가 그에게 이르되 여호와께서 우리를 죽이려 하셨더라면 우리 손에서 번제와 소제를 받지 아니하셨을 것이요 이 모든 일을 보이지 아니하셨을 것이며 이제 이런 말씀도 우리에게 이르지 아니하셨으리이다 하였더라

24 그 여인이 아들을 낳으매 그의 이름을 삼손이라 하니라 그 아이가 자라매 여호와께서 그에게 복을 주시더니

25 소라와 에스다올 사이 마하네단에서 여호와의 영이 그를 움직이기 시작하셨더라 3:10

맨 손으로 사자를 잡은 삼손(14:6)

삼손과 딤나의 여자―B.C. 1080년경

14

삼손이 딤나에 내려가서 거기서 블레셋 사람의 딸들 중에서 한 여자를 보고

2 올라와서 자기 부모에게 말하여 이르되 내가 딤나에서 블레셋 사람의 딸들 중에서 한 여자를 보았사오니 이제 그를 맞이하여 내 아내로 삼게 하소서 하매

3 그의 부모가 그에게 이르되 네 형제들의 딸들 중에나 내 백성 중에 어찌 여자가 없어서 네가 할례 받지 아니한 블레셋 사람에게 가서 아내를 맞으려 하느냐 하니 삼손이 그의 아버지에게 이르되 내가 그 여자를 좋아하오니 나를

위하여 그 여자를 데려오소서 하니라

4 그 때에 블레셋 사람이 이스라엘을 다스린 까닭에 삼손이 틈을 타서 블레셋 사람을 치려 함이었으나 그의 부모는 이 일이 여호와께로부터 나온 것인 줄은 알지 못하였더라

5 ●삼손이 그의 부모와 함께 딤나에 내려가 딤나의 포도원에 이른즉 젊은 사자가 그를 보고 소리 지르는지라

6 여호와의 영이 삼손에게 강하게 임하니 그가 손에 아무것도 없이 그 사자를 염소 새끼를 찢는 것 같이 찢었으나 그는 자기가 행한 일을 부모에게 알리지 아니하였더라 13:25

7 그가 내려가서 그 여자와 말하며 그 여자가 삼손의 눈에 들었더라 14:3

8 얼마 후에 삼손이 그 여자를 맞이하려고 다시 가다가 돌이켜 그 사자의 주검을 본즉 사자의 몸에 벌 떼와 꿀이 있는지라

9 손으로 그 꿀을 떠서 걸어가며 먹고 그의 부모에게 이르러 그들에게 그것을 드려 먹게 하였으나 그 꿀을 사자의 몸에서 떠왔다고는 알리지 아니하였더라

10 ●삼손의 아버지가 여자에게로 내려가매 삼손이 거기서 잔치를 베풀었으니 청년들은 이렇게 행하는 풍속이 있음이더라

11 무리가 삼손을 보고 삼십 명을 데려와서 친구를 삼아 그와 함께 하게 한지라

12 삼손이 그들에게 이르되 이제 내가 너

14 장 에는 무엇이 기록되어 있을까?

삼손은 블레셋 여인과 결혼하고 잔치를 베풀었습니다. 이때 삼손이 낸 수수께끼 때문에 삼손의 아내가 곤란한 처지에 놓였어요. 아내의 간청으로 수수께끼의 답을 알려주자, 아내는 마을 사람들에게 답을 알려주었지요. 화가 난 삼손이 아스글론의 블레셋 사람 30명을 죽임으로써 이스라엘과 블레셋 간의 싸움이 일어나게 됐어요.

희에게 수수께끼를 내리니 잔치하는
이레 동안에 너희가 그것을 풀어 내게
말하면 내가 베옷 삼십 벌과 겉옷 삼
십 벌을 너희에게 주리라 『 17:2

13 그러나 그것을 능히 내게 말하지 못하
면 너희가 내게 베옷 삼십 벌과 겉옷 삼
십 벌을 줄지니라 하니 그들이 이르되
네가 수수께끼를 내면 우리가 그것을
들으리라 하매

14 삼손이 그들에게 이르되 먹는 자에게서
먹는 것이 나오고 강한 자에게서 단 것
이 나왔느니라 하니라 그들이 사흘이
되도록 수수께끼를 풀지 못하였더라

15 ●일곱째 날에 이르러 그들이 삼손의
아내에게 이르되 너는 네 남편을 꾀어
그 수수께끼를 우리에게 알려 달라 하
라 그렇지 아니하면 너와 네 아버지의
집을 불사르리라 너희가 우리의 소유
를 빼앗고자 하여 우리를 청한 것이 아
니냐 그렇지 아니하냐 하니 15:6

16 삼손의 아내가 그의 앞에서 울며 이르
되 당신이 나를 미워할 뿐이요 사랑하
지 아니하는도다 우리 민족에게 수수
께끼를 말하고 그 뜻을 내게 알려 주지
아니하도다 하는지라 삼손이 그에게
이르되 보라 내가 그것을 나의 부모에
게도 알려 주지 아니하였거든 어찌 그
대에게 알게 하리요 하였으나

17 칠 일 동안 그들이 잔치할 때 그의 아
내가 그 앞에서 울며 그에게 강요함으
로 일곱째 날에는 그가 그의 아내에게
수수께끼를 알려 주매 그의 아내가 그
것을 자기 백성들에게 알려 주었더라

18 일곱째 날 해 지기 전에 성읍 사람들이
삼손에게 이르되 무엇이 꿀보다 달겠
으며 무엇이 사자보다 강하겠느냐 한
지라 삼손이 그들에게 이르되 너희가

내 암송아지로 밭 갈지 아니하였더라
면 내 수수께끼를 능히 풀지 못하였으
리라 하니라 14:14

19 ●여호와의 영이 삼손에게 갑자기 임하
시매 삼손이 아스글론에 내려가서 그
곳 사람 삼십 명을 쳐죽이고 노략하여
수수께끼 푼 자들에게 옷을 주고 심히
노하여 그의 아버지의 집으로 올라갔고

20 삼손의 아내는 삼손의 친구였던 그의
친구에게 준 바 되었더라

15

얼마 후 밀 거둘 때에 삼손이 염
소 새끼를 가지고 그의 아내에
게로 찾아 가서 이르되 내가 방에 들어
가 내 아내를 보고자 하노라 하니 장인
이 들어오지 못하게 하고

2 이르되 네가 그를 심히 미워하는 줄 알
고 그를 네 친구에게 주었노라 그의 동
생이 그보다 더 아름답지 아니하냐 청
하노니 너는 그를 대신하여 동생을 아
내로 맞이하라 하니 14:20

3 삼손이 그들에게 이르되 이번은 내가
블레셋 사람들을 해할지라도 그들에
게 대하여 내게 허물이 없을 것이니라
하고

4 삼손이 가서 여우 삼백 마리를 붙들어
서 그 꼬리와 꼬리를 매고 홰를 가지고
그 두 꼬리 사이에 한 홰를 달고

5 홰에 불을 붙이고 그것을 블레셋 사람
들의 곡식 밭으로 몰아 들여서 곡식
단과 아직 베지 아니한 곡식과 포도원
과 감람나무들을 사른지라

6 블레셋 사람들이 이르되 누가 이 일을
행하였느냐 하니 사람들이 대답하되 딤

주검(14:8) 죽은 몸뚱이, 시체.
노략(14:19) 떼를 지어 돌아다니면서 사람이나 재물
을 마구 빼앗음.
장인(15:1) 아내의 친아버지.
홰(15:4) 갈대나 싸리 따위를 묶어 밤길을 밝히거나
제사 때 화톳불을 놓는 데 쓰는 물건.

15 에는 무엇이 기록되어 있을까?

자기 아내가 다른 블레셋 사람에게
시집가버린 사실을 안 삼손은 블레셋 사람들의 밭에 불
을 질렀어요. 화가 난 블레셋 사람들은 삼손의
아내와 그 아버지를 죽이고 삼손을 잡기 위해
군대를 이끌고 유다로 왔지요. 하지만 삼손은
하나님으로부터 힘을 얻어 나귀 턱뼈로 천 명
의 블레셋 병사들을 무찔렀답니다.

아무리 단단한 결박도 쉽게 풀어버리는 삼손 (15:12-14)

나 사람의 사위 삼손이니 장인이 삼손의 아내를 빼앗아 그의 친구에게 준 까닭이라 하였더라 블레셋 사람들이 올라가서 그 여인과 그의 아버지를 불사르니라

7 삼손이 그들에게 이르되 너희가 이같이 행하였은즉 내가 너희에게 원수를 갚고야 말리라 하고

8 블레셋 사람들의 정강이와 넓적다리를 크게 쳐서 죽이고 내려가서 에담 바위 틈에 머물렀더라

9 ●이에 블레셋 사람들이 올라와 유다에 진을 치고 레히에 가득한지라

10 유다 사람들이 이르되 너희가 어찌하여 올라와서 우리를 치느냐 그들이 대답하되 우리가 올라온 것은 삼손을 결박하여 그가 우리에게 행한 대로 그에게 행하려 함이로라 하는지라

11 유다 사람 삼천 명이 에담 바위 틈에 내려가서 삼손에게 이르되 너는 블레셋 사람이 우리를 다스리는 줄을 알지 못하느냐 네가 어찌하여 우리에게 이같이 행하였느냐 하니 삼손이 그들에게 이르되 그들이 내게 행한 대로 나도 그들에게 행하였노라 하니라

12 그들이 삼손에게 이르되 우리가 너를 결박하여 블레셋 사람의 손에 넘겨 주려고 내려왔노라 하니 삼손이 그들에게 이르되 너희가 나를 치지 아니하겠

다고 내게 맹세하라 하매

13 그들이 삼손에게 말하여 이르되 아니라 우리가 다만 너를 단단히 결박하여 그들의 손에 넘겨 줄 뿐이요 우리가 결단코 너를 죽이지 아니하리라 하고 새 밧줄 둘로 결박하고 바위 틈에서 그를 끌어내니라

14 ●삼손이 레히에 이르매 블레셋 사람들이 그에게로 마주 나가며 소리 지를 때 여호와의 영이 삼손에게 갑자기 임하매 그의 팔 위의 밧줄이 불탄 삼과 같이 그의 결박되었던 손에서 떨어진지라

15 삼손이 나귀의 새 턱뼈를 보고 손을 내밀어 집어들고 그것으로 천 명을 죽이고

16 이르되
나귀의 턱뼈로 한 더미, 두 더미를 쌓았음이여 나귀의 턱뼈로 내가 천 명을 죽였도다
하니라

17 그가 말을 마치고 턱뼈를 자기 손에서 내던지고 그 곳을 1)라맛 레히라 이름하였더라

18 삼손이 심히 목이 말라 여호와께 부르짖어 이르되 주께서 종의 손을 통하여 이 큰 구원을 베푸셨사오나 내가 이제 목말라 죽어서 할례 받지 못한 자들의 손에 떨어지겠나이다 하니

19 하나님이 레히에서 한 우묵한 곳을 터뜨리시니 거기서 물이 솟아나오는지라 삼손이 그것을 마시고 정신이 회복되어 소생하니 그러므로 그 샘 이름을 2)엔학고레라 불렀으며 그 샘이 오늘까지 레히에 있더라

1) 턱뼈의 산 2) 부르짖은 자의 샘

20 블레셋 사람의 때에 삼손이 이스라엘의 사사로 이십 년 동안 지냈더라

삼손이 가사에 가다 — B.C. 1060년경

16 삼손이 가사에 가서 거기서 한 기생을 보고 그에게로 들어갔더니
수 15:47

2 가사 사람들에게 삼손이 왔다고 알려지매 그들이 곧 그를 에워싸고 밤새도록 성문에 매복하고 밤새도록 조용히 하며 이르기를 새벽이 되거든 그를 죽이리라 하였더라

3 삼손이 밤중까지 누워 있다가 그 밤중에 일어나 성 문짝들과 두 문설주와 문빗장을 빼어 가지고 그것을 모두 어깨에 메고 헤브론 앞산 꼭대기로 가니라

삼손과 들릴라

4 ●이 후에 삼손이 소렉 골짜기의 들릴라 이름하는 여인을 사랑하매

5 블레셋 사람의 방백들이 그 여인에게로 올라가서 그에게 이르되 삼손을 꾀어서 무엇으로 말미암아 그 큰 힘이 생기는지 그리고 우리가 어떻게 하면 능히 그를 결박하여 굴복하게 할 수 있을는지 보라 그리하면 우리가 각각 은 천백 개씩을 네게 주리라 하니
14:15

6 들릴라가 삼손에게 말하되 청하건대 당신의 큰 힘이 무엇으로 말미암아 생기며 어떻게 하면 능히 당신을 결박하여 굴복하게 할 수 있는지 내게 말하라 하니

7 삼손이 그에게 이르되 만일 마르지 아니한 새 활줄 일곱으로 나를 결박하면 내가 약해져서 다른 사람과 같으리라

8 블레셋 사람의 방백들이 마르지 아니한 새 활줄 일곱을 여인에게 가져오

매 그가 그것으로 삼손을 결박하고

9 이미 사람을 방 안에 매복시켰으므로 삼손에게 말하되 삼손이여 블레셋 사람들이 당신에게 들이닥쳤느니라 하니 삼손이 그 줄들을 끊기를 불탄 삼실을 끊음 같이 하니 그의 힘의 근원은 알아내지 못하니라

10 ●들릴라가 삼손에게 이르되 보라 당신이 나를 희롱하여 내게 거짓말을 하였도다 청하건대 무엇으로 당신을 결박할 수 있는지 이제는 내게 말하라 하니

11 삼손이 그에게 이르되 만일 쓰지 아니한 새 밧줄들로 나를 결박하면 내가 약해져서 다른 사람과 같으리라 하니라

12 들릴라가 새 밧줄들을 가져다가 그것들로 그를 결박하고 그에게 이르되 삼손이여 블레셋 사람이 당신에게 들이닥쳤느니라 하니 삼손이 팔 위의 줄 끊기를 실을 끊음 같이 하였고 그 때에도 사람이 방 안에 매복하였더라

13 ●들릴라가 삼손에게 이르되 당신이 이 때까지 나를 희롱하여 내게 거짓말을 하였도다 내가 무엇으로 당신을 결박할 수 있는지 내게 말하라 하니 삼손이 그에게 이르되 그대가 만일 나의 머리털 일곱 가닥을 베틀의 날실에 섞어 짜면 되리라 하는지라
16:10, 15

14 들릴라가 바디로 그 머리털을 단단히 짜고 그에게 이르되 삼손이여 블레셋 사람들이 당신에게 들이닥쳤느니라 하니 삼손이 잠을 깨어 베틀의 바디와 날실을 다 빼내니라

15 들릴라가 삼손에게 이르되 당신의 마음이 내게 있지 아니하면서 당신이 어찌 나를 사랑한다 하느냐 당신이 이로써 세 번이나 나를 희롱하고 당신의 큰 힘이 무엇으로 말미암아 생기는지

결박(15:10) 몸이나 손 따위를 마음대로 움직이지 못하게 단단히 동여 묶음.

소렉(15:19) 다시 살아남.

문설주(16:3) 문의 양쪽에 세워 문짝을 끼워 닫게 하는 기둥.

희롱(16:10) 장난삼아 놀림.

삼손의 머리카락을
자르는 들릴라(16:19)

를 내게 말하지 아니하였도다 하며

16 날마다 그 말로 그를 재촉하여 조르매 삼손의 마음이 번뇌하여 죽을 지경이라

17 삼손이 진심을 드러내어 그에게 이르되 내 머리 위에는 삭도를 대지 아니하였나니 이는 내가 모태에서부터 하나님의 나실인이 되었음이라 만일 내 머리가 밀리면 내 힘이 내게서 떠나고 나는 약해져서 다른 사람과 같으리라 하니라

18 들릴라가 삼손이 진심을 다 알려 주므로 사람을 보내어 블레셋 사람들의 방백들을 불러 이르되 삼손이 내게 진심을 알려 주었으니 이제 한 번만 올라오라 하니 블레셋 방백들이 손에 은을 가지고 그 여인에게로 올라오니라

19 들릴라가 삼손에게 자기 무릎을 베고 자게 하고 사람을 불러 그의 머리털 일곱 가닥을 밀고 괴롭게 하여 본즉 그의 힘이 없어졌더라

20 들릴라가 이르되 삼손이여 블레셋 사람이 당신에게 들이닥쳤느니라 하니 삼손이 잠을 깨며 이르기를 내가 전과 같이 나가서 몸을 떨치리라 하였으나 여호와께서 이미 자기를 떠나신 줄을 깨닫지 못하였더라

21 블레셋 사람들이 그를 붙잡아 그의 눈을 빼고 끌고 가사에 내려가 놋 줄로 매고 그에게 옥에서 맷돌을 돌리게 하였더라

22 그의 머리털이 밀린 후에 다시 자라기 시작하니라

삼손이 죽다

23 ●블레셋 사람의 방백들이 이르되 우리의 신이 우리 원수 삼손을 우리 손에 넘겨 주었다 하고 다 모여 그들의 신 다곤에게 큰 제사를 드리고 즐거워하고

24 백성들도 삼손을 보았으므로 이르되 우리의 땅을 망쳐 놓고 우리의 많은 사람을 죽인 원수를 우리의 신이 우리 손에 넘겨 주었다 하고 자기들의 신을 찬양하며

25 그들의 마음이 즐거울 때에 이르되 삼손을 불러다가 우리를 위하여 재주를 부리게 하자 하고 옥에서 삼손을 불러내매 삼손이 그들을 위하여 재주를 부리니라 그들이 삼손을 두 기둥 사이에 세웠더니

26 삼손이 자기 손을 붙든 소년에게 이르되 나에게 이 집을 버틴 기둥을 찾아 그것을 의지하게 하라 하니라

27 그 집에는 남녀가 가득하니 블레셋 모든 방백들도 거기에 있고 지붕에 있는 남녀도 삼천 명 가량이라 다 삼손이 재주 부리는 것을 보더라

28 삼손이 여호와께 부르짖어 이르되 주 여호와여 구하옵나니 나를 생각하옵소서 하나님이여 구하옵나니 이번만 나를 강하게 하사 나의 두 눈을 뺀 블레셋 사람에게 원수를 단번에 갚게 하옵소서 하고 _{렘 15:15}

29 삼손이 집을 버틴 두 기둥 가운데 하나는 왼손으로 하나는 오른손으로 껴 의지하고

30 삼손이 이르되 블레셋 사람과 함께 죽기를 원하노라 하고 힘을 다하여 몸을 굽히매 그 집이 곧 무너져 그 안에 있

17장에는 무엇이 기록되어 있을까?

사사 시대에 이스라엘 사람들은 자기 생각에 옳은 대로 행동하였어요. 그래서 종교적(17,18장)으로, 도덕적(19~21장)으로 매우 타락했지요. 17장은 미가를 통해 종교적인 타락을 보여 주는데, 그는 자기 집에 신당을 짓고 신상을 만들어 하나님 대신 섬겼어요. 게다가 떠돌이 레위인을 제사장으로 삼아 자기 집에 함께 살게 했답니다.

삼손의 죽음(16:28-30)

는 모든 방백들과 온 백성에게 덮이니 삼손이 죽을 때에 죽인 자가 살았을 때에 죽인 자보다 더욱 많았더라

31 그의 형제와 아버지의 온 집이 다 내려가서 그의 시체를 가지고 올라가서 소라와 에스다올 사이 그의 아버지 마노아의 장지에 장사하니라 삼손이 이스라엘의 사사로 이십 년 동안 지냈더라

미가 집의 제사장 — B.C. 1350년경

17 에브라임 산지에 미가라 이름 하는 사람이 있더니

2 그의 어머니에게 이르되 어머니께서 은 천백을 잃어버리셨으므로 저주하시고 내 귀에도 말씀하셨더니 보소서 그 은이 내게 있나이다 내가 그것을 가졌나이다 하니 그의 어머니가 이르되 내 아들이 여호와께 복 받기를 원하노라 하니라

3 미가가 은 천백을 그의 어머니에게 도로 주매 그의 어머니가 이르되 내가 내 아들을 위하여 한 신상을 새기며 한 신상을 부어 만들기 위해 내 손에서 이 은을 여호와께 거룩하게 드리노라 그러므로 내가 이제 이 은을 네게 도로 주리라

4 미가가 그 은을 그의 어머니에게 도로 주었으므로 어머니가 그 은 이백을 가져다 은장색에게 주어 한 신상을 새기고 한 신상을 부어 만들었더니 그 신상이 미가의 집에 있더라

5 그 사람 미가에게 신당이 있으므로 그가 에봇과 드라빔을 만들고 한 아들을 세워 그의 제사장으로 삼았더라

6 그 때에는 이스라엘에 왕이 없으므로 사람마다 자기 소견에 옳은 대로 행하였더라 신 12:8

7 ●유다 가족에 속한 유다 베들레헴에 한 청년이 있었으니 그는 레위인으로서 거기서 거류하였더라

8 그 사람이 거주할 곳을 찾고자 하여 그 성읍 유다 베들레헴을 떠나 가다가 에브라임 산지로 가서 미가의 집에 이르매

9 미가가 그에게 묻되 너는 어디서부터 오느냐 그가 이르되 나는 유다 베들레헴의 레위인으로서 거류할 곳을 찾으러 가노라 하는지라

10 미가가 그에게 이르되 네가 나와 함께 거주하며 나를 위하여 아버지와 제사장이 되라 내가 해마다 은 열과 의복 한 벌과 먹을 것을 주리라 하므로 그 레위인이 들어갔고

11 그 레위인이 그 사람과 함께 거주하기를 만족하게 생각했으니 이는 그 청년이 미가의 아들 중 하나 같이 됨이라

12 미가가 그 레위인을 거룩하게 구별하매 그 청년이 미가의 제사장이 되어 그 집에 있었더라

13 이에 미가가 이르되 레위인이 내 제사장이 되었으니 이제 여호와께서 내게 복 주실 줄을 아노라 하니라

미가와 단 지파 — B.C. 1350년경

18 그 때에 이스라엘에 왕이 없었고 단 지파는 그 때에 거주할 기업의 땅을 구하는 중이었으니 이는 그들이 이스라엘 지파 중에서 그 때까지 기업을 분배 받지 못하였음이라

2 단 자손이 소라와 에스다올에서부터

18장에는 무엇이 기록되어 있을까?

단 자손은 약속된 땅을 나눠받지 않았지만, 이방 사람들을 쫓아내지 못하고 두려워하였어요. 대신 그들은 북쪽의 평화로운 백성들을 습격하러 그곳에 거주하였지요. 그 과정에서 그들은 미가의 집에 있던 신상을 빼앗고 레위인을 데리고 갔어요. 단 자손은 신상과 레위인을 데려가면 모든 일이 잘될 것이라고 믿었답니다.

그들의 가족 가운데 용맹스런 다섯 사람을 보내어 땅을 정탐하고 살피게 하며 그들에게 이르되 너희는 가서 땅을 살펴보라 하매 그들이 에브라임 산지에 가서 미가의 집에 이르러 거기서 유숙하니라

3 그들이 미가의 집에 있을 때에 그 레위 청년의 음성을 알아듣고 그리로 돌아가서 그에게 이르되 누가 너를 이리로 인도하였으며 네가 여기서 무엇을 하며 여기서 무엇을 얻었느냐 하니

4 그가 그들에게 이르되 미가가 이러이러하게 나를 대접하고 나를 고용하여 나를 자기의 제사장으로 삼았느니라 하니라

5 그들이 그에게 이르되 청하건대 우리를 위하여 하나님께 물어 보아서 우리가 가는 길이 형통할지 우리에게 알게 하라 하니

6 그 제사장이 그들에게 이르되 평안히 가라 너희가 가는 길은 여호와 앞에 있느니라 하니라

7 ●이에 다섯 사람이 떠나 라이스에 이르러 거기 있는 백성을 본즉 염려 없이 거주하며 시돈 사람들이 사는 것처럼 평온하며 안전하니 그 땅에는 부족한 것이 없으며 부를 누리며 시돈 사람들과 거리가 멀고 어떤 사람과도 상종하지 아니함이라

8 그들이 소라와 에스다올에 돌아가서 그들의 형제들에게 이르매 형제들이 그들에게 묻되 너희가 보기에 어떠하더냐 하니

9 이르되 일어나 그들을 치러 올라가자 우리가 그 땅을 본즉 매우 좋더라 너희는 가만히 있느냐 나아가서 그 땅 얻기를 게을리 하지 말라

10 너희가 가면 평화로운 백성을 만날 것이요 그 땅은 넓고 그 곳에는 세상에 있는 것이 하나도 부족함이 없느니라 하나님이 그 땅을 너희 손에 넘겨 주셨느니라 하는지라

11 ●단 지파의 가족 중 육백 명이 무기를 지니고 소라와 에스다올에서 출발하여

12 올라가서 유다에 있는 기럇여아림에 진 치니 그러므로 그 곳 이름이 오늘까지 마하네 단이며 그 곳은 기럇여아림 뒤에 있더라

13 무리가 거기서 떠나 에브라임 산지 미가의 집에 이르니라

14 ●전에 라이스 땅을 정탐하러 갔던 다섯 사람이 그 형제들에게 말하여 이르되 이 집에 에봇과 드라빔과 새긴 신상과 부어 만든 신상이 있는 줄을 너희가 아느냐 그런즉 이제 너희는 마땅히 행할 것을 생각하라 하고

15 다섯 사람이 그 쪽으로 향하여 그 청년 레위 사람의 집 곧 미가의 집에 이르러 그에게 문안하고

선생님!! 궁금해요

삼손의 힘은 머리카락에서 나오는 거예요?

이스라엘의 단 지파에 '마노아'라는 사람이 살았어요. 그는 아들이 없었지요. 그래서 아들을 주신다면 그 아들을 평생동안 나실인으로 키우겠다고 기도했어요. 그 아들이 바로 삼손이랍니다.

나실인은 술을 마시지 말아야 하고 머리카락도 자르지 말아야 해요. 삼손이 청년이 되었을 때 아주 긴 머리카락을 갖게 되었고, 하나님이 함께하시기 때문에 그의 힘은 엄청났어요. 그러나 불행하게도 블레셋 여인 들릴라의 유혹에 넘어가서 머리카락을 잘리게 되자 모든 힘을 다 잃고 말았죠. 물론 그 힘은 머리카락에서 나온 것은 아니에요. 하나님과의 약속을 지킬 때 하나님께서 삼손에게 힘을 주신 것이죠. 그러다가 그가 약속을 지키지 않았기 때문에 하나님이 그 힘을 도로 가지고 가신 것이랍니다.

16장 19절

16 단 자손 육백 명은 무기를 지니고 문 입
구에 서니라
　　18:11

17 그 땅을 정탐하러 갔던 다섯 사람이 그
리로 들어가서 새긴 신상과 에봇과 드
라빔과 부어 만든 신상을 가져갈 때에
그 제사장은 무기를 지닌 육백 명과 함
께 문 입구에 섰더니

18 그 다섯 사람이 미가의 집에 들어가서 그
새긴 신상과 에봇과 드라빔과 부어 만든
신상을 가지고 나오매 그 제사장이 그들
에게 묻되 너희가 무엇을 하느냐 하니

19 그들이 그에게 이르되 잠잠하라 네 손
을 입에 대라 우리와 함께 가서 우리의
아버지와 제사장이 되라 네가 한 사람
의 집의 제사장이 되는 것과 이스라엘
의 한 지파 한 족속의 제사장이 되는 것
중에서 어느 것이 낫겠느냐 하는지라

20 그 제사장이 마음에 기뻐하여 에봇과
드라빔과 새긴 우상을 받아 가지고 그
백성 가운데로 들어가니라

21 ●그들이 돌이켜서 어린 아이들과 가
축과 값진 물건들을 앞세우고 길을 떠
나더니

22 그들이 미가의 집을 멀리 떠난 때에 미
가의 이웃집 사람들이 모여서 단 자손
을 따라 붙어서

23 단 자손을 부르는지라 그들이 얼굴을
돌려 미가에게 이르되 네가 무슨 일로
이같이 모아 가지고 왔느냐 하니

24 미가가 이르되 내가 만든 신들과 제사
장을 빼앗아 갔으니 이제 내게 오히려
남은 것이 무엇이냐 너희가 어찌하여
나더러 무슨 일이냐고 하느냐 하는지라

25 단 자손이 그에게 이르되 네 목소리를
우리에게 들리게 하지 말라 노한 자들
이 너희를 쳐서 네 생명과 네 가족의 생
명을 잃게 할까 하노라 하고

26 단 자손이 자기 길을 간지라 미가가 단
자손이 자기보다 강한 것을 보고 돌이
켜 집으로 돌아갔더라

27 ●단 자손이 미가가 만든 것과 그 제사

1) 또는 므낫세의

장을 취하여 라이스에 이르러 한가하
고 걱정 없이 사는 백성을 만나 칼날로
그들을 치며 그 성읍을 불사르되

28 그들을 구원할 자가 없었으니 그 성읍
이 베드르홉 가까운 골짜기에 있어서
시돈과 거리가 멀고 상종하는 사람도
없음이었더라 단 자손이 성읍을 세우
고 거기 거주하면서
　　삼하 10:6

29 이스라엘에게서 태어난 그들의 조상 단
의 이름을 따라 그 성읍을 단이라 하니
라 그 성읍의 본 이름은 라이스였더라

30 단 자손이 자기들을 위하여 그 새긴 신
상을 세웠고 ¹⁾모세의 손자요 게르솜의
아들인 요나단과 그의 자손은 단 지파
의 제사장이 되어 그 땅 백성이 사로잡
히는 날까지 이르렀더라

31 하나님의 집이 실로에 있을 동안에 미
가가 만든 바 새긴 신상이 단 자손에게
있었더라

19 어떤 레위 사람과 그의 첩

이스라엘에 왕이 없을 그 때에
에브라임 산지 구석에 거류하
는 어떤 레위 사람이 유다 베들레헴에
서 첩을 맞이하였더니

2 그 첩이 행음하고 남편을 떠나 유다 베
들레헴 그의 아버지의 집에 돌아가서
거기서 넉 달 동안을 지내매

3 그의 남편이 그 여자에게 다정하게 말
하고 그를 데려오고자 하여 하인 한 사
람과 나귀 두 마리를 데리고 그에게로
가매 여자가 그를 인도하여 아버지의
집에 들어가니 그 여자의 아버지가 그
를 보고 기뻐하니라

19장 에는 무엇이 기록되어 있을까?

한 레위인이 집을 나간 애첩을 다
시 데려오는 도중에 기브온의 불량배들에 의해
애첩을 잃고 말았어요. 화가 난 레위인은 첩의
시신을 열두 부분으로 나누어 이스라엘 각지로
보냈지요. 당시 이스라엘의 도덕적, 영적 타락을
알 수 있는 이 사건은 결국 이스라엘과 베냐민
간에 전쟁을 불러일으키게 되었답니다.

4 그의 장인 곧 그 여자의 아버지가 그를 머물게 하매 그가 삼 일 동안 그와 함께 머물며 먹고 마시며 거기서 유숙하다가

5 넷째 날 아침에 일찍이 일어나 떠나고자 하매 그 여자의 아버지가 그의 사위에게 이르되 떡을 조금 먹고 그대의 기력을 돋운 후에 그대의 길을 가라 하니라

6 두 사람이 앉아서 함께 먹고 마시매 그 여자의 아버지가 그 사람에게 이르되 청하노니 이 밤을 여기서 유숙하여 그대의 마음을 즐겁게 하라 하니

7 그 사람이 일어나서 가고자 하되 그의 장인의 간청으로 거기서 다시 유숙하더니

8 다섯째 날 아침에 일찍이 일어나 떠나고자 하매 그 여자의 아버지가 이르되 청하노니 그대의 기력을 돋우고 해가 기울도록 머물라 하므로 두 사람이 함께 먹고

9 그 사람이 첩과 하인과 더불어 일어나 떠나고자 하매 그의 장인 곧 그 여자의 아버지가 그에게 이르되 보라 이제 날이 저물어 가니 청하건대 이 밤도 유숙하라 보라 해가 기울었느니라 그대는 여기서 유숙하여 그대의 마음을 즐겁게 하고 내일 일찍이 그대의 길을 가서 그대의 집으로 돌아가라 하니

10 그 사람이 다시 밤을 지내고자 하지 아니하여 일어나서 떠나 여부스 맞은 편에 이르렀으니 여부스는 곧 예루살

렘이라 안장 지운 나귀 두 마리와 첩이 그와 함께 하였더라

11 그들이 여부스에 가까이 갔을 때에 해가 지려 하는지라 종이 주인에게 이르되 청하건대 우리가 돌이켜 여부스 사람의 이 성읍에 들어가서 유숙하십시다 하니

12 주인이 그에게 이르되 우리가 돌이켜 이스라엘 자손에게 속하지 아니한 이방 사람의 성읍으로 들어갈 것이 아니니 기브아로 나아가리라 하고

13 또 그 종에게 이르되 우리가 기브아나 라마 중 한 곳에 가서 거기서 유숙하자 하고

14 모두 앞으로 나아가더니 베냐민에 속한 기브아에 가까이 이르러 해가 진지라

15 기브아에 가서 유숙하려고 그리로 돌아 들어가서 성읍 넓은 거리에 앉아 있으나 그를 집으로 영접하여 유숙하게 하는 자가 없음이라

16 저녁 때에 한 노인이 밭에서 일하다가 돌아오니 그 사람은 본래 에브라임 산지 사람으로서 기브아에 거류하는 자요 그 곳 사람들은 베냐민 자손이더라

17 노인이 눈을 들어 성읍 넓은 거리에 나그네가 있는 것을 본지라 노인이 묻되 그대는 어디로 가며 어디서 왔느냐 하매

18 그가 그에게 이르되 우리는 유다 베들레헴에서 에브라임 산지 구석으로 가나이다 나는 그 곳 사람으로서 유다 베들레헴에 갔다가 이제 여호와의 집으로 가는 중인데 나를 자기 집으로 영접하는 사람이 없나이다

19 우리에게는 나귀들에게 먹일 짚과 여물이 있고 나와 당신의 여종과 당신의 종 우리들과 함께 한 청년에게 먹일 양식과 포도주가 있어 무엇이든지 부족함이 없나이다 하는지라

20 그 노인이 이르되 그대는 안심하라 그

유숙(19:9) 남의 집에서 묵음.
망령(19:23) 늙거나 정신이 흐려 정상이 아닌 상태. 여기서는 도덕적으로 불경건한 상태를 말함.
미명(19:25) 날이 새기 전이나 샐 무렵.

술술 풀리는 **성경 말씀**

사사 시대의 혼란과 무질서

레위인의 애첩 사건으로 이스라엘은 무수히 많은 동족들을 죽여야 했어요. 사사기의 마지막을 장식하는 이 비극적인 이야기는 사사 시대의 혼란스러운 상황을 잘 보여주고 있지요.

자기 딸을 희생 제물로 바친 사사 입다의 이야기에서도 볼 수 있듯이, 이스라엘은 가나안 지방의 이방 종교에 물들어 있었어요. 또한 각 지파 간에 싸움이 그치지 않았어요.

이스라엘이 이처럼 안정을 누리지 못하고 혼란스러웠던 것은 하나님께 불순종했기 때문이라는 것이 사사기 전체 내용의 주제지요. **19-21장**

토막 상식

기브아

예루살렘 북쪽 베냐민 지파의 성읍이에요. 레위 사람의 첩에 대한 강간 사건으로 같은 동족을 죽이는 비극이 일어나 거의 다 죽고 말았지요. 그러나 여기서 사울이 태어나 왕으로 기름부음을 받고, 그의 왕국의 수도로 재건했답니다.

19장 15절

대의 쓸 것은 모두 내가 담당할 것이니 거리에서는 유숙하지 말라 하고

21 그를 데리고 자기 집에 들어가서 나귀에게 먹이니 그들이 발을 씻고 먹고 마시니라

22 ●그들이 마음을 즐겁게 할 때에 그 성읍의 불량배들이 그 집을 에워싸고 문을 두들기며 집 주인 노인에게 말하여 이르되 네 집에 들어온 사람을 끌어내라 우리가 그와 관계하리라 하니

23 집 주인 그 사람이 그들에게로 나와서 이르되 아니라 내 형제들아 청하노니 이같은 악행을 저지르지 말라 이 사람이 내 집에 들어왔으니 이런 망령된 일을 행하지 말라

24 보라 여기 내 처녀 딸과 이 사람의 첩이 있은즉 내가 그들을 끌어내리니 너희가 그들을 욕보이든지 너희 눈에 좋은 대로 행하되 오직 이 사람에게는 이런 망령된 일을 행하지 말라 하나

25 무리가 듣지 아니하므로 그 사람이 자기 첩을 붙잡아 그들에게 밖으로 끌어내매 그들이 그 여자와 관계하였고 밤새도록 그 여자를 능욕하다가 새벽 미명에 놓은지라

26 동틀 때에 여인이 자기의 주인이 있는 그 사람의 집 문에 이르러 엎드러져 밝기까지 거기 엎드러져 있더라

27 ●그의 주인이 일찍이 일어나 집 문을 열고 떠나고자 하더니 그 여인이 집 문에 엎드러져 있고 그의 두 손이 문지방에 있는 것을 보고

28 그에게 이르되 일어나라 우리가 떠나가자 하나 아무 대답이 없는지라 이에 그의 시체를 나귀에 싣고 행하여 자기

곳에 돌아가서

29 그 집에 이르러서는 칼을 가지고 자기 첩의 시체를 거두어 그 마디를 찍어 열두 덩이에 나누고 그것을 이스라엘 사방에 두루 보내매

30 그것을 보는 자가 다 이르되 이스라엘 자손이 애굽 땅에서 올라온 날부터 오늘까지 이런 일은 일어나지도 아니하였고 보지도 못하였도다 이 일을 생각하고 상의한 후에 말하자 하니라

이스라엘이 전쟁 준비를 하다

20 이에 모든 이스라엘 자손이 단에서부터 브엘세바까지와 길르앗 땅에서 나와서 그 회중이 일제히 미스바에서 여호와 앞에 모였으니

2 온 백성의 어른 곧 이스라엘 모든 지파의 어른들은 하나님 백성의 총회에 섰고 칼을 빼는 보병이 사십만 명이었으며

3 이스라엘 자손이 미스바에 올라간 것을 베냐민 자손이 들었더라 이스라엘 자손이 이르되 이 악한 일이 어떻게 일어났는지 우리에게 말하라 하니

4 레위 사람 곧 죽임을 당한 여인의 남편이 대답하여 이르되 내가 내 첩과 더불어 베냐민에 속한 기브아에 유숙하러 갔더니

5 기브아 사람들이 나를 치러 일어나서 밤에 내가 묵고 있던 집을 에워싸고 나를 죽이려 하고 내 첩을 욕보여 그를 죽게 한지라

6 내가 내 첩의 시체를 거두어 쪼개서 이스라엘 기업의 온 땅에 보냈나니 이는 그들이 이스라엘 중에서 음행과 망령된 일을 행하였기 때문이라

20장 에는 무엇이 기록되어 있을까?

애첩 사건으로 베냐민 지파와 다른 모든 지파들 사이에 전쟁이 벌어져요. 모든 이스라엘 자손은 먼저 사건의 옳고 그름을 따진 후, 평화적 해결을 위해 베냐민 지파에게 범죄자를 내어달라고 하지요. 하지만 베냐민 지파가 그 거절하자 전쟁이 시작되었고, 그 결과 베냐민 지파는 멸망하여 없어질 위기에 처했어요.

7 이스라엘 자손들아 너희가 다 여기 있은즉 너희의 의견과 방책을 낼지니라 하니라 `19:30`

8 ●모든 백성이 일제히 일어나 이르되 우리가 한 사람도 자기 장막으로 돌아가지 말며 한 사람도 자기 집으로 들어가지 말고

9 우리가 이제 기브아 사람에게 이렇게 행하리니 곧 제비를 뽑아서 그들을 치되

10 우리가 이스라엘 모든 지파 중에서 백 명에 열 명, 천 명에 백 명, 만 명에 천 명을 뽑아 그 백성을 위하여 양식을 준비하고 그들에게 베냐민의 기브아에 가서 그 무리가 이스라엘 중에서 망령된 일을 행한 대로 징계하게 하리라 하니라

11 이와 같이 이스라엘 모든 사람이 하나같이 합심하여 그 성읍을 치려고 모였더라

12 ●이스라엘 지파들이 베냐민 온 지파에 사람들을 보내어 두루 다니며 이르기를 너희 중에서 생긴 이 악행이 어찌 됨이냐

13 그런즉 이제 기브아 사람들 곧 불량배들을 우리에게 넘겨 주어서 우리가 그들을 죽여 이스라엘 중에서 악을 제거하여 버리게 하라 하나 베냐민 자손이 그들의 형제 이스라엘 자손의 말을 듣지 아니하고

14 도리어 성읍들로부터 기브아에 모이고 나가서 이스라엘 자손과 싸우고자 하니라

15 그 때에 그 성읍들로부터 나온 베냐민 자손의 수는 칼을 빼는 자가 모두 이만 육천 명이요 그 외에 기브아 주민 중 택한 자가 칠백 명인데

16 이 모든 백성 중에서 택한 칠백 명은 다 왼손잡이라 물매로 돌을 던지면 조금도 틀림이 없는 자들이더라 `3:15`

이스라엘과 베냐민 자손이 싸우다

17 ●베냐민 자손 외에 이스라엘 사람으로서 칼을 빼는 자의 수는 사십만 명이니 다 전사라

18 이스라엘 자손이 일어나 벧엘에 올라가서 하나님께 여쭈어 이르되 우리 중에 누가 먼저 올라가서 베냐민 자손과 싸우리이까 하니 여호와께서 말씀하시되 유다가 먼저 갈지니라 하시니라

19 이스라엘 자손이 아침에 일어나 기브아를 대하여 진을 치니라

20 이스라엘 사람이 나가 베냐민과 싸우려고 전열을 갖추고 기브아에서 그들과 싸우고자 하매

21 베냐민 자손이 기브아에서 나와서 당일에 이스라엘 사람 이만 이천 명을 땅에 엎드러뜨렸으나

22 이스라엘 사람들이 스스로 용기를 내어 첫날 전열을 갖추었던 곳에서 다시 전열을 갖추니라

23 이스라엘 자손이 올라가 여호와 앞에서 저물도록 울며 여호와께 여쭈어 이르되 내가 다시 나아가서 내 형제 베냐

술술 풀리는 성경 말씀

왼손잡이 물매꾼들

'왼손잡이'의 문자적 의미는 '오른손이 제약을 받는 사람'이에요. 베냐민은 히브리어로 '오른손의 아들'이라는 뜻이기 때문에 그들 가운데 왼손잡이가 있다는 것은 주목할 만하지요. 베냐민 출신의 왼손잡이였던 에훗은 사람들이 전혀 예측하지 못하는 곳에 칼을 숨길 수 있었답니다.

물매는 매우 오래되고 평범한 공격용 무기로, 두가죽끈에 조그만 가죽 또는 천 조각을 붙들어매도록 되어 있어요. 사람들은 돌을 가죽이나 천조각 안에 놓고 물매를 빙빙 돌린 다음 가죽끈의 하나를 놓음으로써,

돌이 목표물을 향해 날아가도록 하였지요. 이 때문에 숙련된 물매꾼은 먼 거리에서도 사람을 죽일 수 있었답니다(삼상 17:49). 또한 목자들은 가축을 약탈하는 동물들의 공격을 막기 위해 물매를 사용하였으며, 특히 고대에 일부 군대는 물매꾼들을 훈련시켰어요(20:16; 왕하 3:25; 대상 12:2).

20장 16절

베냐민의 성읍(20:25)

민 자손과 싸우리이까 하니 여호와께서 말씀하시되 올라가라 치라 하시니라

24 ●그 이튿날에 이스라엘 자손이 베냐민 자손을 치러 나아가매

25 베냐민도 그 이튿날에 기브아에서 그들을 치러 나와서 다시 이스라엘 자손만 팔천 명을 땅에 엎드러뜨렸으니 다 칼을 빼는 자였더라

26 이에 온 이스라엘 자손 모든 백성이 올라가 벧엘에 이르러 울며 거기서 여호와 앞에 앉아서 그 날이 저물도록 금식하고 번제와 화목제를 여호와 앞에 드리고

27 이스라엘 자손이 여호와께 물으니라 그 때에는 하나님의 언약궤가 거기 있고

28 아론의 손자인 엘르아살의 아들 비느하스가 그 앞에 모시고 섰더라 이스라엘 자손들이 여쭈기를 우리가 다시 나아가 내 형제 베냐민 자손과 싸우리이까 말리이까 하니 여호와께서 이르시되 올라가라 내일은 내가 그를 네 손에 넘겨 주리라 하시는지라

29 ●이스라엘이 기브아 주위에 군사를 매복하니라

30 이스라엘 자손이 셋째 날에 베냐민 자손을 치러 올라가서 전과 같이 기브아에 맞서 전열을 갖추매

31 베냐민 자손이 나와서 백성을 맞더니 꾀임에 빠져 성읍을 떠났더라 그들이 큰 길 곧 한쪽은 벧엘로 올라가는 길이

요 한쪽은 기브아의 들로 가는 길에서 백성을 쳐서 전과 같이 이스라엘 사람 삼십 명 가량을 죽이기 시작하며

32 베냐민 자손이 스스로 이르기를 이들이 처음과 같이 우리 앞에 패한다 하나 이스라엘 자손은 이르기를 우리가 도망하여 그들을 성읍에서 큰 길로 꾀어내자 하고

33 이스라엘 사람이 모두 그들의 처소에서 일어나서 바알다말에서 전열을 갖추었고 이스라엘의 복병은 그 장소 곧 기브아 초장에서 쏟아져 나왔더라

34 온 이스라엘 사람 중에서 택한 사람 만 명이 기브아에 이르러 치매 싸움이 치열하나 베냐민 사람은 화가 자기에게 미친 줄을 알지 못하였더라

35 여호와께서 이스라엘 앞에서 베냐민을 치시매 당일에 이스라엘 자손이 베냐민 사람 이만 오천백 명을 죽였으니 다 칼을 빼는 자였더라

이스라엘의 승리한 방법

36 ●이에 베냐민 자손이 자기가 패한 것을 깨달았으니 이는 이스라엘 사람이 기브아에 매복한 군사를 믿고 잠깐 베냐민 사람 앞을 피하며

37 복병이 급히 나와 기브아로 돌격하고 나아가며 칼날로 온 성읍을 쳤더이다

38 처음에 이스라엘 사람과 복병 사이에 약속하기를 성읍에서 큰 연기가 치솟는 것으로 군호를 삼자 하고

39 이스라엘 사람은 싸우다가 물러가고 베냐민 사람은 이스라엘 사람 삼십 명 가량을 쳐죽이기를 시작하며 이르기를 이들이 틀림없이 처음 싸움 같이 우

토막상식

물매(20:16) 작은 돌멩이를 멀리 던질 수 있도록 만든 기구.

매복(20:29) 몰래 숨어 있음.

복병(20:33) 적이 쳐들어오기를 숨어 기다렸다가 갑자기 습격하는 군사.

군호(20:38) 군에서 쓰는 암호.

비느하스

그는 여호수아 시대 때 장막에서 봉사하던 의로운 제사장이었지만(민 25:1-15; 31:6; 수 22:9-34). 이곳에 비느하스가 언급된 것과 언약궤가 벧엘에 있었다는 사실(나중에 언약궤는 실로로 옮겨졌다)은 이 사건들이 사사 시대 초기에 발생했음을 입증해준답니다.

20장 28절

기브아 동편 광야(20:43-45)

리에게 패한다 하다가
20:32
40 연기 구름이 기둥 같이 성읍 가운데에서 치솟을 때에 베냐민 사람이 뒤를 돌아보매 온 성읍에 연기가 하늘에 닿았고
41 이스라엘 사람은 돌아서는지라 베냐민 사람들이 화가 자기들에게 미친 것을 보고 심히 놀라
42 이스라엘 사람 앞에서 몸을 돌려 광야 길로 향하였으나 군사가 급히 추격하며 각 성읍에서 나온 자를 그 가운데에서 진멸하니라
43 그들이 베냐민 사람을 에워싸고 기브아 앞 동쪽까지 추격하며 그 쉬는 곳에서 짓밟으매
44 베냐민 중에서 엎드러진 자가 만 팔천 명이니 다 용사더라
45 그들이 몸을 돌려 광야로 도망하였으나 림몬 바위에 이르는 큰 길에서 이스라엘이 또 오천 명을 이삭 줍듯이 하고 또 급히 그 뒤를 따라 기돔에 이르러 또 이천 명을 죽였으니
21:13
46 이 날에 베냐민 사람으로서 칼을 빼는 자가 엎드러진 것이 모두 이만 오천 명이니 다 용사였더라
47 베냐민 사람 육백 명이 돌이켜 광야로 도망하여 림몬 바위에 이르러 거기에서 넉 달 동안을 지냈더라
48 이스라엘 사람이 베냐민 자손에게로 돌아와서 온 성읍과 가축과 만나는 자를 다 칼날로 치고 닥치는 성읍은 모두 다 불살랐더라

베냐민 자손의 아내—B.C. 1350년경
21 이스라엘 사람들이 미스바에서 맹세하여 이르기를 우리 중에

누구든지 딸을 베냐민 사람에게 아내로 주지 아니하리라 하였더라
2 백성이 벧엘에 이르러 거기서 저녁까지 하나님 앞에 앉아서 큰 소리로 울며
3 이르되 이스라엘의 하나님 여호와여 어찌하여 이스라엘에 이런 일이 생겨서 오늘 이스라엘 중에 한 지파가 없어지게 하시나이까 하더니
4 이튿날에 백성이 일찍이 일어나 거기에 한 제단을 쌓고 번제와 화목제를 드렸더라
삼하 24:25
5 이스라엘 자손이 이르되 이스라엘 온 지파 중에 총회와 함께 하여 여호와 앞에 올라오지 아니한 자가 누구냐 하니 이는 그들이 크게 맹세하기를 미스바에 와서 여호와 앞에 이르지 아니하는 자는 반드시 죽일 것이라 하였음이라
6 이스라엘 자손이 그들의 형제 베냐민을 위하여 뉘우쳐 이르되 오늘 이스라엘 중에 한 지파가 끊어졌도다
7 그 남은 자들에게 우리가 어떻게 하면 아내를 얻게 하리요 우리가 전에 여호와로 맹세하여 우리의 딸을 그들의 아내로 주지 아니하리라 하였노라
8 또 이르되 이스라엘 지파 중 미스바에 올라와서 여호와께 이르지 아니한 자가 누구냐 하고 본즉 야베스 길르앗에서는 한 사람도 진영에 이르러 총회에 참여하지 아니하였으니
9 백성을 계수할 때에 야베스 길르앗 주민이 하나도 거기 없음을 보았음이라
10 회중이 큰 용사 만 이천 명을 그리로 보내며 그들에게 명령하여 이르되 가서 야베스 길르앗 주민과 부녀와 어린

21 에는 무엇이 기록되어 있을까?

미스바 총회에 참석한 이스라엘 사람들은 베냐민 자손에게 자기들의 딸을 주지 않기로 섣불리 맹세했어요. 하지만 이스라엘 열두 지파 중 한 지파가 없어질 위기에 처하자, 이를 후회한 이스라엘 자손은 베냐민 자손과 결혼할 여자를 구하기 위해 또 다른 잘못을 범했지요.

아이를 칼날로 치라

11 너희가 행할 일은 모든 남자 및 남자와 잔 여자를 진멸하여 바칠 것이니라 하였더라

12 그들이 야베스 길르앗 주민 중에서 젊은 처녀 사백 명을 얻었으니 이는 아직 남자와 동침한 일이 없어 남자를 알지 못하는 자라 그들을 실로 진영으로 데려오니 이 곳은 가나안 땅이더라

13 온 회중이 림몬 바위에 있는 베냐민 자손에게 사람을 보내어 평화를 공포하게 하였더니

14 그 때에 베냐민이 돌아온지라 이에 이스라엘 사람이 야베스 길르앗 여자들 중에서 살려 둔 여자들을 그들에게 주었으나 아직도 부족하므로

15 백성들이 베냐민을 위하여 뉘우쳤으니 이는 여호와께서 이스라엘 지파들 중에 한 지파가 빠지게 하셨음이었더라

16 ●회중의 장로들이 이르되 베냐민의 여인이 다 멸절되었으니 이제 그 남은 자들에게 어떻게 하여야 아내를 얻게 할까 하고

17 또 이르되 베냐민 중 도망하여 살아 남은 자에게 마땅히 기업이 있어야 하리니 그리하면 이스라엘 중에 한 지파가 사라짐이 없으리라

18 그러나 우리가 우리의 딸을 그들의 아내로 주지 못하리니 이는 이스라엘 자손이 맹세하여 이르기를 딸을 베냐민에게 아내로 주는 자는 저주를 받으리

19 라 하였음이로다 하니라

벧엘 북쪽 르보나 남쪽 벧엘에서 세겜으로 올라가는 큰 길 동쪽 실로에 매년 여호와의 명절이 있도다 하고 18:31

20 베냐민 자손에게 명령하여 이르되 가서 포도원에 숨어

21 보다가 실로의 여자들이 춤을 추러 나오거든 너희는 포도원에서 나와서 실로의 딸 중에서 각각 하나를 붙들어 가지고 자기의 아내로 삼아 베냐민 땅으로 돌아가라

22 만일 그의 아버지나 형제가 와서 우리에게 시비하면 우리가 그에게 말하기를 청하건대 너희는 우리에게 은혜를 베풀어 그들을 우리에게 줄지니라 이는 우리가 전쟁할 때에 각 사람을 위하여 그의 아내를 얻어 주지 못하였고 너희가 자의로 그들에게 준 것이 아니니 너희에게 죄가 없을 것임이니라 하겠노라 하매

23 베냐민 자손이 그같이 행하여 춤추는 여자들 중에서 자기들의 숫자대로 붙들어 아내로 삼아 자기 기업에 돌아가서 성읍들을 건축하고 거기에 거주하였더라

24 그 때에 이스라엘 자손이 그 곳에서 각기 자기의 지파, 자기의 가족에게로 돌아갔으니 곧 각기 그 곳에서 나와서 자기의 기업으로 돌아갔더라

25 ●그 때에 이스라엘에 왕이 없으므로 사람이 각기 자기의 소견에 옳은 대로 행하였더라 17:6

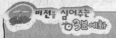

비전을 심어주는
3분영화

죄인들이 사는 집안

어느 마을에 매일같이 자신은 잘했고 상대는 잘못했다며 다투는 소리가 그치지 않는 집이 있었어요.

어느 날 그 집의 남자가 웃음소리가 자주 들리는 옆집의 남자에게 물었어요.

"당신 집안은 싸우는 소리 대신에 매일 웃음소리가 들리는데, 그 비결이 무엇이지요?"

"그건 우리 집에 죄인들만 살아서 그렇습니다."

"그게 무슨 뜻인가요?"

"우리 집은 서로 자신이 죄인이라고 말하지요. 내가 모르고 물그릇을 엎지르면, 제 아내는 '제가 그곳에 물그릇을 놓아두어서 그렇게 되었으니 제 탓이에요'라고 하며, 또 어머니는 '아니다. 내가 보고도 치우지 않았으니 내 탓이다'라고 하십니다. 잘못은 물을 쏟은 내게 있는데 말이에요. 이렇게 모두가 죄인이라고 하니깐 싸움이 일어날 수가 없답니다."

✿ 룻기를 읽기 전에

룻기는 누가 기록했는지 알 수 없어요. 제목은 이 책의 주인공 이름과 같지요. 룻은 이스라엘 사람이 아니라 모압이라는 다른 나라 여인이었어요. 하지만 보아스와 결혼을 하여 예수님의 족보에 들어가게 되었답니다 (마 1:5).

✿ 언제, 왜, 누구를 위하여 썼나요?

룻기를 기록한 때는 B.C. 1011~931년경이라고 해요. 룻기는 베들레헴에 살았던, 하나님을 사랑한 한 가정의 이야기를 통해 자기 민족만을 최고로 생각하며 도덕적으로 죄에 빠져 있던 이스라엘 백성들을 뉘우치게 하기 위해 쓴 책이에요.

✿ 어떤 내용인가요?

이방 여인 룻은 남편과 두 아들까지 모두 잃은 시어머니 나오미를 따라, 베들레헴으로 갔어요. 그곳에서 보아스를 만나 결혼을 하고 다윗의 조상이 되는 축복도 받았답니다.

엘리멜렉과 그 가족의 모압 이주
약 B.C. 1100년경

1 사사들이 치리하던 때에 그 땅에 흉년이 드니라 유다 베들레헴에 한 사람이 그의 아내와 두 아들을 데리고 모압 지방에 가서 거류하였는데

2 그 사람의 이름은 엘리멜렉이요 그의 아내의 이름은 나오미요 그의 두 아들의 이름은 말론과 기룐이니 유다 베들레헴 에브랏 사람들이더라 그들이 모압 지방에 들어가서 거기 살더니 창 35:19

3 나오미의 남편 엘리멜렉이 죽고 나오미와 그의 두 아들이 남았으며

4 그들은 모압 여자 중에서 그들의 아내를 맞이하였는데 하나의 이름은 오르바요 하나의 이름은 룻이더라 그들이

거기에 거주한 지 십 년쯤에

5 말론과 기룐 두 사람이 다 죽고 그 여인은 두 아들과 남편의 뒤에 남았더라

나오미와 룻이 베들레헴으로 오다

6 ● 그 여인이 모압 지방에서 여호와께서 자기 백성을 돌보시사 그들에게 양식을 주셨다 함을 듣고 이에 두 며느리와 함께 일어나 모압 지방에서 돌아오려 하여

7 있던 곳에서 나오고 두 며느리도 그와 함께 하여 유다 땅으로 돌아오려고 길을 가다가

8 나오미가 두 며느리에게 이르되 너희는 각기 너희 어머니의 집으로 돌아가라 너희가 죽은 자들과 나를 선대한 것 같이 여호와께서 너희를 선대하시기를 원하며

9 여호와께서 너희에게 허락하사 각기 남편의 집에서 위로를 받게 하시기를 원하노라 하고 그들에게 입 맞추매 그들이 소리를 높여 울며

10 나오미에게 이르되 아니니이다 우리는 어머니와 함께 어머니의 백성에게로 돌아가겠나이다 하는지라

11 나오미가 이르되 내 딸들아 돌아가라 너희가 어찌 나와 함께 가려느냐 내 태

1 에는 무엇이 기록되어 있을까?

사사 시대에 엘리멜렉과 나오미는 기근을 피해 두 아들과 함께 모압 지방으로 이사를 갔어요. 그런데 남자들은 모두 죽고 나오미와 두 며느리만 남게 되었지요. 나오미는 며느리들을 친정으로 돌려보내려고 했지만, 룻은 나오미를 따라 이스라엘로 가려고 했습니다. 룻은 하나님의 능력과 은혜를 믿었기 때문이지요.

중에 너희의 남편 될 아들들이 아직 있느냐 신 25:5

12 내 딸들아 되돌아 가라 나는 늙었으니 남편을 두지 못할지라 가령 내가 소망이 있다고 말한다든지 오늘 밤에 남편을 두어 아들들을 낳는다 하더라도

남편과 두 아들을 잃은 나오미(1:3-5)

13 너희가 어찌 그들이 자라기를 기다리겠으며 어찌 남편 없이 지내겠다고 결심하겠느냐 내 딸들아 그렇지 아니하니라 여호와의 손이 나를 치셨으므로 나는 너희로 말미암아 더욱 마음이 아프도다 하매 삿 2:15

14 그들이 소리를 높여 다시 울더니 오르바는 그의 시어머니에게 입 맞추되 룻은 그를 붙좇았더라

15 ●나오미가 또 이르되 보라 네 동서는 그의 백성과 그의 신들에게로 돌아가나니 너도 너의 동서를 따라 돌아가라 하니

16 룻이 이르되 내게 어머니를 떠나며 어머니를 따르지 말고 돌아가라 강권하지 마옵소서 어머니께서 가시는 곳에 나도 가고 어머니께서 머무시는 곳에서 나도 머물겠나이다 어머니의 백성이 나의 백성이 되고 어머니의 하나님이 나의 하나님이 되시리니

17 어머니께서 죽으시는 곳에서 나도 죽어 거기 묻힐 것이라 만일 내가 죽는 일 외에 어머니를 떠나면 여호와께서 내게 벌을 내리시고 더 내리시기를 원하나이다 하는지라

18 나오미가 룻이 자기와 함께 가기로 굳게 결심함을 보고 그에게 말하기를 그치니라

19 ●이에 그 두 사람이 베들레헴까지 갔더라 베들레헴에 이를 때에 온 성읍이 그들로 말미암아 떠들며 이르기를 이이가 [1]나오미냐 하는지라

20 나오미가 그들에게 이르되 나를 나오미라 부르지 말고 나를 [2]마라라 부르라 이는 전능자가 나를 심히 괴롭게 하셨음이니라

21 내가 풍족하게 나갔더니 여호와께서 내게 비어 돌아오게 하셨느니라 여호와께서 나를 징벌하셨고 전능자가 나를 괴롭게 하셨거늘 너희가 어찌 나를 나오미라 부르느냐 하니라

22 나오미가 모압 지방에서 그의 며느리 모압 여인 룻과 함께 돌아왔는데 그들이 보리 추수 시작할 때에 베들레헴에 이르렀더라

룻이 보아스를 만나다 — B.C. 1100년경

2

나오미의 남편 엘리멜렉의 친족으로 [3]유력한 자가 있으니 그의 이름은 보아스더라

2 모압 여인 룻이 나오미에게 이르되 원하건대 내가 밭으로 가서 내가 누구에게 은혜를 입으면 그를 따라서 이삭을 줍겠나이다 하니 나오미가 그에게 이르되 내 딸아 갈지어다 하매

3 룻이 가서 베는 자를 따라 밭에서 이삭을 줍는데 우연히 엘리멜렉의 친족 보아스에게 속한 밭에 이르렀더라

4 마침 보아스가 베들레헴에서부터 와서 베는 자들에게 이르되 여호와께서 너희와 함께 하시기를 원하노라 하니 그들이 대답하되 여호와께서 당신에게 복 주시기를 원하나이다 하니라

나오미를 따라 베들레헴으로 온 룻 (1:16-18)

---

1) 희락 2) 괴로움 3) 부호

5 보아스가 베는 자들을 거느린 사환에게 이르되 이는 누구의 소녀냐 하니

6 베는 자를 거느린 사환이 대답하여 이르되 이는 나오미와 함께 모압 지방에서 돌아온 모압 소녀인데 1:22

7 그의 말이 나로 베는 자를 따라 단 사이에서 이삭을 줍게 하소서 하였고 아침부터 와서는 잠시 집에서 쉰 외에 지금까지 계속하는 중이니이다

8 ●보아스가 룻에게 이르되 내 딸아 들으라 이삭을 주우러 다른 밭으로 가지 말며 여기서 떠나지 말고 나의 소녀들과 함께 있으라

9 그들이 베는 밭을 보고 그들을 따르라 내가 그 소년들에게 명령하여 너를 건드리지 말라 하였느니라 목이 마르거든 그릇에 가서 소년들이 길어 온 것을 마실지니라 하는지라

10 룻이 엎드려 얼굴을 땅에 대고 절하며 그에게 이르되 나는 이방 여인이거늘 당신이 어찌하여 내게 은혜를 베푸시며 나를 돌보시나이까 하니

11 보아스가 그에게 대답하여 이르되 네 남편이 죽은 후로 네가 시어머니에게 행한 모든 것과 네 부모와 고국을 떠나 전에 알지 못하던 백성에게로 온 일이 내게 분명히 알려졌느니라

12 여호와께서 네가 행한 일에 보답하시기를 원하며 이스라엘의 하나님 여호와께서 그의 날개 아래에 보호를 받으러 온 네게 온전한 상 주시기를 원하노라 하는지라

13 룻이 이르되 내 주여 내가 당신께 은혜 입기를 원하나이다 나는 당신의 하녀

토막 상식

모압

롯과 그의 맏딸 사이에서 태어난 아들 모압의 후손이 정착한 곳으로, 사해 남동쪽 해안의 고원(해발 약 915m) 지대로 목축업에 유리한 지형이지요. 사실 이스라엘과 사이가 그리 좋지는 않았는데, 이때는 비교적 평화로웠던 시기로 추측됩니다. 2장 6절

중의 하나와도 같지 못하오나 당신이 이 하녀를 위로하시고 마음을 기쁘게 하는 말씀을 하셨나이다 하니라

14 ●식사할 때에 보아스가 룻에게 이르되 이리로 와서 떡을 먹으며 네 떡 조각을 초에 찍으라 하므로 룻이 곡식 베는 자 곁에 앉으니 1)그가 볶은 곡식을 주매 룻이 배불리 먹고 남았더라

15 룻이 이삭을 주우러 일어날 때에 보아스가 자기 소년들에게 명령하여 이르되 그에게 곡식 단 사이에서 줍게 하고 책망하지 말며

16 또 그를 위하여 곡식 다발에서 조금씩 뽑아 버려서 그에게 줍게 하고 꾸짖지 말라 하니라

17 ●룻이 밭에서 저녁까지 줍고 그 주운 것을 떠니 보리가 한 에바쯤 되는지라

18 그것을 가지고 성읍에 들어가서 시어머니에게 그 주운 것을 보이고 그가 배불리 먹고 남긴 것을 내어 시어머니에게 드리매 2:14

19 시어머니가 그에게 이르되 오늘 어디서 주웠느냐 어디서 일을 하였느냐 너를 돌본 자에게 복이 있기를 원하노라 하니 룻이 누구에게서 일했는지를 시어머니에게 알게 하여 이르되 오늘 일하게 한 사람의 이름은 보아스니이다 하는지라 2:10

20 나오미가 그에게 이르되 그가 여호와로부터 복 받기를 원하노라 그가 살아 있는 자와 죽은 자에게 은혜 베풀기를 그치지 아니하도다 하고 나오미가 또 그에게 이르되 그 사람은 우

2 에는 무엇이 기록되어 있을까?

하나님은 보리 이삭을 주우러 간 룻을 보아스의 밭으로 인도하셨어요. 그리고 룻의 신앙과 인품은 보아스를 감동시켰지요. 보아스는 룻의 죽은 남편과 가까운 친족으로서 그의 땅을 찾아줄 수 있을 뿐만 아니라 대를 잇게 할 책임이 있는 사람들 중의 한 명이었어요.

1)그들이

리와 가까우니 우리 ¹⁾기업을 무를 자 중의 하나이니라 하니라 잠 17:17

21 모압 여인 룻이 이르되 그가 내게 또 이르기를 내 추수를 다 마치기까지 너는 내 소년들에게 가까이 있으라 하더이다 하니

22 나오미가 며느리 룻에게 이르되 내 딸아 너는 그의 소녀들과 함께 나가고 다른 밭에서 사람을 만나지 아니하는 것이 좋으니라 하는지라

23 이에 룻이 보아스의 소녀들에게 가까이 있으므로 보리 추수와 밀 추수를 마치기까지 이삭을 주우며 그의 시어머니와 함께 거주하니라

룻이 보아스와 가까워지다—B.C. 1100년경

3 룻의 시어머니 나오미가 그에게 이르되 내 딸아 내가 너를 위하여 안식할 곳을 구하여 너를 복되게 하여야 하지 않겠느냐

2 네가 함께 하던 하녀들을 둔 보아스는 우리의 친족이 아니냐 보라 그가 오늘 밤에 타작 마당에서 보리를 까불리라

3 그런즉 너는 목욕하고 기름을 바르고 의복을 입고 타작 마당에 내려가서 그 사람이 먹고 마시기를 다 하기까지는 그에게 보이지 말고

4 그가 누울 때에 너는 그가 눕는 곳을 알았다가 들어가서 그의 발치 이불을 들고 거기 누우라 그가 네 할 일을 네게 알게 하리라 하니

5 룻이 시어머니에게 이르되 어머니의 말씀대로 내가 다 행하리이다 하니라

6 ●그가 타작 마당으로 내려가서 시어

팔레스타인의 타작 마당(3:6)

머니의 명령대로 다 하니라

7 보아스가 먹고 마시고 마음이 즐거워 가서 곡식 단 더미의 끝에 눕는지라 룻이 가만히 가서 그의 발치 이불을 들고 거기 누웠더라

8 밤중에 그가 놀라 몸을 돌이켜 본즉 한 여인이 자기 발치에 누워 있는지라

9 이르되 네가 누구냐 하니 대답하되 나는 당신의 여종 룻이오니 당신의 옷자락을 펴 당신의 여종을 덮으소서 이는 당신이 기업을 무를 자가 됨이니이다

10 그가 이르되 내 딸아 여호와께서 네게 복 주시기를 원하노라 네가 가난하건 부하건 젊은 자를 따르지 아니하였으니 네가 베푼 인애가 처음보다 나중이 더하도다

11 그리고 이제 내 딸아 두려워하지 말라 내가 네 말대로 네게 다 행하리라 네가 현숙한 여자인 줄을 나의 성읍 백성이 다 아느니라

12 참으로 나는 기업을 무를 자이나 기업 무를 자로서 나보다 더 가까운 사람이 있으니 4:1

13 이 밤에 여기서 머무르라 아침에 그가 기업 무를 자의 책임을 네게 이행하려 하면 좋으나 그가 그 기업 무를 자의 책임을 행할 것이니라 만일 그가 기업 무를 자의 책임을 네게 이행하기를 기뻐하지 아니하면 여호와께서 살아 계심을 두고 맹세하노니 내가 기업 무를 자의 책임을 네게 이행하리라 아침까지 누워 있을지니라 하는지라

14 룻이 새벽까지 그의 발치에 누웠다가 사람이 서로 알아보기 어려울 때에

3장 에는 무엇이 기록되어 있을까?

룻의 청혼을 받은 보아스는 자신보다 더 가까운 친척이 있다는 것을 알고, 땅을 찾아주고 대를 잇게 할 자의 우선순위를 신중하게 생각하면서, 그가 그 기업 무를 자이려면 위해서는 자신보다 더 가까운 친척이 그 권리를 포기해야 했지요. 그래서 그는 이에 따르는 알맞은 법의 순서를 밟겠다고 말했습니다.

¹⁾ 레 25:25를 보라

일어났으니 보아스가 말하기를 여인이 타작 마당에 들어온 것을 사람이 알지 못하여야 할 것이라 하였음이라

15 보아스가 이르되 네 겉옷을 가져다가 그것을 펴서 잡으라 하매 그것을 펴서 잡으니 보리를 여섯 번 되어 룻에게[1]지워 주고 성읍으로 들어가니라

16 룻이 시어머니에게 가니 그가 이르되 내 딸아 [2]어떻게 되었느냐 하니 룻이 그 사람이 자기에게 행한 것을 다 알리고

17 이르되 그가 내게 이 보리를 여섯 번 되어 주며 이르기를 빈 손으로 네 시어머니에게 가지 말라 하더이다 하니라

18 이에 시어머니가 이르되 내 딸아 이 사건이 어떻게 될지 알기까지 앉아 있으라 그 사람이 오늘 이 일을 성취하기 전에는 쉬지 아니하리라 하니라

룻이 보아스와 결혼하다

4 보아스가 성문으로 올라가서 거기 앉아 있더니 마침 보아스가 말하던 기업 무를 자가 지나가는지라 보아스가 그에게 이르되 아무개여 이리로 와서 앉으라 하니 그가 와서 앉으매

2 보아스가 그 성읍 장로 열 명을 청하여 이르되 당신들은 여기 앉으라 하니 그들이 앉으매

3 보아스가 그 기업 무를 자에게 이르되 모압 지방에서 돌아온 나오미가 우리 형제 엘리멜렉의 소유지를 팔려 하므로 *렘 25:25*

4 내가 여기 앉은 이들과 내 백성의 장로들 앞에서 그것을 사라고 네게 말하려 하였노라 만일 네가 무르려면 무르려니와 만일 네가 무르지 아니하려거든 내게 고하여 알게 하라 네 다음은 나요 그 외에는 무를 자가 없느니라 하니 그가 이르되 내가 무르리라 하는지라 *렘 32:7, 8*

5 보아스가 이르되 네가 나오미의 손에서 그 밭을 사는 날에 곧 죽은 자의 아내 모압 여인 룻에게서 사서 그 죽은 자의 기업을 그의 이름으로 세워야 할지니라 하니

6 그 기업 무를 자가 이르되 나는 내 기업에 손해가 있을까 하여 나를 위하여 무르지 못하노니 내가 무를 것을 네가 무르라 나는 무르지 못하겠노라 하는지라

7 ●옛적 이스라엘 중에는 모든 것을 무르거나 교환하는 일을 확정하기 위하여 사람이 그의 신을 벗어 그의 이웃에게 주더니 이것이 이스라엘 중에 증명하는 전례가 되는지라

8 이에 그 기업 무를 자가 보아스에게 이르되 네가 너를 위하여 사라 하고 그의 신을 벗는지라

9 보아스가 장로들과 모든 백성에게 이르되 내가 엘리멜렉과 기룐과 말론에게 있던 모든 것을 나오미의 손에서 산 일에 너희가 오늘 증인이 되었고

10 또 말론의 아내 모압 여인 룻을 사서 나의 아내로 맞이하고 그 죽은 자의 기업을 그의 이름으로 세워 *그의 이름이 그*

고대 이스라엘의 신(4:7)

---

4 에는 무엇이 기록되어 있을까?

가장 가까운 친척이 땅을 찾아주고 대를 이을 권리와 의무를 포기하자, 보아스는 합법적으로 그 권리를 넘겨받아 룻과 결혼하여요. 룻과 보아스 사이에서 태어난 아들 오벳이 바로 다윗의 할아버지입니다. 룻은 이방 여인이었지만 하나님을 믿고 순종함으로써 다윗과 더 나아가 예수님의 조상이 되었어요.

---

1) 수리아와 라틴 번역에는, 이워 주니 그가 성으로 돌아가니라
2) 너는 누구냐

의 형제 중과 그 곳 성문에서 끊어지지 아니하게 함에 너희가 오늘 증인이 되었느니라 하니

11 성문에 있는 모든 백성과 장로들이 이르되 우리가 증인이 되나니 여호와께서 네 집에 들어가는 여인으로 이스라엘의 집을 세운 라헬과 레아 두 사람과 같게 하시고 네가 에브랏에서 유력하고 베들레헴에서 유명하게 하시기를 원하며

12 여호와께서 이 젊은 여자로 말미암아 네게 상속자를 주사 네 집이 다말이 유다에게 낳아 준 베레스의 집과 같게 하시기를 원하노라 하니라 ^{창 38:29}

13 ●이에 보아스가 룻을 맞이하여 아내로 삼고 그에게 들어갔더니 여호와께서 그에게 임신하게 하시므로 그가 아들을 낳은지라

14 여인들이 나오미에게 이르되 찬송할지로다 여호와께서 오늘 네게 기업 무를 자가 없게 하지 아니하셨도다 이 아이의 이름이 이스라엘 중에 유명하게 되기를 원하노라 ^{창 1:58}

15 이는 네 생명의 회복자이며 네 노년의 봉양자라 곧 너를 사랑하며 일곱 아들보다 귀한 네 며느리가 낳은 자로다 하니라 ^{1:16}

보아스와 결혼하여 다윗의 조상이 된 룻(4:13~17)

16 나오미가 아기를 받아 품에 품고 그의 양육자가 되니

17 그의 이웃 여인들이 그에게 이름을 지어 주되 나오미에게 아들이 태어났다 하여 그의 이름을 오벳이라 하였는데 그는 다윗의 아버지인 이새의 아버지였더라

18 ●베레스의 계보는 이러하니라 베레스는 헤스론을 낳고

19 헤스론은 람을 낳았고 람은 암미나답을 낳았고

20 암미나답은 나손을 낳았고 나손은 살몬을 낳았고

21 살몬은 보아스를 낳았고 보아스는 오벳을 낳았고

22 오벳은 이새를 낳고 이새는 다윗을 낳았더라

비전을 심어주는 3분 예화

1 Samuel
사무엘상

★ 사무엘상을 읽기 전에

사무엘상은 누가 기록했는지 알 수 없어요. 제목에 나오는 사무엘은 그의 어머니 한나의 간절한 기도로 하나님께서 주신 아들이었고, 어렸을 때부터 하나님의 성전에서 자란 이스라엘의 선지자였지요.

언제, 왜, 누구를 위하여 썼나요?

이 책을 기록한 때는 B.C. 930-722년경이라고 해요. B.C. 930년경에 이스라엘이 남북으로 나뉘었을 때, 이스라엘 백성들이 다윗을 통해 이루어주신 하나님의 역사를 다시 기억하고 하나님 중심으로 돌아오도록 하기 위해 쓴 책이랍니다.

어떤 내용인가요?

사무엘은 하나님의 선지자로 부름을 받았어요. 이스라엘의 첫 번째 왕으로 사울이 세워지지만 불순종 때문에 하나님께 버림을 받았지요. 결국 사울은 죽고 다윗이 왕으로 세워집니다.

엘가나의 실로 순례 — B.C. 1070년경

1 에브라임 산지 라마다임소빔에 에브라임 사람 엘가나라 하는 사람이 있었으니 그는 여로함의 아들이요 엘리후의 손자요 도후의 증손이요 숩의 현손이더라

2 그에게 두 아내가 있었으니 한 사람의 이름은 한나요 한 사람의 이름은 브닌나라 브닌나에게는 자식이 있고 한나에게는 자식이 없었더라

3 이 사람이 매년 자기 성읍에서 나와서 실로에 올라가서 만군의 여호와께 예배하며 제사를 드렸는데 엘리의 두 아들 홉니와 비느하스가 여호와의 제사장으로 거기에 있었더라

4 엘가나가 제사를 드리는 날에는 제물의 분깃을 그의 아내 브닌나와 그의 모든 자녀에게 주고

5 한나에게는 갑절을 주니 이는 그를 사랑함이라 그러나 여호와께서 그에게 임신하지 못하게 하시니 | 창 16:1

6 여호와께서 그에게 임신하지 못하게 하시므로 그의 적수인 브닌나가 그를 심히 격분하게 하여 괴롭게 하더라

7 매년 한나가 여호와의 집에 올라갈 때마다 남편이 그같이 하매 브닌나가 그를 격분시키므로 그가 울고 먹지 아니하니

8 그의 남편 엘가나가 그에게 이르되 한나여 어찌하여 울며 어찌하여 먹지 아니하며 어찌하여 그대의 마음이 슬프냐 내가 그대에게 열 아들보다 낫지 아니하냐 | 룻 4:15

한나와 엘리

9 그들이 실로에서 먹고 마신 후에 한나가 일어나니 그 때에 제사장 엘리는 여호와의 전 문설주 곁 의자에 앉아 있었더라 | 3:3

10 한나가 마음이 괴로워서 여호와께 기도하고 통곡하며

11 서원하여 이르되 만군의 여호와여 만

1장 에는 무엇이 기록되어있을까?

사무엘상은 사사 시대와 왕정 시대를 잇는 선지자 사무엘이 태어난 이야기로 시작돼요. 엘가나의 두 아내 중 자식이 없던 한나는 자식을 얻으면 평생 하나님을 위해 살게 하겠다고 기도했지요. 하나님이 기도에 응답하셔서 아들을 낳은 한나는 기도대로 그 아들을 하나님께 바쳤습니다.

일 주의 여종의 고통을 돌보시고 나를 기억하사 주의 여종을 잊지 아니하시고 주의 여종에게 아들을 주시면 내가 그의 평생에 그를 여호와께 드리고 삭도를 그의 머리에 대지 아니하겠나이다

12 ●그가 여호와 앞에 오래 기도하는 동안에 엘리가 그의 입을 주목한즉

13 한나가 속으로 말하매 입술만 움직이고 음성은 들리지 아니하므로 엘리는 그가 취한 줄로 생각한지라

14 엘리가 그에게 이르되 네가 언제까지 취하여 있겠느냐 포도주를 끊으라 하니

15 한나가 대답하여 이르되 내 주여 그렇지 아니하니이다 나는 마음이 슬픈 여자라 포도주나 독주를 마신 것이 아니요 여호와 앞에 내 심정을 통한 것뿐이오니

16 당신의 여종을 악한 여자로 여기지 마옵소서 내가 지금까지 말한 것은 나의 원통함과 격분됨이 많기 때문이니이다 하는지라

17 엘리가 대답하여 이르되 평안히 가라 이스라엘의 하나님이 네가 기도하여 구한 것을 허락하시기를 원하노라 하니 시 20:3

18 이르되 당신의 여종이 당신께 은혜 입기를 원하나이다 하고 가서 먹고 얼굴에 다시는 근심 빛이 없더라

사무엘의 출생과 봉헌

19 ●그들이 아침에 일찍이 일어나 여호와 앞에 경배하고 돌아가 라마의 자기 집에 이르니라 엘가나가 그의 아내 한나와 동침하매 여호와께서 그를 생각하신지라

20 한나가 임신하고 때가 이르매 아들을 낳아 사무엘이라 이름하였으니 이는 내가 여호와께 그를 구하였다 함이더라

21 ●그 사람 엘가나와 그의 온 집이 여호와께 매년제와 서원제를 드리러 올라갈 때에

22 오직 한나는 올라가지 아니하고 그의 남편에게 이르되 아이를 젖 떼거든 내가 그를 데리고 가서 여호와 앞에 뵙게 하고 거기에 영원히 있게 하리이다 하니

23 그의 남편 엘가나가 그에게 이르되 그대의 소견에 좋은 대로 하여 그를 젖 떼기까지 기다리라 오직 여호와께서 그의 말씀대로 이루시기를 원하노라 하니라 이에 그 여자가 그의 아들을 양육하며 그가 젖 떼기까지 기다리다가

24 젖을 뗀 후에 그를 데리고 올라갈새 수소 세 마리와 밀가루 한 에바와 포도주 한 가죽부대를 가지고 실로 여호와의 집에 나아갔는데 아이가 어리더라

25 그들이 수소를 잡고 아이를 데리고 엘리에게 가서 레 1:5

26 한나가 이르되 내 주여 당신의 사심으로 맹세하나이다 나는 여기서 내 주 당신 곁에 서서 여호와께 기도하던 여자라 왕상 2:2

27 이 아이를 위하여 내가 기도하였더니 내가 구하여 기도한 바를 여호와께서 내게 허락하신지라

28 그러므로 나도 그를 여호와께 드리되 그의 평생을 여호와께 드리나이다 하

술술 풀리는 성경말씀

선지자 사무엘

'사무엘(뜻: 하나님의 이름)'은 B.C. 11세기에 활동했던 선지자로서 이스라엘의 마지막 사사였어요. 그는 레위 지파의 엘가나와 한나의 아들로, 그의 출생은 한나의 기도 응답의 결과였지요. 한나는 하나님께 약속드린 대로 사무엘이 젖을 떼자, 실로에 있던 제사장 엘리에게로 데려갔어요. 사무엘은 엘리의 보호 아래 실로에 있는 성막에서 하나님을 섬기며 여호와 앞에서 자랐습니다.

20년이 지난 후, 사무엘은 이스라엘의 모든 지파를 불러놓고 하나님의 약속을 새롭게 하였어요. 또한 미스바에서 블레셋을 크게 이겨 이스라엘을 구원하였지요. 후에 이스라엘 백성들은 그를 모세에 버금가는 인물로 높이 우러러보았으며, 하나님의 사랑을 받은 선지자로 기억하였답니다(시 99:6; 렘 15:1).

고 그가 거기서 여호와께 경배하니라

한나의 기도 · B.C. 1070년경

2 한나가 기도하여 이르되
내 마음이 여호와로 말미암아 즐거
워하며 내 뿔이 여호와로 말미암아
높아졌으며 내 입이 내 원수들을 향
하여 크게 열렸으니 이는 내가 주의
구원으로 말미암아 기뻐함이니이다
2 여호와와 같이 거룩하신 이가 없으
시니 이는 주 밖에 다른 이가 없고 우
리 하나님 같은 반석도 없으심이니
이다
3 심히 교만한 말을 다시 하지 말 것이
며 오만한 말을 너희의 입에서 내지
말지어다 여호와는 지식의 하나님이
시라 행동을 달아 보시느니라
4 용사의 활은 꺾이고 넘어진 자는 힘
으로 띠를 띠도다
5 풍족하던 자들은 양식을 위하여 품
을 팔고 주리던 자들은 다시 주리지
아니하도다 전에 임신하지 못하던
자는 일곱을 낳고 많은 자녀를 둔
자는 쇠약하도다
6 여호와는 죽이기도 하시고 살리기도
하시며 스올에 내리게도 하시고 거
기에서 올리기도 하시는도다
여호와는 가난하게도 하시고 부하게
도 하시며 낮추기도 하시고 높이기
도 하시는도다
8 가난한 자를 진토에서 일으키시며 빈
궁한 자를 거름더미에서 올리사 귀족
들과 함께 앉게 하시며 영광의 자리
를 차지하게 하시는도다 땅의 기둥

어릴 때부터 성전에서
하나님을 섬긴 사무엘 (2:18)

들은 여호와의 것이라 여호와께서
세계를 그것들 위에 세우셨도다
9 그가 그의 거룩한 자들의 발을 지키
실 것이요 악인들을 흑암 중에서 잠
잠하게 하시리니 힘으로는 이길 사
람이 없음이로다
10 여호와를 대적하는 자는 산산이 깨
어질 것이라 하늘에서 우레로 그들
을 치시리로다 여호와께서 땅 끝까
지 심판을 내리시고 자기 왕에게 힘
을 주시며 자기의 기름 부음을 받은
자의 뿔을 높이시리로다
하니라   시 2:9
11 엘가나는 라마의 자기 집으로 돌아가
고 그 아이는 제사장 엘리 앞에서 여호
와를 섬기니라

행실이 나쁜 엘리의 아들들
12 ● 엘리의 아들들은 행실이 나빠 여호
와를 알지 못하더라
13 그 제사장이 백성에게 행하는 관습
은 이러하니 곧 어떤 사람이 제사를 드
리고 그 고기를 삶을 때에 제사장의 사
환이 손에 세 살 갈고리를 가지고 와서
14 그것으로 냄비에나 솥에나 큰 솥에나
가마에 찔러 넣어 갈고리에 걸려 나오
는 것은 제사장이 자기 것으로 가지되
실로에서 그 곳에 온 모든 이스라엘 사
람에게 이같이 할 뿐 아니라
15 기름을 태우기 전에도 제사장의 사환
이 와서 제사 드리는 사람에게 이르기
를 제사장에게 구워 드릴 고기를 내라

그가 네게 삶은 고기를 원하지 아니하고 날 것을 원하신다 하다가

16 그 사람이 이르기를 반드시[1] 먼저 기름을 태운 후에 네 마음에 원하는 대로 가지라 하면 그가 말하기를 아니라 지금 내게 내라 그렇지 아니하면 내가 억지로 빼앗으리라 하였으니

17 이 소년들의 죄가 여호와 앞에 심히 큼은 그들이 여호와의 제사를 멸시함이었더라

실로에 머문 사무엘

18 ●사무엘은 어렸을 때에 세마포 에봇을 입고 여호와 앞에서 섬겼더라

19 그의 어머니가 매년 드리는 제사를 드리러 그의 남편과 함께 올라갈 때마다 작은 겉옷을 지어다가 그에게 주었더니

20 엘리가 엘가나와 그의 아내에게 축복하여 이르되 여호와께서 이 여인으로 말미암아 네게 다른 후사를 주사 이가 여호와께 간구하여 얻어 바친 아들을 대신하게 하시기를 원하노라 하였더니 그들이 자기 집으로 돌아가매

21 여호와께서 한나를 돌보시사 그로 하여금 임신하여 세 아들과 두 딸을 낳게 하셨고 아이 사무엘은 여호와 앞에서 자라니라

엘리와 그의 아들들

22 ●엘리가 매우 늙었더니 그의 아들들이 온 이스라엘에게 행한 모든 일과 회막 문에서 수종 드는 여인들과 동침하였음을 듣고

23 그들에게 이르되 너희가 어찌하여 이런 일을 하느냐 내가 너희의 악행을 이 모든 백성에게서 듣노라

24 내 아들들아 그리하지 말라 내게 들리는 소문이 좋지 아니하니라 너희가 여호와의 백성으로 범죄하게 하는도다

25 사람이 사람에게 범죄하면[2] 하나님이 심판하시려니와 만일 사람이 여호와께 범죄하면 누가 그를 위하여 간구하겠느냐 하되 그들이 자기 아버지의 말

을 듣지 아니하였으니 이는 여호와께서 그들을 죽이기로 뜻하셨음이더라

26 아이 사무엘이 점점 자라매 여호와와 사람들에게 은총을 더욱 받더라

엘리의 집에 내린 저주

27 ●하나님의 사람이 엘리에게 와서 그에게 이르되 여호와의 말씀에 너희 조상의 집이 애굽에서 바로의 집에 속하였을 때에 내가 그들에게 나타나지 아니하였느냐

28 이스라엘 모든 지파 중에서 내가 그를 택하여 내 제사장으로 삼아 그가 내 제단에 올라 분향하며 내 앞에서 에봇을 입게 하지 아니하였느냐 이스라엘 자손이 드리는 모든 화제를 내가 네 조상의 집에 주지 아니하였느냐

29 너희는 어찌하여 내가 내 처소에서 명령한 내 제물과 예물을 밟으며 네 아들들을 나보다 더 중히 여겨 내 백성 이스라엘이 드리는 가장 좋은 것으로 너희들을 살지게 하느냐

30 그러므로 이스라엘의 하나님 나 여호와가 말하노라 내가 전에 네 집과 네 조상의 집이 내 앞에 영원히 행하리라 하였으나 이제 나 여호와가 말하노니 결단코 그렇게 하지 아니하리라 나를 존

한나의 노래

'한나'는 '은혜' 또는 '호의'라는 뜻이에요. 한나는 오랫동안 자식이 없어 남편 엘가나의 또 다른 아내 브닌나에게 괴롭힘을 당했어요(1:1~7). 가족들은 매년 실로에 있는 성소로 제사를 드리러 올라갔는데, 이때 그녀는 만약 여호와께서 아들을 허락해주신다면 그 아이를 여호와께 드려 섬기게 하겠다고 서원하였어요(1:11). 엘리 제사장은 그 기도가 이루어질 것을 보장하였습니다(1:17).

이후 한나는 사무엘을 낳아 젖을 떼게 되었을 때에 자신이 서원한 것을 지키기 위해서 어린 사무엘을 성소로 데리고 갔어요(1:22, 24~28). 여기에 나오는 '한나의 노래'는 하나님의 전능하신 행위를 표현함으로써 하나님의 자비를 찬양하고 있답니다. 2장 1~10절

---

1) 히, 오늘날 2) 법관

하나님의 목소리를 들은 사무엘(3:8-9)

중히 여기는 자를 내가 존중히 여기고 나를 멸시하는 자를 내가 경멸하리라

31 보라 내가 네 팔과 네 조상의 집 팔을 끊어 네 집에 노인이 하나도 없게 하는 날이 이를지라

32 이스라엘에게 모든 복을 내리는 중에 너는 내 처소의 [1]환난을 볼 것이요 네 집에 영원토록 노인이 없을 것이며

33 내 제단에서 내가 끊어 버리지 아니할 네 사람이 네 눈을 쇠잔하게 하고 네 마음을 슬프게 할 것이요 네 집에서 출산되는 모든 자가 젊어서 죽으리라

34 네 두 아들 홉니와 비느하스가 한 날에 죽으리니 그 둘이 당할 그 일이 네게 표징이 되리라

35 내가 나를 위하여 충실한 제사장을 일으키리니 그 사람은 내 마음, 내 뜻대로 행할 것이라 내가 그를 위하여 견고한 집을 세우리니 그가 나의 기름 부음을 받은 자 앞에서 영구히 행하리라

36 그리고 네 집에 남은 사람이 각기 와서 은 한 조각과 떡 한 덩이를 위하여 그에게 엎드려 이르되 청하노니 내게 제사장의 직분 하나를 맡겨 내게 떡 조각을 먹게 하소서 하리라 하셨다 하니라

여호와께서 사무엘을 부르시다

3 아이 사무엘이 엘리 앞에서 여호와를 섬길 때에는 여호와의 말씀이 희귀하여 이상이 흔히 보이지 않았더라

2 엘리의 눈이 점점 어두워 가서 잘 보지 못하는 그 때에 그가 자기 처소에 누웠고

3 하나님의 등불은 아직 꺼지지 아니하였으며 사무엘은 하나님의 궤 있는 여호와의 전 안에 누웠더니   레 24:2-4

4 여호와께서 사무엘을 부르시는지라 그가 대답하되 내가 여기 있나이다 하고

5 엘리에게로 달려가서 이르되 당신이 나를 부르셨기로 내가 여기 있나이다 하니 그가 이르되 나는 부르지 아니하였으니 다시 누우라 하는지라 그가 가서 누웠더니

6 여호와께서 다시 사무엘을 부르시는지라 사무엘이 일어나 엘리에게로 가서 이르되 당신이 나를 부르셨기로 내가 여기 있나이다 하니 그가 대답하되 내 아들아 내가 부르지 아니하였으니 다시 누우라 하니라

7 사무엘이 아직 여호와를 알지 못하고 여호와의 말씀도 아직 그에게 나타나지 아니한 때라

8 여호와께서 세 번째 사무엘을 부르시는지라 그가 일어나 엘리에게로 가서 이르되 당신이 나를 부르셨기로 내가 여기 있나이다 하니 엘리가 여호와께서 이 아이를 부르신 줄을 깨닫고

9 엘리가 사무엘에게 이르되 가서 누웠다가 그가 너를 부르시거든 네가 말하기를 여호와여 말씀하옵소서 주의 종이 듣겠나이다 하라 하니 이에 사무엘이 가서 자기 처소에 누우니라

10 ● 여호와께서 임하여 서서 전과 같이 사무엘아 사무엘아 부르시는지라 사무엘이 이르되 말씀하옵소서 주의 종

3 장 에는 무엇이 기록되어 있을까?

성경에 나오는 다른 인물들과는 달리 사무엘은 어릴 적부터 하나님의 성전에서 하나님을 섬겼어요. 하나님은 엘리 집안에 대한 심판을 어린 사무엘에게 말씀하심으로 그를 선지자로 부르셨지요. 그것은 하나님께 충성하지 않는 엘리 집안을 벌하시고 사무엘을 통해 하나님의 뜻을 밝히 드러내시기 위해서였답니다.

1) 대적

하나님의 말씀을 듣는
사무엘(3:10-14)

이 듣겠나이다 하니

11 여호와께서 사무엘에게 이르시되 보라 내가 이스라엘 중에 한 일을 행하리니 그것을 듣는 자마다 두 귀가 울리리라

12 내가 엘리의 집에 대하여 말한 것을 처음부터 끝까지 그 날에 그에게 다 이루리라

13 내가 그의 집을 영원토록 심판하겠다고 그에게 말한 것은 그가 아는 죄악 때문이니 이는 그가 자기의 아들들이 저주를 자청하되 금하지 아니하였음이니라

14 그러므로 내가 엘리의 집에 대하여 맹세하기를 엘리 집의 죄악은 제물로나 예물로나 영원히 속죄함을 받지 못하리라 하였노라 하셨더라

15 사무엘이 아침까지 누웠다가 여호와의 집의 문을 열었으나 그 이상을 엘리에게 알게 하기를 두려워하더니 렘 1:8

16 엘리가 사무엘을 불러 이르되 내 아들 사무엘아 하니 그가 대답하되 내가 여기 있나이다 하니 그가

17 이르되 네게 무엇을 말씀하셨느냐 청하노니 내게 숨기지 말라 네게 말씀하신 모든 것을 하나라도 숨기면 하나님이 네게 벌을 내리시고 또 내리시기를 원하노라 하는지라

18 사무엘이 그것을 그에게 자세히 말하고 조금도 숨기지 아니하니 그가 이르되 이는 여호와이시니 선하신 대로 하실 것이니라 하니라

19 사무엘이 자라매 여호와께서 그와 함께 계셔서 그의 말이 하나도 땅에 떨어지지 않게 하시니

20 단에서부터 브엘세바까지의 온 이스라엘이 사무엘은 여호와의 선지자로 세우심을 입은 줄을 알았더라 삼 20:1

21 여호와께서 실로에서 다시 나타나시되 여호와께서 실로에서 여호와의 말씀으로 사무엘에게 자기를 나타내시니라

4 사무엘의 말이 온 이스라엘에 전파되니라

언약궤를 빼앗기다 — B.C. 1050년경

1 ●이스라엘은 나가서 블레셋 사람들과 싸우려고 에벤에셀 곁에 진 치고 블레셋 사람들은 아벡에 진 쳤더라

2 블레셋 사람들이 이스라엘에 대하여 전열을 벌이니라 그 둘이 싸우다가 이스라엘이 블레셋 사람들 앞에서 패하여 그들에게 전쟁에서 죽임을 당한 군사가 사천 명 가량이라

3 백성이 진영에 돌아오매 이스라엘 장로들이 이르되 여호와께서 어찌하여 우리에게 오늘 블레셋 사람들 앞에 패하게 하셨는고 여호와의 언약궤를 실로에서 우리에게로 가져다가 우리 중에 있게 하여 그것으로 우리를 우리 원수들의 손에서 구원하게 하자 하니

4 이에 백성이 실로에 사람을 보내어 그룹 사이에 계신 만군의 여호와의 언약궤를 거기서 가져왔고 엘리의 두 아들 홉니와 비느하스는 하나님의 언약궤와 함께 거기에 있었더라

5 ●여호와의 언약궤가 진영에 들어올 때에 온 이스라엘이 큰 소리로 외치매 땅이 울린지라

4장에는 무엇이 기록되어 있을까?

4장에는 이스라엘과 블레셋 사이에 전쟁이 일어나서 홉니와 비느하스, 엘리가 죽고 언약궤를 빼앗긴 내용이 나와요. 이는 2:31-34의 예언이 그대로 이루어진 것이지요. 전쟁에 나갔던 이스라엘은 자신의 신앙 상태를 돌아볼 생각은 하지 않고 언약궤만 가지고 가면 승리할 수 있다고 생각하다가, 또 다시 크게 패하고 말았답니다.

6 블레셋 사람이 그 외치는 소리를 듣고 이르되 히브리 진영에서 큰 소리로 외침은 어찌 됨이냐 하다가 여호와의 궤가 진영에 들어온 줄을 깨달은지라

7 블레셋 사람이 두려워하여 이르되 신이 진영에 이르렀도다 하고 또 이르되 우리에게 화로다 전날에는 이런 일이 없었도다 　　출 15:14

8 우리에게 화로다 누가 우리를 이 능한 신들의 손에서 건지리요 그들은 광야에서 여러 가지 재앙으로 애굽인을 친 신들이니라

9 너희 블레셋 사람들아 강하게 되며 대장부가 되라 너희가 히브리 사람의 종이 되기를 그들이 너희의 종이 되었던 것 같이 되지 말고 대장부같이 되어 싸우라 하고

10 블레셋 사람들이 쳤더니 이스라엘이 패하여 각기 장막으로 도망하였고 살륙이 심히 커서 이스라엘 보병의 엎드러진 자가 삼만 명이었으며

11 하나님의 궤는 빼앗겼고 엘리의 두 아들 홉니와 비느하스는 죽임을 당하였더라

엘리가 죽다 ( ) 215, 332상)

12 ●당일에 어떤 베냐민 사람이 진영에

서 달려나와 자기의 옷을 찢고 자기의 머리에 티끌을 덮어쓰고 실로에 이르니라 　　ㄴ 9:1

13 그가 이를 때는 엘리가 길 옆 자기의 의자에 앉아 기다리며 그의 마음이 하나님의 궤로 말미암아 떨릴 즈음이라 그 사람이 성읍에 들어오며 알리매 온 성읍이 부르짖는지라

14 엘리가 그 부르짖는 소리를 듣고 이르되 이 떠드는 소리는 어찌 됨이냐 그 사람이 빨리 가서 엘리에게 말하니

15 그 때에 엘리의 나이가 구십팔 세라 그의 눈이 어두워서 보지 못하더라

16 그 사람이 엘리에게 말하되 나는 진중에서 나온 자라 내가 오늘 진중에서 도망하여 왔나이다 엘리가 이르되 내 아들아 일이 어떻게 되었느냐

17 소식을 전하는 자가 대답하여 이르되 이스라엘이 블레셋 사람들 앞에서 도망하였고 백성 중에는 큰 살륙이 있었고 당신의 두 아들 홉니와 비느하스도 죽임을 당하였고 하나님의 궤는 빼앗겼나이다

18 하나님의 궤를 말할 때에 엘리가 자기 의자에서 뒤로 넘어져 문 곁에서 목이 부러져 죽었으니 나이가 많고 비대한 까닭이라 그가 이스라엘의 사사가 된 지 사십 년이었더라

비느하스의 아내가 죽다

19 ●그의 며느리인 비느하스의 아내가 임신하여 해산 때가 가까웠더니 하나님의 궤를 빼앗긴 것과 그의 시아버지와 남편이 죽은 소식을 듣고 갑자기 아파서 몸을 구푸려 해산하고

20 죽어갈 때에 곁에 서 있던 여인들이 그에게 이르되 두려워하지 말라 네가 아들을 낳았다 하되 그가 대답하지도 아니하며 관념하지도 아니하고

21 이르기를 영광이 이스라엘에서 떠났다 하고 아이 이름을 1)이가봇이라 하였으니 하나님의 궤가 빼앗겼고 그의 시아버지와 남편이 죽었기 때문이며

1) 영광이 없다 함

22또 이르기를 하나님의 궤를 빼앗겼으
므로 영광이 이스라엘에서 떠났다 하
였더라
　　　　　　　　　렘 2:11

블레셋 사람에게 빼앗긴 언약궤
　　　　　　　　— B.C. 1050년경

5 블레셋 사람들이 하나님의 궤를 빼
앗아 가지고 에벤에셀에서부터 아
스돗에 이르니라

2 블레셋 사람들이 하나님의 궤를 가지
고 다곤의 신전에 들어가서 다곤 곁에
두었더니

3 아스돗 사람이 이튿날 일찍이 일어나
본즉 다곤이 여호와의 궤 앞에서 엎드러
져 그 얼굴이 땅에 닿았는지라 그들이
다곤을 일으켜 다시 그 자리에 세웠더니

4 그 이튿날 아침에 그들이 일찍이 일어
나 본즉 다곤이 여호와의 궤 앞에서 또
다시 엎드러져 얼굴이 땅에 닿았고 그
머리와 두 손목은 끊어져 문지방에 있
고 다곤의 몸뚱이만 남았더라

5 그러므로 다곤의 제사장들이나 다곤
의 신전에 들어가는 자는 오늘까지 아
스돗에 있는 다곤의 문지방을 밟지 아
니하더라
　　　　　　　　　습 1:9

6 ●여호와의 손이 아스돗 사람에게 엄
중히 더하사 독한 종기의 재앙으로 아
스돗과 그 지역을 쳐서 망하게 하니

7 아스돗 사람들이 이를 보고 이르되 이
스라엘 신의 궤를 우리와 함께 있지 못
하게 할지라 그의 손이 우리와 우리 신
다곤을 친다 하고

8 이에 사람을 보내어 블레셋 사람들의
모든 방백을 모으고 이르되 우리가 이

스라엘 신의 궤를 어찌하랴 하니 그들
이 대답하되 이스라엘 신의 궤를 가드
로 옮겨 가라 하므로 이스라엘 신의 궤
를 옮겨 갔더니

9 그것을 옮겨 간 후에 여호와의 손이 심
히 큰 환난을 그 성읍에 더하사 성읍 사
람들의 작은 자와 큰 자를 다 쳐서 독
한 종기가 나게 하신지라

10이에 그들이 하나님의 궤를 에그론으
로 보내니라 하나님의 궤가 에그론에
이른즉 에그론 사람이 부르짖어 이르
되 그들이 이스라엘 신의 궤를 우리에
게로 가져다가 우리와 우리 백성을 죽
이려 한다 하고

11이에 사람을 보내어 블레셋 모든 방백
을 모으고 이르되 이스라엘 신의 궤를
보내어 그 있던 곳으로 돌아가게 하고
우리와 우리 백성이 죽임 당함을 면하
게 하자 하니 이는 온 성읍이 사망의 환
난을 당함이라 거기서 하나님의 손이
엄중하시므로
　　　　　　　　　5:6, 8, 9

12죽지 아니한 사람들은 독한 종기로 치
심을 당해 성읍의 부르짖음이 하늘에
사무쳤더라

언약궤가 돌아오다 — B.C. 1050년경

6 여호와의 궤가 블레셋 사람들의
[1)]지방에 있은 지 일곱 달이라
　　　　　　　　　5:1

2 블레셋 사람들이 제사장들과 복술자들
을 불러서 이르되 우리가 여호와의 궤
를 어떻게 할까 그것을 어떻게 그 있던
곳으로 보낼 것인지 우리에게 가르치라

3 그들이 이르되 이스라엘 신의 궤를 보
내려거든 거저 보내지 말고 그에게 속

5장에는 무엇이 기록되어 있을까?

블레셋 사람들은 언약궤를 빼앗아
가서 아스돗에 있는 다곤 신전에 두었어요. 하
지만 하나님은 다곤 신상을 언약궤 앞에 넘어
뜨리고 아스돗 전 지역에 독한 종기를 퍼뜨려
큰 신 권능을 나타내셨답니다. 이에 놀란 블레셋
사람들은 언약궤를 거듭 옮겼지만, 언약궤가 가
는 곳마다 독한 종기 재앙이 따라다녔답니다.

살육(4:10) 사람을 마구 죽임.
보병(4:10) 걸어서 전쟁을 하는 군인.
관념(4:20) 마음에 두고 잊지 못함.
문지방(5:4) 문 아래 문설주 사이에 가로놓은 나무.
방백(5:8) 마을이나 성읍의 행정 지도자 및 재판관.
종기(5:9) 커다란 부스럼.
엄중(5:11) 엄격하고 신중함.
복술자(6:2) 점쟁이.
궤(6:3) 나무로 상자처럼 만든 그릇.

건제를 드려야 할지니라 그리하면 병
도 낫고 그의 손을 너희에게서 옮기지
아니하는 이유도 알리라 하니

4 그들이 이르되 무엇으로 그에게 드릴 속
건제를 삼을까 하니 이르되 블레셋 사람
의 방백의 수효대로 금 독종 다섯과 금
쥐 다섯 마리라야 하리니 너희와 너희
통치자에게 내린 재앙이 같음이니라

5 그러므로 너희는 너희의 독한 종기의
형상과 땅을 해롭게 하는 쥐의 형상을
만들어 이스라엘 신께 영광을 돌리라
그가 혹 그의 손을 너희와 너희의 신들
과 너희 땅에서 가볍게 하실까 하노라

6 애굽인과 바로가 그들의 마음을 완악
하게 한 것 같이 어찌하여 너희가 너희
의 마음을 완악하게 하겠느냐 그가 그
들 중에서 재앙을 내린 후에 그들이 백
성을 가게 하므로 백성이 떠나지 아니
하였느냐

7 그러므로 새 수레를 하나 만들고 멍에
를 메어 보지 아니한 젖 나는 소 두 마
리를 끌어다가 소에 수레를 메우고 그
송아지들은 떼어 집으로 돌려보내고

8 여호와의 궤를 가져다가 수레에 싣고
속건제로 드릴 금으로 만든 물건들은
상자에 담아 궤 곁에 두고 그것을 보내
어 가게 하고　　　　　　　　6:3-5

9 보고 있다가 만일 궤가 그 본 지역 길로
올라가서 벧세메스로 가면 이 큰 재앙은
그가 우리에게 내린 것이요 그렇지 아
니하면 우리를 친 것이 그의 손이 아니
요 우연히 당한 것인 줄 알리라 하니라

10 ●그 사람들이 그같이 하여 젖 나는 소

벧세메스 앞 소렉 골짜기(6:13)

둘을 끌어다가 수레를 메우고 송아지
들은 집에 가두고

11 여호와의 궤와 및 금 쥐와 그들의 독
종의 형상을 담은 상자를 수레 위에 실
으니

12 암소가 벧세메스 길로 바로 행하여 대
로로 가며 갈 때에 울고 좌우로 치우치
지 아니하였고 블레셋 방백들은 벧세
메스 경계선까지 따라 가니라

13 벧세메스 사람들이 골짜기에서 밀을
베다가 눈을 들어 궤를 보고 그 본 것
을 기뻐하더니

14 수레가 벧세메스 사람 여호수아의 밭
큰 돌 있는 곳에 이르러 선지라 무리가
수레의 나무를 패고 그 암소들을 번제
물로 여호와께 드리고

15 레위인은 여호와의 궤와 그 궤와 함께
있는 금 보물 담긴 상자를 내려다가 큰
돌 위에 두매 그 날에 벧세메스 사람들
이 여호와께 번제와 다른 제사를 드리
니라

16 블레셋 다섯 방백이 이것을 보고 그 날
에 에그론으로 돌아갔더라

17 ●블레셋 사람이 여호와께 속건제물로
드린 금 독종은 이러하니 아스돗을 위
하여 하나요 가사를 위하여 하나요 아
스글론을 위하여 하나요 가드를 위하
여 하나요 에그론을 위하여 하나이며

18 드린 바 금 쥐들은 견고한 성읍에서부
터 시골의 마을에까지 그리고 사람들
이 여호와의 궤를 놓은 큰 1)돌에 이르
기까지 다섯 방백들에게 속한 블레셋
사람들의 모든 성읍들의 수대로였더

1)초장

라 그 돌은 벧세메스 사람 여호수아의 밭에 오늘까지 있더라 6:14, 15

법궤를 보관해두었던 기럇여아림의 아비나답 집터(7:1)

19 ●벧세메스 사람들이 여호와의 궤를 들여다 본 까닭에 그들을 치사 1)(오만) 칠십 명을 죽이신지라 여호와께서 백성을 쳐서 크게 살륙하셨으므로 백성이 슬퍼 울었더라

20 벧세메스 사람들이 이르되 이 거룩하신 하나님 여호와 앞에 누가 능히 서리요 그를 우리에게서 누구에게로 올라가시게 할까 하고

21 전령들을 기럇여아림 주민에게 보내어 이르되 블레셋 사람들이 여호와의 궤를 도로 가져왔으니 너희는 내려와서 그것을 너희에게로 옮겨 가라

7 기럇여아림 사람들이 와서 여호와의 궤를 옮겨 2)산에 사는 아비나답의 집에 들여놓고 그의 아들 엘리아살을 거룩하게 구별하여 여호와의 궤를 지키게 하였더라

2 궤가 기럇여아림에 들어간 날부터 이십 년 동안 오래 있은지라 이스라엘 온 족속이 여호와를 사모하니라 삼 2:3

사무엘이 이스라엘을 다스리다
─── B.C. 1050년경

3 ●사무엘이 이스라엘 온 족속에게 말하여 이르되 만일 너희가 전심으로 여호와께 돌아오려거든 이방 신들과 아스다롯을 너희 중에서 제거하고 너희 마음을 여호와께로 향하여 그만을 섬기라 그리하면 너희를 블레셋 사람의 손에서 건져내시리라

4 이에 이스라엘 자손이 바알들과 아스다롯을 제거하고 여호와만 섬기니라

5 ●사무엘이 이르되 온 이스라엘은 미스바로 모이라 내가 너희를 위하여 여호와께 기도하리라 하매 12:17

6 그들이 미스바에 모여 물을 길어 여호와 앞에 붓고 그 날 종일 금식하고 거기에서 이르되 우리가 여호와께 범죄하였나이다 하니라 사무엘이 미스바에서 이스라엘 자손을 다스리니라

7 이스라엘 자손이 미스바에 모였다 함을 블레셋 사람들이 듣고 그들의 방백들이 이스라엘을 치러 올라온지라 이스라엘 자손이 듣고 블레셋 사람을 두려워하여 17:11

8 이스라엘 자손이 사무엘에게 이르되 당신은 우리를 위하여 우리 하나님 여호와께 쉬지 말고 부르짖어 우리를 블레셋 사람들의 손에서 구원하시게 하소서 하니

9 사무엘이 젖 먹는 어린 양 하나를 가져다가 온전한 번제를 여호와께 드리고 이스라엘을 위하여 여호와께 부르짖으매 여호와께서 응답하셨더라

10 사무엘이 번제를 드릴 때에 블레셋 사람이 이스라엘과 싸우려고 가까이 오매 그 날에 여호와께서 블레셋 사람에게 큰 우레를 발하여 그들을 어지럽게 하시니 그들이 이스라엘 앞에 패한지라

11 이스라엘 사람들이 미스바에서 나가서 블레셋 사람들을 추격하여 벧갈 아래에 이르기까지 쳤더라

12 ●사무엘이 돌을 취하여 미스바와 센 사이에 세워 이르되 여호와께서 여기

7장 에는 무엇이 기록되어 있을까?

사무엘은 이스라엘 사람들에게 우상을 없애고 오직 하나님만 섬기라고 말했어요. 이에 이스라엘 사람들은 미스바에 모여 하나님께 회개하며 기도하였는데, 그때 블레셋이 그들을 공격하러 왔어요. 그러나 하나님은 큰 우레를 발하여 이스라엘이 블레셋을 이기게 해주시고 잃었던 땅도 되찾게 해주셨답니다.

1)어떤 사본에는, 오만이 없음 2)기브아

왕을 요구하는 이스라엘 백성(8:5)

까지 우리를 도우셨다 하고 그 이름을 1)에벤에셀이라 하니라

13 이에 블레셋 사람들이 굴복하여 다시는 이스라엘 지역 안에 들어오지 못하였으며 여호와의 손이 사무엘이 사는 날 동안에 블레셋 사람을 막으시매 ☞삿 13:1

14 블레셋 사람들이 이스라엘에게서 빼앗았던 성읍이 에그론부터 가드까지 이스라엘에게 회복되니 이스라엘이 그 사방 지역을 블레셋 사람들의 손에서 도로 찾았고 또 이스라엘과 아모리 사람 사이에 평화가 있었더라

15 ●사무엘이 사는 날 동안에 이스라엘을 다스렸으되 ☞7:6

16 해마다 벧엘과 길갈과 미스바로 순회하여 그 모든 곳에서 이스라엘을 다스렸고

17 라마로 돌아왔으니 이는 거기에 자기 집이 있음이니라 거기서도 이스라엘을 다스렸으며 또 거기에 여호와를 위하여 제단을 쌓았더라

백성이 왕을 요구하다

8 사무엘이 늙으매 그의 아들들을 이스라엘 사사로 삼으니

2 장자의 이름은 요엘이요 차자의 이름은 아비야라 그들이 브엘세바에서 사사가 되니라

3 그의 아들들이 자기 아버지의 행위를 따르지 아니하고 이익을 따라 뇌물을 받고 판결을 굽게 하니라 ☞삿 15:5

4 ●이스라엘 모든 장로가 모여 라마에 있는 사무엘에게 나아가서

5 그에게 이르되 보소서 당신은 늙고 당신의 아들들은 당신의 행위를 따르지 아니하니 모든 나라와 같이 우리에게 왕을 세워 우리를 다스리게 하소서 한지라

6 우리에게 왕을 주어 우리를 다스리게 하라 했을 때에 사무엘이 그것을 기뻐하지 아니하여 여호와께 기도하매

7 여호와께서 사무엘에게 이르시되 백성이 네게 한 말을 다 들으라 이는 그들이 너를 버림이 아니요 나를 버려 자기들의 왕이 되지 못하게 함이니라

8 내가 그들을 애굽에서 인도하여 낸 날부터 오늘까지 그들이 모든 행사로 나를 버리고 다른 신들을 섬김 같이 네게도 그리하는도다

9 그러므로 그들의 말을 듣되 너는 그들에게 엄히 경고하고 그들을 다스릴 왕의 제도를 가르치라 ☞8:11

10 ●사무엘이 왕을 요구하는 백성에게 여호와의 모든 말씀을 말하여

11 이르되 너희를 다스릴 왕의 제도는 이러하니라 그가 너희 아들들을 데려다가 그의 병거와 말을 어거하게 하리니 그들이 그 병거 앞에서 달릴 것이며

12 그가 또 너희의 아들들을 천부장과 오십부장을 삼을 것이며 자기 밭을 갈게 하고 자기 추수를 하게 할 것이며 자기 무기와 병거의 장비도 만들게 할 것이며

1) 도움의 돌

13 그가 또 너희의 딸들을 데려다가 향료
만드는 자와 요리하는 자와 떡 굽는 자
로 삼을 것이며

14 그가 또 너희의 밭과 포도원과 감람원
에서 제일 좋은 것을 가져다가 자기의
신하들에게 줄 것이며

15 그가 또 너희의 곡식과 포도원 소산의
십일조를 거두어 자기의 ¹⁾관리와 신하
에게 줄 것이며

16 그가 또 너희의 노비와 가장 아름다운
소년과 나귀들을 끌어다가 자기 일을
시킬 것이며

17 너희의 양 떼의 십분의 일을 거두어 가
리니 너희가 그의 종이 될 것이라

18 그 날에 너희는 너희가 택한 왕으로 말
미암아 부르짖되 그 날에 여호와께서
너희에게 응답하지 아니하시리라 하니

19 ●백성이 사무엘의 말 듣기를 거절하
여 이르되 아니로소이다 우리도 우리
왕이 있어야 하리니

20 우리도 다른 나라들 같이 되어 우리의
왕이 우리를 다스리며 우리 앞에 나가
서 우리의 싸움을 싸워야 할 것이니
이다 하는지라 · · · · · · · · · · · · · 8:5

21 사무엘이 백성의 말을 다 듣고 여호와
께 아뢰매

22 여호와께서 사무엘에게 이르시되 그들
의 말을 들어 왕을 세우라 하시니 사무
엘이 이스라엘 사람들에게 이르되 너
희는 각기 성읍으로 돌아가라 하니라

사울이 사무엘을 만나다 — B.C. 1040년경

9 베냐민 지파에 기스라 이름하는 유
력한 사람이 있으니 그는 아비엘의
아들이요 스롤의 손자요 베고랏의 증
손이요 아비아의 현손이며 베냐민 사
람이더라 · · · · · · · · · · · · 대상 8:33

2 기스에게 아들이 있으니 그의 이름은
사울이요 준수한 소년이라 이스라엘
자손 중에 그보다 더 준수한 자가 없고
키는 모든 백성보다 어깨 위만큼 더 컸
더라 · · · · · · · · · · · · · 삼하 14:25

3 사울의 아버지 기스가 암나귀들을 잃
고 그의 아들 사울에게 이르되 너는 일
어나 한 사환을 데리고 가서 암나귀들
을 찾으라 하매

4 그가 에브라임 산지와 살리사 땅으로
두루 다녀 보았으나 찾지 못하고 사알
림 땅으로 두루 다녀 보았으나 그 곳에
는 없었고 베냐민 사람의 땅으로 두루
다녀 보았으나 찾지 못하니라

5 ●그들이 숩 땅에 이른 때에 사울이 함
께 가던 사환에게 이르되 돌아가자 내
아버지께서 암나귀 생각은 고사하고
우리를 위하여 걱정하실까 두려워하
노라 하니

6 그가 대답하되 보소서 이 성읍에 하나
님의 사람이 있는데 존경을 받는 사람
이라 그가 말한 것은 반드시 다 응하나
니 그리로 가사이다 그가 혹 우리가 갈
길을 가르쳐 줄까 하나이다 하는지라

7 사울이 그의 사환에게 이르되 우리가
가면 그 사람에게 무엇을 드리겠느냐
우리 주머니에 먹을 것이 다하였으니
하나님의 사람에게 드릴 예물이 없도
다 무엇이 있느냐 하니

8 사환이 사울에게 다시 대답하여 이르
되 보소서 내 손에 은 한 세겔의 사분
의 일이 있으니 하나님의 사람에게 드
려 우리 길을 가르쳐 달라 하겠나이다
하더라

9 (옛적 이스라엘에 사람이 하나님께 가
서 물으려 하면 말하기를 선견자에게

왕을 달라는 백성들의 요구에
낙담한 사무엘(8:6)

로 가자 하였으니 지금 선지자라 하는
자를 옛적에는 선견자라 일컬었더라)

10 사울이 그의 사환에게 이르되 네 말이
옳다 가자 하고 그들이 하나님의 사람
이 있는 성읍으로 가니라

11 ●그들이 성읍을 향한 비탈길로 올라가
다가 물 길으러 나오는 소녀들을 만나그
들에게 묻되 선견자가 여기 있느냐 하니

12 그들이 대답하여 이르되 있나이다 보소
서 그가 당신보다 앞서 갔으니 빨리 가
소서 백성이 오늘 산당에서 제사를 드리
므로 그가 오늘 성읍에 들어오셨나이다

13 당신들이 성읍으로 들어가면 그가 먹
으러 산당에 올라가기 전에 곧 만나리
이다 그가 오기 전에는 백성이 먹지 아
니하나니 이는 그가 제물을 축사한 후
에야 청함을 받은 자가 먹음이니이다
그러므로 지금 올라가소서 곧 그를 만
나리이다 하는지라

14 그들이 성읍으로 올라가서 그리로 들
어갈 때에 사무엘이 마침 산당으로 올
라가려고 마주 나오더라

15 ●사울이 오기 전날에 여호와께서 사
무엘에게 알게 하여 이르시되 15:1

16 내일 이맘 때에 내가 베냐민 땅에서 한
사람을 네게로 보내리니 너는 그에게
기름을 부어 내 백성 이스라엘의 지도
자로 삼으라 그가 내 백성을 블레셋 사
람들의 손에서 구원하리라 내 백성의
부르짖음이 내게 상달되었으므로 내
가 그들을 돌보았노라 하셨더니

17 사무엘이 사울을 볼 때에 여호와께서
그에게 이르시되 보라 이는 내가 네게

말한 사람이니 이가 내 백성을 다스리
리라 하시니라

18 사울이 성문 안 사무엘에게 나아가 이
르되 선견자의 집이 어디인지 청하건
대 내게 가르치소서 하니

19 사무엘이 사울에게 대답하여 이르되 내
가 선견자이니라 너는 내 앞서 산당으
로 올라가라 너희가 오늘 나와 함께 먹
을 것이요 아침에는 내가 너를 보내되
네 마음에 있는 것을 다 네게 말하리라

20 사흘 전에 잃은 네 암나귀들을 염려하
지 말라 찾았느니라 온 ¹⁾이스라엘이
사모하는 자가 누구냐 너와 네 아버지
의 온 집이 아니냐 하는지라

21 사울이 대답하여 이르되 나는 이스라
엘 지파의 가장 작은 지파 베냐민 사람
이 아니니이까 또 나의 가족은 베냐민
지파 모든 가족 중에 가장 미약하지 아
니하니이까 당신이 어찌하여 내게 이
같이 말씀하시나이까 하니

22 ●사무엘이 사울과 그의 사환을 인도
하여 객실로 들어가서 청한 자 중 상석
에 앉게 하였는데 객은 삼십 명 가량이
었더라

23 사무엘이 요리인에게 이르되 내가 네
게 주며 네게 두라고 말한 그 부분을 가
져오라

24 요리인이 ²⁾넓적다리와 그것에 붙은 것
을 가져다가 사울 앞에 놓는지라 사무
엘이 이르되 보라 이는 두었던 것이니
네 앞에 놓고 먹으라 내가 백성을 청할
때부터 너를 위하여 이것을 두고 이 때

1) 이스라엘의 보배가 2) 어깨

9장 에는 무엇이 기록되어 있을까?

사울은 하나님의 뜻에 의해 이스라
엘의 첫 번째 왕으로 택함받았으며, 사울은 베
냐민 지파의 부잣집 청년으로 굴이 잘생기고
키가 컸으며 부모님을 잘 섬겼죠(2절). 또한
사무엘이 하나님의 말씀에 따라 그를 왕의 자
리에 세우려고 하자, 몸둘 바를 몰라 할 정도로
겸손한 인물이었답니다(21절).

선견자(9:9) 하나님의 계시로 닥쳐올 일을 미리 말하
고 백성들을 인도하는 사람.
사환(9:10) 심부름을 하는 사람.
상달(9:16) 아랫사람의 의견이 윗사람에게 전해짐.
객실(9:22) 손님을 접대하는 방.
묘실(10:2) 시체를 매장한 굴.
영문(10:5) 군대가 주둔해 있는 곳의 문.
비파(10:5) 현악기의 하나. 둥근 몸에 자루는 곧고,
네 기둥이 있음.
화목제(10:8) 하나님과 제사드리는 자의 친교를 위
해 드리는 제사.

를 기다리게 하였느니라 그 날에 사울
이 사무엘과 함께 먹으니라　민 18:18

사무엘이 사울에게 기름을 붓다

25 ●그들이 산당에서 내려 성읍에 들어
가서는 사무엘이 사울과 함께 지붕에
서 담화하고

26 그들이 일찍이 일어날새 동틀 때쯤이
라 사무엘이 지붕에서 사울을 불러 이
르되 일어나라 내가 너를 보내리라 하
매 사울이 일어나고 그 두 사람 사울과
사무엘이 함께 밖으로 나가서

27 성읍 끝에 이르매 사무엘이 사울에게
이르되 사환에게 우리를 앞서 가라 하
니라 사환이 앞서가므로 또 이르되
너는 이제 잠깐 서 있으라 내가 하나님
의 말씀을 네게 들려 주리라 하더라

10 이에 사무엘이 기름병을 가져
다가 사울의 머리에 붓고 입맞
추며 이르되 여호와께서 네게 기름을
부으사 그의 기업의 지도자로 삼지 아
니하셨느냐

2 네가 오늘 나를 떠나가다가 베냐민 경
계 셀사에 있는 라헬의 묘실 곁에서
두 사람을 만나리니 그들이 네게 이르
기를 네가 찾으러 갔던 암나귀들을 찾
은지라 네 아버지가 암나귀들의 염려
는 놓았으나 너희로 말미암아 걱정하
여 이르되 내 아들을 위하여 어찌하리
요 하더라 할 것이요　창 35:19

3 네가 거기서 더 나아가서 다볼 상수리
나무에 이르면 거기서 하나님을 뵈오
려고 벧엘로 올라가는 세 사람을 만나
리니 한 사람은 염소 새끼 셋을 이끌었

고 한 사람은 떡 세 덩이를 가졌고 한 사
람은 포도주 한 가죽부대를 가진 자라

4 그들이 네게 문안하고 떡 두 덩이를 주
겠고 너는 그의 손에서 받으리라

5 그 후에 네가 하나님의 산에 이르리니
그곳에는 블레셋 사람들의 영문이 있느
니라 네가 그리로 가서 그 성읍으로 들
어갈 때에 선지자의 무리가 산당에서부
터 비파와 소고와 저와 수금을 앞세우
고 예언하며 내려오는 것을 만날 것이요

6 네게는 여호와의 영이 크게 임하리니
너도 그들과 함께 예언을 하고 변하여
새 사람이 되리라

7 이 징조가 네게 임하거든 너는 기회를
따라 행하라 하나님이 너와 함께 하시
느니라

8 너는 나보다 앞서 길갈로 내려가라 내
가 네게로 내려가서 번제와 화목제를
드리리니 내가 네게 가서 네가 행할
일을 가르칠 때까지 칠 일 동안 기다리라

9 ●사울이 사무엘에게서 떠나려고 몸을
돌이킬 때에 하나님이 새 마음을 주셨
고 그 날 그 징조도 다 응하니라　10:7

10 그들이 산에 이를 때에 선지자의 무리
가 그를 영접하고 하나님의 영이 사울
에게 크게 임하므로 그가 그들 중에서
예언을 하니

11 전에 사울을 알던 모든 사람들이 사울
이 선지자들과 함께 예언함을 보고 서

10장 에는 무엇이 기록되어 있을까?

사무엘이 여호와 앞에서 사울에게
기름을 붓고 나자, 사울을 왕으로 선택하신 하
나님의 뜻을 알 수 있는 세 가지 징조도 모두
이루어졌지요(9~13절). 사무엘은 사울을 이스
라엘의 왕으로 널리 알리기 위해 미스바에 온
백성을 모았어요. 거기에서 사울은 제비뽑기에
의해 왕으로 선택되었답니다.

술술 풀리는 성경말씀

길갈

이집트에서 탈출한 이스라엘이 최초로 장막을
쳤던 곳으로 여리고 동쪽 약 3km 지점에 위치한 곳
입니다. 모든 이스라엘 백성이 할례를 시행했던
곳이기도 합니다(수 5:2~9). 사무엘이 순회하면서
이스라엘을 다스리던 곳 중의 하나이며, 사무엘이
정한 7일의 기한을 기다리지 못하고 사울이 이곳에
서 자기 마음대로 번제와 화목제를 드리기도 하였
습니다(삼상 13:8~9). 여로보암 왕 이후에는 우상
숭배의 중심지로서 예언자들의 책망을 받았던 성
읍이었습니다(호 4:15; 암 4:4).

10장 8절

이스라엘의 첫 번째 왕 사울(10:21-24)

로 이르되 기스의 아들에게 무슨 일이 일어났느냐 사울도 선지자들 중에 있느냐 하고

12 그곳의 어떤 사람은 말하여 이르되 그들의 아버지가 누구냐 한지라 그러므로 속담이 되어 이르되 사울도 선지자들 중에 있느냐 하더라

13 사울이 예언하기를 마치고 산당으로 가니라

14 ●사울의 숙부가 사울과 그의 사환에게 이르되 너희가 어디로 갔더냐 사울이 이르되 암나귀들을 찾다가 찾지 못하므로 사무엘에게 갔었나이다 하니

15 사울의 숙부가 이르되 청하노니 사무엘이 너희에게 이른 말을 내게 말하라 하니라

16 사울이 그의 숙부에게 말하되 그가 암나귀들을 찾았다고 우리에게 분명히 말하더이다 하고 사무엘이 말하던 나라의 일은 말하지 아니하니라 9:20

사울이 왕으로 뽑히다

17 ●사무엘이 백성을 미스바로 불러 여호와 앞에 모으고 7:5, 6

18 이스라엘 자손에게 이르되 이스라엘 하나님 여호와께서 이같이 말씀하시기를 내가 이스라엘을 애굽에서 인도하여 내고 너희를 애굽인의 손과 너희를 압제하는 모든 나라의 손에서 건져 내었느니라 하셨거늘 삼 6:8, 9

19 너희는 너희를 모든 재난과 고통 중에서 친히 구원하여 내신 너희의 하나님을 오늘 버리고 이르기를 우리 위에 왕을 세우라 하는도다 그런즉 이제 너희의 지파대로 천 명씩 여호와 앞에 나아오라 하고

20 사무엘이 이에 이스라엘 모든 지파를 가까이 오게 하였더니 베냐민 지파가 뽑혔고

21 베냐민 지파를 그들의 가족별로 가까이 오게 하였더니 마드리의 가족이 뽑혔고 그 중에서 기스의 아들 사울이 뽑혔으나 그를 찾아도 찾지 못한지라

22 그러므로 그들이 또 여호와께 묻되 그 사람이 여기 왔나이까 여호와께서 대답하시되 그가 짐보따리들 사이에 숨었느니라 하셨더라

23 그들이 달려 가서 거기서 그를 데려오매 그가 백성 중에 서니 다른 사람보다 어깨 위만큼 컸더라

24 사무엘이 모든 백성에게 이르되 너희는 여호와께서 택하신 자를 보느냐 모든 백성 중에 짝할 이가 없느니라 하니 모든 백성이 왕의 만세를 외쳐 부르니라

25 ●사무엘이 나라의 제도를 백성에게 말하고 책에 기록하여 여호와 앞에 두고 모든 백성을 각기 집으로 보내매

26 사울도 기브아 자기 집으로 갈 때에 마음이 하나님께 감동된 유력한 자들과 함께 갔느니라

27 어떤 불량배는 이르되 이 사람이 어떻게 우리를 구원하겠느냐 하고 멸시하며 예물을 바치지 아니하였으나 그는 잠잠하였더라

11장 에는 무엇이 기록되어 있을까?

왕이 되고 나서도 이전과 같이 평범하게 살고 싶은 사울은 종들과 더불어 아버스를 공격하러 왔다는 소식을 듣고 하나님 영에 크게 감동됐어요. 사울은 이스라엘 자손들을 불러 모아 암몬 족속과 전쟁을 해서 승리를 거둡니다. 이에 모든 백성은 기뻐하며 길갈로 가서 사울을 왕으로 삼고 하나님께 화목제를 올렸답니다.

사울이 암몬 사람을 치다

11 암몬 사람 나하스가 올라와서 길르앗 야베스에 맞서 진 치매 야베스 모든 사람들이 나하스에게 이르되 우리와 언약하자 그리하면 우리가 너를 섬기리라 하니

2 암몬 사람 나하스가 그들에게 이르되 내가 너희 오른 눈을 다 빼어 너희와 언약하리라 내가 온 이스라엘을 이같이 모욕하리라

3 야베스 장로들이 그에게 이르되 우리에게 이레 동안 말미를 주어 우리가 이스라엘 온 지역에 전령들을 보내게 하라 만일 우리를 구원할 자가 없으면 네게 나아가리라 하니라

4 이에 전령들이 사울이 사는 기브아에 이르러 이 말을 백성에게 전하매 모든 백성이 소리를 높여 울더니

5 마침 사울이 밭에서 소를 몰고 오다가 이르되 백성이 무슨 일로 우느냐 하니 그들이 야베스 사람의 말을 전하니라

6 ●사울이 이 말을 들을 때에 하나님의 영에게 크게 감동되매 그의 노가 크게 일어나

7 한 겨리의 소를 잡아 각을 뜨고 전령들의 손으로 그것을 이스라엘 모든 지역에 두루 보내어 이르되 누구든지 나와서 사울과 사무엘을 따르지 아니하면 그의 소들도 이와 같이 하리라 하였더니 여호와의 두려움이 백성에게 임하매 그들이 한 사람 같이 나온지라

8 사울이 베섹에서 그들의 수를 세어 보니 이스라엘 자손이 삼십만 명이요 유다 사람이 삼만 명이더라

9 무리가 와 있는 전령들에게 이르되 너희는 길르앗 야베스 사람에게 이같이 이르기를 내일 해가 더울 때에 너희가 구원을 받으리라 하라 전령들이 돌아가서 야베스 사람들에게 전하매 그들이 기뻐하니라

10 야베스 사람들이 이에 이르되 우리가 내일 너희에게 나아가리니 너희 생각에 좋은 대로 우리에게 다 행하라 하니라

11 이튿날 사울이 백성을 삼대로 나누고 새벽에 적진 한가운데로 들어가서 날이 더울 때까지 암몬 사람들을 치매 남은 자가 다 흩어져서 둘도 함께 한 자가 없었더라

나무엘이 길갈에서 사울을 왕으로 세우다

12 ●백성이 사무엘에게 이르되 사울이 어찌 우리를 다스리겠느냐 한 자가 누구니이까 그들을 끌어내소서 우리가 죽이겠나이다

13 사울이 이르되 이 날에는 사람을 죽이지 못하리니 여호와께서 오늘 이스라엘 중에 구원을 베푸셨음이니라

14 ●사무엘이 백성에게 이르되 오라 우리가 길갈로 가서 나라를 새롭게 하자

15 모든 백성이 길갈로 가서 거기서 여호와 앞에서 사울을 왕으로 삼고 길갈에서 여호와 앞에 화목제를 드리고 사울과 이스라엘 모든 사람이 거기서 크게 기뻐하니라

나무엘의 마지막 말 — B.C. 1040년경

12 사무엘이 온 이스라엘에게 이르되 보라 너희가 내게 한 말을 내가 다 듣고 너희 위에 왕을 세웠더니

2 이제 왕이 너희 앞에 출입하느니라 보라 나는 늙어 머리가 희어졌고 내 아들들도 너희와 함께 있느니라 내가 어려서부

12장 에는 무엇이 기록되어 있을까?

사무엘은 백성을 다스리는 자신의 권리를 사울에게 주는 뜻으로 고별 설교를 하였어요. 이 설교의 중심 내용은 비록 왕이 있다 해도 이방 민족의 침략을 완전히 막을 수는 없다는 것이지요. 사무엘은 다스리는 방식이 바뀌더라도 하나님이 이스라엘의 영원한 왕이시므로 마음을 다해 그분을 섬길 것을 당부했답니다.

터 오늘까지 너희 앞에 출입하였거니와
3 내가 여기 있나니 여호와와 앞과 그의 기름 부음을 받은 자 앞에서 내게 대하여 증언하라 내가 누구의 소를 빼앗았느냐 누구의 나귀를 빼앗았느냐 누구를 속였느냐 누구를 압제하였느냐 내 눈을 흐리게 하는 뇌물을 누구의 손에서 받았느냐 그리하였으면 내가 그것을 너희에게 갚으리라 하니
4 그들이 이르되 당신이 우리를 속이지 아니하였고 압제하지 아니하였고 누구의 손에서든지 아무것도 빼앗은 것이 없나이다 하니라
5 사무엘이 백성에게 이르되 너희가 내 손에서 아무것도 찾아낸 것이 없음을 여호와께서 너희에게 대하여 증언하시며 그의 기름 부음을 받은 자도 오늘 증언하느니라 하니 그들이 이르되 그가 증언하시나이다 하니라
6 ●사무엘이 백성에게 이르되 모세와 아론을 세우시며 너희 조상들을 애굽 땅에서 인도하여 내신 이는 여호와이시니
7 그런즉 가만히 서 있으라 여호와께서 너희와 너희 조상들에게 행하신 모든 공의로운 일에 대하여 내가 여호와 앞

에서 너희와 담론하리라
8 야곱이 애굽에 들어간 후 너희 조상들이 여호와께 부르짖으매 여호와께서 모세와 아론을 보내사 그 두 사람으로 너희 조상들을 애굽에서 인도해 내어 이 곳에 살게 하셨으나
9 그들이 그들의 하나님 여호와를 잊은지라 여호와께서 그들을 하솔 군사령관 시스라의 손과 블레셋 사람들의 손과 모압 왕의 손에 넘기셨더니 그들이 저희를 치매
10 백성이 여호와께 부르짖어 이르되 우리가 여호와를 버리고 바알들과 아스다롯을 섬김으로 범죄하였나이다 그러하오나 이제 우리를 원수들의 손에서 건져내소서 그리하시면 우리가 주를 섬기겠나이다 하매 ^{삿 2:13}
11 여호와께서 여룹바알과 ¹⁾베단과 입다와 나 사무엘을 보내사 너희를 너희 사방 원수의 손에서 건져내사 너희에게 안전하게 살게 하셨거늘
12 너희가 암몬 자손의 왕 나하스가 너희를 치러 옴을 보고 너희의 하나님 여호와께서는 너희의 왕이 되심에도 불구하고 너희가 내게 이르기를 아니라 우리를 다스릴 왕이 있어야 하겠다 하였도다
13 이제 너희가 구한 왕, 너희가 택한 왕을 보라 여호와께서 너희 위에 왕을 세우셨느니라
14 너희가 만일 여호와를 경외하여 그를 섬기며 그의 목소리를 듣고 여호와의 명령을 거역하지 아니하며 또 너희와 너희를 다스리는 왕이 너희의 하나님 여호와를 따르면 좋겠지마는
15 너희가 만일 여호와의 목소리를 듣지 아니하고 여호와의 명령을 거역하면 여호와의 손이 너희의 조상들을 치신 것 같이 너희를 치실 것이라
16 너희는 이제 가만히 서서 여호와께서 너희 목전에서 행하시는 이 큰 일을 보라
17 오늘은 밀 베는 때가 아니냐 내가 여호

비전을 심어주는 3분 여화

매일 연습하는 이유

유명한 피아니스트 '루빈스타인'은 1862년 러시아에서 최초로 조직적인 음악교육기관인 '페테르부르크음악원'을 설립하였어요. 그의 첫 번째제자 중 한 사람이 '차이코프스키'였지요. 루빈스타인은 러시아 음악의 아카데미즘을 확립한 음악가로 높이 평가받았으며, 포함 지독한 연습벌레로도 소문이 나 있었대요.

하루는 한 친구가 물었어요. "자네는 그렇게까지 열심히 연습하지 않아도 될 것 같은데, 그렇지 않은가?"

그러자 루빈스타인이 이렇게 대답했어요. "하루를 연습하지 않으면 나 자신이 그것을 느끼게 된다네. 이틀을 연습하지 않으면 친구들이 눈치를 채고, 사흘째 연습을 안 하면 많은 청중이 알아차린다네."

1) 칠십인역본에는, '바락'

믹마스에서 본 요단 계곡(13:5-7)
동편이 길르앗 땅이다.

와께 아뢰리니 여호와께서 우레와 비를 보내사 너희가 왕을 구한 일 곧 여호와의 목전에서 범한 죄악이 큼을 너희에게 밝히 알게 하시리라

18 이에 사무엘이 여호와께 아뢰매 여호와께서 그 날에 우레와 비를 보내시니 모든 백성이 여호와와 사무엘을 크게 두려워하니라

19 ●모든 백성이 사무엘에게 이르되 당신의 종들을 위하여 당신의 하나님 여호와께 기도하여 우리가 죽지 않게 하소서 우리가 우리의 모든 죄에 왕을 구하는 악을 더하였나이다

20 사무엘이 백성에게 이르되 두려워하지 말라 너희가 과연 이 모든 악을 행하였으나 여호와를 따르는 데에서 돌아서지 말고 오직 너희의 마음을 다하여 여호와를 섬기라

21 돌아서서 유익하게도 못하며 구원하지도 못하는 헛된 것을 따르지 말라 그들은 헛되니라

22 여호와께서는 너희를 자기 백성으로 삼으신 것을 기뻐하셨으므로 여호와께서는 그의 크신 이름을 위해서라도 자기 백성을 버리지 아니하실 것이요

23 나는 너희를 위하여 기도하기를 쉬는 죄를 여호와 앞에 결단코 범하지 아니하고 선하고 의로운 길을 너희에게 가르칠 것인즉

24 너희는 여호와께서 너희를 위하여 행하신 그 큰 일을 생각하여 오직 그를 경외하며 너희의 마음을 다하여 진실히 섬기라

25 만일 너희가 여전히 악을 행하면 너희와 너희 왕이 다 멸망하리라

나울이 블레셋과 싸우다—B.C. 1040년경

13

사울이 왕이 될 때에 사십 세라 그가 이스라엘을 다스린 지 이년에

2 이스라엘 사람 삼천 명을 택하여 그 중에서 이천 명은 자기와 함께 믹마스와 벧엘 산에 있게 하고 일천 명은 요나단과 함께 베냐민 기브아에 있게 하고 남은 백성은 각기 장막으로 보내니라

3 요나단이 게바에 있는 블레셋 사람의 수비대를 치매 블레셋 사람이 이를 들은지라 사울이 온 땅에 나팔을 불어 이르되 히브리 사람들은 들으라 하니

4 온 이스라엘이 사울이 블레셋 사람들의 수비대를 친 것과 이스라엘이 블레셋 사람들의 미움을 받게 되었다 함을 듣고 그 백성이 길갈로 모여 사울을 따르니라

5 ●블레셋 사람들이 이스라엘과 싸우려고 모였는데 병거가 삼만이요 마병이 육천 명이요 백성은 해변의 모래 같이 많더라 그들이 올라와 벧아웬 동쪽 믹마스에 진 치매

6 이스라엘 사람들이 위급함을 보고 절박하여 굴과 수풀과 바위 틈과 은밀한 곳과 웅덩이에 숨으며

7 어떤 히브리 사람들은 요단을 건너 갓과 길르앗 땅으로 가되 사울은 아직 길갈에 있고 그를 따른 모든 백성은 떨더라

8 ●사울은 사무엘이 정한 기한대로 이레 동안을 기다렸으나 사무엘이 길갈로 오지 아니하매 백성이 사울에게서 흩어지는지라

9 사울이 이르되 번제와 화목제물을 이

수 11:4
삼 6:2

13 장에는 무엇이 기록되어 있을까?

블레셋이 이스라엘을 공격하려 하자, 사울은 사무엘이 도착하기를 기다리지 않고 스스로 제사장만이 드릴 수 있는 제사를 드리고 말았으며, 한편 블레셋이 이스라엘의 대장장이를 없애버린 내용은, 14장에 나오는 이스라엘의 승리가 오직 하나님의 뜻과 은혜로 이루어진 것임을 암시하고 있습니다.

하나님의 말씀을 듣지 않고 자기 마음대로 하는 사울(13:13-14)

리로 가져오라 하여 번제를 드렸더니

10 번제 드리기를 마치자 사무엘이 온지라 사울이 나가 맞으며 1)문안하매

11 사무엘이 이르되 왕이 행하신 것이 무엇이냐 하니 사울이 이르되 백성은 내게서 흩어지고 당신은 정한 날 안에 오지 아니하고 블레셋 사람은 믹마스에 모였음을 내가 보았으므로

12 이에 내가 이르기를 블레셋 사람들이 나를 치러 길갈로 내려오겠거늘 내가 여호와께 은혜를 간구하지 못하였다 하고 부득이하여 번제를 드렸나이다 하니라

13 사무엘이 사울에게 이르되 왕이 망령되이 행하였도다 왕이 왕의 하나님 여호와께서 왕에게 내리신 명령을 지키지 아니하였도다 그리하였더라면 여호와께서 이스라엘 위에 왕의 나라를 영원히 세우셨을 것이거늘

14 지금은 왕의 나라가 길지 못할 것이라 여호와께서 왕에게 명령하신 바를 왕이 지키지 아니하였으므로 여호와께서 그의 마음에 맞는 사람을 구하여 여호와께서 그를 그의 백성의 지도자로 삼으셨느니라 하고

15 (사무엘이) 일어나 길갈에서 떠나 베냐민 기브아로 올라가니라 ●사울이 자기와 함께 한 백성의 수를 세어 보니 육백 명 가량이며

16 사울과 그의 아들 요나단과 그들과 함께 한 백성은 베냐민 게바에 있고 블레

셋 사람들은 믹마스에 진 쳤더니

17 노략꾼들이 세 대로 블레셋 사람들의 진영에서 나와서 한 대는 오브라 길을 따라서 수알 땅에 이르렀고

18 한 대는 벧호론 길로 향하였고 한 대는 광야쪽으로 스보임 골짜기가 내려다 보이는 지역 길로 향하였더라

19 ●그 때에 이스라엘 온 땅에 철공이 없었으니 이는 블레셋 사람들이 말하기를 히브리 사람이 칼이나 창을 만들까 두렵다 하였음이라

20 온 이스라엘 사람들이 각기 보습이나 삽이나 도끼나 괭이를 벼리려면 블레셋 사람들에게로 내려갔었는데

21 곧 그들이 괭이나 삽이나 쇠스랑이나 도끼나 쇠채찍이 무딜 때에 그리하였으므로

22 싸우는 날에 사울과 요나단과 함께한 백성의 손에는 칼이나 창이 없고 오직 사울과 그의 아들 요나단에게만 있었더라

23 블레셋 사람들의 부대가 나와서 믹마스 어귀에 이르렀더라

요나단이 블레셋을 습격하다 — B.C. 1030년경

14

하루는 사울의 아들 요나단이 자기의 무기를 든 소년에게 이르되 우리가 건너편 블레셋 사람들의 부대로 건너가자 하고 그의 아버지에게는 알리지 아니하였더라

2 사울이 기브아 변두리 미그론에 있는 석류나무 아래에 머물렀고 함께 한 백성은 육백 명 가량이며

3 아히야는 에봇을 입고 거기 있었으니 그는 이가봇의 형제 아히둡의 아들이요 비

14 창 에는 무엇이 기록되어 있을까?

요나단은 굳건한 믿음으로 용감하게 블레셋 군대를 공격하여 이스라엘에 능력을 끼쳤었으나, 하지만 이 모든 것은 이스라엘을 높이시려는 하나님의 크신 은혜 덕분이었지요. 반면에 사울은 실수를 거듭하여 이스라엘의 온 군대를 굶주리게 하였고 요나단까지 죽을 위기에 처하게 했답니다.

1) 축복

블레셋을 치는
요나단(14:1)

느하스의 손자요 실로에서 여호와의 제사장이 되었던 엘리의 증손이었더라 백성은 요나단이 간 줄을 알지 못하니라

4 요나단이 블레셋 사람들에게로 건너가려 하는 어귀 사이 이쪽에는 험한 바위가 있고 저쪽에도 험한 바위가 있는데 하나의 이름은 보세스요 하나의 이름은 세네라 13:23

5 한 바위는 북쪽에서 믹마스 앞에 일어섰고 하나는 남쪽에서 게바 앞에 일어섰더라

6 ●요나단이 자기의 무기를 든 소년에게 이르되 우리가 이 할례 받지 않은 자들에게로 건너가자 여호와께서 우리를 위하여 일하실까 하노라 여호와의 구원은 사람이 많고 적음에 달리지 아니하였느니라

7 무기를 든 자가 그에게 이르되 당신의 마음에 있는 대로 다 행하여 앞서 가소서 내가 당신과 마음을 같이 하여 따르리이다

8 요나단이 이르되 보라 우리가 그 사람들에게로 건너가서 그들에게 보이리니

9 그들이 만일 우리에게 이르기를 우리가 너희에게로 가기를 기다리라 하면 우리는 우리가 있는 곳에 가만히 서서 그들에게로 올라가지 말 것이요

10 그들이 만일 말하기를 우리에게로 올라오라 하면 우리가 올라갈 것은 여호와께서 그들을 우리 손에 넘기셨음이니 이것이 우리에게 표징이 되리라 하고

11 둘이 다 블레셋 사람들에게 보이매 블레셋 사람이 이르되 보라 히브리 사람이

그들이 숨었던 구멍에서 나온다 하고

12 그 부대 사람들이 요나단과 그의 무기를 든 자에게 이르되 우리에게로 올라오라 너희에게 보여 줄 것이 있느니라 한지라 요나단이 자기의 무기를 든 자에게 이르되 나를 따라 올라오라 여호와께서 그들을 이스라엘의 손에 넘기셨느니라 하고 삼하 5:24

13 요나단이 손 발로 기어 올라갔고 그 무기를 든 자도 따랐더라 블레셋 사람들이 요나단 앞에서 엎드러지매 무기를 든 자가 따라가며 죽였으니

14 요나단과 그 무기를 든 자가 반나절 갈이 땅 안에서 처음으로 쳐죽인 자가 이십 명 가량이라

15 들에 있는 진영과 모든 백성들이 공포에 떨었고 부대와 노략꾼들도 떨었으며 땅도 진동하였으니 이는 큰 떨림[1]이었더라

블레셋 군인들이 칼로 서로를 치다

16 ●베냐민 기브아에 있는 사울의 파수꾼이 바라본즉 허다한 블레셋 사람들이 무너져 이리 저리 흩어지더라

17 사울이 자기와 함께 한 백성에게 이르되 우리에게서 누가 나갔는지 점호하여 보라 하여 점호한즉 요나단과 그의 무기를 든 자가 없어졌더라

18 사울이 아히야에게 이르되 하나님의 궤를 이리로 가져오라 하니 그 때에 하나님의 궤가 이스라엘 자손과 함께 있음이니라 4:3

19 사울이 제사장에게 말할 때에 블레셋 사람들의 진영에 소동이 점점 더한지라 사울이 제사장에게 이르되 네 손을 거두라 하고

보세스와 세네(14:4-5)

1) 하나님이 떨리게 하심이었더라

믹마스와 아얄론 사이로 보이는
믹마스 마을(14:31)

20 사울과 그와 함께 한 모든 백성이 모여 전장에 가서 본즉 블레셋 사람들이 각각 칼로 자기의 동무들을 치므로 크게 혼란하였더라

21 전에 블레셋 사람들과 함께 하던 히브리 사람이 사방에서 블레셋 사람들과 함께 진영에 들어왔더니 그들이 돌이켜 사울과 요나단과 함께 한 이스라엘 사람들과 합하였고

22 에브라임 산지에 숨었던 이스라엘 모든 사람도 블레셋 사람들이 도망함을 듣고 싸우러 나와서 그들을 추격하였더라

23 여호와께서 그 날에 이스라엘을 구원하시므로 전쟁이 벧아웬을 지나니라

사울의 맹세와 요나단의 실수

24 ● 이 날에 이스라엘 백성들이 피곤하였으니 이는 사울이 백성에게 맹세시켜 경계하여 이르기를 저녁 곧 내가 내 원수에게 보복하는 때까지 아무 음식물이든지 먹는 사람은 저주를 받을지어다 하였음이라 그러므로 모든 백성이 음식물을 맛보지 못하고 ∻ 6:26

25 그들이 다 수풀에 들어간즉 땅에 꿀이 있더라

26 백성이 수풀로 들어갈 때에 꿀이 흐르는 것을 보고도 그들이 맹세를 두려워하여 손을 그 입에 대는 자가 없으나

27 요나단은 그의 아버지가 백성에게 맹세하여 명령할 때에 듣지 못하였으므로 손에 가진 지팡이 끝을 내밀어 벌집의 꿀을 찍고 그의 손을 돌려 입에 대매 눈이 밝아졌더라

28 그 때에 백성 중 한 사람이 말하여 이

르되 당신의 부친이 백성에게 맹세하여 엄히 말씀하시기를 오늘 음식물을 먹는 사람은 저주를 받을지어다 하셨나이다 그러므로 백성이 피곤하였나이다 하니

29 요나단이 이르되 내 아버지께서 이 땅을 곤란하게 하셨도다 보라 내가 이 꿀 조금을 맛보고도 내 눈이 이렇게 밝아졌거든 ∻삼상 18:18

30 하물며 백성이 오늘 그 대적에게서 탈취하여 얻은 것을 임의로 먹었더라면 블레셋 사람을 살륙함이 더욱 많지 아니하였겠느냐

31 ● 그 날에 백성이 믹마스에서부터 아얄론에 이르기까지 블레셋 사람들을 쳤으므로 그들이 심히 피곤한지라

32 백성이 이에 탈취한 물건에 달려가서 양과 소와 송아지들을 끌어다가 그것을 땅에서 잡아 피째 먹었더니 ∻ 15:19

33 무리가 사울에게 전하여 이르되 보소서 백성이 고기를 피째 먹어 여호와께 범죄하였나이다 사울이 이르되 너희가 믿음 없이 행하였도다 이제 큰 돌을 내게로 굴려 오라 하고

34 또 사울이 이르되 너희는 백성 중에 흩어져 다니며 그들에게 이르기를 사람은 각기 소와 양을 이리로 끌어다가 여기서 잡아 먹되 피째로 먹어 여호와께 범죄하지 말라 하라 하매 그 밤에 모든 백성이 각각 자기의 소를 끌어다가 거기서 잡으니라

35 사울이 여호와를 위하여 제단을 쌓았으니 이는 그가 여호와를 위하여 처음 쌓은 제단이었더라

36 ● 사울이 이르되 우리가 밤에 블레셋 사람들을 추격하여 동틀 때까지 그들 중에서 탈취하고 한 사람도 남기지 말자 무리가 이르되 왕의 생각에 좋은 대로 하소서 할 때에 제사장이 이르되 이리로 와서 하나님께로 나아가사이다 하매

37 사울이 하나님께 묻자오되 내가 블레셋 사람들을 추격하리이까 주께서 그

들을 이스라엘의 손에 넘기시겠나이까 하되 그 날에 대답하지 아니하시는지라

38 사울이 이르되 너희 군대의 지휘관들아 다 이리로 오라 오늘 이 죄가 누구에게 있나 알아보자

39 이스라엘을 구원하신 여호와께서 살아 계심을 두고 맹세하노니 내 아들 요나단에게 있다 할지라도 반드시 죽으리라 하되 모든 백성 중 한 사람도 대답하지 아니하매

40 이에 그가 온 이스라엘에게 이르되 너희는 저쪽에 있으라 나와 내 아들 요나단은 이쪽에 있으리라 백성이 사울에게 말하되 왕의 생각에 좋은 대로 하소서 하니라

41 이에 사울이 이스라엘의 하나님 여호와께 아뢰되 원하건대 실상을 보이소서 하였더니 요나단과 사울이 뽑히고 백성은 면하였더라

42 사울이 이르되 나와 내 아들 요나단 사이에 뽑으라 하였더니 요나단이 뽑히니라

43 ●사울이 요나단에게 이르되 네가 행한 것을 내게 말하라 요나단이 말하여 이르되 내가 다만 내 손에 가진 지팡이 끝으로 꿀을 조금 맛보았을 뿐이오나 내가 죽을 수밖에 없나이다

44 사울이 이르되 요나단아 네가 반드시 죽으리라 그렇지 않으면 하나님이 내게 벌을 내리시고 또 내리시기를 원하노라 하니

45 백성이 사울에게 말하되 이스라엘에 이 큰 구원을 이룬 요나단이 죽겠나이까 결단코 그렇지 아니하니이다 여호와의 살아 계심을 두고 맹세하옵나니 그의 머리털 하나도 땅에 떨어지지 아니할 것은 그가 오늘 하나님과 동역하였음이니이다 하여 백성이 요나단을 구원하여 죽지 않게 하니라

46 사울이 블레셋 사람들 추격하기를 그치고 올라가매 블레셋 사람들이 자기 곳으로 돌아가니라

사울의 업적과 그 집안

47 ●사울이 이스라엘 왕위에 오른 후 사방에 있는 모든 대적 곧 모압과 암몬 자손과 에돔과 소바의 왕들과 블레셋 사람들을 쳤는데 향하는 곳마다 이기고

48 용감하게 아말렉 사람들을 치고 이스라엘을 그 약탈하는 자들의 손에서 건졌더라

49 ●사울의 아들은 요나단과 이스위와 말기수아요 그의 두 딸의 이름은 이러하니 맏딸의 이름은 메랍이요 작은 딸의 이름은 미갈이며

50 사울의 아내의 이름은 아히노암이니 아히마아스의 딸이요 그의 군사령관의 이름은 아브넬이니 사울의 숙부 넬의 아들이며

하나님도 공부 잘하는 어린이들을 좋아하세요?

하나님이 좋아하는 것과 사람들이 좋아하는 것은 달라요. 머리가 좋아 공부를 잘하는 사람은 세상에서 칭찬도 받아요. 물론 그런 아이가 정직하고 교만하지 않으며 다른 친구들을 사랑한다면 하나님의 사랑도 받을 수 있지요. 그런데 간혹 공부를 잘하는 친구들 중에 욕심이 많고 거짓말을 하며 교만한 어린이가 있어요. 그런 어린이는 하나님께 사랑을 받을 수 없어요.

비록 공부는 서툴게 하더라도 하나님을 믿으며 정직하고 성실하게 살아간다면 하나님의 사랑과 축복을 받을 수 있답니다. 하나님은 성적표보다 믿음 안에서 얼마나 정직하고 의롭게 살아가느냐를 보시고 기뻐하시는 분이랍니다. **16장 7절**

51 사울의 아버지는 기스요 아브넬의 아버지는 넬이니 아비엘의 아들이었더라
52 ●사울이 사는 날 동안에 블레셋 사람과 큰 싸움이 있었으므로 사울이 힘 센 사람이나 용감한 사람을 보면 그들을 불러모았더라

사울이 아말렉을 치다 — B.C. 1030년경

15 사무엘이 사울에게 이르되 여호와께서 나를 보내어 왕에게 기름을 부어 그의 백성 이스라엘 위에 왕으로 삼으셨은즉 이제 왕은 여호와의 말씀을 들으소서

2 만군의 여호와께서 이같이 말씀하시기를 아말렉이 이스라엘에게 행한 일 곧 애굽에서 나올 때에 길에서 대적한 으로 내가 그들을 벌하노니

3 금 가서 아말렉을 쳐서 그들의 모든 유를 남기지 말고 진멸하되 남녀와 아와 젖 먹는 아이와 우양과 낙타와 나귀를 죽이라 하셨나이다 하니

4 사울이 백성을 소집하고 그들을 들 라임에서 세어 보니 보병이 이십만 명이요 유다 사람이 만 명이라

사울이 아말렉 성에 이르러 골짜기에 복병시키니라

사울이 겐 사람에게 이르되 아말렉 사람 중에서 떠나 가라 그들과 함께 너희를 멸하게 될까 하노라 이스라엘 모든 자손이 애굽에서 올라올 때에 너희가 그들을 선대하였느니라 이에 겐 사람이 아말렉 사람 중에서 떠나니라

7 사울이 하윌라에서부터 애굽 앞 술에 이르기까지 아말렉 사람을 치고 ※16:7

제사에 쓰이는 숫양 (15:22)

8 아말렉 사람의 왕 아각을 사로잡고 칼날로 그의 모든 백성을 진멸하였으되
9 사울과 백성이 아각과 그의 양과 소의 가장 좋은 것 또는 기름진 것과 어린 양과 모든 좋은 것을 남기고 진멸하기를 즐겨 아니하고 가치 없고 하찮은 것은 진멸하니라

여호와께서 사울을 버리시다

10 ●여호와의 말씀이 사무엘에게 임하니라 이르시되
11 내가 사울을 왕으로 세운 것을 후회하노니 그가 돌이켜서 나를 따르지 아니하며 내 명령을 행하지 아니하였음이니라 하신지라 사무엘이 근심하여 온 밤을 여호와께 부르짖으니라
12 사무엘이 사울을 만나려고 아침에 일찍이 일어났더니 어떤 사람이 사무엘에게 말하여 이르되 사울이 갈멜에 이르러 자기를 위하여[1] 기념비를 세우고 발길을 돌려 길갈로 내려갔다 하는지라
13 사무엘이 사울에게 이른즉 사울이 그에게 이르되 원하건대 당신은 여호와께 복을 받으소서 내가 여호와의 명령을 행하였나이다 하니
14 사무엘이 이르되 그러면 내 귀에 들려오는 이 양의 소리와 내게 들리는 소의 소리는 어찌 됨이니이까 하니라
15 사울이 이르되 그것은 무리가 아말렉 사람에게서 끌어 온 것인데 백성이 당신의 하나님 여호와께 제사하려 하여 양들과 소들 중에서 가장 좋은 것을 남김이요 그 외의 것은 우리가 진멸하였나이다 하는지라

1) 히, 손을 세우고

16사무엘이 사울에게 이르되 가만히 계시옵소서 간 밤에 여호와께서 내게 이르신 것을 왕에게 말하리이다 하니 그가 이르되 말씀하소서

17●사무엘이 이르되 왕이 스스로 작게 여길 그 때에 이스라엘 지파의 머리가 되지 아니하셨나이까 여호와께서 왕에게 기름을 부어 이스라엘 왕을 삼으시고
9:21

18또 여호와께서 왕을 길로 보내시며 이르시기를 가서 죄인 아말렉 사람을 진멸하되 다 없어지기까지 치라 하셨거늘

19어찌하여 왕이 여호와의 목소리를 청종하지 아니하고 탈취하기에만 급하여 여호와께서 악하게 여기시는 일을 행하였나이까
14:32

20사울이 사무엘에게 이르되 나는 실로 여호와의 목소리를 청종하여 여호와께서 보내신 길로 가서 아말렉 왕 아각을 끌어 왔고 아말렉 사람들을 진멸하였으나
15:13

21다만 백성이 그 마땅히 멸할 것 중에서 가장 좋은 것으로 길갈에서 당신의 하나님 여호와께 제사하려고 양과 소를 끌어 왔나이다 하는지라

22사무엘이 이르되 여호와께서 번제와 다른 제사를 그의 목소리를 청종하는 것을 좋아하심 같이 좋아하시겠나이까 순종이 제사보다 낫고 듣는 것이 숫양의 기름보다 나으니
히 10:6-9

23이는 거역하는 것은 점치는 죄와 같고 완고한 것은 사신 우상에게 절하는 죄와 같음이라 왕이 여호와의 말씀을 버렸으므로 여호와께서도 왕을 버려 왕이 되지 못하게 하셨나이다 하니

24●사울이 사무엘에게 이르되 내가 범죄하였나이다 내가 여호와의 명령과 당신의 말씀을 어긴 것은 내가 백성을 두려워하여 그들의 말을 청종하였음이니이다
잠 29:25

25청하오니 지금 내 죄를 사하고 나와 함께 돌아가서 나로 하여금 여호와께 경배하게 하소서 하니

26사무엘이 사울에게 이르되 나는 왕과 함께 돌아가지 아니하리니 이는 왕이 여호와의 말씀을 버렸으므로 여호와께서 왕을 버려 이스라엘 왕이 되지 못하게 하셨음이니이다 하고

27사무엘이 가려고 돌아설 때에 사울이 그의 겉옷자락을 붙잡으매 찢어진지라
왕상 11:30, 31

28사무엘이 그에게 이르되 여호와께서 오늘 이스라엘 나라를 왕에게서 떼어 왕보다 나은 왕의 이웃에게 주셨나이다

29이스라엘의 지존자는 거짓이나 변개함이 없으시니 그는 사람이 아니시므로 결코 변개하지 않으심이니이다 하니

30사울이 이르되 내가 범죄하였을지라도 이제 청하옵나니 내 백성의 장로들 앞과 이스라엘 앞에서 나를 높이사 나와 함께 돌아가서 내가 당신의 하나님 여호와께 경배하게 하소서 하더라

31이에 사무엘이 돌이켜 사울을 따라가매 사울이 여호와께 경배하니라

사무엘이 아각을 처형하다

32●사무엘이 이르되 너희는 아말렉 사

술술 풀리는 성경말씀

아말렉과 이스라엘

아말렉 족속의 조상인 아말렉은 에서의 아들 엘리바스가 그의 첩 딤나에게서 낳은 아들이에요(창 36:12). 아말렉 족속은 아브라함 시대에 엘람 왕 그돌라오멜에게 정복당한 족속들 가운데 한 족속으로 성경에 처음 등장하였지요.

아말렉과 이스라엘 사이에 벌어진 첫 번째 전쟁은 이스라엘 백성이 광야 생활을 하던 중인 르비딤에서 일어났어요. 당시 이스라엘은 지치고 무기력한 상태였으나, 산꼭대기에서 아론과 훌이 모세의 지팡이 든 손을 계속 붙들고 있었기 때문에 아말렉을 무찌를 수 있었지요(출 17:9-13). 이후부터 두 나라는 적대 관계에 놓였지만, 다윗 왕국이 건설된 뒤로는 더 이상 이스라엘을 괴롭히지 못했답니다(삼하 8:11-12).

15장 2절

람의 왕 아각을 내게로 끌어 오라 하였더니 아각이 즐거이 오며 이르되 진실로 사망의 괴로움이 지났도다 하니라

33 사무엘이 이르되 네 칼이 여인들에게 자식이 없게 한 것 같이 여인 중 네 어미에게 자식이 없으리라 하고 그가 길갈에서 여호와 앞에서 아각을 찍어 쪼개니라

사무엘이 다윗에게 기름을 붓다

34 ●이에 사무엘은 라마로 가고 사울은 사울 기브아 자기의 집으로 올라가니라

35 사무엘이 죽는 날까지 사울을 다시 가서 보지 아니하였으니 이는 그가 사울을 위하여 슬퍼함이었고 여호와께서는 사울을 이스라엘 왕으로 삼으신 것을 후회하셨더라

16 여호와께서 사무엘에게 이르시되 내가 이미 사울을 버려 이스라엘 왕이 되지 못하게 하였거늘 네가 그를 위하여 언제까지 슬퍼하겠느냐 너는 뿔에 기름을 채워 가지고 가라 내가 너를 베들레헴 사람 이새에게로 보내리니 이는 내가 그의 아들 중에서 한 왕을 보았느니라 하시는지라

2 사무엘이 이르되 내가 어찌 갈 수 있으리이까 사울이 들으면 나를 죽이리이다 하니 여호와께서 이르시되 너는 암송아지를 끌고 가서 말하기를 내가 여호와께 제사를 드리러 왔다 하고

3 이새를 제사에 청하라 내가 네게 행할 일을 가르치리니 내가 네게 알게 하는 자에게 나를 위하여 기름을 부을지니라

4 사무엘이 여호와의 말씀대로 행하여

양 치는 소년 다윗(16:11-12)

베들레헴에 이르매 성읍 장로들이 떨며 그를 영접하여 이르되 평강을 위하여 오시나이까

5 이르되 평강을 위함이니라 내가 여호와께 제사하러 왔으니 스스로 성결하게 하고 와서 나와 함께 제사하자 하고 이새와 그의 아들들을 성결하게 하고 제사에 청하니라

6 ●그들이 올 때 사무엘이 엘리압을 보고 마음에 이르기를 여호와의 기름 부으실 자가 과연 주님 앞에 있도다 하였더니

7 여호와께서 사무엘에게 이르시되 그의 용모와 키를 보지 말라 내가 이미 그를 버렸노라 내가 보는 것은 사람과 같지 아니하니 사람은 외모를 보거니와 나 여호와는 중심을 보느니라 하시더라

8 이새가 아비나답을 불러 사무엘 앞을 지나가게 하매 사무엘이 이르되 이도 여호와께서 택하지 아니하셨느니라 하니

9 이새가 삼마로 지나게 하매 사무엘이 이르되 이도 여호와께서 택하지 아니하셨느니라

10 이새가 그의 아들 일곱을 다 사무엘 앞으로 지나가게 하나 사무엘이 이새에게 이르되 여호와께서 이들을 택하지 아니하셨느니라 하고

11 또 사무엘이 이새에게 이르되 네 아들들이 다 여기 있느냐 이새가 이르되 아직 막내가 남았는데 그는 양을 지키나이다 사무엘이 이새에게 이르되 사

람을 보내어 그를 데려오라 그가 여기 오기까지는 우리가 식사 자리에 앉지 아니하겠노라 12 이에 사람을 보내어 그를 데려오매 그의

기름을 붓는 사무엘(16:13)

빛이 붉고 눈이 빼어나고 얼굴이 아름답더라 여호와께서 이르시되 이가 그니 일어나 기름을 부으라 하시는지라 13 사무엘이 기름 뿔병을 가져다가 그의 형제 중에서 그에게 부었더니 이 날 이후로 다윗이 여호와의 영에게 크게 감동되니라 사무엘이 떠나서 라마로 가니라

사울을 섬기게 된 다윗

14 ●여호와의 영이 사울에게서 떠나고 여호와께서 부리시는 악령이 그를 번뇌하게 한지라
15 사울의 신하들이 그에게 이르되 보소서 하나님께서 부리시는 악령이 왕을 번뇌하게 하온즉
16 원하건대 우리 주께서는 당신 앞에서 모시는 신하들에게 명령하여 수금을 잘 타는 사람을 구하게 하소서 하나님께서 부리시는 악령이 왕에게 이를 때에 그가 손으로 타면 왕이 나으시리이다 하는지라
17 사울이 신하에게 이르되 나를 위하여 잘 타는 사람을 구하여 내게로 데려오라 하니
18 소년 중 한 사람이 대답하여 이르되 내가 베들레헴 사람 이새의 아들을 본즉 수금을 탈 줄 알고 용기와 무용과 구변이 있는 준수한 자라 여호와께서 그와 함께 계시더이다 하더라
19 사울이 이에 전령들을 이새에게 보내

어 이르되 양 치는 네 아들 다윗을 내게로 보내라 하매
20 이새가 떡과 한 가죽부대의 포도주와 염소 새끼를 나귀에 실리고 그의 아들 다윗을 시켜 사울에게 보내니
21 다윗이 사울에게 이르러 그 앞에 모셔 서매 사울이 그를 크게 사랑하여 자기의 무기를 드는 자로 삼고
22 또 사울이 이새에게 사람을 보내어 이르되 원하건대 다윗을 내 앞에 모셔 서게 하라 그가 내게 은총을 얻었느니라 하니라
23 하나님께서 부리시는 악령이 사울에게 이를 때에 다윗이 수금을 들고 와서 손으로 탄즉 사울이 상쾌하여 낫고 악령이 그에게서 떠나더라

골리앗이 이스라엘의 군대를 모욕하다

17 블레셋 사람들이 그들의 군대를 모으고 싸우고자 하여 유다에 속한 소고에 모여 소고와 아세가 사이의 에베스담밈에 진 치매
2 사울과 이스라엘 사람들이 모여서 1)엘라 골짜기에 진 치고 블레셋 사람들을 대하여 전열을 벌였으니
3 블레셋 사람들은 이쪽 산에 섰고 이스라엘은 저쪽 산에 섰고 그 사이에는 골짜기가 있었더라
4 블레셋 사람들의 진영에서 싸움을 돋우는 자가 왔는데 그의 이름은 골리앗이요 가드 사람이라 그의 키는 여섯 2)규빗 한 뼘이요
5 머리에는 놋 투구를 썼고 몸에는 비늘 갑옷을 입었으니 그 갑옷의 무게가 놋

사울을 위해 수금을 타는 다윗(16:23)

오천 세겔이며

6 그의 다리에는 놋 각반을 쳤고 어깨 사이에는 놋 단창을 메었으니

7 그 창 자루는 베틀 채 같고 창 날은 철 육백 세겔이며 방패 든 자가 앞서 행하더라

블레셋의 거인
골리앗(17:4-7)

삼상 21:9

8 그가 서서 이스라엘 군대를 향하여 외쳐 이르되 너희가 어찌하여 나와서 전열을 벌였느냐 나는 블레셋 사람이 아니며 너희는 사울의 신복이 아니냐 너희는 한 사람을 택하여 내게로 내려보내라

9 그가 나와 싸워서 나를 죽이면 우리가 너희의 종이 되겠고 만일 내가 이기어 그를 죽이면 너희가 우리의 종이 되어 우리를 섬길 것이니라

10 그 블레셋 사람이 또 이르되 내가 오늘 이스라엘의 군대를 모욕하였으니 사람을 보내어 나와 더불어 싸우게 하라 한지라

11 사울과 온 이스라엘이 블레셋 사람의 이 말을 듣고 놀라 크게 두려워하니라

사울의 진영에 나타난 다윗

12 ●다윗은 유다 베들레헴 에브랏 사람 이새라 하는 사람의 아들이었는데 이 새는 사울 당시 사람 중에 나이가 많아 늙은 사람으로서 여덟 아들이 있는 중

13 그 장성한 세 아들은 사울을 따라 싸움에 나갔으니 싸움에 나간 세 아들의 이름은 장자 엘리압이요 그 다음은 아비나답이요 셋째는 삼마며

14 다윗은 막내라 장성한 세 사람은 사울을 따랐고

15 다윗은 사울에게로 왕래하며 베들레헴

에서 그의 아버지의 양을 칠 때에 16:19

16 그 블레셋 사람이 사십 일을 조석으로 나와서 몸을 나타내었더라

17 ●이새가 그의 아들 다윗에게 이르되 지금 네 형들을 위하여 이 볶은 곡식 한 에바와 이 떡 열 덩이를 가지고 진영으로 속히 가서 네 형들에게 주고

18 이 치즈 열 덩이를 가져다가 그들의 천부장에게 주고 네 형들의 안부를 살피고 증표를 가져오라 삼하 37:14

19 그 때에 사울과 그들과 이스라엘 모든 사람들은 엘라 골짜기에서 블레셋 사람들과 싸우는 중이더라

20 다윗이 아침에 일찍이 일어나서 양을 양 지키는 자에게 맡기고 이새가 명령한 대로 가지고 가서 진영에 이른즉 마침 군대가 전장에 나와서 싸우려고 고함치며

21 이스라엘과 블레셋 사람들이 전열을 벌이고 양군이 서로 대치하였더라

22 다윗이 자기의 짐을 짐 지키는 자의 손에 맡기고 군대로 달려가서 형들에게 문안하고

23 그들과 함께 말할 때에 마침 블레셋 사람의 싸움 돋우는 가드 사람 골리앗이라 하는 자가 그 전열에서 나와서 전과 같은 말을 하매 다윗이 들으니라

24 이스라엘 모든 사람이 그 사람을 보고 심히 두려워하여 그 앞에서 도망하며

25 이스라엘 사람들이 이르되 너희가 이 올라 온 사람을 보았느냐 참으로 이스라엘을 모욕하러 왔도다 그를 죽이는 사람은 왕이 많은 재물로 부하게 하고 그의 딸을 그에게 주고 그 아버지의 집

하나님을 모욕하는 골리앗과
싸우기로 결심한 다윗(17:26)

을 이스라엘 중에서 세금을 면제하게
하시리라　　　　　　　　　18:17

26 다윗이 곁에 서 있는 사람들에게 말하여 이르되 이 블레셋 사람을 죽여 이스라엘의 치욕을 제거하는 사람에게는 어떠한 대우를 하겠느냐 이 할례 받지 않은 블레셋 사람이 누구이기에 살아 계시는 하나님의 군대를 모욕하겠느냐

27 백성이 전과 같이 말하여 이르되 그를 죽이는 사람에게는 이러이러하게 하시리라 하니라

28 ●큰형 엘리압이 다윗이 사람들에게 하는 말을 들은지라 그가 다윗에게 노를 발하여 이르되 네가 어찌하여 이리로 내려왔느냐 들에 있는 양들을 누구에게 맡겼느냐 나는 네 교만과 네 마음의 완악함을 아노니 네가 전쟁을 구경하려 왔도다

29 다윗이 이르되 내가 무엇을 하였나이까 어찌 1)이유가 없으리이까 하고

30 돌아서서 다른 사람을 향하여 전과 같이 말하매 백성이 전과 같이 대답하니라

31 ●어떤 사람이 다윗이 한 말을 듣고 그것을 사울에게 전하였으므로 사울이 다윗을 부른지라

32 다윗이 사울에게 말하되 그로 말미암아 사람이 낙담하지 말 것이라 주의 종이 가서 저 블레셋 사람과 싸우리이다 하니

33 사울이 다윗에게 이르되 네가 가서 저 블레셋 사람과 싸울 수 없으리니 너는 소년이요 그는 어려서부터 용사임이니라

34 다윗이 사울에게 말하되 주의 종이 아

버지의 양을 지킬 때에 사자나 곰이 와서 양 떼에서 새끼를 물어가면

35 내가 따라가서 그것을 치고 그 입에서 새끼를 건져내었고 그것이 일어나 나를 해하고자 하면 내가 그 수염을 잡고 그것을 쳐죽였나이다

36 주의 종이 사자와 곰도 쳤은즉 살아 계시는 하나님의 군대를 모욕한 이 할례 받지 않은 블레셋 사람이리이까 그가 그 짐승의 하나와 같이 되리이다

37 또 다윗이 이르되 여호와께서 나를 사자의 발톱과 곰의 발톱에서 건져내셨은즉 나를 이 블레셋 사람의 손에서도 건져내시리이다 사울이 다윗에게 이르되 가라 여호와께서 너와 함께 계시기를 원하노라

38 이에 사울이 자기 군복을 다윗에게 입히고 놋 투구를 그의 머리에 씌우고 또 그에게 갑옷을 입히매

39 다윗이 칼을 군복 위에 차고는 익숙하지 못하므로 시험적으로 걸어 보다가 사울에게 말하되 익숙하지 못하니 이것을 입고 가지 못하겠나이다 하고 곧 벗고

40 손에 막대기를 가지고 시내에서 매끄러운 돌 다섯을 골라서 자기 목자의 제구 곧 주머니에 넣고 손에 물매를 가지고 블레셋 사람에게로 나아가니라

다윗이 골리앗을 이기다

41 ●블레셋 사람이 방패 든 사람을 앞세우고 다윗에게로 점점 가까이 나아가니라

42 그 블레셋 사람이 둘러보다가 다윗을

골리앗과 싸우는 다윗(17:41-47)

---

1) 말 한 마디뿐이 아니니이까 하고

보고 업신여기니 이는 그가 젊고 붉고 용모가 아름다움이라

43 블레셋 사람이 다윗에게 이르되 네가 나를 개로 여기고 막대기를 가지고 내게 나아왔느냐 하고 그의 신들의 이름으로 다윗을 저주하고

44 그 블레셋 사람이 또 다윗에게 이르되 내게로 오라 내가 네 살을 공중의 새들과 들짐승들에게 주리라 하는지라

45 다윗이 블레셋 사람에게 이르되 너는 칼과 창과 단창으로 내게 나아 오거니와 나는 만군의 여호와의 이름 곧 네가 모욕하는 이스라엘 군대의 하나님의 이름으로 네게 나아가노라

46 오늘 여호와께서 너를 내 손에 넘기시리니 내가 너를 쳐서 네 목을 베고 블레셋 군대의 시체를 오늘 공중의 새와 땅의 들짐승에게 주어 온 땅으로 이스라엘에 하나님이 계신 줄 알게 하겠고

47 또 여호와의 구원하심이 칼과 창에 있지 아니함을 이 무리에게 알게 하리라 전쟁은 여호와께 속한 것인즉 그가 너희를 우리 손에 넘기시리라

48 블레셋 사람이 일어나 다윗에게로 마주 가까이 올 때에 다윗이 블레셋 사람을 향하여 빨리 달리며

다윗의 물매돌에 맞아 죽는 골리앗(17:48-49)

49 손을 주머니에 넣어 돌을 가지고 물매로 던져 블레셋 사람의 이마를 치매 돌이 그의 이마에 박히니 땅에 엎드러지니라

50 ●다윗이 이같이 물매와 돌로 블레셋 사람을 이기고 그를 쳐죽였으나 자기 손에는 칼이 없었더라

51 다윗이 달려가서 블레셋 사람을 밟고 그의 칼을 그 칼 집에서 빼내어 그 칼로 그를 죽이고 그의 머리를 베니 블레셋 사람들이 자기 용사의 죽음을 보고 도망하는지라

52 이스라엘과 유다 사람들이 일어나서 소리 지르며 블레셋 사람들을 쫓아 가이와 에그론 성문까지 이르렀고 블레셋 사람들의 부상자들은 사아라임 가는 길에서부터 가드와 에그론까지 엎드러졌더라

53 이스라엘 자손이 블레셋 사람들을 쫓다가 돌아와서 그들의 진영을 노략하였고

54 다윗은 그 블레셋 사람의 머리를 예루살렘으로 가져가고 갑주는 자기 장막에 두니라

다윗이 사울 앞에 서다

55 ●사울은 다윗이 블레셋 사람을 향하여 나아감을 보고 군사령관 아브넬에게 묻되 아브넬아 이 소년이 누구의 아들이냐 아브넬이 이르되 왕이여 왕의 사심으로 맹세하옵나니 내가 알지 못하나이다 하매

56 왕이 이르되 너는 이 청년이 누구의 아들인가 물어보라 하였더니

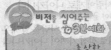

비전을 심어주는 **양분예화**

초상화

영국의 '올리버 크롬웰' 장군이 유명한 화가를 초청해 자신의 초상화를 그리도록 부탁했어요. 이 화가는 크롬웰의 얼굴에 나 있는 커다란 사마귀를 빼고 실물보다 훨씬 멋지게 그렸지요. 초상화를 본 크롬웰은 화를 내며 소리쳤어요. "왜 사마귀는 그리지 않았소, *사마귀도 내 얼굴의 일부요. 당장 다시 그리시오.*"

화가는 얼굴의 사마귀가 그대로 보이도록 초상화를 다시 그렸어요. 그제야 크롬웰은 화가의 손을 잡으며 수고했다고 칭찬해주었습니다.

성도는 자신의 흠이나 수치를 부끄러워하지 않고 오히려 자랑하며 드러내요. 그것은 흠이 많은 우리를 사랑하시고 은혜를 베풀어주시는 하나님의 영광을 드러내기 위해서랍니다.

57 다윗이 그 블레셋 사람을 죽이고 돌아올 때에 그 블레셋 사람의 머리가 그의 손에 있는 채 아브넬이 그를 사울 앞으로 인도하니

58 사울이 그에게 묻되 소년이여 누구의 아들이냐 하니 다윗이 대답하되 나는 주의 종 베들레헴 사람 이새의 아들이니이다 하니라

18 다윗이 사울에게 말하기를 마치매 요나단의 마음이 다윗의 마음과 하나가 되어 요나단이 그를 자기 생명 같이 사랑하니라

2 그 날에 사울은 다윗을 머무르게 하고 그의 아버지의 집으로 다시 돌아가기를 허락하지 아니하였고

3 요나단은 다윗을 자기 생명 같이 사랑하여 더불어 언약을 맺었으며

4 요나단이 자기가 입었던 겉옷을 벗어 다윗에게 주었고 자기의 군복과 칼과 활과 띠도 그리하였더라

5 다윗은 사울이 보내는 곳마다 가서 지혜롭게 행하매 사울이 그를 군대의 장으로 삼았더니 온 백성이 합당히 여겼고 사울의 신하들도 합당히 여겼더라

사울이 불쾌하여 다윗을 주목하다

6 ●무리가 돌아올 때 곧 다윗이 블레셋 사람을 죽이고 돌아올 때에 여인들이 이스라엘 모든 성읍에서 나와서 노래하며 춤추며 소고와 경쇠를 가지고 왕 사울을 환영하는데   삼상 11:34

7 여인들이 뛰놀며 노래하여 이르되 사울이 죽인 자는 천천이요 다윗은 만만이로다

8 사울이 그 말에 불쾌하여 심히 노하여 이르되 다윗에게는 만만을 돌리고 내게는 천천만 돌리니 그가 더 얻을 것이 나라 말고 무엇이냐 하고

9 그 날 후로 사울이 다윗을 주목하였더라

10 ●그 이튿날 하나님께서 부리시는 악령이 사울에게 힘 있게 내리매 그가 집 안에서 정신 없이 떠들어대므로 다윗이 평일과 같이 손으로 수금을 타는데 그 때에 사울의 손에 창이 있는지라

11 그가 스스로 이르기를 내가 다윗을 벽에 박으리라 하고 사울이 그 창을 던졌으나 다윗이 그의 앞에서 두 번 피하였더라

12 여호와께서 사울을 떠나 다윗과 함께 계시므로 사울이 그를 두려워한지라

13 그러므로 사울이 그를 자기 곁에서 떠나게 하고 그를 천부장으로 삼으매 그가 백성 앞에 출입하며

14 다윗이 그의 모든 일을 지혜롭게 행하니라 여호와께서 그와 함께 계시니라

15 사울은 다윗이 크게 지혜롭게 행함을 보고 그를 두려워하였으나

16 온 이스라엘과 유다는 다윗을 사랑하였으니 그가 자기들 앞에 출입하기 때문이었더라

다윗이 사울의 사위가 되다

17 ●사울이 다윗에게 이르되 내 맏딸 메랍을 네게 아내로 주리니 오직 너는 나를 위하여 용기를 내어 여호와의 싸움을 싸우라 하니 이는 그가 생각하기를 내 손을 그에게 대지 않고 블레셋 사람들의 손을 그에게 대리라 함이라

18 다윗이 사울에게 이르되 내가 누구며 이스라엘 중에 내1)친속이나 내 아버지의 집이 무엇이기에 내가 왕의 사위가 되리이까 하였더니

19 사울의 딸 메랍을 다윗에게 줄 시기에 므홀랏 사람 아드리엘에게 아내로 주었더라

20 사울의 딸 미갈이 다윗을 사랑하매 어

18장 에는 무엇이 기록되어 있을까?

다윗이 이스라엘 지도자로 인기를 얻게 되자, 사울의 시기심은 날로 커졌어요. 다윗에게 창을 던지는가 하면, 다윗을 함정에 빠뜨릴 생각으로 자기 딸을 아내로 주기도 했답니다. 반면에 사울의 아들 요나단은 다윗을 아끼고 사랑하였어요. 요나단은 혈육 관계보다도 진실을 더 중요하게 생각하는 사람이지요.

1)생명

다윗과 요나단의 우정(19:1)

면 사람이 사울에게 알린지라 사울이
그 일을 좋게 여겨
21 스스로 이르되 내가 딸을 그에게 주어
서 그에게 올무가 되게 하고 블레셋 사
람들의 손으로 그를 치게 하리라 하고
이에 사울이 다윗에게 이르되 네가 오
늘 다시 내 사위가 되리라 하니라
22 ●사울이 그의 신하들에게 명령하되
너희는 다윗에게 비밀히 말하여 이르
기를 보라 왕이 너를 기뻐하시고 모든
신하도 너를 사랑하나니 그런즉 네가
왕의 사위가 되는 것이 가하니라 하라
23 사울의 신하들이 이 말을 다윗의 귀에
전하매 다윗이 이르되 왕의 사위 되는
것을 너희는 작은 일로 보느냐 나는 가
난하고 천한 사람이라 한지라
24 사울의 신하들이 사울에게 말하여 이
르되 다윗이 이러이러하게 말하더이
다 하니
25 사울이 이르되 너희는 다윗에게 이같
이 말하기를 왕이 아무 것도 원하지 아
니하고 다만 왕의 원수의 보복으로 블
레셋 사람들의 포피 백 개를 원하신다
하라 하였으니 이는 사울의 생각에 다
윗을 블레셋 사람들의 손에 죽게 하리
라 함이라
26 사울의 신하들이 이 말을 다윗에게 아
뢰매 다윗이 왕의 사위 되는 것을 좋게
여기므로 결혼할 날이 차기 전에
27 다윗이 일어나서 그의 부하들과 함께
가서 블레셋 사람 이백 명을 죽이고 그
들의 포피를 가져다가 수대로 왕께 드려

왕의 사위가 되고자 하니 사울이 그의
딸 미갈을 다윗에게 아내로 주었더라
28 여호와께서 다윗과 함께 계심을 사울
이 보고 알았고 사울의 딸 미갈도 그를
사랑하므로
29 사울이 다윗을 더욱더욱 두려워하여
평생에 다윗의 대적이 되니라
30 ●블레셋 사람들의 방백들이 싸우러 나
오면 그들이 나올 때마다 다윗이 사울
의 모든 신하보다 더 지혜롭게 행하매
이에 그의 이름이 심히 귀하게 되니라

나울이 다윗을 죽이려 하다

19 사울이 그의 아들 요나단과 그
의 모든 신하에게 다윗을 죽이
라 말하였더니 사울의 아들 요나단이
다윗을 심히 좋아하므로
2 그가 다윗에게 말하여 이르되 내 아버
지 사울이 너를 죽이고자 꾀하시느니
라 그러므로 이제 청하노니 아침에 조
심하여 은밀한 곳에 숨어 있으라
3 내가 나가서 네가 있는 들에서 내 아버지
곁에 서서 네 일을 내 아버지와 말하다
가 무엇을 보면 네게 알려 주리라 하고
4 요나단이 그의 아버지 사울에게 다윗
을 칭찬하여 이르되 원하건대 왕은 신
하 다윗에게 범죄하지 마옵소서 그는
왕께 득죄하지 아니하였고 그가 왕께
행한 일은 심히 선함이니이다
5 그가 자기 생명을 아끼지 아니하고 블
레셋 사람을 죽였고 여호와께서는 온
이스라엘을 위하여 큰 구원을 이루셨
으므로 왕이 이를 보고 기뻐하셨거늘
어찌 까닭 없이 다윗을 죽여 무죄한 피

19 에는 무엇이 기록되어 있을까?

사울이 노골적으로 다윗을 죽이려 들
자, 다윗은 사울을 피해 도망 다녔어요. 사울은 다
윗이 숨은 곳을 찾아와 그를 잡아오도록 세 번이
나 사람을 보냈지만 번번이 실패하였어요. 이는 하
나님이 다윗을 특별히 보호하셨기 때문이지요. 한
편, 사울이 보낸 사람들이 모두 하나님의 영에 사
로잡혀 예언을 했는데 사울도 마찬가지였답니다.

를 흘려 범죄하려 하시나이까 ¹ᵏ¹³

6 사울이 요나단의 말을 듣고 맹세하되 여호와께서 살아 계심을 두고 맹세하 거니와 그가 죽임을 당하지 아니하리라

7 요나단이 다윗을 불러 그 모든 일을 그에게 알리고 요나단이 다윗을 사울에게로 인도하니 그가 사울 앞에 전과 같이 있었더라 ¹⁶²¹

8 ●전쟁이 다시 있으므로 다윗이 나가서 블레셋 사람들과 싸워 그들을 크게 쳐 죽이매 그들이 그 앞에서 도망하니라

9 사울이 손에 단창을 가지고 그의 집에 앉았을 때에 여호와께서 부리시는 악령이 사울에게 접하였으므로 다윗이 손으로 수금을 탈 때에

10 사울이 단창으로 다윗을 벽에 박으려 하였으나 그는 사울의 앞을 피하고 사울의 창은 벽에 박힌지라 다윗이 그 밤에 도피하매

11 사울이 전령들을 다윗의 집에 보내어 그를 지키다가 아침에 그를 죽이게 하려 한지라 다윗의 아내 미갈이 다윗에게 말하여 이르되 당신이 이 밤에 당신의 생명을 구하지 아니하면 내일에는 죽임을 당하리라 하고 ⁶ˢᵃ¹⁶²

12 미갈이 다윗을 창에서 달아 내리매 그가 피하여 도망하니라

13 미갈이 우상을 가져다가 침상에 누이고 염소 털로 엮은 것을 그 머리에 씌우고 의복으로 그것을 덮었더니 ˢᵃ¹⁷⁵·⁵

14 사울이 전령들을 보내어 다윗을 잡으려 하매 미갈이 이르되 그가 병들었느니라

15 사울이 또 전령들을 보내어 다윗을 보라 하며 이르되 그를 침상째 내게로 들고 오라 내가 그를 죽이리라

16 전령들이 들어가 본즉 침상에는 우상이 있고 염소 털로 엮은 것이 그 머리에 있었더라

17 사울이 미갈에게 이르되 너는 어찌하여 이처럼 나를 속여 내 대적을 놓아 피하게 하였느냐 미갈이 사울에게 대답하되 그가 내게 이르기를 나를 놓아 가게 하라 어찌하여 나로 너를 죽이게 하겠느냐 하더이다 하니라

18 ●다윗이 도피하여 라마로 가서 사무엘에게로 나아가서 사울이 자기에게 행한 일을 다 전하였고 다윗과 사무엘이 나욧으로 가서 살았더라

19 어떤 사람이 사울에게 전하여 이르되 다윗이 라마 나욧에 있더이다 하매

20 사울이 다윗을 잡으러 전령들을 보냈더니 그들이 선지자 무리가 예언하는 것과 사무엘이 그들의 수령으로 선 것을 볼 때에 하나님의 영이 사울의 전령들에게 임하매 그들도 예언을 한지라

21 어떤 사람이 그것을 사울에게 알리매 사울이 다른 전령들을 보냈더니 그들도 예언을 했으므로 사울이 세 번째 다시 전령들을 보냈더니 그들도 예언을 한지라

22 이에 사울도 라마로 가서 세구에 있는 큰 우물에 도착하여 물어 이르되 사무엘과 다윗이 어디 있느냐 어떤 사람이 이르되 라마 나욧에 있나이다

23 사울이 라마 나욧으로 가니라 하나님

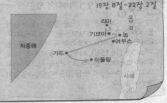

술술 풀리는 **생생말씀**

사울로부터 도망가는 다윗

다윗은 자신을 죽이려 하는 사울의 계획을 알고 '라마 나욧'에 있는 사무엘에게로 갔어요. 요나단과 작별하기 위해 기브아에 잠시 들어온 후, 그는 다시 놉으로 도망쳤고 그곳에서 제사장에게 음식과 칼을 받았지요. 블레셋 땅인 가드로 도망친 다윗은 아기스 왕이 의심하자 아둘람 굴로 도망갔는데, 그곳에서 가족들을 비롯한 많은 사람들을 만났답니다. 다윗이 당하는 위기와 환난 속에서 하나님은 언제나 그의 든든한 방패이자 요새와 피난처가 되셨어요(시 59편).

19장 8절 - 22장 2절

의 영이 그에게도 임하시니 그가 라마 나욧에 이르기까지 걸어가며 예언을 하였으며

24 그가 또 그의 옷을 벗고 사무엘 앞에서 예언을 하며 하루 밤낮을 벗은 몸으로 누웠더라 그러므로 속담에 이르기를 사울도 선지자 중에 있느냐 하니라

요나단이 다윗을 돕다─B.C. 1020년경

20 다윗이 라마 나욧에서 도망하여 요나단에게 이르되 내가 무엇을 하였으며 내 죄악이 무엇이며 네 아버지 앞에서 내 죄가 무엇이기에 그가 내 생명을 찾느냐

2 요나단이 그에게 이르되 결단코 아니라 네가 죽지 아니하리라 내 아버지께서 크고 작은 일을 내게 알리지 아니하고는 행하지 아니하나니 내 아버지께서 어찌하여 이 일을 내게 숨기리요 그렇지 아니하니라

3 다윗이 또 맹세하여 이르되 내가 네게 은혜 받은 줄을 네 아버지께서 밝히 알고 스스로 이르기를 요나단이 슬퍼할까 두려운즉 그에게 이것을 알리지 아니하리라 함이나라 그러나 진실로 여호와의 살아 계심과 네 생명을 두고 맹세하노니 나와 죽음의 사이는 한 걸음 뿐이니라

4 요나단이 다윗에게 이르되 네 마음의 소원이 무엇이든지 내가 너를 위하여 그것을 이루리라

5 다윗이 요나단에게 이르되 내일은 초하루인즉 내가 마땅히 왕을 모시고 앉아 식사를 하여야 할 것이나 나를 보내

어 셋째 날 저녁까지 들에 숨게 하고

6 네 아버지께서 만일 나에 대하여 자세히 묻거든 그 때에 너는 말하기를 다윗이 자기 성읍 베들레헴으로 급히 가기를 내게 허락하라 간청하였사오니 이는 온 가족을 위하여 거기서 매년제를 드릴 때가 됨이니이다 하라 ^{16:2}

7 그의 말이 좋다 하면 네 종이 평안하려니와 그가 만일 노하면 나를 해하려고 결심한 줄을 알지니

8 그런즉 바라건대 네 종에게 인자하게 행하라 네가 네 종으로 여호와 앞에서 너와 맹약하게 하였음이니라 그러나 내게 죄악이 있으면 네가 친히 나를 죽이라 나를 네 아버지에게로 데려갈 이유가 무엇이냐 하니라

9 요나단이 이르되 이 일이 결코 네게 일어나지 아니하리라 내 아버지께서 너를 해치려 확실히 결심한 줄 알면 내가 네게 와서 그것을 네게 이르지 아니하겠느냐 하니

10 다윗이 요나단에게 이르되 네 아버지께서 혹 엄하게 네게 대답하면 누가 그것을 내게 알리겠느냐 하더라

11 요나단이 다윗에게 이르되 오라 우리가 들로 가자 하고 두 사람이 들로 가니라

12 ●요나단이 다윗에게 이르되 이스라엘의 하나님 여호와께서 증언하시거니와 내가 내일이나 모레 이맘때에 내 아버지를 살펴서 너 다윗에게 대한 항이 선하면 내가 사람을 보내어 네게 알리지 않겠느냐

13 그러나 만일 내 아버지께서 너를 해치려 하는데도 내가 이 일을 네게 알려주어 너를 보내어 평안히 가게 하지 아니하면 여호와께서 나 요나단에게 벌을 내리시고 또 내리시기를 원하노라 여호와께서 내 아버지와 함께 하신 것 같이 너와 함께 하시기를 원하노니

14 너는 내가 사는 날 동안에 여호와의 인자하심을 내게 베풀어서 나를 죽지 않게 할 뿐 아니라

20장 에는 무엇이 기록되어 있을까?

다윗은 요나단을 통해 사울이 자신을 죽이려고 굳게 결심했음을 알게 되었어요. 요나단이 다윗에게 여호와의 인자를 베풀기를 구한 것은(14,15절), 자신이 사울의 뒤를 이을 후계자였음에도 불구하고 다윗을 왕으로 세우고자 하신 하나님의 뜻을 겸손하게 받아들였기 때문이랍니다.

15 여호와께서 너 다윗의 대적들을 지면에서 다 끊어 버리신 때에도 너는 네 인자함을 내 집에서 영원히 끊어 버리지 말라 하고　24:21

16 이에 요나단이 다윗의 집과 언약하기를 여호와께서는 다윗의 대적들을 치실지어다 하니라

17 ●다윗에 대한 요나단의 사랑이 그를 다시 맹세하게 하였으니 이는 자기 생명을 사랑함같이 그를 사랑함이었더라

18 요나단이 다윗에게 이르되 내일은 초하루인즉 네 자리가 비므로 네가 없음을 자세히 물으실 것이라　5:25

19 너는 사흘 동안 있다가 빨리 내려가서 그 일이 있던 날에 숨었던 곳에 이르러 에셀 바위 곁에 있으라

20 내가 과녁을 쏘려 함같이 화살 셋을 그 바위 곁에 쏘고

21 아이를 보내어 가서 화살을 찾으라 하며 내가 짐짓 아이에게 이르기를 보라 화살이 네 이쪽에 있으니 가져오라 하거든 너는 돌아올지니 여호와께서 살아 계심을 두고 맹세하노니 네가 평안 무사할 것이요

22 만일 아이에게 이르기를 보라 화살이 네 앞쪽에 있다 하거든 네 길을 가라 여호와께서 너를 보내셨음이니라　20:37

23 너와 내가 말한 일에 대하여는 여호와께서 너와 나 사이에 영원토록 계시느니라 하니라

24 ●다윗이 들에 숨으니라 초하루가 되매 왕이 앉아 음식을 먹을 때에

25 왕은 평시와 같이 벽 곁 자기 자리에 앉아 있고 요나단은 서 있고 아브넬은 사울 곁에 앉아 있고 다윗의 자리는 비었더라　20:18

26 그러나 그 날에는 사울이 아무 말도 하지 아니하였으니 이는 생각하기를 그에게 무슨 사고가 있어서 부정한가보다 정녕히 부정한가보다 하였음이러니

27 이튿날 곧 그 달의 둘째 날에도 다윗의 자리가 여전히 비었으므로 사울이 그의 아들 요나단에게 묻되 이새의 아들이 어찌하여 어제와 오늘 식사에 나오지 아니하느냐 하니

28 요나단이 사울에게 대답하되 다윗이 내게 베들레헴으로 가기를 간청하여

29 이르되 원하건대 나에게 가게 하라 우리 가족이 그 성읍에서 제사할 일이 있으므로 나의 형이 내게 오기를 명령하였으니 내가 네게 사랑을 받거든 내가 가서 내 형들을 보게 하라 하였으므로 그가 왕의 식사 자리에 오지 아니하였나이다 하니

30 ●사울이 요나단에게 화를 내며 그에게 이르되 패역무도한 계집의 소생아 네가 이새의 아들을 택한 것이 네 수치와 네 어미의 벌거벗은 수치 됨을 내가

성경에 나오는 최고의 기록을 알고 싶어요!

　　성경에서 가장 오래 산 사람은 므두셀라인데, 무려 969살까지 살았어요(창 5:25 - 27). 그리고 성경에서 키가 가장 큰 인물을 꼽으라면, 블레셋의 장군 골리앗이에요. 여섯 규빗 한 뼘 정도였다고 성경에 나와 있으니까, 키가 2.5미터도 넘는 거인이었죠. 아마 지금 같으면 대단한 운동 선수가 되었을 거예요.
　　성경에서 힘이 센 사람도 알고 싶다기요? 삼손은 어려서부터 힘센 사람이었어요. 사자와 맨손으로 싸워도 이기고, 아주 무거운 물건도 쉽게 들어올렸어요. 마지막 죽기 전에는 기도를 통해 거대한 두 기둥을 움직여 블레셋 적군들을 물리치기도 했답니다(삿 14 - 16장).

　　17장 4절

다윗을 도와주는
요나단(20:35-42)

어찌 알지 못하랴
신 21:20

31 이새의 아들이 땅에 사는 동안은 너와 네 나라가 든든히 서지 못하리라 그런즉 이제 사람을 보내어 그를 내게로 끌어 오라 그는 ¹⁾죽어야 할 자니라 한지라

32 요나단이 그의 아버지 사울에게 대답하여 이르되 그가 죽을 일이 무엇이니이까 무엇을 행하였나이까

33 사울이 요나단에게 단창을 던져 죽이려 한지라 요나단이 그의 아버지가 다윗을 죽이기로 결심한 줄 알고 20:7

34 심히 노하여 식탁에서 떠나고 그 달의 둘째 날에는 먹지 아니하였으니 이는 그의 아버지가 다윗을 욕되게 하였으므로 다윗을 위하여 슬퍼함이었더라

35 ●아침에 요나단이 작은 아이를 데리고 다윗과 정한 시간에 들로 나가서

36 아이에게 이르되 달려가서 내가 쏘는 화살을 찾으라 하고 아이가 달려갈 때에 요나단이 화살을 그의 위로 지나치게 쏘니라 20:20, 21

37 아이가 요나단이 쏜 화살 있는 곳에 이를 즈음에 요나단이 아이 뒤에서 외쳐 이르되 화살이 네 앞쪽에 있지 아니하냐 하고 20:22

38 요나단이 아이 뒤에서 또 외치되 지체 말고 빨리 달음질하라 하매 요나단의 아이가 화살을 주워 가지고 주인에게로 돌아왔으나

39 그 아이는 아무것도 알지 못하고 요나

단과 다윗만 그 일을 알았더라

40 요나단이 그의 무기를 아이에게 주며 이르되 이것을 가지고 성읍으로 가라 하니

41 아이가 가매 다윗이 곧 바위 남쪽에서 일어나서 땅에 엎드려 세 번 절한 후에 서로 입 맞추고 같이 울되 다윗이 더욱 심하더니

42 요나단이 다윗에게 이르되 평안히 가라 우리 두 사람이 여호와의 이름으로 맹세하여 이르기를 여호와께서 영원히 나와 너 사이에 계시고 내 자손과 네 자손 사이에 계시리라 하였느니라 하니 다윗은 일어나 떠나고 요나단은 성읍으로 들어가니라 1:17

다윗이 사울을 피하여 도망하다

21

다윗이 놉에 가서 제사장 아히멜렉에게 이르니 아히멜렉이 떨며 다윗을 영접하여 그에게 이르되 어찌하여 네가 홀로 있고 함께 하는 자가 아무도 없느냐 하니 22:19

2 다윗이 제사장 아히멜렉에게 이르되 왕이 내게 일을 명령하고 이르시기를 내가 너를 보내는 것과 네게 명령한 일은 아무것도 사람에게 알리지 말라 하시기로 내가 나의 소년들을 이러이러한 곳으로 오라고 말하였나이다

3 이제 당신의 수중에 무엇이 있나이까 떡 다섯 덩이나 무엇이 있는 대로 내 손에 주소서 하니

4 제사장이 다윗에게 대답하여 이르되 보통 떡은 내 수중에 없으나 거룩한 떡은 있나니 그 소년들이 여자를 가까이만 하지 아니하였으면 주리라 하는지라

21장 에는 무엇이 기록되어 있을까?

다윗은 놉에서 제사장 아히멜렉의 도움으로 음식과 무기를 얻고 가드로 떠났어요. 하지만 가드 왕 아기스는 다윗이 골리앗을 쓰러뜨린 자임을 알게 되었지요. 이에 생명의 위협을 느낀 다윗은 미치광이처럼 행동하여 목숨을 구하게 된답니다. 이때의 마음을 노래로 나타낸 것이 시편 34편, 52편, 56편 등이에요.

1) 사랑의 자식이니라

5 다윗이 제사장에게 대답하여 이르되 우리가 참으로 삼 일 동안이나 여자를 가까이 하지 아니하였나이다 내가 떠난 길이 보통 여행이라도 소년들의 그릇이 성결하겠거든 하물며 오늘 그들의 그릇이 성결하지 아니하겠나이까 하매

6 제사장이 그 거룩한 떡을 주었으니 거기는 진설병 곧 여호와 앞에서 물려 낸 떡밖에 없었음이라 이 떡은 더운 떡을 드리는 날에 물려 낸 것이더라

7 ●그 날에 사울의 신하 한 사람이 여호와 앞에 머물러 있었는데 그는 도엑이라 이름하는 에돔 사람이요 사울의 목자장이었더라

8 다윗이 아히멜렉에게 이르되 여기 당신의 수중에 창이나 칼이 없나이까 왕의 일이 급하므로 내가 내 칼과 무기를 가지지 못하였나이다 하니

9 제사장이 이르되 네가 엘라 골짜기에서 죽인 블레셋 사람 골리앗의 칼이 보자기에 싸여 에봇 뒤에 있으니 네가 그것을 가지려거든 가지라 여기는 그것밖에 다른 것이 없느니라 하는지라 다윗이 이르되 그같은 것이 또 없나니 내게 주소서 하더라

10 ●그 날에 다윗이 사울을 두려워하여 일어나 도망하여 가드 왕 아기스에게로 가니

11 아기스의 신하들이 아기스에게 말하되 이는 그 땅의 왕 다윗이 아니니이까 무리가 춤추며 이 사람의 일을 노래하여 이르되

사울이 죽인 자는 천천이요 다윗은 만만이로다

하지 아니하였나이까 한지라

12 다윗이 이 말을 그의 마음에 두고 가드 왕 아기스를 심히 두려워하여

13 그들 앞에서 그의 행동을 변하여 미친 체하고 대문짝에 그적거리며 침을 수염에 흘리매

14 아기스가 그의 신하에게 이르되 너희도 보거니와 이 사람이 미치광이로다 어찌하여 그를 내게로 데려왔느냐

15 내게 미치광이가 부족하여서 너희가 이 자를 데려다가 내 앞에서 미친 짓을 하게 하느냐 이 자가 어찌 내 집에 들어오겠느냐 하니라

나울이 놈의 제사장들을 죽이다

—B.C. 1020년경

22 그러므로 다윗이 그 곳을 떠나 아둘람 굴로 도망하매 그의 형제와 아버지의 온 집이 듣고 그리로 내려가서 그에게 이르렀고

2 환난 당한 모든 자와 빚진 모든 자와 마음이 원통한 자가 다 그에게로 모였고 그는 그들의 우두머리가 되었는데 그와 함께 한 자가 사백 명 가량이었더라

3 ●다윗이 거기서 모압 미스베로 가서 모압 왕에게 이르되 하나님이 나를 위하여 어떻게 하실지를 내가 알기까지 나의 부모가 나와서 당신들과 함께 있게 하기를 청하나이다 하고

4 부모를 인도하여 모압 왕 앞에 나아갔더니 그들은 다윗이 요새에 있을 동안에 모압 왕과 함께 있었더라

5 선지자 갓이 다윗에게 이르되 너는 이 요새에 있지 말고 떠나 유다 땅으로 들어가라 다윗이 떠나 헤렛 수풀에 이르

27:1-3

솔솔 풀리는 성경말씀

사랑의 율법

아히멜렉은 이 장에서 처음 소개되는 사람으로, 삼상 14:3, 18에 나오는 아히야였거나 아니면 아히야의 계승자였을 거예요. 아히멜렉은 율법을 어기고 다윗에게 오직 제사장에게만 주어지는 신성한 떡을 주었지요(레 24:5-9). 아히멜렉은 다윗의 필요와 생명을 종교적인 의식보다 더 중요하게 생각했기 때문이에요. 이것은 지고한 사랑의 율법을 지지하는 것이지요(레 19:18).

후에 예수님은 이 사건을 말씀하시면서 하나님의 율법은 동정심을 갖고 적용이 되어야 함을 보여주셨어요. 선을 행하는 것과 생명을 살리는 것은 하나님의 더 큰 율법이랍니다(마 12:1-8;눅 6:1-5).

21장 6절

니라

6 ●사울이 다윗과 그와 함께 있는 사람들이 나타났다 함을 들으니라 그 때에 사울이 기브아 높은 곳에서 손에 단창을 들고 에셀 나무 아래에 앉았고 모든 신하들은 그의 곁에 섰더라

7 사울이 곁에 선 신하들에게 이르되 너희 베냐민 사람들아 들으라 이새의 아들이 너희에게 각기 밭과 포도원을 주며 너희를 천부장, 백부장을 삼겠느냐

8 너희가 다 공모하여 나를 대적하며 내 아들이 이새의 아들과 맹약하였으되 내게 고발하는 자가 하나도 없고 나를 위하여 슬퍼하거나 내 아들이 내 신하를 선동하여 오늘이라도 매복하였다가 나를 치려 하는 것을 내게 알리는 자가 하나도 없도다 하니 18:3

9 그 때에 에돔 사람 도엑이 사울의 신하 중에 섰더니 대답하여 이르되 이새의 아들이 놉에 와서 아히둡의 아들 아히멜렉에게 이른 것을 내가 보았는데

10 아히멜렉이 그를 위하여 여호와께 묻고 그에게 음식도 주고 블레셋 사람 골리앗의 칼도 주더이다 10:22

11 ●왕이 사람을 보내어 아히둡의 아들 제사장 아히멜렉과 그의 아버지의 온 집 곧 놉에 있는 제사장들을 부르매 그들이 다 왕께 이른지라

12 사울이 이르되 너 아히둡의 아들아 들으라 대답하되 내 주여 내가 여기 있나이다

13 사울이 그에게 이르되 네가 어찌하여 이새의 아들과 공모하여 나를 대적하

여 그에게 떡과 칼을 주고 그를 위하여 하나님께 물어서 그에게 오늘이라도 매복하였다가 나를 치게 하려 하였느냐 하니

14 아히멜렉이 왕에게 대답하여 이르되 왕의 모든 신하 중에 다윗 같이 충실한 자가 누구인지요 그는 왕의 사위도 되고 왕의 호위대장도 되고 왕실에서 존귀한 자가 아니니이까 19:4, 5

15 내가 그를 위하여 하나님께 물은 것이 오늘이 처음이니까 결단코 아니니이다 원하건대 왕은 종과 종의 아버지의 온 집에 아무것도 돌리지 마옵소서 왕의 종은 이 모든 크고 작은 일에 관하여 아는 것이 없나이다 하니라

16 왕이 이르되 아히멜렉아 네가 반드시 죽을 것이요 너와 네 아비의 온 집도 그러하리라 하고

17 왕이 좌우의 호위병에게 이르되 돌아가서 여호와의 제사장들을 죽이라 그들도 다윗과 협력하였고 또 그들이 다윗이 도망한 것을 알고도 내게 알리지 아니하였음이니라 하나 왕의 신하들이 손을 들어 여호와의 제사장들 죽이기를 싫어한지라 출 1:17

비전을 심어주는 3분 예화

헬렌 켈러의 소망의 3일

사물을 눈으로 보지 못하고 대신 손의 촉각으로 느껴야만 했던 '헬렌 켈러'는 '단 3일 동안만이라도 볼 수 있게 된다면 가장 보고 싶은 게 무엇일까?' 하고 상상해보았어요.

"첫째 날에는 나의 사랑하는 친구들과 귀여운 아들을 모두 불러서 그들의 얼굴을 뚫어져라 쳐다보고, 그들의 모습들을 마음속에 깊이 새겨둘 것이다. 둘째 날에는 새벽에 일어나서 밤이 낮으로 바뀌는 기적을 바라볼 것이다. 셋째 날에는 도심 거리의 한 귀석에 서서 사람들의 모습을 바라보며 그들의 일상생활에 대해서 생각할 것이다. 또한 빈민가나 공장, 아이들이 놀고 있는 공원으로 찾아가고, 저녁이면 극장에서 명랑하고 재미있는 연극을 보면서 희극의 의미를 감상할 것이다."

22장 에는 무엇이 기록되어 있을까?

다윗이 아둘람 굴에 있다는 소식을 듣고 그의 가족과 수많은 사람들이 찾아왔어요. 계속해서 다윗은 모압 미스베로 갔다가 선지자 갓의 조언에 따라 땅(헤렛 수풀)으로 들어갔지요. 한편 도엑은 사울에게 제사장 아히멜렉이 다윗을 도와주었다고 일러바쳐, 놉의 제사장들과 그 가족들은 모두 죽임을 당하게 되었답니다.

18 왕이 도엑에게 이르되 너는 돌아가서 제사장들을 죽이라 하매 에돔 사람 도엑이 돌아가서 제사장들을 쳐서 그 날에 세마포 에봇 입은 자 팔십오 명을 죽었고

19 제사장들의 성읍 놉의 남녀와 아이들과 젖 먹는 자들과 소와 나귀와 양을 칼로 쳤더라

20 ●아히둡의 아들 아히멜렉의 아들 중하나가 피하였으니 그의 이름은 아비아달이라 그가 도망하여 다윗에게로 가서

21 사울이 여호와의 제사장들 죽인 일을 다윗에게 알리매

22 다윗이 아비아달에게 이르되 그 날에 에돔 사람 도엑이 거기 있기로 그가 반드시 사울에게 말할 줄 내가 알았노라 네 아버지 집의 모든 사람 죽은 것이 나의 탓이니라　21:7

23 두려워하지 말고 내게 있으라 내 생명을 찾는 자가 네 생명도 찾는 자니 네가 나와 함께 있으면 안전하리라 하니라

다윗이 그일라를 구원하다 ─ B.C. 1015년경

23 사람들이 다윗에게 전하여 이르되 보소서 블레셋 사람이 그일라를 쳐서 그 타작 마당을 탈취하더이다 하니

2 이에 다윗이 여호와께 묻자와 이르되 내가 가서 이 블레셋 사람들을 치리이까 여호와께서 다윗에게 이르시되 가서 블레셋 사람들을 치고 그일라를 구원하라 하시니

3 다윗의 사람들이 그에게 이르되 보소서 우리가 유다에 있기도 두렵거든 하물며 그일라에 가서 블레셋 사람들의 군대를 치는 일이리이까 한지라

4 다윗이 여호와께 다시 묻자온대 여호와께서 대답하여 이르시되 일어나 그일라로 내려가라 내가 블레셋 사람들을 네 손에 넘기리라 하신지라

5 다윗과 그의 사람들이 그일라로 가서 블레셋 사람들과 싸워 그들을 크게 쳐서 죽이고 그들의 가축을 끌어 오니라 다윗이 이와 같이 그일라 주민을 구원하니라

6 ●아히멜렉의 아들 아비아달이 그일라 다윗에게로 도망할 때에 손에 에봇을 가지고 내려왔더라　22:20

7 다윗이 그일라에 온 것을 어떤 사람이 사울에게 알리매 사울이 이르되 하나님이 그를 내 손에 넘기셨도다 그가 문과 문 빗장이 있는 성읍에 들어갔으니 갇혔도다

8 사울이 모든 백성을 군사로 불러모으고 그일라로 내려가서 다윗과 그의 사람들을 에워싸려 하더니

9 다윗이 사울이 자기를 해하려 하는 음모를 알고 제사장 아비아달에게 이르되 에봇을 이리로 가져오라 하고　30:7

10 다윗이 이르되 이스라엘 하나님 여호와여 사울이 나 때문에 이 성읍을 멸하려고 그일라로 내려오기를 꾀한다 함을 주의 종이 분명히 들었나이다

11 그일라 사람들이 나를 그의 손에 넘기겠나이까 주의 종이 들은 대로 사울이 내려 오겠나이까 이스라엘의 하나님 여호와여 원하건대 주의 종에게 일러 주옵소서 하니 여호와께서 이르시되 그가 내려오리라 하신지라

12 다윗이 이르되 그일라 사람들이 나와 내 사람들을 사울의 손에 넘기겠나이까 하니 여호와께서 이르시되 그들이 너를 넘기리라 하신지라

13 다윗과 그의 사람 육백 명 가량이 일어나 그일라를 떠나서 갈 수 있는 곳으로 갔더니 다윗이 그일라에서 피한 것을 어떤 사람이 사울에게 말하매 사울이

23장 에는 무엇이 기록되어 있을까?

다윗은 사울에게 붙잡힐 위험을 무릅쓰고 그일라 사람들을 블레셋 군대로부터 구해주었어요. 하지만 놉 사람들처럼 죽을까 두려워한 그일라 사람들은 은혜를 저버리고 사울에게 다윗이 있는 곳을 알려주었지요. 사울은 다윗이 가는 곳이면 어디든 쫓아다녔지만, 하나님은 언제나 다윗을 보호해주셨답니다.

가기를 그치니라

14 다윗이 광야의 요새에도 있었고 또 십광야 산골에도 머물렀으므로 사울이 매일 찾되 하나님이 그를 그의 손에 넘기지 아니하시니라

다윗이 엔게디 요새로 피하다

15 ●다윗이 사울이 자기의 생명을 빼앗으려고 나온 것을 보았으므로 그가 십 광야 수풀에 있었더니

16 사울의 아들 요나단이 일어나 수풀에 들어가서 다윗에게 이르러 그에게 하나님을 힘 있게 의지하게 하였는데

17 곧 요나단이 그에게 이르기를 두려워하지 말라 내 아버지 사울의 손이 네게 미치지 못할 것이요 너는 이스라엘 왕이 되고 나는 네 다음이 될 것을 내 아버지 사울도 안다 하니라

18 두 사람이 여호와 앞에서 언약하고 다윗은 수풀에 머물고 요나단은 자기 집으로 돌아가니라

19 ●그 때에 십 사람들이 기브아에 이르러 사울에게 나아와 이르되 다윗이 우리와 함께 1)광야 남쪽 하길라 산 수풀 요새에 숨지 아니하였나이까

20 그러하온즉 왕은 내려오시기를 원하시는 대로 내려오소서 그를 왕의 손에 넘길 것이 우리의 의무니이다 하니 23:12

21 사울이 이르되 너희가 나를 긍휼히 여겼으니 여호와께 복 받기를 원하노라

22 어떤 사람이 내게 말하기를 그는 심히 지혜롭게 행동한다 하니 너희는 가서 더 자세히 살펴서 그가 어디든지 숨었으며 누가 거기서 그를 보았는지 알아보고

23 그가 숨어 있는 모든 곳을 정탐하고 실상을 내게 보고하라 내가 너희와 함께 가리니 그가 이 땅에 있으면 유다 2)몇 천명 중에서라도 그를 찾아내리라 하더라

24 ●그들이 일어나 사울보다 먼저 십으로 가니라 다윗과 그의 사람들은 3)광야 남쪽 마온 광야 아라바에 있더니

25 사울과 그의 사람들이 찾으러 온 것을 어떤 사람이 다윗에게 아뢰매 이에 다윗이 바위로 내려가 마온 황무지에 있더니 사울이 듣고 마온 황무지로 다윗을 따라가서

26 사울이 산 이쪽으로 가매 다윗과 그의 사람들은 산 저쪽으로 가며 다윗이 사울을 두려워하여 급히 피하려 하였으니 이는 사울과 그의 사람들이 다윗과 그의 사람들을 에워싸고 잡으려 함이었더라

27 전령이 사울에게 와서 이르되 급히 오소서 블레셋 사람들이 땅을 침노하나이다

28 이에 사울이 다윗 뒤쫓기를 그치고 돌아와 블레셋 사람들을 치러 갔으므로 그 곳을 4)셀라하마느곳이라 칭하니라

29 다윗이 거기서 올라가서 엔게디 요새에 머무니라 대상 20:2

다윗이 사울을 살려 주다

24

사울이 블레셋 사람을 쫓다가 돌아오매 어떤 사람이 그에게 말하여 이르되 보소서 다윗이 엔게디 광야에 있더이다 하니

2 사울이 온 이스라엘에서 택한 사람 삼천 명을 거느리고 다윗과 그의 사람들

24장에는 무엇이 기록되어 있을까?

사울이 다윗을 쫓아 엔게디 요새에 이르렀을 때, 다윗이 사울을 죽일 수 있는 기회가 왔습니다. 하지만 다윗은 사울을 갑옷자락만 베었어요. 자신이 죽이지 않더라도 하나님의 뜻에 의해 사울이 심판받을 것을 확신했기 때문이지요. 사울은 양심의 가책을 받아 울면서 다윗이 왕이 될 것임을 인정했답니다.

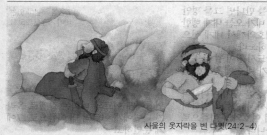

사울의 옷자락을 벤 다윗(24:2-4)

을 찾으러 들염소 바위로 갈새 26:2

3 길 가 양의 우리에 이른즉 굴이 있는지라 사울이 ¹⁾뒤를 보러 들어가니라 다윗과 그의 사람들이 그 굴 깊은 곳에 있더니

4 다윗의 사람들이 이르되 보소서 여호와께서 당신에게 이르시기를 내가 원수를 네 손에 넘기리니 네 생각에 좋은 대로 그에게 행하라 하시더니 이것이 그 날이니이다 하니 다윗이 일어나서 사울의 겉옷 자락을 가만히 베니라

5 그리 한 후에 사울의 옷자락 벰으로 말미암아 다윗의 마음이 찔려

6 자기 사람들에게 이르되 내가 손을 들어 여호와의 기름 부음을 받은 내 주를 치는 것은 여호와께서 금하시는 것이니 그는 여호와의 기름 부음을 받은 자가 됨이니라 하고 26:11

7 다윗이 이 말로 자기 사람들을 금하여 *사울을 해하지 못하게 하니라* 사울이 일어나 굴에서 나가 자기 길을 가니라

8 ●그 후에 다윗도 일어나 굴에서 나가 사울의 뒤에서 외쳐 이르되 내 주 왕이여 하매 사울이 돌아보는지라 다윗이 땅에 엎드려 절하고

9 다윗이 사울에게 이르되 보소서 다윗이 왕을 해하려 한다고 하는 사람들의 말을 왕은 어찌하여 들으시나이까

10 오늘 여호와께서 굴에서 왕을 내 손에 넘기신 것을 왕이 아셨을 것이니이다

어떤 사람이 나를 권하여 왕을 죽이라 하였으나 내가 왕을 아껴 말하기를 나는 내 손을 들어 내 주를 해하지 아니하리니 그는 여호와의 기름 부음을 받은 자이기 때문이라 하였나이다

11 내 아버지여 보소서 내 손에 있는 왕의 옷자락을 보소서 내가 왕을 죽이지 아니하고 겉옷 자락만 베었은즉 내 손에 악이나 죄과가 없는 줄을 오늘 아실지니이다 왕은 내 생명을 찾아 해하려 하시나 나는 왕에게 범죄한 일이 없나이다

12 여호와께서는 나와 왕 사이를 판단하사 여호와께서 나를 위하여 왕에게 보복하시려니와 내 손으로는 왕을 해하지 않겠나이다

13 옛 속담에 말하기를 악은 악인에게서 난다 하였으니 내 손이 왕을 해하지 아니하리이다

14 이스라엘 왕이 누구를 따라 나왔으며 누구의 뒤를 쫓나이까 죽은 개나 벼룩을 쫓음이니이다

15 그런즉 여호와께서 재판장이 되어 나와 왕 사이에 심판하사 나의 사정을 살펴 억울함을 풀어 주시고 나를 왕의 손에서 건지시기를 원하나이다 하니라 35:1

16 ●다윗이 사울에게 이같이 말하기를 마치매 사울이 이르되 내 아들 다윗아 이것이 네 목소리냐 하고 소리를 높여 울며

17 다윗에게 이르되 나는 너를 학대하되 너는 나를 선대하니 너는 나보다 의롭도다 마 5:44

18 네가 나 선대한 것을 오늘 나타냈나니 여호와께서 나를 네 손에 넘기셨으나 네가 나를 죽이지 아니하였도다

<hr>

1) 히, 발을 가리러

사무엘의 무덤이 있는
네비 사무엘(25:1)

19 사람이 그의 원수를 만나면 그를 평안히 가게 하겠느냐 네가 오늘 내게 행한 일로 말미암아 여호와께서 네게 선으로 갚으시기를 원하노라

20 보라 나는 네가 반드시 왕이 될 것을 알고 이스라엘 나라가 네 손에 견고히 설 것을 아노니

21 그런즉 너는 내 후손을 끊지 아니하며 내 아버지의 집에서 내 이름을 멸하지 아니할 것을 이제 여호와의 이름으로 내게 맹세하라 하니라

22 다윗이 사울에게 맹세하매 사울은 집으로 돌아가고 다윗과 그의 사람들은 요새로 올라가니라

사무엘이 죽다

25 사무엘이 죽으매 온 이스라엘 무리가 모여 그를 두고 슬피 울며 라마 그의 집에서 그를 장사한지라 다윗이 일어나 바란 광야로 내려가니라

다윗과 아비가일

2 ●마온에 한 사람이 있는데 그의 생업이 갈멜에 있고 심히 부하여 양이 삼천 마리요 염소가 천 마리이므로 그가 갈멜에서 그의 양 털을 깎고 있었으니 23:24

3 그 사람의 이름은 나발이요 그의 아내의 이름은 아비가일이라 그 여자는 총명하고 용모가 아름다우나 남자는 완고하고 행실이 악하며 그는 갈렙 족속이었더라

4 다윗이 나발이 자기 양 털을 깎는다 함을 광야에서 들은지라

5 다윗이 이에 소년 열 명을 보내며 그 소

년들에게 이르되 너희는 갈멜로 올라가 나발에게 이르러 내 이름으로 그에게 문안하고

6 그 부하게 사는 자에게 이르기를 너는 평강하라 네 집도 평강하라 네 소유의 모든 것도 평강하라

7 네게 양 털 깎는 자들이 있다 함을 이제 내가 들었노라 네 목자들이 우리와 함께 있었으나 우리가 그들을 해하지 아니하였고 그들이 갈멜에 있는 동안에 그들의 것을 하나도 잃지 아니하였나니

8 네 소년들에게 물으면 그들이 네게 말하리라 그런즉 내 소년들이 네게 은혜를 얻게 하라 우리가 좋은 날에 왔은즉 네 손에 있는 대로 네 종들과 네 아들 다윗에게 주기를 원하노라 하더라 하라

9 ●다윗의 소년들이 가서 다윗의 이름으로 이 모든 말을 나발에게 말하기를 마치매

10 나발이 다윗의 사환들에게 대답하여 이르되 다윗은 누구며 이새의 아들은 누구냐 요즈음에 각기 주인에게서 억지로 떠나는 종이 많도다

11 내가 어찌 내 떡과 물과 내 양 털 깎는 자를 위하여 잡은 고기를 가져다가 어디서 왔는지도 알지 못하는 자들에게 주겠느냐 한지라

12 이에 다윗의 소년들이 돌아서 자기 길로 행하여 돌아와 이 모든 말을 그에게 전하매

13 다윗이 자기 사람들에게 이르되 너희는 각기 칼을 차라 하니 각기 칼을 차매 다윗도 자기 칼을 차고 사백 명 가량은 데리고 올라가고 이백 명은 소유

25 에는 무엇이 기록되어 있을까?

마지막 사사였던 사무엘이 죽자, 이스라엘 온 백성이 슬퍼했어요(1절). 한편 다윗은 갈멜 족속인 나발의 불량한 태도로 인해 잔인한 복수를 하려고 하였지요. 하지만 하나님은 나발의 지혜로운 아내 아비가일을 통해 다윗이 복수하려는 것을 막으셨어요. 나발이 죽고 나자, 다윗은 아비가일을 아내로 맞이한답니다.

물 곁에 있게 하니라

23:13

14 ●하인들 가운데 하나가 나발의 아내 아비가일에게 말하여 이르되 다윗이 우리 주인에게 문안하러 광야에서 전령들을 보냈거늘 주인이 그들을 모욕하였나이다

15 우리가 들에 있어 그들과 상종할 동안에 그 사람들이 우리를 매우 선대하였으므로 우리가 다치거나 잃은 것이 없었으니

16 우리가 양을 지키는 동안에 그들이 우리와 함께 있어 밤낮 우리에게 담이 되었음이라

17 그런즉 이제 당신은 어떻게 할지를 알아 생각하실지니 이는 다윗이 우리 주인과 주인의 온 집을 해하기로 결정하였음이니이다 주인은 불량한 사람이라 더불어 말할 수 없나이다 하는지라

18 ●아비가일이 급히 떡 이백 덩이와 포도주 두 가죽 부대와 잡아서 요리한 양 다섯 마리와 볶은 곡식 다섯 [1]스아와 건포도 백 송이와 무화과 뭉치 이백 개를 가져다가 나귀들에게 싣고

19 소년들에게 이르되 나를 앞서 가라 나는 너희 뒤에 가리라 하고 그의 남편 나발에게는 말하지 아니하니라

20 아비가일이 나귀를 타고 산 호젓한 곳을 따라 내려가더니 다윗과 그의 사람들이 자기에게로 마주 내려오는 것을 만나니라

21 다윗이 이미 말하기를 내가 이 자의 소유물을 광야에서 지켜 그 모든 것을 하나도 손실이 없게 한 것이 진실로 헛되어 그가 악으로 나의 선을 갚는도다

22 내가 그에게 속한 모든 남자 가운데 한 사람이라도 아침까지 남겨 두면 하나님은 [2]다윗에게 벌을 내리시고 또 내리시기를 원하노라 하였더라

23 ●아비가일이 다윗을 보고 급히 나귀

에서 내려 다윗 앞에 엎드려 그의 얼굴을 땅에 대니라

24 그가 다윗의 발에 엎드려 이르되 내 주여 원하건대 이 죄악을 나 곧 내게로 돌리시고 여종에게 주의 귀에 말하게 하시고 이 여종의 말을 들으소서

25 원하옵나니 내 주는 이 불량한 사람 나발을 개의치 마옵소서 그의 이름이 그에게 적당하니 그의 이름이 나발이라 그는 미련한 자니이다 여종은 내 주께서 보내신 소년들을 보지 못하였나이다

26 내 주여 여호와께서 살아 계심을 두고 맹세하노니 내 주도 살아 계시거니와 내 주의 손으로 피를 흘려 친히 보복하시는 일을 여호와께서 막으셨으니 내 주의 원수들과 내 주를 해하려 하는 자들은 나발과 같이 되기를 원하나이다

27 여종이 내 주께 가져온 이 예물을 내 주를 따르는 이 소년들에게 주게 하시고

28 주의 여종의 허물을 용서하여 주옵소서 여호와께서 반드시 내 주를 위하여 든든한 집을 세우시리니 이는 내 주께서 여호와의 싸움을 싸우심이요 내 주의 일생에 내 주에게서 악한 일을 찾을 수 없음이니이다

상하 7:11, 27

29 사람이 일어나서 내 주를 쫓아 내 주의

솔솔 풀리는 **성경 말씀**

총명한 여인 아비가일

아비가일은 나발이 감당할 수 없는 최고의 여자였어요. 아비가일은 그의 부로 얻을 수 있는 것보다 더 아름다웠지만, 나발은 그것을 당연한 것으로 생각했지요. 나발의 이름의 뜻은 '어리석은 자'이고, 아비가일은 '나의 아버지가 기뻐하신다'입니다. 이것은 고집 세고 행동이 악한 남자와 총명하고 아름다운 여자를 대조적으로 표현하여, 극과 극의 대립된 운명을 암시하지요.

아비가일은 냉철한 행동과 노련한 협상으로 나발에 대한 다윗의 복수를 막을 수 있었어요. 그리고 나발이 죽고 나자, 그녀의 지혜에 감동한 다윗과 결혼했답니다. 당신은 아비가일처럼 지금의 상황을 뛰어넘어 큰 그림을 보는 사람인가요?

25장 3절

1) 히, 3분의 1에바 2) 히, 다윗의 원수에게

생명을 찾을지라도 내 주의 생명은 내 주의 하나님 여호와와 함께 생명 싸개 속에 싸였을 것이요 내 주의 원수들의 생명은 물매로 던지듯 여호와께서 그것을 던지시리이다

30 여호와께서 내 주에 대하여 하신 말씀 대로 모든 선을 내 주에게 행하사 내 주를 이스라엘의 지도자로 세우실 때에

31 내 주께서 무죄한 피를 흘리셨다든지 내 주께서 친히 보복하셨다든지 함으로 말미암아 슬퍼하실 것도 없고 내 주의 마음에 걸리는 것도 없으시리니 다만 여호와께서 내 주를 후대하실 때에 원하건대 내 주의 여종을 생각하소서 하니라

32 ●다윗이 아비가일에게 이르되 오늘 너를 보내어 나를 영접하게 하신 이스라엘의 하나님 여호와를 찬송할지로다

33 또 네 지혜를 칭찬할지며 또 네게 복이 있을지로다 오늘 내가 피를 흘릴 것과 친히 복수하는 것을 네가 막았느니라

34 나를 막아 너를 해하지 않게 하신 이스라엘의 하나님 여호와의 살아 계심을 두고 맹세하노니 네가 급히 와서 나를 영접하지 아니하였더면 밝는 아침에

는 과연 나발에게 한 남자도 남겨 두지 아니하였으리라 하니라

35 다윗이 그가 가져온 것을 그의 손에서 받고 그에게 이르되 네 집으로 평안히 올라가라 내가 네 말을 듣고 네 청을 허락하노라

36 ●아비가일이 나발에게로 돌아오니 그가 왕의 잔치와 같은 잔치를 그의 집에 배설하고 크게 취하여 마음에 기뻐하므로 아비가일이 밝는 아침까지는 아무 말도 하지 아니하다가

37 아침에 나발이 포도주에서 깬 후에 그의 아내가 그에게 이 일을 말하매 그가 [1]낙담하여 몸이 돌과 같이 되었더니

38 한 열흘 후에 여호와께서 나발을 치시매 그가 죽으니라

39 ●나발이 죽었다 함을 다윗이 듣고 이르되 나발에게 당한 나의 모욕을 갚아 주사 종으로 악한 일을 하지 않게 하신 여호와를 찬송할지로다 여호와께서 나발의 악행을 그의 머리에 돌리셨도다 하니라 다윗이 아비가일을 자기 아내로 삼으려고 사람을 보내어 그에게 말하게 하매

40 다윗의 전령들이 갈멜에 가서 아비가일에게 이르러 그에게 말하여 이르되 다윗이 당신을 아내로 삼고자 하여 우리를 당신께 보내더이다 하니

41 아비가일이 일어나 몸을 굽혀 얼굴을 땅에 대고 이르되 내 주의 여종은 내 주의 전령들의 발 씻길 종이니이다 하고

42 아비가일이 급히 일어나서 나귀를 타고 시녀 다섯을 뒤따르게 하고 다윗의 전령들을 따라가서 다윗의 아내가 되니라

43 ●다윗이 또 이스르엘 아히노암을 아내로 맞았더니 그들 두 사람이 그의 아내가 되니라

44 사울이 그의 딸 다윗의 아내 미갈을 갈림에 사는 라이스의 아들 [2]발디에게 주었더라

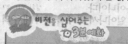

조지 뮬러의 은혜의 통로

고아의 아버지 '조지 뮬러'가 이런 말을 하였습니다.

"나는 평생에 성경을 100번 정도 읽었습니다. 그러나 한번도 실증이 난 일은 없었습니다. 읽을 때마다 새로웠고, 읽을 때마다 힘과 희망을 얻었지요. 이 *것은 나의 54년간의 경험*으로 말하는 것입니다. 나는 예수님을 믿고 나서도 처음 3년간은 성경을 읽지 않았습니다. 그때 나는 신자로서의 기쁨도, 사명도 느끼지 못한 죽은 신자였지요. 나는 그 3년간을 '잃어버린 시간' 이라고 생각합니다. 영적 생활의 활력은 날마다 성경을 얼마나 읽느냐에 정비례합니다. 성경을 날마다 읽는다면 그 이상의 은혜는 없을 것입니다."

삼 24:61-67

1) 히, 마음이 죽어 2) 발디엘(삼하 3:15)

다윗이 또 사울을 살려 주다 —B.C. 1015년경

26 십 사람이 기브아에 와서 사울에게 말하여 이르되 다윗이 광야 앞 하길라 산에 숨지 아니하였나이까 하매

2 사울이 일어나 십 광야에서 다윗을 찾으려고 이스라엘에서 택한 사람 삼천 명과 함께 십 광야로 내려가서

3 사울이 광야 앞 하길라 산 길 가에 진 치니라 다윗이 광야에 있더니 사울이 자기를 따라 광야로 들어옴을 알고

4 이에 다윗이 정탐꾼을 보내어 사울이 과연 이른 줄 알고

5 다윗이 일어나 사울이 진 친 곳에 이르러 사울과 넬의 아들 군사령관 아브넬이 머무는 곳을 본즉 사울이 진영 가운데에 누웠고 백성은 그를 둘러 진 쳤더라

6 ●이에 다윗이 헷 사람 아히멜렉과 스루야의 아들 요압의 아우 아비새에게 물어 이르되 누가 나와 더불어 진영에 내려가서 사울에게 이르겠느냐 하니 아비새가 이르되 내가 함께 가겠나이다

7 다윗과 아비새가 밤에 그 백성에게 나아가 본즉 사울이 진영 가운데 누워 자고 창은 머리 곁 땅에 꽂혀 있고 아브넬과 백성들은 그를 둘러 누웠는지라

8 아비새가 다윗에게 이르되 하나님이 오늘 당신의 원수를 당신의 손에 넘기셨나이다 그러므로 청하오니 내가 창으로 그를 찔러서 단번에 땅에 꽂히게 하소서 내가 그를 두 번 찌를 것이 없으리이다 하니

골짜기와 골짜기가 연이은 광야의 황무지(26:3)

9 다윗이 아비새에게 이르되 죽이지 말라 누구든지 손을 들어 여호와의 기름 부음 받은 자를 치면 죄가 없겠느냐 하고

10 다윗이 또 이르되 여호와께서 살아 계심을 두고 맹세하노니 여호와께서 그를 치시리니 혹은 죽을 날이 이르거나 또는 전장에 나가서 망하리라

11 내가 손을 들어 여호와의 기름 부음 받은 자를 치는 것을 여호와께서 금하시나니 너는 그의 머리 곁에 있는 창과 물병만 가지고 가자 하고

12 다윗이 사울의 머리 곁에서 창과 물병을 가지고 떠나가되 아무도 보거나 눈치 채지 못하고 깨어 있는 사람도 없었으니 이는 여호와께서 그들을 깊이 잠들게 하셨으므로 그들이 다 잠들어 있었기 때문이었더라

13 ●이에 다윗이 건너편으로 가서 멀리 산 꼭대기에 서니 거리가 멀더라

14 다윗이 백성과 넬의 아들 아브넬을 대하여 외쳐 이르되 아브넬아 너는 대답하지 아니하느냐 하니 아브넬이 대답하여 이르되 왕을 부르는 너는 누구냐 하더라

15 다윗이 아브넬에게 이르되 네가 용사가 아니냐 이스라엘 가운데에 너 같은 자가 누구냐 그러한데 네가 어찌하여 네 주 왕을 보호하지 아니하느냐 백성 가운데 한 사람이 네 주 왕을 죽이려고 들어갔었느니라

16 네가 행한 이 일이 옳지 못하도다 여호와께서 살아 계심을 두고 맹세하노니 여호와의 기름 부음 받은 너희 주를 보

26장에는 무엇이 기록되어 있을까?

사울의 추격이 또다시 시작되고, 다윗은 사울을 처치할 수 있는 기회를 다시 한번 더 얻게 되었어요. 하지만 이번에도 다윗은 사울을 용서하고 그의 창과 물병만 몰래 가져왔답니다. 이는 하나님께 전적으로 심판을 맡기는 깊은 신앙에서 우러나온 행동이자, 선으로서 악을 갚는 성숙한 모습이었지요.

호하지 아니하였으니 너희는 마땅히 죽을 자이니라 이제 왕의 창과 왕의 머리 곁에 있던 물병이 어디 있나 보라 하니

17 ●사울이 다윗의 음성을 알아 듣고 이르되 내 아들 다윗이 이것이 네 음성이냐 하는지라 다윗이 이르되 내 주 왕이여 내 음성이니이다 하고

18 또 이르되 내 주는 어찌하여 주의 종을 쫓으시나이까 내가 무엇을 하였으며 내 손에 무슨 악이 있나이까

19 원하건대 내 주 왕은 이제 종의 말을 들으소서 만일 왕을 충동시켜 나를 해하려 하는 이가 여호와시면 여호와께서는 제물을 받으시기를 원하나이다마는 만일 사람들이면 그들이 여호와 앞에 저주를 받으리니 이는 그들이 이르기를 너는 가서 다른 신들을 섬기라 하고 오늘 나를 쫓아내어 여호와의 기업에 참여하지 못하게 함이니이다 삼하 16:11

20 그런즉 청하건대 여호와 앞에서 먼 이 곳에서 이제 나의 피가 땅에 흐르지 말게 하옵소서 이는 산에서 메추라기를 사냥하는 자와 같이 이스라엘 왕이 한 벼룩을 수색하러 나오셨음이니이다

21 ●사울이 이르되 내가 범죄하였도다 내 아들 다윗아 돌아오라 네가 오늘 내 생명을 귀하게 여겼은즉 내가 다시는 너를 해하려 하지 아니하리라 내가 어리석은 일을 하였으니 대단히 잘못되었도다 하는지라

22 다윗이 대답하여 이르되 왕은 창을 보소서 한 소년을 보내어 가져가게 하소서

23 여호와께서 사람에게 그의 공의와 신실을 따라 갚으시리니 이는 여호와께서 오늘 왕을 내 손에 넘기셨으되 나는 손을 들어 여호와의 기름 부음을 받은 자 치기를 원하지 아니하였음이니이다

24 오늘 왕의 생명을 내가 중히 여긴 것같이 내 생명을 여호와께서 중히 여기셔서 모든 환난에서 나를 구하여 내시기를 바라나이다 하니라

25 사울이 다윗에게 이르되 내 아들 다윗아 네게 복이 있을지로다 네가 큰 일을 행하겠고 반드시 승리를 얻으리라 하니라 다윗은 자기 길로 가고 사울은 자기 곳으로 돌아가니라

다윗이 블레셋 땅으로 피하다——B.C. 1015년경

27 다윗이 그 마음에 생각하기를 내가 후일에는 사울의 손에 붙잡히리니 블레셋 사람들의 땅으로 피하여 들어가는 것이 좋으리로다 사울이 이스라엘 온 영토 내에서 다시 나를 찾다가 단념하리니 내가 그의 손에서 벗어나리라 하고 28:1

2 다윗이 일어나 함께 있는 사람 육백 명과 더불어 가드 왕 마옥의 아들 아기스에게로 건너가니라

27 장 **에는 무엇이 기록되어 있을까?**

아무리 신앙이 좋은 사람도 때로는 눈앞의 두려움에 사로잡혀 실수를 합니다. 유다 광야에서 도망 다니는 생활이 계속되자 다윗의 몸과 마음이 지쳐갔어요. 그래서 블레셋으로 가서 살기로 결심했지요. 하지만 이 결정은 하나님이 다윗을 구해주실 것을 끝까지 신뢰하지 못한 행동이었어요.

술술 풀리는 성경말씀

다윗의 실수

하나님의 능력 있는 간섭으로 사울이 죽을 때가 가까워지자, 다윗은 자기 나름대로 최선의 방법을 찾았어요. 그것은 블레셋 사람의 땅으로 피신하는 것이었지요. 그러나 다윗이 아기스 왕에게 찾아간 것은 하나님의 뜻을 거스르는 행위였어요. 선지자 갓은 일찍이 다윗에게 유다 땅으로 가라고 명령하였고, 10여 년간의 방랑 생활로 지친 다윗은 조국인 이스라엘을 버리고 끝끝내 유다 땅을 떠나 블레셋으로 가게 되지요.

다윗은 결국 동족을 죽여야만 하는 상황을 초래했지만 가까스로 모면했습니다. 그러나, 다윗이 거주했던 시글락은 아말렉에 의해 약탈을 당하게 되었지요. 우리는 영적 싸움에서 잠시의 육체적인 편안함을 구하는 것이 더 큰 싸움에서 패배와 고난을 가져올 수 있다는 점을 명심해야 하겠어요.

27-30장

3 다윗과 그의 사람들이 저마다 가족을 거느리고 가드에서 아기스와 동거하였는데 다윗이 그의 두 아내 이스르엘 여자 아히노암과 나발의 아내였던 갈멜 여자 아비가일과 함께 하였더니

4 다윗이 가드에 도망한 것을 어떤 사람이 사울에게 전하매 사울이 다시는 그를 수색하지 아니하니라

5 다윗이 아기스에게 이르되 바라건대 내가 당신께 은혜를 입었다면 1)지방 성읍 가운데 한 곳을 내게 주어 내가 살게 하소서 당신의 종이 어찌 당신과 함께 왕도에 살리이까 하니

6 아기스가 그 날에 시글락을 그에게 주었으므로 시글락이 오늘까지 유다 왕에게 속하니라

7 다윗이 블레셋 사람들의 1)지방에 산 날 수는 일 년 사 개월이었더라

8 ●다윗과 그의 사람들이 올라가서 그술 사람과 기르스 사람과 아말렉 사람을 침노하였으니 그들은 옛적부터 술과 애굽 땅으로 지나가는 지방의 주민이라

9 다윗이 그 땅을 쳐서 남녀를 살려두지 아니하고 양과 소와 나귀와 낙타와 의복을 빼앗아 가지고 돌아와 아기스에게 이르매

10 아기스가 이르되 너희가 오늘은 누구를 침노하였느냐 하니 다윗이 이르되 유다 네겝과 여라무엘 사람의 네겝과 겐 사람의 네겝이니이다 하였더라

11 다윗이 그 남녀를 살려서 가드로 데려가지 아니한 것은 그의 생각에 그들이 우리에게 대하여 이르기를 다윗이 행한 일이 이러하니라 하여 블레셋 사람들의 지방에 거주하는 동안에 이같이 행하는 습관이 있었다 할까 두려워함이었더라

12 아기스가 다윗을 믿고 말하기를 다윗이 자기 백성 이스라엘에게 심히 미움을 받게 되었으니 그는 영원히 내 부하가 되리라고 생각하니라

28

그 때에 블레셋 사람들이 이스라엘과 싸우려고 군대를 모집한지라 아기스가 다윗에게 이르되 너는 밝히 알라 너와 네 사람들이 나와 함께 나가서 군대에 참가할 것이니라

2 다윗이 아기스에게 이르되 그러면 당신의 종이 행할 바를 아시리이다 하니 아기스가 다윗에게 이르되 그러면 내가 너를 영원히 내 머리 지키는 자를 삼으리라 하니라

사울이 신접한 여인을 찾다

3 ●사무엘이 죽었으므로 온 이스라엘이 그를 두고 슬피 울며 그의 고향 라마에 장사하였고 사울은 신접한 자와 박수를 그 땅에서 쫓아내었더라

4 블레셋 사람들이 모여 수넴에 이르러 진 치매 사울이 온 이스라엘을 모아 길보아에 진 쳤더니

5 사울이 블레셋 사람들의 군대를 보고 두려워서 그의 마음이 크게 떨린지라

6 사울이 여호와께 묻자오되 여호와께서 꿈으로도, 우림으로도, 선지자로도 그에게 대답하지 아니하시므로 ^{삼 1:28}

7 사울이 그의 신하들에게 이르되 나를 위하여 신접한 여인을 찾으라 내가 그리로 가서 그에게 물으리라 하니 그의 신하들이 그에게 이르되 보소서 엔돌에 신접한 여인이 있나이다

8 ●사울이 다른 옷을 입어 변장하고 두 사람과 함께 갈새 그들이 밤에 그 여인에게 이르러서는 사울이 이르되 청하노니 나를 위하여 신접한 술법으로 내게 말하는 사람을 불러 올리라 하니

28 에는 무엇이 기록되어 있을까?

블레셋 군대와 마주한 사울은 두려운 나머지 신접한 여인을 찾아갔어요. 전에는 신접한 자와 박수를 쫓아낸 사울이었지만(3절), 위기가 닥치자 오히려 그러한 것에 의지하려고 했지요. 신접한 여인을 통해 사무엘을 불러낸 사울은 그로부터 하나님이 자신과 이스라엘 군대를 블레셋에 넘길 것이라는 말을 듣게 됩니다.

1)들

9 여인이 그에게 이르되 네가 사울이 행한 일 곧 그가 신접한 자와 박수를 이 땅에서 멸절시켰음을 아나니 네가 어찌하여 내 생명에 올무를 놓아 나를 죽게 하려느냐 하는지라

10 사울이 여호와의 이름으로 그에게 맹세하여 이르되 여호와께서 살아 계심을 두고 맹세하노니 네가 이 일로는 벌을 당하지 아니하리라 하니

11 여인이 이르되 내가 누구를 네게로 불러 올리랴 하니 사울이 이르되 사무엘을 불러 올리라 하는지라

12 여인이 사무엘을 보고 큰 소리로 외치며 사울에게 말하여 이르되 당신이 어찌하여 나를 속이셨나이까 당신이 사울이시니이다

13 왕이 그에게 이르되 두려워하지 말라 네가 무엇을 보았느냐 하니 여인이 사울에게 이르되 내가 영이 땅에서 올라오는 것을 보았나이다 하는지라

14 사울이 그에게 이르되 그의 모양이 어떠하냐 하니 그가 이르되 한 노인이 올라오는데 그가 겉옷을 입었나이다 하더라 사울이 그가 사무엘인 줄 알고 그의 얼굴을 땅에 대고 절하니라

15 ●사무엘이 사울에게 이르되 네가 어찌하여 나를 불러 올려서 나를 성가시게 하느냐 하니 사울이 대답하되 나는 심히 다급하니이다 블레셋 사람들은 나를 향하여 군대를 일으켰고 하나님은 나를 떠나서 다시는 선지자로도, 꿈으로도 내게 대답하지 아니하시기로 내가 행할 일을 알아보려고 당신을 불러 올렸나이다 하더라

16 사무엘이 이르되 여호와께서 너를 떠나 네 대적이 되셨거늘 네가 어찌하여 내게 묻느냐

17 여호와께서 나를 통하여 말씀하신 대로 내게 행하사 나라를 네 손에서 떼어 네 이웃 다윗에게 주셨느니라

18 네가 여호와의 목소리를 순종하지 아니하고 그의 진노를 아말렉에게 쏟지 아니하였으므로 여호와께서 오늘 이 일을 네게 행하셨고

19 여호와께서 이스라엘을 너와 함께 블레셋 사람들의 손에 넘기시리니 내일 너와 네 아들들이 나와 함께 있으리라 여호와께서 또 이스라엘 군대를 블레셋 사람들의 손에 넘기시리라 하는지라

20 ●사울이 갑자기 땅에 완전히 엎드러지니 이는 사무엘의 말로 말미암아 심히 두려워함이요 또 그의 기력이 다하였으니 이는 그가 하루 밤낮을 음식을 먹지 못하였음이니라 25:37, 38

21 그 여인이 사울에게 이르러 그가 심히 고통 당함을 보고 그에게 이르되 여종이 왕의 말씀을 듣고 내 생명을 아끼지 아니하여 왕이 내게 이르신 말씀을 순종하였사오니

22 그런즉 청하건대 이제 당신도 여종의 말을 들으사 내가 왕 앞에 한 조각 떡을 드리게 하시고 왕은 잡수시고 길 가실 때에 기력을 얻으소서 하니

23 사울이 거절하여 이르되 내가 먹지 아니하겠노라 하니라 그의 신하들과 여인이 강권하매 그들의 말을 듣고 땅에서 일어나 침상에 앉으니라

24 여인의 집에 살진 송아지가 있으므로

멸절(28:9) 멸망하여 끊어져 없어짐.
올무(29:9) 새나 짐승을 잡는 데 쓰는 올가미.
진노(28:18) 존엄하게 여기는 대상이 몹시 노함.
기력(28:22) 일을 감당해 나갈 수 있는 힘.
강권(28:23) 강력하게 권함.
망명(29:3) 정치적인 이유 등으로 남의 나라에 몸을 피하는 것.
목전(29:9) 눈앞.
침노(30:1) 남의 나라를 침략하여 땅과 재물을 빼앗음.

29장에는 무엇이 기록되어 있을까?

블레셋에 피신했던 다윗은 아기스 왕을 도와 이스라엘과 싸워야 할 처지에 놓였어요. 하지만 다윗을 좋아하지 않았던 블레셋 방백들은 다윗이 함께 전쟁에 나가는 것을 반대했지요. 이로써 다윗은 하나님을 대적하는 블레셋 군대에 협력하는 실수를 범하지 않게 되었습니다.

블레셋에게 패하기 전 사울이 진을
쳤던 곳으로 보이는 하롯 샘 (29:1)

그것을 급히 잡고 가루를 가져다가 뭉쳐 무교병을 만들고 구워서

25 사울 앞에와 그의 신하들 앞에 내놓으니 그들이 먹고 일어나서 그 밤에 가니라

블레셋 사람들이 다윗을 좋아하지 아니하다

29 블레셋 사람들은 그들의 모든 군대를 아벡에 모았고 이스라엘 사람들은 이스르엘에 있는 샘 곁에 진 쳤더라

2 블레셋 사람들의 수령들은 수백 명씩 수천 명씩 인솔하여 나아가고 다윗과 그의 사람들은 아기스와 함께 그 뒤에서 나아가더니

3 블레셋 사람들의 방백들이 이르되 이 히브리 사람들이 무엇을 하려느냐 하니 아기스가 블레셋 사람들의 방백들에게 이르되 이는 이스라엘 왕 사울의 신하 다윗이 아니냐 그가 나와 함께 있은 지 여러 날 여러 해로되 그가 망명하여 온 날부터 오늘까지 내가 그의 허물을 보지 못하였노라

단 6:5

4 블레셋 사람의 방백들이 그에게 노한지라 블레셋 방백들이 그에게 이르되 이 사람을 돌려보내어 왕이 정하신 그 처소로 가게 하소서 그는 우리와 함께 싸움에 내려가지 못하리니 그가 전장에서 우리의 대적이 될까 하나이다 그가 무엇으로 그의 주와 다시 화목하리이까 이 사람들의 머리로 하지 아니하겠나이까

5 그들이 춤추며 노래하여 이르되
　사울이 죽인 자는 천천이요 다윗은
　만만이로다

하던 그 다윗이 아니니이까 하니

6 ●아기스가 다윗을 불러 그에게 이르되 여호와께서 살아 계심을 두고 맹세하노니 네가 정직하여 내게 온 날부터 오늘까지 네게 악이 있음을 보지 못하였으니 나와 함께 진중에 출입하는 것이 내 생각에는 좋으나 수령들이 너를 좋아하지 아니하니

7 그러므로 이제 너는 평안히 돌아가서 블레셋 사람들의 수령들에게 거슬러 보이게 하지 말라 하니라

8 다윗이 아기스에게 이르되 내가 무엇을 하였나이까 내가 당신 앞에 당신이 종이 있는 동안에 당신이 종에게서 무엇을 보셨기에 내가 가서 내 주 왕의 원수와 싸우지 못하게 하시나이까 하니

9 아기스가 다윗에게 대답하여 이르되 네가 내 목전에 하나님의 전령 같이 선한 것을 내가 아나 블레셋 사람들의 방백들은 말하기를 그는 우리와 함께 전장에 올라가지 못하리라 하니

10 그런즉 너는 너와 함께 온 네 주의 신하들과 더불어 새벽에 일어나라 너희는 새벽에 일어나서 밝거든 곧 떠나라 하니라

11 이에 다윗이 자기 사람들과 더불어 아침에 일찍이 일어나서 떠나 블레셋 사람들의 땅으로 돌아가고 블레셋 사람들은 이스르엘로 올라가니라

다윗이 아말렉을 치다 — B.C. 1011년경

30 다윗과 그의 사람들이 사흘 만에 시글락에 이른 때에 아말렉 사람들이 이미 네겝과 시글락을 침노하였는데 그들이 시글락을 쳐서 불사

르고
15:7

2 거기에 있는 젊거나 늙은 여인들은 한 사람도 죽이지 아니하고 다 사로잡아 끌고 자기 길을 갔더라

3 다윗과 그의 사람들이 성읍에 이르러 본즉 성읍이 불탔고 자기들의 아내와 자녀들이 사로잡혔는지라

4 다윗과 그와 함께 한 백성이 울 기력이 없도록 소리를 높여 울었더라

5 (다윗의 두 아내 이스르엘 여인 아히노암과 갈멜 사람 나발의 아내였던 아비가일도 사로잡혔더라) 25:42, 43

6 백성이 자녀를 생각하고 마음이 슬퍼서 다윗을 돌로 치자 하니 다윗이 크게 다급하였으나 그의 하나님 여호와를 힘입고 용기를 얻었더라

7 ●다윗이 아히멜렉의 아들 제사장 아비아달에게 이르되 원하건대 에봇을 내게로 가져오라 아비아달이 에봇을 다윗에게로 가져가매

8 다윗이 여호와께 묻자와 이르되 내가 이 군대를 추격하면 따라잡겠나이까 하니 여호와께서 그에게 대답하시되 그를 쫓아가라 네가 반드시 따라잡고 도로 찾으리라

9 이에 다윗과 또 그와 함께 한 육백 명이 가서 브솔 시내에 이르러 뒤떨어진

10 곧 피곤하여 브솔 시내를 건너지 못하는 이백 명을 머물게 했고 다윗은 사백 명을 거느리고 쫓아가니라 30:9, 21

11 ●무리가 들에서 애굽 사람 하나를 만나 그를 다윗에게로 데려다가 떡을 주어 먹게 하며 물을 마시게 하고

12 그에게 무화과 뭉치에서 뗀 덩이 하나와 건포도 두 송이를 주었으니 그가 밤낮 사흘 동안 떡도 먹지 못하였고 물도 마시지 못하였음이니라 그가 먹고 정신을 차리매

13 다윗이 그에게 이르되 너는 누구에게 속하였으며 어디에서 왔느냐 하니 그가 이르되 나는 애굽 소년이요 아말렉 사람의 종이더니 사흘 전에 병이 들매 주인이 나를 버렸나이다

14 우리가 그렛 사람의 남방과 유다에 속한 지방과 갈렙 남방을 침노하고 시글락을 불살랐나이다 30:1

15 다윗이 그에게 이르되 네가 나를 그 군대로 인도하겠느냐 하니 그가 이르되 당신이 나를 죽이지도 아니하고 내 주인의 수중에 넘기지도 아니하겠다고 하나님의 이름으로 내게 맹세하소서 그리하면 내가 당신을 그 군대로 인도하리이다 하니라

16 ●그가 다윗을 인도하여 내려가니 그들이 온 땅에 편만하여 블레셋 사람들의 땅과 유다 땅에서 크게 약탈하였음으로 말미암아 먹고 마시며 춤추는지라

17 다윗이 새벽부터 이튿날 저물 때까지 그들을 치매 낙타를 타고 도망한 소년 사백 명 외에는 피한 사람이 없었더라

18 다윗이 아말렉 사람들이 빼앗아 갔던 모든 것을 도로 찾고 그의 두 아내를 구원하였고

19 그들이 약탈하였던 것 곧 무리의 자녀들이나 빼앗겼던 것은 크고 작은 것을 막론하고 아무것도 잃은 것이 없이 모

술술 풀리는 성경 말씀

전쟁의 승패

이스라엘이 길보아에서 패배한 원인은 수가 적었거나 전력이 부족했기 때문이 아니었어요. 이스라엘은 이미 적은 수로도 많은 가나안 족속과 싸워 이겼던 경험이 있어요. 그들이 승리를 경험했던 때는 오직 하나님을 의지할 때였지요. 결국 이스라엘이 지도자와 함께 하나님께 불순종했던 것이 패배의 궁극적인 원인이었어요(민 70:10).

그러므로 신앙을 가진 그리스도인에게 승리는 자신에게 주어진 물리적 여건에 달려 있는 것이 아니에요. 그것은 오직 지금도 살아 계셔서 역사하시는 하나님과 어떤 관계를 맺고 있느냐에 달려 있다는 것을 명심해야 하겠어요(합 2:4; 롬 1:17).   31장 1-3절

분깃(30:24) 나누어진 물건의 한 몫.
탈취(30:26) 빼앗아 가짐.

이스르엘 평야 남쪽 길보아 산(31:1)

두 다윗이 도로 찾아왔고

20 다윗이 또 양 떼와 소 떼를 다 되찾았더니 무리가 그 가축들을 앞에 몰고 가며 이르되 이는 다윗의 전리품이라 하였더라

21 ●다윗이 전에 피곤하여 능히 자기를 따르지 못하므로 브솔 시내에 머물게 한 이백 명에게 오매 그들이 다윗과 그와 함께 한 백성을 영접하러 나오는지라 다윗이 그 백성에게 이르러 문안하매

22 다윗과 함께 갔던 자들 가운데 악한 자와 불량배들이 다 이르되 그들이 우리와 함께 가지 아니하였은즉 우리가 도로 찾은 물건은 무엇이든지 그들에게 주지 말고 각자의 처자만 데리고 떠나가게 하라 하는지라

23 다윗이 이르되 나의 형제들아 여호와께서 우리를 보호하시고 우리를 치러 온 그 군대를 우리 손에 넘기셨은즉 그가 우리에게 주신 것을 너희가 이같이 못하리라

24 이 일에 누가 너희에게 듣겠느냐 전장에 내려갔던 자의 분깃이나 소유물 곁에 머물렀던 자의 분깃이 동일할지니 같이 분배할 것이니라 하고

25 그 날부터 다윗이 이것으로 이스라엘의 율례와 규례를 삼았더니 오늘까지 이르니라

26 ●다윗이 시글락에 이르러 전리품을 그의 친구 유다 장로들에게 보내어 이르되 보라 여호와의 원수에게서 탈취한 것을 너희에게 선사하노라 하고

27 벧엘에 있는 자와 남방 라못에 있는 자와 얏딜에 있는 자와

28 아로엘에 있는 자와 십못에 있는 자와 에스드모아에 있는 자와

29 라갈에 있는 자와 여라므엘 사람의 성읍들에 있는 자와 겐 사람의 성읍들에 있는 자와

30 홀마에 있는 자와 고라산에 있는 자와 아닥에 있는 자와

31 헤브론에 있는 자에게와 다윗과 그의 사람들이 왕래하던 모든 곳에 보내었더라

삿 1:17

사울과 요나단이 죽다 (대상 10:1~14)

31 블레셋 사람들이 이스라엘을 치매 이스라엘 사람들이 블레셋 사람들 앞에서 도망하여 길보아 산에서 엎드러져 죽으니라

2 블레셋 사람들이 사울과 그의 아들들을 추격하여 사울의 아들 요나단과 아비나답과 말기수아를 죽이니라

3 사울이 패전하매 활 쏘는 자가 따라잡으니 사울이 그 활 쏘는 자에게 1)중상을 입은지라

4 그가 무기를 든 자에게 이르되 네 칼을 빼어 그것으로 나를 찌르라 할례 받지 않은 자들이 와서 나를 찌르고 모욕할까 두려워하노라 하나 무기를 든 자가 심히 두려워하여 감히 행하지 아니하는지라 이에 사울이 자기의 칼을 뽑아서 그 위에 엎드러지매

5 무기를 든 자가 사울이 죽음을 보고 자기도 자기 칼 위에 엎드러져 그와 함께 죽으니라

6 사울과 그의 세 아들과 무기를 든 자

31 에는 무엇이 기록되어 있을까?

이스라엘은 길보아 전투에서 지고 사울과 그의 세 아들은 결국 죽고 말았어요. 블레셋 사람들은 사울의 머리를 베고 갑옷을 벗겨 블레셋 지역 곳곳에 두루 보냈지요. 하나님께 불순종한 사울을 죽어서도 이방인들에게 큰 모욕을 당했답니다. 이후에 길르앗 야베스 사람들이 사울의 시체를 찾아와 장사지냈어요.

1) 히, 심히 근심

그의 모든 사람이 다 그 날에 함께 죽었더라

7 ●골짜기 저쪽에 있는 이스라엘 사람과 요단 건너쪽에 있는 자들이 이스라엘 사람들이 도망한 것과 사울과 그의 아들들이 죽었음을 보고 성읍들을 버리고 도망하매 블레셋 사람들이 이르러 거기에서 사니라

8 그 이튿날 블레셋 사람들이 죽은 자를 벗기러 왔다가 사울과 그의 세 아들이 길보아 산에서 죽은 것을 보고

9 사울의 머리를 베고 그의 갑옷을 벗기고 자기들의 신당과 백성에게 알리기 위하여 그것을 블레셋 사람들의 땅 사방에 보내고

10 그의 갑옷은 아스다롯의 집에 두고 그의 시체는 벧산 성벽에 못 박으매 7:3

11 길르앗 야베스 주민들이 블레셋 사람들이 사울에게 행한 일을 듣고 11:1-13

12 모든 장사들이 일어나 밤새도록 달려가서 사울의 시체와 그의 아들들의 시체를 벧산 성벽에서 내려 가지고 야베스에 돌아가서 거기서 불사르고

13 그의 뼈를 가져다가 야베스 에셀 나무 아래에 장사하고 칠 일 동안 금식하였더라

도스토예프스키의 변화

러시아의 도스토예프스키는 푸리에의 공상적 사회주의를 신봉하는 서클에 참여하고 있었는데, 1849년 봄에 다른 동료들과 함께 체포되었어요. 당국은 그들 몰래 그들이 진짜로 사형 집행을 받는 것처럼 일을 꾸몄답니다.

죽기 직전 도스토예프스키는 사형 집행이 꾸며진 것을 모른 채 지난 삶을 돌아보며 중얼거렸습니다.

"만약 내게 다시 한 번 생명이 주어진다면 정말 보람있게 살 텐데…."

그는 그 순간의 공포를 평생 잊지 못했고, 그때부터 하나님과 인간의 영혼에 대해 깊은 관심을 갖게 되었어요. 그는 이렇게 고백했어요.

"나는 예수 그리스도가 없는 인간의 삶을 상상할 수조차 없다. 아무리 훌륭하고 가치가 있는 것일지라도 그것이 신앙에 반대된다면 나는 예수 그리스도의 편에 설 것이다."

2 Samuel
사무엘하

❋ 사무엘하를 읽기 전에

사무엘하 또한 누가 썼는지 알 수 없어요. 사무엘하는 다윗이 왕의 자리에 오르는 과정부터 그의 인생의 마지막까지의 사건들을 기록하고 있지요. 다윗은 사울과는 다르게 하나님의 마음을 기쁘시게 한 왕이었답니다(행 13:22).

❋ 언제, 왜, 누구를 위하여 썼나요?

사무엘하는 B.C. 930~722년경에 기록되었어요. 이 책은 이스라엘 백성들에게 하나님을 떠난 사람의 말로가 어떤지 보여주고, 다윗 왕이 세워지는 과정과 그가 나라를 의롭게 다스렸을 때 하나님이 내려주신 은혜를 알려주고 있지요.

❋ 어떤 내용인가요?

하나님께서는 다윗 왕을 통해 이스라엘을 강하고 부유한 나라로 만들어주셨어요. 하지만 나중에 다윗은 하나님께 범죄하여 아들을 잃는 슬픔을 당하는 등 많은 어려움을 겪기도 하지요.

사울이 죽은 소식을 다윗이 듣다
B.C. 1011년경

1 사울이 죽은 후에 다윗이 아말렉 사람을 쳐죽이고 돌아와 다윗이 시글락에서 이틀을 머물더니 _{삼상 30:1, 17, 26}

2 사흘째 되는 날에 한 사람이 사울의 진영에서 나왔는데 그의 옷은 찢어졌고 머리에는 흙이 있더라 그가 다윗에게 나아와 땅에 엎드려 절하매

3 다윗이 그에게 묻되 너는 어디서 왔느냐 하니 대답하되 이스라엘 진영에서 도망하여 왔나이다 하니라

4 다윗이 그에게 이르되 일이 어떻게 되었느냐 너는 내게 말하라 그가 대답하되 군사가 전쟁 중에 도망하기도 하였고 무리 가운데에 엎드러져 죽은 자도

5 다윗이 자기에게 알리는 청년에게 묻되 사울과 그의 아들 요나단이 죽은 줄을 네가 어떻게 아느냐

6 그에게 알리는 청년이 이르되 내가 우연히 길보아 산에 올라가 보니 사울이 자기 창에 기대었고 병거와 기병은 그를 급히 따르는데

7 사울이 뒤로 돌아 나를 보고 부르시기로 내가 대답하되 내가 여기 있나이다 한즉

8 내게 이르되 너는 누구냐 하시기로 내가 그에게 대답하되 나는 아말렉 사람이니이다 한즉

9 또 내게 이르시되 내 목숨이 아직 내게 완전히 있으므로 내가 고통 중에 있나니 청하건대 너는 내 곁에 서서 나를 죽이라 하시기로

10 그가 엎드러진 후에는 살 수 없는 줄을 내가 알고 그의 곁에 서서 죽이고 그의 머리에 있는 왕관과 팔에 있는 고리를 벗겨서 내 주께로 가져왔나이다 하니라

11 ●이에 다윗이 자기 옷을 잡아 찢으매 함께 있는 모든 사람도 그리하고

12 사울과 그의 아들 요나단과 여호와의

많았고 사울과 그의 아들 요나단도 죽었나이다 하는지라

🔍 1 에는 무엇이 기록되어 있을까?

사울의 소식을 가지고 온 아말렉 청년은 다윗에게 상을 받을 것이라고 생각하며 자신이 사울을 죽였다고 거짓말을 하지만 다윗은 그 사람을 처단하고 사울과 요나단의 죽음을 슬퍼하는 노래를 직접 지어 불렀지요. 그는 하나님께 기름부음 받은 사울과 그의 아들 요나단의 죽음을 진심으로 슬퍼했답니다.

백성과 이스라엘 족속이 칼에 죽음으로 말미암아 저녁 때까지 슬퍼하여 울며 금식(禁食)하니라

13 다윗이 그 소식을 전한 청년에게 묻되 너는 어디 사람이냐 대답하되 나는 아말렉 사람 곧 외국인의 아들이니이다 하니 1:8

14 다윗이 그에게 이르되 네가 어찌하여 손을 들어 여호와의 기름 부음 받은 자 죽이기를 두려워하지 아니하였느냐 하고

15 다윗이 청년 중 한 사람을 불러 이르되 가까이 가서 그를 죽이라 하매 그가 치매 곧 죽으니라

16 다윗이 그에게 이르기를 네 피가 네 머리로 돌아갈지어다 네 입이 네게 대하여 증언하기를 내가 여호와의 기름 부음 받은 자를 죽였노라 함이니라

나울과 요나단을 위한 다윗의 조가

17 ●다윗이 이 슬픈 노래로 사울과 그의 아들 요나단을 조상(弔喪)하고

18 명령하여 그것을 유다 족속에게 가르치라 하였으니 곧 활 노래라 야살의 책에 기록되었으되

19 이스라엘아 네 영광이 산 위에서 죽임을 당하였도다 오호라 두 용사가 엎드러졌도다

20 이 일을 가드에도 알리지 말며 아스글론 거리에도 전파하지 말지어다 블레셋 사람들의 딸들이 즐거워할까, 할례 받지 못한 자의 딸들이 개가를 부를까 염려로다

21 길보아 산들아 너희 위에 이슬과 비가 내리지 아니하며 제물(祭物) 낼 밭도 없을지어다 거기서 두 용사의 방패가 버린 바 됨이니라 곧 사울의 방패가 기름 부음을 받지 아니함 같이 됨이로다

22 죽은 자의 피에서, 용사(勇士)의 기름에서 요나단의 활이 뒤로 물러가지 아니하였으며 사울의 칼이 헛되이 돌아오지 아니하였도다

23 사울과 요나단이 생전에 사랑스럽고 아름다운 자이러니 죽을 때에도 서로 떠나지 아니하였도다 그들은 독수리보다 빠르고 사자보다 강하였도다

24 이스라엘 딸들아 사울을 슬퍼하여 울지어다 그가 붉은 옷으로 너희에게 화려하게 입혔고 금 노리개를 너희 옷에 채웠도다

25 오호라 두 용사가 전쟁 중에 엎드러졌도다 요나단이 네 산 위에서 죽임을 당하였도다

26 내 형 요나단이여 내가 그대를 애통함은 그대는 내게 심히 아름다움이라 그대가 나를 사랑함이 기이하여 여인의 사랑보다 더하였도다

27 오호라 두 용사가 엎드러졌으며 싸우는 무기가 망하였도다 하였더라 1:19

다윗이 유다의 왕이 되다 — B.C. 1011년경

2 그 후에 다윗이 여호와께 여쭈어 아뢰되 내가 유다 한 성읍으로 올라가리이까 여호와께서 이르시되 올라가라 다윗이 아뢰되 어디로 가리이까 이르시되 헤브론으로 갈지니라

2 다윗이 그의 두 아내 이스르엘 여인 아히노암과 갈멜 사람 나발의 아내였던 아비가일을 데리고 그리로 올라갈 때에

술술 풀리는 **성경말씀**

거짓말을 한 아말렉 청년

이곳에 나오는 사울의 죽음은 사무엘상 마지막에 나오는 사울의 죽음과 다른 내용이에요. 여기서 아말렉 청년은 다윗에게 거짓말을 했지요(아말렉 사람은 출애굽 이후 광야 생활을 하던 이스라엘 민족에게 최초로 공격해온 족속이에요. 아마도 청년은 다윗의 대적인 사울을 자신이 죽였다고 말하고 상을 받으려고 했던 것 같아요.

그러나 아말렉 청년은 그 거짓말의 대가로 결국 참혹한 죽음을 맞게 되지요. 다윗은 자신과의 관계 속에서 사울을 바라본 것이 아니라 하나님과 사울의 관계 속에서 보았어요. 이처럼 그리스도인은 다른 사람을 평가할 때, 하나님의 눈으로 바라볼 수 있어야 한답니다.

1장 1-16절

3 또 자기와 함께 한 추종자들과 그들의 가족들을 다윗이 다 데리고 올라가서 헤브론 각 성읍에 살게 하니라

4 유다 사람들이 와서 거기서 다윗에게 기름을 부어 유다 족속의 왕으로 삼았더라 ●어떤 사람이 다윗에게 말하여 이르되 사울을 장사한 사람은 길르앗 야베스 사람들이니이다 하매

5 다윗이 길르앗 야베스 사람들에게 전령들을 보내 그들에게 이르되 너희가 너희 주 사울에게 이처럼 은혜를 베풀어 그를 장사하였으니 여호와께 복을 받을지어다
삼상 24:19

6 너희가 이 일을 하였으니 이제 여호와께서 은혜와 진리로 너희에게 베푸시기를 원하고 나도 이 선한 일을 너희에게 갚으리니

7 이제 너희는 손을 강하게 하고 담대히 할지어다 너희 주 사울이 죽었고 또 유다 족속이 내게 기름을 부어 그들의 왕으로 삼았음이니라 하니라

이스보셋이 이스라엘의 왕이 되다

8 ●사울의 군사령관 넬의 아들 아브넬이 이미 사울의 아들 이스보셋을 데리고 마하나임으로 건너가

9 길르앗과 아술과 이스르엘과 에브라임과 베냐민과 온 이스라엘의 왕으로 삼았더라

10 사울의 아들 이스보셋이 이스라엘 왕이 될 때에 나이가 사십 세이며 두 해 동안 왕위에 있으니라 유다 족속은 다윗을 따르니

11 다윗이 헤브론에서 유다 족속의 왕이

사울 일가가 죽임을 당한 벧산 유적지(2:4-7)

된 날 수는 칠 년 육 개월이더라　5:5

이스라엘과 유다의 전쟁

12 ●넬의 아들 아브넬과 사울의 아들 이스보셋의 신복들은 마하나임에서 나와 기브온에 이르고

13 스루야의 아들 요압과 다윗의 신복들도 나와 기브온 못 가에서 그들을 만나 함께 앉으니 이는 못 이쪽이요 그는 못 저쪽이라

14 아브넬이 요압에게 이르되 원하건대 청년들에게 일어나서 우리 앞에서 겨루게 하자 요압이 이르되 일어나게 하자 하매

15 그들이 일어나 그 수대로 나아가니 베냐민과 사울의 아들 이스보셋의 편에 열두 명이요 다윗의 신복 중에 열두 명이라

16 각기 상대방의 머리를 잡고 칼로 상대방의 옆구리를 찌르매 일제히 쓰러진지라 그러므로 그 곳을 [1]헬갓 핫수림이라 일컬었으며 기브온에 있더라

17 그 날에 싸움이 심히 맹렬하더니 아브넬과 이스라엘 사람들이 다윗의 신복들 앞에서 패하니라

18 ●그 곳에 스루야의 세 아들 요압과 아비새와 아사헬이 있었는데 아사헬의 발은 들노루 같이 빠르더라　대상 2:16

19 아사헬이 아브넬을 쫓아 달려가되 좌우로 치우치지 않고 아브넬의 뒤를 쫓으니

20 아브넬이 뒤를 돌아보며 이르되 아사헬아 너냐 대답하되 나로라

21 아브넬이 그에게 이르되 너는 왼쪽으로나 오른쪽으로나 가서 청년 하나를

2 에는 무엇이 기록되어 있을까?

　다윗이 헤브론에서 유다의 왕이 되자, 아브넬은 사울의 아들 이스보셋을 이스라엘의 왕으로 세웁니다. 이로 인해 다윗 군대와 이스보셋 군대가 기브온에서 대결하여 전투를 하게 되었으며, 결국 다윗 군대의 승리로 끝났지만, 요압의 아우인 아사헬은 아브넬에게 죽고 말았습니다.

[1]날카로운 칼의 날

붙잡아 그의 군복을 빼앗으라 하되 아사헬이 그렇게 하기를 원하지 아니하고 그의 뒤를 좇으매

22 아브넬이 다시 아사헬에게 이르되 너는 나 좇기를 그치라 내가 너를 쳐서 땅에 엎드러지게 할 까닭이 무엇이냐 그렇게 하면 내가 어떻게 네 형 요압을 대면하겠느냐 하되

23 그가 물러가기를 거절하매 아브넬이 창 뒤 끝으로 그의 배를 찌르니 창이 그의 등을 꿰뚫고 나간지라 곧 그 곳에 엎드러져 죽으매 아사헬이 엎드러져 죽은 곳에 이르는 자마다 머물러 섰더라 4:6

24 ●요압과 아비새가 아브넬의 뒤를 좇아 기브온 거친 땅의 길 가 기아 맞은쪽 암마 산에 이를 때에 해가 졌고 삼상 26:5-7

25 베냐민 족속은 함께 모여 아브넬을 따라 한 무리를 이루고 작은 산 꼭대기에 섰더라

26 아브넬이 요압에게 외쳐 이르되 칼이 영원히 사람을 상하겠느냐 마침내 참혹한 일이 생길 줄을 알지 못하느냐 네가 언제 무리에게 그의 형제 좇기를 그치라 명령하겠느냐

27 요압이 이르되 하나님이 살아 계심을 두고 맹세하노니 네가 말하지 아니하였더면 무리가 아침에 각각 다 돌아갔을 것이요 그의 형제를 좇지 아니하였으리라 하고

28 요압이 나팔을 불매 온 무리가 머물러 서고 다시는 이스라엘을 좇아가지 아니하고 다시는 싸우지도 아니하니라

29 아브넬과 그의 부하들이 밤새도록 걸어서 아라바를 지나 요단을 건너 비드론 온 땅을 지나 마하나임에 이르니라 2:8

30 ●요압과 아비새가 아브넬 좇기를 그치고 돌아와 무리를 다 모으니 다윗의 신복 중에 열아홉 명과 아사헬이 없어졌으나

31 다윗의 신복들이 베냐민과 아브넬에게 속한 자들을 쳐서 삼백육십 명을 죽였더라

32 무리가 아사헬을 들어올려 베들레헴

에 있는 그의 조상 묘에 장사하고 요압과 그의 부하들이 밤새도록 걸어서 헤브론에 이른 때에 날이 밝았더라

3 사울의 집과 다윗의 집 사이에 전쟁이 오래매 다윗은 점점 강하여가고 사울의 집은 점점 약하여 가니라

다윗의 아들들 (대상 3:1-4)

2 ●다윗이 헤브론에서 아들들을 낳았으되 맏아들은 암논이라 이스르엘 여인 아히노암의 소생이요 대상 3:1

3 둘째는 길르압이라 갈멜 사람 나발의 아내였던 아비가일의 소생이요 셋째는 압살롬이라 그술 왕 달매의 딸 마아가의 아들이요

4 넷째는 아도니야라 학깃의 아들이요 다섯째는 스바댜라 아비달의 아들이요

5 여섯째는 이드르암이라 다윗의 아내 에글라의 소생이니 이들은 다윗이 헤브론에서 낳은 자들이러라

아브넬이 이스보셋을 배반하다 (27절)

6 ●사울의 집과 다윗의 집 사이에 전쟁이 있는 동안에 아브넬이 사울의 집에서 점점 권세(權勢)를 잡으니라

7 사울에게 첩이 있었으니 이름은 리스바요 아야의 딸이더라 이스보셋이 아브넬에게 이르되 네가 어찌하여 내 아버지의 첩과 통간하였느냐 하니

8 아브넬이 이스보셋의 말을 매우 분하게 여겨 이르되 내가 유다의 개 머리냐 내가 오늘 당신의 아버지 사울의 집과 그의 형제와 그의 친구에게 은혜를 베풀어 당신을 다윗의 손에 내주지 아니하였거늘 당신이 오늘 이 여인에게 관

3장에는 무엇이 기록되어 있을까?

2-5절에 다윗의 아들들을 소개하는 것은 다윗 집안이 더욱 힘이 강해지고 번성해져 간다는 것을 뜻해요. 한편 아브넬과 사울의 첩이 같이 잔 것을 이스보셋이 꾸짖자, 아브넬은 화를 내며 다윗의 편에 붙었어요. 다윗은 그를 너그럽게 대했지만, 요압은 돌아가는 아브넬을 좇아가 동생의 죽음에 대한 복수를 했답니다.

남의 아내가 된 미갈(3:14)

신분	사울 왕과 아히노암 사이에 태어난 딸
	다윗의 첫 번째 부인, 발디엘의 부인
생	다윗을 사랑함 (삼상 18:20)
	다윗을 구해줌 (삼상 19:12)
	우상을 숭배함 (삼상 19:13)
애	다윗을 업신여기고 책망함 (삼하 6:16, 20)
	죽을 때까지 자식을 못 낳음 (삼하 6:20~23)

한 허물을 내게 돌리는도다

9 여호와께서 다윗에게 맹세하신 대로 내가 이루게 하지 아니하면 하나님이 아브넬에게 벌 위에 벌을 내리심이 마땅하니라 *황상 19:2*

10 그 맹세는 곧 이 나라를 사울의 집에서 다윗에게 옮겨서 그의 왕위를 단에서 브엘세바까지 이스라엘과 유다에 세우리라 하신 것이니라 하매

11 이스보셋이 아브넬을 두려워하여 감히 한 마디도 대답하지 못하니라

12 ●아브넬이 자기를 대신하여 전령들을 다윗에게 보내어 이르되 이 땅이 누구의 것이니이까 또 이르되 당신은 나와 더불어 언약을 맺사이다 내 손이 당신을 도와 온 이스라엘이 당신에게 돌아가게 하리이다 하니

13 다윗이 이르되 좋다 내가 너와 언약을 맺거니와 내가 네게 한 가지 일을 요구하노니 나를 보러올 때에 우선 사울의 딸 미갈을 데리고 오라 그리하지 아니하면 내 얼굴을 보지 못하리라 하고

14 다윗이 사울의 아들 이스보셋에게 전령들을 보내 이르되 내 처 미갈을 내게로 돌리라 그는 내가 전에 블레셋 사람의 포피 백 개로 나와 정혼한 자니라 하니

15 이스보셋이 사람을 보내 그의 남편 라이스의 아들 발디엘에게서 그를 빼앗아 오매

16 그의 남편이 그와 함께 오되 울며 바후림까지 따라왔더니 아브넬이 그에게 돌아가라 하매 돌아가니라 *16:5*

17 ●아브넬이 이스라엘 장로들에게 말하여 이르되 너희가 여러 번 다윗을 너희의 임금으로 세우기를 구하였으니

18 이제 그대로 하라 여호와께서 이미 다윗에 대하여 말씀하시기를 내가 내 종 다윗의 손으로 내 백성 이스라엘을 구원하여 블레셋 사람의 손과 모든 대적의 손에서 벗어나게 하리라 하셨음이니라 하고

19 아브넬이 또 베냐민 사람의 귀에 말하고 아브넬이 이스라엘과 베냐민의 온 집이 원하는 여기는 모든 것을 다윗의 귀에 말하려고 헤브론으로 가니라

20 아브넬이 부하 이십 명과 더불어 헤브론에 이르러 다윗에게 나아가니 다윗이 아브넬과 그와 함께 한 사람을 위하여 잔치를 배설하였더라

21 아브넬이 다윗에게 말하되 내가 일어나 가서 온 이스라엘 무리를 내 주 왕의 앞에 모아 더불어 언약을 맺게 하고 마음에 원하시는 대로 모든 것을 다스리시게 하리이다 하니 이에 다윗이 아브넬을 보내매 그가 평안히 가니라

아브넬이 날해되다

22 ●다윗의 신복들과 요압이 적군을 치고 크게 노략한 물건을 가지고 돌아오니 아브넬은 이미 보냄을 받아 평안히 갔고

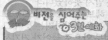

순간의 선택

미국의 한 사형수가 신문 한 장을 손에 쥐고 하염없이 후회의 눈물을 흘리고 있었습니다. 그 신문에는 '미국 제22대 대통령 클리블랜드 취임'이라는 제목이 크게 쓰여 있었지요. 간수가 그에게 슬피 우는 이유를 묻자, 그는 고개를 떨구며 말했지요.

"클리블랜드와 나는 대학 동창입니다. 어느 날 우리 둘은 교회의 종소리를 들었는데, 클리블랜드가 교회에 가보자고 말했지만, 나는 거절했지요. 그때 클리블랜드는 교회로 갔고, 나는 술집으로 갔습니다. 그것이 우리의 운명을 이렇게 다르게 갈라놓았습니다."

갈림길의 처음 순간은 같은 자리였지만, 앞으로 나갈수록 점점 벌어지게 되지요. 선택하는 순간은 차이가 없어 보이지만, 결국 평생을 좌우하게 됩니다.

헤브론에 있는 아브넬의 무덤(3:32)

다윗과 함께 헤브론에 있지 아니한 때라

23 요압 및 요압과 함께 한 모든 군사가 돌아오매 어떤 사람이 요압에게 말하여 이르되 넬의 아들 아브넬이 왕에게 왔더니 왕이 보내매 그가 평안(平安)히 갔나이다 하니

24 요압이 왕에게 나아가 이르되 어찌 하심이니이까 아브넬이 왕에게 나아왔거늘 어찌하여 그를 보내 잘 가게 하셨나이까

25 왕도 아시려니와 넬의 아들 아브넬이 온 것은 왕을 속임이라 그가 왕이 출입하는 것을 알고 왕이 하시는 모든 것을 알려 함이니이다 하고

26 이에 요압이 다윗에게서 나와 전령들을 보내 아브넬을 쫓아가게 하였더니 시라 우물 가에서 그를 데리고 돌아왔으나 다윗은 알지 못하였더라

27 ●아브넬이 헤브론으로 돌아오매 요압이 더불어 조용히 말하려는 듯이 그를 데리고 성문 안으로 들어가 거기서 배를 찔러 죽이니 이는 자기의 동생 아사헬의 피로 말미암음이더라

28 그 후에 다윗이 듣고 이르되 넬의 아들 아브넬의 피에 대하여 나와 내 나라는 여호와 앞에 영원히 무죄하니

29 그 죄가 요압의 머리와 그의 아버지의 온 집으로 돌아갈지어다 또 요압의 집에서 백탁병자나 나병 환자나 지팡이를 의지하는 자나 칼에 죽는 자나 양식이 떨어진 자가 끊어지지 아니할지로다 하니라

30 요압과 그의 동생 아비새가 아브넬을 죽인 것은 그가 기브온 전쟁에서 자기 동생 아사헬을 죽인 까닭이었더라

아브넬을 장사하다

31 ●다윗이 요압과 및 자기와 함께 있는 모든 백성에게 이르되 너희는 옷을 찢고 굵은 베를 띠고 아브넬 앞에서 애도하라 하니라 다윗 왕이 상여를 따라가

32 아브넬을 헤브론에 장사하고 아브넬의 무덤에서 왕이 소리를 높여 울고 백성도 다 우니라

33 왕이 아브넬을 위하여 애가를 지어 이르되

아브넬의 죽음이 어찌하여 미련한 자의 죽음 같은고

34 네 손이 결박되지 아니하였고 네 발이 차꼬에 채이지 아니하였거늘 불의한 자식의 앞에 엎드러짐 같이 네가 엎드러졌도다

하매 온 백성이 다시 그를 슬퍼하여 우니라

35 석양에 뭇 백성이 나아와 다윗에게 음식을 권하니 다윗이 맹세하여 이르되 만일 내가 해 지기 전에 떡이나 다른 모든 것을 맛보면 하나님이 내게 벌 위에 벌을 내리심이 마땅하니라 하매

36 온 백성이 보고 기뻐하며 왕이 무슨 일을 하든지 무리가 다 기뻐하므로

37 이 날에야 온 백성(百姓)과 온 이스라엘이 넬의 아들 아브넬을 죽인 것이 왕이 한 것이 아닌 줄을 아니라

38 왕이 그의 신복에게 이르되 오늘 이스라엘의 지도자요 큰 인물이 죽은 것을 알지 못하느냐

39 내가 기름 부음을 받은 왕이 되었으나

4 장 에는 무엇이 기록되어 있을까?

이스보셋의 두 군장 바아나와 레갑은 이스보셋을 죽이고 그 머리를 다윗에게 가져 갔어요. 하지만 다윗은 사울의 소식을 전했던 아말렉 청년에게 했던 것과 같이 둘을 처단했지요. 이는 그가 자신의 권력을 마음대로 사용하지 않고 하나님의 은혜와 의로우심을 바탕으로 통일왕국을 세우려고 했다는 것을 보여줍니다.

오늘 악하여서 스루야의 아들인 이 사람들을 제어하기가 너무 어려우니 여호와는 악행한 자에게 그 악한 대로 갚으실지로다 하니라

이스보셋이 살해되다 - B.C. 1005년경

4 사울의 아들 이스보셋은 아브넬이 헤브론에서 죽었다 함을 듣고 손의 맥이 풀렸고 온 이스라엘이 놀라니라

2 사울의 아들 이스보셋에게 군지휘관 두 사람이 있으니 한 사람의 이름은 바아나요 한 사람의 이름은 레갑이라 베냐민 족속 브에롯 사람 림몬의 아들들이더라 브에롯도 베냐민 지파에 속하였으니

3 일찍이 브에롯 사람들이 깃다임으로 도망하여 오늘까지 거기에 우거함이더라

4 ●사울의 아들 요나단에게 다리 저는 아들 하나가 있었으니 이름은 므비보셋이라 전에 사울과 요나단이 죽은 소식이 이스르엘에서 올 때에 그의 나이가 다섯 살이었는데 그 유모가 안고 도망할 때 급히 도망하다가 아이가 떨어져 절게 되었더라

5 ●브에롯 사람 림몬의 아들 레갑과 바아나가 길을 떠나 볕이 쬘 때 즈음에 이스보셋의 집에 이르니 마침 그가 침상(寢牀)에서 낮잠을 자는지라

6 레갑과 그의 형제 바아나가 밀을 가지러 온 체하고 집 가운데로 들어가서 그의 배를 찌르고 도망하였더라 2:23

7 그들이 집에 들어가니 이스보셋이 침실에서 침상 위에 누워 있는지라 그를 쳐죽이고 목을 베어 그의 머리를 가지고 밤새도록 아라바 길로 가

8 헤브론에 이르러 다윗 왕에게 이스보셋의 머리를 드리며 아뢰되 왕의 생명을 해하려 하던 원수 사울의 아들 이스보셋의 머리가 여기 있나이다 여호와께서 오늘 우리 주 되신 왕의 원수(怨讐)를 사울과 그의 자손에게 갚으셨나이다 하니

9 다윗이 브에롯 사람 림몬의 아들 레갑과 그의 형제 바아나에게 대답하여 그들에게 이르되 내 생명을 여러 환난 가운데서 건지신 여호와께서 살아 계심을 두고 맹세하노니

10 전에 사람이 내게 알리기를 보라 사울이 죽었다 하며 그가 좋은 소식을 전하는 줄로 생각하였어도 내가 그를 잡아 시글락에서 죽여서 그것을 그 소식을 전한 갚음으로 삼았거든

11 하물며 악인이 의인을 그의 집 침상(寢牀) 위에서 죽인 것이겠느냐 그런즉 내가 악인의 피흘린 죄(罪)를 너희에게 갚아서 너희를 이 땅에서 없이하지 아니하겠느냐 하고

12 청년들에게 명령하매 곧 그들을 죽이고 수족을 베어 헤브론 못 가에 매달고 이스보셋의 머리를 가져다가 헤브론에서 아브넬의 무덤에 매장하였더라 1:15

다윗이 온 이스라엘의 왕이 되다(대상 11:1-3)

5 이스라엘 모든 지파가 헤브론에 이르러 다윗에게 나아와 이르되 보소서 우리는 왕의 한 골육이니이다

2 전에 곧 사울이 우리의 왕이 되었을 때에도 이스라엘을 거느려 출입하게 하신 분은 왕이시었고 여호와께서도 왕에게 말씀하시기를 네가 내 백성 이스라엘의 목자(牧者)가 되며 네가 이스라

5장 에는 무엇이 기록되어 있을까?

드디어 다윗을 이스라엘의 왕으로 삼고자 하신 하나님의 뜻이 성취되었어요. 다윗은 자신이 왕이 된 것은 이스라엘을 향한 하나님의 뜻을 이루기 위해서라는 것을 잘 알았답니다. 그래서 그는 예루살렘을 정복하여 수도로 삼고 블레셋을 물리쳐서 통일 왕국의 기초를 튼튼하게 세워갔어요.

백립병자(3:29) 오줌의 빛깔이 뿌옇고 걸쭉해지는 병에 걸린 사람, 또는 유출병이나 성병에 걸린 사람.

상여(3:31) 시체를 싣고 묘지까지 나르는 가마같이 생긴 제구.

결박(3:34) 두 손을 묶음.

차꼬(3:34) 나무를 판 구멍에 발을 넣고 자물쇠로 채우는 형틀.

제어(3:39) 휘어잡아 복종시킴. 억눌러 따르게 함.

이스라엘의 왕이
된 다윗(5:3)

엘의 주권
자가 되리
라 하셨나이
다 하니라
3 이에 이스
라엘 모든 장
로가 헤브론에
이르러 왕에게 나
아오매 다윗 왕
이 헤브론에서
여호와 앞에
그들과 언약
을 맺으매 그
들이 다윗에게 기름을 부어 이스라엘
왕으로 삼으니라

4 ● 다윗이 나이가 삼십 세에 왕위에 올라 사십 년 동안 다스렸으되

5 헤브론에서 칠 년 육 개월 동안 유다를 다스렸고 예루살렘에서 삼십삼 년 동안 온 이스라엘과 유다를 다스렸더라

다윗이 시온을 빼앗아 성을 둘러 짓다
(대상 11:4~9, 14:1~2)

6 ● 왕과 그의 부하들이 예루살렘으로 가서 그 땅 주민 여부스 사람을 치려 하매 그 사람들이 다윗에게 이르되 네가 결코 이리로 들어오지 못하리라 맹인과 다리 저는 자라도 너를 물리치리라 하니 그들 생각에는 다윗이 이리로 들어오지 못하리라 함이나

7 다윗이 시온 산성을 빼앗았으니 이는 다윗 성이더라

8 그 날에 다윗이 이르기를 누구든지 여부스 사람을 치거든 물 긷는 데로 올라가서 다윗의 마음에 미워하는 다리 저는 사람과 맹인(盲人)을 치라 하였으므로 속담이 되어 이르기를 맹인과 다리 저는 사람은 집에 들어오지 못하리라 하더라

9 다윗이 그 산성(山城)에 살면서 다윗 성이라 이름하고 다윗이 밀로에서부터 안으로 성을 둘러 쌓으니라

10 만군의 하나님 여호와께서 함께 계시니 다윗이 점점 강성하여 가니라

11 ● 두로 왕 히람이 다윗에게 사절들과 백향목과 목수와 석수를 보내매 그들이 다윗을 위하여 집을 지으니 대상 14:1

12 다윗이 여호와께서 자기를 세우사 이스라엘 왕으로 삼으신 것과 그의 백성 이스라엘을 위하여 그 나라를 높이신 것을 알았더라

다윗의 아들과 딸들 (대상 14:3~7)

13 ● 다윗이 헤브론에서 올라온 후에 예루살렘에서 처첩들을 더 두었으므로 아들과 딸들이 또 다윗에게서 나니

14 예루살렘에서 그에게서 난 자들의 이름은 삼무아와 소밥과 나단과 솔로몬과

15 입할과 엘리수아와 네벡과 야비아와

16 엘리사마와 엘랴다와 엘리벨렛이었더라

다윗이 블레셋을 쳐서 이기다 (대상 14:8~17)

17 ● 이스라엘이 다윗에게 기름을 부어 이스라엘 왕으로 삼았다 함을 블레셋 사람들이 듣고 블레셋 사람들이 다윗을 찾으러 다 올라오매 다윗이 듣고 요새(要塞)로 나가니라

18 블레셋 사람들이 이미 이르러 르바임 골짜기에 가득한지라

19 다윗이 여호와께 여쭈어 이르되 내가 블레셋 사람에게로 올라가리이까 여호와께서 그들을 내 손에 넘기시겠나이까 하니 여호와께서 다윗에게 말씀하시되 올라가라 내가 반드시 블레셋 사람을 네 손에 넘기리라 하신지라

20 다윗이 바알브라심에 이르러 거기서 그들을 치고 다윗이 말하되 여호와께서 물을 흩음 같이 내 앞에서 내 대적을 흩으셨다 하므로 그 곳 이름을 바알브라심이라 부르니라

21 거기서 블레셋 사람들이 그들의 우상

토막상식

시온

예루살렘의 남동쪽 언덕이에요. 일반적으로 예루살렘 도성 전체를 가리키는데, 하나님이 임재하시는 하나님의 도성을 상징한답니다.

5장 7절

B.C.10세기 다윗 성 모형도(5:7)

을 버렸으므로 다윗과 그의 부하들이 치우니라

22 ●블레셋 사람들이 다시 올라와서 르바임 골짜기에 가득한지라

23 다윗이 여호와께 여쭈니 이르시되 올라가지 말고 그들 뒤로 돌아서 뽕나무 수풀 맞은편에서 그들을 기습하되

24 뽕나무 꼭대기에서 걸음 걷는 소리가 들리거든 곧 공격하라 그 때에 여호와가 너보다 앞서 나아가서 블레셋 군대를 치리라 하신지라

25 이에 다윗이 여호와의 명령대로 행하여 블레셋 사람을 쳐서 게바에서 게셀까지 이르니라

하나님의 궤를 다윗 성으로 옮기다
(대상 13:1-14; 15:25-16:6, 43)─B.C. 1000년경

6 다윗이 이스라엘에서 뽑은 무리 삼만 명을 다시 모으고

2 다윗이 일어나 자기와 함께 있는 모든 사람과 더불어 바알레유다로 가서 거기서 하나님의 궤를 메어 오려 하니 그 궤는 그룹들 사이에 좌정하신 만군의 여호와의 이름으로 불리는 것이라

3 그들이 하나님의 궤를 새 수레에 싣고 산에 있는 아비나답의 집에서 나오는데 아비나답의 아들 웃사와 아효가 그 새 수레를 모니라

4 그들이 산에 있는 아비나답의 집에서 하나님의 궤를 싣고 나올 때에 아효는 궤 앞에서 가고

5 다윗과 이스라엘 온 족속(族屬)은 잣나무로 만든 여러 가지 악기와 수금과 비파와 소고와 양금과 제금으로 여호와 앞에서 연주하더라

6 ●그들이 나곤의 타작 마당에 이르러서는 소들이 뛰므로 웃사가 손을 들어 하나님의 궤를 붙들었더니 대상 13:9

7 여호와 하나님이 웃사가 잘못함으로 말미암아 진노하사 그를 그곳에서 치시니 그가 거기 하나님의 궤 곁에서 죽으니라

8 여호와께서 웃사를 치시므로 다윗이 분하여 그 곳을 ¹베레스웃사라 부르니 그 이름이 오늘까지 이르니라

9 다윗이 그 날에 여호와를 두려워하여 이르되 여호와의 궤가 어찌 내게로 오리요 하고

10 다윗이 여호와의 궤를 옮겨 다윗 성 자기에게로 메어 가기를 즐겨하지 아니하고 가드 사람 오벧에돔의 집으로 메어 간지라

11 여호와의 궤가 가드 사람 오벧에돔의 집에 석 달을 있었는데 여호와께서 오벧에돔과 그의 온 집에 복을 주시니라

12 ●어떤 사람이 다윗 왕에게 아뢰어 이르되 여호와께서 하나님의 궤로 말미암아 오벧에돔의 집과 그의 모든 소유에 복을 주셨다 한지라 다윗이 가서 하나님의 궤를 기쁨으로 메고 오벧에돔의 집에서 다윗 성으로 올라갈새

13 여호와의 궤를 멘 사람들이 여섯 걸음을 가매 다윗이 소와 살진 송아지로 제사를 드리고

14 다윗이 여호와 앞에서 힘을 다하여 춤을 추는데 그 때에 다윗이 베 에봇을 입었더라

6 **장 에는 무엇이 기록되어 있을까?**

다윗은 왕이 된 후 하나님의 궤를 예루살렘으로 옮기기로 결심했어요. 수십 년 동안 아비나답의 집에 있었던 하나님의 궤는 두 번째 시도 만에 비로소 예루살렘으로 옮길 수 있었지요. 한편 하나님의 궤가 다윗 성으로 들어올 때 기뻐 춤추는 다윗을 업신여긴 사울의 딸 미같은 평생 자식을 낳지 못하게 되었답니다.

1) 웃사를 침이라는 뜻

15 다윗과 온 이스라엘 족속이 즐거이 환호하며 나팔을 불고 여호와의 궤를 메어오니라

16 ●여호와의 궤가 다윗 성으로 들어올 때에 사울의 딸 미갈이 창(窓)으로 내다보다가 다윗 왕이 여호와 앞에서 뛰놀며 춤추는 것을 보고 심중(心中)에 그를 업신여기니라

17 여호와의 궤를 메고 들어가서 다윗이 그것을 위하여 친 장막 가운데 그 준비한 자리에 그것을 두매 다윗이 번제와 화목제를 여호와 앞에 드리니라

18 다윗이 번제와 화목제 드리기를 마치고 만군의 여호와의 이름으로 백성에게 축복하고

19 모든 백성 곧 온 이스라엘 무리에게 남녀를 막론하고 떡 한 개와 고기 한 조각과 건포도 떡 한 덩이씩 나누어 주매 모든 백성이 각기 집으로 돌아가니라

20 ●다윗이 자기의 가족에게 축복하려 돌아오매 사울의 딸 미갈이 나와서 다윗을 맞으며 이르되 이스라엘 왕이 오늘 어떻게 영화로우신지 방탕한 자가 염치 없이 자기의 몸을 드러내는 것처럼 오늘 그의 신복의 계집종의 눈앞에서 몸을 드러내셨도다 하니 6:14

21 다윗이 미갈에게 이르되 이는 여호와 앞에서 한 것이니라 그가 네 아버지와 그의 온 집을 버리고 나를 택하사 나를 여호와의 백성(百姓) 이스라엘의 주권자로 삼으셨으니 내가 여호와 앞에서 뛰놀리라

22 내가 이보다 더 낮아져서 스스로 천하게 보일지라도 네가 말한 바 계집종에게는 내가 높임을 받으리라 한지라

23 그러므로 사울의 딸 미갈이 죽는 날까지 그에게 자식(子息)이 없으니라

다윗과 다윗 왕국에 대한 하나님의 약속
(대상 17:1~15)

7 여호와께서 주위의 모든 원수를 무찌르사 왕으로 궁에 평안히 살게 하신 때에

2 왕이 선지자 나단에게 이르되 볼지어다 나는 백향목 궁에 살거늘 하나님의 궤는 휘장 가운데에 있도다 5:11

3 나단이 왕께 아뢰되 여호와께서 왕과 함께 계시니 마음에 있는 모든 것을 행하소서 하니라

4 그 밤에 여호와의 말씀이 나단에게 임하여 이르시되

5 가서 내 종 다윗에게 말하기를 여호와께서 이와 같이 말씀하시되 네가 나를 위하여 내가 살 집을 건축하겠느냐

6 내가 이스라엘 자손을 애굽에서 인도하여 내던 날부터 오늘까지 집에 살지 아니하고 장막과 성막 안에서 다녔나니

7 이스라엘 자손과 더불어 다니는 모든 곳에서 내가 내 백성 이스라엘을 먹이라고 명령한 이스라엘¹⁾ 어느 지파들 가운데 하나에게 내가 말하기를 너희가 어찌하여 나를 위하여 백향목 집을 건축하지 아니하였느냐고 말하였느냐

8 그러므로 이제 내 종 다윗에게 이와 같이 말하라 만군의 여호와께서 이와 같이 말씀하시기를 내가 너를 목장 곧 양을 따르는 데에서 데려다가 내 백성 이스라엘의 주권자로 삼고

9 네가 가는 모든 곳에서 내가 너와 함께 있어 네 모든 원수를 네 앞에서 멸하였

1) 사사(대상 17:6)

하나님의 종을 비판하는 것의 결과(6:16~23)			
사 람	내 용	결 과	참고 구절
미리암	구스 여자를 취한 모세를 꾸짖음	나병에 걸림	민 12장
고라와 자손들	모세의 리더십에 도전함	땅이 그들을 삼켜버림	민 16장
미갈	다윗을 업신여김	자식을 낳지 못하게 됨	삼하 6장
시므이	다윗에게 욕하고 돌을 던짐	솔로몬에 의해 처형됨	삼하 16장 왕상 2장

은즉 땅에서 위대한 자들의 이름 같이
네 이름을 위대하게 만들어 주리라

10 내가 또 내 백성 이스라엘을 위하여 한 곳을 정하여 그를 심고 그를 거주하게 하고 다시 옮기지 못하게 하며 악한 종류로 전과 같이 그들을 해하지 못하게 하여

11 전에 내가 사사에게 명령(命令)하여 내 백성 이스라엘을 다스리던 때와 같지 아니하게 하고 너를 모든 원수에게서 벗어나 편히 쉬게 하리라 여호와가 또 네게 이르노니 여호와가 너를 위하여 집을 짓고

12 네 수한이 차서 네 조상들과 함께 누울 때에 내가 네 몸에서 날 네 씨를 네 뒤에 세워 그의 나라를 견고하게 하리라

13 그는 내 이름을 위하여 집을 건축할 것 이요 나는 그의 나라 왕위를 영원히 견고하게 하리라

14 나는 그에게 아버지가 되고 그는 내게 아들이 되리니 그가 만일 죄를 범하면 내가 사람의 매와 인생의 채찍으로 징계(懲戒)하려니와

15 내가 네 앞에서 물러나게 한 사울에게서 내 은총(恩寵)을 빼앗은 것처럼 그에게서 빼앗지는 아니하리라

16 네 집과 네 나라가 내 앞에서 영원히 보전되고 네 왕위가 영원히 견고하리라 하셨다 하라

17 나단이 이 모든 말씀들과 이 모든 계시대로 다윗에게 말하니라

다윗의 기도 (대상 17:16~27)

18 ●다윗 왕이 여호와 앞에 들어가 앉아

하나님이 거하시는
성막(7:6)

서 이르되 주 여호와여 나는 누구이오 며 내 집은 무엇이기에 나를 여기까지 이르게 하셨나이까

19 주 여호와여 주께서 이것을 오히려 적게 여기시고 또 종의 집에 있을 먼 장 래의 일까지도 말씀하셨나이다 주 여호와여 이것이 사람의 법이니이다

20 주 여호와는 주의 종을 아시오니 다윗이 다시 주께 무슨 말씀을 하오리이까

21 주의 말씀으로 말미암아 주의 뜻대로 이 모든 큰 일을 행하사 주의 종에게 알게 하셨나이다

22 그런즉 주 여호와여 주는 위대하시니 이는 우리 귀로 들은 대로는 주와 같은 이가 없고 주 외에는 신이 없음이 니이다

23 땅의 어느 한 나라가 주의 백성 이스라엘과 같으리이까 하나님이 가서 구속하사 자기 백성으로 삼아 주의 명성을 내시며 그들을 위하여 큰 일을, 주의 땅을 위하여 두려운 일을 애굽과 많은 나라들과 그의 신들에게서 구속하신 백성 앞에서 행하셨사오며

24 주께서 주의 백성 이스라엘을 세우사 영원히 주의 백성으로 삼으셨사오니 여호와여 주께서 그들의 하나님이 되셨나이다

25 여호와 하나님이여 이제 주의 종과 종의 집에 대하여 말씀하신 것을 영원히 세우시며 말씀하신 대로 행하사

26 사람이 영원히 주의 이름을 크게 높여

삿 89:22
시 89:26
시 4:7

삽 하

7 장 에는 무엇이 기록되어 있을까?

다윗은 하나님을 위해 성전을 지으려고 했어요. 하나님은 선지자 나단을 통해 다윗에게 세 가지 약속을 하셨답니다. 첫째는 항상 다윗과 함께하셔서 그를 위대하게 해주시겠다는 약속, 둘째는 다윗의 아들이 성전을 짓게 하시겠다는 약속, 셋째는 다윗 집안과 그 나라를 영원히 굳건하게 하시겠다는 약속이었어요.

견고(7:12) 굳고 튼튼함.
징계(7:14) 허물을 뉘우치게 경계하고 나무람.

이르기를 만군의 여호와는 이스라엘의 하나님이라 하게 하옵시며 주의 종 다윗의 집이 주 앞에 견고하게 하옵소서

27 만군의 여호와 이스라엘의 하나님이여 주의 종의 귀를 여시고 이르시기를 내가 너를 위하여 집을 세우리라 하셨으므로 주의 종이 이 기도로 주께 간구할 마음이 생겼나이다

28 주 여호와여 오직 주는 하나님이시며 주의 말씀들이 참되시니이다 주께서 이 좋은 것을 주의 종에게 말씀하셨사오니

29 이제 청하건대 종의 집에 복을 주사 주 앞에 영원히 있게 하옵소서 주 여호와께서 말씀하셨사오니 주의 종의 집이 영원히 복을 받게 하옵소서 하니라

다윗이 어디로 가든지 이기다 (대상 18:1~17)

8 그 후에 다윗이 블레셋 사람들을 쳐서 항복을 받고 블레셋 사람들의 손에서 1)메덱암마를 빼앗으니라 대하 18:1

2 ●다윗이 또 모압을 쳐서 그들로 땅에 엎드리게 하고 줄로 재어 2)그 두 줄 길이의 사람은 죽이고 한 줄 길이의 사람은 살리니 모압 사람들이 다윗의 종들이 되어 조공을 드리니라

3 ●르홉의 아들 소바 왕 하닷에셀이 자기 권세를 회복하려고 유브라데 강으로 갈 때에 다윗이 그를 쳐서

4 그에게서 마병 천칠백 명과 보병 이만 명을 사로잡고 병거 일백 대의 말만 남기고 다윗이 그 외의 병거의 말은 다 발의 힘줄을 끊었더니

5 다메섹의 아람 사람들이 소바 왕 하닷에셀을 도우러 온지라 다윗이 아람 사

람 이만 이천 명을 죽이고

6 다윗이 다메섹 아람에 수비대를 두매 아람 사람이 다윗의 종이 되어 조공을 바치니라 다윗이 어디로 가든지 여호와께서 이기게 하시니라

7 다윗이 하닷에셀의 신복들이 가진 금 방패를 빼앗아 예루살렘으로 가져오고

8 또 다윗 왕이 하닷에셀의 고을 베다와 베로대에서 매우 많은 놋을 빼앗으니라

9 ●하맛 왕 도이가 다윗이 하닷에셀의 온 군대를 쳐서 무찔렀다 함을 듣고

10 도이가 그의 아들 요람을 보내 다윗 왕에게 문안하고 축복하게 하니 이는 하닷에셀이 도이와 더불어 전쟁이 있던 터에 다윗이 하닷에셀을 쳐서 무찌름이라 요람이 은 그릇과 금 그릇과 놋 그릇을 가지고 온지라

11 다윗 왕이 그것도 여호와께 드리되 그가 정복한 모든 나라에서 얻은 은금

12 곧 아람과 모압과 암몬 자손과 블레셋 사람과 아말렉에게서 얻은 것들과 소바 왕 르홉의 아들 하닷에셀에게서 노략한 것과 같이 드리니라

13 ●다윗이 소금 골짜기에서 3)에돔 사람 만 팔천 명을 쳐죽이고 돌아와서 명성을 떨치니라

14 다윗이 에돔에 수비대를 두되 온 에돔에 수비대를 두니 에돔 사람이 다 다윗의 종이 되니라 다윗이 어디로 가든지 여호와께서 이기게 하셨더라

15 ●다윗이 온 이스라엘을 다스려 다윗이 모든 백성에게 정의와 공의를 행할새

16 스루야의 아들 요압은 군사령관이 되고 아힐룻의 아들 여호사밧은 사관이 되고

17 아히둡의 아들 사독과 아비아달의 아들 아히멜렉은 제사장이 되고 스라야는 서기관이 되고

18 여호야다의 아들 브나야는 그렛 사람과 블렛 사람을 관할하고 다윗의 아들들은 대신들이 되니라

삼상 30:14

8 에는 무엇이 기록되어 있을까?

다윗은 서쪽으로는 블레셋, 동쪽으로는 모압, 북쪽으로는 소바와 다메섹과 하맛, 그리고 남쪽으로는 에돔을 정복하면서 국경을 넓혀 갔으며, 이분 아니라 다윗은 이스라엘 왕국의 정치에도 힘썼으며, 16~18절에서는 다윗이 나라를 다스리는 데 뒷받침하였던 신하들을 소개하고 있답니다.

1) 모성의 굴레 2) 또는 삼분의 이는 죽이고 삼분의 일은 살리니 3) 히, 아람(시편 60편 제목과 대상 18:11, 12)

다윗과 므비보셋

9 다윗이 이르되 사울의 집에 아직도 남은 사람이 있느냐 내가 요나단으로 말미암아 그 사람에게 은총을 베풀리라 하니라

2 사울의 집에는 종 한 사람이 있으니 그의 이름은 시바라 그를 다윗의 앞으로 부르매 왕이 그에게 말하되 네가 시바냐 하니 이르되 당신의 종이니이다 하니라

3 왕이 이르되 사울의 집에 아직도 남은 사람이 없느냐 내가 그 사람에게 하나님의 은총을 베풀고자 하노라 하니 시바가 왕께 아뢰되 요나단의 아들 하나가 있는데 다리 저는 자니이다 하니라

4 왕이 그에게 말하되 그가 어디 있느냐 하니 시바가 왕께 아뢰되 로드발 암미엘의 아들 마길의 집에 있나이다 하거늘

5 다윗 왕이 사람을 보내어 로드발 암미엘의 아들 마길의 집에서 그를 데려오니

6 사울의 손자 요나단의 아들 므비보셋이 다윗에게 나아와 그 앞에 엎드려 절하매 다윗이 이르되 므비보셋이여 하니 그가 이르기를 보소서 당신의 종이니이다

7 다윗이 그에게 이르되 무서워하지 말라 내가 반드시 네 아버지 요나단으로 말미암아 네게 은총을 베풀리라 내가 네 할아버지 사울의 모든 밭을 다 네게 도로 주겠고 또 너는 항상 내 상에서 떡을 먹을지니라 하니

8 그가 절하여 이르되 이 종이 무엇이기에 왕께서 죽은 개 같은 나를 돌아보시나이까 하니라

9 왕이 사울의 시종 시바를 불러 그에게 이르되 사울과 그의 온 집에 속한 것은 내가 다 네 주인의 아들에게 주었노니

10 너와 네 아들들과 네 종들은 그를 위하여 땅을 갈고 거두어 네 주인의 아들에게 양식을 대주어 먹게 하라 그러나 네 주인의 아들 므비보셋은 항상 내 상에서 떡을 먹으리라 하니라 시바는 아들이 열다섯 명이요 종이 스무 명이라

11 시바가 왕께 아뢰되 내 주 왕께서 모든 일을 종에게 명령하신 대로 종이 준행하겠나이다 하니라 므비보셋은 왕자 중 하나처럼 왕의 상에서 먹으니라

12 므비보셋에게 어린 아들 하나가 있으니 이름은 미가더라 시바의 집에 사는 자마다 므비보셋의 종이 되니라

13 므비보셋이 항상 왕의 상에서 먹으므로 예루살렘에 사니라 그는 두 발을 다 절더라

다윗이 암몬과 싸우다 (대상 19:1-19)

10 그 후에 암몬 자손의 왕이 죽고 그의 아들 하눈이 대신하여 왕이 되니

2 다윗이 이르되 내가 나하스의 아들 하

9 에는 무엇이 기록되어 있을까?

다윗은 요나단의 깊은 우정에 대해 늘 고마운 마음을 갖고 있었어요 약혼으로 나라를 튼튼하게 세우게 되자, 다윗은 사울의 가족들을 보살피려고 했지요. 사울의 종 시바를 통해 요나단의 아들 므비보셋을 찾은 다윗은 그에게 사울의 재산을 모두 돌려주고 평생 자신의 궁전에서 먹고 살 수 있도록 해주었답니다.

눈에게 은총을 베풀되 그의 아버지가 내게 은총을 베푼 것 같이 하리라 하고 다윗이 그의 신하들을 보내 그의 아버지를 조상하라 하니라 다윗의 신하들이 암몬 자손의 땅에 이르매

3 암몬 자손의 관리들이 그들의 주 하눈에게 말하되 왕은 다윗이 조객을 당신에게 보낸 것이 왕의 아버지를 공경함인 줄로 여기시나이까 다윗이 그의 신하들을 당신에게 보내 이 성을 엿보고 탐지하여 함락시키고자 함이 아니니이까 하니

4 이에 하눈이 다윗의 신하들을 잡아 그들의 수염 절반을 깎고 그들의 의복의 중동볼기까지 자르고 돌려보내매

5 사람들이 이 일을 다윗에게 알리니라 그 사람들이 크게 부끄러워하므로 왕이 그들을 맞으러 보내 이르되 너희는 수염이 자라기까지 여리고에서 머물다가 돌아오라 하니라

6 ●암몬 자손들이 자기들이 다윗에게 미움이 된 줄 알고 암몬 자손들이 사람을 보내 벧르홉 아람 사람과 소바 아람 사람의 보병 이만 명과 마아가 왕과 그의 사람 천 명과 돕 사람 만 이천 명을 고용한지라

7 다윗이 듣고 요압과 용사의 온 무리를 보내매

8 암몬 자손은 나와서 성문 어귀에 진을 쳤고 소바와 르홉 아람 사람과 돕과 마아가 사람들은 따로 들에 있더라

9 ●요압이 자기와 맞서 앞뒤에 친 적진을 보고 이스라엘의 선발한 자 중에서 또 엄선하여 아람 사람과 싸우려고 진치고

10 그 백성의 남은 자를 그 아우 아비새의 수하에 맡겨 암몬 자손과 싸우려고 진치게 하고 16:9

11 이르되 만일 아람 사람이 나보다 강하면 네가 나를 돕고 만일 암몬 자손이 너보다 강하면 내가 가서 너를 도우리라

12 너는 담대하라 우리가 우리 백성과 우리 하나님의 성읍들을 위하여 담대하자 여호와께서 선히 여기시는 대로 행하시기를 원하노라 하고

13 요압과 그와 함께 한 백성이 아람 사람을 대항하여 싸우려고 나아가니 그들이 그 앞에서 도망하고

14 암몬 자손은 아람 사람이 도망함을 보고 그들도 아비새 앞에서 도망하여 성읍으로 들어간지라 요압이 암몬 자손을 떠나 예루살렘으로 돌아가니라

15 ●아람 사람이 자기가 이스라엘 앞에서 패하였음을 보고 다 모이매

16 하닷에셀이 사람을 보내 강 건너쪽에 있는 아람 사람을 불러 내매 그들이 헬람에 이르니 하닷에셀의 군사령관 소박이 그들을 거느린지라

17 어떤 사람이 다윗에게 알리매 그가 온 이스라엘을 모으고 요단을 건너 헬람에 이르매 아람 사람들이 다윗을 향하여 진을 치고 더불어 싸우더니

18 아람 사람이 이스라엘 앞에서 도망한지라 다윗이 아람 병거 칠백 대와 마병 사만 명을 죽이고 또 그 군사령관 소박을 쳐서 거기서 죽이니라

19 하닷에셀에게 속한 왕들이 자기가 이스라엘 앞에서 패함을 보고 이스라엘과 화친하고 섬기니 그러므로 아람 사람들이 두려워하여 다시는 암몬 자손을 돕지 아니하니라

10 에는 무엇이 기록되어 있을까?

다윗은 암몬 왕 나하스가 죽었다는 소식을 듣고, 그 아들 하눈 왕을 위로하고자 신하들을 보냈어요. 하지만 하눈 왕은 다윗의 신하들을 모욕하고, 이웃 나라와 힘을 합쳐 이스라엘을 공격했지요. 그러나 두 번에 걸친 전투에서 요압의 군대와 다윗의 군대는 모두 승리를 거두었답니다.

다윗과 밧세바─B.C. 990년경

11 그 해가 돌아와 왕들이 출전할 때가 되매 다윗이 요압과 그에게 있는 그의 부하들과 온 이스라엘 군대를 보내니 그들이 암몬 자손을 멸하고

랍바를 에워쌌고 다윗은 예루살렘에
그대로 있더라

2 ●저녁 때에 다윗이 그의 침상에서 일
어나 왕궁 옥상에서 거닐다가 그 곳에
서 보니 한 여인이 목욕을 하는데 심히
아름다워 보이는지라

3 다윗이 사람을 보내 그 여인을 알아보
게 하였더니 그가 아뢰되 그는 엘리암
의 딸이요 헷 사람 우리아의 아내 밧세
바가 아니니이까 하니

4 다윗이 전령을 보내어 그 여자를 자기에
게로 데려오게 하고 그 여자가 그 부정
함을 깨끗하게 하였으므로 더불어 동침
하매 그 여자가 자기 집으로 돌아가니라

5 그 여인이 임신하매 사람을 보내 다윗
에게 말하여 이르되 내가 임신하였나
이다 하니라

6 ●다윗이 요압에게 기별하여 헷 사람
우리아를 내게 보내라 하매 요압이 우
리아를 다윗에게로 보내니

7 우리아가 다윗에게 이르매 다윗이 요
압의 안부와 군사의 안부와 싸움이 어
떠했는지를 묻고

8 그가 또 우리아에게 이르되 네 집으로
내려가서 발을 씻으라 하니 우리아가
왕궁에서 나가매 왕의 음식물이 뒤따
라 가니라

9 그러나 우리아는 집으로 내려가지 아

니하고 왕궁 문에서 그의 주의 모든 부
하들과 더불어 잔지라

10 어떤 사람이 다윗에게 아뢰되 우리아
가 그의 집으로 내려가지 아니하였나이
다 다윗이 우리아에게 이르되 네가 길
갔다가 돌아온 것이 아니냐 어찌하여
네 집으로 내려가지 아니하였느냐 하니

11 우리아가 다윗에게 아뢰되 언약궤와
이스라엘과 유다가 야영 중에 있고 내
주 요압과 내 왕의 부하들이 바깥 들에
진 치고 있거늘 내가 어찌 내 집으로 가
서 먹고 마시고 내 처와 같이 자리이까
내가 이 일을 행하지 아니하기로 왕의
살아 계심과 왕의 혼의 살아 계심을 두
고 맹세하나이다 하니라   7:2

12 다윗이 우리아에게 이르되 오늘도 여
기 있으라 내일은 내가 너를 보내리라
우리아가 그 날에 예루살렘에 머무니
라 이튿날

13 다윗이 그를 불러서 그로 그 앞에서 먹
고 마시고 취하게 하니 저녁 때에 그가
나가서 그의 주의 부하들과 더불어 침
상에 눕고 그의 집으로 내려가지 아니
하니라

14 ●아침이 되매 다윗이 편지를 써서 우
리아의 손에 들려 요압에게 보내니

15 그 편지에 써서 이르기를 너희가 우리
아를 맹렬한 싸움에 앞세워 두고 너희

선생님!! 궁금해요

창세기에 나오는 사람들은 어떻게
그렇게 오래 살았나요?

노아의 홍수가 나기 전의 사람들은 굉장히 오랫동안 살았어요.
아담은 930세, 에노스는 912세, 므두셀라는 969세, 라멕 777
세, 방주를 지었던 노아는 950세까지 살았으니 지금과는 비교가
안 될 정도로 아주 오래 살았던 거죠.
어떻게 그렇게 오래 살 수 있었을까요? 그들은 아담의 후손이었지
만 하나님의 뜻대로 살려고 노력했어요. 또 사람들의 숫자가 많지 않
았기 때문에 환경이 오늘날처럼 더렵혀지지 않았답니다. 공해나 쓰
레기 문제도 없었지요. 또 당시 사람들은 주로 채식을 했어요. 그러
나 죄가 많아지게 되자 하나님께서는 홍수의 심판을 내리셨고, 물 속
에 잠겼던 세상은 환경이 조금 바뀌었어요. 그 결과 홍수 후의 사람들
은 수명이 120세 이하로 줄어들고 말았답니다. 창 5장 25~27절

는 뒤로 물러가서 그로 맞아 죽게 하라 하였더라 12:9

16 요압이 그 성을 살펴 용사들이 있는 것을 아는 그 곳에 우리아를 두니

17 그 성 사람들이 나와서 요압과 더불어 싸울 때에 다윗의 부하 중 몇 사람이 엎드러지고 헷 사람 우리아도 죽으니라

18 요압이 사람을 보내 그 전쟁의 모든 일을 다윗에게 보고할새

19 그 전령에게 명령하여 이르되 전쟁의 모든 일을 네가 왕께 보고하기를 마친 후에 삼 9:53

20 혹시 왕이 노하여 네게 말씀하기를 너희가 어찌하여 성에 그처럼 가까이 가서 싸웠느냐 그들이 성 위에서 쏠 줄을 알지 못하였느냐

21 아비멜렉의 아들 여룹베셋을 쳐죽인 자가 누구냐 여인 하나가 성에서 맷돌 위짝을 그 위에 던지매 그가 데벳스에서 죽지 아니하였느냐 어찌하여 성에 가까이 갔더냐 하시거든 네가 말하기를 왕의 종 헷 사람 우리아도 죽었나이다 하라

22 ●전령이 가서 다윗에게 이르러 요압이 그를 보낸 모든 일을 다윗에게 아뢰어

23 이르되 그 사람들이 우리보다 우세하여 우리를 향하여 들로 나오므로 우리가 그들을 쳐서 성문 어귀까지 미쳤더니

24 활 쏘는 자들이 성 위에서 왕의 부하들을 향하여 쏘매 왕의 부하 중 몇 사람이 죽고 왕의 종 헷 사람 우리아도 죽었나이다 하니

25 다윗이 전령에게 이르되 너는 요압에게 이같이 말하기를 이 일로 걱정하지 말라 칼은 이 사람이나 저 사람이나 삼키느니라 그 성을 향하여 더욱 힘써 싸워 함락시키라 하여 너는 그를 담대하게 하라 하니라

26 ●우리아의 아내는 그 남편 우리아가 죽었음을 듣고 그의 남편을 위하여 소리내어 우니라

27 그 장례를 마치매 다윗이 사람을 보내 그를 왕궁으로 데려오니 그가 그의 아내가 되어 그에게 아들을 낳으니라 다윗이 행한 그 일이 여호와 보시기에 악하였더라

나단의 책망과 다윗의 회개 — B.C. 990년경

12 여호와께서 나단을 다윗에게 보내시니 그가 다윗에게 가서 그에게 이르되 한 성읍에 두 사람이 있는데 한 사람은 부하고 한 사람은 가난하니

2 그 부한 사람은 양과 소가 심히 많으나

3 가난한 사람은 아무것도 없고 자기가 사서 기르는 작은 암양 새끼 한 마리뿐이라 그 암양 새끼는 그와 그의 자식과 함께 자라며 그가 먹는 것을 먹으며 그의 잔으로 마시며 그의 품에 누우므로 그에게는 딸처럼 되었거늘

4 어떤 행인이 그 부자에게 오매 부자가 자기에게 온 행인을 위하여 자기의 양과 소를 아껴 잡지 아니하고 가난한 사람의 양 새끼를 빼앗아다가 자기에게 온 사람을 위하여 잡았더라 하니

5 다윗이 그 사람으로 말미암아 노하여 나단에게 이르되 여호와의 살아 계심을 두고 맹세하노니 이 일을 행한 그 사람은 마땅히 죽을 자라

6 그가 불쌍히 여기지 아니하고 이런 일을 행하였으니 그 양 새끼를 네 배나 갚아 주어야 하리라 한지라

7 ●나단이 다윗에게 이르되 당신이 그 사람이라 이스라엘의 하나님 여호와께서 이와 같이 이르시기를 내가 너를 이스라엘 왕으로 기름 붓기 위하여 너

11 에는 무엇이 기록되어 있을까?

이스라엘이 암몬과 세 번째 전쟁을 하고 있을 때였어요. 다윗은 밧세바가 목욕하는 모습을 보고 반해 같이 잠을 잤습니다. 밧세바가 아이를 갖게 되자, 다윗은 그 남편 우리아를 전쟁터에서 불러들여 집으로 가서 쉬도록 했어요. 충성스러운 우리아가 집으로 가지 않자, 다윗은 요압에게 시켜 그를 전쟁터에서 죽게 했습니다.

를 사울의 손에서 구원하고

8 네 주인의 집을 네게 주고 네 주인의 아내들을 네 품에 두고 이스라엘과 유다 족속을 네게 맡겼느니라 만일 그것이 부족하였을 것 같으면 내가 네게 이것 저것을 더 주었으리라

9 그러한데 어찌하여 네가 여호와의 말씀을 업신여기고 나 보기에 악을 행하였느냐 네가 칼로 헷 사람 우리아를 치되 암몬 자손의 칼로 죽이고 그의 아내를 빼앗아 네 아내로 삼았도다

10 이제 네가 나를 업신여기고 헷 사람 우리아의 아내를 빼앗아 네 아내로 삼았은즉 칼이 네 집에서 영원토록 떠나지 아니하리라 하셨고

11 여호와께서 또 이와 같이 이르시기를 보라 내가 너와 네 집에 재앙을 일으키고 내가 네 눈앞에서 네 아내를 빼앗아 네 이웃들에게 주리니 그 사람들이 네 아내들과 더불어 백주에 동침하리라

12 너는 은밀히 행하였으나 나는 온 이스라엘 앞에서 백주에 이 일을 행하리라 하셨나이다 하니

13 다윗이 나단에게 이르되 내가 여호와께 죄를 범하였노라 하매 나단이 다윗에게 말하되 여호와께서도 당신의 죄를 사하셨나니 당신이 죽지 아니하려니와

14 이 일로 말미암아 여호와의 원수가 크게 비방할 거리를 얻게 하였으니 당신이 낳은 아이가 반드시 죽으리이다 하고

15 나단이 자기 집으로 돌아가니라

다윗의 아이가 죽다

● 우리아의 아내가 다윗에게 낳은 아이를 여호와께서 치시매 심히 앓는지라

16 다윗이 그 아이를 위하여 하나님께 간구하되 다윗이 금식하고 안에 들어가서 밤새도록 땅에 엎드렸으니

17 그 집의 늙은 자들이 그 곁에 서서 다윗을 땅에서 일으키려 하되 왕이 듣지 아니하고 그들과 더불어 먹지도 아니하더라

18 이레 만에 그 아이가 죽으니라 그러나 다윗의 신하들이 아이가 죽은 것을 왕에게 아뢰기를 두려워하니 이는 그들이 말하기를 아이가 살았을 때에 우리가 그에게 말하여도 왕이 그 말을 듣지 아니하셨나니 어떻게 그 아이가 죽은 것을 그에게 아뢸 수 있으랴 왕이 상심하시리로다 함이라

19 다윗이 그의 신하들이 서로 수군거리는 것을 보고 그 아이가 죽은 줄을 다윗이 깨닫고 그의 신하들에게 묻되 아이가 죽었느냐 하니 대답하되 죽었나이다 하는지라

20 다윗이 땅에서 일어나 몸을 씻고 기름을 바르고 의복을 갈아입고 여호와의 전에 들어가서 경배하고 왕궁으로 돌아와 명령하여 음식을 그 앞에 차리게 하고 먹은지라

솔솔 풀리는 성경말씀

선지자 나단

히브리로는 '나탄', '선물'이라는 의미예요. 나단은 다윗과 솔로몬 시대에 활동하던 선지자이자 역사가였어요(7, 11장). 다윗이 성전 건축 계획을 처음 발표했을 때, 그는 전심으로 동의했으나, 하지만 나중에 그는 성전 건축이 다윗의 후계자에 의해 이루어질 것이라는 하나님의 계시를 받아 다윗에게 전했어요. 또한 다윗의 왕위가 영원히 견고하게 세워질 것도 예언하였답니다(7장).

한편 나단은 다윗이 밧세바와 간음하고 우리아를 살해했을 때, 가난한 자의 유일한 양을 빼앗은 부자의 얘기를 들려주면서 그를 꾸짖었지요. 또한 다윗이 늙게 되자, 밧세바와 함께 다윗에게 나아가 솔로몬을 후계자로 세우도록 했어요.

12장에는 무엇이 기록되어 있을까?

하나님은 선지자 나단을 통해 다윗에게 죄를 깨우쳐주셨고, 앞으로 일어날 재앙을 말씀해주셨어요. 그중 하나는 밧세바가 낳은 아들이 죽게 되었지요. 다윗은 가슴이 찢어질 듯 아팠지만 하나님께서 벌하시는 것을 겸손히 받아들이고 예배를 드렸어요. 이때 다윗이 용서를 구하면서 지은 시가 시편 51편이랍니다.

12장 1~5절

암몬의 랍바 유적지(12:26)

21 그의 신하들이 그에게 이르되 아이가 살았을 때에는 그를 위하여 금식하고 우시더니 죽은 후에는 일어나서 잡수시니 이 일이 어찌 됨이니이까 하니

22 이르되 아이가 살았을 때에 내가 금식하고 운 것은 혹시 여호와께서 나를 불쌍히 여기사 아이를 살려 주실는지 누가 알까 생각함이거니와

23 지금은 죽었으니 내가 어찌 금식하랴 내가 다시 돌아오게 할 수 있느냐 나는 그에게로 가려니와 그는 내게로 돌아오지 아니하리라 하니라

솔로몬이 태어나다

24 ●다윗이 그의 아내 밧세바를 위로하고 그에게 들어가 그와 동침하였더니 그가 아들을 낳으매 그의 이름을 솔로몬이라 하니라 여호와께서 그를 사랑하사

25 선지자 나단을 보내 그의 이름을 [1]여디디야라 하시니 이는 여호와께서 사랑하셨기 때문이더라

다윗이 랍바를 쳐서 점령하다 (대상 20:1-3)

26 ●요압이 암몬 자손의 랍바를 쳐서 그 왕성을 점령하매

27 요압이 전령을 다윗에게 보내 이르되 내가 랍바 곧 물들의 성읍을 쳐서 점령하였으며

28 이제 왕은 그 백성의 남은 군사를 모아 그 성에 맞서 진 치고 이 성읍을 쳐서 점령하소서 내가 이 성읍을 점령하면 이 성읍이 내 이름으로 일컬음을 받을까 두려워하나이다 하니

29 다윗이 모든 군사를 모아 랍바로 가서

30 그 왕의 머리에서 보석 박힌 왕관을 가져오니 그 중량이 금 한 달란트라 다윗이 자기의 머리에 쓰니라 다윗이 또 그 성읍에서 노략한 물건을 무수히 내오고

31 그 안에 있는 백성들을 끌어내어 [2]톱질과 써레질과 철도끼질과 벽돌구이를 그들에게 하게 하니라 암몬 자손의 모든 성읍을 이같이 하고 다윗과 모든 백성이 예루살렘으로 돌아가니라

암논과 다말 - B.C. 990년경

13 그 후에 이 일이 있으니라 다윗의 아들 압살롬에게 아름다운 누이가 있으니 이름은 다말이라 다윗의 다른 아들 암논이 그를 사랑하나 3:2, 3

2 그는 처녀이므로 어찌할 수 없는 줄을 알고 암논이 그의 누이 다말 때문에 울화로 말미암아 병이 되니라

3 암논에게 요나답이라 하는 친구가 있으니 그는 다윗의 형 시므아의 아들이요 심히 간교한 자라　삼상 16:9

4 그가 암논에게 이르되 왕자여 당신은 어찌하여 나날이 이렇게 파리하여 가느냐 내게 말해 주지 아니하겠느냐 하니 암논이 말하되 내가 아우 압살롬의 누이 다말을 사랑함이니라 하니라

5 요나답이 그에게 이르되 침상에 누워 병든 체하다가 네 아버지가 너를 보러 오거든 너는 그에게 말하기를 원하건대 내 누이 다말이 와서 내게 떡을 먹이되 내가 보는 데에서 떡을 차려 그의 손으로 먹여 주게 하옵소서 하라 하니

6 암논이 곧 누워 병든 체하다가 왕이 와

13장 에는 무엇이 기록되어 있을까?

다윗의 아들 암논은 배다른 여동생 다말을 사랑해서 억지로 같이 잠을 잤어요. 하지만 다윗은 화만 냈을 뿐 암논에게는 아무 벌도 주지 않았지요. 다말의 친오빠 압살롬은 양털 깎는 축제에 왕자들을 초대하여 암논에게 복수를 하였어요. 그리고 나서 압살롬은 외할아버지의 나라인 그술로 도망갔답니다.

1) 여호와께 사랑을 입음 2) 톱으로 켜고 써레로 썰고 도끼로 찍고 벽돌 가마로 지나게 하고

서 그를 볼 때에 암논이 왕께 아뢰되 원하건대 내 누이 다말이 와서 내가 보는 데에서 과자 두어 개를 만들어 그의 손으로 내게 먹여 주게 하옵소서 하니

7 ●다윗이 사람을 그의 집으로 보내 다말에게 이르되 이제 네 오라버니 암논의 집으로 가서 그를 위하여 음식을 차리라 한지라

8 다말이 그 오라버니 암논의 집에 이르매 그가 누웠더라 다말이 밀가루를 가지고 반죽하여 그가 보는 데서 과자를 만들고 그 과자를 굽고

9 그 냄비를 가져다가 그 앞에 쏟아 놓아도 암논이 먹기를 거절하고 암논이 이르되 모든 사람을 내게서 나가게 하라 하니 다 그를 떠나 나가니라

10 암논이 다말에게 이르되 음식물을 가지고 침실로 들어오라 내가 네 손에서 먹으리라 하니 다말이 자기가 만든 과자를 가지고 침실에 들어가 그의 오라버니 암논에게 이르러

11 그에게 먹이려고 가까이 가지고 갈 때에 암논이 그를 붙잡고 그에게 이르되 나의 누이야 와서 나와 동침하자 하는지라

12 그가 그에게 대답하되 아니라 내 오라버니여 나를 욕되게 하지 말라 이런 일은 이스라엘에서 마땅히 행하지 못할 것이니 이 어리석은 일을 행하지 말라

13 내가 이 수치를 지니고 어디로 가겠느냐 너도 이스라엘에서 어리석은 자 중의 하나가 되리라 이제 청하건대 왕께 말하라 그가 나를 네게 주기를 거절하지 아니하시리라 하되

14 암논이 그 말을 듣지 아니하고 다말보다 힘이 세므로 억지로 그와 동침하니라

15 ●그리하고 암논이 그를 심히 미워하

니 이제 미워하는 마음이 전에 사랑하던 사랑보다 더한지라 암논이 그에게 이르되 일어나 가라 하니

16 다말이 그에게 이르되 옳지 아니하다 나를 쫓아보내는 이 큰 악은 아까 내게 행한 그 악보다 더하다 하되 암논이 그를 듣지 아니하고

17 그가 부리는 종을 불러 이르되 이 계집을 내게서 이제 내보내고 곧 문빗장을 지르라 하니

18 암논의 하인이 그를 끌어내고 곧 문빗장을 지르니라 다말이 1)채색옷을 입었으니 출가하지 아니한 공주는 이런 옷으로 단장하는 법이라

19 다말이 재를 자기의 머리에 덮어쓰고 그의 채색옷을 찢고 손을 머리 위에 얹고 가서 크게 울부짖으니라

20 ●그의 오라버니 압살롬이 그에게 이르되 네 오라버니 암논이 너와 함께 있었느냐 그러나 그는 네 오라버니이니 누이야 지금은 잠잠히 있고 이것으로 말미암아 근심하지 말라 하니라 이에 다말이 그의 오라버니 압살롬의 집에 있어 처량하게 지내니라

21 다윗 왕이 이 모든 일을 듣고 심히 노하니라

22 압살롬은 암논이 그의 누이 다말을 욕되게 하였으므로 그를 미워하여 암논에 대하여 잘잘못을 압살롬이 말하지 아니하니라

다윗의 아들 압살롬(13:1)

태어난 곳	헤브론
신 분	왕자
아버지	다윗
어머니	마아가
여동생	다말
자 식	3남 1녀
특 징	외모가 아름다움 (14:25~26)
누이 다말로 인해 암논을 죽임 (13:28~29)	
민심을 모아 다윗 왕에게 반역함 (15:1~12)	
다윗의 후궁들과 같이 잠을 잠 (16:22)	
상수리나무에 매달려 요압과 그의 병사들에 의해 죽음 (18:14~15)	

1) 긴 옷

왕성(12:26) 왕궁이 있는 도성.
전령(12:27) 명령을 전하는 사람.
써레질(12:31) 써레(농기구)로 논바닥을 고르게 하거나 흙덩이를 깨는 일.
간교(13:3) 간사하고 교활함.

23 ●만 이 년 후에 에브라임 곁 바알하솔에서 압살롬이 양 털을 깎는 일이 있으매 압살롬이 왕의 모든 아들을 청하고

24 압살롬이 왕께 나아가 말하되 이제 종에게 양 털 깎는 일이 있사오니 청하건대 왕은 신하들을 데리시고 당신의 종과 함께 가사이다 하니

25 왕이 압살롬에게 이르되 아니라 내 아들아 이제 우리가 다 갈 것 없다 네게 누를 끼칠까 하노라 하니라 압살롬이 그에게 간청하였으나 그가 가지 아니하고 그에게 복을 비는지라

26 압살롬이 이르되 그렇게 하지 아니하시려거든 청하건대 내 형 암논이 우리와 함께 가게 하옵소서 왕이 그에게 이르되 그가 너와 함께 갈 것이 무엇이냐 하되

27 압살롬이 간청하매 왕이 암논과 왕의 모든 아들을 그와 함께 그에게 보내니라

28 압살롬이 이미 그의 종들에게 명령하여 이르기를 너희는 이제 암논의 마음이 술로 즐거워할 때를 자세히 보다가 내가 너희에게 암논을 치라 하거든 그를 죽이라 두려워하지 말라 내가 너희에게 명령한 것이 아니냐 너희는 담대히 용기를 내라 한지라

29 압살롬의 종들이 압살롬의 명령대로 암논에게 행하매 왕의 모든 아들들이 일어나 각기 노새를 타고 도망하니라

30 ●그들이 길에 있을 때에 압살롬이 왕의 모든 아들들을 죽이고 하나도 남기지 아니하였다는 소문이 다윗에게 이르매

31 왕이 곧 일어나서 자기의 옷을 찢고 땅에 드러눕고 그의 신하들도 다 옷을 찢고 모셔 선지라

32 *다윗의 형 시므아의 아들 요나답이 아뢰어 이르되 내 주여 젊은 왕자들이 다 죽임을 당한 줄로 생각하지 마옵소서 오직 암논만 죽었으리이다 그가 압살롬의 누이 다말을 욕되게 한 날부터 압살롬이 결심한 것이니이다

33 그러하온즉 내 주 왕이여 왕자들이 다 죽은 줄로 생각하여 상심하지 마옵소서 오직 암논만 죽었으리이다 하니라 19:19

34 ●이에 압살롬은 도망하니라 파수하는 청년이 눈을 들어 보이라 뒷산 언덕길로 여러 사람이 오는도다 13:37

35 요나답이 왕께 아뢰되 보소서 왕자들이 오나이다 당신의 종이 말한 대로 되었나이다 하고

36 말을 마치자 왕자들이 이르러 소리를 높여 통곡하니 왕과 그의 모든 신하들도 심히 통곡하니라

37 ●압살롬은 도망하여 그술 왕 암미훌의 아들 달매에게로 갔고 다윗은 날마다 그의 아들로 말미암아 슬퍼하니라 3:3

38 압살롬이 도망하여 그술로 가서 거기에 산 지 삼 년이라

39 ¹다윗 왕의 마음이 압살롬을 향하여 간절하니 암논은 이미 죽었으므로 왕이 위로를 받았음이더라 12:19

─B.C. 985년경─

14

스루야의 아들 요압이 왕의 마음이 압살롬에게로 향하는 줄 알고 13:39

2 드고아에 사람을 보내 거기서 지혜로운 여인 하나를 데려다가 그에게 이르되 청하건대 너는 상주가 된 것처럼 상복을 입고 기름을 바르지 말고 죽은 사람을 위하여 오래 슬퍼하는 여인 같이 하고

3 왕께 들어가서 그에게 이러이러하게 말하라고 요압이 그의 입에 할 말을 넣어 주니라

14 에는 무엇이 기록되어 있을까?

요압은 다윗이 압살롬으로 인해 고민하는 것을 알고, 드고아에 사는 한 여인을 보내 다윗을 설득하도록 했어요. 그녀는 다윗이 하나님께 받은 은혜를 생각해서 압살롬을 용서하라고 말했지요. 결국 다윗은 압살롬이 이스라엘로 돌아올 수 있도록 허락하지만 2년 동안이나 그와 만나지 않았답니다.

1) 다윗 왕이 압살롬에게 발노하기를 쉬니

드고아의 전경(14:2)

4 ●드고아 여인이 왕께 아뢸 때에 얼굴을 땅에 대고 엎드려 이르되 왕이여 도우소서 하니 14:2

5 왕이 그에게 이르되 무슨 일이냐 하니라 대답하되 나는 진정으로 과부니이다 남편은 죽고

6 이 여종에게 아들 둘이 있더니 그들이 들에서 싸우나 그들을 말리는 사람이 아무도 없으므로 한 아이가 다른 아이를 쳐죽인지라

7 온 족속이 일어나서 당신의 여종 나를 핍박하여 말하기를 그의 동생을 쳐죽인 자를 내놓으라 우리가 그의 동생 죽인 죄를 갚아 그를 죽여 상속자 될 것까지 끊겠노라 하오니 그러한즉 그들이 내게 남아 있는 숯불을 꺼서 내 남편의 이름과 씨를 세상에 남겨두지 아니하겠나이다 하니

8 왕이 여인에게 이르되 네 집으로 가라 내가 너를 위하여 명령을 내리리라 하는지라

9 드고아 여인이 왕께 아뢰되 내 주 왕이여 그 죄는 나와 내 아버지의 집으로 돌릴 것이니 왕과 왕위는 허물이 없으리이다 창상 2:33

10 왕이 이르되 누구든지 네게 말하는 자를 내게로 데려오라 그가 다시는 너를 건드리지도 못하리라 하니라

11 여인이 이르되 청하건대 왕은 왕의 하나님 여호와를 기억하사 원수 갚는 자가 더 죽이지 못하게 하옵소서 내 아들을 죽일까 두렵나이다 하니 왕이 이르되 여호와께서 살아 계심을 두고 맹세하노니 네 아들의 머리카락 하나도 땅

에 떨어지지 아니하리라 하니라

12 ●여인이 이르되 청하건대 당신의 여종을 용납하여 한 말씀을 내 주 왕께 여쭙게 하옵소서 하니 그가 이르되 말하라 하니라

13 여인이 이르되 그러면 어찌하여 왕께서 하나님의 백성에게 대하여 이같은 생각을 하셨나이까 이 말씀을 하심으로 왕께서 죄 있는 사람 같이 되심은 그 내쫓긴 자를 왕께서 집으로 돌아오게 하지 아니하심이니이다

14 우리는 필경 죽으리니 땅에 쏟아진 물을 다시 담지 못함 같을 것이오나 하나님은 생명을 빼앗지 아니하시고 방책을 베푸사 내쫓긴 자가 하나님께 버린 자가 되지 아니하게 하시나이다

15 이제 내가 와서 내 주 왕께 이 말씀을 여쭙는 것은 백성들이 나를 두렵게 하므로 당신의 여종이 스스로 말하기를 내가 왕께 여쭈오면 혹시 종이 청하는 것을 왕께서 시행하실 것이라

16 왕께서 들으시고 나와 내 아들을 함께 하나님의 기업에서 끊을 자의 손으로부터 주의 종을 구원하시리라 함이니이다

17 당신의 여종이 또 스스로 말하기를 내

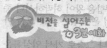
비전을 심어주는
③분에화

명지휘자가 된 이유

이탈리아의 유명한 오케스트라 지휘자 '토스카니니'는 어려서부터 글씨를 읽을 수 없을 만큼 눈이 나빴어요. 그러나 토스카니니는 흐리지만 악보는 볼 수 있는 것에 감사하고 있었죠. 그는 음악을 좋아했기에 어머니에게 악보를 읽어달라고 하고 그 악보를 모조리 외워서 악기를 연주하곤 했어요. 그런 노력 끝에 그는 오케스트라의 일원이 되었습니다.

그러다 어느 연주회 때에 지휘자가 갑자기 독감에 걸려 나올 수 없게 되었어요. 지휘를 하려면 악보를 다 외워야만 하는데, 악보를 다 외우고 있는 사람은 단원들 중 토스카니니뿐이었지요. 그때부터 그는 오케스트라의 지휘자로 활동을 시작하여 세계적인 명지휘자가 되었답니다.

주 왕의 말씀이 나의 위로가 되기를 원한다 하였사오니 이는 내 주 왕께서 하나님의 사자 같이 선과 악을 분간하심이니이다 원하건대 왕의 하나님 여호와께서 왕과 같이 계시옵소서 삼상 29:9

18 ●왕이 그 여인에게 대답하여 이르되 바라노니 내가 네게 묻는 것을 내게 숨기지 말라 여인이 이르되 내 주 왕은 말씀하옵소서

19 왕이 이르되 이 모든 일에 요압이 너와 함께 하였느냐 하니 여인이 대답하여 이르되 내 주 왕의 살아 계심을 두고 맹세하옵나니 내 주 왕의 말씀을 좌로나 우로나 옳길 자가 없으리이다 왕의 종 요압이 내게 명령하였고 그가 이 모든 말을 왕의 여종의 입에 넣어 주었사오니

20 이는 왕의 종 요압이 이 일의 형편을 바꾸려 하여 이렇게 함이니이다 내 주 왕의 지혜는 하나님의 사자의 지혜와 같아서 땅에 있는 일을 다 아시나이다 하니라

21 ●왕이 요압에게 이르되 내가 이 일을 허락하였으니 가서 청년 압살롬을 데려오라 하니라

22 요압이 땅에 엎드려 절하고 왕을 위하여 복을 빌고 요압이 이르되 내 주 왕이여 종의 구함을 왕이 허락하시니 종이 왕 앞에서 은혜 입은 줄을 오늘 아나이다 하고

23 요압이 일어나 그술로 가서 압살롬을

데리고 예루살렘으로 오니

24 왕이 이르되 그를 그의 집으로 물러가게 하여 내 얼굴을 볼 수 없게 하라 하매 압살롬이 자기 집으로 돌아가고 왕의 얼굴을 보지 못하니라

다윗이 압살롬과 화해하다

25 ●온 이스라엘 가운데에서 압살롬 같이 아름다움으로 크게 칭찬 받는 자가 없었으니 그는 발바닥부터 정수리까지 흠이 없음이라 아 1:6

26 그의 머리털이 무거우므로 연말마다 깎았으며 그의 머리 털을 깎을 때에 그것을 달아본즉 그의 머리털이 왕의 저울로 이백 세겔이었더라

27 압살롬이 아들 셋과 딸 하나를 낳았는데 딸의 이름은 다말이라 그는 얼굴이 아름다운 여자더라

28 ●압살롬이 이태 동안 예루살렘에 있으되 왕의 얼굴을 보지 못하였으므로

29 압살롬이 요압을 왕께 보내려 하여 압살롬이 요압에게 사람을 보내 부르되 그에게 오지 아니하고 또 다시 그에게 보내되 오지 아니하는지라

30 압살롬이 자기의 종들에게 이르되 보라 요압의 밭이 내 밭 근처에 있고 거기 보리가 있으니 가서 불을 지르라 하니라 압살롬의 종들이 그 밭에 불을 질렀더니

31 요압이 일어나 압살롬의 집으로 가서 그에게 이르되 어찌하여 네 종들이 내

선생님!! 궁금해요

옛날에는 어떻게 성경을 썼나요?

옛날에는 종이도 없었고 볼펜이나 연필도 없었어요. 그 대신 사람들은 가는 철로 된 끝이나 송곳 같은 뾰족한 꼬챙이로, 양의 가죽이나 갈대(파피루스)에 글을 새겼어요. 또한 긴 두루마리herb로 만든 가죽에도 썼고, 돌에 새기기도 했으며, 옹기 조각에 새겨 넣기도 했답니다.
그런데 성경을 쓰는 일은 아무나 할 수 있는 일이 아니었어요. 서기관이나 대표자들이 기도하면서 온 힘과 마음을 다해 기록했던 것이죠. "여호와 하나님"이라는 단어를 옮겨 적을 때에는 목욕을 하거나 손을 깨끗이 씻은 다음 기도하고 나서 천천히 한 자씩 기록했다고 해요. 한 글자도 틀리지 않도록 조심하고 확인하면서 정성을 다하여 기록한 것이지요. 마 5장 18절

밭에 불을 질렀느냐 하니

32 압살롬이 요압에게 대답하되 내가 일찍이 사람을 네게 보내어 너를 이리로 오라고 청한 것은 내가 너를 왕께 보내어 아뢰게 하기를 어찌하여 내가 그술에서 돌아오게 되었느냐 그 때까지 거기에 있는 것이 내게 나았으리라 하려 함이로라 이제는 네가 나로 하여금 왕의 얼굴을 볼 수 있게 하라 내가 만일 죄가 있으면 왕이 나를 죽이시는 것이 옳으니라 하는지라

33 요압이 왕께 나아가서 그에게 아뢰매 왕이 압살롬을 부르니 그가 왕께 나아가 그 앞에서 얼굴을 땅에 대어 그에게 절하매 왕이 압살롬과 입을 맞추니라

압살롬이 반역하다 — B.C. 985년경

15
그 후에 압살롬이 자기를 위하여 병거와 말들을 준비하고 호위병 오십 명을 그 앞에 세우니라

2 압살롬이 일찍이 일어나 성문 길 곁에 서서 어떤 사람이든지 송사가 있어 왕에게 재판을 청하러 올 때에 그 사람을 불러 이르되 너는 어느 성읍 사람이냐 하니 그 사람의 대답이 종은 이스라엘 아무 지파에 속하였나이다 하면

3 압살롬이 그에게 이르기를 보라 네 일이 옳고 바르다마는 네 송사를 들을 사람을 왕께서 세우지 아니하셨다 하고

4 또 압살롬이 이르기를 내가 이 땅에서 재판관이 되고 누구든지 송사나 재판할 일이 있어 내게로 오는 자에게 내가 정의 베풀기를 원하노라 하고

5 사람이 가까이 와서 그에게 절하려 하면 압살롬이 손을 펴서 그 사람을 붙들고 그에게 입을 맞추니

6 이스라엘 무리 중에 왕께 재판을 청하러 오는 자들마다 압살롬의 행함이 이와 같아서 이스라엘 사람의 마음을 압살롬이 훔치니라

7 ●[1]사 년 만에 압살롬이 왕께 아뢰되 내가 여호와께 서원한 것이 있사오니 청하건대 내가 헤브론에 가서 그 서원을 이루게 하소서

8 당신의 종이 아람 그술에 있을 때에 서원하기를 만일 여호와께서 반드시 나를 예루살렘으로 돌아가게 하시면 내가 여호와를 섬기리이다 하였나이다 13:37

9 왕이 그에게 이르되 평안히 가라 하니 그가 일어나 헤브론으로 가니라

10 이에 압살롬이 정탐을 이스라엘 모든 지파 가운데 두루 보내 이르기를 너희는 나팔 소리를 듣거든 곧 말하기를 압살롬이 헤브론에서 왕이 되었다 하라 하니라

11 그 때 청함을 받은 이백 명이 압살롬과 함께 예루살렘에서부터 헤브론으로 내려갔으니 그들은 압살롬이 꾸민 그 모든 일을 알지 못하고 그저 따라가기만 한 사람들이라

12 제사 드릴 때에 압살롬이 사람을 보내 다윗의 모사 길로 사람 아히도벨을 그의 성읍 길로에서 청하여 온지라 반역하는 일이 커가매 압살롬에게로 돌아오는 백성이 많아지니라 16:20

다윗이 예루살렘에서 도망하다

13 ●전령이 다윗에게 와서 말하되 이스라엘의 인심이 다 압살롬에게로 돌아갔나이다 한지라

14 다윗이 예루살렘에 함께 있는 그의 모든 신하들에게 이르되 일어나 도망하자 그렇지 아니하면 우리 중 한 사람도 압살롬에게서 피하지 못하리라 빨리 가자 두렵건대 그가 우리를 급히 따라와 우리를 해하고 칼날로 성읍을 칠까

15장에는 무엇이 기록되어 있을까?

압살롬은 헤브론에서 반란을 일으켜 자신이 왕이 되려고 했어요. 다윗은 예루살렘 성에서 싸우면 많은 사람이 죽게 될까 염려하여 길로 성 밖으로 피난을 갔지요. 그러나 하나님의 뜻이 있다면 다시 돌아올 수 있을 것이라고 생각하며, 다윗은 제사장 사독과 하나님의 궤를 예루살렘으로 되돌려보냈습니다.

1) 어떤 기록에는 사십이라 함

하노라

12:11

15 왕의 신하들이 왕께 이르되 우리 주 왕께서 하고자 하시는 대로 우리가 행하리이다 보소서 당신의 종들이니이다 하더라

16 왕이 나갈 때에 그의 가족을 다 따르게 하고 후궁 열 명을 왕을 남겨 두어 왕궁을 지키게 하니라

16:21

17 왕이 나가매 모든 백성이 다 따라서 ¹⁾벧메르학에 이르러 멈추어 서니

18 그의 모든 신하들이 그의 곁으로 지나가고 모든 그렛 사람과 모든 블렛 사람과 및 왕을 따라 가드에서 온 모든 가드 사람 육백 명이 왕 앞으로 행진하니라

19 ● 그 때에 왕이 가드 사람 잇대에게 이르되 어찌하여 너도 우리와 함께 가느냐 너는 쫓겨난 나그네이니 돌아가서 왕과 함께 네 곳에 있으라

20 너는 어제 왔고 나는 정처 없이 가나니 오늘 어찌 너를 우리와 함께 떠돌아다니게 하리요 너도 동포들도 데려가라 은혜와 진리가 너와 함께 있기를 원하노라 하니라

21 잇대가 왕께 대답하여 이르되 여호와의 살아 계심과 내 주 왕의 살아 계심으로 맹세하옵나니 진실로 내 주 왕께서 어느 곳에 계시든지 사나 죽으나 종도 그 곳에 있겠나이다 하니

다윗이 압살롬의 반란을 피해 빠져 나갔던 감람 산과 기드론 골짜기(15:22-30)

22 다윗이 잇대에게 이르되 앞서 건너가라 하매 가드 사람 잇대와 그의 수행자들과 그와 함께한 아이들이 다 건너가고

23 온 땅 사람이 큰 소리로 울며 모든 백성이 앞서 건너가매 왕도 기드론 시내를 건너가니 건너간 모든 백성이 광야 길로 향하니라

24 ● 보라 사독과 그와 함께한 모든 레위 사람도 하나님의 언약궤를 메어다가 하나님의 궤를 내려놓고 아비아달도 올라와서 모든 백성이 성에서 나오기를 기다리도다

25 왕이 사독에게 이르되 보라 하나님의 궤를 성읍으로 도로 메어 가라 만일 내가 여호와 앞에서 은혜를 입으면 도로 나를 인도하사 내게 그 궤와 그 계신 데를 보이시리라

26 그러나 그가 이와 같이 말씀하시기를 내가 너를 기뻐하지 아니한다 하시면 종이 여기 있사오니 선히 여기시는 대로 내게 행하시옵소서 하리라

27 왕이 또 제사장 사독에게 이르되 네가 선견자가 아니냐 너는 너희의 두 아들 곧 네 아들 아히마아스와 아비아달의 아들 요나단을 데리고 평안히 성읍으로 돌아가라

28 너희에게서 내게 알리는 소식이 올 때까지 내가 광야 나루터에서 기다리리라 하니라

수 5:10

29 사독과 아비아달이 하나님의 궤를 예루살렘으로 도로 메어다 놓고 거기 머물러 있으니라

1) 면궁

30 ●다윗이 감람 산 길로 올라갈 때에 그의 머리를 그가 가리고 맨발로 울며 가고 그와 함께 가는 모든 백성들도 각각 자기의 머리를 가리고 울며 올라가니라

31 어떤 사람이 다윗에게 알리되 압살롬과 함께 모반한 자들 가운데 아히도벨이 있나이다 하니 다윗이 이르되 여호와여 원하옵건대 아히도벨의 모략을 어리석게 하옵소서 하니라

32 다윗이 하나님을 경배하는 마루턱에 이를 때에 아렉 사람 후새가 옷을 찢고 흙을 머리에 덮어쓰고 다윗을 맞으러 온지라

33 다윗이 그에게 이르되 네가 만일 나와 함께 나아가면 내게 누를 끼치리라

34 그러나 네가 만일 성읍으로 돌아가서 압살롬에게 말하기를 왕이여 내가 왕의 종이니이다 전에는 내가 왕의 아버지의 종이었더니 이제는 내가 왕의 종이니이다 하면 네가 나를 위하여 아히도벨의 모략을 패하게 하리라

35 사독과 아비아달 두 제사장이 너와 함께 거기 있지 아니하냐 네가 왕의 궁중에서 무엇을 듣든지 사독과 아비아달 두 제사장에게 알리라

36 그들의 두 아들 곧 사독의 아히마아스와 아비아달의 요나단이 그들과 함께 거기 있나니 너희가 듣는 모든 것을 그들 편에 내게 소식을 알릴지라 하는지라

37 다윗의 친구 후새가 곧 성읍으로 들어가고 압살롬도 예루살렘으로 들어갔더라

다윗과 시바 — B.C. 985년경

16 다윗이 마루턱을 조금 지나니 므비보셋의 종 시바가 안장 지운 두 나귀에 떡 이백 개와 건포도 백 송이와 여름 과일 백 개와 포도주 한 가죽부대를 싣고 다윗을 맞는지라

2 왕이 시바에게 이르되 네가 무슨 뜻으로 이것을 가져왔느냐 하니 시바가 이르되 나귀는 왕의 가족들이 타게 하고 떡과 과일은 청년들이 먹게 하고 포도주는 들에서 피곤한 자들에게 마시게 하려 함이니이다

3 왕이 이르되 네 주인의 아들이 어디 있느냐 하니 시바가 왕께 아뢰되 예루살렘에 있는데 그가 말하기를 이스라엘 족속이 오늘 내 아버지의 나라를 내게 돌리리라 하나이다 하는지라

4 왕이 시바에게 이르되 므비보셋에게 있는 것이 다 네 것이니라 하니라 시바가 이르되 내가 절하나이다 내 주 왕이여 내가 왕 앞에서 은혜를 입게 하옵소서 하니라

다윗과 시므이

5 ●다윗 왕이 바후림에 이르매 거기서 사울의 친족 한 사람이 나오니 게라의 아들이요 이름은 시므이라 그가 나오면서 계속하여 저주하고

6 또 다윗과 다윗 왕의 모든 신하들을 향하여 돌을 던지니 그 때에 모든 백성과 용사들은 다 왕의 좌우에 있었더라

7 시므이가 저주하는 가운데 이와 같이 말하니라 피를 흘린 자여 사악한 자여 가거라 가거라

8 사울의 족속의 모든 피를 여호와께서 네게로 돌리셨도다 그를 이어서 네가 왕이 되었으나 여호와께서 나라를 네 아들 압살롬의 손에 넘기셨도다 보라 너는 피를 흘린 자이므로 화를 자초하였느니라 하는지라

9 ●스루야의 아들 아비새가 왕께 여쭈오되 이 죽은 개가 어찌 내 주 왕을 저주하리이까 청하건대 내가 건너가서

정처(15:20) 정한 곳, 일정한 곳.
모반(15:31) 나라나 임금에 반대하여 군사를 일으킴.

16 징 에는 무엇이 기록되어 있을까?

시바는 주인 므비보셋의 잘못을 왕에게 거짓으로 일러바쳐 주인의 재산을 가로챘어요. 그리고 다윗은 자신을 따라다니며 욕하는 시므이를 찾아와서 하나님 앞에서 겸손하게 자신을 돌아보았답니다. 한편, 예루살렘 성을 차지한 압살롬은 밧세바 외로 나단이 예언했던 것처럼 다윗의 아내들과 같이 잠을 잤어요.

그의 머리를 베게 하소서 하니

10 왕이 이르되 스루야의 아들들아 내가 너희와 무슨 상관이 있느냐 그가 저주하는 것은 여호와께서 그에게 다윗을 저주하라 하심이니 네가 어찌 그리하였느냐 할 자가 누구겠느냐 하고

11 또 다윗이 아비새와 모든 신하들에게 이르되 내 몸에서 난 아들도 내 생명을 해하려 하거든 하물며 이 베냐민 사람이랴 여호와께서 그에게 명령하신 것이니 그가 저주하게 버려두라

12 혹시 여호와께서 나의 원통함을 감찰하시리니 오늘 그 저주 때문에 여호와께서 선으로 내게 갚아 주시리라 하고

13 다윗과 그의 추종자들이 길을 갈 때에 시므이는 산비탈로 따라가면서 저주하고 그를 향하여 돌을 던지며 먼지를 날리더라

14 왕과 그와 함께 있는 백성들이 1)다 피곤하여 한 곳에 이르러 거기서 쉬니라

압살롬의 입성과 후새의 위장 접근

15 ●압살롬과 모든 이스라엘 백성들이 예루살렘에 이르고 아히도벨도 그와 함께 이른지라

16 다윗의 친구 아렉 사람 후새가 압살롬에게 나갈 때에 그에게 말하기를 왕이여 만세, 왕이여 만세 하니

17 압살롬이 후새에게 이르되 이것이 네가 친구를 후대하는 것이냐 네가 어찌하여 네 친구와 함께 가지 아니하였느냐 하매

18 후새가 압살롬에게 이르되 그렇지 아니하니이다 내가 여호와와 이 백성 모든 이스라엘의 택한 자에게 속하여 그와 함께 있을 것이니이다

19 내가 이제 누구를 섬기리이까 그의 아들이 아니리이까 내가 전에 왕의 아버지를 섬긴 것 같이 왕을 섬기리이다 하니라

20 ●압살롬이 아히도벨에게 이르되 너는 어떻게 행할 계략을 우리에게 가르치라 하니

21 아히도벨이 압살롬에게 이르되 왕의 아버지가 남겨 두어 왕궁을 지키게 한 후궁들과 더불어 동침하소서 그리하면 왕께서 왕의 아버지가 미워하는 바 됨을 온 이스라엘이 들으리니 왕과 함께 있는 모든 사람의 힘이 더욱 강하여지리이다 하니라

15:16

22 이에 사람들이 압살롬을 위하여 옥상에 장막을 치니 압살롬이 온 이스라엘 무리의 눈앞에서 그 아버지의 후궁들과 더불어 동침하니라

23 그 때에 아히도벨이 베푸는 계략은 사람이 하나님께 물어서 받은 말씀과 같은 것이라 아히도벨의 모든 계략은 다윗에게나 압살롬에게나 그와 같이 여겨졌더라

압살롬이 아히도벨의 계략을 따르지 않다

17

아히도벨이 또 압살롬에게 이르되 이제 내가 사람 만이천 명을 택하게 하소서 오늘 밤에 내가 일어나서 다윗의 뒤를 추적하여

2 그가 곤하고 힘이 빠졌을 때에 기습하여 그를 무섭게 하면 그와 함께 있는 모든 백성이 도망하리니 내가 다윗 왕만 쳐죽이고

3 모든 백성이 당신께 돌아오게 하리니 모든 사람이 돌아오기는 왕이 찾는 이 사람에게 달렸음이라 그리하면 모든 백성이 평안하리이다 하니

4 압살롬과 이스라엘 장로들이 다 그 말을 옳게 여기더라

5 ●압살롬이 이르되 아렉 사람 후새도

17장에는 무엇이 기록되어 있을까?

아히도벨은 지친 다윗을 갑자기 공격해서 죽이자고 주장하였으나, 다윗의 편인 후새는 다윗이 도망갈 수도 있도록 일부러 반대라는 주장을 했는데, 압살롬은 후새의 생각을 받아들였고, 이에 아히도벨은 스스로 목숨을 끊었고, 다윗은 요단 강을 건너 무사히 몸을 피할 수 있었습니다.

1)이웃밤에 이르러

부르라 우리가 이제 그의 말도 듣자 하니라 15:32

6 후새가 압살롬에게 이르매 압살롬이 그에게 말하여 이르되 아히도벨이 이러이러하게 말하니 우리가 그 말대로 행하랴 그렇지 아니하거든 너는 말하라 하니

7 후새가 압살롬에게 이르되 이번에는 아히도벨이 베푼 계략이 좋지 아니하니라 하고

8 또 후새가 말하되 왕도 아시거니와 왕의 아버지와 그의 추종자들은 용사라 그들은 들에 있는 곰이 새끼를 빼앗긴 것 같이 격분하였고 왕의 부친은 전쟁에 익숙한 사람인즉 백성과 함께 자지 아니하고

9 지금 그가 어느 굴에나 어느 곳에 숨어 있으리니 혹 1)무리 중에 몇이 먼저 엎드러지면 그 소문을 듣는 자가 말하기를 압살롬을 따르는 자 가운데에서 패함을 당하였다 할지라 삼상 22:2

10 비록 그가 사자 같은 마음을 가진 용사의 아들일지라도 낙심하리니 이는 이스라엘 무리가 왕의 아버지는 영웅이요 그의 추종자들도 용사인 줄 앎이니이다

11 나는 이렇게 계략을 세웠나이다 온 이스라엘을 단부터 브엘세바까지 바닷가의 많은 모래 같이 당신께로 모으고 친히 전장에 나가시고

12 우리가 그 만날 만한 곳에서 그를 기습하기를 이슬이 땅에 내림 같이 우리가 그의 위에 덮여 그와 그 함께 있는 모든 사람을 하나도 남겨 두지 아니할 것이요

13 또 만일 그가 어느 성에 들었으면 온 이스라엘이 밧줄을 가져다가 그 성을 강으로 끌어들여서 그 곳에 작은 돌 하나도 보이지 아니하게 할 것이니이다 하매 미 1:6

14 압살롬과 온 이스라엘 사람이 이르되 아렉 사람 후새의 계략은 아히도벨의 계략보다 낫다 하니 이는 여호와께서 압살롬에게 화를 내리려 하사 아히도벨의 좋은 계략을 물리치라고 명령하셨음이더라 15:33

후새의 계략과 아히도벨의 죽음

15 ●이에 후새가 사독과 아비아달 두 제사장에게 이르되 아히도벨이 압살롬과 이스라엘 장로들에게 이러이러하게 계략을 세웠고 나도 이러이러하게 계략을 세웠으니 15:35

16 이제 너희는 빨리 사람을 보내 다윗에게 전하기를 오늘밤에 광야 나루터에서 자지 말고 아무쪼록 건너가소서 하라 혹시 왕과 그를 따르는 모든 백성이 몰사할까 하노라 하니라

17 그 때에 요나단과 아히마아스가 사람이 볼까 두려워하여 감히 성에 들어가지 못하고 2)에느로겔 가에 머물고 어

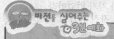

비전을 심어주는 3분 예화

대통령이 된 비결

미국 트루먼 대통령이 은퇴 후에 고향에 기념도서관을 짓고 어린이들과 어울리다가, 이런 이야기를 나누게 되었어요.

"대통령께서는 제 나이 때 어떤 학생이었어요?"

"너보다 훨씬 볼품없는 소년이었단다. 친구들이 소리를 지르면 겁이 나서 몸을 바들바들 떨었지. 운동도 못했단다. 안경을 벗으면 책을 읽지 못할 정도로 시력도 좋지 않았어."

"그런데 어떻게 대통령이 될 수 있었나요?"

"나는 매일 성경을 읽었단다. 성경을 읽고 하나님이 늘 뒤에서 나를 밀어주고 있다고 알게 되었지. 빌립보서 4장 13절이 나에게 용기를 많이 주었단다. 그래서 일단 일을 시작하면 끝까지 믿고 나갈 수 있게 되었어. 나는 성경을 많이 읽어서 대통령이 될 수 있었단다."

---

1) 저가 무리 중에 몇을 치면 2) 로겔 셈

감찰(16:12) 상대편이 보아 살핌을 높여 이르는 말.
후대(16:17) 후하게 대접함.
계략(16:20) 어떤 일을 이루기 위한 꾀나 수단.
곤하다(17:2) 기운이 없이 나른하다.
격분(17:8) 벌컥 치미는 분. 몹시 성을 냄.
전장(17:11) 전쟁이 일어난 곳.
몰사(17:16) 모조리 죽음.

떤 여종은 그들에게 나와서 말하고 그들은 가서 다윗 왕에게 알리더니

18 한 청년이 그들을 보고 압살롬에게 알린지라 그 두 사람이 빨리 달려서 바후림 어떤 사람의 집으로 들어가서 그의 뜰에 있는 우물 속으로 내려가니 `16:5`

19 그 집 여인이 덮을 것을 가져다가 우물 아귀를 덮고 찧은 곡식을 그 위에 널매 전혀 알지 못하더라

20 압살롬의 종들이 그 집에 와서 여인에게 묻되 아히마아스와 요나단이 어디 있느냐 하니 여인이 그들에게 이르되 그들이 시내를 건너가더라 하니 그들이 찾아도 만나지 못하고 예루살렘으로 돌아가니라

21 ●그들이 간 후에 두 사람이 우물에서 올라와서 다윗 왕에게 가서 다윗 왕에게 말하여 이르되 당신들은 일어나 빨리 물을 건너가소서 아히도벨이 당신들을 해하려고 이러이러하게 계략을 세웠나이다 `17:15`

22 다윗이 일어나 모든 백성과 함께 요단을 건널새 새벽까지 한 사람도 요단을 건너지 못한 자가 없었더라

23 아히도벨이 자기 계략이 시행되지 못함을 보고 나귀에 안장을 지우고 일어나 고향으로 돌아가 자기 집에 이르러 집을 정리하고 스스로 목매어 죽으매 그의 조상의 묘에 장사되니라

24 ●이에 다윗은 마하나임에 이르고 압살롬은 모든 이스라엘 사람과 함께 요단을 건너니라

25 압살롬이 아마사로 요압을 대신하여 군지휘관으로 삼으니라 아마사는 [1]이스라엘 사람 이드라라 하는 자의 아들이라 이드라가 나하스의 딸 아비갈과 동침하여 그를 낳았으며 아비갈은 요압의 어머니 스루야의 동생이더라

26 이에 이스라엘 무리와 압살롬이 길르앗 땅에 진 치니라

27 ●다윗이 마하나임에 이르렀을 때에 암몬 족속에게 속한 랍바 사람 나하스의 아들 소비와 로데발 사람 암미엘의 아들 마길과 로글림 길르앗 사람 바르실래가

28 침상과 대야와 질그릇과 밀과 보리와 밀가루와 볶은 곡식과 콩과 팥과 볶은 녹두와

29 꿀과 버터와 양과 치즈를 가져다가 다윗과 그와 함께 한 백성에게 먹게 하였으니 이는 그들 생각에 백성이 들에서 시장하고 곤하고 목마르겠다 함이더라

압살롬이 패하다　B.C. 985년경

18 이에 다윗이 그와 함께 한 백성을 찾아왔으며 천부장과 백부장을 그들 위에 세우고

2 다윗이 그의 백성을 내보낼새 삼분의 일은 요압의 휘하에, 삼분의 일은 스루야의 아들 요압의 동생 아비새의 휘하에 넘기고 삼분의 일은 가드 사람 잇대의 휘하에 넘기고 왕이 백성에게 이르되 나도 반드시 너희와 함께 나가리라 하니

3 백성들이 이르되 왕은 나가지 마소서 우리가 도망할지라도 그들은 우리에게 마음을 쓰지 아니할 터이요 우리가 절반이나 죽을지라도 우리에게 마음을

압살롬의 기둥으로 전해지는 석조 기념비이다(18:18)

쓰지 아니할 터이라 왕은 우리 만 명보다 중하시오니 왕은 성읍에 계시다가 우리를 도우심이 좋으니이다 하니라

4 왕이 그들에게 이르되 너희가 좋게 여기는 대로 내가 행하리라 하고 문 곁에 왕이 서매 모든 백성이 백 명씩 천 명씩 대를 지어 나가는지라 18:24

5 왕이 요압과 아비새와 잇대에게 명령하여 이르되 나를 위하여 젊은 압살롬을 너그러이 대우하라 하니 왕이 압살롬을 위하여 모든 군지휘관에게 명령할 때에 백성들이 다 들으니라

6 ●이에 백성이 이스라엘을 치러 들로 나가서 에브라임 수풀에서 싸우더니

7 거기서 이스라엘 백성이 다윗의 부하들에게 패하매 그 날 그 곳에서 전사자가 많아 이만 명에 이르렀고 2:17

8 그 땅에서 사면으로 퍼져 싸웠으므로 그 날에 수풀에서 죽은 자가 칼에 죽은 자보다 많았더라

9 ●압살롬이 다윗의 부하들과 마주치니라 압살롬이 노새를 탔는데 그 노새가 큰 상수리나무 번성한 가지 아래로 지날 때에 압살롬의 머리가 그 상수리나무에 걸리매 그가 공중과 그 땅 사이에 달리고 그가 탔던 노새는 그 아래로 빠져나간지라

10 한 사람이 보고 요압에게 알려 이르되 내가 보니 압살롬이 상수리나무에 달렸더이다 하니

11 요압이 그 알린 사람에게 이르되 네가 보고 어찌하여 당장에 쳐서 땅에 떨어뜨리지 아니하였느냐 내가 네게 은 열

개와 띠 하나를 주었으리라 하는지라

12 그 사람이 요압에게 대답하되 내가 내 손에 은 천 개를 받는다 할지라도 나는 왕의 아들에게 손을 대지 아니하겠나이다 우리가 들었거니와 왕이 당신과 아비새와 잇대에게 명령하여 이르시기를 삼가 누구든지 젊은 압살롬을 해하지 말라 하셨나이다 18:5

13 아무 일도 왕 앞에는 숨길 수 없나니 내가 만일 거역하여 그의 생명을 해하였더라면 당신도 나를 대적하였으리이다 하니

14 요압이 이르되 나는 너와 같이 지체할 수 없다 하고 손에 작은 창 셋을 가지고 가서 상수리나무 가운데서 아직 살아 있는 압살롬의 심장을 찌르니

15 요압의 무기를 든 청년 열 명이 압살롬을 에워싸고 쳐죽이니라

16 ●요압이 나팔을 불어 백성들에게 그치게 하니 그들이 이스라엘을 추격하지 아니하고 돌아오니라 20:22

17 그들이 압살롬을 옮겨다가 수풀 가운데 큰 구멍에 그를 던지고 그 위에 매우 큰 돌무더기를 쌓으니라 온 이스라엘 무리가 각기 장막으로 도망하니라

18 압살롬이 살았을 때에 자기를 위하여 한 비석을 마련하여 세웠으니 이는 그가 자기 이름을 전할 아들이 내게 없다고 말하였음이더라 그러므로 자기 이름을 기념하여 그 비석에 이름을 붙였으며 그 비석이 왕의 골짜기에 있고 이제까지 그것을 압살롬의 기념비라 일컫더라

압살롬의 죽음과 다윗의 울음

19 ●사독의 아들 아히마아스가 이르되

18장 에는 무엇이 기록되어 있을까?

다윗은 전쟁에 나가는 지휘관들에게 압살롬을 죽이지 말라고 단단히 부탁했어요. 하지만 요압은 다윗의 명령을 어기고 상수리나무에 머리털이 걸려 꼼짝 못하는 압살롬을 죽였습니다. 이로써 압살롬의 반역은 실패로 끝났지요. 하지만 압살롬의 소식을 들은 다윗은 크게 슬퍼하며 울었답니다.

청하건대 내가 빨리 왕에게 가서 여호
와께서 왕의 원수 갚아 주신 소식을 전
하게 하소서

20 요압이 그에게 이르되 너는 오늘 소식
을 전하는 자가 되지 말고 다른 날에 전
할 것이니라 왕의 아들이 죽었나니 네
가 오늘 소식을 전하지 못하리라 하고

21 요압이 구스 사람에게 이르되 네가 가
서 본 것을 왕께 아뢰라 하매 구스 사람
이 요압에게 절하고 달음질하여 가니

22 사독의 아들 아히마아스가 다시 요압에
게 이르되 청하건대 아무쪼록 내가 또한
구스 사람의 뒤를 따라 달려가게 하소
서 하니 요압이 이르되 내 아들아 너는
왜 달려가려 하느냐 소식으로 말미암
아서는 너는 상을 받지 못하리라 하되

23 그가 한사코 달려가겠노라 하는지라
요압이 이르되 그리하라 하니 아히마
아스가 들길로 달음질하여 구스 사람
보다 앞질러가니라

24 ●때에 다윗이 두 문 사이에 앉아 있더
라 파수꾼이 성 문 위층에 올라가서 눈
을 들어 보니 어떤 사람이 홀로 달려오
는지라

25 파수꾼이 외쳐 왕께 아뢰매 왕이 이르
되 그가 만일 혼자면 그의 입에 소식이
있으리라 할 때에 그가 점점 가까이 오
니라

26 파수꾼이 본즉 한 사람이 또 달려오는

지라 파수꾼이 문지기에게 외쳐 이르되
보라 한 사람이 또 혼자 달려온다 하니
왕이 이르되 그도 소식을 가져오느니라

27 파수꾼이 이르되 내가 보기에는 앞선
사람의 달음질이 사독의 아들 아히마
아스의 달음질과 같으니이다 하니 왕
이 이르되 그는 좋은 사람이니 좋은 소
식을 가져오느니라 하니라

28 ●아히마아스가 외쳐 왕께 아뢰되 평
강하옵소서 하고 왕 앞에서 얼굴을 땅
에 대고 절하며 이르되 왕의 하나님 여
호와를 찬양하리로소이다 그의 손을
들어 내 주 왕을 대적하는 자들을 넘겨
주셨나이다 하니

29 왕이 이르되 젊은 압살롬은 잘 있느냐
하니라 아히마아스가 대답하되 요압
이 왕의[1] 종 나를 보낼 때에 크게 소동
하는 것을 보았사오나 무슨 일인지 알
지 못하였나이다 하니

30 왕이 이르되 물러나 거기 서 있으라 하
매 물러나서 서 있더라

31 ●구스 사람이 이르러 말하되 내 주 왕
께 아뢸 소식이 있나이다 여호와께서
오늘 왕을 대적하던 모든 원수를 갚으
셨나이다 하니

32 왕이 구스 사람에게 묻되 젊은 압살롬
은 잘 있느냐 구스 사람이 대답하되 내
주 왕의 원수와 일어나서 왕을 대적하

1) 종과

하나님은 아담과 하와를 어떻게 만들었어요?

하나님께서 사람을 만드신 이야기는 참으로 신기해요. 하나님은 우주 만
물을 다 만들어놓으신 다음 마지막으로 사람을 만드셨답니다.
하나님께서는 먼저 흙으로 사람의 모양을 만드셨어요. 그러고는 코에
생기를 불어넣으셨어요. 그러자 갑자기 온 몸이 움직이며 눈도 깜박거
리고 팔과 다리도 움직이더니 완전한 사람이 되었어요. 첫 번째 사람
아담이었지요. 아담은 에덴 동산에 살며 각종 짐승과 새들에게 이름
을 지어주었습니다. 그러나 무척 외로웠지요. 하나님께서 아담의 마
음을 아시고 잠들게 하신 후 갈비뼈를 뽑아 아내를 만들어주셨어요.
바로 하와예요. 그 두 사람은 서로 도우며 행복하게 살았답니다.

창 2장 7절

는 자들은 다 그 청년과 같이 되기를 원하나이다 하니

삼상 25:26

33 왕의 마음이 심히 아파 문 위층으로 올라가서 우니라 그가 올라갈 때에 말하기를 내 아들 압살롬아 내 아들 내 아들 압살롬아 차라리 내가 너를 대신하여 죽었더면 좋았을 것을, 압살롬 내 아들아 내 아들아 하였더라

19:4

요압이 다윗에게 항의하다 — B.C. 985년경

19

어떤 사람이 요압에게 아뢰되 왕이 압살롬을 위하여 울며 슬퍼하시나이다 하니

2 왕이 그 아들을 위하여 슬퍼한다 함이 그 날에 백성들에게 들리매 그 날의 승리가 모든 백성에게 슬픔이 된지라

3 그 날에 백성들이 싸움에 쫓겨 부끄러워 도망함 같이 가만히 성읍으로 들어가니라

4 왕이 그의 얼굴을 가리고 큰 소리로 부르되 내 아들 압살롬아 압살롬아 내 아들아 내 아들아 하니

5 요압이 집에 들어가서 왕께 말씀 드리되 왕께서 오늘 왕의 생명과 왕의 자녀의 생명과 처첩과 비빈들의 생명을 구원한 모든 부하들의 얼굴을 부끄럽게 하시니

6 이는 왕께서 미워하는 자는 사랑하시며 사랑하는 자는 미워하시고 오늘 지휘관들과 부하들을 멸시하심을 나타내심이라 오늘 내가 깨달으니 만일 압살롬이 살고 오늘 우리가 다 죽었더면 왕이 마땅히 여기실 뻔하였나이다

7 이제 곧 일어나 나가 왕의 부하들의 마음을 위로하여 말씀하옵소서 내가 여호와를 두고 맹세하옵나니 왕이 만일 나가지 아니하시면 오늘 밤에 한 사람도 왕과 함께 머물지 아니할지라 그리하면 그 화가 왕이 젊었을 때부터 지금까지 당하신 모든 화보다 더 심하리이다 하니

8 왕이 일어나 성문에 앉으매 어떤 사람이 모든 백성에게 말하되 왕이 문에 앉아 계신다 하니 모든 백성이 왕 앞으로 나아오니라

다윗의 귀환 준비

●이스라엘은 이미 각기 장막으로 도망하였더라

9 이스라엘 모든 지파 백성들이 변론하여 이르되 왕이 우리를 원수의 손에서 구원하여 내셨고 또 우리를 블레셋 사람들의 손에서 구원하셨으나 이제 압살롬을 피하여 그 땅에서 나가셨고

10 우리가 기름을 부어 우리를 다스리게 한 압살롬은 싸움에서 죽었거늘 이제 너희가 어찌하여 왕을 도로 모셔 올 일에 잠잠하고 있느냐 하니라

11 ●다윗 왕이 사독과 아비아달 두 제사장에게 소식을 전하여 이르되 너희는 유다 장로들에게 말하여 이르기를 왕의 말씀이 온 이스라엘이 왕을 왕궁으로 도로 모셔오자 하는 말이 왕께 들렸거늘 너희는 어찌하여 왕을 궁으로 모시는 일에 나중이 되느냐

12 너희는 내 형제요 내 골육이거늘 너희는 어찌하여 왕을 도로 모셔오는 일에 나중이 되리요 하셨다 하고

5:1

13 너희는 또 아마사에게 이르기를 너는 내 골육이 아니냐 네가 요압을 이어서 항상 내 앞에서 지휘관이 되지 아니하면 하나님이 내게 벌 위에 벌을 내리시기를 바라노라 하셨다 하라 하여

14 모든 유다 사람들의 마음을 하나 같이 기울게 하매 그들이 왕께 전갈을 보내어 이르되 당신께서는 모든 부하들과 더불어 돌아오소서 한지라

삿 20:1

15 왕이 돌아와 요단에 이르매 유다 족속

19장 에는 무엇이 기록되어 있을까?

시므이는 요단 강에서 예루살렘으로 돌아오는 다윗을 맞으며 용서를 구했습니다. 므비보셋도 마중 나와 시바의 거짓말을 밝혔지요. 다윗이 함께 가자고 청한 바르실래는 나이가 많아 고향에서 살기로 했어요. 한편 압살롬 사건 이후에, 남유다 지파와 북이스라엘 지파 간의 사이가 좋지 않게 되었답니다.

토막상식

예루살렘

이스라엘의 수도로, 여부스 족속에게서 다윗이 빼앗아 성을 건축했고 솔로몬이 확장했어요. 이 성은 크게 세 차례나 무너졌고, 그 외에도 수없이 침략당했지요. 그러나 예루살렘은 믿는 자들이 거할 영원한 도성인 새 예루살렘을 상징한답니다. **19장 25절**

이 왕을 맞아 요단을 건너가게 하려고 길갈로 오니라

다윗과 시므이

16 ●바후림에 있는 베냐민 사람 게라의 아들 시므이가 급히 유다 사람과 함께 다윗 왕을 맞으러 내려올 때에 **16:5**

17 베냐민 사람 천 명이 그와 함께 하고 사울 집안의 종 시바도 그의 아들 열다섯과 종 스무 명과 더불어 그와 함께 하여 요단 강을 밟고 건너 왕 앞으로 나아오니라 **16:1**

18 왕의 가족을 건너가게 하며 왕이 좋게 여기는 대로 쓰게 하려 하여 나룻배로 건너가니 왕이 요단을 건너가게 할 때에 게라의 아들 시므이가 왕 앞에 엎드려

19 왕께 아뢰되 내 주여 원하건대 내게 죄를 돌리지 마옵소서 내 주 왕께서 예루살렘에서 나오시던 날에 왕의 패역한 일을 기억하지 마시오며 왕의 마음에 두지 마옵소서

20 왕의 종 내가 범죄한 줄 아옵기에 오늘 요셉의 온 족속 중 내가 먼저 내려와서 내 주 왕을 영접하나이다 하니 **16:5**

21 ●스루야의 아들 아비새가 대답하여 이르되 시므이가 여호와의 기름 부으신 자를 저주하였으니 그로 말미암아 죽어야 마땅하지 아니하니이까 하니라

22 다윗이 이르되 스루야의 아들들아 내가 너희와 무슨 상관이 있기에 너희가 오늘 나의 1)원수가 되느냐 오늘 어찌하여 이스라엘 가운데에서 사람을 죽이겠느냐 내가 오늘 이스라엘의 왕이 된 것을 내가 알지 못하리요 하고

23 왕이 시므이에게 이르되 네가 죽지 아니하리라 하고 그에게 맹세하니라

다윗과 므비보셋

24 ●사울의 손자 므비보셋이 내려와 왕을 맞으니 그는 왕이 떠난 날부터 평안히 돌아오는 날까지 그의 발을 맵시 내지 아니하며 그의 수염을 깎지 아니하며 옷을 빨지 아니하였더라

25 2)예루살렘에서 와서 왕을 맞을 때에 왕이 그에게 물어 이르되 므비보셋이여 네가 어찌하여 나와 함께 가지 아니하였더냐 하니

26 대답하되 내 주 왕이여 왕의 종 나는 다리를 절므로 내 나귀에 안장을 지워 그 위에 타고 왕과 함께 가려 하였더니 내 종이 나를 속이고

27 종인 나를 내 주 왕께 모함하였나이다 내 주 왕께서는 하나님의 사자와 같으시니 왕의 처분대로 하옵소서

28 내 아버지의 온 집이 내 주 왕 앞에서는 다만 죽을 사람이 되지 아니하였나이까 그러나 종을 왕의 상에서 음식 먹는 자 가운데 두셨사오니 내게 아직 무슨 공의가 있어서 다시 왕께 부르짖을 수 있사오리이까 하니라 **21:6-9**

술술 풀리는 성경 맥슴

다윗 왕의 복귀

압살롬의 반란이 진압되자, 다윗은 왕으로 다시 초청되어지기를 기다렸어요. 반역에 앞장섰던 유다는 처음에는 이에 동참하지 않았지요. 하지만 다윗이 유다를 용서하고, 압살롬의 군대 지휘관이었던 아마사를 군대 장관으로 세우자, 그들은 적극적으로 다윗을 왕으로 세웠어요.

이스라엘의 다윗 왕 추대(19:9-10)
↓
유다의 초청(19:11-15)
↓
베냐민 지파(19:16-23)
↓
사울 집(19:24-30)
↓
요단 건너 이스라엘의 다윗 왕 추대
19장 9-39절

1) 히, 사탄 2) 저가 왕을 맞으러 예루살렘에 이를 때에

29 왕이 그에게 이르되 네가 어찌하여 또 네 일을 말하느냐 내가 이르노니 너는 시바와 밭을 나누라 하니

30 므비보셋이 왕께 아뢰되 내 주 왕께서 평안히 왕궁에 돌아오시게 되었으니 그로 그 전부를 차지하게 하옵소서 하니라

다윗과 바르실래

31 ●길르앗 사람 바르실래가 왕이 요단을 건너가게 하려고 로글림에서 내려와 함께 요단에 이르니 *삼상 2:7*

32 바르실래는 매우 늙어 나이가 팔십 세라 그는 큰 부자이므로 왕이 마하나임에 머물 때에 그가 왕을 공궤하였더라

33 왕이 바르실래에게 이르되 너는 나와 함께 건너가자 예루살렘에서 내가 너를 공궤하리라

34 바르실래가 왕께 아뢰되 내 생명의 날이 얼마나 있사옵겠기에 어찌 왕과 함께 예루살렘으로 올라가리이까

35 내 나이가 이제 팔십 세라 어떻게 좋고 흉한 것을 분간할 수 있사오며 음식의 맛을 알 수 있사오리이까 이 종이 어떻게 다시 노래하는 남자나 여인의 소리를 알아들을 수 있사오리이까 어찌하여 종이 내 주 왕께 아직도 누를 끼치리이까

36 당신의 종은 왕을 모시고 요단을 건너려는 것뿐이거늘 왕께서 어찌하여 이 같은 상으로 내게 갚으려 하시나이까

37 청하건대 당신의 종을 돌려보내옵소서 내가 내 고향 부모의 묘 곁에서 죽으려 하나이다 그러나 왕의 종 김함이 여기 있사오니 청하건대 그가 내 주 왕과 함께 건너가게 하시옵고 왕의 처분대로 그에게 베푸소서 하니라

38 왕이 대답하되 김함이 나와 함께 건너가리니 나는 네가 좋아하는 대로 그에게 베풀겠고 또 네가 내게 구하는 것은 다 너를 위하여 시행하리라 하니라

39 백성이 다 요단을 건너매 왕도 건너서 왕이 바르실래에게 입을 맞추고 그에게 복을 비니 그가 자기 곳으로 돌아가니라

남북의 분쟁

40 ●왕이 길갈로 건너오고 김함도 함께 건너오니 온 유다 백성과 이스라엘 백성의 절반이나 왕과 함께 건너니라

41 온 이스라엘 사람이 왕께 나아와 왕께 아뢰되 우리 형제 유다 사람들이 어찌 왕을 도둑하여 왕과 왕의 집안과 왕을 따르는 모든 사람을 인도하여 요단을 건너가게 하였나이까 하매

42 모든 유다 사람이 이스라엘 사람에게 대답하되 왕은 우리의 종친인 까닭이라 너희가 어찌 이 일에 대하여 분내느냐 우리가 왕의 것을 조금이라도 얻어 먹었느냐 왕께서 우리에게 선물로 주신 것이 있느냐 *19:12*

43 이스라엘 사람이 유다 사람에게 대답하여 이르되 우리는 왕에 대하여 열 몫을 가졌으니 다윗에 대하여 너희보다 더욱 관계가 있거늘 너희가 어찌 우리를 멸시하여 우리 왕을 모셔 오는 일에 먼저 우리와 의논하지 아니하였느냐 하나 유다 사람의 말이 이스라엘 사람의 말보다 더 강경하였더라

세바의 반역 *B.C. 980년경*

20 마침 거기에 불량배 하나가 있으니 그의 이름은 세바인데 베냐민 사람 비그리의 아들이었더라 그가 나팔을 불며 이르되 우리는 다윗과 나눌 분깃이 없으며 이새의 아들에게서 받을 유산이 우리에게 없도다 이스라엘아 각각 장막으로 돌아가라 하매

2 이에 온 이스라엘 사람들이 다윗 따르기를 그치고 올라가 비그리의 아들 세

20 장 에는 무엇이 기록되어 있을까?

베냐민 지파의 세바가 이스라엘 사람들을 부추겨서 반란을 일으켰어요. 그 사이에 요압은 다윗이 자기 대신 아마사를 군대 지휘관으로 삼은 것에 화가 나 아마사를 죽였습니다. 요압은 세바가 있는 아벨 성을 공격해 무너뜨리려고 했지만, 지혜로운 한 여인이 세바를 내어주어서 아벨 성 사람들은 피해를 입지 않았답니다.

바를 따르나 유다 사람들은 그들의 왕과 합하여 요단에서 예루살렘까지 따르니라

3 ●다윗이 예루살렘 본궁에 이르러 전에 머물러 왕궁을 지키게 한 후궁 열 명을 잡아 별실에 가두고 먹을 것만 주고 그들에게 관계하지 아니하니 그들이 죽는 날까지 갇혀서 생과부로 지내니라

4 ●왕이 아마사에게 이르되 너는 나를 위하여 삼 일 내로 유다 사람을 큰 소리로 불러 모으고 너도 여기 있으라 하니라

5 아마사가 유다 사람을 모으러 가더니 왕이 정한 기일에 지체된지라

6 다윗이 이에 아비새에게 이르되 이제 비그리의 아들 세바가 압살롬보다 우리를 더 해하리니 너는 네 주의 부하들을 데리고 그의 뒤를 쫓아가라 그가 견고한 성읍에 들어가 우리들을 피할까 염려하노라 하매

7 요압을 따르는 자들과 그렛 사람들과 블렛 사람들과 모든 용사들이 다 아비새를 따라 비그리의 아들 세바를 뒤쫓으려고 예루살렘에서 나와

8 기브온 큰 바위 곁에 이르매 아마사가 맞으러 오니 그 때에 요압이 군복을 입고 띠를 띠고 칼집에 꽂은 칼을 허리에 맸는데 그가 나아갈 때에 칼이 빠져 떨어졌더라

9 요압이 아마사에게 이르되 내 형은 평안하냐 하며 오른손으로 아마사의 수염을 잡고 그와 입을 맞추려는 체하며

10 아마사가 요압의 손에 있는 칼은 주의하지 아니한지라 요압이 칼로 그의 배를 찌르매 그의 창자가 땅에 쏟아지니 그를 다시 치지 아니하여도 죽으니라 ●요압과 그의 동생 아비새가 비그리의 아들 세바를 뒤쫓을새

11 요압의 청년 중 하나가 아마사 곁에 서서 이르되 요압을 좋아하는 자가 누구이며 요압을 따라 다윗을 위하는 자는 누구냐 하니

12 아마사가 길 가운데 피 속에 놓여 있는지라 그 청년이 모든 백성이 서 있는 것을 보고 아마사를 큰길에서부터 밭으로 옮겼으나 거기에 이르는 자도 다 멈추어 서는 것을 보고 옷을 그 위에 덮으니라

13 아마사를 큰길에서 옮겨가매 사람들이 다 요압을 따라 비그리의 아들 세바를 뒤쫓아가니라

14 ●세바가 이스라엘 모든 지파 가운데 두루 다녀서 아벨과 벧마아가와 베림 온 땅에 이르니 그 무리도 다 모여 그를 따르더라

15 이에 그들이 벧마아가 아벨로 가서 세바를 에우고 그 성읍을 향한 지역 언덕 위에 토성을 쌓고 요압과 함께 한 모든 백성이 성벽을 쳐서 헐고자 하더니

16 그 성읍에서 지혜로운 여인 한 사람이 외쳐 이르되 들을지어다 들을지어다 청하건대 너희는 요압에게 이르기를 이리로 가까이 오라 내가 네게 말하려 하노라 한다 하라

17 요압이 그 여인에게 가까이 가니 여인이 이르되 당신이 요압이니이까 하니 대답하되 그러하다 하니라 여인이 그에게 이르되 여종의 말을 들으소서 하니 대답하되 내가 들으리라 하니라

오펠·다윗과 솔로몬 당시의 행정 무역 (20:3)

18 여인이 말하여 이르되 옛 사람들이 흔히 말하기를 아벨에게 가서 물을 것이라 하고 그 일을 끝내었나이다

19 나는 이스라엘의 화평하고 충성된 자 중 하나이거늘 당신이 이스라엘 가운데 어머니 같은 성을 멸하고자 하시는도다 어찌하여 당신이 여호와의 기업을 삼키고자 하시나이까 하니

20 요압이 대답하여 이르되 결단코 그렇지 아니하다 결단코 그렇지 아니하다 삼키거나 멸하거나 하려 함이 아니니

21 그 일이 그러한 것이 아니니라 에브라임 산지 사람 비그리의 아들 그의 이름을 세바라 하는 자가 손을 들어 왕 다윗을 대적하였나니 너희가 그만 내주면 내가 이 성에서 떠나가리라 하니라 여인이 요압에게 이르되 그의 머리를 성벽에서 당신에게 내어던지리이다 하고

22 이에 여인이 그의 지혜를 가지고 모든 백성에게 나아가매 그들이 비그리의 아들 세바의 머리를 베어 요압에게 던진지라 이에 요압이 나팔을 불매 무리가 흩어져 성읍에서 물러나 각기 장막으로 돌아가고 요압은 예루살렘으로 돌아와 왕에게 나아가니라

전 9:13

다윗의 관리들

23 ●요압은 이스라엘 온 군대의 지휘관이 되고 여호야다의 아들 브나야는 그렛 사람과 블렛 사람의 지휘관이 되고

8:16

24 ¹⁾아도람은 감역관이 되고 아힐룻의 아들 여호사밧은 사관이 되고

25 스와는 서기관이 되고 사독과 아비아달은 제사장이 되고

26 야일 사람 이라는 다윗의 대신이 되니라

다윗이 기브온 사람의 말을 들어 주다

21 다윗의 시대에 해를 거듭하여 삼 년 기근이 있으므로 다윗이 여호와 앞에 간구하매 여호와께서 이르시되 이는 사울과 피를 흘린 그의 집으로 말미암음이니 그가 기브온 사람을 죽였음이니라 하시니라

창 12:10

2 기브온 사람은 이스라엘 족속이 아니요 그들은 아모리 사람 중에서 남은 자라 이스라엘 족속들이 전에 그들에게 맹세하였거늘 사울이 이스라엘과 유다 족속을 위하여 열심이 있으므로 그들을 죽이고자 하였더라 이에 왕이 기브온 사람을 불러 그들에게 물으니라

수 9:3

3 다윗이 그들에게 묻되 내가 너희를 위하여 어떻게 하랴 내가 어떻게 속죄하여야 너희가 여호와의 기업을 위하여 복을 빌겠느냐 하니

4 기브온 사람이 그에게 대답하되 사울과 그의 집과 우리 사이의 문제는 은금에 있지 아니하오며 이스라엘 가운데에서 사람을 죽이는 문제도 우리에게 있지 아니하니이다 하니라 왕이 이르되 너희가 말하는 대로 시행하리라

5 그들이 왕께 아뢰되 우리를 학살하였고 또 우리를 멸하여 이스라엘 영토 내에 머물지 못하게 하려고 모해한 사람의

6 자손 일곱 사람을 우리에게 내주소서 여호와께서 택하신 사울의 고을 기브아에서 우리가 그들을 여호와 앞에서

21 에는 무엇이 기록되어 있을까?

여기서부터 마지막 장까지는 시간 순서와 상관없이 다윗이 다스리던 때에 일어난 일들을 소개하고 있어요. 1-14절은 사울과 기브온 사람들과 여호수아가 맺은 약속을 무시한 죄로 3년 동안 이스라엘에 있었던 기근에 관한 내용입니다. 15-22절에서는 다윗의 용사들이 블레셋의 거인들을 무찌른 이야기를 소개하고 있답니다.

목 매어 달겠나이다 하니 왕이 이르되
내가 내주리라 하나라 ^{왕상 25:4}

7 ●그러나 다윗과 사울의 아들 요나단
사이에 서로 여호와를 두고 맹세한 것
이 있으므로 왕이 사울의 손자 요나단
의 아들 므비보셋은 아끼고

8 왕이 이에 아야의 딸 리스바에게서 난
자 곧 사울의 두 아들 알모니와 므비보
셋과 사울의 딸 메랍에게서 난 자 곧 므
홀랏 사람 바르실래의 아들 아드리엘
의 다섯 아들을 붙잡아 ^{3:7}

9 그들을 기브온 사람의 손에 넘기니 기
브온 사람이 그들을 산 위에서 여호와
앞에 목 매어 달매 그들 일곱 사람이 동
시에 죽으니 죽은 때는 곡식 베는 첫날
곧 보리를 베기 시작하는 때더라

10 ●아야의 딸 리스바가 굵은 베를 가져
다가 자기를 위하여 바위 위에 펴고 곡
식 베기 시작할 때부터 하늘에서 비가
시체에 쏟아지기까지 그 시체에 낮에
는 공중의 새가 앉지 못하게 하고 밤에
는 들짐승이 범하지 못하게 한지라

11 이에 아야의 딸 사울의 첩 리스바가 행
한 일이 다윗에게 알려지매

12 다윗이 가서 사울의 뼈와 그의 아들 요
나단의 뼈를 길르앗 야베스 사람에게
서 가져가니 이는 전에 블레셋 사람들
이 사울을 길보아에서 죽여 블레셋 사
람들이 벧산 거리에 매단 것을 그들이
가만히 가져온 것이라

13 다윗이 그 곳에서 사울의 뼈와 그의 아
들 요나단의 뼈를 가지고 올라오매 사
람들이 그 달려 죽은 자들의 뼈를 거두

가드의 아람
이스라엘 전쟁
기념비
(21:19-22)

어다가

14 사울과 그의 아들 요나단의 뼈와 함께
베냐민 땅 셀라에서 그의 아버지 기스
의 묘에 장사하되 모두 왕의 명령을 따
라 행하니라 그 후에야 하나님이 그 땅
을 위한 기도를 들으시니라

블레셋의 거인들을 죽인 다윗의 용사들 ^(대상 20:4-8)

15 ●블레셋 사람이 다시 이스라엘을 치
거늘 다윗이 그의 부하들과 함께 내려
가서 블레셋 사람과 싸우더니 다윗이
피곤하매

16 ¹⁾거인족의 아들 중에 무게가 삼백 세겔
되는 놋 창을 들고 새 칼을 찬 이스비
브놉이 다윗을 죽이려 하므로

17 스루야의 아들 아비새가 다윗을 도와
그 블레셋 사람을 쳐죽이니 그 때에 다
윗의 추종자들이 그에게 맹세하여 이
르되 왕은 다시 우리와 함께 전장에 나
가지 마옵소서 이스라엘의 등불이 꺼
지지 말게 하옵소서 하니라 ^{18:3}

18 ●그 후에 다시 블레셋 사람과 곱에서
전쟁할 때에 후사 사람 십브개는¹⁾거인
족의 아들 중의 삽을 쳐죽였고

19 또 다시 블레셋 사람과 곱에서 전쟁할
때에 베들레헴 사람 야레오르김의 아
들 엘하난이 가드 골리앗의 아우 라흐
미를 죽였는데 그 자의 창 자루는 베틀
채 같았더라

20 또 가드에서 전쟁할 때에 그 곳에 키가
큰 자 하나는 손가락과 발가락이 각기
여섯 개씩 모두 스물네 개가 있는데 그

1) 라파의

도 거인족의 소생이라

21 그가 이스라엘 사람을 능욕하므로 다윗의 형 삼마의 아들 요나단이 그를 죽이니라

22 이 네 사람 가드의 거인족의 소생이 다윗의 손과 그의 부하들의 손에 다 넘어졌더라

대상 20:8

다윗의 승전가 (나 18편) · B.C. 980년경

22

여호와께서 다윗을 모든 원수의 손과 사울의 손에서 구원하신 그 날에 다윗이 이 노래의 말씀으로 여호와께 아뢰어

2 이르되

여호와는 나의 반석이시요 나의 요새시요 나를 위하여 나를 건지시는 자시요

3 내가 피할 나의 반석의 하나님이시요 나의 방패시요 나의 구원의 뿔이시요 나의 높은 망대시요 그에게 피할 나의 피난처시요 나의 구원자시라 나를 폭력에서 구원하셨도다

4 내가 찬송 받으실 여호와께 아뢰리니 내 원수들에게서 구원을 받으리로다

5 사망의 물결이 나를 에우고 불의의 창수가 나를 두렵게 하였으며

6 스올의 줄이 나를 두르고 사망의 올무가 내게 이르렀도다

7 내가 환난 중에서 여호와께 아뢰며 나의 하나님께 아뢰었더니 그가 그의 성전에서 내 소리를 들으심이여 나의 부르짖음이 그의 귀에 들렸도다

8 이에 땅이 진동하고 떨며 하늘의 기

초가 요동하고 흔들렸으니 그의 진노로 말미암음이로다

9 그의 코에서 연기가 오르고 입에서 불이 나와 사름이여 그 불에 숯이 피었도다

10 그가 또 하늘을 드리우고 강림하시니 그의 발 아래는 어두캄캄하였도다

11 그룹을 타고 날으심이여 바람 날개 위에 나타나셨도다

12 그가 흑암 곧 모인 물과 공중의 빽빽한 구름으로 둘린 장막을 삼으심이여

13 그 앞에 있는 광채로 말미암아 숯불이 피었도다

14 여호와께서 하늘에서 우렛소리를 내시며 지존하신 자가 음성을 내심이여

15 화살을 날려 그들을 흩으시며 번개로 무찌르셨도다

16 이럴 때에 여호와의 꾸지람과 콧김으로 말미암아 물 밑이 드러나고 세상의 기초가 나타났도다

17 그가 위에서 손을 내미사 나를 붙드심이여 많은 물에서 나를 건져내셨도다

18 나를 강한 원수와 미워하는 자에게서 건지셨음이여 그들은 나보다 강했기 때문이로다

19 그들이 나의 재앙의 날에 내게 이르렀으나 여호와께서 나의 의지가 되셨도다

20 나를 또 넓은 곳으로 인도하시고 나를 기뻐하시므로 구원하셨도다

21 여호와께서 내 공의를 따라 상 주시며 내 손의 깨끗함을 따라 갚으셨으니

22 이는 내가 여호와의 도를 지키고 악

을 행함으로 내 하나님을 떠나지 아
니하였으며

23 그의 모든 법도를 내 앞에 두고 그의
규례를 버리지 아니하였음으로

24 내가 또 그의 앞에 완전하여 스스로
지켜 죄악을 피하였나니

25 그러므로 여호와께서 내 의대로, 그
의 눈앞에서 내 깨끗한 대로 내게 갚
으셨도다

26 자비한 자에게는 주의 자비하심을
나타내시며 완전한 자에게는 주의
완전하심을 보이시며

27 깨끗한 자에게는 주의 깨끗하심을
보이시며 사악한 자에게는 주의 거
스르심을 보이시리이다

28 주께서 곤고한 백성은 구원하시고
교만한 자를 살피사 낮추러시리이다

29 여호와여 주는 나의 등불이시니 여
호와께서 나의 어둠을 밝히시리이다

30 내가 주를 의뢰하고 적진으로 달리
며 내 하나님을 의지하고 성벽을 뛰
어넘나이다

31 하나님의 도는 완전하고 여호와의
말씀은 진실하니 그는 자기에게 피
하는 모든 자에게 방패시로다

32 여호와 외에 누가 하나님이며 우리
하나님 외에 누가 반석이냐

33 하나님은 나의 견고한 요새시며 나
를 안전한 곳으로 인도하시며

34 나의 발로 암사슴 발 같게 하시며 나
를 나의 높은 곳에 세우시며

35 내 손을 가르쳐 싸우게 하시니 내 팔
이 놋 활을 당기도다

36 주께서 또 주의 구원의 방패를 내게
주시며 주의 온유함이 나를 크게 하
셨나이다

37 내 걸음을 넓게 하셨고 내 발이 미끄
러지지 아니하게 하셨나이다

38 내가 내 원수를 뒤쫓아 멸하였사오
며 그들을 무찌르기 전에는 돌이키
지 아니하였나이다

39 내가 그들을 무찔러 전멸시켰더니
그들이 내 발 아래에 엎드러지고 능
히 일어나지 못하였나이다   알 4:3

40 이는 주께서 내게 전쟁하게 하려고 능
력으로 내게 띠 띠우사 일어나 나를
치는 자를 내게 굴복하게 하셨사오며

41 주께서 또 내 원수들이 등을 내게로
향하게 하시고 내게 나를 미워하는
자를 끊어 버리게 하셨음이니이다

42 그들이 도움을 구해도 구원할 자가
없었고 여호와께 부르짖어도 대답하
지 아니하셨나이다

43 내가 그들을 땅의 티끌 같이 부스러
뜨리고 거리의 진흙 같이 밟아 헤쳤
나이다

44 주께서 또 나를 내 백성의 다툼에서
건지시고 나를 보전하사 모든 민족
의 으뜸으로 삼으셨으니 내가 알지
못하는 백성이 나를 섬기리이다   3:1

45 이방인들이 내게 굴복함이여 그들이
내 소문을 귀로 듣고 곧 내게 순복하
리로다   시 66:3

46 이방인들이 쇠약하여 그들의 견고한
곳에서 떨며 나오리로다

47 여호와의 사심을 두고 나의 반석을
찬송하며 내 구원의 반석이신 하나
님을 높일지로다

48 이 하나님이 나를 위하여 보복하시고
민족들이 내게 복종하게 하시며

49 나를 원수들에게서 이끌어 내시며 나
를 대적하는 자 위에 나를 높이시고

규례(22:23) 일정한 규칙. '율법, 관습'의 의미로도
쓰임.

사악(22:27) 못되고 악함. '불경건한, 불신실한'의
의미로도 쓰임.

곤고(22:28) 어렵고 고생스러움.

온유(22:36) 마음씨가 따뜻하고 부드러움.

띠(22:40) 허리를 둘러매는 끈. 권위, 명예를 상징함.

순복(22:45) 순순히 잘 따름.

강포(22:45) 우악스럽고 포악함.

인자(22:51) 마음이 어질고 무던하며 자애스러움.

공의(23:3) 정당한 것을 보장하거나 변호해주는 행위,
또는 법적인 결정.

경외(23:3) 공경하고 어려워함.

구비(23:5) 필요한 것을 빠짐없이 갖춤.

나를 강포한 자에게서 건지시는도다

50 이러므로 여호와여 내가 모든 민족 중에서 주께 감사하며 주의 이름을 찬양하리이다

51 여호와께서 그의 왕에게 큰 구원을 주시며 기름 부음 받은 자에게 인자를 베푸심이여 영원하도록 다윗과 그 후손에게로다

하였더라

다윗의 마지막 말 ─B.C. 975년경

23 이는 다윗의 마지막 말이라 이새의 아들 다윗이 말함이여 높이 세워진 자, 야곱의 하나님께로부터 기름 부음 받은 자, 이스라엘의 노래 잘 하는 자가 말하노라

2 여호와의 영이 나를 통하여 말씀하심이여 그의 말씀이 내 혀에 있도다

3 이스라엘의 하나님이 말씀하시며 이스라엘의 반석이 내게 이르시기를 사람을 공의로 다스리는 자, 하나님을 경외함으로 다스리는 자여

4 그는 돋는 해의 아침 빛 같고 구름 없는 아침 같고 비 내린 후의 광선으로 땅에서 움이 돋는 새 풀 같으니라 하시도다   신 32:2

5 내 집이 하나님 앞에 이같지 아니하냐 하나님이 나와 더불어 영원한 언약을 세우사 만사에 구비하고 견고하게 하셨으니 나의 모든 구원과 나의 모든 소원을 어찌 이루지 아니하시랴

6 그러나 사악한 자는 다 내버려질 가시나무 같으니 이는 손으로 잡을 수 없음이로다

7 그것들을 만지는 자는 철과 창자루를 가져야 하리니 그것들이 당장에 불살리리로다

하니라   마 13:41, 42

다윗의 용사들 ─(대상 11:10~47)

8 다윗의 용사들의 이름은 이러하니라 다그몬 사람 요셉밧세벳이라고도 하고 에센 사람 아디노라고도 하는 자는 군지휘관의 두목이라 그가 단번에 팔백 명을 쳐죽였더라   대상 11:11

9 그 다음은 아호아 사람 도대의 아들 엘르아살이니 다윗과 함께 한 세 용사 중의 한 사람이라 블레셋 사람들이 싸우려고 거기에 모이매 이스라엘 사람들이 물러간지라 세 용사가 싸움을 돋우고

10 그가 나가서 손이 피곤하여 그의 손이 칼에 붙기까지 블레셋 사람을 치나 그 날에 여호와께서 크게 이기게 하셨으므로 백성들은 돌아와 그의 뒤를 따라가며 노략할 뿐이었더라

11 그 다음은 하랄 사람 아게의 아들 삼마라 블레셋 사람들이 사기가 올라 거기 녹두나무가 가득한 한쪽 밭에 모이매 백성들은 블레셋 사람들 앞에서 도망하되

12 그는 그 밭 가운데 서서 막아 블레셋 사람들을 친지라 여호와께서 큰 구원을 이루시니라

비전을 심어주는 3분 에세이

마귀의 전략

종교개혁가 루터가 어느 날 환상으로 마귀를 보았어요. 마귀는 루터가 지은 많은 죄들을 기록한 두 루마리를 보이며 말했습니다.

"네가 이렇게 많은 죄를 짓고도 무슨 성직자며, 또 종교개혁을 할 자격이 있는 사람이냐?"

루터는 마귀에게 외쳤지요.

"그것들은 내가 지은 죄가 사실이지만, 예수님의 은혜로 벌써 다 용서받은 것들이다. 그따위로 날 공격할 수 없다. 마귀야, 물러가라!"

23에는 무엇이 기록되어 있을까?

1~7절은 다윗이 솔로몬에게 마지막으로 교훈을 가르칠 때 쓴 말입니다. 다윗은 하나님을 대신해 다스리는 사람으로서의 알맞은 자세와 이에 따른 축복을 노래하고, 나쁜 사람들은 벌을 받는다고 경고하고 있어요. 8절부터는 다윗을 도왔던 이스라엘의 용감한 용사들의 이름과 그들이 한 일을 소개하고 있답니다.

13 ●또 삼십 두목 중 세 사람이 곡식 벨 때에 아둘람 굴에 내려가 다윗에게 나아갔는데 때에 블레셋 사람의 한 무리가 르바임 골짜기에 진 쳤더라 _{삼상 22:1}

14그 때에 다윗은 산성에 있고 그 때에 블레셋 사람의 요새는 베들레헴에 있는지라

15다윗이 소원하여 이르되 베들레헴 성문 곁 우물 물을 누가 내게 마시게 할까 하매

16세 용사가 블레셋 사람의 진영을 돌파하고 지나가서 베들레헴 성문 곁 우물 물을 길어 가지고 다윗에게로 왔으나 다윗이 마시기를 기뻐하지 아니하고 그 물을 여호와께 부어 드리며

17이르되 여호와여 내가 나를 위하여 결단코 이런 일을 하지 아니하리이다 이는 목숨을 걸고 갔던 사람들의 피가 아니니까 하고 마시기를 즐겨하지 아니하니라 세 용사가 이런 일을 행하였더라

18 ●또 스루야의 아들 요압의 아우 아비새이니 그는 그 세 사람의 우두머리라 그가 그의 창을 들어 삼백 명을 죽이고 세 사람 중에 이름을 얻었으니

19그는 세 사람 중에 가장 존귀한 자가 아

세 용사가 길어왔다는 베들레헴 다윗의 우물 (23:16)

니냐 그가 그들의 우두머리가 되었으나 그러나 첫 세 사람에게는 미치지 못하였더라

20 ●또 갑스엘 용사의 손자 여호야다의 아들 브나야이니 그는 용맹스런 일을 행한 자라 일찍이 모압 아리엘의 아들 둘을 죽였고 또 눈이 올 때에 구덩이에 내려가서 사자 한 마리를 쳐죽였고

21또 장대한 애굽 사람을 죽였는데 그의 손에 창이 있어도 그가 막대기를 가지고 내려가 그 애굽 사람의 손에서 창을 빼앗아 그 창으로 그를 죽였더라

22여호야다의 아들 브나야가 이런 일을 행하였으므로 세 용사 중에 이름을 얻고

23삼십 명보다 존귀하나 그러나 세 사람에게는 미치지 못하였더라 다윗이 그를 세워 시위대 대장을 삼았더라 _{8:18}

24 ●요압의 아우 아사헬은 삼십 명 중의 하나요 또 베들레헴 도도의 아들 엘하난과 _{2:18}

25하롯 사람 삼훗과 하롯 사람 엘리가와

26발디 사람 헬레스와 드고아 사람 익게스의 아들 이라와

27아나돗 사람 아비에셀과 후사 사람 므분내와

28아호아 사람 살몬과 느도바 사람 마하래와

29느도바 사람 바아나의 아들 헬렙과 베냐민 자손에 속한 기브아 사람 리배의 아들 잇대와

30비라돈 사람 브나야와 가아스 시냇가에 사는 힛대와

31아르바 사람 아비알본과 바르훔 사람

술술 풀리는 성경말씀

다윗의 용사들

다윗은 사울에게 쫓겨다니는 동안에 자신을 따르는 충성스러운 용사들을 세웠어요. 다윗의 용사들 중 몇몇은 가족들이었으며, 사회에서 소외당한 사람들도 있었지요. 그들은 모두 다윗에게 완전히 헌신했다는 한 가지 공통점을 가지고 있었어요.

그들 중에는 '3인'(23:8-12)과 '30인'(23:18-39)처럼 유명한 엘리트 그룹이 있었는데, 그들은 진정한 영웅들이었지요. 성경은 그들이 지도자 다윗의 인격에 크게 감동을 받았다는 인상을 주지요.

다윗은 전체 목표를 넘어서 그들의 잠재력을 보았고, 용사들 스스로도 자신의 잠재력을 발견할 수 있게 도와주었지요. 다윗은 정말 훌륭한 리더였답니다.

23장 8-39절

아스마웻과

32 사알본 사람 엘리아바와 야센의 아들
요나단과

33 하랄 사람 삼마와 아랄 사람 사락의 아
들 아히암과

34 마아가 사람의 손자 아하스배의 아들
엘리벨렛과 길로 사람 아히도벨의 아
들 엘리암과

35 갈멜 사람 헤스래와 아랍 사람 바아래
와

36 소바 사람 나단의 아들 이갈과 갓 사람
바니와

37 암몬 사람 셀렉과 스루야의 아들 요압
의 무기를 잡은 자 브에롯 사람 나하래
와　　　　　　　　　　　　　　　4:2

38 이델 사람 이라와 이델 사람 가렙과

39 헷 사람 우리아라 이상 총수가 삼십칠
명이었더라

인구 조사 (대상 21:1~27) ― B.C. 975년경

24

여호와께서 다시 이스라엘을
향하여 진노하사 그들을 치시
려고 다윗을 격동시키사 가서 이스라엘
과 유다의 인구를 조사하라 하신지라

2 이에 왕이 그 곁에 있는 군사령관 요압
에게 이르되 너는 이스라엘 모든 지파
가운데로 다니며 이제 단에서부터 브
엘세바까지 인구를 조사하여 백성의
수를 내게 보고하라 하니

3 요압이 왕께 아뢰되 이 백성이 얼마든
지 왕의 하나님 여호와께서 백 배나 더
하게 하사 내 주 왕의 눈으로 보게 하
시기를 원하나이다 그런데 내 주 왕은
어찌하여 이런 일을 기뻐하시나이까

24장 에는 무엇이 기록되어 있을까? ―

다윗은 인구 조사를 함으로써 하나
님보다 사람의 수에 의지하는 죄를 지었어요.
하나님은 선지자 갓을 통해 다윗에게 세 가지
벌 중 한 가지를 선택하라고 하셨지요. 그 결과
이스라엘에 3일 동안 전염병이 돌아 7만 명의
사람이 죽었습니다. 이에 다윗이 제단을 쌓고
하나님께 제사를 드리자 전염병이 그쳤어요.

하되

4 왕의 명령이 요압과 군대 사령관들을
재촉한지라 요압과 사령관들이 이스
라엘 인구를 조사하려고 왕 앞에서 물
러나

5 요단을 건너 갓 골짜기 가운데 성읍 아
로엘 오른쪽 곧 야셀 맞은쪽에 이르러
장막을 치고

6 길르앗에 이르고 닷딤홋시 땅에 이르
고 또 다냐안에 이르러서는 시돈으로
돌아　　　　　　　　　　　수 19:28

7 두로 견고한 성에 이르고 히위 사람과
가나안 사람의 모든 성읍에 이르고 유
다 남쪽으로 나와 브엘세바에 이르니라

8 그들 무리가 국내를 두루 돌아 아홉 달
스무 날 만에 예루살렘에 이르러

9 요압이 백성의 수를 왕께 보고하니 곧
이스라엘에서 칼을 빼는 담대한 자가
팔십만 명이요 유다 사람이 오십만 명
이었더라

10 ●다윗이 백성을 조사한 후에 그의 마
음에 자책하고 다윗이 여호와께 아뢰
되 내가 이 일을 행함으로 큰 죄를 범
하였나이다 여호와여 이제 간구하옵
나니 종의 죄를 사하여 주옵소서 내가
심히 미련하게 행하였나이다 하니라

11 다윗이 아침에 일어날 때에 여호와의
말씀이 다윗의 선견자 된 선지자 갓에
게 임하여 이르시되　　　삼상 22:5

12 가서 다윗에게 말하기를 여호와께서
이와 같이 말씀하시기를 내가 네게 세
가지를 보이노니 너를 위하여 너는 그
중에서 하나를 택하라 내가 그것을 네
게 행하리라 하셨다 하라 하시니

13 갓이 다윗에게 이르러 아뢰어 이르되
왕의 땅에 칠 년 기근이 있을 것이니
까 혹은 왕이 왕의 원수에게 쫓겨 석 달
동안 그들 앞에서 도망하실 것이니이
까 혹은 왕의 땅에 사흘 동안 전염병이
있을 것이니이까 왕은 생각하여 보고
나를 보내신 이에게 무엇을 대답하게
하소서 하는지라

14 다윗이 갓에게 이르되 내가 고통 중에 있도다 청하건대 여호와께서는 긍휼이 크시니 우리가 여호와의 손에 빠지고 내가 사람의 손에 빠지지 아니하기를 원하노라 하는지라

15 이에 여호와께서 그 아침부터 정하신 때까지 전염병을 이스라엘에게 내리시니 단에서부터 브엘세바까지 백성의 죽은 자가 칠만 명이라

16 천사가 예루살렘을 향하여 그의 손을 들어 멸하려 하더니 여호와께서 이 재앙 내리심을 뉘우치사 백성을 멸하는 천사에게 이르시되 족하다 이제는 네 손을 거두라 하시니 여호와의 사자가 여부스 사람 아라우나의 타작 마당 곁에 있는지라

17 다윗이 백성을 치는 천사를 보고 곧 여호와께 아뢰어 이르되 나는 범죄하였고 악을 행하였거니와 이 양 무리는 무엇을 행하였나이까 청하건대 주의 손으로 나와 내 아버지의 집을 치소서 하니라

18 ●이 날에 갓이 다윗에게 이르러 그에게 아뢰되 올라가서 여부스 사람 아라우나의 타작 마당에서 여호와를 위하여 제단을 쌓으소서 하매

19 다윗이 여호와께서 명령하신 바 갓의 말대로 올라가니라

20 아라우나가 바라보다가 왕과 그의 부하들이 자기를 향하여 건너옴을 보고 나가서 왕 앞에서 얼굴을 땅에 대고 절하며

21 이르되 어찌하여 내 주 왕께서 종에게 임하시나이까 하니 다윗이 이르되 네게서 타작 마당을 사서 여호와께 제단을 쌓아 백성에게 내리는 재앙을 그치게 하려 함이라 하는지라

22 아라우나가 다윗에게 아뢰되 원하건대 내 주 왕은 좋게 여기시는 대로 취하여 드리소서 번제에 대하여는 소가 있고 땔 나무에 대하여는 마당질 하는 도구와 소의 멍에가 있나이다

23 왕이여 아라우나가 이것을 다 왕께 드리나이다 하고 또 왕께 아뢰되 왕의 하나님 여호와께서 왕을 기쁘게 받으시기를 원하나이다

24 왕이 아라우나에게 이르되 그렇지 아니하다 내가 값을 주고 네게서 사리라 값 없이는 내 하나님 여호와께 번제를 드리지 아니하리라 하고 다윗이 은 오십 세겔로 타작 마당과 소를 사고

25 그 곳에서 여호와를 위하여 제단을 쌓고 번제와 화목제를 드렸더니 이에 여호와께서 그 땅을 위한 기도를 들으시매 이스라엘에게 내리는 재앙이 그쳤더라

눅 12:23

21:14

선생님!! 궁금해요

우리는 왜 기도할 때 '아멘'이라는 말로 마치지요?

기도하는 사람들은 기도 끝에 "아멘"이라고 말해요. 이 말이 교회에 처음 나오는 어린이들에게는 무척 어렵게 들릴지도 몰라요. 또 교회에 열심히 나오는 어린이 중에도 그 뜻을 깜박 잊거나 잘 모르는 어린이가 있을 거예요.

"아멘"이라는 말은 '그렇습니다' 혹은 '믿음으로 받겠습니다' 라는 뜻이에요. 아멘은 기도에 대한 믿음을 말하는 것과 같지요. "내가 기도한 것을 분명하게 믿어요!"라는 입술의 고백이랍니다. 말씀을 읽어도 "아멘", 찬송을 하고도 "아멘", 기도한 후에도 "아멘"이라고 또렷한 목소리로 말해 보세요. 하나님께서 기뻐하실 거예요.

마 6장 13절

✮ 열왕기상을 읽기 전에

이 책을 누가 썼는지는 불확실한데, 예레미야가 썼다는 주장이 가장 인정을 받고 있어요. 열왕기상은 솔로몬 왕의 통치와 이후 분열 왕국의 역사를 기록하고 있지요. 선지자 엘리야, 엘리사도 등장한답니다.

✮ 언제, 왜, 누구를 위하여 썼나요?

이 책을 기록한 때는 B.C. 561－538년경으로 보고 있어요. 포로로 잡혀 간 이스라엘 백성들에게 인간의 역사는 하나님이 주관하시며, 왕이 하나님께 어떻게 순종하느냐에 따라 나라의 방향이 정해진다는 사실을 알려주려고 쓴 책이랍니다.

✮ 어떤 내용인가요?

이스라엘은 솔로몬 왕 때 최고의 부와 평화를 누렸어요. 그러나 솔로몬이 잘못된 길로 빠지자, 나라가 어려움을 겪고 결국 나라가 둘로 나눠지면서 계속 갈등을 겪게 되었지요.

왕
대
스

다윗이 늙은 때—B.C. 971년경

1 다윗 왕이 나이가 많아 늙으니 이불을 덮어도 따뜻하지 아니한지라

2 그의 시종들이 왕께 아뢰되 우리 주왕을 위하여 젊은 처녀 하나를 구하여 그로 왕을 받들어 모시게 하고 왕의 품에 누워 우리 주 왕으로 따뜻하시게 하리이다 하고

3 이스라엘 사방 영토 내에 아리따운 처녀를 구하던 중 수넴 여자 아비삭을 얻어 왕께 데려왔으니

4 이 처녀는 심히 아름다워 그가 왕을 받들어 시중들었으나 왕이 잠자리는 같이 하지 아니하였더라

아도니야가 왕이 되고자 하다

5 ●그 때에 학깃의 아들 아도니야가 스스로 높여서 이르기를 내가 왕이 되리라 하고 자기를 위하여 병거와 기병과 호위병 오십 명을 준비하니

6 그는 압살롬 다음에 태어난 자요 용모가 심히 준수한 자라 그의 아버지가 네가 어찌하여 그리 하였느냐고 하는 말로[1] 한 번도 그를 섭섭하게 한 일이 없었더라

7 아도니야가 스루야의 아들 요압과 제사장 아비아달과 모의하니 그들이 따르고 도우나

8 제사장 사독과 여호야다의 아들 브나야와 선지자 나단과 시므이와 레이와 다윗의 용사들은 아도니야와 같이 하지 아니하였더라

9 아도니야가 에느로겔 근방 소헬렛 바위 곁에서 양과 소와 살찐 송아지를 잡고 왕자 곧 자기의 모든 동생과 왕의 신하 된 유다 모든 사람을 다 청하였으나

10 선지자 나단과 브나야와 용사들과 자기 동생 솔로몬은 청하지 아니하였더라

솔로몬이 왕이 되다

11 ●나단이 솔로몬의 어머니 밧세바에게 말하여 이르되 학깃의 아들 아도니

---

1 장에는 무엇이 기록되어 있을까?

1장에서는 다윗의 아들 솔로몬이 왕의 자리에 오르는 과정을 보여줍니다. 다윗이 노쇠하기 틈타 아도니야가 왕의 자리를 노렸지만, 나단 선지자와 밧세바의 지혜로 결국 뜻을 이루지 못했어요. 그러나 이 모든 것은 다윗이 하나님을 가리켜 한 맹세(30절)가 이루어질 수 있도록 하나님께서 섭리하셨기 때문이랍니다.

---

1) 평생에

야가 왕이 되었음을 듣지 못하였나이
까 우리 주 다윗은 알지 못하시나이다

12이제 내게 당신의 생명과 당신의 아들
솔로몬의 생명을 구할 계책을 말하도
록 허락하소서

13당신은 다윗 왕 앞에 들어가서 아뢰기
를 내 주 왕이여 전에 왕이 여종에게 맹
세하여 이르시기를 네 아들 솔로몬이
반드시 나를 이어 왕이 되어 내 왕위에
앉으리라 하지 아니하셨나이까 그런
데 아도니야가 무슨 이유로 왕이 되었
나이까 하소서 대상 22:9-13

14당신이 거기서 왕과 말씀하실 때에 나
도 뒤이어 들어가서 당신의 말씀을 확
증하리이다

15 ●밧세바가 이에 침실에 들어가 왕에
게 이르니 왕이 심히 늙었으므로 수넴
여자 아비삭이 시중들었더라

16밧세바가 몸을 굽혀 왕께 절하니 왕이
이르되 어찌 됨이냐

17그가 왕께 대답하되 내 주여 왕이 전에
왕의 하나님 여호와를 가리켜 여종에
게 맹세하시기를 네 아들 솔로몬이 반
드시 나를 이어 왕이 되어 내 왕위에 앉
으리라 하셨거늘

18이제 아도니야가 왕이 되었어도 내 주
왕은 알지 못하시나이다

19그가 수소와 살찐 송아지와 양을 많이
잡고 왕의 모든 아들과 제사장 아비아
달과 군사령관 요압을 청하였으나 왕
의 종 솔로몬은 청하지 아니하였나이다

20내 주 왕이여 온 이스라엘이 왕에게 다
주목하고 누가 내 주 왕을 이어 그 왕
위에 앉을지를 공포하시기를 기다리

나이다

21그렇지 아니하면 내 주 왕께서 그의 조
상들과 함께 잘 때에 나와 내 아들 솔
로몬은 죄인이 되리이다

22 ●밧세바가 왕과 말할 때에 선지자 나
단이 들어온지라

23어떤 사람이 왕께 말하여 이르되 선지
자 나단이 여기 있나이다 하니 그가 왕
앞에 들어와서 얼굴을 땅에 대고 왕께
절하고

24이르되 내 주 왕께서 이르시기를 아도
니야가 나를 이어 왕이 되어 내 왕위에
앉으리라 하셨나이까

25그가 오늘 내려가서 수소와 살찐 송아
지와 양을 많이 잡고 왕의 모든 아들과
군사령관들과 제사장 아비아달을 청
하였는데 그들이 아도니야 앞에서 먹
고 마시며 아도니야 왕은 만세수를 누
리옵소서 하였나이다

26그러나 왕의 종 나와 제사장 사독과 여
호야다의 아들 브나야와 왕의 종 솔로
몬은 청하지 아니하였사오니 1:10

27이것이 내 주 왕께서 정하신 일이니이
까 그런데 왕께서 내 주 왕을 이어 그
왕위에 앉을 자를 종에게 알게 하지 아
니하셨나이다

28다윗 왕이 명령하여 이르되 밧세바를
내 앞으로 부르라 하매 그가 왕의 앞으
로 들어가 그 앞에 서는지라

29왕이 이르되 내 생명을 모든 환난에서
구하신 여호와께서 살아 계심을 두고
맹세하노라

30내가 이전에 이스라엘의 하나님 여호
와를 가리켜 네게 맹세하여 이르기를

다윗의 아들 솔로몬 VS 아도니야(1:5-10, 32)

다윗에게 속함: 재솔로몬을 추대하는 자		아도니야에게 속한 자	
브나야	대제사장 여호야다의 아들로, 다윗의 충성스러운 경호 대장	요압	다윗의 군대 장관이며 다윗의 조카로, 후에 브나야가 처단함
사독	이 사건 후, 이스라엘의 유일한 제사장 계열이 됨	아비아달	엘리 계열의 마지막 제사장
나단	선지자, 모사	요나단	아비아달의 아들, 모사
시므이, 레이, 다윗의 용사들	다윗 측의 주력 군대	기병, 호위병 50명	아도니야의 후원군

네 아들 솔로몬이 반드시 나를 이어 왕이 되고 나를 대신하여 내 왕위에 앉으리라 하였으니 내가 오늘 그대로 행하리라

31 밧세바가 얼굴을 땅에 대고 절하며 내 주 다윗 왕은 만세수를 하옵소서 하니라 2:3

32 ●다윗 왕이 이르되 제사장 사독과 선지자 나단과 여호야다의 아들 브나야를 내 앞으로 부르라 하니 그들이 왕 앞에 이른지라

33 왕이 그들에게 이르되 너희는 너희 주의 신하들을 데리고 내 아들 솔로몬을 내 노새에 태우고 기혼으로 인도하여 내려가고

34 거기서 제사장 사독과 선지자 나단은 그에게 기름을 부어 이스라엘 왕으로 삼고 너희는 뿔나팔을 불며 솔로몬 왕은 만세수를 하옵소서 하고

35 그를 따라 올라오라 그가 와서 내 왕위에 앉아 나를 대신하여 왕이 되리라 내가 그를 세워 이스라엘과 유다의 통치자로 지명하였느니라

36 여호야다의 아들 브나야가 왕께 대답하여 이르되 아멘 내 주 왕의 하나님 여호와께서도 이렇게 말씀하시기를 원하오며

37 또 여호와께서 내 주 왕과 함께 계심 같이 솔로몬과 함께 계셔서 그의 왕위를 내 주 다윗 왕의 왕위보다 더 크게 하시기를 원하나이다 하니라 수 1:17

38 ●제사장 사독과 선지자 나단과 여호야다의 아들 브나야와 그렛 사람과 블렛 사람이 내려가서 솔로몬을 다윗 왕의 노새에 태우고 인도하여 기혼으로 가서

39 제사장 사독이 성막 가운데에서 기름 담은 뿔을 가져다가 솔로몬에게 기름을 부으니 이에 뿔나팔을 불고 모든 백성이 솔로몬 왕은 만세수를 하옵소서 하니라 1:34

40 모든 백성이 그를 따라 올라와서 피리를 불며 크게 즐거워하므로 땅이 그들의 소리로 말미암아 갈라질 듯하니

41 아도니야와 그와 함께 한 손님들이 먹기를 마칠 때에 다 들은지라 요압이 뿔나팔 소리를 듣고 어찌하여 성읍 중에서 소리가 요란하냐

42 말할 때에 제사장 아비아달의 아들 요나단이 오는지라 아도니야가 이르되 들어오라 너는 용사라 아름다운 소식을 가져오는도다

43 요나단이 아도니야에게 대답하여 이르되 과연 우리 주 다윗 왕이 솔로몬을 왕으로 삼으셨나이다

44 왕께서 제사장 사독과 선지자 나단과 여호야다의 아들 브나야와 그렛 사람과 블렛 사람을 솔로몬과 함께 보내셨는데 그들 무리가 왕의 노새에 솔로몬을 태웠더가

45 제사장 사독과 선지자 나단이 기혼에서 기름을 부어 왕으로 삼고 무리가 그 곳에서 올라오며 즐거워하므로 성읍이 진동하였나니 당신들에게 들린 소리가 이것이라

46 또 솔로몬도 왕좌에 앉아 있고

47 왕의 신하들도 와서 우리 주 다윗 왕에

비전을 심어주는 3분 여화

팔가루의 용도

시골 선비가 과거에 급제하여 한 고을의 사또가 되었어요. 그가 첫날 아침에 세수하려는데 세숫대야 옆에 팥가루가 놓여 있는 거예요. 그는 어디에 쓰는 것인지 몰라 먹고 말았지요. 그러자 그것을 보고 있던 하인이 웃으며, 팥가루는 얼굴을 닦는 데 쓰는 것이라고 했어요. 이에 사또는 이렇게 생각했어요.

"내가 그것을 모를 줄 알았더냐? 너희는 겉만 닦고 꾸미지만, 나는 지금 내 마음을 닦고 다듬었느니라."

비누도, 초강력 세제도, 팥가루도 마음을 닦는 일에는 아무 효과가 없어요. 사람의 마음을 깨끗하게 하는 것은 오직 예수님의 보혈로만 가능하답니다.

네 귀퉁이의 제단 뿔(1:50-51)

게 축복하여 이르기를 왕의 하나님이 솔로몬의 이름을 왕의 이름보다 더 아름답게 하시고 그의 왕위를 왕의 위보다 크게 하시기를 원하나이다 하매 왕이 침상에서 몸을 굽히고

창 47:31

48 또한 이르시기를 이스라엘의 하나님 여호와를 찬송하리로다 여호와께서 오늘 내 왕위에 앉을 자를 주사 내 눈으로 보게 하셨도다 하셨나이다 하니

49 아도니야와 함께 한 손님들이 다 놀라 일어나 각기 갈 길로 간지라

50 아도니야도 솔로몬을 두려워하여 일어나 가서 제단 뿔을 잡으니

51 어떤 사람이 솔로몬에게 말하여 이르되 아도니야가 솔로몬 왕을 두려워하여 지금 제단 뿔을 잡고 말하기를 솔로몬 왕이 오늘 칼로 자기 종을 죽이지 않겠다고 내게 맹세하기를 원한다 하이다

52 솔로몬이 이르되 그가 만일 1)선한 사람일진대 그의 머리털 하나도 땅에 떨어지지 아니하려니와 그에게 악한 것이 보이면 죽으리라 하고

53 사람을 보내어 그를 제단에서 이끌어 내리니 그가 와서 솔로몬 왕께 절하매 솔로몬이 이르기를 네 집으로 가라 하였더라

다윗이 솔로몬에게 마지막으로 이르다

2 다윗이 죽을 날이 임박하매 그의 아들 솔로몬에게 명령하여 이르되

2 내가 이제 세상 모든 사람이 가는 길로 가게 되었노니 너는 힘써 대장부가 되고

3 네 하나님 여호와의 명령을 지켜 그 길로 행하여 그 법률과 계명과 율례와 증거를 모세의 율법에 기록된 대로 지키라 그리하면 네가 무엇을 하든지 어디로 가든지 형통할지라

4 여호와께서 내 일에 대하여 말씀하시기를 만일 네 자손들이 그들의 길을 삼가 마음을 다하고 성품을 다하여 진실히 내 앞에서 행하면 이스라엘 왕위에 오를 사람이 네게서 끊어지지 아니하리라 하신 말씀을 확실히 이루게 하시리라

5 스루야의 아들 요압이 내게 행한 일 곧 이스라엘 군대의 두 사령관 넬의 아들 아브넬과 예델의 아들 아마사에게 행한 일을 네가 알거니와 그가 그들을 죽여 태평 시대에 전쟁의 피를 흘리고 전쟁의 피를 자기의 허리에 띤 띠와 발에 신은 신에 묻혔으니

삼하 18:5

6 네 지혜대로 행하여 그의 백발이 평안히 스올에 내려가지 못하게 하라

7 마땅히 길르앗 바르실래의 아들들에게 은총을 베풀어 그들이 네 상에서 먹는 자 중에 참여하게 하라 내가 네 형 압살롬의 낯을 피하여 도망할 때에 그들이 내게 나왔느니라

8 바후림 베냐민 사람 게라의 아들 시므이가 너와 함께 있나니 그는 내가 마하나임으로 갈 때에 악한 말로 나를 저주하였느니라 그러나 그가 요단에 내려와서 나를 영접하므로 내가 여호와를 두고 맹세하여 이르기를 내가 칼로 너를 죽이지 아니하리라 하였노라

2 에는 무엇이 기록되어 있을까?

죽음을 앞둔 다윗은 솔로몬에게 하나님의 계명을 철저히 지키고 국가를 위태롭게 할 자들을 지혜롭게 처단할 것을 유언했어요. 그가 하나님께 대한 순종을 최우선으로 당부한 것은, 개인의 운명뿐만 아니라 국가의 운명도 하나님께 달려 있음을 알았기 때문이죠. 솔로몬은 다윗의 유언에 따라 나라를 튼튼하게 하였어요.

1) 그럴 만한 사람

다윗 왕의 무덤
(2:10-11)

9 그러나 그를 무죄한 자로 여기지 말지어다 너는 지혜 있는 사람이므로 그에게 행할 일을 알지니 그의 백발이 피가운데 스올에 내려가게 하라

다윗이 죽다

10 ●다윗이 그의 조상들과 함께 누워 다윗 성에 장사되니

11 다윗이 이스라엘 왕이 된 지 사십 년이라 헤브론에서 칠 년 동안 다스렸고 예루살렘에서 삼십삼 년 동안 다스렸더라

12 솔로몬이 그의 아버지 다윗의 왕위에 앉으니 그의 나라가 심히 견고하니라

아도니야가 죽임을 당하다

13 ●학깃의 아들 아도니야가 솔로몬의 어머니 밧세바에게 나아온지라 밧세바가 이르되 네가 화평한 목적으로 왔느냐 대답하되 화평한 목적이니이다

14 또 이르되 내가 말씀드릴 일이 있나이다 밧세바가 이르되 말하라

15 그가 이르되 당신도 아시는 바이거니와 이 왕위는 내 것이었고 온 이스라엘은 다 얼굴을 내게로 향하여 왕으로 삼으려 하였는데 그 왕권이 돌아가 내 아우의 것이 되었음은 여호와께로 말미암음이니이다

16 이제 내가 한 가지 소원을 당신에게 구하오니 내 청을 거절하지 마옵소서 밧세바가 이르되 말하라

17 그가 이르되 청하건대 솔로몬 왕에게 말씀하여 그가 수넴 여자 아비삭을 내게 주어 아내를 삼게 하소서 왕이 당신의 청을 거절하지 아니하리이다

18 밧세바가 이르되 좋다 내가 너를 위하여 왕께 말하리라

19 ●밧세바가 이에 아도니야를 위하여 말하려고 솔로몬 왕에게 이르니 왕이 일어나 영접하여 절한 후에 다시 왕좌에 앉고 그의 어머니를 위하여 자리를 베푸니 그가 그의 오른쪽에 앉는지라

20 밧세바가 이르되 내가 한 가지 작은 일로 왕께 구하오니 내 청을 거절하지 마소서 왕이 대답하되 내 어머니여 구하소서 내가 어머니의 청을 거절하지 아니하리이다

21 이르되 청하건대 수넴 여자 아비삭을 왕의 형 아도니야에게 주어 아내로 삼게 하소서

22 솔로몬 왕이 그의 어머니에게 대답하여 이르되 어찌하여 아도니야를 위하여 수넴 여자 아비삭을 구하시나이까 그는 나의 형이오니 그를 위하여 왕권도 구하옵소서 그뿐 아니라 제사장 아비아달과 스루야의 아들 요압을 위해서도 구하옵소서 하고

23 여호와를 두고 맹세하여 이르되 아도니야가 이런 말을 하였은즉 그의 생명을 잃지 아니하면 하나님은 내게 벌 위에 벌을 내리심이 마땅하니이다

24 그러므로 이제 나를 세워 내 아버지 다윗의 왕위에 오르게 하시고 허락하신 말씀대로 나를 위하여 집을 세우신 여호와께서 살아 계심을 두고 맹세하노니 아도니야는 오늘 죽임을 당하리라 하고

25 여호야다의 아들 브나야를 보내매 그가 아도니야를 쳐서 죽였더라

아비아달의 추방과 요압의 처형

26 ●왕이 제사장 아비아달에게 이르되 네 고향 아나돗으로 가라 너는 마땅히 죽을 자이로되 네가 내 아버지 다윗 앞

2:16

다상 22:9

1:3, 4

임박(2:1) 어떤 때가 가까이 다가옴.
율례(2:3) 지도자들이 백성을 다스릴 때 사용하는 규정.
태평 시대(2:5) 어질고 덕망있는 왕이 나라를 잘 다스려 온 국민이 평화로운 시대.
영접(2:8) 손님을 맞아 대접함.
견고(2:12) 굳고 튼튼함.

에서 주 여호와의 궤를 메었고 또 내 아버지가 모든 환난을 받을 때에 너도 환난을 받았은즉 오늘 내가 오늘 너를 죽이지 아니하노라 하고

일천 번제를 드리는 솔로몬(3:4)

27 아비아달을 쫓아내어 여호와의 제사장 직분을 파면하니 여호와께서 실로에서 엘리의 집에 대하여 하신 말씀을 응하게 함이더라

28 ●이 소문이 요압에게 들리매 그가 여호와의 장막으로 도망하여 제단 뿔을 잡으니 이는 그가 다윗을 떠나 압살롬을 따르지 아니하였으나 아도니야를 따랐음이더라　ㄷㅈㄱ, 50

29 어떤 사람이 솔로몬 왕에게 아뢰되 요압이 여호와의 장막으로 도망하여 제단 곁에 있나이다 솔로몬이 여호야다의 아들 브나야를 보내며 이르되 너는 가서 그를 치라　2:25

30 브나야가 여호와의 장막에 이르러 그에게 이르되 왕께서 나오라 하시느니라 그가 대답하되 아니라 내가 여기서 죽겠노라 브나야가 돌아가서 왕께 아뢰어 이르되 요압이 이리이리 내게 대답하더이다

31 왕이 이르되 그의 말과 같이 하여 그를 죽여 묻으라 요압이 까닭 없이 흘린 피를 나와 내 아버지의 집에서 네가 제하리라

32 여호와께서 요압의 피를 그의 머리로 돌려보내실 것은 그가 자기보다 의롭고 선한 두 사람을 쳤음이니 곧 이스라엘 군사령관 넬의 아들 아브넬과 유다 군사령관 예델의 아들 아마사를 칼로 죽였음이라 이 일을 내 아버지 다윗은

삼 9:24, 57

알지 못하셨나니

33 그들의 피는 영영히 요압의 머리와 그의 자손의 머리로 돌아갈지라도 다윗과 그의 자손과 그의 집과 그의 왕위에는 여호와께로 말미암는 평강이 영원히 있으리라

34 여호야다의 아들 브나야가 곧 올라가서 그를 쳐죽이매 그가 광야에 있는 자기의 집에 매장되니라

35 왕이 이에 여호야다의 아들 브나야를 요압을 대신하여 군사령관으로 삼고 또 제사장 사독으로 아비아달을 대신하게 하니라

시므이가 처형되다

36 ●왕이 사람을 보내어 시므이를 불러서 이르되 너는 예루살렘에서 너를 위하여 집을 짓고 거기서 살고 어디든지 나가지 말라

37 너는 분명히 알라 네가 나가서 기드론 시내를 건너는 날에는 반드시 죽임을 당하리니 네 피가 네 머리로 돌아가리라 2:8

38 시므이가 왕께 대답하되 이 말씀이 좋사오니 내 주 왕의 말씀대로 종이 그리하겠나이다 하고 이에 날이 오래도록 예루살렘에 머무니라

39 ●삼 년 후에 시므이의 두 종이 가드 왕마아가의 아들 아기스에게로 도망하여 간지라 어떤 사람이 시므이에게 말하여 이르되 당신의 종이 가드에 있나이다

40 시므이가 그 종을 찾으려고 일어나 그의 나귀에 안장을 지우고 가드로 가서 아기스에게 나아가 그의 종을 가드에서 데려왔더니

3장 에는 무엇이 기록되어 있을까?

솔로몬이 이스라엘을 다스리던 초기에 애굽 왕 바로의 딸과 혼인을 맺음으로써 이방 종교가 이스라엘에 올라들어왔어요. 이는 결국 이스라엘을 멸망의 길로 몰고 가는 계기가 되었답니다. 아무리 나라의 유익을 생각한다고 해도 하나님의 뜻이 먼저예요. 하나님께서 솔로몬에게 지혜를 주신 것도 이 때문이었답니다.

꿈에서 하나님의 음성을 들은 솔로몬(3:5)

41 시므이가 예루살렘에서부터 가드에 갔다가 돌아온 일을 어떤 사람이 솔로몬에게 말한지라

42 왕이 사람을 보내어 시므이를 불러서 이르되 내가 너에게 여호와를 두고 맹세하게 하고 경고하여 이르기를 너는 분명히 알라 네가 밖으로 나가서 어디든지 가는 날에는 죽임을 당하리라 하지 아니하였느냐 너도 내게 말하기를 내가 들은 말씀이 좋으니이다 하였거늘

43 네가 어찌하여 여호와를 두고 한 맹세와 내가 네게 이른 명령을 지키지 아니하였느냐

44 왕이 또 시므이에게 이르되 네가 네 마음으로 아는 모든 악 곧 네 아버지에게 행한 바를 네가 스스로 아나니 여호와께서 네 악을 네 머리로 돌려보내시리라

45 그러나 솔로몬 왕은 복을 받고 다윗의 왕위는 영원히 여호와 앞에서 견고히 서리라 하고

46 여호야다의 아들 브나야에게 명령하매 그가 나가서 시므이를 치니 그가 죽은지라 이에 나라가 솔로몬의 손에 견고하여지니라

솔로몬이 지혜를 구하다 (대하 1:3-12)

3 솔로몬이 애굽의 왕 바로와 더불어 혼인 관계를 맺어 그의 딸을 맞이하고 다윗 성에 데려다가 두고 자기의 왕궁과 여호와의 성전과 예루살렘 주위의 성의 공사가 끝나기를 기다리니라 7:8

2 그 때까지 여호와의 이름을 위하여 성전을 아직 건축하지 아니하였으므로 백성들이 1)산당에서 제사하며 레 17:3-5

1) 제단이 있는 높은 곳

3 솔로몬이 여호와를 사랑하고 그의 아버지 다윗의 법도를 행하였으나 산당에서 제사하며 분향하더라 9:4

4 ●이에 왕이 제사하러 기브온으로 가니 거기는 산당이 큼이라 솔로몬이 그 제단에 일천 번제를 드렸더니 대상 16:39

5 기브온에서 밤에 여호와께서 솔로몬의 꿈에 나타나시니라 하나님이 이르시되 내가 네게 무엇을 줄꼬 너는 구하라

6 솔로몬이 이르되 주의 종 내 아버지 다윗이 성실과 공의와 정직한 마음으로 주와 함께 주 앞에서 행하므로 주께서 그에게 큰 은혜를 베푸셨고 주께서 또 그를 위하여 이 큰 은혜를 항상 주사 오늘과 같이 그의 자리에 앉을 아들을 그에게 주셨나이다 대하 1:8

7 나의 하나님 여호와여 주께서 종으로 종의 아버지 다윗을 대신하여 왕이 되게 하셨사오나 종은 작은 아이라 출입할 줄을 알지 못하고

8 주께서 택하신 백성 가운데 있나이다 그들은 큰 백성이라 수효가 많아서 셀 수도 없고 기록할 수도 없사오니 신 7:6

9 누가 주의 이 많은 백성을 재판할 수 있사오리이까 듣는 마음을 종에게 주사 주의 백성을 재판하여 선악을 분별하게 하옵소서

10 솔로몬이 이것을 구하매 그 말씀이 주의 마음에 든지라

11 이에 하나님이 그에게 이르시되 네가 이것을 구하도다 자기를 위하여 장수하기를 구하지 아니하며 부도 구하지 아니하며 자기 원수의 생명을 멸하기

지혜를 구하는 솔로몬(3:6-10)

하나님의 축복을 받은 솔로몬(3:10-14)

도 구하지 아니하고 오직 송사를 듣고 분별하는 지혜를 구하였으니

12 내가 네 말대로 하여 네게 지혜롭고 총명한 마음을 주노니 네 앞에도 너와 같은 자가 없었거니와 네 뒤에도 너와 같은 자가 일어남이 없으리라

13 내가 또 네가 구하지 아니한 부귀와 영광도 네게 주노니 네 평생에 왕들 중에 너와 같은 자가 없을 것이라

14 네가 만일 네 아버지 다윗이 행함 같이 내 길로 행하며 내 법도와 명령을 지키면 내가 또 네 날을 길게 하리라

15 솔로몬이 깨어 보니 꿈이더라 이에 예루살렘에 이르러 여호와의 언약궤 앞에 서서 번제와 감사의 제물을 드리고 모든 신하들을 위하여 잔치하였더라

솔로몬의 재판

16 ●그 때에 창기 두 여자가 왕에게 와서 그 앞에 서며

17 한 여자는 말하되 내 주여 나와 이 여자가 한집에서 사는데 내가 그와 함께 집에 있으며 해산하였더니

18 내가 해산한 지 사흘 만에 이 여자도 해산하고 우리가 함께 있었고 우리 둘 외에는 집에 다른 사람이 없었나이다

19 그런데 밤에 저 여자가 그의 아들 위에 누으므로 그의 아들이 죽으니

20 그가 밤중에 일어나서 이 여종 내가 잠든 사이에 내 아들을 내 곁에서 가져다가 자기의 품에 누이고 자기의 죽은 아들을 내 품에 뉘었나이다

21 아침에 내가 내 아들을 젖 먹이려고 일어나 본즉 죽었기로 내가 아침에 자세히

보니 내가 낳은 아들이 아니더이다 하매

22 다른 여자는 이르되 아니라 산 것은 내 아들이요 죽은 것은 네 아들이라 하고 이 여자는 이르되 아니라 죽은 것은 네 아들이요 산 것이 내 아들이라 하며 왕 앞에서 그와 같이 쟁론하는지라

23 왕이 이르되 이 여자는 말하기를 산 것은 내 아들이요 죽은 것은 네 아들이라 하고 저 여자는 말하기를 아니라 죽은 것이 네 아들이요 산 것이 내 아들이라 하는도다 하고

24 또 이르되 칼을 내게로 가져오라 하니 칼을 왕 앞으로 가져온지라

25 왕이 이르되 산 아이를 둘로 나누어 반은 이 여자에게 주고 반은 저 여자에게 주라

26 그 산 아들의 어머니 되는 여자가 그 아들을 위하여 마음이 불붙는 것 같아서 왕께 아뢰어 청하건대 내 주여 산 아이를 그에게 주시고 아무쪼록 죽이지 마옵소서 하되 다른 여자는 말하기를 내 것도 되게 말고 네 것도 되게 말고 나누게 하라 하는지라

27 왕이 대답하여 이르되 산 아이를 저 여자에게 주고 결코 죽이지 말라 저가 그의 어머니이니라 하매

28 온 이스라엘이 왕이 심리하여 판결함을 듣고 왕을 두려워하였으니 이는 하나님의 지혜가 그의 속에 있어 판결함을 봄이더라

솔로몬이 거느린 신하들—B.C. 971년경

4 솔로몬 왕이 온 이스라엘의 왕이 되었고

2 그의 신하들은 이러하니라 사독의 아

4장에는 무엇이 기록되어 있을까?

솔로몬이 국가 행정 체제를 조직적으로 정비함으로써 각 분야에서는 안정과 번영의 시대가 열렸어요. 이는 하나님의 약속(3:13)이 이루어진 것이지요. 한편 솔로몬이 구분한 12행정 구역이 12지파의 경계와 다른 것은 각 지파 간에 편을 갈라 다투는 것을 없애고, 인구가 적은 지파들에게 많은 세금을 지우지 않기 위해서였답니다.

들 아사리아는 제사장이요

3 시사의 아들 엘리호렙과 아히야는 서기관이요 아힐룻의 아들 여호사밧은 사관이요

4 여호야다의 아들 브나야는 군사령관이요 사독과 아비아달은 제사장이요

5 나단의 아들 아사리아는 지방 관장의 두령이요 나단의 아들 사붓은 제사장이니 왕의 벗이요

6 아히살은 궁내대신이요 압다의 아들 아도니람은 노동 감독관이더라

7 ●솔로몬이 또 온 이스라엘에 열두 지방 관장을 두매 그 사람들이 왕과 왕실을 위하여 양식을 공급하되 각기 일 년에 한 달씩 양식을 공급하였으니

8 그들의 이름은 이러하니라 에브라임 산지에는 벤훌이요　　　수 24:33

9 마가스와 사알빔과 벧세메스와 엘론벧하난에는 벤데겔이요

10 아룹봇에는 벤헤셋이니 소고와 헤벨 온 땅을 그가 주관하였으며

11 [1]나밧 돌 높은 땅 온 지방에는 벤아비나답이니 그는 솔로몬의 딸 다밧을 아내로 삼았으며

12 다아낙과 므깃도와 이스르엘 아래 사르단 가에 있는 벧스안 온 땅은 아힐룻의 아들 바아나가 맡았으니 벧스안에서부터 아벨므홀라에 이르고 욕느암 바깥까지 미쳤으며

13 길르앗 라못에는 벤게벨이니 그는 길르앗에 있는 므낫세의 아들 야일의 모든 마을을 주관하였고 또 바산 아르곱 땅의 성벽과 놋빗장 있는 육십 개의 큰 성읍을 주관하였으며

14 마하나임에는 잇도의 아들 아히나답이요

15 납달리에는 아히마아스니 그는 솔로몬의 딸 바스맛을 아내로 삼았으며

16 아셀과 아롯에는 후새의 아들 바아나요

17 잇사갈에는 바루아의 아들 여호사밧이요

18 베냐민에는 엘라의 아들 시므이요

19 아모리 사람의 왕 시혼과 바산 왕 옥의 나라 길르앗 땅에는 우리의 아들 게벨이니 그 땅에서는 그 한 사람만 지방 관장이 되었더라

솔로몬의 영화

20 ●유다와 이스라엘의 인구가 바닷가의 모래 같이 많게 되매 먹고 마시며 즐거워하였으며

21 솔로몬이 그 [2]강에서부터 블레셋 사람의 땅에 이르기까지와 애굽 지경에 미치기까지의 모든 나라를 다스리므로 솔로몬이 사는 동안에 그 나라들이 조공을 바쳐 섬겼더라

22 솔로몬의 하루의 음식물은 가는 밀가루가 삼십 고르요 굵은 밀가루가 육십 고르요

23 살진 소가 열 마리요 초장의 소가 스무 마리요 양이 백 마리이며 그 외에 수사슴과 노루와 암사슴과 살진 새들이었더라

24 솔로몬이 그 [2]강 건너편을 딥사에서부터 가사까지 모두, 그 [2]강 건너편의 왕을 모두 다스리므로 그가 사방에 둘린 민족과 평화를 누렸으니

25 솔로몬이 사는 동안에 유다와 이스라

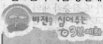

비전을 심어주는 3분 예화

열등감 극복하기

러시아의 문호 톨스토이는 자라면서 자신의 외모에 심한 열등감을 느꼈어요. 그러나 그는 성인이 되어 가면서 문학에 대한 천재적인 소질을 발휘했지요. 그와 동시에 오랫동안 자신을 괴롭혀온 열등감을 떨쳐 버렸답니다. 지금 톨스토이를 '못생긴 사람'으로 기억하는 사람은 아무도 없어요.

톨스토이는 이런 말을 하였지요.

"사람의 아름다움은 외모에 있는 것이 아니다. 진정한 아름다움은 내면에 있다. 이웃에 대한 사랑과 깨끗한 인격이 모여 진정 아름다운 사람이 된다."

하나님께서는 모든 사람에게 한 가지 이상의 재능을 주셨어요. 혹시 열등감이 있다면 재능 있는 다른 분야에서 최선을 다하세요. 사람들은 당신을 최고의 사람으로 기억할 것입니다.

1) 또는 돌 높은 땅 2) 유브라데 강

엘이 단에서부터 브엘세바에 이르기까지 각기 포도나무 아래와 무화과나무 아래에서 평안히 살았더라 ^{왕상 4:4}

26 솔로몬의 병거의 말 외양간이 사만이요 마병이 만 이천 명이며

27 그 지방 관장들은 각각 자기가 맡은 달에 솔로몬 왕과 왕의 상에 참여하는 모든 자를 위하여 먹을 것을 공급하여 부족함이 없게 하였으며

28 또 그들이 각기 직무를 따라 말과 준마에게 먹일 보리와 꼴을 그 말들이 있는 곳으로 가져왔더라

29 ●하나님이 솔로몬에게 지혜와 총명을 심히 많이 주시고 또 넓은 마음을 주시되 바닷가의 모래 같이 하시니 ^{3:12}

30 솔로몬의 지혜가 동쪽 모든 사람의 지혜와 애굽의 모든 지혜보다 뛰어난지라

31 그는 모든 사람보다 지혜로워서 예스라 사람 에단과 마홀의 아들 헤만과 갈골과 다르다보다 나으므로 그의 이름이 사방 모든 나라에 들렸더라

32 그가 잠언 삼천 가지를 말하였고 그의 노래는 천다섯 편이며

33 그가 또 초목에 대하여 말하되 레바논의 백향목으로부터 담에 나는 우슬초까지 하고 그가 또 짐승과 새와 기어다니는 것과 물고기에 대하여 말하였으나

34 사람들이 솔로몬의 지혜를 들으러 왔으니 이는 그의 지혜의 소문을 들은 천하 모든 왕들이 보낸 자들이더라

솔로몬이 성전 건축을 준비하다(대하 2:1~18)

5

솔로몬이 기름 부음을 받고 그의 아버지를 이어 왕이 되었다 함을 두로

왕 히람이 듣고 그의 신하들을 솔로몬에게 보냈으니 이는 히람이 평생에 다윗을 사랑하였음이라

2 이에 솔로몬이 히람에게 사람을 보내어 이르되

3 당신도 알거니와 내 아버지 다윗이 사방의 전쟁으로 말미암아 그의 하나님 여호와의 이름을 위하여 성전을 건축하지 못하고 여호와께서 그의 원수들을 그의 발바닥 밑에 두시기를 기다렸나이다

4 이제 내 하나님 여호와께서 내게 사방의 태평을 주시매 원수도 없고 재앙도 없도다

5 여호와께서 내 아버지 다윗에게 하신 말씀에 내가 너를 이어 네 자리에 오르게 할 네 아들 그가 내 이름을 위하여 성전을 건축하리라 하신 대로 내가 내 하나님 여호와의 이름을 위하여 성전을 건축하려 하오니

6 당신은 명령을 내려 나를 위하여 레바논에서 백향목을 베어내게 하소서 내 종과 당신의 종이 함께 할 것이요 또 내가 당신의 모든 말씀대로 당신의 종의 삯을 당신에게 드리리이다 당신도 알거니와 우리 중에는 시돈 사람처럼 벌

선생님!! 궁금해요

솔로몬은 어떻게 해서 지혜로워졌어요? 공부를 많이 했나요?

솔로몬은 이스라엘의 왕이 되고 나서 고민이 생겼어요. 어떻게 하면 나라를 잘 다스리고 백성들을 잘 이끌 수 있을까 하는 것이었지요. 그는 하나님께 1,000번이나 정성스러운 제사를 드렸어요. 그리고 잠이 들었는데, 하나님께서 꿈에 나타나셔서 소원을 말하라고 하셨어요. 그때 솔로몬은 재물이나 권력, 명예, 혹은 적들을 물리쳐달라고 하지 않고 나라를 잘 다스릴 수 있는 지혜를 달라고 했지요.

솔로몬의 아름다운 마음씨를 보신 하나님께서는 풍성한 지혜를 주셨을 뿐만 아니라 힘과 명예와 장수의 복까지 주셨답니다. 이웃 나라의 왕들이 깜짝 놀랄 정도로 많은 지식과 엄청난 지혜를 가진 솔로몬은 이스라엘을 아주 강하고 부유한 나라로 만들었지요.

^{3장 9~10절}

5에는 무엇이 기록되어 있을까?

솔로몬의 업적 중 가장 뛰어난 것은 다윗이 건축하지 못한 성전을 지은 일이에요. 솔로몬은 성전 건축을 위해서는 좋은 건축 자재와 유능한 건축 기술자들이 필요하다는 것을 알고, 히람과 무역 협정을 맺었어요. 결과적으로 이 때문에 이방인인 히람이 성전 건축에 참여하게 되었답니다.

목을 잘하는 자가 없나이다

7 ●히람이 솔로몬의 말을 듣고 크게 기뻐하여 이르되 오늘 여호와를 찬양할지로다 그가 다윗에게 지혜로운 아들을 주사 그 많은 백성을 다스리게 하셨도다 하고

8 이에 솔로몬에게 사람을 보내어 이르되 당신이 사람을 보내어 하신 말씀을 내가 들었거니와 내 백향목 재목과 잣나무 재목에 대하여는 당신이 바라시는 대로 할지라

9 내 종이 레바논에서 바다로 운반하겠고 내가 그것을 바다로 뗏목으로 엮어 당신이 지정하는 곳으로 보내고 거기서 그것을 풀리니 당신은 받으시고 내 원을 이루어 나의 궁정을 위하여 음식물을 주소서 하고

10 솔로몬의 모든 원대로 백향목 재목과 잣나무 재목을 주매

11 솔로몬이 히람에게 그의 궁정의 음식물로 밀 이만 고르와 맑은 기름 이십 고르를 주고 해마다 그와 같이 주었더라

12 여호와께서 그의 말씀대로 솔로몬에게 지혜를 주신 고로 히람과 솔로몬이 친목하여 두 사람이 함께 약조를 맺었더라

13 ●이에 솔로몬 왕이 온 이스라엘 가운데서 역군을 불러일으키니 그 역군의 수가 삼만 명이라

14 솔로몬이 그들을 한 달에 만 명씩 번갈아 레바논으로 보내매 그들이 한 달은 레바논에 있고 두 달은 집에 있으며 아도니람은 감독이 되었고

15 솔로몬에게 또 짐꾼이 칠만 명이요 산에서 돌을 뜨는 자가 팔만 명이며

16 이 외에 그 사역을 감독하는 관리가 삼천삼백 명이라 그들이 일하는 백성을 거느렸더라

17 이에 왕이 명령을 내려 크고 귀한 돌을 떠다가 다듬어서 성전의 기초석으로 놓게 하매

18 솔로몬의 건축자와 히람의 건축자와 그

발 사람이 그 돌을 다듬고 성전을 건축하기 위하여 재목과 돌들을 갖추니라

솔로몬이 성전을 건축하다

6 이스라엘 자손이 애굽 땅에서 나온지 사백팔십 년이요 솔로몬이 이스라엘 왕이 된 지 사 년 시브월 곧 둘째 달에 솔로몬이 여호와를 위하여 성전 건축하기를 시작하였더라

2 솔로몬 왕이 여호와를 위하여 건축한 성전은 길이가 육십 규빗이요 너비가 이십 규빗이요 높이가 삼십 규빗이며

3 성전의 성소 앞 주랑의 길이는 성전의 너비와 같이 이십 규빗이요 그 너비는 성전 앞에서부터 십 규빗이며

4 성전을 위하여 창틀 있는 붙박이 창문을 내고

5 또 성전의 벽 곧 성소와 지성소의 벽에 연접하여 돌아가며 다락들을 건축하되 다락마다 돌아가며 골방들을 만들었으니

6 하층 다락의 너비는 다섯 규빗이요 중층 다락의 너비는 여섯 규빗이요 셋째 층 다락의 너비는 일곱 규빗이라 성전의 벽 바깥으로 돌아가며 턱을 내어 골방 들보들로 성전의 벽에 박히지 아니하게 하였으며

7 이 성전은 건축할 때에 돌을 그 뜨는 곳에서 다듬고 가져다가 건축하였으므로 건축하는 동안에 성전 속에서는 방망이나 도끼나 모든 철 연장 소리가 들리지 아니하였으며

8 중층 골방의 문은 성전 오른쪽에 있는데 나사 모양 층계로 말미암아 하층에

6에는 무엇이 기록되어 있을까?

성전 건축의 모든 준비가 끝나자, 솔로몬은 본격적으로 성전 건축을 시작했어요. 하나님이 알려주신 대로 그려진 설계도를 다윗으로부터 물려받은(대상 28:11-19) 솔로몬은 그 양식에 따라 공사를 진행했어요. 한편, 하나님은 솔로몬에게 순종하기만 하면 영원히 왕의 자리가 계승되고 백성들과도 늘 함께하실 것을 약속해주셨어요.

성전을 짓는 솔로몬(6장)

서 중층에 오르고 중층에서 셋째 층에 오르게 하였더라

9 성전의 건축을 마치니라 그 성전은 백향목 서까래와 널판으로 덮었고

10 또 온 성전으로 돌아가며 높이가 다섯 규빗 되는 다락방을 건축하되 백향목 들보로 성전에 연접하게 하였더라

11 ●여호와의 말씀이 솔로몬에게 임하여 이르시되

12 네가 지금 이 성전을 건축하니 네가 만일 내 법도를 따르며 내 율례를 행하며 내 모든 계명을 지켜 그대로 행하면 내가 네 아버지 다윗에게 한 말을 네게 확실히 이룰 것이요

13 내가 또한 이스라엘 자손 가운데에 거하며 내 백성 이스라엘을 버리지 아니하리라 하셨더라

성전 내부 장식 (대하 3:8~14)

14 ●솔로몬이 성전 건축하기를 마치고

15 백향목 널판으로 성전의 안벽 곧 성전 마루에서 천장까지의 벽에 입히고 또 잣나무 널판으로 성전 마루를 놓고

16 또 성전 뒤쪽에서부터 이십 규빗 되는 곳에 마루에서 천장까지 백향목 널판으로 가로막아 성전의 내소 곧 지성소를 만들었으며

17 내소 앞에 있는 외소 곧 성소의 길이가 사십 규빗이라

18 성전 안에 입힌 백향목에는 박과 핀 꽃을 아로새겼고 모두 백향목이라 돌이 보이지 아니하며

19 여호와의 언약궤를 두기 위하여 성전 안에 내소를 마련하였는데

20 그 내소의 안은 길이가 이십 규빗이요 너비가 이십 규빗이요 높이가 이십 규빗이라 정금으로 입혔고 백향목 제단에도 입혔더라

21 솔로몬이 정금으로 외소 안에 입히고 내소 앞에 금사슬로 건너지르고 내소를 금으로 입히고

22 온 성전을 금으로 입히기를 마치고 내소에 속한 제단의 전부를 금으로 입혔더라

23 ●내소 안에 감람나무로 두 그룹을 만들었는데 그 높이가 각각 십 규빗이라

24 한 그룹의 이쪽 날개도 다섯 규빗이요 저쪽 날개도 다섯 규빗이니 이쪽 날개 끝으로부터 저쪽 날개 끝까지 십 규빗이며

25 다른 그룹도 십 규빗이니 그 두 그룹은 같은 크기와 같은 모양이요

26 이 그룹의 높이가 십 규빗이요 저 그룹도 같았더라

27 솔로몬이 내소 가운데에 그룹을 두었으니 그룹들의 날개가 펴져 있는데 이쪽 그룹의 날개는 이쪽 벽에 닿았고 저쪽 그룹의 날개는 저쪽 벽에 닿았으며 두 날개는 성전의 중앙에서 서로 닿았더라

28 그가 금으로 그룹을 입혔더라

29 ●내 외소 사방 벽에는 모두 그룹들과 종려와 핀 꽃 형상을 아로새겼고

30 내외 성전 마루에는 금으로 입혔으며

31 내소에 들어가는 곳에는 감람나무로 문을 만들었는데 그 문인방과 문설주는 벽의 오분의 일이요

32 감람나무로 만든 그 두 문짝에 그룹과 종려와 핀 꽃을 아로새기고 금으로 입

내소(6:17) 지성소를 말함.
그룹(6:23) 하나님의 시종으로 날개가 달린 천사를
문인방(6:31) 문의 위아래에 받쳐 놓은 문틀.
문설주(6:31) 문의 양쪽 옆에 세워 둔 문틀.
식양(6:38) 일정한 모양과 격식.

히되 곧 그룹들과 종려에 금으로 입혔더라

33 또 외소의 문을 위하여 감람나무로 문설주를 만들었으니 곧 벽의 사분의 일이며

34 그 두 문짝은 잣나무라 이쪽 문짝도 두 짝으로 접게 되었고 저쪽 문짝도 두 짝으로 접게 되었으며

35 그 문짝에 그룹들과 종려와 핀 꽃을 아로새기고 금으로 입히되 그 새긴 데에 맞게 하였고

36 또 다듬은 돌 세 켜와 백향목 두꺼운 판자 한 켜로 둘러 안뜰을 만들었더라

37 ●넷째 해 시브월에 여호와의 성전 기초를 쌓았고　6:1

38 열한째 해 불월 곧 여덟째 달에 그 설계와 식양대로 성전 건축이 다 끝났으니 솔로몬이 칠 년 동안 성전을 건축하였더라

솔로몬의 궁　B.C. 960년경

7 솔로몬이 자기의 왕궁을 십삼 년 동안 건축하여 그 전부를 준공하니라　9:10

2 그가 레바논 나무로 왕궁을 지었으니 길이가 백 규빗이요 너비가 오십 규빗이요 높이가 삼십 규빗이라 백향목 기둥이 네 줄이요 기둥 위에 백향목 들보가 있으며

3 기둥 위에 있는 들보 사십오 개를 백향목으로 덮었는데 들보는 한 줄에 열다섯이요

4 또 창틀이 세 줄로 있는데 창과 창이 세 층으로 서로 마주 대하였고

다윗과 솔로몬의 통일 왕국 시대의 예루살렘과 성전(7:1)

5 모든 문과 문설주를 다 큰 나무로 네모지게 만들었는데 창과 창이 세 층으로 서로 마주 대하였으며

6 또 기둥을 세워 주랑을 지었으니 길이가 오십 규빗이요 너비가 삼십 규빗이며 또 기둥 앞에 한 주랑이 있고 또 그 앞에 기둥과 섬돌이 있으며

7 또 심판하기 위하여 보좌의 주랑 곧 재판하는 주랑을 짓고 온 마루를 백향목으로 덮었고

8 솔로몬이 거처할 왕궁은 그 주랑 뒤 다른 뜰에 있으니 그 양식이 동일하며 솔로몬이 또 그가 장가 든 바로의 딸을 위하여 집을 지었는데 이 주랑과 같더라

9 ●이 집들은 안팎을 모두 귀하고 다듬은 돌로 지었으니 크기대로 톱으로 켠 것이라 그 초석에서 처마까지와 외면에서 큰 뜰에 이르기까지 다 그러하나

10 그 초석은 귀하고 큰 돌 곧 십 규빗 되는 돌과 여덟 규빗 되는 돌이라

11 그 위에는 크기대로 다듬은 귀한 돌도 있고 백향목도 있으며

12 또 큰 뜰 주위에는 다듬은 돌 세 켜와 백향목 두꺼운 판자 한 켜를 놓았으니 마치 여호와의 성전 안뜰과 주랑에 놓은 것 같더라

논쇠 대장장이 히람과 두 놋기둥 (대하 3:15~17)

13 ●솔로몬 왕이 사람을 보내어 히람을 두로에서 데려오니

14 그는 납달리 지파 과부의 아들이요 그의 아버지는 두로 사람이니 놋쇠 대장장이라 이 히람은 모든 놋 일에 지혜와 총명과 재능을 구비한 자이더니 솔로

7 장에는 무엇이 기록되어 있을까?

솔로몬은 성전을 건축한 후 성전 기구들을 제작했어요. 앞부분은 솔로몬이 왕궁을 건축한 사실에 관한 기록이에요. 왕궁은 성전보다 규모가 컸는데, 그것은 하나님이 솔로몬에게 약속하신 부와 영광(3:13)의 결과지요. 수도 예루살렘에 성전과 왕궁이 건축됨으로써 이스라엘은 하나님이 다스리시는 왕국의 모습을 갖추었답니다.

몬 왕에게 와서 그 모든 공사를 하니라

15 그가 놋기둥 둘을 만들었으니 그 높이는 각각 십팔 규빗이라 각각 십이 규빗 되는 줄을 두를 만하며 ^{대하 3:15}

16 또 놋을 녹여 부어서 기둥 머리를 만들어 기둥 꼭대기에 두었으니 한쪽 머리의 높이도 다섯 규빗이요 다른쪽 머리의 높이도 다섯 규빗이며

17 기둥 꼭대기에 있는 머리를 위하여 바둑판 모양으로 얽은 그물과 사슬 모양으로 땋은 것을 만들었으니 이 머리에 일곱이요 저 머리에 일곱이라

18 기둥을 이렇게 만들었고 또 두 줄 석류를 한 그물 위에 둘러 만들어서 기둥 꼭대기에 있는 머리에 두르게 하였고 다른 기둥 머리에도 그렇게 하였으며

19 주랑 기둥 꼭대기에 있는 머리의 네 규빗은 백합화 모양으로 만들었으며

20 이 두 기둥 머리에 있는 그물 곁 곧 그 머리의 공 같이 둥근 곳에 돌아가며 각기 석류 이백 개가 줄을 지었더라

21 이 두 기둥을 성전의 주랑 앞에 세우되 오른쪽 기둥을 세우고 그 이름을 ¹⁾야긴이라 하고 왼쪽의 기둥을 세우고 그 이름을 ²⁾보아스라 하였으며 ^{대하 3:17}

바다(7:23-26)

22 그 두 기둥 꼭대기에는 백합화 형상이 있더라 두 기둥의 공사가 끝나니라

놋을 부어 만든 바다 (대하 4:2-5)

23 ●또 바다를 부어 만들었으니 그 직경이 십 규빗이요 그 모양이 둥글며 그 높이는 다섯 규빗이요 주위는 삼십 규빗 줄을 두를 만하며

24 그 가장자리 아래에는 돌아가며 박이 있는데 매 규빗에 열 개씩 있어서 바다 주위에 둘렸으니 그 박은 바다를 부어 만들 때에 두 줄로 부어 만들었으며

25 그 바다를 소 열두 마리가 받쳤으니 셋은 북쪽을 향하였고 셋은 서쪽을 향하였고 셋은 남쪽을 향하였고 셋은 동쪽을 향하였으며 바다를 그 위에 놓았고 소의 뒤는 다 안으로 두었으며

26 바다의 두께는 한 손 너비만 하고 그것의 가는 백합화의 양식으로 잔 가와 같이 만들었으니 그 바다에는 이천 밧을 담겠더라

놋 받침 수레와 물두멍

27 ●또 놋으로 받침 수레 열을 만들었으니 매 받침 수레의 길이가 네 규빗이요 너비가 네 규빗이요 높이가 세 규빗이라

28 그 받침 수레의 구조는 이러하니 사면 옆 가장자리 가운데에는 판이 있고

29 가장자리 가운데 판에는 사자와 소와 그룹들이 있고 또 가장자리 위에는 놓는 자리가 있고 사자와 소 아래에는 화환 모양이 있으며

30 그 받침 수레에 각각 네 놋바퀴와 놋축이 있고 받침 수레 네 발 밑에는 어깨 같은 것이 있으며 그 어깨 같은 것은 물

두멍 아래쪽에 부어 만들었고 화환은 각각 그 옆에 있으며 ^{왕상 16:17}

31 그 받침 수레 위로 들이켜 높이가 한 규빗 되게 내민 것이 있고 그 면은 직경 한 규빗 반 되게 반원형으로 우묵하며 그 나머지 면에는 아로새긴 것이 있으며 그 내민 판들은 네모지고 둥글지 아니하며

32 네 바퀴는 옆판 밑에 있고 바퀴 축은 받침 수레에 연결되었는데 바퀴의 높이는 각각 한 규빗 반이며

33 그 바퀴의 구조는 병거 바퀴의 구조 같은데 그 축과 테와 살과 통이 다 부어 만든 것이며

34 받침 수레 네 모퉁이에 어깨 같은 것 넷이 있는데 그 어깨는 받침 수레와 연결되었고

35 받침 수레 위에 둥근 테두리가 있는데 높이가 반 규빗이요 또 받침 수레 위의 버팀대와 옆판들이 받침 수레와 연결되었으며

36 버팀대 판과 옆판에는 각각 빈 곳을 따라 그룹들과 사자와 종려나무를 아로새겼고 또 그 둘레에 화환 모양이 있더라

37 이와 같이 받침 수레 열 개를 만들었는데 그 부어 만든 법과 크기와 양식을 다 동일하게 만들었더라

38 또 물두멍 열 개를 놋으로 만들었는데 물두멍마다 각각 사십 밧을 담게 하였으며 매 물두멍의 직경은 네 규빗이라 열 받침 수레 위에 각각 물두멍이 하나씩이더라 ^{대하 4:6}

39 그 받침 수레 다섯은 성전 오른쪽에 두었고 다섯은 성전 왼쪽에 두었고 성전 오른쪽 동남쪽에는 그 바다를 두었더라

성전 기구들 (대하 4:11-5:1)

40 ●히람이 또 ¹⁾물두멍과 부삽과 대접들을 만들었더라 이와 같이 히람이 솔로몬 왕을 위하여 여호와의 전의 모든 일을 마쳤으니

¹⁾ 대하 4:11에는 (솥)

부삽(7:40)

41 곧 기둥 둘과 그 기둥 꼭대기의 공 같은 머리 둘과 또 기둥 꼭대기의 공 같은 머리를 가리는 그물 둘과 ^{7:17}

42 또 그 그물들을 위하여 만든 바 매 그물에 두 줄씩으로 기둥 위의 공 같은 두 머리를 가리게 하는 석류 사백 개와

43 또 열 개의 받침 수레와 받침 수레 위의 열 개의 물두멍과

44 한 바다와 그 바다 아래의 소 열두 마리와

45 솥과 부삽과 대접들이라 히람이 솔로몬 왕을 위하여 여호와의 성전에 이 모든 그릇을 빛난 놋으로 만드니라

46 왕이 요단 평지에서 숙곳과 사르단 사이의 차진 흙에 그것들을 부어 내었더라

47 기구가 심히 많으므로 솔로몬이 다 달아보지 아니하고 두었으니 그 놋 무게를 능히 측량할 수 없었더라

48 ●솔로몬이 또 여호와의 성전의 모든 기구를 만들었으니 곧 금 단과 진설병의 금 상과

49 내소 앞에 좌우로 다섯씩 둘 정금 등잔대며 또 금 꽃과 등잔과 불집게며

50 또 정금 대접과 불집게와 주발과 숟가락과 불을 옮기는 그릇이며 또 내소 곧 지성소 문의 금 돌쩌귀와 성전 곧 외소 문의 금 돌쩌귀더라

51 ●솔로몬 왕이 여호와의 성전을 위하여 만드는 모든 일을 마친지라 이에 솔로몬이 그의 아버지 다윗이 드린 물건 곧 은과 금과 기구들을 가져다가 여호와의 성전 곳간에 두었더라

언약궤를 성전으로 옮기다 (대하 5:2-6:2)

8 이에 솔로몬이 여호와의 언약궤를 다윗 성 곧 시온에서 메어 올리고

자 하여 이스라엘 장로와 모든 지파의 우두머리 곧 이스라엘 자손의 족장들을 예루살렘에 있는 자기에게로 소집하니

2 이스라엘 모든 사람이 다 에다님월 곧 일곱째 달 절기에 솔로몬 왕에게 모이고

3 이스라엘 장로들이 다 이르매 제사장들이 궤를 메니라 ·민 7:9

4 여호와의 궤와 회막과 성막 안의 모든 거룩한 기구들을 메고 올라가되 제사장과 레위 사람이 그것들을 메고 올라가매

5 솔로몬 왕과 그 앞에 모인 이스라엘 회중이 그와 함께 그 궤 앞에 있어 양과 소로 제사를 지냈으니 그 수가 많아 기록할 수도 없고 셀 수도 없었더라

6 제사장들이 여호와의 언약궤를 그 처소로 메어 들였으니 곧 성전의 내소인 지성소 그룹들의 날개 아래라

7 그룹들이 그 궤 처소 위에서 날개를 펴서 궤와 그 채를 덮었는데

8 채가 길므로 채 끝이 내소 앞 성소에서 보이나 밖에서는 보이지 아니하며 그 채는 오늘까지 그 곳에 있으며 ·출 25:14

9 그 궤 안에는 두 돌판 외에 아무것도 없으니 이것은 이스라엘 자손이 애굽 땅에서 나온 후 여호와께서 저희와 언약을 맺으실 때에 모세가 호렙에서 그 안에 넣은 것이더라 ·히 9:4

10 제사장이 성소에서 나올 때에 구름이 여호와의 성전에 가득하매

11 제사장이 그 구름으로 말미암아 능히 서서 섬기지 못하였으니 이는 여호와

언약궤가 있던 다윗 성(8:1)

의 영광이 여호와의 성전에 가득함이었더라

솔로몬의 연설 (대하 6:3-11)

12 ●그 때에 솔로몬이 이르되 여호와께서 캄캄한 데 계시겠다 말씀하셨사오나

13 내가 참으로 주를 위하여 계실 성전을 건축하였사오니 주께서 영원히 계실 처소로소이다 하고

14 얼굴을 돌이켜 이스라엘의 온 회중을 위하여 축복하니 그 때에 이스라엘의 온 회중이 서 있더라

15 왕이 이르되 이스라엘의 하나님 여호와를 송축할지로다 여호와께서 그의 입으로 내 아버지 다윗에게 말씀하신 것을 이제 그의 손으로 이루셨도다 이르시기를

16 내가 내 백성 이스라엘을 애굽에서 인도하여 낸 날부터 내 이름을 둘 만한 집을 건축하기 위하여 이스라엘 모든 지파 가운데에서 아무 성읍도 택하지 아니하고 다만 다윗을 택하여 내 백성 이스라엘을 다스리게 하였노라 하신지라

17 내 아버지 다윗이 이스라엘의 하나님 여호와의 이름을 위하여 성전을 건축할 마음이 있었더니

18 여호와께서 내 아버지 다윗에게 이르시되 네가 내 이름을 위하여 성전을 건축할 마음이 있으니 이 마음이 네게 있는 것이 좋도다

19 그러나 너는 그 성전을 건축하지 못할 것이요 네 몸에서 낳을 네 아들 그가 내 이름을 위하여 성전을 건축하리라 하시더니 ·삼하 7:5

20 이제 여호와께서 말씀하신 대로 이루

8 에는 무엇이 기록되어 있을까?

성전을 다 지은 후에 솔로몬은 하나님께 성전을 바치는 의식을 행하고, 하나님이 다윗에게 약속하신 성전 건축(삼하 7:4-16)이 이루어졌음을 고백했어요. 이처럼 이스라엘을 통해 자신의 말씀을 이루시는 하나님은 그들의 진정한 왕이셨어요. 이에 솔로몬은 하나님을 찬양하고 축복을 간절히 구했답니다.

시도다 내가 여호와께서 말씀하신 대로 내 아버지 다윗을 이어서 일어나 이스라엘의 왕위에 앉고 이스라엘의 하나님 여호와의 이름을 위하여 성전을 건축하고

21 내가 또 그 곳에 우리 조상들을 애굽 땅에서 인도하여 내실 때에 그들과 세우신 바 여호와의 언약을 넣은 궤를 위하여 한 처소를 설치하였노라

8:9

솔로몬의 기도 (대하 6:12-42)

22 ●솔로몬이 여호와의 제단 앞에서 이스라엘의 온 회중과 마주서서 하늘을 향하여 손을 펴고

23 이르되 이스라엘의 하나님 여호와여 위로 하늘과 아래로 땅에 주와 같은 신이 없나이다 주께서는 온 마음으로 주의 앞에서 행하는 종들에게 언약을 지키시고 은혜를 베푸시나이다

24 주께서 주의 종 내 아버지 다윗에게 하신 말씀을 지키사 주의 입으로 말씀하신 것을 손으로 이루심이 오늘과 같으니이다

25 이스라엘의 하나님 여호와여 주께서 주의 종 내 아버지 다윗에게 말씀하시기를 네 자손이 자기 길을 삼가서 네가 내 앞에서 행한 것 같이 내 앞에서 행하기만 하면 네게서 나서 이스라엘의 왕위에 앉을 사람이 내 앞에서 끊어지지 아니하리라 하셨사오니 이제 다윗을 위하여 그 하신 말씀을 지키시옵소서

26 그런즉 이스라엘의 하나님이여 원하건대 주는 주의 종 내 아버지 다윗에게 하신 말씀이 확실하게 하옵소서

27 ●하나님이 참으로 땅에 거하시리이까 하늘과 하늘들의 하늘이라도 주를 용납하지 못하겠거든 하물며 내가 건축한 이 성전이오리이까

28 그러나 나의 하나님 여호와여 주의 종의 기도와 간구를 돌아보시며 이 종이 오늘 주 앞에서 부르짖음과 비는 기도를 들으시옵소서

29 주께서 전에 말씀하시기를 내 이름이 거기 있으리라 하신 곳 이 성전을 향하여 주의 눈이 주야로 보시오며 주의 종이 이 곳을 향하여 비는 기도를 들으시옵소서

30 주의 종과 주의 백성 이스라엘이 이 곳을 향하여 기도할 때에 주는 그 간구함을 들으시되 주께서 계신 곳 하늘에서 들으시고 들으시사 사하여 주옵소서

31 ●만일 어떤 사람이 그 이웃에게 범죄함으로 맹세시킴을 받고 그가 와서 이 성전에 있는 주의 제단 앞에서 맹세하거든

32 주는 하늘에서 들으시고 행하시되 주의 종들을 심판하사 악한 자의 죄를 정하여 그 행위대로 그 머리에 돌리시고 의로운 자를 의롭다 하사 그의 의로운 바대로 갚으시옵소서

33 ●만일 주의 백성 이스라엘이 주께 범죄하여 적국 앞에 패하게 되므로 주께로 돌아와서 주의 이름을 인정하고 이 성전에서 주께 기도하며 간구하거든

34 주는 하늘에서 들으시고 주의 백성 이스라엘의 죄를 사하시고 그들의 조상들에게 주신 땅으로 돌아오게 하옵소서

35 ●만일 그

지성소(법궤가 있음)

북

곳방

성소(향단·진설대·등대가 있음)

낭실(현관)

두 놋기둥
(야긴과 보아스)

솔로몬 성전 존속 기간 :
(B.C. 960-586년)

바퀴달린 물통

번제단

바다(물탱크)

● 봉헌된 솔로몬 성전(8:20-21)

들이 주께 범죄함으로 말미암아 하늘이 닫히고 비가 없어서 주께 벌을 받을 때에 이 곳을 향하여 기도하며 주의 이름을 찬양하고 그들의 죄에서 떠나거든

36 주는 하늘에서 들으사 주의 종들과 주의 백성 이스라엘의 죄를 사하시고 그들이 마땅히 행할 선한 길을 가르쳐 주시오며 주의 백성에게 기업으로 주신 주의 땅에 비를 내리시옵소서

37 ● 만일 이 땅에 기근이나 전염병이 있거나 곡식이 시들거나 깜부기가 나거나 메뚜기나 황충이 나거나 적국이 와서 성읍을 에워싸거나 무슨 재앙이나 무슨 질병이 있든지 막론하고

38 한 사람이나 혹 주의 온 백성 이스라엘이 다 각각 자기의 마음에 재앙을 깨닫고 이 성전을 향하여 손을 펴고 무슨 기도나 무슨 간구를 하거든

39 주는 계신 곳 하늘에서 들으시고 사하시며 각 사람의 마음을 아시오니 그들의 모든 행위대로 행하사 갚으시옵소서 주만 홀로 사람의 마음을 다 아심이니이다

40 그리하시면 그들이 주께서 우리 조상

술술 풀리는 병명말씀
성전 봉헌식

성전 건축을 마친 솔로몬은 봉헌식을 가졌어요. 다윗이 만든 장막에서 하나님의 법궤를 성전 안 지성소로 옮기자, 여호와의 영광의 구름이 성전에 가득 찼지요. 이어 솔로몬은 전국에서 모인 백성들에게 설교를 한 뒤 봉헌 기도를 드렸어요. 그는 다윗과의 약속을 신실하게 지키신 하나님을 찬양하고, 성전을 통해 은혜를 계속 내려주시기를 기도했어요. 기도를 마치자, 하늘에서 불이 내려와 제물을 불살랐답니다(대하 7:1).

성전 봉헌식은 14일 동안 계속되었는데, 처음 7일 동안은 성전 봉헌 축제를 열었고, 다음 7일은 절기에 따라 초막절을 지냈어요. 이때 이스라엘 백성들이 화목제물로 드린 짐승은 소가 22,000마리, 양이 120,000마리나 되었답니다.

8장

들에게 주신 땅에서 사는 동안에 항상 주를 경외하리이다

41 ● 또 주의 백성 이스라엘에 속하지 아니한 자 곧 주의 이름을 위하여 먼 지방에서 온 이방인이라도

42 그들이 주의 크신 이름과 주의 능한 손과 주의 펴신 팔의 소문을 듣고 와서 이 성전을 향하여 기도하거든　신 3:24

43 주는 계신 곳 하늘에서 들으시고 이방인이 주께 부르짖는 대로 이루사 땅의 만민이 주의 이름을 알고 주의 백성 이스라엘처럼 경외하게 하시오며 또 내가 건축한 이 성전을 주의 이름으로 일컫는 줄을 알게 하옵소서

44 ● 주의 백성이 그들의 적국과 더불어 싸우고자 하여 주께서 보내신 길로 나갈 때에 그들이 주께서 택하신 성읍과 내가 주의 이름을 위하여 건축한 성전이 있는 쪽을 향하여 여호와께 기도하거든

45 주는 하늘에서 그들의 기도와 간구를 들으시고 그들의 일을 돌아보옵소서

46 ● 범죄하지 아니하는 사람이 없사오니 그들이 주께 범죄함으로 주께서 그들에게 진노하사 그들을 적국에게 넘기시매 적국이 그들을 사로잡아 원근을 막론하고 적국의 땅으로 끌어간 후에

47 그들이 사로잡혀 간 땅에서 스스로 깨닫고 그 사로잡은 자의 땅에서 돌이켜 주께 간구하기를 우리가 범죄하여 반역을 행하며 악을 지었나이다 하며

48 자기를 사로잡아 간 적국의 땅에서 온 마음과 온 뜻으로 주께 돌아와서 주께서 그 조상들에게 주신 땅 곧 주께서 택하신 성읍과 내가 주의 이름을 위하여 건축한 성전 있는 쪽을 향하여 주께 기도하거든

49 주는 계신 곳 하늘에서 그들의 기도와 간구를 들으시고 그들의 일을 돌아보시오며

50 주께 범죄한 백성을 용서하시며 주께 범한 그 모든 허물을 사하시고 그들을

성전의 봉헌식(8:62-66)

사로잡아 간 자 앞에서 그들로 불쌍히 여김을 얻게 하사 그 사람들로 그들을 불쌍히 여기게 하옵소서

51 그들은 주께서 철 풀무 같은 애굽에서 인도하여 내신 주의 백성, 주의 소유가 됨이니이다

52 원하건대 주는 눈을 들어 종의 간구함과 주의 백성 이스라엘의 간구함을 보시고 주께 부르짖는 대로 들으시옵소서

53 주 여호와여 주께서 우리 조상을 애굽에서 인도하여 내실 때에 주의 종 모세를 통하여 말씀하심 같이 주께서 세상 만민 가운데에서 그들을 구별하여 주의 기업으로 삼으셨나이다

솔로몬의 축복

54 ●솔로몬이 무릎을 꿇고 손을 펴서 하늘을 향하여 이 기도와 간구로 여호와께 아뢰기를 마치고 여호와의 제단 앞에서 일어나

55 서서 큰 소리로 이스라엘의 온 회중을 위하여 축복하며 이르되

56 여호와를 찬송할지로다 그가 말씀하신 대로 그의 백성 이스라엘에게 태평을 주셨으니 그 종 모세를 통하여 무릇 말씀하신 그 모든 좋은 약속이 하나도 이루어지지 아니함이 없도다

57 우리 하나님 여호와께서 우리 조상들과 함께 계시던 것 같이 우리와 함께 계시옵고 우리를 떠나지 마시오며 버리지 마시옵고

58 우리의 마음을 주께로 향하여 그의 모든 길로 행하게 하시오며 우리 조상들에게 명령하신 계명과 법도와 율례를 지키게 하시기를 원하오며

59 여호와 앞에서 내가 간구한 이 말씀이 주야로 우리 하나님 여호와께 가까이 있게 하시옵소서 또 주의 종의 일과 주의 백성 이스라엘의 일을 날마다 필요한 대로 돌아보사

60 이에 세상 만민에게 여호와께서만 하나님이시고 그 외에는 없는 줄을 알게 하시기를 원하노라

61 그런즉 너희의 마음을 우리 하나님 여호와께 온전히 바쳐 완전하게 하여 오늘과 같이 그의 법도를 행하며 그의 계명을 지킬지어다

성전 봉헌식 (대하 7:4-10)

62 ●이에 왕과 및 왕과 함께 한 이스라엘이 다 여호와 앞에 희생제물을 드리니라

63 솔로몬이 화목제의 희생제물을 드렸으니 곧 여호와께 드린 소가 이만 이천 마리요 양이 십이만 마리라 이와 같이 왕과 모든 이스라엘 자손이 여호와의 성전의 봉헌식을 행하였는데

64 그 날에 왕이 여호와의 성전 앞뜰 가운데를 거룩히 구별하고 거기서 번제와 소제와 감사제물의 기름을 드렸으니 이는 여호와의 앞 놋 제단이 작으므로 번제물과 소제물과 화목제의 기름을 다 용납할 수 없음이라

65 그 때에 솔로몬이 칠 일과 칠 일 도합 십사 일간을 우리 하나님 여호와 앞에서 절기로 지켰는데 하맛 어귀에서부터 애굽 강까지의 온 이스라엘의 큰 회중이 모여 그와 함께 하였더니

66 여덟째 날에 솔로몬이 백성을 돌려보내매 백성이 왕을 위하여 축복하고 자

기 장막으로 돌아가는데 여호와께서 그의 종 다윗과 그의 백성 이스라엘에게 베푸신 모든 은혜로 말미암아 기뻐하며 마음에 즐거워하였더라

여호와께서 다시 솔로몬에게 나타나시다

9 솔로몬이 여호와의 성전과 왕궁 건축하기를 마치며 자기가 이루기를 원하던 모든 것을 마친 때에 대하 8:6

2 여호와께서 전에 기브온에서 나타나심 같이 다시 솔로몬에게 나타나사

3 여호와께서 그에게 이르시되 네 기도와 네가 내 앞에서 간구한 바를 내가 들었은즉 나는 네가 건축한 이 성전을 거룩하게 구별하여 내 이름을 영원히 그 곳에 두며 내 눈길과 내 마음이 항상 거기에 있으리니

4 네가 만일 네 아버지 다윗이 행함 같이 마음을 온전히 하고 바르게 하여 내 앞에서 행하며 내가 네게 명령한 대로 온 갖 일에 순종하여 내 법도와 율례를 지키면

5 내가 네 아버지 다윗에게 말하기를 이스라엘의 왕위에 오를 사람이 네게서 끊어지지 아니하리라 한 대로 네 이스라엘의 왕위를 영원히 견고하게 하려니와 삼하 7:12

6 만일 너희나 너희의 자손이 아주 돌아서서 나를 따르지 아니하며 내가 너희 앞에 둔 나의 계명과 법도를 지키지 아니하고 가서 다른 신을 섬겨 그것을 경배하면

7 내가 이스라엘을 내가 그들에게 준 땅에서 끊어 버릴 것이요 내 이름을 위하여 내가 거룩하게 구별한 이 성전이라도 내 앞에서 던져버리리니 이스라엘은 모든 민족 가운데에서 속담거리와 이야기거리가 될 것이며

8 이 성전이 높을지라도 지나가는 자마다 놀라며 비웃어 이르되 여호와께서 무슨 까닭으로 이 땅과 이 성전에 이같이 행하셨는고 하면

9 대답하기를 그들이 그들의 조상들을 애굽 땅에서 인도하여 내신 그들의 하나님 여호와를 버리고 다른 신을 따라가서 그를 경배하여 섬기므로 여호와께서 이 모든 재앙을 그들에게 내리심이라 하리라 하셨더라

솔로몬과 히람의 거래 (대하 8:1-2)

10 ●솔로몬이 두 집 곧 여호와의 성전과 왕궁을 이십 년 만에 건축하기를 마치고

11 갈릴리 땅의 성읍 스무 곳을 히람에게 주었으니 이는 두로 왕 히람이 솔로몬에게 그 온갖 소원대로 백향목과 잣나무와 금을 제공하였음이라

12 히람이 두로에서 와서 솔로몬이 자기에게 준 성읍들을 보고 눈에 들지 아니하여

13 이르기를 내 형제여 내게 준 이 성읍들이 이러한가 하고 이름하여 가불 땅이라 하였더니 그 이름이 오늘까지 있느니라

14 히람이 금 일백이십 달란트를 왕에게 보내었더라

솔로몬의 나머지 업적 (대하 8:3-18)

15 ●솔로몬 왕이 역군을 일으킨 까닭은 이러하니 여호와의 성전과 자기 왕궁과 밀로와 예루살렘 성과 하솔과 므깃

---

9 에는 무엇이 기록되어 있을까?

9장은 솔로몬이 하나님께 구한 기도가 응답되었음을 보여줍니다. 즉 그의 기도를 들으신 하나님은 솔로몬에게 나타나셔서 솔로몬과 백성들이 모든 계명을 잘 지키면 하나님이 영원토록 함께하실 것이지만 그렇지 않으면 약속의 땅에서 쫓아내시겠다고 하셨어요. 뒷부분은 솔로몬이 행한 여러 건축과 조성 사업들에 대해 말합니다.

법도(9:4) 법과 제도.
율례(9:4) 법규.
계명(9:6) 하나님의 명령. 특히 율법을 주로 가리킴.
가불 땅(9:13) 변방에 있는 땅을 뜻함.
역군(9:15) 공사장에서 삯일을 하는 사람.
밀로(9:15) 예루살렘 성의 중요한 요새 부분의 축대를 가리킴.
국고성(9:19) 국가의 창고로, 각종 무기와 식량을 쌓아 둠.
병거성(9:19) 병거를 정돈하여 간직해둔 주둔지.
시립(10:5) 윗사람을 모시고 서 있는 것.

도와 게셀을 건축하려 하였음이라

16 전에 애굽 왕 바로가 올라와서 게셀을 탈취하여 불사르고 그 성읍에 사는 가나안 사람을 죽이고 그 성읍을 자기 딸 솔로몬의 아내에게 예물로 주었더니

17 솔로몬이 게셀과 아래 벧호론을 건축하고

18 또 바알랏과 그 땅의 들에 있는 다드몰과

19 자기에게 있는 모든 국고성과 병거성들과 마병의 성들을 건축하고 솔로몬이 또 예루살렘과 레바논과 그가 다스리는 온 땅에 건축하고자 하던 것을 다 건축하였는데

20 이스라엘 자손이 아닌 아모리 사람과 헷 사람과 브리스 사람과 히위 사람과 여부스 사람 중 남아 있는 모든 사람

21 곧 이스라엘 자손이 다 멸하지 못하므로 그 땅에 남아 있는 그들의 자손들을 솔로몬이 노예로 역군을 삼아 오늘까지 이르렀으되

22 다만 이스라엘 자손은 솔로몬이 노예를 삼지 아니하였으니 그들은 군사와 그 신하와 고관과 대장이며 병거와 마병의 지휘관이 됨이었더라

23 ●솔로몬에게 일을 감독하는 우두머리 오백오십 명이 있어 일하는 백성을 다스렸더라

24 ●바로의 딸이 다윗 성에서부터 올라와 솔로몬이 그를 위하여 건축한 궁에 이를 때에 솔로몬이 밀로를 건축하였더라

25 ●솔로몬이 여호와를 위하여 쌓은 제단 위에 해마다 세 번씩 번제와 감사의

제물을 드리고 또 여호와 앞에 있는 제단에 분향하니라 이에 성전 짓는 일을 마치니라

26 ●솔로몬 왕이 에돔 땅 홍해 물 가의 엘롯 근처 에시온게벨에서 배들을 지은지라

민 33:35

27 히람이 자기 종 곧 바다에 익숙한 사공들을 솔로몬의 종과 함께 그 배로 보내매

28 그들이 오빌에 이르러 거기서 금 사백이십 달란트를 얻고 솔로몬 왕에게로 가져왔더라

스바의 여왕이 솔로몬을 찾아오다

(대하 9:1-12)

10 스바의 여왕이 여호와의 이름으로 말미암은 솔로몬의 명성을 듣고 와서 어려운 문제로 그를 시험하고자 하여

마 12:42

2 예루살렘에 이르니 수행하는 자가 심히 많고 향품과 심히 많은 금과 보석을 낙타에 실었더라 그가 솔로몬에게 나아와 자기 마음에 있는 것을 다 말하매

3 솔로몬이 그가 묻는 말에 다 대답하였으니 왕이 알지 못하여 대답하지 못한 것이 하나도 없었더라

4 스바의 여왕이 솔로몬의 모든 지혜와 그 건축한 왕궁과

5 그 상의 식물과 그의 신하들의 좌석과 그의 시종들이 시립한 것과 그들의 관복과 술 관원들과 여호와의 성전에 올라가는 층계를 보고 크게 감동되어

6 왕께 말하되 내가 내 나라에서 당신의 행위와 당신의 지혜에 대하여 들은 소문이 사실이로다

7 내가 그 말들을 믿지 아니하였더니 이제 와서 친히 본즉 내게 말한 것은 절반도 못되니 당신의 지혜와 복이 내가 들은 소문보다 더하도다

8 복되도다 당신의 사람들이여 복되도다 당신의 이 신하들이여 항상 당신 앞에 서서 당신의 지혜를 들음이로다

9 당신의 하나님 여호와를 송축할지로다 여호와께서 당신을 기뻐하사 이스라엘 왕위에 올리셨고 여호와께서 영원히 이스라엘을 사랑하시므로 당신을 세워 왕으로 삼아 정의와 공의를 행하게 하셨도다 하고 *상ᴴ 8:15*

10 이에 그가 금 일백이십 달란트와 심히 많은 향품과 보석을 왕에게 드렸으니 스바의 여왕이 솔로몬 왕에게 드린 것처럼 많은 향품이 다시 오지 아니하였더라

11 ●오빌에서부터 금을 실어온 히람의 배들이 오빌에서 많은 백단목과 보석을 운반하여 오매

12 왕이 백단목으로 여호와의 성전과 왕궁의 난간을 만들고 또 노래하는 자를 위하여 수금과 비파를 만들었으니 이같은 백단목은 전에도 온 일이 없었고 오늘까지도 보지 못하였더라

13 솔로몬 왕이 왕의 규례대로 스바의 여왕에게 물건을 준 것 외에 또 그의 소원대로 구하는 것을 주니 이에 그가 그의 신하들과 함께 본국으로 돌아갔더라

솔로몬의 재산과 지혜 (대하 9:13~29)

14 ●솔로몬의 세입금의 무게가 금 육백육십육 달란트요

15 그 외에 또 상인들과 무역하는 객상과 아라비아의 모든 왕들과 나라의 고관들에게서도 가져온지라

16 솔로몬 왕이 쳐서 늘인 금으로 큰 방패 이백 개를 만들었으니 매 방패에 든 금이 육백 세겔이며

17 또 쳐서 늘인 금으로 작은 방패 삼백 개를 만들었으니 매 방패에 든 금이 삼 마네라 왕이 이것들을 레바논 나무 궁에 두었더라 *7:2*

18 왕이 또 상아로 큰 보좌를 만들고 정금으로 입혔으니

19 그 보좌에는 여섯 층계가 있고 보좌 뒤에 둥근 머리가 있고 앉는 자리 양쪽에는 팔걸이가 있고 팔걸이 곁에는 사자가 하나씩 서 있으며

20 또 열두 사자가 있어 그 여섯 층계 좌우편에 서 있으니 어느 나라에도 이같이 만든 것이 없었더라

21 솔로몬 왕이 마시는 그릇은 다 금이요 레바논 나무 궁의 그릇들도 다 정금이라 은 기물이 없으니 솔로몬의 시대에 은을 귀히 여기지 아니함은

22 왕이 바다에 다시스 배들을 두어 히람의 배와 함께 있게 하고 그 다시스 배로 삼 년에 한 번씩 금과 은과 상아와 원숭이와 공작을 실어 왔음이더라

23 ●솔로몬 왕의 재산과 지혜가 세상의 그 어느 왕보다 큰지라 *3:12, 13*

24 온 세상 사람들이 다 하나님께서 솔로몬의 마음에 주신 지혜를 들으며 그의 얼굴을 보기 원하여 *3:9*

25 그들이 각기 예물을 가지고 왔으니 곧 은 그릇과 금 그릇과 의복과 갑옷과 향품과 말과 노새라 해마다 그리하였더라

26 ●솔로몬이 병거와 마병을 모으매 병

솔솔 흘리는 **생명 말씀**

솔로몬 시대의 무역

솔로몬은 팔레스타인을 통과하는 중요한 무역 통로를 장악해서 큰 부자가 되었어요. 솔로몬이 에돔과 엘랏 땅에서 남부 아라비아와 동부 아프리카 땅에 접근할 수 있었고, 덕분에 고대의 가장 귀중한 사치품들이 흘러들어왔지요.

9장 26절~10장 29절

1) 1마네는 50세겔

거가 천사백 대요 마병이 만 이천 명이라 병거성에도 두고 예루살렘 왕에게도 두었으며

27 왕이 예루살렘에서 은을 돌 같이 흔하게 하고 백향목을 평지의 뽕나무 같이 많게 하였더라

28 솔로몬의 말들은 애굽에서 들여왔으니 왕의 상인들이 값주고 산 것이며

29 애굽에서 들여온 병거는 한 대에 은 육백 세겔이요 말은 한 필에 백오십 세겔이라 이와 같이 헷 사람의 모든 왕과 아람 왕들에게 그것들을 되팔기도 하였더라

솔로몬 못

솔로몬의 마음이 여호와를 떠나다

11 솔로몬 왕이 바로의 딸 외에 이방의 많은 여인을 사랑하였으니 곧 모압과 암몬과 에돔과 시돈과 헷 여인이라

2 여호와께서 일찍이 이 여러 백성에 대하여 이스라엘 자손에게 말씀하시기를 너희는 그들과 서로 통혼하지 말며 그들도 너희와 서로 통혼하게 하지 말라 그들이 반드시 너희의 마음을 돌려 그들의 신들을 따르게 하리라 하셨으나 솔로몬이 그들을 사랑하였더라

3 왕은 후궁이 칠백 명이요 첩이 삼백 명이라 그의 여인들이 왕의 마음을 돌아서게 하였더라

4 솔로몬의 나이가 많을 때에 그의 여인들이 그의 마음을 돌려 다른 신들을 따르게 하였으므로 왕의 마음이 그의 아버지 다윗의 마음과 같지 아니하여 그의 하나님 여호와 앞에 온전하지 못하

였으니

5 이는 시돈 사람의 여신 아스다롯을 따르고 암몬 사람의 가증한 밀곰을 따름이라

6 솔로몬이 여호와의 눈앞에서 악을 행하여 그의 아버지 다윗이 여호와를 온전히 따름 같이 따르지 아니하고

7 모압의 가증한 그모스를 위하여 예루살렘 앞 산에 산당을 지었고 또 암몬 자손의 가증한 몰록을 위하여 그와 같이 하였으며

8 그가 또 그의 이방 여인들을 위하여 다 그와 같이 한지라 그들이 자기의 신들에게 분향하며 제사하였더라

9 ●솔로몬이 마음을 돌려 이스라엘의 하나님 여호와를 떠나므로 여호와께서 그에게 진노하시니라 여호와께서 일찍이 두 번이나 그에게 나타나시고

10 이 일에 대하여 명령하사 다른 신을 따르지 말라 하셨으나 그가 여호와의 명령을 지키지 않았으므로

11 여호와께서 솔로몬에게 말씀하시되 네게 이러한 일이 있었고 또 네가 내 언약과 내가 네게 명령한 법도를 지키지 아니하였으니 내가 반드시 이 나라를 네게서 빼앗아 네 신하에게 주리라

12 그러나 네 아버지 다윗을 위하여 네 세대에는 이 일을 행하지 아니하고 네 아들의 손에서 빼앗으려니와

13 오직 내가 이 나라를 다 빼앗지 아니하고 내 종 다윗과 내가 택한 예루살렘을 위하여 한 지파를 네 아들에게 주리라 하셨더라

9:4

9:6, 7

11 장에는 무엇이 기록되어 있을까?

11장부터는 솔로몬이 잘못된 길로 빠져 세력이 점점 약해지는 이스라엘의 역사가 나옵니다. 솔로몬이 외교 정책의 하나로 이방 여인들을 아내로 맞이한 결과, 이스라엘 안에서 우상 숭배가 행해졌어요. 이러한 솔로몬에게 하나님은 여러 사람들로 하여금 그를 대적하게 하실 것을 선언하셨답니다.

솔로몬의 대적

14 ●여호와께서 에돔 사람 하닷을 일으켜 솔로몬의 대적이 되게 하시니 그는 왕의 자손으로서 에돔에 거하였더라

15 전에 다윗이 에돔에 있을 때에 군대 지휘관 요압이 가서 죽임을 당한 자들을 장사하고 에돔의 남자를 다 쳐서 죽였는데

16 요압은 에돔의 남자를 다 없애기까지 이스라엘 무리와 함께 여섯 달 동안 그 곳에 머물렀더라

17 그 때에 하닷은 작은 아이라 그의 아버지 신하 중 에돔 사람 몇몇과 함께 도망하여 애굽으로 가려 하여

18 미디안을 떠나 바란에 이르고 거기서 사람을 데리고 애굽으로 가서 애굽 왕 바로에게 나아가매 바로가 그에게 집과 먹을 양식을 주며 또 토지를 주었더라

19 하닷이 바로의 눈 앞에 크게 은총을 얻었으므로 바로가 자기의 처제 곧 왕비 다브네스의 아우를 그의 아내로 삼으매

20 다브네스의 아우가 그로 말미암아 아들 그누밧을 낳았더니 다브네스가 그 아이를 바로의 궁중에서 젖을 떼게 하매 그누밧이 바로의 궁에서 바로의 아들 가운데 있었더라

21 하닷이 애굽에 있어서 다윗이 그의 조상들과 함께 잔 것과 군대 지휘관 요압이 죽은 것을 듣고 바로에게 아뢰되 나를 보내어 내 고국으로 가게 하옵소서

22 바로가 그에게 이르되 네가 나와 함께 있어 무슨 부족함이 있기에 네 고국으로 가기를 구하느냐 대답하되 없나이다 그러나 아무쪼록 나를 보내옵소서 하였더라

23 ●하나님이 또 엘리아다의 아들 르손을 일으켜 솔로몬의 대적자가 되게 하시니 그는 그의 주인 소바 왕 하닷에셀에게서 도망한 자라

24 다윗이 소바 사람을 죽일 때에 르손이 사람들을 자기에게 모으고 그 무리의 괴수가 되어 다메섹으로 가서 살다가 거기서 왕이 되었더라

25 솔로몬의 일평생에 하닷이 끼친 환난 외에 르손이 수리아 왕이 되어 이스라엘을 대적하고 미워하였더라

여로보암에게 하신 여호와의 말씀

26 ●솔로몬의 신하 느밧의 아들 여로보암이 또한 손을 들어 왕을 대적하였으니 그는 에브라임 족속인 스레다 사람이요 그의 어머니의 이름은 스루아이니 과부더라

27 그가 손을 들어 왕을 대적하는 까닭은 이러하니라 솔로몬이 밀로를 건축하고 그의 아버지 다윗의 성읍이 무너진 것을 수축하였는데

28 이 사람 여로보암은 큰 용사라 솔로몬이 이 청년의 부지런함을 보고 세워 요셉 족속의 일을 감독하게 하였더니

29 그 즈음에 여로보암이 예루살렘에서 나갈 때에 실로 사람 선지자 아히야가 길에서 그를 만나니 아히야가 새 의복을 입었고 그 두 사람만 들에 있었더라

30 아히야가 자기가 입은 새 옷을 잡아 열두 조각으로 찢고

삼상 15:27, 28

31 여로보암에게 이르되 너는 열 조각을 가지라 이스라엘의 하나님 여호와의

옆 난외 표시:
삼상 8:14
대하 13:6

솔솔 풀리는 성경 말씀

분열된 왕국

유다와 이스라엘은 다윗과 솔로몬이 다스릴 때도 분쟁이 계속됐는데, 북방 지파들은 다윗 왕가를 유다 지파의 군주 정도로 생각했어요. 르호보암은 이스라엘에 양보하는 길만이 통일 왕국을 유지할 수 있음을 파악하지 못했지요. 결국 그는 북방 지파들의 마음을 진압하지 못했고 왕국은 분열되었습니다. 11장 31절

말씀이 내가 이 나라를 솔로몬의 손에서 찢어 빼앗아 열 지파를 네게 주고

32 오직 내 종 다윗과 이스라엘 모든 지파 중에서 택한 성읍 예루살렘을 위하여 한 지파를 솔로몬에게 주리니

33 이는 그들이 나를 버리고 시돈 사람의 여신 아스다롯과 모압의 신 그모스와 암몬 자손의 신 밀곰을 경배하며 그의 아버지 다윗이 행함 같지 아니하여 내 길로 행하지 아니하며 나 보기에 정직한 일과 내 법도와 내 율례를 행하지 아니함이니라 11:5-7

34 그러나 내가 택한 내 종 다윗이 내 명령과 내 법도를 지켰으므로 내가 그를 위하여 솔로몬의 생전에는 온 나라를 그의 손에서 빼앗지 아니하고 주관하게 하려니와

35 내가 그의 아들의 손에서 나라를 빼앗아 그 열 지파를 네게 줄 것이요

36 그의 아들에게는 내가 한 지파를 주어서 내가 거기에 내 이름을 두고자 하여 택한 성읍 예루살렘에서 내 종 다윗이 항상 내 앞에 등불을 가지고 있게 하리라

37 내가 너를 취하리니 너는 네 마음에 원하는 대로 다스려 이스라엘 위에 왕이 되되

38 네가 만일 내가 명령한 모든 일에 순종하고 내 길로 행하며 내 눈에 합당한 일을 하며 내 종 다윗이 행함 같이 내 율례와 명령을 지키면 내가 너와 함께 있어 내가 다윗을 위하여 세운 것 같이 너를 위하여 견고한 집을 세우고 이스라엘을 네게 주리라

39 내가 이로 말미암아 다윗의 자손을 괴롭게 할 것이나 영원히 하지는 아니하리라 하셨느니라 한지라

40 이러므로 솔로몬이 여로보암을 죽이려 하매 여로보암이 일어나 애굽으로 도망하여 애굽 왕 시삭에게 이르러 솔로몬이 죽기까지 애굽에 있으니라 12:2

솔로몬이 죽다 (대하 9:29-31)

41 ●솔로몬의 남은 사적과 그의 행한 모든 일과 그의 지혜는 솔로몬의 실록에 기록되지 아니하였느냐

42 솔로몬이 예루살렘에서 온 이스라엘을 다스린 날 수가 사십 년이라

43 솔로몬이 그의 조상들과 함께 자매 그의 아버지 다윗의 성읍에 장사되고 그의 아들 르호보암이 대신하여 왕이 되니라 14:21

북쪽 지파들의 배반 (대하 10:1-19)

12 르호보암이 세겜으로 갔으니 이는 온 이스라엘이 그를 왕으로 삼고자 하여 세겜에 이르렀음이더라

2 느밧의 아들 여로보암이 전에 솔로몬 왕의 얼굴을 피하여 애굽으로 도망하여 있었더니 이제 그 소문을 듣고 여전히 애굽에 있는 중에

3 무리가 사람을 보내 그를 불렀더라 여로보암과 이스라엘의 온 회중이 와서 르호보암에게 말하여 이르되

4 왕의 아버지가 우리의 멍에를 무겁게 하였으나 왕은 이제 왕의 아버지가 우리에게 시킨 고역과 메운 무거운 멍에를 가볍게 하소서 그리하시면 우리가 왕을 섬기겠나이다

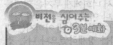

비전을 심어주는 3분에화

원숭이 잡는 법

원숭이를 잡는 방법입니다. 무거운 함에 원숭이 손이 겨우 들어갈 조그마한 구멍을 뚫어놓고 거기에 바나나를 넣어 놓아요. 그러면 원숭이는 바나나를 먹으려고 구멍에 손을 넣지요. 원숭이는 바나나를 잡은 채 손을 빼려고 하지만 바나나를 움켜잡은 손은 빠질 리가 없습니다. 손을 펴면 쉽게 빠질 텐데 원숭이는 한 번 손에 쥔 바나나를 절대로 놓지 않지요. 아니 않아요. 사람이 가까이 가도 놓지 않는답니다. 바나나를 목숨보다 소중히 생각하는 것 같아요. 그래서 결국 원숭이는 잡히고 맙니다.

마귀도 똑같은 방법으로 사람들을 유혹하지요. 여기저기 놓여 있는 물질, 명예, 권세 등을 담은 함에 손을 넣었다가 꺼내지 않는 사람들이 우리 주위에도 수없이 많답니다.

5 르호보암이 대답하되 갔다가 삼 일 후에 다시 내게로 오라 하매 백성이 가니라

6 ●르호보암 왕이 그의 아버지 솔로몬의 생전에 그 앞에 모셨던 노인들과 의논하여 이르되 너희는 어떻게 충고하여 이 백성에게 대답하게 하겠느냐

7 대답하여 이르되 왕이 만일 오늘 이 백성을 섬기는 자가 되어 그들을 섬기고 좋은 말로 대답하여 이르시면 그들이 영원히 왕의 종이 되리이다 하나

8 왕이 노인들이 자문하는 것을 버리고 자기 앞에 모셔 있는 자기와 함께 자라난 어린 사람들과 의논하여

9 이르되 너희는 어떻게 자문하여 이 백성에게 대답하게 하겠느냐 백성이 내게 말하기를 왕의 아버지가 우리에게 메운 멍에를 가볍게 하라 하였느니라

10 함께 자라난 소년들이 왕께 아뢰어 이르되 이 백성들이 왕께 아뢰기를 왕의 부친이 우리의 멍에를 무겁게 하였으나 왕은 우리를 위하여 가볍게 하라 하였은즉 왕은 대답하기를 내 새끼 손가락이 내 아버지의 허리보다 굵으니

11 내 아버지께서 너희에게 무거운 멍에를 메게 하였으나 이제 나는 너희의 멍에를 더욱 무겁게 할지라 내 아버지는 채찍으로 너희를 징계하였으나 나는 전갈 채찍으로 너희를 징계하리라 하소서

12 ●삼 일 만에 여로보암과 모든 백성이 르호보암에게 나아왔으니 이는 왕이 명령하여 이르기를 삼 일 만에 내게로 다시 오라 하였음이라

13 왕이 포학한 말로 백성에게 대답할새 노인의 자문을 버리고

14 어린 사람들의 자문을 따라 그들에게 말하여 이르되 내 아버지는 너희의 멍에를 무겁게 하였으나 나는 너희의 멍에를 더욱 무겁게 할지라 내 아버지는 채찍으로 너희를 징계하였으나 나는 전갈 채찍으로 너희를 징치하리라 하니라

15 왕이 이같이 백성의 말을 듣지 아니하였으니 이 일은 여호와께로 말미암아 난 것이라 여호와께서 전에 실로 사람 아히야로 느밧의 아들 여로보암에게 하신 말씀을 이루게 하심이더라

16 ●온 이스라엘이 자기들의 말을 왕이 듣지 아니함을 보고 왕에게 대답하여 이르되 우리가 다윗과 무슨 관계가 있느냐 이새의 아들에게서 받을 유산이 없도다 이스라엘아 너희의 장막으로 돌아가라 다윗이여 이제 너는 네 집이나 돌아보라 하고 이스라엘이 그 장막으로 돌아가니라

17 그러나 유다 성읍들에 사는 이스라엘 자손에게는 르호보암이 그들의 왕이 되었더라 11:13

솔솔 풀리는 성경말씀

남북 분열의 배경

솔로몬이 42년간의 오랜 통치를 마치고 죽자, 그동안 이스라엘에 잠재되어 있던 갈등과 대립이 현실로 드러났어요. 20년 이상 걸린 성전과 왕궁의 건축 사업, 정복한 국가들을 통제하기 위한 강력한 군사력 등은 모두 백성들이 져야 할 짐이 되었어요. 게다가 솔로몬이 후궁들로 맞아들인 이방 여자들과 그들의 우상들은 백성들을 분노케 했고, 행정과 세금제도의 편의를 위해 그가 재편성한 열두 행정 구역은 이스라엘 열두 지파의 전통을 완전히 무시했다며 불평과 반감이 고조에 달했지요. 이와 같은 갈등과 대립의 불씨에 기름을 부은 것이 아버지 솔로몬의 잘못된 정책을 끝까지 고집한 르호보암이었습니다.

12장 1~20절

12 에는 무엇이 기록되어 있을까?

르호보암의 포악한 정치와 여로보암의 정치적 권력을 잡으려는 욕심 때문에 이스라엘은 나뉘게 되었어요. 지나친 세금과 힘든 일을 견디지 못한 백성들의 요구를 르호보암이 무시하자, 여로보암을 중심으로 한 이스라엘 10지파가 싸움을 일으켜 왕국이 나뉘었지요. 또한 여로보암은 하나님의 벌을 받게 되었답니다.

18 르호보암 왕이 역군의 감독 아도람을 보냈더니 온 이스라엘이 그를 돌로 쳐 죽인지라 르호보암 왕이 급히 수레에 올라 예루살렘으로 도망하였더라

19 이에 이스라엘이 다윗의 집을 배반하여 오늘까지 이르렀더라

20 온 이스라엘이 여로보암이 돌아왔다 함을 듣고 사람을 보내 그를 공회로 청하여 온 이스라엘의 왕으로 삼았으니 유다 지파 외에는 다윗의 집을 따르는 자가 없으니라

스마야가 여호와의 말씀을 전하다 (대하 11:1-4)

21 ●르호보암이 예루살렘에 이르러 유다 온 족속과 베냐민 지파를 모으니 택한 용사가 십팔만 명이라 이스라엘 족속과 싸워 나라를 회복하여 솔로몬의 아들 르호보암에게 돌리려 하더니

22 하나님의 말씀이 하나님의 사람 스마야에게 임하여 이르시되

23 솔로몬의 아들 유다 왕 르호보암과 유다와 베냐민 온 족속과 또 그 남은 백성에게 말하여 이르기를

24 여호와의 말씀이 너희는 올라가지 말라 너희 형제 이스라엘 자손과 싸우지 말고 각기 집으로 돌아가라이 일이 나로 말미암아 난 것이라 하셨다 하라 하신지라 그들이 여호와의 말씀을 듣고 그 말씀을 따라 돌아갔더라

여로보암이 금송아지를 만들다

25 ●여로보암이 에브라임 산지에 세겜을 건축하고 거기서 살며 또 거기서 나가서 부느엘을 건축하고 산 9:45

26 그의 마음에 스스로 이르기를 나라가 이제 다윗의 집으로 돌아가리로다

27 만일 이 백성이 예루살렘에 있는 여호와의 성전에 제사를 드리고자 하여 올라가면 이 백성의 마음이 유다 왕 된 그들의 주 르호보암에게로 돌아가서 나를 죽이고 유다의 왕 르호보암에게로 돌아가리로다 하고

28 이에 계획하고 두 금송아지를 만들고 무리에게 말하기를 너희가 다시는 예

루살렘에 올라갈 것이 없도다 이스라엘아 이는 너희를 애굽 땅에서 인도하여 올린 너희의 신들이라 하고

29 하나는 벧엘에 두고 하나는 단에 둔지라

30 이 일이 죄가 되었으니 이는 백성들이 단까지 가서 그 하나에게 경배함이더라

31 그가 또 산당들을 짓고 레위 자손 아닌 보통 백성으로 제사장을 삼고 13:32

32 여덟째 달 곧 그 달 열다섯째 날로 절기를 정하여 유다의 절기와 비슷하게 하고 제단에 올라가되 벧엘에서 그와 같이 행하여 그가 만든 송아지에게 제사를 드렸으며 그가 지은 산당의 제사장을 벧엘에서 세웠더라

33 그가 자기 마음대로 정한 달 곧 여덟째 달 열다섯째 날로 이스라엘 자손을 위하여 절기로 정하고 벧엘에 쌓은 제단에 올라가서 분향하였더라

벧엘 제단 규탄 — B.C. 931년경

13

보라 그 때에 하나님의 사람이 여호와의 말씀으로 말미암아 유다에서부터 벧엘에 이르니 마침 여로보암이 제단 곁에 서서 분향하는지라

2 하나님의 사람이 제단을 향하여 여호와의 말씀으로 외쳐 이르되 제단아 제단아 여호와께서 이와 같이 말씀하시기를 다윗의 집에 요시야라 이름하는 아들을 낳으리니 그가 네 위에 분향하는 산당 제사장을 네 위에서 제물로 바칠 것이요도 사람의 뼈를 네 위에서 사르리라 하셨느니라 하고 왕하 23:15, 16

3 그 날에 그가 징조를 들어 이르되 이는

13 에는 무엇이 기록되어 있을까?

여로보암이 금송아지를 세우자, 하나님은 선지자를 보내어 여로보암에게 경고하셨어요. 또한 하나님은 선지자에게 벧엘에서는 어떤 음식도 먹지 말고 왔던 길로 되돌아가지도 말라고 명하신 것은 금송아지가 있는 벧엘이 저주의 땅임을 알리기 위해서였지요. 그러나 그는 늙은 선지자의 거짓말에 넘어가 명령을 어겨 심판을 받았답니다.

여호와께서 말씀하신 징조라 제단이 갈라지며 그 위에 있는 재가 쏟아지리라 하매

4 여로보암 왕이 하나님의 사람이 벧엘에 있는 제단을 향하여 외쳐 말함을 들을 때에 제단에서 손을 펴며 그를 잡으라 하더라 그를 향하여 편 손이 말라다시 거두지 못하며

5 하나님의 사람이 여호와의 말씀으로 보인 징조대로 제단이 갈라지며 재가 제단에서 쏟아진지라

6 왕이 하나님의 사람에게 말하여 이르되 청하건대 너는 나를 위하여 네 하나님 여호와께 은혜를 구하여 내 손이 다시 성하게 기도하라 하나님의 사람이 여호와께 은혜를 구하니 왕의 손이 다시 성하여 전과 같이 되니라   출 8:8

7 왕이 하나님의 사람에게 이르되 나와 함께 집에 가서 쉬라 내가 네게 예물을 주리라

8 하나님의 사람이 왕께 대답하되 왕께서 왕의 집 절반을 내게 준다 할지라도 나는 왕과 함께 들어가지도 아니하고 이 곳에서는 떡도 먹지 아니하고 물도 마시지 아니하리니

9 이는 곧 여호와의 말씀이 내게 명령하

여 이르시기를 떡도 먹지 말며 물도 마시지 말고 왔던 길로 되돌아가지 말라 하셨음이니이다 하고

10 이에 다른 길로 가고 자기가 벧엘에 오던 길로 되돌아가지도 아니하니라

벧엘의 늙은 선지자

11 ●벧엘에 한 늙은 선지자가 살더니 그의 아들들이 와서 이 날에 하나님의 사람이 벧엘에서 행한 모든 일을 그에게 말하고 또 그가 왕에게 드린 말씀도 그들이 그들의 아버지에게 말한지라

12 그들의 아버지가 그들에게 이르되 그가 어느 길로 가더냐 하니 그의 아들들이 유다에서부터 온 하나님의 사람의 간 길을 보았음이라

13 그가 그의 아들들에게 이르되 나를 위하여 나귀에 안장을 지우라 그들이 나귀에 안장을 지우니 그가 타고

14 하나님의 사람을 뒤따라가서 상수리나무 아래에 앉은 것을 보고 이르되 그대가 유다에서 온 하나님의 사람이냐 대답하되 그러하다

15 그가 그 사람에게 이르되 나와 함께 집으로 가서 떡을 먹으라

16 대답하되 나는 그대와 함께 돌아가지도 못하겠고 그대와 함께 들어가지도 못하겠으며 내가 이 곳에서 그대와 함께 떡도 먹지 아니하고 물도 마시지 아니하리니

17 이는 여호와의 말씀이 내게 이르시기를 네가 거기서 떡도 먹지 말고 물도 마시지 말며 또 네가 오던 길로 되돌아가지도 말라 하셨음이로다

18 그가 그 사람에게 이르되 나도 그대와 같은 선지자라 천사가 여호와의 말씀으로 내게 이르기를 그를 네 집으로 데리고 돌아가서 그에게 떡을 먹이고 물을 마시게 하라 하였느니라 하니 이는 그 사람을 속임이라

19 이에 그 사람이 그와 함께 돌아가서 그의 집에서 떡을 먹으며 물을 마시니라

20 ●그들이 상 앞에 앉아 있을 때에 여호

와의 말씀이 그 사람을 데려온 선지자에게 임하니

21 그가 유다에서부터 온 하나님의 사람을 향하여 외쳐 이르되 여호와의 말씀에 네가 여호와의 말씀을 어기며 네 하나님 여호와께서 네게 내리신 명령을 지키지 아니하고 *삼상 15:26*

22 돌아와서 여호와가 너더러 떡도 먹지 말고 물도 마시지 말라 하신 곳에서 떡을 먹고 물을 마셨으니 네 시체가 네 조상들의 묘실에 들어가지 못하리라 하셨느니라 하니라

23 그리고 자기가 데리고 온 선지자가 떡을 먹고 물을 마신 후에 그를 위하여 나귀에 안장을 지우니라

24 이에 그 사람이 가더니 사자가 길에서 그를 만나 물어 죽이매 그의 시체가 길에 버린 바 되니 나귀는 그 곁에 서 있고 사자도 그 시체 곁에 서 있더라

25 지나가는 사람들이 길에 버린 시체와 그 시체 곁에 선 사자를 보고 그 늙은 선지자가 사는 성읍에 가서 말한지라

26 그 사람을 길에서 데리고 돌아간 선지자가 듣고 말하되 이는 여호와의 말씀을 어긴 하나님의 사람이로다 여호와께서 그에게 하신 말씀과 같이 여호와께서 그를 사자에게 넘기시매 사자가 그를 찢어 죽였도다 하고 *13:21*

27 이에 그의 아들들에게 말하여 이르되 나를 위하여 나귀에 안장을 지우라 그들이 안장을 지우매

28 그가 가서 본즉 그의 시체가 길에 버린 바 되었고 나귀와 사자는 그 시체 곁에 서 있는데 사자가 시체를 먹지도 아니하였고 나귀를 찢지도 아니하였더라

29 늙은 선지자가 하나님의 사람의 시체를 들어 나귀에 실어 가지고 돌아와 자기 성읍으로 들어가서 슬피 울며 장사하되

30 곧 그의 시체를 자기의 묘실에 두고 오호라 내 형제여 하며 그를 위하여 슬피 우니라

31 그 사람을 장사한 후에 그가 그 아들들에게 말하여 이르되 내가 죽거든 하나님의 사람을 장사한 묘실에 나를 장사하되 내 뼈를 그의 뼈 곁에 두라

32 그가 여호와의 말씀으로 벧엘에 있는 제단을 향하여 또 사마리아 성읍들에 있는 모든 산당을 향하여 외쳐 말한 것이 반드시 이룰 것임이니라

여로보암의 죄

33 ●여로보암이 이 일 후에도 그의 악한 길에서 떠나 돌이키지 아니하고 다시 일반 백성을 산당의 제사장으로 삼되 누구든지 자원하면 그 사람을 산당의 제사장으로 삼았으며

34 이 일이 여로보암 집에 죄가 되어 그 집이 땅 위에서 끊어져 멸망하게 되니라

여로보암의 아들의 죽음 ──B.C. 913년경

14 그 때에 여로보암의 아들 아비야가 병든지라

2 여로보암이 자기 아내에게 이르되 청하건대 일어나 변장하여 사람들이 그대가 여로보암의 아내임을 알지 못하게 하고 실로로 가라 거기 선지자 아히야가 있나니 그는 이전에 내가 이 백성

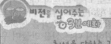

최선을 다하는 것

어떤 섬유 공장의 작업실 벽에 이런 글이 붙어 있습니다. "만일 실이 헝클어지면 작업 반장에게 도움을 구하시오."

어느 날 새로 입사한 여직원이 일을 하다가 실이 헝클어졌어요. 그녀는 그것들을 최선을 다해 풀어보려고 애썼지만 더욱 엉키고 말았지요. 그제서야 그녀는 작업 반장에게 가서 상황을 이야기하였어요.

작업 반장은 그녀에게 말했습니다. "다음부터는 일이 잘못되기 전에 나를 불러야 합니다. 당신이 최선을 다하는 것은 저기 글대로 나에게 와서 도움을 청하는 것입니다."

우리는 모든 일을 스스로 해결하려고 하다가 더욱 헝클어지는 것을 경험하게 되지요. 쉬지 말고 기도하며 하나님의 도우심을 요청하는 생활이 기독교인의 최선의 생활이랍니다.

의 왕이 될 것을 내게 말한 사람이니라
3 그대의 손에 떡 열 개와 과자와 꿀 한 병을 가지고 그에게로 가라 그가 그대에게 이 아이가 어떻게 될지를 알게 하리라
4 여로보암의 아내가 그대로 하여 일어나 실로로 가서 아히야의 집에 이르니 아히야는 나이가 많아 눈이 어두워 보지 못하더라
5 여호와께서 아히야에게 이르시되 여로보암의 아내가 자기 아들이 병 들었으므로 네게 물으러 오나니 너는 이러이러하게 대답하라 그가 들어올 때에 다른 사람인 체함이니라
6 ●문으로 들어올 때에 아히야가 그 발소리를 듣고 말하되 여로보암의 아내여 들어오라 네가 어찌하여 다른 사람인 체하느냐 내가 명령을 받아 흉한 일을 네게 전하리니
7 가서 여로보암에게 말하라 이스라엘의 하나님 여호와의 말씀이 내가 너를 백성 중에서 들어 내 백성 이스라엘의 주권자가 되게 하고
8 나라를 다윗의 집에서 찢어 내어 네게 주었거늘 너는 내 종 다윗이 내 명령을 지켜 전심으로 나를 따르며 나 보기에 정직한 일만 행하였음과 같지 아니하고
9 너보다 이전 사람들보다도 더 악을 행하여 너를 위하여 다른 신을 만들며 우상을 부어 만들어 나를 노엽게 하고 나를 네 등 뒤에 버렸도다
10 그러므로 내가 여로보암의 집에 재앙을 내려 여로보암에게 속한 사내는 이스라엘 가운데 매인 자나 놓인 자나 다 끊을

14 에는 무엇이 기록되어 있을까?

14장부터는 북이스라엘 남유다의 역사가 번갈아 기록되고 있습니다. 여로보암은 아들이 병든 이유가 자신의 죄악 때문임을 끝내 깨닫지 못해, 결국 여로보암의 가문에 속한 모든 자들이 다 없어질 것이라는 심판을 선고받았어요. 한편, 남유다 왕 르호보암의 우상 숭배는 암몬 여인인 어머니 나아마의 영향 때문이었죠.

버리되 거름 더미를 쓸어 버림 같이 여로보암의 집을 말갛게 쓸어 버릴지라
11 여로보암에게 속한 자가 성읍에서 죽은즉 개가 먹고 들에서 죽은즉 공중의 새가 먹으리니 이는 여호와께서 말씀하셨음이니라 하셨나니
12 너는 일어나 네 집으로 가라 네 발이 성읍에 들어갈 때에 그 아이가 죽을지라
13 온 이스라엘이 그를 위하여 슬퍼하며 장사하려니와 여로보암에게 속한 자는 오직 이 아이만 묘실에 들어가리니 이는 여로보암의 집 가운데에서 그가 이스라엘의 하나님 여호와를 향하여 선한 뜻을 품었음이니라
14 여호와께서 이스라엘 위에 한 왕을 일으키신즉 그가 그 날에 여로보암의 집을 끊어 버리리라 언제나 하니 곧 이제라
15 여호와께서 이스라엘을 쳐서 물에서 흔들리는 갈대 같이 되게 하시고 이스라엘을 그의 조상들에게 주신 이 좋은 땅에서 뽑아 그들을 [1]강 너머로 흩으시리니 그들이 아세라 상을 만들어 여호와를 진노하게 하였음이니라
16 여호와께서 여로보암의 죄로 말미암아 이스라엘을 버리시리니 이는 그도 범죄하고 이스라엘로 범죄하게 하였음이니라 하니라
17 ●여로보암의 아내가 일어나 디르사로 돌아가서 집 문지방에 이를 때에 그 아이가 죽은지라
18 온 이스라엘이 그를 장사하고 그를 위하여 슬퍼하니 여호와께서 그의 종 선지자 아히야를 통하여 하신 말씀과 같이 되었더라

여로보암의 죽음

19 ●여로보암의 그 남은 행적 곧 그가 어떻게 싸웠는지와 어떻게 다스렸는지는 이스라엘 왕 역대지략에 기록되니라
20 여로보암이 왕이 된 지 이십이 년이라 그가 그의 조상들과 함께 자매 그의 아들 나답이 대신하여 왕이 되니라

1) 유브라데 강

유다 왕 르호보암 (대하 11:5-12:15)

21 ●솔로몬의 아들 르호보암은 유다 왕이 되었으니 르호보암이 왕위에 오를 때에 나이가 사십일 세라 여호와께서 자기 이름을 두시려고 이스라엘 모든 지파 가운데에서 택하신 성읍 예루살렘에서 십칠 년 동안 다스리니라 그의 어머니의 이름은 나아마요 암몬 사람이더라

22 유다가 여호와 보시기에 악을 행하되 그의 조상들이 행한 모든 일보다 뛰어나게 하여 그 범한 죄로 여호와를 노엽게 하였으니

23 이는 그들도 산 위에와 모든 푸른 나무 아래에 산당과 우상과 아세라 상을 세웠음이라

24 그 땅에 또 남색하는 자가 있었고 여호와께서 이스라엘 자손 앞에서 쫓아내신 국민의 모든 가증한 일을 무리가 본받아 행하였더라

25 ●르호보암 왕 제오년에 애굽의 왕 시삭이 올라와서 예루살렘을 치고

26 여호와의 성전의 보물과 왕궁의 보물을 모두 빼앗고 또 솔로몬이 만든 금 방패를 다 빼앗은지라

27 르호보암 왕이 그 대신 놋으로 방패를 만들어 왕궁 문을 지키는 시위대 대장의 손에 맡기매

28 왕이 여호와의 성전에 들어갈 때마다 시위하는 자가 그 방패를 들고 갔다가 시위소로 도로 가져갔더라

29 ●르호보암의 남은 사적과 그가 행한 모든 일은 유다 왕 역대지략에 기록되지 아니하였느냐

30 르호보암과 여로보암 사이에 항상 전쟁이 있었느니라

31 르호보암이 그의 조상들과 함께 자니 그의 조상들과 함께 다윗 성에 장사되니라 그의 어머니의 이름은 나아마요 암몬 사람이더라 그의 아들 아비얌이 대신하여 왕이 되니라

유다 왕 아비얌 (대하 13:1-14:1) - B.C. 910년경

15

느밧의 아들 여로보암 왕 열여덟째 해에 아비얌이 유다 왕이 되고

2 예루살렘에서 삼 년 동안 다스리니라 그의 어머니의 이름은 마아가요 아비살롬의 딸이더라

3 아비얌이 그의 아버지가 이미 행한 모든 죄를 행하고 그의 마음이 그의 조상 다윗의 마음과 같지 아니하여 그의 하나님 여호와 앞에 온전하지 못하였으나

4 그의 하나님 여호와께서 다윗을 위하여 예루살렘에서 그에게 등불을 주시되 그의 아들을 세워 뒤를 잇게 하사 예루살렘을 견고하게 하셨으니

5 이는 다윗이 헷 사람 우리아의 일 외에는 평생에 여호와 보시기에 정직하게

술술 풀리는 성경 말씀

여로보암의 죄

느밧과 스루아의 아들 여로보암은 솔로몬 시절 요새 조축의 강제 노역을 감독하는 사람이었습니다. 그는 자신(이 북이스라엘의 왕이) 될 것이라는 선지자 아히야의 예언을 듣고, 솔로몬 시대에는 애굽으로 피해 있다가 솔로몬이 죽은 후에 돌아왔어요. 북쪽 열 지파는 새 왕 르호보암이 자신들의 요구를 거절하자, 그의 통치를 거부하고 여로보암을 이스라엘의 왕으로 세웠지요.

여로보암은 백성들이 예루살렘 성전으로 예배드리러 자꾸 올라가면, 그들의 마음이 르호보암에게 돌아갈 것을 두려워했어요. 그래서 단과 벧엘에 금송아지를 세워 그곳에서 예배를 드리게 했지요. 게다가 산당을 짓고 레위인이 아닌 자들을 새 제사장들로 임명하는 등 배교적 행위를 일삼다가 마침내 파멸하고 맙니다.

14장 6-20절

15에는 무엇이 기록되어 있을까?

남유다의 아사 왕은 왕국이 나뉜 이후 최초로 종교 개혁을 합니다. 하지만 그러한 그도 바아사와의 전쟁에서는 여호와 대신 아람을 의지했고, 이 일로 그를 혼낸 선지자 하나니를 감옥에 가두는 잘못을 범했지요. 한편, 북이스라엘에서는 바아사가 여로보암의 아들 나답에게 반대하는 싸움을 일으켜 왕권을 빼앗았답니다.

○ 오늘날 다메섹의 모습(15:18)

행하고 자기에게 명령하신 모든 일을 어기지 아니하였음이라

6 르호보암과 여로보암 사이에 사는 날 동안 전쟁이 있었더니

7 아비얌과 여로보암 사이에도 전쟁이 있으니라 아비얌의 남은 사적과 그 행한 모든 일은 유다 왕 역대지략에 기록되지 아니하였느냐

8 아비얌이 그의 조상들과 함께 자니 다윗 성에 장사되고 그 아들 아사가 대신하여 왕이 되니라

유다 왕 아사 (대하 15:16-16:6)

9 ● 이스라엘의 여로보암 왕 제이십년에 아사가 유다 왕이 되어

10 예루살렘에서 사십일 년 동안 다스리니라 그의 어머니의 이름은 마아가라 아비살롬의 딸이더라

11 아사가 그의 조상 다윗 같이 여호와 보시기에 정직하게 행하여

12 남색하는 자를 그 땅에서 쫓아내고 그의 조상들이 지은 모든 우상을 없애고

13 또 그의 어머니 마아가가 혐오스러운 아세라 상을 만들었으므로 태후의 위를 폐하고 그 우상을 찍어 기드론 시냇가에서 불살랐으나

14 다만 산당은 없애지 아니하니라 그러나 아사의 마음이 일평생 여호와 앞에

온전하였으며

15 그가 그의 아버지가 성별한 것과 자기가 성별한 것을 여호와의 성전에 받들어 드렸으니 곧 은과 금과 그릇들이더라

16 ● 아사와 이스라엘의 왕 바아사 사이에 일생 동안 전쟁이 있으니라

17 이스라엘의 왕 바아사가 유다를 치러 올라와서 라마를 건축하여 사람을 유다 왕 아사와 왕래하지 못하게 하려 한지라

18 아사가 여호와의 성전 곳간과 왕궁 곳간에 남은 은금을 모두 가져다가 그 신하의 손에 넘겨 다메섹에 거주하고 있는 아람의 왕 헤시온의 손자 다브림몬의 아들 벤하닷에게 보내며 이르되

19 나와 당신 사이에 약조가 있고 내 아버지와 당신의 아버지 사이에도 있었느니라 내가 당신에게 은금 예물을 보냈으니 와서 이스라엘의 왕 바아사와 세운 약조를 깨뜨려서 그가 나를 떠나게 하라 하매

20 벤하닷이 아사 왕의 말을 듣고 그의 군대 지휘관들을 보내 이스라엘 성읍들을 치되 이욘과 단과 아벨벳마아가와 긴네렛 온 땅과 납달리 온 땅을 쳤더니

21 바아사가 듣고 라마를 건축하는 일을 중단하고 디르사에 거주하니라

22 이에 아사 왕이 온 유다에 명령을 내려 한 사람도 모면하지 못하게 하여 바아사가 라마를 건축하던 돌과 재목을 가져오게 하고 그것으로 베냐민의 게바와 미스바를 건축하였더라

23 ● 아사의 남은 사적과 모든 권세와 그가 행한 모든 일과 성읍을 건축한 일이 유다 왕 역대지략에 기록되지 아니하였느냐 그러나 그는 늘그때에 발에 병이 들었더라

24 아사가 그의 조상들과 함께 자매 그의

태후(15:13) 황제의 살아 있는 어머니.
위(15:13) 지위, 지위를 뜻함.
약조(15:19) 조건을 정하여 약속함.
모면(15:22) 어려운 상황에서 운이 좋아 벗어남.
재목(15:22) 건축, 토목, 가구 따위의 재료로 쓰는 나무.

역대지략(15:23) 이스라엘 왕들의 역사를 간략히 기록한 것임.
모반(15:27) 나라나 임금에 반대하여 군사를 일으킴.
사적(16:5) 오랫동안에 일어났던 일이나 사건의 자취를 말함.

조상들과 함께 그의 조상 다윗의 성읍에 장사되고 그의 아들 여호사밧이 대신하여 왕이 되니라

이스라엘 왕 나답

25 ●유다의 아사 왕 둘째 해에 여로보암의 아들 나답이 이스라엘 왕이 되어 이 년 동안 이스라엘을 다스리니라 14:20

26 그가 여호와 보시기에 악을 행하되 그의 아버지의 길로 행하며 그가 이스라엘에게 범하게 한 그 죄 중에 행하니라

27 이에 잇사갈 족속 아히야의 아들 바아사가 그를 모반하여 블레셋 사람에게 속한 깁브돈에서 그를 죽였으니 이는 나답과 온 이스라엘이 깁브돈을 에워싸고 있었음이더라

28 유다의 아사 왕 셋째 해에 바아사가 나답을 죽이고 대신하여 왕이 되고

29 왕이 될 때에 여로보암의 온 집을 쳐서 생명 있는 자를 한 사람도 남기지 아니하고 다 멸하였는데 여호와께서 그의 종 실로 사람 아히야를 통하여 하신 말씀과 같이 되었으니

30 이는 여로보암이 범죄하고 또 이스라엘에게 범하게 한 죄로 말미암음이며 또 그가 이스라엘의 하나님 여호와를 노엽게 한 일 때문이었더라 14:9, 16

31 나답의 남은 사적과 행한 모든 일은 이스라엘 왕 역대지략에 기록되지 아니하였느냐

32 아사와 이스라엘의 바아사 왕 사이에 일생 동안 전쟁이 있으니라

이스라엘 왕 바아사 ── B.C. 900년경

33 ●유다의 아사 왕 셋째 해에 아히야의

16장에는 무엇이 기록되어 있을까?

하나님은 여로보암을 벌 주시기 위해 바아사를 왕으로 세우셨어요. 그러나 그 역시 여로보암의 죄악을 그대로 행했으며 선지자 예후의 경고를 듣고도 회개하지 않았지요. 그 이후 엘라, 시므리와 오므리가 이스라엘의 권력을 잡게 되었는데, 이로써 정치적인 안정은 찾았으나 종교적으로는 매우 혼란하게 되었답니다.

토막 상식　주권자

왕을 포함한 여러 지도자를 가리키는 말로 히브리어로 '나가드'인데, '현저하게 뛰어난 자'라는 뜻이에요. 사울과 여로보암을 세울 때에도 이 말이 사용되었답니다(삼상 9:16).　16장 2절

아들 바아사가 디르사에서 모든 이스라엘의 왕이 되어 이십사 년 동안 다스리니라

34 바아사가 여호와 보시기에 악을 행하되 여로보암의 길로 행하며 그가 이스라엘에게 범하게 한 그 죄 중에 행하였더라

16 여호와의 말씀이 하나니의 아들 예후에게 임하여 바아사를 꾸짖어 이르시되

2 내가 너를 티끌에서 들어 내 백성 이스라엘 위에 주권자가 되게 하였거늘 네가 여로보암의 길로 행하며 내 백성 이스라엘에게 범죄하게 하여 그들의 죄로 나를 노엽게 하였은즉

3 내가 너 바아사와 네 집을 쓸어버려 네 집이 느밧의 아들 여로보암의 집 같이 되게 하리니

4 바아사에게 속한 자가 성읍에서 죽은즉 개가 먹고 그에게 속한 자가 들에서 죽은즉 공중의 새가 먹으리라 하셨더라

5 ●바아사의 남은 사적과 행한 모든 일과 권세는 이스라엘 왕 역대지략에 기록되지 아니하였느냐

6 바아사가 그의 조상들과 함께 자매 디르사에 장사되고 그의 아들 엘라가 대신하여 왕이 되니라

7 여호와의 말씀이 하나니의 아들 선지자 예후에게도 임하사 바아사와 그의 집을 꾸짖으심은 그가 여로보암의 집과 같이 여호와 보시기에 모든 악을 행하며 그의 손의 행위로 여호와를 노엽게 하였음이며 또 그의 집을 쳤음이더라

이스라엘 왕 엘라

8 ●유다의 아사 왕 제이십육년에 바아사의 아들 엘라가 디르사에서 이스라

비가 내리지 않을 것을
예언하는 엘리야(17:1)

엘의 왕이 되어 이 년 동안 그 왕위에
있으니라

9 엘라가 디르사에 있어 왕궁 맡은 자아
르사의 집에서 마시고 취할 때에 그 신
하 곧 병거 절반을 통솔한 지휘관 시므
리가 왕을 모반하여

10 시므리가 들어가서 그를 쳐죽이고 그
를 대신하여 왕이 되니 곧 유다의 아사
왕 제이십칠년이라

11 시므리가 왕이 되어 왕위에 오를 때에
바아사의 온 집안 사람들을 죽이되 남
자는 그의 친족이든지 그의 친구든지
한 사람도 남기지 아니하고

12 바아사의 온 집을 멸하였는데 선지자
예후를 통하여 바아사를 꾸짖어 하신
여호와의 말씀 같이 되었으니 대하 19:2

13 이는 바아사의 모든 죄와 그의 아들 엘
라의 죄 때문이라 그들이 범죄하고 또
이스라엘에게 범죄하게 하여 그들의
헛된 것들로 이스라엘의 하나님 여호
와를 노하시게 하였더라 삼상 4:29

14 엘라의 남은 사적과 행한 모든 일은 이
스라엘 왕 역대지략에 기록되지 아니
하였느냐

이스라엘 왕 시므리

15 ●유다의 아사 왕 제이십칠년에 시므리
가 디르사에서 칠 일 동안 왕이 되니라
그 때에 백성들이 블레셋 사람에게 속
한 깁브돈을 향하여 진을 치고 있더니

16 진중 백성들이 시므리가 모반하여 왕
을 죽였다는 말을 들은지라 그 날에 이
스라엘의 무리가 진에서 군대 지휘관

오므리를 이스라엘의 왕으로 삼으매

17 오므리가 이에 이스라엘의 무리를 거
느리고 깁브돈에서부터 올라와서 디
르사를 에워 쌌더라

18 시므리가 성읍이 함락됨을 보고 왕궁
요새에 들어가서 왕궁에 불을 지르고
그 가운데에서 죽으니라

19 이는 그가 여호와 보시기에 악을 행하
여 범죄하였기 때문이니라 그가 여로보
암의 길로 행하며 그가 이스라엘에게
죄를 범하게 한 그 죄 중에 행하였더라

20 시므리의 남은 행위와 그가 반역한 일
은 이스라엘 왕 역대지략에 기록되지
아니하였으나

이스라엘 왕 오므리

21 ●그 때에 이스라엘 백성이 둘로 나뉘
어 그 절반은 기낫의 아들 디브니를 따
라 그를 왕으로 삼으려 하고 그 절반은
오므리를 따랐더니

22 오므리를 따른 백성이 기낫의 아들 디
브니를 따른 백성을 이긴지라 디브니
가 죽으매 오므리가 왕이 되니라

23 유다의 아사 왕 제삼십일년에 오므리
가 이스라엘의 왕이 되어 십이 년 동안
왕위에 있으며 디르사에서 육 년 동안
다스리니라 15:21

24 그가 은 두 달란트로 세멜에게서 사마
리아 산을 사고 그 산 위에 성읍을 건
축하고 그 건축한 성읍 이름을 그 산 주
인이었던 세멜의 이름을 따라 사마리
아라 일컬었더라 요 4:4

25 오므리가 여호와 보시기에 악을 행하
되 그 전의 모든 사람보다 더욱 악하게

그릿 시냇가에 숨은 엘리야(17:3)

까마귀들이 떡과
고기를 가져다 줌
(17:5-7)

행하여

26 느밧의 아들 여로보암의 모든 길로 행하며 그가 이스라엘에게 죄를 범하게 한 그 죄 중에 행하여 그들의 헛된 것들로 이스라엘의 하나님 여호와를 노하시게 하였더라

27 오므리가 행한 그 남은 사적과 그가 부린 권세는 이스라엘 왕 역대지략에 기록되지 아니하였느냐

28 오므리가 그의 조상들과 함께 자매 사마리아에 장사되고 그의 아들 아합이 대신하여 왕이 되니라

이스라엘 왕 아합

29 ●유다의 아사 왕 제삼십팔년에 오므리의 아들 아합이 이스라엘의 왕이 되니라 오므리의 아들 아합이 사마리아에서 이십이 년 동안 이스라엘을 다스리니라

30 오므리의 아들 아합이 그의 이전의 모든 사람보다 여호와 보시기에 악을 더욱 행하여

31 느밧의 아들 여로보암의 죄를 따라 행하는 것을 오히려 가볍게 여기며 시돈 사람의 왕 엣바알의 딸 이세벨을 아내로 삼고 가서 바알을 섬겨 예배하고

32 사마리아에 건축한 바알의 신전 안에 바알을 위하여 제단을 쌓으며

33 또 아세라 상을 만들었으니 그는 그 이전의 이스라엘의 모든 왕보다 심히 이스라엘 하나님 여호와를 노하시게 하였더라

34 그 시대에 벧엘 사람 히엘이 여리고를 건축하였는데 그가 그 터를 쌓을 때에 맏아들 아비람을 잃었고 그 성문을 세울 때에 막내 아들 스굽을 잃었으니 여호와께서 눈의 아들 여호수아를 통하여 하신 말씀과 같이 되었더라

엘리야와 가뭄 — B.C. 870년경

17 길르앗에 우거하는 자 중에 디셉 사람 엘리야가 아합에게 말하되 내가 섬기는 이스라엘의 하나님 여호와께서 살아 계심을 두고 맹세하노니 내 말이 없으면 수 년 동안 비도 이슬도 있지 아니하리라 하니라

2 여호와의 말씀이 엘리야에게 임하여 이르시되

3 너는 여기서 떠나 동쪽으로 가서 요단 앞 그릿 시냇가에 숨고   8:4

4 그 시냇물을 마시라 내가 까마귀들에게 명령하여 거기서 너를 먹이게 하리라

5 그가 여호와의 말씀과 같이 하여 곧 가서 요단 앞 그릿 시냇가에 머물매

6 까마귀들이 아침에도 떡과 고기를, 저녁에도 떡과 고기를 가져왔고 그가 시냇물을 마셨으나

7 땅에 비가 내리지 아니하므로 얼마 후에 그 시내가 마르니라

엘리야와 사르밧 과부

8 ●여호와의 말씀이 엘리야에게 임하여 이르시되

9 너는 일어나 시돈에 속한 사르밧으로 가서 거기 머물라 내가 그 곳 과부에게 명령하여 네게 음식을 주게 하였느니라

10 그가 일어나 사르밧으로 가서 성문에 이를 때에 한 과부가 그 곳에서 나뭇가지를 줍는지라 이에 불러 이르되 청하건대 그릇에 물을 조금 가져다가 내가

17장에는 무엇이 기록되어 있을까?

하나님은 악인이라도 돌이켜 구원을 알게 하는 것이 자신의 뜻임을 알게 하시기 위해서, 아합 시대에 선지자 엘리야를 보내어 말씀을 전하게 하셨어요. 엘리야는 이스라엘에 그들의 죄 값으로 기근이 있을 것이라고 선포했지요. 하지만 그런 상황에서도 하나님께 순종한 사르밧의 이방 여인은 하나님의 큰 축복을 받았답니다.

마시게 하라

11 그가 가지러 갈 때에 엘리야가 그를 불러 이르되 청하건대 네 손의 떡 한 조각을 내게로 가져오라

12 그가 이르되 당신의 하나님 여호와께서 살아 계심을 두고 맹세하노니 나는 떡이 없고 다만 통에 가루 한 움큼과 병에 기름 조금 뿐이라 내가 나뭇가지 둘을 주워다가 나와 내 아들을 위하여 음식을 만들어 먹고 그 후에는 죽으리라

13 엘리야가 그에게 이르되 두려워하지 말고 가서 네 말대로 하려니와 먼저 그것으로 나를 위하여 작은 떡 한 개를 만들어 내게로 가져오고 그 후에 너와 네 아들을 위하여 만들라

14 이스라엘의 하나님 여호와의 말씀이 나 여호와가 비를 지면에 내리는 날까지 그 통의 가루가 떨어지지 아니하고 그 병의 기름이 없어지지 아니하리라 하셨느니라

15 그가 가서 엘리야의 말대로 하였더니 그와 엘리야와 그의 식구가 여러 날 먹었으나

16 여호와께서 엘리야를 통하여 하신 말씀 같이 통의 가루가 떨어지지 아니하고 병의 기름이 없어지지 아니하니라

17 ●이 일 후에 그 집 주인 되는 여인의 아들이 병들어 증세가 심히 위중하다가 숨이 끊어진지라

18 여인이 엘리야에게 이르되 하나님의 사람이여 당신이 나와 더불어 무슨 상관이 있기로 내 죄를 생각나게 하고 또 내 아들을 죽게 하려고 내게 오셨나이까

19 엘리야가 그에게 그의 아들을 달라 하

사르밧의 한 과부를
찾아간 엘리야
(17:8-10)

엘리야에게 빵을
구워 온 여인
(17:11-15)

여 그를 그 여인의 품에서 받아 안고 자기가 거처하는 다락에 올라가서 자기 침상에 누이고

20 여호와께 부르짖어 이르되 내 하나님 여호와여 주께서 또 내가 우거하는 집 과부에게 재앙을 내리사 그 아들이 죽게 하셨나이까 하고

21 그 아이 위에 몸을 세 번 펴서 엎드리고 여호와께 부르짖어 이르되 내 하나님 여호와여 원하건대 이 아이의 혼으로 그의 몸에 돌아오게 하옵소서 하니

22 여호와께서 엘리야의 소리를 들으시므로 그 아이의 혼이 몸으로 돌아오고 살아난지라

23 엘리야가 그 아이를 안고 다락에서 방으로 내려가서 그의 어머니에게 주며 이르되 보라 네 아들이 살아났느니라

24 여인이 엘리야에게 이르되 내가 이제야 당신은 하나님의 사람이시요 당신의 입에 있는 여호와의 말씀이 진실한 줄 아노라 하니라

요 3:2

엘리야와 바알 선지자들──B.C. 870년경

18

많은 날이 지나고 제삼년에 여호와의 말씀이 엘리야에게 임하여 이르시되 너는 가서 아합에게 보이라 내가 비를 지면에 내리리라

2 엘리야가 아합에게 보이려고 가니 그때에 사마리아에 기근이 심하였더라

3 아합이 왕궁 맡은 자 오바댜를 불렀으니 이 오바댜는 여호와를 지극히 경외하는 자라

18:16

4 이세벨이 여호와의 선지자들을 멸할

밀가루와 기름이
떨어지지 않음
(17:16)

때에 오바댜가 선지자 백 명을 가지고 오십 명씩 굴에 숨기고 떡과 물을 먹였더라

5 아합이 오바댜에게 이르되 이 땅의 모든 물 근원과 모든 내로 가자 혹시 꼴을 얻으리라 그리하면 말과 노새를 살리리니 짐승을 다 잃지 않게 되리라 하고

6 두 사람이 두루 다닐 땅을 나누어 아합은 홀로 이 길로 가고 오바댜는 홀로 저 길로 가니라

7 ●오바댜가 길에 있을 때에 엘리야가 그를 만난지라 그가 알아보고 엎드려 말하되 내 주 엘리야여 당신이시니이까

8 그가 그에게 대답하되 그러하다 가서 네 주에게 말하기를 엘리야가 여기 있다 하라

9 이르되 내가 무슨 죄를 범하였기에 당신이 당신의 종을 아합의 손에 넘겨 죽이게 하려 하시나이까

10 당신의 하나님 여호와께서 살아 계심을 두고 맹세하노니 내 주께서 사람을 보내어 당신을 찾지 아니한 족속이나 나라가 없었는데 그들이 말하기를 엘리야가 없다 하면 그 나라와 그 족속으로 당신을 보지 못하였다는 맹세를 하게 하였거늘

11 이제 당신의 말씀이 가서 네 주에게 말하기를 엘리야가 여기 있다 하라 하시나

12 내가 당신을 떠나간 후에 여호와의 영이 내가 알지 못하는 곳으로 당신을 이끌어 가시리니 내가 가서 아합에게 말하여 그가 당신을 찾지 못하면 내가 죽임을 당하리이다 당신의 종은 어려서부터 여호와를 경외하는 자라

13 이세벨이 여호와의 선지자들을 죽일 때에 내가 여호와의 선지자 중에 백 명을 오십 명씩 굴에 숨기고 떡과 물로 먹인 일이 내 주에게 들리지 아니하였나이까

14 이제 당신의 말씀이 가서 네 주에게 말하기를 엘리야가 여기 있다 하라 하시니 그리하면 그가 나를 죽이리이다

15 엘리야가 이르되 내가 섬기는 만군의 여호와께서 살아 계심을 두고 맹세하노니 내가 오늘 아합에게 보이리라

16 ●오바댜가 가서 아합을 만나 그에게 말하매 아합이 엘리야를 만나러 가다가

17 엘리야를 볼 때에 아합이 그에게 이르되 이스라엘을 괴롭게 하는 자여 너냐

18 그가 대답하되 내가 이스라엘을 괴롭게 한 것이 아니라 당신과 당신의 아버지의 집이 괴롭게 하였으니 이는 여호와의 명령을 버렸고 당신이 바알들을 따랐음이라

19 그런즉 사람을 보내어 온 이스라엘과 이세벨의 상에서 먹는 바알의 선지자 사백오십 명과 아세라의 선지자 사백 명을 갈멜 산으로 모아 내게로 나아오게 하소서

20 ●아합이 이에 이스라엘의 모든 자손에게로 사람을 보내 선지자들을 갈멜 산으로 모으니라

21 엘리야가 모든 백성에게 가까이 나아가 이르되 너희가 어느 때까지 둘 사이에서 머뭇머뭇 하려느냐 여호와가 만일 하나님이면 그를 따르고 바알이 만일 하나님이면 그를 따를지니라 하니 백성이 말 한마디도 대답하지 아니하

18장 에는 무엇이 기록되어 있을까?

이스라엘에 3년 동안 가뭄이 계속되자, 아합은 그 책임을 엘리야를 비롯한 선지자들에게 돌렸어요. 이에 엘리야는 갈멜 산에서 바알 선지자들과 대결을 벌여 이를 통해 가뭄의 원인이 우상 숭배임을 지적했고, 하나님은 엘리야의 기도에 응답하여 마침내 이스라엘에 비를 내려주셨답니다.

는지라
22 엘리야가 백성에게 이르되 여호와의 선지자는 나만 홀로 남았으나 바알의 선지자는 사백오십 명이로다 19:10
23 그런즉 송아지 둘을 우리에게 가져오게 하고 그들은 송아지 한 마리를 택하여 각을 떠서 나무 위에 놓고 불은 붙이지 말며 나도 송아지 한 마리를 잡아 나무 위에 놓고 불은 붙이지 않고
24 너희는 너희 신의 이름을 부르라 나는 여호와의 이름을 부르리니 이에 불로 응답하는 신 그가 하나님이니라 백성이 다 대답하되 그 말이 옳도다 하니라
25 ●엘리야가 바알의 선지자들에게 이르되 너희는 많으니 먼저 송아지 한 마리를 택하여 잡고 너희 신의 이름을 부르라 그러나 불을 붙이지 말라
26 그들이 받은 송아지를 가져다가 잡고 아침부터 낮까지 바알의 이름을 불러 이르되 바알이여 우리에게 응답하소서 하나 아무 소리도 없고 아무 응답하는 자도 없으므로 그들이 그 쌓은 제단 주위에서 뛰놀더라 11:5
27 정오에 이르러는 엘리야가 그들을 조롱하여 이르되 큰 소리로 부르라 그는 신이니 묵상하고 있는지 혹은 그가 잠깐 나갔는지 혹은 그가 길을 행하는지 혹은 그가 잠이 들어서 깨워야 할 것인지 하매
28 이에 그들이 큰 소리로 부르고 그들의 규례를 따라 피가 흐르기까지 칼과 창으로 그들의 몸을 상하게 하더라

29 이같이 하여 정오가 지났고 그들이 미친 듯이 떠들어 저녁 소제 드릴 때까지 이르렀으나 아무 소리도 없고 응답하는 자나 돌아보는 자가 아무도 없더라
30 ●엘리야가 모든 백성을 향하여 이르되 내게로 가까이 오라 백성이 다 그에게 가까이 가매 그가 무너진 여호와의 제단을 수축하되
31 야곱의 아들들의 지파의 수효를 따라 엘리야가 돌 열두 개를 취하니 이 야곱은 옛적에 여호와의 말씀이 임하여 이르기를 네 이름을 이스라엘이라 하리라 하신 자더라
32 그가 여호와의 이름을 의지하여 그 돌로 제단을 쌓고 제단을 돌아가며 곡식 종자 두 스아를 둘 만한 도랑을 만들고
33 또 나무를 벌이고 송아지의 각을 떠서 나무 위에 놓고 이르되 통 넷에 물을 채워다가 번제물과 나무 위에 부으라 하고
34 또 이르되 다시 그리하라 하여 다시 그리하니 또 이르되 세 번째로 그리하라 하여 세 번째로 그리하니
35 물이 제단으로 두루 흐르고 도랑에도 물이 가득 찼더라
36 저녁 소제 드릴 때에 이르러 선지자 엘리야가 나아가서 말하되 아브라함과 이삭과 이스라엘의 하나님 여호와여 주께서 이스라엘 중에서 하나님이신 것과 내가 주의 종인 것과 내가 주의 말씀대로 이 모든 일을 행하는 것을 오늘 알게 하옵소서 출 3:6
37 여호와여 내게 응답하옵소서 내게 응답하옵소서 이 백성에게 주 여호와는 하나님이신 것과 주는 그들의 마음을 되돌이키시는 것을 알게 하옵소서 하매
38 이에 여호와의 불이 내려서 번제물과 나무와 돌과 흙을 태

아합 왕에게 나타난 엘리야(18:16-24)

1약 15리터

우고 또 도랑의 물을 핥
은지라
39 모든 백성이 보고 엎드려
말하되 여호와 그는 하나
님이시로다 여호와 그는
하나님이시로다 하니
40 엘리야가 그들에게 이르
되 바알의 선지자를 잡되
그들 중 하나도 도망하지
못하게 하라 하매 곧 잡
은지라 엘리야가 그들을 기손 시내로
내려다가 거기서 죽이니라

아무리 불러도 응답이 없는 바알(18:25-29)

여호와의 불이 내려와 엘리야의 번제물을 태움(18:30-38)

가뭄이 그침

41 ●엘리야가 아합에게 이르되 올라가서
먹고 마시소서 큰 비 소리가 있나이다
42 아합이 먹고 마시러 올라가니라 엘리
야가 갈멜 산 꼭대기로 올라가서 땅에
꿇어 엎드려 그의 얼굴을 무릎 사이에
넣고
43 그의 사환에게 이르되 올라가 바다쪽
을 바라보라 그가 올라가 바라보고 말
하되 아무것도 없나이다 이르되 일곱
번까지 다시 가라
44 일곱 번째 이르러서는 그가 말하되 바
다에서 사람의 손 만한 작은 구름이 일
어나나이다 이르되 올라가 아합에게
말하기를 비에 막히지 아니하도록 마
차를 갖추고 내려가소서 하라 하니라
45 조금 후에 구름과 바람이 일어나서 하
늘이 캄캄해지며 큰 비가 내리는지라
아합이 마차를 타고 이스르엘로 가니
46 여호와의 능력이 엘리야에게 임하매
그가 허리를 동이고 이스르엘로 들어
가는 곳까지 아합 앞에서 달려갔더라

호렙 산의 엘리야 — B.C. 860년경

19 아합이 엘리야가 행한 모든 일
과 그가 어떻게 모든 선지자를
칼로 죽였는지를 이세벨에게 말하니
2 이세벨이 사신을 엘리야에게 보내어
이르되 내가 내일 이맘때에는 반드시
네 생명을 저 사람들 중 한 사람의 생
명과 같게 하리라 그렇게 하지 아니하

면 신들이 내게 벌 위에 벌을 내림이 마
땅하니라 한지라
3 그가 이 형편을 보고 일어나 자기의 생
명을 위해 도망하여 유다에 속한 브엘
세바에 이르러 자기의 사환을 그 곳에
머물게 하고
4 자기 자신은 광야로 들어가 하룻길쯤 가
서 한 로뎀 나무 아래에 앉아서 자기가
죽기를 원하여 이르되 여호와여 넉넉하
오니 지금 내 생명을 거두시옵소서 나는
내 조상들보다 낫지 못하니이다 하고
5 로뎀 나무 아래에 누워 자더니 천사가
그를 어루만지며 그에게 이르되 일어
나서 먹으라 하는지라
6 본즉 머리맡에 숯불에 구운 떡과 한 병
물이 있더라 이에 먹고 마시고 다시 누
웠더니
7 여호와의 천사가 또 다시 와서 어루만
지며 이르되 일어나 먹으라 네가 갈 길
을 다 가지 못할까 하노라 하는지라
8 이에 일어나 먹고 마시고 그 음식물의
힘을 의지하여 사십 주 사십 야를 가서
하나님의 산 호렙에 이르니라   마4:2

19장 에는 무엇이 기록되어 있을까?

바알 선지자들이 모두 죽임당한 일로
분노한 이세벨이 엘리야를 죽이려 하자, 광야로 도
망간 엘리야는 그만 마음이 크게 상했답니다. 그
런 엘리야를 하나님은 내버려두지 않으시고, 기름
을 부어 왕과 선지자를 세우라는 새로운 일을 주
셨지요. 이를 통해 우리는 하나님의 일은 하나님
의 능력을 힘입어야 할 수 있음을 알 수 있어요.

9 ●엘리야가 그 곳 굴에 들어가 거기서 머물더니 여호와의 말씀이 그에게 임하여 이르시되 엘리야야 네가 어찌하여 여기 있느냐

10 그가 대답하되 내가 만군의 하나님 여호와께 열심이 유별하오니 이는 이스라엘 자손이 주의 언약을 버리고 주의 제단을 헐며 칼로 주의 선지자들을 죽였음이오며 오직 나만 남았거늘 그들이 내 생명을 찾아 빼앗으려 하나이다

11 여호와께서 이르시되 너는 나가서 여호와 앞에서 산에 서라 하시더니 여호와께서 지나가시는데 여호와 앞에 크고 강한 바람이 산을 가르고 바위를 부수나 바람 가운데에 여호와께서 계시지 아니하며 바람 후에 지진이 있으나 지진 가운데에도 여호와께서 계시지 아니하며

12 또 지진 후에 불이 있으나 불 가운데에도 여호와께서 계시지 아니하더니 불 후에 세미한 소리가 있는지라

13 엘리야가 듣고 겉옷으로 얼굴을 가리고 나가 굴 어귀에 서매 소리가 그에게 임하여 이르시되 엘리야야 네가 어찌하여 여기 있느냐
출 3:6

14 그가 대답하되 내가 만군의 하나님 여호와께 열심이 유별하오니 이는 이스라엘 자손이 주의 언약을 버리고 주의 제단을 헐며 칼로 주의 선지자들을 죽였음이오며 오직 나만 남았거늘 그들이 내 생명을 찾아 빼앗으려 하나이다

15 ●여호와께서 그에게 이르시되 너는 네 길을 돌이켜 광야를 통하여 다메섹에 가서 이르거든 하사엘에게 기름을 부어 아람의 왕이 되게 하고

16 너는 또 님시의 아들 예후에게 기름을 부어 이스라엘의 왕이 되게 하고 또 아벨므홀라 사밧의 아들 엘리사에게 기름을 부어 너를 대신하여 선지자가 되게 하라

17 하사엘의 칼을 피하는 자를 예후가 죽일 것이요 예후의 칼을 피하는 자를 엘리사가 죽이리라

18 그러나 내가 이스라엘 가운데에 칠천 명을 남기리니 다 바알에게 무릎을 꿇지 아니하고 다 바알에게 입맞추지 아니한 자니라
롬 11:4

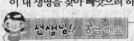
엘리야가 엘리사를 부르다

19 ●엘리야가 거기서 떠나 사밧의 아들 엘리사를 만나니 그가 열두 겨릿소를 앞세우고 밭을 가는데 자기는 열두째 겨릿소와 함께 있더라 엘리야가 그리로 건너가서 겉옷을 그의 위에 던졌더니

20 그가 소를 버리고 엘리야에게로 달려가서 이르되 청하건대 나를 내 부모와 입맞추게 하소서 그리한 후에 내가 당신을 따르리이다 엘리야가 그에게 이르되 돌아가라 내가 네게 어떻게 행하였느냐 하니라

21 엘리사가 그를 떠나 돌아가서 한 겨릿소를 가져다가 잡고 소의 기구를 불살라 그 고기를 삶아 백성에게 주어 먹게

하고 일어나 엘리야를 따르며 수종 들었더라

아람과 이스라엘의 싸움 ── B.C. 860년경

20 아람의 벤하닷 왕이 그의 군대를 다 모으니 왕 삼십이 명이 그와 함께 있고 또 말과 병거들이 있더라 이에 올라가서 사마리아를 에워싸고 그 곳을 치며

2 사자들을 성 안에 있는 이스라엘의 아합 왕에게 보내 이르기를 벤하닷이 그에게 이르되

3 네 은금은 내 것이요 네 아내들과 네 자녀들의 아름다운 자도 내 것이니라 하매

4 이스라엘의 왕이 대답하여 말하기를 내 주 왕이여 왕의 말씀 같이 나와 내 것은 다 왕의 것이니이다 하였더니

5 사신들이 다시 와서 이르되 벤하닷이 이르노라 내가 이미 네게 사람을 보내어 말하기를 너는 네 은금과 아내들과 자녀들을 내게 넘기라 하였거니와

6 내일 이맘때에 내가 내 신하들을 네게 보내리니 그들이 네 집과 네 신하들의 집을 수색하여 네 눈이 기뻐하는 것을 그들의 손으로 잡아 가져가리라 한지라

7 이에 이스라엘 왕이 나라의 장로를 다 불러 이르되 너희는 이 사람이 악을 도모하고 있는 줄을 자세히 알라 그가 내 아내들과 내 자녀들과 내 은금을 빼앗으려고 사람을 내게 보냈으나 내가 거절하지 못하였노라

8 모든 장로와 백성들이 다 왕께 아뢰되 왕은 듣지도 말고 허락하지도 마옵소서 한지라

9 그러므로 왕이 벤하닷의 사신들에게

20장 에는 무엇이 기록되어 있을까?

아합은 하나님의 도우심으로 아람 왕 벤하닷의 공격을 두 번이나 물리쳤어요. 하나님은 아합을 통해 벤하닷에게 벌을 주려 하셨으나, 어리석게도 아합은 그를 놓아주고 말았답니다. 훗날 아합은 하나님의 심판으로 아람과의 3차 전쟁에서 죽게 되지요.

이르되 너희는 내 주 왕께 말하기를 왕이 처음에 보낸 종에게 구하신 것은 내가 다 그대로 하려니와 이것은 내가 할 수 없나이다 하라 하니 사자들이 돌아가서 보고하니라

10 그 때에 벤하닷이 다시 그에게 사람을 보내어 이르되 사마리아의 1)부스러진 것이 나를 따르는 백성의 무리의 손에 채우기에 족할 것 같으면 신들이 내게 벌 위에 벌을 내림이 마땅하니라 하매

11 이스라엘 왕이 대답하여 이르되 갑옷 입는 자가 갑옷 벗는 자 같이 자랑하지 못할 것이라 하라 하니라 잠 27:1

12 그 때에 벤하닷이 왕들과 장막에서 마시다가 이 말을 듣고 그의 신하들에게 이르되 너희는 진영을 치라 하매 곧 성읍을 향하여 진영을 치니라

13 ●한 선지자가 이스라엘의 아합 왕에게 나아가서 이르되 여호와의 말씀이 네가 이 큰 무리를 보느냐 내가 오늘 그들을 네 손에 넘기리니 너는 내가 여호와인 줄을 알리라 하셨나이다

14 아합이 이르되 누구를 통하여 그렇게 하시리이까 대답하되 여호와의 말씀이 각 지방 고관의 청년들로 하리라 하셨나이다 아합이 이르되 누가 싸움을 시작하리이까 대답하되 왕이니이다

15 아합이 이에 각 지방 고관의 청년들을 계수하니 이백삼십이 명이요 그 외에 모든 백성 곧 이스라엘의 모든 자손을 계수하니 칠천 명이더라

16 ●그들이 정오에 나가니 벤하닷은 장막에서 돕는 왕 삼십이 명과 더불어 마시고 취한 중이라

17 각 지방의 고관의 청년들이 먼저 나갔더라 벤하닷이 정탐꾼을 보냈더니 그들이 보고하여 이르되 사마리아에서 사람들이 나오더이다 하매

18 그가 이르되 화친하러 나올지라도 사

1) 티끌

사신(20:9) 임금이나 국가의 사명을 받고 외국에 가는 신하.

로잡고 싸우러 나올지라도 사로잡으라 하니라

19 각 지방 고관의 청년들과 그들을 따르는 군대가 성읍에서 나가서

20 각각 적군을 쳐죽이매 아람 사람이 도망하는지라 이스라엘이 쫓으니 아람 왕 벤하닷이 말을 타고 마병과 더불어 도망하여 피하니라

21 이스라엘 왕이 나가서 말과 병거를 치고 또 아람 사람을 쳐서 크게 이겼더라

22 ●그 선지자가 이스라엘 왕에게 나아와 이르되 왕은 가서 힘을 기르고 왕께서 행할 일을 알고 준비하소서 해가 바뀌면 아람 왕이 왕을 치러 오리이다 하니라

23 아람 왕의 신하들이 왕께 아뢰되 그들의 신은 산의 신이므로 그들이 우리보다 강하였거니와 우리가 만일 평지에서 그들과 싸우면 반드시 그들보다 강할지라

24 또 왕은 이 일을 행하실지니 곧 왕들을 제하여 각각 그 곳에서 떠나게 하고 그들 대신에 총독들을 두시고

25 또 왕의 잃어버린 군대와 같은 군대를 왕을 위하여 보충하고 말은 말대로, 병거는 병거대로 보충하고 우리가 평지에서 그들과 싸우면 반드시 그들보다 강하리이다 왕이 그 말을 듣고 그리하니라

26 ●해가 바뀌니 벤하닷이 아람 사람을 소집하고 아벡으로 올라와서 이스라엘과 싸우려 하매

27 이스라엘 자손도 소집되어 군량을 받고 마주 나가서 그들 앞에 진영을 치니 이스라엘 자손은 두 무리의 적은 염소 떼와 같고 아람 사람은 그 땅에 가득하였더라

28 그 때에 하나님의 사람이 이스라엘 왕에게 나아와 말하여 이르되 여호와의 말씀에 아람 사람이 말하기를 여호와는 산의 신이요 골짜기의 신은 아니라 하는도다 그러므로 내가 이 큰 군대를 다 네 손에 넘기리니 너희는 내가 여호와인 줄을 알리라 하셨나이다 하니라

29 진영이 서로 대치한 지 칠 일이라 일곱째 날에 접전하여 이스라엘 자손이 하루에 아람 보병 십만 명을 죽이매

30 그 남은 자는 아벡으로 도망하여 성읍으로 들어갔더니 그 성벽이 그 남은 자 이만 칠천 명 위에 무너지고 벤하닷은 도망하여 성읍에 이르러 골방으로 들어가니라

31 ●그의 신하들이 그에게 말하되 우리가 들은즉 이스라엘 집의 왕들은 인자한 왕이라 하니 만일 우리가 굵은 베로 허리를 동이고 테두리를 머리에 쓰고 이스라엘의 왕에게로 나아가면 그가 혹시 왕의 생명을 살리리이다 하고

32 그들이 굵은 베로 허리를 동이고 테두리를 머리에 쓰고 이스라엘의 왕에게 이르러 이르되 왕의 종 벤하닷이 청하기를 내 생명을 살려 주옵소서 하더이다 아합이 이르되 그가 아직도 살아 있느냐 그는 내 형제이니라

33 그 사람들이 좋은 징조로 여기고 그 말을 얼른 받아 대답하여 이르되 벤하닷은 왕의 형제니이다 왕이 이르되 너희

솔솔 풀리는 **성경말씀**

아합의 어리석은 자비

하나님께서는 아합을 통해 벤하닷을 심판하시고자 하셨지만, 아합은 그를 놓아주었죠. 그 이유로 첫 번째는 아합이 교만했기 때문이지요. 그는 하나님께서 전쟁을 승리케 하셨음에도 불구하고, 선지자와 장로들과는 아무 의논도 없이 벤하닷을 살려주었어요. 두 번째 이유는 당시 앗수르의 위협을 받고 있던 정치적 어려움을 벤하닷과의 동맹을 통하여 해결하려 했기 때문입니다.

몇 달 후에 아합과 벤하닷은 공동으로 앗수르 군대와 싸웠어요. 아합은 모든 전쟁의 승리가 하나님께로부터 말미암는다는 사실을 믿지 않고 눈앞에 보이는 군사력에만 의지하려 했어요. 하나님은 선지자의 무리를 통해 그를 꾸짖으셨으며, 결국 아합은 아람과의 전투에서 죽고 말았답니다.

20장 31-43절

이스르엘 평야(21:1)

는 가서 그를 인도하여 오라 벤하닷이
이에 왕에게 나아오니 왕이 그를 병거
에 올린지라

34 벤하닷이 왕께 아뢰되 내 아버지께서
당신의 아버지에게서 빼앗은 모든 성
읍을 내가 돌려보내리이다 또 내 아버
지께서 사마리아에서 만든 것 같이 당
신도 다메섹에서 당신을 위하여 거리
를 만드소서 아합이 이르되 내가 이 조
약으로 인해 당신을 놓으리라 하고 이
에 더불어 조약을 맺고 그를 놓았더라

한 선지자가 아합을 규탄하다

35 ●선지자의 무리 중 한 사람이 여호와
의 말씀을 그의 친구에게 이르되 너는
나를 치라 하였더니 그 사람이 치기를
싫어하는지라

36 그가 그 사람에게 이르되 네가 여호와
의 말씀을 듣지 아니하였으니 네가 나
를 떠나갈 때에 사자가 너를 죽이리라
그 사람이 그의 곁을 떠나가더니 사자
가 그를 만나 죽였더라

37 그가 또 다른 사람을 만나 이르되 너는
나를 치라 하매 그 사람이 그를 치되 상
하도록 친지라

38 선지자가 가서 수건으로 자기의 눈을
가리어 변장하고 길 가에서 왕을 기다
리다가

39 왕이 지나갈 때에 그가 소리 질러 왕을
불러 이르되 종이 전장 가운데에 나갔
더니 한 사람이 돌이켜 어떤 사람을 끌
고 내게로 와서 말하기를 이 사람을 지
키라 만일 그를 잃어 버리면 네 생명
으로 그의 생명을 대신하거나 그렇지 아

니하면 네가 은 한 달란트를 내어야 하
리라 하였거늘

40 종이 이리 저리 일을 볼 동안에 그가 없
어졌나이다 이스라엘 왕이 그에게 이
르되 네가 스스로 결정하였으니 그대
로 당하여야 하리라

41 그가 급히 자기의 눈을 가린 수건을 벗
으니 이스라엘 왕이 그는 선지자 중의
한 사람인 줄을 알아본지라

42 그가 왕께 아뢰되 여호와의 말씀이 내
가 멸하기로 작정한 사람을 내 손에 놓
았은즉 네 목숨은 그의 목숨을 대신
하고 네 백성은 그의 백성을 대신하리
라 하셨나이다

43 이스라엘 왕이 근심하고 답답하여 그
의 왕궁으로 돌아가려고 사마리아에
이르니라

21 나봇의 포도원 —B.C. 855년경

그 후에 이 일이 있으니라 이스
르엘 사람 나봇에게 이스르엘
에 포도원이 있어 사마리아의 왕 아합
의 왕궁에서 가깝더니

2 아합이 나봇에게 말하여 이르되 네 포
도원이 내 왕궁 곁에 가까이 있으니 내
게 주어 채소 밭을 삼게 하라 내가 그
대신에 그보다 더 아름다운 포도원을
네게 줄 것이요 만일 네가 좋게 여기면
그 값을 돈으로 네게 주리라

3 나봇이 아합에게 말하되 내 조상의 유
산을 왕에게 주기를 여호와께서 금하
실지로다 하니

4 이스라엘 사람 나봇이 아합에게 대답
하여 이르기를 내 조상의 유산을 왕께

22:30

21장에는 무엇이 기록되어 있을까?

토지는 하나님의 소유이자 하나님께
로부터 받은 재산입니다. 나봇의 포도원이 탐난 아
합은 이세벨과 함께 나봇을 죽이고 그 포도원을 빼
앗았어요. 이에 하나님은 엘리야를 통해 그들의 죄
악을 지적하고 그들이 비참한 죽음을 당하리라고
말씀하셨지요. 그러나 이 얘기를 들은 아합이 회개
하자, 하나님은 심판을 잠시 미뤄두셨습니다.

줄 수 없다 하므로 아합이 근심하고 답
답하여 왕궁으로 돌아와 침상에 누워
얼굴을 돌리고 식사를 아니하니

5 그의 아내 이세벨이 그에게 나아와 이
르되 왕의 마음에 무엇을 근심하여 식
사를 아니하나이까

6 왕이 그에게 이르되 내가 이스르엘 사
람 나봇에게 말하여 이르기를 네 포도
원을 내게 주되 돈으로 바꾸거나 만일
네가 좋아하면 내가 그 대신에 포도원
을 네게 주리라 한즉 그가 대답하기를
내가 내 포도원을 네게 주지 아니하겠
노라 하기 때문이로다

7 그의 아내 이세벨이 그에게 이르되 왕
이 지금 이스라엘 나라를 다스리시나
이까 일어나 식사를 하시고 마음을 즐
겁게 하소서 내가 이스르엘 사람 나봇
의 포도원을 왕께 드리리이다 하고

8 아합의 이름으로 편지들을 쓰고 그 인
을 치고 봉하여 그의 성읍에서 나봇과
함께 사는 장로와 귀족들에게 보내니

9 그 편지 사연에 이르기를 금식을 선포
하고 나봇을 백성 가운데에 높이 앉힌
후에

10 불량자 두 사람을 그의 앞에 마주 앉히
고 그에게 대하여 증거하기를 네가 하나

가장 악했던 아합 왕 (16:28-18장, 20-22장)

신상	· 북쪽 이스라엘의 7번째 왕 · 아버지: 오므리 왕 · 아내 : 이세벨 · 아들 : 아하시야, 여호람 딸 : 아달랴
특징	· 이스라엘의 가장 악한 왕이었음(21:25) · 시돈 왕 엣바알의 딸 이세벨과 혼인하여 바알을 숭배함(16:29-31) · 하나님의 선지자들을 죽임(18:4) · 이세벨에 의해 나봇을 죽이고 포도원을 차지함 (21:1-16) · 아람을 물리치고 붙잡은 아람 벤하닷을 교만하여 풀어주고 화친을 맺음(20:1-34) · 길르앗 라못을 회복하려 유다와 연합하여 전쟁에 참가(22:1-29)
최후	· 우연에 의한 화살에 맞아 죽음(22:34-35) · 사마리아 성에 장사됨(22:37) · 예언대로 그 병거를 사마리아 못에 씻을 때 개들이 그 피를 핥았음(22:38)

님과 왕을 저주하였다 하게 하고 곧 그
를 끌고 나가서 돌로 쳐죽이라 하였더라

11 ●그의 성읍 사람 곧 그의 성읍에 사는
장로와 귀족들이 이세벨의 지시 곧 그가
자기들에게 보낸 편지에 쓴 대로 하여

12 금식을 선포하고 나봇을 백성 가운데
높이 앉히매

13 때에 불량자 두 사람이 들어와 그의 앞
에 앉고 백성 앞에서 나봇에 대하여
증언을 하여 이르기를 나봇이 하나님과
왕을 저주하였다 하매 무리가 그를 성
읍 밖으로 끌고 나가서 돌로 쳐죽이고

14 이세벨에게 통보하기를 나봇이 돌에
맞아 죽었나이다 하니

15 이세벨이 나봇이 돌에 맞아 죽었다 함
을 듣고 이세벨이 아합에게 이르되 일
어나 그 이스르엘 사람 나봇이 돈으로
바꾸어 주기를 싫어하던 나봇의 포도
원을 차지하소서 나봇이 살아 있지 아
니하고 죽었나이다

16 아합은 나봇이 죽었다 함을 듣고 곧 일
어나 이스르엘 사람 나봇의 포도원을
차지하러 그리로 내려갔더라

17 ●여호와의 말씀이 디셉 사람 엘리야
에게 임하여 이르시되

18 너는 일어나 내려가서 사마리아에 있
는 이스라엘의 아합 왕을 만나라 그가
나봇의 포도원을 차지하러 그리로 내
려갔나니

19 너는 그에게 말하여 이르기를 여호와
의 말씀이 네가 죽이고 또 빼앗았느냐
고 하셨다 하고 또 그에게 이르기를 여
호와의 말씀이 개들이 나봇의 피를 핥
은 곳에서 개들이 네 피 곧 네 몸의 피
도 핥으리라 하였다 하라   왕하 9:26

20 아합이 엘리야에게 이르되 내 대적자
여 네가 나를 찾았느냐 대답하되 내가
찾았노라 네가 네 자신을 팔아 여호와
보시기에 악을 행하였으므로

21 여호와의 말씀이 내가 재앙을 네게 내
려 너를 쓸어 버리되 네게 속한 남자는
이스라엘 가운데 매인 자나 놓인 자

악한 왕 아합
(21:5-16)

22 아람과 이스라엘 사이에 전쟁이 없이 삼 년을 지냈더라

2 셋째 해에 유다의 여호사밧 왕이 이스라엘의 왕에게 내려가매

3 이스라엘의 왕이 그의 신하들에게 이르되 길르앗 라못은 본래 우리의 것인 줄을 너희가 알지 못하느냐 우리가 어찌 아람의 왕의 손에서 도로 찾지 아니하고 잠잠히 있으리요 하고

4 여호사밧에게 이르되 당신은 나와 함께 길르앗 라못으로 가서 싸우시겠느냐 여호사밧이 이스라엘 왕에게 이르되 나는 당신과 같고 내 백성은 당신의 백성과 같고 내 말들도 당신의 말들과 같으니이다 왕하 3:7

5 ●여호사밧이 또 이스라엘의 왕에게 이르되 청하건대 먼저 여호와의 말씀이 어떠하신지 물어 보소서

6 이스라엘의 왕이 이에 선지자 사백 명쯤 모으고 그들에게 이르되 내가 길르앗 라못에 가서 싸우랴 말랴 그들이 이르되 올라가소서 주께서 그 성읍을 왕의 손에 넘기시리이다

7 여호사밧이 이르되 이 외에 우리가 물을 만한 여호와의 선지자가 여기 있지 아니하니이까

8 이스라엘의 왕이 여호사밧 왕에게 이르되 아직도 이믈라의 아들 미가야 한 사람이 있으니 그로 말미암아 여호와께 물을 수 있으나 그는 내게 대하여 길한 일은 예언하지 아니하고 흉한 일만 예언하기로 내가 그를 미워하나이다

를 다 멸할 것이요 14:10

22 또 네 집이 느밧의 아들 여로보암의 집처럼 되게 하고 아히야의 아들 바아사의 집처럼 되게 하리니 이는 네가 나를 노하게 하고 이스라엘이 범죄하게 한 까닭이니라 하셨고

23 이세벨에 대하여도 여호와께서 말씀하여 이르시되 개들이 이스르엘 성읍 곁에서 이세벨을 먹을지라 왕하 9:10

24 아합에게 속한 자로서 성읍에서 죽는 자는 개들이 먹고 들에서 죽는 자는 공중의 새가 먹으리라고 하셨느니라 하니

25 예로부터 아합과 같이 그 자신을 팔아 여호와 앞에서 악을 행한 자가 없음은 그를 그의 아내 이세벨이 충동하였음이라

26 그가 여호와께서 이스라엘 자손 앞에서 쫓아내신 아모리 사람의 모든 행함 같이 우상에게 복종하여 심히 가증하게 행하였더라

27 ●아합이 이 모든 말씀을 들을 때에 그의 옷을 찢고 굵은 베로 몸을 동이고 금식하고 굵은 베에 누우며 또 풀이 죽어 다니더라

28 여호와의 말씀이 디셉 사람 엘리야에게 임하여 이르시되

29 아합이 내 앞에서 겸비함을 네가 보느냐 그가 내 앞에서 겸비하므로 내가 재앙을 저의 시대에는 내리지 아니하고 그 아들의 시대에야 그의 집에 재앙을 내리리라 하셨더라

22 에는 무엇이 기록되어 있을까?

아합은 유다 왕 여호사밧과 동맹을 맺고 길르앗을 되찾기 위해 아람을 공격했어요. 이때 선지자 미가야는 하나님의 말씀대로 아합이 죽을 것을 예언했는데, 아합은 결국 적군이 쏜 화살에 맞아 죽고 말았지요. 하나님의 주권적 섭리 앞에서 아합의 꾀나 노력은 헛될 뿐이었습니다.

여호사밧이 이르되 왕은 그런 말씀을 마소서

9 이스라엘의 왕이 한 내시를 불러 이르되 이믈라의 아들 미가야를 속히 오게 하라 하니라

10 이스라엘의 왕과 유다의 여호사밧 왕이 왕복을 입고 사마리아 성문 어귀 광장에서 각기 왕좌에 앉아 있고 모든 선지자가 그들의 앞에서 예언을 하고 있는데 22:6

11 그나아나의 아들 시드기야는 자기를 위하여 철로 뿔들을 만들어 가지고 말하되 여호와의 말씀이 왕이 이것들로 아람 사람을 찔러 진멸하리라 하셨다 하고

12 모든 선지자도 그와 같이 예언하여 이르기를 길르앗 라못으로 올라가 승리를 얻으소서 여호와께서 그 성읍을 왕의 손에 넘기시리이다 하더라

13 미가야를 부르러 간 사신이 일러 이르되 선지자들의 말이 하나 같이 왕에게 길하게 하니 청하건대 당신의 말도 그들 중 한 사람의 말처럼 길하게 하소서

14 미가야가 이르되 여호와께서 살아 계심을 두고 맹세하노니 여호와께서 내게 말씀하시는 것 곧 그것을 내가 말하리라 하고

15 이에 왕에게 이르니 왕이 그에게 이르되 미가야야 우리가 길르앗 라못으로 싸우러 가랴 또는 말랴 그가 왕께 이르되 올라가서 승리를 얻으소서 여호와께서 그 성읍을 왕의 손에 넘기시리이다

16 왕이 그에게 이르되 내가 몇 번이나 네게 맹세하게 하여야 네가 여호와의 이름으로 진실한 것으로만 내게 말하겠느냐

17 그가 이르되 내가 보니 온 이스라엘이 목자 없는 양 같이 산에 흩어졌는데 여호와의 말씀이 이 무리에게 주인이 없으니 각각 평안히 자기의 집으로 돌아갈 것이니라 하셨나이다

18 이스라엘의 왕이 여호사밧 왕에게 이르되 저 사람이 내게 대하여 길한 것을 예언하지 아니하고 흉한 것을 예언하겠다고 당신에게 말씀하지 아니하였나이까

19 미가야가 이르되 그런즉 왕은 여호와의 말씀을 들으소서 내가 보니 여호와께서 그의 보좌에 앉으셨고 하늘의 만군이 그의 좌우편에 모시고 서 있는데

20 여호와께서 말씀하시기를 누가 아합을 꾀어 그를 길르앗 라못에 올라가서 죽게 할꼬 하시니 하나는 이렇게 하겠다 하고 또 하나는 저렇게 하겠다 하였는데

21 한 영이 나아와 여호와 앞에 서서 말하되 내가 그를 꾀겠나이다

22 여호와께서 그에게 이르시되 어떻게 하겠느냐 이르되 내가 나가서 거짓말하는 영이 되어 그의 모든 선지자들의 입에 있겠나이다 여호와께서 이르시되 너는 꾀겠고 또 이루리라 나가서 그리하라 하셨은즉

23 이제 여호와께서 거짓말하는 영을 왕의 이 모든 선지자의 입에 넣으셨고 또 여호와께서 왕에 대하여 화를 말씀하셨나이다

24 ● 그나아나의 아들 시드기야가 가까

솔솔 풀리는 성경말씀

누구의 말을 들을 것인가?

아람과의 전쟁을 앞두고 여호사밧은 아람에게 하나님의 뜻이 무엇인지를 물어보자고 제안하였어요. 아합은 겉으로는 여호사밧의 제안에 충실히 응했지요. 그는 400명 가량의 선지자를 소집해 하나님의 뜻을 물었을 뿐 아니라, 여호와의 선지자 미가야를 불러 그로 하여금 예언하게 했답니다.

그러나 실제로 아합은 전혀 하나님의 뜻을 묻지 않았어요. 그는 오직 전쟁에서 승리하고자 하는 욕심에서 자신의 뜻에 맞는 말만을 듣고 싶어했던 것이지요. 그래서 우상을 섬기던 거짓 선지자들이 '거짓말하는 영'을 받아 '길한' 예언을 했을 때는 좋아한 반면, 미가야가 하나님의 뜻, 곧 '흉한' 예언을 솔직하게 전했을 때는 싫어한 것입니다. 결국 그는 전쟁에 패해 죽고 말았어요.

22장 5~28절

557

이 와서 미가야의 뺨을 치며 이르되 여호와의 영이 나를 떠나 어디로 가서 네게 말씀하시더냐
25 미가야가 이르되 네가 골방에 들어가서 숨는 그 날에 보리라
26 이스라엘의 왕이 이르되 미가야를 잡아 성주 아몬과 왕자 요아스에게로 끌고 돌아가서
27 말하기를 왕의 말씀이 이 놈을 옥에 가두고 내가 평안히 돌아올 때까지 고생의 떡과 고생의 물을 먹이라 하였다 하라
28 미가야가 이르되 왕이 참으로 평안히 돌아오시게 될진대 여호와께서 나를 통하여 말씀하지 아니하셨으리이다 또 이르되 너희 백성들아 다 들을지어다 하니라

폐허가 된 오므리, 아합의 상아궁(22:37-40)

아합의 죽음 (대하 18:28-34)

29 ●이스라엘의 왕과 유다의 여호사밧 왕이 길르앗 라못으로 올라가니라
30 이스라엘의 왕이 여호사밧에게 이르되 나는 변장하고 전쟁터로 들어가려 하노니 당신은 왕복을 입으소서 하고 이스라엘의 왕이 변장하고 전쟁터로 들어가니라
31 아람 왕이 그의 병거의 지휘관 삼십이 명에게 명령하여 이르기를 너희는 작은 자나 큰 자와 더불어 싸우지 말고 오직 이스라엘 왕과 싸우라 한지라
32 병거의 지휘관들이 여호사밧을 보고 그들이 이르되 이가 틀림없이 이스라엘의 왕이라 하고 돌이켜 그와 싸우려 한즉 여호사밧이 소리를 지르는지라
33 병거의 지휘관들이 그가 이스라엘의 왕이 아님을 보고 쫓기를 그치고 돌이켰더라
34 한 사람이 무심코 활을 당겨 이스라엘 왕의 갑옷 솔기를 맞힌지라 왕이 그 병거 모는 자에게 이르되 내가 부상하였으니 네 손을 돌려 내가 전쟁터에서 나가게 하라 하였으나
35 이 날에 전쟁이 맹렬하였으므로 왕이 병거 가운데에 붙들려 서서 아람 사람을 막다가 저녁에 이르러 죽었는데 상처의 피가 흘러 병거 바닥에 고였더라
36 해가 질 녘에 진중에서 외치는 소리가 있어 이르되 각기 성읍으로 또는 각기 본향으로 가라 하더라
37 ●왕이 이미 죽으매 그의 시체를 메어 사마리아에 이르러 왕을 사마리아에 장사하니라
38 그 병거를 사마리아 못에서 씻으매 개들이 그의 피를 핥았으니 여호와께서 하신 말씀과 같이 되었더라 거기는 창기들이 목욕하는 곳이었더라
39 아합의 남은 행적과 그가 행한 모든 일과 그가 건축한 상아궁과 그가 건축한 모든 성읍은 이스라엘 왕 역대지략에 기록되지 아니하였느냐
40 아합이 그의 조상들과 함께 자매 그의 아들 아하시야가 대신하여 왕이 되니라

유다 왕 여호사밧 (대하 20:31-21:1)

41 ●이스라엘의 아합 왕 제사년에 아사의 아들 여호사밧이 유다의 왕이 되니
42 여호사밧이 왕이 될 때에 나이가 삼십오 세라 예루살렘에서 이십오 년 동안 다스리니라 그의 어머니의 이름은 아수바라 실히의 딸이더라

내시(22:9) 궁중에서 임금을 모시는 관직의 이름.
진멸(22:11) 죽여서 없애버림.
병거(22:31) 전쟁을 하는데 쓰이는 말이 끄는 수레.
솔기(22:34) 옷 따위를 만들 때 두 폭을 맞대고 꿰맨 줄.
본향(22:36) 본래 살던 고장.
행적(22:39) 평생에 한 일.
상아궁(22:39) 코끼리 어금니로 만든 궁전.
역대지략(22:39) 지난 이스라엘 왕들의 역사를 간략하게 적은 기록.

43 여호사밧이 그의 아버지 아사의 모든 길로 행하며 돌이키지 아니하고 여호와 앞에서 정직히 행하였으나 산당은 폐하지 아니하였으므로 백성이 아직도 산당에서 제사를 드리며 분향하였더라

44 여호사밧이 이스라엘의 왕과 더불어 화평하니라

대하 19:2

45 ●여호사밧의 남은 사적과 그가 부린 권세와 그가 어떻게 전쟁하였는지는 다 유다 왕 역대지략에 기록되지 아니하였느냐

46 그가 그의 아버지 아사의 시대에 남아 있던 [1]남색하는 자들을 그 땅에서 쫓아 내었더라

47 그 때에 에돔에는 왕이 없고 섭정 왕이 있었더라

삼하 8:14

48 여호사밧이 다시스의 선박을 제조하고 오빌로 금을 구하러 보내려 하였더니 그 배가 에시온게벨에서 파선하였으므로 가지 못하게 되매

49 아합의 아들 아하시야가 여호사밧에게 이르되 내 종으로 당신의 종과 함께 배에 가게 하라 하나 여호사밧이 허락하지 아니하였더라

50 여호사밧이 그의 조상들과 함께 자매 그의 조상 다윗 성에 그의 조상들과 함께 장사되고 그의 아들 여호람이 대신하여 왕이 되니라

이스라엘 왕 아하시야

51 ●유다의 여호사밧 왕 제십칠년에 아합의 아들 아하시야가 사마리아에서 이스라엘의 왕이 되어 이 년 동안 이스라엘을 다스리니라

52 그가 여호와 앞에서 악을 행하여 그의 아버지의 길과 그의 어머니의 길과 이스라엘에게 범죄하게 한 느밧의 아들 여로보암의 길로 행하며

53 바알을 섬겨 그에게 예배하여 이스라엘의 하나님 여호와를 노하시게 하기를 그의 아버지의 온갖 행위 같이 하였더라

---

1) 우상 신전의 남자 창기

비전을 심어주는 3분 예화

링컨의 어릴 때의 약속

링컨 대통령이 어느 육군 대령을 만났을 때, 대령이 링컨에게 위스키를 권했어요. 링컨이 정중하게 거절하자, 대령은 다시 담배 한 개피를 꺼내 링컨에게 권했지요. 링컨은 또 다시 거절하며 이렇게 말했답니다.

"아홉 살 때 어머니가 나를 침대 곁에 앉혀놓고 말씀하셨소. '아들아, 엄마가 죽기 전에 한 가지 약속을 해다오. 평생 술과 담배를 입에 대지 않겠다고 약속해줄 수 있겠니?' 그날 나는 어머니께 약속했고 지금까지 그 약속을 지키고 있소. 그래서 거절하는 것이오."

★ 열왕기하를 읽기 전에

이 책도 열왕기상과 마찬가지로 예레미야가 썼다는 주장이 인정을 받고 있어요. 열왕기상에서 이스라엘이 남북으로 나눠진 역사를 보여준 반면, 열왕기하에서는 이스라엘과 유다의 멸망과 성전의 파괴를 보여주고 있지요.

★ 언제, 왜, 누구를 위하여 썼나요?

이 책을 기록한 때는 B.C. 561~538년경이라고 해요. 포로로 잡혀 간 이스라엘 백성들에게 인간의 역사 뒤에는 하나님이 계시며, 왕이 하나님께 순종하는지 안 하는지에 따라 나라가 잘되거나 망한다는 것을 깨닫게 하기 위해 썼습니다.

★ 어떤 내용인가요?

이스라엘 백성들은 하나님의 약속을 무시하고 우상을 숭배했어요. 결국 북이스라엘은 앗수르에 의해 멸망하고, 남유다는 바벨론에 의해 멸망하게 되었지요.

엘리야와 아하시야 왕

1 아합이 죽은 후에 모압이 이스라엘을 배반하였더라 3:5

2 아하시야가 사마리아에 있는 그의 다락 난간에서 떨어져 병들매 사자를 보내며 그들에게 이르되 가서 에그론의 신 바알세붑에게 이 병이 낫겠나 물어 보라 하니라

3 여호와의 사자가 디셉 사람 엘리야에게 이르되 너는 일어나 올라가서 사마리아왕의 사자를 만나 그에게 이르기를 이스라엘에 하나님이 없어서 너희가 에그론의 신 바알세붑에게 물으러 가느냐

4 그러므로 여호와의 말씀이 네가 올라간 침상에서 내려오지 못할지라 네가 반드시 죽으리라 하셨다 하라 엘리야가 이에 가니라

5 ●사자들이 왕에게 돌아오니 왕이 그들에게 이르되 너희는 어찌하여 돌아왔느냐 하니

6 그들이 말하되 한 사람이 올라와서 우리를 만나 이르되 너희는 너희를 보낸 왕에게로 돌아가서 그에게 고하기를 여호와의 말씀이 이스라엘에 하나님이 없어서 네가 에그론의 신 바알세붑에게 물으려고 보내느냐 그러므로 네가 올라간 침상에서 내려오지 못할지라 네가 반드시 죽으리라 하셨다 하라 하더이다

7 왕이 그들에게 이르되 올라와서 너희를 만나 이 말을 너희에게 한 그 사람은 어떤 사람이더냐

8 그들이 그에게 대답하되 그는 1)털이 많은 사람인데 허리에 가죽 띠를 띠었더이다 하니 왕이 이르되 그는 디셉 사람 엘리야로다

9 ●이에 오십부장과 그의 군사 오십 명을 엘리야에게로 보내매 그가 엘리야에게로 올라가 본즉 산 꼭대기에 앉아 있는지라 그가 엘리야에게 이르되

1장에는 무엇이 기록되어 있을까?

아합이 죽고 그 뒤를 이어 왕이 된 아하시야 역시 바알 숭배에 빠졌어요. 하나님은 질병을 통해 그에게 경고하셨지만, 그는 하나님 대신 우상을 찾았어요. 이에 하나님은 엘리야를 보내서 그를 벌하실 것을 선포하셨어요. 그러나 아하시야는 엘리야의 말을 듣고 회개하지는 않고 오히려 그를 체포하려 했답니다.

1) 털옷 입은

토막상식

벧엘

'하나님의 집'이란 뜻으로, 아브라함과 야곱이 단을 쌓은 곳이에요. 또한 사무엘의 활동지로 언약궤가 있었고 엘리야가 선지 학교를 세우는 등 종교적으로 중요한 곳이었지만, 여로보암이 이곳에 금송아지를 세운 이후 오히려 우상 숭배의 근원지가 되었지요.

2장 2절

나님의 사람이여 왕의 말씀이 내려오라 하셨나이다

10 엘리야가 오십부장에게 대답하여 이르되 내가 만일 하나님의 사람이면 불이 하늘에서 내려와 너와 너의 오십 명을 사를지로다 하매 불이 곧 하늘에서 내려와 그와 그의 군사 오십 명을 살랐더라

11 왕이 다시 다른 오십부장과 그의 군사 오십 명을 엘리야에게로 보내니 그가 엘리야에게 말하여 이르되 하나님의 사람이여 왕의 말씀이 속히 내려오라 하셨나이다 하니

12 엘리야가 그들에게 대답하여 이르되 내가 만일 하나님의 사람이면 불이 하늘에서 내려와 너와 너의 오십 명을 사를지로다 하매 하나님의 불이 곧 하늘에서 내려와 그와 그의 군사 오십 명을 살랐더라

13 왕이 세 번째 오십부장과 그의 군사 오십 명을 보낸지라 셋째 오십부장이 올라가서 엘리야 앞에 이르러 그의 무릎을 꿇고 엎드려 간구하여 이르되 하나님의 사람이여 원하건대 나의 생명과 당신의 종인 이 오십 명의 생명을 당신은 귀히 보소서   삼상 26:21

14 불이 하늘에서 내려와 전번의 오십부장 둘과 그의 군사 오십 명을 살랐거니와 나의 생명을 당신은 귀히 보소서 하매

15 여호와의 사자가 엘리야에게 이르되 너는 그를 두려워하지 말고 함께 내려가라 하신지라 엘리야가 곧 일어나 그와 함께 내려와 왕에게 이르러   1:3

16 말하되 여호와의 말씀이 네가 사자를 보내 에그론의 신 바알세붑에게 물으려 하니 이스라엘에 그의 말을 물을 만한 하나님이 안 계심이냐 그러므로 네가 그 올라간 침상에서 내려오지 못할지라 네가 반드시 죽으리라 하셨다 하니라

17 ●왕이 엘리야가 전한 여호와의 말씀대로 죽고 그가 아들이 없으므로 여호람이 그를 대신하여 왕이 되니 유다 왕 여호사밧의 아들 여호람의 둘째 해였더라

18 아하시야가 행한 그 남은 사적은 모두 이스라엘 왕 역대지략에 기록되지 아니하였느냐

엘리야가 하늘로 올라가다—B.C. 850년경

2

여호와께서 회오리 바람으로 엘리야를 하늘로 올리고자 하실 때에 엘리야가 엘리사와 더불어 길갈에서 나가더니   창 5:24

2 엘리야가 엘리사에게 이르되 청하건대 너는 여기 머물라 여호와께서 나를 벧엘로 보내시느니라 하니 엘리사가 이르되 여호와께서 살아 계심과 당신의 영혼이 살아 있음을 두고 맹세하노니 내가 당신을 떠나지 아니하겠나이다 하는지라 이에 두 사람이 벧엘로 내려가니

3 벧엘에 있는 선지자의 제자들이 엘리사에게로 나아와 그에게 이르되 여호와께서 오늘 당신의 선생을 당신의 머리 위로 데려가실 줄을 아시나이까 하니 이르되 나도 또한 아노니 너희는 잠잠하라 하니라

4 엘리야가 그에게 이르되 엘리사야 청하건대 너는 여기 머물라 여호와께서

나를 여리고로 보내시느니라 엘리사가 이르되 여호와께서 살아 계심과 당신의 영혼이 살아 있음을 두고 맹세하노니 내가 당신을 떠나지 아니하겠나이다 하니라 그들이 여리고에 이르매

5 여리고에 있는 선지자의 제자들이 엘리사에게 나아와 이르되 여호와께서 오늘 당신의 선생을 당신의 머리 위로 데려가실 줄을 아시나이까 하니 엘리사가 이르되 나도 아노니 너희는 잠잠하라 2:3

6 엘리야가 또 엘리사에게 이르되 청하건대 너는 여기 머물라 여호와께서 나를 요단으로 보내시느니라 하니 그가 이르되 여호와께서 살아 계심과 당신의 영혼이 살아 있음을 두고 맹세하노니 내가 당신을 떠나지 아니하겠나이다 하는지라 이에 두 사람이 가니라

7 선지자의 제자 오십 명이 가서 멀리 서서 바라보매 그 두 사람이 요단 가에서 있더니 2:15

8 엘리야가 겉옷을 가지고 말아 물을 치매 물이 이리 저리 갈라지고 두 사람이 마른 땅 위로 건너더라

9 건너매 엘리야가 엘리사에게 이르되 나를 네게서 데려감을 당하기 전에 내가 네게 어떻게 할지를 구하라 엘리사가 이르되 당신의 성령이 하시는 역사가 갑절이나 내게 있게 하소서 하는지라

10 이르되 네가 어려운 일을 구하는도다 그러나 나를 네게서 데려가시는 것을 네가 보면 그 일이 네게 이루어지려니와 그렇지 아니하면 이루어지지 아니하리라 하고

11 두 사람이 길을 가며 말하더니 불수레와 불말들이 두 사람을 갈라놓고 엘리야가 회오리 바람으로 하늘로 올라가더라

엘리야의 뒤를 잇는 엘리사 선지자(2:11-14)

12 ●엘리사가 보고 소리 지르되 내 아버지여 내 아버지여 이스라엘의 병거와 그 마병이여 하더니 다시 보이지 아니하는지라 이에 엘리사가 자기의 옷을 잡아 둘로 찢고 13:14

13 엘리야의 몸에서 떨어진 겉옷을 주워 가지고 돌아와 요단 언덕에 서서

14 엘리야의 몸에서 떨어진 그의 겉옷을 가지고 물을 치며 이르되 엘리야의 하나님 여호와는 어디 계시니이까 하고 그도 물을 치매 물이 이리 저리 갈라지고 엘리사가 건너니라

15 ●맞은편 여리고에 있는 선지자의 제자들이 그를 보며 말하기를 엘리야의 성령이 하시는 역사가 엘리사 위에 머물렀다 하고 가서 그에게로 나아가 땅에 엎드려 그에게 경배하고

16 그에게 이르되 당신의 종들에게 용감한 사람 오십 명이 있으니 청하건대 그들이 가서 당신의 주인을 찾게 하소서 염려하건대 여호와의 성령이 그를 들고 가다가 어느 산에나 어느 골짜기에 던지셨을까 하나이다 하니라 엘리사가 이르되 보내지 말라 하나

17 무리가 그로 부끄러워하도록 강청하매 보내라 한지라 그들이 오십 명을 보냈더니 사흘 동안을 찾되 발견하지 못하고

18 엘리사가 여리고에 머무는 중에 무리

강청(2:17) 끈질기고 무리하게 청하는 것

나쁜 물을 좋은 물로 바꾼 엘리사(2:19-22)

가 그에게 돌아오니 엘리사가 그들에게 이르되 내가 가지 말라고 너희에게 이르지 아니하였느냐 하였더라

엘리사의 기적

19 ●그 성읍 사람들이 엘리사에게 말하되 우리 주인께서 보시는 바와 같이 이 성읍의 위치는 좋으나 물이 나쁘므로 토산이 익지 못하고 떨어지나이다
20 엘리사가 이르되 새 그릇에 소금을 담아 내게로 가져오라 하매 곧 가져온지라
21 엘리사가 물 근원으로 나아가서 소금을 그 가운데에 던지며 이르되 여호와의 말씀이 내가 이 물을 고쳤으니 이로부터 다시는 죽음이나 열매 맺지 못함이 없을지니라 하셨느니라 하니
22 그 물이 엘리사가 한 말과 같이 고쳐져서 오늘에 이르렀더라
23 ●엘리사가 거기서 벧엘로 올라가더니 그가 길에서 올라갈 때에 작은 아이들이 성읍에서 나와 그를 조롱하여 이르되 대머리여 올라가라 대머리여 올라가라 하는지라
24 엘리사가 뒤로 돌이켜 그들을 보고 여호와의 이름으로 저주하매 곧 수풀에서 암곰 둘이 나와서 아이들 중의 사십이 명을 찢었더라 1:10
25 엘리사가 거기서부터 갈멜 산으로 가고 거기서 사마리아로 돌아왔더라

이스라엘과 모압의 전쟁 · B.C. 850년경

3 유다의 여호사밧 왕 열여덟째 해에 아합의 아들 여호람이 사마리아에서 이스라엘을 열두 해 동안 다스리니라

2 그가 여호와 보시기에 악을 행하였으나 그의 부모와 같이 하지는 아니하였으니 이는 그가 그의 아버지가 만든 바알의 주상을 없이하였음이라
3 그러나 그가 느밧의 아들 여로보암이 이스라엘에게 범하게 한 그 죄를 따라 행하고 떠나지 아니하였더라 왕상 12:28
4 ●모압 왕 메사는 양을 치는 자라 새끼 양 십만 마리의 털과 숫양 십만 마리의 털을 이스라엘 왕에게 바치더니 사 60:8
5 아합이 죽은 후에 모압 왕이 이스라엘 왕을 배반한지라
6 그 때에 여호람 왕이 사마리아에서 나가 온 이스라엘을 둘러보고
7 또 가서 유다의 왕 여호사밧에게 사신을 보내 이르되 모압 왕이 나를 배반하였으니 당신은 나와 함께 가서 모압을 치시겠느냐 하니 그가 이르되 내가 올라가리이다 나는 당신과 같고 내 백성은 당신의 백성과 같고 내 말들도 당신의 말들과 같으니이다 하는지라
8 여호람이 이르되 우리가 어느 길로 올라가리이까 하니 그가 대답하되 에돔 광야 길로니이다 하니라
9 이스라엘 왕과 유다 왕과 에돔 왕이 가더니 길을 둘러 간 지 칠 일에 군사와 따르는 가축을 먹일 물이 없는지라
10 이스라엘 왕이 이르되 슬프다 여호와께서 이 세 왕을 불러 모아 모압의 손에 넘기려 하시는도다 하니
11 여호사밧이 이르되 우리가 여호와께 물을 만한 여호와의 선지자가 여기 없느냐 하는지라 이스라엘 왕의 신하들

3 에는 무엇이 기록되어 있을까?

이스라엘의 지배 아래 있던 모압 왕은 아합이 죽은 후 이스라엘을 배반했어요. 이에 여호람은 모압을 치려고 유다 왕 여호사밧과 연합했지만, 싸우러 가는 길에 물이 떨어져 싸움에 질 위기에 처하였지요. 이때 하나님은 엘리사를 통해 기적적인 방법으로 물을 공급해주셨답니다.

중의 한 사람이 대답하여 이르되 전에 엘리야의 손에 물을 붓던 사밧의 아들 엘리사가 여기 있나이다 하니

12 여호사밧이 이르되 여호와의 말씀이 그에게 있도다 하는지라 이에 이스라엘 왕과 여호사밧과 에돔 왕이 그에게로 내려가니라

13 ●엘리사가 이스라엘 왕에게 이르되 내가 당신과 무슨 상관이 있나이까 당신의 부친의 선지자들과 당신의 모친의 선지자들에게로 가소서 하니 이스라엘 왕이 그에게 이르되 그렇지 아니하니이다 여호와께서 이 세 왕을 불러 모아 모압의 손에 넘기려 하시나이다 하니라

14 엘리사가 이르되 내가 섬기는 만군의 여호와께서 살아 계심을 두고 맹세하노니 내가 만일 유다의 왕 여호사밧의 얼굴을 봄이 아니면 그 앞에서 당신을 향하지도 아니하고 보지도 아니하였으리이다

15 이제 내게로 거문고 탈 자를 불러오소서 하니라 거문고 타는 자가 거문고를 탈 때에 여호와의 손이 엘리사 위에 있더니

16 그가 이르되 여호와의 말씀이 이 골짜기에 개천을 많이 파라 하셨나이다

17 여호와께서 이르시기를 너희가 바람도 보지 못하고 비도 보지 못하되 이 골짜기에 물이 가득하여 너희와 너희 가축과 짐승이 마시리라 하셨나이다

18 이것은 여호와께서 보시기에 작은 일이라 여호와께서 모압 사람을 당신의 손에 넘기시리니

19 당신들이 모든 견고한 성읍과 모든 아름다운 성읍을 치고 모든 좋은 나무를 베고 모든 샘을 메우고 돌로 모든 좋은 밭을 헐리이다 하더니

20 아침이 되어 소제 드릴 때에 물이 에돔 쪽에서부터 흘러와 그 땅에 가득하였더라

21 ●모압의 모든 사람은 왕들이 올라와서 자기를 치려 한다 함을 듣고 갑옷 입을 만한 자로부터 그 이상이 다 모여 그 경계에 서 있더라

22 아침에 모압 사람이 일찍이 일어나서 해가 물에 비치므로 맞은편 물이 붉어 피와 같음을 보고

23 이르되 이는 피라 틀림없이 저 왕들이 싸워 서로 죽인 것이로다 모압 사람들아 이제 노략하러 가자 하고

24 이스라엘 진에 이르니 이스라엘 사람이 일어나 모압 사람을 쳐서 그들 앞에서 도망하게 하고 그 지경에 들어가며 모압 사람을 치고

25 그 성읍들을 쳐서 헐고 각기 돌을 던져 모든 좋은 밭에 가득하게 하고 모든 샘을 메우고 모든 좋은 나무를 베고 길하레셋의 돌들은 남기고 물매꾼이 두루 다니며 치니라

26 모압 왕이 전세가 극렬하여 당하기 어려움을 보고 칼찬 군사 칠백 명을 거느리고 돌파하여 지나서 에돔 왕에게로 가고자 하되 가지 못하고

3:19

선생님!! 궁금해요

엘리야나 엘리사 선지자는 어떻게 기적을 일으켰어요?

엘리야와 엘리사는 기적을 많이 일으킨 대표적인 선지자지요. 엘리야가 간절히 기도했을 때 비가 내리는 기적이 일어났어요. 바알 선지자 450명과 대결하여 하늘에서 불이 내리기도 했죠. 그리고 그는 죽지 않고 하늘로 올라갔어요. 또한 그의 제자였던 엘리사는 엘리야의 겉옷으로 요단 강을 쳐서 강물을 가르는 기적을 일으켰어요. 그리고 쓰고 나쁜 물을 연한 샘물로 변화시켰고, 나아만 장군의 문둥병을 깨끗하게 고쳐 주었지요.

하지만 이 모든 것은 엘리야나 엘리사가 한 것이 아니에요. 하나님께서 그분의 백성을 위한 구원의 능력을 나타내시기 위해 순종과 겸손의 마음을 지닌 그들을 통해 행하신 것이랍니다.

2장 21절

27 이에 자기 왕위를 이어 왕이 될 맏아들을 데려와 성 위에서 번제를 드린지라 이스라엘에게 크게 격노함이 임하매 그들이 떠나 각기 고국으로 돌아갔더라

과부의 기름 그른 B.C. 850년경

4 선지자의 제자들의 아내 중의 한 여인이 엘리사에게 부르짖어 이르되 당신의 종 나의 남편이 이미 죽었는데 당신의 종이 여호와를 경외한 줄은 당신이 아시는 바니이다 이제 빚 준 사람이 와서 나의 두 아이를 데려가 그의 종을 삼고자 하나이다 하니

2 엘리사가 그에게 이르되 내가 너를 위하여 어떻게 하랴 네 집에 무엇이 있는지 내게 말하라 그가 이르되 계집종의 집에 기름 한 그릇 외에는 아무것도 없나이다 하니

3 이르되 너는 밖에 나가서 모든 이웃에게 그릇을 빌리라 빈 그릇을 빌리되 조금 빌리지 말고

4 너는 네 두 아들과 함께 들어가서 문을 닫고 그 모든 그릇에 기름을 부어서 차는 대로 옮겨 놓으라 하니라

5 여인이 물러가서 그의 두 아들과 함께 문을 닫은 후에 그들이 그릇을 그에게로 가져오고 그는 부었더니

6 그릇에 다 찬지라 여인이 아들에게 이르되 또 그릇을 내게로 가져오라 하니 아들이 이르되 다른 그릇이 없나이다 하니 기름이 곧 그쳤더라

7 그 여인이 하나님의 사람에게 나아가서 말하니 그가 이르되 너는 가서 기름을 팔아 빚을 갚고 남은 것으로 너와 네

엘리사를 대접하는 수넴 여인(4:8-10)

두 아들이 생활하라 하였더라

엘리사와 수넴 여인

8 ● 하루는 엘리사가 수넴에 이르렀더니 거기에 한 귀한 여인이 그를 간권하여 음식을 먹게 하였으므로 엘리사가 그 곳을 지날 때마다 음식을 먹으러 그리로 들어갔더라

9 여인이 그의 남편에게 이르되 항상 우리를 지나가는 이 사람은 하나님의 거룩한 사람인 줄을 내가 아노니

10 청하건대 우리가 그를 위하여 작은 방을 담 위에 만들고 침상과 책상과 의자와 촛대를 두사이다 그가 우리에게 이르면 거기에 머물리이다 하였더라

11 하루는 엘리사가 거기에 이르러 그 방에 들어가 누웠더니

12 자기 사환 게하시에게 이르되 이 수넴 여인을 불러오라 하니 곧 여인을 부르매 여인이 그 앞에 선지라

13 엘리사가 자기 사환에게 이르되 너는 그에게 이르라 네가 이같이 우리를 위하여 세심한 배려를 하는도다 내가 너를 위하여 무엇을 하랴 왕에게나 사령관에게 무슨 구할 것이 있느냐 하니 여인이 이르되 나는 내 백성 중에 거주하나이다 하니라

14 엘리사가 이르되 그러면 그를 위하여 무엇을 하여야 할까 하니 게하시가 대답하되 참으로 이 여인은 아들이 없고 그 남편은 늙었나이다 하니

4 에는 무엇이 기록되어 있을까?

엘리사가 행한 기름 사건과 수넴 여인의 임신, 그녀의 아들의 죽음과 다시 살아남 그리고 그 외의 기이한 일들은 모두 하나님께서 엘리사에게 능력을 주셨기 때문에 가능했던 일들이었지요. 이 놀라운 일들은 어려운 상황에 처한 사람들을 돌보아주고 죽은 사람에게 새 생명을 주었다는 데 의미가 있습니다.

아들을 낳은 수넴 여인(4:17)

15 이르되 다시 부르라 하여 부르매 여인이 문에 서니라
16 엘리사가 이르되 한 해가 지나 이 때쯤에 네가 아들을 안으리라 하니 여인이 이르되 아니로소이다 내 주 하나님의 사람이여 당신의 계집종을 속이지 마옵소서 하니라
17 ●여인이 과연 잉태하여 한 해가 지나 이 때쯤에 엘리사가 여인에게 말한 대로 아들을 낳았더라
18 그 아이가 자라매 하루는 추수꾼들에게 나가서 그의 아버지에게 이르렀더니
19 그의 아버지에게 이르되 내 머리야 내 머리야 하는지라 그의 아버지가 사환에게 말하여 그의 어머니에게로 데려가라 하매
20 곧 어머니에게로 데려갔더니 낮까지 어머니의 무릎에 앉아 있다가 죽은지라
21 그의 어머니가 올라가서 아들을 하나님의 사람의 침상 위에 두고 문을 닫고 나와
22 그 남편을 불러 이르되 청하건대 사환 한 명과 나귀 한 마리를 내게로 보내소서 내가 하나님의 사람에게 달려갔다가 돌아오리이다 하니
23 그 남편이 이르되 초하루도 아니요 안식일도 아니거늘 그대가 오늘 어찌하여 그에게 나아가고자 하느냐 하는지라 여인이 이르되 평안을 비나이다 하고
24 이에 나귀에 안장을 지우고 자기 사환에게 이르되 몰고 가라 내가 말하지 아니하거든 나를 위하여 달려가기를 멈추지 말라 하고
25 드디어 갈멜 산으로 가서 하나님의 사람에게로 나아가니라 ●하나님의 사람이 멀리서 그를 보고 자기 사환 게하시에게 이르되 저기 수넴 여인이 있도다
26 너는 달려가서 그를 맞아 이르기를 너는 평안하냐 네 남편이 평안하냐 아이가 평안하냐 하라 하였더니 여인이 대답하되 평안하다 하고
27 산에 이르러 하나님의 사람에게 나아가서 그 발을 안은지라 게하시가 가까이 와서 그를 물리치고자 하매 하나님의 사람이 이르되 가만 두라 그의 영혼이 괴로워하지마는 여호와께서 내게 숨기시고 이르지 아니하셨도다 하니라
28 여인이 이르되 내가 내 주께 아들을 구하더이까 나를 속이지 말라고 내가 말하지 아니하더이까 하니
29 엘리사가 게하시에게 이르되 네 허리를 묶고 내 지팡이를 손에 들고 가라 사람을 만나거든 인사하지 말며 사람이 네게 인사할지라도 대답하지 말고 내 지팡이를 그 아이 얼굴에 놓으라 하는지라
30 아이의 어머니가 이르되 여호와께서 살아 계심과 당신의 영혼이 살아 계심을 두고 맹세하노니 내가 당신을 떠나지 아니하리이다 엘리사가 이에 일어나 여인을 따라가니라
31 게하시가 그들보다 앞서 가서 지팡이를 그 아이의 얼굴에 놓았으나 소리도 없고 듣지도 아니하는지라 돌아와서 엘리사를 맞아 그에게 말하여 아이가 깨지 아니하였나이다 하니라
32 ●엘리사가 집에 들어가 보니 아이가 죽었는데 자기의 침상에 눕혔는지라
33 들어가서는 문을 닫으니 두 사람 뿐이라 엘리사가 여호와께 기도하고

간권(4:8) 간절하게 권함.
사환(4:12) 관공서나 단체기관, 또는 개인에게 고용되어 잔심부름을 맡아 하는 사람. 여기서는 제자와 같은 위치.
안장(4:24) 말의 등에 얹어서 사람이 타게 만든 제구.
갈멜 산(4:25) '과수원'이란 뜻. 엘리야는 이곳에서 바알 선지자들과 대결하여 여호와만이 참 하나님이심을 증거했다.

34 아이 위에 올라 엎드려 자기 입을 그의 입에, 자기 눈을 그의 눈에, 자기 손을 그의 손에 대고 그의 몸에 엎드리니 아이의 살이 차차 따뜻하더라

35 엘리사가 내려서 집 안에서 한 번 이리저리 다니고 다시 아이 위에 올라 엎드리니 아이가 일곱 번 재채기 하고 눈을 뜨는지라
8:1

36 엘리사가 게하시를 불러 저 수넴 여인을 불러오라 하니 곧 부르매 여인이 들어가니 엘리사가 이르되 네 아들을 데리고 가라 하니라

37 여인이 들어가서 엘리사의 발 앞에서 땅에 엎드려 절하고 아들을 안고 나가니라
창상 17:23

두 가지 기적

38 ● 엘리사가 다시 길갈에 이르니 그 땅에 흉년이 들었는데 선지자의 제자들이 엘리사의 앞에 앉은지라 엘리사가 자기 사환에게 이르되 큰 솥을 걸고 선지자의 제자들을 위하여 국을 끓이라 하매

39 한 사람이 채소를 캐러 들에 나가 들포도덩굴을 만나 그것에서 들호박을 따서 옷자락에 채워가지고 돌아와 썰어 국 끓이는 솥에 넣되 그들은 무엇인지 알지 못한지라

40 이에 퍼다가 무리에게 주어 먹게 하였더니 무리가 국을 먹다가 그들이 외쳐 이르되 하나님의 사람이여 솥에 죽음의 독이 있나이다 하고 능히 먹지 못하는지라

41 엘리사가 이르되 그러면 가루를 가져오라 하여 솥에 던지고 이르되 퍼다가 무리에게 주어 먹게 하라 하매 이에 솥

나병에 걸린
나아만 장군(5:1)
남상 9:4

가운데 독이 없어지니라

42 ● 한 사람이 바알 살리사에서부터 와서 처음 만든 떡 곧 보리떡 이십 개와 또 자루에 담은 채소를 하나님의 사람에게 드린지라 그가 이르되 무리에게 주어 먹게 하라

43 그 사환이 이르되 내가 어찌 이것을 백 명에게 주겠나이까 하나 엘리사는 또 이르되 무리에게 주어 먹게 하라 여호와의 말씀이 그들이 먹고 남으리라 하셨느니라

44 그들 앞에 주었더니 여호와께서 말씀하신 대로 먹고 남았더라

나아만이 고침을 받다 ─ B.C. 845년경

5

아람 왕의 군대 장관 나아만은 그의 주인 앞에서 크고 존귀한 자니 이는 여호와께서 전에 그에게 아람을 구원하게 하셨음이라 그는 큰 용사이나 나병환자더라

2 전에 아람 사람이 떼를 지어 나가서 이스라엘 땅에서 어린 소녀 하나를 사로잡으매 그가 나아만의 아내에게 수종들더니

3 그의 여주인에게 이르되 우리 주인이 사마리아에 계신 선지자 앞에 계셨으면 좋겠나이다 그가 그 나병을 고치리이다 하는지라

4 나아만이 들어가서 그의 주인께 아뢰어 이르되 이스라엘 땅에서 온 소녀의 말이 이러이러하더이다 하니

5 아람 왕이 이르되 갈지어다 이제 내가

5 장에는 무엇이 기록되어 있을까?

5장은 엘리사가 나병에 걸린 아람 왕의 군대 장관 나아만을 치료하는 내용이에요. 신약 시대에 예수님은 나아만이 신하들의 말에 겸손히 순종한 것에 대해 칭찬해주셨어요(눅 4:27). 이는 순종하지 않는 이스라엘 사람들에게 교훈거리가 되었지요. 한편 게하시에 대한 이야기는 탐내는 마음을 갖지 말 것을 가르쳐줍니다.

이스라엘 왕에게 글을 보내리라 하더라 나아만이 곧 떠날새 은 십 달란트와 금 육천 개와 의복 열 벌을 가지고 가서

6 이스라엘 왕에게 그 글을 전하니 일렀으되 내가 내 신하 나아만을 당신에게 보내오니 이 글이 당신에게 이르거든 당신은 그의 나병을 고쳐 주소서 하였더라

7 이스라엘 왕이 그 글을 읽고 자기 옷을 찢으며 이르되 내가 사람을 죽이고 살리는 하나님이냐 그가 어찌하여 사람을 내게로 보내 그의 나병을 고치라 하느냐 너희는 깊이 생각하고 저 왕이 틈을 타서 나와 더불어 시비하려 함인줄 알라 하니라　신 32:39

8 ●하나님의 사람 엘리사가 이스라엘 왕이 자기의 옷을 찢었다 함을 듣고 왕에게 보내 이르되 왕이 어찌하여 옷을 찢었나이까 그 사람을 내게로 오게 하소서 그가 이스라엘 중에 선지자가 있는 줄을 알리이다 하니라

9 나아만이 이에 말들과 병거들을 거느리고 이르러 엘리사의 집 문에 서니

10 엘리사가 사자를 그에게 보내 이르되 너는 가서 요단 강에 몸을 일곱 번 씻으라 네 살이 회복되어 깨끗하리라 하는지라　요 9:7

11 나아만이 노하여 물러가며 이르되 내 생각에는 그가 내게로 나와 서서 그의 하나님 여호와의 이름을 부르고 그의 손을 그 부위 위에 흔들어 나병을 고칠까 하였도다

나병이 나은 나아만 장군(5:14)

12 다메섹 강 아바나와 바르발은 이스라엘 모든 강물

엘리사의 말에 화를 내는 나아만 장군(5:11-12)

보다 낫지 아니하냐 내가 거기서 몸을 씻으면 깨끗하게 되지 아니하랴 하고 몸을 돌려 분노하여 떠나니

13 그의 종들이 나아와서 말하여 이르되 내 아버지여 선지자가 당신에게 큰 일을 행하라 말하였더면 행하지 아니하였으리이까 하물며 당신에게 이르기를 씻어 깨끗하게 하라 함이리이까 하니

14 나아만이 이에 내려가서 하나님의 사람의 말대로 요단 강에 일곱 번 몸을 잠그니 그의 살이 어린 아이의 살 같이 회복되어 깨끗하게 되었더라

15 ●나아만이 모든 군대와 함께 하나님의 사람에게로 도로 와서 그의 앞에 서서 이르되 내가 이제 이스라엘 외에는 온 천하에 신이 없는 줄을 아나이다 청하건대 당신의 종에게서 예물을 받으소서 하니

16 이르되 내가 섬기는 여호와께서 살아 계심을 두고 맹세하노니 내가 그 앞에서 받지 아니하리라 하였더라 나아만이 받으라고 강권하되 그가 거절하니라

17 나아만이 이르되 그러면 청하건대 노새 두 마리에 실을 흙을 당신의 종에게 주소서 이제부터는 종이 번제물과 다른 희생제사를 여호와 외 다른 신에게는 드리지 아니하고 다만 여호와께 드리겠나이다　출 20:24

18 오직 한 가지 일이 있사오니 여호와께서 당신의 종을 용서하시기를 원하나이다 곧 내 주인께서 림몬의 신당에 들어가 거기서 경배하며 그가 내 손을 의

요단강 근처 종려나무 농장(6:2)

지하시매 내가 림몬의 신당에서 몸을 굽히오니 내가 림몬의 신당에서 몸을 굽힐 때에 여호와께서 이 일에 대하여 당신의 종을 용서하시기를 원하나이다 하니

19 엘리사가 이르되 너는 평안히 가라 하니라 그가 엘리사를 떠나 조금 가니라

20 ● 하나님의 사람 엘리사의 사환 게하시가 스스로 이르되 내 주인이 이 아람 사람 나아만에게 면하여 주고 그가 가지고 온 것을 그의 손에서 받지 아니하였도다 여호와께서 살아 계심을 두고 맹세하노니 내가 그를 쫓아가서 무엇이든지 그에게서 받으리라 하고

21 나아만의 뒤를 쫓아가니 나아만이 자기 뒤에 달려옴을 보고 수레에서 내려 맞이하여 이르되 평안이냐 하니

22 그가 이르되 평안하니이다 우리 주인께서 나를 보내시며 말씀하시기를 지금 선지자의 제자 중에 두 청년이 에브라임 산지에서부터 내게로 왔으니 청하건대 당신은 그들에게 한 달란트와 옷 두 벌을 주라 하시더이다

23 나아만이 이르되 바라건대 두 달란트를 받으라 하고 그를 강권하여 은 두 달란트를 두 전대에 넣어 매고 옷 두 벌을 아울러 두 사환에게 지우매 그들이 게하시 앞에서 지고 가니라

24 언덕에 이르러서는 게하시가 그 물건을 두 사환의 손에서 받아 집에 감추고 그들을 보내 가게 한 후

25 들어가 그의 주인 앞에 서니 엘리사가 이르되 게하시야 네가 어디서 오느냐

하니 대답하되 당신의 종이 아무데도 가지 아니하였나이다 하니라

26 엘리사가 이르되 한 사람이 수레에서 내려 너를 맞이할 때에 내 마음이 함께 가지 아니하였느냐 지금이 어찌 은을 받으며 옷을 받으며 감람원이나 포도원이나 양이나 소나 남종이나 여종을 받을 때이냐

27 그러므로 나아만의 나병이 네게 들어네 자손에게 미쳐 영원토록 이르리라 하니 게하시가 그 앞에서 물러나오매 나병이 발하여 눈같이 되었더라

쇠도끼를 찾다 · B.C. 845년경

6 선지자의 제자들이 엘리사에게 이르되 보소서 우리가 당신과 함께 거주하는 이 곳이 우리에게는 좁으니

2 우리가 요단으로 가서 거기서 각각 한 재목을 가져다가 그 곳에 우리가 거주할 처소를 세우사이다 하니 엘리사가 이르되 가라 하는지라

3 그 하나가 이르되 청하건대 당신도 종들과 함께 하소서 하니 엘리사가 이르되 내가 가리라 하고

4 드디어 그들과 함께 가니라 무리가 요단에 이르러 나무를 베더니

5 한 사람이 나무를 벨 때에 쇠도끼가 물에 떨어진지라 이에 외쳐 이르되 아아, 내 주여 이는 빌려온 것이니이다 하니

6 하나님의 사람이 이르되 어디 빠졌느냐 하매 그 곳을 보이는지라 엘리사가 나뭇가지를 베어 물에 던져 쇠도끼를 떠오르게 하고

7 이르되 너는 그것을 집으라 하니 그 사

6장에는 무엇이 기록되어 있을까?

엘리사가 선지자 제자의 물에 빠진 도끼를 기적적으로 건져준 사건은 하나님께서 택한 백성의 삶을 돌보심을 나타냅니다. 한편 아람 군이 엘리사를 잡으려 하다가 도리어 사로잡힌 것은 이스라엘을 회개시키기 위해서였지요. 그러나 그들이 회개하지 않자, 사마리아 성은 아람 군에게 포위되어 끔찍한 저주를 받게 되었어요.

람이 손을 내밀어 그것을 집으니라

아람 군대를 물리치다

8 ●그 때에 아람 왕이 이스라엘과 더불어 싸우며 그의 신복들과 의논하여 이르기를 우리가 아무데 아무데 진을 치리라 하였더니

9 하나님의 사람이 이스라엘 왕에게 보내 이르되 왕은 삼가 아무 곳으로 지나가지 마소서 아람 사람이 그 곳으로 나오나이다 하는지라

10 이스라엘 왕이 하나님의 사람이 자기에게 말하여 경계한 곳으로 사람을 보내 방비하기가 한두 번이 아닌지라

11 이러므로 아람 왕의 마음이 불안하여 그 신복들을 불러 이르되 우리 중에 누가 이스라엘 왕과 내통하는 것을 내게 말하지 아니하느냐 하니

12 그 신복 중의 한 사람이 이르되 우리 주 왕이여 아니로소이다 오직 이스라엘 선지자 엘리사가 왕이 침실에서 하신 말씀을 이스라엘의 왕에게 고하나이다 하는지라

13 왕이 이르되 너희는 가서 엘리사가 어디 있나 보라 내가 사람을 보내어 그를 잡으리라 왕에게 아뢰어 이르되 보라 그가 도단에 있도다 하나니라

14 ●왕이 이에 말과 병거와 많은 군사를 보내매 그들이 밤에 가서 그 성읍을 에워쌌더라

15 하나님의 사람의 사환이 일찍이 일어나서 나가보니 군사와 말과 병거가 성읍을 에워쌌는지라 그의 사환이 엘리사에게 말하되 아아, 내 주여 우리가 어찌하리이까 하니

16 대답하되 두려워하지 말라 우리와 함께 한 자가 그들과 함께 한 자보다 많으니라 하고

17 기도하여 이르되 여호와여 원하건대 그의 눈을 열어서 보게 하옵소서 하니 여호와께서 그 청년의 눈을 여시매 그가 보니 불말과 불병거가 산에 가득하여 엘리사를 둘렀더라

18 아람 사람이 엘리사에게 내려오매 엘리사가 여호와께 기도하여 이르되 원하건대 저 무리의 눈을 어둡게 하옵소서 하매 엘리사의 말대로 그들의 눈을 어둡게 하신지라

19 엘리사가 그들에게 이르되 이는 그 길이 아니요 이는 그 성읍도 아니니 나를 따라 오라 내가 너희를 인도하여 너희가 찾는 사람에게로 나아가리라 하고 그들을 인도하여 사마리아에 이르니라

20 ●사마리아에 들어갈 때에 엘리사가 이르되 여호와여 이 무리의 눈을 열어서 보게 하옵소서 하니 여호와께서 그들의 눈을 여시매 그들이 보니 자기들이 사마리아 가운데에 있더라

21 이스라엘 왕이 그들을 보고 엘리사에게 이르되 내 아버지여 내가 치리이까 내가 치리이까 하니

22 대답하되 치지 마소서 칼과 활로 사로잡은 자인들 어찌 치리이까 떡과 물을 그들 앞에 두어 먹고 마시게 하고 그들의 주인에게로 돌려보내소서 하는지라

23 왕이 위하여 음식을 많이 베풀고 그들이 먹고 마시매 놓아보내니 그들이 그들의 주인에게로 돌아가니라 이로부

왕하

술술 풀리는 성경말씀

불말과 불병거

아람 왕은 이스라엘에 대한 공격이 계속 실패한 이유가 엘리사라는 사실을 알게 되자 그를 잡기 위해 도단으로 군대를 보냈어요. 엘리사의 사환은 도단 성을 포위하고 있는 아람의 군대를 보고 겁에 질려버렸죠. 하지만 엘리사가 하나님께 기도하자, 사환의 눈에는 수많은 불말과 불병거가 보였답니다.

불말과 불병거는 영적 전투가 벌어지는 하늘에서 하나님을 섬기는 천사들을 의미해요(엡 6:12;히 1:14). 천사들이 불말과 불병거의 모습으로 나타난 것은 아람 군대와 마찬가지인 군대의 모습을 통해 엘리사의 사환을 안심시켜 주려는 뜻이었을 거예요.

6장 17절

오므리, 아합 궁전의 폐허(6:25)

에위미인 사마리아가 굶주리다

터 아람 군사의 부대가 다시는 이스라엘 땅에 들어오지 못하니라

24 ●이 후에 아람 왕 벤하닷이 그의 온 군대를 모아 올라와서 사마리아를 에워싸니

25 아람 사람이 사마리아를 에워싸므로 성중이 크게 주려서 나귀 머리 하나에 은 팔십 세겔이요 비둘기 똥 사분의 일 갑에 은 다섯 세겔이라 하나

26 이스라엘 왕이 성 위로 지나갈 때에 한 여인이 외쳐 이르되 나의 주 왕이여 도우소서

27 왕이 이르되 여호와께서 너를 돕지 아니하시면 내가 무엇으로 너를 도우랴 타작 마당으로 말미암아 하겠느냐 포도주 틀로 말미암아 하겠느냐 하니라

28 또 이르되 무슨 일이냐 하니 여인이 대답하되 이 여인이 내게 이르기를 네 아들을 내놓아라 우리가 오늘 먹고 내일은 내 아들을 먹자 하매

29 우리가 드디어 내 아들을 삶아 먹었더니 이튿날에 내가 그 여인에게 이르되 네 아들을 내놓아라 우리가 먹으리라 하나 그가 그의 아들을 숨겼나이다 하는지라

30 왕이 그 여인의 말을 듣고 자기 옷을 찢으니라 그가 성 위로 지나갈 때에 백성이 본즉 그의 속살에 굵은 베를 입었더라

31 왕이 이르되 사밧의 아들 엘리사의 머리가 오늘 그 몸에 붙어 있으면 하나님이 내게 벌 위에 벌을 내리실지로다 하니라

32 그 때에 엘리사가 그의 집에 앉아 있고 장로들이 그와 함께 앉아 있는데 왕이 자기 처소에서 사람을 보냈더니 그 사자가 이르기 전에 엘리사가 장로들에게 이르되 너희는 이 살인한 자의 아들이 내 머리를 베려고 사람을 보내는 것을 보느냐 너희는 보다가 사자가 오거든 문을 닫고 문 안에 들이지 말라 그의 주인의 발소리가 그의 뒤에서 나지 아니하느냐 하고

33 무리와 말을 할 때에 그 사자가 그에게 이르니라 왕이 이르되 이 재앙이 여호와께로부터 나왔으니 어찌 더 여호와를 기다리리요

7 엘리사가 이르되 여호와의 말씀을 들을지어다 여호와께서 이르시되 내일 이맘때에 사마리아 성문에서 고운 밀가루 한 스아를 한 세겔로 매매하고 보리 두 스아를 한 세겔로 매매하리라 하셨느니라

2 그 때에 왕이 그의 손에 의지하는 자 곧 한 장관이 하나님의 사람에게 대답하여 이르되 여호와께서 하늘에 창을 내신들 어찌 이런 일이 있으리요 하더라 엘리사가 이르되 네가 네 눈으로 보리라 그러나 그것을 먹지는 못하리라 하니라

아람 군대가 도망하다

3 ●성문 어귀에 나병환자 네 사람이 있더니 그 친구에게 서로 말하되 우리가 어찌하여 여기 앉아서 죽기를 기다리랴

4 만일 우리가 성읍으로 가자고 말한다

7장 에는 무엇이 기록되어 있을까?

하나님께서 불순종하는 이스라엘을 꾸짖으시면서도 구원해주신 이유는 그들을 회개시키기 위해서였어요. 그러나 왕의 장관 중 한 사람은 구원의 기쁜 소식을 전하는 엘리사의 말을 믿지 않고 깔보며 비웃었지요. 한편, 나병 환자들이 본 것처럼 하나님의 섭리 덕분에 사마리아 성은 위기에서 벗어날 수 있었답니다.

면 성읍에는 굶주림이 있으니 우리가 거기서 죽을 것이요 만일 우리가 여기서 머무르면 역시 우리가 죽을 것이라 그런즉 우리가 가서 아람 군대에게 항복하자 그들이 우리를 살려 두면 살 것이요 우리를 죽이면 죽을 것이라 하고

5 아람 진으로 가려 하여 해 질 무렵에 일어나 아람 진영 끝에 이르러서 본즉 그 곳에 한 사람도 없으니

6 이는 주께서 아람 군대로 병거 소리와 말 소리와 큰 군대의 소리를 듣게 하셨으므로 아람 사람이 서로 말하기를 이스라엘 왕이 우리를 치려 하여 헷 사람의 왕들과 애굽 왕들에게 값을 주고 그들을 우리에게 오게 하였다 하고

7 해질 무렵에 일어나서 도망하되 그 장막과 말과 나귀를 버리고 진영을 그대로 두고 목숨을 위하여 도망하였음이라

8 그 나병환자들이 진영 끝에 이르자 한 장막에 들어가서 먹고 마시고 거기서 은과 금과 의복을 가지고 가서 감추고 다시 와서 다른 장막에 들어가 거기서도 가지고 가서 감추니라

9 ●나병환자들이 그 친구에게 서로 말하되 우리가 이렇게 해서는 아니되겠도다 오늘은 아름다운 소식이 있는 날이거늘 우리가 침묵하고 있도다 만일 밝은 아침까지 기다리면 벌이 우리에게 미칠지니 이제 떠나 왕궁에 가서 알리자 하고

10 가서 성읍 문지기를 불러 그들에게 말하여 이르되 우리가 아람 진에 이르러서 보니 거기에 한 사람도 없고 사람의 소리도 없고 오직 말과 나귀만 매여 있고 장막들이 그대로 있더이다 하는지라

11 그가 문지기들을 부르매 그들이 왕궁에 있는 자에게 말하니

12 왕이 밤에 일어나 그의 신복들에게 이르되 아람 사람이 우리에게 행한 것을 내가 너희에게 알게 하노니 그들이 우리가 주린 것을 알고 있으므로 그 진영

을 떠나서 들에 매복하고 스스로 이르기를 그들이 성읍에서 나오거든 우리가 사로잡고 성읍에 들어가겠다 한 것이니라 하니

13 그의 신하 중 한 사람이 대답하여 이르되 청하건대 아직 성중에 남아 있는 말 다섯 마리를 취하고 사람을 보내 정탐하게 하소서 그것들이 성중에 남아 있는 이스라엘 온 무리 곧 멸망한 이스라엘 온 무리와 같으니이다 하고

14 그들이 병거 둘과 그 말들을 취한지라 왕이 아람 군대 뒤로 보내며 가서 정탐하라 하였더니

15 그들이 그들의 뒤를 따라 요단에 이른즉 아람 사람이 급히 도망하느라고 버린 의복과 병기가 길에 가득하였더라 사자가 돌아와서 왕에게 알리니

16 백성이 나가서 아람 사람의 진영을 노략한지라 이에 고운 밀가루 한 스아에 한 세겔이 되고 보리 두 스아가 한 세겔이 되니 여호와의 말씀과 같이 되었고

17 왕이 그의 손에 의지하였던 그의 장관을 세워 성문을 지키게 하였더니 백성

7:1 왕하

비전을 심어주는 3분 예화

나무꾼의 지혜

나무꾼 두 사람이 산에서 나무를 하고 있었어요. 한 사람은 쉬지 쉬지도 않고 하루 종일 도끼질을 행하던, 다른 한 사람은 자주 물가로 쉬러 다녀오곤 했답니다. 두 사람이 일을 마쳤을 때 장작더미를 비교해보았는데, 자주 쉬곤 하던 사람의 장작더미가 오히려 더 커 보였어요. 쉬지 않고 일한 사람이 물었습니다.

"자네는 가끔씩 쉬면서 일했는데도, 쉬지 않고 일한 나보다 장작을 더 많이 팼군. 그 비결이 뭔가?"

다른 나무꾼이 대답했어요.

"나는 쉬면서 도끼날을 갈았네!"

무슨 일이든지 준비가 잘 된 경우는 쉽고 빠르게 일을 처리할 수 있지요. 휴식시간을 일을 위해 준비하고 힘을 재충전한다면 일할 때의 능률은 배가 될 것입니다. 교회에서 주일성수를 하는 것은 하나님 품에서 즐거운 휴식 시간을 갖는 것입니다.

이 성문에서 그를 밟으매 하나님의 사람의 말대로 죽었으니 곧 왕이 내려왔을 때에 그가 말한 대로라

18 하나님의 사람이 왕에게 말한 바와 같으니 이르기를 내일 이맘 때에 사마리아 성문에서 보리 두 스아를 한 세겔로 매매하고 고운 밀가루 한 스아를 한 세겔로 매매하리라 한즉

19 그 때에 이 장관이 하나님의 사람에게 대답하여 이르되 여호와께서 하늘에 창을 내신들 어찌 이 일이 있으랴 하매 대답하기를 네가 네 눈으로 보리라 그러나 그것을 먹지는 못하리라 하였더니

20 그의 장관에게 그대로 이루어졌으니 곧 백성이 성문에서 그를 밟으매 죽었더라

수넴 여인이 돌아오다 — B.C. 845년쯤

8 엘리사가 이전에 아들을 다시 살려 준 여인에게 이르되 너는 일어나서 네 가족과 함께 거주할 만한 곳으로 가서 거주하라 여호와께서 기근을 부르셨으니 그대로 이 땅에 칠 년 동안 임하리라 하니

2 여인이 일어나서 하나님의 사람의 말대로 행하여 그의 가족과 함께 가서 블레셋 사람들의 땅에 칠 년을 우거하다가

3 칠 년이 다하매 여인이 블레셋 사람들의 땅에서 돌아와 자기 집과 전토를 위하여 호소하려 하여 왕에게 나아갔더라

4 그 때에 왕이 하나님의 사람의 사환 게하시와 서로 말하며 이르되 너는 엘리사가 행한 모든 큰 일을 내게 설명하라

8 에는 무엇이 기록되어 있을까?

수넴 여인(4장)이 7년 동안 기근으로 인한 굶주림을 피하여 블레셋으로 갔다가 고향으로 돌아와 자신의 재산을 되찾았어요. 이것은 하나님을 공경하는 사람은 결단코 상급을 잃지 않게 됨을 보여줍니다. 또한 하나님은 엘리사에게 하사엘이 아람 왕이 될 것을 예언하게 하셨어요. 이는 이스라엘을 벌하는 도구로 사용하시기 위해서였지요.

하니

5 게하시가 곧 엘리사가 죽은 자를 다시 살린 일을 왕에게 이야기할 때에 그 다시 살린 아이의 어머니가 자기 집과 전토를 위하여 왕에게 호소하는지라 게하시가 이르되 내 주 왕이여 이는 그 여인이요 저는 그의 아들이니 곧 엘리사가 다시 살린 자니이다 하니라

6 왕이 그 여인에게 물으매 여인이 설명한지라 왕이 그를 위하여 한 관리를 임명하여 이르되 이 여인에게 속한 모든 것과 이 땅에서 떠날 때부터 이제까지 그의 밭의 소출을 다 돌려 주라 하였더라

엘리사와 아람 왕 벤하닷

7 ●엘리사가 다메섹에 갔을 때에 아람 왕 벤하닷이 병들었더니 왕에게 들리기를 이르되 하나님의 사람이 여기 이르렀나이다 하니

8 왕이 하사엘에게 이르되 너는 손에 예물을 가지고 가서 하나님의 사람을 맞이하고 내가 이 병에서 살아나겠는지 그를 통하여 여호와께 물으라

9 하사엘이 그를 맞이하러 갈새 다메섹의 모든 좋은 물품으로 예물을 삼아 가지고 낙타 사십 마리에 싣고 나아가서 그의 앞에 서서 이르되 당신의 아들 아람 왕 벤하닷이 나를 당신에게 보내 이르되 나의 이 병이 낫겠나이까 하더이다 하니

10 엘리사가 이르되 너는 가서 그에게 말하기를 왕이 반드시 나으리라 하라 그러나 여호와께서 그가 반드시 죽으리라고 내게 알게 하셨느니라 하고

11 하나님의 사람이 그가 부끄러워하기까지 그의 얼굴을 쏘아보다가 우니

12 하사엘이 이르되 내 주여 어찌하여 우시나이까 하는지라 대답하되 네가 이스라엘 자손에게 행할 모든 악을 내가 앎이라 네가 그들의 성에 불을 지르며 장정을 칼로 죽이며 어린 아이를 메치

사환(8:4) 심부름을 하는 사람.
소출(8:6) 논밭에서 거둔 곡식, 또는 그 수확량.

며 아이 밴 부녀를 가르리라 하니

13 하사엘이 이르되 당신의 개 같은 종이 무엇이기에 이런 큰일을 행하오리이까 하더라 엘리사가 대답하되 여호와께서 네가 아람 왕이 될 것을 내게 알게 하셨느니라 하더라

14 그가 엘리사를 떠나가서 그의 주인에게 나아가니 왕이 그에게 묻되 엘리사가 네게 무슨 말을 하더냐 하니 대답하되 그가 내게 이르기를 왕이 반드시 살아나시리이다 하더이다 하더라

15 그 이튿날에 하사엘이 이불을 물에 적시어 왕의 얼굴에 덮으매 왕이 죽은지라 그가 대신하여 왕이 되니라 8:10

유다 왕 여호람 (대하 21:1-20)

16 ●이스라엘의 왕 아합의 아들 요람 제 오년에 여호사밧이 유다의 왕이었을 때에 유다의 왕 여호사밧의 아들 여호람이 왕이 되니라

17 여호람이 왕이 될 때에 나이가 삼십이세라 예루살렘에서 팔 년 동안 통치하니라 대하 21:5

18 그가 이스라엘 왕들의 길을 가서 아합의 집과 같이 하였으니 이는 아합의 딸이 그의 아내가 되었음이라 그가 여호

토막상식

다윗 성

다윗이 여부스의 성읍인 '시온 산성'을 점령한 후, 그곳에 붙인 이름이에요. 이 성은 예루살렘 성 안, 성 전 남쪽 낮은 구릉 지대에 위치합니다. 8장 24절

와 보시기에 악을 행하였으나

19 여호와께서 그의 종 다윗을 위하여 유다 멸하기를 즐겨하지 아니하셨으니 이는 그와 그의 자손에게 항상 등불을 주겠다고 말씀하셨음이더라

20 ●여호람 때에 에돔이 유다의 손에서 배반하여 자기 위에 왕을 세운 고로

21 여호람이 모든 병거를 거느리고 사일로 갔더니 밤에 일어나 자기를 에워싼 에돔 사람과 그 병거의 장관들을 치니이에 백성이 도망하여 각각 그들의 장막들로 돌아갔더라

22 이와 같이 에돔이 유다의 수하에서 배반하였더니 오늘까지 그러하였으며 그 때에 립나도 배반하였더라

23 여호람의 남은 사적과 그가 행한 모든 일은 유다 왕 역대지략에 기록되지 아니하였느냐

24 여호람이 그의 조상들과 함께 자매 그 조상들과 함께 다윗 성에 장사되고 그의 아들 아하시야가 대신하여 왕이 되니라

유다 왕 아하시야 (대하 22:1-6)

25 ●이스라엘의 왕 아합의 아들 요람 제 십이년에 유다 왕 여호람의 아들 아하시야가 왕이 되니

26 아하시야가 왕이 될 때에 나이가 이십이 세라 예루살렘에서 일 년을 통치하니라 그의 어머니의 이름은 아달랴라이스라엘 왕 오므리의 손녀이더라 11:1

27 아하시야가 아합의 집 길로 행하여 아합의 집과 같이 여호와 보시기에 악을 행하였으니 그는 아합의 집의 사위가되었음이러라

28 그가 아합의 아들 요람과 함께 길르앗 라못으로 가서 아람 왕 하사엘과 더불어 싸우더니 아람 사람들이 요람에게 부상을 입힌지라

술술 풀리는 생명말씀

수넴과 수넴 여인

구약에는 최소한 두 여인이 수넴 출신으로 확인되고 있어요. 늙은 다윗 왕의 시중을 들었던 아비삭(왕상 1:3,15; 2:17,21-22)과 엘리사가 수넴을 지나갈 때마다 음식을 제공해준 부유한 여인(4:8)이 수넴 여인이었지요.

두 번째 수넴 여인과 남편은 엘리사가 묵을 방을 제공하였어요(4:9-10). 그러자 엘리사는 그녀가 아들을 갖게 될 것이라고 약속하였어요. 그런데 후에 이 약속으로 태어난 아들이 갑자기 병으로 죽게 되었어요. 그 여인은 엘리사를 찾아갔는데, 엘리사는 소년을 죽음에서 살려내었답니다(4:18-37). 나중에 엘리사가 그 땅에 기근이 일 것이라고 경고하자, 그녀는 고향을 떠나 블레셋 사람의 땅에서 머물렀어요.

8장 1-6절

29 요람 왕이 아람 왕 하사엘과 싸울 때에 라마에서 아람 사람에게 당한 부상을 치료하려 하여 이스르엘로 돌아왔더라 유다의 왕 여호람의 아들 아하시야가 아합의 아들 요람을 보기 위하여 내려갔으니 이는 그에게 병이 생겼음이더라

예후가 이스라엘 왕이 되다—B.C. 841년경

9 선지자 엘리사가 선지자의 제자 중 하나를 불러 이르되 너는 허리를 동이고 이 기름병을 손에 가지고 길르앗 라못으로 가라

2 거기에 이르거든 님시의 손자 여호사밧의 아들 예후를 찾아 들어가서 그의 형제 중에서 일어나게 하고 그를 데리고 골방으로 들어가

3 기름병을 가지고 그의 머리에 부으며 이르기를 여호와의 말씀이 내가 네게 기름을 부어 이스라엘 왕으로 삼노라 하셨느니라 하고 곧 문을 열고 도망하되 지체하지 말지니라 하니

4 그 청년 곧 그 선지자의 청년이 길르앗 라못으로 가니라

5 그가 이르러 보니 군대 장관들이 앉아 있는지라 소년이 이르되 장관이여 내가 당신에게 할 말이 있나이다 예후가 이르되 우리 모든 사람 중에 누구에게 하려느냐 하니 이르되 장관이여 당신에게니이다 하는지라

6 예후가 일어나 집으로 들어가니 청년이 그의 머리에 기름을 부으며 그에게 이르되 이스라엘 하나님 여호와의 말씀이 내가 네게 기름을 부어 여호와의

백성 곧 이스라엘의 왕으로 삼으니

7 너는 네 주 아합의 집을 치라 내가 나의 종 곧 선지자들의 피와 여호와의 종들의 피를 이세벨에게 갚아 주리라

8 아합의 온 집이 멸망하리니 이스라엘 중에 매인 자나 놓인 자나 아합에게 속한 모든 남자는 내가 다 멸절하며

9 아합의 집을 느밧의 아들 여로보암의 집과 같게 하며 또 아히야의 아들 바아사의 집과 같게 할지라

10 이스르엘 지방에서 개들이 이세벨을 먹으리니 그를 장사할 사람이 없으리라 하셨느니라 하고 곧 문을 열고 도망하니라

11 ●예후가 나와서 그의 주인의 신복들에게 이르니 한 사람이 그에게 묻되 평안하냐 그 미친 자가 무슨 까닭으로 그대에게 왔더냐 대답하되 그대들이 그 사람과 그가 말한 것을 알리라 하더라

12 무리가 이르되 당치 아니한 말이라 청하건대 그대는 우리에게 이르라 대답하되 그가 이리 이리 내게 말하여 이르기를 여호와의 말씀이 내가 네게 기름을 부어 이스라엘 왕으로 삼는다 하셨다 하더라 하는지라   9:6

13 무리가 각각 자기의 옷을 급히 가져다가 섬돌 위 곧 예후의 밑에 깔고 나팔을 불며 이르되 예후는 왕이라 하니라

이스라엘 왕 요람이 나해되다

14 ●이에 님시의 손자 여호사밧의 아들 예후가 요람을 배반하였으니 곧 요람이 온 이스라엘과 더불어 아람의 왕 하사엘과 맞서서 길르앗 라못을 지키다가

15 아람의 왕 하사엘과 더불어 싸울 때에 아람 사람에게 부상한 것을 치료하려 하여 이스르엘로 돌아왔던 때라 예후가 이르되 너희 뜻에 합당하거든 한 사람이라도 이 성에서 도망하여 이스르엘에 알리러 가지 못하게 하라 하니라

16 예후가 병거를 타고 이스르엘로 가니 요람 왕이 거기에 누워 있었음이라 유다의 왕 아하시야는 요람을 보러 내

9 에는 무엇이 기록되어 있을까?

엘리사가 선지자의 제자를 시켜 예후에게 기름을 부은 것은 예언(왕상 19:16)이 이루어진 것이지요. 예후는 요람과 유다 왕 아하시야, 이세벨을 차례로 죽이고 왕의 자리를 빼앗았고, 이때 요람의 시체는 왕의 정원에 버려지고 이세벨의 시체는 개의 먹이가 됨으로써 엘리야의 예언(왕상 21:19,23)이 그대로 이루어졌습니다.

므깃도(9:27)

왔더라
8:29

17 ● 이스르엘 망대에 파수꾼 하나가 서 있더니 예후의 무리가 오는 것을 보고 이르되 내가 한 무리를 보나이다 하니 요람이 이르되 한 사람을 말에 태워 보내어 맞이하여 평안하냐 묻게 하라 하는지라

18 한 사람이 말을 타고 가서 만나 이르되 왕의 말씀이 평안하냐 하시더이다 하매 예후가 이르되 평안이 네게 상관이 있느냐 내 뒤로 물러나라 하니라 파수꾼이 전하여 이르되 사자가 그들에게 갔으나 돌아오지 아니하나이다 하는지라

19 다시 한 사람을 말에 태워 보내었더니 그들에게 가서 이르되 왕의 말씀이 평안하냐 하시더이다 하매 예후가 이르되 평안이 네게 상관이 있느냐 내 뒤를 따르라 하더라

20 파수꾼이 또 전하여 이르되 그도 그들에게까지 갔으나 돌아오지 아니하고 그 병거 모는 것이 님시의 손자 예후가 모는 것 같이 미치게 모나이다 하니

21 ● 요람이 이르되 메우라 하매 그의 병거를 메운지라 이스라엘 왕 요람과 유다 왕 아하시야가 각각 그의 병거를 타고 가서 예후를 맞을새 이스르엘 사람 나봇의 토지에서 만나매

22 요람이 예후를 보고 이르되 예후야 평안하냐 하니 대답하되 네 어머니 이세벨의 음행과 술수가 이렇게 많으니 어찌 평안이 있으랴 하더라

23 요람이 곧 손을 돌이켜 도망하며 아하시야에게 이르되 아하시야여 반역이로다 하니
11:14

24 예후가 힘을 다하여 활을 당겨 요람의 두 팔 사이를 쏘니 화살이 그의 염통을 꿰뚫고 나오매 그가 병거 가운데에 엎드러진지라

25 예후가 그의 장관 빗갈에게 이르되 그 시체를 가져다가 이스르엘 사람 나봇의 밭에 던지라 네가 기억하려니와 이전에 너와 내가 함께 타고 그의 아버지 아합을 좇았을 때에 여호와께서 이같이 그의 일을 예언하셨느니라

26 여호와께서 말씀하시기를 내가 어제 나봇의 피와 그의 아들들의 피를 분명히 보았노라 여호와께서 또 말씀하시기를 이 토지에서 네게 갚으리라 하셨으니 그런즉 여호와의 말씀대로 그의 시체를 가져다가 이 밭에 던질지니라 하는지라

유다 왕 아하시야가 살해되다

27 ● 유다의 왕 아하시야가 이를 보고 정원의 정자 길로 도망하니 예후가 그 뒤를 좇아가며 이르되 그도 병거 가운데서 죽이라 하매 이블르암 가까운 구르 비탈에서 치니 그가 므깃도까지 도망하여 거기서 죽은지라

28 그의 신복들이 그를 병거에 싣고 예루

왕하

술술 풀리는 **성경 말씀**

성공한 쿠데타맨 주역, 예후

예후는 아합 왕의 아들 요람이 왕으로 있을 때 기름 부음을 받아 북이스라엘의 왕이 되었어요(9:6). 그는 단번에 요람 왕을 물리치고 유다 왕 아하시야도 살해하였지요(9:16,24,27). 또한 그를 조롱하던 이세벨 왕후(9:30-33)와 아합의 아들 70명, 그리고 그에게 속한 사람까지 모두 죽였답니다(10:6,11).

또한 예후는 바알을 섬기는 것처럼 위장한 뒤, 제사를 지내기 위해 모인 바알 선지자와 숭배자들을 일제히 소탕하고(10:19) 그곳을 변소로 만들어버렸지요(10:27). 이처럼 예후 왕은 하나님의 뜻에 따라 일을 처리하였지요. 하지만 하나님의 길을 완전히 따르지는 못했어요(10:29). 그 결과 그 자손의 4대까지만 북이스라엘의 왕위를 계승하게 되었답니다(10:30). 9-10장

살렘에 이르러 다윗 성에서 그들의 조
상들과 함께 그의 묘실에 장사하니라
29 ●아합의 아들 요람의 제십일년에 아
하시야가 유다 왕이 되었었더라

이세벨 왕후가 죽어되다

30 ●예후가 이스르엘에 오니 이세벨이
듣고 눈을 그리고 머리를 꾸미고 창에
서 바라보다가
31 예후가 문에 들어오매 이르되 주인을
죽인 너 시므리여 평안하냐 하니
32 예후가 얼굴을 들어 창을 향하고 이르
되 내 편이 될 자가 누구냐 누구냐 하
니 두어 내시가 예후를 내다보는지라
33 이르되 그를 내려던지라 하니 내려던
지매 그의 피가 담과 말에게 뛰더라 예
후가 그의 시체를 밟으니라
34 예후가 들어가서 먹고 마시고 이르되
가서 이 저주 받은 여자를 찾아 장사하
라 그는 왕의 딸이니라 하매 <small>창상 21:25</small>
35 가서 장사하려 한즉 그 두골과 발과 그
의 손 외에는 찾지 못한지라
36 돌아와서 전하니 예후가 이르되 이는
여호와께서 그 종 디셉 사람 엘리야를
통하여 말씀하신 바라 이르시기를 이
스르엘 토지에서 개들이 이세벨의 살
을 먹을지라
37 그 시체가 이스르엘 토지에서 거름같
이 밭에 있으리니 이것이 이세벨이라
고 가리켜 말하지 못하게 되리라 하셨
느니라 하였더라
<small>겔 8:1~3</small>

아합의 아들들이 살해되다—B.C. 841년경

10

아합의 아들 칠십 명이 사마리
아에 있는지라 예후가 편지들

사마리아 아합 궁터 (10:1)

을 써서 사마리아에 보내서 이스르엘
귀족들 곧 장로들과 아합의 여러 아들
을 교육하는 자들에게 전하니 일렀으
2 너희 주의 아들들이 너희와 함께 있고
또 병거와 말과 견고한 성과 무기가 너
희에게 있으니 이 편지가 너희에게 이
르거든
3 너희 주의 아들들 중에서 가장 어질고
정직한 자를 택하여 그의 아버지의 왕
좌에 두고 너희 주의 집을 위하여 싸우
라 하였더라
4 그들이 심히 두려워하여 이르되 두 왕
이 그를 당하지 못하였거든 우리가 어
찌 당하리요 하고
5 그 왕궁을 책임지는 자와 그 성읍을
책임지는 자와 장로들과 왕자를 교육
하는 자들이 예후에게 말을 전하여 이
르되 우리는 당신의 종이라 당신이 말
하는 모든 것을 우리가 행하고 어떤
사람이든지 왕으로 세우지 아니하리
니 당신이 보기에 좋은 대로 행하라
한지라 <small>수 9:8</small>
6 예후가 다시 그들에게 편지를 부치니
일렀으되 만일 너희가 내 편이 되어 내
말을 너희가 들으려거든 너희 주의 아
들된 사람들의 머리를 가지고 내일 이
맘때에 이스르엘에 이르러 내게 나아
오라 하였더라 왕자 칠십 명이 그 성읍
의 귀족들, 곧 그들을 양육하는 자들과
함께 있는 중에
7 편지가 그들에게 이르매 그들이 왕자
칠십 명을 붙잡아 죽이고 그들의 머리
를 광주리에 담아 이스르엘 예후에게

로 보내니라

8 사자가 와서 예후에게 전하여 이르되 그 무리가 왕자들의 머리를 가지고 왔나이다 이르되 두 무더기로 쌓아 내일 아침까지 문 어귀에 두라 하고

9 이튿날 아침에 그가 나가 서서 뭇 백성에게 이르되 너희는 의롭도다 나는 내 주를 배반하여 죽였거니와 이 여러 사람을 죽인 자는 누구냐

10 그런즉 이제 너희는 알라 곧 여호와께서 아합의 집에 대하여 하신 말씀이 하나도 땅에 떨어지지 아니하리라 여호와께서 그의 종 엘리야를 통하여 하신 말씀을 이제 이루셨도다 하니라

11 예후가 아합의 집에 속한 이스르엘에 남아 있는 자를 다 죽이고 또 그의 귀족들과 신뢰 받는 자들과 제사장들을 죽이되 그에게 속한 자를 하나도 생존자를 남기지 아니하였더라

아하시야 왕의 형제들이 살해되다

12 ●예후가 일어나서 사마리아로 가더니 도중에 목자가 양털 깎는 집에 이르러

13 예후가 유다의 왕 아하시야의 형제들을 만나 묻되 너희는 누구냐 하니 대답하되 우리는 아하시야의 형제라 이제 왕자들과 태후의 아들들에게 문안하러 내려가노라 하는지라

14 이르되 사로잡으라 하매 곧 사로잡아 목자가 양털 깎는 집 웅덩이 곁에서 죽이니 사십이 명이 하나도 남지 아니하였더라

아합의 나머지 사람들이 살해되다

15 ●예후가 거기에서 떠나가다가 자기를 맞으려 오는 레갑의 아들 여호나답을 만난지라 그의 안부를 묻고 그에게 이르되 내 마음이 네 마음을 향하여 진실함과 같이 네 마음도 진실하냐 하니 여호나답이 대답하되 그러하니이

다 이르되 그러면 나와 손을 잡자 손을 잡으니 예후가 끌어 병거에 올리며

16 이르되 나와 함께 가서 여호와를 위한 나의 열심을 보라 하고 이에 자기 병거에 태우고

바알 신 (10:18)

17 사마리아에 이르러 거기에 남아 있는 바 아합에게 속한 자들을 죽여 진멸하였으니 여호와께서 엘리야에게 이르신 말씀과 같이 되었더라

바알을 섬기는 자들이 살해되다

18 ●예후가 뭇 백성을 모으고 그들에게 이르되 아합은 바알을 조금 섬겼으나 예후는 많이 섬기리라

19 그러므로 내가 이제 큰 제사를 바알에게 드리고자 하노니 바알의 모든 선지자와 모든 섬기는 자와 모든 제사장들을 한 사람도 빠뜨리지 말고 불러 내게로 나아오게 하라 모든 오지 아니하는 자는 살려 두지 아니하리라 하니 이는 예후가 바알 섬기는 자를 멸하려 하여 계책을 씀이라

20 예후가 바알을 위하는 대회를 거룩히 열라 하매 드디어 공포되었더라

21 예후가 온 이스라엘에 사람을 두루 보냈더니 바알을 섬기는 모든 사람이 하나도 빠진 자가 없이 다 이르렀고 무리가 바알의 신당에 들어가매 바알의 신당 이쪽부터 저쪽까지 가득하였더라

22 예후가 예복 맡은 자에게 이르되 예복을 내다가 바알을 섬기는 모든 자에게

왕하

묘실(10:17) 시체를 매장한 굴.
사자(10:8) 어떠한 임무를 띠고 심부름하는 사람.
문 어귀(10:8) 성문 앞에 있는 큰 공터.
태후(10:13) 황제의 살아 있는 어머니. 여기서는 요람 왕의 어머니인 이세벨을 가리킨다.

진멸(10:17) 완전히 죽여 잔재를 없애 버림.
계책(10:19) 어떤 일을 실현하기 위해 짜낸 꾀나 방법.
대회(10:20) 절기의 마지막 날에 폐회를 위해 가지는 모임.

주라 하매 그들에게로 예복을 가져온 지라

23 예후가 레갑의 아들 여호나답과 더불어 바알의 신당에 들어가서 바알을 섬기는 자들에게 이르되 너희는 살펴보아 바알을 섬기는 자들만 여기 있게 하고 여호와의 종은 하나도 여기 너희 중에 있지 못하게 하라 하고

24 무리가 번제와 다른 제사를 드리려고 들어간 때에 예후가 팔십 명을 밖에 두며 이르되 내가 너희 손에 넘겨 주는 사람을 한 사람이라도 도망하게 하는 자는 자기의 생명으로 그 사람의 생명을 대신하리라 하니라

25 ●번제 드리기를 다하매 예후가 호위병과 지휘관들에게 이르되 들어가서 한 사람도 나가지 못하게 하고 죽이라 하매 호위병과 지휘관들이 칼로 그들을 죽여 밖에 던지고

26 바알의 신당 있는 성으로 가서 바알의 신당에서 목상들을 가져다가 불사르고

27 바알의 목상을 헐며 바알의 신당을 헐어서 변소를 만들었더니 오늘까지 이르니라

28 예후가 이와 같이 이스라엘 중에서 바알을 멸하였으나

29 이스라엘에게 범죄하게 한 느밧의 아들 여로보암의 죄 곧 벧엘과 단에 있는 금송아지를 섬기는 죄에서는 떠나지 아니하였더라

30 ●여호와께서 예후에게 이르시되 네가 나보기에 정직한 일을 행하되 잘 행하여 내 마음에 있는 대로 아합 집에 다 행하였은즉 네 자손이 이스라엘 왕위를 이어 사대를 지내리라 하시니라

31 그러나 예후가 전심으로 이스라엘 하나님 여호와의 율법을 지켜 행하지 아니하며 여로보암이 이스라엘에게 범하게 한 그 죄에서 떠나지 아니하였더라

예후가 죽다

32 ●이 때에 여호와께서 이스라엘에서 땅을 잘라 내기 시작하시매 하사엘이

이스라엘의 모든 영토에서 공격하되

33 요단 동쪽 길르앗 온 땅 곧 갓 사람과 르우벤 사람과 므낫세 사람의 땅 아르논 골짜기에 있는 아로엘에서부터 길르앗과 바산까지 하였더라

34 예후의 남은 사적과 행한 모든 일과 업적은 이스라엘 왕 역대지략에 기록되지 아니하였느냐

35 예후가 그의 조상들과 함께 자매 사마리아에 장사되고 그의 아들 여호아하스가 그를 대신하여 왕이 되니라

36 예후가 사마리아에서 이스라엘을 다스린 햇수는 스물여덟 해이더라

유다 여왕 아달라 (대하 22:10~23:15)

11 아하시야의 어머니 아달랴가 그의 아들이 죽은 것을 보고 일어나 왕의 자손을 모두 멸절하였으나

2 요람 왕의 딸 아하시야의 누이 여호세바가 아하시야의 아들 요아스를 왕자들이 죽임을 당하는 중에서 빼내어 그와 그의 유모를 침실에 숨겨 아달랴를 피하여 죽임을 당하지 아니하게 한지라

3 요아스가 그와 함께 여호와의 성전에 육 년을 숨어 있는 동안에 아달랴가 나라를 다스렸더라

4 ●일곱째 해에 여호야다가 사람을 보내 가리 사람의 백부장들과 호위병의 백부장들을 불러 데리고 여호와의 성전으로 들어가서 그들과 언약을 맺고 그들에게 여호와의 성전에서 맹세하게 한 후에 왕자를 그들에게 보이고

5 명령하여 이르되 너희가 행할 것이 이러하니 안식일에 들어온 너희 중 삼분의 일은 왕궁을 주의하여 지키고

11 에는 무엇이 기록되어 있을까?

유다 왕 아하시야가 죽게 되자, 아하시야의 어머니이자 아합의 아내인 아달랴가 왕권을 잡고 다윗의 후손들을 다 죽이려 했어요. 이런 상황에서도 목숨을 지킨 아하시야의 아들 요아스는 백성들의 지지를 받아 왕이 되었고, 아달랴는 비참한 죽음을 당했습니다.

6 삼분의 일은 수르 문에 있고 삼분의 일은 호위대 뒤에 있는 문에 있어서 이와 같이 왕궁을 주의하여 지키고

7 안식일에 나가는 너희 중 두 대는 여호와의 성전을 주의하여 지켜 왕을 호위하되

8 너희는 각각 손에 무기를 잡고 왕을 호위하며 너희 대열을 침범하는 모든 자는 죽이고 왕이 출입할 때에 시위할지니라 하니

9 ●백부장들이 이에 제사장 여호야다의 모든 명령대로 행하여 각기 관할하는 바 안식일에 들어오는 자와 안식일에 나가는 자를 거느리고 제사장 여호야다에게 나아오매 대하 23:8

10 제사장이 여호와의 성전에 있는 다윗 왕의 창과 방패를 백부장들에게 주니

11 호위병이 각각 손에 무기를 잡고 왕을 호위하되 성전 오른쪽에서부터 왼쪽까지 제단과 성전 곁에 서고

12 여호야다가 왕자를 인도하여 내어 왕관을 씌우며 율법책을 주고 기름을 부어 왕으로 삼으매 무리가 박수하며 왕의 만세를 부르니라

13 ●아달랴가 호위병과 백성의 소리를 듣고 여호와의 성전에 들어가 백성에게 이르러

14 보매 왕이 규례대로 단 위에 섰고 장관

들과 나팔수가 왕의 곁에 모여 섰으며 온 백성이 즐거워하여 나팔을 부는지라 아달랴가 옷을 찢으며 외치되 반역이로다 반역이로다 하매

15 제사장 여호야다가 군대를 거느린 백부장들에게 명령하여 이르되 그를 대열 밖으로 몰아내라 그를 따르는 자는 모두 칼로 죽이라 하니 제사장의 이 말은 여호와의 성전에서는 그를 죽이지 말라 함이라

16 이에 그의 길을 열어 주매 그가 왕궁의 말이 다니는 길로 가다가 거기서 죽임을 당하였더라

여호야다의 개혁 (대하 23:16~21)

17 ●여호야다가 왕과 백성에게 여호와와 언약을 맺어 여호와의 백성이 되게 하고 왕과 백성 사이에도 언약을 세우게 하매

18 온 백성이 바알의 신당으로 가서 그 신당을 허물고 그 제단들과 우상들을 철저히 깨뜨리고 그 제단 앞에서 바알의 제사장 맛단을 죽이니라 제사장이 관리들을 세워 여호와의 성전을 수직하게 하고

19 또 백부장들과 가리 사람과 호위병과 온 백성을 거느리고 왕을 인도하여 여호와의 성전에서 내려와 호위병의 문 길을 통하여 왕궁에 이르매 그가 왕의 왕좌에 앉으니 11:4

선생님!! 궁금해요

하나님은 왜 마귀를 만들어서 아담과 하와가 죄를 짓게 하셨어요?

원래 하나님은 천사도, 사람도 착하게 만드셨어요. 그런데 어떤 천사들이 교만한 마음을 갖고 죄를 지어서 나쁜 마귀가 되고 말았지요. 아담도 마귀의 유혹 앞에서 하나님의 말씀에 순종했다면 죄를 짓지 않았을 거예요.

하나님은 인간을 만드실 때 로보트처럼 만들지 않으셨어요. 감정과 지식과 의지를 가지고 자신이 선택해서 살 수 있도록 만들어 주셨지요. 아담이 죄를 지은 것도 마귀 때문이 아니라 뱀을 통해서 자기를 유혹하는 마귀의 말을 들었기 때문이에요.

여러분이 나쁜 것을 생각하고 나쁜 것을 선택하면 나쁜 사람이 되지요. 하지만 하나님이 기뻐하는 좋은 것을 생각하고 좋은 선택을 하며 좋은 행동을 해보세요. 그러면 좋은 사람이 될 수 있답니다.

유 1장 6절

20 온 백성이 즐거워하고 온 성이 평온하더라 아달랴를 무리가 왕궁에서 칼로 죽였더라

21 ●요아스가 왕이 될 때에 나이가 칠 세였더라

유다 왕 요아스 (대하 24:1-16) = B.C. 835년경

12 예후의 제칠년에 요아스가 왕이 되어 예루살렘에서 사십 년간 통치하니라 그의 어머니의 이름은 시비아라 브엘세바 사람이러라

2 요아스는 제사장 여호야다가 그를 교훈하는 모든 날 동안에는 여호와 보시기에 정직히 행하였으되

3 다만 산당들을 제거하지 아니하였으므로 백성이 여전히 산당에서 제사하며 분향하였더라

4 ●요아스가 제사장들에게 이르되 여호와의 성전에 거룩하게 하여 드리는 모든 은 곧 사람이 통용하는 은이나 각 사람의 몸값으로 드리는 은이나 자원하여 여호와의 성전에 드리는 모든 은을

5 제사장들이 각각 아는 자에게서 받아들여 성전의 어느 곳이든지 파손된 것을 보거든 그것으로 수리하라 하였으나

6 요아스 왕 제이십삼년에 이르도록 제사장들이 성전의 파손한 데를 수리하지 아니하였는지라

7 요아스 왕이 대제사장 여호야다와 제사장들을 불러 이르되 너희가 어찌하여 성전의 파손한 데를 수리하지 아니하였느냐 이제부터는 너희가 아는 사람에게서 은을 받지 말고 그들이 성전의 파손한 데를 위하여 드리게 하라

성전 수리를 위해 은을 모음(12:9)

8 제사장들이 다시는 백성에게 은을 받지도 아니하고 성전 파손한 것을 수리하지도 아니하기로 동의하니라

9 ●제사장 여호야다가 한 궤를 가져다가 그것의 뚜껑에 구멍을 뚫어 여호와의 전 문 어귀 오른쪽 곧 제단 옆에 두매 여호와의 성전에 가져 오는 모든 은을 다 문을 지키는 제사장들이 그 궤에 넣더라

10 이에 그 궤 가운데 은이 많은 것을 보면 왕의 서기와 대제사장이 올라와서 여호와의 성전에 있는 대로 그 은을 계산하여 봉하고

11 그 달아본 은을 일하는 자 곧 여호와의 성전을 맡은 자의 손에 넘기면 그들은 또 여호와의 성전을 수리하는 목수와 건축하는 자들에게 주고

12 또 미장이와 석수에게 주고 또 여호와의 성전 파손한 데를 수리할 재목과 다듬은 돌을 사게 하며 그 성전을 수리할 모든 물건을 위하여 쓰게 하였으되

13 여호와의 성전에 드린 그 은으로 그 성전의 은 대접이나 불집게나 주발이나 나팔이나 아무 금 그릇이나 은 그릇도 만들지 아니하고

14 그 은을 일하는 자에게 주어 그것으로 여호와의 성전을 수리하게 하였으며

15 또 그 은을 받아 일꾼에게 주는 사람들과 회계하지 아니하였으니 이는 그들이 성실히 일을 하였음이라

16 속건제의 은과 속죄제의 은은 여호와의 성전에 드리지 아니하고 제사장에

12 에는 무엇이 기록되어 있을까?

왕이 된 요아스는 초기에는 정치를 잘하였지만 마지막 무렵에는 많은 죄를 지었어요. 그는 제사장 여호야다 덕분에 예루살렘 성전을 수리하고 영적 부흥을 이루었지만 여호야다가 죽고 나자 우상 숭배를 받아들였지요. 그리고 이를 경고한 스가랴 선지자도 죽였어요. 이때 아람 왕 하사엘이 유다를 쳐들어왔습니다.

성전을 수리함(12:11-15)

게 돌렸더라

17 ●그 때에 아람 왕 하사엘이 올라와서 가드를 쳐서 점령하고 예루살렘을 향하여 올라오고자 하므로

18 유다의 왕 요아스가 그의 조상들 유다 왕 여호사밧과 여호람과 아하시야가 구별하여 드린 모든 성물과 자기가 구별하여 드린 성물과 여호와의 성전 곳간과 왕궁에 있는 금을 다 가져다가 아람 왕 하사엘에게 보냈더니 하사엘이 예루살렘에서 떠나갔더라

19 ●요아스의 남은 사적과 그가 행한 모든 일은 유다 왕 역대지략에 기록되지 아니하였느냐

20 요아스의 신복들이 일어나 반역하여 실라로 내려가는 길 가의 밀로 궁에서 그를 죽였고

21 그를 쳐서 죽인 신복은 시므앗의 아들 요사갈과 소멜의 아들 여호사바드였더라 그는 다윗 성에 그의 조상들과 함께 장사되고 그의 아들 아마샤가 그를 대신하여 왕이 되니라

이스라엘 왕 여호아하스 ─ B.C. 814년경

13 유다의 왕 아하시야의 아들 요아스의 제이십삼 년에 예후의 아들 여호아하스가 사마리아에서 이스라엘 왕이 되어 십칠 년간 다스리며

2 여호와 보시기에 악을 행하여 이스라엘에게 범죄하게 한 느밧의 아들 여로보암의 죄를 따라가고 거기서 떠나지 아니하였으므로

3 여호와께서 이스라엘에게 노하사 늘 아람 왕 하사엘의 손과 그의 아들 벤하닷의 손에 넘기셨더니

4 아람 왕이 이스라엘을 학대하므로 여호아하스가 여호와께 간구하매 여호와께서 들으셨으니 이는 그들이 학대 받음을 보셨음이라

5 여호와께서 이에 구원자를 이스라엘에게 주시매 이스라엘 자손이 아람 사람의 손에서 벗어나 전과 같이 자기 장막에 거하였으나

6 그들이 이스라엘에게 범죄하게 한 여로보암 집의 죄에서 떠나지 아니하고 그 안에서 따라 행하며 또 사마리아에 아세라 목상을 그냥 두었더라

7 아람 왕이 여호아하스의 백성을 멸절하여 타작 마당의 티끌 같이 되게 하고 마병 오십 명과 병거 열 대와 보병 만 명 외에는 여호아하스에게 남겨 두지 아니하였더라

8 여호아하스의 남은 사적과 행한 모든 일과 그의 업적은 이스라엘 왕 역대지략에 기록되지 아니하였느냐 14:15

9 여호아하스가 그의 조상들과 함께 자매 사마리아에 장사되고 그의 아들 요아스가 대신하여 왕이 되니라

이스라엘 왕 요아스

10 ●유다의 왕 요아스의 제삼십칠 년에 여호아하스의 아들 요아스가 사마리아에서 이스라엘 왕이 되어 십육 년간 다스리며

11 여호와께서 보시기에 악을 행하여 이스라엘에게 범죄하게 한 느밧의 아들

13 에는 무엇이 기록되어 있을까?

여호아하스 왕이 하나님 앞에서 겸손했을 때는 아람의 침입을 물리쳤어요. 하지만 그렇지 않을 때는 그가 이스라엘을 다스리는 내내 아람으로부터 침략을 당했지요. 그의 뒤를 이은 요아스 왕은 우상을 숭배하였지만 선지자 엘리사를 극진히 대접한 결과, 하나님께서 잃어버린 영토를 되찾게 해주셨답니다.

여로보암의 모든 죄에서 떠나지 아니하고 그 가운데 행하였더라

12 요아스의 남은 사적과 행한 모든 일과 유다 왕 아마샤와 싸운 그의 업적은 이스라엘 왕 역대지략에 기록되지 아니하였느냐
14:8

13 요아스가 그의 조상들과 함께 자매 이스라엘 왕들과 함께 사마리아에 장사되고 여로보암이 그 자리에 앉으니라

엘리사가 죽다

14 ● 엘리사가 죽을 병이 들매 이스라엘의 왕 요아스가 그에게로 내려와 자기의 얼굴에 눈물을 흘리며 이르되 내 아버지여 내 아버지여 이스라엘의 병거와 마병이여 하매

15 엘리사가 그에게 이르되 활과 화살들을 가져오소서 하는지라 활과 화살들을 그에게 가져오매

16 또 이스라엘 왕에게 이르되 왕의 손으로 활을 잡으소서 하매 그가 손으로 잡으니 엘리사가 자기 손을 왕의 손 위에 얹고

17 이르되 동쪽 창을 여소서 하여 곧 열매 엘리사가 이르되 쏘소서 하는지라 곧 쏘매 엘리사가 이르되 이는 여호와를 위한 구원의 화살 곧 아람에 대한 구원의 화살이니 왕이 아람 사람을 멸망하도록 아벡에서 치리이다 하니라

18 또 이르되 화살들을 집으소서 곧 집으매 엘리사가 또 이스라엘 왕에게 이르

엘리사가 행한 이적들

성경 본문	이적
2:13-14	스승의 겉옷으로 요단 강을 치자 요단 강이 갈라지고 그로 인해 강을 건너됨
2:19-22	소금으로 오염된 물을 변화시킴
4:1-7	기름 한 병에서 기름이 계속 나와 과부의 빚을 갚게 도와줌
4:38-41	곡식 가루로 음식물의 독을 해독함
4:42-44	보리떡 20개와 자루에 담은 채소로 백 명이 먹고도 남게 함
5:1-14	나아만 장군의 나병을 치료함
5:20-27	물질을 탐낸 종 게하시가 나병에 걸리게 함
6:1-7	물에 빠진 도끼를 나뭇가지를 던져 떠오르게 함
13:21	시체가 엘리사의 뼈에 닿자 다시 살아남

되 땅을 치소서 하는지라 이에 세 번 치고 그친지라

19 하나님의 사람이 노하여 이르되 왕이 대여섯 번을 칠 것이니이다 그리하였더면 왕이 아람을 진멸하기까지 쳤으리이다 그런즉 이제는 왕이 아람을 세 번만 치리이다 하니라
13:25

20 ● 엘리사가 죽으니 그를 장사하였고 해가 바뀌매 모압 도적 떼들이 그 땅에 온지라
3:7

21 마침 사람을 장사하는 자들이 그 도적 떼를 보고 그의 시체를 엘리사의 묘실에 들이던지매 시체가 엘리사의 뼈에 닿자 곧 회생하여 일어섰더라

이스라엘과 아람의 전쟁

22 ● 여호아하스 왕의 시대에 아람 왕 하사엘이 항상 이스라엘을 학대하였으나

23 여호와께서 아브라함과 이삭과 야곱과 더불어 세우신 언약 때문에 이스라엘에게 은혜를 베풀며 그들을 불쌍히 여기시며 돌보사 멸하기를 즐겨하지 아니하시고 이 때까지 자기 앞에서 쫓아내지 아니하셨더라

24 아람의 왕 하사엘이 죽고 그의 아들 벤하닷이 대신하여 왕이 되매

25 여호아하스의 아들 요아스가 하사엘의 아들 벤하닷의 손에서 성읍을 다시 빼앗으니 이 성읍들은 자기 부친 여호아하스가 전쟁 중에 빼앗겼던 것이라 요아스가 벤하닷을 세 번 쳐서 무찌르고 이스라엘 성읍들을 회복하였더라

유다 왕 아마샤 (대하 25:1-24) — B.C. 798년경

14
이스라엘 왕 여호아하스의 아들 요아스 제이년에 유다의 왕 요아스의 아들 아마샤가 왕이 되니

2 그가 왕이 된 때에 나이 이십오 세라 예루살렘에서 이십구 년간 다스리니라 그의 어머니의 이름은 여호앗단이요 예루살렘 사람이더라

자취(14:10) 자기 스스로가 만들어서 그렇게 되는 것.
기명(14:14) 살림살이에 쓰는 온갖 그릇들.
볼모(14:14) 담보로 상대편에 물건을 전당 잡혀두는 일.

3 아마사가 여호와 보시기에 정직히 행하였으나 그의 조상 다윗과는 같지 아니하였으며 그의 아버지 요아스가 행한 대로 다 행하였어도

4 오직 산당들을 제거하지 아니하였으므로 백성이 여전히 산당에서 제사를 드리며 분향하더라

5 나라가 그의 손에 굳게 서매 그의 부왕을 죽인 신복들을 죽였으나

6 왕을 죽인 자의 자녀들은 죽이지 아니하였으니 이는 모세의 율법책에 기록된 대로 함이라 곧 여호와께서 명령하여 이르시기를 자녀로 말미암아 아버지를 죽이지 말 것이요 아버지로 말미암아 자녀를 죽이지 말 것이라 오직 사람마다 자기의 죄로 말미암아 죽을 것이니라 하셨더라

7 아마사가 소금 골짜기에서 에돔 사람 만 명을 죽이고 또 전쟁을 하여 셀라를 취하고 그 이름을 욕드엘이라 하였더니 오늘까지 그러하니라

8 ●아마사가 예후의 손자 여호아하스의 아들 이스라엘의 왕 요아스에게 사자를 보내 이르되 오라 우리가 서로 대면하자 한지라

9 이스라엘의 왕 요아스가 유다의 왕 아마사에게 사람을 보내 이르되 레바논 가시나무가 레바논 백향목에게 전갈을 보내어 이르기를 네 딸을 내 아들에게 주어 아내로 삼게 하라 하였더니 레바논 들짐승이 지나가다가 그 가시나무를 짓밟았느니라

10 네가 에돔을 쳐서 파하였으므로 마음

벧세메스(14:11)

이 교만하였으니 스스로 영광을 삼아 왕궁에나 네 집으로 돌아가라 어찌하여 화를 자취하여 너와 유다가 함께 망하고자 하느냐 하나 신 8:14

11 아마사가 듣지 아니하므로 이스라엘의 왕 요아스가 올라와서 그와 유다의 왕 아마사가 유다의 벧세메스에서 대면하였더니

12 유다가 이스라엘 앞에서 패하여 각기 장막으로 도망한지라

13 이스라엘 왕 요아스가 벧세메스에서 아하시야의 손자 요아스의 아들 유다 왕 아마사를 사로잡고 예루살렘에 이르러 예루살렘 성벽을 에브라임 문에서부터 성 모퉁이 문까지 사백 1)규빗을 헐고

14 또 여호와의 성전과 왕궁 곳간에 있는 금은과 모든 기명을 탈취하고 또 사람을 볼모로 잡고서 사마리아로 돌아갔더라

15 ●요아스의 남은 사적과 그의 업적과 또 유다의 왕 아마사와 싸운 일은 이스라엘 왕 역대지략에 기록되지 아니하였느냐

16 요아스가 그의 조상들과 함께 자매 이스라엘 왕들과 사마리아에 함께 장사되고 그의 아들 여로보암이 대신하여 왕이 되니라

유다 왕 아마샤가 죽다 (대하 25:25-28)

17 ●이스라엘의 왕 여호아하스의 아들 요아스가 죽은 후에도 유다의 왕 요아스의 아들 아마사가 십오 년간을 생존하였더라

18 아마샤의 남은 행적은 유다 왕 역대지략에 기록되지 아니하였느냐

14 장 에는 무엇이 기록되어 있을까?

아마샤는 초기에 하나님 앞에서 비교적 정직히 행한 덕분에 국가를 안정시킬 수 있었어요. 그러나 마지막 무렵에는 정치를 잘못하여 결국 반역자들에게 살해를 당했지요. 한편 요아스의 아들 여로보암 2세는 가장 부강한 나라를 만들었지만, 번영을 누릴수록 왕과 백성들은 점점 더 교만해져 죄악을 일삼았습니다.

1) 히, 암마

19 예루살렘에서 무리가 그를 반역한 고로 그가 라기스로 도망하였더니 반역한 무리가 사람을 라기스로 따라 보내 그를 거기서 죽이게 하고

20 그 시체를 말에 실어다가 예루살렘에서 그의 조상들과 함께 다윗 성에 장사하니라 8:24, 25

21 유다 온 백성이 아사랴를 그의 아버지 아마샤를 대신하여 왕으로 삼으니 그 때에 그의 나이가 십육 세라

22 아마샤가 그의 조상들과 함께 잔 후에 아사랴가 엘랏을 건축하여 유다에 복귀시켰더라

이스라엘 왕 여로보암 2세

23 ●유다의 왕 요아스의 아들 아마샤 제 십오년에 이스라엘의 왕 요아스의 아들 여로보암이 사마리아에서 왕이 되어 사십일 년간 다스렸으며

24 여호와 보시기에 악을 행하여 이스라엘에게 범죄하게 한 느밧의 아들 여로보암의 모든 죄에서 떠나지 아니하였더라

25 이스라엘의 하나님 여호와께서 그의 종 가드헤벨 아밋대의 아들 선지자 요나를 통하여 하신 말씀과 같이 여로보

술술 풀리는 **빛영 말씀**

아마샤의 교훈

아버지 요아스의 뒤를 이어 유다의 왕이 된 아마샤는 여호와 보시기에 정직한 정치를 하려고 노력했어요. 그러나 그 신앙을 끝까지 지키지 못하고, 자신의 허세를 채우기 위해 에돔과 전쟁을 일으켰지요. 또한 그는 에돔의 우상을 가져다가 유다에 퍼뜨리고, 교만한 마음으로 북이스라엘을 침범하였어요.

이 전쟁으로 인해 예루살렘 성은 훼파되고 성전의 모든 기구는 빼앗기고 말았답니다. 이후 많은 사람들이 포로로 잡혀 가고 아마샤 자신도 포로로 끌려갔어요. 포로에서 풀려나 유다로 돌아온 아마샤는 백성들의 모반으로 죽임을 당하고 말지요. 왕의 어리석음과 허영심 때문에 큰 곤욕을 치르게 된 백성들이 분노했던 거예요. [14장 1~22절]

암이 이스라엘 영토를 회복하되 하맛 어귀에서부터 아라바 바다까지 하였으니

26 이는 여호와께서 이스라엘의 고난이 심하여 매인 자도 없고 놓인 자도 없고 이스라엘을 도울 자도 없음을 보셨음이라

27 여호와께서 또 이스라엘의 이름을 천하에서 없이 하겠다고도 아니하셨으므로 요아스의 아들 여로보암의 손으로 구원하심이었더라

28 ●여로보암의 남은 사적과 모든 행한 일과 싸운 업적과 다메섹을 회복한 일과 이전에 유다에 속하였던 하맛이 스라엘에 돌린 일은 이스라엘 왕 역대지략에 기록되지 아니하였느냐

29 여로보암이 그의 조상 이스라엘 왕들과 함께 자고 그의 아들 스가랴가 대신하여 왕이 되니라

유다 왕 아사랴 (대하 26:1~23) • B.C. 790년경

15 이스라엘 왕 여로보암 제이십칠년에 유다 왕 아마샤의 아들 아사랴가 왕이 되니

2 그가 왕이 될 때에 나이가 십육 세라 예루살렘에서 오십이 년간 다스리니라 그의 어머니의 이름은 여골리야라 예루살렘 사람이더라

3 아사랴가 그의 아버지 아마샤의 모든 행위대로 여호와 보시기에 정직히 행하였으나

4 오직 산당은 제거하지 아니하였으므로 백성이 여전히 그 산당에서 제사를 드리며 분향하였고 12:3

5 여호와께서 왕을 치셨으므로 그가 죽는 날까지 나병환자가 되어 별궁에 거하고 왕자 요담이 왕궁을 다스리며 그 땅의 백성을 치리하였더라

6 아사랴의 남은 사적과 행한 모든 일은 유다 왕 역대지략에 기록되지 아니하였느냐

7 아사랴가 그의 조상들과 함께 자매 다윗 성에서 그의 조상들과 함께 장사되고 그의 아들 요담이 대신하여 왕이 되니라

8 ●유다의 왕 아사랴의 제삼십팔년에 여로보암의 아들 스가랴가 사마리아에서 여섯 달 동안 이스라엘을 다스리며

9 그의 조상들의 행위대로 여호와 보시기에 악을 행하여 이스라엘로 범죄하게 한 느밧의 아들 여로보암의 죄에서 떠나지 아니한지라

10 야베스의 아들 살룸이 그를 반역하여 백성 앞에서 쳐죽이고 대신하여 왕이 되니라

11 스가랴의 남은 사적은 이스라엘 왕 역대지략에 기록되니라 암 7.9

12 여호와께서 예후에게 말씀하여 이르시기를 네 자손이 사 대 동안 이스라엘 왕위에 있으리라 하신 그 말씀대로 과연 그렇게 되니라

13 ●유다 왕 웃시야 제삼십구년에 야베스의 아들 살룸이 사마리아에서 왕이 되어 한 달 동안 다스리니라

14 가디의 아들 므나헴이 디르사에서부터 사마리아로 올라가서 야베스의 아들 살룸을 거기에서 쳐죽이고 대신하여 왕이 되니라

15 살룸의 남은 사적과 그가 반역한 일은 이스라엘 왕 역대지략에 기록되니라

16 그 때에 므나헴이 디르사에서 와서 딥사와 그 가운데에 있는 모든 사람과 그 사방을 쳤으니 이는 그들이 성문을 열지 아니하였음이라 그러므로 그들이 그 곳을 치고 그 가운데에 아이 밴 부녀를 갈랐더라

세겜 북쪽 디르사 유적지(15:14-16)

17 ●유다 왕 아사랴 제삼십구년에 가디의 아들 므나헴이 이스라엘 왕이 되어 사마리아에서 십 년간 다스리며 15:1

18 여호와 보시기에 악을 행하여 이스라엘로 범죄하게 한 느밧의 아들 여로보암의 죄에서 평생 떠나지 아니하였더라

19 앗수르 왕 불이 와서 그 땅을 치려 하매 므나헴이 은 천 달란트를 불에게 주어서 그로 자기를 도와 주게 함으로 나라를 자기 손에 굳게 세우고자 하여

20 그 은을 이스라엘 모든 큰 부자에게서 강탈하여 각 사람에게 은 오십 세겔씩 내게 하여 앗수르 왕에게 주었더니 이에 앗수르 왕이 되돌아가 그 땅에 머물지 아니하였더라

21 므나헴의 남은 사적과 그가 행한 모든 일은 이스라엘 왕 역대지략에 기록되지 아니하였느냐

22 므나헴이 그의 조상들과 함께 자고 그의 아들 브가히야가 대신하여 왕이 되니라

23 ●유다의 왕 아사랴 제오십년에 므나헴의 아들 브가히야가 사마리아에서 이스라엘 왕이 되어 이 년간 다스리며

24 여호와 보시기에 악을 행하여 이스라엘로 범죄하게 한 느밧의 아들 여로보암의 죄에서 떠나지 아니한지라

25 그 장관 르말랴의 아들 베가가 반역하여 사마리아 왕궁 호위소에서 왕과 아르곱과 아리에를 죽이되 길르앗 사람 오십 명과 더불어 죽이고 대신하여 왕이 되었더라

26 브가히야의 남은 사적과 그가 행한 모든 일은 이스라엘 왕 역대지략에 기록되나니라

이스라엘 왕 베가

27 ●유다의 왕 아사랴 제오십이년에 르말랴의 아들 베가가 이스라엘 왕이 되어 사마리아에서 이십 년간 다스리며

28 여호와께서 보시기에 악을 행하여 이스라엘로 범죄하게 한 느밧의 아들 여로보암의 죄에서 떠나지 아니하였더라

29 ●이스라엘 왕 베가 때에 앗수르 왕 디글랏 빌레셀이 와서 이욘과 아벨벳 마아가와 야노아와 게데스와 하솔과 길르앗과 갈릴리와 납달리 온 땅을 점령하고 그 백성을 사로잡아 앗수르로 옮겼더라

30 웃시야의 아들 요담 제이십년에 엘라의 아들 호세아가 반역하여 르말랴의 아들 베가를 쳐서 죽이고 대신하여 왕이 되니라

31 베가의 남은 사적과 그가 행한 모든 일은 이스라엘 왕 역대지략에 기록되나라

유다 왕 요담 (대하 27:1-9)

32 ●이스라엘의 왕 르말랴의 아들 베가 제이년에 유다 왕 웃시야의 아들 요담이 왕이 되니

33 나이가 이십오 세라 예루살렘에서 십육 년간 다스리니라 그의 어머니의 이름은 여루사라 사독의 딸이더라

34 요담이 그의 아버지 웃시야의 모든 행위대로 여호와께서 보시기에 정직히 행하였으나　15:3

35 오직 산당을 제거하지 아니하였으므로 백성이 여전히 그 산당에서 제사를 드리며 분향하였더라 요담이 여호와

의 성전의 윗문을 건축하니라

36 요담의 남은 사적과 그가 행한 모든 일은 유다 왕 역대지략에 기록되지 아니하였느냐

37 ●그 때에 여호와께서 비로소 아람 왕 르신과 르말랴의 아들 베가를 보내어 유다를 치게 하셨더라

38 요담이 그의 조상들과 함께 자매 그의 조상 다윗 성에 조상들과 함께 장사되고 그 아들 아하스가 대신하여 왕이 되니라

유다 왕 아하스 (대하 28:1-27)─B.C. 740년경

16

르말랴의 아들 베가 제십칠년에 유다의 왕 요담의 아들 아하스가 왕이 되니

2 아하스가 왕이 될 때에 나이가 이십 세라 예루살렘에서 십육 년간 다스렸으나 그의 조상 다윗과 같지 아니하여 그의 하나님 여호와께서 보시기에 정직히 행하지 아니하고

3 이스라엘의 여러 왕의 길로 행하며 또 여호와께서 이스라엘 자손 앞에서 쫓아내신 이방 사람의 가증한 일을 따라 자기 아들을 불 가운데로 지나가게 하며

4 또 산당들과 작은 산 위와 모든 푸른 나무 아래에서 제사를 드리며 분향하였더라　신 12:2

5 ●이 때에 아람의 왕 르신과 이스라엘의 왕 르말랴의 아들 베가가 예루살렘에 올라와서 싸우려 하여 아하스를 에워쌌으나 능히 이기지 못하니라

6 당시에 아람의 왕 르신이 엘랏을 회복하여 아람에 돌리고 유다 사람을 엘랏에서 쫓아내었고 아람 사람이 엘랏에

16 에는 무엇이 기록되어 있을까?

요담의 뒤를 이은 아하스는 하나님을 떠나 가나안의 모든 우상들을 섬겼던 유다의 가장 악한 왕이랍니다. 그는 금송아지와 바알, 몰록을 섬기며 성전을 폐쇄하고 하나님께 드리는 제사를 금하는 등 큰 죄악을 일삼았어요. 정치적으로도 하나님을 의지하라는 이사야 선지자의 말을 무시하고 앗수르를 의지했지요.

이르러 거기에 거주하여 오늘까지 이르렀더라

7 아하스가 앗수르 왕 디글랏 빌레셀에게 사자를 보내 이르되 나는 왕의 신복이요 왕의 아들이라 이제 아람 왕과 이스라엘 왕이 나를 치니 청하건대 올라와 그 손에서 나를 구원하소서 하고

8 아하스가 여호와의 성전과 왕궁 곳간에 있는 은금을 내어다가 앗수르 왕에게 예물로 보냈더니

9 앗수르 왕이 그 청을 듣고 곧 올라와서 다메섹을 쳐서 점령하여 그 백성을 사로잡아 기르로 옮기고 또 르신을 죽였더라

10 ●아하스 왕이 앗수르의 왕 디글랏 빌레셀을 만나러 다메섹에 갔다가 거기 있는 제단을 보고 아하스 왕이 그 제단의 모든 구조와 제도의 양식을 그려 제사장 우리야에게 보냈더니

11 아하스 왕이 다메섹에서 돌아오기 전에 제사장 우리야가 아하스 왕이 다메섹에서 보낸 대로 모두 행하여 제사장 우리야가 제단을 만든지라

12 왕이 다메섹에서 돌아와 제단을 보고 제단 앞에 나아가 그 위에 제사를 드리되

13 자기의 번제물과 소제물을 불사르고 또 전제물을 붓고 수은제 짐승의 피를 제단에 뿌리고

14 또 여호와의 앞 곧 성전 앞에 있던 놋 제단을 새 제단과 여호와의 성전 사이에서 옮겨다가 그 제단 북쪽에 그것을

두니라

출 40:6

15 아하스 왕이 제사장 우리야에게 명령하여 이르되 아침 번제물과 저녁 소제물과 왕의 번제물과 그 소제물과 모든 국민의 번제물과 그 소제물과 전제물을 다 이 큰 제단 위에 불사르고 또 번제물의 피와 다른 제물의 피를 다 그 위에 뿌리라 오직 놋 제단은 내가 주께 여쭐 일에만 쓰게 하라 하매

16 제사장 우리야가 아하스 왕의 모든 명령대로 행하였더라

17 ●아하스 왕이 물두멍 받침의 옆판을 떼내고 물두멍을 그 자리에서 옮기고 또 놋바다를 놋소 위에서 내려다가 돌판 위에 그것을 두며

18 또 안식일에 쓰기 위하여 성전에 건축한 낭실과 왕이 밖에서 들어가는 낭실을 앗수르 왕을 두려워하여 여호와의 성전에 옮겨 세웠더라

19 아하스가 행한 그 남은 사적은 유다 왕 역대지략에 기록되지 아니하였느냐

20 아하스가 그의 조상들과 함께 자매 다윗 성에 그 열조와 함께 장사되고 그의 아들 히스기야가 대신하여 왕이 되니라

이스라엘 왕 호세아 — B.C. 732년경

17

유다의 왕 아하스 제십이년에 엘라의 아들 호세아가 사마리아에서 이스라엘 왕이 되어 구 년간 다스리며

2 여호와께서 보시기에 악을 행하였으나 다만 그 전 이스라엘 여러 왕들과 같

유다, 이스라엘, 앗수르의 비교 연대표(14-16장)

유다								
796 790 웃시야(790-740) 767			750	740 735 731			715	
아마샤(796-767)			요담(750-731)		아하스(735-715)			

이스라엘							
793	753 752	742 740	722				
여로보암 II	스가랴 살룸 므나헴	브가히야 베가	호세아	이스라엘이 앗수르에 의해 멸망함			

앗수르							
810	783	773	755	745	727 722		
아닷니라리 III	살만에셀 IV	앗수르단 III	앗수르니라리 V	디글랏 빌레셀 III	살만에셀 V 사르곤 II		

※단, 연대는 B.C.
☐ 공동 통치 기간

이 하지는 아니하였더라

3 앗수르의 왕 살만에셀이 올라오니 호세아가 그에게 종이 되어 조공을 드리더니

4 그가 애굽의 왕 소에게 사자들을 보내고 해마다 하던 대로 앗수르 왕에게 조공을 드리지 아니하매 앗수르 왕이 호세아가 배반함을 보고 그를 옥에 감금하여 두고

5 앗수르 왕이 올라와 그 온 땅에 두루다니고 사마리아로 올라와 그 곳을 삼 년간 에워쌌더라

6 호세아 제구년에 앗수르 왕이 사마리아를 점령하고 이스라엘 사람을 사로잡아 앗수르로 끌어다가 고산 강 가에 있는 할라와 하볼과 메대 사람의 여러 고을에 두었더라

앗수르 왕이 사마리아를 치니하다

7 ●이 일은 이스라엘 자손이 자기를 애굽 땅에서 인도하여 내사 애굽의 왕 바로의 손에서 벗어나게 하신 것 그 하나님 여호와께 죄를 범하고 또 다른 신들을 경외하며

8 여호와께서 이스라엘 자손 앞에서 쫓아내신 이방 사람의 규례와 이스라엘 여러 왕이 세운 율례를 행하였음이라

9 이스라엘의 자손이 점차로 불의를 행하여 그 하나님 여호와를 배역하여 모든 성읍에 망대로부터 건고한 성에 이르도록 산당을 세우고

10 모든 산 위에와 모든 푸른 나무 아래에 목상과 아세라 상을 세우고 출 34:12

앗수르 왕 살만에셀에게 조공을 바치는 예후 (17:3)

11 또 여호와께서 그들 앞에서 물리치신 이방 사람 같이 그 곳 모든 산당에서 분향하며 또 악을 행하여 여호와를 격노하게 하였으며

12 또 우상을 섬겼으니 이는 여호와께서 그들에게 행하지 말라고 말씀하신 일이라

13 여호와께서 각 선지자와 각 선견자를 통하여 이스라엘과 유다에게 지정하여 이르시기를 너희는 돌이켜 너희 악한 길에서 떠나 나의 명령과 율례를 지키되 내가 너희 조상들에게 명령하고 또 내 종 선지자들을 통하여 너희에게 전한 모든 율법대로 행하라 하셨으나

14 그들이 듣지 아니하고 그들의 목을 곧게 하기를 그들의 하나님 여호와를 믿지 아니하던 그들 조상들의 목 같이 하여

15 여호와의 율례와 여호와께서 그들의 조상들과 더불어 세우신 언약과 경계하신 말씀을 버리고 허무한 것을 뒤따라 허망하며 또 여호와께서 명령하사 따르지 말라 하신 사방 이방 사람을 따라

16 그들의 하나님 여호와의 모든 명령을 버리고 자기들을 위하여 두 송아지 형상을 부어 만들고 또 아세라 목상을 만들고 하늘의 일월 성신을 경배하며 또 바알을 섬기고

17 또 자기 자녀를 불 가운데로 지나가게 하며 복술과 사술을 행하고 스스로 팔려 여호와 보시기에 악을 행하여 그를 격노하게 하였으므로

18 여호와께서 이스라엘에게 심히 노하사 그들을 그의 앞에서 제거하시니 오직 유다 지파 외에는 남은 자가 없으니라

17 에는 무엇이 기록되어 있을까?

호세아는 앗수르의 힘을 빌어 왕이 된 후, 앗수르의 지배에서 벗어나려고 애굽과 동맹을 맺었지요. 이에 분노한 살만에셀은 이스라엘에 쳐들어와 3년 만에 사마리아를 차지하고 그곳에 앗수르 사람들을 살게 했답니다. 그리하여 혼혈족인 사마리아인이 생겨났답니다. 그러나 북이스라엘이 멸망한 진짜 원인은 우상 숭배 때문이었지요.

19 ●유다도 그들의 하나님 여호와의 명령을 지키지 아니하고 이스라엘 사람들이 만든 관습을 행하였으므로 16:3

20 여호와께서 이스라엘의 온 족속을 버리사 괴롭게 하시며 노략꾼의 손에 넘기시고 마침내 그의 앞에서 쫓아내시니라

21 이스라엘을 다윗의 집에서 찢어 나누시매 그들이 느밧의 아들 여로보암을 왕으로 삼았더니 여로보암이 이스라엘을 몰아 여호와를 떠나게 하며 큰 죄를 범하게 하매

22 이스라엘 자손이 여로보암이 행한 모든 죄를 따라 행하여 거기서 떠나지 아니하므로

23 여호와께서 그의 종 모든 선지자를 통하여 하신 말씀대로 드디어 이스라엘을 그 앞에서 내쫓으신지라 이스라엘이 고향에서 앗수르에 사로잡혀 가서 오늘까지 이르렀더라 18:12

24 ●앗수르 왕이 바벨론과 구다와 아와와 하맛과 스발와임에서 사람을 옮겨다가 이스라엘 자손을 대신하여 사마리아 여러 성읍에 두매 그들이 사마리아를 차지하고 그 여러 성읍에 거주하니라

25 그들이 처음으로 거기 거주할 때에 여호와를 경외하지 아니하므로 여호와께서 사자들을 그들 가운데에 보내시매 몇 사람을 죽인지라

26 그러므로 어떤 사람이 앗수르 왕에게 말하여 이르되 왕께서 사마리아 여러 성읍에 옮겨 거주하게 하신 민족들이 그 땅 신의 법을 알지 못하므로 그들의 신이 사자들을 그들 가운데에 보내매 그들을 죽였사오니 이는 그들이 그 땅 신의 법을 알지 못함이니이다 하니라

27 ●앗수르 왕이 명령하여 이르되 너희는 그 곳에서 사로잡아 온 제사장 한 사람을 그 곳으로 데려가되 그가 그 곳에 가서 거주하며 그 땅 신의 법을 무리에게 가르치게 하라 하니

28 이에 사마리아에서 사로잡혀 간 제사장 중 한 사람이 와서 벧엘에 살며 백성에게 어떻게 여호와 경외할지를 가르쳤더라

29 그러나 각 민족이 각기 자기의 신상들을 만들어 사마리아 사람이 지은 여러 산당들에 두되 각 민족이 자기들이 거주한 성읍에서 그렇게 하여

30 바벨론 사람들은 숙곳브놋을 만들었고 굿 사람들은 네르갈을 만들었고 하맛 사람들은 아시마를 만들었고 17:24

31 아와 사람들은 닙하스와 다르닥을 만들었고 스발와임 사람들은 그 자녀를 불살라 그들의 신 아드람멜렉과 아남멜렉에게 드렸으며

32 그들이 또 여호와를 경외하여 자기 중에서 사람을 산당의 제사장으로 택하여 그 산당들에서 자기를 위하여 제사를 드리게 하니라

33 이와 같이 그들이 여호와도 경외하고 또한 어디서부터 옮겨왔든지 그 민족의 풍속대로 자기의 신들도 섬겼더라

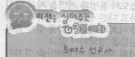

비전을 심어주는
오늘의 성화

토마스 선교사

　영국 웨일즈에서 태어난 '로버트 토마스' 선교사는 한국 선교를 위하여 1866년에 '제너럴 셔먼호'를 타고 평양으로 갔어요. 그런데 ○○○○ 관리의 퇴각 명령을 무시하며 계속하여 강을 거슬러 올라가자, 결국 싸움이 벌어지게 되었지요. 곧 배에 불이 붙고 배에 탄 사람들은 탈출하기 시작했습니다.

　그 와중에 토마스 선교사는 "지저스 크라이스트"를 외치며 육지로 성경책을 던졌고, 마지막 한 권의 성경을 가지고 헤엄쳐 나와다 병사들에게 붙잡혔어요. 사형 집행관인 박춘권이 그의 목을 치려고 칼을 뽑아 들었을 때, 토마스는 자기 품에 지녔던 성경책을 그에게 내밀었어요.

　토마스의 성경책을 받아든 박춘권은 훗날 회개하였고, 1899년 세례를 받고 교회에 충성하였습니다. 또한 이후로 많은 선교사들의 활동이 시작되어 평양에서는 큰 부흥이 일어났지요.

여호와 앞에서 정직히 행하는 히스기야 왕(18:3)

34 ●그들이 오늘까지 이전 풍속대로 행하여 여호와를 경외하지 아니하며 또 여호와께서 이스라엘이라 이름을 주신 야곱의 자손에게 명령하신 율례와 법도와 율법과 계명을 준행하지 아니하는도다

35 옛적에 여호와께서 야곱의 자손에게 언약을 세우시고 그들에게 명령하여 이르시되 너희는 다른 신을 경외하지 말며 그를 경배하지 말며 그를 섬기지 말며 그에게 제사하지 말고

36 오직 큰 능력과 편 팔로 너희를 애굽에서 인도하여 내신 여호와만 경외하여 그를 예배하며 그에게 제사를 드릴 것이며

37 또 여호와가 너희를 위하여 기록한 율례와 법도와 율법과 계명을 지켜 영원히 행하고 다른 신들을 경외하지 말며

38 또 내가 너희와 세운 언약을 잊지 말며 다른 신들을 경외하지 말고

39 오직 너희 하나님 여호와만을 경외하라 그가 너희를 모든 원수의 손에서 건져내리라 하셨으나

40 그러나 그들이 듣지 아니하고 오히려 이전 풍속대로 행하였느니라

41 이 여러 민족이 여호와를 경외하고 또 그 아로새긴 우상을 섬기니 그들의 자자 손손이 그들의 조상들이 행하던 대로 그들도 오늘까지 행하느니라   습 1:5

유다 왕 히스기야 (대하 29:1-2, 31:1)

18 이스라엘의 왕 엘라의 아들 호세아 제삼년에 유다 왕 아하스의 아들 히스기야가 왕이 되니   17:1

2 그가 왕이 될 때에 나이가 이십오 세라

예루살렘에서 이십구 년간 다스리니라 그의 어머니의 이름은 아비요 스가랴의 딸이더라

3 히스기야가 그의 조상 다윗의 모든 행위와 같이 여호와께서 보시기에 정직하게 행하여

4 그가 여러 산당들을 제거하며 주상을 깨뜨리며 아세라 목상을 찍으며 모세가 만들었던 놋뱀을 이스라엘 자손이 이때까지 향하여 분향하므로 그것을 부수고 1)느후스단이라 일컬었더라

5 히스기야가 이스라엘 하나님 여호와를 의지하였는데 그의 전후 유다 여러 왕 중에 그러한 자가 없었으니   24:25

6 곧 그가 여호와께 연합하여 그에게서 떠나지 아니하고 여호와께서 모세에게 명령하신 계명을 지켰더라

7 여호와께서 그와 함께 하시매 그가 어디로 가든지 형통하였더라 저가 앗수르 왕을 배반하고 섬기지 아니하였고

8 그가 블레셋 사람들을 쳐서 가사와 그 사방에 이르고 망대에서부터 견고한 성까지 이르렀더라

9 ●히스기야 왕 제사년 곧 이스라엘의 왕 엘라의 아들 호세아 제칠년에 앗수르의 왕 살만에셀이 사마리아로 올라와서 에워쌌더라

10 삼 년 후에 그 성읍이 함락되니 곧 히스기야 왕의 제육년이요 이스라엘 왕 호세아의 제구년에 사마리아가 함락되매

11 앗수르 왕이 이스라엘을 사로잡아 앗수르에 이르러 고산 강 가에 있는 할라와 하볼과 메대 사람의 여러 성읍에 두

18장 에는 무엇이 기록되어 있을까?

히스기야는 아하스가 건립한 산당과 각종 우상들을 제거하고 앗수르를 섬기지 않았어요. 이로 인해 앗수르는 유다를 공격했지요. 람사게의 같은 협박과 설득에도 불구하고, 유다 백성들은 흔들리지 않고 히스기야의 말을 듣고 하나님만 신뢰하였습니다. 이처럼 하나님만을 의지한 유다는 구원을 받게 됩니다.

1) 놋조각이라는 뜻

● 이스라엘이
분항한 놋뱀
(18:4)
모세의 구리뱀 지팡
이로, 히스기야 왕이
개혁하면서 이것을
부수고 느후스단이
라 했다.

었으니

12 이는 그들이 하나님 여호와의 말씀을
듣지 아니하고 그의 언약과 여호와의
종 모세가 명령한 모든 것을 따르지 아
니하였음이더라
민 12:7, 8

앗수르 사람들이 예루살렘을 위협하다
(대하 32:1-19; 사 36:1-22)

13 ●히스기야 왕 제십사년에 앗수르의
왕 산헤립이 올라와서 유다 모든 견고
한 성읍들을 쳐서 점령하매

14 유다의 왕 히스기야가 라기스로 사람
을 보내어 앗수르 왕에게 이르되 내가
범죄하였나이다 나를 떠나 돌아가소
서 왕이 내게 지우시는 것을 내가 당하
리라 하였더니 앗수르 왕이 곧 은 삼
백 달란트와 금 삼십 달란트를 정하여
유다 왕 히스기야에게 내게 한지라

15 히스기야가 이에 여호와의 성전과 왕
궁 곳간에 있는 은을 다 주었고

16 또 그 때에 유다 왕 히스기야가 여호
와의 성전 문의 금과 자기가 모든 기둥에
입힌 금을 벗겨 모두 앗수르 왕에게 주
었더라

17 ●앗수르 왕이 다르단과 랍사리스와
랍사게로 하여금 대군을 거느리고 라
기스에서부터 예루살렘으로 가서 히
스기야 왕을 치게 하매 그들이 예루살
렘으로 올라가니라 그들이 올라가서
윗못 수도 곁 곧 세탁자의 밭에 있는 큰
길에 이르러 서니라

18 그들이 왕을 부르매 힐기야의 아들로

서 왕궁의 책임자인 엘리야김과 서기
관 셉나와 아삽의 아들 사관 요아가 그
에게 나가니

19 랍사게가 그들에게 이르되 너희는 히스
기야에게 말하라 대왕 앗수르 왕의 말씀
이 네가 의뢰하는 이 의뢰가 무엇이냐

20 네가 싸울 만한 계교와 용력이 있다고
한다마는 이는 입에 붙은 말 뿐이라 네
가 이제 누구를 의뢰하고 나를 반역하
였느냐
사 30:2, 7

21 이제 네가 너를 위하여 저 상한 갈대 지
팡이 애굽을 의뢰하도다 사람이 그것
을 의지하면 그의 손에 찔려 들어갈지
라 애굽의 왕 바로는 그에게 의뢰하는
모든 자에게 이와 같으니라

22 너희가 내게 이르기를 우리는 우리 하
나님 여호와를 의뢰하노라 하리라마는
히스기야가 그들의 산당들과 제단을 제
거하고 유다와 예루살렘 사람에게 명
령하기를 예루살렘 이 제단 앞에서만
예배하라 하지 아니하였느냐 하셨나니

23 청하건대 이제 너는 내 주 앗수르 왕과
내기하라 네가 만일 말을 탈 사람을 낼
수 있다면 나는 네게 말 이천 마리를 주
리라

24 네가 어찌 내 주의 신하 중 지극히 작은
지휘관 한 사람인들 물리치며 애굽을 의
뢰하고 그 병거와 기병을 얻을 듯하냐

25 내가 어찌 여호와의 뜻이 아니고야 이
제 이 곳을 멸하러 올라왔겠느냐 여호
와께서 전에 내게 이르시기를 이 땅으
로 올라와서 쳐서 멸하라 하셨느니라
하는지라

26 힐기야의 아들 엘리야김과 셉나와 요
아가 랍사게에게 이르되 우리가 알아

준행(17:34) 어떤 본보기를 그대로 따라 행함.
주상(18:4) 기둥 모양으로 만든 가나안 사람들의
우상.
함락(18:10) 적의 성이나 진지를 빼앗아 점령함.
서기관(18:18) 조약문이나 왕이 어떤 사람에게 훈
계하거나 알릴 일을 적은 칙서, 급히 보내야 할 문서
등을 기록하는 관리.
계교(18:20) 여러 모로 빈틈 없이 생각하여 낸 꾀.

감람나무(18:32)

들겠사오니 청하건대 아람 말로 당신의 종들에게 말씀하시고 성 위에 있는 백성이 듣는 데서 유다 말로 우리에게 말씀하지 마옵소서

27 랍사게가 그에게 이르되 내 주께서 네 주와 네게만 이 말을 하라고 나를 보내신 것이냐 성 위에 앉은 사람들도 너희와 함께 자기의 대변을 먹게 하고 자기의 소변을 마시게 하신 것이 아니냐 하고

28 랍사게가 드디어 일어서서 유다 말로 크게 소리 질러 불러 이르되 너희는 대왕 앗수르 왕의 말씀을 들으라

29 왕의 말씀이 너희는 히스기야에게 속지 말라 그가 너희를 내 손에서 건져내지 못하리라

30 또한 히스기야가 너희에게 여호와를 의뢰하라 함을 듣지 말라 그가 이르기를 여호와께서 반드시 우리를 건지실지라 이 성읍이 앗수르 왕의 손에 함락되지 아니하게 하시리라 할지라도

31 너희는 히스기야의 말을 듣지 말라 앗수르 왕의 말씀이 너희는 내게 항복하고 내게로 나아오라 그리하고 너희는 각각 그의 포도와 무화과를 먹고 또한 각각 자기의 우물의 물을 마시라

32 내가 장차 와서 너희를 한 지방으로 옮기리니 그 곳은 너희 본토와 같은 지방 곧 곡식과 포도주가 있는 지방이요 떡과 포도원이 있는 지방이요 기름 나는 감람과 꿀이 있는 지방이라 너희가 살고 죽지 아니하리라 히스기야가 너희

를 설득하여 이르기를 여호와께서 우리를 건지시리라 하여도 히스기야에게 듣지 말라

33 민족의 신들 중에 어느 한 신이 그의 땅을 앗수르 왕의 손에서 건진 자가 있느냐

34 하맛과 아르밧의 신들이 어디 있으며 스발와임과 헤나와 아와의 신들이 어디 있느냐 그들이 사마리아를 내 손에서 건졌느냐

35 민족의 모든 신들 중에 누가 그의 땅을 내 손에서 건졌기에 여호와가 예루살렘을 내 손에서 건지겠느냐 하셨느니라

36 그러나 백성이 잠잠하고 한 마디도 그에게 대답하지 아니하니 이는 왕이 명령하여 대답하지 말라 하였음이라

37 이에 힐기야의 아들로서 왕궁 내의 책임자인 엘리야김과 서기관 셉나와 아삽의 아들 사관 요아가 옷을 찢고 히스기야에게 나아가서 랍사게의 말을 전하니라

왕이 이사야의 충고를 듣고자 하다(사 37:1~7)

19 히스기야 왕이 듣고 그 옷을 찢고 굵은 베를 두르고 여호와의 전에 들어가서

2 왕궁의 책임자인 엘리야김과 서기관 셉나와 제사장 중 장로들에게 굵은 베를 둘러서 아모스의 아들 선지자 이사야에게로 보내매

3 그들이 이사야에게 이르되 히스기야의 말씀이 오늘은 환난과 징벌과 모욕의 날이라 아이를 낳을 때가 되었으나

19 에는 무엇이 기록되어 있을까?

앗수르의 침략으로 나라가 위기에 빠지자, 히스기야는 이사야에게 기도를 부탁하고 자신도 하나님께 무릎을 꿇고 기도했어요. 기도의 내용은 하나님이야말로 천지 만물을 주관하시는 분이시므로 하나님의 영광을 위하여 유다를 구원해달라는 것이었어요. 이에 하나님은 히스기야의 기도를 들으시고 유다를 구원해주십니다.

해산할 힘이 없도다

4 랍사게가 그의 주 앗수르 왕의 보냄을 받고 와서 살아 계신 하나님을 비방하였으니 당신의 하나님 여호와께서 혹시 그의 말을 들으셨을지라 당신의 하나님 여호와께서 그 들으신 말 때문에 꾸짖으실 듯하니 당신은 이 남아 있는 자들을 위하여 기도하소서 하더이다 하니라

5 이와 같이 히스기야 왕의 신복이 이사야에게 나아가니

6 이사야가 그들에게 이르되 너희는 너희 주에게 이렇게 말하라 여호와의 말씀이 너는 앗수르 왕의 신복에게 들은 바 나를 모욕하는 말 때문에 두려워하지 말라

7 내가 한 영을 그의 속에 두어 그로 소문을 듣고 그의 본국으로 돌아가게 하고 또 그의 본국에서 그에게 칼에 죽게 하리라 하셨느니라 하더라

앗수르가 또 위협하다 (사 37:8-20)

8 ●랍사게가 돌아가다가 앗수르 왕이 이미 라기스에서 떠났다 함을 듣고 립나로 가서 앗수르 왕을 만났으니 왕이 거기서 립나와 싸우는 중이더라

9 앗수르 왕은 구스 왕 디르하가가 당신과 싸우고자 나왔다 함을 듣고 다시 히스기야에게 사자를 보내며 이르되

10 너희는 유다의 왕 히스기야에게 이같이 말하여 이르기를 네가 믿는 네 하나님이 예루살렘을 앗수르 왕의 손에 넘기지 아니하겠다 하는 말에 속지 말라

11 앗수르의 여러 왕이 여러 나라에 행한 바 진멸한 일을 네가 들었나니 네가 어찌 구원을 얻겠느냐

12 내 조상들이 멸하신 여러 민족 곧 고산과 하란과 레셉과 들라살에 있는 에덴 족속을 그 나라들의 신들이 건졌느냐

13 하맛 왕과 아르밧 왕과 스발와임 성의 왕과 헤나와 아와의 왕들이 다 어디 있느냐 하라 하니라

14 ●히스기야가 사자의 손에서 편지를 받아보고 여호와의 성전에 올라가서 히스기야가 그 편지를 여호와 앞에 펴놓고

15 그 앞에서 히스기야가 기도하여 이르되 그룹들 위에 계신 이스라엘의 하나님 여호와여 주는 천하 만국에 홀로 하나님이시라 주께서 천지를 만드셨나이다

16 여호와여 귀를 기울여 들으소서 여호와여 눈을 떠서 보시옵소서 산헤립이 살아 계신 하나님을 비방하러 보낸 말을 들으시옵소서

17 여호와여 앗수르 여러 왕이 과연 여러 민족과 그들의 땅을 황폐하게 하고

18 또 그들의 신들을 불에 던졌사오니 이는 그들이 신이 아니요 사람의 손으로 만든 것 곧 나무와 돌 뿐이므로 멸하였나이다

19 우리 하나님 여호와여 원하건대 이제 우리를 그의 손에서 구원하옵소서 그리하시면 천하 만국이 주 여호와가 홀로 하나님이신 줄 알리이다 하니라

이사야가 왕에게 보낸 여호와의 말씀 (사 37:21-38)

20 ●아모스의 아들 이사야가 히스기야

아문 신의 보호 아래 있는 디르하가(19:9)

에게 보내 이르되 이스라엘 하나님 여
호와의 말씀이 네가 앗수르 왕 산헤립
때문에 내게 기도하는 것을 내가 들었
노라 하셨나이다

21 여호와께서 앗수르 왕에게 대하여 이
같이 말씀하시기를
처녀 딸 시온이 너를 멸시하며 너를
비웃었으며 딸 예루살렘이 너를 향
하여 머리를 흔들었느니라 ※16:4

22 네가 누구를 꾸짖었으며 비방하였느
냐 누구를 향하여 소리를 높였으며
눈을 높이 떴느냐 이스라엘의 거룩
한 자에게 그리하였도다

23 네가 사자들을 통하여 주를 비방하
여 이르기를 내가 많은 병거를 거느
리고 여러 산 꼭대기에 올라가며 레
바논 깊은 곳에 이르러 높은 백향목
과 아름다운 잣나무를 베고 내가 그
가장 먼 곳에 들어가며 그의 동산의
무성한 수풀에 이르리라

24 내가 땅을 파서 이방의 물을 마셨고
나의 발바닥으로 애굽의 모든 강들
을 말렸노라 하였도다

25 네가 듣지 못하였느냐 이 일은 내가
태초부터 행하였고 옛날부터 정한
바라 이제 내가 이루어 너로 견고한
성들을 멸하여 무너진 돌무더기가
되게 함이니라

26 그러므로 거기에 거주하는 백성의
힘이 약하여 두려워하며 놀랐나니
그들은 들의 채소와 푸른 풀과 지붕
의 잡초와 자라기 전에 시든 곡초 같
이 되었느니라

27 네 거처와 네 출입과 네가 내게 향한
분노를 내가 다 아노니

28 *네가 내게 향한 분노와 네 교만한 말
이 내 귀에 들렸도다 그러므로 내가
갈고리를 네 코에 꿰고 재갈을 네 입
에 물려 너를 오던 길로 끌어 돌이키
리라
하셨나이다*

29 ●또 네게 보일 징조가 이러하니 너희

가 금년에는 스스로 자라난 것을 먹고
내년에는 그것에서 난 것을 먹되 제삼
년에는 심고 거두며 포도원을 심고 그
열매를 먹으리라

30 유다 족속 중에서 피하고 남은 자는 다
시 아래로 뿌리를 내리고 위로 열매를
맺을지라

31 남은 자는 예루살렘에서부터 나올 것
이요 피하는 자는 시온 산에서부터 나
오리니 여호와의 열심이 이 일을 이루
리라 하셨나이다 하니라

32 그러므로 여호와께서 앗수르 왕을 가
리켜 이르시기를 그가 이 성에 이르지
못하며 이리로 화살을 쏘지 못하며 방
패를 성을 향하여 세우지 못하며 치려
고 토성을 쌓지도 못하고

33 오던 길로 돌아가고 이 성에 이르지 못
하리라 하셨으니 이는 여호와의 말씀
이시라 19:28

34 내가 나와 나의 종 다윗을 위하여 이 성
을 보호하여 구원하리라 하셨나이다
하였더라

산헤립이 죽다

35 ●이 밤에 여호와의 사자가 나와서 앗
수르 진영에서 군사 십팔만 오천 명을
친지라 아침에 일찍이 일어나 보니 다
송장이 되었더라

36 앗수르 왕 산헤립이 떠나 돌아가서 니
느웨에 거주하더니

37 그가 그의 신 니스록의 신전에서 경배

병에 걸린
히스기야(20:1)

할 때에 아드람멜렉과 사레셀이 그를 칼로 쳐죽이고 아라랏 땅으로 그들이 도망하매 그 아들 에살핫돈이 대신하여 왕이 되니라

히스기야의 발병과 회복──B.C. 701년경
(대하 32:24~26, 사 38:1~8, 21~22)

20 그 때에 히스기야가 병들어 죽게 되매 아모스의 아들 선지자 이사야가 그에게 나아와서 그에게 이르되 여호와의 말씀이 너는 집을 정리하라 네가 죽고 살지 못하리라 하셨나이다

2 히스기야가 낮을 벽으로 향하고 여호와께 기도하여 이르되

히스기야의 병을 고쳐주신 하나님(20:5-6)

3 여호와여 구하오니 내가 진실과 전심으로 주 앞에 행하며 주께서 보시기에 선하게 행한 것을 기억하옵소서 하고 히스기야가 심히 통곡하더라

4 이사야가 성읍 가운데까지도 이르기 전에 여호와의 말씀이 그에게 임하여 이르시되

5 너는 돌아가서 내 백성의 주권자 히스기야에게 이르기를 왕의 조상 다윗의 하나님 여호와의 말씀이 내가 네 기도를 들었고 네 눈물을 보았노라 내가 너를 낫게 하리니 네가 삼 일 만에 여호와의 성전에 올라가겠고　사 39:12

6 내가 네 날에 십오 년을 더할 것이며 내가 너와 이 성을 앗수르 왕의 손에서 구원하고 내가 나를 위하고 또 내 종 다윗을 위하므로 이 성을 보호하리라 하셨다 하라 하셨더라

7 이사야가 이르되 무화과 반죽을 가져오라 하매 무리가 가져다가 그 상처에 놓으니 나으니라

8 ● 히스기야가 이사야에게 이르되 여호와께서 나를 낫게 하시고 삼 일 만에 여호와의 성전에 올라가게 하실 무슨 징표가 있나이까 하니

9 이사야가 이르되 여호와께서 하신 말씀을 응하게 하실 일에 대하여 여호와께로부터 왕에게 한 징표가 임하리이다 해 그림자가 십도를 나아갈 것이니까 혹 십도를 물러갈 것이니이까 하니

10 히스기야가 대답하되 그림자가 십도를 나아가기는 쉬우니 그리할 것이 아니라 십도를 뒤로 물러갈 것이니이다 하니라

11 선지자 이사야가 여호와께 간구하매 아하스의 해시계 위에 나아갔던 해 그림자를 십도 뒤로 물러가게 하셨더라

바벨론에서 온 사자들(사 39:1-8)

12 ●그 때에 발라단의 아들 바벨론의 왕 브로닥발라단이 히스기야가 병 들었다 함을 듣고 편지와 예물을 그에게 보내지라

13 히스기야가 사자들의 말을 듣고 자기 보물고의 금은과 향품과 보배로운 기름과 그의 군기고와 창고의 모든 것을 다 사자들에게 보였는데 왕궁과 그의 나라 안에 있는 모든 것 중에서 히스

히스기야의 터널(20:20)

기야가 그에게 보이지 아니한 것이 없더라

14 선지자 이사야가 히스기야 왕에게 나아와 그에게 이르되 이 사람들이 무슨 말을 하였으며 어디서부터 왕에게 왔나이까 히스기야가 이르되 먼 지방 바벨론에서 왔나이다 하니

15 이사야가 이르되 그들이 왕궁에서 무엇을 보았나이까 하니 히스기야가 대답하되 내 궁에 있는 것을 그들이 다 보았거늘 나의 창고에서 하나도 보이지 아니한 것이 없나이다 하더라

히스기야가 죽다 (대하 32:32-33)

16 ●이사야가 히스기야에게 이르되 여호와의 말씀을 들으소서

17 여호와의 말씀이 날이 이르리니 왕궁의 모든 것과 왕의 조상들이 오늘까지 쌓아 두었던 것이 바벨론으로 옮긴 바 되고 하나도 남지 아니할 것이요

18 또 왕의 몸에서 날 아들 중에서 사로잡혀 바벨론 왕궁의 환관이 되리라 하셨나이다 하니

19 히스기야가 이사야에게 이르되 당신이 전한 바 여호와의 말씀이 선하니이다 하고 또 이르되 만일 내가 사는 날에 태평과 진실이 있을진대 어찌 선하지 아니하리요 하니라

20 히스기야의 남은 사적과 그의 모든 업적과 저수지와 수도를 만들어 물을 성 안으로 끌어들인 일은 유다 왕 역대지략에 기록되지 아니하였느냐

21 히스기야가 그의 조상들과 함께 자고 그의 아들 므낫세가 대신하여 왕이 되니라

유다 왕 므낫세 (대하 33:1-20) • B.C. 685년경

21 므낫세가 왕이 될 때에 나이가 십이 세라 예루살렘에서 오십오 년간 다스리니라 그의 어머니의 이름은 헵시바더라

2 므낫세가 여호와 보시기에 악을 행하여 여호와께서 이스라엘 자손 앞에서 쫓아 내신 이방 사람의 가증한 일을 따라서

3 그의 아버지 히스기야가 헐어 버린 산당들을 다시 세우며 이스라엘의 왕 아합의 행위를 따라 바알을 위하여 제단을 쌓으며 아세라 목상을 만들며 하늘의 일월 성신을 경배하여 섬기며

4 여호와께서 전에 이르시기를 내가 내 이름을 예루살렘에 두리라 하신 여호와의 성전에 제단들을 쌓고

5 또 여호와의 성전 두 마당에 하늘의 일월 성신을 위하여 제단들을 쌓고

6 또 자기의 아들을 불 가운데로 지나게 하며 점치며 사술을 행하며 신접한 자와 박수를 신임하여 여호와께서 보시기에 악을 많이 행하여 그 진노를 일으켰으며

7 또 자기가 만든 아로새긴 아세라 목상을 성전에 세웠더라 옛적에 여호와께서 이 성전에 대하여 다윗과 그의 아들 솔로몬에게 이르시기를 내가 이스라엘의 모든 지파 중에서 택한 이 성전과 예루살렘에 내 이름을 영원히 둘지라

8 만일 이스라엘이 나의 모든 명령과 나의 종 모세가 명령한 모든 율법을 지켜 행하면 내가 그들의 발로 다시는 그의 조상들에게 준 땅에서 떠나 유리하지 아니하게 하리라 하셨으나

21장 에는 무엇이 기록되어 있을까?

므낫세와 아몬이 우상 숭배에 몰두하고 백성들을 우상 숭배의 길로 인도한 것은 하나님이 이미 경고하신 유다의 멸망이 돌이킬 수 없는 것임을 보여줍니다. 지금까지 하나님은 유다의 죄악에도 불구하고 오랫동안 참으셨어요. 그러나 유다가 계속 하나님을 배신함으로써 결국 유다는 멸망하고 말았지요.

9 이 백성이 듣지 아니하였고 므낫세의 꾐을 받고 악을 행한 것이 여호와께서 이스라엘 자손 앞에서 멸하신 여러 민족보다 더 심하였더라

10 ●여호와께서 그의 종 모든 선지자들을 통하여 말씀하여 이르시되

11 유다 왕 므낫세가 이 가증한 일과 악을 행함이 그 전에 있던 아모리 사람들의 행위보다 더욱 심하였고 또 그들의 우상으로 유다를 범죄하게 하였도다

12 그러므로 이스라엘의 하나님 여호와가 말하노니 내가 이제 예루살렘과 유다에 재앙을 내리리니 듣는 자마다 두 귀가 울리리라

13 내가 사마리아를 잰 줄과 아합의 집을 다림 보던 추를 예루살렘에 베풀고 또 사람이 그릇을 씻어 엎음 같이 예루살렘을 씻어 버릴지라

14 내가 나의 기업에서 남은 자들을 버려 그들의 원수의 손에 넘긴즉 그들이 모든 원수에게 노략거리와 겁탈거리가 되리니

15 이는 애굽에서 나온 그의 조상 때부터 오늘까지 내가 보기에 악을 행하여 나의 진노를 일으켰음이니라 하셨더라

16 ●므낫세가 유다에게 범죄하게 하여 여호와께서 보시기에 악을 행한 것 외에도 또 무죄한 자의 피를 심히 많이 흘려 예루살렘 이 끝에서 저 끝까지 가득하게 하였더라

17 므낫세의 남은 사적과 그가 행한 모든 일과 범한 죄는 유다 왕 역대지략에 기록되지 아니하였느냐

18 므낫세가 그의 조상들과 함께 자매 그의 궁궐 동산 곧 웃사의 동산에 장사되고 그의 아들 아몬이 대신하여 왕이 되니라

유다 왕 아몬 (대하 33:21-25)

19 ●아몬이 왕이 될 때에 나이가 이십이 세라 예루살렘에서 이 년간 다스리니라 그의 어머니의 이름은 므술레멧이요 욧바 하루스의 딸이더라

20 아몬이 그의 아버지 므낫세의 행함 같이 여호와 보시기에 악을 행하되

21 그의 아버지가 행한 모든 길로 행하여 그의 아버지가 섬기던 우상을 섬겨 그것들에게 경배하고

22 그의 조상들의 하나님 여호와를 버리고 그 길로 행하지 아니하더니

23 그의 신복들이 그에게 반역하여 왕을 궁중에서 죽이매

24 그 국민이 아몬 왕을 반역한 사람들을 다 죽이고 그의 아들 요시야를 대신하게 하여 왕을 삼았더라

25 아몬이 행한 바 남은 사적은 유다 왕 역대지략에 기록되지 아니하였느냐

26 아몬이 웃사의 동산 자기 묘실에 장사되고 그의 아들 요시야가 대신하여 왕이 되니라

유다 왕 요시야 (대하 34:1-2) · B.C. 622년경

22 요시야가 왕위에 오를 때에 나이가 팔 세라 예루살렘에서 삼십일 년간 다스리니라 그의 어머니의 이름은 여디다요 보스갓 아다야의 딸이더라

2 요시야가 여호와 보시기에 정직히 행하여 그의 조상 다윗의 모든 길로 행하고 좌우로 치우치지 아니하였더라

율법책을 발견하다 (대하 34:8-28)

3 ●요시야 왕 열여덟째 해에 왕이 므술

환관(20:18) 히브리어로 '싸리씸'. 내시.
사술(21:6) 마술이나 주문을 사용하여 운의 좋고 나쁨을 알아보는 행위.
박수(21:6) 점성술사. 점치는 자.
유리(21:8) 한 개인이나 집단이 여러 곳을 계속해서 다니는 것.
다림(21:13) 수평으로 평평한가, 수직으로 바로 섰는가를 살펴보는 일.

22장에는 무엇이 기록되어 있을까?

성전을 수리하다가 발견된 율법책의 내용을 들은 요시야는 율법에 경고된 저주가 유다에 임할 것을 깨닫고 깊이 회개하였어요. 그리고 여선지자 훌다에게서 유다를 아직도 불쌍히 여겨주시는지에 대해 물었지요. 훌다는 유다가 멸망당할 것이지만 요시야는 그 재앙을 당하지 않을 거라고 알려주었습니다.

두루마리 율법책
(22:8-13)

람의 손자 아살리야의 아들 서기관 사
반을 여호와의 성전에 보내며 이르되

4 너는 대제사장 힐기야에게 올라가서
백성이 여호와의 성전에 드린 곧 문
지킨 자가 수납한 은을 계산하여

5 여호와의 성전을 맡은 감독자의 손에
넘겨 그들이 여호와의 성전에 있는 작
업자에게 주어 성전에 부서진 것을 수
리하게 하되

6 곧 목수와 건축자와 미장이에게 주게
하고 또 재목과 다듬은 돌을 사서 그
성전을 수리하게 하라

7 그러나 그들의 손에 맡긴 은을 회계하
지 말지니 이는 그들이 진실하게 행함
이니라

8 ●대제사장 힐기야가 서기관 사반에게
이르되 내가 여호와의 성전에서 율법
책을 발견하였노라 하고 힐기야가 그
책을 사반에게 주니 사반이 읽으니라

9 서기관 사반이 왕에게 돌아가서 보고
하여 이르되 왕의 신복들이 성전에서
찾아낸 돈을 쏟아 여호와의 성전을 맡
은 감독자의 손에 맡겼나이다 하고

10 또 서기관 사반이 왕에게 말하여 이르
되 제사장 힐기야가 내게 책을 주더이
다 하고 사반이 왕의 앞에서 읽으매

11 왕이 율법책의 말을 듣자 곧 그의 옷을
찢으니라

12 왕이 제사장 힐기야와 사반의 아들 아
히감과 미가야의 아들 악볼과 서기관
사반과 왕의 시종 아사야에게 명령하
여 이르되

13 너희는 가서 나와 백성과 온 유다를 위

하여 이 발견한 책의 말씀에 대하여 여
호와께 물으라 우리 조상들이 이 책의
말씀을 듣지 아니하며 이 책에 우리를
위하여 기록된 모든 것을 행하지 아니
하였으므로 여호와께서 우리에게 내
리신 진노가 크도다

14 ●이에 제사장 힐기야와 또 아히감과
악볼과 사반과 아사야가 여선지 훌다
에게로 나아가니 그는 할하스의 손자
디과의 아들로서 예복을 주관하는 살
룸의 아내라 예루살렘 둘째 구역에 거
주하였더라 그들이 그와 더불어 말하
매

15 훌다가 그들에게 이르되 이스라엘 하
나님 여호와의 말씀이 너희는 너희를
내게 보낸 사람에게 말하기를

16 여호와의 말씀이 내가 이 곳과 그 주민
에게 재앙을 내리되 곧 유다 왕이 읽은
책의 모든 말대로 하리니

17 이는 이 백성이 나를 버리고 다른 신에
게 분향하며 그들의 손의 모든 행위로
나를 격노하게 하였음이라 그러므로
내가 이 곳을 향하여 내린 진노가 꺼지
지 아니하리라 하라 하셨느니라

18 너희를 보내 여호와께 묻게 한 유다 왕
에게는 너희가 이렇게 말하라 이스라
엘의 하나님 여호와가 이같이 말씀하
셨느니라 네가 들은 말들에 대하여는

19 내가 이 곳과 그 주민에게 대하여 빈 터
가 되고 저주가 되리라 한 말을 네가 듣
고 마음이 부드러워져서 여호와 앞 곧
내 앞에서 겸비하여 옷을 찢고 통곡하
였으므로 나도 네 말을 들었노라 여호
와가 말하였느니라

20 그러므로 보라 내가 너로 너의 조상들
에게 돌아가서 평안히 묘실로 들어가
게 하리니 내가 이 곳에 내리는 모든 재
앙을 네 눈이 보지 못하리라 하셨느니
라 하니 사자들이 왕에게 보고하니라

요시야가 이방 예배를 없애다 ─ B.C. 622년경
(대하 34:3-7, 29-33)

23 왕이 보내 유다와 예루살렘의
모든 장로를 자기에게로 모으

고

대하 34:29

2 이에 왕이 여호와의 성전에 올라가매 유다 모든 사람과 예루살렘 주민과 제사장들과 선지자들과 모든 백성이 노소를 막론하고 다 왕과 함께 한지라 왕이 여호와의 성전 안에서 발견한 언약책의 모든 말씀을 읽어 무리의 귀에 들리고

3 왕이 단 위에 서서 여호와 앞에서 언약을 세우되 마음을 다하고 뜻을 다하여 여호와께 순종하고 그의 계명과 법도와 율례를 지켜 이 책에 기록된 이 언약의 말씀을 이루게 하리라 하매 백성이 다 그 언약을 따르기로 하니라

4 ●왕이 대제사장 힐기야와 모든 부제사장들과 문을 지킨 자들에게 명령하여 바알과 아세라와 하늘의 일월 성신을 위하여 만든 모든 그릇들을 여호와의 성전에서 내다가 예루살렘 바깥 기드론 밭에서 불사르고 그것들의 재를 벧엘로 가져가게 하고

22:3, 4

5 옛적에 유다 왕들이 세워서 유다 모든 성읍과 예루살렘 주위의 산당들에서 분향하며 우상을 섬기게 한 제사장들을 폐하며 또 바알과 해와 달과 별 떼와 하늘의 모든 별에게 분향하는 자들을 폐하고

6 또 여호와의 성전에서 아세라 상을 내다가 예루살렘 바깥 기드론 시내로 가져다 거기에서 불사르고 빻아서 가루를 만들어 그 가루를 평민의 묘지에 뿌리고

7 또 여호와의 성전 가운데 남창의 집을 헐었으니 그 곳은 여인이 아세라를 위

23장 애는 무엇이 기록되어 있을까?

유다가 멸망당할 것을 안 요시야는 종교 개혁을 실행하고 모든 우상을 제거했어요. 그리고 오랫동안 잃고 있었던 유월절을 다시 지켰습니다. 이는 하나님과의 언약 관계를 새롭게 하기 위해서였지요. 그후 요시야는 애굽 왕 바로느고와의 전쟁에서 죽었는데, 이는 그가 유다의 멸망을 보지 않도록 하신 하나님의 뜻이었답니다.

하여 휘장을 짜는 처소였더라

8 또 유다 각 성읍에서 모든 제사장을 불러오고 또 제사장이 분향하던 산당을 게바에서부터 브엘세바까지 더럽게 하고 또 성문의 산당들을 헐어 버렸으니 이 산당들은 그 성읍의 지도자 여호수아의 대문 어귀 곧 성문 왼쪽에 있었더라

9 산당들의 제사장들은 예루살렘 여호와의 제단에 올라가지 못하고 다만 그의 형제 중에서 무교병을 먹을 뿐이었더라

10 왕이 또 힌놈의 아들 골짜기의 도벳을 더럽게 하여 어떤 사람도 몰록에게 드리기 위하여 자기의 자녀를 불로 지나가지 못하게 하고

11 또 유다 여러 왕이 태양을 위하여 드린 말들을 제하여 버렸으니 이 말들은 여호와의 성전으로 들어가는 곳의 근처 내시 나단멜렉의 집 곁에 있던 것이며 또 태양 수레를 불사르고

12 유다 여러 왕이 아하스의 다락 지붕에 세운 제단들과 므낫세가 여호와의 성전 두 마당에 세운 제단들을 왕이 다 헐고 거기서 빻아내려서 그것들의 가루

술술 풀리는 성경말씀

요시야 왕의 종교 개혁

하나님의 성전을 수리한(22:3-6) 요시야 왕은 성전에서 율법책을 발견한 후 대대적인 종교 개혁을 실시했어요. 요시야는 백성들을 불러모아 율법책을 읽어주었고, 모든 우상을 없앴으며, 바알과 아세라와 별을 숭배하는 데 쓰인 성전 안의 물건들을 다 파괴시켰어요. 또 음행이 있는 제사 의식, 어린이를 제물로 바치는 의식, 무당과 마술사에게 점을 치는 관습도 폐지했지요. 나아가 전국의 산당들을 무너뜨리고, 우상 숭배를 조장하던 제사장들을 쫓아냈어요. 이러한 요시야의 종교 개혁은 사사 시대 이후 가장 성대한으로 유월절을 지킴으로써 절정에 달했답니다.

23장

를 기드론 시내에 쏟아 버리고

13 또 예루살렘 앞 멸망의 산 오른쪽에 세운 산당들을 왕이 더럽게 하였으니 이는 옛적에 이스라엘 왕 솔로몬이 시돈 사람의 가증한 아스다롯과 모압 사람의 가증한 그모스와 암몬 자손의 가증한 밀곰을 위하여 세웠던 것이며

14 왕이 또 석상들을 깨뜨리며 아세라 목상들을 찍고 사람의 해골로 그 곳에 채웠더라

15 ●또한 이스라엘에게 범죄하게 한 느밧의 아들 여로보암이 벧엘에 세운 제단과 산당을 왕이 헐고 또 그 산당을 불사르고 빻아서 가루를 만들며 또 아세라 목상을 불살랐더라

16 요시야가 몸을 돌이켜 산에 있는 무덤들을 보고 보내어 그 무덤에서 해골을 가져다가 제단 위에서 불살라 그 제단을 더럽게 하니라 이 일을 하나님의 사람이 전하였더니 그 전한 여호와의 말씀대로 되었더라

17 요시야가 이르되 내게 보이는 저것은 무슨 비석이냐 하니 성읍 사람들이 그에게 말하되 왕께서 벧엘의 제단에 대하여 행하신 이 일을 전하러 유다에서 왔던 하나님의 사람의 묘실이니이다

술술 풀리는 성경 말씀

몰락해 가는 유다

정직한 왕 요시야가 죽은 이후 우상을 숭배하는 왕들이 계속 즉위하면서 유다는 몰락하기 시작했어요. 유다 백성들은 기다렸다는 듯이 다시 우상들을 섬기기 시작했지요.

유다의 왕들과 백성들은 외적의 침입이 우상 숭배에 대한 하나님의 징계라는 것을 깨닫지 못했어요. 그들은 국가의 멸망 위기를 회개와 간구로 극복하려 하지 않고 강대국과의 관계 속에서 해결하려고 했지요.

그들에게는 다윗, 여호사밧, 히스기야와 같이 국가의 위기를 믿음으로 극복한 조상들이 있었어요. 그러나 역사를 본받지 못했던 거예요. 인간적인 방법은 당장의 문제를 해결한 것처럼 보이지만, 결국은 더 큰 어려움을 가져올 수밖에 없답니다. 23장 28절~24장

하니라

18 이르되 그대로 두고 그의 뼈를 옮기지 말라 하매 무리가 그의 뼈와 사마리아에서 온 선지자의 뼈는 그대로 두었더라

19 전에 이스라엘 여러 왕이 사마리아 각 성읍에 지어서 여호와를 격노하게 한 산당을 요시야가 다 제거하되 벧엘에서 행한 모든 일대로 행하고

20 또 거기 있는 산당의 제사장들을 다 제단 위에서 죽이고 사람의 해골을 제단 위에서 불사르고 예루살렘으로 돌아왔더라

요시야 왕이 유월절을 지키다 (대하 35:1~19)

21 ●왕이 뭇 백성에게 명령하여 이르되 이 언약책에 기록된 대로 너희의 하나님 여호와를 위하여 유월절을 지키라 하매

22 사사가 이스라엘을 다스리던 시대부터 이스라엘 여러 왕의 시대와 유다 여러 왕의 시대에 이렇게 유월절을 지킨 일이 없었더니

23 요시야 왕 열여덟째 해에 예루살렘에서 여호와 앞에 이 유월절을 지켰더라 *대하 35:18*

요시야의 나머지 개혁

24 ●요시야가 또 유다 땅과 예루살렘에 보이는 신접한 자와 점쟁이와 드라빔과 우상과 모든 가증한 것을 다 제거하였으니 이는 대제사장 힐기야가 여호와의 성전에서 발견한 책에 기록된 율법의 말씀을 이루려 함이라

25 요시야와 같이 마음을 다하며 뜻을 다하며 힘을 다하여 모세의 모든 율법을 따라 여호와께로 돌이킨 왕은 요시야 전에도 없었고 후에도 그와 같은 자가 없었더라

26 ●그러나 여호와께서 유다를 향하여 내리신 그 크게 타오르는 진노를 돌이키지 아니하셨으니 이는 므낫세가 여호와를 격노하게 한 그 모든 격노 때문이라

27 여호와께서 이르시되 내가 이스라엘을 물리친 것 같이 유다도 내 앞에서 물리치며 내가 택한 이 성 예루살렘과

내 이름을 거기에 두리라 한 이 성전을 버리리라 하셨더라 *왕* 23:32

요시야가 죽다 (대하 35:20-36:1)

28 ●요시야의 남은 사적과 행한 모든 일은 유다 왕 역대지략에 기록되지 아니하였느냐

29 요시야 당시에 애굽의 왕 바로 느고가 앗수르 왕을 치고자 하여 유브라데 강으로 올라가므로 요시야 왕이 맞서 나갔더니 애굽 왕이 요시야를 므깃도에서 만났을 때에 죽인지라

30 신복들이 그의 시체를 병거에 싣고 므깃도에서 예루살렘으로 돌아와 그의 무덤에 장사하니 백성들이 요시야의 아들 여호아하스를 데려다가 그에게 기름을 붓고 그의 아버지를 대신하여 왕으로 삼았더라

유다 왕 여호아하스 (대하 36:2-4)

31 ●여호아하스가 왕이 될 때에 나이가 이십삼 세라 예루살렘에서 석 달간 다스리니라 그의 어머니의 이름은 하무달이라 립나 예레미야의 딸이더라

32 여호아하스가 그의 조상들의 모든 행위대로 여호와 보시기에 악을 행하였더니

33 바로 느고가 그를 하맛 땅 리블라에 가두어 예루살렘에서 왕이 되지 못하게 하고 또 그 나라로 은 백 달란트와 금 한 달란트를 벌금으로 내게 하고

34 바로 느고가 요시야의 아들 엘리아김을 그의 아버지 요시야를 대신하여 왕으로 삼고 그의 이름을 고쳐 여호야김이라 하고 여호아하스는 애굽으로 잡

느부갓네살이 세운 바벨론 주변의 보르시파. 우뚝 솟은 지구랏의 유적이 있다(24:1).

아갔더니 그가 거기서 죽으니라

35 여호야김이 은과 금을 바로에게 주니라 그가 바로 느고의 명령대로 그에게 그 돈을 주기 위하여 나라에 부과하되 백성들 각 사람의 힘대로 액수를 정하고 은금을 징수하였더라

유다 왕 여호야김 (대하 36:5-8)

36 ●여호야김이 왕이 될 때에 나이가 이십오 세라 예루살렘에서 십일 년간 다스리니라 그의 어머니의 이름은 스비다라 루마 브다야의 딸이더라

37 여호야김이 그의 조상들이 행한 모든 일을 따라서 여호와 보시기에 악을 행하였더라

24 여호야김 시대에 바벨론의 왕 느부갓네살이 올라오매 여호야김이 삼 년간 섬기다가 돌아서 그를 배반하였더니

2 여호와께서 그의 종 선지자들을 통하여 하신 말씀과 같이 갈대아의 부대와 아람의 부대와 모압의 부대와 암몬 자손의 부대를 여호야김에게로 보내 유다를 쳐 멸하려 하시니 *23:27*

3 이 일이 유다에 임함은 곧 여호와의 말씀대로 그들을 자기 앞에서 물리치고자 하심이니 이는 므낫세의 지은 모든 죄 때문이며

4 또 그가 무죄한 자의 피를 흘려 그의 피가 예루살렘에 가득하게 하였음이라 여호와께서 사하시기를 즐겨 아니하시니라

5 ●여호야김의 남은 사적과 행한 모든 일은 유다 왕 역대지략에 기록되지 아

24 장에는 무엇이 기록되어 있을까?

마침내 하나님의 심판으로 유다는 바벨론에게 두 차례에 걸쳐 공격을 당하며 멸망의 길에 다가서게 되었어요. 여호야김을 포로로 잡아간 바벨론은 여호야긴의 숙부 시드기야를 유다 왕으로 임명하였지요. 그러나 그 역시 예레미야 선지자의 충고를 무시한 채 바벨론을 배반해서 결국 또다시 바벨론의 침략을 불러일으켰답니다.

니하였느냐

6 여호야김이 그의 조상들과 함께 자매 그의 아들 여호야긴이 대신하여 왕이 되니라
렘 22:18

7 애굽 왕이 다시는 그 나라에서 나오지 못하였으니 이는 바벨론 왕이 애굽 강에서부터 유브라데 강까지 애굽 왕에게 속한 땅을 다 점령하였음이더라

유다 왕 여호야긴 (대하 36:9-10)

8 ●여호야긴이 왕이 될 때에 나이가 십팔 세라 예루살렘에서 석 달간 다스리니라 그의 어머니의 이름은 느후스다요 예루살렘 엘라단의 딸이더라

9 여호야긴이 그의 아버지의 모든 행위를 따라서 여호와께서 보시기에 악을 행하였더라

10 ●그 때에 바벨론의 왕 느부갓네살의 신복들이 예루살렘에 올라와서 그 성을 에워싸니라

11 그의 신복들이 에워쌀 때에 바벨론의 왕 느부갓네살도 그 성에 이르니

12 유다의 왕 여호야긴이 그의 어머니와 신복과 지도자들과 내시들과 함께 바벨론 왕에게 나아가매 왕이 잡으니 때는 바벨론의 왕 여덟째 해이라

13 그가 여호와의 성전의 모든 보물과 왕궁 보물을 집어내고 또 이스라엘의 왕 솔로몬이 만든 것 곧 여호와의 성전의 금 그릇을 다 파괴하였으니 여호와의 말씀과 같이 되었더라
상 왕상 39:6

14 그가 또 예루살렘의 모든 백성과 모든 지도자와 모든 용사 만 명과 모든 장인과 대장장이를 사로잡아 가매 비천한 자 외에는 그 땅에 남은 자가 없었더라

15 그가 여호야긴을 바벨론으로 사로잡아 가고 왕의 어머니와 왕의 아내들과 내시들과 나라에 권세 있는 자도 예루살렘에서 바벨론으로 사로잡아 가며

16 또 용사 칠천 명과 장인과 대장장이 천 명 곧 용감하여 싸움을 할 만한 모든 자들을 바벨론 왕이 바벨론으로 사로잡아 가고

17 바벨론 왕이 또 여호야긴의 숙부 맛다니야를 대신하여 왕으로 삼고 그의 이름을 고쳐 시드기야라 하였더라
렘 37:1

유다 왕 시드기야 (대하 36:11-12, 렘 52:1-3 상)

18 ●시드기야가 왕이 될 때에 나이가 이십일 세라 예루살렘에서 십일 년간 다스리니라 그의 어머니의 이름은 하무달이요 립나인 예레미야의 딸이더라

19 그가 여호야김의 모든 행위를 따라 여호와 보시기에 악을 행한지라
대하 36:12

20 여호와께서 예루살렘과 유다를 진노하심이 그들을 그 앞에서 쫓아내실 때까지 이르렀더라 ●시드기야가 바벨론 왕을 배반하니라

예루살렘의 멸망 (대하 36:13-21, 렘 52:3 하-11)

25

시드기야 제구년 열째 달 십일에 바벨론의 왕 느부갓네살이 그의 모든 군대를 거느리고 예루살렘을 치러 올라와서 그 성에 대하여 진을 치고 주위에 토성을 쌓으매

2 그 성이 시드기야 왕 제십일년까지 포위되었더라

3 그 해 넷째 달 구일에 성 중에 기근이 심하여 그 땅 백성의 양식이 떨어졌더라

4 그 성벽이 파괴되매 모든 군사가 밤중에 두 성벽 사이 왕의 동산 곁문 길로 도망하여 갈대아인들이 그 성읍을 에워쌌으므로 그가 아라바 길로 가더니

5 갈대아 군대가 그 왕을 뒤쫓아가서 여리고 평지에서 그를 따라 잡으매 왕의 모든 군대가 그를 떠나 흩어진지라

6 그들이 왕을 사로잡아 그를 리블라에 있는 바벨론 왕에게로 끌고 가매 그들이 그를 심문하니라

25장 에는 무엇이 기록되어 있을까?

바벨론의 3차 침략으로 유다가 멸망당한 것은 불순종에 대한 하나님의 심판이었어요. 총독이 된 그달리야는 바벨론을 반대하는 사람들에 의해 죽임당했고, 바벨론의 2차 침략 때 포로로 붙잡혀 갔던 여호야긴은 에윌므로닥이 바벨론의 새 왕이 된 해에 특별히 풀려났답니다.

7 그들이 시드기야의 아들들을 그의 눈 앞에서 죽이고 시드기야의 두 눈을 빼고 놋 사슬로 그를 결박하여 바벨론으로 끌고 갔더라

성전 붕괴 (렘 52:12-33)

8 ●바벨론 왕 느부갓네살의 열아홉째 해 오월 칠일에 바벨론 왕의 신복 시위대장 느부사라단이 예루살렘에 이르러
9 여호와의 성전과 왕궁을 불사르고 예루살렘의 모든 집을 귀인의 집까지 불살랐으며 창 2:5
10 시위대장에게 속한 갈대아 온 군대가 예루살렘 주위의 성벽을 헐었으며
11 성 중에 남아 있는 백성과 바벨론 왕에게 항복한 자들과 무리 중 남은 자는 시위대장 느부사라단이 모두 사로잡아 가고
12 시위대장이 그 땅의 비천한 자를 남겨 두어 포도원을 다스리는 자와 농부가 되게 하였더라
13 ●갈대아 사람이 또 여호와의 성전의 두 놋 기둥과 받침들과 여호와의 성전의 놋 바다를 깨뜨려 그 놋을 바벨론으로 가져가고
14 또 가마들과 부삽들과 부집게들과 숟가락들과 섬길 때에 쓰는 모든 놋그릇을 다 가져갔으며
15 시위대장이 또 불 옮기는 그릇들과 주발들 곧 금으로 만든 것이나 은으로 만든 것이나 모두 가져갔으며
16 또 솔로몬이 여호와의 성전을 위하여 만든 두 기둥과 한 바다와 받침들을 가져갔는데 이 모든 기구의 놋 무게를 헤아릴 수 없었으니
17 그 한 기둥은 높이가 열여덟 규빗이요 그 꼭대기에 놋 머리가 있어 높이가 세 규빗이요 그 머리에 둘린 그물과 석류가 다 놋이라 다른 기둥의 장식과 그물도 이와 같았더라 렘 26:11

유다 백성이 바벨론으로 사로잡혀 가다 (렘 52:24-27)

18 ●시위대장이 대제사장 스라야와 부제사장 스바냐와 성전 문지기 세 사람을 사로잡고
19 또 성 중에서 사람을 사로잡았으니 곧 군사를 거느린 내시 한 사람과 성 중에서 만난 바 왕의 시종 다섯 사람과 백성을 징집하는 장관의 서기관 한 사람과 성 중에서 만난 바 백성 육십 명이라
20 시위대장 느부사라단이 그들을 사로잡아 가지고 리블라 바벨론 왕에게 나아가매 렘 52:9
21 바벨론 왕이 하맛 땅 리블라에서 다 쳐죽였더라 이와 같이 유다가 사로잡혀 본토에서 떠났더라

유다 지도자 그달리야 (렘 40:7-9; 41:1-3)

22 ●유다 땅에 머물러 있는 백성은 곧 바벨론 왕 느부갓네살이 남긴 자라 왕이

선생님! 궁금해요

천국은 어떤 곳인가요?

천국은 이 세상과 비교할 수 없을 정도로 아름답고 좋은 곳이랍니다. 천국은 하나님이 주인이시고 예수님을 믿고 하나님 나라의 백성이 된 사람들만 들어갈 수 있어요. 천국은 어린아이처럼 자신을 낮추고 하나님께 예배하는 사람, 이웃을 사랑하는 사람, 말씀대로 살아가는 사람이 들어가는 곳이에요.

또 천국은 영원토록 변하지 않아요. 죄도 없고 병도 없고 밤도 없으며 아름답고 밝고 거룩한 곳이지요. 천국에는 거룩한 하나님을 닮은 사람들과 천사들이 살아요. 그래서 천국은 이 세상과는 다른 기준을 갖고 있어요. 친구들이 좋아하는 피자 가게 같은 것은 없지만 오히려 그것보다 훨씬 좋은 것들이 가득하지요. 계 21장 10-11절

사반의 손자 아히감의 아들 그달리야가 관할하게 하였더라

23 모든 군대 지휘관과 그를 따르는 자가 바벨론 왕이 그달리야를 지도자로 삼았다 함을 듣고 이에 느다니야의 아들 이스마엘과 가레아의 아들 요하난과 느도바 사람 단후멧의 아들 스라야와 마아가 사람의 아들 야아사냐와 그를 따르는 사람이 모두 미스바로 가서 그달리야에게 나아가매

24 그달리야가 그들과 그를 따르는 군사들에게 맹세하여 이르되 너희는 갈대아 인을 섬기기를 두려워하지 말고 이 땅에 살며 바벨론 왕을 섬기라 그리하면 너희가 평안하리라 하니라

25 칠월에 왕족 엘리사마의 손자 느다니야의 아들 이스마엘이 부하 열 명을 거느리고 와서 그달리야를 쳐서 죽이고 또 그와 함께 미스바에 있는 유다 사람과 갈대아 사람을 죽인지라

26 노소를 막론하고 백성과 군대 장관들이 다 일어나서 애굽으로 갔으니 이는 갈대아 사람을 두려워함이었더라

여호야긴이 석방되다 (렘 52:31-34)

27 ● 유다의 왕 여호야긴이 사로잡혀 간 지 삼십칠 년 곧 바벨론의 왕 에윌므로닥이 즉위한 원년 십이월 그 달 이십칠일에 유다의 왕 여호야긴을 옥에서 내놓아 그 머리를 들게 하고

28 그에게 좋게 말하고 그의 지위를 바벨론에 그와 함께 있는 모든 왕의 지위보다 높이고

29 그 죄수의 의복을 벗게 하고 그의 일평생에 항상 왕의 앞에서 양식을 먹게 하였고

30 그가 쓸 것은 날마다 왕에게서 받는 양이 있어서 종신토록 끊이지 아니하였더라

1 Chronicles

역대상

역대상을 읽기 전에

누가 기록했는지 알 수 없지만, 에스라가 기록했을 가능성이 많아요. 역대상은 역사를 기록한 다른 역사서들과는 달리 역사 전체를 자세히 기록하지 않고, 종교적인 면에 더욱 관심을 가지고 성전과 관련된 역사를 주로 기록하고 있답니다.

✦ 언제, 왜, 누구를 위하여 썼나요?

이 책을 기록한 때는 B.C. 450~400년경이라고 해요. 포로로 잡혀 갔다가 돌아온 이스라엘 백성들이 하나님의 약속이 이루어지는 역사를 통해 신앙을 회복하고, 그 신앙으로 신실하게 살게 하기 위해 쓴 책이랍니다.

✦ 어떤 내용인가요?

역대상의 앞부분에는 아담으로부터 다윗까지의 족보가 나와요. 예수님의 조상이 되는 다윗에 대해 특별히 자세하게 다루고 있는 점이 특징이지요.

아담에서 아브라함까지
(창 5:3~32; 10:1~32; 11:10~26)

1 아담, 셋, 에노스,   창 4:25, 26

2 게난, 마할랄렐, 야렛,

3 에녹, 므두셀라, 라멕,

4 노아, 셈, 함과 야벳은 조상들이라

5 ●야벳의 자손은 고멜과 마곡과 마대와 야완과 두발과 메섹과 디라스요   창 10:6

6 고멜의 자손은 아스그나스와 디밧과 도갈마요

7 야완의 자손은 엘리사와 다시스와 깃딤과 도다님이더라

8 ●함의 자손은 구스와 미스라임과 붓과 가나안이요   창 10:6

9 구스의 자손은 스바와 하윌라와 삽다와 라아마와 삽드가요 라아마의 자손은 스바와 드단이요

10 구스가 또 니므롯을 낳았으니 세상에서 첫 영걸이며   창 10:8

11 미스라임은 루딤과 아나밈과 르하빔과 납두힘과

12 바드루심과 가슬루힘과 갑도림을 낳았으니 블레셋 종족은 가슬루힘에게서 나왔더라

13 가나안은 맏아들 시돈과 헷을 낳고

14 또 여부스 종족과 아모리 종족과 기르가스 종족과

15 히위 종족과 알가 종족과 신 종족과

16 아르왓 종족과 스말 종족과 하맛 종족을 낳았더라

17 ●셈의 자손은 엘람과 앗수르와 아르박삿과 룻과 아람과 우스와 훌과 게델과 메섹이라

18 아르박삿은 셀라를 낳고 셀라는 에벨을 낳고

19 에벨은 두 아들을 낳아 하나의 이름을 벨렉이라 하였으니 이는 그 때에 땅이 나뉘었음이요 그의 아우의 이름은 욕단이며

20 욕단이 알모닷과 셀렙과 하살마웻과 예라와

21 하도람과 우살과 디글라와

1장에는 무엇이 기록되어 있을까?

역대상 1~9장에는 족보가 기록되어 있어요. 이 족보는 구원 역사의 요약으로, 하나님의 구원 계획이 이스라엘 역사 속에 진행되고 있음을 포로 생활에서 풀려난 유대인들에게 알려주었지요. 1장에는 아담으로부터 야곱에 이르는 족보와 에서로부터 나온 에돔 족속의 족보 및 에돔의 왕들과 족장들의 이름이 나옵니다.

22 에발과 아비마엘과 스바와
23 오빌과 하윌라와 요밥을 낳았으니 욕단의 자손은 이상과 같으니라
24 셈, 아르박삿, 셀라,　　창 11:10
25 에벨, 벨렉, 르우,
26 스룩, 나홀, 데라,
27 아브람 곧 아브라함은 조상들이요

이스마엘의 세계 (창 25:12-16)

28 ●아브라함의 자손은 이삭과 이스마엘이라
29 이스마엘의 족보는 이러하니 그의 맏아들은 느바욧이요 다음은 게달과 앗브엘과 밉삼과
30 미스마와 두마와 맛사와 하닷과 데마와
31 여둘과 나비스와 게드마라 이들은 이스마엘의 자손들이라
32 ●아브라함의 소실 그두라가 낳은 자손은 시므란과 욕산과 므단과 미디안과 이스박과 수아요 욕산의 자손은 스바와 드단이요
33 미디안의 자손은 에바와 에벨과 하녹과 아비다와 엘다아니 이들은 모두 그두라의 자손들이라

에서의 자손 (창 36:1-19, 20-30)

34 ●아브라함이 이삭을 낳았으니 이삭

의 아들은 에서와 이스라엘이더라
35 ●에서의 아들은 엘리바스와 르우엘과 여우스와 얄람과 고라요
36 엘리바스의 아들은 데만과 오말과 스비와 가담과 그나스와 딤나와 아말렉이요
37 르우엘의 아들은 나핫과 세라와 삼마와 밋사요
38 세일의 아들은 로단과 소발과 시브온과 아나와 디손과 에셀과 디산이요
39 로단의 아들은 호리와 호맘이요 로단의 누이는 딤나요
40 소발의 아들은 알랸과 마나핫과 에발과 스비와 오남이요 시브온의 아들은 아야와 아나요
41 아나의 아들은 디손이요 디손의 아들은 하므란과 에스반과 이드란과 그란이요
42 에셀의 아들은 빌한과 사아완과 야아간이요 디산의 아들들은 우스와 아란이더라

에돔 땅을 다스린 왕들 (창 36:31-43)

43 ●이스라엘 자손을 다스리는 왕이 있기 전에 에돔 땅을 다스린 왕은 이러하니라 브올의 아들 벨라니 그의 도성 이름은 딘하바이며
44 벨라가 죽으매 보스라 세라의 아들 요밥이 대신하여 왕이 되고
45 요밥이 죽으매 데만 종족의 땅의 사람 후삼이 대신하여 왕이 되고
46 후삼이 죽으매 브닷의 아들 하닷이 대신하여 왕이 되었으니 하닷은 모압 들에서 미디안을 친 자요 그 도성 이름은 아윗이며
47 하닷이 죽으매 마스레가의 사믈라가 대신하여 왕이 되고
48 사믈라가 죽으매 강 가의 르호봇 사울이 대신하여 왕이 되고
49 사울이 죽으매 악볼의 아들 바알하난이 대신하여 왕이 되고
50 바알하난이 죽으매 하닷이 대신하여 왕이 되었으니 그의 도성 이름은 바이요 그의 아내의 이름은 므헤다벨이라 메사합의 손녀요 마드렛의 딸이더라
51 하닷이 죽으니라 그리고 에돔의 족장

술술 풀리는 성경 말씀

셈, 함, 야벳 족속의 위치

노아의 세 아들은 홍수 이후 각 방언과 종족과 나라대로 흩어져 살았어요. 메소포타미아와 아라비아 지역에는 셈의 후손들이, 애굽과 아프리카에는 함의 후손들이, 북부와 서쪽에는 야벳의 후손들이 살았지요. 성경의 족보에는 비옥한 초생달 지대와 시날(남부 메소포타미아), 그리고 가나안에 있는 여러 도시들이 나와 있지만, 많은 지명이 아직 확인되지 않고 있어요.

1장

은 이러하니 딤나 족장과 알랴 족장과 여넷 족장과

52 오홀리바마 족장과 엘라 족장과 비논 족장과

53 그나스 족장과 데만 족장과 밉살 족장과

54 막디엘 족장과 이람 족장이라 에돔의 족장이 이러하였더라

2

1 이스라엘의 아들은 이러하니 르우벤과 시므온과 레위와 유다와 잇사갈과 스불론과

2 단과 요셉과 베냐민과 납달리와 갓과 아셀이더라
창 38:2-10

유다의 자손

3 ●유다의 아들은 에르와 오난과 셀라니 이 세 사람은 가나안 사람 수아의 딸이 유다에게 낳아 준 자요 유다의 맏아들 에르는 여호와 보시기에 악하였으므로 여호와께서 죽이셨고

4 유다의 며느리 다말이 유다에게 베레스와 세라를 낳아 주었으니 유다의 아들이 모두 다섯이더라
창 38:29, 30

5 ●베레스의 아들은 헤스론과 하물이요

6 세라의 아들은 시므리와 에단과 헤만과 갈골과 다라니 모두 다섯 사람이요

7 갈미의 아들은 아갈이니 그는 진멸시킬 물건을 범하여 이스라엘을 괴롭힌 자이며

8 에단의 아들은 아사랴더라

다윗의 가계

9 ●헤스론이 낳은 아들은 여라므엘과 람과 글루배라

10 람은 암미나답을 낳고 암미나답은 나손을 낳았으니 나손은 유다 자손의 방백이며
룻 4:19

11 나손은 살마를 낳고 살마는 보아스를 낳고

12 보아스는 오벳을 낳고 오벳은 이새를 낳고

13 이새는 맏아들 엘리압과 둘째로 아비나답과 셋째로 시므아와

14 넷째로 느다넬과 다섯째로 랏대와

15 여섯째로 오셈과 일곱째로 다윗을 낳았으며

16 그들의 자매는 스루야와 아비가일이라 스루야의 아들은 아비새와 요압과 아사헬 삼형제요

17 아비가일은 아마사를 낳았으니 아마사의 아버지는 이스마엘 사람 예델이었더라
삼하 17:25

헤스론의 자손

18 ●헤스론의 아들 갈렙이 그의 아내 아수바와 여리옷에게서 아들을 낳았으니 그가 낳은 아들들은 예셀과 소밥과 아르돈이며

19 아수바가 죽은 후에 갈렙이 또 에브랏에게 장가 들었더니 에브랏이 그에게 훌을 낳아 주었고

20 훌은 우리를 낳고 우리는 브살렐을 낳았더라

21 ●그 후에 헤스론이 육십 세에 길르앗의 아버지 마길의 딸에게 장가 들어 동침하였더니 그가 스굽을 헤스론에게 낳아 주었으며

22 스굽은 야일을 낳았고 야일은 길르앗 땅에서 스물세 성읍을 가졌더니

23 그술과 아람이 야일의 성읍들과 그낫

2 에는 무엇이 기록되어 있을까요?

야곱부터 다윗에게 이르는 족보가 나와 있어요. 야곱의 열두 아들들의 이름에서 시작해 그중 유다로부터 다윗으로 이어지는 족보를 소개하고 있지요. 그리고 다윗 이외의 유다 자손에 대해서도 말하고 있는데, 이처럼 유다 지파를 중심으로 족보를 쓴 것은 메시아가 유다 지파에서 태어날 것을 상징하는 것이랍니다.

이스라엘(1:34) 하나님께서 투쟁하심. 야곱이 브니엘에서 하나님과 겨룸 이긴 후, 그에게 주어진 축복의 이름.

자손(1:43) 자식과 손자, 증손, 현손 및 후손의 통칭.

에돔(1:43) 히브리어로 '붉다'는 의미. 장자 상속권을 팔아 얻은 팥죽을 상징하여 에서에게 붙은 별명.

도성(1:43) 도읍 둘레에 둘린 성곽을 말함.

족장(1:51) 한 혈통으로 이루어진 족속의 우두머리.

방백(2:10) 유다를 다스린 사람들에게 붙여진 관직 이름.

과 그에 딸린 성읍들 모두 육십을 그들에게서 빼앗았으며 이들은 다 길르앗의 아버지 마길의 자손이었더라

24 헤스론이 갈렙 에브라다에서 죽은 후에 그의 아내 아비야가 그로 말미암아 아스훌을 낳았으니 아스훌은 드고아의 아버지더라

여라므엘의 자손

25 ● 헤스론의 맏아들 여라므엘의 아들은 맏아들 람과 그 다음 브나와 오렌과 오셈과 아히야이며

26 여라므엘이 다른 아내가 있었으니 이름은 아다라라 그는 오남의 어머니더라

27 여라므엘의 맏아들 람의 아들은 마아스와 야민과 에겔이요

28 오남의 아들들은 삼매와 야다요 삼매의 아들은 나답과 아비술이며

29 아비술의 아내의 이름은 아비하일이라 아비하일이 아반과 몰릿을 그에게 낳아 주었으며

30 나답의 아들들은 셀렛과 압바임이라 셀렛은 아들이 없이 죽었고

31 압바임의 아들은 이시요 이시의 아들은 세산이요 세산의 아들은 알래요

32 삼매의 아우 야다의 아들들은 예델과 요나단이라 예델은 아들이 없이 죽었고

33 요나단의 아들들은 벨렛과 사사라 여라므엘의 자손은 이러하며

34 세산은 아들이 없고 딸뿐이라 그에게 야르하라 하는 애굽 종이 있으므로

35 세산이 딸을 종 야르하에게 주어 아내를 삼게 하였더니 그가 그로 말미암아 앗대를 낳고

36 앗대는 나단을 낳고 나단은 사밧을 낳고

37 사밧은 에블랄을 낳고 에블랄은 오벳을 낳고

38 오벳은 예후를 낳고 예후는 아사랴를 낳고

39 아사랴는 헬레스를 낳고 헬레스는 엘르아사를 낳고

40 엘르아사는 시스매를 낳고 시스매는 살룸을 낳고

41 살룸은 여가먀를 낳고 여가먀는 엘리사마를 낳았더라

갈렙의 자손

42 ● 여라므엘의 아우 갈렙의 아들 곧 맏아들은 메사이니 십의 아버지요 그 아들은 마레사니 헤브론의 아버지이며

43 헤브론의 아들들은 고라와 답부아와 레겜과 세마라

44 세마는 라함을 낳았으니 라함은 요르그암의 아버지이며 레겜은 삼매를 낳았고

45 삼매의 아들은 마온이라 마온은 벧술의 아버지이며

46 갈렙의 소실 에바는 하란과 모사와 가

선생님!! 궁금해요

왜 하나님은 아브라함에게 자기 아들을 죽이라고 했을까요?

하나님은 원래 사랑의 하나님이시기 때문에 사람의 목숨을 달라고 하시는 분은 아니에요. 하나님은 아브라함을 믿음의 조상으로 불러 주시고 아들도 주셨어요. 아들 이삭은 100살이나 되어서 낳은 아주 귀한 자식이었답니다. 하나님은 바로 그 아들보다 하나님을 더 사랑하는지 시험해보기 위해 아브라함에게 아들을 바치라고 말씀하셨던 것이죠.

아들을 바치라는 명령을 받은 아브라함은 마음이 무척 아팠을 거예요. 그러나 그는 아들을 데리고 곧 모리아 산으로 올라갔지요. 정말 아들을 제물로 드리기 위해서 칼을 치켜는 순간 죽이지 말라는 하나님의 목소리가 들려왔어요. 아브라함은 그 시험을 믿음과 순종으로 잘 통과했답니다.

창 22장 2절

세스를 낳고 하란은 가세스를 낳았으며
47 야대의 아들은 레겜과 요단과 게산과
벨렛과 에바와 사압이며
48 갈렙의 소실 마아가는 세벨과 디르하
나를 낳았고
49 또 맛만나의 아버지 사압을 낳았고 또
막베나와 기브아의 아버지 스와를 낳
았으며 갈렙의 딸은 악사더라
50 ●갈렙의 자손 곧 에브라다의 맏아들
훌의 아들은 이러하니 기럇여아림의
아버지 소발과
51 베들레헴의 아버지 살마와 벧가델의
아버지 하렙이라
52 기럇여아림의 아버지 소발의 자손은
하로에와 므누홋 사람의 절반이니
53 기럇여아림 족속들은 이델 종족과 붓
종족과 수맛 종족과 미스라 종족이라
이로 말미암아 소라와 에스다올 두 종
족이 나왔으며
54 살마의 자손들은 베들레헴과 느도바
종족과 아다롯벳요압과 마나핫 종족
의 절반과 소라 종족과
55 야베스에 살던 서기관 종족 곧 디랏 종
족과 시므앗 종족과 수갓 종족이니 이
는 다 레갑 가문의 조상 함맛에게서 나
온 겐 종족이더라

다윗 왕의 아들과 딸

3 다윗이 헤브론에서 낳은 아들들은
이러하니 맏아들은 암논이라 이스
르엘 여인 아히노암의 소생이요 둘째
는 다니엘이라 갈멜 여인 아비가일의
소생이요
2 셋째는 압살롬이라 그술 왕 달매의 딸
마아가의 아들이요 넷째는 아도니야

라 학깃의 아들이요
3 다섯째는 스바댜라 아비달의 소생이
요 여섯째는 이드르암이라 다윗의 아
내 에글라의 소생이니
4 이 여섯은 헤브론에서 낳았더라 다윗
이 거기서 칠 년 육 개월 다스렸고 또
예루살렘에서 삼십삼 년 다스렸으며
5 예루살렘에서 그가 낳은 아들들은 이
러하니 시므아와 소밥과 나단과 솔로
몬 네 사람은 다 암미엘의 딸 밧수아의
소생이요
6 또 입할과 엘리사마와 엘리벨렛과
7 노가와 네벡과 야비아와
8 엘리사마와 엘랴다와 엘리벨렛 아홉
사람은
9 다 다윗의 아들이요 그들의 누이는 다
말이며 이 외에 또 소실의 아들이 있었
더라　　삼하 13:1

솔로몬 왕의 자손

10 ●솔로몬의 아들은 르호보암이요 그
의 아들은 아비야요 그의 아들은 아사
요 그의 아들은 여호사밧이요
11 그의 아들은 요람이요 그의 아들은 아
하시야요 그의 아들은 요아스요
12 그의 아들은 아마샤요 그의 아들은 아
사랴요 그의 아들은 요담이요
13 그의 아들은 아하스요 그의 아들은 히
스기야요 그의 아들은 므낫세요
14 그의 아들은 아몬이요 그의 아들은 요
시야이며
15 요시야의 아들들은 맏아들 요하난과
둘째 여호야김과 셋째 시드기야와 넷
째 살룸이요
16 여호야김의 아들들은 그의 아들 여고
냐, 그의 아들 시드기야요　　마 1:11
17 사로잡혀 간 여고냐의 아들들은 그의
아들 스알디엘과
18 말기람과 브다야와 세낫살과 여가먀
와 호사마와 느다뱌요
19 브다야의 아들들은 스룹바벨과 시므
이요 스룹바벨의 아들은 므술람과 하
나냐와 그의 매제 슬로밋과

대상

3장 에는 무엇이 기록되어 있을까?

1-3절에는 다윗이 헤브론에서 낳
은 아들들의 이름이 기록되어 있고, 5-9절에는
예루살렘에서 태어난 아들들의 이름이 기록되
어 있어요. 그리고 10절 이하는 포로 기간을 기
준으로 그 전과 후에 태어난 솔로몬의 후손들
의 이름이랍니다.

20 또 하수바와 오헬과 베레가와 하사랴
와 유살헤셋 다섯 사람이요
21 하나냐의 아들은 블라다와 여사야요
또 르바야의 아들 아르난의 아들들, 오
바다의 아들들, 스가냐의 아들들이니
22 스가냐의 아들은 스마야요 스마야의
아들들은 핫두스와 이갈과 바리야와
느아랴와 사밧 여섯 사람이요
23 느아랴의 아들은 에료에내와 히스기
야와 아스리감 세 사람이요
24 에료에내의 아들들은 호다위야와 엘
리아십과 블라야와 악굽과 요하난과
들라야와 아나니 일곱 사람이더라

유다의 자손

4 유다의 아들들은 베레스와 헤스론
과 갈미와 훌과 소발이라　창 46:12

2 소발의 아들 르아야는 야핫을 낳고 야
핫은 아후매와 라핫을 낳았으니 이는
소라 사람의 종족이며
3 에담 조상의 자손들은 이스르엘과 이
스마와 잇바스와 그들의 매제 하술렐
보니
4 그돌의 아버지 브누엘과 후사의 아버
지 에셀이니 이는 다 베들레헴의 아버
지 에브라다의 맏아들 훌의 소생이라
5 드고아의 아버지 아스훌의 두 아내는
헬라와 나아라라　2:24
6 나아라는 그에게 아훗삼과 헤벨과 데
므니와 하아하스다리를 낳아 주었으
니 이는 나아라의 소생이요
7 헬라의 아들들은 세렛과 이소할과 에
드난이며
8 고스는 아눕과 소베바와 하룸의 아들

아하헬 종족들을 낳았으며
9 야베스는 그의 형제보다 귀중한 자라
그의 어머니가 이름하여 이르되 야베
스라 하였으니 이는 내가 수고로이 낳
았다 함이었더라
10 야베스가 이스라엘 하나님께 아뢰어
이르되 주께서 내게 복을 주시려거든
나의 지역을 넓히시고 주의 손으로 나
를 도우사 나로 환난을 벗어나 내게 근
심이 없게 하옵소서 하였더니 하나님
이 그가 구하는 것을 허락하셨더라

다른 족보

11 ●수하의 형 글룹이 므힐을 낳았으니
므힐은 에스돈의 아버지요
12 에스돈은 베드라바와 바세아와 이르
나하스의 아버지 드힌나를 낳았으니
이는 다 레가 사람이며
13 그나스의 아들들은 옷니엘과 스라야
요 옷니엘의 아들은 하닷이며　수 15:17
14 므오노대는 오브라를 낳고 스라야는
요압을 낳았으니 요압은 게하라심의
조상이라 그들은 공장이었더라
15 여분네의 아들 갈렙의 자손은 이루와
엘라와 나암과 엘라의 자손과 그나스요
16 여할렐렐의 아들은 십과 시바와 디리
아와 아사렐이요
17 에스라의 아들들은 예델과 메렛과 에벨
과 얄론이며 메렛은 미리암과 삼매와
에스드모아의 조상 이스바를 낳았으니
18 이는 메렛이 아내로 맞은 바로의 딸 비
디아의 아들들이며 또 그의 아내 여후
디야는 그돌의 조상 예렛과 소고의 조
상 헤벨과 사노아의 조상 여구디엘을
낳았으며

4 에는 무엇이 기록되어 있을까?

1절에는 유다의 직계 자손이 5대까
지 소개되며, 2-23절에는 유다의 자손들이 부
분적으로 소개되고 있어요. 24절 이하는 시므온
지파의 족보와 그들이 살았던 곳, 이동 상황에
대해 말하고 있지요. 야곱의 예언(창 49:7)대로
유다의 후손들은 강하고 번성했으나, 이와 달리
시므온의 후손들은 약했답니다.

매제(4:3) 손아래 여동생의 남편.
소생(4:6) 자기가 낳은 자녀.
공장(4:14) 물건을 만드는 것을 직업으로 삼는 사람.
세마포(4:21) 올이 고운 삼베. 예복, 장례 때 시신을
싸는 것.
산울(4:23) 산 나무를 심어서 된 울타리.
번성(4:27) 자손이 늘어서 퍼짐.
현손(4:37) 손자의 손자.
장막(4:41) 병사 또는 유목민이 사용했던 거주용 천막.

19 나함의 누이인 호디야의 아내의 아들들은 가미 사람 그일라의 아버지와 마아가 사람 에스드모아며

20 시몬의 아들들은 암논과 린나와 벤하난과 딜론이요 이시의 아들들은 소헷과 벤소헷이더라

21 유다의 아들 셀라의 자손은 레가의 아버지 에르와 마레사의 아버지 라아다와 세마포 짜는 자의 집 곧 아스베아의 집 종족과

22 또 요김과 고세바 사람들과 요아스와 모압을 다스리던 사랍과 야수비네헴이니 이는 다 옛 기록에 의존한 것이라

23 이 모든 사람은 토기장이가 되어 수풀과 산울 가운데에 거주하는 자로서 거기서 왕과 함께 거주하면서 왕의 일을 하였더라

시므온의 자손

24 ●시므온의 아들들은 느무엘과 야민과 야립과 세라와 사울이요

25 사울의 아들은 살룸이요 그의 아들은 밉삼이요 그의 아들은 미스마요

26 미스마의 아들은 함무엘이요 그의 아들은 삭굴이요 그의 아들은 시므이요

27 시므이에게는 아들 열여섯과 딸 여섯이 있으나 그의 형제에게는 자녀가 몇이 못되니 그들의 온 종족이 유다 자손처럼 번성하지 못하였더라

28 시므온 자손이 거주한 곳은 브엘세바와 몰라다와 하살수알과

29 빌하와 에셈과 돌랏과

30 브두엘과 호르마와 시글락과

31 벧말가봇과 하살수심과 벧비리와 사아라임이니 다윗 왕 때까지 이 모든 성읍이 그들에게 속하였으며

32 그들이 사는 곳은 에담과 아인과 림몬과 도겐과 아산 다섯 성읍이요

33 또 모든 성읍 주위에 살던 주민들의 경계가 바알까지 다다랐으니 시므온 자손의 거주지가 이러하고 각기 계보가 있더라

34 또 메소밥과 야믈렉과 아마시야의 아

35 요엘과 아시엘의 증손 스라야의 손자 요시비야의 아들 예후와

36 또 엘료에내와 야아고바와 여소하야와 아사야와 아디엘과 여시미엘과 브나야와

37 또 스마야의 오대 손 시므리의 현손 여다야의 증손 알론의 손자 시비의 아들은 시사이니

38 여기 기록된 것들은 그들의 종족과 그들의 가문의 지도자들의 이름이라 그들이 매우 번성한지라

39 그들이 그들의 양 떼를 위하여 목장을 구하고자 하여 골짜기 동쪽 그돌 지경에 이르러

40 기름지고 아름다운 목장을 발견하였는데 그 땅이 넓고 안정 되고 평안하니 이는 옛적부터 거기에 거주해 온 사람은 함의 자손인 까닭이라

41 이 명단에 기록된 사람들이 유다 왕 히스기야 때에 가서 그들의 장막을 쳐서 무찌르고 거기에 있는 모우님 사람을 쳐서 진멸하고 대신하여 오늘까지 거기에 살고 있으니 이는 그들의 양 떼를 먹일 목장이 거기에 있음이며

메시아 왕국으로의 인도자

다윗의 계보 배후에는 하나님의 언약이 담겨져 있답니다(삼하 7:12 이하). 여기에는 다윗의 아들들이 각 출신지별로 천의 아들들까지 모두 기록되어 있는데, 이는 '누가 다윗 왕의 진정한 후계자인가'를 밝히기 위한 것이라고 볼 수 있지요. 또한 이 질문은 '누가 진정으로 이스라엘을 하나님 왕국으로 인도할 메시아인가' 라는 메시아 왕국에 대한 소망도 포함하고 있답니다.

한편 역대기에는 다윗 왕국에서 일어난 불행한 사건들이 전혀 나오지 않고 있어요. 이것은 역대기 기자가 다윗 왕국을 인간의 입장에서 보지 않는다는 것을 의미해요. 역대기는 오직 하나님께서 '이스라엘 역사를 어떻게 진행해가시는가'에 대해 집중되어 있지요.

3장

대상

42또 시므온 자손 중에 오백 명이 이시의 아들 블라댜와 느아랴와 르바야와 웃시엘을 두목으로 삼고 세일 산으로 가서
43피신하여 살아남은 아말렉 사람을 치고 오늘까지 거기에 거주하고 있더라

풍요로운 바산·바산의 암소들(5:11)

풍요로운 바산·바산의 암소들(5:11)

르우벤의 자손

5 이스라엘의 장자 르우벤의 아들들은 이러하니라 (르우벤은 장자라도 그의 아버지의 침상을 더럽혔으므로 장자의 명분이 이스라엘의 아들 요셉의 자손에게로 돌아가서 족보에 장자의 명분대로 기록되지 못하였느니라

2 유다는 형제보다 뛰어나고 주권자가 유다에게서 났으나 장자의 명분은 요셉에게 있으니라)

3 이스라엘의 장자 르우벤의 아들들은 하녹과 발루와 헤스론과 갈미요 ▶ 26:5

4 요엘의 아들은 스마야요 그의 아들은 곡이요 그의 아들은 시므이요

5 그의 아들은 미가요 그의 아들은 르아야요 그의 아들은 바알이요

6 그의 아들은 브에라니 그는 르우벤 자손의 지도자로서 앗수르 왕 디글랏 빌레셀에게 사로잡힌 자라

7 그의 형제가 종족과 계보대로 우두머리 된 자는 여이엘과 스가랴와

8 벨라니 벨라는 아사스의 아들이요 세마의 손자요 요엘의 증손이라 그가 아로엘에 살면서 느보와 바알므온까지 다다랐고

9 또 동으로 가서 거주하면서 유브라데 강에서부터 광야 지경까지 다다랐으니 이는 길르앗 땅에서 그 가축이 번식

함이라

10사울 왕 때에 그들이 하갈 사람과 더불어 싸워 손으로 쳐죽이고 길르앗 동쪽 온 땅에서 장막에 거주하였더라 5:18-21

갓의 자손

11 ● 갓 자손은 르우벤 사람을 마주 대하여 바산 땅에 거주하면서 살르가까지 다다랐으니

12우두머리는 요엘이요 다음은 사밤이요 또 야내와 바산에 산 사밧이요

13그 조상의 가문의 형제들은 미가엘과 므술람과 세바와 요래와 야간과 시아와 에벨 일곱 명이니

14이는 다 아비하일의 아들들이라 아비하일은 후리의 아들이요 야로아의 손자요 길르앗의 증손이요 미가엘의 현손이요 여시새의 오대 손이요 야도의 육대 손이요 부스의 칠대 손이니

15또 구니의 손자 압디엘의 아들 아히가 우두머리가 되었고

16그들이 바산 길르앗과 그 마을과 사론의 모든 들에 거주하여 그 사방 변두리에 다다랐더라

17이상은 유다 왕 요담 때와 이스라엘 왕 여로보암 때에 족보에 기록되었더라

므낫세 반 지파의 용사

18 ● 르우벤 자손과 갓 사람과 므낫세 반 지파에서 나가 싸울 만한 용사 곧 능히 방패와 칼을 들며 활을 당겨 싸움에 익숙한 자는 사만 사천칠백육십 명이라

19그들이 하갈 사람과 여두르와 나비스와 노답과 싸우는 중에

5장에는 무엇이 기록되어 있을까?
르우벤, 갓, 므낫세 등 세 지파의 후손들이 소개되고 있어요. 이들 지파들이 힘을 합하여 하갈 족속, 이스마엘 자손과의 싸움에서 승리를 거두었지요. 이는 그들이 싸울 때에 하나님을 의지했기 때문이에요. 그러나 후에 그들이 하나님께 죄를 지었을 때는 이방 땅에 포로로 잡혀가고 말았습니다.

장자의 명분(5:1) 장자가 가지는 권한.
주권자(5:2) 국가의 주권을 가진 사람.

앗수르 왕이 르우벤 갓 므낫세 반 지파를 이주시킨 할라(할라프)에서 발견된 석상들 (알레프 박물관)(5:26)

20 도우심을 입었으므로 하갈 사람과 그들과 함께 있는 자들이 다 그들의 손에 패하였으니 이는 그들이 싸울 때에 하나님께 의뢰하고 부르짖으므로 하나님이 그들에게 응답하셨음이라

21 그들이 대적의 짐승 곧 낙타 오만 마리와 양 이십오만 마리와 나귀 이천 마리를 빼앗으며 사람 십만 명을 사로잡았고

22 죽임을 당한 자가 많았으니 이 싸움이 하나님께로 말미암았음이라 그들이 그들의 땅에 거주하여 사로잡힐 때까지 이르렀더라

므낫세 반 지파의 자손들

23 ●므낫세 반 지파 자손들이 그 땅에 거주하면서 그들이 번성하여 바산에서부터 바알헤르몬과 스닐과 헤르몬 산까지 다다랐으며

24 그들의 족장은 에벨과 이시와 엘리엘과 아스리엘과 예레미아와 호다위야와 야디엘이며 다 용감하고 유명한 족장이었더라

므낫세 반 지파의 추방

25 ●그들이 그들의 조상들의 하나님께 범죄하여 하나님이 그들 앞에서 멸하신 그 땅 백성의 신들을 간음하듯 섬긴지라

26 그러므로 이스라엘 하나님이 앗수르 왕 불의 마음을 일으키시며 앗수르 왕 디글랏빌레셀의 마음을 일으키시매 곧 르우벤과 갓과 므낫세 반 지파를 사로잡아 할라와 하볼과 하라와 고산 강 가에 옮긴지라 그들이 오늘까지 거기에 있느니라

왕하 15:19, 29

레위의 계보

6 레위의 아들들은 게르손과 그핫과 므라리요

> 출 6:16

2 그핫의 아들들은 아므람과 이스할과 헤브론과 웃시엘이요

3 아므람의 자녀는 아론과 모세와 미리암이요 아론의 자녀는 나답과 아비후와 엘르아살과 이다말이며

4 엘르아살은 비느하스를 낳고 비느하스는 아비수아를 낳고

5 아비수아는 북기를 낳고 북기는 웃시를 낳고

6 웃시는 스라히야를 낳고 스라히야는 므라욧을 낳고

7 므라욧은 아마랴를 낳고 아마랴는 아히둡을 낳고

8 아히둡은 사독을 낳고 사독은 아히마아스를 낳고

9 아히마아스는 아사랴를 낳고 아사랴는 요하난을 낳고

10 요하난은 아사랴를 낳았으니 이 아사랴는 솔로몬이 예루살렘에 세운 성전에서 제사장의 직분을 행한 자이며

11 아사랴는 아마랴를 낳고 아마랴는 아히둡을 낳고

12 아히둡은 사독을 낳고 사독은 살룸을 낳고

13 살룸은 힐기야를 낳고 힐기야는 아사랴를 낳고

14 아사랴는 스라야를 낳고 스라야는 여호사닥을 낳았으며

15 여호와께서 느부갓네살의 손으로 유다와 예루살렘 백성을 옮기실 때에 여

6 에는 무엇이 기록되어 있을까?

6장은 레위 지파에 관한 기록입니다. 1-15절은 레위의 아들 중 대제사장 아론의 계보를, 16-30절에는 아론을 제외한 레위의 다른 아들의 계보를 소개하였어요. 31-48절은 성전에서 찬양하는 자들의 계보이며, 나머지는 이스라엘 모든 곳에 흩어져 살았던 레위 지파의 사는 곳을 말하고 있지요.

호사닥도 가니라

레위의 자손

16 ●레위의 아들들은 게르손과 그핫과 므라리이며 _{출 6:16}

17 게르손의 아들들의 이름은 이러하니 립니와 시므이요

18 그핫의 아들들은 아므람과 이스할과 헤브론과 웃시엘이요

19 므라리의 아들들은 말리와 무시라 그 조상에 따라 레위의 종족은 이러하니

20 게르손에게서 난 자는 곧 그의 아들 립니요 그의 아들은 야핫이요 그의 아들은 심마요

21 그의 아들은 요아요 그의 아들은 잇도요 그의 아들은 세라요 그의 아들은 여아드래이며

22 그핫에게서 난 자는 곧 그 아들은 암미나답이요 그의 아들은 고라요 그의 아들은 앗실이요

23 그의 아들은 엘가나요 그의 아들은 에비아삽이요 그의 아들은 앗실이요

24 그의 아들은 다핫이요 그의 아들은 우리엘이요 그의 아들은 웃시야요 그의 아들은 사울이라

25 엘가나의 아들들은 아마새와 아히못이요

26 엘가나로 말하면 그의 자손은 이러하니 그의 아들은 소배요 그의 아들은 나핫이요

27 그의 아들은 엘리압이요 그의 아들은 여로함이요 그의 아들은 엘가나라

28 사무엘의 아들들은 맏아들 요엘이요 다음은 아비야라 _{삼상 8:2}

29 므라리에게서 난 자는 말리요 그의 아들은 립니요 그의 아들은 시므이요 그의 아들은 웃사요

30 그의 아들은 시므아요 그의 아들은 학기야요 그의 아들은 아사야더라

회막 앞에서 찬송하는 사람들

31 ●언약궤가 평안을 얻었을 때에 다윗이 여호와의 성전에서 찬송하는 직분을 맡긴 자들은 아래와 같았더라

32 솔로몬이 예루살렘에서 여호와의 성전을 세울 때까지 그들이 회막 앞에서 찬송하는 일을 행하되 그 계열대로 직무를 행하였더라

33 직무를 행하는 자와 그의 아들들은 이러하니 그핫의 자손 중에 헤만은 찬송하는 자라 그는 요엘의 아들이요 요엘은 사무엘의 아들이요

34 사무엘은 엘가나의 아들이요 엘가나는 여로함의 아들이요 여로함은 엘리엘의 아들이요 엘리엘은 도아의 아들이요

35 도아는 숩의 아들이요 숩은 엘가나의 아들이요 엘가나는 마핫의 아들이요 마핫은 아마새의 아들이요

36 아마새는 엘가나의 아들이요 엘가나는 요엘의 아들이요 요엘은 아사랴의 아들이요 아사랴는 스바냐의 아들이요

37 스바냐는 다핫의 아들이요 다핫은 앗실의 아들이요 앗실은 에비아삽의 아들이요 에비아삽은 고라의 아들이요 _{출 6:24}

38 고라는 이스할의 아들이요 이스할은 그핫의 아들이요 그핫은 레위의 아들이요 레위는 이스라엘의 아들이라

39 헤만의 형제 아삽은 헤만의 오른쪽에

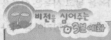

질그릇 같은 사람

네덜란드의 화가 고흐는 목사의 아들로 태어났어요. 화가가 되기 전에 그는 탄광에서 일하면서 광부들을 전도했습니다. 하지만 차츰 거친 광부들에게 지치게 되면서 결심이 약해지고 오히려 광부들의 생활에 물들고 그들에게 휩쓸리게 되었어요.

그러던 어느 날 한 광부가 입고 있던, 포장지로 만든 옷이 어떤 글이 쓰여 있었답니다. "이것은 깨지기 쉬운 물건이니 취급에 각별히 유의하시오."

그 순간 고흐는 그 광부가 마치 깨어지기 쉬운 그릇처럼 느껴졌어요. 그리고 인간이 얼마나 나약하고 깨지기 쉬운 존재인지를 깨달았지요. 그날부터 그는 자신의 나약함을 인정하며 하나님을 더욱 의지하여 다시 전도에 열심을 내기 시작하였답니다.

서 직무를 행하였으니 그는 베레갸의 아들이요 베레갸는 시므아의 아들이요

40 시므아는 미가엘의 아들이요 미가엘은 바아세야의 아들이요 바아세야는 말기야의 아들이요

41 말기야는 에드니의 아들이요 에드니는 세라의 아들이요 세라는 아다야의 아들이요 ^{6:21}

42 아다야는 에단의 아들이요 에단은 심마의 아들이요 심마는 시므이의 아들이요

43 시므이는 야핫의 아들이요 야핫은 게르손의 아들이요 게르손은 레위의 아들이며

44 그들의 형제 므라리의 자손 중 그의 왼쪽에서 직무를 행하는 자는 에단이라 에단은 기시의 아들이요 기시는 압디의 아들이요 압디는 말룩의 아들이요

45 말룩은 하사뱌의 아들이요 하사뱌는 아마시야의 아들이요 아마시야는 힐기야의 아들이요

46 힐기야는 암시의 아들이요 암시는 바니의 아들이요 바니는 세멜의 아들이요

47 세멜은 말리의 아들이요 말리는 무시의 아들이요 무시는 므라리의 아들이요 므라리는 레위의 아들이며

48 그들의 형제 레위 사람들은 하나님의 집 장막의 모든 일을 맡았더라

아론의 자손

49 ● 아론과 그의 자손들은 번제단과 향단 위에 분향하며 제사를 드리며 지성소의 모든 일을 하여 하나님의 종 모세의 모든 명령대로 이스라엘을 위하여 속죄하니

50 아론의 자손들은 이러하니라 그의 아들은 엘르아살이요 그의 아들은 비느하스요 그의 아들은 아비수아요 ^{6:4-8}

51 그의 아들은 북기요 그의 아들은 웃시요 그의 아들은 스라히야요

52 그의 아들은 므라욧이요 그의 아들은 아마랴요 그의 아들은 아히둡이요

53 그의 아들은 사독이요 그의 아들은 아히마아스이더라

레위 사람의 정착지

54 ● 그들의 거주한 곳은 사방 지계 안에 있으니 그 마을은 아래와 같으니라 아론 자손 곧 그핫 종족이 먼저 제비 뽑았으므로

55 그들에게 유다 땅의 헤브론과 그 사방 초원을 주었고 ^{수 21:11, 12}

56 그러나 그 성의 밭과 마을은 여분네의 아들 갈렙에게 주었으며

57 아론 자손에게 도피성을 주었으니 헤브론과 립나와 그 초원과 얏딜과 에스드모아와 그 초원과

58 힐렌과 그 초원과 드빌과 그 초원과

59 아산과 그 초원과 벧세메스와 그 초원이며

60 또 베냐민 지파 중에서는 게바와 그 초원과 알레멧과 그 초원과 아나돗과 그 초원을 주었으니 그들의 종족이 얻은 성이 모두 열셋이었더라

61 ● 그핫 자손의 남은 자에게는 절반 지파 즉 므낫세 반 지파 종족 중에서 제비 뽑아 열 성읍을 주었고

62 게르손 자손에게는 그들의 종족대로 잇사갈 지파와 아셀 지파와 납달리 지파와 바산에 있는 므낫세 지파 중에서

슬슬 풀리는 방명말씀

도피성의 교훈

도피성은 살인 누명을 쓰거나 실수로 살인한 경우, 살인자가 죽은 사람의 가족들의 보복을 피해 도망할 수 있도록 마련된 성읍이에요. 살인자가 도피성에 들어가려면, 그곳 레위인들에 의해 살인이 실수였던 것이었다는 판결이 나야 했지요. 그렇게 도피성에 들어가면 그곳에서 보호를 받으며 지내고, 도피성의 대제사장이 죽으면 밖으로 나가 보복을 받지 않고 다시 정상적으로 생활할 수 있었답니다.

하나님께서 이처럼 도피성 제도를 세우신 이유는, 감정에 치우친 피의 복수가 거듭되는 것을 막기 위해서였어요. 이처럼 우리도 십자가에서 죽으심으로 우리의 모든 죄를 용서해주신 예수님의 사랑을 본받아, 우리의 마음을 아프게 한 형제의 모든 허물을 용서해야 하겠어요.

^{6장 57절}

바산 산지로 불린 골란 고원(6:71)

열세 성읍을 주었고

63 므라리 자손에게는 그 종족대로 르우벤 지파와 갓 지파와 스불론 지파 중에서 제비 뽑아 열두 성읍을 주었더라

64 이스라엘 자손이 이 모든 성읍과 그 목초지를 레위 자손에게 주되

65 유다 자손의 지파와 시므온 자손의 지파와 베냐민 자손의 지파 중에서 이 위에 기록한 여러 성읍을 제비 뽑아 주었더라

66 ●그핫 자손의 몇 종족은 에브라임 지파 중에서 성읍을 얻어 영토를 삼았으며

67 또 그들에게 도피성을 주었으니 에브라임 산중 세겜과 그 초원과 게셀과 그 초원과

68 욕므암과 그 초원과 벧호론과 그 초원과

69 아얄론과 그 초원과 가드림몬과 그 초원이며

70 또 그핫 자손의 남은 종족에게는 므낫세 반 지파 중에서 아넬과 그 초원과 빌르암과 그 초원을 주었더라

71 ●게르손 자손에게는 므낫세 반 지파 종족 중에서 바산의 골란과 그 초원과 아스다롯과 그 초원을 주고

72 또 잇사갈 지파 중에서 게데스와 그 초원과 다브랏과 그 초원과

73 라못과 그 초원과 아넴과 그 초원을 주고

74 아셀 지파 중에서 마살과 그 초원과 압돈과 그 초원과

75 후곡과 그 초원과 르홉과 그 초원을 주고

76 납달리 지파 중에서 갈릴리의 게데스와 그 초원과 함몬과 그 초원과 기랴다임과 그 초원을 주니라

77 ●므라리 자손의 남은 자에게는 스불론 지파 중에서 림모노와 그 초원과 다볼과 그 초원을 주었으며

78 또 요단 건너 동쪽 곧 여리고 맞은편 르우벤 지파 중에서 광야의 베셀과 그 초원과 야사와 그 초원과

79 그데못과 그 초원과 메바앗과 그 초원을 주었으며

80 또 갓 지파 중에서 길르앗의 라못과 그 초원과 마하나임과 그 초원과

81 헤스본과 그 초원과 야셀과 그 초원을 주었더라

잇사갈의 자손

7 잇사갈의 아들들은 돌라와 부아와 야숩과 시므론 네 사람이며 삼 46:13

2 돌라의 아들들은 웃시와 르바야와 여리엘과 야매와 입삼과 스무엘이니 그의 아버지 돌라의 집 우두머리라 대대로 용사이더니 다윗 때에 이르러는 그 수효가 이만 이천육백 명이었더라

3 웃시의 아들은 이스라히야요 이스라히야의 아들들은 미가엘과 오바댜와 요엘과 잇시야 다섯 사람이 모두 우두머리며

4 그들과 함께 있는 자는 그 계보와 종족대로 능히 출전할 만한 군대가 삼만 육천 명이니 이는 그 처자가 많기 때문이며

5 그의 형제 잇사갈의 모든 종족은 다 용

7 에는 무엇이 기록되어 있을까?

유다의 북쪽에 위치한 지파들 중 지금까지 소개되지 않은 나머지 지파들이 소개되고 있어요. 잇사갈 지파, 베냐민 지파, 납달리 지파, 므낫세 반 지파, 에브라임 지파, 그리고 아셀 지파 등이지요. 이들은 북왕국의 우상 숭배하는 모습에 반대하여 유다 왕국으로 돌아왔던 자들의 후손들이랍니다.

감한 장사라 그 전체를 계수하면 팔만 칠천 명이었더라

베냐민의 자손

6 ●베냐민의 아들들은 벨라와 베겔과 여디아엘 세 사람이며

7 벨라의 아들들은 에스본과 우시와 웃시엘과 여리못과 이리 다섯 사람이니 다 그 집의 우두머리요 큰 용사라 그 계보대로 계수하면 이만 이천삼십사 명이며

8 베겔의 아들들은 스미라와 요아스와 엘리에셀과 엘료에내와 오므리와 여레못과 아비야와 아나돗과 알레멧이니 베겔의 아들들은 모두 이러하며

9 그들은 다 그 집의 우두머리요 용감한 장사라 그 자손을 계보에 의해 계수하면 이만 이백 명이며

10 여디아엘의 아들은 빌한이요 빌한의 아들들은 여우스와 베냐민과 에후과 그나아나와 세단과 다시스와 아히사할이니

11 이 여디아엘의 아들들은 모두 그 집의 우두머리요 큰 용사라 그들의 자손 중에 능히 출전할 만한 자가 만 칠천이백 명이며

12 일의 아들은 숩빔과 훕빔이요 아헬의 아들은 후심이더라

납달리의 자손

13 ●납달리의 아들들은 야시엘과 구니와 예셀과 살룸이니 이는 빌하의 손자더라

창 46:24

므낫세의 자손

14 ●므낫세의 아들들은 그의 아내가 낳아 준 아스리엘과 그의 소실 아람 여인이 낳아 준 길르앗의 아버지 마길이니

15 마길은 훕빔과 숩빔의 누이 마아가라 하는 이에게 장가 들었더라 므낫세의 둘째 아들의 이름은 슬로브핫이니 슬로브핫은 딸들만 낳았으며

16 마길의 아내 마아가는 아들을 낳아 그의 이름을 베레스라 하였으며 그의 아우의 이름은 세레스이며 세레스의 아들들은 울람과 라겜이요

17 울람의 아들들은 브단이니 이는 다 길르앗의 자손이라 길르앗은 마길의 아들이요 므낫세의 손자이며

18 그의 누이 함몰레겟은 이스홋과 아비에셀과 말라를 낳았고

19 스미다의 아들들은 아히안과 세겜과 릭히와 아니암이더라

에브라임의 자손

20 ●에브라임의 아들은 수델라요 그의 아들은 베렛이요 그의 아들은 다핫이요 그의 아들은 엘르아다요 그의 아들은 다핫이요

21 그의 아들은 사밧이요 그의 아들은 수델라며 그가 또 에셀과 엘르앗을 낳았으나 그들이 가드 원주민에게 죽임을 당하였으니 이는 그들이 내려가서 가드 사람의 짐승을 빼앗고자 하였음이라

22 그 아버지 에브라임이 여러 날 슬퍼하므로 그의 형제가 가서 위로하였더라

23 그리고 에브라임이 그의 아내와 동침하매 임신하여 아들을 낳으니 그 집이 재앙을 받았으므로 그의 이름을 브리아라 하였더라

24 에브라임의 딸은 세에라이니 그가 아래 윗 성 벧호론과 우센세에라를 건설

술술 풀리는 성경 말씀

언겁 된 자가 나중되더라

요셉은 자신의 아들들이 야곱의 축복을 받을 때, 장남인 므낫세를 야곱의 오른쪽에, 차남인 에브라임을 왼쪽에 세웠어요. 그러나 야곱은 손을 엇갈려 엎음으로써 에브라임을 더 축복하였지요. 이런 예는 이스마엘 대신 이삭이(창 21:12), 에서 대신 야곱이(창 27:29), 르우벤 대신 요셉이(창 49:26) 장자의 축복을 받은 것에서도 찾아볼 수 있어요.

이처럼 구원은 우리의 자격이나 노력이 아닌 오직 하나님의 주권적인 은혜에 달려 있답니다. 그렇다고 해서 우리에게 아무런 책임이 없는 것은 아니에요. 예수님께서는 우리가 늘 겸손하게 하나님의 은혜 안에 머물 것을 강조하셨어요.

7장 20절

아얄론 골짜기와 소렉 골짜기 사이의 평지에 위치한 게셀(7:28)

하였더라

25 브리아의 아들들은 레바와 레셉이요 레셉의 아들은 델라요 그의 아들은 다한이요

26 그의 아들은 라단이요 그의 아들은 암미훗이요 그의 아들은 엘리사마요

27 그의 아들은 눈이요 그의 아들은 여호수아더라

28 ●에브라임 자손의 토지와 거주지는 벧엘과 그 주변 마을이요 동쪽으로는 나아란이며 서쪽에는 게셀과 그 주변 마을이며 또 세겜과 그 주변 마을이니 아사와 그 주변 마을까지이며

29 또 므낫세 자손의 지계에 가까운 벧스안과 그 주변 마을과 다아낙과 그 주변 마을과 므깃도와 그 주변 마을과 돌과 그 주변 마을이라 이스라엘의 아들 요셉의 자손이 이 여러 곳에 거하였더라

30 ●아셀의 아들들은 임나와 이스와와 이스위와 브리아요 그들의 매제는 세라이며

31 브리아의 아들들은 헤벨과 말기엘이니 말기엘은 비르사잇의 아버지이며

32 헤벨은 야블렛과 소멜과 호담과 그들의 매제 수아를 낳았으며

33 야블렛의 아들들은 바삭과 빔할과 아스왓이니 야블렛의 아들은 이러하며

34 소멜의 아들들은 아히와 로가와 호바와 아람이요

35 그의 아우 헬렘의 아들들은 소바와 임나와 셀레스와 아말이요

36 소바의 아들들은 수아와 하르네벨과 수알과 베리와 이므라와

37 베셀과 홋과 사마와 실사와 이드란과 브에라요

38 예델의 아들들은 여분네와 비스바와 아라요

39 울라의 아들들은 아라와 한니엘과 리시아이니

40 이는 다 아셀의 자손으로 우두머리요 정선된 용감한 장사요 방백의 우두머리라 출전할 만한 자를 그들의 계보대로 계수하면 이만 육천 명이었더라

베냐민의 자손

8 베냐민이 낳은 자는 맏아들 벨라와 둘째 아스벨과 셋째 아하라와

2 넷째 노하와 다섯째 라바이며

3 벨라에게 아들들이 있으니 곧 앗달과 게라와 아비훗과

4 아비수아와 나아만과 아호아와

5 게라와 스부반과 후람이라

6 에훗의 아들들은 이러하니라 그들은 게바 주민의 우두머리로서, 사로잡혀 마나핫으로 갔으니

7 곧 나아만과 아히야와 게라이며 게라는 또 웃사와 아히훗을 낳았으며

8 사하라임은 두 아내 후심과 바아라를 내보낸 후에 모압 땅에서 자녀를 낳았으니

9 그의 아내 호데스에게서 낳은 자는 요밥과 시비아와 메사와 말감과

10 여우스와 사가와 미르마이니 이 아들들은 우두머리이며

11 또 그의 아내 후심에게서 아비둡과 엘바알을 낳았으며

12 엘바알의 아들들은 에벨과 미삼과 세멧이니 그는 오노와 롯과 그 주변 마을

8장에는 무엇이 기록되어 있을까?

7장에 이어 베냐민 지파의 족보가 소개되고 있어요. 1-28절에서는 왕정 체제 이전의 베냐민 지파 족장들이, 29-40절에서는 베냐민 지파였던 사울 왕가의 계보를 소개하고 있지요. 베냐민 지파가 자세히 소개된 이유는 귀환 이후 그들이 이스라엘 내에서 차지했던 비중이 유다 지파 다음으로 컸기 때문입니다.

토막상식 — 므립바알

히브리어로 '바알과 다툰 자', 요나단의 아들인 절 뚝발이 '므비보셋'(삼하 4:4)을 말해요. 히브리어로 '수치로부터 벗어난 자'란 뜻을 가지고 있지요. 그의 후손이 번성한 것은 다윗이 요나단과 맺은 언약을 하나님께서 이루어주셨기 때문이랍니다(삼상 20:15, 23,42).

8장 34절

들을 세웠고

13 또 브리아와 세마이니 그들은 아얄론 주민의 우두머리가 되어 그들이 가드 주민을 쫓아냈더라

14 아히요와 사삭과 여레못과

15 스바댜와 아랏과 에델과

16 미가엘과 이스바와 요하는 다 브리아의 아들들이요

17 스바댜와 므술람과 히스기와 헤벨과

18 이스므래와 이슬리아와 요밥은 다 엘바알의 아들들이요

19 야김과 시그리와 삽디와

20 엘리에내와 실르대와 엘리엘과

21 아다야와 브라야와 시므랏은 다 시므이의 아들들이요

22 이스반과 에벨과 엘리엘과

23 압돈과 시그리와 하난과

24 하나냐와 엘람과 안도디야와

25 이브드야와 브누엘은 다 사삭의 아들들이요

26 삼스래와 스하랴와 아달랴와

27 야아레시야와 엘리야와 시그리는 다 여로함의 아들들이니

28 그들은 다 가문의 우두머리이며 그들의 족보의 우두머리로서 예루살렘에 거주하였더라

기브온과 예루살렘의 베냐민 사람들

29 ●기브온의 조상 여이엘은 기브온에 거주하였으니 그 아내의 이름은 마아카며

30 장자는 압돈이요 다음은 술과 기스와 바알과 나답과

31 그돌과 아히오와 세겔이며

32 미글롯은 시므아를 낳았으며 그들은 친족들과 더불어 마주하고 예루살렘에 거주하였더라

33 넬은 기스를 낳고 기스는 사울을 낳고 사울은 요나단과 말기수아와 아비나답과 에스바알을 낳았으며 9:35-38

34 요나단의 아들은 므립바알이라 므립바알은 미가를 낳았고

35 미가의 아들들은 비돈과 멜렉과 다레아와 아하스이며

36 아하스는 여호앗다를 낳고 여호앗다는 알레멧과 아스마윗과 시므리를 낳고 시므리는 모사를 낳고

37 모사는 비느아를 낳았으며 비느아의 아들은 라바요 그의 아들은 엘르아사요 그의 아들은 아셀이며

38 아셀에게 여섯 아들이 있어 그들의 이름은 이러하니 아스리감과 보그루와 이스마엘과 스아랴와 오바댜와 하난이라 아셀의 모든 아들이 이러하며

39 그의 아우 에섹의 아들은 이러하니 그의 맏아들은 울람이요 둘째는 여우스요 셋째는 엘리벨렛이며

40 울람의 아들은 다 용감한 장사요 활을 잘 쏘는 자라 아들과 손자가 많아 모두 백오십 명이었더라 베냐민의 자손은 이러하였더라

포로 생활에서 돌아온 백성

9 온 이스라엘이 그 계보대로 계수되어 그들은 이스라엘 왕조실록에 기록되니라 유다가 범죄함으로 말미암아 바벨론으로 사로잡혀 갔더니 5:25

2 그들의 땅 안에 있는 성읍에 처음으로 거주한 이스라엘 사람들은 제사장들과 레위 사람들과 느디님 사람들이라

9장에는 무엇이 기록되어 있을까?

이스라엘 공동체를 구성한 사람들의 이름과 사울 왕가의 족보를 기록하였어요. 앞 부분에서는 포로 생활에서 돌아온 백성들 중 일반 백성을 간단하게 소개한 뒤, 이어서 제사장과 레위인들의 계보와 역할을 소개하였지요. 뒷부분에서는 사울 왕가에 대해 먼저 이야기함으로써 새로운 역사가 펼쳐질 것을 보여준답니다.

3 유다 자손과 베냐민 자손과 에브라임과 므낫세 자손 중에서 예루살렘에 거주한 자는

4 유다의 아들 베레스 자손 중에 우대이니 그는 암미훗의 아들이요 오므리의 손자요 이므리의 증손이요 바니의 현손이라

5 실로 사람 중에서는 맏아들 아사야와 그의 아들들이요

6 세라 자손 중에서는 여우엘과 그 형제 육백구십 명이요

7 베냐민 자손 중에서는 핫스누아의 증손 호다위아의 손자 므술람의 아들 살루요

8 여로함의 아들 이브느야와 미그리의 손자 웃시의 아들 엘라요 이브니야의 증손 르우엘의 손자 스바댜의 아들 무술람이요

9 또 그의 형제들이라 그들의 계보대로 계수하면 구백오십육 명이니 다 종족의 가문의 우두머리들이더라

예루살렘에 정착한 제사장들

10 ●제사장 중에서는 여다야와 여호야립과 야긴과

11 하나님의 성전을 맡은 자 아사랴이니 그는 힐기야의 아들이요 므술람의 손

자요 사독의 증손이요 므라욧의 현손이요 아히둡의 오대손이며

12 또 아다야이니 그는 여로함의 아들이요 바스훌의 손자요 말기야의 증손이며 또 마아새니 그는 아디엘의 아들이요 야세라의 손자요 므술람의 증손이요 므실레밋의 현손이요 임멜의 오대손이며

13 또 그의 형제들이니 종족의 가문의 우두머리라 하나님의 성전의 임무를 수행할 힘있는 자는 모두 천칠백육십 명이더라

예루살렘에 정착한 레위 사람들

14 ●레위 사람 중에서는 므라리 자손 스마야이니 그는 핫숩의 아들이요 아스리감의 손자요 하사뱌의 증손이며

15 또 박박갈과 헤레스와 갈랄과 맛다냐이니 그는 미가의 아들이요 시그리의 손자요 아삽의 증손이며

16 또 오바댜이니 그는 스마야의 아들이요 갈랄의 손자요 여두둔의 증손이며 또 베레갸이니 그는 아사의 아들이요 엘가나의 손자라 느도바 사람의 마을에 거주하였더라

예루살렘에 정착한 회막 문지기

17 ●문지기는 살룸과 악굽과 달몬과 아히만과 그의 형제들이니 살룸은 그 우두머리라

18 이 사람들은 전에 왕의 문 동쪽 곧 레위 자손의 진영의 문지기이며 겔 46:1, 2

19 고라의 증손 에비아삽의 손자 고레의 아들 살룸과 그의 종족 형제 곧 고라의 자손이 수종 드는 일을 맡아 성막 문들을 지켰으니 그들의 조상들도 여호와의 진영을 맡고 출입문을 지켰으며

20 여호와께서 함께 하신 엘르아살의 아들 비느하스가 옛적에 그의 무리를 거느렸고 민 25:7-13

21 므셀레먀의 아들 스가랴는 회막 문지기가 되었더라 26:2, 14

22 택함을 입어 문지기 된 자가 모두 이백열두 명이니 이는 그들의 마을에서 그들의 계보대로 계수된 자요 다윗과 선

견자 사무엘이 전에 세워서 이 직분을 맡긴 자라

23 그들과 그들의 자손이 그 순차를 좇아 여호와의 성전 곧 성막 문을 지켰는데

24 이 문지기가 동, 서, 남, 북 사방에 섰고

25 그들의 마을에 있는 형제들은 이레마다 와서 그들과 함께 있으니 ^{대상 11:5, 7}

26 이는 문지기의 우두머리 된 레위 사람 넷이 중요한 직분을 맡아 하나님의 성전 모든 방과 곳간을 지켰음이라

27 그들은 하나님의 성전을 맡은 직분이 있으므로 성전 주위에서 밤을 지내며 아침마다 문을 여는 책임이 그들에게 있었더라 ^{23:30-32}

나머지 레위 사람들

28 ●그 중에 어떤 자는 섬기는 데 쓰는 기구를 맡아서 그 수효대로 들여가고 수효대로 내오며

29 또 어떤 자는 성소의 기구와 모든 그릇과 고운 가루와 포도주와 기름과 유향과 향품을 맡았으며

30 또 제사장의 아들 중의 어떤 자는 향품으로 향기름을 만들었으며

31 고라 자손 살룸의 맏아들 맛다댜라 하는 레위 사람은 전병을 굽는 일을 맡았으며

32 또 그의 형제 그핫 자손 중에 어떤 자는 진설하는 떡을 맡아 안식일마다 준비하였더라

33 ●또 찬송하는 자가 있으니 곧 레위 우두머리라 그들은 골방에 거주하면서 주야로 자기 직분에 전념하므로 다른 일은 하지 아니하였더라

사울과 그의 세 아들이 죽은 길보아 산(10:1)

34 그들은 다 레위 가문의 우두머리이며 그들의 족보의 우두머리로서 예루살렘에 거주하였더라

사울의 족보 (대상 8:29-38)

35 ●기브온의 조상 여이엘은 기브온에 거주하였으니 그의 아내의 이름은 마아가라

36 그의 맏아들은 압돈이요 다음은 술과 기스와 바알과 넬과 나답과

37 그돌과 아히오와 스가랴와 미글롯이며

38 미글롯은 시므암을 낳았으니 그들은 그들의 친족들과 더불어 마주하고 예루살렘에 거주하였으며

39 넬은 기스를 낳고 기스는 사울을 낳고 사울은 요나단과 말기수아와 아비나답과 에스바알을 낳았으며 ^{8:33}

40 요나단의 아들은 므립바알이라 므립바알은 미가를 낳았고

41 미가의 아들들은 비돈과 멜렉과 다레아와 아하스이며 ^{8:35}

42 아하스는 야라를 낳고 야라는 알레멧과 아스마웻과 시므리를 낳고 시므리는 모사를 낳고

43 모사는 비느아를 낳았으며 비느아의 아들은 르바야요 그의 아들은 엘르아사요 그의 아들은 아셀이며

44 아셀이 여섯 아들이 있으니 그들의 이름은 아스리감과 보그루와 이스마엘과 스아랴와 오바댜와 하난이라 아셀의 아들들이 이러하였더라

사울 왕이 죽다 (삼상 31:1-13) ─ B.C. 10개년경

10 블레셋 사람들과 이스라엘이 싸우더니 이스라엘 사람들이 블레셋 사람들 앞에서 도망하다가 길

10에는 무엇이 기록되어 있을까?

10장은 다윗 왕국의 역사라고 하는 주제의 첫 부분으로, 사울 왕국의 멸망을 말하고 있어요. 사울은 블레셋과의 싸움 중에 죽게 되었지요. 13-14절은 역사적으로 일어났던 사건들에 대한 역대기 저자의 평가가 일반적인 역사가와는 달리 하나님의 주권 사상에 철저히 바탕하고 있음을 보여준답니다.

보아 산에서 죽임을 당하여 엎드러지
니라

2 블레셋 사람들이 사울과 그 아들들을
추격하여 블레셋 사람들이 사울의 아
들 요나단과 아비나답과 말기수아를
죽이고

3 사울을 맹렬히 치며 활 쏘는 자가 사울
에게 따라 미치매 사울이 그 쏘는 자로
말미암아 심히 다급하여

4 사울이 자기의 무기를 가진 자에게 이
르되 너는 칼을 빼어 그것으로 나를 찌
르라 할례 받지 못한 자들이 와서 나를
욕되게 할까 두려워하노라 그러나 그
의 무기를 가진 자가 심히 두려워하여
행하기를 원하지 아니하매 사울이 자
기 칼을 뽑아서 그 위에 엎드러지니

5 무기 가진 자가 사울이 죽는 것을 보고
자기도 칼에 엎드러져 죽으니라

6 이와 같이 사울과 그의 세 아들과 그 온
집안이 함께 죽으니라

7 ●골짜기에 있는 모든 이스라엘 사람
이 그들의 도망한 것과 사울과 그의 아
들들이 다 죽은 것을 보고 그 성읍들을
버리고 도망하매 블레셋 사람들이 와
서 거기에 거주하니라

8 이튿날에 블레셋 사람들이 와서 죽임

을 당한 자의 옷을 벗기다가 사울과 그
의 아들들이 길보아 산에 엎드러졌음
을 보고

9 곧 사울의 옷을 벗기고 그의 머리와 갑
옷을 가져다가 사람을 블레셋 땅 사방
에 보내 모든 이방 신전과 그 백성에게
소식을 전하고

10 사울의 갑옷을 그들의 신전에 두고 그
의 머리를 다곤의 신전에 단지라

11 길르앗야베스 모든 사람이 블레셋 사
람들이 사울에게 행한 모든 일을 듣고

12 용사들이 다 일어나서 사울의 시체와
그의 아들들의 시체를 거두어 야베스
로 가져다가 그 곳 상수리나무 아래에
그 해골을 장사하고 칠 일간 금식하였
더라

13 사울이 죽은 것은 여호와께 범죄하였
기 때문이라 그가 여호와의 말씀을 지
키지 아니하고 또 신접한 자에게 가르
치기를 청하고

14 여호와께 묻지 아니하였으므로 여호
와께서 그를 죽이시고 그 나라를 이새
의 아들 다윗에게 넘겨 주셨더라

다윗이 이스라엘과 유다의 왕이 되다
(삼하 5:1-10)

11

온 이스라엘이 헤브론에 모여 다
윗을 보고 이르되 우리는 왕의
가까운 혈족이니이다

2 전에 곧 사울이 왕이 되었을 때에도 이
스라엘을 거느리고 출입하게 한 자가
왕이시었고 왕의 하나님 여호와께서
도 왕에게 말씀하시기를 네가 내 백성
이스라엘의 목자가 되며 내 백성 이스
라엘의 주권자가 되리라 하셨나이다
하니라

3 이에 이스라엘의 모든 장로가 헤브론
에 있는 왕에게로 나아가니 헤브론에
서 다윗이 그들과 여호와 앞에 언약을
맺으매 그들이 다윗에게 기름을 부어
이스라엘의 왕으로 삼으니 여호와께
서 사무엘을 통하여 전하신 말씀대로
되었더라

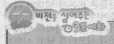

비전을 심어주는
3분 예화

알렉산더의 눈물

마케도니아의 '알렉산더'는 B.C. 330년에 페르
시아 제국을 정복하고, 이어 인도의 인더스 강까지
동쪽으로 국토를 확장하여 유럽과 아시아 두 대륙에
걸친 대제국을 건설하였어요.

위기가 알렉산더는 인도에서 승리한 후 막사에서
이렇게 중얼거리며 울었답니다.

"이제 더 이상 정복할 곳이 없단 말인가?"

땅 위의 것은 한정되어 있지요. 하지만 사람의 마
음은 한정되어 있지 않아서, 세상 것으로 만족스럽게
채울 수 없답니다.

사람이 만족을 얻기 위해서는 오직 영원하신 하나
님을 마음에 모셔야 한답니다.

4 ●다윗이 온 이스라엘과 더불어 예루살렘 곧 여부스에 이르니 여부스 땅의 주민들이 거기에 거주하였더라

5 여부스 원주민이 다윗에게 이르기를 네가 이리로 들어오지 못하리라 하나 다윗이 시온 산 성을 빼앗았으니 이는 다윗 성이더라

6 다윗이 이르되 먼저 여부스 사람을 치는 자는 우두머리와 지휘관으로 삼으리라 하였더니 스루야의 아들 요압이 먼저 올라갔으므로 우두머리가 되었고

7 다윗이 그 산성에 살았으므로 무리가 다윗 성이라 불렀으며

8 다윗이 밀로에서부터 두루 성을 쌓았고 그 성의 나머지는 요압이 중수하였더라

9 만군의 여호와께서 함께 계시니 다윗이 점점 강성하여 가니라

다윗의 용사들 (삼하 23:8-39)

10 ●다윗에게 있는 용사의 우두머리는 이러하니라 이 사람들이 온 이스라엘과 더불어 다윗을 힘껏 도와 나라를 얻게 하고 그를 세워 왕으로 삼았으니 이는 여호와께서 이스라엘에 대하여 이르신 말씀대로 함이었더라

11 다윗에게 있는 용사의 수효가 이러하니라 학몬 사람의 아들 야소브암은 삼십 명의 우두머리라 그가 창을 들어 한꺼번에 삼백 명을 죽였고

12 그 다음은 아호아 사람 도도의 아들 엘르아살이니 세 용사 중 하나이라

13 그가 바스담밈에서 다윗과 함께 있었더니 블레셋 사람들이 그 곳에 모여와

보아스 들판에서 본 베들레헴 (11:16)

서 치니 거기에 보리가 많이 난 밭이 있더라 백성들이 블레셋 사람들 앞에서 도망하되

14 그가 그 밭 가운데에 서서 그 밭을 보호하여 블레셋 사람들을 죽였으니 여호와께서 큰 구원으로 구원하심이었더라

15 ●삼십 우두머리 중 세 사람이 바위로 내려가서 아둘람 굴 다윗에게 이를 때에 블레셋 군대가 르바임 골짜기에 진 쳤더라

16 그 때에 다윗은 산성에 있고 블레셋 사람들의 진영은 베들레헴에 있는지라

17 다윗이 갈망하여 이르되 베들레헴 성문 곁 우물 물을 누가 내게 마시게 할꼬 하매

18 이 세 사람이 블레셋 사람들의 군대를 돌파하고 지나가서 베들레헴 성문 곁 우물 물을 길어가지고 다윗에게로 왔으나 다윗이 마시기를 기뻐하지 아니하고 그 물을 여호와께 부어드리고

19 이르되 내 하나님이여 내가 결단코 이런 일을 하지 아니하리이다 생명을 돌아보지 아니하고 갔던 이 사람들의 피를 어찌 마시리이까 하고 그들이 자기 생명도 돌보지 아니하고 이것을 가져왔으므로 그것을 마시기를 원하지 아니하니라 세 용사가 이런 일을 행하였더라

20 ●요압의 아우 아비새는 그 세 명 중 우두머리라 그가 창을 휘둘러 삼백 명을 죽이고 그 세 명 가운데에 이름을 얻었으니

11 장 에는 무엇이 기록되어 있을까?

다윗이 헤브론에서 왕의 자리에 오른 사실, 여부스 원주민들을 쫓아내고 예루살렘을 수도 성읍으로 삼은 일, 그리고 다윗 왕국을 세우는 일에 크게 공헌한 용사들의 업적과 위엄찬 모습 등을 소개하고 있어요. 9절에서는 다윗이 점점 강해져간 근본적인 원인에 대해 말하고 있어요.

21 그는 둘째 세 명 가운데에 가장 뛰어나 그들의 우두머리가 되었으나 첫째 세 명에게는 미치지 못하니라 삼하 23:19

22 ●갑스엘 용사의 손자 여호야다의 아들 브나야는 용감한 사람이라 그가 모압 아리엘의 아들 둘을 죽였고 또는 눈 때에 함정에 내려가서 사자 한 마리를 죽였으며 삼하 23:20

23 또 키가 큰 애굽 사람을 죽였는데 그 사람의 키가 다섯 1)규빗이요 그 손에 든 창이 베틀채 같으나 그가 막대기를 가지고 내려가서 그 애굽 사람의 손에서 창을 빼앗아 그 창으로 죽였더라

24 여호야다의 아들 브나야가 이런 일을 행하였으므로 세 용사 중에 이름을 얻고

25 삼십 명 중에서는 뛰어나나 첫째 세 사람에게는 미치지 못하니라 다윗이 그를 세워 시위대장을 삼았더라

26 ●또 군사 중의 큰 용사는 요압의 아우 아사헬과 베들레헴 사람 도도의 아들 엘하난과

27 하롤 사람 삼훗과 블론 사람 헬레스와

28 드고아 사람 익게스의 아들 이라와 아나돗 사람 아비에셀과

29 후사 사람 십브개와 아호아 사람 일래와

30 느도바 사람 마하래와 느도바 사람 바아나의 아들 헬렛과

31 베냐민 자손에 속한 기브아 사람 리배의 아들 이대와 비라돈 사람 브나야와

32 가아스 시냇가에 사는 후래와 아르바 사람 아비엘과

33 바하룸 사람 아스마웻과 사알본 사람 엘리아바와

34 기손 사람 하셈의 아들들과 하랄 사람 사게의 아들 요나단과

35 하랄 사람 사갈의 아들 아히암과 울의 아들 엘리발과

36 므게랏 사람 헤벨과 블론 사람 아히야와

37 갈멜 사람 헤스로와 에스배의 아들 나아래와

38 나단의 아우 요엘과 하그리의 아들 밉할과

39 암몬 사람 셀렉과 스루야의 아들 요압의 무기 잡은 자 베롯 사람 나하래와

40 이델 사람 이라와 이델 사람 가렙과

41 헷 사람 우리아와 알래의 아들 사밧과

42 르우벤 자손 시사의 아들 곧 르우벤 자손의 우두머리 아디나와 그 추종자 삼십 명과

43 마아가의 아들 하난과 미덴 사람 요사밧과

44 아스드랏 사람 웃시야와 아로엘 사람 호담의 아들 사마와 여이엘과

45 시므리의 아들 여디아엘과 그의 아우 디스 사람 요하와

46 마하위 사람 엘리엘과 엘라암의 아들 여리배와 요사위야와 모압 사람 이드마와

47 엘리엘과 오벳과 므소바 사람 야아시엘이더라

베냐민 지파에서 다윗을 도운 용사들

12 다윗이 기스의 아들 사울로 말미암아 시글락에 숨어 있을 때에 그에게 와서 싸움을 도운 용사 중에

---

1) 히, 암마

함정(11:22) 짐승을 잡기 위해 파놓은 구덩이.

용주, 무명, 삼베 같은 옷감을 짜기 위한 가는 막대기.

물매(12:2) 돌팔매질을 하기 위해 쓰는 기구.

불의(12:17) 의리에 어긋남.

감찰(12:17) 상대편이 보아 살핌을 높여 이르는 말. '가까이서 보시다'라는 의미가 합쳐되어 있다.

방백(12:19) 유다를 다스리던 사람들에게 붙여진 관직 이름.

12장 에는 무엇이 기록되어 있을까?

다윗이 왕이 되는 과정과 왕정 체제를 세우는 일에 있어 그를 도왔던 사람들을 소개하고 있어요. 특히 베냐민 출신으로서 다윗에게 충성한 사람들을 통해, 사울이 죽기 전부터 다윗 왕정의 정통성이 인정되고 있었음을 알 수 있어요. 그리고 다윗 왕국이 세워지면서 이스라엘 백성들은 만족과 기쁨을 누리게 되었답니다.

요단 강(12:15)

든 자가 있었으니

2 그들은 활을 가지며 좌우 손을 놀려 물매도 던지며 화살도 쏘는 자요 베냐민 지파 사울의 동족인데 그 이름은 이러하니라

3 그 우두머리는 아히에셀이요 다음은 요아스이니 기브아 사람 스마아의 두 아들이요 또 아스마웻의 아들 여시엘과 벨렛과 또 브라가와 아나돗 사람 예후와

4 기브온 사람 곧 삼십 명 중에 용사요 삼십 명의 우두머리가 된 이스마야며 또 예레미야와 야하시엘과 요하난과 그데라 사람 요사밧과

5 엘루새와 여리못과 브아랴와 스마랴와 하룹 사람 스바댜와

6 고라 사람들 엘가나와 잇시야와 아사렐과 요에셀과 야소브암이며

7 그돌 사람 여로함의 아들 요엘라와 스바댜더라

8 ●갓 사람 중에서 광야에 있는 요새에 이르러 다윗에게 돌아온 자가 있었으니 다 용사요 싸움에 익숙하여 방패와 창을 능히 쓰는 자라 그의 얼굴은 사자 같고 빠르기는 산의 사슴 같으니

9 그 우두머리는 에셀이요 둘째는 오바댜요 셋째는 엘리압이요

10 넷째는 미스만나요 다섯째는 예레미야요

11 여섯째는 앗대요 일곱째는 엘리엘이요

12 여덟째는 요하난이요 아홉째는 엘사밧이요

13 열째는 예레미야요 열한째는 막반내라

14 이 갓 자손이 군대 지휘관이 [1]되어 그 작은 자는 백부장이요, 그 큰 자는 천부장이더니

15 정월에 요단 강 물이 모든 언덕에 넘칠 때에 이 무리가 강물을 건너서 골짜기에 있는 모든 자에게 동서로 도망하게 하였더라

베냐민과 유다에서 다윗을 도운 용사들

16 ●베냐민과 유다 자손 중에서 요새에 이르러 다윗에게 나오매

17 다윗이 나가서 맞아 그들에게 말하여 이르되 만일 너희가 평화로이 내게 와서 나를 돕고자 하면 내 마음이 너희 마음과 하나가 되려니와 만일 너희가 나를 속여 내 대적에게 넘기고자 하면 내 손에 불의함이 없으니 우리 조상들의 하나님이 감찰하시고 책망하시기를 원하노라 하매

18 그 때에 성령이 삼십 명의 우두머리 아마새를 감싸시니 이르되 다윗이여 우리가 당신에게 속하겠고 이새의 아들이여 우리가 당신과 함께 있으리니 원하건대 평안하소서 당신도 평안하고 당신을 돕는 자에게도 평안이 있을지니 이는 당신의 하나님이 당신을 도우심이니이다 한지라 다윗이 그들을 받아들여 군대 지휘관을 삼았더라

므낫세 지파에서 다윗을 도운 용사들

19 ●다윗이 전에 블레셋 사람들과 함께 가서 사울을 치려 할 때에 므낫세 지파에서 두어 사람이 다윗에게 돌아왔으나 다윗 등이 블레셋 사람들을 돕지 못하였음은 블레셋 사람들의 방백이 서

성령이 감싸시니

히브리 본문에서 '옷을 입다'라는 뜻이에요. '하나님의 영이 감동을 주어 사람의 인격을 변화시키다', 곧 의지와 판단을 하나님 편으로 결정하도록 만들었다는 표현이지요. 성령의 강권적인 역사와 함께, 그에 따르는 인간의 반응이 조화를 이루는 말입니다.

12장 18절

로 의논하고 보내며 이르기를 그가 그의 왕 사울에게로 돌아가리니 우리 머리가 위태할까 하노라 함이라

20 다윗이 시글락으로 갈 때에 므낫세 지파에서 그에게로 돌아온 자는 아드나와 요사밧과 여디아엘과 미가엘과 요사밧과 엘리후와 실르대이니 다 므낫세의 천부장들이라

21 이 무리가 다윗을 도와 도둑 떼를 쳤으니 그들은 다 큰 용사요 군대 지휘관이 됨이었더라

22 그 때에 사람이 날마다 다윗에게로 돌아와서 돕고자 하매 큰 군대를 이루어 하나님의 군대와 같았더라

다윗의 군대들

23 ●싸움을 준비한 군대 지휘관들이 헤브론에 이르러 다윗에게로 나아와서 여호와의 말씀대로 사울의 나라를 그에게 돌리고자 하였으니 그 수효가 이러하였더라

24 유다 자손 중에서 방패와 창을 들고 싸움을 준비한 자가 육천팔백 명이요

25 시므온 자손 중에서 싸움하는 큰 용사가 칠천백 명이요

26 레위 자손 중에서 사천육백 명이요

27 아론의 집 우두머리 여호야다와 그와 함께 있는 자가 삼천칠백 명이요

28 또 젊은 용사 사독과 그의 가문의 지휘관이 이십이 명이요

29 베냐민 자손 곧 사울의 동족은 아직도 태반이나 사울의 집을 따르나 그 중에서 나온 자가 삼천 명이요　상하 2:8, 9

30 에브라임 자손 중에서 가족으로서 유명한 큰 용사가 이만 팔백 명이요

31 므낫세 반 지파 중에 이름이 기록된 자로서 와서 다윗을 세워 왕으로 삼으려 하는 자가 만 팔천 명이요

32 잇사갈 자손 중에서 시세를 알고 이스라엘이 마땅히 행할 것을 아는 우두머리가 이백 명이니 그들은 그 모든 형제를 통솔하는 자이며

33 스불론 중에서 모든 무기를 가지고 전열을 갖추고 두 마음을 품지 아니하고 능히 진영에 나아가서 싸움을 잘하는 자가 오만 명이요

34 납달리 중에서 지휘관 천 명과 방패와 창을 가지고 따르는 자가 삼만 칠천 명이요

35 단 자손 중에서 싸움을 잘하는 자가 이만 팔천육백 명이요

36 아셀 중에서 능히 진영에 나가서 싸움을 잘하는 자가 사만 명이요

37 요단 저편 르우벤 자손과 갓 자손과 므낫세 반 지파 중에서 모든 무기를 가지고 능히 싸우는 자가 십이만 명이더라

38 ●이 모든 군사가 전열을 갖추고 다 성심으로 헤브론에 이르러 다윗을 온 이스라엘 왕으로 삼고자 하고 또 이스라엘의 남은 자도 다 한 마음으로 다윗을 왕으로 삼고자 하여

술술 풀리는 성경 말씀

하나님의 때를 기다림

다윗은 사무엘로부터 이스라엘의 왕으로서 기름부음을 받은 후 자기 목숨을 빼앗으려는 사울을 피하여 10년이 넘게 유랑 생활을 하였어요. 그러는 도중 다윗은 사울을 죽일 수 있는 기회가 두 번이나 있었지만 《사무엘상 24, 26장》, 사울이 여호와의 기름부음 받은 왕이었기 때문에 죽이지 않았지요.

이것은 여호와의 기름부음 받은 자를 죽이는 것은 죄라는 것과 심판은 오직 여호와께 있다는 믿음에서 나온 것이었어요. 즉, 다윗에게는 오직 하나님께서 허락하시는 때를 기다리는 믿음과 함께 원수 갚는 것을 하나님께 맡기는 믿음도 있었던 것이지요.

12장

13 장 에는 무엇이 기록되어 있을까?

다윗은 왕이 된 다음, 언약궤를 옮기는 문제를 의논하였어요. 다윗이 언약궤를 옮긴 이유는 언약궤가 하나님의 임재와 다스림을 상징하기 때문이었지요. 하지만 언약궤를 옮기는 와중에 웃사가 손으로 붙잡다가 죽음을 당하게 되었어요. 이것은 그가 하나님의 성물을 모독하는 실수를 했기 때문이지요.

39 무리가 거기서 다윗과 함께 사흘을 지내며 먹고 마셨으니 이는 그들의 형제가 이미 식물을 준비하였음이며

40 또 그들의 근처에 있는 자로부터 잇사갈과 스불론과 납달리까지도 나귀와 낙타와 노새와 소에다 음식을 많이 실어왔으니 곧 밀가루 과자와 무화과 과자와 건포도와 포도주와 기름이요 소와 양도 많이 가져왔으니 이는 이스라엘 가운데에 기쁨이 있음이었더라

하나님의 궤를 옮기다 (삼하 6:1~11)

13 다윗이 천부장과 백부장 곧 모든 지휘관과 더불어 의논하고

2 다윗이 이스라엘의 온 회중에게 이르되 만일 너희가 좋게 여기고 또 우리의 하나님 여호와께 말미암았으면 우리가 이스라엘 온 땅에 남아 있는 우리 형제와 또 초원이 딸린 성읍에 사는 제사장과 레위 사람에게 전령을 보내 그들을 우리에게로 모이게 하고

3 우리가 우리 하나님의 궤를 우리에게로 옮겨오자 사울 때에는 우리가 궤 앞에서 묻지 아니하였느니라 하매

4 뭇 백성의 눈이 이 일을 좋게 여기므로 온 회중이 그대로 행하겠다 한지라

5 이에 다윗이 애굽의 시홀 시내에서부터 하맛 어귀까지 온 이스라엘을 불러모으고 기럇여아림에서부터 하나님의 궤를 메어오고자 할새

6 다윗이 온 이스라엘을 거느리고 바알라 곧 유다에 속한 기럇여아림에 올라가서 여호와 하나님의 궤를 메어오려 하니 이는 여호와께서 두 그룹 사이에 계시므로 그러한 이름으로 일컬음을 받았더라

7 하나님의 궤를 새 수레에 싣고 아비나답의 집에서 나오는데 웃사와 아히오는 수레를 몰며

8 다윗과 이스라엘 온 무리는 하나님 앞에서 힘을 다하여 뛰놀며 노래하며 수금과 비파와 소고와 제금과 나팔로 연주하니라

삼하 6:5

시세(12:32) 그때의 형세.

9 ●기돈의 타작 마당에 이르러서는 소들이 뛰므로 웃사가 손을 펴서 궤를 붙들었더니

10 웃사가 손을 펴서 궤를 붙듦으로 말미암아 여호와께서 진노하사 치시매 그가 거기 하나님 앞에서 죽으니라 15:13, 15

11 여호와께서 웃사의 몸을 찢으셨으므로 다윗이 노하여 그 곳을 베레스 웃사라 부르니 그 이름이 오늘까지 이르니라

12 그 날에 다윗이 하나님을 두려워하여 이르되 내가 어떻게 하나님의 궤를 내 곳으로 오게 하리요 하고

13 다윗이 궤를 옮겨 자기가 있는 다윗 성으로 메어들이지 못하고 그 대신 가드 사람 오벧에돔의 집으로 메어가니라

14 하나님의 궤가 오벧에돔의 집에서 그의 가족과 함께 석 달을 있으니라 여호와께서 오벧에돔의 집과 그의 모든 소유에 복을 내리셨더라

예루살렘에서 다윗이 활동하다 (삼하 5:11~16)

14 두로 왕 히람이 다윗에게 사신들과 백향목과 석수와 목수를 보내 그의 궁전을 건축하게 하였더라

2 다윗이 여호와께서 자기를 이스라엘의 왕으로 삼으신 줄을 깨달았으니 이는 그의 백성 이스라엘을 위하여 그의 나라가 높이 들림을 받았음을 앎이었더라

3 ●다윗이 예루살렘에서 또 아내들을 맞아 다윗이 다시 아들들과 딸들을 낳았으니

4 예루살렘에서 낳은 아들들의 이름은 삼무아와 소밥과 나단과 솔로몬과

5 입할과 엘리수아와 엘벨렛과

14 에는 무엇이 기록되어 있을까?

14장에서는 하나님의 축복으로 다윗 왕국이 더욱 강해지는 모습을 볼 수 있어요. 두로 왕 히람이 다윗의 왕궁을 건축하라며 물자와 기술자들을 보낸 사실이나 다윗의 자녀들이 더욱 많아진 것, 다윗 군대가 블레셋을 격파한 일 등은 다윗 왕국의 번성을 말해주는 것이지요.

6 노가와 네벡과 야비아와
7 엘리사마와 브라랴다와 엘리벨렛이었더라

다윗이 블레셋을 이기다 (삼하 5:17-25)

8 ●다윗이 기름 부음을 받아 온 이스라엘의 왕이 되었다 함을 블레셋 사람들이 듣고 모든 블레셋 사람들이 다윗을 찾으러 올라오매 다윗이 듣고 대항하러 나갔으나
9 블레셋 사람들이 이미 이르러 르바임 골짜기로 쳐들어온지라
10 다윗이 하나님께 물어 이르되 내가 블레셋 사람들을 치러 올라가리이까 주께서 그들을 내 손에 넘기시겠나이까 하니 여호와께서 그에게 이르시되 올라가라 내가 그들을 네 손에 넘기리라 하신지라
11 이에 무리가 바알브라심으로 올라갔더니 다윗이 거기서 그들을 치고 다윗이 이르되 하나님이 물을 쪼갬 같이 내 손으로 내 대적을 흩으셨다 하므로 그 곳 이름을 바알브라심이라 부르니라
12 블레셋 사람이 그들의 우상을 그 곳에 버렸으므로 다윗이 명령하여 불에 사르니라
13 ●블레셋 사람들이 다시 골짜기를 침범한지라
14 다윗이 또 하나님께 묻자온대 하나님이 이르시되 마주 올라가지 말고 그들 뒤로 돌아 뽕나무 수풀 맞은편에서 그들을 기습하되
15 뽕나무 꼭대기에서 걸음 걷는 소리가 들리거든 곧 나가서 싸우라 너보다 하나님이 앞서 나아가서 블레셋 사람

의 군대를 치리라 하신지라
16 이에 다윗이 하나님의 명령대로 행하여 블레셋 사람들의 군대를 쳐서 기브온에서부터 게셀까지 이르렀더니
17 다윗의 명성이 온 세상에 퍼졌고 여호와께서 모든 이방 민족으로 그를 두려워하게 하셨더라

하나님의 궤를 옮길 준비 · B.C. 1000년경

15 다윗이 다윗 성에서 자기를 위하여 궁전을 세우고 또 하나님의 궤를 둘 곳을 마련하고 그것을 위하여 장막을 치고
2 다윗이 이르되 레위 사람 외에는 하나님의 궤를 멜 수 없나니 이는 여호와께서 그들을 택하사 여호와의 궤를 메고 영원히 그를 섬기게 하셨음이라 하고
3 다윗이 이스라엘 온 무리를 예루살렘으로 모으고 여호와의 궤를 그 마련한 곳으로 메어 올리고자 하여
4 다윗이 아론 자손과 레위 사람을 모으니
5 그핫 자손 중에 지도자 우리엘과 그의 형제가 백이십 명이요
6 므라리 자손 중에 지도자 아사야와 그의 형제가 이백이십 명이요
7 게르솜 자손 중에 지도자 요엘과 그의 형제가 백삼십 명이요
8 엘리사반 자손 중에 지도자 스마야와 그의 형제가 이백 명이요
9 헤브론 자손 중에 지도자 엘리엘과 그의 형제가 팔십 명이요
10 웃시엘 자손 중에 지도자 암미나답과 그의 형제가 백십이 명이요
11 다윗이 제사장 사독과 아비아달을 부르고 또 레위 사람 우리엘과 아사야와 요엘과 스마야와 엘리엘과 암미나답을 불러
12 그들에게 이르되 너희는 레위 사람의 지도자이니 너희와 너희 형제는 몸을 성결하게 하고 내가 마련한 곳으로 이스라엘의 하나님 여호와의 궤를 메어 올리라
13 전에는 너희가 메지 아니하였으므로 우리 하나님 여호와께서 우리를 찢으

15 에는 무엇이 기록되어 있을까?
마침내 언약궤를 예루살렘으로 옮겨 온 사실을 기록하고 있어요. 다윗은 철저하게 율법에 맞추어 일을 진행시켰지요. 먼저 다윗 성에 언약궤를 안전하게 둘 장막을 마련했어요. 그리고 제사장들 및 레위인들과 의논하여 일을 처리했으며, 찬양대를 만들고, 마지막으로 언약궤를 지키는 문지기를 두었답니다.

셨으니 이는 우리가 규례대로 그에게 구하지 아니하였음이라 하니

14 이에 제사장들과 레위 사람들이 이스라엘 하나님 여호와의 궤를 메고 올라가려 하여 몸을 성결하게 하고 15:12

15 모세가 여호와의 말씀을 따라 명령한 대로 레위 자손이 채에 하나님의 궤를 꿰어 어깨에 메니라

16 ●다윗이 레위 사람의 어른들에게 명령하여 그의 형제들을 노래하는 자들로 세우고 비파와 수금과 제금 등의 악기를 울려서 즐거운 소리를 크게 내라 하매 25:1

17 레위 사람이 요엘의 아들 헤만과 그의 형제 중 베레가의 아들 아삽과 그의 형제 므라리 자손 중에 구사야의 아들 에단을 세우고 6:33

18 그 다음으로 그들의 형제 스가랴와 벤과 야아시엘과 스미라못과 여히엘과 운니와 엘리압과 브나야와 마아세야와 맛디디야와 엘리블레후와 믹네야와 문지기 오벧에돔과 여이엘을 세우니

19 노래하는 자 헤만과 아삽과 에단은 놋제금을 크게 치는 자요

20 스가랴와 아시엘과 스미라못과 여히엘과 운니와 엘리압과 마아세야와 브나야는 비파를 타서 알라못에 맞추는 자요

21 맛디디야와 엘리블레후와 믹네야와 오벧에돔과 여이엘과 아사시야는 수금을 타서 여덟째 음에 맞추어 인도하는 자요

22 레위 사람의 지도자 그나냐는 노래에 익숙하므로 노래를 인도하는 자요

23 베레갸와 엘가나는 궤 앞에서 문을 지키는 자요

24 제사장 스바냐와 요사밧과 느다넬과 아미새와 스가랴와 브나야와 엘리에셀은 하나님의 궤 앞에서 나팔을 부는 자요 오벧에돔과 여히야는 궤 앞에서 문을 지키는 자이더라 16:6

하나님의 궤를 예루살렘으로 옮기다
(삼하 6:12~22)

25 ●이에 다윗과 이스라엘 장로들과 천부장들이 가서 여호와의 언약궤를 즐거이 메고 오벧에돔의 집에서 올라왔는데

26 하나님이 여호와의 언약궤를 멘 레위 사람을 도우셨으므로 무리가 수송아지 일곱 마리와 숫양 일곱 마리로 제사를 드렸더라

27 다윗과 및 궤를 멘 레위 사람과 노래하는 자와 그의 우두머리 그나냐와 모든 노래하는 자도 다 세마포 겉옷을 입었으며 다윗은 또 베 에봇을 입었고

28 이스라엘 무리는 크게 부르며 뿔나팔과 나팔을 불며 제금을 치며 비파와 수금을 힘있게 타며 여호와의 언약궤를 메어 올렸더라 13:8

선생님!! 궁금해요

아무 때나, 어디서나 기도해도 되나요?

하나님은 산 위에서 하는 기도도 들어주시고, 교회, 집, 학교 등 언제 어디서 하든지 그 기도에 응답해주세요. 그러나 기도 시간을 미리 정해두고 규칙적으로 기도하는 것이 훨씬 더 좋아요. 시간을 정하지 않으면 잊어버리기 쉽거든요.

자, 이렇게 해보세요. 아침에 일어나서 세수를 하고 성경을 읽고 기도하세요. 또 잠자기 전에도 무릎을 꿇고 하루의 생활을 되돌아보며 잠시 기도해보세요. 잘못한 것이 있으면 하나님께 용서를 구하고 잘된 것이 있으면 하나님께 감사를 드리세요. 하나님께서 무척 기뻐하실 거예요.

사 56장 7절

예루살렘 다윗 성(15:29)
사진은 다윗 정도 3000 기념 행사

29 ● 여호와의 언약궤가 다윗 성으로 들어올 때에 사울의 딸 미갈이 창으로 내다보다가 다윗 왕이 춤추며 뛰노는 것을 보고 그 마음에 업신여겼더라

16 하나님의 궤를 메고 들어가서 다윗이 그것을 위하여 친 장막 가운데에 두고 번제와 화목제를 하나님께 드리니라

2 다윗이 번제와 화목제 드리기를 마치고 여호와의 이름으로 백성에게 축복하고

3 이스라엘 무리 중 남녀를 막론하고 각 사람에게 떡 한 덩이와 야자열매로 만든 과자와 건포도로 만든 과자 하나씩을 나누어 주었더라

4 ● 또 레위 사람을 세워 여호와의 궤 앞에서 섬기며 이스라엘 하나님 여호와를 칭송하고 감사하며 찬양하게 하였으니

5 아삽은 우두머리요 그 다음은 스가랴와 여이엘과 스미라못과 여히엘과 맛디디아와 엘리압과 브나야와 오벧에돔과 여이엘이라 비파와 수금을 타고 아삽은 제금을 힘있게 치고

6 제사장 브나야와 야하시엘은 항상 하나님의 언약궤 앞에서 나팔을 부니라

감사 찬양 (비 105:1-15; 96:1-13; 106:47-48)

7 ● 그 날에 다윗이 아삽과 그의 형제를 세워 먼저 여호와께 감사하게 하여 이르기를

8 너희는 여호와께 감사하며 그의 이름을 불러 아뢰며 그가 행하신 일을 만민 중에 알릴지어다

9 그에게 노래하며 그를 찬양하고 그

의 모든 기사를 전할지어다

10 그의 성호를 자랑하라 여호와를 구하는 자마다 마음이 즐거울지로다

11 여호와와 그의 능력을 구할지어다 항상 그의 얼굴을 찾을지어다

12-13 그의 종 이스라엘의 후손 곧 택하신 야곱의 자손 너희는 그의 행하신 기사와 그의 이적과 그의 입의 법도를 기억할지어다

14 그는 여호와 우리 하나님이시라 그의 법도가 온 땅에 있도다

15 너희는 그의 언약 곧 천 대에 명령하신 말씀을 영원히 기억할지어다

16 이것은 아브라함에게 하신 언약이며 이삭에게 하신 맹세이며

17 이는 야곱에게 세우신 율례 곧 이스라엘에게 하신 영원한 언약이라

18 이르시기를 내가 가나안 땅을 네게 주어 너희 기업의 지경이 되게 하리라 하셨도다

19 그 때에 너희 사람 수가 적어서 보잘 것없으며 그 땅에 객이 되어 ¹ 34:30

20 이 민족에게서 저 민족에게로, 이 나라에서 다른 백성에게로 유랑하였도다

21 여호와께서는 사람이 그들을 해하기를 용납하지 아니하시고 그들 때문에 왕들을 꾸짖으사

22 이르시기를 나의 기름 부은 자에게 손을 대지 말며 나의 선지자를 해하지 말라 하셨도다

23 온 땅이여 여호와께 노래하며 그의 구원을 날마다 선포할지어다

16장 에는 무엇이 기록되어 있을까?

다윗은 언약궤를 무사히 예루살렘에 옮겨 온 후에, 번제와 화목제를 드리고 여호와를 찬양하는 송축시를 불렀어요. 이 제사는 제사장이 아닌 다윗 자신에 의해 드려졌지요. 이 송축시는 역사 속에서 하나님께서 세우신 약속을 변함없이 이루어오신 것을 찬양하는 내용을 담고 있답니다.

24 그의 영광을 모든 민족 중에, 그의 기
이한 행적을 만민 중에 선포할지어다
25 여호와는 위대하시니 극진히 찬양할
것이요 모든 신보다 경외할 것임이여
26 만국의 모든 신은 헛것이나 여호와
께서는 하늘을 지으셨도다
27 존귀와 위엄이 그의 앞에 있으며 능
력과 즐거움이 그의 처소에 있도다
28 여러 나라의 종족들아 영광과 권능
을 여호와께 돌릴지어다 여호와께
돌릴지어다
29 여호와의 이름에 합당한 영광을 그
에게 돌릴지어다 제물을 들고 그 앞
에 들어갈지어다 아름답고 거룩한 것
으로 여호와께 경배할지어다 _암송_
30 온 땅이여 그 앞에서 떨지어다 세계
가 굳게 서고 흔들리지 아니하는도다
31 하늘은 기뻐하고 땅은 즐거워하며
모든 나라 중에서는 이르기를 여호
와께서 통치하신다 할지로다
32 바다와 거기 충만한 것이 외치며 밭
과 그 가운데 모든 것은 즐거워할지
로다
33 그리 할 때에 숲 속의 나무들이 여호
와 앞에서 즐거이 노래하리니 주께
서 땅을 심판하러 오실 것임이로다
34 여호와께 감사하라 그는 선하시며
그의 인자하심이 영원함이로다
35 너희는 이르기를 우리 구원의 하나
님이여 우리를 구원하여 만국 가운
데에서 건져내시고 모으사 우리로
주의 거룩한 이름을 감사하며 주의
영광을 드높이게 하소서 할지어다
36 여호와 이스라엘의 하나님을 영원부
터 영원까지 송축할지로다 _신27:15_
하매 모든 백성이 아멘 하고 여호와를
찬양하였더라

기브온에서 번제를 드리다

37 ●다윗이 아삽과 그의 형제를 여호와
의 언약궤 앞에 있게 하며 항상 그 궤
앞에서 섬기게 하되 날마다 그 일대로
하게 하였고

38 오벧에돔과 그의 형제 육십팔 명과 여
두둔의 아들 오벧에돔과 호사를 문지
기로 삼았고
39 제사장 사독과 그의 형제 제사장들에
게 기브온 산당에서 여호와의 성막 앞
에 모시게 하여
40 항상 아침 저녁으로 번제단 위에 여호
와께 번제를 드리되 여호와의 율법에
기록하여 이스라엘에게 명령하신 대
로 다 준행하게 하였고
41 또 여호와의 인자하심이 영원하시므
로 그들과 함께 헤만과 여두둔과 그리
고 택함을 받아 지명된 나머지 사람을
세워 감사하게 하였고
42 또 그들과 함께 헤만과 여두둔을 세워
나팔과 제금들과 하나님을 찬송하는 악
기로 소리를 크게 내게 하였고 또 여두
둔의 아들에게 문을 지키게 하였더라
43 이에 뭇 백성은 각각 그 집으로 돌아가
고 다윗도 자기 집을 위하여 축복하려
고 돌아갔더라

다윗에 대한 여호와의 말씀과 계시
_(삼하 7:1~17)_

17

다윗이 그의 궁전에 거주할 때
에 다윗이 선지자 나단에게 이

대통령 보좌관이 된 비결

루즈벨트가 대통령으로 있을 때 어느 날, 대통령
보좌관으로 있는 '해리 홉킨스'에 관해서 대통령에
게 물었더니 "각하, 저렇게 허약한 홉킨스씨를 측근
에 거느리고 계신 이유가 무엇입니까?"

그러자 루즈벨트 대통령이 대답했답니다. "저 문
으로 수없이 많은 사람들이 이곳에 들어옵니다. 그들
은 거의 한결같이 내게 무엇인가를 요구하기만 하지
요. 그러나 해리 홉킨스는 단지 내게 봉사하는 것만
을 원합니다. 이것이 이유입니다."

하나님께 봉사하기 위해 하나님 곁에 머무르세요.
그리고 먼저 그의 나라와 그의 의를 구한다면, 하나
님께서는 여러분의 사정을 헤아리시고 필요를 채워
주실 거예요.

르되 나는 백향목 궁에 거주하거늘 여호와의 언약궤는 휘장 아래에 있도다

2 나단이 다윗에게 아뢰되 하나님이 왕과 함께 계시니 마음에 있는 바를 모두 행하소서

3 그 밤에 하나님의 말씀이 나단에게 임하여 이르시되

4 가서 내 종 다윗에게 말하기를 여호와의 말씀이 너는 내가 거할 집을 건축하지 말라

5 내가 이스라엘을 애굽에서 올라오게 한 날부터 오늘까지 집에 있지 아니하고 오직 이 장막과 저 장막에 있으며 이 성막과 저 성막에 있었나니

6 이스라엘 무리와 더불어 가는 모든 곳에서 내가 내 백성을 먹이라고 명령한 이스라엘 어느 사사에게 내가 말하기를 너희가 어찌하여 내 백향목 집을 건축하지 아니하였느냐고 말하였느냐 하고

7 또한 내 종 다윗에게 이처럼 말하라 만군의 여호와께서 이처럼 말씀하시기를 내가 너를 목장 곧 양 떼를 따라다니던 데에서 데려다가 내 백성 이스라엘의 주권자로 삼고

8 네가 어디로 가든지 내가 너와 함께 있어 네 모든 대적을 네 앞에서 멸하였은 즉 세상에서 존귀한 자들의 이름 같은 이름을 네게 만들어 주리라

9 내가 또 내 백성 이스라엘을 위하여 한 곳을 정하여 그들을 심고 그들이 그 곳에 거주하면서 다시는 옮겨가지 아니하게 하며 악한 사람들에게 전과 같이 그들을 해치지 못하게 하여

10 전에 내가 사사에게 명령하여 내 백성 이스라엘을 다스리던 때와 같지 아니하게 하고 또 네 모든 대적으로 네게 복종하게 하리라 또 네게 이르노니 여호와가 너를 위하여 한 왕조를 세울지라

11 네 생명의 연한이 차서 네가 조상들에게로 돌아가면 내가 네 뒤에 네 씨 곧 네 아들 중 하나를 세우고 그 나라를 견고하게 하리니

12 그는 나를 위하여 집을 건축할 것이요 나는 그의 왕위를 영원히 견고하게 하리라

13 나는 그의 아버지가 되고 그는 나의 아들이 되리니 나의 인자를 그에게서 빼앗지 아니하기를 내가 네 전에 있던 자에게서 빼앗음과 같이 하지 아니할 것이며

14 내가 영원히 그를 내 집과 내 나라에 세우리니 그의 왕위가 영원히 견고하리라 하셨다 하라

15 나단이 이 모든 말씀과 이 모든 계시대로 다윗에게 전하니라

다윗의 감사 기도 (삼하 7:18-29)

16 ● 다윗 왕이 여호와 앞에 들어가 앉아 이르되 여호와 하나님이여 나는 누구이오며 내 집은 무엇이기에 나에게 이에 이르게 하셨나이까

17 하나님이여 주께서 이것을 오히려 작게 여기시고 또 종의 집에 대하여 먼 장래까지 말씀하셨사오니 여호와 하나님이여 나를 존귀한 자들 같이 여기셨나이다

18 주께서 주의 종에게 베푸신 영예에 대하여 이 다윗이 다시 주께 무슨 말을 하오리이까 주께서는 주의 종을 아시나이다

17장 에는 무엇이 기록되어 있을까?

다윗은 하나님을 위해 성전을 건축 하기를 원했어요. 다윗이 나단에게 성전 건축의 뜻을 전하자, 하나님은 나단 선지자를 통해 그 일을 막으셨지요. 하나님은 다윗 집안의 후손이 영원히 왕이 될 것이라며, 더욱 은혜로우신 약속을 베푸셨답니다. 다윗은 그런 하나님의 은혜에 감사를 드렸어요.

사사(17:6) 이스라엘 백성이 출애굽하여 가나안을 정복한 후부터 왕국을 건설할 때까지 백성들을 다스린 지도자들을 말함.

연한(17:11) 작정된 햇수.

계시(17:15) 하나님의 사람에게 진리나 신비한 힘을 나타내어 보임.

수비대(18:6) 군사적인 요새로 군대가 주둔한 곳의 전초 기지를 일컫는 말.

블레셋 5대 도시 중의 하나인
가드의 평원(18:1)

19 여호와여 주께서 주의 종을 위하여 주의 뜻대로 이 모든 큰 일을 행하사 이 모든 큰 일을 알게 하셨나이다

20 여호와여 우리 귀로 들은 대로는 주와 같은 이가 없고 주 외에는 하나님이 없나이다

21 땅의 어느 한 나라가 주의 백성 이스라엘과 같으리이까 하나님이 자기 백성을 구속하시려고 나가사 크고 두려운 일로 말미암아 이름을 얻으시고 애굽에서 구속하신 자기 백성 앞에서 모든 민족을 쫓아내셨사오며

22 주께서 주의 백성 이스라엘을 영원히 주의 백성으로 삼으셨사오니 여호와여 주께서 그들의 하나님이 되셨나이다

23 여호와여 이제 주의 종과 그의 집에 대하여 말씀하신 것을 영원히 견고하게 하시며 말씀하신 대로 행하사

24 견고하게 하시고 사람에게 영원히 주의 이름을 높여 이르기를 만군의 여호와는 이스라엘의 하나님 곧 이스라엘에게 하나님이시라 하게 하시며 주의 종 다윗의 왕조가 주 앞에서 견고히 서게 하옵소서

25 나의 하나님이여 주께서 종을 위하여 왕조를 세우실 것을 이미 듣게 하셨으므로 주의 종이 주 앞에서 이 기도로 간구할 마음이 생겼나이다

26 여호와여 오직 주는 하나님이시라 주께서 이 좋은 것으로 주의 종에게 허락하시고

27 이제 주께서 종의 왕조에 복을 주사 주

앞에 영원히 두시기를 기뻐하시나이다 여호와여 주께서 복을 주셨사오니 이 복을 영원히 누리리이다 하니라

다윗의 승전 기록 (삼하 8:1-18)

18 그 후에 다윗이 블레셋 사람들을 쳐서 항복을 받고 블레셋 사람들의 손에서 가드와 그 동네를 빼앗고

2 또 모압을 치매 모압 사람이 다윗의 종이 되어 조공을 바치니라

3 ●소바 왕 하닷에셀이 유브라데 강가에서 자기 세력을 펴려고 하매 다윗이 그를 쳐서 하맛까지 이르고

4 다윗이 그에게서 병거 천 대와 기병 칠천 명과 보병 이만 명을 빼앗고 다윗이 그 병거 백 대의 말들만 남기고 그 외의 병거의 말은 다 발의 힘줄을 끊었더니

5 다메섹 아람 사람이 소바 왕 하닷에셀을 도우러 온지라 다윗이 아람 사람 이만 이천 명을 죽이고

6 다윗이 다메섹 아람에 수비대를 두매 아람 사람이 다윗의 종이 되어 조공을 바치니라 다윗이 어디로 가든지 여호와께서 이기게 하시니라

7 다윗이 하닷에셀의 신하들이 가진 금방패를 빼앗아 예루살렘으로 가져오고

8 또 하닷에셀의 성읍 디브핫과 군에서 심히 많은 놋을 빼앗았더니 솔로몬이 그것으로 ¹⁾놋대야와 기둥과 놋그릇들을 만들었더라

9 ●하맛 왕 도우가 다윗이 소바 왕 하닷에셀의 온 군대를 쳐서 무찔렀다 함을 듣고

삼 46:7, 11

18장에는 무엇이 기록되어 있을까?

다윗은 하나님의 은혜로 블레셋, 모압, 아람 연합군, 에돔 등을 무찌름으로써, 당시 근동 지역에서 가장 강한 나라가 되었어요. 역대기 저자는 '다윗이 어디로 가든지 여호와께서 이기게 하셨음'을 강조하고 있지요. 마지막 부분은 다윗이 국가를 더 튼튼하게 하기 위해서 행정 조직을 짜임새 있게 만든 내용입니다.

토막상식

암몬 족속

암몬 족속은 롯의 후손(창 19:38)으로, '나의 백성의 아들(벤 암미)'이라는 의미예요. 구약 시대 암몬은 요단 강을 사이에 두고 이스라엘과 가까이 살았어요. 하나님께서는 이스라엘과 암몬이 다투지 말고 지낼 것을 명령하셨지만(신 2:19), 두 나라 사이에는 전쟁이 끊이지 않았답니다.

19장

10 그의 아들 하도람을 보내서 다윗 왕에게 문안하고 축복하게 하니 이는 하닷에셀이 벌써 도우와 맞서 여러 번 전쟁이 있던 터에 다윗이 하닷에셀을 쳐서 무찔렀음이라 하도람이 금과 은과 놋의 여러 가지 그릇을 가져온지라

11 다윗 왕이 그것도 여호와께 드리되 에돔과 모압과 암몬 자손과 블레셋 사람들과 아말렉 등 모든 이방 민족에게서 빼앗아 온 은금과 함께 하여 드리니라

12 스루야의 아들 아비새가 소금 골짜기에서 에돔 사람 만 팔천 명을 쳐죽인지라

13 다윗이 에돔에 수비대를 두매 에돔 사람이 다 다윗의 종이 되니라 다윗이 어디로 가든지 여호와께서 이기게 하셨더라

14 ● 다윗이 온 이스라엘을 다스려 모든 백성에게 정의와 공의를 행할새

15 스루야의 아들 요압은 군대사령관이 되고 아힐릇의 아들 여호사밧은 행정장관이 되고

16 아히둡의 아들 사독과 아비아달의 아들 아비멜렉은 제사장이 되고 사워사는 서기관이 되고

17 여호야다의 아들 브나야는 그렛 사람과 블렛 사람을 다스리고 다윗의 아들들은 왕을 모시는 사람들의 우두머리가 되니라

삼하 8:18

다윗이 암몬과 아람을 치다 (삼하 10:1-19)

19

그 후에 암몬 자손의 왕 나하스가 죽고 그의 아들이 대신하여 왕이 되니

삼하 10:1

2 다윗이 이르되 하눈의 아버지 나하스가 전에 내게 호의를 베풀었으니 이제

내가 그의 아들 하눈에게 호의를 베풀리라 하고 사절들을 보내서 그의 아버지 죽음을 문상하게 하니라 다윗의 신하들이 암몬 자손의 땅에 이르러 하눈에게 나아가 문상하매

3 암몬 자손의 방백들이 하눈에게 말하되 왕은 다윗이 조문사절을 보낸 것이 왕의 부친을 존경함인 줄로 여기시나이까 그의 신하들이 왕에게 나아온 것이 이 땅을 엿보고 정탐하여 전복시키고자 함이 아니니이까 하는지라

4 하눈이 이에 다윗의 신하들을 잡아 그들의 수염을 깎고 그 의복을 볼기 중간까지 자르고 돌려보내매

5 어떤 사람이 다윗에게 가서 그 사람들이 당한 일을 말하니라 그 사람들이 심히 부끄러워하므로 다윗이 그들을 맞으러 보내 왕이 이르기를 너희는 수염이 자라기까지 여리고에 머물다가 돌아오라 하니라

6 ● 암몬 자손이 자기가 다윗에게 밉게 한 줄 안지라 하눈과 암몬 자손은 더불어 은 천 달란트를 아람 나하라임과 아람마아가와 소바에 보내 병거와 마병을 삯 내되

18:5, 9

7 곧 병거 삼만 이천 대와 마아가 왕과 그의 군대를 고용하였더니 그들이 와서 메드바 앞에 진 치매 암몬 자손이 그 모든 성읍으로부터 모여 와서 싸우려 한지라

8 다윗이 듣고 요압과 용사의 온 무리를 보냈더니

9 암몬 자손은 나가서 성문 앞에 진을 치고 도우러 온 여러 왕은 따로 들에 있

19장에는 무엇이 기록되어 있을까요?

다윗과 사이가 좋았던 암몬 왕 나하스가 죽자, 다윗은 신하들을 암몬으로 보내 문상하게 했어요. 그런데 새 왕 하눈은 신하들의 말을 듣고 문상 온 다윗의 신하들에게 창피를 주고 돌려보냈지요. 이로 인해 시작된 암몬과의 전쟁은 결국 이스라엘의 승리로 끝나게 됩니다.

◐ 요압에게 함락당한 랍바(20:1)
랍바 성에서 본 구 시가지

더라

10 요압이 앞 뒤에 친 적진을 보고 이스라엘에서 뽑은 자 중에서 또 뽑아 아람 사람을 대하여 진을 치고

11 그 남은 무리는 그의 아우 아비새의 수하에 맡겨 암몬 자손을 대하여 진을 치게 하고

12 이르되 만일 아람 사람이 나보다 강하면 네가 나를 돕고 만일 암몬 자손이 너보다 강하면 내가 너를 도우리라

13 너는 힘을 내라 우리가 우리 백성과 우리 하나님의 성읍들을 위하여 힘을 내자 여호와께서 선히 여기시는 대로 행하시기를 원하노라 하고

14 요압과 그 추종자가 싸우려고 아람 사람 앞에 나아가니 그들이 그 앞에서 도망하고

15 암몬 자손은 아람 사람이 도망함을 보고 그들도 요압의 아우 아비새 앞에서 도망하여 성읍으로 들어간지라 이에 요압이 예루살렘으로 돌아오니라

16 ●아람 사람이 자기가 이스라엘 앞에서 패하였음을 보고 사신을 보내 강 건너편에 있는 아람 사람을 불러내니 하닷에셀의 군대사령관 소박이 그들을 거느린지라

17 어떤 사람이 다윗에게 전하매 다윗이 온 이스라엘을 모으고 요단을 건너 아람 사람에게 이르러 그들을 향하여 진을 치니라 다윗이 아람 사람을 향하여 진을 치매 그들이 다윗과 맞서 싸우더니

18 아람 사람이 이스라엘 앞에서 도망한지라 다윗이 아람 병거 칠천 대의 군사

와 보병 사만 명을 죽이고 또 군대 지휘관 소박을 죽이매

19 하닷에셀의 부하들이 자기가 이스라엘 앞에서 패하였음을 보고 다윗과 더불어 화친하여 섬기고 그 후로는 아람 사람이 암몬 자손 돕기를 원하지 아니하였더라

다윗이 랍바를 함락시키다 (삼하 12:26~31)

20 해가 바뀌어 왕들이 출전할 때가 되매 요압이 그 군대를 거느리고 나가서 암몬 자손의 땅을 격파하고 들어가 랍바를 에워싸고 다윗은 예루살렘에 그대로 있더니 요압이 랍바를 쳐서 함락시키매

삼하 11:1

2 다윗이 그 왕의 머리에서 보석 있는 왕관을 빼앗아 중량을 달아보니 금 한 달란트라 그들의 왕관을 자기 머리에 쓰니라 다윗이 또 그 성에서 노략한 물건을 무수히 내오고

3 그 가운데 백성을 끌어내어 톱과 쇠도끼와 돌써래로 일하게 하니라 다윗이 암몬 자손의 모든 성읍을 이같이 하고 다윗이 모든 백성과 함께 예루살렘으로 돌아오니라

블레셋 사람들과 싸우다 (삼하 21:15~22)

4 ●이 후에 블레셋 사람들과 게셀에서 전쟁할 때에 후사 사람 십브개가 키가 큰 자의 아들 중에 십배를 쳐죽이매 그들이 항복하였더라

5 다시 블레셋 사람들과 전쟁할 때에 야일의 아들 엘하난이 가드 사람 골리앗의 아우 라흐미를 죽였는데 이 사람의 창자루는 베틀채 같았더라

20 에는 무엇이 기록되어 있을까?

3절까지는 19장에 이어 이스라엘 군대가 마침내 암몬의 랍바 성을 무너뜨린 사건을 기록했어요. 4절부터는 블레셋과의 전쟁에서 큰 공을 세운 다윗의 용사들의 업적을 기록하였지요. 하나님의 도우심을 의지하는 사람들은 블레셋 장수와 같이 어떠한 강한 대적이라도 물리칠 수 있다는 사실을 보여준답니다.

6 또 가드에서 전쟁할 때에 그 곳에 키 큰 자 하나는 손과 발에 가락이 여섯씩 모두 스물넷이 있는데 그도 키가 큰 자의 소생이라

7 그가 이스라엘을 능욕하므로 다윗의 형 시므아의 아들 요나단이 그를 죽이니라

8 가드의 키 큰 자의 소생이라도 다윗의 손과 그 신하의 손에 다 죽었더라

다윗의 인구 조사 (삼하 24:1-25)

21 사탄이 일어나 이스라엘을 대적하고 다윗을 충동하여 이스라엘을 계수하게 하니라 _삼하 24:1-25_

2 다윗이 요압과 백성의 지도자들에게 이르되 너희는 가서 브엘세바에서부터 단까지 이스라엘을 계수하고 돌아와 내게 보고하여 그 수효를 알게 하라 하니

3 요압이 아뢰되 여호와께서 그 백성을 지금보다 백 배나 더하시기를 원하나이다 내 주 왕이여 이 백성이 다 내 주의 종이 아니니이까 내 주께서 어찌하여 이 일을 명령하시나이까 어찌하여 이스라엘이 범죄하게 하시나이까 하나

4 왕의 명령이 요압을 재촉한지라 드디어 요압이 떠나 이스라엘 땅에 두루 다닌 후에 예루살렘으로 돌아와

5 요압이 백성의 수효를 다윗에게 보고하니 이스라엘 중에 칼을 뺄 만한 자가 백십만 명이요 유다 중에 칼을 뺄 만한 자가 사십칠만 명이라

6 요압이 왕의 명령을 마땅치 않게 여겨 레위와 베냐민 사람은 계수하지 아니하였더라 _27:24_

7 하나님이 이 일을 악하게 여기사 이스라엘을 치시매

8 다윗이 하나님께 아뢰되 내가 이 일을 행함으로 큰 죄를 범하였나이다 이제 간구하옵나니 종의 죄를 용서하여 주옵소서 내가 심히 미련하게 행하였나이다 하니라

9 ●여호와께서 다윗의 선견자 갓에게 말씀하여 이르시되 _삼상 9:9_

10 가서 다윗에게 말하여 이르기를 여호와의 말씀이 내가 네게 세 가지를 내어 놓으리니 그 중에서 하나를 네가 택하라 내가 그것을 네게 행하리라 하셨다 하라 하신지라 _29:29_

11 갓이 다윗에게 나아가 그에게 말하되 여호와의 말씀이 너는 마음대로 택하라

12 혹 삼 년 기근이든지 혹 네가 석 달을 적군에게 패하여 적군의 칼에 쫓길 일이든지 혹 여호와의 칼 곧 전염병이 사흘 동안 이 땅에 유행하며 여호와의 천사가 이스라엘 온 지경을 멸할 일이든지라고 하셨나니 내가 무슨 말로 나를 보내신 이에게 대답할지를 결정하소서 하니

13 다윗이 갓에게 이르되 내가 곤경에 빠졌도다 여호와께서는 긍휼이 심히 크시니 내가 그의 손에 빠지고 사람의 손에 빠지지 아니하기를 원하나이다 하는지라

14 이에 여호와께서 이스라엘 백성에게 전염병을 내리시매 이스라엘 백성 중에서 죽은 자가 칠만 명이었더라

15 하나님이 예루살렘을 멸하려 천사를 보내셨더니 천사가 멸하려 할 때에 여호와께서 보시고 이 재앙 내림을 뉘우치사 멸하는 천사에게 이르시되 족하

능욕(20:7) 남을 업신여겨 욕보임.

계수(21:1) 수를 계산함. 또는 계산해서 얻은 값.

선견자(21:9) 하나님의 계시로 훗날의 일을 미리 아는 사람.

기근(21:12) 흉년이 들어 식량이 모자라는 것.

적군의 칼(21:12) 하나님의 형벌의 한 가지 도구로서, 전쟁을 상징한 표현이다.

오르난의 타작 마당이 있었던 곳 (21:15-30)

다 이제는 네 손을 거두라 하시니 그 때에 여호와의 천사가 여부스 사람 오르난의 타작 마당 곁에 선지라

16 다윗이 눈을 들어 보매 여호와의 천사가 천지 사이에 섰고 칼을 빼어 손에 들고 예루살렘 하늘을 향하여 편지라 다윗이 장로들과 더불어 굵은 베를 입고 얼굴을 땅에 대고 엎드려

17 하나님께 아뢰되 명령하여 백성을 계수하게 한 자가 내가 아니니이까 범죄하고 악을 행한 자는 곧 나이니이다 이 양 떼는 무엇을 행하였나이까 청하건대 나의 하나님 여호와여 주의 손으로 나와 내 아버지의 집을 치시고 주의 백성에게 재앙을 내리지 마옵소서 하니라

18 ●여호와의 천사가 갓에게 명령하여 다윗에게 이르시기를 다윗은 올라가서 여부스 사람 오르난의 타작 마당에서 여호와를 위하여 제단을 쌓으라 하신지라

19 이에 갓이 여호와의 이름으로 이른 말씀대로 다윗이 올라가니라

20 그 때에 오르난이 밀을 타작하다가 돌이켜 천사를 보고 오르난이 네 명의 아들과 함께 숨었더니

21 다윗이 오르난에게 나아가매 오르난이 내다보다가 다윗을 보고 타작 마당에서 나와 얼굴을 땅에 대고 다윗에게 절하매

22 다윗이 오르난에게 이르되 이 타작하는 곳을 내게 넘기라 너는 상당한 값으로 내게 넘기라 내가 여호와를 위하여

여기 한 제단을 쌓으리니 그리하면 전염병이 백성 중에서 그치리라 하니

23 오르난이 다윗에게 말하되 왕은 취하소서 내 주 왕께서 좋게 여기시는 대로 행하소서 보소서 내가 이것들을 드리나이다 소들은 번제물로, 곡식 떠는 기계는 화목으로, 밀은 소제물로 삼으시기 위하여 다 드리나이다 하는지라

24 다윗 왕이 오르난에게 이르되 그렇지 아니하다 내가 반드시 상당한 값으로 사리라 내가 여호와께 드리려고 네 물건을 빼앗지 아니하겠고 값 없이는 번제를 드리지도 아니하리라 하니라

25 그리하여 다윗은 그 터 값으로 금 육백 세겔을 달아 오르난에게 주고

26 다윗이 거기서 여호와를 위하여 제단을 쌓고 번제와 화목제를 드려 여호와께 아뢰었더니 여호와께서 하늘에서부터 번제단 위에 불을 내려 응답하시고

27 여호와께서 천사를 명령하시매 그가 칼을 칼집에 꽂았더라

28 ●이 때에 다윗이 여호와께서 여부스 사람 오르난의 타작 마당에서 응답하심을 보고 거기서 제사를 드렸으니

29 옛적에 모세가 광야에서 지은 여호와의 성막과 번제단이 그 때에 기브온 산당에 있었으나

30 다윗이 여호와의 천사의 칼을 두려워하여 감히 그 앞에 가서 하나님께 묻지 못하더라

22

다윗이 이르되 이는 여호와 하나님의 성전이요 이는 이스라엘의 번제단이라 하였더라

22장에는 무엇이 기록되어 있을까?

22장부터는 성전 건축 준비와 레위 및 제사장의 정통성, 왕의 계승 등에 관해 기록되어 있어요. 먼저 22장은 다윗이 성전 건축을 준비하는 내용을 담고 있지요. 다윗은 성전 건축을 담당할 일꾼과 건축 자재를 준비한 후, 솔로몬에게 성전 건축의 소명을 주었어요. 그리고 이스라엘 백성들이 성전 건축을 돕도록 격려했습니다.

성전 건축 준비 · B.C. 975년경

2 ●다윗이 명령하여 이스라엘 땅에 거류하는 이방 사람을 모으고 석수를 시켜 하나님의 성전을 건축할 돌을 다듬게 하고

3 다윗이 또 문짝 못과 거멀 못에 쓸 철을 많이 준비하고 또 무게를 달 수 없을 만큼 심히 많은 놋을 준비하고 ^{29:2, 7}

4 또 백향목을 무수히 준비하였으니 이는 시돈 사람과 두로 사람이 백향목을 다윗에게로 많이 수운하여 왔음이라

5 다윗이 이르되 내 아들 솔로몬은 어리고 미숙하고 여호와를 위하여 건축할 성전은 극히 웅장하여 만국에 명성과 영광이 있게 하여야 할지라 그러므로 내가 이제 그것을 위하여 준비하리라 하고 다윗이 죽기 전에 많이 준비하였더라 ^{29:1}

6 ●다윗이 그의 아들 솔로몬을 불러 이스라엘 하나님 여호와를 위하여 성전 건축하기를 부탁하여

7 다윗이 솔로몬에게 이르되 내 아들아 나는 내 하나님 여호와의 이름을 위하여 성전을 건축할 마음이 있었으나

8 여호와의 말씀이 내게 임하여 이르시되 너는 피를 심히 많이 흘렸고 크게 전쟁하였느니라 네가 내 앞에서 땅에 피를 많이 흘렸은즉 내 이름을 위하여 성전을 건축하지 못하리라

9 보라 한 아들이 네게서 나리니 그는 온순한 사람이라 내가 그로 주변 모든 대적에게서 평온을 얻게 하리라 그의 이름을 솔로몬이라 하리니 이는 내가 그의 생전에 평안과 안일함을 이스라엘에게 줄 것임이니라

10 그가 내 이름을 위하여 성전을 건축할지라 그는 내 아들이 되고 나는 그의 아버지가 되어 그 나라 왕위를 이스라엘 위에 굳게 세워 영원까지 이르게 하리라 하셨나니 ^{17:12, 13; 삼하 7:13}

11 이제 내 아들아 여호와께서 너와 함께 계시기를 원하며 네가 형통하여 여호와께서 네게 대하여 말씀하신 대로 네 하나님 여호와의 성전을 건축하며 ^{22:16}

12 여호와께서 네게 지혜와 총명을 주사 네게 이스라엘을 다스리게 하시고 네 하나님 여호와의 율법을 지키게 하시기를 더욱 원하노라

13 그 때에 네가 만일 여호와께서 모세를 통하여 이스라엘에게 명령하신 모든 규례와 법도를 삼가 행하면 형통하리니 강하고 담대하여 두려워하지 말고 놀라지 말지어다

14 내가 환난 중에 여호와의 성전을 위하여 금 십만 달란트와 은 백만 달란트와 놋과 철을 그 무게를 달 수 없을 만큼 심히 많이 준비하였고 또 재목과 돌을 준비하였으나 너는 더할 것이며

선생님!! 궁금해요

왜 어떤 때는 이스라엘이라고 하고 어떤 때는 유다라고 해요? 유대인은 또 뭐예요?

아주 먼 옛날에 하나님께서는 아브라함을 부르시고, 그 손자였던 야곱의 열두 아들의 후손들로 민족을 만드셨어요. 이들 "이스라엘 백성"은 모세가 살면 시대에는 "히브리인"이라고 불렸지요. 솔로몬 이후에는 나라가 "유다(유대)"와 "이스라엘"로 나뉘었는데, 예수님께서는 약속의 백성인 유다에서 태어나셨어요. "유대인(유대인)"은 아브라함의 후손을 가리키는 말인데, 오늘날의 이스라엘 민족도 유대인이랍니다. 이스라엘은 이스라엘 민족, 유다(유대)는 예수님이 태어나신 지역, 유대인(유대인)은 유다 사람 즉, 이스라엘 사람으로 이해하면 되지요. 요 3장 22절

15또 장인이 네게 많이 있나니 곧 석수와 목수와 온갖 일에 익숙한 모든 사람이니라

16금과 은과 놋과 철이 무수하니 너는 일어나 일하라 여호와께서 너와 함께 계실지로다 하니라

17●다윗이 또 이스라엘 모든 방백에게 명령하여 그의 아들 솔로몬을 도우라 하여 이르되

18너희 하나님 여호와께서 너희와 함께 계시지 아니하시느냐 사면으로 너희에게 평온함을 주지 아니하셨느냐 이 땅 주민을 내 손에 넘기사 이 땅으로 여호와와 그의 백성 앞에 복종하게 하셨나니 23:25

19이제 너희는 마음과 뜻을 바쳐서 너희 하나님 여호와를 구하라 그리고 일어나서 여호와 하나님의 성전을 건축하고 여호와의 언약궤와 하나님 성전의 기물을 가져다가 여호와의 이름을 위하여 건축한 성전에 들이게 하라 하였더라

레위 사람의 일—B.C. 971년경

23

다윗이 나이가 많아 늙으매 아들 솔로몬을 이스라엘 왕으로 삼고

2 이스라엘 모든 방백과 제사장과 레위 사람을 모았더라

3 레위 사람은 삼십 세 이상으로 계수하니 모든 남자의 수가 삼만 팔천 명인데

4 그 중의 이만 사천 명은 여호와의 성전의 일을 보살피는 자요 육천 명은 관원과 재판관이요

5 사천 명은 문지기요 사천 명은 그가 여호와께 찬송을 드리기 위하여 만든 악기로 찬송하는 자들이라

6 다윗이 레위의 아들들을 게르손과 그핫과 므라리에 따라 각 반으로 나누었더라

7 ●게르손 자손은 라단과 시므이라

8 라단의 아들들은 우두머리 여히엘과 또 세담과 요엘 세 사람이요

9 시므이의 아들들은 슬로밋과 하시엘

과 하란 세 사람이니 이는 라단의 우두머리들이며

10또 시므이의 아들들은 야핫과 시나와 여우스와 브리아이니 이 네 사람도 시므이의 아들이라

11그 우두머리는 야핫이요 그 다음은 시사며 여우스와 브리아는 아들이 많지 아니하므로 그들과 한 조상의 가문으로 계수되었더라

12●그핫의 아들들은 아므람과 이스할과 헤브론과 웃시엘 네 사람이라 출 6:18

13아므람의 아들들은 아론과 모세이니 아론은 그 자손들과 함께 구별되어 몸을 성결하게 하여 영원토록 심히 거룩한 자가 되어 여호와 앞에 분향하고 섬기며 영원토록 그 이름으로 축복하게 되었느니라 출 6:20

14하나님의 사람 모세의 아들들은 레위지파 중에 기록되었으니

15모세의 아들은 게르솜과 엘리에셀이라

16게르솜의 아들 중에 스브엘이 우두머리가 되었고 26:24

17엘리에셀의 아들들은 우두머리 르하바라 엘리에셀에게 이 외에는 다른 아들이 없고 르하뱌의 아들들은 심히 많았으며

18이스할의 아들들은 우두머리 슬로밋이요

19헤브론의 아들들은 우두머리 여리야와 둘째 아마랴와 셋째 야하시엘과 넷째 여가므암이며

20웃시엘의 아들들은 우두머리 미가와 그 다음 잇시야더라

23에는 무엇이 기록되어 있을까?

성전 건축을 위한 다윗의 준비는 단순히 건축 자재를 모으고 일꾼을 구하는 것으로 그치지 않았어요. 다윗은 정치 체제와 제사에 관한 모든 내용을 정리하고 제대로 갖추는 것까지 관심을 가졌답니다. 23장에는 구체적으로 레위인들의 수를 세고 그들이 하는 일 등을 기록해놓았어요.

21 ●므라리의 아들들은 마흘리와 무시요 마흘리의 아들들은 엘르아살과 기스라

22 엘르아살이 아들이 없이 죽고 딸만 있더니 그의 형제 기스의 아들이 그에게 장가 들었으며

23 무시의 아들들은 마흘리와 에델과 여레못 세 사람이더라

24 ●이는 다 레위 자손이니 그 조상의 가문을 따라 계수된 이름이 기록되고 여호와의 성전에서 섬기는 일을 하는 이십세 이상 된 우두머리들이라

25 다윗이 이르기를 이스라엘 하나님 여호와께서 평강을 그의 백성에게 주시고 예루살렘에 영원히 거하시나니 22:18

26 레위 사람이 다시는 성막과 그 가운데에서 쓰는 모든 기구를 멜 필요가 없다 한지라

27 다윗의 유언대로 레위 자손이 이십 세 이상으로 계수되었으니

28 그 직분은 아론의 자손을 도와 여호와의 성전과 뜰과 골방에서 섬기고 또 모든 성물을 정결하게 하는 일 곧 하나님의 성전에서 섬기는 일과

29 또 진설병과 고운 가루의 소제물 곧 무교전병이나 과자를 굽는 것이나 반죽

하는 것이나 또 모든 저울과 자를 맡고

30 아침과 저녁마다 서서 여호와께 감사하고 찬송하며

31 또 안식일과 초하루와 절기에 모든 번제를 여호와께 드리되 그가 명령하신 규례의 정한 수효대로 항상 여호와 앞에 드리며

32 또 회막의 직무와 성소의 직무와 그들의 형제 아론 자손의 직무를 지켜 여호와의 성전에서 수종드는 것이니라

제사장 직분을 맡은 사람들　B.C. 971년경

24

아론 자손의 계열들이 이러하니라 아론의 아들들은 나답과 아비후와 엘르아살과 이다말이라

2 나답과 아비후가 그들의 아버지보다 먼저 죽고 그들에게 아들이 없으므로 엘르아살과 이다말이 제사장의 직분을 행하였더라 레 10:1, 2

3 다윗이 엘르아살의 자손 사독과 이다말의 자손 아히멜렉과 더불어 그들을 나누어 각각 그 섬기는 직무를 맡겼는데

4 엘르아살의 자손 중에 우두머리가 이다말의 자손보다 많으므로 나눈 것이 이러하니 엘르아살 자손의 우두머리가 열여섯 명이요 이다말 자손은 그 조상들의 가문을 따라 여덟 명이라

5 이에 제비 뽑아 피차에 차등이 없이 나누었으니 이는 성전의 일을 다스리는 자와 하나님의 일을 다스리는 자가 엘르아살의 자손 중에도 있고 이다말의 자손 중에도 있음이라

6 레위 사람 느다넬의 아들 서기관 스마야가 왕과 방백과 제사장 사독과 아비

술술 풀리는 성경 말씀

나답과 아비후의 죽음

나답과 아비후는 이스라엘에서 모세와 아론 다음으로 높은 지위에 있던 사람이었지요. 성막에서 경배를 드리고 백성들이 기도와 찬양을 드리는 동안, 나답과 아비후는 각각 자기의 향로를 들고 들어가 그 위에 향을 태워 여호와 앞에 바치기로 되어 있었어요. 그러나 이들은 제단에서 항상 타오르고 있는 하나님의 신성한 불(레 9:24) 대신, *이상한 불로 여호와 앞*에 분향했어요. 게다가 그 불은 술에 취한 상태였던 것 같아요(레 10:9). 그래서 하나님께서 사람들이 보는 앞에서 이들을 붙잡아 죽이셨던 거예요(레 10:1-2).

24장 1-2절

24에는 무엇이 기록되어 있을까?

24등급에 따른 제사장들의 이름과 아론 자손을 제외한 레위 지파의 족장들의 이름이 나옵니다. 나답과 아비후의 후손들이 빠진 것은 여호와께 다른 불로 제사를 드리다가 죽었기 때문이에요(레 10:1-3). 23장에서 제비로 뽑힌 레위인들은 제사장들을 도와 제사와 관련된 일들을 도맡아서 했음을 보여줍니다.

아달의 아들 아히멜렉과 및 제사장과 레위 사람의 우두머리 앞에서 그 이름을 기록하여 엘르아살의 자손 중에서 한 집을 뽑고 이다말의 자손 중에서 한 집을 뽑았으니

7 첫째로 제비 뽑힌 자는 여호야립이요 둘째는 여다야요

8 셋째는 하림이요 넷째는 스오림이요

9 다섯째는 말기야요 여섯째는 미야민이요

10 일곱째는 학고스요 여덟째는 아비야요

11 아홉째는 예수아요 열째는 스가냐요

12 열한째는 엘리아십이요 열두째는 야김이요

13 열셋째는 훔바요 열넷째는 예세브압이요

14 열다섯째는 빌가요 열여섯째는 임멜이요

15 열일곱째는 헤실이요 열여덟째는 합비세스요

16 열아홉째는 브다히야요 스무째는 여헤스겔이요

17 스물한째는 야긴이요 스물두째는 가물이요

18 스물셋째는 들라야요 스물넷째는 마아시야라

19 이와 같은 직무에 따라 여호와의 성전에 들어가서 그의 아버지 아론을 도왔으니 이는 이스라엘의 하나님 여호와께서 명하신 규례더라

레위 자손 중에 남은 자들

20 ●레위 자손 중에 남은 자는 이러하니 아므람의 아들들 중에는 수바엘이요 수바엘의 아들들 중에는 예드야며

21 르하뱌에게 이르러는 그의 아들들 중에 우두머리 잇시야요   23:17

22 이스할의 아들들 중에는 슬로못이요 슬로못의 아들들 중에는 야핫이요

23 헤브론의 아들들은 장자 여리야와 둘째 아마랴와 셋째 야하시엘과 넷째 여가므암이요

24 웃시엘의 아들들은 미가요 미가의 아들들 중에는 사밀이요

25 미가의 아우는 잇시야라 잇시야의 아들들 중에는 스가랴이며

26 므라리의 아들들은 마흘리와 무시요 야아시야의 아들들은 브노이요

27 므라리의 자손 야아시야에게서 난 자는 브노와 소함과 삭굴과 이브리요

28 마흘리의 아들 중에는 엘르아살이니 엘르아살은 아들이 없으며

29 기스에게 이르러는 그의 아들 여라므엘이요

30 무시의 아들들은 마흘리와 에델과 여리못이니 이는 다 그 조상의 가문에 따라 기록한 레위 자손이라

31 이 여러 사람도 다윗 왕과 사독과 아히멜렉과 제사장과 레위 우두머리 앞에서 그들의 형제 아론 자손처럼 제비 뽑혔으니 장자의 가문과 막내 동생의 가문이 다름이 없더라

찬송을 맡은 사람들——B.C. 971년경

25

다윗이 군대 지휘관들과 더불어 아삽과 헤만과 여두둔의 자손 중에서 구별하여 섬기게 하되 수금과 비파와 제금을 잡아 [1]신령한 노래를 하게 하였으니 그 직무대로 일하는 자의 수효는 이러하니라   6:33, 39

2 아삽의 아들들은 삭굴과 요셉과 느다냐와 아사렐라니 이 아삽의 아들들이 아삽의 지휘 아래 왕의 명령을 따라 [1]신령한 노래를 하며

3 여두둔에게 이르러서는 그의 아들들 그달리야와 스리와 여사야와 [2]시므이

25에는 무엇이 기록되어 있을까?

다윗은 레위 족속 중 찬양대를 담당할 아삽과 헤만과 여두둔의 자손 중 24등급을 제비 뽑았어요. 한 등급마다 12명씩 참여하였으므로 찬양의 총 인원은 288명이었지요. 글 대기 저자가 제사장과 레위 사람들을 말한 후에 찬양대를 조직한 사실을 기록한 것은 찬양에 제사적 의미가 있음을 보여주기 위해서랍니다.

1) 히, 예언을 뜻함 2) 히, '시므이'가 없음. 헬, '시므이'

와 하사뱌와 맛디디야 여섯 사람이니 그의 아버지 여두둔의 지휘 아래 수금을 잡아 ¹신령한 노래를 하며 여호와께 감사하며 찬양하며

4 헤만에게 이르러는 그의 아들들 북기야와 맛다냐와 웃시엘과 스브엘과 여리못과 하나냐와 하나니와 엘리아다와 깃달디와 로맘디에셀과 요스브가사와 말로디와 호딜과 마하시옷이라

5 이는 다 헤만의 아들들이니 나팔을 부는 자들이며 헤만은 하나님의 말씀을 가진 왕의 선견자라 하나님이 헤만에게 열네 아들과 세 딸을 주셨더라

6 이들이 다 그들의 아버지의 지휘 아래 제금과 비파와 수금을 잡아 여호와의 전에서 노래하여 하나님의 전을 섬겼으며 아삽과 여두둔과 헤만은 왕의 지휘 아래 있었으니

7 그들과 모든 형제 곧 여호와 찬송하기를 배워 익숙한 자의 수효가 이백팔십팔 명이라

8 이 무리의 큰 자나 작은 자나 스승이나 제자를 막론하고 다같이 제비 뽑아 직임을 얻었으니

9 첫째로 제비 뽑힌 자는 아삽의 아들 중 요셉이요 둘째는 그달리야이니 그와 그의 형제들과 아들들 십이 명이요　6:39

10 셋째는 삭굴이니 그의 아들과 형제들과 십이 명이요

11 넷째는 이스리이니 그의 아들과 형제들과 십이 명이요

12 다섯째는 느다냐니 그의 아들과 형제들과 십이 명이요

13 여섯째는 북기야니 그의 아들과 형제들과 십이 명이요

14 일곱째는 여사렐라니 그의 아들과 형제들과 십이 명이요

15 여덟째는 여사야니 그의 아들과 형제들과 십이 명이요

16 아홉째는 맛다냐니 그의 아들과 형제들과 십이 명이요　25:4

17 열째는 시므이니 그의 아들과 형제들과 십이 명이요

18 열한째는 아사렐이니 그의 아들과 형제들과 십이 명이요

19 열두째는 하사뱌니 그의 아들과 형제들과 십이 명이요

20 열셋째는 수바엘이니 그의 아들과 형제들과 십이 명이요

21 열넷째는 맛디디야니 그의 아들과 형제들과 십이 명이요

22 열다섯째는 여레못이니 그의 아들과 형제들과 십이 명이요

23 열여섯째는 하나냐니 그의 아들과 형제들과 십이 명이요　25:4

24 열일곱째는 요스브가사니 그의 아들과 형제들과 십이 명이요

25 열여덟째는 하나니니 그의 아들과 형제들과 십이 명이요　25:4

26 열아홉째는 말로디니 그의 아들과 형제들과 십이 명이요

27 스무째는 엘리아다니 그의 아들과 형제들과 십이 명이요

28 스물한째는 호딜이니 그의 아들과 형제들과 십이 명이요

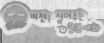

1) 히, 예언을 뜻함

29 스물두째는 깃달디니 그의 아들들과 형제들과 십이 명이요
30 스물셋째는 마하시옷이니 그의 아들들과 형제들과 십이 명이요
31 스물넷째는 로맘디에셀이니 그의 아들들과 형제들과 십이 명이었더라

성전 문지기 — B.C. 975년경

26 고라 사람들의 문지기 반들은 이러하니라 아삽의 가문 중 고레의 아들 므셀레마라 26:19

2 므셀레마의 아들들인 맏아들 스가랴와 둘째 여디아엘과 셋째 스바댜와 넷째 야드니엘과
3 다섯째 엘람과 여섯째 여호하난과 일곱째 엘여호에내이며
4 오벧에돔의 아들들은 맏아들 스마야와 둘째 여호사밧과 셋째 요아와 넷째 사갈과 다섯째 느다넬과
5 여섯째 암미엘과 일곱째 잇사갈과 여덟째 브울래대이니 이는 하나님이 오벧에돔에게 복을 주셨음이라
6 그의 아들 스마야도 두어 아들을 낳았으니 그들의 조상의 가문을 다스리는 자요 큰 용사라
7 스마야의 아들들은 오드니와 르바엘과 오벳과 엘사밧이며 엘사밧의 형제 엘리후와 스마갸는 능력이 있는 자이니
8 이는 다 오벧에돔의 자손이라 그들과 그의 아들들과 그의 형제들은 다 능력이 있어 그 직무를 잘하는 자이니 오벧에돔에게서 난 자가 육십이 명이며
9 또 므셀레마의 아들과 형제 열여덟 명은 능력이 있는 자라

26 에는 무엇이 기록되어 있을까?

성전 출입을 관리하는 성전 문지기들, 성전 창고를 관리할 레위인들, 재물이나 행정 등을 담당할 레위인들의 이름이 소개됩니다. 다윗은 성전 안의 일뿐만 아니라 성전 밖에서 해야 할 일들까지도 신경을 썼지요. 문지기 역할의 구체적인 내용은 9장 22-27절에 소개되어 있어요.

10 므라리 자손 중 호사에게도 아들들이 있으니 그의 장자는 시므리라 시므리는 본래 맏아들이 아니나 그의 아버지가 장자로 삼았고
11 둘째는 힐기야요 셋째는 드발리야요 넷째는 스가랴이니 호사의 아들들과 형제들이 열세 명이더라
12 ●이상은 다 문지기의 반장으로서 그 형제처럼 직임을 얻어 여호와의 성전에서 섬기는 자들이라 26:11
13 각 문을 지키기 위하여 그의 조상의 가문을 따라 대소를 막론하고 다 제비 뽑혔으니 25:8
14 셀레먀는 동쪽을 뽑았고 그의 아들 스가라는 명철한 모사라 모사를 위하여 제비 뽑으니 북쪽을 뽑았고
15 오벧에돔은 남쪽을 뽑았고 그의 아들들은 곳간에 뽑혔으며
16 숩빔과 호사는 서쪽을 뽑아 큰 길로 통한 살래겟 문 곁에 있어 서로 대하여 파수하였으니
17 동쪽 문에 레위 사람이 여섯이요 북쪽 문에 매일 네 사람이요 남쪽 문에 매일 네 사람이요 곳간에는 둘씩이며
18 서쪽 뜰에 있는 큰 길에 네 사람 그리고 뜰에 두 사람이라
19 고라와 므라리 자손의 문지기의 직책은 이러하였더라

성전 곳간을 맡은 사람들

20 ●레위 사람 중에 아히야는 하나님의 전 곳간과 성물 곳간을 맡았으며 26:12
21 라단의 자손은 곧 라단에게 속한 게르손 사람의 자손이니 게르손 사람 라단에게 속한 가문의 우두머리는 여히엘라라
22 여히엘리의 아들들은 스담과 그의 아우

수호(25:7) 물건의 수.
직임(25:8) 직무상의 책임.
막론(26:13) 가릴 것도 없는 것. 말할 나위도 없는 것.
명철한(26:14) 재주 있고 사리에 밝음.
모사(26:14) 온갖 꾀를 잘 내는 사람.
살래겟 문(26:16) 예루살렘 성전 서쪽에 있는 낭실로 향하는 문.
파수(26:16) 경계하여 지킴. 또는 그 사람.

요엘이니 여호와의 성전 곳간을 맡았고

23 아므람 자손과 이스할 자손과 헤브론 자손과 웃시엘 자손 중에

24 모세의 아들 게르솜의 자손 스브엘은 곳간을 맡았고

25 그의 형제 곧 엘리에셀에게서 난 자는 그의 아들 르하뱌와 그의 아들 여사야와 그의 아들 요람과 그의 아들 시그리와 그의 아들 슬로못이라

26 이 슬로못과 그의 형제는 성물의 모든 곳간을 맡았으니 곧 다윗 왕과 가문의 우두머리와 천부장과 백부장과 군대의 모든 지휘관이 구별하여 드린 성물이라

27 그들이 싸울 때에 노략하여 얻은 물건 중에서 구별하여 드려 여호와의 성전을 개수한 일과

28 선견자 사무엘과 기스의 아들 사울과 넬의 아들 아브넬과 스루야의 아들 요압이 무엇이든지 구별하여 드린 성물은 다 슬로못과 그의 형제의 지휘를 받았더라

다른 레위 사람들의 직임

29 ● 이스할 자손 중에 그나냐와 그의 아들들은 성전 밖에서 이스라엘의 일을 다스리는 관원과 재판관이 되었고

30 헤브론 자손 중에 하사뱌와 그의 동족 용사 천칠백 명은 요단 서쪽에서 이스라엘을 주관하여 여호와의 모든 일과 왕을 섬기는 직임을 맡았으며

31 헤브론 자손 중에서는 여리야가 그의 족보와 종족대로 헤브론 자손의 우두머리가 되었더라 다윗이 왕 위에 있은 지 사십 년에 길르앗 야셀에서 그들 중에 구하여 큰 용사를 얻었으니

32 그의 형제 중 이천칠백 명이 다 용사요 가문의 우두머리라 다윗 왕이 그들로 르우벤과 갓과 므낫세 반 지파를 주관하여 하나님의 모든 일과 왕의 일을 다 스리게 하였더라

모든 가문의 우두머리와 관원들
B.C. 975년경

27

이스라엘 자손의 모든 가문의 우두머리와 천부장과 백부장과 왕을 섬기는 관원들이 그들의 숫자대로 반이 나누이니 각 반열이 이만 사천 명씩이라 일 년 동안 달마다 들어가며 나왔으니

2 첫째 달 반의 반장은 삽디엘의 아들 야소브암이요 그의 반에 이만 사천 명이라

3 그는 베레스의 자손으로서 첫째 달 반의 모든 지휘관의 우두머리가 되었고

4 둘째 달 반의 반장은 아호아 사람 도대요 또 미글롯이 그의 반의 주장이 되었으니 그의 반에 이만 사천 명이며

5 셋째 달 군대의 셋째 지휘관은 대제사장 여호야다의 아들 브나야요 그의 반에 이만 사천 명이라

6 이 브나야는 삼십 명 중에 용사요 삼십 명 위에 있으며 그의 반 중에 그의 아들 암미사밧이 있으며

7 넷째 달 넷째 지휘관은 요압의 아우 아사헬이요 그 다음은 그의 아들 스바댜

슬슬 풀리는 생명말씀

성전은 마음으로 짓는다

여호와의 전을 고치는 것은 하나님의 전을 새로 건축하는 것이 아니라, 더욱 온전한 모습으로 완성시킨다는 뜻입니다. 여기에서 성전 건축이란, 건물만을 *짓는다는 뜻이 아니라, 즉 '하나님의 전'이* 라는 말이 무색할 정도로 허술한 하나님의 처소를, 그 이름에 꼭 맞는 모습을 확립시키겠다는 것입니다.

여기에서 구별하여 드린 성물들은 다윗 왕의 헌신을 대표하고, 다윗 왕은 이스라엘 백성 전체를 대표하고 있어요. 따라서 성전 건축은 물질로 쌓는 것이 아니라, 백성의 마음과 정성으로 쌓는 것이랍니다.

26장 26~27절

---

27 에는 무엇이 기록되어 있을까?

27장에서는 다윗 왕정의 모든 체제가 제대로 갖추어진 사실을 아주 자세하게 소개하고 있어요. 먼저 군대 조직이 새롭게 잘 갖추어진 사실을 보여주고, 이어서 이스라엘 각 지파를 이끌어 갈 지도자들, 다윗 왕의 재정 담당자, 그리고 왕의 일을 도와주는 사람들을 소개하고 있지요.

이니 그의 반에 이만 사천 명이요

8 다섯째 달 다섯째 지휘관은 이스라 사람 삼훗이니 그의 반에 이만 사천 명이요

9 여섯째 달 여섯째 지휘관은 드고아 사람 익게스의 아들 이라이니 그의 반에 이만 사천 명이요

10 일곱째 달 일곱째 지휘관은 에브라임 자손에 속한 발론 사람 헬레스이니 그의 반에 이만 사천 명이요

11 여덟째 달 여덟째 지휘관은 세라 족속 후사 사람 십브개이니 그의 반에 이만 사천 명이요

12 아홉째 달 아홉째 지휘관은 베냐민 자손 아나돗 사람 아비에셀이니 그의 반에 이만 사천 명이요

13 열째 달 열째 지휘관은 세라 족속 느도바 사람 마하래이니 그의 반에 이만 사천 명이요

14 열한째 달 열한째 지휘관은 에브라임 자손에 속한 비라돈 사람 브나야이니 그의 반에 이만 사천 명이요

15 열두째 달 열두째 지휘관은 옷니엘 자손에 속한 느도바 사람 헬대니 그 반에 이만 사천 명이었더라

각 지파를 관할하는 자들

16 ●이스라엘 지파를 관할하는 자는 이러하니라 르우벤 사람의 지도자는 시그리의 아들 엘리에셀이요 시므온 사람의 지도자는 마아가의 아들 스바댜요

17 레위 사람의 지도자는 그무엘의 아들 하사뱌요 아론 자손의 지도자는 사독이요

18 유다의 지도자는 다윗의 형 엘리후요 잇사갈의 지도자는 미가엘의 아들 오므리요

19 스불론의 지도자는 오바댜의 아들 이스마야요 납달리의 지도자는 아스리엘의 아들 여레못이요

20 에브라임 자손의 지도자는 아사시야의 아들 호세아요 므낫세 반 지파의 지도자는 브다야의 아들 요엘이요

21 길르앗에 있는 므낫세 반 지파의 지도

소 떼(27:29)

자는 스가랴의 아들 잇도요 베냐민의 지도자는 아브넬의 아들 야아시엘이요

22 단은 여로함의 아들 아사렐이니 이들은 이스라엘 지파의 지휘관이었더라

23 이스라엘 사람의 이십 세 이하의 수효는 다윗이 조사하지 아니하였으니 이는 여호와께서 전에 말씀하시기를 이스라엘 사람을 하늘의 별 같이 많게 하리라 하셨음이라 ···창 15:5

24 스루야의 아들 요압이 조사하기를 시작하고 끝내지도 못해서 그 일로 말미암아 진노가 이스라엘에게 임한지라 그 수효를 다윗 왕의 역대지략에 기록하지 아니하였더라 ···삼하 24:15

왕의 재산을 맡은 자들

25 ●아디엘의 아들 아스마웻은 왕의 곳간을 맡았고 웃시야의 아들 요나단은 밭과 성읍과 마을과 망대의 곳간을 맡았고

26 글룹의 아들 에스리는 밭 가는 농민을 거느렸고

27 라마 사람 시므이는 포도원을 맡았고 스밤 사람 삽디는 포도원의 소산 포도주 곳간을 맡았고

28 게델 사람 바알하난은 평야의 감람나무와 뽕나무를 맡았고 요아스는 기름 곳간을 맡았고

29 사론 사람 시드래는 사론에서 먹이는 소 떼를 맡았고 아들래의 아들 사밧은 골짜기에 있는 소 떼를 맡았고

30 이스마엘 사람 오빌은 낙타를 맡았고

반열(27:1) 신분 등급의 차례.
역대지략(27:24) 당대의 사건들을 기록한 책.

메로놋 사람 예드야는 나귀를 맡았고 하갈 사람 야시스는 양 떼를 맡았으니
31 다윗 왕의 재산을 맡은 자들이 이러하였더라

다윗을 섬기는 사람들

32 ●다윗의 숙부 요나단은 지혜가 있어서 모사가 되며 서기관도 되었고 학모니의 아들 여히엘은 왕자들의 수종자가 되었고
33 아히도벨은 왕의 모사가 되었고 아렉사람 후새는 왕의 벗이 되었고
34 브나야의 아들 여호야다와 아비아달은 아히도벨의 뒤를 이었고 요압은 왕의 군대 지휘관이 되었더라

다윗이 성전 건축을 지시하다

28 다윗이 이스라엘 모든 고관들 곧 각 지파의 어른과 왕을 섬기는 반장들과 천부장들과 백부장들과 및 왕과 왕자의 모든 소유와 가축의 감독과 내시와 장사와 모든 용사를 예루살렘으로 소집하고   27:1-31
2 이에 다윗 왕이 일어서서 이르되 나의 형제들, 나의 백성들아 내 말을 들으라 나는 여호와의 언약궤 곧 우리 하나님의 발판을 봉안할 성전을 건축할 마음이 있어서 건축할 재료를 준비하였으나
3 하나님이 내게 이르시되 너는 전쟁을 많이 한 사람이라 피를 많이 흘렸으니 내 이름을 위하여 성전을 건축하지 못하리라 하셨느니라
4 그러나 이스라엘 하나님 여호와께서 전에 나를 내 부친의 온 집에서 택하여 영원히 이스라엘 왕이 되게 하셨나니

제사에 쓰이는 잔들(28:17)

곧 하나님이 유다 지파를 택하사 머리를 삼으시고 유다의 가문에서 내 부친의 집을 택하시고 내 부친의 아들들 중에서 나를 기뻐하사 온 이스라엘의 왕을 삼으셨느니라
5 여호와께서 내게 여러 아들을 주시고 그 모든 아들 중에서 내 아들 솔로몬을 택하사 여호와의 나라 왕위에 앉혀 이스라엘을 다스리게 하려 하실새
6 내게 이르시기를 네 아들 솔로몬 그가 내 성전을 건축하고 내 여러 뜰을 만들리니 이는 내가 그를 택하여 내 아들로 삼고 나는 그의 아버지가 될 것임이라   22:9, 10
7 그가 만일 나의 계명과 법도를 힘써 준행하기를 오늘과 같이 하면 내가 그의 나라를 영원히 견고하게 하리라 하셨느니라
8 이제 너희는 온 이스라엘 곧 여호와의 회중이 보는 데에서와 우리 하나님이 들으시는 데에서 너희 하나님 여호와의 모든 계명을 구하여 지키기로 하라 그리하면 너희가 이 아름다운 땅을 누리고 너희 후손에게 끼쳐 영원한 기업이 되게 하리라   신 6:1
9 내 아들 솔로몬아 너는 네 아버지의 하나님을 알고 온전한 마음과 기쁜 뜻으로 섬길지어다 여호와께서는 모든 마음을 감찰하사 모든 의도를 아시나니 네가 만일 그를 찾으면 만날 것이요 만일 네가 그를 버리면 그가 너를 영원히 버리시리라
10 그런즉 이제 너는 삼갈지어다 여호와께

28장 에는 무엇이 기록되어 있을까?

28장부터는 다윗의 왕권이 자연스럽게 솔로몬에게 넘겨지는 모습을 볼 수 있어요. 하나님은 다윗에게 성전 건축을 허락하지 않으시고 솔로몬을 통해 이 일을 하시겠다고 말씀하셨지요. 다윗은 성전 설계도를 솔로몬에게 주면서 성전 건축을 위해 최선을 다할 것을 당부하였어요. 또한 하나님이 함께하실 거라며 격려해주었답니다.

오빌의 금

성경에서 '오빌의 금'은 금 중의 금, 즉 양질의 순금을 가리키는 말로 쓰입니다. 이스라엘은 오빌에서 대량의 금과 그 밖의 값진 물건들을 수입했어요(왕상 9:28; 시 45:9 등). 한편 뒤에 나온 순금은 히브리어로는 '은 중의 은', 즉 양질의 순금을 가리킨답니다.

29장 4절

서 너를 택하여 성전의 건물을 건축하게 하셨으니 힘써 행할지니라 하니라

11 ●다윗이 성전의 복도와 그 집들과 그 곳간과 다락과 골방과 속죄소의 설계도를 그의 아들 솔로몬에게 주고 출 25:40

12 또 그가 영감으로 받은 모든 것 곧 여호와의 성전의 뜰과 사면의 모든 방과 하나님의 성전 곳간과 성물 곳간의 설계도를 주고 26:20

13 또 제사장과 레위 사람의 반열과 여호와의 성전에서 섬기는 모든 일과 여호와의 성전을 섬기는 데에 쓰는 모든 그릇의 양식을 설명하고

14 또 모든 섬기는 데에 쓰는 금 기구를 만들 금의 무게와 모든 섬기는 데에 쓰는 은 기구를 만들 은의 무게를 정하고

15 또 금 등잔대들과 그 등잔 곧 각 등잔대와 그 등잔을 만들 금의 무게와 은 등잔대와 그 등잔을 만들 은의 무게를 각기 그 기구에 알맞게 하고

16 또 진설병의 각 상을 만들 금의 무게를 정하고 은상을 만들 은도 그렇게 하고

17 갈고리와 대접과 종지를 만들 순금과 금잔 곧 각 잔을 만들 금의 무게와 또은 잔 곧 각 잔을 만들 은의 무게를 정하고

18 또 향단에 쓸 순금과 또 수레 곧 금 그룹들의 설계도대로 만들 금의 무게를 정해 주니 이 그룹들은 날개를 펴서 여호와의 언약궤를 덮는 것이더라

19 다윗이 이르되 여호와의 손이 내게 임하여 이 모든 일의 설계를 그려 나에게 알려 주셨느니라

20 ●또 그의 아들 솔로몬에게 이르되 너는 강하고 담대하게 이 일을 행하라 두

려워하지 말며 놀라지 말라 네가 여호와의 성전 공사의 모든 일을 마치기까지 여호와 하나님 나의 하나님이 너와 함께 계시사 네게서 떠나지 아니하시고 너를 버리지 아니하시리라 히 4:6, 7

21 제사장과 레위 사람의 반이 있으니 하나님의 성전의 모든 공사를 도울 것이요 또 모든 공사에 유능한 기술자가 기쁜 마음으로 너와 함께할 것이요 또 모든 지휘관과 백성이 온전히 네 명령 아래에 있으리라

성전 건축에 쓸 예물 - B.C. 971년경

29

다윗 왕이 온 회중에게 이르되 내 아들 솔로몬이 유일하게 하나님께서 택하신 바 되었으나 아직 어리고 미숙하며 이 공사는 크도다 이 성전은 사람을 위한 것이 아니요 여호와 하나님을 위한 것이라

2 내가 이미 내 하나님의 성전을 위하여 힘을 다하여 준비하였나니 곧 기구를 만들 금과 은과 놋과 철과 나무와 또 마노와 가공할 검은 보석과 채석과 다른 모든 보석과 옥돌이 매우 많으며

3 성전을 위하여 준비한 이 모든 것 외에도 내 마음이 내 하나님의 성전을 사모하므로 내가 사유한 금, 은으로 내 하나님의 성전을 위하여 드렸노니

4 곧 오빌의 금 삼천 달란트와 순은 칠천 달란트라 모든 성전 벽에 입히며 22:14

5 금, 은 그릇을 만들며 장인의 손으로 하는 모든 일에 쓰게 하였노니 오늘 누가 즐거이 손에 채워 여호와께 드리겠느냐 하는지라

29 에는 무엇이 기록되어 있을까?

다윗은 이제 성전 건축을 위한 헌물을 바침으로써 자신의 삶을 정리하였어요. 다윗이 예물을 바치자, 이스라엘의 모든 방백들도 스스로 나서서 즐거이 예물을 바쳤지요. 그러고 나서 다윗은 모든 백성 앞에서 하나님께 감사와 찬양의 기도를 드렸답니다. 그리고 백성들은 솔로몬에게 기름을 부어 그를 왕으로 세웠어요.

6 ●이에 모든 가문의 지도자들과 이스라엘 모든 지파의 지도자들과 천부장과 백부장과 왕의 사무관이 다 즐거이 드리되

7 하나님의 성전 공사를 위하여 금 오천 달란트와 금 만 다릭 은 만 달란트와 놋 만 팔천 달란트와 철 십만 달란트를 드리고

8 보석을 가진 모든 사람은 게르손 사람 여히엘의 손에 맡겨 여호와의 성전 곳간에 드렸더라

9 백성들은 자원하여 드렸으므로 기뻐하였으니 곧 그들이 성심으로 여호와께 자원하여 드렸으므로 다윗 왕도 심히 기뻐하니라

다윗의 감사 기도

10 ●다윗이 온 회중 앞에서 여호와를 송축하여 이르되 우리 조상 이스라엘의 하나님 여호와여 주는 영원부터 영원까지 송축을 받으시옵소서

11 여호와여 위대하심과 권능과 영광과 승리와 위엄이 다 주께 속하였사오니 천지에 있는 것이 다 주의 것이로소이다 여호와여 주권도 주께 속하였사오니 주는 높으사 만물의 머리이심이니이다

12 부와 귀가 주께로 말미암고 또 주는 만물의 주재가 되사 손에 권세와 능력이 있사오니 모든 사람을 크게 하심과 강하게 하심이 주의 손에 있나이다

13 우리 하나님이여 이제 우리가 주께 감사하오며 주의 영화로운 이름을 찬양하나이다

14 나와 내 백성이 무엇이기에 이처럼 즐거운 마음으로 드릴 힘이 있었나이까 모든 것이 주께로 말미암았사오니 우리가 주의 손에서 받은 것으로 주께 드렸을 뿐이니이다

기드론 계곡(29:22) 솔로몬이 기름부음을 받은 기혼샘은 기드론 계곡에 있다.

15 우리는 우리 조상들과 같이 주님 앞에서 이방 나그네와 거류민들이라 세상에 있는 날이 그림자 같아서 희망이 없나이다

16 우리 하나님 여호와여 우리가 주의 거룩한 이름을 위하여 성전을 건축하려고 미리 저축한 이 모든 물건이 다 주의 손에서 왔사오니 다 주의 것이니이다

17 나의 하나님이여 주께서 마음을 감찰하시고 정직을 기뻐하시는 줄을 내가 아나이다 내가 정직한 마음으로 이 모든 것을 즐거이 드렸사오며 이제 내가 또 여기 있는 주의 백성이 주께 자원하여 드리는 것을 보오니 심히 기쁘도소이다

18 우리 조상들 아브라함과 이삭과 이스라엘의 하나님 여호와여 주께서 이것을 주의 백성의 심중에 영원히 두어 생각하게 하시고 그 마음을 준비하여 주께로 돌아오게 하시오며

19 또 내 아들 솔로몬에게 정성된 마음을 주사 주의 계명과 권면과 율례를 지켜 이 모든 일을 행하게 하시고 내가 위하여 준비한 것으로 성전을 건축하게 하옵소서 하였더라

20 ●다윗이 온 회중에게 이르되 너희는 너희 하나님 여호와를 송축하라 하매 회중이 그의 조상들의 하나님 여호와를 송축하고 머리를 숙여 여호와와 왕에게 절하고

21 이튿날 여호와께 제사를 드리고 또 여호와께 번제를 드리니 수송아지가 천 마리요 숫양이 천 마리요 어린 양이 천 마리요 또 그 전제라 온 이스라엘을 위

하여 풍성한 제물을 드리고

22 이 날에 무리가 크게 기뻐하여 여호와 앞에서 먹으며 마셨더라 ●무리가 다윗의 아들 솔로몬을 다시 왕으로 삼아 기름을 부어 여호와께 돌려 주권자가 되게 하고 사독에게도 기름을 부어 제사장이 되게 하니라 *왕상 1:33-39*

23 솔로몬이 여호와께서 주신 왕위에 앉아 아버지 다윗을 이어 왕이 되어 형통하니 온 이스라엘이 그의 명령에 순종하며

24 모든 방백과 용사와 다윗 왕의 여러 아들들이 솔로몬 왕에게 복종하니

25 여호와께서 솔로몬을 모든 이스라엘의 목전에서 심히 크게 하시고 또 왕의 위엄을 그에게 주사 그전 이스라엘 모든 왕보다 뛰어나게 하셨더라

다윗의 행적

26 ●이새의 아들 다윗이 온 이스라엘의 왕이 되어

27 이스라엘을 다스린 기간은 사십 년이라 헤브론에서 칠 년간 다스렸고 예루살렘에서 삼십삼 년을 다스렸더라

28 그가 나이 많아 늙도록 부하고 존귀를 누리다가 죽으매 그의 아들 솔로몬이 대신하여 왕이 되니라

29 다윗 왕의 행적은 처음부터 끝까지 선견자 사무엘의 글과 선지자 나단의 글과 선견자 갓의 글에 다 기록되고

30 또 그의 왕 된 일과 그의 권세와 그와 이스라엘과 온 세상 모든 나라의 지난 날의 역사가 다 기록되어 있느니라

천국의 길목

초대 교회의 성도들 중에는 로마의 핍박으로 사자 먹이가 된 사람들이 많았어요. 한 번은 굶주린 사자 앞에 한 무리의 성도들이 있었는데, 그 무리 중에 어머니와 어린 아들이 끼어 있었지요. 아들은 어슬렁거리며 다가오는 사자를 보고 무서워하며 말했습니다.

"엄마, 무서워요!"

그러자 어머니가 말했어요.

"얘야, 조금만 참아라. 어둠은 잠시뿐이고 곧 환하게 밝아질 거야."

주사 바늘이 따끔하여 염려되지만 그 아픔은 곧 사라지는 것처럼, 기독교인의 죽음도 주사 바늘처럼 걱정되지만 곧이어 찬란한 천국의 영광을 보게 될 것입니다.

2 Chronicles

역 대 하

✦ 역대하를 읽기 전에

역대상과 마찬가지로 에스라가 기록했을 가능성이 많아요. 솔로몬의 통치와 남 유다의 왕들에 관해서 기록한 이 책은 다른 역사서들과 다르게 정치적인 부분 보다는 영적인 부분들에 관심을 두고 있어요.

✦ 언제, 왜, 누구를 위하여 썼나요?

이 책은 B.C. 450~400년경에 기록되었어요. 포로 생활에 서 돌아온 이스라엘 백성들에게 하나님의 구원의 역사를 알 려주기 위해 기록되었지요. 주로 유다 왕들의 통치를 기록 한 것은 하나님의 택한 백성을 강조하기 위해서였답니다.

✦ 어떤 내용인가요?

솔로몬이 지은 성전은 이방인들에 의해 파괴되고 말았어요. 여러 왕들은 유다 왕국을 영적으로 새롭게 하는 운동을 일으 켰고, 후에 바사 왕 고레스는 성전을 다시 짓게 하였지요.

솔로몬 왕이 지혜를 구하다 (왕상 3:1-15)

1 1 다윗의 아들 솔로몬의 왕위가 견고 하여 가며 그의 하나님 여호와께서 그와 함께 하사 심히 창대하게 하시니 라
　　　　　　　　　　　　　　왕상 2:12

2 솔로몬이 온 이스라엘의 천부장들과 백부장들과 재판관들과 온 이스라엘 의 방백들과 족장들에게 명령하여

3 솔로몬이 온 회중과 함께 기브온 산당 으로 갔으니 하나님의 회막 곧 여호 와의 종 모세가 광야에서 지은 것이 거기 에 있음이라
　　　　　　　　　　　　　　출 36:8

4 다윗이 전에 예루살렘에서 하나님의 궤를 위하여 장막을 쳐 두었으므로 그 궤는 다윗이 이미 기럇여아림에서부 터 그것을 위하여 준비한 곳에 메어

1 에는 무엇이 기록되어 있을까?

왕이 된 솔로몬은 하나님께 천 번의 번제를 드렸어요. 번제는 동물을 태워서 하나님 께 제사 드리는 것이랍니다. 그날 밤 하나님은 솔로몬의 꿈에 나타나셨어요. 그날 밤 하나님은 솔로몬에게 소원을 말하라고 하셨어요. 솔로몬이 백성을 잘 다 스릴 수 있는 지혜를 구하자, 하나님은 기뻐하시 며 지혜와 함께 부귀와 영광도 주셨답니다.

올렸고

5 옛적에 훌의 손자 우리의 아들 브살렐 이 지은 놋 제단은 여호와의 장막 앞에 있더라 솔로몬이 회중과 더불어 나아 가서

6 여호와 앞 곧 회막 앞에 있는 놋 제단 에 솔로몬이 이르러 그 위에 천 마리 희 생으로 번제를 드렸더라

7 ●그 날 밤에 하나님이 솔로몬에게 나 타나 그에게 이르시되 내가 네게 무엇 을 주랴 너는 구하라 하시니

8 솔로몬이 하나님께 말하되 주께서 전 에 큰 은혜를 내 아버지 다윗에게 베푸 시고 내가 그를 대신하여 왕이 되게 하 셨사오니

9 여호와 하나님이여 원하건대 주는 내 아버지 다윗에게 허락하신 것을 이제 굳게 하옵소서 주께서 나를 땅의 티 끌 같이 많은 백성의 왕으로 삼으셨 사오니

10 주는 이제 내게 지혜와 지식을 주사 이 백성 앞에서 출입하게 하옵소서 이렇 게 많은 주의 백성을 누가 능히 재판하 리이까 하니

11 하나님이 솔로몬에게 이르시되 이런 마

솔로몬의 산당이 있었던 기브온 지역(1:3)

음이 네게 있어서 부나 재물이나 영광이나 원수의 생명 멸하기를 구하지 아니하며 장수도 구하지 아니하고 오직 내가 네게 다스리게 한 내 백성을 재판하기 위하여 지혜와 지식을 구하였으니

12 그러므로 내가 네게 지혜와 지식을 주고 부와 재물과 영광도 주리니 네 전의 왕들도 이런 일이 없었거니와 네 후에도 이런 일이 없으리라 하시니라 9:22

13 이에 솔로몬이 기브온 산당 회막 앞에서부터 예루살렘으로 돌아와서 이스라엘을 다스렸더라

솔로몬의 부귀영화 (왕상 10:26~29)

14 ● 솔로몬이 병거와 마병을 모으매 병거가 천사백 대요 마병이 만 이천 명이라 병거성에도 두고 예루살렘 왕에게도 두었으며

15 왕이 예루살렘에서 은금을 돌 같이 흔하게 하고 백향목을 평지의 뽕나무 같이 많게 하였더라

16 솔로몬의 말들은 애굽과 구에에서 사들였으니 왕의 무역상들이 떼로 값을 정하여 산 것이며

17 애굽에서 사들이는 병거는 한 대에 은 육백 세겔이요 말은 백오십 세겔이라 이와 같이 헷 사람들의 모든 왕들과 아람 왕들을 위하여 그들의 손으로 되팔기도 하였더라

성전 건축을 준비하다 (왕상 5:1~18)

2 솔로몬이 여호와의 이름을 위하여 성전을 건축하고 자기 왕위를 위하여 궁궐 건축하기를 결심하니라

2 솔로몬이 이에 짐꾼 칠만 명과 산에서 돌을 떠낼 자 팔만 명과 일을 감독할

자 삼천육백 명을 뽑고

3 솔로몬이 사절을 두로 왕 후람에게 보내어 이르되 당신이 전에 내 아버지 다윗에게 백향목을 보내어 그가 거주하실 궁궐을 건축하게 한 것 같이 내게도 그리 하소서

4 이제 내가 나의 하나님 여호와의 이름을 위하여 성전을 건축하여 구별하여 드리고 주 앞에서 향 재료를 사르며 항상 떡을 차려 놓으며 안식일과 초하루와 우리 하나님 여호와의 절기에 아침 저녁으로 번제를 드리려 하오니 이는 이스라엘의 영원한 규례니이다 민 28:9, 10

5 내가 건축하고자 하는 성전은 크니 우리 하나님은 모든 신들보다 크심이라

6 누가 능히 하나님을 위하여 성전을 건축하리요 하늘과 하늘들의 하늘이라도 주를 용납하지 못하겠거든 내가 누구이기에 어찌 능히 그를 위하여 성전을 건축하리요 그 앞에 분향하려 할 따름이니이다

7 이제 청하건대 당신은 금, 은, 동, 철로 제조하며 자색 홍색 청색 실로 직조하며 또 아로새길 줄 아는 재주 있는 사람 하나를 내게 보내어 내 아버지 다윗이 유다와 예루살렘에서 준비한 나의 재주 있는 사람들과 함께 일하게 하고

8 또 레바논에서 백향목과 잣나무와 백단목을 내게로 보내소서 내가 알거니와 당신의 종은 레바논에서 벌목을 잘 하나니 내 종들이 당신의 종들을 도울지라

9 이와 같이 나를 위하여 재목을 많이 준

2 에는 무엇이 기록되어 있을까?

솔로몬은 성전과 궁궐을 건축하기로 결심하고 두로 나라의 후람 왕에게 성전 건축에 필요한 재료를 보내달라고 요청했어요. 후람은 성전을 짓는 솔로몬을 칭찬하면서 필요한 재료와 함께 훌륭한 일꾼도 보내주겠다고 했지요. 이렇게하자 성전 건축에 필요한 물건과 일꾼들이 다 준비되었답니다.

비하게 하소서 내가 건축하려 하는 성전은 크고 화려할 것이니이다

10 내가 당신의 벌목하는 종들에게 찧은 밀 이만 고르와 보리 이만 고르와 포도주 이만 밧과 기름 이만 밧을 주리라 하였더라

11 ●두로 왕 후람이 솔로몬에게 답장하여 이르되 여호와께서 자기 백성을 사랑하시므로 당신을 세워 그들의 왕을 삼으셨도다

12 후람이 또 이르되 천지를 지으신 이스라엘의 하나님 여호와는 송축을 받으실지로다 다윗 왕에게 지혜로운 아들을 주시고 명철과 총명을 주시사 능히 여호와를 위하여 성전을 건축하고 자기 왕위를 위하여 궁궐을 건축하게 하시도다

13 내가 이제 재주 있고 총명한 사람을 보내오니 전에 내 아버지 후람에게 속하였던 자라

14 이 사람은 단의 여자들 중 한 여인의 아들이요 그의 아버지는 두로 사람이라 능히 금, 은, 동, 철과 돌과 나무와 자색 청색 홍색 실과 가는 베로 일을 잘하며 또 모든 아로새기는 일에 익숙하고 모든 기묘한 양식을 능한 자이니 그에게 당신의 재주 있는 사람들과 당신의 아버지 내 주 다윗의 재주 있는 사람들과 함께 일하게 하소서

15 내 주께서 말씀하신 밀과 보리와 기름과 포도주는 주의 종들에게 보내소서

16 우리가 레바논에서 당신이 쓰실 만큼 벌목하여 떼를 엮어 바다에 띄워 욥바

1) 히, 암마

로 보내리니 당신은 재목들을 예루살렘으로 올리소서 하였더라

성전 건축 시작 (왕상 6:1~38)

17 ●전에 솔로몬의 아버지 다윗이 이스라엘 땅에 사는 이방 사람들을 조사하였더니 이제 솔로몬이 다시 조사하매 모두 십오만 삼천육백 명이라

18 그 중에서 칠만 명은 짐꾼이 되게 하였고 팔만 명은 산에서 벌목하게 하였고 삼천육백 명은 감독으로 삼아 백성들에게 일을 시키게 하였더라

3 솔로몬이 예루살렘 모리아 산에 여호와의 전 건축하기를 시작하니 그 곳은 전에 여호와께서 그의 아버지 다윗에게 나타나신 곳이요 여부스 사람 오르난의 타작 마당에 다윗이 정한 곳이라

2 솔로몬이 왕위에 오른 지 넷째 해 둘째 달 둘째 날 건축하기를 시작하였더라

3 솔로몬이 하나님의 전을 위하여 놓은 지대는 이러하니 옛날에 쓰던 자로 길이가 육십 규빗이요 너비가 이십 규빗이며

4 그 성전 앞에 있는 낭실의 길이가 성전의 너비와 같이 이십 규빗이요 높이가 백이십 규빗이니 안에는 순금으로 입혔으며

5 그 대전 천장은 잣나무로 만들고 또 순금으로 입히고 그 위에 종려나무와 사슬 형상을 새겼고

6 또 보석으로 성전을 꾸며 화려하게 하였으니 그 금은 바르와임 금이며

7 또 금으로 성전과 그 들보와 문지방과 벽과 문짝에 입히고 벽에 그룹들을 아

아로새기는 일(2:14) 재주있고 묘하게 새김.

넷째 해 둘째 달 둘째 날(3:2) 대개 B.C. 966년 4~5월 봄.

규빗(3:3) 히브리 사람들이 사용하는 길이 단위. 팔꿈치에서 중지 끝까지의 길이.

종려나무(3:5) 야자과의 상록 교목. 150년간 열매 맺는 장수목.

지성소(3:8) 하나님의 법궤를 모셔두었던 가장 거룩한 곳.

3 에는 무엇이 기록되어 있을까?

마침내 솔로몬은 모리아 산에 성전을 건축하기 시작했어요. 3장에는 이 내용이 기록되어 있지요. 성전 건축에 대한 내용은 열왕기상 6장에도 나오는데, 여기에서는 성전의 크기와 구조에 대해서는 간략하게 설명하고 있어요. 반면에, 성전 기물과 내부 장비에 대해서 자세하게 설명했답니다.

성전의 두 기둥인
야긴과 보아스
(3:15)
암스텔담
성서 박물관

로 새겼더라

8 ●또 지성소를 지었으니 성전 넓이대로 길이가 이십 규빗이요 너비도 이십 규빗이라 순금 육백 달란트로 입혔으니
9 못 무게가 금 오십 세겔이요 다락들도 금으로 입혔더라
10 ●지성소 안에 두 그룹의 형상을 새겨 만들어 금으로 입혔으니
11 두 그룹의 날개 길이가 모두 이십 규빗이라 왼쪽 그룹의 한 날개는 다섯 규빗이니 성전 벽에 닿았고 그 다른 날개도 다섯 규빗이니 오른쪽 그룹의 날개에 닿았으며
12 오른쪽 그룹의 한 날개도 다섯 규빗이니 성전 벽에 닿았고 그 다른 날개도 다섯 규빗이니 왼쪽 그룹의 날개에 닿았으며
13 이 두 그룹이 편 날개가 모두 이십 규빗이라 그 얼굴을 내전으로 향하여 서 있으며
14 청색 자색 홍색 실과 고운 베로 휘장문을 짓고 그 위에 그룹의 형상을 수놓았더라

두 기둥 (왕상 7:15-22)

15 ●성전 앞에 기둥 둘을 만들었으니 높이가 삼십오 규빗이요 각 기둥 꼭대기의 머리가 다섯 규빗이라
16 성소 같이 사슬을 만들어 그 기둥 머리에 두르고 석류 백 개를 만들어 사슬에 달았으며
17 그 두 기둥을 성전 앞에 세웠으니 왼쪽에 하나요 오른쪽에 하나라 오른쪽 것은 [1]야긴이라 부르고 왼쪽 것은 [2]보아스라 불렀더라

성전 안에 있는 물건들 (왕상 7:23-51)

4 솔로몬이 또 놋으로 제단을 만들었으니 길이가 이십 규빗이요 너비가 이십 규빗이요 높이가 십 규빗이며
2 또 놋을 부어 바다를 만들었으니 지름이 십 규빗이요 그 모양이 둥글며 그 높이는 다섯 규빗이요 주위는 삼십 규빗 길이의 줄을 두를 만하며
3 그 가장자리 아래에는 돌아가며 [3]소 형상이 있는데 각 규빗에 [3]소가 열 마리씩 있어서 바다 주위에 둘렸으니 그 [3]소는 바다를 부어 만들 때에 두 줄로 부어 만들었으며
4 그 바다를 놋쇠 황소 열두 마리가 받쳤으니 세 마리는 북쪽을 향하였고 세 마리는 서쪽을 향하였고 세 마리는 남쪽을 향하였고 세 마리는 동쪽을 향하였으며 바다를 그 위에 놓았고 [3]소의 엉덩이는 다 안으로 향하였으며
5 바다의 두께는 한 손 너비만 하고 그 둘레는 잔 둘레와 같이 백합화의 모양으로 만들었으니 그 바다에는 삼천 밧을 담겠으며
6 또 물두멍 열 개를 만들어 다섯 개는 오른쪽에 두고 다섯 개는 왼쪽에 두어 씻게 하되 번제에 속한 물건을 거기서 씻게 하였으며 그 바다는 제사장들이 씻기 위한 것이더라
7 ●또 규례대로 금으로 등잔대 열 개를 만들어 내전 안에 두었으니 왼쪽에 다섯 개요 오른쪽에 다섯 개이며
8 또 상 열 개를 만들어 내전 안에 두었으니 왼쪽에 다섯 개요 오른쪽에 다섯 개

대하

4 에는 무엇이 기록되어 있을까?

4장에서는 성전 안의 기구들과 성전 뜰을 만든 사실을 기록하고 있어요. 성전 안의 많은 기구들이 어떻게 사용되었는지는 구체적으로 나와 있지 않지만, 모두 하나님께 예배드리는 데 사용되었지요. 기구들이 각기 용도대로 사용되었듯, 우리의 재능도 각각 다르지만 모두 하나님의 영광을 위해 사용해야 해요.

열두 소와
바다(4:15)

이며 또 금으로 대접 백 개를 만들었고

9 또 제사장의 뜰과 큰 뜰과 뜰 문을 만들고 그 문짝에 놋을 입혔고

10 그 바다는 성전 오른쪽 동남방에 두었더라

11 ●후람이 또 솥과 부삽과 대접을 만들었더라 이와 같이 후람이 솔로몬 왕을 위하여 하나님의 성전에서 할 일을 마쳤으니

12 곧 기둥 둘과 그 기둥 꼭대기의 공 같은 머리 둘과 또 기둥 꼭대기의 공 같은 기둥 머리를 가리는 그물 둘과

13 또 그 그물들을 위하여 만든 각 그물에 두 줄씩으로 기둥 위의 공 같은 두 머리를 가리는 석류 사백 개와

14 또 받침과 받침 위의 물두멍과

15 [1]한 바다와 그 바다 아래에 소 열두 마리와

16 솥과 부삽과 고기 갈고리와 여호와의 전의 모든 그릇들이라 후람의 아버지가 솔로몬 왕을 위하여 빛나는 놋으로 만들 때에

17 왕이 요단 평지에서 숙곳과 스레다 사이의 진흙에 그것들을 부어 내었더라

18 이와 같이 솔로몬이 이 모든 기구를 매우 많이 만들었으므로 그 놋 무게를 능히 측량할 수 없었더라

19 ●솔로몬이 또 하나님의 전의 모든 기구를 만들었으니 곧 금 제단과 진설병 상들이며 출 25:30

20 지성소 앞에서 규례대로 불을 켤 순금 등잔대와 그 등잔이며

21 또 순수한 금으로 만든 꽃과 등잔과 부젓가락이며

22 또 순금으로 만든 불집게와 주발과 숟가락과 불 옮기는 그릇이며 또 성전 문 곧 지성소의 문과 내전의 문을 금으로 입혔더라

5 솔로몬이 여호와의 전을 위하여 만드는 모든 일을 마친지라 이에 솔로몬이 그의 아버지 다윗이 드린 은과 금과 모든 기구를 가져다가 하나님의 전 곳간에 두었더라

언약궤를 성전에 옮기다 (왕상 8:1-9)

2 ●이에 솔로몬이 여호와의 언약궤를 다윗 성 곧 시온에서부터 메어 올리고자 하여 이스라엘 장로들과 모든 지파의 우두머리 곧 이스라엘 자손의 족장들을 다 예루살렘으로 소집하니

3 일곱째 달 절기에 이스라엘 모든 사람이 다 왕에게로 모이고

4 이스라엘 장로들이 이르매 레위 사람들이 궤를 메니라 5:7

5 궤와 회막과 장막 안에 모든 거룩한 기구를 메고 올라가되 레위인 제사장들이 그것들을 메고 올라가매

6 솔로몬 왕과 그 앞에 모인 모든 이스라엘 회중이 궤 앞에서 양과 소로 제사를 드렸으니 그 수가 많아 기록할 수도 없고 셀 수도 없었더라

7 제사장들이 여호와의 언약궤를 그 처소로 메어 들였으니 곧 본전 지성소 그룹들의 날개 아래라

8 그룹들이 궤 처소 위에서 날개를 펴서 궤와 그 채를 덮었는데

9 그 채가 길어서 궤에서 나오므로 그

5 에는 무엇이 기록되어 있을까?

약 7년 6개월이 걸려 드디어 성전이 다 지어졌어요. 솔로몬이 하나님의 언약궤를 성전으로 옮겨 놓자, 모세 시대에 성막이 완성되었을 때처럼 하나님께서 구름과 함께 나타나셨답니다. 그것은 하나님께서 이 성전을 하나님의 성전으로 인정하신다는 뜻이었어요.

1) 히, 큰 물두멍을 가리킴

완성된 성전 모형(5:1)

끝이 본전 앞에서 보이나 밖에서는 보이지 아니하며 그 궤가 오늘까지 그 곳에 있으며

10 궤 안에는 두 돌판 외에 아무것도 없으니 이것은 이스라엘 자손이 애굽에서 나온 후 여호와께서 그들과 언약을 세우실 때에 모세가 호렙에서 그 안에 넣은 것이더라

여호와의 영광

11 ●이 때에는 제사장들이 그 반열대로 하지 아니하고 스스로 정결하게 하고 성소에 있다가 나오매

12 노래하는 레위 사람 아삽과 헤만과 여두둔과 그의 아들들과 형제들이 다 세마포를 입고 제단 동쪽에 서서 제금과 비파와 수금을 잡고 또 나팔 부는 제사장 백이십 명이 함께 서 있다가

13 나팔 부는 자와 노래하는 자들이 일제히 소리를 내어 여호와를 찬송하며 감사하는데 나팔 불고 제금 치고 모든 악기를 올리며 소리를 높여 여호와를 찬송하여 이르되 선하시도다 그의 자비하심이 영원히 있도다 하매 그 때에 여호와의 전에 구름이 가득한지라

14 제사장들이 그 구름으로 말미암아 능히 서서 섬기지 못하였으니 이는 여호와의 영광이 하나님의 전에 가득함이었더라

솔로몬의 축복(왕상 8:12-21)

6 그 때에 솔로몬이 이르되 여호와께서 캄캄한 데 계시겠다 말씀하셨사오나

2 내가 주를 위하여 거하실 성전을 건축

하였사오니 주께서 영원히 계실 처소로소이다 하고

3 얼굴을 돌려 이스라엘 온 회중을 위하여 축복하니 그 때에 이스라엘의 온 회중이 서 있더라

4 왕이 이르되 이스라엘 하나님 여호와를 송축할지로다 여호와께서 그의 입으로 내 아버지 다윗에게 말씀하신 것을 이제 그의 손으로 이루셨도다 이르시기를

5 내가 내 백성을 애굽 땅에서 인도하여 낸 날부터 내 이름을 둘 만한 집을 건축하기 위하여 이스라엘 모든 지파 가운데에서 아무 성읍도 택하지 아니하였으며 내 백성 이스라엘의 주권자가 될 사람을 아무도 택하지 아니하였더니

6 예루살렘을 택하여 내 이름을 거기 두고 또 다윗을 택하여 내 백성 이스라엘을 다스리게 하였노라 하신지라

7 내 아버지 다윗이 이스라엘의 하나님 여호와의 이름을 위하여 성전을 건축할 마음이 있었더니

8 여호와께서 내 아버지 다윗에게 이르시되 네가 내 이름을 위하여 성전을 건축할 마음이 있으니 이 마음이 네게 있는 것이 좋도다

9 그러나 너는 그 성전을 건축하지 못할 것이요 네 허리에서 나올 네 아들 그가 내 이름을 위하여 성전을 건축하리라 하시더니

10 이제 여호와께서 말씀하신 대로 이루셨도다 내가 여호와께서 말씀하신 대로 내 아버지 다윗을 대신하여 일어나 이스라엘 왕위에 앉고 이스라엘의 하나님 여호와의 이름을 위하여 성전을 건축하고

6장 에는 무엇이 기록되어 있을까?

구름 가운데 임재하신 하나님을 본 솔로몬은 성전을 완성하게 해주신 하나님의 은혜를 찬양했어요. 그리고 하나님께 이스라엘 백성과 자신을 위하여 간절한 기도를 드렸지요. 솔로몬의 이 기도는 열왕기상 8장 22절-53절에도 나온답니다.

11 내가 또 그 곳에 여호와께서 이스라엘 자손과 더불어 세우신 언약을 넣은 궤를 두었노라 하니라

솔로몬의 기도 (왕상 8:22~53)

12 ●솔로몬이 여호와의 제단 앞에서 이스라엘의 모든 회중과 마주 서서 그의 손을 펴니라

13 솔로몬이 일찍이 놋으로 대를 만들었으니 길이가 다섯 규빗이요 너비가 다섯 규빗이요 높이가 세 규빗이라 뜰 가운데 두었더니 그가 그 위에 서서 이스라엘의 모든 회중 앞에서 무릎을 꿇고 하늘을 향하여 손을 펴니라 왕상 8:54

14 이르되 이스라엘의 하나님 여호와여 천지에 주와 같은 신이 없나이다 주께서는 온 마음으로 주의 앞에서 행하는 주의 종들에게 언약을 지키시고 은혜를 베푸시나이다 신 7:9

15 주께서 주의 종 내 아버지 다윗에게 허락하신 말씀을 지키시되 주의 입으로 말씀하신 것을 손으로 이루심이 오늘과 같으니이다

16 이스라엘의 하나님 여호와여 주께서 주의 종 내 아버지 다윗에게 말씀하시기를 네 자손이 그들의 행위를 삼가서 네가 내 앞에서 행한 것 같이 내 율법대로 행하기만 하면 네게로부터 나서 이스라엘 왕위에 앉을 사람이 내 앞에서 끊어지지 아니하리라 하셨사오니 이제 다윗을 위하여 그 허락하신 말씀을 지키시옵소서

17 그런즉 이스라엘 하나님 여호와여 원하건대 주는 주의 종 다윗에게 하신 말씀이 확실하게 하옵소서

18 ●하나님이 참으로 사람과 함께 땅에 계시리이까 보소서 하늘과 하늘들의 하늘이라도 주를 용납하지 못하겠거든 하물며 내가 건축한 이 성전이오리이까 2:6

19 그러나 나의 하나님 여호와여 주의 종의 기도와 간구를 돌아보시며 주의 종이 주 앞에서 부르짖는 것과 비는 기도를 들으시옵소서

20 주께서 전에 말씀하시기를 내 이름을 거기에 두리라 하신 곳 이 성전을 향하여 주의 눈이 주야로 보시오며 종이 이 곳을 향하여 비는 기도를 들으시옵소서

21 주의 종과 주의 백성 이스라엘이 이 곳을 향하여 기도할 때에 주는 그 간구함을 들으시되 주께서 계신 곳 하늘에서 들으시고 들으시사 사하여 주옵소서

22 ●만일 어떤 사람이 그의 이웃에게 범죄하므로 맹세시킴을 받고 그가 와서 이 성전에 있는 주의 제단 앞에서 맹세하거든

23 주는 하늘에서 들으시고 행하시되 주의 종들을 심판하사 악한 자의 죄를 정하여 그의 행위대로 그의 머리에 돌리시고 공의로운 자를 의롭다 하사 그의 의로운 대로 갚으시옵소서

24 ●만일 주의 백성 이스라엘이 주께 범죄하여 적국 앞에 패하게 되므로 주의 이름을 인정하고 주께로 돌아와서 이 성전에서 주께 빌며 간구하거든

25 주는 하늘에서 들으시고 주의 백성 이

비전을 심어주는 3분 메시지

루터의 아내

종교개혁을 시작한 '마틴 루터'는 어느 날 매우 지치고 낙심해 있었어요. 그런 루터를 바라보는 아내는 루터를 위로할 방법을 찾고 있었지요.

얼마 후 루터의 아내는 상복을 입고 루터에게 나타났습니다. 루터가 아내의 모습을 보고 놀라며 물었어요.

"아니, 누가 죽었소?"

"예, 하나님이 돌아가셨습니다."

"아니, 지금 무슨 소리를 하는 거요?"

"하나님이 살아 계신다면 당신이 이렇게 맥이 빠질 리가 없어요. 요즘 당신을 보니 하나님이 돌아가신 것이 분명해요."

루터는 곧 하나님을 의지하고 힘을 얻게 되었답니다.

스라엘의 죄를 사하시고 그들과 그들
의 조상들에게 주신 땅으로 돌아오게
하옵소서

26 ●만일 그들이 주께 범죄함으로 말미
암아 하늘이 닫히고 비가 내리지 않는
주의 벌을 받을 때에 이 곳을 향하여
빌며 주의 이름을 인정하고 그들의 죄
에서 떠나거든

27 주께서는 하늘에서 들으사 주의 종들
과 주의 백성 이스라엘의 죄를 사하시
고 마땅히 행할 선한 길을 가르쳐 주
시오며 주의 백성에게 기업으로 주신
주의 땅에 비를 내리시옵소서

28 ●만일 이 땅에 기근이나 전염병이 있
거나 곡식이 시들거나 깜부기가 나거
나 메뚜기나 황충이 나거나 적국이 와
서 성읍들을 에워싸거나 무슨 재앙이
나 무슨 질병이 있거나를 막론하고

29 한 사람이나 혹 주의 온 백성 이스라엘
이 다 각각 자기의 마음에 재앙과 고통
을 깨닫고 이 성전을 향하여 손을 펴고
무슨 기도나 무슨 간구를 하거든

30 주는 계신 곳 하늘에서 들으시며 사유
하시되 각 사람의 마음을 아시오니 그
의 모든 행위대로 갚으시옵소서 주만
홀로 사람의 마음을 아심이니이다

31 그리하시면 그들이 주께서 우리 조상
에게 주신 땅에서 사는 동안에 항상 주
를 경외하며 주의 길로 걸어가리이다

32 ●주의 백성 이스라엘에 속하지 않은
이방인에게 대하여도 그들이 주의 큰
이름과 능한 손과 펴신 팔을 위하여
먼 지방에서 와서 이 성전을 향하여 기
도하거든

33 주는 계신 곳 하늘에서 들으시고 모든
이방인이 주께 부르짖는 대로 이루사
땅의 만민이 주의 이름을 알고 주의 백
성 이스라엘처럼 경외하게 하시오며
또 내가 건축한 이 성전을 주의 이름으
로 일컫는 줄을 알게 하옵소서

34 ●주의 백성이 그 적국과 더불어 싸우
고자 하여 주께서 보내신 길로 나갈 때

에 그들이 주께서 택하신 이 성과 내가
주의 이름을 위하여 건축한 성전 있는
쪽을 향하여 주께 기도하거든

35 주는 하늘에서 그들의 기도와 간구를
들으시고 그들의 일을 돌보시옵소서

36 주께 범죄하지 아니하는 사람이 없사
오니 그들이 주께 범죄하므로 주께서
그들에게 진노하사 그들을 적국에게
넘기시매 적국이 그들을 사로잡아 땅
의 원근을 막론하고 끌고 간 후에

37 그들이 사로잡혀 간 땅에서 스스로 깨
닫고 그들을 사로잡은 자들의 땅에서
돌이켜 주께 간구하기를 우리가 범죄
하여 패역을 행하며 악을 행하였나이
다 하며

38 자기들을 사로잡아 간 적국의 땅에서
온 마음과 온 뜻으로 주께 돌아와서 주
께서 그들의 조상들에게 주신 땅과 주
께서 택하신 성과 내가 주의 이름을 위
하여 건축한 성전 있는 쪽을 향하여 기
도하거든

39 주는 계신 곳 하늘에서 그들의 기도와
간구를 들으시고 그들의 일을 돌보시
오며 주께 범죄한 주의 백성을 용서하
옵소서

40 나의 하나님이여 이제 이 곳에서 하는

모세의 회막과 솔로몬의 성전 비교(6장)

모세의 회막에 이어 솔로몬은 성전을 완성하고 봉헌
기도를 드렸다. 하나님께서는 이 성전에 하나님의 이
름을 두어 백성의 기도를 들으시겠다고 하셨다.

(단위 : 규빗=44.5cm)

회막	성전
장 : 45규빗, 광 : 15규빗, 고 : 15규빗	장 : 90규빗, 광 : 30규빗, 고 : 45규빗
낭실이 없다.	성소 앞에 낭실이 있다(왕상 6:2~3), 길이 20규빗
지성소에는 언약궤를 두었다.	지성소 내소 안에 궤(대하 5:7~8)와 궤 위에 두 그룹을 두었다(왕상 6:23~28)
창의 통로가 없었다.	성소 안에 붙박이 교창이 있었다(왕상 6:4)
성소와 지성소를 분리하는 휘장이 있었다.	휘장(대하 3:14)과 두 밤을 분리하는 문이 있었다(왕상 6:21~32).

성전이 있었던 서쪽 벽에서 기도를 드리는 유대인들(6:12-42)

기도에 눈을 드시고 귀를 기울이소서
41 여호와 하나님이여 일어나 들어가사 주의 능력의 궤와 함께 주의 평안한 처소에 계시옵소서 여호와 하나님이여 원하옵건대 주의 제사장들에게 구원을 입게 하시고 또 주의 성도들에게 은혜를 기뻐하게 하옵소서
42 여호와 하나님이여 주의 기름 부음 받은 자에게1) 얼굴을 돌리지 마시옵소서 주의 종 다윗에게 베푸신 은총을 기억하옵소서 하였더라

성전 낙성식 (왕상 8:62-66) —B.C. 959년경

7 솔로몬이 기도를 마치매 불이 하늘에서부터 내려와서 그 번제물과 제물들을 사르고 여호와의 영광이 그 성전에 가득하니

2 여호와의 영광이 여호와의 전에 가득하므로 제사장들이 여호와의 전으로 능히 들어가지 못하였고

3 이스라엘 모든 자손은 불이 내리는 것과 여호와의 영광이 성전 위에 있는 것을 보고 돌을 깐 땅에 엎드려 경배하며 여호와께 감사하여 이르되 선하시도다 그의 인자하심이 영원하도다 하니라

4 ●이에 왕과 모든 백성이 여호와 앞에 제사를 드리니

5 솔로몬 왕이 드린 제물이 소가 이만 이천 마리요 양이 십이만 마리라 이와 같이 왕과 모든 백성이 하나님의 전의 낙성식을 행하니라

6 그 때에 제사장들은 직분대로 모셔 서고 레위 사람도 여호와의 악기를 가지

고 섰으니 이 악기는 전에 다윗 왕이 레위 사람들에게 여호와께 감사하게 하려고 만들어서 여호와의 인자하심이 영원함을 찬송하게 하던 것이라 제사장들은 무리 앞에서 나팔을 불고 온 이스라엘은 서 있더라 5:12

7 솔로몬이 또 여호와의 전 앞뜰 가운데를 거룩하게 하고 거기서 번제물과 화목제의 기름을 드렸으니 이는 솔로몬이 지은 놋 제단이 능히 그 번제물과 소제물과 기름을 용납할 수 없음이더라

8 ●그 때에 솔로몬이 칠 일 동안 절기를 지켰는데 하맛 어귀에서부터 애굽 강까지의 온 이스라엘의 심히 큰 회중이 모여 그와 함께 하였더니

9 여덟째 날에 무리가 한 성회를 여니라 제단의 낙성식을 칠 일 동안 행한 후 이 절기를 칠 일 동안 지키니라 대하 23:36

10 일곱째 달 제이십삼일에 왕이 백성을 그들의 장막으로 돌려보내매 백성이 여호와께서 다윗과 솔로몬과 그의 백성 이스라엘에게 베푸신 은혜로 말미암아 기뻐하며 마음에 즐거워하였더라

여호와께서 다시 솔로몬에게 나타나시다 (왕상 9:7-9)

11 ●솔로몬이 여호와의 전과 왕궁 건축을 마치고 솔로몬의 심중에 여호와의 전과 자기의 궁궐에 그가 이루고자 한 것을 다 형통하게 이루니라

12 밤에 여호와께서 솔로몬에게 나타나사 그에게 이르시되 내가 이미 네 기도를 듣고 이 곳을 택하여 내게 제사하는 성전을 삼았으니

13 혹 내가 하늘을 닫고 비를 내리지 아니

7 에는 무엇이 기록되어 있을까?

솔로몬이 기도를 마치자, 하나님께서 제물을 불로 태우셨어요. 그것은 솔로몬의 기도를 기쁘게 받으셨다는 뜻이에요. 솔로몬과 이스라엘 백성은 하나님께 성전을 드리는 봉헌식을 행하고 장막절을 지켰어요. 하나님께서는 솔로몬에게 다시금 약속의 말씀을 주셨습니다.

1)또는 다윗의 덕행을

솔로몬 시대의 예루살렘 성 모형도(8:1-2)

하거나 혹 메뚜기들에게 토산을 먹게 하거나 혹 전염병이 내 백성 가운데 유행하게 할 때에

14 내 이름으로 일컫는 내 백성이 그들의 악한 길에서 떠나 스스로 낮추고 기도하여 내 얼굴을 찾으면 내가 하늘에서 듣고 그들의 죄를 사하고 그들의 땅을 고칠지라

15 이제 이 곳에서 하는 기도에 내가 눈을 들고 귀를 기울이리니

16 이는 내가 이미 이 성전을 택하고 거룩하게 하여 내 이름을 여기에 영원히 있게 하였음이라 내 눈과 내 마음이 항상 여기에 있으리라

17 네가 만일 내 앞에서 행하기를 네 아버지 다윗이 행한 것과 같이 하여 내가 네게 명령한 모든 것을 행하여 내 율례와 법규를 지키면

18 내가 네 나라 왕위를 견고하게 하되 전에 내가 네 아버지 다윗과 언약하기를 이스라엘을 다스릴 자가 네게서 끊어지지 아니하리라 한 대로 하리라 6:16

19 ●그러나 너희가 만일 돌아서서 내가 너희 앞에 둔 내 율례와 명령을 버리고 가서 다른 신들을 섬겨 그들을 경배하면

20 내가 너희에게 준 땅에서 그 뿌리를 뽑아내고 내 이름을 위하여 거룩하게 한이 성전을 내 앞에서 버려 모든 민족 중에 속담거리와 이야깃거리가 되게 하리니

21 이 성전이 비록 높을지라도 그리로 지나가는 자마다 놀라 이르되 여호와께

서 무슨 까닭으로 이 땅과 이 성전에 이같이 행하셨는고 하면

22 대답하기를 그들이 자기 조상들을 애굽 땅에서 인도하여 내신 자기 하나님 여호와를 버리고 다른 신들에게 붙잡혀서 그것들을 경배하여 섬기므로 여호와께서 이 모든 재앙을 그들에게 내리셨다 하리라 하셨더라

솔로몬의 업적 (왕상 9:10-28) ─ B.C. 950년경

8

솔로몬이 여호와의 전과 자기의 궁궐을 이십 년 동안에 건축하기를 마치고

2 후람이 솔로몬에게 되돌려 준 성읍들을 솔로몬이 건축하여 이스라엘 자손에게 거기에 거주하게 하니라

3 ●솔로몬이 가서 하맛소바를 쳐서 점령하고

4 또 광야에서 다드몰을 건축하고 하맛에서 모든 국고성들을 건축하고

5 또 윗 벧호론과 아랫 벧호론을 건축하되 성벽과 문과 문빗장이 있게 하여 견고한 성읍으로 만들고

6 또 바알랏과 자기에게 있는 모든 국고 성들과 모든 병거성들과 마병의 성들을 건축하고 솔로몬이 또 예루살렘과 레바논과 그가 다스리는 온 땅에 건축하고자 하던 것을 다 건축하니라

7 ●이스라엘이 아닌 헷 족속과 아모리 족속과 브리스 족속과 히위 족속과 여부스 족속의 남아 있는 모든 자

8 곧 이스라엘 자손이 다 멸하지 않았으므로 그 땅에 남아 있는 그들의 자손들을 솔로몬이 역군으로 삼아 오늘에 이르렀으되 왕상 4:6

8장에는 무엇이 기록되어 있을까?

8장에는 솔로몬이 한 위대한 일을 두 부분으로 나누어 소개하고 있어요. 앞부분에는 하나님의 성전과 자신의 궁궐을 건축한 솔로몬이 이웃 나라들을 정복한 이야기가 기록되었고, 뒷부분에는 솔로몬의 종교적, 경제적으로 이룩한 일이 기록되어 있지요.

홍해 연안
도시 엘롯의
오늘날의 모습
(8:17-18)

9 오직 이스라엘 자손은 솔로몬이 노예로 삼아 일을 시키지 아니하였으니 그들은 군사와 지휘관의 우두머리들과 그의 병거와 마병의 지휘관들이 됨이라

10 솔로몬 왕의 공장을 감독하는 자들이 이백오십 명이라 그들이 백성을 다스렸더라

11 ●솔로몬이 바로의 딸을 데리고 다윗 성에서부터 그를 위하여 건축한 왕궁에 이르러 이르되 내 아내가 이스라엘 왕 다윗의 왕궁에 살지 못하리니 이는 여호와의 궤가 이른 곳은 다 거룩함이니라 하였더라

12 ●솔로몬이 낭실 앞에 쌓은 여호와의 제단 위에 여호와께 번제를 드리되 4:1

13 모세의 명령을 따라 매일의 일과대로 안식일과 초하루와 정한 절기 곧 일년의 세 절기 무교절과 칠칠절과 초막절에 드렸더라 민 28:3

14 ●솔로몬이 또 그의 아버지 다윗의 규례를 따라 제사장들의 반열을 정하여 섬기게 하고 레위 사람들에게도 그 직분을 맡겨 매일의 일과대로 찬송하며 제사장들 앞에서 수종들게 하며 또 문지기들에게 그 반열을 따라 각 문을 지키게 하였으니 이는 하나님의 사람 다윗이 전에 이렇게 명령하였음이라

15 제사장들과 레위 사람들이 국고 일에 든지 무슨 일에든지 왕이 명령한 바를 전혀 어기지 아니하였더라

16 ●솔로몬이 여호와의 전의 기초를 쌓던 날부터 준공하기까지 모든 것을 완비하였으므로 여호와의 전 공사가 결점 없이 끝나니라

17 ●그 때에 솔로몬이 에돔 땅의 바닷가 에시온게벨과 엘롯에 이르렀더니

18 후람이 그의 신복들에게 부탁하여 배와 바닷길을 아는 종들을 보내매 그들이 솔로몬의 종들과 함께 오빌에 이르러 거기서 금 사백오십 달란트를 얻어 솔로몬 왕에게로 가져왔더라

스바 여왕이 솔로몬을 찾아오다 (왕상 10:1-13)

9 스바 여왕이 솔로몬의 명성을 듣고 와서 어려운 질문으로 솔로몬을 시험하고자 하여 예루살렘에 이르니 매우 많은 시종들을 거느리고 향품과 많은 금과 보석을 낙타에 실었더라 그가 솔로몬에게 나아와 자기 마음에 있는 것을 다 말하매

2 솔로몬이 그가 묻는 말에 다 대답하였으니 솔로몬이 몰라서 대답하지 못한 것이 없었더라

3 스바 여왕이 솔로몬의 지혜와 그가 건축한 궁과

4 그의 상의 음식물과 그의 신하들의 좌석과 그의 신하들이 도열한 것과 그들의 공복과 술 관원들과 그들의 공복과 여호와의 전에 올라가는 층계를 보고 정신이 황홀하여

5 왕께 말하되 내가 내 나라에서 당신의 행위와 당신의 지혜에 대하여 들은 소문이 진실하도다

6 내가 그 말들을 믿지 아니하였더니 이제 와서 본즉 당신의 지혜가 크다 한 말이 그 절반도 못 되니 당신은 내가 들은 소문보다 더하도다

9장 에는 무엇이 기록되어 있을까?

9장에는 하나님께서 솔로몬에게 지혜와 부, 명성을 얼마만큼 많이 주셨는지를 기록하고 있어요. 솔로몬은 40년 동안의 통치를 끝으로 죽음을 맞게 됩니다. 그리고 솔로몬의 아들 르호보암이 솔로몬을 이어 왕이 되었지요. 이 내용은 열왕기상 11장에도 나와 있어요.

백향목
솔로몬이 성전, 왕궁, 다른 건물들을 짓기 위해 이 백향목을 사용하였다.

7 복되도다 당신의 사람들이여, 복되도다 당신의 이 신하들이여, 항상 당신 앞에 서서 당신의 지혜를 들음이로다

8 당신의 하나님 여호와를 송축할지로다 하나님이 당신을 기뻐하시고 그 자리에 올리사 당신의 하나님 여호와를 위하여 왕이 되게 하셨도다 당신의 하나님이 이스라엘을 사랑하사 영원히 견고하게 하시려고 당신을 세워 그들의 왕으로 삼아 정의와 공의를 행하게 하셨도다 하고

9 이에 그가 금 백이십 달란트와 매우 많은 향품과 보석을 왕께 드렸으니 스바 여왕이 솔로몬 왕께 드린 향품 같은 것이 전에는 없었더라

10 (후람의 신하들과 솔로몬의 신하들도 오빌에서 금을 실어 올 때에 백단목과 보석을 가져온지라

11 왕이 백단목으로 여호와의 전과 왕궁의 층대를 만들고 또 노래하는 자들을 위하여 수금과 비파를 만들었으니 이 같은 것들은 유다 땅에서 전에는 보지 못하였더라)

12 솔로몬 왕이 스바 여왕이 가져온 대로 답례하고 그 외에 또 그의 소원대로 구하는 것을 모두 주니 이에 그가 그의 신하들과 더불어 본국으로 돌아갔더라

솔로몬의 재산과 지혜 (왕상 10:14~25)

13 솔로몬의 세입금의 무게가 금 육백 육십육 달란트요

14 그 외에 또 무역상과 객상들이 가져온 것이 있고 아라비아 왕들과 그 나라 방백들도 금과 은을 솔로몬에게 가져온지라

15 솔로몬 왕이 쳐서 늘인 금으로 큰 방패 이백 개를 만들었으니 방패 하나에 든 금이 육백 세겔이며

16 또 쳐서 늘인 금으로 작은 방패 삼백 개를 만들었으니 방패 하나에 든 금이 삼백 세겔이라 왕이 이것들을 레바논 나무 궁에 두었더라

17 왕이 또 상아로 큰 보좌를 만들고 순금으로 입혔으니

18 그 보좌에는 여섯 층계와 금 발판이 있어 보좌와 이어졌고 앉는 자리 양쪽에는 팔걸이가 있고 팔걸이 곁에는 사자가 하나씩 섰으며

19 또 열두 사자가 있어 그 여섯 층계 양쪽에 섰으니 어떤 나라에도 이같이 만든 것이 없었더라

20 솔로몬 왕이 마시는 그릇은 다 금이요 레바논 나무 궁의 그릇들도 다 순금이라 솔로몬의 시대에 은을 귀하게 여기지 아니함은

21 왕의 배들이 후람의 종들과 함께 다시스로 다니며 그 배들이 삼 년에 일 차씩 다시스의 금과 은과 상아와 원숭이와 공작을 실어옴이더라

22 ●솔로몬 왕의 재산과 지혜가 천하의 모든 왕들보다 큰지라

23 천하의 열왕이 하나님께서 솔로몬의 마음에 주신 지혜를 들으며 그의 얼굴을 보기 원하여

24 각기 예물을 가지고 왔으니 곧 은 그릇과 금 그릇과 의복과 갑옷과 향품과 말과 노새랄 해마다 정한 수가 있었더라

25 솔로몬의 병거 메는 말의 외양간은 사천이요 마병은 만 이천 명이라 병거

왕상 3:13

무교절(8:13) 유월절에 연이어 7일 동안 계속된 절기. 이 기간 중에는 누룩을 넣지 않은 떡만 먹는다.

백단목(9:10) 인도 원산의 상록 향목이다. 집의 계단, 실내장식, 악기 등에 사용했다.

세입금(9:13) 1년 동안이나 한 회계 연도 사이의 총 수입금.

객상(9:14) 객지에서 하는 장사, 또는 그 사람.

성에도 두고 예루살렘 왕에게도 두었
으며

26 솔로몬이 유브라데 강에서부터 블레
셋 땅과 애굽 지경까지의 모든 왕을 다
스렸으며

27 왕이 예루살렘에서 은을 돌 같이 흔하
게 하고 백향목을 평지의 뽕나무 같이
많게 하였더라

28 솔로몬을 위하여 애굽과 각국에서 말
들을 가져왔더라

솔로몬이 죽다 (왕상 11:41-43)

29 ●이 외에 솔로몬의 시종 행적은 선지
자 나단의 글과 실로 사람 아히야의 예
언과 선견자 잇도의 묵시 책 곧 잇도가
느밧의 아들 여로보암에 대하여 쓴 책
에 기록되지 아니하였느냐

30 솔로몬이 예루살렘에서 온 이스라엘
을 다스린 지 사십 년이라

31 솔로몬이 그의 조상들과 함께 자매 그
의 아버지 다윗의 성에 장사되고 그의
아들 르호보암이 대신하여 왕이 되니라

북쪽 지파들의 배반 (왕상 12:1-20)

10

르호보암이 세겜으로 갔으니
이는 온 이스라엘이 그를 왕으
로 삼고자 하여 세겜에 이르렀음이
더라

2 느밧의 아들 여로보암이 전에 솔로몬
왕의 낯을 피하여 애굽으로 도망하여
있었더니 이 일을 듣고 여로보암이 애
굽에서부터 돌아오매

3 무리가 사람을 보내어 그를 불렀더라
여로보암과 온 이스라엘이 와서 르호
보암에게 말하여 이르되

4 왕의 아버지께서 우리의 멍에를 무겁

게 하였으나 왕은 이제 왕의 아버지께
서 우리에게 시킨 고역과 메운 무거운
멍에를 가볍게 하소서 그리하시면 우
리가 왕을 섬기겠나이다

5 르호보암이 그들에게 대답하되 삼 일
후에 다시 내게로 오라 하매 백성이 가
니라

6 ●르호보암 왕이 그의 아버지 솔로몬
의 생전에 그 앞에 모셨던 원로들과 의
논하여 이르되 너희는 이 백성에게 어
떻게 대답하도록 권고하겠느냐 하니

7 그들이 대답하여 이르되 왕이 만일 이
백성을 후대하여 기쁘게 하고 선한 말
을 하시면 그들이 영원히 왕의 종이 되
리이다 하나

8 왕은 원로들이 가르치는 것을 버리고
그 앞에 모시고 있는 자기와 함께 자라
난 젊은 신하들과 의논하여

9 이르되 너희는 이 백성에게 어떻게 대
답하도록 권고하겠느냐 백성이 내게 말
하기를 왕의 아버지께서 우리에게 메운
멍에를 가볍게 하라 하였느니라 하니

10 함께 자라난 젊은 신하들이 왕께 말하
여 이르되 이 백성들이 왕께 아뢰기를
왕의 아버지께서 우리의 멍에를 무겁
게 하였으나 왕은 우리를 위하여 가볍
게 하라 하였은즉 왕은 대답하시기를
내 새끼 손가락이 내 아버지의 허리보
다 굵으니

11 내 아버지가 너희에게 무거운 멍에를
메게 하였으나 이제 나는 너희의 멍에
를 더욱 무겁게 할지라 내 아버지는 가
죽 채찍으로 너희를 치셨으나 나는 전
갈 채찍으로 하리라 하소서 하더라

❶ 베들레헴 전경(11:6) 르호보암은 왕이 된 후 예루살렘의 진입로인 베들레헴을 요새화하였다.

12 ●삼 일 만에 여로보암과 모든 백성이 르호보암에게 나왔으니 이는 왕이 명령하여 이르기를 삼 일 만에 내게로 다시 오라 하였음이라

13 왕이 포학한 말로 대답할새 르호보암이 원로들의 가르침을 버리고

14 젊은 신하들의 가르침을 따라 그들에게 말하여 이르되 내 아버지는 너희의 멍에를 무겁게 하였으나 나는 더 무겁게 할지라 내 아버지는 가죽 채찍으로 너희를 치셨으나 나는 전갈 채찍으로 치리라 하니라

15 왕이 이같이 백성의 말을 듣지 아니하였으니 이 일은 하나님께로 말미암아 난 것이라 여호와께서 전에 실로 사람 아히야로 하여금 느밧의 아들 여로보암에게 이르신 말씀을 응하게 하심이더라

16 ●온 이스라엘은 왕이 자기들의 말을 듣지 아니함을 보고 왕에게 대답하여 이르되 우리가 다윗과 무슨 관계가 있느냐 이새의 아들에게서 받을 유산이 없도다 이스라엘아 각각 너희의 장막으로 돌아가라 다윗이여 이제 너는 네 집이나 돌보라 하고 온 이스라엘이 그들의 장막으로 돌아가니라

17 그러나 유다 성읍들에 사는 이스라엘 자손들에게는 르호보암이 그들의 왕이 되었더라

18 르호보암 왕이 역군의 감독 하도람을 보냈더니 이스라엘 자손이 저를 돌로 처 죽인지라 르호보암 왕이 급히 수레에 올라 예루살렘으로 도망하였더라

19 이에 이스라엘이 다윗의 집을 배반하여 오늘날까지 이르니라

스마야가 여호와의 말씀을 전하다

(왕상 12:21~24)

11

르호보암이 예루살렘에 이르러 유다와 베냐민 족속을 모으고 택한 용사가 십팔만 명이라 이스라엘과 싸워 나라를 회복하여 르호보암에게 돌리려 하더니 　　　　왕상 12:21-24

2 여호와의 말씀이 하나님의 사람 스마야에게 임하여 이르시되

3 솔로몬의 아들 유다 왕 르호보암과 유다와 베냐민에 속한 모든 이스라엘 무리에게 말하여 이르기를

4 여호와께서 이같이 말씀하시기를 너희는 올라가지 말라 너희 형제와 싸우지 말고 각기 집으로 돌아가라 이 일이 내게로 말미암아 난 것이라 하셨다 하라 하신지라 그들이 여호와의 말씀을 듣고 돌아가고 여로보암을 치러 가던 길에서 되돌아왔더라

르호보암이 방비하는 성읍들을 건축하다

5 ●르호보암이 예루살렘에 살면서 유다 땅에 방비하는 성읍들을 건축하였으니

6 곧 베들레헴과 에담과 드고아와

7 벧술과 소고와 아둘람과

8 가드와 마레사와 십과

9 아도라임과 라기스와 아세가와

10 소라와 아얄론과 헤브론이니 다 유다와 베냐민 땅에 있어 견고한 성읍들이라

11 르호보암이 그 방비하는 성읍들을 더

11장에는 무엇이 기록되어 있을까?

르호보암은 하나님의 말씀에 순종해서 짧은 기간이지만 축복을 받았어요. 르호보암은 외부의 침입을 막기 위한 성벽을 건축하기 시작했어요. 그리고 북이스라엘에서 여로보암의 우상 숭배를 피해서 온 사람들을 받아주기도 하였답니다.

욱 견고하게 하고 지휘관들을 그 가운데에 두고 양식과 기름과 포도주를 저축하고

12 모든 성읍에 방패와 창을 두어 매우 강하게 하니라 유다와 베냐민이 르호보암에게 속하였더라

제사장들과 레위 사람들이 유다로 오다

13 ●온 이스라엘의 제사장들과 레위 사람들이 그들의 모든 지방에서부터 르호보암에게 돌아오되

14 레위 사람들이 자기들의 마을들과 산업을 떠나 유다와 예루살렘에 이르렀으니 이는 여로보암과 그의 아들들이 그들을 해임하여 여호와께 제사장의 직분을 행하지 못하게 하며

15 여로보암이 여러 산당과 숫염소 우상과 자기가 만든 송아지 우상을 위하여 친히 제사장들을 세움이라 왕상 13:33

16 이스라엘 모든 지파 중에 마음을 굳게 하여 이스라엘의 하나님 여호와를 찾는 자들이 레위 사람들을 따라 예루살렘에 이르러 그들의 조상들의 하나님 여호와께 제사하고자 한지라

17 그러므로 삼 년 동안 유다 나라를 도와 솔로몬의 아들 르호보암을 강성하게 하였으니 이는 무리가 삼 년 동안을 다윗과 솔로몬의 길로 행하였음이더라

르호보암의 가족

18 ●르호보암이 다윗의 아들 여리못의 딸 마할랏을 아내로 삼았으니 마할랏은 이새의 아들 엘리압의 딸 아비하일의 소생이라

19 그가 아들들 곧 여우스와 스마랴와 사

함을 낳았으며

20 그 후에 압살롬의 딸 마아가에게 장가들었더니 그가 아비야와 앗대와 시사와 슬로밋을 낳았으며

21 르호보암은 아내 열여덟 명과 첩 예순 명을 거느려 아들 스물여덟 명과 딸 예순 명을 낳았으나 압살롬의 딸 마아가를 모든 처첩보다 더 사랑하여

22 르호보암은 마아가의 아들 아비야를 후계자로 세웠으니 이는 그의 형제들 가운데 지도자로 삼아 왕으로 세우고자 함이었더라

23 르호보암이 지혜롭게 행하여 그의 모든 아들을 유다와 베냐민의 온 땅에 모든 견고한 성읍에 흩어 살게 하고 양식을 후히 주고 아내를 많이 구하여 주었더라

애굽이 유다를 치다 (왕상 14:25-28)

12 르호보암의 나라가 견고하고 세력이 강해지매 그가 여호와의 율법을 버리니 온 이스라엘이 본받은지라

2 그들이 여호와께 범죄하였으므로 르호보암 왕 제오년에 애굽 왕 시삭이 예루살렘을 치러 올라오니

3 그에게 병거가 천이백 대요 마병이 육만 명이며 애굽에서 그와 함께 온 백성 곧 리비아와 숙과 구스 사람이 헤아릴 수 없이 많더라

4 시삭이 유다의 견고한 성읍들을 빼앗고 예루살렘에 이르니

5 그 때에 유다 방백들이 시삭의 일로 예루살렘에 모였는지라 선지자 스마야가 르호보암과 방백들에게 나아와 이

르되 여호와께서 이같이 말씀하시기를 너희가 나를 버렸으므로 나도 너희를 버려 시삭의 손에 넘겼노라 하셨느니라

6 이에 이스라엘 방백들과 왕이 스스로 겸비하여 이르되 여호와는 의로우시다 하매

7 여호와께서 그들이 스스로 겸비함을 보신지라 여호와의 말씀이 스마야에게 임하여 이르시되 그들이 스스로 겸비하였으니 내가 멸하지 아니하고 저희를 조금 구원하여 나의 노를 시삭의 손을 통하여 예루살렘에 쏟지 아니하리라

8 그러나 그들이 시삭의 종이 되어 나를 섬기는 것과 세상 나라들을 섬기는 것이 어떠한지 알게 되리라 하셨더라

9 ●애굽 왕 시삭이 올라와서 예루살렘을 치고 여호와의 전 보물과 왕궁의 보물을 모두 빼앗고 솔로몬이 만든 금 방패도 빼앗은지라

10 르호보암 왕이 그 대신에 놋으로 방패를 만들어 궁문을 지키는 경호 책임자들의 손에 맡기매

11 왕이 여호와의 전에 들어갈 때마다 경호하는 자가 그 방패를 들고 갔다가 경호실로 도로 가져갔더라

12 르호보암이 스스로 겸비하였고 유다에 선한 일도 있으므로 여호와께서 노를 돌이키사 다 멸하지 아니하셨더라

르호보암이 죽다

13 ●르호보암 왕은 예루살렘에서 스스로 세력을 굳게 하여 다스리니라 르호보암이 왕위에 오를 때에 나이가 사십일 세라 예루살렘 곧 여호와께서 이스라엘의 모든 지파 중에서 택하여 그의 이름을 두신 성에서 십칠 년 동안 다스리니라 르호보암의 어머니의 이름은 나아마요 암몬 여인이더라

14 르호보암이 악을 행하였으니 이는 그가 여호와를 구하는 마음을 굳게 하지 아니함이었더라

15 ●르호보암의 처음부터 끝까지의 행

적은 선지자 스마야와 선견자 잇도의 족보책에 기록되지 아니하였느냐 르호보암과 여로보암 사이에 항상 전쟁이 있으니라

16 르호보암이 그의 조상들과 함께 누우매 다윗 성에 장사되고 그의 아들 아비야가 그를 대신하여 왕이 되니라

아비야와 여로보암의 전쟁 (왕상 15:1-8)

13 여로보암 왕 열여덟째 해에 아비야가 유다의 왕이 되고

2 예루살렘에서 삼 년 동안 다스리니라 그의 어머니의 이름은 미가야요 기브아 사람 우리엘의 딸이더라 아비야가 여로보암과 더불어 싸울새

3 아비야는 싸움에 용감한 군사 사십만 명을 택하여 싸움을 준비하였고 여로보암은 큰 용사 팔십만 명을 택하여 그와 대진한지라

4 아비야가 에브라임 산 중 스마라임 산 위에 서서 이르되 여로보암과 이스라엘 무리들아 다 들으라

5 이스라엘 하나님 여호와께서 소금 언약으로 이스라엘 나라를 영원히 다윗과 그의 자손에게 주신 것을 너희가 알

술술 풀리는 영영말씀

소금 언약

여기서는 하나님께서 다윗과 맺으신 언약을 '소금 언약'이라고 표현하고 있어요. 이스라엘 백성이 하나님께 바치는 제물의 일부를 제사장들이 보수로 받게 되리라는 규정을 '소금 언약'이라고 불렀지요(민 18:19). 또 소제물, 즉 곡식으로 드리는 제물에는 반드시 소금을 쳐야 한다고 규정하면서 이를 '언약의 소금'이라고 불렀어요(레 2:13).

고대 근동 지방에서는 언약을 체결할 때 당사자들이 소금을 먹는 의식이 있었어요. 소금은 음식을 썩지 않게 보존해줄 뿐만 아니라 당시에는 매우 희귀했지요. 따라서 '소금 언약'이란 말은 언약이 진실하고 영원히 변치 않음을 나타낸답니다.

13장 5절

것 아니냐

6 다윗의 아들 솔로몬의 신하 느밧의 아들 여로보암이 일어나 자기의 주를 배반하고

7 난봉꾼과 잡배가 모여 따르므로 스스로 강하게 되어 솔로몬의 아들 르호보암을 대적하였으나 그 때에 르호보암이 어리고 마음이 연약하여 그들의 입을 능히 막지 못하였었느니라

8 이제 너희가 또 다윗 자손의 손으로 다스리는 여호와의 나라를 대적하려 하는도다 너희는 큰 무리요 또 여로보암이 너희를 위하여 신으로 만든 금송아지들이 너희와 함께 있도다

9 너희가 아론 자손인 여호와의 제사장들과 레위 사람들을 쫓아내고 이방 백성들의 풍속을 따라 제사장을 삼지 아니하였느냐 누구든지 막론하고 어린 수송아지 한 마리와 숫양 일곱 마리를 끌고 와서 장립을 받고자 하는 자마다 허무한 신들의 제사장이 될 수 있도다

10 우리에게는 여호와께서 우리 하나님이 되시나니 우리가 그를 배반하지 아니하였고 여호와를 섬기는 제사장들이 있으니 아론의 자손이요 또 레위 사람들이 수종 들어

11 매일 아침 저녁으로 여호와 앞에 번제를 드리며 분향하며 또 깨끗한 상에 진설병을 놓고 또 금 등잔대가 있어 그 등에 저녁마다 불을 켜나니 우리는 우리 하나님 여호와의 계명을 지키나 너희는 그를 배반하였느니라

12 하나님이 우리와 함께 하사 우리의 머리가 되시고 그의 제사장들도 우리와

향단, 등잔대, 진설병이 있던 성소 모형 (13:11)

함께 하여 전쟁의 나팔을 불어 너희를 공격하느니라 이스라엘 자손들아 너희 조상들의 하나님 여호와와 싸우지 말라 너희가 형통하지 못하리라

13 ●여로보암이 유다의 뒤를 둘러 복병하였으므로 그 앞에는 이스라엘 사람들이 있고 그 뒤에는 복병이 있는지라

14 유다 사람이 뒤를 돌아보고 자기 앞 뒤의 적병으로 말미암아 여호와께 부르짖고 제사장들은 나팔을 부니라

15 유다 사람이 소리 지르매 유다 사람이 소리 지를 때에 하나님이 여로보암과 온 이스라엘을 아비야와 유다 앞에서 치시니

16 이스라엘 자손이 유다 앞에서 도망하는지라 하나님이 그들의 손에 넘기셨으므로

17 아비야와 그의 백성이 크게 무찌르니 이스라엘이 택한 병사들이 죽임을 당하고 엎드러진 자들이 오십만 명이었더라

18 그 때에 이스라엘 자손이 항복하고 유다 자손이 이겼으니 이는 그들이 그들의 조상들의 하나님 여호와를 의지하였음이라

19 아비야가 여로보암을 쫓아가서 그의 성읍들을 빼앗았으니 곧 벧엘과 그 동네들과 여사나와 그 동네들과 에브론과 그 동네들이라

20 아비야 때에 여로보암이 다시 강성하지 못하고 여호와의 치심을 입어 죽었고

21 아비야는 점점 강성하며 아내 열넷을 거느려 아들 스물둘과 딸 열여섯을 낳

앗더라

22 아비야의 남은 사적과 그의 행위와 그의 말은 선지자 잇도의 주석 책에 기록되니라

12:15

14 아비야가 그의 조상들과 함께 누우매 다윗 성에 장사되고 그의 아들 아사가 대신하여 왕이 되니 그의 시대에 그의 땅이 십 년 동안 평안하니라

2 아사가 그의 하나님 여호와 보시기에 선과 정의를 행하여

3 이방 제단과 산당을 없애고 주상을 깨뜨리며 아세라 상을 찍고

4 유다 사람에게 명하여 그 조상들의 하나님 여호와를 찾게 하며 그의 율법과 명령을 행하게 하고

5 또 유다 모든 성읍에서 산당과 태양상을 없애매 나라가 그 앞에서 평안함을 누리니라

6 여호와께서 아사에게 평안을 주셨으므로 그 땅이 평안하여 여러 해 싸움이 없은지라 그가 견고한 성읍들을 유다에 건축하니라

7 아사가 일찍이 유다 사람에게 이르되 우리가 우리 하나님 여호와를 찾았으므로 이 땅이 아직 우리 앞에 있나니 우리가 이 성읍들을 건축하고 그 주위에 성곽과 망대와 문과 빗장을 만들자 우리가 주를 찾았으므로 주께서 우리 사방에 평안을 주셨느니라 하고 이에 그들이 성읍을 형통하게 건축하였더라

8 아사의 군대는 유다 중에 큰 방패와 창을 잡는 자가 삼십만 명이요 베나민

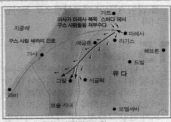

구스 사람 세라와의 전쟁(14:9)

중에서 작은 방패를 잡으며 활을 당기는 자가 이십팔만 명이라 그들은 다 큰 용사였더라

9 ●구스 사람 세라가 그들을 치려 하여 군사 백만 명과 병거 삼백 대를 거느리고 마레사에 이르매

16:8

10 아사가 마주 나가서 마레사의 스바다 골짜기에 전열을 갖추고

11 아사가 그의 하나님 여호와께 부르짖어 이르되 여호와여 힘이 강한 자와 약한 자 사이에는 주밖에 도와 줄 이가 없사오니 우리 하나님 여호와여 우리를 도우소서 우리가 주를 의지하오며 주의 이름을 의탁하옵고 이 많은 무리를 치러 왔나이다 여호와여 주는 우리 하나님이시오니 원하건대 사람이 주를 이기지 못하게 하옵소서 하였더니

12 여호와께서 구스 사람들을 아사와 유다 사람들 앞에서 치시니 구스 사람들이 도망하는지라

13 아사와 그와 함께 한 백성이 구스 사람들을 추격하여 그랄까지 이르매 이에 구스 사람들이 엎드러지고 살아 남은 자가 없었으니 이는 여호와 앞에서와 그의 군대 앞에서 패망하였음이라 노략한 물건이 매우 많았더라

14 여호와께서 그랄 사면 모든 성읍 백성을 두렵게 하시니 무리가 그의 모든 성읍을 치고 그 가운데에 있는 많은 물건을 노략하고

15 또 짐승 지키는 천막을 치고 양과 낙타

를 많이 이끌고 예루살렘으로 돌아왔더라

아사의 개혁

15 하나님의 영이 오뎃의 아들 아사랴에게 임하시매

2 그가 나가서 아사를 맞아 이르되 아사와 및 유다와 베냐민의 무리들아 내 말을 들으라 너희가 여호와와 함께 하면 여호와께서 너희와 함께 하실지라 너희가 만일 그를 찾으면 그가 너희와 만나게 되시려니와 너희가 만일 그를 버리면 그도 너희를 버리시리라

3 이스라엘에는 참 신이 없고 가르치는 제사장도 없고 율법도 없은 지가 오래 되었으나

4 그들이 그 환난 때에 이스라엘 하나님 여호와께로 돌아가서 찾으매 그가 그들과 만나게 되셨나니

5 그 때에 온 땅의 모든 주민이 크게 요란하여 사람의 출입이 평안하지 못하며

6 이 나라와 저 나라가 서로 치고 이 성읍이 저 성읍과 또한 그러하여 피차 상한 바 되었나니 이는 하나님이 여러 가지 고난으로 요란하게 하셨음이라

7 그런즉 너희는 강하게 하라 너희의 손이 약하지 않게 하라 너희 행위에는 상급이 있음이라 하니라

8 ●아사가 이 말 곧 선지자 오뎃의 예언을 듣고 마음을 강하게 하여 가증한 물건들을 유다와 베냐민 온 땅에서 없애고 또 에브라임 산지에서 빼앗은 성읍들에서도 없애고 또 여호와의 낭실 앞에 있는 여호와의 제단을 재건하고

9 또 유다와 베냐민의 무리를 모으고 에

브라임과 므낫세와 시므온 가운데서 나와서 저희 중에 머물러 사는 자들을 모았으니 이는 이스라엘 사람들이 아사의 하나님 여호와께서 그와 함께 하심을 보고 아사에게로 돌아오는 자가 많았음이더라

10 아사 왕 제십오년 셋째 달에 그들이 예루살렘에 모이고

11 그 날에 노략하여 온 물건 중에서 소 칠백 마리와 양 칠천 마리로 여호와께 제사를 지내고

12 또 마음을 다하고 목숨을 다하여 조상들의 하나님 여호와를 찾기로 언약하고

13 이스라엘 하나님 여호와를 찾지 아니하는 자는 대소 남녀를 막론하고 죽이는 것이 마땅하다 하고 _{수 22:20}

14 무리가 큰 소리로 외치며 피리와 나팔을 불어 여호와께 맹세하매

15 온 유다가 이 맹세를 기뻐한지라 무리가 마음을 다하여 맹세하고 뜻을 다하여 여호와를 찾았으므로 여호와께서도 그들을 만나 주시고 그들의 사방에 평안을 주셨더라 _{15:2}

16 ●아사 왕의 어머니 마아가가 아세라의 가증한 목상을 만들었으므로 아사가 그의 태후의 자리를 폐하고 그 우상을 찍고 빻아 기드론 시냇가에서 불살랐으니

17 산당은 이스라엘 중에서 제하지 아니하였으나 아사의 마음이 일평생 온전하였더라

18 그가 또 그의 아버지가 구별한 물건과 자기가 구별한 물건 곧 은과 금과 그릇들을 하나님의 전에 드렸더라

19 이 때부터 아사 왕 제삼십오년까지 다시는 전쟁이 없으니라

이스라엘과 유다의 충돌 _{왕상 15:17~22}

16 아사 왕 제삼십육년에 이스라엘 왕 바아사가 유다를 치러 올

15장 에는 무엇이 기록되어 있을까?

앞장에 이어 아사에 대한 이야기가 계속됩니다. 아사 왕은 하나님 보시기에 좋은 행동을 했어요. 제일 먼저 사람들에게 우상을 숭배하게 한 마아가 태후를 물러나게 했습니다. 그러자 하나님이 평화를 주셔서 그 땅에 전쟁이 일어나지 않았지요.

태후(15:16) 왕의 살아 있는 어머니.
망령(16:9) 늙거나 정신이 흐려서 말과 행동이 보통이 아닌 상태.
분향(16:14) 하나님께 그 향기가 전달되도록 향을 불에 태우는 일.

라와서 라마를 건축하여 사람을 유다 왕 아사에게 왕래하지 못하게 하려 한지라 _{왕상 15:17-22}

2 아사가 여호와의 전 곳간과 왕궁 곳간의 은금을 내어다가 다메섹에 사는 아람 왕 벤하닷에게 보내며 이르되

3 내 아버지와 당신의 아버지 사이에와 같이 나와 당신 사이에 약조하자 내가 당신에게 은금을 보내노니 와서 이스라엘 왕 바아사와 세운 약조를 깨뜨려 그가 나를 떠나게 하라 하매

4 벤하닷이 아사 왕의 말을 듣고 그의 군대 지휘관들을 보내어 이스라엘 성읍들을 치되 이욘과 단과 아벨마임과 납달리의 모든 국고성들을 쳤더니

5 바아사가 듣고 라마 건축하는 일을 포기하고 그 공사를 그친지라

6 아사 왕이 온 유다 무리를 거느리고 바아사가 라마를 건축하던 돌과 재목을 운반하여다가 게바와 미스바를 건축하였더라

선견자 하나니

7 ●그 때에 선견자 하나니가 유다 왕 아사에게 나와서 그에게 이르되 왕이 아람 왕을 의지하고 왕의 하나님 여호와를 의지하지 아니하였으므로 아람 왕의 군대가 왕의 손에서 벗어났나이다

8 구스 사람과 룹 사람의 군대가 크지 아니하며 말과 병거가 심히 많지 아니하더이까 그러나 왕이 여호와를 의지하였으므로 여호와께서 왕의 손에 넘기셨나이다 _{12:3}

9 여호와의 눈은 온 땅을 두루 감찰하사 전심으로 자기에게 향하는 자들을 위

하여 능력을 베푸시나니 이 일은 왕이 망령되이 행하였은즉 이 후부터는 왕에게 전쟁이 있으리이다 하매

10 아사가 노하여 선견자를 옥에 가두었으니 이는 그의 말에 크게 노하였음이며 그 때에 아사가 또 백성 중에서 몇 사람을 학대하였더라

아사의 죽음 (왕상 15:23-24)

11 ●아사의 처음부터 끝까지의 행적은 유다와 이스라엘 열왕기에 기록되니라

12 아사가 왕이 된 지 삼십구 년에 그의 발이 병들어 매우 위독했으나 병이 있을 때에 그가 여호와께 구하지 아니하고 의원들에게 구하였더라

13 아사가 왕위에 있은 지 사십일 년에 죽어 그의 조상들과 함께 누우매

14 다윗 성에 자기를 위하여 파 두었던 묘실에 무리가 장사하되 그의 시체를 법대로 만든 각양 향 재료를 가득히 채운 상에 두고 또 그것을 위하여 많이 분향하였더라

여호사밧이 유다의 왕이 되다 ─ B.C. 872년경

17

아사의 아들 여호사밧이 대신하여 왕이 되어 스스로 강하게 하여 이스라엘을 방어하되

2 유다 모든 견고한 성읍에 군대를 주둔시키고 또 유다 땅과 그의 아버지 아사가 정복한 에브라임 성읍들에 영문을

슬슬 풀리는 성경 말씀

그리스도인이 병에 걸렸을 때

아사는 병이 생기자 하나님께 도움을 구하지 않고, 이스라엘이 침공해 올 때처럼 인간적인 방법에 의지하여 의사를 찾았어요. 아마도 이 병은 하나님께서 그의 불신앙을 꾸짖으시며 그가 하나님께로 돌아오도록 마지막 기회를 베푸신 것인지도 모릅니다. 어쨌든 그는 하나님을 의지하지 않은 결과로 죽게 되었지요. 그리스도인이 병원에 가거나 약을 먹는 것 자체는 죄가 아닙니다. 오히려 의술과 약은 하나님께서 우리의 병을 낫게 하시려고 허락하신 은혜지요. 중요한 것은 하나님께 의지하지 않고 인간적인 방법에 더 의지하는 마음 자세랍니다. _{16장 12절}

16 에는 무엇이 기록되어 있을까?

이스라엘의 왕 바아사가 유다 나라에 쳐들어왔어요. 그러자 아사는 두려운 마음이 들어 아람 왕에게 도움을 청했지요. 그리고 하나님을 의지하지 않는다고 책망하는 하나니 선견자를 감옥에 가두고 말았어요. 하나님은 이런 아사의 행동을 기뻐하셨을까요?

두었더라

15:8

3 여호와께서 여호사밧과 함께 하셨으니 이는 그가 그의 조상 다윗의 처음 길로 행하여 바알들에게 구하지 아니하고

4 오직 그의 아버지의 하나님께 구하며 그의 계명을 행하고 이스라엘의 행위를 따르지 아니하였음이라

5 그러므로 여호와께서 나라를 그의 손에서 견고하게 하시매 유다 무리가 여호사밧에게 예물을 드렸으므로 그가 부귀와 영광을 크게 떨쳤더라

6 그가 전심으로 여호와의 길을 걸어 산당들과 아세라 목상들도 유다에서 제거하였더라

7 ●그가 왕위에 있은 지 삼 년에 그의 방백들 벤하일과 오바댜와 스가랴와 느다넬과 미가야를 보내어 유다 여러 성읍에 가서 가르치게 하고

8 또 그들과 함께 레위 사람 스마야와 느다냐와 스바댜와 아사헬과 스미라못과 여호나단과 아도니야와 도비야와 도브아도니야 등 레위 사람들을 보내고 또 저희와 함께 제사장 엘리사마와 여호람을 보내었더니

19:8

9 그들이 여호와의 율법책을 가지고 유다에서 가르치되 그 모든 유다 성읍들로 두루 다니며 백성들을 가르쳤더라

여호사밧이 강대하여지다

10 ●여호와께서 유다 사방의 모든 나라에 두려움을 주사 여호사밧과 싸우지 못하게 하시매

11 블레셋 사람들 중에서는 여호사밧에게 예물을 드리며 은으로 조공을 바쳤

17 에는 무엇이 기록되어 있을까?

여기서부터 네 장에 걸쳐 여호사밧의 통치가 자세히 소개되어 있어요. 아사가 죽고 그의 뒤를 이은 여호사밧 왕은 유다 왕국을 강하게 하고 산에서 우상 숭배하는 곳과 아세라 우상을 없앴답니다. 그리고 온 땅에 레위 사람들을 보내 말씀 교육에 힘썼으나 이에 대적들의 위협은 하나님께서 책임져주셨답니다.

고 아라비아 사람들도 짐승 떼 곧 숫양 칠천칠백 마리와 숫염소 칠천칠백 마리를 드렸더라

12 여호사밧이 점점 강대하여 유다에 견고한 요새와 국고성을 건축하고

13 유다 여러 성에 공사를 많이 하고 또 예루살렘에 크게 용맹스러운 군사를 두었으니

14 군사의 수효가 그들의 족속대로 이러하니라 유다에 속한 천부장 중에는 아드나가 으뜸이 되어 큰 용사 삼십만 명을 거느렸고

15 그 다음은 지휘관 여호하난이니 이십팔만 명을 거느렸고

16 그 다음은 시그리의 아들 아마시야니 그는 자기를 여호와께 즐거이 드린 자라 큰 용사 이십만 명을 거느렸고

17 베냐민에 속한 자 중에 큰 용사 엘리아다는 활과 방패를 잡은 자 이십만 명을 거느렸고

18 그 다음은 여호사밧이라 싸움을 준비한 자 십팔만 명을 거느렸으니

19 이는 다 왕을 모시는 자요 이 외에 또 온 유다 견고한 성읍들에 왕이 군사를 두었더라

선지자 미가야가 아합 왕에게 경고하다

(왕상 22:1~28) ─ B.C. 870년경

18

여호사밧이 부귀와 영광을 크게 떨쳤고 아합 가문과 혼인함으로 인척 관계를 맺었더라

2 이 년 후에 그가 사마리아의 아합에게 내려갔더니 아합이 그와 시종을 위하여 양과 소를 많이 잡고 함께 가서 길르앗 라못 치기를 권하였더라

3 이스라엘 왕 아합이 유다 왕 여호사밧에게 이르되 당신이 나와 함께 길르앗 라못으로 가시겠느냐 하니 여호사밧이 대답하되 나는 당신과 다름이 없고 내 백성은 당신의 백성과 다름이 없으니 당신과 함께 싸우리이다 하는지라

4 ●여호사밧이 또 이스라엘 왕에게 이르되 청하건대 먼저 여호와의 말씀이

어떠하신지 오늘 물어 보소서 하더라

5 이스라엘 왕이 이에 선지자 사백 명을 모으고 그들에게 이르되 우리가 길르앗 라못에 가서 싸우랴 말랴 하니 그들이 이르되 올라가소서 하나님이 그 성읍을 왕의 손에 붙이시리이다 하더라

6 여호사밧이 이르되 이 외에 우리가 물을 만한 여호와의 선지자가 여기 있지 아니하니이까 하니

7 이스라엘 왕이 여호사밧에게 이르되 아직도 이믈라의 아들 미가야 한 사람이 있으니 그로 말미암아 여호와께 물을 수 있으나 그는 내게 대하여 좋은 일로는 예언하지 아니하고 항상 나쁜 일로만 예언하기로 내가 그를 미워하나이다 하더라 여호사밧이 이르되 왕은 그런 말씀을 마소서 하니

8 이스라엘 왕이 한 내시를 불러 이르되 이믈라의 아들 미가야를 속히 오게 하라 하니라

9 이스라엘 왕과 유다 왕 여호사밧이 왕복을 입고 사마리아 성문 어귀 광장에서 각기 보좌에 앉았고 여러 선지자들이 그 앞에서 예언을 하는데

10 그나아나의 아들 시드기야는 철로 뿔을 만들어 가지고 말하되 여호와께서 이같이 말씀하시기를 왕이 이것들로 아람 사람을 찔러 진멸하리라 하셨다 하고

11 여러 선지자들도 그와 같이 예언하여 이르기를 길르앗 라못으로 올라가서 승리를 거두소서 여호와께서 그 성읍을 왕의 손에 넘기시리이다 하더라

12 미가야를 부르러 간 사자가 그에게 말하여 이르되 선지자들의 말이 하나 같이 왕에게 좋게 말하니 청하건대 당신의 말도 그들 중 한 사람처럼 좋게 말하소서 하니

13 미가야가 이르되 여호와께서 살아 계심을 두고 맹세하노니 내 하나님께서 말씀하시는 것 곧 그것을 내가 말하리라 하고

14 이에 왕에게 이르니 왕이 그에게 이르되 미가야야 우리가 길르앗 라못으로 싸우러 가랴 말랴 하는지라 이르되 올라가서 승리를 거두소서 그들이 왕의 손에 넘긴 바 되리이다 하는지라

15 왕이 그에게 이르되 여호와의 이름으로 진실한 것 이외에는 아무것도 말하지 말라고 내가 몇 번이나 네게 맹세하게 하여야 하겠느냐 하니

16 그가 이르되 내가 보니 온 이스라엘이 목자 없는 양 같이 산에 흩어졌는데 여호와의 말씀이 이 무리가 주인이 없으니 각각 평안히 자기들의 집으로 돌아갈 것이니라 하셨나이다 하는지라

17 이스라엘 왕이 여호사밧에게 이르되

비전을 심어주는
3분예화

불이 난 이유

시카고의 무디 목사의 예배당에 큰 화재가 났어요. 기자들은 무디에게 전지전능하신 하나님의 예배당이 타는 것을 왜 가만히 두었냐며 조롱하듯이 질문했지요. 이에 무디는 오래 전부터 큰 예배당을 위해서 기도했는데, 하나님께서 예배당을 허무는 비용을 줄여주신 것이라고 대답했어요. 기자들이 큰 예배당을 세울 비용을 준비했는냐 묻자, 무디는 대피할 때 가져 나온 성경을 보이면서 말했답니다.

"나는 수표와 돈 대신에 이 성경책을 가지고 나왔소. 이 성경책은 바닥이 나지 않는 하나님의 금고요. 당신들은 머지않아 이곳에 큰 예배당이 세워지는 것을 보게 될 것이오."

그후 무디는 영국에서 큰 부흥을 일으켰고 영국 교회의 많은 헌금으로 크고 아름다운 성전을 건축했습니다.

여호사밧은 아합으로부터 아람을 공격하자는 제안을 받았습니다. 여호사밧은 하나님의 뜻을 알고 싶었지만, 아합은 진실을 전한 미가야 선지자를 옥에 가두고 말았어요. 그리고 그들은 거짓 선지자들의 아첨하는 말만 듣고 전쟁에 나갔지요. 결국 아합은 죽고 여호사밧은 하나님의 도움으로 피신했답니다.

저 사람이 내게 대하여 좋은 일로 예언
하지 아니하고 나쁜 일로만 예언할 것
이라고 당신에게 말씀하지 아니하였
나이까 하더라

18 미가야가 이르되 그런즉 왕은 여호와
의 말씀을 들으소서 내가 보니 여호와
께서 그의 보좌에 앉으셨고 하늘의 만
군이 그의 좌우편에 모시고 섰는데

19 여호와께서 말씀하시기를 누가 이스
라엘 왕 아합을 꾀어 그에게 길르앗 라
못에 올라가서 죽게 할까 하시니 하나
는 이렇게 하겠다 하고 하나는 저렇게
하겠다 하였는데

20 한 영이 나와서 여호와 앞에 서서 말하
되 내가 그를 꾀겠나이다 하니 여호와
께서 그에게 이르시되 어떻게 하겠느
냐 하시니

21 그가 이르되 내가 나가서 거짓말하는
영이 되어 그의 모든 선지자들의 입에
있겠나이다 하니 여호와께서 이르시
되 너는 꾀겠고 또 이루리라 나가서 그
리하라 하셨은즉

22 이제 보소서 여호와께서 거짓말하는
영을 왕의 이 모든 선지자들의 입에 넣
으셨고 또 여호와께서 왕에게 대하여
재앙을 말씀하셨나이다 하니

23 ●그나아나의 아들 시드기야가 가까
이 와서 미가야의 뺨을 치며 이르되 여
호와의 영이 나를 떠나 어디로 가서 네
게 말씀하더냐 하는지라

24 미가야가 이르되 네가 골방에 들어가
서 숨는 바로 그 날에 보리라 하더라

25 이스라엘 왕이 이르되 미가야를 잡아

토막상식 브엘세바에서 에브라임 산지까지

이스라엘의 모든 영토를 가리킬 때는 최남단인 브
엘세바와 최북단인 단을 가리킵니다. 그런데 남북이
갈라진 이후 유다의 북방 경계 지정은 에브라임 산지
로 바뀌었어요. 따라서 이 표현은 유다의 전 영역을
가리키는 말이랍니다. **19장 4절**

시장 아몬과 왕자 요아스에게로 끌고
돌아가서

26 왕이 이같이 말하기를 이 놈을 옥에 가
두고 내가 평안히 돌아올 때까지 고난
의 떡과 고난의 물을 먹게 하라 하셨나
이다 하니

27 미가야가 이르되 왕이 참으로 평안히 돌
아오시게 된다면 여호와께서 내게 말씀
하지 아니하셨으리이다 하고 또 이르되
너희 백성들아 다 들을지어다 하니라
영이 죽다(왕상 22:29~35)

28 ●이스라엘 왕과 유다 왕 여호사밧이
길르앗 라못으로 올라가니라

29 이스라엘 왕이 여호사밧에게 이르되
나는 변장하고 전쟁터로 들어가려 하
노니 당신은 왕복을 입으소서 하고 이
스라엘 왕이 변장하고 둘이 전쟁터로
들어가니라

30 아람 왕이 그의 병거 지휘관들에게 이
미 명령하여 이르기를 너희는 작은 자
나 큰 자나 더불어 싸우지 말고 오직
이스라엘 왕하고만 싸우라 한지라

31 병거의 지휘관들이 여호사밧을 보고
이르되 이가 이스라엘 왕이라 하고 돌
아서서 그와 싸우려 한즉 여호사밧이
소리를 지르매 여호와께서 그를 도우
시며 하나님이 그들을 감동시키사 그
를 떠나가게 하셨는지라

32 병거의 지휘관들이 그가 이스라엘 왕이
아님을 보고 추격을 그치고 돌아갔더라

33 한 사람이 무심코 활을 당겨 이스라엘
왕의 갑옷 솔기를 쏘지라 왕이 그의 병
거 모는 자에게 이르되 내가 부상하였
으니 네 손을 돌려 나를 진중에서 나가

19장 에는 무엇이 기록되어 있을까?

여호사밧은 아합과 동맹을 맺는 실
수를 했지만 하나님을 사랑했어요. 그는 아합과
의 동맹을 책망하는 선견자 예후의 말을 받아
들였대나다. 그리고 직접 온 나라를 다니며 여
호와를 잘 섬기라고 권하고, 재판관들에게도 하
나님을 두려워하는 마음으로 공정하게 재판하
라고 명령했습니다.

다시 찾아온 평화(20장)

게 하라 하였으나

34 이 날의 전쟁이 맹렬하였으므로 이스라엘 왕이 병거에서 겨우 지탱하며 저녁 때까지 아람 사람을 막다가 해가 질 즈음에 죽었더라

선견자 예후가 여호사밧을 규탄하다

19 유다 왕 여호사밧이 평안히 예루살렘에 돌아와서 그의 궁으로 들어가니라

2 하나니의 아들 선견자 예후가 나가서 여호사밧 왕을 맞아 이르되 왕이 악한 자를 돕고 여호와를 미워하는 자들을 사랑하는 것이 옳으니이까 그러므로 여호와께로부터 진노하심이 왕에게 임하리이다

3 그러나 왕에게 선한 일도 있으니 이는 왕이 아세라 목상들을 이 땅에서 없애고 마음을 기울여 하나님을 찾음이니이다 하였더라

여호사밧의 개혁

4 ●여호사밧이 예루살렘에 살더니 다시 나가서 브엘세바에서부터 에브라임 산지까지 민간에 두루 다니며 그들을 그들의 조상들의 하나님 여호와께로 돌아오게 하고

5 또 유다 온 나라의 견고한 성읍에 재판관을 세우되 성읍마다 있게 하고

6 재판관들에게 이르되 너희가 재판하는 것이 사람을 위하여 할 것인지 여호와를 위하여 할 것인지를 잘 살피라 너희가 재판할 때에 여호와께서 너희와 함께 하심이니라
신 1:17

7 그런즉 너희는 여호와를 두려워하는 마음으로 삼가 행하라 우리의 하나님 여호와께서는 불의함도 없으시고 치우침도 없으시고 뇌물을 받는 일도 없으시니라 하니라

8 ●여호사밧이 또 예루살렘에서 레위 사람들과 제사장들과 이스라엘 족장들 중에서 사람을 세워 여호와께 속한 일과[1] 예루살렘 주민의 모든 송사를 재판하게 하고

9 그들에게 명령하여 이르되 너희는 진실과 성심을 다하여 여호와를 경외하라

10 어떤 성읍에 사는 너희 형제가 혹 피를 흘림이나 혹 율법이나 계명이나 율례나 규례로 말미암아 너희에게 와서 송사하거든 어떤 송사든지 그들에게 경고하여 여호와께 죄를 범하지 않게 하여 너희와 너희 형제에게 진노하심이 임하지 말게 하라 너희가 이렇게 행하면 죄가 없으리라

11 여호와께 속한 모든 일에는 대제사장 아마랴가 너희를 다스리고 왕에게 속한 모든 일은 유다 지파의 어른 이스마엘의 아들 스바댜가 다스리고 레위 사람들은 너희 앞에 관리가 되리라 너희는 힘써 행하라 여호와께서 선한 자와 함께 하실지로다 하니라
19:8

여호사밧과 아람의 전쟁—B.C. 853년경

20 그 후에 모압 자손과 암몬 자손들이 [2]마온 사람들과 함께 와서 여호사밧을 치고자 한지라

2 어떤 사람이 와서 여호사밧에게 전하여 이르되 큰 무리가 바다 저쪽 아람에서 왕을 치러 오는데 이제 하사손다말

20장 에는 무엇이 기록되어 있을까?

모압이 여러 나라들과 함께 유다로 쳐들어왔습니다. 여호사밧은 금식하며 하나님께 도와달라고 기도합니다. 하나님께서 유다가 승리할 것이라고 응답하시고, 여호사밧은 백성들과 함께 하나님을 믿고 찬양했습니다. 그리고 유다는 하나님의 말씀대로 승리를 거두었지요.

곧 엔게디에 있나이다 하니

 장 14:7

3 여호사밧이 두려워하여 여호와께로 낯을 향하여 간구하고 온 유다 백성에게 금식하라 공포하매

4 유다 사람이 여호와께 도우심을 구하려 하여 유다 모든 성읍에서 모여와서 여호와께 간구하더라

5 ●여호사밧이 여호와의 전 새 뜰 앞에서 유다와 예루살렘의 회중 가운데 서서

6 이르되 우리 조상들의 하나님 여호와여 주는 하늘에서 하나님이 아니시니이까 이방 사람들의 모든 나라를 다스리지 아니하시나이까 주의 손에 권세와 능력이 있사오니 능히 주와 맞설 사람이 없나이다

7 우리 하나님이시여 전에 이 땅 주민을 주의 백성 이스라엘 앞에서 쫓아내시고 그 땅을 주께서 사랑하시는 아브라함의 자손에게 영원히 주지 아니하셨나이까

 사 41:8

8 그들이 이 땅에 살면서 주의 이름을 위하여 한 성소를 주를 위해 건축하고 이르기를

9 만일 재앙이나 난리나 견책이나 전염병이나 기근이 우리에게 임하면 주의 이름이 이 성전에 있으니 우리가 이 성전 앞과 주 앞에 서서 이 환난 가운데에서 주께 부르짖은즉 들으시고 구원하시리라 하였나이다

10 옛적에 이스라엘이 애굽 땅에서 나올 때에 암몬 자손과 모압 자손과 세일 산 사람들을 침노하기를 주께서 용납하지 아니하시므로 이에 돌이켜 그들을 떠나고 멸하지 아니하였거늘

11 이제 그들이 우리에게 갚는 것을 보옵소서 그들이 와서 주께서 우리에게 주신 주의 기업에서 우리를 쫓아내고자 하나이다

 시 83:12

12 우리 하나님이여 그들을 징벌하지 아니하시나이까 우리를 치러 오는 이 큰 무리를 우리가 대적할 능력이 없고 어떻게 할 줄도 알지 못하옵고 오직 주만 바라보나이다 하고

13 유다 모든 사람들이 그들의 아내와 자녀와 어린이와 더불어 여호와 앞에 섰더라

14 ●여호와의 영이 회중 가운데에서 레위 사람 아삽자손 야하시엘에게 임하셨으니 그는 아삽 자손 맛다냐의 현손이요 여이엘의 증손이요 브나야의 손자요 스가랴의 아들이더라

 15:1

15 야하시엘이 이르되 온 유다와 예루살렘 주민과 여호사밧 왕이여 들을지어다 여호와께서 이같이 너희에게 말씀하시기를 너희는 이 큰 무리로 말미암아 두려워하거나 놀라지 말라 이 전쟁은 너희에게 속한 것이 아니요 하나님께 속한 것이니라

16 내일 너희는 그들에게로 내려가라 그들이 시스 고개로 올라올 때에 너희가 골짜기 어귀 여루엘 들 앞에서 그들을

선생님!! 궁금해요 어떻게 기도해야 하나요?

제일 좋은 기도 방법은 주님이 가르쳐주신 기도를 잘 배우는 거예요. 우선 기도 시간을 정해놓으세요. 아침에 일어나서 세수한 후 성경을 읽고 기도할 수 있고 밥 먹기 전, 잠자기 전에 기도 시간을 마련할 수 있어요.

기도할 때는 먼저 "하나님 아버지!"라고 부르세요. 혹시 잘못한 것이 생각나면 하나님 앞에 고백하고 용서를 구하고, 감사해야 할 일이 생각나면 하나님께 감사하는 말을 하세요. 그 다음에는 마음에 걱정되는 것이나 원하는 것을 말하세요. 또 가족과 친구와 이웃을 위해서도 기도해보세요. 마지막으로 "예수님의 이름으로 기도드립니다. 아멘" 하고 기도를 마치면 된답니다.

눅 11장 1절

"예수님의 이름으로 기도드립니다. 아멘"

만나려니와

17 이 전쟁에는 너희가 싸울 것이 없나니 대열을 이루고 서서 너희와 함께 한 여호와가 구원하는 것을 보라 유다와 예루살렘아 너희는 두려워하지 말며 놀라지 말고 내일 그들을 맞서 나가라 여호와가 너희와 함께 하리라 하셨느니라 하매

18 여호사밧이 몸을 굽혀 얼굴을 땅에 대니 온 유다와 예루살렘 주민들도 여호와 앞에 엎드려 여호와께 경배하고

19 그핫 자손과 고라 자손에게 속한 레위 사람들은 서서 심히 큰 소리로 이스라엘 하나님 여호와를 찬송하니라　7:3

20 ●이에 백성들이 아침에 일찍이 일어나서 드고아 들로 나가니라 나갈 때에 여호사밧이 서서 이르되 유다와 예루살렘 주민들아 내 말을 들을지어다 너희는 너희 하나님 여호와를 신뢰하라 그리하면 견고히 서리라 그의 선지자들을 신뢰하라 그리하면 형통하리라 하고

21 백성과 더불어 의논하고 노래하는 자들을 택하여 거룩한 예복을 입히고 군대 앞에서 행진하며 여호와를 찬송하여 이르기를 여호와께 감사하세 그의 인자하심이 영원하도다 하게 하였더니

22 그 노래와 찬송이 시작될 때에 여호와께서 복병을 두어 유다를 치러 온 암몬 자손과 모압과 세일 산 주민들을 치게 하시므로 그들이 패하였으니

23 곧 암몬 자손과 모압은 자기와 더불어 일어나 세일 산 주민들을 쳐서 진멸하고 세일 주민들을 멸한 후에는 그들이 서로 쳐죽였더라

24 ●유다 사람이 들 망대에 이르러 그 무리를 본즉 땅에 엎드러진 시체들뿐이요 한 사람도 피한 자가 없는지라

25 여호사밧과 그의 백성이 가서 적군의 물건을 탈취할새 본즉 그 가운데에 재물과 의복과 보물이 많이 있으므로 각기 탈취하는데 그 물건이 너무 많아 능히 가져갈 수 없을 만큼 많으므로 사흘

동안에 거두어들이고

26 넷째 날에 무리가 1)브라가 골짜기에 모여서 거기서 여호와를 송축한지라 그러므로 오늘날까지 그 곳을 1)브라가 골짜기라 일컫더라

27 유다와 예루살렘 모든 사람이 다시 여호사밧을 선두로 하여 즐겁게 예루살렘으로 돌아왔으니 이는 여호와께서 그들이 그 적군을 이김으로써 즐거워하게 하셨음이라

28 그들이 비파와 수금과 나팔을 합주하고 예루살렘에 이르러 여호와의 전에 나아가니라

29 이방 모든 나라가 여호와께서 이스라엘의 적군을 치셨다 함을 듣고 하나님을 두려워하므로

30 여호사밧의 나라가 태평하였으니 이는 그의 하나님이 사방에서 그들에게 평강을 주셨음이더라

여호사밧의 행적 (왕상 22:41-50)

31 ●여호사밧이 유다의 왕이 되어 왕위에 오를 때에 나이가 삼십오 세라 예루살렘에서 이십오 년 동안 다스리니라 그의 어머니의 이름은 아수바라 실히의 딸이더라　왕상 22:41-43

32 여호사밧이 그의 아버지 아사의 길로 행하여 돌이켜 떠나지 아니하고 여호와 보시기에 정직하게 행하였으나

33 산당만은 철거하지 아니하였으므로 백성이 여전히 마음을 정하여 그들의 조상들의 하나님께로 돌아오지 아니

여호사밧의 태평성대(20:20)

여호사밧의 통치는 하나님 보시기에 선했기 때문에 유다에 평화를 가져다 주었다.

본 문	내 용
17:4	하나님을 구함
17:6	산당과 아세라 목상들을 제거함
17:9	레위 사람을 파송하여 그들로 돌아다니면서 율법을 가르치게 함
19:4	직접 전국을 돌아다니며 백성들을 하나님께로 돌아오게 함
19:8	성마다 재판관을 세워 공정한 재판을 행하게 함
20:20	전쟁에 임하여 여호와를 신뢰함

1) 송축

하였더라

34 이 외에 여호사밧의 시종 행적은 하나님의 아들 예후의 글에 다 기록되었고 그 글은 이스라엘 열왕기에 올랐더라

35 ●유다 왕 여호사밧이 나중에 이스라엘 왕 아하시야와 교제하였는데 아하시야는 심히 악을 행하는 자였더라

36 두 왕이 서로 연합하고 배를 만들어 다시스로 보내고자 하여 에시온게벨에서 배를 만들었더니

37 마레사 사람 도다와후의 아들 엘리에셀이 여호사밧을 향하여 예언하여 이르되 왕이 아하시야와 교제하므로 여호와께서 왕이 지은 것들을 파하시리라 하더니 이에 그 배들이 부서져서 다시스로 가지 못하였더라

유다 왕 여호람 (왕상 8:17~24) · B.C. 848년경

21

여호사밧이 그의 조상들과 함께 누우매 그의 조상들과 함께 다윗 성에 장사되고 그의 아들 여호람이 대신하여 왕이 되니라

2 여호사밧의 아들 여호람의 아우들 아사랴와 여히엘과 스가랴와 아사랴와 미가엘과 스바댜는 다 유다 왕 여호사밧의 아들들이라

3 그의 아버지가 그들에게는 은금과 보물과 유다 견고한 성읍들을 선물로 후히 주었고 여호람은 장자이므로 왕위를 주었더니

4 여호람이 그의 아버지의 왕국을 다스리게 되어 세력을 얻은 후에 그의 모든 아우들과 이스라엘 방백들 중 몇 사람을 칼로 죽였더라

5 여호람이 왕위에 오를 때에 나이가 삼

십이 세라 예루살렘에서 팔 년 동안 다스리니라

6 그가 이스라엘 왕들의 길로 행하여 아합의 집과 같이 하였으니 이는 아합의 딸이 그의 아내가 되었음이라 그가 여호와 보시기에 악을 행하였으나

7 여호와께서 다윗의 집을 멸하기를 즐겨하지 아니하셨음은 이전에 다윗과 더불어 언약을 세우시고 또 다윗과 그의 자손에게 항상 등불을 주겠다고 말씀하셨음이더라

8 ●여호람 때에 에돔이 배반하여 유다의 지배에서 벗어나 자기 위에 왕을 세우므로

9 여호람이 지휘관들과 모든 병거를 거느리고 출정하였더니 밤에 일어나서 자기를 에워싼 에돔 사람과 그 병거의 지휘관들을 쳤더라

10 이와 같이 에돔이 배반하여 유다의 지배에서 벗어났더니 오늘까지 그러하였으며 그 때에 립나도 배반하여 여호람의 지배 하에서 벗어났으니 이는 그가 그의 조상들의 하나님 여호와를 버렸음이더라

11 ●여호람이 또 유다 여러 산에 산당을 세워 예루살렘 주민으로 음행하게 하고 또 유다를 미혹하게 하였으므로

12 선지자 엘리야가 여호람에게 글을 내어 이르되 왕의 조상 다윗의 하나님 여호와께서 이같이 말씀하시기를 네가 네 아비 여호사밧의 길과 유다 왕 아사의 길로 행하지 아니하고

13 오직 이스라엘 왕들의 길로 행하여 유다와 예루살렘 주민들이 음행하게 하기를 아합의 집이 음행하듯 하며 또 네 아비

21 에는 무엇이 기록되어 있을까?

여호사밧이 죽고 그 아들 여호람이 왕이 되었어요. 여호람은 왕이 되자마자 동생들을 죽이고 우상 숭배를 하는 등 큰 죄를 저질렀어요. 에돔의 배반(8~10절)이나 블레셋의 침입하는 사건(16,17절)들은 여호람의 죄에 대한 하나님의 엄격한 심판이었답니다.

행적(20:34) 평생에 한 일.
방백(21:4) 국왕의 파송을 받아 그 지방의 정치적 세력을 장악한 사람.
출정(21:9) 군에 입대하여 싸움터로 나감.
미혹(21:11) 마음이 흐려져 무엇에 홀림.
격동(21:16) 심히 움직임. 몹시 흥분하고 감동함.
탈취(21:17) 빼앗아 가짐.
즉위(21:20) 왕의 자리에 처음으로 오름.

17:6

집에서 너보다 착한 아우들을 죽였으니

14 여호와가 네 백성과 네 자녀들과 네 아내들과 네 모든 재물을 큰 재앙으로 치시리라

15 또 너는 창자에 중병이 들고 그 병이 날로 중하여 창자가 빠져나오리라 하셨다 하였더라

16 ●여호와께서 블레셋 사람들과 구스에서 가까운 아라비아 사람들의 마음을 격동시키사 여호람을 치게 하셨으므로

17 그들이 올라와서 유다를 침략하여 왕궁의 모든 재물과 그의 아들들과 아내들을 탈취하였으므로 막내 아들 여호아하스 외에는 한 아들도 남지 아니하였더라

18 ●이 모든 일 후에 여호와께서 여호람을 치사 능히 고치지 못할 병이 그 창자에 들게 하셨으므로

19 여러 날 후 이 년 만에 그의 창자가 그 병으로 말미암아 빠져나오매 그가 그 심한 병으로 죽으니 백성이 그들의 조상들에게 분향하던 것 같이 그에게 분향하지 아니하였으며

20 여호람이 삼십이 세에 즉위하고 예루살렘에서 팔 년 동안 다스리다가 아끼는 자 없이 세상을 떠났으며 무리가 그를 다윗 성에 장사하였으나 열왕의 묘실에는 두지 아니하였더라

유다 왕 아하시야 (왕하 8:25-29; 9:21-28)

22 예루살렘 주민이 여호람의 막내 아들 아하시야에게 왕위를 계승하게 하였으니 이는 전에 아라비아 사람들과 함께 와서 진을 치던 부대가 그의 모든 형들을 죽였음이라 그러므로 유다 왕 여호람의 아들 아하시야가 왕이 되었더라

2 아하시야가 왕이 될 때에 나이가 사십이 세라 예루살렘에서 일 년 동안 다스리니라 그의 어머니의 이름은 아달랴요 오므리의 손녀더라

3 아하시야도 아합의 집 길로 행하였으니 이는 그의 어머니가 꾀어 악을 행하게 하였음이라

4 그의 아버지가 죽은 후에 그가 패망하게 하는 아합의 집의 가르침을 따라 여호와 보시기에 아합의 집 같이 악을 행하였더라

5 아하시야가 아합의 집의 가르침을 따라 이스라엘 왕 아합의 아들 요람과 함께 길르앗 라못으로 가서 아람 왕 하사엘과 더불어 싸우더니 아람 사람들이 요람을 상하게 한지라

6 요람이 아람 왕 하사엘과 싸울 때에 라마에서 맞아 상한 것을 치료하려 하여 이스르엘로 돌아왔더라 아합의 아들 요람이 병이 있으므로 유다 왕 여호람의 아들 1)아사랴가 이스르엘에 내려가서 방문하였더라

7 아하시야가 요람에게 가므로 해를 입었으니 이는 하나님께로 말미암은 것이라 아하시야가 갔다가 요람과 함께 나가서 님시의 아들 예후를 맞았으니 그는 여호와께서 기름을 부으시고 아합의 집을 멸하게 하신 자이더라

1) 본 장 1절에는 '아하시야'

8 예후로 하여금 아합의 집을 심판하게 하실 때에 유다 방백들과 아하시야의 형제들의 아들들 곧 아하시야를 섬기는 자들을 만나서 죽였고

9 아하시야는 사마리아에 숨었더니 예후가 찾으매 무리가 그를 예후에게로 잡아가서 죽이고 이르기를 그는 전심으로 여호와를 구하던 여호사밧의 아들이라 하고 장사하였더라 이에 아하시야의 집이 약하여 왕위를 힘으로 지키지 못하게 되니라

17:4

유다 여왕 아달랴 (왕하 11:1-3) - B.C. 835년경

10 ● 아하시야의 어머니 아달랴가 자기의 아들이 죽은 것을 보고 일어나 유다 집의 왕국의 씨를 모두 진멸하였으나

11 왕의 딸 여호사브앗이 아하시야의 아들 요아스를 왕자들이 죽임을 당하는 중에서 몰래 빼내어 그와 그의 유모를 침실에 숨겨 아달랴를 피하게 하였으므로 아달랴가 그를 죽이지 못하였더라 여호사브앗은 여호람 왕의 딸이요 아하시야의 누이요 제사장 여호야다의 아내이더라

12 요아스가 그들과 함께 하나님의 전에 육 년을 숨어 있는 동안에 아달랴가 나라를 다스렸더라

아달랴에 대한 반역 (왕하 11:4-16)

23 제칠년에 여호야다가 용기를 내어 백부장 곧 여로함의 아들 아사랴와 여호하난의 아들 이스마엘과 오벳의 아들 아사랴와 아다야의 아들 마아세야와 시그리의 아들 엘리사밧 등과 더불어 언약을 세우매

2 그들이 유다를 두루 다니며 유다 모든 고을에서 레위 사람들과 이스라엘 족장들을 모아 예루살렘에 이른지라

3 온 회중이 하나님의 전에서 왕과 언약을 세우매 여호야다가 무리에게 이르되 여호와께서 다윗의 자손에게 대하여 말씀하신 대로 왕자가 즉위하여야 할지니

4 이제 너희는 이와 같이 행하라 너희 제사장들과 레위 사람들 곧 안식일에 당번인 자들의 삼분의 일은 문을 지키고

5 삼분의 일은 왕궁에 있고 삼분의 일은 기초문에 있고 백성들은 여호와의 전 뜰에 있을지라

6 제사장들과 수종 드는 레위 사람들은 거룩한즉 여호와의 전에 들어오려니와 그 외의 다른 사람은 들어오지 못할 것이니 모든 백성은 여호와께 지켜야 할 바를 지킬지며

7 레위 사람들은 각각 손에 무기를 잡고 왕을 호위하며 다른 사람이 성전에 들어오거든 죽이고 왕이 출입할 때에 경호할지니라 하니

8 ● 레위 사람들과 모든 유다 사람들이 제사장 여호야다가 명령한 모든 것을 준행하여 각기 수하에 안식일에 당번인 자와 안식일에 비번인 들을 거느

술술 풀리는 성경 말씀

유다의 왕은 다윗의 혈통에서만

23-24장의 내용은 왕하 11:4-12:21과 같은 내용을 다루고 있어요. 요아스는 아달랴가 통치하는 6년 동안 숨어 지내다가, 대제사장 여호야다에 의해 왕위에 올랐지요.

특별히 23장은 요아스가 왕위에 오르는 과정을 자세히 설명하고 있는데, 이것은 다윗 왕가의 혈통에서만 유다의 왕이 나온다는 것을 의미해요. 이후에는 여호야다와 요아스로 인한 평화와 그 이후 요아스의 불순종에 대해 나오고 있지요.

이를 통해 역대기 기자는 하나님 왕국을 공의롭게 통치하고 그 백성에게 진정한 행복과 평화를 가져다 줄 참된 중보자가 누구인지 제시하고 있답니다. 즉 하나님 왕국을 완성시킬 메시야를 바라고 있는 것이지요.

23장

23 에는 무엇이 기록되어 있을까?

여호람의 사위인 제사장 여호야다의 도움으로 다윗의 후손인 요아스가 왕이 될 수 있었니다. 그리고 다윗의 자손들을 죽이려던 아달랴는 죽임을 당했어요. 하나님께서 다윗의 자손이 왕이 되게 해주신다는 약속을 지키신 것이지요. 이에 여호야다와 백성들은 바알의 우상 제단을 부숴버렸답니다.

리고 있었으니 이는 제사장 여호야다가
비번인 자들을 보내지 아니함이더라

9 제사장 여호야다가 하나님의 전 안에
있는 다윗 왕의 창과 큰 방패와 작은
방패를 백부장들에게 주고

10 또 백성들에게 각각 손에 무기를 잡고 왕
을 호위하되 성전 오른쪽에서부터 성전
왼쪽까지 제단과 성전 곁에 서게 하고

11 무리가 왕자를 인도해 내어 면류관을
씌우며 율법책을 주고 세워 왕으로 삼
을새 여호야다와 그의 아들들이 그에
게 기름을 붓고 이르기를 왕이여 만세
수를 누리소서 하니라

12 ●아달랴가 백성들이 뛰며 왕을 찬송
하는 소리를 듣고 여호와의 전에 들어
가서 백성에게 이르러

왕하 11:13

13 보매 왕이 성전 문 기둥 곁에 섰고 지
휘관들과 나팔수들이 왕의 곁에 모셔
서 있으며 그 땅의 모든 백성들이 즐거
워하여 나팔을 불며 노래하는 자들은
주악하며 찬송을 인도하는지라 이에
아달랴가 그의 옷을 찢으며 외치되 반
역이로다 반역이로다 하매

14 제사장 여호야다가 군대를 거느린 백
부장들을 불러내어 이르되 반열 밖으
로 몰아내라 그를 따르는 자는 칼로 죽
이라 하니 제사장의 이 말은 여호와의
전에서는 그를 죽이지 말라 함이라

15 이에 무리가 그에게 길을 열어 주고 그
가 왕궁 말문 어귀에 이를 때에 거기서
죽였더라

여호야다의 개혁 (왕하 11:17-20)

16 ●여호야다가 자기와 모든 백성과 왕
사이에 언약을 세워 여호와의 백성이
되리라 한지라

17 온 국민이 바알의 신당으로 가서 그 신
당을 부수고 그의 제단들과 형상들을
깨뜨리고 그 제단 앞에서 바알의 제사
장 맛단을 죽이니라

18 여호야다가 여호와의 전의 직원들을
세워 레위 제사장의 수하에 맡기니 이
들은 다윗이 전에 그들의 반열을 나누

어서 여호와의 전에서 모세의 율법에
기록한 대로 여호와께 번제를 드리며
다윗이 정한 규례대로 즐거이 부르고
노래하게 하였던 자들이더라

5:5

19 또 문지기를 여호와의 전 여러 문에 두
어 무슨 일에든지 부정한 모든 자는 들
어오지 못하게 하고

20 백부장들과 존귀한 자들과 백성의 방
백들과 그 땅의 모든 백성을 거느리고
왕을 인도하여 여호와의 전에서 내려
와 윗문으로부터 왕궁에 이르러 왕을
나라 보좌에 앉히매

21 그 땅의 모든 백성이 즐거워하고 성중
이 평온하더라 아달랴를 무리가 칼로
죽였었더라

유다 왕 요아스 (왕하 12:1-16) — B.C. 835년경

24 요아스가 왕위에 오를 때에 나
이가 칠 세라 예루살렘에서 사
십 년 동안 다스리니라 그의 어머니의
이름은 시비아요 브엘세바 사람이더라

2 제사장 여호야다가 세상에 사는 모든
날에 요아스가 여호와 보시기에 정직
하게 행하였으며

3 여호야다가 그를 두 아내에게 장가를
게 하였더니 자녀를 낳았더라

4 ●그 후에 요아스가 여호와의 전을 보
수할 뜻을 두고

24:7

5 제사장들과 레위 사람들을 모으고 그
들에게 이르되 너희는 유다 여러 성읍
에 가서 모든 이스라엘에게 해마다 너
희의 하나님의 전을 수리할 돈을 거두

7살에 왕이 된
요아스(24:1)

되 그 일을 빨리 하라 하였으나 레위 사람이 빨리 하지 아니한지라

6 왕이 대제사장 여호야다를 불러 이르되 네가 어찌하여 레위 사람들을 시켜서 여호와의 종 모세와 이스라엘의 회중이 성막을 위하여 정한 세를 유다와 예루살렘에서 거두게 하지 아니하였느냐 하니

7 이는 그 악한 여인 아달랴의 아들들이 하나님의 전을 파괴하고 또 여호와의 전의 모든 성물들을 바알들을 위하여 사용하였음이었더라

8 이에 왕이 말하여 한 궤를 만들어 여호와의 전 문 밖에 두게 하고

9 유다와 예루살렘에 공포하여 하나님의 종 모세가 광야에서 이스라엘에게 정한 세를 여호와께 드리라 하였더니

10 모든 방백들과 백성들이 기뻐하여 마치 가가지 돈을 가져다가 궤에 던지니라

11 레위 사람들이 언제든지 궤를 메고 왕의 관리에게 가지고 가서 돈이 많은 것을 보이면 왕의 서기관과 대제사장에게 속한 관원이 와서 그 궤를 쏟고 다시 그 곳에 가져다 두었더라 때로 이렇게 하여 돈을 많이 거두매 왕하 12:10

12 왕과 여호야다가 그 돈을 여호와의 전 감독자에게 주어 석수와 목수를 고용하여 여호와의 전을 보수하며 또 철공과 놋쇠공을 고용하여 여호와의 전을 수리하게 하였더니

13 기술자들이 맡아서 수리하는 공사가 점점 진척되므로 하나님의 전을 이전 모양대로 견고하게 하니라

성전 문 앞에 커다란 상자를 놓아 둠 (24:8)

14 공사를 마친 후에 그 남은 돈을 왕과 여호야다 앞으로 가져왔으므로 그것으로 여호와의 전에 쓸 그릇을 만들었으니 곧 섬겨 제사 드리는 그릇이며 또 숟가락과 금은 그릇들이라 여호야다가 세상에 사는 모든 날에 여호와의 전에 항상 번제를 드렸더라

여호야다의 정책이 뒤집히다

15 ●여호야다가 나이가 많고 늙어서 죽으니 죽을 때에 백삼십 세라

16 무리가 다윗 성 여러 왕의 묘실 중에 장사하였으니 이는 그가 이스라엘과 하나님과 그의 성전에 대하여 선을 행하였음이더라

17 여호야다가 죽은 후에 유다 방백들이 와서 왕에게 절하매 왕이 그들의 말을 듣고

18 그의 조상들의 하나님 여호와의 전을 버리고 아세라 목상과 우상을 섬겼으므로 그 죄로 말미암아 진노가 유다와 예루살렘에 임하니라

19 그러나 여호와께서 그들에게 선지자를 보내사 다시 여호와에게로 돌아오게 하려 하시매 선지자들이 그들에게 경고하였으나 듣지 아니하니라

20 ●이에 하나님의 영이 제사장 여호야다의 아들 스가랴를 감동시키시매 그가 백성 앞에 높이 서서 그들에게 이르되 하나님이 이같이 말씀하시기를 너희가 어찌하여 여호와의 명령을 거역하여 스스로 형통하지 못하느냐 하셨나니 너희가 여호와를 버렸으므로 여호와께서도 너희를 버리셨으니

24 에는 무엇이 기록되어 있을까?

제사장 여호야다가 사는 동안 요아스는 여호와를 섬기며 나라를 잘 다스렸습니다. 그가 한 일 중에서 가장 훌륭한 일은 성전을 지은 거예요. 그러나 여호야다가 죽자, 요아스는 우상 숭배에 빠져서 자신에게 바른 말을 하는 스가랴를 성전에서 쳐죽이게 했습니다. 그것은 하나님께 대한 도전이었지요.

라 하나
21 무리가 함께 꾀하고 왕의 명령을 따라 그를 여호와의 전 뜰 안에서 돌로 쳐죽였더라
22 요아스 왕이 이와 같이 스가랴의 아버지 여호야다가 베푼 은혜를 기억하지 아니하고 그의 아들을 죽이니 그가 죽을 때에 이르되 여호와는 감찰하시고 신원하여 주옵소서 하니라

요아스가 죽다

23 ●일 주년 말에 아람 군대가 요아스를 치려고 올라와서 유다와 예루살렘에 이르러 백성 중에서 모든 방백들을 다 죽이고 노략한 물건을 다메섹 왕에게로 보내니라
   왕하 12:17
24 아람 군대가 적은 무리로 왔으나 여호와께서 심히 큰 군대를 그들의 손에 넘기셨으니 이는 유다 사람들이 그들의 조상의 하나님 여호와를 버렸음이라 이와 같이 아람 사람들이 요아스를 징벌하였더라
25 요아스가 크게 부상하매 적군이 그를 버리고 간 후에 그의 신하들이 제사장 여호야다의 아들들의 피로 말미암아 반역하여 그를 그의 침상에서 쳐죽인지라 다윗 성에 장사하였으나 왕들의 묘실에는 장사하지 아니하였더라
26 반역한 자들은 암몬 여인 시므앗의 아들 사밧과 모압 여인 시므릿의 아들 여호사밧이더라
27 요아스의 아들들의 사적과 요아스가 중대한 경책을 받은 것과 하나님의 전을 보수한 사적은 다 열왕기 주석에 기록되니라 그의 아들 아마샤가 대신하

제사장 여호야다의 업적(24:12)	
대하 22:12	왕자 요아스를 아달랴로부터 보호함
대하 23:11	끊어진 다윗 왕조를 되 복원시키고 요아스를 왕이 되게 함
대하 23:17	바알 신당을 부수고 바알의 제사장을 죽임
대하 24:2	요아스를 보좌하여 요아스가 하나님 앞에 정직하게 함
대하 24:12	성전 수리를 지휘함

여 왕이 되니라

유다 왕 아마샤 (왕하 14:2-6) — B.C. 797년경

25
아마샤가 왕위에 오를 때에 나이가 이십오 세라 예루살렘에서 이십구 년 동안 다스리니라 그의 어머니의 이름은 여호앗단이요 예루살렘 사람이더라
2 아마샤가 여호와께서 보시기에 정직하게 행하기는 하였으나 온전한 마음으로 행하지 아니하였더라
   25:14
3 그의 나라가 굳게 서매 그의 부왕을 죽인 신하들을 죽였으나
4 그들의 자녀들은 죽이지 아니하였으니 이는 모세의 율법책에 기록된 대로 함이라 곧 여호와께서 명령하여 이르시기를 자녀로 말미암아 아버지를 죽이지 말 것이요 아버지로 말미암아 자녀를 죽이지 말 것이라 오직 각 사람은 자기의 죄로 말미암아 죽을 것이니라 하셨더라

아마샤와 에돔의 전쟁 (왕하 14:7)

5 ●아마샤가 유다 사람들을 모으고 그 여러 족속을 따라 천부장들과 백부장들을 세우되 유다와 베냐민을 함께 그리하고 이십 세 이상으로 계수하여 창과 방패를 잡고 능히 전장에 나갈 만한 자 삼십만 명을 얻고
6 또 은 백 달란트로 이스라엘 나라에서 큰 용사 십만 명을 고용하였더니
7 어떤 하나님의 사람이 아마샤에게 나아와서 이르되 왕이여 이스라엘 군대를 왕과 함께 가게 하지 마옵소서 여호와께서는 이스라엘 곧 온 에브라임 자손과 함께 하지 아니하시나니

25 에는 무엇이 기록되어 있을까?

아마샤의 통치도 두 부분으로 나누어져요. 처음에는 하나님의 법에 순종하고 축복과 승리를 얻었으나, 나중에는 우상 숭배로 징벌을 받게 되었지요. 세일 자손을 죽이는 큰 악을 저지른 아마샤는 나중에 북이스라엘과의 전쟁에서 패배하고 결국 죽임을 당하고 말았답니다.

8 왕이 만일 가시거든 힘써 싸우소서 하나님이 왕을 적군 앞에 엎드러지게 하시리이다 하나님은 능히 돕기도 하시고 능히 패하게도 하시나이다 하니

9 아마샤가 하나님의 사람에게 이르되 내가 백 달란트를 이스라엘 군대에게 주었으니 어찌할까 하나님의 사람이 말하되 여호와께서 능히 이보다 많은 것을 왕에게 주실 수 있나이다 하니라

10 아마샤가 이에 에브라임에서 자기에게 온 군대를 나누어 그들의 고향으로 돌아가게 하였더니 그 무리가 유다 사람에게 심히 노하여 분연히 고향으로 돌아갔더라

11 아마샤가 담력을 내어 그의 백성을 거느리고 소금 골짜기에 이르러 세일 자손 만 명을 죽이고

12 유다 자손이 또 만 명을 사로잡아 가지고 바위 꼭대기에 올라가서 거기서 밀쳐 내려뜨려서 그들의 온 몸이 부서지게 하였더라

13 아마샤가 자기와 함께 전장에 나가지 못하게 하고 돌려보낸 군사들이 사마리아에서부터 벧호론까지 유다 성읍들을 약탈하고 사람 삼천 명을 죽이고

물건을 많이 노략하였더라

14 ● 아마샤가 에돔 사람들을 죽이고 돌아올 때에 세일 자손의 신들을 가져와서 자기의 신으로 세우고 그것들 앞에 경배하며 분향한지라

15 그러므로 여호와께서 아마샤에게 진노하사 한 선지자를 그에게 보내시니 그가 이르되 저 백성의 신들이 그들의 백성을 왕의 손에서 능히 구원하지 못하였거늘 왕은 어찌하여 그 신들에게 구하나이까 하매

16 선지자가 아직 그에게 말할 때에 왕이 그에게 이르되 우리가 너를 왕의 모사로 삼았느냐 그치라 어찌하여 맞으려 하느냐 하니 선지자가 그치며 이르되 왕이 이 일을 행하고 나의 경고를 듣지 아니하니 하나님이 왕을 멸하시기로 작정하신 줄 아노라 하였더라

유다와 이스라엘의 전쟁 (왕하 14:8-20)

17 ● 유다 왕 아마샤가 상의하고 예후의 손자 여호아하스의 아들 이스라엘 왕 요아스에게 사신을 보내어 이르되 오라 서로 대면하자 한지라

18 이스라엘 왕 요아스가 유다 왕 아마샤에게 사람을 보내어 이르되 레바논 가시나무가 레바논 백향목에게 전갈을 보내어 이르기를 네 딸을 내 아들에게 주어 아내로 삼게 하라 하였더니 레바논 들짐승이 지나가다가 그 가시나무를 짓밟았느니라

19 네가 에돔 사람들을 쳤다고 네 마음이 교만하여 자긍하는도다 네 궁에나 있으라 어찌하여 화를 자초하여 너와 유다가 함께 망하고자 하느냐 하나

20 아마샤가 듣지 아니하였으니 이는 하나님께로 말미암은 것이라 그들이 에돔 신들에게 구하였으므로 그 대적의 손에 넘기려 하심이러라

21 이스라엘 왕 요아스가 올라와서 유다 왕 아마샤와 더불어 유다의 벧세메스에서 대면하였더니

22 유다가 이스라엘 앞에서 패하여 각기

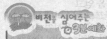

슈바이처와 잡지

'알베르트 슈바이처'는 철학 교수로 있을 때, 책상을 정리하다가 파리 선교사 협회에서 발행한 잡지 한 권을 보았어요. 그는 대충 보고 버리려고 잡지를 펼쳤는데, '콩고 선교의 필요성'이라는 제목의 기사를 보고는 단숨에 읽어 내려갔지요. 그 글은 슈바이처의 일생을 바꾸어 놓았답니다.

그후 슈바이처는 의학공부를 시작하였고, 공부를 마친 후에는 그를 돕기 위해 간호사 훈련을 받은 아내 '헬레네'와 함께 아프리카로 갔어요. 그는 아프리카에서 병원을 세우고 나병 환자의 거주지를 만들기도 하면서 아프리카의 가난한 많은 사람들을 위해 일생을 봉사하며 살았습니다. 이러한 공로를 인정받아 슈바이처는 1952년에 노벨 평화상을 받았답니다.

장막으로 도망한지라

23 이스라엘 왕 요아스가 벧세메스에서 여호아하스의 손자 요아스의 아들 유다 왕 아마샤를 사로잡고 예루살렘에 이르러 예루살렘 성벽을 에브라임 문에서부터 성 모퉁이 문까지 사백 규빗을 헐고

24 또 하나님의 전 안에서 오벧에돔이 지키는 모든 금은과 그릇과 왕궁의 재물을 빼앗고 또 사람들을 볼모로 잡아 가지고 사마리아로 돌아갔더라

25 ●이스라엘 왕 여호아하스의 아들 요아스가 죽은 후에도 유다 왕 요아스의 아들 아마샤가 십오 년간 생존하였더라

26 아마샤의 이 외의 처음부터 끝까지의 행적은 유다와 이스라엘 열왕기에 기록되지 아니하였느냐

27 아마샤가 돌아서서 여호와를 버린 후로부터 예루살렘에서 무리가 그를 반역하였으므로 그가 라기스로 도망하였더니 반역한 무리가 사람을 라기스로 따라 보내어 그를 거기서 죽이게 하고

28 그의 시체를 말에 실어다가 그의 조상들과 함께 유다 성읍에 장사하였더라

유다 왕 웃시야 (왕하 14:21~22; 15:1~7)

26 유다 온 백성이 나이가 십육 세 된 웃시야를 세워 그의 아버지 아마샤를 대신하여 왕으로 삼으니

2 아마샤 왕이 그의 열조들의 묘실에 누운 후에 웃시야가 엘롯을 건축하여 유다에 돌렸더라

3 웃시야가 왕위에 오를 때에 나이가 십육 세라 예루살렘에서 오십이 년간 다스리니라 그의 어머니의 이름은 여골리아요 예루살렘 사람이더라

4 웃시야가 그의 아버지 아마샤의 모든 행위대로 여호와 보시기에 정직하게 행하며

5 하나님의 묵시를 밝히 아는 스가랴가 사는 날에 하나님을 찾았고 그가 여호와를 찾을 동안에는 하나님이 형통하게 하셨더라

단1:17

6 ●웃시야가 나가서 블레셋 사람들과 싸우고 가드 성벽과 야브네 성벽과 아스돗 성벽을 헐고 아스돗 땅과 블레셋 사람들 가운데에 성읍들을 건축하매

7 하나님이 그를 도우사 블레셋 사람들과 구르바알에 거주하는 아라비아 사람들과 마온 사람들을 치게 하신지라

8 암몬 사람들이 웃시야에게 조공을 바치매 웃시야가 매우 강성하여 이름이 애굽 변방까지 퍼졌더라

9 웃시야가 예루살렘에서 성 모퉁이 문과 골짜기 문과 성굽이에 망대를 세워 견고하게 하고

10 또 광야에 망대를 세우고 물 웅덩이를 많이 파고 고원과 평지에 가축을 많이 길렀으며 또 여러 산과 좋은 밭에 농부와 포도원을 다스리는 자들을 두었으니 농사를 좋아함이었더라

11 웃시야에게 또 싸우는 군사가 있으니 서기관 여이엘과 병영장 마아세야가 직접 조사한 수효대로 왕의 지휘관 하나냐의 휘하에 속하여 떼를 지어 나가서 싸우는 자라

12 족장의 총수가 이천육백 명이니 모두 큰 용사요

13 그의 휘하의 군대가 삼십만 칠천오백

26 에는 무엇이 기록되어 있을까?

웃시야의 일생도 두 부분으로 나누어볼 수 있어요. 처음에 웃시야는 스가랴 선지자의 조언을 받아들여 하나님을 경외하고, 여러 나라와의 전쟁에서 승리했지요. 그러나 교만한데 져서 하나님의 법을 어기다가 결국 나병에 걸리고 말았답니다.

분연(25:10) 떨쳐 일어서는 기운이 세차고 꿋꿋한 모양.

담력(25:11) 겁이 없고 용감스런 기운.

분향(25:14) 향을 피움.

모사(25:16) 온갖 꾀를 잘 내는 사람. 상담자. 변호자.

자긍(25:19) 자기 스스로의 긍지.

볼모(25:24) 약속을 이행하겠다는 담보로 상대편에게 잡혀두는 물건이나 사람.

묵시(26:5) 밝은 가운데 하나님이 성령으로 나타내어 일러줌.

성굽이(26:9) 성곽 모퉁이.

명이라 건장하고 싸움에 능하여 왕을 도와 적을 치는 자이며

14 웃시야가 그의 온 군대를 위하여 방패와 창과 투구와 갑옷과 활과 물매 돌을 준비하고

15 또 예루살렘에서 재주 있는 사람들에게 무기를 고안하게 하여 망대와 성곽 위에 두어 화살과 큰 돌을 쏘고 던지게 하였으니 그의 이름이 멀리 퍼짐은 기이한 도우심을 얻어 강성하여짐이었더라

웃시야에게 나병이 생기다

16 ●그가 강성하여지매 그의 마음이 교만하여 악을 행하여 그의 하나님 여호와께 범죄하되 곧 여호와의 성전에 들어가서 향단에 분향하려 한지라

17 제사장 아사랴가 여호와의 용맹한 제사장 팔십 명을 데리고 그의 뒤를 따라 들어가서

18 웃시야 왕 곁에 서서 그에게 이르되 웃시야여 여호와께 분향하는 일은 왕이 할 바가 아니요 오직 분향하기 위하여 구별함을 받은 아론의 자손 제사장들이 할 바니 성소에서 나가소서 왕이 범죄하였으니 하나님 여호와에게서 영광을 얻지 못하리이다

19 웃시야가 손에 향로를 잡고 분향하려 하다가 화를 내니 그가 제사장에게 화를 낼 때에 여호와의 전 안 향단 곁 제사장들 앞에서 그의 이마에 나병이 생긴지라

20 대제사장 아사랴와 모든 제사장이 왕의 이마에 나병이 생겼음을 보고 성전에서 급히 쫓아내고 여호와께서 치시

므로 왕도 속히 나가니라

21 웃시야 왕이 죽는 날까지 나병환자가 되었고 나병환자가 되매 여호와의 전에서 끊어져 별궁에 살았으므로 그의 아들 요담이 왕궁을 관리하며 백성을 다스렸더라   레 13:46

22 웃시야의 남은 시종 행적은 아모스의 아들 선지자 이사야가 기록하였더라

23 웃시야가 그의 조상들과 함께 누우매 그는 나병환자라 하여 왕들의 묘실에 접한 땅 곧 그의 조상들의 곁에 장사하니라 그의 아들 요담이 대신하여 왕이 되니라

유다 왕 요담 (왕하15:32-38) — B.C. 750년경

27 요담이 왕위에 오를 때에 나이가 이십오 세라 예루살렘에서 십육 년 동안 다스리니라 그의 어머니의 이름은 여루사요 사독의 딸이더라

2 요담이 그의 아버지 웃시야의 모든 행위대로 여호와 보시기에 정직하게 행하였으나 여호와의 성전에는 들어가지 아니하였고 백성은 여전히 부패하였더라   26:16

3 그가 여호와의 전 윗문을 건축하고 또 오벨 성벽을 많이 증축하고

4 유다 산중에 성읍들을 건축하며 수풀 가운데 견고한 진영들과 망대를 건축하고

5 암몬 자손의 왕과 더불어 싸워 그들을 이겼더니 그 해에 암몬 자손이 은 백 달란트와 밀 만 고르와 보리 만 고르를 바쳤고 제이년과 제삼년에도 암몬 자손이 그와 같이 바쳤더라

6 요담이 그의 하나님 여호와 앞에서 바른 길을 걸었으므로 점점 강하여졌더라

7 요담의 남은 사적과 그의 모든 전쟁과 행위는 이스라엘과 유다 열왕기에 기록되니라

8 요담이 왕위에 오를 때에 나이가 이십

27 에는 무엇이 기록되어 있을까?

요담이 아버지 웃시야의 뒤를 이어 왕이 되었어요. 요담은 16년 동안 나라를 다스렸는데, 하나님께서 보시기에 정직하게 행동했지요. 하나님의 말씀대로 행동among 요담은 점점 강해졌고 성전의 문과 여러 성을 지었어요. 요담이 죽고 나서 그의 아들 아하스가 왕이 되었답니다.

망대(26:15) 적의 움직임을 살펴보는 높은 대.
증축(27:3) 세워 있는 건축물에 덧붙여 늘여 지음.

오 세요 예루살렘에서 다스린 지 십육 년이라

9 그가 그의 조상들과 함께 누우매 다윗 성에 장사되고 그의 아들 아하스가 대신하여 왕이 되니라

유다 왕 아하스 (왕하 16:1-5) — B.C. 750년경

28 아하스가 왕위에 오를 때에 나이가 이십 세라 예루살렘에서 십육 년 동안 다스렸으나 그의 조상 다윗과 같지 아니하여 여호와 보시기에 정직하게 행하지 아니하고

2 이스라엘 왕들의 길로 행하여 바알들의 우상을 부어 만들고

3 또 힌놈의 아들 골짜기에서 분향하고 여호와께서 이스라엘 자손 앞에서 쫓아내신 이방 사람들의 가증한 일을 본받아 그의 자녀들을 불사르고 28:25

4 또 산당과 작은 산 위와 모든 푸른 나무 아래에서 제사를 드리며 분향하니라

5 그러므로 그의 하나님 여호와께서 그를 아람 왕의 손에 넘기시매 그들이 쳐서 심히 많은 무리를 사로잡아 다메섹으로 갔으며 또 이스라엘 왕의 손에 넘기시매 그가 쳐서 크게 살륙하였으니

6 이는 그의 조상들의 하나님 여호와를 버렸음이라 르말랴의 아들 베가가 유다에서 하루 동안에 용사 십이만 명을 죽였으며

7 에브라임의 용사 시그리는 왕의 아들 마아세야와 궁내대신 아스리감과 총리대신 엘가나를 죽였더라

선지자 오뎃

8 ●이스라엘 자손이 그들의 형제 중에서 그들의 아내와 자녀를 합하여 이십

만 명을 사로잡고 그들의 재물을 많이 노략하여 사마리아로 가져가니 41:4

9 그 곳에 여호와의 선지자가 있는데 이름은 오뎃이라 그가 사마리아로 돌아오는 군대를 영접하고 그들에게 이르되 너희 조상의 하나님 여호와께서 유다에게 진노하셨으므로 너희 손에 넘기셨거늘 너희의 노기가 충천하여 살륙하고

10 이제 너희가 또 유다와 예루살렘 백성들을 압제하여 노예로 삼고자 생각하는도다 그러나 너희는 너희의 하나님 여호와께만 범죄함이 없느냐

11 그런즉 너희는 내 말을 듣고 너희의 형제들 중에서 사로잡아 온 포로를 놓아 돌아가게 하라 여호와의 진노가 너희에게 임박하였느니라 한지라 28:8

12 에브라임 자손의 우두머리 몇 사람 곧 요하난의 아들 아사랴와 무실레못의 아들 베레갸와 살룸의 아들 여히스기야와 하들래의 아들 아마사가 일어나서 전장에서 돌아오는 자들을 막으며

13 그들에게 이르되 너희는 이 포로를 이리로 끌어들이지 못하리라 너희가 행하는 일이 우리를 여호와께 허물이 있게 함이니 우리의 죄와 허물을 더하게 함이로다 우리의 허물이 이미 커서 진노하심이 이스라엘에게 임박하였느니

술술 풀리는 **성경말씀**

힌놈의 아들 골짜기

예루살렘 남쪽에 있는 깊은 골짜기로, 베냐민 지파와 유다 지파의 경계선 구실을 하지요 (수 15:8; 18:16).

렘 19:2에 따르면 성읍에서 '하시드 문', 즉 '토기장이의 문'을 거치면 이곳에 다다를 수 있었어요. 열왕기, 역대기, 예레미야에는 기드론과 힌놈의 아들 골짜기의 교차점을 향해 위치하고 있는 '도벳'이라는 장소에서 이방신들을 위한 의식이 행해졌고, 바알과 몰렉을 위하여 자식들을 불살라 희생 제물로 삼았어요(왕하 23:10;대하 28:3;33:6;렘 32:35). 예레미야는 이곳을 "살륙의 골짜기"라고 불렀지요. 28장 3절

28 장 에는 무엇이 기록되어 있을까?

왕이 된 아하스는 사람을 제물로 드리는 등 하나님께서 싫어하시는 우상 숭배에 열심이었어요. 그러자 하나님께서는 아람과 이스라엘을 통해 유다를 침공하게 하셨지요. 게다가 에돔과 블레셋도 쳐들어왔어요. 그래도 아하스는 깨닫지 못하고 우상을 더욱더 섬겼답니다.

라 하매

14 이에 무기를 가진 사람들이 포로와 노략한 물건을 방백들과 온 회중 앞에 둔지라

15 이 위에 이름이 기록된 자들이 일어나서 포로를 맞고 노략하여 온 것 중에서 옷을 가져다가 벗은 자들에게 입히며 신을 신기며 먹이고 마시게 하며 기름을 바르고 그 약한 자들은 모두 나귀에 태워 데리고 종려나무 성 여리고에 이르러 그의 형제에게 돌려준 후에 사마리아로 돌아갔더라

아하스가 앗수르에 도움을 구하다
(왕하 16:7-9)

16 ●그 때에 아하스 왕이 앗수르 왕에게 사람을 보내어 도와 주기를 구하였으니

17 이는 에돔 사람들이 다시 와서 유다를 치고 그 백성을 사로잡았음이며

18 블레셋 사람들도 유다의 평지와 남방 성읍들을 침노하여 벧세메스와 아얄론과 그데롯과 소고 및 그 주변 마을들과 딤나 및 그 주변 마을들과 김소 및 그 주변 마을들을 점령하고 거기에 살았으니

19 이는 이스라엘 왕 아하스가 유다에서 망령되이 행하여 여호와께 크게 범죄하였으므로 여호와께서 유다를 낮추심이라

20 앗수르 왕 디글랏빌레셀이 그에게 이르렀으나 돕지 아니하고 도리어 그를 공격하였더라

21 아하스가 여호와의 전과 왕궁과 방백들의 집에서 재물을 가져다가 앗수르 왕에게 주었으나 그에게 유익이 없었더라

아하스의 범죄

22 ●이 아하스 왕이 곤고할 때에 더욱 여호와께 범죄하여

23 자기를 친 다메섹 신들에게 제사하여 이르되 아람 왕들의 신들이 그들을 도왔으니 나도 그 신에게 제사하여 나를 돕게 하리라 하였으나 이 신이 아하스와 온 이스라엘을 망하게 하였더라

24 아하스가 하나님의 전의 기구들을 모아 하나님의 전의 기구들을 부수고 또 여호와의 전 문들을 닫고 예루살렘 구석마다 제단을 쌓고

25 유다 각 성읍에 산당을 세워 다른 신에게 분향하여 그의 조상들의 하나님 여호와를 진노하게 하였더라

26 아하스의 남은 시종 사적과 모든 행위는 유다와 이스라엘 열왕기에 기록되니라

27 아하스가 그의 조상들과 함께 누우매 이스라엘 왕들의 묘실에 들이지 아니하고 예루살렘 성에 장사하였더라 그의 아들 히스기야가 대신하여 왕이 되니라

유다 왕 히스기야의 성전 정화 (왕하 18:1-3)

29 히스기야가 왕위에 오를 때에 나이가 이십오 세라 예루살렘에서 이십구 년 동안 다스리니라 그의 어머니의 이름은 아비야요 스가랴의 딸이더라

2 히스기야가 그의 조상 다윗의 모든 행실과 같이 여호와 보시기에 정직하게 행하여

28:1

3 첫째 해 첫째 달에 여호와의 전 문들을 열고 수리하고

4 제사장들과 레위 사람들을 동쪽 광장에 모으고

5 그들에게 이르되 레위 사람들아 내 말을 들으라 이제 너희는 성결하게 하고 또 너희 조상들의 하나님 여호와의 전을 성결하게 하여 그 더러운 것을 성소에서 없애라

6 우리 조상들이 범죄하여 우리 하나님 여호와 보시기에 악을 행하여 그를 버리고 얼굴을 돌려 여호와의 성소

29 에는 무엇이 기록되어 있을까?

히스기야는 왕이 되자마자 성전 문들을 고치고 우상 숭배로 얼룩진 하나님의 성전을 깨끗하게 하였으며, 그리고 대제사장들에게 이스라엘을 위해 번제와 속죄제를 드리게 했지요. 번제란 태워서 드리는 예배이며, 속죄제란 죄를 깨끗하게 해달라고 드리는 예배랍니다.

를 등지고

7 또 낭실 문을 닫으며 등불을 끄고 성소에서 분향하지 아니하며 이스라엘의 하나님께 번제를 드리지 아니하므로

8 여호와께서 유다와 예루살렘에 진노하시고 내버리사 두려움과 놀람과 비웃음거리가 되게 하신 것을 너희가 똑똑히 보는 바라

9 이로 말미암아 우리의 조상들이 칼에 엎드러지며 우리의 자녀와 아내들이 사로잡혔느니라

10 이제 이스라엘의 하나님 여호와와 더불어 언약을 세워 그 맹렬한 노를 우리에게서 떠나게 할 마음이 내게 있노니

11 내 아들들아 이제는 게으르지 말라 여호와께서 이미 너희를 택하사 그 앞에 서서 수종들어 그를 섬기며 분향하게 하셨느니라

12 ●이에 레위 사람들이 일어나니 곧 그핫의 자손 중 아마새의 아들 마핫과 아사라의 아들 요엘과 므라리의 자손 중 압디의 아들 기스와 여할렐렐의 아들 아사랴와 게르손 사람 중 심마의 아들 요아와 요아의 아들 에덴과

13 엘리사반의 자손 중 시므리와 여우엘과 아삽의 자손 중 스가랴와 맛다냐와

14 헤만의 자손 중 여후엘과 시므이와 여두둔의 자손 중 스마야와 웃시엘이라

15 그들이 그들의 형제들을 모아 성결하게 하고 들어가서 왕이 여호와의 말씀대로 명령한 것을 따라 여호와의 전을 깨끗하게 할새

16 제사장들도 여호와의 전 안에 들어가

서 깨끗하게 하여 여호와의 전에 있는 모든 더러운 것을 끌어내어 여호와의 전 뜰에 이르매 레위 사람들이 받아 바깥 기드론 시내로 가져갔더라

17 첫째 달 초하루에 성결하기를 시작하여 그 달 초팔일에 여호와의 낭실에 이르고 또 팔 일 동안 여호와의 전을 성결하게 하여 첫째 달 십육 일에 이르러 마치고

18 안으로 들어가서 히스기야왕을 보고 이르되 우리가 여호와의 온 전과 번제단과 그 모든 그릇들과 떡을 진설하는 상과 그 모든 그릇들을 깨끗하게 하였고

19 또 아하스 왕이 왕위에 있어 범죄할 때에 버린 모든 그릇들도 우리가 정돈하고 성결하게 하여 여호와의 제단 앞에 두었나이다 하니라

성전의 일이 갖추어지다

20 ●히스기야 왕이 일찍이 일어나 성읍의 귀인들을 모아 여호와의 전에 올라가서

21 수송아지 일곱 마리와 숫양 일곱 마리와 어린 양 일곱 마리와 숫염소 일곱 마리를 끌어다가 나라와 성소와 유다를 위하여 속죄제물로 삼고 아론의 자손

제사장들을 명령하여 여호와의 제단에 드리게 하니

22 이에 수소를 잡으매 제사장들이 그 피를 받아 제단에 뿌리고 또 숫양들을 잡으매 그 피를 제단에 뿌리고 또 어린 양들을 잡으매 그 피를 제단에 뿌리고

23 이에 속죄제물로 드릴 숫염소들을 왕과 회중 앞으로 끌어오매 그들이 그 위에 안수하고

24 제사장들이 잡아 그 피를 속죄제로 삼아 제단에 드려 온 이스라엘을 위하여 속죄하니 이는 왕이 명령하여 온 이스라엘을 위하여 번제와 속죄제를 드리게 하였음이더라

25 ●왕이 레위 사람들을 여호와의 전에 두어서 다윗과 왕의 선견자 갓과 선지자 나단이 명령한 대로 제금과 비파와 수금을 잡게 하니 이는 여호와께서 그의 선지자들로 이렇게 명령하셨음이라

26 레위 사람은 다윗의 악기를 잡고 제사장은 나팔을 잡고 서매

27 히스기야가 명령하여 번제를 제단에 드릴새 번제 드리기를 시작하는 동시에 여호와의 시로 노래하고 나팔을 불며 이스라엘 왕 다윗의 악기를 울리고

28 온 회중이 경배하며 노래하는 자들은 노래하고 나팔 부는 자들은 나팔을 불어 번제를 마치기까지 이르니라

29 ●제사 드리기를 마치매 왕과 그와 함께 있는 자들이 다 엎드려 경배하니라

30 히스기야 왕이 귀인들과 더불어 레위 사람을 명령하여 다윗과 선견자 아삽의 시로 여호와를 찬송하게 하매 그들이 즐거움으로 찬송하고 몸을 굽혀 예배하니라

31 ●이에 히스기야가 말하여 이르되 너희가 이제 스스로 몸을 깨끗하게 하여 여호와께 드렸으니 마땅히 나아와 제물과 감사제물을 여호와의 전으로 가져오라 하니 회중이 제물과 감사제물을 가져오되 무릇 마음에 원하는 자는 또한 번제물도 가져오니 ^{35:5, 22}

32 회중이 가져온 번제물의 수효는 수소가 칠십 마리요 숫양이 백 마리요 어린 양이 이백 마리이니 이는 다 여호와께 번제물로 드리는 것이며

33 또 구별하여 드린 소가 육백 마리요 양이 삼천 마리라

34 그런데 제사장이 부족하여 그 모든 번제 짐승들의 가죽을 능히 벗기지 못하는 고로 그의 형제 레위 사람들이 그 일을 마치기까지 돕고 다른 제사장들이 성결하게 하기까지 기다렸으니 이는 레위 사람들의 성결하게 함이 제사장들보다 성심이 있었음이라 ^{30:3}

35 번제와 화목제의 기름과 각 번제에 속

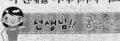
선생님!! 궁금해요

하나님이 내 기도를 듣고 계신다는 걸 어떻게 알 수 있어요?

하나님은 우리들의 기도를 분명히 듣고 계셔요. 기도하면 마음이 기뻐지고 편안해지죠? 또 감동을 느끼고 새 힘이 생기는 것도 하나님이 듣고 계신다는 증거예요.

여러분이 했던 기도의 제목을 살펴보세요. 하나님께서 들어주신 것을 알 수 있어요. 만일 배가 아프시면 손을 얹고 치료해달라고 기도해보세요. 정말 치료해주신답니다.

하지만 분명한 응답을 받으려면 믿음을 가져야 해요. 가족과 친구가 구원받도록 기도해보세요. 당장 바뀌는 것은 아니지만 계속 기도하며 기다리면 응답해주실거예요. 그러나 마술이나 요술처럼 곧바로 응답해주시기만을 바라는 것은 좋은 자세가 아니랍니다.

30장 20절

한 전제들이 많더라 이와 같이 여호와
의 전에서 섬기는 일이 순서대로 갖추
어지니라

36 이 일이 갑자기 되었으나 하나님께서
백성을 위하여 예비하셨으므로 히스
기야가 백성과 더불어 기뻐하였더라

유월절 준비

30 히스기야가 온 이스라엘과 유
다에 사람을 보내고 또 에브라
임과 므낫세에 편지를 보내어 예루살
렘 여호와의 전에 와서 이스라엘 하나
님 여호와를 위하여 유월절을 지키라
하니라

2 왕이 방백들과 예루살렘 온 회중과 더
불어 의논하고 둘째 달에 유월절을 지
키려 하였으니

3 이는 성결하게 한 제사장들이 부족하
고 백성도 예루살렘에 모이지 못하였
으므로 그 정한 때에 지킬수 없었음이
라   출 12:6, 18

4 왕과 온 회중이 이 일을 좋게 여기고

5 드디어 왕이 명령을 내려 브엘세바에
서부터 단까지 온 이스라엘에 공포하
여 일제히 예루살렘으로 와서 이스라
엘 하나님의 유월절을 지키라 하니 이는 기록된 규례대로 오랫동안
지키지 못하였음이더라

6 보발꾼들이 왕과 방백들의 편지를 받
아 가지고 왕의 명령을 따라 온 이스라
엘과 유다에 두루 다니며 전하니 일렀
으되 이스라엘 자손들아 너희는 아브
라함과 이삭과 이스라엘의 하나님 여
호와께로 돌아오라 그리하면 그가 너
희 남은 자 곧 앗수르 왕의 손에서 벗

어난 자에게로 돌아오시리라

7 너희 조상들과 너희 형제 같이 하지 말
라 그들은 그의 조상들의 하나님 여호
와께 범죄하였으므로 여호와께서 멸
망하도록 버려 두신 것을 너희가 똑똑
히 보는 바니라

8 그런즉 너희 조상들 같이 목을 곧게 하
지 말고 여호와께 돌아와 영원히 거룩
하게 하신 전에 들어가서 너희 하나님
여호와를 섬겨 그의 진노가 너희에게
서 떠나게 하라

9 너희가 만일 여호와께 돌아오면 너희
형제들과 너희 자녀가 사로잡은 자들
에게서 자비를 입어 다시 이 땅으로 돌
아오리라 너희 하나님 여호와는 은혜
로우시고 자비하신지라 너희가 그에
게로 돌아오면 그의 얼굴을 너희에게
서 돌이키지 아니하시리라 하였더라

10 ●보발꾼이 에브라임과 므낫세 지방
각 성읍으로 두루 다녀서 스불론까지
이르렀으나 사람들이 그들을 조롱하
며 비웃었더라   36:16

11 그러나 아셀과 므낫세와 스불론 중에
서 몇 사람이 스스로 겸손한 마음으로
예루살렘에 이르렀고

12 하나님의 손이 또한 유다 사람들을 감
동시키사 그들에게 왕과 방백들이 여
호와의 말씀대로 전한 명령을 한 마음
으로 준행하게 하셨더라

유월절을 성대히 지키다

13 ●둘째 달에 백성이 무교절을 지키려
하여 예루살렘에 많이 모이니 매우 큰
모임이라   30:2

14 무리가 일어나 예루살렘에 있는 제단
과 향단들을 모두 제거하여 기드론 시
내에 던지고

15 둘째 달 열넷째 날에 유월절 양을 잡으
니 제사장과 레위 사람이 부끄러워하
여 성결하게 하고 번제물을 가지고 여
호와의 전에 이르러

16 규례대로 각각 자기들의 처소에 서고
하나님의 사람 모세의 율법을 따라 제

30에는 무엇이 기록되어 있을까?

히스기야는 나누어진 유다와 이스
라엘이 함께 유월절 행사를 치르도록 했어요.
유월절은 하나님께서 이스라엘을 애굽에서 해
방시키신 날을 기념하는 절기랍니다. 이스라엘
은 유다와 이스라엘로 갈라진 이후 200여 년만
에 함께 유월절을 지키게 되었어요.

유월절 양
(30:15-18)

사장들이 레위 사람의 손에서 피를 받아 뿌리니라

17 회중 가운데 많은 사람이 자신들을 성결하게 하지 못하였으므로 레위 사람들이 모든 부정한 사람을 위하여 유월절 양을 잡아 그들로 여호와 앞에서 성결하게 하였으나 29:34

18 에브라임과 므낫세와 잇사갈과 스불론의 많은 무리는 자기들을 깨끗하게 하지 아니하고 유월절 양을 먹어 기록한 규례를 어긴지라 히스기야가 그들을 위하여 기도하여 이르되 선하신 여호와여 사하옵소서

19 결심하고 하나님 곧 그의 조상들의 하나님 여호와를 구하는 사람은 누구든지 비록 성소의 결례대로 스스로 깨끗하게 못하였을지라도 사하옵소서 하였더니

20 여호와께서 히스기야의 기도를 들으시고 백성을 고치셨더라

21 예루살렘에 모인 이스라엘 자손이 크게 즐거워하며 칠 일 동안 무교절을 지켰고 레위 사람들과 제사장들은 날마다 여호와를 칭송하며 큰 소리 나는 악기를 올려 여호와를 찬양하였으며

22 히스기야는 여호와를 섬기는 일에 능숙한 모든 레위 사람들을 위로하였더라 이와 같이 절기 칠 일 동안에 무리가 먹으며 화목제를 드리고 그의 조상들의 하나님 여호와께 감사하였더라

두 번째 절기

23 ● 온 회중이 다시 칠 일을 지키기로 결의하고 이에 또 칠 일을 즐겁게 지켰더라 왕상 8:65

24 유다 왕 히스기야가 수송아지 천 마리와 양 칠천 마리를 회중에게 주었고 방백들은 수송아지 천 마리와 양 만 마리를 회중에게 주었으며 자신들을 성결하게 한 제사장들도 많았더라

25 유다 온 회중과 제사장들과 레위 사람들과 이스라엘에서 온 모든 회중과 이스라엘 땅에서 나온 나그네들과 유다에 사는 나그네들이 다 즐거워하였으므로

26 예루살렘에 큰 기쁨이 있었으니 이스라엘 왕 다윗의 아들 솔로몬 때로부터 이러한 기쁨이 예루살렘에 없었더라

27 그 때에 제사장들과 레위 사람들이 일어나서 백성을 위하여 축복하였으니 그 소리가 하늘에 들리고 그 기도가 여호와의 거룩한 처소 하늘에 이르렀더라 시 68:5

히스기야의 개혁 ──B.C. 716년경

31 이 모든 일이 끝나매 거기에 있는 이스라엘 무리가 나가서 유다 여러 성읍에 이르러 주상들을 깨뜨리며 아세라 목상들을 찍으며 유다와 베냐민과 에브라임과 므낫세 온 땅에서 산당들과 제단들을 제거하여 없애고 이스라엘 모든 자손이 각각 자기의 본성 기업으로 돌아갔더라

2 ● 히스기야가 제사장들과 레위 사람들의 반열을 정하고 그들의 반열에 따라 각각 그들의 직임을 행하게 하되 곧 제사장들과 레위 사람들에게 번제와 화목제를 드리며 여호와의 휘장 문에

31 장 에는 무엇이 기록되어 있을까?

히스기야는 하나님의 성전을 지키는 제사장과 레위인들이 많은 일을 잘 감당할 수 있도록 애를 썼어요. 그리고 그들이 하나님께 예배드리는 데만 신경쓰도록 온 백성에게 십일조를 바치도록 해서 생활비로 주었답니다. 십일조는 수입의 십분의 일을 하나님께 드리는 것이지요.

서 섬기며 감사하며 찬송하게 하고

3 또 왕의 재산 중에서 얼마를 정하여 여호와의 율법에 기록된 대로 번제 곧 아침과 저녁의 번제와 안식일과 초하루와 절기의 번제에 쓰게 하고

4 또 예루살렘에 사는 백성을 명령하여 제사장들과 레위 사람들 몫의 음식을 주어 그들에게 여호와의 율법을 힘쓰게 하라 하니라

5 왕의 명령이 내리자 곧 이스라엘 자손이 곡식과 포도주와 기름과 꿀과 밭의 모든 소산의 첫 열매들을 풍성히 드렸고 또 모든 것의 십일조를 많이 가져왔으며

6 유다 여러 성읍에 사는 이스라엘과 유다 자손들도 소와 양의 십일조를 가져왔고 또 그들의 하나님 여호와께 구별하여 드릴 성물의 십일조를 가져왔으며 그것을 쌓아 여러 더미를 이루는지라

7 셋째 달에 그 더미를 쌓기 시작하여 일곱째 달에 마친지라

8 히스기야와 방백들이 와서 쌓인 더미들을 보고 여호와를 송축하고 그의 백성 이스라엘을 위하여 축복하니라

9 히스기야가 그 더미들에 대하여 제사장들과 레위 사람들에게 물으니

10 사독의 족속 대제사장 아사랴가 그에게 대답하여 이르되 백성이 예물을 여호와의 전에 드리기 시작함으로부터 우리가 만족하게 먹었으나 남은 것이 많으니 이는 여호와께서 그의 백성에게 복을 주셨음이라 그 남은 것이 이렇게 많이 쌓였나이다　　말3:10

11 ●그 때에 히스기야가 명령하여 여호와의 전 안에 방들을 준비하라 하므로 그렇게 준비하고

12 성심으로 그 예물과 십일조와 구별한 물건들을 갖다 두고 레위 사람 고나냐가 그 일의 책임자가 되고 그의 아우 시므이는 부책임자가 되며

13 여히엘과 아사시야와 나핫과 아사헬과 여리못과 요사밧과 엘리엘과 이스마가와 마핫과 브나야는 고나냐와 그의 아우 시므이의 수하에서 보살피는 자가 되니 이는 히스기야 왕과 하나님의 전을 관리하는 아사랴가 명령한 바이며

14 동문지기 레위 사람 임나의 아들 고레는 즐거이 하나님께 드리는 예물을 맡아 여호와께 드리는 것과 모든 지성물을 나눠 주며

15 그의 수하의 에덴과 미냐민과 예수아와 스마야와 아마랴와 스가냐는 제사장들의 성읍에 있어서 직임을 맡아 그의 형제들에게 반열대로 대소를 막론하고 나눠 주되

16 삼 세 이상으로 족보에 기록된 남자 외에 날마다 여호와의 전에 들어가서 그 반열대로 직무에 수종드는 자들에게 다 나눠 주며

17 또 그들의 족속대로 족보에 기록된 제사장들에게 나눠 주며 이십세 이상에서 그 반열대로 직무를 맡은 레위 사람들에게 나눠 주며

18 또 그 족보에 기록된 온 회중의 어린 아이들 아내들 자녀들에게 나눠 주었으

비전을 심어주는
3분 예화

파도를 즐기는 아이

바다를 항해하려면 커다란 여객선이나 큰 풍랑을 만나요. 모든 선객들이 두려워하며 떨고 있었는데, 한 아이는 두려워하기는커녕 오히려 파도를 즐기고 있었죠. 이상하게 여기던 한 부인이 배가 가라앉을지도 모르는데 무섭지 않냐고 묻자, 아이는 대답했어요.

"걱정 마세요. 이 배는 가라앉지 않아요. 우리 아빠가 이 배의 선장님이시거든요. 제가 아기 때부터 이 배에 탔지만 한 번도 사고가 나지 않았어요. 큰 풍랑이 있을 때에도 이 배는 파도를 헤쳐 나가셨어요. 그래서 겁나지 않아요."

예수님은 우리가 타고 가는 천국행 배의 선장님이세요. 예수님께서는 모든 파도를 헤치며 안전하게 천국에 도착하게 하실 것이므로, 우리는 파도를 구경하며 여행을 즐기면 됩니다.

라기스 골짜기(32:9)

니 이 회중은 성결하고 충실히 그 직분을 다하는 자며

19 각 성읍에서 등록된 사람이 있어 성읍 가까운 들에 사는 아론 자손 제사장들에게도 나눠 주되 주의 제사장들의 모든 남자와 족보에 기록된 레위 사람들에게 나눠 주었더라

20 ●히스기야가 온 유다에 이같이 행하되 그의 하나님 여호와 보시기에 선과 정의와 진실함으로 행하였으니

21 그가 행하는 모든 일 곧 하나님의 전에 수종드는 일에나 율법에나 계명에나 그의 하나님을 찾고 한 마음으로 행하여 형통하였더라

앗수르 군대가 예루살렘을 위협하다
(왕하 18:13-37; 19:14-19, 35-37; 사 36:1-22; 37:8-38)

32 이 모든 충성된 일을 한 후에 앗수르 왕 산헤립이 유다에 들어와서 견고한 성읍들을 향하여 진을 치고 쳐서 점령하고자 한지라

2 히스기야가 산헤립이 예루살렘을 치러 온 것을 보고

3 그의 방백들과 용사들과 더불어 의논하고 성 밖의 모든 물 근원을 막고자 하매 그들이 돕더라

4 이에 백성이 많이 모여 모든 물 근원과 땅으로 흘러가는 시내를 막고 이르되 어찌 앗수르 왕들이 와서 많은 물을 얻게 하리요 하고

5 히스기야가 힘을 내어 무너진 모든 성벽을 보수하되 망대까지 높이 쌓고 또 외성을 쌓고 다윗 성의 밀로를 견고하게 하고 무기와 방패를 많이 만들고

6 군대 지휘관들을 세워 백성을 거느리게 하고 성문 광장에서 자기 앞에 무리를 모으고 말로 위로하여 이르되 30:22

7 너희는 마음을 강하게 하며 담대히 하고 앗수르 왕과 그를 따르는 온 무리로 말미암아 두려워하지 말며 놀라지 말라 우리와 함께 하시는 이가 그와 함께 하는 자보다 크니

8 그와 함께 하는 자는 육신의 팔이요 우리와 함께 하시는 이는 우리의 하나님 여호와시라 반드시 우리를 도우시고 우리를 대신하여 싸우시리라 하매 백성이 유다 왕 히스기야의 말로 말미암아 안심하니라 렘 17:5

9 ●그 후에 앗수르 왕 산헤립이 그의 온 군대를 거느리고 라기스를 치며 그의 신하들을 예루살렘에 보내어 유다 왕 히스기야와 예루살렘에 있는 유다 무리에게 말하여 이르기를

10 앗수르 왕 산헤립은 이같이 말하노라 너희가 예루살렘에 에워싸여 있으면서 무엇을 의뢰하느냐

11 히스기야가 너희를 꾀어 이르기를 우리 하나님 여호와께서 우리를 앗수르 왕의 손에서 건져내시리라 하거니와 이 어찌 너희를 주림과 목마름으로 죽게 함이 아니냐 왕하 18:30

12 이 히스기야가 여호와의 산당들과 제단들을 제거하여 버리고 유다와 예루살렘에 명령하여 이르기를 너희는 다만 한 제단 앞에서 예배하고 그 위에 분

향하라 하지 아니하였느냐

13 나와 내 조상들이 이방 모든 백성들에게 행한 것을 너희가 알지 못하느냐 모든 나라의 신들이 능히 그들의 땅을 내 손에서 건져낼 수 있었느냐

14 내 조상들이 진멸한 모든 나라의 그 모든 신들 중에 누가 능히 그의 백성을 내 손에서 건져내었기에 너희 ¹하나님이 능히 너희를 내 손에서 건지겠느냐

15 그런즉 이와 같이 너희는 히스기야에게 속지 말라 꾀임을 받지 말라 그를 믿지도 말라 어떤 백성이나 어떤 나라의 신도 능히 자기의 백성을 나의 손과 나의 조상들의 손에서 건져내지 못하였나니 하물며 너희 ¹하나님이 너희를 내 손에서 건져내겠느냐 하였더라

16 ●산헤립의 신하들도 더욱 여호와 하나님과 그의 종 히스기야를 비방하였으며　　왕하 18:29

17 산헤립이 또 편지를 써 보내어 이스라엘 하나님 여호와를 욕하고 비방하여 이르기를 모든 나라의 신들이 그들의 백성을 내 손에서 구원하여 내지 못한 것 같이 히스기야의 신들도 그의 백성을 내 손에서 구원하여 내지 못하리라 하고

18 산헤립의 신하가 유다 방언으로 크게 소리 질러 예루살렘 성 위에 있는 백성을 놀라게 하고 괴롭게 하여 그 성을 점령하려 하였는데

19 그들이 예루살렘의 하나님을 비방하기를 사람의 손으로 지은 세상 사람의 신들을 비방하듯 하였더라　　왕하 19:18

20 ●이러므로 히스기야 왕이 아모스의 아들 선지자 이사야와 더불어 하늘을 향하여 부르짖어 기도하였더니

21 여호와께서 한 천사를 보내어 앗수르 왕의 진영에서 모든 큰 용사와 대장과

지휘관들을 멸하신지라 앗수르 왕이 낯이 뜨거워 그의 고국으로 돌아갔더니 그의 신의 전에 들어갔을 때에 그의 몸에서 난 자들이 거기서 칼로 죽였더라

22 이와 같이 여호와께서 히스기야와 예루살렘 주민을 앗수르 왕 산헤립의 손과 모든 적국의 손에서 구원하여 내사 사면으로 보호하시매

23 여러 사람이 예물을 가지고 예루살렘에 와서 여호와께 드리고 또 보물을 유다 왕 히스기야에게 드린지라 이 후부터 히스기야가 모든 나라의 눈에 존귀하게 되었더라

히스기야의 병과 교만　B.C. 697년경
(왕하 20:1-3, 12-19; 사 38:1-3; 39:1-8)

24 ●그 때에 히스기야가 병들어 죽게 되었으므로 여호와께 기도하매 여호와께서 그에게 대답하시고 또 이적을 보이셨으나

25 히스기야가 마음이 교만하여 그 받은 은혜를 보답하지 아니하므로 진노가 그와 유다와 예루살렘에 내리게 되었더니

26 히스기야가 마음의 교만함을 뉘우치고 예루살렘 주민들도 그와 같이 하였으므로 여호와의 진노가 히스기야의 생전에는 그들에게 내리지 아니하니라

히스기야의 부와 영광

27 ●히스기야가 부와 영광이 지극한지

히스기야가
마음의 교만함을
뉘우침(32:26)

담대(32:7) 겁이 없이 용기가 대단함.
이적(32:24) 하나님의 권능으로 된 불가사의한 일.
교만(32:25) 제 스스로가 잘난 체하며 겸손하지 않고 뽐내고 버릇이 없음.

1) 신들이

라 이에 은금과 보석과 향품과 방패와 온갖 보배로운 그릇들을 위하여 창고를 세우며

28 곡식과 새 포도주와 기름의 산물을 위하여 창고를 세우며 온갖 짐승의 외양간을 세우며 양 떼의 우리를 갖추며

29 양 떼와 많은 소 떼를 위하여 성읍들을 세웠으니 이는 하나님이 그에게 재산을 심히 많이 주셨음이며

30 이 히스기야가 또 기혼의 윗샘물을 막아 그 아래로부터 다윗 성 서쪽으로 곧게 끌어들였으니 히스기야가 그의 모든 일에 형통하였더라

31 그러나 바벨론 방백들이 히스기야에게 사신을 보내어 그 땅에서 나타난 이적을 물을 때에 하나님이 히스기야를 떠나시고 그의 심중에 있는 것을 다 알고자 하사 시험하셨더라

대상 29:12

히스기야가 죽다 (왕하 20:20-21)

32 ●히스기야의 남은 행적과 그의 모든 선한 일은 아모스의 아들 선지자 이사야의 묵시 책과 유다와 이스라엘 열왕기에 기록되니라

33 히스기야가 그의 조상들과 함께 누우매온 유다와 예루살렘 주민이 그를 다윗자손의 묘실 중 높은 곳에 장사하여 그의 죽음에 그에게 경의를 표하였더라 그의 아들 므낫세가 대신하여 왕이 되니라

유다 왕 므낫세 (왕하 21:1-9) • B.C. 685년경

33

므낫세가 왕위에 오를 때에 나이가 십이 세라 예루살렘에서 오십오 년 동안 다스리며

2 여호와 보시기에 악을 행하여 여호와께서 이스라엘 자손 앞에서 쫓아내신

이방 사람들의 가증한 일을 본받아

3 그의 아버지 히스기야가 헐어 버린 산당을 다시 세우며 아세라 목상을 만들며 하늘의 모든 일월성신을 경배하여 섬기며

4 여호와께서 전에 이르시기를 내가 내 이름을 예루살렘에 영원히 두리라 하신 여호와의 전에 제단들을 쌓고

28:24

5 또 여호와의 전 두 마당에 하늘의 일월성신을 위하여 제단들을 쌓고

6 또 힌놈의 아들 골짜기에서 그의 아들들을 불 가운데로 지나가게 하며 또 점치며 사술과 요술을 행하며 신접한 자와 박수를 신임하여 여호와 보시기에 악을 많이 행하여 여호와를 진노하게 하였으며

7 또 자기가 만든 아로새긴 목상을 하나님의 전에 세웠더라 옛적에 하나님이 이 성전에 대하여 다윗과 그의 아들 솔로몬에게 이르시기를 내가 이스라엘 모든 지파 중에서 택한 이 성전과 예루살렘에 내 이름을 영원히 둘지라

8 만일 이스라엘 사람이 내가 명령한 일들 곧 모세를 통하여 전한 모든 율법과 율례와 규례를 지켜 행하면 내가 그들의 발로 다시는 그의 조상들에게 정하여 준 땅에서 옮기지 않게 하리라 하셨으나

9 유다와 예루살렘 주민이 므낫세의 꾀임을 받고 악을 행한 것이 여호와께서 이스라엘 자손 앞에서 멸하신 모든 나라보다 더욱 심하였더라

므낫세가 기도하다

10 ●여호와께서 므낫세와 그의 백성에게 이르셨으나 그들이 듣지 아니하므로

33장에는 무엇이 기록되어 있을까?

히스기야의 뒤를 이어 왕이 된 므낫세는 백성들이 우상 숭배에 빠지도록 했어요. 그래서 하나님은 므낫세를 앗수르 군대에게 잡혀가게 하셨지요. 하나님 앞에 큰 죄를 범한 므낫세였지만, 하나님은 후에 그의 회개하는 모습을 보시고 예루살렘으로 돌아오게 해주셨답니다.

묵시(32:32) 말없는 가운데 하나님이 성령으로 나타내어 보임.
신접(33:6) 신령이 몸에 접함.
박수(33:6) 남자 무당.
행장(33:18) 사람이 죽은 뒤에 그 평생의 행적을 적은 글.
호새(33:19) 이스라엘 열왕의 행적을 기록한 사기의 기록자.
반역(33:24) 저버리고 돌아서서 거슬리게 행동함.

토막상식

오 벨

히브리어로는 '펭창', '부풀어오름'이라는 의미로서 야산, 또는 언덕을 가리킵니다. 이곳은 고대 예루살렘의 한 거주지로서 유다의 후대 왕들이 요새로 삼으려고 했어요(대하 27:3; 33:14). 포로 귀환 이후 느디딤 사람들 또는 성전지기들이 이 성에 살면서 파손된 성벽을 건축했답니다(느 3:26,27; 11:21).

33장 14절

11 여호와께서 앗수르 왕의 군대 지휘관들이 와서 치게 하시매 그들이 므낫세를 사로잡고 쇠사슬로 결박하여 바벨론으로 끌고 간지라

12 그가 환난을 당하여 그의 하나님 여호와께 간구하고 그의 조상들의 하나님 앞에 크게 겸손하여

13 기도하였으므로 하나님이 그의 기도를 받으시며 그의 간구를 들으시사 그가 예루살렘에 돌아와서 다시 왕위에 앉히시매 므낫세가 그제서야 여호와께서 하나님이신 줄을 알았더라

므낫세가 죽다 (왕하 21:17~18)

14 ●그 후에 다윗 성 밖 기혼 서쪽 골짜기 안에 외성을 쌓되 어문으로까지 이르러 오벨을 둘러 매우 높이 쌓고 또 유다 모든 견고한 성읍에 군대 지휘관을 두며

15 이방 신들과 여호와의 전의 우상을 제거하며 여호와의 전을 건축한 산에와 예루살렘에 쌓은 모든 제단들을 다 성밖에 던지고

33:3~7

16 여호와의 제단을 보수하고 화목제와 감사제를 그 제단 위에 드리고 유다를 명령하여 이스라엘 하나님 여호와를 섬기라 하매

17 백성이 그의 하나님 여호와께만 제사를 드렸으나 아직도 산당에서 제사를 드렸더라

32:12

18 므낫세의 남은 사적과 그가 하나님께 한 기도와 선견자가 이스라엘 하나님 여호와의 이름으로 권한 말씀은 모두 이스라엘 왕들의 행장에 기록되었고

19 또 그의 기도와 그의 기도를 들으신 것과 그의 모든 죄와 허물과 겸손하기 전에 산당을 세운 곳과 아세라 목상과 우상을 세운 곳들이 다 호새의 사기에 기록되니라

20 므낫세가 그의 열조와 함께 누우매 그의 궁에 장사되고 그의 아들 아몬이 대신하여 왕이 되니라

유다 왕 아몬 (왕하 21:19~26)

21 ●아몬이 왕위에 오를 때에 나이가 이십이 세라 예루살렘에서 이 년 동안 다스리며

22 그의 아버지 므낫세의 행함 같이 여호와 보시기에 악을 행하여 아몬이 그의 아버지 므낫세가 만든 아로새긴 모든 우상에게 제사하여 섬겼으며

23 이 아몬이 그의 아버지 므낫세가 스스로 겸손함 같이 여호와 앞에서 스스로 겸손하지 아니하고 더욱 범죄하더니

24 그의 신하가 반역하여 왕을 궁중에서 죽이매

25 백성들이 아몬 왕을 반역한 사람들을 다 죽이고 그의 아들 요시야를 대신하여 왕으로 삼으니라

유다 왕 요시야의 개혁 (왕하 22:1~2)

34

요시야가 왕위에 오를 때에 나이가 팔 세라 예루살렘에서 삼십일 년 동안 다스리며

2 여호와 보시기에 정직하게 행하여 그의 조상 다윗의 길로 걸으며 좌우로 치우치지 아니하고

3 아직도 어렸을 때 곧 왕위에 있은 지 팔 년에 그의 조상 다윗의 하나님을 비로소 찾고 제십이년에 유다와 예루

34 에는 무엇이 기록되어 있을까?

요시야 왕은 유다와 이스라엘을 돌아다니면서 우상들을 없앴어요. 그리고 백성들에게 성전을 고치라고 명령하였습니다. 그런데 성전을 수리하는 과정에서 성벽에서 여호와의 율법책이 발견되었어요. 요시야는 백성들에게 그 율법책을 읽어주고 온 백성들이 여호와와만 섬기게 하였답니다.

살렘을 비로소 정결하게 하여 그 산당들과 아세라 목상들과 아로새긴 우상들과 부어 만든 우상들을 제거하여 버리매

4 무리가 왕 앞에서 바알의 제단들을 헐었으며 왕이 또 그 제단 위에 높이 달린 태양상들을 찍고 또 아세라 목상들과 아로새긴 우상들과 부어 만든 우상들을 빻아 가루를 만들어 제사하던 자들의 무덤에 뿌리고

5 제사장들의 뼈를 제단 위에서 불살라 유다와 예루살렘을 정결하게 하였으며

6 또 므낫세와 에브라임과 시므온과 납달리까지 사면 황폐한 성읍들에도 그렇게 행하여

7 제단들을 허물며 아세라 목상들과 아로새긴 우상들을 빻아 가루를 만들며 온 이스라엘 땅에 있는 모든 태양상을 찍고 예루살렘으로 돌아왔더라

율법책의 발견 (왕하 22:3-20)

8 ●요시야가 왕위에 있은 지 열여덟째 해에 그 땅과 성전을 정결하게 하기를 마치고 그의 하나님 여호와의 전을 수리하려 하여 아살랴의 아들 사반과 시장 마아세야와 서기관 요아하스의 아들 요아를 보낸지라

9 그들이 대제사장 힐기야에게 나아가 전에 하나님의 전에 헌금한 돈을 그에게 주니 이 돈은 문을 지키는 레위 사람들이 므낫세와 에브라임과 남아 있

회개하며 옷을 찢는 요시야 왕(34:19)

는 모든 이스라엘 사람과 온 유다와 베냐민과 예루살렘 주민들에게서 거둔 것이라

10 그 돈을 여호와의 전 공사를 감독하는 자들의 손에 넘기니 그들이 여호와의 전에 있는 일꾼들에게 주어 그 전을 수리하게 하되

11 곧 목수들과 건축하는 자들에게 주어 다듬은 돌과 연접하는 나무를 사며 유다 왕들이 헐어버린 성전들을 위하여 들보를 만들게 하매

12 그 사람들이 성실하게 그 일을 하니라 그의 감독들은 레위 사람들 곧 므라리 자손 중 야핫과 오바댜요 그핫 자손들 중 스가랴와 무술람이라 다 그 일을 감독하고 또 악기에 익숙한 레위 사람들이 함께 하였으며

13 그들은 또 목도꾼들을 감독하며 모든 공사 담당자를 감독하며 어떤 레위 사람은 서기와 관리와 문지기가 되었더라

14 ●무리가 여호와의 전에 헌금한 돈을 꺼낼 때에 제사장 힐기야가 모세가 전한 여호와의 율법책을 발견하고 34:9

15 힐기야가 서기관 사반에게 말하여 이르되 내가 여호와의 전에서 율법책을 발견하였노라 하고 힐기야가 그 책을 사반에게 주매

16 사반이 책을 가지고 왕에게 나아가서 복명하여 이르되 왕께서 종들에게 명령하신 것을 종들이 다 준행하였나이다

17 또 여호와의 전에서 발견한 돈을 쏟아

성전에서 율법책을 발견함(34:14-18)

서 감독자들과 일꾼들에게 주었나이다 하고

18 서기관 사반이 또 왕에게 아뢰어 이르되 제사장 힐기야가 내게 책을 주더이다 하고 사반이 왕 앞에서 그것을 읽으매

19 왕이 율법의 말씀을 듣자 곧 자기 옷을 찢더라

20 왕이 힐기야와 사반의 아들 아히감과 미가의 아들 압돈과 서기관 사반과 왕의 시종 아사야에게 명령하여 이르되

21 너희는 가서 나와 및 이스라엘과 유다의 남은 자들을 위하여 이 발견한 책의 말씀에 대하여 여호와께 물으라 우리 조상들이 여호와의 말씀을 지키지 아니하고 이 책에 기록된 모든 것을 준행하지 아니하였으므로 여호와께서 우리에게 쏟으실 진노가 크다 하니라

22 ●이에 힐기야와 왕이 보낸 사람들이 여선지자 훌다에게로 나아가니 그는 하스라의 손자 독핫의 아들로서 예복을 관리하는 살룸의 아내라 예루살렘 둘째 구역에 살았더라 그들이 그에게 이 뜻을 전하매

왕하 22:14

23 훌다가 그들에게 이르되 이스라엘의 하나님 여호와께서 이같이 말씀하시기를 너희는 너희를 내게 보낸 사람에게 말하라 하시니라

24 여호와께서 이같이 말씀하시기를 내가 이 곳과 그 주민에게 재앙을 내리되 곧 유다 왕 앞에서 읽은 책에 기록된

25 이는 이 백성들이 나를 버리고 다른 신들에게 분향하며 그의 손의 모든 행위로 나의 노여움을 샀음이라 그러므로 나의 노여움을 이 곳에 쏟으매 꺼지지 아니하리라 하라 하셨느니라

26 너희를 보내어 여호와께 묻게 한 유다 왕에게는 너희가 이렇게 전하라 이스라엘의 하나님 여호와께서 이같이 말씀하시기를 네가 들은 말은 이러하건대

27 내가 이 곳과 그 주민을 가리켜 말한 것을 네가 듣고 마음이 연약하여 하나님 앞 곧 내 앞에서 겸손하여 옷을 찢고 통곡하였으므로 나도 네 말을 들었노라 여호와가 말하였느니라

28 그러므로 내가 네게 너의 조상들에게 돌아가서 평안히 묘실로 들어가게 하리니 내가 이 곳과 그 주민에게 내리는 모든 재앙을 네가 눈으로 보지 못하리라 하셨느니라 이에 사신들이 왕에게 복명하니라

여호와께 순종하기로 하다 (왕하 23:1~20)

29 ●왕이 사람을 보내어 유다와 예루살렘의 모든 장로를 불러 모으고

30 여호와의 전에 올라가매 유다 모든 사람과 예루살렘 주민들과 제사장들과 레위 사람들과 모든 백성이 노소를 막론하고 다 함께 한지라 왕이 여호와의 전 안에서 발견한 언약책의 모든 말씀을 읽어 무리의 귀에 들려 주고

31 왕이 자기 처소에 서서 여호와 앞에서 언약을 세우되 마음을 다하고 목숨을 다하여 여호와를 순종하고 그의 계명과 법도와 율례를 지켜 이 책에 기록된 언약의 말씀을 이루리라 하고

32 예루살렘과 베냐민에 있는 자들이 다 여기에 참여

백성들이 율법책의 말씀을 듣고
하나님께 돌아옴(34:29-33)

하게 하매 예루살렘 주민이 하나님 곧 그의 조상들의 하나님의 언약을 따르니라

33 이와 같이 요시야가 이스라엘 자손에게 속한 모든 땅에서 가증한 것들을 다 제거하여 버리고 이스라엘의 모든 사람으로 그들의 하나님 여호와를 섬기게 하였으므로 요시야가 사는 날에 백성이 그들의 조상들의 하나님 여호와께 복종하고 떠나지 아니하였더라

요시야가 유월절을 지키다 (왕하 23:21~23)

35 요시야가 예루살렘에서 여호와께 유월절을 지켜 첫째 달 열넷째 날에 유월절 어린 양을 잡으니라

2 왕이 제사장들에게 그들의 직분을 맡기고 격려하여 여호와의 전에서 직무를 수행하게 하고

3 또 여호와 앞에 구별되어 온 이스라엘을 가르치는 레위 사람에게 이르되 거룩한 궤를 이스라엘 왕 다윗의 아들 솔로몬이 건축한 전 가운데 두고 다시는 너희 어깨에 메지 말고 마땅히 너희의 하나님 여호와와 그의 백성 이스라엘을 섬길 것이라

4 너희는 이스라엘 왕 다윗의 글과 다윗의 아들 솔로몬의 글을 준행하여 너희 족속대로 반열을 따라 스스로 준비하고

5 너희 형제 모든 백성의 족속의 서열대로 또는 레위 족속의 서열대로 성소에 서서

6 스스로 성결하게 하고 유월절 어린 양을 잡아 너희 형제들을 위하여 준비하되 여호와께서 모세를 통하여 전하신 말씀을 따라 행할지니라

7 ●요시야가 그 모인 모든 이를 위하여 백성들에게 자기의 소유 양 떼 중에서 어린 양과 어린 염소 삼만 마리와 수소 삼천 마리를 내어 유월절 제물로 주매

8 방백들도 즐거이 희생을 드려 백성과 제사장들과 레위 사람들에게 주었고 하나님의 전을 주장하는 자 힐기야와 스가랴와 여히엘은 제사장들에게 양 이천육백 마리와 수소 삼백 마리를 유월절 제물로 주었고

9 또 레위 사람들의 우두머리들 곧 고나냐와 그의 형제 스마야와 느다넬과 또 하사뱌와 여이엘과 요사밧은 양 오천 마리와 수소 오백 마리를 레위 사람들에게 유월절 제물로 주었더라

10 ●이와 같이 섬길 일이 구비되매 왕의 명령을 따라 제사장들은 그들의 처소에 서고 레위 사람들은 그들의 반열대로 서고

11 유월절 양을 잡으니 제사장들은 그들의 손에서 피를 받아 뿌리고 또 레위 사람들은 잡은 짐승의 가죽을 벗기고

12 그 번제물을 옮겨 족속의 서열대로 모든 백성에게 나누어 모세의 책에 기록된 대로 여호와께 드리게 하고 소도 그와 같이 하고

13 이에 규례대로 유월절 양을 불에 굽고 그 나머지 성물은 솥과 가마와 냄비에 삶아 모든 백성에게 속히 분배하고

14 그 후에 자기와 제사장들을 위하여 준비하니 이는 아론의 자손 제사장들이 번제와 기름을 저녁까지 드리므로 레위 사람들이 자기와 아론의 자손 제사장들을 위하여 준비함이더라

15 아삽의 자손 노래하는 자들은 다윗과 아삽과 헤만과 왕의 선견자 여두둔이 명령한 대로 자기 처소에 있고 문지기들은 각 문에 있어 그 직무에서 떠날 것이 없었으니 이는 그의 형제 레위 사

35장에는 무엇이 기록되어 있을까?

유월절을 지켰어요. 다시 하나님을 신실하게 섬기고 하나님과 가까워지기 위해서였지요. 그는 자신의 많은 짐승들을 제물로 드려 유월절을 준비하게 했답니다. 35장에는 요시야 시대에 유월절을 지키는 과정이 자세히 기록되어 있어요. 그러나 이후에 유다는 내리막길로 치닫게 되지요.

람들이 그들을 위하여 준비하였음이
더라

16 ●이와 같이 당일에 여호와를 섬길 일
이 다 준비되매 요시야 왕의 명령대로
유월절을 지키며 번제를 여호와의 제
단에 드렸으며

17 그 때에 모인 이스라엘 자손이 유월절
을 지키고 이어서 무교절을 칠 일 동안
지켰으니

18 선지자 사무엘 이후로 이스라엘 가운
데서 유월절을 이같이 지키지 못하였
고 이스라엘 모든 왕들도 요시야가 제
사장들과 레위 사람들과 모인 온 유다
와 이스라엘 무리와 예루살렘 주민과
함께 지킨 것처럼은 유월절을 지키지
못하였더라

19 요시야가 왕위에 있은 지 열여덟째 해
에 이 유월절을 지켰더라

요시야가 죽다 (왕하 23:28-30)

20 ●이 모든 일 후 곧 요시야가 성전을 정
돈하기를 마친 후에 애굽 왕 느고가 유
브라데 강 가의 갈그미스를 치러 올라
왔으므로 요시야가 나가서 방비하였
더니

21 느고가 요시야에게 사신을 보내어 이
르되 유다 왕이여 내가 그대와 무슨 관
계가 있느냐 내가 오늘 그대를 치려는
것이 아니요 나와 더불어 싸우는 족속
을 치려는 것이라 하나님이 나에게 명

령하사 속히 하라 하셨은즉 하나님이
나와 함께 계시니 그대는 하나님을 거
스르지 말라 그대를 멸하실까 하노라
하나 　　　　　　　　　　　　사 46:2

22 요시야가 몸을 돌이켜 떠나기를 싫어
하고 오히려 변장하고 그와 싸우고자
하여 하나님의 입에서 나온 느고의 말
을 듣지 아니하고 므깃도 골짜기에 이
르러 싸울 때에 　　　　　　　삿 5:19

23 활 쏘는 자가 요시야 왕을 쏜지라 왕이
그의 신하들에게 이르되 내가 중상을
입었으니 나를 도와 나가게 하라

24 그 부하들이 그를 병거에서 내리게 하
고 그의 버금 병거에 태워 예루살렘에
이른 후에 그가 죽으니 그의 조상들의
묘실에 장사되니라 온 유다와 예루살
렘 사람들이 요시야를 슬퍼하니라

25 예레미야는 그를 위하여 애가를 지었
으며 모든 노래하는 남자들과 여자들
은 요시야를 슬피 노래하니 이스라엘
에 규례가 되어 오늘까지 이르렀으며
그 가사는 애가 중에 기록되었더라

26 요시야의 남은 사적과 여호와의 율법
에 기록된 대로 행한 모든 선한 일과

27 그의 처음부터 끝까지의 행적은 이스
라엘과 유다 열왕기에 기록되니라

유다 왕 여호아하스 (왕하 23:30-35)

36 그 땅의 백성이 요시야의 아들
여호아하스를 세워 그의 아버

선생님!! 궁금해요

이스라엘 사람들은 왜 슬프면
재를 뿌리고 옷을 찢어요?

　　이스라엘 사람들은 가족이나 가까운 사람이 죽으면 일주일 혹은 30
일, 40일, 길게는 70일 동안 슬퍼하며 우는 기간을 가져요. 그러나 우
리나라의 경우에는 3일 혹은 5일 간 슬퍼한 후, 장례식을 치르지요.
　　옛날에 우리나라에서는 가족 중에 누가 죽으면 삼베옷을 입고 죽
은 시신이 들어 있는 관 앞에 엎드려 "아이고, 아이고!" 하며 슬픈 소
리를 냈어요. 그처럼 이스라엘 사람들도 큰 슬픔을 당하면 입고 있던
옷을 찢고 재를 뿌리며 울었지요.
　　이렇게 각 나라마다 생김새가 다른 것처럼 슬픔을 표시하는 방법
도 다르답니다. 이스라엘 백성들은 자신의 잘못을 크게 회개하며 뉘
우칠 때에도 옷을 찢는 경우가 있어요.
　　　　　　　　　　　　　　　　　　　　　　34장 27절

지를 대신하여 예루살렘에서 왕으로
삼으니 롐 22:11

2 여호아하스가 왕위에 오를 때에 나이
가 이십삼 세더라 그가 예루살렘에서
다스린 지 석 달에

3 애굽 왕이 예루살렘에서 그의 왕위를
폐하고 또 그 나라에 은 백 달란트와 금
한 달란트를 벌금으로 내게 하며

4 애굽 왕 느고가 또 그의 형제 엘리아김
을 세워 유다와 예루살렘 왕으로 삼고
그의 이름을 고쳐 여호야김이라 하고
그의 형제 여호아하스를 애굽으로 잡
아갔더라 유다 왕 여호야김 (왕하 23:36 - 24:7)

5 ●여호야김이 왕위에 오를 때에 나이
가 이십오 세라 예루살렘에서 십일 년
동안 다스리며 그의 하나님 여호와 보
시기에 악을 행하였더라

6 바벨론 왕 느부갓네살이 올라와서 그
를 치고 그를 쇠사슬로 결박하여 바벨
론으로 잡아가고

7 느부갓네살이 또 여호와의 전 기구들
을 바벨론으로 가져다가 바벨론에 있
는 자기 신당에 두었더라 왕하 24:13

8 여호야김의 남은 사적과 그가 행한 모
든 가증한 일들과 그에게 발견된 악행
이 이스라엘과 유다 열왕기에 기록되
니라 그의 아들 여호야긴이 대신하여
왕이 되니라 유다 왕 여호야긴 (왕하 24:8-17)

9 ●여호야긴이 왕위에 오를 때에 나이
가 팔 세라 예루살렘에서 석달 열흘 동
안 다스리며 여호와 보시기에 악을 행
하였더라

바벨론 지도
(36:10)

10 그 해에 느부갓네살 왕이 사람을 보내
어 여호야긴을 바벨론으로 잡아가고
여호와의 전의 귀한 그릇들도 함께 가
져가고 그의 숙부 시드기야를 세워 유
다와 예루살렘 왕으로 삼았더라
유다 왕 시드기야 (왕하 24:18-20; 25:1-21; 렘 52:1-11)

11 ●시드기야가 왕위에 오를 때에 나이
가 이십일 세라 예루살렘에서 십일 년
동안 다스리며

12 그의 하나님 여호와 보시기에 악을 행
하고 선지자 예레미야가 여호와의 말
씀으로 일러도 그 앞에서 겸손하지 아
니하였으며 33:23

13 또한 느부갓네살 왕이 그를 그의 하나
님을 가리켜 맹세하게 하였으나 그가
왕을 배반하고 목을 곧게 하며 마음을
완악하게 하여 이스라엘 하나님 여호
와께로 돌아오지 아니하였고

14 모든 제사장들의 우두머리들과 백성도
크게 범죄하여 이방 모든 가증한 일을
따라서 여호와께서 예루살렘에 거룩하
게 두신 그의 전을 더럽게 하였으며

15 그 조상들의 하나님 여호와께서 그의
백성과 그 거하시는 곳을 아끼사 부지
런히 그의 사신들을 그 백성에게 보내
어 이르셨으나

16 그의 백성이 하나님의 사신들을 비웃
고 그의 말씀을 멸시하며 그의 선지자
를 욕하여 여호와의 진노를 그의 백성
에게 미치게 하여 회복할 수 없게 하였

으므로

17 하나님이 갈대아 왕의 손에 그들을 다 넘기시매 그가 와서 그들의 성전에서 칼로 청년들을 죽이며 청년 남녀와 노인과 병약한 사람을 긍휼히 여기지 아니하였으며

18 또 하나님의 전의 대소 그릇들과 여호와의 전의 보물과 왕과 방백들의 보물을 다 바벨론으로 가져가고 _{왕하 25:13}

19 또 하나님의 전을 불사르며 예루살렘 성벽을 헐며 그들의 모든 궁실을 불사르며 그들의 모든 귀한 그릇들을 부수고 _{렘 52:13}

20 칼에서 살아 남은 자를 그가 바벨론으로 사로잡아가매 무리가 거기서 갈대아 왕과 그의 자손의 노예가 되어 바사국이 통치할 때까지 이르니라

21 이에 토지가 황폐하여 땅이 안식년을 누림 같이 안식하여 칠십 년을 지냈으니 여호와께서 예레미야의 입으로 하신 말씀이 이루어졌더라

고레스의 귀국 명령 (스 1:1-4)

22 ●바사의 고레스 왕 원년에 여호와께서 예레미야의 입으로 하신 말씀을 이루시려고 여호와께서 바사의 고레스 왕의 마음을 감동시키시매 그가 온 나라에 공포도 하고 조서도 내려 이르되

23 바사 왕 고레스가 이같이 말하노니 하늘의 신 여호와께서 세상 만국을 내게 주셨고 나에게 명령하여 유다 예루살렘에 성전을 건축하라 하셨나니 너희 중에 그의 백성된 자는 다 올라갈지어다 너희 하나님 여호와께서 함께 하시기를 원하노라 하였더라

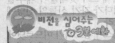

비전을 심어주는 3분예화

마지막 날을 보낼 때

성도가 목사에게 만약 지구의 종말이 하루밖에 남지 않았다면 어떻게 할지 물었습니다.

"글쎄요, 먼저 새벽 기도를 드리고, 아침 식사 후에 차를 한 잔 마시고, 화분에 물을 주고, 성경을 읽고, 다 읽은 책도 좀 읽고, 좀 쉬었다가 점심 먹고, 낮잠을 좀 자고…"

"잠깐만요, 목사님. 그것은 목사님의 하루 일과가 아닙니까?"

"맞습니다. 마지막 날이라고 다른 날과 달라질 수는 없지요."

이 땅에서 마지막 하루를 보내야 할 때 보통 때처럼 놀라지도, 두려워하지도, 바쁘지도 않게 보내기 위해서는, 매일매일을 마지막 하루를 보내듯이 성실하게 살아야 한답니다.

Ezra
에스라

에스라를 읽기 전에

이 책을 쓴 사람의 이름이 분명하게 나타나 있지는 않지만, 탈무드는 에스라가 썼다고 말하고 있어요. 제목과 같은 인물인 '에스라'는 이스라엘의 제사장이었어요. 또한 백성들에게 하나님의 율법을 가르쳤던 율법학자였지요.

언제, 왜, 누구를 위하여 썼나요?

이 책을 기록한 때는 B.C. 458~444년경으로 보고 있어요. 바벨론에 잡혀갔다가 예루살렘으로 돌아온 이스라엘 백성들이 거룩한 삶을 살아서 하나님이 기뻐하시는 민족으로 새 출발하게 하려고 기록했답니다.

어떤 내용인가요?

포로 생활에서 벗어나 예루살렘으로 돌아온 이스라엘 백성들은 무너진 성전과 제단을 다시 세우고 하나님과 그분의 말씀에 대한 믿음을 회복하기 위해 노력했어요.

여호와께서 고레스의 마음을 감동시키다

1 바사 왕 고레스 원년에 여호와께서 예레미야의 입을 통하여 하신 말씀을 이루게 하시려고 바사 왕 고레스의 마음을 감동시키시매 그가 온 나라에 공포도 하고 조서도 내려 이르되 5:13

2 바사 왕 고레스는 말하노니 하늘의 하나님 여호와께서 세상 모든 나라를 내게 주셨고 나에게 명령하사 유다 예루살렘에 성전을 건축하라 하셨나니

3 이스라엘의 하나님은 참 신이시라 너희 중에 그의 백성 된 자는 다 유다 예루살렘으로 올라가서 이스라엘의 하나님 여호와의 성전을 건축하라 그는 예루살렘에 계신 하나님이시라

4 그 남아 있는 백성이 어느 곳에 머물러 살든지 그곳 사람들이 마땅히 은과 금

과 그 밖의 물건과 짐승으로 도와 주고 그 외에도 예루살렘에 세울 하나님의 성전을 위하여 예물을 기쁘게 드릴지니라 하였더라

사로잡혀 간 백성이 돌아오다

5 ●이에 유다와 베냐민 족장들과 제사장들과 레위 사람들과 그 마음이 하나님께 감동을 받고 올라가서 예루살렘에 여호와의 성전을 건축하고자 하는 자가 다 일어나니 빌 2:13

6 그 사면 사람들이 은 그릇과 금과 물품들과 짐승과 보물로 돕고 그 외에도 예물을 기쁘게 드렸더라

7 고레스 왕이 또 여호와의 성전 그릇을 꺼내니 옛적에 느부갓네살이 예루살렘에서 옮겨다가 자기 신들의 신당에 두었던 것이라

8 바사 왕 고레스가 창고지기 미드르닷에게 명령하여 그 그릇들을 꺼내어 세어서 유다 총독 세스바살에게 넘겨주니

9 그 수는 금 접시가 서른 개요 은 접시가 천 개요 칼이 스물아홉 개요

10 금 대접이 서른 개요 그보다 못한 은 대접이 사백열 개요 그밖의 그릇이 천 개이니

에는 무엇이 기록되어 있을까?

바사의 고레스 왕은 포로들이 자기 나라로 돌아가도 된다는 조서를 내렸어요. 조서란 임금의 명을 전하는 문서랍니다. 이스라엘의 남은 백성들이 본국으로 다시 돌아오게 된 것은 이전에 다윗의 가문을 영원히 지켜주시겠다는 하나님의 약속(삼하 7:16)이 이루어진 것이에요.

11 금, 은 그릇이 모두 오천사백 개라 사로잡힌 자를 바벨론에서 예루살렘으로 데리고 갈 때에 세스바살이 그 그릇들을 다 가지고 갔더라

돌아온 사람들 (느 7:4~73)

2 옛적에 바벨론 왕 느부갓네살에게 사로잡혀 바벨론으로 갔던 자들의 자손들 중에서 놓임을 받고 예루살렘과 유다 도로 돌아와 각기 각자의 성읍으로 돌아간 자

2 곧 스룹바벨과 예수아와 느헤미야와 스라야와 르엘라야와 모르드개와 빌산과 미스발과 비그왜와 르훔과 바아나 등과 함께 나온 이스라엘 백성의 명수가 이러하니

3 바로스 자손이 이천백칠십이 명이요
4 스바댜 자손이 삼백칠십이 명이요
5 아라 자손이 칠백칠십오 명이요
6 바핫모압 자손 곧 예수아와 요압 자손이 이천팔백십이 명이요
7 엘람 자손이 천이백오십사 명이요
8 삿두 자손이 구백사십오 명이요
9 삭개 자손이 칠백육십 명이요
10 바니 자손이 육백사십이 명이요
11 브배 자손이 육백이십삼 명이요
12 아스갓 자손이 천이백이십이 명이요
13 아도니감 자손이 육백육십육 명이요
14 비그왜 자손이 이천오십육 명이요
15 아딘 자손이 사백오십사 명이요
16 아델 자손 곧 히스기야 자손이 구십팔 명이요
17 베새 자손이 삼백이십삼 명이요
18 요라 자손이 백십이 명이요
19 하숨 자손이 이백이십삼 명이요

2 에는 무엇이 기록되어 있을까?

고레스의 명령에 따라 예루살렘으로 돌아온 사람들이 몇 명이며, 그들이 누구의 자손인지 자세하게 나와 있어요. 이렇게 기록한 것은 이것이 실제 있었던 일임을 보여주지요. 또한 유다 혈통의 순수성과 유다 왕국의 정통성을 알려주기 위해서랍니다.

토막상식 에스라

학사 겸 제사장으로, 2차 포로 귀환 때 성전에서 일할 일꾼들과 성전의 기구, 재물을 가지고 돌아와 성전 재건과 예배 회복을 실행했어요. 느헤미야가 도착하면 해에는 수문 앞 광장에서 백성에게 율법을 들려주고 언약서를 작성하는 등 종교 개혁을 했지요.

20 깁발 자손이 구십오 명이요
21 베들레헴 사람이 백이십삼 명이요
22 느도바 사람이 오십육 명이요
23 아나돗 사람이 백이십팔 명이요
24 아스마웻 자손이 사십이 명이요
25 기랴다림과 그비라와 브에롯 자손이 칠백사십삼 명이요
26 라마와 게바 자손이 육백이십일 명이요
27 믹마스 사람이 백이십이 명이요
28 벧엘과 아이 사람이 이백이십삼 명이요
29 느보 자손이 오십이 명이요
30 막비스 자손이 백오십육 명이요
31 다른 엘람 자손이 천이백오십사 명이요
32 하림 자손이 삼백이십 명이요
33 로드와 하딧과 오노 자손이 칠백이십오 명이요
34 여리고 자손이 삼백사십오 명이요
35 스나아 자손이 삼천육백삼십 명이었더라
36 ●제사장들은 예수아의 집 여다야 자손이 구백칠십삼 명이요
37 임멜 자손이 천오십이 명이요
38 바스훌 자손이 천이백사십칠 명이요
39 하림 자손이 천십칠 명이었더라
40 ●레위 사람은 호다위야 자손 곧 예수아와 갓미엘 자손이 칠십사 명이요
41 노래하는 자들은 아삽 자손이 백이십팔 명이요
42 문지기의 자손들은 살룸과 아델과 달문과 악굽과 하디다와 소배 자손이 모두 백삼십구 명이었더라
43 ●느디님 사람들은 시하 자손과 하수바 자손과 답바옷 자손과
44 게로스 자손과 시아하 자손과 바돈 자

손과

45 르바나 자손과 하가바 자손과 악굽 자손과

46 하갑 자손과 사믈래 자손과 하난 자손과

47 깃델 자손과 가할 자손과 르아야 자손과

48 르신 자손과 느고다 자손과 갓삼 자손과

49 웃사 자손과 바세아 자손과 베새 자손과

50 아스나 자손과 므우님 자손과 느부심 자손과

51 박북 자손과 하그바 자손과 할훌 자손과

52 바슬룻 자손과 므히다 자손과 하르사 자손과

53 바르고스 자손과 시스라 자손과 데마 자손과

54 느시야 자손과 하디바 자손이었더라

55 ●솔로몬의 신하의 자손은 소대 자손과 하소베렛 자손과 브루다 자손과

56 야알라 자손과 다르곤 자손과 깃델 자손과

57 스바댜 자손과 하딜 자손과 보게렛하스바임 자손과 아미 자손이니

58 모든 느디님 사람과 솔로몬의 신하의 자손이 삼백구십이 명이었더라

59 ●델멜라와 델하르사와 그룹과 앗단과 임멜에서 올라온 자가 있으나 그들의 조상의 가문과 선조가 이스라엘에 속하였는지 밝힐 수 없었더라

60 그들은 들라야 자손과 도비야 자손과 느고다 자손이라 모두 육백오십이 명이요

직분(2:62) 직무상의 본분. 자기가 마땅히 하여야 할 본분.
방백(2:63) 국왕의 보내심을 받고 그 지방의 정치적 세력을 장악한 사람.
지성물(2:63) 지극히 거룩한 물건.
회중(2:64) 모여 있는 많은 무리.
다릭(2:69) 페르시아의 금돈.
정수(3:4) 정한 수효.
제금(3:10) 타악기의 한 종류로서 오늘날 심벌즈와 같다.

61 제사장 중에는 하바야 자손과 학고스 자손과 바르실래 자손이니 바르실래는 길르앗 사람 바르실래의 딸 중의 한 사람을 아내로 삼고 바르실래의 이름을 따른 자라 삼하 17:27

62 이 사람들은 계보 중에서 자기 이름을 찾아도 얻지 못하므로 그들을 부정하게 여겨 제사장의 직분을 행하지 못하게 하고

63 방백이 그들에게 명령하여 우림과 둠밈을 가진 제사장이 일어나기 전에는 지성물을 먹지 말라 하였느니라

64 ●온 회중의 합계가 사만 이천삼백육십 명이요

65 그 외에 남종과 여종이 칠천삼백삼십칠 명이요 노래하는 남녀가 이백 명이요

66 말이 칠백삼십육이요 노새가 이백사십오요

67 낙타가 사백삼십오요 나귀가 육천칠백이십이었더라

68 ●어떤 족장들이 예루살렘에 있는 여호와의 성전 터에 이르러 하나님의 전을 그 곳에 다시 건축하려고 예물을 기쁘게 드리되

69 힘 자라는 대로 공사하는 금고에 들이니 금이 육만 천 다릭이요 은이 오천 마네요 제사장의 옷이 백 벌이었더라

70 ●이에 제사장들과 레위 사람들과 백성 몇과 노래하는 자들과 문지기들과 느디님 사람들이 각자의 성읍에 살았고 이스라엘 무리도 각자의 성읍에 살았더라

비로소 여호와께 번제를 드리다 · B.C. 536년경

3 이스라엘 자손이 각자의 성읍에 살았더니 일곱째 달에 이르러 일제히

3장에는 무엇이 기록되어 있을까?

자기 나라로 돌아온 지 약 3개월 후에 유대인들은 제단을 쌓아 초막절을 지키고, 날마다 하나님께 번제를 드렸어요. 그리고 다음 해 2월에 성전을 다시 짓기 시작했지요. 비록 옛날처럼 멋있는 성전은 아니었지만, 포로 생활에서 돌아온 것이 너무나 감사했던 그들은 하나님께 찬양을 드렸답니다.

예루살렘에 모인지라

2 요사닥의 아들 예수아와 그의 형제 제사장들과 스알디엘의 아들 스룹바벨과 그의 형제들이 다 일어나 이스라엘하나님의 제단을 만들고 하나님의 사람 모세의 율법에 기록한 대로 번제를 그 위에서 드리려 할새 ▷5 12장, 8

3 무리가 모든 나라 백성을 두려워하여 제단을 그 터에 세우고 그 위에서 아침 저녁으로 여호와께 번제를 드리며

4 기록된 규례대로 초막절을 지켜 번제를 매일 정수대로 날마다 드리고 ▷23:16

5 그 후에는 항상 드리는 번제와 초하루와 여호와의 모든 거룩한 절기의 번제와 사람이 여호와께 기쁘게 드리는 예물을 드리되

6 일곱째 달 초하루부터 비로소 여호와께 번제를 드렸으나 그 때에 여호와의 성전 지대는 미처 놓지 못하였느니라

7 이에 석수와 목수에게 돈을 주고 또 시돈 사람과 두로 사람에게 먹을 것과 마실 것과 기름을 주고 바사 왕 고레스의 명령대로 백향목을 레바논에서 욥바 해변까지 운송하게 하였더라

8 ●예루살렘에 있는 하나님의 성전에 이른 지 이 년 둘째 달에 스알디엘의 아들 스룹바벨과 요사닥의 아들 예수아와 다른 형제 제사장들과 레위 사람들

과 무릇 사로잡혔다가 예루살렘에 돌아온 자들이 공사를 시작하고 이십 세이상의 레위 사람들을 세워 여호와의성전 공사를 감독하게 하매 ▷대상 23:24

9 이에 예수아와 그의 아들들과 그의 형제들과 갓미엘과 그의 아들들과 유다자손과 헤나닷 자손과 그의 형제 레위사람들이 일제히 일어나 하나님의 성전 일꾼들을 감독하니라

10 건축자가 여호와의 성전의 기초를 놓을 때에 제사장들은 예복을 입고 나팔을 들고 아삽 자손 레위 사람들은 제금을 들고 서서 이스라엘 왕 다윗의 규례대로 여호와를 찬송하되

11 찬양으로 화답하며 여호와께 감사하여 이르되 주는 지극히 선하시므로 그의 인자하심이 이스라엘에게 영원하시도다 하니 모든 백성이 여호와의 성전 기초가 놓임을 보고 여호와를 찬송하며 큰 소리로 즐거이 부르며 ▷15:21

12 제사장들과 레위 사람들과 나이 많은 족장들은 첫 성전을 보았으므로 이제 이 성전의 기초가 놓임을 보고 대성통곡하였으나 여러 사람은 기쁨으로 크게 함성을 지르나

13 백성이 크게 외치는 소리가 멀리 들리므로 즐거이 부르는 소리와 통곡하는 소리를 백성들이 분간하지 못하였더라

성전 건축을 방해하는 사람들
4 사로잡혔던 자들의 자손이 이스라엘의 하나님 여호와의 성전을 건축한다 함을 유다와 베냐민의 대적이 듣고 ▷4:7-10

※ 회중의 합계 비교 (2:64)

에스라·느헤미야서와 외경의 에스드라서를 비교한 것으로, 숫자의 차이는 미확인된 제사장과 부녀들 그리고 어린이 때문인 것으로 추측된다.

구 분	에스라	느헤미야	에스드라
이스라엘 백성	24,144	25,406	25,947
제사장	4,289	4,289	5,288
레위 인, 노래하는 자 문지기	341	360	341
성전의 수종자들(느디님) 솔로몬의 신복의 자손들	392	392	372
계보가 불분명한 사람들	652	642	652
합 계	29,818	31,089	32,600

4 경 에는 무엇이 기록되어 있을까?

스룹바벨과 예수아는 여러 종교가 섞이는 것을 막기 위해, 성전 재건축을 함께 하고 싶다는 사마리아인들의 의사를 거절하였어요. 그러자 사마리아인들은 방해 공작을 펼치고 유다와 예루살렘 주민들을 거짓으로 나쁘게 말하는 글을 아닥사스다 왕에게 올렸답니다.

2 스룹바벨과 족장들에게 나아와 이르되 우리도 너희와 함께 건축하게 하라 우리도 너희 같이 너희 하나님을 찾노라 앗수르 왕 에살핫돈이 우리를 이리로 오게 한 날부터 우리가 하나님께 제사를 드리노라 하니

3 스룹바벨과 예수아와 기타 이스라엘 족장들이 이르되 우리 하나님의 성전을 건축하는 데 너희는 우리와 상관이 없느니라 바사 왕 고레스가 우리에게 명령하신 대로 우리가 이스라엘의 하나님 여호와를 위하여 홀로 건축하리라 하였더니 ▷ 2:20

4 이로부터 그 땅 백성이 유다 백성의 손을 약하게 하여 그 건축을 방해하되

5 바사 왕 고레스의 시대부터 바사 왕 다리오가 즉위할 때까지 관리들에게 뇌물을 주어 그 계획을 막았으며

6 또 아하수에로가 즉위할 때에 그들이 글을 올려 유다와 예루살렘 주민을 고발하니라

7 ●아닥사스다 때에 비슬람과 미드르닷과 다브엘과 그의 동료들이 바사 왕 아닥사스다에게 글을 올렸으니 그 글은 아람 문자와 아람 방언으로 써서 진술하였더라

8 방백 르훔과 서기관 심새가 아닥사스다 왕에게 올려 예루살렘 백성을 고발한 그 글에

9 방백 르훔과 서기관 심새와 그의 동료 디나 사람과 아바삿 사람과 다블래 사

람과 아바새 사람과 아렉 사람과 바벨론 사람과 수산 사람과 데해 사람과 엘람 사람과

10 그 밖에 백성 곧 존귀한 오스납발이 사마리아 성과 유브라데 강 건너편 다른 땅에 옮겨 둔 자들과 함께 고발한다 하였더라 4:1

11 ●아닥사스다 왕에게 올린 그 글의 초본은 이러하니 강 건너편에 있는 신하들은

12 왕에게 아뢰나이다 당신에게서 우리에게로 올라온 유다 사람들이 예루살렘에 이르러 이 패역하고 악한 성읍을 건축하는데 이미 그 기초를 수축하고 성곽을 건축하오니

13 이제 왕은 아시옵소서 만일 이 성읍을 건축하고 그 성곽을 완공하면 저 무리가 다시는 조공과 관세와 통행세를 바치지 아니하리니 결국 왕들에게 손해가 되리라

14 우리가 이제 왕궁의 소금을 먹으므로 왕이 수치 당함을 차마 보지 못하여 사람을 보내어 왕에게 아뢰오니

15 왕은 조상들의 사기를 살펴보시면 그 사기에서 이 성읍은 패역한 성읍이라 예로부터 그 중에서 항상 반역하는 일을 행하여 왕들과 각 도에 손해가 된

술술 풀리는 성경 말씀

선으로 악을 이기라

유다의 대적들은 하나님의 성전 재건에 이어 예루살렘 성벽 건축까지 방해하였어요. 이처럼 하나님의 구원 역사는 항상 하나님을 대적하는 자의 방해를 받아요. 이스라엘이 출애굽할 때에도, 바로는 하나님께서 '맏아들 죽음'의 재앙을 내리시기까지 계속해서 이스라엘의 출애굽을 방해하였어요. 하나님께서 그의 마음을 고집스럽게 내버려두신 이유는 오직 하나님만이 주되심을 나타내기 위해서였지요(출 10:1-2).

그리스도께서 이 땅에서 구속 사역을 완성하실 때에도 무수한 대적의 방해를 받으셨어요. 대적은 심지어 수제자인 베드로의 입을 통해 십자가의 길을 거부하도록 유혹했지만, 주님은 이를 물리치셨지요(마 16:21-23). 우리도 악에게 지지 말고 선으로 악을 이겨야 합니다(롬 12:21). 4장

것을 보시고 아실지라 이 성읍이 무너짐도 이 때문이니이다

16 이제 감히 왕에게 아뢰오니 이 성읍이 중건되어 성곽이 준공되면 이로 말미암아 왕의 강 저쪽 영지가 없어지리이다 하였더라

17 ●왕이 방백 르훔과 서기관 심새와 사마리아에 거주하는 그들 동관들과 강 건너편 다른 땅 백성에게 조서를 내리니 일렀으되 너희는 평안할지어다

18 너희가 올린 글을 내 앞에서 낭독시키고   느 8:8

19 명령하여 살펴보니 과연 이 성읍이 예로부터 왕들을 거역하며 그 중에서 항상 패역하고 반역하는 일을 행하였으며

20 옛적에는 예루살렘을 다스리는 큰 군왕들이 있어서 강 건너편 모든 땅이 그들에게 조공과 관세와 통행세를 다 바쳤도다   시 72:8

21 이제 너희는 명령을 전하여 그 사람들에게 공사를 그치게 하여 그 성을 건축하지 못하게 하고 내가 다시 조서 내리기를 기다리라

22 너희는 삼가서 이 일에 게으르지 말라 어찌하여 화를 더하여 왕들에게 손해가 되게 하랴 하였더라

23 ●아닥사스다 왕의 조서 초본이 르훔과 서기관 심새와 그의 동료 앞에서 낭독되매 그들이 예루살렘으로 급히 가서 유다 사람들을 보고 권력으로 억제하여 그 공사를 그치게 하니

24 이에 예루살렘에서 하나님의 성전 공사가 바사 왕 다리오 제이년까지 중단되니라

성전 건축을 다시 시작하다

5 선지자들 곧 선지자 학개와 잇도의 손자 스가랴가 이스라엘의 하나님의 이름으로 유다와 예루살렘에 거주하는 유다 사람들에게 예언하였더니

2 이에 스알디엘의 아들 스룹바벨과 요사닥의 아들 예수아가 일어나 예루살렘에 있던 하나님의 성전을 다시 건축

하기 시작하매 하나님의 선지자들이 함께 있어 그들을 돕더니   3:2

3 그 때에 유브라데 강 건너편 총독 닷드내와 스달보스내와 그들의 동관들이 다 나아와 그들에게 이르되 너희에게 명령하여 이 성전을 건축하고 이 성곽을 마치게 하였느냐 하기로

4 우리가 이 건축하는 자의 이름을 아뢰었으나

5 하나님이 유다 장로들을 돌보셨으므로 그들이 능히 공사를 막지 못하고 이 일을 다리오에게 아뢰고 그 답장이 오기를 기다렸더라

6 ●유브라데 강 건너편 총독 닷드내와 스달보스내와 그들의 동관인 유브라데 강 건너편 아바삭 사람이 다리오 왕에게 올린 글의 초본은 이러하니라

7 그 글에 일렀으되 다리오 왕은 평안하옵소서

8 왕께 아뢰옵나이다 우리가 유다 도에 가서 지극히 크신 하나님의 성전에 나아가 본즉 성전을 큰 돌로 세우며 벽에 나무를 얹고 부지런히 일하므로 공사가 그 손에서 형통하옵니다

9 우리가 그 장로들에게 물어보기를 누가 너희에게 명령하여 이 성전을 건축하고 이 성곽을 마치라고 하였느냐 하고

10 우리가 또 그 우두머리들의 이름을 적어 왕에게 아뢰고자 하여 그들의 이름을 물은즉

11 그들이 우리에게 대답하여 이르기를 우리는 천지의 하나님의 종이라 예전에 건축되었던 성전을 우리가 다시 건

다리오 개인 궁전(6:1)

축하노라 이는 본래 이스라엘의 큰 왕이 건축하여 완공한 것이었으나

12 우리 조상들이 하늘에 계신 하나님을 노엽게 하였으므로 하나님이 그들을 갈대아 사람 바벨론 왕 느부갓네살의 손에 넘기시매 그가 이 성전을 헐며 이 백성을 사로잡아 바벨론으로 옮겼더니

13 바벨론 왕 고레스 원년에 고레스 왕이 조서를 내려 하나님의 이 성전을 다시 건축하게 하고

14 또 느부갓네살이 예루살렘 하나님의 성전 안에서 금, 은 그릇을 옮겨다가 바벨론 신당에 두었던 것을 고레스 왕이 그 신당에서 꺼내어 그가 세운 총독 세스바살이라고 부르는 자에게 내주고

15 일러 말하되 너는 이 그릇들을 가지고 가서 예루살렘 하나님의 전을 제자리에 건축하라 하매

16 이에 이 세스바살이 이르러 예루살렘 하나님의 성전 지대를 놓았고 그 때로부터 지금까지 건축하여 오나 아직도 마치지 못하였다 하였사오니

17 이제 왕께서 좋게 여기시거든 바벨론에서 왕의 보물전각에서 조사하사 과연 고레스 왕이 조서를 내려 하나님의 이 성전을 예루살렘에 다시 건축하라 하셨는지 보시고 왕은 이 일에 대하여 *왕의 기뻐신 뜻을 우리에게 보이소서* 하였더라

고레스의 조서와 다리오 왕의 명령

6 이에 다리오 왕이 조서를 내려 문서창고 곧 바벨론의 보물을 쌓아둔 보물전각에서 조사하게 하여

2 메대도 악메다 궁성에서 한 두루마리를 찾았으니 거기에 기록하였으되

3 고레스 왕 원년에 조서를 내려 이르기를 예루살렘에 있는 하나님의 성전에 대하여 이르노니 이 성전 곧 제사 드리는 처소를 건축하되 지대를 견고히 쌓고 그 성전의 높이는 육십 규빗으로, 너비도 육십 규빗으로 하고

4 큰 돌 세 켜와 새 나무 한 켜를 놓으라 그 경비는 다 왕실에서 내리라

5 또 느부갓네살이 예루살렘 성전에서 탈취하여 바벨론으로 옮겼던 하나님의 성전 금, 은 그릇들을 돌려보내어 예루살렘 성전에 가져다가 하나님의 성전 안 각기 제자리에 둘지니라 하였더라

6 이제 유브라데 강 건너편 총독 닷드내와 스달보스내와 너희 동관 유브라데 강 건너편 아바삭 사람들은 그 곳을 멀리하여

7 하나님의 성전 공사를 막지 말고 유다 총독과 장로들이 하나님의 이 성전을 제자리에 건축하게 하라

8 내가 또 조서를 내려서 하나님의 이 성전을 건축함에 대하여 너희가 유다 사람의 장로들에게 행할 것을 알리노니 왕의 재산 곧 유브라데 강 건너편에서 거둔 세금 중에서 그 경비를 이 사람들에게 끊임없이 주어 그들로 멈추지 않게 하라

9 또 그들이 필요로 하는 것 곧 하늘의 하나님께 드릴 번제의 수송아지와 숫양과 어린 양과 또 밀과 소금과 포도주와 기름을 예루살렘 제사장의 요구대로

6 에는 무엇이 기록되어 있을까?

성전 재건에 아무런 문제가 없음을 안 다리오 왕은 닷드내에게 성전 건축을 빨리 끝낼 수 있도록 도우라고 명령했어요. 어려움이 많았지만 20년 만에 성전은 결국 다 지어졌답니다. 성전이 완성되자, 백성들은 하나님께 성전 봉헌식을 하고 유월절을 지켰어요. 봉헌식이란 성전을 지어서 하나님께 드리는 예배를 뜻해요.

페르세폴리스
건물 벽의
다리오 왕
(6:13-15)

어김없이 날마다 주어

10 그들이 하늘의 하나님께 향기로운 제
물을 드려 왕과 왕자들의 생명을 위하
여 기도하게 하라

11 내가 또 명령을 내리노니 누구를 막론
하고 이 명령을 변조하면 그의 집에서
들보를 빼내고 그를 그 위에 매어 달게
하고 그의 집은 이로 말미암아 거름더
미가 되게 하라   단 2:5

12 만일 왕들이나 백성이 이 명령을 변조
하고 손을 들어 예루살렘 하나님의 성
전을 헐진대 그 곳에 이름을 두신 하나
님이 그들을 멸하시기를 원하노라 나
다리오가 조서를 내렸노니 신속히 행
할지어다 하였더라

성전 봉헌

13 ●다리오 왕의 조서가 내리매 유브라
데 강 건너편 총독 닷드내와 스달보스
내와 그들의 동관들이 신속히 준행하
니라   6:6

14 유다 사람의 장로들이 선지자 학개와
잇도의 손자 스가랴의 권면을 따랐으
므로 성전 건축하는 일이 형통한지라
이스라엘 하나님의 명령과 바사 왕 고
레스와 다리오와 아닥사스다의 조서
를 따라 성전을 건축하며 일을 끝내되

15 다리오 왕 제육년 아달월 삼일에 성전
일을 끝내니라

16 ●이스라엘 자손과 제사장들과 레위
사람들과 기타 사로잡혔던 자의 자손
이 즐거이 하나님의 성전 봉헌식을 행
하니

17 하나님의 성전 봉헌식을 행할 때에 수
소 백 마리와 숫양 이백 마리와 어린 양
사백 마리를 드리고 또 이스라엘 지파
의 수를 따라 숫염소 열두 마리로 이스
라엘 전체를 위하여 속죄제를 드리고

18 제사장을 그 분반대로, 레위 사람을 그
순차대로 세워 예루살렘에서 하나님
을 섬기게 하되 모세의 책에 기록된 대
로 하게 하니라   민 3:6

유월절

19 ●사로잡혔던 자의 자손이 첫째 달 십
사일에 유월절을 지키되

20 제사장들과 레위 사람들이 일제히 몸
을 정결하게 하여 다 정결하매 사로잡
혔던 자들의 모든 자손과 자기 형제 제
사장들과 자기를 위하여 유월절 양을
잡으니   대하 29:34

21 사로잡혔다가 돌아온 이스라엘 자손
과 자기 땅에 사는 이방 사람의 더러운
것으로부터 스스로를 구별한 모든 이
스라엘 사람들에게 속하여 이스라엘
의 하나님 여호와를 찾는 자들이 다 먹
으며

22 즐거움으로 이레 동안 무교절을 지켰
으니 이는 여호와께서 그들을 즐겁게
하시고 또 앗수르 왕의 마음을 그들에
게로 돌려 이스라엘의 하나님이신 하
나님의 성전 건축하는 손을 힘 있게 하
도록 하셨음이었더라

에스라가 예루살렘에 이르다

7 이 일 후에 바사 왕 아닥사스다가
왕위에 있을 때에 에스라라 하는 자
가 있으니라 그는 스라야의 아들이요
아사랴의 손자요 힐기야의 증손이요

2 살룸의 현손이요 사독의 오대 손이요

7장 에는 무엇이 기록되어 있을까?

에스라는 포로들이 두 번째로 고
향으로 돌아올 때 함께 왔습니다. 그는 7장에
서 자신의 선조들의 이름과 자신이 돌아오게
된 사연을 기록하고 있어요. 에스라의 족보는
에스라가 하나님께 예배드리는 제사장의 후손
이라는 사실을 보여 줍니다.

아히둡의 육대 손이요

3 아마랴의 칠대 손이요 아사랴의 팔대
손이요 므라욧의 구대 손이요

4 스라히야의 십대 손이요 웃시엘의 십
일대 손이요 북기의 십이대 손이요

5 아비수아의 십삼대 손이요 비느하스의
십사대 손이요 엘르아살의 십오대 손
이요 대제사장 아론의 십육대 손이라

6 이 에스라가 바벨론에서 올라왔으니 그
는 이스라엘의 하나님 여호와께서 주
신 모세의 율법에 익숙한 학자로서 그
의 하나님 여호와의 도우심을 입음으로
왕에게 구하는 것은 다 받는 자이더니

7 아닥사스다 왕 제칠년에 이스라엘 자
손과 제사장들과 레위 사람들과 노래
하는 자들과 문지기들과 느디님 사람
들 중에 몇 사람이 예루살렘으로 올라
올 때에   8:1-20

8 이 에스라가 올라왔으니 왕의 제칠년
다섯째 달이라

9 첫째 달 초하루에 바벨론에서 길을 떠
났고 하나님의 선한 손의 도우심을 입
어 다섯째 달 초하루에 예루살렘에 이
르니라   7:6

10 에스라가 여호와의 율법을 연구하여
준행하며 율례와 규례를 이스라엘에게
가르치기로 결심하였었더라 시 119:45

아닥사스다 왕이 내린 조서

11 ●여호와의 계명의 말씀과 이스라엘

에게 주신 율례 학자요 학자 겸 제사장
인 에스라에게 아닥사스다 왕이 내린
조서의 초본은 아래와 같으니라

12 모든 왕의 왕 아닥사스다는 하늘의 하
나님의 율법에 완전한 학자 겸 제사장
에스라에게

13 조서를 내리노니 우리 나라에 있는 이
스라엘 백성과 그들 제사장들과 레위
사람들 중에 예루살렘으로 올라갈 뜻이
있는 자는 누구든지 너와 함께 갈지어다

14 너는 네 손에 있는 네 하나님의 율법을
따라 유다와 예루살렘의 형편을 살피
기 위하여 왕과 일곱 자문관의 보냄을
받았으니

15 왕과 자문관들이 예루살렘에 거하시
는 이스라엘 하나님께 성심으로 드리
는 은금을 가져가고

16 또 네가 바벨론 온 도에서 얻을 모든
은금과 및 백성과 제사장들이 예루살
렘에 있는 그들의 하나님의 성전을 위
하여 기쁘게 드릴 예물을 가져다가

17 그들의 돈으로 수송아지와 숫양과 어
린 양과 그 소제와 그 전제의 물품을 신
속히 사서 예루살렘 네 하나님의 성전
제단 위에 드리고

18 그 나머지 은금은 너와 너의 형제가 좋
게 여기는 일에 너희 하나님의 뜻을 따
라 쓸지며

19 네 하나님의 성전에서 섬기는 일을 위

하여 네게 준 그릇은 예루살렘 하나님 앞에 드리고

20 그 외에도 네 하나님의 성전에 쓰일 것이 있어서 네가 드리고자 하거든 무엇이든지 궁중창고에서 내다가 드릴지니라

21 나 곧 아닥사스다 왕이 유브라데 강 건너편 모든 창고지기에게 조서를 내려 이르기를 하늘의 하나님의 율법 학자 겸 제사장 에스라가 무릇 너희에게 구하는 것을 신속히 시행하되

22 은은 백 달란트까지, 밀은 백 고르까지, 포도주는 백 밧까지, 기름도 백 밧까지 하고 소금은 정량 없이 하라

23 무릇 하늘의 하나님의 전을 위하여 하늘의 하나님이 명령하신 것은 삼가 행하라 어찌하여 진노가 왕과 왕자의 나라에 임하게 하랴

24 내가 너희에게 이르노니 제사장들이나 레위 사람들이나 노래하는 자들이나 문지기들이나 느디님 사람들이나 혹 하나님의 성전에서 일하는 자들에게 조공과 관세와 통행세를 받는 것이 옳지 않으니라 하였노라

25 에스라여 너는 네 손에 있는 네 하나님의 지혜를 따라 네 하나님의 율법을 아는 자를 법관과 재판관을 삼아 강 건너편 모든 백성을 재판하게 하고 그 중 알지 못하는 자는 너희가 가르치라

26 무릇 네 하나님의 명령과 왕의 명령을 준행하지 아니하는 자는 속히 그 죄를 정하여 혹 죽이거나 귀양 보내거나 가산을 몰수하거나 옥에 가둘지니라 하였더라

에스라가 여호와를 송축하다

27 ●우리 조상들의 하나님 여호와를 송축할지로다 그가 왕의 마음에 예루살렘 여호와의 성전을 아름답게 할 뜻을 두시고

28 또 나로 왕과 그의 보좌관들 앞과 왕의 권세 있는 모든 방백의 앞에서 은혜를 얻게 하셨도다 내 하나님 여호와의 손이 내 위에 있으므로 내가 힘을 얻어 이

스라엘 중에 우두머리들을 모아 나와 함께 올라오게 하였노라 9:9

에스라와 함께 돌아온 백성들

8 아닥사스다 왕이 왕위에 있을 때에 나와 함께 바벨론에서 올라온 족장들과 그들의 계보는 이러하니라

2 비느하스 자손 중에서는 게르솜이요 이다말 자손 중에서는 다니엘이요 다윗 자손 중에서는 핫두스요 대상 3:22

3 스가냐 자손 곧 바로스 자손 중에서는 스가랴니 그와 함께 족보에 기록된 남자가 백오십 인이요 2:3

4 바핫모압 자손 중에서는 스라히야의 아들 엘여호에내니 그와 함께 있는 남자가 이백 명이요

5 스가냐 자손 중에서는 야하시엘의 아들이니 그와 함께 있는 남자가 삼백 명이요

6 아딘 자손 중에서는 요나단의 아들 에벳이니 그와 함께 있는 남자가 오십 명이요

7 엘람 자손 중에서는 아달리야의 아들 여사야니 그와 함께 있는 남자가 칠십 명이요

8 스바댜 자손 중에서는 미가엘의 아들 스바댜니 그와 함께 있는 남자가 팔십 명이요

9 요압 자손 중에서는 여히엘의 아들 오바댜니 그와 함께 있는 남자가 이백십 팔 명이요

10 슬로밋 자손 중에서는 요시뱌의 아들이니 그와 함께 있는 남자가 백육십 명이요

8 에는 무엇이 기록되어 있을까?

에스라와 함께 포로생활에서 2차로 돌아온 사람들의 이름과 돌아오기 전후에 에스라가 한 일들이 기록되어 있어요. 에스라는 돌아오기 전과 후에 금식을 선포하고, 성전 봉사하는 레위인들에게 예물을 주었어요. 이것은 하나님이 함께하시지 않으면 아무 것도 할 수 없다는 그의 믿음을 나타냅니다.

팔미라 전경(8:21-23)
페르시아에서 가나안에 이르는 지름길은 시리아 동부 사막 도시 팔미라(다드몰)를 지나야 함

11 베배 자손 중에서는 베배의 아들 스가랴니 그와 함께 있는 남자가 이십팔 명이요

12 아스갓 자손 중에서는 학가단의 아들 요하난이니 그와 함께 있는 남자가 백십 명이요

13 아도니감 자손 중에 나중된 자의 이름은 엘리벨렛과 여우엘과 스마야니 그와 함께 있는 남자가 육십 명이요

14 비그왜 자손 중에서는 우대와 사붓이니 그와 함께 있는 남자가 칠십 명이었느니라

에스라가 레위 사람을 낳다

15 ●내가 무리를 아하와로 흐르는 강 가에 모으고 거기서 삼 일 동안 장막에 머물며 백성과 제사장들을 살핀즉 그 중에 레위 자손이 한 사람도 없는지라

16 이에 모든 족장 곧 엘리에셀과 아리엘과 스마야와 엘라단과 야립과 엘라단과 나단과 스가랴와 므술람을 부르고 또 명철한 사람 요야립과 엘라단을 불러

17 가시뱌 지방으로 보내어 그 곳 족장 잇도에게 나아가게 하고 잇도와 그의 형제 곧 가시뱌 지방에 사는 느디님 사람들에게 할 말을 일러 주고 우리 하나님의 성전을 위하여 섬길 자를 데리고 오라 하였더니

18 우리 하나님의 선한 손의 도우심을 입고 그들이 이스라엘의 손자 레위의 아들 말리의 자손 중에서 한 명철한 사람을 데려오고 또 세레뱌와 그의 아들들과 형제 십팔 명과

19 하사뱌와 므라리 자손 중 여사야와 그

20 의 형제와 그의 아들들 이십 명을 데려오고

20 다윗과 방백들이 레위 사람들을 섬기라고 준 느디님 사람 중 성전 일꾼은 이백이십 명이었는데 그들은 모두 지명 받은 이들이었더라

에스라가 금식하며 간구하다

21 ●그 때에 내가 아하와 강 가에서 금식을 선포하고 우리 하나님 앞에서 스스로 겸비하여 우리와 우리 어린 아이와 모든 소유를 위하여 평탄한 길을 그에게 간구하였으니

22 이는 우리가 전에 왕에게 아뢰기를 우리 하나님의 손은 자기를 찾는 모든 자에게 선을 베푸시고 자기를 배반하는 모든 자에게는 권능과 진노를 내리신다 하였으므로 길에서 적군을 막고 우리를 도울 보병과 마병을 왕에게 구하기를 부끄러워 하였음이라

23 그러므로 우리가 이를 위하여 금식하며 우리 하나님께 간구하였더니 그의 응낙하심을 입었느니라

성전에 바친 예물

24 ●그 때에 내가 제사장의 우두머리들 중 열두 명 곧 세레뱌와 하사뱌와 그의

2:14
2:43
7:6

술술 풀리는 성경 말씀

간절한 기도에 응답하시는 하나님

에스라는 적군 앞에서 군대의 힘을 의지하지 않고, 금식하면서 하나님께 간구함으로 응답을 받았어요. 이스라엘이 애굽에서 종살이 할 때도 하나님께 부르짖자, 하나님께서는 모세를 세워 그들을 구원하셨어요. 또한 사사 시대에 이스라엘이 다른 나라의 억압으로 인하여 하나님께 부르짖을 때도, 사사를 세워 구원하셨어요. 앗수르가 유다를 침공했을 때에도 히스기야가 하나님께 부르짖자, 하나님은 천사를 보내어 이스라엘을 구원하셨답니다(대하 32:20-22).

그러나 우리가 가장 기억해야 할 것은 예수님의 부르짖음이에요. "그는 육체에 계실 때에 자기를 죽음에서 능히 구원하실 이에게 심한 통곡과 눈물로 간구와 소원을 올렸고 그의 경외하심으로 말미암아 들으심을 얻었느니라"(히 5:7).

8장 23절

형제 열 명을 따로 세우고

25 그들에게 왕과 모사들과 방백들과 또 그 곳에 있는 이스라엘 무리가 우리 하나님의 성전을 위하여 드린 은과 금과 그릇들을 달아서 주었으니

26 내가 달아서 그들 손에 준 것은 은이 육백오십 달란트요 은 그릇이 백 달란트요 금이 백 달란트며 1:9-11

27 또 금잔이 스무 개라 그 무게는 천 다릭이요 또 아름답고 빛나 금 같이 보배로운 놋 그릇이 두 개라

28 내가 그들에게 이르되 너희는 여호와께 거룩한 자요 이 그릇들도 거룩하고 그 은과 금은 너희 조상들의 하나님 여호와께 즐거이 드린 예물이니

29 너희는 예루살렘 여호와의 성전 골방에 이르러 제사장들과 레위 사람의 우두머리들과 이스라엘의 족장들 앞에서 이 그릇을 달기까지 삼가 지키라

30 이에 제사장들과 레위 사람들이 은과 금과 그릇을 예루살렘 우리 하나님의 성전으로 가져가려 하여 그 무게대로 받으니라

에스라가 예루살렘으로 돌아오다

31 ●첫째 달 십이 일에 우리가 아하와 강을 떠나 예루살렘으로 갈새 우리 하나님의 손이 우리를 도우사 대적과 길에 매복한 자의 손에서 건지신지라

32 이에 예루살렘에 이르러 거기서 삼 일간 머물고 8:21

33 제사일에 우리 하나님의 성전에서 은과 금과 그릇을 달아서 제사장 우리야의 아들 므레못의 손에 넘기니 비느하스의 아들 엘르아살과 레위 사람 예수아의 아들 요사밧과 빈누이의 아들 노아댜가 함께 있어

34 모든 것을 다 세고 달아 보고 그 무게의 총량을 그 때에 기록하였느니라

35 사로잡혔던 자의 자손 곧 이방에서 돌아온 자들이 이스라엘의 하나님께 번제를 드렸는데 이스라엘 전체를 위한 수송아지가 열두 마리요 또 숫양이 아

혼아홉 마리요 어린 양이 일흔일곱 마리요 또 속죄제의 숫염소가 열두 마리니 모두 여호와께 드린 번제물이라 2:1

36 무리가 또 왕의 조서를 왕의 총독들과 유브라데 강 건너편 총독들에게 넘겨 주매 그들이 백성과 하나님의 성전을 도왔느니라

에스라의 회개 기도

9 이 일 후에 방백들이 내게 나아와 이르되 이스라엘 백성과 제사장들과 레위 사람들이 이 땅 백성들에게서 떠나지 아니하고 가나안 사람들과 헷 사람들과 브리스 사람들과 여부스 사람들과 암몬 사람들과 모압 사람들과 애굽 사람들과 아모리 사람들의 가증한 일을 행하여

2 그들의 딸을 맞이하여 아내와 며느리로 삼아 거룩한 자손이 이 지방 사람들과 서로 섞이게 하는데 방백들과 고관들이 이 죄에 더욱 으뜸이 되었다 하는지라

3 내가 이 일을 듣고 속옷과 겉옷을 찢고 머리털과 수염을 뜯으며 기가 막혀 앉으니

4 이에 이스라엘의 하나님의 말씀으로 말미암아 떠는 자가 사로잡혔던 이 사람들의 죄 때문에 다 내게로 모여오더라 내가 저녁 제사 드릴 때까지 기가 막혀 앉았더니

5 저녁 제사를 드릴 때에 내가 근심 중에 일어나서 속옷과 겉옷을 찢은 채 무릎을 꿇고 나의 하나님 여호와를 향하여 손을 들고

6 말하기를 나의 하나님이여 내가 부끄

9장 에는 무엇이 기록되어 있을까?

포로들이 처음 돌아온 후로부터 2차로 돌아올 때까지 몇 십 년이라는 긴 시간이 지났어요. 그동안 영적 지도자가 없는 상황에서 유대인들은 이방인과 결혼하고 그들의 우상을 섬기는 죄악에 빠지고 말았지요. 9장은 이러한 사실을 알게 된 에스라가 하나님께 드린 회개 기도입니다.

럽고 낯이 뜨거워서 감히 나의 하나님을 향하여 얼굴을 들지 못하오니 이는 우리 죄악이 많아 정수리에 넘치고 우리 허물이 커서 하늘에 미침이니이다

7 우리 조상들의 때로부터 오늘까지 우리의 죄가 심하매 우리의 죄악으로 말미암아 우리와 우리 왕들과 우리 제사장들을 여러 나라 왕들의 손에 넘기사 칼에 죽으며 사로잡히며 노략을 당하며 얼굴을 부끄럽게 하심이 오늘날과 같으니이다

통곡하며 기도하는 유대인들 (10:1)

8 이제 우리 하나님 여호와께서 우리에게 잠시 동안 은혜를 베푸사 얼마를 남겨 두어 피하게 하신 우리를 그 거룩한 처소에 박힌 못과 같게 하시고 우리 하나님이 우리 눈을 밝히사 우리가 종노릇하는 중에서 조금 소생하게 하셨나이다

9 우리가 비록 노예가 되었사오나 우리 하나님이 우리를 그 종살이하는 중에 버려 두지 아니하시고 바사 왕들 앞에서 우리가 불쌍히 여김을 입고 소생하여 우리 하나님의 성전을 세우게 하시며 그 무너진 것을 수리하게 하시며 유다와 예루살렘에서 우리에게 울타리를 주셨나이다

10 우리 하나님이여 이렇게 하신 후에도 우리가 주의 계명을 저버렸사오니 이제 무슨 말씀을 하오리이까

11 전에 주께서 주의 종 선지자들에게 명령하여 이르시되 너희가 가서 얻으려 하는 땅은 더러운 땅이니 이는 이방 백성들이 더럽고 가증한 일을 행하여 이 끝에서 저 끝까지 그 더러움으로 채웠음이라

12 그런즉 너희 여자들을 그들의 아들들에게 주지 말고 그들의 딸들을 너희 아들들을 위하여 데려오지 말며 그들을 위하여 평화와 행복을 영원히 구하지 말라 그리하면 너희가 왕성하여 그 땅의 아름다운 것을 먹으며 그 땅을 자손에게 물려 주어 영원한 유산으로 물려 주게 되리라 하셨나이다 잠 13:22

13 우리의 악한 행실과 큰 죄로 말미암아 이 모든 일을 당하였사오나 우리 하나님이 우리 죄악보다 형벌을 가볍게 하시고 이만큼 백성을 남겨 주셨사오니

14 우리가 어찌 다시 주의 계명을 거역하고 이 가증한 백성들과 통혼하오리이까 그리하면 주께서 어찌 우리를 멸하시고 남아 피할 자가 없도록 진노하시지 아니하시리이까

15 이스라엘의 하나님 여호와여 주는 의로우시니 우리가 남아 피한 것이 오늘날과 같사옵거늘 도리어 주께 범죄하였사오니 이로 말미암아 주 앞에 한 사람도 감히 서지 못하겠나이다 하니라

이방 아내와 그 소생을 내쫓기로 하다

10 에스라가 하나님의 성전 앞에 엎드려 울며 기도하여 죄를 자복할 때에 많은 백성이 크게 통곡하매 이스라엘 중에서 백성의 남녀와 어린 아이의 큰 무리가 그 앞에 모인지라

2 엘람 자손 중 여히엘의 아들 스가냐가 에스라에게 이르되 우리가 우리 하나님께 범죄하여 이 땅 이방 여자를 맞이하여 아내로 삼았으나 이스라엘에게 아직도 소망이 있나니

3 곧 내 주의 교훈을 따르며 우리 하나님

왕성(9:12) 잘되어 한참 성함.
행실(9:13) 실제로 드러난 행동.
가증(9:14) 몹시 미워하고 꺼려함.
자복(10:1) 범죄 사실을 스스로 고백하고 항복함.
공포(10:7) 널리 알림.
적몰(10:8) 죄인의 재산을 몰수하는 것.
지명(10:16) 여러 사람들 가운데서 누구의 이름을 가리킴.

Nehemiah
느헤미야

이 책을 기록한 사람은 느헤미야예요. 느헤미야는 예루살렘을 다스리던 총독으로, B.C. 538년에 스룹바벨과 함께 예루살렘으로 돌아와 성벽을 재건하는 일을 이루어낸 이스라엘의 훌륭한 지도자였답니다.

언제, 왜, 누구를 위하여 썼나요?

이 책을 기록한 때는 B.C. 420년경이라고 해요. 이스라엘 백성들에게 그들이 예루살렘으로 돌아온 과정과 성경을 다시 세운 역사를 보여줌으로써, 그들이 변하지 않는 하나님의 사랑을 깨닫고 마음을 돌이키도록 하기 위해 쓴 책이랍니다.

어떤 내용인가요?

예루살렘으로 다시 돌아온 이스라엘 백성들은 느헤미야의 지도에 따라 무너진 성벽을 다시 세우고, 에스라를 중심으로 신앙을 새롭게 회복했어요.

느헤미야가 예루살렘을 두고 기도하다

1 하가랴의 아들 느헤미야의 말이라 아닥사스다 왕 제이십년 기슬르월에 내가 수산 궁에 있는데

2 내 형제들 가운데 하나인 하나니가 두어 사람과 함께 유다에서 내게 이르렀기로 내가 그 사로잡힘을 면하고 남아 있는 유다와 예루살렘 사람들의 형편을 물은즉 ⁷:²

3 그들이 내게 이르되 사로잡힘을 면하고 남아 있는 자들이 그 지방 거기에서 큰 환난을 당하고 능욕을 받으며 예루살렘 성은 허물어지고 성문들은 불탔다 하는지라 ⁷:⁶

4 내가 이 말을 듣고 앉아서 울고 수일 동안 슬퍼하며 하늘의 하나님 앞에 금식하며 기도하여

5 이르되 하늘의 하나님 여호와 크고 두려우신 하나님이여 주를 사랑하고 주의 계명을 지키는 자에게 언약을 지키시며 긍휼을 베푸시는 주여 간구하나이다 ⁴ 20:6

6 이제 종이 주의 종들인 이스라엘 자손을 위하여 주야로 기도하오며 우리 이스라엘 자손이 주께 범죄한 죄들을 자복하오니 주는 귀를 기울이시며 눈을 여시사 종의 기도를 들으시옵소서 나와 내 아버지의 집이 범죄하여

7 주를 향하여 크게 악을 행하여 주께서 주의 종 모세에게 명령하신 계명과 율례와 규례를 지키지 아니하였나이다

8 옛적에 주께서 주의 종 모세에게 명령하여 이르시되 만일 너희가 범죄하면 내가 너희를 여러 나라 가운데에 흩을 것이요

9 만일 내게로 돌아와 내 계명을 지켜 행하면 너희 쫓긴 자가 하늘 끝에 있을지라도 내가 거기서부터 그들을 모아 내 이름을 두려고 택한 곳에 돌아오게 하리라 하신 말씀을 이제 청하건대 기억하옵소서

10 이들은 주께서 일찍이 큰 권능과 강한

에는 무엇의 기록되어 있을까?

느헤미야는 바벨론의 포로가 된 유다 사람 중에서 바사 나라의 관리가 되었던 사람이에요. 그는 같은 민족인 하나니로부터 자신의 민족이 고난당하며 예루살렘 성이 파손되었다는 소식을 들었어요. 그래서 그는 금식기도를 하며 하나님의 도우심을 구하였습니다.

손으로 구속하신 주의 종들이요 주의
백성이니이다

11 주여 구하오니 귀를 기울이사 종의 기
도와 주의 이름을 경외하기를 기뻐하
는 종들의 기도를 들으시고 오늘 종이
형통하여 이 사람 앞에서 은혜를 입게
하옵소서 하였나니 그 때에 내가 왕의
술 관원이 되었느니라　　　　1:6

느헤미야가 예루살렘으로 가다

2 아닥사스다 왕 제이십년 니산월에
왕 앞에 포도주가 있기로 내가 그
포도주를 왕에게 드렸더니 이전에는
내가 왕 앞에서 수심이 없었더니

2 왕이 내게 이르시되 네가 병이 없거늘
어찌하여 얼굴에 수심이 있느냐 이는
필연 네 마음에 근심이 있음이로다 하
더라 그 때에 내가 크게 두려워하여

3 왕께 대답하되 왕은 만세수를 하옵소서
내 조상들의 묘실이 있는 성읍이 이제
까지 황폐하고 성문이 불탔사오니 내가
어찌 얼굴에 수심이 없사오리이까 하니

4 왕이 내게 이르시되 그러면 네가 무엇
을 원하느냐 하시기로 내가 곧 하늘의
하나님께 묵도하고

5 왕에게 아뢰되 왕이 만일 좋게 여기시
고 종이 왕의 목전에서 은혜를 얻었사
오면 나를 유다 땅 나의 조상들의 묘실
이 있는 성읍에 보내어 그 성을 건축하
게 하옵소서 하였는데

6 그 때에 왕후도 왕 곁에 앉아 있었더라
왕이 내게 이르시되 네가 몇 날에 다녀
올 길이며 어느 때에 돌아오겠느냐 하
고 왕이 나를 보내기를 좋게 여기시기
로 내가 기한을 정하고　　　13:6

느헤미야가 왕에게 고향으로
보내줄 것을 청함(2:1-5)

7 내가 또 왕에게 아뢰되 왕이 만일 좋게
여기시거든 강 서쪽 총독들에게 내리
시는 조서를 내게 주사 그들이 나를 용
납하여 유다에 들어가기까지 통과하
게 하시고

8 또 왕의 삼림 감독 아삽에게 조서를 내
리사 그가 성전에 속한 영문의 문과 성
곽과 내가 들어갈 집을 위하여 들보로
쓸 재목을 내게 주게 하옵소서 하매 내
하나님의 선한 손이 나를 도우시므로
왕이 허락하고　　　　7:6

9 군대 장관과 마병을 보내어 나와 함께
하게 하시기로 내가 강 서쪽에 있는 총
독들에게 이르러 왕의 조서를 전하였
더니

10 호론 사람 산발랏과 종이었던 암몬 사
람 도비야가 이스라엘 자손을 흥왕하
게 하려는 사람이 왔다 함을 듣고 심히
근심하더라　　　4:1

11 내가 예루살렘에 이르러 머무른 지 사
흘 만에

12 내 하나님께서 예루살렘을 위해 무엇
을 할 것인지 내 마음에 주신 것을 내
가 아무에게도 말하지 아니하고 밤에
일어나 몇몇 사람과 함께 나갈새 내가
탄 짐승 외에는 다른 짐승이 없더라

13 그 밤에 골짜기 문으로 나가서 용정으
로 분문에 이르는 동안에 보니 예루살렘

2 에는 무엇이 기록되어 있을까?
느헤미야가 기도한 지 넉 달만에
하나님께서 그의 기도에 응답하셨어요. 무너진
예루살렘 성벽을 다시 세워도 된다는 왕의 허
락을 받은 거예요. 왕은 또한 그에게 필요한 물
품도 주겠다고 했어요. 예루살렘에 돌아온 그는
비밀리에 건축을 위한 조사를 하였답니다.

성벽이 다 무너졌고 성문은 불탔더라

14 앞으로 나아가 샘문과 왕의 못에 이르러서는 탄 짐승이 지나갈 곳이 없는지라

15 그 밤에 시내를 따라 올라가서 성벽을 살펴본 후에 돌아서 골짜기 문으로 들어와 돌아왔으나

16 방백들은 내가 어디 갔었으며 무엇을 하였는지 알지 못하였고 나도 그 일을 유다 사람들에게나 제사장들에게나 귀족들에게나 방백들에게나 그 외에 일하는 자들에게 알리지 아니하다가

17 후에 그들에게 이르기를 당한 곤경은 너희도 보고 있는 바라 예루살렘이 황폐하고 성문이 불탔으니 자, 예루살렘 성을 건축하여 다시 수치를 당하지 말자 하고

18 또 그들에게 하나님의 선한 손이 나를 도우신 일과 왕이 내게 이른 말씀을 전하였더니 그들이 말이 일어나 건축하자 하고 모두 힘을 내어 이 선한 일을 하려 하매

19 호론 사람 산발랏과 종이었던 암몬 사람 도비야와 아라비아 사람 게셈이 이 말을 듣고 우리를 업신여기고 우리를 비웃어 이르되 너희가 하는 일이 무엇이냐 너희가 왕을 배반하고자 하느냐 하기로

20 내가 그들에게 대답하여 이르되 하늘의 하나님이 우리를 형통하게 하시리니 그의 종들인 우리가 일어나 건축하려니와 오직 너희에게는 예루살렘에서 아무 기업도 없고 권리도 없고 기억되는 바도 없다 하였느니라

예루살렘 성벽 중수 · B.C. 443년경

3 그 때에 대제사장 엘리아십이 그의 형제 제사장들과 함께 일어나 양문을 건축하여 성별하고 문짝을 달고 또

성벽을 건축하여 함메아 망대에서부터 하나넬 망대까지 성별하였고

2 그 다음은 여리고 사람들이 건축하였고 또 그 다음은 이므리의 아들 삭굴이 건축하였으며

3 어문은 하스나아의 자손들이 건축하여 그 들보를 얹고 문짝을 달고 자물쇠와 빗장을 갖추었고

4 그 다음은 학고스의 손자 우리야의 아들 므레못이 중수하였고 그 다음은 므세사벨의 손자 베레갸의 아들 므술람이 중수하였고 그 다음은 바아나의 아들 사독이 중수하였고

5 그 다음은 드고아 사람들이 중수하였으나 그 귀족들은 그들의 주인들의 공사를 분담하지 아니하였으며

6 옛 문은 바세아의 아들 요야다와 브소드야의 아들 므술람이 중수하여 그 들보를 얹고 문짝을 달고 자물쇠와 빗장을 갖추었고

7 그 다음은 기브온 사람 믈라댜와 메로놋 사람 야돈이 강 서쪽 총독의 관할에 속한 기브온 사람들 및 미스바 사람과 더불어 중수하였고

8 그 다음은 금장색 할해야의 아들 웃시엘 등이 중수하였고 그 다음은 향품 장사 하나냐 등이 중수하되 그들이 예루살렘의 넓은 성벽까지 하였고

9 그 다음은 예루살렘 지방의 절반을 다스리는 후르의 아들 르바야가 중수하였고

10 그 다음은 하루맙의 아들 여다야가 자기 집과 마주 대한 곳을 중수하였고 그 다음은 하삽느야의 아들 핫두스가 중

흥왕(2:1) 이 세력 따위의 것이 흥하고 번창함.
어문(3:3) 예루살렘의 북쪽 벽에 있는 문.
들보(3:3) 칸과 칸 사이의 두 기둥을 건너지르는 나무.
중수(3:4) 낡고 헌 것을 다시 손대어 고침.
관할(3:7) 직무상의 권한을 갖고 맡아 다스림.

○ 분문 (3:14)
예루살렘 남벽 동쪽에 위치한 문으로, 성 안의 분뇨와 쓰레기를 버리기 위해 만든 문이라서 분문(糞門)이라고 불렀다.

수하였고

11 하림의 아들 말기야와 바핫모압의 아들 핫숩이 한 부분과 화덕 망대를 중수하였고 *12:38*

12 그 다음은 예루살렘 지방 절반을 다스리는 할로헤스의 아들 살룸과 그의 딸들이 중수하였고

13 골짜기 문은 하눈과 사노아 주민이 중수하여 문을 세우며 문짝을 달고 자물쇠와 빗장을 갖추고 또 분문까지 성벽 천1) 규빗을 중수하였고

14 분문은 벧학게렘 지방을 다스리는 레갑의 아들 말기야가 중수하여 문을 세우며 문짝을 달고 자물쇠와 빗장을 갖추었고

15 샘문은 미스바 지방을 다스리는 골호세의 아들 살룬이 중수하여 문을 세우고 덮었으며 문짝을 달고 자물쇠와 빗장을 갖추고 또 왕의 동산 근처 셀라 못 가의 성벽을 중수하여 다윗 성에서 내려오는 층계까지 이르렀고 *2:14*

16 그 다음은 벧술 지방 절반을 다스리는 아스북의 아들 느헤미야가 중수하여 다윗의 묘실과 마주 대한 곳에 이르고 또 파서 만든 못을 지나 용사의 집까지 이르렀고 *대하 20:20*

17 그 다음은 레위 사람 바니의 아들 르훔이 중수하였고 그 다음은 그일라 지방 절반을 다스리는 하사뱌가 그 지방을 대표하여 중수하였고

18 그 다음은 그들의 형제들 가운데 그일

라 지방 절반을 다스리는 헤나닷의 아들 바왜가 중수하였고

19 그 다음은 미스바를 다스리는 예수아의 아들 에셀이 한 부분을 중수하여 성 굽이에 있는 군기고 맞은편까지 이르렀고

20 그 다음은 삽배의 아들 바룩이 한 부분을 힘써 중수하여 성 굽이에서부터 대제사장 엘리아십의 집 문에 이르렀고

21 그 다음은 학고스의 손자 우리야의 아들 므레못이 한 부분을 중수하여 엘리아십의 집 문에서부터 엘리아십의 집 모퉁이에 이르렀고

22 그 다음은 평지에 사는 제사장들이 중수하였고

23 그 다음은 베냐민과 핫숩이 자기 집 맞은편 부분을 중수하였고 그 다음은 아나냐의 손자 마아세야의 아들 아사랴가 자기 집에서 가까운 부분을 중수하였고

24 그 다음은 헤나닷의 아들 빈누이가 한 부분을 중수하되 아사랴의 집에서부터 성 굽이를 지나 성 모퉁이에 이르렀고

25 우새의 아들 발랄은 성 굽이 맞은편과

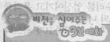

1) 히, 암마

왕의 윗궁에서 내민 망대 맞은편 곧 시위청에서 가까운 부분을 중수하였고 그 다음은 바로스의 아들 브다야가 중수하였고

26 (그 때에 느디님 사람은 오벨에 거주하여 동쪽 수문과 마주 대한 곳에서부터 내민 망대까지 이르렀느니라) 7:46

27 그 다음은 드고아 사람들이 한 부분을 중수하여 내민 큰 망대와 마주 대한 곳에서부터 오벨 성벽까지 이르렀느니라

28 ●마문 위로부터는 제사장들이 각각 자기 집과 마주 대한 부분을 중수하였고

29 그 다음은 임멜의 아들 사독이 자기 집과 마주 대한 부분을 중수하였고 그 다음은 동문지기 스가냐의 아들 스마야가 중수하였고

30 그 다음은 셀레먀의 아들 하나냐와 살랍의 여섯째 아들 하눈이 한 부분을 중수하였고 그 다음은 베레갸의 아들 므술람이 자기의 방과 마주 대한 부분을 중수하였고

31 그 다음은 금장색 말기야가 함밉갓 문과 마주 대한 부분을 중수하여 느디님 사람과 상인들의 집에서부터 성 모퉁이 성루에 이르렀고

32 성 모퉁이 성루에서 양문까지는 금장색과 상인들이 중수하였느니라

방해를 물리치다 B.C. 443년경

4 산발랏이 우리가 성을 건축한다 함을 듣고 크게 분노하여 유다 사람을 비웃으며

2 자기 형제들과 사마리아 군대 앞에서 일러 말하되 이 미약한 유다 사람들이 하는 일이 무엇인가, 스스로 견고하게 하려는가, 제사를 드리려는가, 하루에 일을 마치려는가 불탄 돌을 흙 무더기에서 다시 일으키려는가 하고

3 암몬 사람 도비야는 곁에 있다가 이르되 그들이 건축하는 돌 성벽은 여우가 올라가도 곧 무너지리라 하더라 2:10

4 우리 하나님이여 들으시옵소서 우리가 업신여김을 당하나이다 원하건대

그들이 욕하는 것을 자기들의 머리에 돌리사 노략거리가 되어 이방에 사로잡히게 하시고

5 주 앞에서 그들의 악을 덮어 두지 마시며 그들의 죄를 도말하지 마옵소서 그들이 건축하는 자 앞에서 주를 노하시게 하였음이니이다 하고

6 이에 우리가 성을 건축하여 전부가 연결되고 높이가 절반에 이르렀으니 이는 백성이 마음 들여 일을 하였음이니라

7 ●산발랏과 도비야와 아라비아 사람들과 암몬 사람들과 아스돗 사람들이 예루살렘 성이 중수되어 그 허물어진 틈이 메꾸어져 간다 함을 듣고 심히 분노하여

8 다 함께 꾀하기를 예루살렘으로 가서 치고 그 곳을 요란하게 하자 하기로

9 우리가 우리 하나님께 기도하며 그들로 말미암아 파수꾼을 두어 주야로 방비하는데

10 유다 사람들은 이르기를 흙 무더기가 아직도 많거늘 짐을 나르는 자의 힘이 다 빠졌으니 우리가 성을 건축하지 못하리라 하고

11 우리의 원수들은 이르기를 그들이 알지 못하고 보지 못하는 사이에 우리가 그들 가운데 달려 들어가서 살륙하여 역사를 그치게 하리라 하고

12 그 원수들의 근처에 거주하는 유다 사람들도 그 각처에서 와서 열 번이나 우리에게 말하기를 너희가 우리에게로 와야 하리라 하기로

13 내가 성벽 뒤의 낮고 넓은 곳에 백성이 그들의 종족을 따라 칼과 창과 활

4장 에는 무엇이 기록되어 있을까?

성벽 공사가 잘 진행되고 있던 중, 산발랏 일당이 방해해왔어요. 그러나 믿음의 사람 느헤미야는 하나님의 도우심으로 공사를 무사히 마칠 것이라는 사실을 믿었지요. 그래서 백성들에게 믿음을 가지고 한 손에는 무기를, 다른 손으로는 연장을 잡고 일하도록 했답니다.

을 가지고 서 있게 하고

14 내가 돌아본 후에 일어나서 귀족들과 민장들과 남은 백성에게 말하기를 너희는 그들을 두려워하지 말고 지극히 크시고 두려우신 주를 기억하고 너희 형제와 자녀와 아내와 집을 위하여 싸우라 하였느니라

15 ●우리의 대적이 우리가 그들의 의도를 눈치챘다 함을 들으니라 하나님이 그들의 꾀를 폐하셨으므로 우리가 다 성에 돌아와서 각각 일하였는데 ▲출 5:12

16 그 때로부터 내 수하 사람들의 절반은 일하고 절반은 갑옷을 입고 창과 방패와 활을 가졌고 민장은 유다 온 족속의 뒤에 있었으며

17 성을 건축하는 자와 짐을 나르는 자는 다 각각 한 손으로 일을 하며 한 손에 병기를 잡았는데

18 건축하는 자는 각각 허리에 칼을 차고 건축하며 나팔 부는 자는 내 곁에 섰었느니라

19 내가 귀족들과 민장들과 남은 백성에게 이르기를 이 공사는 크고 넓으므로 우리가 성에서 떨어져 거리가 먼즉

20 너희는 어디서든지 나팔 소리를 듣거든 그리로 모여서 우리에게로 나아오라 우리 하나님이 우리를 위하여 싸우시리라 하였느니라

21 ●우리가 이같이 공사하는데 무리의 절반은 동틀 때부터 별이 나기까지 창을 잡았으며

22 그 때에 내가 또 백성에게 말하기를 사람마다 그 종자와 함께 예루살렘 안에

민장(4:14) 백성의 우두머리를 가리킴.
비방(5:9) 남을 헐뜯어서 욕함. 남을 나쁘게 말함.

서 잘지니 밤에는 우리를 위하여 파수하겠고 낮에는 일하리라 하고

23 나나 내 형제들이나 종자들이나 나를 따라 파수하는 사람들이나 우리가 다 우리의 옷을 벗지 아니하였으며 물을 길으러 갈 때에도 각각 병기를 잡았느니라

가난한 백성이 부르짖다 — B.C. 443년경

5 그 때에 백성들이 그들의 아내와 함께 크게 부르짖어 그들의 형제인 유다 사람들을 원망하는데

2 어떤 사람은 말하기를 우리와 우리 자녀가 많으니 양식을 얻어 먹고 살아야 하겠다 하고

3 어떤 사람은 말하기를 우리가 밭과 포도원과 집이라도 저당 잡히고 이 흉년에 곡식을 얻자 하고

4 어떤 사람은 말하기를 우리는 밭과 포도원으로 돈을 빚내서 왕에게 세금을 바쳤도다

5 우리 육체도 우리 형제의 육체와 같고 우리 자녀도 그들의 자녀와 같거늘 이제 우리 자녀를 종으로 파는도다 우리 딸 중에 벌써 종된 자가 있고 우리의 밭과 포도원이 이미 남의 것이 되었으나 우리에게는 아무런 힘이 없도다 하더라

6 ●내가 백성의 부르짖음과 이런 말을 듣고 크게 노하였으나

7 깊이 생각하고 귀족들과 민장들을 꾸짖어 그들에게 이르기를 너희가 각기 형제에게 높은 이자를 취하는도다 하고 대회를 열고 그들을 쳐서

8 그들에게 이르기를 우리는 이방인의 손에 팔린 우리 형제 유다 사람들을 우

리의 힘을 다하여 도로 찾았거늘 너희
는 너희 형제를 팔고자 하느냐 더구나
우리의 손에 팔리게 하겠느냐 하매 그
들이 잠잠하여 말이 없기로 ^{레 25:48}

9 내가 또 이르기를 너희의 소행이 좋지
못하도다 우리의 대적 이방 사람의 비
방을 생각하고 우리 하나님을 경외하
는 가운데 행할 것이 아니냐 ^{삼하 12:14}

10 나와 내 형제와 종자들도 역시 돈과 양
식을 백성에게 꾸어 주었거니와 우리
가 그 이자 받기를 그치자 ^{5:7}

11 그런즉 너희는 그들에게 오늘이라도
그들의 밭과 포도원과 감람원과 집이
며 너희가 꾸어 준 돈이나 양식이나 새
포도주나 기름의 백분의 일을 돌려보
내라 하였더니

12 그들이 말하기를 우리가 당신의 말씀
대로 행하여 돌려보내고 그들에게서
아무것도 요구하지 아니하리이다 하기
로 내가 제사장들을 불러 그들에게 그
말대로 행하겠다고 맹세하게 하고

13 내가 옷자락을 떨며 이르기를 이 말대
로 행하지 아니하는 자는 모두 하나님
이 또한 이와 같이 그 집과 산업에서
털어 버리실지니 그는 곧 이렇게 털려
서 빈손이 될지로다 하매 회중이 다 아
멘 하고 여호와를 찬송하고 백성들이
그 말한 대로 행하였느니라 ^{마 18:6}

느헤미야가 총독의 녹을 받지 아니하다

14 ●또한 유다 땅 총독으로 세움을 받은
때 곧 아닥사스다 왕 제이십년부터 제
삼십이년까지 십이 년 동안은 나와 내
형제들이 총독의 녹을 먹지 아니하였
느니라

15 나보다 먼저 있었던 총독들은 백성에
게서, 양식과 포도주와 또 은 사십 세
겔을 그들에게서 빼앗았고 또한 그들
의 종자들도 백성을 압제하였으나 나
는 하나님을 경외하므로 이같이 행하
지 아니하고 ^{5:9}

16 도리어 이 성벽 공사에 힘을 다하며 땅
을 사지 아니하였고 내 모든 종자들도
모여서 일을 하였으며

17 또 내 상에는 유다 사람들과 민장들 백
오십 명이 있고 그 외에도 우리 주위에
있는 이방 족속들 중에서 우리에게 나
아온 자들이 있었는데

18 매일 나를 위하여 소 한 마리와 살진 양
여섯 마리를 준비하며 닭도 많이 준비
하고 열흘에 한 번씩은 각종 포도주를
갖추었나니 비록 이같이 하였을지라도
내가 총독의 녹을 요구하지 아니하였
음은 이 백성의 부역이 중함이었더라

19 내 하나님이여 내가 이 백성을 위하여
행한 모든 일을 기억하사 내게 은혜를
베푸시옵소서

느헤미야에 대한 음모 — B.C. 443년경

6 산발랏과 도비야와 아라비아 사람
게셈과 그 나머지 우리의 원수들이
내가 성벽을 건축하여 허물어진 틈을
남기지 아니하였다 함을 들었는데 그
때는 내가 아직 성문에 문짝을 달지 못
한 때였더라

2 산발랏과 게셈이 내게 사람을 보내어
이르기를 오라 우리가 오노 평지 한 촌
에서 서로 만나자 하니 실상은 나를 해
하고자 함이었더라

3 내가 곧 그들에게 사자들을 보내어 이

대적들의 방해(6:2)		
본 문	적들의 계획	느헤미야의 대처
4:11, 22~23	기습 공격 계획	건축하는 자는 칼을 차고 건축하고, 물을 길러갈 때도 기계를 놓지 않음
6:2	면담을 가장하여 해하고자 함 (4회에 걸쳐서)	만나자는 제안에 응하지 않음
6:7	왕이 되고자 한다는 유언비어를 퍼뜨림	사실이 아니라고 단번에 물리침
6:12	측근을 매수하여 범죄하도록(성소를 침범하는) 유도함	두려움을 갖지 않고 지혜롭게 하여 성소를 범하지 않음

르기를 내가 이제 큰 역사를 하니 내려
가지 못하겠노라 어찌하여 역사를 중
지하게 하고 너희에게로 내려가겠느
냐 하매

4 그들이 네 번이나 이같이 내게 사람을
보내되 나는 꼭 같이 대답하였더니

5 산발랏이 다섯 번째는 그 종자의 손에
봉하지 않은 편지를 들려 내게 보냈
는데

6 그 글에 이르기를 이방 중에도 소문이
있고 가스무도 말하기를 너와 유다 사
람들이 모반하려 하여 성벽을 건축한
다 하나니 네가 그 말과 같이 왕이 되
려 하는도다

7 또 네가 선지자를 세워 예루살렘에서
너를 들어 선전하기를 유다에 왕이 있
다 하게 하였으니 지금 이 말이 왕에게
들릴지라 그런즉 너는 이제 오라 함께
의논하자 하였기로

8 내가 사람을 보내어 그에게 이르기를
네가 말한 바 이런 일은 없는 일이요 네
마음에서 지어낸 것이라 하였나니

9 이는 그들이 다 우리를 두렵게 하고자
하여 말하기를 그들의 손이 피곤하여
역사를 중지하고 이루지 못하리라 함
이라 이제 내 손을 힘있게 하옵소서 하
였노라

10 이 후에 므헤다벨의 손자 들라야의
아들 스마야가 두문불출 하기로 내가
그 집에 가니 그가 이르기를 그들이 너
를 죽이러 올 터이니 우리가 하나님의
전으로 가서 외소 안에 머물고 그 문
을 닫자 저들이 반드시 밤에 와서 너를
죽이리라 하기로

렘 36:5

포로생활에서 돌아온 유다인들이
건축한 당시 성벽 모형 (6:15-19)

11 내가 이르기를 나 같은 자가 어찌 도망
하며 나 같은 몸이면 누가 외소에 들어
가서 생명을 보존하겠느냐 나는 들어
가지 않겠노라 하고

12 깨달은즉 그는 하나님께서 보내신 바
가 아니라 도비야와 산발랏에게 뇌물
을 받고 내게 이런 예언을 함이라

13 그들이 뇌물을 준 까닭은 나를 두렵게
하고 이렇게 함으로 범죄하게 하고 악한
말을 지어 나를 비방하려 함이었느니라

14 내 하나님이여 도비야와 산발랏과 여
선지 노아댜와 그 남은 선지자들 곧 나
를 두렵게 하고자 한 자들의 소행을
기억하옵소서 하였노라

성벽 공사가 끝나다

15 ●성벽 역사가 오십이 일 만인 엘룰월
이십오일에 끝나매

16 우리의 모든 대적과 주위에 있는 이방
족속들이 이를 듣고 다 두려워하여 크
게 낙담하였으니 그들이 우리 하나님
께서 이 역사를 이루신 것을 앎이니라

17 또한 그 때에 유다의 귀족들이 여러 번
도비야에게 편지하였고 도비야의 편
지도 그들에게 이르렀으니

18 도비야는 아라의 아들 스가냐의 사위
가 되었고 도비야의 아들 여호하난도
베레갸의 아들 므술람의 딸을 아내로
맞이하였으므로 유다에서 그와 동맹
한 자가 많음이라

19 그들이 도비야의 선행을 내 앞에 말하
고 또 내 말도 그에게 전하매 도비야가
내게 편지하여 나를 두렵게 하고자 하

였느니라

느헤미야가 지도자들을 세우다

7 성벽이 건축되매 문짝을 달고 문지기와 노래하는 자들과 레위 사람들을 세운 후에

2 내 아우 하나니와 영문의 관원 하나냐가 함께 예루살렘을 다스리게 하였는데 하나냐는 충성스러운 사람이요 하나님을 경외함이 무리 중에서 뛰어난 자라

3 내가 그들에게 이르기를 해가 높이 뜨기 전에는 예루살렘 성문을 열지 말고 아직 파수할 때에 곧 문을 닫고 빗장을 지르며 또 예루살렘 주민이 각각 자기가 지키는 곳에서 파수하되 자기 집 맞은편을 지키게 하라 하였노니

4 그 성읍은 광대하고 그 주민은 적으며 가옥은 미처 건축하지 못하였음이니라

포로에서 돌아온 사람들 (스 2:1~70)

5 ● 내 하나님이 내 마음을 감동하사 귀족들과 민장들과 백성을 모아 그 계보대로 등록하게 하시므로 내가 처음으로 돌아온 자의 계보를 얻었는데 거기에 기록된 것을 보면

6 옛적에 바벨론 왕 느부갓네살에게 사로잡혀 갔던 자들 중에서 놓임을 받고 예루살렘과 유다에 돌아와 각기 자기들의 성읍에 이른 자들 곧

7 스룹바벨과 예수아와 느헤미야와 아사랴와 라아먀와 나하마니와 모르드개와 빌산과 미스베렛과 비그왜와 느훔과 바아나와 함께 나온 이스라엘 백성의 명수가 이러하니라

8 바로스 자손이 이천백칠십이 명이요
9 스바댜 자손이 삼백칠십이 명이요
10 아라 자손이 육백오십이 명이요
11 바핫모압 자손 곧 예수아와 요압 자손이 이천팔백십팔 명이요
12 엘람 자손이 천이백오십사 명이요
13 삿두 자손이 팔백사십오 명이요
14 삭개 자손이 칠백육십 명이요
15 빈누이 자손이 육백사십팔 명이요
16 브배 자손이 육백이십팔 명이요
17 아스갓 자손이 이천삼백이십이 명이요
18 아도니감 자손이 육백육십칠 명이요
19 비그왜 자손이 이천육십칠 명이요
20 아딘 자손이 육백오십오 명이요
21 아델 자손 곧 히스기야 자손이 구십팔 명이요
22 하숨 자손이 삼백이십팔 명이요
23 베새 자손이 삼백이십사 명이요
24 하립 자손이 백십이 명이요
25 기브온 사람이 구십오 명이요
26 베들레헴과 느도바 사람이 백팔십팔 명이요
27 아나돗 사람이 백이십팔 명이요
28 벧아스마웻 사람이 사십이 명이요
29 기럇여아림과 그비라와 브에롯 사람이 칠백사십삼 명이요
30 라마와 게바 사람이 육백이십일 명이요
31 믹마스 사람이 백이십이 명이요
32 벧엘과 아이 사람이 백이십삼 명이요
33 기타 느보 사람이 오십이 명이요
34 기타 엘람 자손이 천이백오십사 명이요
35 하림 자손이 삼백이십 명이요
36 여리고 자손이 삼백사십오 명이요
37 로드와 하딧과 오노 자손이 칠백이십

7 에는 무엇이 기록되어 있을까?

이제 성벽의 문을 다는 것으로써 모든 공사가 끝났답니다. 그러나 대적들은 여전히 탐탐 기회를 노리고 있었어요. 그래서 느헤미야는 경비 책임자들을 세워 성을 지키게 하고, 백성들을 불러모아 예루살렘 성에서 살게 하였답니다. 7장은 백성들을 잘 이끌기 위해 인구 조사 결과를 정리해 기록한 것이에요.

모반(6:6) 나라나 임금에 반대해 군사를 일으키는 것.
선지자(6:7) 하나님의 대변자를 말함.
두문불출(6:10) 집 안에만 틀어박혀 세상 밖으로 다니지 아니함.
파수(7:3) 경계하여 지킴.
민장(7:5) 백성의 우두머리.
계보(7:5) 혈연, 종교의 전통 등의 계통을 밝혀 적은 것.
자손(7:8) 아들과 여러 대의 손자.

일 명이요
38 스나아 자손이 삼천구백삼십 명이었
느니라
39 ●제사장들은 예수아의 집 여다야 자
손이 구백칠십삼 명이요
40 임멜 자손이 천오십이 명이요
41 바스훌 자손이 천이백사십칠 명이요
42 하림 자손이 천십칠 명이었느니라
43 ●레위 사람들은 호드야 자손 곧 예수
아와 갓미엘 자손이 칠십사 명이요
44 노래하는 자들은 아삽 자손이 백사십
팔 명이요
45 문지기들은 살룸 자손과 아델 자손과
달문 자손과 악굽 자손과 하디다 자손
과 소배 자손이 모두 백삼십팔 명이었
느니라   △ 2:42
46 ●느디님 사람들은 시하 자손과 하수
바 자손과 답바옷 자손과
47 게로스 자손과 시아 자손과 바돈 자
손과
48 르바나 자손과 하가바 자손과 살매 자
손과
49 하난 자손과 깃델 자손과 가할 자손과
50 르아야 자손과 르신 자손과 느고다 자
손과
51 갓삼 자손과 웃사 자손과 바세아 자

손과
52 베새 자손과 므우님 자손과 느비스심
자손과
53 박북 자손과 하그바 자손과 할훌 자
손과
54 바슬릿 자손과 므히다 자손과 하르사
자손과
55 바르고스 자손과 시스라 자손과 데마
자손과
56 느시야 자손과 하디바 자손이었느니라
57 ●솔로몬의 신하의 자손은 소대 자손
과 소베렛 자손과 브리다 자손과
58 야알라 자손과 다르곤 자손과 깃델 자
손과
59 스바댜 자손과 핫딜 자손과 보게렛하
스바임 자손과 아몬 자손이니
60 모든 느디님 사람과 솔로몬의 신하의
자손이 삼백구십이 명이었느니라 7:46
61 ●델멜라와 델하르사와 그룹과 앗돈
과 임멜로부터 올라온 자가 있으나 그
들의 종족이나 계보가 이스라엘에 속
하였는지는 증거할 수 없으니
62 그들은 들라야 자손과 도비야 자손과
느고다 자손이라 모두가 육백사십이
명이요
63 제사장 중에는 호바야 자손과 학고스
자손과 바르실래 자손이니 바르실래
는 길르앗 사람 바르실래의 딸 중의 하
나로 아내를 삼고 바르실래의 이름으
로 불린 자라   △ 2:61
64 이 사람들은 계보 중에서 자기 이름을
찾아도 찾지 못하였으므로 그들을 부
정하게 여겨 제사장의 직분을 행하지
못하게 하고
65 총독이 그들에게 명령하여 우림과 둠
밈을 가진 제사장이 일어나기 전에는
지성물을 먹지 말라 하였느니라
66 ●온 회중의 합계는 사만 이천삼백육
십 명이요   △ 2:64-67
67 그 외에 노비가 칠천삼백삼십칠 명이
요 그들에게 노래하는 남녀가 이백사
십오 명이 있었고

68 말이 칠백삼십육 마리요 노새가 이백 사십오 마리요

69 낙타가 사백삼십오 마리요 나귀가 육 천칠백이십 마리였느니라

70 ● 어떤 족장들은 역사를 위하여 보조 하였고 총독은 금 천 드라크마와 대접 오십과 제사장의 의복 오백삼십 벌을 보물 곳간에 드렸고

71 또 어떤 족장들은 금 이만 드라크마와 은 이천이백 1)마네를 역사 곳간에 드 렸고

72 그 나머지 백성은 금 이만 드라크마와 은 이천 마네와 제사장의 의복 육십칠 벌을 드렸느니라

백성 앞에서 율법책을 읽다 ─B.C. 443년경

73 이와 같이 제사장들과 레위 사람들과 문지기들과 노래하는 자들과 백성 몇 명 과 느디님 사람들과 온 이스라엘 자손이 다 자기들의 성읍에 거주하였느니라

8 이스라엘 자손이 자기들의 성읍에 거주하였더니 일곱째 달에 이르러 모든 백성이 일제히 수문 앞 광장에 모 여 2)학사 에스라에게 여호와께서 이스 라엘에게 명령하신 모세의 율법책을 가져오기를 청하매 3:1

2 일곱째 달 초하루에 제사장 에스라가 율법책을 가지고 회중 앞 곧 남자나 여 자나 알아들을 만한 모든 사람 앞에 이 르러

3 수문 앞 광장에서 새벽부터 정오까지 남자나 여자나 알아들을 만한 모든 사 람 앞에서 읽으매 뭇 백성이 그 율법책 에 귀를 기울였는데

4 그 때에 학사 에스라가 특별히 지은 나

하나님 말씀을 크게 읽어 들리게 함으로 하나님 앞으로 마음을 돌리게 한다(8:1-12).

무 강단에 서고 그의 곁 오른쪽에 선 자는 맛디댜와 스마와 아냐와 우리 야와 힐기야와 마아세야요 그의 왼쪽 에 선 자는 브다야와 미사엘과 말기야 와 하숨과 하스밧다나와 스가랴와 므 술람이라

5 에스라가 모든 백성 위에 서서 그들 목 전에서 책을 펴니 책을 펼 때에 모든 백 성이 일어서니라

6 에스라가 위대하신 하나님 여호와를 송축하매 모든 백성이 손을 들고 아멘 아멘 하고 응답하고 몸을 굽혀 얼굴을 땅에 대고 여호와께 경배하니라

7 예수아와 바니와 세레뱌와 야민과 악 굽과 사브대와 호디야와 마아세야와 그리다와 아사랴와 요사밧과 하난과 블라야와 레위 사람들은 백성이 제자 리에 서 있는 동안 그들에게 율법을 깨 닫게 하였는데

8 하나님의 율법책을 낭독하고 그 뜻을 해석하여 백성에게 그 낭독하는 것을 다 깨닫게 하니라

9 백성이 율법의 말씀을 듣고 다 우는지 라 총독 느헤미야와 제사장 겸 학사 에 스라와 백성을 가르치는 레위 사람들 이 모든 백성에게 이르기를 오늘은 너 희 하나님 여호와의 성일이니 슬퍼하 지 말며 울지 말라 하고 7:65

10 느헤미야가 또 그들에게 이르기를 너 희는 가서 살진 것을 먹고 단 것을 마 시되 준비하지 못한 자에게는 나누어

8 에는 무엇이 기록되어 있을까?

예루살렘 성이 완성되고 백성들도 모두 성에 자리를 잡았습니다. 에스라가 온 백 성을 모아 하나님의 말씀을 읽어주자, 하나님의 뜻을 깨달은 백성들은 말씀대로 초막절을 지켰 어요. 초막절은 이스라엘이 광야에서 생활하던 것을 기념하는 절기랍니다.

1) 1마네는 50세겔 2) 히, 서기관

○ 무성한
나뭇가지
(8:15)
성서 시대에 널
리 퍼져 있던
지중해 소나무

주라 이 날은 우리 주의 성일이니 근심
하지 말라 여호와로 인하여 기뻐하는
것이 너희의 힘이니라 하고
11 레위 사람들도 모든 백성을 정숙하게
하여 이르기를 오늘은 성일이니 마땅
히 조용하고 근심하지 말라 하니
12 모든 백성이 곧 가서 먹고 마시며 나누
어 주고 크게 즐거워하니 이는 그들이
그 읽어 들려 준 말을 밝히 앎이라 8:10
13 ●그 이튿날 뭇 백성의 족장들과 제사
장들과 레위 사람들이 율법의 말씀을
밝히 알고자 하여 학사 에스라에게 모
여서
14 율법에 기록된 바를 본즉 여호와께서
모세를 통하여 명령하시기를 이스라
엘 자손은 일곱째 달 절기에 초막에서
거할지니라 하였고
15 또 일렀으되 모든 성읍과 예루살렘에
공포하여 이르기를 너희는 산에 가서
감람나무 가지와 들감람나무 가지와
화석류나무 가지와 종려나무 가지와
기타 무성한 나무 가지를 가져다가 기
록한 바를 따라 초막을 지으라 하라
한지라
16 백성이 이에 나가서 나뭇가지를 가져
다가 혹은 지붕 위에, 혹은 뜰 안에, 혹
은 하나님의 전 뜰에, 혹은 수문 광장에,
혹은 에브라임 문 광장에 초막을 짓되
17 사로잡혔다가 돌아온 회중이 다 초막
을 짓고 그 안에서 거하니 눈의 아들 여
호수아 때로부터 그 날까지 이스라엘
자손이 이같이 행한 일이 없으므로
이에 크게 기뻐하며

18 에스라는 첫날부터 끝날까지 날마다
하나님의 율법책을 낭독하고 무리가
이레 동안 절기를 지키고 여덟째 날에
규례를 따라 성회를 열었느니라
백성들이 죄를 자복하다   B.C. 443년경
9 그 달 스무나흘 날에 이스라엘 자
손이 다 모여 금식하며 굵은 베 옷
을 입고 티끌을 무릅쓰며
2 모든 이방 사람들과 절교하고 서서 자
기의 죄와 조상들의 허물을 자복하고
3 이 날에 낮 사분의 일은 그 제자리에
서서 그들의 하나님 여호와의 율법책
을 낭독하고 낮 사분의 일은 죄를 자복
하며 그들의 하나님 여호와께 경배하
는데
4 레위 사람 예수아와 바니와 갓미엘과
스바냐와 분니와 세레뱌와 바니와 그
나니는 단에 올라서서 큰 소리로 그들
의 하나님 여호와께 부르짖고   8:7
5 또 레위 사람 예수아와 갓미엘과 바니
와 하삽느야와 세레뱌와 호디야와 스
바냐와 브다히야는 이르기를 너희 무
리는 마땅히 일어나 영원부터 영원까
지 계신 하나님 여호와를 송축할지어
다 주여 주의 영화로운 이름을 송
축하올 것은 주의 이름이 존귀하여 모
든 송축이나 찬양에서 뛰어남이니이다
6 오직 주는 여호와시라 하늘과 하늘들
의 하늘과 일월 성신과 땅과 땅 위의 만
물과 바다와 그 가운데 모든 것을 지으
시고 다 보존하시오니 모든 천군이 주
께 경배하나이다   36:6
7 주는 하나님 여호와시라 옛적에 아브
람을 택하시고 갈대아 우르에서 인도

9장 에는 무엇이 기록되어 있을까?

하나님과의 관계가 좋아지려면
과거의 죄악을 버리고 새로운 삶을 살아야 합
니다. 초막절을 지킨 백성들은 금식하며 자신
들의 죄를 하나님 앞에 고백했어요. 그리고 자
신들이 거듭해서 잘못을 해도 오래 참아주시
는 하나님께 찬양과 감사를 드렸답니다.

하여 내시고 아브라함이라는 이름을 주시고

8 그의 마음이 주 앞에서 충성됨을 보시고 그와 더불어 언약을 세우사 가나안 족속과 헷 족속과 아모리 족속과 브리스 족속과 여부스 족속과 기르가스 족속의 땅을 그의 씨에게 주리라 하시더니 그 말씀대로 이루셨사오매 주는 의로우심이로소이다

9 주께서 우리 조상들이 애굽에서 고난 받는 것을 감찰하시며 홍해에서 그들의 부르짖음을 들으시고

10 이적과 기사를 베푸사 바로와 그의 모든 신하와 그의 나라 온 백성을 치셨사오니 이는 그들이 우리의 조상들에게 교만하게 행함을 아셨음이라 주께서 오늘과 같이 명예를 얻으셨나이다

11 또 주께서 우리 조상들 앞에서 바다를 갈라지게 하사 그들이 바다 가운데를 육지 같이 통과하게 하시고 쫓아오는 자들을 돌을 큰 물에 던짐 같이 깊은 물에 던지시고

12 낮에는 구름 기둥으로 인도하시고 밤에는 불 기둥으로 그들이 행할 길을 그들에게 비추셨사오며

13 또 시내 산에 강림하시고 하늘에서부터 그들과 말씀하사 정직한 규례와 진정한 율법과 선한 율례와 계명을 그들에게 주시고

14 거룩한 안식일을 그들에게 알리시며 주의 종 모세를 통하여 계명과 율례와 율법을 그들에게 명령하시고

15 그들의 굶주림 때문에 하늘에서 그들에게 양식을 주시며 그들의 목마름 때문에 그들에게 반석에서 물을 내시고 또 주께서 옛적에 손을 들어 맹세하시고 주겠다고 하신 땅을 들어가서 차지하라 말씀하셨사오나

16 그들과 우리 조상들이 교만하고 목을 굳게 하여 주의 명령을 듣지 아니하고

17 거역하며 주께서 그들 가운데에서 행하신 기사를 기억하지 아니하고 목을

굳게 하며 패역하여 스스로 한 우두머리를 세우고 종 되었던 땅으로 돌아가고자 하였나이다 그러나 주께서는 용서하시는 하나님이시라 은혜로우시며 긍휼히 여기시며 더디 노하시며 인자가 풍부하시므로 그들을 버리지 아니하셨나이다

18 또 그들이 자기들을 위하여 송아지를 부어 만들고 이르기를 이는 곧 너희를 인도하여 애굽에서 나오게 한 신이라 하여 하나님을 크게 모독하였사오나

19 주께서는 주의 크신 긍휼로 그들을 광야에 버리지 아니하시고 낮에는 구름 기둥이 그들에게서 떠나지 아니하고 길을 인도하며 밤에는 불 기둥이 그들이 갈 길을 비추게 하셨사오며

20 또 주의 선한 영을 주사 그들을 가르치시며 주의 만나가 그들의 입에서 끊어지지 않게 하시고 그들의 목마름을 인하여 그들에게 물을 주어

21 사십 년 동안 들에서 기르시되 부족함이 없게 하시므로 그 옷이 해어지지 아니하였고 발이 부르트지 아니하였사오며

죄를 고백한 이스라엘

율법을 통해 죄를 깨달은 이스라엘 백성들은 역사를 되돌아보며 하나님이 어떤 분이신지 고백하고, 그들의 죄를 회개하는 기도를 드렸어요. 그러자 긍휼하신 하나님께서는 주의 율법을 무시하고 선지자들을 죽인 이스라엘 백성을 아주 멸하지 않으시고 구해주셨답니다. 9장

본문	죄악의 내용
16절	교만하고 목을 굳게 하여 주의 명령을 듣지 않음
17절	주께서 행하신 기사를 생각하지 않고 우두머리를 세워 다시 애굽으로 돌아가려 함(민 14:4)
18절	송아지를 부어 만들고 하나님이라고 경배함
26절	큰 복을 누리면서도 순종치 않고 율법을 등지며, 권면하는 선지자들을 죽임(대하 36:16)
29절	계명을 듣지 않으며, 어깨를 내밀며 목을 굳게 함
34절	율법을 지키지 않고, 말씀에 순종하지 않음
35절	주를 섬기지 않고 악행을 그치지 않음

감람원의 감람나무들(9:25)

22 또 나라들과 족속들을 그들에게 각각 나누어 주시매 그들이 시혼의 땅 곧 헤스본 왕의 땅과 바산 왕 옥의 땅을 차지하였나이다

23 주께서 그들의 자손을 하늘의 별같이 많게 하시고 전에 그들의 열조에게 들어가서 차지하라고 말씀하신 땅으로 인도하여 이르게 하셨으므로

24 그 자손이 들어가서 땅을 차지하되 주께서 그 땅 가나안 주민들이 그들 앞에 복종하게 하실 때에 가나안 사람들과 그들의 왕들과 본토 여러 족속들을 그들의 손에 넘겨 임의로 행하게 하시매

25 그들이 견고한 성읍들과 기름진 땅을 점령하고 모든 아름다운 물건이 가득한 집과 판 우물과 포도원과 감람원과 허다한 과목을 차지하여 배불리 먹어 살찌고 주의 큰 복을 즐겼사오나

26 그들은 순종하지 아니하고 주를 거역하며 주의 율법을 등지고 주께로 돌아오기를 권면하는 선지자들을 죽여 주를 심히 모독하였나이다

27 그러므로 주께서 그들을 대적의 손에 넘기사 그들이 곤고를 당하게 하시매 그들이 환난을 당하여 주께 부르짖을 때에 주께서 하늘에서 들으시고 주의 크신 긍휼로 그들에게 구원자들을 주어 그들을 대적의 손에서 구원하셨거늘

28 그들이 평강을 얻은 후에 다시 주 앞에서 악을 행하므로 주께서 그들을 원수들의 손에 버려 두사 원수들에게 지배를 당하게 하시다가 그들이 돌이켜 주께 부르짖으매 주께서 하늘에서 들으시고 여러 번 주의 긍휼로 건져내시고

29 다시 주의 율법을 복종하게 하시려고 그들에게 경계하셨으나 그들이 교만하여 사람이 준행하면 그 가운데에서 삶을 얻는 주의 계명을 듣지 아니하며 주의 규례를 범하여 고집하는 어깨를 내밀며 목을 굳게 하여 듣지 아니하였나이다

30 그러나 주께서 그들을 여러 해 동안 참으시고 또 주의 선지자들을 통하여 주의 영으로 그들을 경계하시되 그들이 듣지 아니하므로 열방 사람들의 손에 넘기시고도

31 주의 크신 긍휼로 그들을 아주 멸하지 아니하시며 버리지도 아니하셨사오니 주는 은혜로우시고 불쌍히 여기시는 하나님이심이니이다

32 우리 하나님이여 광대하시고 능하시고 두려우시며 언약과 인자하심을 지키시는 하나님이여 우리와 우리 왕들과 방백들과 제사장들과 선지자들과 조상들과 주의 모든 백성이 앗수르 왕들의 때로부터 오늘까지 당한 모든 환난을 이제 작게 여기지 마옵소서 ¹⁵

33 그러나 우리가 당한 모든 일에 주는 공의로우시니 우리는 악을 행하였사오나 주께서는 진실하게 행하셨음이니이다 렘 12:1

34 우리 왕들과 방백들과 제사장들과 조상들이 주의 율법을 지키지 아니하며 주의 명령과 주께서 그들에게 경계하신 말씀을 순종하지 아니하고

35 그들이 그 나라와 주께서 그들에게 베푸신 큰 복과 자기 앞에 주신 넓고 기름

10장 에는 무엇이 기록되어 있을까?

하나님의 택한 백성으로서 새 출발을 다짐한 이스라엘 백성들은 하나님과의 언약을 재확인하였고요(9:38), 10장은 그들의 명단과 그들이 하나님의 율법에 순종한 내용이 기록되어 있지요. 그들은 억지로 하나님의 말씀에 순종한 것이 아니라, 하나님의 백성으로서 스스로 약속을 정해 지켰답니다.

진 땅을 누리면서도 주를 섬기지 아니
하며 악행을 그치지 아니하였으므로
36 우리가 오늘날 종이 되었는데 곧 주
께서 우리 조상들에게 주사 그것의 열
매를 먹고 그것의 아름다운 소산을 누
리게 하신 땅에서 우리가 종이 되었
나이다
37 우리의 죄로 말미암아 주께서 우리 위
에 세우신 이방 왕들이 이 땅의 많은
소산을 얻고 그들이 우리의 몸과 가축
을 임의로 관할하오니 우리의 곤란이
심하오며
38 우리가 이 모든 일로 말미암아 이제 견
고한 언약을 세워 기록하고 우리의 방
백들과 레위 사람들과 제사장들이 다
인봉하나이다 하였느니라

언약에 인봉한 사람들 ─ B.C. 443년경

10 그 인봉한 자는 하가랴의 아들
　　총독 느헤미야와 시드기야,
2 스라야, 아사랴, 예레미야,
3 바스훌, 아마랴, 말기야,
4 핫두스, 스바냐, 말룩,
5 하림, 므레못, 오바댜,
6 다니엘, 긴느돈, 바룩,
7 므술람, 아비야, 미야민,
8 마아시야, 빌개, 스마야이니 이는 제사
장들이요
9 또 레위 사람 곧 아사냐의 아들 예수아,
헤나닷의 자손 중 빈누이, 갓미엘과
10 그의 형제 스바냐, 호디야, 그리다, 블
라야, 하난,
11 미가, 르홉, 하사뱌,
12 삭굴, 세레뱌, 스바냐,
13 호디야, 바니, 브니누요
14 또 백성의 우두머리들 곧 바로스, 바핫
모압, 엘람, 삿두, 바니,
15 분니, 아스갓, 베배,

16 아도니야, 비그왜, 아딘,
17 아렐, 히스기야, 앗술,
18 호디야, 하숨, 베새,
19 하립, 아나돗, 노배,
20 막비아스, 므술람, 헤실,
21 므세사벨, 사독, 얏두아,
22 블라댜, 하난, 아나야,
23 호세아, 하나냐, 핫숩,
24 할로헤스, 빌하, 소벡,
25 르훔, 하삽나, 마아세야,
26 아히야, 하난, 아난,
27 말룩, 하림, 바아나이니라
28 ● 그 남은 백성과 제사장들과 레위 사
람들과 문지기들과 노래하는 자들과
느디님 사람들과 및 이방 사람과 절교
하고 하나님의 율법을 준행하는 모든
자와 그들의 아내와 그들의 자녀들 곧
지식과 총명이 있는 자들은
29 다 그들의 형제 귀족들을 따라 저주로
맹세하기를 우리가 하나님의 종 모세
를 통하여 주신 하나님의 율법을 따라
우리 주 여호와의 모든 계명과 규례와
율례를 지켜 행하여
30 우리의 딸들을 이 땅 백성에게 주지 아
니하고 우리의 아들들을 위하여 그들
의 딸들을 데려오지 아니하며
31 혹시 이 땅 백성이 안식일에 물품이나
온갖 곡물을 가져다가 팔려고 할지라
도 우리가 안식일이나 성일에는 그들
에게서 사지 않겠고 일곱째 해마다 땅

권면(9:26) 타일러서 힘쓰게 함.
곤고(9:27) 어렵고 고생스러움.
소산(9:36) 생산되는 모든 것
인봉(9:38) 함부로 손을 대지 못하도록 봉한 물건에
도장을 찍음.

느헤미야의 신앙 부흥 운동(8~10장)

느헤미야서는 말씀을 통해 회개하고, 그 말씀에 대
한 헌신을 결심하는 신앙 부흥의 과정을 잘 보여주고
있다.

내 용	본 문
율법이 선포됨	살지고 맛있는 음식을 준비하고 여호
와를 기뻐함(8:10)
금식하며 회개함	이방 사람들과의 관계를(결혼, 상업상
의 거래 등) 끊고, 자기 죄와 조상들
의 죄를 고백함(9:2)
언약을 세우고
헌신함	모든 백성들은 여호와의 모든 계명과
규례와 율법을 지키로 맹세함
(10:29)

을 쉬게 하고 모든 빚을 탕감하리라 하였고

32 우리가 또 스스로 규례를 정하기를 해마다 각기 세겔의 삼분의 일을 수납하여 하나님의 전을 위하여 쓰게 하되

33 곧 진설병과 항상 드리는 소제와 항상 드리는 번제와 안식일과 초하루와 정한 절기에 쓸 것과 성물과 이스라엘을 위하는 속죄제와 우리 하나님의 전의 모든 일을 위하여 쓰게 하였고

34 또 우리 제사장들과 레위 사람들과 백성이 제비 뽑아 각기 종족대로 해마다 정한 시기에 our 우리 하나님의 전에 바쳐 율법에 기록한 대로 우리 하나님 여호와의 제단에 사르게 하였고

35 해마다 우리 토지 소산의 맏물과 각종 과목의 첫 열매를 여호와의 전에 드리기로 하였고

36 또 우리의 맏아들들과 가축의 처음 난 것과 소와 양의 처음 난 것을 율법에 기록된 대로 우리 하나님의 전으로 가져다가 우리 하나님의 전에서 섬기는 제사장들에게 주고

37 또 처음 익은 밀의 가루와 거제물과 각종 과목의 열매와 새 포도주와 기름을 제사장들에게로 가져다가 우리 하나님의 전의 여러 방에 두고 또 우리 산물의 십일조를 레위 사람들에게 주리라 하였나니 이 레위 사람들은 우리의 모든 성읍에서 산물의 십일조를 받는 자임이며

38 레위 사람들이 십일조를 받을 때에는 아론의 자손 제사장 한 사람이 함께 있

을 것이요 레위 사람들은 그 십일조의 십분의 일을 가져다가 우리 하나님의 전 곳간의 여러 방에 두되

39 곧 이스라엘 자손과 레위 자손이 거제로 드린 곡식과 새 포도주와 기름을 가져다가 성소의 그릇들을 두는 골방 곧 섬기는 제사장들과 문지기들과 노래하는 자들이 있는 골방에 둘 것이라 그리하여 우리가 우리 하나님의 전을 버려 두지 아니하리라 신 12:6

11

백성의 지도자들은 예루살렘에 거주하였고 그 남은 백성은 제비 뽑아 십분의 일은 거룩한 성 예루살렘에서 거주하게 하고 그 십분의 구는 다른 성읍에 거주하게 하였으며

2 예루살렘에 거주하기를 자원하는 모든 자를 위하여 백성들이 복을 빌었느니라

3 ● 이스라엘과 제사장들과 레위 사람들과 느디님 사람들과 솔로몬의 신하들의 자손은 유다 여러 성읍에서 각각 자기 성읍 자기 기업에 거주하였으니라 예루살렘에 거주한 그 지방의 지도자들은 이러하니

4 예루살렘에 거주한 자는 유다 자손과 베냐민 자손 몇 명이라 유다 자손 중에는 베레스 자손 아다야이니 그는 웃시야의 아들이요 스가랴의 손자요 아마랴의 증손이요 스바댜의 현손이요 마할랄렐의 오대 손이며

5 또 마아세야니 그는 바룩의 아들이요 골호세의 손자요 하사야의 증손이요 아다야의 현손이요 요야립의 오대 손

진설병(10:33) 대제사장은 안식일마다 순금으로 입힌 상에 떡 12개를 한 줄에 여섯 개씩 놓았는데, 이 떡을 진설병이라고 불렀다.

맏물(10:35) 그 해에 맨 먼저 나온 과일이나 곡식.

십일조(10:37) 자신에게 주어진 모든 수입의 10분의 1을 하나님께 감사하는 마음으로 드리는 일.

자원(11:2) 스스로 하고 싶어 바람.

증손(11:4) 손자의 아들.

현손(11:4) 손자의 손자.

버금(11:9) '으뜸' 또는 '첫째'의 다음.

13:15-22

민 18:15, 16

에는 무어이 기록되어 있을까요?

7장에서 그랬던 것처럼 느헤미야는 예루살렘 성 밖에 사는 백성들을 2차로 모집하여 성 안에서 살도록 했어요. 11장에는 예루살렘 성에 들어와 살게 된 사람들의 이름이 7장보다 많이 나온답니다. 적군으로부터 성 예루살렘을 지키려면 사람들이 많이 필요하겠지요?

이요 스가랴의 육대 손이요 실로 사람의 칠대 손이라

6 예루살렘에 거주한 베레스 자손은 모두 사백육십팔 명이니 다 용사였느니라

7 ●베냐민 자손은 살루이니 그는 므술람의 아들이요 요엣의 손자요 브다야의 증손이요 골라야의 현손이요 마아세야의 오대 손이요 이디엘의 육대 손이요 여사야의 칠대 손이며

8 그 다음은 갑배와 살래 등이니 모두 구백이십팔 명이라

9 시그리의 아들 요엘이 그들의 감독이 되었고 핫스누아의 아들 유다는 버금이 되어 성읍을 다스렸느니라

10 ●제사장 중에는 요야립의 아들 여다야와 야긴이며

11 또 하나님의 전을 맡은 자 스라야이니 그는 힐기야의 아들이요 므술람의 손자요 사독의 증손이요 므라욧의 현손이요 아히둡의 오대 손이며

12 또 전에서 일하는 그들의 형제니 모두 팔백이십이 명이요 또 아다야이니 그는 여로함의 아들이요 블라야의 손자요 암시의 증손이요 스가랴의 현손이요 바스훌의 오대 손이요 말기야의 육대 손이며

13 또 그 형제의 족장된 자이니 모두 이백사십이 명이요 또 아맛새이니 그는 아사렐의 아들이요 아흐새의 손자요 므실레못의 증손이요 임멜의 현손이며

14 또 그들의 형제의 큰 용사들이니 모두 백이십팔 명이라 하그돌림의 아들 삽디엘이 그들의 감독이 되었느니라

15 ●레위 사람 중에는 스마야이니 그는 핫숩의 아들이요 아스리감의 손자요 하사뱌의 증손이요 분니의 현손이며

16 또 레위 사람의 족장 삽브대와 요사밧이니 그들은 하나님의 전 바깥 일을 맡았고

17 또 아삽의 증손 삽디의 손자 미가의 아들 맛다냐이니 그는 기도할 때에 감사하는 말씀을 인도하는 자가 되었고 형

제 중에 박부갸가 버금이 되었으며 또 여두둔의 증손 갈랄의 손자 삼무아의 아들 압다니

18 거룩한 성에 레위 사람은 모두 이백팔십사 명이었느니라

19 ●성 문지기는 악굽과 달몬과 그 형제이니 모두 백칠십이 명이며

20 그 나머지 이스라엘 백성과 제사장과 레위 사람은 유다 모든 성읍에 흩어져 각각 자기 기업에 살았고

21 느디님 사람은 오벨에 거주하니 시하와 기스바가 그들의 책임자가 되었느니라 3:26

22 ●노래하는 자들인 아삽 자손 중 미가의 현손 맛다냐의 증손 하사뱌의 손자 바니의 아들 웃시는 예루살렘에 거주하는 레위 사람의 감독이 되어 하나님의 전 일을 맡아 다스렸으니

23 이는 왕의 명령대로 노래하는 자들에게 날마다 할 일을 정해 주었기 때문이며 6:8

24 유다의 아들 세라의 자손 곧 므세사벨의 아들 브다히야는 왕의 수하에서 백성의 일을 다스렸느니라

비전을 심어주는 ⊙3분여대

마음과 분노 버리기

또래들로부터 놀림 받는 한 소년이 있었어요. 아이들은 소년을 넘어뜨리고 상처를 입히기 일쑤여서, 그 소년은 마음에 큰 상처를 입었지요. 그러나 소년은 잘 참고 열심히 공부하여 대학 교수가 되었습니다.

교수는 어느 날 갑자기 어릴 때 자기를 괴롭혔던 아이들의 이름과 모습이 생생하게 기억이 났어요. 분노가 솟구치고 마음의 상처로 고통스러웠지만, 그들을 용서해야 한다는 것을 알았지요.

힘든 일이었지만 교수는 그들의 이름을 한 명씩 불러가며 하나님 앞에서 용서를 선언하기 시작했어요. 입으로 용서를 말하기 시작하자, 마음의 미움과 분노도 수그러들고 마음의 상처도 점점 아물어갔지요. 마침내 그는 미움과 분노의 포로로 살아온 자신을 자유인으로 해방시켰답니다.

◉ 예루살렘 동쪽 전경(12:27)
성벽은 하나님의 전과 예루살렘을 보호하고 있기 때문에 성벽 봉헌식은 그 의미가 크다.

마을과 주변 동네들에 거주하는 백성들

25 ●마을과 들로 말하면 유다 자손의 일부는 기럇 아르바와 그 주변 동네들과 디본과 그 주변 동네들과 여갑스엘과 그 마을들에 거주하며

26 또 예수아와 몰라다와 벧벨렛과

27 하살수알과 브엘세바와 그 주변 동네들에 거주하며

28 또 시글락과 므고나와 그 주변 동네에 거주하며

29 또 에느림몬과 소라와 야르뭇에 거주하며

30 또 사노아와 아둘람과 그 마을들과 라기스와 그 들판과 아세가와 그 주변 동네들에 살았으니 그들은 브엘세바에서부터 힌놈의 골짜기까지 장막을 쳤으며

31 또 베냐민 자손은 게바에서부터 믹마스와 아야와 벧엘과 그 주변 동네들에 거주하며

32 아나돗과 놉과 아나냐와

33 하솔과 라마와 깃다임과

34 하딧과 스보임과 느발랏과

35 로드와 오노와 장인들의 골짜기에 거주하였으며

36 유다에 있던 레위 사람의 일부는 베냐민과 합하였느니라

포로생활과 대귀 사람들—B.C. 443년경

12 스알디엘의 아들 스룹바벨과 예수아와 함께 돌아온 제사장들과 레위 사람들은 이러하니라 제사장들은 스라야와 예레미야와 에스라와

2 아마랴와 말룩과 핫두스와

3 스가냐와 르훔과 므레못과

4 잇도와 긴느도이와 아비야와

5 미야민과 마아댜와 빌가와

6 스마야와 요야립과 여다야와

7 살루와 아목과 힐기야와 여다야니 이 상은 예수아 때에 제사장들과 그들의 형제의 지도자들이었느니라 ▲ 3:2

대제사장 예수아의 자손들

8 ●레위 사람들은 예수아와 빈누이와 갓미엘과 세레뱌와 유다와 맛다냐니 이 맛다냐는 그의 형제와 함께 찬송하는 일을 맡았고 11:17

9 또 그들의 형제 박부갸와 운노는 직무를 따라 그들의 맞은편에 있으며

10 예수아는 요야김을 낳고 요야김은 엘리아십을 낳고 엘리아십은 요야다를 낳고

11 요야다는 요나단을 낳고 요나단은 얏두아를 낳았느니라

제사장의 족장들

12 ●요야김 때에 제사장, 족장 된 자는 스라야 족속에는 므라야요 예레미야 족속에는 하나냐요

13 에스라 족속에는 므술람이요 아마랴 족속에는 여호하난이요

14 말루기 족속에는 요나단이요 스바냐 족속에는 요셉이요

15 하림 족속에는 아드나요 므라욧 족속에는 헬개요

16 잇도 족속에는 스가랴요 긴느돈 족속에는 므술람이요

17 아비야 족속에는 시그리요 미냐민 곧 모아댜 족속에는 빌대요

18 빌가 족속에는 삼무아요 스마야 족속에는 여호나단이요

12장 애는 무엇이 기록되어 있을까?

바벨론에서 포로 생활을 마치고 돌아온 제사장과 레위인들의 이름이 기록되어 있어요. 이들은 예루살렘은 물론 전국 각지에 흩어져 살면서 백성들을 지도하고 하나님을 섬기도록 도왔지요. 이로써 유대인들은 신앙 공동체로 회복되었답니다.

복원된 성벽을 하나님께 봉헌함(12:27-43)

19 요야립 족속에는 맛드내요 여다야 족속에는 웃시요

20 살래 족속에는 갈래요 아목 족속에는 에벨이요

21 힐기야 족속에는 하사뱌요 여다야 족속에는 느다넬이었느니라

제사장과 레위 사람들에 관한 기록

22 ●엘리아십과 요야다와 요하난과 얏두아 때에 레위 사람의 족장이 모두 책에 기록되었고 바사 왕 다리오 때에 제사장도 책에 기록되었고

23 레위 자손의 족장들은 엘리아십의 아들 요하난 때까지 역대지략에 기록되었으며

24 레위 족속의 지도자들은 하사뱌와 세레뱌와 갓미엘의 아들 예수아라 그들은 그들의 형제의 맞은편에 있어 하나님의 사람 다윗의 명령대로 순서를 따라 주를 찬양하며 감사하고

25 맛다냐와 박부갸와 오바댜와 므술람과 달몬과 악굽은 다 문지기로서 순서대로 문안의 곳간들을 파수하였나니

26 이상의 모든 사람들은 요사닥의 손자 예수아의 아들 요야김과 총독 느헤미야와 제사장 겸 학사 에스라 때에 있었느니라

느헤미야가 성벽을 봉헌하다

27 ●예루살렘 성벽을 봉헌하게 되니 각처에서 레위 사람들을 찾아 예루살렘으로 데려다가 감사하며 노래하며 제금을 치며 비파와 수금을 타며 즐거이

봉헌식을 행하려 하매

28 이에 노래하는 자들이 예루살렘 사방 들과 느도바 사람의 마을에서 모여 들고

29 또 벧길갈과 게바와 아스마웻 들에서 모여 들었으니 이 노래하는 자들은 자기들을 위하여 예루살렘 사방에 마을들을 이루었음이라

30 제사장들과 레위 사람들이 몸을 정결하게 하고 또 백성과 성문과 성벽을 정결하게 하니라

31 ●이에 내가 유다의 방백들을 성벽 위에 오르게 하고 또 감사 찬송하는 자의 큰 무리를 둘로 나누어 성벽 위로 대오를 지어 가게 하였는데 한 무리는 오른쪽으로 분문을 향하여 가게 하니

32 그들의 뒤를 따르는 자는 호세야와 유다 지도자의 절반이요

33 또 아사랴와 에스라와 므술람과

34 유다와 베냐민과 스마야와 예레미야이며

35 또 제사장의 자손 몇 사람이 나팔을 잡았으니 요나단의 아들 스마야의 손자 맛다냐의 증손 미가야의 현손 삭굴의 오대 손 아삽의 육대 손 스가랴와

36 그의 형제들인 스마야와 아사렐과 밀랄래와 길랄래와 마애와 느다넬과 유다와 하나니라 다 하나님의 사람 다윗의 악기를 잡았고 학사 에스라가 앞서서

37 샘문으로 전진하여 성벽으로 올라가는 곳에 이르러 다윗 성의 층계로 올라가서 다윗의 궁 윗 길에서 동쪽으로 향하여 수문에 이르렀고

38 감사 찬송하는 다른 무리는 왼쪽으로 행진하는데 내가 백성의 절반과 더불어 그 뒤를 따라 성벽 위로 가서 화덕

동쪽 성벽의 북쪽에 있는 성문은 양 시장이 있기에 양문이라 부름(12:39)

망대 윗 길로 성벽 넓은 곳에 이르고

39 에브라임 문 위로 옛문과 어문과 하나넬 망대와 함께 메아 망대를 지나 양문에 이르러 감옥 문에 멈추매

40 이에 감사 찬송하는 두 무리가 하나님의 전에 섰고 또 나와 민장의 절반도 함께 하였고

41 제사장 엘리아김과 마아세야와 미냐민과 미가야와 엘료에내와 스가랴와 하나냐는 다 나팔을 잡는고

42 또 마아세야와 스마야와 엘르아살과 웃시와 여호하난과 말기야와 엘람과 에셀이 함께 있으며 노래하는 자는 크게 찬송하였는데 그 감독은 예스라히야라

43 이 날에 무리가 큰 제사를 드리고 심히 즐거워하였으니 이는 하나님이 크게 즐거워하게 하셨음이라 부녀와 어린 아이도 즐거워하였으므로 예루살렘이 즐거워하는 소리가 멀리 들렸느니라

제사장과 레위 사람에게 준 몫

44 ●그 날에 사람을 세워 곳간을 맡기고 제사장들과 레위 사람들에게 돌릴 것 곧 율법에 정한 대로 거제물과 처음 익은 것과 십일조를 모든 성읍 밭에서 거두어 이 곳간에 쌓게 하였노니 이는 유다 사람이 섬기는 제사장들과 레위 사람들로 말미암아 즐거워하기 때문이라

45 그들은 하나님을 섬기는 일과 결례의 일을 힘썼으며 노래하는 자들과 문지기들도 그리하여 모두 다윗과 그의 아들 솔로몬의 명령을 따라 행하였으니

46 옛적 다윗과 아삽의 때에는 노래하는 자의 지도자가 있어서 하나님께 찬송하는 노래와 감사하는 노래를 하였음이며

47 스룹바벨 때와 느헤미야 때에는 온 이스라엘이 노래하는 자들과 문지기들에게 날마다 쓸 몫을 주되 그들이 성별한 것을 레위 사람들에게 주고 레위 사람들은 그것을 또 성별하여 아론 자손에게 주었느니라

느헤미야의 개혁—B.C. 432년경

13 그 날 모세의 책을 낭독하여 백성에게 들렸는데 그 책에 기록하기를 암몬 사람과 모압 사람은 영원히 하나님의 총회에 들어오지 못하리니

2 이는 그들이 양식과 물로 이스라엘 자손을 영접하지 아니하고 도리어 발람에게 뇌물을 주어 저주하게 하였음이라 그러나 우리 하나님이 그 저주를 돌이켜 복이 되게 하셨다 하였는지라

3 백성이 이 율법을 듣고 곧 섞인 무리를 이스라엘 가운데에서 모두 분리하였느니라

4 ●이전에 우리 하나님의 전의 방을 맡은 제사장 엘리아십이 도비야와 연락이 있었으므로

5 도비야를 위하여 한 큰 방을 만들었으니 그 방은 원래 소제물과 유향과 그릇과 또 레위 사람들과 노래하는 자들과 문지기들에게 십일조로 주는 곡물과 새 포도주와 기름과 또 제사장들에게 주는 거제물을 두는 곳이라

6 그 때에는 내가 예루살렘에 있지 아니

13 장에는 무엇이 기록되어 있을까?

바사의 관리였던 느헤미야는 바사로 돌아갔다가 1년 후에 다시 왔어요. 느헤미야가 자리를 비운 사이에 백성들은 성전을 더럽히고 이방사람과 결혼하는 등 죄를 범했답니다. 느헤미야는 다시금 백성들의 신앙을 바로잡아야 했어요. 그것은 선택받은 민족으로서 하나님께 대한 믿음을 지키기 위해서였지요.

하였느니라 바벨론 왕 아닥사스다 삼십이년에 내가 왕에게 나아갔다가 며칠 후에 왕에게 말미를 청하고

7 예루살렘에 이르러서야 엘리아십이 도비야를 위하여 하나님의 전 뜰에 방을 만든 악한 일을 안지라

8 내가 심히 근심하여 도비야의 세간을 그 방 밖으로 다 내어 던지고

9 명령하여 그 방을 정결하게 하고 하나님의 전의 그릇과 소제물과 유향을 다시 그리로 들여놓았느니라

10 ●내가 또 알아본즉 레위 사람들이 받을 몫을 주지 아니하였으므로 그 직무를 행하는 레위 사람들과 노래하는 자들이 각각 자기 밭으로 도망하였기로

11 내가 모든 민장들을 꾸짖어 이르기를 하나님의 전이 어찌하여 버린 바 되었느냐 하고 곧 레위 사람을 불러 모아 다시 제자리에 세웠더니

12 이에 온 유다가 곡식과 새 포도주와 기름의 십일조를 가져다가 곳간에 들이므로

13 내가 제사장 셀레먀와 서기관 사독과 레위 사람 브다야를 창고지기로 삼고 맛다냐의 손자 삭굴의 아들 하난을 버금으로 삼았나니 이는 그들이 충직한 자로 인정됨이라 그 직분은 형제들에게 분배하는 일이었느니라

14 내 하나님이여 이 일로 말미암아 나를 기억하옵소서 내 하나님의 전과 그 모든 직무를 위하여 내가 행한 선한 일을 도말하지 마옵소서

15 ●그 때에 내가 본즉 유다에서 어떤 사람이 안식일에 술틀을 밟고 곡식단을 나귀에 실어 운반하며 포도주와 포도와 무화과와 여러 가지 짐을 지고 안식일에 예루살렘에 들어와서 음식물을 팔기로 그 날에 내가 경계하였고

16 또 두로 사람이 예루살렘에 살며 물고기와 각양 물건을 가져다가 안식일에 예루살렘에서도 유다 자손에게 팔기로

17 내가 유다의 모든 귀인들을 꾸짖어 그들에게 이르기를 너희가 어찌 이 악을 행하여 안식일을 범하느냐

18 너희 조상들이 이같이 행하지 아니하였느냐 그래서 우리 하나님이 이 모든 재앙을 우리와 이 성읍에 내리신 것이 아니냐 그럼에도 불구하고 너희가 안식일을 범하여 진노가 이스라엘에게 더욱 심하게 임하도록 하는도다 하고

19 안식일 전 예루살렘 성문이 어두워갈 때에 내가 성문을 닫고 안식일이 지나기 전에는 열지 말라 하고 나를 따르는 종자 몇을 성문마다 세워 안식일에는 아무 짐도 들어오지 못하게 하였으므로

20 장사꾼들과 각양 물건 파는 자들이 한두 번 예루살렘 성 밖에서 자므로

21 내가 그들에게 경계하여 이르기를 너희가 어찌하여 성 밑에서 자느냐 네가 이같이 하면 내가 잡으리라 하였더니 그 후부터는 안식일에 그들이 다시 오지 아니하였느니라

22 내가 또 레위 사람들에게 몸을 정결하게 하고 와서 성문을 지켜서 안식일을 거룩하게 하라 하였느니라 내 하나님이여 나를 위하여 이 일도 기억하시옵

10:37-39

12:44

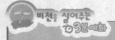
비전을 심어주는
3분예화

선교사의 영향력

어느 선교사가 인도의 힌두교 학자에게 인도 말을 좀 가르쳐달라고 부탁했어요. 그러자 그 힌두교인은 거절하면서 이렇게 말했답니다. "싫습니다. 내가 당신에게 우리말을 가르치는 동안 당신은 나를 기독교인으로 만들려고 할 거예요."

선교사가 말했어요. "아닙니다. 나는 당신에게 인도 말만 배울 겁니다."

그러자 힌두교인은 이렇게 말했답니다. "그렇지 않습니다. 당신과 함께 지내면서 기독교인이 되지 않을 사람은 거의 없을 겁니다."

자신과 사귀는 사람들이 기독교인이 되었는지 혹은 되어가고 있는지 살펴보세요. 그렇게 되게 하려면 우리는 어떻게 해야 할까요?

고 주의 크신 은혜대로 나를 아끼시옵
소서

23 ●그 때에 내가 또 본즉 유다 사람이 아
스돗과 암몬과 모압 여인을 맞아 아내
로 삼았는데

24 그들의 자녀가 아스돗 방언을 절반쯤
은 하여도 유다 방언은 못하니 그 하는
말이 각 족속의 방언이므로

25 내가 그들을 책망하고 저주하며 그들
중 몇 사람을 때리고 그들의 머리털을
뽑고 이르되 너희는 너희 딸들을 그들
의 아들들에게 주지 말고 너희 아들들
이나 너희를 위하여 그들의 딸을 데려
오지 아니하겠다고 하나님을 가리켜
맹세하라 하고   신 25:2

26 또 이르기를 옛적에 이스라엘 왕 솔로
몬이 이 일로 범죄하지 아니하였느냐
그는 많은 나라 중에 비길 왕이 없이
하나님의 사랑을 입은 자라 하나님이
그를 왕으로 삼아 온 이스라엘을 다스

리게 하셨으나 이방 여인이 그를 범죄
하게 하였나니

27 너희가 이방 여인을 아내로 맞아 이 모
든 큰 악을 행하여 우리 하나님께 범죄
하는 것을 우리가 어찌 용납하겠느냐

28 ●대제사장 엘리아십의 손자 요야다
의 아들 하나가 호론 사람 산발랏의 사
위가 되었으므로 내가 쫓아내어 나를
떠나게 하였느니라

29 내 하나님이여 그들이 제사장의 직분
을 더럽히고 제사장의 직분과 레위 사
람에 대한 언약을 어겼사오니 그들을
기억하옵소서

30 내가 이와 같이 그들에게 이방 사람을
떠나게 하여 그들을 깨끗하게 하고 또
제사장과 레위 사람의 반열을 세워 각
각 자기의 일을 맡게 하고

31 또 정한 기한에 나무와 처음 익은 것을
드리게 하였사오니 내 하나님이여 나
를 기억하사 복을 주옵소서   10:34

슬슬 풀리는 명령말씀

하나님 외에 다른 신은 없다

기독교가 갖는 최대의 특징은, 오직 여호와 하나님 한 분 외에는 어떠한 신의 존재도 믿지 않는 거예요. 하나님은 사람들이 하나님도 믿고 다른 신도 믿는 혼합적인 태도를 매우 싫어하신답니다.

'성벽 건축'과 함께 '신앙 회복 운동'까지 성공적으로 수행한 느헤미야는 이방인과의 결혼으로 인해 점점 혼합되어가는 이스라엘의 신앙을 지키기 위해

다시 한 번 개혁의 목소리를 높였어요.

이방인과의 사이에서 태어난 아이들로 인해서 민족의식이 사라져버리고 신앙의 대물림이 끊어질 정도로 당시의 '혼합화' 정도는 매우 심각한 상태였습니다. 이러한 백성들을 향하여 느헤미야는 꾸짖고 저주하며 머리털을 뽑는 등 매우 강한 어조로 개혁을 부르짖었답니다.   13장 23~31절

Esther

에스더

에스더를 읽기 전에

이 책은 바사(페르시아)에 살던 어떤 유대인이 쓴 것으로 보여요. '에스더'는 '별'이라는 뜻으로, 이스라엘 사람들이 아직 포로로 남아 있을 때 바사의 왕비로 뽑혔어요. 그녀는 '죽으면 죽으리이다'라는 신앙고백으로 유명하지요.

언제, 왜, 누구를 위하여 썼나요?

이 책은 B.C. 485~435년경, 바사에 살고 있던 유대인들을 위해 썼어요. 기록될 당시 팔레스타인의 유대인들은 국가를 건설하고 성전 예배를 재수립하기 위해 적들과 투쟁하고 있었는데, 그들에게 용기를 주기 위해 썼답니다.

어떤 내용인가요?

에스더가 하나님의 은혜로 바사의 왕비가 된 이야기와 유대인을 죽이려는 하만의 나쁜 계획에 맞서서 하나님께 간절히 기도하고 담대히 나아가 민족을 살린 이야기가 나와요.

와스디 왕후가 폐위되다 — B.C. 483년경

1 이 일은 아하수에로 왕 때에 있었던 일이니 아하수에로는 인도로부터 구스까지 백이십칠 지방을 다스리는 왕이라

△ 4:6

2 당시에 아하수에로 왕이 수산 궁에서 즉위하고

3 왕위에 있은 지 제삼년에 그의 모든 지방관과 신하들을 위하여 잔치를 베푸니 바사와 메대의 장수와 각 지방의 귀족과 지방관들이 다 왕 앞에 있는지라

4 왕이 여러 날 곧 백팔십 일 동안에 그의 영화로운 나라의 부함과 위엄의 혁혁함을 나타내니라

5 이 날이 지나매 왕이 또 도성 수산에 있는 귀천간의 백성을 위하여 왕궁 후원 뜰에서 칠 일 동안 잔치를 베풀새

6 백색, 녹색, 청색 휘장을 자색 가는 베 줄로 대리석 기둥 은고리에 매고 금과 은으로 만든 걸상을 화반석, 백석, 운모석, 흑석을 깐 땅에 진설하고

7 금 잔으로 마시게 하니 잔의 모양이 각기 다르고 왕이 풍부하였으므로 어주가 한이 없으며

8 마시는 것도 법도가 있어 사람으로 억지로 하지 않게 하니 이는 왕이 모든 궁내 관리에게 명령하여 각 사람이 마음대로 하게 함이더라

9 ●왕후 와스디도 아하수에로 왕궁에서 여인들을 위하여 잔치를 베푸니라

10 제칠일에 왕이 주흥이 일어나서 어전 내시 므후만과 비스다와 하르보나와 빅다와 아박다와 세달과 가르가스 일곱 사람을 명령하여

11 왕후 와스디를 청하여 왕후의 관을 정제하고 왕 앞으로 나아오게 하여 그의 아리따움을 뭇 백성과 지방관들에게 보이게 하라 하니 이는 왕후의 용모가 보기에 좋음이라

12 그러나 왕후 와스디는 내시가 전하는 왕명을 따르기를 싫어하니 왕이 진노

---

1 에는 무엇이 기록되어 있을까?

잔치를 베푼 아하수에로 왕은 왕비 와스디의 아름다움을 자랑하고 싶었어요. 그러나 와스디는 왕의 명령을 거부했어요. 왕은 너무 화가 났어요. 신하들은 옆에서 왕의 말을 거역한 왕비는 쫓아내야 한다고 주장했습니다. 결국 왕은 그들의 말대로 왕비를 쫓아내고 말았어요.

하여 마음속이 불붙는 듯하더라

13 ●왕이 사례를 아는 현자들에게 묻되 (왕이 규례와 법률을 아는 자에게 묻는 전례가 있는데

14 그 때에 왕에게 가까이 하여 왕의 기색을 살피며 나라 첫 자리에 앉은 자는 바사와 메대의 일곱 지방관 곧 가르스나와 세달과 아드마다와 다시스와 메레스와 마르스나와 므무간이라)

15 왕후 와스디가 내시가 전하는 아하수에로 왕의 명령을 따르지 아니하니 규례대로 하면 어떻게 처치할까

16 므무간이 왕과 지방관 앞에서 대답하여 이르되 왕후 와스디가 왕에게만 잘못했을 뿐 아니라 아하수에로 왕의 각 지방의 관리들과 뭇 백성에게도 잘못하였나이다

17 아하수에로 왕이 명령하여 왕후 와스디를 청하여도 오지 아니하였다 하는 왕후의 행위의 소문이 모든 여인들에게 전파되면 그들도 그들의 남편을 멸시할 것인즉

18 오늘이라도 바사와 메대의 귀부인들이 왕후의 행위를 듣고 왕의 모든 지방관들에게 그렇게 말하리니 멸시와 분노가 많이 일어나리이다

19 왕이 만일 좋게 여기실진대 와스디가 *다시는 왕 앞에 오지 못하게 하는 조서*를 내리되 바사와 메대의 법률에 기록하여 변개함이 없게 하고 그 왕후의 자리를 그보다 나은 사람에게 주소서

20 왕의 조서가 이 광대한 전국에 반포되면 귀천을 막론하고 모든 여인들이 그들의 남편을 존경하리이다 하니라

21 왕과 지방관들이 그 말을 옳게 여긴지라 왕이 므무간의 말대로 행하여

22 각 지방 각 백성의 문자와 언어로 모든 지방에 조서를 내려 이르기를 남편이 자기의 집을 주관하게 하고 자기 민족의 언어로 말하게 하라 하였더라

에스더가 왕후가 되다——B.C. 483년경

2 그 후에 아하수에로 왕의 노가 그치매 와스디와 그가 행한 일과 그에 대하여 내린 조서를 생각하거늘

2 왕의 측근 신하들이 아뢰되 왕을 위하여 아리따운 처녀들을 구하게 하시고

3 전국 각 지방에 관리를 명령하여 아리따운 처녀를 다 도성 수산으로 모아 후궁으로 들여 궁녀를 주관하는 내시 헤개의 손에 맡겨 그 몸을 정결하게 하는 물품을 주게 하시고 2:8, 15

4 왕의 눈에 아름다운 처녀를 와스디 대신 왕후로 삼으소서 하니 왕이 그 말을 좋게 여겨 그대로 행하니라

5 ●도성 수산에 한 유다인이 있으니 이름은 모르드개라 그는 베냐민 자손이니 기스의 증손이요 시므이의 손자요 야일의 아들이라 3:2

6 전에 바벨론 왕 느부갓네살이 예루살렘에서 유다 왕 여고냐와 백성을 사로잡아 갈 때에 모르드개도 함께 사로잡혔더라

7 그의 삼촌의 딸 하닷사 곧 에스더는 부모가 없었으나 용모가 곱고 아리따운 처녀라 그의 부모가 죽은 후에 모르드개가 자기 딸 같이 양육하더라 2:15

8 ●왕의 조서와 명령이 반포되매 처녀들이 도성 수산에 많이 모여 헤개의 손에 나아갈 때에 에스더도 왕궁으로

2 에는 무엇이 기록되어 있을까? ——

화가 풀린 왕은 왕비를 쫓아낸 것을 후회했어요. 그러자 신하들은 전국에서 아름다운 여인들을 모아 그중에서 왕비를 뽑자고 제안했지요. 그런 가운데 전국의 수많은 여인들 중에 에스더가 왕비로 뽑혔어요. 그것은 훗날 유대인을 구하기 위해 하나님께서 하신 일이랍니다.

왕비가 된
에스더(2:17)

이끌려 가서 궁녀를 주관하는 헤개의 수하에 속하니 ^{2:3, 15}

9 헤개가 이 처녀를 좋게 보고 은혜를 베풀어 몸을 정결하게 할 물품과 일용품을 곧 주며 또 왕궁에서 으레 주는 일곱 궁녀를 주고 에스더와 그 궁녀들을 후궁 아름다운 처소로 옮기더라

10 에스더가 자기의 민족과 종족을 말하지 아니하니 이는 모르드개가 명령하여 말하지 말라 하였음이라 ^{2:20}

11 모르드개가 날마다 후궁 뜰 앞으로 왕래하며 에스더의 안부와 어떻게 될지를 알고자 하였더라

12 ● 처녀마다 차례대로 아하수에로 왕에게 나아가기 전에 여자에 대하여 정한 규례대로 열두 달 동안을 행하되 여섯 달은 몰약 기름을 쓰고 여섯 달은 향품과 여자에게 쓰는 다른 물품을 써서 몸을 정결하게 하는 기한을 마치며

13 처녀가 왕에게 나아갈 때에는 그가 구하는 것을 다 주어 후궁에서 왕궁으로 가지고 가게 하고

14 저녁이면 갔다가 아침에는 둘째 후궁으로 돌아와서 비빈을 주관하는 내시 사아스가스의 수하에 속하고 왕이 그를 기뻐하여 그의 이름을 부르지 아니하면 다시 왕에게 나아가지 못하더라

15 모르드개의 삼촌 아비하일의 딸 곧 모르드개가 자기의 딸 같이 양육하는 에스더가 차례대로 왕에게 나아갈 때에 궁녀를 주관하는 내시 헤개가 정한 것 외에는 다른 것을 구하지 아니하였으나 모든 보는 자에게 사랑을 받더라

16 아하수에로 왕의 제칠년 시월 곧 데벳월에 에스더가 왕궁에 인도되어 들어가서 왕 앞에 나가니

17 왕이 모든 여자보다 에스더를 더 사랑하므로 그가 모든 처녀보다 왕 앞에 더 은총을 얻은지라 왕이 그의 머리에 관을 씌우고 와스디를 대신하여 왕후로 삼은 후에

18 왕이 크게 잔치를 베푸니 이는 에스더를 위한 잔치라 모든 지방관과 신하들을 위하여 잔치를 베풀고 또 각 지방의 세금을 면제하고 왕의 이름으로 큰 상을 주니라

모르드개가 왕의 목숨을 구하다

19 ● 처녀들을 다시 모을 때에는 모르드개가 대궐 문에 앉았더라

20 에스더는 모르드개가 명령한 대로 그 종족과 민족을 말하지 아니하니 그가 모르드개의 명령을 양육 받을 때와 같이 따름이더라

21 모르드개가 대궐 문에 앉았을 때에 문을 지키던 왕의 내시 빅단과 데레스 두 사람이 원한을 품고 아하수에로 왕을 암살하려는 음모를 꾸미는 것을 ^{6:2}

22 모르드개가 알고 왕후 에스더에게 알리니 에스더가 모르드개의 이름으로 왕에게 아뢴지라

23 조사하여 실증을 얻었으므로 두 사람을 나무에 달고 그 일을 왕 앞에서 궁중 일기에 기록하니라 ^{10:2}

에

하만이 유다 사람을 멸하고자 하다

3 그 후에 아하수에로 왕이 아각 사람 함므다다의 아들 하만의 지위

3 에는 무엇이 기록되어 있을까?

아말렉의 후손인 하만이 전국에 사는 유대인들을 죽이려고 했어요. 모르드개가 우상 숭배자인 하만에게 절을 하지 않자, 하만은 그에게 나쁜 마음을 품고 그의 민족까지 죽이려고 한 거예요. 그는 교묘한 방법을 써서 왕에게 유대인들을 죽일 수 있도록 허락을 받아냈습니다.

하만에게 절하지 않는 모르드개(3:2-6)

를 높이 올려 함께 있는 모든 대신 위에 두니

2 대궐 문에 있는 왕의 모든 신하들이 다 왕의 명령대로 하만에게 꿇어 절하되 모르드개는 꿇지도 아니하고 절하지도 아니하니

3 대궐 문에 있는 왕의 신하들이 모르드개에게 이르되 너는 어찌하여 왕의 명령을 거역하느냐 하고

4 날마다 권하되 모르드개가 듣지 아니하고 자기는 유다인임을 알렸더니 그들이 모르드개의 일이 어찌 되나 보고자 하여 하만에게 전하였더라

5 하만이 모르드개가 무릎을 꿇지도 아니하고 절하지도 아니함을 보고 매우 노하더니

6 그들이 모르드개의 민족을 하만에게 알리므로 하만이 모르드개만 죽이는 것이 부족하다고 생각하고 아하수에로의 온 나라에 있는 유다인 곧 모르드개의 민족을 다 멸하고자 하더라

7 ●아하수에로 왕 제십이년 첫째 달 니산월에 무리가 하만 앞에서 날과 달에 대하여 부르 곧 제비를 뽑아 열두째 달 곧 아달월을 얻은지라

8 하만이 아하수에로 왕에게 아뢰되 한 *민족이 왕의 나라 각 지방 백성* 중에 흩어져 거하는데 그 법률이 만민의 것과 달라서 왕의 법률을 지키지 아니하오니 용납하는 것이 왕에게 무익하니이다

9 왕이 옳게 여기시거든 조서를 내려 그들을 진멸하소서 내가 은 일만 달란트를 왕의 일을 맡은 자의 손에 맡겨 왕

의 금고에 드리리이다 하니

10 왕이 반지를 손에서 빼어 유다인의 대적 곧 아각 사람 함므다다의 아들 하만에게 주며

11 이르되 그 은을 네게 주고 그 백성도 그리하노니 너의 소견에 좋을 대로 행하라 하더라

12 ●첫째 달 십삼일에 왕의 서기관이 소집되어 하만의 명령을 따라 왕의 대신과 각 지방의 관리와 각 민족의 관원에게 아하수에로 왕의 이름으로 조서를 쓰되 곧 각 지방의 문자와 각 민족의 언어로 쓰고 왕의 반지로 인치니라

13 이에 그 조서를 역졸에게 맡겨 왕의 각 지방에 보내니 열두째 달 곧 아달월 십삼일 하루 동안에 모든 유다인을 젊은 이 늙은이 어린이 여인들을 막론하고 죽이고 도륙하고 진멸하고 또 그 재산을 탈취하라 하였고

14 이 명령을 각 지방에 전하기 위하여 조서의 초본을 모든 민족에게 선포하여 그 날을 위하여 준비하게 하라 하였더라

15 역졸이 왕의 명령을 받들어 급히 나가매 그 조서가 도성 수산에도 반포되니 왕은 하만과 함께 앉아 마시되 수산 성은 어지럽더라

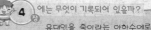
에스더가 백성을 구원하겠다고 하다

4 모르드개가 이 모든 일을 알고 자기의 옷을 찢고 굵은 베 옷을 입고 재를 뒤집어쓰고 성중에 나가서 대성 통곡하며

2 대궐 문 앞까지 이르렀으니 굵은 베 옷을 입은 자는 대궐 문에 들어가지 못함이라

4 에는 무엇이 기록되어 있을까?

유다인을 죽이라는 아하수에로 왕의 명령이 온 나라에 전해졌어요. 죽을 위기에 놓인 유다인들은 모두 두려움에 떨었답니다. 이때 모르드개는 에스더에게 사람을 보냈어요. 모르드개는 에스더가 왕에게 애원해서 자기 민족을 구해달라고 요청했습니다.

왕께 나아간 에스더(5:2)

3 왕의 명령과 조서가 각 지방에 이르매 유다인이 크게 애통하여 금식하며 울며 부르짖고 굵은 베 옷을 입고 재에 누운 자가 무수하더라

4 ●에스더의 시녀와 내시가 나아와 전하니 왕후가 매우 근심하여 입을 의복을 모르드개에게 보내어 그 굵은 베 옷을 벗기고자 하나 모르드개가 받지 아니하는지라

5 에스더가 왕의 어명으로 자기에게 가까이 있는 내시 하닥을 불러 명령하여 모르드개에게 가서 이것이 무슨 일이며 무엇 때문인가 알아보라 하매

6 하닥이 대궐 문 앞 성 중 광장에 있는 모르드개에게 이르니

7 모르드개가 자기가 당한 모든 일과 하만이 유다인을 멸하려고 왕의 금고에 바치기로 한 은의 정확한 액수를 하닥에게 말하고 　3:9

8 또 유다인을 진멸하라고 수산 궁에서 내린 조서 초본을 하닥에게 주어 에스더에게 보여 알게 하고 또 그에게 부탁하여 왕에게 나아가서 그 앞에서 자기 민족을 위하여 간절히 구하라 하니

9 하닥이 돌아와 모르드개의 말을 에스더에게 알리매

10 에스더가 하닥에게 이르되 너는 모르드개에게 전하기를

11 왕의 신하들과 왕의 각 지방 백성이 다 알거니와 남녀를 막론하고 부름을 받지 아니하고 안뜰에 들어가서 왕에게 나아가면 오직 죽이는 법이요 왕이 그 자에게 금 규를 내밀어야 살 것이라 이제 내가 부름을 입어 왕에게 나가지 못한 지가 이미 삼십 일이라 하라 하니라

12 그가 에스더의 말을 모르드개에게 전하매

13 모르드개가 그를 시켜 에스더에게 회답하되 너는 왕궁에 있으니 모든 유다인 중에 홀로 목숨을 건지리라 생각하지 말라

14 이 때에 네가 만일 잠잠하여 말이 없으면 유다인은 다른 데로 말미암아 놓임과 구원을 얻으려니와 너와 네 아버지 집은 멸망하리라 네가 왕후의 자리를 얻은 것이 이 때를 위함이 아닌지 누가 알겠느냐 하니

15 에스더가 모르드개에게 회답하여 이르되

16 당신은 가서 수산에 있는 유다인을 다 모으고 나를 위하여 금식하되 밤낮 삼 일을 먹지도 말고 마시지도 마소서 나도 나의 시녀와 더불어 이렇게 금식한 후에 규례를 어기고 왕에게 나아가리니 죽으면 죽으리이다 하니라

17 모르드개가 가서 에스더가 명령한 대로 다 행하니라

에스더가 왕과 하만을 잔치에 청하다

5 제삼일에 에스더가 왕후의 예복을 입고 왕궁 안 뜰 곧 어전 맞은편에 서니 왕이 어전에서 전 문을 대하여 왕좌에 앉았다가

2 왕후 에스더가 뜰에 선 것을 본즉 매우 사랑스러우므로 손에 잡았던 금 규를 그에게 내미니 에스더가 가까이 가서 금 규 끝을 만진지라

5장에는 무엇이 기록되어 있을까?

그 당시에는 왕의 허락 없이 왕 앞에 나가면 죽을 수도 있었어요. 그러나 에스더는 '죽으면 죽으리이다'라는 마음으로 왕에게 나아갔지요. 다행히 왕은 에스더를 보고 기뻐했어요. 한편, 에스더의 잔치에 초청을 받은 하만은 자신의 앞일을 알지 못하고 기뻐하였답니다.

3 왕이 이르되 왕후 에스더여 그대의 소원이 무엇이며 요구가 무엇이냐 나라의 절반이라도 그대에게 주겠노라 하니

4 에스더가 이르되 오늘 내가 왕을 위하여 잔치를 베풀었사오니 왕이 좋게 여기시거든 하만과 함께 오소서 하니

5 왕이 이르되 에스더가 말한 대로 하도록 하만을 급히 부르라 하고 이에 왕이 하만과 함께 에스더가 베푼 잔치에 가니라

6 잔치의 술을 마실 때에 왕이 에스더에게 이르되 그대의 소청이 무엇이뇨 곧 허락하겠노라 그대의 요구가 무엇이뇨 나라의 절반이라 할지라도 시행하겠노라 하니   7:2

7 에스더가 대답하여 이르되 나의 소청, 나의 요구가 이러하니이다

8 내가 만일 왕의 목전에서 은혜를 입었고 왕이 내 소청을 허락하시며 내 요구를 시행하시기를 좋게 여기시면 내가 왕과 하만을 위하여 베푸는 잔치에 또 오소서 내일은 왕의 말씀대로 하리이다 하니라   7:3

하만의 음모

9 ●그 날 하만이 마음이 기뻐 즐거이 나오더니 모르드개가 대궐 문에 있어 일어나지도 아니하고 몸을 움직이지도 아니하는 것을 보고 매우 노하나

10 참고 집에 돌아와서 사람을 보내어 그의 친구들과 그의 아내 세레스를 청하여

11 자기의 큰 영광과 자녀가 많은 것과 왕이 자기를 들어 왕의 모든 지방관이나 신하들보다 높인 것을 다 말하고   9:7-10

12 또 하만이 이르되 왕후 에스더가 그가 베푼 잔치에 왕과 함께 오기를 허락 받은 자는 나밖에 없었고 내일도 왕과 함께 청함을 받았느니라

13 그러나 유다 사람 모르드개가 대궐 문에 앉은 것을 보는 동안에는 이 모든 일이 만족하지 아니하도다 하니   5:9

14 그의 아내 세레스와 모든 친구들이 이

르되 높이가 오십 1)규빗 되는 나무를 세우고 내일 왕에게 모르드개를 그 나무에 매달기를 구하고 왕과 함께 즐거이 잔치에 가소서 하니 하만이 그 말을 좋게 여기고 명령하여 나무를 세우니라

왕이 모르드개를 존귀하게 하다
B.C. 475년경

6 그 날 밤에 왕이 잠이 오지 아니하므로 명령하여 역대 일기를 가져다가 자기 앞에서 읽히더니   단 6:18

2 그 속에 기록하기를 문을 지키던 왕의 두 내시 빅다나와 데레스가 아하수에로 왕을 암살하려는 음모를 모르드개가 고발하였다 하였는지라   2:21, 22

3 왕이 이르되 이 일에 대하여 무슨 존귀와 관작을 모르드개에게 베풀었느냐 하니 측근 신하들이 대답하되 아무것도 베풀지 아니하였나이다 하니라

4 왕이 이르되 누가 뜰에 있느냐 하매 마침 하만이 자기가 세운 나무에 모르드개 달기를 왕께 구하고자 하여 왕궁 바깥뜰에 이른지라   4:1?

5 측근 신하들이 아뢰되 하만이 뜰에 섰나이다 하니 왕이 이르되 들어오게 하라 하니

6 하만이 들어오거늘 왕이 묻되 왕이 존귀하게 하기를 원하는 사람에게 어떻게 하여야 하겠느냐 하만이 심중에 이르되 왕이 존귀하게 하기를 원하시는 자는 나 외에 누구리요 하고

7 왕께 아뢰되 왕께서 사람을 존귀하게 하시려면

8 왕께서 입으시는 왕복과 왕께서 타시는

6 에는 무엇이 기록되어 있을까?

우연히 왕은 모르드개가 과거에 자신의 목숨을 구해주었으나 아무런 상도 받지 못했다는 것을 알게 되었어요. 다음날 왕은 하만에게 그 보상에 대한 모델의 말을 구했는데, 그는 자신에게 상을 주려는 줄 알고 최고로 좋은 상을 주라고 했지요. 왕은 왕의 목숨을 구해준 모르드개에게 하만의 말대로 해주라고 명령하였어요.

1) 히, 암마

말과 머리에 쓰시는 왕관을 가져다가
9 그 왕복과 말을 왕의 신하 중 가장 존귀한 자의 손에 맡겨서 왕이 존귀하게 하시기를 원하시는 사람에게 옷을 입히고 말을 태워서 성 중 거리로 다니며 그 앞에서 반포하여 이르기를 왕이 존귀하게 하기를 원하시는 사람에게는 이같이 할 것이라 하게 하소서 하니라
10 ●이에 왕이 하만에게 이르되 너는 네 말대로 속히 왕복과 말을 가져다가 대궐 문에 앉은 유다 사람 모르드개에게 행하되 무릇 네가 말한 것에서 조금도 빠짐이 없이 하라
11 하만이 왕복과 말을 가져다가 모르드개에게 옷을 입히고 말을 태워 성 중 거리로 다니며 그 앞에서 반포하되 왕이 존귀하게 하시기를 원하시는 사람에게는 이같이 할 것이라 하니라
12 모르드개는 다시 대궐 문으로 돌아오고 하만은 번뇌하여 머리를 싸고 급히 집으로 돌아가서
13 자기가 당한 모든 일을 그의 아내 세레스와 모든 친구에게 말하매 그 중 지혜로운 자와 그의 아내 세레스가 이르되 모르드개가 과연 유다 사람의 후손이

면 당신이 그 앞에서 굴욕을 당하기 시작하였으니 능히 그를 이기지 못하고 분명히 그 앞에 엎드러지리이다
14 아직 말이 그치지 아니하여서 왕의 내시들이 이르러 하만을 데리고 에스더가 베푼 잔치에 빨리 나아가니라 5:8

하만의 몰락 - B.C. 475년경

7 왕이 하만과 함께 또 왕후 에스더의 잔치에 가니라
2 왕이 이 둘째 날 잔치에 술을 마실 때에 다시 에스더에게 물어 이르되 왕후 에스더여 그대의 소청이 무엇이냐 곧 허락하겠노라 그대의 요구가 무엇이냐 곧 나라의 절반이라 할지라도 시행하겠노라 5:6
3 왕후 에스더가 대답하여 이르되 왕이여 내가 만일 왕의 목전에서 은혜를 입었으며 왕이 좋게 여기시면 내 소청대로 내 생명을 내게 주시고 내 요구대로 내 민족을 내게 주소서
4 나와 내 민족이 팔려서 죽임과 도륙함과 진멸함을 당하게 되었나이다 만일 우리가 노비로 팔렸더라면 내가 잠잠하였으리이다 그래도 대적이 왕의 손해를 보충하지 못하였으리이다 하니
5 아하수에로 왕이 왕후 에스더에게 말하여 이르되 감히 이런 일을 심중에 품은 자가 누구며 그가 어디 있느냐 하니
6 에스더가 이르되 대적과 원수는 이 악한 하만이니이다 하니 하만이 왕과 왕후 앞에서 두려워하거늘 3:10
7 왕이 노하여 일어나서 잔치 자리를 떠나 왕궁 후원으로 들어가니라 하만이 일어서서 왕후 에스더에게 생명을 구

7장에는 무엇이 기록되어 있을까?

에스더가 베푼 잔치에 참석한 왕은 그녀의 소원이라면 무엇이든지 들어주겠다고 말했어요. 이때 에스더는 자신과 자신의 민족이 하만의 나쁜 꾀 때문에 죽게 될 것을 자세히 설명했지요. 왕은 너무나 화가 나서 하만이 모르드개를 매달려고 한 나무에 하만을 매달았답니다.

하니 이는 왕이 자기에게 벌을 내리기로 결심한 줄 앎이더라

8 왕이 후원으로부터 잔치 자리에 돌아오니 하만이 에스더가 앉은 걸상 위에 엎드렸거늘 왕이 이르되 저가 궁중 내 앞에서 왕후를 강간까지 하고자 하는가 하니 이 말이 왕의 입에서 나오매 무리가 하만의 얼굴을 싸더라

9 왕을 모신 내시 중에 하르보나가 왕에게 아뢰되 왕을 위하여 충성된 말로 고발한 모르드개를 달고자 하여 하만이 높이가 오십 규빗 되는 나무를 준비하였는데 이제 그 나무가 하만의 집에 섰나이다 왕이 이르되 하만을 그 나무에 달라 하매

10 모르드개를 매달려고 한 나무에 하만을 다니 왕의 노가 그치니라

유다 사람에게 날 길이 열리다—B.C. 475년경

8 그 날 아하수에로 왕이 유다인의 대적 하만의 집을 왕후 에스더에게 주니라 에스더가 모르드개는 자기에게 어떻게 관계됨을 왕께 아뢰었으므로 모르드개가 왕 앞에 나오니

2 왕이 하만에게서 거둔 반지를 빼어 모르드개에게 준지라 에스더가 모르드개에게 하만의 집을 관리하게 하니라

3 ●에스더가 다시 왕 앞에서 말씀하며 왕의 발 아래 엎드려 아각 사람 하만이 유다인을 해하려 한 악한 꾀를 제거하기를 울며 구하니

4 왕이 에스더를 향하여 금 규를 내미는지라 에스더가 일어나 왕 앞에 서서

5 이르되 왕이 만일 즐거워하시며 내가 왕의 목전에 은혜를 입었고 또 왕이 이

일을 좋게 여기시며 나를 좋게 보실진대 조서를 내리사 아각 사람 함므다다의 아들 하만이 왕의 각 지방에 있는 유다인을 진멸하려고 꾀하고 쓴 조서를 철회하소서

6 내가 어찌 내 민족이 화 당함을 차마 보며 내 친척의 멸망함을 차마 보리이까 하니 7:4

7 아하수에로 왕이 왕후 에스더와 유다인 모르드개에게 이르되 하만이 유다인을 살해하려 하므로 나무에 매달렸고 내가 그 집을 에스더에게 주었으니

8 너희는 왕의 명의로 유다인에게 조서를 뜻대로 쓰고 왕의 반지로 인을 칠지어다 왕의 이름을 쓰고 왕의 반지로 인친 조서는 누구든지 철회할 수 없음이니라 하니라 3:12

9 ●그 때 시완월 곧 삼월 이십삼일에 왕의 서기관이 소집되고 모르드개가 시키는 대로 조서를 써서 인도로부터 구스까지의 백이십칠 지방 유다인과 대신과 지방관과 관원에게 전할새 각 지방의 문자와 각 민족의 언어와 유다인의 문자와 언어로 쓰되

10 아하수에로 왕의 명의로 쓰고 왕의 반지로 인을 치고 그 조서를 역졸들에게 부쳐 전하니 그들은 왕궁에서 길러내 왕의 일에 쓰는 준마를 타는 자들이라

11 조서에는 왕이 여러 고을에 있는 유다인에게 허락하여 그들이 함께 모여 스스로 생명을 보호하여 각 지방의 백성 중 세력을 가지고 그들을 치려하는 자들과 그들의 처자를 죽이고 도륙하고 진멸하고 그 재산을 탈취하게 하되

12 아하수에로 왕의 각 지방에서 아달월

8장 에는 무엇이 기록되어 있을까?

왕은 처형당한 하만의 자리에 모르드개를 임명해요. 그리고 유다인들을 죽이려고 하는 자는 오히려 유다인이 죽어도 된다는 허락을 전국에 내렸지요. 이처럼 하나님의 자녀들은 어려움을 당해도 결국 복을 받게 되고, 악인은 심판을 피할 수 없답니다.

조서(8:5) 문서화된 공식적인 선언이나 공포.
역졸(8:10) 역에서 부리던 심부름꾼.
준마(8:10) 잘 달리는 말.
탈취(8:11) 빼앗아 가지는 것.
초본(8:10) 본문에서 일부 내용만 뽑아서 베낀 문서.
도륙(9:5) 옳고 그름을 묻거나 가리지 않고 모두 무찔러 죽이는 것.
소청(9:12) 남에게 무슨 일을 청함.

구원을 받은 이스라엘 백성(8:15-17)

곧 십이월 십삼일 하루 동안에 하게 하였고

13 이 조서 초본을 각 지방에 전하고 각 민족에게 반포하고 유다인들에게 준비하였다가 그 날에 대적에게 원수를 갚게 한지라

14 왕의 어명이 매우 급하매 역졸이 왕의 일에 쓰는 준마를 타고 빨리 나가고 그 조서가 도성 수산에도 반포되니라

15 ●모르드개가 푸르고 흰 조복을 입고 큰 금관을 쓰고 자색 가는 베 겉옷을 입고 왕 앞에서 나오니 수산 성이 즐거이 부르며 기뻐하고

16 유다인에게는 영광과 즐거움과 기쁨과 존귀함이 있는지라

17 왕의 어명이 이르는 각 지방, 각 읍에서 유다인들이 즐기고 기뻐하여 잔치를 베풀고 그 날을 명절로 삼으니 본토 백성이 유다인을 두려워하여 유다인 되는 자가 많더라

유다 사람이 대적들을 진멸하다
B.C. 475년경

9 아달월 곧 열두째 달 십삼일은 왕의 어명을 시행하게 된 날이라 유다인의 대적들이 그들을 제거하기를 바랐더니 유다인이 도리어 자기들을 미워하는 자들을 제거하게 된 그 날에

2 유다인들이 아하수에로 왕의 각 지방, 각 읍에 모여 자기들을 해하고자 한자 를 죽이려 하니 모든 민족이 그들을 두려워하여 능히 막을 자가 없고

3 각 지방 모든 지방관과 대신들과 총독들과 왕의 사무를 보는 자들이 모르드개를 두려워하므로 다 유다인을 도우니

4 모르드개가 왕궁에서 존귀하여 점점 창대하매 이 사람 모르드개의 명성이 각 지방에 퍼지더라

5 유다인이 칼로 그 모든 대적들을 쳐서 도륙하고 진멸하고 자기를 미워하는 자에게 마음대로 행하고

6 유다인이 또 도성 수산에서 오백 명을 죽이고 진멸하고

7 또 바산다다와 달본과 아스바다와

8 또 보라다와 아달리아와 아리다다와

9 바마스다와 아리새와 아리대와 왜사다

10 곧 함므다다의 손자요 유다인의 대적 하만의 열 아들을 죽였으나 그들의 재산에는 손을 대지 아니하였더라

11 ●그 날에 도성 수산에서 도륙한 자의 수효를 왕께 아뢰니

12 왕이 왕후 에스더에게 이르되 유다인이 이 도성 수산에서 이미 오백 명을 죽이고 멸하고 또 하만의 열 아들을 죽였으니 왕의 다른 지방에서는 어떠하였겠느냐 이제 그대의 소청이 무엇이냐 곧 허락하겠노라 그대의 요구가 무엇이냐 또 시행하겠노라 하니

13 에스더가 이르되 왕이 만일 좋게 여기시면 수산에 사는 유다인들이 내일도 오늘 조서대로 행하게 하시고 하만의 열 아들의 시체를 나무에 매달게 하소서 하니

14 왕이 그대로 행하기를 허락하고 조서를 수산에 내리니 하만의 열 아들의 시체가 매달리니라

9장에는 무엇이 기록되어 있을까?

아달월 십삼일은 하만의 나쁜 꾀로 인해 유다인이 죽기로 되어 있던 날입니다. 그러나 오히려 하만이 죽게 되고, 유다인들은 살아남을 수 있었지요. 유다인들은 이날을 기념하여 하나님의 은혜에 감사하는 예배를 드렸어요. 이날이 바로 부림일이랍니다.

토막상식

부림일

유대인들이 하만의 음모로부터 구원 받았음을 기념하기 위해 지금도 지키는 절기의 이름이에요. 미신을 믿던 하만이 유대인들을 멸망시키기 좋은 날을 고르기 위해 점을 쳐서 날짜를 제비뽑았다고 해서 일명 '제비뽑기절'이라고 부르기도 합니다.

9장 20-32절

15 아달월 십사일에도 수산에 있는 유다인이 모여 또 삼백 명을 수산에서 도륙하되 그들의 재산에는 손을 대지 아니하였고

16 왕의 각 지방에 있는 다른 유다인들이 모여 스스로 생명을 보호하여 대적들에게서 벗어나며 자기들을 미워하는 자 칠만 오천 명을 도륙하되 그들의 재산에는 손을 대지 아니하였더라

17 ●아달월 십삼일에 그 일을 행하였고 십사일에 쉬며 그 날에 잔치를 베풀어 즐겼고

18 수산에 사는 유다인들은 십삼일과 십사일에 모였고 십오일에 쉬며 이 날에 잔치를 베풀어 즐긴지라 9장 2, 21

19 그러므로 시골의 유다인 곧 성이 없는 고을고을에 사는 자들이 아달월 십사일을 명절로 삼아 잔치를 베풀고 즐기며 서로 예물을 주더라

부림일

20 ●모르드개가 이 일을 기록하고 아하수에로 왕의 각 지방에 있는 모든 유다인에게 원근을 막론하고 글을 보내어 이르기를

21 한 규례를 세워 해마다 아달월 십사일과 십오일을 지키라

22 이 달 이 날에 유다인들이 대적에게서 벗어나서 평안함을 얻어 슬픔이 변하여 기쁨이 되고 애통이 변하여 길한 날이 되었으니 이 두 날을 지켜 잔치를 베풀고 즐기며 서로 예물을 주며 가난한 자를 구제하라 하매

23 유다인이 자기들이 이미 시작한 대로 또한 모르드개가 보낸 글대로 계속하

여 행하였으니

24 곧 아각 사람 함므다다의 아들 모든 유다인의 대적 하만이 유다인을 진멸하기를 꾀하고 부르 곧 제비를 뽑아 그들을 죽이고 멸하려 하였으나

25 에스더가 왕 앞에 나아감으로 말미암아 왕이 조서를 내려 하만이 유다인을 해하려던 악한 꾀를 그의 머리에 돌려 보내어 하만과 그의 여러 아들을 나무에 달게 하였으므로

26 무리가 부르의 이름을 따라 이 두 날을 부림이라 하고 유다인이 이 글의 모든 말과 이 일에 보고 당한 것으로 말미암아

27 뜻을 정하고 자기들과 자손과 자기들과 화합한 자들이 해마다 그 기록하고 정해 놓은 때 이 두 날을 이어서 지켜 폐하지 아니하기로 작정하고

28 각 지방, 각 읍, 각 집에서 대대로 이두 날을 기념하여 지키되 이 부림일을 유다인 중에서 폐하지 않게 하고 그들의 후손들이 계속해서 기념하게 하였더라

29 아비하일의 딸 왕후 에스더와 유다인 모르드개가 전권으로 글을 쓰고 부림에 대한 이 둘째 편지를 굳게 지키게 하되

30 화평하고 진실한 말로 편지를 써서 아하수에로의 나라 백이십칠 지방에 있는 유다 모든 사람에게 보내어 1:1

31 정한 기간에 이 부림일을 지키게 하였으니 이는 유다인 모르드개와 왕후 에스더가 명령한 바와 유다인이 금식하며 부르짖은 것으로 말미암아 자기와

10장에는 무엇이 기록되어 있을까?

유대인 모르드개가 바사의 높은 자리에 오르고 왕의 일기에 기록된 것을 다시 한번 말하고 있습니다. 하나님의 자녀들은 어디에 있든지 믿음으로 말미암아 승리한다는 것을 보여주는 것이지요. 하나님은 오늘날 우리에게도 그러한 승리를 통해 영광 받으시길 기대하신답니다.

자기 자손을 위하여 정한 바가 있음이 더라
32 에스더의 명령이 이 부림에 대한 일을 견고하게 하였고 그 일이 책에 기록되었더라 9:26

왕과 모르드개가 높임을 받다

10 아하수에로 왕이 그의 본토와 바다 섬들로 하여금 조공을 바치게 하였더라

2 왕의 능력 있는 모든 행적과 모르드개를 높여 존귀하게 한 사적이 메대와 바사 왕들의 일기에 기록되지 아니하였느냐
3 유다인 모르드개가 아하수에로 왕의 다음이 되고 유다인 중에 크게 존경받고 그의 허다한 형제에게 사랑을 받고 그의 백성의 이익을 도모하며 그의 모든 종족을 안위하였더라 창 41:40

선생님!! 궁금해요

에스더는 포로였는데 어떻게 왕비가 될 수 있었어요?

에스더는 사촌 오빠였던 모르드개 밑에서 고아로 자라났어요. 원래 이름은 '하닷사'였지요. 바사(페르시아)가 유다를 빼앗았기 때문에 유대인들은 포로 생활을 했어요. 이런 상황에서 에스더가 왕비가 되었다는 것은 정말 꿈같은 일이에요. 외모가 아름다웠기 때문에 왕비가 되었지만, 거기에는 하나님의 크신 뜻이 숨어 있었답니다.

에스더는 바사 제국 안에 있는 모든 유대인을 죽이려는 하만의 음모를 알고, 약한 여자의 몸으로 '죽으면 죽으리이다'는 결심으로 왕 앞에 나아가서 유다 민족을 구원해냈어요. 에스더가 왕비가 된 것은 유대인을 구하기 위한 하나님의 뜻이었어요. 하나님은 이처럼 연약하고 작은 여인도 크게 사용하신답니다. 4장 16절

Job

욥기

✿ 욥기를 읽기 전에

이 책을 기록한 사람은 정확하지 않아요. 하지만 욥과 친구들의 긴 대화를 자세히 기록한 점을 보면 그들을 가까이에서 지켜본 사람임이 분명해요. 욥은 우스 땅에 살고 있던 흠이 없고 정직한 사람이었답니다.

✿ 언제, 왜, 누구를 위하여 썼나요?

욥기를 기록한 때는 모세나 솔로몬 시대로 추측해요. 이 책은 우리가 당하는 고난이 반드시 죄에 대한 하나님의 벌이 아니라 하나님의 뜻이기도 하다는 사실을 보여주고, 인간의 모든 삶의 주인은 하나님이심을 가르쳐줍니다.

✿ 어떤 내용인가요?

욥은 사탄의 시험을 받고 고난을 당해요. 욥의 아내와 친구들은 모두 욥을 비난했지요. 그러나 욥은 결국 하나님의 뜻을 깨닫고 순종하여 더 큰 축복을 받게 되었답니다.

사탄이 욥을 시험하다

1 우스 땅에 욥이라 불리는 사람이 있었는데 그 사람은 온전하고 정직하여 하나님을 경외하며 악에서 떠난 자더라

2 그에게 아들 일곱과 딸 셋이 태어나니라

3 그의 소유물은 양이 칠천 마리요 낙타가 삼천 마리요 소가 오백 겨리요 암나귀가 오백 마리이며 종도 많이 있었으니 이 사람은 동방 사람 중에 가장 훌륭한 자라

4 그의 아들들이 자기 생일에 각각 자기의 집에서 잔치를 베풀고 그의 누이 세 명도 청하여 함께 먹고 마시더라

5 그들이 차례로 잔치를 끝내면 욥이 그들을 불러다가 성결하게 하되 아침에 일어나서 그들의 명수대로 번제를 드렸으니 이는 욥이 말하기를 혹시 내 아들들이 죄를 범하여 마음으로 하나님을 욕되게 하였을까 함이라 욥의 행위가 항상 이러하였더라
창 8:20

6 ●하루는 하나님의 아들들이 와서 여호와 앞에 섰고 사탄도 그들 가운데에 온지라

7 여호와께서 사탄에게 이르시되 네가 어디서 왔느냐 사탄이 여호와께 대답하여 이르되 땅을 두루 돌아 여기저기 다녀왔나이다

8 여호와께서 사탄에게 이르시되 네가 내 종 욥을 주의하여 보았느냐 그와 같이 온전하고 정직하여 하나님을 경외하며 악에서 떠난 자는 세상에 없느니라

9 사탄이 여호와께 대답하여 이르되 욥이 어찌 까닭 없이 하나님을 경외하리이까

10 주께서 그와 그의 집과 그의 모든 소유물을 울타리로 두르심 때문이 아니니이까 주께서 그의 손으로 하는 바를 복되게 하사 그의 소유물이 땅에 넘치게 하셨음이니이다

11 이제 주의 손을 펴서 그의 모든 소유물을 치소서 그리하시면 틀림없이 주를

1 에는 무엇이 기록되어 있을까?

하나님을 경외하는 욥에 대한 소개와 욥에게 닥친 고난을 말하고 있어요. 사탄은 욥이 하나님을 잘 믿는 것은 하나님께서 그에게 넉넉한 물질과 행복한 가정을 주셨기 때문이라고 하고, 그것을 없애면 욥이 하나님을 원망할 것이라고 했지요. 그러나 욥은 하나님을 원망하지 않았답니다.

욥에게 고난이 닥침
(1:15-19)

향하여 욕하지 않겠나이까

12 여호와께서 사탄에게 이르시되 내가 그의 소유물을 다 네 손에 맡기노라 다만 그의 몸에는 네 손을 대지 말지니라 사탄이 곧 여호와 앞에서 물러가니라

욥이 자녀와 재산을 잃다

13 ●하루는 욥의 자녀들이 그 맏아들의 집에서 음식을 먹으며 포도주를 마실 때에

14 사환이 욥에게 와서 아뢰되 소는 밭을 갈고 나귀는 그 곁에서 풀을 먹는데

15 스바 사람이 갑자기 이르러 그것들을 빼앗고 칼로 종들을 죽였나이다 나만 홀로 피하였으므로 주인께 아뢰러 왔나이다

16 그가 아직 말하는 동안에 또 한 사람이 와서 아뢰되 하나님의 불이 하늘에서 떨어져서 양과 종들을 살라 버렸나이다 나만 홀로 피하였으므로 주인께 아뢰러 왔나이다

17 그가 아직 말하는 동안에 또 한 사람이 와서 아뢰되 갈대아 사람이 세 무리를 지어 갑자기 낙타에게 달려들어 그것을 빼앗으며 칼로 종들을 죽였나이다 나만 홀로 피하였으므로 주인께 아뢰러 왔나이다

18 그가 아직 말하는 동안에 또 한 사람이 와서 아뢰되 주인의 자녀들이 그들의 맏형의 집에서 음식을 먹으며 포도주를 마시는데

19 거친 들에서 큰 바람이 와서 집 네 모퉁이를 치매 그 청년들 위에 무너지므로

그들이 죽었나이다 나만 홀로 피하였으므로 주인께 아뢰러 왔나이다 한지라

20 욥이 일어나 겉옷을 찢고 머리털을 밀고 땅에 엎드려 예배하며

21 이르되 내가 모태에서 알몸으로 나왔사온즉 또한 알몸이 그리로 돌아가올지라 주신 이도 여호와시요 거두신 이도 여호와시오니 여호와의 이름이 찬송을 받으실지니이다 하고

22 이 모든 일에 욥이 범죄하지 아니하고 하나님을 향하여 원망하지 아니하니라

사탄이 다시 욥을 시험하다

2 또 하루는 하나님의 아들들이 와서 여호와 앞에 서고 사탄도 그들 가운데에 와서 여호와 앞에 서니

2 여호와께서 사탄에게 이르시되 네가 어디서 왔느냐 사탄이 여호와께 대답하여 이르되 땅을 두루 돌아 여기 저기 다녀왔나이다

3 여호와께서 사탄에게 이르시되 네가 내 종 욥을 주의하여 보았느냐 그와 같이 온전하고 정직하여 하나님을 경외하며 악에서 떠난 자가 세상에 없느니라 네가 나를 충동하여 까닭 없이 그를 치게 하였으나 그가 여전히 자기의 온전함을 굳게 지켰느니라 1:1, 8

4 사탄이 여호와께 대답하여 이르되 가죽으로 가죽을 바꾸오니 사람이 그의 모든 소유물로 자기의 생명을 바꾸올지라

5 이제 주의 손을 펴서 그의 뼈와 살을 치소서 그리하시면 틀림없이 주를 향하여 욕하지 않겠나이까

6 여호와께서 사탄에게 이르시되 내가 그를 네 손에 맡기노라 다만 그의 생명

2장에는 무엇이 기록되어 있을까?

욥이 하나님을 원망하지 않자, 사탄은 두 번째로 욥을 시험해요. 욥의 온몸에 종기가 나고, 그의 부인조차 욥을 떠났지요. 그러자 욥의 소문을 듣고 그의 세 친구가 찾아왔어요. 그들은 너무 끔찍한 욥의 모습에 할 말을 잃고 7일 동안 밤낮으로 욥과 함께 땅에 앉아 있었답니다.

하나님을 원망하지
않은 욥(2:10)

은 해하지 말지니라

7 ●사탄이 이에 여호와 앞에서 물러가서 욥을 쳐서 그의 발바닥에서 정수리까지 종기가 나게 한지라

8 욥이 재 가운데 앉아서 질그릇 조각을 가져다가 몸을 긁고 있더니

9 그의 아내가 그에게 이르되 당신이 그래도 자기의 온전함을 굳게 지키느냐 하나님을 욕하고 죽으라

10 그가 이르되 그대의 말이 한 어리석은 여자의 말 같도다 우리가 하나님께 복을 받았은즉 화도 받지 아니하겠느냐 하고 이 모든 일에 욥이 입술로 범죄하지 아니하니라

친구들이 욥을 위로하러 오다

11 ●그 때에 욥의 친구 세 사람이 이 모든 재앙이 그에게 내렸다 함을 듣고 각각 자기 지역에서부터 이르렀으니 곧 데만 사람 엘리바스와 수아 사람 빌닷과 나아마 사람 소발이라 그들이 욥을 위문하고 위로하려 하여 서로 약속하고 오더니

12 눈을 들어 멀리 보매 그가 욥인 줄 알기 어렵게 되었으므로 그들이 일제히 *소리 질러 울며 각각 자기의 겉옷을 찢고* 하늘을 향하여 티끌을 날려 자기 머리에 뿌리고

13 밤낮 칠 일 동안 그와 함께 땅에 앉았으나 욥의 고통이 심함을 보므로 그에게 한마디도 말하는 자가 없었더라

욥이 자기 생일을 저주하다

3 그 후에 욥이 입을 열어 자기의 생일을 저주하니라

2 욥이 입을 열어 이르되

3 내가 난 날이 멸망하였더라면, 사내 아이를 배었다 하던 그 밤도 그러하였더라면,
렘 20:14

4 그 날이 캄캄하였더라면, 하나님이 위에서 돌아보지 않으셨더라면, 빛도 그 날을 비추지 않았더라면,

5 어둠과 죽음의 그늘이 그 날을 자기의 것이라 주장하였더라면, 구름이 그 위에 덮였더라면, 흑암이 그 날을 덮었더라면,

6 그 밤이 캄캄한 어둠에 잡혔더라면, 해의 날 수와 달의 수에 들지 않았더라면,

7 그 밤에 자식을 배지 못하였더라면, 그 밤에 즐거운 소리가 나지 않았더라면,

8 날을 저주하는 자들 곧 ¹⁾리워야단을 격동시키기에 익숙한 자들이 그 밤을 저주하였더라면,

9 그 밤에 새벽 별들이 어두웠더라면, 그 밤이 광명을 바랄지라도 얻지 못하며 동틈을 보지 못하였더라면 좋았을 것을,

10 이는 내 모태의 문을 닫지 아니하여 내 눈으로 환난을 보게 하였음이로구나

11 어찌하여 내가 태에서 죽어 나오지 아니하였던가 어찌하여 내 어머니가 해산할 때에 내가 숨지지 아니하였던가

12 어찌하여 무릎이 나를 받았던가 어찌하여 내가 젖을 빨았던가

13 그렇지 아니하였던들 이제는 내가 평안히 누워서 자고 쉬었을 것이니

1) 악어로 볼 수도 있음

3 장 에는 무엇이 기록되어 있을까?

욥이 마침내 저주의 말을 하기 시작했어요. 자기가 왜 태어났느냐며 생일을 저주했지요. 또 평안이 없고 고통스럽기만 하다고 하소연했어요. 그러나 그는 하나님을 욕하거나 자신에게 왜 고통을 주셨느냐고 원망하지는 않았답니다. 여기에서 우리는 믿음을 지키기 위해 애쓰는 의인의 모습을 볼 수 있어요.

14 자기를 위하여 폐허를 일으킨 세상 임금들과 모사들과 함께 있었을 것이요

15 혹시 금을 가지며 은으로 집을 채운 고관들과 함께 있었을 것이며

16 또는 낙태되어 땅에 묻힌 아이처럼 나는 존재하지 않았겠고 빛을 보지 못한 아이들 같았을 것이라

17 거기서는 악한 자가 소요를 그치며 거기서는 피곤한 자가 쉼을 얻으며

18 거기서는 갇힌 자가 다 함께 평안히 있어 감독자의 호통소리를 듣지 아니하며

19 거기서는 작은 자와 큰 자가 함께 있고 종이 상전에게서 놓이느니라

20 ●어찌하여 고난 당하는 자에게 빛을 주셨으며 마음이 아픈 자에게 생명을 주셨는고

21 이러한 자는 죽기를 바라도 오지 아니하니 땅을 파고 숨긴 보배를 찾음보다 죽음을 구하는 것을 더하다가

22 무덤을 찾아 얻으면 심히 기뻐하고 즐거워하나니

23 하나님에게 둘러 싸여 길이 아득한 사람에게 어찌하여 빛을 주셨는고

24 나는 음식 앞에서도 탄식이 나며 내가 앓는 소리는 물이 쏟아지는 소리 같구나

25 내가 두려워하는 그것이 내게 임하고 내가 무서워하는 그것이 내 몸에 미쳤구나

26 나에게는 평온도 없고 안일도 없고 휴식도 없고 다만 불안만이 있구나

엘리바스의 첫번째 말

4 데만 사람 엘리바스가 대답하여 이르되

2 누가 네게 말하면 네가 싫음을 내겠느냐, 누가 참고 말하지 아니하겠느냐

3 보라 전에 네가 여러 사람을 훈계하였고 손이 늘어진 자를 강하게 하였고

4 넘어지는 자를 말로 붙들어 주었고 무릎이 약한 자를 강하게 하였거늘

5 이제 이 일이 네게 이르매 네가 힘들어 하고 이 일이 네게 닥치매 네가 놀라는구나

6 네 경외함이 네 자랑이 아니냐 네 소망이 네 온전한 길이 아니냐

7 생각하여 보라 죄 없이 망한 자가 누구인가 정직한 자의 끊어짐이 어디 있는가

8 내가 보건대 악을 밭 갈고 독을 뿌리는 자는 그대로 거두나니

9 다 하나님의 입 기운에 멸망하고 그의 콧김에 사라지느니라

10 사자의 우는 소리와 젊은 사자의 소리가 그치고 어린 사자의 이가 부러지며

11 사자는 사냥한 것이 없어 죽어 가고 암사자의 새끼는 흩어지느니라

12 ●어떤 말씀이 내게 가만히 이르고 그 가느다란 소리가 내 귀에 들렸었나니

13 사람이 깊이 잠들 즈음 내가 그 밤에 본 환상으로 말미암아 생각이 번거로울 때에

14 두려움과 떨림이 내게 이르러서 모든 뼈마디가 흔들렸느니라

15 그 때에 영이 내 앞으로 지나매 내 몸에 털이 주뼛하였느니라

16 그 영이 서 있는데 나는 그 형상을 알아보지는 못하여도 오직 한 형상이 내 눈 앞에 있었느니라 그 때에 내가 조용한 중에 한 목소리를 들으니

17 사람이 어찌 하나님보다 의롭겠느냐

사람이 어찌 그 창조하신 이보다 깨끗하겠느냐 9:2

18 하나님은 그의 종이라도 그대로 믿지 아니하시며 그의 천사라도 미련하다 하시나니 15:15

19 하물며 흙 집에 살며 티끌로 터를 삼고 하루살이 앞에서라도 무너질 자이겠느냐 10:9

20 아침과 저녁 사이에 부스러져 가루가 되며 영원히 사라지되 기억하는 자가 없으리라

21 장막 줄이 그들에게서 뽑히지 아니하겠느냐 그들은 지혜가 없이 죽느니라

5 너는 부르짖어 보라 네게 응답할 자가 있겠느냐 거룩한 자 중에 네가 누구에게로 향하겠느냐

2 분노가 미련한 자를 죽이고 시기가 어리석은 자를 멸하느니라

3 내가 미련한 자가 뿌리 내리는 것을 보고 그의 집을 당장에 저주하였노라

4 그의 자식들은 구원에서 멀고 성문에서 억눌리나 구하는 자가 없으며

5 그가 추수한 것은 주린 자가 먹되 덫에 걸린 것도 빼앗으며 올무가 그의 재산을 향하여 입을 벌리느니라

6 재난은 티끌에서 일어나는 것이 아니며 고생은 흙에서 나는 것이 아니니라

7 사람은 고생을 위하여 났으니 불꽃이 위로 날아 가는 것 같으니라

8 ●나라면 하나님을 찾겠고 내 일을 하나님께 의탁하리라

9 하나님은 헤아릴 수 없이 큰 일을 행하시며 기이한 일을 셀 수 없이 행하시나니

10 비를 땅에 내리시고 물을 밭에 보내

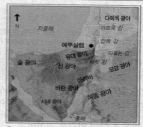

● 팔레스타인의 지형 (5:10)
서쪽 바다에서 불어오는 바람은 비를 가져오고, 동쪽 사막에서 부는 바람은 건조하기만 하다.

시며

11 낮은 자를 높이 드시고 애곡하는 자를 일으키사 구원에 이르게 하시느니라

12 하나님은 교활한 자의 계교를 꺾으사 그들의 손이 성공하지 못하게 하시며

13 지혜로운 자가 자기의 계략에 빠지게 하시며 간교한 자의 계략을 무너뜨리시므로

14 그들은 낮에도 어두움을 만나고 대낮에도 더듬기를 밤과 같이 하느니라

15 하나님은 가난한 자를 강한 자의 칼과 그 입에서, 또한 그들의 손에서 구출하여 주시나니

16 그러므로 가난한 자가 희망이 있고 악행이 스스로 입을 다무느니라

17 ●볼지어다 하나님께 징계 받는 자에게는 복이 있나니 그런즉 너는 전능자의 징계를 업신여기지 말지니라 약 1:12

18 하나님은 아프게 하시다가 싸매시며 상하게 하시다가 그의 손으로 고치시나니

19 여섯 가지 환난에서 너를 구원하시며 일곱 가지 환난이라도 그 재앙이 네게 미치지 않게 하시며

20 기근 때에 죽음에서, 전쟁 때에 칼의 위협에서 너를 구원하실 터인즉

21 네가 혀의 채찍을 피하여 숨을 수가 있고 멸망이 올 때에도 두려워하지 아니할 것이라

22 너는 멸망과 기근을 비웃으며 들짐승

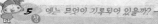

을 두려워하지 말라
23 들에 있는 돌이 너와 언약을 맺겠고 들
짐승이 너와 화목하게 살 것이니라
24 네가 네 장막의 평안함을 알고 네¹⁾ 우
리를 살펴도 잃은 것이 없을 것이며
25 네 자손이 많아지며 네 후손이 땅의 풀
과 같이 될 줄을 네가 알 것이라
26 네가 장수하다가 무덤에 이르리니 마치
곡식단을 제 때에 들어올림 같으니라
27 볼지어다 우리가 연구한 바가 이와 같으
니 너는 들어 보라 그러면 네가 알리라

욥의 대답

6 욥이 대답하여 이르되
2 나의 괴로움을 달아 보며 나의 파
멸을 저울 위에 모두 놓을 수 있다면
3 바다의 모래보다도 무거울 것이라 그
러므로 나의 말이 경솔하였구나
4 전능자의 화살이 내게 박히매 나의 영
이 그 독을 마셨나니 하나님의 두려움
이 나를 엄습하여 치는구나
5 들나귀가 풀이 있으면 어찌 울겠으며
소가 꼴이 있으면 어찌 울겠느냐
6 싱거운 것이 소금 없이 먹히겠느냐 닭
의 알 흰자위가 맛이 있겠느냐
7 내 마음이 이런 것을 만지기도 싫어하
나니 꺼리는 음식물 같이 여김이니라
8 나의 간구를 누가 들어 줄 것이며 나
의 소원을 하나님이 허락하시랴
9 이는 곧 나를 멸하시기를 기뻐하사 하
나님이 그의 손을 들어 나를 끊어 버리
실 것이라
10 그러할지라도 내가 오히려 위로를 받
고 그칠 줄 모르는 고통 가운데서도 기
뻐하는 것은 내가 거룩하신 이의 말씀

을 거역하지 아니하였음이라
11 내가 무슨 기력이 있기에 기다리겠느
냐 내 마지막이 어떠하겠기에 그저 참
겠느냐
12 나의 기력이 어찌 돌의 기력이겠느냐
나의 살이 어찌 놋쇠겠느냐
13 나의 도움이 내 속에 없지 아니하냐 나
의 능력이 내게서 쫓겨나지 아니하였
느냐
14 낙심한 자가 비록 전능자를 경외하
기를 저버릴지라도 그의 친구로부터
동정을 받느니라
15 내 형제들은 개울과 같이 변덕스럽고
그들은 개울의 물살 같이 지나가누나
16 얼음이 녹으면 물이 검어지며 눈이 그
속에 감추어질지라도
17 따뜻하면 마르고 더우면 그 자리에서
아주 없어지나니
18 대상들은 그들의 길을 벗어나서 삭막
한 들에 들어가서 멸망하느니라
19 데마의 떼들이 그것을 바라보고 스바
의 행인들도 그것을 사모하다가
20 거기 와서는 바라던 것을 부끄러워하
고 낙심하느니라
21 이제 너희는 아무것도 아니로구나 너
희가 두려운 일을 본즉 겁내는구나
22 내가 언제 너희에게 무엇을 달라고 말
했더냐 나를 위하여 너희 재물을 선물
로 달라고 하더냐
23 내가 언제 말하기를 원수의 손에서 나
를 구원하라 하더냐 폭군의 손에서 나
를 구원하라 하더냐
24 내게 가르쳐서 나의 허물된 것을 깨
닫게 하라 내가 잠잠하리라

6장 에는 무엇이 기록되어 있을까?

엘리바스의 책망을 들은 욥은 이
렇게 고통을 당하는 것보다 차라리 죽는 것이
낫겠다고 말했지요. 또한 친구인 자신을 위로
하기는커녕 잘못했다고 책망만 하는 엘리바스
에게 섭섭했던 욥은 자신의 죄를 구체적으로
말해보라고 그에게 따졌답니다.

올무(5:5) 새나 짐승을 잡는 데 사용되는 올가미.
의탁(5:8) 남에게 부탁함.
애곡(5:11) 슬피 우는 것.
계교(5:12) 여러모로 빈틈없이 생각하여 낸 꾀.
간교(5:13) 간사하고 교활함.
기근(5:20) 양식이 아주 부족하여 굶주리는 상태.
경외(6:14) 공경하고 두려워하는 것.
사모(6:19) 우러러 받들며 마음으로 따르는 것.

1) 거하는 곳

25 옳은 말이 어찌 그리 고통스러운고, 너희의 책망은 무엇을 책망함이냐
26 너희가 남의 말을 꾸짖을 생각을 하나 실망한 자의 말은 바람에 날아가느니라
27 너희는 고아를 제비 뽑으며 너희 친구를 팔아 넘기는구나
28 이제 원하건대 너희는 내게로 얼굴을 돌리라 내가 너희를 대면하여 결코 거짓말하지 아니하리라
29 너희는 돌이켜 행악자가 되지 말라 아직도 나의 의가 건재하니 돌아오라
30 내 혀에 어찌 불의함이 있으랴 내 미각이 어찌 속임을 분간하지 못하랴

7 이 땅에 사는 인생에게 힘든 노동이 있지 아니하겠느냐 그의 날이 품꾼의 날과 같지 아니하겠느냐
2 종은 저녁 그늘을 몹시 바라고 품꾼은 그의 삯을 기다리나니
3 이와 같이 내가 여러 달째 고통을 받으니 고달픈 밤이 내게 작정되었구나
4 내가 누울 때면 말하기를 언제나 일어날까, 언제나 밤이 갈까 하며 새벽까지 이리 뒤척, 저리 뒤척 하는구나
5 내 살에는 구더기와 흙 덩이가 의복처럼 입혀졌고 내 피부는 굳어졌다가 터지는구나
6 나의 날은 베틀의 북보다 빠르니 희망 없이 보내는구나
7 내 생명이 한낱 바람 같음을 생각하옵소서 나의 눈이 다시는 행복을 보지 못하리이다
8 나를 본 자의 눈이 다시는 나를 보지 못할 것이고 주의 눈이 나를 향하실지라도 내가 있지 아니하리이다 *20:9*

7 애는 무엇이 기록되어 있을까?

엘리바스에게 따지고 나서, 욥은 이제 하나님께 자신의 고통을 아룁니다. 그는 온 몸의 고통이 너무 심해서 차라리 자신이 죽었으면 좋겠다고 소원하였지만, 믿었던 친구에게 마음의 상처까지 받아 더욱 비통해진 욥은 하나님께 자신의 삶을 거두어달라고 호소했습니다.

토막상식 빌닷

수아 사람 빌닷은 엘리바스보다 더 직선적으로 욥을 공격하며 회개를 촉구한 사람으로, 도덕주의자이자 전통주의자였어요. 그도 엘리바스처럼 욥의 고난이 죄를 지은 결과라고 주장하며 자신의 견해를 입증하기 위해 조상들의 가르침을 인용했답니다.

8장 1절

9 구름이 사라져 없어짐 같이 스올로 내려가는 자는 다시 올라오지 못할 것이오니
10 그는 다시 자기 집으로 돌아가지 못하겠고 자기 처소도 다시 그를 알지 못하리이다
11 ●그런즉 내가 내 입을 금하지 아니하고 내 영혼의 아픔 때문에 말하며 내 마음의 괴로움 때문에 불평하리이다
12 내가 바다니이까 바다 괴물이니이까 주께서 어찌하여 나를 지키시나이까
13 혹시 내가 말하기를 잠자리가 나를 위로하고 내 침상이 내 수심을 풀리라 할 때에
14 주께서 꿈으로 나를 놀라게 하시고 환상으로 나를 두렵게 하시나이다 *9:27*
15 이러므로 내 마음이 뼈를 깎는 고통을 겪느니 차라리 숨이 막히는 것과 죽는 것을 택하겠나이다 *왕상 19:4*
16 내가 생명을 싫어하고 영원히 살기를 원하지 아니하오니 나를 놓으소서 내 날은 헛 것이니이다
17 사람이 무엇이기에 주께서 그를 크게 만드사 그에게 마음을 두시고
18 아침마다 권징하시며 순간마다 단련하시나이까
19 주께서 내게서 눈을 돌이키지 아니하시며 내가 침을 삼킬 동안도 나를 놓지 아니하시기를 어느 때까지 하시리이까
20 사람을 감찰하시는 이여 내가 범죄하였던들 주께 무슨 해가 되오리이까 어찌하여 나를 당신의 과녁으로 삼으셔서 내게 무거운 짐이 되게 하셨나이까
21 주께서 어찌하여 내 허물을 사하여 주지 아니하시며 내 죄악을 제거하여 버

리지 아니하시나이까 내가 이제 흙에 누우리니 주께서 나를 애써 찾으실지라도 내가 남아 있지 아니하리이다

빌닷의 첫번째 말

8 수아 사람 빌닷이 대답하여 이르되

2 네가 어느 때까지 이런 말을 하겠으며 어느 때까지 네 입의 말이 거센 바람과 같겠는가

3 하나님이 어찌 정의를 굽게 하시겠으며 전능하신 이가 어찌 공의를 굽게 하시겠는가

4 네 자녀들이 주께 죄를 지었으므로 주께서 그들을 그 죄에 버려두셨나니 1:5

5 네가 만일 하나님을 찾으며 전능하신 이에게 간구하고

6 또 청결하고 정직하면 반드시 너를 돌보시고 네 의로운 처소를 평안하게 하실 것이라

7 네 시작은 미약하였으나 네 나중은 심히 창대하리라 42:12

8 ●청하건대 너는 옛 시대 사람에게 물으며 조상들이 터득한 일을 배울지어다

9 (우리는 어제부터 있었을 뿐이라 우리는 아는 것이 없으며 세상에 있는 날이 그림자와 같으니라)

10 그들이 네게 가르쳐 이르지 아니하겠느냐 그 마음에서 나오는 말을 하지 아니하겠느냐

11 ¹⁾왕골이 진펄 아닌 데서 크게 자라겠으며 갈대가 물 없는 데서 크게 자라겠느냐

12 이런 것은 새 순이 돋아 아직 뜯을 *때가* 되기 전에 다른 풀보다 일찍이 마르느니라

13 하나님을 잊어버리는 자의 길은 다 이와 같고 저속한 자의 희망은 무너지리니

14 그가 믿는 것이 끊어지고 그가 의지하는 것이 거미줄 같은즉

15 그 집을 의지할지라도 집이 서지 못하고 굳게 붙잡아 주어도 집이 보존되지 못하리라 27:18

16 그는 햇빛을 받고 물이 올라 그 가지가 동산에 뻗으며

17 그 뿌리가 돌무더기에 서리어서 돌 가운데로 들어갔을지라도

18 그 곳에서 뽑히면 그 자리도 모르는 체하고 이르기를 내가 너를 보지 못하였다 하리니

19 그 길의 기쁨은 이와 같고 그 후에 다른 것이 흙에서 나리라

20 하나님은 순전한 사람을 버리지 아니하시고 악한 자를 붙들어 주지 아니하시므로 4:7

21 웃음을 네 입에, 즐거운 소리를 네 입술에 채우시리니

22 너를 미워하는 자는 부끄러움을 당할 것이라 악인의 장막은 없어지리라

욥의 대답

9 욥이 대답하여 이르되

2 진실로 내가 이 일이 그런 줄을

1) 파피루스의 일종

솔솔 풀리는 성경 말씀

욥과 예수 그리스도

욥은 모든 친구와 친척, 심지어 아내와 형제들에게서도 따돌림을 받았는데, 예수님 역시 이와 흡사한 따돌림과 멸시를 받았습니다. "그는 멸시를 받아 사람들에게 버림 받았으며 간고를 많이 겪었으며 질고를 아는 자라 마치 사람들이 그에게서 얼굴을 가리는 것같이 멸시를 당하였고 우리도 그를 귀히 여기지 아니하였도다."(사 53:3) 이와 하나님께 버림받았다는 욥의 말도 십자가에서 외치신 예수님의 말씀(마 27:46)과 일치합니다. 또한 "내가 알기에는 나의 대속자가 살아 계시니 마침내 그가 땅 위에 서실 것이로"(욥 19:25)고 한 욥의 말은 "예수께서 큰 소리로 불러 이르시되 아버지 내 영혼을 아버지 손에 부탁하나이다"(눅 23:46)라고 하신 예수님의 말씀과 비슷합니다.

8장 11-13절

8장에는 무엇이 기록되어 있을까?

욥의 말과 호소를 듣고 있던 빌닷이 말했어요. 욥의 자녀들은 죄를 지었기 때문에 갑자기 죽음을 당했고, 욥 역시 죄 때문에 벌을 받는 것이라고 말이에요. 또한 빌닷은 악인은 결국 파괴하게 된다면서, 욥에게 죄를 고백하고 하나님께 회개하라고 말했습니다.

알거니와 인생이 어찌 하나님 앞에 의
로우랴

3 사람이 하나님께 변론하기를 좋아할
지라도 천 마디에 한 마디도 대답하지
못하리라

4 그는 마음이 지혜로우시고 힘이 강하
시니 그를 거슬러 스스로 완악하게 행
하고도 형통할 자가 누구랴

5 그가 진노하심으로 산을 무너뜨리시
며 옮기실지라도 산이 깨닫지 못하며

6 그가 땅을 그 자리에서 움직이시니 그
기둥들이 흔들리도다

7 그가 해를 명령하여 뜨지 못하게 하시
며 별들을 가두시도다

8 그가 홀로 하늘을 펴시며 바다 물결을
밟으시며　　창 1:6

9 북두성과 삼성과 묘성과 남방의 밀실
을 만드셨으며　　창 1:16

10 측량할 수 없는 큰 일을, 셀 수 없는 기
이한 일을 행하시느니라

11 그가 내 앞으로 지나시나 내가 보지 못
하며 그가 내 앞에서 움직이시나 내가
깨닫지 못하느니라

12 하나님이 빼앗으시면 누가 막을 수 있
으며 무엇을 하시나이까 하고 누가 물
을 수 있으랴

13 하나님이 진노를 돌이키지 아니하시
나니 라합을 돕는 자들이 그 밑에 굴복
하겠거든

14 하물며 내가 감히 대답하겠으며 그 앞
에서 무슨 말을 택하랴　　9:3, 32

15 가령 내가 의로울지라도 대답하지 못하겠
고 나를 심판하실 그에게 간구할 뿐이며

16 가령 내가 그를 부르므로 그가 내게 대

답하셨을지라도 내 음성을 들으셨다
고는 내가 믿지 아니하리라

17 그가 폭풍으로 나를 치시고 까닭 없이
내 상처를 깊게 하시며

18 나를 숨 쉬지 못하게 하시며 괴로움을
내게 채우시는구나

19 힘으로 말하면 그가 강하시고 심판으
로 말하면 누가 1) 그를 소환하겠느냐

20 가령 내가 의로울지라도 내 입이 나를
정죄하리니 가령 내가 온전할지라도
나를 정죄하시리라　　9:15, 29

21 나는 온전하도다마는 내가 나를 돌아보지
아니하고 내 생명을 천히 여기는구나

22 일이 다 같은 것이라 그러므로 나는 말
하기를 하나님이 온전한 자나 악한 자
나 멸망시키신다 하나니

23 갑자기 재난이 닥쳐 죽을지라도 무죄
한 자의 절망도 그가 비웃으시리라

24 세상이 악인의 손에 넘어갔고 재판관
의 얼굴도 가려졌나니 그렇게 되게 한
이가 그가 아니시면 누구냐　　10:3

25 ●나의 날이 경주자보다 빨리 사라져
버리니 복을 볼 수 없구나

26 그 지나가는 것이 2) 빠른 배 같고 먹이

1) 히, 나를 2) 히, 갈대 배

술술 풀리는 성경말씀

라합을 돕는 자들

여기서 '라합'은 여호수아 2장에서 이스라엘의
정탐꾼들을 도와준 여리고의 기생 라합을 가리키는
것이 아닙니다. 이것은 바벨론 신화에 등장하는 '리
위야단' 혹은 '티아마트'로 불리는 바다의 괴물을
뜻하지요(7:12). 바벨론 신화에 따르면 최고의 신 말
둑은 이 괴물을 물리치고, 그 괴물을 돕는 자들을 사
로잡았다고 합니다.

본문의 표현은 설령 그런 것들이 존재한다 하더라
도 하나님께서는 그들을 능히 굴복시키실 수 있음을
말하고 있어요. 더욱이 '라합을 굴복시킨다'는 표현
은 바다를 통제하시는 하나님의 권능과 이스라엘 백
성이 갈라진 홍해를 지나 출애굽한 사건을 나타내기
도 합니다(시 89:10).　　9장 13절

이건 무엇이 기록되어 있을까?

친구들의 말에 욥은 하나님은 지극
히 의로우셔서 어느 누구도 하나님 앞에서 자신
의 의를 자랑할 수 없다는 것을 잘 알고 있다고
말했어요. 다만 자신이 지금 왜 고통당하는지 모
르겠며, 악인뿐이 아니라 의인도 고통당할 수
있다는 것을 깨닫는다고 말했습니다.

에 날아 내리는 독수리와도 같구나

27 가령 내가 말하기를 내 불평을 잊고 얼굴 빛을 고쳐 즐거운 모양을 하자 할지라도

28 내 모든 고통을 두려워하오니 주께서 나를 죄 없다고 여기지 않으실 줄을 아나이다

29 내가 정죄하심을 당할진대 어찌 헛되이 수고하리이까 *사 37:33*

30 내가 눈 녹은 물로 몸을 씻고 잿물로 손을 깨끗하게 할지라도

31 주께서 나를 개천에 빠지게 하시리니 내 옷이라도 나를 싫어하리이다

32 하나님은 나처럼 사람이 아니신즉 내가 그에게 대답할 수 없으며 함께 들어가 재판을 할 수도 없고

33 우리 사이에 손을 얹을 판결자도 없구나

34 주께서 그의 막대기를 내게서 떠나게 하시고 그의 위엄이 나를 두렵게 하지 아니하시기를 원하노라

35 그리하시면 내가 두려움 없이 말하리라 나는 본래 그렇게 할 수 있는 자가 아니니라

10 내 영혼이 살기에 곤비하니 내 불평을 토로하고 내 마음이 괴로운 대로 말하리라

2 내가 하나님께 아뢰오리니 나를 정죄하지 마시옵고 무슨 까닭으로 나와 더불어 변론하시는지 내게 알게 하옵소서

3 주께서 주의 손으로 지으신 것을 학대하시며 멸시하시고 악인의 꾀에 빛을 비추시기를 선히 여기시나이까 *21:16*

4 주께도 육신의 눈이 있나이까 주께서 사람처럼 보시나이까

5 주의 날이 어찌 사람의 날과 같으며 주의 해가 어찌 인생의 해와 같기로

6 나의 허물을 찾으시며 나의 죄를 들추어내시나이까

7 주께서는 내가 악하지 않은 줄을 아시나이다 주의 손에서 나를 벗어나게 할 자도 없나이다

8 주의 손으로 나를 빚으셨으며 만드셨는데 이제 나를 멸하시나이다

9 기억하옵소서 주께서 내 몸 지으시기를 흙을 뭉치듯 하셨거늘 다시 나를 티끌로 돌려보내려 하시나이까 *히 12:7*

10 주께서 나를 젖과 같이 쏟으셨으며 엉긴 젖처럼 엉기게 하지 아니하셨나이까

11 피부와 살을 내게 입히시며 뼈와 힘줄로 나를 엮으시고

12 생명과 은혜를 내게 주시고 나를 보살 피심으로 내 영을 지키셨나이다

13 그러한데 주께서 이것들을 마음에 품으셨나이다 이 뜻이 주께 있는 줄을 내가 아나이다

14 내가 범죄하면 주께서 나를 죄인으로 인정하시고 내 죄악을 사하지 아니하시나이다

15 내가 악하면 화가 있을 것이오며 내가 의로울지라도 머리를 들지 못하는 것은 내 속에 부끄러움이 가득하고 내 환난을 내 눈이 보기 때문이니이다

16 내가 머리를 높이 들면 주께서 젊은 사자처럼 나를 사냥하시며 내게 주의 놀라움을 다시 나타내시나이다 *렘 3:10*

17 주께서 자주자주 증거하는 자를 바꾸어 나를 치시며 나를 향하여 진노를 더하시니 군대가 번갈아서 치는 것 같으니이다

18 주께서 나를 태에서 나오게 하셨음은 어찌함이니이까 그렇지 아니하셨더라면 내가 기운이 끊어져 아무 눈에도 보이지 아니하였을 것이라 *3:11*

19 있어도 없던 것 같이 되어서 태에서 바로 무덤으로 옮겨졌으리이다

20 내 날은 적지 아니하니이까 그런즉 그치시고 나를 버려두사 잠시나마 평안하게 하시되

10장 에는 무엇이 기록되어 있을까?

욥은 또 다시 하나님께 호소했어요. 자신에게 이렇게 큰 고통이 온 이유를 가르쳐달라고 애원했지요. 자신은 아무런 죄도 없다는 것을 하나님이 아시지 않느냐고 하면서, 지금 겪고 있는 고통이 너무나 크다고 하나님께 호소하였답니다.

21 내가 돌아오지 못할 땅 곧 어둡고 죽음
의 그늘진 땅으로 가기 전에 그리하옵
소서 ᅟ나 88:12
22 땅은 어두워서 흑암 같고 죽음의 그늘
이 져서 아무 구별이 없고 광명도 흑암
같으니이다

소발의 첫번째 말

11

나아마 사람 소발이 대답하여
이르되
2 말이 많으니 어찌 대답이 없으랴 말이
많은 사람이 어찌 의롭다 함을 얻겠느냐
3 네 자랑하는 말이 어떻게 사람으로 잠
잠하게 하겠으며 네가 비웃으면 어찌
너를 부끄럽게 할 사람이 없겠느냐
4 네 말에 의하면 내 도는 정결하고 나는
주께서 보시기에 깨끗하다 하는구나
5 하나님은 말씀을 내시며 너를 향하여
입을 여시고
6 지혜의 오묘함으로 네게 보이시기를
원하노니 이는 그의 지식이 광대하심
이라 하나님께서 너로 하여금 너의 죄
를 잊게 하여 주셨음을 알라
7 ●네가 하나님의 오묘함을 어찌 능히
측량하며 전능자를 어찌 능히 완전히
알겠느냐 ᅟ나 3:11
8 하늘보다 높으시니 네가 무엇을 하겠
으며 스올보다 깊으시니 네가 어찌 알
겠느냐 ᅟ22:12
9 그의 크심은 땅보다 길고 바다보다 넓
으니라
10 하나님이 두루 다니시며 사람을 잡아
가두시고 재판을 여시면 누가 능히 막
을소냐 ᅟ나 3:7

11 에는 무엇이 기록되어 있을까?

욥의 친구들 중 가장 어린 소발이
말한 내용이에요. 그는 전지전능하신 하나님은
사람의 행동을 모두 지켜보고 계신다고 말했어
요. 그래서 욥이 죄가 없다고 말하지만 자신도
모르는 사이에 큰 죄를 범했을 거라고 주장했어
요. 결국 그도 욥의 다른 친구들과 비슷한 말을
했답니다.

토막상식

소발

나아마 사람 소발은 감정적이며 자기 자신만이 옳
다고 생각하는 무례한 사람이었어요. 그는 욥이 자신
은 죄가 없다고 주장하자, 자신이 정통이라고 믿고 있
는 교리를 통해 욥의 생각을 무시하며 회개를 촉구했
지요. 이런 그의 주장은 욥을 위로하지 못했답니다.
ᅟ11장 1절

11 하나님은 허망한 사람을 아시나니 악
한 일은 상관하지 않으시는 듯하나 다
보시느니라
12 허망한 사람은 지각이 없나니 그의 출
생함이 들나귀 새끼 같으니라
13 만일 네가 마음을 바로 정하고 주를 향
하여 손을 들 때에
14 네 손에 죄악이 있거든 멀리 버리라 불
의가 네 장막에 있지 못하게 하라
15 그리하면 네가 반드시 흠 없는 얼굴을
들게 되고 굳게 서서 두려움이 없으리니
16 곧 네 환난을 잊을 것이라 네가 기억할
지라도 물이 흘러감 같을 것이며
17 네 생명의 날이 대낮보다 밝으리니 어둠
이 있다 할지라도 아침과 같이 될 것이요
18 네가 희망이 있으므로 안전할 것이며
두루 살펴보고 평안히 쉬리라
19 네가 누워도 두렵게 할 자가 없겠고 많
은 사람이 네게 은혜를 구하리라
20 그러나 악한 자들은 눈이 어두워서 도
망할 곳을 찾지 못하리니 그들의 희망
은 숨을 거두는 것이니라

욥의 대답

12

욥이 대답하여 이르되
2 너희만 참으로 백성이로구나
너희가 죽으면 지혜도 죽겠구나
3 나도 너희 같이 생각이 있어 너희만 못
하지 아니하니 그같은 일을 누가 알지
못하겠느냐
4 하나님께 불러 아뢰어 들으심을 입은
내가 이웃에게 웃음거리가 되었으니 의
롭고 온전한 자가 조롱거리가 되었구나
5 평안한 자의 마음은 재앙을 멸시하나
재앙이 실족하는 자를 기다리는구나

6 강도의 장막은 형통하고 하나님을 진노하게 하는 자는 평안하니 하나님이 그의 손에 후히 주심이니라

7 ●이제 모든 짐승에게 물어 보라 그것들이 네게 가르치리라 공중의 새에게 물어 보라 그것들이 또한 네게 말하리라

8 땅에게 말하라 네게 가르치리라 바다의 고기도 네게 설명하리라

9 이것들 중에 어느 것이 여호와의 손이 이를 행하신 줄을 알지 못하랴 *41:20

10 모든 생물의 생명과 모든 사람의 육신의 목숨이 다 그의 손에 있느니라

11 입이 음식의 맛을 구별함 같이 귀가 말을 분간하지 아니하느냐

12 늙은 자에게는 지혜가 있고 장수하는 자에게는 명철이 있느니라

13 ●지혜와 권능이 하나님께 있고 계략과 명철도 그에게 속하였느니라 *11:6

14 그가 헐으신즉 다시 세울 수 없고 사람을 가두신즉 놓아주지 못하느니라

15 그가 물을 막으신즉 곧 마르고 물을 보내신즉 곧 땅을 뒤집나니

16 능력과 지혜가 그에게 있고 속은 자와 속이는 자가 다 그에게 속하였으므로

17 모사를 벌거벗겨 끌어 가시며 재판장을 어리석은 자가 되게 하시며 *19:12-14

18 왕들이 맨 것을 풀어 그들의 허리를 동이시며

19 제사장들을 벌거벗겨 끌어 가시고 권력이 있는 자를 넘어뜨리시며

20 충성된 사람들의 말을 물리치시며 늙은 자들의 판단을 빼앗으시며

21 귀인들에게 멸시를 쏟으시며 강한 자의 띠를 푸시며 *107:40

22 어두운 가운데에서 은밀한 것을 드러내시며 죽음의 그늘을 광명한 데로 나오게 하시며

23 민족들을 커지게도 하시고 다시 멸하기도 하시며 민족들을 널리 퍼지게도

하시고 다시 끌려가게도 하시며

24 만민의 우두머리들의 총명을 빼앗으시고 그들을 길 없는 거친 들에서 방황하게 하시며

25 빛 없이 캄캄한 데를 더듬게 하시며 취한 사람 같이 비틀거리게 하시느니라

13

1 나의 눈이 이것을 다 보았고 나의 귀가 이것을 듣고 깨달았느니라

2 너희 아는 것을 나도 아노니 너희만 못하지 않으니라

3 참으로 나는 전능자에게 말씀하려 하며 하나님과 변론하려 하노라 23:3, 4

4 너희는 거짓말을 지어내는 자요 다 쓸모 없는 의원이니라

5 너희가 참으로 잠잠하면 그것이 너희의 지혜일 것이니라

6 너희는 나의 변론을 들으며 내 입술의 변명을 들어 보라

7 너희가 하나님을 위하여 불의를 말하려느냐 그를 위하여 속임을 말하려느냐

8 너희가 하나님의 낯을 따르려느냐 그를 위하여 변론하려느냐

9 하나님이 너희를 감찰하시면 좋겠느냐 너희가 사람을 속임 같이 그를 속이려느냐

10 만일 너희가 몰래 낯을 따를진대 그가 반드시 책망하시리니

11 그의 존귀가 너희를 두렵게 하지 않겠으며 그의 두려움이 너희 위에 임하지

12장 에는 무엇이 기록되어 있을까요?

욥은 친구들이 모두 자신의 죄 때문에 고통이 온 것이라고 말하자 친구를 나무랐어요. 그들이 그렇게 말하는 것은 자신의 고통을 알지 못하기 때문이라고 말했지요. 자신은 다만 이해할 수 없는 고통을 당하고 있으며, 그 원인을 아는 분은 오직 하나님뿐이라고 했습니다.

13장

욥은 자신을 책망하는 친구들의 교만한 자세를 나무라면서 잠잠하라고 말했어요. 그리고 자신은 오직 하나님께 억울한 것을 아뢰겠다고 말했지요. 그것은 하나님이 의로운 분이시라는 확신과 자신은 죄가 없다는 자신감이 있었기 때문이었답니다.

오묘(11:6) 심오하고 미묘함을 가리키는 말이다.

장막(11:14) 유목민들이 사용했던 이동식 가옥.

실족(12:5) 발을 잘못 디딤. 행동을 잘못함.

욥의 고뇌-
이스라엘, 야드바쳄,
유태인 학살
기념관 조각
(14:1-6)

않겠느냐

12 너희의 격언은 재 같은 속담이요 너희
가 방어하는 것은 토성이니라

13 너희는 잠잠하고 나를 버려두어 말하게
하라 무슨 일이 닥치든지 내가 당하리라

14 내가 어찌하여 내 살을 내 이로 물고 내
생명을 내 손에 두겠느냐

15[1] 그가 나를 죽이시리니 내가 희망이 없
노라 그러나 그의 앞에서 내 행위를 아
뢰리라

16 경건하지 않은 자는 그 앞에 이르지 못
하나니 이것이 나의 구원이 되리라

17 너희들은 내 말을 분명히 들으라 내가
너희 귀에 알려 줄 것이 있느니라

18 보라 내가 내 사정을 진술하였거니와
내가 정의롭다 함을 얻을 줄 아노라

19 나와 변론할 자가 누구이랴 그러면 내
가 잠잠하고 기운이 끊어지리라

욥의 기도

20 ●오직 내게 이 두 가지 일을 행하지 마
옵소서 그리하시면 내가 주의 얼굴을
피하여 숨지 아니하오리니

21 곧 주의 손을 내게 대지 마시오며 주의
위엄으로 나를 두렵게 하지 마실 것이
니이다

22 그리하시고 주는 나를 부르소서 내가
대답하리이다 혹 내가 말씀하게 하옵
시고 주는 내게 대답하옵소서

23 나의 죄악이 얼마나 많으니이까 나의
허물과 죄를 내게 알게 하옵소서

24 주께서 어찌하여 얼굴을 가리시고 나
를 주의 원수로 여기시나이까

25 주께서 어찌하여 날리는 낙엽을 놀라
게 하시며 마른 검불을 뒤쫓으시나이까

26 주께서 나를 대적하사 괴로운 일들을
기록하시며 내가 젊었을 때에 지은 죄
를 내가 받게 하시오며

27 내 발을 차꼬에 채우시며 나의 모든 길
을 살피사 내 발자취를 점검하시나이다

28 나는 썩은 물건의 낡아짐 같으며 좀 먹
은 의복 같으니이다

14

여인에게서 태어난 사람은 생
애가 짧고 걱정이 가득하며

2 그는 꽃과 같이 자라나서 시들며 그림
자 같이 지나가며 머물지 아니하거늘

3 이와 같은 자를 주께서 눈여겨 보시나
이까 나를 주 앞으로 이끌어서 재판하
시나이까

4 누가 깨끗한 것을 더러운 것 가운데에
서 낼 수 있으리이까 하나도 없나이다

5 그의 날을 정하셨고 그의 달 수도 주께
있으므로 그의 규례를 정하여 넘어가
지 못하게 하셨사온즉

6 그에게서 눈을 돌이켜 그가 품꾼 같이
그의 날을 마칠 때까지 그를 홀로 있게
하옵소서

7 ●나무는 희망이 있나니 찍힐지라도
다시 움이 나서 연한 가지가 끊이지 아
니하며

8 그 뿌리가 땅에서 늙고 줄기가 흙에서
죽을지라도

9 물 기운에 움이 돋고 가지가 뻗어서 새
로 심은 것과 같거니와

10 장정이라도 죽으면 소멸되나니 인생
이 숨을 거두면 그가 어디 있느냐

14 에는 무엇이 기록되어 있을까?

욥은 사람이 아무리 강하고 뛰어난
것 같아도 실제로는 약하고 힘이 없는 존재라는
것을 노래하듯이 중얼거렸어요. 그러면서 왜 이
렇게 힘든 고통을 주셨는지 하나님께 물어보았
지요. 욥은 힘든 가운데서도 여전히 하나님을 의
지하였답니다. 하지만 고통스러운 현실은 욥의
마음을 탄식으로 가득하게 만들었지요.

1) 또는 그가 나를 죽이실지라도 나는 그를 의뢰하리니

11 물이 바다에서 줄어들고 강물이 잦아
서 마름 같이 ⟨사 19:5⟩
12 사람이 누우면 다시 일어나지 못하고
하늘이 없어지기까지 눈을 뜨지 못하
며 잠을 깨지 못하느니라 ⟨행 3:21⟩
13 주는 나를 스올에 감추시며 주의 진노
를 돌이키실 때까지 나를 숨기시고 나
를 위하여 규례를 정하시고 나를 기억
하옵소서
14 장정이라도 죽으면 어찌 다시 살리이
까 나는 나의 모든 고난의 날 동안을
참으면서 풀려나기를 기다리겠나이다
15 주께서는 나를 부르시겠고 나는 대답
하겠나이다 주께서는 주의 손으로 지
으신 것을 기다리시겠나이다 ⟨13:22⟩
16 그러하온데 이제 주께서 나의 걸음을
세시오니 나의 죄를 감찰하지 아니하
시나이까 ⟨31:4⟩
17 주는 내 허물을 주머니에 봉하시고 내
죄악을 싸매시나이다
18 ●무너지는 산은 반드시 흩어지고 바
위는 그 자리에서 옮겨가고
19 물은 돌을 닳게 하고 넘치는 물은 땅의
티끌을 씻어버리나이다 이와 같이 주
께서는 사람의 희망을 끊으시나이다
20 주께서 사람을 영원히 이기셔서 떠나
게 하시며 그의 얼굴 빛을 변하게 하시
고 쫓아보내시오니
21 그의 아들들이 존귀하게 되어도 그가
알지 못하며 그들이 비천하게 되어도
그가 깨닫지 못하나이다
22 다만 그의 살이 아프고 그의 영혼이 애
곡할 뿐이니이다

엘리바스의 두 번째 말

15 데만 사람 엘리바스가 대답하
여 이르되
2 지혜로운 자가 어찌 헛된 지식으로 대
답하겠느냐 어찌 동풍을 그의 복부에
채우겠느냐
3 어찌 도움이 되지 아니하는 이야기, 무
익한 말로 변론하겠느냐
4 참으로 네가 하나님 경외하는 일을 그
만두어 하나님 앞에 묵도하기를 그치
게 하는구나
5 네 죄악이 네 입을 가르치나니 네가 간
사한 자의 혀를 좋아하는구나
6 너를 정죄한 것은 내가 아니요 네 입이
라 네 입술이 네게 불리하게 증언하느
니라 ⟨눅 19:22⟩
7 ●네가 제일 먼저 난 사람이냐 산들이
있기 전에 네가 출생하였느냐
8 하나님의 오묘하심을 네가 들었느냐
지혜를 홀로 가졌느냐
9 네가 아는 것을 우리가 알지 못하는 것
이 무엇이냐 네가 깨달은 것을 우리가
소유하지 못한 것이 무엇이냐 ⟨13:2⟩
10 우리 중에는 머리가 흰 사람도 있고 연
로한 사람도 있고 네 아버지보다 나이
가 많은 사람도 있느니라
11 하나님의 위로와 은밀하게 하시는 말
씀이 네게 작은 것이냐
12 어찌하여 네 마음에 불만스러워하며
네 눈을 번뜩거리며
13 네 영이 하나님께 분노를 터뜨리며 네
입을 놀리느냐 ⟨33:13⟩
14 사람이 어찌 깨끗하겠느냐 여인에게
서 난 자가 어찌 의롭겠느냐 ⟨잠 20:9⟩

15 하나님은 거룩한 자들을 믿지 아니하시나니 하늘이라도 그가 보시기에 부정하거든

16 하물며 악을 저지르기를 물 마심 같이 하는 가증하고 부패한 사람을 용납하시겠느냐

17 ●내가 네게 보이리니 내게서 들으라 내가 본 것을 설명하리라

18 이는 곧 지혜로운 자들이 전하여 준 것이니 그들의 조상에게서 숨기지 아니하였느니라

19 이 땅은 그들에게만 주셨으므로 외인은 그들 중에 왕래하지 못하였느니라

20 그 말에 이르기를 악인은 그의 일평생에 고통을 당하며 포악자의 햇수는 정해졌으므로

21 그의 귀에는 무서운 소리가 들리고 그가 평안할 때에 멸망시키는 자가 그에게 이르리라

22 그가 어두운 데서 나오기를 바라지 못하고 칼날이 숨어서 기다리느니라

23 그는 헤매며 음식을 구하여 이르기를 어디 있느냐 하며 흑암의 날이 가까운 줄을 스스로 아느니라

24 환난과 역경이 그를 두렵게 하며 싸움을 준비한 왕처럼 그를 쳐서 이기리라

25 이는 그의 손을 들어 하나님을 대적하며 교만하여 전능자에게 힘을 과시하였음이니라

26 그는 목을 세우고 방패를 들고 하나님께 달려드니

27 그의 얼굴에는 살이 찌고 허리에는 기름이 엉기었고

28 그는 황폐한 성읍, 사람이 살지 아니하는 집, 돌무더기가 될 곳에 거주하였음이니라

29 그는 부요하지 못하고 재산이 보존되지 못하고 그의 소유가 땅에 증식되지 못할 것이라

30 어두운 곳을 떠나지 못하리니 불꽃이 그의 가지를 말릴 것이라 하나님의 입김으로 그가 불려가리라

31 그가 스스로 속아 허무한 것을 믿지 아니할 것은 허무한 것이 그의 보응이 될 것임이라

32 그의 날이 이르기 전에 그 일이 이루어질 것인즉 그의 가지가 푸르지 못하리니

33 포도 열매가 익기 전에 떨어짐 같고 감람 꽃이 곧 떨어짐 같으리라

34 경건하지 못한 무리는 자식을 낳지 못할 것이며 뇌물을 받는 자의 장막은 불탈 것이라

35 그들은 재난을 잉태하고 죄악을 낳으며 그들의 뱃속에 속임을 준비하느니라

욥의 대답

16 욥이 대답하여 이르되
2 이런 말은 내가 많이 들었나니 너희는 다 재난을 주는 위로자들이로구나

3 헛된 말이 어찌 끝이 있으랴 네가 무엇에 자극을 받아 이같이 대답하는가

4 나도 너희처럼 말할 수 있나니 가령 너희 마음이 내 마음 자리에 있다 하자 나도 그럴 듯한 말로 너희를 치며 너희를 향하여 머리를 흔들 수 있느니라

5 그래도 입으로 너희를 강하게 하며 입술의 위로로 너희의 근심을 풀었으리라

6 ●내가 말하여도 내 근심이 풀리지 아니하고 잠잠하여도 내 아픔이 줄어들지 않으리라

7 이제 주께서 나를 피로하게 하시고 나의 온 집안을 패망하게 하셨나이다

8 주께서 나를 시들게 하셨으니 이는 나를 향하여 증거를 삼으심이라 나의 파리한 모습이 일어나서 대면하여 내 앞

16 에는 무엇이 기록되어 있을까?

친구들이 자신을 책망하고 몰아세워도 욥의 귀에는 그 말들이 하나도 들어오지 않았어요. 대신 그는 자신에게 고통을 주신 분이 하나님이라고 믿었지요. 고통의 이유가 무엇인지 알 수 없지만, 욥은 고통을 주신 분도 하나님이시고 없애실 분도 하나님분이라고 생각했습니다.

에서 증언하리이다

9 그는 진노하사 나를 찢고 적대시 하시
며 나를 향하여 이를 갈고 원수가 되어
날카로운 눈초리로 나를 보시고

10 무리들은 나를 향하여 입을 크게 벌리
며 나를 모욕하여 뺨을 치며 함께 모여
나를 대적하는구나

11 하나님이 나를 악인에게 넘기시며 행
악자의 손에 던지셨구나

12 내가 평안하더니 그가 나를 꺾으시며
내 목을 잡아 나를 부서뜨리시며 나를
세워 과녁을 삼으시고

13 그의 화살들이 사방에서 날아와 사정
없이 나를 쏨으로 그는 내 콩팥들을
꿰뚫고 그는 내 쓸개가 땅에 흘러나오
게 하시는구나

14 그가 나를 치고 다시 치며 용사 같이 내
게 달려드시니

15 내가 굵은 베를 꿰매어 내 피부에 덮
고 내 뿔을 티끌에 더럽혔구나

16 내 얼굴은 울음으로 붉었고 내 눈꺼풀
에는 죽음의 그늘이 있구나

17 그러나 내 손에는 포학이 없고 나의
기도는 정결하니라

18 ●땅아 내 피를 가리지 말라 나의 부
르짖음이 쉴 자리를 잡지 못하게 하라

19 지금 나의 증인이 하늘에 계시고 나의
중보자가 높은 데 계시니라

20 나의 친구는 나를 조롱하고 내 눈은 하
나님을 향하여 눈물을 흘리니

21 사람과 하나님 사이에와 인자와 그 이
웃 사이에 중재하시기를 원하노니

22 수년이 지나면 나는 돌아오지 못할 길
로 갈 것임이니라

17 나의 기운이 쇠하였으며 나의
날이 다하였고 무덤이 나를 위
하여 준비되었구나

2 나를 조롱하는 자들이 나와 함께 있으
므로 내 눈이 그들의 충동함을 항상 보
는구나

3 ●청하건대 나에게 담보물을 주소서
나의 손을 잡아 줄 자가 누구리이까

4 주께서 그들의 마음을 가리어 깨닫지 못
하게 하셨사오니 그들을 높이지 마소서

5 보상을 얻으려고 친구를 비난하는 자
는 그의 자손들의 눈이 멀게 되리라

6 ●하나님이 나를 백성의 속담거리가
되게 하시니 그들이 내 얼굴에 침을 뱉
는구나

7 내 눈은 근심 때문에 어두워지고 나의
온 지체는 그림자 같구나

8 정직한 자는 이로 말미암아 놀라고 죄
없는 자는 경건하지 못한 자 때문에
분을 내나니

9 그러므로 의인은 그 길을 꾸준히 가고
손이 깨끗한 자는 점점 힘을 얻느니라

10 너희는 모두 다시 올지니라 내가 너희

9:17

2:7

9:2

8:19

전 12:5

1:9

에 2:19

22:19

비전을 심어주는 **말씀예화**

폭넓은 전도

낙타로 여행을 하던 사람이 밤에 텐트를 쳤어요. 밤
이 되어 추워지자, 낙타가 주인에게 말했습니다.

"주인님, 추운데 '코' 만 텐트 안에 넣게 해주세요."
허락을 받은 낙타는 잠시 후에 또 말했어요.

"주인님, 얼굴만 더 넣게 해주세요."
낙타는 얼굴을 들여놓았습니다.

"주인님, 아직 자리가 넉넉한데 앞발을 더 넣게 해
주세요."

결국 낙타의 몸 전체가 텐트 안으로 들어가 비좁게
되자, 이번에는 낙타가 말했습니다.

"주인님, 텐트가 너무 좁네요. 주인님이 밖으로 나
가 주셔야 하겠습니다."

마귀는 조금씩 사람들을 유혹하여 죄를 짓게 하다가
결국은 주인 노릇을 하며 사람들을 자기의 종으로 삼고
멸망의 길로 이끌어갑니다. 죄는 아주 작은 것, 매우 지
극히 작은 것도 결코 허용해서는 안 됩니다.

17장 에는 무엇이 기록되어 있을까?

욥은 고통과 괴로움으로 인해 온 몸
과 마음이 너무나 약해졌어요. 그는 차라리 버림
받는 것이 더 낫겠다고 생각했지요. 하지만 그런
가운데서도 욥에게는 한 가지 소망이 있었는데,
그것은 바로 자신이 받는 고통이 자신의 죄 때
문이 아니라는 것을 증명하는 것이었답니다.

중에서 지혜자를 찾을 수 없느니라

11 나의 날이 지나갔고 내 계획, 내 마음
의 소원이 다 끊어졌구나　7:6

12 그들은 밤으로 낮을 삼고 빛 앞에서 어
둠이 가깝다 하는구나

13 내가 스올이 내 집이 되기를 희망하여
내 침상을 흑암에 펴놓으매

14 무덤에게 너는 내 아버지라, 구더기에
게 너는 내 어머니, 내 자매라 할지라도

15 나의 희망이 어디 있으며 나의 희망을
누가 보겠느냐　7:6

16 우리가 흙 속에서 쉴 때에는 희망이 스
올의 문으로 내려갈 뿐이니라

히에라볼리 입구의 무덤들(17:14)

빌닷의 두 번째 말

18

수아 사람 빌닷이 대답하여 이
르되

2 너희가 어느 때에 가서 말의 끝을 맺겠
느냐 깨달으라 그 후에야 우리가 말하
리라

3 어찌하여 우리를 짐승으로 여기며 부
정하게 보느냐　시 73:22

4 울분을 터뜨리며 자기 자신을 찢는 사
람아 너 때문에 땅이 버림을 받겠느냐
바위가 그 자리에서 옮겨지겠느냐

5 ●악인의 빛은 꺼지고 그의 불꽃은 빛
나지 않을 것이요

6 그의 장막 안의 빛은 어두워지고 그 위
의 등불은 꺼질 것이요

7 그의 활기찬 걸음이 피곤하여지고 그
가 마련한 꾀에 스스로 빠질 것이니

8 이는 그의 발이 그물에 빠지고 올가미
에 걸려들며

9 그의 발 뒤꿈치는 덫에 치이고 그의 몸
은 올무에 얽힐 것이며

10 그를 잡을 덫이 땅에 숨겨져 있고 그를

빠뜨릴 함정이 길목에 있으며

11 무서운 것이 사방에서 그를 놀라게 하
고 그 뒤를 쫓아갈 것이며

12 그의 힘은 기근으로 말미암아 쇠하고
그 곁에는 재앙이 기다릴 것이며

13 질병이 그의 피부를 삼키리니 곧 사망
의 장자가 그의 지체를 먹을 것이며

14 그가 의지하던 것들이 장막에서 뽑히
며 그는 공포의 왕에게로 잡혀가고

15 그에게 속하지 않은 자가 그의 장막에
거하리니 유황이 그의 처소에 뿌려질
것이며　시 11:6

16 밑으로 그의 뿌리가 마르고 위로는 그
의 가지가 시들 것이며

17 그를 기념함이 땅에서 사라지고 거리에
서는 그의 이름이 전해지지 않을 것이며

18 그는 광명으로부터 흑암으로 쫓겨 들
어가며 세상에서 쫓겨날 것이며　5:14

19 그는 그의 백성 가운데 후손도 없고 후
예도 없을 것이며 그가 거하던 곳에는
남은 자가 한 사람도 없을 것이라

20 그의 운명에 서쪽에서 오는 자와 동쪽
에서 오는 자가 깜짝 놀라리라

21 참으로 불의한 자의 집이 이러하고 하
나님을 알지 못하는 자의 처소도 이러
하니라

욥의 대답

19

욥이 대답하여 이르되

2 너희가 내 마음을 괴롭히며
말로 나를 짓부수기를 어느 때까지 하
겠느냐

3 너희가 열 번이나 나를 학대하고도 부
끄러워 아니하는구나

4 비록 내게 허물이 있다 할지라도 그 허

물이 내게만 있느냐

5 너희가 참으로 나를 향하여 자만하며 내게 수치스러운 행위가 있다고 증언하려면 하려니와

6 하나님이 나를 억울하게 하시고 자기 그물로 나를 에워싸신 줄을 알아야 할지니라 27:2

7 ●내가 폭행을 당한다고 부르짖으나 응답이 없고 도움을 간구하였으나 정의가 없구나

8 그가 내 길을 막아 지나가지 못하게 하시고 내 앞길에 어둠을 두셨으며 3:23

9 나의 영광을 거두어가시며 나의 관모를 머리에서 벗기시고

10 사면으로 나를 헐으시니 나는¹⁾죽었구나 내 희망을 나무 뽑듯 뽑으시고

11 나를 향하여 진노하시고 원수 같이 보시는구나

12 그 군대가 일제히 나아와서 길을 돋우고 나를 치며 내 장막을 둘러 진을 쳤구나 30:12

13 ●나의 형제들이 나를 멀리 떠나게 하시니 나를 아는 모든 사람이 내게 낯선 사람이 되었구나

14 내 친척은 나를 버렸으며 가까운 친지들은 나를 잊었구나 19:19

15 내 집에 머물러 사는 자와 내 여종들은 나를 낯선 사람으로 여기니 내가 그들 앞에서 타국 사람이 되었구나

16 내가 내 종을 불러도 대답하지 아니하니 내 입으로 그에게 간청하여야 하겠구나

17 내 아내도 내 숨결을 싫어하며 내 허리의 자식들도 나를 가련하게 여기는구나

18 어린 아이들까지도 나를 업신여기고

19 내가 일어나면 나를 조롱하는구나

19 나의 가까운 친구들이 나를 미워하며 내가 사랑하는 사람들이 돌이켜 나의 원수가 되었구나

20 내 피부와 살이 뼈에 붙었고 남은 것은 겨우 잇몸 뿐이로구나

21 나의 친구야 너희는 나를 불쌍히 여겨다오 나를 불쌍히 여겨다오 하나님의 손이 나를 치셨구나

22 너희가 어찌하여 하나님처럼 나를 박해하느냐 내 살로도 부족하냐

23 ●나의 말이 곧 기록되었으면, 책에 씌어졌으면, 시 30:8

24 철필과 납으로 영원히 돌에 새겨졌으면 좋겠노라

25 내가 알기에는 나의 대속자가 살아 계시니 마침내 그가 땅 위에 서실 것이라

26 내 가죽이 벗김을 당한 뒤에도 내가 육체 밖에서 하나님을 보리라 마 5:8

27 내가 그를 보리니 내 눈으로 그를 보기를 낯선 사람처럼 하지 않을 것이라 내²⁾마음이 초조하구나

28 너희가 만일 이르기를 우리가 그를 어떻게 칠까 하며 또 이르기를 일의 뿌리가 그에게 있다 할진대

29 너희는 칼을 두려워 할지니라 분노는 칼의 형벌을 부르나니 너희가 심판장이 있는 줄을 알게 되리라

---

1) 히, 갔구나 2) 히, 콩팥을 의미함

술술 풀리는 성경말씀

전쟁무기로 사용된 '그물'

로마의 전투원 중에는 삼지창과 그물을 든 사람도 있었어요. 이들은 적과 싸울 때 그물을 적의 머리 위에 던져서 공격했지요. 만약 그것이 성공하면 곧바로 적의 목둘레를 그물로 감은 후, 그를 땅바닥에 쓰러뜨리고 삼지창으로 찔렀답니다.

만약 욥이 이런 풍습을 알고 있었다면, 그는 자기 자신을 하나님과의 전투에서 패배한 사람으로 묘사하고 있는 거예요. 즉, 이제는 자신이 그물에 감긴 채 땅에 쓰러져 정복자에게 자비를 구할 수밖에 없다는 것을 말하고 있는 것이지요. 19장 6절

19 에는 무엇이 기록되어 있을까?

욥은 비록 자신에게 잘못이 있다 할지라도 고통에 처한 자를 신랄하게 몰아붙이는 친구들의 행동을 보고 참을 수가 없었어요. 그래서 욥은 그들에게 하나님을 두려워할 것을 경고했답니다.

소발의 두 번째 말

20
나아마 사람 소발이 대답하여
이르되

2 그러므로 내 초조한 마음이 나로 하여금 대답하게 하나니 이는 내 중심이 조급함이니라

3 내가 나를 부끄럽게 하는 책망을 들었으므로 나의 슬기로운 마음이 나로 하여금 대답하게 하는구나

4 네가 알지 못하느냐 예로부터 사람이 이 세상에 생긴 때로부터

5 악인이 이긴다는 자랑도 잠시요 경건하지 못한 자의 즐거움도 잠깐이니라

6 그 존귀함이 하늘에 닿고 그 머리가 구름에 미칠지라도

7 자기의 똥처럼 영원히 망할 것이라 그를 본 자가 이르기를 그가 어디 있느냐 하리라

8 그는 꿈 같이 지나가니 다시 찾을 수 없을 것이요 밤에 보이는 환상처럼 사라지리라

9 그를 본 눈이 다시 그를 보지 못할 것이요 그의 처소도 다시 그를 보지 못할 것이며

10 그의 아들들은 가난한 자에게 은혜를 구하겠고 그도 얻은 재물을 자기 손으로 도로 줄 것이며

11 그의 기골이 청년 같이 강장하나 그 기세가 그와 함께 흙에 누우리라

12 ●그는 비록 악을 달게 여겨 혀 밑에 감추며

13 아껴서 버리지 아니하고 입천장에 물고 있을지라도

14 그의 음식이 창자 속에서 변하며 뱃속

에서 독사의 쓸개가 되느니라

15 그가 재물을 삼켰을지라도 토할 것은 하나님이 그의 배에서 도로 나오게 하심이니

16 그는 독사의 독을 빨며 뱀의 혀에 죽을 것이라

17 그는 강 곧 꿀과 [1]엉긴 젖이 흐르는 강을 보지 못할 것이요

18 수고하여 얻은 것을 삼키지 못하고 돌려 주며 매매하여 얻은 재물로 즐거움을 삼지 못하리니

19 이는 그가 가난한 자를 학대하고 버렸음이요 자기가 세우지 않은 집을 빼앗음이니라

20 ●그는 마음에 평안을 알지 못하니 그가 기뻐하는 것을 하나도 보존하지 못하겠고

21 남기는 것이 없이 모두 먹으니 그런즉 그 행복이 오래 가지 못할 것이라

22 풍족할 때에도 괴로움이 이르리니 모든 재난을 주는 자의 손이 그에게 임하리라

23 그가 배를 불리려 할 때에 하나님이 맹렬한 진노를 내리시리니 음식을 먹을 때에 그의 위에 비 같이 쏟으시리라

24 그가 철 병기를 피할 때에는 놋화살을 쏘아 꿰뚫을 것이요

25 몸에서 그의 화살을 빼낸즉 번쩍번쩍하는 촉이 그의 쓸개에서 나오고 큰 두려움이 그에게 닥치느니라

26 큰 어둠이 그를 위하여 예비되어 있고 사람이 피우지 않은 불이 그를 멸하며 그 장막에 남은 것을 해치리라

---
1) 히, 버터

27 하늘이 그의 죄악을 드러낼 것이요 땅
이 그를 대항하여 일어날 것인즉
28 그의 가산이 떠나가며 하나님의 진노
의 날에 끌려가리라
29 이는 악인이 하나님께 받을 분깃이요
하나님이 그에게 정하신 기업이니라

욥의 대답

21 욥이 대답하여 이르되
2 너희는 내 말을 자세히 들으
라 이것이 너희의 위로가 될 것이니라
3 나를 용납하여 말하게 하라 내가 말한
후에 너희가 조롱할지니라
4 나의 원망이 사람을 향하여 하는 것이냐
내 마음이 어찌 조급하지 아니하겠느냐
5 너희가 나를 보면 놀라리라 손으로 입
을 가리리라　　창 18:19
6 내가 기억하기만 하여도 불안하고 두
려움이 내 몸을 잡는구나
7 어찌하여 악인이 생존하고 장수하며
세력이 강하냐　　시 73:3
8 그들의 후손이 앞에서 그들과 함께 굳
게 서고 자손이 그들의 목전에서 그리
하구나　　시 17:14
9 그들의 집이 평안하여 두려움이 없고
하나님의 매가 그들 위에 임하지 아니
하며
10 그들의 수소는 새끼를 배고 그들의 암소
는 낙태하는 일이 없이 새끼를 낳는구나
11 그들은 아이들을 양 떼 같이 내보내고
그들의 자녀들은 춤추는구나
12 그들은 소고와 수금으로 노래하고 피
리 불어 즐기며
13 그들의 날을 행복하게 지내다가 잠깐

사이에 스올에 내려가느니라
14 그러할지라도 그들은 하나님께 말하
기를 우리를 떠나소서 우리가 주의 도
리 알기를 바라지 아니하나이다
15 전능자가 누구이기에 우리가 섬기며
우리가 그에게 기도한들 무슨 소용이
있으랴 하는구나
16 그러나 그들의 행복이 그들의 손 안에
있지 아니하니 악인의 계획은 나에게
서 멀구나
17 ●악인의 등불이 꺼짐과 재앙이 그들
에게 닥침과 하나님이 진노하사 그들
을 곤고하게 하심이 몇 번인가
18 그들이 바람 앞에 검불 같이, 폭풍에
날려가는 겨 같이 되었도다　　시 1:4
19 하나님은 그의 죄악을 그의 자손들을
위하여 쌓아 두시며 그에게 갚으실 것
을 알게 하시기를 원하노라
20 자기의 멸망을 자기의 눈으로 보게 하며
전능자의 진노를 마시게 할 것이니라
21 그의 달 수가 다하면 자기 집에 대하여
무슨 관계가 있겠느냐
22 그러나 하나님께서는 높은 자들을 심
판하시나니 누가 능히 하나님께 지식
을 가르치겠느냐
23 어떤 사람은 죽도록 기운이 충실하여
안전하며 평안하고
24 그의 1)그릇에는 젖이 가득하며 그의 골
수는 윤택하고
25 어떤 사람은 마음에 고통을 품고 죽
으므로 행복을 맛보지 못하는도다
26 흙 위에 매 한 가지로 흙 속에 눕고 그
들 위에 구더기가 덮이는구나

---

1) 히, 몸

21 에는 무엇이 기록되어 있을까?

욥은 죄를 지으면 결국에는 벌을
받게 된다는 친구들의 말이 잘못되었다고 주장
했어요. 그러면서 이 세상에는 악인이 잘되는
경우도 많다고 말했지요. 이것은 악인이 모두
잘못되는 것이 아니라 잘되기도 하는 것처럼 자
신도 죄가 없지만 고통을 당할 수 있다는 의미
랍니다.

기골(20:11) 기혈과 골격. 자신의 신념을 좀처럼 굽
히지 않는 강한 기개.
촉(20:25) 긴 막대기에 박은 끝이 뾰족한 물건의 총
칭을 말함.
분깃(20:29) 분배받은 몫이라는 뜻으로, 여기서는
'하나님께서 정해주신 운명'을 의미한다.
수금(21:12) 손뼉으로 연주했던 현악기의 일종.
검불(21:18) 마른 잎이나 나뭇잎.
골수(21:24) 뼈의 중심에 가득 차 있는 물질.

27 ●내가 너희의 생각을 알고 너희가 나를 해하려는 속셈도 아노라

28 너희의 말이 귀인의 집이 어디 있으며 악인이 살던 장막이 어디 있느냐 하는구나

29 너희가 길 가는 사람들에게 묻지 아니하였느냐 그들의 증거를 알지 못하느냐

30 악인은 재난의 날을 위하여 남겨둔 바 되었고 진노의 날을 향하여 끌려가느니라

31 누가 능히 그의 면전에서 그의 길을 알려 주며 누가 그의 소행을 보응하랴

32 그를 무덤으로 메어 가고 사람이 그 무덤을 지키리라

33 그는 골짜기의 흙덩이를 달게 여기리니 많은 사람들이 그보다 앞서 갔으며 모든 사람이 그의 뒤에 줄지었느니라

34 그런데도 너희는 나를 헛되이 위로하려느냐 너희 대답은 거짓일 뿐이니라

엘리바스의 네 번째 말

22 데만 사람 엘리바스가 대답하여 이르되

2 사람이 어찌 하나님께 유익하게 하겠느냐 지혜로운 자도 자기에게 유익할 따름이니라

3 네가 의로운들 전능자에게 무슨 기쁨이 있겠으며 네 행위가 온전한들 그에게 무슨 이익이 되겠느냐

4 하나님이 너를 책망하시며 너를 심문하심이 너의 경건함 때문이냐

5 네 악이 크지 아니하냐 네 죄악이 끝이 없느니라

6 까닭 없이 형제를 볼모로 잡으며 헐벗은 자의 의복을 벗기며

에는 무엇이 기록되어 있을까?

욥과 친구들이 세 번째로 말을 주고 받습니다. 엘리바스는 자신이 목격한 욥의 죄를 하나씩 말했어요. 결국 친구를 위로하기는 커녕 오히려 그의 잘못을 하나님 앞에 고발하고 있는 것이지요. 그러면서 엘리바스는 욥을 향하여 하나님께 회개하라고 말했습니다.

7 목마른 자에게 물을 마시게 하지 아니하며 주린 자에게 음식을 주지 아니하였구나 *마 10:42*

8 권세 있는 자는 토지를 얻고 존귀한 자는 거기에서 사는구나

9 너는 과부를 빈손으로 돌려보내며 고아의 팔을 꺾는구나

10 그러므로 올무들이 너를 둘러 있고 두려움이 갑자기 너를 엄습하며

11 어둠이 너로 하여금 보지 못하게 하고 홍수가 너를 덮느니라

12 ●하나님은 높은 하늘에 계시지 아니하냐 보라 우두머리 별이 얼마나 높은가

13 그러나 네 말은 하나님이 무엇을 아시며 흑암 중에서 어찌 심판하실 수 있으랴

14 빽빽한 구름이 그를 가린즉 그가 보지 못하시고 둥근 하늘을 거니실 뿐이라 하는구나

15 네가 악인이 밟던 옛적 길을 지키려느냐

16 그들은 때가 이르기 전에 끊겨 버렸고 그들의 터는 강물로 말미암아 함몰되었느니라

17 그들이 하나님께 말하기를 우리를 떠나소서 하며 또 말하기를 전능자가 우리를 위하여 무엇을 하실 수 있으랴 하였으나

18 하나님이 좋은 것으로 그들의 집에 채우셨느니라 악인의 계획은 나에게서 머니라 *12:6*

19 의인은 보고 기뻐하고 죄 없는 자는 그들을 비웃기를 *시 58:10*

20 우리의 원수가 망하였고 그들의 남은 것을 불이 삼켰느니라 하리라

21 ●너는 하나님과 화목하고 평안하라 그리하면 복이 네게 임하리라 *시 34:10*

22 청하건대 너는 하나님의 입에서 교훈을 받고 그의 말씀을 네 마음에 두라

23 네가 만일 전능자에게로 돌아가면 네가 지음을 받을 것이며 또 네 장막에서

볼모(22:6) 약속을 실행하겠다는 담보로 상대편에게 물건을 전당 잡혀 두는 일.

불의를 멀리 하리라

24 네 보화를 티끌로 여기고 오빌의 금을 계곡의 돌로 여기라

25 그리하면 전능자가 네 보화가 되시며 네게 고귀한 은이 되시리니

26 이에 네가 전능자를 기뻐하여 하나님께로 얼굴을 들 것이라

27 너는 그에게 기도하겠고 그는 들으실 것이며 너의 서원을 네가 갚으리라

28 네가 무엇을 결정하면 이루어질 것이요 네 길에 빛이 비치리라

29 사람들이 너를 낮추거든 너는 교만한 노라고 말하라 하나님은 겸손한 자를 구원하시리라

30 죄 없는 자가 아니라도 건지시리니 네 손이 깨끗함으로 말미암아 건지심을 받으리라

욥의 대답

23 욥이 대답하여 이르되
2 오늘도 내게 반항하는 마음과 근심이 있나니 내가 받는 재앙이 탄식보다 무거움이라

3 내가 어찌하면 하나님을 발견하고 그의 처소에 나아가랴

4 어찌하면 그 앞에서 내가 호소하며 변론할 말을 내 입에 채우고

5 내게 대답하시는 말씀을 내가 알며 내게 이르시는 것을 내가 깨달으랴

6 그가 큰 권능을 가지고 나와 더불어 다투시겠느냐 아니로다 도리어 내 말을 들으시리라

7 거기서는 정직한 자가 그와 변론할 수 있은즉 내가 심판자에게서 영원히 벗어나리라

8 그런데 내가 앞으로 가도 그가 아니 계시고 뒤로 가도 보이지 아니하며

9 그가 왼쪽에서 일하시나 내가 만날 수 없고 그가 오른쪽으로 돌이키시나 뵈올 수 없구나

10 ●그러나 내가 가는 길을 그가 아시나니 그가 나를 단련하신 후에는 내가 순금 같이 되어 나오리라 **암송**

11 내 발이 그의 걸음을 바로 따랐으며 내가 그의 길을 지켜 치우치지 아니하였고

12 내가 그의 입술의 명령을 어기지 아니하고 1)정한 음식보다 그의 입의 말씀을 귀히 여겼도다

13 그는 뜻이 일정하시니 누가 능히 돌이키랴 그의 마음에 하고자 하시는 것이면 그것을 행하시나니

14 그런즉 내게 작정하신 것을 이루실 것이라 이런 일이 그에게 많이 있느니라

15 그러므로 내가 그 앞에서 떨며 지각을 얻어 그를 두려워하리라

16 하나님이 나의 마음을 약하게 하시며 전능자가 나를 두렵게 하셨나니

17 이는 내가 두려워하는 것이 어둠 때문이나 흑암이 내 얼굴을 가렸기 때문이 아니로다

1) 히, 작정

술술 풀리는 성경말씀

순금같이 되어 나오리라

욥은 오직 하나님의 법정에서만 해결받을 수 있다고 생각했어요(23:4). 그는 자기가 겪는 고난을 죄에 대한 심판이나 징계로 보지 않고 시험으로 생각했지요. 왜냐하면 하나님은 그분의 주권에 따라 계획하신 것을 이루어 나가시기 때문이에요. 앞에서 욥은 하나님이 자신을 가혹하게 다루신다고 불평을 알고 싶어했지만, 이제는 하나님이 자신의 진심을 아신다고 확신하고 시험을 순순히 받아들입니다.

욥은 결단하며 "내가 순금같이 되어 나오리라"고 고백했어요. 이것은 돈을 써서 순금같이 깨끗해진다는 것이 아니라, 시험을 통해서 그의 행실이 금처럼 단련이 되어 깨끗해지게 된다는 것을 의미한답니다.

23장 10절

23 에는 무엇이 기록되어 있을까?

욥은 친구들과 말을 해보았자 아무런 소용이 없음을 알았어요. 그래서 엘리바스에게 대답하는 대신 하나님 앞에 서기를 바랐지요. 욥은 하나님이 자신을 잘 아시기 때문에 이 고통이 지나면 더 큰 축복을 주실 것을 소망했답니다.

24 어찌하여 전능자는 때를 정해 놓지 아니하셨는고 그를 아는 자들이 그의 날을 보지 못하는고

2 어떤 사람은 땅의 경계표를 옮기며 양 떼를 빼앗아 기르며

3 고아의 나귀를 몰아 가며 과부의 소를 볼모 잡으며
출 22:26

4 가난한 자를 길에서 몰아내나니 세상에서 학대 받는 자가 다 스스로 숨는구나

5 그들은 거친 광야의 들나귀 같아서 나가서 일하며 먹을 것을 부지런히 구하니 빈 들이 그들의 자식을 위하여 그에게 음식을 내는구나

6 밭에서 남의 꼴을 베며 악인이 남겨 둔 포도를 따며

7 의복이 없어 벗은 몸으로 밤을 지내며 추워도 덮을 것이 없으며

8 산중에서 만난 소나기에 젖으며 가릴 것이 없어 바위를 안고 있느니라

9 어떤 사람은 고아를 어머니의 품에서 빼앗으며 가난한 자의 옷을 볼모 잡으므로
6:27

10 그들이 옷이 없어 벌거벗고 다니며 곡식 이삭을 나르나 굶주리고

11 그 사람들의 담 사이에서 기름을 짜며 목말라 하면서 술 틀을 밟느니라

12 성 중에서 죽어가는 사람들이 신음하며 상한 자가 부르짖으나 하나님이 그들의 참상을 보지 아니하시느니라

13 ●또 광명을 배반하는 사람들은 이러하니 그들은 그 도리를 알지 못하며 그 길에 머물지 아니하는 자라

14 사람을 죽이는 자는 밝기 전에 일어나서 학대 받는 자나 가난한 자를 죽이고

다소 발전된 기름 짜는 틀 (24:11)

밤에는 도둑 같이 되며

15 간음하는 자의 눈은 저물기를 바라며 아무 눈도 나를 보지 못하리라 하고 얼굴을 가리며

16 어둠을 틈타 집을 뚫는 자는 낮에는 잠그고 있으므로 광명을 알지 못하나니

17 그들은 아침을 죽음의 그늘 같이 여기니 죽음의 그늘의 두려움을 앎이니라

18 ●그들은 물 위에 빨리 흘러가고 그들의 소유는 세상에서 저주를 받나니 그들이 다시는 포도원 길로 다니지 못할 것이라
5:3

19 가뭄과 더위가 눈 녹은 물을 곧 빼앗나니 스올이 범죄자에게도 그와 같이 하느니라
21:13

20 모태가 그를 잊어버리고 구더기가 그를 달게 먹을 것이라 그는 다시 기억되지 않을 것이니 불의가 나무처럼 꺾이리라

21 그는 임신하지 못하는 여자를 박대하며 과부를 선대하지 아니하는도다

22 그러나 하나님이 그의 능력으로 강포한 자들을 끌어내시나니 일어나는 자는 있어도 살아남을 확신은 없으리라

23 하나님은 그에게 평안을 주시며 지탱해 주시나 그들의 길을 살펴보시도다

24 그들은 잠깐 동안 높아졌다가 천대를 받을 것이며 잘려 모아진 곡식 이삭처럼 될지라

25 가령 그렇지 않을지라도 능히 내 말을 거짓되다고 지적하거나 내 말을 헛되게 만들 자 누구랴
6:28

빌닷의 네 번째 말

25 수아 사람 빌닷이 대답하여 이르되

2 하나님은 주권과 위엄을 가지셨고 높은 곳에서 화평을 베푸시느니라 ᠁1:6

3 그의 군대를 어찌 계수할 수 있으랴 그가 비추는 광명을 받지 않은 자가 누구냐 요1:17

4 그런즉 하나님 앞에서 사람이 어찌 의로울 수 있느냐 여자에게서 난 자가 어찌 깨끗하랴 하라

5 보라 그의 눈에는 달이라도 빛을 발하지 못하고 별도 빛나지 못하거든

6 하물며 구더기 같은 사람, 벌레 같은 인생이랴

욥의 대답

26 욥이 대답하여 이르되

2 네가 힘 없는 자를 참 잘도 도와 주는구나 기력 없는 팔을 참 잘도 구원하여 주는구나 사71:9

3 지혜 없는 자를 참 잘도 가르치는구나 큰 지식을 참 잘도 자랑하는구나

4 네가 누구를 향하여 말하느냐 누구의 정신이 네게서 나왔느냐

5 ●죽은 자의 영들이 물 밑에서 떨며 물에서 사는 것들도 그러하도다

6 하나님 앞에서는 스올도 벗은 몸으로 드러나며 멸망도 가림이 없음이라

7 그는 북쪽을 허공에 펴시며 땅을 아무 것도 없는 곳에 매다시며 9:8

8 물을 빽빽한 구름에 싸시나 그 밑의 구름이 찢어지지 아니하느니라 잠30:4

9 그는 보름달을 가리시고 자기의 구름을 그 위에 펴시며

10 수면에 경계를 그으시니 빛과 어둠이 함께 끝나는 곳이니라

11 그가 꾸짖으신즉 하늘 기둥이 흔들리며 놀라느니라

12 그는 능력으로 바다를 잔잔하게 하시며 지혜로 1)라합을 깨뜨리시며 사51:15

13 그의 입김으로 하늘을 맑게 하시고 손으로 날렵한 뱀을 무찌르시나니

14 보라 이런 것들은 그의 행사의 단편일 뿐이요 우리가 그에게서 들은 것도 속삭이는 소리일 뿐이니 그의 큰 능력의 우렛소리를 누가 능히 헤아리랴

세 친구에 대한 욥의 말

27 욥이 또 풍자하여 이르되

2 나의 정당함을 물리치신 하나님, 나의 영혼을 괴롭게 하신 전능자의 사심을 두고 맹세하노니

3 (나의 호흡이 아직 내 속에 완전히 있고 하나님의 숨결이 아직도 내 코에 있느니라) 32:8

4 결코 내 입술이 불의를 말하지 아니하며 내 혀가 거짓을 말하지 아니하리라

5 나는 결코 너희를 옳다 하지 아니하겠고 내가 죽기 전에는 나의 온전함을 버리지 아니할 것이라

6 내가 내 공의를 굳게 잡고 놓지 아니하리니 내 마음이 나의 생애를 비웃지 아니하리라

7 나의 원수는 악인 같이 되고 일어나 나를 치는 자는 불의한 자 같이 되기를 원하노라

8 불경건한 자가 이익을 얻었으나 하나님이 그의 영혼을 거두실 때에는 무슨

25 에는 무엇이 기록되어 있을까?

빌닷은 하나님은 위대하시고 사람은 벌레와 같기 때문에, 인간은 하나님 앞에서 깨끗할 수 없다고 말했어요. 그의 말은 욥이 죄인이라는 것을 다시 한 번 강조하는 것이랍니다.

26

욥은 자신을 죄인이라고 말하는 친구를 비꼬면서 하나님의 위대하심을 설명했어요. 빛과 어둠을 주관하시는 하나님 앞에서는 모든 것이 드러나요. 욥은 이 모든 세계를 지으신 하나님을 찬양했습니다.

1) 히. 폭풍우

선대(24:21) 친절하게 잘 대접함.
계수(25:3) 수효를 셈함.
라합(26:12) 바다의 용을 가리키며, 악의 세력을 상징함.
우렛소리(26:14) 공중에서 전기가 흘러 부딪쳐 일어나는 소리.

희망이 있으랴

9 환난이 그에게 닥칠 때에 하나님이 어찌 그의 부르짖음을 들으시랴

10 그가 어찌 전능자를 기뻐하겠느냐 항상 하나님께 부르짖겠느냐 22:26, 27

11 하나님의 1)솜씨를 내가 너희에게 가르칠 것이요 전능자에게 있는 것을 내가 숨기지 아니하리라

12 너희가 다 이것을 보았거늘 어찌하여 그토록 무익한 사람이 되었는고

13 ●악인이 하나님께 얻을 분깃, 포악자가 전능자에게서 받을 산업은 이것이라

14 그의 자손은 번성하여도 칼을 위함이요 그의 후손은 음식물로 배부르지 못할 것이며 20:10

15 그 남은 자들은 죽음의 병이 돌 때에 묻히리니 그들의 과부들이 울지 못할 것이며

16 그가 비록 은을 티끌 같이 쌓고 의복을 진흙 같이 준비할지라도

17 그가 준비한 것을 의인이 입을 것이요 그의 은은 죄 없는 자가 차지할 것이며

18 그가 지은 집은 좀의 집 같고 파수꾼의 초막 같을 것이며 8:15

19 부자로 누우려니와 다시는 그렇지 못할 것이요 눈을 뜬즉 아무것도 없으리라

20 두려움이 물 같이 그에게 닥칠 것이요 폭풍이 밤에 그를 앗아갈 것이며

21 동풍이 그를 들어올리리니 그는 사라질 것이며 그의 처소에서 그를 몰아내리라

22 하나님은 그를 아끼지 아니하시고 던져 버릴 것이니 그의 손에서 도망치려고 힘쓰리라

23 사람들은 그를 바라보며 손뼉치고 그의 처소에서 그를 비웃으리라 en 2:15

돌가 부근의 광산 터로 알려진 곳(28:2)

지혜와 명철

28 은이 나는 곳이 있고 금을 제련하는 곳이 있으며 신 8:9

2 철은 흙에서 캐내고 동은 돌에서 녹여 얻느니라

3 사람은 어둠을 뚫고 모든 것을 끝까지 탐지하여 어둠과 죽음의 그늘에 있는 광석을 탐지하되

4 그는 사람이 사는 곳에서 멀리 떠나 갱도를 깊이 뚫고 발길이 닿지 않는 곳 사람이 없는 곳에 매달려 흔들리느니라

5 음식은 땅으로부터 나오나 그 밑은 불처럼 변하였도다 시 104:14

6 그 돌에는 청옥이 있고 사금도 있으며

7 그 길은 솔개도 알지 못하고 매의 눈도 보지 못하며

8 용맹스러운 짐승도 밟지 못하였고 사나운 사자도 그리로 지나가지 못하였느니라

9 사람이 굳은 바위에 손을 대고 산을 뿌리까지 뒤엎으며

10 반석에 수로를 터서 각종 보물을 눈으로 발견하며

11 누수를 막아 스며 나가지 않게 하고 감추어졌던 것을 밝은 데로 끌어내느니라

12 ●그러나 지혜는 어디서 얻으며 명철이 있는 곳은 어디인고

13 그 길을 사람이 알지 못하나니 사람 사는 땅에서는 찾을 수 없구나

14 깊은 물이 이르기를 내 속에 있지 아니

1) 히, 손을

무익(27:12) 아무 이로운 것이 없음.
누수(28:11) 새어나오는 물.

하다 하며 바다가 이르기를 나와 함께 있지 아니하다 하느니라

15 순금으로도 바꿀 수 없고 은을 달아도 그 값을 당하지 못하리니

16 오빌의 금이나 귀한 청옥수나 남보석으로도 그 값을 당하지 못하겠고

17 황금이나 수정이라도 비교할 수 없고 정금 장식품으로도 바꿀 수 없으며

18 진주와 벽옥으로도 비길 수 없나니 지혜의 값은 산호보다 귀하구나 잠 3:15

19 구스의 황옥으로도 비교할 수 없고 순금으로도 그 값을 헤아리지 못하리라

20 그런즉 지혜는 어디서 오며 명철이 머무는 곳은 어디인고 28:23, 28

21 모든 생물의 눈에 숨겨졌고 공중의 새에게 가려졌으며

22 멸망과 사망도 이르기를 우리가 귀로 그 소문은 들었다 하느니라

23 하나님이 그 길을 아시며 있는 곳을 아시나니

24 이는 그가 땅 끝까지 감찰하시며 온 천하를 살피시며

25 바람의 무게를 정하시며 물의 분량을 정하시며

26 비 내리는 법칙을 정하시고 비구름의 길과 우레의 법칙을 만드셨음이라

27 그 때에 그가 보시고 선포하시며 굳게 세우시며 탐구하셨고

28 또 사람에게 말씀하셨도다 보라 주를 경외함이 지혜요 악을 떠남이 명철이니라

욥의 마지막 말

29 욥이 풍자하여 이르되
2 나는 지난 세월과 하나님이 나를 보호하시던 때가 다시 오기를 원하노라 렘 31:28

3 그 때에는 그의 등불이 내 머리에 비치었고 내가 그의 빛을 힘입어 암흑에서도 걸어다녔느니라

4 내가 원기 왕성하던 날과 같이 지내기를 원하노라 그 때에는 하나님이 내 장막에 기름을 발라 주셨도다

5 그 때에는 전능자가 아직도 나와 함께 계셨으며 나의 젊은이들이 나를 둘러 있었으며

6 젖으로 내 발자취를 씻으며 바위가 나를 위하여 기름 시내를 쏟아냈으며

7 그 때에는 내가 나가서 성문에 이르기도 하며 내 자리를 거리에 마련하기도 하였느니라

8 나를 보고 젊은이들은 숨으며 노인들은 일어나서 서며

9 유지들은 말을 삼가고 손으로 입을 가리며

10 지도자들은 말소리를 낮추었으니 그들의 혀가 입천장에 붙었느니라

11 귀가 들은즉 나를 축복하고 눈이 본즉 나를 증언하였나니

12 이는 부르짖는 빈민과 도와 줄 자 없는 고아를 내가 건졌음이라

13 망하게 된 자도 나를 위하여 복을 빌었으며 과부의 마음이 나로 말미암아 기뻐 노래하였느니라

14 내가 의를 옷으로 삼아 입었으며 나의 정의는 겉옷과 모자 같았느니라

15 나는 맹인의 눈도 되고 다리 저는 사람의 발도 되고

16 빈궁한 자의 아버지도 되며 내가 모르는 사람의 송사를 돌보아 주었으며

17 불의한 자의 턱뼈를 부수고 노획한 물

28 장 에는 무엇이 기록되어 있을까?

친구들이 지혜에 대해 이야기하자, 욥은 지혜가 얼마나 귀하고 좋은 것인지를 말해주고 있어요. 돈이나 어떤 것으로도 살 수 없고 오직 하나님께만 있다고 말하고 있지요. 욥이 이렇게 말한 이유는 지혜로우신 하나님만이 자신의 문제를 해결하실 수 있다고 믿었기 때문입니다.

29 장 욥이 예전에 행복하게 살던 날들을 기억하면서 말하고 있어요. 욥은 좋은 일을 많이 했고 그로 인해 많은 사람들이 욥을 존경했지요. 욥은 자신이 그렇게 선한 일을 할 수 있었던 것이 모두 하나님의 은혜라고 고백하고 있어요. 그는 다시금 하나님의 축복을 받기를 간절히 원했습니다.

건을 그 잇새에서 빼내었느니라 ᅟᅵᅵ 3:7

18 내가 스스로 말하기를 나는 내 보금자리에서 숨을 거두며 나의 날은 모래알 같이 많으리라 하였느니라

19 내 뿌리는 물로 뻗어나가고 이슬이 내 가지에서 밤을 지내고 갈 것이며

20 내 영광은 내게 새로워지고 내 손에서 내 화살이 끊이지 않았노라 ᅟᅵᅵ 49:24

21 무리는 내 말을 듣고 희망을 걸었으며 내가 가르칠 때에 잠잠하였노라

22 내가 말한 후에는 그들이 말을 거듭하지 못하였나니 나의 말이 그들에게 스며들었음이라

23 그들은 비를 기다리듯 나를 기다렸으며 봄비를 맞이하듯 입을 벌렸느니라

24 그들이 의지 없을 때에 내가 미소하면 그들이 나의 얼굴 빛을 무색하게 아니하였느니라

25 내가 그들의 길을 택하여 주고 으뜸되는 자리에 앉았나니 왕이 군대 중에 있는 것과도 같았고 애곡하는 자를 위로하는 사람과도 같았느니라

30 그러나 이제는 나보다 젊은 자들이 나를 비웃는구나 그들의 아비들은 내가 보기에 내 양 떼를 지키는 개 중에도 둘 만하지 못한 자들이니라 12:4

2 그들의 기력이 쇠잔하였으니 그들의 손의 힘이 내게 무슨 소용이 있으랴

3 그들은 곧 궁핍과 기근으로 인하여 파리하며 캄캄하고 메마른 땅에서 마른 흙을 씹으며

4 떨기나무 가운데에서 짠 나물을 꺾으며 대싸리 뿌리로 먹을 거리를 삼느니라

5 무리가 그들에게 소리를 지름으로 도둑 같이 사람들 가운데에서 쫓겨나서

6 침침한 골짜기와 흙 구덩이와 바위 굴에서 살며

7 떨기나무 가운데에서 부르짖으며 가시나무 아래에 모여 있느니라

8 그들은 본래 미련한 자의 자식이요 이름 없는 자들의 자식으로서 고토에서 쫓겨난 자들이니라

9 ●이제는 그들이 나를 노래로 조롱하며 내가 그들의 놀림거리가 되었으며

10 그들이 나를 미워하여 멀리 하고 서슴지 않고 내 얼굴에 침을 뱉는도다

11 이는 하나님이 내 활시위를 늘어지게 하시고 나를 곤고하게 하심으로 무리가 내 앞에서 굴레를 벗었음이니라 룻 1:21

12 그들이 내 오른쪽에서 일어나 내 발에 덫을 놓으며 나를 대적하여 길을 에워싸며

13 그들이 내 길을 헐고 내 재앙을 재촉하는데도 도울 자가 없구나

14 그들은 성을 파괴하고 그 파괴한 가운데로 몰려드는 것 같이 내게로 달려

술술 풀리는 **성경 말씀**

욥의 인간존중 사상

욥은 주인과 종, 자유민과 노예의 신분이 엄격히 구분되어 있는 고대 노예제 사회에서 살던 인물이었어요. 그 당시 종은 재산의 일부로 여겨졌음에도 불구하고, 욥은 남종을 비롯해서 여종도 주인을 상대로 소송할 권리가 있다고 말했어요. 욥의 이 같은 인간 평등 사상은 모든 인간은 똑같은 하나님의 피조물이라는 그의 신앙에서 비롯되었지요(10:8~13).

욥이 여러 차례 하나님을 상대로 한 소송에서 이길 수 있으리라고 생각했던 것도, 그 자신이 종들의 항의를 외면하지 않았던 것처럼 자신의 주인이신 하나님께서도 자신의 항의를 외면하지 않으실 것이라고 믿었기 때문입니다.

30 에는 무엇이 기록되어 있을까?

욥은 계속해서 자신의 비참하고 고통스런 처지를 한탄하고 있어요. 그렇게 가진 것이 많고 부자로 살던 자신이 이제는 티끌과 재 가운데에 신음하는 처지가 되었다는 것이지요. 무엇보다도 욥을 가장 힘들게 하는 것은 하나님으로부터 멀어졌다는 것이었답니다.

30장 13~15절

드니

15 순식간에 공포가 나를 에워싸고 그들이 내 품위를 바람 같이 날려 버리니 나의 구원은 구름 같이 지나가 버렸구나

16 ●이제는 내 생명이 내 속에서 녹으니 환난 날이 나를 사로잡음이라

17 밤이 되면 내 뼈가 쑤시니 나의 아픔이 쉬지 아니하는구나

18 그가 큰 능력으로 나의 옷을 떨쳐 버리시며 나의 옷깃처럼 나를 휘어잡으시는구나

19 하나님이 나를 진흙 가운데 던지셨고 나를 티끌과 재 같게 하셨구나

20 내가 주께 부르짖으나 주께서 대답하지 아니하시오며 내가 섰사오나 주께서 나를 돌아보지 아니하시나이다

21 주께서 돌이켜 내게 잔혹하게 하시고 힘 있는 손으로 나를 대적하시나이다

22 나를 바람 위에 들어 불려가게 하시며 무서운 힘으로 나를 던져 버리시나이다

23 내가 아나이다 주께서 나를 죽게 하사 모든 생물을 위하여 정한 집으로 돌려 보내시리이다

24 ●그러나 사람이 넘어질 때에 어찌 손을 펴지 아니하며 재앙을 당할 때에 어찌 도움을 부르짖지 아니하리요

25 고생의 날을 보내는 자를 위하여 내가 울지 아니하였는가 빈궁한 자를 위하여 내 마음에 근심하지 아니하였는가

26 내가 복을 바랐더니 화가 왔고 광명을 기다렸더니 흑암이 왔구나

27 내 마음이 들끓어 고요함이 없구나 환난 날이 내게 임하였구나

28 나는 햇볕에 쬐지 않고도 검어진 피부를 가지고 걸으며 회중 가운데 서서 도움을 부르짖고 있느니라

29 나는 이리의 형제요 타조의 벗이로구나 _{애 1:8}

30 나를 덮고 있는 피부는 검어졌고 내 뼈는 열기로 말미암아 탔구나

31 내 수금은 통곡이 되었고 내 피리는 애

곡이 되었구나

31

1 내가 내 눈과 약속하였나니 어찌 처녀에게 주목하랴

2 그리하면 위에 계신 하나님께서 내리시는 분깃이 무엇이겠으며 높은 곳의 전능자께서 주시는 기업이 무엇이겠느냐

3 불의한 자에게는 환난이 아니겠으며 행악자에게는 불행이 아니겠느냐

4 그가 내 길을 살피지 아니하시느냐 내 걸음을 다 세지 아니하시느냐

5 ●만일 내가 허위와 함께 동행하고 발이 속임수에 빨랐으면

6 하나님께서 나를 공평한 저울에 달아 보시고 그가 나의 온전함을 아시기를 바라노라

7 만일 내 걸음이 길에서 떠났거나 내 마음이 내 눈을 따랐거나 내 손에 더러운 것이 묻었다면

8 내가 심은 것을 타인이 먹으며 나의 소출이 뿌리째 뽑히기를 바라노라 _{20:18}

9 ●만일 내 마음이 여인에게 유혹되어 이웃의 문을 엿보아 문에서 숨어 기다렸다면

10 내 아내가 타인의 맷돌을 돌리며 타인과 더불어 동침하기를 바라노라

11 그것은 참으로 음란한 일이니 재판에 회부할 죄악이요

12 멸망하도록 사르는 불이니 나의 모든 소출을 뿌리째 뽑기를 바라노라

13 만일 남종이나 여종이 나와 더불어 쟁론할 때에 내가 그의 권리를 저버렸다면 _{신 24:14, 15}

14 하나님이 일어나실 때에 내가 어떻게 하겠느냐 하나님이 심판하실 때에 내

31장 에는 무엇이 기록되어 있을까?

욥은 마치 하나님 앞에 있는 것처럼 자신이 죄가 없음을 하나씩 말하고 있어요. 자신은 그에 고소장이 와도 두렵지 않다고 생각했지요. 여기서 고소장이란 고소당한 사람의 죄를 적은 문서를 말해요. 욥은 하나님이 자신의 증인이 되어주실 것이라고 굳게 믿었답니다(16:19).

가 무엇이라 대답하겠느냐

15 나를 태 속에 만드신 이가 그도 만들지 아니하셨느냐 우리를 뱃속에 지으신 이가 한 분이 아니시냐　말 2:10

16 ●내가 언제 가난한 자의 소원을 막았거나 과부의 눈으로 하여금 실망하게 하였던가　20:19

17 나만 혼자 내 떡덩이를 먹고 고아에게 그 조각을 먹이지 아니하였던가　22:7

18 실상은 내가 젊었을 때부터 고아 기르기를 그의 아비처럼 하였으며 내가 어렸을 때부터 과부를 인도하였노라

19 만일 내가 사람이 의복이 없이 죽어가는 것이나 가난한 자가 덮을 것이 없는 것을 못본 체 했다면

20 만일 나의 양털로 그의 몸을 따뜻하게 입혀서 그의 허리가 나를 위하여 복을 빌게 하지 아니하였다면

21 만일 나를 도와 주는 자가 성문에 있음을 보고 내가 주먹을 들어 고아를 향해 휘둘렀다면

22 내 팔이 어깨 뼈에서 떨어지고 내 팔 뼈가 그 자리에서 부스러지기를 바라노라

23 나는 하나님의 재앙을 심히 두려워하고 그의 위엄으로 말미암아 그런 일을 할 수 없느니라

24 ●만일 내가 내 소망을 금에다 두고 순금에게 너는 내 의뢰하는 바라 하였다면　막 10:24

25 만일 재물의 풍부함과 손으로 얻은 것이 많음으로 기뻐하였다면

26 만일 해가 빛남과 달이 밝게 뜬 것을 보고

27 내 마음이 슬며시 유혹되어 내 손에 입맞추었다면

28 그것도 재판에 회부할 죄악이니 내가

그리하였으면 위에 계신 하나님을 속이는 것이리라

29 내가 언제 나를 미워하는 자의 멸망을 기뻐하고 그가 재난을 당함으로 즐거워하였던가

30 실상은 나는 그가 죽기를 구하는 말로 그의 생명을 저주하여 내 입이 범죄하게 하지 아니하였노라

31 내 장막 사람들은 주인의 고기에 배부르지 않은 자가 어디 있느뇨 하지 아니하였는가

32 실상은 나그네가 거리에서 자지 아니하도록 나는 행인에게 내 문을 열어 주었노라　창 12:13

33 내가 언제 다른 사람처럼 내 악행을 숨긴 일이 있거나 나의 죄악을 나의 품에 감추었으며

34 내가 언제 큰 무리와 여러 종족의 수모가 두려워서 대문 밖으로 나가지 못하고 잠잠하여 있었던가

35 누구든지 나의 변명을 들어다오 나의 서명이 여기 있으니 전능자가 내게 대답하시기를 바라노라 나를 고발하는 자가 있다면 그에게 고소장을 쓰게 하라

36 내가 그것을 어깨에 메기도 하고 왕관처럼 머리에 쓰기도 하리라

37 내 걸음의 수효를 그에게 알리고 왕족처럼 그를 가까이 하였으리라

38 만일 내 밭이 나를 향하여 부르짖고 밭이랑과 함께 울었다면

39 만일 내가 값을 내지 않고 그 소출을 먹고 그 소유주가 생명을 잃게 하였다

32장 에는 무엇이 기록되어 있을까?

엘리후가 등장해서 욥과 그의 세 친구에게 화를 냈어요. 욥의 친구들에게는 욥의 잘못을 지적만 할 뿐 욥의 질문에 적절히 대답하지 못했다고 질책하고 또한 자신이 옳다고 하는 욥에게도 화를 냈지요. 그는 욥의 친구들이 지혜롭다면 욥의 잘못된 생각을 고쳐줬을 것이라면서 자신이야말로 지혜로운 사람이라고 주장했습니다.

실상(31:18) 있는 그대로의 상태, 상황 또는 실제의 형편을 말함.

행인(31:32) 길을 가는 사람.

이랑(31:38) 갈아놓은 밭의 두둑과 고랑을 합하여 가리키는 말.

정죄(32:3) 죄를 판단하여 결정함.

연소(32:6) 나이가 젊음. 나이가 어림.

엘리후

엘리후는 다른 세 친구보다 모든 면에서 공정한 태도를 보였어요. 하지만 그 역시 욥의 말을 때때로 오해하였지요. 엘리후는 욥이 하나님께 반항하고 있고, 다른 사람들의 신앙을 비웃는다고 지적함으로써 오히려 그 자신이 죄를 짓고 있어요. 또한 욥이 하나님의 지혜, 거룩함, 공의에 대해 말한 것을 무시했습니다.

32장 2절

면 　레 19:13

40 밀 대신에 가시나무가 나고 보리 대신에 독보리가 나는 것이 마땅하니라 하고 욥의 말이 그치니라　삼 3:18

엘리후가 화를 내다 (32:1-37:24)

32 욥이 자신을 의인으로 여기므로 그 세 사람이 말을 그치니

2 람 종족 부스 사람 바라겔의 아들 엘리후가 화를 내니 그가 욥에게 화를 냄은 욥이 하나님보다 자기가 의롭다 함이요

3 또 세 친구에게 화를 냄은 그들이 능히 대답하지 못하면서도 욥을 정죄함이라

4 엘리후는 그들의 나이가 자기보다 여러 해 위이므로 욥에게 말하기를 참고 있다가

5 세 사람의 입에 대답이 없음을 보고 화를 내니라

엘리후의 말

6 ●부스 사람 바라겔의 아들 엘리후가 대답하여 이르되 나는 연소하고 당신들은 연로하므로 뒷전에서 나의 의견을 감히 내놓지 못하였노라　15:10

7 내가 말하기를 나이가 많은 자가 말할 것이요 연륜이 많은 자가 지혜를 가르칠 것이라 하였노라

8 그러나 사람의 속에는 영이 있고 전능자의 숨결이 사람에게 깨달음을 주시나니　삼 2:6

9 어른이라고 지혜롭거나 노인이라고 정의를 깨닫는 것이 아니라고

10 그러므로 내가 말하노니 내 말을 들으

11 ●보라 나는 당신들의 말을 기다렸노라 당신들의 슬기와 당신들의 말에 귀 기울이고 있었노라

12 내가 자세히 들은즉 당신들 가운데 욥을 꺾어 그의 말에 대답하는 자가 없도다

13 당신들이 말하기를 우리가 진상을 파악했으나 그를 추궁할 자는 하나님이시요 사람이 아니라 하지 말지니라

14 그가 내게 자기 이론을 제기하지 아니하였으니 나도 당신들의 이론으로 그에게 대답하지 아니하리라

15 ●그들이 놀라서 다시 대답하지 못하니 할 말이 없음이었더라

16 당신들이 말 없이 가만히 서서 다시 대답하지 아니한즉 내가 어찌 더 기다리랴

17 나는 내 본분대로 대답하고 나도 내 의견을 보이리라

18 내 속에는 말이 가득하니 내 영이 나를 압박함이니라

19 보라 내 배는 봉한 포도주통 같고 터지게 된 새 가죽 부대 같구나

20 내가 말을 하여야 시원할 것이라 내 입을 열어 대답하리라

21 나는 결코 사람의 낯을 보지 아니하며 사람에게 영광을 돌리지 아니하리니

22 이는 아첨할 줄을 알지 못함이라 만일 그리하면 나를 지으신 이가 속히 나를 데려가시리로다

엘리후가 욥에게 하는 말

33 그런즉 욥이여 내 말을 들으며 내 모든 말에 귀를 기울이기를

33 에는 무엇이 기록되어 있을까?

엘리후가 문제삼은 것은 바로 욥의 결백 주장이었어요. 그는 욥의 가장 큰 문제는 교만이라고 했어요. 즉 욥이 자신은 죄가 없다고 말하는 것이 교만이라는 것이지요. 그러나 욥의 고통보다 죄에 대해서만 말하는 것은 엘리후도 다른 친구들과 마찬가지였습니다.

원하노라

2 내가 입을 여니 내 혀가 입에서 말하는구나

3 내 마음의 정직함이 곧 내 말이며 내 입술이 아는 바가 진실을 말하느니라

4 하나님의 영이 나를 지으셨고 전능자의 기운이 나를 살리시느니라 _창 2:7_

5 그대가 할 수 있거든 일어서서 내게 대답하고 내 앞에 진술하라

6 나와 그대가 하나님 앞에서 동일하니 나도 흙으로 지으심을 입었은즉

7 내 위엄으로는 그대를 두렵게 하지 못하고 내 손으로는 그대를 누르지 못하느니라

8 ●그대는 실로 내가 듣는 데서 말하였고 나는 그대의 말소리를 들었느니라

9 이르기를 나는 깨끗하여 악인이 아니며 순전하고 불의도 없거늘

10 참으로 하나님이 나에게서 잘못을 찾으시며 나를 자기의 원수로 여기사

11 내 발을 차꼬에 채우시고 나의 모든 길을 감시하신다 하였느니라

12 내가 그대에게 대답하리라 이 말에 그대가 의롭지 못하니 하나님은 사람보다 크심이니라

13 ●하나님께서 사람의 말에 대답하지 않으신다 하여 어찌 하나님과 논쟁하겠느냐

14 하나님은 한 번 말씀하시고 다시 말씀하시되 사람은 관심이 없도다 _시 62:11_

15 사람이 침상에서 졸며 깊이 잠들 때에나 꿈에나 밤에 환상을 볼 때에

16 그가 사람의 귀를 여시고 경고로써 두렵게 하시나니

17 이는 사람에게 그의 행실을 버리게 하려 하심이며 사람의 교만을 막으려 하심이라

18 그는 사람의 혼을 구덩이에 빠지지 않게 하시며 그 생명을 칼에 맞아 멸망하지 않게 하시느니라

19 ●혹은 사람이 병상의 고통과 뼈가 늘 쑤심의 징계를 받나니

20 그의 생명은 음식을 싫어하고 그의 마음은 별미를 싫어하며

21 그의 살은 파리하여 보이지 아니하고 보이지 않던 뼈가 드러나서

22 그의 마음은 구덩이에, 그의 생명은 멸하는 자에게 가까워지느니라

23 ●만일 일천 천사 가운데 하나가 그 사람의 중보자로 함께 있어서 그의 정당함을 보일진대

24 하나님이 그 사람을 불쌍히 여기사 그를 건져서 구덩이에 내려가지 않게 하라 내가 대속물을 얻었다 하시리라

25 그런즉 그의 살이 청년보다 부드러워지며 젊음을 회복하리라

26 그는 하나님께 기도하므로 하나님이 은혜를 베푸사 그로 말미암아 기뻐 외

선생님!! 궁금해요

어떻게 하나님이 우리의 기도를 동시에 다 들으실 수 있나요?

하나님은 이 우주에 있는 사람들의 이름을 다 기억하십니다. 모든 사람들의 생각과 말과 행동을 다아시며 모든 기도 소리를 동시에 다 들고 계십니다. 갑의 기도도 들어주시고, 백 명의 기도도 들어주시며, 만 명의 기도도 동시에 들어주실 수 있으세요. 우리의 생각으로는 상상할 수도 없지요. 그러니까 많은 사람들이 기도할 때 내 기도를 못 들으시면 어떻게 하나 걱정하지 마세요.

하지만 하나님은 잘못된 기도는 듣지 않으시고 진실한 기도 소리에만 귀를 기울이세요. 얼굴이 어떻게 생겼는지, 가난하든지 부자든지 상관없이 예수님을 믿으며 그 이름으로 기도하는 소리에 귀를 기울이시고 응답하신답니다.

막 11장 24절

치며 하나님의 얼굴을 보게 하시고 사람에게 그의 공의를 회복시키시느니라

27 그가 사람 앞에서 노래하여 이르기를 내가 범죄하여 옳은 것을 그르쳤으나 내게 무익하였구나

28 하나님이 내 영혼을 건지사 구덩이에 내려가지 않게 하셨으니 내 생명이 빛을 보겠구나 하리라

29 ● 실로 하나님이 사람에게 이 모든 일을 재삼 행하심은

30 그들의 영혼을 구덩이에서 이끌어 생명의 빛을 그들에게 비추려 하심이니라

31 욥이여 내 말을 귀담아 들으라 잠잠하라 내가 말하리라

32 만일 할 말이 있거든 대답하라 내가 기쁜 마음으로 그대를 의롭다 하리니 그대는 말하라

33 만일 없으면 내 말을 들으라 잠잠하라 내가 지혜로 그대를 가르치리라

34

엘리후가 말하여 이르되

2 지혜 있는 자들아 내 말을 들으며 지식 있는 자들아 내게 귀를 기울이라

3 입이 음식물의 맛을 분별함 같이 귀가 말을 분별하나니

4 우리가 정의를 가려내고 무엇이 선한가 우리끼리 알아보자

5 욥이 말하기를 내가 의로우나 하나님이 내 의를 부인하셨고

6 내가 정당함에도 거짓말쟁이라 하였고 나는 허물이 없으나 화살로 상처를 입었노라 하니

7 어떤 사람이 욥과 같으랴 욥이 비방하기를 물마시듯 하며

8 악한 일을 하는 자들과 한패가 되어 악인과 함께 다니면서

9 이르기를 사람이 하나님을 기뻐하나 무익하다 하는구나

10 ● 그러므로 너희 총명한 자들아 내 말을 들으라 하나님은 악을 행하지 아니하시며 전능자는 결코 불의를 행하지 아니하시고

11 사람의 행위를 따라 갚으사 각각 그의 행위대로 받게 하시나니

12 진실로 하나님은 악을 행하지 아니하시며 전능자는 공의를 굽히지 아니하시느니라

13 누가 땅을 그에게 맡겼느냐 누가 온 세상을 그에게 맡겼느냐

14 그가 만일 뜻을 정하시고 그의 영과 목숨을 거두실진대

15 모든 육체가 다 함께 죽으며 사람은 흙으로 돌아가리라

16 ● 만일 네가 총명이 있거든 이것을 들으며 내 말소리에 귀를 기울이라

17 정의를 미워하시는 이시라면 어찌 그대를 다스리시겠느냐 의롭고 전능하신 이를 그대가 정죄하겠느냐

18 그는 왕에게라도 무용지물이라 하시며 지도자들에게라도 악하다 하시며

19 고관을 외모로 대하지 아니하시며 가난한 자들 앞에서 부자의 낯을 세워주지 아니하시나니 이는 그들이 다 그의 손으로 지으신 바가 됨이라

20 그들은 한밤중에 순식간에 죽나니 백성은 떨며 사라지고 세력 있는 자도 사람의 손을 빌리지 않고 제거함을 당하느니라

21 ● 그는 사람의 길을 주목하시며 사람의 모든 걸음을 감찰하시나니

22 행악자는 숨을 만한 흑암이나 사망의 그늘이 없느니라

23 하나님은 사람을 심판하시기에 오래 생각하실 것이 없으시니

24 세력 있는 자를 조사할 것 없이 꺾으시고 다른 사람을 세워 그를 대신하게

34 에는 무엇이 기록되어 있을까?

엘리후는 욥의 문제를 잘 판단하겠다고 장담했지만, 그도 욥의 마음을 충분히 이해하지 못했어요. 엘리후는 계속해서 욥의 잘못을 이야기하며 욥이 하나님께 반항한다고 생각했어요. 그러면서 그는 욥이 하나님은 지혜로운 분이시며 거룩한 분이라고 한 이야기를 무시했답니다.

하시느니라

25 그러므로 그는 그들의 행위를 아시고 그들을 밤 사이에 뒤집어엎어 흩으시는도다

26 그들을 악한 자로 여겨 사람의 눈 앞에서 치심은 · 26:12

27 그들이 그를 떠나고 그의 모든 길을 깨달아 알지 못함이라 · 시 5:12

28 그들이 이와 같이 하여 가난한 자의 부르짖음이 그에게 상달하게 하며 빈궁한 사람의 부르짖음이 그에게 들리게 하느니라

29 주께서 침묵하신다고 누가 그를 정죄하며 그가 얼굴을 가리신다면 누가 그를 뵐 수 있으랴 그는 민족에게나 인류에게나 동일하시니

30 이는 경건하지 못한 자가 권세를 잡아 백성을 옭아매지 못하게 하려 하심이니라 · 34:17

31 ●그대가 하나님께 아뢰기를 내가 죄를 지었사오니 다시는 범죄하지 아니하겠나이다

32 내가 깨닫지 못하는 것을 내게 가르치소서 내가 악을 행하였으나 다시는 아니하겠나이다 하였는가 · 시 25:4

33 하나님께서 그대가 거절한다고 하여 그대의 뜻대로 속전을 치르시겠느냐 그러면 그대가 스스로 택할 것이요 내가 할 것이 아니니 그대는 아는 대로 말하라

34 슬기로운 자와 내 말을 듣는 지혜 있는 사람은 반드시 내게 말하기를

35 욥이 무식하게 말하니 그의 말이 지혜롭지 못하도다 하리라 · 35:16

35 에는 무엇이 기록되어 있을까?

세 번째로 엘리후는 욥이 자신이 바르게 행해도 하나님이 복을 주지 않으신다고 한 말에 대해 이야기했어요. 하나님은 광대하신 주권자시므로 인간이 아무리 잘하든지 못하든지 그분께 아무런 영향을 미칠 수 없다는 것이 그의 주장이었지요. 그러면서도 엘리후는 욥의 고통은 욥의 잘못 때문이라고 말했어요.

36 나는 욥이 끝까지 시험 받기를 원하노니 이는 그 대답이 악인과 같음이라

37 그가 그의 죄에 반역을 더하며 우리와 어울려 손뼉을 치며 하나님을 거역하는 말을 많이 하는구나

35 엘리후가 말을 이어 이르되

2 그대는 이것을 합당하게 여기느냐 그대는 그대의 의가 하나님께로부터 왔다는 말이냐 · 32:2

3 그대는 그것이 내게 무슨 소용이 있으며 범죄하지 않는 것이 내게 무슨 유익이 있겠느냐고 묻지마는

4 내가 그대와 및 그대와 함께 있는 그대의 친구들에게 대답하리라 · 34:8

5 그대는 하늘을 우러러보라 그대보다 높이 뜬 구름을 바라보라

6 그대가 범죄한들 하나님께 무슨 영향이 있겠으며 그대의 악행이 가득한들 하나님께 무슨 상관이 있겠으냐

7 그대가 의로운들 하나님께 무엇을 드리겠으며 그가 그대의 손에서 무엇을 받으시겠느냐

8 그대의 악은 그대와 같은 사람에게나 있는 것이요 그대의 공의는 어떤 인생에게도 있느니라

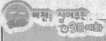

비전을 심어주는 3분 영화

서명이 없는 그림

미켈란젤로는 시스티나 성당의 '천지창조'를 완성하고 너너해 흡족한 마음으로 성당을 나왔습니다. 그리고 그는 성당 밖을 나서다가 찬란하고 아름다운 그림을 보았어요. 그것은 바로 눈부신 햇살과 푸른 자연이었는데, 넋을 잃을 정도로 아름다웠습니다. 세상의 무엇과도 비교할 수 없고, 또 어떤 화가도 흉내낼 수 없는 아름다운 자연의 모습이었지요.

순간 그는 자신의 교만한 마음을 깨달았어요. "하나님께서는 이렇게 아름다운 자연을 창조하시고도 서명을 남기지 않으셨는데, 나는 기껏 작은 벽화를 하나 그려놓고 이름을 남기려고 했다니…"

미켈란젤로는 성당으로 되돌아가 자기의 서명을 지웠어요. 그리고 그후부터는 더 이상 그림에 서명을 남기지 않았답니다.

9 ●사람은 학대가 많으므로 부르짖으며 군주들의 힘에 눌려 소리치나
10 나를 지으신 하나님은 어디 계시냐 하며 밤에 노래를 주시는 자가 어디 계시냐고 말하는 자가 없구나
11 땅의 짐승들보다도 우리를 더욱 가르치시고 하늘의 새들보다도 우리를 더욱 지혜롭게 하시는 이가 어디 계시냐고 말하는 이도 없구나
12 그들이 악인의 교만으로 말미암아 거기에서 부르짖으나 대답하는 자가 없음은
13 헛된 것은 하나님이 결코 듣지 아니하시며 전능자가 돌아보지 아니하심이라
14 하물며 말하기를 하나님은 뵈올 수 없고 일의 판단하심은 그 앞에 있으니 나는 그를 기다릴 뿐이라 말하는 그대일까보냐
15 그러나 지금은 그가 진노하심으로 벌을 주지 아니하셨고 악행을 끝까지 살피지 아니하셨으므로
16 욥이 헛되이 입을 열어 지식 없는 말을 많이 하는구나

36 엘리후가 말을 이어 이르되
2 나를 잠깐 용납하라 내가 그대에게 보이리니 이는 내가 하나님을 위하여 아직도 할 말이 있음이라
3 내가 먼 데서 지식을 얻고 나를 지으신 이에게 의를 돌려보내리라 8:3
4 진실로 내 말은 거짓이 아니라 온전한 지식을 가진 이가 그대와 함께 있느니라
5 하나님은 능하시나 아무도 멸시하지 아니하시며 그의 지혜가 무궁하사
6 악인을 살려두지 아니하시며 고난 받는 자에게 공의를 베푸시며
7 그의 눈을 의인에게서 떼지 아니하시고 그를 왕들과 함께 왕좌에 앉히사 영원토록 존귀하게 하시며
8 혹시 그들이 족쇄에 매이거나 환난의 줄에 얽혔으면 시 107:10
9 그들의 소행과 악행과 자신들의 교만한 행위를 알게 하시고
10 그들의 귀를 열어 교훈을 듣게 하시며

명하여 죄악에서 돌이키게 하시나니
11 만일 그들이 순종하여 섬기면 형통한 날을 보내며 즐거운 해를 지낼 것이요
12 만일 그들이 순종하지 아니하면 칼에 망하며 지식 없이 죽을 것이니라 15:22
13 마음이 경건하지 아니한 자들은 분노를 쌓으며 하나님이 속박할지라도 도움을 구하지 아니하나니
14 그들의 몸은 젊어서 죽으며 그들의 생명은 남창과 함께 있도다
15 하나님은 곤고한 자를 그 곤고에서 구원하시며 학대 당할 즈음에 그의 귀를 여시나니
16 그러므로 하나님이 그대를 환난에서 이끌어 내사 좁지 않고 넉넉한 곳으로 옮기려 하셨은즉 무릇 그대의 상에는 기름진 것이 놓이리라
17 ●이제는 악인의 받을 벌이 그대에게 가득하였고 심판과 정의가 그대를 잡았나니
18 그대는 분노하지 않도록 조심하며 많은 뇌물이 그대를 그릇된 길로 가게 할까 조심하라
19 그대의 부르짖음이나 그대의 능력이 어찌 능히 그대가 곤고한 가운데에서 그대를 유익하게 하겠느냐
20 그대는 밤을 사모하지 말라 인생들이 밤에 그들이 있는 곳에서 끌려 가리라
21 삼가 악으로 치우치지 말라 그대가 환난보다 이것을 택하였느니라
22 하나님은 그의 권능으로 높이 계시나니 누가 그같이 교훈을 베풀겠느냐
23 누가 그를 위하여 그의 길을 정하였

36 에는 무엇이 기록되어 있을까?

엘리후는 하나님이 세상을 공정하게 다스리시며 악인에게는 벌을 주시고 선한 사람에게는 상을 주신다고 말했어요. 그리고 죄인에게는 고통을 주셔서 잘못을 돌이키게 하신다고 이야기했지요. 그러면서 엘리후는 욥에게 교만하지 말고 하나님 앞에 죄를 고백하라고 충고했습니다.

냐 누가 말하기를 주께서 불의를 행하셨나이다 할 수 있으랴

24 ●그대는 하나님께서 하신 일을 기억하고 높이라 잊지 말지니라 인생이 그의 일을 찬송하였느니라

25 그의 일을 모든 사람이 우러러보나니 먼 데서도 보느니라

26 하나님은 높으시니 우리가 그를 알 수 없고 그의 햇수를 헤아릴 수 없느니라

27 그가 물방울을 가늘게 하시며 빗방울이 증발하여 안개가 되게 하시도다

28 그것이 구름에서 내려 많은 사람에게 쏟아지느니라

29 겹겹이 쌓인 구름과 그의 장막의 우렛소리를 누가 능히 깨달으랴

30 보라 그가 번갯불을 자기의 사면에 펼치시며 바다 밑까지 비치시고

31 이런 것들로 만민을 심판하시며 음식을 풍성하게 주시느니라

32 그가 번갯불을 손바닥 안에 넣으시고 그가 번갯불을 명령하사 과녁을 치시도다

33 그의 우레가 다가오는 풍우를 알려 주니 가축들도 그 다가옴을 아느니라

37 이로 말미암아 내 마음이 떨며 그 자리에서 흔들렸도다

2 하나님의 음성 곧 그의 입에서 나오는 소리를 똑똑히 들으라

3 그 소리를 천하에 펼치시며 번갯불을 땅 끝까지 이르게 하시고

4 그 후에 음성을 발하시며 그의 위엄 찬 소리로 천둥을 치시며 그 음성이 들릴 때에 번개를 멈추게 아니하시느니라

5 하나님은 놀라운 음성을 내시며 우리가 헤아릴 수 없는 큰 일을 행하시느니라 5:9

6 눈을 명하여 땅에 내리라 하시며 적은 비와 큰 비도 내리라 명하시느니라

7 그가 모든 사람의 손에 표를 주시어 모든 사람이 그가 지으신 것을 알게 하려 하심이라

8 그러나 짐승들은 땅 속에 들어가 그 처소에 머무느니라 시 104:22

9 폭풍우는 그 밀실에서 나오고 추위는 북풍을 타고 오느니라

10 하나님의 입김이 얼음을 얼게 하고 물의 너비를 줄어들게 하느니라

11 또한 그는 구름에 습기를 실으시고 그의 번개로 구름을 흩어지게 하시느니라

12 그는 감싸고 도시며 그들의 할 일을 조종하시느니라 그는 땅과 육지 표면에 있는 모든 자들에게 명령하시느니라

13 혹은 징계를 위하여 혹은 땅을 위하여 혹은 긍휼을 위하여 그가 이런 일을 생기게 하시느니라

14 ●욥이여 이것을 듣고 가만히 서서 하나님의 오묘한 일을 깨달으라

15 하나님이 이런 것들에게 명령하셔서 그 구름의 번개로 번쩍거리게 하시는

것을 그대가 아느냐

16 그대는 겹겹이 쌓인 구름과 완전한 지식의 경이로움을 아느냐 36:4

17 땅이 고요할 때에 남풍으로 말미암아 그대의 의복이 따뜻한 까닭을 그대가 아느냐

18 그대는 그를 도와 구름장들을 두들겨 넓게 만들어 녹여 부어 만든 거울 같이 단단하게 할 수 있겠느냐 시 104:2

19 우리가 그에게 할 말을 그대는 우리에게 가르치라 우리는 아둔하여 아뢰지 못하노라

20 내가 말하고 싶은 것을 어찌 그에게 고할 수 있으랴 삼켜지기를 바랄 자가 어디 있으랴

21 ●그런즉 바람이 불어 하늘이 말끔하게 되었을 때 그 밝은 빛을 아무도 볼 수 없느니라

22 북쪽에서는 황금 같은 빛이 나오고 하나님께는 두려운 위엄이 있느니라

23 전능자를 우리가 찾을 수 없나니 그는 권능이 지극히 크사 정의나 무한한 공의를 굽히지 아니하심이니라 시 63:9

24 그러므로 사람들은 그를 경외하고 그는 스스로 지혜롭다 하는 모든 자를 무시하시느니라

여호와께서 욥에게 말씀하시다

38 그 때에 여호와께서 폭풍우 가운데에서 욥에게 말씀하여 이르시되

2 무지한 말로 생각을 어둡게 하는 자가 누구냐

3 너는 대장부처럼 허리를 묶고 내가 네게 묻는 것을 대답할지니라

4 내가 땅의 기초를 놓을 때에 네가 어디 있었느냐 네가 깨달아 알았거든 말할지니라

5 누가 그것의 도량법을 정하였는지, 누가 그 줄을 그것의 위에 띄웠는지 네가 아느냐

6 그것의 주추는 무엇 위에 세웠으며 그 모퉁잇돌을 누가 놓았느냐

7 그 때에 새벽 별들이 기뻐 노래하며 하나님의 아들들이 다 기뻐 소리를 질렀느니라 1:6

8 ●바다가 그 모태에서 터져 나올 때에 문으로 그것을 가둔 자가 누구냐 잠 1:9

9 그 때에 내가 구름으로 그 옷을 만들고 흑암으로 그 강보를 만들고

10 한계를 정하여 문빗장을 지르고

11 이르기를 네가 여기까지 오고 더 넘어가지 못하리니 네 높은 파도가 여기서 그칠지니라 하였노라

12 ●네가 너의 날에 아침에게 명령하였느냐 새벽에게 그 자리를 일러 주었느냐

13 그것으로 땅 끝을 붙잡고 악한 자들을 그 땅에서 떨쳐 버린 일이 있었느냐

14 땅이 변하여 진흙에 인친 것 같이 되었고 그들은 옷 같이 나타나되

15 악인에게는 그 빛이 차단되고 그들의 높이 든 팔이 꺾이느니라

16 ●네가 바다의 샘에 들어갔었느냐 깊은 물 밑으로 걸어 다녀 보았느냐

17 사망의 문이 네게 나타났느냐 사망의 그늘진 문을 네가 보았느냐

18 땅의 너비를 네가 측량할 수 있느냐 네가 그 모든 것들을 다 알거든 말할지니라

19 ●어느 것이 광명이 있는 곳으로 가는 길이냐 어느 것이 흑암이 있는 곳으로 가는 길이냐

20 너는 그의 지경으로 그를 데려갈 수 있느냐 그의 집으로 가는 길을 알고 있느냐

21 네가 아마도 알리라 네가 그 때에 태어났으리니 너의 햇수가 많음이니라 15:7

22 네가 눈 곳간에 들어갔었느냐 우박 창

❶ 하나님의 지혜와 사람의 지혜(38~42장)

인간의 지혜

고를 보았느냐　　37:6
23 내가 환난 때와 교전과 전쟁의 날을 위하여 이것을 남겨 두었노라
24 광명이 어느 길로 뻗치며 동풍이 어느 길로 땅에 흩어지느냐　　26:10
25 ●누가 홍수를 위하여 물길을 터 주었으며 우레와 번개 길을 내어 주었느냐
26 누가 사람 없는 땅에, 사람 없는 광야에 비를 내리며　　36:27
27 황무하고 황폐한 토지를 흡족하게 하여 연한 풀이 돋아나게 하였느냐
28 비에게 아비가 있느냐 이슬방울은 누가 낳았느냐　　렘 14:22
29 얼음은 누구의 태에서 났느냐 공중의 서리는 누가 낳았느냐
30 물은 돌 같이 굳어지고 깊은 바다의 수면은 얼어붙느니라
31 ●네가 묘성을 매어 묶을 수 있으며 삼성의 띠를 풀 수 있겠느냐
32 너는 별자리들을 각각 제 때에 이끌어 낼 수 있으며 북두성을 다른 별들에게로 이끌어 갈 수 있겠느냐
33 네가 하늘의 궤도를 아느냐 하늘로 하여금 그 법칙을 땅에 베풀게 하겠느냐
34 ●네가 목소리를 구름에까지 높여 넘치는 물이 네게 덮이게 하겠느냐
35 네가 번개를 보내어 가게 하되 번개가 네게 우리가 여기 있나이다 하게 하겠느냐
36 가슴 속의 지혜는 누가 준 것이냐 수탉에게 슬기를 준 자가 누구냐
37 누가 지혜로 구름의 수를 세겠느냐 누가 하늘의 물주머니를 기울이겠느냐

38 티끌이 덩어리를 이루며 흙덩이가 서로 붙게 하겠느냐
39 ●네가 사자를 위하여 먹이를 사냥하겠느냐 젊은 사자의 식욕을 채우겠느냐
40 그것들이 굴에 엎드리며 숲에 앉아 숨어 기다리느니라
41 까마귀 새끼가 하나님을 향하여 부르짖으며 먹을 것이 없어서 허우적거릴 때에 그것을 위하여 먹이를 마련하는 이가 누구냐

39 산 염소가 새끼 치는 때를 네가 아느냐 암사슴이 새끼 낳는 것을 네가 본 적이 있느냐　　시 29:9
2 그것이 몇 달 만에 만삭되는지 아느냐 그 낳을 때를 아느냐
3 그것들은 몸을 구푸리고 새끼를 낳으니 그 괴로움이 지나가고
4 그 새끼는 강하여져서 빈 들에서 크다가 나간 후에는 다시 돌아오지 아니하느니라
5 ●누가 들나귀를 놓아 자유롭게 하였느냐 누가 빠른 나귀의 매인 것을 풀었느냐　　6:5
6 내가 들을 그것의 집으로, 소금 땅을 그것이 사는 처소로 삼았느니라
7 들나귀는 성읍에서 지껄이는 소리를 비웃나니 나귀 치는 사람이 지르는 소리는 그것에게 들리지 아니하며
8 초장 언덕으로 두루 다니며 여러 가지 푸른 풀을 찾느니라
9 들소가 어찌 기꺼이 너를 위하여 일하겠으며 네 외양간에 머물겠느냐
10 네가 능히 줄로 매어 들소가 이랑을 갈게 하겠느냐 그것이 어찌 골짜기에서

39장에는 무엇이 기록되어 있을까?

39장은 염소와 들나귀 등의 야생 동물들을 보살피시는 하나님의 자상하신 모습이 나타나 있어요. 그것을 통해 인간이 하나님 앞에 얼마나 나약한 존재인지를 깨닫게 하신 것이지요. 또한 동물을 돌보시는 하나님께서 사람도 돌보신다는 것을 알려주신 것이랍니다.

서 너를 따라 쩌레를 끌겠느냐

11 그것이 힘이 세다고 네가 그것을 의지하겠느냐 네 수고를 그것에게 맡기겠느냐

12 그것이 네 곡식을 집으로 실어 오며 네 타작 마당에 곡식 모으기를 그것에게 의탁하겠느냐

13 ● 타조는 즐거이 날개를 치나 학의 깃털과 날개 같겠느냐

14 그것이 알을 땅에 버려두어 흙에서 더워지게 하고

15 발에 깨어질 것이나 들짐승에게 밟힐 것을 생각하지 아니하고

16 그 새끼에게 모질게 대함이 제 새끼가 아닌 것처럼 하며 그 고생한 것이 헛되게 될지라도 두려워하지 아니하나니

17 이는 하나님이 지혜를 베풀지 아니하셨고 총명을 주지 아니함이라

18 그러나 그것이 몸을 펼쳐 뛰어갈 때에는 말과 그 위에 탄 자를 우습게 여기느니라

19 ● 말의 힘을 네가 주었느냐 그 목에 흩날리는 갈기를 네가 입혔느냐

20 네가 그것으로 메뚜기처럼 뛰게 하였느냐 그 위엄스러운 콧소리가 두려우니라

21 그것이 골짜기에서 발굽질하고 힘 있음을 기뻐하며 앞으로 나아가서 군사들을 맞되

22 두려움을 모르고 겁내지 아니하며 칼을 대할지라도 물러나지 아니하니

23 그의 머리 위에서는 화살통과 빛나는 창과 투창이 번쩍이며

24 땅을 삼킬 듯이 맹렬히 성내며 나팔 소리에 머물러 서지 아니하고

25 나팔 소리가 날 때마다 힝힝 울며 멀리

렘 8:6

서 싸움 냄새를 맡고 지휘관들의 호령과 외치는 소리를 듣느니라

26 ● 매가 떠올라서 날개를 펼쳐 남쪽으로 향하는 것이 어찌 네 지혜로 말미암음이냐

27 독수리가 공중에 떠서 높은 곳에 보금자리를 만드는 것이 어찌 네 명령을 따름이냐

28 그것이 낭떠러지에 집을 지으며 뾰족한 바위 끝이나 험준한 데 살며

29 거기서 먹이를 살피나니 그 눈이 멀리 봄이며

30 그 새끼들도 피를 빠나니 시체가 있는 곳에는 독수리가 있느니라

40

여호와께서 또 욥에게 일러 말씀하시되

2 트집 잡는 자가 전능자와 다투겠느냐 하나님을 탓하는 자는 대답할지니라

3 욥이 여호와께 대답하여 이르되

4 보소서 나는 비천하오니 무엇이라 주께 대답하리이까 손으로 내 입을 가릴 뿐이로소이다

5 내가 한 번 말하였사온즉 다시는 대답하지 아니하겠나이다

6 그 때에 여호와께서 폭풍우 가운데서 욥에게 일러 말씀하시되 38:1

7 너는 대장부처럼 허리를 묶고 내가 네게 묻겠으니 내게 대답할지니라

솔솔 풀리는 **성경 말씀**

새끼에게 무정한 타조

구약에서 타조는 가증한 동물로 먹을 수 없었습니다(레 11:13-16). '탐욕의 딸'이라고 부르는 것은 이 새의 습성에서 비롯된 것인데 타조는 잡식 동물이어서 여러 종류의 풀, 열매, 뱀, 도마뱀, 작은 동물 등 삼킬 수 있는 모든 것들을 먹어 소화합니다. 이러한 잡식성 때문에 히브리인들은 이 새를 부정하는 것으로 여겼을 것입니다. 타조의 알은 특별히 단단한 껍질로 싸여 있다고는 하지만 낮 동안 태양열에 뜨거워진 모래 위에 알을 버려두고 돌아보지 않습니다. 성경에서 타조는 어리석음, 무자비함, 쓸쓸함을 상징하는 동물로 잘 등장합니다. **39장 13-18절**

40 장 에는 무엇이 기록되어 있을까?

앞에서 욥은 고소장을 받고 법정에서도 두렵지 않다고 했지요. 하나님은 자연을 통해 드러난 그분의 초월적인 능력과 지혜를 제시하며 하나님께 대답하는 것이 얼마나 어리석은 것인지를 깨닫게 해주셨어요. 하나님은 이를 통해 욥이 하나님 앞에 순종하게 만드셨습니다.

갈고리
(40:24,41:2)

8 네가 내 공의를 부인하려느냐 네 의를 세우려고 나를 악하다 하겠느냐

9 네가 하나님처럼 능력이 있느냐 하나님처럼 천둥 소리를 내겠느냐

10 너는 위엄과 존귀로 단장하며 영광과 영화를 입을지니라

11 너의 넘치는 노를 비우고 교만한 자를 발견하여 모두 낮추되

12 모든 교만한 자를 발견하여 낮아지게 하며 악인을 그들의 처소에서 짓밟을지니라

13 그들을 함께 진토에 묻고 그들의 얼굴을 싸서 은밀한 곳에 둘지니라

14 그리하면 네 오른손이 너를 구원할 수 있다고 내가 인정하리라

15 ●이제 소 같이 풀을 먹는 베헤못을 볼지어다 내가 너를 지은 것 같이 그것도 지었느니라

16 그것의 힘은 허리에 있고 그 뚝심은 배의 힘줄에 있고

17 그것이 꼬리 치는 것은 백향목이 흔들리는 것 같고 그 넓적다리 힘줄은 서로 얽혀 있으며

18 그 뼈는 놋관 같고 그 뼈대는 쇠 막대기 같으니

19 그것은 하나님이 만드신 것 중에 으뜸이라 그것을 지으신 이가 자기의 칼을 가져 오기를 바라노라

20 모든 들 짐승들이 뛰노는 산은 그것을 위하여 먹이를 내느니라

21 그것이 연 잎 아래에나 갈대 그늘에서나 늪 속에 엎드리니

22 연 잎 그늘이 덮으며 시내 버들이 그를 감싸는도다

23 강물이 소용돌이칠지라도 그것이 놀라지 않고 요단 강 물이 쏟아져 그 입으로 들어가도 태연하니

24 그것이 눈을 뜨고 있을 때 누가 능히 잡을 수 있겠으며 갈고리로 그것의 코를 꿸 수 있겠느냐

41 네가 낚시로 리워야단을 끌어 낼 수 있겠느냐 노끈으로 그 혀를 맬 수 있겠느냐

2 너는 밧줄로 그 코를 꿸 수 있겠느냐 갈고리로 그 아가미를 꿸 수 있겠느냐

3 그것이 어찌 네게 계속하여 간청하겠느냐 부드럽게 네게 말하겠느냐

4 어찌 그것이 너와 계약을 맺고 너는 그를 영원히 종으로 삼겠느냐

5 네가 어찌 그것을 새를 가지고 놀 듯 하겠으며 네 여종들을 위하여 그것을 매어두겠느냐

6 어찌 장사꾼들이 그것을 놓고 거래하겠으며 상인들이 그것을 나누어 가지겠으냐

7 네가 능히 많은 창으로 그 가죽을 찌르거나 작살을 그 머리에 꽂을 수 있겠느냐

8 네 손을 그것에게 얹어 보라 다시는 싸울 생각을 못하리라

9 참으로 잡으려는 그의 희망은 헛된 것이니라 그것의 모습을 보기만 해도 그는 기가 꺾이리라

10 아무도 그것을 격동시킬 만큼 담대하지 못하거든 누가 내게 감히 대항할 수 있겠느냐

11 누가 먼저 내게 주고 나로 하여금 갚게 하겠느냐 온 천하에 있는 것이 다 내 것이니라

41장 에는 무엇이 기록되어 있을까?

하나님은 사람이 커다란 괴물 리워야단 앞에서 꼼짝 못하는 것을 말씀하시며, 리워야단을 만드신 하나님께 대항하려는 것이 얼마나 어리석은지를 지적하셨지요. 사람은 하나님과 대항할 수 없어요. 오직 하나님께 복종하고 그분의 말씀대로 행해야만 한답니다.

1) 하마로 볼 수도 있음 2) 악어로 볼 수도 있음

하나님의 말씀을 듣고 회개하는 욥(42:1-6)

12 ●내가 그것의 지체와 그것의 큰 용맹과 늠름한 체구에 대하여 잠잠하지 아니하리라

13 누가 그것의 겉가죽을 벗기겠으며 그것에게 겹재갈을 물릴 수 있겠느냐

14 누가 그것의 턱을 벌릴 수 있겠느냐 그의 둥근 이틀은 심히 두렵구나

15 그것의 즐비한 비늘은 그의 자랑이로다 튼튼하게 봉인하듯이 닫혀 있구나

16 그것들이 서로 달라붙어 있어 바람이 그 사이로 지나가지 못하는구나

17 서로 이어져 붙었으니 능히 나눌 수도 없구나

18 그것이 재채기를 한즉 빛을 발하고 그것의 눈은 새벽의 눈꺼풀 빛 같으며

19 그것의 입에서는 횃불이 나오고 불꽃이 튀어 나오며

20 그것의 콧구멍에서는 연기가 나오니 마치 갈대를 태울 때에 솥이 끓는 것과 같구나

21 그의 입김은 숯불을 지피며 그의 입은 불길을 뿜는구나

22 그것의 힘은 그의 목덜미에 있으니 그 앞에서는 절망만 감돌 뿐이구나

23 그것의 살갗질은 서로 밀착되어 탄탄하며 움직이지 않는구나

24 그것의 가슴은 돌처럼 튼튼하며 맷돌 아래짝 같이 튼튼하구나

25 그것이 일어나면 용사라도 두려워하며 달아나리라

26 칼이 그에게 꽂혀도 소용이 없고 창이나 투창이나 화살촉도 꽂히지 못하는구나

27 그것이 쇠를 지푸라기 같이, 놋을 썩은 나무 같이 여기니

28 화살이라도 그것을 물리치지 못하겠고 물맷돌도 그것에게는 겨 같이 되는구나

29 그것은 몽둥이도 지푸라기 같이 여기고 창이 날아오는 소리를 우습게 여기며

30 그것의 아래쪽에는 날카로운 토기 조각 같은 것이 달려 있고 그것이 지나갈 때는 진흙 바닥에 도리깨로 친 자국을 남기는구나

31 깊은 물을 솥의 물이 끓음 같게 하며 바다를 기름병 같이 다루는도다

32 그것의 뒤에서 빛나는 물줄기가 나오니 그는 깊은 바다를 백발로 만드는구나

33 세상에는 그것과 비할 것이 없으니 그것은 두려움이 없는 것으로 지음 받았구나

40:19

34 그것은 모든 높은 자를 내려다보며 모든 교만한 자들에게 군림하는 왕이니라

욥의 회개

42

욥이 여호와께 대답하여 이르되

2 주께서는 못 하실 일이 없사오며 무슨 계획이든지 못 이루실 것이 없는 줄 아오니

3 무지한 말로 이치를 가리는 자가 누구니이까 나는 깨닫지도 못한 일을 말하였고 스스로 알 수도 없고 헤아리기도 어려운 일을 말하였나이다

4 내가 말하겠사오니 주는 들으시고 내가 주께 묻겠사오니 주여 내게 알게 하옵소서

38:3

5 내가 주께 대하여 귀로 듣기만 하였사

42 에는 무엇이 기록되어 있을까?

하나님의 말씀을 들은 욥은 자신의 교만을 인정하고 하나님 앞에 죄를 고백했어요. 하나님은 세 친구의 잘못을 지적하시고 번제를 드려 용서를 받으라고 하셨지요. 욥이 친구들을 위해 기도를 드리자, 하나님은 욥의 고통을 거두시고 이전보다 갑절이나 많은 복을 주셨답니다.

더 많은 축복을
받는 욥(42:10-17)

오나 이제는 눈으로 주를 뵈옵나이다
6 그러므로 내가 스스로 거두어들이고
티끌과 재 가운데에서 회개하나이다

결론

7 ●여호와께서 욥에게 이 말씀을 하신
후에 여호와께서 데만 사람 엘리바스
에게 이르시되 내가 너와 네 두 친구에
게 노하나니 이는 너희가 나를 가리켜
말한 것이 내 종 욥의 말 같이 옳지 못
함이니라
8 그런즉 너희는 수소 일곱과 숫양 일곱
을 가지고 내 종 욥에게 가서 너희를 위
하여 번제를 드리라 내 종 욥이 너희를
위하여 기도할 것인즉 내가 그를 기쁘
게 받으리니 너희가 우매한 만큼 너희
에게 갚지 아니하리라 이는 너희가 나
를 가리켜 말한 것이 내 종 욥의 말 같
이 옳지 못함이라
9 이에 데만 사람 엘리바스와 수아 사람
빌닷과 나아마 사람 소발이 가서 여호

와께서 자기들에게 명령하신 대로 행
하니라 여호와께서 욥을 기쁘게 받으
셨더라

여호와께서 욥에게 복을 주시다

10 ●욥이 그의 친구들을 위하여 기도할
때 여호와께서 욥의 곤경을 돌이키시
고 여호와께서 욥에게 이전 모든 소유
보다 갑절이나 주신지라 시 14:7
11 이에 그의 모든 형제와 자매와 이전에
알던 이들이 다 와서 그의 집에서 그와
함께 음식을 먹고 여호와께서 그에게
내리신 모든 재앙에 관하여 그를 위하
여 슬퍼하며 위로하고 각각 ¹⁾케쉬타
하나씩과 금 고리 하나씩을 주었더라
12 여호와께서 욥의 말년에 욥에게 처음
보다 더 복을 주시니 그가 양 만 사천
과 낙타 육천과 소 천 겨리와 암나귀
천을 두었고
13 또 아들 ²⁾일곱과 딸 셋을 두었으며
14 그가 첫째 딸은 여미마라 이름하였고
둘째 딸은 긋시아라 이름하였고 셋째
딸은 게렌합북이라 이름하였으니
15 모든 땅에서 욥의 딸들처럼 아리따운
여자가 없었더라 그들의 아버지가 그
들에게 그들의 오라비들처럼 기업을
주었더라
16 그 후에 욥이 백사십 년을 살며 아들과
손자 사 대를 보았고
17 욥이 늙어 나이가 차서 죽었더라

1) 히, 케쉬타는 고대 화폐 단위 2) 히, 칠의 배수의 뜻도 있음

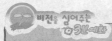

일석이조 다이어트

특별하고 새로운 다이어트 방법을 실천하는 사람들
이 있었어요. 그 다이어트는 음식이 먹고 싶을 때 성경
읽기를 하는 것이었답니다. 그들은 사람이 배가 고프지
않은데도 음식이 자꾸 먹고 싶은 것은 영의 양식이
부족하기 때문이라고 주장해요. 그래서 왠지 무언가

먹고 싶을 때는 음식 대신 성경을 읽는다고 합니다.
이렇게 하면 일석이조의 효과를 얻을 수 있어요. 성
경을 읽는 동안에 음식 생각이 사라져서 다이어트가 되
고, 더불어 영혼의 양식을 얻게 되니 영혼 또한 강건하
게 되는 것이랍니다.

시편을 읽기 전에

시편은 '찬송', 또는 '찬양의 노래'를 뜻하는 말로 전체 다섯 권, 150편의 기도문과 신앙시로 이루어진 책이에요. 대부분은 다윗이 썼고, 나머지는 모세, 솔로몬, 아삽, 에단, 헤만, 고라 자손 등이 썼어요.

❀ 언제, 왜, 누구를 위하여 썼나요?

시편은 B.C. 1450~1430년경에 쓰였어요. 시편은 하나님을 찬양하는 모든 자들을 위한 것으로, 시편을 쓴 사람들은 자신의 기쁨과 슬픔을 고백하거나 찬양했지요. 또 하나님을 높이는 신앙심을 전하고 일상생활과 예배에 관한 교훈을 준답니다.

❀ 어떤 내용인가요?

시편은 하나님께 대한 찬양과 믿음의 고백들로 가득합니다. 또 자신의 백성을 보호하시고 사랑하시며 구원하시는 하나님을 온전히 의지하라고 가르치고 있어요.

제 일 권

1 복 있는 사람은 악인들의 꾀를 따르지 아니하며 죄인들의 길에 서지 아니하며 오만한 자들의 자리에 앉지 아니하고

2 오직 여호와의 율법을 즐거워하여 그의 율법을 주야로 1)묵상하는도다

3 그는 시냇가에 심은 나무가 철을 따라 열매를 맺으며 그 잎사귀가 마르지 아니함 같으니 그가 하는 모든 일이 다 형통하리로다 〔암송〕

4 악인들은 그렇지 아니함이여 오직 바람에 나는 겨와 같도다

5 그러므로 악인들은 심판을 견디지 못하며 죄인이 의인들의 모임에 들지 못하리로다

6 무릇 의인들의 길은 여호와께서 인정하시나 악인들의 길은 망하리로다

2 어찌하여 이방 나라들이 2)분노하며 민족들이 헛된 일을 꾸미는가

2 세상의 군왕들이 나서며 관원들이 서로 꾀하여 여호와와 그의 기름 부음 받은 자를 대적하여

3 우리가 그들의 맨 것을 끊고 그의 결박을 벗어 버리자 하는도다

4 하늘에 계신 이가 웃으심이여 주께서 그들을 비웃으시리로다

5 그 때에 분을 발하며 진노하사 그들을 놀라게 하여 이르시기를

6 내가 나의 왕을 내 거룩한 산 시온에 세웠다 하시리로다   3:4

7 ●내가 여호와의 명령을 전하노라 여호와께서 내게 이르시되 너는 내 아들이라 오늘 내가 너를 낳았도다

8 내게 구하라 내가 이방 나라를 네 유업으로 주리니 네 소유가 땅 끝까지 이르리로다

9 네가 철장으로 그들을 깨뜨림이여 질그릇 같이 부수리라 하시도다   사 2:27

---

1 에는 무엇이 기록되어 있을까?

[편] 의인과 악인의 서로 다른 삶과 그 끝을 비교하고 있는 시로서, 하나님을 경외하는 것만이 사람의 살 길이라는 하나님 중심의 생각을 잘 나타내고 있답니다.

2 삼하 7:8~16의 성경 이야기를 나타낸 시예요. 많은 왕들이 하나님과 그분이 세운 왕들을 대항하려고 하지만 그들의 마지막은 망할 수밖에 없다는 것을 노래하고 있지요.

---

1) 히, 작은 소리로 읊조리다   2) 소란

10 ●그런즉 군왕들아 너희는 지혜를 얻
　으며 세상의 재판관들아 너희는 교훈
　을 받을지어다
11 여호와를 경외함으로 섬기고 떨며 즐
　거워할지어다　　　히 12:28
12 그의 아들에게 입맞추라 그렇지 아니하
　면 진노하심으로 너희가 길에서 망하리
　니 그의 진노가 급하심이라 여호와께
　피하는 모든 사람은 다 복이 있도다

[다윗이 그의 아들 압살롬을 피할 때에 지은 시]

3 여호와여 나의 대적이 어찌 그리 많
　은지요 일어나 나를 치는 자가 많
　나이다
2 많은 사람이 나를 대적하여 말하기를
　그는 하나님께 구원을 받지 못한다 하
　나이다 (셀라)
3 여호와여 주는 나의 방패시요 나의 영
　광이시요 나의 머리를 드시는 자이시
　니이다　　　27:6
4 내가 나의 목소리로 여호와께 부르짖
　으니 그의 성산에서 응답하시는도다
　(셀라)　　　34:4
5 내가 누워 자고 깨었으니 여호와께서
　나를 붙드심이로다
6 천만인이 나를 에워싸 진 친다 하여도
　나는 두려워하지 아니하리이다
7 여호와여 일어나소서 나의 하나님이

3 에는 무엇이 기록되어 있을까?

　다윗이 자기 아들인 압살롬을 피해
도망가는 중에 느낀 슬프고 아픈 마음을 고백
한 시예요. 하나님께서 자신을 구원해주시기를
간절히 기도하고 있답니다.

4 3편과 같은 마음으로 쓴 다윗의 시예
요. 3편이 어려움을 당하는 중에 쓴
것이라면, 4편은 모든 고난을 다시 생
각하면서 지은 것으로 보입니다.

5 이 시는 '아침 찬송시'예요. 나쁜 사
람들로부터 억울하게 고난을 당한 다
음 힘든 가운데서도 하나님께 무릎
을 꿇고 기도하며 하루를 시작하고 있어요.

여 나를 구원하소서 주께서 나의 모든
원수의 뺨을 치시며 악인의 이를 꺾으
셨나이다
8 1)구원은 여호와께 있사오니 주의 복을
　주의 백성에게 내리소서 (셀라) 시 43:11

[다윗의 시, 인도자를 따라 현악에 맞춘 노래]

4 내 의의 하나님이여 내가 부를 때
　에 응답하소서 곤란 중에 나를 너
그럽게 하셨사오니 내게 은혜를 베푸
사 나의 기도를 들으소서
2 인생들아 어느 때까지 나의 영광을 바
　꾸어 욕되게 하며 헛된 일을 좋아하고
거짓을 구하려는가 (셀라)
3 여호와께서 자기를 위하여 경건한 자를
　택하신 줄 너희가 알지어다 내가 그를
부를 때에 여호와께서 들으시리로다
4 너희는 2)떨며 범죄하지 말지어다 자리
　에 누워 심중에 말하고 잠잠할지어다
(셀라)　　　엡 4:26
5 의의 제사를 드리고 여호와를 의지할
　지어다
6 여러 사람의 말이 우리에게 선을 보일
　자 누구뇨 하오니 여호와여 주의 얼굴
을 들어 우리에게 비추소서 민 6:26
7 주께서 내 마음에 두신 기쁨은 그들의
　곡식과 새 포도주가 풍성할 때보다 더
하니이다
8 내가 평안히 눕고 자기도 하리니 나를
　안전히 살게 하시는 이는 오직 여호와
이시니이다

[다윗의 시, 인도자를 따라 관악에 맞춘 노래]

5 여호와여 나의 말에 귀를 기울이사
　나의 심정을 헤아려 주소서
2 나의 왕, 나의 하나님이여 내가 부르짖
　는 소리를 들으소서 내가 주께 기도하
나이다　　　84:3
3 여호와여 아침에 주께서 나의 소리를
　들으시리니 아침에 내가 주께 기도하
고 바라리이다
4 주는 죄악을 기뻐하는 신이 아니시니
　3)악이 주와 함께 머물지 못하며 11:5

1) 승리는 2) 분내어 3) 악인이

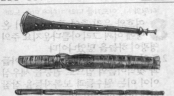

관악기(5편)

5 오만한 자들이 주의 목전에 서지 못하리니 주는 모든 행악자를 미워하시며
6 거짓말하는 자들을 멸망시키시리이다 여호와께서는 피 흘리기를 즐기는 자와 속이는 자를 싫어하시나이다
7 오직 나는 주의 풍성한 사랑을 힘입어 주의 집에 들어가 주를 경외함으로 성전을 향하여 예배하리이다   69:3
8 여호와여 ¹나의 원수들로 말미암아 주의 의로 나를 인도하시고 주의 길을 내 목전에 곧게 하소서
9 그들의 입에 신실함이 없고 그들의 심중이 심히 악하며 그들의 목구멍은 열린 무덤 같고 그들의 혀로는 아첨하나이다   12:2
10 하나님이여 그들을 정죄하사 자기 꾀에 빠지게 하시고 그 많은 허물로 말미암아 그들을 쫓아내소서 그들이 주를 배역함이니이다
11 그러나 주께 피하는 모든 사람은 다 기뻐하며 주의 보호로 말미암아 영원히 기뻐 외치고 주의 이름을 사랑하는 자들은 주를 즐거워하리이다
12 여호와여 주는 의인에게 복을 주시고 방패로 함 같이 은혜로 그를 호위하시리이다   12:2

[다윗의 시, 인도자를 따라 현악 여덟째 줄에 맞춘 노래]

6 여호와여 주의 분노로 나를 책망하지 마시오며 주의 진노로 나를 징계하지 마옵소서
2 여호와여 내가 수척하였사오니 내게

은혜를 베푸소서 여호와여 나의 뼈가 떨리오니 나를 고치소서
3 나의 영혼도 매우 떨리나이다 여호와여 어느 때까지니이까
4 여호와여 돌아와 나의 영혼을 건지시며 주의 사랑으로 나를 구원하소서
5 사망 중에서는 주를 기억하는 일이 없사오니 스올에서 주께 감사할 자 누구리이까   시 38:18
6 내가 탄식함으로 피곤하여 밤마다 눈물로 내 침상을 띄우며 내 요를 적시나이다   69:3
7 내 눈이 근심으로 말미암아 쇠하며 내 모든 대적으로 말미암아 어두워졌나이다   31:9
8 악을 행하는 너희는 다 나를 떠나라 여호와께서 내 울음 소리를 들으셨도다
9 여호와께서 내 간구를 들으셨음이여 여호와께서 내 기도를 받으시리로다
10 내 모든 원수들이 부끄러움을 당하고 심히 떨이여 갑자기 부끄러워 물러가리로다   왕상24

[다윗의 식가욘, 베냐민인 구시의 말에 따라 여호와께 드린 노래]

7 여호와 내 하나님이여 내가 주께 피하오니 나를 쫓아오는 모든 자들에게서 나를 구원하여 내소서
2 건져낼 자가 없으면 그들이 사자 같이 나를 찢고 뜯을까 하나이다
3 여호와 내 하나님이여 내가 이런 일을 행하였거나 내 손에 죄악이 있거나
4 화친한 자를 악으로 갚았거나 내 대적

6 편에는 무엇이 기록되어 있을까?
다윗이 자신의 죄를 슬퍼하며 용서를 구하는 시예요. 다윗은 큰 죄로 인해 하나님께 벌을 받고 있음을 깨닫고 깊이 회개하였답니다.

7 편 다윗이 사울의 미움을 받아 쫓겨 다니면서 지은 시로서, 하나님께 자신의 깨끗함을 고백하며 도우심을 호소하고 있어요.

¹ 엎드려 나를 기다리는 자들을 인하여

에게서 까닭 없이 빼앗았거든

5 원수가 나의 영혼을 쫓아 잡아 내 생명을 땅에 짓밟게 하고 내 영광을 먼지 속에 살게 하소서 (셀라)

6 여호와여 진노로 일어나사 내 대적들의 노를 막으시며 나를 위하여 깨소서 주께서 심판을 명령하셨나이다 44:23

7 민족들의 모임이 주를 두르게 하시고 그 위 높은 자리에 돌아오소서 68:18

8 여호와께서 만민에게 심판을 행하시오니 여호와여 나의 의와 나의 성실함을 따라 나를 심판하소서 96:13

9 악인의 악을 끊고 의인을 세우소서 의로우신 하나님이 사람의 마음과 양심을 감찰하시나이다

10 나의 방패는 마음이 정직한 자를 구원하시는 하나님께 있도다

11 하나님은 의로우신 재판장이심이여 매일 분노하시는 하나님이시로다

12 사람이 회개하지 아니하면 그가 그의 칼을 가심이여 그의 활을 이미 당기어 예비하셨도다

13 죽일 도구를 또한 예비하심이여 그가 만든 화살은 불화살들이로다

14 악인이 죄악을 낳음이여 재앙을 배어 거짓을 낳았도다

15 그가 웅덩이를 파 만듦이여 제가 만든 함정에 빠졌도다

16 그의 재앙은 자기 머리로 돌아가고 그의 포악은 자기 정수리에 내리리로다

17 내가 여호와께 그의 의를 따라 감사함이여 지존하신 여호와의 이름을 찬양하리로다

1) 또는 천사 2) 또는 들

감찰(7:9) 자세히 보아 살핌.
포악(7:16) 성질이 잔인하여 도리에 어긋나는 행위를 저지르는 것.
정수리(7:16) 머리 위에 숨구멍이 있는 자리.
깃딧(8편) 수금의 일종.
뭇랍벤(9편) '한 아들의 죽음'이란 의미를 가진 당시 잘 알려진 멜로디의 이름님.
송사(9:4) 법원에 재판을 청구하는 일.

【다윗의 시, 인도자를 따라 깃딧에 맞춘 노래】

8

여호와 우리 주여 주의 이름이 온 땅에 어찌 그리 아름다운지요 주의 영광이 하늘을 덮었나이다

2 주의 대적으로 말미암아 어린 아이들과 젖먹이들의 입으로 권능을 세우심이여 이는 원수들과 보복자들을 잠잠하게 하려 하심이니이다

3 주의 손가락으로 만드신 주의 하늘과 주께서 베풀어 두신 달과 별들을 내가 보오니 89:1

4 사람이 무엇이기에 주께서 그를 생각하시며 인자가 무엇이기에 주께서 그를 돌보시나이까

5 그를 1)하나님보다 조금 못하게 하시고 영화와 존귀로 관을 씌우셨나이다

6 주의 손으로 만드신 것을 다스리게 하시고 만물을 그의 발 아래 두셨으니

7 곧 모든 소와 양과 들짐승이며

8 공중의 새와 바다의 물고기와 2)바닷길에 다니는 것이니이다

9 여호와 우리 주여 주의 이름이 온 땅에 어찌 그리 아름다운지요

【다윗의 시, 인도자를 따라 뭇랍벤에 맞춘 노래】

9

내가 전심으로 여호와께 감사하오며 주의 모든 기이한 일들을 전하리이다

2 내가 주를 기뻐하고 즐거워하며 지존하신 주의 이름을 찬송하리니

3 내 원수들이 물러갈 때에 주 앞에서 넘어져 망함이니이다

4 주께서 나의 의와 송사를 변호하셨으며 보좌에 앉으사 의롭게 심판하셨나이다

5 이방 나라들을 책망하시고 악인을 멸하시며 그들의 이름을 영원히 지우셨

8 에는 무엇이 기록되어 있을까요?

창조주를 찬양하고, 하나님의 은총에 감사하는 시예요. 보잘것없는 인간들을 보배롭고 귀하게 여기시는 하나님의 사랑을 깨닫고 찬양하고 있답니다.

이스라엘 북부의 견고한 요새 니므롯(9:9)

나이다

6 원수가 끊어져 영원히 멸망하셨사오
니 주께서 무너뜨린 성읍들을 기억할
수 없나이다

7 여호와께서 영원히 앉으심이여 심판
을 위하여 보좌를 준비하셨도다 89:14

8 공의로 세계를 심판하심이여 정직으
로 만민에게 판결을 내리시리로다

9 여호와는 압제를 당하는 자의 요새이
시요 환난 때의 요새이시로다 18:2

10 여호와의 주의 이름을 아는 자는 주를
의지하오리니 이는 주를 찾는 자들을
버리지 아니하심이니이다 9:14

11 너희는 시온에 계신 여호와를 찬송하며
그의 행사를 백성 중에 선포할지어다

12 피 흘림을 심문하시는 이가 그들을 기
억하심이여 1)가난한 자의 부르짖음을
잊지 아니하시도다

13 여호와여 내게 은혜를 베푸소서 나를
사망의 문에서 일으키시는 주여 나를
미워하는 자에게서 받는 나의 고통을
보소서

14 그리하시면 내가 주의 찬송을 다 전할
것이요 딸 시온의 문에서 주의 구원을
기뻐하리이다

15 이방 나라들은 자기가 판 웅덩이에 빠
짐이여 자기가 숨긴 그물에 자기 발이
걸렸도다

16 여호와께서 자기를 알게 하사 심판을

행하셨음이여 악인은 자기가 손으로 행
한 일에 스스로 얽혔도다 (힉가욘, 셀라)

17 악인들이 스올로 돌아감이여 하나님
을 잊어버린 모든 이방 나라들이 그리
하리로다

18 궁핍한 자가 항상 잊어버림을 당하지
아니함이여 가난한 자들이 영원히 실
망하지 아니하리로다

19 여호와여 일어나사 인생으로 승리를
얻지 못하게 하시며 이방 나라들이 주
앞에서 심판을 받게 하소서 대하 14:11

20 여호와여 그들을 두렵게 하시며 이방
나라들이 자기는 인생일 뿐인 줄 알게
하소서 (셀라)

10 여호와여 어찌하여 멀리 서시
며 어찌하여 환난 때에 숨으시
나이까 22:1

2 악한 자가 교만하여 가련한 자를 심히
압박하오니 그들이 자기가 베푼 꾀에
빠지게 하소서

3 악인은 그의 마음의 욕심을 자랑하며
탐욕을 부리는 자는 여호와를 배반하
여 멸시하나이다

4 악인은 그의 교만한 2)얼굴로 말하기를
여호와께서 이를 감찰하지 아니하신
다 하며 그의 모든 사상에 하나님이 없
다 하나이다

5 그의 길은 언제든지 견고하고 주의 심
판은 높아서 그에게 미치지 못하오니
그는 그의 모든 대적들을 멸시하며

6 그의 마음에 이르기를 나는 흔들리지
아니하며 대대로 환난을 당하지 아니

---

1) 겸비한 자 2) 용모로 찾지 아니하심이여 그 모든 사상에

힉가욘(9:16) '셀라'와 함께 쓰이는 음악 기호로, 그
뜻은 '울린다'로 짐작됨.
견고(10:5) 굳세고도 단단함.

9 에는 무엇이 기록되어 있을까?
다윗이 지난날을 돌아보면서 하나
님께 원수들로부터 보호해주심에 감사하며 지
은 시예요. 또 다윗은 하나님께 악인을 심판하
고 의인을 구원해달라고 기도했어요.

10 의인이 어려움을 당하는 모습을 보면서
슬픈 마음으로 지은 시예요. 그러나 악인
은 곧 망할 것이니, 의인은 신앙이 자라
가는 귀한 시간을 보내는 것임을 깨닫게 되지요.

하리라 하나이다

7 그의 입에는 저주와 거짓과 포악이 충만하며 그의 혀 밑에는 잔해와 죄악이 있나이다 ^{롬 3:14}

8 그가 마을 구석진 곳에 앉으며 그 은밀한 곳에서 무죄한 자를 죽이며 그의 눈은 가련한 자를 엿보나이다

9 사자가 자기의 굴에 엎드림 같이 그가 은밀한 곳에 엎드려 가련한 자를 잡으려고 기다리며 자기 그물을 끌어당겨 가련한 자를 잡나이다

10 그가 구푸려 엎드리니 그의 포악으로 말미암아 가련한 자들이 넘어지나이다

11 그가 그의 마음에 이르기를 하나님이 잊으셨고 그의 얼굴을 가리셨으니 영원히 보지 아니하시리라 하나이다

12 여호와여 일어나옵소서 하나님이여 손을 드옵소서 가련한 자들을 잊지 마옵소서

13 어찌하여 악인이 하나님을 멸시하여 그의 마음에 이르기를 주는 감찰하지 아니하리라 하나이까

14 주께서는 보셨나이다 주는 재앙과 원한을 감찰하시고 주의 손으로¹⁾갚으려 하시오니 외로운 자가 주를 의지하나이다 주는 벌써부터 고아를 도우시는 이시니이다

15 악인의 팔을 꺾으소서 악한 자의 악을 더 이상 찾아낼 수 없을 때까지 찾으소서

16 여호와께서는 영원무궁하도록 왕이시니 이방 나라들이 주의 땅에서 멸망하였나이다

17 여호와여 주는 겸손한 자의 소원을 들

11편

에는 무엇이 기록되어 있을까?

다윗이 사울에게 쫓길 때 친구들은 도망하라고 충고했어요. 하지만 다윗은 끝까지 하나님만 의지하였지요. 11편은 이러한 다윗의 믿음이 담겨진 승리의 시랍니다.

12편

다윗은 악한 행동과 거짓말하는 악인들이 많음을 하나님께 말씀드리고 있어요. 그런 가운데에서도 하나님을 경외하는 것만이 살 길임을 확신하고 있답니다.

으셨사오니 그들의 마음을²⁾준비하시며 귀를 기울여 들으시고 ^{대상 29:18}

18 고아와 압제 당하는 자를 위하여 심판하사 세상에 속한 자가 다시는 위협하지 못하게 하시리이다

〔다윗의 시, 인도자를 따라 부르는 노래〕

11

내가 여호와께 피하였거늘 너희가 내 영혼에게 새 같이 네 산으로 도망하라 함은 어찌함인가

2 악인이 활을 당기고 화살을 시위에 먹임이여 마음이 바른 자를 어두운 데서 쏘려 하는도다

3 ³⁾ 터가 무너지면 의인이 무엇을 하랴

4 여호와께서는 그의 성전에 계시고 여호와의 보좌는 하늘에 있음이여 그의 눈이 인생을 통촉하시고 그의 안목이 그들을 감찰하시도다

5 여호와는 의인을 감찰하시고 악인과 폭력을 좋아하는 자를 마음에 미워하시도다

6 악인에게 그물을 던지시리니 불과 유황과 태우는 바람이 그들의 잔의 소득이 되리로다

7 여호와는 의로우사 의로운 일을 좋아하시나니 정직한 자는 그의 얼굴을 뵈오리로다 ^{33:5}

〔다윗의 시, 인도자를 따라 여덟째 줄에 맞춘 노래〕

12

여호와여 도우소서 경건한 자가 끊어지며 충실한 자들이 인생 중에 없어지나이다 ^{사 57:1}

2 그들이 이웃에게 각기 거짓을 말함이여 아첨하는 입술과 두 마음으로 말하는도다 ^{12:33}

3 여호와께서 모든 아첨하는 입술과 자랑하는 혀를 끊으시리니

4 그들이 말하기를 우리의 혀가 이기리

1) 잡으려 2) 견고하게 하시며 3) 터가 무너졌으니 의인의 행한 것이 무엇인고

통쾌(11:4) 헤아려 살핌.
도가니(12:6) 은을 정련하는 데 쓰는 용광로의 일종.
단련(12:6) 쇠붙이를 달구어 두드리거나 녹이고 거르는 것.

라 우리 입술은 우리 것이니 우리를 주
관할 자 누구리요 함이로다

5 여호와의 말씀에 가련한 자들의 눌림
과 궁핍한 자들의 탄식을 인하여 말미암아
내가 이제 일어나 그를 그가 원하는 안
전한 지대에 두리라 하시도다

6 여호와의 말씀은 순결함이여 흙 도가
니에 일곱 번 단련한 은 같도다 *잠 30:5*

7 여호와여 그들을 지키사 이 세대로부
터 영원까지 보존하시리이다

8 비열함이 인생 중에 높임을 받는 때에
악인들이 곳곳에서 날뛰는도다

[다윗의 시, 인도자를 따라 부르는 노래]

13

여호와여 어느 때까지니이까
나를 영원히 잊으시나이까 주
의 얼굴을 나에게서 어느 때까지 숨기
시겠나이까

2 나의 영혼이 번민하고 종일토록 마음
에 근심하기를 어느 때까지 하오며 내
원수가 나를 치며 자랑하기를 어느 때
까지 하리이까

3 여호와 내 하나님이여 나를 생각하사
응답하시고 나의 눈을 밝히소서 두렵
건대 내가 사망의 잠을 잘까 하오며

4 두렵건대 나의 원수가 이르기를 내가
그를 이겼다 할까 하오며 내가 흔들릴
때에 나의 대적들이 기뻐할까 하나이다

5 나는 오직 주의 사랑을 의지하였사오니
나의 마음은 주의 구원을 기뻐하리이다

6 내가 여호와를 찬송하리니 이는 주께
서 내게 은덕을 베푸심이로다 *116:7*

[다윗의 시, 인도자를 따라 부르는 노래]

14

어리석은 자는 그의 마음에 이
르기를 하나님이 없다 하도다 그
들은 부패하고 그 행실이 가증하
니 선을 행하는 자가 없도다

2 여호와께서 하늘에서 인생을 굽어살
피사 지각이 있어 하나님을 찾는 자가
있는가 보려 하신즉

3 다 치우쳐 함께 더러운 자가 되고 선을
행하는 자가 없으니 하나도 없도다

4 죄악을 행하는 자는 다 무지하냐 그들
이 떡 먹듯이 내 백성을 먹으면서 여호
와를 부르지 아니하는도다 *시 64:1*

5 그러나 거기서 그들은 두려워하고 두
려워하였으니 하나님이 의인의 세대
에 계심이로다

6 너희가 가난한 자의 계획을 부끄럽게
하나 오직 여호와는 그의 피난처가 되
시도다 *9:9*

7 이스라엘의 구원이 시온에서 나오기
를 원하도다 여호와께서 그의 백성을
포로된 곳에서 돌이키실 때에 야곱이
즐거워하고 이스라엘이 기뻐하리로다

[다윗의 시]

15

여호와여 주의 장막에 머무를
자 누구오며 주의 성산에 사는
자 누구오니이까

2 정직하게 행하며 공의를 실천하며 그
의 마음에 진실을 말하며

3 그의 혀로 남을 허물하지 아니하고 그
의 이웃에게 악을 행하지 아니하며 그

13편에는 무엇이 기록되어 있을까?

하나님께 자신을 죽이려고 하는 원
수들로부터 구원해주시기를 애타게 기도하는
시예요. 그러나 곧 슬픔의 탄식이 변하여 하나
님을 찬양하는 시가 되었답니다.

악인들이 악한 행동을 하는 것은 그
들이 하나님을 믿지 않기 때문임을 **14**편
깨닫게 해주는 시예요. 그들의 행동
은 하나님이 보시기에 참 어리석은 것이지요.

의 이웃을 비방하지 아니하며 ^{28:3}

4 그의 눈은 망령된 자를 멸시하며 여호와를 두려워하는 자들을 존대하며 그의 마음에 서원한 것은 해로울지라도 변하지 아니하며

5 이자를 받으려고 돈을 꾸어 주지 아니하며 뇌물을 받고 무죄한 자를 해하지 아니하는 자이니 이런 일을 행하는 자는 영원히 흔들리지 아니하리이다

[다윗의 믹담]

16 하나님이여 나를 지켜 주소서 내가 주께 피하나이다

2 내가 여호와께 아뢰되 주는 나의 주님이시오니 주 밖에는 나의 복이 없다 하였나이다

3 땅에 있는 성도들은 존귀한 자들이니 나의 모든 즐거움이 그들에게 있도다

4 ¹⁾다른 신에게 예물을 드리는 자는 괴로움이 더할 것이라 나는 그들이 드리는 피의 전제를 드리지 아니하며 내 입술로 그 이름도 부르지 아니하리로다

5 여호와는 나의 산업과 나의 잔의 소득이시니 나의 분깃을 지키시나이다

6 내게 줄로 재어 준 구역은 아름다운 곳에 있음이여 나의 기업이 실로 아름답도다

7 나를 훈계하신 여호와를 송축할지라 밤마다 내 양심이 나를 교훈하도다

8 내가 여호와를 항상 내 앞에 모심이여 그가 나의 오른쪽에 계시므로 내가 흔들리지 아니하리로다

9 이러므로 나의 마음이 기쁘고 나의 ²⁾영도 즐거워하며 내 육체도 안전히 살리니

10 이는 주께서 내 영혼을 스올에 버리지 아니하시며 주의 거룩한 자를 멸망시키지 않으실 것임이니이다

11 주께서 생명의 길을 내게 보이시리니 주의 앞에는 충만한 기쁨이 있고 주의 오른쪽에는 영원한 즐거움이 있나이다

[다윗의 기도]

17 여호와여 의의 호소를 들으소서 나의 울부짖음에 주의하소서 거짓 되지 아니한 입술에서 나오는 나의 기도에 귀를 기울이소서

2 주께서 나를 판단하시며 주의 눈으로 ³⁾공평함을 살피소서

3 주께서 내 마음을 시험하시고 밤에 내게 오시어서 나를 감찰하셨으나 흠을 찾지 못하셨사오니 내가 결심하고 입으로 범죄하지 아니하리이다 ^{26:1, 2}

4 사람의 행사로 논하면 나는 주의 입술의 말씀을 따라 스스로 삼가서 포악한 자의 길을 가지 아니하였사오며 ^{잠 1:15}

5 나의 걸음이 주의 길을 굳게 지키고 실족하지 아니하였나이다

6 하나님이여 내게 응답하시겠으므로 내가 불렀사오니 내게 귀를 기울여 내 말을 들으소서

7 주께 피하는 자들을 그 일어나 치는 자들에게서 오른손으로 구원하시는 주여 주의 기이한 사랑을 나타내소서 ^{20:6}

8 나를 눈동자 같이 지키시고 주의 날개 그늘 아래에 감추사

9 내 앞에서 나를 압제하는 악인들과 나의 목숨을 노리는 원수들에게서 벗어나게 하소서

10 ⁴⁾그들의 마음은 기름에 잠겼으며 그들의 입은 교만하게 말하나이다

11 이제 우리가 걸어가는 것을 그들이 에워싸서 노려보고 땅에 넘어뜨리려 하나이다 ^{88:17}

12 그는 그 움킨 것을 찢으려 하는 사자 같으며 은밀한 곳에 엎드린 젊은 사자

1)다른 신을 좇아 사는 2)히, 영광 3)공평히 4)히, 그들은 그들의 기름을 막았으며

같으니이다

13 여호와여 일어나 그를 대항하여 넘어뜨리시고 주의 칼로 악인에게서 나의 영혼을 구원하소서

14 여호와여 이 세상에 살아 있는 동안 그들의 분깃을 받은 사람들에게서 주의 손으로 나를 구하소서 그들은 주의 재물로 배를 채우고 자녀로 만족하고 그들의 남은 산업을 그들의 어린 아이들에게 물려 주는 자니이다

15 나는 의로운 중에 주의 얼굴을 뵈오리니 깰 때에 주의 형상으로 만족하리이다

[여호와의 종 다윗의 시, 인도자를 따라 부르는 노래, 여호와께서 다윗을 그 모든 원수들의 손에서와 사울의 손에서 건져 주신 날에 다윗이 이 노래의 말로 여호와께 아뢰어 이르되]

18 나의 힘이신 여호와여 내가 주를 사랑하나이다

2 여호와는 나의 반석이시요 나의 요새시요 나를 건지시는 이시요 나의 하나님이시요 내가 그 안에 피할 나의 바위시요 나의 방패시요 나의 구원의 뿔이시요 나의 산성이시로다 〔암송〕

3 내가 찬송 받으실 여호와께 아뢰리니 내 원수들에게서 구원을 얻으리로다

4 사망의 줄이 나를 얽고 불의의 ¹⁾창수가 나를 두렵게 하였으며 116:3

5 스올의 줄이 나를 두르고 사망의 올무가 내게 이르렀도다

6 내가 환난 중에서 여호와께 아뢰며 나의 하나님께 부르짖었더니 그가 그의 성전에서 내 소리를 들으심이여 그의 앞에서

맛사다 요새(18:2)

나의 부르짖음이 그의 귀에 들렸도다

7 이에 땅이 진동하고 산들의 터도 요동하였으니 그의 진노로 말미암음이로다

8 그의 코에서 연기가 오르고 입에서 불이 나와 사름이여 그 불에 숯이 피었도다

9 그가 또 하늘을 드리우고 강림하시니 그의 발 아래는 어두캄캄하도다

10 그룹을 타고 다니심이여 바람 날개를 타고 높이 솟아오르셨도다 104:3

11 그가 흑암을 그의 숨는 곳으로 삼으사 장막 같이 자기를 두르게 하심이여 곧 물의 흑암과 공중의 빽빽한 구름으로 그리하시도다

12 그 앞에 광채로 말미암아 빽빽한 구름이 지나며 우박과 숯불이 내리도다

13 여호와께서 하늘에서 우렛소리를 내시고 지존하신 이가 음성을 내시며 우박과 숯불을 내리시도다

14 그의 화살을 날려 그들을 흩으심이여 많은 번개로 그들을 깨뜨리셨도다

15 이럴 때에 여호와의 꾸지람과 콧김으로 말미암아 물 밑이 드러나고 세상의 터가 나타났도다

16 그가 높은 곳에서 손을 펴사 나를 붙잡아 주심이여 ²⁾많은 물에서 나를 건져

---

1) 비루한 창일이 2) 큰

밑담(16편) '속죄의 시'라는 의미임.
분깃(16:5) 나누어진 물건의 한 몫.
송축(16:7) 경사를 기리고 축복함.
창수(18:4) 비가 많이 와서 강물이 둑 위로 넘침.
올무(18:5) 새나 짐승을 잡는 데 쓰는 올가미.
강림(18:9) 하나님께서 속세로 내려옴.
그룹(18:10) 영물로, 천사를 일컫는다.

17 편에는 무엇이 기록되어 있을까?

신앙 때문에 악인들로부터 고난당하는 시인이 하나님의 보호와 구원을 간절히 기도하는 시예요. 시인은 악인의 심판과 함께 의인이 구원받음을 확신하므로 구합니다.

18 편
다윗이 사울과 많은 원수들로부터 구원해주신 하나님을 찬양하는 시예요. 왕이 된 다윗은 지난날을 돌아보면서 하나님께 감사하며 찬양하고 있답니다.

내셨도다
144:7

17 나를 강한 원수와 미워하는 자에게서 건지셨음이여 그들은 나보다 힘이 세기 때문이로다

18 그들이 나의 재앙의 날에 내게 이르렀으나 여호와께서 나의 의지가 되셨도다
삼하 10:20

19 나를 넓은 곳으로 인도하시고 나를 기뻐하시므로 나를 구원하셨도다

20 여호와께서 내 의를 따라 상 주시며 내 손의 깨끗함을 따라 내게 갚으셨으니

21 이는 내가 여호와의 도를 지키고 악하게 내 하나님을 떠나지 아니하였으며

22 그의 모든 규례가 내 앞에 있고 내게서 그의 율례를 버리지 아니하였음이로다

23 또한 나는 그의 앞에 완전하여 나의 죄악에서 스스로 자신을 지켰나니

24 그러므로 여호와께서 내 의를 따라 갚으시되 그의 목전에서 내 손이 깨끗한 만큼 내게 갚으셨도다

25 자비로운 자에게는 주의 자비로우심을 나타내시며 완전한 자에게는 주의 완전하심을 보이시며

26 깨끗한 자에게는 주의 깨끗하심을 보이시며 사악한 자에게는 주의 거스르심을 보이시리니

27 주께서 곤고한 백성은 구원하시고 교만한 눈은 낮추시리이다

28 주께서 나의 등불을 켜심이여 여호와 내 하나님이 내 흑암을 밝히시리이다

29 내가 주를 의뢰하고 적군을 향해 달리며 내 하나님을 의지하고 담을 뛰어넘나이다
고후 12:9

30 하나님의 도는 완전하고 여호와의 말씀은 순수하니 그는 자기에게 피하는 모든 자의 방패시로다
신 32:4

31 여호와 외에 누가 하나님이며 우리 하나님 외에 누가 반석이뇨

32 이 하나님이 힘으로 내게 띠 띠우시며 내 길을 완전하게 하시며

33 나의 발을 암사슴 발 같게 하시며 나를 나의 높은 곳에 세우시며

34 내 손을 가르쳐 싸우게 하시니 내 팔이 놋 활을 당기도다

35 또 주께서 주의 구원하는 방패를 내게 주시며 주의 오른손이 나를 붙들고 주의 온유함이 나를 크게 하셨나이다

36 내 걸음을 넓게 하셨고 나를 실족하지 않게 하셨나이다
31:8

37 내가 내 원수를 뒤쫓아가리니 그들이 망하기 전에는 돌아서지 아니하리라
37:20

38 내가 그들을 쳐서 능히 일어나지 못하게 하리니 그들이 내 발 아래에 엎드러지리이다

39 주께서 나를 전쟁하게 하려고 능력으

왜 기도할 때는 무릎을 꿇고 두 손을 모으나요?

사람마다 기도하는 방법은 다를 수 있어요. 서서 기도하는 사람, 앉아서 기도하는 사람, 엎드려 기도하는 사람, 두 손을 들고 기도하는 사람, 두 손을 꼭 모으고 무릎을 꿇고 기도하는 사람. 하지만 하나님은 어떤 모습으로 기도하든지 다 들어주신답니다.

그런데 두 손을 모으고 무릎을 꿇는 것은 정성을 다한다는 의미이기도 해요. 하나님은 마음과 정성을 다하는 기도를 더 기뻐하시거든요. 기도할 때는 조금 불편하더라도 잘 참고 정성을 모아보세요. 그리고 주님을 불러보세요. 하나님은 그런 어린이를 무척 사랑하세요.

때로는 두 손을 높이 들고 기도하는 모습을 보게 되는데, 하나님만 믿고 의지하며 따른다는 뜻으로 손을 드는 것이기 때문에, 이것도 좋은 방법이랍니다.

95편 6절

로 내게 띠 띠우사 일어나 나를 치는 자들이 내게 굴복하게 하셨나이다

40 또 주께서 내 원수들에게 등을 내게로 향하게 하시고 나를 미워하는 자들을 내가 끊어 버리게 하셨나이다 *94:23*

41 그들이 부르짖으나 구원할 자가 없었고 여호와께 부르짖어도 그들에게 대답하지 아니하셨나이다

42 내가 그들을 바람 앞에 티끌 같이 부서뜨리고 거리의 진흙 같이 쏟아 버렸나이다 *83:13*

43 주께서 나를 백성의 다툼에서 건지시고 여러 민족의 으뜸으로 삼으셨으니 내가 알지 못하는 백성이 나를 섬기리이다

44 그들이 내 소문을 들은 즉시로 내게 청종함이여 이방인들이 내게 복종하리로다 *66:3*

45 이방 자손들이 쇠잔하여 그 견고한 곳에서 떨며 나오리로다

46 여호와는 살아 계시니 나의 반석을 찬송하며 내 구원의 하나님을 높일지로다 *42:2*

47 이 하나님이 나를 위하여 보복해 주시고 민족들이 내게 복종하게 해 주시니 *94:1*

48 주께서 나를 내 원수들에게서 구조하시니 주께서 나를 대적하는 자들의 위에 나를 높이 드시고 나를 포악한 자에게서 건지시나이다

49 여호와여 이러므로 내가 이방 나라들 중에서 주께 감사하며 주의 이름을 찬송하리이다

50 여호와께서 그 왕에게 큰 구원을 주시며 기름 부음 받은 자에게 인자를 베푸심이여 영원토록 다윗과 그 후손에게로다

다윗의 시, 인도자를 따라 부르는 노래

19

하늘이 하나님의 영광을 선포하고 궁창이 그의 손으로 하신 일을 나타내는도다

2 날은 날에게 말하고 밤은 밤에게 지식을 전하니 *74:16*

3 언어도 없고 말씀도 없으며 들리는 소리도 없으나

4 그의 소리가 온 땅에 통하고 그의 말씀이 세상 끝까지 이르도다 하나님이 해를 위하여 하늘에 장막을 베푸셨도다

5 해는 그의 신방에서 나오는 신랑과 같고 그의 길을 달리기 기뻐하는 장사 같아서

6 하늘 이 끝에서 나와서 하늘 저 끝까지 운행함이여 그의 열기에서 피할 자가 없도다

7 ●여호와의 율법은 완전하여 영혼을 소성시키며 여호와의 증거는 확실하여 우둔한 자를 지혜롭게 하며

8 여호와의 교훈은 정직하여 마음을 기쁘게 하고 여호와의 계명은 순결하여 눈을 밝게 하시도다

9 여호와를 경외하는 도는 정결하여 영원까지 이르고 여호와의 법도 진실하여 다 의로우니

10 금 곧 많은 순금보다 더 사모할 것이며 꿀과 송이꿀보다 더 달도다 *잠 8:10*

11 또 주의 종이 이것으로 경고를 받고 이것을 지킴으로 상이 크니이다

12 자기 허물을 능히 깨달을 자 누구리요 나를 숨은 허물에서 벗어나게 하소서

13 또 주의 종에게 고의로 죄를 짓지 말게 하사 그 죄가 나를 주장하지 못하게 하소서 그리하면 내가 정직하여 큰 죄과에서 벗어나겠나이다

14 나의 반석이시요 나의 구속자이신 여호와여 내 입의 말과 마음의 묵상이 주님 앞에 열납되기를 원하나이다

19편 에는 무엇이 기록되어 있을까?

앞부분은 자연을 보면서 창조주 하나님께 영광을 돌리는 시이고, 뒷부분은 하나님의 말씀을 통하여 구원과 하나님의 뜻을 깨닫게 되어 쓴 시입니다.

1) 줄이 2) 히, '묵상'은 '작은 소리로 읊조리다'는 의미도 있다

[다윗의 시, 인도자를 따라 부르는 노래]

20

1 환난 날에 여호와께서 네게 응답하시고 야곱의 하나님의 이름이 너를 높이 드시며

2 성소에서 너를 도와 주시고 시온에서 너를 붙드시며 119:28

3 네 모든 소제를 기억하시며 네 번제를 받아 주시기를 원하노라 (셀라)

4 네 마음의 소원대로 허락하시고 네 모든 계획을 이루어 주시기를 원하노라

5 우리가 너의 승리로 말미암아 개가를 부르며 우리 하나님의 이름으로 우리의 깃발을 세우리니 여호와께서 네 모든 기도를 이루어 주시기를 원하노라

6 여호와께서 자기에게 기름 부음 받은 자를 구원하시는 줄 이제 내가 아노니 그의 오른손의 구원하는 힘으로 그의 거룩한 하늘에서 그에게 응답하시리로다

7 어떤 사람은 병거, 어떤 사람은 말을 의지하나 우리는 여호와 우리 하나님의 이름을 자랑하리로다

8 그들은 비틀거리며 엎드러지고 우리는 일어나 바로 서도다 37:24

9 ¹⁾여호와여 왕을 구원하소서 우리가 부를 때에 우리에게 응답하소서

[다윗의 시, 인도자를 따라 부르는 노래]

21

1 여호와여 왕이 주의 힘으로 말미암아 기뻐하며 주의 구원으로 말미암아 크게 즐거워하리이다

2 그의 마음의 소원을 들어 주셨으며 그

십자가 상의 예수님(22:1)
예수님께서는 십자가 상에서 1절과 같은 말씀을 하셨지만, 22편이 절망의 분위기에서 승리의 기쁨으로 변해가듯 예수님도 승리하셨어요.

의 입술의 요구를 거절하지 아니하셨나이다 (셀라)

3 주의 아름다운 복으로 그를 영접하시고 순금 관을 그의 머리에 씌우셨나이다 59:10

4 그가 생명을 구하매 주께서 그에게 주셨으니 곧 영원한 장수로소이다

5 주의 구원이 그의 영광을 크게 하시고 존귀와 위엄을 그에게 입히시나이다

6 그가 영원토록 지극한 ²⁾복을 받게 하시며 주 앞에서 기쁘고 즐겁게 하시나이다

7 왕이 여호와를 의지하오니 지존하신 이의 인자함으로 흔들리지 아니하리이다 참언 18:5

8 왕의 손이 왕의 모든 원수들을 찾아냄이여 왕의 오른손이 왕을 미워하는 자들을 찾아내리로다

9 왕이 노하실 때에 그들을 풀무불 같게 할 것이라 여호와께서 진노하사 그들을 삼키시리니 불이 그들을 소멸하리로다

10 왕이 그들의 ³⁾후손을 땅에서 멸함이여 그들의 자손을 사람 중에서 끊으리로다

11 비록 그들이 왕을 해하려 하여 음모를 꾸몄으나 이루지 못하도다

12 왕이 그들로 돌아서게 함이여 그들의 얼굴을 향하여 활시위를 당기리로다

13 여호와여 주의 능력으로 높임을 받으소서 우리가 주의 권능을 노래하고 찬송하게 하소서

1) 또는 왕이신 여호와여 구원하소서 2) 복이 되게 3) 열매를

[다윗의 시, 인도자를 따라 1)아얠렛샤할에 맞춘 노래]

22 내 하나님이여 내 하나님이여 어찌 나를 버리셨나이까 어찌 나를 멀리 하여 돕지 아니하시오며 내 신음 소리를 듣지 아니하시나이까

2 내 하나님이여 내가 낮에도 부르짖고 밤에도 잠잠하지 아니하오나 응답하지 아니하시나이다

3 이스라엘의 찬송 중에 계시는 주여 주는 거룩하시니이다

4 우리 조상들이 주께 의뢰하고 의뢰하였으므로 그들을 건지셨나이다

5 그들이 주께 부르짖어 구원을 얻고 주께 의뢰하여 수치를 당하지 아니하였나이다 요 9:33

6 나는 벌레요 사람이 아니라 사람의 비방거리요 백성의 조롱거리니이다

7 나를 보는 자는 다 나를 비웃으며 입술을 비쭉이고 머리를 흔들며 말하되

8 그가 여호와께 의탁하니 구원하실 걸, 그를 기뻐하시니 건지실 걸 하나이다

9 오직 주께서 나를 모태에서 나오게 하시고 내 어머니의 젖을 먹을 때에 의지하게 하셨나이다

10 내가 날 때부터 주께 맡긴 바 되었고 모태에서 나올 때부터 주는 나의 하나님이 되셨나이다

11 나를 멀리 하지 마옵소서 환난이 가까우나 도울 자 없나이다

12 많은 황소가 나를 에워쌌으며 바산의 힘센 소들이 나를 둘러쌌으며

13 내게 그 입을 벌림이 찢고 부르짖는 사자 같으니이다 35:21

14 나는 물 같이 쏟아졌으며 내 모든 뼈는 어그러졌으며 내 마음은 밀랍 같아서 내 속에서 녹았으며

15 내 힘이 말라 질그릇 조각 같고 내 혀가 입천장에 붙었나이다 주께서 또 나를 죽음의 진토 속에 두셨나이다 137:6

16 개들이 나를 에워쌌으며 악한 무리가 나를 둘러 내 수족을 찔렀나이다 59:6

17 내가 내 모든 뼈를 셀 수 있나이다 그들이 나를 주목하여 보고

18 내 겉옷을 나누며 속옷을 제비 뽑나이다

19 여호와여 멀리 하지 마옵소서 나의 힘이시여 속히 나를 도우소서

20 내 생명을 칼에서 건지시며 2)내 유일한 것을 개의 세력에서 구하소서 35:17

21 나를 사자의 입에서 구하소서 주께서 내게 응답하시고 들소의 뿔에서 구하셨나이다

22 ●내가 주의 이름을 형제에게 선포하고 회중 가운데에서 주를 찬송하리이다

23 여호와를 두려워하는 너희여 그를 찬송할지어다 야곱의 모든 자손이여 그에게 영광을 돌릴지어다 너희 이스라엘 모든 자손이여 그를 경외할지어다

24 그는 곤고한 자의 곤고를 멸시하거나 싫어하지 아니하시며 그의 얼굴을 그에게서 숨기지 아니하시고 그가 울부짖을 때에 들으셨도다

25 큰 회중 가운데에서 나의 찬송은 주께로부터 온 것이니 주를 경외하는 자 앞에서 나의 서원을 갚으리로다 35:18

26 겸손한 자는 먹고 배부를 것이며 여호와를 찾는 자는 그를 찬송할 것이라 너희 마음은 영원히 살지어다 107:9

27 땅의 모든 끝이 여호와를 기억하고 돌

1)사슴이란 곡조곡 2)내 생명

의탁(22:8) 몸을 남에게 의뢰함.
곤고(22:24) 곤란하고 괴로움.

토막상식
메시아 수난을 예언한 시
22편은 메시아 예언시입니다. 예수님께서는 십자가의 고통 가운데 1절의 내용을 그대로 인용하셨어요. 또 이 시에서와 같이, 실제로 우리를 대신하여 죽임 당하시고 부활하셨지요. 22편

22편 에는 무엇이 기록되어 있을까?
원수들에게 핍박당하여 하나님께 부르짖는 다윗의 시예요. 이 시는 자기 백성을 위해 고난당하실 예수님이 이와 같음을 예언하고 있지요.

아오며 모든 나라의 모든 족속이 주의 앞에 예배하리니

28 나라는 여호와의 것이요 여호와는 모든 나라의 주재심이로다

29 세상의 모든 풍성한 자가 먹고 경배할 것이요 진토 속으로 내려가는 자 곧 자기 영혼을 살리지 못할 자도 다 그 앞에 절하리로다

30 후손이 그를 섬길 것이요 대대에 주를 전할 것이며

31 와서 그의 공의를 태어날 백성에게 전함이여 주께서 이를 행하셨다 할 것이로다

다윗의 시

23 여호와는 나의 목자시니 내게 부족함이 없으리로다 **영송**

2 그가 나를 푸른 풀밭에 누이시며 쉴 만한 물 가로 인도하시는도다 잠 7:17

3 내 영혼을 소생시키시고 자기 이름을 위하여 의의 길로 인도하시는도다

4 내가 사망의 음침한 골짜기로 다닐지라도 해를 두려워하지 않을 것은 주께서 나와 함께 하심이라 주의 지팡이와 막대기가 나를 안위하시나이다

5 주께서 내 원수의 목전에서 내게 상을 차려 주시고 기름을 내 머리에 부으셨으니 내 잔이 넘치나이다 시 78:19

6 내 평생에 선하심과 인자하심이 반드시 나를 따르리니 내가 여호와의 집에 영원히 살리로다

다윗의 시

24 땅과 거기에 충만한 것과 세계와 그 가운데에 사는 자들은 다 여호와의 것이로다

2 여호와께서 그 터를 바다 위에 세우심이여 강들 위에 건설하셨도다

3 여호와의 산에 오를 자가 누구며 그의 거룩한 곳에 설 자가 누구인가

4 곧 손이 깨끗하며 마음이 청결하며 뜻을 허탄한 데에 두지 아니하며 거짓 맹세하지 아니하는 자로다 마 5:8

5 그는 여호와께 복을 받고 구원의 하나님께 의를 얻으리니

6 이는 여호와를 찾는 족속이요 야곱의 하나님의 얼굴을 구하는 자로다 (셀라)

7 ●문들아 너희 머리를 들지어다 영원한 문들아 들릴지어다 영광의 왕이 들어가시리로다

8 영광의 왕이 누구시냐 강하고 능한 여호와시요 전쟁에 능한 여호와시로다

9 문들아 너희 머리를 들지어다 영원한 문들아 들릴지어다 영광의 왕이 들어가시리로다

10 영광의 왕이 누구시냐 만군의 여호와께서 곧 영광의 왕이시로다 (셀라)

다윗의 시

25 여호와여 나의 영혼이 주를 우러러보나이다

2 나의 하나님이여 내가 주께 의지하였사오니 나를 부끄럽지 않게 하시고 나의 원수들이 나를 이겨 개가를 부르지 못하게 하소서

3 주를 바라는 자들은 수치를 당하지 아니하려니와 까닭 없이 속이는 자들은 수치를 당하리이다

4 여호와여 주의 도를 내게 보이시고 주의 길을 내게 가르치소서

5 주의 진리로 나를 지도하시고 교훈하소서 주는 내 구원의 하나님이시니 내가 종일 주를 기다리나이다 요 16:13

6 여호와여 주의 긍휼하심과 인자하심이 영원부터 있었사오니 주여 이것들을 기억하옵소서

7 여호와여 내 젊은 시절의 죄와 허물을 기억하지 마시고 주의 인자하심을 따라 주께서 나를 기억하시되 주의 선하

23 에는 무엇이 기록되어 있을까?

다윗은 이 세상의 삶이 사망의 깊은 골짜기를 지나는 것처럼 힘들지만, 목자이신 하나님만 의지하면 평안과 영원한 생명을 누릴 수 있다고 노래하고 있어요.

24 다윗이 하나님의 법궤를 예루살렘으로 옮긴 사건을 기념하여 지은 시에요. 다윗은 영광의 왕이신 하나님을 찬양하고 있어요.

심으로 하옵소서

8 여호와는 선하시고 정직하시니 그러므로 그의 도로 죄인들을 교훈하시리로다

9 온유한 자를 정의로 지도하심이여 온유한 자에게 그의 도를 가르치시리로다

10 여호와의 모든 길은 그의 언약과 증거를 지키는 자에게 인자와 진리로다

11 여호와여 나의 죄악이 크오니 주의 이름으로 말미암아 사하소서

12 여호와를 경외하는 자 누구냐 그가 택할 길을 그에게 가르치시리로다

13 그의 영혼은 평안히 살고 그의 자손은 땅을 상속하리로다

14¹⁾ 여호와의 친밀하심이 그를 경외하는 자들에게 있음이여 그의 언약을 그들에게 보이시리로다 행 3:32

15 내 눈이 항상 여호와를 바라봄은 내 발을 그물에서 벗어나게 하실 것임이로다

16 주여 나는 외롭고 괴로우니 내게 돌이키사 나에게 은혜를 베푸소서 69:16

17 내 마음의 근심이 많사오니 나를 고난에서 끌어내소서

18 나의 곤고와 환난을 보시고 내 모든 죄를 사하소서

1) 여호와께서 경외하는 자를 친애하심이여

19 내 원수를 보소서 그들의 수가 많고 나를 심히 미워하나이다

20 내 영혼을 지켜 나를 구원하소서 내가 주께 피하오니 수치를 당하지 않게 하소서

21 내가 주를 바라오니 성실과 정직으로 나를 보호하소서

22 하나님이여 이스라엘을 그 모든 환난에서 속량하소서 30:8

다윗의 시

26 내가 나의 완전함에 행하였사오며 흔들리지 아니하고 여호와를 의지하였사오니 여호와여 나를 판단하소서

2 여호와여 나를 살피시고 시험하사 내 뜻과 내 양심을 단련하소서

3 주의 인자하심이 내 목전에 있나이다 내가 주의 진리 중에 행하여

4 허망한 사람과 같이 앉지 아니하였사오니 간사한 자와 동행하지도 아니하리이다 1:1

5 내가 행악자의 집회를 미워하오니 악한 자와 같이 앉지 아니하리이다 139:21

6 여호와여 내가 무죄하므로 손을 씻고 주의 제단에 두루 다니며

7 감사의 소리를 들려 주고 주의 기이한 모든 일을 말하리이다

8 여호와여 내가 주께서 계신 집과 주의 영광이 머무는 곳을 사랑하오니 27:4

9 내 영혼을 죄인과 함께, 내 생명을 살인자와 함께 거두지 마소서

10 그들의 손에 사악함이 있고 그들의 오른손에 뇌물이 가득하오나

11 나는 나의 완전함에 행하오리니 나를 속량하시고 내게 은혜를 베푸소서 69:18

비전을 심어주는 9컷 대화

왕따시키는 아이들

어느 중학교에서 '왕따' 당하는 한 학생을 오랫동안 몰래 카메라로 촬영한 것을 TV에서 방송했는데 매우 충격적이었습니다. 같은 반의 대부분 학생들이 한 학생을 심하게 괴롭히고 있었는데, 그들은 아무런 반성의 기미도 없이 당연한 일인 듯 습관처럼 한 학생을 집중적으로 괴롭혔지요. 기자가 한 학생을 인터뷰하여 다른 학생을 괴롭히는 이유를 묻자 그 학생은 이렇게 대답했지요.

"왕따 당하지 않기 위해서지요. 누군가를 괴롭히는 학생은 아무도 괴롭히지 않더군요."

자기가 안전하게 살기 위해 남을 괴롭히며 치열하게 경쟁하는 세상이지만, 서로 한두 발씩만 다가가 섬기면 모두 함께 행복하게 살 수 있습니다.

25편 에는 무엇이 기록되어 있을까? 다윗은 원수들의 공격과 자신의 죄로 인해 많은 어려움을 겪었어요. 그는 눈물로 회개하며 하나님께 도움을 구했답니다.

26편 억울하게 고난당하는 다윗이 애타는 마음으로 하나님께 도움을 호소하는 시예요. 그러나 위로받을 수 있는 곳은 오직 하나님 품밖에 없음을 고백하고 있지요.

12 내 발이 평탄한 데에 섰사오니 무리가 운데에서 여호와를 송축하리이다

27

여호와는 나의 빛이요 나의 구원이시니 내가 누구를 두려워하리요 여호와는 내 생명의 능력이시니 내가 누구를 무서워하리요

2 악인들이 내 살을 먹으려고 내게로 왔으나 나의 대적들, 나의 원수들인 그들은 실족하여 넘어졌도다

3 군대가 나를 대적하여 진 칠지라도 내 마음이 두렵지 아니하며 전쟁이 일어나 나를 치려 할지라도 나는 1)여전히 태연하리로다

4 내가 여호와께 바라는 한 가지 일 그것을 구하리니 곧 내가 내 평생에 여호와의 집에 살면서 여호와의 아름다움을 바라보며 그의 성전에서 사모하는 그것이라

5 여호와께서 환난 날에 나를 그의 초막 속에 비밀히 지키시고 그의 장막 은밀한 곳에 나를 숨기시며 높은 바위 위에 두시리로다

6 이제 내 머리가 나를 둘러싼 내 원수 위에 들리리니 내가 그의 장막에서 즐거운 제사를 드리겠고 노래하며 여호와를 찬송하리로다

7 ●여호와여 내가 소리 내어 부르짖을 때에 들으시고 또한 나를 긍휼히 여기사 응답하소서

8 너희는 내 얼굴을 찾으라 하실 때에 내가 마음으로 주께 말하되 여호와여 내가 주의 얼굴을 찾으리이다 하였나이다

9 주의 얼굴을 내게서 숨기지 마시고 주의 종을 노하여 버리지 마소서 주는 나의 도

움이 되셨나이다 나의 구원의 하나님이시여 나를 버리지 마시고 떠나지 마소서

10 내 부모는 나를 버렸으나 여호와는 나를 영접하시리이다

11 여호와여 주의 도를 내게 가르치시고 2)내 원수를 생각하셔서 평탄한 길로 나를 인도하소서

12 내 생명을 내 대적에게 맡기지 마소서 위증자와 악을 토하는 자가 일어나 나를 치려 함이나이다

13 내가 산 자들의 땅에서 여호와의 선하심을 보게 될 줄 확실히 믿었도다

14 너는 여호와를 기다릴지어다 강하고 담대하며 여호와를 기다릴지어다

28

여호와여 내가 주께 부르짖으오니 나의 반석이여 내게 귀를 막지 마소서 주께서 내게 잠잠하시면 내가 무덤에 내려가는 자와 같을까 하나이다

2 내가 주의 3)지성소를 향하여 나의 손을 들고 주께 부르짖을 때에 나의 간구하는 소리를 들으소서

3 악인과 악을 행하는 자들과 함께 나를 끌어내지 마옵소서 그들은 그 이웃에게 화평을 말하나 그들의 마음에는 악독이 있나이다

4 그들이 하는 일과 그들의 행위가 악한 대로 갚으시며 그들의 손이 지은 대로 그들에게 갚아 그 마땅히 받을 것으로 그들에게 갚으소서

5 그들은 여호와께서 행하신 일과 손으로 지으신 것을 생각하지 아니하므로

1) 그중에서 안연하리로다 2) 엎드려 나를 기다리는 자들을 인하여 3) 성소 안을

송축(26:12) 경사가 있을 때 축복을 보냄.
위증자(27:12) 거짓을 증거하는 자.
화염(29:7) 타오르는 불빛.
삼림(29:9) 나무가 울창한 숲.
낙성가(30편) 건축을 완성하고 불렀던 노래.
스올(30:3) 죽은 자의 거주지를 가리키는 말. 악마의 거주지.

27 에는 무엇이 기록되어 있을까?

아들 압살롬이 반란을 일으키자, 다윗은 하나님을 의지하며 부르짖었어요. 다윗은 하나님께서 구원해주시고 승리하게 해주실 것을 믿고 기도했답니다.

28 압살롬 때문에 하나님의 도우심을 구한 다윗에게 하나님이 응답하셨어요. 이에 다윗은 하나님의 선하심과 의로우심에 감사하고 찬양하였지요.

여호와께서 그들을 파괴하고 건설하지 아니하시리로다

6 ●여호와를 찬송함이여 내 간구하는 소리를 들으심이로다

7 여호와는 나의 힘과 나의 방패이시니 내 마음이 그를 의지하여 도움을 얻었도다 그러므로 내 마음이 크게 기뻐하며 내 노래로 그를 찬송하리로다

8 여호와는 그들의 힘이시요 그의 기름 부음 받은 자의 구원의 요새이시로다

9 주의 백성을 구원하시며 주의 산업에 복을 주시고 또 그들의 목자가 되시어 영원토록 그들을 인도하소서

가데스 광야(29:8)

좌정하시도다

11 여호와께서 자기 백성에게 힘을 주심이여 여호와께서 자기 백성에게 평강의 복을 주시리로다

[다윗의 시]

29

너희 권능 있는 자들아 영광과 능력을 여호와께 돌리고 돌릴지어다

2 여호와께 그의 이름에 합당한 영광을 돌리며 1)거룩한 옷을 입고 여호와께 예배할지어다

3 ●여호와의 소리가 물 위에 있도다 영광의 하나님이 우렛소리를 내시니 여호와는 많은 물 위에 계시도다

4 여호와의 소리가 힘 있음이여 여호와의 소리가 위엄차도다

5 여호와의 소리가 백향목을 꺾으심이여 여호와께서 레바논 백향목을 꺾어 부수시도다

6 그 나무를 송아지 같이 뛰게 하심이여 레바논과 시룐으로 들송아지 같이 뛰게 하시도다

7 여호와의 소리가 화염을 가르시도다

8 여호와의 소리가 광야를 진동하심이여 여호와께서 가데스 광야를 진동시키시도다　민 13:26

9 여호와의 소리가 암사슴을 2)낙태하게 하시고 삼림을 말갛게 벗기시니 그의 성전에서 그의 모든 것들이 말하기를 영광이라 하도다

10 ●여호와께서 홍수 때에 좌정하셨음이여 여호와께서 영원하도록 왕으로

[다윗의 시, 곧 성전 낙성가]

30

여호와여 내가 주를 높일 것은 주께서 나를 끌어내사 내 원수로 하여금 나로 말미암아 기뻐하지 못하게 하심이니이다

2 여호와 내 하나님이여 내가 주께 부르짖으매 나를 고치셨나이다

3 여호와여 주께서 내 영혼을 스올에서 끌어내어 나를 살리사 무덤으로 내려가지 아니하게 하셨나이다

4 주의 성도들아 여호와를 찬송하며 그의 거룩함을 기억하며 감사하라　149:1

5 그의 노염은 잠깐이요 그의 은총은 평생이로다 저녁에는 울음이 깃들일지라도 아침에는 기쁨이 오리로다

6 내가 형통할 때에 말하기를 영원히 흔들리지 아니하리라 하였도다

7 여호와여 주의 은혜로 나를 산 같이 굳게 세우셨더니 주의 얼굴을 가리시매 내가 근심하였나이다

29편 에는 무엇이 기록되어 있을까?

온 우주와 세상을 다스리시고 주관하시는 하나님의 위대하심과 능력을 '여호와의 소리'로 표현하면서 찬양하는 다윗의 시예요.

30편 인생의 마지막 때 다윗이 자신의 지난날을 돌아보면서 지금까지 보호해 주시고 인도해주신 하나님의 사랑에 대하여 찬양한 시예요.

1)거룩함의 아름다움에서 2)새끼를 낳게

8 여호와여 내가 주께 부르짖고 여호와께 간구하기를

갑바도기아의 암봉(31:2)

9 내가 무덤에 내려갈 때에 나의 피가 무슨 유익이 있으리요 진토가 어떻게 주를 찬송하며 주의 진리를 선포하리이까

10 여호와여 들으시고 내게 은혜를 베푸소서 여호와여 나를 돕는 자가 되소서 하였나이다

11 주께서 나의 슬픔이 변하여 내게 춤이 되게 하시며 나의 베옷을 벗기고 기쁨으로 띠 띠우셨나이다

12 이는 잠잠하지 아니하고 내 영광으로 주를 찬송하게 하심이니 여호와 나의 하나님이여 내가 주께 영원히 감사하리이다

다윗의 시, 인도자를 따라 부르는 노래

31

여호와여 내가 주께 피하오니 나를 영원히 부끄럽게 하지 마시고 주의 공의로 나를 건지소서

2 내게 귀를 기울여 속히 건지시고 내게 견고한 바위와 구원하는 산성이 되소서

3 주는 나의 반석과 산성이시니 그러므로 주의 이름을 생각하셔서 나를 인도하시고 지도하소서

4 그들이 나를 위하여 비밀히 친 그물에서 빼내소서 주는 나의 산성이시니이다

5 내가 나의 영을 주의 손에 부탁하나이다 진리의 하나님 여호와여 나를 속량하셨나이다

6 내가 허탄한 거짓을 숭상하는 자들을 미워하고 여호와를 의지하나이다

7 내가 주의 인자하심을 기뻐하며 즐거워할 것은 주께서 나의 고난을 보시고 환난 중에 있는 내 영혼을 아셨으며

8 나를 원수의 수중에 가두지 아니하셨고 내 발을 넓은 곳에 세우셨음이니이다

9 여호와여 내가 고통 중에 있사오니 내게 은혜를 베푸소서 내가 근심 때문에 눈과 영혼과 몸이 쇠하였나이다

10 내 일생을 슬픔으로 보내며 내 연수를 탄식으로 보냄이여 내 기력이 나의 죄악 때문에 약하여지며 나의 뼈가 쇠하도소이다

11 내가 모든 대적들 때문에 욕을 당하고 내 이웃에게서는 심히 당하니 내 친구가 놀라고 길에서 보는 자가 나를 피하였나이다

12 내가 잊어버린 바 됨이 죽은 자를 마음에 두지 아니함 같고 깨진 그릇과 같으니이다

13 내가 무리의 비방을 들었으므로 사방이 두려움으로 감싸였나이다 그들이 나를 치려고 함께 의논할 때에 내 생명을 빼앗기로 꾀하였나이다

14 여호와여 그러하여도 나는 주께 의지하고 말하기를 주는 내 하나님이시라 하였나이다

15 나의 앞날이 주의 손에 있사오니 내 원수들과 나를 핍박하는 자들의 손에서 나를 건져 주소서

16 주의 얼굴을 주의 종에게 비추시고 주의 사랑하심으로 나를 구원하소서

17 여호와여 내가 주를 불렀사오니 나를 부끄럽게 하지 마시고 악인들을 부끄럽게 하사 스올에서 잠잠하게 하소서

18 교만하고 완악한 말로 무례히 의인을

1) 내 영혼의 환난을 아셨고

31 에는 무엇이 기록되어 있을까?

다윗의 시에요. 고난의 이유가 자신의 죄로 인해 하나님께서 돌아보시지 않기 때문이라고 생각한 다윗은 회개하며 하나님께 도우심을 구하고 있어요.

숭상(31:6) 높여 존중히 여김.

진액(32:4) 생물체 안에서 생겨나는 액체.

88:4, 5

2:8

치는 거짓 입술이 말 못하는 자 되게 하소서

19 주를 두려워하는 자를 위하여 쌓아 두신 은혜 곧 주께 피하는 자를 위하여 인생 앞에 베푸신 은혜가 어찌 그리 큰지요

20 주께서 그들을 주의 은밀한 곳에 숨기사 사람의 꾀에서 벗어나게 하시고 비밀히 장막에 감추사 말 다툼에서 면하게 하시리이다

21 여호와를 찬송할지어다 견고한 성에서 그의 놀라운 사랑을 내게 보이셨음이로다

22 내가 놀라서 말하기를 주의 목전에서 끊어졌다 하였사오나 내가 주께 부르짖을 때에 주께서 나의 간구하는 소리를 들으셨나이다

23 너희 모든 성도들아 여호와를 사랑하라 여호와께서 진실한 자를 보호하시고 교만하게 행하는 자에게 엄중히 갚으시느니라

24 여호와를 바라는 너희들아 강하고 담대하라

열 줄 비파(33:2)

다윗의 마스길

32

허물의 사함을 받고 자신의 죄가 가려진 자는 복이 있도다

2 마음에 간사함이 없고 여호와께 정죄를 당하지 아니하는 자는 복이 있도다

3 내가 입을 열지 아니할 때에 종일 신음하므로 내 뼈가 쇠하였도다

4 주의 손이 주야로 나를 누르시오니 내 진액이 빠져서 여름 가뭄에 마름 같이 되었나이다 (셀라)

5 내가 이르기를 내 허물을 여호와께 자복하리라 하고 주께 내 죄를 아뢰고 내 죄악을 숨기지 아니하였더니 곧 주께서 내 죄악을 사하셨나이다 (셀라)

6 이로 말미암아 모든 경건한 자는 1)주를 만날 기회를 얻어서 주께 기도할지라 진실로 홍수가 범람할지라도 그에게 미치지 못하리이다

7 주는 나의 은신처이오니 환난에서 나를 보호하시고 구원의 노래로 나를 두르시리이다 (셀라)

8 내가 네 갈 길을 가르쳐 보이고 너를 주목하여 훈계하리로다

9 너희는 무지한 말이나 노새 같이 되지 말지어다 그것들은 재갈과 굴레로 단속하지 아니하면 너희에게 가까이 가지 아니하리로다

10 악인에게는 많은 슬픔이 있으나 여호와를 신뢰하는 자에게는 인자하심이 두르리로다

11 너희 의인들아 여호와를 기뻐하며 즐거워할지어다 마음이 정직한 너희들아 다 즐거이 외칠지어다

33

너희 의인들아 여호와를 즐거워하라 찬송은 정직한 자들이 마땅히 할 바로다

2 수금으로 여호와께 감사하고 열 줄 비파로 찬송할지어다

3 새 노래로 그를 노래하며 즐거운 소리로 아름답게 연주할지어다

4 여호와의 말씀은 정직하며 그가 행하시는 일은 다 진실하시도다

5 그는 공의와 정의를 사랑하심이여 세

32 에는 무엇이 기록되어 있을까?

밧세바 사건에 대하여 다윗이 깊이 뉘우치며 기도하는 시예요. 하나님께 회개하면 기쁨과 평안이 넘치게 됨을 잘 가르쳐주고 있답니다.

33 지은이를 알 수 없는 이 시는, 나라가 어려운 상황에 처했을 때 하나님의 도우심으로 구원받게 되어 감사드리는 찬양시예요.

1) 고훈 2) 죄를 깨달을 때에

상에는 여호와의 인자하심이 충만하도다 ¹¹:⁷

6 여호와의 말씀으로 하늘이 지음이 되었으며 그 만상을 그의 입 기운으로 이루었도다 창 1:6, 7

7 그가 바닷물을 모아 무더기 같이 쌓으시며 깊은 물을 곳간에 두시도다 78:13

8 온 땅은 여호와를 두려워하며 세상의 모든 거민들은 그를 경외할지어다

9 그가 말씀하시매 이루어졌으며 명령하시매 견고히 섰도다 창 1:3

10 여호와께서 나라들의 계획을 폐하시며 민족들의 사상을 무효하게 하시도다

11 여호와의 계획은 영원히 서고 그의 생각은 대대에 이르리로다

12 여호와를 자기 하나님으로 삼은 나라 곧 하나님의 기업으로 선택된 백성은 복이 있도다

13 여호와께서 하늘에서 굽어보사 모든 인생을 살피심이여

14 곧 그가 거하시는 곳에서 세상의 모든 거민들을 굽어살피시는도다

15 그는 그들 모두의 마음을 지으시며 그들이 하는 일을 굽어살피시는 이로다

16 많은 군대로 구원 얻은 왕이 없으며 용사가 힘이 세어도 스스로 구원하지 못하는도다 44:6

17 구원하는 데에 군마는 헛되며 군대가 많다 하여도 능히 구하지 못하는도다

18 여호와는 그를 경외하는 자 곧 그의 인자하심을 바라는 자를 살피사

19 그들의 영혼을 사망에서 건지시며 그들이 굶주릴 때에 그들을 살리시는도다

20 우리 영혼이 여호와를 바람이여 그는 우리의 도움과 방패시로다

21 우리 마음이 그를 즐거워함이여 우리가 그의 성호를 의지하였기 때문이로다

22 여호와여 우리가 주께 바라는 대로 주의 인자하심을 우리에게 베푸소서

[다윗이 아비멜렉 앞에서 미친 체하다가 쫓겨나서 지은 시]

34

내가 여호와를 항상 송축함이여 내 입술로 항상 주를 찬양하리이다

2 내 영혼이 여호와를 자랑하리니 곤고한 자들이 이를 듣고 기뻐하리로다

3 나와 함께 여호와를 광대하시다 하며 함께 그의 이름을 높이세

4 내가 여호와께 간구하매 내게 응답하시고 내 모든 두려움에서 나를 건지셨도다 마 7:7

5 그들이 주를 앙망하고 광채를 내었으니 그들의 얼굴은 부끄럽지 아니하리로다 36:9

6 이 곤고한 자가 부르짖으매 여호와께서 들으시고 그의 모든 환난에서 구원하셨도다

7 여호와의 천사가 주를 경외하는 자를 둘러 진 치고 그들을 건지시는도다

8 너희는 여호와의 선하심을 맛보아 알지어다 그에게 피하는 자는 복이 있도다 벧전 2:3

9 너희 성도들아 여호와를 경외하라 그를 경외하는 자에게는 부족함이 없도다

10 젊은 사자는 궁핍하여 주릴지라도 여

34 에는 무엇이 기록되어 있을까?

사울을 피해 블레셋으로 도망한 다윗이 미친 체하며 유대 광야를 빠져나올 때 지은 시예요. 하나님은 언제나 의인을 보호하시고 구원하심을 알 수 있답니다.

35 사울과 그 일당들은 끈질기게 다윗을 죽이려고 했어요. 다윗은 의로우신 하나님께 그들을 물리쳐주실 것을 간절히 기도하였지요.

호와를 찾는 자는 모든 좋은 것에 부족함이 없으리로다

11 너희 자녀들아 와서 내 말을 들으라 내가 여호와를 경외하는 법을 너희에게 가르치리로다

12 생명을 사모하고 연수를 사랑하여 복 받기를 원하는 사람이 누구뇨

13 네 혀를 악에서 금하며 네 입술을 거짓 말에서 금할지어다

14 악을 버리고 선을 행하며 화평을 찾아 따를지어다 히 12:14

15 여호와의 눈은 의인을 향하시고 그의 귀는 그들의 부르짖음에 기울이시는도다

16 여호와의 얼굴은 악을 행하는 자를 향하사 그들의 ¹⁾자취를 땅에서 끊으려 하시는도다 잠 10:7

17 의인이 부르짖으매 여호와께서 들으시고 그들의 모든 환난에서 건지셨도다

18 여호와는 마음이 상한 자를 가까이 하시고 충심으로 통회하는 자를 구원하시는도다

19 의인은 고난이 많으나 여호와께서 그의 모든 고난에서 건지시는도다 잠 24:16

20 그의 모든 뼈를 보호하심이여 그 중에서 하나도 꺾이지 아니하리로다

21 악이 악인을 죽일 것이라 의인을 미워하는 자는 벌을 받으리로다

22 여호와께서 그의 종들의 영혼을 속량하시나니 그에게 피하는 자는 다 벌을 받지 아니하리로다

[다윗의 시]

35
여호와여 나와 다투는 자와 다투시고 나와 싸우는 자와 싸우소서 43:1

2 방패와 손 방패를 잡으시고 일어나 나를 도우소서 91:4

3 창을 빼사 나를 쫓는 자의 길을 막으시고 또 내 영혼에게 나는 네 구원이라 이르소서

4 내 생명을 찾는 자들이 부끄러워 수치

를 당하게 하시며 나를 상해하려 하는 자들이 물러가 낭패를 당하게 하소서

5 그들을 바람 앞에 겨와 같게 하시고 여호와의 천사가 그들을 몰아내게 하소서

6 그들의 길을 어둡고 미끄럽게 하시고 여호와의 천사가 그들을 뒤쫓게 하소서

7 그들이 까닭 없이 나를 잡으려고 그들의 그물을 웅덩이에 숨기며 까닭 없이 내 생명을 해하려고 함정을 팠사오니

8 멸망이 순식간에 그에게 닥치게 하시며 그가 숨긴 그물에 자기가 잡히게 하시며 멸망 중에 떨어지게 하소서 9:15

9 내 영혼이 여호와를 즐거워함이여 그의 구원을 기뻐하리로다

10 내 모든 뼈가 이르기를 여호와와 같은 이가 누구냐 그는 가난한 자를 그보다 강한 자에게서 건지시고 가난하고 궁핍한 자를 노략하는 자에게서 건지시는 이라 하리로다

11 불의한 증인들이 일어나서 내가 알지 못하는 일로 내게 질문하며

12 내게 선을 악으로 갚아 나의 영혼을 외롭게 하나

13 나는 그들이 병 들었을 때에 굵은 베 옷을 입으며 금식하여 내 영혼을 괴롭게 하였더니 내 기도가 내 품으로 돌아왔

술술 풀리는 성경말씀

원수에 대한 저주

슬픈 일을 당했을 때 함께 울기도 했던 사람들이 은혜를 악으로 갚을 때, 더 나아가 원수로 돌변하여 자기의 생명을 빼앗으려 할 때, 시인은 하나님께서 그들에게 정의의 판단을 내려주실 것을 구하며 탄식합니다. 학자들은 이런 탄식의 배경을 다윗이 사울에게 쫓길 때라고 추측하고 있어요.

다윗은 자신을 배반하고 공격해오는 사람들을 향해, 하나님이 대신 싸워주실 것을 호소했지요. 하지만 이것은 다윗의 개인적인 복수심에서 나온 것이 아니었어요. 다윗은 하나님의 교회를 해치는 자들에 대한 하나님의 공의로우신 심판을 호소한 것이랍니다.

35편

도다

14 내가 나의 친구와 형제에게 행함 같이 그들에게 행하였으며 내가 몸을 굽히고 슬퍼하기를 어머니를 곡함 같이 하였도다

15 그러나 내가 넘어지매 그들이 기뻐하여 서로 모임이여 불량배가 내가 알지 못하는 중에 모여서 나를 치며 찢기를 마지아니하도다

16 그들은 연회에서 망령되이 조롱하는 자 같이 나를 향하여 그들의 이를 갈도다

17 주여 어느 때까지 관망하시려 하나이까 내 영혼을 저 멸망자에게서 구원하시며 내 유일한 것을 사자들에게서 건지소서

18 내가 대회 중에서 주께 감사하며 많은 백성 중에서 주를 찬송하리이다

19 부당하게 나의 원수된 자가 나로 말미암아 기뻐하지 못하게 하시며 까닭 없이 나를 미워하는 자들이 서로 눈짓하지 못하게 하소서

20 무릇 그들은 화평을 말하지 아니하고 오히려 평안히 땅에 사는 자들을 거짓말로 모략하며

21 또 그들이 나를 향하여 입을 크게 벌리고 하하 우리가 목격하였다 하나이다

비전을 심어주는
3분예화

아들을 잃고 감사하는 이유

늘 감사하면서 사는 할머니가 있었어요. 그 할머니는 감사를 잘하기로 많은 사람들에게 소문이 나 있었지요. 그런데 어느 날 그만 할머니의 아들이 교통사고로 죽고 말았어요. 사람들은 할머니가 이런 상황에서는 하나님을 원망하며 더 이상 감사할 수 없을 것이라고 생각했지요. 그러나 사람들은 할머니의 예상밖의 대답에 한 번 더 놀라고 말았답니다.

"저를 위로하실 필요는 없어요. 하나님께서 제게 아들을 지금까지 30년 동안이나 맡겨주셔서 감사하고 있답니다. 또 여기보다 나은 천국에 아들 데려가셔서 이 땅에서 고생하지 않고 행복하게 살게 하시니 더욱 감사할 뿐입니다."

22 여호와여 주께서 이를 보셨사오니 잠 잠하지 마옵소서 주여 나를 멀리하지 마옵소서 [삼3:7]

23 나의 하나님, 나의 주여 떨치고 깨셔서 나를 공판하시며 나의 송사를 다스리소서 [44:23]

24 여호와 나의 하나님이여 주의 공의대로 나를 판단하사 그들이 나로 말미암아 기뻐하지 못하게 하소서 [9:4]

25 그들이 마음속으로 이르기를 아하 소원을 성취하였다 하지 못하게 하시며 우리가 그를 삼켰다 말하지 못하게 하소서

26 나의 재난을 기뻐하는 자들이 함께 부끄러워 낭패를 당하게 하시며 나를 향하여 스스로 뽐내는 자들이 수치와 욕을 당하게 하소서 [40:14]

27 나의 의를 즐거워하는 자들이 기꺼이 노래 부르고 즐거워하게 하시며 그의 종의 평안함을 기뻐하시는 여호와는 위대하시다 하는 말을 그들이 항상 말하게 하소서

28 나의 혀가 주의 의를 말하며 종일토록 주를 찬송하리이다

[여호와의 종 다윗의 시, 인도자를 따라 부르는 노래]

36

악인의 죄가 그의 마음속으로 이르기를 그의 눈에는 하나님을 두려워하는 빛이 없다 하니

2 [1)그가 스스로 자랑하기를 자기의 죄악은 드러나지 아니하고 미워함을 받지도 아니하리라 함이로다

3 그의 입에서 나오는 말은 죄악과 속임이라 그는 지혜와 선행을 그쳤도다

4 그는 그의 침상에서 죄악을 꾀하며 스스로 악한 길에 서고 악을 거절하지 아니하는도다

5 ●여호와여 주의 인자하심이 하늘에 있고 주의 진실하심이 공중에 사무쳤으며

6 주의 의는 하나님의 산들과 같고 주의 심판은 큰 바다와 같으니이다 여호와

1)그는 그 죄악이 드러나서 미움을 받기까지 자긍하는도다

여 주는 사람과 짐승을 구하여 주시나이다

7 하나님이여 주의 인자하심이 어찌 그리 보배로우신지요 사람들이 주의 날개 그늘 아래에 피하나이다

8 그들이 주의 집에 있는 살진 것으로 풍족할 것이라 주께서 주의 복락의 강물을 마시게 하시리이다 ⏺ 20:17

9 진실로 생명의 원천이 주께 있사오니 주의 빛 안에서 우리가 빛을 보리이다

10 주를 아는 자들에게 주의 인자하심을 계속 베푸시며 마음이 정직한 자에게 주의 공의를 베푸소서

11 교만한 자의 발이 내게 이르지 못하게 하시며 악인들의 손이 나를 쫓아내지 못하게 하소서

12 악을 행하는 자들이 거기서 넘어졌으니 엎드러지고 다시 일어날 수 없으리이다

악인의 활(37:14)

[다윗의 시]

37 악을 행하는 자들 때문에 불평하지 말며 불의를 행하는 자들을 시기하지 말지어다

2 그들은 풀과 같이 속히 베임을 당할 것이며 푸른 채소 같이 쇠잔할 것임이로다 90:5, 6

3 여호와를 의뢰하고 선을 행하라 1)땅에 머무는 동안 그의 성실을 먹을 거리로 삼을지어다

4 또 여호와를 기뻐하라 그가 네 마음의 소원을 네게 이루어 주시리로다

5 네 길을 여호와께 맡기라 그를 의지하

면 그가 이루시고

6 네 의를 빛 같이 나타내시며 네 공의를 정오의 빛 같이 하시리로다 **암송**

7 2)여호와 앞에 잠잠하고 참고 기다리라 자기 길이 형통하며 악한 꾀를 이루는 자 때문에 불평하지 말지어다 62:5

8 분을 그치고 노를 버리며 불평하지 말라 오히려 악을 만들 뿐이라

9 진실로 악을 행하는 자들은 끊어질 것이나 여호와를 소망하는 자들은 땅을 차지하리로다

10 잠시 후에는 악인이 없어지리니 네가 그 곳을 자세히 살필지라도 없으리로다

11 그러나 온유한 자들은 땅을 차지하며 풍성한 화평으로 즐거워하리로다

12 악인이 의인 치기를 꾀하고 그를 향하여 그의 이를 가는도다 35:16

13 그러나 주께서 그를 비웃으시리니 그의 날이 다가옴을 보심이로다 벧후 26:10

14 악인이 칼을 빼고 활을 당겨 가난하고 궁핍한 자를 엎드러뜨리며 행위가 정직한 자를 죽이고자 하나 41:2

15 그들의 칼은 오히려 그들의 양심을 찌르고 그들의 활은 부러지리로다 9:16

16 의인의 적은 소유가 악인의 풍부함보다 낫도다

17 악인의 팔은 부러지나 의인은 여호와께서 붙드시는도다

18 여호와께서 온전한 자의 날을 아시나니 그들의 기업은 영원하리로다

19 그들은 환난 때에 부끄러움을 당하지

1) 땅에 거하며 정녕히 먹으리로다 2) 여호와를 의지하고 잠잠하며 참아

아니하며 기근의 날에도 풍족할 것이나

20 악인들은 멸망하고 여호와의 원수들은 어린 양의 기름 같이 타서 연기가 되어 없어지리로다

21 악인은 꾸고 갚지 아니하나 의인은 은혜를 베풀고 주는도다

22 주의 복을 받은 자들은 땅을 차지하고 주의 저주를 받은 자들은 끊어지리로다

23 여호와께서 사람의 걸음을 정하시고 그의 길을 기뻐하시나니

24 그는 넘어지나 아주 엎드러지지 아니함은 여호와께서 그의 손으로 붙드심이로다

25 내가 어려서부터 늙기까지 의인이 버림을 당하거나 그의 자손이 걸식함을 보지 못하였도다

26 그는 종일토록 은혜를 베풀고 꾸어 주니 그의 자손이 복을 받는도다

27 악에서 떠나 선을 행하라 그리하면 영원히 살리니

28 여호와께서 정의를 사랑하시고 그의 성도를 버리지 아니하심이로다 그들은 영원히 보호를 받으나 악인의 자손은 끊어지리로다

29 의인이 땅을 차지함이여 거기서 영원히 살리로다

30 의인의 입은 지혜로우며 그의 혀는 정의를 말하며

31 그의 마음에는 하나님의 법이 있으니 그의 걸음은 실족함이 없으리로다

32 악인이 의인을 엿보아 살해할 기회를 찾으나

33 여호와는 그를 악인의 손에 버려 두지 아니하시고 재판 때에도 정죄하지 아니하시리로다

34 여호와를 바라고 그의 도를 지키라 그리하면 네가 땅을 차지하게 하실 것이

라 악인이 끊어질 때에 네가 똑똑히 보리로다

35 내가 악인의 큰 세력을 본즉 그 본래의 땅에 서 있는 나무 잎이 무성함과 같으나

36 1)내가 지나갈 때에 그는 없어졌나니 내가 찾아도 발견하지 못하였도다

37 온전한 사람을 살피고 정직한 자를 볼지어다 모든 화평한 자의 미래는 평안이로다

38 범죄자들은 함께 멸망하리니 악인의 미래는 끊어질 것이나

39 의인들의 구원은 여호와로부터 오나니 그는 환난 때에 그들의 요새이시로다

40 여호와께서 그들을 도와 건지시되 악인들에게서 건져 구원하심은 그를 의지한 까닭이로다

[다윗의 기념하는 시]

38

여호와여 주의 노하심으로 나를 책망하지 마시고 주의 분노하심으로 나를 징계하지 마소서 6:1

2 주의 화살이 나를 찌르고 주의 손이 나를 심히 누르시나이다

3 주의 진노로 말미암아 내 살에 성한 곳이 없사오며 나의 죄로 말미암아 내 뼈에 평안함이 없나이다

4 내 죄악이 내 머리에 넘쳐서 무거운 짐 같으니 내가 감당할 수 없나이다

5 내 상처가 썩어 악취가 나오니 내가 우매한 까닭이로소이다

6 내가 아프고 심히 구부러졌으며 종일토록 슬픔 중에 다니나이다

7 내 허리에 열기가 가득하고 내 살에 성

38편 에는 무엇이 기록되어 있을까?

밧세바를 범한 자신의 죄를 회개한 다윗이 죄에 대해서는 심판하시지만 사랑으로 용서하시는 하나님을 기념하기 위해 지은 시예요.

39편 노인이 되어 지난날을 돌이켜본 다윗이 잘못을 뉘우치며 지은 시예요. 다윗은 오직 하나님 안에만 참 소망이 있음을 고백하고 있습니다.

---

1) 히, 그가 지나갈 때에

걸식(37:25) 음식을 남에게 구걸하여 얻어먹음.
성도(37:28) 거룩한 자들. 하나님께로 구별된 자들.
실족(37:31) 발을 잘못 디딤.
징계(38:1) 허물을 뉘우치게 경계하고 나무람.

한 곳이 없나이다

8 내가 피곤하고 심히 상하였으매 마음이 불안하여 신음하나이다

9 주여 나의 모든 소원이 주 앞에 있사오며 나의 탄식이 주 앞에 감추이지 아니하나이다

10 내 심장이 뛰고 내 기력이 쇠하여 내 눈의 빛도 나를 떠났나이다

11 내가 사랑하는 자와 내 친구들이 내 상처를 멀리하고 내 친척들도 멀리 섰나이다

12 내 생명을 찾는 자가 올무를 놓고 나를 해하려는 자가 괴악한 일을 말하여 종일토록 음모를 꾸미오나 140:5

13 나는 못 듣는 자 같이 듣지 아니하고 말 못하는 자 같이 입을 열지 아니하오니

14 나는 듣지 못하는 자 같아서 내 입에는 반박할 말이 없나이다

15 여호와여 내가 주를 바랐사오니 내 주 하나님이 내게 응답하시리이다 37:9

16 내가 말하기를 두렵건대 그들이 나 때문에 기뻐하며 내가 실족할 때에 나를 향하여 스스로 교만할까 하였나이다

17 내가 넘어지게 되었고 나의 근심이 항상 내 앞에 있사오니

18 내 죄악을 아뢰고 내 죄를 슬퍼함이니이다

19 내 원수가 활발하며 강하고 부당하게 나를 미워하는 자가 많으며 18:17

20 또 악으로 선을 대신하는 자들이 내가 선을 따른다는 것 때문에 나를 대적하나이다

21 여호와여 나를 버리지 마소서 나의 하나님이여 나를 멀리하지 마소서 35:22

22 속히 나를 도우소서 주 나의 구원이시여

(다윗의 시, 인도자를 따라)

여두둔 형식으로 부르는 노래

39

내가 말하기를 나의 행위를 조심하여 내 혀로 범죄하지 아니하리니 악인이 내 앞에 있을 때에 내가 내 입에 재갈을 먹이리라 하였도다

2 내가 잠잠하여 선한 말도 하지 아니하니 나의 근심이 더 심하도다 38:13

3 내 마음이 내 속에서 뜨거워서 작은 소리로 읊조릴 때에 불이 붙으니 나의 혀로 말하기를

4 여호와여 나의 종말과 연한이 언제까지인지 알게 하사 내가 나의 연약함을 알게 하소서

5 주께서 나의 날을 한 뼘 길이만큼 되게 하시매 나의 일생이 주 앞에는 없는 것 같사오니 사람은 그가 든든히 서 있는 때에도 진실로 모두가 허사뿐이니이다 (셀라)

6 진실로 각 사람은 그림자 같이 다니고 헛된 일로 소란하며 재물을 쌓으나 누가 거둘는지 알지 못하나이다

7 주여 이제 내가 무엇을 바라리요 나의 소망은 주께 있나이다

8 나를 모든 죄에서 건지시며 우매한 자에게서 욕을 당하지 아니하게 하소서

9 내가 잠잠하고 입을 열지 아니함은 주께서 이를 행하신 까닭이니이다 2:10

범죄의 수단인 혀(39:1)		
성경은 혀의 중요성에 대해 여러 가지로 묘사하며, 혀를 바르게 사용해야 한다고 가르쳐주고 있다.		

혀의 특징	혀의 바른 역할
• 작으나 중요함(약 3:5)	• 주의 의를 말함(시 35:28)
	• 정의를 말함(시 37:30)
• 제어하기 어려움(약 3:6)	• 주의 말씀을 노래함 (시 119:172)
• 환난의 근원(잠 21:23)	• 찬양함(시 126:2)
	• 인애의 법을 말함 (잠 31:26)
• 범죄의 수단(시 39:1)	• 예수 그리스도를 주로 시인함(빌 2:11)

우매(38:5) 어리석고 몽매함.

괴악(38:12) 말과 하는 짓이 이상야릇하고 매우 악함.

반박(38:14) 자기의 옳음을 주장하고 상대방의 잘못된 점을 지적하여 논박함.

여두둔(39편) '모라리'의 자손으로, 성전에서 봉사한 3대 악사 중의 사람.

재갈(39:1) 말의 입에 물리는 쇠로 만든 물건.

연한(39:4) 정해진 기간.

허사(39:5) 헛된 일. 헛일.

10 주의 징벌을 나에게서 옮기소서 주의
손이 치심으로 내가 쇠망하였나이다
11 주께서 죄악을 책망하사 사람을 징계
하실 때에 그 영화를 좀먹음 같이 소멸
하게 하시니 참으로 인생이란 모두 헛
될 뿐이니이다 (셀라)
12 여호와여 나의 기도를 들으시며 나의
부르짖음에 귀를 기울이소서 내가 눈
물 흘릴 때에 잠잠하지 마옵소서 나는
주와 함께 있는 나그네이며 나의 모든
조상들처럼 떠도나이다
13 주는 나를 용서하사 내가 떠나 없어지
기 전에 나의 건강을 회복시키소서

다윗의 시, 인도자를 따라 부르는 노래

40 내가 여호와를 기다리고 기다
렸더니 귀를 기울이사 나의 부
르짖음을 들으셨도다
2 나를 기가 막힐 웅덩이와 수렁에서 끌
어올리시고 내 발을 반석 위에 두사 내
걸음을 견고하게 하셨도다   69:2
3 새 노래 곧 우리 하나님께 올릴 찬송을
내 입에 두셨으니 많은 사람이 보고 두
려워하여 여호와를 의지하리로다   33:3
4 여호와를 의지하고 교만한 자와 거짓
에 치우치는 자를 돌아보지 아니하는
자는 복이 있도다
5 여호와 나의 하나님이여 주께서 행하신
기적이 많고 우리를 향하신 주의 생각
도 많아 누구도 주와 견줄 수가 없나이
다 내가 널리 알려 말하고자 하나 너무
많아 그 수를 셀 수도 없나이다 사 55:8
6 주께서 내 귀를 통하여 내게 들려 주시
기를 제사와 예물을 기뻐하지 아니하
시며 번제와 속죄제를 요구하지 아니
하신다 하신지라
7 그 때에 내가 말하기를 내가 왔나이다

40 편 에는 무엇이 기록되어 있을까?

다윗은 가장 힘든 상황 중에도 하나
님께서 자신을 구원해주셨음에 감사하였어요. 다
윗을 통해 언제나 구원의 은혜에 감사하고 믿음
을 지켜가는 신앙인의 자세를 배울 수 있지요.

레막상식

순종이 제사보다 낫다

하나님께 순종하는 것이 순종이 없는 그 어떤 제사
보다도 중요하다고 말하고 있어요. 제사가 필요하게
된 것은 하나님의 말씀에 불순종하여 하나님과 사람
이 단절되었기 때문이지요. 만약 그들이 하나님과 바
른 관계를 유지했다면 속건제와 속죄제도 필요 없을
거예요.   40편 6절

나를 가리켜 기록한 것이 두루마리 책
에 있나이다
8 나의 하나님이여 내가 주의 뜻 행하기
를 즐기오니 주의 법이 나의 심중에 있
나이다 하였나이다
9 내가 많은 회중 가운데에서 의의 기쁜
소식을 전하였나이다 여호와여 내가
내 입술을 닫지 아니할 줄을 주께서 아
시나이다
10 내가 주의 공의를 내 심중에 숨기지 아
니하고 주의 성실과 구원을 선포하였
으며 내가 주의 인자와 진리를 많은 회
중 가운데에서 감추지 아니하였나이
다
11 여호와여 주의 긍휼을 내게서 거두지
마시고 주의 인자와 진리로 나를 항상
보호하소서
12 수많은 재앙이 나를 둘러싸고 나의 죄
악이 나를 덮치므로 우러러볼 수도 없
으며 죄가 나의 머리털보다 많으므로
내가 낙심하였음이니이다
13 여호와여 은총을 베푸사 나를 구원하
소서 여호와여 속히 나를 도우소서
14 내 생명을 찾아 멸하려 하는 자는 다
수치와 낭패를 당하게 하시며 나의 해
를 기뻐하는 자는 다 물러가 욕을 당하
게 하소서
15 나를 향하여 하하 하하 하며 조소하는
자들이 자기 수치로 말미암아 놀라게
하소서
16 주를 찾는 자는 다 주 안에서 즐거워하
고 기뻐하게 하시며 주의 구원을 사랑
하는 자는 항상 말하기를 여호와는 위

대하시다 하게 하소서

17 나는 가난하고 궁핍하오나 주께서는
나를 생각하시오니 주는 나의 도움이
시요 나를 건지시는 이시라 나의 하나
님이여 지체하지 마소서 70:5

두루마리로 된 하나님의 말씀(40:7)

[다윗의 시, 인도자를 따라 부르는 노래]

41

가난한 자를 보살피는 자에게
복이 있음이여 재앙의 날에 여
호와께서 그를 건지시리로다

2 여호와께서 그를 지키사 살게 하시리
니 그가 이 세상에서 복을 받을 것이라
주여 그를 그의 원수들의 뜻에 맡기지 마
소서

3 여호와께서 그를 병상에서 붙드시고
그가 누워 있을 때마다 그의 병을 고쳐
주시나이다

4 내가 말하기를 여호와여 내게 은혜를
베푸소서 내가 주께 범죄하였사오니
나를 고치소서 하였나이다 6:2

5 나의 원수가 내게 대하여 악담하기를
그가 어느 때에나 죽고 그의 이름이 언
제나 없어질까 하며

6 나를 보러 와서는 거짓을 말하고 그의
중심에 악을 쌓았다가 나가서는 이를
널리 선포하오며

7 나를 미워하는 자가 다 하나같이 내게
대하여 수군거리고 나를 해하려고 꾀
하며

8 이르기를 악한 병이 그에게 들었으니
이제 그가 눕고 다시 일어나지 못하리
라 하오며

9 내가 신뢰하여 내 떡을 나눠 먹던 나의
가까운 친구도 나를 대적하여 그의 발

꿈치를 들었나이다

10 그러하오나 주 여호와여 내게 은혜를
베푸시고 나를 일으키사 내가 그들에
게 보응하게 하소서 이로써

11 내 원수가 나를 이기지 못하오니 주께서
나를 기뻐하시는 줄을 내가 알았나이다

12 주께서 나를 온전한 중에 붙드시고 영
원히 주 앞에 세우시나이다

13 ●이스라엘의 하나님 여호와를 영원부
터 영원까지 송축할지로다 아멘 아멘

제 이 권

[고라 자손의 [1]마스길, 인도자를 따라 부르는 노래]

42

하나님이여 사슴이 시냇물을
찾기에 갈급함 같이 내 영혼이
주를 찾기에 갈급하니이다

2 내 영혼이 하나님 곧 살아 계시는 하나
님을 갈망하나니 내가 어느 때에 나아
가서 하나님의 얼굴을 뵈올까 렘 10:10

3 사람들이 종일 내게 하는 말이 네 하나
님이 어디 있느뇨 하오니 내 눈물이 주
야로 내 음식이 되었도다 80:5

4 내가 전에 성일을 지키는 무리와 동행
하여 기쁨과 감사의 소리를 내며 그들을
하나님의 집으로 인도하였더니 이제 이
일을 기억하고 내 마음이 상하는도다

5 내 영혼아 네가 어찌하여 낙심하며 어
찌하여 내 속에서 불안해 하는가 너는
하나님께 소망을 두라 그가 나타나 도
우심으로 말미암아 내가 여전히 찬송
하리로다

41 에는 무엇이 기록되어 있을까?

사람들로부터 따돌림과 업신여김을
당하는 자들에게 자비를 베푸는 사람이 받을 축
복에 대하여 적어놓은 지혜시이에요.

42 성가대였던 고라 자손이 지었거나 정
리한 시예요. 성전에서 봉사하며 하나
님께 경배하였던 때를 그리워하는 시
인이 하나님을 간절히 찾고 있는 시랍니다.

1) 교훈

시리아 쪽에서 본 헤르몬 산(42:6-7)

6 ●내 하나님이여 내 영혼이 내 속에서 낙심이 되므로 내가 요단 땅과 헤르몬과 미살 산에서 주를 기억하나이다

7 주의 폭포 소리에 깊은 바다가 서로 부르며 주의 모든 파도와 물결이 나를 휩쓸었나이다

8 낮에는 여호와께서 그의 인자하심을 베푸시고 밤에는 그의 찬송이 내게 있어 생명의 하나님께 기도하리로다

9 내 반석이신 하나님께 말하기를 어찌하여 나를 잊으셨나이까 내가 어찌하여 원수의 압제로 말미암아 슬프게 다니나이까 하리로다

10 내 뼈를 찌르는 칼 같이 내 대적이 나를 비방하여 늘 내게 말하기를 네 하나님이 어디 있느냐 하도다

11 내 영혼아 네가 어찌하여 낙심하며 어찌하여 내 속에서 불안해 하는가 너는 하나님께 소망을 두라 나는 그가 나타나 도우심으로 말미암아 내 하나님을 여전히 찬송하리로다 암송

43 하나님이여 나를 판단하시되 경건하지 아니한 나라에 대하여 내 송사를 변호하시며 간사하고 불의한 자에게서 나를 건지소서 남상 24:15

2 주는 나의 힘이 되신 하나님이시거늘 어찌하여 나를 버리셨나이까 내가 어찌하여 원수의 억압으로 말미암아 슬프게 다니나이까

3 주의 빛과 주의 진리를 보내시어 나를 인도하시고 주의 거룩한 산과 주께서 계시는 곳에 이르게 하소서 36:9

4 그런즉 내가 하나님의 제단에 나아가 나의 큰 기쁨의 하나님께 이르리이다 하나님이여 나의 하나님이여 내가 수금으로 주를 찬양하리이다 26:6

5 내 영혼아 네가 어찌하여 낙심하며 어찌하여 내 속에서 불안해 하는가 너는 하나님께 소망을 두라 그가 나타나 도우심으로 말미암아 내 하나님을 여전히 찬송하리로다

(고라 자손의 1)마스길, 인도자를 따라 부르는 노래)

44 하나님이여 주께서 우리 조상들의 날 곧 옛날에 행하신 일을 그들이 우리에게 일러 주매 우리가 우리 귀로 들었나이다

2 주께서 주의 손으로 뭇 백성을 내쫓으시고 우리 조상들을 이 땅에 뿌리 박게 하시며 주께서 다른 민족들은 고달프게 하시고 우리 조상들은 번성하게 하셨나이다

3 그들이 자기 칼로 땅을 얻어 차지함이 아니요 그들의 팔이 그들을 구원함이 아니라 오직 주의 오른손과 주의 팔과 주의 얼굴의 빛으로 하셨으니 주께서 그들을 기뻐하신 까닭이니이다

4 하나님이여 주는 나의 왕이시니 2)야곱에게 구원을 베푸소서

5 우리가 주를 의지하여 우리 대적을 누르고 우리를 치러 일어나는 자를 주의 이름으로 밟으리이다

6 나는 내 활을 의지하지 아니할 것이라 내 칼이 나를 구원하지 못하리이다

7 오직 주께서 우리를 우리 원수들에게서 구원하시고 우리를 미워하는 자로

43 편 에는 무엇이 기록되어 있을까?

시인의 간절한 기도가 담긴 시예요. 자신을 원수의 손에서 구원해주시고 여호와 앞으로 다시 나아갈 수 있도록 기도하고 있답니다.

44 편 시인은 영광스러웠던 이스라엘의 지난날을 돌이켜보면서 부끄러움과 어려움을 겪고 있는 현실을 안타까워하고 있어요.

1) 교훈 2) 야곱의 구원을 명하소서

넓막상식

대관식 시

'대관식 시'는 하나님께서 세계와 우주를 통치하시는 주(主)와 왕(王) 되심을 노래하는 시편을 말하지요. 대관식 시에는 43, 93, 95~99편이 있답니다.

43편

수치를 당하게 하셨나이다

8 우리가 종일 하나님을 자랑하였나이다 우리는 하나님의 이름에 영원히 감사하리이다 (셀라)

9 ●그러나 이제는 주께서 우리를 버려 욕을 당하게 하시고 우리 군대와 함께 나아가지 아니하시나이다 60:1, 10

10 주께서 우리를 대적들에게서 돌아서게 하시니 우리를 미워하는 자가 자기를 위하여 탈취하였나이다 과 26:17

11 주께서 우리를 잡아먹힐 양처럼 그들에게 넘겨 주시고 여러 민족 중에 우리를 흩으셨나이다

12 주께서 주의 백성을 헐값으로 파심이여 그들을 판 값으로 이익을 얻지 못하셨나이다

13 주께서 우리로 하여금 이웃에게 욕을 당하게 하시니 그들이 우리를 둘러싸고 조소하고 조롱하나이다 79:4

14 주께서 우리를 뭇 백성 중에 이야깃거리가 되게 하시며 민족 중에서 머리 흔듦을 당하게 하셨나이다

15 나의 능욕이 종일 내 앞에 있으며 수치가 내 얼굴을 덮었으니

16 나를 비방하고 욕하는 소리 때문이요 나의 원수와 나의 복수자 때문이니이다

17 이 모든 일이 우리에게 임하였으나 우리가 주를 잊지 아니하며 주의 언약을 어기지 아니하였나이다 단 9:13

18 우리의 마음은 위축되지 아니하고 우리 걸음도 주의 길을 떠나지 아니하였으나

19 주께서 우리를 승냥이의 처소에 밀어 넣으시고 우리를 사망의 그늘로 덮으셨나이다

20 우리가 우리 하나님의 이름을 잊어버렸거나 우리 손을 이방 신에게 향하여 폈더면

21 하나님이 이를 알아내지 아니하셨으리이까 무릇 주는 마음의 비밀을 아시나이다

22 우리가 종일 주를 위하여 죽임을 당하게 되며 도살할 양 같이 여김을 받았나이다

23 주여 깨소서 어찌하여 주무시나이까 일어나시고 우리를 영원히 버리지 마소서

24 어찌하여 주의 얼굴을 가리시고 우리의 고난과 압제를 잊으시나이까

25 우리 영혼은 진토 속에 파묻히고 우리 몸은 땅에 붙었나이다

26 일어나 우리를 도우소서 주의 인자하심으로 말미암아 우리를 구원하소서 35:2

(고라 자손의 1)마스길, 사랑의 노래,
인도자를 따라 2)소낫님에 맞춘 것)

45

내 마음이 좋은 말로 왕을 위하여 지은 것을 말하리니 내 혀는 글솜씨가 뛰어난 서기관의 붓끝과 같도다

2 왕은 사람들보다 아름다워 은혜를 입술에 머금으니 그러므로 하나님이 왕에게 영원히 복을 주시도다 눅 4:22

3 용사여 칼을 허리에 차고 왕의 영화와 위엄을 입으소서

4 왕은 진리와 온유와 공의를 위하여 왕의 위엄을 세우시고 병거에 오르소서 왕의 오른손이 왕에게 놀라운 일을 가르치리이다

5 왕의 화살은 날카로워 왕의 원수의 염통을 뚫으니 만민이 왕의 앞에 엎드러

45편 에는 무엇이 기록되어 있을까?

이스라엘 왕의 결혼식을 축하하기 위해 지은 고라 자손의 시예요. 앞부분은 왕의 위대함과 영광을, 뒷부분은 왕의 신부의 아름다움을 노래하고 있지요.

지는도다

6 하나님이여 주의 보좌는 영원하며 주의 나라의 규는 공평한 규이니이다

7 왕이 정의를 사랑하고 악을 미워하시니 그러므로 하나님 곧 왕의 하나님이 즐거움의 기름을 왕에게 부어 왕의 동료보다 뛰어나게 하셨나이다

8 왕의 모든 옷은 몰약과 침향과 육계의 향기가 있으며 상아궁에서 나오는 현악은 왕을 즐겁게 하도다

9 왕이 가까이 하는 여인들 중에는 왕들의 딸이 있으며 왕후는 오빌의 금으로 꾸미고 왕의 오른쪽에 서도다

10 딸이여 듣고 보고 귀를 기울일지어다 네 백성과 네 아버지의 집을 잊어버릴지어다 　신 21:13

11 그리하면 왕이 네 아름다움을 사모하실지라 그는 네 주인이시니 너는 그를 경배할지어다

12 두로의 딸은 예물을 드리고 백성 중 부한 자도 네 얼굴 보기를 원하리로다

13 왕의 딸은 궁중에서 모든 영화를 누리니 그의 옷은 금으로 수 놓았도다

14 수 놓은 옷을 입은 그는 왕께로 인도함을 받으며 시종하는 친구 처녀들도 왕께로 이끌려 갈 것이라 　45:9

15 그들은 기쁨과 즐거움으로 인도함을 받고 왕궁에 들어가리로다

16 왕의 아들들은 왕의 조상들을 계승할 것이라 왕이 그들로 온 세계의 군왕을 삼으리로다

17 내가 왕의 이름을 만세에 기억하게 하

46 에는 무엇이 기록되어 있을까?

히스기야 왕이 다스릴 당시 유다가 앗수르의 침략을 받은 사건을 이야기하고 있어요. 시인은 적들에게 포위를 당할 때도 하나님이 지켜주실 것을 확신하고 있지요.

47

매년 첫날 하나님께 예배드릴 때 불렀던 찬송시예요. 하나님의 백성됨을 감사하고 여호와께 영광을 돌릴 것을 권하고 있답니다.

리니 그러므로 만민이 왕을 영원히 찬송하리로다

[고라 자손의 시, 인도자를 따라 알라못에 맞춘 노래]

46 하나님은 우리의 피난처시요 힘이시니 환난 중에 만날 큰 도움이시라 　신 4:7

2 그러므로 땅이 변하든지 산이 흔들려 바다 가운데에 빠지든지

3 바닷물이 솟아나고 뛰놀든지 그것이 넘침으로 산이 흔들릴지라도 우리는 두려워하지 아니하리로다 (셀라) 　93:3, 4

4 ● 한 시내가 있어 나뉘어 흘러 하나님의 성 곧 지존하신 이의 성소를 기쁘게 하도다

5 하나님이 그 성 중에 계시매 성이 흔들리지 아니할 것이라 새벽에 하나님이 도우시리로다

6 뭇 나라가 떠들며 왕국이 흔들렸더니 그가 소리를 내시매 땅이 녹았도다

7 만군의 여호와께서 우리와 함께 하시니 야곱의 하나님은 우리의 2)피난처시로다 (셀라)

8 와서 여호와의 행적을 볼지어다 그가 땅을 황무지로 만드셨도다

9 그가 땅 끝까지 전쟁을 쉬게 하심이여 활을 꺾고 창을 끊으며 수레를 불사르시는도다

10 이르시기를 너희는 가만히 있어 내가 하나님 됨을 알지어다 내가 뭇 나라 중에서 높임을 받으리라 내가 세계 중에서 높임을 받으리라 하시도다

11 만군의 여호와께서 우리와 함께 하시니 야곱의 하나님은 우리의 2)피난처시

1)주의 보좌는 하나님의 보좌라 영원하며 2)산성이시로다

로다 (셀라)

[고라 자손의 시, 인도자를 따라 부르는 노래]

47 너희 만민들아 손바닥을 치고
즐거운 소리로 하나님께 외칠
지어다　55:12

2 지존하신 여호와는 두려우시고 온 땅
에 큰 왕이 되심이로다

3 여호와께서 만민을 우리에게, 나라들
을 우리 발 아래에 복종하게 하시며

4 우리를 위하여 기업을 택하시나니 곧
사랑하신 야곱의 영화로다 (셀라)

5 하나님께서 즐거운 함성 중에 올라가
심이여 여호와께서 나팔 소리 중에 올
라가시도다

나팔(47:5)

6 찬송하라 하나님을 찬송하라 찬송하
라 우리 왕을 찬송하라

7 하나님은 온 땅의 왕이심이라 지혜의
시로 찬송할지어다

8 하나님이 뭇 백성을 다스리시며 하나
님이 그의 거룩한 보좌에 앉으셨도다

9 뭇 나라의 고관들이 모임이여 아브라
함의 하나님의 백성이 되도다 세상의
모든 방패는 하나님의 것임이여 그는
높임을 받으시리로다

[고라 자손의 시 곧 노래]

48 여호와는 위대하시니 우리 하
나님의 성, 거룩한 산에서 극
진히 찬양 받으시리로다

2 터가 높고 아름다워 온 세계가 즐거워
함이여 큰 왕의 성 곧 북방에 있는 시
온 산이 그러하도다

3 하나님이 그 여러 궁중에서 자기를 요

새로 알리셨도다

4 왕들이 모여서 함께 지나갔음이여

5 그들이 보고 놀라고 두려워 빨리 지나
갔도다

6 거기서 떨림이 그들을 사로잡으니 고
통이 해산하는 여인의 고통 같도다

7 주께서 동풍으로 다시스의 배를 깨뜨
리시도다

8 우리가 들은 대로 만군의 여호와의 성,
우리 하나님의 성에서 보았나니 하나
님이 이를 영원히 견고하게 하시리로
다 (셀라)

9 하나님이여 우리가 주의 전 가운데서
주의 인자하심을 생각하였나이다　26:3

10 하나님이여 주의 이름과 같이 찬송도
땅 끝까지 미쳤으며 주의 오른손에는
정의가 충만하였나이다

11 주의 심판으로 말미암아 시온 산은 기
뻐하고 유다의 딸들은 즐거워할지어
다

12 너희는 시온을 돌면서 그 곳을 둘러보
고 그 망대들을 세어 보라

13 그의 성벽을 자세히 보고 그의 궁전을
살펴서 후대에 전하라

14 이 하나님은 영원히 우리 하나님이시
니 그가 우리를 죽을 때까지 인도하시
리로다

[고라 자손의 시, 인도자를 따라 부르는 노래]

49 뭇 백성들아 이를 들으라 세
상의 거민들아 모두 귀를 기
울이라　78:1

2 귀천 빈부를 막론하고 다 들을지어다

3 내 입은 지혜를 말하겠고 내 마음은 명
철을 작은 소리로 읊조리리로다

48 에는 무엇이 기록되어 있을까?

하나님의 거룩한 성인 '시온 성'을
노래한 시예요. 시온은 예루살렘 성읍을 가리키
지만, 넓은 뜻으로 보면 '하나님이 다스리시는
모든 세계'를 말한답니다.

49 편

재물을 의지하는 사람은 죽음의 끝을
보게 되지만, 의인은 하나님께서 죽
음에서 건져주신다고 말하고 있어요.
하나님보다 재물을 더 의지해서는 안 된답니다.

4 내가 비유에 내 귀를 기울이고 수금으로 나의 오묘한 말을 풀리로다　민 12:8

5 죄악이 나를 따라다니며 나를 에워싸는 환난의 날을 내가 어찌 두려워하랴

6 자기의 재물을 의지하고 부유함을 자랑하는 자는

7 아무도 자기의 형제를 구원하지 못하며 그를 위한 속전을 하나님께 바치지도 못할 것은

8 그들의 생명을 속량하는 값이 너무 엄청나서 영원히 마련하지 못할 것임이니라

9 그가 영원히 살아서 죽음을 보지 않을 것인가

10 그러나 그는 지혜 있는 자도 죽고 어리석고 무지한 자도 함께 망하며 그들의 재물은 남에게 남겨 두고 떠나는 것을 보게 되리로다

11 그러나 그들의 속 생각에 그들의 집은 영원히 있고 그들의 거처는 대대에 이르리라 하여 그들의 토지를 자기 이름으로 부르도다

12 사람은 존귀하나 장구하지 못함이여 멸망하는 짐승 같도다

13 ●이것이 바로 어리석은 자들의 길이며 그들의 말을 기뻐하는 자들의 종말이로다 (셀라)

14 그들은 양 같이 스올에 두기로 작정되었으니 사망이 그들의 목자일 것이라 정직한 자들이 아침에 그들을 다스리리니 그들의 아름다움은 소멸하고 스올이 그들의 거처가 되리라

15 그러나 하나님은 나를 영접하시리니 이러므로 내 영혼을 스올의 권세에서 건져내시리로다 (셀라)

16 사람이 치부하여 그의 집의 영광이 더할 때에 너는 두려워하지 말지어다

17 그가 죽으매 가져가는 것이 없고 그의 영광이 그를 따라 내려가지 못함이로다

18 그가 비록 생시에 자기를 축하하며 스스로 좋게 함으로 사람들에게 칭찬을 받을지라도

19 그들은 그들의 역대 조상들에게로 돌아가리니 영원히 빛을 보지 못하리로다

20 존귀하나 깨닫지 못하는 사람은 멸망하는 짐승 같도다

50

[아삽의 시]

전능하신 이 여호와 하나님께서 말씀하사 해 돋는 데서부터 지는 데까지 세상을 부르셨도다

2 온전히 아름다운 시온에서 하나님이 빛을 비추셨도다　48:2

3 우리 하나님이 오사 잠잠하지 아니하시니 그 앞에는 삼키는 불이 있고 그 사방에는 광풍이 불리로다

4 하나님이 자기의 백성을 판결하시려고 위 하늘과 아래 땅에 선포하여

5 이르시되 나의 성도들을 내 앞에 모으라 그들은 제사로 나와 언약한 이들이니라 하시로다

6 하늘이 그의 공의를 선포하리니 하나님 그는 심판장이심이로다 (셀라)　89:5

7 내 백성아 들을지어다 내가 말하리라 이스라엘아 내가 1)네게 증언하리라 나는 하나님 곧 네 하나님이로다　출 20:2

8 나는 네 제물 때문에 너를 책망하지는 아니하리니 네 번제가 항상 내 앞에 있음이로다

9 내가 네 집에서 수소나 네 우리에서 숫염소를 가져가지 아니하리니

10 이는 삼림의 짐승들과 2)뭇 산의 가축이 다 내 것이며

11 산의 모든 새들도 내가 아는 것이며 들의 짐승도 내 것임이로다

50편 에는 무엇이 기록되어 있을까?

레위 성가대의 대장인 아삽이 지은 시예요. 경배를 받으시기에 합당하신 하나님께 참된 마음으로 예배해야 함을 교훈하고 있답니다.

51편 다윗이 밧세바 사건으로 나단 선지자로부터 책망을 받고, 자신의 죄를 철저히 회개하며 지은 시예요. 자신의 마음을 변화시켜주시길 간절히 기도하고 있지요.

1) 너를 대적하여 증언하리라 2) 허, 일천

12 내가 가령 주려도 네게 이르지 아니할 것은 세계와 거기에 충만한 것이 내 것임이로다

13 내가 수소의 고기를 먹으며 염소의 피를 마시겠느냐

14 감사로 하나님께 제사를 드리며 지존하신 이에게 네 서원을 갚으며

15 환난 날에 나를 부르라 내가 너를 건지리니 네가 나를 영화롭게 하리로다

16 ●악인에게는 하나님이 이르시되 네가 어찌하여 내 율례를 전하며 내 언약을 네 입에 두느냐

17 네가 교훈을 미워하고 내 말을 네 뒤로 던지며

18 도둑을 본즉 그와 연합하고 간음하는 자들과 동료가 되며　잠전 5:22

19 네 입을 악에게 내어 주고 네 혀로 거짓을 꾸미며

20 앉아서 네 형제를 공박하며 네 어머니의 아들을 1)비방하는도다

21 네가 이 일을 행하여도 내가 잠잠하였더니 네가 나를 너와 같은 줄로 생각하였도다 그러나 내가 너를 책망하여 네 죄를 네 눈 앞에 낱낱이 드러내리라 하시는도다

22 ●하나님을 잊어버린 너희여 이제 이를 생각하라 그렇지 아니하면 내가 너희를 찢으리니 건질 자 없으리라　욥 8:13

23 감사로 제사를 드리는 자가 나를 영화롭게 하나니 그의 행위를 옳게 하는 자에게 내가 하나님의 구원을 보이리라

[다윗의 시, 인도자를 따라 부르는 노래, 다윗이 밧세바와 동침한 후 선지자 나단이 그에게 왔을 때]

51

하나님이여 주의 인자를 따라 내게 은혜를 베푸시며 주의 많은 긍휼을 따라 내 죄악을 지워 주소서

2 나의 죄악을 말갛게 씻으시며 나의 죄를 깨끗이 제하소서

3 무릇 나는 내 죄과를 아오니 내 죄가 항상 내 앞에 있나이다

4 내가 주께만 범죄하여 주의 목전에 악을 행하였사오니 주께서 말씀하실 때에 의로우시다 하고 주께서 심판하실 때에 순전하시다 하리이다

5 내가 죄악 중에서 출생하였음이여 어머니가 죄 중에서 나를 잉태하였나이다

6 보소서 주께서는 중심이 진실함을 원하시오니 2)내게 지혜를 은밀히 가르치시리이다

7 우슬초로 나를 정결하게 하소서 내가 정하리이다 나의 죄를 씻어 주소서 내가 눈보다 희리이다

8 내게 즐겁고 기쁜 소리를 들려 주시사 주께서 꺾으신 뼈들도 즐거워하게 하소서

9 주의 얼굴을 내 죄에서 돌이키시고 내 모든 죄악을 지워 주소서

10 하나님이여 내 속에 정한 마음을 창조하시고 내 안에 3)정직한 영을 새롭게

1) 찌르는도다 2) 내 은밀한 곳에서 3) 견고한

나쁜 마음이 생길 때, 어떻게 해야 이길 수 있을까요?

나쁜 마음은 마귀가 주는 것이라서 물리쳐야 해요. 마음속에 나쁜 생각을 자꾸 하면 결국 나쁜 행동을 하게 되거든요. 이렇게 기도해보세요.

"예수님, 제 마음에 들어오셔서 주인이 되어주세요. 좋은 생각과 좋은 말을 할 수 있도록 제 마음을 붙들어주세요. 예수님이 흘리신 십자가 피로 깨끗하게 해주세요. 예수님 이름으로 기도드립니다. 아멘."

매일매일 성경 말씀을 읽고 기억하는 것도 큰 도움이 되지요. 마귀는 미워하는 마음, 시기하는 마음, 거짓된 마음, 욕심을 주지만 예수님은 사랑하는 마음, 정직한 마음, 깨끗한 마음, 겸손한 마음, 남을 도우려는 착한 마음씨를 주신답니다.

51편 10절

하소서

11 나를 주 앞에서 쫓아내지 마시며 주의 성령을 내게서 거두지 마소서
12 주의 구원의 즐거움을 내게 회복시켜 주시고 자원하는 심령을 주사 나를 붙드소서
13 그리하면 내가 범죄자에게 주의 도를 가르치리니 죄인들이 주께 돌아오리라
14 하나님이여 나의 구원의 하나님이여 피 흘린 죄에서 나를 건지소서 내 혀가 주의 의를 높이 노래하리이다
15 주여 내 입술을 열어 주소서 내 입이 주를 찬송하여 전파하리이다
16 주께서는 제사를 기뻐하지 아니하시나니 그렇지 아니하면 내가 드렸을 것이라 주는 번제를 기뻐하지 아니하시나이다
17 하나님께서 구하시는 제사는 상한 심령이라 하나님이여 상하고 통회하는 마음을 주께서 멸시하지 아니하시리이다 〔암송〕
18 주의 은택으로 시온에 선을 행하시고 예루살렘 성을 쌓으소서
19 그 때에 주께서 의로운 제사와 번제와 온전한 번제를 기뻐하시리니 그 때에 그들이 수소를 주의 제단에 드리리이다

〔다윗의 ¹마스길, 인도자를 따라 부르는 노래, 에돔인 도엑이 사울에게 이르러 다윗이 아히멜렉의 집에 왔다고 그에게 말하던 때에〕

52

포악한 자여 네가 어찌하여 악한 계획을 스스로 자랑하는가 하나님의 인자하심은 항상 있도다
2 네 혀가 심한 악을 꾀하여 날카로운 삭도 같이 간사를 행하는도다

푸른 감람나무(52:8)

3 네가 선보다 악을 사랑하며 의를 말함보다 거짓을 사랑하는도다 (셀라)
4 간사한 혀여 너는 남을 해치는 모든 말을 좋아하는도다
5 그런즉 하나님이 영원히 너를 멸하심이여 너를 붙잡아 네 장막에서 뽑아 내며 살아 있는 땅에서 네 뿌리를 빼시리로다 (셀라)
6 의인이 보고 두려워하며 또 그를 비웃어 말하기를
7 이 사람은 하나님을 자기 ²힘으로 삼지 아니하고 오직 자기 재물의 풍부함을 의지하며 자기의 악으로 스스로 든든하게 하던 자라 하리로다
8 그러나 나는 하나님의 집에 있는 푸른 감람나무 같음이여 하나님의 인자하심을 영원히 의지하리로다
9 주께서 이를 행하셨으므로 내가 영원히 주께 감사하고 주의 이름이 선하시므로 주의 성도 앞에서 내가 주의 이름을 사모하리이다

〔다윗의 ¹마스길, 인도자를 따라 마힐랏에 맞춘 노래〕

53

어리석은 자는 그의 마음에 이르기를 하나님이 없다 하도다 그들은 부패하며 가증한 악을 행함이여 선을 행하는 자가 없도다
2 하나님이 하늘에서 인생을 굽어살피사 지각이 있는 자와 하나님을 찾는 자가 있는가 보려 하신즉

1) 교훈 2) 성읍

52편 에는 무엇이 기록되어 있을까?
사울에게 쫓겨다니시는 다윗을 도와 준 아히멜렉과 그 무리들이 도엑의 고발로 모두 죽게 된 사건을 배경으로 한 시입니다.

53편 하나님을 경외하지 않는 사람은 하나님 보시기에 악한 자이며, 그들은 결국 모두 멸망하게 될 것을 경고하는 시예요. 14편과 같은 내용이랍니다.

통회(51:17) 지은 죄를 진심으로 뉘우치는 일.
은택(51:18) 은혜와 덕택.
삭도(52:2) 면도칼.

3 각기 물러가 함께 더러운 자가 되고 선을 행하는 자 없으니 한 사람도 없도다
4 죄악을 행하는 자들은 무지하냐 그들이 떡 먹듯이 내 백성을 먹으면서 하나님을 부르지 아니하는도다 렘 4:22
5 그들이 두려움이 없는 곳에서 크게 두려워하였으니 너를 대항하여 진 친 그들의 뼈를 하나님이 흩으심이라 하나님이 그들을 버리셨으므로 네가 그들에게 수치를 당하게 하였도다
6 시온에서 이스라엘을 구원하여 줄 자 누구인가 하나님이 자기 백성의 포로된 것을 돌이키실 때에 야곱이 즐거워하며 이스라엘이 기뻐하리로다 14:7

다윗의 1)마스길, 인도자를 따라 현악에 맞춘 노래, 십 사람이 사울에게 이르러 말하기를 다윗이 우리가 있는 곳에 숨지 아니하였나이까 하던 때에

54 하나님이여 주의 이름으로 나를 구원하시고 주의 힘으로 나를 변호하소서
2 하나님이여 내 기도를 들으시며 내 입의 말에 귀를 기울이소서
3 낯선 자들이 일어나 나를 치고 포악한 자들이 나의 생명을 수색하며 하나님을 자기 앞에 두지 아니하였음이니이다 (셀라)
4 하나님은 나를 돕는 이시며 주께서는 내 생명을 붙들어 주시는 이시니이다
5 주께서는 내 원수에게 악으로 갚으시리니 주의 성실하심으로 그들을 멸하소서
6 내가 낙헌제로 주께 제사하리이다 여호와여 주의 이름에 감사하오리니 주

의 이름이 선하심이니이다 50:14
7 참으로 주께서는 모든 환난에서 나를 건지시고 내 원수가 보응 받는 것을 내 눈이 똑똑히 보게 하셨나이다

다윗의 1)마스길, 인도자를 따라 현악에 맞춘 노래

55 하나님이여 내 기도에 귀를 기울이시고 내가 간구할 때에 숨지 마소서
2 내게 굽히사 응답하소서 내가 근심으로 편하지 못하여 탄식하오니
3 이는 원수의 소리와 악인의 압제 때문이라 그들이 죄악을 내게 더하며 노하여 나를 핍박하나이다
4 내 마음이 내 속에서 심히 아파하며 사망의 위험이 내게 이르렀도다
5 두려움과 떨림이 내게 이르고 공포가 나를 덮었도다 21:6
6 나는 말하기를 만일 내게 비둘기 같이 날개가 있다면 날아가서 편히 쉬리로다
7 내가 멀리 날아가서 광야에 머무르리로다 (셀라)
8 내가 나의 피난처로 속히 가서 폭풍과 광풍을 피하리라 하였도다
9 내가 성내에서 강포와 분쟁을 보았사오니 주여 그들을 멸하소서 그들의 혀를 갈라 버리소서
10 그들이 주야로 성벽 위에 두루 다니니 성 중에는 죄악과 재난이 있으며
11 악독이 그 중에 있고 압박과 속임수가 그 거리를 떠나지 아니하도다
12 나를 책망하는 자는 원수가 아니라 원수일진대 내가 참았으리라 나를 대하여 자기를 높이는 자는 나를 미워하는 자가 아니라 미워하는 자일진대 내가 그를 피하여 숨었으리라
13 그는 곧 너로다 나의 동료, 나의 친구요 나의 가까운 친구로다 41:9

1)교훈

54 에는 무엇이 기록되어 있을까?

사울에게 쫓기던 다윗은 십 광야의 수풀에 숨었어요. 하지만 그곳에 사는 사람의 고발로 목숨이 위태롭게 되자, 슬픔이 가득한 마음으로 쓴 시랍니다.

55 다윗은 친구들의 배신으로 인해 목숨이 위태롭게 되었어요. 다윗은 하나님께 도움을 구하면서 의로운 심판을 기다렸답니다.

마할랏(53편): '고통, 괴로움'이란 음악 용어로, 다윗 당시에 유행하던 곡조인 듯하다.
낙헌제(54:6) 자발적이고 즐거운 마음으로 하나님께 예물을 드리는 제사.

14 우리가 같이 재미있게 의논하며 무리와 함께하여 하나님의 집 안에서 다녔도다
15 사망이 갑자기 그들에게 임하여 산 채로 스올에 내려갈지어다 이는 악독이 그들의 거처에 있고 그들 가운데에 있음이로다
16 나는 하나님께 부르짖으리니 여호와께서 나를 구원하시리로다
17 저녁과 아침과 정오에 내가 근심하여 탄식하리니 여호와께서 내 소리를 들으시리로다
18 나를 대적하는 자 많더니 나를 치는 전쟁에서 그가 내 생명을 구원하사 평안하게 하셨도다
19 옛부터 계시는 하나님이 들으시고 그들을 낮추시리이다 (셀라) 그들은 변하지 아니하며 하나님을 경외하지 아니함이니이다
20 그는 손을 들어 자기와 화목한 자를 치고 그의 언약을 배반하였도다
21 그의 입은 우유 기름보다 미끄러우나 그의 마음은 전쟁이요 그의 말은 기름보다 유하나 실상은 뽑힌 칼이로다
22 네 짐을 여호와께 맡기라 그가 너를 붙드시고 의인의 요동함을 영원히 허락하지 아니하시리로다
23 하나님이여 주께서 그들로 파멸의 웅덩이에 빠지게 하시리이다 피를 흘리며 속이는 자들은 그들의 날의 반도 살지 못할 것이나 나는 주를 의지하리이다

〔다윗의 믹담시, 인도자를 따라 요낫 엘렘 르호김에 맞춘 노래, 다윗이 가드에서 블레셋인에게 잡힌 때에〕

56 하나님이여 내게 은혜를 베푸소서 사람이 나를 삼키려고 종일 치며 압제하나이다
2 1)내 원수가 종일 나를 삼키려 하며 나를 교만하게 치는 자들이 많사오니
3 내가 두려워하는 날에는 내가 주를 의지하리이다
4 내가 하나님을 의지하고 그 말씀을 찬송하올지라 내가 하나님을 의지하였은즉 두려워하지 아니하리니 혈육을 가진 사람이 내게 어찌하리이까
5 그들이 종일 내 말을 곡해하며 나를 치는 그들의 모든 생각은 사악이라
6 그들이 내 생명을 엿보았던 것과 같이 또 모여 숨어 내 발자취를 지켜보나이다
7 그들이 악을 행하고야 안전하오리이까 하나님이여 분노하사 뭇 백성을 낮추소서
8 나의 유리함을 주께서 계수하셨사오니 나의 눈물을 주의 병에 담으소서 이것이 주의 책에 기록되지 아니하였나이까
9 내가 아뢰는 날에 내 원수들이 물러가리니 2)이것으로 하나님이 내 편이심을 내가 아나이다
10 내가 하나님을 의지하여 그의 말씀을 찬송하며 여호와를 의지하여 그의 말씀을 찬송하리이다

1) 나를 엿보는 자가 2) 이같이하는 것은 하나님이 나를 위하심이니이다

11 내가 하나님을 의지하였은즉 두려워하지 아니하리니 사람이 내게 어찌하리이까

12 하나님이여 내가 주께 서원함이 있사온즉 내가 감사제를 주께 드리리니

13 주께서 내 생명을 사망에서 건지셨음이라 주께서 나로 하나님 앞, 생명의 빛에 다니게 하시려고 실족하지 아니하게 하지 아니하셨나이까

다윗의 믹담시, 인도자를 따라
알다스헷에 맞춘 노래,
다윗이 사울을 피하여 굴에 있던 때에

57

1 하나님이여 내게 은혜를 베푸소서 내게 은혜를 베푸소서 내 영혼이 주께로 피하되 주의 날개 그늘 아래에서 이 재앙들이 지나기까지 피하리이다

2 내가 지존하신 하나님께 부르짖음이여 곧 나를 위하여 모든 것을 이루시는 하나님께로다

3 그가 하늘에서 보내사 나를 삼키려는 자의 비방에서 나를 구원하실지라 (셀라) 하나님이 그의 인자와 진리를 보내시리로다

4 내 영혼이 사자들 가운데에서 살며 내가 불사르는 자들 중에 누웠으니 곧 사람의 아들들 중에라 그들의 이는 창과 화살이요 그들의 혀는 날카로운 칼 같도다

5 하나님이여 주는 하늘 위에 높이 들리시며 주의 영광이 온 세계 위에 높아지기를 원하나이다

6 ●그들이 내 걸음을 막으려고 그물을 준비하였으니 내 영혼이 억울하도다 그들이 내 앞에 웅덩이를 팠으나 자기들이 그 중에 빠졌도다 (셀라) 35:7

7 하나님이여 내 마음이 확정되었고 내 마음이 확정되었사오니 내가 노래하고 내가 찬송하리이다

8 내 영광아 깰지어다 비파야, 수금아,

깰지어다 내가 새벽을 깨우리로다

9 주여 내가 만민 중에서 주께 감사하오며 뭇 나라 중에서 주를 찬송하리이다

10 무릇 주의 인자는 커서 하늘에 미치고 주의 진리는 궁창에 이르나이다 36:5

11 하나님이여 주는 하늘 위에 높이 들리시며 주의 영광이 온 세계 위에 높아지기를 원하나이다

다윗의 믹담시, 인도자를 따라
알다스헷에 맞춘 노래

58

1 통치자들아 너희가 정의를 말해야 하거늘 어찌 잠잠하냐 인자들아 너희가 올바르게 판결해야 하거늘 어찌 잠잠하냐 82:2

2 아직도 너희가 중심에 악을 행하며 땅에서 너희 손으로 폭력을 달아 주는도다

3 악인은 모태에서부터 멀어졌음이여 나면서부터 곁길로 나아가 거짓을 말하는도다 사 48:8

4 그들의 독은 뱀의 독 같으며 그들은 귀를 막은 귀머거리 독사 같으니

5 술사의 홀리는 소리도 듣지 않고 능숙한 술객의 요술도 따르지 아니하는 독사로다 8:11

6 하나님이여 그들의 입에서 이를 꺾으소서 여호와여 젊은 사자의 어금니를 꺾어 내시며

7 그들이 급히 흐르는 물 같이 사라지게 하시며 겨누는 화살이 꺾임 같게 하시며

8 소멸하여 가는 달팽이 같게 하시며 만삭 되지 못하여 출생한 아이가 햇빛을 보지 못함 같게 하소서 3:16

9 가시나무 불이 가마를 뜨겁게 하기 전

57편 에는 무엇이 기록되어 있을까?

블레셋에서 죽음의 위기를 맞은 다윗이 그곳을 탈출해 아둘람과 엔게디 동굴에 숨어 지내며 쓴 찬양시입니다.

58편 악인의 불의한 행동들에 대하여 거룩한 분노를 품고, 그들의 멸망을 선포하며 쓴 시예요. 오직 하나님을 경외해야 한다는 것을 강조하고 있지요.

믹담(56편) '금언시', '황금시'란 뜻이다.
곡해(56:5) 사실과 어긋나게 잘못 해석함. 여기서는 '헐뜯다'는 뜻.

에 ¹⁾생나무든지 불 붙는 나무든지 강한 바람으로 휩쓸려가게 하소서 ▩ 10:25

10 의인이 악인의 보복 당함을 보고 기뻐함이여 그의 발을 악인의 피에 씻으리로다 64:10

11 그 때에 사람의 말이 진실로 의인에게 갚음이 있고 진실로 땅에서 심판하시는 하나님이 계시다 하리로다

〔다윗의 믹담시, 인도자를 따라〕

알다스헷에 맞춘 노래, 나울이 나람을 보내어 다윗을 죽이려고 그 집을 지킬 때에

59 나의 하나님이여 나의 원수에게서 나를 건지시고 일어나 치려는 자에게서 나를 높이 드소서

2 악을 행하는 자에게서 나를 건지시고 피 흘리기를 즐기는 자에게서 나를 구원하소서 28:3

3 그들이 나의 생명을 해하려고 엎드려 기다리고 강한 자들이 모여 나를 치려 하오니 여호와여 이는 나의 잘못으로 말미암음이 아니요 나의 죄로 말미암음도 아니로소이다

4 내가 허물이 없으나 그들이 달려와서 스스로 준비하오니 주여 나를 도우시기 위하여 깨어 살펴 주소서 35:19, 23

5 주님은 만군의 하나님 여호와, 이스라엘의 하나님이시오니 일어나 모든 나라들을 벌하소서 악을 행하는 모든 자들에게 은혜를 베풀지 마소서 (셀라)

6 그들이 저물어 돌아와서 개처럼 울며 성으로 두루 다니고

7 그들의 입으로는 악을 토하며 그들의 입술에는 칼이 있어 이르기를 누가 들

으리요 하나이다

8 여호와여 주께서 그들을 비웃으시며 모든 나라들을 조롱하시리이다 37:13

9 하나님은 나의 요새이시니 ²⁾그의 힘으로 말미암아 내가 주를 바라리이다

10 나의 하나님이 그의 인자하심으로 나를 영접하시며 하나님이 나의 원수가 보응 받는 것을 내가 보게 하시리이다

11 그들을 죽이지 마옵소서 나의 백성이 잊을까 하나이다 우리 방패 되신 주여 주의 능력으로 그들을 흩으시고 낮추소서

12 그들의 입술의 말은 곧 그들의 입의 죄라 그들이 말하는 저주와 거짓말로 말미암아 그들이 그 교만한 중에서 사로잡히게 하소서

13 진노하심으로 소멸하시되 없어지기까지 소멸하사 하나님이 야곱 중에서 다스리심을 땅 끝까지 알게 하소서 (셀라)

14 그들에게 저물어 돌아와서 개처럼 울며 성으로 두루 다니게 하소서

15 그들은 먹을 것을 찾아 유리하다가 배부름을 얻지 못하면 밤을 새우려니와

16 나는 주의 힘을 노래하며 아침에 주의

1) 진노가 생 것을 회오리바람으로 제하여 버리듯하리로다
2) 칠십인역과 월겟역에는 '내 힘이시여 내가'

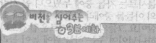

59 에는 무엇이 기록되어 있을까?

사람이 사람을 보내어 다윗을 죽이려고 할 때, 다윗은 하나님의 구원을 기다리며 기쁜 찬송으로 하나님께 영광을 돌렸습니다.

60 다윗은 이스라엘이 에돔 나라에 졌다는 소식을 듣고 충격을 받았어요. 하지만 다시 승리하게 해주실 하나님을 믿고 찬양을 돌렸습니다.

비전을 심어주는 9분 예화

걱정하지 않는 이유

'어니 J. 젤린스키'라는 사람은 걱정에 대하여 연구한 뒤에 이렇게 결론을 내렸어요.

"걱정의 40%는 절대 현실로 일어나지 않을 일에 대한 것이고, 걱정의 30%는 이미 일어난 일에 대한 것이며, 걱정의 22%는 사소한 고민이고, 걱정의 4%는 우리 힘으로 어쩔 도리가 없는 일이며, 나머지 4% 걱정은 자신의 힘으로 바꿀 수 있는 일에 대한 걱정"

결국 사람이 걱정할 이유는 없어요. 일어나지 않을 일과 지나간 일과 사소한 고민은 걱정할 필요가 없고, 자신 힘으로 어쩔 수 없는 일은 하나님께 맡기면 되고, 할 수 있는 일만 열심히 하면 되지요. 하나님을 의지하는 사람은 걱정이 없답니다.

인자하심을 높이 부르오리니 주는 나의 요새이시며 나의 환난 날에 피난처 심이니이다

17 나의 힘이시여 내가 주께 찬송하오리니 하나님은 나의 요새이시며 나를 긍휼히 여기시는 하나님이심이니이다

[다윗이 교훈하기 위하여 지은 믹담, 인도자를 따라 수산에둣에 맞춘 노래, 다윗이 아람 나하라임과 아람소바와 싸우는 중에 요압이 돌아와 에돔을 소금 골짜기에서 쳐서 만 이천 명을 죽인 때에]

60

하나님이여 주께서 우리를 버려 흩으셨고 분노하셨사오나 지금은 우리를 회복시키소서

2 주께서 땅을 진동시키사 갈라지게 하셨사오니 그 틈을 기우소서 땅이 흔들림이니이다

3 주께서 주의 백성에게 어려움을 보이시고 비틀거리게 하는 포도주를 우리에게 마시게 하셨나이다

4 주를 경외하는 자에게 깃발을 주시고 진리를 위하여 달게 하셨나이다 (셀라)

5 ●주께서 사랑하시는 자를 건지시기 위하여 주의 오른손으로 구원하시고 응답하소서

6 하나님이 그의 거룩하심으로 말씀하시되 내가 뛰놀리라 내가 세겜을 나누며 숙곳 골짜기를 측량하리라 　수 1:6

7 길르앗이 내 것이요 므낫세도 내 것이며 에브라임은 내 머리의 투구요 유다는 나의 규이며

8 모압은 나의 목욕통이라 에돔에는 나의 신발을 던지리라 블레셋아 나로 말미암아 외치라 하셨도다

9 누가 나를 이끌어 견고한 성에 들이며 누가 나를 에돔에 인도할까

10 하나님이여 주께서 우리를 버리지 아니하셨나이까 하나님이여 주께서 우리 군대와 함께 나아가지 아니하시나이다

11 우리를 도와 대적을 치게 하소서 사람

의 구원은 헛됨이니이다

12 우리가 하나님을 의지하고 용감하게 행하리니 그는 우리의 대적을 밟으실 이심이로다

[다윗의 시, 인도자를 따라 현악에 맞춘 노래]

61

하나님이여 나의 부르짖음을 들으시며 내 기도에 유의하소서

2 내 마음이 약해 질 때에 땅 끝에서부터 주께 부르짖으오리니 나보다 높은 바위에 나를 인도하소서

3 주는 나의 피난처시요 원수를 피하는 견고한 망대이심이니이다

4 내가 영원히 주의 장막에 머물며 내가 주의 날개 아래로 피하리이다 (셀라)

5 주 하나님이여 주께서 나의 서원을 들으시고 1)주의 이름을 경외하는 자가 얻을 기업을 내게 주셨나이다

6 주께서 왕에게 장수하게 하사 그의 나이가 여러 대에 미치게 하시리이다

7 그가 영원히 하나님 앞에서 거주하리니 인자와 진리를 예비하사 그를 보호하소서 　41:12

8 그리하시면 내가 주의 이름을 영원히 찬양하며 매일 나의 서원을 이행하리이다

[다윗의 시, 인도자를 따라 여두둔의 법칙에 따라 부르는 노래]

62

나의 2)영혼이 잠잠히 하나님만 바람이여 나의 구원이 그에게서 나오는도다

2 오직 그만이 나의 반석이시요 나의 구원이시요 나의 요새이시니 내가 크게 흔들리지 아니하리로다

3 넘어지는 담과 흔들리는 울타리 같이 사람을 죽이려고 너희가 일제히 공격

61편에는 무엇이 기록되어 있을까?

하나님을 절대적으로 의지하는 다윗이 하나님께서 자신을 이스라엘의 왕으로 세우시고 지켜주실 것을 믿고 찬양한 시에요.

62편

압살롬의 반역으로 어려움을 당한 다윗은 하나님을 절대적으로 신뢰했어요. 그리고 백성들에게도 하나님만 의지할 것을 교훈했지요.

---

1)주를 경외하는 자에게 기업을 주셨나이다 2)영혼이 하나님 앞에 잠잠함이여

하기를 언제까지 하려느냐
4 그들이 그를 그의 높은 자리에서 떨어뜨리기만 꾀하고 거짓을 즐겨 하니 입으로는 축복이요 속으로는 저주로다 (셀라)
5 나의 영혼아 ¹⁾잠잠히 하나님만 바라라 무릇 나의 소망이 그로부터 나오는도다
6 오직 그만이 나의 반석이시요 나의 구원이시요 나의 요새이시니 내가 흔들리지 아니하리로다
7 나의 구원과 영광이 하나님께 있음이여 내 힘의 반석과 피난처도 하나님께 있도다
8 백성들아 시시로 그를 의지하고 그의 앞에 마음을 토하라 하나님은 우리의 피난처시로다 (셀라)
9 아, 슬프도다 사람은 입김이며 인생도 속임수이니 저울에 달면 그들은 입김보다 가벼우리로다
10 포악을 의지하지 말며 탈취한 것으로 허망하여지지 말며 재물이 늘어도 거기에 마음을 두지 말지어다
11 하나님이 한두 번 하신 말씀을 내가 들었나니 권능은 하나님께 속하였다 하셨도다
12 주여 인자함은 주께 속하오니 주께서 각 사람이 행한 대로 갚으심이니이다

시내 산 정상 고백의 문(62:8)

[다윗의 시, 유다 광야에 있을 때에]

63 하나님이여 주는 나의 하나님이시라 내가 간절히 주를 찾되 물이 없어 마르고 황폐한 땅에서 내 영혼이 주를 갈망하며 내 육체가 주를 앙모하나이다
2 내가 주의 권능과 영광을 보기 위하여 이와 같이 성소에서 주를 바라보았나이다
3 주의 인자하심이 생명보다 나으므로 내 입술이 주를 찬양할 것이라
4 이러므로 나의 평생에 주를 송축하며 주의 이름으로 말미암아 나의 손을 들리이다
5 골수와 기름진 것을 먹음과 같이 나의 영혼이 만족할 것이라 나의 입이 기쁜 입술로 주를 찬송하되
6 내가 나의 침상에서 주를 기억하며 새벽에 주의 말씀을 작은 소리로 읊조릴 때에 하오리니
7 주는 나의 도움이 되셨음이라 내가 주의 날개 그늘에서 즐겁게 부르리이다
8 나의 영혼이 주를 가까이 따르니 주의 오른손이 나를 붙드시거니와
9 나의 영혼을 찾아 멸하려 하는 그들은 땅 깊은 곳에 들어가며
10 칼의 세력에 넘겨져 ²⁾승냥이의 먹이가 되리이다
11 왕은 하나님을 즐거워하리니 주께 맹세한 자마다 자랑할 것이나 거짓말하는 자의 입은 막히리로다

[다윗의 시, 인도자를 따라 부르는 노래]

64 하나님이여 내가 근심하는 소리를 들으시고 원수의 두려움에서 나의 생명을 보존하소서
2 주는 악을 꾀하는 자들의 음모에서 나를 숨겨 주시고 악을 행하는 자들의 소동에서 나를 감추어 주소서
3 그들이 칼 같이 자기 혀를 연마하며 화살 같이 독한 말로 겨누고

63 에는 무엇이 기록되어 있을까?

다윗은 고난 가운데서도 하나님만을 바라며 하나님께서 자신을 구원해주실 것을 믿고 기다렸어요. 그래서 어려움 중에도 즐거워할 수 있었답니다.

64 의인이 겪는 고난으로 인해 고민하던 다윗은 악인에게 하나님의 심판이 기다리고 있음을 선포했어요.

1) 하나님 앞에 잠잠하라 2) 여우의

4 숨은 곳에서 온전한 자를 쏘며 갑자기
쏘고 두려워하지 아니하는도다 11:2
5 그들은 악한 목적으로 서로 격려하며
남몰래 올무 놓기를 함께 의논하고 하
는 말이 누가 1)우리를 보리요 하며
6 그들은 죄악을 꾸미며 이르기를 우리
가 묘책을 찾았다 하나니 각 사람의 속
뜻과 마음이 깊도다
7 그러나 하나님이 그들을 쏘시리니 그
들이 갑자기 화살에 상하리로다
8 이러므로 그들이 엎드러지리니 그들
의 혀가 그들을 해함이라 그들을 보는
자가 다 2)머리를 흔들리로다 18:7
9 모든 사람이 두려워하여 하나님의 일
을 선포하며 그의 행하심을 깊이 생각
하리로다
10 의인은 여호와로 말미암아 즐거워하
며 그에게 피하리니 마음이 정직한 자
는 다 자랑하리로다

[다윗의 시, 인도자를 따라 부르는 노래]

65 하나님이여 찬송이 시온에서
주를 기다리오며 사람이 서원
을 주께 이행하리이다
2 기도를 들으시는 주여 모든 육체가 주
께 나아오리이다
3 죄악이 나를 이겼사오니 우리의 허물
을 주께서 3)사하시리이다
4 주께서 택하시고 가까이 오게 하사 주
의 뜰에 살게 하신 사람은 복이 있나이
다 우리가 주의 집 곧 주의 성전의 아
름다움으로 만족하리이다
5 우리 구원의 하나님이시여 땅의 모든
끝과 먼 바다에 있는 자가 의지할 주께

서 의를 따라 엄위하신 일로 우리에게
응답하시리이다 66:3
6 주는 주의 힘으로 산을 세우시며 권능
으로 띠를 띠시며
7 바다의 설렘과 물결의 흔들림과 만민
의 소요까지 진정하시나이다
8 땅 끝에 사는 자가 주의 징조를 두려워
하나이다 주께서 아침 되는 것과 저녁
되는 것을 즐거워하게 하시며
9 땅을 돌보사 물을 대어 심히 윤택하게
하시며 하나님의 강에 물이 가득하게
하시고 이같이 땅을 예비하신 후에 그
들에게 곡식을 주시나이다
10 주께서 밭고랑에 물을 넉넉히 대사 그
이랑을 평평하게 하시며 또 단비로 부
드럽게 하시고 그 싹에 복을 주시나이
다
11 주의 은택으로 한 해를 관 씌우시니 주
의 길에는 기름 방울이 떨어지며
12 들의 초장에도 떨어지니 작은 산들이
기쁨으로 띠를 띠었나이다
13 초장은 양 떼로 옷 입었고 골짜기는 곡
식으로 덮였으매 그들이 다 즐거이 외
치고 또 노래하나이다 144:13

[시, 인도자를 따라 부르는 노래]

66 온 땅이여 하나님께 즐거운
소리를 낼지어다
2 그의 이름의 영광을 찬양하고 영화롭
게 찬송할지어다 81:1
3 하나님께 아뢰기를 주의 일이 어찌 그리
엄위하신지요 주의 큰 권능으로 말미
암아 주의 원수가 주께 복종할 것이며
4 온 땅이 주께 경배하고 주를 노래하며

1) 시라 라 역을 따름. 히, 그들을 2) 도망하리로다 3) 속하시리이다

65편 에는 무엇이 기록되어 있을까?

다윗은 자기 백성과 교제하기를 기
뻐하시고 친히 온 세상을 다스리시며 우리가 행
복하기를 원하시는 하나님을 찬양하였어요.

66편 지은이를 알 수는 없지만, 하나님의
구원 역사를 찬양하지요. '우리'라는 표현으로 봐서 공동체가
함께 하나님을 찬양하는 시임을 알 수 있지요.

양모(63:1) 우러러 사모함.
연마(64:3) 심신이나 지식, 기능 따위를 갈고 닦음.
묘책(64:6) 매우 교묘한 꾀.
엄위(65:5) 엄숙하고 위풍이 있음.
소요(65:7) (정한 곳이 없이) 술렁 돌아다니는 것.
진정(65:7) 소요 따위를 가라앉혀서 조용하게 함.
윤택(65:9) 넉넉함.
은택(65:11) 은혜로 베푸시는 풍성한 축복.
권능(66:3) 권력과 능력.

주의 이름을 노래하리이다 할지어다
(셀라)

5 와서 하나님께서 행하신 것을 보라 사
람의 아들들에게 행하심이 엄위하시
도다

6 하나님이 바다를 변하여 육지가 되게
하셨으므로 무리가 걸어서 강을 건너
고 우리가 거기서 주로 말미암아 기뻐
하였도다

7 그가 그의 능력으로 영원히 다스리시
며 그의 눈으로 나라들을 살피시나니
거역하는 자들은 교만하지 말지어다
(셀라)

8 만민들아 우리 하나님을 송축하며 그
의 찬양 소리를 들리게 할지어다

9 그는 우리 영혼을 살려 두시고 우리의
실족함을 허락하지 아니하시는 주시
로다

10 하나님이여 주께서 우리를 시험하시
되 우리를 단련하시기를 은을 단련함
같이 하셨으며

11 우리를 끌어 그물에 걸리게 하시며 어
려운 짐을 우리 허리에 매어 두셨으며

12 사람들이 우리 머리를 타고 가게 하셨
나이다 우리가 불과 물을 통과하였더
니 주께서 우리를 끌어내사 풍부한 곳
에 들이셨나이다

13 내가 번제물을 가지고 주의 집에 들어
가서 나의 서원을 주께 갚으리니

14 이는 내 입술이 낸 것이요 내 환난 때

에 내 입이 말한 것이니이다

15 내가 숫양의 향기와 함께 살진 것으로
주께 번제를 드리며 수소와 염소를 드
리리이다 (셀라)

16 하나님을 두려워하는 너희들아 다 와
서 들으라 하나님이 나의 영혼을 위하
여 행하신 일을 내가 선포하리로다

17 내가 나의 입으로 그에게 부르짖으며
나의 혀로 높이 찬송하였도다

18 내가 나의 마음에 죄악을 품었더라면
주께서 듣지 아니하시리라

19 그러나 하나님이 실로 들으셨음이여
내 기도 소리에 귀를 기울이셨도다

20 하나님을 찬송하리로다 그가 내 기도
를 물리치지 아니하시고 그의 인자하
심을 내게서 거두지도 아니하셨도다

67

1 하나님은 우리에게 은혜를 베
푸사 복을 주시고 그의 얼굴
빛을 우리에게 비추사 (셀라)

2 주의 도를 땅 위에, 주의 구원을 모든
나라에게 알리소서

3 하나님이여 민족들이 주를 찬송하게
하시며 모든 민족들이 주를 찬송하게
하소서

4 온 백성은 기쁘고 즐겁게 노래할지니
주는 민족들을 공평히 심판하시며 땅
위의 나라들을 다스리실 것임이니이
다 (셀라)

우리가 나쁜 짓을 했을 때도 기도할 수 있나요?

어린이들이 나쁜 짓을 하고서 기도한다면 하나님께서는 그 기도에는 응답하지 않으세요. 왜냐구요? 죄는 하나님의 축복과 응답을 가로막거든요. 그러나 비록 죄를 지었을지라도 예수님의 이름으로 기도하고 회개하면 용서받을 수 있지요. 예수님은 주홍같이 붉은 죄를 양털처럼, 눈처럼 희게 씻어주시는 분이랍니다.

하나님은 바리새인처럼 잘난 척하고 올바른 척하는 사람보다 세리처럼 잘못을 하더라도 죄를 회개하는 사람의 기도를 들어주세요. 그렇다고 똑같은 잘못을 계속하면서 용서해달라고 기도하면 안 돼요. 회개하는 것도 중요하지만 무엇보다도 예수님을 사랑하는 사람은 나쁜 짓을 하지 않도록 노력하는 것이 더욱 중요하답니다.

66편 18절

5 하나님이여 민족들이 주를 찬송하게 하시며 모든 민족으로 주를 찬송하게 하소서 67:5

6 땅이 그의 소산을 내어 주었으니 하나님 곧 우리 하나님이 우리에게 복을 주시리로다 레 26:4

7 하나님이 우리에게 복을 주시리니 땅의 모든 끝이 하나님을 경외하리로다

[다윗의 시, 인도자를 따라 부르는 노래]

68 하나님이 일어나시니 원수들은 흩어지며 주를 미워하는 자들은 주 앞에서 도망하리이다

2 연기가 불려 가듯이 그들을 몰아내소서 불 앞에서 밀이 녹음 같이 악인이 하나님 앞에서 망하게 하소서 시 13:3

3 의인은 기뻐하여 하나님 앞에서 뛰놀며 기뻐하고 1)즐거워할지어다

4 하나님께 노래하며 그의 이름을 찬양하라 하늘을 타고 광야에 행하시던 이를 위하여 대로를 수축하라 그의 이름은 여호와이시니 그의 앞에서 뛰놀지어다

5 그의 거룩한 처소에 계신 하나님은 고아의 아버지시며 과부의 재판장이시라

6 하나님이 고독한 자들은 2)가족과 함께 살게 하시며 갇힌 자들은 이끌어 내사 형통하게 하시느니라 오직 거역하는 자들의 거처는 메마른 땅이로다

7 ●하나님이여 주의 백성 앞에서 앞서 나가사 광야에서 행진하셨을 때에 (셀라)

8 땅이 진동하며 하늘이 하나님 앞에서 떨어지며 저 시내 산도 하나님 곧 이스라엘의 하나님 앞에서 진동하였나이다

9 하나님이여 주께서 흡족한 비를 보내사 주의 기업이 곤핍할 때에 주께서 그것을 견고하게 하셨고

10 주의 회중을 그 가운데에 살게 하셨나이다 하나님이여 주께서 가난한 자를 위하여 주의 은택을 준비하셨나이다

11 주께서 말씀을 주시니 소식을 공포하는 여자들은 큰 무리라

12 여러 군대의 왕들이 도망하고 도망하니 집에 있던 여자들도 탈취물을 나누도다 삼상 30:24

13 너희가 양 우리에 누울 때에는 그 날개를 은으로 입히고 그 깃을 황금으로 입힌 비둘기 같도다

14 전능하신 이가 왕들을 그 중에서 흩으실 때에는 살몬에 눈이 날림 같도다

15 바산의 산은 하나님의 산임이여 바산의 산은 4)높은 산이로다

16 너희 4)높은 산들아 어찌하여 하나님이 계시려 하는 산을 시기하여 보느냐 진실로 여호와께서 이 산에 영원히 계시리로다

17 하나님의 병거는 천천이요 만만이라 주께서 그 중에 계심이 시내 산 성소에 계심 같도다

18 주께서 높은 곳으로 오르시며 사로잡은 자들을 취하시고 선물들을 사람들에게서 받으시며 반역자들로부터도 받으시니 여호와 하나님이 그들과 함께 계시기 때문이로다

19 날마다 우리 짐을 지시는 주 곧 우리의 구원이신 하나님을 찬송할지로다 (셀라) 55:22

20 하나님은 우리에게 구원의 하나님이시라 사망에서 벗어남은 주 여호와로 말미암거니와

21 그의 원수들의 머리 곧 죄를 짓고 다니는 자의 정수리는 하나님이 쳐서 깨뜨

67 에는 무엇이 기록되어 있을까?
이스라엘의 장막절에 주로 낭송된 시예요. 지은이와 지은 동기는 알 수 없지만, 하나님께서 이스라엘을 제사장 나라로 택해주심을 찬양하고 있답니다.

68 다윗이 지은 시로서 모세로부터 내려 온 이스라엘의 과거 역사와 현재의 축복들 그리고 미래의 영광을 노래하는 역사시입니다.

소고(68:25)

리시리로다

22 주께서 말씀하시기를 내가 그들을 바산에서 돌아오게 하며 바다 깊은 곳에서 도로 나오게 하고

23 네가 그들을 심히 치고 그들의 피에 네 발을 잠그게 하며 네 집의 개의 혀로 네 원수들에게서 제 분깃을 얻게 하리라 하시도다

24 하나님이여 그들이 주께서 행차하심을 보았으니 곧 나의 하나님, 나의 왕이 성소로 행차하시는 것이라

25 소고 치는 처녀들 중에서 노래 부르는 자들은 앞서고 악기를 연주하는 자들은 뒤따르나이다

26 이스라엘의 근원에서 나온 너희여 대회 중에 하나님 곧 주를 송축할지어다

27 거기에는 그들을 주관하는 작은 베냐민과 유다의 고관과 그들의 무리와 스불론의 고관과 납달리의 고관이 있도다

28 ●네 하나님이 너의 힘을 명령하셨도다 하나님이여 우리를 위하여 행하신 것을 견고하게 하소서

29 예루살렘에 있는 주의 전을 위하여 왕들이 주께 예물을 드리리이다

30 갈밭의 들짐승과 수소의 무리와 만민의 송아지를 꾸짖으시고 은 조각을 발 아래에 밟으소서 그가 전쟁을 즐기는 백성을 흩으셨도다

31 고관들은 애굽에서 나오고 구스인은 하나님을 향하여 그 손을 신속히 들리로다

32 땅의 왕국들아 하나님께 노래하고 주께 찬송할지어다 (셀라)

33 옛적 하늘들의 하늘을 타신 자에게 찬송하라 주께서 그 소리를 내시니 웅장한 소리로다

34 너희는 하나님께 능력을 돌릴지어다 그의 위엄이 이스라엘 위에 있고 그의 능력이 구름 속에 있도다

35 하나님이여 위엄을 성소에서 나타내시나이다 이스라엘의 하나님은 그의 백성에게 힘과 능력을 주시나니 하나님을 찬송할지어다

다윗의 시, 인도자를 따라[1] 소산님에 맞춘 노래

69

하나님이여 나를 구원하소서 물들이 내 영혼에까지 흘러 들어왔나이다

2 나는 설 곳이 없는 깊은 수렁에 빠지며 깊은 물에 들어가니 큰 물이 내게 넘치나이다

3 내가 부르짖음으로 피곤하여 나의 목이 마르며 나의 하나님을 바라서 나의 눈이 쇠하였나이다

4 까닭 없이 나를 미워하는 자가 나의 머리털보다 많고 부당하게 나의 원수가 되어 나를 끊으려 하는 자가 강하였으니 내가 빼앗지 아니한 것도 물어 주게 되었나이다

5 하나님이여 주는 나의 우매함을 아시오니 나의 죄가 주 앞에서 숨김이 없나이다

6 주 만군의 여호와여 주를 바라는 자들이 나를 인하여 수치를 당하게 하지 마옵소서 이스라엘의 하나님이여 주를 찾는 자가 나로 말미암아 욕을 당하게 하지 마옵소서

1) 백합화 곡조

7 내가 주를 위하여 비방을 받았사오니 수치가 나의 얼굴에 덮였나이다 롬15:15

8 내가 나의 형제에게는 객이 되고 나의 어머니의 자녀에게는 낯선 사람이 되었나이다

9 주의 집을 위하는 열성이 나를 삼키고 주를 비방하는 비방이 내게 미쳤나이다

10 내가 곡하고 금식하였더니 그것이 도리어 나의 욕이 되었으며

11 내가 굵은 베로 내 옷을 삼았더니 내가 그들의 말거리가 되었나이다

12 성문에 앉은 자가 나를 비난하며 독주에 취한 무리가 나를 두고 노래하나이다

13 여호와여 나를 반기시는 때에 내가 주께 기도하오니 하나님이여 많은 인자와 구원의 진리로 내게 응답하소서

14 나를 수렁에서 건지사 빠지지 말게 하시고 나를 미워하는 자에게서와 깊은 물에서 건지소서

15 큰 물이 나를 휩쓸거나 깊음이 나를 삼키지 못하게 하시며 웅덩이가 내 위에 덮쳐 그것의 입을 닫지 못하게 하소서

16 여호와여 주의 인자하심이 선하오니 내게 응답하시되 주의 많은 긍휼에 따라 내게로 돌이키소서 63:3

17 주의 얼굴을 주의 종에게서 숨기지 마소서 내가 환난 중에 있사오니 속히 내게 응답하소서

18 내 영혼에게 가까이하사 구원하시며 내 원수로 말미암아 나를 속량하소서

19 주께서 나의 비방과 수치와 능욕을 아시나이다 나의 대적들이 다 주님 앞에 있나이다

20 비방이 나의 마음을 상하게 하여 1)근심이 충만하니 불쌍히 여길 자를 바라나 없고 긍휼히 여길 자를 바라나 찾지 못하였나이다

21 그들이 쓸개를 나의 음식물로 주며 목마를 때에는 초를 마시게 하였사오니

22 그들의 밥상이 올무가 되게 하시며 그들의 평안이 덫이 되게 하소서

23 그들의 눈이 어두워 보지 못하게 하시며 그들의 허리가 항상 떨리게 하소서

24 주의 분노를 그들의 위에 부으시며 주의 맹렬하신 노가 그들에게 미치게 하소서 79:6

25 그들의 거처가 황폐하게 하시며 그들의 장막에 사는 자가 없게 하소서

26 무릇 그들이 주께서 치신 자를 핍박하며 주께서 상하게 하신 자의 슬픔을 말하였사오니

27 그들의 죄악에 죄악을 더하사 주의 공의에 들어오지 못하게 하소서

28 그들을 생명책에서 지우사 의인들과 함께 기록되지 말게 하소서

29 오직 나는 가난하고 슬프오니 하나님이여 주의 구원으로 나를 높이소서

30 내가 노래로 하나님의 이름을 찬송하며 감사함으로 하나님을 위대하시다 하리니 28:7

31 이것이 소 곧 뿔과 굽이 있는 황소를 드림보다 여호와를 더욱 기쁘시게 함이 될 것이라

32 곤고한 자가 이를 보고 기뻐하나니 하

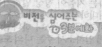

비전을 심어주는 69편 예화

끈질긴 믿음의 기도

어느 부부의 7살 난 아들이 어느 날부터 얼굴에 경련을 일으켰어요. 몇몇 병원을 다녀봤지만 원인을 알 수 없었지요. 부부는 기도를 시작했어요. 아들에게는 아무런 변화가 없었지만 그래도 기도를 계속했습니다.

몇 개월이 지난 어느 날, 부부는 마음에 넘치는 평안과 위로를 느꼈어요. 그리고 하나님께서 기도를 들으셨다는 확신이 넘쳐흘렀지요. 그후로도 아들의 얼굴은 여전히 씰룩거렸지만, 부부는 계속해서 기도했답니다.

5개월이 지난 후, 아들은 비로소 정상이 되었고, 부부는 당시를 회상하며 이렇게 말했어요. "기도가 금방 이루어진 것은 아니었어요. 하지만 우리에게는 믿음이 있었지요. 한 순간도 의심하지 않았습니다."

---

1) 심히 병이 되니

나님을 찾는 너희들아 너희 마음을 소
생하게 할지어다
33 여호와는 궁핍한 자의 소리를 들으시
며 자기로 말미암아 갇힌 자를 멸시하
지 아니하시나니
34 천지가 그를 찬송할 것이요 바다와 그
중의 모든 생물도 그리할지로다
35 하나님이 시온을 구원하시고 유다 성
읍들을 건설하시리니 무리가 거기에
살며 소유를 삼으리로다　5:118
36 그의 종들의 후손이 또한 이를 상속하
고 그의 이름을 사랑하는 자가 그 중에
살리로다

다윗의 시로 기념하여 인도자를
따라 부르는 노래

70

하나님이여 나를 건지소서 여
호와여 속히 나를 도우소서
2 나의 영혼을 찾는 자들이 수치와 무안을
당하게 하시며 나의 상함을 기뻐하는 자
들이 뒤로 물러가 수모를 당하게 하소서
3 아하, 아하 하는 자들이 자기 수치로
말미암아 뒤로 물러가게 하소서
4 주를 찾는 모든 자들이 주로 말미암아
기뻐하고 즐거워하게 하시며 주의 구
원을 사랑하는 자들이 항상 말하기를
하나님은 위대하시다 하게 하소서
5 나는 가난하고 궁핍하오니 하나님이여
속히 내게 임하소서 주는 나의 도움
이시요 나를 건지시는 이시오니 여호
와여 지체하지 마소서

71

여호와여 내가 주께 피하오니
내가 영원히 수치를 당하게 하

애굽의 하프(수금)

지 마소서
2 주의 의로 나를 건지시며 나를 풀어 주
시며 주의 귀를 내게 기울이사 나를 구
원하소서
3 주는 내가 항상 피하여 숨을 바위가 되
소서 주께서 나를 구원하라 명령하셨
으니 이는 주께서 나의 반석이시요 나
의 요새이심이니이다
4 나의 하나님이여 나를 악인의 손 곧 불
의한 자와 흉악한 자의 장중에서 피하
게 하소서
5 주 여호와여 주는 나의 소망이시요 내
가 어릴 때부터 신뢰한 이시라
6 내가 모태에서부터 주를 의지하였으
며 나의 어머니의 배에서부터 주께서
나를 택하셨사오니 나는 항상 주를 찬
송하리이다
7 나는 무리에게 이상한 징조 같이 되었
사오나 주는 나의 견고한 피난처시오
니　고전 4:9
8 주를 찬송함과 주께 영광 돌림이 종일
토록 내 입에 가득하리이다　35:28
9 늙을 때에 나를 버리지 마시며 내 힘이
쇠약할 때에 나를 떠나지 마소서
10 내 원수들이 나를 대하여 말하며 내 영
혼을 엿보는 자들이 서로 꾀하여
11 이르기를 하나님이 그를 버리셨은즉
따라 잡으라 건질 자가 없다 하오니
12 하나님이여 나를 멀리 하지 마소서 나
의 하나님이여 속히 나를 도우소서
13 내 영혼을 대적하는 자들이 수치와 멸
망을 당하게 하시며 나를 모해하려 하
는 자들에게는 욕과 수욕이 덮이게 하

소서

14 나는 항상 소망을 품고 주를 더욱더욱 찬송하리이다 130:7
15 내가 측량할 수 없는 주의 공의와 구원을 내 입으로 종일 전하리이다 40:5
16 내가 주 여호와의 능하신 행적을 가지고 오겠사오며 주의 공의만 전하겠나이다
17 하나님이여 나를 어려서부터 교훈하셨으므로 내가 지금까지 주의 기이한 일들을 전하였나이다
18 하나님이여 내가 늙어 백발이 될 때에도 나를 버리지 마시며 내가 주의 힘을 후대에 전하고 주의 능력을 장래의 모든 사람에게 전하기까지 나를 버리지 마소서
19 하나님이여 주의 의가 또한 지극히 높으시니이다 하나님이여 주께서 큰 일을 행하셨사오니 누가 주와 같으리이까
20 우리에게 여러 가지 심한 고난을 보이신 주께서 우리를 다시 살리시며 땅 깊은 곳에서 다시 이끌어 올리시리이다
21 나를 더욱 창대하게 하시고 돌이키사 나를 위로하소서
22 나의 하나님이여 내가 또 비파로 주를 찬양하며 주의 성실을 찬양하리이다 이스라엘의 거룩하신 주여 내가 수금으로 주를 찬양하리이다
23 내가 주를 찬양할 때에 나의 입술이 기뻐 외치며 주께서 속량하신 내 영혼이 즐거워하리이다
24 나의 혀도 종일토록 주의 의를 작은 소

1) 하게 하소서(이하 매절 끝이 같음)

리로 읊조리오리니 나를 모해하려 하던 자들이 수치와 무안을 당함이니이다 35:28

[솔로몬의 시]

72 하나님이여 주의 판단력을 왕에게 주시고 주의 공의를 왕의 아들에게 주소서
2 그가 주의 백성을 공의로 재판하며 주의 가난한 자를 정의로 재판하리니
3 의로 말미암아 산들이 백성에게 평강을 주며 작은 산들도 그리하리로다
4 그가 주의 백성의 억울함을 풀어 주며 궁핍한 자의 자손을 구원하며 압박하는 자를 꺾으리로다
5 그들이 해가 있을 동안에도 주를 두려워하며 달이 있을 동안에도 대대로 그리하리로다
6 그는 벤 풀 위에 내리는 비 같이, 땅을 적시는 소낙비 같이 내리리이다
7 그의 날에 의인이 흥왕하여 평강의 풍성함이 달이 다할 때까지 이르리로다
8 그가 바다에서부터 바다까지와 강에서부터 땅 끝까지 다스리리니
9 광야에 사는 자는 그 앞에 굽히며 그의 원수들은 티끌을 핥을 것이며
10 다시스와 섬의 왕들이 조공을 바치며 스바와 시바 왕들이 예물을 드리리로다
11 모든 왕이 그의 앞에 부복하며 모든 민족이 다 그를 섬기리로다
12 그는 궁핍한 자가 부르짖을 때에 건지며 도움이 없는 가난한 자도 건지며
13 그는 가난한 자와 궁핍한 자를 불쌍히 여기며 궁핍한 자의 생명을 구원하며
14 그들의 생명을 압박과 강포에서 구원하리니 그들의 피가 그의 눈 앞에서 존귀히 여김을 받으리로다

15) 그들이 생존하여 스바의 금을 그에게 드리며 사람들이 그를 위하여 항상 기도하고 종일 찬송하리로다 　　사 60:6

16 산 꼭대기의 땅에도 곡식이 풍성하고 그것의 열매가 레바논 같이 흔들리며 성에 있는 자가 땅의 풀 같이 왕성하리로다

17 그의 이름이 영구함이여 그의 이름이 해와 같이 장구하리로다 사람들이 그로 말미암아 복을 받으리니 모든 민족이 다 그를 복되다 하리로다

18 홀로 기이한 일들을 행하시는 여호와 하나님 곧 이스라엘의 하나님을 찬송하며

19 그 영화로운 이름을 영원히 찬송할지어다 온 땅에 그의 영광이 충만할지어다 아멘 아멘

20 ●이새의 아들 다윗의 기도가 끝나니라

제 삼 권
[아삽의 시]

73 하나님이 참으로 이스라엘 중 마음이 정결한 자에게 선을 행하시나 　　86:5

2 나는 거의 넘어질 뻔하였고 나의 걸음이 미끄러질 뻔하였으니

3 이는 내가 악인의 2) 형통함을 보고 오만한 자를 질투하였음이로다

4 그들은 죽을 때에도 고통이 없고 그 힘이 강건하며 　　105

5 사람들이 당하는 고난이 그들에게는 없고 사람들이 당하는 재앙도 그들에게는 없나니

1) 저가 생존하니 2) 평안함을 3) 하늘을 대적하고

영구(72:17) 길고 오램.
강포(73:6) 우악스럽고 포악함.
능욕(73:8) 업신여기어 욕보임.

6 그러므로 교만이 그들의 목걸이요 강포가 그들의 옷이며

7 살찜으로 그들의 눈이 솟아나며 그들의 소득은 마음의 소원보다 많으며 　　15:27

8 그들은 능욕하며 악하게 말하며 높은 데서 거만하게 말하며

9 그들의 입은 3) 하늘에 두고 그들의 혀는 땅에 두루 다니도다

10 그러므로 그의 백성이 이리로 돌아와서 잔에 가득한 물을 다 마시며

11 말하기를 하나님이 어찌 알랴 지존자에게 지식이 있으랴 하는도다 　　욥 22:13

12 볼지어다 이들은 악인들이라도 항상 평안하고 재물은 더욱 불어나도다

13 내가 내 마음을 깨끗하게 하며 내 손을 씻어 무죄하다 한 것이 실로 헛되도다

14 나는 종일 재난을 당하며 아침마다 징벌을 받았도다

15 내가 만일 스스로 이르기를 내가 그들처럼 말하리라 하였더라면 나는 주의 아들들의 세대에 대하여 악행을 행하였으리이다

16 내가 어쩌면 이를 알까 하여 생각한즉 그것이 내게 심한 고통이 되었더니

17 하나님의 성소에 들어갈 때에야 그들의 종말을 내가 깨달았나이다

18 주께서 참으로 그들을 미끄러운 곳에 두시며 파멸에 던지시니

19 그들이 어찌하여 그리 갑자기 황폐되었는가 놀랄 정도로 그들은 전멸하였나이다

20 주여 사람이 깬 후에는 꿈을 무시함 같이 주께서 깨신 후에는 그들의 형상을 멸시하시리이다

21 내 마음이 산란하며 내 양심이 찔렸나

이다

22 내가 이같이 우매 무지함으로 주 앞에 짐승이오나

23 내가 항상 주와 함께 하니 주께서 내 오른손을 붙드셨나이다

24 주의 교훈으로 나를 인도하시고 후에는 영광으로 나를 영접하시리니 32:8

25 하늘에서는 주 외에 누가 내게 있으리요 땅에서는 주 밖에 내가 사모할 이 없나이다 빌 3:8

26 내 육체와 마음은 쇠약하나 하나님은 내 마음의 반석이시요 영원한 분깃이시라

27 무릇 주를 멀리하는 자는 망하리니 음녀 같이 주를 떠난 자를 주께서 다 멸하셨나이다

28 하나님께 가까이 함이 내게 복이라 내가 주 여호와를 나의 피난처로 삼아 주의 모든 행적을 전파하리이다

바위를 쪼개어 큰 물을 내시며(74:15)

[아삽의 1)마스길]

74

하나님이여 주께서 어찌하여 우리를 영원히 버리시나이까 어찌하여 주께서 기르시는 양을 향하여 진노의 연기를 뿜으시나이까

2 옛적부터 얻으시고 속량하사 주의 기업의 지파로 삼으신 주의 회중을 기억하시며 주께서 계시던 시온 산도 생각하소서

3 영구히 파멸된 곳을 향하여 주의 발을 옮겨 놓으소서 원수가 성소에서 모든 악을 행하였나이다

4 주의 대적이 주의 회중 가운데에서 떠들며 자기들의 깃발을 세워 표적으로 삼았으니

5 그들은 마치 도끼를 들어 삼림을 베는 사람 같으니이다

6 이제 그들이 도끼와 철퇴로 성소의 모든 조각품을 쳐서 부수고

7 주의 성소를 불사르며 주의 이름이 계신 곳을 더럽혀 땅에 엎었나이다

8 그들이 마음속으로 이르기를 우리가 그들을 진멸하자 하고 이 땅에 있는 하나님의 모든 회당을 불살랐나이다

9 우리의 표적은 보이지 아니하며 선지자도 다 이상 없으며 이런 일이 얼마나 오랠는지 우리 중에 아는 자도 없나이다

10 하나님이여 대적이 언제까지 비방하겠으며 원수가 주의 이름을 영원히 능욕하리이까

11 주께서 어찌하여 주의 손 곧 주의 오른손을 거두시나이까 주의 품에서 손을 빼내시어 그들을 멸하소서

12 ●하나님은 예로부터 나의 왕이시라 사람에게 구원을 베푸셨나이다

13 주께서 주의 능력으로 바다를 나누시고 물 가운데 용들의 머리를 깨뜨리셨으며

14 2)리워야단의 머리를 부수시고 그것을 사막에 사는 자에게 음식물로 주셨으며

15 주께서 바위를 쪼개어 큰 물을 내시며 주께서 늘 흐르는 강들을 마르게 하셨나이다

16 낮도 주의 것이요 밤도 주의 것이라 주께서 빛과 해를 마련하셨으며

17 주께서 땅의 경계를 정하시며 주께서 여름과 겨울을 만드셨나이다 창 8:22

18 여호와여 이것을 기억하소서 원수가

1) 교훈 2) 악어로 볼 수도 있음

74 에는 무엇이 기록되어 있을까?

지은 때가 분명하지 않은 이 시는 무너진 성과와 파손된 성전을 보면서 하나님께 나라를 구원해달라고 간구하고 있어요.

산란(73:21) 어지럽고 어수선함.
쇠약(73:26) 힘이 빠져 거의 죽게 됨.
철퇴(74:6) 철로 만든 망치.

주를 비방하며 우매한 백성이 주의 이름을 능욕하였나이다

19 주의 멧비둘기의 생명을 들짐승에게 주지 마시며 주의 가난한 자의 목숨을 영원히 잊지 마소서

20 그 언약을 눈여겨 보소서 무릇 땅의 어두운 곳에 포악한 자의 처소가 가득하나이다

21 학대 받은 자가 부끄러이 돌아가게 하지 마시고 가난한 자와 궁핍한 자가 주의 이름을 찬송하게 하소서

22 하나님이여 일어나 주의 원통함을 푸시고 우매한 자가 종일 주를 비방하는 것을 기억하소서

23 주의 대적들의 소리를 잊지 마소서 일어나 주께 항거하는 자의 떠드는 소리가 항상 주께 상달하나이다

운명의 수레바퀴(75:7)

[아삽의 시, 인도자를 따라 알다스헷에 맞춘 노래]

75 하나님이여 우리가 주께 감사하고 감사함은 주의 이름이 가까움이라 사람들이 주의 기이한 일들을 전파하나이다

2 주의 말씀이 내가 정한 기약이 이르면 내가 바르게 심판하리니

3 땅의 기둥은 내가 세웠거니와 땅과 그 모든 주민이 소멸되리라 하시도다 (셀라)

4 내가 오만한 자들에게 오만하게 행하지 말라 하며 악인들에게 뿔을 들지 말라 하였노니

5 너희 뿔을 높이 들지 말며 교만한 목으로 말하지 말지어다

6 무릇 높이는 일이 동쪽에서나 서쪽에서 말미암지 아니하며 남쪽에서도 말미암지 아니하고

7 오직 재판장이신 하나님이 이를 낮추시고 저를 높이시느니라

8 여호와의 손에 잔이 있어 술 거품이 일어나는도다 속에 섞은 것이 가득한 그 잔을 하나님이 쏟아 내시나니 실로 그 찌꺼기까지도 땅의 모든 악인이 기울여 마시리로다

9 나는 야곱의 하나님을 영원히 선포하며 찬양하며

10 또 악인들의 뿔을 다 베고 의인의 뿔은 높이 들리로다

[아삽의 시, 인도자를 따라 현악에 맞춘 노래]

76 하나님은 유다에 알려지셨으며 그의 이름이 이스라엘에 크시도다

2 그의 장막은 살렘에 있음이여 그의 처소는 시온에 있도다

3 거기에서 그가 화살과 방패와 칼과 전쟁을 없이하셨도다 (셀라)

4 주는 약탈한 산에서 영화로우시며 존귀하시도다

5 마음이 강한 자도 가진 것을 빼앗기고 잠에 빠질 것이며 장사들도 모두 그들에게 도움을 줄 손을 만날 수 없도다

6 야곱의 하나님이여 주께서 꾸짖으시매 병거와 말이 다 깊이 잠들었나이다

7 주께서는 경외 받을 이시니 주께서 한 번 노하실 때에 누가 주의 목전에 서리

1) 가까운 것을 주의 기사가 선포함이니이다

상달(74:23) 아랫사람의 뜻이 윗사람에게 미침.
오만(75:4) 태도가 거만함.

이까

8 주께서 하늘에서 판결을 선포하시매 땅이 두려워 잠잠하였나니

9 곧 하나님이 땅의 모든 온유한 자를 구원하시려고 심판하러 일어나신 때에로다 (셀라)

10 진실로 사람의 노여움은 주를 찬송하게 될 것이요 그 남은 노여움은 주께서 금하시리이다

11 너희는 여호와 너희 하나님께 서원하고 갚으라 사방에 있는 모든 사람도 마땅히 경외할 이에게 예물을 드릴지로다

12 그가 고관들의 기를 꺾으시리니 그는 세상의 왕들에게 두려움이시로다

[아삽의 시, 인도자를 따라 여두둔의 법칙에 따라 부르는 노래]

77 내가 내 음성으로 하나님께 부르짖으리니 내 음성으로 하나님께 부르짖으면 내게 귀를 기울이시리로다

2 나의 환난 날에 내가 주를 찾았으며 밤에는 내 손을 들고 거두지 아니하였나니 내 영혼이 위로 받기를 거절하였도다

3 내가 하나님을 기억하고 불안하여 근심하니 내 심령이 상하도다 (셀라)

4 주께서 내가 눈을 붙이지 못하게 하시니 내가 괴로워 말할 수 없나이다

5 내가 옛날 곧 지나간 세월을 생각하였사오며

6 밤에 부른 노래를 내가 기억하여 내 심령으로, 내가 내 마음으로 간구하기를

7 주께서 영원히 버리실까, 다시는 은혜를 베풀지 아니하실까,

8 그의 인자하심은 영원히 끝났는가, 그의 약속하심도 영구히 폐하였는가,

9 하나님이 그가 베푸실 은혜를 잊으셨는가, 노하심으로 그가 베푸실 긍휼을

그치셨는가 하였나이다 (셀라)

10 또 내가 말하기를 이는 나의 잘못이라 지존자의 오른손의 해

11 곧 여호와의 일들을 기억하며 주께서 옛적에 행하신 기이한 일을 기억하리이다

12 또 주의 모든 일을 작은 소리로 읊조리며 주의 행사를 낮은 소리로 되뇌이리이다

13 하나님이여 주의 도는 극히 거룩하시오니 하나님과 같이 위대하신 신이 누구오니이까

14 주는 기이한 일을 행하신 하나님이시라 민족들 중에 주의 능력을 알리시고

15 주의 팔로 주의 백성 곧 야곱과 요셉의 자손을 속량하셨나이다 (셀라)

16 하나님이여 물들이 주를 보았나이다 물들이 주를 보고 두려워하며 깊음도 진동하였고

17 구름이 물을 쏟고 궁창이 소리를 내며 주의 화살도 날아갔나이다

18 회오리바람 중에 주의 우렛소리가 있으며 번개가 세계를 비추며 땅이 흔들리고 움직였나이다

19 주의 길이 바다에 있었고 주의 곧은 길이 큰 물에 있었으나 주의 발자취를 알 수 없었나이다

20 주의 백성을 양 떼 같이 모세와 아론의 손으로 인도하셨나이다

[아삽의 마스길]

78 내 백성이여, 내 율법을 들으며 내 입의 말에 귀를 기울일지어다

77 에는 무엇이 기록되어 있을까?

큰 절망 가운데 있던 시인이 이스라엘의 역사를 기억하면서, 고난을 딛고 일어나 더욱더 하나님을 의지하게 되었음을 보여주는 시입니다.

78 이스라엘의 역사 가운데 임하신 하나님의 한결같은 사랑을 찬양하며, 늘 순종하는 삶을 살아갈 것을 교훈하는 시입니다.

1) 괴로워하며 2) 교훈

셀렘(76:2): '평화'라는 뜻이며, 예루살렘을 부르는 또 다른 칭호임.

약탈(76:4): 폭력을 써서 강제로 빼앗음.

궁창(77:17): 높고 푸른 하늘.

2 내가 입을 열어 비유로 말하며 예로부터 감추어졌던 것을 드러내려 하니

3 이는 우리가 들어서 아는 바요 우리의 조상들이 우리에게 전한 바라

4 우리가 이를 그들의 자손에게 숨기지 아니하고 여호와의 영예와 그의 능력과 그가 행하신 기이한 사적을 후대에 전하리로다

5 여호와께서 증거를 야곱에게 세우시며 법도를 이스라엘에게 정하시고 우리 조상들에게 명령하사 그들의 자손에게 알리라 하셨으니

6 이는 그들로 후대 곧 태어날 자손에게 이를 알게 하고 그들은 일어나 그들의 자손에게 일러서

7 그들로 그들의 소망을 하나님께 두며 하나님께서 행하신 일을 잊지 아니하고 오직 그의 계명을 지켜서

8 그들의 조상들 곧 완고하고 패역하여 그들의 마음이 정직하지 못하며 그 심령이 하나님께 충성하지 아니하는 세대와 같이 되지 아니하게 하려 하심이로다

9 에브라임 자손은 무기를 갖추며 활을 가졌으나 전쟁의 날에 물러갔도다

10 그들이 하나님의 언약을 지키지 아니하고 그의 율법 준행을 거절하며

11 여호와께서 행하신 것과 그들에게 보이신 그의 기이한 일을 잊었도다

12 옛적에 하나님이 애굽 땅 소안 들에서 기이한 일을 그들의 조상들의 목전에서 행하셨으되

13 그가 바다를 갈라 물을 무더기 같이 서게 하시고 그들을 지나가게 하셨으며

"광야에서 반석을 쪼개시고" (78:15)

14 낮에는 구름으로, 밤에는 불빛으로 인도하셨으며

15 광야에서 반석을 쪼개시고 매우 깊은 곳에서 나오는 물처럼 흡족하게 마시게 하셨으며

16 또 바위에서 시내를 내사 물이 강 같이 흐르게 하셨으나

17 그들은 계속해서 하나님께 범죄하여 메마른 땅에서 지존자를 배반하였도다

18 그들이 그들의 탐욕대로 음식을 구하여 그들의 심중에 하나님을 시험하였으며

19 그뿐 아니라 하나님을 대적하여 말하기를 하나님이 광야에서 식탁을 베푸실 수 있으랴

20 보라 그가 반석을 쳐서 물을 내시니 시내가 넘쳤으나 그가 능히 떡도 주시며 자기 백성을 위하여 고기도 예비하시랴 하였도다

21 그러므로 여호와께서 듣고 노하셨으며 야곱에게 불 같이 노하셨고 또한 이스라엘에게 진노가 불타 올랐으니

22 이는 하나님을 믿지 아니하며 그의 구원을 의지하지 아니한 때문이로다

23 그러나 그가 위의 궁창을 명령하시며 하늘 문을 여시고

24 그들에게 만나를 비 같이 내려 먹이시며 하늘 양식을 그들에게 주셨나니

25 사람이 힘센 자의 떡을 먹으며 그가 음식을 그들에게 충족히 주셨도다

26 그가 동풍을 하늘에서 일게 하시며 그의 권능으로 남풍을 인도하시고

도마 상식

에브라임 자손

왕국 분열 이후 북이스라엘의 왕과 종교 중심지가 모두 에브라임 지파에서 정해졌어요. 그래서 이 말은 주로 북이스라엘을 가리키지요. 하지만 여기서는 이스라엘을 이끄는 대표적인 지파를 뜻하는 것으로 보입니다.

78편 9절

27 먼지처럼 많은 고기를 비 같이 내리시고 나는 새를 바다의 모래 같이 내리셨도다

28 그가 그것들을 그들의 진중에 떨어지게 하사 그들의 거처에 두르셨으므로

29 그들이 먹고 심히 배불렀나니 하나님이 그들의 원대로 그들에게 주셨도다

30 그러나 그들이 그들의 욕심을 버리지 아니하여 그들의 먹을 것이 아직 그들의 입에 있을 때에

31 하나님이 그들에게 노염을 나타내사 그들 중 강한 자를 죽이시며 이스라엘의 청년을 쳐 엎드러뜨리셨도다 민 11:33

32 이러함에도 그들은 여전히 범죄하여 그의 기이한 일들을 믿지 아니하였으므로

33 하나님이 그들의 날들을 헛되이 보내게 하시며 그들의 햇수를 두려움으로 보내게 하셨도다

34 하나님이 그들을 죽이실 때에 그들이 그에게 구하며 돌이켜 하나님을 간절히 찾았고

35 하나님이 그들의 반석이시며 지존하신 하나님이 그들의 구속자이심을 기억하였도다

36 그러나 그들이 입으로 그에게 아첨하며 자기 혀로 그에게 거짓을 말하였으니

37 이는 하나님께 향하는 그들의 마음이 정함이 없으며 그의 언약에 성실하지 아니하였음이로다

38 오직 하나님은 긍휼하시므로 죄악을 덮어 주시어 멸망시키지 아니하시고 그의 진노를 여러 번 돌이키시며 그의 모든 분을 다 쏟아 내지 아니하셨으니

39 그들은 육체이며 가고 다시 돌아오지 못하는 바람임을 기억하셨음이라

40 그들이 광야에서 그에게 반항하며 사막에서 그를 슬프시게 함이 몇 번인가

41 그들이 돌이켜 하나님을 거듭거듭 시험하며 이스라엘의 거룩하신 이를 노엽게 하였도다

42 그들이 그의 권능의 손을 기억하지 아니하며 대적에게서 그들을 구원하신 날도 기억하지 아니하였도다

43 그 때에 하나님이 애굽에서 그의 표적들을, 소안 들에서 그의 징조들을 나타내사

44 그들의 강과 시내를 피로 변하여 그들로 마실 수 없게 하시며

45 쇠파리 떼를 그들에게 보내어 그들을 물게 하시고 개구리를 보내어 해하게 하셨으며

46 그들의 토산물을 황충에게 주셨고 그들이 수고한 것을 메뚜기에게 주셨으며

47 그들의 포도나무를 우박으로, 그들의 뽕나무를 1)서리로 죽이셨으며

48 그들의 가축을 우박에, 그들의 양 떼를 번갯불에 넘기셨으며

49 그의 맹렬한 노여움과 진노와 분노와 고난 곧 재앙의 천사들을 그들에게 내려보내셨으며

50 그는 진노로 길을 닦으사 그들의 목숨이 죽음을 면하지 못하게 하시고 그들의 생명을 전염병에 붙이셨으며

51 애굽에서 모든 장자 곧 함의 장막에 있는 그들의 기력의 처음 것을 치셨으나

52 그가 자기 백성은 양 같이 인도하여 내

술술 풀리는 생명말씀

헛되이 보내 40년

33절의 '그들의 날들을 헛되이 보내게 하셨다'는 것은 불신으로 인해서 이스라엘 백성이 40년을 광야에서 유랑한 것을 가리키는 거예요. 그리고 34~37절은 하나님께서 불신의 세대를 광야에서 다 죽게 하신 일로 이스라엘이 하나님께 회개를 하는 듯했지만, 그것은 마음이 우러나온 것이 아니라 입으로만 한 거짓이었다는 것을 말해주고 있습니다.

그들이 광야에서 보낸 40년은, 신앙과 윤리가 하나가 되지 못한 기간이었어요. 하나님을 향하여 그들은 거짓과 아첨을 일삼았지요(36절). 그것은 그들이 하나님과의 언약에 신실하지 못했다는 것을 증명해준답니다.

78편 33~37절

1) 큰 우박으로

목자와 양(78:52)

시고 광야에서 양 떼 같이 지도하셨도다

53 그들을 안전히 인도하시니 그들은 두려움이 없었으나 그들의 원수는 바다에 빠졌도다

54 그들을 그의 성소의 영역 곧 그의 오른손으로 만드신 산으로 인도하시고

55 또 나라를 그들의 앞에서 쫓아내시며 줄을 쳐서 그들의 소유를 분배하시고 이스라엘의 지파들이 그들의 장막에 살게 하셨도다

56 그러나 그들은 지존하신 하나님을 시험하고 반항하여 그의 명령을 지키지 아니하며

57 그들의 조상들 같이 배반하고 거짓을 행하여 속이는 활 같이 빗나가서

58 자기 산당들로 그의 노여움을 일으키며 그들의 조각한 우상들로 그를 진노하게 하였으매

59 하나님이 들으시고 분내어 이스라엘을 크게 미워하사

60 사람 가운데 세우신 장막 곧 실로의 성막을 떠나시고

61 그가 그의 능력을 포로에게 넘겨 주시며 그의 영광을 대적의 손에 붙이시고

62 그의 소유 때문에 분내사 그의 백성을 칼에 넘기셨으니

63 그들의 청년은 불에 살라지고 그들의 처녀들은 혼인 노래를 들을 수 없었으며

64 그들의 제사장들은 칼에 엎드러지고 그들의 과부들은 애곡하지도 못하였도다

65 그 때에 주께서 잠에서 깨어난 것처럼,

포도주를 마시고 고함치는 용사처럼 일어나사

66 그의 대적들을 쳐 물리쳐서 영원히 그들에게 욕되게 하셨도다

67 또 요셉의 장막을 버리시며 에브라임 지파를 택하지 아니하시고

68 오직 유다 지파와 그가 사랑하시는 시온 산을 택하시며

69 그의 성소를 산의 높음 같이, 영원히 두신 땅 같이 지으셨도다

70 또 그의 종 다윗을 택하시되 양의 우리에서 취하시며

71 젖 양을 지키는 중에서 그를 이끌어 내사 그의 백성인 야곱, 그의 소유인 이스라엘을 기르게 하셨더니

72 이에 그가 그들을 자기 마음의 완전함으로 기르고 그의 손의 능숙함으로 그들을 지도하였도다

79

아삽의 시

79 하나님이여 이방 나라들이 주의 기업의 땅에 들어와서 주의 성전을 더럽히고 예루살렘이 돌무더기가 되게 하였나이다

2 그들이 주의 종들의 시체를 공중의 새에게 먹이로, 주의 성도들의 육체를 땅의 짐승에게 주며

3 그들의 피를 예루살렘 사방에 물 같이 흘렸으나 그들을 매장하는 자가 없었나이다

4 우리는 우리 이웃에게 비방거리가 되며 우리를 에워싼 자에게 조소와 조롱거리가 되었나이다

5 여호와여 어느 때까지니이까 영원히 노하시리이까 주의 질투가 불붙듯 하시리이까

6 주를 알지 아니하는 민족들과 주의 이름을 부르지 아니하는 나라들에게 주의 노를 쏟으소서

7 그들이 야곱을 삼키고 그의 거처를 황폐하게 함이니이다 53:4

8 우리 1)조상들의 죄악을 기억하지 마시고 주의 긍휼로 우리를 속히 영접하소서 우리가 매우 가련하게 되었나이다

9 우리 구원의 하나님이여 주의 이름의 영광스러운 행사를 위하여 우리를 도우시며 주의 이름을 증거하기 위하여 우리를 건지시며 우리 죄를 사하소서

10 이방 나라들이 어찌하여 그들의 하나님이 어디 있느냐 말하나이까 주의 종들이 피 흘림에 대한 복수를 우리의 목전에서 이방 나라에게 보여 주소서 42:10

11 갇힌 자의 탄식을 주의 앞에 이르게 하시며 죽이기로 정해진 자도 주의 크신 능력을 따라 보존하소서 102:20

12 주여 우리 이웃이 주를 비방한 그 비방을 그들의 품에 칠 배나 갚으소서

13 우리는 주의 백성이요 주의 목장의 양이니 우리는 영원히 주께 감사하며 주의 영예를 대대에 전하리이다 95:7

백향목(80:10)

[야삽의 시, 인도자를 따라
소산님에듬에 맞춘 노래]

80 요셉을 양 떼 같이 인도하시는 이스라엘의 목자여 귀를 기울이소서 그룹 사이에 좌정하신 이여 빛을 비추소서

2 에브라임과 베냐민과 므낫세 앞에서 주의 능력을 나타내사 우리를 구원하러 오소서

3 하나님이여 우리를 돌이키시고 주의 얼굴빛을 비추사 우리가 구원을 얻게 하소서 민 6:25

4 ●만군의 하나님 여호와여 주의 백성의 기도에 대하여 어느 때까지 노하시리이까 85:5

5 주께서 그들에게 눈물의 양식을 먹이시며 많은 눈물을 마시게 하셨나이다

6 우리를 우리 이웃에게 다툼거리가 되게 하시니 우리 원수들이 서로 비웃나이다 44:13

7 만군의 하나님이여 우리를 회복하여 주시고 주의 얼굴의 광채를 비추사 우리가 구원을 얻게 하소서

8 ●주께서 한 포도나무를 애굽에서 가져다가 민족들을 쫓아내시고 그것을 심으셨나이다

9 주께서 그 앞서 가꾸셨으므로 그 뿌리가 깊이 박혀서 땅에 가득하며

10 그 그늘이 산들을 가리고 그 가지는 2)하나님의 백향목 같으며

11 그 가지가 바다까지 뻗고 넝쿨이 3)강까지 미쳤거늘 72:8

12 주께서 어찌하여 그 담을 허시사 길을 지나가는 모든 이들이 그것을 따게 하셨나이까

13 숲 속의 멧돼지들이 상해하며 들짐승들이 먹나이다 5:6

14 만군의 하나님이여 구하옵나니 돌아오소서 하늘에서 굽어보시고 이 포도나무를 돌보소서

15 주의 오른손으로 심으신 줄기요 주를 위하여 힘있게 하신 가지니이다

1) 히, 시조들 2) 아름다운 백향목 3) 유브라데 강

16 그것이 불타고 베임을 당하며 주의 면
책으로 말미암아 멸망하오니 _{39:11}
17 주의 오른쪽에 있는 자 곧 주를 위하여
힘있게 하신 인자에게 주의 손을 얹으
소서 _{89:21}
18 그리하시면 우리가 주에게서 물러가
지 아니하오리니 우리를 소생하게 하
소서 우리가 주의 이름을 부르리이다
19 만군의 하나님 여호와여 우리를 돌이켜
주시고 주의 얼굴의 광채를 우리에게
비추소서 우리가 구원을 얻으리이다

[아삽의 시, 인도자를 따라 깃딧에 맞춘 노래]

81

1 우리의 능력이 되시는 하나님을
향하여 기쁘게 노래하며 야곱의
하나님을 향하여 즐거이 소리칠지어다
2 시를 읊으며 소고를 치고 아름다운 수
금에 비파를 아우를지어다
3 초하루와 보름과 우리의 명절에 나팔
을 불지어다 _{레 23:24}
4 이는 이스라엘의 율례요 야곱의 하나
님의 규례로다
5 하나님이 애굽 땅을 치러 나아가시던
때에 요셉의 족속 중에 이를 증거로 세
우셨도다 거기서 내가 알지 못하던 말
씀을 들었나니
6 이르시되 내가 그의 어깨에서 짐을 벗기
고 그의 손에서 광주리를 놓게 하였도다
7 네가 고난 중에 부르짖으매 내가 너를
건졌고 우렛소리의 은밀한 곳에서 네
게 응답하며 므리바 물 가에서 너를 시
험하였도다 (셀라)
8 내 백성이여 들으라 내가 네게 증언하
리라 이스라엘이여 내게 듣기를 원하
노라 _{50:7}
9 너희 중에 다른 신을 두지 말며 이방 신
에게 절하지 말지어다
10 나는 너를 애굽 땅에서 인도하여 낸 여
호와 네 하나님이니 네 입을 크게 열라
내가 채우리라 하였으나 _{출 20:2}
11 내 백성이 내 소리를 듣지 아니하며 이
스라엘이 나를 원하지 아니하였도다
12 그러므로 내가 그의 마음을 완악한 대
로 버려 두어 그의 임의대로 행하게 하
였도다
13 내 백성아 내 말을 들으라 이스라엘아
내 도를 따르라
14 그리하면 내가 속히 그들의 원수를 누르
고 내 손을 돌려 그들의 대적들을 치리니
15 여호와를 미워하는 자는 그에게 복종
하는 체할지라도 그들의 시대는 영원
히 계속되리라
16 또 내가 기름진 밀을 그들에게 먹이며
반석에서 나오는 꿀로 너를 만족하게
하리라 하셨도다

[아삽의 시]

82

1 하나님은 신들의 모임 가운데
에 서시며 하나님은 그들 가운
데에서 재판하시느니라
2 너희가 불공평한 판단을 하며 악인의

술술 풀리는 성경 맛보기 08

장막절의 시

81편은 아삽 가문이 보존한 장막절 시예요. 이스
라엘 백성은 규례대로 매년 장막절 축제를 가졌어
요. 일곱째 달인 티쉬리 월 15일에 장막을 치고, 과
거에 하나님께서 애굽과 광야에서 베푸신 위대하신
구속 행위를 한 주간 동안 기념했는데, 이 시는 이 때
에 불려지던 찬송이에요. 1~5절까지는 전체 백
성을 찬양에 초대한 것이고, 5하반절~16절까지는
예언적 말씀입니다. 하나님께서는 구속의 은혜를
저버리고 하나님을 배반한 이스라엘이 적의 침입을
받게 되자 이를 내버려 두셨어요. 하지만 이스라엘
이 회개할 때 하나님께서 그들의 복을 회복시킨다고
선언하세요.
81편

81 에는 무엇이 기록되어 있을까?
장막절이 불려진 찬송시예요. 장막
절을 맞아 하나님을 찬양하고, 하나님께 순종하
는 삶을 살 것을 말하고 있답니다.

82 의롭지 못한 재판장들의 잘못을 지적
하고 의로우신 하나님이 반드시 그들
을 심판하실 것임을 경고하는 시예요.
또한 공의로우신 하나님을 찬양하고 있답니다.

낮 보기를 언제까지 하려느냐 (셀라)

3 가난한 자와 고아를 위하여 판단하며 곤란한 자와 빈궁한 자에게 공의를 베풀지며 _신 24:17_

4 가난한 자와 궁핍한 자를 구원하여 악인들의 손에서 건질지니라 하시는도다

5 그들은 알지도 못하고 깨닫지도 못하여 흑암 중에 왕래하니 땅의 모든 터가 흔들리도다

6 내가 말하기를 너희는 신들이며 다 지존자의 아들들이라 하였으나 _요 10:34_

7 그러나 너희는 사람처럼 죽으며 고관의 하나 같이 넘어지리로다

8 하나님이여 일어나사 세상을 심판하소서 모든 나라가 주의 소유이기 때문이니이다

아삽의 시 곧 노래

83

하나님이여 침묵하지 마소서 하나님이여 잠잠하지 마시고 조용하지 마소서

2 무릇 주의 원수들이 떠들며 주를 미워하는 자들이 머리를 들었나이다

3 그들이 주의 백성을 치려 하여 간계를 꾀하며 주께서 숨기신 자를 치려고 서로 의논하여

4 말하기를 가서 그들을 멸하여 다시 나라가 되지 못하게 하여 이스라엘의 이름으로 다시는 기억되지 못하게 하자 하나이다

5 그들이 한마음으로 의논하고 주를 대적하여 서로 동맹하니

6 곧 에돔의 장막과 이스마엘인과 모압과 하갈인이며

83에는 무엇이 기록되어 있을까?

이스라엘이 주변 나라들로부터 침략을 당했을 때 지은 시예요. 하나님께서 적들을 물리치시고 구원해주실 것을 기도하고 있답니다.

84편

예루살렘을 여행하는 시인이 성전을 사모하는 마음으로 지은 시예요. 시인은 하나님을 간절히 찾고 의지하는 자에게 복이 있음을 노래하고 있어요.

7 그발과 암몬과 아말렉이며 블레셋과 두로 사람이요 _대하 20:10_

8 앗수르도 그들과 연합하여 롯 자손의 도움이 되었나이다 (셀라)

9 주는 미디안인에게 행하신 것 같이, 기손 시내에서 시스라와 야빈에게 행하신 것 같이 그들에게도 행하소서

10 그들은 엔돌에서 패망하여 땅에 거름이 되었나이다

11 그들의 귀인들이 오렙과 스엡 같게 하시며 그들의 모든 고관들은 세바와 살문나와 같게 하소서

12 그들이 말하기를 우리가 하나님의 목장을 우리의 소유로 취하자 하였나이다

13 나의 하나님이여 그들이 굴러가는 검불 같게 하시며 바람에 날리는 지푸라기 같게 하소서

14 삼림을 사르는 불과 산에 붙는 불길 같이

15 주의 광풍으로 그들을 쫓으시며 주의 폭풍으로 그들을 두렵게 하소서 _58:9_

16 여호와여 그들의 얼굴에 수치가 가득하게 하사 그들이 주의 이름을 찾게 하소서

17 그들로 수치를 당하여 영원히 놀라게 하시며 낭패와 멸망을 당하게 하사

18 여호와라 이름하신 주만 온 세계의 지존자로 알게 하소서

고라 자손의 시, 인도자를 따라 깃딧에 맞춘 노래

84

만군의 여호와여 주의 장막이 어찌 그리 사랑스러운지요 _27:4_

2 내 영혼이 여호와의 궁정을 사모하여 쇠약함이여 내 마음과 육체가 살아 계시는 하나님께 부르짖나이다 _42:1, 2_

3 나의 왕, 나의 하나님, 만군의 여호와여 주의 제단에서 참새도 제 집을 얻고 제비도 새끼 둘 보금자리를 얻었나이다

4 주의 집에 사는 자들은 복이 있나니 그들이 항상 주를 찬송하리이다 (셀라)

5 주께 힘을 얻고 그 마음에 시온의 대로가 있는 자는 복이 있나이다

6 그들이 1)눈물 골짜기로 지나갈 때에 그곳에 많은 샘이 있을 것이며 이른 비가 복을 채워 주나이다

7 그들은 힘을 얻고 더 얻어 나아가 시온에서 하나님 앞에 각기 나타나리이다

8 만군의 하나님 여호와여 내 기도를 들으소서 야곱의 하나님이여 귀를 기울이소서 (셀라)

9 우리 방패이신 하나님이여 주께서 기름 부으신 자의 얼굴을 살펴 보옵소서

10 주의 궁정에서의 한 날이 다른 곳에서의 천 날보다 나은즉 악인의 장막에 사는 것보다 내 하나님의 성전 문지기로 있는 것이 좋사오니

11 여호와 하나님은 해요 방패이시라 여호와께서 은혜와 영화를 주시며 정직하게 행하는 자에게 좋은 것을 아끼지 아니하실 것임이니이다

12 만군의 여호와여 주께 의지하는 자는 복이 있나이다

[고라 자손의 시, 인도자를 따라 부르는 노래]

85 여호와여 주께서 주의 땅에 은혜를 베푸사 야곱의 포로 된 자들이 돌아오게 하셨으며

2 주의 백성의 죄악을 사하시고 그들의 모든 죄를 덮으셨나이다 (셀라)

3 주의 모든 분노를 거두시며 주의 진노를 돌이키셨나이다

4 우리 구원의 하나님이여 우리를 돌이키시고 우리에게 향하신 주의 분노를 거두소서

5 주께서 우리에게 영원히 노하시며 대대에 진노하시겠나이까

6 주께서 우리를 다시 살리사 주의 백성이 주를 기뻐하도록 하지 아니하시겠나이까

7 여호와여 주의 인자하심을 우리에게 보이시며 주의 구원을 우리에게 주소서

8 내가 하나님 여호와께서 하실 말씀을 들으리니 무릇 그의 백성, 그의 성도들에게 화평을 말씀하실 것이라 그들은 다시 어리석은 데로 돌아가지 말지로다

9 진실로 그의 구원이 그를 경외하는 자에게 가까우니 영광이 우리 땅에 머무르리이다

10 인애와 진리가 같이 만나고 의와 화평이 서로 입맞추었으며

11 진리는 땅에서 솟아나고 의는 하늘에서 굽어보도다

12 여호와께서 좋은 것을 주시리니 우리

1) 바카 골짜기로

85 에는 무엇이 기록되어 있을까?

고라 자손이 간직해온 시예요. 바벨론으로 끌려간 유다의 포로들이 다시 돌아올 때 지어진 것이라요. 참고로, 에스라 1~3장은 85편을 이해하는 데 도움이 된답니다.

86 86편은 시편 제3권에 담겨진 다윗의 유일한 시예요. 그는 적들의 교만함과 악함을 보면서 하나님의 도움과 구원을 구하고 있답니다.

은퇴하는 선교사에게 한 사람이 물었어요. "선교사님은 평생동안 선교를 하셨는데, 그 대가로 얻은 것이 무엇입니까?"

선교사는 아무 말 없이 주머니에서 모서리가 다 닳은 편지 한 통을 꺼냈어요. 그 편지는 한 어린 학생으로부터 온 편지였어요. 선교사는 그 편지를 펴 들고 한 부분을 읽기 시작했지요. "선교사님이 아니었다면 저는 구세주이신 예수 그리스도를 결코 알 수 없었을 거예요. 물론 영생도 얻지 못했겠지요. 날마다 저는 하나님께 무릎을 꿇고 선교사님을 생각하며 기도하고 있답니다."

선교사는 환하게 웃으며 말했어요. "바로 이것이 저에게는 가장 소중한 보상입니다."

땅이 그 산물을 내리로다

13 의가 주의 앞에 앞서 가며 주의 길을 닦으리로다

[다윗의 기도]

86

여호와여 나는 가난하고 궁핍하오니 주의 귀를 기울여 내게 응답하소서

2 나는 1)경건하오니 내 영혼을 보존하소서 내 주 하나님이여 주를 의지하는 종을 구원하소서

3 주여 내게 은혜를 베푸소서 내가 종일 주께 부르짖나이다

4 주여 내 영혼이 주를 우러러보오니 주여 내 영혼을 기쁘게 하소서

5 주는 선하사 사죄하기를 즐거워하시며 주께 부르짖는 자에게 인자함이 후하심이니이다

6 여호와여 나의 기도에 귀를 기울이시고 내가 간구하는 소리를 들으소서

7 나의 환난 날에 내가 주께 부르짖으리니 주께서 내게 응답하시리이다 50:15

8 주여 신들 중에 주와 같은 자 없사오며 주의 행하심과 같은 일도 없나이다

9 주여 주께서 지으신 모든 민족이 와서 주의 앞에 경배하며 주의 이름에 영광을 돌리리이다

10 무릇 주는 위대하사 기이한 일들을 행하시오니 주만이 하나님이시니이다

11 여호와여 주의 도를 내게 가르치소서 내가 주의 진리에 행하오리니 일심으로 주의 이름을 경외하게 하소서 25:5

12 주 나의 하나님이여 내가 전심으로 주를 찬송하고 영원토록 주의 이름에 영광을 돌리오리니

13 이는 내게 향하신 주의 인자하심이 크사 내 영혼을 깊은 스올에서 건지셨음이니이다

14 하나님이여 교만한 자들이 일어나 나를 치고 포악한 자의 무리가 내 영혼을 찾았사오며 자기 앞에 주를 두지 아니하였나이다

15 그러나 주여 주는 긍휼히 여기시며 은혜를 베푸시며 노하기를 더디 하시며 인자와 진실이 풍성하신 하나님이시오니

16 내게로 돌이키사 내게 은혜를 베푸소서 주의 종에게 힘을 주시고 주의 여종의 아들을 구원하소서

17 은총의 표적을 내게 보이소서 그러면 나를 미워하는 그들이 보고 부끄러워하오리니 여호와여 주는 나를 돕고 위로하시는 이시니이다

[고라 자손의 시 곧 노래]

87

그의 터전이 성산에 있음이여

2 여호와께서 야곱의 모든 거처보다 시온의 문들을 사랑하시는도다

3 하나님의 성이여 너를 가리켜 영광스럽게 말하는도다 (셀라)

4 나는 2)라합과 바벨론이 나를 아는 자 중에 있다 말하리라 보라 블레셋과 두로와 구스여 이것들도 3)거기서 났다 하리로다

5 시온에 대하여 말하기를 이 사람, 저 사람이 거기서 났다고 말하리니 지존자가 친히 시온을 세우리라 하는도다

6 여호와께서 민족들을 등록하실 때에는 그 수를 세시며 이 사람이 거기서 났다 하시리로다 (셀라) 사 4:2-4

7 노래하는 자들과 뛰어 노는 자들이 말하기를 나의 모든 근원이 네게 있다 하리로다

[고라 자손의 찬송시 곧 에스라인 헤만의 4)마스길, 인도자를 따라 5)마할랏르안놋에 맞춘 노래]

88

여호와 내 구원의 하나님이여 내가 주야로 주 앞에서 부르짖

87 에는 무엇이 기록되어 있을까?

예루살렘을 찬양한 시 중의 하나예요. 시인은 먼저 지어진 예루살렘 성전이 앞으로 세계적인 종교의 중심지로서 하나님을 예배하는 장소가 될 것을 예언하며 노래하고 있어요.

88 에스라 사람인 헤만이 병에 걸려 큰 슬픔 가운데 있었어요. 그는 하나님께서 자신을 불쌍히 여기셔서 치료해 주실 것을 간절히 기도하고 있답니다.

1) 주께서 은혜를 주신 자니 2) 애굽 3) 시온에서 4) 교훈 5) 병의 노래

었사오니 27:9

2 나의 기도가 주 앞에 이르게 하시며 나의 부르짖음에 주의 귀를 기울여 주소서

3 무릇 나의 영혼에는 재난이 가득하며 나의 생명은 스올에 가까웠사오니

4 나는 무덤에 내려가는 자 같이 인정되고 힘없는 용사와 같으며 28:1

5 죽은 자 중에 던져진 바 되었으며 죽임을 당하여 무덤에 누운 자 같으니이다 주께서 그들을 다시 기억하지 아니하시니 그들은 주의 손에서 끊어진 자니이다

6 주께서 나를 깊은 웅덩이와 어둡고 음침한 곳에 두셨사오며

7 주의 노가 나를 심히 누르시고 주의 모든 파도가 나를 괴롭게 하셨나이다 (셀라) 42:7

8 주께서 내가 아는 자를 내게서 멀리 떠나게 하시고 나를 그들에게 가증한 것이 되게 하셨사오니 나는 갇혀서 나갈 수 없게 되었나이다

9 곤란으로 말미암아 내 눈이 쇠하였나이다 여호와여 내가 매일 주를 부르며 주를 향하여 나의 두 손을 들었나이다

10 주께서 죽은 자에게 기이한 일을 보이시겠나이까 유령들이 일어나 주를 찬송하리이까 (셀라)

11 주의 인자하심을 무덤에서, 주의 성실하심을 멸망 중에서 선포할 수 있으리이까

12 흑암 중에서 주의 기적과 잊음의 땅에서 주의 공의를 알 수 있으리이까

13 여호와여 오직 내가 주께 부르짖었사오니 아침에 나의 기도가 주의 앞에 이르리이다

14 여호와여 어찌하여 나의 영혼을 버리시며 어찌하여 주의 얼굴을 내게서 숨기시나이까

15 내가 어릴 적부터 고난을 당하여 죽게 되었사오며 주께서 두렵게 하실 때에 당황하였나이다

16 주의 진노가 내게 넘치고 주의 두려움이 나를 끊었나이다

17 이런 일이 물 같이 종일 나를 에우며 함께 나를 둘러쌌나이다

18 주는 내게서 사랑하는 자와 친구를 멀리 떠나게 하시며 내가 아는 자를 흑암에 두셨나이다

[에스라인 에단의 [1]마스길]

89

내가 여호와의 인자하심을 영원히 노래하며 주의 성실하심을 내 입으로 대대에 알게 하리이다

2 내가 말하기를 인자하심을 영원히 세우시며 주의 성실하심을 하늘에서 견고히 하시리라 하였나이다 36:5

3 ●주께서 이르시되 나는 내가 택한 자와 언약을 맺으며 내 종 다윗에게 맹세하기를

4 내가 네 자손을 영원히 견고히 하며 네 왕위를 대대에 세우리라 하셨나이다 (셀라)

5 여호와여 주의 기이한 일을 하늘이 찬양할 것이요 주의 성실도 거룩한 자들

1)고훈

음침(88:6) 어두컴컴하고 스산함.
곤란(88:9) 대처하기 어려움.
진노(88:16) 존엄하게 여기는 대상이 화를 냄.

의 모임 가운데에서 찬양하리이다

6 무릇 구름 위에서 능히 여호와와 비교할 자 누구며 신들 중에서 여호와와 같은 자 누구리이까

7 하나님은 거룩한 자의 모임 가운데에서 매우 무서워할 이시오며 둘러 있는 모든 자 위에 더욱 두려워할 이시니이다

8 여호와 만군의 하나님이여 주와 같이 능력 있는 이가 누구리이까 여호와여 주의 성실하심이 주를 둘렀나이다

9 주께서 바다의 파도를 다스리시며 그 파도가 일어날 때에 잔잔하게 하시나이다

10 주께서 ¹⁾라합을 죽임 당한 자 같이 깨뜨리시고 주의 원수를 주의 능력의 팔로 흩으셨나이다

11 하늘이 주의 것이요 땅도 주의 것이라 세계와 그 중에 충만한 것을 주께서 건설하셨나이다

12 남북을 주께서 창조하셨으니 다볼과 헤르몬이 주의 이름으로 말미암아 즐거워하나이다

13 주의 팔에 능력이 있사오며 주의 손은 강하고 주의 오른손은 높이 들리우셨나이다

14 의와 공의가 주의 보좌의 기초라 인자함과 진실함이 주 앞에 있나이다

15 즐겁게 소리칠 줄 아는 백성은 복이 있나니 여호와여 그들이 주의 얼굴 빛 안에서 다니리로다

16 그들은 종일 주의 이름 때문에 기뻐하며 주의 공의로 말미암아 높아지오니

17 주는 그들의 힘의 영광이심이라 우리의 뿔이 주의 은총으로 높아지오리니

18 우리의 방패는 여호와께 속하였고 우리의 왕은 이스라엘의 거룩한 이에게

속하였기 때문이니이다

19 ● 그 때에 주께서 환상 중에 주의 성도들에게 말씀하여 이르시기를 내가 능력 있는 용사에게는 돕는 힘을 더하며 백성 중에서 택함 받은 자를 높였으되

20 내가 내 종 다윗을 찾아내어 나의 거룩한 기름을 그에게 부었도다

21 내 손이 그와 함께 하여 견고하게 하고 내 팔이 그를 힘이 있게 하리로다

22 원수가 그에게서 강탈하지 못하며 악한 자가 그를 곤고하게 못하리로다

23 내가 그의 앞에서 그 대적들을 박멸하며 그를 미워하는 자들을 치려니와

24 나의 성실함과 인자함이 그와 함께 하리니 내 이름으로 말미암아 그의 뿔이 높아지리로다

25 내가 또 그의 손을 바다 위에 놓으며 오른손을 강들 위에 놓으리니

26 그가 내게 부르기를 주는 나의 아버지시요 나의 하나님이시요 나의 구원의 바위시라 하리로다

27 내가 또 그를 장자로 삼고 세상 왕들에게 지존자가 되게 하며

28 그를 위하여 나의 인자함을 영원히 지키고 그와 맺은 나의 언약을 굳게 세우며

29 또 그의 후손을 영구하게 하여 그의 왕위를 하늘의 날과 같게 하리로다

30 만일 그의 자손이 내 법을 버리며 내 규례대로 행하지 아니하며

31 내 율례를 깨뜨리며 내 계명을 지키지 아니하면

32 내가 회초리로 그들의 죄를 다스리며 채찍으로 그들의 죄악을 벌하리로다

33 그러나 나의 인자함을 그에게서 다 거

1) 애굽

89편 에는 무엇이 기록되어 있을까?

하나님은 삼하 7장에서 다윗과 약속을 하셨어요. 그래서 다윗은 이 시에서 하나님이 그 약속대로 적들의 공격을 물리치시고 유다를 구원해주실 것을 간구하고 있답니다.

에우며(88:17) 둘레를 빙 둘러서 막으며.
공의(89:14) 공평하고 의로운 하나님의 성품 중 하나.
강탈(89:22) 억지로 빼앗음.
영구(89:29) 길고 오램.
규례(89:30) 일정한 규칙.
율례(89:31) 법규칙.
계명(89:31) 하나님의 명령.

두지는 아니하며 나의 성실함도 폐하지 아니하며

34 내 언약을 깨뜨리지 아니하고 내 입술에서 낸 것은 변하지 아니하리로다

35 내가 나의 거룩함으로 한 번 맹세하였은즉 다윗에게 거짓말을 하지 아니할 것이라

36 그의 후손이 장구하고 그의 왕위는 해 같이 내 앞에 항상 있으며

37 또 궁창의 확실한 증인인 달 같이 영원히 견고하게 되리라 하셨도다 (셀라)

38 ●그러나 주께서 주의 기름 부음 받은 자에게 노하사 물리치셔서 버리셨으며

39 주의 종의 언약을 미워하사 그의 관을 땅에 던져 욕되게 하셨으며

40 그의 모든 울타리를 파괴하시며 그 요새를 무너뜨리셨으므로

41 길로 지나가는 자들에게 다 탈취를 당하며 그의 이웃에게 욕을 당하나이다

42 주께서 그의 대적들의 오른손을 높이시고 그들의 모든 원수들은 기쁘게 하셨으나

43 그의 칼날은 둔하게 하사 그가 전장에서 더 이상 버티지 못하게 하셨으며

44 그의 영광을 그치게 하시고 그의 왕위를 땅에 엎으셨으며

45 그의 젊은 날들을 짧게 하시고 그를 수치로 덮으셨나이다 (셀라)

46 여호와여 언제까지니이까 스스로 영원히 숨기시리이까 주의 노가 언제까

47 나의 때가 얼마나 짧은지 기억하소서 주께서 모든 사람을 어찌 그리 허무하게 창조하셨는지요

48 누가 살아서 죽음을 보지 아니하고 자기의 영혼을 스올의 권세에서 건지리이까 (셀라)

49 주여 주의 성실하심으로 다윗에게 맹세하신 그 전의 인자하심이 어디 있나이까

50 주는 주의 종들이 받은 비방을 기억하소서 많은 민족의 비방이 내 품에 있사오니

51 여호와여 이 비방은 주의 원수들이 주의 기름 부음 받은 자의 행동을 비방한 것이로소이다

52 ●여호와를 영원히 찬송할지어다 아멘 아멘

제 사 권

(하나님의 사람 모세의 기도)

90 주여 주는 대대에 우리의 거처가 되셨나이다

2 산이 생기기 전, 땅과 세계도 주께서 조성하시기 전 곧 영원부터 영원까지 주는 하나님이시니이다

3 주께서 사람을 1)티끌로 돌아가게 하시고 말씀하시기를 너희 인생들은 돌아가라 하셨사오니

4 주의 목전에는 천 년이 지나간 어제 같

1) 파멸로

으며 밤의 한 순간 같을 뿐이니이다

5 주께서 그들을 홍수처럼 쓸어가시나이다 그들은 잠깐 자는 것 같으며 아침에 돋는 풀 같으니이다

6 풀은 아침에 꽃이 피어 자라다가 저녁에는 시들어 마르나이다

7 우리는 주의 노에 소멸되며 주의 분내심에 놀라나이다

8 주께서 우리의 죄악을 주의 앞에 놓으시며 우리의 은밀한 죄를 주의 얼굴 빛 가운데에 두셨사오니

9 우리의 모든 날이 주의 분노 중에 지나가며 우리의 평생이 순식간에 다하였나이다 78:33

10 우리의 연수가 칠십이요 강건하면 팔십이라도 그 연수의 자랑은 수고와 슬픔뿐이요 신속히 가니 우리가 날아가나이다

11 누가 주의 노여움의 능력을 알며 누가 주의 진노의 두려움을 알리이까

12 우리에게 우리 날 계수함을 가르치사 지혜로운 마음을 얻게 하소서

13 여호와여 돌아오소서 언제까지니이까 주의 종들을 불쌍히 여기소서 신 32:26

14 아침에 주의 인자하심이 우리를 만족하게 하사 우리 일생 동안 즐겁고 기쁘게 하소서

15 우리를 괴롭게 하신 날수대로와 우리가 화를 당한 연수대로 우리를 기쁘게 하소서

16 주께서 행하신 일을 주의 종들에게 나타내시며 주의 영광을 그들의 자손에게 나타내소서

17 주 우리 하나님의[1] 은총을 우리에게 내리게 하사 우리의 손이 행한 일을 우리에게 견고하게 하소서 우리의 손이 행한 일을 견고하게 하소서

91

지존자의 은밀한 곳에 거주하며 전능자의 그늘 아래에 사는 자여,

2 나는 여호와를 향하여 말하기를 그는

나의 피난처요 나의 요새요 내가 의뢰하는 하나님이라 하리니 142:5

3 이는 그가 너를 새 사냥꾼의 올무에서와 심한 전염병에서 건지실 것임이로다

4 그가 너를 그의 깃으로 덮으시리니 네가 그의 날개 아래에 피하리로다 그의 진실함은 방패와 손 방패가 되시나니

5 너는 밤에 찾아오는 공포와 낮에 날아드는 화살과

6 어두울 때 퍼지는 전염병과 밤에 닥쳐오는 재앙을 두려워하지 아니하리로다 23:4

7 천 명이 네 왼쪽에서, 만 명이 네 오른쪽에서 엎드러지나 이 재앙이 네게 가까이 하지 못하리로다

8 오직 너는 똑똑히 보리니 악인들의 보응을 네가 보리로다

9 네가 말하기를 [2]여호와는 나의 피난처시라 하고 지존자를 너의 거처로 삼았으므로 34:7

10 화가 네게 미치지 못하며 재앙이 네 장막에 가까이 오지 못하리니

11 그가 너를 위하여 그의 천사들을 명령하사 네 모든 길에서 너를 지키게 하심이라

12 그들이 그들의 손으로 너를 붙들어 발이 돌에 부딪히지 아니하게 하리로다

13 네가 사자와 독사를 밟으며 젊은 사자와 뱀을 발로 누르리로다

14 하나님이 이르시되 그가 나를 사랑한즉 내가 그를 건지리라 그가 내 이름을 안즉 내가 그를 높이리라 145:20

90 편 에는 무엇이 기록되어 있을까?

시편 가운데 유일하게 나오는 모세의 시로서, 연약하고 부족한 것이 많은 인간은 하나님을 만나서는 참된 소망을 가질 수 없다는 것을 교훈하고 있답니다.

91 편 지은이와 배경에 관하여 알려진 것이 전혀 없는 91편은 하나님을 의지하는 사람의 적극적인 삶과 승리를 노래한 찬양시이자 지혜시입니다.

1) 이름다움이 2) 여호와의 주는

15 그가 내게 간구하리니 내가 그에게 응답하리라 그들이 환난 당할 때에 내가 그와 함께 하여 그를 건지고 영화롭게 하리라
16 내가 그를 장수하게 함으로 그를 만족하게 하며 나의 구원을 그에게 보이리라 하시도다

[안식일의 찬송시]

고대에 악기 연주하는 모습(92:1-3)

92 1-3 지존자여 십현금과 비파와 수금으로 여호와께 감사하며 주의 이름을 찬양하고 아침마다 주의 인자하심을 알리며 밤마다 주의 성실하심을 베풂이 좋으니이다 *삼상 10:5*
4 여호와여 주께서 행하신 일로 나를 기쁘게 하셨으니 주의 손이 행하신 일로 말미암아 내가 높이 외치리이다
5 여호와여 주께서 행하신 일이 어찌 그리 크신지요 주의 생각이 매우 깊으시니이다 *36:6*
6 어리석은 자도 알지 못하며 무지한 자도 이를 깨닫지 못하나이다
7 악인들은 풀 같이 자라고 악을 행하는 자들은 다 흥왕할지라도 영원히 멸망하리이다 *90:5*
8 여호와여 주는 영원토록 지존하시니이다
9 여호와여 주의 원수들은 패망하리이다 정녕 주의 원수들은 패망하리니 죄악을 행하는 자들은 다 흩어지리이다
10 그러나 주께서 내 뿔을 들소의 뿔 같이 높이셨으며 내게 신선한 기름을 부으셨나이다
11 내 원수들이 보응 받는 것을 내 눈으로

보며 일어나 나를 치는 행악자들이 보응 받는 것을 내 귀로 들었도다 *54:7*
12 의인은 종려나무 같이 번성하며 레바논의 백향목 같이 성장하리로다
13 이는 여호와의 집에 심겼음이여 우리 하나님의 뜰 안에서 번성하리로다
14 그는 늙어도 여전히 결실하며 진액이 풍족하고 빛이 청청하니 *사 37:31*
15 여호와의 정직하심과 나의 바위 되심과 그에게는 불의가 없음이 선포되리로다

93 여호와께서 다스리시니 스스로 권위를 입으셨도다 여호와께서 능력의 옷을 입으시며 띠를 띠셨으므로 세계도 견고히 서서 흔들리지 아니하는도다
2 주의 보좌는 예로부터 견고히 섰으며 주는 영원부터 계셨나이다
3 여호와여 큰 물이 소리를 높였고 큰 물이 그 소리를 높였으니 큰 물이 그 물결을 높이나이다
4 높이 계신 여호와의 능력은 많은 물 소리와 바다의 큰 파도보다 크니이다
5 여호와여 주의 증거들이 매우 확실하고 그 거룩함이 주의 집에 합당하니 여호와는 영원무궁하시리이다

94 여호와여 복수하시는 하나님이여 복수하시는 하나님이여 빛을 비추어 주소서
2 세계를 심판하시는 주여 일어나사 교만한 자들에게 마땅한 벌을 주소서
3 여호와여 악인이 언제까지, 악인이 언제까지 개가를 부르리이까
4 그들이 마구 지껄이며 오만하게 떠들

며 죄악을 행하는 자들이 다 자만하나이다

5 여호와여 그들이 주의 백성을 짓밟으며 주의 소유를 곤고하게 하며

6 과부와 나그네를 죽이며 고아들을 살해하며

7 말하기를 여호와가 보지 못하며 야곱의 하나님이 알아차리지 못하리라 하나이다 10:11

8 백성 중의 어리석은 자들아 너희는 생각하라 무지한 자들아 너희가 언제나 지혜로울까

9 귀를 $^{1)}$ 지으신 이가 듣지 아니하시랴 눈을 만드신 이가 보지 아니하시랴

10 뭇 백성을 징벌하시는 이 곧 지식으로 사람을 교훈하시는 이가 징벌하지 아니하시랴

11 여호와께서는 사람의 생각이 허무함을 아시느니라

12 여호와여 주로부터 징벌을 받으며 주의 법으로 교훈하심을 받는 자가 복이 있나니 시 112:5

13 이런 사람에게는 환난의 날을 피하게 하사 악인을 위하여 구덩이를 팔 때까지 평안을 주시리이다

14 여호와께서는 자기 백성을 버리지 아니하시며 자기의 소유를 외면하지 아니하시리로다

15 심판이 의로 돌아가리니 마음이 정직한 자가 다 따르리로다

16 누가 나를 위하여 일어나서 행악자들을 치며 누가 나를 위하여 일어나서 악행하는 자들을 칠까

양 떼들 (95:7)

17 여호와께서 내게 도움이 되지 아니하셨더면 내 영혼이 벌써 침묵 속에 잠겼으리로다

18 여호와여 나의 발이 미끄러진다고 말할 때에 주의 인자하심이 나를 붙드셨사오며 38:16

19 내 속에 근심이 많을 때에 주의 위안이 내 영혼을 즐겁게 하시나이다

20 율례를 빙자하고 재난을 꾸미는 $^{2)}$ 악한 재판장이 어찌 주와 어울리리이까

21 그들이 모여 의인의 영혼을 치려 하며 무죄한 자를 정죄하여 피를 흘리려 하나

22 여호와는 나의 요새이시요 나의 하나님은 내가 피할 반석이시라

23 그들의 죄악을 그들에게로 되돌리시며 그들의 악으로 말미암아 그들을 끊으시리니 여호와 우리 하나님이 그들을 끊으시리로다 7:16

95

오라 우리가 여호와께 노래하며 우리의 구원의 반석을 향하여 즐거이 외치자

2 우리가 감사함으로 그 앞에 나아가며 시를 지어 즐거이 그를 노래하자 시 66:1

3 여호와는 크신 하나님이시요 모든 신들보다 크신 왕이시기 때문이로다

4 땅의 깊은 곳이 그의 손 안에 있으며 산들의 높은 곳도 그의 것이로다

5 바다도 그의 것이라 그가 만드셨고 육지도 그의 손이 지으셨도다

6 오라 우리가 굽혀 경배하며 우리를 지으신 여호와 앞에 무릎을 꿇자 대하 6:13

7 그는 우리의 하나님이시요 우리는 그가 기르시는 백성이며 그의 손이 돌보

1) 심으신 자가 2) 악의 자리가

시는 양이기 때문이라 너희가 오늘 그의 음성을 듣거든

8 너희는 1)므리바에서와 같이 또 광야의 맛사에서 지냈던 날과 같이 너희 마음을 완악하게 하지 말지어다

9 그 때에 너희 조상들이 내가 행한 일을 보고서도 나를 시험하고 조사하였도다

10 내가 사십 년 동안 그 세대로 말미암아 근심하여 이르기를 그들은 마음이 미혹된 백성이라 내 길을 알지 못한다 하였도다

11 그러므로 내가 노하여 맹세하기를 그들은 내 안식에 들어오지 못하리라 하였도다

96

새 노래로 여호와께 노래하라 온 땅이여 여호와께 노래할지어다

2 여호와께 노래하여 그의 이름을 송축하며 그의 구원을 날마다 전파할지어다

3 그의 영광을 백성들 가운데에, 그의 기이한 행적을 만민 가운데에 선포할지어다

4 여호와는 위대하시니 지극히 찬양할 것이요 모든 신들보다 경외할 것임이여

5 만국의 모든 신들은 우상들이지만 여호와께서는 하늘을 지으셨음이로다

6 존귀와 위엄이 그의 앞에 있으며 능력과 아름다움이 그의 성소에 있도다

7 만국의 족속들아 영광과 권능을 여호와께 돌릴지어다 여호와께 돌릴지어다
29:1, 2

8 여호와의 이름에 합당한 영광을 그에게 돌릴지어다 예물을 들고 그의 궁정에 들어갈지어다

9 아름답고 거룩한 것으로 여호와께 예배할지어다 온 땅이여 그 앞에서 떨지어다
29:2

10 모든 나라 가운데서 이르기를 여호와께서 다스리시니 세계가 굳게 서고 흔들리지 않으리라 그가 만민을 공평하게 심판하시리라 할지로다

11 하늘은 기뻐하고 땅은 즐거워하며 바다와 거기에 충만한 것이 외치고

12 밭과 그 가운데에 있는 모든 것은 즐거워할지로다 그 때 숲의 모든 나무들이 여호와 앞에서 즐거이 노래하리니

13 그가 임하시되 땅을 심판하러 임하실 것임이라 그가 의로 세계를 심판하시며 그의 진실하심으로 백성을 심판하시리로다

97

여호와께서 다스리시나니 땅은 즐거워하며 허다한 섬은 기뻐할지어다

2 구름과 흑암이 그를 둘렀고 의와 공평이 그의 보좌의 기초로다

3 불이 그의 앞에서 나와 사방의 대적들을 불사르시는도다

4 그의 번개가 세계를 비추니 땅이 보고 떨었도다

5 산들이 여호와의 앞 곧 온 땅의 주 앞에서 밀랍 같이 녹았도다

6 하늘이 그의 의를 선포하니 모든 백성이 그의 영광을 보았도다

7 조각한 신상을 섬기며 2)허무한 것으로

1)다툼 2)우상으로

구원을 베푸신 여호와를 찬양하라(98:1-5)

자랑하는 자는 다 수치를 당할 것이나 너희 신들아 여호와께 경배할지어다

8 여호와여 시온이 주의 심판을 듣고 기뻐하며 유다의 딸들이 즐거워하였나이다

9 여호와여 주는 온 땅 위에 지존하시고 모든 신들보다 위에 계시니이다

10 여호와를 사랑하는 너희여 악을 미워하라 그가 그의 성도의 영혼을 보전하사 악인의 손에서 건지시느니라 잠 8:15

11 의인을 위하여 빛을 뿌리고 마음이 정직한 자를 위하여 기쁨을 뿌리시는도다

12 의인이여 너희는 여호와로 말미암아 기뻐하며 그의 거룩한 이름에 감사할지어다 잠 32:11

98 새 노래로 여호와께 찬송하라 그는 기이한 일을 행하사 그의 오른손과 거룩한 팔로 자기를 위하여 구원을 베푸셨음이로다 출 15:6

2 여호와께서 그의 구원을 알게 하시며 그의 공의를 뭇 나라의 목전에서 명백히 나타내셨도다

3 그가 이스라엘의 집에 베푸신 인자와 성실을 기억하셨으므로 땅 끝까지 이르는 모든 것이 우리 하나님의 구원을 보았도다

4 온 땅이여 여호와께 즐거이 소리칠지어다 소리 내어 즐겁게 노래하며 찬송할지어다

5 수금으로 여호와를 노래하라 수금과 음성으로 노래할지어다

6 나팔과 호각 소리로 왕이신 여호와 앞에 즐겁게 소리칠지어다

7 바다와 거기 충만한 것과 세계와 그 중에 거주하는 자는 다 외칠지어다 96:11

8 여호와 앞에서 큰 물은 박수할지어다 산악이 함께 즐겁게 노래할지어다

9 그가 땅을 심판하러 임하실 것임이로다 그가 의로 세계를 판단하시며 공평으로 그의 백성을 심판하시리로다

99 여호와께서 다스리시니 만민이 떨 것이요 여호와께서 그룹 사이에 좌정하시니 땅이 흔들릴 것이로다

2 시온에 계시는 여호와는 위대하시고 모든 민족보다 높으시도다

3 주의 크고 두려운 이름을 찬송할지니 그는 거룩하심이로다

4 능력 있는 왕은 정의를 사랑하느니라 주께서 공의를 견고하게 세우시고 주께서 야곱에게 정의와 공의를 행하시나이다

5 너희는 여호와 우리 하나님을 높여 그의 발등상 앞에서 경배할지어다 그는 거룩하시도다

6 그의 제사장들 중에는 모세와 아론이 있고 그의 이름을 부르는 자들 중에는 사무엘이 있도다 그들이 여호와께 간구하매 응답하셨도다

7 여호와께서 구름 기둥 가운데서 그들에게 말씀하시니 그들은 그가 그들에게 주신 증거와 율례를 지켰도다

8 여호와 우리 하나님이여 주께서는 그들에게 응답하셨고 그들의 행한 대로 갚기는 하셨으나 그들을 용서하신 하나님이시니이다

9 너희는 여호와 우리 하나님을 높이고 그 성산에서 예배할지어다 여호와 우리 하나님은 거룩하심이로다 34:3

98편에는 무엇이 기록되어 있을까?

시인은 이스라엘을 구원하신 하나님을 찬양하라고 명령하고 있어요. 왜냐하면 모든 나라들이 그 구원을 알기 때문이지요.

99편은 모든 나라와 민족을 다스리시며 택하신 백성들을 위해 위대한 일을 행하시는 하나님을 찬양하는 시예요.

100

[갈나의 시]

100 온 땅이여 여호와께 즐거운 찬송을 부를지어다

2 기쁨으로 여호와를 섬기며 노래하면서 그의 앞에 나아갈지어다

3 여호와가 우리 하나님이신 줄 너희는 알지어다 그는 우리를 지으신 이요 우리는 그의 것이니 그의 백성이요 그의 기르시는 양이로다

4 감사함으로 그의 문에 들어가며 찬송함으로 그의 궁정에 들어가서 그에게 감사하며 그의 이름을 송축할지어다

5 여호와는 선하시니 그의 인자하심이 영원하고 그의 성실하심이 대대에 이르리로다

[다윗의 시]

101 내가 인자와 정의를 노래하겠나이다 여호와여 내가 주께 찬양하리이다

2 내가 완전한 길을 주목하오리니 주께서 어느 때나 내게 임하시겠나이까 내가 완전한 마음으로 내 집 안에서 행하리이다

3 나는 비천한 것을 내 눈 앞에 두지 아니할 것이요 배교자들의 행위를 내가 미워하오리니 나는 그 어느 것도 붙들지 아니하리이다

4 사악한 마음이 내게서 떠날 것이니 악한 일을 내가 알지 아니하리로다

5 자기의 이웃을 은근히 헐뜯는 자를 내가 멸할 것이요 눈이 높고 마음이 교만한 자를 내가 용납하지 아니하리로다

6 내 눈이 이 땅의 충성된 자를 살펴 나와 함께 살게 하리니 완전한 길에 행하는 자가 나를 따르리로다

7 거짓을 행하는 자는 내 집 안에 거주하지 못하며 거짓말하는 자는 내 목전에 서지 못하리로다

8 아침마다 내가 이 땅의 모든 악인을 멸하리니 악을 행하는 자는 여호와의 성에서 다 끊어지리로다

[고난 당한 자가 마음이 상하여 그의 근심을 여호와 앞에 토로하는 기도]

102 여호와여 내 기도를 들으시고 나의 부르짖음을 주께 상달하게 하소서

2 나의 괴로운 날에 주의 얼굴을 내게서 숨기지 마소서 주의 귀를 내게 기울이사 내가 부르짖는 날에 속히 내게 응답하소서

3 내 날이 연기 같이 소멸하며 내 뼈가 숯 같이 탔음이니이다

4 내가 음식 먹기도 잊었으므로 내 마음이 풀 같이 시들고 말라 버렸사오며

5 나의 탄식 소리로 말미암아 나의 살이 뼈에 붙었나이다

6 나는 광야의 올빼미 같고 황폐한 곳의 부엉이 같이 되었사오며

7 내가 밤을 새우니 지붕 위의 외로운 참새 같으니이다

8 내 원수들이 종일 나를 비방하며 내게 대항하여 미칠 듯이 날뛰는 자들이 나를 가리켜 맹세하나이다

9 나는 재를 양식 같이 먹으며 나는 눈물 섞인 물을 마셨나이다

10 주의 분노와 진노로 말미암음이라 주

다윗의 무덤(101편)

께서 나를 들어서 던지셨나이다 ^{38:3}

11 내 날이 기울어지는 그림자 같고 내가 풀의 시들어짐 같으니이다

12 ●여호와여 주는 영원히 계시고 주에 대한 기억은 대대에 이르리이다 ^{애 5:19}

13 주께서 일어나사 시온을 긍휼히 여기 시리니 지금은 그에게 은혜를 베푸실 때라 정한 기한이 다가옴이니이다

14 주의 종들이 시온의 돌들을 즐거워하 며 그의 티끌도 은혜를 받나이다

15 이에 뭇 나라가 여호와의 이름을 경외 하며 이 땅의 모든 왕들이 주의 영광을 경외하리니

16 여호와께서 시온을 건설하시고 그의 영광 중에 나타나셨음이라 ^{사 60:1, 2}

17 여호와께서 빈궁한 자의 기도를 돌아 보시며 그들의 기도를 멸시하지 아니 하셨도다

18 이 일이 장래 세대를 위하여 기록되리 니 창조함을 받을 백성이 여호와를 찬 양하리로다

19 여호와께서 그의 높은 성소에서 굽어보 시며 하늘에서 땅을 살펴 보셨으니 ^{14:2}

20 이는 갇힌 자의 탄식을 들으시며 죽이 기로 정한 자를 해방하사

21 여호와의 이름을 시온에서, 그 영예를 예루살렘에서 선포하게 하려 하심이라

22 그 때에 민족들과 나라들이 함께 모여 여호와를 섬기리로다 ^{86:9}

23 ●그가 내 힘을 중도에 쇠약하게 하시 며 내 날을 짧게 하셨도다

24 나의 말이 나의 하나님이여 나의 중년 에 나를 데려가지 마옵소서 주의 연대 는 대대에 무궁하니이다 ^{합 1:12}

25 주께서 옛적에 땅의 기초를 놓으셨사

오며 하늘도 주의 손으로 지으신 바니 이다 ^{창 1:1}

26 천지는 없어지려니와 주는 영존하시 겠고 그것들은 다 옷 같이 낡으리니 의 복 같이 바꾸시면 바뀌려니와 ^{마 24:35}

27 주는 한결같으시고 주의 연대는 무궁 하리이다

28 주의 종들의 자손은 항상 안전히 거주 하고 그의 후손은 주 앞에 굳게 서리이 다 하였도다

다윗의 시

103

내 영혼아 여호와를 송축하 라 내 속에 있는 것들아 다 그의 거룩한 이름을 송축하라

2 내 영혼아 여호와를 송축하며 그의 모 든 은택을 잊지 말지어다

3 그가 네 모든 죄악을 사하시며 네 모든 병을 고치시며

4 네 생명을 파멸에서 속량하시고 인자 와 긍휼로 관을 씌우시며

5 좋은 것으로 네 소원을 만족하게 하사 네 청춘을 독수리 같이 새롭게 하시는도다

6 여호와께서 공의로운 일을 행하시며 억압 당하는 모든 자를 위하여 심판하 시는도다

7 그의 행위를 모세에게, 그의 행사를 이 스라엘 자손에게 알리셨도다

8 여호와는 긍휼이 많으시고 은혜로우 시며 노하기를 더디 하시고 인자하심 이 풍부하시도다

9 자주 경책하지 아니하시며 노를 영원 히 품지 아니하시리로다 ^{사 57:16}

102 에는 무엇이 기록되어 있을까?

시인은 민족이 당한 어려움 앞에서 고통스러워하고 있어요. 그러나 예레미야 선지 자의 예언처럼 하나님께서 회복시켜주실 것을 믿고 찬양하고 있답니다.

103편 다윗은 하나님이 자신과 이스라엘 민 족에게 베푸신 은혜와 사랑, 기도의 응답, 용서, 그리고 언약을 신실하게 지키심에 대해 감사, 찬양하고 있어요.

"인생은 그 날이 풀과 같으며"
(오른쪽 계곡을) 시편 103:15

10 우리의 죄를 따라 우리를 처벌하지는 아니하시며 우리의 죄악을 따라 우리에게 그대로 갚지는 아니하셨으니

11 이는 하늘이 땅에서 높음 같이 그를 경외하는 자에게 그의 인자하심이 크심이로다

12 동이 서에서 먼 것 같이 우리의 죄과를 우리에게서 멀리 옮기셨으며

13 아버지가 자식을 긍휼히 여김 같이 여호와께서는 자기를 경외하는 자를 긍휼히 여기시나니

14 이는 그가 우리의 체질을 아시며 우리가 단지 먼지뿐임을 기억하심이로다

15 인생은 그 날이 풀과 같으며 그 영화가 들의 꽃과 같도다

16 그것은 바람이 지나가면 없어지나니 그 있던 자리도 다시 알지 못하거니와

17 여호와의 인자하심은 자기를 경외하는 자에게 영원부터 영원까지 이르며 그의 의는 자손의 자손에게 이르리니

18 곧 그의 언약을 지키고 그의 법도를 기억하여 행하는 자에게로다

19 여호와께서 그의 보좌를 하늘에 세우시고 그의 왕권으로 만유를 다스리시도다

20 능력이 있어 여호와의 말씀을 행하며 그의 말씀의 소리를 듣는 여호와의 천사들이여 여호와를 송축하라

21 그에게 수종들며 그의 뜻을 행하는 모든 천군이여 여호와를 송축하라

22 여호와의 지으심을 받고 그가 다스리시

는 모든 곳에 있는 너희여 여호와를 송축하라 내 영혼아 여호와를 송축하라

104 내 영혼아 여호와를 송축하라 여호와 나의 하나님이여 주는 심히 위대하시며 존귀와 권위로 옷 입으셨나이다

2 주께서 옷을 입음 같이 빛을 입으시며 하늘을 휘장 같이 치시며

3 물에 자기 누각의 들보를 얹으시며 구름으로 자기 수레를 삼으시고 바람 날개로 다니시며

4 바람을 자기 사신으로 삼으시고 불꽃으로 자기 사역자를 삼으시며

5 땅에 기초를 놓으사 영원히 흔들리지 아니하게 하셨나이다

6 옷으로 덮음 같이 주께서 땅을 깊은 바다로 덮으시매 물이 산들 위로 솟아올랐으나

7 주께서 꾸짖으시니 물은 도망하며 주의 우렛소리로 말미암아 빨리 가며

8 주께서 그들을 위하여 정하여 주신 곳으로 흘러갔고 산은 오르고 골짜기는 내려갔나이다

9 주께서 물의 경계를 정하여 넘치지 못하게 하시며 다시 돌아와 땅을 덮지 못하게 하셨나이다

10 여호와께서 샘을 골짜기에서 솟아나게 하시고 산 사이에 흐르게 하사

11 각종 들짐승에게 마시게 하시니 들나귀들도 해갈하며

12 공중의 새들도 그 가에서 깃들이며 나뭇가지 사이에서 지저귀는도다

13 그가 그의 누각에서부터 산에 물을 부어 주시니 주께서 하시는 일의 결실이

104 에는 무엇이 기록되어 있을까?

104편은 지은이와 지은 시기를 알 수 없는 시로서, 우주를 창조하시고 다스리시는 하나님의 크신 능력과 위대하심을 찬양하고 있답니다. 그리고 하나님의 창조 질서를 파괴하는 악인들을 제거해주시기를 구하면서 끝맺고 있지요.

단 유적지의 풍부한 물(104:10)

땅을 만족시켜 주는도다

14 그가 가축을 위한 풀과 사람을 위한 채소를 자라게 하시며 땅에서 먹을 것이 나게 하셔서

15 사람의 마음을 기쁘게 하는 포도주와 사람의 얼굴을 윤택하게 하는 기름과 사람의 마음을 힘있게 하는 양식을 주셨도다

16 여호와의 나무에는 물이 흡족함이여 곧 그가 심으신 레바논 백향목들이로다

17 새들이 그 속에 깃들임이여 학은 잣나무로 집을 삼는도다

18 높은 산들은 산양을 위함이여 바위는 너구리의 피난처로다

19 여호와께서 달로 절기를 정하심이여 해는 그 지는 때를 알도다

20 주께서 흑암을 지어 밤이 되게 하시니 삼림의 모든 짐승이 기어나오나이다

21 젊은 사자들은 그들의 먹이를 쫓아 부르짖으며 그들의 먹이를 하나님께 구하다가

22 해가 돋으면 물러가서 그들의 굴 속에 눕고

23 사람은 나와서 일하며 저녁까지 수고하는도다

24 여호와여 주께서 하신 일이 어찌 그리 많은지요 주께서 지혜로 그들을 다 지으셨으니 주께서 지으신 것들이 땅에 가득하니이다 잠3:19

25 거기에는 크고 넓은 바다가 있고 그 속에는 1)생물 곧 크고 작은 동물들이 무수하니이다

26 그 곳에는 배들이 다니며 주께서 지으신 2)리워야단이 그 속에서 노나이다

27 이것들은 다 주께서 때를 따라 먹을 것을 주시기를 바라나이다

28 주께서 주신즉 그들이 받으며 주께서 손을 펴신즉 그들이 좋은 것으로 만족하다가

29 주께서 낯을 숨기신즉 그들이 떨고 주께서 그들의 호흡을 거두신즉 그들은 죽어 먼지로 돌아가나이다 여12:7

30 주의 영을 보내어 그들을 창조하사 지면을 새롭게 하시나이다

31 여호와의 영광이 영원히 계속할지며 여호와는 자신께서 행하시는 일로 말미암아 즐거워하시리로다

32 그가 땅을 보신즉 땅이 진동하며 산들을 만지신즉 연기가 나는도다 9 7:4, 5

33 내가 평생토록 여호와께 노래하며 내가 살아 있는 동안 내 하나님을 찬양하리로다 63:4

34 나의 기도를 기쁘게 여기시기를 바라나니 나는 여호와로 말미암아 즐거워하리로다

35 죄인들을 땅에서 소멸하시며 악인들을 다시 있지 못하게 하시리로다 내 영혼아 여호와를 송축하라 3)할렐루야 59:13

105

여호와께 감사하고 그의 이름을 불러 아뢰며 그가 하는 일을 만민 중에 알게 할지어다

2 그에게 노래하며 그를 찬양하며 그의 모든 기이한 일들을 말할지어다

3 그의 거룩한 이름을 자랑하라 여호와를 구하는 자들은 마음이 즐거울지로다

4 여호와와 그의 능력을 구할지어다 그의 얼굴을 항상 구할지어다

105 에는 무엇이 기록되어 있을까?

다윗이 지은 것으로 추측되는 이 시는 아브라함과 맺으신 하나님의 약속이 이루어지기까지 이스라엘의 모든 역사를 정리하고 있는 역사시입니다.

5-6 그의 종 아브라함의 후손 곧 택하신 야곱의 자손 너희는 그가 행하신 기적과 그의 이적과 그의 입의 판단을 기억할지어다

7 그는 여호와 우리 하나님이시라 그의 판단이 온 땅에 있도다

8 그는 그의 언약 곧 천 대에 걸쳐 명령하신 말씀을 영원히 기억하셨으니

9 이것은 아브라함과 맺은 언약이고 이삭에게 하신 맹세이며

10 야곱에게 세우신 율례 곧 이스라엘에게 하신 영원한 언약이라

11 이르시기를 내가 가나안 땅을 네게 주어 너희에게 할당된 소유가 되게 하리라 하셨도다

12 그 때에 그들의 사람 수가 적어 그 땅의 나그네가 되었고

13 이 족속에게서 저 족속에게로, 이 나라에서 다른 민족에게로 떠돌아다녔도다

14 그러나 그는 사람이 그들을 억압하는 것을 용납하지 아니하시고 그들로 말미암아 왕들을 꾸짖어

15 이르시기를 나의 기름 부은 자를 손대지 말며 나의 선지자들을 해하지 말라 하셨도다

16 그가 또 그 땅에 기근이 들게 하사 그들이 의지하고 있는 양식을 다 끊으셨도다 겔 26:26

17 그가 한 사람을 앞서 보내셨음이여 요셉이 종으로 팔렸도다 창 45:5

18 그의 발은 차꼬를 차고 그의¹⁾몸은 쇠사슬에 매였으니

19 곧 여호와의 말씀이 응할 때까지라 그의 말씀이 그를 단련하였도다

20 왕이 사람을 보내어 그를 석방함이여 뭇 백성의 통치자가 그를 자유롭게 하였도다 창 41:14

21 그를 그의 집의 주관자로 삼아 그의 모든 소유를 관리하게 하고

22 그의 뜻대로 모든 신하를 다스리며 그의 지혜로 장로들을 교훈하게 하였도다

23 이에 이스라엘이 애굽에 들어감이여 야곱이 함의 땅에 나그네가 되었도다

24 여호와께서 자기의 백성을 크게 번성하게 하사 그의 대적들보다 강하게 하셨으며

25 또 그 대적들의 마음이 변하게 하여 그의 백성을 미워하게 하시며 그의 종들에게 교활하게 행하게 하셨도다

26 그리하여 그는 그의 종 모세와 그의 택하신 아론을 보내시니

27 그들이 그들의 백성 중에서 여호와의 표적을 보이고 함의 땅에서 징조들을 행하였도다

28 여호와께서 흑암을 보내사 그곳을 어둡게 하셨으나 그들은 그의 말씀을 지키지 아니하였도다

29 그들의 물도 변하여 피가 되게 하사 그들의 물고기를 죽이셨도다

30 그 땅에 개구리가 많아져서 왕의 궁실에도 있었도다 출 8:6

31 여호와께서 말씀하신즉 파리 떼가 오며 그들의 온 영토에 이가 생겼도다

32 비 대신 우박을 내리시며 그들의 땅에 화염을 내리셨도다

33 그들의 포도나무와 무화과나무를 치

비전을 심어주는
이원 역화

나폴레옹의 만찬

나폴레옹은 야망을 가지고 프랑스의 권세를 잡은 뒤, 주변 국가의 영토를 하나씩 침범해갔어요. 하지만 나폴레옹은 머지않아 그 모든 땅을 빼앗겼고, 그의 부하들도 그를 버리게 되었지요.

결국 그는 작은 섬 '세인트 헬레나'에 유배되어 쓸쓸히 죽고 말았죠. 이렇게 탄식했어요. "나는 평생 동안 권세와 영토를 얻기 위해서, 또 나의 부하를 얻기 위해 싸워왔는데 오늘날 내 것은 하나도 없다. 그러나 예수는 모든 것을 버리고 십자가 위에서 죽었는데 오늘날 그를 따르는 자가 얼마나 많은가!"

예수님께서는 온유한 자가 땅을 차지한다고 말씀하셨어요. 겸손하게 친절을 베푸는 사람이 참으로 많은 것을 얻게 됩니다.

¹⁾히, 혼

시며 그들의 지경에 있는 나무를 찍으셨도다

34 여호와께서 말씀하신즉 황충과 수많은 메뚜기가 몰려와

35 그들의 땅에 있는 모든 채소를 먹으며 그들의 밭에 있는 열매를 먹었도다

36 또 여호와께서 그들의 기력의 시작인 그 땅의 모든 장자를 치셨도다 창 12:29

37 마침내 그들을 인도하여 은 금을 가지고 나오게 하시니 그의 지파 중에 비틀거리는 자가 하나도 없었도다

38 그들이 떠날 때에 애굽이 기뻐하였으니 그들이 그들을 두려워함이로다

39 여호와께서 낮에는 구름을 펴사 덮개를 삼으시고 밤에는 불로 밝히셨으며

40 그들이 구한즉 메추라기를 가져 오시고 또 하늘의 양식으로 그들을 만족하게 하셨도다

41 반석을 여신즉 물이 흘러나와 마른 땅에 강 같이 흘렀으니

42 이는 그의 거룩한 말씀과 그의 종 아브라함을 기억하셨음이로다 105:8

43 그의 백성이 즐겁게 나오게 하시며 그의 택한 자는 노래하여 나오게 하시고

44 여러 나라의 땅을 그들에게 주시며 민족들이 수고한 것을 소유로 가지게 하셨으니 수 13:7

45 이는 그들이 그의 율례를 지키고 그의 율법을 따르게 하려 하심이로다 [1]할렐루야

106 [1]할렐루야 여호와께 감사하라 그는 선하시며 그 인자하심이 영원함이로다

2 누가 능히 여호와의 권능을 다 말하며 주께서 받으실 찬양을 다 선포하랴

무화과 열매(105:33)

3 정의를 지키는 자들과 항상 공의를 행하는 자는 복이 있도다

4 여호와여 주의 백성에게 베푸시는 은혜로 나를 기억하시며 주의 구원으로 나를 돌보사

5 내가 주의 택하신 자가 형통함을 보고 주의 나라의 기쁨을 나누어 가지게 하사 주의 유산을 자랑하게 하소서

6 우리가 우리의 조상들처럼 범죄하여 사악을 행하며 악을 지었나이다

7 우리의 조상들이 애굽에 있을 때 주의 기이한 일들을 깨닫지 못하며 주의 크신 인자를 기억하지 아니하고 바다 곧 홍해에서 거역하였나이다

8 그러나 여호와께서는 자기의 이름을 위하여 그들을 구원하셨으니 그의 큰 권능을 만인이 알게 하려 하심이로다

9 이에 홍해를 꾸짖으시니 곧 마르니 그들을 인도하여 [2]바다 건너가기를 마치 광야를 지나감 같게 하사

10 그들을 그 미워하는 자의 손에서 구원하시며 그 원수의 손에서 구원하셨고

11 그들의 대적들은 물로 덮으시매 그들 중에서 하나도 살아 남지 못하였도다

12 이에 그들이 그의 말씀을 믿고 그를 찬양하는 노래를 불렀도다 출 14:31

13 그러나 그들은 그가 행하신 일을 곧 잊어버리며 그의 가르침을 기다리지 아니하고

14 광야에서 욕심을 크게 내며 사막에서 하나님을 시험하였도다

1) 여호와를 찬송하라 2) 히, 깊음

15 그러므로 여호와께서는 그들이 요구한 것을 그들에게 주셨을지라도 그들의 영혼은 쇠약하게 하셨도다 ㅅ 10:16

16 그들이 진영에서 모세와 여호와의 거룩한 자 아론을 질투하매

17 땅이 갈라져 다단을 삼키며 아비람의 당을 덮었고 신 11:6

18 불이 그들의 당에 붙음이여 화염이 악인들을 살랐도다 민 16:35

19 그들이 호렙에서 송아지를 만들고 부어 만든 우상을 경배하여

20 자기 영광을 풀 먹는 소의 형상으로 바꾸었도다

21 애굽에서 큰 일을 행하신 그의 구원자하나님을 그들이 잊었나니

22 그는 함의 땅에서 기사와 홍해에서 놀랄 만한 일을 행하신 이시로다

23 그러므로 여호와께서 그들을 멸하리라 하셨으나 그가 택하신 모세가 그 어려움 가운데서 그의 앞에 서서 그의 노를 돌이켜 멸하시지 아니하게 하였도다

24 그들이 그 기쁨의 땅을 멸시하며 그 말씀을 믿지 아니하고

25 그들의 장막에서 원망하며 여호와의 음성을 듣지 아니하였도다

26 이러므로 그가 그의 손을 들어 그들에게 맹세하기를 그들이 광야에 엎드러지게 하고

27 또 그들의 후손을 뭇 백성 중에 엎드러뜨리며 여러 나라로 흩어지게 하리라 하셨도다

28 그들이 또 브올의 바알과 연합하여 죽은 자에게 제사한 음식을 먹어서

29 그 행위로 주를 격노하게 함으로써 재앙이 그들 중에 크게 유행하였도다

30 그 때에 비느하스가 일어서서 중재하니 이에 재앙이 그쳤도다

31 이 일이 그의 의로 인정되었으니 대대로 영원까지로다

32 그들이 또 [1]므리바 물에서 여호와를 노하시게 하였으므로 그들 때문에 재난이 모세에게 이르렀나니

33 이는 그들이 그의 뜻을 거역함으로 말미암아 모세가 그의 입술로 망령되이 말하였음이로다

34 그들은 여호와께서 멸하라고 말씀하신 그 이방 민족들을 멸하지 아니하고

35 이방 나라들과 섞여서 그들의 행위를 배우며

36 그들의 우상들을 섬기므로 그것들이 그들에게 올무가 되었도다

37 그들이 그들의 자녀를 악귀들에게 희생제물로 바쳤도다

38 무죄한 피 곧 그들의 자녀의 피를 흘려 가나안의 우상들에게 제사하므로 그 땅이 피로 더러워졌도다

39 그들은 그들의 행위로 더러워지니 그들의 행동이 음탕하도다 ㅈ 20:18

40 그러므로 여호와께서 자기 백성에게 맹렬히 노하시며 자기의 유업을 미워하사 78:59

41 그들을 이방 나라의 손에 넘기시매 그들을 미워하는 자들이 그들을 다스렸도다 ㄴ 9:27

1) 다툼

격노(106:29) 격렬하게 성냄.
망령(106:33) 늙거나 정신이 흐려서 말과 행동이 정상을 벗어남.

42 그들이 원수들의 압박을 받고 그들의 수하에 복종하게 되었도다
43 여호와께서 여러 번 그들을 건지시나 그들은 교묘하게 거역하며 자기 죄악으로 말미암아 낮아짐을 당하였도다
44 그러나 여호와께서 그들의 부르짖음을 들으실 때에 그들의 고통을 돌보시며
45 그들을 위하여 그의 언약을 기억하시고 그 크신 인자하심을 따라 뜻을 돌이키사
46 그들을 사로잡은 모든 자에게서 긍휼히 여김을 받게 하셨도다
47 여호와 우리 하나님이여 우리를 구원하사 여러 나라로부터 모으시고 우리가 주의 거룩하신 이름을 감사하며 주의 영예를 찬양하게 하소서
48 여호와 이스라엘의 하나님을 영원부터 영원까지 찬양할지어다 모든 백성들아 아멘 할지어다 할렐루야

이스라엘 백성들이 건넜던 홍해로 추정되는 비터 호수

제 오 권

107

여호와께 감사하라 그는 선하시며 그 인자하심이 영원함이로다
2 여호와의 속량을 받은 자들은 이같이 말할지어다 여호와께서 대적의 손에서 그들을 속량하사
3 동서 1)남북 각 지방에서부터 모으셨도다
4 ●그들이 광야 사막 길에서 방황하며 거주할 성읍을 찾지 못하고
5 주리고 목이 말라 그들의 영혼이 그들 안에서 피곤하였도다
6 이에 그들이 근심 중에 여호와께 부르짖으매 그들의 고통에서 건지시고
7 또 바른 길로 인도하사 거주할 성읍에 이르게 하셨도다
8 여호와의 인자하심과 인생에게 행하

신 기적으로 말미암아 그를 찬송할지로다
9 그가 사모하는 영혼에게 만족을 주시며 주린 영혼에게 좋은 것으로 채워주심이로다
10 ●사람이 흑암과 사망의 그늘에 앉으며 곤고와 쇠사슬에 매임은
11 하나님의 말씀을 거역하며 지존자의 뜻을 멸시함이라
12 그러므로 그가 고통을 주어 그들의 마음을 겸손하게 하셨으니 그들이 엎드러져도 돕는 자가 없었도다
13 이에 그들이 그 환난 중에 여호와께 부르짖으매 그들의 고통에서 구원하시되
14 흑암과 사망의 그늘에서 인도하여 내시고 그들의 얽어 맨 줄을 끊으셨도다
15 여호와의 인자하심과 인생에게 행하신 기적으로 말미암아 그를 찬송할지로다
16 그가 놋문을 깨뜨리시며 쇠빗장을 꺾으셨음이로다
17 미련한 자들은 그들의 죄악의 길을 따르고 그들의 악을 범하기 때문에 고난을 받아
18 그들은 그들의 모든 음식물을 싫어하게 되어 사망의 문에 이르렀도다
19 이에 그들이 그들의 고통 때문에 여호와께 부르짖으매 그가 그들의 고통에서 그들을 구원하시되
20 그가 그의 말씀을 보내어 그들을 고치시고 위험한 지경에서 건지시는도다
21 여호와의 인자하심과 인생에게 행하

1) 여호와를 찬송하라 2) 바다에서

요단 강(107:33)

신 기적으로 말미암아 그를 찬송할지
로다

22 감사제를 드리며 노래하여 그가 행하
신 일을 선포할지로다　레 7:12

23 ●배들을 바다에 띄우며 큰 물에서 일
을 하는 자는

24 여호와께서 행하신 일들과 그의 기이
한 일들을 깊은 바다에서 보나니

25 여호와께서 명령하신즉 광풍이 일어
나 바다 물결을 일으키는도다　105:31

26 그들이 하늘로 솟구쳤다가 깊은 곳으
로 내려가나니 그 위험 때문에 그들의
영혼이 녹는도다

27 그들이 이리저리 구르며 취한 자 같이
비틀거리니 그들의 모든 지각이 혼돈
속에 빠지는도다

28 이에 그들이 그들의 고통 때문에 여호
와께 부르짖으매 그가 그들의 고통에
서 그들을 인도하여 내시고

29 광풍을 고요하게 하사 물결도 잔잔하
게 하시는도다　마 8:26

30 그들이 평온함으로 말미암아 기뻐하
는 중에 여호와께서 그들이 바라는 항
구로 인도하시는도다

31 여호와의 인자하심과 인생에게 행하
신 기적으로 말미암아 그를 찬송할지
로다

32 백성의 모임에서 그를 높이며 장로들
의 자리에서 그를 찬송할지로다

33 ●여호와께서는 강이 변하여 광야가
되게 하시며 샘이 변하여 마른 땅이 되
게 하시며

34 그 주민의 악으로 말미암아 옥토가 변

하여 염전이 되게 하시며

35 또 광야가 변하여 못이 되게 하시며
마른 땅이 변하여 샘물이 되게 하시
고

36 주린 자들로 거기에 살게 하사 그들이
거주할 성읍을 준비하게 하시고

37 밭에 파종하며 포도원을 재배하여 풍
성한 소출을 거두게 하시며

38 또 복을 주사 그들이 크게 번성하게 하
시고 그의 가축이 감소하지 아니하게
하실지로다

39 다시 압박과 재난과 우환을 통하여 그
들의 수를 줄이시며 낮추시는도다

40 여호와께서 고관들에게는 능욕을 쏟
아 부으시고 길 없는 황야에서 유리하
게 하시나

41 궁핍한 자는 그의 고통으로부터 건져
주시고 그의 가족을 양 떼 같이 지켜 주
시나니　삼상 2:8

42 정직한 자는 보고 기뻐하며 모든 사악
한 자는 자기 입을 봉하리로다

43 지혜 있는 자들은 이러한 일들을 지켜
보고 여호와의 인자하심을 깨달으리
로다

[다윗의 찬송 시]

108

하나님이여 내 마음을 정하
였사오니 내가 노래하며 나
의 마음을 다하여 찬양하리로다

2 비파야, 수금아, 깰지어다 내가 새벽을
깨우리로다　57:8-11

3 여호와여 내가 만민 중에서 주께 감
사하고 뭇 나라 중에서 주를 찬양하

108 에는 무엇이 기록되어 있을까?

하나님께서 택한 백성들을 대적들
로부터 구원해주실 것을 믿고 기도하는 다윗의
시예요. 다윗은 우리가 의지할 분은 오직 하나님
뿐이라고 노래하고 있답니다.

109 평생토록 악인들에게 수많은 욕과 저
주를 받아온 다윗의 거룩한 분노를 토
해내고 있어요. 다윗은 하나님께서 그
들을 공정하고 의롭게 심판해 주시기를 기도하
고 있답니다.

오리니

4 주의 인자하심이 하늘보다 높으시며 주의 진실은 궁창에까지 이르나이다 113:4

5 하나님이여 주는 하늘 위에 높이 들리시며 주의 영광이 온 땅에서 높임 받으시기를 원하나이다

6 주께서 사랑하시는 자들을 건지시기 위하여 우리에게 응답하사 오른손으로 구원하소서

7 하나님이 그의 성소에서 말씀하시되 내가 기뻐하리라 내가 세겜을 나누며 숙곳 골짜기를 측량하리라

8 길르앗이 내 것이요 므낫세도 내 것이며 에브라임은 내 머리의 투구요 유다는 나의 규이며

9 모압은 내 목욕통이라 에돔에는 내 신발을 벗어 던질지며 블레셋 위에서 내가 외치리라 하셨도다

10 누가 나를 이끌어 견고한 성읍으로 인도해 들이며 누가 나를 에돔으로 인도할꼬

11 하나님이여 주께서 우리를 버리지 아니하셨나이까 하나님이여 주께서 우리의 군대들과 함께 나아가지 아니하시나이다

12 우리를 도와 대적을 치게 하소서 사람의 구원은 헛됨이니이다

13 우리가 하나님을 의지하고 용감히 행하리니 그는 우리의 대적들을 밟으실 자이심이로다

(다윗의 시, 인도자를 따라 부르는 노래)

109
내가 찬양하는 하나님이여 잠잠하지 마옵소서

2 그들이 악한 입과 거짓된 입을 열어 나를 치며 속이는 혀로 내게 말하며 120:2

3 또 미워하는 말로 나를 두르고 까닭 없이 나를 공격하였음이니이다

4 나는 사랑하나 그들은 도리어 나를 대적하니 나는 기도할 뿐이라

5 그들이 악으로 나의 선을 갚으며 미워함으로 나의 사랑을 갚았사오니 38:20

6 악인이 그를 다스리게 하시며 [1]사탄이 그의 오른쪽에 서게 하소서 슥 3:1

7 그가 심판을 받을 때에 죄인이 되어 나오게 하시며 그의 기도가 죄로 변하게 하시며 잠 28:9

8 그의 연수를 짧게 하시며 그의 직분을 타인이 빼앗게 하시며

9 그의 자녀는 고아가 되고 그의 아내는 과부가 되며 출 22:24

10 그의 자녀들은 유리하며 구걸하고 그들의 황폐한 집을 떠나 빌어먹게 하소서

11 고리대금하는 자가 그의 소유를 다 빼앗게 하시며 그가 수고한 것을 낯선 사람이 탈취하게 하시며

12 그에게 인애를 베풀 자가 없게 하시며 그의 고아에게 은혜를 베풀 자도 없게 하시며 욥 9:17

13 그의 자손이 끊어지게 하시며 후대에 그들의 이름이 지워지게 하소서

14 여호와는 그의 조상들의 죄악을 기억하시며 그의 어머니의 죄를 지워 버리지 마시고

15 그 죄악을 항상 여호와 앞에 있게 하사 그들의 기억을 땅에서 끊으소서 34:16

16 그가 인자를 베풀 일을 생각하지 아니하고 가난하고 궁핍한 자와 마음이 상

술술 풀리는 **성경말씀**

원수를 저주하는 시

109편은 원수를 향한 저주의 내용이 가장 많은 탄식 시예요. 이런 탄식은 하나님의 정의를 추구하는 시인의 애절한 몸부림이기도 하지요. 그렇기 때문에 탄식은 하나님을 향한 강한 믿음을 나타냅니다.

시인은 악인이 이유 없이 지난낸 악담 때문에 쓰라린 고통을 받았어요. 악인의 거짓은 많은 사람에게 빠르게 전달되었고, 시인은 졸지에 악인 취급을 받았어요. 오히려 악인이 시인의 심판자로 둔갑했어요. 기도하며 참아온 시인은 마지막 순간에 이제까지 참아왔던 분노를 터뜨렸어요. 그 저주의 강도를 보아 악인의 행실이 얼마만큼 악했는지를 짐작할 수 있답니다.

109편

[1] 송사하는 자

한 자를 핍박하여 죽이려 하였기 때문이니이다

17 그가 저주하기를 좋아하더니 그것이 자기에게 임하고 축복하기를 기뻐하지 아니하더니 복이 그를 멀리 떠났으며

18 또 저주하기를 옷 입듯 하더니 저주가 물 같이 그의 몸 속으로 들어가며 기름 같이 그의 뼈 속으로 들어갔나이다

19 저주가 그에게는 입는 옷 같고 항상 띠는 띠와 같게 하소서   잠 3:27

20 이는 나의 대적들이 곧 내 영혼을 대적하여 악담하는 자들이 여호와께 받는 보응이니이다

21 그러나 주 여호와여 주의 이름으로 말미암아 나를 선대하소서 주의 인자하심이 선하시오니 나를 건지소서

22 나는 가난하고 궁핍하여 나의 중심이 상함이니이다   시 40:17

23 나는 석양 그림자 같이 지나가고 또 메뚜기 같이 불려 가오며

24 금식하므로 내 무릎이 흔들리고 내 육체는 수척하오며

25 나는 또 그들의 비방거리라 그들이 나를 보면 머리를 흔드나이다

26 여호와 나의 하나님이여 나를 도우시며 주의 인자하심을 따라 나를 구원하소서   시 119:86

27 이것이 주의 손이 하신 일인 줄을 그들이 알게 하소서 주 여호와께서 이를 행하셨나이다

28 그들은 내게 저주하여도 주는 내게 복을 주소서 그들은 일어날 때에 수치를 당할지라도 주의 종은 즐거워하리이다

29 나의 대적들이 욕을 옷 입듯 하게 하시며 자기 수치를 겉옷 같이 입게 하소서

30 내가 입으로 여호와께 크게 감사하며 많은 사람 중에서 찬송하리니

31 그가 궁핍한 자의 오른쪽에 서사 그의 영혼을 심판하려 하는 자들에게서 구원하실 것임이로다

다윗의 시

110

여호와께서 내 주에게 말씀하시기를 내가 네 원수들로 네 발판이 되게 하기까지 너는 내 오른쪽에 앉아 있으라 하셨도다

2 여호와께서 시온에서부터 1)주의 권능의 규를 내보내시리니 주는 원수들 중에서 다스리소서

3 주의 권능의 날에 주의 백성이 거룩한 옷을 입고 즐거이 헌신하니 새벽 이슬 같은 주의 청년들이 주께 나오는도다

4 여호와는 맹세하고 변하지 아니하시리라 이르시기를 너는 멜기세덱의 서열을 따라 영원한 제사장이라 하셨도다

5 주의 오른쪽에 계신 주께서 그의 노하시는 날에 왕들을 쳐서 깨뜨리실 것이라   시 76:12

6 뭇 나라를 심판하여 시체로 가득하게 하시고 여러 나라의 머리를 쳐서 깨뜨리시며   사 2:4

7 길 가의 시냇물을 마시므로 그의 머리를 드시리로다   시 27:6

111

2)할렐루야, 내가 정직한 자들의 모임과 회중 가운데에서 전심으로 여호와께 감사하리로다

1) 힘의 지팡이를 나타내시리니 2) 여호와를 찬송하라

2 여호와께서 행하시는 일들이 크시오니 이를 즐거워하는 자들이 다 기리는도다

3 그의 행하시는 일이 존귀하고 엄위하며 그의 의가 영원히 서 있도다　145:5

4 그의 기적을 사람이 기억하게 하셨으니 여호와는 은혜로우시고 자비로우시도다　86:5

5 여호와께서 자기를 경외하는 자들에게 양식을 주시며 그의 언약을 영원히 기억하시리로다

6 그가 그들에게 뭇 나라의 기업을 주사 그가 행하시는 일의 능력을 그들에게 알리셨도다

7 그의 손이 하는 일은 진실과 정의이며 그의 법도는 다 확실하니

8 영원무궁토록 정하신 바요 진실과 정의로 행하신 바로다

9 여호와께서 그의 백성을 속량하시며 그의 언약을 영원히 세우셨으니 그의 이름이 거룩하고 지존하시도다　99:3

10 여호와를 경외함이 지혜의 근본이라 그의 계명을 지키는 자는 다 훌륭한 지각을 가진 자이니 여호와를 찬양함이 영원히 계속되리로다

112 ¹⁾할렐루야, 여호와를 경외하며 그의 계명을 크게 즐거워하는 자는 복이 있도다

2 그의 후손이 땅에서 강성함이여 정직한 자들의 후손에게 복이 있으리로다

3 부와 재물이 그의 집에 있음이여 그의 공의가 영구히 서 있으리로다　잠 3:16

4 정직한 자들에게는 흑암 중에 빛이 일어나나니 그는 자비롭고 긍휼이 많으며 의로운 이로다

5 은혜를 베풀며 꾸어 주는 자는 잘 되나니 그 ²⁾일을 정의로 행하리로다

6 그는 영원히 흔들리지 아니함이여 의인은 영원히 기억되리로다　잠 10:7

7 그는 흉한 소문을 두려워하지 아니하여 여호와를 의뢰하고 그의 마음을 굳게 정하였도다

8 그의 마음이 견고하여 두려워하지 아니할 것이라 그의 대적들이 받는 보응을 마침내 보리로다

9 그가 재물을 흩어 빈궁한 자들에게 주었으니 그의 의가 영구히 있고 그의 뿔이 영광 중에 들리리로다

10 악인은 이를 보고 한탄하여 이를 갈면서 소멸되리니 악인들의 욕망은 사라지리로다

113 ¹⁾할렐루야, 여호와의 종들아 찬양하라 여호와의 이름을 찬양하라

2 이제부터 영원까지 여호와의 이름을 찬송할지로다　단 2:20

3 해 돋는 데에서부터 해 지는 데에까지 여호와의 이름이 찬양을 받으시리로다

4 여호와는 모든 나라보다 높으시며 그의 영광은 하늘보다 높으시도다　97:9

5 여호와 우리 하나님과 같은 이가 누구리요 높은 곳에 앉으셨으나

6 스스로 낮추사 천지를 살피시고

7 가난한 자를 먼지 더미에서 일으키시며 궁핍한 자를 거름 더미에서 들어 세워

8 지도자들 곧 그의 백성의 지도자들과

---

1)여호와를 찬송하라 2)재판에 이기리라

보응(109:20) 사람의 행동에 따라 선악이 되갚음됨.
선대(109:21) 잘 대접함.
엄위(111:3) 엄격한 위풍.
기업(111:6) 대대로 전해오는 재산.
지각(111:10) 사물의 이치를 분별하는 능력.
강성(112:2) 세력이 강하고 왕성함.
의뢰(112:7) 남에게 의지함.

112편 에는 무엇이 기록되어 있을까?

이스라엘은 하나님의 뜻 가운데 세워진 나라예요. 그러므로 이스라엘 왕은 항상 하나님의 뜻에 따라 나라를 다스려야 함을 말하고 있답니다.

113편 시간과 공간에 매이지 않으시는 하나님은 자신을 스스로 낮추시고 세상을 돌아보신답니다. 영원토록 경배와 찬양을 받으실 분은 오직 여호와 하나님뿐이십니다.

함께 세우시며 _{욥 36:7}

9 또 임신하지 못하던 여자를 집에 살게 하사 자녀들을 즐겁게 하는 어머니가 되게 하시는도다 1)할렐루야

114 이스라엘이 애굽에서 나오며 야곱의 집안이 언어가 다른 민족에게서 나올 때에

2 유다는 여호와의 성소가 되고 이스라엘은 그의 영토가 되었도다

3 바다가 보고 도망하며 요단은 물러갔으니

4 산들은 숫양들 같이 뛰놀며 작은 산들은 어린 양들 같이 뛰었도다

5 바다야 네가 도망함은 어찌함이며 요단아 네가 물러감은 어찌함인가

6 너희 산들아 숫양들 같이 뛰놀며 작은 산들아 어린 양들 같이 뛰놂은 어찌함인가

7 땅이여 너는 주 앞 곧 야곱의 하나님 앞에서 떨지어다

8 그가 반석을 쳐서 못물이 되게 하시며 차돌로 샘물이 되게 하셨도다 _{신 8:15}

115 여호와여 영광을 우리에게 돌리지 마옵소서 우리에게 돌리지 마옵소서 오직 주는 인자하시고 진실하시므로 주의 이름에만 영광을 돌리소서

2 어찌하여 뭇 나라가 그들의 하나님이 이제 어디 있느냐 말하게 하리이까

3 오직 우리 하나님은 하늘에 계셔서 원하시는 모든 것을 행하셨나이다 _{단 4:35}

4 그들의 우상들은 은과 금이요 사람이 손으로 만든 것이라

5 입이 있어도 말하지 못하며 눈이 있어도 보지 못하며 _{렘 10:5}

6 귀가 있어도 듣지 못하며 코가 있어도 냄새 맡지 못하며

7 손이 있어도 만지지 못하며 발이 있어도 걷지 못하며 목구멍이 있어도 작은 소리조차 내지 못하느니라

8 우상들을 만드는 자들과 그것을 의지하는 자들이 다 그와 같으리로다

9 이스라엘아 여호와를 의지하라 그는 너희의 도움이시요 너희의 방패시로다

10 아론의 집이여 여호와를 의지하라 그는 너희의 도움이시요 너희의 방패시로다

11 여호와를 경외하는 자들아 너희는 여호와를 의지하여라 그는 너희의 도움이시요 너희의 방패시로다

12 여호와께서 우리를 생각하사 복을 주시되 이스라엘 집에도 복을 주시고 아론의 집에도 복을 주시며

13 높은 사람이나 낮은 사람을 막론하고 여호와를 경외하는 자들에게 복을 주시리로다

14 여호와께서 너희를 곧 너희와 너희의 자손을 더욱 번창하게 하시기를 원하노라

15 너희는 천지를 지으신 여호와께 복을 받는 자로다 _{창 1:1}

16 하늘은 여호와의 하늘이라도 땅은 사람에게 주셨도다 _{89:11}

17 죽은 자들은 여호와를 찬양하지 못하나니 적막한 데로 내려가는 자들은 아무도 찬양하지 못하리로다 _{6:5}

18 우리는 이제부터 영원까지 여호와를 송축하리로다 1)할렐루야

116 여호와께서 내 음성과 내 간구를 들으시므로 내가 그를 사랑하는도다

2 그의 귀를 내게 기울이셨으므로 내가 평생에 기도하리로다

3 사망의 줄이 나를 두르고 스올의 고통

114 에는 무엇이 기록되어 있을까?
출애굽에서 가나안에 들어올 때까지 이스라엘의 역사를 간략하게 정리하면서 크신 하나님의 능력을 찬양하는 시예요.

115 하나님의 전능하심과 이방인이 섬기는 우상의 무능함을 비교함으로써 하나님께 영광을 돌리는 시랍니다.

---

1) 여호와를 찬송하라

경외(115:11) 공경하고 어려워함.
적막(115:17) 고요하고 쓸쓸함. 또는 의지할 곳이 없어 외로움.
후대(116:7) 후하게 대접함.

이 내게 이르므로 내가 환난과 슬픔을 만났을 때에

4 내가 여호와의 이름으로 기도하기를 여호와 주께 구하오니 내 영혼을 건지소서 하였도다

5 여호와는 은혜로우시며 의로우시며 우리 하나님은 긍휼이 많으시도다

6 여호와께서는 순진한 자를 지키시나니 내가 어려울 때에 나를 구원하셨도다

7 내 영혼아 네 평안함으로 돌아갈지어다 여호와께서 너를 후대하심이로다

8 주께서 내 영혼을 사망에서, 내 눈을 눈물에서, 내 발을 넘어짐에서 건지셨나이다 56:13

9 내가 생명이 있는 땅에서 여호와 앞에 행하리로다 27:13

10 내가 크게 고통을 당하였다고 말할 때에도 나는 믿었도다

11 내가 놀라서 이르기를 모든 사람이 거짓말쟁이라 하였도다 롬 3:4

12 내게 주신 모든 은혜를 내가 여호와께 무엇으로 보답할까

13 내가 구원의 잔을 들고 여호와의 이름을 부르며 16:5

14 여호와의 모든 백성 앞에서 나는 나의 서원을 여호와께 갚으리로다

15 그의 경건한 자들의 죽음은 여호와께서 보시기에 귀중한 것이로다 72:14

16 여호와여 나는 진실로 주의 종이요 주의 여종의 아들 곧 주의 종이라 주께서 나의 결박을 푸셨나이다 116:125

17 내가 주께 감사제를 드리고 여호와의

이름을 부르리이다

18 내가 여호와께 서원한 것을 그의 모든 백성이 보는 앞에서 내가 지키리로다

19 예루살렘아, 네 한가운데에서 곧 여호와의 성전 뜰에서 지키리로다 [1]할렐루야

117 너희 모든 나라들아 여호와를 찬양하며 너희 모든 백성들아 그를 찬송할지어다

2 우리에게 향하신 여호와의 인자하심이 크시고 여호와의 진실하심이 영원함이로다 [1]할렐루야 100:5

118 여호와께 감사하라 그는 선하시며 그의 인자하심이 영원함이로다

2 이제 이스라엘은 말하기를 그의 인자하심이 영원하다 할지로다

3 이제 아론의 집은 말하기를 그의 인자하심이 영원하다 할지로다

4 이제 여호와를 경외하는 자는 말하기를 그의 인자하심이 영원하다 할지로다

5 내가 고통 중에 여호와께 부르짖었더니 여호와께서 응답하시고 나를 넓은 곳에 세우셨도다

6 여호와는 내 편이시라 내가 두려워하지 아니하리니 사람이 내게 어찌할까

7 여호와께서 내 편이 되사 나를 돕는 자들 중에 계시니 그러므로 나를 미워하

1) 여호와를 찬송하라

술술 풀리는 **성경말씀**

바다가 보고 도망하여 요단은 물러갔으니

'바다'(홍해)와 '요단'은 각각 출애굽 여정 최초와 최후의 장애물들입니다. 이스라엘은 애굽의 추격을 피해 홍해를 건너야 했고, 약속의 땅 가나안에 들어가기 위해서는 요단 강을 건너야만 했습니다. 이 두 장애물이 하나님의 초월적 개입으로 제거되었다는 것은 하나님께서 전 출애굽 여정 가운데 이스라엘과 함께 하셨음을 증거합니다. 또한 영원한 천국으로의 험난한 여정 가운데 있는 오늘날의 성도들에게도 동일한 은혜와 보호의 손길로 함께 하심을 확신케 합니다.

114편 3절

116편에는 무엇이 기록되어 있을까?

지은이가 확실하지 않은 이 시는 개인적인 구원의 체험을 고백하며 하나님께 영광을 돌리는 찬양시랍니다.

117편

시인은 나라와 민족에 관계 없이 모두가 크신 하나님을 찬양할 것을 권합니다. 바울은 이 시를 통하여 이방인에게 선교하는 것이 하나님의 뜻임을 증거하였지요(롬15:11).

는 자들에게 보응하시는 것을 내가 보리로다 54:4

8 여호와께 피하는 것이 사람을 신뢰하는 것보다 나으며

9 여호와께 피하는 것이 고관들을 신뢰하는 것보다 낫도다 146:3

10 뭇 나라가 나를 에워쌌으니 내가 여호와의 이름으로 그들을 끊으리로다 3:6

11 그들이 나를 에워싸고 에워쌌으나 내가 여호와의 이름으로 그들을 끊으리로다

12 그들이 벌들처럼 나를 에워쌌으나 가시덤불의 불 같이 타 없어졌나니 내가 여호와의 이름으로 그들을 끊으리로다

13 너는 나를 밀쳐 넘어뜨리려 하였으나 여호와께서는 나를 도우셨도다 86:17

14 여호와는 나의 능력과 찬송이시요 또 나의 구원이 되셨도다

15 의인들의 장막에는 기쁜 소리, 구원의 소리가 있음이여 여호와의 오른손이 권능을 베푸시며

16 여호와의 오른손이 높이 들렸으며 여호와의 오른손이 권능을 베푸시는도다

17 내가 죽지 않고 살아서 여호와께서 하시는 일을 선포하리로다

18 여호와께서 나를 심히 징책하셨어도 죽음에는 넘기지 아니하셨도다 고후 6:9

19 내게 의의 문들을 열지어다 내가 그리로 들어가서 여호와께 감사하리로다

20 이는 여호와의 문이라 의인들이 그리로 들어가리로다 계 22:14

21 주께서 내게 응답하시고 나의 구원이 되셨으니 내가 주께 감사하리이다

22 건축자가 버린 돌이 집 모퉁이의 머릿돌이 되었나니 마 21:42

23 이는 여호와께서 행하신 것이요 우리 눈에 기이한 바로다

24 이 날은 여호와께서 정하신 것이라 이 날에 우리가 즐거워하고 기뻐하리로다

25 여호와여 구하옵나니 이제 구원하소서 여호와여 우리가 구하옵나니 이제 형통하게 하소서

26 여호와의 이름으로 오는 자가 복이 있음이여 우리가 여호와의 집에서 너희를 축복하였도다

27 여호와는 하나님이시라 그가 우리에게 빛을 비추셨으니 밧줄로 절기 제물을 제단 뿔에 맬지어다 삼상 18:39

28 주는 나의 하나님이시라 내가 주께 감사하리이다 주는 나의 하나님이시라 내가 주를 높이리이다

29 여호와께 감사하라 그는 선하시며 그의 인자하심이 영원함이로다

119 행위가 온전하여 여호와의 율법을 따라 행하는 자들은 복이 있음이여

2 여호와의 증거들을 지키고 전심으로 여호와를 구하는 자는 복이 있도다

3 참으로 그들은 불의를 행하지 아니하고 주의 도를 행하는도다

4 주께서 명령하사 주의 법도를 잘 지키게 하셨나이다

5 내 길을 굳게 정하사 주의 율례를 지키게 하소서

6 내가 주의 모든 계명에 주의할 때에는 부끄럽지 아니하리이다

7 내가 주의 의로운 판단을 배울 때에는 정직한 마음으로 주께 감사하리이다

8 내가 주의 율례들을 지키오리니 나를 아주 버리지 마옵소서

9 ●청년이 무엇으로 그의 행실을 깨끗하게 하리이까 주의 말씀만 지킬 따름이니이다 암송

10 내가 전심으로 주를 찾았사오니 주의

118편 에는 무엇이 기록되어 있을까?

시인은 어려움 가운데 있는 자신을 구원해 주시고 전쟁에서 승리케 하신 하나님께 감사하면서 함께 찬양할 것을 권하고 있어요.

119편 시편 중 가장 긴 시로, 지은이와 지은 때는 알 수 없어요. 하나님의 말씀을 삶의 푯대로 삼아 거룩하고 정직한 삶을 살아야 한다고 교훈하고 있답니다.

1) 지으신 날

계명에서 떠나지 말게 하소서 대하15:15

11 내가 주께 범죄하지 아니하려 하여 주
의 말씀을 내 마음에 두었나이다 암송

12 찬송을 받으실 주 여호와여 주의 율례
들을 내게 가르치소서

13 주의 입의 모든 규례들을 나의 입술로
선포하였으며

14 내가 모든 재물을 즐거워함 같이 주의
증거들의 도를 즐거워하였나이다

15 내가 주의 법도들을 작은 소리로 읊조
리며 주의 길들에 주의하며 사 58:2

16 주의 율례들을 즐거워하며 주의 말씀
을 잊지 아니하리이다 1:2

17 ●주의 종을 후대하여 살게 하소서 그
리하시면 주의 말씀을 지키리이다

18 내 눈을 열어서 주의 율법에서 놀라운
것을 보게 하소서 13:6

19 나는 땅에서 나그네가 되었사오니 주
의 계명들을 내게 숨기지 마소서

20 주의 규례들을 항상 사모함으로 내 마
음이 상하나이다 42:1-2

21 교만하여 저주를 받으며 주의 계명들
에서 떠나는 자들을 주께서 꾸짖으셨
나이다 119:10

22 내가 주의 교훈들을 지켰사오니 비방
과 멸시를 내게서 떠나게 하소서 39:8

23 고관들도 앉아서 나를 비방하였사오
나 주의 종은 주의 율례들을 작은 소리
로 읊조렸나이다 119:15

24 주의 증거들은 나의 즐거움이요 나의
충고자니이다 119:16

25 ●내 영혼이 진토에 붙었사오니 주의
말씀대로 나를 살아나게 하소서 44:25

26 내가 나의 행위를 아뢰매 주께서 내게
응답하셨사오니 주의 율례들을 내게
가르치소서

27 나에게 주의 법도들의 길을 깨닫게
하여 주소서 그리하시면 내가 주의 기
이한 일들을 작은 소리로 읊조리리이다

28 나의 영혼이 눌림으로 말미암아 녹사
오니 주의 말씀대로 나를 세우소서

29 거짓 행위를 내게서 떠나게 하시고 주
의 법을 내게 은혜로이 베푸소서

30 내가 성실한 길을 택하고 주의 규례들
을 내 앞에 두었나이다

31 내가 주의 증거들에 매달렸사오니 여
호와여 내가 수치를 당하지 말게 하소
서

32 주께서 내 마음을 넓히시면 내가 주의
계명들의 길로 달려가리이다 사 60:5

33 ●여호와여 주의 율례들의 도를 내게
가르치소서 내가 끝까지 지키리이다

34 나로 하여금 깨닫게 하여 주소서 내가
주의 법을 준행하며 전심으로 지키리
이다

35 나로 하여금 주의 계명들의 길로 행하
게 하소서 내가 이를 즐거워함이니이다

선생님!! 궁금해요

하나님은 어디에 계시나요?

동물들은 산에서 살고, 물고기는 물 속에서 살아요. 사람들은 아파
트나 주택에서 살지요. 그러면 하나님은 어디에서 사실까요? 어떤 어
린이는 하나님이 저 높은 하늘에 집을 지어놓고 사신다고 생각할지 모
르겠어요.

하나님은 영이시기 때문에 어디든지 다 계신답니다. 우리가 집에 가
면 거기에 하나님이 계시고, 학교에 가면 거기에도 계시고, 우리가 교
회에 가면 교회에 하나님이 계세요. 또 산이나 바다로 여행을 하면 하
나님은 그곳에도 계신답니다. 하나님은 안 계시는 곳이 없어요. 온 우
주 만물이 다 하나님 안에 있어요. 우리가 어디를 가든지 하나님이 다
보시며 늘 돌보아주시죠. 139편 7-10절

36 내 마음을 주의 증거들에게 향하게 하시고 탐욕으로 향하지 말게 하소서

37 내 눈을 돌이켜 허탄한 것을 보지 말게 하시고 주의 길에서 나를 살아나게 하소서 삼上 33:15

38 주를 경외하게 하는 주의 말씀을 주의 종에게 세우소서

39 내가 두려워하는 비방을 내게서 떠나게 하소서 주의 규례들은 선하심이니이다

40 내가 주의 법도들을 사모하였사오니 주의 의로 나를 살아나게 하소서

41 ●여호와여 주의 말씀대로 주의 인자하심과 주의 구원을 내게 임하게 하소서

42 그리하시면 내가 나를 비방하는 자들에게 대답할 말이 있사오리니 내가 주의 말씀을 의지함이니이다 잠 27:11

43 진리의 말씀이 내 입에서 조금도 떠나지 말게 하소서 내가 주의 규례를 바랐음이니이다

44 내가 주의 율법을 항상 지키리이다 영원히 지키리이다

45 내가 주의 법도들을 구하였사오니 자유롭게 걸어갈 것이오며

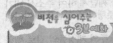

비전을 심어주는 **3분 예화**

새로 태어나게 하는 복음

'신사의 나라' 영국은 기독교 국가가 되기 전에는 야만인과 같았어요. 축구의 유래를 살펴보면, 영국인들이 얼마나 야만스러웠는지를 알 수 있답니다.

영국은 덴마크의 식민지로 살다가 자유를 얻은 나라였어요. 자유를 얻게 되자 영국인들은 그동안의 분풀이로 전쟁에서 패한 덴마크 사람들의 두개골을 길거리에서 발로 차면서 다녔지요. 그후에 그들은 소의 방광에 바람을 넣어 오늘의 공 모양을 갖추어서 발로 찼어요.

이런 민족이 예수님을 믿게 되자 '신사'라는 별명을 가진 민족으로 바뀌게 된 것이에요. 이처럼 복음 안에는 야만인을 신사로 새롭게 태어나게 하는 힘이 있답니다.

46 또 왕들 앞에서 주의 교훈들을 말할 때에 수치를 당하지 아니하겠사오며

47 내가 사랑하는 주의 계명들을 스스로 즐거워하며 119:16

48 또 내가 사랑하는 주의 계명들을 향하여 내 손을 들고 주의 율례들을 작은 소리로 읊조리리이다

49 ●주의 종에게 하신 말씀을 기억하소서 주께서 내게 소망을 가지게 하셨나이다

50 이 말씀은 나의 고난 중의 위로라 주의 말씀이 나를 살리셨기 때문이니이다

51 교만한 자들이 나를 심히 조롱하였어도 나는 주의 법을 떠나지 아니하였나이다 렘 20:7

52 여호와여 주의 옛 규례들을 내가 기억하고 스스로 위로하였나이다

53 주의 율법을 버린 악인들로 말미암아 내가 맹렬한 분노에 사로잡혔나이다

54 내가 나그네 된 집에서 주의 율례들이 나의 노래가 되었나이다

55 여호와여 내가 밤에 주의 이름을 기억하고 주의 법을 지켰나이다

56 내 소유는 이것이니 곧 주의 법도들을 지킨 것이니이다

57 ●여호와는 나의 분깃이시니 나는 주의 말씀을 지키리라 하였나이다 신 33:9

58 내가 전심으로 주께 간구하였사오니 주의 말씀대로 내게 은혜를 베푸소서

59 내가 내 행위를 생각하고 주의 증거들을 향하여 내 발길을 돌이켰사오며

60 주의 계명들을 지키기에 신속히 하고 지체하지 아니하였나이다

61 악인들의 줄이 내게 두루 얽혔을지라도 나는 주의 법을 잊지 아니하였나이다

62 내가 주의 의로운 규례들로 말미암아 밤중에 일어나 주께 감사하리이다

63 나는 주를 경외하는 모든 자들과 주의 법도들을 지키는 자들의 친구라

64 여호와여 주의 인자하심이 땅에 충만하였사오니 주의 율례들로 나를 가르

치소서

33:5

65 ●여호와여 주의 말씀대로 주의 종을 선대하셨나이다

66 내가 주의 계명들을 믿었사오니 좋은 명철과 지식을 내게 가르치소서

67 고난 당하기 전에는 내가 그릇 행하였더니 이제는 주의 말씀을 지키나이다

68 주는 선하사 선을 행하시오니 주의 율례들로 나를 가르치소서

69 교만한 자들이 거짓을 지어 나를 치려 하였사오나 나는 전심으로 주의 법도들을 지키리이다

70 그들의 마음은 1)살져서 기름덩이 같으나 나는 주의 법을 즐거워하나이다

71 고난 당한 것이 내게 유익이라 이로 말미암아 내가 주의 율례들을 배우게 되었나이다

72 주의 입의 법이 내게는 천천 금은보다 좋으니이다

73 ●주의 손이 나를 만들고 세우셨사오니 내가 깨달아 주의 계명들을 배우게 하소서

74 주를 경외하는 자들이 나를 보고 기뻐하는 것은 내가 주의 말씀을 바라는 까닭이니이다

75 여호와여 내가 알거니와 주의 심판은 의로우시고 주께서 나를 괴롭게 하심은 성실하심 때문이니이다

76 구하오니 주의 종에게 하신 말씀대로 주의 인자하심이 나의 위안이 되게 하시며

77 주의 긍휼히 여기심이 내게 임하사 내가 살게 하소서 주의 법은 나의 즐거움

1) 마음이 둔하여 기름에 잠김 같으나

이니이다

78 교만한 자들이 거짓으로 나를 엎드러 뜨렸으니 그들이 수치를 당하게 하소서 나는 주의 법도들을 작은 소리로 읊조리리이다

렘 50:32

79 주를 경외하는 자들이 내게 돌아오게 하소서 그리하시면 그들이 주의 증거들을 알리이다

80 내 마음으로 주의 율례들에 완전하게 하사 내가 수치를 당하지 아니하게 하소서

119:1, 46

81 ●나의 영혼이 주의 구원을 사모하기에 피곤하오나 나는 주의 말씀을 바라나이다

82 나의 말이 주께서 언제나 나를 안위하실까 하면서 내 눈이 주의 말씀을 바라기에 피곤하나이다

69:3

83 내가 연기 속의 가죽 부대 같이 되었으나 주의 율례들을 잊지 아니하나이다

84 주의 종의 날이 얼마나 되나이까 나를 핍박하는 자들을 주께서 언제나 심판하시리이까

85 주의 법을 따르지 아니하는 교만한 자들이 나를 해하려고 웅덩이를 팠나이다

86 주의 모든 계명들은 신실하니이다 그들이 이유 없이 나를 핍박하오니 나를 도우소서

35:19

87 그들이 나를 세상에서 거의 멸하였으나 나는 주의 법도들을 버리지 아니하였사오니

88 주의 인자하심을 따라 나를 살아나게 하소서 그리하시면 주의 입의 교훈들을 내가 지키리이다

89 ●여호와여 주의 말씀은 영원히 하늘

에 굳게 섰사오며

90 주의 성실하심은 대대에 이르나이다 주께서 땅을 세우셨으므로 땅이 항상 있사오니
렘 1:4

91 천지가 주의 규례들대로 오늘까지 있음은 만물이 주의 종이 된 까닭이니이다

92 주의 법이 나의 즐거움이 되지 아니하였더면 내가 내 고난 중에 멸망하였으리이다

93 내가 주의 법도들을 영원히 잊지 아니하오니 이것들 때문에 나를 살게 하심이니이다

94 나는 주의 것이오니 나를 구원하소서 내가 주의 법도들만을 찾았나이다

95 악인들이 나를 멸하려고 엿보오나 나는 주의 증거들만을 생각하겠나이다

96 내가 보니 모든 완전한 것이 다 끝이 있어도 주의 계명들은 심히 넓으니이다

97 ●내가 주의 법을 어찌 그리 사랑하는지요 내가 그것을 종일 작은 소리로 읊조리나이다

98 주의 계명들이 항상 나와 함께 하므로 그것들이 나를 원수보다 지혜롭게 하나이다
신 4:6

99 내가 주의 증거들을 늘 읊조리므로 나의 명철함이 나의 모든 스승보다 나으며

100 주의 법도들을 지키므로 나의 명철함이 노인보다 나으니이다

101 내가 주의 말씀을 지키려고 발을 금하여 모든 악한 길로 가지 아니하였사오며
잠 1:15

율법 두루마리(119:96)

사해가 보이는 쿰란 주거 지역

102 주께서 나를 가르치셨으므로 내가 주의 규례들에서 떠나지 아니하였나이다

103 주의 말씀의 맛이 내게 어찌 그리 단지요 내 입에 꿀보다 더 다니이다

104 주의 법도들로 말미암아 내가 명철하게 되었으므로 모든 거짓 행위를 미워하나이다

105 ●주의 말씀은 내 발에 등이요 내 길에 빛이니이다 [암송]

106 주의 의로운 규례들을 지키기로 맹세하고 굳게 정하였나이다

107 나의 고난이 매우 심하오니 여호와여 주의 말씀대로 나를 살아나게 하소서

108 여호와여 구하오니 내 입이 드리는 자원제물을 받으시고 주의 공의를 내게 가르치소서

109 나의 생명이 항상 위기에 있사오나 나는 주의 법을 잊지 아니하나이다

110 악인들이 나를 해하려고 올무를 놓았사오나 나는 주의 법도들에서 떠나지 아니하였나이다

111 주의 증거들로 내가 영원히 나의 기업을 삼았사오니 이는 내 마음의 즐거움이 됨이니이다

112 내가 주의 율례들을 영원히 행하려고 내 마음을 기울였나이다

113 ●내가 두 마음 품는 자들을 미워하고 주의 법을 사랑하나이다

114 주는 나의 은신처요 방패시라 내가 주의 말씀을 바라나이다

115 너희 행악자들이여 나를 떠날지어다 나는 내 하나님의 계명들을 지키리로

다
6:8

116 주의 말씀대로 나를 붙들어 살게 하
시고 내 소망이 부끄럽지 않게 하소
서

117 나를 붙드소서 그리하시면 내가 구원
을 얻고 주의 율례들에 항상 주의하
리이다

118 주의 율례들에서 떠나는 자는 주께서
다 멸시하셨으니 그들의 속임수는 허
무함이니이다

119 주께서 세상의 모든 악인들을 찌꺼기
같이 버리시니 그러므로 내가 주의
증거들을 사랑하나이다

120 내 육체가 주를 두려워함으로 떨며
내가 또 주의 심판을 두려워하나이
다

121 ●내가 정의와 공의를 행하였사오니
나를 박해하는 자들에게 나를 넘기지
마옵소서

122 주의 종을 보증하사 복을 얻게 하시
고 교만한 자들이 나를 박해하지 못
하게 하소서

123 내 눈이 주의 구원과 주의 의로운 말
씀을 사모하기에 피곤하니이다

124 주의 인자하심대로 주의 종에게 행하

꿀보다 더 단 주의 말씀

성도의 생활 중에서 가장 기본은 바로 '말씀 생활'
이에요. 우리가 하나님의 뜻을 깨달을 수 있는 가장
좋은 방법이 바로 '말씀'이기 때문이지요. 시인은 하
나님의 말씀에 대해, '즐거워하다'(9회), '사랑하다'
(11회), '지키다'(20회), '묵상하다'(8회), '기뻐하
다'(3회), '사모하다'(2회)라고 표현하고 있어요.
하지만 이처럼 많음을 안다는 것은 그에 대한 지식
이 있다는 것만을 의미하는 것이 아니에요. 그것은 말
씀에 사로잡힌, 영혼의 깊은 깨달음을 의미하지요. 그
럴 때에 주의 말씀이 꿀보다 더 달다는 고백을 하게 되
고(119:103), 새벽이 되기도 전에 말씀을 읽기 위해
눈을 뜨게 된답니다(119:147). "주여, 내 눈을 열어서
주의 율법에서 놀라운 것을 보게 하소서!"(119:18)

119편 18, 103, 147절

사 내게 주의 율례들을 가르치소서

125 나는 주의 종이오니 나를 깨닫게 하
사 주의 증거들을 알게 하소서

126 그들이 주의 법을 폐하였사오니 지금
은 여호와께서 일하실 때니이다

127 그러므로 내가 주의 계명들을 금 곧
순금보다 더 사랑하나이다

128 그러므로 내가 범사에 모든 주의 법
도들을 바르게 여기고 모든 거짓 행
위를 미워하나이다

129 ●주의 증거들은 놀라우므로 내 영혼
이 이를 지키나이다

130 주의 말씀을 열면 빛이 비치어 우둔
한 사람들을 깨닫게 하나이다

131 내가 주의 계명들을 사모하므로 내가
입을 열고 헐떡였나이다

132 주의 이름을 사랑하는 자들에게 베푸
시던 대로 내게 돌이키사 내게 은혜
를 베푸소서

133 나의 발걸음을 주의 말씀에 굳게 세
우시고 어떤 죄악도 나를 주관하지 못
하게 하소서

134 사람의 박해에서 나를 구원하소서 그
리하시면 내가 주의 법도들을 지키리
이다
142:6

135 주의 얼굴을 주의 종에게 비추시고
주의 율례로 나를 가르치소서

136 그들이 주의 법을 지키지 아니하므로
내 눈물이 시냇물 같이 흐르나이다

137 ●여호와여 주는 의로우시고 주의 판
단은 옳으니이다

138 주께서 명령하신 증거들은 의롭고 지
극히 성실하니이다
19:7-9

139 내 대적들이 주의 말씀을 잊어버렸으
므로 내 열정이 나를 삼켰나이다

140 주의 말씀이 심히 순수하므로 주의
종이 이를 사랑하나이다
12:6

141 내가 미천하여 멸시를 당하나 주의
법도를 잊지 아니하였나이다

142 주의 공의는 영원한 의요 주의 율법은
진리로소이다
19:9

143 환난과 우환이 내게 미쳤으나 주의

계명은 나의 즐거움이니이다

144 주의 증거들은 영원히 의로우시니 나로 하여금 깨닫게 하사 살게 하소서

성경 사본을
넣어두었던
은 상자
(119편)

145 ●여호와여 내가 전심으로 부르짖었사오니 내게 응답하소서 내가 주의 교훈들을 지키리이다

146 내가 주께 부르짖었사오니 나를 구원하소서 내가 주의 증거들을 지키리이다

147 내가 날이 밝기 전에 부르짖으며 주의 말씀을 바랐사오며

148 주의 말씀을 조용히 읊조리려고 내가 새벽녘에 눈을 떴나이다

149 주의 인자하심을 따라 내 소리를 들으소서 여호와여 주의 규례들을 따라 나를 살리소서

150 악을 따르는 자들이 가까이 왔사오니 그들은 주의 법에서 머니이다

151 여호와여 주께서 가까이 계시오니 주의 모든 계명들은 진리니이다

152 내가 전부터 주의 증거들을 알고 있었으므로 주께서 영원히 세우신 것인 줄을 알았나이다

153 ●나의 고난을 보시고 나를 건지소서 내가 주의 율법을 잊지 아니함이니이다 _삼상 3:1_

154 주께서 나를 변호하시고 나를 구하사 주의 말씀대로 나를 살리소서 _삼상 24:15_

155 구원이 악인들에게서 멀어짐은 그들이 주의 율례들을 구하지 아니함이니이다

156 여호와여 주의 긍휼이 많으오니 주의 규례들에 따라 나를 살리소서

157 나를 핍박하는 자들과 나의 대적들이 많으나 나는 주의 증거들에서 떠나지 아니하였나이다 _71_

158 주의 말씀을 지키지 아니하는 거짓된 자들을 내가 보고 슬퍼하였나이다

159 내가 주의 법도들을 사랑함을 보옵소서 여호와여 주의 인자하심을 따라 나를 살리소서

160 주의 말씀의 강령은 진리이오니 주의 의로운 모든 규례들은 영원하리이다

161 ●고관들이 거짓으로 나를 핍박하오나 나의 마음은 주의 말씀만 경외하나이다 _삼상 24:11_

162 사람이 많은 탈취물을 얻은 것처럼 나는 주의 말씀을 즐거워하나이다

163 나는 거짓을 미워하며 싫어하고 주의 율법을 사랑하나이다

164 주의 의로운 규례들로 말미암아 내가 하루 일곱 번씩 주를 찬양하나이다

165 주의 법을 사랑하는 자에게는 큰 평안이 있으니 그들에게 장애물이 없으리이다

166 여호와여 내가 주의 구원을 바라며 주의 계명들을 행하였나이다

167 내 영혼이 주의 증거들을 지켰사오며 내가 이를 지극히 사랑하나이다

168 내가 주의 법도들과 증거들을 지켰사오니 나의 모든 행위가 주 앞에 있음이니이다

169 ●여호와여 나의 부르짖음이 주의 앞에 이르게 하시고 주의 말씀대로 나를 깨닫게 하소서

170 나의 간구가 주의 앞에 이르게 하시고 주의 말씀대로 나를 건지소서 _28:2_

171 주께서 율례를 내게 가르치시므로 내

120 에는 무엇이 기록되어 있을까?

120~134편은 포로 생활에서 해방된 이스라엘 백성들이 성전에 올라가면서 부른 찬양시예요. 이 시에서 시인은 하나님께서 구원해주실 것을 간절히 바라고 있답니다.

입술이 주를 찬양하리이다 5:5

172 주의 모든 계명들이 의로우므로 내 혀가 주의 말씀을 노래하리이다

173 내가 주의 법도들을 택하였사오니 주의 손이 항상 나의 도움이 되게 하소서

174 여호와여 내가 주의 구원을 사모하였사오며 주의 율법을 즐거워하나이다

175 내 영혼을 살게 하소서 그리하시면 주를 찬송하리이다 주의 규례들이 나를 돕게 하소서

176 잃은 양 같이 내가 방황하오니 주의 종을 찾으소서 내가 주의 계명들을 잊지 아니함이니이다

[성전에 올라가는 노래]

120 내가 환난 중에 여호와께 부르짖었더니 내게 응답하셨도다 슥 2:2

2 여호와여 거짓된 입술과 속이는 혀에서 내 생명을 건져 주소서

3 너 속이는 혀여 무엇을 네게 주며 무엇을 네게 더할꼬

4 장사의 날카로운 화살과 로뎀 나무 숯불이리로다

5 메섹에 머물며 게달의 장막 중에 머무는 것이 내게 화로다

6 내가 화평을 미워하는 자들과 함께 오래 거주하였도다

7 나는 화평을 원할지라도 내가 말할 때에 그들은 싸우려 하는도다

[성전에 올라가는 노래]

121 내가 산을 향하여 눈을 들리라 나의 도움이 어디서 올까

2 나의 도움은 천지를 지으신 여호와에

제2차 성전 모델(122:1-6)

124:8
게서로다

3 ●여호와께서 너를 실족하지 아니하게 하시며 너를 지키시는 이가 졸지 아니하시리로다

4 이스라엘을 지키시는 이는 졸지도 아니하시고 주무시지도 아니하시리로다

5 여호와는 너를 지키시는 이시라 여호와께서 네 오른쪽에서 네 그늘이 되시나니

6 낮의 해가 너를 상하게 하지 아니하며 밤의 달도 너를 해치지 아니하리로다 [암송]

7 여호와께서 너를 지켜 모든 환난을 면하게 하시며 또 네 영혼을 지키시리로다

8 여호와께서 너의 출입을 지금부터 영원까지 지키시리로다

[다윗의 시 곧 성전에 올라가는 노래]

122 사람이 내게 말하기를 여호와의 집에 올라가자 할 때에 내가 기뻐하였도다

2 예루살렘아 우리 발이 네 성문 안에 섰도다

3 예루살렘아 너는 잘 짜여진 성읍과 같이 건설되었도다

4 지파들 곧 여호와의 지파들이 여호와의 이름에 감사하려고 이스라엘의 전례대로 그리로 올라가는도다

5 거기에 심판의 보좌를 두셨으니 곧 다윗의 집의 보좌로다 대상 19:8

6 예루살렘을 위하여 평안을 구하라 예루살렘을 사랑하는 자는 형통하리로다

7 네 성 안에는 평안이 있고 네 궁중에는 형통함이 있을지어다

121편 에는 무엇이 기록되어 있을까?

이 세상을 사는 동안에는 많은 어려움을 당할 수밖에 없지요. 시인은 하나님의 도우심만이 참된 구원임을 노래하고 있어요.

122편 하나님의 성전이 있는 예루살렘을 찬양하며, 그곳에 사는 사람들에게 하나님의 평강과 형통함이 있기를 간절히 바라는 시입니다.

8 내가 내 형제와 친구를 위하여 이제 말하리니 네 가운데에 평안이 있을지어다
9 여호와 우리 하나님의 집을 위하여 내가 너를 위하여 복을 구하리로다

[성전에 올라가는 노래]

123 하늘에 계시는 주여 내가 눈을 들어 주께 향하나이다
2 상전의 손을 바라보는 종들의 눈 같이, 여주인의 손을 바라보는 여종의 눈 같이 우리의 눈이 여호와 우리 하나님을 바라보며 우리에게 은혜 베풀어 주시기를 기다리나이다
3 여호와여 우리에게 은혜를 베푸시고 또 은혜를 베푸소서 심한 멸시가 우리에게 넘치나이다
4 안일한 자의 조소와 교만한 자의 멸시가 우리 영혼에 넘치나이다

[다윗의 시 곧 성전에 올라가는 노래]

124 이스라엘은 이제 말하기를 여호와께서 우리 편에 계시지 아니하셨더라면 우리가 어떻게 하였으랴
2 사람들이 우리를 치러 일어날 때에 여호와께서 우리 편에 계시지 아니하셨더라면

3 그 때에 그들의 노여움이 우리에게 맹렬하여 우리를 산 채로 삼켰을 것이며
4 그 때에 물이 우리를 휩쓸며 시내가 우리 영혼을 삼켰을 것이며
5 그 때에 넘치는 물이 우리 영혼을 삼켰을 것이라 할 것이로다
6 우리를 내주어 그들의 이에 씹히지 아니하게 하신 여호와를 찬송할지로다
7 우리의 영혼이 사냥꾼의 올무에서 벗어난 새 같이 되었나니 올무가 끊어지므로 우리가 벗어났도다
8 우리의 도움은 천지를 지으신 여호와의 이름에 있도다

[성전에 올라가는 노래]

125 여호와를 의지하는 자는 시온 산이 흔들리지 아니하고 영원히 있음 같도다
2 산들이 예루살렘을 두름과 같이 여호와께서 그의 백성을 지금부터 영원까지 두르시리로다
3 악인의 규가 의인들의 땅에서는 그 권세를 누리지 못하리니 이는 의인들로 하여금 죄악에 손을 대지 아니하게 함이로다
4 여호와여 선한 자들과 마음이 정직한 자들에게 선대하소서
5 자기의 굽은 길로 치우치는 자들은 여호와께서 죄를 범하는 자들과 함께 다니게 하시리로다 이스라엘에게는 평강이 있을지어다

[성전에 올라가는 노래]

126 여호와께서 시온의 포로를 돌려 보내실 때에 우리는 꿈꾸는 것 같았도다
2 그 때에 우리 입에는 웃음이 가득하고 우리 혀에는 찬양이 찼도다 그 때에 뭇 나라 가운데에서 말하기를 여호와께서 그들을 위하여 큰 일을 행하셨다 하였도다
3 여호와께서 우리를 위하여 큰 일을 행하셨으니 우리는 기쁘도다
4 여호와여 우리의 포로를 남방 시내들 같이 돌려 보내소서

123 에는 무엇이 기록되어 있을까?
하나님의 백성이 원수들로부터 무시당하고 있음을 안타까워하면서, 하나님의 돌보심을 간절히 바라고 있어요.

124 하나님의 도움으로 구원받은 이스라엘이 마치 사냥꾼에게 풀려난 새처럼 구원과 승리를 얻었음을 노래하고 있답니다.

125 대적들이 예루살렘을 에워쌌으나, 하나님의 보호로 감히 예루살렘을 넘볼 수 없음을 노래하며, 진정한 신앙인은 시온 산처럼 어떠한 어려움에도 요동치 않는답니다.

126 전능하신 하나님이 이스라엘 민족을 포로 생활에서 해방시켜, 예루살렘으로 돌아오게 하셨음을 기쁨으로 찬양하고 있답니다.

삼 1:1
창 1:1
사 35:6

5 눈물을 흘리며 씨를 뿌리는 자는 기쁨으로 거두리로다
6 울며 씨를 뿌리러 나가는 자는 반드시 기쁨으로 그 곡식 단을 가지고 돌아오리로다

[솔로몬의 시 곧 성전에 올라가는 노래]

127 여호와께서 집을 세우지 아니하시면 세우는 자의 수고가 헛되며 여호와께서 성을 지키지 아니하시면 파수꾼의 깨어 있음이 헛되도다 `암송`
2 너희가 일찍이 일어나고 늦게 누우며 수고의 떡을 먹음이 헛되도다 그러므로 여호와께서 그의 사랑하시는 자에게는 잠을 주시는도다
3 보라 자식들은 여호와의 기업이요 태의 열매는 그의 상급이로다 `창 24:3`
4 젊은 자의 자식은 장사의 수중의 화살 같으니
5 이것이 그의 화살통에 가득한 자는 복되도다 그들이 성문에서 그들의 원수와 담판할 때에 수치를 당하지 아니하리로다

[성전에 올라가는 노래]

128 여호와를 경외하며 그의 길을 걷는 자마다 복이 있도다
2 네가 네 손이 수고한 대로 먹을 것이라 네가 복되고 형통하리로다
3 네 집 안방에 있는 네 아내는 결실한 포도나무 같으며 네 식탁에 둘러 앉은 자식들은 어린 감람나무 같으리로다
4 여호와를 경외하는 자는 이같이 복을 얻으리로다 `암송`
5 여호와께서 시온에서 네게 복을 주실지어다 너는 평생에 예루살렘의 번영을 보며 `134:3`
6 네 자식의 자식을 볼지어다 이스라엘에게 평강이 있을지로다

[성전에 올라가는 노래]

129 이스라엘은 이제 말하기를 그들이 내가 어릴 때부터 여러 번 나를 괴롭혔도다

2 그들이 내가 어릴 때부터 여러 번 나를 괴롭혔으나 나를 이기지 못하였도다
3 밭 가는 자들이 내 등을 갈아 그 고랑을 길게 지었도다 `140:5`
4 여호와께서는 의로우사 악인들의 줄을 끊으셨도다 `119:137`
5 무릇 시온을 미워하는 자들은 수치를 당하여 물러갈지어다
6 그들은 지붕의 풀과 같을지어다 그것은 자라기 전에 마르는 것이라 `37:2`
7 이런 것은 베는 자의 손과 묶는 자의 품에 차지 아니하나니
8 지나가는 자들도 여호와의 복이 너희에게 있을지어다 하거나 우리가 여호와의 이름으로 너희에게 축복한다 하지 아니하느니라

[성전에 올라가는 노래]

130 여호와여 내가 깊은 곳에서 주께 부르짖었나이다
2 주여 내 소리를 들으시며 나의 부르짖는 소리에 귀를 기울이소서
3 여호와여 주께서 죄악을 지켜보실진대 주여 누가 서리이까
4 그러나 사유하심이 주께 있음은 주를

127편 에는 무엇이 기록되어 있을까?

솔로몬의 지혜시로서, 우리의 모든 삶을 인도하시는 하나님께 순종하는 자만이 참된 평안을 누릴 수 있다고 교훈하고 있어요.

128편 하나님을 경외하는 자들이 받을 축복과 그들이 누리는 행복을 노래하고 있어요. 의인은 하나님 안에서 풍성한 열매를 맺는 포도나무와 같습니다.

129편 하나님의 도우심으로 적들을 물리칠 수 있었음을 감사, 찬양하고 있어요. 또한 이스라엘의 모든 원수는 결국에는 심판을 받고 멸망하게 될 것임을 노래하고 있답니다.

130편 이스라엘을 대표한 시인은 고난 중에 자신의 죄를 깨닫고 회개하면서 하나님의 용서와 구원을 간절히 기도하고 있어요.

경외하게 하심이니이다

5 나 곧 내 영혼은 여호와를 기다리며 나는 주의 말씀을 바라는도다

6 파수꾼이 아침을 기다림보다 내 영혼이 주를 더 기다리나니 참으로 파수꾼이 아침을 기다림보다 더하도다 63:6

7 이스라엘아 여호와를 바랄지어다 여호와께서는 인자하심과 풍성한 속량이 있음이라 눅 1:68

8 그가 이스라엘을 그의 모든 죄악에서 속량하시리로다

[다윗의 시 곧 성전에 올라가는 노래]

131

여호와여 내 마음이 교만하지 아니하고 내 눈이 오만하지 아니하오며 내가 큰 일과 감당하지 못할 놀라운 일을 하려고 힘쓰지 아니하나이다

2 실로 내가 내 영혼으로 고요하고 평온하게 하기를 젖 뗀 아이가 그의 어머니 품에 있음 같게 하였나니 내 영혼이 젖 뗀 아이와 같도다

3 이스라엘아 지금부터 영원까지 여호와를 바랄지어다 130:7

[성전에 올라가는 노래]

132

여호와여 다윗을 위하여 그의 모든 겸손을 기억하소서

2 그가 여호와께 맹세하며 야곱의 전능자에게 서원하기를

3 내가 내 장막 집에 들어가지 아니하며 내 침상에 오르지 아니하고

4 내 눈으로 잠들게 하지 아니하며 내 눈꺼풀로 졸게 하지 아니하기를

5 여호와의 처소 곧 야곱의 전능자의 성막을 발견하기까지 하리라 하였나이다

13?! 에는 무엇이 기록되어 있을까?

하나님을 의지하는 자가 누리는 마음의 평안을 노래하는 시예요. 오직 피난처로 되신 하나님을 의지할 때 참 평안을 가질 수 있답니다.

다윗은 하나님의 법궤를 예루살렘으로 옮기고 싶었어요. 이 시는 그 소망이 이루어진 과정과 함께 다윗과의 약속을 지키시는 하나님을 찬양하고 있지요.

레바논 맞은편 산맥의 남쪽 끝에 있는 산으로, 해발 2,804m에 이르며 1년 내내 눈으로 덮여 있어요. 이곳은 오랫동안 성스러운 산으로 여겨져 왔으며, 여호수아가 정복한 땅의 북쪽 경계 지역에 위치합니다. 스닐 산, 시룐 산(신 3:9), 시온 산이라 불리며, 요단 강의 근원지이지요. 133편 3절

6 우리가 그것이 1)에브라다에 있다 함을 들었더니 2)나무 밭에서 찾았도다

7 우리가 그의 계신 곳으로 들어가서 그의 발등상 앞에서 엎드려 예배하리로다

8 여호와여 일어나사 주의 권능의 궤와 함께 평안한 곳으로 들어가소서

9 주의 제사장들은 의를 옷 입고 주의 성도들은 즐거이 외칠지어다

10 주의 종 다윗을 위하여 주의 기름 부음 받은 자의 얼굴을 외면하지 마옵소서

11 여호와께서 다윗에게 성실히 맹세하셨으니 변하지 아니하실지라 이르시기를 네 몸의 소생을 네 왕위에 둘지라

12 네 자손이 내 언약과 그들에게 교훈하는 내 증거를 지킬진대 그들의 후손도 영원히 네 왕위에 앉으리라 하셨도다

13 여호와께서 시온을 택하시고 자기 거처를 삼고자 하여 이르시기를 48:1-2

14 이는 내가 영원히 쉴 곳이라 내가 여기 거주할 것은 이를 원하였음이로다

15 내가 이 성의 식료품에 풍족히 복을 주고 떡으로 그 빈민을 만족하게 하리로다

16 내가 그 제사장들에게 구원을 옷 입히리니 그 성도들은 즐거이 외치리로다

17 내가 거기서 다윗에게 뿔이 나게 할 것이라 내가 내 기름 부음 받은 자를 위하여 등을 준비하였도다

18 내가 그의 원수에게는 수치를 옷 입히고 그에게는 왕관이 빛나게 하리라 하셨도다 35:26

[다윗의 시 곧 성전에 올라가는 노래]

133

보라 형제가 연합하여 동거함이 어찌 그리 선하고 아름

1)에브라임 2)야일의 밭에서

눈 덮인 헤르몬(헐몬) 산(133:3)

다운고
2 머리에 있는 보배로운 기름이 수염 곧
아론의 수염에 흘러서 그의 옷깃까지
내림 같고
3 헐몬의 이슬이 시온의 산들에 내림 같
도다 거기서 여호와께서 복을 명령하
셨나니 곧 영생이로다　　잠 19:12

[성전에 올라가는 노래]

134 보라 밤에 여호와의 성전에
서 있는 여호와의 모든 종들
아 여호와를 송축하라
2 [1]성소를 향하여 너희 손을 들고 여호와
를 송축하라　　28:2
3 천지를 지으신 여호와께서 시온에서
네게 복을 주실지어다

135 [2]할렐루야 여호와의 이름을
찬송하라 여호와의 종들아
찬송하라　　113:1
2 여호와의 집 우리 여호와의 성전 곧 우
리 하나님의 성전 뜰에 서 있는 너희여
3 여호와를 찬송하라 여호와는 선하시
며 그의 이름이 아름다우니 그의 이름
을 찬양하라
4 여호와께서 자기를 위하여 야곱 곧 이
스라엘을 자기의 특별한 소유로 택하
셨음이로다
5 내가 알거니와 여호와께서는 위대하
시며 우리 주는 모든 신들보다 위대하
시도다　　48:1
6 여호와께서 그가 기뻐하시는 모든 일
을 천지와 바다와 모든 깊은 데서 다
행하셨도다
7 안개를 땅 끝에서 일으키시며 비를 위

하여 번개를 만드시며 바람을 그 곳간
에서 내시는도다
8 그가 애굽의 처음 난 자를 사람부터 짐
승까지 치셨도다
9 애굽이여 여호와께서 네게 행한 표적
들과 징조들을 바로와 그의 모든 신하
들에게 보내셨도다
10 그가 많은 나라를 치시고 강한 왕들을
죽이셨나니　　136:17-20
11 곧 아모리인의 왕 시혼과 바산 왕 옥과
가나안의 모든 국왕이로다
12 그들의 땅을 기업으로 주시되 자기 백
성 이스라엘에게 기업으로 주셨도다
13 여호와여 주의 이름이 영원하시니이
다 여호와여 주를 기념함이 대대에 이
르리이다
14 여호와께서 자기 백성을 판단하시며
그의 종들로 말미암아 위로를 받으시
리로다
15 ●열국의 우상은 은금이요 사람의 손
으로 만든 것이라
16 입이 있어도 말하지 못하며 눈이 있어
도 보지 못하며
17 귀가 있어도 듣지 못하며 그들의 입에
는 아무 호흡도 없나니
18 그것을 만든 자와 그것을 의지하는 자
가 다 그것과 같으리로다
19 이스라엘 족속아 여호와를 송축하라
아론의 족속아 여호와를 송축하라
20 레위 [3]족속아 여호와를 송축하라 여호
와를 경외하는 너희들아 여호와를 송

133편 에는 무엇이 기록되어 있을까?

하나님의 언약 백성들이 함께하면
서 하나님을 경외하는 것이 얼마나 선하고 아름
다우며 복된 일인지를 노래하고 있어요.

134편 이 시는 성전에서 봉사하는 레위인과
성전을 여행하는 사람들이 서로 주고
받는 형식으로, 여호와를 찬양할 것을
외치며 여호와의 축복을 기원합니다.

135편 세상을 창조하시고 다스리시며, 택한 백
성을 불쌍히 여기셔서 그들을 구원하시
는 전능하신 하나님을 찬양하는 시에요.

1) 너희 손을 거룩하게 들고　2) 여호와를 찬양하라　3) 집

축하라

118:4

21 예루살렘에 계시는 여호와는 시온에서 찬송을 받으실지어다 ¹⁾할렐루야

136 여호와께 감사하라 그는 선하시며 그 인자하심이 영원함이로다

2 신들 중에 뛰어난 하나님께 감사하라 그 인자하심이 영원함이로다

3 주들 중에 뛰어난 주께 감사하라 그 인자하심이 영원함이로다

4 홀로 큰 기이한 일들을 행하시는 이에게 감사하라 그 인자하심이 영원함이로다

5 지혜로 하늘을 지으신 이에게 감사하라 그 인자하심이 영원함이로다

6 땅을 물 위에 펴신 이에게 감사하라 그 인자하심이 영원함이로다

7 큰 빛들을 지으신 이에게 감사하라 그 인자하심이 영원함이로다

8 해로 낮을 주관하게 하신 이에게 감사하라 그 인자하심이 영원함이로다 창 1:16

9 달과 별들로 밤을 주관하게 하신 이에게 감사하라 그 인자하심이 영원함이로다

10 애굽의 장자를 치신 이에게 감사하라 그 인자하심이 영원함이로다 출 12:29

11 이스라엘을 그들 중에서 인도하여 내신 이에게 감사하라 그 인자하심이 영원함이로다

12 강한 손과 펴신 팔로 인도하여 내신 이에게 감사하라 그 인자하심이 영원함이로다

13 홍해를 가르신 이에게 감사하라 그 인자하심이 영원함이로다

14 이스라엘을 그 가운데로 통과하게 하

홍해(136:13)

신 이에게 감사하라 그 인자하심이 영원함이로다

15 바로와 그의 군대를 홍해에 엎드러뜨리신 이에게 감사하라 그 인자하심이 영원함이로다

16 그의 백성을 인도하여 광야를 통과하게 하신 이에게 감사하라 그 인자하심이 영원함이로다

17 큰 왕들을 치신 이에게 감사하라 그 인자하심이 영원함이로다

18 유명한 왕들을 죽이신 이에게 감사하라 그 인자하심이 영원함이로다

19 아모리인의 왕 시혼을 죽이신 이에게 감사하라 그 인자하심이 영원함이로다

20 바산 왕 옥을 죽이신 이에게 감사하라 그 인자하심이 영원함이로다 수 12:1

21 그들의 땅을 기업으로 주신 이에게 감사하라 그 인자하심이 영원함이로다

22 곧 그 종 이스라엘에게 기업으로 주신 이에게 감사하라 그 인자하심이 영원함이로다

23 우리를 비천한 가운데에서도 기억해 주신 이에게 감사하라 그 인자하심이 영원함이로다

24 우리를 우리의 대적에게서 건지신 이에게 감사하라 그 인자하심이 영원함이로다 107:2

25 모든 육체에게 먹을 것을 주신 이에게 감사하라 그 인자하심이 영원함이로다

26 하늘의 하나님께 감사하라 그 인자하심이 영원함이로다

137 우리가 바벨론의 여러 강변 거기에 앉아서 시온을 기억

136 에는 무엇이 기록되어 있을까?

하나님의 인자하심이 영원하다는 것을 반복하여 찬양하는 시예요. 하나님의 은혜가 예수를 믿는 모든 자에게 임함을 찬양하고 있답니다.

137 이스라엘이 바벨론에서 겪는 슬픔과 신앙적 고통을 고백하고 있어요. 또한 이스라엘이 고난 당하는 것을 기뻐하는 원수에 대해 저주를 외치고 있지요.

1) 여호와를 찬송하라

하며 울었도다

2 그 중의 버드나무에 우리가 우리의 수금을 걸었나니

3 이는 우리를 사로잡은 자가 거기서 우리에게 노래를 청하며 우리를 황폐하게 한 자가 기쁨을 청하고 자기들을 위하여 시온의 노래 중 하나를 노래하라 함이로다

4 우리가 이방 땅에서 어찌 여호와의 노래를 부를까

5 예루살렘아 내가 너를 잊을진대 내 오른손이 그의 재주를 잊을지로다

6 내가 예루살렘을 기억하지 아니하거나 내가 가장 즐거워하는 것보다 더 즐거워하지 아니할진대 내 혀가 내 입천장에 붙을지로다

7 여호와여 예루살렘이 멸망하던 날을 기억하시고 에돔 자손을 치소서 그들의 말이 헐어 버리라 헐어 버리라 그 기초까지 헐어 버리라 하였나이다

8 멸망할 딸 바벨론아 네가 우리에게 행한 대로 네게 갚는 자가 복이 있으리로다

9 네 어린 것들을 바위에 메어치는 자는 복이 있으리로다

138

내가 전심으로 주께 감사하며 신들 앞에서 주께 찬송하리이다

2 내가 주의 성전을 향하여 예배하며 주의 인자하심과 성실하심으로 말미암아 주의 이름에 감사하오리니 이는 주께서 주의 말씀을 주의 모든 이름보다

석양이 진 바벨론 강가(137:1)

높게 하셨음이라

3 내가 간구하는 날에 주께서 응답하시고 내 영혼에 힘을 주어 나를 강하게 하셨나이다

4 여호와여 세상의 모든 왕들이 주께 감사할 것은 그들이 주의 입의 말씀을 들음이오며

5 그들이 여호와의 도를 노래할 것은 여호와의 영광이 크심이니이다

6 여호와께서는 높이 계셔도 낮은 자를 굽어살피시며 멀리서도 교만한 자를 아심이니이다

7 내가 환난 중에 다닐지라도 주께서 나를 살아나게 하시고 주의 손을 펴사 내 원수들의 분노를 막으시며 주의 오른손이 나를 구원하시리이다

8 여호와께서 나를 위하여 보상해 주시리이다 여호와여 주의 인자하심이 영원하오니 주의 손으로 지으신 것을 버리지 마옵소서

139

여호와여 주께서 나를 살펴 보셨으므로 나를 아시나이다

2 주께서 내가 앉고 일어섬을 아시고 멀리서도 나의 생각을 밝히 아시며

3 나의 모든 길과 내가 눕는 것을 살펴 보셨으므로 나의 모든 행위를 익히 아시오니

4 여호와여 내 혀의 말을 알지 못하시는 것이 하나도 없으시니이다

5 주께서 나의 앞뒤를 둘러싸시고 내게 안수하셨나이다

1)주의 모든 이름대로 주의 말씀을 크게 하셨음이라

6 이 지식이 내게 너무 기이하니 높아서 내가 능히 미치지 못하나이다 롬 11:33
7 내가 주의 영을 떠나 어디로 가며 주의 앞에서 어디로 피하리이까
8 내가 하늘에 올라갈지라도 거기 계시며 스올에 내 자리를 펼지라도 거기 계시니이다
9 내가 새벽 날개를 치며 바다 끝에 가서 거주할지라도
10 거기서도 주의 손이 나를 인도하시며 주의 오른손이 나를 붙드시리이다
11 내가 혹시 말하기를 흑암이 반드시 나를 덮고 나를 두른 빛은 밤이 되리라 할지라도
12 주에게서는 흑암이 숨기지 못하며 밤이 낮과 같이 비추이나니 주에게는 흑암과 빛이 같음이니이다
13 주께서 내 내장을 지으시며 나의 모태에서 나를 만드셨나이다
14 내가 주께 감사하옴은 나를 지으심이 심히 기묘하심이라 주께서 하시는 일이 기이함을 내 영혼이 잘 아나이다
15 내가 은밀한 데서 지음을 받고 땅의 깊은 곳에서 기이하게 지음을 받은 때에 나의 형체가 주의 앞에 숨겨지지 못하였나이다
16 내 형질이 이루어지기 전에 주의 눈이 보셨으며 나를 위하여 정한 날이 하루도 되기 전에 주의 책에 다 기록이 되었나이다
17 하나님이여 주의 생각이 내게 어찌 그리 보배로우신지요 그 수가 어찌 그리 많은지요 40:5
18 내가 세려고 할지라도 그 수가 모래보다 많도소이다 내가 깰 때에도 여전히 주와 함께 있나이다
19 하나님이여 주께서 반드시 악인을 죽이시리이다 피 흘리기를 즐기는 자들아 나를 떠날지어다
20 그들이 주를 대하여 악하게 말하며 주의 원수들이 주의 이름으로 헛되이 맹세하나이다
21 여호와여 내가 주를 미워하는 자들을 미워하지 아니하오며 주를 치러 일어나는 자들을 미워하지 아니하나이까
22 내가 그들을 심히 미워하니 그들은 나의 원수들이니이다
23 하나님이여 나를 살피사 내 마음을 아시며 나를 시험하사 내 뜻을 아옵소서
24 내게 무슨 악한 행위가 있나 보시고 나를 영원한 길로 인도하소서
[다윗의 시, 인도자를 따라 부르는 노래]

140
여호와여 악인에게서 나를 건지시며 포악한 자에게서 나를 보전하소서
2 그들이 마음속으로 악을 꾀하고 싸우기 위하여 매일 모이오며
3 뱀 같이 그 혀를 날카롭게 하니 그 입술

비전을 심어주는 3분 예화

오프라 윈프리 사명론

'오프라 윈프리'는 1954년 미혼모의 아이로 태어나, 세 살 때부터 성경을 읽고 암송하였죠. 믿음에 힘입어 긍정적으로 살아온 그녀는 이 시대의 존경받는 인물이 되었지요. 그녀는 사명에 대하여 이렇게 말했답니다.

첫째, 남들보다 조금이라도 더 가진 것이 사명이다. 지식이든, 돈이든, 더 가진 것은 하나님을 위해서 쓰임받아야 할 부분이다.

둘째, 부담감이 사명이다. 어떤 사람은 장애인을 보고는 그냥 지나치지를 못하고, 또 어떤 사람은 가난한 사람을 보면 그냥 지나치지 못하는데 이런 부담감이 사명이다.

셋째, 아픔이 사명이다. 남들이 당하지 못한 아픔을 당한 경험이 있다면, 그것이 바로 하나님이 나에게 주신 사명이다. 나와 똑같은 아픔을 가진 사람을 도우라는 뜻이다.

140 에는 무엇이 기록되어 있을까?

다윗이 하나님께 원수들로부터 구원해주시기를 간절히 기도하고 있어요. 하나님께서는 반드시 악인을 보호하신다는 사실을 확신하며, 하나님을 의지하는 것이 최고라고 말하고 있답니다.

아래에는 독사의 독이 있나이다 (셀라)

4 여호와여 나를 지키사 악인의 손에 빠지지 않게 하시며 나를 보전하사 포악한 자에게서 벗어나게 하소서 그들은 나의 걸음을 밀치려 하나이다
　　　　　　　　　　　　　　　7:4

5 교만한 자가 나를 해하려고 올무와 줄을 놓으며 길 곁에 그물을 치며 함정을 두었나이다 (셀라)

6 ●내가 여호와께 말하기를 주는 나의 하나님이시니 여호와여 나의 간구하는 소리에 귀를 기울이소서 하였나이다

7 내 구원의 능력이신 주 여호와여 전쟁의 날에 주께서 내 머리를 가려 주셨나이다
　　　　　　　　　　　　　　　28:8

8 여호와여 악인의 소원을 허락하지 마시며 그의 악한 꾀를 이루지 못하게 하소서 그들이 스스로 높일까 하나이다 (셀라)

9 나를 에워싸는 자들이 그들의 머리를 들 때에 그들의 입술의 재난이 그들을 덮게 하소서

10 뜨거운 숯불이 그들 위에 떨어지게 하시며 불 가운데와 깊은 웅덩이에 그들로 하여금 빠져 다시 일어나지 못하게 하소서

11 악담하는 자는 세상에서 굳게 서지 못하며 포악한 자는 재앙이 따라서 패망하게 하리이다

12 내가 알거니와 여호와는 고난 당하는 자를 변호해 주시며 궁핍한 자에게 정의를 베푸시리이다

13 진실로 의인들이 주의 이름에 감사하며 정직한 자들이 주의 앞에서 살리이다

[다윗의 시]

141
여호와여 내가 주를 불렀사오니 속히 내게 오시옵소서 내가 주께 부르짖을 때에 내 음성에 귀를 기울이소서

2 나의 기도가 주의 앞에 분향함과 같이 되며 나의 손 드는 것이 저녁 제사 같

이 되게 하소서

3 여호와여 내 입에 파수꾼을 세우시고 내 입술의 문을 지키소서

4 내 마음이 악한 일에 기울어 죄악을 행하는 자들과 함께 악을 행하지 말게 하시며 그들의 진수성찬을 먹지 말게 하소서

5 의인이 나를 칠지라도 은혜로 여기며 책망할지라도 머리의 기름 같이 여겨서 내 머리가 이를 거절하지 아니할지라 그들의 ¹⁾재난 중에도 내가 항상 기도하리로다

6 그들의 재판관들이 바위 곁에 내려 던져졌도다 내 말이 달므로 무리가 들으리로다

7 사람이 밭 갈아 흙을 부스러뜨림 같이 우리의 해골이 스올 입구에 흩어졌도다

8 주 여호와여 내 눈이 주께 향하며 내가 주께 피하오니 ²⁾내 영혼을 빈궁한 대로 버려 두지 마옵소서

9 나를 지키사 그들이 나를 잡으려고 놓은 올무와 악을 행하는 자들의 함정에서 벗어나게 하옵소서

10 악인은 자기 그물에 걸리게 하시고 나만은 온전히 면하게 하소서

[다윗이 굴에 있을 때에 지은 ³⁾마스길 곧 기도]

142
내가 소리 내어 여호와께 부르짖으며 소리 내어 여호와께 간구하는도다
　　　　　　　　　　　　　　　57:1

2 내가 내 원통함을 그의 앞에 토로하며 내 우환을 그의 앞에 진술하는도다

3 내 영이 내 속에서 상할 때에도 주께서 내 길을 아셨나이다 내가 가는 길

141 에는 무엇이 기록되어 있을까?

영혼의 소리와 육신의 욕심 사이에서 갈등하고 있는 다윗은 하나님께서 자신을 구원해 주시기를 간절히 바라고 있어요.

142 다윗이 의지할 사람도 없고, 피할 곳도 없는 외롭고 절망적인 상태에서 지은 시예요. 다윗은 원수들로부터 자신을 구원해주시기를 하나님께 기도하고 있어요.

1) 악을 대하여 내가 2) 내 심령을 쏟아버리지 마옵소서 3) 교훈

에 그들이 나를 잡으려고 올무를 숨겼나이다 143:4

4 오른쪽을 살펴 보소서 나를 아는 이도 없고 나의 피난처도 없고 나의 영혼을 돌보는 이도 없나이다

5 여호와여 내가 주께 부르짖어 말하기를 주는 나의 피난처시요 살아 있는 사람들의 땅에서 나의 분깃이시라 하였나이다 9:2, 9

6 나의 부르짖음을 들으소서 나는 심히 비천하니이다 나를 핍박하는 자들에게서 나를 건지소서 그들은 나보다 강하니이다

7 내 영혼을 옥에서 이끌어 내사 주의 이름을 감사하게 하소서 주께서 나에게 갚아 주시리니 의인들이 나를 두르리이다

【다윗의 시】

143

여호와여 내 기도를 들으시며 내 간구에 귀를 기울이시고 주의 진실과 의로 내게 응답하소서

2 주의 종에게 심판을 행하지 마소서 주의 눈 앞에는 의로운 인생이 하나도 없나이다

3 원수가 내 영혼을 핍박하며 내 생명을 땅에 엎어서 나로 죽은 지 오랜 자 같이 나를 암흑 속에 두었나이다 143:3

4 그러므로 내 심령이 속에서 상하며 내 마음이 내 속에서 참담하니이다 애 3:11

5 내가 옛날을 기억하고 주의 모든 행하신 것을 읊조리며 주의 손이 행하는 일을 생각하고

6 주를 향하여 손을 펴고 내 영혼이 마른

땅 같이 주를 사모하나이다 (셀라)

7 여호와여 속히 내게 응답하소서 내 영이 피곤하니이다 주의 얼굴을 내게서 숨기지 마소서 내가 무덤에 내려가는 자 같을까 두려워하나이다

8 아침에 나로 하여금 주의 인자한 말씀을 듣게 하소서 내가 주를 의뢰함이니이다 내가 다닐 길을 알게 하소서 내가 내 영혼을 주께 드림이니이다

9 여호와여 나를 내 원수들에게서 건지소서 내가 주께 피하여 숨었나이다

10 주는 나의 하나님이시니 나를 가르쳐 주의 뜻을 행하게 하소서 주의 영은 선하시니 나를 공평한 땅에 인도하소서

11 여호와여 주의 이름을 위하여 나를 살리시고 주의 의로 내 영혼을 환난에서 끌어내소서

12 주의 인자하심으로 나의 원수들을 끊으시고 내 영혼을 괴롭게 하는 자를 다 멸하소서 나는 주의 종이니이다

【다윗의 시】

144

나의 반석이신 여호와를 찬송하리로다 그가 내 손을 가르쳐 싸우게 하시며 손가락을 가르쳐 전쟁하게 하시는도다

2 여호와는 나의 사랑이시요 나의 요새이시요 나의 산성이시요 나를 건지시는 이시요 나의 방패이시니 내가 그에게 피하였고 그가 내 백성을 내게 복종하게 하셨나이다

3 여호와여 사람이 무엇이기에 주께서 그를 알아 주시며 인생이 무엇이기에 그를 생각하시나이까

4 사람은 1) 헛것 같고 그의 날은 지나가는 그림자 같으니이다

5 여호와여 주의 하늘을 드리우고 강림하시며 산들에 접촉하사 연기를 내게 하소서 시 64:1

---

1) 숨과 같고

침담(143:4) 가슴이 아플 정도로 비참함.
측량(145:3) 물건의 크기, 위치, 방향을 재어서 헤아림.
선포(145:4) 세상에 널리 알림.

6 번개를 번쩍이사 원수들을 흩으시며 주의 화살을 쏘아 그들을 무찌르소서 7:13

7 위에서부터 주의 손을 펴사 나를 큰 물과 이방인의 손에서 구하여 건지소서

8 그들의 입은 거짓을 말하며 그의 오른손은 거짓의 오른손이니이다

9 하나님이여 내가 주께 새 노래로 노래하며 열 줄 비파로 주를 찬양하리이다

10 주는 왕들에게 구원을 베푸시는 자시요 그의 종 다윗을 그 해하려는 칼에서 구하시는 자시니이다

11 이방인의 손에서 나를 구하여 건지소서 그들의 입은 거짓을 말하며 그 오른손은 거짓의 오른손이니이다 삼上 44:20

12 ●우리 아들들은 어리다가 장성한 나무들과 같으며 우리 딸들은 궁전의 양식대로 아름답게 다듬은 모퉁잇돌과 같으며

13 우리의 곳간에는 백곡이 가득하며 우리의 양은 들에서 천천과 만만으로 번성하며

14 우리 수소는 무겁게 실었으며 또 우리를 침노하는 일이나 우리가 나아가 막는 일이 없으며 우리 거리에는 슬피 부르짖음이 없을진대

15 이러한 백성은 복이 있나니 여호와를 자기 하나님으로 삼는 백성은 복이 있도다 33:12

[다윗의 찬송시]

145

왕이신 나의 하나님이여 내가 주를 높이고 영원히 주의 이름을 송축하리이다

2 내가 날마다 주를 송축하며 영원히 주의 이름을 송축하리이다

3 여호와는 위대하시니 크게 찬양할 것이라 그의 위대하심을 측량하지 못하

4 대대로 주께서 행하시는 일을 크게 찬양하며 주의 능한 일을 선포하리로다

5 주의 존귀하고 영광스러운 위엄과 주의 기이한 일들을 나는 작은 소리로 읊조리리이다

6 사람들은 주의 두려운 일의 권능을 말할 것이요 나도 주의 위대하심을 선포하리이다

7 그들이 주의 크신 은혜를 기념하여 말하며 주의 의를 노래하리이다 63:7

8 여호와는 은혜로우시며 긍휼이 많으시며 노하기를 더디 하시며 인자하심이 크시도다

9 여호와께서는 모든 것을 선대하시며 그 지으신 모든 것에 긍휼을 베푸시는도다

10 여호와여 주께서 지으신 모든 것들이 주께 감사하며 주의 성도들이 주를 송축하리이다

11 그들이 주의 나라의 영광을 말하며 주의 업적을 일러서

12 주의 업적과 주의 나라의 위엄 있는 영광을 인생들에게 알게 하리이다 105:1

13 주의 나라는 영원한 나라이니 주의 통치는 대대에 이르리이다

14 여호와께서는 모든 넘어지는 자들을

145 에는 무엇이 기록되어 있을까?

왕이신 하나님의 능력을 찬양하는 시예요. 다윗은 하나님이 어떤 분이신지를 알았기에 그 하나님을 찬양하며, 다른 사람들에게도 찬양하라고 권하고 있답니다.

붙드시며 비굴한 자들을 일으키시는
도다

15 모든 사람의 눈이 주를 앙망하오니 주
는 때를 따라 그들에게 먹을 것을 주시
며 　104:27

16 손을 펴사 1)모든 생물의 소원을 만족하
게 하시나이다

17 여호와께서는 그 모든 행위에 의로우
시며 그 모든 일에 은혜로우시도다

18 여호와께서는 자기에게 간구하는 모
든 자 곧 진실하게 간구하는 모든 자에
게 가까이 하시는도다

19 그는 자기를 경외하는 자들의 소원을
이루시며 또 그들의 부르짖음을 들으
사 구원하시리로다

20 여호와께서 자기를 사랑하는 자들은
다 보호하시고 악인들은 다 멸하시리
로다

21 내 입이 여호와의 영예를 말하며 모든
육체가 그의 거룩하신 이름을 영원히
송축할지로다

146 2)할렐루야 내 영혼아 여호
와를 찬양하라

2 나의 생전에 여호와를 찬양하며 나의
평생에 내 하나님을 찬송하리로다 　일흥

3 귀인들을 의지하지 말며 도울 힘이 없
는 인생도 의지하지 말지니

4 그의 호흡이 끊어지면 흙으로 돌아가
서 그 날에 그의 생각이 소멸하리로다

5 야곱의 하나님을 자기의 도움으로 삼
으며 여호와 자기 하나님에게 자기의
소망을 두는 자는 복이 있도다

146편 에는 무엇이 기록되어 있을까?

마지막 다섯 편의 시는 '할렐루야'
로 시작하고 끝나는 시예요. 이 시에서 시인은
믿고 의지할 수 있는 분이 하나님 한 분뿐임을
강조하고 있답니다.

147편은 바벨론 포로 후기에 이름을
147편 알 수 없는 시인이 지은 시예요. 자연
과 인간을 주관하시고 끝없는 사랑을
베푸시는 하나님을 찬양하고 있지요.

---

6 여호와는 천지와 바다와 그 중의 만물
을 지으시며 영원히 진실함을 지키시며

7 억눌린 사람들을 위해 정의로 심판하
시며 주린 자들에게 먹을 것을 주시는
이시로다 여호와께서는 갇힌 자들에
게 자유를 주시는도다

8 여호와께서 맹인들의 눈을 여시며 여
호와께서 비굴한 자들을 일으키시며
여호와께서 의인들을 사랑하시며

9 여호와께서 나그네들을 보호하시며
고아와 과부를 붙드시고 악인들의 길
은 굽게 하시는도다

10 시온아 여호와는 영원히 다스리시고
네 하나님은 대대로 통치하시리로다
2)할렐루야

147 2)할렐루야 우리 하나님을 찬
양하는 일이 선함이여 찬송
하는 일이 아름답고 마땅하도다

2 여호와께서 예루살렘을 세우시며 이스
라엘의 흩어진 자들을 모으시며 　신 30:3

3 상심한 자들을 고치시며 그들의 상처
를 싸매시는도다 　욥 5:18

4 그가 별들의 수효를 세시고 그것들을
다 이름대로 부르시는도다

5 우리 주는 위대하시고 능력이 많으시
며 그의 지혜가 무궁하시도다

6 여호와께서 겸손한 자들은 붙드시고
악인들은 땅에 엎드러뜨리시는도다

7 감사함으로 여호와께 노래하며 수금
으로 하나님께 찬양할지어다

8 그가 구름으로 하늘을 덮으시며 땅을
위하여 비를 준비하시며 산에 풀이 자
라게 하시며

9 들짐승과 우는 까마귀 새끼에게 먹을
것을 주시는도다

10 여호와는 말의 힘이 세다 하여 기뻐하

1) 은혜로 모든 생물을 만족하게 하시나이다 2) 여호와를 찬양
하라

앙망(145:15) 우러러 바람.
간구(145:18) 간절히 구함.
영예(145:21) 빛나는 명예를 말함.
무궁(147:5) 한이 없음.
광풍(148:8) 미친 듯이 휩쓸어 일어나는 바람.

지 아니하시며 사람의 다리가 억세다
하여 기뻐하지 아니하시고 ^{33:17}

11 여호와는 자기를 경외하는 자들과 그
의 인자하심을 바라는 자들을 기뻐하
시는도다

12 예루살렘아 여호와를 찬송할지어다
시온아 네 하나님을 찬양할지어다

13 그가 네 문빗장을 견고히 하시고 네 가
운데에 있는 너의 자녀들에게 복을 주
셨으며 ^{3:3}

14 네 경내를 평안하게 하시고 아름다운
밀로 너를 배불리시며

15 그의 명령을 땅에 보내시니 그의 말씀
이 속히 달리는도다 ^{잠 37:12}

16 눈을 양털 같이 내리시며 서리를 재 같
이 흩으시며 ^{잠 37:6}

17 우박을 떡 부스러기 같이 뿌리시나니
누가 능히 그의 추위를 감당하리요

18 그의 말씀을 보내사 그것들을 녹이시고
바람을 불게 하신즉 물이 흐르는도다

19 그가 그의 말씀을 야곱에게 보이시며
그의 율례와 규례를 이스라엘에게 보
이시는도다

20 그는 어느 민족에게도 이와 같이 행하
지 아니하셨나니 그들은 그의 법도를
알지 못하였도다 ¹⁾할렐루야

148

¹⁾할렐루야 하늘에서 여호와
를 찬양하며 높은 데서 그를
찬양할지어다

2 그의 모든 천사여 찬양하며 모든 군대
여 그를 찬양할지어다

3 해와 달아 그를 찬양하며 밝은 별들아

팔레스타인 광야 베두인 천막에서 악기로
찬양하는 모습 (148:12-13)

다 그를 찬양할지어다

4 하늘의 하늘도 그를 찬양하며 하늘 위
에 있는 물들도 그를 찬양할지어다

5 그것들이 여호와의 이름을 찬양함은 그
가 명령하시므로 지음을 받았음이로다

6 그가 또 그것들을 영원히 세우시고 폐
하지 못할 명령을 정하셨도다

7 너희 용들과 바다여 땅에서 여호와를
찬양하라 ^{창 1:21}

8 불과 우박과 눈과 안개와 그의 말씀을
따르는 광풍이며 ^{잠 37:12}

9 산들과 모든 작은 산과 과수와 모든 백
향목이며

10 짐승과 모든 가축과 기는 것과 나는 새
이며

11 세상의 왕들과 모든 백성들과 고관들
과 땅의 모든 재판관들이며

12 총각과 처녀와 노인과 아이들아

13 여호와의 이름을 찬양할지어다 그의
이름이 홀로 높으시며 그의 영광이 땅
과 하늘 위에 뛰어나심이로다

14 그가 그의 백성의 뿔을 높이셨으니 그
는 모든 성도 곧 그를 가까이 하는 백
성 이스라엘 자손의 찬양 받을 이시로
다 ¹⁾할렐루야

149

¹⁾할렐루야 새 노래로 여호와
께 노래하며 성도의 모임 가
운데에서 찬양할지어다

2 이스라엘은 자기를 지으신 이로 말미
암아 즐거워하며 시온의 주민은 그들
의 왕으로 말미암아 즐거워할지어다

3 춤 추며 그의 이름을 찬양하며 소고와

148편 에는 무엇이 기록되어 있을까?

하나님께 대한 우주적인 대찬양시
예요. 하나님이 지으신 모든 피조물을 향하여 하
나님께 찬양하고 영광을 돌리라고 명령하고 있
답니다.

149편

택한 백성을 구원해주신 하나님을 향
해 이스라엘 민족이 부르는 찬양시예
요. 원수들을 심판하시고 이스라엘을
영화롭게 해주심을 믿고 찬양하고 있답니다.

1)여호와를 찬양하라

수금으로 그를 찬양할지어다 150:4

4 여호와께서는 자기 백성을 기뻐하시며 겸손한 자를 구원으로 아름답게 하심이로다

5 성도들은 영광 중에 즐거워하며 그들의 침상에서 기쁨으로 노래할지어다

6 그들의 ¹⁾입에는 하나님에 대한 찬양이 있고 그들의 손에는 두 날 가진 칼이 있도다

7 이것으로 뭇 나라에 보수하며 민족들을 벌하며

8 그들의 왕들은 사슬로, 그들의 귀인은 철고랑으로 결박하고

9 기록한 판결대로 그들에게 시행할지로다 ²⁾이런 영광은 그의 모든 성도에게 있도다 ³할렐루야

150

³할렐루야 그의 성소에서 하나님을 찬양하며 그의 권능의 궁창에서 그를 찬양할지어다

2 그의 능하신 행동을 찬양하며 그의 지극히 위대하심을 따라 찬양할지어다 신 3:24

3 나팔 소리로 찬양하며 비파와 수금으로 찬양할지어다 149:3

4 소고 치며 춤 추어 찬양하며 현악과 퉁소로 찬양할지어다

5 큰 소리 나는 제금으로 찬양하며 높은 소리 나는 제금으로 찬양할지어다

6 호흡이 있는 자마다 여호와를 찬양할지어다 ³할렐루야 [암송]

1) 히, 목구멍 2) 여호와는 그 성도들의 영광이로다 3) 여호와를 찬양하라

보수(149:7) 앙갚음.
귀인(149:8) 신분이나 지위가 높은 사람.
결박(149:8) 몸이나 손을 움직이지 못하게 단단히 묶음.
시행(149:9) 실행에 옮김.
궁창(150:1) 높고 맑은 푸른 하늘.
제금(150:5) 타악기의 일종. 심벌즈.

Proverbs

잠언

잠언을 읽기 전에

잠언은 주로 솔로몬 왕이 기록했어요. 지혜의 왕으로 잘 알려진 솔로몬은 여호와를 경외하는 것이 지혜의 근본이며, 거룩하신 자를 아는 것이 명철임을 가르쳐주고 있어요. 그 외에 아굴, 르무엘 왕 등의 글도 있지요.

언제, 왜, 누구를 위하여 썼나요?

잠언을 기록한 때는 B.C. 1000-700년경이라고 해요. 잠언은 먼저 솔로몬이 아들 르호보암을 교훈하기 위해, 더 나아가서는 지혜를 구하는 모든 사람들에게 지혜와 지식의 근본이신 하나님을 깨닫고 경외하도록 하기 위해 기록한 책이랍니다.

어떤 내용인가요?

잠언은 '지혜'와 '진리'의 말씀으로 가득해요. 선과 악, 진리와 거짓, 하나님의 뜻과 사람의 생각을 분별할 수 있는 생활 속의 많은 지혜를 가르쳐주고 있죠.

솔로몬의 잠언

1 다윗의 아들 이스라엘 왕 솔로몬의 잠언이라

2 이는 지혜와 훈계를 알게 하며 명철의 말씀을 깨닫게 하며

3 지혜롭게, 공의롭게, 정의롭게, 정직하게 행할 일에 대하여 훈계를 받게 하며

4 어리석은 자를 슬기롭게 하며 젊은 자에게 지식과 근신함을 주기 위한 것이니

5 지혜 있는 자는 듣고 학식이 더할 것이요 명철한 자는 지략을 얻을 것이라

6 잠언과 비유와 지혜 있는 자의 말과 그 오묘한 말을 깨달으리라

젊은이에게 주는 교훈

7 ● 여호와를 경외하는 것이 지식의 근본이거늘 미련한 자는 지혜와 훈계를 멸시하느니라 ^{암송}

8 내 아들아 네 아비의 훈계를 들으며 네 어미의 법을 떠나지 말라

9 이는 네 머리의 아름다운 관이요 네 목의 금 사슬이니라

10 ● 내 아들아 악한 자가 너를 꾈지라도 따르지 말라

11 그들이 네게 말하기를 우리와 함께 가자 우리가 가만히 엎드렸다가 사람의 피를 흘리자 죄 없는 자를 까닭 없이 숨어 기다리다가

12 스올 같이 그들을 산 채로 삼키며 무덤에 내려가는 자들 같이 통으로 삼키자

13 우리가 온갖 보화를 얻으며 빼앗은 것으로 우리 집을 채우리니

14 너는 우리와 함께 제비를 뽑고 우리가 함께 전대 하나만 두자 할지라도

15 내 아들아 그들과 함께 길에 다니지 말라 네 발을 금하여 그 길을 밟지 말라

16 대저 그 발은 악으로 달려가며 피를 흘리는 데 빠름이니라

17 새가 보는 데서 그물을 치면 헛일이겠거늘

18 그들이 가만히 엎드림은 자기의 피를

1장에는 무엇이 기록되어 있을까?

솔로몬은 먼저 잠언을 지은 목적을 소개하고 있어요. 즉, 악을 멀리하고 지혜를 구하는 삶을 강조하고 있지요. 하나님께 지혜를 구하여 탁월한 지혜를 받은 솔로몬 왕은 잠언의 대부분을 지었답니다. 이 잠언은 하나님의 백성다운 삶이 어떤 것인지를 자세하게 가르쳐 주고 있어요.

흘릴 뿐이요 숨어 기다림은 자기의 생명을 해할 뿐이니

19 이익을 탐하는 모든 자의 길은 다 이러하여 자기의 생명을 잃게 하느니라

20 ●지혜가 길거리에서 부르며 광장에서 소리를 높이며
8:1-5

21 시끄러운 길목에서 소리를 지르며 성문 어귀와 성중에서 그 소리를 발하여 이르되

22 너희 어리석은 자들은 어리석음을 좋아하며 거만한 자들은 거만을 기뻐하며 미련한 자들은 지식을 미워하니 어느 때까지 하겠느냐

23 나의 책망을 듣고 돌이키라 보라 내가 나의 영을 너희에게 부어 주며 내 말을 너희에게 보이리라

24 내가 불렀으나 너희가 듣기 싫어하였고 내가 손을 폈으나 돌아보는 자가 없었고

25 도리어 나의 모든 교훈을 멸시하며 나의 책망을 받지 아니하였은즉

26 너희가 재앙을 만날 때에 내가 웃을 것이며 너희에게 두려움이 임할 때에 내가 비웃으리라

27 너희의 두려움이 광풍 같이 임하겠고 너희의 재앙이 폭풍 같이 이르겠고 너희에게 근심과 슬픔이 임하리니
3:25

28 그 때에 1)너희가 나를 부르리라 그래도 내가 대답하지 아니하겠고 2)부지런히 나를 찾으리라 그래도 나를 만나지 못하리니

29 대저 너희가 지식을 미워하며 여호와

30 나의 교훈을 받지 아니하고 나의 모든 책망을 업신여겼음이니라

31 그러므로 자기 행위의 열매를 먹으며 자기 꾀에 배부르리라

32 어리석은 자의 퇴보는 자기를 죽이며 미련한 자의 안일은 자기를 멸망시키려니와
렘 2:19

33 오직 내 말을 듣는 자는 평안히 살며 재앙의 두려움이 없이 안전하리라

지혜가 주는 유익 — B.C. 950년경

2

내 아들아 네가 만일 나의 말을 받으며 나의 계명을 네게 간직하며

2 네 귀를 지혜에 기울이며 네 마음을 명철에 두며
3:1

3 지식을 불러 구하며 명철을 얻으려고 소리를 높이며

4 은을 구하는 것 같이 그것을 구하며 감추어진 보배를 찾는 것 같이 그것을 찾으면
3:14

5 여호와 경외하기를 깨달으며 하나님을 알게 되리니
1:7

6 대저 여호와는 지혜를 주시며 지식과 명철을 그 입에서 내심이며

7 그는 정직한 자를 위하여 완전한 지혜를 예비하시며 행실이 온전한 자에게 방패가 되시나니

8 대저 그는 정의의 길을 보호하시며 그의 성도들의 길을 보전하려 하심이니라

9 그런즉 네가 공의와 정의와 정직 곧 모든 선한 길을 깨달을 것이라

10 곧 지혜가 네 마음에 들어가며 지식이 네 영혼을 즐겁게 할 것이요

11 근신이 너를 지키며 명철이 너를 보호하여

12 악한 자의 길과 패역을 말하는 자에게서 건져 내리라

13 이 무리는 정직한 길을 떠나 어두운 길로 행하며
3:19

14 행악하기를 기뻐하며 악인의 패역을 즐거워하나니
10:23

2 에는 무엇이 기록되어 있을까?

지혜를 찾는 사람이 얻게 되는 유익을 소개하고 있어요. 하나님을 알고 경외하는 사람은 악인의 길을 걷지 않고 경건한 생활을 합니다. 악인은 멸망을 향해 가므로 땅에서 끊어지게 되지만, 의인은 하나님의 풍성한 은혜와 축복 가운데 살아가므로 땅에 거하게 된다고 말하고 있지요.

1)히, 그들 2)이른 아침에

15 그 길은 구부러지고 그 행위는 패역하니라

16 지혜가 또 너를 음녀에게서, 말로 호리는 이방 계집에게서 구원하리니

17 그는 젊은 시절의 짝을 버리며 그의 하나님의 언약을 잊어버린 자라

18 그의 집은 사망으로, 그의 길은 스올로 기울어졌나니 7:27

19 누구든지 그에게로 가는 자는 돌아오지 못하며 또 생명 길을 얻지 못하느니라

20 지혜가 너를 선한 자의 길로 행하게 하며 또 의인의 길을 지키게 하리니

21 대저 정직한 자는 땅에 거하며 완전한 자는 땅에 남아 있으리라

22 그러나 악인은 땅에서 끊어지겠고 간사한 자는 땅에서 뽑히리라

3 내 아들아 나의 법을 잊어버리지 말고 네 마음으로 나의 명령을 지키라

2 그리하면 그것이 네가 장수하여 많은 해를 누리게 하며 평강을 더하게 하리라 4:10

3 인자와 진리가 네게서 떠나지 말게 하고 그것을 네 목에 매며 네 마음판에 새기라 삼하 15:20

4 그리하면 네가 하나님과 사람 앞에서 은총과 귀중히 여김을 받으리라

5 너는 마음을 다하여 여호와를 신뢰하고 네 명철을 의지하지 말라

6 너는 범사에 그를 인정하라 그리하면 네 길을 지도하시리라 [암송]

7 스스로 지혜롭게 여기지 말지어다 여호와를 경외하며 악을 떠날지어다

8 이것이 네 몸에 양약이 되어 네 골수를 윤택하게 하리라

9 네 재물과 네 소산물의 처음 익은 열매로 여호와를 공경하라

10 그리하면 네 창고가 가득히 차고 네 포도즙 틀에 새 포도즙이 넘치리라 [암송]

11 ● 내 아들아 여호와의 징계를 경히 여기지 말라 그 꾸지람을 싫어하지 말라

12 대저 여호와께서 그 사랑하시는 자를 징계하시기를 마치 아비가 그 기뻐하는 아들을 징계함 같이 하시느니라

13 지혜를 얻은 자와 명철을 얻은 자는 복이 있나니

14 이는 지혜를 얻는 것이 은을 얻는 것보다 낫고 그 이익이 정금보다 나음이니라

15 지혜는 진주보다 귀하니 네가 사모하는 모든 것으로도 이에 비교할 수 없도다 8:11

16 그의 오른손에는 장수가 있고 그의 왼손에는 부귀가 있나니 8:18

17 그 길은 즐거운 길이요 그의 지름길은 다 평강이니라

18 지혜는 그 얻은 자에게 생명 나무라 지혜를 가진 자는 복되도다

19 여호와께서는 지혜로 땅에 터를 놓으

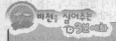

비전을 심어주는 **3분 예화**

혼귀한 것이라서

어떤 사람이 한 성도에게 기독교에 대해서 불만을 이야기했어요. 기독교는 술도 안 되고, 담배도 안 되고, 이것저것 간섭이 너무 심하다는 것이었지요. 그러자 기독교인이 말했어요.

"당신은 1,000만원짜리 피아노를 도마로 사용하는 것을 어떻게 생각합니까?" "그러면 안 되지요."

"그럼, 비싼 도자기를 밥그릇으로 사용하는 것은 어떻게 생각하십니까?" "그건 바보 같은 일이지요. 그런데 그런 걸 왜 물으시나까?"

"하나님께서는 사람을 그 어떤 보석보다도 더 귀하게 여기십니다. 그 귀한 몸을 술항아리로 만들거나, 연기를 내뿜는 굴뚝으로 만들면 어떡합니까? 귀한 것은 귀하게 보존되어야 합니다."

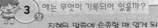

3 에는 무엇이 기록되어 있을까?

지혜의 말씀에 순종할 때 얻게 되는 여러 가지 축복들을 소개하고 있어요. 여호와께 순종하는 사람은 장수의 복, 평강, 은총을 얻고, 부자가 되며, 귀중히 여김을 받는 등 삶의 모든 부분에서 축복을 누리게 된답니다. 또한 이웃에게 선을 행하는 것 역시 축복받는 삶의 비결이라고 말하고 있지요.

셨으며 명철로 하늘을 견고히 세우셨고 · 시 104:24

20 그의 지식으로 깊은 바다를 갈라지게 하셨으며 공중에서 이슬이 내리게 하셨느니라

21 내 아들아 완전한 지혜와 근신을 지키고 이것들이 네 눈앞에서 떠나지 말게 하라

22 그리하면 그것이 네 영혼의 생명이 되며 네 목에 장식이 되리라

23 네가 네 길을 평안히 행하겠고 네 발이 거치지 아니하겠으며

24 네가 누울 때에 두려워하지 아니하겠고 네가 누운즉 네 잠이 달리로다

25 너는 갑작스러운 두려움도 악인에게 닥치는 멸망도 두려워하지 말라

26 대저 여호와는 네가 의지할 이시니라 네 발을 지켜 걸리지 않게 하시리라

27 ●네 손이 선을 베풀 힘이 있거든 마땅히 받을 자에게 베풀기를 아끼지 말며

28 네게 있거든 이웃에게 이르기를 갔다가 다시 오라 내일 주겠노라 하지 말며 · 마 19:13

29 네 이웃이 네 곁에서 평안히 살거든 그를 해하려고 꾀하지 말며

30 사람이 네게 악을 행하지 아니하였거든 까닭 없이 더불어 다투지 말며

31 포학한 자를 부러워하지 말며 그의 어떤 행위도 따르지 말라

32 대저 패역한 자는 여호와께서 미워하시나 정직한 자에게는 그의 교통하심이 있으며

33 악인의 집에는 여호와의 저주가 있거니와 의인의 집에는 복이 있느니라

34 진실로 그는 거만한 자를 비웃으시며 겸손한 자에게 은혜를 베푸시나니

35 지혜로운 자는 영광을 기업으로 받거니와 미련한 자의 영달함은 수치가 되느니라

4 지혜와 명철을 얻으라

아들들아 아비의 훈계를 들으며 명철을 얻기에 주의하라

2 내가 선한 도리를 너희에게 전하노니 내 법을 떠나지 말라

3 나도 내 아버지에게 아들이었으며 내 어머니 보기에 유약한 외아들이었노라

4 아버지가 내게 가르쳐 이르기를 내 말을 네 마음에 두라 내 명령을 지키라 그리하면 살리라

5 지혜를 얻으며 명철을 얻으라 내 입의 말을 잊지 말며 어기지 말라

6 지혜를 버리지 말라 그가 너를 보호하리라 그를 사랑하라 그가 너를 지키리라 · 살후 2:10

7 지혜가 제일이니 지혜를 얻으라 네가 얻은 모든 것을 가지고 명철을 얻을지니라 · 23:23

8 그를 높이라 그리하면 그가 너를 높이 들리라 만일 그를 품으면 그가 너를

술술 풀리는 생명말씀

네 마음을 지키라

수많은 정보와 지식으로 생각이 복잡할수록, 우리는 마음을 바로잡고 생각을 정리하는 습관을 길러야 합니다. 하나님은 오늘 이 시대를 살고 있는 사람들에게 '네 마음을 지키라'고 특별히 말씀하고 계세요. 사람이 마음을 지키지 않으면 어느 순간 악한 생각들이 마음에 스며들어서, 하나님의 뜻과는 다른 마음을 가지게 되기도 해요.

예수님도 마음의 중요성을 사람이 "마음에 가득한 것을 입으로 말한다"고 말씀하셨지요(눅 6:45). 성경에서는 마음을 감정·명철·분별·묵상·의지 등으로 말하고 있어요. 마음을 지키는 것은 모든 것들을 하나님의 뜻에 맞게 하라는 것이지요. 하나님께서는 마음을 지키기 위해 주의해야 할 사항들도 말씀해주셨어요(4:24~27).

4장 23절

4 에는 무엇이 기록되어 있을까?

지은이가 아버지께 받은 훈계를 기억하면서 자신의 아들에게도 똑같이 훈계를 하고 있어요. 지혜로운 길과 악한 길을 비교하면서 그 길을 걸어간 결과로 주어지는 축복과 재앙을 잘 설명해주고 있지요. 20~27절에서는 적극적으로 지혜로운 길을 갈 것을 교훈하고 있어요.

영화롭게 하리라

9 그가 아름다운 관을 네 머리에 두겠고 영화로운 면류관을 네게 주리라 하셨느니라 　1:9

10 ●내 아들아 들으라 내 말을 받으라 그리하면 네 생명의 해가 길리라

11 내가 지혜로운 길을 네게 가르쳤으며 정직한 길로 너를 인도하였은즉

12 다닐 때에 네 걸음이 곤고하지 아니하겠고 달려갈 때에 실족하지 아니하리라

13 훈계를 굳게 잡아 놓치지 말고 지키라 이것이 네 생명이니라

14 사악한 자의 길에 들어가지 말며 악인의 길로 다니지 말지어다

15 그의 길을 피하고 지나가지 말며 돌이켜 떠나갈지어다 　시 119:4

16 그들은 악을 행하지 못하면 자지 못하며 사람을 넘어뜨리지 못하면 잠이 오지 아니하며

17 불의의 떡을 먹으며 강포의 술을 마심이니라

18 의인의 길은 돋는 햇살 같아서 크게 빛나 한낮의 광명에 이르거니와

19 악인의 길은 어둠 같아서 그가 걸려 넘어져도 그것이 무엇인지 깨닫지 못하느니라

20 ●내 아들아 내 말에 주의하며 내가 말하는 것에 네 귀를 기울이라

21 그것을 네 눈에서 떠나게 하지 말며 네 마음 속에 지키라 　3:21

22 그것은 얻는 자에게 생명이 되며 그의 온 육체의 건강이 됨이니라

23 모든 지킬 만한 것 중에 더욱 네 마음을 지키라 생명의 근원이 이에서 남이니라 　암송

24 구부러진 말을 네 입에서 버리며 비뚤어진 말을 네 입술에서 멀리 하라

25 네 눈은 바로 보며 네 눈꺼풀은 네 앞을 곧게 살펴

26 네 발이 행할 길을 1)평탄하게 하며 네 모든 길을 든든히 하라

27 좌로나 우로나 치우치지 말고 네 발을 악에서 떠나게 하라 　나귀와 스을로 가지 말라

5

1 내 아들아 내 지혜에 주의하며 내 명철에 네 귀를 기울여서

2 근신을 지키며 네 입술로 지식을 지키도록 하라 　욥 2:7

3 대저 음녀의 입술은 꿀을 떨어뜨리며 그의 입은 기름보다 미끄러우나

4 나중은 쑥 같이 쓰고 두 날 가진 칼 같이 날카로우며 　전 7:26

5 그의 발은 사지로 내려가며 그의 걸음은 스올로 나아가나니

6 그는 생명의 평탄한 길을 찾지 못하며 자기 길이 든든하지 못하여도 그것을 깨닫지 못하느니라

7 ●그런즉 아들들아 나에게 들으며 내 입의 말을 버리지 말고

8 네 길을 그에게서 멀리 하라 그의 집 문에도 가까이 가지 말라

9 두렵건대 네 존영이 남에게 잃어버리게 되며 네 수한이 잔인한 자에게 빼앗기게 될까 하노라

10 두렵건대 타인이 네 재물로 충족하게 되며 네 수고한 것이 외인의 집에 있게 될까 하노라

11 두렵건대 마지막에 이르러 네 몸, 네 육체가 쇠약할 때에 네가 한탄하여

12 말하기를 내가 어찌하여 훈계를 싫어하며 내 마음이 꾸지람을 가벼이 여기고

13 내 선생의 목소리를 청종하지 아니하며 나를 가르치는 이에게 귀를 기울이지 아니하였던고

5장 에는 무엇이 기록되어 있을까?

음녀를 주의하여 멀리하고, 젊었을 때 결혼한 아내를 즐거워하고 사랑하라는 교훈이에요. 음녀와 악한 길을 가게 되면 인생은 그 죄로 인해 엄청난 대가를 치르게 되지요. 명예와 재물을 잃게 되며, 생명도 단축되고, 육체도 약해지게 됩니다. 그리고 자기 영혼에도 중한 상처를 입히게 되지요.

1)헤아리며

14 많은 무리들이 모인 중에서 큰 악에 빠지게 되었노라 하게 될까 염려하노라

15 너는 네 우물에서 물을 마시며 네 샘에서 흐르는 물을 마시라

16 어찌하여 네 샘물을 집 밖으로 넘치게 하며 네 도랑물을 거리로 흘러가게 하겠느냐 5:18

17 그 물이 네게만 있게 하고 타인과 더불어 그것을 나누지 말라

18 네 샘으로 복되게 하라 네가 젊어서 취한 아내를 즐거워하라

19 그는 사랑스러운 암사슴 같고 아름다운 암노루 같으니 너는 그의 품을 항상 족하게 여기며 그의 사랑을 항상 연모하라

20 내 아들아 어찌하여 음녀를 연모하겠으며 어찌하여 이방 계집의 가슴을 안겠느냐 2:16

21 대저 사람의 길은 여호와의 눈 앞에 있나니 그가 그 사람의 모든 길을 1)평탄하게 하시느니라

22 악인은 자기의 악에 걸리며 그 죄의 줄에 매이나니 ㅁ 32:23

23 그는 훈계를 받지 아니함으로 말미암아 죽겠고 심히 미련함으로 말미암아 혼미하게 되느니라

남계적 교훈

6 내 아들아 네가 만일 이웃을 위하여 담보하며 타인을 위하여 2)보증하였으면 11:15

2 네 입의 말로 네가 얽혔으며 네 입의 말로 인하여 잡히게 되었느니라

3 내 아들아 네가 네 이웃의 손에 빠졌

6 에는 무엇이 기록되어 있을까?

평소에 쉽게 빠질 수 있는 어리석은 일들에 대하여 경계시키는 내용이에요. 즉, 신실하지 못한 이웃을 위해 함부로 보증을 서지 말라는 경고와 게으른 자에 대한 경고, 여호와께서 미워하시는 악한 자의 길과 그 결과, 그리고 마지막으로 다시 음행에 대해서 강하게 경고하고 있답니다.

토막상식
이웃을 위한 보증

여기에서 이웃은 '이방인'을 가리켜요. 그러므로 이 말씀은 믿는 자가 불신자를 위해 보증을 서지 말라는 권면이에요. 보증을 선다는 것은 그를 믿고 함께 일을 한다는 의미가 있지요. 따라서 이 말씀은 신자와 불신자 사이에는 하나될 수 없는 간격이 있음을 울려 말하고 있는 것이에요. 6장 1-5절

은즉 이같이 하라 너는 곧 가서 겸손히 네 이웃에게 간구하여 스스로 구원하되

4 네 눈을 잠들게 하지 말며 눈꺼풀을 감기게 하지 말고

5 노루가 사냥꾼의 손에서 벗어나는 것 같이, 새가 그물 보는 자의 손에서 벗어나는 것 같이 스스로 구원하라 ㅅ 91:3

6 ●게으른 자여 개미에게 가서 그가 하는 것을 보고 지혜를 얻으라

7 개미는 두령도 없고 감독자도 없고 통치자도 없으되

8 먹을 것을 여름 동안에 예비하며 추수 때에 양식을 모으느니라

9 게으른 자여 네가 어느 때까지 누워 있겠느냐 네가 어느 때에 잠이 깨어 일어나겠느냐 24:33

10 좀 더 자자, 좀 더 졸자, 손을 모으고 좀 더 누워 있자 하면 24:33, 34

11 네 빈궁이 강도 같이 오며 네 곤핍이 군사 같이 이르리라

12 ●불량하고 악한 자는 구부러진 말을 하고 다니며 10:32

13 눈짓을 하며 발로 뜻을 보이며 손가락질을 하며

14 그의 마음에 패역을 품으며 항상 악을 꾀하여 다툼을 일으키는 자라

15 그러므로 그의 재앙이 갑자기 내려 당장에 멸망하여 살릴 길이 없으리라

16 여호와께서 미워하시는 것 곧 그의 마음에 싫어하시는 것이 예닐곱 가지이니

17 곧 교만한 눈과 거짓된 혀와 무죄한 자의 피를 흘리는 손과

1) 헤아리시느니라 2) 히, 네 손을 치면

● 팔과 이마에
붙이는 경문(7:3)
경문 안에는 하나님
말씀이 들어 있다.

18 악한 계교를 꾀하는 마음과 빨리 악으로 달려가는 발과
19 거짓을 말하는 망령된 증인과 및 형제 사이를 이간하는 자이니라

훈계와 명령

20 ●내 아들아 네 아비의 명령을 지키며 네 어미의 법을 떠나지 말고
21 그것을 항상 네 마음에 새기며 네 목에 매라
22 그것이 네가 다닐 때에 너를 인도하며 네가 잘 때에 너를 보호하며 네가 깰 때에 너와 더불어 말하리니   3:23
23 대저 명령은 등불이요 법은 빛이요 훈계의 책망은 곧 생명의 길이라 시 19:8
24 이것이 너를 지켜 악한 여인에게, 이방 여인의 혀로 호리는 말에 빠지지 않게 하리라
25 네 마음에 그의 아름다움을 탐하지 말며 그 눈꺼풀에 홀리지 말라
26 음녀로 말미암아 사람이 한 조각 떡만 남게 됨이며 음란한 여인은 귀한 생명을 사냥함이니라
27 사람이 불을 품고서야 어찌 그의 옷이 타지 아니하겠으며
28 사람이 숯불을 밟고서야 어찌 그의 발이 데지 아니하겠느냐
29 남의 아내와 통간하는 자도 이와 같을 것이라 그를 만지는 자마다 벌을 면하지 못하리라
30 도둑이 만일 주릴 때에 배를 채우려고 도둑질하면 사람이 그를 멸시하지는 아니하려니와
31 들키면 칠 배를 갚아야 하리니 심지어 자기 집에 있는 것을 다 내주게 되리라
32 여인과 간음하는 자는 무지한 자라 이것을 행하는 자는 자기의 영혼을 망하게 하며
33 상함과 능욕을 받고 부끄러움을 씻을 수 없게 되나니 18:3
34 남편이 투기로 분노하여 원수 갚는 날에 용서하지 아니하며 27:4
35 어떤 보상도 받지 아니하며 많은 선물을 줄지라도 듣지 아니하리라

음녀의 길로 치우치지 말라

7 내 아들아 내 말을 지키며 내 계명을 간직하라
2 내 계명을 지켜 살며 내 법을 네 눈동자처럼 지키라
3 이것을 네 손가락에 매며 이것을 네 마음판에 새기라 신 6:8
4 지혜에게 너는 내 누이라 하며 명철에게 너는 내 친족이라 하라
5 그리하면 이것이 너를 지켜서 음녀에게, 말로 호리는 이방 여인에게 빠지지 않게 하리라
6 내가 내 집 들창으로, 살창으로 내다보다가
7 어리석은 자 중에, 젊은이 가운데 한 지혜 없는 자를 보았노라
8 그가 거리를 지나 음녀의 골목 모퉁이로 가까이 하여 그의 집쪽으로 가는데
9 저물 때, 황혼 때, 깊은 밤 흑암 중에라
10 그 때에 기생의 옷을 입은 간교한 여인이 그를 맞으니
11 이 여인은 떠들며 완악하며 그의 발이 집에 머물지 아니하여

7장에는 무엇이 기록되어 있을까?

계속하여 음행에 대하여 경고하고 있어요. 음녀의 유혹이 아닌 부모의 교훈을 따라 지혜롭게 행할 것을 간곡히 당부하고 있지요. 그리고 나서 어리석은 소년이 음녀의 유혹에 빠지는 장면을 생생하게 표현하고 있어요. 음녀는 사람을 유혹하여 간음죄를 범하게 하므로 이를 스스로 주의해야 함을 강조하고 있답니다.

잠

12 어떤 때에는 거리, 어떤 때에는 광장 또 모퉁이마다 서서 사람을 기다리는 자라

13 그 여인이 그를 붙잡고 그에게 입맞추며 부끄러움을 모르는 얼굴로 그에게 말하되

14 내가 화목제를 드려 서원한 것을 오늘 갚았노라

15 이러므로 내가 너를 맞으려고 나와 네 얼굴을 찾다가 너를 만났도다

16 내 침상에는 요와 애굽의 무늬 있는 이불을 폈고

17 몰약과 침향과 계피를 뿌렸노라

18 오라 우리가 아침까지 흡족하게 서로 사랑하며 사랑함으로 희락하자

19 남편은 집을 떠나 먼 길을 갔는데

20 은 주머니를 가졌은즉 보름 날에나 집에 돌아오리라 하여

21 여러 가지 고운 말로 유혹하며 입술의 호리는 말로 꾀므로

22 젊은이가 곧 그를 따랐으니 소가 도수장으로 가는 것 같고 미련한 자가 벌을 받으려고 쇠사슬에 매이러 가는 것과 같도다 — 욥 18:10

23 필경은 화살이 그 간을 뚫게 되리라 새가 빨리 그물로 들어가되 그의 생명을 잃어버릴 줄을 알지 못함과 같으니라

24 ●이제 아들들아 내 말을 듣고 내 입의 말에 주의하라

25 네 마음이 음녀의 길로 치우치지 말며 그 길에 미혹되지 말지어다

26 대저 그가 많은 사람을 상하여 엎드러지게 하였나니 그에게 죽은 자가 허다하니라 — 9:18

27 그의 집은 스올의 길이라 사망의 방으로 내려가느니라 — 5:5

지혜와 명철 찬양

8 지혜가 부르지 아니하느냐 명철이 소리를 높이지 아니하느냐 — 1:20

2 그가 길 가의 높은 곳과 네거리에 서며

3 성문 곁과 문 어귀와 여러 출입하는 문에서 불러 이르되

4 사람들아 내가 너희를 부르며 내가 인자들에게 소리를 높이노라

5 어리석은 자들아 너희는 명철할지니라 미련한 자들아 너희는 마음이 밝을지니라 — 1:4

6 너희는 들을지어다 내가 가장 선한 것을 말하리라 내 입술을 열어 정직을 내리라

7 내 입은 진리를 말하며 내 입술은 악을 미워하느니라 — 4:37,30

8 내 입의 말은 다 의로운즉 그 가운데에 굽은 것과 패역한 것이 없나니

9 이는 다 총명 있는 자가 밝히 아는 바요 지식 얻은 자가 정직하게 여기는 바니라

10 너희가 은을 받지 말고 나의 훈계를 받으며 정금보다 지식을 얻으라 — 3:14

11 대저 지혜는 진주보다 나으므로 원하는 모든 것을 이에 비교할 수 없음이니라

12 나 지혜는 명철로 주소를 삼으며 지식과 근신을 찾아 얻나니 — 1:4

13 여호와를 경외하는 것은 악을 미워하는 것이라 나는 교만과 거만과 악한 행실과 패역한 입을 미워하느니라 — 16:6

14 내게는 계략과 참 지식이 있으며 나는 명철이라 내게 능력이 있으므로

15 나로 말미암아 왕들이 치리하며 방백들이 공의를 세우며

16 나로 말미암아 재상과 존귀한 자 곧 모

8 에는 무엇이 기록되어 있을까?

지혜를 사람에 비유하여 설명하고 있어요. 지혜를 얻는 것이야말로 어떤 금은 보화를 얻는 것보다 더 귀하므로, 지혜를 찾기 위해 온 힘과 마음을 쏟으라고 교훈하고 있어요. 22-31절에서는 태초부터 지혜가 있음을 밝히면서, 창조에 있어 하나님의 지혜가 찬란한 역할에 대하여 찬양하고 있답니다.

유대인의
자녀 교육
(8:32-36)

든 의로운 재판관들이 다스리느니라

17 나를 사랑하는 자들이 나의 사랑을 입으며 나를 ¹⁾간절히 찾는 자가 나를 만날 것이니라

18 부귀가 내게 있고 장구한 재물과 공의도 그러하니라

19 내 열매는 금이나 정금보다 나으며 내 소득은 순은보다 나으니라

20 나는 정의로운 길로 행하며 공의로운 길 가운데로 다니나니

21 이는 나를 사랑하는 자가 재물을 얻어서 그 곳간에 채우려 함이니라

22 ●여호와께서 그 조화의 시작 곧 태초에 일하시기 전에 나를 가지셨으며

23 만세 전부터, 태초부터, 땅이 생기기 전부터 내가 세움을 받았나니

24 아직 바다가 생기지 아니하였고 큰 샘들이 있기 전에 내가 이미 났으며

25 산이 세워지기 전에, 언덕이 생기기 전에 내가 이미 났으며

26 하나님이 아직 땅도, 들도, 세상 진토의 근원도 짓지 아니하셨을 때에라

27 그가 하늘을 지으시며 궁창을 해면에 두르실 때에 내가 거기 있었고

28 그가 위로 구름 하늘을 견고하게 하시며 바다의 샘들을 힘 있게 하시며

29 바다의 한계를 정하여 물이 명령을 거스르지 못하게 하시며 또 땅의 기초를 정하실 때에

30 내가 그 곁에 있어서 ²⁾창조자가 되어

날마다 그의 기뻐하신 바가 되었으며 항상 그 앞에서 즐거워하였으며

31 사람이 거처할 땅에서 즐거워하며 인자들을 기뻐하였느니라

32 ●아들들아 이제 내게 들으라 내 도를 지키는 자가 복이 있느니라

33 훈계를 들어서 지혜를 얻으라 그것을 버리지 말라   4:1

34 누구든지 내게 들으며 날마다 내 문 곁에서 기다리며 문설주 옆에서 기다리는 자는 복이 있나니

35 대저 나를 얻는 자는 생명을 얻고 여호와께 은총을 얻을 것임이니라   4:22

36 그러나 ³⁾나를 잃는 자는 자기의 영혼을 해하는 자라 나를 미워하는 자는 사망을 사랑하느니라

지혜와 어리석음

9 지혜가 그의 집을 짓고 일곱 기둥을 다듬고

2 짐승을 잡으며 포도주를 혼합하여 상을 갖추고   마 22:4

3 자기의 여종을 보내어 성중 높은 곳에서 불러 이르기를   시 68:1

4 어리석은 자는 이리로 돌이키라 또 지혜 없는 자에게 이르기를   8:5

5 너는 와서 내 식물을 먹으며 내 혼합한 포도주를 마시고

6 어리석음을 버리고 생명을 얻으라 명철의 길을 행하라 하느니라

7 ●거만한 자를 징계하는 자는 도리어 능욕을 받고 악인을 책망하는 자는 도리어 흠이 잡히느니라

8 거만한 자를 책망하지 말라 그가 너를

9 에는 무엇이 기록되어 있을까?

1～8장의 내용을 정리한 글이라고 할 수 있어요. 지혜자와 어리석은 자를 비교하면서 그 행함에 따른 결과가 완전히 다름을 설명해주고 있답니다. 즉, 지혜를 미워하는 사람은 책망을 무시하고 거부해서 자신의 지혜 없음이 드러나게 되지만, 여호와를 경외하는 사람은 더욱 지혜로워짐을 말하고 있지요.

1) 히, 새벽에 2) 장인 3) 내게 범죄하는 자는

미워할까 두려우니라 지혜 있는 자를 책망하라 그가 너를 사랑하리라 마 7:6

9 지혜 있는 자에게 교훈을 더하라 그가 더욱 지혜로워질 것이요 의로운 사람을 가르치라 그의 학식이 더하리라 11:5

10 여호와를 경외하는 것이 지혜의 근본이요 거룩하신 자를 아는 것이 명철이니라 욥 28:28

11 나 지혜로 말미암아 네 날이 많아질 것이요 네 생명의 해가 네게 더하리라

12 네가 만일 지혜로우면 그 지혜가 네게 유익할 것이나 네가 만일 거만하면 너홀로 해를 당하리라

13 ●미련한 여인이 떠들며 어리석어서 아무것도 알지 못하고

14 자기 집 문에 앉으며 성읍 높은 곳에 있는 자리에 앉아서

15 자기 길을 바로 가는 행인들을 불러 이르되

16 어리석은 자는 이리로 돌이키라 또 지혜 없는 자에게 이르기를 9:4

17 도둑질한 물이 달고 몰래 먹는 떡이 맛이 있다 하는도다

18 오직 그 어리석은 자는 죽은 자들이 거기 있는 것과 그의 객들이 스올 깊은 곳에 있는 것을 알지 못하느니라

솔로몬의 잠언

10

솔로몬의 잠언이라 ●지혜로운 아들은 아비를 기쁘게 하거니와 미련한 아들은 어미의 근심이니라

2 불의의 재물은 무익하여도 공의는 죽음에서 건지느니라

3 여호와께서 의인의 영혼은 주리지 않게 하시나 악인의 소욕은 물리치시느니라 시 34:9, 10

4 손을 게으르게 놀리는 자는 가난하게 되고 손이 부지런한 자는 부하게 되느니라 12:24

5 여름에 거두는 자는 지혜로운 아들이나 추수 때에 자는 자는 부끄러움을 끼치는 아들이니라

6 의인의 머리에는 복이 임하나 악인의 입은 1)독을 머금었느니라

7 의인을 기념할 때에는 칭찬하거니와 악인의 이름은 썩게 되느니라

8 마음이 지혜로운 자는 계명을 받거니와 입이 미련한 자는 멸망하리라 13:3

9 바른 길로 행하는 자는 걸음이 평안하려니와 굽은 길로 행하는 자는 드러나리라

10 눈짓하는 자는 근심을 끼치고 입이 미련한 자는 멸망하느니라

11 의인의 입은 생명의 샘이라도 악인의 입은 1)독을 머금었느니라

12 미움은 다툼을 일으켜도 사랑은 모든 허물을 가리느니라 〔암송〕

13 명철한 자의 입술에는 지혜가 있어도 지혜 없는 자의 등을 위하여는 채찍이 있느니라 26:3

14 지혜로운 자는 지식을 간직하거니와 미련한 자의 입은 멸망에 가까우니라

15 부자의 재물은 그의 견고한 성이요 가난한 자의 궁핍은 그의 멸망이니라

16 의인의 수고는 생명에 이르고 악인의 소득은 죄에 이르느니라

17 훈계를 지키는 자는 생명 길로 행하여도 징계를 버리는 자는 그릇 가느니라

18 미움을 감추는 자는 거짓된 입술을 가진 자요 중상하는 자는 미련한 자이니라

19 말이 많으면 허물을 면하기 어려우나 그 입술을 제어하는 자는 지혜가 있느니라 〔암송〕

20 의인의 혀는 순은과 같거니와 악인의 마음은 가치가 적으니라

잠

10장 에는 무엇이 기록되어 있을까?

여기서부터 22장 16절까지를 '솔로몬의 제2잠언집'이라고 합니다. 1~9절에 이어 10~15장은 의인과 악인의 삶을 비교하면서 교훈하고 있는데, 특히 의인의 입과 악인의 입의 큰 차이를 잘 설명하고 있지요. 즉, 입으로 어떤 말을 내는지에 따라 엄청나게 다른 결과를 얻게 됨을 강조하고 있답니다.

---

1)독이 가리워 있느니라

21 의인의 입술은 여러 사람을 교육하나 미련한 자는 지식이 없어 죽느니라 5:23
22 아름다운 여인이 삼가지 아니하는 것은 마치 돼지 코에 금 고리 같으니라
22 여호와께서 주시는 복은 사람을 부하게 1)하고 근심을 겸하여 주지 아니하시느니라
23 미련한 자는 행악으로 낙을 삼는 것 같이 명철한 자는 지혜로 낙을 삼느니라
24 악인에게는 그의 두려워하는 것이 임하겠고 의인은 그 원하는 것이 이루어지느니라
25 회오리바람이 지나가면 악인은 없어져도 의인은 영원한 기초 같으니라
26 게으른 자는 그 부리는 사람에게 마치 이에 식초 같고 눈에 연기 같으니라
27 여호와를 경외하면 장수하느니라 그러나 악인의 수명은 짧아지느니라 9:11
28 의인의 소망은 즐거움을 이루어도 악인의 소망은 끊어지느니라
29 여호와의 도가 정직한 자에게는 산성이요 행악하는 자에게는 멸망이니라
30 의인은 영영히 이동되지 아니하여도 악인은 땅에 거하지 못하게 되느니라
31 의인의 입은 지혜를 내어도 패역한 혀는 베임을 당할 것이니라
32 의인의 입술은 기쁘게 할 것을 알거늘 악인의 입은 패역을 말하느니라

11 속이는 저울은 여호와께서 미워하시나 공평한 추는 그가 기뻐하시느니라
2 교만이 오면 욕도 오거니와 겸손한 자에게는 지혜가 있느니라
3 정직한 자의 성실은 자기를 인도하거니와 사악한 자의 패역은 자기를 망하게 하느니라
4 재물은 진노하시는 날에 무익하나 공의는 죽음에서 건지느니라
5 완전한 자의 공의는 자기의 길을 곧게 하려니와 악한 자는 자기의 악으로 말미암아 넘어지리라
6 정직한 자의 공의는 자기를 건지려니와 사악한 자는 자기의 악에 잡히리라
7 악인은 죽을 때에 그 소망이 끊어지나니 불의의 소망이 없어지느니라 10:28
8 의인은 환난에서 구원을 얻으나 악인은 자기의 길로 가느니라
9 악인은 입으로 그의 이웃을 망하게 하여도 의인은 그의 지식으로 말미암아 구원을 얻느니라
10 의인이 형통하면 성읍이 즐거워하고 악인이 패망하면 기뻐 외치느니라
11 성읍은 정직한 자의 축복으로 인하여 진흥하고 악한 자의 입으로 말미암아 무너지느니라
12 지혜 없는 자는 그의 이웃을 멸시하나 명철한 자는 잠잠하느니라
13 두루 다니며 한담하는 자는 남의 비밀을 누설하나 마음이 신실한 자는 그런 것을 숨기느니라

1) 되나니 수고함으로 더하지 못하느니라

솔솔 풀리는 생명말씀

속이지 말라

하나님은 공의로운 분이시기 때문에 이 세상에서 언제나 공의가 나타나길 원하세요. 또한 사람 편에서 보아도 어떤 사회가 올바로 유지되기 위해서는 공의가 절대로 필요하지요. 그런데 이 공의가 실천되는 사회를 만들기 위해서는 무엇보다 사람들이 정직해야만 하지요.

본문 말씀은 특히 정직에 바탕을 둔 정당한 경제 활동을 강조하고 있어요. 하지만 저울의 눈속임, 가짜 외제 상품 판매 등이 만연한 우리의 현실을 생각해본다면 정말 안타깝기 짝이 없지요. 이러한 현상은 분명히 하나님이 미워하시는 것이기 때문에 하나님을 믿는 사람들은 마땅히 경계해야 한답니다.
11장 1절

11 에는 무엇이 기록되어 있을까?

앞장에 비해 좀 더 구체적으로 지혜롭게 사는 비결을 설명하고 있어요. 즉, 평소에 생활하면서 경건과 지혜를 어떻게 나타내야 하는지를 가르쳐주고 있지요. 의롭고 정직한 사람이 많으면 경건과 지혜로 인해 축복된 공동체를 이루게 됩니다. 그러나 악하고 부정직한 사람들이 많으면 불안하고 망하게 되지요.

잠

14 지략이 없으면 백성이 망하여도 지략이 많으면 평안을 누리느니라　15:22

15 타인을 위하여 보증이 되는 자는 손해를 당하여도 보증이 되기를 싫어하는 자는 평안하니라

16 유덕한 여자는 존영을 얻고 근면한 남자는 재물을 얻느니라

17 인자한 자는 자기의 영혼을 이롭게 하고 잔인한 자는 자기의 몸을 해롭게 하느니라

18 악인의 삯은 허무하되 공의를 뿌린 자의 상은 확실하니라

19 공의를 굳게 지키는 자는 생명에 이르고 악을 따르는 자는 사망에 이르느니라

20 마음이 굽은 자는 여호와께 미움을 받아도 행위가 온전한 자는 그의 기뻐하심을 받느니라

21 악인은 [1]피차 손을 잡을지라도 벌을 면하지 못할 것이나 의인의 자손은 구원을 얻으리라

22 아름다운 여인이 삼가지 아니하는 것은 마치 돼지 코에 금 고리 같으니라

23 의인의 소원은 오직 선하나 악인의 소망은 진노를 이루느니라

24 흩어 구제하여도 더욱 부하게 되는 일이 있나니 과도히 아껴도 가난하게 될 뿐이니라

25 구제를 좋아하는 자는 풍족하여질 것이요 남을 윤택하게 하는 자는 자기도 윤택하여지리라　암송

26 곡식을 내놓지 아니하는 자는 백성에게 저주를 받을 것이나 파는 자는 그의 머리에 복이 임하리라

27 선을 간절히 구하는 자는 은총을 얻으려니와 악을 더듬어 찾는 자에게는 악이 임하리라

28 자기의 재물을 의지하는 자는 패망하려니와 의인은 푸른 잎사귀 같아서 번성하리라

29 자기 집을 해롭게 하는 자의 소득은 바람이라 미련한 자는 마음이 지혜로운 자의 종이 되리라

30 의인의 열매는 생명 나무라 지혜로운 자는 사람을 얻느니라

31 보라 의인이라도 이 세상에서 보응을 받겠거든 하물며 악인과 죄인이리요

12

1 훈계를 좋아하는 자는 지식을 좋아하거니와 징계를 싫어하는 자는 짐승과 같으니라

2 선인은 여호와께 은총을 받으려니와 악을 꾀하는 자는 정죄하심을 받으리라

3 사람이 악으로서 굳게 서지 못하거니와 의인의 뿌리는 움직이지 아니하느니라

4 어진 여인은 그 지아비의 면류관이나 욕을 끼치는 여인은 그 지아비의 뼈가 썩음 같게 하느니라

5 의인의 생각은 정직하여도 악인의 도모는 속임이니라

6 악인의 말은 사람을 엿보아 피를 흘리자 하는 것이거니와 정직한 자의 입은 사람을 구원하느니라

7 악인은 엎드러져서 소멸되려니와 의

---

[1] 정녕히

부요함이 주는 위험들 (11:28)

부요함은 하나님의 축복임과 동시에 하나님께 가까이 가기 어렵게 하는 원인이 되기도 한다.

성경 본문	
마 19:23-24	재물을 의지하는 자는 패망함
마 19:23-24	하나님 나라에 들어가기 어려움
눅 12:15-21	하나님을 생각지 않음
눅 16:19-31	타인의 필요에 무관심함
딤전 6:9	여러 가지 유혹에 빠짐
딤전 6:10	돈을 사랑하는 것은 온갖 악의 뿌리가 됨

12 장에는 무엇이 기록되어 있을까?

10장과 같이 언어 생활에 대하여 교훈하고 있어요. 언어, 즉 많은 사람의 생각과 인격을 나타내는 것이므로 참 중요하답니다. 여기서는 악인과 의인의 생각과 말을 비교하고 그 결과까지 자세히 설명하면서 교훈하고 있지요. 특히 공동체 안에서의 언어 생활은 다른 사람들에게 큰 영향을 미치므로 매우 중요하답니다.

인의 집은 서 있으리라

8 사람은 그 지혜대로 칭찬을 받으려니와 마음이 굽은 자는 멸시를 받으리라

9 의인의 빛은 환하게 빛나고 악인의 등불은 꺼지느니라

9 비천히 여김을 받을지라도 종을 부리는 자는 스스로 높은 체하고도 음식이 핍절한 자보다 나으니라

10 의인은 자기의 가축의 생명을 돌보나 악인의 긍휼은 잔인이니라

11 자기의 토지를 경작하는 자는 먹을 것이 많거니와 방탕한 것을 따르는 자는 지혜가 없느니라

12 악인은 ¹불의의 이익을 탐하나 의인은 그 뿌리로 말미암아 결실하느니라

13 악인은 입술의 허물로 말미암아 그물에 걸려도 의인은 환난에서 벗어나느니라
　　　18:7; 벧후 2:9

14 사람은 입의 열매로 말미암아 복록에 족하며 그 손이 행하는 대로 자기가 받느니라

15 미련한 자는 자기 행위를 바른 줄로 여기나 지혜로운 자는 권고를 듣느니라

16 미련한 자는 당장 분노를 나타내거니와 슬기로운 자는 수욕을 참느니라

17 진리를 말하는 자는 의를 나타내어도 거짓 증인은 속이는 말을 하느니라
　　　14:5

18 칼로 찌름 같이 함부로 말하는 자가 있거니와 지혜로운 자의 혀는 양약과 같으니라

19 진실한 입술은 영원히 보존되거니와 거짓 혀는 잠시 동안만 있을 뿐이니라

20 악을 꾀하는 자의 마음에는 속임이 있고 화평을 의논하는 자에게는 희락이 있느니라

21 의인에게는 어떤 재앙도 임하지 아니하려니와 악인에게는 앙화가 가득하리라

22 거짓 입술은 여호와께 미움을 받아도 진실하게 행하는 자는 그의 기뻐하심을 받느니라

23 슬기로운 자는 지식을 감추어도 미련한 자의 마음은 미련한 것을 전파하느니라

24 부지런한 자의 손은 사람을 다스리게 되어도 게으른 자는 부림을 받느니라

25 근심이 사람의 마음에 있으면 그것으로 번뇌하게 되나 선한 말은 그것을 즐겁게 하느니라

26 의인은 그 이웃의 인도자가 되나 악인의 소행은 자신을 미혹하느니라

27 게으른 자는 그 ²잡을 것도 사냥하지 아니하나니 ³사람의 부귀는 부지런한 것이니라

28 공의로운 길에 생명이 있나니 그 길에는 사망이 없느니라

13

지혜로운 아들은 아비의 훈계를 들으나 거만한 자는 꾸지람을 즐겨 듣지 아니하느니라
　　　10:1; 15:12

2 사람은 입의 열매로 인하여 복록을 누리거니와 마음이 궤사한 자는 강포를 당하느니라

3 입을 지키는 자는 자기의 생명을 보전하나 입술을 크게 벌리는 자에게는 멸망이 오느니라

4 게으른 자는 마음으로 원하여도 얻지 못하나 부지런한 자의 마음은 풍족함을 얻느니라

5 의인은 거짓말을 미워하나 악인은 행위가 흉악하여 부끄러운 데에 이르느니라

6 공의는 행실이 정직한 자를 보호하고 악은 죄인을 패망하게 하느니라

유덕(11:16) 덕이 있음. 또는 상냥하고 친절함.
도모(12:5) 수단과 방법을 꾀함.
핍절(12:9) 죄다 없어져 더 이상 생기지 않음.
복록(12:14) 복과 녹으로 신하가 받는 곡식, 피륙, 돈 등을 통틀어 이르는 말.

13 에는 무엇이 기록되어 있을까?

의인과 악인을 대조하여 설명하고 있으며, 역시 말의 중요성에 대하여 강조하고 있어요. 의인은 지혜로워서 훈계를 겸손하게 받아들여 성숙하게 되지만, 악인은 어리석고 교만하여 꾸지람을 듣지 않고 점점 더 악한 길로 가게 되지요. 그러므로 하나님의 말씀과 부모의 훈계를 잘 듣는 자세가 중요하답니다.

잠

7 스스로 부1)한 체하여도 아무 것도 없는 자가 있고 스스로 가난1)한 체하여도 재물이 많은 자가 있느니라 11:24; 참 12:20
8 사람의 재물이 자기 생명의 속전일 수 있으나 가난한 자는 협박을 받을 일이 없느니라
9 의인의 빛은 환하게 빛나고 악인의 등불은 꺼지느니라
10 교만에서는 다툼만 일어날 뿐이라 권면을 듣는 자는 지혜가 있느니라
11 망령되이 얻은 재물은 줄어가고 손으로 모은 것은 늘어가느니라
12 소망이 더디 이루어지면 그것이 마음을 상하게 하거니와 소원이 이루어지는 것은 곧 생명 나무니라
13 말씀을 멸시하는 자는 자기에게 패망을 이루고 계명을 두려워하는 자는 상을 받느니라
14 지혜 있는 자의 교훈은 생명의 샘이니 사망의 그물에서 벗어나게 하느니라
15 선한 지혜는 은혜를 베푸나 사악한 자의 길은 험하니라 3:4
16 무릇 슬기로운 자는 지식으로 행하거니와 미련한 자는 자기의 미련한 것을 나타내느니라
17 악한 사자는 재앙에 빠져도 충성된 사신은 양약이 되느니라
18 훈계를 저버리는 자에게는 궁핍과 수욕이 이르거니와 경계를 받는 자는 존영을 받느니라
19 소원을 성취하면 마음에 달아도 미련한 자는 악에서 떠나기를 싫어하느니라
20 지혜로운 자와 동행하면 지혜를 얻고 미련한 자와 사귀면 해를 받느니라
21 재앙은 죄인을 따르고 선한 보응은 의인에게 이르느니라
22 선인은 그 산업을 자자 손손에게 끼쳐도 죄인의 재물은 의인을 위하여 쌓이느니라
23 가난한 자는 밭을 경작함으로 양식이

많아지거니와 불의로 말미암아 가산을 탕진하는 자가 있느니라 12:11
24 매를 아끼는 자는 그의 자식을 미워함이라 자식을 사랑하는 자는 근실히 징계하느니라
25 의인은 포식하여도 악인의 배는 주리느니라

14 지혜로운 여인은 자기 집을 세우되 미련한 여인은 자기 손으로 그것을 허느니라
2 정직하게 행하는 자는 여호와를 경외하여도 패역하게 행하는 자는 여호와를 경멸하느니라
3 미련한 자는 교만하여 입으로 매를 자청하고 지혜로운 자의 입술은 자기를 보전하느니라
4 소가 없으면 구유는 깨끗하려니와 소의 힘으로 얻는 것이 많으니라
5 신실한 증인은 거짓말을 아니하여도 거짓 증인은 거짓말을 뱉느니라 참 20:16
6 거만한 자는 지혜를 구하여도 얻지 못하거니와 명철한 자는 지식 얻기가 쉬우니라 24:7; 8:9
7 너는 미련한 자의 2)앞을 떠나라 그 입술에 지식 있음을 보지 못함이니라
8 슬기로운 자의 지혜는 자기의 길을 아는 것이라도 미련한 자의 어리석음은 속이는 것이니라
9 미련한 자는 죄를 심상히 여겨도 정직한 자 중에는 은혜가 있느니라
10 마음의 고통은 자기가 알고 마음의 즐거움은 타인이 참여하지 못하느니라
11 악한 자의 집은 망하겠고 정직한 자의 장막은 흥하리라

14에는 무엇이 기록되어 있을까?
지혜로운 자와 미련한 자, 정직한 자와 거스르고 악한 자, 명철한 자와 거만한 자, 의인과 악인, 노하기를 더디 하는 자와 마음이 조급한 자를 대조하여 설명하고 있어요. 하나님과 사람들에게 칭찬과 인정을 받는 올바른 삶의 기본은 여호와를 경외하는 것이랍니다.

12 어떤 길은 사람이 보기에 바르나 필경은 사망의 길이니라

13 웃을 때에도 마음에 슬픔이 있고 즐거움의 끝에도 근심이 있느니라

14 마음이 굽은 자는 자기 행위로 보응이 가득하겠고 선한 사람도 자기의 행위로 그러하리라

15 어리석은 자는 온갖 말을 믿으나 슬기로운 자는 자기의 행동을 삼가느니라

16 지혜로운 자는 두려워하여 악을 떠나나 어리석은 자는 방자하여 스스로 믿느니라 　22:3

17 노하기를 속히 하는 자는 어리석은 일을 행하고 악한 계교를 꾀하는 자는 미움을 받느니라

18 어리석은 자는 어리석음으로 기업을 삼아도 슬기로운 자는 지식으로 면류관을 삼느니라

19 악인은 선인 앞에 엎드리고 불의한 자는 의인의 문에 엎드리느니라

20 가난한 자는 이웃에게도 미움을 받게 되나 부요한 자는 친구가 많으니라

21 이웃을 업신여기는 자는 죄를 범하는 자요 빈곤한 사람을 불쌍히 여기는 자는 복이 있는 자니라

22 악을 도모하는 자는 잘못 가는 것이 아니냐 선을 도모하는 자에게는 인자와 진리가 있으리라

23 모든 수고에는 이익이 있어도 입술의 말은 궁핍을 이룰 뿐이니라

24 지혜로운 자의 재물은 그의 면류관이요 미련한 자의 소유는 다만 미련한 것이니라

25 진실한 증인은 사람의 생명을 구원하여도 거짓말을 뱉는 사람은 속이느니라

26 여호와를 경외하는 자에게는 견고한 의뢰가 있나니 그 자녀들에게 피난처가 있으리라

27 여호와를 경외하는 것은 생명의 샘이니 사망의 그물에서 벗어나게 하느니라

28 백성이 많은 것은 왕의 영광이요 백성이 적은 것은 주권자의 패망이니라

29 노하기를 더디 하는 자는 크게 명철하여도 마음이 조급한 자는 어리석음을 나타내느니라

30 평온한 마음은 육신의 생명이나 시기는 뼈를 썩게 하느니라

31 가난한 사람을 학대하는 자는 그를 지으신 이를 멸시하는 자요 궁핍한 사람을 불쌍히 여기는 자는 주를 공경하는 자니라 　[알송]

32 악인은 그의 환난에 엎드러져도 의인은 그의 죽음에도 소망이 있느니라 　벧전 3:15

33 지혜는 명철한 자의 마음에 머물거니와 미련한 자의 속에 있는 것은 나타나느니라 　2:10

34 공의는 나라를 영화롭게 하고 죄는 백

성을 욕되게 하느니라

35 슬기롭게 행하는 신하는 왕에게 은총을 입고 욕을 끼치는 신하는 그의 진노를 당하느니라

15 유순한 대답은 분노를 쉬게 하여도 과격한 말은 노를 격동하느니라 암송

2 지혜 있는 자의 혀는 지식을 선히 베풀고 미련한 자의 입은 미련한 것을 쏟느니라 12:23

3 여호와의 눈은 어디든지 악인과 선인을 감찰하시느니라

4 온순한 혀는 곧 생명 나무이지만 패역한 혀는 마음을 상하게 하느니라

5 아비의 훈계를 업신여기는 자는 미련한 자요 경계를 받는 자는 슬기를 얻을 자니라 13:1

6 의인의 집에는 많은 보물이 있어도 악인의 소득은 고통이 되느니라

7 지혜로운 자의 입술은 지식을 전파하여도 미련한 자의 마음은 정함이 없느니라

8 악인의 제사는 여호와께서 미워하셔도 정직한 자의 기도는 그가 기뻐하시느니라 21:27

9 악인의 길은 여호와께서 미워하셔도 공의를 따라가는 자는 그가 사랑하시느니라 21:21

10 도를 배반하는 자는 엄한 징계를 받을 것이요 견책을 싫어하는 자는 죽을 것이니라

11 스올과 1)아바돈도 여호와의 앞에 드러나거든 하물며 사람의 마음이리요

12 거만한 자는 견책 받기를 좋아하지 아니하며 지혜 있는 자에게로 가지도 아니하느니라

13 마음의 즐거움은 얼굴을 빛나게 하여도 마음의 근심은 심령을 상하게 하느니라

14 명철한 자의 마음은 지식을 요구하고 미련한 자의 입은 미련한 것을 즐기느니라 17:22

15 고난 받는 자는 그 날이 다 험악하나 마음이 즐거운 자는 항상 잔치하느니라

16 가산이 적어도 여호와를 경외하는 것이 크게 부하고 번뇌하는 것보다 나으니라

17 채소를 먹으며 서로 사랑하는 것이 살진 소를 먹으며 서로 미워하는 것보다 나으니라

18 분을 쉽게 내는 자는 다툼을 일으켜도 노하기를 더디 하는 자는 시비를 그치게 하느니라

19 게으른 자의 길은 가시 울타리 같으나 정직한 자의 길은 대로니라

20 지혜로운 아들은 아비를 즐겁게 하여도 미련한 자는 어미를 업신여기느니라

21 무지한 자는 미련한 것을 즐겨 하여도 명철한 자는 그 길을 바르게 하느니라

22 의논이 없으면 경영이 무너지고 지략

1) '죽음의 자리'라는 뜻

비전을 심어주는 **3분 예화**

소녀의 변화

어느 도시에 아름다운 소녀의 동상이 세워져 있었어요. 그 소녀 동상의 모습은 아름다운 얼굴과 우아한 자태를 하고 있었지요.

어느 날 한 가난한 시골 소녀가 그 도시에 와서는 그 동상을 보았어요. 시골 소녀는 그 동상에서 빛나는 듯 한참을 쳐다보다가 집에 돌아가서는 세수를 하고 머리 모양을 단정히 했습니다.

다음 날 그 소녀는 다시 동상 앞에 왔고, 그리고는 집으로 돌아가서 웃을 수선했지요. 그렇게 소녀는 점점 동상을 닮아 우아하고 아름다워지게 되었어요.

이처럼 성도가 매일 예수님을 바라볼 때, 우리도 예수님의 마음과 행하신 일들을 닮아갈 수 있답니다.

15 에는 무엇이 기록되어 있을까?

1~7절까지는 말을 통해 베풀 수 있는 큰 유익에 대하여 설명하고 있으며, 잘못된 말 한 마디로 싸움이 나는가 하면, 지혜로운 말로 인해 어려움을 이길 수도 있답니다. 14~15절은 인격이 이루어지는 장소인 마음의 상태와 말의 결과에 대하여 잘 설명하고 있답니다.

이 많으면 경영이 성립하느니라 11:14

23 사람은 그 입의 대답으로 말미암아 기쁨을 얻나니 때에 맞는 말이 얼마나 아름다운고

24 지혜로운 자는 위로 향한 생명 길로 말미암음으로 그 아래에 있는 스올을 떠나게 되느니라

25 여호와는 교만한 자의 집을 허시며 과부의 지계를 정하시느니라

26 악한 꾀는 여호와께서 미워하시나 선한 말은 정결하니라

27 이익을 탐하는 자는 자기 집을 해롭게 하나 뇌물을 싫어하는 자는 살게 되느니라 28:25

28 의인의 마음은 대답할 말을 깊이 생각하여도 악인의 입은 악을 쏟느니라

29 여호와는 악인을 멀리 하시고 의인의 기도를 들으시느니라

30 눈이 밝은 것은 마음을 기쁘게 하고 좋은 기별은 뼈를 윤택하게 하느니라

31 생명의 경계를 듣는 귀는 지혜로운 자 가운데에 있느니라

32 훈계 받기를 싫어하는 자는 자기의 영혼을 경히 여김이라 견책을 달게 받는 자는 지식을 얻느니라

33 여호와를 경외하는 것은 지혜의 훈계라 겸손은 존귀의 길잡이니라 18:12

16 마음의 경영은 사람에게 있어도 말의 응답은 여호와께로부터 나오느니라

2 사람의 행위가 자기 보기에는 모두 깨끗하여도 여호와는 심령을 감찰하시느니라 21:2

3 너의 행사를 여호와께 맡기라 그리하면 네가 경영하는 것이 이루어지리라

4 여호와께서 온갖 것을 1)그 쓰임에 적당하게 지으셨나니 악인도 악한 날에 적당하게 하셨느니라

5 무릇 마음이 교만한 자를 여호와께서 미워하시나니 2)피차 손을 잡을지라도 벌을 면하지 못하리라

6 인자와 진리로 인하여 죄악이 속하게 되고 여호와를 경외함으로 말미암아 악에서 떠나게 되느니라

7 사람의 행위가 여호와를 기쁘시게 하면 그 사람의 원수라도 그와 더불어 화목하게 하시느니라

8 적은 소득이 공의를 겸하면 많은 소득이 불의를 겸한 것보다 나으니라

9 사람이 마음으로 자기의 길을 계획할지라도 그의 걸음을 인도하시는 이는 여호와시니라

10 하나님의 말씀이 왕의 입술에 있은즉 재판할 때에 그의 입이 그르치지 아니하리라

11 공평한 저울과 접시 저울은 여호와의 것이요 주머니 속의 저울추도 다 그가 지으신 것이니라

12 악을 행하는 것은 왕들이 미워할 바니 이는 그 보좌가 공의로 말미암아 굳게 섬이니라

13 의로운 입술은 왕들이 기뻐하는 것이요 정직하게 말하는 자는 그들의 사랑을 입느니라

14 왕의 진노는 죽음의 사자들과 같아도 지혜로운 사람은 그것을 쉽게 하리라

15 왕의 희색은 생명을 뜻하나니 그의 은택이 3)늦은 비를 내리는 구름과 같으니라

16 지혜를 얻는 것이 금을 얻는 것보다 얼마나 나은고 명철을 얻는 것이 은을 얻는 것보다 더욱 나으니라 8:10

17 악을 떠나는 것은 정직한 사람의 대로이니 자기의 길을 지키는 자는 자기의 영혼을 보전하느니라

16 에든 무엇이 기록되어 있을까?

개인적인 관계에서부터 나라의 모든 일까지 어떻게 처리해야 하는지를 잘 설명해주고 있어요. 가장 중요한 것은 모든 행사를 여호와께 맡기는 것이에요. 인간의 좋고 나쁜 일, 또 축복과 저주 등 모든 일을 주관하시는 분이 하나님이시기 때문이지요. 그러나 이 진리를 무시하면 반드시 망할 수밖에 없습니다.

1)주의 2)정녕히 3)봄비

토막상식

불량한 자는 악을 꾀하나니

'불량한 자'는 도덕적으로 몹시 타락한 사람을 가리켜요. 그리고 '악을 꾀하나니'는 문자적으로 '재난을 판다'라는 뜻이지요. 이는 불량한 사람이 다른 사람을 빠뜨리고자 구덩이를 열심히 파는 것을 말해요. **16장 27절**

18 교만은 패망의 선봉이요 거만한 마음은 넘어짐의 앞잡이니라 **마음**

19 겸손한 자와 함께 하여 마음을 낮추는 것이 교만한 자와 함께 하여 탈취물을 나누는 것보다 나으니라

20 삼가 1)말씀에 주의하는 자는 좋은 것을 얻나니 여호와를 의지하는 자는 복이 있느니라

21 마음이 지혜로운 자는 명철하다 일컬음을 받고 입이 선한 자는 남의 학식을 더하게 하느니라

22 명철한 자에게는 그 명철이 생명의 샘이 되거니와 미련한 자에게는 그 미련한 것이 징계가 되느니라 **13:14**

23 지혜로운 자의 마음은 그의 입을 슬기롭게 하고 또 그의 2)입술에 지식을 더하느니라

24 선한 말은 꿀송이 같아서 마음에 달고 뼈에 양약이 되느니라

25 어떤 길은 사람이 보기에 바르나 필경은 사망의 길이니라

26 고되게 일하는 자는 식욕으로 말미암아 애쓰나니 이는 그의 입이 자기를 독촉함이니라

27 불량한 자는 악을 꾀하나니 그 입술에는 맹렬한 불 같은 것이 있느니라 **6:12**

28 패역한 자는 다툼을 일으키고 말쟁이는 친한 벗을 이간하느니라

29 강포한 사람은 그 이웃을 꾀어 좋지 아니한 길로 인도하느니라

30 눈짓을 하는 자는 패역한 일을 도모하며 입술을 닫는 자는 악한 일을 이루느니라

31 백발은 영화의 면류관이라 공의로운 길에서 얻으리라 **20:29**

32 노하기를 더디하는 자는 용사보다 낫고 자기의 마음을 다스리는 자는 성을 빼앗는 자보다 나으니라

33 제비는 사람이 뽑으나 모든 일을 작정하기는 여호와께 있느니라

17

1 마른 떡 한 조각만 있고도 화목하는 것이 제육이 집에 가득하고도 다투는 것보다 나으니라 **15:17**

2 슬기로운 종은 부끄러운 짓을 하는 주인의 아들을 다스리겠고 또 형제들 중에서 유업을 나누어 얻으리라 **10:5**

3 도가니는 은을, 풀무는 금을 연단하거니와 여호와는 마음을 연단하시느니라

4 악을 행하는 자는 사악한 입술이 하는 말을 잘 듣고 거짓말을 하는 자는 악한 혀가 하는 말에 귀를 기울이니라

5 가난한 자를 조롱하는 자는 그를 지으신 주를 멸시하는 자요 사람의 재앙을 기뻐하는 자는 형벌을 면하지 못할 자니라 **14:31**

6 손자는 노인의 면류관이요 아비는 자식의 영화니라 **시 128:5, 6**

7 지나친 말을 하는 것도 미련한 자에게 합당하지 아니하거든 하물며 거짓말을 하는 것이 존귀한 자에게 합당하겠느냐

8 뇌물은 그 임자가 보기에 보석 같은즉 그가 어디로 향하든지 형통하게 하느니라 **21:14**

9 허물을 덮어 주는 자는 사랑을 구하는 자요 그것을 거듭 말하는 자는 친한 벗을 이간하느니라

17장 에는 무엇이 기록되어 있을까?

가난한 자를 무시하고 비웃으며 뇌물을 좋아하는 등 악한 행동을 하는 사람의 새끼를 빼앗긴 암곰보다 더 위험하고 미련하다고 말하고 있어요. 그런 사람과 함께 있는 것보다는 가난해도 다른 사람들과 화목하게 지내는 것이 더 행복하지요. 한편, 지혜로운 삶의 비결은 진지한 자세를 가지고 자신의 말을 조심하는 것이랍니다.

1) 일을 처리하는 자는 2) 입술로

을 이간하는 자니라 _{암송}

10 한 마디 말로 총명한 자에게 충고하는 것이 매 백 대로 미련한 자를 때리는 것보다 더욱 깊이 박히느니라

11 악한 자는 반역만 힘쓰나니 그러므로 그에게 잔인한 사자가 보냄을 받으리라

12 차라리 새끼 빼앗긴 암곰을 만날지언정 미련한 일을 행하는 미련한 자를 만나지 말 것이니라

13 누구든지 악으로 선을 갚으면 악이 그 집을 떠나지 아니하리라

14 다투는 시작은 둑에서 물이 새는 것 같은즉 싸움이 일어나기 전에 시비를 그칠 것이니라

15 악인을 의롭다 하고 의인을 악하다 하는 이 두 사람은 다 여호와께 미움을 받느니라

16 미련한 자는 무지하거늘 손에 값을 가지고 지혜를 사려 함은 어찜인고

17 친구는 사랑이 끊어지지 아니하고 형제는 위급한 때를 위하여 났느니라 _{18:24}

18 지혜 없는 자는 남의 손을 잡고 그의 이웃 앞에서 보증이 되느니라

19 다툼을 좋아하는 자는 죄과를 좋아하는 자요 자기 문을 높이는 자는 파괴를 구하는 자니라

20 마음이 굽은 자는 복을 얻지 못하고 혀가 패역한 자는 재앙에 빠지느니라

21 미련한 자를 낳는 자는 근심을 당하나니 미련한 자의 아비는 낙이 없느니라

22 마음의 즐거움은 양약이라도 심령의 근심은 뼈를 마르게 하느니라 _{15:13}

23 악인은 사람의 품에서 뇌물을 받고 재판을 굽게 하느니라

24 지혜는 명철한 자 앞에 있거늘 미련한

25 미련한 아들은 그 아비의 근심이 되고 그 어미의 고통이 되느니라

26 의를 벌하는 것과 귀인을 정직하다고 때리는 것은 선하지 못하니라 _{18:5}

27 말을 아끼는 자는 지식이 있고 성품이 냉철한 자는 명철하니라 _{약 1:19}

28 미련한 자라도 잠잠하면 지혜로운 자로 여겨지고 그의 입술을 닫으면 슬기로운 자로 여겨지느니라

18

무리에게서 스스로 갈라지는 자는 자기 소욕을 따르는 자라 온갖 참 지혜를 배척하느니라

2 미련한 자는 명철을 기뻐하지 아니하고 자기의 의사를 드러내기만 기뻐하느니라 _{12:23}

3 악한 자가 이를 때에는 멸시도 따라오고 부끄러운 것이 이를 때에는 능욕도 함께 오느니라

4 명철한 사람의 입의 말은 깊은 물과 같고 지혜의 샘은 솟구쳐 흐르는 내와 같으니라 _{20:5}

5 악인을 두둔하는 것과 재판할 때에 의인을 억울하게 하는 것이 선하지 아니하니라 _{24 19:15}

6 미련한 자의 입술은 다툼을 일으키고 그의 입은 매를 자청하느니라

7 미련한 자의 입은 그의 멸망이 되고 그의 입술은 그의 영혼의 그물이 되느니라

8 남의 말하기를 좋아하는 자의 말은 별식과 같아서 뱃속 깊은 데로 내려가느니라 _{26:22}

18 에는 무엇이 기록되어 있을까?

함께 사는 공동체 안에서 지혜롭게 살아가는 방법에 초점을 맞추고 있어요. 일부 구절 외에는 같은 의미의 말을 반복하면서 설명하고 있지요. 앞부분은 미련하고 악한 자의 잘못된 삶의 태도에 대하여, 뒷부분은 지혜로운 자의 삶의 비결에 대해 말하고 있답니다. 공동체 생활에서 서로의 관계는 참 중요하답니다.

선focus(16:18) 맨 앞장.

이간(16:28) 두 사람 사이에 방해를 놓아 서로 떨어지게 만듦.

강포(16:29) 우악스럽고 사나움.

유업(17:2) 앞 세대부터 이어온 사업.

도가니(17:3) 금속을 녹여 제련하기 위하여 진흙으로 만든 커다.

풀무(17:3) 불구덩이. 화로. 용광로.

9 자기의 일을 게을리하는 자는 패가하는 자의 형제니라 28:24

10 여호와의 이름은 견고한 망대라 의인은 그리로 달려가서 안전함을 얻느니라

11 부자의 재물은 그의 견고한 성이라 그가 높은 성벽 같이 여기느니라

12 사람의 마음의 교만은 멸망의 선봉이요 겸손은 존귀의 길잡이니라 11:2

13 사연을 듣기 전에 대답하는 자는 미련하여 욕을 당하느니라

14 사람의 심령은 그의 병을 능히 이기려니와 심령이 상하면 그것을 누가 1)일으키겠느냐

15 명철한 자의 마음은 지식을 얻고 지혜로운 자의 귀는 지식을 구하느니라

16 사람의 선물은 그의 길을 넓게 하며 또 존귀한 자 앞으로 그를 인도하느니라

17 송사에서는 먼저 온 사람의 말이 바른 것 같으나 그의 상대자가 와서 밝히느니라

18 제비 뽑는 것은 다툼을 그치게 하여 강한 자 사이에 해결하게 하느니라 16:33

19 노엽게 한 형제와 화목하기가 견고한 성을 취하기보다 어려운즉 이러한 다툼은 산성 문빗장 같으니라

20 사람은 입에서 나오는 열매로 말미암아 배부르게 되나니 곧 그의 입술에서 나는 것으로 말미암아 만족하게 되느니라

21 죽고 사는 것이 혀의 힘에 달렸나니 혀를 쓰기 좋아하는 자는 혀의 열매를 먹으리라

22 아내를 얻는 자는 복을 얻고 여호와께 은총을 받는 자니라

23 가난한 자는 간절한 말로 구하여도 부자는 엄한 말로 대답하느니라 약 2:3

24 2)많은 친구를 얻는 자는 해를 당하게 되려니와 어떤 친구는 형제보다 친밀하니라 17:17

19 가난하여도 성실하게 행하는 자는 입술이 패역하고 미련한 자보다 나으니라

2 지식 없는 소원은 선하지 못하고 발이 급한 사람은 잘못 가느니라

3 사람이 미련하므로 자기 길을 굽게 하고 마음으로 여호와를 원망하느니라

4 재물은 많은 친구를 더하게 하나 가난한즉 친구가 끊어지느니라

5 거짓 증인은 벌을 면하지 못할 것이요 거짓말을 하는 자도 피하지 못하리라

6 너그러운 사람에게는 은혜를 구하는 자가 많고 선물 주기를 좋아하는 자에게는 사람마다 친구가 되느니라

7 가난한 자는 그의 형제들에게도 미움을 받거든 하물며 친구야 그를 멀리 하지 아니하겠느냐 따라가며 말하려 할지라도 그들이 없어졌으리라

8 지혜를 얻는 자는 자기 영혼을 사랑하고 명철을 지키는 자는 복을 얻느니라

9 거짓 증인은 벌을 면하지 못할 것이요 거짓말을 뱉는 자는 망할 것이니라

10 미련한 자가 사치하는 것이 적당하지 못하거든 하물며 종이 방백을 다스림이랴 10:6, 1

11 노하기를 더디 하는 것이 사람의 슬기요 허물을 용서하는 것이 자기의 영광이니라 약 1:19

12 왕의 노함은 사자의 부르짖음 같고 그의 은택은 풀 위의 이슬 같으니라

13 미련한 아들은 그의 아비의 재앙이요 다투는 아내는 이어 떨어지는 물방울이니라

14 집과 재물은 조상에게서 상속하거니와 슬기로운 아내는 여호와께로서 말

19 에는 무엇이 기록되어 있을까?

일상생활 가운데서 드러나는 의인과 악인, 지혜로운 자와 어리석은 자의 차이점을 뚜렷하게 비교하고 있어요. 특히 너그러운 마음과 인자함을 강조하며 적극적으로 권하고 있지요. 또한 잘못을 훈계하고 책벌하는 것도 강조하면서, 사랑하는 아들의 장래를 위해서는 징계가 꼭 필요하다고 말합니다.

1)견디겠느냐 2)해를 끼치는 친구들이 있으나

미암느니라

15 게으름이 사람으로 깊이 잠들게 하나니 태만한 사람은 주릴 것이니라 6:9; 10:4

16 계명을 지키는 자는 자기의 영혼을 지키거니와 자기의 행실을 삼가지 아니하는 자는 죽으리라

17 가난한 자를 불쌍히 여기는 것은 여호와께 꾸어 드리는 것이니 그의 선행을 그에게 갚아 주시리라

18 네가 네 아들에게 희망이 있은즉 그를 징계하되 죽일 마음은 두지 말지니라

19 노하기를 맹렬히 하는 자는 벌을 받을 것이라 네가 그를 건져 주면 다시 그런 일이 생기리라

20 너는 권고를 들으며 훈계를 받으라 그리하면 네가 필경은 지혜롭게 되리라

21 사람의 마음에는 많은 계획이 있어도 오직 여호와의 뜻만이 완전히 서리라

22 1)사람은 자기의 인자함으로 남에게 사모함을 받느니라 가난한 자는 거짓말하는 자보다 나으니라

23 여호와를 경외하는 것은 사람으로 생명에 이르게 하는 것이라 경외하는 자는 족하게 지내고 재앙을 당하지 아니하느니라 딤전 4:8

1) 인자를 베푸는 것이 사람의 즐거움이니라

24 게으른 자는 자기의 손을 그릇에 넣고서도 입으로 올리기를 괴로워하느니라

25 거만한 자를 때리라 그리하면 어리석은 자도 지혜를 얻으리라 명철한 자를 견책하라 그리하면 그가 지식을 얻으리라

26 아비를 구박하고 어미를 쫓아내는 자는 부끄러움을 끼치며 능욕을 부르는 자식이니라

27 내 아들아 지식의 말씀에서 떠나게 하는 교훈을 듣지 말지니라

28 망령된 증인은 정의를 업신여기고 악인의 입은 죄악을 삼키느니라 시 15:16

29 심판은 거만한 자를 위하여 예비된 것이요 채찍은 어리석은 자의 등을 위하여 예비된 것이니라

20

1 포도주는 거만하게 하는 것이요 독주는 떠들게 하는 것이라 이에 미혹되는 자마다 지혜가 없느니라 창 9:21

2 왕의 진노는 사자의 부르짖음 같으니 그를 노하게 하는 것은 자기의 생명을 해하는 것이니라

3 다툼을 멀리 하는 것이 사람에게 영광이거늘 미련한 자마다 다툼을 일으키느니라 17:14

4 게으른 자는 가을에 밭 갈지 아니하나니 그러므로 거둘 때에는 구걸할지라도 얻지 못하리라 6:6

5 사람의 마음에 있는 모략은 깊은 물 같으니라 그럴지라도 명철한 사람은 그것을 길어 내느니라

6 많은 사람이 각기 자기의 인자함을 자

○ 저울
(20:23)
저울은 한결같
이 정확하지만,
사용하는 사람
의 마음에 따라
달라진다.

랑하나니 충성된 자를 누가 만날 수 있
으랴 25:14

7 온전하게 행하는 자가 의인이라 그의
후손에게 복이 있느니라

8 심판 자리에 앉은 왕은 그의 눈으로 모
든 악을 흩어지게 하느니라

9 내가 내 마음을 정하게 하였다 내 죄를
깨끗하게 하였다 할 자가 누구냐

10 한결같지 않은 저울 추와 한결같지 않
은 되는 다 여호와께서 미워하시느니라

11 비록 아이라도 자기의 동작으로 자기
품행이 청결한 여부와 정직한 여부를
나타내느니라

12 듣는 귀와 보는 눈은 다 여호와께서 지
으신 것이니라 욥 4:11

13 너는 잠자기를 좋아하지 말라 네가 빈
궁하게 될까 두려우니라 네 눈을 뜨라
그리하면 양식이 족하리라 6:9, 10

14 물건을 사는 자가 좋지 못하다 좋지 못
하다 하다가 돌아간 후에는 자랑하느
니라

15 세상에 금도 있고 진주도 많거니와 지
혜로운 입술이 더욱 귀한 보배니라

16 타인을 위하여 보증 선 자의 옷을 취하
라 외인들을 위하여 보증 선 자는 그의
몸을 볼모 잡을지니라

17 연락을 좋아하는 자는 사람에게 맛이
좋은 듯하나 후에는 그의 입에 모래가
가득하게 되리라

18 경영은 의논함으로 성취하나니 지략
을 베풀고 전쟁할지니라 15:22

19 두루 다니며 한담하는 자는 남의 비밀
을 누설하나니 입술을 벌린 자를 사귀

지 말지니라

20 자기의 아비나 어미를 저주하는 자는
그의 등불이 흑암 중에 꺼짐을 당하리
라 마 15:4

21 처음에 속히 잡은 산업은 마침내 복이
되지 아니하느니라

22 너는 악을 갚겠다 말하지 말고 여호와
를 기다리라 그가 너를 구원하시리라

23 한결같지 않은 저울 추는 여호와께서
미워하시는 것이요 속이는 저울은 좋
지 못한 것이니라

24 사람의 걸음은 여호와로 말미암나니
사람이 어찌 자기의 길을 알 수 있으랴

25 함부로 이 물건은 거룩하다 하여 서원
하고 그 후에 살피면 그것이 그 사람에
게 덫이 되느니라

26 지혜로운 왕은 악인들을 키질하며 타
작하는 바퀴를 그들 위에 굴리느니라

27 사람의 영혼은 여호와의 등불이라 사
람의 깊은 속을 살피느니라

28 왕은 인자와 진리로 스스로 보호하고
그의 왕위도 인자함으로 말미암아 견
고하니라 29:14

29 젊은 자의 영화는 그의 힘이요 늙은 자
의 아름다움은 백발이니라

30 상하게 때리는 것이 악을 없이하나니
매는 사람 속에 깊이 들어가느니라

21

왕의 마음이 여호와의 손에 있
음이 마치 봇물과 같아서 그가
임의로 인도하시느니라

2 사람의 행위가 자기 보기에는 모두 정
직하여도 여호와는 마음을 감찰하시
느니라 암송

21장에는 무엇이 기록되어 있을까?

주제를 한 마디로 말하면 공의와 인
자입니다. 우리의 마음속 깊은 곳을 살피시는 하
나님은 언제나 공의를 행하여야 함을 강조하고 있어
요. 또한 악인이 여러 가지 죄악을 행하지만 결국
엔 심판을 받고 멸망할 것임을 강조하고 있지요.
13절 이하에서는 공의 앞에서 나타나는 의인과
악인의 대조적인 모습을 보여주고 있답니다.

3 공의와 정의를 행하는 것은 제사 드리는 것보다 여호와께서 기뻐게 여기시느니라

4 눈이 높은 것과 마음이 교만한 것과 악인이¹⁾ 형통한 것은 다 죄니라

5 부지런한 자의 경영은 풍부함에 이를 것이나 조급한 자는 궁핍함에 이를 따름이니라 10:4

6 속이는 말로 재물을 모으는 것은 죽음을 구하는 것이라 곧 불려다니는 안개니라

7 악인의 강포는 자기를 소멸하나니 이는 정의를 행하기 싫어함이니라 10:25

8 죄를 크게 범한 자의 길은 심히 구부러지고 깨끗한 자의 길은 곧으니라

9 다투는 여인과 함께 큰 집에서 사는 것보다 ²⁾움막에서 사는 것이 나으니라

10 악인의 마음은 남의 재앙을 원하나니 그 이웃도 그 앞에서 은혜를 입지 못하느니라

11 거만한 자가 벌을 받으면 어리석은 자도 지혜를 얻겠고 지혜로운 자가 교훈을 받으면 지식이 더하리라 19:25

12 ³⁾의로우신 자는 악인의 집을 감찰하시고 악인을 환난에 던지시느니라 14:11

13 귀를 막고 가난한 자가 부르짖는 소리를 듣지 아니하면 자기가 부르짖을 때에도 들을 자가 없으리라 마 18:30

14 은밀한 선물은 노를 쉬게 하고 품 안의 뇌물은 맹렬한 분을 그치게 하느니라

15 정의를 행하는 것이 의인에게는 즐거움이요 죄인에게는 패망이니라

16 명철의 길을 떠난 사람은 사망의 회중에 거하리라 사 49:14

17 연락을 좋아하는 자는 가난하게 되고 술과 기름을 좋아하는 자는 부하게 되지 못하느니라

18 악인은 의인의 속전이 되고 사악한 자는 정직한 자의 대신이 되느니라 11:8

19 다투며 성내는 여인과 함께 사는 것보

다 광야에서 사는 것이 나으니라

20 지혜 있는 자의 집에는 귀한 보배와 기름이 있으나 미련한 자는 이것을 다 삼켜 버리느니라

21 공의와 인자를 따라 구하는 자는 생명과 공의와 영광을 얻느니라

22 지혜로운 자는 용사의 성에 올라가서 그 성이 의지하는 방벽을 허느니라

23 입과 혀를 지키는 자는 자기의 영혼을 환난에서 보전하느니라

24 무례하고 교만한 자를 이름하여 망령된 자라 하나니 이는 넘치는 교만으로 행함이니라

25 게으른 자의 욕망이 자기를 죽이나니 이는 자기의 손으로 일하기를 싫어함이니라

26 어떤 자는 종일토록 탐하기만 하나 의인은 아끼지 아니하고 베푸느니라

27 악인의 제물은 본래 가증하거든 하물며 악한 뜻으로 드리는 것이랴 사 66:3

28 거짓 증인은 패망하려니와 확실히 들은 사람의 말은 힘이 있느니라

29 악인은 자기의 얼굴을 굳게 하나 정직한 자는 자기의 행위를 삼가느니라

30 지혜로도 못하고, 명철로도 못하고 모략으로도 여호와를 당하지 못하느니라

비전을 심어주는 9분 예화

마음속에 있는 친구

링컨은 대통령에 취임하고 나서 가까운 사람들에게 이렇게 말했어요.

"내가 임기를 마칠 때 만일 권력을 행사하는 자리에 앉아 있었다는 것을 다른 사람들에게 강한 인상으로 남긴다면 나는 실패한 존재입니다. 나는 어떤 상황에서도 나의 소중한 친구를 잃지 않을 것입니다. 그 친구는 내 마음속에서 나를 바른 길로 인도해주는 고마운 친구, 바로 '양심'입니다."

선한 양심을 가지기 위해서는 하나님의 말씀을 늘 묵상해야 해요. 그럴 때 우리의 양심이 바르게 판단하고 옳은 길로 갈 수 있도록 이끌어주지요. 그러나 타락한 양심은 오히려 우리를 타락하는 길로 인도할 것입니다.

---

1) 히, 등불 2) 지붕 한 모퉁이에서 3) 의로운 자는 악인의 집을 헤아려서 악인의 망할 것을 아느니라

31 싸울 날을 위하여 마병을 예비하거니와 이김은 여호와께 있느니라 ^{잠 21:31}

22 많은 재물보다 명예를 택할 것이요 은이나 금보다 은총을 더욱 택할 것이니라

2 가난한 자와 부한 자가 ¹⁾함께 살거니와 그 모두를 지으신 이는 여호와시니라

3 슬기로운 자는 재앙을 보면 숨어 피하여도 어리석은 자는 나가다가 해를 받느니라

4 겸손과 여호와를 경외함의 보상은 재물과 영광과 생명이니라

5 패역한 자의 길에는 가시와 올무가 있거니와 영혼을 지키는 자는 이를 멀리 하느니라

6 마땅히 행할 길을 아이에게 가르치라 그리하면 늙어도 그것을 떠나지 아니하리라 ^{업습}

7 부자는 가난한 자를 주관하고 빚진 자는 채주의 종이 되느니라 ^{잠 18:23}

8 악을 뿌리는 자는 재앙을 거두리니 그 분노의 ²⁾기세가 쇠하리라

9 선한 눈을 가진 자는 복을 받으리니 이는 양식을 가난한 자에게 줌이니라

10 거만한 자를 쫓아내면 다툼이 쉬고 싸움과 수욕이 그치느니라

11 마음의 정결을 사모하는 자의 입술에는 덕이 있으므로 임금이 그의 친구가 되느니라 ^{마 5:8}

12 여호와의 눈은 지식 있는 사람을 지키시나 사악한 사람의 말은 패하게 하시느니라

13 게으른 자는 말하기를 사자가 밖에 있

가시나무 (22:5)

은즉 내가 나가면 거리에서 찢기겠다 하느니라

14 음녀의 입은 깊은 함정이라 여호와의 노를 당한 자는 거기 빠지리라 ^{잠 2:16}

15 아이의 마음에는 미련한 것이 얽혔으나 징계하는 채찍이 이를 멀리 쫓아내리라 ^{잠 13:24}

16 이익을 얻으려고 가난한 자를 학대하는 자와 부자에게 주는 자는 가난하여질 뿐이니라

17 ●너는 귀를 기울여 지혜 있는 자의 말씀을 들으며 내 지식에 마음을 둘지어다

18 이것을 네 속에 보존하며 네 입술 위에 함께 있게 함이 아름다우니라

19 내가 네게 여호와를 의뢰하게 하려 하여 이것을 오늘 특별히 네게 알게 하였노니 ^{잠 3:5}

20 내가 모략과 지식의 아름다운 것을 너를 위해 기록하여 ^{잠 8:6, 10}

21 네가 진리의 확실한 말씀을 깨닫게 하며 또 너를 보내는 자에게 진리의 말씀으로 회답하게 하려 함이 아니냐

22 ●약한 자를 그가 약하다고 탈취하지 말며 곤고한 자를 성문에서 압제하지 말라

23 대저 여호와께서 신원하여 주시고 또 그를 노략하는 자의 생명을 빼앗으시리라

24 노를 품는 자와 사귀지 말며 울분한 자와 동행하지 말지니

25 그의 행위를 본받아 네 영혼을 올무에 빠뜨릴까 두려움이니라

26 너는 사람과 더불어 손을 잡지 말며 남

1) 히, 서로 만나거니와 2) 지팡이

의 빚에 보증을 서지 말라

27 만일 갚을 것이 네게 없으면 네 누운 침상도 빼앗길 것이라 네가 어찌 그리하겠느냐

28 네 선조가 세운 옛 지계석을 옮기지 말지니라

29 네가 자기의 일에 능숙한 사람을 보았느냐 이러한 사람은 왕 앞에 설 것이요 천한 자 앞에 서지 아니하리라

23 네가 관원과 함께 앉아 음식을 먹게 되거든 삼가 네 앞에 있는 자가 누구인지를 생각하며

2 네가 만일 음식을 탐하는 자이거든 네 목에 칼을 둘 것이니라 　23:20

3 그의 맛있는 음식을 탐하지 말라 그것은 속이는 음식이니라

4 부자 되기에 애쓰지 말고 네 사사로운 지혜를 버릴지어다

5 네가 어찌 허무한 것에 주목하겠느냐 정녕히 재물은 스스로 날개를 내어 하늘을 나는 독수리처럼 날아가리라

6 악한 눈이 있는 자의 음식을 먹지 말며 그의 맛있는 음식을 탐하지 말지어다

7 대저 그 마음의 생각이 어떠하면 그 위인도 그러한즉 그가 네게 먹고 마시라 할지라도 그의 마음은 너와 함께 하지 아니함이라 　26:24

8 네가 조금 먹은 것도 토하겠고 네 아름다운 말도 헛된 데로 돌아가리라

9 미련한 자의 귀에 말하지 말지니 이는 그가 네 지혜로운 말을 업신여길 것임이니라

10 옛 지계석을 옮기지 말며 고아들의 밭

11 대저 그들의 구속자는 강하시니 그가 너를 대적하여 그들의 원한을 풀어 주시리라

12 훈계에 착심하며 지식의 말씀에 귀를 기울이라 　22:17

13 아이를 훈계하지 아니하려고 하지 말라 채찍으로 그를 때릴지라도 그가 죽지 아니하리라

14 네가 그를 채찍으로 때리면 그의 영혼을 스올에서 구원하리라

15 내 아들아 만일 네 마음이 지혜로우면 나 곧 내 마음이 즐겁겠고

16 만일 네 입술이 정직을 말하면 내 속이 유쾌하리라 　23:24, 25

17 네 마음으로 죄인의 형통을 부러워하지 말고 항상 여호와를 경외하라

18 정녕히 네 장래가 있겠고 네 소망이 끊어지지 아니하리라

19 내 아들아 너는 듣고 지혜를 얻어 네 마음을 바른 길로 인도할지니라

20 술을 즐겨 하는 자들과 고기를 탐하는 자들과 더불어 사귀지 말라

21 술 취하고 음식을 탐하는 자는 가난하여질 것이요 잠자기를 즐겨 하는 자는 해어진 옷을 입을 것임이니라 　21:17

22 너를 낳은 아비에게 청종하고 네 늙은 어미를 경히 여기지 말지니라

23 진리를 사되 팔지는 말며 지혜와 훈계와 명철도 그리할지니라 　4:7

24 의인의 아비는 크게 즐거울 것이요 지혜로운 자식을 낳은 자는 그로 말미암아 즐거울 것이니라

25 네 부모를 즐겁게 하며 너를 낳은 어미를 기쁘게 하라

23 에는 무엇이 기록되어 있을까?

탐욕과 육신의 즐거움을 멀리하고 절제하는 삶에 대한 교훈이며, 대표적인 절제의 대상은 바로 음식과 술이지요. 1-3절에서 음식을 탐하는 자는 간사하게 배푼 음식을 먹고 올무에 걸려들 가능성이 있음을 가르쳐주고 있어요. 또 30-35절에서는 술에 취해 판단력이 마비된 상태를 보여주고 있답니다.

채주(22:7) 남에게 돈을 빌려 준 사람.
수욕(22:10) 수치와 모욕.
탈취(22:22) 빼앗아 가짐.
곤고(22:22) 곤란하고 괴로움.
신원(22:23) 억울하게 뒤집어 쓴 죄를 씻음. 또는 원통한 것을 풀어 해결해줌.
지계석(22:28) 땅의 경계를 표시하는 돌.
착심(23:12) 어떤 일에 마음을 붙임.

26 내 아들아 네 마음을 내게 주며 네 눈으로 내 길을 즐거워할지어다 　3:11

27 대저 음녀는 깊은 구덩이요 이방 여인은 좁은 함정이라

28 참으로 그는 강도 같이 매복하며 사람들 중에 사악한 자가 많아지게 하느니라

29 재앙이 뉘게 있느뇨 근심이 뉘게 있느뇨 분쟁이 뉘게 있느뇨 원망이 뉘게 있느뇨 까닭 없는 상처가 뉘게 있느뇨 붉은 눈이 뉘게 있느뇨

30 술에 잠긴 자에게 있고 혼합한 술을 구하러 다니는 자에게 있느니라 　엡 5:18

31 포도주는 붉고 잔에서 번쩍이며 순하게 내려가나니 너는 그것을 보지도 말지어다

32 그것이 마침내 뱀 같이 물 것이요 독사 같이 쏠 것이며

33 또 네 눈에는 괴이한 것이 보일 것이요 네 마음은 구부러진 말을 할 것이며

34 너는 바다 가운데에 누운 자 같을 것이요 돛대 위에 누운 자 같을 것이며

35 네가 스스로 말하기를 사람이 나를 때려도 나는 아프지 아니하고 나를 상하게 하여도 내게 감각이 없도다 내가 언제나 깰까 다시 술을 찾겠다 하리라

24 너는 악인의 형통함을 부러워하지 말며 그와 함께 있으려고 하지도 말지어다

2 그들의 마음은 강포를 품고 그들의 입술은 재앙을 말함이니라

3 집은 지혜로 말미암아 건축되고 명철로 말미암아 견고하게 되며

4 또 방들은 지식으로 말미암아 각종 귀하고 아름다운 보배로 채우게 되느니라

5 지혜 있는 자는 강하고 지식 있는 자는 힘을 더하나니 　21:22

6 너는 전략으로 싸우라 승리는 지략이 많음에 있느니라

7 지혜는 너무 높아서 미련한 자가 미치지 못할 것이므로 그는 성문에서 입을 열지 못하느니라

8 악행하기를 꾀하는 자를 일컬어 사악한 자라 하느니라

9 미련한 자의 생각은 죄요 거만한 자는 사람에게 미움을 받느니라

10 네가 만일 환난 날에 낙담하면 네 힘이 미약함을 보임이니라

11 너는 사망으로 끌려가는 자를 건져 주며 살륙을 당하게 된 자를 구원하지 아니하려고 하지 말라

12 네가 말하기를 나는 그것을 알지 못하였노라 할지라도 마음을 저울질 하시는 이가 어찌 통찰하지 못하시겠으며 네 영혼을 지키시는 이가 어찌 알지 못하시겠느냐 그가 각 사람의 행위대로 보응하시리라

13 내 아들아 꿀을 먹으라 이것이 좋으니라 송이꿀을 먹으라 이것이 네 입에 다

24 에는 무엇이 기록되어 있을까?

좋은 것을 살리우는 지혜를 송이꿀에 비유하고 있어요. 지혜로운 사람은 번영하고 형통하게 되지만, 반대로 악인은 죄악만을 생각하고 재난을 꿈꾸며 악한 삶을 살지요. 악인이 형통하더라도 부러워할 필요가 없어요. 왜냐하면 악인의 형통은 잠깐이고, 곧 없어지기 때문이지요.

술술 풀리는 성경말씀

악인의 형통

인류의 역사를 살펴보면 악인이 부귀 영화를 누릴 뿐만 아니라 심지어 사람들에게 높임을 받았던 사실을 찾아볼 수 있어요. 이에 반해 정의를 부르짖다가 억압을 당하고 양심적으로 살려고 했기에 궁핍한 삶을 살 수밖에 없었던 사람들도 있지요. 그 때문에 어떤 사람은 악인의 형통을 부러워하기까지 합니다.

그러나 하나님은 악인들은 머지않아 심판을 받게 될 것이라고 경고하셨어요(24:19). 이 세상 사람들이 어떻게 평가하든 그들은 결국 파멸하게 된다는 것이지요. 또한 하나님은 그들을 꾸짖는 자는 복을 받을 것이라고 말씀하셨어요. 따라서 성도들은 항상 하나님의 공의를 바라보며 살아야 해요.

24장 1-22절

니라

14지혜가 네 영혼에게 이와 같은 줄을 알
라 이것을 얻으면 정녕히 네 장래가 있
겠고 네 소망이 끊어지지 아니하리라

15악한 자여 의인의 집을 엿보지 말며 그
가 쉬는 처소를 헐지 말지니라

16대저 의인은 일곱 번 넘어질지라도 다
시 일어나려니와 악인은 재앙으로 말
미암아 엎드러지느니라

17네 원수가 넘어질 때에 즐거워하지 말
며 그가 엎드러질 때에 마음에 기뻐하
지 말라

18여호와께서 이것을 보시고 기뻐하지
아니하사 그의 진노를 그에게서 옮기
실까 두려우니라

19너는 행악자들로 말미암아 분을 품지
말며 악인의 형통함을 부러워하지 말라

20대저 행악자는 장래가 없겠고 악인의
등불은 꺼지리라 　　　　13:9

21내 아들아 여호와와 왕을 경외하고 반
역자와 더불어 사귀지 말라

22대저 그들의 재앙은 속히 임하리니 그
둘의 멸망을 누가 알랴

23●이것도 지혜로운 자들의 말씀이라
●재판할 때에 낯을 보아 주는 것이 옳
지 못하니라

24악인에게 네가 옳다 하는 자는 백성에
게 저주를 받을 것이요 국민에게 미움
을 받으려니와

25오직 그를 견책하는 자는 기쁨을 얻을
것이요 또 좋은 복을 받으리라　28:23

26적당한 말로 대답함은 입맞춤과 같으
니라

27네 일을 밖에서 다스리며 너를 위하여
밭에서 준비하고 그 후에 네 집을 세울
지니라

28너는 까닭 없이 네 이웃을 쳐서 증인이
되지 말며 네 입술로 속이지 말지니라

29너는 그가 내게 행함 같이 나도 그에게
행하여 그가 행한 대로 그 사람에게 갚
겠다 말하지 말지니라

30내가 게으른 자의 밭과 지혜 없는 자의

포도원을 지나며 본즉　　　　6:6

31가시덤불이 그 전부에 퍼졌으며 그 지
면이 거친 풀로 덮였고 돌담이 무너져
있기로

32내가 보고 생각이 깊었고 내가 보고 훈
계를 받았노라

33네가 좀더 자자, 좀더 졸자, 손을 모으
고 좀더 누워 있자 하니　　6:10,11

34네 빈궁이 강도 같이 오며 네 곤핍이 군
사 같이 이르리라

솔로몬의 잠언

25 이것도 솔로몬의 잠언이요 유
다 왕 히스기야의 신하들이 편
집한 것이니라

2●일을 숨기는 것은 하나님의 영화요
일을 살피는 것은 왕의 영화니라

3하늘의 높음과 땅의 깊음 같이 왕의 마
음은 헤아릴 수 없느니라

4은에서 찌꺼기를 제하라 그리하면 장
색의 쓸 만한 그릇이 나올 것이요

5왕 앞에서 악한 자를 제하라 그리하면
그의 왕위가 의로 말미암아 견고히 서
리라

6왕 앞에서 스스로 높은 체하지 말며 대
인들의 자리에 서지 말라

7이는 사람이 네게 이리로 올라오라고
말하는 것이 네 눈에 보이는 귀인 앞에
서 저리로 내려가라고 말하는 것보다
나음이니라

8너는 서둘러 나가서 다투지 말라 마침
내 네가 이웃에게서 욕을 보게 될 때에
네가 어찌할 줄을 알지 못할까 두려우
니라　　　　마 5:25

25 에는 무엇이 기록되어 있을까?

25장에서 29장까지는 솔로몬의
잠언을 히스기야 시대의 서기관들이 내용별로
정리한 것이에요. 25장은 왕 앞에서 신하가 취
해야 할 자세, 이웃과의 관계에서 조심해야 할
사항에 관한 교훈들이랍니다. 왕 앞에서는 겸손
한 자세를 지녀야 하는데, 이것은 하나님 앞에
서 우리가 가져야 할 마음의 자세를 뜻해요.

ㅏ 5:1

9 너는 이웃과 다투거든 변론만 하고 남의 은밀한 일은 누설하지 말라

10 듣는 자가 너를 꾸짖을 터이요 또 네게 대한 악평이 네게서 떠나지 아니할까 두려우니라

11 경우에 합당한 말은 아로새긴 은 쟁반에 금 사과니라

12 슬기로운 자의 책망은 청종하는 귀에 금 고리와 정금 장식이니라

13 충성된 사자는 그를 보낸 이에게 마치 추수하는 날에 얼음 냉수 같아서 능히 그 주인의 마음을 시원하게 하느니라

14 선물한다고 거짓 자랑하는 자는 비 없는 구름과 바람 같으니라

15 오래 참으면 관원도 설득할 수 있나니 부드러운 혀는 뼈를 꺾느니라

16 너는 꿀을 보거든 족하리만큼 먹으라 과식함으로 토할까 두려우니라

17 너는 이웃집에 자주 다니지 말라 그가 너를 싫어하며 미워할까 두려우니라

18 자기의 이웃을 쳐서 거짓 증거하는 사람은 방망이요 칼이요 뾰족한 화살이니라

19 환난 날에 진실하지 못한 자를 의뢰하는 것은 부러진 이와 위골된 발 같으니라

20 마음이 상한 자에게 노래하는 것은 추운 날에 옷을 벗음 같고 소다 위에 식초를 부음 같으니라

1) 지붕 한 모퉁이에서

21 네 원수가 배고파하거든 음식을 먹이고 목말라하거든 물을 마시게 하라

22 그리 하는 것은 핀 숯을 그의 머리에 놓는 것과 일반이요 여호와께서 네게 갚아 주시리라

23 북풍이 비를 일으킴 같이 참소하는 혀는 사람의 얼굴에 분을 일으키느니라

24 다투는 여인과 함께 큰 집에서 사는 것보다 1)움막에서 혼자 사는 것이 나으니라

25 먼 땅에서 오는 좋은 기별은 목마른 사람에게 냉수와 같으니라

26 의인이 악인 앞에 굴복하는 것은 우물이 흐려짐과 샘이 더러워짐과 같으니라

27 꿀을 많이 먹는 것이 좋지 못하고 자기의 영예를 구하는 것이 헛되니라

28 자기의 마음을 제어하지 아니하는 자는 성읍이 무너지고 성벽이 없는 것과 같으니라

26 미련한 자에게는 영예가 적당하지 아니하니 마치 여름에 눈 오는 것과 추수 때에 비 오는 것 같으니라

2 까닭 없는 저주는 참새가 떠도는 것과 제비가 날아가는 것 같이 이루어지지 아니하느니라

3 말에게는 채찍이요 나귀에게는 재갈이요 미련한 자의 등에는 막대기니라

4 미련한 자의 어리석은 것을 따라 대답하지 말라 두렵건대 너도 그와 같을까 하노라

5 미련한 자에게는 그의 어리석음을 따라 대답하라 두렵건대 그가 스스로 지혜롭게 여길까 하노라

토막상식 완전수 '7'

성경에서 자주 사용되는 '7'은 '완전' 혹은 '완성'의 뜻을 담고 있으며, 종종 무한한 수, 엄청난 수를 가리켜요. 예언서에 많이 나오는 '7'은 요한계시록에서 가장 상징적으로 사용되고 있지요.

26장 25절

6 미련한 자 편에 기별하는 것은 자기의 발을 베어 버림과 해를 받음과 같으니라

7 저는 자의 다리는 힘 없이 달렸나니 미련한 자의 입의 잠언도 그러하니라

8 미련한 자에게 영예를 주는 것은 돌을 물매에 매는 것과 같으니라

9 미련한 자의 입의 잠언은 술 취한 자가 손에 든 가시나무 같으니라

10 장인이 온갖 것을 만들지라도 미련한 자를 고용하는 것은 지나가는 행인을 고용함과 같으니라

11 개가 그 토한 것을 도로 먹는 것 같이 미련한 자는 그 미련한 것을 거듭 행하느니라

12 네가 스스로 지혜롭게 여기는 자를 보느냐 그보다 미련한 자에게 오히려 희망이 있느니라

13 게으른 자는 길에 사자가 있다 거리에 사자가 있다 하느니라

14 문짝이 돌쩌귀를 따라서 도는 것 같이 게으른 자는 침상에서 도느니라　6:9

15 게으른 자는 그 손을 그릇에 넣고도 입으로 올리기를 괴로워하느니라　19:24

16 게으른 자는 사리에 맞게 대답하는 사람 일곱보다 자기를 지혜롭게 여기느니라

17 길로 지나가다가 자기와 상관 없는 다툼을 간섭하는 자는 개의 귀를 잡는 자와 같으니라

18 횃불을 던지며 화살을 쏘아서 사람을 죽이는 미친 사람이 있나니

19 자기의 이웃을 속이고 말하기를 내가 희롱하였노라 하는 자도 그러하니라

20 나무가 다하면 불이 꺼지고 말쟁이가 없어지면 다툼이 쉬느니라

21 숯불 위에 숯을 더하는 것과 타는 불에 나무를 더하는 것 같이 다툼을 좋아하는 자는 시비를 일으키느니라　15:18

22 남의 말 하기를 좋아하는 자의 말은 별식과 같아서 뱃속 깊은 데로 내려가느니라　18:8

23 온유한 입술에 악한 마음은 낮은 은을 입힌 토기니라

24 원수는 입술로는 꾸미고 속으로는 속임을 품나니

25 그 말이 좋을지라도 믿지 말 것은 그 마음에 일곱 가지 가증한 것이 있음이니라　28:3

26 속임으로 그 미움을 감출지라도 그의 악이 회중 앞에 드러나리라

27 함정을 파는 자는 그것에 빠질 것이요 돌을 굴리는 자는 도리어 그것에 치이리라　1:9:15

28 거짓말 하는 자는 자기가 해한 자를 미워하고 아첨하는 입은 패망을 일으키느니라

27

1 너는 내일 일을 자랑하지 말라 하루 동안에 무슨 일이 일어날는지 네가 알 수 없음이니라

2 타인이 너를 칭찬하게 하고 네 입으로는 하지 말며 외인이 너를 칭찬하게 하고 네 입술로는 하지 말지니라　25:27

3 돌은 무겁고 모래도 가볍지 아니하거니와 미련한 자의 분노는 이 둘보다 무거우니라

4 분은 잔인하고 노는 창수 같거니와 투기 앞에야 누가 서리요

5 면책은 숨은 사랑보다 나으니라

27 에는 무엇이 기록되어 있을까?

전체적으로 볼 때 책망의 필요성과 유익에 대하여 교훈하고 있어요. 아무리 경건하고 도덕적인 사람이라도 잘못을 하기 마련이지요. 이때 필요한 것이 충고와 책망입니다. 그리고 충고하기에 가장 좋은 사람은 친구예요. 마음 편하게 아무 이야기든지 나눌 수 있는 친구는 참 소중한 존재랍니다.

6 친구의 아픈 책망은 충직으로 말미암는 것이나 원수의 잦은 입맞춤은 거짓에서 난 것이니라

7 배부른 자는 꿀이라도 ¹⁾싫어하고 주린 자에게는 쓴 것이라도 다니라 25:16

8 고향을 떠나 유리하는 사람은 보금자리를 떠나 떠도는 새와 같으니라

9 기름과 향이 사람의 마음을 즐겁게 하나니 친구의 충성된 권고가 이와 같이 아름다우니라

10 네 친구와 네 아비의 친구를 버리지 말며 네 환난 날에 형제의 집에 들어가지 말지어다 가까운 이웃이 먼 형제보다 나으니라

11 내 아들아 지혜를 얻고 내 마음을 기쁘게 하라 그리하면 나를 비방하는 자에게 내가 대답할 수 있으리라 10:1

12 슬기로운 자는 재앙을 보면 숨어 피하여도 어리석은 자들은 나가다가 해를 받느니라

13 타인을 위하여 보증 선 자의 옷을 취하라 외인들을 위하여 보증 선 자는 그의 몸을 볼모 잡을지니라

14 ²⁾이른 아침에 큰 소리로 자기 이웃을 축복하면 도리어 저주 같이 여기게 되리라

15 다투는 여자는 비 오는 날에 이어 떨어지는 물방울이라

16 그를 제어하기가 바람을 제어하는 것 같고 오른손으로 기름을 움키는 것 같으니라

17 철이 철을 날카롭게 하는 것 같이 사람이 그의 친구의 얼굴을 ³⁾빛나게 하느니라

18 무화과나무를 지키는 자는 그 과실을 먹고 자기 주인에게 시중드는 자는 영화를 얻느니라

19 물에 비치면 얼굴이 서로 같은 것 같이 사람의 마음도 서로 비치느니라

20 스올과 ⁴⁾아바돈은 만족함이 없고 사람의 눈도 만족함이 없느니라

21 도가니로 은을, 풀무로 금을, 칭찬으로 사람을 단련하느니라

22 미련한 자를 곡물과 함께 절구에 넣고 공이로 찧을지라도 그의 미련은 벗겨지지 아니하느니라

23 ●네 양 떼의 형편을 부지런히 살피며 네 소 떼에게 마음을 두라

24 대저 재물은 영원히 있지 못하나니 면류관이 어찌 대대에 있으랴

25 풀을 벤 후에는 새로 움이 돋나니 산에서 꼴을 거둘 것이니라

26 어린 양의 털은 네 옷이 되며 염소는 밭을 사는 값이 되며

27 염소의 젖은 넉넉하여 너와 네 집의 음식이 되며 네 여종의 먹을 것이 되느니라

1) 밟고 2) 부지런히 3) 히, 날카롭게 4) '죽음의 자리' 라는 뜻

28 악인은 쫓아오는 자가 없어도 도망하나 의인은 사자 같이 담대하니라 레 26:17

2 나라는 죄가 있으면 주관자가 많아져

28 장에는 무엇이 기록되어 있을까?

의인과 악인의 특성과 결말에 대하여 대조하여 설명하고 있어요. 특히 악인에 대해 자세하게 설명하고 있지요. 악인의 삶을 통해 반대로 하나님의 공의를 좇아 경건하게 살아가는 의인의 삶이 얼마나 귀한지 자연스럽게 나타나고 있어요. 악인은 절대 하나님의 심판을 피할 수 없답니다.

도 명철과 지식 있는 사람으로 말미암
아 장구하게 되느니라

3 가난한 자를 학대하는 가난한 자는 곡
식을 남기지 아니하는 폭우 같으니라

4 율법을 버린 자는 악인을 칭찬하나 율
법을 지키는 자는 악인을 대적하느니라

5 악인은 정의를 깨닫지 못하나 여호와
를 찾는 자는 모든 것을 깨닫느니라

6 가난하여도 성실하게 행하는 자는 부
유하면서 굽게 행하는 자보다 나으
니라

7 율법을 지키는 자는 지혜로운 아들이
요 음식을 탐하는 자와 사귀는 자는 아
비를 욕되게 하는 자니라

8 중한 변리로 자기 재산을 늘리는 것은
가난한 사람을 불쌍히 여기는 자를 위
해 그 재산을 저축하는 것이니라

9 사람이 귀를 돌려 율법을 듣지 아니하
면 그의 기도도 가증하니라 ^{사 66:18}

10 정직한 자를 악한 길로 유인하는 자는
스스로 자기 함정에 빠져도 성실한 자
는 복을 받느니라

11 부자는 자기를 지혜롭게 여기나 가난해
도 명철한 자는 자기를 살펴 아느니라

12 의인이 득의하면 큰 영화가 있고 악인
이 일어나면 사람이 숨느니라 ^{14:10}

13 자기의 죄를 숨기는 자는 형통하지 못
하나 죄를 자복하고 버리는 자는 불쌍
히 여김을 받으리라

14 항상 경외하는 자는 복되거니와 마음을
완악하게 하는 자는 재앙에 빠지리라

15 가난한 백성을 압제하는 악한 관원은
부르짖는 사자와 주린 곰 같으니라

16 무지한 치리자는 포학을 크게 행하거니
와 탐욕을 미워하는 자는 장수하리라

17 사람의 피를 흘린 자는 함정으로 달려
갈 것이니 그를 막지 말지니라 ^{28:16-19}

18 성실하게 행하는 자는 구원을 받을 것
이나 굽은 길로 행하는 자는 곧 넘어지
리라

19 자기의 토지를 경작하는 자는 먹을 것
이 많으려니와 방탕을 따르는 자는 궁
핍함이 많으리라

20 충성된 자는 복이 많아도 속히 부하고
자 하는 자는 형벌을 면하지 못하리라

21 사람의 낯을 보아 주는 것이 좋지 못
하고 한 조각 떡으로 말미암아 사람이
범법하는 것도 그러하니라

22 악한 눈이 있는 자는 재물을 얻기에만
급하고 빈궁이 자기에게로 임할 줄은
알지 못하느니라

23 사람을 경책하는 자는 혀로 아첨하는
자보다 나중에 더욱 사랑을 받느니라

24 부모의 물건을 도둑질하고서도 죄가
아니라 하는 자는 멸망 받게 하는 자의
동류니라 ^{19:26}

25 욕심이 많은 자는 다툼을 일으키나 여호
와를 의지하는 자는 풍족하게 되느니라

26 자기의 마음을 믿는 자는 미련한 자요
지혜롭게 행하는 자는 구원을 얻을 자
니라

27 가난한 자를 구제하는 자는 궁핍하지
아니하려니와 못 본 체하는 자에게는
저주가 크리라

28 악인이 일어나면 사람이 숨고 그가 멸
망하면 의인이 많아지느니라 ^{28:12}

29 자주 책망을 받으면서도 목이
곧은 사람은 갑자기 패망을 당
하고 피하지 못하느니라

2 의인이 많아지면 백성이 즐거워하고
악인이 권세를 잡으면 백성이 탄식하

29장 에는 무엇이 기록되어 있을까?

솔로몬이 왕으로서 나라를 다스리
는 과정에서 알게 될 지혜의 일부를 소개하고
있어요. 한 나라가 번영하기 위해서는 우선적으
로 공의로운 통치가 이루어져야 합니다. 즉, 왕
이 공평과 정의로 나라를 견고하게 해야 함을
강조하고 있지요. 그럴 때에 비로소 왕위가 견
고하게 서게 되는 것이랍니다.

느니라

3 지혜를 사모하는 자는 아비를 즐겁게 하여도 창기와 사귀는 자는 재물을 잃느니라

4 왕은 정의로 나라를 견고하게 하나 뇌물을 억지로 내게 하는 자는 나라를 멸망시키느니라

5 이웃에게 아첨하는 것은 그의 발 앞에 그물을 치는 것이니라

6 악인이 범죄하는 것은 스스로 올무가 되게 하는 것이나 의인은 노래하고 기뻐하느니라

7 의인은 가난한 자의 사정을 알아 주나 악인은 알아 줄 지식이 없느니라

8 거만한 자는 성읍을 요란하게 하여도 슬기로운 자는 노를 그치게 하느니라

9 지혜로운 자와 미련한 자가 다투면 지혜로운 자가 노하든지 웃든지 그 다툼은 그침이 없느니라

10 피 흘리기를 좋아하는 자는 온전한 자를 미워하고 정직한 자의 생명을 찾느니라

11 어리석은 자는 자기의 노를 다 드러내어도 지혜로운 자는 그것을 억제하느니라

12 관원이 거짓말을 들으면 그의 하인들은 다 악하게 되느니라

13 가난한 자와 포학한 자가 [1] 섞여 살거니와 여호와께서는 그 모두의 눈에 빛을 주시느니라

14 왕이 가난한 자를 성실히 신원하면 그의 왕위가 영원하게 견고하리라

15 채찍과 꾸지람이 지혜를 주거늘 임의로 행하게 버려 둔 자식은 어미를 욕되게 하느니라

16 악인이 많아지면 죄도 많아지나니 의인은 그들의 망함을 보리라

17 네 자식을 징계하라 그리하면 그가 너를 평안하게 하겠고 또 네 마음에 기쁨을 주리라

18 묵시가 없으면 백성이 방자히 행하거니와 율법을 지키는 자는 복이 있느니라

19 종은 말로만 하면 고치지 아니하나니 이는 그가 알고도 따르지 아니함이니라

20 네가 말이 조급한 사람을 보느냐 그보다 미련한 자에게 오히려 희망이 있느니라

21 종을 어렸을 때부터 곱게 양육하면 그가 나중에는 자식인 체하리라

22 노하는 자는 다툼을 일으키고 성내는 자는 범죄함이 많으니라

23 사람이 교만하면 낮아지게 되겠고 마음이 겸손하면 영예를 얻으리라

24 도둑과 짝하는 자는 자기의 영혼을 미워하는 자라 그는 저주를 들어도 진술하지 아니하느니라

1) 히, 서로 만나거니와

선생님!! 궁금해요 친구가 나쁜 일을 하는 것을 보았을 때 어떻게 해야 하나요?

친구가 착한 일을 할 때는 기분이 좋지만 나쁜 일을 할 때는 마음이 무척 아플 거예요. 이럴 때에는 먼저 하나님께 기도해보세요. "하나님, 친구가 나쁜 짓을 하고 있는데 어떻게 해야 할까요? 하나님께서 지혜를 주시고 도와주세요." 이렇게 기도하면 친구를 도울 수 있는 지혜가 생겨요.

화를 내거나 소리를 지르는 것은 좋은 방법이 아니에요. 그 친구를 사랑하는 마음을 가지고 바른 길을 말할 수 있어야 해요. "그것은 옳지 않은 일이야, 그런 일을 하는 것보다 이렇게 하는 것이 더 좋지 않을까?" 하면서 사랑의 마음을 가지고 따뜻한 충고를 해보세요. 그리고 여러분이 먼저 모범을 보여주세요. 또 계속 기도하세요. 그러면 모두가 좋은 친구로 바뀔 거예요. 27장 9절

25 사람을 두려워하면 올무에 걸리게 되거니와 여호와를 의지하는 자는 안전하리라

26 주권자에게 은혜를 구하는 자가 많으나 사람의 일의 작정은 여호와께로 말미암느니라

27 불의한 자는 의인에게 미움을 받고 바르게 행하는 자는 악인에게 미움을 받느니라

아굴의 잠언

30 이 말씀은 야게의 아들 아굴의 1)잠언이니 그가 이디엘 곧 이디엘과 우갈에게 이른 것이니라

2 ●나는 다른 사람에게 비하면 짐승이라 내게는 사람의 총명이 있지 아니하니라

3 나는 지혜를 배우지 못하였고 또 거룩하신 자를 아는 지식이 없거니와

4 하늘에 올라갔다가 내려온 자가 누구인지, 바람을 그 장중에 모은 자가 누구인지, 물을 옷에 싼 자가 누구인지, 땅의 모든 끝을 정한 자가 누구인지, 그의 이름이 무엇인지, 그의 아들의 이름이 무엇인지 너는 아느냐

5 ●하나님의 말씀은 다 순전하며 하나님은 그를 의지하는 자의 방패시니라

6 너는 그의 말씀에 더하지 말라 그가 너를 책망하시겠고 너는 거짓말하는 자가 될까 두려우니라

7 ●내가 두 가지 일을 주께 구하였사오니 내가 죽기 전에 내게 거절하지 마시옵소서

8 곧 헛된 것과 거짓말을 내게서 멀리 하옵시며 나를 가난하게도 마옵시고 부

하게도 마옵시고 오직 필요한 양식으로 나를 먹이시옵소서

9 혹 내가 배불러서 하나님을 모른다 여호와가 누구냐 할까 하오며 혹 내가 가난하여 도둑질하고 내 하나님의 이름을 욕되게 할까 두려워함이니이다

10 ●너는 종을 그의 상전에게 비방하지 말라 그가 너를 저주하겠고 너는 죄책을 당할까 두려우니라

11 아비를 저주하며 어미를 축복하지 아니하는 무리가 있느니라

12 스스로 깨끗한 자로 여기면서도 자기의 더러운 것을 씻지 아니하는 무리가 있느니라

13 눈이 심히 높으며 눈꺼풀이 높이 들린 무리가 있느니라

14 앞니는 장검 같고 어금니는 군도 같아서 가난한 자를 땅에서 삼키며 궁핍한 자를 사람 중에서 삼키는 무리가 있느니라

15 ●거머리에게는 두 딸이 있어 다오 다오 하느니라 족한 줄을 알지 못하여 족하다 하지 아니하는 것 서넛이 있나니

16 곧 스올과 아이 배지 못하는 태와 물로 채울 수 없는 땅과 족하다 하지 아니하는 불이니라

17 ●아비를 조롱하며 어미 순종하기를 싫어하는 자의 눈은 골짜기의 까마귀에게 쪼이고 독수리 새끼에게 먹히리라

18 ●내가 심히 기이히 여기고도 깨닫지 못하는 것 서넛이 있나니

19 곧 공중에 날아다니는 독수리의 자취와 반석 위로 기어 다니는 뱀의 자취와 바다로 지나다니는 배의 자취와 남자가 여자와 함께 한 자취며

20 음녀의 자취도 그러하니라 그가 먹고 그의 입을 씻음 같이 말하기를 내가 악을 행하지 아니하였다 하느니라

21 ●세상을 진동시키며 세상이 견딜 수 없게 하는 것 서넛이 있나니

22 곧 종이 임금된 것과 미련한 자가 음식

1) 경고

사반(30:26)

으로 배부른 것과

23 미움 받는 여자가 시집 간 것과 여종이 주모를 이은 것이니라

24 ●땅에 작고도 가장 지혜로운 것 넷이 있나니

25 곧 힘이 없는 종류로되 먹을 것을 여름에 준비하는 개미와

26 약한 종류로되 집을 바위 사이에 짓는 사반과

27 임금이 없으되 다 떼를 지어 나아가는 메뚜기와

28 손에 잡힐 만하여도 왕궁에 있는 도마뱀이니라

29 ●잘 걸으며 위풍 있게 다니는 것 서넛이 있나니

30 곧 짐승 중에 가장 강하여 아무 짐승 앞에서도 물러가지 아니하는 사자와

31 사냥개와 숫염소와 및 당할 수 없는 왕이니라

32 ●만일 네가 미련하여 스스로 높은 체하였거나 혹 악한 일을 도모하였거든 네 손으로 입을 막으라

33 대저 젖을 저으면 엉긴 젖이 되고 코를 비틀면 피가 나는 것 같이 노를 격동하면 다툼이 남이니라

르무엘 왕을 훈계한 잠언

31 르무엘 왕이 말씀한 바 곧 그의 어머니가 그를 훈계한¹⁾ 잠언이라

2 ●내 아들아 내가 무엇을 말하랴 내 태에서 난 아들아 내가 무엇을 말하랴 서원대로 얻은 아들아 내가 무엇을 말하랴

3 네 힘을 여자들에게 쓰지 말며 왕들을 멸망시키는 일을 행하지 말지어다 5:9

4 르무엘아 포도주를 마시는 것이 왕들에게 마땅하지 아니하며 왕들에게 마땅하지 아니하며 독주를 찾는 것이 주권자들에게 마땅하지 않도다

5 술을 마시다가 법을 잊어버리고 모든 곤고한 자들의 송사를 굽게 할까 두려우니라

6 독주는 죽게 된 자에게, 포도주는 마음에 근심하는 자에게 줄지어다

7 그는 마시고 자기의 빈궁한 것을 잊어버리겠고 다시 자기의 고통을 기억하지 아니하리라

8 너는 말 못하는 자와 모든 고독한 자의 송사를 위하여 입을 열지니라

9 너는 입을 열어 공의로 재판하여 곤고한 자와 궁핍한 자를 신원할지니라

현숙한 아내

10 ●누가 현숙한 여인을 찾아 얻겠느냐 그의 값은 진주보다 더 하니라

11 그런 자의 남편의 마음은 그를 믿나니 산업이 핍절하지 아니하겠으며

12 그런 자는 살아 있는 동안에 그의 남편에게 선을 행하고 악을 행하지 아니하느니라

13 그는 양털과 삼을 구하여 부지런히 손으로 일하며 31:21-24

14 상인의 배와 같아서 먼 데서 양식을 가져 오며

15 밤이 새기 전에 일어나서 자기 집안 사람들에게 음식을 나누어 주며 여종들에게 일을 정하여 맡기며

31 에는 무엇이 기록되어 있을까?

르무엘 왕의 어머니가 아들 르무엘에게 교훈하는 잠언입니다. 르무엘에 대하여 솔로몬이나 히스기야 왕의 다른 이름이라고 주장하기도 하지만, 확실하지는 않아요. 31장은 술에 대한 나쁜 점을 강조하고, 현숙한 여인은 하나님을 경외하고 근면하게 살아가는 여인임을 말하며 그 조건을 자세하게 말해주고 있답니다.

1) 경고

16 밭을 살펴 보고 사며 자기의 손으로 번 것을 가지고 포도원을 일구며

17 힘 있게 허리를 묶으며 자기의 팔을 강하게 하며

18 자기의 장사가 잘 되는 줄을 깨닫고 밤에 등불을 끄지 아니하며

19 손으로 솜뭉치를 들고 손가락으로 가락을 잡으며

20 그는 곤고한 자에게 손을 펴며 궁핍한 자를 위하여 손을 내밀며

21 자기 집 사람들은 다 홍색 옷을 입었으므로 눈이 와도 그는 자기 집 사람들을 위하여 염려하지 아니하며

22 그는 자기를 위하여 아름다운 이불을 지으며 세마포와 자색 옷을 입으며

23 그의 남편은 그 땅의 장로들과 함께 성문에 앉으며 사람들의 인정을 받으며

24 그는 베로 옷을 지어 팔며 띠를 만들어 상인들에게 맡기며

25 능력과 존귀로 옷을 삼고 후일을 웃으며

26 입을 열어 지혜를 베풀며 그의 혀로 인애의 법을 말하며
10:31

27 자기의 집안 일을 보살피고 게을리 얻은 양식을 먹지 아니하나니

28 그의 자식들은 일어나 감사하며 그의 남편은 칭찬하기를
딤후 1:5

29 덕행 있는 여자가 많으나 그대는 모든 여자보다 뛰어나다 하느니라
12:4

30 고운 것도 거짓되고 아름다운 것도 헛되나 오직 여호와를 경외하는 여자는 칭찬을 받을 것이라 〔합송〕

31 그 손의 열매가 그에게로 돌아갈 것이요 그 행한 일로 말미암아 성문에서 칭찬을 받으리라

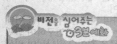

비전을 심어주는
1分예화　　　연습하는 이유

　어떤 사람이 '파블로 카잘스'에게 이런 찬사를 보냈어요.
　"카잘스의 연주를 들어보지 못한 사람은 첼로가 어떤 소리를 낼 수 있는지 상상도 못할 것입니다."
　카잘스는 96세까지 평생을 첼로만을 연구하고 사랑했던 사람이지요.
　어느 날, 한 기자가 연주 연습을 하는 카잘스를 2시간

을 기다린 끝에 만나서 인터뷰를 했어요.
　"세계적인 첼리스트인 선생님께서 아직도 하루에 6시간씩 연습하시는 이유가 무엇입니까?"
　카잘스가 대답했습니다.
　"왜냐하면 지금도 제가 조금씩 발전하고 있다고 생각하기 때문입니다."

☆ **전도서를 읽기 전에**

전도서를 쓴 사람은 다윗의 아들이자 이스라엘의 왕인 솔로몬입니다. 솔로몬은 나라를 강하게 하고 성전도 지었지만, 후에는 아내로 맞은 이방 여인들 때문에 하나님께 대한 순수한 믿음을 잃게 되었지요.

☆ **언제, 왜, 누구를 위하여 썼나요?**

이 책을 기록한 때는 B.C. 935년경으로 보고 있어요. 솔로몬의 지혜를 통해 하나님을 떠난 인간의 삶이 얼마나 헛되며, 하나님을 경외하는 것이 사람의 가장 근본적인 일임을 깨닫게 하기 위해 기록한 책이에요.

☆ **어떤 내용인가요?**

전도서는 하나님을 떠난 인간의 삶은 헛되다는 교훈을 주고 있어요. 하나님이 우리와 함께하시지 않는다면 우리들이 하는 모든 일들은 아무런 의미가 없습니다.

모든 것이 헛되다 ─ B.C. 940년경

1

다윗의 아들 예루살렘 왕 전도자의 말씀이라
1:12

2 ●전도자가 이르되 헛되고 헛되며 헛되고 헛되니 모든 것이 헛되도다

3 해 아래에서 수고하는 모든 수고가 사람에게 무엇이 유익한가

4 한 세대는 가고 한 세대는 오되 땅은 영원히 있도다
시 104:5

5 해는 뜨고 해는 지되 그 떴던 곳으로 빨리 돌아가고
시 19:5, 6

6 바람은 남으로 불다가 북으로 돌아가며 이리 돌며 저리 돌아 바람은 그 불던 곳으로 돌아가고

7 모든 강물은 다 바다로 흐르되 바다를 채우지 못하며 강물은 어느 곳으로 흐르든지 그리로 연하여 흐르느니라

8 모든 만물이 피곤하다는 것을 사람이 말로 다 말할 수는 없나니 눈은 보아도 족함이 없고 귀는 들어도 가득 차지 아니하도다

9 이미 있던 것이 후에 다시 있겠고 이미 한 일을 후에 다시 할지라 해 아래에는 새 것이 없나니

10 무엇을 가리켜 이르기를 보라 이것이 새 것이라 할 것이 있으랴 우리가 있기 오래 전 세대들에도 이미 있었느니라

11 이전 세대들이 기억됨이 없으니 장래 세대도 그 후 세대들과 함께 기억됨이 없으리라

지혜가 많으면 번뇌도 많다

12 ●나 전도자는 예루살렘에서 이스라엘 왕이 되어
7:27

13 마음을 다하며 지혜를 써서 하늘 아래에서 행하는 모든 일을 연구하며 살핀즉 이는 괴로운 것이니 하나님이 인생들에게 주사 수고하게 하신 것이라

14 내가 해 아래에서 행하는 모든 일을 보았노라 보라 모두 다 헛되어 바람을 잡으려는 것이로다

15 구부러진 것도 곧게 할 수 없고 모자란 것도 셀 수 없도다

얘는 무엇이 기록되어 있을까?

전도자는 모든 것이 헛되다는 말로 이야기를 시작하고 있어요. 그는 이스라엘의 왕으로서 많은 부를 누리고 큰 지혜를 소유했던 사람이었지요. 그런 그가 하나님을 제외하고는, 인간이 살면서 겪는 모든 일과 세상에 있는 모든 것이 무가치하고 무의미하다고 이야기하고 있습니다.

16 내가 내 마음 속으로 말하여 이르기를 보라 내가 크게 되고 지혜를 더 많이 얻었으므로 나보다 먼저 예루살렘에 있던 모든 사람들보다 낫다 하였더니 내 마음이 지혜와 지식을 많이 만나 보았음이로다

17 내가 다시 지혜를 알고자 하며 미친 것들과 미련한 것들을 알고자 하여 마음을 썼으나 이것도 바람을 잡으려는 것인 줄을 깨달았도다

18 지혜가 많으면 번뇌도 많으니 지식을 더하는 자는 근심을 더하느니라 　12:12

즐거움도 헛되다

2 나는 내 마음에 이르기를 자, 내가 시험삼아 너를 즐겁게 하리니 너는 낙을 누리라 하였으나 보라 이것도 헛되도다

2 내가 웃음에 관하여 말하여 이르기를 그것은 미친 것이라 하였고 희락에 대하여 이르기를 이것이 무슨 소용이 있는가 하였노라 　잠 14:13

3 내가 내 마음으로 깊이 생각하기를 내가 어떻게 하여야 내 마음을 지혜로 다스리면서 술로 내 육신을 즐겁게 할까 또 내가 어떻게 하여야 천하의 인생들이 그들의 인생을 살아가는 동안 어떤 것이 선한 일인지를 알아볼 때까지 내 어리석음을 꼭 붙잡아 둘까 하여

4 나의 사업을 크게 하였노라 내가 나를 위하여 집들을 짓고 포도원을 일구며

5 여러 동산과 과원을 만들고 그 가운데에 각종 과목을 심었으며

6 나를 위하여 수목을 기르는 삼림에 물을 주기 위하여 못들을 팠으며

7 남녀 노비들을 사기도 하였고 나를 위하여 집에서 종들을 낳기도 하였으며 나보다 먼저 예루살렘에 있던 모든 자들보다도 내가 소와 양 떼의 소유를 더 많이 가졌으며

8 은 금과 왕들이 소유한 보배와 여러 지방의 보배를 나를 위하여 쌓고 또 노래하는 남녀들과 인생들이 기뻐하는 처첩들을 많이 두었노라

9 내가 이같이 창성하여 나보다 먼저 예루살렘에 있던 모든 자들보다 더 창성하니 내 지혜도 내게 여전하도다

10 무엇이든지 내 눈이 원하는 것을 내가 금하지 아니하며 무엇이든지 내 마음이 즐거워하는 것을 내가 막지 아니하였으니 이는 나의 모든 수고를 내 마음이 기뻐하였음이라 이것이 나의 모든 수고로 말미암아 얻은 몫이로다

11 그 후에 내가 생각해 본즉 내 손으로 한 모든 일과 내가 수고한 모든 것이 다 헛되어 바람을 잡는 것이며 해 아래에서 무익한 것이로다

지혜자나 우매자나

12 ●내가 돌이켜 지혜와 망령됨과 어리석음을 보았나니 왕 뒤에 오는 자는 무슨 일을 행할까 이미 행한 지 오래 전의 일일 뿐이리라

13 내가 보니 지혜가 우매보다 뛰어남이 빛이 어둠보다 뛰어남 같도다 　3:19

14 지혜자는 그의 눈이 그의 머리 속에 있고 우매자는 어둠 속에 다니지만 그들 모두가 당하는 일이 모두 같으리라는 것을 나도 깨달아 알았도다

15 내가 내 마음속으로 이르기를 우매자가 당한 것을 나도 당하리니 내게 지혜가 있었다 한들 내게 무슨 유익이 있으리요 하였도다 이에 내가 내 마음속으로 이르기를 이것도 헛되도다 하였도다

16 지혜자도 우매자와 함께 영원하도록 기억함을 얻지 못하나니 후일에는 다 잊어버린 지 오랠 것임이라 오호라 지혜자의 죽음이 우매자의 죽음과 일반이로다

2 장 에는 무엇이 기록되어 있을까?

전도자는 지혜로운 왕으로서 많은 것들을 누리고 즐겼지만, 가진 것들이 그의 마음을 채워주지는 못했어요. 또한 지혜가 있어도 어리석은 자들과 마찬가지로 죽으면 한 줌의 흙으로 돌아가야 한다는 사실이 허무했지요. 결국 그가 깨달은 것은 하나님을 인정하고 그분 안에서 살아갈 때에 비로소 참 만족이 있다는 것이었어요.

17 이러므로 내가 사는 것을 미워하였노
니 이는 해 아래에서 하는 일이 내게 괴
로움이요 모두 다 헛되어 바람을 잡으
려는 것이기 때문이로다

수고도 헛되다
18 ●내가 해 아래에서 내가 한 모든 수고
를 미워하였노니 이는 내 뒤를 이을 이
에게 남겨 주게 됨이라
19 그 사람이 지혜자일지, 우매자일지야
누가 알랴마는 내가 해 아래에서 내 지
혜를 다하여 수고한 모든 결과를 그가
다 관리하리니 이것도 헛되도다
20 이러므로 내가 해 아래에서 한 모든 수
고에 대하여 내가 내 마음에 실망하였
도다
21 어떤 사람은 그 지혜와 지식과 재주를
다하여 수고하였어도 그가 얻은 것을 수
고하지 아니한 자에게 그의 몫으로 넘겨
주리니 이것도 헛된 것이며 큰 악이로다
22 사람이 해 아래에서 행하는 모든 수고와
마음에 애쓰는 것이 무슨 소득이 있으랴
23 일평생에 근심하며 수고하는 것이 슬
픔뿐이라 그의 마음이 밤에도 쉬지 못
하나니 이것도 헛되도다
24 ●사람이 먹고 마시며 수고하는 것보
다 그의 마음을 더 기쁘게 하는 것은 없
나니 내가 이것도 본즉 하나님의 손에
서 나오는 것이로다
25 아, 먹고 즐기는 일을 누가 나보다 더
해 보았으랴
26 하나님은 그가 기뻐하시는 자에게는
지혜와 지식과 희락을 주시나 죄인에
게는 노고를 주시고 그가 모아 쌓게 하

사 하나님을 기뻐하는 자에게 그가 주
게 하시지만 이것도 헛되어 바람을 잡
는 것이로다　　　　　욥 32:8

모든 일에 때가 있다
3 범사에 기한이 있고 천하 만사가
　　　다 때가 있나니　　8:6
2 날 때가 있고 죽을 때가 있으며 심을 때
가 있고 심은 것을 뽑을 때가 있으며
3 죽일 때가 있고 치료할 때가 있으며 헐
때가 있고 세울 때가 있으며
4 울 때가 있고 웃을 때가 있으며 슬퍼할
때가 있고 춤출 때가 있으며　　롬 12:15
5 돌을 던져 버릴 때가 있고 돌을 거둘 때
가 있으며 안을 때가 있고 안는 일을 멀
리 할 때가 있으며
6 찾을 때가 있고 잃을 때가 있으며 지킬
때가 있고 버릴 때가 있으며
7 찢을 때가 있고 꿰맬 때가 있으며 잠잠

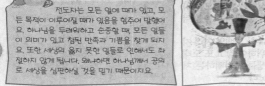

선생님!! 궁금해요

이 세상은 정말 하나님이 만드신 거예요?

옛날 사람들은 지구가 그냥 생겨났다고 생각했어
요. 어떤 이들은 원숭이가 변하여 사람이 되었으며,
이 지구에 있는 모든 것이 시간이 지날수록 모양이
변해서 완성되었다고 생각하지요. 하지만 그런 생각
은 너무나 어리석고 잘못된 것이랍니다.

사람과 동물, 나무와 꽃, 하늘과 땅을 비롯해 우주
만물은 다 하나님께서 직접 말씀으로 만드신 거예
요. 그런데 하나님께서는 어떤 재료를 가지고 만드
신 것이 아니라 아무것도 없는 곳에서 우주 만물을
만드셨어요. '무'에서 '유'를 창조하신 것이죠. 나
무도, 돌도, 흙도, 공
기도, 물도, 하늘
도, 빛도, 동물도,
물고기도, 꽃도,
과일도, 사람도
다 하나님이 만
드신 거예요. 그
러므로 하나님
께 감사하고 하
나님을 섬기며 살
아야 해요.
　　　　요 1장 3절

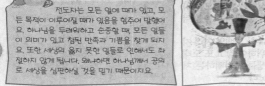

3 에는 무엇이 기록되어 있을까?

전도자는 모든 일에 때가 있고, 모
든 목적이 이루어질 때가 있음을 힘주어 말했어
요. 하나님을 두려워하고 순종할 때, 모든 일들
이 의미가 있고 참된 만족과 기쁨을 찾게 된다지
요. 또한 세상의 옳지 못한 일들로 인해서도 좌
절하지 않게 됩니다. 왜냐하면 하나님께서 공의
로 세상을 심판하실 것을 믿기 때문이지요.

할 때가 있고 말할 때가 있으며

8 사랑할 때가 있고 미워할 때가 있으며 전쟁할 때가 있고 평화할 때가 있느니라

9 일하는 자가 그의 수고로 말미암아 무슨 이익이 있으랴 2:11

10 하나님이 인생들에게 노고를 주사 애쓰게 하신 것을 내가 보았노라 1:13

11 하나님이 모든 것을 지으시되 때를 따라 아름답게 하셨고 또 사람들에게는 영원을 사모하는 마음을 주셨느니라 그러나 하나님이 하시는 일의 시종을 사람으로 측량할 수 없게 하셨도다

12 사람들이 사는 동안에 기뻐하며 선을 행하는 것보다 더 나은 것이 없는 줄을 내가 알았고

13 사람마다 먹고 마시는 것과 수고함으로 낙을 누리는 그것이 하나님의 선물인 줄도 또한 알았도다

14 하나님께서 행하시는 모든 것은 영원히 있을 것이라 그 위에 더 할 수도 없고 그 것에서 덜 할 수도 없나니 하나님이 이같이 행하심은 사람들이 그의 앞에서 경외하게 하려 하심인 줄을 내가 알았도다

15 이제 있는 것이 옛적에 있었고 장래에 있을 것도 옛적에 있었나니 하나님은 이미 지난 것을 다시 찾으시느니라 1:9

16 ●또 내가 해 아래에서 보건대 재판하는 곳 거기에도 악이 있고 정의를 행하는 곳 거기에도 악이 있도다

17 내가 내 마음속으로 이르기를 의인과 악인을 하나님이 심판하시리니 이는 모든 소망하는 일과 모든 행사에 때가 있음이라 하였으며

18 내가 내 마음속으로 이르기를 인생들의 일에 대하여 하나님이 그들을 시험하시리니 그들이 자기가 짐승과 다름이 없는 줄을 깨닫게 하려 하심이라

하였노라

19 인생이 당하는 일을 짐승도 당하나니 그들이 당하는 일이 일반이라 다 동일한 호흡이 있어서 짐승이 죽음 같이 사람도 죽으니 사람이 짐승보다 뛰어남이 없음은 모든 것이 헛됨이로다

20 다 흙으로 말미암았으므로 다 흙으로 돌아가나니 다 한 곳으로 가거니와

21 인생들의¹⁾혼은 위로 올라가고 짐승의 ¹⁾혼은 아래 곧 땅으로 내려가는 줄을 누가 알랴

22 그러므로 나는 사람이 자기 일에 즐거워하는 것보다 더 나은 것이 없음을 보았나니 이는 그것이 그의 몫이기 때문이라 아, 그의 뒤에 일어날 일이 무엇인지를 보게 하려고 그를 도로 데리고 올 자가 누구이랴 2:24

학대, 수고, 동무

4 내가 다시 해 아래에서 행하는 모든 학대를 살펴 보았도다 보라 학대 받는 자들의 눈물이로다 그들에게 위로자가 없도다 그들을 학대하는 자들의 손에는 권세가 있으나 그들에게는 위로자가 없도다

2 그러므로 나는 아직 살아 있는 산 자들보다 죽은 지 오랜 죽은 자들을 더 복되다 하였으며

3 이 둘보다도 아직 출생하지 아니하여 해 아래에서 행하는 악한 일을 보지 못한 자가 더 복되다 하였노라

4 ●내가 또 본즉 사람이 모든 수고와 모든 재주로 말미암아 이웃에게 시기를 받으니 이것도 헛되어 바람을 잡는 것

4장 에는 무엇이 기록되어 있을까?

이 세상에 퍼져 있는 억울한 일들과 이치에 어긋나는 일들은 전도자의 마음을 더욱더 허무하게 만들었어요. 괴롭힘을 당하고도 하소연할 데 없는 약한 사람들, 고아와 같이 외로운 사람들이 대표적인 예지요. 어떤 사람은 낮은 자리에서 왕의 자리에까지 올랐지만, 전도자는 그의 일생 역시 허무할 뿐이라고 말했어요.

---

1) 히, 영

노고(2:26) (어떤 일을 이루기 위하여) 수고롭게 힘들이고 애쓰는 것.

사모(3:11) 생각하고 그리워함.

학대(4:1) 심하게 괴롭히거나 혹독하게 대우함.

이로다

5 우매자는 팔짱을 끼고 있으면서 자기의 몸만 축내는도다

6 두 손에 가득하고 수고하며 바람을 잡는 것보다 한 손에만 가득하고 평온함이 더 나으니라

7 ●내가 또 다시 해 아래에서 헛된 것을 보았도다

8 어떤 사람은 아들도 없고 형제도 없이 홀로 있으나 그의 모든 수고에는 끝이 없도다 또 비록 그의 눈은 부요를 족하게 여기지 아니하면서 이르기를 내가 누구를 위하여는 이같이 수고하고 나를 위하여는 행복을 누리지 못하게 하는가 하여도 이것도 헛되어 불행한 노고로다

9 두 사람이 한 사람보다 나음은 그들이 수고함으로 좋은 상을 얻을 것임이라

10 혹시 그들이 넘어지면 하나가 그 동무를 붙들어 일으키려니와 홀로 있어 넘어지고 붙들어 일으킬 자가 없는 자에게는 화가 있으리라

11 또 두 사람이 함께 누우면 따뜻하거니와 한 사람이면 어찌 따뜻하랴

12 한 사람이면 패하겠거니와 두 사람이면 맞설 수 있나니 세 겹 줄은 쉽게 끊어지지 아니하느니라

　가난하게 태어나 왕이 되어도

13 ●가난하여도 지혜로운 젊은이가 늙고 둔하여 경고를 더 받을 줄 모르는 왕보다 나으니

14 그는 자기의 나라에서 가난하게 태어났을지라도 감옥에서 나와 왕이 되었음이니라

15 내가 본즉 해 아래에서 다니는 인생들이 왕의 다음 자리에 있다가 왕을 대신하여 일어난 젊은이와 함께 있고

16 그의 치리를 받는 모든 백성들이 무수하였을지라도 후에 오는 자들은 그를 기뻐하지 아니하리니 이것도 헛되어 바람을 잡는 것이로다

　하나님을 경외하라　—　B.C. 940년경

5

너는 하나님의 집에 들어갈 때에 네 발을 삼갈지어다 가까이 하여 말씀을 듣는 것이 우매한 자들이 제물 드리는 것보다 나으니 그들은 악을 행하면서도 깨닫지 못함이니라

2 너는 하나님 앞에서 함부로 입을 열지 말며 급한 마음으로 말을 내지 말라 하나님은 하늘에 계시고 너는 땅에 있음이니라 그런즉 마땅히 말을 적게 할 것이라

3 걱정이 많으면 꿈이 생기고 말이 많으면 우매한 자의 소리가 나타나느니라

4 네가 하나님께 서원하였거든 갚기를 더디게 하지 말라 하나님은 우매한 자들을 기뻐하지 아니하시나니 서원한 것을 갚으라

5 서원하고 갚지 아니하는 것보다 서원하지 아니하는 것이 더 나으니

6 네 입으로 네 육체가 범죄하게 하지 말라 [1]사자 앞에서 내가 서원한 것이 실수라고 말하지 말라 어찌 하나님께서 네 목소리로 말미암아 진노하사 네 손으로 한 것을 멸하시게 하랴

7 꿈이 많고 헛된 일들이 많아지고 말이 많아도 그러하니 오직 너는 하나님을 경외할지니라

8 ●너는 어느 지방에서든지 빈민을 학대하는 것과 정의와 공의를 짓밟는 것을 볼지라도 그것을 이상히 여기지 말라 높은 자는 자가 감찰하고 또 그들보다 더 높은 자들도 있음이니라

9 땅의 소산물은 모든 사람을 위하여 있나니 왕도 밭의 소산을 받느니라

1) 말 2:7을 보라

재물과 부요와 존귀도 헛되다

10 ●은을 사랑하는 자는 은으로 만족하지 못하고 풍요를 사랑하는 자는 소득으로 만족하지 아니하나니 이것도 헛되도다

11 재산이 많아지면 먹는 자들도 많아지나니 그 소유주들은 눈으로 보는 것 외에 무엇이 유익하랴

12 노동자는 먹는 것이 많든지 적든지 잠을 달게 자거니와 부자는 그 부요함 때문에 자지 못하느니라

13 ●내가 해 아래에서 큰 폐단 되는 일이 있는 것을 보았나니 곧 소유주가 재물을 자기에게 해가 되도록 소유하는 것이라

14 그 재물이 재난을 당할 때 없어지나니 비록 아들은 낳았으나 그 손에 아무것도 없느니라

15 그가 모태에서 벌거벗고 나왔은즉 그가 나온 대로 돌아가고 수고하여 얻은 것을 아무것도 자기 손에 가지고 가지 못하리니

16 이것도 큰 불행이라 어떻게 왔든지 그대로 가리니 바람을 잡는 수고가 그에게 무엇이 유익하랴

17 일평생을 어두운 데에서 먹으며 많은 근심과 질병과 분노가 그에게 있느니라

18 ●사람이 하나님께서 그에게 주신 바 그 일평생에 먹고 마시며 해 아래에서 하는 모든 수고 중에서 낙을 보는 것이 선하고 아름다움을 내가 보았나니 그것이 그의 몫이로다

19 또한 어떤 사람에게든지 하나님이 재물과 부요를 그에게 주사 능히 누리게 하시며 제 몫을 받아 수고함으로 즐거워하게 하신 것은 하나님의 선물이라

20 그는 자기의 생명의 날을 깊이 생각하지 아니하리니 이는 하나님이 그의 마음에 기뻐하는 것으로 응답하심이니라

6 내가 해 아래에서 한 가지 불행한 일이 있는 것을 보았나니 이는 사람의 마음을 무겁게 하는 것이라 5:13

2 어떤 사람은 그의 영혼이 바라는 모든 소원에 부족함이 없어 재물과 부요와 존귀를 하나님께 받았으나 하나님께서 그가 그것을 누리도록 허락하지 아니하셨으므로 다른 사람이 누리나니 이것도 헛되어 악한 병이로다

3 사람이 비록 백 명의 자녀를 낳고 또 장수하여 사는 날이 많을지라도 그의 영혼은 그러한 행복으로 만족하지 못하고 또 그가 안장되지 못하면 나는 이르기를 낙태된 자가 그보다는 낫다 하나니

4 낙태된 자는 헛되이 왔다가 어두운 중에 가매 그의 이름이 어둠에 덮이니

5 햇빛을 보지 못하고 또 그것을 알지도 못하나 이가 그보다 더 평안함이라

6 그가 비록 천 년의 갑절을 산다 할지라도 행복을 보지 못하면 마침내 다 한 곳으로 돌아가는 것뿐이 아니냐 2:14

술술 풀리는 성경 말씀

함부로 ~하지 말라

타락한 인간의 마음은 때론 경솔하고 간사하기까지 합니다. 그래서 스스로 약속하고 맹세한 것도 주저 없이 깨뜨리고 부인하기도 하지요. 또한 인간은 매우 제한된 능력을 갖고 있기 때문에, 자신의 노력에도 불구하고 할 수 없는 일이 너무 많아요. 전도자는 이러한 사실을 잘 알고 있었기 때문에, 하나님 앞에서 말과 행동을 신중하게 할 것을 권하고 있어요.

그런데 요즘은 많은 기독교인들이 부흥회나 집회 등에서 흥흥적으로 목회자나 선교사로 헌신하고 많은 헌금을 약속했다가, 지키지 못해 신앙에 큰 어려움을 겪는 것을 볼 수 있어요. 또한 교회의 사업을 발표했다가 이루지 못하는 경우도 있지요. 그러므로 우리는 전도자의 권면에 귀를 기울여야 하겠습니다.

5장 2절

6장 에는 무엇이 기록되어 있을까?

전도자는 인간의 행복과 만족이 겉으로 보이는 재산과 성공에 달려 있는 것이 아님을 강조했어요. 높은 지위와 풍성한 재물을 얻었다고 해도 염려와 불안이 끊이지 않는다면, 또한 많은 자녀를 낳고 오래 산다 해도 즐거움을 누리지 못한다면, 이 세상에 태어나지 않은 사람만도 못하다고 말했어요.

7 ●사람의 수고는 다 자기의 입을 위함이나 그 식욕은 채울 수 없느니라

8 지혜자가 우매자보다 나은 것이 무엇이냐 살아 있는 자들 앞에서 행할 줄을 아는 가난한 자에게는 무슨 유익이 있는가 2:15

9 눈으로 보는 것이 마음으로 공상하는 것보다 나으나 이것도 헛되어 바람을 잡는 것이로다

10 ●이미 있는 것은 무엇이든지 오래 전부터 그의 이름이 이미 불린 바 되었으며 사람이 무엇인지도 이미 안 바 되었나니 자기보다 강한 자와는 능히 다툴 수 없느니라 1:9

11 헛된 것을 더하게 하는 많은 ¹⁾일들이 있나니 그것들이 사람에게 무슨 유익이 있으랴

12 헛된 생명의 모든 날을 그림자 같이 보내는 일평생에 사람에게 무엇이 낙인지를 누가 알며 그 후에 해 아래에서 무슨 일이 있을 것을 누가 능히 그에게 고하리요 약 4:14

지혜자와 우매한 자─B.C. 940년경

7 좋은 이름이 좋은 기름보다 낫고 죽는 날이 출생하는 날보다 나으며

2 초상집에 가는 것이 잔칫집에 가는 것보다 나으니 모든 사람의 끝이 이와 같이 됨이라 산 자는 이것을 그의 마음에 둘지어다

3 슬픔이 웃음보다 나음은 얼굴에 근심하는 것이 마음에 유익하기 때문이니라 고후 7:10

4 지혜자의 마음은 초상집에 있으되 우매한 자의 마음은 혼인집에 있느니라

5 ●지혜로운 사람의 책망을 듣는 것이 우매한 자들의 노래를 듣는 것보다 나으니라 시 141:5

6 우매한 자들의 웃음 소리는 솥 밑에서 가시나무가 타는 소리 같으니 이것도 헛되니라

7 탐욕이 지혜자를 우매하게 하고 뇌물이 사람의 ²⁾명철을 망하게 하느니라

8 ●일의 끝이 시작보다 낫고 참는 마음이 교만한 마음보다 나으니

9 급한 마음으로 노를 발하지 말라 노는 우매한 자들의 품에 머무름이니라

10 옛날이 오늘보다 나은 것이 어찜이냐 하지 말라 이렇게 묻는 것은 지혜가 아니니라

11 ●지혜는 유산 같이 아름답고 햇빛을 보는 자에게 유익이 되도다

12 지혜의 그늘 아래에 있음은 돈의 그늘 아래에 있음과 같으나, 지혜에 관한 지식이 더 유익함은 지혜가 그 지혜 있는 자를 살리기 때문이니라 9:18

13 하나님께서 행하시는 일을 보라 하나님께서 굽게 하신 것을 누가 능히 곧게 하겠느냐 3:11

14 형통한 날에는 기뻐하고 곤고한 날에는 되돌아 보아라 이 두 가지를 하나님이 병행하게 하사 사람이 그의 장래 일을 능히 헤아려 알지 못하게 하셨느니라

15 ●내 허무한 날을 사는 동안 내가 이 모든 일을 살펴 보았더니 자기의 의로움에도 불구하고 멸망하는 의인이 있고 자기의 악행에도 불구하고 장수하는 악인이 있으니

16 지나치게 의인이 되지도 말며 지나치게 지혜자도 되지 말라 어찌하여 스스로 패망하게 하겠느냐

17 지나치게 악인이 되지도 말며 지나치게 우매한 자도 되지 말라 어찌하여 기한 전에 죽으려고 하느냐 욥 15:32

18 너는 이것도 잡으며 저것도 에서도 네 손

7 에는 무엇이 기록되어 있을까?

초상집에 가는 것이 잔칫집에 가는 것보다 더 나은 이유는, 인생의 슬픔을 보면서 삶에 대해 진지하게 생각할 수 있기 때문이에요. 우리는 살아가면서 슬픈 일도 만나고 기쁜 일도 만나게 돼요. 하나님이 이 두 가지를 번갈아 겪게 하시는 것은 이 일들을 통해 지혜롭게 대처하는 법을 배우게 하기 위해서랍니다.

1) 언론 2) 마음을

을 놓지 아니하는 것이 좋으니 하나님을 경외하는 자는 이 모든 일에서 벗어날 것임이니라

19 ●지혜가 지혜자를 성읍 가운데 있는 열 명의 권력자들보다 더 능력이 있게 하느니라

20 선을 행하고 전혀 죄를 범하지 아니하는 의인은 세상에 없기 때문이로다

21 또한 사람들이 하는 모든 말에 네 마음을 두지 말라 그리하면 네 종이 너를 저주하는 것을 듣지 아니하리라

22 너도 가끔 사람을 저주하였다는 것을 네 마음도 알고 있느니라

23 ●내가 이 모든 것을 지혜로 시험하며 스스로 이르기를 내가 지혜자가 되리라 하였으나 지혜가 나를 멀리 하였도다

24 이미 있는 것은 멀고 또 깊고 깊도다 누가 능히 통달하랴

25 내가 돌이켜 전심으로 지혜와 명철을 살피고 연구하여 악한 것이 얼마나 어리석은 것이요 어리석은 것이 얼마나 미친 것인 줄을 알고자 하였더니

26 마음은 올무와 그물 같고 손은 포승 같은 여인은 사망보다 더 쓰다는 사실을 내가 알아내었도다 그러므로 하나님

을 기쁘게 하는 자는 그 여인을 피하려니와 죄인은 그 여인에게 붙잡히리로다 　잠 5:4

27 전도자가 이르되 보라 내가 낱낱이 살펴 그 이치를 연구하여 이것을 깨달았노라

28 내 마음이 계속 찾아 보았으나 아직도 찾지 못한 것이 이것이라 천 사람 가운데서 한 사람을 내가 찾았으나 이 모든 사람들 중에서 여자는 한 사람도 찾지 못하였느니라

29 내가 깨달은 것은 오직 이것이라 곧 하나님은 사람을 정직하게 지으셨으나 사람이 많은 꾀들을 낸 것이니라 　잠 1:27

8 누가 지혜자와 같으며 누가 사물의 이치를 아는 자이냐 사람의 지혜는 그의 얼굴에 광채가 나게 하나니 그의 얼굴의 사나운 것이 변하느니라

2 내가 권하노라 왕의 명령을 지키라 이미 하나님을 가리켜 맹세하였음이니라

3 왕 앞에서 물러가기를 급하게 하지 말며 악한 것을 일삼지 말라 왕은 자기가 하고자 하는 것을 다 행함이니라

4 왕의 말은 권능이 있나니 누가 그에게 이르기를 왕께서 무엇을 하시나이까 할 수 있으랴

5 명령을 지키는 자는 불행을 알지 못하리라 지혜자의 마음은 때와 판단을 분별하나니

6 무슨 일에든지 때와 판단이 있으므로 사람에게 임하는 화가 심함이니라

7 사람이 장래 일을 알지 못하나니 장래 일을 가르칠 자가 누구이랴

8 바람을 주장하여 바람을 움직이게 할

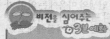

비전을 심어주는 **3분 예화**

마음 문을 두드리시는 분

　영국의 성 바오르 대성당에는 '홀맨 헌트'라는 화가가 요한계시록 3장 20절의 말씀을 배경으로 그린 그림이 걸려 있어요. 그림에는 왕복을 입으신 예수님께서 머리에 가시면류관을 쓰시고, 왼손으로 등불을 드시고 오른손으로는 굳게 닫힌 문을 두드리고 계십니다. 이 문은 바깥에 문고리가 없어서 밖에서 열 수가 없지요. 안에서 열어줄 때까지 기다려야 해요. 이 문은 바로 사람의 마음문이랍니다.

　예수님께서는 마음의 문이 열릴 때까지 노크를 그치지 않으십니다. 각 사람의 자유 의지를 존중하셔서 사람들이 스스로 열어주기를 기다리고 계시지요. 예수님은 그 사람과 더불어 먹고 마시고 그 사람을 구원하시려고 쉬지 않고 문을 두드리십니다.

8장 에는 무엇이 기록되어 있을까?

　8장에서는 왕에게 복종하고 하나님의 뜻에 겸손히 순종하라고 말합니다. 하나님이 살아 계시는데 어떻게 악한 사람이 잘 살고 의로운 사람이 고통을 받을 수 있을까 하는 의문을 가질 수 있지요. 그러나 전도자는 하나님을 두려워하지 않는 사람들은 결국에는 멸망하고 만다고 말하고 있어요.

사람도 없고 죽는 날을 주장할 사람도 없으며 전쟁할 때를 모면할 사람도 없으니 악이 그의 주민들을 건져낼 수는 없느니라

악인들과 의인들

9 ●내가 이 모든 것들을 보고 해 아래에서 행하는 모든 일을 마음에 두고 살핀즉 사람이 사람을 주장하여 해롭게 하는 때가 있도다

10 그런 후에 내가 본즉 악인들은 장사지낸 바 되어 거룩한 곳을 떠나 그들이 그렇게 행한 성읍 안에서 잊어버린 바되었으니 이것도 헛되도다

11 악한 일에 관한 징벌이 속히 실행되지 아니하므로 인생들이 악을 행하는 데에 마음이 담대하도다

12 죄인은 백 번이나 악을 행하고도 장수하거니와 또한 내가 아노니 하나님을 경외하여 그를 경외하는 자들은 잘 될 것이요

13 악인은 잘 되지 못하며 장수하지 못하고 그 날이 그림자와 같으리니 이는 하나님을 경외하지 아니함이니라 6:12

14 ●세상에서 행해지는 헛된 일이 있나니 곧 악인들의 행위에 따라 벌을 받는 의인들도 있고 의인들의 행위에 따라 상을 받는 악인들도 있다는 것이라 내가 이르노니 이것도 헛되도다

15 이에 내가 희락을 찬양하노니 이는 사람이 먹고 마시고 즐거워하는 것보다 더 나은 것이 해 아래에는 없음이라 하나님이 사람을 해 아래에서 살게 하신 날 동안 수고하는 일 중에 그러한 일이 그와 함께 있을 것이니라 2:24

16 ●내가 마음을 다하여 지혜를 알고자

하며 세상에서 행해지는 일을 보았는데 밤낮으로 자지 못하는 자도 있도다

17 또 내가 하나님의 모든 행사를 살펴 보니 해 아래에서 행해지는 일을 사람이 능히 알아낼 수 없도다 사람이 아무리 애써서 알아보려고 할지라도 능히 알지 못하나니 비록 지혜자가 아노라 할지라도 능히 알아내지 못하리로다

모두 다 하나님의 손 안에 있다
—B.C. 940년경

9 이 모든 것을 내가 마음에 두고 이 모든 것을 살펴 본즉 의인들이나 지혜자들이나 그들의 행위나 모두 다 하나님의 손 안에 있으니 사랑을 받을는지 미움을 받을는지 사람이 알지 못하는 것은 모두 그들의 미래의 일들임이니라

2 ●모든 사람에게 임하는 그 모든 것이 일반이라 의인과 악인, 선한 자와 깨끗한 자와 깨끗하지 아니한 자, 제사를 드리는 자와 제사를 드리지 아니하는 자에게 일어나는 일들이 모두 일반이니 선인과 죄인, 맹세하는 자와 맹세하기를 무서워하는 자가 일반이로다

3 모든 사람의 결국은 일반이라 이것은 해 아래에서 행해지는 모든 일 중의 악한 것이니 곧 인생의 마음에는 악이 가득하여 그들의 평생에 미친 마음을 품고 있다가 후에는 죽은 자들에게로 돌아가는 것이라 8:11

4 모든 산 자들 중에 들어 있는 자에게는 누구나 소망이 있음은 산 개가 죽은 사자보다 낫기 때문이니라

5 산 자들은 죽을 줄을 알되 죽은 자들은

장사(8:10) 시체를 묻거나 화장하는 일.
경외(8:12) 공경하고 두려워하는 것.
희락(8:15) 기쁨과 즐거움.
선수(9:11) 남보다 먼저 도착함.
명철(9:11) 총명하고 사리에 밝음.
홀연히(9:12) 뜻하지 않게, 갑자기.
흉벽(9:14) 성곽 등 중요한 곳에 쌓는, 사람 가슴 높이만한 담이나 둑.

9 에는 무엇이 기록되어 있을까?

의와 지혜를 추구하는 것을 고귀하게 여기는 듯하다가 이내 그것마저도 허무하다고 하는 것을 보면 전도자의 중심이 흔들린 것처럼 보입니다. 그러나 이렇게 표현한 것은 그만큼 인간의 모든 삶이 복잡하고 다양하며, 하나님의 뜻이 헤아릴 수 없을 정도로 깊기 때문이지요.

축하객들로부터 축하금과 선물을 받는 신랑과 친구들(9:9)

아무것도 모르며 그들이 다시는 상을 받지 못하는 것은 그들의 1)이름이 잊어버린 바 됨이니라

6 그들의 사랑과 미움과 시기도 없어진 지 오래이니 해 아래에서 행하는 모든 일 중에서 그들에게 돌아갈 몫은 영원히 없느니라

7 ●너는 가서 기쁨으로 네 음식물을 먹고 즐거운 마음으로 네 포도주를 마실지어다 이는 하나님이 네가 하는 일들을 벌써 기쁘게 받으셨음이니라

8 네 의복을 항상 희게 하며 네 머리에 향기름을 그치지 아니하도록 할지니라

9 네 헛된 평생의 모든 날 곧 하나님이 해 아래에서 네게 주신 모든 헛된 날에 네가 사랑하는 아내와 함께 즐겁게 살지어다 그것이 네가 평생에 해 아래에서 수고하고 얻은 네 몫이니라

10 네 손이 일을 얻는 대로 힘을 다하여 할지어다 네가 장차 들어갈 스올에는 일도 없고 계획도 없고 지식도 없고 지혜도 없음이니라

11 ●내가 다시 해 아래에서 보니 빠른 경주자들이라고 선착하는 것이 아니며 용사들이라고 전쟁에 승리하는 것이 아니며 지혜자들이라고 음식물을 얻는 것도 아니며 명철자들이라고 재물을 얻는 것도 아니며 지식인들이라고 은총을 입는 것이 아니니 이는 시기와 기회는 그들 모두에게 임함이니라

12 분명히 사람은 자기의 시기도 알지 못

하나니 물고기들이 재난의 그물에 걸리고 새들이 올무에 걸림 같이 인생들도 재앙의 날이 그들에게 홀연히 임하면 거기에 걸리느니라 8:7

지혜를 보고 크게 여긴 것

13 ●내가 또 해 아래에서 지혜를 보고 내가 크게 여긴 것이 이러하니

14 곧 작고 인구가 많지 아니한 어떤 성읍에 큰 왕이 와서 그것을 에워싸고 큰 흉벽을 쌓고 치고자 할 때에

15 그 성읍 가운데에 가난한 지혜자가 있어서 그의 지혜로 그 성읍을 건진 그것이라 그러나 그 가난한 자를 기억하는 사람이 없었도다

16 그러므로 내가 이르기를 지혜가 힘보다 나으나 가난한 자의 지혜가 멸시를 받고 그의 말들을 사람들이 듣지 아니한다 하였노라

17 ●조용히 들리는 지혜자들의 말들이 우매한 자들을 다스리는 자의 호령보다 나으니라

18 지혜가 무기보다 나으니라 그러나 죄인 한 사람이 많은 선을 무너지게 하느니라

10 죽은 파리들이 향기름을 악취가 나게 만드는 것 같이 적은 우매가 지혜와 존귀를 난처하게 만드느니라

2 지혜자의 마음은 오른쪽에 있고 우매자의 마음은 왼쪽에 있느니라

3 우매한 자는 길을 갈 때에도 2)지혜가 부족하여 각 사람에게 자기가 우매함을 말하느니라

4 주권자가 네게 분을 일으키거든 너는 네 자리를 떠나지 말라 공손함이 큰 허

물을 용서 받게 하느니라 8:3

5 ●내가 해 아래에서 한 가지 재난을 보았노니 곧 주권자에게서 나오는 허물이라 5:6

6 우매한 자가 크게 높은 지위들을 얻고 부자들이 낮은 지위에 앉는도다

7 또 내가 보았노니 종들은 말을 타고 고관들은 종들처럼 땅에 걸어 다니는도다

8 ●함정을 파는 자는 거기에 빠질 것이요 담을 허는 자는 뱀에게 물리리라

9 돌들을 떠내는 자는 그로 말미암아 상할 것이요 나무들을 쪼개는 자는 그로 말미암아 위험을 당하리라

10 철 연장이 무디어졌는데도 날을 갈지 아니하면 힘이 더 드느니라 오직 지혜는 성공하기에 유익하니라

11 주술을 베풀기 전에 뱀에게 물렸으면 술객은 소용이 없느니라

12 ●지혜자의 입의 말들은 은혜로우나 우매자의 입술들은 자기를 삼키나니

13 그의 입의 말들의 시작은 우매요 그의 입의 결말들은 심히 미친 것이니라

14 우매한 자는 말을 많이 하거니와 사람은 장래 일을 알지 못하나니 나중에 일어날 일을 누가 그에게 알리랴

15 우매한 자들의 수고는 자신을 피곤하게 할 뿐이라 그들은 성읍에 들어갈 줄도 알지 못하느니라

16 ●왕은 어리고 대신들은 아침부터 잔치하는 나라여 네게 화가 있도다

17 왕은 귀족들의 아들이요 대신들은 취하지 아니하고 기력을 보하려고 정한 때에 먹는 나라여 네게 복이 있도다

18 게으른즉 서까래가 내려앉고 손을 놓은즉 집이 새느니라

19 잔치는 희락을 위하여 베푸는 것이요 포도주는 생명을 기쁘게 하는 것이나 돈은 범사에 이용되느니라 시 104:15

20 심중에라도 왕을 저주하지 말며 침실에서라도 부자를 저주하지 말라 공중의 새가 그 소리를 전하고 날짐승이 그 일을 전파할 것임이니라

지혜로운 삶 · B.C. 940년경

11

너는 네 떡을 물 위에 던져라 여러 날 후에 도로 찾으리라

2 일곱에게나 여덟에게 나눠 줄지어다 무슨 재앙이 땅에 임할는지 네가 알지 못함이니라

3 구름에 비가 가득하면 땅에 쏟아지며 나무가 남으로나 북으로나 쓰러지면 그 쓰러진 곳에 그냥 있으리라

4 풍세를 살펴보는 자는 파종하지 못할 것이요 구름만 바라보는 자는 거두지 못하리라

5 바람의 길이 어떠함과 아이 밴 자의 태에서 뼈가 어떻게 자라는지를 네가 알지 못함 같이 만사를 성취하시는 하나님의 일을 네가 알지 못하느니라

6 너는 아침에 씨를 뿌리고 저녁에도 손을 놓지 말라 이것이 잘 될는지, 저것이 잘 될는지, 혹 둘이 다 잘 될는지 알지 못함이니라

7 빛은 실로 아름다운 것이라 눈으로 해를 보는 것이 즐거운 일이로다 7:11

8 사람이 여러 해를 살면 항상 즐거워할지로다 그러나 캄캄한 날들이 많으리니 그 날들을 생각할지로다 다가올 일은 다 헛되도다 9:7

젊은이에게 주는 교훈 · B.C. 940년경

9 ●청년이여 네 어린 때를 즐거워하며 네 청년의 날들을 마음에 기뻐하여 마음에 원하는 길들과 네 눈이 보는 대로 행하라 그러나 하나님이 이 모든 일로 말미암아 너를 심판하실 줄 알라

10 그런즉 근심이 네 마음에서 떠나게 하

성경은 무엇이 기록되어 있을까?

11장에서는 현재의 삶에 최선을 다하라고 권하고 있지요. 인간의 생각으로는 한 치 앞도 내다볼 수 없고, 또한 현실 속에는 옳지 않은 일들도 많지만 인생을 아무 목적 없이 살아서는 안 돼요. 왜냐하면 천지 만물을 주관하시는 하나님이 살아 계시기 때문이에요.

며 악이 네 몸에서 물러가게 하라 어릴 때와 검은 머리의 시절이 다 헛되니라

12 너는 청년의 때에 너의 창조주를 기억하라 곧 곤고한 날이 이르기 전에, 나는 아무 낙이 없다고 할 해들이 가깝기 전에

2 해와 빛과 달과 별들이 어둡기 전에, 비 뒤에 구름이 다시 일어나기 전에 그리하라

> 겔 32:8

3 그런 날에는 집을 지키는 자들이 떨 것이며 힘 있는 자들이 구부러질 것이며 맷돌질 하는 자들이 적으므로 그칠 것이며 창들로 내다 보는 자가 어두워질 것이며

4 길거리 문들이 닫혀질 것이며 맷돌 소리가 적어질 것이며 새의 소리로 말미암아 일어날 것이며 음악하는 여자들은 다 쇠하여질 것이며

5 또한 그런 자들은 높은 곳을 두려워할 것이며 길에서는 놀랄 것이며 살구나무가 꽃이 필 것이며 메뚜기도 짐이 될 것이며 정욕이 그치리니 이는 사람이 자기의 영원한 집으로 돌아가고 조문객들이 거리로 왕래하게 됨이니라

6 은 줄이 풀리고 금 그릇이 깨지고 항아리가 샘 곁에서 깨지고 바퀴가 우물 위에서 깨지고

7 흙은 여전히 땅으로 돌아가고 영은 그것을 주신 하나님께로 돌아가기 전에 기억하라

8 전도자가 이르되 헛되고 헛되도다 모든 것이 헛되도다

> 사 62:9

● 깨어진 고대 항아리(12:6)
전도자는 비유를 통해 인생의 헛됨을 이야기하면서, 우리의 창조자를 기억하라고 권면한다.

사람의 본분

9 ●전도자는 지혜자이어서 여전히 백성에게 지식을 가르쳤고 또 깊이 생각하고 연구하여 잠언을 많이 지었으며

10 전도자는 힘써 아름다운 말들을 구하였나니 진리의 말씀들을 정직하게 기록하였느니라

11 ●지혜자들의 말씀들은 찌르는 채찍들 같고 1) 회중의 스승들의 말씀들은 잘 박힌 못 같으니 다 한 목자가 주신 바이니라

> 7:5

12 내 아들아 또 이것들로부터 경계를 받으라 많은 책들을 짓는 것은 끝이 없고 많이 공부하는 것은 몸을 피곤하게 하느니라

13 ●일의 결국을 다 들었으니 하나님을 경외하고 그의 명령들을 지킬지어다 이것이 모든 사람의 본분이니라 〔암송〕

14 하나님은 모든 행위와 모든 은밀한 일을 선악 간에 심판하시리라

1) 수집한 명담은

12장 에는 무엇이 기록되어 있을까?

전도자는 끝으로 창조주 되신 하나님을 기억하고 그분의 명령을 지키라고 했어요. 그래야만 인생의 허무함에서 벗어날 수 있으며 하나님의 심판을 받지 않는다고 했어요. 젊을 때에 창조주를 기억하라는 것은 짧은 인생을 조금이라도 보람 있고 값지게 보내라는 뜻이랍니다.

술객(10:11) 음양이나 점술에 정통한 사람.
보하다(10:17) 영양분이 많은 음식이나 보약을 먹어서 원기를 돕다.
풍세(11:4) 바람의 기세, 바람의 강약.
조문객(12:5) 남의 죽음에 대하여 슬퍼하는 뜻을 드러내며 상가를 위문하는 사람.
본분(12:13) 그 사람이 마땅히 해야 할 본래의 의무를 말함.

Song of Songs
아 가

🌟 아가를 읽기 전에

이 책을 기록한 사람은 솔로몬이에요. '아가'는 '아름다운 노래'라는 뜻으로, 남녀간의 사랑에 대해 노래한 책이랍니다. 다른 성경에서는 '사랑의 노래', '솔로몬의 노래'라는 제목으로 번역되기도 하지요.

🌟 언제, 왜, 누구를 위하여 썼나요?

이 책을 기록한 때는 B.C. 1000년경이라고 해요. 솔로몬 왕이 다스리던 시대의 이스라엘 백성들을 위해 기록한 책이지요. 참되고 순결한 남녀간의 사랑을 통해, 예수님과 그분의 신부인 성도의 참사랑의 아름다움을 가르치고 있답니다.

🌟 어떤 내용인가요?

솔로몬과 술람미 여인의 사랑의 시작과 결혼, 위기, 성숙의 이야기가 나와요. 이것을 통해 교회와 성도를 사랑하시는 예수님의 사랑을 볼 수 있답니다.

1 솔로몬의 아가라

왕상 4:32

2 내게 입맞추기를 원하니 네 사랑이 포도주보다 나음이로구나

3 네 기름이 향기로워 아름답고 네 이름이 쏟은 향기름 같으므로 처녀들이 너를 사랑하는구나

4 왕이 나를 그의 방으로 이끌어 들이시니 너는 나를 인도하라 우리가 너를 따라 달려가리라 우리가 너로 말미암아 기뻐하며 즐거워하니 네 사랑이 포도주보다 더 진함이라 처녀들이 너를 사랑함이 마땅하니라

시 45:14, 15

5 ●예루살렘 딸들아 내가 비록 검으나 아름다우니 게달의 장막 같을지라도 솔로몬의 휘장과도 같구나

사 2:14

6 내가 햇볕에 쬐어서 거무스름할지라 너희는 흘겨보지 말 것은 내 어머니의 아들들이 나에게 노하여 포도원지기로 삼

앗음이라 나의 포도원을 내가 지키지 못하였구나

7 내 마음으로 사랑하는 자야 네가 양 치는 곳과 정오에 쉬게 하는 곳을 내게 말하라 내가 네 친구의 양 떼 곁에서 어찌 얼굴을 가린 자 같이 되랴

8 ●여인 중에 어여쁜 자야 네가 알지 못하겠거든 양 떼의 발자취를 따라 목자들의 장막 곁에서 너의 염소 새끼를 먹일지니라

9 ●내 사랑아 내가 너를 바로의 병거의 준마에 비하였구나

10 네 두 뺨은 땋은 머리털로, 네 목은 구슬 꿰미로 아름답구나

11 우리가 너를 위하여 금 사슬에 은을 박아 만들리라

12 ●왕이 침상에 앉았을 때에 나의 나도 기름이 향기를 뿜어냈구나

13 나의 사랑하는 자는 내 품 가운데 몰약 향주머니요

요 19:39

14 나의 사랑하는 자는 내게 엔게디 포도원의 고벨화 송이로구나

15 ●내 사랑아 너는 어여쁘고 어여쁘다 네 눈이 비둘기 같구나

16 ●나의 사랑하는 자야 너는 어여쁘고

1장에는 무엇이 기록되어 있을까?

1장에는 솔로몬과 술람미 여인의 애틋한 사랑이 잘 표현되어 있어요. 그리고 두 연인 사이에 사랑의 고백이 오가고 있지요. 두 사람 사이의 사랑은 그리스도와 교회의 거룩한 사랑을 비유한 것으로 이해할 수 있답니다.

화창하다 우리의 침상은 푸르고

17 우리 집은 백향목 들보, 잣나무 서까래로구나

2 나는 사론의 수선화요 골짜기의 백합화로다 `사 33:9`

2 ●여자들 중에 내 사랑은 가시나무 가운데 백합화 같도다

3 ●남자들 중에 나의 사랑하는 자는 수풀 가운데 사과나무 같구나 내가 그 그늘에 앉아서 심히 기뻐하였고 그 열매는 내 입에 달았도다

4 그가 나를 인도하여 잔칫집에 들어갔으니 그 사랑이 내 위에 깃발이로구나

5 너희는 건포도로 내 힘을 돕고 사과로 나를 시원하게 하라 내가 사랑하므로 병이 생겼음이라

6 그가 왼팔로 내 머리를 고이고 오른팔로 나를 안는구나

7 예루살렘 딸들아 내가 노루와 들사슴을 두고 너희에게 부탁한다 내 사랑이 원하기 전에는 흔들지 말고 깨우지 말지니라

8 ●내 사랑하는 자의 목소리로구나 보라 그가 산에서 달리고 작은 산을 빨리 넘어오는구나

9 내 사랑하는 자는 노루와도 같고 어린 사슴과도 같아서 우리 벽 뒤에 서서 창으로 들여다보며 창살 틈으로 엿보는구나 `잠 6:5`

10 ●나의 사랑하는 자가 내게 말하여 이르기를 나의 사랑, 내 어여쁜 자야 일어나서 함께 가자

11 겨울도 지나고 비도 그쳤고

12 지면에는 꽃이 피고 새가 노래할 때가 이르렀는데 비둘기의 소리가 우리 땅에 들리는구나

13 무화과나무에는 푸른 열매가 익었고 포도나무는 꽃을 피워 향기를 토하는

구나 나의 사랑, 나의 어여쁜 자야 일어나서 함께 가자

14 바위 틈 낭떠러지 은밀한 곳에 있는 나의 비둘기야 내가 네 얼굴을 보게 하라 네 소리를 듣게 하라 네 소리는 부드럽고 네 얼굴은 아름답구나

15 ●우리를 위하여 여우 곧 포도원을 허는 작은 여우를 잡으라 우리의 포도원에 꽃이 피었음이라

16 내 사랑하는 자는 내게 속하였고 나는 그에게 속하였도다 그가 백합화 가운데에서 양 떼를 먹이는구나 `6:3`

17 내 사랑하는 자야 날이 저물고 그림자가 사라지기 전에 돌아와서 베데르 산의 노루와 어린 사슴 같을지라 `4:6`

3 내가 밤에 침상에서 마음으로 사랑하는 자를 찾았노라 찾아도 찾아내지 못하였노라

2 이에 내가 일어나서 성 안을 돌아다니며 마음에 사랑하는 자를 거리에서나 큰 길에서나 찾으리라 하고 찾으나 만나지 못하였노라

3 성 안을 순찰하는 자들을 만나서 묻기를 내 마음으로 사랑하는 자를 너희가 보았느냐 하고

4 그들을 지나치자마자 마음에 사랑하는 자를 만나서 그를 붙잡고 내 어머니 집으로, 나를 잉태한 이의 방으로 가기까지 놓지 아니하였노라

아 사 렘

벙거(1:9) 전쟁을 하는 데 쓰이는 말이 끄는 수레.
준마(1:9) 썩 잘 달리는 말.
침상(1:12) 누워 잘 수 있게 만든 평상.
지면(2:12) 땅의 표면, 지상.
잉태(3:4) 아이를 배는 것.

2장 에는 무엇이 기록되어 있을까요

2장에 이르러 두 연인은 더욱 사랑하게 되었으며, 서로 사랑을 고백하며 그리워하던 중, 술람미 여인은 솔로몬을 그리워하다가 병에 걸리고 말지요. 솔로몬 또한 그녀와 함께 있고 싶어서 시골에 살고 있던 술람미 여인에게 사랑의 초청장을 보냅니다.

3장 1-5절은 솔로몬을 애틋하게 그리워하는 여인의 간절한 마음을 보여주고 있어요. 때를 맞추어 솔로몬은 술람미 여인과의 결혼 예식을 앞두고 그녀를 왕궁으로 불러들였지요. 이때 솔로몬은 신부를 위해 온갖 보석과 향품으로 꾸민 가마를 육십 명의 호위병과 함께 보냈습니다.

5 ●예루살렘 딸들아 내가 노루와 들사
슴을 두고 너희에게 부탁한다 사랑하
는 자가 원하기 전에는 흔들지 말고 깨
우지 말지니라

6 ●몰약과 유향과 상인의 여러 가지 향
품으로 향내 풍기며 연기 기둥처럼 거
친 들에서 오는 자가 누구인가

7 볼지어다 솔로몬의 가마라 이스라엘
용사 중 육십 명이 둘러쌌는데

8 다 칼을 잡고 싸움에 익숙한 사람들이
라 밤의 두려움으로 말미암아 각기 허
리에 칼을 찼느니라

9 솔로몬 왕이 레바논 나무로 자기의 가
마를 만들었는데

10 그 기둥은 은이요 바닥은 금이요 자리
는 자색 깔개라 그 안에는 예루살렘 딸
들의 사랑이 엮어져 있구나 　1:5

11 시온의 딸들아 나와서 솔로몬 왕을 보
라 혼인날 마음이 기쁠 때에 그의 어머
니가 씌운 왕관이 그 머리에 있구나

4　내 사랑 너는 어여쁘고도 어여쁘다
너울 속에 있는 네 눈이 비둘기 같
고 네 머리털은 길르앗 산 기슭에 누운
염소 떼 같구나

2 네 이는 목욕장에서 나오는 털 깎인 암
양 곧 새끼 없는 것은 하나도 없이 각
각 쌍태를 낳은 양 같구나 　6:6

3 네 입술은 홍색 실 같고 네 입은 어여
쁘고 너울 속의 1)뺨은 석류 한 쪽 같
구나 　6:7

4 네 목은 무기를 두려고 건축한 다윗의
망대 곧 방패 천 개, 용사의 모든 방패
가 달린 망대 같고

5 네 두 유방은 백합화 가운데서 꼴을 먹

헤르몬 산 설경(4:8) 가나안 땅의 젖줄인
요단 강의 풍부한 물 근원지가 된다.

는 쌍태 어린 사슴 같구나

6 ●날이 저물고 그림자가 사라지기 전
에 내가 몰약 산과 유향의 작은 산으로
가리라 　2:17

7 나의 사랑 너는 어여쁘고 아무 흠이
없구나

8 내 신부야 너는 레바논에서부터 나와
함께 하고 레바논에서부터 나와 함께
가자 아마나와 스닐과 헤르몬 꼭대기에
서 사자 굴과 표범 산에서 내려오너라

9 내 누이, 내 신부야 네가 내 마음을 빼
앗았구나 네 눈으로 한 번 보는 것과 네
목의 구슬 한 꿰미로 내 마음을 빼앗았
구나

10 내 누이, 내 신부야 네 사랑이 어찌 그
리 아름다운지 네 사랑은 포도주보다
진하고 네 기름의 향기는 각양 향품보
다 향기롭구나

11 내 신부야 네 입술에서는 꿀 방울이 떨
어지고 네 혀 밑에는 꿀과 젖이 있고 네
의복의 향기는 레바논의 향기 같구나

12 내 누이, 내 신부는 잠근 동산이요 덮
은 우물이요 봉한 샘이로구나

13 네게서 나는 것은 석류나무와 각종 아
름다운 과수와 고벨화와 나도풀과

14 나도와 번홍화와 창포와 계수와 각종
유향목과 몰약과 침향과 모든 귀한 향
품이요 　1:12

15 너는 동산의 샘이요 생수의 우물이요
레바논에서부터 흐르는 시내로구나

16 ●북풍아 일어나라 남풍아 오라 나의
동산에 불어서 향기를 날리라 나의 사

1) 히, 관골

랑하는 자가 그 동산에 들어가서 그 아름다운 열매 먹기를 원하노라

5 내 누이, 내 신부야 내가 내 동산에 들어와서 나의 몰약과 향 재료를 거두고 나의 꿀송이와 꿀을 먹고 내 포도주와 내 우유를 마셨으니 나의 친구들아 먹으라 나의 사랑하는 사람들아 많이 마시라 6:2

2 ●내가 잘지라도 마음은 깨었는데 나의 사랑하는 자의 소리가 들리는구나 문을 두드려 이르기를 나의 누이, 나의 사랑, 나의 비둘기, 나의 완전한 자야 문을 열어 다오 내 머리에는 이슬이, 내 머리털에는 밤이슬이 가득하였다 하는구나

3 내가 옷을 벗었으니 어찌 다시 입겠으며 내가 발을 씻었으니 어찌 다시 더럽히리라 하였노라

4 내 사랑하는 자가 문틈으로 손을 들이밀매 내 마음이 움직여서

5 일어나 내 사랑하는 자를 위하여 문을 열 때 몰약이 내 손에서, 몰약의 즙이 내 손가락에서 문빗장에 떨어지는구나

6 내가 내 사랑하는 자를 위하여 문을 열었으나 그는 벌써 물러갔네 그가 말할 때에 내 혼이 나갔구나 내가 그를 찾아도 못 만났고 불러도 응답이 없었노라

7 성 안을 순찰하는 자들이 나를 만나매 나를 쳐서 상하게 하였고 성벽을 파수하는 자들이 나의 겉옷을 벗겨 가졌도다

8 예루살렘 딸들아 너희에게 내가 부탁한다 너희가 내 사랑하는 자를 만나거든 내가 사랑하므로 병이 났다고 하려무나 2:7

9 ●여자들 가운데에 어여쁜 자야 너의 사랑하는 자가 남의 사랑하는 자보다 나은 것이 무엇인가 너의 사랑하는 자

가 남의 사랑하는 자보다 나은 것이 무엇이기에 이같이 우리에게 부탁하는가

10 ●내 사랑하는 자는 희고도 붉어 많은 사람 가운데에 뛰어나구나

11 머리는 순금 같고 머리털은 고불고불하고 까마귀 같이 검구나

12 눈은 시냇가의 비둘기 같은데 우유로 씻은 듯하고 아름답게도 박혔구나 1:15

13 뺨은 향기로운 꽃밭 같고 향기로운 풀 언덕과도 같고 입술은 백합화 같고 몰약의 즙이 뚝뚝 떨어지는구나 6:2; 2:1

14 손은 황옥을 물린 황금 노리개 같고 몸은 아로새긴 상아에 청옥을 입힌 듯하구나

15 다리는 순금 받침에 세운 화반석 기둥 같고 생김새는 레바논 같으며 백향목처럼 보기 좋고

16 입은 심히 달콤하니 그 전체가 사랑스럽구나 예루살렘 딸들아 이는 내 사랑하는 자요 나의 친구로다 7:9

6 여자들 가운데에서 어여쁜 자야 네 사랑하는 자가 어디로 갔는가 네 사랑하는 자가 어디로 돌아갔는가 우리가 너와 함께 찾으리라

2 내 사랑하는 자가 자기 동산으로 내려가 향기로운 꽃밭에 이르러서 동산 가운데에서 양 떼를 먹이며 백합화를

5장에는 무엇이 기록되어 있을까?

5장에서는 사랑의 시련이 소개되지요. 이 시련은 신부의 마음으로부터 비롯되었어요. 그녀는 신랑의 사랑을 독차지했다고 생각하여 신랑에게 잠시 소홀히 대했던 것이에요. 하지만 이 모든 시련 가운데서도 신부는 신랑을 마음속에 그리며 오직 그만을 사랑하였지요.

6장 신부와 만난 신랑은 그녀의 아름다움을 또다시 노래하였어요. 한편, 신부도 2:16에서는 "나는 내 사랑하는 자에게 속하였다"고 고백했는데, 여기서는 "나는 내 사랑하는 자에게 속하였다"(3절)고 말하고 있지요. 이것은 신부가 '나 중심'의 사랑에서 '너(신랑) 중심'의 사랑으로 성숙되었음을 보여줍니다.

꺾는구나

3 나는 내 사랑하는 자에게 속하였고 내 사랑하는 자는 내게 속하였으며 그가 백합화 가운데에서 그 양 떼를 먹이는도다

4 내 사랑아 너는 디르사 같이 어여쁘고, 예루살렘 같이 곱고, 깃발을 세운 군대 같이 당당하구나

5 네 눈이 나를 놀라게 하니 돌이켜 나를 보지 말라 네 머리털은 길르앗 산 기슭에 누운 염소 떼 같고

6 네 이는 목욕하고 나오는 암양 떼 같으니 쌍태를 가졌으며 새끼 없는 것은 하나도 없구나

7 너울 속의 네 1)뺨은 석류 한 쪽 같구나

8 왕비가 육십 명이요 후궁이 팔십 명이요 시녀가 무수하되　왕상 11:3

9 내 비둘기, 내 완전한 자는 하나뿐이로구나 그는 그의 어머니의 외딸이요 그 낳은 자가 귀중하게 여기는 자로구나 여자들이 그를 보고 복된 자라 하고 왕비와 후궁들도 그를 칭찬하는구나

10 ●아침 빛 같이 뚜렷하고 달 같이 아름답고 해 같이 맑고 깃발을 세운 군대 같이 당당한 여자가 누구인가　6:4

11 ●골짜기의 푸른 초목을 보려고 포도나무가 순이 났는가 석류나무가 꽃이 피었는가 알려고 내가 호도 동산으로 내려갔을 때에

12 부지중에 내 마음이 나를 내 귀한 백성의 수레 가운데에 이르게 하였구나

13 ●돌아오고 돌아오라 술람미 여자야 돌아오고 돌아오라 우리가 너를 보게

하라 ●너희가 어찌하여 마하나임에서 춤추는 것을 보는 것처럼 술람미 여자를 보려느냐　삿 21:21

7 귀한 자의 딸아 신을 신은 네 발이 어찌 그리 아름다운가 네 넓적다리는 둥글어서 숙련공의 손이 만든 구슬 꿰미 같구나

2 배꼽은 섞은 포도주를 가득히 부은 둥근 잔 같고 허리는 백합화로 두른 밀단 같구나

3 두 유방은 암사슴의 쌍태 새끼 같고

4 목은 상아 망대 같구나 눈은 헤스본 바드랍빔 문 곁에 있는 연못 같고 코는 다메섹을 향한 레바논 망대 같구나　4:4

5 머리는 갈멜 산 같고 드리운 머리털은 자주 빛이 있으니 왕이 그 머리카락에 매이었구나

6 사랑아 네가 어찌 그리 아름다운지, 어찌 그리 화창한지 즐겁게 하는구나

7 네 키는 종려나무 같고 네 유방은 그 열매송이 같구나

8 내가 말하기를 종려나무에 올라가서 그 가지를 잡으리라 하였나니 네 유방은 포도송이 같고 네 콧김은 사과 냄새 같고

9 네 입은 좋은 포도주 같을 것이니라 ●이 포도주는 내 사랑하는 자를 위하여 미끄럽게 흘러내려서 자는 자의 입을 움직이게 하느니라

10 나는 내 사랑하는 자에게 속하였도다 그가 나를 사모하는구나　2:16

11 내 사랑하는 자야 우리가 함께 들로 가서 동네에서 유숙하자

12 우리가 일찍이 일어나서 포도원으로 가서 포도 움이 돋았는지, 꽃술이 퍼졌

1) 히, 관골

는지, 석류 꽃이 피었는지 보자 거기에서 내가 내 사랑을 네게 주리라

13 합환채가 향기를 뿜어내고 우리의 문 앞에는 여러 가지 귀한 열매가 새 것, 묵은 것으로 마련되었구나 내가 내 사랑하는 자 너를 위하여 쌓아 둔 것이로다

8 네가 내 어머니의 젖을 먹은 오라비 같았더라면 내가 밖에서 너를 만날 때에 입을 맞추어도 나를 업신여길 자가 없었을 것이라

2 내가 너를 이끌어 내 어머니 집에 들이고 네게서 교훈을 받았으리라 나는 향기로운 술 곧 석류즙으로 네게 마시게 하겠고 3:4

3 너는 왼팔로는 내 머리를 고이고 오른손으로는 나를 안았으리라 2:6

4 예루살렘 딸들아 내가 너희에게 부탁한다 내 사랑하는 자가 원하기 전에는 흔들지 말며 깨우지 말지니라 3:5

5 ●그의 사랑하는 자를 의지하고 거친 들에서 올라오는 여자가 누구인가 ●너로 말미암아 네 어머니가 고생한 곳 너를 낳은 자가 애쓴 그 곳 사과나무 아래에서 내가 너를 깨웠노라

6 ●너는 나를 도장 같이 마음에 품고 도장 같이 팔에 두라 사랑은 죽음 같이 강하고 질투는 스올 같이 잔인하며 불

길 같이 일어나니 그 기세가 여호와의 불과 같으니라

7 많은 물도 이 사랑을 끄지 못하겠고 홍수라도 삼키지 못하나니 사람이 그의 온 가산을 다 주고 사랑과 바꾸려 할지라도 오히려 멸시를 받으리라

8 ●우리에게 있는 작은 누이는 아직도 유방이 없구나 그가 청혼을 받는 날에는 우리가 그를 위하여 무엇을 할까

9 그가 성벽이라면 우리는 은 망대를 그 위에 세울 것이요 그가 문이라면 우리는 백향목 판자로 두르리라 잠8 6:15

10 ●나는 성벽이요 내 유방은 망대 같으니 그러므로 나는 그가 보기에 화평을 얻은 자 같구나

11 솔로몬이 바알하몬에 포도원이 있어 지키는 자들에게 맡겨 두고 그들로 각기 그 열매로 말미암아 은 천을 바치게 하였구나

12 솔로몬 너는 천을 얻겠고 열매를 지키는 자도 이백을 얻으려니와 내게 속한 내 포도원은 내 앞에 있구나

13 ●너 동산에 거주하는 자야 친구들이 네 소리에 귀를 기울이니 내가 듣게 하려무나 1:7

14 ●내 사랑하는 자야 너는 빨리 달리라 향기로운 산 위에 있는 노루와도 같고 어린 사슴과도 같아라 2:17

8 에는 무엇이 기록되어 있을까?

신부는 솔로몬과의 관계가 더 순수하고 확실하게 서기를 바라는 마음에서, 차라리 남매 사이이길 바랬어요. 이에 신랑은 그 무엇도 자신과 신부와의 사랑을 끊을 수 없다고 강하게 말하였고, 이제 신랑과 신부는 한마음 한뜻이 되었어요. 이것은 그리스도와 교회가 서로 떨어질 수 없는 사이임을 보여주는 것이랍니다.

마하나임(6:13) 야곱이 하란에서 가나안으로 돌아오면 도중 하나님의 천사들과 만났던 장소로, 이곳 여자들은 춤을 잘 춘다고 한다.
움(7:12) 초목의 어린 싹.
합환채(7:13) 임신과 관련된 사랑의 꽃(창 30:14)으로서 흰빛이 도는 초록색 꽃을 피운다.
스올(8:6) 사람이 죽은 뒤에 혼령이 산다고 하는 곳.
가산(8:7) 집안의 재산.

Isaiah
이사야

이사야를 읽기 전에

이 책을 기록한 사람은 이사야예요. 이사야의 이름은 '여호와는 구원이시다' 라는 뜻이에요. 그는 구약시대의 선지자 중의 한 사람으로, 예루살렘을 중심으로 남유다 왕국에서 주로 활동했어요.

언제, 왜, 누구를 위하여 썼나요?

이 책을 기록한 때는 B.C. 745~680년경이라고 해요. 이사야서는 유다 백성들에게 그들이 하나님의 택한 백성임을 깨닫게 하여 하나님과의 관계를 회복하고, 오실 예수님에 대해 미리 알려주어 소망을 갖게 하려고 쓴 책이에요.

어떤 내용인가요?

1~39장은 이사야의 교훈에도 불구하고 하나님께 다시 돌아오기를 거부하는 백성들의 이야기이며, 나머지 40~66장은 바벨론 포로생활에서의 구원과 회복에 대한 예언이랍니다.

1

유다 왕 웃시야와 요담과 아하스와 히스기야 시대에 ¹⁾아모스의 아들 이사야가 유다와 예루살렘에 관하여 본 계시라

여호와의 말씀 · B.C. 740년경

2 ●하늘이여 들으라 땅이여 귀를 기울이라 여호와께서 말씀하시기를 내가 자식을 ²⁾양육하였거늘 그들이 나를 거역하였도다

3 소는 그 임자를 알고 나귀는 그 주인의 구유를 알건마는 이스라엘은 알지 못하고 나의 백성은 깨닫지 못하는도다 하셨도다

4 슬프다 범죄한 나라요 허물 진 백성이요 행악의 종자요 행위가 부패한 자식이로다 그들이 여호와를 버리며 이스라엘의 거룩하신 이를 만홀히 여겨 멀리하고 물러갔도다

5 너희가 어찌하여 매를 더 맞으려고 패역을 거듭하느냐 온 머리는 병들었고 온 마음은 피곤하였으며

6 발바닥에서 머리까지 성한 곳이 없이 상한 것과 터진 것과 새로 맞은 흔적뿐이거늘 그것을 짜며 싸매며 기름으로 부드럽게 함을 받지 못하였도다

7 너희의 땅은 황폐하였고 너희의 성읍들은 불에 탔고 너희의 토지는 너희 목전에서 이방인에게 삼켜졌으며 이방인에게 파괴됨 같이 황폐하였고

8 딸 시온은 포도원의 망대 같이, 참외밭의 원두막 같이, 에워 싸인 성읍 같이 겨우 남았도다

9 만군의 여호와께서 우리를 위하여 생존자를 조금 남겨 두지 아니하셨더면 우리가 소돔 같고 고모라 같았으리로다

10 ●너희 소돔의 관원들아 여호와의 말씀을 들을지어다 너희 고모라의 백성아 우리 하나님의 ³⁾법에 귀를 기울일지어다

11 여호와께서 말씀하시되 너희의 무수

1 에는 무엇이 기록되어 있을까?

이사야서의 배경은 웃시야부터 므낫세 왕까지예요. 1장의 앞부분에는 이스라엘과 열방에 대한 하나님의 심판이 예언되고 있어요. 뒷부분에는 메시야가 오셔서 이스라엘이 회복될 것을 예언하고 있지요. 또한 이사야의 활동 연대와 유다가 하나님께 징계를 받을수밖에 없었던 이유가 나와 있답니다.

---

1) 히, 아모츠 2) 자라게 하였거늘(겔 31:4) 3) 교훈

난외주: 3:1·6 / 신 32:1

포도원의 망대(1:8)

한 제물이 내게 무엇이 유익하뇨 나는 숫양의 번제와 살진 짐승의 기름에 배불렀고 나는 수송아지나 어린 양이나 숫염소의 피를 기뻐하지 아니하노라

12 너희가 내 앞에 보이러 오니 이것을 누가 너희에게 요구하였느냐 내 마당만 밟을 뿐이니라

13 헛된 제물을 다시 가져오지 말라 분향은 내가 가증히 여기는 바요 월삭과 안식일과 대회로 모이는 것도 그러하니 성회와 아울러 악을 행하는 것을 내가 견디지 못하겠노라

14 내 마음이 너희의 월삭과 정한 절기를 싫어하나니 그것이 내게 무거운 짐이라 내가 지기에 곤비하였느니라

15 너희가 손을 펼 때에 내가 내 눈을 너희에게서 가리고 너희가 많이 기도할지라도 내가 듣지 아니하리니 이는 너희의 손에 피가 가득함이라

16 너희는 스스로 씻으며 스스로 깨끗하게 하여 내 목전에서 너희 악한 행실을 버리며 행악을 그치고

17 선행을 배우며 정의를 구하며 학대 받는 자를 도와 주며 고아를 위하여 신원하며 과부를 위하여 변호하라 하셨느니라　시 82:3

18 ●여호와께서 말씀하시되 오라 우리가 서로 변론하자 너희의 죄가 주홍 같을지라도 눈과 같이 희어질 것이요 진홍 같이 붉을지라도 양털 같이 희게 되리라

19 너희가 즐겨 순종하면 땅의 아름다운 소산을 먹을 것이요

20 너희가 거절하여 배반하면 칼에 삼켜지리라 여호와의 입의 말씀이니라

죄로 가득 찬 성읍

21 ●신실하던 성읍이 어찌하여 창기가 되었는고 정의가 거기에 충만하였고 공의가 그 가운데에 거하였더니 이제는 살인자들뿐이로다

22 네 은은 찌꺼기가 되었고 네 포도주에는 물이 섞였도다

23 네 고관들은 패역하여 도둑과 짝하며 다 뇌물을 사랑하며 예물을 구하며 고아를 위하여 신원하지 아니하며 과부의 송사를 수리하지 아니하는도다

24 ●그러므로 주 만군의 여호와 이스라엘의 전능자가 말씀하시되 슬프다 내가 장차 내 대적에게 보응하여 내 마음을 편하게 하겠고 내 원수에게 보복하리라　49:26

25 내가 또 내 손을 네게 [1]돌려 네 찌꺼기를 잿물로 씻듯이 녹여 청결하게 하며 네 혼잡물을 다 제하여 버리고　말 3:3

26 내가 네 재판관들을 처음과 같이, 네 모사들을 본래와 같이 회복할 것이라 그리한 후에야 네가 의의 성읍이라, 신실한 고을이라 불리리로다 하셨나니

27 시온은 정의로 구속함을 받고 그 돌아온 자들은 공의로 구속함을 받으리라

28 그러나 패역한 자와 죄인은 함께 패망하고 여호와를 버린 자도 멸망할 것이라　시 9:5

29 [2]너희가 기뻐하던 상수리나무로 말미암아 너희가 부끄러움을 당할 것이요 너희가 택한 동산으로 말미암아 수치를 당할 것이며

30 너희는 잎사귀 마른 상수리나무 같을

토막 상식

이사야

유다 백성들이 하나님을 조롱하는 악한 시대에, 하나님께서는 이사야가 흔들리지 않는 신앙으로 하나님의 메시지를 전할 수 있도록 특별한 환상을 주셨어요. 이에 이사야는 즉각적으로 "내가 여기 있나이다 나를 보내소서"라고 대답하며 순종했답니다.

1) 대어 2) 히, 그들이

것이요 물 없는 동산 같으리니

31 강한 자는 삼오라기 같고 그의 행위는 불티 같아서 함께 탈 것이나 끌 사람이 없으리라

칼을 쳐서 보습을 만들고   B.C. 740년경

2 아모스의 아들 이사야가 받은 바 유다와 예루살렘에 관한 말씀이라

2 ●말일에 여호와의 전의 산이 모든 산 꼭대기에 굳게 설 것이요 모든 작은 산 위에 뛰어나리니 만방이 그리로 모여 들 것이라

3 많은 백성이 가며 이르기를 오라 우리가 여호와의 산에 오르며 야곱의 하나님의 전에 이르자 그가 그의 길을 우리에게 가르치실 것이라 우리가 그 길로 행하리라 하리니 이는 율법이 시온에서부터 나올 것이요 여호와의 말씀이 예루살렘에서부터 나올 것임이니라

4 그가 열방 사이에 판단하시며 많은 백성을 판결하시리니 무리가 그들의 칼을 쳐서 보습을 만들고 그들의 창을 쳐서 낫을 만들 것이며 이 나라와 저 나라가 다시는 칼을 들고 서로 치지 아니하며 다시는 전쟁을 연습하지 아니하리라

여호와의 날

5 ●야곱 족속아 오라 우리가 여호와의 빛에 행하자   60:1, 2, 19

6 주께서 주의 백성 야곱 족속을 버리셨음은 그들에게 동방 풍속이 가득하며 그들이 블레셋 사람들 같이 점을 치며 이방인과 더불어 손을 잡아 언약하였음이라

7 그 땅에는 은금이 가득하고 보화가 무한하며 그 땅에는 마필이 가득하고 병

◆ 사해사본 전시관 실내(2:1)
쿰란과 그 주변에서 발견된 사본들이 보관되어 있다. 목곽관은 구약의 사본, 하박국 주석, 전쟁사, 감사 찬송서, 에세네인들의 종말론, 거의 완전한 형태의 두루마리로 발견된 66장의 이사야서 등이다.

거가 무수하며

8 그 땅에는 우상도 가득하므로 그들이 자기 손으로 짓고 자기 손가락으로 만든 것을 경배하여

9 천한 자도 절하며 귀한 자도 ²⁾굴복하오니 그들을 용서하지 마옵소서   4:5

10 너희는 바위 틈에 들어가며 진토에 숨어 여호와의 위엄과 그 광대하심의 영광을 피하라

11 그 날에 눈이 높은 자가 낮아지며 교만한 자가 굴복되고 여호와께서 홀로 높임을 받으시리라

12 ●대저 만군의 여호와의 날이 모든 교만한 자와 거만한 자와 자고한 자에게 임하리니 그들이 낮아지리라   24:4, 21

13 또 레바논의 높고 높은 모든 백향목과 바산의 모든 상수리나무와

14 모든 높은 산과 모든 솟아 오른 작은 언덕과

15 모든 높은 망대와 모든 견고한 성벽과

16 다시스의 모든 배와 모든 아름다운 ³⁾조각물에 임하리니

17 그 날에 자고한 자는 굴복되며 교만한 자는 낮아지고 여호와께서 홀로 높임을 받으실 것이요   2:11

18 우상들은 온전히 없어질 것이며

19 사람들이 암혈과 토굴로 들어가서 여호와께서 땅을 진동시키려고 일어나실 때에 그의 위엄과 그 광대하심의 영광을 피할 것이라

20 사람이 자기를 위하여 경배하려고 만

2장에는 무엇이 기록되어 있을까?

심판의 메시지에 이어 회복될 왕국에 대한 소망의 메시지를 전해주고 있어요. 이것은 죄를 짓고 절망적인 상황에 처한 백성들에게 회개야는 것만이 진정으로 살 길임을 깨우치기 위해서였지요. 하지만 계속해서 악을 행하고 교만한 사람들은 메시아가 오셨을 때 심판을 면치 못할 것이라고 경고하고 있답니다.

1)교훈 2)겸비하오니 3)망대에

들었던 은 우상과 금 우상을 그 날에 두
더지와 박쥐에게 던지고

21 암혈과 험악한 바위 틈에 들어가서 여
호와께서 땅을 진동시키려고 일어나
실 때에 그의 위엄과 그 광대하심의 영
광을 피하리라

2:10

22 너희는 인생을 의지하지 말라 그의 호흡
은 코에 있나니 셈할 가치가 어디 있느냐

예루살렘의 멸망 B.C. 740년경

3 보라 주 만군의 여호와께서 예루살
렘과 유다가 의뢰하며 의지하는 것
을 제하여 버리시되 곧 그가 의지하는
모든 양식과 그가 의지하는 모든 물과

2 용사와 전사와 재판관과 선지자와 복
술자와 장로와

3 오십부장과 귀인과 모사와 정교한 장인
과 능란한 요술자를 그리하실 것이며

4 1)그가 또 소년들을 그들의 고관으로 삼
으시며 아이들이 그들을 다스리게 하
시리니

5 백성이 서로 학대하며 각기 이웃을 잔
해하며 아이가 노인에게, 비천한 자가
존귀한 자에게 교만할 것이며

6 혹시 사람이 자기 아버지 집에서 자기의
형제를 붙잡고 말하기를 네게는 겉옷
이 있으니 너는 우리의 통치자가 되어
이 페허를 네 손아래에 두라 할 것이면

7 그 날에 그가 소리를 높여 이르기를 나
는 고치는 자가 되지 아니하겠노라 내
집에는 양식도 없고 의복도 없으니 너
희는 나를 백성의 통치자로 삼지 말라
하리라

8 예루살렘이 멸망하였고 유다가 엎드
러졌음은 그들의 언어와 행위가 여호
와를 거역하여 그의 영광의 눈을 범하
였음이라

9 그들의 안색이 불리하게 증거하며 그
들의 죄를 말해 주고 숨기지 못함이 소
돔과 같으니 그들의 영혼에 화가 있을
진저 그들이 재앙을 자취하였도다

10 너희는 의인에게 복이 있으리라 말하
라 그들은 그들의 행위의 열매를 먹을
것임이요

11 악인에게는 화가 있으리니 이는 그의
손으로 행한 대로 그가 보응을 받을 것
임이니라

12 내 백성을 학대하는 자는 아이요 다스
리는 자는 여자들이라 내 백성이여 네
인도자들이 너를 유혹하여 네가 다닐
길을 어지럽히느니라

여호와께서 백성을 심판하시다

13 ●여호와께서 변론하려 일어나시며
백성들을 심판하려고 서시도다 미 6:2

14 여호와께서 자기 백성의 장로들과 고
관들을 심문하러 오시리니 포도원을
삼킨 자는 너희이며 가난한 자에게서
탈취한 물건이 너희의 집에 있도다

15 어찌하여 너희가 내 백성을 짓밟으며
가난한 자의 얼굴에 맷돌질하느냐 주
만군의 여호와 내가 말하였느니라 하
시도다

시온의 딸들에게 말씀하시다

16 ●여호와께서 또 말씀하시되 시온의
딸들이 교만하여 늘인 목, 정을 통하는
눈으로 다니며 아기작거려 걸으며 발
로는 쟁쟁한 소리를 낸다 하시도다

험악한 바위 틈의
굴혈(2:21)

1)히, 내가

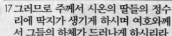

17 그러므로 주께서 시온의 딸들의 정수리에 딱지가 생기게 하시며 여호와께서 그들의 하체가 드러나게 하시리라

18 주께서 그 날에 그들이 장식한 발목 고리와 머리의 망사와 반달 장식과

19 귀 고리와 발목 고리와 얼굴 가리개와

20 화관과 발목 사슬과 띠와 향합과 호신부와

21 반지와 코 고리와 *살 16:12*

22 예복과 겉옷과 목도리와 손 주머니와

23 손 거울과 세마포 옷과 머리 수건과 너울을 제하시리니

24 그 때에 썩은 냄새가 향기를 대신하고 노끈이 띠를 대신하고 대머리가 숱한 머리털을 대신하고 굵은 베 옷이 화려한 옷을 대신하고 수치스러운 흔적이 아름다움을 대신할 것이며

25 너희의 장정은 칼에, 너희의 용사는 전란에 망할 것이며

26 그 성문은 슬퍼하며 곡할 것이요 시온은 황폐하여 땅에 앉으리라

4 그 날에 일곱 여자가 한 남자를 붙잡고 말하기를 우리가 우리 떡을 먹으며 우리 옷을 입으리니 다만 당신의 이름으로 우리를 부르게 하여 우리가 수치를 면하게 하라 하리라

예루살렘을 정결하게 하실 때 —B.C. 740년경

2 ●그 날에 여호와의 싹이 아름답고 영화로울 것이요 그 땅의 소산은 이스라엘의 피난한 자를 위하여 영화롭고 아름다울 것이며

3 시온에 남아 있는 자, 예루살렘에 머물러 있는 자 곧 예루살렘 안에 생존한

반달 모양의 귀고리(3:19)

자 중 기록된 모든 사람은 거룩하다 칭함을 얻으리니 *28:5*

4 이는 주께서 심판하는 영과 소멸하는 영으로 시온의 딸들의 더러움을 씻기시며 예루살렘의 피를 그 중에서 청결하게 하실 때가 됨이라

5 여호와께서 거하시는 온 시온 산과 모든 집회 위에 낮이면 구름과 연기, 밤이면 화염의 빛을 만드시고 그 모든 영광 위에 덮개를 두시며

6 또 초막이 있어서 낮에는 더위를 피하는 그늘을 지으며 또 풍우를 피하여 숨는 곳이 되리라

포도원 노래 —B.C. 740년경

5 나는 내가 사랑하는 자를 위하여 노래하되 내가 사랑하는 자의 포도원을 노래하리라 내가 사랑하는 자에게 포도원이 있음이여 심히 기름진 산에로다

2 땅을 파서 돌을 제하고 극상품 포도나무를 심었도다 그 중에 망대를 세웠고 또 그 안에 술틀을 팠도다 좋은 포도 맺기를 바랐더니 들포도를 맺었도다

3 ●예루살렘 주민과 유다 사람들아 구하노니 이제 나와 내 포도원 사이에서 사리를 판단하라

4 내가 내 포도원을 위하여 행한 것 외에 무엇을 더할 것이 있으랴 내가 좋은 포도 맺기를 기다렸거늘 들포도를 맺음은 어찌 됨인고

5 이제 내가 내 포도원에 어떻게 행할지를 너희에게 이르리라 내가 그 울타리를 걷어 ¹⁾먹힘을 당하게 하며 그 담을

4 에는 무엇이 기록되어 있을까?

징계를 받은 유다가 다시 정결하게 회복될 것을 예언하고 있어요. 이 회복의 영광은 죄악된 세상 가운데서도 믿음을 굳게 지키는 사람들만이 누릴 수 있지요. 이 예언은 바벨론에서 포로들이 돌아올 때 1차로 이루어졌는데, 마지막 때에 그리스도께서 오셔서 하나님 나라를 세우심으로 완전히 이루어진답니다.

1) 불사를을

헐어 짓밟히게 할 것이요 　레 11:2

6 내가 그것을 황폐하게 하리니 다시는 가지를 자름이나 북을 돋우지 못하여 찔레와 가시가 날 것이며 내가 또 구름에게 명하여 그 위에 비를 내리지 못하게 하리라 하셨으니 　히 6:8

7 무릇 만군의 여호와의 포도원은 이스라엘 족속이요 그가 기뻐하시는 나무는 유다 사람이라 그들에게 정의를 바라셨더니 도리어 포학이요 그들에게 공의를 바라셨더니 도리어 부르짖음이었도다 　시 80:8-11

사람이 저지르는 악한 일

8 ●가옥에 가옥을 이으며 전토에 전토를 더하여 빈 틈이 없도록 하고 이 땅 가운데에서 홀로 거주하려 하는 자들은 화 있을진저

9 만군의 여호와께서 내 귀에 말씀하시되 정녕히 허다한 가옥이 황폐하리니 크고 아름다울지라도 거주할 자가 없을 것이며

10 열흘 갈이 포도원에 겨우 포도주 한 바트가 나겠고 한 호멜의 종자를 뿌려도 간신히 한 1)에바가 나리라 하시로다

11 아침에 일찍이 일어나 독주를 마시며 밤이 깊도록 포도주에 취하는 자들은 화 있을진저

12 그들이 연회에는 수금과 비파와 소고와 피리와 포도주를 갖추었어도 여호와께서 행하시는 일에 관심을 두지 아니하며 그의 손으로 하신 일을 보지 아니하는도다

13 ●그러므로 내 백성이 무지함으로 말미암아 사로잡힐 것이요 그들의 귀한 자는 굶주릴 것이요 무리는 목마를 것이라

14 그러므로 스올이 욕심을 크게 내어 한량없이 그 입을 벌린즉 그들의 호화로움과 그들의 많은 무리와 그들의 떠드는 것과 그 중에서 즐거워하는 자가 거기에 빠질 것이라

15 여느 사람은 구부리고 존귀한 자는 낮아지고 오만한 자의 눈도 낮아질 것이로되

16 오직 만군의 여호와는 정의로우시므로 높임을 받으시며 거룩하신 하나님은 공의로우시므로 거룩하다 일컬음을 받으시리니 　2:11, 17

17 그 때에는 어린 양들이 자기 초장에 있는 것 같이 풀을 먹을 것이요 유리하는 자들이 부자의 버려진 밭에서 먹으리라

18 ●거짓으로 끈을 삼아 죄악을 끌며 수레 줄로 함 같이 죄악을 끄는 자는 화 있을진저

19 그들이 이르기를 그는 자기의 일을 속속히 이루어 우리에게 보게 할 것이며 이스라엘의 거룩한 이는 자기의 계획을 속히 이루어 우리가 알게 할 것이라 하는도다

20 악을 선하다 하며 선을 악하다 하며 흑암으로 광명을 삼으며 광명으로 흑암을 삼으며 쓴 것으로 단 것을 삼으며 단 것으로 쓴 것을 삼는 자들은 화 있을진저

21 스스로 지혜롭다 하며 스스로 명철하다 하는 자들은 화 있을진저

22 포도주를 마시기에 용감하며 독주를 잘 빚는 자들은 화 있을진저

23 그들은 뇌물로 말미암아 악인을 의롭

1) 10에바는 1호멜임

5 장　에는 무엇이 기록되어 있을까?

'포도원 비유'예요. 이사야는 하나님의 사랑을 받았지만 죄악에 빠진 이스라엘의 죄를 지적했어요. 하나님께서 우리를 불러서 영적 이스라엘 자손으로 삼으신 것도 우리가 선한 열매를 풍성히 맺게 하기 위해서지요. 이러한 하나님의 뜻을 거스른다면 맛을 잃은 소금처럼 짓밟히게 된답니다.

호신부(3:20) 재액으로부터 자기의 몸을 보호하기 위해 지니고 다니는 부적.
너울(3:23) 지난날 여자가 나들이할 때 얼굴을 가리기 위해 머리에서 길게 내려 쓰던 가리개.
잠정(3:25) 나이가 젊고 기운이 좋은 남자.
화염(4:5) 타오르는 불꽃.
북(5:6) 나무나 풀의 뿌리를 싸고 있는 흙.
전토(5:8) 논밭.
한량 없이(5:14) 그지없이. 무한정하게.

다 하고 의인에게서 그 공의를 빼앗는 도다

24 ●이로 말미암아 불꽃이 그루터기를 삼킴 같이, 마른 풀이 불 속에 떨어짐 같이 그들의 뿌리가 썩겠고 꽃이 티끌처럼 날리리니 그들이 만군의 여호와의 율법을 버리며 이스라엘의 거룩하신 이의 말씀을 멸시하였음이라

25 그러므로 여호와께서 자기 백성에게 노를 발하시고 그들 위에 손을 들어 그들을 치셨도다 산들은 진동하며 그들의 시체는 거리 가운데 분토 같이 되었도다 그럴지라도 그의 노가 돌아서지 아니하였고 그의 손이 여전히 펼쳐져 있느니라

26 ●또 그가 기치를 세우시고 먼 나라들을 불러 땅 끝에서부터 자기에게로 오게 하실 것이라 보라 그들이 빨리 달려올 것이로되 7:18

27 그 중에 곤핍하여 넘어지는 자도 없을 것이며 조는 자나 자는 자도 없을 것이며 그들의 허리띠는 풀리지 아니하며 그들의 들메끈은 끊어지지 아니하며

28 그들의 화살은 날카롭고 모든 활은 당겨졌으며 그들의 말굽은 부싯돌 같고 병거 바퀴는 회오리바람 같을 것이며

29 그들의 부르짖음은 암사자 같을 것이요 그들의 소리지름은 어린 사자들과 같을 것이라 그들이 부르짖으며 먹이를 움켜가져 버려도 건질 자가 없으리로다

30 그 날에 그들이 바다 물결 소리 같이 백성을 향하여 부르짖으리니 사람이 그 땅을 바라보면 흑암과 고난이 있고 빛은 구름에 가려서 어두우리라

에는 무엇이 기록되어 있을까?

이사야가 자신의 소명에 대해 밝히고 있어요. 하나님이 이사야를 부르신 것은 그가 어두운 세상 속에서도 흔들리지 않는 믿음을 가지고 하나님의 말씀을 선포하게 하시기 위해서였어요. 그 가운데 이사야의 첫 번째 사명은 유다 백성의 죄를 그들 스스로에게 확인시켜 주는 것이었답니다.

6 웃시야 왕이 죽던 해에 내가 본즉 주께서 높이 들린 보좌에 앉으셨는데 그의 옷자락은 성전에 가득하였으며

2 스랍들이 모시고 섰는데 각기 여섯 날개가 있어 그 둘로는 자기의 얼굴을 가리었고 그 둘로는 자기의 발을 가리었고 그 둘로는 날며

3 서로 불러 이르되 거룩하다 거룩하다 거룩하다 만군의 여호와여 그의 영광이 온 땅에 충만하도다 하더라 눅 72:19

4 이같이 화답하는 자의 소리로 말미암아 문지방의 터가 요동하며 성전에 연기가 충만한지라

5 그 때에 내가 말하되 화로다 나여 망하게 되었도다 나는 입술이 부정한 사람이요 나는 입술이 부정한 백성 중에 거주하면서 만군의 여호와이신 왕을 뵈었음이로다 하였더라

6 ●그 때에 그 스랍 중의 하나가 부젓가락으로 제단에서 집은 바 핀 숯을 손에 가지고 내게로 날아와서

7 그것을 내 입술에 대며 이르되 보라 이것이 네 입에 닿았으니 네 악이 제하여졌고 네 죄가 사하여졌느니라 하더라

8 내가 또 주의 목소리를 들으니 주께서 이르시되 내가 누구를 보내며 누가 우리를 위하여 갈꼬 하시니 그 때에 내가 이르되 내가 여기 있나이다 나를 보내소서 하였더니

9 여호와께서 이르시되 가서 이 백성에게 이르기를 너희가 듣기는 들어도 깨닫지 못할 것이요 보기는 보아도 알지 못하리라 하여

10 이 백성의 마음을 둔하게 하며 그들의 귀가 막히고 그들의 눈이 감기게 하라 염려하건대 그들이 눈으로 보고 귀로 듣고 마음으로 깨달아 다시 돌아와 고침을 받을까 하노라 하시기로

11 내가 이르되 주여 어느 때까지니이까 하였더니 주께서 대답하시되 성읍들은 황폐하여 주민이 없으며 가옥들에는

사람이 없고 이 토지는 황폐하게 되며

12 여호와께서 사람들을 멀리 옮기셔서 이 땅 가운데에 황폐한 곳이 많을 때까지니라

13 그 중에 십분의 일이 아직 남아 있을지라도 이것도 황폐하게 될 것이나 밤나무와 상수리나무가 베임을 당하여도 그 그루터기는 남아 있는 것 같이 거룩한 씨가 이 땅의 그루터기니라 하시더라

아하스 왕에게 나타난 조용하라

7 웃시야의 손자요 요담의 아들인 유다의 아하스 왕 때에 아람의 르신 왕과 르말리야의 아들 이스라엘의 베가 왕이 올라와서 예루살렘을 쳤으나 능히 이기지 못하니라

2 어떤 사람이 다윗의 집에 알려 이르되 아람이 에브라임과 동맹하였다 하였으므로 왕의 마음과 그의 백성의 마음이 숲이 바람에 흔들림 같이 흔들렸더라

3 ●그 때에 여호와께서 이사야에게 이르시되 너와 네 아들 1)스알야숩은 윗못 수도 끝 세탁자의 밭 큰 길에 나가서 아하스를 만나

4 그에게 이르기를 너는 삼가며 조용하라 르신과 아람과 르말리야의 아들이 심히 노할지라도 이들은 연기 나는 두 부지깽이 그루터기에 불과하니 두려워하지 말며 낙심하지 말라

5 아람과 에브라임과 르말리야의 아들이 악한 꾀로 너를 대적하여 이르기를

6 우리가 올라가 유다를 쳐서 그것을 쓰러뜨리고 우리를 위하여 그것을 무너뜨리고 다브엘의 아들을 그 중에 세워

왕으로 삼자 하였으나

7 주 여호와의 말씀이 그 일은 서지 못하며 이루어지지 못하리라

8 대저 아람의 머리는 다메섹이요 다메섹의 머리는 르신이며 육십오년 내에 에브라임이 패망하여 다시는 나라를 이루지 못할 것이며

9 에브라임의 머리는 사마리아요 사마리아의 머리는 르말리야의 아들이니라 만일 너희가 굳게 믿지 아니하면 너희는 굳게 서지 못하리라 하시니라

임마누엘의 징조 · B.C. 734년경

10 ●여호와께서 또 아하스에게 말씀하여 이르시되

11 너는 네 하나님 여호와께 한 징조를 구하되 깊은 데에서든지 높은 데에서든지 구하라 하시니

12 아하스가 이르되 나는 구하지 아니하겠나이다 나는 여호와를 시험하지 아니하겠나이다 한지라

13 이사야가 이르되 다윗의 집이여 원하건대 들을지어다 너희가 사람을 괴롭히고서 그것을 작은 일로 여겨 또 나의 하나님을 괴롭히려 하느냐

1) 남는 자가 돌아오리라는 뜻

14 그러므로 주께서 친히 징조를 너희에게 주실 것이라 보라 처녀가 잉태하여 아들을 낳을 것이요 그의 이름은 ¹⁾임마누엘이라 하리라

15 그가 악을 버리며 선을 택할 줄 알 때 ²⁾가 되면 엉긴 젖과 꿀을 먹을 것이라

16 대저 이 아이가 악을 버리며 선을 택할 줄 알기 전에 네가 ³⁾미워하는 두 왕의 땅이 황폐하게 되리라

17 여호와께서 에브라임이 유다를 떠날 때부터 당하여 보지 못한 날을 너와 네 백성과 네 아버지 집에 임하게 하시리니 곧 앗수르 왕이 오는 날이니라

18 ●그 날에는 여호와께서 애굽 하수에서 먼 곳의 파리와 앗수르 땅의 벌을 부르시리니

19 와 거친 골짜기와 바위 틈과 가시나무 울타리와 모든 초장에 앉으리라

20 ●그 날에는 주께서 하수 저쪽에서 세 내어 온 삭도 곧 앗수르 왕으로 네 백성의 머리 털과 발 털을 미실 것이요 수염도 깎으시리라

21 ●그 날에는 사람이 한 어린 암소와 두 양을 기르리니

22 그것들이 내는 젖이 많으므로 엉긴 젖을 먹을 것이라 그 땅 가운데에 남아 있는 자는 엉긴 젖과 꿀을 먹으리라

23 ●그 날에는 천 그루에 은 천 개의 가치가 있는 포도나무가 있던 곳마다 찔레와 가시가 날 것이라

24 온 땅에 찔레와 가시가 있으므로 화살과 활을 가지고 그리로 갈 것이요

25 보습으로 갈던 모든 산에도 찔레와 가

시 때문에 두려워서 그리로 가지 못할 것이요 그 땅은 소를 풀어 놓으며 양이 밟는 곳이 되리라

이사야의 아들 — B.C. 734년경

8 여호와께서 내게 이르시되 너는 큰 서판을 가지고 그 위에 통용 문자로 ⁴⁾마헬살랄하스바스라 쓰라 합 2:2

2 내가 진실한 증인 제사장 우리야와 여베레기야의 아들 스가랴를 불러 증언하게 하리라 하시더니

3 내가 그 아내를 가까이 하매 그가 임신하여 아들을 낳은지라 여호와께서 내게 이르시되 그의 이름을 ⁴⁾마헬살랄하스바스라 하라

4 이는 이 아이가 내 아빠, 내 엄마라 부를 줄 알기 전에 다메섹의 재물과 사마리아의 노략물이 앗수르 왕 앞에 옮겨질 것임이라 하시니라 7:6

앗수르 왕의 침략

5 ●여호와께서 다시 내게 말씀하여 이르시되

6 이 백성이 천천히 흐르는 실로아 물을 버리고 르신과 르말리야의 아들을 기뻐하느니라

7 그러므로 주 내가 흉용하고 창일한 큰

1) 하나님이 우리와 같이 계심이라 2) 까지 3) 두려워하는 4) 노략이 속함 5) 히, 선지자의 아내

슬슬 풀리는 성경말씀

하나님보다 눈에 보이는 거대학에 현혹된 유다

'실로아 물'(8:6)은 유다에게 지속적으로 부어지는 여호와의 능력을 의미해요. 그리고 '큰 하수'(8:7)는 앗수르의 강력한 군사력을 상징하지요.

아하스 왕은 유다의 대표자로서 여호와의 구원을 거부했어요(7:11~12). 그는 아람과 북이스라엘의 세력을 두려워한 나머지, 실로아를 버리고 유프라테스를 의지했던 거예요. 그리고 대부분의 백성들도 이 길을 따랐답니다.

결국 그들은 영적인 면보다는 겉으로 보이는 거대함에 현혹되어, 하나님의 능력보다는 앗수르의 군사력을 더 신뢰한 것이지요. 8장 6~7절

8 에는 무엇이 기록되어 있을까?

이사야는 하나님의 약속을 믿지 못하고 앗수르를 의지하는 유다 왕 아하스를 책망했어요. 그고, 하나님의 보호를 무시한 유다는 결국 자기가 의지하는 앗수르에 의해 환난을 당할 것이라고 선포했지요. 하나님을 의지하지 않고 순종하지 않는 사람은 누구라도 하나님의 징벌을 받게 된답니다.

하수 곧 앗수르 왕과 그의 모든 위력으로 그들을 뒤덮을 것이라 그 모든 골짜기에 차고 모든 언덕에 넘쳐

8 흘러 유다에 들어와서 가득하여 목에까지 미치리라 임마누엘이여 그가 펴는 날개가 네 땅에 가득하리라 하셨느니라

여호와께서 깨우치시다

9 ●너희 민족들아 함성을 질러 보아라 그러나 끝내 패망하리라 너희 먼 나라 백성들아 들을지어다 너희 허리를 동이라 그러나 끝내 패망하리라 너희 허리에 띠를 따라 그러나 끝내 패망하리라

10 너희는 함께 계획하라 그러나 끝내 이루지 못하리라 말을 해 보아라 끝내 시행되지 못하리라 이는 1)하나님이 우리와 함께 계심이라

11 여호와께서 강한 손으로 내게 알려 주시며 이 백성의 길로 가지 말 것을 내게 깨우쳐 이르시되　창 3:14

12 이 백성이 반역자가 있다고 말하여도 너희는 그 모든 말을 따라 반역자가 있다고 하지 말며 그들이 두려워하는 것을 너희는 두려워하지 말며 놀라지 말고

13 만군의 여호와 그를 너희가 거룩하다 하고 그를 너희가 두려워하며 무서워할 자로 삼으라

14 그가 성소가 되시리라 그러나 이스라엘의 두 집에는 걸림돌과 걸려 넘어지는 반석이 되실 것이며 예루살렘 주민에게는 함정과 올무가 되시리니

15 많은 사람들이 그로 말미암아 걸려 넘어질 것이며 부러질 것이며 덫에 걸려 잡힐 것이니라

율법과 증거의 말씀을 따르라

16 ●너는 증거의 말씀을 싸매며 율법을 내 제자들 가운데에서 봉함하라

17 이제 야곱의 집에 대하여 얼굴을 가리시는 여호와를 나는 기다리며 그를 바라보리라

18 보라 나와 및 여호와께서 내게 주신 자녀들이 이스라엘 중에 징조와 예표가

되었나니 이는 시온 산에 계신 만군의 여호와께로 말미암은 것이니라

19 어떤 사람이 너희에게 말하기를 주절거리며 속살거리는 신접한 자와 마술사에게 물으라 하거든 백성이 자기 하나님께 구할 것이 아니냐 산 자를 위하여 죽은 자에게 구하겠느냐 하라

20 마땅히 율법과 증거의 말씀을 따를지니 그들이 말하는 바가 이 말씀에 맞지 아니하면 그들이 정녕 아침 빛을 보지 못하고

21 이 땅으로 헤매며 곤고하며 굶주릴 것이라 그가 굶주릴 때에 격분하여 자기의 왕과 자기의 하나님을 저주할 것이며 위를 쳐다보거나

22 땅을 굽어보아도 환난과 흑암과 고통의 흑암뿐이리니 그들이 심한 흑암 가운데로 쫓겨 들어가리라

평강의 왕——B.C. 734년경

9 전에 고통 받던 자들에게는 흑암이 없으리로다 옛적에는 여호와께서 스불론 땅과 납달리 땅이 멸시를 당하게 하셨더니 후에는 해변 길과 요단 저쪽 이방의 2)갈릴리를 영화롭게 하셨느니라

2 흑암에 행하던 백성이 큰 빛을 보고 사망의 그늘진 땅에 거주하던 자에게 빛이 비치도다

3 주께서 이 나라를 창성하게 하시며 그 즐거움을 더하게 하셨으므로 추수하는 즐거움과 탈취물을 나눌 때의 즐거움 같이 그들이 주 앞에서 즐거워하오니

4 이는 그들이 무겁게 멘 멍에와 그들의 어깨의 채찍과 그 압제자의 막대기를

9장 에는 무엇이 기록되어 있을까?

앞부분은 심판의 경고 후에 하나님께서 주시는 소망의 메시지, 앞으로 평강의 나라를 세우고 공의로 영원히 다스리실 구세주가 탄생하리라는 예언이지요. 뒷부분에는 거듭된 경고에도 불구하고 회개하지 않는 북이스라엘이 결국 망하게 될 것이라는 심판의 메시지가 나옵니다.

1) 히, 임마누엘 2) 지경을

주께서 꺾으시되 미디안의 날과 같이
하셨음이니이다

5 어지러이 싸우는 군인들의 신과 피 묻
은 겉옷이 불에 섶 같이 살라지리니

6 이는 한 아기가 우리에게 났고 한 아들
을 우리에게 주신 바 되었는데 그의 어
깨에는 정사를 메었고 그의 이름은 기
묘자라, 모사라, 전능하신 하나님이라,
영존하시는 아버지라, 평강의 왕이라
할 것임이라

7 그 정사와 평강의 더함이 무궁하며 또
다윗의 왕좌와 그의 나라에 군림하여
그 나라를 굳게 세우고 지금 이후로 영
원히 정의와 공의로 그것을 보존하실
것이라 만군의 여호와의 열심이 이를
이루시리라

주께서 이스라엘을 벌하시리라

8 ●주께서 야곱에게 말씀을 보내시며
그것을 이스라엘에게 임하게 하셨은즉

9 모든 백성 곧 에브라임과 사마리아 주
민이 알 것이어늘 그들이 교만하고 완
악한 마음으로 말하기를   7:8, 9

10 벽돌이 무너졌으나 우리는 다듬은 돌로
쌓고 뽕나무들이 찍혔으나 우리는 백향
목으로 그것을 대신하리라 하는도다

11 그러므로 여호와께서 르신의 대적들
을 일으켜 그를 치게 하시며 그의 원수
들을 격동시키시리니   삿 79:7

12 앞에는 아람 사람이요 뒤에는 블레셋
사람이라 그들이 모두 입을 벌려 이스

라엘을 삼키리라 그럴지라도 여호와
의 진노가 돌아서지 아니하며 그의 손
이 여전히 펴져 있으리라

13 ●그리하여도 그 백성이 자기들을 치
시는 이에게로 돌아오지 아니하며 만
군의 여호와를 찾지 아니하도다   호 7:10

14 그러므로 여호와께서 하루 사이에 이
스라엘 중에서 머리와 꼬리와 종려나
무 가지와 갈대를 끊으시리니   사 18:8

15 그 머리는 곧 장로와 존귀한 자요 그 꼬
리는 곧 거짓말을 가르치는 선지자라

16 백성을 인도하는 자가 그들을 미혹하니
인도를 받는 자들이 멸망을 당하는도다

17 이 백성이 모두 경건하지 아니하며 악
을 행하며 모든 입으로 망령되이 말하
니 그러므로 주께서 그들의 장정들을
기뻐하지 아니하시며 그들의 고아와
과부를 긍휼히 여기지 아니하시리라
그럴지라도 여호와의 진노가 돌아서
지 아니하며 그의 손이 여전히 펴져 있
으리라

18 ●대저 악행은 불 타오르는 것 같으니
곧 찔레와 가시를 삼키며 빽빽한 수풀
을 살라 연기가 위로 올라가게 함과 같
은 것이라   말 4:1

19 만군의 여호와의 진노로 말미암아 이
땅이 불타리니 백성은 불에 섶과 같을
것이라 사람이 자기의 형제를 아끼지
아니하며

20 오른쪽으로 움킬지라도 주리고 왼쪽으

선생님!! 궁금해요

왜 꼭 예수님 이름으로 기도해야 하나요?

예수님의 이름에는 '구세주, 구원자'라는 뜻이 있어요. 성경은 예수님
의 이름을 부르는 사람이라면 누구든지 구원을 받을 수 있다고 가르쳐주
지요. 모든 사람이 하나님께 나아갈 수 있는 방법은 예수님의 이름을 가지
고 나아가는 것뿐이랍니다. 하나님께서는 구원받을 만한 다른 이름을 가지
신 적이 없거든요. 그래서 예수님의 이름을 가지고 기도해야만 하나님께
서 응답해주시고 구원해주실 수 있답니다.
예수님의 이름 속에는 큰 권세와 영광과 능력이 있어요. 예수님의 이름
으로 기도할 때 그 기도가 이루어지고 기적도 일어날 수 있는 것이지요.
요 14장 13절

로 먹을지라도 배부르지 못하여 각각 자기 팔의 고기를 먹을 것이며 8:21, 22

21 므낫세는 에브라임을, 에브라임은 므낫세를 먹을 것이요 또 그들이 함께하여 유다를 치리라 그럴지라도 여호와의 진노가 돌아서지 아니하며 그의 손이 여전히 펴져 있으리라

10 불의한 법령을 만들며 불의한 말을 기록하며

2 가난한 자를 불공평하게 판결하여 가난한 내 백성의 권리를 박탈하며 과부에게 토색하고 고아의 것을 약탈하는 자는 화 있을진저

3 벌하시는 날과 멀리서 오는 환난 때에 너희가 어떻게 하려느냐 누구에게로 도망하여 도움을 구하겠으며 너희의 영화를 어느 곳에 두려느냐

4 포로 된 자 아래에 구푸리며 죽임을 당한 자 아래에 엎드러질 따름이니라 그럴지라도 여호와의 진노가 돌아서지 아니하며 그의 손이 여전히 펴져 있으리라

하나님의 도구인 앗수르 — B.C. 734년경

5 ●앗수르 사람은 화 있을진저 그는 내 진노의 막대기요 그 손의 몽둥이는 내 분노라

6 내가 그를 보내어 경건하지 아니한 나라를 치게 하며 내가 그에게 명령하여 나를 노하게 한 백성을 쳐서 탈취하며 노략하게 하며 또 그들을 길거리의 진흙 같이 짓밟게 하려 하거니와

7 그의 뜻은 이같지 아니하며 그의 마음의 생각도 이같지 아니하고 다만 그의 마음은 허다한 나라를 파괴하며 멸절하려 하는도다

8 그가 이르기를 내 고관들은 다 왕들이 아니냐

9 갈로는 갈그미스와 같지 아니하며 하맛은 아르밧과 같지 아니하며 사마리아는 다메섹과 같지 아니하냐 삼 6:2

10 내 손이 이미 우상을 섬기는 나라들에 미쳤나니 그들이 조각한 신상들이 예루살렘과 사마리아의 신상들보다 뛰어났느니라

11 내가 사마리아와 그의 우상들에게 행함 같이 예루살렘과 그의 우상들에게 행하지 못하겠느냐 하는도다

12 ●그러므로 주께서 주의 일을 시온 산과 예루살렘에 다 행하신 후에 앗수르 왕의 완악한 마음의 열매와 높은 눈의 자랑을 벌하시리라

13 그의 말에 나는 내 손의 힘과 내 지혜로 이 일을 행하였나니 나는 총명한 자라 열국의 경계선을 걷어치웠고 그들의 재물을 약탈하였으며 또 용감한 자처럼 위에 거주한 자들을 낮추었으며

14 내 손으로 열국의 재물을 얻은 것은 새의 보금자리를 얻음 같고 온 세계를 얻은 것은 내버린 알을 주움 같았으나 날개를 치거나 입을 벌리거나 지저귀는 것이 하나도 없었다 하는도다

15 ●도끼가 어찌 찍는 자에게 스스로 자랑하겠으며 톱이 어찌 켜는 자에게 스스로 큰 체하겠느냐 이는 막대기가 자기를 드는 자를 움직이려 하며 몽둥이가 나무 아닌 사람을 들려 함과 같음이로다

16 그러므로 주 만군의 여호와께서 살진 자를 파리하게 하시며 그의 영화 아래에 불이 붙는 것 같이 맹렬히 타게 하실 것이라

17 이스라엘의 빛은 불이 되고 그의 거룩하신 이는 불꽃이 되실 것이라 하루 사이에 그의 가시와 찔레가 소멸되며

10장 에는 무엇이 기록되어 있을까?

이사야는 북이스라엘의 죄악을 낱낱이 지적한 후에 앗수르에 대한 심판을 예언했어요. 하나님은 앗수르를 통해 북이스라엘과 남유다를 벌하셨는데, 앗수르는 자신들이 의로운 줄 알고 교만해졌지요. 여기서 앗수르의 멸망은 곧 유다의 구원을 의미하고, 하나님의 징계의 목적은 정결과 구원이라는 것을 보여줍니다.

사

18 그의 숲과 기름진 밭의 영광이 ¹⁾전부 소멸되리니 병자가 점점 쇠약하여 감 같을 것이라

19 그의 숲에 남은 나무의 수가 희소하여 아이라도 능히 계수할 수 있으리라

남은 자만 돌아오리라

20 ●그 날에 이스라엘의 남은 자와 야곱 족속의 피난한 자들이 다시는 자기를 친 자를 의지하지 아니하고 이스라엘 의 거룩하신 이 여호와를 진실하게 의 지하리니 17:7, 8

21 남은 자 곧 야곱의 남은 자가 능하신 하나님께로 돌아올 것이라

22 이스라엘이여 네 백성이 바다의 모래 같을지라도 남은 자만 돌아오리니 넘 치는 공의로 파멸이 작정되었음이라

23 이미 작정된 파멸을 주 만군의 여호와 께서 온 세계 중에 끝까지 행하시리라

주께서 앗수르를 멸하시리라

24 ●그러므로 주 만군의 여호와께서 이 르시되 시온에 거주하는 내 백성들아 앗수르가 애굽이 한 것처럼 막대기로 너를 때리며 몽둥이를 들어 너를 칠지 라도 그를 두려워하지 말라

25 내가 오래지 아니하여 네게 향한 분을 그치 고 그들은 내 진노로 멸하리라 하시도다

26 만군의 여호와께서 채찍을 들어 그를 치시되 오렙 바위에서 미디안을 쳐죽 이신 것 같이 하실 것이며 막대기를 드 시되 바다를 향하여 애굽에서 하신 것 같이 하실 것이라

27 그 날에 그의 무거운 짐이 네 어깨에서 떠나고 그의 멍에가 네 목에서 벗어지

11장 에는 무엇이 기록되어 있을까?

이사야는 이새의 후손에서 구세주 가 탄생할 것을 예언했어요. 또한 그분이 다스 리는 나라가 어떤 곳일지도 묘사하고 있죠. 그리고 하나님을 진실하게 의지하는 '남은 자 들'이 메시아 왕국으로 돌아와서 하나님과 더 불어 복되고 영광스러운 삶을 누리게 될 것을 예언하고 있답니다.

한 싹이 나며

이 '싹'은 다윗 왕족의 혈통에서 태어나실 메시아 인 예수님을 가리켜요. 이것은 하나님에 의해 베임을 당할 '빽빽한 숲'(10:34)인 앗수르 왕과 대조되지 요. 비록 연약한 '한 싹'으로 시작하지만, 그의 통치 와 그 영향력은 세상의 다른 왕들과는 비교할 수 없습 니다.
11장 1절

되 기름진 까닭에 멍에가 부러지리라

침략자들의 공격

28 ●²⁾그가 아얏에 이르러 미그론을 지나 믹마스에 그의 장비를 두고

29 산을 넘어 게바에서 유숙하매 라마는 떨고 사울의 기브아는 도망하도다

30 딸 갈림아 큰 소리로 외칠지어다 라이 사야 자세히 들을지어다 가련하다 너 아나돗이여

31 맛메나는 피난하며 게빔 주민은 도망 하도다

32 아직 이 날에 그가 놉에서 쉬고 딸 시 온 산 곧 예루살렘 산을 향하여 그 손 을 흔들리로다

33 ●보라 주 만군의 여호와께서 혁혁한 위력으로 그 가지를 꺾으시리니 그 장 대한 것이 찍힐 것이요 그 높은 자가 낮아질 것이며 암 2:9

34 쇠로 그 빽빽한 숲을 베시리니 레바논 이 권능 있는 자에게 베임을 당하리라

평화의 나라 — B.C. 734년경

11 이새의 줄기에서 한 싹이 나며 그 뿌리에서 한 가지가 나서 결실할 것이요

2 그의 위에 여호와의 영 곧 지혜와 총명 의 영이요 모략과 재능의 영이요 지식과 여호와를 경외하는 영이 강림하시리니

3 그가 여호와를 경외함으로 즐거움을 삼을 것이며 그의 눈에 보이는 대로 심 판하지 아니하며 그의 귀에 들리는 대 로 판단하지 아니하며

4 공의로 가난한 자를 심판하며 정직으 로 세상의 겸손한 자를 판단할 것이며

1) 히, 영혼과 육체가 아울러 2) 앗수르 왕이

광야의 양떼들(11:6)

그의 입의 막대기로 세상을 치며 그의 입술의 기운으로 악인을 죽일 것이며

5 공의로 그의 허리띠를 삼으며 성실로 그의 몸의 띠를 삼으리라

6 ●그 때에 이리가 어린 양과 함께 살며 표범이 어린 염소와 함께 누우며 송아지와 어린 사자와 살진 짐승이 함께 있어 어린 아이에게 끌리며

7 암소와 곰이 함께 먹으며 그것들의 새끼가 함께 엎드리며 사자가 소처럼 풀을 먹을 것이며

8 젖 먹는 아이가 독사의 구멍에서 장난하며 젖 뗀 어린 아이가 독사의 굴에 손을 넣을 것이라

9 내 거룩한 산 모든 곳에서 해 됨도 없고 상함도 없을 것이니 이는 물이 바다를 덮음 같이 여호와를 아는 지식이 세상에 충만할 것임이니라

남은 백성이 돌아오리라

10 ●그 날에 이새의 뿌리에서 한 싹이 나서 만민의 기치로 설 것이요 열방이 그에게로 돌아오리니 그가 거한 곳이 영화로우리라

11 ●그 날에 주께서 다시 그의 손을 펴사 그의 남은 백성을 앗수르와 애굽과 바드로스와 구스와 엘람과 시날과 하맛과 바다 섬들에서 돌아오게 하실 것이라

12 여호와께서 열방을 향하여 기치를 세우시고 이스라엘의 쫓긴 자들을 모으시며 땅 사방에서 유다의 흩어진 자들을 모으시리니　슥 10:6

13 에브라임의 질투는 없어지고 유다를 괴롭히던 자들은 끊어지며 에브라임은 유다를 질투하지 아니하며 유다는 에브라임을 괴롭게 하지 아니할 것이요　겔 37:16, 17

14 그들이 서쪽으로 블레셋 사람들의 어깨에 날아 앉고 함께 동방 백성을 노략하며 에돔과 모압에 손을 대며 암몬 자손을 자기에게 복종시키리라　민 11:41

15 여호와께서 애굽 해만을 말리시고 그의 손을 유브라데 하수 위에 흔들어 뜨거운 바람을 일으켜 그 하수를 쳐 일곱 갈래로 나누어 신을 신고 건너가게 하실 것이라　43:16

16 그의 남아 있는 백성 곧 앗수르에서 남은 자들을 위하여 큰 길이 있게 하시되 이스라엘이 애굽 땅에서 나오던 날과 같게 하시리라

감사 찬송 · B.C. 732년경

12

그 날에 네가 말하기를 여호와여 주께서 전에는 내게 노하셨사오나 이제는 주의 진노가 돌아섰고 또 주께서 나를 안위하시오니 내가 주께 감사하겠나이다 할 것이니라

2 보라 하나님은 나의 구원이시라 내가 신뢰하고 두려움이 없으리니 주 여호와는 나의 힘이시며 나의 노래시며 나의 구원이심이라

3 그러므로 너희가 기쁨으로 구원의 우물들에서 물을 길으리로다

4 그 날에 너희가 또 말하기를 여호와께 감사하라 그의 이름을 부르며 그의 행하심을 만국 중에 선포하며 그의 이름이 높다 하라

5 여호와를 찬송할 것은 극히 아름다운 일을 하셨음이니 이를 온 땅에 알게 할

지어다

6 시온의 주민아 소리 높여 부르라 이스라엘의 거룩하신 이가 너희 중에서 크심이니라 할 것이니라

슥 3:14

13

1 1)아모스의 아들 이사야가 바벨론에 대하여 받은 경고라

2 ●너희는 민둥산 위에 기치를 세우고 소리를 높여 그들을 부르며 손을 흔들어 그들을 존귀한 자의 문에 들어가게 하라

10:32

3 내가 거룩하게 구별한 자들에게 명령하고 나의 위엄을 기뻐하는 용사들을 불러 나의 노여움을 전하게 하였느니라

4 산에서 무리의 소리가 남이여 많은 백성의 소리 같으니 곧 열국 민족이 함께 모여 떠드는 소리라 만군의 여호와께서 싸움을 위하여 군대를 검열하심이로다

5 무리가 먼 나라에서, 하늘 끝에서 왔음이여 곧 여호와와 그의 진노의 병기라 온 땅을 멸하려 함이로다

6 ●너희는 애곡할지어다 여호와의 날이 가까웠으니 전능자에게서 멸망이 임할 것임이로다

7 그러므로 모든 손의 힘이 풀리고 각 사람의 마음이 녹을 것이라

8 그들이 놀라며 괴로움과 슬픔에 사로잡혀 해산이 임박한 여자 같이 고통하며 서로 보고 놀라며 얼굴은 불꽃 같으리로다

9 보라 여호와의 날 곧 잔혹히 분냄과 맹렬히 노하는 날이 이르러 땅을 황폐하게 하며 그 중에서 죄인들을 멸하리니

10 하늘의 별들과 별 무리가 그 빛을 내지 아니하며 해가 돋아도 어두우며 달이 그 빛을 비추지 아니할 것이로다

11 내가 세상의 악과 악인의 죄를 벌하며 교만한 자의 오만을 끊으며 강포한 자의 거만을 낮출 것이며

12 내가 사람을 순금보다 희소하게 하며 인생을 오빌의 금보다 희귀하게 하리로다

4:1

13 그러므로 나 만군의 여호와가 분하여 맹렬히 노하는 날에 하늘을 진동시키며 땅을 흔들어 그 자리에서 떠나게 하리니

학 2:6

14 그들이 쫓긴 노루나 모으는 자 없는 양 같이 각기 자기 동족에게로 돌아가며 각기 본향으로 도망할 것이나

15 만나는 자마다 창에 찔리겠고 잡히는 자마다 칼에 엎드러지겠고

16 그들의 어린 아이들은 그들의 목전에서 메어침을 당하겠고 그들의 집은 노략을 당하겠고 그들의 아내는 욕을 당하리라

나 3:10

17 ●보라 은을 돌아보지 아니하며 금을 기뻐하지 아니하는 메대 사람을 내가 충동하여 그들을 치게 하리니

단 5:28

18 메대 사람이 활로 청년을 쏘아 죽이며

1) 히, 아모츠

술술 풀리는 **성경말씀**

바벨론의 멸망이 주는 교훈

앞으로 세계를 제패하여 대제국이 될 바벨론이 하루 아침에 폐허로 변할 것을 예언하고 있습니다. 바벨론은 그 세력이 너무 막강해서 결코 멸망하지 않을 것 같았어요. 그러나 결국 이사야의 예언대로, B.C. 539년 메대와 바사(페르시아)의 연합군에게 멸망당하지요.

이처럼 지금은 결코 멸망하지 않을 것처럼 보이는 강대국들도 언젠가는 사라지게 된답니다. 그러나 영원히 멸망하지 않을 나라가 있어요. 그것은 바로 하늘 나라예요. 그리스도인은 영원한 하늘 나라의 백성이라는 것을 늘 기억하며 세상을 살아야 해요 (빌 3:20).

13장 19-22절

13 에는 무엇이 기록되어 있을까?

13 - 28장에서 예언의 대상이 이스라엘에서 온 세상으로 바뀌어 있어요. 이것은 하나님이 이스라엘뿐 아니라 온 세상과 역사를 다스리는 분이심을 가르쳐주지요. 한편, 당시 근동 지방에서 가장 강력한 나라이자 유다를 멸망시킨 바벨론이 메대에 의해 멸망당할 것을 예언하고 있어요.

태의 열매를 긍휼히 여기지 아니하며 아이를 애석하게 보지 아니하리라

19 열국의 영광이요 갈대아 사람의 자랑하는 노리개가 된 바벨론이 하나님께 멸망 당한 소돔과 고모라 같이 되리니

20 그 곳에 거주할 자가 없겠고 거처할 사람이 대대에 없을 것이며 아라비아 사람도 거기에 장막을 치지 아니하며 목자들도 그 곳에 그들의 양 떼를 쉬게 하지 아니할 것이요

21 오직 들짐승들이 거기에 엎드리고 부르짖는 짐승이 그들의 가옥에 가득하며 타조가 거기에 깃들이며 들양이 거기에서 뛸 것이요

22 그의 궁성에는 승냥이가 부르짖을 것이요 화려하던 궁전에는 들개가 울 것이라 그의 때가 가까우며 그의 날이 오래지 아니하리라

포로에서 돌아오다

14 여호와께서 야곱을 긍휼히 여기시며 이스라엘을 다시 택하여 그들의 땅에 두시리니 나그네 된 자가 야곱 족속과 연합하여 그들에게 예속될 것이며

2 민족들이 그들을 데리고 그들의 본토에 돌아오리니 이스라엘 족속이 여호와의 땅에서 그들을 얻어 노비로 삼겠고 전에 자기를 사로잡던 자들을 사로잡고 자기를 압제하던 자들을 주관하리라

스올로 내려간 바벨론 왕

3 ●여호와께서 너를 슬픔과 곤고와 및 네가 수고하는 고역에서 놓으시고 안식을 주시는 날에   40:2

4 너는 바벨론 왕에 대하여 이 노래를 지어 이르기를 압제하던 자가 어찌 그리 그쳤으며 강포한 성이 어찌 그리 폐하였는가

5 여호와께서 악인의 몽둥이와 통치자의 규를 꺾으셨도다

6 그들이 분내어 여러 민족을 치되 치기를 마지아니하였고 노하여 열방을 억압하여도 그 억압을 막을 자 없었더니

7 이제는 온 땅이 조용하고 평온하니 무리가 소리 높여 노래하는도다

8 향나무와 레바논의 백향목도 너로 말미암아 기뻐하여 이르기를 네가 넘어져 있은즉 올라와서 우리를 베어 버릴 자 없다 하는도다

9 아래의 스올이 너로 말미암아 소동하여 네가 오는 것을 영접하되 그것이 세상의 모든 영웅을 너로 말미암아 움직이게 하며 열방의 모든 왕을 그들의 왕좌에서 일어서게 하므로

10 그들은 다 네게 말하여 이르기를 너도 우리 같이 연약하게 되었느냐 너도 우리 같이 되었느냐 하리로다

11 네 영화가 스올에 떨어졌음이여 네 비파 소리까지로다 구더기가 네 아래에 깔림이여 지렁이가 너를 덮었도다

12 너 아침의 아들 1) 계명성이여 어찌 그리 하늘에서 떨어졌으며 너 열국을 엎은 자여 어찌 그리 땅에 찍혔는고

13 네가 네 마음에 이르기를 내가 하늘에 올라 하나님의 뭇 별 위에 내 자리를 높이리라 내가 북극 집회의 산 위에 앉으리라

14 가장 높은 구름에 올라가 지극히 높은 이와 같아지리라 하는도다

15 그러나 이제 네가 스올 곧 구덩이 맨 밑에 떨어짐을 당하리로다

16 너를 보는 이가 주목하여 너를 자세히 살펴 보며 말하기를 이 사람이 땅을 진동시키며 열국을 놀라게 하며   렘 50:23

1) 새벽 별

14장 에는 무엇이 기록되어 있을까?

바벨론이 멸망당하고 이스라엘 민족이 자기 나라로 다시 돌아올 것을 예언하고 있어요. 바벨론은 하나님을 대적하고 온갖 죄악을 일삼는 사람들을 상징하지요. 따라서 하나님이 악인들을 심판하시는 것은 결국 하나님의 택한 백성들을 구원하시는 것임을 알 수 있지요. 뒷부분에는 앗수르와 블레셋의 멸망도 예언되어 있답니다.

앗수르 북서쪽 문(14·25)

17 세계를 황무하게 하며 성읍을 파괴하며 그에게 사로잡힌 자들을 집으로 놓아 보내지 아니하던 자가 아니냐 하리로다

18 열방의 모든 왕들은 모두 각각 자기 집에서 영광 중에 자건마는

19 오직 너는 자기 무덤에서 내쫓겼으니 가증한 나무 가지 같고 칼에 찔려 돌구덩이에 떨어진 주검들에 둘러싸였으니 밟힌 시체와 같도다

20 네가 네 땅을 망하게 하였고 네 백성을 죽였으므로 그들과 함께 안장되지 못하나니 악을 행하는 자들의 후손은 영원히 이름이 불려지지 아니하리로다 할지니라

여호와께서 바벨론을 멸하시리라

21 ●너희는 그들의 조상들의 죄악으로 말미암아 그의 자손 도륙하기를 준비하여 그들이 일어나 땅을 차지하여 성읍들로 세상을 가득하게 하지 못하게 하라

22 만군의 여호와께서 말씀하시되 내가 일어나 그들을 쳐서 이름과 남은 자와 아들과 후손을 바벨론에서 끊으리라 나 여호와의 말이니라

23 내가 또 그것이 고슴도치의 굴혈과 물 웅덩이가 되게 하고 또 멸망의 빗자루로 청소하리라 나 만군의 여호와의 말이니라 하시니라

여호와께서 앗수르를 파하시리라

24 ●만군의 여호와께서 맹세하여 이르시되 내가 생각한 것이 반드시 되며 내가 경영한 것을 반드시 이루리라

25 내가 앗수르를 나의 땅에서 파하며 나의

산에서 그것을 짓밟으리니 그 때에 그의 멍에가 [1]이스라엘에게서 떠나고 그의 짐이 그들의 어깨에서 벗어질 것이라

26 이것이 온 세계를 향하여 정한 경영이며 이것이 열방을 향하여 편 손이라 하셨나니

27 만군의 여호와께서 경영하셨은즉 누가 능히 그것을 폐하며 그의 손을 펴셨은즉 누가 능히 그것을 돌이키랴 43:13

여호와께서 블레셋을 소멸시키시리라

28 ●아하스 왕이 죽던 해에 이 경고가 임하니라

29 블레셋 온 땅이여 너를 치던 막대기가 부러졌다고 기뻐하지 말라 뱀의 뿌리에서는 독사가 나겠고 그의 열매는 날아다니는 불뱀이 되리라

30 가난한 자의 장자는 먹겠고 궁핍한 자는 평안히 누우려니와 내가 네 뿌리를 기근으로 죽일 것이며 네게 남은 자는 살륙을 당하리라

31 성문이여 슬피 울지어다 성읍이여 부르짖을지어다 너 블레셋이여 다 소멸되리로다 대저 연기가 북방에서 오는데 그 대열에서 벗어난 자가 없느니라

32 ●그 나라 사신들에게 어떻게 대답하겠느냐 여호와께서 시온을 세우셨으니 그의 백성의 곤고한 자들이 그 안에서 피난하리라 할 것이니라

여호와께서 모압을 황폐하게 하시리라

15 모압에 관한 경고라 ●하룻밤에 모압 알이 망하여 황폐할 것이며 하룻밤에 모압 기르가 망하여 황폐할 것이라

2 그들은 바잇과 디본 산당에 올라가서

15장 에는 무엇이 기록되어 있을까?

모압의 멸망에 대한 예언이에요. 모압은 아브라함의 조카인 롯의 후손들로서 이스라엘과 친척 관계예요. 끊임없이 이스라엘을 괴롭혀왔어요. 뿐만 아니라 우상을 섬기고 하나님 앞에서 매우 교만히게 행동했어요. 결국 그들은 하나님의 심판을 피할 수 없었답니다.

1) 히, 그들에게서

울며 모압은 느보와 메드바¹⁾를 위하여 통곡하는도다 그들이 각각 머리카락을 밀고 각각 수염을 깎았으며

3 거리에서는 굵은 베로 몸을 동였으며 지붕과 넓은 곳에서는 각기 애통하여 심히 울며

4 헤스본과 엘르알레는 부르짖으며 그들의 소리는 야하스까지 들리니 그러므로 모압의 군사들이 크게 부르짖으며 그들의 혼이 속에서 떠는도다

5 내 마음이 모압을 위하여 부르짖는도다 그 피난민들은 소알과 에글랏 슬리시야까지 이르고 울며 루힛 비탈길로 올라가며 호로나임 길에서 패망을 울부짖으니

6 니므림 물이 마르고 풀이 시들었으며 연한 풀이 말라 청청한 것이 없음이로다

7 그러므로 그들이 얻은 재물과 쌓았던 것을 가지고 버드나무 시내를 건너리니

8 이는 곡성이 모압 사방에 둘렸고 슬피 부르짖음이 에글라임에 이르며 부르짖음이 브엘엘림에 미치며

9 디몬 물에는 피가 가득함이로다 그럴지라도 내가 디몬에 재앙을 더 내리되 모압에 도피한 자와 그 땅에 남은 자에게 사자를 보내리라

모압이 통곡하고 근심하리라

16 너희는 이 땅 통치자에게 어린 양들을 드리되 셀라에서부터 광야를 지나 딸 시온 산으로 보낼지니라

2 모압의 ²⁾딸들은 아르논 나루에서 떠나는 새 같고 보금자리에서 흩어진 새

새끼 같을 것이라

3 너는 방도를 베풀며 공의로 판결하며 대낮에 밤 같이 그늘을 지으며 쫓겨난 자들을 숨기며 도망한 자들을 발각되게 하지 말며

4 나의 쫓겨난 자들이 너와 함께 있게 하되 너 모압은 멸절하는 자 앞에서 그들에게 피할 곳이 되라 대저 토색하는 자가 망하였고 멸절하는 자가 그쳤고 압제하는 자가 이 땅에서 멸절하였으며

5 다윗의 장막에 인자함으로 왕위가 굳게 설 것이요 그 위에 앉을 자는 충실함으로 판결하며 정의를 구하며 공의를 신속히 행하리라

6 ●우리가 모압의 교만을 들었나니 심히 교만하도다 그가 거만하며 교만하며 분노함도 들었거니와 그의 자랑이 헛되도다

7 그러므로 모압이 모압을 위하여 통곡하되 다 통곡하며 길하레셋 건포도 떡을 위하여 ³⁾그들이 슬퍼하며 심히 근심하리니

8 이는 헤스본의 밭과 십마의 포도나무가 말랐음이라 전에는 그 가지가 야셀에 미쳐 광야에 이르고 그 싹이 자라서 바다를 건넜더니 이제 열국의 주권자들이 그 좋은 가지를 꺾었도다

9 그러므로 내가 야셀의 울음처럼 십마의 포도나무를 위하여 울리라 헤스본이여, 엘르알레여, 내 눈물로 너를 적시리니 너의 여름 실과, 네 농작물에 즐거운 소리가 그쳤음이라

1) 위에서 통곡 2) 여러 성 거민들은 3) 히, 너희

안장(14:20) 편안히 장사지냄.
도륙(14:21) 무참하게 마구 죽임.
굴혈(14:23) 소굴. 바위나 땅에 깊게 패인 커다란 굴.
기근(14:30) 흉년으로 식량이 모자라서 굶주림.
청청하다(15:6) 푸른 빛깔이 곱고도 산뜻하다.
곡성(15:8) 사람이 죽었을 때나 제사 때에 소리 내어 울음 소리.
토색(16:4) 금품을 억지로 달라고 조름. 속여서 빼앗음. 횡령.

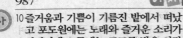

사

10 즐거움과 기쁨이 기름진 밭에서 떠났고 포도원에는 노래와 즐거운 소리가 없어지겠고 틀에는 포도를 밟을 사람이 없으리니 이는 내가 즐거운 소리를 그치게 하였음이라 ☞ 24:11

11 이러므로 내 마음이 모압을 위하여서 수금 같이 소리를 발하며 내 창자가 길하레셋을 위하여 그러하도다

12 모압이 그 산당에서 피곤하도록 봉사하며 자기 성소에 나아가서 기도할지라도 소용없으리로다

13 ●이는 여호와께서 오래 전부터 모압을 들어 하신 말씀이거니와

14 이제 여호와께서 말씀하여 이르시되 품꾼의 정한 해와 같이 삼 년 내에 모압의 영화와 그 큰 무리가 능욕을 당할지라 그 남은 수가 심히 적어 보잘것없이 되리라 하시도다

갈대 배를 물에 띄우고 (18:2)

여호와께서 에브라임과 다메섹을 멸하시리라

17 다메섹에 관한 경고라 ●보라 다메섹이 장차 성읍을 이루지 못하고 무너진 무더기가 될 것이라

2 아로엘의 성읍들이 버림을 당하리니 양 무리를 치는 곳이 되어 양이 눕되 놀라게 할 자가 없을 것이며 렘 7:33

3 에브라임의 요새와 다메섹 나라와 아람의 남은 자가 멸절하여 이스라엘 자손의 영광 같이 되리라 만군의 여호와의 말씀이니라

4 ●그 날에 야곱의 영광이 쇠하고 그의 살진 몸이 파리하리니

5 마치 추수하는 자가 곡식을 거두어 가지고 그의 손으로 이삭을 벤 것 같고 르바임 골짜기에서 이삭을 주운 것 같으리라

6 그러나 그 안에 주울 것이 남으리니 감람나무를 흔들 때에 가장 높은 가지 꼭대기에 과일 두세 개가 남음 같겠고 무성한 나무의 가장 먼 가지에 네다섯 개가 남음 같으리라 이스라엘의 하나님 여호와의 말씀이니라 24:13

7 그 날에 사람이 자기를 지으신 이를 바라보겠으며 그의 눈이 이스라엘의 거룩하신 이를 뵙겠고

8 자기 손으로 만든 제단을 바라보지 아니하며 자기 손가락으로 지은 아세라나 태양상을 보지 아니할 것이며

9 그 날에 그 견고한 성읍들이 옛적에 이스라엘 자손 앞에서 버린 바 된 수풀 속의 처소와 작은 산 꼭대기의 처소 같아서 황폐하리니

10 이는 네가 네 구원의 하나님을 잊어버리며 네 능력의 반석을 마음에 두지 아니한 까닭이라 그러므로 네가 기뻐하는 나무를 심으며 이방의 나무 가지도 이종하는도다

11 네가 심는 날에 울타리를 두르고 아침에 네 씨가 잘 발육하도록 하였으나 근심과 심한 슬픔의 날에 농작물이 없어지리라

주께서 열방을 꾸짖어 흩으시리라

12 ●슬프다 많은 민족이 소동하였으되 바다 파도가 치는 소리 같이 그들이 소동하였고 열방이 충돌하였으되 큰 물이 몰려옴 같이 그들도 충돌하였도다

13 열방이 충돌하기를 많은 물이 몰려옴과 같이 하나 주께서 그들을 꾸짖으시

17 에는 무엇이 기록되어 있을까?

장 아람과 북이스라엘, 그리고 앗수르의 멸망에 대한 예언이에요. 이사야는 이방 나라와 연합하여 형제 나라인 유다를 대적한 이스라엘이 먼저 멸망할 것임을 예언하고 있어요. 그리고 하나님의 도구로 사용된 앗수르 역시 결국에는 하나님의 심판을 당해 멸망할 것임을 예언하고 있답니다.

리니 그들이 멀리 도망함이 산에서 겨가 바람 앞에 흩어짐 같겠고 폭풍 앞에 떠도는 티끌 같을 것이라

14 보라 저녁에 두려움을 당하고 아침이 오기 전에 그들이 없어졌나니 이는 우리를 노략한 자들의 몫이요 우리를 강탈한 자들의 보응이니라

여호와께서 구스를 두고 하신 말씀

18 슬프다 구스의 강 건너편 날개 치는 소리 나는 땅이여

2 갈대 배를 물에 띄우고 그 사자를 수로로 보내며 이르기를 민첩한 사절들아 너희는 강들이 흘러 나누인 나라로 가되 장대하고 준수한 백성 곧 시초부터 두려움이 되며 강성하여 대적을 밟는 백성에게로 가라 하는도다

3 세상의 모든 거민, 지상에 사는 너희여 산들 위에 기치를 세우거든 너희는 보고 나팔을 불거든 너희는 들을지니라

4 ●여호와께서 내게 이르시되 [1]내가 나의 처소에서 조용히 감찰함이 쬐이는 일광 같고 가을 더위에 운무 같도다

5 추수하기 전에 꽃이 떨어지고 포도가 맺혀 익어갈 때에 [2]내가 낫으로 그 연한 가지를 베며 퍼진 가지를 찍어 버려서

6 산의 독수리들과 땅의 들짐승들에게 던져 주리니 산의 독수리들이 그것으로 여름을 지내며 땅의 들짐승들이 다 그것으로 겨울을 지내리라 하셨음이라

7 그 때에 강들이 흘러 나누인 나라의 장대하고 준수한 백성 곧 시초부터 두려움이 되며 강성하여 대적을 밟는 백성이 만군의 여호와께 드릴 예물을 가지고 만군의 여호와의 이름을 두신 곳 시온 산에 이르리라

여호와께서 애굽에 임하시리라

19 애굽에 관한 경고라 ●보라 여호와께서 빠른 구름을 타고 애굽에 임하시리니 애굽의 우상들이 그 앞에서 떨겠고 애굽인의 마음이 그 속

에서 녹으리로다   시 104:3

2 내가 애굽인을 격동하여 애굽인을 치리니 그들이 각기 형제를 치며 각기 이웃을 칠 것이요 성읍이 성읍을 치며 나라가 나라를 칠 것이요

3 애굽인의 정신이 그 속에서 쇠약할 것이요 그의 계획을 내가 깨뜨리니 그들이 우상과 마술사와 신접한 자와 요술객에게 물으리로다

4 내가 애굽인을 잔인한 주인의 손에 붙이리니 포학한 왕이 그들을 다스리리라 주 만군의 여호와의 말씀이니라

5 ●바닷물이 없어지겠고 강이 잦아서 마르겠고   욜 30:12

6 강들에서는 악취가 나겠고 애굽의 강물은 줄어들고 마르므로 갈대와 부들이 시들겠으며

7 나일 가까운 곳 나일 언덕의 초장과 나일 강 가까운 곡식 밭이 다 말라서 날려가 없어질 것이며

8 어부들은 탄식하며 나일 강에 낚시를 던지는 자마다 슬퍼하며 물 위에 그물을 치는 자는 피곤할 것이며

9 세마포를 만드는 자와 베 짜는 자들이 수치를 당할 것이며

10 그의 기둥이 부서지고 품꾼들이 다 마음에 근심하리라

18장 에는 무엇이 기록되어 있을까?

하나님께서 구스에게 구원을 베푸시겠다는 예언이에요. 구스는 하나님께서 유다를 앗수르로부터 구원하시는 것을 보고 깨우쳐 하나님께 돌아왔기 때문이지요. 이것은 땅의 모든 족속이 아브라함의 자손을 인하여 복을 얻게 되리라고 하신 하나님의 언약이 이루어지고 있음을 잘 나타내요.

19장 애굽이 세계의 모든 나라에 끼치는 우상 숭배의 영향을 없애기 위해 하나님께서 애굽을 심판하실 것이라는 예언이에요. 그러나 심판 가운데에서도 하나님을 두려워하는 사람들은 모두 구원을 얻는답니다. 이것은 이스라엘뿐만 아니라 이방나라들에게도 구원이 임한다는 뜻이기도 하지요.

---

1) 일광이 불 같이 쬐이고 가을 더위에 이슬이 무르녹을 때에 내가 나의 처소에서 조용히 보리라 2) 히, 그가

앗수르 도시 중의 하나인
칼라 왕궁 입구(19:23)

11 ● 소안의 방백은 어리석었고 바로의 가장 지혜로운 모사의 책략은 우둔하여졌으니 너희가 어떻게 바로에게 이르기를 나는 지혜로운 자들의 자손이라 나는 옛 왕들의 후예라 할 수 있으랴

12 너의 지혜로운 자가 어디 있느냐 그들이 만군의 여호와께서 애굽에 대하여 정하신 뜻을 알 것이요 곧 네게 말할 것이니라

13 소안의 방백들은 어리석었고 놉의 방백들은 미혹되었도다 그들은 애굽 종족들의 모퉁잇돌이거늘 애굽을 그릇 가게 하였도다

14 여호와께서 그 가운데 어지러운 마음을 섞으셨으므로 그들이 애굽을 매사에 잘못 가게 함이 취한 자가 토하면서 비틀거림 같게 하였으니　3:12

15 애굽에서 머리나 꼬리며 종려나무 가지나 갈대가 아무 할 일이 없으리라

애굽 사람이 여호와께 경배하리라

16 ● 그 날에 애굽이 부녀와 같을 것이라 그들이 만군의 여호와께서 흔드시는 손이 그들 위에 흔들림으로 말미암아 떨며 두려워할 것이며

17 유다의 땅은 애굽의 두려움이 되리니 이는 만군의 여호와께서 애굽에 대하여 정하신 계획으로 말미암음이라 그 소문을 듣는 자마다 떨리라　신 4:35

18 ● 그 날에 애굽 땅에 가나안 방언을 말하며 만군의 여호와를 가리켜 맹세하는 다섯 성읍이 있을 것이며 그 중 하나를 1)멸망의 성읍이라 칭하리라

19 ● 그 날에 애굽 땅 중앙에는 여호와를

위하여 제단이 있겠고 그 변경에는 여호와를 위하여 기둥이 있을 것이요

20 이것이 애굽 땅에서 만군의 여호와를 위하여 징조와 증거가 되리니 이는 그들이 그 압박하는 자들로 말미암아 여호와께 부르짖겠고 여호와께서 는 그들에게 한 구원자이자 보호자를 보내사 그들을 건지실 것이라　43:3, 11

21 여호와께서 자기를 애굽에 알게 하시리니 그 날에 애굽이 여호와를 알고 제물과 예물을 그에게 드리고 경배할 것이요 여호와께 서원하며 그대로 행하리라

22 여호와께서 애굽을 치실지라도 치시고는 고치실 것이므로 그들이 여호와께로 돌아올 것이라 여호와께서 그들의 간구함을 들으시고 그들을 고쳐 주시리라　30:26

23 ● 그 날에 애굽에서 앗수르로 통하는 대로가 있어 앗수르 사람은 애굽으로 가겠고 애굽 사람은 앗수르로 갈 것이며 애굽 사람이 앗수르 사람과 함께 경배하리라

24 ● 그 날에 이스라엘이 애굽 및 앗수르와 더불어 셋이 세계 중에 복이 되리니

25 이는 만군의 여호와께서 복 주시며 이르시되 내 백성 애굽이여, 내 손으로 지은 앗수르여, 나의 기업 이스라엘이여, 복이 있을지어다 하실 것임이라

벗은 선지자의 예표

20 앗수르의 사르곤 왕이 다르단을 아스돗으로 보내매 그가 와서 아스돗을 쳐서 취하던 해니라

2 그 때에 여호와께서 2)아모스의 아들 이사야에게 말씀하여 이르시되 갈지

20장에는 무엇이 기록되어 있을까?

애굽과 구스가 앗수르의 침략을 당하게 될 것이라는 예언이에요. 여기서 구스는 애굽을 통치했던 애굽의 제25대 왕조를 이루고 있었던 세력을 말해요. 하나님은 애굽의 패배를 예언함으로써 유다가 하나님보다 애굽을 의지하는 것이 헛된 일임을 경고하고 있답니다.

1) '일하헤레스' 또는 '태양성' 2) 히, 아모츠

어다 네 허리에서 베를 끄르고 네 발에서 신을 벗을지니라 하시매 그가 그대로 하여 벗은 몸과 벗은 발로 다니니라

3 여호와께서 이르시되 나의 종 이사야가 삼 년 동안 벗은 몸과 벗은 발로 다니며 애굽과 구스에 대하여 징조와 예표가 되었느니라

4 이와 같이 애굽의 포로와 구스의 사로잡힌 자가 앗수르 왕에게 끌려갈 때에 젊은 자나 늙은 자가 다 벗은 몸과 벗은 발로 볼기까지 드러내어 애굽의 수치를 보이리니   렘 13:22, 26

5 1)그들이 바라던 구스와 자랑하던 애굽으로 말미암아 그들이 놀라고 부끄러워할 것이라

6 그 날에 이 해변 주민이 말하기를 우리가 믿던 나라 곧 우리가 앗수르 왕에게서 벗어나기를 바라고 달려가서 도움을 구하던 나라가 이같이 되었은즉 우리가 어찌 능히 피하리요 하리라

바벨론에서 발견된 신상들 (21:9)

바벨론 멸망에 관한 묵시

21 해변 광야에 관한 경고라 ●적병이 광야에서 곧 두려운 땅에서 네겝 회오리바람 같이 몰려왔도다

2 혹독한 묵시가 내게 보였도다 속이는 자는 속이고 약탈하는 자는 약탈하도다 엘람이여 올라가고 메대여 에워싸라 그의 모든 탄식을 내가 그치게 하였노라 하시도다   13:17

3 이러므로 나의 요통이 심하여 해산이 임박한 여인의 고통 같은 고통이 나를 엄습하였으므로 내가 괴로워서 듣지 못하며 놀라서 보지 못하도다   15:5

4 내 마음이 어지럽고 두려움이 나를 놀라게 하며 희망의 2)서광이 변하여 내게 떨림이 되도다

5 그들이 식탁을 베풀고 파수꾼을 세우고 먹고 마시도다 너희 고관들아 일어나 방패에 기름을 바를지어다   5:39, 57

6 주께서 내게 이르시되 가서 파수꾼을 세우고 그가 보는 것을 보고하게 하되

7 마병대가 쌍쌍이 오는 것과 나귀 떼와 낙타 떼를 보거든 귀 기울여 자세히 들으라 하셨더니

8 파수꾼이 사자 같이 부르짖기를 주여 내가 낮에 늘 망대에 서 있었고 밤이 새도록 파수하는 곳에 있었더니   2:1

9 보소서 마병대가 쌍쌍이 오나이다 하니 그가 대답하여 이르되 함락되었도다 함락되었도다 바벨론이여 그들이 조각한 신상들이 다 부서져 땅에 떨어졌도다 하시도다   렘 50:2

10 내가 짓밟은 너여, 내가 타작한 너여, 내가 이스라엘의 하나님 만군의 여호와께 들은 대로 너희에게 전하였노라

두마에 관한 경고

11 ●두마에 관한 경고라 ●사람이 세일에서 나를 부르되 파수꾼이여 밤이 어떻게 되었느냐 파수꾼이여 밤이 어떻게 되었느냐

12 파수꾼이 이르되 아침이 오나니 밤도 오리라 네가 물으려거든 물으라 너희는 돌아올지니라 하더라

아라비아에 관한 경고

13 ●아라비아에 관한 경고라 ●드단 대

1)이스라엘이 2)밝이

상들이여 너희가 아라비아 수풀에서 유숙하리라

14 데마 땅의 주민들아 물을 가져다가 목마른 자에게 주고 떡을 가지고 도피하는 자를 영접¹⁾하라

15 그들이 칼날을 피하며 뺀 칼과 당긴 활과 전쟁의 어려움에서 도망하였음이니라 17:13

16 주께서 이같이 내게 이르시되 품꾼의 정한 기한 같이 일 년 내에 게달의 영광이 다 쇠멸하리니 시 120:5

17 게달 자손 중 활 가진 용사의 남은 수가 적으리라 하시니라 이스라엘의 하나님 여호와의 말씀이니라 민 23:19

22 환상의 골짜기에 관한 경고

환상의 골짜기에 관한 경고라 ●네가 지붕에 올라감은 어찌 함인고

2 소란하며 떠들던 성, 즐거워하던 고을이여 너의 죽임을 당한 자들은 칼에 죽은 것도 아니요 전쟁에 사망한 것도 아니라

3 너의 관원들도 다 함께 도망하였다가 활을 버리고 결박을 당하였고 너의 멀리 도망한 자들도 발견되어 다 함께 결박을 당하였도다

4 그러므로 내가 말하노니 돌이켜 나를 보지 말지어다 나는 슬피 통곡하겠노라 내 딸 백성이 패망하였음으로 말미암아 나를 위로하려고 힘쓰지 말지니라

5 ●환상의 골짜기에 주 만군의 여호와께로부터 이르는 소란과 밟힘과 혼란의 날이여 성벽의 무너뜨림과 산악에 사무쳐 부르짖는 소리로다

6 엘람 사람은 화살통을 메었고 병거 탄 자와 마병이 함께 하였고 기르 사람은 방패를 드러냈도다

7 병거는 네 아름다운 골짜기에 가득하였고 마병은 성문에 정렬되었도다

8 그가 유다에게 덮였던 것을 벗기매 그 날에야 네가 수풀 곳간의 병기를 바라보았고

9 너희가 다윗 성의 무너진 곳이 많은 것도 보며 너희가 아랫못의 물도 모으며 시 3:16

10 또 예루살렘의 가옥을 계수하며 그 가옥을 헐어 성벽을 견고하게도 하며

11 너희가 또 옛 못의 물을 위하여 두 성벽 사이에 저수지를 만들었느니라 그러나 너희가 이를 행하신 이를 앙망하지 아니하였고 이 일을 옛적부터 경영하신 이를 공경하지 아니하였느니라

12 ●그 날에 주 만군의 여호와께서 명령하사 통곡하며 애곡하며 머리 털을 뜯으며 굵은 베를 따라 하셨거늘 32:11

13 너희가 기뻐하며 즐거워하여 소를 죽이고 양을 잡아 고기를 먹고 포도주를 마시면서 내일 죽으리니 먹고 마시자 하는도다

1) 하였도다

비전을 심어주는 **3분여화**

하나님께서 하시는 일

「톰 아저씨의 오두막집」을 쓴 '스토 해리어트 비처' 부인은 그 책의 마지막 부분에 이런 글을 남겼어요.

"정치가들이 서로 다투고 서로의 이익만을 추구하고, 세상의 거센 파도가 사람들을 이리저리 휩쓸고 있는 동안에도, 인간의 자유는 그 모든 것을 주관하시는 하나님의 손 안에 있어요.

하나님께서는 이 땅에 하나님의 뜻을 이루실 때까지 결코 실패하거나 중단하지 않으세요. 우리가 아무 도움도 받을 수 없는 절망 속에서 부르짖을 때, 하나님께서는 친히 그 사람들을 구원해주신답니다."

22 에는 무엇이 기록되어 있을까?

22장에서 이사야는 다시 유다의 멸망에 눈을 돌렸어요. 그는 유다의 타락상을 고발했는데, 특히 지도자들이 부패하여 유다가 멸망했다고 지적했어요. 이 사실은 일반 백성이나 지도자 모두가 하나님을 경외하고 정의를 수호하기 위해 노력하지 않는다면, 그 사회가 올바로 설 수 없다는 것을 일깨워주고 있답니다.

14만군의 여호와께서 친히 내 귀에 들려 이르시되 진실로 이 죄악은 너희가 죽기까지 용서하지 못하리라 하셨으니 라 주 만군의 여호와의 말씀이니라

네나에게 경고하니다

15 ●주 만군의 여호와께서 이르시되 너는 가서 그 국고를 맡고 왕궁 맡은 자 셉나를 보고 이르기를

16네가 여기와 무슨 관계가 있느냐 여기에 누가 있기에 여기서 너를 위하여 묘실을 팠느냐 높은 곳에 자기를 위하여 묘실을 팠고 반석에 자기를 위하여 처소를 쪼아내었도다

17나 여호와가 너를 단단히 결박하고 장사 같이 세게 던지되

18반드시 너를 모질게 감싸서 공 같이 광막한 곳에 던질 것이라 주인의 집에 수치를 끼치는 너려 네가 그 곳에서 죽겠고 네 영광의 수레도 거기에 있으리라

19내가 너를 네 관직에서 쫓아내며 네 지위에서 낮추리니

20그 날에 내가 힐기야의 아들 내 종 엘리아김을 불러

36:3

21네 옷을 그에게 입히며 네 띠를 그에게 띠워 힘 있게 하고 네 정권을 그의 손에 맡기리니 그가 예루살렘 주민과 유다의 집의 아버지가 될 것이며

22내가 또 다윗의 집의 열쇠를 그의 어깨에 두리니 그가 열면 닫을 자가 없겠고 닫으면 열 자가 없으리라

게 3:7

23못이 단단한 곳에 박힘 같이 그를 견고하게 하리니 그가 그의 아버지 집에 영광의 보좌가 될 것이요

24그의 아버지 집의 모든 영광이 그 위에 걸리리니 그 후손과 족속 되는 각 작은 그릇 곧 종지로부터 모든 항아리까지니라

25만군의 여호와께서 이르시되 그 날에 단단한 곳에 박혔던 못이 삭으리니 그 못이 부러져 떨어지므로 그 위에 걸린 물건이 부서지리라 하셨다 하라 나 여호와의 말씀이니라

두로와 니돈에 대한 경고

23

두로에 관한 경고라 ●다시스의 배들아 너희는 슬피 부르짖을지어다 두로가 황무하여 집이 없고 들어갈 곳도 없음이요 이 소식이 깃딤 땅에서부터 그들에게 전파되었음이라

2 바다에 왕래하는 시돈 상인들로 말미암아 부요하게 된 너희 해변 주민들아 잠잠하라

3 시홀의 곡식 곧 나일의 추수를 큰 물로 수송하여 들였으니 열국의 시장이 되었도다

4 시돈이여 너는 부끄러워할지어다 대저 바다 곧 바다의 요새가 말하기를 나는 산고를 겪지 못하였으며 출산하지 못하였으며 청년들을 양육하지도 못하였으며 처녀들을 생육하지도 못하였다 하였음이라

5 그 소식이 애굽에 이르면 그들이 두로의 소식으로 말미암아 고통 받으리로다

6 너희는 다시스로 건너갈지어다 해변 주민아 너희는 슬피 부르짖을지어다

7 이것이 옛날에 건설된 너희 희락의 성 곧 그 백성이 자기 발로 먼 지방까지 가서 머물던 성읍이냐

8 ●면류관을 씌우던 자요 그 상인들은 고관들이요 그 무역상들은 세상에 존귀한 자들이었던 두로에 대하여 누가 이 일을 정하였느냐

9 만군의 여호와께서 그것을 정하신 것이라 모든 누리던 영화를 욕되게 하시며 세상의 모든 교만하던 자가 멸시를 받게 하려 하심이라

23장 에는 무엇이 기록되어 있을까?

13장에서부터 계속된 열방에 대한 예언이 잠시 멈추고, 두로의 몰락과 회복에 관한 예언이 이어지고 있어요. 당시 두로는 활발한 무역을 통해 아주 부요해지고 번영을 누렸답니다. 이것이 하나님 앞에서 그들을 교만하게 만들었지요. 그러나 나중에는 회개하고 하나님께로 돌아온다는 예언의 말씀이에요.

두로 유적지(23장)

10 딸 다시스여 나일 같이 너희 땅에 넘칠지어다 너를 속박함이 다시는 없으리라

11 여호와께서 바다 위에 그의 손을 펴사 열방을 흔드시며 여호와께서 가나안에 대하여 명령을 내려 그 견고한 성들을 무너뜨리게 하시고

12 이르시되 네 학대 받은 처녀 딸 시돈아 네게 다시는 희락이 없으리니 일어나 깃딤으로 건너가라 거기에서도 네가 평안을 얻지 못하리라 하셨느니라

13 ● 갈대아 사람의 땅을 보라 그 백성이 없어졌나니 곧 앗수르 사람이 그 곳을 들짐승이 사는 곳이 되게 하였으되 그들이 망대를 세우고 궁전을 헐어 황무하게 하였느니라

14 다시스의 배들아 너희는 슬피 부르짖으라 너희의 견고한 성이 파괴되었느니라
23:1

15 그 날부터 두로가 한 왕의 연한 같이 칠십 년 동안 잊어버린 바 되었다가 칠십 년이 찬 후에 두로는 기생의 노래 같이 될 것이라

16 잊어버린 바 되었던 너 음녀여 수금을 가지고 성읍에 두루 다니며 기묘한 곡조로 많은 노래를 불러서 너를 다시 기억하게 하라 하였느니라

17 칠십 년이 찬 후에 여호와께서 두로를 돌보시리니 그가 다시 값을 받고 지면에 있는 열방과 음란을 행할 것이며

18 그 무역한 것과 이익을 거룩히 여호와께 돌리고 간직하거나 쌓아 두지 아니하리니 그 무역한 것이 여호와 앞에 사는 자가 배불리 먹을 양식, 잘 입을 옷감이 되리라
눅 14:20

여호와께서 땅을 벌하시리라

24 보라 여호와께서 땅을 공허하게 하시며 황폐하게 하시며 지면을 뒤집어엎으시고 그 주민을 흩으시리니

2 백성과 제사장이 같을 것이며 종과 상전이 같을 것이며 여종과 여주인이 같을 것이며 사는 자와 파는 자가 같을 것이며 빌려 주는 자와 빌리는 자가 같을 것이며 이자를 받는 자와 이자를 내는 자가 같을 것이라

3 땅이 온전히 공허하게 되고 온전히 황무하게 되리라 여호와께서 이 말씀을 하셨느니라

4 땅이 슬퍼하고 쇠잔하며 세계가 쇠약하고 쇠잔하며 세상 백성 중에 높은 자가 쇠약하며

5 땅이 또한 그 주민 아래서 더럽게 되었으니 이는 그들이 율법을 범하며 율례를 어기며 영원한 언약을 깨뜨렸음이라

6 그러므로 저주가 땅을 삼켰고 그 중에 사는 자들이 정죄함을 당하였고 땅의 주민이 불타서 남은 자가 적도다

7 새 포도즙이 슬퍼하고 포도나무가 쇠잔하며 마음이 즐겁던 자가 다 탄식하며

8 소고 치는 기쁨이 그치고 즐거워하는 자의 소리가 끊어지고 수금 타는 기쁨이 그쳤으며

9 노래하면서 포도주를 마시지 못하고 독주는 그 마시는 자에게 쓰게 될 것

24장 에는 무엇이 기록되어 있을까?

24~27장에는 최후 심판의 날에 대한 예언이 나와 있어요. 특히 여기에는 이 세상의 모든 죄악 세력을 벌하시고 최후의 승리를 거두시는 하나님의 모습이 그려져 있지요. 그중 24장은 철저한 하나님의 심판을 예고하고 있어요. 그러나 구원받는 사람들은 하나님의 심판 날에 도리어 기뻐한답니다.

이라

5:11, 20, 22

10 약탈을 당한 성읍이 허물어지고 집마다 닫혀서 들어가는 자가 없으며 23:1

11 포도주가 없으므로 거리에서 부르짖으며 모든 즐거움이 사라졌으며 땅의 기쁨이 소멸되었도다 렘 14:2

12 성읍이 황무하고 성문이 파괴되었느니라

13 세계 민족 중에 이러한 일이 있으리니 곧 감람나무를 흔듦 같고 포도를 거둔 후에 그 남은 것을 주움 같을 것이니라

14 ●무리가 소리를 높여 부를 것이며 여호와의 위엄으로 말미암아 바다에서부터 크게 외치리니

15 그러므로 너희가 동방에서 여호와를 영화롭게 하며 바다 모든 섬에서 이스라엘의 하나님 여호와의 이름을 영화롭게 할 것이라

16 땅 끝에서부터 노래하는 소리가 우리에게 들리기를 의로우신 이에게 영광을 돌리세 하도다 그러나 나는 이르기를 나는 쇠잔하였고 나는 쇠잔하였으니 내게 화가 있도다 배신자들은 배신하고 배신자들이 크게 배신하였도다

17 땅의 주민아 두려움과 함정과 올무가 네게 이르렀나니

18 두려운 소리로 말미암아 도망하는 자는 함정에 빠지겠고 함정 속에서 올라오는 자는 올무에 걸리리니 이는 위에 있는 문이 열리고 땅의 기초가 진동함이라

19 땅이 깨지고 깨지며 땅이 갈라지고 갈라지며 땅이 흔들리고 흔들림이라

20 땅이 취한 자 같이 비틀비틀하며 원두막 같이 흔들리며 그 위의 죄악이 중하므로 떨어져서 다시는 일어나지 못하

21 ●그 날에 여호와께서 높은 데에서 높은 군대를 벌하시며 땅에서 땅의 왕들을 벌하시리니

22 그들이 죄수가 깊은 옥에 모임 같이 모이게 되고 옥에 갇혔다가 여러 날 후에 형벌을 받을 것이라

23 그 때에 달이 수치를 당하고 해가 부끄러워하리니 이는 만군의 여호와께서 시온 산과 예루살렘에서 왕이 되시고 그 장로들 앞에서 영광을 나타내실 것임이라 히 12:22

찬송

25

여호와여 주는 나의 하나님이시라 내가 주를 높이고 주의 이름을 찬송하오리니 주는 기사를 옛적에 정하신 뜻대로 성실함과 진실함으로 행하셨음이라 민 23:19

2 주께서 성읍을 돌무더기로 만드시며 견고한 성읍을 황폐하게 하시며 외인의 궁성을 성읍이 되지 못하게 하사 영원히 건설되지 못하게 하셨으므로

3 강한 민족이 주를 영화롭게 하며 포학한 나라들의 성읍이 주를 경외하리이다

4 주는 포학자의 기세가 성벽을 치는 폭풍과 같을 때에 빈궁한 자의 요새이시며 환난 당한 가난한 자의 요새이시며 폭풍 중의 피난처시며 폭양을 피하는 그늘이 되셨사오니

5 마른 땅에 폭양을 제함 같이 주께서 이방인의 소란을 그치게 하시며 폭양을 구름으로 가림 같이 포학한 자의 노래를 낮추시리이다

말대(23:13): 적의 동정을 살펴보는 높은 대.
쇠잔(24:4): 쇠하여 가냘프고 약해짐.
소고(24:8): 작은 북.
위엄(24:14): 의젓하고 엄숙함.
올무(24:17): 새나 짐승을 잡는 데 쓰는 올가미.
포학(25:3): 횡포하고 잔학함.
폭양(25:4): 뜨겁게 내리쬐는 햇볕.

25장 에는 무엇이 기록되어 있을까?

하나님의 택한 백성들이 앞으로 들어가 영원토록 살아가게 될 메시아 왕국에 대한 찬양이에요. 하나님의 심판의 날은 믿음을 지킨 사람들과 죄악에서 돌이킨 사람들이 최종적으로 구원을 얻는 날이지요, 이에 이사야는 택한 백성을 돌보시고 구원하시는 하나님의 신실하심을 찬양했답니다.

여호와께서 연회를 베푸시리라

6 ●만군의 여호와께서 이 산에서 만민을 위하여 기름진 것과 오래 저장하였던 포도주로 연회를 베푸시리니 곧 골수가 가득한 기름진 것과 오래 저장하였던 맑은 포도주로 하실 것이며

7 또 이 산에서 모든 민족의 얼굴을 가린 가리개와 열방 위에 덮인 덮개를 제하시며

8 사망을 영원히 멸하실 것이라 주 여호와께서 모든 얼굴에서 눈물을 씻기시며 자기 백성의 수치를 온 천하에서 제하시리라 여호와께서 이같이 말씀하셨느니라

여호와께서 모압을 벌하시리라

9 ●그 날에 말하기를 이는 우리의 하나님이시라 우리가 그를 기다렸으니 그가 우리를 구원하시리로다 이는 여호와시라 우리가 그를 기다렸으니 우리는 그의 구원을 기뻐하며 즐거워하리라 할 것이며 30:18

10 여호와의 손이 이 산에 나타나시리니 모압이 거름물 속에서 초개가 밟힘 같이 자기 처소에서 밟힐 것인즉

11 그가 헤엄치는 자가 헤엄치려고 손을 폄 같이 그 속에서 그의 손을 펼 것이나 여호와께서 그의 교만으로 인하여 그 손이 능숙함에도 불구하고 그를 누르실 것이라

12 네 성벽의 높은 요새를 헐어 땅에 내리시되 진토에 미치게 하시리라

여호와께서 백성에게 승리를 주시리라

26 그 날에 유다 땅에서 이 노래를 부르리라 우리에게 견고한

성읍이 있음이여 여호와께서 구원을 성벽과 외벽으로 삼으시리로다 12:1

2 너희는 문들을 열고 신의를 지키는 의로운 나라가 들어오게 할지어다

3 주께서 심지가 견고한 자를 평강하고 평강하도록 지키시리니 이는 그가 주를 신뢰함이니이다 【암송】

4 너희는 여호와를 영원히 신뢰하라 주 여호와는 영원한 반석이심이로다

5 높은 데에 거주하는 자를 낮추시며 솟은 성을 헐어 땅에 엎으시되 진토에 미치게 하셨도다

6 발이 그것을 밟으리니 곧 빈궁한 자의 발과 곤핍한 자의 걸음이리로다 28:3

7 의인의 길은 정직함이여 정직하신 주께서 의인의 첩경을 평탄하게 하시도다

8 ●여호와여 주께서 심판하시는 길에서 우리가 주를 기다렸사오며 주의 이름을 위하여 또 주를 기억하려고 우리 영혼이 사모하나이다

9 밤에 내 영혼이 주를 사모하였사온즉 내 중심이 주를 간절히 구하오리니 이는 주께서 땅에서 심판하시는 때에 세계의 거민이 의를 배움이니이다

10 악인은 은총을 입을지라도 의를 배우

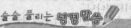
술술 풀리는 성경말씀

교회에 대한 하나님의 보호

　본문에서 회복될 '유다 땅'은 교회를 위한 메시지로 해석할 수 있어요.

　첫째로, 하나님은 악한 사람들이 교회를 무너뜨리지 못하도록 방어해주십니다(1절). 하나님의 교회는 결코 멸망하지 않고 영원히 존재할 거예요.

　둘째로, 하나님은 회개하는 죄인들을 위하여 교회의 문을 항상 열어놓으라고 명령하십니다(2절). 교회는 죄인들에게 위로와 소망을 주는 곳이랍니다.

　셋째로, 하나님은 교회에 속한 참성도들에게 끊임없는 평강을 주시겠다고 약속하십니다(3절). 하나님께서는 자기를 의지하는 겸손한 사람들이 교만한 원수들을 이길 수 있도록 하시며(4-6절), 또한 교회 성도들이 모든 어려움을 극복할 수 있도록 충분한 은혜를 주신답니다(7절).

26장

26 에는 무엇이 기록되어 있을까?

　하나님의 택한 백성들이 장차 메시아 왕국에서 부르게 될 찬양이에요. 하나님은 반드시 자신의 약속을 지키시는 분이므로, 믿음의 인내를 하는 사람들은 구원을 받고 기쁜 노래를 부르게 될 거예요. 그리고 최후 심판의 날이 이르면, 의인과 악인은 각각의 보응을 받게 될 것이랍니다.

지 아니하며 정직한 자의 땅에서 불의
를 행하고 여호와의 위엄을 돌아보지
아니하는도다
22:12

11 ●여호와여 주의 손이 높이 들릴지라도
그들이 보지 아니하오나 백성을 위하
시는 주의 열성을 보면 부끄러워할 것
이라 불이 주의 대적들을 사르리이다

12 여호와 주께서 우리를 위하여 평강
을 베푸시오리니 주께서 우리의 모든
일도 우리를 위하여 이루심이니이다

13 여호와 우리 하나님이시여 주 외에 다
른 주들이 우리를 관할하였사오나 우
리는 주만 의지하고 주의 이름을 부르
리이다

14 그들은 죽었은즉 다시 살지 못하겠고
1)사망하였은즉 일어나지 못할 것이니
이는 주께서 벌하여 그들을 멸하사 그
들의 모든 기억을 없이하셨음이니이다

15 여호와여 주께서 이 나라를 더 크게 하
셨고 이 나라를 더 크게 하셨나이다 스
스로 영광을 얻으시고 이 땅의 모든 경
계를 확장하셨나이다
9:3

16 ●여호와여 그들이 환난 중에 주를 앙
모하였사오며 주의 징벌이 그들에게
임할 때에 그들이 간절히 주께 기도하
였나이다
1 5:15

17 여호와여 잉태한 여인이 산기가 임박
하여 산고를 겪으며 부르짖음 같이 우
리가 주 앞에서 그와 같으니이다

18 우리가 잉태하고 산고를 당하였을지
라도 바람을 낳은 것 같아서 땅에 구원
을 베풀지 못하였으며 세계의 거민을 출
산하지 못하였나이다

19 주의 죽은 자들은 살아나고 2)그들의 시
체들은 일어나리이다 티끌에 누운 자
들아 너희는 깨어 노래하라 주의 이슬
은 빛난 이슬이니 땅이 3)죽은 자들을
내놓으리로다

심판과 회복

20 내 백성아 갈지어다 네 밀실에 들어

가서 네 문을 닫고 분노가 지나기까지
잠간 숨을지어다
12:22, 23

21 보라 여호와께서 그의 처소에서 나오사
땅의 거민들의 죄악을 벌하실 것이라 땅
이 그 위에 잦았던 피를 드러내고 그 살
해 당한 자를 다시는 덮지 아니하리라

27 그 날에 여호와께서 그의 견고
하고 크고 강한 칼로 날랜 뱀
리워야단 곧 꼬불꼬불한 뱀 리워야단
을 벌하시며 바다에 있는 4)용을 죽이
시리라

2 ●그 날에 너희는 아름다운 포도원을
두고 노래를 부를지어다

3 나 여호와는 포도원지기가 됨이여 때
때로 물을 주며 밤낮으로 간수하여 아
무든지 이를 해치지 못하게 하리로다

4 나는 포도원에 대하여 노함이 없나니 찔
레와 가시가 나를 대적하여 싸운다 하
자 내가 그것을 밟고 모아 불사르리라

5 그리하지 아니하면 내 힘을 의지하고
나와 화친하며 나와 화친할 것이니라

6 후일에는 야곱의 뿌리가 박히며 이스
라엘의 움이 돋고 꽃이 필 것이라 그들
이 그 결실로 지면을 채우리로다

7 ●주께서 그 백성을 치셨던들 그 백성
을 친 자들을 치심과 같았겠으며 백성
이 죽임을 당하였던들 백성을 죽인 자
가 죽임을 당함과 같았겠느냐

8 주께서 백성을 적당하게 견책하사 쫓
아내실 때에 동풍 부는 날에 폭풍으로
그들을 옮기셨느니라
23:6

9 야곱의 불의가 속함을 얻으며 그의 죄
없이함을 받을 결과는 이로 말미암나

27장에는 무엇이 기록되어 있을까?

포도원 비유로 이스라엘을 돌보시
는 하나님을 묘사하고 있어요. 이사야는 하나님
의 대적들이 멸망당하는 날에 이스라엘 백성이
돌아오게 된다고 예언했어요. 이 예언은 이스라
엘 백성들이 바벨론에서 예루살렘으로 돌아올
때에 1차로 이루어졌고, 궁극적으로는 '여호와
의 날'에 이루어질 거예요.

---

1)음녕이 되었은즉 2)하, 나의, 수리아역과 탈굼, 그들의 3)음녕
을 4)악어를

니 곧 그가 제단의 모든 돌을 부서진 횟
돌 같게 하며 아세라와 태양상이 다시
서지 못하게 함에 있는 것이라
10 대저 견고한 성읍은 적막하고 거처가
황무하여 버림 받아 광야와 같은즉 송
아지가 거기에서 먹고 거기에 누우며
그 나무 가지를 먹어 없이하리라
11 가지가 마르면 꺾이나니 여인들이 와
서 그것을 불사를 것이라 백성이 지각
이 없으므로 그들을 지으신 이가 불쌍
히 여기지 아니하시며 그들을 조성하
신 이가 은혜를 베풀지 아니하시리라
12 ●너희 이스라엘 자손들아 그 날에 여
호와께서 창일하는 ¹하수에서부터 애
굽 시내에까지 과실을 떠는 것 같이 너
희를 하나하나 모으시리라
13 ●그 날에 큰 나팔을 불리니 앗수르 땅
에서 멸망하는 자들과 애굽 땅으로 쫓
겨난 자들이 돌아와서 예루살렘 성산
에서 여호와께 예배하리라

에브라임의 면류관이 밟히리라━B.C. 730년경

28 에브라임의 술취한 자들의 교
만한 면류관은 화 있을진저 술
에 빠진 자의 성 곧 영화로운 관 같이
기름진 골짜기 꼭대기에 세운 성이여
쇠잔해 가는 꽃 같으니 화 있을진저
2 보라 주께 있는 강하고 힘 있는 자가
쏟아지는 우박 같이, 파괴하는 광풍 같
이, 큰 물이 넘침 같이 손으로 그 면류
관을 땅에 던지리니
3 에브라임의 술취한 자들의 교만한 면
류관이 발에 밟힐 것이라
4 그 기름진 골짜기 꼭대기에 있는 그의

28
장

28장에는 무엇이 기록되어 있을까?

28~34장은 열국들에 대한 하나님
의 심판과 '남은 자들'에 대한 하나님의 축복
을 선포하는 내용이에요. 그중 28장은 북이스
라엘과 남유다에게 주시는 하나님의 경고죠.
당시 북이스라엘은 멸망의 위기에 처해 있으면
서도 죄악의 길에서 떠나지 않았고, 유다 역시
타락한 상태였답니다.

영화가 쇠잔해 가는 꽃이 여름 전에 처
음 익은 무화과와 같으리니 보는 자가
그것을 보고 얼른 따서 먹으리로다
5 그 날에 만군의 여호와께서 자기 백성
의 남은 자에게 영화로운 면류관이 되
시며 아름다운 화관이 되실 것이라
6 재판석에 앉은 자에게는 판결하는 영
이 되시며 성문에서 싸움을 물리치는
자에게는 힘이 되시리로다　11:2
7 그리하여도 이들은 포도주로 말미암
아 옆 걸음 치며 독주로 말미암아 비틀
거리며 제사장과 선지자도 독주로 말
미암아 옆 걸음 치며 포도주에 빠지며
독주로 말미암아 비틀거리며 환상을
잘못 풀며 재판할 때에 실수하나니
8 모든 상에는 토한 것, 더러운 것이 가
득하며 깨끗한 곳이 없도다
　여호와께서 그들이 붙잡히게 하리라
9 ●그들이 이르기를 그가 누구에게 지
식을 가르치며 누구에게 도를 전하여
깨닫게 하려는가 젖 떨어져 품을 떠난
자들에게 하려는가
10 대저 경계에 경계를 더하며 경계에 경
계를 더하며 교훈에 교훈을 더하며 교
훈에 교훈을 더하되 여기서도 조금, 저
기서도 조금 하는구나 하는도다
11 ●그러므로 더듬는 입술과 다른 방언
으로 그가 이 백성에게 말씀하시리라
12 전에 그들에게 이르시기를 이것이 너
희 안식이요 이것이 너희 상쾌함이니
너희는 곤비한 자에게 안식을 주라 하
셨으나 그들이 듣지 아니하였으므로
13 여호와께서 그들에게 말씀하시되 경
계에 경계를 더하며 경계에 경계를 더
하며 교훈에 교훈을 더하며 교훈에
교훈을 더하고 여기서도 조금, 저기
서도 조금 하사 그들이 가다가 뒤로
넘어져 부러지며 걸리며 붙잡히게 하
시리라

──────────────
1) 유브라데 하수

지각(27:11) 사물의 이치를 분별하는 능력.
창일(27:12) 큰 물이 불어서 넘침.

시온의 기초 돌

14 ●이러므로 예루살렘에서 이 백성을 다스리는 너희 오만한 자여 여호와의 말씀을 들을지어다 28:22

15 너희가 말하기를 우리는 사망과 언약하였고 스올과 맹약하였은즉 넘치는 재앙이 밀려올지라도 우리에게 미치지 못하리니 우리는 거짓을 우리의 피난처로 삼았고 허위 아래에 우리를 숨겼음이라 하는도다

16 그러므로 주 여호와께서 이같이 이르시되 보라 내가 한 돌을 시온에 두어 기초를 삼았노니 곧 시험한 돌이요 귀하고 견고한 기촛돌이라 그것을 믿는 이는 다급하게 되지 아니하리로다

17 나는 정의를 측량줄로 삼고 공의를 저울추로 삼으니 우박이 거짓의 피난처를 소탕하며 물이 그 숨는 곳에 넘칠 것인즉

18 너희가 사망과 더불어 세운 언약이 폐하며 스올과 더불어 맺은 맹약이 서지 못하여 넘치는 재앙이 밀려올 때에 너희가 그것에게 밟힘을 당할 것이라

19 그것이 지나갈 때마다 너희를 잡을 것이니 아침마다 지나가며 주야로 지나가리니 소식을 깨닫는 것이 오직 두려움이라

20 침상이 짧아서 능히 몸을 펴지 못하며 이불이 좁아서 능히 몸을 싸지 못함 같으리라 하셨느니라

21 대저 여호와께서 브라심 산에서와 같이 일어나시며 기브온 골짜기에서와 같이

진노하사 자기의 일을 행하시리니 그의 일이 비상할 것이며 자기의 사역을 이루시리니 그의 사역이 기이할 것임이라

22 그러므로 너희는 오만한 자가 되지 말라 너희 결박이 단단해질까 하노라 대저 온 땅을 멸망시키기로 작정하신 것을 내가 만군의 주 여호와께로부터 들었느니라

여호와의 모략과 지혜

23 ●너희는 귀를 기울여 내 목소리를 들으라 자세히 내 말을 들으라

24 파종하려고 가는 자가 어찌 쉬지 않고 갈기만 하겠느냐 자기 땅을 개간하며 고르게만 하겠느냐

25 지면을 이미 평평히 하였으면 소회향을 뿌리며 대회향을 뿌리며 소맥을 줄줄이 심으며 대맥을 정한 곳에 심으며 귀리를 그 가에 심지 아니하겠느냐

26 이는 그의 하나님이 그에게 적당한 방법을 보이사 가르치셨음이며

27 소회향은 도리깨로 떨지 아니하며 대회향에는 수레 바퀴를 굴리지 아니하고 소회향은 작대기로 떨고 대회향은 막대기로 떨며

28 곡식은 부수는가, 아니라 늘 떨기만 하지 아니하고 그것에 수레바퀴를 굴리고 그것을 말굽으로 밟게 할지라도 부수지는 아니하나니

29 이도 만군의 여호와께로부터 난 것이라 그의 경영은 기묘하며 지혜는 광대하니라 롬 11:33

성령님은 누구예요?

성령님은 삼위일체 하나님 중에 삼위가 되시는 "하나님의 영"이에요. 성령님은 우주 만물을 창조하실 때 함께 일하셨고 예수님이 세례 받으실 때에도 함께하셨어요. 특별히 성령님은 부활하신 예수님이 하늘로 올라가시고 50일이 지난 후, 기도하는 120명의 제자들에게 영으로 오셨지요. 바람이나 공기처럼 우리의 두 눈으로 볼 수는 없지만 분명히 계신답니다.

성령님은 예수님과 똑같은 마음을 품고 계시며, 예수님이 좋아하는 것을 좋아하시고 예수님이 싫어하는 것을 싫어하세요. 또한, 성령님은 인격적인 분이시며 지식과 감정과 의지를 가지고 계시지요. 그래서 우리가 죄를 지으면 슬퍼하시고 우리가 하나님의 말씀대로 살면 무척 기뻐하신답니다.

요 15장 26절

아리엘을 괴롭게 하리라 ─ B.C. 730년경

29 슬프다 ¹⁾아리엘이여 아리엘이여 다윗이 진 친 성읍이여 해마다 절기가 돌아오려니와

2 내가 아리엘을 괴롭게 하리니 그가 슬퍼하고 애곡하며 내게 ²⁾아리엘과 같이 되리라

3 내가 너를 사면으로 둘러 진을 치며 너를 에워 대를 쌓아 너를 치리니

4 네가 낮아져서 땅에서 말하며 네 말소리가 나직이 티끌에서 날 것이라 네 목소리가 신접한 자의 목소리 같이 땅에서 나며 네 말소리가 티끌에서 지껄이리라

5 ●그럴지라도 네 대적의 무리는 세미한 티끌 같겠고 강포한 자의 무리는 날려 가는 겨 같으리니 그 일이 순식간에 갑자기 일어날 것이며

6 만군의 여호와께서 우레와 지진과 큰 소리와 회오리바람과 폭풍과 맹렬한 불꽃으로 그들을 징벌하실 것인즉

7 아리엘을 치는 열방의 무리 곧 아리엘과 그 요새를 쳐서 그를 곤고하게 하는 모든 자는 꿈 같이, 밤의 환상 같이 되리니

8 주린 자가 꿈에 먹었을지라도 깨면 그 속은 여전히 비고 목마른 자가 꿈에 마셨을지라도 깨면 곤비하며 그 속에 갈증이 있는 것 같이 시온 산을 치는 열방의 무리가 그와 같으리라

입술로는 공경하나 마음은 떠난다

9 ●너희는 놀라고 놀라라 너희는 맹인이 되고 맹인이 되라 그들의 취함이 포도주로 말미암음이 아니며 그들의 비틀거림이 독주로 말미암음이 아니니라

10 대저 여호와께서 깊이 잠들게 하는 영을 너희에게 부어 주사 너희의 눈을 감기셨음이니 그가 선지자들과 너희의 지도자인 선견자들을 덮으셨음이라

11 그러므로 모든 계시가 너희에게는 봉한 책의 말처럼 되었으니 그것을 글 아는 자에게 주며 이르기를 그대에게 청하노니 이를 읽으라 하면 그가 대답하기를 그것이 봉해졌으니 나는 못 읽겠노라 할 것이요

12 또 그 책을 글 모르는 자에게 주며 이르기를 그대에게 청하노니 이를 읽으라 하면 그가 대답하기를 나는 글을 모른다 할 것이니라

13 ●주께서 이르시되 이 백성이 입으로는 나를 가까이 하며 입술로는 나를 공경하나 그들의 마음은 내게서 멀리 떠났나니 그들이 나를 경외함은 사람의 계명으로 가르침을 받았을 뿐이라

14 그러므로 내가 이 백성 중에 기이한 일 곧 기이하고 가장 기이한 일을 다시 행하리니 그들 중에서 지혜자의 지혜가 없어지고 명철자의 총명이 가려지리라

이제부터는 교훈을 받으리라

15 ●자기의 계획을 여호와께 깊이 숨기려 하는 자들은 화 있을진저 그들의 일을 어두운 데에서 행하며 이르기를 누가 우리를 보랴 누가 우리를 알랴 하니

16 너희의 패역함이 심하도다 토기장이

1) 예루살렘을 가리킴 2) 하나님의 제단의 면

술술 풀리는 **성경 말씀**

형식적인 신앙생활

히스기야는 우상 숭배와 부도덕을 없애기 위해 과감한 종교 개혁을 실행했지요.

이때 일부 사람들은 진실한 신앙을 되찾았지만, 대부분의 사람들은 형식적으로 반응했어요. 입으로는 "주여, 주여!" 했으나 그 마음은 하나님을 떠나 있던 거예요.

이와 같은 형식적인 신앙은 참 지혜를 파괴시킨답니다. 그들은 어리석게도 하나님을 속일 수 있다고 믿었던 것이지요(29:15).

29장 13절

29장 에는 무엇이 기록되어 있을까?

유다에 대한 심판과 소망의 메시지가 동시에 나오고 있어요. 이사야는 하나님을 배신한 유다가 열방의 침략을 당하게 될 것을 선포했어요. 그러나 비록 징계를 당했을지라도 하나님이 다시 그들을 회복시켜주실 때에는 이전의 영광을 되찾게 될 것을 말했답니다.

를 어찌 진흙 같이 여기겠느냐 지음을 받은 물건이 어찌 자기를 지은 이에게 대하여 이르기를 그가 나를 짓지 아니하였다 하겠으며 빚음을 받은 물건이 자기를 빚은 이에게 대하여 이르기를 그가 총명이 없다 하겠느냐

17 ●오래지 아니하여 레바논이 기름진 밭으로 변하지 아니하겠으며 기름진 밭이 숲으로 여겨지지 아니하겠느냐

18 그 날에 못 듣는 사람이 책의 말을 들을 것이며 어둡고 캄캄한 데에서 맹인의 눈이 볼 것이며

19 겸손한 자에게 여호와로 말미암아 기쁨이 더하겠고 사람 중 가난한 자가 이스라엘의 거룩하신 이로 말미암아 즐거워하리니

20 이는 강포한 자가 소멸되었으며 오만한 자가 그쳤으며 죄악의 기회를 엿보던 자가 다 끊어졌음이라 　20:5

21 그들은 송사로 사람에게 죄를 씌우려 성문에서 판단하는 자를 올무로 잡듯하며 헛된 일로 의인을 억울하게 하느니라

22 ●그러므로 아브라함을 구속하신 여호와께서 야곱 족속에 대하여 이같이 말씀하시되 야곱이 이제는 부끄러워하지 아니하겠고 그의 얼굴이 이제는 창백해지지 아니할 것이며

23 그의 자손은 내 손이 그 가운데에서 행한 것을 볼 때에 내 이름을 거룩하다 하며 야곱의 거룩한 이를 거룩하다 하며 이스라엘의 하나님을 경외할 것이며

24 마음이 혼미하던 자들도 총명하게 되며 원망하던 자들도 교훈을 받으리라 하셨느니라

애굽과 맺은 맹약이 헛되다

30 여호와께서 이르시되 패역한 자식들은 화 있을진저 그들이

계교를 베푸나 나로 말미암지 아니하며 맹약을 맺으나 나의 영으로 말미암지 아니하고 죄에 죄를 더하도다

2 그들이 바로의 세력 안에서 스스로 강하려 하며 애굽의 그늘에 피하려 하여 애굽으로 내려갔으되 나의 입에 묻지 아니하였도다

3 그러므로 바로의 세력이 너희의 수치가 되며 애굽의 그늘에 피함이 너희의 수욕이 될 것이라 　36:6

4 그 고관들이 소안에 있고 그 사신들이 하네스에 이르렀으나

5 그들이 다 자기를 유익하게 하지 못하는 민족으로 말미암아 수치를 당하리니 그 민족이 돕지도 못하며 유익하게도 못하고 수치가 되게 하며 수욕이 되게 할 뿐임이니라

6 ●네겝 짐승들에 관한 경고라 ●사신들이 그들의 재물을 어린 나귀 등에 싣고 그들의 보물을 낙타 안장에 얹고 암사자와 수사자와 독사와 및 날아다니는 불뱀이 나오는 위험하고 곤고한 땅을 지나 자기에게 무익한 민족에게로 갔으나

7 애굽의 도움은 헛되고 무익하니라 그러므로 내가 애굽을 가만히 앉은 라합이라 일컬었느니라

패역한 백성

8 ●이제 가서 백성 앞에서 서판에 기록하며 책에 써서 ¹⁾후세에 영원히 있게 하라

9 대저 이는 패역한 백성이요 거짓말 하는 자식들이요 여호와의 법을 듣기 싫어하는 자식들이라

10 그들이 선견자들에게 이르기를 선견하

30장에는 무엇이 기록되어 있을까?

앗수르가 유다를 공격하려고 하자, 유다는 하나님을 의지하는 대신 애굽과 동맹을 맺었어요. 그리고 자식들의 죄를 지적하는 선지자들을 핍박했지요. 결국 그들은 하나님의 징계를 받게 됐어요. 하지만 뒷부분에서는 유다가 다시 하나님께 돌아와 축복을 받을 것을 예언하고 있답니다.

1) 전하여 영영한 증거를 삼으라

신접(29:4) 신령이 몸에 접함.
봉하다(29:11) 열지 못하게 단단히 붙이다. 입을 다 물고 있다.
계교(30:1) 이리저리 생각하여 짜낸 꾀.
맹약(30:1) 맹세하여 맺은 굳은 약속.

지 말라 선지자들에게 이르기를 우리에게 바른 것을 보이지 말라 우리에게 부드러운 말을 하라 거짓된 것을 보이라

11 너희는 바른 길을 버리며 첩경에서 돌이키라 이스라엘의 거룩하신 이를 우리 앞에서 떠나시게 하라 하는도다

12 이러므로 이스라엘의 거룩하신 이가 이같이 말씀하시되 너희가 이 말을 업신여기고 압박과 허망을 믿어 그것을 의지하니

13 이 죄악이 너희에게 마치 무너지려고 터진 담이 불쑥 나와 순식간에 무너짐 같게 되리라 하셨은즉

14 그가 이 나라를 무너뜨리시되 토기장이가 그릇을 깨뜨림 같이 아낌이 없이 부수시리니 그 조각 중에서, 아궁이에서 불을 붙이거나 물 웅덩이에서 물을 뜰 것도 얻지 못하리라

15 ● 주 여호와 이스라엘의 거룩하신 이가 이같이 말씀하시되 너희가 돌이켜 조용히 있어야 구원을 얻을 것이요 잠잠하고 신뢰하여야 힘을 얻을 것이거늘 너희가 원하지 아니하고

16 이르기를 아니라 우리가 말 타고 도망하리라 하였으므로 너희가 도망할 것이요 또 이르기를 우리가 빠른 짐승을 타리라 하였으므로 너희를 쫓는 자들이 빠르리니

앗수르의 종교

앗수르(앗시리아) 역사의 정치적인 변화로 인해, 이 지역의 종교는 바벨론의 종교와 매우 비슷했어요. 또한 앗수르는 살아가는 데에 비가 아주 중요했기 때문에 '풍요의 신' '아닷드'와 같은 신들이 우월한 위치에 있었답니다.

또한 앗수르에는 신들의 조각과 상들이 풍부하였는데, 그 이유는 그것들을 통해 신들이 구체적으로 표현되었다고 믿었기 때문이에요. 그래서 그것들을 간직하고 섬기기 위한 자세한 지침도 제시되어 있었지요.

앗수르는 수많은 신들을 숭배하였고, 수호신과 악령들에게도 매우 관심이 많았어요. 30장 27~33절

17 한 사람이 꾸짖은즉 천 사람이 도망하겠고 다섯이 꾸짖은즉 너희가 다 도망하고 너희 남은 자는 겨우 산 꼭대기의 깃대 같겠고 산마루 위의 기치 같으리라 하셨느니라

하나님을 기다리는 자는 복이 있도다

18 ● 그러나 여호와께서 기다리시나니 이는 너희에게 은혜를 베풀려 하심이요 일어나시리니 이는 너희를 긍휼히 여기려 하심이라 대저 여호와는 정의의 하나님이심이라 그를 기다리는 자마다 복이 있도다 25:9

19 시온에 거주하며 예루살렘에 거주하는 백성아 너는 다시 통곡하지 아니할 것이라 그가 네 부르짖는 소리로 말미암아 네게 은혜를 베푸시되 그가 들으실 때에 네게 응답하시리라

20 주께서 너희에게 환난의 떡과 고생의 물을 주시나 네 스승은 다시 숨기지 아니하시리니 네 눈이 네 스승을 볼 것이며

21 너희가 오른쪽으로 치우치든지 왼쪽으로 치우치든지 네 뒤에서 말소리가 네 귀에 들려 이르기를 이것이 바른 길이니 너희는 이리로 가라 할 것이며

22 또 너희가 너희 조각한 우상에 입힌 은과 부어 만든 우상에 올린 금을 더럽게 하여1) 불결한 물건을 던짐 같이 던지며 이르기를 나가라 하리라

23 ● 네가 땅에 뿌린 종자에 주께서 비를 주사 땅이 먹을 것을 내며 곡식이 풍성하고 기름지게 하실 것이며 그 날에 네 가축이 광활한 목장에서 먹을 것이요

24 밭 가는 소와 어린 나귀도 키와 쇠스랑으로 까부르고2) 맛있게 한 먹이를 먹을 것이며

25 크게 살육하는 날 망대가 무너질 때에 고산마다 준령마다 그 위에 개울과 시냇물이 흐를 것이며

1) 월경대를 2) 히, 소금 친

준령(30:25) 높고 험한 고개.
원방(30:27) 먼 지방.
혁혁(30:30) 밝고 뚜렷한 모양.

26 여호와께서 자기 백성의 상처를 싸매시며 그들의 맞은 자리를 고치시는 날에는 달빛은 햇빛 같겠고 햇빛은 일곱 배가 되어 일곱 날의 빛과 같으리라

여호와께서 앗수르를 치시리라

27 ●보라 여호와의 이름이 원방에서부터 오되 그의 진노가 불 붙듯 하며 빽빽한 연기가 일어나듯 하며 그의 입술에는 분노가 찼으며 그의 혀는 맹렬한 불 같으며

28 그의 호흡은 마치 창일하여 목에까지 미치는 하수 같으신즉 그가 멸하는 키로 열방을 까부르시며 여러 민족의 입에 미혹하는 재갈을 물리시리니

29 너희가 거룩한 절기를 지키는 밤에 하듯이 노래할 것이며 피리를 불며 여호와의 산으로 가서 이스라엘의 반석에게로 나아가는 자 같이 마음에 즐거워할 것이며

30 여호와께서 그의 장엄한 목소리를 듣게 하시며 혁혁한 진노로 그의 팔의 치심을 보이시되 맹렬한 화염과 폭풍과 폭우와 우박으로 하시리니　　28:2

31 여호와의 목소리에 앗수르가 낙담할 것이며 주께서는 막대기로 치실 것이라

32 여호와께서 예정하신 몽둥이를 앗수르 위에 더하실 때마다 소고를 치며 수금을 탈 것이며 그는 전쟁 때에 팔을 들어 그들을 치시리라

33 대저 도벳은 이미 세워졌고 또 왕을 위하여 예비된 것이라 깊고 넓게 하였고 거기에 불과 많은 나무가 있은즉 여호와의 호흡이 유황 개천 같아서 이를 사

이집트의 저주 문서 (31:1-3)

르시리라

31

도움을 구하러 애굽으로 내려가는 자들은 화 있을진저 그들은 말을 의지하며 병거의 많음과 마병의 심히 강함을 의지하고 이스라엘의 거룩하신 이를 앙모하지 아니하며 여호와를 구하지 아니하나니

2 여호와께서도 지혜로우신즉 재앙을 내리실 것이라 그의 말씀들을 변하게 하지 아니하시고 일어나사 악행하는 자들의 집을 치시며 행악을 돕는 자들을 치시리니

3 애굽은 사람이요 신이 아니며 그들의 말들은 육체요 영이 아니라 여호와께서 그의 손을 펴시면 돕는 자도 넘어지며 도움을 받는 자도 엎드러져서 다 함께 멸망하리라

4 여호와께서 이같이 내게 이르시되 큰 사자나 젊은 사자가 자기의 먹이를 움키고 으르렁거릴 때에 그것을 치려고 여러 목자를 불러 왔다 할지라도 그것이 그들의 소리로 말미암아 놀라지 아니할 것이요 그들의 떠듦으로 말미암아 굴복하지 아니할 것인즉 이와 같이 나 만군의 여호와가 강림하여 시온 산과 그 언덕에서 싸울 것이라

5 새가 날개 치며 그 새끼를 보호함 같이 나 만군의 여호와가 예루살렘을 보호할 것이라 그것을 호위하며 건지며 뛰어넘어 구원하리라 하셨느니라　사 91:4

6 [1]이스라엘 자손들아 너희는 심히 거역하던 자에게로 돌아오라

7 너희가 자기 손으로 만들어 범죄한 은

1) 이스라엘 자손이 심히 거역하면 여호와께 너희는 돌아오라

우상, 금 우상을 그 날에는 각 사람이 던져 버릴 것이며

8 앗수르는 칼에 엎드러질 것이나 사람의 칼로 말미암음이 아니겠고 칼에 삼켜질 것이나 사람의 칼로 말미암음이 아닐 것이며 그는 칼 앞에서 도망할 것이요 그의 장정들은 복역하는 자가 될 것이라

9 그의 반석은 두려움으로 말미암아 물러가겠고 그의 고관들은 기치로 말미암아 놀라리라 이는 여호와의 말씀이라 여호와의 [1]불은 시온에 있고 여호와의 풀무는 예루살렘에 있느니라

의로 통치할 왕

32 보라 장차 한 왕이 공의로 통치할 것이요 방백들이 정의로 다스릴 것이며

2 또 [2]그 사람은 광풍을 피하는 곳, 폭우를 가리는 곳 같을 것이며 마른 땅에 냇물 같을 것이며 곤비한 땅에 큰 바위 그늘 같으리라　25:4

3 보는 자의 눈이 감기지 아니할 것이요 듣는 자가 귀를 기울일 것이며

4 조급한 자의 마음이 지식을 깨닫고 어눌한 자의 혀가 민첩하여 말을 분명히 할 것이라

5 어리석은 자를 다시 존귀하다 부르지 아니하겠고 우둔한 자를 다시 존귀한 자라 말하지 아니하리니　29:24

6 이는 어리석은 자는 어리석은 것을 말하며 그 마음에 불의를 품어 간사를 행하며 패역한 말로 여호와를 거스르며 주린 자의 속을 비게 하며 목마른 자에게서 마실 것을 없어지게 함이며

7 악한 자는 그 그릇이 악하여 악한 계획을 세워 거짓말로 가련한 자를 멸하며 가난한 자가 말을 바르게 할지라도 그리함이거니와　11:4

8 존귀한 자는 존귀한 일을 계획하나니 그는 항상 존귀한 일에 서리라

심판과 회복

9 ●너희 안일한 여인들아 일어나 내 목소리를 들을지어다 너희 염려 없는 말들아 내 말에 귀를 기울일지어다

10 너희 염려 없는 여자들아 일 년 남짓 지나면 너희가 당황하리라 포도 수확이 없으며 열매 거두는 일이 이르지 않을 것임이라

11 너희 안일한 여자들아 떨지어다 너희 염려 없는 자들아 당황할지어다 옷을 벗어 몸을 드러내고 베로 허리를 동일지어다

12 그들은 좋은 밭으로 인하여 열매 많은 포도나무로 인하여 가슴을 치게 될 것이니라

13 내 백성의 땅에 가시와 찔레가 나며 희락의 성읍, 기뻐하는 모든 집에 나리니

14 대저 궁전이 폐한 바 되며 인구 많던 성읍이 적막하며 오벨과 망대가 영원히 굴혈이 되며 들나귀가 즐기는 곳과

1) 희, 빛은 2) 한 사람이 있어서

불변하는 하나님

32 에는 무엇이 기록되어 있을까?

양 떼의 초장이 되려니와

15 마침내 위에서부터 영을 우리에게 부어 주시리니 광야가 아름다운 밭이 되며 아름다운 밭을 숲으로 여기게 되리라

16 ●그 때에 정의가 광야에 거하며 공의가 아름다운 밭에 거하리니

17 공의의 열매는 화평이요 공의의 결과는 영원한 평안과 안전이라 　2:4

18 내 백성이 화평한 집과 안전한 거처와 조용히 쉬는 곳에 있으려니와

19 그 숲은 우박에 상하고 성읍은 파괴되리라

20 모든 물 가에 씨를 뿌리고 소와 나귀를 그리로 모는 너희는 복이 있느니라

은혜를 구하는 기도

33

너 학대를 당하고 아니하고도 학대하며 속이고도 속임을 당하지 아니하는 자여 화 있을진저 네가 학대하기를 그치면 네가 학대를 당할 것이며 네가 속이기를 그치면 사람이 너를 속이리라 　합 2:8

2 여호와여 우리에게 은혜를 베푸소서 우리가 주를 앙망하오니 주는 아침마다 1)우리의 팔이 되시며 환난 때에 우리의 구원이 되소서

3 요란한 소리로 말미암아 민족들이 도망하며 주께서 일어나심으로 말미암아 나라들이 흩어졌나이다 　17:13

4 황충의 떼 같이 사람이 너희의 노략물을 모을 것이며 메뚜기가 뛰어오름 같이 그들이 그 위로 뛰어오르리라

5 여호와께서는 지극히 존귀하시니 그는 높은 곳에 거하심이요 정의와 공의를 시온에 충만하게 하심이라

6 네 시대에 평안함이 있으며 구원과 지혜와 지식이 풍성할 것이니 여호와를 경외함이 네 보배니라

높은 곳에 거할 자

7 ●보라 그들의 용사가 밖에서 부르짖으며 평화의 사신들이 슬피 곡하며

8 대로가 황폐하여 행인이 끊어지며 대적이 조약을 파하고 성읍들을 멸시하며 사람을 생각하지 아니하며 　35:8

9 땅이 슬퍼하고 쇠잔하며 레바논은 부끄러워하고 마르며 사론은 2)사막과 같고 바산과 갈멜은 나뭇잎을 떨어뜨리는도다

10 여호와께서 이르시되 내가 이제 일어나며 내가 이제 나를 높이며 내가 이제 지극히 높아지리라

11 너희가 겨를 잉태하고 짚을 해산할 것이며 너희의 호흡은 불이 되어 너희를 삼킬 것이며

12 민족들은 불에 굽는 횟돌 같겠고 잘라서 불에 사르는 가시나무 같으리로다

13 너희 먼 데에 있는 자들아 내가 행한 것을 들으라 너희 가까이에 있는 자들아 나의 권능을 알라

14 시온의 죄인들이 두려워하며 경건하지 아니한 자들이 떨며 이르기를 우리 중에 누가 삼키는 불과 함께 거하겠으며 우리 중에 누가 영영히 타는 것과 함께 거하리요 하도다

15 오직 공의롭게 행하는 자, 정직히 말하는 자, 토색한 재물을 가증히 여기는 자, 손을 흔들어 뇌물을 받지 아니하는 자, 귀를 막아 피 흘리려는 꾀를 듣지 아니하는 자, 눈을 감아 악을 보지 아니하는 자, 　시 15:2

16 그는 높은 곳에 거하리니 견고한 바위가 그의 요새가 되며 그의 양식은 공급되고 그의 물은 끊어지지 아니하리라

나은 넝을 보라

17 ●네 눈은 왕을 그의 아름다운 가운데

33 장에는 무엇이 기록되어 있을까?

히스기야 당시, 앗수르 왕 산헤립이 침략해 온 사건(왕하 18, 19장)이 배경을 이루고 있어요. 이사야는 두려워하지 말고 오직 하나님만 의지하라는 위로와 권면의 메시지를 전하며, 앗수르가 패하고 유다가 평화와 번영을 누리게 될 것을 예언했습니다. 이것은 절망 속에서도 믿음을 지키는 사람들을 위한 소망의 메시지였어요.

에서 보며 ¹⁾광활한 땅을 눈으로 보겠고

18 네 마음은 두려워하던 것을 생각해 내리라 ²⁾계산하던 자가 어디 있느냐 공세를 계량하던 자가 어디 있느냐 망대를 계수하던 자가 어디 있느냐

19 네가 강포한 백성을 보지 아니하리라 그 백성은 방언이 어려워 네가 알아듣지 못하며 말이 이상하여 네가 깨닫지 못하는 자니라

20 우리 절기의 시온 성을 보라 네 눈이 안정된 처소인 예루살렘을 보리니 그것은 옮겨지지 아니할 장막이라 그 말뚝이 영영히 뽑히지 아니할 것이요 그 줄이 하나도 끊어지지 아니할 것이며

21 여호와는 거기에 위엄 중에 우리와 함께 계시리니 그 곳에는 여러 강과 큰 호수가 있으나 노 젓는 배나 큰 배가 통행하지 못하리라

22 대저 여호와는 우리 재판장이시요 여호와는 우리에게 율법을 세우신 이요 여호와는 우리의 왕이시니 그가 우리를 구원하실 것임이라

23 네 돛대 줄이 풀렸으니 돛대의 밑을 튼튼히 하지 못하였고 돛을 달지 못하였느니라 때가 되면 많은 재물을 탈취하여 나누리니 저는 자도 그 재물을 취할 것이며

24 그 거주민은 내가 병들었노라 하지 아니할 것이라 거기에 사는 백성이 사죄함을 받으리라

여호와께서 원수들을 벌하시리라

34 열국이여 너희는 나아와 들을지어다 민족들이여 귀를 기울일지어다 땅과 땅에 충만한 것, 세

계와 세계에서 나는 모든 것이여 들을지어다

2 대저 여호와께서 열방을 향하여 진노하시며 그들의 만군을 향하여 분내사 그들을 진멸하시며 살육 당하게 하셨은즉

3 그 살육 당한 자는 내던져진 바 되며 그 사체의 악취가 솟아오르고 그 피에 산들이 녹을 것이며 _{슥 2:20}

4 하늘의 ³⁾만상이 사라지고 하늘들이 두루마리 같이 말리되 그 만상의 쇠잔함이 포도나무 잎이 마름 같고 무화과나무 잎이 마름 같으리라

5 ⁴⁾여호와의 칼이 하늘에서 족하게 마셨은즉 보라 이것이 에돔 위에 내리며 진멸하시기로 한 백성 위에 내려 그를 심판할 것이라

6 여호와의 칼이 피 곧 어린 양과 염소의 피에 만족하고 기름 곧 숫양의 콩팥 기름으로 윤택하니 이는 여호와를 위한 희생이 보스라에 있고 큰 살육이 에돔 땅에 있음이라

7 들소와 송아지와 수소가 함께 도살장에 내려가니 그들의 땅이 피에 취하며 흙이 기름으로 윤택하리라

8 ●이것은 여호와께서 보복하시는 날이요 시온의 송사를 위하여 신원하시는 해라 _{63:4}

9 에돔의 시내들은 변하여 역청이 되고 그 티끌은 유황이 되고 그 땅은 불 붙는 역청이 되며

1) 매우 먼 2) 기록 3) 일월성신 4) 히, 나

10 낮에나 밤에나 꺼지지 아니하고 그 연기가 끊임없이 떠오를 것이며 세세에 황무하여 그리로 지날 자가 영영히 없겠고
11 당아새와 고슴도치가 그 땅을 차지하며 부엉이와 까마귀가 거기에 살 것이라 여호와께서 그 위에 혼란의 줄과 공허의 추를 드리우실 것인즉
12 ¹⁾그들이 국가를 이으려 하여 귀인들을 부르되 아무도 없겠고 그 모든 방백도 없게 될 것이요
13 그 궁궐에는 가시나무가 나며 그 견고한 성에는 엉겅퀴와 새품이 자라서 승냥이의 굴과 타조의 처소가 될 것이니
14 들짐승이 이리와 만나며 숫염소가 그 동류를 부르며 올빼미가 거기에 살면서 쉬는 처소로 삼으며
15 ²⁾부엉이가 거기에 깃들이고 알을 낳아 까서 그 그늘에 모으며 솔개들도 각각 제 짝과 함께 거기에 모이리라
16 ●너희는 여호와의 책에서 찾아 읽어 보라 이것들 가운데서 빠진 것이 하나도 없고 제 짝이 없는 것이 없으리니 이는 여호와의 입이 이를 명령하셨고 그의 영이 이것들을 모으셨음이라
17 여호와께서 그것들을 위하여 제비를 뽑으시며 그의 손으로 줄을 띠어 그 땅을 그것들에게 나누어 주셨으니 그들이 영원히 차지하며 대대로 거기에 살리라

거룩한 길

35

광야와 메마른 땅이 기뻐하며 사막이 ³⁾백합화 같이 피어 즐거워하며　　51:3
2 무성하게 피어 기쁜 노래로 즐거워하며 레바논의 영광과 갈멜과 사론의 아름다움을 얻을 것이라 그것들이 여호와의 영광 곧 우리 하나님의 아름다움을 보리로다
3 ●너희는 약한 손을 강하게 하며 떨리는 무릎을 굳게 하며　　히 4:3, 4
4 ⁴⁾겁내는 자들에게 이르기를 굳세어라, 두려워하지 말라, 보라 너희 하나님이 오사 보복하시며 갚아 주실 것이라 하나님이 오사 너희를 구하시리라 하라
5 ●그 때에 맹인의 눈이 밝을 것이며 못 듣는 사람의 귀가 열릴 것이며
6 그 때에 저는 자는 사슴 같이 뛸 것이며 말 못하는 자의 혀는 노래하리니 이는 광야에서 물이 솟겠고 사막에서 시내가 흐를 것임이라
7 뜨거운 사막이 변하여 못이 될 것이며 메마른 땅이 변하여 원천이 될 것이며 승냥이의 눕던 곳에 풀과 갈대와 부들이 날 것이며
8 거기에 대로가 있어 그 길을 거룩한 길이라 일컫는 바 되리니 깨끗하지 못한 자는 지나가지 못하겠고 오직 구속함을 입은 자들을 위하여 있게 될 것이라 우매한 행인은 그 길로 다니지 못할 것이며
9 거기에는 사자가 없고 사나운 짐승이 그리로 올라가지 아니하므로 그것을 만나지 못하겠고 오직 구속함을 받은 자만 그리로 행할 것이며
10 여호와의 속량함을 받은 자들이 돌아오되 노래하며 시온에 이르러 그들의 머리 위에 영영한 희락을 띠고 기쁨과 즐거움을 얻으리니 슬픔과 탄식이 사라지리로다

35장 에는 무엇이 기록되어 있을까?

35장은 영광스런 메시아 왕국에 대한 노래예요. 이사야는 죄악으로 파괴되었던 이 세상을 하나님이 다시 에덴 동산처럼 회복시키실 것을 예언하고 있어요. 그때 '낡은 자들'은 하나님 안에서 영생을 누리게 될 거예요. 이것이 바로 그리스도인들이 세상에서 만나는 고난을 참아낼 수 있는 까닭이랍니다.

1) 국가를 선언할 귀인들이 없고 2) 독사 3) 장미 4) 성급한

신원(34:8) 억울하게 뒤집어쓴 죄를 씻음.
당아새(34:11) 난지산의 물새로서 백조만큼 크다.
새품(34:13) 팔레스타인에 야생하는 200여 종에 이르는 가시 돋친 식물의 일종이며, '가시나무'로도 번역된다.
동류(34:14) 같은 무리. 같은 종류.
원천(35:7) 물이 솟아나는 근원.

앗수르가 예루살렘을 협박하다

(왕하 18:13-37; 대하 32:1-19) — B.C. 701년경

36 히스기야 왕 십사년에 앗수르 왕 산헤립이 올라와서 유다의 모든 견고한 성을 쳐서 취하니라

2 앗수르 왕이 라기스에서부터 랍사게를 예루살렘으로 보내되 대군을 거느리고 히스기야 왕에게로 가게 하매 그가 윗못 수도 곁 세탁자의 밭 큰 길에 서매

라기스 성채 둔덕(36:2)

3 힐기야의 아들 왕궁 맡은 자 엘리아김과 서기관 셉나와 아삽의 아들 사관 요아가 그에게 나아가니라

4 ●랍사게가 그들에게 이르되 이제 히스기야에게 말하라 대왕 앗수르 왕이 이같이 말씀하시기를 네가 믿는 바 그 믿는 것이 무엇이냐

5 내가 말하노니 네가 족히 싸울 계략과 용맹이 있노라 함은 입술에 붙은 말뿐이니라 네가 이제 누구를 믿고 나를 반역하느냐

6 보라 네가 애굽을 믿는도다 그것은 상한 갈대 지팡이와 같은 것이라 사람이 그것을 의지하면 손이 찔리리니 애굽왕 바로는 그를 믿는 모든 자에게 이와 같으니라

7 혹시 네가 내게 이르기를 우리는 우리하나님 여호와를 신뢰하노라 하리라마는 그는 그의 산당과 제단을 히스기야가 제하여 버리고 유다와 예루살렘에 명령하기를 너희는 이 제단 앞에서만 예배하라 하던 그 신이 아니냐 하셨느니라

8 그러므로 이제 청하노니 내 주 앗수르왕과 내기하라 내가 네게 말 이천 필을주어도 너는 그 탈 자를 능히 내지 못

하리라

9 그런즉 네가 어찌 내 주의 종 가운데 극히 작은 총독 한 사람인들 물리칠 수 있으랴 어찌 애굽을 믿고 병거와 기병을 얻으려 하느냐

10 내가 이제 올라와서 이 땅을 멸하는 것이 여호와의 뜻이 없음이겠느냐 여호와께서 내게 이르시기를 올라가 그 땅을 쳐서 멸하라 하셨느니라 하니라

11 ●이에 엘리아김과 셉나와 요아가 랍사게에게 이르되 우리가 아람 방언을 아오니 청하건대 그 방언으로 당신의 종들에게 말하고 성 위에 있는 백성이 듣는 데에서 우리에게 유다 방언으로 말하지 마소서 하니

12 랍사게가 이르되 내 주께서 이 일을 네 주와 네게만 말하라고 나를 보내신 것이냐 너희와 함께 자기의 대변을 먹으며 자기의 소변을 마실 성 위에 앉은 사람들에게도 하라고 보내신 것이 아니냐 하더라

13 ●이에 랍사게가 일어서서 유다 방언으로 크게 외쳐 이르되 너희는 대왕 앗수르 왕의 말씀을 들으라 대하 32:18

14 왕의 말씀에 너희는 히스기야에게 미혹되지 말라 그가 능히 너희를 건지지 못할 것이니라

15 히스기야가 너희에게 여호와를 신뢰하게 하려는 것을 따르지 말라 그가 말하기를 여호와께서 반드시 우리를 건지시리니 이 성이 앗수르 왕의 손에 넘어가지 아니하리라 할지라도

16 히스기야의 말을 듣지 말라 앗수르 왕이 또 이같이 말씀하시기를 너희는 내

여백에 있는 성경 인용: 창 29:6, 7

36장 에는 무엇이 기록되어 있을까?

36~39장은 앗수르의 제2차 유다 침략에 관한 말씀이에요. 앗수르의 군대장관 랍사게는 이스라엘을 조롱하였지요. 그는 히스기야의 친애굽 정책을 비웃으면서, 애굽뿐만 아니라 여호와도 유다를 도울 수 없다고 하나님을 모욕하며 히스기야에게 항복을 강요하였어요.

게 항복하고 내게로 나아오라 그리하
면 너희가 각각 자기의 포도와 자기의
무화과를 먹을 것이며 각각 자기의 우
물 물을 마실 것이요

17 내가 와서 너희를 너희 본토와 같이 곡
식과 포도주와 떡과 포도원이 있는 땅
에 옮기기까지 하리라

18 혹시 히스기야가 너희에게 이르기를 여
호와께서 우리를 건지시리라 할지라도
속지 말라 열국의 신들 중에 자기의 땅을
앗수르 왕의 손에서 건진 자가 있느냐

19 하맛과 아르밧의 신들이 어디 있느냐
스발와임의 신들이 어디 있느냐 그들
이 사마리아를 내 손에서 건졌느냐

20 이 열방의 신들 중에 어떤 신이 자기의
나라를 내 손에서 건져냈기에 여호와
가 능히 예루살렘을 내 손에서 건지겠
느냐 하였느니라 하니라

21 ●그러나 그들이 잠잠하여 한 말도 대
답하지 아니하였으니 이는 왕이 그들
에게 명령하여 대답하지 말라 하였음
이었더라

22 그 때에 힐기야의 아들 왕궁 맡은 자
엘리아김과 서기관 셉나와 아삽의 아
들 사관 요아가 자기의 옷을 찢고 히스
기야에게 나아가서 랍사게의 말을 그
에게 전하니라

왕이 이사야의 말을 듣고자 하다 (왕하 19:1-7)

37

히스기야 왕이 듣고 자기의 옷
을 찢고 굵은 베 옷을 입고 여
호와의 전으로 갔고

2 왕궁 맡은 자 엘리아김과 서기관 셉나
와 제사장 중 어른들도 굵은 베 옷을 입

히스기야를 협박하는
앗수르 왕 (37:9-13)

으니라 왕이 그들을 1)아모스의 아들 선
지자 이사야에게로 보내매 2:2:15

3 그들이 이사야에게 이르되 히스기야
의 말씀에 오늘은 환난과 책벌과 능욕
의 날이라 아이를 낳으려 하나 해산할
힘이 없음 같도다

4 당신의 하나님 여호와께서 랍사게의
말을 들으셨을 것이라 그가 그의 상전
앗수르 왕의 보냄을 받고 살아 계시는
하나님을 훼방하였은즉 당신의 하나
님 여호와께서 혹시 그 말로 말미암아
견책하실까 하노라 그런즉 바라건대
당신은 이 남아 있는 자를 위하여 기도
하라 하시더라 하니라

5 ●그리하여 히스기야 왕의 신하들이
이사야에게 나아가매

6 이사야가 그들에게 이르되 너희는 너
희 주에게 이렇게 말하라 여호와께서
이같이 말씀하시되 너희가 들은 바 앗
수르 왕의 종들이 나를 능욕한 말로 말
미암아 두려워하지 말라

7 보라 내가 영을 그의 속에 두리니 그가
소문을 듣고 그의 고국으로 돌아갈 것
이며 또 내가 그를 그의 고국에서 칼에
죽게 하리라 하셨느니라 하니라

앗수르가 또 다른 협박을 하다 (왕하 19:8-19)

8 ●앗수르 왕이 라기스를 떠났다 함을
듣고 랍사게가 돌아가다가 그 왕을 만
나니 립나를 치고 있더라

9 그 때에 앗수르 왕이 구스 왕 디르하가
의 일에 관하여 들은즉 사람들이 이르
기를 그가 나와서 왕과 싸우려 한다 하

37장 에는 무엇이 기록되어 있을까?

앗수르의 위협에 직면한 히스기야
는 하나님께 무릎 꿇고 도움을 청했어요. 그러
자 하나님께서는 이사야를 통해 구원의 약속을
주시고, 앗수르 군대를 멸망시켜주셨지요. 유다
는 애굽을 의지하여 앗수르의 침략을 당했지만,
하나님은 그들이 회개하자 용서하시고 진노를
거두셨답니다.

1) 히, 아모츠

는지라 이 말을 듣고 사자들을 히스기야에게 보내며 이르되

10 너희는 유다의 히스기야 왕에게 이같이 말하여 이르기를 너는 네가 신뢰하는 하나님이 예루살렘이 앗수르 왕의 손에 넘어가지 아니하리라 하는 말에 속지 말라

11 앗수르 왕들이 모든 나라에 어떤 일을 행하였으며 그것을 어떻게 멸절시켰는지 네가 들었으리니 네가 구원을 받겠느냐

12 나의 조상들이 멸하신 열방 고산과 하란과 레셉과 및 들라살에 있는 에덴 자손을 그 나라들의 신들이 건졌더냐

13 하맛 왕과 아르밧 왕과 스발와임 성의 왕과 헤나 왕과 이와 왕이 어디 있느냐 하였더라

14 ●히스기야가 그 사자들의 손에서 글을 받아 보고 여호와의 전에 올라가서 그 글을 여호와 앞에 펴 놓고

15 여호와께 기도하여 이르되

16 그룹 사이에 계신 이스라엘 하나님 만군의 여호와여 주는 천하 만국에 유일하신 하나님이시라 주께서 천지를 만드셨나이다

17 여호와여 귀를 기울여 들으시옵소서 여호와여 눈을 뜨고 보시옵소서 산헤립이 사람을 보내어 살아 계시는 하나님을 훼방한 모든 말을 들으시옵소서 단 9:18

18 여호와여 앗수르 왕들이 과연 열국과 그들의 땅을 황폐하게 하였고

19 그들의 신들을 불에 던졌사오나 그들은 신이 아니라 사람의 손으로 만든 것일 뿐이요 나무와 돌이라 그러므로 멸망을 당하였나이다

20 우리 하나님 여호와여 이제 우리를 그의 손에서 구원하사 천하 만국이 주만이 여호와이신 줄을 알게 하옵소서 하니라

이사야가 왕에게 전한 말 (왕하 19:20-37)

21 ●[1]아모스의 아들 이사야가 사람을 보내어 히스기야에게 이르되 이스라엘의 하나님 여호와께서 말씀하시되 네

가 앗수르의 산헤립 왕의 일로 내게 기도하였도다 하시고

22 여호와께서 그에 대하여 이같이 이르시되 처녀 딸 시온이 너를 멸시하며 조소하였고 딸 예루살렘이 [2]너를 향하여 머리를 흔들었느니라

23 네가 훼방하며 능욕한 것은 누구에게냐 네가 소리를 높이며 눈을 높이 들어 향한 것은 누구에게냐 곧 이스라엘의 거룩하신 이에게니라 사 1:12

24 네가 네 종을 통해서 주를 훼방하여 이르기를 내가 나의 허다한 병거를 거느리고 산들의 꼭대기에 올라가며 레바논의 깊은 곳에 이르렀으니 높은 백향목과 아름다운 향나무를 베고 또 그 제일 높은 곳에 들어가 살진 땅의 수풀에 이를 것이며

25 내가 우물을 파서 물을 마셨으니 내 발바닥으로 애굽의 모든 하수를 말리리라 하였도다

26 네가 어찌하여 듣지 못하였느냐 이 일들은 내가 태초부터 행한 바요 상고부터 정한 바로서 이제 내가 이루어 네가 견고한 성읍들을 헐어 돌무더기가 되게 하였노라

27 그러므로 그 주민들이 힘이 약하여 놀

1) 히, 아모츠 2) 히, 네 뒤에서

잇수르 왕 산헤립의 수도
니느웨 성문 발굴지(37:37)

라며 수치를 당하여 들의 풀 같이, 푸른 나물 같이, 지붕의 풀 같이, 자라지 못한 곡초 같이 되었느니라

28 네 거처와 네 출입과 네가 나를 거슬러 분노함을 내가 아노라

29 네가 나를 거슬러 분노함과 네 오만함이 내 귀에 들렸으므로 내가 갈고리로 네 코를 꿰며 재갈을 네 입에 물려 너를 오던 길로 돌아가게 하리라 하셨나이다

30 ●왕이여 이것이 왕에게 징조가 되리니 올해는 스스로 난 것을 먹을 것이요 둘째 해에는 또 거기에서 난 것을 먹을 것이요 셋째 해에는 심고 거두며 포도나무를 심고 그 열매를 먹을 것이니이다

31 유다 족속 중에 피하여 남은 자는 다시 아래로 뿌리를 박고 위로 열매를 맺으리니

32 이는 남은 자가 예루살렘에서 나오며 피하는 자가 시온 산에서 나올 것임이라 만군의 여호와의 열심이 이를 이루시리이다

33 ●그러므로 여호와께서 앗수르 왕에 대하여 이같이 이르시되 그가 이 성에 이르지 못하며 화살 하나도 이리로 쏘지 못하며 방패를 가지고 성에 가까이 오지도 못하며 흉벽을 쌓고 치지도 못할 것이요

34 그가 오던 길 곧 그 길로 돌아가고 이 성에 이르지 못하리라 나 여호와의 말이니라

35 대저 내가 나를 위하며 내 종 다윗을 위하여 이 성을 보호하며 구원하리라 하셨나이다 하니라

36 ●여호와의 사자가 나가서 앗수르 진중에서 십팔만 오천인을 쳤으므로 아침에 일찍이 일어나 본즉 시체뿐이라

37 이에 앗수르의 산헤립 왕이 떠나 돌아가서 니느웨에 거주하더니

38 자기 신 니스록의 신전에서 경배할 때에 그의 아들 아드람멜렉과 사레셀이 그를 칼로 죽이고 아라랏 땅으로 도망하였으므로 그의 아들 에살핫돈이 이어 왕이 되니라

히스기야 왕의 발병과 회복 (왕하 20:1-11; 대하 32:24-26) ─ B.C. 701년경

38
그 때에 히스기야가 병들어 죽게 되니 1)아모스의 아들 선지자 이사야가 나아가 그에게 이르되 여호와께서 이같이 말씀하시기를 너는 네 집에 유언하라 네가 죽고 살지 못하리라 하셨나이다 하니

2 히스기야가 얼굴을 벽으로 향하고 여호와께 기도하여

3 이르되 여호와여 구하오니 내가 주 앞에서 진실과 전심으로 행하며 주의 목전에서 선하게 행한 것을 기억하옵소서 하고 히스기야가 심히 통곡하니

4 이에 여호와의 말씀이 이사야에게 임하여 이르시되

5 너는 가서 히스기야에게 이르기를 네 조상 다윗의 하나님 여호와께서 이같이 말씀하시기를 내가 네 기도를 들었고 네 눈물을 보았노라 내가 네 수한에 십오 년을 더하고

6 너와 이 성을 앗수르 왕의 손에서 건져

38 에는 무엇이 기록되어 있을까?

히스기야는 죽을 병에 걸렸지만, 자기의 생명보다 위기에 처한 나라의 운명을 더 걱정하여 하나님께 자비를 구했어요. 그러자 하나님께서는 그의 생명을 연장해주셨답니다. 이 사건은 36-37장에 기록된 앗수르의 제2차 침략보다 앞서서 일어났던 일로, 앗수르가 처음 이스라엘을 침략했을 때 일어난 일이랍니다.

1) 히, 아모츠

내겠고 내가 또 이 성을 보호하리라

7 이는 여호와께서 말미암는 너를 위한 징조이니 곧 여호와께서 하신 말씀을 그가 이루신다는 증거이니라

8 보라 아하스의 해시계에 나아갔던 해 그림자를 뒤로 십 도를 물러가게 하리라 하셨다 하라 하시더니 이에 해시계에 나아갔던 해의 그림자가 십 도를 물러가니라

9 ● 유다 왕 히스기야가 병들었다가 그의 병이 나을 때에 기록한 글이 이러하니라

10 내가 말하기를 나의 중년에 스올의 문에 들어가고 나의 여생을 빼앗기게 되리라 하였도다

11 내가 또 말하기를 내가 다시는 여호와를 뵈옵지 못하리니 산 자의 땅에서 다시는 여호와를 뵈옵지 못하겠고 내가 세상의 거민 중에서 한 사람도 다시는 보지 못하리라 하였도다

12 나의 거처는 목자의 장막을 걷음 같이 나를 떠나 옮겨졌고 직공이 베를 걷어 말음 같이 내가 내 생명을 말았도다 주께서 나를 틀에서 끊으시리니 조석간에 나를 끝내시리라

13 내가 아침까지 견디었사오나 주께서 사자 같이 나의 모든 뼈를 꺾으시오니 조석간에 나를 끝내시리라

14 나는 제비 같이, 학 같이 지저귀며 비둘기 같이 슬퍼 울며 내 눈이 쇠하도록 앙망하나이다 여호와여 내가 압제를 받사오니 나의 중보가 되옵소서

15 주께서 내게 말씀하시고 또 친히 이

루셨사오니 내가 무슨 말씀을 하오리이까 내 영혼의 고통으로 말미암아 내가 종신토록 방황하리이다

16 주여 사람이 사는 것이 이에 있고 내 심령의 생명도 온전히 거기에 있사오니 원하건대 나를 치료하시며 나를 살려 주옵소서

17 보옵소서 내게 큰 고통을 더하신 것은 내게 평안을 주려 하심이라 주께서 내 영혼을 사랑하사 멸망의 구덩이에서 건지셨고 내 모든 죄를 주의 등 뒤에 던지셨나이다

18 스올이 주께 감사하지 못하며 사망이 주를 찬양하지 못하며 구덩이에 들어간 자가 주의 신실을 바라지 못하되

19 오직 산 자 곧 산 자는 오늘 내가 하는 것과 같이 주께 감사하며 주의 신실을 아버지가 그의 자녀에게 알게 하리라

20 여호와께서 나를 구원하시리니 우리가 종신토록 여호와의 전에서 수금으로 나의 노래를 노래하리로다

21 ● 이사야가 이르기를 한 뭉치 무화과를 가져다가 종처에 붙이면 왕이 나으리라 하였고

22 히스기야도 말하기를 내가 여호와의 전에 올라갈 징조가 무엇이냐 하였더라

39 바벨론에서 온 사자들 (왕하 20:12~19)

그 때에 발라단의 아들 바벨론 왕 므로닥발라단이 히스기야가 병 들었다가 나았다 함을 듣고 히스기야에게 글과 예물을 보냈더라

2 히스기야가 사자들로 말미암아 기뻐하여 그들에게 보물 창고 곧 은금과 향

39 에는 무엇이 기록되어 있을까?

바벨론의 사절단들이 유다를 찾아왔어요. 그때 히스기야는 그들에게 하나님의 은혜와 권능을 증거하는 대신에, 교만하게도 자신의 영광을 드러내고 자랑했지요. 이로 인해 하나님은 히스기야에게 진노하셔서 그의 자손들이 바벨론의 포로가 될 것이라는 심판을 선포하셨답니다.

료와 보배로운 기름과 모든 ¹⁾무기고에 있는 것을 다 보여 주었으니 히스기야가 궁중의 소유와 전 국내의 소유를 보이지 아니한 것이 없는지라

3 이에 선지자 이사야가 히스기야 왕에게 나아와 묻되 그 사람들이 무슨 말을 하였으며 어디서 왕에게 왔나이까 하니 히스기야가 이르되 그들이 원방 곧 바벨론에서 내게 왔나이다 하니

4 이사야가 이르되 그들이 왕의 궁전에서 무엇을 보았나이까 하니 히스기야가 대답하되 그들이 내 궁전에 있는 것을 다 보았나이다 내 창고에 있는 것으로 보이지 아니한 보물이 하나도 없나이다 하니

5 이사야가 히스기야에게 이르되 왕은 만군의 여호와의 말씀을 들으소서

6 보라 날이 이르리니 네 집에 있는 모든 소유와 네 조상들이 오늘까지 쌓아 둔 것이 모두 바벨론으로 옮긴 바 되고 남을 것이 없으리라 여호와의 말이니라

7 또 네게서 태어날 자손 중에서 몇이 사로잡혀 바벨론 왕궁의 환관이 되리라 하셨나이다 하니

8 히스기야가 이사야에게 이르되 당신이 이른 바 여호와의 말씀이 좋소이다 하고 또 이르되 내 생전에는 평안과 견고함이 있으리로다 하니라 ^{삼상 3:18}

아침에 피었다가 저녁에 오므라드는 개양귀비 꽃 (40:6-8)

희망의 말씀 — B.C. 690년경

40

너희의 하나님이 이르시되 너희는 위로하라 내 백성을 위로하라

2 너희는 예루살렘의 마음에 닿도록 말하며 그것에게 외치라 그 노역의 때가 끝났고 그 죄악이 사함을 받았느니라 그의 모든 죄로 말미암아 여호와의 손에서 벌을 배나 받았느니라 할지니라 하시니라

3 ●외치는 자의 소리여 이르되 너희는 광야에서 여호와의 길을 예비하라 사막에서 우리 하나님의 대로를 평탄하게 하라

4 골짜기마다 돋우어지며 산마다, 언덕마다 낮아지며 고르지 아니한 곳이 평탄하게 되며 험한 곳이 평지가 될 것이요

5 여호와의 영광이 나타나고 모든 육체가 그것을 함께 보리라 이는 여호와의 입이 말씀하셨느니라

6 ●말하는 자의 소리여 이르되 외치라 대답하되 내가 무엇이라 외치리이까 하니 이르되 모든 육체는 풀이요 그의 모든 아름다움은 들의 꽃과 같으니 ^{삼 14:2}

7 풀은 마르고 꽃이 시듦은 여호와의 기운이 그 위에 붊이라 이 백성은 실로 풀이로다

8 풀은 마르고 꽃이 시드나 우리 하나님의 말씀은 영원히 서리라 하라 ^{마 5:18}

9 ●아름다운 소식을 시온에 전하는 자여 너는 높은 산에 오르라 아름다운 소식을 예루살렘에 전하는 자여 너는 힘써 소리를 높이라 두려워하지 말고 소리를 높여 유다의 성읍들에게 이르기를 너희의 하나님을 보라 하라

10 보라 주 여호와께서 장차 강한 자로 임하실 것이요 친히 그의 팔로 다스리실 것이라 보라 상급이 그에게 있고 보응이 그의 앞에 있으며

40장 에는 무엇이 기록되어 있을까?

이스라엘이 바벨론의 포로 생활에서 해방되리라는 예언이에요. 여기서 우리는 하나님의 택한 백성은 아무리 절망적인 상황에 처한다 해도, 하나님이 그들을 지키시며 목자처럼 돌봐주신다는 것을 깨달을 수 있어요. 우리가 환난 중에도 믿음을 지키는 이유가 바로 이 때문이랍니다.

1) 보0요고

11 그는 목자 같이 양 떼를 먹이시며 어린 양을 그 팔로 모아 품에 안으시며 젖먹이는 암컷들을 온순히 인도하시리로다 미 5:4

비교할 수 없는 하나님

12 ● 누가 손바닥으로 바닷물을 헤아렸으며 뼘으로 하늘을 쟀으며 땅의 티끌을 되에 담아 보았으며 접시 저울로 산들을, 막대 저울로 언덕들을 달아 보았으랴 히 1:10-12

13 누가 여호와의 영을 지도하였으며 그의 모사가 되어 그를 가르쳤으랴

14 그가 누구와 더불어 의논하셨으며 누가 그를 교훈하였으며 그에게 정의의 길로 가르쳤으며 지식을 가르쳤으며 통달의 도를 보여 주었느냐 롬 2:3

15 보라 그에게는 열방이 통의 한 방울 물과 같고 저울의 작은 티끌 같으며 ¹⁾섬들은 떠오르는 먼지 같으리니 롬 10:10

16 레바논은 땔감에도 부족하겠고 그 짐승들은 번제에도 부족할 것이라

17 그의 앞에는 모든 열방이 아무것도 아니라 그는 그들을 없는 것 같이, 빈 것 같이 여기시느니라

18 ● 그런즉 너희가 하나님을 누구와 같다 하겠으며 무슨 형상을 그에게 비기겠느냐

19 우상은 장인이 부어 만들었고 장색이 금으로 입혔고 또 은 사슬을 만든 것이니라

20 궁핍한 자는 거제를 드릴 때에 썩지 아니하는 나무를 택하고 지혜로운 장인을 구하여 우상을 만들어 흔들리지 아니하도록 세우느니라

21 너희가 알지 못하였느냐 너희가 듣지 못하였느냐 태초부터 너희에게 전하지 아니하였느냐 땅의 기초가 창조될 때부터 너희가 깨닫지 못하였느냐

22 그는 땅 위 궁창에 앉으시나니 땅에 사는 사람들은 메뚜기 같으니라 그가 하늘을 차일 같이 펴셨으며 거주할 천막 같이 치셨고

23 귀인들을 폐하시며 세상의 사사들을 헛되게 하시나니

24 그들은 겨우 심기고 겨우 뿌려졌으며 그 줄기가 겨우 땅에 뿌리를 박자 곧 하나님이 입김을 부시니 그들은 말라 회오리바람에 불려 가는 초개 같도다

25 거룩하신 이가 이르시되 그런즉 너희가 나를 누구에게 비교하여 나를 그와 동등하게 하겠느냐 하시니라

26 너희는 눈을 높이 들어 누가 이 모든 것을 창조하였나 보라 주께서는 수효대로 만상을 이끌어 내시고 그들의 모든 이름을 부르시나니 그의 권세가 크고 그의 능력이 강하므로 하나도 빠짐이 없느니라

27 ● 야곱아 어찌하여 네가 말하며 이스라엘아 네가 이르기를 내 길은 여호와

1) 섬들을 티끌 같이 드시나니

모든 사람의 기도를 들어주시다 보면 하나님이 피곤하지 않을까요?

하나님은 모든 사람의 기도를 차별하지 않고 응답해주시는 분이에요. 하나님은 모든 기도를 다 들으실 수 있어요. 또 모두 다 해결해주실 수도 있지요. 하나님은 그런 큰 능력을 갖고 계세요. 사람과 비교할 수 없죠. 사람은 여러 사람의 소리들을 다 들을 수 없지만 하나님은 여러 사람의 기도를 동시에 듣고 응답해주실 수 있답니다.

하나님은 아무리 많은 사람을 만나도 조금도 피곤해하지 않으세요. 오히려 기도 소리를 많이 들을수록 더 좋아하시는 분이랍니다. 하나님의 놀라우신 능력은 우리가 상상조차 못할 정도지요. 그러니까 너무 걱정 마세요.　**40장 28절**

께 숨겨졌으며 내 송사는 내 하나님에게서 벗어난다 하느냐

28 너는 알지 못하였느냐 듣지 못하였느냐 영원하신 하나님 여호와, 땅 끝까지 창조하신 이는 피곤하지 않으시며 곤비하지 않으시며 명철이 한이 없으시며

29 피곤한 자에게는 능력을 주시며 무능한 자에게는 힘을 더하시나니 `50:4`

30 소년이라도 피곤하며 곤비하며 장정이라도 넘어지며 쓰러지되

31 오직 여호와를 앙망하는 자는 새 힘을 얻으리니 독수리가 날개치며 올라감 같을 것이요 달음박질하여도 곤비하지 아니하겠고 걸어가도 피곤하지 아니하리로다 [암송]

나 여호와가 응답하리라 —B.C. 690년경

41

섬들아 내 앞에 잠잠하라 민족들아 힘을 새롭게 하라 가까이 나아오라 그리고 말하라 우리가 서로 재판 자리에 가까이 나아가자 `참 2:20`

2 누가 동방에서 사람을 일깨워서 공의로 그를 불러 자기 발 앞에 이르게 하였느냐 열국을 그의 앞에 넘겨 주며 그가 왕들을 다스리게 하되 그들이 그의 칼에 티끌 같게, 그의 활에 불리는 초개 같게 하매 `대하 36:23`

3 그가 그들을 쫓아가서 그의 발로 가 보지 못한 길을 안전히 지났나니

4 이 일을 누가 행하였으며 누가 이루었느냐 누가 처음부터 만대를 불러내었느냐 나 여호와라 처음에도 나요 나중 있을 자에게도 내가 곧 그니라

5 섬들이 보고 두려워하며 땅 끝이 무서워 떨며 함께 모여 와서

6 각기 이웃을 도우며 그 형제에게 이르기를 너는 힘을 내라 하고

7 목공은 금장색을 격려하며 망치로 고르게 하는 자는 메질꾼을 격려하며 이르되 땜질이 잘 된다 하니 그가 못을 단단히 박아 우상을 흔들리지 아니하게 하는도다

8 ●그러나 나의 종 너 이스라엘아 내가 택한 야곱아 나의 벗 아브라함의 자손아 `대하 20:7`

9 내가 땅 끝에서부터 너를 붙들며 땅 모퉁이에서부터 너를 부르고 네게 이르기를 너는 나의 종이라 내가 너를 택하고 싫어하여 버리지 아니하였다 하였노라

10 두려워하지 말라 내가 너와 함께 함이라 놀라지 말라 나는 네 하나님이 됨이라 내가 너를 굳세게 하리라 참으로 너를 도와 주리라 참으로 나의 의로운 오른손으로 너를 붙들리라 [암송]

11 보라 네게 노하던 자들이 수치와 욕을 당할 것이요 너와 다투는 자들이 아무 것도 아닌 것 같이 될 것이며 멸망할 것이라

12 네가 찾아도 너와 싸우던 자들을 만나지 못할 것이요 너를 치는 자들은 아무 것도 아닌 것 같고 허무한 것 같이 되리니 `참 20:7-9`

13 이는 나 여호와 너의 하나님이 네 오른손을 붙들고 네게 이르기를 두려워하지 말라 내가 너를 도우리라 할 것임이니라

14 버러지 같은 너 야곱아, 너희 이스라엘 사람들아 두려워하지 말라 나 여호와가 말하노니 내가 너를 도울 것이라 네 구속자는 이스라엘의 거룩한 이이니라

15 보라 내가 너를 이가 날카로운 새 타작 기로 삼으리니 내가 산들을 쳐서 부스러기를 만들 것이며 작은 산들을 겨 같이 만들 것이라

41장에는 무엇이 기록되어 있을까?

41장의 주된 메시지는 첫째, 하나님이 장차 바사 왕 고레스를 세워 바벨론을 정복하고 유다를 본국으로 돌려보내시겠다는 말씀인데요, 하나님은 끝까지 자기 백성을 지키시며 구원해주신다는 것이지요. 셋째로는, 악한 자들이 섬기는 우상은 무익하고 헛되며 사람이 진정으로 섬길 대상은 하나님뿐이라는 것입니다.

모사(40:13) 계책을 세우는 사람.

엔게디(41:17-18)

16 네가 그들을 까부른즉 바람이 그들을 날리겠고 회오리바람이 그들을 흩어 버릴 것이로되 너는 여호와로 말미암아 즐거워하겠고 이스라엘의 거룩한 이로 말미암아 자랑하리라

17 ●가련하고 가난한 자가 물을 구하되 물이 없어서 갈증으로 그들의 혀가 마를 때에 나 여호와가 그들에게 응답하겠고 나 이스라엘의 하나님이 그들을 버리지 아니할 것이라

18 내가 헐벗은 산에 강을 내며 골짜기 가운데에 샘이 나게 하며 광야가 못이 되게 하며 마른 땅이 샘 근원이 되게 할 것이며　　　43:19

19 내가 광야에는 백향목과 싯딤 나무와 화석류와 들감람나무를 심고 사막에는 잣나무와 소나무와 황양목을 함께 두리니

20 무리가 보고 여호와의 손이 지으신 바요 이스라엘의 거룩한 이가 이것을 창조하신 바인 줄 알며 함께 헤아리며 깨달으리라

여호와께서 거짓 신들에게 말씀하시다

21 ●나 여호와가 말하노니 너희 우상들은 소송하라 야곱의 왕이 말하노니 너희는 확실한 증거를 보이라

22 장차 당할 일을 우리에게 진술하라 또 이전 일이 어떠한 것도 알게 하라 우리가 마음에 두고 그 결말을 알아보리라 혹 앞으로 올 일을 들게 하며

23 뒤에 올 일을 알게 하라 그리하면 너희가 신들인 줄 우리가 알리라 또 복을 내리든지 재난을 내리든지 하라 우리가 함께 보고 놀라리라　　　요 13:19

24 보라 너희는 아무것도 아니며 너희 일은 허망하며 너희를 택한 자는 가증하니라　　　시 115:8

25 ●내가 한 사람을 일으켜 북방에서 오게 하며 내 이름을 부르는 자를 해 돋는 곳에서 오게 하였나니 그가 이르러 고관들을 석회 같이, 토기장이가 진흙을 밟음 같이 하리니

26 누가 처음부터 이 일을 알게 하여 우리가 알았느냐 누가 이전부터 알게 하여 우리가 옳다고 말하게 하였느냐 알게 하는 자도 없고 들려 주는 자도 없고 너희 말을 듣는 자도 없도다

27 내가 비로소 시온에게 너희는 이제 그들을 보라 하였노라 내가 기쁜 소식을 전할 자를 예루살렘에 주리라

28 내가 본즉 한 사람도 없으며 내가 물어도 그들 가운데에 한 말도 대답할 조언자가 없도다

29 보라 그들은 다 헛되며 그들의 행사는 허무하며 그들이 부어 만든 우상들은 바람이요 공허한 것뿐이니라　　　렘 5:13

주의 종·B.C. 690년경

42

내가 붙드는 나의 종, 내 마음에 기뻐하는 자 곧 내가 택한 사람을 보라 내가 나의 영을 그에게 주었은즉 그가 이방에 정의를 베풀리라

2 그는 외치지 아니하며 목소리를 높이지 아니하며 그 소리를 거리에 들리게 하지 아니하며

3 상한 갈대를 꺾지 아니하며 꺼져가는 등불을 끄지 아니하고 진실로 정의를 시행할 것이며

42장에는 무엇이 기록되어 있을까?

장차 메시아로 인해 온 세상의 이스라엘 자손이 구원을 받게 되리라는 예언이에요. 먼저 메시아가 어떤 분인지에 대해 소개해요, 그분이 오시면 최후 승리를 얻게 된다는 것을 예고하지요. 그리고 끝까지 회개하지 않는 자들에 대한 하나님의 경고와 탄식으로 마무리하고 있어요.

4 그는 쇠하지 아니하며 낙담하지 아니
하고 세상에 정의를 세우기에 이르리
니 섬들이 그 교훈을 앙망하리라 66:19
5 ●하늘을 창조하여 펴시고 땅과 그 소산
을 내시며 땅 위의 백성에게 호흡을 주
시며 땅에 행하는 자에게 영을 주시는
하나님 여호와께서 이같이 말씀하시되
6 나 여호와가 의로 너를 불렀은즉 내가
네 손을 잡아 너를 보호하며 너를 세워
백성의 언약과 이방의 빛이 되게 하리니
7 네가 눈먼 자들의 눈을 밝히며 갇힌 자
를 감옥에서 이끌어 내며 흑암에 앉은
자를 감방에서 나오게 하리라 딤후 2:26
8 나는 여호와이니 이는 내 이름이라 나
는 내 영광을 다른 자에게, 내 찬송을
우상에게 주지 아니하리라 48:11
9 보라 전에 예언한 일이 이미 이루어졌
느니라 이제 내가 새 일을 알리노라 그
일이 시작되기 전에라도 너희에게 이
르노라

새 노래로 찬송하라

10 ●항해하는 자들과 바다 가운데의 만
물과 섬들과 거기에 사는 사람들아 여
호와께 새 노래로 노래하며 땅 끝에서
부터 찬송하라
11 광야와 거기에 있는 성읍들과 게달 사
람이 사는 마을들은 소리를 높이라 셀
라의 주민들은 노래하며 산 꼭대기에
서 즐거이 부르라
12 여호와께 영광을 돌리며 섬들 중에서
그의 찬송을 전할지어다
13 여호와께서 용사 같이 나가시며 전사
같이 분발하여 외쳐 크게 부르시며 그
대적을 크게 치시리로다 출 15:3

구원의 약속

14 ●내가 오랫동안 조용하며 잠잠하고 참
았으나 내가 해산하는 여인 같이 부르짖
으리니 숨이 차서 심히 헐떡일 것이라
15 내가 산들과 언덕들을 황폐하게 하며 그
모든 초목들을 마르게 하며 강들이 섬
이 되게 하며 못들을 마르게 할 것이며
16 내가 맹인들을 그들이 알지 못하는 길
로 이끌며 그들이 알지 못하는 지름길
로 인도하며 암흑이 그 앞에서 광명이
되게 하며 굽은 데를 곧게 할 것이라
내가 이 일을 행하여 그들을 버리지 아
니하리니
17 조각한 우상을 의지하며 부어 만든 우
상을 향하여 너희는 우리의 신이라 하
는 자는 물리침을 받아 크게 수치를 당
하리라

백성들이 깨닫지 못하다

18 ●너희 못 듣는 자들아 들으라 너희 맹
인들아 밝히 보라 35:5
19 맹인이 누구냐 내 종이 아니냐 누가 내
가 보내는 내 사자 같이 못 듣는 자겠
느냐 누가 [1]내게 충성된 자 같이 맹인
이겠느냐 누가 여호와의 종 같이 맹인
이겠느냐
20 네가 많은 것을 볼지라도 유의하지 아
니하며 귀가 열려 있을지라도 듣지 아
니하는도다
21 여호와께서 그의 의로 말미암아 기쁨
으로 [2]교훈을 크게 하며 존귀하게 하
려 하셨으나
22 이 백성이 도둑 맞으며 탈취를 당하며
다 굴 속에 잡히며 옥에 갇히도다 노략

1) 나와 친한 자 2) 히. 율법

앙망(42:4) 우러러 바람. 공경하고 흠모함.
유의(42:20) 마음에 새겨 둠.

술술 풀리는 성경말씀

상한 갈대와 꺼져가는 등불

'상한 갈대'와 '꺼져가는 등불'은, 아무 힘도 없이 무기력해진 이스라엘 백성들을 가리키고 있어요. 그들은 나라를 빼앗기고 온갖 핍박에 시달리는 포로가 되고 말았지요. 또한 그들은 하나님에 대한 원망과 불신앙으로 가득 차 있었어요.

우리도 때때로 이처럼 제대로 되는 일이 없는 것처럼 보이고, 도무지 하나님을 의지할 마음이 생기지 않을 때가 있어요. 바로 이러한 모습이 '상한 갈대'이며 '꺼져가는 등불'이에요. 하지만 주님은 우리를 꺾지 않으시고 곧게 세워주시며, 끄지 않으시고 심지를 돋우어 주신답니다. 42장 1-4절

을 당하되 구할 자가 없고 탈취를 당하되 되돌려 주라 말할 자가 없도다

23 ●너희 중에 누가 이 일에 귀를 기울이겠느냐 누가 뒤에 올 일을 삼가 듣겠느냐

24 야곱이 탈취를 당하게 하신 자가 누구냐 이스라엘을 약탈자들에게 넘기신 자가 누구냐 여호와가 아니시냐 우리가 그에게 범죄하였도다 그들이 그의 길로 다니기를 원하지 아니하며 그의 ¹⁾교훈을 순종하지 아니하였도다 30:15

25 그러므로 여호와께서 맹렬한 진노와 전쟁의 위력을 이스라엘에게 쏟아 부으시매 그 사방에서 불타오르나 깨닫지 못하며 몸이 타나 마음에 두지 아니하는도다

구원의 약속—B.C. 690년경

43 야곱아 너를 창조하신 여호와께서 지금 말씀하시느니라 이스라엘아 너를 지으신 이가 말씀하시느니라 너는 두려워하지 말라 내가 너를 구속하였고 내가 너를 지명하여 불렀나니 너는 내 것이라

2 네가 물 가운데로 지날 때에 내가 너와 함께 할 것이라 강을 건널 때에 물이 너를 침몰하지 못할 것이며 네가 불 가운데로 지날 때에 타지도 아니할 것이요 불꽃이 너를 사르지도 못하리니

3 대저 나는 여호와 네 하나님이요 이스라엘의 거룩한 이요 네 구원자임이라 내가 애굽을 너의 속량물로, 구스와 스바를 너를 대신하여 주었노라

4 네가 내 눈에 보배롭고 존귀하며 내가 너를 사랑하였은즉 내가 네 대신 사람들을 내어 주며 백성들이 네 생명을 대신하리니

5 두려워하지 말라 내가 너와 함께 하여 네 자손을 동쪽에서부터 오게 하며 서쪽에서부터 너를 모을 것이며 44:2

6 내가 북쪽에게 이르기를 내놓으라 남쪽에게 이르기를 가두어 두지 말라 내 아들들을 먼 곳에서 이끌며 내 딸들을 땅 끝에서 오게 하며

7 내 이름으로 불려지는 모든 자 곧 내가 내 영광을 위하여 창조한 자를 오게 하라 그를 내가 지었고 그를 내가 만들었느니라

이스라엘은 여호와의 증인

8 ●눈이 있어도 보지 못하고 귀가 있어도 듣지 못하는 백성을 이끌어 내라

9 열방은 모였으며 민족들이 회집하였는데 그들 중에 누가 이 일을 알려 주며 이전 일들을 우리에게 들려 주겠느냐 그들이 그들의 증인을 세워서 자기들의 옳음을 나타내고 듣는 자들이 옳다고 말하게 하여 보라

10 나 여호와가 말하노라 너희는 나의 증인, 나의 종으로 택함을 입었나니 이는 너희가 나를 알고 믿으며 내가 그인 줄 깨닫게 하려 함이라 나의 전에 지음을 받은 신이 없었느니라 나의 후에도 없으리라

1) 히, 율법

43 장 에는 무엇이 기록되어 있을까?

하나님께서 이스라엘 민족을 선택하셨음을 증거하고 있어요. 또한 그분이 어떻게 그들을 대적들의 손에서 구원해주실 것인지 알려주지요. 과거에 애굽에서 이스라엘을 구원하신 하나님이 앞으로 바벨론에서도 그들을 구원해주신다는 것은 하나님의 변치 않는 사랑을 보여준답니다.

11 나 곧 나는 여호와라 나 외에 구원자가 없느니라
45:21

12 내가 알려 주었으며 구원하였으며 보였고 너희 중에 [1]다른 신이 없었느니라 그러므로 너희는 나의 증인이요 나는 하나님이니라 여호와의 말씀이니라

13 [2]과연 태초로부터 나는 그이니 내 손에서 건질 자가 없도다 내가 행하리니 누가 막으리요

바벨론으로부터 바껴 나오다

14 ●너희의 구속자요 이스라엘의 거룩한 이 여호와가 말하노라 너희를 위하여 내가 바벨론에 사람을 보내어 모든 [3]갈대아 사람에게 자기들이 연락하던 배를 타고 도망하여 내려가게 하리라

15 나는 여호와 너희의 거룩한 이요 이스라엘의 창조자요 너희의 왕이니라

16 나 여호와가 이같이 말하노라 바다 가운데에 길을, 큰 물 가운데에 지름길을 내고

17 병거와 말과 군대의 용사를 이끌어 내어 그들이 일시에 엎드러져 일어나지 못하고 소멸하기를 꺼져가는 등불 같게 하였느니라

18 너희는 이전 일을 기억하지 말며 옛날 일을 생각하지 말라

19 보라 내가 새 일을 행하리니 이제 나타날 것이라 너희가 그것을 알지 못하겠느냐 반드시 내가 광야에 길을 사막에 강을 내리니

20 장차 들짐승 곧 승냥이와 타조도 나를 존경할 것은 내가 광야에 물을, 사막에 강들을 내어 내 백성, 내가 택한 자에게 마시게 할 것임이라
48:21

21 이 백성은 내가 나를 위하여 지었나니 나를 찬송하게 하려 함이니라

이스라엘의 죄

22 ●그러나 야곱아 너는 나를 부르지 아니하였고 이스라엘아 너는 나를 괴롭게 여겼으며

23 네 번제의 양을 내게로 가져오지 아니하였고 네 제물로 나를 공경하지 아니하였느니라 나는 [4]제물로 말미암아 너를 수고롭게 하지 아니하였고 유향으로 말미암아 너를 괴롭게 하지 아니하였거늘

24 너는 나를 위하여 돈으로 [5]향품을 사지 아니하며 희생의 기름으로 나를 흡족하게 하지 아니하고 네 죄짐으로 나를 수고롭게 하며 네 죄악으로 나를 괴롭게 하였느니라

25 ●나 곧 나는 나를 위하여 네 허물을 도말하는 자니 네 죄를 기억하지 아니하리라

26 너는 나에게 기억이 나게 하라 우리가 함께 변론하자 너는 말하여 네가 의로움을 나타내라
1:18

27 네 시조가 범죄하였고 너의 교사들이 나를 배반하였나니

28 그러므로 내가 [6]성소의 어른들을 욕되게 하며 야곱이 진멸 당하도록 내어 주며 이스라엘이 비방거리가 되게 [7]하리라

나 외에 다른 신이 없다 — B.C. 690년경

44

나의 종 야곱, 내가 택한 이스라엘아 이제 들으라

2 너를 만들고 너를 모태에서부터 지어낸 너를 도와 줄 여호와가 이같이 말하노라 나의 종 야곱, 내가 택한 여수룬아 두려워하지 말라

3 나는 [8]목마른 자에게 물을 주며 마른 땅에 시내가 흐르게 하며 나의 영을 네 자손에게, 나의 복을 네 후손에게 부어

1) 이방 신 2) 이제부터 3) 존귀한 자 곧 갈대아 사람으로 4) 소제로 5) 창포로 6) 거룩한 방백 7) 하였노라 8) 건조한 땅에

회집(43:9) 여럿을 한 곳에 많이 모음.
연락(43:14) 잔치를 베풀고 즐기는 일.

44에는 무엇이 기록되어 있을까?

하나님은 이사야를 통해 이스라엘 민족에게 위로와 소망의 메시지를 주셨어요. 또한, 그들의 우상 숭배 행위를 책망하시면서 회개하라고 말씀하셨지요. 우상을 섬기는 것은 어리석은 행동일 뿐만 아니라, 하나님 앞에 큰 죄악이랍니다. 성경은 우상 숭배의 죄를 엄히 경계하고 있어요.

주리니

4 그들이 풀 가운데에서 솟아나기를 시냇가의 버들 같이 할 것이라

5 한 사람은 이르기를 나는 여호와께 속하였다 할 것이며 또한 사람은 야곱의 이름으로 자기를 부를 것이며 또 다른 사람은 자기가 여호와께 속하였음을 ¹⁾그의 손으로 기록하고 이스라엘의 이름으로 존귀히 여김을 받으리라

6 ●이스라엘의 왕인 여호와, 이스라엘의 구원자인 만군의 여호와가 이같이 말하노라 나는 처음이요 나는 마지막이라 나 외에 다른 신이 없느니라

7 내가 영원한 백성을 세운 이후로 나처럼 외치며 알리며 나에게 설명할 자가 누구냐 있거든 될 일과 장차 올 일을 그들에게 알릴지어다

8 너희는 두려워하지 말며 겁내지 말라 내가 예로부터 너희에게 듣게 하지 아니하였느냐 알리지 아니하였느냐 너희는 나의 증인이라 나 외에 신이 있겠느냐 과연 반석은 없나니 다른 신이 있음을 내가 알지 못하노라

우상은 무익한 것

9 ●우상을 만드는 자는 다 허망하도다 그들이 원하는 것들은 무익한 것이거늘 그것들의 증인들은 보지도 못하며 알지도 못하니 그러므로 수치를 당하리라

10 신상을 만들며 무익한 우상을 부어 만든 자가 누구냐

11 보라 그와 같은 무리들이 다 수치를 당할 것이라 그 대장장이들은 사람일 뿐이라 그들이 다 모여 서서 두려워하며 함께 수치를 당할 것이니라

12 ●철공은 ²⁾철로 연장을 만들고 숯불로 일하며 망치를 가지고 그것을 만들며 그의 힘센 팔로 그 일을 하나 배가 고프면 기운이 없고 물을 마시지 아니하면 피로하니라

13 목공은 줄을 늘여 재고 붓으로 긋고 대패로 밀고 곡선자로 그어 사람의 아름다움을 따라 사람의 모양을 만들어 집에 두게 하며

14 그는 자기를 위하여 백향목을 베며 디르사 나무와 상수리나무를 취하며 숲의 나무들 가운데에서 자기를 위하여 한 나무를 정하며 나무를 심고 비를 맞고 자라게도 하느니라

15 이 나무는 사람이 땔감을 삼는 것이거늘 그가 그것을 가지고 자기 몸을 덥게도 하고 불을 피워 떡을 굽기도 하고 신상을 만들어 경배하며 우상을 만들고 그 앞에 엎드리기도 하는구나

16 그 중의 절반은 불에 사르고 그 절반으로는 고기를 구워 먹고 배불리며 또 몸을 덥게 하여 이르기를 아하 따뜻하다 내가 불을 보았구나 하면서

1) 그의 손에 2) 연장을 버리고 숯불에

선생님!! 궁금해요

찬양이 뭐예요?

찬양은 하나님을 기쁘시게 하기 위해 부르는 거룩한 노래예요. 세상 노래는 모두 사람의 기분에 맞추어서 만들어진 노래지요. 하지만 하나님은 세상 사람들이 많이 부르는 유행가보다 하나님을 기쁘시게 하는 찬양을 더 좋아하세요. 예수님이 나귀를 타시고 예루살렘으로 들어오실 때 어린이들이 "호산나!"라고 외치며 찬양했지요.

　그러나 노래로만 찬양을 할 수 있는 건 아니에요. 춤으로도 찬양을 할 수도 있고, 손동작으로도 찬양할 수 있고. 말을 못하는 사람들은 수화로 찬양을 하는데, 얼마나 아름다운지 몰라요. 우리가 찬양을 많이 배워서 성가대가 되어 찬양으로 봉사하면 하나님은 무척 좋아하실 거예요. 　요 12장 13절

17 그 나머지로 신상 곧 자기의 우상을 만들고 그 앞에 엎드려 경배하며 그것에게 기도하여 이르기를 너는 나의 신이니 나를 구원하라 하는도다

18 ●그들이 알지도 못하고 깨닫지도 못함은 그들의 눈이 가려서 보지 못하며 그들의 마음이 어두워져서 깨닫지 못함이니라

19 마음에 생각도 없고 지식도 없고 총명도 없으므로 내가 그것의 절반을 불사르고 또한 그 숯불 위에서 떡도 굽고 고기도 구워 먹었거늘 내가 어찌 그 나머지로 가증한 물건을 만들겠으며 내가 어찌 그 나무 토막 앞에 굴복하리요 말하지 아니하니

20 그는 재를 먹고 허탄한 마음에 미혹되어 자기의 영혼을 구원하지 못하며 나의 오른손에 거짓 것이 있지 아니하냐 하지도 못하느니라

창조자요 구속자이신 여호와

21 ●야곱아 이스라엘아 이 일을 기억하라 너는 내 종이니라 내가 너를 지었으니 너는 내 종이니라 이스라엘아 너는 나에게 잊혀지지 아니하리라

22 내가 네 허물을 빽빽한 구름 같이, 네 죄를 안개 같이 없이하였으니 너는 내게로 돌아오라 내가 너를 구속하였음이니라

23 여호와께서 이 일을 행하셨으니 하늘아 노래할지어다 땅의 깊은 곳들아 높이 부를지어다 산들아 숲과 그 가운데의 모든 나무들아 소리내어 노래할지어다 여호와께서 야곱을 구속하셨으니 이스라엘 중에 자기의 영광을 나타내실 것임이로다 42:10

24 ●네 구속자요 모태에서 너를 지은 나 여호와가 이같이 말하노라 나는 만물을 지은 여호와라 홀로 하늘을 펼쳤고 나와 함께 한 자 없이 땅을 펼쳤고

25 헛된 말을 하는 자들의 징표를 폐하며 점 치는 자들을 미치게 하며 지혜로운 자들을 물리쳐 그들의 지식을 어리석게 하며 40:14

26 그의 종의 말을 세워 주며 그의 사자들의 계획을 성취하게 하며 예루살렘에 대하여는 이르기를 거기에 사람이 살리라 하며 유다 성읍들에 대하여는 중건될 것이라 내가 그 황폐한 곳들을 복구시키리라 하며

27 깊음에 대하여는 이르기를 마르라 내가 네 강물들을 마르게 하리라 하며

28 고레스에 대하여는 이르기를 내 목자라 그가 나의 모든 기쁨을 성취하리라 하며 예루살렘에 대하여는 이르기를 중건되리라 하며 성전에 대하여는 네 기초가 놓여지리라 하는 자니라 14:32

여호와께서 고레스를 세우시다 B.C. 690년경

45

여호와께서 1)그의 기름 부음을 받은 고레스에게 이같이 말씀하시되 내가 그의 오른손을 붙들고 그 앞에 열국을 항복하게 하며 내가 왕들의 허리를 풀어 그 앞에 문들을 열고 성문들이 닫히지 못하게 하리라

2 내가 너보다 앞서 가서 험한 곳을 평탄하게 하며 놋문을 쳐서 부수며 쇠빗장을 꺾고

3 네게 흑암 중의 보화와 은밀한 곳에 숨은 재물을 주어 네 이름을 부르는 자가 나 여호와 이스라엘의 하나님인 줄을 네가 알게 하리라

4 내가 나의 종 야곱, 내가 택한 자 이스라엘을 위하여 네 이름을 불러 너는 나를 알지 못하였을지라도 네게 칭호를 주었노라

5 나는 여호와라 나 외에 다른 이가 없나니 나 밖에 신이 없느니라 너는 나를 알

1) 칠십인 역, 나의

애굽의 국고성 비돔(45:14)
이 국고성에는 군대의 보급품인 기름, 곡식, 포도주, 무기 등을 비축해 두었다.

지 못하였을지라도 나는 네 띠를 동일 것이요

6 해 뜨는 곳에서든지 지는 곳에서든지 나 밖에 다른 이가 없는 줄을 알게 하리라 나는 여호와라 다른 이가 없느니라

7 나는 빛도 짓고 어둠도 창조하며 나는 평안도 짓고 환난도 창조하나니 나는 여호와라 이 모든 일들을 행하는 자니라

8 ●하늘이여 위로부터 공의를 뿌리며 구름이여 의를 부을지어다 땅이여 열려서 1)구원을 싹트게 하고 공의도 함께 움돋게 할지어다 나 여호와가 이 일을 창조하였느니라 61:11

창조의 주, 역사의 주

9 ●질그릇 조각 중 한 조각 같은 자가 자기를 지으신 이와 더불어 다툴진대 화 있을진저 진흙이 토기장이에게 너는 무엇을 만드느냐 또는 네가 만든 것이 그는 손이 없다 말할 수 있겠느냐

10 아버지에게는 무엇을 낳았소 하고 묻고 어머니에게는 무엇을 낳으려고 해산의 수고를 하였소 하고 묻는 자는 화 있을진저

11 ●이스라엘의 거룩하신 이 곧 이스라엘을 지으신 여호와께서 이같이 이르시되 너희가 장래 일을 내게 물으며 또 내 아들들과 내 손으로 한 일에 관하여 내게 명령하려느냐

12 내가 땅을 만들고 그 위에 사람을 창조하였으며 내가 내 손으로 하늘을 펴고 하늘의 모든 군대에게 명령하였노라

13 내가 공의로 그를 일으킨지라 그의 모든 길을 곧게 하리니 그가 나의 성읍을 건축할 것이며 사로잡힌 내 백성을 값이나 갚음이 없이 놓으리라 만군의 여호와의 말이니라 하셨느니라

14 ●여호와께서 이같이 말씀하시되 애굽의 소득과 구스가 무역한 것과 스바의 장대한 남자들이 네게로 건너와서 네게 속할 것이요 그들이 너를 따를 것이라 사슬에 매여 건너와서 네게 굴복하고 간구하기를 하나님이 과연 네게 계시고 그 외에는 다른 하나님이 없다 하리라 하시니라 14:1, 2

15 구원자 이스라엘의 하나님이여 진실로 주는 스스로 숨어 계시는 하나님이시니이다

16 우상을 만드는 자는 부끄러움을 당하며 욕을 받아 다 함께 수욕 중에 들어갈 것이로되

17 이스라엘은 여호와께 구원을 받아 영원한 구원을 얻으리니 너희가 영원히 부끄러움을 당하거나 욕을 받지 아니하리로다

18 대저 여호와께서 이같이 말씀하시되 하늘을 창조하신 이 그는 하나님이시니 그가 땅을 지으시고 그것을 만드셨으며 그것을 견고하게 하시되 혼돈하게 창조하지 아니하시고 사람이 거주하게 그것을 지으셨으니 나는 여호와라 나 외에 다른 이가 없느니라

19 나는 감추어진 곳과 캄캄한 땅에서 말하지 아니하였으며 야곱 자손에게 너희가 나를 혼돈 중에서 찾으라고 이르

46장에는 무엇이 기록되어 있을까?

46-47장에서는 바벨론의 멸망으로 인해 이스라엘이 구원을 받으리라는 사실을 강조하고 있어요. 이스라엘의 우상들은 바벨론을 멸망의 위기에서부터 건져낼 수 없지만, 하나님은 이스라엘을 능히 도우시고 구원해주실 수 있지요. 그러므로 이사야는 백성들에게 하나님께 돌아와 회개하고 살 길을 찾을 것을 당부하였어요.

1) 구원이 열매 맺게 하고

지 아니하였노라 나 여호와는 의를 말하고 정직한 것을 알리느니라

구원을 베푸는 분은 하나님

20 ● 열방 중에서 피난한 자들아 너희는 모여 오라 함께 가까이 나아오라 나무 우상을 가지고 다니며 구원하지 못하는 신에게 기도하는 자들은 무지한 자들이니라

21 너희는 알리며 진술하고 또 함께 의논하여 보라 이 일을 옛부터 듣게 한 자가 누구냐 이전부터 그것을 알게 한 자가 누구냐 나 여호와가 아니냐 나 외에 다른 신이 없나니 나는 공의를 행하며 구원을 베푸는 하나님이라 나 외에 다른 이가 없느니라 41:23, 26

22 땅의 모든 끝이여 내게로 돌이켜 구원을 받으라 나는 하나님이라 다른 이가 없느니라

23 내가 나를 두고 맹세하기를 내 입에서 공의로운 말이 나갔은즉 돌아오지 아니하나니 내게 모든 무릎이 꿇겠고 모든 혀가 맹세하리라 하였노라

24 내게 대한 어떤 자의 말에 공의와 힘은 여호와께만 있나니 사람들이 그에게로 나아갈 것이라 무릇 그에게 노하는 자는 부끄러움을 당하리라 그러나

25 이스라엘 자손은 다 여호와로 말미암아 의롭다 함을 얻고 자랑하리라 하느니라 53:11

46 벨은 엎드러졌고 느보는 구부러졌도다 그들의 우상들은 짐승과 가축에게 실렸으니 너희가 떠메고 다니던 그것들이 피곤한 짐승의 무거운 짐이 되었도다

2 그들은 구부러졌고 그들은 일제히 엎드러졌으므로 그 짐을 구하여 내지 못하고 자기들도 잡혀 갔느니라

3 ● 야곱의 집이여 이스라엘 집에 남은 모든 자여 내게 들을지어다 배에서 태어남으로부터 내게 안겼고 태에서 남으로부터 내게 업힌 너희여

4 너희가 노년에 이르기까지 내가 그리하겠고 백발이 되기까지 내가 너희를 품을 것이라 내가 지었은즉 내가 업을 것이요 내가 품고 구하여 내리라

5 너희가 나를 누구에게 비기며 누구와 짝하며 누구와 비교하여 서로 같다 하겠느냐

6 사람들이 주머니에서 금을 쏟아 내며 은을 저울에 달아 도금장이에게 주고 그것으로 신을 만들게 하고 그것에게 엎드려 경배하며

7 그것을 들어 어깨에 메어다가 그의 처소에 두면 그것이 서 있고 거기에서 능히 움직이지 못하며 그에게 부르짖어도 능히 응답하지 못하며 고난에서 구하여 내지도 못하느니라

8 ● 너희 패역한 자들아 이 일을 기억하고 장부가 되라 이 일을 마음에 두라

9 너희는 옛적 일을 기억하라 나는 하나님이라 나 외에 다른 이가 없느니라 나는 하나님이라 나 같은 이가 없느니라

10 내가 시초부터 종말을 알리며 아직 이루지 아니한 일을 옛적부터 보이고 이르기를 나의 뜻이 설 것이니 내가 나의 모든 기뻐하는 것을 이루리라 하였노라

11 내가 동쪽에서 사나운 날짐승을 부르며 먼 나라에서 나의 뜻을 이룰 사람을

술술 풀리는 성경말씀

'느보'란 무엇인가?

'느보'는 갈대아인들이 섬기던 신들의 서열 중에서 가장 마지막이었는데, 이 신의 숭배는 바벨론에서 처음 시작되었던 것으로 보여요. 또한 앗수르(앗시리아) 사람들과 아라비아 사비교도(sabian)들도 느보를 숭배했지요. 고대 왕들이 자신의 이름에 그 이름을 합성해서 사용한 것을 보면, 이 신의 인기가 매우 높았다는 것을 짐작할 수 있어요(느부갓네살, 느부사라단, 나보나설, 나부리아누스, 나보폴라살 등).

여기서 '엎드러졌고'와 '구부러졌도다'란 표현은, 우상 숭배 제도가 몰락했다는 것을 말하고 있어 이사야 선지자에 따르면, 바사 정권에 의해 이 일이 이뤄졌다고 합니다. 46장 1-2절

부를 것이라 내가 말하였은즉 반드시 이룰 것이요 계획하였은즉 반드시 시행하리라

12 ●마음이 완악하여 공의에서 멀리 떠난 너희여 내게 들으라

13 내가 나의 공의를 가깝게 할 것인즉 그것이 멀지 아니하나니 나의 구원이 지체하지 아니할 것이라 내가 나의 영광인 이스라엘을 위하여 구원을 시온에 베풀리라

○ 너울을 쓴 여인 (47:2)
상류층 여인이 여종의 신세로 전락하는 모습으로 바벨론의 운명을 예언하는 말씀이다.

바벨론 심판 · B.C. 690년경

47 처녀 딸 바벨론이여 내려와서 티끌에 앉으라 딸 갈대아여 보좌 없어졌으니 땅에 앉으라 네가 다시는 곱고 아리땁다 일컬음을 받지 못할 것이라

2 맷돌을 가지고 가루를 갈고 너울을 벗으며 치마를 걷어 다리를 드러내고 강을 건너라

3 네 속살이 드러나고 네 부끄러운 것이 보일 것이라 내가 보복하되 사람을 아끼지 아니하리라 63:4

4 우리의 구원자는 그의 이름이 만군의 여호와 이스라엘의 거룩한 이시니라

5 딸 갈대아여 잠잠히 앉으라 흑암으로 들어가라 네가 다시는 여러 왕국의 여주인이라 일컬음을 받지 못하리라

6 전에 내가 내 백성에게 노하여 내 기업을 욕되게 하여 그들을 네 손에 넘겨 주었거늘 네가 그들을 긍휼히 여기지 아니하고 늙은이에게 네 멍에를 심히 무겁게 매우며

7 말하기를 내가 영영히 여주인이 되리라 하고 이 일을 네 마음에 두지도 아니하며 그들의 종말도 생각하지 아니하였도다

8 ●그러므로 사치하고 평안히 지내며 마음에 이르기를 나뿐이라 나 외에 다른 이가 없도다 나는 과부로 지내지도 아니하며 자녀를 잃어버리는 일도 모르리라 하는 자여 너는 이제 들을지어다

9 한 날에 갑자기 자녀를 잃으며 과부가 되는 이 두 가지 일이 네게 임할 것이라 네가 무수한 주술과 많은 주문을 빌릴지라도 이 일이 온전히 네게 임하리라

10 네가 네 악을 의지하고 스스로 이르기를 나를 보는 자가 없다 하나니 네 지혜와 네 지식이 너를 유혹하였음이라 네 마음에 이르기를 나뿐이라 나 외에 다른 이가 없다 하였으므로

11 재앙이 네게 임하리라 그러나 네가 [1)]근원을 알지 못할 것이며 손해가 네게 이르리라 그러나 이를 물리칠 능력이 없을 것이며 파멸이 홀연히 네게 임하리라 그러나 네가 알지 못할 것이니라

12 ●이제 너는 젊어서부터 힘쓰던 주문과 많은 주술을 가지고 맞서 보라 혹시 유익을 얻을 수 있을는지, 혹시 놀라게 할 수 있을는지,

13 네가 많은 계략으로 말미암아 피곤하게 되었도다 하늘을 살피는 자와 별을 보는 자와 초하룻날에 예고하는 자들에게 일어나 네게 임할 그 일에서 너를 구원하게 하여 보라

14 보라 그들은 초개 같아서 불에 타리니

1) 술법으로 그것을 물리칠 줄을 알지 못할 것이며

그 불꽃의 세력에서 스스로 구원하지 못할것이라 이 불은 덥게 할 숯불이 아니요 그 앞에 앉을 만한 불도 아니니라
15 네가 같이 힘쓰던 자들이 네게 이같이 되리니 어려서부터 너와 함께 장사하던 자들이 각기 제 길로 흩어지고 너를 구원할 자가 없으리라

하나님께서 내 일을 약속하시다
—B.C. 690년경

48 야곱의 집이여 이를 들을지어다 너희는 이스라엘의 이름으로 일컬음을 받으며 유다의 허리에서 나왔으며 여호와의 이름으로 맹세하며 이스라엘의 하나님을 기념하면서도 진실이 없고 공의가 없도다
2 그들은 거룩한 성 출신이라고 스스로 부르며 이스라엘의 하나님을 의지한다 하며 그의 이름이 만군의 여호와라고 하느니라
3 내가 예로부터 처음 일들을 알게 하였고 내 입에서 그것들이 나갔으며 또 내가 그것들을 듣게 하였고 내가 홀연히 행하여 그 일들이 이루어졌느니라
4 내가 알거니와 너는 완고하며 네 목은 쇠의 힘줄이요 네 이마는 놋이라 *렘 2:4*
5 그러므로 내가 이 일을 예로부터 네게 알게 하였고 그 일이 이루어지기 전에 그것을 네게 듣게 하였느니라 그것을 네가 듣게 하여 네가 이것을 내 신이 행한 바요 내가 새긴 신상과 부어 만든 신상이 명령한 바라 말하지 못하게 하였느니라
6 네가 들었으니 이 모든 것을 보라 너희가 선전하지 아니하겠느냐 이제부터 내가 새 일 곧 네가 알지 못하던 은비한 일을 네게 듣게 하노니
7 이 일들은 지금 창조된 것이요 옛 것이 아니라 오늘 이전에는 네가 듣지 못하였으니 이는 네가 말하기를 내가 이미 알았노라 하지 못하게 하려 함이라
8 네가 과연 듣지도 못하였고 알지도 못하였으며 네 귀가 옛적부터 열리지 못하였으니 이는 네가 정녕 배신하여 모태에서부터 네가 배역한 자라 불린 줄을 내가 알았음이라
9 내 이름을 위하여 내가 노하기를 더디 할 것이며 내 영광을 위하여 내가 참고 너를 멸절하지 아니하리라 *시 78:38*
10 보라 내가 너를 연단하였으나 은처럼 하지 아니하고 너를 고난의 [1]풀무 불에서 택하였노라
11 나는 나를 위하며 나를 위하여 이를 이룰 것이라 어찌 내 이름을 욕되게 하리요 내 영광을 다른 자에게 주지 아니하리라

처음이요 마지막이신 분
12 ●야곱아 내가 부른 이스라엘아 내게 들으라 나는 그니 나는 처음이요 또 나는 마지막이라
13 과연 내 손이 땅의 기초를 정하였고 내 오른손이 하늘을 폈나니 내가 그들을 부르면 그것들이 일제히 서느니라
14 너희는 다 모여 들으라 나 여호와가 사랑하는 자는 나의 기뻐하는 뜻을 바벨론에 행하리니 그의 팔이 갈대아인에게 임할 것이라 그들 중에 누가 이 일들을 알게 하였느냐
15 나 곧 내가 말하였고 또 내가 그를 부

1) 풀무 블로로 시련하였노라

48 에는 무엇이 기록되어 있을까?

48장은 이스라엘의 죄악에 대한 강한 책망과 함께 구원과 용서에 대한 약속의 말씀이에요. 하나님은 택한 백성이라 할지라도 그들의 죄악은 미워하신답니다. 그래서 하나님의 자녀들을 때로는 고난의 길로 이끌기도 하시지요. 그러나 그들을 긍휼히 여기시기 때문에 회개할 자에게는 구원을 약속해주신답니다.

완악(46:12) 성질이 모질고 악독함.
초개(47:14) 지푸라기.
은비(48:6) 숨겨 비밀로 함.
배역(48:8) 은혜를 저버리고 배반함.
멸절(48:9) 멸망하여 끊어져 없어짐.
연단(48:10) 쇠붙이를 불에 달구어 두드림. 또는 시련이나 수련 따위를 통해서 몸과 마음을 굳세게 닦음.
풀무(48:10) 성경에서는 용광로를 나타냄.

갈대아 우르의 평원지역 (48:20)
메소포타미아 남부 갈대아 지역은
산이 전혀 없다

르며 그를 인도하였나니 그 길이 형통
하리라 41:2

16 너희는 내게 가까이 나아와 이것을 들
으라 내가 처음부터 비밀히 말하지 아
니하였나니 그것이 있을 때부터 내가
거기에 있었노라 하셨느니라 이제는
주 여호와께서 나와 그의 영을 보내셨
느니라 45:19

백성을 인도하시는 하나님

17 ●너희의 구속자시요 이스라엘의 거
룩하신 이이신 여호와께서 이르시되
나는 네게 유익하도록 가르치고 너를
마땅히 행할 길로 인도하는 네 하나님
여호와라

18 네가 나의 명령에 주의하였더라면 네
평강이 강과 같았겠고 네 공의가 바다
물결 같았을 것이며

19 네 자손이 모래 같았겠고 네 몸의 소생
이 모래 알 같아서 그의 이름이 내 앞
에서 끊어지지 아니하였겠고 없어지
지 아니하였으리라 하셨느니라

20 너희는 바벨론에서 나와서 갈대아
인을 피하고 즐거운 소리로 이를 알게
하여 들려 주며 땅 끝까지 반포하여 이
르기를 여호와께서 그의 종 야곱을 구
속하셨다 하라

21 여호와께서 그들을 사막으로 통과하
게 하시던 때에 그들이 목마르지 아니
하게 하시되 그들을 위하여 바위에서
물이 흘러나게 하시며 바위를 쪼개사
물이 솟아나게 하셨느니라

22 여호와께서 말씀하시되 악인에게는
평강이 없다 하셨느니라

49 섬들아 내게 들으라 먼 곳 백
성들아 귀를 기울이라 여호와
께서 태에서부터 나를 부르셨고 내 어
머니의 복중에서부터 내 이름을 기억
하셨으며

2 내 입을 날카로운 칼 같이 만드시고 나
를 그의 손 그늘에 숨기시며 나를 갈고
닦은 화살로 만드사 그의 화살통에 감
추시고

3 내게 이르시되 너는 나의 종이요 내 영
광을 네 속에 나타낼 이스라엘이라 하
셨느니라

4 그러나 나는 말하기를 내가 헛되이 수
고하였으며 무익하게 공연히 내 힘을
다하였다 하였도다 참으로 나에 대한
판단이 여호와께 있고 나의 보응이 나
의 하나님께 있느니라 65:23

5 ●이제 여호와께서 말씀하시나니 그
는 태에서부터 나를 그의 종으로 지으
신 이시요 야곱을 그에게로 돌아오게
하시는 이시니 이스라엘이 그에게로
모이는도다 그러므로 내가 여호와 보
시기에 영화롭게 되었으며 나의 하나
님은 나의 힘이 되셨도다

6 그가 이르시되 네가 나의 종이 되어 야
곱의 지파들을 일으키며 이스라엘 중
에 보전된 자를 돌아오게 할 것은 매
우 쉬운 일이라 내가 또 너를 이방의
빛으로 삼아 나의 구원을 베풀어서 땅
끝까지 이르게 하리라

7 이스라엘의 구속자 이스라엘의 거룩
한 이이신 여호와께서 사람에게 멸시
를 당하는 자, 백성에게 미움을 받는

49장 에는 무엇이 기록되어 있을까?

메시아가 장차 이스라엘뿐 아니라
이방인들까지도 구원하실 분이라는 사실을 말씀
하고 있으며, 또한, 근본이 인류를 구원하기 위
해 당하실 고난도 예언되어 있지요. 이 메시아
예언의 완전하고도 최종적인 성취는 '남은 자
들'이, 그리스도로 인해 구원받는 '여호와의 날'
에 실현될 거예요.

자, 관원들에게 종이 된 자에게 이같이 이르시되 왕들이 보고 일어서며 고관들이 경배하리니 이는 이스라엘의 거룩하신 이 신실하신 여호와 그가 너를 택하였음이니라

예루살렘의 회복

8 ●여호와께서 이같이 이르시되 은혜의 때에 내가 네게 응답하였고 구원의 날에 내가 너를 도왔도다 내가 장차 너를 보호하여 너를 백성의 언약으로 삼으며[1] 나라를 일으켜 그들에게 그 황무하였던 땅을 기업으로 상속하게 하리라

9 내가 잡혀 있는 자에게 이르기를 나오라 하며 흑암에 있는 자에게 나타나라 하리라 그들이 길에서 먹겠고 모든 헐벗은 산에도 그들의 풀밭이 있을 것인즉

10 그들이 주리거나 목마르지 아니할 것이며 더위와 볕이 그들을 상하지 아니하리니 이는 그들을 긍휼히 여기는 이가 그들을 이끌되 샘물 근원으로 인도할 것임이라

11 내가 나의 모든 산을 길로 삼고 나의 대로를 돋우리니

12 어떤 사람은 먼 곳에서, 어떤 사람은 북쪽과 서쪽에서, 어떤 사람은 시님 땅에서 오리라

13 하늘이여 노래하라 땅이여 기뻐하라 산들이여 즐거이 노래하라 여호와께서 그의 백성을 위로하셨은즉 그의 고난당한 자를 긍휼히 여기실 것임이라

14 ●오직 시온이 이르기를 여호와께서 나를 버리시며 주께서 나를 잊으셨다 하였거니와

15 여인이 어찌 그 젖 먹는 자식을 잊겠으며 자기 태에서 난 아들을 긍휼히 여기지 않겠느냐 그들은 혹시 잊을지라도 나는 너를 잊지 아니할 것이라

16 내가 너를 내 손바닥에 새겼고 너의 성벽이 항상 내 앞에 있나니라

17 네 자녀들은 빨리 걸으며 너를 헐며 너를 황폐하게 하던 자들은 너를 떠나가리라

18 네 눈을 들어 사방을 보라 그들이 다 모여 네게로 오느니라 나 여호와가 이르노라 내가 나의 삶으로 맹세하노니 네가 반드시 그 모든 무리를 장식처럼 몸에 차며 그것을 띠기를 신부처럼 할 것이라

19 이는 네 황폐하고 적막한 곳들과 네 파멸을 당하였던 땅이 이제는 주민이 많아 좁게 될 것이며 너를 삼켰던 자들이 멀리 떠날 것이니라

20 자식을 잃었을 때에 낳은 자녀가 후일에 네 귀에 말하기를 이곳이 내게 좁으니 넓혀서 나를 거주하게 하라 하리라

21 그 때에 네가 네 마음에 이르기를 누가 나를 위하여 이들을 낳았는고 나는 자녀를 잃고 외로워졌으며 사로잡혀 유리하였거늘 이들을 누가 양육하였는고 나는 홀로 남았거늘 이들은 어디서 생겼는고 하리라

22 ●주 여호와가 이같이 이르노라 내가 뭇 나라를 향하여 나의 손을 들고 민족들을 향하여 나의 기치를 세울 것이라 그들이 네 아들들을 품에 안고 네 딸들을 어깨에 메고 올 것이며

23 왕들은 네 양부가 되며 왕비들은 네 유

술술 풀리는 분명 말씀

이스라엘을 선택하신 하나님

이 세상의 많은 민족 가운데 이스라엘을 선택하신 하나님은 마음이 좁고 인색한 분이실까요? 본문은 하나님께서 항상 모든 사람을 구원하기 원하셨다는 것을 잘 가르쳐주고 있어요. 하나님은 온 인류에게 자신을 나타내 보이셨지만, 사람들은 하나님을 알려 하지 않고 복종하지도 않았지요. 그래서 하나님께서는 한 사람 아브라함과 그의 자손 유대인들을 택하시고, 모든 사람의 구주이신 예수님이 태어나도록 하셨어요.

하나님께서는 처음부터 아브라함에게 '땅의 모든 족속이 너로 말미암아 복을 얻을 것이라'(창 12:3)라고 말씀하셨어요. 또한 구약에는 하나님뿐만 아니라 이방인(기생 라합, 룻, 나아만, 니느웨 주민들 등)에게도 관심을 갖고 계시는 이야기들이 많이 나온답니다.

49장 6절

모가 될 것이며 그들이 얼굴을 땅에 대고 네게 절하고 네 발의 티끌을 핥을 것이니 네가 나를 여호와인 줄을 알리라 나를 바라는 자는 수치를 당하지 아니하리라

24 ●용사가 빼앗은 것을 어떻게 도로 빼앗으며 ¹⁾승리자에게 사로잡힌 자를 어떻게 건져낼 수 있으랴

25 여호와가 이같이 말하노라 용사의 포로도 빼앗을 것이요 두려운 자의 빼앗은 것도 건져낼 것이니 이는 내가 너를 대적하는 자를 대적하고 네 자녀를 내가 구원할 것임이라   14:1, 2

26 내가 너를 억압하는 자들에게 자기의 살을 먹게 하며 새 술에 취함 같이 자기의 피에 취하게 하리니 모든 육체가 나 여호와는 네 구원자요 네 구속자요 야곱의 전능자인 줄 알리라   9:4

50

나 여호와가 이같이 말하노라 내가 너희의 어머니를 내보낸 이혼 증서가 어디 있느냐 내가 어느 채주에게 너희를 팔았느냐 보라 너희는 너희의 죄악으로 말미암아 팔렸고 너희의 어머니는 너희의 배역함으로 말미암아 내보냄을 받았느니라

2 내가 왔어도 사람이 없었으며 내가 불러도 대답하는 자가 없었음은 어찌 됨이냐 내 손이 어찌 짧아 구속하지 못하겠느냐 내게 어찌 건질 능력이 없겠느냐 보라 내가 꾸짖어 바다를 마르게 하며 강들을 사막이 되게 하며 물이 없어졌으므로 그 물고기들이 악취를 내며 갈하여 죽으리라

3 내가 흑암으로 하늘을 입히며 굵은 베로 덮느니라

주를 거역하지 아니하다   계 6:12

4 ●주 여호와께서 ²⁾학자들의 혀를 내게 주사 나로 곤고한 자를 말로 어떻게 도와 줄 줄을 알게 하시고 아침마다 깨우치시되 나의 귀를 깨우치사 학자들 같이 알아듣게 하시도다   암송

5 주 여호와께서 나의 귀를 여셨으므로 내가 거역하지도 아니하며 뒤로 물러가지도 아니하며

6 나를 때리는 자들에게 내 등을 맡기며 나의 수염을 뽑는 자들에게 나의 뺨을 맡기며 모욕과 침 뱉음을 당하여도 내 얼굴을 가리지 아니하였느니라   53:5

7 주 여호와께서 나를 도우시므로 내가 부끄러워하지 아니하고 내 얼굴을 부싯돌 같이 굳게 하였으므로 내가 수치를 당하지 아니할 줄 아노라   곌 3:8, 9

8 나를 의롭다 하시는 이가 가까이 계시니 나와 다툴 자가 누구냐 나와 함께 설지어다 나의 대적이 누구냐 내게 가까이 나아올지어다

9 보라 주 여호와께서 나를 도우시리니 나를 정죄할 자 누구냐 보라 그들은 다 옷과 같이 헤어지며 좀이 그들을 먹으리라

1) 히, 의인 2) 제자들, 가르침을 받은 자들

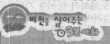

인내의 열매

향유고래와 같이 거대한 고래의 몸에서 나오는 향을 '용연향'이라고 해요. 용연향은 향기가 좋아 고급 화장품의 재료로 쓰여요. 그래서 어부들은 고래를 잡으면 그 뱃속에서 용연향을 제일 먼저 찾는답니다. 용연향은 바다에서 얻은 보석과도 같은 것이지요.

소설가 '허만 멜빌'은 그의 작품 '백경'에서 용연향이 고래의 소화불량 때문에 생긴다고 말해요. 즉 고래는 소화불량을 견디는 동안 자신도 모르는 사이에 귀한 향을 만들어내는 것이지요.

고통이 있나요? 우리가 고통을 견디는 동안 자신도 모르는 사이에 좋은 향이 만들어지고 있을 거예요. 그 향은 많은 사람들에게 유익을 끼칠 것입니다.

50장에는 무엇이 기록되어 있을까?

50장의 내용은 세 가지로 요약될 수 있어요. 첫째, 이스라엘이 바벨론에 포로로 사로잡힌 것은 하나님과의 언약을 저버렸기 때문이에요. 둘째, 메시아는 모든 고난을 이겨내고 결국에는 승리하실 거예요. 끝으로 이사야는 위의 사실에 비추어 이스라엘의 회개를 촉구하고 있어요.

10 ●너희 중에 여호와를 경외하며 그의 종의 목소리를 청종하는 자가 누구냐 흑암 중에 행하여 빛이 없는 자라도 여호와의 이름을 의뢰하며 자기 하나님께 의지할지어다

11 보라 불을 피우고 횃불을 둘러 띤 자여 너희가 다 너희의 불꽃 가운데로 걸어가며 너희가 피운 횃불 가운데로 걸어갈지어다 너희가 내 손에서 얻을 것이 이것이라 너희가 고통이 있는 곳에 누우리라

위로의 말씀

51

의를 따르며 여호와를 찾아 구하는 너희는 내게 들을지어다 너희를 떠낸 반석과 너희를 파낸 우묵한 구덩이를 생각하여 보라

2 너희의 조상 아브라함과 너희를 낳은 사라를 생각하여 보라 아브라함이 혼자 있을 때에 내가 그를 부르고 그에게 복을 주어 창성하게 하였느니라

3 나 여호와가 시온의 모든 황폐한 곳들을 위로하여 그 사막을 에덴 같게, 그 광야를 여호와의 동산 같게 하였나니 그 가운데에 기뻐함과 즐거워함과 감사함과 창화하는 소리가 있으리라

4 ●내 백성이여 내게 주의하라 내 나라여 내게 귀를 기울이라 이는 율법이 내게서부터 나갈 것임이라 내가 내 공의를 만민의 빛으로 세우리라

5 내 공의가 가깝고 내 구원이 나갔은즉 내 팔이 만민을 심판하리니 섬들이 나를 앙망하여 내 팔에 의지하리라 46:13

6 너희는 하늘로 눈을 들며 그 아래의 땅을 살피라 하늘이 연기 같이 사라지고 땅이 옷 같이 헤어지며 거기에 사는 자들이 1)하루살이 같이 죽으려니와 나의 구원은 영원히 있고 나의 공의는 폐하여지지 아니하리라 벧후 3:10

7 ●의를 아는 자들아, 마음에 내 율법이 있는 백성들아, 너희는 내게 듣고 그들의 비방을 두려워하지 말라 그들의 비방에 놀라지 말라

8 옷 같이 좀이 그들을 먹을 것이며 양털 같이 좀벌레가 그들을 먹을 것이나 나의 공의는 영원히 있겠고 나의 구원은 세세에 미치리라

9 ●여호와의 팔이여 깨소서 깨소서 능력을 베푸소서 옛날 옛시대에 깨신 것 같이 하소서 라합을 저미시고 2)용을 찌르신 이가 어찌 주가 아니시며

10 바다를, 넓고 깊은 물을 말리시고 바다 깊은 곳에 길을 내어 구속 받은 자들을 건너게 하신 이가 어찌 주가 아니시니이까

11 여호와께 구속 받은 자들이 돌아와 노래하며 시온으로 돌아오니 영원한 기쁨이 그들의 머리 위에 있고 즐거움과 기쁨을 얻으리니 슬픔과 탄식이 달아나리이다

12 ●이르시되 너희를 위로하는 자는 나 곧 나이니라 너는 어떠한 자이기에 죽을 사람을 두려워하며 풀 같이 될 사람의 아들을 두려워하느냐 시 118:6

13 하늘을 펴고 땅의 기초를 정하고 너를 지은 자 여호와를 어찌하여 잊어버렸느냐 너를 멸하려고 준비하는 저 학대자의 분노를 어찌하여 항상 종일 두려워하느냐 학대자의 분노가 어디 있느냐

14 결박된 포로가 속히 놓일 것이니 죽지도 아니할 것이요 구덩이로 내려가지도 아니할 것이며 그의 양식이 부족하지도 아니하리라

15 나는 네 하나님 여호와라 바다를 휘저어서 그 물결을 뒤흔들게 하는 자이니 그의 이름은 만군의 여호와니라

16 내가 내 말을 네 입에 두고 내 손 그늘로 너를 덮었나니 이는 내가 하늘을 펴며

51장 에는 무엇이 기록되어 있을까?

이사야는 하나님의 위로의 메시지를 전하면서도 범죄한 이스라엘에게 회개할 것을 요청하였어요. 하나님을 모독하고 그의 백성을 훼방하는 자들이 번성하면 당시의 상황에서는 의로운 자들이 낙심할 수 있었지요. 따라서 이사야는 악인들의 행동은 일시적이므로 오직 하나님만 의지하라는 위로의 말씀을 전하였답니다.

---

1)그와 같이 2)히, 바다의 큰 짐승

며 땅의 기초를 정하며 시온에게 이르
기를 너는 내 백성이라 말하기 위함이
니라

비틀걸음 치게 하는 잔을 거두리라

17 ●여호와의 손에서 그의 분노의 잔을
마신 예루살렘이여 깰지어다 깰지어
다 일어설지어다 네가 이미 비틀걸음
치게 하는 큰 잔을 마셔 다 비웠도다
18 [1]네가 낳은 모든 아들 중에 너를 인도
할 자가 없고 네가 양육한 모든 아들
중에 그 손으로 너를 이끌 자도 없도다
19 이 두 가지 일이 네게 닥쳤으니 누가 너
를 위하여 슬퍼하랴 곧 황폐와 멸망이
요 기근과 칼이라 [2]누가 너를 위로하랴
20 네 아들들이 곤비하여 그물에 걸린 영
양 같이 온 거리 모퉁이에 누웠으니 그
들에게 여호와의 분노와 네 하나님의
견책이 가득하도다
21 ●그러므로 너 곤고하며 포도주가 아
니라도 취한 자여 이 말을 들으라
22 네 주 여호와, 그의 백성의 억울함을
풀어 주시는 네 하나님이 이같이 말씀
하시되 보라 내가 비틀걸음 치게 하는
잔 곧 나의 분노의 큰 잔을 네 손에서
거두어서 네가 다시는 마시지 못하게
하고
23 그 잔을 너를 괴롭게 하던 자들의 손에
두리라 그들은 일찍이 네게 이르기를
엎드리라 우리가 넘어가리라 하던 자
들이라 너를 넘어가려는 그들에게 네
가 네 허리를 땅과 같게, 길거리와 같
게 하였느니라

1) 히, 그 2) 히, 내가 어떻게 너를 위로하랴 3) 줄이 풀렸도다

여호와께서 예루살렘을 구속하시다

52 시온이여 깰지어다 깰지어다
네 힘을 낼지어다 거룩한 성
예루살렘이여 네 아름다운 옷을 입을
지어다 이제부터 할례 받지 아니한 자
와 부정한 자가 다시는 네게로 들어옴
이 없을 것임이라
2 너는 티끌을 털어 버릴지어다 예루살렘
이여 일어나 앉을지어다 사로잡힌 딸 시
온이여 네 목의 [3]줄을 스스로 풀지어다
3 ●여호와께서 이와 같이 말씀하시되
너희가 값 없이 팔렸으니 돈 없이 속량
되리라
4 주 여호와께서 이와 같이 말씀하시되
내 백성이 전에 애굽에 내려가서 거기
에 거류하였고 앗수르인은 공연히 그
들을 압박하였도다
5 그러므로 이제 여호와께서 말씀하시되
내 백성이 까닭 없이 잡혀갔으니 내가
여기서 어떻게 하랴 여호와께서 말씀하
시되 그들을 관할하는 자들이 떠들며
내 이름을 항상 종일토록 더럽히도다
6 그러므로 내 백성은 내 이름을 알리라
그러므로 그 날에는 그들이 이 말을 하
는 자가 나인 줄을 알리라 내가 여기 있
느니라
7 ●좋은 소식을 전하며 평화를 공포하
며 복된 좋은 소식을 가져오며 구원을
공포하며 시온을 향하여 이르기를 네
하나님이 통치하신다 하는 자의 산을
넘는 발이 어찌 그리 아름다운가
8 네 파수꾼들의 소리로다 그들이 소리
를 높여 일제히 노래하니 이는 여호와
께서 시온으로 돌아오실 때에 그들의

운 모양도 없고 풍채도 없은즉 우리가 보기에 흠모할 만한 아름다운 것이 없도다

3 그는 멸시를 받아 사람들에게 버림 받았으며 간고를 많이 겪었으며 질고를 아는 자라 마치 사람들이 그에게서 얼굴을 가리는 것 같이 멸시를 당하였고 우리도 그를 귀히 여기지 아니하였도다

4 ●그는 실로 우리의 질고를 지고 우리의 슬픔을 당하였거늘 우리는 생각하기를 그는 징벌을 받아 하나님께 맞으며 고난을 당한다 하였노라

5 그가 찔림은 우리의 허물 때문이요 그가 상함은 우리의 죄악 때문이라 그가 징계를 받으므로 우리는 평화를 누리고 그가 채찍에 맞으므로 우리는 나음을 받았도다

6 우리는 다 양 같아서 그릇 행하여 각기 제 길로 갔거늘 여호와께서는 우리 모두의 죄악을 그에게 담당시키셨도다　암송

7 그가 곤욕을 당하여 괴로울 때에도 그의 입을 열지 아니하였음이여 마치 도수장으로 끌려 가는 어린 양과 털 깎는 자 앞에서 잠잠한 양 같이 그의 입을 열지 아니하였도다

8 그는 곤욕과 심문을 당하고 끌려 갔으나 그 세대 중에 누가 생각하기를 그가 살아 있는 자들의 땅에서 끊어짐은 마땅히 형벌 받을 내 백성의 허물 때문이

눈이 마주 보리로다

9 너 예루살렘의 황폐한 곳들아 기쁜 소리를 내어 함께 노래할지어다 이는 여호와께서 그의 백성을 위로하셨고 예루살렘을 구속하셨음이라　44:23, 26

10 여호와께서 열방의 목전에서 그의 거룩한 팔을 나타내셨으므로 땅 끝까지도 모두 우리 하나님의 구원을 보았도다

11 ●너희는 떠날지어다 떠날지어다 거기서 나오고 부정한 것을 만지지 말지어다 그 가운데에서 나올지어다 여호와의 기구를 메는 자들이여 스스로 정결하게 할지어다

12 여호와께서 너희 앞에서 행하시며 이스라엘의 하나님이 너희 뒤에서 호위하시리니 너희가 황급히 나오지 아니하며 도망하듯 다니지 아니하리라

고난 받는 종

13 ●보라 내 종이 [1]형통하리니 받들어 높이 들려서 지극히 존귀하게 되리라

14 전에는 그의 모양이 타인보다 상하였고 그의 모습이 사람들보다 상하였으므로 많은 사람이 [2]그에 대하여 놀랐거니와

15 그가 [3]나라들을 놀라게 할 것이며 왕들은 그로 말미암아 그들의 입을 봉하리니 이는 그들이 아직 그들에게 전파되지 아니한 것을 볼 것이요 아직 듣지 못한 것을 깨달을 것임이라

53

우리가 [4]전한 것을 누가 믿었느냐 여호와의 팔이 누구에게 나타났느냐

2 그는 주 앞에서 자라나기를 연한 순 같고 마른 땅에서 나온 [5]뿌리 같아서 고

53장 에는 무엇이 기록되어 있을까?

53장은 메시아가 낮고 천한 신분으로 이 세상에 오실 것을 예언하고 있습니다. 그는 고난 받으시고 자기 백성들의 죄를 대신 지실 거예요. 이 예언은 그리스도의 십자가 사건에서 그대로 이루어지지요. 이것은 우리를 자신의 생명처럼 소중히 여기시는 하나님의 사랑의 절정이랍니다.

희생 제물로 드려지는 양(53:10)

라 하였으리요

9 그는 강포를 행하지 아니하였고 그의 입에 거짓이 없었으나 그의 무덤이 악인들과 함께 있었으며 그가 죽은 후에 부자와 함께 있었도다

10 ●여호와께서 그에게 상함을 받게 하시기를 원하사 질고를 당하게 하셨은즉 그의 영혼을 속건제물로 드리기에 이르면 그가 ¹⁾씨를 보게 되며 그의 날은 길 것이요 또 그의 손으로 여호와께서 기뻐하시는 뜻을 성취하리로다

11 그가 자기 영혼의 수고한 것을 보고 만족하게 여길 것이라 나의 의로운 종이 자기 지식으로 많은 사람을 의롭게 하며 또 그들의 죄악을 친히 담당하리로다

12 그러므로 내가 그에게 존귀한 자와 함께 몫을 받게 하며 강한 자와 함께 탈취한 것을 나누게 하리니 이는 그가 자기 영혼을 버려 사망에 이르게 하며 범죄자 중 하나로 헤아림을 받았음이니라 그러나 그가 많은 사람의 죄를 담당하며 범죄자를 위하여 기도하였느니라

하나님의 영원한 자비

54 잉태하지 못하며 출산하지 못한 너는 노래할지어다 산고를 겪지 못한 너는 외쳐 노래할지어다 이는 홀로 된 여인의 자식이 남편 있는 자*의 자식보다 많음이라* 여호와께서 말씀하셨느니라

2 네 장막터를 넓히며 네 처소의 휘장을 아끼지 말고 널리 펴되 너의 줄을 길게 하며 너의 말뚝을 견고히 할지어다

3 이는 네가 좌우로 퍼지며 네 자손은 열

방을 얻으며 황폐한 성읍들을 사람 살 곳이 되게 할 것임이라　43:5, 6

4 ●두려워하지 말라 네가 수치를 당하지 아니하리라 놀라지 말라 네가 부끄러움을 당하지 아니하리라 네가 네 젊었을 때의 수치를 잊겠고 과부 때의 치욕을 다시 기억함이 없으리니

5 이는 너를 지으신 이가 네 남편이시라 그의 이름은 만군의 여호와이시며 네 구속자는 이스라엘의 거룩한 이시라 그는 온 땅의 하나님이라 일컬음을 받으실 것이며

6 여호와께서 너를 부르시되 마치 버림을 받아 마음에 근심하는 아내 곧 어릴 때에 아내가 되었다가 버림을 받은 자에게 함과 같이 하실 것이라 네 하나님께서 말씀하셨느니라

7 내가 잠시 너를 버렸으나 큰 긍휼로 너를 모을 것이요　26:20

8 내가 넘치는 진노로 내 얼굴을 네게서 잠시 가렸으나 영원한 자비로 너를 긍휼히 여기리라 네 구속자 여호와께서 말씀하셨느니라

9 ●이는 내게 노아의 홍수와 같도다 내가 다시는 노아의 홍수로 땅 위에 범람하지 못하게 하리라 맹세한 것 같이 내가 네게 노하지 아니하며 너를 책망하지 아니하기로 맹세하였노니

10 산들이 떠나며 언덕들은 옮겨질지라도 나의 자비는 네게서 떠나지 아니하며 나의 화평의 언약은 흔들리지 아니하리라 너를 긍휼히 여기시는 여호와께서 말씀하셨느니라　남하 23:5

54 장에는 무엇이 기록되어 있을까?

이스라엘의 회복에 대한 예언이에요. 여기서 이스라엘의 회복은 예루살렘 성읍이 다시 세워지는 것으로 비유되고 있어요. 이것은 하나님의 택한 자들이 영원토록 거하게 될 새 예루살렘을 연상시키지요. 또한 이스라엘의 회복은 어디까지나 메시야의 구원 사역으로 인해 이루어진다는 것을 알 수 있습니다.

1) 후손

단에서 흐르는 시내로 요단 강의 수원이 된다.
종글동 지방에서 물은 생명이다 (55:1).

미래의 예루살렘

11 ●너 곤고하며 광풍에 요동하여 안위를 받지 못한 자여 보라 내가 화려한 채색으로 네 돌 사이에 더하며 청옥으로 네 기초를 쌓으며

12 홍보석으로 네 성벽을 지으며 석류석으로 네 성문을 만들고 네 지경을 다 보석으로 꾸밀 것이며

13 네 모든 자녀는 여호와의 1)교훈을 받을 것이니 네 자녀에게는 큰 평안이 있을 것이며

14 너는 공의로 설 것이며 학대가 네게서 멀어질 것인즉 네가 두려워하지 아니할 것이며 공포도 네게 가까이하지 못할 것이라

15 보라 그들이 분쟁을 일으킬지라도 나로 말미암지 아니한 것이니 누구든지 너와 분쟁을 일으키는 자는 너로 말미암아 패망하리라

16 보라 숯불을 불어서 자기가 쓸 만한 연장을 제조하는 장인도 내가 창조하였고 파괴하며 진멸하는 자도 내가 창조하였은즉

17 너를 치려고 제조된 모든 연장이 쓸모가 없을 것이요 일어나 너를 대적하여 송사하는 모든 혀는 네게 정죄를 당하리니 이는 여호와의 종들의 기업이요 이는 그들이 내게서 얻은 공의니라 여호와의 말씀이니라

하나님의 긍휼　B.C. 690년경

55

오호라 너희 모든 목마른 자들아 물로 나아오라 돈 없는 자도 오라 너희는 와서 사 먹으되 돈 없이, 값

없이 와서 포도주와 젖을 사라

2 너희가 어찌하여 양식이 아닌 것을 위하여 은을 달아 주며 배부르게 하지 못할 것을 위하여 수고하느냐 내게 듣고 들을지어다 그리하면 너희가 좋은 것을 먹을 것이며 너희 자신들이 기름진 것으로 즐거움을 얻으리라

3 너희는 귀를 기울이고 내게로 나아와 들으라 그리하면 너희의 영혼이 살리라 내가 너희를 위하여 영원한 언약을 맺으리니 곧 다윗에게 허락한 확실한 은혜니라

4 보라 내가 그를 만민에게 증인으로 세웠고 만민의 인도자와 명령자로 삼았나니

5 보라 네가 알지 못하는 나라를 네가 부를 것이며 너를 알지 못하는 나라가 네게로 달려올 것은 여호와 네 하나님 곧 이스라엘의 거룩하신 이로 말미암음이니라 이는 그가 너를 영화롭게 하였느니라

6 ●너희는 여호와를 만날 만한 때에 찾으라 가까이 계실 때에 그를 부르라

7 악인은 그의 길을, 불의한 자는 그의 생각을 버리고 여호와께로 돌아오라 그리하면 그가 긍휼히 여기시리라 우리 하나님께로 돌아오라 그가 너그럽게 용서하시리라

8 이는 내 생각이 너희의 생각과 다르며 내 길은 너희의 길과 다름이니라 여호와의 말씀이니라

9 이는 하늘이 땅보다 높음 같이 내 길은 너희의 길보다 높으며 내 생각은 너희의 생각보다 높으니라

---

1) 제자가 될 것이니

10 이는 비와 눈이 하늘로부터 내려서 그리로 되돌아가지 아니하고 땅을 적셔서 소출이 나게 하며 싹이 나게 하여 파종하는 자에게는 종자를 주며 먹는 자에게는 양식을 줌과 같이

11 내 입에서 나가는 말도 이와 같이 헛되이 내게로 되돌아오지 아니하고 나의 기뻐하는 뜻을 이루며 내가 보낸 일에 형통함이니라

12 너희는 기쁨으로 나아가며 평안히 인도함을 받을 것이요 산들과 언덕들이 너희 앞에서 노래를 발하고 들의 모든 나무가 손뼉을 칠 것이며

13 잣나무는 가시나무를 대신하여 나며 화석류는 찔레를 대신하여 날 것이라 이것이 여호와의 ¹⁾기념이 되며 영영한 표징이 되어 끊어지지 아니하리라

여호와께 연합한 사람─B.C. 690년경

56

여호와께서 이와 같이 말씀하시기를 너희는 정의를 지키며 의를 행하라 이는 나의 구원이 가까이 왔고 나의 공의가 나타날 것임이라 하셨도다

2 안식일을 지켜 더럽히지 아니하며 그의 손을 금하여 모든 악을 행하지 아니하여야 하나니 이와 같이 하는 사람, 이와 같이 굳게 잡는 사람은 복이 있느니라

3 여호와께 연합한 이방인은 말하기를 여호와께서 나를 그의 백성 중에서 반드시 갈라내시리라 하지 말며 고자도 말하기를 나는 마른 나무라 하지 말라

4 여호와께서 이와 같이 말씀하시기를 나의 안식일을 지키며 내가 기뻐하는 일을 선택하며 나의 언약을 굳게 잡는 고자들에게는

5 내가 내 집에서, 내 성 안에서 아들이나 딸보다 나은 기념물과 이름을 그들에게 주며 영원한 이름을 주어 끊어지지 아니하게 할 것이며

6 또 여호와와 연합하여 그를 섬기며 여호와의 이름을 사랑하며 그의 종이 되며 안식일을 지켜 더럽히지 아니하며 나의 언약을 굳게 지키는 이방인마다

7 내가 곧 그들을 나의 성산으로 인도하여 기도하는 내 집에서 그들을 기쁘게 할 것이며 그들의 번제와 희생을 나의 제단에서 기꺼이 받게 되리니 이는 내 집은 ²⁾만민이 기도하는 집이라 일컬음이 될 것임이라

8 이스라엘의 쫓겨난 자를 모으시는 주 여호와가 말하노니 내가 이미 모은 백성 외에 또 모아 그에게 속하게 하리라 하셨느니라

볼지각한 목자들

9 ●들의 모든 짐승들아 숲 가운데의 모든 짐승들아 와서 먹으라

10 ³⁾이스라엘의 파수꾼들은 맹인이요 다 무지하며 벙어리 개들이라 짖지 못하며 다 꿈꾸는 자들이요 누워 있는 자들이요 잠자기를 좋아하는 자들이니

11 이 개들은 탐욕이 심하여 족한 줄을 알지 못하는 자들이요 그들은 몰지각한 목자들이라 다 제 길로 돌아가며 사람마다 자기 이익만 추구하며 렘 22:17

12 오라 내가 포도주를 가져오리라 우리가 독주를 잔뜩 마시자 내일도 오늘 같

토막상식

화석류

가지가 많고 늘 잎이 푸른 나무예요. 키는 60~120cm 가량으로, 꽃은 희고 한꺼번에 피며 열매도 맺어요. 식물 전체가 향기로운 기름을 내므로 향수를 만드는 데 사용하고 열매는 식용으로 쓰이지요. 이것은 히브리인에게 평화와 감사를 상징하는 나무였답니다.
55장 13절

56 에는 무엇이 기록되어 있을까?

앞부분에는 구원받는 사람의 자격에 대해 나와 있어요. 하나님은 이스라엘 사람이든, 이방나라 사람이든 하나님의 초대에 응하고 하나님의 말씀에 순종하는 사람 누구에게나 구원을 베푸시지요. 뒷부분에는 백성들을 영적으로 바로 지도하지 못하는 유다 지도자들의 타락한 모습이 나온답니다.

1) 히, 이름이 2) 만민을 위하는 기도하는 집 3) 히, 그의

이 크게 넘치리라 하느니라

57 의인이 죽을지라도 마음에 두는 자가 없고 진실한 이들이 거두어 감을 당할지라도 깨닫는 자가 없도다 의인들은 악한 자들 앞에서 불리어가도다

2 그들은 평안에 들어갔나니 바른 길로 가는 자들은 그들의 침상에서 편히 쉬리라

3 ●무당의 자식, 간음자와 음녀의 자식들아 너희는 가까이 오라

4 너희는 누구를 희롱하느냐 누구를 향하여 입을 크게 벌리며 혀를 내미느냐 너희는 패역의 자식, 거짓의 후손이 아니냐

5 너희가 상수리나무 사이, 모든 푸른 나무 아래에서 음욕을 피우며 골짜기 가운데 바위 틈에서 자녀를 도살하는도다

6 골짜기 가운데 매끄러운 돌들 중에 네 몫이 있으니 그것들이 곧 네가 제비 뽑아 얻은 것이라 또한 네가 전제와[1] 예물을 그것들에게 드리니 내가 어찌 위로를 받겠느냐

7 네가 높고 높은 산 위에 네 침상을 베풀었고 네가 또 거기에 올라가서 제사를 드렸으며

8 네가 또 네 기념표를 문과 문설주 뒤에 두었으며 네가 나를 떠나 벗고 올라가서 네 침상을 넓히고 그들과 언약하며 또 네가 그들의 침상을 사랑하여 그 벌거벗은 것을 보았느니라

9 네가 기름을 가지고 몰렉에게 나아가되 향품을 더하였으며 네가 또 사신을 먼 곳에 보내고 스올에까지 내려가게

예루살렘 남쪽 골짜기에서 몰렉에게 제사한 흔적이 발굴되었다 (57:5-9)

하였으며

10 네가 길이 멀어서 피곤할지라도 헛되다 말하지 아니함은 네 힘이 살아났으므로 쇠약하여지지 아니함이라

11 ●네가 누구를 두려워하며 누구로 말미암아 놀랐기에 거짓을 말하며 나를 생각하지 아니하며 이를 마음에 두지 아니하였느냐 네가 나를 경외하지 아니함은 내가 오랫동안 잠잠했기 때문이 아니냐

12 네 공의를 내가 보이리라 네가 행한 일이 네게 무익하니라

13 네가 부르짖을 때에 네가 모은 우상들에게 너를 구원하게 하라 그것들은 다 바람에 날려 가겠고 기운에 불려갈 것이로되 나를 의뢰하는 자는 땅을 차지하겠고 나의 거룩한 산을 기업으로 얻으리라

인도하고 고치겠다고 하신 약속

14 ●그가 말하기를 돋우고 돋우어 길을 수축하여 내 백성의 길에서 거치는 것을 제하여 버리라 하리라 62:10

15 지극히 존귀하며 영원히 거하시며 거룩하다 이름하는 이가 이와 같이 말씀하시되 내가 높고 거룩한 곳에 있으며 또한 통회하고 마음이 겸손한 자와 함께 있나니 이는 겸손한 자의 영을 소생시키며 통회하는 자의 마음을 소생시키려 함이라

16 내가 영원히 다투지 아니하며 내가 끊임없이 노하지 아니할 것은 내가 지은 그의 영과 혼이 내 앞에서 피곤할까 함이라

1) 소제를

17 그의 탐심의 죄악으로 말미암아 내가 노하여 그를 쳤으며 또 내 얼굴을 가리고 노하였으나 그가 아직도 패역하여 자기 마음의 길로 걸어가도다
18 내가 그의 길을 보았은즉 그를 고쳐 줄 것이라 그를 인도하며 그와 그를 슬퍼하는 자들에게 위로를 다시 얻게 하리라
19 입술의 열매를 창조하는 자 여호와가 말하노라 먼 데 있는 자에게든지 가까운 데 있는 자에게든지 평강이 있을지어다 평강이 있을지어다 내가 그를 고치리라 하셨느니라
20 그러나 악인은 평온함을 얻지 못하고 그 물이 진흙과 더러운 것을 늘 솟구쳐 내는 요동하는 바다와 같으니라
21 내 하나님의 말씀에 악인에게는 평강이 없다 하셨느니라

여호와께서 기뻐하시는 금식

58 크게 외치라 목소리를 아끼지 말라 네 목소리를 나팔같이 높여 내 백성에게 그들의 허물을, 야곱의 집에 그들의 죄를 알리라
2 그들이 날마다 나를 찾아 나의 길 알기를 즐거워함이 마치 공의를 행하여 그의 하나님의 규례를 저버리지 아니하는 나라 같아서 의로운 판단을 내게 구하며 하나님과 가까이 하기를 즐거워하는도다
3 우리가 금식하되 어찌하여 주께서 보지 아니하시오며 우리가 마음을 괴롭게 하되 어찌하여 주께서 알아 주지 아니하시나이까 보라 너희가 금식하는 날에 오락을 구하며 1) 온갖 일을 시키는도다

4 보라 너희가 금식하면서 논쟁하며 다투며 악한 주먹으로 치는도다 너희가 오늘 금식하는 것은 너희의 목소리를 상달하게 하려는 것이 아니니라
5 이것이 어찌 내가 기뻐하는 금식이 되겠으며 이것이 어찌 사람이 자기의 마음을 괴롭게 하는 날이 되겠느냐 그의 머리를 갈대 같이 숙이고 굵은 베와 재를 펴는 것을 어찌 금식이라 하겠으며 여호와께 열납될 날이라 하겠느냐
6 내가 기뻐하는 금식은 흉악의 결박을 풀어 주며 멍에의 줄을 끌러 주며 압제 당하는 자를 자유롭게 하며 모든 멍에를 꺾는 것이 아니겠느냐 ◑ 5:10-12
7 또 주린 자에게 네 양식을 나누어 주며 유리하는 빈민을 집에 들이며 헐벗은 자를 보면 입히며 또 네 골육을 피하여 스스로 숨기지 아니하는 것이 아니겠느냐
8 그리하면 네 빛이 새벽 같이 비칠 것이며 네 치유가 급속할 것이며 네 공의가 네 앞에 행하고 여호와의 영광이 네 뒤에 호위하리니
9 네가 부를 때에는 나 여호와가 응답하겠고 네가 부르짖을 때에는 내가 여기 있다 하리라 ●만일 네가 너희 중에서 멍에와 손가락질과 허망한 말을 제하여 버리고
10 주린 자에게 네 심정이 동하며 괴로워하는 자의 심정을 만족하게 하면 네 빛이 흑암 중에서 떠올라 네 어둠이 낮과 같이 될 것이며
11 여호와가 너를 항상 인도하여 2) 메마른

1) 너희 역군을 압제하는도다 2) 가물 때에도

58장 에는 무엇이 기록되어 있을까?

58~66장은 하나님의 택한 백성들의 영광스러운 장래에 대한 예언이에요. 하지만 먼저 이사야는 이스라엘 백성의 위선적인 예배 행위를 책망하면서 하나님이 원하시는 금식과 안식일을 지키는 것이 어떤 것인지를 가르쳐주고 있어요. 그것은 바로 가난하고 불쌍한 이웃들을 돌아보면서 의롭고 순결하게 살기 위해 애쓰는 거랍니다.

하나님이 기뻐하시는 금식(58:3~9)

기뻐하지 않는 금식 (3~5절)	• 외적 형식만 갖춘 금식
기뻐하시는 금식 (6~7절)	• 종된 자를 풀어주며, 가난한 자를 도와주는 등 이웃에 대한 사랑이 발휘되는 금식
기뻐하시는 금식에 대한 축복(8~9절)	• 네 빛이 새벽같이 비칠 것이다 • 네 치유가 급속할 것이다 • 여호와의 영광이 네 뒤에 호위할 것이다 • 부르짖을 때에 응답할 것이다

물이 구한 이스라엘에서는 샘에서 수로를
만들어 동산에 물을 댄다 (58:11)

곳에서도 네 영혼을 만족하게 하며 네
뼈를 견고하게 하리니 너는 물 댄 동산
같겠고 물이 끊어지지 아니하는 샘 같
을 것이라

12 네게서 날 자들이 오래 황폐된 곳들을
다시 세울 것이며 너는 역대의 파괴된
기초를 쌓으리니 너를 일컬어 무너진 데
를 보수하는 자라 할 것이며 길을 수축
하여 거할 곳이 되게 하는 자라 하리라

안식일을 지키면 — B.C. 690년경

13 ●만일 안식일에 네 발을 금하여 내 성
일에 오락을 행하지 아니하고 안식일
을 일컬어 즐거운 날이라, 여호와의 성
일을 존귀한 날이라 하여 1)이를 존귀하
게 여기고 네 길로 행하지 아니하며 네
오락을 구하지 아니하며 사사로운 말
을 하지 아니하면

14 네가 여호와 안에서 즐거움을 얻을 것
이라 내가 너를 땅의 높은 곳에 올리고
네 조상 야곱의 기업으로 기르리라 여
호와의 입의 말씀이니라

선지자가 백성의 죄악을 규탄하다

59

여호와의 손이 짧아 구원하지
못하심도 아니요 귀가 둔하여
듣지 못하심도 아니라

2 오직 너희 죄악이 너희와 너희 하나님
사이를 갈라 놓았고 너희 죄가 그의 얼
굴을 가리어서 너희에게서 듣지 않으
시게 함이니라

3 이는 너희 손이 피에, 너희 손가락이
죄악에 더러워졌으며 너희 입술은 거
짓을 말하며 너희 혀는 악독을 냄이라

4 공의대로 소송하는 자도 없고 진실하

게 판결하는 자도 없으며 허망한 것을
의뢰하며 거짓을 말하며 악행을 잉태
하여 죄악을 낳으며

5 독사의 알을 품으며 거미줄을 짜나니
그 알을 먹는 자는 죽을 것이요 그 알이
밟힌즉 터져서 독사가 나올 것이니라

6 그 짠 것으로는 옷을 이룰 수 없을 것
이요 그 행위로는 자기를 가릴 수 없을
것이며 그 행위는 죄악의 행위라 그 손
에는 포악한 행동이 있으며

7 그 발은 악행하기에 빠르고 무죄한 피
를 흘리기에 신속하며 그 생각은 악한
생각이라 황폐와 파멸이 그 길에 있으며

8 그들은 평강의 길을 알지 못하며 그들
이 행하는 곳에는 정의가 없으며 굽은
길을 스스로 만드나니 무릇 이 길을 밟
는 자는 평강을 알지 못하느니라

백성이 죄악을 자백하다

9 ●그러므로 정의가 우리에게서 멀고
공의가 우리에게 미치지 못하므로 우리
가 빛을 바라나 어둠뿐이요 밝은 것을
바라나 캄캄한 가운데에 행하므로

10 우리가 맹인 같이 담을 더듬으며 눈 없
는 자 같이 두루 더듬으며 낮에도 황혼
때 같이 넘어지니 우리는 2)강장한 자
중에서도 죽은 자 같은지라

11 우리가 곰 같이 부르짖으며 비둘기 같
이 슬피 울며 정의를 바라나 없고 구원
을 바라나 우리에게서 멀도다 겔 7:16

12 이는 우리의 허물이 주의 앞에 심히 많
으며 우리의 죄가 우리를 쳐서 증언하
오니 이는 우리의 허물이 우리와 함께
있음이니라 우리의 죄악을 우리가 아

59장 에는 무엇이 기록되어 있을까?

이사야는 이스라엘 백성들이 저지
른 온갖 죄악들을 지적하고 있어요. 이것은 모
든 인간의 죄악된 모습을 분명하게 드러내준답
니다. 바로 그러한 추악한 죄 때문에 예수님께
서 십자가에 달려 돌아가시게 될 거지요. 한편,
뒷부분에는 메시아에 대한 하나님의 약속이 나
온답니다.

나이다

13 우리가 여호와를 배반하고 속였으며 우리 하나님을 따르는 데에서 돌이켜 포학과 패역을 말하며 거짓말을 마음에 잉태하여 낳으니

14 정의가 뒤로 물리침이 되고 공의가 멀리 섰으며 성실이 거리에 엎드러지고 정직이 나타나지 못하는도다 `1:21`

15 성실이 없어지므로 악을 떠나는 자가 탈취를 당하는도다

여호와께서 백성을 구원하려고 하시다

● 여호와께서 이를 살피시고 그 정의가 없는 것을 기뻐하지 아니하시고

16 사람이 없음을 보시며 [1)중재자가 없음을 이상히 여기셨으므로 자기 팔로 스스로 구원을 베푸시며 자기의 공의를 스스로 의지하사

17 공의를 갑옷으로 삼으시며 구원을 자기의 머리에 써서 투구로 삼으시며 보복을 속옷으로 삼으시며 열심을 입어 겉옷으로 삼으시고

18 그들의 행위대로 갚으시되 그 원수에게 분노하시며 그 원수에게 보응하시며 섬들에게 보복하실 것이라 `65:6, 7`

19 서쪽에서 여호와의 이름을 두려워하겠고 해 돋는 쪽에서 그의 영광을 두려워할 것은 여호와께서 그 기운에 몰려 급히 흐르는 강물 같이 오실 것임이로다

20 여호와의 말씀이니라 구속자가 시온에 임하며 야곱의 자손 가운데에서 죄과를 떠나는 자에게 임하리라

21 여호와께서 이르시되 내가 그들과 세운 나의 언약이 이러하니 곧 네 위에 있

는 나의 영과 네 입에 둔 나의 말이 이제부터 영원하도록 네 입에서와 네 후손의 입에서와 네 후손의 후손의 입에서 떠나지 아니하리라 하시니라 여호와의 말씀이니라

예루살렘이 받을 영광 —B.C. 690년경

60

일어나라 빛을 발하라 이는 네 빛이 이르렀고 여호와의 영광이 네 위에 임하였음이니라

2 보라 어둠이 땅을 덮을 것이며 캄캄함이 만민을 가리려니와 오직 여호와께서 네 위에 임하실 것이며 그의 영광이 네 위에 나타나리니

3 나라들은 네 빛으로, 왕들은 비치는 네 광명으로 나아오리라

4 ● 네 눈을 들어 사방을 보라 무리가 다 모여 네게로 오느니라 네 아들들은 먼 곳에서 오겠고 네 딸들은 안기어 올 것이라

5 그 때에 네가 보고 기쁜 빛을 내며 네 마음이 놀라고 또 화창하리니 이는 바다의 부가 네게로 돌아오며 이방 나라들의 재물이 네게로 옴이라

6 허다한 낙타, 미디안과 에바의 어린 낙타가 네 가운데에 가득할 것이며 스바 사람들은 다 금과 유향을 가지고 와서 여호와의 찬송을 전파할 것이며

7 게달의 양 무리는 다 네게로 모일 것이

---

1) 중재 2) 아름다운 집을 아름답게 하리라

술술 풀리는 성경 말씀

여호와의 은혜의 해

구약에서 은혜의 해는 희년을 가리킵니다(레 25:10~13;27:24). 희년은 고대 이스라엘에서 준수된 안식년 주기에서 50년째 되는 해를 가리키며, 그 땅 전역에 숫양 뿔의 나팔을 불면서 시작되었는데, 속죄일 곧 제 7월 10일에 시작되었습니다. 희년에는 스스로 범한 죄로 인해 잃게 된 토지와 종으로 전락한 신분이 하나님의 은혜로 용서함을 받은 후 원래 상태로 회복될 수 있었습니다. 이것은 전적으로 '하나님의 은혜의 해' 선포로 가능한 것이었습니다.

61장 2절

60 에는 무엇이 기록되어 있을까?

어둠 속에서 살던 이 세상의 모든 사람들이 장차 하나님께로 나아와 시온을 영화롭게 다시 세우리라는 예언이에요. 이것은 당시 환난에 처한 이스라엘에 경건한 자들에게 소망을 주기 위한 것이었지요. 그러나 궁극적으로는 이 세상 마지막 날에 완성될 메시아 왕국에 대한 예언이랍니다.

이방인들이 쌓은 성벽(60:10)

요 느바욧의 숫양은 네게 공급되고 내 제단에 올라 기꺼이 받음이 되리니 내가 내 ²⁾영광의 집을 영화롭게 하리라

8 저 구름 같이, 비둘기들이 그 보금자리로 날아가는것 같이 날아오는 자들이 누구냐

9 곧 섬들이 나를 앙망하고 다시스의 배들이 먼저 이르되 먼 곳에서 네 자손과 그들의 은금을 아울러 싣고와서 네 하나님 여호와의 이름에 드리려 하며 이스라엘의 거룩한 이에게 드리려 하는 자들이라 이는 ¹⁾내가 너를 ²⁾영화롭게 하였음이라

10 ●내가 노하여 너를 쳤으나 이제는 나의 은혜로 너를 불쌍히 여겼은즉 이방인들이 네 성벽을 쌓을 것이요 그들의 왕들이 너를 섬길 것이며　　　슥 6:15

11 네 성문이 항상 열려 주야로 닫히지 아니하리니 이는 사람들이 네게로 이방 나라들의 재물을 가져오며 그들의 왕들을 포로로 이끌어 옴이라

12 너를 섬기지 아니하는 백성과 나라는 파멸하리니 그 백성들은 반드시 진멸되리라

13 레바논의 영광 곧 잣나무와 소나무와 황양목이 함께 내게 이르러 내 거룩한 곳을 아름답게 할 것이며 내가 나의 발 둘 곳을 영화롭게 할 것이라

14 너를 괴롭히던 자의 자손이 몸을 굽혀 네게 나아오며 너를 멸시하던 모든 자가 네 발 아래에 엎드려 너를 일컬어 여호와의 성읍이라, 이스라엘의 거룩한 이의 시온이라 하리라

15 ●전에는 네가 버림을 당하며 미움을 당하였으므로 네게로 가는 자가 없었으나 이제는 내가 너를 영원한 아름다

움과 대대의 기쁨이 되게 하리니

16 네가 이방 나라들의 젖을 빨며 뭇 왕의 젖을 빨고 나 여호와는 네 구원자, 네 구속자, 야곱의 전능자인 줄 알리라

17 내가 금을 가지고 놋을 대신하며 은을 가지고 철을 대신하며 놋으로 나무를 대신하며 철로 돌을 대신하며 화평을 세워 관원으로 삼으며 공의를 세워 감독으로 삼으리라

18 다시는 강포한 일이 네 땅에 들리지 않을 것이요 황폐와 파멸이 네 국경 안에 다시 없을 것이며 네가 네 성벽을 구원이라, 네 성문을 찬송이라 부를 것이라

19 다시는 낮에 해가 네 빛이 되지 아니하며 달도 네게 빛을 비추지 않을 것이요 오직 여호와가 네게 영원한 빛이 되며 네 하나님이 네 영광이 되리니

20 다시는 네 해가 지지 아니하며 네 달이 물러가지 아니할 것은 여호와가 네 영원한 빛이 되고 네 슬픔의 날이 끝날 것임이라

21 네 백성이 다 의롭게 되어 영원히 땅을 차지하리니 그들은 내가 심은 가지요 내가 손으로 만든 것으로서 나의 영광을 나타낼 것인즉

22 그 작은 자가 천 명을 이루겠고 그 약한 자가 강국을 이룰 것이라 때가 되면 나 여호와가 속히 이루리라　　51:2

구원의 아름다운 소식 — B.C. 690년경

61

주 여호와의 영이 내게 내리셨으니 이는 여호와께서 내게 기름을 부으사 ³⁾가난한 자에게 아름다운 소식을 전하게 하려 하심이라 나를 보내사 마음이 상한 자를 고치며 포로된 자에게

1) 히, 그 2) 아름답게 3) 겸비한 자

자유를, 갇힌 자에게 놓임을 선포하며

2 여호와의 은혜의 해와 우리 하나님의 보복의 날을 선포하여 모든 슬픈 자를 위로하되

3 무릇 시온에서 슬퍼하는 자에게 화관을 주어 그 재를 대신하며 기쁨의 기름으로 그 슬픔을 대신하며 찬송의 옷으로 그 근심을 대신하시고 그들이 의의 나무 곧 여호와께서 심으신 그 영광을 나타낼 자라 일컬음을 받게 하려 하심이라

4 ●그들은 오래 황폐하였던 곳을 다시 쌓을 것이며 옛부터 무너진 곳을 다시 일으킬 것이며 황폐한 성읍 곧 대대로 무너져 있던 것들을 중수할 것이며

5 외인은 서서 너희 양 떼를 칠 것이요 이방 사람은 너희 농부와 포도원지기가 될 것이나

6 오직 너희는 여호와의 제사장이라 일컬음을 받을 것이라 사람들이 너희를 우리 하나님의 봉사자라 할 것이며 너희가 이방 나라들의 재물을 먹으며 그들의 영광을 얻어 자랑할 것이니라 66:21

7 너희가 수치 대신에 보상을 배나 얻으며 능욕 대신에 몫으로 말미암아 즐거워할 것이라 그리하여 그들의 땅에서 갑절이나 얻고 영원한 기쁨이 있으리라

8 무릇 나 여호와는 정의를 사랑하며 불의의 강탈을 미워하여 성실히 그들에게 갚아 주고 그들과 영원한 언약을 맺을 것이며

9 그들의 자손을 뭇 나라 가운데에, 그들의 후손을 만민 가운데에 알리리니 무릇 이를 보는 자가 그들은 여호와께 복

예루살렘 성 설경(62장)

받은 자손이라 인정하리라 54:3

10 ●내가 여호와로 말미암아 크게 기뻐하며 내 영혼이 나의 하나님으로 말미암아 즐거워하리니 이는 그가 구원의 옷을 내게 입히시며 공의의 겉옷을 내게 더하심이 신랑이 ¹⁾사모를 쓰며 신부가 자기 보석으로 단장함 같게 하셨음이라

11 땅이 싹을 내며 동산이 거기 뿌린 것을 움돋게 함 같이 주 여호와께서 공의와 찬송을 모든 나라 앞에 솟아나게 하시리라

62 나는 시온의 의가 빛 같이, 예루살렘의 구원이 횃불 같이 나타나도록 시온을 위하여 잠잠하지 아니하며 예루살렘을 위하여 쉬지 아니할 것인즉

2 이방 나라들이 네 공의를, 뭇 왕이 다 네 영광을 볼 것이요 너는 여호와의 입으로 정하실 새 이름으로 일컬음이 될 것이며

3 너는 또 여호와의 손의 아름다운 관, 네 하나님의 손의 왕관이 될 것이라

4 다시는 너를 버림 받은 자라 부르지 아니하며 다시는 네 땅을 황무지라 부르지 아니하고 오직 너를 ²⁾헵시바라 하며 네 땅을 ³⁾쁄라라 하리니 이는 여호와께서 너를 기뻐하실 것이며 네 땅이 결혼한 것처럼 될 것임이라 슥 3:17, 18

5 마치 청년이 처녀와 결혼함 같이 네 아들들이 너를 취하겠고 신랑이 신부를 기뻐함 같이 네 하나님이 너를 기뻐하시리라

6 ●예루살렘이여 내가 너의 성벽 위에 파수꾼을 세우고 그들로 하여금 주야로 계속 잠잠하지 않게 하였느니라 너

62장 에는 무엇이 기록되어 있을까?

이사야는 반드시 영광스러운 메시아 왕국이 임할 것과 성도들은 그날이 속히 오도록 기도해야 한다고 말하고 있어요. 하나님의 크신 사랑과 보호를 받게 될 성도들의 영광은 아름답게 단장한 신부의 모습과 같지요. 또한, 장차 바벨론에 잡혀 갈 백성들이 반드시 이스라엘로 다시 돌아올 것을 말하고 있답니다.

희 여호와로 기억하시게 하는 자들아 너희는 쉬지 말며

7 또 여호와께서 예루살렘을 세워 세상에서 찬송을 받게 하시기까지 그로 쉬지 못하시게 하라

8 여호와께서 그 오른손, 그 능력의 팔로 맹세하시되 내가 다시는 네 곡식을 네 원수들에게 양식으로 주지 아니하겠고 네가 수고하여 얻은 포도주를 이방인이 마시지 못하게 할 것인즉

9 오직 추수한 자가 그것을 먹고 나 여호와를 찬송할 것이요 거둔 자가 그것을 나의 성소 뜰에서 마시리라 하셨느니라

10 ●성문으로 나아가라 나아가라 백성이 올 길을 닦으라 큰 길을 수축하고 수축하라 돌을 제하라 만민을 위하여 기치를 들라

11 여호와께서 땅 끝까지 선포하시되 너희는 딸 시온에게 이르라 보라 네 구원이 이르렀느니라 보라 상급이 그에게 있고 보응이 그 앞에 있느니라 하셨느니라

12 사람들이 너를 일컬어 거룩한 백성이라 여호와께서 구속하신 자라 하겠고 또 ¹⁾너를 일컬어 찾은 바 된 자요 버림받지 아니한 성읍이라 하리라   4:3

여호와의 승리

63 에돔에서 오는 이 누구며 붉은 옷을 입고 보스라에서 오는 이 누구냐 그의 화려한 의복 큰 능력으로 걷는 이가 누구냐 그는 나이니 공의를 말하는 이요 구원하는 능력을 가진 이니라

2 어찌하여 네 의복이 붉으며 네 옷이 포도즙을 밟는 자 같으냐   계 19:13, 15

3 만민 가운데 나와 함께 한 자가 없이 내가 홀로 포도즙틀을 밟았는데 내가 노함으로 말미암아 무리를 밟았고 분함으로 말미암아 짓밟았으므로 그들의 ²⁾선혈이 내 옷에 튀어 내 의복을 다 더럽혔음이니

4 이는 내 원수 갚는 날이 내 마음에 있고 내가 구속할 해가 왔으나

5 내가 본즉 도와 주는 자도 없고 붙들어 주는 자도 없으므로 이상하게 여겨 내 팔이 나를 구원하며 내 분이 나를 붙들었음이라

6 내가 노함으로 말미암아 만민을 밟았으며 내가 분함으로 말미암아 그들을 ³⁾취하게 하고 그들의 선혈이 땅에 쏟아지게 하였느니라

이스라엘에게 베푸신 은총

7 ●내가 여호와께서 우리에게 베푸신 모든 자비와 그의 찬송을 말하며 그의 사랑을 따라, 그의 많은 자비를 따라 이스라엘 집에 베푸신 큰 은총을 말하리라

8 그가 말씀하시되 그들은 실로 나의 백성이요 거짓을 행하지 아니하는 자녀라 하시고 그들의 구원자가 되사

9 그들의 모든 환난에 동참하사 자기 앞의 사자로 하여금 그들을 구원하시며 그의 사랑과 그의 자비로 그들을 구원하시고 옛적 모든 날에 그들을 드시며 안으셨으나

10 그들이 반역하여 주의 성령을 근심하게 하였으므로 그가 돌이켜 그들의 ⁴⁾대적이 되사 친히 그들을 치셨더니   엡 4:30

11 백성이 옛적 모세의 때를 기억하여 이르되 백성과 양 떼의 ⁴⁾목자를 바다에

---

1)히, 그들 2)정력 3)부수고 4)목자들

중수(61:4) 낡고 헌 것을 다시 손대어 고침.
능욕(61:7) 남을 업신여겨 욕보임.
뿔라(62:4) '결혼한 여자'라는 뜻. '시온'의 화목과 하나님의 사랑을 나타낸다.
수축(62:10) 방축 따위의 헐어진 데를 고쳐 쌓음.
상급(62:11) 상으로 줌.
반역(63:10) 배반하고 역적모의를 꾀하는 것.

63장 에는 무엇이 기록되어 있을까?

악인들에 대한 최후의 심판을 예언하고 있어요. 하나님은 반드시 악인을 벌하시고 의인을 구원하세요. 이것이 이사야가 하나님께 이스라엘의 구원을 간구할 수 있는 이유가 되었지요. 그는 모세 당시에 하나님께서 베푸신 은혜를 회상하면서 하나님께 이스라엘 백성들을 환난에서 구원해달라고 호소하였습니다.

서 올라오게 하신 이가 이제 어디 계시냐 그들 가운데에 성령을 두신 이가 이제 어디 계시냐

12 그의 영광의 팔이 모세의 오른손을 이끄시며 그의 이름을 영원하게 하려 하사 그들 앞에서 물을 갈라지게 하시고

13 그들을 깊음으로 인도하시되 광야에 있는 말 같이 넘어지지 않게 하신 이가 이제 어디 계시냐 렘 31:9

14 여호와의 영이 그들을 골짜기로 내려가는 가축 같이 편히 쉬게 하셨도다 주께서 이와 같이 주의 백성을 인도하사 이름을 영화롭게 하셨나이다 하였느니라

자비와 사랑을 구하는 기도

15 ●주여 하늘에서 굽어 살피시며 주의 거룩하고 영화로운 처소에서 보옵소서 주의 열성과 주의 능하신 행동이 이제 어디 있나이까 주께서 베푸시던 간곡한 자비와 사랑이 내게 그쳤나이다

16 주는 우리 아버지시라 아브라함은 우리를 모르고 이스라엘은 우리를 인정하지 아니할지라도 여호와여, 주는 우리의 아버지시라 옛날부터 주의 이름을 우리의 구속자라 하셨거늘

17 여호와여 어찌하여 우리로 주의 길에서 떠나게 하시며 우리의 마음을 완고하게 하사 주를 경외하지 않게 하시나이까 원하건대 주의 종들 곧 주의 기업인 지파들을 위하여 돌아오시옵소서

18 주의 거룩한 백성이 땅을 차지한 지 오래지 아니하여서 우리의 원수가 주의 성소를 유린하였사오니 신 7:6

19 우리는 주의 다스림을 받지 못하는 자 같으며 주의 이름으로 일컬음을 받지 못하는 자 같이 되었나이다 애 3:43-45

64

원하건대 주는 하늘을 가르고 강림하시고 주 앞에서 산들이 진동하기를

2 불이 섶을 사르며 불이 물을 끓임 같게 하사 주의 원수들이 주의 이름을 알게 하시며 이방 나라들로 주 앞에서 떨게 하옵소서

3 주께서 강림하사 우리가 생각하지 못한 두려운 일을 행하시던 그 때에 산들이 주 앞에서 진동하였사오니 사 65:5

4 주 외에는 자기를 앙망하는 자를 위하여 이런 일을 행한 신을 옛부터 들은 자도 없고 귀로 들은 자도 없고 눈으로 본 자도 없었나이다

5 주께서 기쁘게 공의를 행하는 자와 주의 길에서 주를 기억하는 자를 선대하시거늘 우리가 범죄하므로 주께서 진노하셨사오며 이 현상이 이미 오래 되었사오니 우리가 어찌 구원을 얻을 수 있으리이까

6 무릇 우리는 다 부정한 자 같아서 우리의 의는 다 더러운 옷 같으며 우리는

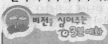

비전을 심어주는 3분 예화

미움을 녹이는 은혜

미국에서 흔하지 않은 'RH-' 혈액형의 사람들이 서로 돕기 위해 모임을 만들었어요. 그러다 그 모임의 회원인 어느 부부가 위급한 한 남자를 돕게 되었지요. 아내가 수혈을 하게 되었는데, 수혈을 하는 동안 남편은 간호사에게 환자가 다친 이유를 물었어요. 그녀는 부모의 유산 문제로 형제들끼리 다투다가 이렇게 되었다고 말했어요. 남편은 당장 수혈을 중단시키고 싶은 마음이 불쑥불쑥 솟아올랐어요.

그러나 몇 일후 아내가 그만 쓰러지고 말았어요. 수혈이 지나쳤던 거예요. 남편은 분노가 치밀었어요. "그 벌레 같은 놈 때문에…." 그렇게 미움이 솟구쳐 오르는 순간, 그에게 주님의 음성이 들렸어요. "사랑하는 아들아, 내가 누구를 위해 피를 흘렸니? 너는 원래 의인이냐?" 그 사람은 주님의 음성을 듣고 엉엉 울고 말았답니다.

64장 에는 무엇이 기록되어 있을까?

63장에 이은 이사야의 중보기도예요. 이사야는 이스라엘이 당하는 고난이 그들 스스로의 죄악 때문임을 고백하고 있어요. 이것은 이스라엘이 하나님의 은총을 받을 자격이 없기 때문에, 오직 하나님의 긍휼과 자비만을 기대하기 위해서였지요. 이런 이사야의 모습은 온 인류의 중보자되시는 그리스도를 나타내준답니다.

다 잎사귀 같이 시들므로 우리의 죄악이 바람 같이 우리를 몰아가나이다

7 주의 이름을 부르는 자가 없으며 스스로 분발하여 주를 붙잡는 자가 없사오니 이는 주께서 우리에게 얼굴을 숨기시며 우리의 죄악으로 말미암아 우리가 소멸되게 하셨음이니이다

8 ●그러나 여호와여, 이제 주는 우리 아버지시니이다 우리는 진흙이요 주는 토기장이시니 우리는 다 주의 손으로 지으신 것이니이다

9 여호와여, 너무 분노하지 마시오며 죄악을 영원히 기억하지 마시옵소서 구하오니 보시옵소서 보시옵소서 우리는 다 주의 백성이니이다

10 주의 거룩한 성읍들이 광야가 되었으며 시온이 광야가 되었으며 예루살렘이 황폐하였나이다

11 우리 조상들이 주를 찬송하던 우리의 거룩하고 아름다운 성전이 불에 탔으며 우리가 즐거워하던 곳이 다 황폐하였나이다
7:23

12 여호와여 일이 이러하거늘 주께서 아직도 가만히 계시려 하시나이까 주께서 아직도 잠잠하시고 우리에게 심한 괴로움을 받게 하시려나이까

하나님께서 패역한 백성을 벌하다

65 나는 나를 구하지 아니하던 자에게 물음을 받았으며 나를 찾지 아니하던 자에게 찾아냄이 되었으며 내 이름을 부르지 아니하던 나라에 내가 여기 있노라 내가 여기 있노라 하였노라

2 내가 종일 손을 펴서 자기 생각을 따라 옳지 않은 길을 걸어가는 패역한 백성들을 불렀나니

3 곧 동산에서 제사하며 벽돌 위에서 분향하여 내 앞에서 항상 내 노를 일으키는 백성이라

4 그들이 무덤 사이에 1)앉으며 은밀한 처소에서 밤을 지내며 돼지고기를 먹으며

가증한 것들의 국을 그릇에 담으면서

5 사람에게 이르기를 너는 네 자리에 서 있고 내게 가까이 하지 말라 나는 너보다 거룩함이라 하나니 이런 자들은 내 코의 연기요 종일 타는 불이로다

6 보라 이것이 내 앞에 기록되었으니 내가 잠잠하지 아니하고 반드시 보응하되 그들의 품에 보응하리라
렘 16:18

7 너희의 죄악과 너희 조상들의 죄악은 한 가지니 그들이 산 위에서 분향하며 작은 산 위에서 나를 능욕하였음이라 그러므로 내가 먼저 그들의 행위를 헤아리고 그들의 품에 보응하리라 여호와가 말하였느니라
렘 13:25

8 ●여호와께서 이와 같이 말씀하시되 포도송이에는 즙이 있으므로 사람들이 말하기를 그것을 상하지 말라 거기 복이 있느니라 하나니 나도 내 종들을 위하여 그와 같이 행하여 다 멸하지 아니하고

9 내가 야곱에게서 씨를 내며 유다에게서 나의 산들을 기업으로 얻을 자를 내리니 내가 택한 자가 이를 기업으로 얻을 것이요 나의 종들이 거기에 살 것이라

10 사론은 양 떼의 2)우리가 되겠고 아골 골짜기는 소 떼가 눕는 곳이 되어 나를 찾은 내 백성의 소유가 되려니와
33:9

11 오직 나 여호와를 버리며 나의 성산을 잊고 3)갓에게 상을 베풀며 4)므니에게 섞은 술을 가득히 붓는 너희여

12 내가 너희를 칼에 붙일 것인즉 다 구푸리고 죽임을 당하리니 이는 내가 불러도 너희가 대답하지 아니하며 내가 말

65장에는 무엇이 기록되어 있을까?

이사야의 중보기도에 대한 하나님의 응답이에요. 하나님은 거듭된 경고에도 불구하고 우상 숭배를 일삼은 이스라엘을 멸하시겠다고 말씀하셨어요. 대신, 이방나라 사람들을 부르셔서 하나님의 백성으로 삼으시겠다고 하셨지요. 그러나 이스라엘 백성 중에서도 '남은 자들'은 새 하늘과 새 땅에서 영생할 수 있는 축복을 누릴 거예요.

1) 처하며 2) 초장이 3) 운수신 4) 운명신

하여도 듣지 아니하고 나의 눈에 악을 행하였으며 내가 즐겨하지 아니하는 일을 택하였음이니라

13 ●이러므로 주 여호와께서 이와 같이 말씀하시느니라 보라 나의 종들은 먹을 것이로되 너희는 주릴 것이니라 보라 나의 종들은 마실 것이로되 너희는 갈할 것이니라 보라 나의 종들은 기뻐할 것이로되 너희는 수치를 당할 것이니라

14 보라 나의 종들은 마음이 즐거우므로 노래할 것이로되 너희는 마음이 슬프므로 울며 심령이 상하므로 통곡할 것이며

15 또 너희가 남겨 놓은 이름은 내가 택한 자의 저줏거리가 될 것이니라 주 여호와 내가 너를 죽이고 내 종들은 다른 이름으로 부르리라

16 이러므로 땅에서 자기를 위하여 복을 구하는 자는 ¹⁾진리의 하나님을 향하여 복을 구할 것이요 땅에서 맹세하는 자는 진리의 하나님으로 맹세하리니 이는 이전 환난이 잊어졌고 내 눈 앞에 숨겨졌음이라

내 하늘과 내 땅 창조

17 ●보라 내가 새 하늘과 새 땅을 창조하나니 이전 것은 기억되거나 마음에 생각나지 아니할 것이라
벧후 3:13

18 너희는 내가 창조하는 것으로 말미암아 영원히 기뻐하며 즐거워할지니라 보라 내가 예루살렘을 즐거운 성으로 창조하며 그 백성을 기쁨으로 삼고

19 내가 예루살렘을 즐거워하며 나의 백성을 기뻐하리니 우는 소리와 부르짖는 소리가 그 가운데에서 다시는 들리지 아니할 것이며

20 거기는 날 수가 많지 못하여 죽는 어린 이와 수한이 차지 못한 노인이 다시는 없을 것이라 곧 백 세에 죽는 자를 젊은이라 하겠고 ²⁾백 세가 못되어 죽는 자는 저주 받은 자이리라

21 그들이 가옥을 건축하고 그 안에 살겠고

포도나무를 심고 열매를 먹을 것이며

22 그들이 건축한 데에 타인이 살지 아니할 것이며 그들이 심은 것을 타인이 먹지 아니하리라 이는 내 백성의 수한이 나무의 수한과 같겠고 내가 택한 자가 그 손으로 일한 것을 길이 누릴 것이며
62:8, 9

23 그들의 수고가 헛되지 않겠고 그들이 생산한 것이 재난을 당하지 아니하리니 그들은 여호와의 복된 자의 자손이요 그들의 후손도 그들과 같을 것임이라

24 그들이 부르기 전에 내가 응답하겠고 그들이 말을 마치기 전에 내가 들을 것이며
단 9:27

25 이리와 어린 양이 함께 먹을 것이며 사자가 소처럼 짚을 먹을 것이며 뱀은 흙을 양식으로 삼을 것이니 나의 성산에서는 해함도 없겠고 상함도 없으리라 여호와께서 말씀하시니라
여호와께서 민족들을 심판하시다
— B.C. 690년경

66 여호와께서 이와 같이 말씀하시되 하늘은 나의 보좌요 땅은 나의 발판이니 너희가 나를 위하여 무슨 집을 지으랴 내가 안식할 처소가 어디라

2 나 여호와가 말하노라 내 손이 이 모든 것을 지었으므로 그들이 생겼느니라 무릇 마음이 가난하고 심령에 통회하며 내 말을 듣고 떠는 자 그 사람은 내가 돌보려니와
행 5:3, 4

3 소를 잡아 드리는 것은 살인함과 다름이 없이 하고 어린 양으로 제사드리는

66 에는 무엇이 기록되어 있을까?

이사야서의 마지막 장인 66장은 하나님을 형식적으로 따르는 사람들과 악인들이 받을 최후 심판에 관한 예언이에요. 또한, 하나님의 경고의 말씀을 듣고 회개한 자들과 믿음으로 인내한 자들은 장차 새 하늘과 새 땅에서 영원한 축복을 누리게 된다는 소망의 메시지도 함께 담고 있답니다.

예루살렘 성(66:10)

것은 개의 목을 꺾음과 다름이 없이 하며 드리는 [1]예물은 돼지의 피와 다름이 없이 하고 분향하는 것은 우상을 찬송함과 다름이 없이 행하는 그들은 자기의 길을 택하며 그들의 마음은 가증한 것을 기뻐한즉

4 나 또한 유혹을 그들에게 택하여 주며 그들이 무서워하는 것을 그들에게 임하게 하리니 이는 내가 불러도 대답하는 자가 없으며 내가 말하여도 그들이 듣지 않고 오직 나의 목전에서 악을 행하며 내가 기뻐하지 아니하는 것을 택하였음이라 하시니라

5 ●여호와의 말씀으로 말미암아 떠는 자들아 그의 말씀을 들을지어다 이르시되 너희 형제가 너희를 미워하며 내 이름으로 말미암아 너희를 쫓아내며 이르기를 여호와께서는 영광을 나타내사 너희 기쁨을 우리에게 보이시기를 원하노라 하였으나 그들은 수치를 당하리라 하셨느니라

6 떠드는 소리가 성읍에서부터 들려 오며 목소리가 성전에서부터 들리니 이는 여호와께서 그의 원수에게 보응하시는 목소리로다

7 ●시온은 진통을 하기 전에 해산하며 고통을 당하기 전에 남아를 낳았으니

8 이러한 일을 들은 자가 누구이며 이러한 일을 본 자가 누구이냐 나라가 어찌 하루에 생기겠으며 민족이 어찌 한 순간에 태어나겠느냐 그러나 시온은 진통하는 즉시 그 아들을 순산하였도다

9 여호와께서 이르시되 내가 아이를 갖도록 하였은즉 해산하게 하지 아니하겠느냐 네 하나님이 이르시되 나는 해산하게 하는 이인즉 어찌 태를 닫겠느냐 하시니라

10 ●예루살렘을 사랑하는 자들이여 다 그 성읍과 함께 기뻐하라 다 그 성읍과 함께 즐거워하라 그 성을 위하여 슬퍼하는 자들이여 다 그 성의 기쁨으로 말미암아 그 성과 함께 기뻐하라 시 122:6

11 너희가 젖을 빠는 것 같이 그 위로하는 품에서 만족하겠고 젖을 넉넉히 빤 것 같이 그 영광의 풍성함으로 말미암아 즐거워하리라

12 여호와께서 이와 같이 말씀하시되 보라 내가 그에게 평강을 강 같이, 그에게 뭇 나라의 영광을 넘치는 시내 같이 주리니 너희가 그 성읍의 젖을 빨 것이며 너희가 옆에 안기며 그 무릎에서 놀 것이라

13 어머니가 자식을 위로함 같이 내가 너희를 위로할 것인즉 너희가 예루살렘에서 위로를 받으리니

14 너희가 이를 보고 마음이 기뻐서 너희 뼈가 연한 풀의 무성함 같으리라 여호와의 손은 그의 종들에게 나타나겠고

1) 소제

그의 진노는 그의 원수에게 더하리라

15 ●보라 여호와께서 불에 둘러싸여 강림하시리니 그의 수레들은 회오리바람 같으리로다 그가 혁혁한 위세로 노여움을 나타내시며 맹렬한 화염으로 책망하실 것이라

16 여호와께서 불과 칼로 모든 혈육에게 심판을 베푸신즉 여호와께 죽임 당할 자가 많으리니

17 스스로 거룩하게 구별하며 스스로 정결하게 하고 동산에 들어가서 그 가운데에 있는 1)자를 따라 돼지 고기와 가증한 물건과 쥐를 먹는 자가 다 함께 망하리라 여호와의 말씀이니라

18 ●내가 그들의 행위와 사상을 아노라 때가 이르면 뭇 나라와 언어가 다른 민족들을 모으리니 그들이 와서 나의 영광을 볼 것이며　59:7

19 내가 그들 가운데에서 징조를 세워서 그들 가운데에서 도피한 자를 여러 나라 곧 다시스와 뿔과 활을 당기는 룻과 및 두발과 야완과 또 나의 명성을 듣지도 못하고 나의 영광을 보지도 못한 먼 섬들로 보내리니 그들이 나의 영광을 뭇 나라에 전파하리라　62:10

20 나 여호와가 말하노라 이스라엘 자손이 예물을 깨끗한 그릇에 담아 여호와의 집에 드림 같이 그들이 너희 모든 형제를 뭇 나라에서 나의 성산 예루살렘으로 말과 수레와 교자와 노새와 낙타에 태워다가 여호와께 예물로 드릴 것이요

21 나는 그 가운데에서 택하여 제사장과 레위인을 삼으리라 여호와의 말이니라

22 ●내가 지을 새 하늘과 새 땅이 내 앞에 항상 있는 것 같이 너희 자손과 너희 이름이 항상 있으리라 여호와의 말이니라

23 여호와가 말하노라 매월 초하루와 매 안식일에 모든 혈육이 내 앞에 나아와 예배하리라

24 그들이 나가서 내게 패역한 자들의 시체들을 볼 것이라 그 벌레가 죽지 아니하며 그 불이 꺼지지 아니하여 모든 혈육에게 가증함이 되리라　5:25

1) 묵상의 뒤에서

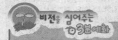

까치가 집 짓는 날

　조용한 농촌에 있는 은행나무 꼭대기에 어느 날 까치 한 쌍이 집을 짓기 시작했어요. 나뭇가지가 세찬 바람에 심하게 흔들렸지만, 까치 두 마리는 힘을 다하여 은행 나뭇가지 사이에 다른 나뭇가지들을 물어 와서는 차근차근 엮어나갔답니다.

　다음 날은 바람이 멈추고 맑게 개었어요. 나뭇가지도 흔들리지 않고 잠잠했지요. 그런데 까치는 일하기 쉬울 것 같은 그날, 작업을 중단하고 쉬기만 했어요.

　며칠 후 바람이 다시 불자, 까치는 다시 집을 짓기 시작했어요. 까치는 강한 바람 속에서 지은 집이 튼튼하다는 것을 알고 있었던 거예요. 그래서 까치가 만들어 놓은 까치집은 어떠한 폭풍이나 비바람에도 파괴되지 않는 튼튼한 집이 되었답니다.

　인생에 비바람이 부는 시련이 있을 때 그것은 인생의 집을 건축하는 기회지요. 그 시기에 지어진 인생의 집은 어떤 집보다 튼튼한 집이 될 거예요.

예레미야

★ 예레미야를 읽기 전에

예레미야가 그의 비서 바룩을 통해 기록했어요. 예레미야는 제사장 힐기야의 아들이며 아나돗 출신의 선지자였어요. '눈물의 예언자'라고 불리는 예레미야는 요시야부터 시드기야 때까지 약 40년 간 하나님의 심판을 전했답니다.

★ 언제, 왜, 누구를 위하여 썼나요?

이 책은 B.C. 627－580년경에 쓰였어요. 유다와 예루살렘의 부패한 지도자들과 백성들에게 다가올 하나님의 심판을 깨닫게 하고 하나님의 새 언약을 알려줌으로써 하나님의 새로운 백성이 되게 하기 위해 기록했답니다.

★ 어떤 내용인가요?

예레미야는 하나님의 선지자로 부름을 받아 유다와 예루살렘이 멸망할 것을 예언했어요. 하나님께서는 예레미야를 통해서 다른 나라들에게도 경고하셨어요.

1 베냐민 땅 아나돗의 제사장들 중 힐기야의 아들 예레미야의 말이라

2 아몬의 아들 유다 왕 요시야가 다스린 지 십삼 년에 여호와의 말씀이 예레미야에게 임하였고

3 요시야의 아들 유다의 왕 여호야김 시대부터 요시야의 아들 유다의 왕 시드기야의 십일년 말까지 곧 오월에 예루살렘이 사로잡혀 가기까지 임하니라

여호와의 말씀이 예레미야에게 임하다

4 ●여호와의 말씀이 내게 임하니라 이르시되

5 내가 너를 모태에 짓기 전에 너를 알았고 네가 배에서 나오기 전에 너를 성별하였고 너를 여러 나라의 선지자로 세웠노라 하시기로

6 내가 이르되 슬프도소이다 주 여호와 여 보소서 나는 아이라 말할 줄을 알지 못하나이다 하니

7 여호와께서 내게 이르시되 너는 아이라 말하지 말고 내가 너를 누구에게 보내든지 너는 가며 내가 네게 무엇을 명령하든지 너는 말할지니라

8 너는 그들 때문에 두려워하지 말라 내가 너와 함께 하여 너를 구원하리라 여호와의 말이니라 하시고 *갈 2:6*

9 여호와께서 그의 손을 내밀어 내 입에 대시며 여호와께서 내게 이르시되 보라 내가 내 말을 네 입에 두었노라

10 보라 내가 오늘 너를 여러 나라와 여러 왕국 위에 세워 네가 그것들을 뽑고 파괴하며 파멸하며 넘어뜨리며 건설하고 심게 하였느니라 하시니라 *18:7*

살구나무 가지와 끓는 가마 환상

11 ●여호와의 말씀이 또 내게 임하니라 이르시되 예레미야야 네가 무엇을 보느냐 하시매 내가 대답하되 내가 살구나무 가지를 보나이다

12 여호와께서 내게 이르시되 네가 잘 보았도다 이는 내가 내 말을 1)지켜 그대로 이루려 함이라 하시니라

1) 히, 살구나무라는 말과 지킨다는 말의 음이 비슷함

1장 에는 무엇이 기록되어 있을까?

선지자의 사명을 받은 예레미야에게 하나님은 두 가지 표적을 보여주셨어요. 즉, '살구나무 가지'에 관한 것과 '끓는 가마'에 관한 것이었어요. '살구나무 가지'에 관한 환상은 유다의 남은 자들이 회복될 것을 보여주고, '끓는 가마' 환상은 우상 숭배에 대한 하나님의 철저한 심판을 상징한답니다.

렘

13 ●여호와의 말씀이 다시 내게 임하니라 이르시되 네가 무엇을 보느냐 대답하되 끓는 가마를 보나이다 그 윗면이 북에서부터 기울어졌나이다 하니 14 여호와께서 내게 이르시되 재앙이 북방에서 일어나 이 땅의 모든 주민들에게 부어지리라

재앙이 예언되고 있는 유다(1:14-19)

15 내가 북방 왕국들의 모든 족속을 부를 것인즉 그들이 와서 예루살렘 성문 어귀에 각기 자리를 정하고 그 사방 모든 성벽과 유다 모든 성읍들을 치리라 여호와의 말이니라

16 무리가 나를 버리고 다른 신들에게 분향하며 자기 손으로 만든 것들에 절하였은즉 내가 나의 심판을 그들에게 선고하여 그들의 모든 죄악을 징계하리라

17 그러므로 너는 네 허리를 동이고 일어나 내가 네게 명령한 바를 다 그들에게 말하라 그들 때문에 두려워하지 말라 네가 그들 앞에서 두려움을 당하지 않게 하리라

18 보라 내가 오늘 너를 그 온 땅과 유다 왕들과 그 지도자들과 그 제사장들과 그 땅 백성 앞에 견고한 성읍, 쇠기둥, 놋성벽이 되게 하였은즉

19 그들이 너를 치나 너를 이기지 못하리니 이는 내가 너와 함께 하여 너를 구원할 것임이니라 여호와의 말이니라

여호와께서 기억하신다—B.C. 620년경

2 여호와의 말씀이 내게 임하니라 이르시되

2 가서 예루살렘의 귀에 외칠지니라 여호와께서 이와 같이 말씀하시기를 내가 너를 위하여 네 청년 때의 인애와 네

신혼 때의 사랑을 기억하노니 곧 씨 뿌리지 못하는 땅, 그 광야에서 나를 따랐음이니라

3 이스라엘은 여호와를 위한 성물 곧 그의 소산 중 첫 열매이니 그를 삼키는 자면 모두 벌을 받아 재앙이 그들에게 닥치리라 여호와의 말씀이니라

조상들이 여호와를 멀리하였다

4 ●야곱의 집과 이스라엘의 집 모든 족속들아 여호와의 말씀을 들으라

5 너 여호와가 이와 같이 말하노라 너희 조상들이 내게서 무슨 불의함을 보았기에 나를 멀리 하고 가서 헛된 것을 따라 헛되이 행하였느냐

6 그들이 우리를 애굽 땅에서 인도하여 내시고 광야 곧 사막과 구덩이 땅, 건조하고 1)사망의 그늘진 땅, 사람이 그 곳으로 다니지 아니하고 그 곳에 사람이 거주하지 아니하는 땅을 우리가 통과하게 하시던 여호와께서 어디 계시냐 하고 말하지 아니하였도다

7 내가 너희를 기름진 땅에 인도하여 그것의 열매와 그것의 아름다운 것을 먹게 하였거늘 너희가 이리로 들어와서는 내 땅을 더럽히고 내 기업을 역겨운 것으로 만들었으며   사 13:27

8 제사장들은 여호와께서 어디 계시냐 말하지 아니하였으며 율법을 다루는 자들은 나를 알지 못하며 2)관리들도 나에게 반역하며 선지자들은 바알의 이름으로 예언하고 무익한 것들을 따랐느니라

백성이 행한 악

9 ●그러므로 내가 다시 싸우고 너희 자

2 에는 무엇이 기록되어 있을까?

이스라엘(혹은 유다)의 죄악을 낱낱이 지적하고 있어요. 그 죄들 때문에 하나님의 심판을 받게 될 것이죠. 예레미야는 먼저 이스라엘이 구별된 거룩한 백성임을 깨우쳐주려고 했어요. 그리고 나서 이스라엘이 앗수르의 지배를 받게 된 것은 그들의 죄와 우상을 섬긴 결과라는 점을 설명해주었답니다.

1) 깊은 흑암의 땅 2) 히. 목자

손들과도 싸우리라 여호와의 말씀이니라

10 너희는 깃딤 섬들에 건너가 보며 게달에도 사람을 보내 이같은 일이 있었는지를 자세히 살펴보라

11 어느 나라가 그들의 신들을 신 아닌 것과 바꾼 일이 있느냐 그러나 나의 백성은 그의 영광을 무익한 것과 바꾸었도다

12 너 하늘아 이 일로 말미암아 놀랄지어다 심히 떨지어다 두려워할지어다 여호와의 말씀이니라

13 내 백성이 두 가지 악을 행하였나니 곧 그들이 생수의 근원되는 나를 버린 것과 스스로 웅덩이를 판 것인데 그것은 그 물을 가두지 못할 터진 웅덩이들이니라

이스라엘의 악과 반역

14 ●이스라엘이 종이냐 씨종이냐 어찌하여 포로가 되었느냐

15 어린 사자들이 그를 향하여 부르짖으며 소리를 질러 그의 땅을 황폐하게 하였으며 그의 성읍들은 불타서 주민이 없게 되었으며

16 놉과 다바네스의 자손도 네 정수리를 상하였으니

17 네 하나님 여호와가 너를 길로 인도할 때에 네가 그를 떠남으로 이를 자취함이 아니냐

18 네가 ¹⁾시홀의 물을 마시려고 애굽으로 가는 길에 있음은 어찌 됨이며 또 네가 ²⁾그 강물을 마시려고 앗수르로 가는 길에 있음은 어찌 됨이냐

19 네 악이 너를 징계하겠고 네 반역이 너를 책망할 것이라 그런즉 네 하나님 여호와를 버림과 네 속에 나를 경외함이 없는 것이 악이요 고통인 줄 알라 주 만군의 여호와의 말씀이니라

이방 신을 따라 가는 이스라엘

20 ●네가 옛적부터 네 멍에를 꺾고 네 결박을 끊으며 말하기를 나는 순종하지

1) 나일 2) 유브라데

아니하리라 하고 모든 높은 산 위에서와 모든 푸른 나무 아래에서 너는 몸을 굽혀 행음하도다

21 내가 너를 순전한 참 종자 곧 귀한 포도나무로 심었거늘 내게 대하여 이방 포도나무의 악한 가지가 됨은 어찌 됨이냐

22 주 여호와의 말씀이니라 네가 잿물로 스스로 씻으며 네가 많은 비누를 쓸지라도 네 죄악이 내 앞에 그대로 있으리라

23 네가 어찌 말하기를 나는 더럽혀지지 아니하였다 바알들의 뒤를 따르지 아니하였다 하겠느냐 골짜기 속에 있는 네 길을 보라 네 행한 바를 알 것이니라 발이 빠른 암낙타가 그의 길을 어지러이 달리는 것과 같았으며 _{잠 30:12}

24 너는 광야에 익숙한 들암나귀들이 그들의 성욕이 일어나므로 헐떡거림 같았도다 그 발정기에 누가 그것을 막으리요 그것을 찾는 것들이 수고하지 아니하고 그 발정기에 만나리라

25 내가 또 말하기를 네 발을 제어하여 벗은 발이 되게 하지 말며 목을 갈하게 하지 말라 하였으나 오직 너는 말하기를 아니라 이는 헛된 말이라 내가 이방 신들을 사랑하였은즉 그를 따라 가겠노

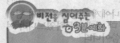

비전을 심어주는 9분 예화

아픔을 알지 못하는 몸

네 살짜리 어린 소녀가 잘못 넘어지는 바람에 그만 손목이 부러지고 말았어요. 그러나 소녀는 조금도 통증을 느끼지 못했고, 엄마에게 손목을 보이면서 손목이 구부러졌다고 말할 따름이었지요.

그 소녀가 여섯 살이 되었을 때 소녀는 다리뼈에 금이 가는 사고를 당했지만, 여전히 고통을 느끼지 못한 채 절뚝거리기만 할 뿐이었어요. 그 소녀는 아픔을 느끼지 못하게 하는 '겡글리뉴로파티'라고 부르는 치명적인 병에 걸려 있었던 것이어요.

죄를 짓고도 무덤덤한 사람은 이러한 무서운 병에 걸린 것과 같아서 양심도 죽고 성령님의 음성도 들리지 않는 불쌍한 영혼이랍니다.

헛된 우상 숭배. 이집트 비베싯에 있는 고양이를 섬기는 신전 터. 신전터에 있는 고양이 무덤들(2~28)

라 하도다

유다를 심판하리라

26 ●도둑이 붙들리면 수치를 당함 같이 이스라엘 집 곧 그들의 왕들과 지도자들과 제사장들과 선지자들이 수치를 당하였느니라

27 그들이 나무를 향하여 너는 나의 아버지라 하며 돌을 향하여 너는 나를 낳았다 하고 그들의 등을 내게로 돌리고 그들의 얼굴은 내게로 향하지 아니하다가 그들이 환난을 당할 때에는 이르기를 일어나 우리를 구원하소서 하리라

28 너를 위하여 네가 만든 네 신들이 어디 있느냐 네가 환난을 당할 때에 구원할 수 있으면 일어날 것이니라 유다여 너의 신들이 너의 성읍 수와 같도다

29 ●너희가 나에게 대항함은 어찌 됨이냐 너희가 다 내게 잘못하였느니라 여호와의 말씀이니라

30 내가 너희 자녀들을 때린 것이 무익함은 그들이 징계를 받아들이지 아니함이라 너희 칼이 사나운 사자 같이 너희 선지자들을 삼켰느니라

31 너희 이 세대여 여호와의 말을 들어 보라 내가 이스라엘에게 광야가 되었느냐 캄캄한 땅이 되었느냐 무슨 이유로 내 백성이 말하기를 우리는 놓였으니 다시 주께로 가지 아니하겠다 하느냐

32 처녀가 어찌 그의 패물을 잊겠느냐 신부가 어찌 그의 예복을 잊겠느냐 오직 내 백성은 나를 잊었나니 그 날 수는 셀

수 없거늘

33 네가 어찌 사랑을 얻으려고 네 행위를 아름답게 꾸미느냐 그러므로 네 행위를 악한 여자들에게까지 가르쳤으며

34 또 네 옷단에는 죄 없는 가난한 자를 죽인 피가 묻었나니 그들이 담 구멍을 뚫었기 때문이 아니라 오직 이 모든 일 때문이니라

35 그러나 너는 말하기를 나는 무죄하니 그의 진노가 참으로 내게서 떠났다 하거니와 보라 네 말이 나는 죄를 범하지 아니하였다 하였으므로 내가 너를 심판하리라 　25:31

36 네가 어찌하여 네 길을 바꾸어 부지런히 돌아다니느냐 네가 앗수르로 말미암아 수치를 당함 같이 또한 애굽으로 말미암아 수치를 당할 것이라

37 네가 두 손으로 네 머리를 싸고 거기서도 나가리니 이는 네가 의지하는 자들을 나 여호와가 버렸으므로 네가 그들로 말미암아 형통하지 못할 것임이라

유다의 음란과 행악

3 그들이 말하기를 가령 사람이 그의 아내를 버리므로 그가 그에게서 떠나 타인의 아내가 된다 하자 남편이 그를 다시 받겠느냐 그리하면 그 땅이 크게 더러워지지 아니하겠느냐 하느니라 네가 많은 무리와 [1]행음하고서도 내게로 돌아오려느냐 여호와의 말씀이니라

2 네 눈을 들어 헐벗은 산을 보라 네가 행음하지 아니한 곳이 어디 있느냐 네가 길 가에 앉아 사람들을 기다린 것이 광야에 있는 아라바 사람 같아서 음란과

3 **강** 에는 무엇이 기록되어 있을까?

유다는 앗수르에 의해 멸망당한 북 이스라엘을 교훈 삼아 회개해야 했어요. 하지만 유다는 계속해서 하나님을 거역했답니다. 3장에서는 이러한 유다를 '간음한 아내'로 비유하였어요. 그러나 장차 북이스라엘이 회개하고 남북 왕국이 하나되어 하나님을 섬기게 될 것임을 예언하고 있지요.

---

1) 행음하였으나 내게로 돌아오라

행악으로 이 땅을 더럽혔도다

3 그러므로 단비가 그쳤고 늦은 비가 없어졌느니라 그럴지라도 네가 창녀의 낯을 가졌으므로 수치를 알지 못하느니라

4 네가 이제부터는 내게 부르짖기를 나의 아버지여 아버지는 나의 청년 시절의 1)보호자이시오니

5 노여움을 한없이 계속하시겠으며 끝까지 품으시겠느니까 하지 아니하겠느냐 보라 네가 이같이 말하여도 악을 행하여 네 욕심을 이루었느니라 하시니라

배역한 이스라엘과 반역한 유다

6 ●요시야 왕 때에 여호와께서 또 내게 이르시되 너는 배역한 이스라엘이 행한 바를 보았느냐 그가 모든 높은 산에 오르며 모든 푸른 나무 아래로 가서 거기서 행음하였도다

7 그가 이 모든 일들을 행한 후에 내가 말하기를 그가 내게로 돌아오리라 하였으나 아직도 내게로 돌아오지 아니하였고 그의 반역한 자매 유다는 그것을 보았느니라

8 내게 배역한 이스라엘이 간음을 행하였으므로 내가 그를 내쫓고 그에게 이혼서까지 주었으되 그의 반역한 자매 유다가 두려워하지 아니하고 자기도 가서 행음함을 내가 보았노라

9 그가 돌과 나무와 더불어 행음함을 가볍게 여기고 행음하여 이 땅을 더럽혔거늘

10 이 모든 일이 있어도 그의 반역한 자매 유다가 진심으로 내게 돌아오지 아니하고 거짓으로 할 뿐이니라 여호와의 말씀이니라

11 ●여호와께서 내게 이르시되 배역한 이스라엘은 반역한 유다보다 자신이 더 의로움이 나타났나니

12 너는 가서 북을 향하여 이 말을 선포하여 이르라 여호와께서 이르시되 배역한 이스라엘아 돌아오라 나의 노한 얼굴을 너희에게로 향하지 아니하리라 나는 긍휼이 있는 자라 노를 한없이 품

지 아니하느니라 여호와의 말씀이니라

13 너는 오직 네 죄를 자복하라 이는 네 하나님 여호와를 배반하고 네 길로 달려 이방인들에게로 나아가 모든 푸른 나무 아래로 가서 내 목소리를 듣지 아니하였음이라 여호와의 말씀이니라

14 여호와의 말씀이니라 배역한 자식들아 돌아오라 나는 너희 남편임이라 내가 너희를 성읍에서 하나와 족속 중에서 둘을 택하여 너희를 시온으로 데려오겠고

15 내가 또 내 마음에 합한 목자들을 너희에게 주리니 그들이 지식과 명철로 너희를 양육하리라

16 여호와의 말씀이니라 너희가 이 땅에서 번성하여 많아질 때에는 사람들이 여호와의 언약궤를 다시는 말하지 아니할 것이요 생각하지 아니할 것이요 기억하지 아니할 것이요 찾지 아니할 것이요 다시는 만들지 아니할 것이며

17 그 때에 예루살렘이 그들에게 여호와의 보좌라 일컬음이 되며 모든 백성이 그리로 모이리니 곧 여호와의 이름으로 말미암아 예루살렘에 모이고 다시는 그들의 악한 마음의 완악한 대로 그들이 행하지 아니할 것이며

18 그 때에 유다 족속이 이스라엘 족속과

술술 풀리는 명령말씀

역사 의식

유다의 배신 행위와 우상 숭배를 보시고 하나님께서는 북이스라엘을 멸망시킨 사건을 말씀하셨어요. 북이스라엘은 B.C. 722년 앗수르의 살만에셀에 의해 멸망당했어요. 남유다는 북이스라엘의 멸망을 교훈 삼아 하나님께로 돌아와야 함에도 불구하고 어리석게 교훈을 잊고 있었지요.

우리는 과거의 역사를 통해 교훈을 받아야 해요. 하나님보다 더 사랑하는 것이 있다면 그것은 분명 버려야 할 우상이지요. 우리는 이러한 역사 의식을 가지고 우리의 삶을 돌아보아야 합니다. 역사가 보여주는 진실을 외면한 채 같은 실수를 범하지 말고, 살아서 역사하시는 하나님을 섬기도록 기도해야겠어요.

3장 6-10절

1) 동무

우상 숭배로 인해 빼앗긴 양 떼들(3:24)

동행하여 북에서부터 나와서 내가 너희 조상들에게 기업으로 준 땅에 그들이 함께 이르리라

이스라엘의 배역

19 ●내가 말하기를 내가 어떻게 하든지 너를 자녀들 중에 두며 허다한 나라들 중에 아름다운 기업인 이 귀한 땅을 네게 주리라 하였고 내가 다시 말하기를 ¹⁾너희가 나를 나의 아버지라 하고 나를 떠나지 말 것이니라 하였노라

20 그런데 이스라엘 족속이 마치 아내가 그의 남편을 속이고 떠나감 같이 너희가 확실히 나를 속였느니라 여호와의 말씀이니라

21 소리가 헐벗은 산 위에서 들리니 곧 이스라엘 자손이 애곡하며 간구하는 것이라 그들이 그들의 길을 굽게 하며 자기 하나님 여호와를 잊어버렸음이로다

22 배역한 자식들아 돌아오라 내가 너희의 배역함을 고치리라 하시니라

진실한 회개

●보소서 우리가 주께 왔사오니 주는 우리 하나님 여호와이심이니이다

23 작은 산들과 큰 산 위에서 떠드는 것은 참으로 헛된 일이라 이스라엘의 구원은 진실로 우리 하나님 여호와께 있나이다

24 부끄러운 그것이 우리가 청년의 때로부터 우리 조상들의 산업인 양 떼와 소 떼와 아들들과 딸들을 삼켰사온즉

25 우리는 수치 중에 누웠고 우리의 치욕이 우리를 덮었으니 이는 우리와 우리 조상들이 청년의 때로부터 오늘까지 우리 하나님 여호와께 범죄하여 우

리 하나님 여호와의 목소리에 순종하지 아니하였음이니이다

돌아오라고 하시다

4 여호와께서 이르시되 이스라엘아 네가 돌아오려거든 내게로 돌아오라 네가 만일 나의 목전에서 가증한 것을 버리고 네가 흔들리지 아니하며

2 진실과 정의와 공의로 여호와의 삶을 두고 맹세하면 나라들이 ²⁾나로 말미암아 스스로 복을 빌며 나로 말미암아 자랑하리라

3 ●여호와께서 유다와 예루살렘 사람에게 이와 같이 이르노라 너희 묵은 땅을 갈고 가시덤불에 파종하지 말라

4 유다인과 예루살렘 주민들아 너희는 스스로 할례를 행하여 너희 마음 가죽을 베고 나 여호와께 속하라 그리하지 아니하면 너희 악행으로 말미암아 나의 분노가 불 같이 일어나 사르리니 그것을 끌 자가 없으리라

나라들을 멸하는 자가 나아오다

5 ●너희는 유다에 선포하며 예루살렘에 공포하여 이르기를 이 땅에서 나팔을 불라 하며 또 크게 외쳐 이르기를 너희는 모이라 우리가 견고한 성으로 들어가자 하고　6:1

6 시온을 향하여 깃발을 세우라, 도피하라, 지체하지 말라, 내가 북방에서 재난과 큰 멸망을 가져오리라

7 사자가 그 수풀에서 올라왔으며 나라들을 멸하는 자가 나아 왔으되 네 땅을 황폐하게 하려고 이미 그의 처소를 떠났은즉 네 성읍들이 황폐하여 주민이

4 에는 무엇이 기록되어 있을까?

유다에게 심판이 다가왔음을 강력히 경고하고 있어요. 당시 유다 백성은 자기들은 심판을 받지 않을 것이라 생각했지요. 하지만 그들의 죄악은 너무도 심각하여 '북으로부터 기울어진 끓는 가마'(1:13-16)의 예언이 이루어지게 되었어요. 예레미야는 이에 대해 매우 슬프고도 안타까운 마음을 고백하고 있지요.

1) 네가 2) 히, 그

이스라엘 북부 단 유적지(4:15)

없게 되리니

8 이로 말미암아 너희는 굵은 베를 두르고 애곡하라 이는 여호와의 맹렬한 노가 아직 [1]너희에게서 돌이키지 아니하였음이라

9 여호와의 말씀이니라 그 날에 왕과 지도자들은 낙심할 것이며 제사장들은 놀랄 것이며 선지자들은 깜짝 놀라리라

10 ●[2]내가 이르되 슬프도소이다 주 여호와여 주께서 진실로 이 백성과 예루살렘을 크게 속이셨나이다 이르시기를 너희에게 평강이 있으리라 하시더니 칼이 생명에 [3]이르렀나이다

백성에게 심판을 행하리라

11 ●그 때에 이 백성과 예루살렘에 전할 자가 있어서 뜨거운 바람이 광야에 있는 헐벗은 산에서 내 딸 백성에게 불어온다 하리라 이는 키질하기 위함도 아니요 정결하게 하려 함도 아니며

12 [4]이보다 더 강한 바람이 나를 위하여 오리니 이제 내가 그들에게 심판을 행할 것이라

13 보라 그가 구름 같이 올라오나니 그의 병거는 회오리바람 같고 그의 말들은 독수리보다 빠르도다 우리에게 화 있도다 우리는 멸망하도다 하리라 사 19:1

14 예루살렘아 네 마음의 악을 씻어 버리라 그리하면 구원을 얻으리라 네 악한 생각이 네 속에 얼마나 오래 머물겠느냐

15 단에서 소리를 선포하며 에브라임 산에서 재앙을 공포하는도다

16 너희는 여러 나라에 전하며 또 예루살렘에 알리기를 에워싸고 치는 자들이 먼 땅에서부터 와서 유다 성읍들을 향하여 소리를 지른다 하라

17 그들이 밭을 지키는 자 같이 예루살렘을 에워싸나니 이는 그가 나를 거역했기 때문이니라 여호와의 말씀이니라

18 네 길과 행위가 이 일들을 부르게 하였나니 이는 네가 악함이라 그 고통이 네 마음에까지 미치느니라 사 107:17

선지자의 탄식

19 [5]슬프고 아프다 내 마음속이 아프고 내 마음이 답답하여 잠잠할 수 없으니 이는 나의 심령이 나팔 소리와 전쟁의 경보를 들음이로다

20 패망에 패망이 연속하여 온 땅이 탈취를 당하니 나의 장막과 휘장은 갑자기 파멸되도다

21 내가 저 깃발을 보며 나팔 소리 듣기를 어느 때까지 할꼬

22 내 백성은 나를 알지 못하는 어리석은 자요 지각이 없는 미련한 자식이라 악을 행하기에는 지각이 있으나 선을 행하기에는 무지하도다

혼돈의 환상

23 ●보라 내가 땅을 본즉 혼돈하고 공허하며 하늘에는 빛이 없으며

24 내가 산들을 본즉 다 진동하며 작은 산들도 요동하며 사 5:25

25 내가 본즉 사람이 없으며 공중의 새가 다 날아갔으며

26 보라 내가 본즉 [6]좋은 땅이 황무지가 되었으며 그 모든 성읍이 여호와의 앞 그의 맹렬한 진노 앞에 무너졌으니

파종(4:3) 논밭에 곡식의 씨앗을 뿌림.
할례(4:4) 남자아이가 태어난 지 8일 만에 생식기 끝의 껍질을 잘라내는 의식.
사자(4:7) 여기서는 바벨론을 의미함.
황폐(4:7) 집이나 땅 따위를 그냥 버려두어 거칠고 못 쓰게 됨.
키질(4:11) 키로 곡식 따위를 까부르는 일.
병거(4:13) 전쟁에 쓰는 수레.
탈취(4:20) 남의 것을 억지로 빼앗아 가짐.
휘장(4:20) 여러 폭의 천을 이어서 만든 둘러치는 막.

1)히, 우리 2)그들이 이르기를 3)미쳤나이다 하리라 4)저기서 강한 5)내 창자여 내 창자여 6)히, 갈멜

비좁고 복잡한 예루살렘 성안 골목길(5:1)

27 여호와께서 이와 같이 말씀하시길 이 온 땅이 황폐할 것이나 내가 진멸하지는 아니할 것이며

28 이로 말미암아 땅이 슬퍼할 것이며 위의 하늘이 어두울 것이라 내가 이미 말하였으며 작정하였고 후회하지 아니하였은즉 또한 거기서 돌이키지 아니하리라 하셨음이로다

29 기병과 활 쏘는 자의 함성으로 말미암아 모든 성읍 사람들이 도망하여 수풀에 들어가고 바위에 기어오르며 각 성읍이 버림을 당하여 거기 사는 사람이 없나니

30 멸망을 당한 자여 네가 어떻게 하려느냐 네가 붉은 옷을 입고 금장식으로 단장하고 눈을 그려 1)꾸밀지라도 네가 화장한 것이 헛된 일이라 연인들이 너를 멸시하여 네 생명을 찾느니라

31 내가 소리를 들은즉 여인의 해산하는 소리 같고 초산하는 자의 고통하는 소리 같으니 이는 시온의 딸의 소리라 그가 헐떡이며 그의 손을 펴고 이르기를 내게 화가 있도다 죽이는 자로 말미암아 나의 심령이 피곤하도다 하는도다

예루살렘의 허물과 반역 - B.C. 615나경

5 너희는 예루살렘 거리로 빨리 다니며 그 넓은 거리에서 찾아보고 알지니 *너희가 만일 공의를* 행하며 진리를 구하는 자를 한 사람이라도 찾으면 내가 이 성읍을 용서하리라 대상 16:9

2 그들이 여호와께서 살아 계심을 두고 맹세할지라도 실상은 거짓 맹세니라

3 여호와여 주의 눈이 진리를 찾지 아니하시나이까 주께서 그들을 치셨을지라도 그들이 아픈 줄을 알지 못하며 그들을 멸하셨을지라도 그들이 징계를 받지 아니하고 그들의 얼굴을 바위보다 굳게 하여 돌아오기를 싫어하므로

4 내가 말하기를 이 무리는 비천하고 어리석은 것뿐이라 여호와의 길, 자기 하나님의 법을 알지 못하니

5 내가 지도자들에게 가서 그들에게 말하리라 그들은 여호와의 길, 자기 하나님의 법을 안다 하였더니 그들도 일제히 멍에를 꺾고 결박을 끊은지라

6 그러므로 수풀에서 나오는 사자가 그들을 죽이며 사막의 이리가 그들을 멸하며 표범이 성읍들을 엿본즉 그리로 나오는 자마다 찢기리니 이는 그들의 허물이 많고 반역이 심함이니이다

7 ●내가 어찌 너를 용서하겠느냐 네 자녀가 나를 버리고 신이 아닌 것들로 맹세하였으며 내가 그들을 배불리 먹인즉 그들이 간음하며 창기의 집에 허다히 모이며

8 그들은 두루 다니는 살진 수말 같이 각기 이웃의 아내를 따르며 소리지르는도다 창 22:11

9 여호와의 말씀이니라 내가 어찌 이 일들에 대하여 벌하지 아니하겠으며 내 마음이 이런 나라에 보복하지 않겠느냐

여호와께서 백성을 버리다

10 ●너희는 그 2)성벽에 올라가 무너뜨리되 다 무너뜨리지 말고 그 가지만 꺾어 버리라 여호와의 것이 아님이니라

11 여호와의 말씀이니라 이스라엘의 집과

1) 크게 할지라도 2) 히. 포도나무

유다의 집이 내게 심히 반역하였느니라

12 그들이 여호와를 인정하지 아니하며 말하기를 여호와께서는 계시지 아니하니 재앙이 우리에게 임하지 아니할 것이요 우리가 칼과 기근을 보지 아니할 것이며

13 선지자들은 바람이라 말씀이 그들의 속에 있지 아니한즉 그같이 그들이 당하리라 하느니라

14 ●그러므로 만군의 하나님 여호와께서 이와 같이 말씀하시니라 너희가 이 말을 하였은즉 볼지어다 내가 네 입에 있는 나의 말을 불이 되게 하고 이 백성을 나무가 되게 하여 불사르리라

15 여호와의 말씀이니라 이스라엘 집이여 보라 내가 한 나라를 먼 곳에서 너희에게로 오게 하리니 곧 강하고 오랜 민족이라 그 나라 말을 네가 알지 못하며 그 말을 ¹⁾네가 깨닫지 못하느니라

16 그 화살통은 열린 무덤이요 그 사람들은 다 용사라

17 그들이 네 자녀들이 먹을 추수 곡물과 양식을 먹으며 네 양 떼와 소 떼를 먹으며 네 포도나무와 무화과나무 열매를 먹으며 네가 믿는 견고한 성들을 칼로 파멸하리라

레 26:16

18 여호와의 말씀이니라 그 때에도 내가 너희를 진멸하지는 아니하리라

4:27

19 ●¹⁾그들이 만일 이르기를 우리 하나님 여호와께서 어찌하여 이 모든 일을 우리에게 행하셨는냐 하거든 너는 그들에게 이르기를 너희가 ²⁾여호와를 버리고 너희 땅에서 이방 신들을 섬겼은즉 이와 같이 너희 것이 아닌 땅에서 이방인들을 섬기리라 하라

신 29:24

여호와께서 백성에게 이르시다

20 ●¹⁾너는 이를 야곱 집에 선포하며 유다에 공포하여 이르기를

21 어리석고 지각이 없으며 눈이 있어도 보지 못하며 귀가 있어도 듣지 못하는 백성이여 이를 들을지어다

사 6:9

22 여호와의 말씀이니라 너희가 나를 두려워하지 아니하느냐 내 앞에서 떨지 아니하겠느냐 내가 모래를 두어 바다의 한계를 삼되 그것으로 영원한 한계를 삼고 지나치지 못하게 하였으므로 파도가 거세게 이나 그것을 이기지 못하며 뛰노나 그것을 넘지 못하느니라

23 그러나 너희 백성은 배반하며 반역하는 마음이 있어서 이미 배반하고 갔으며

24 또 ³⁾너희 마음으로 우리에게 이른 비와 늦은 비를 때를 따라 주시며 우리를 위하여 추수 기한을 정하시는 우리 하나님 여호와를 경외하자 말하지도 아니하니

25 너희 허물이 이러한 일들을 물리쳤고 너희 죄가 너희로부터 좋은 것을 막았느니라

26 내 백성 가운데 악인이 있어서 새 사냥꾼이 매복함 같이 지키며 덫을 놓아 사람을 잡으며

27 새장에 새들이 가득함 같이 ³⁾너희 집들에 속임이 가득하도다 그러므로 ³⁾너희가 번창하고 거부가 되어

9:6

28 살지고 윤택하며 또 행위가 심히 악하여 자기 이익을 얻으려고 송사 곧 고아의 송사를 공정하게 하지 아니하며 빈민의 재판을 공정하게 판결하지 아니하니

솔솔 풀리는 성경말씀

바벨론제국

B.C. 19세기 중반부터 B.C. 6세기 초반까지 남부 메소포타미아 지역에서 세력을 펼쳤던 국가로, 수무아붐에 의해 창건되어 함무라비 때에 번영을 누렸어요. 그후 한동안 앗수르 제국에 의해 무기력해져 있었는데, 앗수르의 세력이 기울어진 틈을 타 나보폴라살이 신 바벨론 왕조를 세웠지요.

B.C. 612년 앗수르를 함락시킨 후, 느부갓네살 2세(B.C. 604-562) 때에는 애굽을 무찌르고 수리아와 팔레스타인을 차지하였어요. 이때 유다의 여호야김도 바벨론 왕 느부갓네살을 섬겼어요. 후에 여호야김과 시드기야의 배반으로 바벨론은 예루살렘을 에워싸고 포위한 지 18개월 만에 예루살렘을 함락시키고 유다를 멸망시켰습니다.

5장 15-19절

29 내가 이 일들에 대하여 벌하지 아니하겠으며 내 마음이 이같은 나라에 보복하지 아니하겠느냐 여호와의 말씀이니라

30 ●이 땅에 무섭고 놀라운 일이 있도다

31 선지자들은 거짓을 예언하며 제사장들은 자기 권력으로 다스리며 내 백성은 그것을 좋게 여기니 마지막에는 너희가 어찌하려느냐

벌 받을 녕 예루살렘 - B.C. 615년경

6 베냐민 자손들아 예루살렘 가운데로부터 피난하라 드고아에서 나팔을 불고 벧학게렘에서 깃발을 들라 재앙과 큰 파멸이 북방에서 엿보아 옴이니라

2 아름답고 우아한 시온의 딸을 내가 멸절하리니

3 목자들이 그 양 떼를 몰고 와서 주위에 자기 장막을 치고 각기 그 처소에서 먹이리로다

4 너희는 그를 칠 준비를 하라 일어나라 우리가 정오에 올라가자 아하 아깝다 날이 기울어 저녁 그늘이 길었구나

5 일어나라 우리가 밤에 올라가서 그 요새들을 헐자 하도다

6 만군의 여호와께서 이와 같이 말하노라 너희는 나무를 베어서 예루살렘을 향하여 목책을 만들라 이는 벌 받을 성이라 그 중에는 오직 포학한 것뿐이니라

7 샘이 그 물을 솟구쳐냄 같이 그가 그 악을 드러내니 폭력과 탈취가 거기에서 들리며 질병과 살상이 내 앞에 계속하느니라

8 예루살렘아 너는 훈계를 받으라 그리하지 아니하면 내 마음이 너를 싫어하고 너를 황폐하게 하여 주민이 없는 땅으로 만들리라

벌 받을 백성

9 ●만군의 여호와께서 이와 같이 말씀하시되 포도를 따듯이 그들이 이스라엘의 남은 자를 말갛게 주우리라 너는 포도 따는 자처럼 네 손을 광주리에 자주자주 놀리라 하시나니라

10 내가 누구에게 말하며 누구에게 경책하여 듣게 할꼬 보라 그 귀가 할례를 받지 못하였으므로 듣지 못하는도다 보라 여호와의 말씀을 그들이 자신들에게 욕으로 여기고 이를 즐겨 하지 아니하니

11 그러므로 여호와의 분노가 내게 가득하여 참기 어렵도다 그것을 거리에 있는 아이들과 모인 청년들에게 부으리니 남편과 아내와 나이 든 사람과 늙은이가 다 잡히리로다

12 내가 그 땅 주민에게 내 손을 펼 것인즉 그들의 집과 밭과 아내가 타인의 소유로 이전되리라 여호와의 말씀이니라

13 이는 그들이 가장 작은 자로부터 큰 자까지 다 탐욕을 부리며 선지자로부터 제사장까지 다 거짓을 행함이라

14 그들이 내 백성의 상처를 가볍게 여기면서 말하기를 평강하다 평강하다 하나 평강이 없도다

15 그들이 가증한 일을 행할 때에 부끄러워하였느냐 아니라 조금도 부끄러워하지 않을 뿐 아니라 얼굴도 붉어지지 않았느니라 그러므로 그들이 엎드러지는 자와 함께 엎드러질 것이라 내가 그들을 벌하리니 그 때에 그들이 거꾸

러지리라 여호와의 말씀이니라 3:3

나만 길로 가지 아니하나

16 ●여호와께서 이와 같이 말씀하시되 너희는 길에 서서 보며 옛적 길 곧 선한 길이 어디인지 알아보고 그리로 가라 너희 심령이 평강을 얻으리라 하나 그들의 대답이 우리는 그리로 가지 않겠노라 하였으며 사 8:20

17 내가 또 너희 위에 파수꾼을 세웠으니 나팔 소리를 들으라 하나 그들의 대답이 우리는 듣지 않겠노라 하였도다

18 그러므로 너희 나라들아 들으라 무리들아 그들이 당할 일을 알라

19 땅이여 들으라 내가 이 백성에게 재앙을 내리리니 이것이 그들의 생각의 결과라 그들이 내 말을 듣지 아니하며 내 율법을 거절하였음이니라

20 시바에서 유향과 먼 곳에서 1)향품을 내게로 가져옴은 어찌함이냐 나는 2)그들의 번제를 받지 아니하며 그들의 희생제물을 달게 여기지 않노라 사 1:11

21 그러므로 여호와께서 이와 같이 말씀하시니라 보라 내가 이 백성 앞에 장애물을 두리니 아버지와 아들들이 함께 거기에 걸려 넘어지며 이웃과 그의 친구가 함께 멸망하리라

북방에서 들이오는 민족

22 ●여호와께서 이와 같이 말씀하시되 보라 한 민족이 북방에서 오며 큰 나라가 땅 끝에서부터 떨쳐 일어나나니

23 그들은 활과 창을 잡았고 잔인하여 사랑이 없으며 그 목소리는 바다처럼 포효하는 소리라 그들이 말을 타고 전사

같이 다 대열을 벌이고 시온의 딸인 너를 치려 하느니라 하시도다

24 우리가 그 소문을 들었으므로 손이 약하여졌고 고통이 우리를 잡았으므로 그 아픔이 해산하는 여인 같도다 4:31

25 너희는 밭에도 나가지 말라 길로도 다니지 말라 원수의 칼이 있고 사방에 두려움이 있음이라

26 딸 내 백성이 굵은 베를 두르고 재에서 구르며 독자를 잃음 같이 슬퍼하며 통곡할지어다 멸망시킬 자가 갑자기 우리에게 올 것임이라

27 ●내가 이미 너를 내 백성 중에 망대와 요새로 삼아 그들의 길을 알고 살피게 하였노라

28 그들은 다 심히 반역한 자며 비방하며 돌아다니는 자며 그들은 놋과 철이며 다 사악한 자라

29 풀무불을 맹렬히 불면 그 불에 납이 살라져서 단련하는 자의 일이 헛되게 되느니라 이와 같이 악한 자가 제거되지 아니하나니 15:19

30 사람들이 그들을 내버린 은이라 부르게 될 것은 여호와께서 그들을 버렸음이라

여호와의 말씀을 들으라 B.C. 610년경

7

여호와께로부터 예레미야에게 말씀이 임하니라 이르시되

2 너는 여호와의 집 문에 서서 이 말을 선포하여 이르기를 여호와께 예배하러 이 문으로 들어가는 유다 사람들아 여호와의 말씀을 들으라

3 만군의 여호와 이스라엘의 하나님께서 이와 같이 말씀하시되 너희 길과 행

---

1) 창포 2) 히, 너희

멸절(6:2) 멸망시켜 없앰.
포학(6:6) 횡포하고 잔악함.
경책(6:10) 정신을 차리도록 꾸짖음.
유향(6:20) 향의 일종. 유향목에서 진액을 짜낸 고급 향료.
굵은 베(6:26) 옷감의 씨와 날이 굵은 것으로 짠 천. 죽은 자를 곡하거나 나라의 불행이 오려 할 때 이 천을 허리에 둘렀다.
망대(6:27) 적의 동정을 살펴보는 높은 대.

7 장에는 무엇이 기록되어 있을까?

7장에서는 특별히 성전에 관한 죄를 지적하고 있어요. 유다 백성은 성전 밖에서는 온갖 죄를 지으면서도, 성전에 나아가 제물만 바치면 구원받을 수 있다고 생각했어요. 하지만 그런 예배는 오히려 하나님을 모욕하는 것이었지요. 결국 하나님은 그들에게 무서운 심판을 내리기로 하셨답니다.

위를 바르게 하라 그리하면 내가 너희
로 이 곳에 살게 하리라

4 너희는 이것이 여호와의 성전이라, 여
호와의 성전이라, 여호와의 성전이라
하는 거짓말을 믿지 말라

5 너희가 만일 길과 행위를 참으로 바르
게 하여 이웃들 사이에 정의를 행하며

6 이방인과 고아와 과부를 압제하지 아
니하며 무죄한 자의 피를 이 곳에서 흘
리지 아니하며 다른 신들 뒤를 따라 화
를 자초하지 아니하면

7 내가 너희를 이 곳에 살게 하리니 곧 너
희 조상들에게 영원무궁토록 준 땅이니라

8 ●보라 너희가 무익한 거짓말을 의존
하는도다

9 너희가 도둑질하며 살인하며 간음하며
거짓 맹세하며 바알에게 분향하며 너희
가 알지 못하는 다른 신들을 따르면서

10 내 이름으로 일컬음을 받는 이 집에 들
어와서 내 앞에 서서 말하기를 우리가
구원을 얻었나이다 하느냐 이는 이 모
든 가증한 일을 행하려 함이로다

11 내 이름으로 일컬음을 받는 이 집이 너
희 눈에는 도둑의 소굴로 보이느냐 보
라 나 곧 내가 그것을 보았노라 여호와
의 말씀이니라

12 ●너희는 내가 처음으로 내 이름을 둔
처소 실로에 가서 내 백성 이스라엘의
악에 대하여 내가 어떻게 행하였는지

를 보라 26:6

13 여호와의 말씀이니라 이제 너희가 그
모든 일을 행하였으며 내가 너희에게
말하되 새벽부터 부지런히 말하여도
듣지 아니하였고 너희를 불러도 대답
하지 아니하였느니라

14 그러므로 내가 실로에 행함 같이 너희
가 신뢰하는 바 내 이름으로 일컬음을
받는 이 집 곧 너희와 너희 조상들에게
준 이 곳에 행하겠고

15 내가 너희 모든 형제 곧 에브라임 온 자
손을 쫓아낸 것 같이 내 앞에서 너희
를 쫓아내리라 하였으니 하였더니라 15:1

여호와를 순종하지 아니하는 백성

16 ●그런즉 너는 이 백성을 위하여 기도
하지 말라 그들을 위하여 부르짖어 구
하지 말라 내게 간구하지 말라 내가 네
게서 듣지 아니하리라

17 너는 그들이 유다 성읍들과 예루살렘
거리에서 행하는 일을 보지 못하느냐

18 자식들은 나무를 줍고 아버지들은 불
을 피우며 부녀들은 가루를 반죽하여
하늘의 여왕을 위하여 과자를 만들며
그들이 또 다른 신들에게 전제를 부음
으로 나의 노를 일으키느니라

19 여호와의 말씀이니라 그들이 나를 격
노하게 함이냐 자기 얼굴에 부끄러움
을 자취함이 아니냐

20 그러므로 주 여호와께서 이와 같이 말

선생님!! 궁금해요!

난 제대로 걸을 수 없어요.
하나님은 나를 사랑하지 않으시는 건가요?

이 세상에는 걷지 못하는 사람, 앞을 볼 수 없는 사람과 같은 장애인이
많이 있어요. 태어날 때부터 장애인인 사람도 있고 사고를 당해서 장애인
이 되기도 해요. 하지만 그렇다고 해서 불행하다는 것이 아니라, 진정
한 하나님의 아들딸은 감사하는 생활을 해야 하지요.

우리 몸 중에 어느 한 부분이 사용할 수 없게 되었을 때는 건강한 부분
을 가지고 감사드려야 해요. 오히려 하나님은 그러한 사람들을 더욱 가까
이하시며 더 크신 은혜와 사랑을 예비해놓고 계시답니다.

알고 있나요? 이 세상의 위대한 사람들 중에는 가난한 집에서 태어난
사람, 허약하거나 장애인으로 태어난 사람이 더 많다는 것 말이에요.

요 11장 4절

풍나무(유향)
(8:22)

소리로다 여호와께서 시온에 계시지
아니한가, 그의 왕이 그 가운데 계시지
아니한가 그들이 어찌하여 그 조각한
신상과 이방의 헛된 것들로 나를 격노
하게 하였는고 하시니 4:16

20 추수할 때가 지나고 여름이 다하였으나
우리는 구원을 얻지 못한다 하는도다

21 딸 내 백성이 상하였으므로 나도 상하
여 슬퍼하며 놀라움에 잡혔도다 2:6

22 길르앗에는 유향이 있지 아니한가 그
곳에는 의사가 있지 아니한가 딸 내 백
성이 치료를 받지 못함은 어찌 됨인고

9 어찌하면 내 머리는 물이 되고 내
눈은 눈물 근원이 될꼬 죽임을 당
한 딸 내 백성을 위하여 주야로 울리로
다

2 내가 광야에서 나그네가 머무를 곳을
얻는다면 내 백성을 떠나 가리니 그들
은 다 간음하는 자요 반역한 자의 무리
가 됨이로다

3 여호와의 말씀이니라 그들이 활을 당
김 같이 그들의 혀를 놀려 거짓을 말하
며 그들이 이 땅에서 강성하나 진실하
지 아니하고 악에서 악으로 진행하며
또 나를 알지 못하느니라

4 너희는 각기 이웃을 조심하며 어떤 형
제든지 믿지 말라 형제마다 완전히 속
이며 이웃마다 다니며 비방함이라

5 그들은 각기 이웃을 속이며 진실을 말
하지 아니하며 그들의 혀로 거짓말하기
를 가르치며 악을 행하기에 지치거늘

6 네가 사는 곳이 속이는 일 가운데 있도
다 그들은 속이는 일로 말미암아 나를

알기를 싫어하느니라 여호와의 말씀
이니라

7 ●그러므로 만군의 여호와께서 이와 같
이 말씀하시되 보라 내가 내 딸 백성
을 어떻게 처치할꼬 그들을 녹이고 연
단하리라

8 그들의 혀는 죽이는 화살이라 거짓을
말하며 입으로는 그 이웃에게 평화를
말하나 마음으로는 해를 꾸미는도다

9 내가 이 일들로 말미암아 그들에게 벌
하지 아니하겠으며 내 마음이 이런 나
라에 보복하지 않겠느냐 여호와의 말
씀이니라

10 ●내가 산들을 위하여 울며 부르짖으
며 광야 목장을 위하여 슬퍼하나니 이
는 그것들이 불에 탔으므로 지나는 자
가 없으며 거기서 가축의 소리가 들리
지 아니하며 공중의 새도 짐승도 다 도
망하여 없어졌음이라 4:3

11 내가 예루살렘을 무더기로 만들며 승
냥이 굴이 되게 하겠고 유다의 성읍들
을 황폐하게 하여 주민이 없게 하리라

12 ●지혜가 있어서 이 일을 깨달을 만한
자가 누구며 여호와의 입의 말씀을 받
아서 선포할 자가 누구인고 이 땅이 어
찌하여 멸망하여 광야 같이 불타서 지
나가는 자가 없게 되었느냐

13 여호와께서 말씀하시되 이는 그들이
내가 그들의 앞에 세운 나의 율법을 버
리고 내 목소리를 순종하지 아니하며
그대로 행하지 아니하고

14 그 마음의 완악함을 따라 자기에게 가르
치게 가르친 바알들을 따랐음이라

9장 에는 무엇이 기록되어 있을까?

에레미야는 유다 백성의 죄악에 대
한 자신의 절망스러운 마음을 시로 표현하고 있
어요(1~11절). 그리고 예루살렘을 '초상집'에
비유하기도 했어요. 예레미야는 또한 모든 열방
에게 여호와를 알고 그분만 섬길 것을 당부하
지요. 이어서 하나님의 말씀에 순종하지 않는
자들이 받을 징벌을 경고했답니다.

15 그러므로 만군의 여호와 이스라엘의 하나님께서 이와 같이 말씀하시니라 보라 내가 그들 곧 이 백성에게 쑥을 먹이며 독한 물을 마시게 하고
16 그들과 그들의 조상이 알지 못하던 여러 나라 가운데에 그들을 흩어 버리고 진멸되기까지 그 뒤로 칼을 보내리라 하셨느니라

사랑과 정의와 공의를 행하시는 여호와

17 ●만군의 여호와 이와 같이 말씀하시되 너희는 잘 생각해 보고 곡하는 부녀를 불러오며 또 사람을 보내 지혜로운 부녀를 불러오되
18 그들로 빨리 와서 우리를 위하여 애곡하여 우리의 눈에서 눈물이 떨어지게 하며 우리 눈꺼풀에서 물이 쏟아지게 하라
19 이는 시온에서 통곡하는 소리가 들리기를 우리가 아주 망하였구나 우리가 크게 부끄러움을 당하였구나 우리가 그 땅을 떠난 것은 그들이 우리 거처를 헐었음이로다 함이로다
20 부녀들이여 여호와의 말씀을 들으라 너희 귀에 그 입의 말씀을 받으라 너희 딸들에게 애곡하게 하고 각기 이웃에게 슬픈 노래를 가르치라
21 무릇 사망이 우리 창문을 통하여 넘어 들어오며 우리 궁실에 들어오며 밖에서는 자녀들을 거리에서 청년들을 멸절하려 하느니라
22 너는 이같이 말하라 여호와의 말씀에 사람의 시체가 분토 같이 들에 떨어질 것이며 추수하는 자의 뒤에 버려져 거두지 못한 곡식단 같이 되리라 하셨느니라

10장에는 무엇이 기록되어 있을까?
하나님을 배신하고 우상 숭배에 빠져드는 것이 얼마나 어리석은지 강조하고 있어요. 사람이 우상을 숭배하는 것은 그 마음이 진리로 물들어서 하나님 섬기기를 싫어하기 때문이지요. 예레미야는 유다 백성에게 포로로 잡혀 갈 마음의 준비를 할 것을 권했어요. 그리고 여호와의 자비를 호소했답니다.

다시스
일반적으로 스페인의 남부 지브롤터에서 가까운 '타르테수스'로 추정되고 있어요. 이 땅은 금속 생산과 가공업으로 유명했지요. 특히 페니키아 사람들이 개발하여 교역했던 곳으로, 큰 부의 근원지였답니다. 10장 9절

23 ●여호와께서 이와 같이 말씀하시되 지혜로운 자는 그의 지혜를 자랑하지 말라 용사는 그의 용맹을 자랑하지 말라 부자는 그의 부함을 자랑하지 말라
24 자랑하는 자는 이것으로 자랑할지니 곧 명철하여 나를 아는 것과 나 여호와는 사랑과 정의와 공의를 땅에 행하는 자인 줄 깨닫는 것이라 나는 이 일을 기뻐하노라 여호와의 말씀이니라
25 ●여호와의 말씀이니라 보라 날이 이르면 1)할례 받은 자와 할례 받지 못한 자를 내가 다 벌하리니
26 곧 애굽과 유다와 에돔과 암몬 자손과 모압과 및 광야에 살면서 살쩍을 깎은 자들에게라 무릇 모든 민족은 할례를 받지 못하였고 이스라엘은 마음에 할례를 받지 못하였느니라 하셨느니라

우상의 가르침과 참 하나님 여호와

10 이스라엘 집이여 여호와께서 너희에게 이르시는 말씀을 들을지어다
2 여호와께서 이와 같이 말씀하시되 여러 나라의 길을 배우지 말라 이방 사람들은 하늘의 징조를 두려워하거니와 너희는 그것을 두려워하지 말라
3 여러 나라의 2)풍습은 헛된 것이니 삼림에서 벤 나무요 기술공의 두 손이 도끼로 만든 것이라
4 그들이 은과 금으로 그것에 꾸미고 못과 장도리로 그것을 든든히 하여 흔들리지 않게 하나니
5 그것이 둥근 기둥 같아서 말도 못하며 걸어다니지도 못하므로 사람이 메어

1)할례를 받았어도 마음으로 받지 아니하는 자 2)풍속은

야 하느니라 그것이 그들에게 화를 주거나 복을 주지 못하나니 너희는 두려워하지 말라 하셨느니라

6 ●여호와여 주와 같은 이 없나이다 주는 크시니 주의 이름이 그 권능으로 말미암아 크시니이다 신 33:26

7 이방 사람들의 왕이시여 주를 경외하지 아니할 자가 누구리이까 이는 주께 당연한 일이라 여러 나라와 여러 왕국들의 지혜로운 자들 가운데 주와 같은 이가 없음이니이다

8 그들은 다 무지하고 어리석은 것이니 우상의 가르침은 나무뿐이라

9 다시스에서 가져온 은박과 우바스에서 가져온 금으로 꾸미되 기술공과 은장색의 손으로 만들었고 청색 자색 옷을 입었나니 이는 정교한 솜씨로 만든 것이거니와

10 오직 여호와는 참 하나님이시요 살아 계신 하나님이시요 영원한 왕이시라 그 진노하심에 땅이 진동하며 그 분노하심을 이방이 능히 당하지 못하느니라

11 ●너희는 이같이 그들에게 이르기를 천지를 짓지 아니한 신들은 땅 위에서, 이 하늘 아래에서 망하리라 하라

진실의 입 -생기가 없는 우상 (10:1-16)

이마다 자기의 조각한 신상으로 말미암아 수치를 당하나니 이는 그가 부어 만든 우상은 거짓 것이요 그 속에 생기가 없음이라

15 그것들은 헛 것이요 1)망령되이 만든 것인즉 징벌하실 때에 멸망할 것이나

16 야곱의 분깃은 이같지 아니하시니 그는 만물의 조성자요 이스라엘은 그의 기업의 지파라 그 이름은 만군의 여호와시니라

만물의 조성자 만군의 여호와

12 ●여호와께서 그의 권능으로 땅을 지으셨고 그의 지혜로 세계를 세우셨고 그의 명철로 하늘을 펴셨으며 51:15

13 그가 목소리를 내신즉 하늘에 많은 물이 생기나니 그는 땅 끝에서 구름이 오르게 하시며 비를 위하여 번개치게 하시며 그 곳간에서 바람을 내시거늘

14 사람마다 어리석고 무식하도다 은장

백성의 탄식

17 ●에워싸인 가운데 앉은 자여 네 짐 꾸러미를 이 땅에서 꾸리라 삼상 25:29

18 여호와께서 이와 같이 말씀하시되 보라 내가 이 땅에 사는 자를 이번에는 내던질 것이라 그들을 괴롭게 하여 깨닫게 하리라 하셨느니라

19 ●슬프다 내 상처여 내가 중상을 당하였도다 그러나 내가 말하노라 이는 참으로 고난이라 내가 참아야 하리로다

20 내 장막이 무너지고 나의 모든 줄이 끊어졌으며 내 자녀가 나를 떠나가고 있지 아니하니 내 장막을 세울 자와 내 휘장을 칠 자가 다시 없도다

21 목자들은 어리석어 여호와를 찾지 아니하므로 2)형통하지 못하며 그 모든 양 떼는 흩어졌도다

22 들을지어다 북방에서부터 크게 떠드는 소리가 들리니 유다 성읍들을 황폐하게 하여 승냥이의 거처가 되게 하리로다

23 ●여호와여 내가 알거니와 사람의 길이 자신에게 있지 아니하니 걸음을 지도

쑥(9:15) 성경에서 쑥은 광야에 자라는 독초의 일종으로 언급됨.
곡하는 부녀(9:17) 전문적으로 통곡하는 것을 직업으로 삼는 여자들.
애곡(9:20) 슬퍼 흐느끼는 울음.
분토(9:22) 썩은 흙.
명철(9:24) 총명하여 사리에 밝음.
진노(10:10) 존엄하게 여기는 대상이 몹시 노함.
형통(10:21) 모든 일이 뜻대로 잘 되어감.

1) 조롱함을 받을 것인즉 2) 지혜롭게 행하지 못하며

함이 걷는 자에게 있지 아니하나이다

24 여호와여 나를 징계하옵시되 너그러이 하시고 진노로 하지 마옵소서 주께서 내가 없어지게 하실까 두려워하나이다

25 주를 알지 못하는 이방 사람들과 주의 이름으로 기도하지 아니하는 족속들에게 주의 분노를 부으소서 그들은 야곱을 씹어 삼켜 멸하고 그의 1)거처를 황폐하게 하였나이다 하니라

익은 감람나무 열매 (11:16)

여호와께로 이르는 언약의 말 B.C. 610년경

11

여호와께로부터 예레미야에게 임한 말씀이라 이르시되

2 너희는 이 언약의 말을 듣고 유다인과 예루살렘 주민에게 말하라

3 그들에게 이르기를 이스라엘의 하나님 여호와께서 이와 같이 말씀하시되 이 언약의 말을 따르지 않는 자는 저주를 받을 것이니라

4 이 언약은 내가 너희 조상들을 쇠풀무 애굽 땅에서 이끌어내던 날에 그들에게 명령한 것이라 곧 내가 이르기를 너희는 내 목소리를 순종하고 나의 모든 명령을 따라 행하라 그리하면 너희는 내 백성이 되겠고 나는 너희의 하나님이 되리라

5 내가 또 너희 조상들에게 맹세한 것 곧 그들에게 젖과 꿀이 흐르는 땅을 주리라 한 언약을 이루리라 한 것인데 오늘이 그것을 증언하느니라 하라 하시기로 내가 대답하여 이르되 아멘 여호와여 하였노라

6 ●여호와께서 내게 이르시되 너는 이 모든 말로 유다 성읍들과 예루살렘 거리에서 선포하여 이르기를 너희는 이 언약의 말을 듣고 지키라

7 내가 너희 조상들을 애굽 땅에서 인도하여 낸 날부터 오늘까지 간절히 경계하며 끊임없이 경계하기를 너희는 내 목소리를 순종하라 하였으나

8 그들이 순종하지 아니하며 귀를 기울이지도 아니하고 각각 그 악한 마음의 완악한 대로 행하였으므로 내가 그들에게 행하라 명령하였어도 그들이 행하지 아니한 이 언약의 모든 규정대로 그들에게 이루게 하였느니라 하라

9 ●여호와께서 또 내게 이르시되 유다인과 예루살렘 주민 중에 반역이 있도다

10 그들이 내 말 듣기를 거절한 자기들의 선조의 죄악으로 돌아가서 다른 신들을 따라 섬겼은즉 이스라엘 집과 유다 집이 내가 그들의 조상들과 맺은 언약을 깨뜨렸도다

11 그러므로 나 여호와가 이와 같이 말하노라 보라 내가 재앙을 그들에게 내리리니 그들이 피할 수 없을 것이라 그들이 내게 부르짖을지라도 내가 듣지 아니할 것인즉

12 유다 성읍들과 예루살렘 주민이 그 분향하는 신들에게 가서 부르짖을지라도 그 신들이 그 고난 가운데에서 절대로 그들을 구원하지 못하리라

13 유다야 네 신들이 네 성읍의 수와 같도다 너희가 예루살렘 거리의 수대로 그 수치스러운 물건의 제단 곧 바알에게 분향하는 제단을 쌓았도다

14 ●그러므로 너는 이 백성을 위하여 기도하지 말라 그들을 위하여 부르짖거

1) 목장

에는 무엇이 기록되어 있을까?

하나님께서 택하신 유다 백성은 가나안을 거룩한 땅으로 변화시킬 사명이 있었어요. 그러나 그들은 오히려 가나안의 풍습에 빠져 결국 하나님의 심판을 받게 되었지요. 게다가 예레미야의 고향인 아나돗 사람들은 예레미야를 살해할 음모를 꾸미기까지 하였어요.

우상을 섬기는
이스라엘 백성
(11:17)

나 구하지 말라 그들이 그 고난으로 말
미암아 내게 부르짖을 때에 내가 그들
에게서 듣지 아니하리라
15 ¹⁾나의 사랑하는 자가 많은 악한 음모를
꾸미더니 나의 집에서 무엇을 하려느냐
거룩한 제물 고기로 네 재난을 피할 수
있겠느냐 그 때에 네가 기뻐하겠느냐
16 여호와께서는 그의 이름을 일컬어 좋
은 열매 맺는 아름다운 푸른 감람나무
라 하였었으나 큰 소동 중에 그 위에 불
을 피웠고 그 가지는 꺾였도다
17 바알에게 분향함으로 나의 노여움을
일으킨 이스라엘 집과 유다 집의 악으
로 말미암아 그를 심은 만군의 여호와
께서 그에게 재앙을 선언하셨느니라
²⁾아낫 사람들이 예레미야를 죽이려 꾀하다
18 ●여호와께서 내게 알게 하셨으므로
내가 그것을 알았나이다 그 때에 주께
서 그들의 행위를 내게 보이셨나이다
19 나는 끌려서 도살 당하러 가는 순한 어
린 양과 같으므로 그들이 나를 해하려고
꾀하기를 우리가 그 나무와 열매를 함께
박멸하자 그를 살아 있는 자의 땅에서
끊어서 그의 이름이 다시 기억되지 못하
게 하자 함을 내가 알지 못하였나이다
20 공의로 판단하시며 사람의 마음을 감찰
하시는 만군의 여호와여 나의 원통함을
주께 아뢰었사오니 그들에게 대한 주의
보복을 내가 보리이다 하였더니
21 여호와께서 아낫 사람들에 대하여
이와 같이 말씀하시되 그들이 네 생명

을 빼앗으려고 찾아 이르기를 너는 여
호와의 이름으로 예언하지 말라 두렵
건대 우리 손에 죽을까 하노라 하도다
22 그러므로 만군의 여호와께서 이와 같
이 말씀하시니라 보라 내가 그들을 벌
하리니 청년들은 칼에 죽으며 자녀들
은 기근에 죽고
23 남는 자가 없으리라 내가 아낫 사람
에게 재앙을 내리리니 곧 그들을 벌할
해에니라

예레미야의 질문 — B.C. 610년경

12

여호와여 내가 주와 변론할 때
에는 주께서 의로우시니이다
그러나 내가 주께 질문하옵나니 악한
자의 길이 형통하며 반역한 자가 다 평
안함은 무슨 까닭이니이까
2 주께서 그들을 심으시므로 그들이 뿌
리가 박히고 장성하여 열매를 맺었거나
늘 그들의 입은 주께 가까우나 그들의
²⁾마음은 머니이다
3 여호와여 주께서 나를 아시고 나를 보
시며 내 마음이 주를 향하여 어떠함을
감찰하시오니 양을 잡으려고 끌어냄
과 같이 그들을 끌어내시되 죽일 날을
위하여 그들을 구별하옵소서
4 언제까지 이 땅이 슬퍼하며 온 지방의
채소가 마르리이까 짐승과 새들도 멸
절하게 되었사오니 이는 이 땅 주민이
악하여 스스로 말하기를 그가 우리의
나중 일을 보지 못하리라 함이니이다
5 ●만일 네가 보행자와 함께 달려도 피
곤하면 어찌 능히 말과 경주하겠느냐
네가 평안한 땅에서는 무사하려니와 요

12 에는 무엇이 기록되어 있을까?

하나님을 무시하는 사람들이 넘쳐나
고, 예레미야는 자신의 고향 사람들로부터 핍박
을 받았어요. 예레미야는 이런 일들이 왜 일어나
는지 하나님께 물어보았어요. 그러자 하나님은 그
들을 곧 심판하실 것이라고 대답하셨지요. 하지
만 이방나라 사람들도 진정히 회개하면 하나님
의 백성들과 함께 구원받을 수 있었답니다.

단 강 물이 넘칠 때에는 어찌하겠느냐

6 네 형제와 아버지의 집이라도 너를 속이며 네 뒤에서 크게 외치나니 그들이 네게 좋은 말을 할지라도 너는 믿지 말지니라   9:4

황무지의 슬픔과 여호와의 분노

7 ●내가 내 집을 버리며 내 소유를 내던 져 내 마음으로 사랑하는 것을 그 원수의 손에 넘겼나니   사 2:6

8 내 소유가 숲속의 사자 같이 되어서 나를 향하여 그 소리를 내므로 내가 그를 미워하였음이로라   사 5:9:13

9 내 소유가 내게 대하여는 무늬 있는 매가 아니냐 매들이 그것을 에워싸지 아니하느냐 너희는 가서 들짐승들을 모아다가 그것을 삼키게 하라

10 많은 목자가 내 포도원을 헐며 내 몫을 짓밟으며 내가 기뻐하는 땅을 황무지로 만들었도다

11 그들이 이를 황폐하게 하였으므로 그 황무지가 나를 향하여 슬퍼하는도다 온 땅이 황폐함은 이를 마음에 두는 자가 없음이로다

12 파괴하는 자들이 광야의 모든 벗은 산 위에 이르렀고 여호와의 칼이 땅 이 끝에서 저 끝까지 삼키니 모든 육체가 평안하지 못하도다

13 무리가 밀을 심어도 가시를 거두며 수고하여도 소득이 없은즉 그 소산으로 말미암아 스스로 수치를 당하리니 이는 여호와의 분노로 말미암음이니라

여호와와의 언약 이웃에 대하여

14 ●내가 내 백성 이스라엘에게 기업으로 준 소유에 손을 대는 나의 모든 악한 이웃에 대하여 여호와께서 이와 같이 말씀하시니라 보라 내가 그들을 그 땅에서 뽑아 버리겠고 유다 집을 그들 가운데서 뽑아 내리라   신 30:3

15 내가 그들을 뽑아낸 후에 내가 돌이켜 그들을 불쌍히 여겨서 각 사람을 그들의 기업으로, 각 사람을 그 땅으로 다

시 인도하리니

16 그들이 내 백성의 도를 부지런히 배우며 살아 있는 여호와라는 내 이름으로 맹세하기를 자기들이 내 백성을 가르쳐 바알로 맹세하게 한 것 같이 하면 그들이 내 백성 가운데에 세움을 입으려니와

17 그들이 ¹⁾순종하지 아니하면 내가 반드시 그 나라를 뽑으리라 뽑아 멸하리라 여호와의 말씀이니라

허리 띠─B.C. 610년경

13

여호와께서 이와 같이 내게 이르시되 너는 가서 베 띠를 사서 네 허리에 띠고 물에 적시지 말라 하시기로

2 내가 여호와의 말씀대로 띠를 사서 내 허리에 띠니라   사 20:2

3 여호와의 말씀이 다시 내게 임하여 이르시되

4 너는 사서 네 허리에 띤 띠를 가지고 일어나 유브라데로 가서 거기서 그것을 바위 틈에 감추라 하시기로   51:63

5 내가 여호와께서 내게 명령하신 대로 가서 그것을 유브라데 물 가에 감추니라

6 여러 날 후에 여호와께서 내게 이르시되 일어나 유브라데로 가서 내가 네게 명령하여 거기 감추게 한 띠를 가져오라 하시기로

7 내가 유브라데로 가서 그 감추었던 곳을 파고 띠를 가져오니 띠가 썩어서 쓸 수 없게 되었더라

8 ●여호와의 말씀이 내게 임하니라 이르시되

13 에는 무엇이 기록되어 있을까?

유다 백성에게 '썩은 베띠'와 '포도주 가죽부대'의 비유를 들어 경고하고 있어요. 유다는 제사장의 나라다운 면모를 잃어버렸어요. 또 포도주 병에 포도주가 채워져 있듯이, 하나님을 떠난 유다 백성의 마음은 죄악으로 가득 차 있었지요. 뒷부분은 무지하고 교만한 지도자들과 왕을 향한 경고랍니다.

1) 듣지 아니하면

시리아 동부 사막을 흐르는 유브라데(13:4~7)

9 여호와께서 이와 같이 말씀하시느니라 내가 유다의 교만과 예루살렘의 큰 교만을 이같이 썩게 하리라

10 이 악한 백성이 내 말 듣기를 거절하고 그 마음의 완악한 대로 행하며 다른 신들을 따라 그를 섬기며 그에게 절하니 그들이 이 띠가 쓸 수 없음 같이 되리라

11 여호와의 말씀이니라 띠가 사람의 허리에 속함 같이 내가 이스라엘 온 집과 유다 온 집으로 내게 속하게 하여 그들로 내 백성이 되게 하며 내 이름과 명예와 영광이 되게 하려 하였으나 그들이 듣지 아니하였느니라

포도주 가죽부대

12 ●그러므로 너는 이 말로 그들에게 이르기를 이스라엘의 하나님 여호와의 말씀에 모든 가죽부대가 포도주로 차리라 하셨다 하라 그리하면 그들이 네게 이르기를 모든 가죽부대가 포도주로 찰 줄을 우리가 어찌 알지 못하리요 하리니

13 너는 다시 그들에게 이르기를 여호와의 말씀에 보라 내가 이 땅의 모든 주민과 다윗의 왕위에 앉은 왕들과 제사장들과 선지자들과 예루살렘 모든 주민으로 잔뜩 취하게 하고

14 또 그들로 피차 충돌하여 상하게 하되 부자 사이에도 그러하게 할 것이라 내가 그들을 불쌍히 여기지 아니하며 사랑하지 아니하며 아끼지 아니하고 멸하리라 하셨다 하라 여호와의 말씀이니라

1) 황혼의 산
완악(13:10) 성질이 거만하고 모짊.

교만에 대한 경고

15 ●너희는 들을지어다, 귀를 기울일지어다, 교만하지 말지어다, 여호와께서 말씀하셨음이라

16 그가 어둠을 일으키시기 전, 너희 발이 [1]어두운 산에 거치기 전, 너희 바라는 빛이 사망의 그늘로 변하여 침침한 어둠이 되게 하시기 전에 너희 하나님 여호와께 영광을 돌리라

17 너희가 이를 듣지 아니하면 나의 심령이 너희 교만으로 말미암아 은밀한 곳에서 울 것이며 여호와의 양 떼가 사로잡힘으로 말미암아 눈물을 흘려 통곡하리라

18 ●너는 왕과 왕후에게 전하기를 스스로 낮추어 앉으라 관 곧 영광의 면류관이 내려졌다 하라

19 네겝의 성읍들이 봉쇄되어 열 자가 없고 유다가 다 잡혀가되 온전히 잡혀가도다

20 ●너는 눈을 들어 북방에서 오는 자들을 보라 네게 맡겼던 양 떼, 네 아름다운 양 떼는 어디 있느냐

21 너의 친구 삼았던 자를 그가 네 위에 우두머리로 세우실 때에 네가 무슨 말을 하겠느냐 네가 고통에 사로잡힘이 산고를 겪는 여인 같지 않겠느냐 5:31

22 네가 마음으로 이르기를 어찌하여 이런 일이 내게 닥쳤는고 하겠으나 네 죄

술술 풀리는 **생생말씀**

썩은 베띠의 의미

때로는 행동이 여러 마디의 말보다 더 큰 소리를 냅니다. 예레미야는 종종 백성들의 호기심을 자아내고 교훈을 강조하기 위해 물체를 사용하여 메시지를 전했어요.

그는 유다를 '썩은 베띠'에 비유해서, 한 때 하나님과 친밀했었지만 자만심으로 인해 쓸모없어졌다고 말했지요. 예레미야는 결국 유다가 하나님께로부터 버림받을 것이라고 예언하십니다.

예레미야가 같은 내용의 예언을 비유를 통해 반복한 이유는, 깨우치지 못하는 백성들이 자신들의 상황을 분명히 인식할 수 있도록 하기 위해서였지요.

13장 7절

악이 크므로 네 치마가 들리고 네 발뒤꿈치가 상함이니라

23 구스인이 그의 피부를, 표범이 그의 반점을 변하게 할 수 있느냐 할 수 있을진대 악에 익숙한 너희도 선을 행할 수 있으리라

24 그러므로 내가 그들을 사막 바람에 불려가는 검불 같이 흩으리로다 9:16

25 여호와의 말씀이니라 이는 네 몫이요 내가 헤아려 정하여 네게 준 분깃이니 네가 나를 잊어버리고 거짓을 신뢰하는 까닭이라

26 그러므로 내가 네 치마를 네 얼굴에까지 들춰서 네 수치를 드러내리라

27 내가 너의 간음과 사악한 소리와 들의 작은 산 위에서 네가 행한 음란과 음행과 가증한 것을 보았노라 화 있을진저 예루살렘이여 네가 얼마나 오랜 후에야 정결하게 되겠느냐 하시니라

유대 광야(14:1-18)

칼과 기근 · B.C. 610년경

14

가뭄에 대하여 예레미야에게 임한 여호와의 말씀이라

2 ●유다가 슬퍼하며 성문의 무리가 피곤하여 땅 위에서 애통하니 예루살렘의 부르짖음이 위로 오르도다 애 3:26

3 귀인들은 자기 사환들을 보내어 물을 얻으려 하였으나 그들이 우물에 갔어도 물을 얻지 못하여 빈 그릇으로 돌아오니 부끄럽고 근심하여 그들의 머리를 가리며

4 땅에 비가 없어 지면이 갈라지니 밭 가는 자가 부끄러워서 그의 머리를 가리는도다

5 들의 암사슴은 새끼를 낳아도 풀이 없으므로 내버리며

6 들 나귀들은 벗은 산 위에서 서서 승냥이 같이 헐떡이며 풀이 없으므로 눈이 흐려지는도다

7 ●여호와여 우리의 죄악이 우리에게 대하여 증언할지라도 주는 주의 이름을 위하여 일하소서 우리의 타락함이 많으니이다 우리가 주께 범죄하였나이다

8 이스라엘의 소망이시요 고난 당한 때의 구원자시여 어찌하여 이 땅에서 거류하는 자 같이, 하룻밤을 유숙하는 나그네 같이 하시나이까

9 어찌하여 놀란 자 같으시며 구원하지 못하는 용사 같으시니이까 여호와여 주는 그래도 우리 가운데 계시고 우리는 주의 이름으로 일컬음을 받는 자이오니 우리를 버리지 마옵소서

10 ●여호와께서 이 백성에 대하여 이와 같이 말씀하시되 그들이 어그러진 길을 사랑하여 그들의 발을 멈추지 아니하므로 여호와께서 그들을 받지 아니하고 이제 그들의 죄를 기억하시고 그 죄를 벌하시리라 하시고

11 여호와께서 또 내게 이르시되 너는 이 백성을 위하여 복을 구하지 말라 7:16

12 그들이 금식할지라도 내가 그 부르짖음을 듣지 아니하겠고 번제와 소제를 드릴지라도 내가 그것을 받지 아니할 뿐 아니라 칼과 기근과 전염병으로 내가 그들을 멸하리라 예 11:15

13 ●이에 내가 말하되 슬프도소이다 주 여호와여 보시옵소서 선지자들이 그들에게 이르기를 너희가 칼을 보지 아

니하겠고 기근은 너희에게 이르지 아니할 것이라 내가 이 곳에서 너희에게 확실한 평강을 주리라 하니라 6:14

14 여호와께서 내게 이르시되 선지자들이 내 이름으로 거짓 예언을 하도다 나는 그들을 보내지 아니하였고 그들에게 명령하거나 이르지 아니하였거늘 그들이 거짓 계시와 점술과 헛된 것과 자기 마음의 거짓으로 너희에게 예언하는도다

15 그러므로 내가 보내지 아니하였어도 내 이름으로 예언하여 이르기를 칼과 기근이 이 땅에 이르지 아니하리라 하는 선지자들에 대하여 여호와께서 이와 같이 말씀하셨노라 그 선지자들은 칼과 기근에 멸망할 것이요

16 그들의 예언을 받은 백성들은 기근과 칼로 말미암아 예루살렘 거리에 던짐을 당할 것인즉 그들을 장사할 자가 없을 것이요 그들의 아내와 아들과 딸이 그렇게 되리니 이는 내가 그들의 악을 그 위에 부음이니라 ☞ 9:16

17 너는 이 말로 그들에게 이르라 내 눈이 밤낮으로 그치지 아니하고 눈물을 흘리리니 이는 처녀 딸 내 백성이 큰 파멸, 중한 상처로 말미암아 망함이라

18 내가 들에 나간즉 칼에 죽은 자요 내가 성읍에 들어간즉 기근으로 병든 자며 선지자나 제사장이나 알지 못하는 땅으로 두루 다니도다

백성이 주께 간구하다

19 ●주께서 유다를 온전히 버리시나이까 주의 심령이 시온을 싫어하시나이까 어찌하여 우리를 치시고 치료하지 아니하시나이까 우리가 평강을 바라

도 좋은 것이 없고 치료 받기를 기다리나 두려움만 보나이다

20 여호와여 우리의 악과 우리 조상의 죄악을 인정하나이다 우리가 주께 범죄하였나이다

21 주의 이름을 위하여 우리를 미워하지 마옵소서 주의 영광의 보좌를 욕되게 마옵소서 주께서 우리와 세우신 언약을 기억하시고 폐하지 마옵소서 3:17

22 이방인의 우상 가운데 능히 비를 내리게 할 자가 있나이까 하늘이 능히 소나기를 내릴 수 있으리이까 우리 하나님 여호와여 그리하는 자는 주가 아니시니이까 그러므로 우리가 주를 앙망하옵는 것은 주께서 이 모든 것을 만드셨음이니이다 하니라

네 가지로 백성을 벌하리라 —B.C. 610년경

15 여호와께서 내게 이르시되 모세와 사무엘이 내 앞에 섰다 할지라도 내 마음은 이 백성을 향할 수 없나니 그들을 내 앞에서 쫓아 내보내라

2 그들이 만일 네게 말하기를 우리가 어디로 나아가리요 하거든 너는 그들에게 이르기를 여호와께서 이와 같이 말씀하시니라 죽을 자는 죽음으로 나아가고 칼을 받을 자는 칼로 나아가고 기근을 당할 자는 기근으로 나아가고 포로 될 자는 포로 됨으로 나아갈지니라 하셨다 하라

3 여호와의 말씀이니라 내가 그들을 네 가지로 벌하리니 곧 죽이는 칼과 찢는 개와 삼켜 멸하는 공중의 새와 땅의 짐승으로 할 것이며

4 유다 왕 히스기야의 아들 므낫세가 예루살렘에 행한 것으로 말미암아 내가 ¹⁾그들을 세계 여러 민족 가운데 흩으리라

5 ●예루살렘아 너를 불쌍히 여길 자 누구며 너를 위해 울 자 누구며 돌이켜 네 평안을 물을 자 누구냐

6 여호와께서 이르시되 네가 나를 버렸고 내게서 물러갔으므로 네게로 내 손을 펴서 너를 멸하였노니 이는 내가 뜻을 돌이키기에 지쳤음이로다

7 내가 그들을 그 땅의 여러 성문에서 키로 까불러 그 자식을 끊어서 내 백성을 멸하였나니 이는 그들이 자기들의 길에서 돌이키지 아니하였음이라 51:2

8 그들의 과부가 내 앞에 바다 모래보다 더 많아졌느니라 내가 대낮에 파멸시킬 자를 그들에게로 데려다가 그들과 청년들의 어미를 쳐서 놀람과 두려움을 그들에게 갑자기 닥치게 하였으며

9 일곱을 낳은 여인에게는 쇠약하여 기절하게 하며 아직도 대낮에 그의 해가 떨어져서 그에게 수치와 근심을 당하게 하였느니라 그 남은 자는 그들의 대적의 칼에 붙이리라 여호와의 말씀이니라

예레미야의 기도와 여호와의 말씀

10 ●내게 재앙이로다 나의 어머니여 어머니께서 나를 온 세계에 다투는 자와 싸우는 자를 만날 자로 낳으셨도다 내가 꾸어 주지도 아니하였고 사람이 내게 꾸이지도 아니하였건마는 다 나를 저주하는도다

11 여호와께서 이르시되 내가 진실로 너를 강하게 할 것이요 너에게 복을 받게 할 것이며 내가 진실로 네 원수로 재앙과 환난의 때에 네게 간구하게 하리라

12 ²⁾누가 능히 철 곧 북방의 철과 놋을 꺾으리요

13 그러나 네 모든 죄로 말미암아 네 국경 안의 모든 재산과 보물로 값 없이 탈취를 당하게 할 것이며 17:3

14 네 원수와 함께 네가 알지 못하는 땅에 이르게 하리니 이는 나의 진노의 맹렬한 불이 너희를 사르려 함이라

15 ●여호와여 주께서 아시오니 원하건대 주는 나를 기억하시며 돌보시사 나를 박해하는 자에게 보복하시고 주의 오래 참으심으로 말미암아 나로 멸망하지 아니하게 하옵시며 주를 위하여 내가 부끄러움 당하는 줄을 아시옵소서

16 만군의 하나님 여호와시여 나는 주의 이름으로 일컬음을 받는 자라 내가 주의 말씀을 얻어 먹었사오니 주의 말씀은 내게 기쁨과 내 마음의 즐거움이오나

17 내가 기뻐하는 자의 모임 가운데 앉지 아니하며 즐거워하지도 아니하고 주의 손에 붙들려 홀로 앉았사오니 이는 주께서 분노로 내게 채우셨음이니이다

18 나의 고통이 계속하며 상처가 중하여 낫지 아니함은 어찌 됨이니이까 주께서는 내게 대하여 물이 말라서 속이는 시내 같으시리이까

19 ●여호와께서 이와 같이 말씀하시되 네가 만일 돌아오면 내가 너를 다시 이끌어 내 앞에 세울 것이며 네가 만일

¹⁾그들로 세계 열방에게 두려움이 되게 하리라 ²⁾철이 어찌 능히 북방의 철과

예레미야서에 나타난 비유와 그 의미		
성경 본문	비 유	의 미
1:11~12	살구나무	하나님의 말씀은 반드시 지켜짐
1:13	끓는 가마	북방의 바벨론이 유다를 침공할 것임
13:1~11	썩은 베띠	썩은 베띠처럼 바벨론에 의해 유다가 부스러짐
13:12~14	포도주로 가득 찬 가죽부대	하나님을 떠난 백성의 마음은 죄로 가득 참
18:1~17	토기장이	민족의 흥망 성쇠는 하나님의 절대 주권에 속한 것임
19:1~12	옹기를 깨뜨림	유다에 임할 심판의 불가피성과 철저성을 나타냄
24:1~10	무화과 두 광주리	사로잡혀 간 자들의 회복과 남은 자들에 대한 징벌
27:2~11	줄과 멍에	바벨론의 멍에를 받아들일 것을 지시
43:8~13	큰 돌들을 바로의 궁전 대문에 진흙으로 감춤	애굽이 바벨론에 의해 멸망할 것을 나타냄
51:59~64	책을 돌에 매어 유브라데 강에 던짐	하나님의 재앙으로 바벨론이 멸망할 것임

헛된 것을 버리고 귀한 것을 말한다면
너는 나의 입이 될 것이라 그들은 네게
로 돌아오려니와 너는 그들에게로 돌
아가지 말지니라

20 내가 너로 이 백성 앞에 견고한 놋 성
벽이 되게 하리니 그들이 너를 칠지라
도 이기지 못할 것은 내가 너와 함께 하
여 너를 구하여 건짐이라 여호와의 말
씀이니라

21 내가 너를 악한 자의 손에서 건지며 무
서운 자의 손에서 구원하리라　20:13

백성에게 할 말 — B.C. 610년경

16 여호와의 말씀이 또 내게 임하
여 이르시되

2 너는 이 땅에서 아내를 맞이하지 말며
자녀를 두지 말지니라

3 이 곳에서 낳은 자녀와 이 땅에서 그들
을 해산한 어머니와 그들을 낳은 아버
지에 대하여 여호와께서 이와 같이 말
씀하시오니

4 그들은 독한 병으로 죽어도 아무도 슬
퍼하지 않을 것이며 묻어 주지 않아 지
면의 분토와 같을 것이며 칼과 기근에
망하고 그 시체는 공중의 새와 땅의 짐
승의 밥이 되리라

5 여호와께서 이와 같이 말씀하시되
초상집에 들어가지 말라 가서 통곡하
지 말며 그들을 위하여 애곡하지 말라
내가 이 백성에게서 나의 평강을 빼앗
으며 인자와 사랑을 제함이라 여호와
의 말씀이니라

6 큰 자든지 작은 자든지 이 땅에서 죽으

리니 그들이 매장되지 못할 것이며 그
들을 위하여 애곡하는 자도 없겠고 자
기 몸을 베거나 머리털을 미는 자도 없
으리라

7 그 죽은 자로 말미암아 슬퍼하는 자와
떡을 떼며 위로하는 자가 없을 것이며
그들의 아버지나 어머니의 상사를 위
하여 위로의 잔을 그들에게 마시게 할
자가 없으리라　창 24:17

8 너는 잔칫집에 들어가서 그들과 함께
앉아 먹거나 마시지 말라

9 만군의 여호와 이스라엘의 하나님께서
이와 같이 말씀하시나니 보라 기뻐하
는 소리와 즐거워하는 소리와 신랑의
소리와 신부의 소리를 내가 네 목전, 네
시대에 이 곳에서 끊어지게 하리라

10 ●네가 이 모든 말로 백성에게 말할 때
에 그들이 네게 묻기를 여호와께서 우
리에게 이 모든 큰 재앙을 선포하심은
어찌 됨이며 우리의 죄악은 무엇이며
우리가 우리 하나님 여호와께 범한 죄
는 무엇이냐 하거든　신 29:24

11 너는 그들에게 대답하기를 여호와께
서 말씀하시되 너희 조상들이 나를 버
리고 다른 신들을 따라서 그들을 섬기
며 그들에게 절하고 나를 버려 내 율법
을 지키지 아니하였음이라

12 너희가 너희 조상들보다 더욱 악을 행
하였도다 보라 너희가 각기 악한 마음
의 완악함을 따라 행하고 나에게 순종
하지 아니하였으므로

13 내가 너희를 이 땅에서 쫓아내어 너희
와 너희 조상들이 알지 못하던 땅에 이
르게 할 것이라 너희가 거기서 주야로
다른 신들을 섬기리니 이는 내가 너희
에게 은혜를 베풀지 아니함이라 하셨

16장 에는 무엇이 기록되어 있을까?

하나님은 예레미야에게 결혼하지
말고 잔칫집에도, 초상집에도 가지 말라고 명
령하셨어요. 이것은 유다의 멸망이 가까이 왔
음을 나타내지요. 그리고 이 모든 재앙은 그들
의 죄악 때문임을 알려주라고 하셨어요. 한편
이스라엘이 비록 심판을 받아 이방나라로 쫓
겨나지만, 때가 되면 다시 고향으로 돌아올 것
이라고 말씀하셨답니다.

맹렬(15:14) 기세가 매우 사납고 세참.
박해(15:15) 힘이나 권력 따위로 악한 처지의 사람을
괴롭히거나 해를 입힘.
만군(15:16) 우주에 존재하는 모든 것. 곧 만유, 만물
이라는 뜻.
기근(16:4) 굶주림.
상사(16:7) 초상이 난 일.

다 하라

포로의 귀환

14 ●여호와의 말씀이니라 그러나 보라 날이 이르리니 다시는 이스라엘 자손을 애굽 땅에서 인도하여 내신 여호와께서 살아 계심을 두고 맹세하지 아니하고

15 이스라엘 자손을 북방 땅과 그 쫓겨 났던 모든 나라에서 인도하여 내신 여호와께서 살아 계심을 두고 맹세하리라 내가 그들을 그들의 조상들에게 준 그들의 땅으로 인도하여 들이리라

악과 죄를 배나 갚을 것이라

16 ●여호와의 말씀이니라 보라 내가 많은 어부를 불러다가 그들을 낚게 하며 그 후에 많은 포수를 불러다가 그들을 모든 산과 모든 언덕과 바위 틈에서 사냥하게 하리니 ┃사4:2

17 이는 내 눈이 그들의 행위를 살펴보므로 그들이 내 얼굴 앞에서 숨기지 못하며 그들의 죄악이 내 목전에서 숨겨지지 못함이라

18 내가 우선 그들의 악과 죄를 배나 갚을 것은 그들이 그 미운 물건의 시체로 내 땅을 더럽히며 그들의 가증한 것으로 내 기업에 가득하게 하였음이라

예레미야의 기도

19 ●여호와 나의 힘, 나의 요새, 환난날의 피난처시여 민족들이 땅 끝에서 주께 이르러 말하기를 우리 조상들의 계승한 바는 허망하고 거짓되고 무익한 것뿐이라 ┃사18:2

20 사람이 어찌 신 아닌 것을 자기의 신으로 삼겠나이까 하리이다

◐ 자고(17:11)

(히) '코레'로, 삼상 26:20에서 '메추라기'로 번역되었는데 보통 헬라의 자고라고 한다.

21 여호와께서 이르시되 보라 이번에 그들에게 내 손과 내 능력을 알려서 그들로 내 이름이 여호와인 줄 알게 하리라

유다의 죄와 벌

17

유다의 죄는 금강석 끝 철필로 기록되되 그들의 마음 판과 그들의 제단 뿔에 새겨졌거늘

2 그들의 자녀가 높은 언덕 위 푸른 나무 곁에 있는 그 제단들과 아세라들을 생각하도다

3 들에 있는 나의 산아 네 온 영토의 죄로 말미암아 내가 네 재산과 네 모든 보물과 산당들로 노략을 당하게 하리니

4 내가 네게 준 네 기업에서 네 손을 뗄 것이며 또 내가 너로 하여금 너의 알지 못하는 땅에서 네 원수를 섬기게 하리니 이는 너희가 내 노를 맹렬하게 하여 영원히 타는 불을 일으켰음이라

5 ●여호와께서 이와 같이 말씀하시니라 무릇 사람을 믿으며 육신으로 그의 힘을 삼고 마음이 여호와에게서 떠난 그 사람은 저주를 받을 것이라

6 그는 사막의 떨기나무 같아서 좋은 일이 오는 것을 보지 못하고 광야 건조한 곳, 건건한 땅, 사람이 살지 않는 땅에 살리라

7 그러나 무릇 여호와를 의지하며 여호와를 의뢰하는 그 사람은 복을 받을 것이라 ┃사34:8

8 그는 물 가에 심어진 나무가 그 뿌리를 강변으로 뻗치고 더위가 올지라도 두려워하지 아니하며 그 잎이 청청하며 가무는 해에도 걱정이 없고 결실이 그치지 아니함 같으리라 ┃사1:3

9 ●만물보다 거짓되고 심히 부패한 것은 마음이라 누가 능히 이를 알리요마는

10 나 여호와는 심장을 살피며 폐부를 시험하고 각각 그의 행위와 그의 행실대로 보응하나니

11 불의로 치부하는 자는 자고새가 낳지 아니한 알을 품음 같아서 그의 중년에 그것이 떠나겠고 마침내 어리석은 자가 되리라

예레미야의 간구

12 ●영화로우신 보좌여 시작부터 높이 계시며 우리의 성소이시며

13 이스라엘의 소망이신 여호와여 무릇 주를 버리는 자는 다 수치를 당할 것이라 무릇 여호와를 떠나는 자는 흙에 기록이 되오리니 이는 생수의 근원이신 여호와를 버림이니이다

14 여호와여 주는 나의 찬송이시오니 나를 고치소서 그리하시면 내가 낫겠나이다 나를 구원하소서 그리하시면 내가 구원을 얻으리이다

15 보라 그들이 내게 이르기를 여호와의 말씀이 어디 있느냐 이제 임하게 할지어다 하나이다

16 나는 목자의 직분에서 물러가지 아니하고 주를 따랐사오며 재앙의 날도 내가 원하지 아니하였음을 주께서 아시는바라 내 입술에서 나온 것이 주의 목전에 있나이다

17 주는 내게 두려움이 되지 마옵소서 재앙의 날에 주는 나의 피난처시니이다

18 나를 박해하는 자로 치욕을 당하게 하시고 나로 치욕을 당하게 마옵소서 그들은 놀라게 하시고 나는 놀라게 하지 마시옵소서 재앙의 날을 그들에게 임하게 하며 배나 되는 멸망으로 그들을 멸하소서

안식일을 거룩하게 하라

19 ●여호와께서 내게 이와 같이 말씀하시되 너는 가서 유다 왕들이 출입하는 평민의 문과 예루살렘 모든 문에 서서

20 무리에게 이르기를 이 문으로 들어오는 유다 왕들과 유다 모든 백성과 예루살렘 모든 주민인 너희는 여호와의 말씀을 들을지어다

21 여호와께서 이와 같이 말씀하시되 너희는 스스로 삼가서 안식일에 짐을 지고 예루살렘 문으로 들어오지 말며

22 안식일에 너희 집에서 짐을 내지 말며 어떤 일이라도 하지 말고 내가 너희 조상들에게 명령함 같이 안식일을 거룩히 할지어다

23 그들은 순종하지 아니하며 귀를 기울이지 아니하며 그 목을 곧게 하여 듣지 아니하며 교훈을 받지 아니하였느니라

24 ●여호와의 말씀이니라 너희가 만일 삼가 나를 순종하여 안식일에 짐을 지고 이 성문으로 들어오지 아니하며 안식일을 거룩히 하여 어떤 일이라도 하지 아니하면

25 다윗의 왕위에 앉아 있는 왕들과 고관들이 병거와 말을 타고 이 성문으로 들어오되 그들과 유다 모든 백성과 예루살렘 주민들과 함께 그리할 것이요 이 성은 영원히 있을 것이며

26 사람들이 유다 성읍들과 예루살렘에

1) 히, 나

❶ 토기장이의 비유(18:1-12)
자기 백성을 택하고 세우는 것은 하나님의 절대 주권에 속한다는 것을 비유하는 것으로 유다의 잘못된 특권 의식, 곧 선민 사상을 경고하는 말씀이다.

둘린 곳들과 베냐민 땅과 ¹⁾평지와 산지와 네겝으로부터 와서 번제와 희생과 소제와 유향과 감사제물을 여호와의 성전에 가져오려니와

27 그러나 만일 너희가 나를 순종하지 아니하고 안식일을 거룩되게 아니하여 안식일에 짐을 지고 예루살렘 문으로 들어오면 내가 성문에 불을 놓아 예루살렘 궁전을 삼키게 하리니 그 불이 꺼지지 아니하리라 하셨다 할지니라 하시니라

토기장이의 비유 — B.C. 605년경

18 여호와께로부터 예레미야에게 임한 말씀에 이르시되

2 너는 일어나 토기장이의 집으로 내려가라 내가 거기에서 내 말을 네게 들려주리라 하시기로

3 내가 토기장이의 집으로 내려가서 본즉 그가 녹로로 일을 하는데

4 진흙으로 만든 그릇이 토기장이의 손에서 터지매 그가 그것으로 자기 의견에 좋은 대로 다른 그릇을 만들더라

5 ❶그 때에 여호와의 말씀이 내게 임하니라 이르시되

6 여호와의 말씀이니라 이스라엘 족속아 이 토기장이가 하는 것 같이 내가 능히 너희에게 행하지 못하겠느냐 이스라엘 족속아 진흙이 토기장이의 손에 있음 같이 너희가 내 손에 있느니라

7 내가 어느 민족이나 국가를 뽑거나 부수거나 멸하려 할 때에   1:10

8 만일 내가 말한 그 민족이 그의 악에서 돌이키면 내가 그에게 내리기로 생각하였던 재앙에 대하여 뜻을 돌이키겠고

9 내가 어느 민족이나 국가를 건설하거나 심으려 할 때에

10 만일 그들이 나 보기에 악한 것을 행하여 내 목소리를 청종하지 아니하면 내가 그에게 유익하게 하리라고 한 복에 대하여 뜻을 돌이키리라

11 그러므로 이제 너는 유다 사람들과 예루살렘 주민들에게 말하여 이르기를 여호와의 말씀에 보라 내가 너희에게 재앙을 내리며 계책을 세워 너희를 치려 하노니 너희는 각기 악한 길에서 돌이키며 너희의 길과 행위를 아름답게 하라 하셨다 하라

12 그러나 그들이 말하기를 이는 헛되니 우리는 우리의 계획대로 행하며 우리는 각기 악한 마음이 완악한 대로 행하리라 하느니라   2:25

이스라엘이 가증한 일을 행하다

13 ❶그러므로 여호와께서 이와 같이 말씀하시니라 너희는 누가 이러한 일을 들었는지 여러 나라 가운데 물어보라 처녀 이스라엘이 심히 가증한 일을 하였도다

14 레바논의 눈이 어찌 들의 바위를 떠나겠으며 먼 곳에서 흘러내리는 찬물이 어찌 마르겠느냐

15 무릇 내 백성은 나를 잊고 허무한 것에게 분향하거니와 이것들은 그들로 그들의 길 곧 그 옛길에서 넘어지게 하며 곁길 곧 닦지 아니한 길로 행하게 하여

16 그들의 땅으로 두려움과 영원한 웃음거리가 되게 하리니 그리로 지나는 자

18장 에는 무엇이 기록되어 있을까?

'토기장이'의 비유가 나오고 있어요. 이것은 하나님의 절대 주권을 가르쳐주지요. 토기장이가 자신의 토기를 만들기도 하고 깨뜨리기도 하듯이, 하나님은 인류의 모든 일들을 주관하시는 절대 주권자이십니다. 한편 하나님의 주권을 거부하는 사람들은 예레미야를 박해하고 죽이려고 했답니다.

---
1) 스펠라

깨진 옹기 비유(19:1-12)

마다 놀라서 그의 머리를 흔들리라

17 내가 그들을 그들의 원수 앞에서 흩어 버리기를 동풍으로 함 같이 할 것이며 그들의 재난의 날에는 내가 그들에게 등을 보이고 얼굴을 보이지 아니하리라

예레미야를 죽이려 하다

18 ●그들이 말하기를 오라 우리가 꾀를 내어 예레미야를 치자 제사장에게서 율법이, 지혜로운 자에게서 책략이, 선지자에게서 말씀이 끊어지지 아니할것이니 오라 우리가 혀로 그를 치고 그의 어떤 말에도 주의하지 말자 하나이다

19 ●여호와여 나를 돌아보사 나와 더불어 다투는 그들의 목소리를 들어 보옵소서

20 어찌 악으로 선을 갚으리이까마는 그들이 나의 생명을 구덩이를 팠나이다 내가 주의 분노를 그들에게서 돌이키려 하고 주의 앞에 서서 그들을 위하여 유익한 말을 한 것을 기억하옵소서

21 그러하온즉 그들의 자녀를 기근에 내어 주시며 그들을 칼의 세력에 넘기시며 그들의 아내들은 자녀를 잃고 과부가 되며 그 장정은 죽음을 당하며 그 청년은 전장에서 칼을 맞게 하시며

22 주께서 군대로 갑자기 그들에게 이르게 하사 그들의 집에서 부르짖음이 들리게 하옵소서 이는 그들이 나를 잡으려 구덩이를 팠고 내 발을 빠뜨리려고 올무를 놓았음이니이다

23 여호와여 그들이 나를 죽이려 하는 계략을 주께서 다 아시오니 그 악을 사하지 마옵시며 그들의 죄를 주의 목전에

서 지우지 마시고 그들을 주 앞에 넘어지게 하시되 주께서 노하시는 때에 이같이 그들에게 행하옵소서 하니라

깨진 옹기 — B.C. 605년경

19 여호와께서 이와 같이 말씀하시되 가서 토기장이의 옹기를 사고 백성의 어른들과 제사장의 어른 몇 사람과

2 1)하시드 문 어귀 곁에 있는 힌놈의 아들의 골짜기로 가서 거기에서 내가 네게 이른 말을 선포하여라

3 말하기를 너희 유다 왕들과 예루살렘 주민아 여호와의 말씀을 들으라 만군의 여호와 이스라엘의 하나님이 이같이 말씀하시되 보라 내가 이 곳에 재앙을 내릴 것이라 그것을 듣는 모든 자의 귀가 떨리니 *17:20*

4 이는 그들이 나를 버리고 이 곳을 불결하게 하며 이 곳에서 자기와 자기 조상들과 유다 왕들이 알지 못하던 다른 신들에게 분향하며 무죄한 자의 피로 이 곳에 채웠음이며

5 또 그들이 바알을 위하여 산당을 건축하고 자기 아들들을 바알에게 번제로 불살라 드렸나니 이는 내가 명령하거나 말하거나 뜻한 바가 아니라

6 그러므로 보라 다시는 이 곳을 도벳이나 힌놈의 아들의 골짜기라 부르지 아니하고 오직 죽임의 골짜기라 부르는 날이 이를 것이라 여호와의 말이니라

7 내가 이 곳에서 유다와 예루살렘의 계획을 무너뜨려 그들로 그 대적 앞과 생명을 찾는 자의 손의 칼에 엎드러지게

19장에는 무엇이 기록되어 있을까?

유다가 반드시 심판 받게 될 것을 '깨진 옹기'의 비유를 통해 기록하고 있어요. 하나님은 예레미야에게 '힌놈의 아들의 골짜기'에서 옹기를 깨뜨리게 하셨어요. 이것은 유다의 파멸이 돌이킬 수 없음을 강조하기 위한 것이었지요. 그들은 깨진 옹기처럼 먼 이방나라의 땅으로 뿔뿔이 흩어지게 될 거예요.

올리브 산 (감람산)에서 내려다 본 예루살렘
공동 묘지 (1911)

하고 그 시체를 공중의 새와 땅의 짐승의 밥이 되게 하며

8 이 성읍으로 놀람과 조롱거리가 되게 하리니 그 모든 재앙으로 말미암아 지나는 자마다 놀라며 조롱할 것이며

9 그들이 그들의 원수와 그들의 생명을 찾는 자에게 둘러싸여 곤경에 빠질 때에 내가 그들이 그들의 아들의 살, 딸의 살을 먹게 하고 또 각기 친구의 살을 먹게 하리라 하셨다 하라 하시니라

10 너는 함께 가는 자의 목전에서 그 옹기를 깨뜨리고 **19:1**

11 그들에게 이르기를 만군의 여호와께서 이와 같이 말씀하시되 사람이 토기장이의 그릇을 한 번 깨뜨리면 다시 완전하게 할 수 없나니 이와 같이 내가 이 백성과 이 성읍을 무너뜨리리니 도벳에 매장할 자리가 없을 만큼 매장하리라

12 여호와의 말씀이니라 내가 이 곳과 그 가운데 주민에게 이같이 행하여 이 성읍으로 도벳 같게 할 것이라

13 예루살렘 집들과 유다 왕들의 집들이 그 집 위에서 하늘의 만상에 분향하고 다른 신들에게 전제를 부음으로 더러워졌은즉 도벳 땅처럼 되리라 하셨다 하라 하시니 **52:13**

14 ● 예레미야가 여호와께서 자기를 보내사 예언하게 하신 도벳에서 돌아와 여호와의 집 뜰에 서서 모든 백성에게 말하되 **26:2**

15 만군의 여호와 이스라엘의 하나님께서 이와 같이 말씀하시되 보라 내가 이 성읍에 대하여 선언한 모든 재앙을 이

성읍과 그 모든 촌락에 내리리니 이는 그들의 목을 곧게 하여 내 말을 듣지 아니함이라 하시니라

예레미야와 바스훌 —— B.C. 605년경

20 임멜의 아들 제사장 바스훌은 여호와의 성전의 총감독이라 그가 예레미야의 이 일 예언함을 들은지라

2 이에 바스훌이 선지자 예레미야를 때리고 여호와의 성전에 있는 베냐민 문 위층에 목에 씌우는 나무 고랑으로 채워 두었더니

3 다음날 바스훌이 예레미야를 목에 씌우는 나무 고랑에서 풀어 주매 예레미야가 그에게 이르되 여호와께서 네 이름을 바스훌이라 아니하시고 ¹⁾마골밋사빕이라 하시느니라

4 여호와께서 이와 같이 말씀하시되 보라 내가 너로 너와 네 모든 친구에게 두려움이 되게 하리니 그들이 그들의 원수들의 칼에 엎드러질 것이요 네 눈은 그것을 볼 것이며 내가 온 유다를 바벨론 왕의 손에 넘기리니 그가 그들을 사로잡아 바벨론으로 옮겨 칼로 죽이리라

5 내가 또 이 성읍의 모든 부와 그 모든 소득과 그 모든 귀중품과 유다 왕들의 모든 보물을 그 원수의 손에 넘기리니 그들이 그것을 탈취하여 바벨론으로 가져가리라

6 바스훌아 너와 네 집에 사는 모든 사람이 포로 되어 옮겨지리니 네가 바벨론에 이르러 거기서 죽어 거기 묻힐 것이라 너와 너의 거짓 예언을 들은 네 모

20장 에는 무엇이 기록되어 있을까?

예레미야가 유다의 멸망을 예언하자, 바스훌은 그를 잡아 옥에 가두었어요. 그러나 하나님은 예레미야를 풀어주셨고, 바스훌에게는 바벨론의 포로가 될 것이라고 말씀하셨어요. 감옥에서 풀려난 예레미야는 하나님께 자신의 슬픔과 갈등을 호소하면서 자신의 출생을 저주했답니다.

1) 사방으로 두려움

바빌론 이쉬타르 문(21:4-6)

든 친구도 그와 같으리라 하셨느니라

예레미야가 여호와께 사정을 아뢰다

7 ●여호와여 주께서 나를 권유하시므로 내가 그 권유를 받았사오며 주께서 나보다 강하사 이기셨으므로 내가 조롱거리가 되니 사람마다 종일토록 나를 조롱하나이다 렘 3:14

8 내가 말할 때마다 외치며 파멸과 멸망을 선포하므로 여호와의 말씀으로 말미암아 내가 종일토록 치욕과 모욕거리가 됨이니이다 6:7

9 내가 다시는 여호와를 선포하지 아니하며 그의 이름으로 말하지 아니하리라 하면 나의 마음이 불붙는 것 같아서 골수에 사무치니 답답하여 견딜 수 없나이다

10 나는 무리의 비방과 사방이 두려워함을 들었나이다 그들이 이르기를 고소하라 우리도 고소하리라 하오며 내 친한 벗도 다 내가 실족하기를 기다리며 그가 혹시 유혹을 받게 되면 우리가 그를 이기어 우리 원수를 갚자 하나이다

11 그러하오나 여호와는 두려운 용사 같으시매 나와 함께 하시므로 나를 박해하는 자들이 넘어지고 이기지 못할 것이오며 그들은 지혜롭게 행하지 못하므로 큰 치욕을 당하오리니 그 치욕은 길이 잊지 못할 것이니이다 1:8, 19

12 의인을 시험하사 그 폐부와 심장을 보시는 만군의 여호와여 나의 사정을 주께 아뢰었사온즉 주께서 그들에게 보복하심을 나에게 보게 하옵소서

13 여호와께 노래하라 너희는 여호와를 찬양하라 가난한 자의 생명을 행악자의 손에서 구원하셨음이니라 31:7

14 ●내 생일이 저주를 받았더면, 나의 어머니가 나를 낳던 날이 복이 없었더면,

15 나의 아버지에게 소식을 전하여 이르기를 당신이 득남하였다 하여 아버지를 즐겁게 하던 자가 저주를 받았더면,

16 그 사람은 여호와께서 무너뜨리시고 후회하지 아니하신 성읍 같이 되었더면, 그가 아침에는 부르짖는 소리, 낮에는 떠드는 소리를 듣게 하였더면, 좋을 뻔하였느니라

17 이는 그가 나를 태에서 죽이지 아니하셨으며 나의 어머니를 내 무덤이 되지 않게 하셨으며 그의 배가 부른 채로 항상 있지 않게 하신 까닭이로다 욥 3:10

18 어찌하여 내가 태에서 나와서 고생과 슬픔을 보며 나의 날을 부끄러움으로 보내는고 하니라

여호와께서 두 길 생명의 길과 사망의 길

21

여호와께로부터 예레미야에게 말씀이 임하니라 시드기야 왕이 말기야의 아들 바스훌과 제사장 마아세야의 아들 스바냐를 예레미야에게 보내니라

2 바벨론의 느부갓네살 왕이 우리를 치니 청컨대 너는 우리를 위하여 여호와께 간구하라 여호와께서 혹시 그의 모든 기적으로 우리를 도와 행하시면 그가 우리를 떠나리라 하니

3 ●예레미야가 그들에게 대답하되 너희는 시드기야에게 이같이 말하라

4 이스라엘의 하나님 여호와께서 이같이 말씀하시되 보라 너희가 성 밖에서 바벨론의 왕과 또 너희를 에워싼 갈

21 에는 무엇이 기록되어 있을까?

바벨론 왕 느부갓네살이 유다를 침입하자, 시드기야 왕은 당황하여 예레미야에게 하나님께 유다를 위해 기도해달라고 부탁했어요. 이에 예레미야는 왕에게 바벨론에게 항복하는 길만이 살 길이라고 전했답니다. 그것은 바벨론을 통한 하나님의 징벌을 저항하지 말고 받아들이라는 뜻이지요.

대아인과 싸우는 데 쓰는 너희 손의 무기를 내가 뒤로 돌릴 것이요 그것들을 이 성 가운데 모아들이리라

5 내가 든 손과 강한 팔 곧 진노와 분노와 대노로 친히 너희를 칠 것이며

6 내가 또 사람이나 짐승이나 이 성에 있는 것을 다 치리니 그들이 큰 전염병에 죽으리라 하셨다 하라

7 여호와의 말씀이니라 그 후에 내가 유다의 왕 시드기야와 그의 신하들과 백성과 및 이 성읍에서 전염병과 칼과 기근에서 남은 자를 바벨론의 느부갓네살 왕의 손과 그들의 원수의 손과 그들의 생명을 찾는 자들의 손에 넘기리니 그가 칼날로 그들을 치되 측은히 여기지 아니하며 긍휼히 여기지 아니하며 불쌍히 여기지 아니하리라 하셨느니라

8 ●여호와께서 말씀하시기를 보라 내가 너희 앞에 생명의 길과 사망의 길을 두었노라 너는 이 백성에게 전하라 하셨느니라　신 30:15

9 이 성읍에 사는 자는 칼과 기근과 전염병에 죽으려니와 너희를 에워싼 갈대아인에게 나가서 항복하는 자는 살 것이나 그의 목숨은 전리품 같이 되리라

10 여호와의 말씀이니라 내가 나의 얼굴을 이 성읍으로 향함은 복을 내리기 위함이 아니요 화를 내리기 위함이라 이 성읍이 바벨론 왕의 손에 넘김이 될 것이요 그는 그것을 불사르리라

유다 왕의 집에 내린 벌

11 ●유다 왕의 집에 대한 여호와의 말을 들으라

12 여호와께서 이와 같이 말씀하시니라 다윗의 집이여 너는 아침마다 정의롭게 판결하여 탈취 당한 자를 압박자의 손에서 건지라 그리하지 아니하면 너희의 악행 때문에 내 분노가 불 같이 일어나서 사르리니 능히 끌 자가 없으리라

13 여호와의 말씀이니라 골짜기와 평원바위의 주민아 보라 너희가 말하기를 누가 내려와서 우리를 치리요 누가 우리의 거처에 들어오리요 하거니와 나는 네 대적이라　겔 13:8

14 내가 너희 행위대로 너희를 벌할 것이요 내가 또 수풀에 불을 놓아 그 모든 주위를 사르리라 여호와의 말씀이니라

유다 왕의 집에 선언하다

22 여호와께서 이와 같이 말씀하시되 너는 유다 왕의 집에 내려가서 거기에서 이 말을 선언하여

2 이르기를 다윗의 왕위에 앉은 유다 왕이여 너와 네 신하와 이 문들로 들어오는 네 백성은 여호와의 말씀을 들을지니라

3 여호와께서 이와 같이 말씀하시되 너희가 정의와 공의를 행하여 탈취 당한 자를 압박하는 자의 손에서 건지고 이방인과 고아와 과부를 압제하거나 학대하지 말며 이 곳에서 무죄한 피를 흘리지 말라

4 너희가 참으로 이 말을 준행하면 다윗의 왕위에 앉을 왕들과 신하들과 백성이 병거와 말을 타고 이 집 문으로 들어오게 되리라

5 그러나 너희가 이 말을 듣지 아니하면 내가 나를 두고 맹세하노니 이 집이 황폐하리라 여호와의 말씀이니라　17:27

술술 풀리는 성경말씀

느부갓네살의 예루살렘 공격

B.C. 589년에 시드기야는 바벨론에 조공을 바치지 않기로 했어요. 그것은 새로운 세력인 애굽 왕 호프라를 바벨론에 대항하는 세력으로 여기고 그를 믿었기 때문이었지요. 그러나 이것은 애굽을 의지하지 말라는(2:36; 사 31:1) 예레미야의 경고를 정면으로 무시한 것이었어요.

B.C. 588년 1월 15일, 느부갓네살의 군대는 예루살렘 성을 포위했습니다. 그리고는 애굽을 비롯한 도움의 손길들을 하나둘씩 가로막았어요. 또 토성을 쌓고 다른 성들을 무너뜨리고, 예루살렘 성의 북쪽 벽에 구멍을 내어 예루살렘 성을 공격하기 시작했습니다. 결국 그 벽은 B.C. 586년 8월 중순에 무너져버렸답니다.

21장 7절

6 여호와께서 유다 왕의 집에 대하여 이와 같이 말씀하시니라 네가 내게 길르앗 같고 레바논의 머리이나 내가 반드시 너로 광야와 주민이 없는 성읍을 만들 것이라

7 내가 너를 파멸할 자를 준비하리니 그들이 각기 손에 무기를 가지고 네 아름다운 백향목을 찍어 불에 던지리라

8 여러 민족들이 이 성읍으로 지나가며 서로 말하기를 여호와가 이 큰 성읍에 이같이 행함은 어찌 됨인고 하겠고

9 그들이 대답하기는 이는 그들이 자기 하나님 여호와의 언약을 버리고 다른 신들에게 절하고 그를 섬긴 까닭이라 하셨다 할지니라

살룸 왕에 대하여 말하다

10 ●너희는 죽은 자를 위하여 울지 말며 그를 위하여 애통하지 말고 잡혀 간 자를 위하여 슬피 울라 그는 다시 돌아와 그 고국을 보지 못할 것임이라

11 여호와께서 유다 왕 요시야의 아들 곧 그의 아버지 요시야를 이어 왕이 되었다가 이 곳에서 나간 1)살룸에 대하여 이와 같이 말씀하시니라 그가 이 곳으로 다시 돌아오지 못하고

12 잡혀 간 곳에서 그가 거기서 죽으리니 이 땅을 다시 보지 못하리라

여호야김 왕에 대하여 말하다

13 ●불의로 그 집을 세우며 부정하게 그 다락방을 지으며 자기의 이웃을 고용하고 그의 품삯을 주지 아니하는 자에게 화 있을진저

14 그가 이르기를 내가 나를 위하여 큰 집과 넓은 다락방을 지으리라 하고 자기

를 위하여 창문을 만들고 그것에 백향목으로 입히고 붉은 빛으로 칠하도다

15 네가 백향목을 많이 사용하여 왕이 될수 있겠느냐 네 아버지가 먹거나 마시지 아니하였느냐 정의와 공의를 행하지 아니하였느냐 그 때에 그가 형통하였느니라
21:12

16 그는 가난한 자와 궁핍한 자를 변호하고 형통하였나니 이것이 나를 앎이 아니냐 여호와의 말씀이니라

17 그러나 네 두 눈과 마음은 탐욕과 무죄한 피를 흘림과 압박과 포악을 행하려할 뿐이니라

18 그러므로 여호와께서 유다의 왕 요시야의 아들 여호야김에게 대하여 이와 같이 말씀하시니라 무리가 그를 위하여 슬프다 내 형제여, 슬프다 내 자매여 하며 통곡하지 아니할 것이며 그를 위하여 슬프다 주여 슬프다 그 영광이여 하며 통곡하지도 아니할 것이니라

19 그가 끌려 예루살렘 문 밖에 던져지고 나귀 같이 매장함을 당하리라
36:30

예루살렘에 대한 탄식

20 ●너는 레바논에 올라 외치며 바산에서 네 소리를 높이며 아바림에서 외치라 이는 너를 사랑하는 자가 다 멸망하였음이라

21 네가 평안할 때에 내가 네게 말하였으나 네 말이 나는 듣지 아니하리라 하였나니 네가 어려서부터 내 목소리를 청종하지 아니함이 네 습관이라
13:10

22 네 목자들은 다 바람에 삼켜질 것이요 너를 사랑하는 자들은 사로잡혀 가리

1) 왕하 23:30 '여호아하스', 대상 3:15 대조

전염병(21:6) '장티푸스'를 이르는 말.
압박(22:3) 권력이나 폭력으로 남의 말과 행동을 억압하거나 남에게 강요하는 일.
준행(22:4) 관계나 명령 따위를 좇아서 함.
파멸(22:7) 사람의 인격이나 집안·나라 등이 그 존재 의미가 없을 정도로 말해버림.
애통(22:10) 몹시 애달파하고 슬픔.
고용(22:13) 보수를 받고 남의 일을 하여줌.

22장 에는 무엇이 기록되어 있을까?

유다 왕들의 죄악과 그들의 비극적인 최후를 예언하고 있어요. 22장에 등장하는 유다 왕들은 모두 하나님을 거역하였지요. 여호야김은 호사스러운 생활을 위해 백성들을 억압했어요. 그리고 시드기야 왕은 백성들이 성전을 더럽혀도 그냥 내버려두었지요. 따라서 하나님은 그들에게 벌을 내리셨답니다.

니 그 때에 네가 반드시 네 모든 악 때 문에 수치와 욕을 당하리라

23 레바논에 살면서 백향목에 깃들이는 자여 여인이 해산하는 고통 같은 고통 이 네게 임할 때에 너의 가련함이 얼마 나 심하랴

여호와께서 고니야 왕을 심판하시다

24 ●여호와의 말씀이니라 나의 삶으로 맹세하노니 유다 왕 여호야김의 아들 1)고니야가 나의 오른손의 인장반지라 할지라도 내가 빼어

25 네 생명을 찾는 자의 손과 네가 두려워 하는 자의 손 곧 바벨론의 왕 느부갓네 살의 손과 갈대아인의 손에 줄 것이라

26 내가 너와 너를 낳은 어머니를 너희가 나지 아니한 다른 지방으로 쫓아내리 니 너희가 거기에서 죽으리라

27 그들이 그들의 마음에 돌아오기를 사 모하는 땅에 돌아오지 못하리라

28 이 사람 고니야는 천하고 깨진 그릇이 냐 좋아하지 아니하는 그릇이냐 어찌 하여 그와 그의 자손이 쫓겨나서 알지 못하는 땅에 들어갔는고

29 땅이여, 땅이여, 땅이여, 여호와의 말 을 들을지니라

30 여호와께서 이와 같이 말씀하시니라 너희는 이 사람이 자식이 없겠고 그의 평생 동안 형통하지 못할 자라 기록하 라 이는 그의 자손 중 형통하여 다윗의 왕위에 앉아 유다를 다스릴 사람이 다 시는 없을 것임이라 하시니라

미래의 왕 메시아 B.C. 599년경

23

여호와의 말씀이니라 내 목장 의 양 떼를 멸하며 흩어지게 하

23장에는 무엇이 기록되어 있을까?

23장에서는 다윗의 계보를 통해 메 시아가 탄생하실 것을 예언하고 있어요. 메시아 는 의로운 목자로서 의와 평화로 가득 찬 나라 를 세우실 거예요. 그러나 유다의 거짓 선지자들 은 잘못된 예언으로 백성들을 더욱 잘못된 길로 이끌었지요. 따라서 그들은 더욱 혹독한 심판을 받게 되었답니다.

토막상식

의로운 가지

'가지'는, 왕조의 정당한 상속자, 즉 이스라엘 왕을 회복시킬 다윗 계열의 앞으로 오실 왕을 의미해요. 왜냐하면 그로 인해 무너진 다윗 왕가의 그루터기에 서 싹이 날 것이기 때문이지요(사 11:1). 이 '가지'는 하나님의 성품을 가지고 의롭게 통치할 것입니다.

23장 5절

는 목자에게 화 있으리라

2 그러므로 이스라엘의 하나님 여호와 께서 내 백성을 기르는 목자에게 이와 같이 말씀하시니라 너희가 내 양 떼를 흩으며 그것을 몰아내고 돌보지 아니 하였도다 보라 내가 너희의 악행 때문 에 너희에게 보응하리라 여호와의 말 씀이니라

3 내가 내 양 떼의 남은 것을 그 몰려 갔 던 모든 지방에서 모아 다시 그 우리로 돌아오게 하리니 그들의 생육이 번성 할 것이며

4 내가 그들을 기르는 목자들을 그들 위 에 세우리니 그들이 다시는 두려워하 거나 놀라거나 잃어 버리지 아니하리 라 여호와의 말씀이니라

5 ●여호와의 말씀이니라 보라 때가 이 르리니 내가 다윗에게 한 의로운 가지 를 일으킬 것이라 그가 왕이 되어 2)지 혜롭게 다스리며 세상에서 정의와 공 의를 행할 것이며

6 그의 날에 유다는 구원을 받겠고 이스 라엘은 평안히 살 것이며 그의 이름은 여호와 우리의 공의라 일컬음을 받으 리라

7 그러므로 여호와의 말씀이니라 보라 날이 이르리니 그들이 다시는 이스라 엘 자손을 애굽 땅에서 인도하여 내신 여호와의 사심으로 맹세하지 아니하고

8 이스라엘 집 자손을 북쪽 땅, 그 모든 쫓겨났던 나라에서 인도하여 내신 여 호와의 사심으로 맹세할 것이며 그들 이 자기 땅에 살리라 하시니라

---

1)24:1; 대상 3:16 '여고냐', 왕하 24:6, 8 '여호야긴' 2)형통하며

미 1:2 · 사 4:2

선지자들에 대한 말씀

9 ●선지자들에 대한 말씀이라 ●내 마음이 상하며 내 모든 뼈가 떨리며 내가 취한 사람 같으며 포도주에 잡힌 사람 같으니 이는 여호와와 그 거룩한 말씀 때문이라

　　　　　합 3:16

10 이 땅에 간음하는 자가 가득하도다 저주로 말미암아 땅이 슬퍼하며 광야의 초장들이 마르나니 그들의 행위가 악하고 힘쓰는 것이 정직하지 못함이로다

11 여호와의 말씀이니라 선지자와 제사장이 다 사악한지라 내가 내 집에서도 그들의 악을 발견하였노라

12 그러므로 그들의 길이 그들에게 어두운 가운데 미끄러운 곳과 같이 되고 그들이 밀어냄을 당하여 그 길에 엎드러질 것이라 그들을 벌하는 해에 내가 그들에게 재앙을 내리리라 여호와의 말씀이니라

13 ●내가 사마리아 선지자들 가운데 우매함을 보았나니 그들은 바알을 의지하고 예언하여 내 백성 이스라엘을 그릇되게 하였고

　　　　　왕상 9:7

14 내가 예루살렘 선지자들 가운데도 가증한 일을 보았나니 그들은 간음을 행하며 거짓을 말하며 악을 행하는 자의 손을 강하게 하여 사람으로 그 악에서 돌이킴이 없게 하였은즉 그들은 다 내 앞에서 소돔과 다름이 없고 그 주민은 고모라와 다름이 없느니라

15 그러므로 만군의 여호와께서 선지자에 대하여 이와 같이 말씀하시니라 보라 내가 그들에게 쑥을 먹이며 독한 물을 마시게 하리니 이는 사악이 예루살렘 선지자들로부터 나와서 온 땅에 퍼짐이라 하시니라

　　　　　8:14

16 ●만군의 여호와께서 이와 같이 말씀하시되 너희에게 예언하는 선지자들의 말을 듣지 말라 그들은 너희에게 헛된 것을 가르치나니 그들이 말한 묵시는 자기 마음으로 말미암은 것이요 여호와의 입에서 나온 것이 아니니라

17 항상 그들이 나를 멸시하는 자에게 이르기를 너희가 평안하리라 여호와의 말씀이니라 하며 또 자기 마음이 완악한 대로 행하는 모든 사람에게 이르기를 재앙이 너희에게 임하지 아니하리라 하였느니라

18 누가 여호와의 회의에 참여하여 그 말을 알아들었으며 누가 귀를 기울여 [1]그 말을 들었느냐

19 보라 여호와의 노여움이 일어나 폭풍과 회오리바람처럼 악인의 머리를 칠 것이니

　　　　　25:32

20 여호와의 진노가 [2]내 마음의 뜻하는 바를 행하여 이루기까지는 그치지 아니하나니 너희가 끝날에 그것을 완전히 깨달으리라

21 이 선지자들은 내가 보내지 아니하였어도 달음질하며 내가 그들에게 이르지 아니하였어도 예언하였은즉

　　　　　14:14

22 그들이 만일 나의 회의에 참여하였더라면 내 백성에게 내 말을 들려서 그들을 악한 길과 악한 행위에서 돌이키게 하였으리라

23 ●여호와의 말씀이니라 나는 가까운

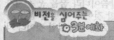

비전을 심어주는 03분 예화

종에서 자녀로

'존 웨슬리'는 영국 국교회 목사이자 선교사로 경건한 사람이었지만, 하나님을 섬기는 것이 종처럼 부담스럽고 피곤하였어요. 그는 어느 날 로마서를 묵상하다가 큰 은혜를 받게 되었는데, 훗날 그 당시의 일을 이렇게 고백했습니다.

"9시 15분쯤이었습니다. 나는 예수 그리스도를 믿는 믿음으로 누리게 되는 하나님의 은혜를 묵상하고 있었는데, 갑자기 내 마음이 이상하게 뜨거워지는 것을 느꼈습니다. 내가 예수 그리스도 그분만을 믿어 구원을 얻었다는 것이 강하게 느껴졌습니다. 예수님께서 나의 죄를 모두 다 대속하셨고 나를 죄와 사망의 법에서 구원하셨다는 것이 강하게 믿어졌습니다. 그때까지 나는 하나님 앞에서 '종'으로 살았는데, 그후로는 하나님 앞에서 '아들'로 살게 되었습니다."

1) 하, 내 2) 하, 그

토막 상식

무화과 두 광주리

이 비유는 의심 없이 절망 속에서 살던 하나님의 백성을 온전하게 회복시키신다는 하나님의 약속이에요. 이 내용은 하나님께서 예레미야에게 환상을 제시하시고 다시 재활인시키시며, 그 의미를 설명하시는 순서로 기록되었어요. 　　24장 1절

데에 있는 하나님이요 먼 데에 있는 하나님은 아니냐

24 여호와의 말씀이니라 사람이 내게 보이지 아니하려고 누가 자신을 은밀한 곳에 숨길 수 있겠느냐 여호와가 말하노라 나는 천지에 충만하지 아니하냐

25 내 이름으로 거짓을 예언하는 선지자들의 말에 내가 꿈을 꾸었다 꿈을 꾸었다고 말하는 것을 내가 들었노라

26 거짓을 예언하는 선지자들이 언제까지 이 마음을 품겠느냐 그들은 그 마음의 간교한 것을 예언하느니라

27 그들이 서로 꿈 꾼 것을 말하니 그 생각인즉 그들의 조상들이 바알로 말미암아 내 이름을 잊어버린 것 같이 내 백성으로 내 이름을 잊게 하려 함이로다

28 여호와의 말씀이니라 꿈을 꾼 선지자는 꿈을 말할 것이요 내 말을 받은 자는 성실함으로 내 말을 말할 것이라 겨가 어찌 알곡과 같겠느냐

29 여호와의 말씀이니라 내 말이 불 같지 아니하냐 바위를 쳐서 부스러뜨리는 방망이 같지 아니하냐

30 여호와의 말씀이라 그러므로 보라 서로 내 말을 도둑질하는 선지자들을 내가 치리라

31 여호와의 말씀이니라 보라 그들이 혀를 놀려 여호와가 말씀하셨다 하는 선지자들을 내가 치리라

32 여호와의 말씀이니라 보라 거짓 꿈을 예언하여 이르며 거짓과 헛된 자만으로 내 백성을 미혹하게 하는 자를 내가 치리라 내가 그들을 보내지 아니하였

으며 명령하지 아니하였나니 그들은 이 백성에게 아무 유익이 없느니라 여호와의 말씀이니라

여호와의 엄중한 말씀

33 ●이 백성이나 선지자나 제사장이 네게 물어 이르기를 여호와의 엄중한 말씀이 무엇인가 묻거든 [1)]너는 그들에게 대답하기를 엄중한 말씀이 무엇이냐 묻느냐 여호와의 말씀에 내가 너희를 버리리라 하셨고

34 또 여호와의 엄중한 말씀이라 하는 선지자에게나 제사장에게나 백성에게는 내가 그 사람과 그 집안을 벌하리라 하셨다 하고

35 너희는 서로 이웃과 형제에게 묻기를 여호와께서 무엇이라 응답하셨으며 여호와께서 무엇이라 말씀하셨느냐 하고

36 다시는 여호와의 엄중한 말씀이라 말하지 말라 각 사람의 말이 자기에게 중벌이 되리니 이는 너희가 살아 계신 하나님, 만군의 여호와 우리 하나님의 말씀을 망령되이 사용함이니라 하고

37 너는 또 선지자에게 말하기를 여호와께서 네게 무엇이라 대답하셨으며 여호와께서 무엇이라 말씀하셨느냐

38 너희는 여호와의 엄중한 말씀이라 말하도다 그러므로 여호와께서 이와 같이 말씀하시되 내가 너희에게 사람을 보내어 너희는 여호와의 엄중한 말씀이라 하지 말라 하였으나 너희가 여호와의 엄중한 말씀이라는 이 말을 하였은즉

39 내가 너희를 온전히 잊어버리며 내가 너희와 너희 조상들에게 준 이 성읍을

24 에는 무엇이 기록되어 있을까?

많은 유다 백성들이 바벨론에 포로로 끌려갔어요. 그때 하나님이 예레미야에게 '무화과 두 광주리'에 관한 환상을 보여주셨어요. '좋은 무화과'는 포로 생활의 고난을 통해 회개하고 경건해져서 후에 이스라엘로 돌아오는 사람들을 가리키고, '나쁜 무화과'는 유다에 남은 자들과 애굽으로 도망간 자들을 가리키지요.

1) 너는 여호와의 엄중한 말씀에 대하여 말하기를 여호와의 말씀에

내 앞에서 내버려

40 너희는 영원한 치욕과 잊지 못할 영구한 수치를 당하게 하리라 하셨느니라

좋은 무화과 나쁜 무화과 —B.C. 597년경

24 바벨론의 느부갓네살 왕이 유다 왕 여호야김의 아들 여고냐와 유다 고관들과 목공들과 철공들을 예루살렘에서 바벨론으로 옮긴 후에 여호와께서 여호와의 성전 앞에 놓인 무화과 두 광주리를 내게 보이셨는데

2 한 광주리에는 처음 익은 듯한 매우 좋은 무화과가 있고 한 광주리에는 나빠서 먹을 수 없는 극히 나쁜 무화과가 있더라

3 여호와께서 내게 이르시되 예레미야야 네가 무엇을 보느냐 하시매 내가 대답하되 무화과이온데 그 좋은 무화과는 극히 좋고 그 나쁜 것은 아주 나빠서 먹을 수 없게 극히 나쁘니이다 하니

4 ●여호와의 말씀이 또 내게 임하니라 이르시되　슥 13:9

5 이스라엘의 하나님 여호와께서 이와 같이 말씀하시나니 내가 이 곳에서 옮겨 갈대아인의 땅에 이르게 한 유다 포로를 내가 좋은 무화과 같이 잘 돌볼 것이라

6 내가 그들을 돌아보고 좋게 하여 다시 이 땅으로 인도하여 세우고 헐지 아니하며 심고 뽑지 아니하겠고　29:10

7 내가 여호와인 줄 아는 마음을 그들에게 주어서 그들이 전심으로 내게 돌아오게 하리니 그들은 내 백성이 되겠고 나는 그들의 하나님이 되리라

8 ●여호와께서 이와 같이 말씀하시니라 내가 유다의 왕 시드기야와 그 고관들과 예루살렘의 남은 자로서 이 땅에 남아 있는 자와 애굽 땅에 사는 자들을 나빠서 먹을 수 없는 이 나쁜 무화과 같

1) 두려움이 되게 하고

이 버리되

9 세상 모든 나라 가운데 1)흩어서 그들에게 환난을 당하게 할 것이며 또 그들에게 내가 쫓아 보낼 모든 곳에서 부끄러움을 당하게 하며 말거리가 되게 하며 조롱과 저주를 받게 할 것이며

10 내가 칼과 기근과 전염병을 그들 가운데 보내 그들이 내가 그들과 그들의 조상들에게 준 땅에서 멸절하기까지 이르게 하리라 하시니라

칠십 년 동안 바벨론 왕을 섬기리라

25 유다의 왕 요시야의 아들 여호야김 넷째 해 곧 바벨론의 왕 느부갓네살 원년에 유다의 모든 백성에 관한 말씀이 예레미야에게 임하니라

2 선지자 예레미야가 유다의 모든 백성과 예루살렘의 모든 주민에게 말하여 이르되　18:11

3 유다의 왕 아몬의 아들 요시야왕 열셋째 해부터 오늘까지 이십삼 년 동안 여호와의 말씀이 내게 임하기로 내가 너희에게 꾸준히 일렀으나 너희가 순종하지 아니하였느니라　1:2

4 그러므로 여호와께서 그의 모든 종 선지자를 너희에게 끊임없이 보내셨으나 너희가 순종하지 아니하였으며 귀를 기울여 듣지도 아니하였도다

5 그가 이르시기를 너희는 각자의 악한 길과 악행을 버리고 돌아오라 그리하면

예레미야가 활동하던 시대의 왕들(25:1)

왕	특 징
요시야 (B.C. 640-609)	유다 16대 왕으로 선정을 베풂(왕하 22:1-23:30) 과감한 종교개혁을 시행했다하 34:3) 성전을 수리하다가 율법책을 발견함(왕하 22:8-20)
여호아하스 (B.C. 609)	유다 17대 왕으로 악한 왕이었음(왕하 23:31-33) 본명은 살룸(렘 22:11)으로, 3개월 동안 통치함 애굽으로 추방되어 죽음
여호야김 (B.C. 609-598)	유다 18대 왕으로 악한 왕이었음(왕하 23:34-24:7) 본명은 엘리야김(왕하 23:34)으로, 선지자를 핍박 바벨론에 포로로 끌려감 두루마리를 불사름(렘 36:1-32)
여호야긴 (B.C. 598-597)	유다 19대 왕으로 3개월 동안 악정을 베풂(왕하 24:8-16) 본명은 여고니(대상 3:16-17), 고니야(렘 22:24)로, 바벨론에 포로로 끌려감
시드기야 (B.C. 597-586)	유다 마지막 왕으로 악한 왕이었음(왕하 24:18-25:26) 본명은 맛다니야(왕하 24:17)로, 바벨론에 대항 하다가 포로로 끌려감

미혹(23:32) 정신이 헛갈려 갈팡질팡 헤맴.
망령(23:36) 늙거나 정신이 흐려 말이나 행동이 정상적인 상태가 아님.
온전(23:39) 결점이 없고 완전함.

포로로 잡혀 온 유다인들이 살았던 바빌론 남부의 니푸르(25:1-11)

나 여호와가 너희와 너희 조상들에게 영원부터 영원까지 준 그 땅에 살리라

6 너희는 다른 신을 따라다니며 섬기거나 경배하지 말며 너희 손으로 만든 것으로써 나의 노여움을 일으키지 말라 그리하면 내가 너희를 해하지 아니하리라 하였으나

7 너희가 내 말을 순종하지 아니하고 너희 손으로 만든 것으로써 나의 노여움을 일으켜 스스로 해하였느니라 여호와의 말씀이니라

9 보라 내가 북쪽 모든 종족과 내 종 바벨론의 왕 느부갓네살을 불러다가 이 땅과 그 주민과 사방 모든 나라를 쳐서 진멸하여 그들을 놀램과 비웃음거리가 되게 하며 땅으로 영원한 폐허가 되게 할 것이라 여호와의 말씀이니라

10 내가 그들 중에서 기뻐하는 소리와 즐거워하는 소리와 신랑의 소리와 신부의 소리와 맷돌 소리와 등불 빛이 끊어지게 하리니

11 이 모든 땅이 폐허가 되어 놀랄 일이 될 것이며 이 민족들은 칠십 년 동안 바벨론의 왕을 섬기리라

12 ●여호와의 말씀이니라 칠십 년이 끝나면 내가 바벨론의 왕과 그의 나라와 갈대아인의 땅을 그 죄악으로 말미암아 벌하여 영원히 폐허가 되게 하되

13 내가 그 땅을 향하여 선언한 바 곧 예레미야가 모든 민족을 향하여 예언하고 이 책에 기록한 나의 모든 말을 그

땅에 임하게 하리라

14 그리하여 여러 민족과 큰 왕들이 그들로 자기들을 섬기게 할 것이나 나는 그들의 행위와 그들의 손이 행한 대로 갚으리라
50:9

모든 나라에 내리는 진노의 술잔

15 ●이스라엘의 하나님 여호와께서 이같이 내게 이르시되 너는 내 손에서 이 진노의 술잔을 받아가지고 내가 너를 보내는 바 그 모든 나라로 하여금 마시게 하라
사 51:17

16 그들이 마시고 비틀거리며 미친 듯이 행동하리니 이는 내가 그들 중에 칼을 보냈기 때문이니라 하시기로

17 내가 여호와의 손에서 그 잔을 받아서 여호와께서 나를 보내신 바 그 모든 나라로 마시게 하되
25:28

18 예루살렘과 유다 성읍들과 그 왕들과 그 고관들로 마시게 하였더니 그들이 멸망과 놀램과 비웃음과 저주를 당함이 오늘과 같으니라

19 또 애굽의 왕 바로와 그의 신하들과 그의 고관들과 그의 모든 백성과

20 모든 섞여 사는 민족들과 우스 땅의 모든 왕과 블레셋 사람의 땅 모든 왕과 아스글론과 가사와 에그론과 아스돗의 나머지 사람들과

21 에돔과 모압과 암몬 자손과

22 두로의 모든 왕과 시돈의 모든 왕과 바다 건너쪽 섬의 왕들과

23 드단과 데마와 부스와 살쩍을 깎은 모든 자와

24 아라비아의 모든 왕과 광야에서 섞여

25장 에는 무엇이 기록되어 있을까?

유다에게 회개하라고 외치던 예레미야의 예언 활동은 25장에서 일단 끝이 납니다. 끝까지 회개하지 않은 유다는 결국 바빌론에 의해 멸망을 당하고 말지요. 15-29절은 열방을 향한 하나님의 심판에 관한 메시지예요. 하나님은 바빌론을 사용하셔서 유다를 징벌하셨지만, 교만하였던 바빌론도 결국 하나님의 심판을 받게 된답니다.

지중해안 아스글론 유적지(25:20)

시는 민족들의 모든 왕과

25 시므리의 모든 왕과 엘람의 모든 왕과 메대의 모든 왕과

26 북쪽 원근의 모든 왕과 지면에 있는 세상의 모든 나라로 마시게 하니라 세삭 왕은 그 후에 마시리라

27 ● 너는 그들에게 이르기를 만군의 여호와 이스라엘의 하나님의 말씀에 너희는 내가 너희 가운데 보내는 칼 앞에서 마시며 취하여 토하고 엎드러져 다시는 일어나지 말라 하셨느니라 ᵃ 2:16

28 그들이 만일 네 손에서 잔을 받아 마시기를 거절하거든 너는 그들에게 이르기를 만군의 여호와께서 말씀하시기를 너희가 반드시 마셔야 하리라

29 보라 내가 내 이름으로 일컬음을 받는 성에서부터 재앙 내리기를 시작하였은즉 너희가 어찌 능히 형벌을 면할 수 있느냐 면하지 못하리니 이는 내가 칼을 불러 세상의 모든 주민을 칠 것임이라 하였다 하라 만군의 여호와의 말씀이니라 ᵃ 9:6

30 ● 그러므로 너는 그들에게 이 모든 말로 예언하여 이르기를 여호와께서 높은 데서 포효하시고 그의 거룩한 처소에서 소리를 내시며 그의 초장을 향하여 크게 부르시고 세상 모든 주민에 대하여 포도 밟는 자 같이 흥겹게 노래하시리라

31 요란한 소리가 땅 끝까지 이름은 여호와께서 뭇 민족과 다투시며 모든 육체를 심판하시며 악인을 칼에 내어 주셨음이라 여호와의 말씀이니라

32 ● 만군의 여호와께서 이와 같이 말씀하시니라 보라 재앙이 나서 나라에서 나라에 미칠 것이며 큰 바람이 땅 끝에서 일어날 것이라

33 그 날에 여호와에게 죽임을 당한 자가 땅 이 끝에서 땅 저 끝에 미칠 것이나 그들을 위하여 애곡하는 자도 없고 시신을 거두어 주는 자도 없고 매장하여 주는 자도 없으리니 그들은 지면에서 분토가 되리로다

34 너희 목자들아 외쳐 애곡하라 너희 양 떼의 인도자들아 잿더미에서 뒹굴라 이는 너희가 도살 당할 날과 흩음을 당할 기한이 찼음인즉 너희가 귀한 그릇이 떨어짐 같이 될 것이라

35 목자들은 도망할 수 없겠고 양 떼의 인도자들은 도주할 수 없으리로다

36 목자들이 부르짖는 소리와 양 떼의 인도자들이 애곡하는 소리여 여호와가 그들의 초장을 황폐하게 함이로다 25:34

37 평화로운 목장들이 여호와의 진노하시는 열기 앞에서 적막하게 되리라

38 그가 젊은 사자 같이 그 굴에서 나오셨으니 그 호통치시는 분의 분노와 그의 극렬한 진노로 말미암아 그들의 땅이 폐허가 되리로다 하시니라 4:7

여호와의 성전 뜰에서 말씀을 전하다

26 유다의 왕 요시야의 아들 여호야김이 다스리기 시작한 때에 여호와께로부터 이 말씀이 임하여 이르시되 ᵃ대 23:36

2 여호와께서 이와 같이 말씀하시니라 너는 여호와의 성전 뜰에 서서 유다 모든 성읍에서 여호와의 성전에 와서 예배하는 자에게 내가 네게 명령하여 이

26 장 에는 무엇이 기록되어 있을까?

회개할 줄 모르는 백성들과 하나님의 편에 섰던 사람들의 모습이 대조를 이루고 있어요. 악한 자들은 하나님의 말씀으로 바뀌면서 행복할 것을 권한 예레미야를 죽이려 했어요. 하지만 하나님의 편에 섰던 사람들은 예레미야를 도와주었지요. 한편 여호야김은 예레미야와 같은 예언을 한 우리야 선지자를 죽였답니다.

토막상식

우리야

'여호와는 나의 빛'이라는 뜻이에요. 기럇여아림 출신으로, 예레미야와 같이 활동했던 이름 없는 선지자입니다. 여호야김의 위협으로 애굽으로 피신했으나, 체포되어 유다로 보내진 뒤 처형되었지요.
26장 20절

르게 한 모든 말을 전하되 한 마디도 감하지 말라

3 그들이 듣고 혹시 각각 그 악한 길에서 돌아오리라 그리하면 내가 그들의 악행으로 말미암아 그들에게 재앙을 내리려 하던 뜻을 돌이키리라 36:3-7

4 너는 그들에게 이와 같이 이르라 여호와의 말씀에 너희가 나를 순종하지 아니하며 내가 너희 앞에 둔 내 율법을 행하지 아니하며

5 내가 너희에게 나의 종 선지자들을 꾸준히 보내 그들의 말을 순종하라고 하였으나 너희는 순종하지 아니하였느니라

6 내가 이 성전을 실로 같이 되게 하고 이 성을 세계 모든 민족의 저줏거리가 되게 하리라 하셨느니라 24:9

7 예레미야가 여호와의 성전에서 이 말을 하매 제사장들과 선지자들과 모든 백성이 듣더라

8 ●예레미야가 여호와께서 명령하신 말씀을 모든 백성에게 전하기를 마치매 제사장들과 선지자들과 모든 백성이 그를 붙잡고 이르되 네가 반드시 죽어야 하리라

9 어찌하여 네가 여호와의 이름을 의지하고 예언하여 이르기를 이 성전이 실로 같이 되겠고 이 성이 황폐하여 주민이 없으리라 하느냐 하며 그 모든 백성이 여호와의 성전에서 예레미야를 향하여 모여드니라

10 ●유다의 고관들이 이 말을 듣고 왕궁에서 여호와의 성전으로 올라가 여호와의 성전 새 대문의 입구에 앉으매 36:10

11 제사장들과 선지자들이 고관들과 모든 백성에게 말하여 이르되 이 사람은 죽는 것이 합당하니 너희 귀로 들음 같이 이 성에 관하여 예언하였음이라

12 예레미야가 모든 고관과 백성에게 말하여 이르되 여호와께서 나를 보내사 너희가 들은 바 모든 말로 이 성전과 이 성을 향하여 예언하게 하셨느니라 7:3

13 그런즉 너희는 너희 길과 행위를 고치고 너희 하나님 여호와의 목소리를 청종하라 그리하면 여호와께서 너희에게 선언하신 재앙에 대하여 뜻을 돌이키시리라

14 보라 나는 너희 손에 있으니 너희 의견에 좋은 대로, 옳은 대로 하려니와

15 너희는 분명히 알아라 너희가 나를 죽이면 반드시 무죄한 피를 너희 몸과 이 성과 이 성 주민에게 돌리는 것이니라 이는 여호와께서 진실로 나를 보내사 이 모든 말을 너희 귀에 말하게 하셨음이라

16 ●고관들과 모든 백성이 제사장들과 선지자들에게 이르되 이 사람이 우리 하나님 여호와의 이름으로 우리에게 말하였으니 죽일 만한 이유가 없느니라

17 그러자 그 지방의 장로 중 몇 사람이 일어나 백성의 온 회중에게 말하여 이르기를

18 유다의 왕 히스기야 시대에 모레셋 사람 미가가 유다의 모든 백성에게 예언하여 이르되 만군의 여호와께서 이와 같이 말씀하셨느니라 시온은 밭 같이 경작지가 될 것이며 예루살렘은 돌 무더기가 되며 이 성전의 산은 산당의 숲과 같이 되리라 하였으나 미 1:1

19 유다의 왕 히스기야와 모든 유다가 그를 죽였느냐 히스기야가 여호와를 두려워하여 여호와께 간구하매 여호와께서 그들에게 선언한 재앙에 대하여 뜻을 돌이키지 아니하셨느냐 우리가 이같이 하면 우리의 생명을 스스로 심히 해롭게 하는 것이니라 행 5:39

20 ●또 여호와의 이름으로 예언한 사람

이 있었는데 곧 기럇여아림 스마야의 아들 우리야라 그가 예레미야의 모든 말과같이 이 성과 이 땅에 경고하여 예언하매

21 여호야김 왕과 그의 모든 용사와 모든 고관이 그의 말을 듣고서 왕이 그를 죽이려 하매 우리야가 그 말을 듣고 두려워 애굽으로 도망하여 간지라

22 여호야김 왕이 사람을 애굽으로 보내되 곧 악볼의 아들 엘라단과 몇 사람을 함께 애굽으로 보냈더니　36:12

23 그들이 우리야를 애굽에서 연행하여 여호야김 왕에게로 그를 데려오매 왕이 칼로 그를 죽이고 그의 시체를 평민의 묘지에 던지게 하니라

24 사반의 아들 아히감의 손이 예레미야를 도와 주어 그를 백성의 손에 내어 주지 아니하여 죽이지 못하게 하니라

거짓 선지자들과 싸우는 예레미야

27 유다의 왕 요시야의 아들 1) 여호야김이 다스리기 시작할 때에 여호와께서 말씀으로 예레미야에게 임하시니라

2 여호와께서 이와 같이 내게 말씀하시되 너는 줄과 멍에를 만들어 네 목에 걸고

3 유다의 왕 시드기야를 보러 예루살렘에 온 사신들의 손에도 그것을 주어 에돔의 왕과 모압의 왕과 암몬 자손의 왕과 두로의 왕과 시돈의 왕에게 보내며

4 그들에게 명령하여 그들의 주에게 말하게 하기를 만군의 여호와 이스라엘의 하나님께서 이와 같이 말씀하시되 너희는 너희의 주에게 이같이 전하라

5 나는 내 큰 능력과 나의 쳐든 팔로 땅과 지상에 있는 사람과 짐승들을 만들고 내가 보기에 옳은 사람에게 그것을 주었노라

6 이제 내가 이 모든 땅을 내 종 바벨론의 왕 느부갓네살의 손에 주고 또 들짐승들을 그에게 주어서 섬기게 하였나니

7 모든 나라가 그와 그의 아들과 손자를 그 땅의 기한이 이르기까지 섬기리라 또한 많은 나라들과 큰 왕들이 그 자신을 섬기리라　44:30

8 여호와의 말씀이니라 바벨론의 왕 느부갓네살을 섬기지 아니하며 그 목으로 바벨론의 왕의 멍에를 메지 아니하는 백성과 나라는 내가 그들이 멸망하기까지 칼과 기근과 전염병으로 그 민족을 벌하리라

9 너희는 너희 선지자나 복술가나 꿈꾸는 자나 술사나 요술자가 이르기를 너희가 바벨론의 왕을 섬기게 되지 아니하리라 하여도 너희는 듣지 말라

10 그들은 너희에게 거짓을 예언하여 너희가 너희 땅에서 멀리 떠나게 하며 내가 너희를 몰아내게 하며 너희를 멸

1) '시드기야' 본 장 3, 12, 20; 28:1 비교

술술 풀리는 성경 말씀

유다의 마지막 왕 시드기야

시드기야뜻:여호와는 의로우시다는 유다의 마지막 왕(B.C. 597~586년)으로서 요시야 왕의 아들이며 여호아하스의 형제지요. 본래의 이름은 '맛다니야'였지만, 바벨론의 느부갓네살 왕이 그를 조카 여호야긴 대신에 유다의 왕으로 세우면서 그 이름을 시드기야로 바꾸어주었어요.

그는 21세에 왕위에 올라 11년을 다스렸는데, 선지자 예레미야의 경고에도 불구하고 느부갓네살을 배신함으로써 유다의 몰락을 재촉하였지요. 그리고 바벨론 군대가 애굽 군대로 인해 잠시 물러났을 때, 예레미야를 옥에 가두기도 했어요. 바벨론에 의해 예루살렘이 멸망된 후, 시드기야는 생포되어 두 눈이 뽑히는 형벌을 받았으며 남은 생을 감옥에서 보냈습니다.

27장 1~15절

27장에는 무엇이 기록되어 있을까?

바벨론의 지배를 상징하는 '줄과 멍에'를 통한 메시지가 주어졌어요. 당시 유다는 바벨론에 대항하기 위해 주변국들과 군사적으로 동맹을 맺으려고 했어요. 그러나 예레미야는 시드기야 왕과 제사장들에게 바벨론에 복종할 것을 권매했지요. 그리고 거짓 선지자들의 예언에 대해서도 경고했습니다.

망하게 하느니라

11 그러나 그 목으로 바벨론의 왕의 멍에를 메고 그를 섬기는 나라는 내가 그들을 그 땅에 머물러 밭을 갈며 거기서 살게 하리라 하였다 하라 여호와의 말씀이니라 하시니라

12 ●내가 이 모든 말씀대로 유다의 왕 시드기야에게 전하여 이르되 왕과 백성은 바벨론 왕의 멍에를 목에 메고 그와 그의 백성을 섬기소서 그리하면 사시리라

13 어찌하여 당신과 당신의 백성이 여호와께서 바벨론의 왕을 섬기지 아니하는 나라에 대하여 하신 말씀과 같이 칼과 기근과 전염병에 죽으려 하나이까

14 그러므로 당신들은 바벨론의 왕을 섬기게 되지 아니하리라 하는 선지자의 말을 듣지 마소서 그들은 거짓을 예언함이니라

14:14

15 이는 여호와의 말씀이니라 내가 그들을 보내지 아니하였거늘 그들이 내 이름으로 거짓을 예언하니 내가 너희를 몰아내리니 너희와 너희에게 예언하는 선지자들이 멸망하리라

16 ●내가 또 제사장들과 그 모든 백성에게 전하여 이르되 여호와께서 이와 같이 말씀하시기를 보라 여호와의 성전의 기구를 이제 바벨론에서 속히 돌려오리라고 너희에게 예언하는 선지자들의 말을 듣지 말라 이는 그들이 거짓을 예언함이니라 하셨나니

17 너희는 그들의 말을 듣지 말고 바벨론의 왕을 섬기라 그리하면 살리라 어찌하여 이 성을 황무지가 되게 하려느냐

18 만일 그들이 선지자이고 여호와의 말씀을 가지고 있다면 그들이 여호와의 성전에와 유다의 왕의 궁전에와 예루살렘에 남아 있는 기구를 바벨론으로 옮겨가지 못하도록 만군의 여호와께 구하여야 할 것이니라

19 만군의 여호와께서 기둥들과 큰 대야와 받침들과 이 성에 남아 있는 기구에 대하여 이같이 말씀하시나니

20 이것은 바벨론의 왕 느부갓네살이 유다의 왕 여고니야의 아들 여고니야와 유다와 예루살렘 모든 귀인을 예루살렘에서 바벨론으로 사로잡아 옮길 때에 가져가지 아니하였던 것이라

21 만군의 여호와 이스라엘의 하나님께서 여호와의 성전과 유다의 왕의 궁전과 예루살렘에 남아 있는 그 기구에 대하여 이같이 말씀하셨느니라

22 그것들이 바벨론으로 옮겨지고 내가 이것을 돌보는 날까지 거기에 있을 것이니라 그 후에 내가 그것을 올려 와 이 곳에 그것들을 되돌려 두리라 여호와의 말씀이니라

예레미야와 하나냐 —B.C. 593년경

28

그 해 곧 유다 왕 시드기야가 다스리기 시작한 지 사 년 다섯째 달 기브온앗술의 아들 선지자 하나냐가 여호와의 성전에서 제사장들과 모든 백성이 보는 앞에서 내게 말하여 이르되

2 만군의 여호와 이스라엘의 하나님이 이같이 일러 말씀하시기를 내가 바벨론의 왕의 멍에를 꺾었느니라

3 내가 바벨론의 왕 느부갓네살이 이 곳에서 빼앗아 바벨론으로 옮겨 간 여호

멍에(27:12) 굴레, 속박 또는 노예 상태를 상징하는 말.
예언(27:16) *하나님으로부터 받은 계시 또는 명령을 사람들에게 전하는 일.*
선지자(27:16) 하나님의 계시로 닥쳐올 일을 미리 알고 백성들을 인도하는 사람.
황무지(27:17) 손을 대지 않고 버려두어 거칠어진 땅.
귀인(27:20) 존귀한 사람.
기구(27:21) 세간, 그릇, 연장의 총칭.
포로(28:4) 전투에서 적에게 사로잡힌 병사.
패역(28:16) 사람의 윤리에 어긋나고 순종하지 않음.

28장에는 무엇이 기록되어 있을까?

당시 거짓 선지자의 우두머리였던 하나냐에 관한 기록이에요. 하나냐는 바벨론이 멸망하고 예루살렘은 평화가 계속될 것이라고 예언했어요. 그로 인해 예레미야는 더욱 큰 고난을 받게 되었지요. 하지만 하나님은 하나냐의 갑작스런 죽음을 통해 예레미야를 위로해주셨답니다.

예레미야 당시 바벨론의 기록 방법인 토판(29:1)

을 가니라

27:10

12 ●선지자 하나가 선지자 예레미야의 목에서 멍에를 꺾어 버린 후에 여호와의 말씀이 예레미야에게 임하니라 이르시기를

13 너는 가서 하나냐에게 말하여 이르기를 여호와의 말씀에 네가 나무 멍에들을 꺾었으나 그 대신 쇠 멍에들을 만들었느니라

14 만군의 여호와 이스라엘의 하나님께서 이와 같이 말씀하시니라 내가 쇠 멍에로 이 모든 나라의 목에 메워 바벨론의 왕 느부갓네살을 섬기게 하였으니 그들이 그를 섬기리라 내가 들짐승도 그에게 주었느니라 하라

신 28:48

15 선지자 예레미야가 선지자 하나냐에게 이르되 하나냐여 들으라 여호와께서 너를 보내지 아니하셨거늘 네가 이 백성에게 거짓을 믿게 하는도다

16 그러므로 여호와께서 이와 같이 말씀하시되 내가 너를 지면에서 제하리니 네가 여호와께 패역한 말을 하였음이라 네가 금년에 죽으리라 하셨느니라 하더니

17 선지자 하나냐가 그 해 일곱째 달에 죽었더라

와의 성전 모든 기구를 이 년 안에 다시 이 곳으로 되돌려 오리라

렘상 24:13

4 내가 또 유다의 왕 여호야김의 아들 여고니야와 바벨론으로 간 유다 모든 포로를 다시 이 곳으로 돌아오게 하리니 이는 내가 바벨론의 왕의 멍에를 꺾을 것임이라 여호와의 말씀이니라 하니라

5 선지자 예레미야가 여호와의 성전에 서 있는 제사장들과 모든 백성들이 보는 앞에서 선지자 하나냐에게 말하니라

6 선지자 예레미야가 말하니라 아멘, 여호와는 이같이 하옵소서 여호와께서 네가 예언한 말대로 이루사 여호와의 성전 기구와 모든 포로를 바벨론에서 이 곳으로 되돌려 오시기를 원하노라

7 그러나 너는 내가 네 귀와 모든 백성의 귀에 이르는 이 말을 잘 들으라

8 나와 너 이전의 선지자들이 예로부터 많은 땅들과 큰 나라들에 대하여 전쟁과 재앙과 전염병을 예언하였느니라

9 평화를 예언하는 선지자는 그 예언의 말이 응한 후에야 그가 진실로 여호와께서 보내신 선지자로 인정 받게 되리라

10 선지자 하나냐가 선지자 예레미야의 목에서 멍에를 빼앗아 꺾고

11 모든 백성 앞에서 하나냐가 말하여 이르되 여호와께서 이와 같이 말씀하시니라 내가 이 년 안에 모든 민족의 목에서 바벨론의 왕 느부갓네살의 멍에를 이와 같이 꺾어 버리리라 하셨느니라 하매 선지자 예레미야가 자기의 길

포로에게 보낸 예레미야의 편지
— B.C. 596년경

29 선지자 예레미야가 예루살렘에서 이같은 편지를 느부갓네살이 예루살렘에서 바벨론으로 끌고 간 포로 중 남아 있는 장로들과 제사장들과 선지자들과 모든 백성에게 보냈

29장 에는 무엇이 기록되어 있을까?

바벨론에서 활동하던 선지자들은 대부분 바벨론이 곧 망할 것이라고 예언했어요. 이에 대해 예레미야는 거짓 선지자들과 그들을 따르는 자들에게 임할 하나님의 진노를 경고하면서 편지를 보냈어요. 그러자 거짓 선지자 스마야는 예레미야를 공격하는 편지를 써서 예루살렘의 제사장들에게 보냈습니다.

는데

29:25, 29

2 그 때는 여고니야 왕과 왕후와 궁중 내시들과 유다와 예루살렘의 고관들과 기능공과 토공들이 예루살렘에서 떠난 후라

3 유다의 왕 시드기야가 바벨론으로 보내어 바벨론의 왕 느부갓네살에게로 가게 한 사반의 아들 엘라사와 힐기야의 아들 그마랴 편으로 말하되

4 만군의 여호와 이스라엘의 하나님께서 예루살렘에서 바벨론으로 사로잡혀 가게 한 모든 포로에게 이와 같이 말씀하시니라

5 너희는 집을 짓고 거기에 살며 텃밭을 만들고 그 열매를 먹으라

6 아내를 맞이하여 자녀를 낳으며 너희 아들이 아내를 맞이하며 너희 딸이 남편을 맞아 그들로 자녀를 낳게 하여 너희가 거기에서 번성하고 줄어들지 아니하게 하라

16:2-4

7 너희는 내가 사로잡혀 가게 한 그 성읍의 평안을 구하고 그를 위하여 여호와께 기도하라 이는 그 성읍이 평안함으로 너희도 평안할 것임이라

8 만군의 여호와 이스라엘의 하나님께서 이와 같이 말씀하시니라 너희 중에 있는 선지자들에게와 점쟁이에게 미혹되지 말며 너희가 꾼 꿈도 곧이 듣고 믿지 말라

9 내가 그들을 보내지 아니하였어도 그들이 내 이름으로 거짓을 예언함이라 여호와의 말씀이니라

10 여호와께서 이와 같이 말씀하시니라 바벨론에서 칠십 년이 차면 내가 너희를 돌보고 나의 선한 말을 너희에게 성취하여 너희를 이 곳으로 돌아오게 하리라

11 여호와의 말씀이니라 너희를 향한 나의 생각을 내가 아나니 평안이요 재앙이 아니니라 너희에게 미래와 희망을 주는 것이니라

12 너희가 내게 부르짖으며 내게 와서 기도하면 내가 너희들의 기도를 들을 것이요

13 너희가 온 마음으로 나를 구하면 나를 찾을 것이요 나를 만나리라

대상 22:19

14 이것은 여호와의 말씀이니라 나는 너희를 만날 것이며 너희를 포로된 중에서 다시 돌아오게 하되 내가 쫓아내었던 나라들과 모든 곳에서 모아 사로잡혀 떠났던 그 곳으로 돌아오게 하리라 이것은 여호와의 말씀이니라

15 ●너희가 말하기를 여호와께서 우리를 위하여 바벨론에서 선지자를 일으키셨느니라

16 다윗의 왕좌에 앉은 왕과 이 성에 사는 모든 백성 곧 너희와 함께 포로 되어 가지 아니한 너희 형제에게 여호와께서 이와 같이 말씀하셨느니라

17 만군의 여호와께서 이와 같이 말씀하시되 보라 내가 칼과 기근과 전염병을 그들에게 보내어 그들로 상하여 먹을 수 없는 몹쓸 무화과 같게 하겠고

27:8

18 내가 칼과 기근과 전염병으로 그들을 뒤따르게 하며 그들을 세계 여러 나라 가운데에 흩어 학대를 당하게 할 것이며 내가 그들을 쫓아낸 나라들 가운데에서 저주와 경악과 조소와 수모의 대상이 되게 하리라

19 여호와의 말씀이니라 너희들이 내 말

을 듣지 않았기 때문이니라 내가 내 종 선지자들을 너희들에게 꾸준히 보냈으나 너희는 그들의 말을 듣지 않았느니라 여호와의 말씀이니라

20 그런즉 내가 예루살렘에서 바벨론으로 보낸 너희 모든 포로여 여호와의 말씀을 들을지니라

21 만군의 여호와 이스라엘의 하나님께서 골라야의 아들 아합과 마아세야의 아들 시드기야에 대하여 이와 같이 말씀하시느니라 그들은 내 이름으로 너희에게 거짓을 예언한 자라 보라 내가 그들을 바벨론의 왕 느부갓네살의 손에 넘기리니 그가 너희 눈 앞에서 그들을 죽일 것이라

22 바벨론에 있는 유다의 모든 포로가 그들을 저줏거리로 삼아 이르기를 여호와께서 너를 바벨론 왕이 불살라 죽인 시드기야와 아합 같게 하시기를 원하노라 하리니

23 이는 그들이 이스라엘 중에서 어리석게 행하여 그 이웃의 아내와 간음하며 내가 그들에게 명령하지 아니한 거짓을 내 이름으로 말함이라 나는 알고 있는 자로서 증인이니라 여호와의 말씀이니라 하시니라

스마야에게 보낸 편지와 여호와의 말씀

24 ●너는 느헬람 사람 스마야에게 이같이 말하여 이르라

25 만군의 여호와 이스라엘의 하나님께서 이와 같이 말씀하여 이르시되 네가 네 이름으로 예루살렘에 있는 모든 백성과 제사장 마아세야의 아들 스바냐

예레미야의 고향 아나돗(29:27)

와 모든 제사장에게 글을 보내 이르기를

26 여호와께서 너를 제사장 여호야다를 대신하여 제사장을 삼아 여호와의 성전 1)감독자로 세우심은 모든 미친 자와 선지자 노릇을 하는 자들을 목에 씌우는 나무 고랑과 목에 씌우는 쇠 고랑을 채우게 하심이어늘

27 이제 네가 어찌하여 너희 중에 선지자 노릇을 하는 아나돗 사람 예레미야를 책망하지 아니하느냐

28 그가 바벨론에 있는 우리에게 편지하기를 오래 지내야 하리니 너희는 집을 짓고 살며 밭을 일구고 그 열매를 먹으라 하였다 하니라

29 제사장 스바냐가 스마야의 글을 선지자 예레미야에게 읽어서 들려 줄 때에

30 여호와의 말씀이 예레미야에게 임하여 이르시되

31 너는 모든 포로에게 전언하여 이르기를 여호와께서 느헬람 사람 스마야를 두고 이같이 말씀하셨느니라 내가 그를 보내지 아니하였거늘 스마야가 너희에게 예언하고 너희에게 거짓을 믿게 하였도다
　　　　　　　　　29:20, 24

32 그러므로 여호와께서 이와 같이 말씀하시느니라 보라 내가 느헬람 사람 스마야와 그의 자손을 벌하리니 그가 나 여호와께 패역한 말을 하였으므로 이 백성 중에 살아 남을 그의 자손이 하나도 없을 것이라 내가 내 백성에게 행하려 하는 복된 일을 그가 보지 못하리라 하

토막상식

아합과 시드기야

예레미야 시대에 하나님의 이름을 빌려서 거짓 예언을 했던 대표적인 인물이에요. 당시에는 거짓을 예언하는 사람들이 많이 있었지요. 진리 편에 선 소수 예언자들은 거짓 선지자들과 그들을 따르는 백성들에게 하나님의 무서운 저주가 내릴 것이라고 경고했어요.
　　　　　　　　　29장 21~23절

1) 히, 유사들

셨느니라 이것은 여호와의 말씀이니라 포로를 돌아오게 할 것이라—B.C. 596년경

30 여호와께로부터 말씀이 예레미야에게 임하여 이르시니라

2 이스라엘의 하나님 여호와께서 이와 같이 말씀하여 이르시기를 내가 네게 일러 준 모든 말을 책에 기록하라

3 여호와의 말씀이니라 보라 내가 내 백성 이스라엘과 유다의 포로를 돌아가게 할 날이 오리니 내가 그들을 그 조상들에게 준 땅으로 돌아오게 할 것이니 그들이 그 땅을 차지하리라 여호와께서 말씀하시니라

4 ●여호와께서 이스라엘과 유다에 대하여 하신 말씀이 이러하니라

5 여호와께서 이와 같이 말씀하시되 우리가 무서워 떠는 자의 소리를 들으니 두려움이요 평안함이 아니로다

6 너희는 자식을 해산하는 남자가 있는가 물어보라 어찌하여 모든 남자가 해산하는 여자 같이 손을 자기 허리에 대고 모든 얼굴이 겁에 질려 새파래졌는가

7 슬프다 그 날이여 그와 같이 엄청난 날이 없으리라 그 날은 야곱의 환난의 때가 됨이로다 그러나 그가 환난에서 구하여 냄을 얻으리로다

8 만군의 여호와의 말씀이라 그 날에 내가 ¹⁾네 목에서 그 멍에를 꺾어 버리며 네 포박을 끊으리니 다시는 이방인을 섬기지 않으리라

9 그들은 그들의 하나님 여호와를 섬기며 내가 그들을 위하여 세울 그들의 왕 다윗을 섬기리라

10 여호와의 말씀이니라 그러므로 나의

30장에는 무엇이 기록되어 있을까?

이스라엘의 회복에 관한 소망의 메시지가 선포되고 있습니다. 그러나 이러한 회복은 하나님이 정하신 때에야 비로소 실현됩니다. 이스라엘의 회복에 관한 예언은 일차적으로는 포로들이 이스라엘로 돌아오는 것을 가리키고, 궁극적으로는 메시아 왕국을 나타내지요.

종 야곱아 너는 두려워하지 말라 이스라엘아 놀라지 말라 내가 너를 먼 곳으로부터 구원하고 네 자손을 잡혀가 있는 땅에서 구원하리니 야곱이 돌아와서 태평과 안락을 누릴 것이며 두렵게 할 자가 없으리라

11 이는 여호와의 말씀이라 내가 너와 함께 있어 너를 구원할 것이라 너를 흩었던 그 모든 이방을 내가 멸망시키리라 그럴지라도 너만은 멸망시키지 아니하리라 그러나 네가 법에 따라 너를 징계할 것이요 결코 무죄한 자로만 여기지는 아니하리라 46:28

12 ●여호와께서 이와 같이 말씀하시니라 네 상처는 고칠 수 없고 네 부상은 중하도다 15:18

13 네 송사를 처리할 재판관이 없고 네 상처에는 약도 없고 처방도 없도다

14 너를 사랑하던 자가 다 너를 잊고 찾지 아니하니 이는 네 악행이 많고 네 죄가 많기 때문에 나는 네 원수가 당할 고난을 네가 받게 하며 잔인한 징계를 내렸도다

15 너는 어찌하여 네 상처 때문에 부르짖느냐 네 고통이 심하도다 네 악행이 많고 네 죄가 허다하므로 내가 이 일을 너에게 행하였느니라

16 그러므로 너를 먹는 모든 자는 잡아먹힐 것이며 네 모든 대적은 사로잡혀 갈 것이고 너에게서 탈취해 간 자는 탈취를 당할 것이며 너에게서 노략질한 모든 자는 노략물이 되리라

17 여호와의 말씀이니라 그들이 쫓겨난 자라 하며 시온을 찾는 자가 없은즉 내가 너의 상처로부터 새 살이 돋아나게 하여 너를 고쳐 주리라

18 ●여호와께서 말씀하시니라 보라 내가 야곱 장막의 포로들을 돌아오게 할 것이고 그 거처들에 사랑을 베풀 것이라 성읍은 그 폐허가 된 언덕 위에 건축될 것이요 그 보루는 규정에 따라 사

19 그들에게서 감사하는 소리가 나오고 즐거워하는 자들의 소리가 나오리라 내가 그들을 번성하게 하리니 그들의 수가 줄어들지 아니하겠고 내가 그들을 존귀하게 하리니 그들은 비천하여지지 아니하리라 *사 35:10*

20 그의 자손은 예전과 같겠고 그 회중은 내 앞에 굳게 설 것이며 그를 압박하는 모든 사람은 내가 다 벌하리라 *31:17*

21 그 영도자는 그들 중에서 나올 것이요 그 통치자도 그들 중에서 나오리라 내가 그를 가까이 오게 하리니 그가 내게 가까이 오리라 참으로 담대한 마음으로 내게 가까이 올 자가 누구냐 여호와의 말씀이니라

22 너희는 내 백성이 되겠고 나는 너희들의 하나님이 되리라 *슥 6:7*

23 ●보라 여호와의 노여움이 일어나 폭풍과 회오리바람처럼 악인의 머리 위에서 회오리칠 것이라 *23:19*

24 여호와의 진노는 그의 마음의 뜻한 바를 행하여 이루기까지는 돌이키지 아니하나니 너희가 끝날에 그것을 깨달으리라 *4:8*

이스라엘을 다시 세우고 지키시리라

31 여호와의 말씀이니라 그 때에 내가 이스라엘 모든 종족의 하나님이 되고 그들은 내 백성이 되리라

2 여호와께서 이같이 말씀하시니라 칼에서 벗어난 백성이 광야에서 은혜를 입었나니 곧 내가 이스라엘로 안식을 얻게 하러 갈 때에라

3 옛적에 여호와께서 나에게 나타나사 내가 영원한 사랑으로 너를 사랑하기에 인자함으로 너를 이끌었다 하였노라

4 처녀 이스라엘아 내가 다시 너를 세우리니 네가 세움을 입을 것이요 네가 다시 소고를 들고 즐거워하는 자들과 함께 춤추며 나오리라

5 네가 다시 사마리아 산들에 포도나무들을 심되 심는 자가 그 열매를 따기 시작하리라

6 에브라임 산 위에서 파수꾼이 외치는 날이 있을 것이라 이르기를 너희는 일어나라 우리가 시온에 올라가서 우리 하나님 여호와께로 나아가자 하리라

7 ●여호와께서 이와 같이 말씀하시니라 너희는 여러 민족의 앞에 서서 야곱을 위하여 기뻐 외치라 너희는 전파하며 찬양하며 말하라 여호와여 주의 백성 이스라엘의 남은 자를 구원하소서 하라

8 보라 나는 그들을 북쪽 땅에서 인도하며 땅 끝에서부터 모으리라 그들 중에는 맹인과 다리 저는 사람과 잉태한 여인과 해산하는 여인이 함께 있으며 큰 무리를 이루어 이 곳으로 돌아오리라

선생님!! 궁금해요

성경은 누가 썼나요?

성경을 쓴 사람은 40명 정도예요. 모세 오경(창세기, 출애굽기, 레위기, 민수기, 신명기)을 쓴 모세, 시편을 많이 쓴 다윗, 잠언과 전도서를 쓴 솔로몬, 또 이사야, 예레미야와 같은 선지자들이 있어요. 신약시대에는 복음서를 쓴 세리 마태, 마가, 의사였던 누가, 요한과 베드로전·후서를 쓴 베드로, 그리고 총 14권이나 쓴 사도 바울 등이 있어요. 이 외에도 성경을 쓴 사람들은 아주 많지요.
성경은 여러 사람들의 손에 의해서 쓰였지만, 사실은 한 분이 쓰신 거랍니다. 바로 성령 하나님이시지요. 성령님이 사람들의 마음에 감동을 주어 쓰도록 하셨기 때문에 그 사람들은 기록하는 데 실수도 없었고, 거짓말이나 잘못된 내용을 기록할 수도 없었답니다.
30장 2절

9 그들이 울며 돌아오리니 나의 인도함을 받고 간구할 때에 내가 그들을 넘어지지 아니하고 물 있는 계곡의 곧은 길로 가게 하리라 나는 이스라엘의 아버지요 에브라임은 나의 장자니라

10 ●이방들이여 너희는 여호와의 말씀을 듣고 먼 섬에 전파하여 이르기를 이스라엘을 흩으신 자가 그를 모으시고 목자가 그 양 떼에게 행함 같이 그를 지키시리로다

11 여호와께서 야곱을 구원하시되 그들보다 강한 자의 손에서 속량하셨으니

12 그들이 와서 시온의 높은 곳에서 찬송하며 여호와의 복 곧 곡식과 새 포도주와 기름과 어린 양의 떼와 소의 떼를 얻고 크게 기뻐하리라 그 심령은 물 댄 동산 같겠고 다시는 근심이 없으리로다 할지어다

13 그 때에 처녀는 춤추며 즐거워하겠고 청년과 노인은 함께 즐거워하리니 내가 그들의 슬픔을 돌려서 즐겁게 하며 그들을 위로하여 그들의 근심으로부터 기쁨을 얻게 할 것임이라

14 내가 기름으로 제사장들의 마음을 흡족하게 하며 내 복으로 내 백성을 만족하게 하리라 여호와의 말씀이니라

라헬의 애곡과 여호와의 위로

15 ●여호와께서 이와 같이 말씀하시니라 라마에서 슬퍼하며 통곡하는 소리가 들리니 라헬이 그 자식 때문에 애곡하는 것이라 그가 자식이 없어져서 위로 받기를 거절하는도다

16 여호와께서 이와 같이 말씀하시니라

네 울음 소리와 네 눈물을 멈추라 네 일에 삯을 받을 것인즉 그들이 그의 대적의 땅에서 돌아오리라 여호와의 말씀이니라

17 너의 장래에 소망이 있을 것이라 너의 자녀가 자기들의 지경으로 돌아오리라 여호와의 말씀이니라

18 에브라임이 스스로 탄식함을 내가 분명히 들었노니 주께서 나를 징벌하시매 멍에에 익숙하지 못한 송아지 같은 내가 징벌을 받았나이다 주는 나의 하나님 여호와이시니 나를 이끌어 돌이키소서 그리하시면 내가 돌아오겠나이다

19 내가 돌이킨 후에 뉘우쳤고 내가 교훈을 받은 후에 내 볼기를 쳤사오니 이는 어렸을 때의 치욕을 지므로 부끄럽고 욕됨이니이다 하도다

20 에브라임은 나의 사랑하는 아들 기뻐하는 자식이 아니냐 내가 그를 책망하여 말할 때마다 깊이 생각하노라 그러므로 그를 위하여 내 창자가 들끓으니 내가 반드시 그를 불쌍히 여기리라 여호와의 말씀이니라

ㅎ 11:8

21 ●처녀 이스라엘아 너의 이정표를 세우며 너의 푯말을 만들고 큰 길 곧 네가 전에 가던 길을 마음에 두라 돌아오라 네 성읍들로 돌아오라

22 반역한 딸아 네가 어느 때까지 방황하겠느냐 여호와가 새 일을 세상에 창조하였나니 곧 여자가 남자를 둘러 싸리라

사로잡힌 자를 돌아오게 할 때

23 ●만군의 여호와 이스라엘의 하나님께서 이와 같이 말씀하시니라 내가 그 사로잡힌 자를 돌아오게 할 때에 그들이 유다 땅과 그 성읍들에서 다시 이 말을 쓰리니 곧 의로운 처소여, 거룩한 산이여, 여호와께서 네게 복 주시기를 원하노라 할 것이며

30:18

24 유다와 그 모든 성읍의 농부와 양 떼를 인도하는 자가 거기에 함께 살리니

25 이는 내가 그 피곤한 심령을 상쾌하게 하며 모든 연약한 심령을 만족하게 하

31 에는 무엇이 기록되어 있을까?

복왕국 이스라엘과 남왕국 유다의 회복에 대한 구체적인 예언이에요. 그날이 오면 하나님의 의로운 통치가 펼쳐질 것이며, 모든 백성이 하나님을 섬기고 평화와 복을 누리게 될 것이라고 말씀하고 있어요. 또한 하나님께서는 새롭게 회복될 신앙 공동체와 새 언약을 맺으실 것이랍니다.

였음이라 하시기로

26 내가 깨어 보니 내 잠이 달았더라

27 ● 여호와의 말씀이니라 보라 내가 사람의 씨와 짐승의 씨를 이스라엘 집과 유다 집에 뿌릴 날이 이르리니

28 깨어서 그들을 뿌리 뽑으며 무너뜨리며 전복하며 멸망시키며 괴롭게 하던 것과 같이 내가 깨어서 그들을 세우며 심으리라 여호와의 말씀이니라

29 그 때에 그들이 말하기를 다시는 아버지가 신 포도를 먹었으므로 아들들의 이가 시다 하지 아니하겠고   겔 18:2

30 신 포도를 먹는 자마다 그의 이가 신것 같이 누구나 자기의 죄악으로 말미암아 죽으리라

내 언약

31 ● 여호와의 말씀이니라 보라 날이 이르리니 내가 이스라엘 집과 유다 집에 새 언약을 맺으리라

32 이 언약은 내가 그들의 조상들의 손을 잡고 애굽 땅에서 인도하여 내던 날에 맺은 것과 같지 아니할 것은 내가 그들의 남편이 되었어도 그들이 내 언약을 깨뜨렸음이라 여호와의 말씀이니라

33 그러나 그 날 후에 내가 이스라엘 집과 맺을 언약은 이러하니 곧 내가 나의 법을 그들의 속에 두며 그들의 마음에 기

기드론 시내(31:40)

록하여 나는 그들의 하나님이 되고 그들은 내 백성이 될 것이라 여호와의 말씀이니라

34 그들이 다시는 각기 이웃과 형제를 가르쳐 이르기를 너는 여호와를 알라 하지 아니하리니 이는 작은 자로부터 큰 자까지 다 나를 알기 때문이라 내가 그들의 악행을 사하고 다시는 그 죄를 기억하지 아니하리라 여호와의 말씀이니라

35 ● 여호와께서 이와 같이 말씀하셨느니라 그는 해를 낮의 빛으로 주셨고 달과 별들을 밤의 빛으로 정하였고 바다를 뒤흔들어 그 파도로 소리치게 하나니 그의 이름은 만군의 여호와니라

36 이 법도가 내 앞에서 폐할진대 이스라엘 자손도 내 앞에서 끊어져 영원히 나라가 되지 못하리라 여호와의 말씀이니라   암 9:8, 9

37 여호와께서 이와 같이 말씀하시니라 위에 있는 하늘을 측량할 수 있으며 밑에 있는 땅의 기초를 탐지할 수 있다면 내가 이스라엘 자손이 행한 모든 일로 말미암아 그들을 다 버리리라 여호와의 말씀이니라

38 ● 보라, 날이 이르리니 이 성은 하나넬 망대로부터 모퉁이 문에 이르기까지 여호와를 위하여 건축될 것이라 여호와의 말씀이니라

39 측량줄이 곧게 가렙 언덕 밑에 이르고 고아로 돌아   슥 2:1

40 시체와 재의 모든 골짜기와 기드론 시내에 이르는 모든 고지 곧 동쪽 마문의

술술 풀리는 성경 말씀

새 언약의 체결

새 언약은 회복될 신앙 공동체와 맺어진 것이에요. 이것은 포로 귀환을 넘어 메시아 시대에까지 적용되지요. 특히 이 언약은 이스라엘의 죄에 대한 영원한 속죄를 선언하고 있어요. 이 영원한 속죄는 언약 백성이 될 수 있는 근거이자 새 생명의 창조를 의미한답니다.   31장 31-34절

언약의 핵심	"나는 그들의 하나님이 되고 그들은 내 백성이 될 것이라"(33절)
새 언약의 내용	하나님의 법들을 마음에 새김(33절) 모두가 하나님을 앎(34절) 죄가 영원히 사함을 받음(34절)

모퉁이에 이르기까지 여호와의 거룩한 곳이니라 영원히 다시는 뽑거나 전복하지 못할 것이니라

여호와의 말씀대로 아나돗의 밭을 사다

32 유다의 시드기야 왕 열째 해 곧 느부갓네살 열아홉째 해에 여호와의 말씀이 예레미야에게 임하니라

2 그 때에 바벨론 군대는 예루살렘을 에워싸고 선지자 예레미야는 유다의 왕의 궁중에 있는 시위대 뜰에 갇혔으니

3-5 이는 그가 예언하기를 여호와의 말씀에 보라 내가 이 성을 바벨론 왕의 손에 넘기리니 그가 차지할 것이며 유다 왕 시드기야는 갈대아인의 손에서 벗어나지 못하고 반드시 바벨론 왕의 손에 넘겨진 바 되리니 입이 입을 대하여 말하고 눈이 서로 볼 것이며 그가 시드기야를 바벨론으로 끌어 가리니 시드기야는 내가 돌볼 때까지 거기에 있으리라 여호와께서 이와 같이 말씀하시니라 너희가 갈대아인과 싸울지라도 승리하지 못하리라 하셨다 하였더니 유다 왕 시드기야가 이르되 네가 어찌하여 이같이 예언하였느냐 하고 그를 가두었음이었더라 `39:7`

6 ●예레미야가 이르되 여호와의 말씀이 내게 임하였느니라 이르시기를

7 보라 네 숙부 살룸의 아들 하나멜이 네게 와서 말하기를 너는 아나돗에 있는 내 밭을 사라 이 기업을 무를 권리가 네게 있느니라 하리라 하시더니 `룻 4:4`

8 여호와의 말씀과 같이 나의 숙부의 아들 하나멜이 시위대 뜰 안 내게로 와

서 이르되 청하노니 너는 베냐민 땅 아나돗에 있는 나의 밭을 사라 기업의 상속권이 네게 있고 무를 권리가 네게 있으니 너를 위하여 사라 하는지라 내가 이것이 여호와의 말씀인 줄 알았으므로

9 내 숙부의 아들 하나멜의 아나돗에 있는 밭을 사는데 은 십칠 세겔을 달아 주되 `창 23:16`

10 증서를 써서 봉인하고 증인을 세우며 은을 저울에 달아 주고

11 법과 규례대로 봉인하고 봉인하지 아니한 매매 증서를 내가 가지고

12 나의 숙부의 아들 하나멜과 매매 증서에 인 친 증인 앞과 시위대 뜰에 앉아 있는 유다 모든 사람 앞에서 그 매매 증서를 마세야의 손자 네리야의 아들 바룩에게 부치며 `36:4`

13 그들의 앞에서 바룩에게 명령하여 이르되

14 만군의 여호와 이스라엘의 하나님께서 이와 같이 말씀하시기를 너는 이 증서 곧 봉인하고 봉인하지 않은 매매 증서를 가지고 토기에 담아 오랫동안 보존하게 하라

15 만군의 여호와 이스라엘의 하나님께서 이와 같이 말씀하시느니라 사람이 이 땅에서 집과 밭과 포도원을 다시 사게 되리라 하셨느니라 하니라

예레미야의 기도

16 ●내가 매매 증서를 네리야의 아들 바룩에게 넘겨 준 뒤에 여호와께 기도하여 이르되

17 슬프도소이다 주 여호와여 주께서 큰
능력과 펴신 팔로 천지를 지으셨사오
니 주에게는 할 수 없는 일이 없으시니
이다 ^{암송}
18 주는 은혜를 천만인에게 베푸시며 아
버지의 죄악을 그 후손의 품에 갚으시
오니 크고 능력 있으신 하나님이시요
이름은 만군의 여호와시니이다 총 34:7
19 주는 책략에 크시며 하시는 일에 능하
시며 인류의 모든 길을 주목하시며 그
의 길과 그의 행위의 열매대로 보응하
시나이다
20 주께서 애굽 땅에서 표적과 기사를 행
하셨고 오늘까지도 이스라엘과 인류
가운데 그와 같이 행하사 주의 이름을
오늘과 같이 되게 하셨나이다
21 주께서 표적과 기사와 강한 손과 펴신
팔과 큰 두려움으로 주의 백성 이스라
엘을 애굽 땅에서 인도하여 내시고
22 그들에게 주시기로 그 조상들에게 맹
세하신 바 젖과 꿀이 흐르는 땅을 그들
에게 주셨으므로
23 그들이 들어가서 이를 차지하였거늘
주의 목소리를 순종하지 아니하며 주
의 율법에서 행하지 아니하며 무릇 주
께서 행하라 명령하신 일을 행하지 아
니하였으므로 주께서 이 모든 재앙을
그들에게 내리셨나이다 ^{2:7}
24 보옵소서 이 성을 빼앗으려고 만든 참호
가 이 성에 이르렀고 칼과 기근과 전염
병으로 말미암아 이 성이 이를 치는 갈
대아인의 손에 넘긴 바 되었으니 주의
말씀대로 되었음을 주께서 보시나이다
25 주 여호와여 주께서 내게 은으로 밭을
사며 증인을 세우라 하셨으나 이 성
은 갈대아인의 손에 넘기신 바 되었나
이다
26 ●그 때에 여호와의 말씀이 예레미야

토막상식 **바룩**

바룩은 네리야의 아들로 유명한 가문 출신이었어요
(51:59). 그는 시드기야를 따라서 바벨론에 외교 사절
로 갔던 적도 있었지요. 예레미야에게 주신 예언을 두
루마리에 기록한 그는 예루살렘 포위 기간 동안과 애
굽에 끌려간 후에도 예레미야를 도와준 서기였어요.
32장 12-15절

에게 임하여 이르시되
27 나는 여호와요 모든 육체의 하나님이
라 내게 할 수 없는 일이 있겠느냐
28 그러므로 여호와께서 이와 같이 말씀
하시니라 보라 내가 이 성을 갈대아인
의 손과 바벨론의 느부갓네살 왕의 손
에 넘길 것인즉 그가 차지할 것이라
29 이 성을 치는 갈대아인이 와서 이 성읍
에 불을 놓아 성과 집 곧 그 지붕에서
바알에게 분향하며 다른 신들에게 전
제를 드려 나를 격노하게 한 집들을 사
르리니
30 이는 이스라엘 자손과 유다 자손이 예
로부터 내 눈 앞에 악을 행하였을 뿐이
라 이스라엘 자손은 그의 손으로 만든
것을 가지고 나를 격노하게 한 것뿐이
니라 여호와의 말씀이니라
31 이 성이 건설된 날부터 오늘까지 나의
노여움과 분을 일으키므로 내가 내 앞
에서 그것을 옮기려 하노니
32 이는 이스라엘 자손과 유다 자손이 모
든 악을 행하여 내 노여움을 일으켰음
이라 그들과 그들의 왕들과 그의 고관
들과 그의 제사장들과 그의 선지자들
과 유다 사람들과 예루살렘 주민들이
다 그러하였느니라 삿 1:4-6
33 그들이 등을 내게로 돌리고 얼굴을 내
게로 향하지 아니하며 내가 그들을 가
르치되 끊임없이 가르쳤는데도 그들이
교훈을 듣지 아니하며 받지 아니하고

숙부(32:7) 작은 아버지.
세겔(32:9) 돈의 단위이며, 무게의 단위도 됨. 한 세겔
은 약 11.4g의 무게임.
봉인(32:10) 함부로 손을 대지 못하도록 단단히 뚜껑
을 닫은 물건에 도장을 찍음.

책략(32:19) 일을 성취시키기 위한 지혜로운 방법과
꾀.
기사(32:20) 신기한 일.
전제(32:29) 포도주나 독주를 번제단 위에 부어서 드
리는 제사.

힌놈의 아들 골짜기(32:35)

34 내 이름으로 일컫는 집에 자기들의 가증한 물건들을 세워서 그 집을 더럽게 하며

35 힌놈의 아들의 골짜기에 바알의 산당을 건축하였으며 자기들의 아들들과 딸들을 몰렉 앞으로 지나가게 하였느니라 그들이 이런 가증한 일을 행하여 유다로 범죄하게 한 것은 내가 명령한 것도 아니요 내 마음에 둔 것도 아니니라

영원한 언약

36 ●그러나 이스라엘의 하나님 여호와께서 너희가 말하는 바 칼과 기근과 전염병으로 말미암아 바벨론 왕의 손에 넘긴 바 되었다 하는 이 성에 대하여 이와 같이 말씀하시니라

37 보라 내가 노여움과 분함과 큰 분노로 그들을 쫓아 보내었던 모든 지방에서 그들을 모아들여 이 곳으로 돌아오게 하여 안전히 살게 할 것이라

38 그들은 내 백성이 되겠고 나는 그들의 하나님이 될 것이며　30:22

39 내가 그들에게 한 마음과 한 길을 주어 자기들과 자기 후손의 복을 위하여 항상 나를 경외하게 하고

40 내가 그들에게 복을 주기 위하여 그들을 떠나지 아니하리라 하는 영원한 언약을 그들에게 세우고 나를 경외함을 그들의 마음에 두어 나를 떠나지 않게 하고

41 내가 기쁨으로 그들에게 복을 주되 분명히 나의 마음과 정성을 다하여 그들을 이 땅에 심으리라

42 여호와께서 이와 같이 말씀하시니라 내가 이 백성에게 이 큰 재앙을 내린 것 같이 허락한 모든 복을 그들에게 내리리라

43 너희가 말하기를 황폐하여 사람이나 짐승이 없으며 갈대아인의 손에 넘긴 바 되었다 하는 이 땅에서 사람들이 밭을 사되

44 베냐민 땅과 예루살렘 사방과 유다 성읍들과 산지의 성읍들과 저지대의 성읍들과 네겝의 성읍들에 있는 밭을 은으로 사고 증서를 기록하여 봉인하고 증인을 세우리니 이는 내가 그들의 포로를 돌아오게 함이니라 여호와의 말씀이니라

이스라엘과 유다의 회복에 대한 연약

33

예레미야가 아직 시위대 뜰에 갇혀 있을 때에 여호와의 말씀이 그에게 두 번째로 임하니라 이르시되

2 일을 행하시는 여호와, 그것을 만들며 성취하시는 여호와, 그의 이름을 여호와라 하는 이가 이와 같이 이르시도다

3 너는 내게 부르짖으라 내가 네게 응답하겠고 네가 알지 못하는 크고 은밀한 일을 네게 보이리라　암송

4 이스라엘의 하나님 여호와께서 말씀하시니라 무리가 이 성읍의 가옥과 유다 왕궁을 헐어서 갈대아인의 참호와 칼을 대항하여

5 싸우려 하였으나 내가 나의 노여움과 분함으로 그들을 죽이고 그들의 시체로 이 성을 채우게 하였나니 이는 그들의 모든 악행으로 말미암아 나의 얼굴을 가리어 이 성을 돌아보지 아니하였음이라

33장에는 무엇이 기록되어 있을까?

유다가 회복될 것을 재차 말씀하고 있어요. 이것은 일차적으로 포로들이 돌아와 이스라엘이 다시 세워질 것을 가리키지요. 하지만 이것은 궁극적으로 메시아 왕국에 대한 예언이랍니다. 특히 다윗 언약(삼하 7:4-29)과 비느하스에게 주신 평화의 언약(민 25:12-13)이 이루어질 것을 말씀하고 있어요.

6 그러나 보라 내가 이 성읍을 치료하며 고쳐 낫게 하고 평안과 진실이 풍성함을 그들에게 나타낼 것이며 사66:12

7 내가 유다의 포로와 이스라엘의 포로를 돌아오게 하여 그들을 처음과 같이 세울 것이며

8 내가 그들을 내게 범한 그 모든 죄악에서 정하게 하며 그들이 내게 범하며 행한 모든 죄악을 사할 것이라 슥13:1

9 이 성읍이 세계 열방 앞에서 나의 기쁜 이름이 될 것이요 찬송과 영광이 될 것이요 그들은 내가 이 백성에게 베푼 모든 복을 들을 것이요 내가 이 성읍에 베푼 모든 복과 모든 평안으로 말미암아 두려워하며 떨리라 사62:7

10-11 ●여호와께서 이와 같이 말씀하시니라 너희가 가리켜 말하기를 황폐하여 사람도 없고 짐승도 없다 하던 여기 곧 황폐하여 사람도 없고 주민도 없고 짐승도 없던 유다 성읍들과 예루살렘 거리에서 즐거워하는 소리, 기뻐하는 소리, 신랑의 소리, 신부의 소리와 및 만군의 여호와께 감사하라, 여호와는 선하시니 그 인자하심이 영원하다 하는 소리와 여호와의 성전에 감사제를 드리는 자들의 소리가 다시 들리리니 이는 내가 이 땅의 포로를 돌려보내어 지난 날처럼 되게 할 것임이라 여호와의 말씀이니라

12 ●만군의 여호와께서 이와 같이 말씀하시니라 황폐하여 사람도 없고 짐승도 없던 이 곳과 그 모든 성읍에 다시 목자가 살 곳이 있으리니 그의 양 떼를 눕게 할 것이라

13 산지 성읍들과 1)평지 성읍들과 네겝의 성읍들과 베냐민 땅과 예루살렘 사면과 유다 성읍들에서 양 떼가 다시 계수하는 자의 손 아래로 지나리라 여호와

께서 말씀하시니라 17:26

14 ●여호와의 말씀이니라 보라 내가 이스라엘 집과 유다 집에 대하여 일러 준 선한 말을 성취할 날이 이르리라 23:5

15 그 날 그 때에 내가 다윗에게서 한 공의로운 가지가 나게 하리니 그가 이 땅에 정의와 공의를 실행할 것이라

16 그 날에 유다가 구원을 받겠고 예루살렘이 안전히 살 것이며 이 성은 여호와는 우리의 의라는 이름을 얻으리라

17 여호와께서 이와 같이 말씀하시니라 이스라엘 집의 왕위에 앉을 사람이 다윗에게서 영원히 끊어지지 아니할 것이며

18 내 앞에서 번제를 드리며 소제를 사르며 다른 제사를 항상 드릴 레위 사람 제사장들도 끊어지지 아니하리라 하시니라 신18:1

19 ●여호와의 말씀이 예레미야에게 임하니라 이르시되

20 여호와께서 이와 같이 말씀하시니라 너희가 능히 낮에 대한 나의 언약과 밤에 대한 나의 언약을 깨뜨려 주야로 그 때를 잃게 할 수 있을진대 사89:37

21 내 종 다윗에게 세운 나의 언약도 깨뜨려 그에게 그의 자리에 앉아 다스릴 아들이 없게 할 수 있겠으며 내가 나를 섬기는 레위인 제사장에게 세운 언약도 파할 수 있으리라

22 하늘의 만상은 셀 수 없으며 바다의 모

기도에 대한 바른 자세(33:3)	
성경 본문	기도에 대한 바른 자세
시 66:18~19	순결한 마음으로 기도하기
마 6:5~6	사람에게 보이려고 기도하지 말기
마 6:7	중언 부언하지 말기
마 6:14	타인의 과실을 용서하기
마 7:7~11	간절히 기도하기
마 18:19~20	합심해서 기도하기
마 21:22	믿음으로 기도하기
눅 18:10~14	겸손하고 회개하는 마음으로 하기
요 14:13	그리스도의 이름으로 기도하기
요일 5:14	하나님의 뜻대로 기도하기

1) 스펠라

산당(32:35) 우상을 섬기는 곳
계수(33:13) 수를 계산함.
만상(33:22) 모든 물건의 드러난 형상.

래는 측량할 수 없나니 내가 그와 같이 내 종 다윗의 자손과 나를 섬기는 레위인을 번성하게 하리라 하시니라 *삼15:5

23 ●여호와의 말씀이 예레미야에게 임하니라 이르시되

24 이 백성이 말하기를 여호와께서 자기가 택하신 그들 중에 두 가계를 버리셨다 한 것을 네가 생각하지 아니하느냐 그들이 내 백성을 멸시하여 자기들 앞에서 나라로 인정하지 아니하도다

25 여호와께서 이와 같이 말씀하시니라 내가 주야와 맺은 언약이 없다든지 천지의 법칙을 내가 정하지 아니하였다면

26 야곱과 내 종 다윗의 자손을 버리고 다시는 다윗의 자손 중에서 아브라함과 이삭과 야곱의 자손을 다스릴 자를 택하지 아니하리라 내가 그 포로된 자를 돌아오게 하고 그를 불쌍히 여기리라

시드기야 왕에 대한 말씀 - B.C. 588년경

34 바벨론의 느부갓네살 왕과 그의 모든 군대와 그의 통치하에 있는 땅의 모든 나라와 모든 백성이 예루살렘과 그 모든 성읍을 칠 때에 말씀이 여호와께로부터 예레미야에게 임하여 이르시되

2 이스라엘의 하나님 여호와께서 이와 같이 말씀하시니라 너는 가서 유다의 시드기야 왕에게 아뢰어 이르기를 여호와의 말씀에 보라 내가 이 성을 바벨론 왕의 손에 넘기리니 그가 이 성을 불사를 것이라

3 네가 그의 손에서 벗어나지 못하고 반드시 사로잡혀 그의 손에 넘겨져서 네

눈은 바벨론 왕의 눈을 볼 것이며 그의 입은 네 입을 마주 대하여 말할 것이요 너는 바벨론으로 가리라

4 그러나 유다의 시드기야 왕이여 여호와의 말씀을 들으라 여호와께서 네게 대하여 이와 같이 말씀하시니라 네가 칼에 죽지 아니하고

5 평안히 죽을 것이며 사람이 너보다 먼저 있은 네 조상들 곧 선왕들에게 분향하던 것 같이 네게 분향하며 너를 위하여 애통하기를 슬프다 주여 하리니 이는 내가 말하였음이라 여호와의 말씀이니라 하시니라

6 ●선지자 예레미야가 이 모든 말씀을 예루살렘에서 유다의 시드기야 왕에게 아뢰니라

7 그 때에 바벨론의 왕의 군대가 예루살렘과 유다의 남은 모든 성읍들을 쳤으니 곧 라기스와 아세가라 유다의 견고한 성읍 중에 이것들만 남았음이더라

여호와 앞에서 맺은 계약을 어기다

8 ●시드기야 왕이 예루살렘에 있는 모든 백성과 한 가지로 하나님 앞에서 계약을 맺고 자유를 선포한 후에 여호와께로부터 말씀이 예레미야에게 임하니라

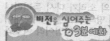

34 에는 무엇이 기록되어 있을까?

시드기야 왕은 친애굽 정책을 펴다가 바벨론의 침략을 당하게 되었어요. 이때 시드기야와 유다 백성은 하나님의 율법에 순종하여 노비들을 해방시켰지요. 하지만 바벨론이 공격을 멈춘 사이에 그들은 다시 노비들을 잡아들였어요. 그러자 하나님은 잠시 물러간 바벨론을 통해 이스라엘을 다시 벌하실 것을 말씀하셨답니다.

9 그 계약은 사람마다 각기 히브리 남녀 노비를 놓아 자유롭게 하고 그의 동족 유다인을 종으로 삼지 못하게 한 것이라

10 이 계약에 가담한 고관들과 모든 백성이 각기 노비를 자유롭게 하고 다시는 종을 삼지 말라 함을 듣고 순복하여 놓았더니

11 후에 그들의 뜻이 변하여 자유를 주었던 노비를 끌어다가 복종시켜 다시 노비로 삼았더라

12 ●그러므로 여호와의 말씀이 여호와께로부터 예레미야에게 임하니라 이르시되

13 이스라엘 하나님 여호와께서 이와 같이 말씀하시니라 내가 너희 선조를 애굽 땅 종의 집에서 인도하여 낼 때에 그들과 언약을 맺으며 이르기를

14 너희 형제 히브리 사람이 1)네게 팔려 왔거든 너희는 칠 년 되는 해에 그를 놓아 줄 것이니라 그가 육 년 동안 너를 섬겼은즉 그를 놓아 자유롭게 할지니라 하였으나 너희 선조가 내게 순종하지 아니하며 귀를 기울이지도 아니하였느니라

15 그러나 너희는 이제 돌이켜 내 눈 앞에 바른 일을 행하여 각기 이웃에게 자유를 선포하되 내 이름으로 일컬음을 받는 집에서 내 앞에서 계약을 맺었거늘

16 너희가 돌이켜 내 이름을 더럽히고 각기 놓아 그들의 마음대로 자유롭게 하였던 노비를 끌어다가 다시 너희에게 복종시켜 너희의 노비로 삼았도다

17 ●그러므로 여호와께서 이와 같이 말씀하시니라 너희가 나에게 순종하지 아니하고 각기 형제와 이웃에게 자유를 선포한 것을 실행하지 아니하였은즉 내가 너희를 대적하여 칼과 전염병과 기근에게 자유를 주리라 여호와의 말씀이니라 내가 너희를 세계 여러 나라 가운데에 2)흩어지게 할 것이며 신 28:25

18 송아지를 둘로 쪼개고 그 두 조각 사이로 지나매 내 앞에 언약을 맺었으나 그

말을 실행하지 아니하여 내 계약을 어긴 그들을 창 15:10

19 곧 송아지를 두 조각 사이로 지난 유다 고관들과 예루살렘 고관들과 내시들과 제사장들과 이 땅 모든 백성을 34:10

20 내가 그들의 원수의 손과 그들의 생명을 찾는 자의 손에 넘기리니 그들의 시체가 공중의 새와 땅의 짐승의 먹이가 될 것이며 11:21

21 또 내가 유다의 시드기야 왕과 그의 고관들을 그의 원수의 손과 그의 생명을 찾는 자의 손과 너희에게서 떠나간 바벨론 왕의 군대의 손에 넘기리라

22 여호와의 말씀이니라 보라 내가 그들에게 명령하여 이 성읍에 다시 오게 하리니 그들이 이 성을 쳐서 빼앗아 불사를 것이라 내가 유다의 성읍들을 주민이 없어 처참한 황무지가 되게 하리라

예레미야와 레갑 사람들 · B.C. 588년경

35 유다의 요시야 왕의 아들 여호야김 때에 여호와께로부터 말씀이 예레미야에게 임하여 이르시되

2 너는 레갑 사람들의 집에 가서 그들에게 말하고 그들을 여호와의 집 한 방으로 데려다가 포도주를 마시게 하라 하시니라 왕하 10:15

3 이에 내가 하바시냐의 손자요 예레미야의 아들인 야아사냐와 그의 형제와 그의 모든 아들과 모든 레갑 사람들을 데리려

4 여호와의 집에 이르러 익다랴의 아들 하나님의 사람 하난의 아들들의 방에 들였는데 그 방은 고관들의 방 곁이요

35 에는 무엇이 기록되어 있을까?

레갑 사람들은 이방 민족이었지만, 선조인 요나답이 단 한 번 내린 명령을 300여 년 동안 지켜왔어요. 반면, 유다 백성은 아브라함의 자손이라고 하면서도 거듭되는 하나님의 메시지를 거부했지요. 하나님은 레갑 사람들의 순종을 통해 유다가 얼마나 악한지 지적하고 있어요. 그들에게 심판이 임하는 것은 당연한 결과였지요.

1) 스스로 네게 2) 두려움이 되게 할 것이며

문을 지키는 살룸의 아들 마아세야의 방 위더라

5 내가 레갑 사람들의 후손들 앞에 포도주가 가득한 종지와 술잔을 놓고 마시라 권하매

6 그들이 이르되 우리는 포도주를 마시지 아니하겠노라 레갑의 아들 우리 선조 요나답이 우리에게 명령하여 이르기를 너희와 너희 자손은 영원히 포도주를 마시지 말며

7 너희가 집도 짓지 말며 파종도 하지 말며 포도원을 소유하지도 말고 너희는 평생 동안 장막에 살라 그리하면 너희가 머물러 사는 땅에서 너희 생명이 길리라 하였으므로

8 우리가 레갑의 아들 우리 선조 요나답이 우리에게 명령한 모든 말을 순종하여 우리와 우리 아내와 자녀가 평생 동안 포도주를 마시지 아니하며

9 살 집도 짓지 아니하며 포도원이나 밭이나 종자도 가지지 아니하고

10 장막에 살면서 우리 선조 요나답이 우리에게 명령한 대로 다 지켜 행하였노라

11 그러나 바벨론의 느부갓네살 왕이 이 땅에 올라왔을 때에 우리가 말하기를 갈대아인의 군대와 수리아인의 군대를 피하여 예루살렘으로 가자 하고 우리가 예루살렘에 살았노라

12 ● 그 때에 여호와의 말씀이 예레미야에게 임하여 이르시되

13 만군의 여호와 이스라엘의 하나님께서 이와 같이 말씀하시니라 너는 가서 유다 사람들과 예루살렘 주민에게 이르기를 너희가 내 말을 들으며 교훈을 받지 아니하겠느냐 여호와의 말씀이니라

14 레갑의 아들 요나답이 그의 자손에게 포도주를 마시지 말라 한 그 명령은 실행되도다 그들은 그 선조의 명령을 순종하여 오늘까지 마시지 아니하거늘 내가 너희에게 말하고 끊임없이 말하여도 너희는 내게 순종하지 아니하도다

15 내가 내 종 모든 선지자를 너희에게 보내고 끊임없이 보내며 이르기를 너희는 이제 각기 악한 길에서 돌이켜 행위를 고치고 다른 신을 따라 그를 섬기지 말라 그리하면 너희는 내가 너희와 너희 선조에게 준 이 땅에 살리라 하여도 너희가 귀를 기울이지 아니하며 내게 순종하지 아니하였느니라

16 레갑의 아들 요나답의 자손은 그의 선조가 그들에게 명령한 그 명령을 지켜 행하나 이 백성은 내게 순종하지 아니하도다

17 그러므로 만군의 여호와 이스라엘의 하나님께서 이와 같이 말씀하시니라 보라 내가 유다와 예루살렘의 모든 주민에게 내가 그들에게 대하여 선포한 모든 재앙을 내리리니 이는 내가 그들에게 말하여도 듣지 아니하였으며 불러도 대답하지 아니함이니라 하셨다 하라

18 ● 예레미야가 레갑 사람의 가문에게 이르되 만군의 여호와 이스라엘의 하나님께서 이와 같이 말씀하시기를 너희가 너희 선조 요나답의 명령을 순종하여 그의 모든 규율을 지키며 그가 너

참 10:9 (7절 옆)
35:7 (9절 옆)
19:3, 15 (17절 옆)
말 1:6 (16절 옆)

술술 풀리는 성경말씀

두루마리

두루마리는 파피루스, 가죽, 양피지 등을 몇 장씩 서로 이어 길게 말은 것으로, 너비가 약 30cm, 길이가 약 10.5cm 정도 됩니다. 양쪽 끝에 각각 나무 권축(막대)을 부착하고 그 권축을 손잡이로 하여 왼쪽에서 오른쪽으로 감을 수 있게 만든 두루마리는 고대에 여러 가지 문서를 만드는 데 이용되었어요.

글은 대개 먹으로 썼는데, 놀랍게도 오랫동안 지워지지 않고 그대로 남아 있었지요. 두루마리를 읽을 때에는 한 단씩 펴 가면서 읽고 다 읽은 부분은 다른 권축에 다시 되감았습니다.

예레미야는 바룩에게 하나님의 말씀을 두루마리에 적게 하였고, 에스겔은 하나님의 말씀이 기록된 두루마리를 먹으라는 명령을 받았으며, 스가랴는 날아가는 두루마리를 환상 가운데 보았어요. 36장 2절

희에게 명령한 것을 행하였도다

19 그러므로 만군의 여호와 이스라엘의 하나님께서 이와 같이 말씀하시니라 레갑의 아들 요나답에게서 내 앞에 설 사람이 영원히 끊어지지 아니하리라 하시니라

바룩이 여호와의 성전에서 두루마리를 낭독하다

36 유다의 요시야 왕의 아들 여호 야김 제사년에 여호와께로부터 예레미야에게 말씀이 임하니라 이르시되 　25:1, 3

2 너는 두루마리 책을 가져다가 내가 네게 말하던 날 곧 요시야의 날부터 오늘까지 이스라엘과 유다와 모든 나라에 대하여 내가 네게 일러 준 모든 말을 거기에 기록하라

3 유다 가문이 내가 그들에게 내리려 한 모든 재난을 듣고 각기 악한 길에서 돌이키리니 그리하면 내가 그 악과 죄를 용서하리라 하시니라

4 ●이에 예레미야가 네리야의 아들 바룩을 부르매 바룩이 예레미야가 불러 주는 대로 여호와께서 그에게 이르신 모든 말씀을 두루마리 책에 기록하니라

5 예레미야가 바룩에게 명령하여 이르되 나는 붙잡혔으므로 여호와의 집에 들어갈 수 없으니

6 너는 들어가서 내가 말한 대로 두루마리에 기록한 여호와의 말씀을 금식일에 여호와의 성전에 있는 백성의 귀에 낭독하고 유다 모든 성읍에서 온 자들의 귀에도 낭독하라

7 그들이 여호와 앞에 기도를 드리며 각

사본이 보관되어 있던 질그릇을 재현한 항아리 (36:1-10)

기 악한 길을 떠나리라 여호와께서 이 백성에 대하여 선포하신 노여움과 분이 크니라

8 네리야의 아들 바룩이 선지자 예레미야가 자기에게 명령한 대로 하여 여호와의 성전에서 책에 있는 여호와의 모든 말씀을 낭독하니라

9 ●유다의 요시야 왕의 아들 여호야김의 제오년 구월에 예루살렘 모든 백성과 유다 성읍들에서 예루살렘으로 나온 모든 백성이 여호와 앞에서 금식을 선포한지라 　 에 4:16

10 바룩이 여호와의 성전 위뜰 곧 여호와의 성전에 있는 새 문 어귀 곁에 있는 사반의 아들 서기관 그마랴의 방에서 그 책에 기록된 예레미야의 말을 모든 백성에게 낭독하니라 　 26:10

바룩이 고관 앞에서 두루마리를 낭독하다

11 ●사반의 손자요 그마랴의 아들인 미가야가 그 책에 기록된 여호와의 말씀을 다 듣고

12 왕궁에 내려가서 서기관의 방에 들어가니 모든 고관 곧 서기관 엘리사마와 스마야의 아들 들라야와 악볼의 아들 엘라단과 사반의 아들 그마랴와 하나냐의 아들 시드기야와 모든 고관이 거기에 앉아 있는지라

13 미가야가 바룩이 백성의 귀에 책을 낭독할 때에 들은 모든 말을 그들에게 전하매 　 왕하 22:10

14 이에 모든 고관이 구시의 증손 셀레먀의 손자 느다냐의 아들 여후디를 바룩에게 보내 이르되 너는 백성의 귀에 낭

36장에는 무엇이 기록되어 있을까?

바벨론이 유다를 처음 침입했을 때, 예레미야는 옥에 갇혀 있는 상태였어요. 그래서 그는 두루마리에다 글을 써서 바룩에게 낭독하게 했지요. 그 소식을 들은 여호야김은 예레미야와 바룩을 체포하려고 했어요. 하나님의 도우심으로 안전한 곳으로 피한 예레미야는 또 다른 두루마리를 기록하였답니다.

독한 두루마리를 손에 가지고 오라 네리야의 아들 바룩이 두루마리를 손에 가지고 그들에게로 오니

15 그들이 바룩에게 이르되 앉아서 이를 우리 귀에 낭독하라 바룩이 그들의 귀에 낭독하매

16 그들이 그 모든 말씀을 듣고 놀라 서로 보며 바룩에게 이르되 우리가 이 모든 말을 왕에게 아뢰리라

17 그들이 또 바룩에게 물어 이르되 너는 그가 불러 주는 이 모든 말을 어떻게 기록하였느냐 청하노니 우리에게 알리라

18 바룩이 대답하되 그가 그의 입으로 이 모든 말을 내게 불러 주기로 내가 먹으로 책에 기록하였노라

19 이에 고관들이 바룩에게 이르되 너는 가서 예레미야와 함께 숨고 너희가 있는 곳을 사람에게 알리지 말라 하니라

왕이 두루마리를 태우다

20 ●그들이 두루마리를 서기관 엘리사마의 방에 두고 뜰에 들어가 왕께 나아가서 이 모든 말을 왕의 귀에 아뢰니

21 왕이 여후디를 보내어 두루마리를 가져오게 하매 여후디가 서기관 엘리사마의 방에서 가져다가 왕과 왕의 곁에 선 모든 고관의 귀에 낭독하니

22 그 때는 아홉째 달이라 왕이 겨울 궁전에 앉았고 그 앞에는 불 피운 화로가 있더라

23 여후디가 서너 쪽을 낭독하면 왕이 칼로 그것을 연하여 베어 화로 불에 던져서 두루마리를 모두 태웠더라

24 왕과 그의 신하들이 이 모든 말을 듣고도 두려워하거나 자기들의 옷을 찢지

아니하였고

25 엘라단과 들라야와 그마랴가 왕께 두루마리를 불사르지 말도록 아뢰어도 왕이 듣지 아니하였으며 참 5:34-39

26 왕이 왕의 아들 여라므엘과 아스리엘의 아들 스라야와 압디엘의 아들 셀레먀에게 명령하여 서기관 바룩과 선지자 예레미야를 잡으라 하였으나 여호와께서 그들을 숨기셨더라

예레미야가 말씀을 다시 쓰다

27 ●왕이 두루마리와 바룩이 예레미야의 입을 통해 기록한 말씀을 불사른 후에 여호와의 말씀이 예레미야에게 임하니라 이르시되

28 너는 다시 다른 두루마리를 가지고 유다의 여호야김 왕이 불사른 첫 두루마리의 모든 말을 기록하고

29 또 유다의 여호야김 왕에 대하여 이와 같이 말하기를 여호와의 말씀에 네가 이 두루마리를 불사르며 말하기를 네가 어찌하여 바벨론의 왕이 반드시 와서 이 땅을 멸하고 사람과 짐승을 이 땅에서 없어지게 하리라 하는 말을 이 두루마리에 기록하였느냐 하도다

30 그러므로 여호와께서 유다의 왕 여호야김에 대하여 이와 같이 말씀하시니라 그에게 다윗의 왕위에 앉을 자가 없게 될 것이요 그의 시체는 버림을 당하여 낮에는 더위, 밤에는 추위를 당하리라

31 또 내가 그와 그의 자손과 신하들을 그들의 죄악으로 말미암아 벌할 것이라 내가 일찍이 그들과 예루살렘 주민과

쿰란 주거지의 성경 필사실(36:27-32)

아홉째 달(36:22) 현대력으로는 12월에 해당한다.
겨울 궁전(36:22) 왕의 사치스러운 생활을 엿볼 수 있다. 왕은 여름과 겨울에 지내는 궁전이 각각 달랐다.
선포(36:31) 공적으로 세상에 널리 알림.
고니야(37:1) B.C. 597년에 즉위하여 3개월만에 애굽에 포로로 끌려간 여호야긴.
분깃(37:12) 분배 받은 몫. 부모에게 물려받은 유산. 성경에서는 하나님으로부터 위탁받은 이스라엘의 토지를 가리킨다.

바룩의 이름이
새겨진 토판
(36:32)

유다 사람에게 그 모든 재난을 내리리
라 선포하였으나 그들이 듣지 아니하
였느니라

32 이에 예레미야가 다른 두루마리를 가
져다가 네리야의 아들 서기관 바룩에
게 주매 그가 유다의 여호야김 왕이 불
사른 책의 모든 말을 예레미야가 전하
는 대로 기록하고 그 외에도 그 같은 말
을 많이 더 하였더라

느부갓네살이 시드기야를 유다 왕으로 삼다

37 요시야의 아들 시드기야가 여
호야김의 아들 고니야의 뒤를
이어 왕이 되었으니 이는 바벨론의 느
부갓네살 왕이 그를 유다 땅의 왕으로
삼음이었더라

2 그와 그의 신하와 그의 땅 백성이 여호
와께서 선지자 예레미야에게 하신 말
씀을 듣지 아니하니라

3 ●시드기야 왕이 셀레먀의 아들 여후
갈과 마아세야의 아들 제사장 스바냐
를 선지자 예레미야에게 보내 청하되
너는 우리를 위하여 우리 하나님 여호
와께 기도하라 하였으나 21:1

4 그 때에 예레미야가 간히지 아니하였
으므로 백성 가운데 출입하는 중이었더라

5 바로의 군대가 애굽에서 나오매 예루
살렘을 에워쌌던 갈대아인이 그 소문
을 듣고 예루살렘에서 떠났더라 34:21

6 ●여호와의 말씀이 선지자 예레미야
에게 임하여 이르시되

7 이스라엘의 하나님 여호와께서 이와
같이 말씀하시니라 너희를 보내어 내
게 구하게 한 유다의 왕에게 아뢰라 너
희를 도우려고 나왔던 바로의 군대는

자기 땅 애굽으로 돌아가겠고

8 갈대아인이 다시 와서 이 성을 쳐서 빼
앗아 불사르리라

9 여호와께서 이와 같이 말씀하시니라
너희는 스스로 속여 말하기를 갈대아
인이 반드시 우리를 떠나리라 하지 말
라 그들이 떠나지 아니하리라

10 가령 너희가 너희를 치는 갈대아인의
온 군대를 쳐서 그 중에 부상자만 남긴
다 할지라도 그들이 각기 장막에서 일
어나 이 성을 불사르리라

예레미야를 붙잡아 가두다

11 ●갈대아인의 군대가 바로의 군대를
두려워하여 예루살렘에서 떠나매

12 예레미야가 베냐민 땅에서 백성 가운
데 분깃을 받으려고 예루살렘을 떠나
그리로 가려 하여

13 베냐민 문에 이른즉 하나냐의 손자요
셀레먀의 아들인 이리야라 이름하는
문지기의 우두머리가 선지자 예레미
야를 붙잡아 이르되 네가 갈대아인에
게 항복하려 하는도다 38:7

14 예레미야가 이르되 거짓이다 나는 갈
대아인에게 항복하려 하지 아니하노
라 이리야가 듣지 아니하며 예레미야
를 잡아 고관들에게로 끌어 가매

15 고관들이 노여워하여 예레미야를 때려
서 서기관 요나단의 집에 가두었으니 이
는 그들이 이 집을 옥으로 삼았음이더라

16 ●예레미야가 뚜껑 씌운 웅덩이에 들
어간 지 여러 날 만에

17 시드기야 왕이 사람을 보내어 그를 이
끌어내고 왕궁에서 그에게 비밀히 물

37 에는 무엇이 기록되어 있을까?

강 시드기야 왕이 애굽과 동맹을 맺고
바벨론에 대항하려고 하자, 바벨론은 유다를 혼
내주려고 오지요. 그러자 시드기야는 예레미야에
게 기도를 부탁했지요. 하지만 예레미야로서
는 유다의 멸망을 전할 수밖에 없었어요. 결국
예레미야는 매국노로 몰려 지하 감옥에 갇히게
되었답니다.

어 이르되 여호와께로부터 받은 말씀
이 있느냐 예레미야가 대답하되 있나
이다 또 이르되 왕이 바벨론의 왕의 손
에 넘겨지리이다

18 예레미야가 다시 시드기야 왕에게 이
르되 내가 왕에게나 왕의 신하에게나
이 백성에게 무슨 죄를 범하였기에 나
를 옥에 가두었나이까

19 바벨론의 왕이 와서 왕과 이 땅을 치지
아니하리라고 예언한 왕의 선지자들
이 이제 어디 있나이까

20 내 주 왕이여 이제 청하건대 내게 들으
시며 나의 탄원을 받으사 나를 서기관
요나단의 집으로 돌려보내지 마옵소서
내가 거기에서 죽을까 두려워하나이다

21 이에 시드기야 왕이 명령하여 예레미
야를 감옥 뜰에 두고 떡 만드는자의 거
리에서 매일 떡 한 개씩 그에게 주게 하
매 성중에 떡이 떨어질 때까지 이르니
라 예레미야가 감옥 뜰에 머무니라

예레미야가 구덩이에 갇히다 — B.C. 587년경

38 맛단의 아들 스바댜와 바스훌
의 아들 그다랴와 셀레먀의 아
들 유갈과 말기야의 아들 바스훌이 예
레미야가 모든 백성에게 이르는 말을
들은즉 이르기를

2 여호와께서 이와 같이 말씀하시되 이
성에 머무는 자는 칼과 기근과 전염병
에 죽으리라 그러나 갈대아인에게 항
복하는 자는 살리니 그는 노략물을 얻
음 같이 자기의 목숨을 건지리라 21:9

3 여호와께서 이와 같이 말씀하시니라

이 성이 반드시 바벨론의 왕의 군대의
손에 넘어가리니 그가 차지하리라 하
셨다 하는지라

4 이에 그 고관들이 왕께 아뢰되 이 사람
이 백성의 평안을 구하지 아니하고 재
난을 구하오니 청하건대 이 사람을 죽
이소서 그가 이같이 말하여 이 성에 남
은 군사의 손과 모든 백성의 손을 약하
게 하나이다

5 시드기야 왕이 이르되 보라 그가 너희
손 안에 있느니라 왕은 조금도 너희를
거스를 수 없느니라 하는지라

6 그들이 예레미야를 끌어다가 감옥 뜰
에 있는1)왕의 아들 말기야의2)구덩이에 던
져 넣을 때에 예레미야를 줄로 달아내
렸는데 그 구덩이에는 물이 없고 진창뿐
이므로 예레미야가 진창 속에 빠졌더라

7 ●왕궁 내시 구스인 에벳멜렉이 그들
이 예레미야를 구덩이에 던져 넣었음
을 들으니라 그 때에 왕이 베냐민 문에
앉았더니

8 에벳멜렉이 왕궁에서 나와 왕께 아뢰
어 이르되

9 내 주 왕이여 저 사람들이 선지자 예레
미야에게 행한 모든 일은 악하니이다
성 중에 떡이 떨어졌거늘 그들이 그를
구덩이에 던져 넣었으니 그가 거기에
서 굶어 죽으리이다 하니

10 왕이 구스 사람 에벳멜렉에게 명령하
여 이르되 너는 여기서 삼십 명을 데리
고 가서 선지자 예레미야가 죽기 전에
그를 구덩이에서 끌어내라

---

1)함멜렉 2)옥

11 에벳멜렉이 사람들을 데리고 왕궁 곳간 밑 방에 들어가서 거기에서 헝겊과 낡은 옷을 가져다가 그것을 구덩이에 있는 예레미야에게 밧줄로 내리며

12 구스인 에벳멜렉이 예레미야에게 이르되 당신은 이 헝겊과 낡은 옷을 당신의 겨드랑이에 대고 줄을 그 아래에 대시오 예레미야가 그대로 하매

13 그들이 줄로 예레미야를 구덩이에서 끌어낸지라 예레미야가 시위대 뜰에 머무니라

시드기야가 예레미야에게 묻다

14 ●시드기야 왕이 사람을 보내어 선지자 예레미야를 여호와의 성전 셋째 문으로 데려오게 하고 왕이 예레미야에게 이르되 내가 네게 한 가지 일을 물으리니 한 마디도 내게 숨기지 말라

15 예레미야가 시드기야에게 이르되 내가 이 일을 왕에게 아시게 하여도 왕이 결코 나를 죽이지 아니하시리이까 가령 내가 왕을 권한다 할지라도 왕이 듣지 아니하시리이다

16 시드기야 왕이 비밀히 예레미야에게 맹세하여 이르되 우리에게 이 영혼을 지으신 여호와께서 살아 계심을 두고 맹세하노니 내가 너를 죽이지도 아니하겠으며 네 생명을 찾는 그 사람들의 손에 넘기지도 아니하리라 하는지라

17 ●예레미야가 시드기야에게 이르되 만군의 하나님이신 이스라엘의 하나님 여호와께서 이와 같이 말씀하시되 네가 만일 바벨론의 왕의 고관들에게 항복하면 네 생명이 살겠고 이 성이 불사름을 당하지 아니하겠고 너와 네 가족이 살려니와

18 네가 만일 나가서 바벨론의 왕의 고관들에게 항복하지 아니하면 이 성이 갈대아인의 손에 넘어가리니 그들이 이

성을 불사를 것이며 너는 그들의 손을 벗어나지 못하리라 하셨나이다

19 시드기야 왕이 예레미야에게 이르되 나는 갈대아인에게 항복한 유다인을 두려워하노라 염려하건대 갈대아인이 나를 그들의 손에 넘기면 그들이 나를 조롱할까 하노라 하는지라

20 예레미야가 이르되 그 무리가 왕을 그들에게 넘기지 아니하리이다 원하옵나니 내가 왕에게 아뢴 바 여호와의 목소리에 순종하소서 그리하면 왕이 복을 받아 생명을 보전하시리이다

21 그러나 만일 항복하기를 거절하시면 여호와께서 내게 보이신 말씀대로 되리이다

22 보라 곧 유다 왕궁에 남아 있는 모든 여자가 바벨론 왕의 고관들에게로 끌려갈 것이요 그 여자들은 네게 말하기를 네 친구들이 너를 꾀어 이기고 네 발이 진흙에 빠짐을 보고 물러갔도다 하리라

23 네 아내들과 자녀는 갈대아인에게로 끌려가겠고 너는 그들의 손에서 벗어나지 못하고 바벨론 왕의 손에 잡히리라 또 네가 이 성읍으로 불사름을 당하게 하리라 하셨나이다 　39:6

24 ●시드기야가 예레미야에게 이르되 너는 이 말을 어느 사람에게도 알리지 말라 그리하면 네가 죽지 아니하리라

25 만일 고관들이 내가 너와 말하였다 함을 듣고 와서 네게 말하기를 네가 왕에게 말씀한 것을 우리에게 전하라 우리

예레미야를 도와 준 사람들(38:7-13)			
성경 본문	도와준 사람	출신	특　징
26:24	아히감	사반의 아들	예레미야를 보호하여 예레미야를 백성의 손에 내어주지 아니함
36:4-10, 45장	바룩	네리야의 아들, 서기관	예레미야의 말을 받아 하나님의 말씀을 기록하고 그것을 백성들에게 낭독함
38:7-13	에벳멜렉	구스 인, 왕궁 내시	진흙 구덩이에서 예레미야를 건져냄
39:11-14	그다랴	아히감의 아들, 유다의 총독	느부갓네살 왕의 명에 의해 예레미야를 보호함

탄원(37:20) 사정을 말하고 도와주기를 간절히 바람.
노략물(38:2) 떼를 지어 돌아다니며 빼앗은 물건.
항복(38:18) 힘에 눌려서 적에게 굴복함.
순종(38:20) 시키는 대로 복종함.

에게 숨기지 말라 그리하면 우리가 너를 죽이지 아니하리라 또 왕이 네게 말씀한 것을 전하라 하거든

26 그들에게 대답하되 내가 왕 앞에 간구하기를 나를 요나단의 집으로 되돌려 보내지 마소서 그리하여 거기서 죽지 않게 하옵소서 하였다 하라 하니라

27 모든 고관이 예레미야에게 와서 물을 때 그가 왕이 명령한 모든 말대로 대답하였으므로 일이 탄로되지 아니하였고 그들이 더불어 말하기를 그쳤더라

28 예레미야가 예루살렘이 함락되는 날까지 감옥 뜰에 머물렀더라

예루살렘이 함락되다 (왕하 25:1-12; 렘 52:4-16)

39 유다의 시드기야 왕의 제구년 열째 달에 바벨론의 느부갓네살 왕과 그의 모든 군대가 와서 예루살렘을 에워싸고 치더라

2 시드기야의 제십일년 넷째 달 아홉째 날에 성이 함락되니라 예루살렘이 함락되매

3 바벨론의 왕의 모든 고관이 나타나 중문에 앉으니 곧 네르갈사레셀과 삼갈네부와 내시장 살스김이니 네르갈사레셀은 궁중 장관이며 바벨론의 왕의 나머지 고관들도 있더라

4 ●유다의 시드기야 왕과 모든 군사가 그들을 보고 도망하되 밤에 왕의 동산 길을 따라 두 담 샛문을 통하여 성읍을 벗어나서 아라바로 갔더니

5 갈대아인의 군대가 그들을 따라 여리고 평원에서 시드기야에게 미쳐 그를 잡아서 데리고 하맛 땅 리블라에 있는 바벨론의 느부갓네살 왕에게로 올라

무너진 예루살렘 성벽 (39:8)

가매 왕이 그를 심문하였더라

6 바벨론의 왕이 리블라에서 시드기야의 눈 앞에서 그의 아들들을 죽였고 왕이 또 유다의 모든 귀족을 죽였으며

7 왕이 또 시드기야의 눈을 빼게 하고 바벨론으로 옮기려고 사슬로 결박하였더라

8 갈대아인들이 왕궁과 백성의 집을 불사르며 예루살렘 성벽을 헐었고

9 사령관 느부사라단이 성중에 남아 있는 백성과 자기에게 항복한 자와 그 외의 남은 백성을 잡아 바벨론으로 옮겼으며

10 사령관 느부사라단이 아무 소유가 없는 빈민을 유다 땅에 남겨 두고 그 날에 포도원과 밭을 그들에게 주었더라

11 ●바벨론의 느부갓네살 왕이 예레미야에 대하여 사령관 느부사라단에게 명령하여 이르되

12 그를 데려다가 선대하고 해하지 말며 그가 네게 말하는 대로 행하라

13 이에 사령관 느부사라단과 내시장 느부사스반과 궁중 장관 네르갈사레셀과 바벨론 왕의 모든 장관이

14 사람을 보내어 예레미야를 감옥 뜰에서 데리고 사반의 손자 아히감의 아들 그다랴에게 넘겨서 그를 집으로 데려가게 하매 그가 백성 가운데에 사니라

여호와께서 에벳멜렉의 구원을 약속하다

15 ●예레미야가 감옥 뜰에 갇혔을 때에 여호와의 말씀이 그에게 임하니라 이르시되

16 너는 가서 구스인 에벳멜렉에게 말하

기를 만군의 여호와 이스라엘의 하나님의 말씀에 내가 이 성에 재난을 내리고 복을 내리지 아니하리라 한 나의 말이 그 날에 네 눈 앞에 이루리라

17 여호와의 말씀이니라 내가 그 날에 너를 구원하리니 네가 그 두려워하는 사람들의 손에 넘겨지지 아니하리라

18 내가 반드시 너를 구원할 것인즉 네가 칼에 죽지 아니하고 네가 노략물 같이 네 목숨을 얻을 것이니 이는 네가 나를 믿었음이라 여호와의 말씀이니라 하시더라

21:9

40 사령관 느부사라단이 예루살렘과 유다의 포로를 바벨론으로 옮기는 중에 예레미야도 잡혀 사슬로 결박되어 가다가 라마에서 풀려난 후에 말씀이 여호와께로부터 예레미야에게 임하니라

39:9, 11

2 사령관이 예레미야를 불러다가 이르되 네 하나님 여호와께서 이 곳에 이 재난을 선포하시더니

3 여호와께서 그가 말씀하신 대로 행하셨으니 이는 너희가 여호와께 범죄하고 그의 목소리에 순종하지 아니하였으므로 이제 이루어졌도다 이 일이 너희에게 임한 것이니라

4 보라 내가 오늘 네 손의 사슬을 풀어 너를 풀어 주노니 만일 네가 나와 함께 바벨론으로 가는 것을 좋게 여기거든 가자 내가 너를 선대하리라 만일 나와 *함께 바벨론으로 가는 것을 좋지 않게* 여기거든 그만 두라 보라 이 땅이 네 앞에 있나니 네가 좋게 여기는 대로 좋게 여기는 곳으로 갈지니라 하니라

예레미야가 살았던 미스바 유적(40:6,10)

5 예레미야가 아직 돌이키기 전에 그가 다시 이르되 너는 바벨론의 왕이 유다 성읍들을 맡도록 세운 사반의 손자 아히감의 아들 그다랴에게로 돌아가서 그와 함께 백성 가운데 살거나 네가 옳게 여기는 곳으로 가거나 할지니라 하고 그 사령관이 그에게 양식과 선물을 주어 보내매

6 예레미야가 미스바로 가서 아히감의 아들 그다랴에게로 나아가서 그 땅에 남아 있는 백성 가운데서 그와 함께 사니라

유다 총독 그다랴 (왕하 25:22-24)

7 ●들에 있는 모든 지휘관과 그 부하들이 바벨론의 왕이 아히감의 아들 그다랴에게 그 땅을 맡기고 남녀와 유아1)와 바벨론으로 잡혀가지 아니한 빈민을 그에게 위임하였다 함을 듣고

8 그들 곧 느다냐의 아들 이스마엘과 가레아의 두 아들 요하난과 요나단과 단후멧의 아들 스라야와 느도바 사람에배의 아들들과 마아가 사람의 아들 여*사냐*와 그들의 사람들이 미스바로 가서 그다랴에게 이르자

41:1

9 사반의 손자 아히감의 아들 그다랴가 그들과 그들의 사람들에게 맹세하며 이르되 너희는 갈대아 사람을 섬기기를 두려워하지 말고 이 땅에 살면서 바벨론의 왕을 섬기라 그리하면 너희에게 유익하리라

10 보라 나는 미스바에 살면서 우리에게로 오는 갈대아 사람을 섬기리니 너희는 포도주와 여름 과일과 기름을 모아

40에는 무엇이 기록되어 있을까?

요, 유다 총독 그다랴에 대한 기록이에요. 예레미야는 그다랴에게 가서 그곳에 남아 있는 유다 백성들과 함께 지냈어요. 그다랴는 예레미야를 통해 선포된 하나님의 뜻을 받아들여 바벨론에 복종하였으며, 그를 찾아오는 사람들을 기꺼이 맞아주었지요. 하지만 반대파들은 이스마엘을 앞세워 그다랴를 죽이려고 했답니다.

1) 곧

그릇에 저장하고 너희가 얻은 성읍들에 살라 하니라

11 모압과 암몬 자손 중과 에돔과 모든 지방에 있는 유다 사람도 바벨론의 왕이 유다에 사람을 남겨 둔 것과 사반의 손자 아히감의 아들 그다랴를 그들을 위하여 세웠다 함을 듣고

12 그 모든 유다 사람이 쫓겨났던 각처에서 돌아와 유다 땅 미스바에 사는 그다랴에게 이르러 포도주와 여름 과일을 심히 많이 모으니라

그다랴 총독을 죽이다 (왕하 25:25-26)

13 ●가레아의 아들 요하난과 들에 있던 모든 군 지휘관들이 미스바에 사는 그다랴에게 이르러

14 그에게 이르되 암몬 자손의 왕 바알리스가 네 생명을 빼앗으려 하여 느다냐의 아들 이스마엘을 보내 줄 네가 아느냐 하되 아히감의 아들 그다랴가 믿지 아니한지라

15 가레아의 아들 요하난이 미스바에서 그다랴에게 비밀히 말하여 이르되 청하노니 내가 가서 사람이 모르게 느다냐의 아들 이스마엘을 죽이게 하라 어찌하여 그가 네 생명을 빼앗게 하여 네게 모인 모든 유다 사람을 흩어지게 하며 유다의 남은 자로 멸망을 당하게 하랴 하니라

16 그러나 아히감의 아들 그다랴가 가레아의 아들 요하난에게 이르되 네가 이 일을 행하지 말 것이니라 네가 이스마엘에 대하여 한 말은 진정이 아니니라 하니라

41 일곱째 달에 왕의 종친 엘리사마의 손자요 느다냐의 아들로서 왕의 장관인 이스마엘이 열 사람과 함께 미스바로 가서 아히감의 아들 그다랴에게 이르러 미스바에서 함께 떡

을 먹다가

2 느다냐의 아들 이스마엘과 그와 함께 있던 열 사람이 일어나서 바벨론의 왕의 그 땅을 위임했던 사반의 손자 아히감의 아들 그다랴를 칼로 죽였고

3 이스마엘이 또 미스바에서 그다랴와 함께 있던 모든 유다 사람과 거기에 있는 갈대아 군사를 죽였더라

4 ●그가 그다랴를 죽인 지 이틀이 되었어도 이를 아는 사람이 없었더라

5 그 때에 사람 팔십 명이 자기들의 수염을 깎고 옷을 찢고 몸에 상처를 내고 손에 소제물과 유향을 가지고 세겜과 실로와 사마리아로부터 와서 여호와의 성전으로 나아가려 한지라

6 느다냐의 아들 이스마엘이 그들을 영접하러 미스바에서 나와 울면서 가다가 그들을 만나 아히감의 아들 그다랴에게로 가자 하더라

7 그들이 성읍 중앙에 이를 때에 느다냐의 아들 이스마엘이 자기와 함께 있던 사람들과 더불어 그들을 죽여 구덩이 가운데에 던지니라

8 그 중의 열 사람은 이스마엘에게 이르기를 우리가 밀과 보리와 기름과 꿀을 밭에 감추었으니 우리를 죽이지 말라 하니 그가 그치고 그들을 그의 형제와 마찬가지로 죽이지 아니하였더라

9 이스마엘이 그다랴에게 속한 사람들을 죽이고 그 시체를 던진 구덩이는 아사 왕이 이스라엘의 바아사 왕을 두려워하여 팠던 것이라 느다냐의 아들 이스마엘이 그가 쳐죽인 사람들의 시체

기브온에서 발견된 원통형 저수조(41:12)

를 거기에 채우고

10 미스바에 남아 있는 왕의 딸들과 모든 백성 곧 사령관 느부사라단이 아히감의 아들 그다랴에게 위임하였던 바 미스바에 남아 있는 모든 백성을 이스마엘이 사로잡되 곧 느다냐의 아들 이스마엘이 그들을 사로잡고 암몬 자손에게로 가려고 떠나니라 40:11, 12

11 ●가레아의 아들 요하난과 그와 함께 있는 모든 군 지휘관이 느다냐의 아들 이스마엘이 행한 모든 악을 듣고

12 모든 사람을 데리고 느다냐의 아들 이스마엘과 싸우러 가다가 기브온 큰 물 가에서 그를 만나매

13 이스마엘과 함께 있던 모든 백성이 가레아의 아들 요하난과 그와 함께 있던 모든 군 지휘관을 보고 기뻐한지라

14 이에 미스바에서 이스마엘이 사로잡은 그 모든 백성이 돌이켜 가레아의 아들 요하난에게로 돌아가니

15 느다냐의 아들 이스마엘이 여덟 사람과 함께 요하난을 피하여 암몬 자손에게로 가니라

16 가레아의 아들 요하난과 그와 함께 있던 모든 군 지휘관이 느다냐의 아들 이스마엘이 아히감의 아들 그다랴를 죽이고 미스바에서 잡아간 모든 남은 백성 곧 군사와 여자와 유아와 내시를 기브온에서 빼앗아 가지고 돌아와서

17 애굽으로 가려고 떠나 베들레헴 근처에 있는 1)게룻김함에 머물렀으니

18 이는 느다냐의 아들 이스마엘이 바벨론의 왕이 그 땅을 위임한 아히감의 아들 그다랴를 죽였으므로 그들이 갈대아 사람을 두려워함이었더라

백성이 예레미야에게 기도를 간구하다

42 이에 모든 군대의 지휘관과 가레아의 아들 요하난과 호사야의 아들 2)여사냐와 백성의 낮은 자로부터 높은 자까지 다 나아와

2 선지자 예레미야에게 이르되 당신은 우리의 탄원을 듣고 이 남아 있는 모든 자를 위하여 당신의 하나님 여호와께 기도해 주소서 당신이 보는 바와 같이 우리는 많은 사람 중에서 남은 적은 무리이니

3 당신의 하나님 여호와께서 우리가 마땅히 갈 길과 할 일을 보이시기를 원하나이다 41 86:11

4 선지자 예레미야가 그들에게 이르되 내가 너희 말을 들었은즉 너희 말대로 너희 하나님 여호와께 기도하고 무릇 여호와께서 너희에게 응답하시는 것을 숨김이 없이 너희에게 말하리라

5 그들이 예레미야에게 이르되 우리가 당신의 하나님 여호와께서 당신을 보내사 우리에게 이르시는 모든 말씀대로 행하리이다 여호와께서는 우리 가운데에 진실하고 성실한 증인이 되시옵소서

6 우리가 당신을 우리 하나님 여호와께 보냄은 그의 목소리가 우리에게 좋든지 좋지 않든지를 막론하고 순종하려 함이라 우리가 우리 하나님 여호와의 목소리를 순종하면 우리에게 복이 있

42장 에는 무엇이 기록되어 있을까?

요하난은 이스마엘의 만행에 대한 바벨론의 보복을 두려워하여 애굽으로 피신하려고 했어요. 이에 예레미야는 애굽이 피난처가 될 수 없다고 경고했지요. 갈팡질팡하는 유다 백성들 사이에서 요하난은 예레미야의 말을 들었어야 했지만, 그에게는 그런 믿음이 없었답니다.

1) 김함의 여관 2) 43:2 '아사랴, 왕하 25:23을 보라(야아사니야)

으리이다 하니라

여호와의 말씀

7 ●십일 후에 여호와의 말씀이 예레미야에게 임하여 신 2714

8 그가 가레아의 아들 요하난과 그와 함께 있는 모든 군 지휘관과 백성의 낮은 자로부터 높은 자까지 다 부르고 42:1

9 그들에게 이르되 너희가 나를 보내어 너희의 간구를 이스라엘의 하나님 여호와께 드리게 하지 아니하였느냐 그가 이렇게 이르시되

10 너희가 이 땅에 눌러 앉아 산다면 내가 너희를 세우고 헐지 아니하며 너희를 심고 뽑지 아니하리니 이는 내가 너희에게 내린 재난에 대하여 뜻을 돌이킴이라

11 여호와의 말씀이니라 너희는 너희가 두려워하는 바벨론의 왕을 겁내지 말라 내가 너희와 함께 있어 너희를 구원하며 그의 손에서 너희를 건지리니 두려워하지 말라 룜 8:31

12 내가 너희를 불쌍히 여기리니 그도 너희를 불쌍히 여겨 너희를 너희 본향으로 돌려보내리라 하셨느니라

13 그러나 만일 너희가 너희 하나님 여호와의 말씀을 복종하지 아니하고 말하기를 우리는 이 땅에 살지 아니하리라 하며

14 또 너희가 말하기를 아니라 우리는 전쟁도 보이지 아니하며 나팔 소리도 들리지 아니하며 양식의 궁핍도 당하지 아니하는 애굽 땅으로 들어가 살리라 하면 잘못되리라

15 너희 유다의 남은 자여 이제 여호와의 말씀을 들으라 만군의 여호와 이스라엘의 하나님께서 이와 같이 말씀하시되 너희가 만일 애굽에 들어가서 거기에 살기로 고집하면 44:12-14

16 너희가 두려워하는 칼이 애굽 땅으로 따라가서 너희에게 미칠 것이요 너희가 두려워하는 기근이 애굽으로 급히 따라가서 너희에게 임하리니 너희가 거기에서 죽을 것이며 44:13

17 무릇 애굽으로 들어가서 거기에 머물러 살기로 고집하는 모든 사람은 이와 같이 되리니 곧 칼과 기근과 전염병에 죽을 것인즉 내가 그들에게 내리는 재난을 벗어나서 남을 자 없으리라

18 ●만군의 여호와 이스라엘의 하나님께서 이와 같이 말씀하시되 나의 노여움과 분을 예루살렘 주민에게 부은 것 같이 너희가 애굽에 이를 때에 나의 분을 너희에게 부으리니 너희가 가증함과 놀램과 저주와 치욕거리가 될 것이라 너희가 다시는 이 땅을 보지 못하리라 하시도다

19 유다의 남은 자들아 여호와께서 너희를 두고 하신 말씀에 너희는 애굽으로 가지 말라 하셨고 나도 오늘 너희에게 경고한 것을 너희는 분명히 알라

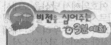

비전을 심어주는 3분 여행

제 종류의 사람

사람은 보통 세 종류로 나누는데, 그것은 세상에 꼭 필요한 사람, 있으나마나한 사람, 없으면 좋을 사람이에요. 이것은 순서대로 각각 벌, 개미, 거미에 비유되기도 하지요.

그런데 조금만 깊이 생각해보면 개미와 거미도 자연 생태계에 꼭 필요하고 중요하다는 것을 알 수 있어요. 그처럼 세상 사람들 모두는 꼭 필요한 존재랍니다. 비록 악인일지라도 말이에요. 악인들이 악을 행할 때에도 하나님께서는 당신의 권능과 선하심과 영광을 나타내시지요. 또 혹시 어느 날 악인들이 회개하고 변화될지도 모르는 거예요.

따라서 우리는 모든 사람들이 하나님의 피조물로서 고귀한 존재라는 것을 잊지 말고, 모두가 하나님의 자녀로 복을 누릴 수 있도록 도와야 해요.

43 어디 무엇이 기록되어 있을까?

요하난과 유다 백성은 예레미야와 바룩의 꾀임에 빠진 거짓말쟁이로 몰았어요. 그래서 예레미야와 바룩을 강제로 애굽으로 끌고 갔지요. 그 와중에도 예레미야는 바벨론이 애굽을 침략하여 심복을 정복할 것이라 예언했어요. 이 예언대로 애굽은 바벨론에 의해 패하게 되었고, 결국 약소국이 되어버렸답니다.

20 너희가 나를 너희 하나님 여호와께 보내며 이르기를 우리를 위하여 우리 하나님 여호와께 기도하고 우리 하나님 여호와께서 말씀하신 대로 우리에게 전하라 우리가 그대로 행하리라 하여 너희 마음을 속였느니라

21 너희 하나님 여호와께서 나를 보내사 너희에게 명하신 말씀을 내가 오늘 너희에게 전하였어도 너희가 너희 하나님 여호와의 목소리를 도무지 순종하지 아니하였은즉

22 너희가 가서 머물려고 하는 곳에서 칼과 기근과 전염병에 죽을 줄 분명히 알지니라 43:11

예레미야가 애굽으로 가다──B.C. 586년경

43 예레미야가 모든 백성에게 그들의 하나님 여호와의 말씀 곧 그들의 하나님 여호와께서 자기를 보내사 그들에게 이르신 이 모든 말씀을 말하기를 마치니

2 호사야의 아들 아사랴와 가레아의 아들 요하난과 모든 오만한 자가 예레미야에게 말하기를 네가 거짓을 말하는도다 우리 하나님 여호와께서 너희는 애굽에서 살려고 그리로 가지 말라고 너를 보내어 말하게 하지 아니하셨느니라

3 이는 네리야의 아들 바룩이 너를 부추겨서 우리를 대적하여 갈대아 사람의 손에 넘겨 죽이며 바벨론으로 붙잡아 가게 하려 함이라 38:4

4 이에 가레아의 아들 요하난과 모든 군 지휘관과 모든 백성이 유다 땅에 살라 하시는 여호와의 목소리를 순종하지 아니하고

5 가레아의 아들 요하난과 모든 군 지휘관이 유다의 남은 자 곧 쫓겨났던 여러 나라 가운데에서 유다 땅에 살려 하여 돌아온 자

6 곧 남자와 여자와 유아와 왕의 딸들과 사령관 느부사라단이 사반의 손자 아히감의 아들 그다랴에게 맡겨 둔 모든 사람과 선지자 예레미야와 네리야의 아들 바룩을 거느리고

7 애굽 땅에 들어가 다바네스에 이르렀으니 그들이 여호와의 목소리를 순종하지 아니함이러라 44:1

8 ●다바네스에서 여호와의 말씀이 예레미야에게 임하여 이르시되

9 너는 유다 사람의 눈 앞에서 네 손으로 큰 돌 여러 개를 가져다가 다바네스에 있는 바로의 궁전 대문의 벽돌로 쌓은 축대에 진흙으로 1)감추라

10 그리고 너는 그들에게 말하기를 만군의 여호와 이스라엘의 하나님께서 이와 같이 말씀하시되 보라 내가 내 종 바벨론의 느부갓네살 왕을 불러오리니 그가 그의 왕좌를 내가 감추게 한 이 돌들 위에 놓고 또 그 화려한 큰 장막을 그 위에 치리라

11 그가 와서 애굽 땅을 치고 죽일 자는 죽이고 사로잡을 자는 사로잡고 칼로 칠 자는 칼로 칠 것이라 사 19:1-25

12 내가 애굽 신들의 신당들을 불지르리라 느부갓네살이 그들을 불사르며 그들을 사로잡을 것이요 목자가 그의 몸에 옷을 두름 같이 애굽 땅을 자기 몸에 두르고 평안히 그 곳을 떠날 것이며

13 그가 또 애굽 땅 벧세메스의 석상들을 깨뜨리고 애굽 신들의 신당들을 불사르리라 하셨다 할지니라 하시니라

애굽의 유다 사람에게 하신 말씀
──B.C. 586년경

44 애굽 땅에 사는 모든 유다 사람 곧 믹돌과 다바네스와 놉과 바드로스 지방에 사는 자에 대하여 말씀

44 에는 무엇이 기록되어 있을까?

애굽으로 도피하면 우상을 숭배하던 많은 유다 백성들은 어리석게도 예루살렘의 멸망이 요시야의 종교 개혁 때문이라고 말하였어요. 이에 대해 예레미야는 우상 숭배야말로 유다가 멸망당한 가장 큰 원인을 지적하고, 애굽의 우상을 숭배한 유다 백성들이 그곳에서 모두 죽게 될 것이라고 경고했습니다.

1) 깔라

이 예레미야에게 임하니라 이르시되

2 만군의 여호와 이스라엘의 하나님께서 이와 같이 말씀하시니라 너희가 예루살렘과 유다 모든 성읍에 내린 나의 모든 재난을 보았느니라 보라 오늘 그것들이 황무지가 되었고 사는 사람이 없나니

3 이는 그들이 자기나 너희나 너희 조상들이 알지 못하는 다른 신들에게 나아가 분향하여 섬겨서 나의 노여움을 일으킨 악행으로 말미암음이라

4 내가 나의 모든 종 선지자들을 너희에게 보내되 끊임없이 보내어 이르기를 너희는 내가 미워하는 이 가증한 일을 행하지 말라 하였으나

5 그들이 듣지 아니하며 귀를 기울이지 아니하고 다른 신들에게 여전히 분향하여 그들의 악에서 돌이키지 아니하였으므로 ^{11:8, 10}

6 나의 분과 나의 노여움을 쏟아서 유다 성읍들과 예루살렘 거리를 불살랐더니 그것들이 오늘과 같이 폐허와 황무지가 되었느니라

7 만군의 하나님 이스라엘의 하나님 여호와께서 이와 같이 말씀하셨느니라 너희가 어찌하여 큰 악을 행하여 자기 영혼을 해하며 유다 가운데에서 너희의 남자와 여자와 아이와 젖 먹는 자를 멸절하여 남은 자가 없게 하려느냐

8 어찌하여 너희가 너희 손이 만든 것으로 나의 노여움을 일으켜 너희가 가서 머물러 사는 애굽 땅에서 다른 신들에게 분향함으로 끊어 버림을 당하여 세계 여러 나라 가운데에서 저주와 수치 거리가 되고자 하느냐

9 너희가 유다 땅과 예루살렘 거리에서 행한 너희 조상들의 악행과 유다 왕들의 악행과 왕비들의 악행과 너희의 악행과 너희 아내들의 악행을 잊었느냐

10 그들이 오늘까지 겸손하지 아니하며 두려워하지도 아니하고 내가 너희와 너희 조상들 앞에 세운 나의 율법과 나

여인들의 우상 (태양신) 숭배 (44:15-19)

의 법규를 지켜 행하지 아니하느니라

11 ●그러므로 만군의 여호와 이스라엘의 하나님께서 이와 같이 말씀하시니라 보라 내가 얼굴을 너희에게로 향하여 환난을 내리고 온 유다를 끊어 버릴 것이며

12 내가 또 애굽 땅에 머물러 살기로 고집하고 그리로 들어간 유다의 남은 자들을 처단하리니 그들이 다 멸망하여 애굽 땅에서 엎드러질 것이라 그들이 칼과 기근에 망하되 낮은 자로부터 높은 자까지 칼과 기근에 죽어서 저주와 놀람과 조롱과 수치의 대상이 되리라

13 내가 예루살렘을 벌한 것 같이 애굽 땅에 사는 자들을 칼과 기근과 전염병으로 벌하리니

14 애굽 땅에 들어가서 거기에 머물러 살려는 유다의 남은 자 중에 피하거나 살아 남아 소원대로 돌아와서 살고자 하여 유다 땅에 돌아올 자가 없을 것이라 도망치는 자들 외에는 돌아올 자가 없으리라 하셨느니라

15 ●그리하여 자기 아내들이 다른 신들에게 분향하는 줄을 아는 모든 남자와 곁에 섰던 모든 여인 곧 애굽 땅 바드로스에 사는 모든 백성의 큰 무리가 예레미야에게 대답하여 이르되 ^{8:6, 12}

16 네가 여호와의 이름으로 우리에게 하는 말을 우리가 듣지 아니하고

17 우리 입에서 낸 모든 말을 반드시 실행하여 우리가 본래 하던 것 곧 우리와 우리 선조와 우리 왕들과 우리 고관들이 유다 성읍들과 예루살렘 거리에서

하던 대로 하늘의 여왕에게 분향하고 그 앞에 전제를 드리리라 그 때에는 우리가 먹을 것이 풍부하며 복을 받고 재난을 당하지 아니하였더니

18 우리가 하늘의 여왕에게 분향하고 그 앞에 전제 드리던 것을 폐한 후부터는 모든 것이 궁핍하고 칼과 기근에 멸망을 당하였느니라 하며

19 여인들은 이르되 우리가 하늘의 여왕에게 분향하고 그 앞에 전제를 드릴 때에 어찌 우리 남편의 허락이 없이 그의 형상과 같은 과자를 만들어 놓고 전제를 드렸느냐 하는지라

20 ●예레미야가 남녀 모든 무리 곧 이 말로 대답하는 모든 백성에게 일러 이르되

21 너희가 너희 선조와 너희 왕들과 고관들과 유다 땅 백성이 유다 성읍들과 예루살렘 거리에서 분향한 일을 여호와께서 기억하셨고 그의 마음에 떠오른 것이 아닌가

22 여호와께서 너희 악행과 가증한 행위를 더 참을 수 없으셨으므로 너희 땅이 오늘과 같이 황폐하며 놀람과 저줏거리가 되어 주민이 없게 되었나니

23 너희가 분향하여 여호와께 범죄하였으며 여호와의 목소리를 순종하지 아니하고 여호와의 율법과 법규와 여러 증거대로 행하지 아니하였으므로 이 재난이 오늘과 같이 너희에게 일어났느니라

24 ●예레미야가 다시 모든 백성과 모든 여인에게 애굽 땅에서 사는 모든 유다 사람이여 여호와의 말씀을 들으라

25 만군의 여호와 이스라엘의 하나님께서 이와 같이 말씀하시되 너희와 너희 아내들이 입으로 말하고 손으로 이루려 하여 이르기를 우리가 서원한 대로 반드시 이행하여 하늘의 여왕에게 분향하고 전제를 드리리라 하였은즉 너희 서원을 성취하며 너희 서원을 이행하라 하시느니라
_{마 14:9}

26 그러므로 애굽 땅에서 사는 모든 유다 사람이여 여호와의 말씀을 들으라 여호와께서 말씀하시되 보라 내가 나의 큰 이름으로 맹세하였은즉 애굽 온 땅에 사는 유다 사람들의 입에서 다시는 내 이름을 부르는 주 여호와의 살아 계심을 두고 맹세하노라 하는 자가 없으리라

27 보라 내가 깨어 있어 그들에게 재난을 내리고 복을 내리지 아니하리니 애굽 땅에 있는 유다 모든 사람이 칼과 기근에 망하여 멸절되리라

28 그런즉 칼을 피한 소수의 사람이 애굽 땅에서 나와 유다 땅으로 돌아오리니 애굽 땅에 들어가서 거기에 머물러 사는 유다의 모든 남은 자가 내 말과 그들의 말 가운데서 누구의 말이 진리인지 알리라

목사님!! 궁금해요

천국에 가면 돌아가신 할아버지를 만날 수 있나요?

가족이나 친구들 중에 먼저 죽은 사람이 있다면 너무나 슬플 거예요. 그런데 성경은 죽음이 두 번 있다고 말해요. 첫 번째 죽음은 몸이 죽는 것이고, 두 번째 죽음은 영혼이 죽는 것이에요. 누구든지 첫 번째 죽음을 맞이해요. 하지만 두 번째 죽음은 피할 수 있지요. 예수님을 믿고 구원을 받으면 영원한 생명을 얻어 천국에 가게요. 그렇기 때문에 예수님을 믿는 우리에겐 다시 만날 수 있는 기회가 주어집니다. 바로 예수님이 다시 오실 때지요. 그때에는 죽은 사람들이 살아나기 때문에 할머니도, 할아버지도, 부모님도 다 만날 수 있어요. 그러려면 가족이 모두 하나님을 믿어야 해요. 그러니까 이 땅에 살 동안 온 가족이 구원받도록 기도하고 전도하며 준비를 잘 해야 하지요.
요 11장 25-26절

29 여호와의 말씀이니라 내가 이 곳에서 너희를 벌할 표징이 이것이라 내가 너희에게 재난을 내리리라 한 말이 반드시 이루어질 것을 그것으로 알게 하리라

30 보라 내가 유다의 시드기야 왕을 그의 원수 곧 그의 생명을 찾는 바벨론의 느부갓네살 왕의 손에 넘긴 것 같이 애굽의 바로 호브라 왕을 그의 원수들 곧 그의 생명을 찾는 자들의 손에 넘겨 주리라 여호와께서 이와 같이 말씀하셨느니라

여호와께서 바룩에게 구원을 약속하시다

45 유다의 요시야 왕의 아들 여호야김 넷째 해에 네리야의 아들 바룩이 예레미야가 불러 주는 대로 이 모든 말을 책에 기록하니라 그 때에 선지자 예레미야가 그에게 말하여 이르되

2 바룩아 이스라엘의 하나님 여호와께서 네게 이같이 말씀하셨느니라

3 네가 일찍이 말하기를 화로다 여호와께서 나의 고통에 슬픔을 더하셨으니 나는 나의 탄식으로 피곤하여 평안을 찾지 못하도다

4 너는 그에게 이르라 여호와께서 이와 같이 말씀하시기를 보라 나는 내가 세운 것을 헐기도 하며 내가 심은 것을 뽑기도 하나니 온 땅에 그리하겠거늘

5 네가 너를 위하여 큰 일을 찾느냐 그것을 찾지 말라 보라 내가 모든 육체에 재난을 내리리라 그러나 네가 가는 모든 곳에서는 내가 너에게 네 생명을 노략물 주듯 하리라 여호와의 말씀이니라

애굽에 관한 여호와의 말씀 ─ B.C. 604년경

46 이방 나라들에 대하여 선지자 예레미야에게 임한 여호와의 말씀이라

2 ●애굽에 관한 것이라 곧 유다의 요시야 왕의 아들 여호야김 넷째 해에 유브라데 강 가 갈그미스에서 바벨론의 느부갓네살 왕에게 패한 애굽의 왕 바로 느고의 군대에 대한 말씀이라

3 ●너희는 작은 방패와 큰 방패를 예비하고 나가서 싸우라

4 너희 기병이여 말에 안장을 지워 타며 투구를 쓰고 나서며 창을 갈며 갑옷을 입으라

5 여호와의 말씀이니라 내가 본즉 그들이 놀라 물러가며 그들의 용사는 패하여 황급히 도망하며 뒤를 돌아보지 아니함은 어찜이냐 두려움이 그들의 사방에 있음이로다

6 발이 빠른 자도 도망하지 못하며 용사도 피하지 못하고 그들이 다 북쪽에서 유브라데 강 가에 넘어지며 엎드러지는도다

7 강의 물이 출렁임 같고 나일 강이 불어남 같은 자가 누구냐

8 애굽은 나일 강이 불어남 같고 강물이 출렁임 같도다 그가 이르되 내가 일어나 땅을 덮어 성읍들과 그 주민을 멸할 것이라

9 말들아 달려라 병거들아 정신 없이 달려라 용사여 나오라 방패 잡은 구스 사람과 붓 사람과 활을 당기는 루딤 사람이여 나을지니라 하거니와

10 그 날은 주 만군의 여호와께서 그의 대적에게 원수 갚는 보복일이라 칼이 배부르게 삼키며 그들의 피를 넘치도록

45 장 에는 무엇이 기록되어 있을까? ─

바룩은 예레미야의 친구이자 서기관으로서 예레미야를 대신해 하나님의 메시지를 선포했어요. 그러나 그는 예레미야의 예언들을 기록하면서 암담한 조국의 미래를 알게 되었고 깊은 좌절감에 사로잡혔어요. 그러자 하나님은 그의 이기적인 포부를 단념시키시고, 보다 길고 넓은 안목을 갖도록 하셨습니다.

표징(44:29) 끊으로 드러나는 특징.

재난(44:29) 뜻밖의 불행한 일.

노략물(45:5) 떼를 지어 돌아다니며 빼앗은 물건.

안장(46:4) 사람이 타기 위하여 말의 등에 얹는 가죽으로 만든 도구.

뱀의 소리(46:22) 여기서는 두려움에 가득 차서 움츠리며 불평하는 소리를 말한다.

황충(46:23) 곤충.

마시리니 주 만군의 여호와께서 북쪽 유브라데 강 가에서 희생제물을 받으실 것임이로다

11 처녀 딸 애굽이여 길르앗으로 올라가서 유향을 취하라 네가 치료를 많이 받아도 효력이 없어 낫지 못하리라

12 네 수치가 나라들에 들렸고 네 부르짖음은 땅에 가득하였나니 용사가 용사에게 걸려 넘어져 둘이 함께 엎드러졌음이라

노의 아몬은 애굽의 룩소를 말한다.
룩소 신전(46:25)

느부갓네살이 애굽을 치리라

13 ●바벨론의 느부갓네살 왕이 와서 애굽 땅을 칠 일에 대하여 선지자 예레미야에게 이르신 여호와의 말씀이라 사 19:1

14 ●너희는 애굽에 선포하며 믹돌과 놉과 다바네스에 선포하여 말하기를 너희는 굳건히 서서 준비하라 네 사방이 칼에 삼키웠느니라

15 너의 장사들이 쓰러짐은 어찌함이냐 그들이 서지 못함은 여호와께서 그들을 몰아내신 까닭이니라

16 그가 많은 사람을 넘어지게 하시매 사람이 사람 위에 엎드러지며 이르되 일어나라 우리가 포악한 칼을 피하여 우리 민족에게로, 우리 고향으로 돌아가자 하도다 렘 26:37

17 그들이 그 곳에서 부르짖기를 1)애굽의 바로 왕이 망하였도다 그가 기회를 놓쳤도다

18 만군의 여호와라 일컫는 왕이 이르시되 나의 삶으로 맹세하노니 그가 과연 산들 중의 다볼 같이, 해변의 갈멜 같이 오리라

46장 에는 무엇이 기록되어 있을까?

여기서부터 이방 국가들에 대한 예언이 나와요. 그중에서 46장은 애굽의 파멸에 대한 예언이랍니다. 즉, B.C. 605년의 갈그미스 전투와 B.C. 567년의 바벨론의 애굽 침공을 예언한 것이지요. 한편, 마지막 부분은 유다의 회복에 관한 메시지로서, 경건한 남은 자들에게 큰 위안이 되었으요.

19 애굽에 사는 딸이여 너는 너를 위하여 포로의 짐을 꾸리라 놉이 황무하며 불에 타서 주민이 없을 것임이라

20 애굽은 심히 아름다운 암송아지일지라도 북으로부터 쇠파리 떼가 줄곧 오리라 50:11

21 또 그 중의 고용꾼은 살진 수송아지 같아서 돌이켜 함께 도망하고 서지 못하였나니 재난의 날이 이르렀고 벌 받는 때가 왔음이라 50:27

22 애굽의 소리가 뱀의 소리 같으리니 이는 그들의 군대가 벌목하는 자 같이 도끼를 가지고 올 것임이라 사 29:4

23 여호와의 말씀이니라 그들이 황충보다 많아서 셀 수 없으므로 조사할 수 없는 그 수풀을 찍을 것이라 21:14

24 딸 애굽이 수치를 당하여 북쪽 백성의 손에 붙임을 당하리로다

25 만군의 여호와 이스라엘의 하나님께서 말씀하시느니라 보라 내가 노의 아몬과 바로와 애굽과 애굽 신들과 왕들 곧 바로와 및 그를 의지하는 자들을 벌할 것이니

26 내가 그들의 생명을 노리는 자의 손 곧 바벨론의 느부갓네살 왕의 손과 그 종들의 손에 넘기리라 그럴지라도 그 후에는 그 땅이 이전 같이 사람 살 곳이 되리라 여호와의 말씀이니라

이스라엘을 구원하리라

27 ●내 종 야곱아 두려워하지 말라 이스라엘아 놀라지 말라 보라 내가 너를 먼 곳에서 구원하며 네 자손을 포로된 땅

1) 애굽 왕 바로는 소리뿐이라

에서 구원하리니 야곱이 돌아와서 평안하며 걱정 없이 살게 될 것이라 그를 두렵게 할 자 없으리라

28 여호와의 말씀이니라 내 종 야곱아 내가 너와 함께 있나니 두려워하지 말라 내가 너를 흩었던 그 나라들은 다 멸할지라도 너는 사라지지 아니하리라 내가 너를 법도대로 징계할 것이요 결코 무죄한 자로 여기지 아니하리라 하시니라

토막상식

블레셋

유다의 옆 해변 평지에 위치하고 있었던 블레셋은 이스라엘에게 있어 역사적 가시 같은 존재였어요. 이 두 나라 간에는 계속적으로 전쟁이 있었지요. 블레셋에 관해서는 사 14:28~32, 겔 25:15~17, 암 1:6~8, 습 2:4~7에서도 소개하고 있답니다.　47장 1절

블레셋 사람을 유린하시는 날—B.C. 600년경

47 바로가 가사를 치기 전에 블레셋 사람에 대하여 선지자 예레미야에게 임한 여호와의 말씀이라

2 ●여호와께서 이와 같이 말씀하시되 보라 물이 북쪽에서 일어나 물결치는 시내를 이루어 그 땅과 그 중에 있는 모든 것과 그 성읍과 거기에 사는 자들을 휩쓸리니 사람들이 부르짖으며 그 땅 모든 주민이 울부짖으리라

3 군마의 발굽 소리와 달리는 병거 바퀴가 진동하는 소리 때문에 아버지의 손맥이 풀려서 자기의 자녀를 돌보지 못하리니

4 이는 블레셋 사람을 유린하시며 두로와 시돈에 남아 있는 바 도와 줄 자를 다 끊어 버리시는 날이 올 것임이라 여호와께서 갑돌 섬에 남아 있는 블레셋 사람을 유린하시리라 　사 14:31

5 가사는 대머리가 되었고 아스글론과 그들에게 남아 있는 평지가 잠잠하게 되었나니 네가 네 몸 베기를 어느 때까지 하겠느냐

6 오호라 여호와의 칼이여 네가 언제까지 쉬지 않겠느냐 네 칼집에 들어가서 가만히 쉴지어다

7 여호와께서 이를 명령하셨은즉 어떻게 잠잠하며 쉬겠느냐 아스글론과 해변을 치려 하여 그가 정하셨느니라 하니라

모압의 멸망—B.C. 600년경

48 모압에 관한 것이라 만군의 여호와 이스라엘의 하나님께서 이와 같이 말씀하시되 오호라 느보여 그가 유린 당하였도다 기랴다임이 수치를 당하여 점령되었고 미스갑이 수치를 당하여 파괴되었으니 　사 15:2

2 모압의 찬송 소리가 없어졌도다 헤스본에서 무리가 그를 해하려고 악을 도모하고 이르기를 와서 그를 끊어서 나라를 이루지 못하게 하자 하는도다 맛멘이여 너도 조용하게 되리니 칼이 너를 뒤쫓아 가리라

3 호로나임에서 부르짖는 소리여 황폐와 큰 파멸이로다

4 모압이 멸망을 당하여 그 어린이들의 부르짖음이 들리는도다

5 그들이 루힛 언덕으로 올라가면서 울고 호로나임 내리막 길에서 파멸의 고통스런 울부짖음을 듣는도다 　사 15:5

6 도망하여 네 생명을 구원하여 광야의 노간주나무 같이 될지어다

7 네가 네 업적과 보물을 의뢰하므로 너도 정복을 당할 것이요 그모스는 그의 제사장들과 고관들과 함께 포로되어 갈 것이라

8 파멸하는 자가 각 성읍에 이를 것인즉 한 성읍도 면하지 못할 것이며 골짜기가 멸망하였으며 평지는 파멸되어 여호와의 말씀과 같으리로다

47장에는 무엇이 기록되어 있을까?

블레셋의 파멸을 예언하고 있어요. 블레셋은 자신의 막강한 군사력을 믿고서 이스라엘을 괴롭히다 종노릇 하게 되는 노예로 끌려먹은 죄에 대한 심판을 받게 되었어요. 블레셋의 멸망은 모든 것을 앗아가는 갑작스런 홍수에 비유되고 있어요. 이 예언대로 블레셋은 바벨론에 의해 정복당해 멸망하고 말았답니다.

9 모압에 날개를 주어 날아 피하게 하라 그 성읍들이 황폐하여 거기에 사는 자가 없으리로다
10 여호와의 일을 게을리 하는 자는 저주를 받을 것이요 자기 칼을 금하여 피를 흘리지 아니하는 자도 저주를 받을 것이로다

모압이 황폐하였다

11 ●모압은 젊은 시절부터 평안하고 포로도 되지 아니하였으므로 마치 술이 그 찌끼 위에 있고 이 그릇에서 저 그릇으로 옮기지 않음 같아서 그 맛이 남아 있고 냄새가 변하지 아니하였도다
12 그러므로 여호와께서 말씀하시니라 날이 이르리니 내가 술을 옮겨 담는 사람을 보낼 것이라 그들이 기울여서 그 그릇을 비게 하고 그 병들을 부수리라
13 이스라엘 집이 벧엘을 의뢰하므로 수치를 당한 것 같이 모압이 그모스로 말미암아 수치를 당하리로다　ᴬ 45:16
14 너희가 어찌하여 말하기를 우리는 용사요 능란한 전사라 하느냐
15 만군의 여호와라 일컫는 왕께서 이와 같이 말하노라 모압이 황폐하였도다 그 성읍들은 사라졌고 그 선택 받은 장정들은 내려가서 죽임을 당하니
16 모압의 재난이 가까웠고 그 고난이 속히 닥치리로다
17 그의 사면에 있는 모든 자여, 그의 이름을 아는 모든 자여, 그를 위로하며 *말하기를 어찌하여 강한 막대기, 아름다운 지팡이가 부러졌는고* 할지니라
18 디본에 사는 딸아 네 영화에서 내려와 메마른 데 앉으라 모압을 파멸하는 자

디본(48:18)

가 올라와서 너를 쳐서 네 요새를 깨뜨렸음이로다
19 아로엘에 사는 여인이여 길 곁에 서서 지키며 도망하는 자와 피하는 자에게 무슨 일이 생겼는지 물을지어다
20 모압이 패하여 수치를 받나니 너희는 울면서 부르짖으며 아르논 가에서 이르기를 모압이 황폐하였다 할지어다
21 심판이 평지에 이르렀나니 곧 홀론과 야사와 메바앗과
22 디본과 느보와 벧디블라다임과
23 기랴다임과 벧가물과 벧므온과
24 그리욧과 보스라와 모압 땅 원근 모든 성읍에로다　암 2:2
25 모압의 뿔이 잘렸고 그 팔이 부러졌도다 여호와의 말씀이니라

모압이 조롱거리가 되리라

26 ●모압으로 취하게 할지어다 이는 그가 여호와에 대하여 교만함이라 그가 그 토한 것에서 뒹굴므로 조롱거리가 되리로다
27 네가 이스라엘을 조롱하지 아니하였느냐 그가 도둑 가운데에서 발견되었느냐 네가 그를 말할 때마다 네 머리를 흔드는도다
28 모압 주민들아 너희는 성읍을 떠나 바위 사이에 살지어다 깊은 골짜기 어귀에 깃들이는 비둘기 같이 할지어다
29 우리가 모압의 교만을 들었나니 심한 교만 곧 그의 자고와 오만과 자랑과 그 마음의 거만이로다

30 여호와의 말씀이니라 내가 그의 노여 위함의 허탄함을 아노니 그가 자랑하여도 아무 것도 성취하지 못하였도다

31 그러므로 내가 모압을 위하여 울며 온 모압을 위하여 부르짖으리니 무리가 길헤레스 사람을 위하여 신음하리로다

32 십마의 포도나무여 너의 가지가 바다를 넘어 야셀 바다까지 뻗었더니 너의 여름 과일과 포도 수확을 탈취하는 자가 나타났으니 내가 너를 위하여 울기를 야셀이 우는 것보다 더하리로다

33 기쁨과 환희가 옥토와 모압 땅에서 빼앗겼도다 내가 포도주 틀에 포도주가 끊어지게 하리니 외치며 밟는 자가 없을 것이라 그 외침은 즐거운 외침이 되지 못하리로다

34 헤스본에서 엘르알레를 지나 야하스까지와 소알에서 호로나임을 지나 에글랏 셀리시야에 이르는 지역에 사는 사람들이 소리를 내어 부르짖음은 니므림의 물도 황폐하였음이로다

35 여호와의 말씀이라 모압 산당에서 제사하며 그 신들에게 분향하는 자를 내가 끊어버리리라

모압이 벌 받을 때

36 ●그러므로 나의 마음이 모압을 위하여 피리 같이 소리 내며 나의 마음이 길헤레스 사람들을 위하여 피리 같이 소리 내나니 이는 그가 모은 재물이 없어졌음이라

37 모든 사람이 대머리가 되었고 모든 사람이 수염을 밀었으며 손에 칼자국이 있고 허리에 굵은 베가 둘렸고

38 모압의 모든 지붕과 거리 각처에서 슬피 우는 소리가 들리니 내가 모압을 마음에 들지 않는 그릇 같이 깨뜨렸음이라 여호와의 말씀이니라

39 어찌하여 모압이 파괴되었으며 어찌하여 그들이 애곡하는가 모압이 부끄러워서 등을 돌렸도다 그런즉 모압이 그 사방 모든 사람의 조롱거리와 공포의 대상이 되리로다

40 이는 여호와의 말씀이니라 보라 그가 독수리 같이 날아와서 모압 위에 그의 날개를 펴리라

41 성읍들이 점령을 당하며 요새가 함락되는 날에 모압 용사의 마음이 산고를 당하는 여인 같을 것이라

42 모압이 여호와를 거슬러 자만하였으므로 멸망하고 다시 나라를 이루지 못하리로다

43 여호와의 말씀이니라 모압 주민아 두려움과 함정과 올무가 네게 닥치나니

44 두려움에서 도망하는 자는 함정에 떨어지겠고 함정에서 나오는 자는 올무에 걸리리니 이는 내가 모압에 벌 받을 해가 임하게 할 것임이라 여호와의 말씀이니라

45 ●도망하는 자들이 기진하여 헤스본 그늘 아래에 서니 이는 불이 헤스본에서 나며 불길이 시혼 가운데서 나서 모압의 살쩍과 떠드는 자들의 정수리를 사르름이로다

46 모압이여 네게 화가 있도다 그모스의 백성이 망하였도다 네 아들들은 사로잡혀 갔고 네 딸들은 포로가 되었도다

47 그러나 내가 마지막 날에 모압의 포로를 돌려보내리라 여호와의 말씀이니

술술 풀리는 **생생 말씀**

교만의 결과

모압은 자기 만족, 자기 신뢰, 자기 충족으로 교만하였어요. 그들은 자기들의 성벽으로 인해 기뻐하며 안심하고 자랑스러워했지요. 어떤 강한 바람과 폭풍우도 그들을 해치지 못할 것이라고 생각했어요. 그러나 하나님은 인간이 하나님 안에서 살기를 원하시며, 모압처럼 자만과 교만의 성벽을 쌓는 것을 허락하지 않으십니다.

우리는 모압이 고대 민족 중의 한 민족이라고 생각하지만, 바로 우리 속에 모압인의 모습이 있다는 것을 알고 있나요? "교만은 패망의 선봉이요 거만한 마음은 넘어짐의 앞잡이니라"(잠 16:18), 교만을 버리고 매일매일 주님과 동행함으로 주님을 의지하며 살아가도록 기도합시다.

48장 28-31절

암몬의 랍바 성채(49:2-3)

라 모압의 심판이 여기까지니라

암몬은 받을 심판—B.C. 600년경

49 암몬 자손에 대한 말씀이라 여호와께서 이와 같이 말씀하시되 이스라엘이 자식이 없느냐 상속자가 없느냐 1)말감이 갓을 점령하며 그 백성이 그 성읍들에 사는 것은 어찌 됨이냐

2 여호와의 말씀이니라 그러므로 보라 날이 이르리니 내가 전쟁 소리로 암몬 자손의 랍바에 들리게 할 것이라 랍바는 폐허더미 언덕이 되겠고 그 2)마을들은 불에 탈 것이며 그 때에 이스라엘은 자기를 점령하였던 자를 점령하리라 여호와의 말씀이니라

3 헤스본아 슬피 울지어다 아이가 황폐하였도다 너희 랍바의 딸들아 부르짖을지어다 굵은 베를 감고 애통하며 울타리 가운데에서 허둥지둥할지어다 말감과 그 제사장들과 그 고관들이 다 사로잡혀 가리로다

4 패역한 딸아 어찌하여 3)골짜기 곧 네 흐르는 골짜기를 자랑하느냐 네가 어찌하여 재물을 의뢰하여 말하기를 누가 내게 대적하여 오리요 하느냐

5 주 만군의 여호와의 말씀이니라 보라 내가 두려움을 네 사방에서 네게 오게 하리니 너희 각 사람이 앞으로 쫓겨 나갈 것이요 도망하는 자들을 모을 자가 없으리라

6 그러나 그 후에 내가 암몬 자손의 포로

를 돌아가게 하리라 여호와의 말씀이니라

애돔이 받을 심판

7 ●에돔에 대한 말씀이라 만군의 여호와께서 이와 같이 말씀하시되 데만으로 다시는 지혜가 없게 되었느냐 명철한 자에게 책략이 끊어졌느냐 그들의 지혜가 없어졌느냐

8 드단 주민아 돌이켜 도망할지어다 깊은 곳에 숨을지어다 내가 에서의 재난을 그에게 닥치게 하여 그를 벌할 때가 이르게 하였노라

9 포도를 거두는 자들이 4)네게 이르면 약간의 열매도 남기지 아니하겠고 밤에 도둑이 오면 그 욕심이 차기까지 멸하느니라

10 그러나 내가 에서의 옷을 벗겨 그 숨은 곳이 드러나게 하였으니 그가 그 몸을 숨길 수 없을 것이라 그 자손과 형제와 이웃이 멸망하였은즉 그가 없어졌느니라

11 네 고아들을 버려도 내가 그들을 살리리라 네 과부들은 나를 의지할 것이니라

12 여호와께서 이와 같이 말씀하시니라 보라 술잔을 마시는 습관이 없는 자도 반드시 마시겠거든 네가 형벌을 온전히 면하겠느냐 면하지 못하리니 너는 반드시 마시리라

13 여호와의 말씀이니라 내가 나를 두고 맹세하노니 보스라가 놀램과 치욕거리와 황폐함과 저줏거리가 될 것이요 그 모든 성읍이 영원히 황폐하리라 하시니라

14 ●내가 여호와에게서부터 오는 소식

49장 에는 무엇이 기록되어 있을까?

49장은 여러 나라의 멸망에 대한 예언이에요. 암몬은 자신들의 풍요를 믿고 교만에 빠졌고, 에돔은 천연적인 요새를 의지했어요. 또한 다메섹은 북이스라엘과 연합하여 유다를 공격했고, 게달과 하솔은 풍요 속에서 쾌락을 탐했으며, 엘람은 자신의 무력을 믿고 앗수르와 동맹하여 예루살렘을 침공했지요.

1) 그들의 왕은 2) 딸들은 3) 골짜기를 자랑하느냐 골짜기는 흘러 가나니 네가 어찌하여 재물을 4) 네게 이를지라도 약간의 열매를 남기지 아니하겠느냐 밤에 도적도 그 욕심이 차면 그치지 아니하느냐

독수리 보금자리
(49:16)

을 들었노라 사절을 여러 나라 가운데
보내어 이르시되 너희는 모여와서 그
를 치며 일어나서 싸우라
15 보라 내가 너를 여러 나라 가운데에서
작아지게 하였고 사람들 가운데에서
멸시를 받게 하였느니라
16 바위 틈에 살며 산꼭대기를 점령한 자
여 스스로 두려운 자인 줄로 여김과 네
마음의 교만이 너를 속였도다 네가 독
수리 같이 보금자리를 높은 데에 지었
을지라도 내가 그리로부터 너를 끌어
내리리라 이는 여호와의 말씀이니라
17 에돔이 공포의 대상이 되리니 그리로
지나는 자마다 놀라며 그 모든 재앙으
로 말미암아 탄식하리로다
18 여호와께서 말씀하시니라 소돔과 고모
라와 그 이웃 성읍들이 멸망한 것 같이
거기에 사는 사람이 없으며 그 가운데
에 머물러 살 사람이 아무도 없으리라
19 보라 사자가 요단 강의 깊은 숲에서 나
타나듯이 그가 와서 1)견고한 처소를 칠
것이라 내가 즉시 그들을 거기에서 쫓
아내고 택한 자를 내가 그 위에 세우리
니 나와 같은 자 누구며 2)나와 더불어 다
툴 자 누구며 내 앞에 설 목자가 누구냐
20 ●그런즉 에돔에 대한 여호와의 의도
와 데만 주민에 대하여 결심하신 여호
와의 계획을 들으라 양 떼의 어린 것들
을 그들이 반드시 끌고 다니며 괴롭히
고 그 3)처소로 황폐하게 하지 않으랴
21 그들이 넘어지는 소리에 땅이 진동하

며 그가 부르짖는 소리는 홍해에 들리
리라
22 보라 원수가 독수리 같이 날아와서 그
의 날개를 보스라 위에 펴는 그 날에
에돔 용사의 마음이 진통하는 여인 같
이 되리라 하시니라

다메섹이 받을 심판

23 ●다메섹에 대한 말씀이라 하맛과 아
르밧이 수치를 당하리니 이는 흉한 소
문을 듣고 낙담함이니라 바닷가에서
비틀거리며 평안이 없도다
24 다메섹이 피곤하여 몸을 돌이켜 달아
나려 하니 떨림이 그를 움켜잡고 해산
하는 여인 같이 고통과 슬픔이 그를 사
로잡았도다
25 어찌하여 찬송의 성읍, 나의 즐거운 성
읍이 버린 것이 되었느냐
26 이는 만군의 여호와의 말씀이니라 그런
즉 그 날에 그의 장정들은 그 거리에 엎
드러지겠고 모든 군사는 멸절될 것이며
27 내가 다메섹의 성벽에 불을 지르리니
벤하닷의 궁전이 불타리라   43:12

게달과 하솔이 받을 심판

28 ●바벨론의 느부갓네살 왕에게 공격
을 받은 게달과 하솔 나라들에 대한 말
씀이라 여호와께서 이와 같이 말씀하
시되 너희는 일어나 게달로 올라가서
동방 자손들을 황폐하게 하라
29 4)너희는 그들의 장막과 양 떼를 빼앗으
며 휘장과 모든 기구와 낙타를 빼앗아
다가 소유로 삼고 그들을 향하여 외치
기를 두려움이 사방에 있다 할지니라
30 여호와의 말씀이니라 하솔 주민아 도
망하라 멀리 가서 깊은 곳에 살라 이는
바벨론의 느부갓네살 왕이 너를 칠 모
락과 너를 칠 계책을 세웠음이라   25:9

낙담(49:23) 실망하여 마음의 평안을 잃고 상심에
싸임.
찬송의 성읍(49:25) 다메섹을가리킴.
게달(49:28) 요단 동편 사막에 거하는 부족의 이름.
장막(49:29) 사람이 들어가 햇빛이나 비를 피할 수
있도록 한 곳에 둘러치는 막.
즉위(49:34) 임금의 자리에 오름.

1) 항상 무성한 초장에 이를 것이나 2) 나의 시기를 정할 자 3) 초
장 4) 히, 그들

⊙ 엘람의 지구라트(49:34-39)
엘람은 B.C. 640년 앗시리아의 침략으로 멸망하게 된다.

31 여호와의 말씀이니라 너는 일어나 고요하고도 평안히 사는 백성 곧 성문이나 문빗장이 없이 홀로 사는 국민을 치라

32 그들의 낙타들은 노략물이 되겠고 그들의 많은 가축은 탈취를 당할 것이라 내가 그 살쩍을 깎는 자들을 사면에 흩고 그 재난을 여러 곳에서 오게 하리라 여호와의 말씀이니라

33 하솔은 큰 뱀의 거처가 되어 영원히 황폐하리니 거기 사는 사람이나 그 가운데에 머물러 사는 사람이 아무도 없게 되리라 하시니라

엘람이 받을 심판

34 ●유다 왕 시드기야가 즉위한 지 오래지 아니하여서 엘람에 대한 여호와의 말씀이 선지자 예레미야에게 임하여 이르시되

35 만군의 여호와가 이같이 말하노라 보라 내가 엘람의 힘의 으뜸가는 활을 꺾을 것이요

36 하늘의 사방에서부터 사방 바람을 엘람에 오게 하여 그들을 사방으로 흩으리니 엘람에서 쫓겨난 자가 가지 않는 나라가 없으리라

37 여호와의 말씀이니라 내가 엘람으로 그의 원수의 앞, 그의 생명을 노리는 자의 앞에서 놀라게 할 것이며 내가 재앙 곧 나의 진노를 그들 위에 내릴 것이며 내가 또 그 뒤로 칼을 보내어 그들을 멸망시키리라 8:9

38 내가 나의 보좌를 엘람에 주고 왕과 고관들을 그 곳에서 멸하리라 여호와의 말씀이니라

39 그러나 말일에 이르러 내가 엘람의 포로를 돌아가게 하리라 여호와의 말씀이니라 48:47

바벨론이 받을 심판 — B.C. 595년경

50

여호와께서 선지자 예레미야에게 바벨론과 갈대아 사람의 땅에 대하여 하신 말씀이라

2 너희는 나라들 가운데에 전파하라 공포하라 깃발을 세우라 숨김이 없이 공포하여 이르라 바벨론이 함락되고 벨이 수치를 당하며 므로닥이 부스러지며 그 신상들은 수치를 당하며 우상들은 부스러진다 하라 51:27

3 이는 한 나라가 북쪽에서 나와서 그를 쳐서 그 땅으로 황폐하게 하여 그 가운데에 사는 자가 없게 할 것임이라 사람이나 짐승이 다 도망할 것임이니라

4 여호와의 말씀이니라 그 날 그 때에 이스라엘 자손이 돌아오며 유다 자손도 함께 돌아오되 그들이 울면서 그 길을 가며 그의 하나님 여호와께 구할 것이며

5 그들이 그 얼굴을 시온으로 향하여 그 길을 물으며 말하기를 너희는 오라 잊을 수 없는 영원한 언약으로 여호와와 연합하라 하리라

바벨론에서 도망하라 갈대아 땅에서 나오라

6 ●내 백성은 잃어 버린 양 떼로다 그 목자들이 그들을 곁길로 가게 하여 산으로 돌이키게 하였으므로 그들이 산에서 언덕으로 돌아다니며 쉴 곳을 잊었도다

50장 에는 무엇이 기록되어 있을까?

지금까지는 바벨론을 통한 여러 나라들의 멸망이 선포되었지만, 이제는 바벨론이 심판의 대상이 되었어요. 바벨론은 하나님의 심판의 도구로 사용되었을 뿐인데, 마치 자신이 하나님이 된 듯이 교만해졌지요. 그 결과, 역사에서 사라지고 말 것이라는 예언에 따라 바사의 고레스 왕에게 정복당해 역사에서 그 이름이 지워졌답니다.

7 그들을 만나는 자들은 그들을 삼키며 그의 대적은 말하기를 그들이 여호와 곧 의로운 처소시며 그의 조상들의 소망이신 여호와께 범죄하였음인즉 우리는 무죄하다 하였느니라

8 너희는 바벨론 가운데에서 도망하라 갈대아 사람의 땅에서 나오라 양 떼에 앞서가는 숫염소 같이 하라

9 보라 내가 큰 민족의 무리를 북쪽에서 올라오게 하여 바벨론을 대항하게 하리니 그들이 대열을 갖고 쳐서 정복할 것이라 그들의 화살은 노련한 용사의 화살 같아서 허공을 치지 아니하리라

10 갈대아가 약탈을 당할 것이라 그를 약탈하는 자마다 만족하리라 여호와의 말씀이니라

포로로 잡혀가는 이스라엘 백성(50:17)

이라 그가 행한 대로 그에게 갚으시는도다

16 파종하는 자와 추수 때에 낫을 잡은 자를 바벨론에서 끊어 버리라 사람들이 그 압박하는 칼을 두려워하여 각기 동족에게로 돌아가며 고향으로 도망하리라

바벨론의 멸망

11 ●나의 소유를 노략하는 자여 너희가 즐거워하며 기뻐하고 타작하는 송아지 같이 발굽을 구르며 군마 같이 우는도다

12 그러므로 너희의 어머니가 큰 수치를 당하리라 너희를 낳은 자가 치욕을 당하리라 보라 그가 나라들 가운데의 마지막과 광야와 마른 땅과 거친 계곡이 될 것이로다 ²²:⁶

13 여호와의 진노로 말미암아 주민이 없어 완전히 황무지가 될 것이라 바벨론을 지나가는 자마다 그 모든 재난에 놀라며 탄식하리로다

14 바벨론을 둘러 대열을 벌이고 활을 당기는 모든 자여 화살을 아끼지 말고 쏘라 그가 여호와께 범죄하였음이라

15 그 주위에서 고함을 지르리로다 그가 ¹⁾항복하였고 그 요새는 무너졌고 그 성벽은 허물어졌으니 이는 여호와께서 그가 행한 대로 그에게 내리시는 보복

이스라엘을 돌아오게 하리라

17 ●이스라엘은 흩어진 양이라 사자들이 그를 따르도다 처음에는 앗수르 왕이 먹었고 다음에는 바벨론의 느부갓네살 왕이 그의 뼈를 꺾도다

18 그러므로 만군의 여호와 이스라엘의 하나님이 이와 같이 말하노라 보라 내가 앗수르의 왕을 벌한 것 같이 바벨론의 왕과 그 땅을 벌하고

19 이스라엘을 다시 그의 목장으로 돌아가게 하리니 그가 갈멜과 바산에서 양을 기를 것이며 그의 마음이 에브라임과 길르앗 산에서 만족하리라

20 여호와의 말씀이니라 그 날 그 때에는 이스라엘의 죄악을 찾을지라도 없겠고 유다의 죄를 찾을지라도 찾아내지 못하리니 이는 내가 남긴 자를 용서할 것임이라 ³¹:³⁴

21 ●이는 여호와의 말씀이니라 너희는 올라가서 므라다임의 땅을 치며 브곳의 주민을 쳐서 진멸하되 내가 너희에게 명령한 대로 다하라

22 그 땅에 싸움의 소리와 큰 파멸이 있으

1) 히, 손을 주었고

리라

23 온 세계의 망치가 어찌 그리 꺾여 부서 졌는고 바벨론이 어찌 그리 나라들 가운데에 황무지가 되었는고

24 바벨론아 내가 너를 잡으려고 올무를 놓았더니 네가 깨닫지 못하여 걸렸고 네가 여호와와 싸웠으므로 발각되어 잡혔도다

25 여호와께서 그의 병기창을 열고 분노의 무기를 꺼냄은 주 만군의 여호와께서 갈대아 사람의 땅에 행할 일이 있음이라

26 먼 곳에 있는 너희는 와서 그를 치고 그의 곳간을 열고 그것을 곡식더미처럼 쌓아 올려라 그를 진멸하고 남기지 말라

27 그의 황소를 다 죽이라 그를 도살하려 내려 보내라 그들에게 화 있도다 그들의 날, 그 벌 받는 때가 이르렀음이로다

28 바벨론 땅에서 도피한 자의 소리여 시온에서 우리 하나님 여호와의 보복하시는 것, 그의 성전의 보복하시는 것을 선포하는 소리로다

29 ●활 쏘는 자를 바벨론에 소집하라 활을 당기는 자여 그 사면으로 진을 쳐서 피하는 자가 없게 하라 그가 일한 대로 갚고 그가 행한 대로 그에게 갚으라 그가 이스라엘의 거룩한 자 여호와를 향하여 교만하였음이라

30 그러므로 그 날에 장정들이 그 거리에 엎드러지겠고 군사들이 멸절되리라 여호와의 말씀이니라

31 주 만군의 여호와의 말씀이니라 교만한 자여 보라 내가 너를 대적하나니 너의 날 곧 내가 너를 벌할 때가 이르렀음이라

32 교만한 자가 걸려 넘어지겠고 그를 일으킬 자가 없을 것이며 내가 그의 성읍들에 불을 지르리니 그의 주위에 있는 것을 다 삼키리라

33 ●만군의 여호와께서 이와 같이 말하시니라 이스라엘 자손과 유다 자손이 함께 학대를 받는도다 그들을 사로

잡은 자는 다 그들을 붙들고 놓아 주지 아니하리라

34 그들의 구원자는 강하니 그의 이름은 만군의 여호와라 반드시 그들을 위하여 싸우리니 그 땅에 평안함을 주고 바벨론 주민은 불안하게 하리라

35 여호와의 말씀이니라 칼이 갈대아인의 위에와 바벨론 주민의 위에와 그 고관들과 지혜로운 자의 위에 떨어지리라

36 칼이 자랑하는 자의 위에 떨어지리니 그들이 어리석게 될 것이며 칼이 용사의 위에 떨어지리니 그들이 놀랄 것이며

37 칼이 그들의 말들과 병거들과 그들 중에 있는 여러 민족의 위에 떨어지리니 그들이 여인들 같이 될 것이며 칼이 보물 위에 떨어지리니 그것이 약탈되리라

38 가뭄이 물 위에 내리어 그것을 말리리니 이는 그 땅이 조각한 신상의 땅이요 그들은 무서운 것을 보고 실성하였음이니라

39 그러므로 사막의 들짐승이 승냥이와

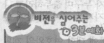

비전을 심어주는 9분 예화

고난 중에 쓴 찬양시

독일의 '파울 게르하르트'(1607~1676) 목사는 어렸을 때 부모를 잃었고, 신학교에 입학했을 때는 학비가 충분하지 않아 휴학과 복학을 반복해 14년 만에 학교를 졸업했습니다.

그는 마흔 네 살에 어느 시골교회에 담임목사로 부임했는데, 그때 그 지역을 휩쓸었던 페스트로 인해 아내와 다섯 명의 자녀 중 네 명을 한꺼번에 잃고 말았어요. 하지만 게르하르트는 한 번도 하나님을 원망하지 않고 오히려 하나님을 찬양하는 시를 썼는데, 무려 123편이나 되었습니다.

통일 찬송가 183장 '내 영혼아 곧 깨어' 3절은 그의 신앙을 잘 표현하고 있지요.

"나 고난 받을 때나 또 주ील 때에도 내 주님 나를 항상 위로해주시네. 추하고 곤궁하며 보잘것없으나 주 나와 함께 계셔 늘 권고하시네."

함께 거기에 살겠고 타조도 그 가운데에 살 것이요 영원히 주민이 없으며 대대에 살 자가 없으리라

40 여호와의 말씀이니라 하나님께서 소돔과 고모라와 그 이웃 성읍들을 뒤엎었듯이 거기에 사는 사람이 없게 하며 그 가운데에 머물러 사는 사람이 아무도 없게 하시리라

41 ●보라 한 민족이 북쪽에서 오고 큰 나라와 여러 왕이 충동을 받아 땅 끝에서 일어나리니

42 그들은 활과 투창을 가진 자라 잔인하여 불쌍히 여기지 아니하며 그들의 목소리는 바다가 설레임 같도다 딸 바벨론아 그들이 말을 타고 무사 같이 각기 네 앞에서 대열을 갖추었도다

43 바벨론의 왕이 그 소문을 듣고 손이 약하여지며 고통에 사로잡혀 해산하는 여인처럼 진통하는도다

44 보라 사자가 요단의 깊은 숲에서 나타나듯이 그가 와서 견고한 처소를 칠 것이라 내가 즉시 그들을 거기에서 쫓아내고 택한 자를 내가 그 자리에 세우리니 나와 같은 자 누구며 출두하라고 나에게 명령할 자가 누구며 내 앞에 설 목자가 누구냐

45 그런즉 바벨론에 대한 여호와의 계획과 갈대아 사람의 땅에 대하여 품은 여호와의 생각을 들으라 양 떼의 어린 것들을 그들이 반드시 끌어 가고 그들의 초장을 황폐하게 하리니

46 바벨론이 약탈 당하는 소리에 땅이 진동하며 그 부르짖음이 나라들 가운데에 들리리라 하시도다

바벨론을 멸하시는 여호와

51 여호와께서 이와 같이 말씀하시되 보라 나를 멸망시키는 자의 심령을 부추겨 바벨론을 치고 나를 대적하는 자 중에 있는 자를 치되

2 내가 1)타국인을 바벨론에 보내어 키질하여 그의 땅을 비게 하리니 재난의 날에 그를 에워싸고 치리로다

3 활을 당기는 자를 향하며 갑옷을 입고 일어서는 자를 향하여 쏘는 자는 그의 활을 당길 것이라 그의 장정들을 불쌍히 여기지 말며 그의 군대를 전멸시켜라
50:14

4 무리가 갈대아 사람의 땅에서 죽임을 당하여 엎드러질 것이요 관통상을 당한 자가 거리에 있으리라

5 ●이스라엘과 유다가 이스라엘의 거룩하신 이를 거역하므로 죄과가 땅에 가득하나 그의 하나님 만군의 여호와에게 버림 받은 홀아비는 아니니라

6 바벨론 가운데서 도망하여 나와서 각기 생명을 구원하고 그의 죄악으로 말미암아 끊어짐을 보지 말지어다 이는 여호와의 보복의 때니 그에게 보복하시리라

7 바벨론은 여호와의 손에 잡혀 있어 온 세계가 취하게 하는 금잔이라 뭇 민족이 그 포도주를 마심으로 미쳤도다

8 바벨론이 갑자기 넘어져 파멸되니 이로 말미암아 울라 그 상처를 위하여 유향을 구하라 혹 나으리로다

9 우리가 바벨론을 치료하려 하여도 낫지 아니한즉 버리고 각기 고향으로 돌아가자 그 화가 하늘에 미쳤고 궁창에 달하였음이로다

10 여호와께서 우리 공의를 드러내셨으니 오라 시온에서 우리 하나님 여호와의 일을 선포하자

11 ●화살을 갈며 둥근 방패를 준비하라 여호와께서 메대 왕들의 마음을 부추

51 에는 무엇이 기록되어 있을까?

51장에서는 바벨론을 멸망시킬 나라가 '메대-바사의 연합국'임을 밝히고 있어요. 그리고 바벨론의 멸망은 자연스럽게 이스라엘의 회복으로 이어질 것이라고 말씀하셨답니다. 하나님께서 자기 백성을 포로로 잡혀가게 하신 것은 그들에게서 불순물을 제거하여 새롭게 회복시키시기 위해서였어요.

1)키질하는 자들

느부갓네살이 세운 바벨론 이쉬타르
성문(바벨론 박물관)(51:12)

기사 바벨론을 멸하기로 뜻하시나니
이는 여호와께서 보복하시는 것 곧 그
의 성전을 위하여 보복하시는 것이라
12 바벨론 성벽을 향하여 깃발을 세우고
튼튼히 지키며 파수꾼을 세우며 복병
을 매복시켜 방비하라 이는 여호와께
서 바벨론 주민에 대하여 말씀하신 대
로 계획하시고 행하심이로다
13 많은 물 가에 살면서 재물이 많은 자여
네 재물의 한계 곧 네 끝이 왔도다
14 만군의 여호와께서 자기의 목숨을 두
고 맹세하시되 내가 진실로 사람을 메
뚜기 같이 네게 가득하게 하리니 그들
이 너를 향하여 환성을 높이리라 하시
도다
49:13

여호와를 찬양하다

15 ●여호와께서 그의 능력으로 땅을 지
으셨고 그의 지혜로 세계를 세우셨고
그의 명철로 하늘들을 펴셨으며
16 그가 목소리를 내신즉 하늘에 많은 물
이 생기나니 그는 땅 끝에서 구름이 오
르게 하시며 비를 위하여 번개를 치게
하시며 그의 곳간에서 바람을 내시거늘
17 사람마다 어리석고 무식하도다 금장
색마다 자기가 만든 신상으로 말미암
아 수치를 당하나니 이는 그 부어 만든
우상은 거짓이요 그 속에 생기가 없음
이라
18 그것들은 헛된 것이요 조롱거리이니
징벌하시는 때에 멸망할 것이나
19 야곱의 분깃은 그와 같지 아니하시니
그는 만물을 지으신 분이요 이스라엘
은 그의 소유인 지파라 그의 이름은 만
군의 여호와시니라

바벨론은 여호와의 철퇴

20 ●여호와께서 이르시되 너는 나의 철
퇴 곧 무기라 나는 네가 나라들을 분쇄
하며 네가 국가들을 멸하며
50:23
21 네가 말과 기마병을 분쇄하며 네가 병
거와 병거대를 부수며
22 네가 남자와 여자를 분쇄하며 네가 노
년과 유년을 분쇄하며 네가 청년과 처
녀를 분쇄하며
23 네가 목자와 그 양 떼를 분쇄하며 네가
농부와 그 멍엣소를 분쇄하며 네가 도
백과 태수들을 분쇄하도록 하리로다
24 너희 눈 앞에서 그들이 시온에서 모든
악을 행한 대로 내가 바벨론과 갈대아
모든 주민에게 갚으리라 여호와의 말
씀이니라

바벨론이 황무지가 되리라

25 ●여호와의 말씀이니라 온 세계를 멸
하는 멸망의 산아 보라 나는 네 원수라
나의 손을 네 위에 펴서 너를 바위에서
굴리고 너로 불탄산이 되게 할 것이니
26 사람이 네게서 집 모퉁잇돌이나 기촛
돌을 취하지 아니할 것이요 너는 영원
히 황무지가 될 것이니라 여호와의 말
씀이니라

술술 풀리는 **성경말씀**

우상 숭배

우리는 만질 수 있고 볼 수 있는 것이 하나님보다
더 우리의 안전을 보장해주리라 생각하기 쉽지요.
하지만 그것들은 이내 녹슬고 좀먹고 썩게 될 것입니
다. 오직 하나님만이 참된 안전이 되시지요.

사람들은 대학 입시, 결혼 등 중대한 일을 결정할
때가 되면, 으레 사주와 관상을 보고 점을 치며 우상
에게 절을 하곤 합니다. 사람이 만든 우상을 의지하
는 것만큼 어리석은 일은 없어요.

우상을 섬기는 것은 영적 간음이며, 하나님께서 이
나라 바벨론을 멸하신 이유가 될 만큼 중대한 죄지
요. 하나님보다 더 의지하는 것이 있다면 돈, 명예, 학
벌, 건강, 가족 그 어느 것이든 우상이 될 수 있음을
기억하고, 하나님 의지하기를 게을리 하지 말아야
해요.

51장 17-19절

바사의 수도 페르세폴리스(51:28)

27 ● 땅에 깃발을 세우며 나라들 가운데
에 나팔을 불어서 나라들을 동원시켜
그를 치며 아라랏과 민니와 아스그나
스 나라를 불러 모아 그를 치며 사무관
을 세우고 그를 치되 극성스런 메뚜기
같이 그 말들을 몰아오게 하라 ᴀ 13:2

28 뭇 백성 곧 메대 사람의 왕들과 그 도
백들과 그 모든 태수와 그 관할하는 모
든 땅을 준비시켜 그를 치게 하라 5:11

29 땅이 진동하며 소용돌이치나니 이는 여
호와께서 바벨론을 쳐서 그 땅으로 황폐
하여 주민이 없게 할 계획이 섰음이라

30 바벨론의 용사는 싸움을 그치고 그들
의 요새에 머무르나 기력이 쇠하여 여
인 같이 되며 그들의 거처는 불타고 그
문빗장은 부러졌으며

31 보발꾼은 보발꾼을 맞으려고 달리며
전령은 전령을 맞으려고 달려가 바벨
론의 왕에게 전하기를 그 성읍 사방이
함락되었으며 50:24

32 모든 나루는 빼앗겼으며 갈대밭이 불
탔으며 군사들이 겁에 질렸더이다 하
리라 50:37, 38

여호와께서 이스라엘을 위하여 보복하시다

33 ● 만군의 여호와 이스라엘의 하나님
께서 이와 같이 말씀하시되 딸 바벨론
은 때가 이른 타작 마당과 같은지라 딸
지 않아 추수 때가 이르리라 하시도다

34 바벨론의 느부갓네살 왕이 ¹'나를 먹으
며 나를 멸하며 나를 빈 그릇이 되게 하
며 큰 뱀 같이 나를 삼키며 나의 좋은
음식으로 그 배를 채우고 나를 쫓아내

었으니

35 내가 받은 폭행과 내 육체에 대한 학대
가 바벨론에 돌아가기를 원한다고 시
온 주민이 말할 것이요 내 피 흘린 죄
가 갈대아 주민에게로 돌아가기를 원
한다고 예루살렘이 말하리라

36 그러므로 여호와께서 이와 같이 말씀
하시되 보라 내가 네 송사를 듣고 너를
위하여 보복하여 그의 바다를 말리며
그의 샘을 말리리니

37 바벨론이 돌무더기가 되어서 승냥이
의 거처와 혐오의 대상과 탄식거리가
되고 주민이 없으리라

38 그들이 다 젊은 사자 같이 소리지르며
새끼 사자 같이 으르렁거리며

39 열정이 일어날 때에 내가 연회를 베풀
고 그들이 취하여 기뻐하다가 영원히
잠들어 깨지 못하게 하리라 여호와의
말씀이니라

40 내가 그들을 끌어내려서 어린 양과 숫
양과 숫염소가 도살장으로 가는 것 같
게 하리라

바벨론의 파멸을 노래하다

41 ● 슬프다 세삭이 함락되었도다 온 세
상의 칭찬 받는 성읍이 빼앗겼도다 슬
프다 바벨론이 나라들 가운데에 황폐

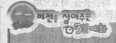

비전을 심어주는 3분여화

쓰레기로 만든 황소머리

'피카소'의 조각품 중 '황소머리'는 값을 매길
수 없을 정도로 가치 있는 예술품으로 인정을 받고
있어요. 그런데 그 작품의 재료로 사용된 것은 쓰레
기처리장에서 구한 낡은 자전거였답니다. 피카소는
평소에 '쓰레기는 위대한 가능성을 가졌다'고 주장
하였는데, 그의 말대로 쓰레기로 훌륭한 작품을 만
들어냈던 거예요.

쓰레기라도 누구의 손에서 다듬어지느냐에 따라
가치가 달라지지요. 하나님께서는 지렁이 같은 우
리를 가장 아름답고 영화로운 하나님의 자녀로 재
창조하셨어요.

1) 우리

하였도다

42 바다가 바벨론에 넘침이여 그 노도 소리가 그 땅을 뒤덮었도다

43 그 성읍들은 황폐하여 마른 땅과 사막과 사람이 살지 않는 땅이 되었으니 그리로 지나가는 사람이 없도다 50:12

44 내가 벨을 바벨론에서 벌하고 그가 삼킨 것을 그의 입에서 끌어내리니 민족들이 다시는 그에게로 몰려가지 아니하겠고 바벨론 성벽은 무너졌도다

45 ●나의 백성아 너희는 그 중에서 나와 각기 여호와의 진노를 피하라

46 너희 마음을 나약하게 말며 이 땅에서 들리는 소문으로 말미암아 두려워하지 말라 소문은 이 해에도 있겠고 저 해에도 있으리라 그 땅에는 강포함이 있어 다스리는 자가 다스리는 자를 서로 치리라 46:27

47 그러므로 보라 날이 이르리니 내가 바벨론의 우상들을 벌할 것이라 그 온 땅이 치욕을 당하겠고 그 죽임 당할 자가 모두 그 가운데에 엎드러질 것이며

48 하늘과 땅과 그 안에 있는 모든 것이 바벨론으로 말미암아 기뻐 노래하리니 이는 파멸시키는 자가 북쪽에서 그에게 옴이라 여호와의 말씀이니라

49 바벨론이 이스라엘을 죽여 엎드러뜨림 같이 온 세상이 바벨론에서 죽임을 당하여 엎드러지리라

여호와께서 바벨론에 보복하시다

50 ●칼을 피한 자들이여 멈추지 말고 걸어가며 먼 곳에서 여호와를 생각하며 예루살렘을 너희 마음에 두라 137:6

51 외국인이 여호와의 거룩한 성전에 들어가므로 우리가 책망을 들으며 수치를 당하여 모욕이 우리 얼굴을 덮었느니라

52 보라 날이 이르리니 내가 그 우상들을 벌할 것이라 부상자들이 그 땅에서 한숨을 지으리라 여호와의 말씀이니라

53 가령 바벨론이 하늘로 솟아오른다 하자 높은 곳에 있는 피난처를 요새로 삼더라도 멸망시킬 자가 내게로부터 그들에게 임하리라 여호와의 말씀이니라

바벨론이 황폐하리라

54 ●바벨론으로부터 부르짖는 소리가 들리도다 갈대아 사람의 땅에 큰 파멸의 소리가 들리도다

55 이는 여호와께서 바벨론을 황폐하게 하사 그 큰 소리를 끊으심이로다 원수는 많은 물 같이 그 파도가 사나우며 그 물결은 요란한 소리를 내는도다

56 곧 멸망시키는 자가 바벨론에 이르렀음이라 그 용사들이 사로잡히고 그들의 활이 꺾이도다 여호와는 보복의 하나님이시니 반드시 보응하시리로다

57 만군의 여호와라 일컫는 왕이 이와 같이 말씀하시되 내가 그 고관들과 지혜 있는 자들과 도백들과 태수들과 용사들을 취하게 하리니 그들이 영원히 잠들어 깨어나지 못하리라

58 만군의 여호와께서 이와 같이 말씀하시니라 바벨론의 성벽은 훼파되겠고 그 높은 문들은 불에 탈 것이며 백성들의 수고는 헛될 것이요 민족들의 수고는 불탈 것인즉 그들이 쇠잔하리라

예레미야가 바벨론에 예언을 전하다

59 ●유다의 시드기야 왕 제사년에 마세야의 손자 네리야의 아들 스라야가 그 왕과 함께 바벨론으로 갈 때에 선지자 예레미야가 그에게 말씀을 명령하니 스라야는 병참감이더라

60 예레미야가 바벨론에 닥칠 모든 재난 곧 바벨론에 대하여 기록한 이 모든 말씀을 한 책에 기록하고

61 스라야에게 말하기를 너는 바벨론에

바벨론 성벽에 문양된 동물 상상 (51:47)

이르거든 삼가 이 모든 말씀을 읽고
62 말하기를 여호와여 주께서 이 곳에 대
하여 말씀하시기를 이 땅을 멸하여 사
람이나 짐승이 거기에 살지 못하게 하
고 영원한 폐허가 되리라 하셨나이다
하라 하니라　　　렘 35:9
63 너는 이 책 읽기를 다한 후에 책에 돌
을 매어 유브라데 강 속에 던지며
64 말하기를 바벨론이 나의 재난 때문에
이같이 몰락하여 다시 일어서지 못하리
니 그들이 피폐하리라 하라 하니라 예
레미야의 말이 이에 끝나니라 왕하 1:8, 9

시드기야의 배반과 죽음 (왕하 24:18–25:7)

52 시드기야가 왕위에 오를 때에
나이가 이십일 세라 예루살렘
에서 십일 년 동안 다스리니라 그의 어
머니의 이름은 하무달이라 립나인 예
레미야의 딸이더라
2 그가 여호야김의 모든 행위를 본받아
여호와 보시기에 악을 행한지라
3 여호와께서 예루살렘과 유다에게 진
노하심이 그들을 자기 앞에서 쫓아내
시기까지 이르렀더라 ●시드기야가
바벨론 왕을 배반하니라
4 시드기야 제구년 열째 달 열째 날에 바
벨론 왕 느부갓네살이 그의 모든 군대
를 거느리고 예루살렘을 치러 올라와
서 그 성에 대하여 진을 치고 주위에 토
성을 쌓으매
5 그 성이 시드기야 왕 제십일년까지 포
위되었더라
6 그 해 넷째 달 구일에 성중에 기근이 심
하여 그 땅 백성의 양식이 떨어졌더라

7 그 성벽이 파괴되매 모든 군사가 밤중
에 그 성에서 나가 두 성벽 사이 왕의
동산 곁문 길로 도망하여 갈대아인들
이 그 성읍을 에워쌌으므로 그들이 아
라바 길로 가더니　　　39:2
8 갈대아 군대가 그 왕을 뒤쫓아 가서 여
리고 평지에서 시드기야를 따라 잡으매
왕의 모든 군대가 그를 떠나 흩어진지라
9 그들이 왕을 사로잡아 그를 하맛 땅 리
블라에 있는 바벨론 왕에게로 끌고 가
매 그가 시드기야를 심문하니라
10 바벨론 왕이 시드기야의 아들들을 그
의 눈 앞에서 죽이고 또 리블라에서 유
다의 모든 고관을 죽이며
11 시드기야의 두 눈을 빼고 놋사슬로 그
를 결박하여 바벨론 왕이 그를 바벨론
으로 끌고 가서 그가 죽는 날까지 옥에
가두었더라

여호와의 성전이 헐리다 (왕하 25:8–17)

12 ●바벨론의 느부갓네살 왕의 열아홉
째 해 다섯째 달 열째 날에 바벨론 왕
의 어전 사령관 느부사라단이 예루살
렘에 이르러
13 여호와의 성전과 왕궁을 불사르고 예
루살렘의 모든 집과 고관들의 집까지
불살랐으며
14 사령관을 따르는 갈대아 사람의 모든
군대가 예루살렘 사면 성벽을 헐었더라
15 사령관 느부사라단이 백성 중 가난한
자와 성중에 남아 있는 백성과 바벨론
왕에게 항복한 자와 무리의 남은 자를
사로잡아 갔고　　　39:9
16 가난한 백성은 남겨 두어 포도원을 관
리하는 자와 농부가 되게 하였더라
17 ●갈대아 사람은 또 여호와의 성전의
두 놋기둥과 받침들과 여호와의 성전
의 놋대야를 깨뜨려 그 놋을 바벨론으
로 가져갔고
18 가마들과 부삽들과 부집게들과 주발

아라바(52:7) 사해 남쪽의 계곡.
어전(52:12) 임금의 앞.
놋 소(52:20) 놋대야의 받침대로 만들어놓은 놋으로
된 소 모형.

바벨론에 멸망당한 예루살렘(52:12-16)

들과 숟가락들과 섬길 때에 쓰는 모든 놋그릇을 다 가져갔고

왕상 7:40, 45

19 사령관은 잔들과 화로들과 주발들과 솥들과 촛대들과 숟가락들과 바리들 곧 금으로 만든 물건의 금과 은으로 만든 물건의 은을 가져갔더라

20 솔로몬 왕이 여호와의 성전을 위하여 만든 두 기둥과 한 바다와 그 받침 아래에 있는 열두 놋 소 곧 이 모든 기구의 놋 무게는 헤아릴 수 없었더라

21 그 기둥은 한 기둥의 높이가 십팔[1] 규빗이요 그 둘레는 십이 규빗이며 그 속이 비었고 그 두께는 네 손가락 두께이며

22 기둥 위에 놋머리가 있어 그 높이가 다섯 규빗이요 머리 사면으로 돌아가며 꾸민 망사와 석류가 다 놋이며 또 다른 기둥에도 이런 모든 것과 석류가 있었더라

23 그 사면에 있는 석류는 아흔여섯 개요 그 기둥에 둘린 그물 위에 있는 석류는 도합이 백 개이었더라

유다 백성이 바벨론으로 사로잡혀 가다
(왕하 25:18-21, 27-30)

24 ●사령관이 대제사장 스라야와 부제사장 스바냐와 성전 문지기 세 사람을 사로잡고

25 또 성 안에서 사람을 사로잡았으니 곧 군사를 거느린[2]지휘관 한 사람과 또 성중에서 만난 왕의 내시 칠 명과 군인을 감독하는 군 지휘관의 서기관 하나와 성 안에서 만난 평민 육십 명이요

26 사령관 느부사라단은 그들을 사로

잡아 리블라에 있는 바벨론의 왕에게 나아가매

27 바벨론의 왕이 하맛 땅 리블라에서 다쳐 죽였더라 이와 같이 유다가 사로잡혀 본국에서 떠났더라

28 ●느부갓네살이 사로잡아 간 백성은 이러하니라 제칠년에 유다인이 삼천이십삼 명이요

29 느부갓네살의 열여덟째 해에 예루살렘에서 사로잡아 간 자가 팔백삼십이 명이요

30 느부갓네살의 제이십삼년에 사령관 느부사라단이 사로잡아 간 유다 사람이 칠백사십오 명이니 그 총수가 사천육백 명이더라

31 ●유다 왕 여호야긴이 사로잡혀 간 지 삼십칠 년 곧 바벨론의 에윌므로닥 왕의 즉위 원년 열두째 달 스물다섯째 날 그가 유다의 여호야긴 왕의 머리를 들어 주었고 감옥에서 풀어 주었더라

32 그에게 친절하게 말하고 그의 자리를 그와 함께 바벨론에 있는 왕들의 자리보다 높이고

33 그 죄수의 의복을 갈아 입혔고 그의 평생 동안 항상 왕의 앞에서 먹게 하였으며

창 41:14

34 그가 날마다 쓸 것을 바벨론의 왕에게서 받는 정량이 있었고 죽는 날까지 곧 종신토록 받았더라

● 유다 포로들의 이동로(52:28-30)
B.C. 587년에 예루살렘 성벽이 파괴된 후, 성전과 성읍은 불태워지고 많은 백성이 포로로 끌려가 님불과 바벨론 근처 그발 강가의 여러 마을에 정착하였다.

1) 히, 암마 2) 환관

🌟 **예레미야애가를 읽기 전에**

예레미야가 지은 슬픈 노래예요. '애가'라는 말은 헬라어의 '큰 소리로 소리 높여 운다'는 단어에서 유래되었어요. 히브리어 성경의 제목은 '어찌하여...'라는 뜻의 비통한 감정을 담고 있는 단어인 '에카(ekah)'랍니다.

🌟 **언제, 왜, 누구를 위하여 썼나요?**

B.C. 586 - 585년경에 쓰였어요. 이 책은 소망이 되시는 하나님을 찬양함으로써 나라를 잃고 슬픔에 빠져 있던 유다와 예루살렘에 남아 있던 사람들에게 새 희망을 주기 위해 기록했답니다.

🌟 **어떤 내용인가요?**

하나님의 무서운 심판을 불러온 이스라엘의 죄악을 밝히고 그와 함께 하나님께서 다시 이스라엘을 회복시키실 것이라는 소망을 전해주고 있어요.

예루살렘의 슬픔

1 슬프다 이 성이여 전에는 사람들이 많더니 이제는 어찌 그리 적막하게 앉았는고 전에는 열국 중에 크던 자가 이제는 과부 같이 되었고 전에는 열방 중에 공주였던 자가 이제는 강제 노동을 하는 자가 되었도다

2 밤에는 슬피 우니 눈물이 뺨에 흐름이여 사랑하던 자들 중에 그에게 위로하는 자가 없고 친구들도 다 배반하여 원수들이 되었도다   △ 6:6

3 유다는 환난과 많은 고난 가운데에 사로잡혀 갔도다 그가 열국 가운데에 거주하면서 쉴 곳을 얻지 못함이여 그를 핍박하는 모든 자들이 궁지에서 그를 뒤따라 잡았도다

1 에는 무엇이 기록되어 있을까?

예레미야는 바벨론의 말발굽 아래 짓밟힌 예루살렘의 처참한 모습을 보고, 목놓아 탄식하며 여호와의 자비를 구했어요. 예루살렘의 멸망을 오래 전부터 선포하셨지만, 실제로 예루살렘의 비참한 모습을 목격하게 된 예레미야는 몹시 슬펐어요. 그래서 그는 회개하는 마음으로 하나님의 구원의 손길을 기다렸답니다.

4 시온의 도로들이 슬퍼함이여 절기를 지키러 나아가는 사람이 없음이로다 모든 성문들이 적막하며 제사장들이 탄식하며 처녀들이 근심하며 시온도 곤고를 받았도다   렘 9:11

5 그의 대적들이 머리가 되고 그의 원수들이 형통함은 그의 죄가 많으므로 여호와께서 그를 곤고하게 하셨음이라 어린 자녀들이 대적에게 사로잡혔도다

6 딸 시온의 모든 영광이 떠나감이여 그의 지도자들은 꼴을 찾지 못한 사슴들처럼 뒤쫓는 자 앞에서 힘없이 달아났도다

7 예루살렘이 환난과 유리하는 고통을 당하는 날에 옛날의 모든 즐거움을 기억하였음이여 그의 백성이 대적의 손에 넘어졌으나 그를 돕는 자가 없었고 대적들은 그의 멸망을 비웃는도다   4:17

8 예루살렘이 크게 범죄함으로 조소거리가 되었으니 전에 그에게 영광을 돌리던 모든 사람이 그의 벗었음을 보고 업신여김이여 그는 탄식하며 물러가는도다

9 그의 더러운 것이 그의 옷깃에 묻어 있으나 그의 나중을 생각하지 아니함이

여 그러므로 놀랍도록 낮아져도 그를 위로할 자가 없도다 여호와여 원수가 스스로 큰 체하오니 나의 환난을 감찰하소서 ^{슥 24:13}

10 대적이 손을 펴서 그의 모든 보물들을 빼앗았나이다 주께서 이미 이방인들을 막아 주의 성회에 들어오지 못하도록 명령하신 그 성소에 그들이 들어간 것을 예루살렘이 보았나이다

11 그 모든 백성이 생명을 이으려고 보물로 먹을 것들을 바꾸었더니 지금도 탄식하며 양식을 구하나이다 나는 비천하오니 여호와여 나를 돌보시옵소서

12 지나가는 모든 사람들이여 너희에게는 관계가 없는가 나의 고통과 같은 고통이 있는가 볼지어다 여호와께서 그의 진노하신 날에 나를 괴롭게 하신 것이로다

13 높은 곳에서 나의 골수에 불을 보내어 이기게 하시고 내 발 앞에 그물을 치사 나로 물러가게 하셨음이여 종일토록 나를 피곤하게 하여 황폐하게 하셨도다

14 내 죄악의 멍에를 그의 손으로 묶고 얽어 내 목에 올리사 내 힘을 피곤하게 하셨음이여 내가 감당할 수 없는 자의 손에 주께서 나를 넘기셨도다 ^{신 28:48}

15 주께서 내 영토 안 나의 모든 용사들을 없는 것 같이 여기시고 성회를 모아 내 청년들을 부수심이여 처녀 딸 유다를 내 주께서 술틀에 밟으셨도다 ^{사 41:2}

16 이로 말미암아 내가 우니 내 눈에 눈물이 물 같이 흘러내림이여 나를 위로하여 내 생명을 회복시켜 줄 자가 멀리 떠났음이로다 원수들이 이기매 내 자녀들이 외롭도다 ^{렘 4:1}

17 시온이 두 손을 폈으나 그를 위로할 자가 없도다 여호와께서 야곱의 사방에 있는 자들에게 명령하여 야곱의 대적들이 되게 하셨으니 예루살렘은 그들 가운데에 있는 불결한 자가 되었도다

18 여호와는 의로우시도다 그러나 내가

그의 명령을 거역하였도다 너희 모든 백성들아 내 말을 듣고 내 고통을 볼지어다 나의 처녀들과 나의 청년들이 사로잡혀 갔도다 ^{렘 12:1}

19 내가 내 사랑하는 자들을 불렀으나 그들은 나를 속였으며 나의 제사장들과 장로들은 그들의 목숨을 회복시킬 그들의 양식을 구하다가 성 가운데에서 기절하였도다

20 여호와여 보시옵소서 내가 환난을 당하여 나의 애를 다 태우고 나의 마음이 상하오니 나의 반역이 심히 큼이니이다 밖에서는 칼이 내 아들을 빼앗아 가고 집 안에서는 죽음 같은 것이 있나이다

21 그들이 내가 탄식하는 것을 들었으나 나를 위로하는 자가 없으며 나의 모든 원수들은 내가 재난 당하는 것을 듣고 주께서 이렇게 행하신 것을 기뻐하나이다 그러나 주께서 그 선포하신 날을 이르게 하셔서 그들이 나와 같이 되게 하소서

22 그들의 모든 악을 주 앞에 가지고 오게 하시고 나의 모든 죄악들로 말미암아 내게 행하신 것 같이 그들에게 행하옵소서 나의 탄식이 많고 나의 마음이 병들었나이다

술술 풀리는 성경말씀

예레미야애가

예레미야는 예루살렘이 멸망하고 국가가 황폐해지자 깊이 탄식했어요. 그러나 그는 깊은 슬픔속에서도 한 줄기 빛처럼 하나님의 자비하심이 여전히 존재한다고 믿었지요. 그는 하나님의 변함없는 자비로 인해 예루살렘이 완전히 멸망하지는 않을 것임을 깨달았어요.

예레미야애가는 죄의 심각한 결과와 그 비극 속에서 어떻게 소망을 가질 수 있는지를 보여주는 책이에요. 우리는 여기서 기도와 죄의 고백이 얼마나 중요한지 다시 보게 되지요. 우리가 진심으로 죄를 뉘우치고 기도한다면, 우리의 삶이 어떠한 고난 중에 있더라도 하나님 안에서 소망이 있는 것이랍니다.

애
가
단

예루살렘에 대한 여호와의 진노

2 슬프다 주께서 어찌 그리 진노하사 딸 시온을 구름으로 덮으셨는가 이스라엘의 아름다움을 하늘에서 땅에 던지셨음이여 그의 진노의 날에 그의 발판을 기억하지 아니하셨도다

2 주께서 야곱의 모든 거처들을 삼키시고 긍휼히 여기지 아니하셨음이여 노하사 딸 유다의 견고한 성채들을 허물어 땅에 엎으시고 나라와 그 지도자들을 욕되게 하셨도다 3:43

3 맹렬한 진노로 이스라엘의 모든 뿔을 자르셨음이여 원수 앞에서 그의 오른손을 뒤로 거두어 들이시고 맹렬한 불이 사방으로 불사름 같이 야곱을 불사르셨도다

4 원수 같이 그의 활을 당기고 대적처럼 그의 오른손을 들고 서서 눈에 드는 아름다운 모든 사람을 죽이셨음이여 딸 시온의 장막에 그의 노를 불처럼 쏟으셨도다 3:12

5 주께서 원수 같이 되어 이스라엘을 삼키셨음이여 그 모든 궁궐들을 삼키셨고 견고한 성들을 무너뜨리사 딸 유다에 근심과 애통을 더하셨도다 렘 30:14

6 주께서 그의 초막을 동산처럼 헐어 버리시며 그의 절기를 폐하셨도다 여호와께서 시온에서 절기와 안식일을 잊어버리게 하시며 그가 진노하사 왕과 제사장을 멸시하셨도다

7 여호와께서 또 자기 제단을 버리시며 자기 성소를 미워하시며 궁전의 성벽들을 원수의 손에 넘기셨으매 그들이

성전 문의 흔적과 계단(2:6-7)

여호와의 전에서 떠들기를 절기의 날과 같이 하였도다

8 여호와께서 딸 시온의 성벽을 헐기로 결심하시고 줄을 띠고 무너뜨리는 일에서 손을 거두지 아니하사 성벽과 성곽으로 통곡하게 하셨으매 그들이 함께 쇠하였도다 삿 34:11

9 성문이 땅에 묻히며 빗장이 부서져 파괴되고 왕과 지도자들이 율법 없는 이방인들 가운데에 있으며 그 성의 선지자들은 여호와의 묵시를 받지 못하는도다

10 딸 시온의 장로들이 땅에 앉아 잠잠하고 티끌을 머리에 덮어쓰고 굵은 베를 허리에 둘렀음이여 예루살렘 처녀들은 머리를 땅에 숙였도다

11 ●내 눈이 눈물에 상하며 내 창자가 끊어지며 내 간이 땅에 쏟아졌으니 이는 딸 내 백성이 패망하여 어린 자녀와 젖 먹는 아이들이 성읍 길거리에 기절함이로다 삿 6:7

12 그들이 성읍 길거리에서 상한 자처럼 기절하여 그의 어머니들의 품에서 혼이 떠날 때에 어머니들에게 이르기를 곡식과 포도주가 어디 있느냐 하도다

13 딸 예루살렘이여 내가 무엇으로 네게 증거하며 무엇으로 네게 비유할까 처녀 딸 시온이여 내가 무엇으로 네게 비교하여 너를 위로할까 너의 파괴됨이 바다 같이 크니 누가 너를 고쳐 줄소냐

14 네 선지자들이 네게 대하여 헛되고 어리석은 묵시를 보았으므로 네 죄악을 드러내어서 네가 사로잡힌 것을 돌이키지 못하였도다 그들이 거짓 경고와

2장에는 무엇이 기록되어 있을까?

하나님의 심판으로 파괴되는 예루살렘의 비참한 광경을 묘사하고 있어요. 특히 11절 부터는 예루살렘 포위 기간(B.C. 589-587)의 처참한 모습을 묘사하고 있지요. 예레미야는 이러한 재앙 속에서 유다 백성들이 할 일은 진심으로 회개하며 하나님의 자비를 간구하는 것뿐임을 거듭 강조하였어요.

통곡의 벽(2:18)

미혹하게 할 것만 보았도다

15 모든 지나가는 자들이 다 너를 향하여 박수치며 딸 예루살렘을 향하여 비웃고 머리를 흔들며 말하기를 온전한 영광이라, 모든 세상 사람들의 기쁨이라 일컫던 성이 이 성이냐 하며

16 네 모든 원수들은 너를 향하여 그들의 입을 벌리며 비웃고 이를 갈며 말하기를 우리가 그를 삼켰도다 우리가 바라던 날이 과연 이 날이라 우리가 얻기도 하고 보기도 하였도다 하도다

17 여호와께서 이미 정하신 일을 행하시고 옛날에 명령하신 말씀을 다 이루셨음이여 긍휼히 여기지 아니하시고 무너뜨리사 원수가 너로 말미암아 즐거워하게 하며 네 대적자들의 뿔로 높이 들리게 하셨도다

18 그들의 마음이 주를 향하여 부르짖기를 딸 시온의 성벽아 너는 밤낮으로 눈물을 강처럼 흘릴지어다 스스로 쉬지 말고 네 눈동자를 쉬게 하지 말지어다

19 초저녁에 일어나 부르짖을지어다 네 마음을 주의 얼굴 앞에 물 쏟듯 할지어다 각 길 어귀에서 주려 기진한 네 어린 자녀들의 생명을 위하여 주를 향하여 손을 들지어다 하였도다

20 ● 여호와여 보시옵소서 주께서 누구에게 이같이 행하셨는지요 여인들이 어찌 자기 열매 곧 그들이 낳은 아이들을 먹으오며 제사장들과 선지자들이 어찌 주의 성소에서 죽임을 당하오리이까

21 늙은이와 젊은이가 다 길바닥에 엎드러졌사오며 내 처녀들과 내 청년들이 칼에 쓰러졌나이다 주께서 주의 진노의 날에 죽이시되 긍휼히 여기지 아니하시고 도륙하셨나이다

22 주께서 내 두려운 일들을 사방에서 부르시기를 절기 때 무리를 부름 같이 하셨나이다 여호와께서 진노하시는 날에는 피하거나 남은 자가 없나이다 내가 낳아 기르는 아이들을 내 원수가 다 멸하였나이다

진노, 회개, 소망

3 여호와의 분노의 매로 말미암아 고난 당한 자는 나로다

2 나를 이끌어 어둠 안에서 걸어가게 하시고 빛 안에서 걸어가지 못하게 하셨으며

3 종일토록 손을 들어 자주자주 나를 치시는도다   삼 5:25

4 나의 살과 가죽을 쇠하게 하시며 나의 뼈들을 꺾으셨고

5 고통과 수고를 쌓아 나를 에우셨으며

6 나를 어둠 속에 살게 하시기를 죽은 지 오랜 자 같게 하셨도다

7 나를 둘러싸서 나가지 못하게 하시고 내 사슬을 무겁게 하셨으며   욥 3:23

8 내가 부르짖어 도움을 구하나 내 기도를 물리치셨으며   욥 30:20

9 다듬은 돌을 쌓아 내 길들을 막으사 내 길들을 굽게 하셨도다

10 그는 내게 대하여 엎드려 기다리는 곰과 은밀한 곳에 있는 사자 같으사

11 나의 길들로 치우치게 하시며 내 몸을 찢으시며 나를 적막하게 하셨도다

12 활을 당겨 나를 화살의 과녁으로 삼으

3장 에는 무엇이 기록되어 있을까?

예레미야는 자신이 예언한 하나님의 말씀을 듣기는커녕 도리어 핍박했던 유다 백성들의 고통을 자신의 것으로 여기고 있어요. 그러나 예레미야는 현재 유다 백성들이 당하는 고난이 바로 인간의 생사화복을 홀로 주관하시는 하나님의 사랑의 채찍임을 깨닫게 된답니다.

심이여
13 화살통의 화살들로 내 허리를 맞추셨
도다
14 나는 내 모든 백성에게 조롱거리 곧 종
일토록 그들의 노랫거리가 되었도다
15 나를 쓴 것들로 배불리시고 쑥으로 취
하게 하셨으며
16 조약돌로 내 이들을 꺾으시고 재로 나
를 덮으셨도다
17 주께서 내 심령이 평강에서 멀리 떠나
게 하시니 내가 복을 내어버렸음이여
18 스스로 이르기를 나의 힘과 여호와께
대한 내 소망이 끊어졌다 하였도다
19 ●내 고초와 재난 곧 쑥과 담즙을 기억
하소서
20 내 마음이 그것을 기억하고 내가 낙심
이 되오나
21 이것을 내가 내 마음에 담아 두었더니
그것이 오히려 나의 소망이 되었사옴
은
22 여호와의 인자와 긍휼이 무궁하시므
로 우리가 진멸되지 아니함이니이다
23 이것들이 아침마다 새로우니 주의 성
실하심이 크시도소이다 암송

24 내 심령에 이르기를 여호와는 나의 기
업이시니 그러므로 내가 그를 바라리
라 하도다
25 기다리는 자들에게나 구하는 영혼들
에게 여호와는 선하시도다
26 사람이 여호와의 구원을 바라고 잠잠
히 기다림이 좋도다
27 사람은 젊었을 때에 멍에를 메는 것이
좋으니
28 혼자 앉아서 잠잠할 것은 주께서 그것
을 그에게 메우셨음이라
29 그대의 입을 땅의 티끌에 댈지어다 혹
시 소망이 있을지로다
30 자기를 치는 자에게 뺨을 돌려대어 치
욕으로 배불릴지어다 (사 50:6)
31 이는 주께서 영원하도록 버리지 아니
하실 것임이며 (사 94:14)
32 그가 비록 근심하게 하시나 그의 풍부
한 인자하심에 따라 긍휼히 여기실 것
임이라
33 주께서 인생으로 고생하게 하시며 근
심하게 하심은 본심이 아니시로다
34 세상에 있는 모든 갇힌 자들을 발로 밟
는 것과
35 지존자의 얼굴 앞에서 사람의 재판을
굽게 하는 것과
36 사람의 송사를 억울하게 하는 것은 다
주께서 기쁘게 보시는 것이 아니로다
37 주의 명령이 아니면 누가 이것을 능히
말하여 이루게 할 수 있으랴 (사 33:9)
38 화와 복이 지존자의 입으로부터 나오
지 아니하느냐
39 살아 있는 사람은 자기 죄들 때문에 벌
을 받나니 어찌 원망하랴

술술 풀리는 낱말말씀

구덩이

히브리어로 '보르'는 빗물이 고이도록 만들어놓
은 저수 장소를 말하며, 보통 반석을 잘라서 밑으로
파놓은 구멍이를 가리키지요.
팔레스타인 지방은 여름 내내 건조하기 때문에 강
물이나 냇물이 말라 수개월 동안 물을 공급받지 못했
어요. 따라서 10월 말부터 이듬해 5월 중순까지 내리
는 빗물을 저장해놓는 것은 그 무엇보다 중요한 일이
었지요. 이스라엘은 각 가정들마다 구멍이를 만들어
놓고 있었답니다(왕하 18:31; 사 36:16; 잠 5:15).
예레미야 선지자는 생수의 근원인 하나님을 떠나
우상을 섬기는 이스라엘 백성들을 터진 웅덩이로 묘
사했어요(렘 2:13). 한편, 물이 저장되어 있지 않은 텅
빈 웅덩이는 일시적인 감옥으로 사용되기도 했지요
(창 37:20; 렘 38:6~7). 또 가끔은 몇으로도 사용되
어 동물들이나 부주의한 사람들이 빠지기도 했답니
다(마 15:14; 눅 6:39). **3장 55절**

고초(3:19) 피로움과 어려움.
담즙(3:19) 쓸개즙. 고뇌의 감정을 표현하는 말.
상달(3:44) 아랫사람의 의견 따위가 윗사람에게 전
해짐.
폐물(3:45) 못쓰게 된 물건.
멸절(3:54) 멸망하여 끊어져버림.
모해(3:60) 모략을 써서 남을 해침.
보응(3:64) 선악의 행위에 따라 받게 되는 길흉화복
의 갚음.

40 ●우리가 스스로 우리의 행위들을 조사하고 여호와께로 돌아가자
41 우리의 마음과 손을 아울러 하늘에 계신 하나님께 들자 ^{사 25:1}
42 우리의 범죄함과 우리의 반역함을 주께서 사하지 아니하시고 ^{단 9:5}
43 진노로 자신을 가리시고 우리를 추격하시며 죽이시고 긍휼을 베풀지 아니하셨나이다
44 주께서 구름으로 자신을 가리사 기도가 상달되지 못하게 하시고
45 우리를 뭇 나라 가운데에서 쓰레기와 폐물로 삼으셨으므로
46 우리의 모든 원수들이 우리를 향하여 그들의 입을 크게 벌렸나이다
47 두려움과 함정과 파멸과 멸망이 우리에게 임하였도다
48 딸 내 백성의 파멸로 말미암아 내 눈에는 눈물이 시내처럼 흐르도다
49 내 눈에 흐르는 눈물이 그치지 아니하고 쉬지 아니함이여
50 여호와께서 하늘에서 살피시고 돌아보실 때까지니라
51 나의 성읍의 모든 여자들을 내 눈으로 보니 내 심령이 상하는도다
52 나의 원수들이 이유없이 나를 새처럼 사냥하는도다
53 그들이 내 생명을 끊으려고 나를 구덩이에 넣고 그 위에 돌을 던짐이여
54 물이 내 머리 위로 넘치니 내가 스스로 *이르기를 이제는* 멸절되었다 하였도다
55 ●여호와여 내가 심히 깊은 구덩이에서 주의 이름을 불렀나이다
56 주께서 이미 나의 음성을 들으셨사오니 이제 나의 탄식과 부르짖음에 주의 귀를 가리지 마옵소서 ^{사 116:1, 2}
57 내가 주께 아뢴 날에 주께서 내게 가까이 하여 이르시되 두려워하지 말라 하셨나이다
58 주여 주께서 내 심령의 원통함을 풀어 주셨고 내 생명을 속량하셨나이다
59 여호와여 나의 억울함을 보셨사오니 나를 위하여 원통함을 풀어주옵소서
60 그들이 내게 보복하며 나를 모해함을 주께서 다 보셨나이다
61 여호와여 그들이 나를 비방하며 나를 모해하는 모든 것 ^{시 :1}
62 곧 일어나 나를 치는 자들의 입술에서 나오는 것들과 종일 나를 모해하는 것들을 들으셨나이다
63 그들이 앉으나 서나 나를 조롱하여 노래하는 것을 주목하여 보옵소서
64 여호와여 주께서 그들의 손이 행한 대로 그들에게 보응하사 ^{시 28:4}
65 그들에게 거만한 마음을 주시고 그들에게 저주를 내리소서 ^{시 6:10}
66 주께서 진노로 그들을 뒤쫓으사 여호와의 하늘 아래에서 멸하소서

멸망 후의 예루살렘

4 슬프다 어찌 그리 금이 빛을 잃고 순금이 변질하였으며 성소의 돌들이 거리 어귀마다 쏟아졌는고
2 순금에 비할 만큼 보배로운 시온의 아들들이 어찌 그리 토기장이가 만든 질항아리 같이 여김이 되었는고 ^{시 51:8}
3 들개들도 젖을 주어 그들의 새끼를 먹이나 딸 내 백성은 잔인하여 마치 광야의 타조 같도다
4 젖먹이가 목말라서 혀가 입천장에 붙음이여 어린 아이들이 떡을 구하나 떼어 줄 사람이 없도다
5 맛있는 음식을 먹던 자들이 외롭게 거리 거리에 있으며 이전에는 붉은 옷을 입고 자라난 자들이 이제는 거름더미를 안았도다 ^{렘 6:2}

4 에는 무엇이 기록되어 있을까?

예레미야는 유다의 영광스러웠던 지난날과 비참한 현실을 대조시켜서, 상황이 뒤바뀐 원인을 분명하게 밝히고자 하였어요. 그것은 바로 지도자들의 타락과 그들의 거짓된 인도를 흔쾌히 따랐던 백성들의 어리석음 때문이었지요. 뒷부분에서는 유다를 조롱하던 에돔에 대해 경고하고 있어요.

6 전에 소돔이 사람의 손을 대지 아니하였는데도 순식간에 무너지더니 이제는 딸 내 백성의 죄가 소돔의 죄악보다 무겁도다

7 전에는 존귀한 자들의 몸이 눈보다 깨끗하고 젖보다 희며 산호들보다 붉어 그들의 윤택함이 갈아서 빛낸 청옥 같더니 ᷓ 5:17

8 이제는 그들의 얼굴이 숯보다 검고 그들의 가죽이 뼈들에 붙어 막대기 같이 말랐으니 어느 거리에서든지 알아볼 사람이 없도다 ᷓ 30:30

9 칼로 죽은 자들이 주려 죽은 자들보다 나음은 토지 소산이 끊어지므로 그들은 찔림 받은 자들처럼 점점 쇠약하여 감이로다

10 딸 내 백성이 멸망할 때에 자비로운 부녀들이 자기들의 손으로 자기들의 자녀들을 삶아 먹었도다

11 ●여호와께서 그의 분을 내시며 그의 맹렬한 진노를 쏟으심이여 시온에 불을 지르사 그 터를 사르셨도다

12 대적과 원수가 예루살렘 성문으로 들어갈 줄은 세상의 모든 왕들과 천하 모든 백성이 믿지 못하였도다

13 그의 선지자들의 죄들과 제사장들의 죄악들 때문이니 그들이 성읍 안에서 의인들의 피를 흘렸도다

14 그들이 거리 거리에서 맹인 같이 방황함이여 그들의 옷들이 피에 더러워졌으므로 아무도 만질 수 없도다

15 사람들이 그들에게 외쳐 이르기를 저리 가라 부정하다. 저리 가라, 저리 가라, 만지지 말라 하였음이여 그들이 도망하여 방황할 때에 이방인들이 말하기를 그들이 다시는 여기서 살지 못하리라 하였도다

16 여호와께서 노하여 그들을 흩으시고 다시는 돌보지 아니하시리니 그들이 제사장들을 높이지 아니하였으며 장로들을 대접하지 아니하였음이로다 5:12

17 ●우리가 헛되이 도움을 바라므로 우리의 눈이 상함이여 우리를 구원하지 못할 나라를 바라보고 바라보았도다

18 그들이 우리의 걸음을 엿보니 우리가 거리마다 다닐 수 없음이여 우리의 끝이 가깝고 우리의 날들이 다하였으며 우리의 종말이 이르렀도다

19 우리를 뒤쫓는 자들이 하늘의 독수리들보다 빠름이여 산 꼭대기까지도 뒤쫓으며 광야에서도 우리를 잡으려고 매복하였도다 신 28:49

20 우리의 콧김 곧 여호와께서 기름 부으신 자가 그들의 함정에 빠졌음이여 우리가 그를 가리키며 전에 이르기를 우리가 그의 그늘 아래에서 이방인들 중에 살겠다 하던 자로다

21 우스 땅에 사는 딸 에돔아 즐거워하며 기뻐하라 잔이 네게로 이를지니 네가 취하여 벌거벗으리라 ᷓ 34:7

22 딸 시온아 네 죄악의 형벌이 다하였으니 주께서 다시는 너로 사로잡혀 가지 아니하게 하시리로다 딸 에돔아 주께서 네 죄악을 벌하시며 네 허물을 드러내시리로다

긍휼을 위한 기도

5 여호와여 우리가 당한 것을 기억하시고 우리가 받은 치욕을 살펴보옵소서

5장 에는 무엇이 기록되어 있을까?

예레미야애가를 마무리하으면서, 유다의 참혹한 모습을 다시 말해주고 있어요. 예레미야는 유다의 패망이 죄악으로 인한 하나님의 심판임을 고백하면서 회개하는 마음으로 하나님의 자비를 호소했어요. 21절에는 하나님과의 관계가 하루 빨리 회복되기를 간절히 바라는 예레미야의 애타는 마음이 잘 나타나 있지요.

2 우리의 기업이 외인들에게, 우리의 집들도 이방인들에게 돌아갔나이다

3 우리는 아버지 없는 고아들이오며 우리의 어머니는 과부들 같으니

4 우리가 은을 주고 물을 마시며 값을 주고 나무들을 가져오며

5 우리를 뒤쫓는 자들이 우리의 목을 눌렀사오니 우리가 기진하여 쉴 수 없나이다

6 우리가 애굽 사람과 앗수르 사람과 악수하고 양식을 얻어 배불리고자 하였나이다 　렘 2:36

7 우리의 조상들은 범죄하고 없어졌으며 우리는 그들의 죄악을 담당하였나이다 　렘 14:20

8 종들이 우리를 지배함이여 그들의 손에서 건져낼 자가 없나이다

9 광야에는 칼이 있으므로 죽기를 무릅써야 양식을 얻사오니

10 굶주림의 열기로 말미암아 우리의 피부가 아궁이처럼 검으니이다

11 대적들이 시온에서 부녀들을, 유다 각 성읍에서 처녀들을 욕보였나이다

12 지도자들은 그들의 손에 매달리고 장로들의 얼굴도 존경을 받지 못하나이다

13 청년들이 맷돌을 지며 아이들이 나무를 지다가 엎드러지오며

14 노인들은 다시 성문에 앉지 못하며 청년들은 다시 노래하지 못하나이다 　4:8

15 우리의 마음에는 기쁨이 그쳤고 우리의 춤은 변하여 슬픔이 되었사오며

16 우리의 머리에서는 면류관이 떨어졌사오니 오호라 우리의 범죄 때문이니이다 　시 89:39

17 이러므로 우리의 마음이 피곤하고 이러므로 우리 눈들이 어두우며

18 시온 산이 황폐하여 여우가 그 안에서 노나이다

19 ●여호와여 주는 영원히 계시오며 주의 보좌는 대대에 이르나이다 　시 9:7

20 주께서 어찌하여 우리를 영원히 잊으시오며 우리를 이같이 오래 버리시나이까 　시 13:1

21 여호와여 우리를 주께로 돌이키소서 그리하시면 우리가 주께로 돌아가겠사오니 우리의 날들을 다시 새롭게 하사 옛적 같게 하옵소서

22 1)주께서 우리를 아주 버리셨사오며 우리에게 진노하심이 참으로 크시니이다

1) 주께서 우리를 아주 버리셨나이까 우리에게 심히 진노하셨나이까

선생님!! 궁금해요

어떻게 성령님이 오신 것을 알 수 있어요?

우선 예수님이 나의 구세주로 믿어지고, 하나님을 아버지로 모시게 되죠. 또 성경이 하나님의 말씀으로 믿어지고 하나님이 나와 함께 하신다는 사실을 깨닫게 된답니다. 그래서 하나님을 사랑하게 되고요. 또 마음이 무척 기뻐지고, 하나님 앞에 잘못한 것을 회개하며 고백하는 사람으로 변화됩니다.

도둑질하던 사람은 도둑질을 멈추고, 거짓말을 하던 사람은 거짓말을 하지 않게 되죠. 교회를 싫어하던 사람이 교회 가는 것을 좋아하게 되고 성경에 대해 많은 관심을 가지고 읽으려고 노력해요. 또 하나님을 사랑하고 친구를 사랑하며 복음을 전하고 싶은 마음도 생겨요. 성령님이 마음에 오시면 성령의 열매가 열리기 때문에 나쁜 일을 계속할 수 없답니다.

갈 5장 22~23절

Ezekiel
에스겔

여호와의 보좌 ─ B.C. 593년경

1 서른째 해 넷째 달 초닷새에 내가 그발 강 가 사로잡힌 자 중에 있을 때에 하늘이 열리며 하나님의 모습이 내게 보이니

2 여호야긴 왕이 사로잡힌 지 오 년 그 달 초닷새라 왕하 24:12

3 갈대아 땅 그발 강 가에서 여호와의 말씀이 부시의 아들 제사장 나 에스겔에게 특별히 임하고 여호와의 권능이 내 위에 있으니라

4 ●내가 보니 북쪽에서부터 폭풍과 큰 구름이 오는데 그 속에서 불이 번쩍번쩍하여 빛이 그 사방에 비치며 그 불 가운데 단 쇠 같은 것이 나타나 보이고

5 그 속에서 네 생물의 형상이 나타나는데 그들의 모양이 이러하니 그들에게 사람의 형상이 있더라 겔 4:6

6 그들에게 각각 네 얼굴과 네 날개가 있고

7 그들의 다리는 곧은 다리요 그들의 발바닥은 송아지 발바닥 같고 광낸 구리 같이 빛나며

8 그 사방 날개 밑에는 각각 사람의 손이 있더라 그 네 생물의 얼굴과 날개가 이러하니

9 날개는 다 서로 연하였으며 갈 때에는 돌이키지 아니하고 일제히 앞으로 곧게 행하며

10 그 얼굴들의 모양은 넷의 앞은 사람의 얼굴이요 넷의 오른쪽은 사자의 얼굴이요 넷의 왼쪽은 소의 얼굴이요 넷의 뒤는 독수리의 얼굴이니

11 그 얼굴은 그러하며 그 날개는 들어 펴서 각기 둘씩 서로 연하였고 또 둘은 몸을 가렸으며

12 영이 어떤 쪽으로 가면 그 생물들도 그대로 가되 돌이키지 아니하고 일제히 앞으로 곧게 행하며

13 또 생물들의 모양은 타는 숯불과 횃불 모양 같은데 그 불이 그 생물 사이에서

1장에는 무엇이 기록되어 있을까?

북국 이스라엘이 바벨론에 의해 멸망하고 남쪽의 유다만 남아 있을 때였어요. 에스겔은 바벨론에 포로로 잡혀온 지 5년째(B.C. 593년) 되던 해에 그발 강가에서 환상을 보았지요. 하나님은 여전히 이스라엘 백성과 함께하신다는 것을 깨닫게 하시려고 에스겔에게 환상을 보여주셨어요.

여호와의 말씀과 권능이
● 에스겔에게 임한 그발 강가(1:1-3)

오르락내리락 하며 그 불은 광채가 있
고 그 가운데에서는 번개가 나며
14 그 생물들은 번개 모양 같이 왕래하더
라

15 ●내가 그 생물들을 보니 그 생물들 곁
에 있는 땅 위에는 바퀴가 있는데 그
네 얼굴을 따라 하나씩 있고
16 그 바퀴의 모양과 그 구조는 황옥 같이
보이는데 그 넷이 똑같은 모양을 가지
고 있으며 그들의 모양과 구조는 바퀴
안에 바퀴가 있는 것 같으며
17 그들이 갈 때에는 사방으로 향한 대로
돌이키지 아니하고 가며
18 그 둘레는 높고 무서우며 그 네 둘레로
돌아가면서 눈이 가득하며
19 그 생물들이 갈 때에 바퀴들도 그 곁에
서 가고 그 생물들이 땅에서 들릴 때에
바퀴들도 들려서
20 영이 어떤 쪽으로 가면 생물들도 영이
가려 하는 곳으로 가고 바퀴들도 그 곁
에서 들리니 이는 생물의 영이 그 바퀴
들 가운데에 있음이니라
21 그들이 가면 이들도 가고 그들이 서면
이들도 서고 그들이 땅에서 들릴 때에는
이들도 그 곁에서 들리니 이는 생물의
영이 그 바퀴들 가운데에 있음이더라
22 ●그 생물의 머리 위에는 수정 같은 궁
창의 형상이 있어 보기에 두려운데 그
들의 머리 위에 펼쳐져 있고
23 그 궁창 밑에 생물들의 날개가 서로 향
하여 펴 있는데 이 생물은 두 날개로
몸을 가렸고 저 생물도 두 날개로 몸을
가렸더라
24 생물들이 갈 때에 내가 그 날개 소리를

들으니 많은 물 소리와도 같으며 전능
자의 음성과도 같으며 떠드는 소리 곧
군대의 소리와도 같더니 그 생물이 설
때에 그 날개를 내렸더라
25 그 머리 위에 있는 궁창 위에서부터 음
성이 나더라 그 생물이 설 때에 그 날
개를 내렸더라
26 ●그 머리 위에 있는 궁창 위에 보좌의
형상이 있는데 그 모양이 남보석 같고
그 보좌의 형상 위에 한 형상이 있어 사
람의 모양 같더라
27 내가 보니 그 허리 위의 모양은 단 쇠
같아서 그 속과 주위가 불 같고 내가
보니 그 허리 아래의 모양도 불 같아서
사방으로 광채가 나며
28 그 사방 광채의 모양은 비 오는 날 구
름에 있는 무지개 같으니 이는 여호와
의 영광의 형상의 모양이라 내가 보고
엎드려 말씀하시는 이의 음성을 들으
니라
단 8:17

에스겔을 선지자로 부르시다
2 그가 내게 이르시되 인자야 네 발
로 일어서라 내가 네게 말하리라
하시며
2 그가 내게 말씀하실 때에 그 영이 내게
임하사 나를 일으켜 내 발로 세우시기로
내가 그 말씀하시는 자의 소리를 들으니
3 내게 이르시되 인자야 내가 너를 이스
라엘 자손 곧 패역한 백성, 나를 배반하
는 자에게 보내노라 그들과 그 조상들
이 내게 범죄하여 오늘까지 이르렀나니
4 이 자손은 얼굴이 뻔뻔하고 마음이 굳
은 자니라 내가 너를 그들에게 보내노

2강 에는 무엇이 기록되어 있을까?

하나님은 에스겔을 택하셔서 포로
가 된 유다 사람들에게 하나님의 말씀을 전하
도록 하셨어요. 하나님은 환상 중에 에스겔에게
슬픈 노래와 경고라는 말씀이 적힌 두루마리 책
을 받아 먹게 하셨지요. 이 책을 통해 하나님의
뜻을 거스르는 유다 사람들이 벌을 받게 될 것
이라고 알려주셨어요.

니 너는 그들에게 이르기를 주 여호와
의 말씀이 이러하다 하라

5 그들은 패역한 족속이라 그들이 듣든
지 아니 듣든지 그들 가운데 선지자
가 있음을 알지니라

6 인자야 너는 비록 가시와 찔레와 함께
있으며 전갈 가운데 거주할지라도
그들을 두려워하지 말고 그들의 말을
두려워하지 말지어다 그들은 패역한
족속이라도 그 말을 두려워하지 말며
그 얼굴을 무서워하지 말지어다

7 그들은 심히 패역한 자라 그들이 듣든지
아니 듣든지 너는 내 말로 고할지어다

8 ●너 인자야 내가 네게 이르는 말을 듣
고 그 패역한 족속 같이 패역하지 말고
네 입을 벌리고 내가 네게 주는 것을 먹
으라 하시기로

9 내가 보니 보라 한 손이 나를 향하여
펴지고 보라 그 안에 두루마리 책이 있
더라   8:3

10 그가 그것을 내 앞에 펴시니 그 안팎에
글이 있는데 그 위에 애가와 애곡과
재앙의 말이 기록되었더라

3 또 그가 내게 이르시되 인자야 너
는 발견한 것을 먹으라 너는 이 두
루마리를 먹고 가서 이스라엘 족속에
게 말하라 하시기로   2:8, 9

2 내가 입을 벌리니 그가 그 두루마리를
내게 먹이시며   렘 25:17

3 내게 이르시되 인자야 내가 네게 주는
이 두루마리를 네 배에 넣으며 네 창자
에 채우라 하시기에 내가 먹으니 그것
이 내 입에서 달기가 꿀 같더라

3 에는 무엇이 기록되어 있을까?

에스겔 책에 하나님의 두루마리 책을 받
아 먹은 것은 말씀을 전하는 자가 먼저 하나님의
말씀대로 순종해야 한다는 것을 뜻했어요. 하나님
은 에스겔에게 착한 사람과 나쁜 사람을 깨우치
는 파수꾼의 역할을 맡기셨답니다. 또한 에스겔을
말 못하는 자가 되게 하셔서 하나님 자신이 말씀
하실 때에만 그 입을 열어 말하게 하셨어요.

4 ●그가 또 내게 이르시되 인자야 이스
라엘 족속에게 가서 내 말로 그들에게
고하라

5 너를 언어가 다르거나 말이 어려운 백
성에게 보내는 것이 아니요 이스라엘
족속에게 보내는 것이라   욘 1:2
                              3:11

6 너를 언어가 다르거나 말이 어려워 네
가 그들의 말을 알아 듣지 못할 나라들
에게 보내는 것이 아니니라 내가 너를
그들에게 보냈다면 그들은 정녕 네 말
을 들었으리라

7 그러나 이스라엘 족속은 이마가 굳고
마음이 굳어 네 말을 듣고자 아니하리
니 이는 내 말을 듣고자 아니함이니라

8 보라 내가 그들의 얼굴을 마주보도록
네 얼굴을 굳게 하였고 그들의 이마를
마주보도록 네 이마를 굳게 하였으되

9 네 이마를 화석보다 굳은 금강석 같이
하였으니 그들이 비록 반역하는 족속
이라도 두려워하지 말며 그들의 얼굴
을 무서워하지 말라 하시니라

10 또 내게 이르시되 인자야 내가 네게 이
를 모든 말을 너는 마음으로 받으며 귀
로 듣고

11 사로잡힌 네 민족에게로 가서 그들이
듣든지 아니 듣든지 그들에게 고하여
이르기를 주 여호와의 말씀이 이러하
시다 하라   2:5

꿀맛 같은 두루마리

에스겔은 환상 가운데 하나님의 메시지가 적힌 두
루마리를 먹었어요. 그리고 이것이 그를 위해 좋을 뿐
만 아니라, 꿀과 같이(겔 10:8~10) 단맛을 주는 영적
인 양식이라는 것을 깨달았지요.

이처럼 우리도 하나님의 말씀을 먹게 된다면, 그 말
씀이 우리의 믿음을 강하게 해준다는 것을 알게 될 거예
요. 뿐만 아니라 그 말씀의 지혜는 우리의 생활을 달
콤하게 만들어준답니다. 또한 우리가 하나님의 말씀
에 순종하면, 그 말씀이 우리에게 많은 위로와 즐거움
을 줄 거예요(시 19:8;119:92).

2장 8절-3장 3절

12 ●때에 주의 영이 나를 들어올리시는데 내가 내 뒤에서 크게 울리는 소리를 들으니 찬송할지어다 여호와의 영광이 그의 처소로부터 나오는도다 하니
13 이는 생물들의 날개가 서로 부딪치는 소리와 생물 곁의 바퀴 소리라 크게 울리는 소리더라
14 주의 영이 나를 들어올려 데리고 가시는데 내가 근심하고 분한 마음으로 가니 여호와의 권능이 힘 있게 나를 감동시키더라 　렘 6:11
15 이에 내가 텔아빕에 이르러 그 사로잡힌 백성 곧 그발 강 가에 거주하는 자들에게 나아가 그 중에서 두려워 떨며 칠 일을 지내니라

파수꾼 에스겔 (겔 33:1-9)—B.C. 593년경

16 ●칠 일 후에 여호와의 말씀이 내게 임하여 이르시되 　렘 42:7
17 인자야 내가 너를 이스라엘 족속의 파수꾼으로 세웠으니 너는 내 입의 말을 듣고 나를 대신하여 그들을 깨우치라
18 가령 내가 악인에게 말하기를 너는 꼭 죽으리라 할 때에 네가 깨우치지 아니하거나 말로 악인에게 일러서 그의 악한 길을 떠나 생명을 구원하게 하지 아니하면 그 악인은 그의 죄악 중에서 죽으려니와 내가 그의 피 값을 네 손에서 찾을 것이고 　요 8:21, 24
19 네가 악인을 깨우치되 그가 그의 악한 마음과 악한 행위에서 돌이키지 아니하면 그는 그의 죄악 중에서 죽으려니와 너는 네 생명을 보존하리라
20 또 의인이 그의 공의에서 돌이켜 악을 행할 때에는 이미 행한 그의 공의는 기억할 바 아니라 내가 그 앞에 거치는 것을 두면 그가 죽을지니 이는 네가 그를 깨우치지 않음이니라 그는 그의 죄 중에서 죽으려니와 그의 피 값은 내가 네 손에서 찾으리라 　렘 6:21

21 그러나 네가 그 의인을 깨우쳐 범죄하지 아니하게 함으로 그가 범죄하지 아니하면 정녕 살리니 이는 깨우침을 받음이며 너도 네 영혼을 보존하리라

에스겔이 말 못하는 자가 되다

22 ●여호와께서 권능으로 거기서 내게 임하시고 또 내게 이르시되 일어나 들로 나아가라 내가 거기서 너와 말하리라 하시기로 　행 9:6
23 내가 일어나 들로 나아가니 여호와의 영광이 거기에 머물렀는데 내가 전에 그발 강 가에서 보던 영광과 같은지라 내가 곧 엎드리니
24 주의 영이 내게 임하사 나를 일으켜 내 발로 세우시고 내게 말씀하여 이르시되 너는 가서 네 집에 들어가 문을 닫으라
25 인자야 보라 무리가 네 위에 줄을 놓아 너를 동여매리니 네가 그들 가운데서 나오지 못할 것이라 　4:8
26 내가 네 혀를 네 입천장에 붙게 하여 네가 말 못하는 자가 되어 그들을 꾸짖는 자가 되지 못하게 하리니 그들은 패역한 족속임이니라
27 그러나 내가 너와 말할 때에 네 입을 열리니 너는 그들에게 이르기를 주 여호와의 말씀이 이러하시다 하라 들을 자는 들을 것이요 듣기 싫은 자는 듣지 아니하리니 그들은 반역하는 족속임이니라

예루살렘을 그리고 에워싸라—B.C. 593년경

4 너 인자야 토판을 가져다가 그것을 네 앞에 놓고 한 성읍 곧 예루살렘을 그 위에 그리고
2 그 성읍을 에워싸되 그것을 향하여 사

4장 에는 무엇이 기록되어 있을까?
4-24절은 하나님이 유다 사람들에게 내리실 벌에 대해 말씀하신 내용이에요. 4장에서는 에스겔에게 세 가지 상징적인 행동을 하라고 하셨지요. 이를 통해 예루살렘이 적에게 둘러싸여 무너지고, 남북 이스라엘 민족이 정해진 날수 동안 벌을 받을 것이며, 백성들이 물과 음식이 부족해 고통을 당하게 될 것이라고 말씀하셨어요.

전갈(2:6) 거미류에 속하는 동물. 성경에서 전갈의 침은 선지자의 말을 거절한 고통스런 상황을 일컫는다.
애가(2:10) 슬픈 노래.

다리를 세우고 그것을 향하여 흙으로 언덕을 쌓고 그것을 향하여 진을 치고 그것을 향하여 공성퇴를 둘러 세우고

3 또 철판을 가져다가 너와 성읍 사이에 두어 철벽을 삼고 성을 포위하는 것처럼 에워싸라 이것이 이스라엘 족속에게 징조가 되리라 12:6

4 ●너는 또 왼쪽으로 누워 이스라엘 족속의 죄악을 짊어지되 네가 눕는 날수대로 그 죄악을 담당할지니라 민 14:34

5 내가 그들의 범죄한 햇수대로 네게 날수를 정하였나니 곧 삼백구십 일이니라 너는 이렇게 이스라엘 족속의 죄악을 담당하고

6 그 수가 차거든 너는 오른쪽으로 누워 유다 족속의 죄악을 담당하라 내가 네게 사십 일로 정하였나니 하루가 일 년이니라

7 너는 또 네 얼굴을 에워싸인 예루살렘 쪽으로 향하고 팔을 걷어 올리고 예언하라

8 내가 줄로 너를 동이리니 네가 에워싸는 날이 끝나기까지 몸을 이리 저리 돌리지 못하리라

9 ●너는 밀과 보리와 콩과 팥과 조와 귀리를 가져다가 한 그릇에 담고 너를

위하여 떡을 만들어 네가 옆으로 눕는 날수 곧 삼백구십 일 동안 먹되

10 너는 음식물을 달아서 하루 이십 세겔씩 때를 따라 먹고

11 물도 육분의 일 힌씩 되어서 때를 따라 마시라

12 너는 그것을 보리떡처럼 만들어 먹되 그들의 목전에서 인분 불을 피워 구울지니라

13 또 여호와께서 이르시되 내가 여러 나라들로 쫓아내어 흩어 버릴 이스라엘 자손이 거기서 이같이 부정한 떡을 먹으리라 하시기로

14 내가 말하되 아하 주 여호와여 나는 영혼을 더럽힌 일이 없었나이다 어려서부터 지금까지 스스로 죽은 것이나 짐승에게 찢긴 것을 먹지 아니하였고 가증한 고기를 입에 넣지 아니하였나이다

15 여호와께서 내게 이르시되 보라 쇠똥으로 인분을 대신하기를 허락하노니 너는 그것으로 떡을 구울지니라

16 또 내게 이르시되 인자야 내가 예루살렘에서 의뢰하는 양식을 끊으리니 백성이 근심 중에 떡을 달아 먹고 두려워떨며 물을 되어 마시다가

17 떡과 물이 부족하여 피차에 두려워하여 떨며 그 죄악 중에서 쇠패하리라

5 머리털과 수염을 깎는 상징

너 인자야 너는 날카로운 칼을 가져다가 삭도로 삼아 네 머리털과 수염을 깎아서 저울로 달아 나누어 두라

2 그 성읍을 에워싸는 날이 차거든 너는 터럭 삼분의 일은 성읍 안에서 불사르

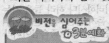

비전을 심어주는 3분예화

거미집

어떤 사람이 큰 백화점 건물의 바깥벽을 맨손으로 기어 올라가고 있었어요. 마침내 정상 부근까지 올라간 그는, 손으로 잡을 것을 찾아 위쪽을 두리번거리다 마침 머리 위에 단단한 물체를 보았어요. 그것은 몸을 지탱하기에 충분해 보였지요. 그는 목표물을 향하여 몸을 날려서, 그 단단해 보이는 것을 잡았어요. "아빠씨!" 그러나 그것은 작은 힘에도 견디지 못하는 거미집이었어요. 그는 거미집을 움켜쥔 채로 추락하였답니다.

이처럼 거미집과 같이 약한 것에 자신의 모든 것을 맡기려는 사람들이 있어요. 돈이나 권세나 명예도 거미집일 뿐이지요. 오직 예수님만이 우리가 의지하고 붙들어야 하는 유일한 분이십니다.

5장 에는 무엇이 기록되어 있을까?

하나님은 에스겔에게 네 번째 상징적인 행동을 하게 하셨어요. 에스겔이 깎은 머리털과 수염을 갖고서 한 행동은 예루살렘이 전염병과 기근으로 완전히 망하게 되고 사람들이 사방으로 흩어질 것이라는 뜻이었지요. 하나님은 유다가 하나님의 법을 지키지 않았기 때문에 이러한 벌을 받는다고 말씀하셨어요.

고 삼분의 일은 성읍 사방에서 칼로 치
고 또 삼분의 일은 바람에 흩으라 내가
그 뒤를 따라 칼을 빼리라

3 너는 터럭 중에서 조금을 네 옷자락에
싸고

4 또 그 가운데에서 얼마를 불에 던져 사
르라 그 속에서 불이 이스라엘 온 족속
에게로 나오리라

5 ●주 여호와께서 이와 같이 이르시되
이것이 곧 예루살렘이라 내가 그를 이
방인 가운데에 두어 나라들이 둘러 있
게 하였거늘

6 그가 내 규례를 거슬러서 이방인보다
악을 더 행하며 내 율례도 그리함이 그
를 둘러 있는 나라들보다 더하니 이는
그들이 내 규례를 버리고 내 율례를 행
하지 아니하였음이니라

7 그러므로 나 주 여호와가 말하노라 너
희 요란함이 너희를 둘러싸고 있는 이
방인들보다 더하여 내 율례를 행하지
아니하며 내 규례를 지키지 아니하고
너희를 둘러 있는 이방인들의 규례대
로도 행하지 아니하였느니라

8 그러므로 나 주 여호와가 말하노라 나
곧 내가 너를 치며 이방인의 목전에서
너에게 벌을 내리되 **15:7**

9 네 모든 가증한 일로 말미암아 내가 전
무후무하게 네게 내릴지라

10 그리한즉 네 가운데에서 아버지가 아
들을 잡아먹고 아들이 그 아버지를 잡
아먹으리라 내가 벌을 네게 내리고 너
희 중에 남은 자를 다 사방에 흩으리라

11 그러므로 나 주 여호와가 말하노라 내
가 나의 삶을 두고 맹세하노니 네가
모든 미운 물건과 모든 가증한 일로 내
성소를 더럽혔은즉 나도 너를 아끼지
아니하며 긍휼을 베풀지 아니하고 미
약하게 하리니 **대하 36:14**

12 너희 가운데에서 삼분의 일은 전염병
으로 죽으며 기근으로 멸망할 것이요
삼분의 일은 너의 사방에서 칼에 엎드
러질 것이며 삼분의 일은 내가 사방에

흩어 버리고 또 그 뒤를 따라 가며 칼
을 빼리라

13 ●이와 같이 내 노가 다한즉 그들을 향
한 분이 풀려서 내 마음이 가라앉으리
라 내 분이 그들에게 다한즉 나 여호와
가 열심으로 말한 줄을 그들이 알리라

14 내가 이르되 또 너를 황무하게 하고 너
를 둘러싸고 있는 이방인들 중에서 모
든 지나가는 자의 목전에 모욕거리가
되게 하리라 **시 2:17**

15 내 노와 분과 중한 책망으로 네게 벌
을 내린즉 너를 둘러싸고 있는 이방인
들에게 네가 수치와 조롱거리가 되고
두려움과 경고가 되리라 나 여호와의
말이니라

16 내가 멸망하게 하는 기근의 독한 화살
을 너희에게 보내되 기근을 더하여 너
희가 의뢰하는 양식을 끊을 것이라

17 내가 기근과 사나운 짐승을 너희에게
보내 외롭게 하고 너희 가운데에 전염
병과 살육이 일어나게 하고 또 칼이 너
희에게 임하게 하리라 나 여호와의 말
이니라 **14:21**

여호와께서 우상 숭배를 심판하시다

6
여호와의 말씀이 내게 임하여 이
르시되

2 인자야 너는 이스라엘 산을 향하여 그
들에게 예언하여 **36:1**

3 이르기를 이스라엘 산들아 주 여호와의
말씀을 들으라 주 여호와께서 산과 언
덕과 시냇물과 골짜기를 향하여 이같이
말씀하시기를 나 곧 내가 칼이 너희에
게 임하게 하여 너희 산당을 멸하리니

6장 에는 무엇이 기록되어 있을까?

앞 장에 이어 유다가 벌을 받는 이유
를 보다 자세히 말하고 있어요. 그것은 그들이 하
나님이 가장 미워하시는 죄인 거짓 신을 믿었기
때문이었지요. 하나님은 벌을 내려서라도 그들이
잘못을 깨닫고 돌아오도록 하고 싶으셨어요. 그래
서 유다의 살아남은 자들을 지켜주시고 결국에는
모두를 구원하시겠다고 약속하셨답니다.

4 너희 제단들이 황폐하고 분향제단들이 깨뜨려질 것이며 너희가 죽임을 당하여 너희 우상 앞에 엎드러지게 할 것이라

5 이스라엘 자손의 시체를 그 우상 앞에 두며 너희 해골을 너희 제단 사방에 흩으리라

6 내가 너희가 거주하는 모든 성읍이 사막이 되게 하며 산당을 황폐하게 하리니 이는 너희 제단이 깨어지고 황폐하며 너희 우상들이 깨어져 없어지며 너희 분향제단들이 찍히며 너희가 만든 것이 폐하여지며

7 또 너희가 죽임을 당하여 엎드러지게 하여 내가 여호와인 줄을 너희가 알게 하려 함이라

8 ●그러나 너희가 여러 나라에 흩어질 때에 내가 너희 중에서 칼을 피하여 이방인들 중에 살아 남은 자가 있게 할지라

9 너희 중에서 살아 남은 자가 사로잡혀 이방인들 중에 있어서 나를 기억하되 그들이 음란한 마음으로 나를 떠나고 음란한 눈으로 우상을 섬겨 나를 근심하게 한 것을 기억하고 스스로 한탄하리니 이는 그 모든 가증한 일로 악을 행하였음이라

10 그 때에야 그들이 나를 여호와인 줄 알리라 내가 이런 재앙을 그들에게 내리겠다 한 말이 헛되지 아니하니라 6:7

11 ●주 여호와께서 이같이 이르시되 너는 손뼉을 치고 발을 구르며 말할지어다 오호라 이스라엘 족속이 모든 가증한 악을 행하므로 마침내 칼과 기근과

전염병에 망하되 21:14

12 먼 데 있는 자는 전염병에 죽고 가까운 데 있는 자는 칼에 엎드러지고 남아 있어 에워싸인 자는 기근에 죽으리라 이같이 내 진노를 그들에게 이루리라

13 그 죽임 당한 시체들이 그 우상들 사이에, 제단 사방에, 각 높은 고개 위에, 모든 산 꼭대기에, 모든 푸른 나무 아래에, 무성한 상수리나무 아래 곧 그 우상에 분향하던 곳에 있으리니 내가 여호와인 줄을 알리라 호 4:13

14 내가 내 손을 그들 위에 펴서 그가 사는 온 땅 곧 광야에서부터 디블라까지 황량하고 황폐하게 하리니 내가 여호와인 줄을 그들이 알리라

이스라엘의 끝이 다가오다

7

2 너 인자야 주 여호와께서 이스라엘 땅에 관하여 이같이 말씀하셨느니라 끝났도다 이 땅 사방의 일이 끝났도다

3 이제는 네게 끝이 이르렀나니 내가 내 진노를 네게 나타내어 네 행위를 심판하고 네 모든 가증한 일을 보응하리라

4 내가 너를 불쌍히 여기지 아니하며 긍휼히 여기지도 아니하고 네 행위대로 너를 벌하여 네 가증한 일이 너희 중에 나타나게 하리니 내가 여호와인 줄을 너희가 알리라

5 ●주 여호와께서 이같이 이르시되 재앙이로다, 비상한 재앙이로다 볼지어다 그것이 왔도다

6 끝이 왔도다, 끝이 왔도다 끝이 너에게

오호라(6:11) 슬플 때나 탄식할 때 내는 소리.
가증(6:11) 괘씸하고 얄미움.
진노(7:3) 존엄하게 여기는 대상이 몹시 노함.
에리라기 저희내 경고하셨어요.
포학(7:11) 횡포하고 잔학함.
묵시(7:13) 환상이나 예언을 통한 하나님의 의사소통을 가리킨다.
기근(7:15) 물자가 크게 부족함.
심령(7:19) 영혼.
족하다(7:19) 넉넉하다. 양에 차다.
노략(7:21) 떼를 지어 재물을 빼앗아감.

7장에는 무엇이 기록되어 있을까?

거짓 선을 믿던 유다 사람들이 밭게 될 벌에 대해 자세히 나와요. 당시 유다 사람들은 하나님이 결코 예루살렘 성전을 무너뜨리지 않으실 것이라고 잘못 생각하고 있었지요. 그래서 하나님은 에스겔을 통해 유다를 벌할 날이 가까이 다가왔다고 네 번이나 거듭 경고하셨어요.

왔도다 볼지어다 그것이 왔도다 7:2, 10

7 이 땅 주민아 정한 재앙이 네게 임하도다 때가 이르렀고 날이 가까웠으니 요란한 날이요 산에서 즐거이 부르는 날이 아니로다

8 이제 내가 속히 분을 네게 쏟고 내 진노를 네게 이루어서 네 행위대로 너를 심판하여 네 모든 가증한 일을 네게 보응하되 20:8

9 내가 너를 불쌍히 여기지 아니하며 궁휼히 여기지도 아니하고 네 행위대로 너를 벌하여 너의 가증한 일이 너희 중에 나타나게 하리니 나 여호와가 때리는 이임을 네가 알리라

10 ●볼지어다 그 날이로다 볼지어다 임박하도다 정한 재앙이 이르렀으니 몽둥이가 꽃이 피며 교만이 싹이 났도다

11 포학이 일어나서 죄악의 몽둥이가 되었은즉 그들도, 그 무리도, 그 재물도 하나도 남지 아니하며 그 중의 아름다운 것도 없어지리로다

12 때가 이르렀고 날이 가까웠으니 사는 자도 기뻐하지 말고 파는 자도 근심하지 말 것은 진노가 그 모든 무리에게 임함이로다

13 파는 자가 살아 있다 할지라도 다시 돌아가서 그 판 것을 얻지 못하리니 이는 묵시가 그 모든 무리에게 돌아오지 아니하고, 사람이 그 죄악으로 말미암아 자기의 목숨을 유지할 수 없으리라 하였음이로다

이스라엘이 받는 벌

14 ●그들이 나팔을 불어 온갖 것을 준비하였을지라도 전쟁에 나갈 사람이 없나니 이는 내 진노가 그 모든 무리에게 이르렀음이라

15 밖에는 칼이 있고 안에는 전염병과 기근이 있어서 밭에 있는 자는 칼에 죽을 것이요 성읍에 있는 자는 기근과 전염병에 망할 것이며

16 도망하는 자는 산 위로 피하여 다 각기 자기 죄악 때문에 골짜기의 비둘기들처럼 슬피 울 것이며

17 모든 손은 피곤하고 모든 무릎은 물과 같이 약할 것이라

18 그들이 굵은 베로 허리를 묶을 것이요 두려움이 그들을 덮을 것이요 모든 얼굴에는 수치가 있고 모든 머리는 대머리가 될 것이며

19 그들이 그 은을 거리에 던지며 그 금을 오물 같이 여기리니 이는 여호와 내가 진노를 내리는 날에 그들의 은과 금이 능히 그들을 건지지 못하며 또 그 심령을 족하게 하거나 그 창자를 채우지 못하고 오직 죄악의 걸림돌이 됨이로다

20 그들이 그 화려한 장식으로 말미암아 교만을 품었고 또 그것으로 가증한 우상과 미운 물건을 만들었은즉 내가 그것을 그들에게서 오물이 되게 하여

21 타국인의 손에 넘겨 노략하게 하며 세상 악인에게 넘겨 그들이 약탈하여 더럽히게 하고

22 내가 또 내 얼굴을 그들에게서 돌이키리니 그들이 내 은밀한 처소를 더럽히고 포학한 자도 거기 들어와서 더럽히리라

23 ●너는 쇠사슬을 만들라 이는 피 흘리는 죄가 그 땅에 가득하고 포악이 그 성읍에 찼음이라

24 내가 극히 악한 이방인들을 데려와서

술술 풀리는 성경말씀

내가 여호와인 줄을 너희가 알리라

에스겔에는 이와 비슷한 구절이 65번이나 나오고 있어요. 하나님께서는 하나님을 버리고 우상을 섬기는 사람들에게 복수하기 위해 그들을 벌하시는 것이 아니에요. 그것은 하나님만이 유일하시며 살아 계신 진정한 하나님이라는 사실을 알리시기 위해서였죠.

에스겔 시대의 사람들은 사람이나 우상을 섬기며 그들을 신이라고 불렀어요. 마찬가지로 오늘날에도 많은 사람들이 돈과 권력을 우상으로 삼고 있지요. 혹시 우리의 삶 가운데 하나님을 대신하고 있는 우상은 없나요? 만약 우상이 되고 있는 것들이 있다면, 회개하고 하나님만이 우리의 삶 가운데 유일한 하나님이시라는 것을 고백해야해요.
7장 4절

그들이 그 집들을 점령하게 하고 강한 자의 교만을 그치게 하리니 그들의 성소가 더럽힘을 당하리라

25 패망이 이르리니 그들이 평강을 구하여도 없을 것이라

26 환난에 환난이 더하고 소문에 소문이 더할 때에 그들이 선지자에게서 묵시를 구하나 헛될 것이며 제사장에게는 율법이 없어질 것이요 장로에게는 책략이 없어질 것이며   신 32:23

27 왕은 애통하고 고관은 놀람을 옷 입듯 하며 주민의 손은 떨리리라 내가 그 행위대로 그들에게 갚고 그 죄악대로 그들을 심판하리니 내가 여호와인 줄을 그들이 알리라

예루살렘의 우상 숭배 B.C. 592년경

8 여섯째 해 여섯째 달 초닷새에 나는 집에 앉았고 유다의 장로들은 내 앞에 앉아 있는데 주 여호와의 권능이 거기에서 내게 내리기로

2 내가 보니 불 같은 형상이 있더라 그 허리 아래의 모양은 불 같고 허리 위에는 광채가 나서 단 쇠 같은데   1:4, 27

3 그가 손 같은 것을 펴서 내 머리털 한 모숨을 잡으며 주의 영이 나를 들어 천지 사이로 올리시고 하나님의 환상 가운데에 나를 이끌어 예루살렘으로 가서 안뜰로 들어가는 북향한 문에 이르시니 거기에는 질투의 우상 곧 질투를 일어나게 하는 우상의 자리가 있는 곳이라

4 이스라엘 하나님의 영광이 거기에 있는데 내가 들에서 본 모습과 같더라

5 ●그가 내게 이르시되 인자야 이제 너는 눈을 들어 북쪽을 바라보라 하시기로 내가 눈을 들어 북쪽을 바라보니 제단문 어귀 북쪽에 그 질투의 우상이 있더라

6 그가 또 내게 이르시되 인자야 이스라엘 족속이 행하는 일을 네가 보느냐 그들이 여기에서 크게 가증한 일을 행하여 나로 내 성소를 멀리 떠나게 하느니라 너는 다시 다른 큰 가증한 일을 보리라 하시더라

7 그가 나를 이끌고 뜰 문에 이르시기로 내가 본즉 담에 구멍이 있더라

8 그가 내게 이르시되 인자야 너는 이 담을 헐라 하시기로 내가 그 담을 허니 한 문이 있더라

9 또 내게 이르시되 들어가서 그들이 거기에서 행하는 가증하고 악한 일을 보라 하시기로

10 내가 들어가 보니 각양 곤충과 가증한 짐승과 이스라엘 족속의 모든 우상을 그 사방 벽에 그렸고

11 이스라엘 족속의 장로 중 칠십 명이 그 앞에 섰으며 사반의 아들 야아사냐도 그 가운데 섰고 각기 손에 향로를 들었는데 향연이 구름 같이 오르더라

12 또 내게 이르시되 인자야 이스라엘 족속의 장로들이 각각 그 우상의 방안 어두운 가운데에서 행하는 것을 네가 보았느냐 그들이 이르기를 여호와께서 우리를 보지 아니하시며 여호와께서 이 땅을 버리셨다 하느니라   9:9

술술 풀리는 **성경말씀**

우상이 가득한 방

에스겔 선지자가 환상 중에 본 것은 이스라엘이 당시 편만했던 모든 종류의 우상 숭배들을 다 받아들일 정도로 타락했다는 것을 알려줍니다. 그런데, 에스겔이 환상 중에 본 우상은 실제 생활에서 볼 수 있었으며, 고대 이집트의 신전들에서 그것의 실체를 찾을 수 있었습니다. 그곳에서 이스라엘 백성들은 우상을 숭배하는 여러 가지 예식들을 배워왔습니다. 지금은 여행객들의 관광 명소가 된 이집트 무덤들의 벽은 에스겔 선지자가 언급한 '우상의 방'(8:12)을 연상시킵니다.   8장 10절

8 장   에는 무엇이 기록되어 있을까?

8~11장에서는 에스겔이 두 번째로 본 환상을 말하고 있어요. 에스겔은 환상 중에 예루살렘 성전에서 유다 사람들이 죄를 짓는 것을 보았어요. 성전은 하나님의 백성들이 하나님을 진실로 예배해야 할 장소이지만, 사람들은 과감하게도 거짓 신들에게 예배함으로써 하나님을 욕되게 했어요.

담무스는 봄을 주관하는 바벨론의 신이에요. 하나님이 에스겔에게 이 환상을 보여주신 이유는 사람들이 생명과 초목을 다스리시는 진정한 하나님을 더 이상 섬기지 않는다는 것을 보여주시기 위해서였지요. 8장 14-15절

13또 내게 이르시되 너는 다시 그들이 행하는 바 다른 큰 가증한 일을 보리라 하시더라

14●그가 또 나를 데리고 여호와의 전으로 들어가는 북문에 이르시기로 보니 거기에 여인들이 앉아 담무스를 위하여 애곡하더라

15그가 또 내게 이르시되 인자야 네가 그것을 보았느냐 너는 또 이보다 더 큰 가증한 일을 보리라 하시더라

16●그가 또 나를 데리고 여호와의 성전 안뜰에 들어가시니라 보라 여호와의 성전 문 곧 현관과 제단 사이에서 약 이십오 명이 여호와의 성전을 등지고 낯을 동쪽으로 향하여 동쪽 태양에게 예배하더라 슥 31:26

17또 내게 이르시되 인자야 네가 보았느냐 유다 족속이 여기에서 행한 가증한 일을 적다 하겠느냐 그들이 이 땅을 폭행으로 채우고 또 다시 내 노여움을 일으키며 심지어 나뭇가지를 그 코에 두었느니라 16:26

18그러므로 나도 분노로 갚아 불쌍히 여기지 아니하며 긍휼을 베풀지도 아니하리니 그들이 큰 소리로 내 귀에 부르짖을지라도 내가 듣지 아니하리라

예루살렘을 향하여 분노를 쏟으시다

9 또 그가 큰 소리로 내 귀에 외쳐 이르시되 이 성읍을 관할하는 자들이 각기 죽이는 무기를 손에 들고 나아오게 하라 하시더라

2내가 보니 여섯 사람이 북향한 윗문 길로부터 오는데 각 사람의 손에 죽이는 무기를 잡았고 그 중의 한 사람은 가는 베 옷을 입고 허리에 서기관의 먹 그릇을 찼더라 그들이 들어와서 놋 제단 곁에 서더라 램 15:6

3●그룹에 머물러 있던 이스라엘 하나님의 영광이 성전 문지방에 이르더니 여호와께서 그 가는 베 옷을 입고 서기관의 먹 그릇을 찬 사람을 불러

4여호와께서 이르시되 너는 예루살렘 성읍 중에 순행하여 그 가운데에서 행하는 모든 가증한 일로 말미암아 탄식하며 우는 자의 이마에 1)표를 그리라 하시고

5그들에 대하여 내 귀에 이르시되 너는 그를 따라 성읍 중에 다니며 불쌍히 여기지 말며 긍휼을 베풀지 말고 쳐서

6늙은 자와 젊은 자와 처녀와 어린이와 여자를 다 죽이되 이마에 표 있는 자에게는 가까이 하지 말라 내 성소에서 시작할지니라 그들이 성전 앞에 있는 2)늙은 자들로부터 시작하더라

7그가 또 그들에게 이르시되 너희는 성전을 더럽혀 시체로 모든 뜰에 채우라 너희는 나가라 하시매 그들이 나가서 성읍 중에서 치더라

8그들이 칠 때에 내가 홀로 있었는지라 엎드려 부르짖어 이르되 아하 주 여호와여 예루살렘을 향하여 분노를 쏟으시오니 이스라엘의 남은 자를 모두 멸하려 하시나이까 슥 7:6

9●그가 내게 이르시되 이스라엘과 유다 족속의 죄악이 심히 중하여 그 땅에 피가 가득하며 그 성읍에 불법이 찼나니 이는 그들이 이르기를 여호와께서 이 땅을 버리셨으며 여호와께서 보지 아니하신다 함이라

9장 에는 무엇이 기록되어 있을까?

에스겔은 환상 중에 하나님이 불러 내신 여섯 사람을 보았어요. 이들은 유다 사람들을 벌하기 위해 각자 강력한 무기를 들고 있었지요. 그중 모시옷을 입은 사람은 하나님을 믿는 사람들을 따로 구분해서 살리는 일을 맡았어요. 하나님은 누구든지 이같이 벌을 받지 않고 구원 얻기를 바라신답니다.

1)히브리어 문자 타우를 가리킴 2)또는 장로

10 그러므로 내가 그들을 불쌍히 여기지 아니하며 긍휼을 베풀지 아니하고 그들의 행위대로 그들의 머리에 갚으리라 하시더라

11 보라 가는 베 옷을 입고 허리에 먹 그릇을 찬 사람이 복명하여 이르되 주께서 내게 명령하신 대로 내가 준행하였나이다 하더라

여호와의 영광이 성전을 떠나다

10 이에 내가 보니 그룹들 머리 위 궁창에 남보석 같은 것이 나타나는데 그들 위에 보좌의 형상이 있는 것 같더라 1:22, 26

2 하나님이 가는 베 옷을 입은 사람에게 말씀하여 이르시되 너는 그룹 밑에 있는 바퀴 사이로 들어가 그 속에서 숯불을 두 손에 가득히 움켜 가지고 성읍 위에 흩으라 하시매 그가 내 목전에서 들어가더라

3 그 사람이 들어갈 때에 그룹들은 성전 오른쪽에 서 있고 구름은 안뜰에 가득하며

4 여호와의 영광이 그룹에서 올라와 성전 문지방에 이르니 구름이 성전에 가득하며 여호와의 영화로운 광채가 뜰에 가득하였으며 1:28

5 그룹들의 날개 소리는 바깥뜰까지 들리는데 전능하신 하나님이 말씀하시는 음성 같더라

6 하나님이 가는 베 옷을 입은 자에게 명령하시기를 바퀴 사이 곧 그룹들 사이에서 불을 가져 가라 하셨으므로 그가 들어가 바퀴 옆에 서매

7 그 그룹이 그룹들 사이에서 손을 내밀

어 그 그룹들 사이에 있는 불을 집어 가는 베 옷을 입은 자의 손에 주매 그가 받아 가지고 나가는데

8 그룹들의 날개 밑에 사람의 손 같은 것이 나타나더라 1:8

9 ●내가 보니 그룹들 곁에 네 바퀴가 있는데 이 그룹 곁에도 한 바퀴가 있고 저 그룹 곁에도 한 바퀴가 있으며 그 바퀴 모양은 황옥 같으며

10 그 모양은 넷이 꼭 같은데 마치 바퀴 안에 바퀴가 있는 것 같으며

11 그룹들이 나아갈 때에는 사방으로 몸을 돌리지 아니하고 나아가되 몸을 돌리지 아니하고 그 머리 향한 곳으로 나아가며

12 그 온 몸과 등과 손과 날개와 바퀴 곧 네 그룹의 바퀴의 둘레에 다 눈이 가득하더라

13 내가 들으니 ¹)그 바퀴들을 도는 것이라 부르며

14 그룹들에게는 각기 네 면이 있는데 첫째 면은 그룹의 얼굴이요 둘째 면은 사람의 얼굴이요 셋째는 사자의 얼굴이요 넷째는 독수리의 얼굴이더라 내 4:7

15 ●그룹들이 올라가니 그들은 내가 그발 강 가에서 보던 생물이라

16 그룹들이 나아갈 때에는 바퀴도 그 곁에서 나아가고 그룹들이 날개를 들고 땅에서 올라가려 할 때에도 바퀴가 그 곁을 떠나지 아니하며

17 그들이 서면 이들도 서고 그들이 올라가면 이들도 함께 올라가니 이는 생물의 영이 바퀴 가운데에 있음이더라

18 ●여호와의 영광이 성전 문지방을 떠나서 그룹들 위에 머무르니

19 그룹들이 날개를 들고 내 눈 앞의 땅에서 올라가는데 그들이 나갈 때에 바퀴도 그 곁에서 함께 하더라 그들이 여호와의 전으로 들어가는 동문에 머물고 이스라엘 하나님의 영광이 그 위에 덮였더라

---

1) 그 바퀴들에게 돌라 하며

문지방(10:4) 양쪽 문설주 아래에 가로 댄 나무.
영화(10:4) 몸이 귀하게 되어서 이름이 남.

10　에는 무엇이 기록되어 있을까?

에스겔은 하나님께서 유다에 벌을 내리시는 환상을 보았어요. 하나님은 모시옷을 입은 사람에게 숯불을 예루살렘 성 위에 흩으라고 하셨지요. 이것은 예루살렘 성이 불에 타서 망하게 된다는 뜻이었어요. 또 바퀴 달린 네 짐승이 예루살렘 성전을 떠나는 것은 하나님이 성전을 떠나신다는 뜻이지요.

20●그것은 내가 그발 강 가에서 보던 이
스라엘의 하나님 아래에 있던 생물이
라 그들이 그룹인 줄을 내가 아니라

21 각기 네 얼굴과 네 날개가 있으며 날개
밑에는 사람의 손 형상이 있으니 1:6, 8

22 그 얼굴의 형상은 내가 그발 강 가에서
보던 얼굴이며 그 모양과 그 몸도 그러
하며 각기 곧게 앞으로 가더라

예루살렘이 심판을 받다 — B.C. 592년경

11

그 때에 주의 영이 나를 들어올려
여호와의 전동문 곧 동향한 문
에 이르시기로 보니 그 문에 사람이 스물
다섯명이 있는데 내가 그 중에서 앗술의
아들 야아사냐와 브나야의 아들 블라댜
를 보았으니 그들은 백성의 고관이라

2 그가 내게 이르시되 인자야 이 사람들
은 불의를 품고 이 성 중에서 악한 꾀
를 꾸미는 자니라

3 그들의 말이 집 건축할 때가 가깝지 아
니한즉 이 성읍은 가마가 되고 우리는
고기가 된다 하나니

4 그러므로 인자야 너는 그들을 쳐서 예
언하고 예언할지니라

5 ●여호와의 영이 내게 임하여 이르시
되 너는 말하기를 여호와의 말씀에 이
스라엘 족속아 너희가 이렇게 말하였
도다 너희 마음에서 일어나는 것을 내
가 다 아노라 2:2

6 너희가 이 성읍에서 많이 죽여 그 거리
를 시체로 채웠도다

7 그러므로 주 여호와께서 이같이 말씀하
셨느니라 이 성읍 중에 너희가 죽인
시체는 그 고기요 이 성읍은 그 가마이

데 너희는 그 가운데에서 끌려 나오리라

8 나 주 여호와가 말하노라 너희가 칼을
두려워하니 내가 칼로 너희에게 이르
게 하고

9 너희를 그 성읍 가운데에서 끌어내어
타국인의 손에 넘겨 너희에게 벌을 내
리리니

10 너희가 칼에 엎드러질 것이라 내가 이
스라엘 변경에서 너희를 심판하리니
너희는 내가 여호와인 줄을 알리라

11 이 성읍은 너희 가마가 되지 아니하고
너희는 그 가운데에 고기가 되지 아니
할지라 내가 너희를 이스라엘 변경에
서 심판하리니 11:3

12 너희는 내가 여호와인 줄을 알리라 너
희가 내 율례를 행하지 아니하며 규례
를 지키지 아니하고 너희 사방에 있는
이방인의 규례대로 행하였느니라 하
셨다 하라 11:10

13 이에 내가 예언할 때에 브나야의 아들
블라댜가 죽기로 내가 엎드려 큰 소리
로 부르짖어 이르되 오호라 주 여호와
여 이스라엘의 남은 자를 다 멸절하려
자 하시나이까 하니라 9:8

이스라엘의 회복을 이르시다

14 ●여호와의 말씀이 내게 임하여 이르
시되

15 인자야 예루살렘 주민이 네 형제 곧 네

술술 풀리는 **성경말씀**

비밀스러운 죄

하나님은 이스라엘에 대해서 모든 것을 알고 계셨
습니다. 그들이 무슨 생각을 하고 있는지도 다 아셨
지요.

하나님은 우리에 대해서도 모든 것을 알고 계시며,
우리가 죄를 지으려고 하는 사실조차도 알고 계신답
니다. 우리는 '사람들이 나를 어떻게 볼까?' 걱정하
는 대신에, 하나님의 생각에 주의를 기울여야 해요.

그러므로 아무리 비밀스러운 죄라 할지라도, 하나
님 앞에서는 결코 비밀이 되지 못해요. 만약 우리가
죄를 짓게 된다면 그것을 고백하고 죄를 이길 수 있께
해달라고 기도해야 하지요. 11장 5절

11장 에는 무엇이 기록되어 있을까?

하나님은 또 에스겔에게 정의롭지
못한 유다의 지도자들을 보여주셨어요. 이와 같
은 유다의 죄 때문에 하나님께서는 예루살렘 성전
을 잠시 떠나셨지요. 하지만 이스라엘과의 약속
까지 완전히 깨진 것은 아니었어요. 하나님은
자신의 거룩한 이름을 위해 살아남을 자들을 반
드시 회복시키시는 분이랍니다.

형제와 친척과 온 이스라엘 족속을 향하여 이르기를 너희는 여호와에게서 멀리 떠나라 이 땅은 우리에게 주어 기업이 되게 하신 것이라 하였나니

16 그런즉 너는 말하기를 주 여호와의 말씀에 내가 비록 그들을 멀리 이방인 가운데로 쫓아내어 여러 나라에 흩었으나 그들이 도달한 나라들에서 내가 잠깐 그들에게 성소가 되리라 하셨다 하고

17 너는 또 말하기를 주 여호와의 말씀에 내가 너희를 만민 가운데서 모으며 너희를 흩은 여러 나라 가운데서 모아 내고 이스라엘 땅을 너희에게 주리라 하셨다 하라

18 그들이 그리로 가서 그 가운데의 모든 미운 물건과 모든 가증한 것을 제거하여 버릴지라

19 그들에게 한 마음을 주고 그 속에 새 영을 주며 그 몸에서 돌 같은 마음을 제거하고 살처럼 부드러운 마음을 주어

20 내 율례를 따르며 내 규례를 지켜 행하게 하리니 그들은 내 백성이 되고 나는 그들의 하나님이 되리라 겔 32:39

21 그러나 미운 것과 가증한 것을 마음으로 따르는 자는 내가 그 행위대로 그 머리에 갚으리라 나 주 여호와의 말이니라

여호와의 영광이 떠나다

22 ●그 때에 그룹들이 날개를 드는데 바퀴도 그 곁에 있고 이스라엘 하나님의 영광도 그 위에 덮였더니

23 여호와의 영광이 성읍 가운데에서부터 올라가 성읍 동쪽 산에 머무르고

24 주의 영이 나를 들어 하나님의 영의 환상 중에 데리고 갈대아에 있는 사로잡힌 자 중에 이르시더니 내가 본 환상이 나를 떠나 올라간지라

25 내가 사로잡힌 자에게 여호와께서 내게 보이신 모든 일을 말하니라

포로가 될 것을 나타내는 상징행위

12

또 여호와의 말씀이 내게 임하여 이르시되

1) 포로의 기구

2 인자야 네가 반역하는 족속 중에 거주하는도다 그들은 볼 눈이 있어도 보지 아니하고 들을 귀가 있어도 듣지 아니하나니 그들은 반역하는 족속임이라

3 인자야 너는 1)포로의 행장을 꾸리고 낮에 그들의 목전에서 끌려가라 네가 네 처소를 다른 곳으로 옮기는 것을 그들이 보면 비록 반역하는 족속이라도 혹 생각이 있으리라 겔 39:4

4 너는 낮에 그들의 목전에서 네 포로의 행장을 밖에 내놓기를 끌려가는 포로의 행장 같이 하고 저물 때에 너는 그들의 목전에서 밖으로 나가기를 포로되어 가는 자 같이 하라

5 너는 그들의 목전에서 성벽을 뚫고 그리로 따라 옮기되

6 캄캄할 때에 그들의 목전에서 어깨에 메고 나가며 얼굴을 가리고 땅을 보지 말지어다 이는 내가 너를 세워 이스라엘 족속에게 징조가 되게 함이라 하시기로

7 내가 그 명령대로 행하여 낮에 나의 행장을 끌려가는 포로의 행장 같이 내놓고 저물 때에 내 손으로 성벽을 뚫고 캄캄할 때에 행장을 내다가 그들의 목전에서 어깨에 메고 나가니라

8 ●이튿날 아침에 여호와의 말씀이 또 내게 임하여 이르시되

9 인자야 이스라엘 족속 곧 그 반역하는 족속이 네게 묻기를 무엇을 하느냐 하지 아니하더냐

10 너는 그들에게 말하기를 주 여호와의

12장 에는 무엇이 기록되어 있을까?

12-24장에서 하나님이 유다를 벌하실 것을 마지막으로 경고하셔요. 에스겔의 상징적인 행동을 통해 유다 사람들이 포로로 잡혀가고 예루살렘 성은 버려질 것이라고 말씀하셨지요. 그럼에도 불구하고 유다 사람들이 하나님의 말씀을 믿지 않자, 에스겔은 결코 그들이 하나님의 벌을 피할 수 없다고 말했어요.

말씀에 이것은 예루살렘 왕과 그 가운데에 있는 이스라엘 온 족속에 대한 묵시라 하셨다 하고

11 또 말하기를 나는 너희 징조라 내가 행한대로 그들도 포로로 사로잡혀 가리라

12 무리가 성벽을 뚫고 행장을 그리로 가지고 나가고 그 중에 왕은 어두울 때에 어깨에 행장을 메고 나가며 눈으로 땅을 보지 아니하려고 자기 얼굴을 가리리라 하라 겔 39:4

13 내가 또 내 그물을 그의 위에 치고 내 올무에 걸리게 하여 그를 끌고 갈대아 땅 바벨론에 이르리니 그가 거기에서 죽으려니와 그 땅을 보지 못하리라

14 내가 그 호위하는 자와 부대들을 다 사방으로 흩고 또 그 뒤를 따라 칼을 빼리라

15 내가 그들을 이방인 가운데로 흩으며 여러 나라 가운데에 헤친 후에야 내가 여호와인 줄을 그들이 알리라

16 그러나 내가 그 중 몇 사람을 남겨 칼과 기근과 전염병에서 벗어나게 하여 그들이 이르는 이방인 가운데에서 자기의 모든 가증한 일을 자백하게 하리니 내가 여호와인 줄을 그들이 알리라

떨면서 먹고 마시며 보이는 징조

17 ●여호와의 말씀이 또 내게 임하여 이르시되

18 인자야 너는 떨면서 네 음식을 먹고 놀라고 근심하면서 네 물을 마시며

19 이 땅 백성에게 말하되 주 여호와께서 예루살렘 주민과 이스라엘 땅에 대하여 이르시기를 그들이 근심하면서 그 음식을 먹으며 놀라면서 그 물을 마실 것은 이 땅 모든 주민의 포악으로 말미암아 땅에 가득한 것이 황폐하게 됨이라

20 사람이 거주하는 성읍들이 황폐하며 땅이 적막하리니 내가 여호와인 줄을 너희가 알리라 하셨다 하라

속담과 묵시

21 ●여호와의 말씀이 또 내게 임하여 이르시되

22 인자야 이스라엘 땅에서 이르기를 날이 더디고 모든 묵시가 사라지리라 하는 너희의 이 속담이 어찌 됨이냐

23 그러므로 너는 그들에게 이르기를 주 여호와께서 이같이 말씀하시기를 내가 이 속담을 그치게 하리니 사람이 다시는 이스라엘 가운데에서 이 속담을 사용하지 못하리라 하셨다 하고 또 그들에게 이르기를 날과 모든 묵시의 응함이 가까우니

24 이스라엘 족속 중에 허탄한 묵시나 아첨하는 복술이 다시 있지 못하리라 하라 슥 13:2-4

25 나는 여호와라 내가 말하리니 내가 하는 말이 다시는 더디지 아니하고 응하

선생님!! 궁금해요

하나님은 어떻게 생기셨어요?

사람이나 동물의 생김새는 눈으로 볼 수 있으니까 잘 알겠죠. 그러나 하나님은 우리의 두 눈을 가지고는 볼 수 없는 분이에요. 그분은 공기처럼 보이지 않지만 분명히 계신답니다. 그분의 모습은 망원경으로도 현미경으로도 볼 수 없어요. 성경 말씀도 하나님의 모습이 어떻게 생겼는지 가르쳐주지 않아요.

하지만 분명한 것은 너무나 거룩한 모습을 가지고 계시다는 점이에요. 그분의 생김새는 모르지만 성품은 알 수 있어요. 사랑이 많으시고 정직하시고 성실하신 분이시요. 평화를 좋아하시고 질서를 좋아하시며 죄를 싫어하세요. 하나님은 죄인을 구원하시고 자신을 알리시기 위해 예수님을 이 땅에 보내셨어요. 예수님은 하나님의 모습을 제일 많이 닮은 분이랍니다. 요 14장 9절

리라 반역하는 족속이여 내가 너희 생전에 말하고 이루리라 나 주 여호와의 말이니라 하셨다 하라 단9:12

26 ●여호와의 말씀이 또 내게 임하여 이르시되

27 인자야 이스라엘 족속의 말이 그가 보는 묵시는 여러 날 후의 일이요 그가 멀리 있는 때에 대하여 예언하였다 하느니라

28 그러므로 너는 그들에게 이르기를 주 여호와의 말씀에 나의 말이 하나도 다시 더디지 아니할지니 내가 한 말이 이루어지리라 나 주 여호와의 말이니라 하셨다 하라

거짓 선지자의 종말 — B.C. 592년경

13 여호와의 말씀이 내게 임하여 이르시되

2 인자야 너는 이스라엘의 예언하는 선지자들에게 경고하여 예언하되 자기 마음대로 예언하는 자에게 말하기를 너희는 여호와의 말씀을 들으라

3 주 여호와의 말씀에 본 것이 없이 자기 심령을 따라 예언하는 어리석은 선지자에게 화가 있을진저

4 이스라엘아 너의 선지자들은 황무지에 있는 여우 같으니라

5 너희 선지자들이 성 무너진 곳에 올라가지도 아니하였으며 이스라엘 족속을 위하여 여호와의 날에 전쟁에서 견디게 하려고 성벽을 수축하지도 아니하였느니라 사58:12

6 여호와께서 말씀하셨다고 하는 자들이 허탄한 것과 거짓된 점괘를 보며 사람들에게 그 말이 확실히 이루어지기를 바라게 하거니와 그들은 여호와가

13장 에는 무엇이 기록되어 있을까?
유다 백성들이 잘못된 행동을 계속하면서도 예루살렘 성이 망하지 않을 것이라고 믿었던 이유 중 하나는 거짓 선지자들 때문이었어요. 그들은 바벨론에 잡혀 간 포로들이 곧 풀려나 예루살렘으로 돌아가게 될 것이라고 말을 했지요. 이런 거짓 선지자들의 행동은 하나님을 욕되게 하는 일이었답니다.

보낸 자가 아니라

7 너희가 말하기는 여호와의 말씀이라 하여도 내가 말한 것이 아닌즉 어찌 허탄한 묵시를 보며 거짓된 점괘를 말한 것이 아니냐

8 ●그러므로 주 여호와께서 이같이 말씀하셨느니라 너희가 허탄한 것을 말하며 거짓된 것을 보았은즉 내가 너희를 치리라 주 여호와의 말씀이니라

9 그 선지자들이 허탄한 묵시를 보며 거짓 것을 점쳤으니 내 손이 그들을 쳐서 내 백성의 공회에 들어오지 못하게 하며 이스라엘 족속의 호적에도 기록되지 못하게 하며 이스라엘 땅에도 들어가지 못하게 하리니 너희가 나를 여호와인 줄 알리라 스2:59, 62

10 이렇게 칠 것은 그들이 내 백성을 유혹하여 평강이 없으나 평강이 있다 함이라 어떤 사람이 담을 쌓을 때에 그들이 회칠을 하는도다

11 그러므로 너는 회칠하는 자에게 이르기를 그것이 무너지리라 폭우가 내리며 큰 우박덩이가 떨어지며 폭풍이 몰아치리니 38:22

12 그 담이 무너진즉 어떤 사람이 너희에게 말하기를 너희가 칠한 회가 어디 있느냐 하지 아니하겠느냐

13 그러므로 나 주 여호와가 말하노라 내가 분노하여 폭풍을 퍼붓고 내가 진노하여 폭우를 내리고 분노하여 큰 우박덩어리로 무너뜨리리라

14 회칠한 담을 내가 이렇게 허물어서 땅에 넘어뜨려 그 기초를 드러낼 것이라 담이 무너진즉 너희가 그 가운데에서 망하리니 나를 여호와인 줄 알리라

15 이와 같이 내가 내 노를 담과 회칠한 자에게 모두 이루고 또 너희에게 말하기를 담도 없어지고 칠한 자들도 없어졌다 하리라

16 이들은 예루살렘에 대하여 예언하기

수축(13:5) 집 같은 건축물을 고쳐 짓거나 고쳐 쌓음.
점복(13:23) 점을 쳐서 길흉 화복을 미리 알아보는 것.

를 평강이 없으나 평강의 묵시를 보았다고 하는 이스라엘의 선지자들이니라 주 여호와의 말씀이니라

거짓말로 예언하는 여자들

17 ●너 인자야 너의 백성 중 자기 마음대로 예언하는 여자들에게 경고하며 예언하여

18 이르기를 주 여호와의 말씀에 사람의 영혼을 사냥하려고 손목마다 부적을 꿰어 매고 키가 큰 자나 작은 자의 머리를 위하여 수건을 만드는 여자들에게 화 있을진저 너희가 어찌하여 내 백성의 영혼은 사냥하면서 자기를 위하여는 영혼을 살리려 하느냐

19 너희가 두어 움큼 보리와 두어 조각 떡을 위하여 나를 내 백성 가운데에서 욕되게 하여 거짓말을 곧이 듣는 내 백성에게 너희가 거짓말을 지어내어 죽지 아니할 영혼을 죽이고 살지 못할 영혼을 살리는도다

20 그러므로 나 주 여호와가 이같이 말하노라 너희가 새를 사냥하듯 영혼들을 사냥하는 그 부적을 내가 너희 팔에서 떼어 버리고 너희가 새처럼 사냥한 그 영혼들을 놓아 주며

21 또 너희 수건을 찢고 내 백성을 너희 손에서 건지고 다시는 너희 손에 사냥물이 되지 아니하게 하리니 내가 여호와인 줄을 너희가 알리라

22 내가 슬프게 하지 아니한 의인의 마음을 너희가 거짓말로 근심하게 하며 너희가 또 악인의 손을 굳게 하여 그 악한 길에서 돌이켜 떠나 삶을 얻지 못하게 하였은즉

알 5:12

23 너희가 다시는 허탄한 묵시를 보지 못하고 점복도 못할지라 내가 내 백성을 너희 손에서 건져내리니 내가 여호와인 줄을 너희가 알리라 하라

여호와께서 우상 숭배를 심판하시다

14 이스라엘 장로 두어 사람이 나아와 내 앞에 앉으니

2 여호와의 말씀이 내게 임하여 이르시되

3 인자야 이 사람들이 자기 우상을 마음에 들이며 죄악의 걸림돌을 자기 앞에 두었으니 그들이 내게 묻기를 내가 조금인들 용납하랴

4 그런즉 너는 그들에게 말하여 이르라 나 주 여호와가 말하노라 이스라엘 족속 중에 그 우상을 마음에 들이며 죄악의 걸림돌을 자기 앞에 두고 선지자에게로 가는 모든 자에게 나 여호와가 그 우상의 수효대로 보응하리니

5 이는 이스라엘 족속이 다 그 우상으로 말미암아 나를 배반하였으므로 내가 그들이 마음먹은 대로 그들을 잡으려 함이라

6 ●그런즉 너는 이스라엘 족속에게 이르기를 주 여호와의 말씀에 너희는 마음을 돌이켜 우상을 떠나고 얼굴을 돌려 모든 가증한 것을 떠나라

사 2:20

7 이스라엘 족속과 이스라엘 가운데에

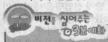

비전을 심어주는 9분 예화

신사참배 반대 이유

일제시대 때 어느 목사가 신사참배를 반대하다가 경찰서에 불려가 조사를 받게 되었어요. 경찰서장이 그 목사에게 종이와 펜을 내놓으며 신사참배에 반대하는 이유를 써 보라고 하였습니다. 그는 자신의 반대 이유를 여섯 가지로 적었어요.

첫째, 하나님의 계명을 어겨 하나님을 노하시게 하므로 할 수 없다. 둘째, 인생의 본분이 하나님을 영화롭게 하는 일인데 그렇게 못하므로 할 수 없다. 셋째, 교회가 없어지게 될 것이므로 할 수 없다. 넷째, 강요하는 개인도 망하므로 남의 망하는 꼴을 볼 수 없으므로 할 수 없다. 다섯째, 신사참배하면 국가도 망할 것이므로 할 수 없다. 여섯째, 나 자신이 지옥 갈까 두려워서 할 수 없다.

14장에는 무엇이 기록되어 있을까?

유다 장로들의 가장 큰 죄는 하나님을 열심히 섬겨야 할 그들이 도리어 앞장 서서 거짓 신을 믿고 섬긴 것이었어요. 이것은 정치, 종교 지도자들로부터 보통 사람들에 이르기까지 모두가 크게 죄를 지었음을 나타내는 것이지요. 이를 통해 하나님이 아무 이유 없이 유다 사람들을 벌하신 게 아님을 알 수 있답니다.

거류하는 외국인 중에 누구든지 나를 떠나고 자기 우상을 마음에 들이며 죄악의 걸림돌을 자기 앞에 두고 자기를 위하여 내게 묻고자 하여 선지자에게 가는 모든 자에게는 나 여호와가 친히 응답하되

8 그 사람을 대적하여 그들을 놀라움과 표징과 속담거리가 되게 하여 내 백성 가운데에서 끊으리니 내가 여호와인 줄을 너희가 알리라

9 만일 선지자가 유혹을 받고 말을 하면 나 여호와가 그 선지자를 유혹을 받게 하였음이거니와 내가 손을 펴서 내 백성 이스라엘 가운데에서 그를 멸할 것이라

10 선지자의 죄악과 그에게 묻는 자의 죄악이 같은즉 각각 자기의 죄악을 담당하리니

11 이는 이스라엘 족속이 다시는 미혹되어 나를 떠나지 아니하게 하며 다시는 모든 죄로 스스로 더럽히지 아니하게 하여 그들을 내 백성으로 삼고 나는 그들의 하나님이 되려 함이라 주 여호와의 말씀이니라
44:10

의인도 자기의 생명만 건지리라

12 ●여호와의 말씀이 또 내게 임하여 이르시되

13 인자야 가령 어떤 나라가 불법을 행하여 내게 범죄하므로 내가 손을 그 위에 펴서 그 의지하는 양식을 끊어 기근을 내려 사람과 짐승을 그 나라에서 끊는다 하자

14 비록 노아, 다니엘, 욥, 이 세 사람이 거기에 있을지라도 그들은 자기의 공의로 자기의 생명만 건지리라 나 주 여호와의 말이니라

15 가령 내가 사나운 짐승을 그 땅에 다니게 하여 그 땅을 황폐하게 하여 사람이 그 짐승 때문에 능히 다니지 못하게 한다 하자
5:17

16 비록 이 세 사람이 거기에 있을지라도 나의 삶을 두고 맹세하노니 그들도 자녀는 건지지 못하고 자기만 건지겠고 그 땅은 황폐하리라 주 여호와의 말씀이니라

17 가령 내가 칼이 그 땅에 임하게 하고 명령하기를 칼아 그 땅에 돌아다니라 하고 내가 사람과 짐승을 거기에서 끊는다 하자
5:12

18 비록 이 세 사람이 거기에 있을지라도 나의 삶을 두고 맹세하노니 그들도 자녀는 건지지 못하고 자기만 건지리라 나 주 여호와의 말이니라

19 가령 내가 그 땅에 전염병을 내려 죽임으로 내 분노를 그 위에 쏟아 사람과 짐승을 거기에서 끊는다 하자
38:22

20 비록 노아, 다니엘, 욥이 거기에 있을지라도 나의 삶을 두고 맹세하노니 그들도 자녀는 건지지 못하고 자기의 공의로 자기의 생명만 건지리라 주 여호와의 말씀이니라

21 ●주 여호와께서 이같이 이르시되 내가 나의 네 가지 중한 벌 곧 칼과 기근과 사나운 짐승과 전염병을 예루살렘에 함께 내려 사람과 짐승을 그 중에서 끊으리니 그 해가 더욱 심하지 아니하겠느냐

22 그러나 그 가운데에 피하는 자가 남아 있어 끌려 나오리니 곧 자녀들이라 그

들이 너희에게로 나아오리니 너희가
그 행동과 소행을 보면 내가 예루살렘
에 내린 재앙 곧 그 내린 모든 일에 대
하여 너희가 위로를 받을 것이니라
23 너희가 그 행동과 소행을 볼 때에 그들
에 의해 위로를 받고 내가 예루살렘에서
행한 모든 일이 이유 없이 한 것이 아닌
줄을 알리라 주 여호와의 말씀이니라

불에 던질 땔감 같은 예루살렘 주민

15 여호와의 말씀이 내게 임하여
이르시되

2 인자야 포도나무가 모든 나무보다 나
은 것이 무엇이랴 숲속의 여러 나무
가운데에 있는 그 포도나무 가지가 나
은 것이 무엇이랴
3 그 나무를 가지고 무엇을 제조할 수 있
겠느냐 그것으로 무슨 그릇을 걸 못을
만들 수 있겠느냐
4 불에 던질 땔감이 될 뿐이라 불이 그
두 끝을 사르고 그 가운데도 태웠으면
제조에 무슨 소용이 있겠느냐　　19:14
5 그것이 온전할 때에도 아무 제조에 합
당하지 아니하였거든 하물며 불에 살
라지고 탄 후에 어찌 제조에 합당하겠
느냐
6 그러므로 주 여호와께서 이같이 말씀
하셨느니라 내가 수풀 가운데에 있는
포도나무를 불에 던질 땔감이 되게 한
것 같이 내가 예루살렘 주민도 그같이
할지라
7 내가 그들을 대적한즉 그들이 그 불에
서 나와도 불이 그들을 사르리니 내가
그들을 대적할 때에 내가 여호와인 줄

보잘것없는 포도나무(15:1-6)

너희가 알리라
8 내가 그 땅을 황폐하게 하리니 이는 그
들이 범법함이니라 나 주 여호와의 말
이니라 하시니라

가증한 예루살렘——B.C. 592년경

16 또 여호와의 말씀이 내게 임하
여 이르시되

2 인자야 예루살렘으로 그 가증한 일을
알게 하여
3 이르기를 주 여호와께서 예루살렘에
관하여 이같이 말씀하시되 네 근본과
난 땅은 가나안이요 네 아버지는 아모
리 사람이요 네 어머니는 헷 사람이라
4 네가 난 것을 말하건대 네가 날 때에 네
배꼽 줄을 자르지 아니하였고 너를 물
로 씻어 정결하게 하지 아니하였고 네
게 소금을 뿌리지 아니하였고 너를 강
보로 싸지도 아니하였나니
5 아무도 너를 돌보아 이 중에 한 가지라
도 네게 행하여 너를 불쌍히 여긴 자가
없었으므로 네가 나던 날에 네 몸이 천
하게 여겨져 네가 들에 버려졌느니라
6 ●내가 네 곁으로 지나갈 때에 네가 피
투성이가 되어 발짓하는 것을 보고 네
게 이르기를 너는 피투성이라도 살아
있으라 다시 이르기를 너는 피투성이
라도 살아 있으라 하고
7 내가 너를 들의 풀 같이 많게 하였더니
네가 크게 자라고 심히 아름다우며 유
방이 뚜렷하고 네 머리털이 자랐으나
네가 여전히 벌거벗은 알몸이더라
8 내가 네 곁으로 지나며 보니 네 때가 사
랑을 할 만한 때라 내 옷으로 너를 덮

15장에는 무엇이 기록되어 있을까?

15-19장에는 유다가 반드시 망할
수밖에 없음을 몇 가지 비유를 들어 말하고 있습
니다. 이는 예루살렘이 결코 망하지 않을 것이라
고 생각한 유다 사람들을 꾸짖기 위한 것이었지
요. 열매 맺지 못하는 포도나무가 불에 던질 땔감
이 될 수밖에 없는 것처럼, 하나님을 따르지 않은
유다 사람들도 벌을 받을 수밖에 없었답니다.

어 벌거벗은 것을 가리고 네게 맹세하고 언약하여 너를 내게 속하게 하였느니라 나 주 여호와의 말이니라

9 내가 물로 네 피를 씻어 없애고 네게 기름을 바르고

10 수놓은 옷을 입히고 물돼지 가죽신을 신기고 가는 베로 두르고 모시로 덧입히고

11 패물을 채우고 팔고리를 손목에 끼우고 목걸이를 목에 걸고

12 코고리를 코에 달고 귀고리를 귀에 달고 화려한 왕관을 머리에 씌웠나니

13 이와 같이 네가 금, 은으로 장식하고 가는 베와 모시와 수 놓은 것을 입으며 또 고운 밀가루와 꿀과 기름을 먹음으로 극히 곱고 형통하여 왕후의 지위에 올랐느니라 `삼상 10:1`

14 네 화려함으로 말미암아 네 명성이 이방인 중에 퍼졌음은 내가 네게 입힌 영화로 네 화려함이 온전함이라 나 주 여호와의 말이니라

15 ●그러나 네가 네 화려함을 믿고 네 명성을 가지고 행음하되 지나가는 모든 자와 더불어 음란을 많이 행하므로 네 몸이 그들의 것이 되도다

16 네가 네 의복을 가지고 너를 위하여 각색으로 산당을 꾸미고 거기에서 행음하였나니 이런 일은 전무후무하니라

17 네가 또 내가 준 금, 은 장식품으로 너를 위하여 남자 우상을 만들어 행음하며

18 또 네 수놓은 옷을 그 우상에게 입히고 나의 기름과 향을 그 앞에 베풀며 `16:10`

19 또 내가 네게 주어 먹게 한 내 음식물 곧

고운 밀가루와 기름과 꿀을 네가 그 앞에 베풀어 향기를 삼았나니 과연 그렇게 하였느니라 주 여호와의 말씀이니라

20 또 네가 나를 위하여 낳은 네 자녀를 그들에게 데리고 가서 드려 제물로 삼아 불살랐느니라 네가 네 음행을 작은 일로 여겨서

21 나의 자녀들을 죽여 우상에게 넘겨 1)불 가운데로 지나가게 하였느냐 `렘 19:5`

22 네가 어렸을 때에 벌거벗은 몸이었으며 피투성이가 되어서 발짓하던 것을 기억하지 아니하고 네가 모든 가증한 일과 음란을 행하였느니라

방자한 음녀 예루살렘

23 ●주 여호와의 말씀이니라 너는 화 있을진저 화 있을진저 네가 모든 악을 행한 후에

24 너를 위하여 누각을 건축하며 모든 거리에 높은 대를 쌓았도다

25 네가 높은 대를 모든 길 어귀에 쌓고 네 아름다움을 가증하게 하여 모든 지나가는 자에게 다리를 벌려 심히 음행하고

26 하체가 큰 네 이웃 나라 애굽 사람과도 음행하되 심히 음란히 하여 내 진노를 샀느냐

27 그러므로 내가 내 손을 네 위에 펴서 네 일용할 양식을 감하고 너를 미워하는 블레셋 여자 곧 네 더러운 행실을 부끄러워하는 자에게 너를 넘겨 임의로 하게 하였거늘

28 네가 음욕이 차지 아니하여 또 앗수르 사람과 행음하고도 그들과 행음하고도 아직도 부족하게 여겨

29 2)장사하는 땅 갈대아에까지 심히 행음하되 아직도 족한 줄을 알지 못하였느니라 `23:14-17`

30 ●주 여호와의 말씀이니라 네가 이 모든 일을 행하니 이는 방자한 음녀의 행위라 네 마음이 어찌 그리 약한지

31 네가 누각을 모든 길 어귀에 건축하며 높은 대를 모든 거리에 쌓고도 값을 싫

16 에는 무엇이 기록되어 있을까?

16장에는 유다의 죄를 행동이 바르지 못한 부인에 비유한 내용이 나와요. 남편이 아닌 다른 남자들과 관계를 맺은 부인처럼 유다는 하나님을 배반하고 거짓 신을 섬겼지요. 그래서 하나님은 이들을 벌하시겠다고 하셨어요. 하지만 하나님은 이전의 약속을 기억하시고, 하나님께로 돌아오는 자는 용서하시겠다고 말씀하셨답니다.

1)화제를 삼았느냐 2)가나안 땅

어하니 창기 같지도 아니하도다 16:24

32 그 남편 대신에 다른 남자들과 내통하여 간음하는 아내로다

33 사람들은 모든 창기에게 선물을 주거늘 오직 너는 네 모든 정든 자에게 선물을 주며 값을 주어서 사방에서 와서 너와 행음하게 하니

34 네 음란함이 다른 여인과 같지 아니함은 행음하려고 너를 따르는 자가 없음이며 또 네가 값을 받지 아니하고 도리어 값을 줌이라 그런즉 다른 여인과 같지 아니하니라

예루살렘을 벌하다

35 ●그러므로 너 음녀야 여호와의 말씀을 들을지어다

36 주 여호와께서 이같이 말씀하셨느니라 네가 네 누추한 것을 쏟으며 네 정든 자와 행음함으로 벗은 몸을 드러내며 또 가증한 우상을 위하여 네 자녀의 피를 그 우상에게 드렸은즉 렘 19:5

37 내가 너의 즐거워하는 정든 자와 사랑하던 모든 자와 미워하던 모든 자를 모으되 사방에서 모아 너를 대적하게 할 것이요 또 네 벗은 몸을 그 앞에 드러내 그들이 그것을 다 보게 할 것이며

38 내가 또 간음하고 사람의 피를 흘리는 여인을 심판함 같이 너를 심판하여 진노의 피와 질투의 피를 네게 돌리고

39 내가 또 너를 그들의 손에 넘기리니 그들이 네 누각을 헐며 네 높은 대를 부수며 네 의복을 벗기고 네 장식품을 빼앗고 네 몸을 벌거벗겨 버려 두며

40 무리를 데리고 와서 너를 돌로 치며 칼

41 불로 네 집들을 사르고 여러 여인의 목전에서 너를 벌할지라 내가 너에게 곧 음행을 그치게 하리니 네가 다시는 값을 주지 아니하리라

42 그리한즉 나는 네게 대한 내 분노가 그치며 내 질투가 네게서 떠나고 마음이 평안하여 다시는 노하지 아니하리라

43 네가 어렸을 때를 기억하지 아니하고 이 모든 일로 나를 분노하게 하였은즉 내가 네 행위대로 네 머리에 보응하리니 네가 이 음란과 네 모든 가증한 일을 다시는 행하지 아니하리라 주 여호와의 말씀이니라 사 78:4,2

그 어머니에 그 딸

44 ●속담을 말하는 자마다 네게 대하여 속담을 말하기를 어머니가 그러하면 딸도 그러하다 하리라

45 너는 그 남편과 자녀를 싫어한 어머니의 딸이요 너는 그 남편과 자녀를 싫어한 형의 동생이로다 네 어머니는 헷 사람이요 네 아버지는 아모리 사람이며

46 네 형은 그 딸들과 함께 네 왼쪽에 거주하는 사마리아요 네 아우는 그 딸들과 함께 네 오른쪽에 거주하는 소돔이라

47 네가 그들의 행위대로만 행하거나 아니하며 그 가증한 대로만 행하지 아니하

15-19장에 나타난 비유들		
비유 및 성경 본문	의 미	
포도나무 비유(15장)	예루살렘의 상징을 예고함	
음녀의 비유(16장)	영적 신부인 유다가 하나님을 버리고 우상을 섬긴 것으로 인해 하나님께 심판 당할 것임	
독수리와 포도나무 비유(17:1~21)	독수리는 느부갓네살 왕을, 포도나무는 시드기야 왕을 가리킴. 시드기야 왕이 바벨론과의 언약을 어기고 애굽을 의지하면 느부갓네살 왕이 유다를 멸망시킬 것임	
백향목에서 난 연한 가지 비유(17:22~24)	메시아로 인해 유다가 회복되고, 메시아 왕국이 건설될 것을 알려 줌	
젊은 사자 비유(19:1~9)	하나님의 심판을 거역하고 폭정을 일삼은 두 젊은 사자, 곧 두 유다 왕 여호아하스와 여호야긴 왕의 비극적 종말을 경고하심	
포도나무 비유(19:10~14)	유다의 마지막 왕 시드기야의 비극적 종말을 경고하심	

음욕(16:28) 음란하고 방탕함.
방자(16:30) 꺼리거나 삼가는 태도가 보이지 않고 교만스러움.
창기(16:31) 지난날 몸을 파는 천한 기생.
대적(16:37) 적이나 어떤 세력과 맞서 겨룸.
진노(16:38) 존엄한 사람이 몹시 성냄.
목전(16:41) 눈앞.
음행(16:41) 부정한 남녀 관계를 행함.
보응(16:43) 선악의 행위에 따라 받게 되는 길흉화복을 뜻한다.

고 그것을 적게 여겨서 네 모든 행위가 그보다 더욱 부패하였도다

48 주 여호와의 말씀이니라 내가 나의 삶을 두고 맹세하노니 네 아우 소돔 곧 그와 그의 딸들은 너와 네 딸들의 행위같이 행하지 아니하였느니라 ^{마 10:15}

49 네 아우 소돔의 죄악은 이러하니 그와 그의 딸들에게 교만함과 음식물의 풍족함과 태평함이 있음이며 또 그가 가난하고 궁핍한 자를 도와 주지 아니하며

50 거만하여 가증한 일을 내 앞에서 행하였음이라 그러므로 내가 보고 곧 그들을 없이 하였느니라

51 사마리아는 네 죄의 절반도 범하지 아니하였느니라 네가 그들보다 가증한 일을 심히 행하였으므로 네 모든 가증한 행위로 네 형과 아우를 의롭게 하였느니라

52 네가 네 형과 아우를 유리하게 판단하였은즉 너도 네 수치를 담당할지니라 네가 그들보다 더욱 가증한 죄를 범하므로 그들이 너보다 의롭게 되었나니 네가 네 형과 아우를 의롭게 하였은즉 너는 놀라며 네 수치를 담당할지니라

소돔과 사마리아도 회복되리라

53 ●내가 그들의 사로잡힘 곧 소돔과 그의 딸들의 사로잡힘과 사마리아와 그의 딸들의 사로잡힘과 그들 중에 너의 사로잡힌 자의 사로잡힘을 풀어 주어

54 네가 네 수욕을 담당하고 네가 행한 모든 일로 말미암아 부끄럽게 하리니 이는 네가 그들에게 위로가 됨이라

55 네 아우 소돔과 그의 딸들이 옛 지위를 회복할 것이요 사마리아와 그의 딸들도 그의 옛 지위를 회복할 것이며 너와 네 딸들도 너희 옛 지위를 회복할 것이니라

56 네가 교만하던 때에 네 아우 소돔을 네 입으로 말하지도 아니하였나니

57 곧 네 악이 드러나기 전이며 아람의 딸들이 너를 능욕하기 전이며 너의 사방에 둘러 있는 블레셋의 딸들이 너를 멸시하기 전이니라

58 네 음란과 네 가증한 일을 네가 담당하였느니라 나 여호와의 말이니라

59 나 주 여호와가 이같이 말하노라 네가 맹세를 멸시하여 언약을 배반하였은즉 내가 네 행한 대로 네게 행하리라

영원한 언약

60 ●그러나 내가 너의 어렸을 때에 너와 세운 언약을 기억하고 너와 영원한 언약을 세우리라

61 네가 네 형과 아우를 접대할 때에 네 행위를 기억하고 부끄러워할 것이라 내가 그들을 네게 딸로 주려니와 네 언약으로 말미암음이 아니니라

62 내가 네게 내 언약을 세워 내가 여호와인 줄 네가 알게 하리니

63 이는 내가 네 모든 행한 일을 용서한 후에 네가 기억하고 놀라고 부끄러워서 다시는 입을 열지 못하게 하려 함이니라 주 여호와의 말씀이니라

술술 풀리는 **생생말씀**

어느 것이 더 무거운가?

소돔을 비난하고 심판하는 일은 쉬운 일이에요. 그들이 성적으로 많이 타락해 있었기 때문이지요. 그러나 에스겔은 소돔 백성들이 성적인 타락 때문만이 아니라 거만하고 욕심이 많은 것 때문에 멸망했다는 것을 기억하고 있었어요(16:49).

이처럼 우리도 간음, 동성애, 도적질, 살인 같은 큰 죄를 저지르지 않으면, 선하게 잘 살고 있다고 생각할지 몰라요. 그래서 거만함, 욕심, 과식 같은 죄를 무시하고 넘어가는 경우가 자주 있지요. 하지만 하나님은 우리가 사소하게 생각하는 것까지도 똑같이 죄라고 말씀하신다는 사실을 기억해야 해요.

16장 44~52절

독수리와 포도나무의 비유──B.C. 592년경

17

여호와의 말씀이 내게 임하여 이르시되

2 인자야 너는 이스라엘 족속에게 수수께끼와 비유를 말하라

3 여호와께서 이같이 말씀하여 이르시되 색깔이 화려하고 날개가 크고 깃이 길

고 털이 숱한 큰 독수리가 레바논에 이르러 백향목 높은 가지를 꺾되 렘 22:23

4 그 연한 가지 끝을 꺾어 가지고 ¹⁾장사하는 땅에 이르러 상인의 성읍에 두고

5 또 그 땅의 종자를 꺾어 옥토에 심되 수양버들 가지처럼 큰 물 가에 심더니

6 그것이 자라며 퍼져서 높지 아니한 포도나무 곧 굵은 가지와 가는 가지가 난 포도나무가 되어 그 가지는 독수리를 향하였고 그 뿌리는 독수리 아래에 있었더라

7 ●또 날개가 크고 털이 많은 큰 독수리 하나가 있었는데 그 포도나무가 이 독수리에게 물을 받으려고 그 심어진 두둑에서 그를 향하여 뿌리가 뻗고 가지가 퍼졌도다 17:15

8 그 포도나무를 큰 물 가 옥토에 심은 것은 가지를 내고 열매를 맺어서 아름다운 포도나무를 이루게 하려 하였음이라

9 너는 이르기를 주 여호와의 말씀에 그 나무가 능히 번성하겠느냐 이 독수리가 어찌 그 뿌리를 빼고 열매를 따며 그 나무가 시들게 하지 아니하겠으며 그 연한 잎사귀가 마르게 하지 아니하겠느냐 많은 백성이나 강한 팔이 아니라도 그 뿌리를 뽑으리라

10 볼지어다 그것이 심어졌으나 번성하겠느냐 동풍에 부딪힐 때에 아주 마르지 아니하겠느냐 그 자라던 두둑에서 마르리라 하셨다 하라

비유의 해석

11 ●여호와의 말씀이 또 내게 임하여 이

바벨론 도시 중심을 지나는 대로(17:12-16)
바벨론은 이미 3천여 년 전에 아스팔트 도로를 건설했다.

르시되

12 너는 반역하는 족속에게 묻기를 너희가 이 비유를 깨닫지 못하겠느냐 하고 그들에게 말하기를 바벨론 왕이 예루살렘에 이르러 왕과 고관을 사로잡아 바벨론 자기에게로 끌어 가고

13 그 왕족 중에서 하나를 택하여 언약을 세우고 그에게 맹세하게 하고 또 그 땅의 능한 자들을 옮겨 갔나니

14 이는 나라를 낮추어 스스로 서지 못하고 그 언약을 지켜야 능히 서게 하려 하였음이거늘

15 그가 사절을 애굽에 보내 말과 군대를 구함으로 바벨론 왕을 배반하였으니 형통하겠느냐 이런 일을 행한 자가 피하겠느냐 언약을 배반하고야 피하겠느냐

16 주 여호와의 말씀이니라 내가 나의 삶을 두고 맹세하노니 바벨론 왕이 그를 왕으로 세웠거늘 그가 맹세를 저버리고 언약을 배반하였은즉 그 왕이 거주하는 곳 바벨론에서 왕과 함께 있다가 죽을 것이라 렘 52:11

17 대적이 토성을 쌓고 사다리를 세우고 많은 사람을 멸절하려 할 때에 바로가 그 큰 군대와 많은 무리로도 그 전쟁에 그를 도와 주지 못하리라

18 그가 이미 손을 내밀어 언약하였거늘 맹세를 업신여겨 언약을 배반하고 이 모든 일을 행하였으니 피하지 못하리라

19 그러므로 주 여호와의 말씀이니라 내가 나의 삶을 두고 맹세하노니 그가 내 맹세를 업신여기고 내 언약을 배반하

17 장 에는 무엇이 기록되어 있을까?

하나님은 바벨론에 항복하는 것만이 유다가 살 길이라고 경고하셨지만(렘 27:1), 시드기야 왕은 애굽과 동맹을 맺어 바벨론에 맞서려고 하였어요. 결국 유다는 그 경고를 거슬러서 멸망하게 되었지요. 한편 백향목 비유는 유다가 다시 회복될 것이며 더 나아가 세상을 구원할 분이 온 나라를 다스리게 될 것임을 말해주고 있답니다.

1) 가나안 땅에

다윗 왕실을 비유하는 백향목(17:22)

였은즉 내가 그 죄를 그 머리에 돌리되
20 그 위에 내 그물을 치며 내 올무에 걸리
게 하여 끌고 바벨론으로 가서 나를 반
역한 그 반역을 거기에서 심판할지며
21 그 모든 군대에서 도망한 자들은 다 칼
에 엎드러질 것이요 그 남은 자는 사방
으로 흩어지리니 나 여호와가 이것을
말한 줄을 너희가 알리라

높은 나무를 낮추고

22 ●주 여호와께서 이같이 말씀하시되
내가 백향목 꼭대기에서 높은 가지를
꺾어다가 심으리라 내가 그 높은 새 가
지 끝에서 연한 가지를 꺾어 높고 우뚝
솟은 산에 심되
23 이스라엘 높은 산에 심으리니 그 가지
가 무성하고 열매를 맺어서 아름다운
백향목이 될 것이요 각종 새가 그 아래
에 깃들이며 그 가지 그늘에 살리라
24 들의 모든 나무가 나 여호와는 높은 나
무를 낮추고 낮은 나무를 높이며 푸른
나무를 말리고 마른 나무를 무성하게
하는 줄 알리라 나 여호와는 말하고 이
루느니라 하라

아버지의 죄악과 아들의 의 B.C. 592년경

18 또 여호와의 말씀이 내게 임하
여 이르시되

2 너희가 이스라엘 땅에 관한 속담에 이르
기를 아버지가 신 포도를 먹었으므로 그
의 아들의 이가 시다고 함은 어찌 됨이냐
3 주 여호와의 말씀이니라 내가 나의 삶
을 두고 맹세하노니 너희가 이스라엘
가운데에서 다시는 이 속담을 쓰지 못
하게 되리라
4 모든 영혼이 다 내게 속한지라 아버지

의 영혼이 내게 속함 같이 그의 아들의
영혼도 내게 속하였나니 범죄하는 그
영혼은 죽으리라
5 ●사람이 만일 의로워서 정의와 공의
를 따라 행하며
6 산 위에서 제물을 먹지 아니하며 이스
라엘 족속의 우상에게 눈을 들지 아니
하며 이웃의 아내를 더럽히지 아니하
며 월경 중에 있는 여인을 가까이 하지
아니하며
7 사람을 학대하지 아니하며 빚진 자의
저당물을 돌려 주며 강탈하지 아니하
며 주린 자에게 음식물을 주며 벗은 자
에게 옷을 입히며
8 변리를 위하여 꾸어 주지 아니하며 이
자를 받지 아니하며 스스로 손을 금하
여 죄를 짓지 아니하며 사람과 사람 사
이에 진실하게 판단하며
9 내 율례를 따르며 내 규례를 지켜 진실
하게 행할진대 그는 의인이니 반드시
살리라 주 여호와의 말씀이니라 암 5:4
10 가령 그가 아들을 낳았다 하자 그 아
들이 이 모든 선은 하나도 행하지 아니
하고 이 죄악 중 하나를 범하여 강포하
거나 살인하거나
11 산 위에서 제물을 먹거나 이웃의 아내
를 더럽히거나
12 가난하고 궁핍한 자를 학대하거나 강
탈하거나 빚진 자의 저당물을 돌려 주
지 아니하거나 우상에게 눈을 들거나
가증한 일을 행하거나
13 변리를 위하여 꾸어 주거나 이자를 받
거나 할진대 그가 살겠느냐 결코 살지

18 에는 무엇이 기록되어 있을까?

18장에서는 하나님의 뜻대로
옳지 않다고 불평하는 사람들의 잘못을 말하고
있습니다. 유다 사람들은 자신들이 고통을 받는
이유가 조상들이 지은 죄 때문이라고 생각했어
요. 그러나 하나님은 아버지가 신 포도를 먹었다
고 해서 아들의 이가 시릴 수는 없다며, 유다 사
람들의 미련함과 고집스러움을 꾸짖으셨지요.

못하리니 이 모든 가증한 일을 행하였은즉 반드시 죽을지라 자기의 피가 자기에게로 돌아가리라

14 ●또 가령 그가 아들을 낳았다 하자 그 아들이 그 아버지가 행한 모든 죄를 보고 두려워하여 그대로 행하지 아니하고

15 산 위에서 제물을 먹지도 아니하며 이스라엘 족속의 우상에게 눈을 들지도 아니하며 이웃의 아내를 더럽히지도 아니하며

16 사람을 학대하지도 아니하며 저당을 잡지도 아니하며 강탈하지도 아니하고 주린 자에게 음식물을 주며 벗은 자에게 옷을 입히며

17 손을 금하여 가난한 자를 압제하지 아니하며 변리나 이자를 받지 아니하여 내 규례를 지키며 내 율례를 행할진대 이 사람은 그의 아버지의 죄악으로 죽지 아니하고 반드시 살겠고

18 그의 아버지는 심히 포학하여 그 동족을 강탈하고 백성들 중에서 선을 행하지 아니하였으므로 그는 그의 죄악으로 죽으리라

19 ●그런데 너희는 이르기를 아들이 어찌 아버지의 죄를 담당하지 아니하겠느냐 하는도다 아들이 정의와 공의를 행하며 내 모든 율례를 지켜 행하였으면 그는 반드시 살려니와

20 범죄하는 그 영혼은 죽을지라 아들은 아버지의 죄악을 담당하지 아니할 것이요 아버지는 아들의 죄악을 담당하지 아니하리니 의인의 공의도 자기에게로 돌아가고 악인의 악도 자기에게로 돌아가리라

21 ●그러나 악인이 만일 그가 행한 모든 죄에서 돌이켜 떠나 내 모든 율례를 지키고 정의와 공의를 행하면 반드시 살고 죽지 아니할 것이라

22 그 범죄한 것이 하나도 기억함이 되지 아니하리니 그가 행한 공의로 살리라

23 주 여호와의 말씀이니라 내가 어찌 악인이 죽는 것을 조금인들 기뻐하랴 그가 돌이켜 그 길에서 떠나 사는 것을 어찌 기뻐하지 아니하겠느냐

24 만일 의인이 돌이켜 그 공의에서 떠나 범죄하고 악인이 행하는 모든 가증한 일대로 행하면 살겠느냐 그가 행한 공의로운 일은 하나도 기억함이 되지 아니하리니 그가 그 범한 허물과 그 지은 죄로 죽으리라
3:20

25 ●그런데 너희는 이르기를 주의 길이 공평하지 아니하다 하는도다 이스라엘 족속아 들을지어다 내 길이 어찌 공평하지 아니하냐 너희 길이 공평하지 아니한 것이 아니냐
히 3:5

26 만일 의인이 그 공의를 떠나 죄악을 행하고 그로 말미암아 죽으면 그 행한 죄악으로 말미암아 죽는 것이요

27 만일 악인이 그 행한 악을 떠나 정의와 공의를 행하면 그 영혼을 보전하리라

28 그가 스스로 헤아리고 그 행한 모든 죄악에서 돌이켜 떠났으니 반드시 살고 죽지 아니하리라

29 그런데 이스라엘 족속은 이르기를 주의 길이 공평하지 아니하다 하는도다 이스라엘 족속아 나의 길이 어찌 공평하지 아니하냐 너희 길이 공평하지 아

비전을 심어주는 **3분 예화**

박쥐 인간

미국의 남북전쟁 당시 한 남자가 남과 북의 경계선 상에서 살고 있었는데, 그는 남군과 북군을 모두 지지했어요. 그래서 아래에는 남부 연합군의 회색 바지를 입고, 위에는 북군의 푸른색 윗도리를 입고 있었지요.

얼마 후 그 남자는 옷 덕분에 안전할 것이라고 생각하고 전쟁터를 어슬렁거렸어요. 하지만 예상은 빗나갔어요. 북군의 병사들은 그의 회색 바지를 향해 총을 쏘았고, 남군 병사들은 푸른색 윗도리를 향해 총을 쏘았던 거예요.

이처럼 교회와 세상에 양다리를 걸치고 즐기려는 사람들이 있어요. 세상에서 죄와 쾌락을 맛보고 즐기면서 천국은 가졌다는 것이지요. 우리는 한 곳 천국을 분명하게 택해야 한답니다.

너한 것 아니냐

30 주 여호와의 말씀이니라 이스라엘 족속아 내가 너희 각 사람이 행한 대로 심판할지라 너희는 돌이켜 회개하고 모든 죄에서 떠날지어다 그리한즉 그것이 너희에게 죄악의 걸림돌이 되지 아니하리라 · 마 3:2

31 너희는 너희가 범한 모든 죄악을 버리고 마음과 영을 새롭게 할지어다 이스라엘 족속아 너희가 어찌하여 죽고자 하느냐

32 주 여호와의 말씀이니라 죽을 자가 죽는 것도 내가 기뻐하지 아니하노니 너희는 스스로 돌이키고 살지니라

애가 · B.C. 592년경

19

너는 이스라엘 고관들을 위하여 애가를 지어

2 부르라 네 어머니는 무엇이냐 암사자라 그가 사자들 가운데에 엎드려 젊은 사자 중에서 그 새끼를 기르는데

3 그 새끼 하나를 키우매 젊은 사자가 되어 먹이 물어뜯기를 배워 사람을 삼키매

4 이방이 듣고 함정으로 그를 잡아 갈고리로 꿰어 끌고 애굽 땅으로 간지라

5 암사자가 기다리다가 소망이 끊어진 줄을 알고 그 새끼 하나를 또 골라 젊은 사자로 키웠더니

6 젊은 사자가 되매 여러 사자 가운데에 왕래하며 먹이 물어뜯기를 배워 사람을 삼키며

7 1)그의 궁궐들을 헐고 성읍들을 부수니 그 우는 소리로 말미암아 땅과 그 안에 가득한 것이 황폐한지라

8 이방이 포위하고 있는 지방에서 그를 치러 와서 그의 위에 그물을 치고 함정에 잡아

9 우리에 넣고 갈고리를 꿰어 끌고 바벨론 왕에게 이르렀나니 그를 옥에 가두어 그 소리가 다시 이스라엘 산에 들리지 아니하게 하려 함이라

10 ●네 피의 어머니는 물 가에 심겨진 포도나무 같아서 물이 많으므로 열매가 많고 가지가 무성하며

11 그 가지들은 강하여 권세 잡은 자의 규가 될 만한데 그 하나의 키가 굵은 가지 가운데에서 높았으며 많은 가지 가운데에서 뛰어나 보이다가

12 분노 중에 뽑혀서 땅에 던짐을 당하매 그 열매는 동풍에 마르고 그 강한 가지들은 꺾이고 말라 불에 탔더니 · 젤 31:28

13 이제는 광야 메마르고 가물이 든 땅에 심어진 바 되고 · 호 2:3

14 불이 그 가지 중 하나에서부터 나와 그 열매를 태우니 권세 잡은 자의 규가 될 만한 강한 가지가 없도다 하라 이것이 애가라 후에도 애가가 되리라

하나님의 뜻, 이스라엘의 반역 · B.C. 591년경

20

일곱째 해 다섯째 달 열째 날에 이스라엘 장로 여러 사람이 여호와께 물으려고 와서 내 앞에 앉으니 · 8:1, 11

2 여호와의 말씀이 내게 임하여 이르시되

3 인자야 이스라엘 장로들에게 말하여 이르라 주 여호와께서 이렇게 말씀하셨느니라 너희가 내게 물으려고 왔느냐 나의 목숨을 걸고 맹세하거니와 너희가 내게 묻기를 내가 용납하지

1)과부들을 알고

19 에는 무엇이 기록되어 있을까?

사자와 포도나무 비유는 각각 유다의 왕 여호아하스와 여호야긴, 시드기야 왕을 가리키고 있어요. 여호아하스와 여호야긴은 사납고 악하게 나라를 다스렸으며, 시드기야 역시 하나님께 용서를 구하지 않고 악한 일을 저질렀지요. 이에 결국 이들 모두 유다 사람들과 함께 멸망당하게 될 것을 경고한 것이랍니다.

애가19:1) 슬픈 마음을 나타낸 노래.

장로(20:1) 나이 많은 사람, 어떤 공동체의 지도자를 말한다.

맹세(20:3) 하나님을 증인으로 해서 무엇을 선언하거나 엄숙하게 약속하는 행위.

용납(20:3) 남의 말이나 행동을 너그러운 마음으로 들어주거나 받아들임.

표징(20:12) 겉으로 드러나는 특징.

아니하리라 주 여호와의 말씀이니라

4 인자야 네가 그들을 심판하려느냐 네가 그들을 심판하려느냐 너는 그들에게 그들의 조상들의 가증한 일을 알게 하여

5 이르라 주 여호와께서 이같이 말씀하셨느니라 옛날에 내가 이스라엘을 택하고 야곱 집의 후예를 향하여 내 손을 들어 맹세하고 애굽 땅에서 그들에게 나타나 맹세하여 이르기를 나는 여호와 너희 하나님이라 하였노라

6 그 날에 내가 내 손을 들어 그들에게 맹세하기를 애굽 땅에서 인도하여 내어 그들을 위하여 찾아 두었던 땅 곧 젖과 꿀이 흐르는 땅이요 모든 땅 중의 아름다운 곳에 이르게 하리라 하고

7 또 그들에게 이르기를 너희는 눈을 끄는 바 가증한 것을 각기 버리고 애굽의 우상들로 말미암아 스스로 더럽히지 말라 나는 여호와 너희 하나님이니라 하였으나

8 그들이 내게 반역하여 내 말을 즐겨 듣지 아니하고 그들의 눈을 끄는 바 가증한 것을 각기 버리지 아니하며 애굽의 우상들을 떠나지 아니하므로 내가 말하기를 내가 애굽 땅에서 그들에게 나의 분노를 쏟으며 그들에게 진노를 이루리라 하였노라

9 그러나 내가 그들이 거주하는 이방인의 눈 앞에서 그들에게 나타나 그들을 애굽 땅에서 인도하여 내었나니 이는 내 이름을 위함이라 내 이름을 그 이방인의 눈 앞에서 더럽히지 아니하려고 행하였음이라

시내 광야
(20:10)

10 ●그러므로 내가 그들을 애굽 땅에서 나와서 광야에 이르게 하고

11 사람이 준행하면 그로 말미암아 삶을 얻을 내 율례를 주며 내 규례를 알게 하였고 {레 18:5}

12 또 내가 그들을 거룩하게 하는 여호와인 줄 알게 하려고 내 안식일을 주어 그들과 나 사이에 표징을 삼았노라

13 그러나 이스라엘 족속이 광야에서 내게 반역하여 사람이 준행하면 그로 말미암아 삶을 얻을 나의 율례를 준행하지 아니하며 나의 규례를 멸시하였고 나의 안식일을 크게 더럽혔으므로 내가 이르기를 내가 내 분노를 광야에서 그들에게 쏟아 멸하리라 하였으나

14 내가 내 이름을 위하여 달리 행하였나니 내가 그들을 인도하여 내는 것을 본 나라들 앞에서 내 이름을 더럽히지 아니하려 하였음이로라

15 또 내가 내 손을 들어 광야에서 그들에게 맹세하기를 내가 그들에게 허락한 땅 곧 젖과 꿀이 흐르는 땅이요 모든 땅 중의 아름다운 곳으로 그들을 인도하여 들이지 아니하리라 한 것은

16 그들이 마음으로 우상을 따라 나의 규례를 업신여기며 나의 율례를 행하지 아니하며 나의 안식일을 더럽혔음이라

17 그러나 내가 그들을 아껴서 광야에서 멸하여 아주 없이하지 아니하였노라

18 내가 광야에서 그들의 자손에게 이르기를 너희 조상들의 율례를 따르지 말며 그 규례를 지키지 말며 그 우상들로 말미암아 스스로 더럽히지 말라

20
광

20~24장에는 무엇이 기록되어 있을까?

20~24장은 이스라엘 민족이 지은 죄를 지적하며 이들에게 임할 하나님의 심판을 최종적으로 선포하고 있어요. 20장은 이스라엘이 애굽을 나와서 멸망하기 직전까지의 역사를 돌아볼 때, 죄 때문에 유다가 망할 수밖에 없음을 밝히고 있지요. 그러나 하나님은 의로운 자들은 구원하시겠다고 약속하셨답니다.

19 나는 여호와 너희 하나님이라 너희는 나의 율례를 따르며 나의 규례를 지켜 행하고 _{눅 6:7 ...}

20 또 나의 안식일을 거룩하게 할지니라 이것이 나와 너희 사이에 표징이 되어 내가 여호와 너희 하나님인 줄 너희가 알게 하리라 하였노라

21 그러나 그들의 자손이 내게 반역하여 사람이 지켜 행하면 그로 말미암아 삶을 얻을 나의 율례를 따르지 아니하며 나의 규례를 지켜 행하지 아니하였고 나의 안식일을 더럽힌지라 이에 내가 이르기를 내가 광야에서 그들에게 내 분노를 쏟으며 그들에게 내 진노를 이루리라 하였으나

22 내가 내 이름을 위하여 내 손을 막아 달리 행하였나니 내가 그들을 인도하여 내는 것을 본 여러 나라 앞에서 내 이름을 더럽히지 아니하려 하였음이로라

23 또 내가 내 손을 들어 광야에서 그들에게 맹세하기를 내가 그들을 이방인 중에 흩으며 여러 민족 가운데에 헤치리라 하였나니

24 이는 그들이 나의 규례를 행하지 아니하며 나의 율례를 멸시하며 내 안식일

을 더럽히고 눈으로 그들의 조상들의 우상들을 사모함이며

25 또 내가 그들에게 선하지 못한 율례와 능히 지키지 못할 규례를 주었고

26 그들이 장자를 다 화제로 드리는 그 예물로 내가 그들을 더럽혔음은 그들을 멸망하게 하여 나를 여호와인 줄 알게 하려 하였음이라

27 ●그런즉 인자야 이스라엘 족속에게 말하여 이르라 주 여호와께서 이같이 말씀하셨느니라 너희 조상들이 또 내게 범죄하여 나를 욕되게 하였느니라

28 내가 내 손을 들어 그들에게 주기로 맹세한 땅으로 그들을 인도하여 들였더니 그들이 모든 높은 산과 모든 무성한 나무를 보고 거기에서 제사를 드리고 분노하게 하는 제물을 올리며 거기서 또 분향하고 전제물을 부어 드렸도다

29 이에 내가 그들에게 이르기를 너희가 다니는 산당이 무엇이냐 하였노라 (그것을 오늘날까지 ¹⁾바마라 일컫느니라)

30 그러므로 너는 이스라엘 족속에게 이르라 주 여호와께서 이같이 말씀하셨느니라 너희가 조상들의 풍속을 따라 너희 자신을 더럽히며 그 모든 가증한 것을 따라 행음하느냐 _{렘 7:26}

31 너희가 또 너희 아들들을 화제로 삼아 불 가운데로 지나게 하며 오늘까지 너희 자신을 우상들로 말미암아 더럽히느냐 이스라엘 족속아 너희가 내게 묻기를 내가 용납하겠느냐 주 여호와의 말씀이니라 내가 나의 삶을 두고 맹세하노니 너희가 내게 묻기를 내가 용납하지 아니하리라

32 너희가 스스로 이르기를 우리가 이방인 곧 여러 나라 족속 같이 되어서 목석을 경배하리라 하거니와 너희 마음에 품은 것을 결코 이루지 못하리라 _{16:16}

맨네반 땅으로 이스라엘을 인도하리라

33 ●주 여호와의 말씀이니라 내가 나의

삶을 두고 맹세하노니 내가 능한 손과 편 팔로 분노를 쏟아 너희를 반드시 다스릴지라

34 능한 손과 편 팔로 분노를 쏟아 너희를 여러 나라에서 나오게 하며 너희의 흩어진 여러 지방에서 모아내고

35 너희를 인도하여 여러 나라 광야에 이르러 거기에서 너희를 대면하여 심판하되

36 내가 애굽 땅 광야에서 너희 조상들을 심판한 것 같이 너희를 심판하리라 주 여호와의 말씀이니라

37 내가 너희를 막대기 아래로 지나가게 하며 언약의 줄로 매려니와

38 너희 가운데에서 반역하는 자와 내게 범죄하는 자를 모두 제하여 버릴지라 그들을 그 머물러 살던 땅에서는 나오게 하여도 이스라엘 땅에는 들어가지 못하게 하리라 너희가 나는 여호와인 줄을 알리라

39 주 여호와께서 이같이 말씀하셨느니라 이스라엘 족속아 너희가 내 말을 듣지 아니하려거든 가서 각각 그 우상을 섬기라 그렇게 하려거든 이 후에 다시는 너희 예물과 너희 우상들로 내 거룩한 이름을 더럽히지 말지니라

40 ●주 여호와의 말씀이니라 이스라엘 온 족속이 그 땅에 있어서 내 거룩한 산 곧 이스라엘의 높은 산에서 다 나를 섬기리니 거기에서 내가 그들을 기쁘게 받을지라 거기에서 너희 예물과 너희가 드리는 첫 열매와 너희 모든 성물을 요구하리라

41 내가 너희를 인도하여 여러 나라 가운데에서 나오게 하고 너희가 흩어진 여러 민족 가운데에서 모아 낼 때에 내가 너희를 향기로 받고 내가 또 너희로 말미암아 내 거룩함을 여러 나라의 목전에서 나타낼 것이며

42 내가 내 손을 들어 너희 조상들에게 주기로 맹세한 땅 곧 이스라엘 땅으로 너희를 인도하여 들일 때에 너희는 내가 여호와인 줄 알고

43 거기에서 너희의 길과 스스로 더럽힌 모든 행위를 기억하고 이미 행한 모든 악으로 말미암아 스스로 미워하리라

44 이스라엘 족속아 내가 너희의 악한 길과 더러운 행위대로 하지 아니하고 내 이름을 위하여 행한 후에야 내가 여호와인 줄 너희가 알리라 주 여호와의 말씀이니라

36:22

불타는 숲의 비유

45 ●여호와의 말씀이 또 내게 임하여 이르시되

46 인자야 너는 얼굴을 남으로 향하라 남으로 향하여 소리내어 남쪽의 숲을 쳐서 예언하라

47 남쪽의 숲에게 이르기를 여호와의 말씀을 들을지어다 주 여호와께서 이같이 말씀하셨느니라 내가 너의 가운데에 불을 일으켜 모든 푸른 나무와 모든 마른 나무를 없애리니 맹렬한 불꽃이 꺼지지 아니하고 남에서 북까지 모든 얼굴이 그슬릴지라

48 혈기 있는 모든 자는 나 여호와가 그 불을 일으킨 줄을 알리니 그것이 꺼지지 아니하리라 하셨느니라 하라 하시기로

49 내가 이르되 아하 주 여호와여 그들이

이스라엘로 범죄케 한 북왕국 단의 제단(20:28~32)

애 2:4

상 4:4

나를 가리켜 말하기를 그는 비유로 말하는 자가 아니냐 하나이다 하니라

유대인 학살의 비참함을 상징화한 조형물
(아드바셈) (21장)

여호와의 칼—B.C. 591년경

21 또 여호와의 말씀이 내게 임하여 이르시되

2 인자야 너는 얼굴을 예루살렘으로 향하며 성소를 향하여 소리내어 이스라엘 땅에게 예언하라

3 이스라엘 땅에게 이르기를 여호와의 말씀에 내가 너를 대적하여 내 칼을 칼집에서 빼어 의인과 악인을 네게서 끊을지라

4 내가 의인과 악인을 네게서 끊을 터이므로 내 칼을 칼집에서 빼어 모든 육체를 남에서 북까지 치리니

5 모든 육체는 나 여호와가 내 칼을 칼집에서 빼낸 줄을 알지라 칼이 다시 꽂히지 아니하리라 하셨다 하라

6 인자야 탄식하되 너는 허리가 끊어지듯 탄식하라 그들의 목전에서 슬피 탄식하라 ○ 삼 22:4

7 그들이 네게 묻기를 네가 어찌하여 탄식하느냐 하거든 대답하기를 재앙이 다가온다는 소문 때문이니 각 염통이 녹으며 모든 손이 약하여지며 각 영이 쇠하며 모든 무릎이 물과 같이 약해지리라 보라 재앙이 오나니 반드시 이루어지리라 주 여호와의 말씀이니라 하라

8 ●여호와의 말씀이 또 내게 임하여 이르시되

9 인자야 너는 예언하여 여호와의 말씀을 이같이 말하라 칼이여 칼이여 날카롭고도 빛나도다

10 그 칼이 날카로움은 죽임을 위함이요 빛남은 번개 같이 되기 위함이니 우리가 즐거워하겠느냐 내 아들의 규가 모든 나무를 업신여기는도다

11 그 칼을 손에 잡아 쓸 만하도록 빛나게 하되 죽이는 자의 손에 넘기기 위하여 날카롭고도 빛나게 하였도다 하셨다 하라

12 인자야 너는 부르짖어 슬피 울지어다 이것이 내 백성에게 임하며 이스라엘 모든 고관에게 임함이로다 그들과 내 백성이 함께 칼에 넘긴 바 되었으니 너는 네 넓적다리를 칠지어다

13 이것이 시험이라 만일 업신여기는 규가 없어지면 어찌할까 주 여호와의 말씀이니라

14 그러므로 인자야 너는 예언하며 손뼉을 쳐서 칼로 두세 번 거듭 쓰이게 하라 이 칼은 죽이는 칼이라 사람들을 둘러싸고 죽이는 큰 칼이로다

15 내가 그들이 낙담하여 많이 엎드러지게 하려고 그 모든 성문을 향하여 번쩍번쩍하는 칼을 세워 놓았도다 오호라 그 칼이 번개 같고 죽이기 위하여 날카로웠도다

16 칼아 모이라 오른쪽을 치라 대열을 맞추라 왼쪽을 치라 향한 대로 가라

17 나도 내 손뼉을 치며 내 분노를 다 풀리로다 나 여호와가 말하였노라 ○ 21:14

18 여호와의 말씀이 내게 임하여 이르시되

19 인자야 너는 바벨론 왕의 칼이 올 길을 한 땅에서 나오도록 그리되 곧 성으로 들어가는 길 어귀에다가 길이 나뉘는 지시표를 하여

21 에는 무엇이 기록되어 있을까?

하나님의 칼을 비유로, 유다가 망하고 시드기야 왕이 비참하게 죽게 될 것을 말하고 있어요. 유다가 죄를 지어 멸망한 후 다윗 집안에서 물려받는 왕권도 영원히 끊어지고, 죄를 회개하지 않는 자들은 진노의 대상이 되었지요. 아울러 바벨론이 유다를 침략할 때 암몬도 같이 망하게 될 것이라고 말했어요.

20 칼이 암몬 족속의 랍바에 이르는 길과 유다의 견고한 성 예루살렘에 이르는 길을 그리라

21 바벨론 왕이 갈랫길 곧 두 길 어귀에 서서 점을 치되 화살들을 흔들어 우상에게 묻고 희생제물의 간을 살펴서

22 오른손에 예루살렘으로 갈 점괘를 얻었으므로 공성퇴를 설치하며 입을 벌리고 죽이며 소리를 높여 외치며 성문을 향하여 공성퇴를 설치하고 토성을 쌓고 사다리를 세우게 되었나니

23 전에 그들에게 맹약한 자들은 그것을 거짓 점괘로 여길 것이나 바벨론 왕은 그 죄악을 기억하고 그 무리를 잡으리라

24 ●그러므로 주 여호와께서 이같이 말씀하셨느니라 너희의 악이 기억을 되살리며 너희의 허물이 드러나며 너희 모든 행위의 죄가 나타났도다 너희가 기억한 바 되었은즉 그 손에 잡히리라

25 너 극악하여 중상을 당할 이스라엘 왕아 네 날이 이르렀나니 곧 죄악의 마지막 때니라

26 주 여호와께서 이같이 말씀하셨느니라 관을 제거하며 왕관을 벗길지라 그대로 두지 못하리니 낮은 자를 높이고 높은 자를 낮출 것이니라

27 내가 엎드러뜨리고 엎드러뜨리고 엎드러뜨리려니와 이것도 다시 있지 못하리라 마땅히 얻을 자가 이르면 그에게 주리라

28 ●인자야 너는 주 여호와께서 암몬 족속과 그의 능욕에 대하여 이같이 말씀하셨다고 예언하라 너는 이르기를 칼이 뽑히도다 칼이 뽑히도다 죽이며 멸절

29 네게 대하여 허무한 것을 보며 네게 대하여 거짓 복술을 하는 자가 너를 중상 당한 악인의 목 위에 두리니 이는 그의 날 곧 죄악의 마지막 때가 이름이로다

30 그러나 칼을 그 칼집에 꽂을지어다 네가 지음을 받은 곳에서, 네가 출생한 땅에서 내가 너를 심판하리로다

31 내가 내 분노를 네게 쏟으며 내 진노의 불을 네게 내뿜고 너를 짐승 같은 자 곧 멸하기에 익숙한 자의 손에 넘기리니

32 네가 불에 섶과 같이 될 것이며 네 피가 나라 가운데에 있을 것이며 네가 다시 기억되지 못할 것이니 나 여호와가 말하였음이라 하라

벌 받을 예루살렘—B.C. 591년경

22

또 여호와의 말씀이 내게 임하여 이르시되

2 인자야 네가 심판하려느냐 이 피흘린 성읍을 심판하려느냐 그리하려거든 자기의 모든 가증한 일을 그들이 알게 하라

3 너는 말하라 주 여호와께서 이같이 말씀하셨느니라 자기 가운데에 피를 흘려 벌 받을 때가 이르게 하며 우상을 만들어 스스로 더럽히는 성아

4 네가 흘린 피로 말미암아 죄가 있고 네가 만든 우상으로 말미암아 스스로 더럽혔으니 네 날이 가까웠고 네 연한이 찼도다 그러므로 내가 너로 이방의 능욕을 받으며 만국의 조롱거리가 되게 하였노라

이스라엘을 향한 판결(21:1-22)		
성경 본문	내 용	의 미
21:1-7	여호와의 칼	예루살렘을 향한 하나님의 심판
21:8-17	날카롭고 빛나는 칼	하나님의 심판이 더욱 날카로워짐
21:18-23	바벨론 왕의 칼	하나님의 심판은 유다뿐만 아니라 이방인에게도 임함

22장 에는 무엇이 기록되어 있을까?

유다 사람들은 거짓 신을 섬기고 도덕적으로도 죄를 지었기 때문에 하나님으로부터 벌을 받을 수밖에 없었어요. 죄를 짓고 도무지 돌이킬 줄 모르는 유다는 이제 쇠를 녹일 때 용광로 속에 든 찌꺼기와 같이 아무 쓸모없는 자들이었지요. 그래서 하나님은 유다를 사방에 흩어버림으로 그들의 더러운 죄에 따라 갚으신 것이랍니다.

5 너 이름이 더럽고 어지러움이 많은 자여 가까운 자나 먼 자나 다 너를 조롱하리라 　　사 22:5

6 ●이스라엘 모든 고관은 각기 권세대로 피를 흘리려고 ¹⁾네 가운데에 있었도다

7 그들이 네 가운데에서 부모를 업신여겼으며 네 가운데에서 나그네를 학대하였으며 네 가운데에서 고아와 과부를 해하였도다

8 너는 나의 성물들을 업신여겼으며 나의 안식일을 더럽혔으며

9 네 가운데에 피를 흘리려고 이간을 붙이는 자도 있었으며 네 가운데에 산 위에서 제물을 먹는 자도 있었으며 네 가운데에 음행하는 자도 있었으며

10 네 가운데에 자기 아버지의 하체를 드러내는 자도 있었으며 네 가운데에 월경하는 부정한 여인과 관계하는 자도 있었으며

11 어떤 사람은 그 이웃의 아내와 가증한 일을 행하였으며 어떤 사람은 그의 며느리를 더럽혀 음행하였으며 네 가운데에 어떤 사람은 그 자매 곧 아버지의 딸과 관계하였으며

12 네 가운데에 피를 흘리려고 뇌물을 받는 자도 있었으며 네가 변돈과 이자를 받았으며 이익을 탐하여 이웃을 속여 빼앗았으며 나를 잊어버렸도다 주 여호와의 말씀이니라

13 ●네가 불의를 행하여 이익을 얻은 일과 네 가운데에 피 흘린 일로 말미암아 내가 손뼉을 쳤나니

14 내가 네게 보응하는 날에 네 마음이 견디겠느냐 네 손이 힘이 있겠느냐 나 여호와가 말하였으니 내가 이루리라

15 내가 너를 뭇 나라 가운데에 흩으며 각 나라에 헤치고 너의 더러운 것을 네 가운데에서 멸하리라

16 네가 자신 때문에 나라들의 목전에서 수치를 당하리니 내가 여호와인 줄 알리라 하셨다 하라

풀무 불에 들어간 이스라엘

17 ●여호와의 말씀이 내게 임하여 이르시되

18 인자야 이스라엘 족속이 내게 찌꺼기가 되었나니 곧 풀무 불 가운데에 있는 놋이나 주석이나 쇠나 납이며 은의 찌꺼기로다

19 그러므로 주 여호와께서 이와 같이 말씀하셨느니라 너희가 다 찌꺼기가 되었은즉 내가 너희를 예루살렘 가운데로 모으고

20 사람이 은이나 놋이나 쇠나 납이나 주석이나 모아서 풀무 불 속에 넣고 불을 불어 녹이는 것 같이 내가 노여움과 분노로 너희를 모아 거기에 두고 녹이리라

21 내가 너희를 모으고 내 분노의 불을 너희에게 불면 너희가 그 가운데에서 녹되

22 은이 풀무 불 가운데에서 녹는 것 같이 너희가 그 가운데에서 녹으리니 나 여호와가 분노를 너희 위에 쏟은 줄을 너희가 알리라

선지자 제사장 고관들의 죄

23 ●여호와의 말씀이 내게 임하여 이르

1)6절부터 15절까지 나오는 '너'는 예루살렘 성을 가리킴

변돈(22:12) 이자를 받기로 하고 빚내주는 돈.
보응(22:14) 선악의 행위에 따라 받게 되는 길흉 화복.
학대(22:29) 가혹한 대우.

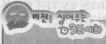
비전을 심어주는
오분예화

히틀러의 미덕

히틀러는 항상 4가지 미덕을 강조했어요.
"나라를 사랑하라. 지도자에게 충성하라. 국가의 법을 준수하라. 그리고 시련을 이겨내는 강인한 용기를 가져라"

히틀러의 훈계는 그럴듯했지만, 그의 목적은 자신의 권력을 강화하고 세력을 확장하는 데 있었어요. 그는 가끔 성경도 읽었는데, 그것은 신앙이 목적이 아니라 독재자로서의 성공을 위해서였답니다. 이처럼 목적과 의도가 나빴던 히틀러는 유명해지기는 했지만 성공한 사람이 되지는 못했어요. 오히려 악한 독재자의 대명사가 되었지요.

시되

24 인자야 너는 그에게 이르기를 너는 정결함을 얻지 못한 땅이요 진노의 날에 비를 얻지 못한 땅이로다 하라 24:13

25 그 가운데에서 선지자들의 반역함이 우는 사자가 음식물을 움킴 같았도다 그들이 사람의 영혼을 삼켰으며 재산과 보물을 탈취하며 과부를 그 가운데에 많게 하였으며 호 6:9

26 그 제사장들은 내 율법을 범하였으며 나의 성물을 더럽혔으며 거룩함과 속된 것을 구별하지 아니하였으며 부정함과 정한 것을 사람이 구별하게 하지 아니하였으며 그의 눈을 가리어 나의 안식일을 보지 아니하였으므로 내가 그들 가운데에서 더럽힘을 받았느니라

27 그 가운데에 그 고관들은 음식물을 삼키는 이리 같아서 불의한 이익을 얻으려고 피를 흘려 영혼을 멸하거늘 사 1:23

28 그 선지자들이 그들을 위하여 회를 칠하고 스스로 허탄한 이상을 보며 거짓 복술을 행하며 여호와가 말하지 아니하였어도 주 여호와께서 이같이 말씀하셨느니라 하였으며

29 이 땅 백성은 포악하고 강탈을 일삼고 가난하고 궁핍한 자를 압제하고 나그네를 부당하게 학대하였으므로

30 이 땅을 위하여 성을 쌓으며 성 무너진 데를 막아 서서 나로 하여금 멸하지 못하게 할 사람을 내가 그 가운데에서 찾다가 찾지 못하였으므로

31 내가 내 분노를 그들 위에 쏟으며 내 진노의 불로 멸하여 그들 행위대로 그들

북이스라엘을 멸망시킨 앗수르(23:9)

머리에 보응하였느니라 주 여호와의 말씀이니라

오홀라와 오홀리바의 행음 ─B.C. 591년경

23 또 여호와의 말씀이 내게 임하여 이르시되

2 인자야 두 여인이 있었으니 한 어머니의 딸이라

3 그들이 애굽에서 행음하되 어렸을 때에 행음하여 그들의 유방이 눌리며 그 처녀의 가슴이 어루만져졌나니

4 그 이름이 형은 오홀라요 아우는 오홀리바라 그들이 내게 속하여 자녀를 낳았나니 그 이름으로 말하면 오홀라는 사마리아요 오홀리바는 예루살렘이니라

5 ●오홀라가 내게 속하였을 때에 행음하여 그가 연애하는 자 곧 그의 이웃 앗수르 사람을 사모하였나니 왕상 8:9, 10

6 그들은 다 자색 옷을 입은 고관과 감독이요 준수한 청년이요 말 타는 자들이라

7 그가 앗수르 사람들 가운데 잘 생긴 그 모든 자들과 행음하고 누구를 연애하든지 그들의 모든 우상으로 자신을 더럽혔으며 16:15

8 그가 젊었을 때에 애굽 사람과 동침하매 그 처녀의 가슴이 어루만져졌으며 그의 몸에 음란을 쏟음을 당한 바 되었더니 그가 그 때부터 행음함을 마지 아니하였느니라 창 32:4

9 그러므로 내가 그를 그의 정든 자 곧 그가 연애하는 앗수르 사람의 손에 넘겼더니 왕하 18:9-11

10 그들이 그의 하체를 드러내고 그의 자녀를 빼앗으며 칼로 그를 죽여 여인들

갈대아 우르에서 발견된 전쟁 모습의 그림들(23:24)

같은 음란한 간부를 사랑하였도다
21 네가 젊었을 때에 행음하여 애굽 사람에게 네 가슴과 유방이 어루만져졌던 것을 아직도 생각하도다 23:3

오홀리바가 받은 재판
22 ●그러므로 오홀리바야 주 여호와께서 이같이 말씀하셨느니라 나는 네가 사랑하다가 싫어하던 자들을 충동하여 그들이 사방에서 와서 너를 치게 하리니 16:37
23 그들은 바벨론 사람과 갈대아 모든 무리 브곳과 소아와 고아 사람과 또 그와 함께한 모든 앗수르 사람 곧 준수한 청년이며 다 고관과 감독이며 귀인과 유명한 자요 다 말 타는 자들이라
24 그들이 무기와 병거와 수레와 크고 작은 방패를 이끌고 투구 쓴 군대를 거느리고 처러 와서 너를 에워싸리라 내가 재판을 그들에게 맡긴즉 그들이 그들의 법대로 너를 재판하리라
25 내가 너를 향하여 질투하리니 그들이 분내어 네 코와 귀를 깎아 버리고 남은 자를 칼로 엎드러뜨리며 네 자녀를 빼앗고 그 남은 자를 불에 사르며
26 또 네 옷을 벗기며 네 장식품을 빼앗으리라
27 이와 같이 내가 네 음란과 애굽 땅에서부터 행음하던 것을 그치게 하여 너로 그들을 향하여 눈을 들지도 못하게 하며 다시는 애굽을 기억하지도 못하게 하리라 16:41
28 주 여호와께서 이같이 말씀하셨느니라 나는 네가 미워하는 자와 네 마음에

에게 이야깃거리가 되게 하였나니 이는 그들이 그에게 심판을 행함이니라
11 ●그 아우 오홀리바가 이것을 보고도 그의 형보다 음욕을 더하며 그의 형의 간음함보다 그 간음이 더 심하므로 그의 형보다 더 부패하여졌느니라
12 그가 그의 이웃 앗수르 사람을 연애하였나니 그들은 화려한 의복을 입은 고관과 감독이요 말 타는 자들과 준수한 청년이었느니라
13 그 두 여인이 한 길로 행하므로 그도 더러워졌음을 내가 보았노라
14 그가 음행을 더하였음은 붉은 색으로 벽에 그린 사람의 형상 곧 갈대아 사람의 형상을 보았음이니 8:10
15 그 형상은 허리에 띠를 동이고 머리를 긴 수건으로 썼으며 그의 용모는 다 준수한 자 곧 그의 고향 갈대아 바벨론 사람 같은 것이라
16 그가 보고 곧 사랑하게 되어 사절을 갈대아 그들에게로 보내매
17 바벨론 사람이 나아와 연애하는 침상에 올라 행음으로 그를 더럽히매 그가 더럽힘을 입은 후에 그들을 싫어하는 마음이 생겼느니라
18 그가 이같이 그의 음행을 *나타내며* 그가 하체를 드러내므로 내 마음이 그의 형을 싫어한 것 같이 그를 싫어하였으나
19 그가 그의 음행을 더하여 젊었을 때 곧 애굽 땅에서 행음하던 때를 생각하고 23:3, 14
20 그의 하체는 나귀 같고 그의 정수는 말

준수(23:12) 풍채가 썩 빼어남.
하체(23:20) '육체'를 뜻함. 음욕스러움을 완곡하게 표현한 말이다.
병거(23:24) 전쟁을 하는 데 쓰이는 말이 끄는 수레.
집눈(23:42) 점잖지 못한 사람들.
약탈(23:46) 폭력을 써서 강제로 빼앗음.

29 그들이 미워하는 마음으로 네게 행하여 네 모든 수고한 것을 빼앗고 너를 벌거벗은 몸으로 두어서 네 음행의 벗은 몸 곧 네 음란하며 행음하던 것을 드러낼 것이라

30 네가 이같이 당할 것은 네가 음란하게 이방을 따르고 그 우상들로 더럽혔기 때문이로다

31 네가 네 형의 길로 행하였은즉 내가 그의 잔을 네 손에 주리라

32 주 여호와께서 이같이 말씀하셨느니라 깊고 크고 가득히 담긴 네 형의 잔을 네가 마시고 코웃음과 조롱을 당하리라

33 네가 네 형 사마리아의 잔 곧 놀람과 패망의 잔에 넘치게 취하고 근심할지라

34 네가 그 잔을 다 기울여 마시고 그 깨어진 조각을 씹으며 네 유방을 꼬집을 것은 내가 이렇게 말하였음이라 주 여호와의 말씀이니라

35 그러므로 주 여호와께서 이같이 말씀하셨느니라 네가 나를 잊었고 또 나를 네 등 뒤에 버렸은즉 너는 네 음란과 네 음행의 죄를 담당할지니라 하시니라

오홀라와 오홀리바가 받은 재판

36 ●여호와께서 또 내게 이르시되 인자야 네가 오홀라와 오홀리바를 심판하려느냐 그러면 그 가증한 일을 그들에게 말하라

37 그들이 행음하였으며 피를 손에 묻혔으며 또 그 우상과 행음하며 내게 낳아 준 자식들을 우상을 위하여 화제로 살랐으며

38 이 외에도 그들이 내게 행한 것이 있나니 당일에 내 성소를 더럽히며 내 안식일을 범하였도다

39 그들이 자녀를 죽여 그 우상에게 드린 그 날에 내 성소에 들어와서 더럽혔으되 그들이 내 성전 가운데에서 그렇게 행하였으며

40 또 사절을 먼 곳에 보내 사람을 불러오게 하고 그들이 오매 그들을 위하여 목욕하며 눈썹을 그리며 스스로 단장하고

41 화려한 자리에 앉아 앞에 상을 차리고 내 향과 기름을 그 위에 놓고

42 그 무리와 편히 지껄이고 즐겼으며 또 광야에서 잡류와 술 취한 사람을 청하여 오매 그들이 팔찌를 그 손목에 끼우고 아름다운 관을 그 머리에 씌웠도다

43 ●내가 음행으로 쇠한 여인을 가리켜 말하노라 그가 그래도 그들과 피차 행음하는도다

44 그들이 그에게 나오기를 기생에게 나옴 같이 음란한 여인 오홀라와 오홀리바에게 나왔은즉

45 의인이 간통한 여자들을 재판함 같이 재판하며 피를 흘린 여인을 재판함 같이 재판하리니 그들은 간통한 여자들이요 또 피가 그 손에 묻었음이라

46 주 여호와께서 이같이 말씀하셨느니라 그들에게 무리를 올려 보내 그들이 공포와 약탈을 당하게 하라

47 무리가 그들을 돌로 치며 칼로 죽이고 그 자녀도 죽이며 그 집들을 불사르리라

48 이같이 내가 이 땅에서 음란을 그치게

한즉 모든 여인이 정신이 깨어 너희 음
행을 본받지 아니하리라

49 그들이 너희 음란으로 너희에게 보응
한즉 너희가 모든 우상을 위하였던 죄를
담당할지라 내가 주 여호와인 줄을 너
희가 알리라 하시니라

녹슨 가마 예루살렘—B.C. 589년경

24 아홉째 해 열째 달 열째 날에
여호와의 말씀이 내게 임하여
이르시되

2 인자야 너는 날짜 곧 오늘의 이름을 기
록하라 바벨론 왕이 오늘 예루살렘에
가까이 왔느니라

3 너는 이 반역하는 족속에게 비유를 베
풀어 이르기를 주 여호와께서 이같이
말씀하시기를 가마 하나를 걸라

4·5 건 후에 물을 붓고 양 떼에서 한 마리
를 골라 각을 뜨고 그 넓적다리와 어깨
고기의 모든 좋은 덩이를 그 가운데
모아 넣으며 고른 뼈를 가득히 담고 그
뼈를 위하여 가마 밑에 나무를 쌓아 넣
고 잘 삶되 가마 속의 뼈가 무르도록 삶
을지어다

6 ●그러므로 주 여호와께서 이같이 말
씀하셨느니라 피를 흘린 성읍, 녹슨 가마
곧 그 속의 녹을 없이하지 아니한 가
마여 화 있을진저 제비 뽑을 것도 없이
그 덩이를 하나하나 꺼낼지어다

7 그 피가 그 가운데에 있음이여 피를 땅
에 쏟아 티끌이 덮이게 하지 않고 맨 바
위 위에 두었도다

8 내가 그 피를 맨 바위 위에 두고 덮이
지 아니하게 함은 분노를 나타내어 보

응하려 함이로라

9 그러므로 주 여호와께서 이같이 말씀하
셨느니라 화 있을진저 피를 흘린 성읍이
여 내가 또 나무 무더기를 크게 하리라

10 나무를 많이 쌓고 불을 피워 그 고기를
삶아 녹이고 국물을 졸이고 그 뼈를 태
우고
24:5

11 가마가 빈 후에는 숯불 위에 놓아 뜨겁
게 하며 그 가마의 놋을 달궈서 그 속
에 더러운 것을 녹게 하며 녹이 소멸되
게 하라

12 이 성읍이 수고하므로 스스로 피곤하
나 많은 녹이 그 속에서 벗겨지지 아니
하며 불에서도 없어지지 아니하는도다

13 너의 더러운 것들 중에 음란이 그 하나
이니라 내가 너를 깨끗하게 하나 네가
깨끗하여지지 아니하니 내가 네게 향
한 분노를 풀기 전에는 네 더러움이 다
시 깨끗하여지지 아니하리라

14 나 여호와가 말하였은즉 그 일이 이루
어질지라 내가 돌이키지도 아니하고
아끼지도 아니하며 뉘우치지도 아니
하고 행하리니 그들이 네 모든 행위대
로 너를 재판하리라 주 여호와의 말씀
이니라

에스겔의 아내가 죽다

15 ●여호와의 말씀이 또 내게 임하여 이
르시되

16 인자야 내가 네 눈에 기뻐하는 것을 한
번 쳐서 빼앗으리니 너는 슬퍼하거나
울거나 눈물을 흘리거나 하지 말며

17 죽은 자들을 위하여 슬퍼하지 말고 조
용히 탄식하며 수건으로 머리를 동이
고 발에 신을 신고 입술을 가리지 말

24장 에는 무엇이 기록되어 있을까?

유다는 하나님을 거역하여 불순종
한 죄로 끓는 가마에 던져지듯 하나님의 심판을
받게 되었어요. 에스겔이 아내를 잃고도 슬퍼할
수 없었던 것은 하나님의 참혹하고 엄당한 마음
을 나타내는 것이지요. 하나님은 자기 백성을 눈
동자처럼 아끼시지만, 죄로 인해 모든 사람이 더
러워지는 것을 막기 위해 벌을 내리신답니다.

유다의 적들

시돈
두로
갈릴리 호수
예루살렘
암몬
블레셋
유다
모압
에돔

고 사람이 초상집에서 먹는 음식물을 먹지 말라 하신지라 삼상 15:30

18 내가 아침에 백성에게 말하였더니 저녁에 내 아내가 죽었으므로 아침에 내가 받은 명령대로 행하매

19 백성이 내게 이르되 네가 행하는 이 일이 우리와 무슨 상관이 있는지 너는 우리에게 말하지 아니하겠느냐 하므로

20 내가 그들에게 대답하기를 여호와의 말씀이 내게 임하여 이르시되

21 너는 이스라엘 족속에게 이르기를 주 여호와의 말씀에 내 성소는 너희 세력의 영광이요 너희 눈의 기쁨이요 너희 마음에 아낌이 되거니와 내가 더럽힐 것이며 너희의 버려 둔 자녀를 칼에 엎드러지게 할지라 삶 27:4

22 너희가 에스겔이 행한 바와 같이 행하여 입술을 가리지 아니하며 사람의 음식물을 먹지 아니하며

23 수건으로 머리를 동인 채, 발에 신을 신은 채로 두고 슬퍼하지도 아니하며 울지도 아니하되 죄악 중에 패망하여 피차 바라보고 탄식하리라

24 이같이 에스겔이 너희에게 표징이 되리니 그가 행한 대로 너희가 다 행할지라 이 일이 이루어지면 내가 주 여호와인 줄 너희가 알리라 하라 하셨느니라

25 ● 인자야 내가 그 힘과 그 즐거워하는 영광과 그 눈이 기뻐하는 것과 그 마음이 간절하게 생각하는 자녀를 데려가는 날

26 곧 그 날에 도피한 자가 네게 나와서 네 귀에 그 일을 들려 주지 아니하겠느냐

27 그 날에 네 입이 열려서 도피한 자에게 말하고 다시는 잠잠하지 아니하리라 이같이 너는 그들에게 표징이 되고 그들은 내가 여호와인 줄 알리라

암몬이 받을 심판 —B.C. 589년경

25

여호와의 말씀이 또 내게 임하여 이르시되

2 인자야 네 얼굴을 암몬 족속에게 돌리고 그들에게 예언하라

3 너는 암몬 족속에게 이르기를 너희는 주 여호와의 말씀을 들을지어다 주 여호와께서 이같이 말씀하셨느니라 내 성소가 더럽힘을 받을 때에 네가 그것에 관하여, 이스라엘 땅이 황폐할 때에 네가 그것에 관하여, 유다 족속이 사로잡힐 때에 네가 그들에 대하여 이르기를 아하 좋다 하였도다

4 그러므로 내가 너를 동방 사람에게 기업으로 넘겨 주리니 그들이 네 가운데에 진을 치며 네 가운데에 그 거처를 베풀며 네 열매를 먹으며 네 젖을 마실지라

5 내가 랍바를 낙타의 우리로 만들며 암몬 족속의 땅을 양 떼가 눕는 곳으로 삼은즉 내가 주 여호와인 줄 너희가 알리라 습 2:14

6 주 여호와께서 이같이 말씀하셨느니라 네가 이스라엘 땅에 대하여 손뼉을 치며 발을 구르며 마음을 다하여 멸시하며 즐거워하였나니

7 그런즉 내가 손을 네 위에 펴서 너를 다른 민족에게 넘겨 주어 노략을 당하게 하며 너를 만민 중에서 끊어 버리며 너를 여러 나라 가운데에서 패망하게 하

여 멸하리니 내가 주 여호와인 줄을 너희가 알리라 하셨다 하라

모압과 세일이 받을 심판

8 ●주 여호와께서 이같이 말씀하셨느니라 모압과 세일이 이르기를 유다 족속은 모든 이방과 다름이 없다 하도다
9 그러므로 내가 모압의 한쪽 곧 그 나라 국경에 있는 영화로운 성읍들 벧여시못과 바알므온과 기랴다임을 열고
10 암몬 족속과 더불어 동방 사람에게 넘겨 주어 기업을 삼게 할 것이라 암몬 족속이 다시는 이방 가운데에서 기억되지 아니하게 하려니와
11 내가 모압에 벌을 내리리니 내가 주 여호와인 줄을 너희가 알리라

에돔과 블레셋이 받을 심판

12 ●주 여호와께서 이같이 말씀하셨느니라 에돔이 유다 족속을 쳐서 원수를 갚았고 원수를 갚음으로 심히 범죄하였도다 ^{에 4:21}
13 그러므로 주 여호와께서 이같이 말씀하셨느니라 내가 내 손을 에돔 위에 펴서 사람과 짐승을 그 가운데에서 끊어 데만부터 드단까지 황폐하게 하리니 드단까지 칼에 엎드러지리라
14 내가 내 백성 이스라엘의 손으로 내 원수를 에돔에게 갚으리니 그들이 내 진노와 분노를 따라 에돔에 행한즉 내가 원수를 갚음인 줄을 에돔이 알리라 주 여호와의 말씀이니라
15 주 여호와께서 이같이 말씀하셨느니라 블레셋 사람이 옛날부터 미워하여 멸시하는 마음으로 원수를 갚아 진멸하고자 하였도다
16 그러므로 주 여호와께서 이같이 말씀하셨느니라 내가 블레셋 사람 위에 손을 펴서 그렛 사람을 끊으며 해변에 남은 자를 진멸하되
17 분노의 책벌로 내 원수를 그들에게 크게 갚으리라 내가 그들에게 원수를 갚은즉 내가 여호와인 줄을 그들이 알리라 하시니라

두로가 받을 심판 ─ B.C. 589년경

26 열한째 해 어느 달 초하루에 여호와의 말씀이 내게 임하여 이르시되
2 인자야 두로가 예루살렘에 관하여 이르기를 아하 만민의 문이 깨져서 내게로 돌아왔도다 그가 황폐하였으니 내가 충만함을 얻으리라 하였도다
3 그러므로 주 여호와께서 이같이 말씀하셨느니라 두로야 내가 너를 대적하여 바다가 그 파도를 굽이치게 함같이 여러 민족들이 와서 너를 치게 하리니
4 그들이 두로의 성벽을 무너뜨리며 그 망대를 헐 것이요 나도 티끌을 그 위에서 쓸어 버려 맨 바위가 되게 하며
5 바다 가운데에 그물 치는 곳이 되게 하리니 내가 말하였음이라 주 여호와의 말씀이니라 그가 이방의 노략거리가 될 것이요
6 들에 있는 그의 딸들은 칼에 죽으리니 그들이 나를 여호와인 줄을 알리라
7 ●주 여호와께서 이같이 말씀하셨느니라 내가 왕들 중의 왕 곧 바벨론의 느부갓네살 왕으로 하여금 북쪽에서 말과 병거와 기병과 군대와 백성의 큰 무리를 거느리고 와서 두로를 치게 할 때에
8 그가 들에 있는 너의 딸들을 칼로 죽이고 너를 치려고 사다리를 세우며 토성을 쌓고 방패를 갖출 것이며 ^{렘 6:6}
9 공성퇴를 가지고 네 성을 치며 도끼로 망대를 찍을 것이며
10 말이 많으므로 그 티끌이 너를 가릴 것이며 사람이 무너진 성 구멍으로 들어

26장 에는 무엇이 기록되어 있을까?

두로는 유다가 벌 받는 것을 보면서도 스스로를 돌아볼 줄 모르고, 유다가 망해서 차지하려 덤벼들어 하나님의 벌을 받았어요. 두로는 바다에서 물건을 사고팔아 부유한 나라가 되었지만, 하나님은 결국 두로도 멸망할 것이라고 말씀하셨지요. 이것은 실제로 알렉산더 대왕이 두로를 완전히 정복함으로써 이루어졌답니다.

가는 것 같이 그가 네 성문으로 들어갈 때에 그 기병과 수레와 병거의 소리로 말미암아 네 성곽이 진동할 것이며

11 그가 그 말굽으로 네 모든 거리를 밟을 것이며 칼로 네 백성을 죽일 것이며 네 견고한 석상을 땅에 엎드러뜨릴 것이며

12 네 재물을 빼앗을 것이며 네가 무역한 것을 노략할 것이며 네 성을 헐 것이며 네가 기뻐하는 집을 무너뜨릴 것이며 또 네 돌들과 네 재목과 네 흙을 다 물 가운데에 던질 것이라 26:5

13 내가 네 노래 소리를 그치게 하며 네 수금 소리를 다시 들리지 않게 하고

14 너를 맨 바위가 되게 한즉 네가 그물 말리는 곳이 되고 다시는 건축되지 못 하리니 나 여호와가 말하였음이니라 주 여호와의 말씀이니라

15 ●주 여호와께서 이같이 말씀하시되 네가 엎드러지는 소리에 모든 섬이 진동하지 아니하겠느냐 곧 너희 가운데에 상한 자가 부르짖으며 죽임을 당할 때에라

16 그 때에 바다의 모든 왕이 그 보좌에서 내려 조복을 벗으며 수 놓은 옷을 버리고 떨림을 입듯 하고 땅에 앉아서 너로 말미암아 무시로 떨며 놀랄 것이며

17 그들이 너를 위하여 슬픈 노래를 불러 이르기를 항해자가 살았던 유명한 성

읍이여 너와 너의 주민이 바다 가운데에 있어 견고하였도다 해변의 모든 주민을 두렵게 하였더니 어찌 그리 멸망하였는고

18 네가 무너지는 그날에 섬들이 진동할 것임이여 바다 가운데의 섬들이 네 결국을 보고 놀라리로다 하리라 26:15

19 ●주 여호와께서 이같이 말씀하셨느니라 내가 너를 주민이 없는 성읍과 같이 황폐한 성읍이 되게 하고 깊은 바다가 네 위에 오르게 하며 큰 물이 너를 덮게 할 때에

20 내가 너를 구덩이에 내려가는 자와 함께 내려가서 옛적 사람에게로 나아가게 하고 너를 그 구덩이에 내려간 자와 함께 땅 깊은 곳 예로부터 황폐한 곳에 살게 하리라 네가 다시는 사람이 거주하는 곳이 되지 못하리니 살아 있는 자의 땅에서 영광을 얻지 못하리라

21 내가 너를 패망하게 하여 다시 있지 못하게 하리니 사람이 비록 너를 찾으나 다시는 영원히 만나지 못하리라 주 여호와의 말씀이니라

두로에 대한 애가1- B.C. 589년경

27

여호와의 말씀이 내게 임하여 이르시되

2 인자야 너는 두로를 위하여 슬픈 노래를 지으라

3 너는 두로를 향하여 이르기를 바다 어귀에 거주하면서 여러 섬 백성과 거래하는 자여 주 여호와께서 이같이 말씀하시되 두로야 네가 말하기를 나는 온전히 아름답다 하였도다

4 네 땅이 바다 가운데에 있음이여 너를 지은 자가 네 아름다움을 온전하게 하였도다

5 스닐의 잣나무로 네 판자를 만들었음이여 너를 위하여 레바논의 백향목을 가져다 돛대를 만들었도다

6 바산의 상수리나무로 네 노를 만들었음이여 깃딤 섬 황양목에 상아로 꾸며 갑판을 만들었도다

7 애굽의 수 놓은 가는 베로 돛을 만들어 깃발을 삼았음이여 엘리사 섬의 청색 자색 베로 차일을 만들었도다

8 시돈과 아르왓 주민들이 네 사공이 되었음이여 두로야 네 가운데에 있는 지혜자들이 네 선장이 되었도다

9 그발의 노인들과 지혜자들이 네 가운데에서 배의 틈을 막는 자가 되었음이여 바다의 모든 배와 그 사공들은 네 가운데에서 무역하였도다

10 바사와 룻과 붓이 네 군대 가운데에서 병정이 되었음이여 네 가운데에서 방패와 투구를 달아 네 영광을 나타냈도다

11 아르왓 사람과 네 군대는 네 사방 성 위에 있었고 용사들은 네 여러 망대에 있었음이여 네 사방 성 위에 방패를 달아 네 아름다움을 온전하게 하였도다

12 ●다시스는 각종 보화가 풍부하므로 너와 거래하였음이여 은과 철과 주석과 납을 네 물품과 바꾸어 갔도다

13 야완과 두발과 메섹은 네 상인이 되었음이여 사람과 놋그릇을 가지고 네 상품을 바꾸어 갔도다

14 도갈마 족속은 말과 군마와 노새를 네 물품과 바꾸어 갔으며

15 드단 사람은 네 상인이 되었음이여 여러 섬이 너와 거래하여 상아와 박달나무를 네 물품과 바꾸어 갔도다

16 너의 제품이 풍부하므로 아람은 너와 거래하였음이여 남보석과 자색 베와 수 놓은 것과 가는 베와 산호와 홍보석을 네 물품과 바꾸어 갔도다

17 유다와 이스라엘 땅 사람이 네 상인이 되었음이여 민닛 밀과 과자와 꿀과 기름과 유향을 네 물품과 바꾸어 갔도다

18 너의 제품이 많고 각종 보화가 풍부하므로 다메섹이 너와 거래하였음이여 헬본 포도주와 흰 양털을 너와 거래하였도다

19 워단과 야완은 길쌈하는 실로 네 물품을 거래하였음이여 가공한 쇠와 계피와 대나무 제품이 네 상품 중에 있었도다

20 드단은 네 상인이 되었음이여 말을 탈 때 까는 천을 너와 거래하였도다

21 아라비아와 게달의 모든 고관은 네 손 아래 상인이 되어 어린 양과 숫양과 염소들, 그것으로 너와 거래하였도다

22 스바와 라아마의 상인들도 너의 상인들이 됨이여 각종 극상품 향재료와 각종 보석과 황금으로 네 물품을 바꾸어 갔도다

23 하란과 간네와 에덴과 스바와 앗수르와 길맛의 장사꾼들도 너의 상인들이라

24 이들이 아름다운 물품 곧 청색 옷과 수 놓은 물품과 빛난 옷을 백향목 상자에 담고 노끈으로 묶어 가지고 너와 거래하여 네 물품을 바꾸어 갔도다

25 다시스의 배는 떼를 지어 네 화물을 나르니 네가 바다 중심에서 풍부하여 영화가 매우 크도다

27장 에는 무엇이 기록되어 있을까?

어리석고 교만한 행동할 줄 모르던 두로가 멸망한 것을 슬퍼하는 노래예요. 그러나 이는 당시 세계적으로 이름을 널리 떨친 두로의 멸망을 진심으로 슬퍼한다기보다는, 하나님으로부터 벌을 받아 망하게 된 것을 비웃는 것이지요. 잘난 체하고 뽐내는 자는 결국 하나님으로부터 벌을 받게 됨을 교훈하고 있답니다.

길쌈(27:19) 실을 내어 옷감을 짜는 모든 일을 통틀어 이르는 말.
영화(28:7) 몸이 귀하게 되어서 이름이 남.

애굽이 받을 심판—B.C. 588년경

29 열째 해 열째 달 열두째 날에 여호와의 말씀이 내게 임하여 이르시되

2 인자야 너는 애굽의 바로 왕과 온 애굽으로 얼굴을 향하고 예언하라 2:8:21

3 너는 말하여 이르기를 주 여호와께서 이같이 말씀하시되 애굽의 바로 왕이여 내가 너를 대적하노라 너는 자기의 강들 가운데에 누운 큰 악어라 스스로 이르기를 나의 이 강은 내 것이라 내가 나를 위하여 만들었다 하는도다

4 내가 갈고리로 네 아가미를 꿰고 너의 강의 고기가 네 비늘에 붙게 하고 네 비늘에 붙은 강의 모든 고기와 함께 너를 너의 강들 가운데에서 끌어내고

5 너와 너의 강의 모든 고기를 들에 던지리니 네가 지면에 떨어지고 다시는 거두거나 모으지 못할 것은 내가 너를 들짐승과 공중의 새의 먹이로 주었음이라

6 애굽의 모든 주민이 내가 여호와인 줄을 알리라 애굽은 본래 이스라엘 족속에게 갈대 지팡이라

7 그들이 너를 손으로 잡은즉 네가 부러져서 그들의 모든 어깨를 찢었고 그들이 너를 의지한즉 네가 부러져서 그들의 모든 허리가 흔들리게 하였느니라

8 ●그러므로 주 여호와께서 이같이 말씀하셨느니라 내가 칼이 네게 임하게 하여 네게서 사람과 짐승을 끊은즉

9 애굽 땅이 사막과 황무지가 되리니 내가 여호와인 줄을 그들이 알리라 네가 스스로 이르기를 이 강은 내 것이라 내

가 만들었다 하도다

10 그러므로 내가 너와 네 강들을 쳐서 애굽 땅 믹돌에서부터 수에네 곧 구스지경까지 황폐한 황무지 곧 사막이 되게 하리니

11 그 가운데로 사람의 발도 지나가지 아니하며 짐승의 발도 지나가지 아니하고 거주하는 사람이 없이 사십 년이 지날지라

12 내가 애굽 땅을 황폐한 나라들 같이 황폐하게 하며 애굽 성읍도 사막이 된 나라들의 성읍 같이 사십 년 동안 황폐하게 하고 애굽 사람들은 각국 가운데로 흩으며 여러 민족 가운데로 헤치리라

13 주 여호와께서 이같이 말씀하셨느니라 사십 년 끝에 내가 만민 중에 흩은 애굽 사람을 다시 모아 내되

14 애굽의 사로잡힌 자들을 돌이켜 바드로스 땅 곧 그 고국 땅으로 돌아가게 할 것이라 그들이 거기에서 미약한 나라가 되되

15 나라 가운데에 지극히 미약한 나라가 되어 다시는 나라들 위에 스스로 높이지 못하리니 내가 그들을 감하여 다시는 나라들을 다스리지 못하게 할 것임

가장 깊은 유산

'록펠러'는 가난하였지만, 어려서부터 성경 말씀을 무엇보다 소중히 여기며 살았어요.

첫째, 하나님을 친아버지로 믿고 섬겨라.
둘째, 목사님을 하나님 다음으로 섬겨라.
셋째, 오른쪽 주머니에는 십일조를 보관해두어라.
넷째, 원수를 만들지 말라.
다섯째, 예배를 드릴 때 항상 앞자리에서 드려라.
여섯째, 아침마다 그날의 목표를 정하고 기도하라.
일곱째, 잠자리에 들기 전에는 반드시 하루를 반성하고 기도를 드려라.
여덟째, 남을 도울 수 있을 때는 힘껏 도와라.
아홉째, 주일예배는 꼭 본 교회에서 드려라.
열째, 아침에는 제일 먼저 성경을 읽어라.

29 에는 무엇이 기록되어 있을까?

애굽은 애굽 왕 바로가 하나님을 인정하지 않고 스스로 세상의 주인이 되려고 했기 때문에 벌을 받게 되었어요. 하나님이 애굽을 벌하시면 바로는 애굽과 온 세상의 주인이 자신이 아니라 하나님이심을 분명히 깨닫게 될 거예요. 그리고 이스라엘 민족도 더 이상 애굽을 의지하지 못할 거예요.

이라

16 그들이 다시는 이스라엘 족속의 의지가 되지 못할 것이요 이스라엘 족속은 돌이켜 그들을 바라보지 아니하므로 그 죄악이 기억되지 아니하려니와 내가 여호와인 줄을 그들이 알리라 하셨다 하라

느부갓네살이 애굽을 정복하리라

17 ●스물일곱째 해 첫째 달 초하루에 여호와의 말씀이 내게 임하여 이르시되

18 인자야 바벨론의 느부갓네살 왕이 그의 군대로 두로를 치게 할 때에 크게 수고하여 모든 머리털이 무지러졌고 모든 어깨가 벗어졌으나 그와 군대가 그 수고한 대가를 두로에서 얻지 못하였느니라

19 그러므로 주 여호와께서 이같이 말씀하셨느니라 내가 애굽 땅을 바벨론의 느부갓네살 왕에게 넘기리니 그가 그 무리를 잡아가며 물건을 노략하며 빼앗아 갈 것이라 이것이 그 군대의 보상이 되리라

20 그들의 수고는 나를 위하여 함인즉 그 대가로 내가 애굽 땅을 그에게 주었느니라 주 여호와의 말씀이니라

21 그 날에 나는 이스라엘 족속에게 한 뿔이 돋아나게 하고 나는 또 네가 그들 가운데에서 입을 열게 하리니 내가 여호와인 줄을 그들이 알리라

여호와께서 애굽을 심판하시다

30

또 여호와의 말씀이 내게 임하여 이르시되

2 인자야 너는 예언하여 이르라 주 여호와께서 이와 같이 말씀하시되 너희는

30장 에는 무엇이 기록되어 있을까?

여호와 심판 하시는 날이 가까이 왔으며 애굽과 그 동맹국들이 하나님 앞에서 무너질 것이라고 말했어요. 그리고 아직도 하나님보다 애굽을 더 의지하는 이스라엘의 어리석음을 꾸짖었지요. 30장에서는 각 나라와 사람에게 일어나는 여러 일이 오직 하나님의 뜻에 의해 일어나고 있음을 가르쳐준답니다.

통곡하며 이르기를 슬프다 이 날이여 하라

사 13:6

3 그 날이 가깝도다 여호와의 날이 가깝도다 구름의 날일 것이요 여러 나라들의 때이로다

4 애굽에 칼이 임할 것이라 애굽에서 죽임 당한 자들이 엎드러질 때에 구스에 심한 근심이 있을 것이며 애굽의 무리가 잡혀 가며 그 터가 헐릴 것이요

5 구스와 붓과 룻과 모든 섞인 백성과 굽과 및 동맹한 땅의 백성들이 그들과 함께 칼에 엎드러지리라

사 18:1; 20:4

6 ●여호와께서 이같이 말씀하셨느니라 애굽을 붙들어 주는 자도 엎드러질 것이요 애굽의 교만한 권세도 낮아질 것이라 믹돌에서부터 수에네까지 무리가 그 가운데에서 칼에 엎드러지리라 주 여호와의 말씀이니라

7 황폐한 나라들 같이 그들도 황폐할 것이며 사막이 된 성읍들 같이 그 성읍들도 사막이 될 것이라

8 내가 애굽에 불을 일으키며 그 모든 돕는 자를 멸할 때에 그들이 나를 여호와인 줄 알리라

9 그 날에 사절들이 내 앞에서 배로 나아가서 염려 없는 구스 사람을 두렵게 하리니 애굽의 재앙의 날과 같이 그들에게도 심한 근심이 있으리라 이것이 오리로다

10 ●주 여호와께서 이같이 말씀하셨느니라 내가 또 바벨론의 느부갓네살 왕의 손으로 애굽의 무리들을 끊으리니

11 그가 여러 나라 가운데에 강포한 자기 군대를 거느리고 와서 그 땅을 멸망시킬 때에 칼을 빼어 애굽을 쳐서 죽임 당

무지러지다(29:18) 물건의 줄이 몹시 닳거나 잘려 없어짐.

통곡(30:2) 목놓아 큰 소리로 욺.

동맹(30:5) 일정한 조건 안에서 서로 돕기로 약속하는 일시적 결합.

강포(30:11) 완강하고 포악함.

대적(30:22) 서로 맞서 겨룸.

위엄(31:2) 의젓하고 엄숙함.

애굽 왕의 큰 위엄을 나타내주는 왕의 보좌 (31:2)

한 자로 땅에 가득하게 하리라 _{28:7}

12 내가 그 모든 강을 마르게 하고 그 땅을 악인의 손에 팔겠으며 타국 사람의 손으로 그 땅과 그 가운데에 있는 모든 것을 황폐하게 하리라 나 여호와의 말이니라

13 주 여호와께서 이같이 말씀하셨느니라 내가 그 우상들을 없애며 신상들을 놉 가운데에서 부수며 애굽 땅에서 왕이 다시 나지 못하게 하고 그 땅에 두려움이 있게 하리라

14 내가 바드로스를 황폐하게 하며 소안에 불을 지르며 노 나라를 심판하며

15 내 분노를 애굽의 견고한 성읍 신에 쏟고 또 노 나라의 무리를 끊을 것이라

16 내가 애굽에 불을 일으키리니 신 나라가 심히 근심할 것이며 노 나라는 찢겨나누일 것이며 놉 나라가 날로 대적이 있을 것이며

17 아웬과 비베셋의 장정들은 칼에 엎드러질 것이며 그 성읍 주민들은 포로가될 것이라

18 내가 애굽의 멍에를 꺾으며 그 교만한 권세를 그 가운데에서 그치게 할 때에 드합느헤스에서는 날이 어둡겠고 그 성읍에는 구름이 덮일 것이며 그 딸들은 포로가 될 것이라

겔 46:20-26

19 이같이 내가 애굽을 심판하리니 내가 여호와인 줄을 그들이 알리라 하셨다 하라

애굽 왕의 꺾인 팔

20 ●열한째 해 첫째 달 일곱째 날에 여호와의 말씀이 내게 임하여 이르시되

21 인자야 내가 애굽의 바로 왕의 팔을 꺾

었더니 칼을 잡을 힘이 있도록 그것을 아주 싸매지도 못하였고 약을 붙여 싸매지도 못하였느니라

22 그러므로 주 여호와께서 이같이 말씀하셨느니라 내가 애굽의 바로 왕을 대적하여 그 두 팔 곧 성한 팔과 이미 꺾인 팔을 꺾어서 칼이 그 손에서 떨어지게 하고

23 애굽 사람을 뭇 나라 가운데로 흩으며 뭇 백성 가운데로 헤칠지라

24 내가 바벨론 왕의 팔을 견고하게 하고 내 칼을 그 손에 넘겨 주려니와 내가 바로의 팔을 꺾으리니 그가 바벨론 왕 앞에서 고통하기를 죽게 상한 자의 고통하듯 하리라

25 내가 바벨론 왕의 팔은 들어 주고 바로의 팔은 내려뜨릴 것이라 내가 내 칼을 바벨론 왕의 손에 넘기고 그를 들어 애굽 땅을 치게 하리니 내가 여호와인 줄을 그들이 알리라

26 내가 애굽 사람을 나라들 가운데로 흩으며 백성들 가운데로 헤치리니 내가 여호와인 줄을 그들이 알리라

한때 백양목 같았던 애굽 ──B.C. 587년경

31 열한째 해 셋째 달 초하루에 여호와의 말씀이 내게 임하여 이르시되

2 인자야 너는 애굽의 바로 왕과 그 무리에게 이르기를 네 큰 위엄을 누구에게 비하랴 _{사 10:33}

3 볼지어다 앗수르 사람은 가지가 아름답고 그늘은 숲의 그늘 같으며 키가 크고 꼭대기가 구름에 닿은 레바논 백향

31장 에는 무엇이 기록되어 있을까?

에스겔은 강대국이었던 앗수르가 바벨론에게 멸망당한 것처럼 애굽도 반드시 멸망할 것이라고 경고하였어요. 당시 애루살렘은 바벨론에 둘러싸여 매우 위태로운 상태였지요. 하지만 유다는 에스겔의 말을 듣고 난 후에도 여전히 하나님께 돌아오지 않았고, 결국 B.C. 586년에 멸망하고 말았답니다.

목이었느니라

4 물들이 그것을 기르며 깊은 물이 그것을 자라게 하며 강들이 그 심어진 곳을 둘러 흐르며 둑의 물이 들의 모든 나무에게까지 미치매

5 그 나무가 물이 많으므로 키가 들의 모든 나무보다 크며 굵은 가지가 번성하며 가는 가지가 길게 뻗어 나갔고

6 공중의 모든 새가 그 큰 가지에 깃들이며 들의 모든 짐승이 그 가는 가지 밑에 새끼를 낳으며 모든 큰 나라가 그 그늘 아래에 거주하였느니라

7 그 뿌리가 큰 물 가에 있으므로 그 나무가 크고 가지가 길어 모양이 아름다우매 　31:2, 9

8 하나님의 동산의 백향목이 능히 그를 가리지 못하며 잣나무가 그 굵은 가지만 못하며 단풍나무가 그 가는 가지만 못하며 하나님의 동산의 어떤 나무도 그 아름다운 모양과 같지 못하였도다

9 내가 그 가지를 많게 하여 모양이 아름답게 하였더니 하나님의 동산 에덴에 있는 모든 나무가 다 시기하였느니라

10 ●그러므로 주 여호와께서 이같이 말씀하셨느니라 그의 키가 크고 꼭대기가 구름에 닿아서 높이 솟았으므로

기자의 피라미드 (31:10-14)

마음이 교만하였은즉

11 내가 여러 나라의 능한 자의 손에 넘겨 줄지라 그가 임의로 대우할 것은 내가 그의 악으로 말미암아 쫓아내었음이라

12 여러 나라의 포악한 다른 민족이 그를 찍어 버렸으므로 그 가는 가지가 산과 모든 골짜기에 떨어졌고 그 굵은 가지가 그 땅 모든 물 가에 꺾어졌으며 세상 모든 백성이 그를 버리고 그 그늘 아래에서 떠나매

13 공중의 모든 새가 그 넘어진 나무에 거주하며 들의 모든 짐승이 그 가지에 있으리니 　사 18:6

14 이는 물 가에 있는 모든 나무는 키가 크다고 교만하지 못하게 하며 그 꼭대기가 구름에 닿지 못하게 하며 또 물을 마시는 모든 나무가 스스로 높아 서지 못하게 함이니 그들은 다 죽음에 넘겨 주어 사람들 가운데에서 구덩이로 내려가는 자와 함께 지하로 내려가게 하였음이라

15 ●주 여호와께서 이같이 말씀하셨느니라 그가 스올에 내려가던 날에 내가 그를 위하여 슬프게 울게 하며 깊은 바다를 덮어 낮은 강을 쉬게 하며 큰 물을 그치게 하고 레바논이 그를 위하여 슬프게 울게 하며 들의 모든 나무를 그로 말미암아 쇠잔하게 하였느니라

16 내가 그를 구덩이에 내려가는 자와 함께 스올에 떨어뜨리던 때에 백성들이 그 떨어지는 소리로 말미암아 진동하게 하였고 물을 마시는 에덴의 모든 나무 곧 레바논의 뛰어나고 아름다운 나무들이 지하에서 위로를 받게 하였느

17 그러나 그들도 그와 함께 스올에 내려
칼에 죽임을 당한 자에게 이르렀나니
그들은 옛적에 그의 팔이 된 자요 나라
들 가운데에서 그 그늘 아래에 거주하
던 자니라

18 ●너의 영광과 위대함이 에덴의 나무
들 중에서 어떤 것과 같은고 그러나 네
가 에덴의 나무들과 함께 지하에 내려
갈 것이요 거기에서 할례를 받지 못하
고 칼에 죽임을 당한 자 가운데에 누우
리라 이들은 바로와 그의 모든 군대니
라 주 여호와의 말씀이니라 하라 32:19

큰 악어 애굽 왕

32 열두째 해 열두째 달 초하루에
여호와의 말씀이 내게 임하여
이르시되

2 인자야 너는 애굽의 바로 왕에 대하여
슬픈 노래를 불러 그에게 이르라 너는
여러 나라에서 사자로 생각하였더니
실상은 바다 가운데의 큰 악어라 강에
서 뛰어 일어나 발로 물을 휘저어 그 강
을 더럽혔도다

3 주 여호와께서 이같이 말씀하셨으니
라 내가 많은 백성의 무리를 거느리고
내 그물을 네 위에 치고 그 그물로 너
를 끌어오리로다　호 7:12

4 내가 너를 뭍에 버리며 들에 던져 공중
의 새들이 네 위에 앉게 할 것임이여 온
땅의 짐승이 너를 먹어 배부르게 하리
로다

5 내가 네 살점을 여러 산에 두며 네 시
체를 여러 골짜기에 채울 것임이여

6 네 피로 네 헤엄치는 땅에 물 대듯 하
여 산에 미치게 하며 그 모든 개천을 채
우리로다

7 내가 너를 불 끄듯 할 때에 하늘을 가
리어 별을 어둡게 하며 해를 구름으로
가리며 달이 빛을 내지 못하게 할 것임
이여

8 하늘의 모든 밝은 빛을 내가 네 위에서
어둡게 하여 어둠을 네 땅에 베풀리로
다 주 여호와의 말씀이니라

9 내가 네 패망의 소문이 여러 나라 곧 네
가 알지 못하는 나라들에 이르게 할 때
에 많은 백성의 마음을 번뇌하게 할 것
임이여　개 18:10-15

10 내가 그 많은 백성을 너로 말미암아 놀
라게 할 것이며 내가 내 칼이 그들의 왕
앞에서 춤추게 할 때에 그 왕이 너로 말
미암아 심히 두려워할 것이며 네가 엎
드러지는 날에 그들이 각각 자기 생명
을 위하여 무시로 떨리로다

11 ●주 여호와께서 이같이 말씀하셨느
니라 바벨론 왕의 칼이 네게 오리로다

12 나는 네 무리가 용사 곧 모든 나라의
무서운 자들의 칼에 엎드러지게 할 것
임이여 그들이 애굽의 교만을 폐하며
그 모든 무리를 멸하리로다

13 내가 또 그 모든 짐승을 큰 물가에서
멸하리니 사람의 발이나 짐승의 굽이
다시는 그 물을 흐리지 못할 것임이여

14 그 때에 내가 그 물을 맑게 하여 그 강
이 기름 같이 흐르게 하리로다 주 여호
와의 말씀이니라

15 내가 애굽 땅이 황폐하여 사막이 되게
하여 거기에 풍성한 것이 없게 할 것임
이여 그 가운데의 모든 주민을 치리니
내가 여호와인 줄을 그들이 알리라

16 이는 슬피 부를 노래이니 여러 나라 여
자들이 이것을 슬피 부름이여 애굽과
그 모든 무리를 위하여 이것을 슬피 부
르리로다 주 여호와의 말씀이니라

죽은 자들의 세계

17 ●열두째 해 어느 달 열다섯째 날에 여

32 에는 무엇이 기록되어 있을까?

32장은 27장과 같이 애굽의 멸망
을 슬퍼하는 노래입니다. 그러나 이 노래 역시
한때 온 세계를 다스렸던 애굽의 멸망을 진심으
로 슬퍼하기보다는 애굽이 나리로 변모
멸망하였음을 비웃고 있는 것이지요. 이 노래는
하나님이 자신을 창조주와 주인으로 인정하지
않는 나라를 벌하신다고 경고하고 있답니다.

이스라엘의 주변 열강(27-32장)

지중해
두로 • 시돈
예루살렘 • 암몬
애굽 • 모압
에돔
아라비아

앗수르
• 바벨론
바빌로니아
엘람

호와의 말씀이 내게 임하여 이르시되

18 인자야 애굽의 무리를 위하여 슬피 울고 그와 유명한 나라의 여자들을 구덩이에 내려가는 자와 함께 지하에 던지며

19 이르라 너의 아름다움이 어떤 사람들보다도 뛰어나도다 너는 내려가서 할례를 받지 아니한 자와 함께 누울지어다

20 그들이 죽임을 당한 자 가운데에 엎드러질 것이여 그는 칼에 넘겨진 바 되었은즉 그와 그 모든 무리를 끌지어다

21 용사 가운데에 강한 자가 그를 돕는 자와 함께 스올 가운데서 그에게 말함이여 할례를 받지 아니한 자 곧 칼에 죽임을 당한 자들이 내려와서 가만히 누웠다 하리로다

22 ●거기에 앗수르와 그 온 무리가 있음이여 다 죽임을 당하여 칼에 엎드러진 자라 그 무덤이 그 사방에 있도다

23 그 무덤이 구덩이 깊은 곳에 만들어졌고 그 무리가 그 무덤 사방에 있음이여 그들은 다 죽임을 당하여 칼에 엎드러진 자 곧 생존하는 사람들의 세상에서 사람을 두렵게 하던 자로다

24 ●거기에 엘람이 있고 그 모든 무리가 *그 무덤 사방에 있음이여* 그들은 다 할례를 받지 못하고 죽임을 당하여 칼에 엎드러져 지하에 내려간 자로다 그들이 생존하는 사람들의 세상에서 두렵게 하였으나 이제는 구덩이에 내려가는 자와 함께 수치를 당하였도다

25 그와 그 모든 무리를 위하여 죽임을 당

한 자 가운데에 침상을 놓았고 그 여러 무덤은 사방에 있음이여 그들은 다 할례를 받지 못하고 칼에 죽임을 당한 자로다 그들이 생존하는 사람들의 세상에서 두렵게 하였으나 이제는 구덩이에 내려가는 자와 함께 수치를 당하고 죽임을 당한 자 가운데에 뉘었도다

26 ●거기에 메섹과 두발과 그 모든 무리가 있고 그 여러 무덤은 사방에 있음이여 그들은 다 할례를 받지 못하고 칼에 죽임을 당한 자로다 그들이 생존하는 사람들의 세상에서 두렵게 하였으나

27 그들이 할례를 받지 못한 자 가운데에 이미 엎드러진 용사와 함께 누운 것이 마땅하지 아니하냐 이 용사들은 다 무기를 가지고 스올에 내려가서 자기의 칼을 베개로 삼았으니 그 백골이 자기 죄악을 졌음이여 생존하는 사람들의 세상에서 용사의 두려움이 있던 자로다

28 오직 너는 할례를 받지 못한 자와 함께 패망할 것임이여 칼에 죽임을 당한 자와 함께 누우리로다

29 ●거기에 에돔 곧 그 왕들과 그 모든 고관이 있음이여 그들이 강성하였었으나 칼에 죽임을 당한 자와 함께 있겠고 할례를 받지 못하고 구덩이에 내려간 자와 함께 누우리로다

사 34:5-15

30 거기에 죽임을 당한 자와 함께 내려간 북쪽 모든 방백과 모든 시돈 사람이 있음이여 본래는 강성하였으므로 두렵게 하였으나 이제는 부끄러움을 품고 할례를 받지 못하고 칼에 죽임을 당한 자와 함께 누웠고 구덩이에 내려가는 자와 함께 수치를 당하였도다

31 ●바로가 그들을 보고 그 모든 무리로 말미암아 위로를 받을 것임이여 칼에 죽임을 당한 바로와 그 온 군대라 그리로다 주 여호와의 말씀이니라

32 내가 바로로 하여금 생존하는 사람들의 세상에서 사람을 두렵게 하게 하였으나 이제는 그가 그 모든 무리와 더불어 할례를 받지 못한 자 곧 칼에 죽임을 당한 자와 함께 누이리로다 주 여호와의 말씀이니라

여호와께서 에스겔을 파수꾼으로 삼으시다

(겔 3:16~21)・B.C. 586년경

33 여호와의 말씀이 내게 임하여 이르시되

2 인자야 너는 네 민족에게 말하여 이르라 가령 내가 칼을 한 땅에 임하게 한다 하자 그 땅 백성이 자기들 가운데의 하나를 택하여 파수꾼으로 삼은

3 그 사람이 그 땅에 칼이 임함을 보고 나팔을 불어 백성에게 경고하되 § 8:1

4 그들이 나팔 소리를 듣고도 정신차리지 아니하므로 그 임하는 칼에 제거함을 당하면 그 피가 자기의 머리로 돌아갈 것이나

5 그가 경고를 받았던들 자기 생명을 보전하였을 것이나 나팔 소리를 듣고도 경고를 받지 아니하였으니 그 피가 자기에게로 돌아가리라

6 그러나 칼이 임함을 파수꾼이 보고도 나팔을 불지 아니하여 백성에게 경고하지 아니하므로 그 중의 사람이 그 임하는 칼에 제거 당하면 그는 자기 죄악으로 말미암아 제거되려니와 그 죄는 내가 파수꾼의 손에서 찾으리라

7 ●인자야 내가 너를 이스라엘 족속의 파수꾼으로 삼음이 이와 같으니라 그런즉 너는 내 입의 말을 듣고 나를 대신하여 그들에게 경고할지어다 3:17~21

8 가령 내가 악인에게 이르기를 악인아 너는 반드시 죽으리라 하였을 때에 네가 그 악인에게 말로 경고하여 그의 길에서 떠나게 하지 아니하면 그 악인은 자기 죄악으로 말미암아 죽으려니와 내가 그의 피를 네 손에서 찾으리라

9 그러나 너는 악인에게 경고하여 돌이켜 그의 길에서 떠나라고 하되 그가 돌이켜 그의 길에서 떠나지 아니하면 그는 자기 죄악으로 말미암아 죽으려니와 너는 네 생명을 보전하리라

의인의 범죄와 악인의 회개

10 ●그런즉 인자야 너는 이스라엘 족속에게 이르기를 너희가 말하여 이르되 우리의 허물과 죄가 이미 우리에게 있어 우리로 그 가운데에서 쇠퇴하게 하니 어찌 능히 살리요 하거니와

11 너는 그들에게 말하라 주 여호와의 말씀이니라 나의 삶을 두고 맹세하노니 나는 악인이 죽는 것을 기뻐하지 아니하고 악인이 그의 길에서 돌이켜 떠나 사는 것을 기뻐하노라 이스라엘 족속아 돌이키고 돌이키라 너희 악한 길에서 떠나라 어찌 죽고자 하느냐 하셨다 하라

12 인자야 너는 네 민족에게 이르기를 의인이 범죄하는 날에는 그 공의가 구원하지 못할 것이요 악인이 돌이켜 그 악에서 떠나는 날에는 그 악이 그를 엎드러뜨리지 못할 것인즉 의인이 범죄하

33 에는 무엇이 기록되어 있을까?

누구든지 하나님 앞에서 죄를 지은 자는 반드시 자신의 죄에 대해 책임을 져야 해요. 그러나 하나님 앞에 죄를 뉘우친 사람들을 반드시 용서해주시므로, 그렇지 않은 사람들만 자신의 죄악으로 인해 벌을 받게 될 거예요. 에스겔은 이스라엘 사람들에게 이러한 사실을 널리 알리는 영적인 파수꾼으로 부르심을 받았답니다.

는 날에는 그 의로 말미암아 살지 못하
리라

13 가령 내가 의인에게 말하기를 너는 살
리라 하였다 하자 그가 그 공의를 스스
로 믿고 죄악을 행하면 그 모든 의로운
행위가 하나도 기억되지 아니하리니
그가 그 지은 죄악으로 말미암아 곧 그
안에서 죽으리라

14 가령 내가 악인에게 말하기를 너는 죽으
리라 하였다 하자 그가 돌이켜 자기의
죄에서 떠나서 정의와 공의로 행하여

15 저당물을 도로 주며 강탈한 물건을 돌
려 보내고 생명의 율례를 지켜 행하여
죄악을 범하지 아니하면 그가 반드시
살고 죽지 아니할지라

16 그가 본래 범한 모든 죄가 기억되지 아
니하리니 그가 반드시 살리라 이는 정
의와 공의를 행하였음이라 하라 18:22

17 ●그래도 네 민족은 말하기를 주의 길
이 바르지 아니하다 하는도다 그러나
실상은 그들의 길이 바르지 아니하니라

18 만일 의인이 돌이켜 그 공의에서 떠나
죄악을 범하면 그가 그 가운데에서 죽
을 것이요 18:26

19 만일 악인이 돌이켜 그 악에서 떠나 정
의와 공의대로 행하면 그가 그로 말미

암아 살리라

20 그러나 너희가 이르기를 주의 길이 바
르지 아니하다 하는도다 이스라엘 족
속아 나는 너희가 각기 행한 대로 심판
하리라 하시니라

예루살렘의 함락 소식

21 ●우리가 사로잡힌 지 열두째 해 열째
달 다섯째 날에 예루살렘에서부터 도
망하여 온 자가 내게 나아와 말하기를
그 성이 함락되었다 하였는데

22 그 도망한 자가 내게 나아오기 전날 저
녁에 여호와의 손이 내게 임하여 내 입
을 여시더니 다음 아침 그 사람이 내게
나아올 그 때에 내 입이 열리기로 내가
다시는 잠잠하지 아니하였노라

백성의 죄와 여호와의 맹세

23 ●여호와의 말씀이 내게 임하여 이르
시되

24 인자야 이 이스라엘의 이 황폐한 땅에
거주하는 자들이 말하여 이르기를 아
브라함은 오직 한 사람이라도 이 땅을
기업으로 얻었나니 우리가 많은즉 더
욱 이 땅을 우리에게 기업으로 주신 것
이 되느니라 하는도다 사 51:2

25 그러므로 너는 그들에게 이르기를 주
여호와께서 이같이 말씀하시되 너희
가 고기를 피째 먹으며 너희 우상들에
게 눈을 들며 피를 흘리니 그 땅이 너
희의 기업이 될까보냐

26 너희가 칼을 믿어 가증한 일을 행하며
각기 이웃의 아내를 더럽히니 그 땅이
너희의 기업이 될까보냐 하고 22:11

27 너는 그들에게 이르기를 주 여호와께
서 이같이 말씀하시되 내가 나의 삶을
두고 맹세하노니 황무지에 있는 자는
칼에 엎드러뜨리고 들에 있는 자는 들
짐승에게 넘겨 먹히게 하고 산성과 굴
에 있는 자는 전염병에 죽게 하리라

28 내가 그 땅이 황무지와 공포의 대상이
되게 하고 그 권능의 교만을 그치게 하
리니 이스라엘의 산들이 황폐하여 지
나갈 사람이 없으리라

비전을 심어주는
9봉예화

불안한 이유

불안과 두려움 때문에 정신병원을 찾은 사람에게
'하워드 캘리' 박사가 물었어요.
 "어디에 이상이 있어서 오셨나요?"
 "불안하기도 하고, 자꾸 심장이 뛰는 게 안정이 안
돼요. 아마 강박 관념 때문인 거 같아요."
대화 도중에 환자가 기독교인인 것을 알게 된 캘리
박사는 큰 소리로 말했어요.
 "하나님의 자녀인 당신이 무엇을 불안해합니까?
하나님 품안에 있는 당신이 도대체 무엇을 불안해하면
무엇입니까? 당신은 구세주이신 주님을 찾아 그분을
의지하려 하지 않고 자꾸만 자기 자신을 의지하려니
까 불안한 것입니다."

29 내가 그들이 행한 모든 가증한 일로 말미암아 그 땅을 황무지와 공포의 대상이 되게 하면 그 때에 내가 여호와인 줄을 그들이 알리라 하라

선지자의 말과 백성

30 ● 인자야 네 민족이 담 곁에서와 집 문에서 너에 대하여 말하며 각각 그 형제와 더불어 말하여 이르기를 자, 가서 여호와께로부터 무슨 말씀이 나오는가 들어 보자 하고

31 백성이 모이는 것 같이 네게 나아오며 내 백성처럼 네 앞에 앉아서 네 말을 들으나 그대로 행하지 아니하나니 이는 그 입으로는 사랑을 나타내어도 마음으로는 이익을 따름이라

32 그들은 네가 고운 음성으로 사랑의 노래를 하며 음악을 잘하는 자 같이 여겼나니 네 말을 듣고도 행하지 아니하거니와

33 그 말이 응하리니 응할 때에는 그들이 한 선지자가 자기 가운데에 있었음을 알리라

자기만 먹는 이스라엘 목자들

34 여호와의 말씀이 내게 임하여 이르시되

2 인자야 너는 이스라엘 목자들에게 예언하라 그들 곧 목자들에게 예언하여 이르기를 주 여호와께서 이같이 말씀하시되 자기만 먹는 이스라엘 목자들은 화 있을진저 목자들이 양 떼를 먹이는 것이 마땅하지 아니하냐 ^{행 23:1}

3 너희가 살진 양을 잡아 그 기름을 먹으며 그 털을 입되 양 떼는 먹이지 아니

목자와 양 떼(34:2)

하는도다

4 너희가 그 연약한 자를 강하게 아니하며 병든 자를 고치지 아니하며 상한 자를 싸매 주지 아니하며 쫓기는 자를 돌아오게 하지 아니하며 잃어버린 자를 찾지 아니하고 다만 포악으로 그것들을 다스렸도다

5 목자가 없으므로 그것들이 흩어지고 흩어져서 모든 들짐승의 밥이 되었도다

6 내 양 떼가 모든 산과 높은 멧부리에마다 유리되었고 내 양 떼가 온 지면에 흩어졌으되 찾고 찾는 자가 없었도다

여호와께서 양 떼를 구원하시리라

7 ● 그러므로 목자들아 여호와의 말씀을 들을지어다

8 주 여호와의 말씀에 내가 나의 삶을 두고 맹세하노라 내 양 떼가 노략거리가 되고 모든 들짐승의 밥이 된 것은 목자가 없기 때문이라 내 목자들이 내 양을 찾지 아니하고 자기만 먹이고 내 양 떼를 먹이지 아니하였도다

9 그러므로 너희 목자들아 여호와의 말씀을 들을지어다

10 주 여호와께서 이같이 말씀하시되 내가 목자들을 대적하여 내 양 떼를 그들의 손에서 찾으리니 목자들이 양을 먹이지 못할 뿐 아니라 그들이 다시는 자기도 먹이지 못할지라 내가 내 양을 그들의 입에서 건져내어서 다시는 그 먹이가 되지 아니하게 하리라

11 주 여호와께서 이같이 말씀하셨느니라 나 곧 내가 내 양을 찾고 찾되

12 목자가 양 가운데에 있는 날에 양이 흩

34장 에는 무엇이 기록되어 있을까?

에스겔은 거짓 목자와 참 목자의 비유를 들어, 유다 사람들에게 하나님의 인도하심을 따르는 것만이 진정으로 살 길임을 말했어요. 여기서 거짓 목자란 사람들을 멸망의 길로 인도한 유다의 지도자들을 뜻하고, 참 목자란 악한 사람을 심판하시고 의로운 사람들을 생명으로 인도하시는 하나님과 예수님을 뜻한답니다.

어졌으면 그 떼를 찾는 것 같이 내가 내 양을 찾아서 흐리고 캄캄한 날에 그 흩어진 모든 곳에서 그것들을 건져낼지라

13 내가 그것들을 만민 가운데에서 끌어내며 여러 백성 가운데에서 모아 그 본토로 데리고 가서 이스라엘 산 위에와 시냇가에와 그 땅 모든 거주지에서 먹이되

14 좋은 꼴을 먹이고 그 우리를 이스라엘 높은 산에 두리니 그것들이 그 곳에 있는 좋은 우리에 누워 있으며 이스라엘 산에서 살진 꼴을 먹으리라 ▲ 10:9

15 내가 친히 내 양의 목자가 되어 그것들을 누워 있게 할지라 주 여호와의 말씀이니라

16 그 잃어버린 자를 내가 찾으며 쫓기는 자를 내가 돌아오게 하며 상한 자를 내가 싸매 주며 병든 자를 내가 강하게 하려니와 살진 자와 강한 자는 내가 없애고 정의대로 그것들을 먹이리라

17 ●주 여호와께서 이같이 말씀하셨느니라 나의 양 떼 너희여 내가 양과 양 사이와 숫양과 숫염소 사이에서 심판하노라

18 너희가 좋은 꼴을 먹는 것을 작은 일로 여기느냐 어찌하여 남은 꼴을 발로 밟았느냐 너희가 맑은 물을 마시는 것을 작은 일로 여기느냐 어찌하여 남은 물을 발로 더럽혔느냐 민 16:9-13

19 나의 양은 너희 발로 밟은 것을 먹으며

너희 발로 더럽힌 것을 마시는도다 하셨느니라

20 ●그러므로 주 여호와께서 그들에게 이같이 말씀하시되 나 곧 내가 살진 양과 파리한 양 사이에서 심판하리라

21 너희가 옆구리와 어깨로 밀어뜨리고 모든 병든 자를 뿔로 받아 무리를 밖으로 흩어지게 하는도다

22 그러므로 내가 내 양 떼를 구원하여 그들로 다시 노략거리가 되지 아니하게 하고 양과 양 사이에 심판하리라

23 내가 한 목자를 그들 위에 세워 먹이게 하리니 그는 내 종 다윗이라 그가 그들을 먹이고 그들의 목자가 될지라

24 나 여호와는 그들의 하나님이 되고 내 종 다윗은 그들 중에 왕이 되리라 나 여호와의 말이니라

25 ●내가 또 그들과 화평의 언약을 맺고 악한 짐승을 그 땅에서 그치게 하리니 그들이 빈 들에서 평안히 거하며 수풀 가운데에서 잘지라

26 내가 그들에게 복을 내리고 내 산 사방에 복을 내리며 때를 따라 소나기를 내리되 복된 소나기를 내리리라 사 56:7

27 그리한즉 밭에 나무가 열매를 맺으며 땅이 그 소산을 내리니 그들이 그 땅에서 평안할지라 내가 그들의 멍에의 나무를 꺾고 그들을 종으로 삼은 자의 손

선생님! 궁금해요

왜 성경책 옆에 빨간색이나 금색을 칠해 놓아요?

성경책 옆 부분을 살펴보면 빨간색, 혹은 금색이 칠해져 있어요. 그것은 이유가 있답니다. 빨간색은 예수님이 십자가에 못박혀 죽으시면서 흘리신 피를 나타내는 거예요. 죄를 씻어주시는 예수님의 보혈이 빨간색이기 때문이지요. 금색을 칠한 성경책도 있죠? 황금색은 아름답고 좋은 하늘 나라를 상징하는 것이지요. 또 황금색은 '변하지 않는 말씀'이라는 뜻도 있어요.

하지만 성경책 색깔이 검정색이든 하얀색이든 노란색이든 파란색이든 상관없어요. 제일 중요한 것은 색깔이 아니라 그 성경책을 하나님의 말씀으로 믿으며 그 말씀대로 살아가는 것이랍니다.

28장 13절

에서 그들을 건져낸 후에 내가 여호와
인 줄을 그들이 알겠고 시 85:12

28 그들이 다시는 이방의 노략거리가 되지 아니하며 땅의 짐승들에게 잡아먹히지도 아니하고 평안히 거주하리니 놀랠 사람이 없으리라

29 내가 그들을 위하여 파종할 좋은 땅을 일으키리니 그들이 다시는 그 땅에서 기근으로 멸망하지 아니할지며 다시는 여러 나라의 수치를 받지 아니할지라

30 그들이 내가 여호와 그들의 하나님이며 그들과 함께 있는 줄을 알고 그들 곧 이스라엘 족속이 내 백성인 줄 알리라 주 여호와의 말씀이라

31 내 양 곧 내 초장의 양 너희는 사람이요 나는 너희 하나님이라 주 여호와의 말씀이니라

세일 산과 에돔이 황무하리라 — B.C. 586년경

35 또 여호와의 말씀이 내게 임하여 이르시되

2 인자야 네 얼굴을 세일 산으로 향하고 그에게 예언하여

3 이르기를 주 여호와께서 이같이 말씀하시되 세일 산아 내가 너를 대적하여 내 손을 네 위에 펴서 너를 황무지와 공포의 대상이 되게 할지라

4 내가 네 성읍들을 무너뜨리며 네가 황폐하게 되리니 네가 나를 여호와인 줄을 알리라 겔 1:3

5 네가 옛날부터 한을 품고 이스라엘 족속의 환난 때 곧 죄악의 마지막 때에 칼의 위력에 그들을 넘겼도다 겔 1:10

6 그러므로 주 여호와의 말씀이니라 내가 나의 삶을 두고 맹세하노니 내가 너

35에는 무엇이 기록되어 있을까?

에돔은 이스라엘이 하나님의 택한 백성임을 알면서도 그들을 공격하고 그들의 땅인 가나안을 넘보았어요. 에돔은 오늘날 하나님과 그분의 백성들을 공격하는 이 세상을 상징하지요. 따라서 하나님은 에돔을 벌하시는 것을 통해 하나님이 세상을 심판하시고 자신의 택한 백성을 구원하시리라는 사실을 보여주셨어요.

에게 피를 만나게 한즉 피가 너를 따르리라 네가 피를 미워하지 아니하였은즉 피가 너를 따르리라 16:38

7 내가 세일 산이 황무지와 폐허가 되게 하여 그 위에 왕래하는 자를 다 끊을지라

8 내가 그 죽임 당한 자를 그 여러 산에 채우되 칼에 죽임 당한 자를 네 여러 멧부리와, 골짜기와, 모든 시내에 엎드러지게 하고

9 너를 영원히 황폐하게 하여 네 성읍들에 다시는 거주하는 자가 없게 하리니 내가 여호와인 줄을 너희가 알리라

10 ●네가 말하기를 이 두 민족과 두 땅은 다 내 것이며 내 기업이 되리라 하였도다 그러나 여호와께서 거기에 계셨느니라

11 그러므로 주 여호와의 말씀이니라 내가 나의 삶을 두고 맹세하노니 네가 그들을 미워하여 노하며 질투한 대로 내가 네게 행하여 너를 심판할 때에 그들이 나를 알게 하리라 암 1:11

12 네가 이스라엘 산들을 가리켜 말하기를 저 산들이 황폐하였으므로 우리에게 넘겨 주어서 삼키게 되었다 하여 욕하는 모든 말을 나 여호와가 들은 줄을 네가 알리로다

13 너희가 나를 대적하여 입으로 자랑하며 나를 대적하여 여러 가지로 말한 것을 내가 들었노라

14 주 여호와께서 이같이 말씀하셨느니라 온 땅이 즐거워할 때에 내가 너를 황폐하게 하리라

15 이스라엘 족속의 기업이 황폐하므로 네가 즐거워한 것 같이 내가 너를 황폐하게 하리라 세일 산아 너와 에돔 온 땅이 황폐하리니 내가 여호와인 줄을 무리가 알리라 하셨다 하라

이스라엘이 받을 복 — B.C. 586년경

36 인자야 너는 이스라엘 산들에게 예언하여 이르기를 이스라엘 산들아 여호와의 말씀을 들으라

2 주 여호와께서 이같이 말씀하시기를 원수들이 네게 대하여 말하기를 아하 옛적 높은 곳이 우리의 기업이 되었도다 하였느니라

3 그러므로 너는 예언하여 이르기를 주 여호와께서 이같이 말씀하시기를 그들이 너희를 황폐하게 하고 너희 사방을 삼켜 너희가 남은 이방인의 기업이 되게 하여 사람의 말거리와 백성의 비방거리가 되게 하였도다

4 그러므로 이스라엘 산들아 주 여호와의 말씀을 들을지어다 산들과 멧부리들과 시내들과 골짜기들과 황폐한 사막들과 사방에 남아 있는 이방인의 노략거리와 조롱거리가 된 버린 성읍들에게 주 여호와께서 이같이 말씀하셨느니라

5 주 여호와께서 이같이 말씀하시기를 내가 진실로 내 맹렬한 질투로 남아 있는 이방인과 에돔 온 땅을 쳐서 말하였노니 이는 그들이 심히 즐거워하는 마음과 멸시하는 심령으로 내 땅을 빼앗아 노략하여 자기 소유를 삼았음이라

6 그러므로 너는 이스라엘 땅에 대하여 예언하되 그 산들과 멧부리들과 시내들과 골짜기들에 관하여 이르기를 주 여호와께서 이같이 말씀하시기를 내가 내 질투와 내 분노로 말하였나니 이는 너희가 이방의 수치를 당하였음이라

7 그러므로 주 여호와께서 이같이 말씀하시기를 내가 맹세하였은즉 너희 사방에 있는 이방인이 자신들의 수치를 반드시 당하리라 20:6, 15

8 그러나 너희 이스라엘 산들아 너희는 가지를 내고 내 백성 이스라엘을 위하여 열매를 맺으리니 그들이 올 때가 가까이 이르렀음이라

9 내가 돌이켜 너희와 함께 하리니 사람이 너희를 갈고 심을 것이며

10 내가 또 사람을 너희 위에 많게 하리니 이들은 이스라엘 온 족속이라 그들로 성읍들에 거주하게 하며 빈 땅에 건축하게 하리라

11 내가 너희 위에 사람과 짐승을 많게 하되 그들의 수가 많고 번성하게 할 것이라 너희 전 지위대로 사람이 거주하게 하여 너희를 처음보다 낫게 대우하리니 내가 여호와인 줄 너희가 알리라

12 내가 사람을 너희 위에 다니게 하리니 그들은 내 백성 이스라엘이라 그들이 너를 얻고 너는 그 기업이 되어 다시는 그들이 자식들을 잃어버리지 않게 하리라

13 주 여호와께서 이같이 말씀하셨느니라 그들이 너희에게 이르기를 너는 사람을 삼키는 자요 네 나라 백성을 제거한 자라 하거니와

14 네가 다시는 사람을 삼키지 아니하며 다시는 네 나라 백성을 제거하지 아니하리라 주 여호와의 말씀이니라

15 내가 또 너를 여러 나라의 수치를 듣지 아니하게 하며 만민의 비방을 다시 받지 아니하게 하며 네 나라 백성을 다시 넘어뜨리지 아니하게 하리라 주 여호와의 말씀이니라 하셨다 하라

이스라엘을 정결하게 하시다

16 ● 여호와의 말씀이 또 내게 임하여 이르시되

36 에는 무엇이 기록되어 있을까?

하나님은 이스라엘의 옛 땅을 돌려받고 다시 하나님의 백성으로 살게 될 것을 분명하게 말씀하셨어요. 이것은 바벨론에 잡혀 간 이스라엘 사람들이 포로 생활에서 풀려나고 예루살렘과 다시 세워지면서 성취되지만, 그러나 최종적으로는 마지막 날에 예수 그리스도가 다시 오실 때, 이 말씀이 온전히 이뤄지게 된답니다.

비방(36:3) 남을 헐뜯어서 욕함.
멧부리(36:4) 산의 봉우리나 등성이의 가장 높은 꼭대기.
노략(36:4) 떼를 지어 재물을 빼앗아 감.
번성(36:11) 한창 잘되어 성함.
기업(36:12) 대대로 전해오는 사업과 재산.
소산(36:30) 생산되는 모든 것.
가증(36:31) 보기에 괘씸하고 얄미움.
정결(36:33) 말쑥하고 깨끗함.

17 인자야 이스라엘 족속이 그들의 고국 땅에 거주할 때에 그들의 행위로 그 땅을 더럽혔나니 나 보기에 그 행위가 월경 중에 있는 여인의 부정함과 같았느니라 렘 2:7

18 그들이 땅 위에 피를 쏟았으며 그 우상들로 말미암아 자신들을 더럽혔으므로 내가 분노를 그들 위에 쏟아

19 그들을 그 행위대로 심판하여 각국에 흩으며 여러 나라에 헤쳤더니

20 그들이 이른바 그 여러 나라에서 내 거룩한 이름이 그들로 말미암아 더러워졌나니 곧 사람들이 그들을 가리켜 이르기를 이들은 여호와의 백성이라도 여호와의 땅에서 떠난 자라 하였음이라

21 그러나 이스라엘 족속이 들어간 그 여러 나라에서 더럽힌 내 거룩한 이름을 내가 아꼈노라

22 ●그러므로 너는 이스라엘 족속에게 이르기를 주 여호와께서 이같이 말씀하시기를 이스라엘 족속아 내가 이렇게 행함은 너희를 위함이 아니요 너희가 들어간 그 여러 나라에서 더럽힌 나의 거룩한 이름을 위함이라

23 여러 나라 가운데에서 더럽혀진 이름 곧 너희가 그들 가운데에서 더럽힌 나의 큰 이름을 내가 거룩하게 할지라 내가 그들의 눈 앞에서 너희로 말미암아 나의 거룩함을 나타내리니 내가 여호와인 줄을 여러 나라 사람이 알리라 주 여호와의 말씀이니라

24 내가 너희를 여러 나라 가운데에서 인도하여 내고 여러 민족 가운데에서 모아 데리고 고국 땅에 들어가서 34:13

25 맑은 물을 너희에게 뿌려서 너희로 정결하게 하되 곧 너희 모든 더러운 것에서와 모든 우상 숭배에서 너희를 정결하게 할 것이며

26 또 새 영을 너희 속에 두고 새 마음을 너희에게 주되 너희 육신에서 ¹굳은 마음을 제거하고 ²부드러운 마음을 줄

것이며

27 또 내 영을 너희 속에 두어 너희로 내 율례를 행하게 하리니 너희가 내 규례를 지켜 행할지라

28 내가 너희 조상들에게 준 땅에서 너희가 거주하면서 내 백성이 되고 나는 너희 하나님이 되리라

29 내가 너희를 모든 더러운 데에서 구원하고 곡식이 풍성하게 하여 기근이 너희에게 닥치지 아니하게 할 것이며

30 또 나무의 열매와 밭의 소산을 풍성하게 하여 너희가 다시는 기근의 욕을 여러 나라에게 당하지 아니하게 하리니

31 그 때에 너희가 너희 악한 길과 너희 좋지 못한 행위를 기억하고 너희 모든 죄악과 가증한 일로 말미암아 스스로 밉게 보리라

32 ●주 여호와의 말씀이니라 내가 이렇게 행함은 너희를 위함이 아닌 줄을 너희가 알리라 이스라엘 족속아 너희 행위로 말미암아 부끄러워하고 한탄할지어다

33 주 여호와께서 이같이 말씀하셨느니라 내가 너희를 모든 죄악에서 정결하게 하는 날에 성읍들에 사람이 거주하며 황폐한 것이 건축되게 할 것인즉

34 전에는 지나가는 자의 눈에 황폐하게

옥토를 만들려면

제주도에 가면 돌담이 많이 있어요. 집집마다 돌로 담을 만들고, 채소들이 자라는 밭에도 돌담을 해놓았지요. 왜 담을 같이보면 나오는 돌들을 골라내어 주위에 쌓아놓은 것이 돌담이 된 것이에요.

좋은 땅을 만들고 좋은 밭을 만들려면 딱딱한 돌을 골라내야만 해요. 마찬가지로 우리의 마음밭을 하나님의 말씀이 열매를 맺는 옥토로 만들기 위해서는 마음밭에 널려 있는 돌멩이들을 제거해야만 한답니다. 미움, 시기, 질투, 분노, 욕심, 나태, 방탕, 거짓 등 모든 돌이 사라질 때, 하나님의 말씀은 뿌리를 깊게 내리고 많은 열매를 거둘 거예요.

보이던 그 황폐한 땅이 장차 경작이 될 지라 36:9

35 사람이 이르기를 이 땅이 황폐하더니 이제는 에덴 동산 같이 되었고 황량하고 적막하고 무너진 성읍들에 성벽과 주민이 있다 하리니

36 너희 사방에 남은 이방 사람이 나 여호와가 무너진 곳을 건축하며 황폐한 자리에 심은 줄을 알리라 나 여호와가 말하였으니 이루리라

37 ●주 여호와께서 이같이 말씀하셨느니라 그래도 이스라엘 족속이 이같이 자기들에게 이루어 주기를 내게 구하여야 할지라 내가 그들의 수효를 양 떼 같이 많아지게 하되

38 제사드릴 양 떼 곧 예루살렘이 정한 절기의 양 무리 같이 황폐한 성읍을 사람의 떼로 채우리라 그리한즉 그들이 나를 여호와인 줄 알리라 하셨느니라

이스라엘 민족의 상징인 메노라가 양각된 기둥머리(37:16-17)

마른 뼈들이 살아나다 B.C. 586년경

37 여호와께서 권능으로 내게 임재하시고 그의 영으로 나를 데리고 가서 골짜기 가운데 두셨는데 거기 뼈가 가득하더라

2 나를 그 뼈 사방으로 지나가게 하시기로 본즉 그 골짜기 지면에 뼈가 심히 많고 아주 말랐더라

3 그가 내게 이르시되 인자야 이 뼈들이 능히 살 수 있겠느냐 하시기로 내가 대답하되 주 여호와여 주께서 아시나이다

4 또 내게 이르시되 너는 이 모든 뼈에게 대언하여 이르기를 너희 마른 뼈들아 여호와의 말씀을 들을지어다

37 에는 무엇이 기록되어 있을까?

하나님은 에스겔에게 골짜기의 마른 뼈들이 다시 살아나고 두 막대기가 하나가 되는 환상을 보여주셨어요. 여기서 '마른 뼈'는 바벨론에 포로로 잡혀 간 이스라엘 사람들을, '두 막대기'는 남북 이스라엘을 상징하고 있지요. 이 환상은 하나님의 놀라운 계획 가운데 이스라엘이 하나로 회복될 것을 뜻한답니다.

5 주 여호와께서 이 뼈들에게 이같이 말씀하시기를 내가 생기를 너희에게 들어가게 하리니 너희가 살아나리라

6 너희 위에 힘줄을 두고 살을 입히고 가죽으로 덮고 너희 속에 생기를 넣으리니 너희가 살아나리라 또 내가 여호와인 줄 너희가 알리라 하셨다 하라

7 ●이에 내가 명령을 따라 대언하니 대언할 때에 소리가 나고 움직이며 이 뼈, 저 뼈가 들어 맞아 뼈들이 서로 연결되더라

8 내가 또 보니 그 뼈에 힘줄이 생기고 살이 오르며 그 위에 가죽이 덮이나 그 속에 생기는 없더라

9 또 내게 이르시되 인자야 너는 생기를 향하여 대언하라 생기에게 대언하여 이르기를 주 여호와께서 이같이 말씀하시기를 생기야 사방에서부터 와서 이 죽음을 당한 자에게 불어서 살아나게 하라 하셨다 하라

10 이에 내가 그 명령대로 대언하였더니 생기가 그들에게 들어가매 그들이 곧 살아나서 일어나 서는데 극히 큰 군대더라

11 ●또 내게 이르시되 인자야 이 뼈들은 이스라엘 온 족속이라 그들이 이르기를 우리의 뼈들이 말랐고 우리의 소망이 없어졌으니 우리는 다 멸절되었다 하느니라

12 그러므로 너는 대언하여 그들에게 이르기를 주 여호와께서 이같이 말씀하시기를 내 백성들아 내가 너희 무덤을 열고 너희로 거기에서 나오게 하고 이

스라엘 땅으로 들어가게 하리라
13 내 백성들아 내가 너희 무덤을 열고 너
희로 거기에서 나오게 한즉 너희는 내
가 여호와인 줄을 알리라　　37:6, 12
14 내가 또 내 영을 너희 속에 두어 너희
가 살아나게 하고 내가 또 너희를 너희
고국 땅에 두리니 나 여호와가 이 일을
말하고 이룬 줄을 너희가 알리라 여호
와의 말씀이니라

유다와 이스라엘의 통일

15 ●여호와의 말씀이 또 내게 임하여 이
르시되
16 인자야 너는 막대기 하나를 가져다가
그 위에 유다와 그 짝 이스라엘 자손이
라 쓰고 또 다른 막대기 하나를 가지고
그 위에 에브라임의 막대기 곧 요셉과
그 짝 이스라엘 온 족속이라 쓰고
17 그 막대기들을 서로 합하여 하나가 되
게 하라 네 손에서 둘이 하나가 되리라
18 네 민족이 네게 말하여 이르기를 이것
이 무슨 뜻인지 우리에게 말하지 아니
하겠느냐 하거든
19 너는 곧 이르기를 주 여호와께서 이같
이 말씀하시기를 내가 에브라임의 손
에 있는 바 요셉과 그 짝 이스라엘 지
파들의 막대기를 가져다가 유다의 막
대기에 붙여서 한 막대기가 되게 한즉

20 너는 그 글 쓴 막대기들을 무리의 눈
앞에서 손에 잡고
21 그들에게 이르기를 주 여호와께서 이
같이 말씀하시기를 내가 이스라엘 자
손을 잡혀 간 여러 나라에서 인도하며
그 사방에서 모아서 그 고국 땅으로 돌
아가게 하고
22 그 땅 이스라엘 모든 산에서 그들이 한
나라를 이루어서 한 임금이 모두 다스
리게 하리니 그들이 다시는 두 민족이
되지 아니하며 두 나라로 나누이지 아
니할지라
23 그들이 그 우상들과 가증한 물건과 그
모든 죄악으로 더 이상 자신들을 더럽
히지 아니하리라 내가 그들을 그 범죄
한 모든 처소에서 구원하여 정결하게
한즉 그들은 내 백성이 되고 나는 그들
의 하나님이 되리라　　43:7
24 ●내 종 다윗이 그들의 왕이 되리니 그
들 모두에게 한 목자가 있을 것이며 그
들이 내 규례를 준수하고 내 율례를
지켜 행하며
25 내가 내 종 야곱에게 준 땅 곧 그의 조
상들이 거주하던 땅에 그들이 거주하
되 그들과 그들의 자자 손손이 영원히
거기에 거주할 것이요 내 종 다윗이 영
원히 그들의 왕이 되리라
26 내가 그들과 화평의 언약을 세워서 영
원한 언약이 되게 하고 또 그들을 견고
하고 번성하게 하며 내 성소를 그 가운
데에 세워서 영원히 이르게 하리니
27 내 처소가 그들 가운데에 있을 것이며
나는 그들의 하나님이 되고 그들은 내
백성이 되리라
28 내 성소가 영원토록 그들 가운데에 있
으리니 내가 이스라엘을 거룩하게 하
는 여호와인 줄을 열국이 알리라 하셨
다 하라

하나님의 도구 곡──B.C. 586년경

38
여호와의 말씀이 내게 임하여
이르시되

---

2 인자야 너는 마곡 땅에 있는 로스와 메섹과 두발 왕 곧 곡에게로 얼굴을 향하고 그에게 예언하여

3 이르기를 주 여호와께서 이같이 말씀하시기를 로스와 메섹과 두발 왕 곡아 내가 너를 대적하여

4 너를 돌이켜 갈고리로 네 아가리를 꿰고 너와 말과 기마병 곧 네 온 군대를 끌어내되 완전한 갑옷을 입고 큰 방패와 작은 방패를 가지며 칼을 잡은 큰 무리와

5 그들과 함께 한 방패와 투구를 갖춘 바사와 구스와 붓과

6 고멜과 그 모든 떼와 북쪽 끝의 도갈마 족속과 그 모든 떼 곧 많은 백성의 무리를 너와 함께 끌어내리라

7 ●너는 스스로 예비하되 너와 네게 모인 무리들이 다 스스로 예비하고 너는 그들의 우두머리가 될지어다   겔 46:3

8 여러 날 후 곧 말년에 네가 명령을 받고 그 땅 곧 오래 황폐하였던 이스라엘 산에 이르리니 그 땅 백성은 칼을 벗어나서 여러 나라에서 모여 들어오며 이방에서 나와 다 평안히 거주하는 중이라

9 네가 올라오되 너와 네 모든 떼와 너와 함께 한 많은 백성이 광풍 같이 이르고 구름 같이 땅을 덮으리라   욜 2:2

10 ●주 여호와께서 이같이 말씀하셨느니라 그 날에 네가 마음에 여러 가지 생각이 나서 악한 꾀를 내어

11 말하기를 내가 평원의 고을들로 올라가리라 성벽도 없고 문이나 빗장이 없어도 염려 없이 다 평안히 거주하는 백성에게 나아가서

12 물건을 겁탈하며 노략하리라 하고 네 손을 들어서 황폐하였다가 지금 사람이 거주하는 땅과 여러 나라에서 모여서 짐승과 재물을 얻고 세상 중앙에 거주하는 백성을 치고자 할 때에

13 스바와 드단과 다시스의 상인과 그¹⁾ 부자들이 네게 이르기를 네가 탈취하러 왔느냐 네가 네 무리를 모아 노략하고자 하느냐 은과 금을 빼앗으며 짐승과 재물을 빼앗으며 물건을 크게 약탈하여 가고자 하느냐 하리라

14 인자야 너는 또 예언하여 곡에게 이르기를 주 여호와께서 이같이 말씀하시기를 내 백성 이스라엘이 평안히 거주하는 날에 네가 어찌 그것을 알지 못하겠느냐

15 네가 네 고국 땅 북쪽 끝에서 많은 백성 곧 다 말을 탄 큰 무리와 능한 군대와 함께 오되   39:2

16 구름이 땅을 덮음 같이 내 백성 이스라엘을 치러 오리라 곡아 끝 날에 내가 너를 이끌어다가 내 땅을 치게 하리니 이는 내가 너로 말미암아 이방 사람의 눈 앞에서 내 거룩함을 나타내어 그들이 다 나를 알게 하려 함이라   곡의 침략

17 ●주 여호와께서 이같이 말씀하셨느니라 내가 옛적에 내 종 이스라엘 선지자들을 통하여 말한 사람이 네가 아니

1) 히, 젊은 사자

에스겔서의 상징들		
성경 본문	상 징	교 훈
4:1-3	토판, 철판	예루살렘의 포위와 함락
4:4-8	선지자의 자세	포로 생활의 불편함
4:9-17	기근	포로 생활의 비참한 상태
5:1-17	칼과 터럭	예루살렘의 완전한 파멸
12:1-7	이사하는 행위	다른 땅으로의 이주
21:1-17	여호와의 칼	임박한 심판
21:18-23	바벨론 왕	유다와 이방인에 대한 심판
22:17-31	용광로	심판과 극심한 고통
24:15-27	에스겔 선지자 부인의 죽음	빼앗긴 축복
37:15-17	두 막대기	이스라엘과 유다의 재연합

38 에는 무엇이 기록되어 있을까?

38-39장은 곡이 이스라엘을 공격하지만 이스라엘이 곡을 물리치고 결국 승리하게 될 것을 말하고 있습니다. 하나님은 이스라엘의 적을 완전히 멸망시키려고 곡이 이스라엘을 공격하는 것을 허락하셨고, 이와 같이 사탄이 언제나 예수님과 믿는 사람들을 공격하지만 그들은 결국 영원한 벌을 받게 될 것입니다.

냐 그들이 그 때에 여러 해 동안 예언하기를 내가 너를 이끌어다가 그들을 치게 하리라

18 그 날에 곡이 이스라엘 땅을 치러 오면 내 노여움이 내 얼굴에 나타나리라 주 여호와의 말씀이니라

19 내가 질투와 맹렬한 노여움으로 말하였거니와 그 날에 큰 지진이 이스라엘 땅에 일어나서

20 바다의 고기들과 공중의 새들과 들의 짐승들과 땅에 기는 모든 벌레와 지면에 있는 모든 사람이 내 앞에서 떨 것이며 모든 산이 무너지며 절벽이 떨어지며 모든 성벽이 땅에 무너지리라

21 주 여호와의 말씀이니라 내가 내 모든 산 중에서 그를 칠 칼을 부르리니 각 사람이 칼로 그 형제를 칠 것이며

22 내가 또 전염병과 피로 그를 심판하며 쏟아지는 폭우와 큰 우박덩이와 불과 유황으로 그와 그 모든 무리와 그와 함께 있는 많은 백성에게 비를 내리듯 하리라

23 이같이 내가 여러 나라의 눈에 내 위대함과 내 거룩함을 나타내어 나를 알게 하리니 내가 여호와인 줄을 그들이 알리라

침략자 곡의 멸망 —B.C. 586년경

39

그러므로 인자야 너는 곡에게 예언하여 이르기를 주 여호와께서 이같이 말씀하시되 로스와 메섹과 두발 왕 곡아 내가 너를 대적하여

2 너를 돌이켜서 이끌고 북쪽 끝에서부터 나와서 이스라엘 산 위에 이르러

3 네 활을 쳐서 네 왼손에서 떨어뜨리고 네 화살을 네 오른손에서 떨어뜨리리니

4 너와 네 모든 무리와 너와 함께 있는 백성이 다 이스라엘 산 위에 엎드러지리라 내가 너를 각종 사나운 새와 들짐승

에게 넘겨 먹게 하리니

5 네가 빈 들에 엎드러지리라 이는 내가 말하였음이니라 주 여호와의 말씀이니라

6 내가 또 불을 마곡과 및 섬에 평안히 거주하는 자에게 내리리니 내가 여호와인 줄을 그들이 알리라

7 내가 내 거룩한 이름을 내 백성 이스라엘 가운데에 알게 하여 다시는 내 거룩한 이름을 더럽히지 아니하게 하리니 내가 여호와 곧 이스라엘의 거룩한 자인 줄을 민족들이 알리라 하라

8 주 여호와의 말씀이니라 볼지어다 이 날이 와서 이루어지리니 내가 말한 날이 이 날이라

9 이스라엘 성읍들에 거주하는 자가 나가서 그들의 무기를 불태워 사르되 큰 방패와 작은 방패와 활과 화살과 몽둥이와 창을 가지고 칠 년 동안 불태우리라

10 이같이 그 무기로 불을 피울 것이므로 그들이 들에서 나무를 주워 오지 아니하며 숲에서 벌목하지 아니하겠고 전에 자기에게서 약탈하던 자의 것을 약탈하며 전에 자기에게서 늑탈하던 자의 것을 늑탈하리라 주 여호와의 말씀이니라

11 그 날에 내가 곡을 위하여 이스라엘 땅 곧 바다 동쪽 사람이 통행하는 골짜기를 매장지로 주리니 통행하던 길이 막힐 것이라 사람이 거기에서 곡과 그 모든 무리를 매장하고 그 이름을 1)하몬곡의 골짜기라 일컬으리라

12 이스라엘 족속이 일곱 달 동안에 그들을 매장하여 그 땅을 정결하게 할 것이라

---

1) 곡의 무리라는 뜻

탈취(38:13) 빼앗아 가지는 것.
벌목(39:10) 나무를 벰.
늑탈(39:10) 남의 것을 강제로 빼앗음.
매장지(39:11) 시체 묻을 땅.

39장에는 무엇이 기록되어 있을까?

곡은 자신의 힘만으로는 하나님과 함께하시는 자들을 무찌를 수 없음을 깨닫고, 나쁜 무리들과 함께 이스라엘을 공격할 것입니다. 하지만 그들은 결국 파괴되어 없어질 것이며, 이스라엘 사람들은 하나님께로 돌아올 거예요. 따라서 곡이 망하는 것은 하나님의 구원의 뜻이 거의 막바지에 이르렀음을 뜻한답니다.

13 그 땅 모든 백성이 그들을 매장하고 그로 말미암아 이름을 얻으리니 이는 나의 영광이 나타나는 날이니라 주 여호와의 말씀이니라

14 그들이 사람을 택하여 그 땅에 늘 순행하며 매장할 사람과 더불어 지면에 남아 있는 시체를 매장하여 그 땅을 정결하게 할 것이라 일곱 달 후에 그들이 살펴 보되

15 지나가는 사람들이 그 땅으로 지나가다가 사람의 뼈를 보면 그 곁에 푯말을 세워 매장하는 사람에게 가서 하몬곡 골짜기에 매장하게 할 것이요

16 성읍의 이름을 하모나라 하리라 그들이 이같이 그 땅을 정결하게 하리라 39:12

17 ●주 여호와께서 이같이 말씀하셨느니라 너 인자야 너는 각종 새와 들의 각종 짐승에게 이르기를 너희는 모여 오라 내가 너희를 위한 잔치 곧 이스라엘 산 위에 예비한 큰 잔치로 너희는 사방에서 모여 살을 먹으며 피를 마실지어다

18 너희가 용사의 살을 먹으며 세상 왕들의 피를 마시기를 바산의 살진 짐승 곧 숫양이나 어린 양이나 염소나 수송아지를 먹듯 할지라

19 내가 너희를 위하여 예비한 잔치의 기름을 너희가 배불리 먹으며 그 피를 취하도록 마시되

20 내 상에서 말과 기병과 용사와 모든 군사를 배부르게 먹을지니라 하라 주 여호와의 말씀이니라

이스라엘의 회복

21 ●내가 내 영광을 여러 민족 가운데에 나타내어 모든 민족이 내가 행한 심판과 내가 그 위에 나타낸 권능을 보게 하리니

22 그 날 이후에 이스라엘 족속은 내가 여호와 자기들의 하나님인 줄을 알겠고

23 여러 민족은 이스라엘 족속이 그 죄악으로 말미암아 사로잡혀 갔던 줄을 알지라 그들이 내게 범죄하였으므로 내 얼굴을 그들에게 가리고 그들을 그 원수의 손에 넘겨 다 칼에 엎드러지게 하였으되

24 내가 그들의 더러움과 그들의 범죄한 대로 행하여 그들에게 내 얼굴을 가리었느니라

25 ●그러므로 주 여호와께서 이같이 말씀하셨느니라 내가 이제 내 거룩한 이름을 위하여 열심을 내어 야곱의 사로잡힌 자를 돌아오게 하며 이스라엘 온 족속에게 사랑을 베풀지라

26 그들이 그 땅에 평안히 거주하고 두렵게 할 자가 없게 될 때에 부끄러움을 품고 내게 범한 죄를 뉘우치리니 단 9:16

27 내가 그들을 만민 중에서 돌아오게 하고 적국 중에서 모아 내어 많은 민족이 보는 데에서 그들로 말미암아 나의 거룩함을 나타낼 때라

28 전에는 내가 그들이 사로잡혀 여러 나라에 이르게 하였거니와 후에는 내가 그들을 모아 고국 땅으로 돌아오게 하고 그 한 사람도 이방에 남기지 아니하리니 그들이 내가 여호와 자기들의 하나님인 줄을 알리라 34:30

29 내가 다시는 내 얼굴을 그들에게 가리지 아니하리니 이는 내가 내 영을 이스라엘 족속에게 쏟았음이라 주 여호와

의 말씀이니라

이상 중에 본 성읍 — B.C. 573년경

40 우리가 사로잡힌 지 스물다섯째 해, 성이 함락된 후 열넷째 해 첫째 달 열째 날에 곧 그 날에 여호와의 권능이 내게 임하여 나를 데리고 이스라엘 땅으로 가시되

2 하나님의 이상 중에 나를 데리고 이스라엘 땅에 이르러 나를 매우 높은 산 위에 내려놓으시는데 거기에서 남으로 향하여 성읍 형상 같은 것이 있더라

3 나를 데리시고 거기에 이르시니 모양이 놋 같이 빛난 사람 하나가 손에 삼줄과 측량하는 장대를 가지고 문에 서 있더니

4 그 사람이 내게 이르되 인자야 내가 네게 보이는 그것을 눈으로 보고 귀로 들으며 네 마음으로 생각할지어다 내가 이것을 네게 보이려고 이리로 데리고 왔나니 너는 본 것을 다 이스라엘 족속에게 전할지어다 하더라

동쪽을 향한 문

5 ●내가 본즉 집 바깥 사방으로 담이 있더라 그 사람의 손에 측량하는 장대를 잡았는데 그 길이가 팔꿈치에서 손가락에 이르고 한 손바닥 너비가 더한지라 여섯 척이라 그 담을 측량하니 두께가 한 장대요 높이도 한 장대며

6 그가 동쪽을 향한 문에 이르러 충계에 올라 그 문의 통로를 측량하니 길이가 한 장대요 그 문 안쪽 통로의 길이도 한 장대며

40:20

7 그 문간에 문지기 방들이 있는데 각기 길이가 한 장대요 너비가 한 장대요 각 방 사이 벽이 다섯 척이며 안쪽 문 통로의 길이가 한 장대요 그 앞에 현관이 있고 그 앞에 안 문이 있고

8 1)그가 또 안 문의 현관을 측량하니 한 장대며

9 안 문의 현관을 또 측량하니 여덟 척이요 그 문 벽은 두 척이라 그 문의 현관이 안으로 향하였으며

10 그 동문간의 문지기 방은 왼쪽에 셋이 있고 오른쪽에 셋이 있으니 그 셋이 각각 같은 크기요 그 좌우편 벽도 다 같은 크기며

40:7

11 또 그 문 통로를 측량하니 너비가 열 척이요 길이가 열세 척이며

12 방 앞에 칸막이 벽이 있는데 이쪽 칸막이 벽도 한 척이요 저쪽 칸막이 벽도 한 척이며 그 방은 이쪽도 여섯 척이요 저쪽도 여섯 척이며

13 그가 그 문간을 측량하니 이 방 지붕 가에서 저 방 지붕 가까지 너비가 스물다섯 척인데 방문은 서로 반대되었으며

14 그가 2)또 현관을 측량하니 너비가 스무 척이요 현관 사방에 뜰이 있으며

15 바깥 문 통로에서부터 안 문 현관 앞까지 쉰 척이며

16 문지기 방에는 각각 닫힌 창이 있고 문 안 좌우편에 있는 벽 사이에도 창이 있고 그 현관도 그러하고 그 창은 안 좌우편으로 벌여 있으며 각 문 벽 위에는 종려나무를 새겼더라

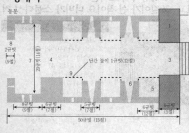

동문의 단면도(40:5-16)

1. 담(5절)
2. 충계(6절)
3. 첫 번째 통로 (6절)
4. 두 번째 통로 (안쪽 문 통로: 6,7절)
5. 문지기 방 (7,10,12절)
6. 문지기 방벽 (7절)
7. 현관(8절)
8. 안쪽 문(7절)
9. 난간(12절)

1) 고대 사본에는, 8절이 없음 2) 히, 기둥들을 만들었으니 육십 암마씩이요 문 사면에 들이 있어 기둥까지 미쳤으며

바깥뜰

17 ●그가 나를 데리고 바깥뜰에 들어가니 뜰 삼면에 박석 깔린 땅이 있고 그 박석 깔린 땅 위에 여러 방이 있는데 모두 서른이며

18 그 박석 깔린 땅의 위치는 각 문간의 좌우편인데 그 너비가 문간 길이와 같으니 이는 아래 박석 땅이며

19 그가 아래 문간 앞에서부터 안뜰 바깥 문간 앞까지 측량하니 그 너비가 백 척이며 동쪽과 북쪽이 같더라

북쪽을 향한 문

20 ●그가 바깥뜰 북쪽을 향한 문간의 길이와 너비를 측량하니

21 길이는 쉰 척이요 너비는 스물다섯 척이며 문지기 방이 이쪽에도 셋이요 저쪽에도 셋이요 그 벽과 그 현관도 먼저 측량한 것과 같으며 40:6

22 그 창과 현관의 길이와 너비와 종려나무가 다 동쪽을 향한 문간과 같으며 그 문간으로 올라가는 일곱 층계가 있고 그 안에 현관이 있으며

23 안뜰에도 북쪽 문간과 동쪽 문간과 마주 대한 문간들이 있는데 그가 이 문간에서 맞은쪽 문간까지 측량하니 백 척이더라

남쪽을 향한 문

24 ●그가 또 나를 이끌고 남으로 간즉 남쪽을 향한 문간이 있는데 그 벽과 현관을 측량하니 먼저 측량한 것과 같고

25 그 문간과 현관 좌우에 있는 창도 먼저 말한 창과 같더라 그 문간의 길이는 쉰 척이요 너비는 스물다섯 척이며

26 또 그리로 올라가는 일곱 층계가 있고

그 안에 현관이 있으며 또 이쪽 저쪽 문 벽 위에 종려나무를 새겼으며

27 안뜰에도 남쪽을 향한 문간이 있는데 그가 남쪽을 향한 그 문간에서 맞은쪽 문간까지 측량하니 백 척이더라

안뜰 남쪽 문

28 ●그가 나를 데리고 그 남문을 통하여 안뜰에 들어가서 그 남문의 너비를 측량하니 크기는

29 길이가 쉰 척이요 너비가 스물다섯 척이며 그 문지기 방과 벽과 현관도 먼저 측량한 것과 같고 그 문간과 그 현관 좌우에도 창이 있으며

30 [1] 그 사방 현관의 길이는 스물다섯 척이요 너비는 다섯 척이며

31 현관이 바깥뜰로 향하였고 그 문 벽 위에도 종려나무를 새겼으며 그 문간으로 올라가는 여덟 층계가 있더라

안뜰 동쪽 문

32 ●그가 나를 데리고 안뜰 동쪽으로 가서 그 문간을 측량하니 크기는

33 길이가 쉰 척이요 너비가 스물다섯 척이며 그 문지기 방과 벽과 현관이 먼저 측량한 것과 같고 그 문간과 그 현관 좌우에도 창이 있으며

34 그 현관이 바깥뜰로 향하였고 그 이쪽, 저쪽 문 벽 위에도 종려나무를 새겼으며 그 문간으로 올라가는 여덟 층계가 있더라

안뜰 북쪽 문

35 ●그가 또 나를 데리고 북문에 이르러 측량하니 크기는

36 길이가 쉰 척이요 너비가 스물다섯 척

성전 내부의 단면도(40:48-41:11)

1. 기둥(40:49)
2. 성소 현관 (40:48-49)
3. 성소 (41:1-2)
4. 지성소(41:3-4)
5. 골방(41:5-11)
6. 층계(41:7)
7. 출구(41:11)
8. 지대(41:8)

1) 어떤 사본에는, 30절이 없음

이며 그 문지기 방과 벽과 현관이 다 그러하여 그 좌우에도 창이 있고

37 그 ¹⁾현관이 바깥뜰로 향하였고 그 이쪽, 저쪽 문 벽 위에도 종려나무를 새겼으며 그 문간으로 올라가는 여덟 층계가 있더라

안뜰 북쪽 문의 부속 건물들

38 ●그 문 벽 곁에 문이 있는 방이 있는데 그것은 번제물을 씻는 방이며 42:13

39 그 문의 현관 이쪽에 상 둘이 있고 저쪽에 상 둘이 있으니 그 위에서 번제와 속죄제와 속건제의 희생제물을 잡게 한 것이며

40 그 북문 바깥 곧 입구로 올라가는 곳 이쪽에 상 둘이 있고 문의 현관 저쪽에 상 둘이 있으니

41 문 곁 이쪽에 상이 넷이 있고 저쪽에 상이 넷이 있어 상이 모두 여덟 개라 그 위에서 희생제물을 잡았더라 40:39, 40

42 또 다듬은 돌로 만들어 번제에 쓰는 상 넷이 있는데 그 길이는 한 척 반이요 너비는 한 척 반이요 높이는 한 척이라 번제의 희생제물을 잡을 때에 쓰는 기구가 그 위에 놓였으며 막 20:25

43 현관 안에는 길이가 손바닥 넓이만한 갈고리가 사방에 박혔으며 상들에는 희생제물의 고기가 있더라

44 ●안문 밖에 있는 안뜰에는 노래하는 자의 ²⁾방이 있는데 북문 곁에 있는 방은 남쪽으로 향하였고 ³⁾남문 곁에 있는 방은 북쪽으로 향하였더라

45 그가 내게 이르되 남쪽을 향한 이 방은 성전을 지키는 제사장들이 쓸 것이요

46 북쪽을 향한 방은 제단을 지키는 제사장들이 쓸 것이라 이들은 레위의 후손 중 사독의 자손으로서 여호와께 가까이 나아가 수종드는 자니라 하고 44:15

47 그가 또 그 뜰을 측량하니 길이는 백 척이요 너비는 백 척이라 네모 반듯하며 제단은 성전 앞에 있더라 40:19, 23

성전 문 현관 (제47장)

48 ●그가 나를 데리고 성전 문 현관에 이르러 그 문의 좌우 벽을 측량하니 너비는 이쪽도 다섯 척이요 저쪽도 다섯 척이며 두께는 문 이쪽도 세 척이요 문 저쪽도 세 척이며

49 그 현관의 너비는 스무 척이요 길이는 ⁴⁾열한 척이요 문간으로 올라가는 층계가 있고 문 벽 곁에는 기둥이 있는데 하나는 이쪽에 있고 다른 하나는 저쪽에 있더라

성소와 지성소와 골방들 B.C. 573년경

41

그가 나를 데리고 성전에 이르러 그 문 벽을 측량하니 이쪽 두께도 여섯 척이요 저쪽 두께도 여섯 척이라 두께가 ⁵⁾일 같으며

2 그 문 통로의 너비는 열 척이요 문 통로 이쪽 벽의 너비는 다섯 척이요 저쪽 벽의 너비는 다섯 척이며 그가 성소를 측량하니 그 길이는 마흔 척이요 그 너비는 스무 척이며 왕상 6:2, 17

3 그가 안으로 들어가서 내전 문 통로의 벽을 측량하니 두께는 두 척이요 문 통로가 여섯 척이요 문 통로의 벽의 너비는 각기 일곱 척이며

41장에는 무엇이 기록되어 있을까?

41장에는 성전의 구조와 크기, 그리고 장식 등에 관하여 나와 있어요. 에스겔은 환상 중 에라도 하나님이 머무시는 지성소에는 들어갈 수가 없었어요. 그러나 예수님께서 성소와 지성소를 가르는 휘장을 없애주셨으므로(마 27:51), 오늘날 예수님을 믿고 구원받은 자들은 자유롭게 하나님 앞에 나아갈 수 있게 되었답니다.

1)히, 문설주 2)히, 방들이 있는데 3)히, 동문 4)침십인 역본에는, 십이 척 5)히, 성막과 같으며

4 그가 내전을 측량하니 길이는 스무 척이요 너비는 스무 척이라 그가 내게 이르되 이는 지성소니라 하고

5 성전의 벽을 측량하니 두께가 여섯 척이며 성전 삼면에 골방이 있는데 너비는 각기 네 척이며

6 골방은 삼 층인데 골방 위에 골방이 있어 모두 서른이라 그 삼면 골방이 성전 벽 밖으로 그 벽에 붙어 있는데 성전 벽 속을 뚫고는 아니하였으며

7 [1]이 두루 있는 골방은 그 층이 높아질수록 넓으므로 성전에 돌린 이 골방이 높아질수록 성전에 가까워졌으나 성전의 넓이는 아래 위가 같으며 골방은 아래층에서 중층으로 위층에 올라가게 되었더라

8 내가 보니 성전 삼면의 지대 곧 모든 골방 밑 지대의 높이는 한 장대 곧 큰 자로 여섯 척인데

9 성전에 붙어 있는 그 골방 바깥 벽 두께는 다섯 척이요 그 외에 빈 터가 남았으며

10 성전 골방 삼면에 너비가 스무 척 되는 뜰이 둘려 있으며 40:17

11 그 골방 문은 다 빈 터로 향하였는데 한 문은 북쪽으로 향하였고 한 문은 남쪽으로 향하였으며 그 둘려 있는 빈 터의 너비는 다섯 척이더라

서쪽 건물과 성전의 넓이

12 ●서쪽 뜰 뒤에 건물이 있는데 너비는 일흔 척이요 길이는 아흔 척이며 그 사방 벽의 두께는 다섯 척이더라

13 그가 성전을 측량하니 길이는 백 척이요 또 서쪽 뜰과 그 건물과 그 벽을 합하여 길이는 백 척이요 40:47

14 성전 앞면의 너비는 백 척이요 그 앞 동쪽을 향한 뜰의 너비도 그러하며

15 그가 뒤뜰 너머 있는 건물을 측량하니 그 좌우편 회랑까지 백 척이더라 내전과 외전과 그 뜰의 현관과 42:1, 10, 13

16 문 통로 벽과 닫힌 창과 삼면에 둘려 있는 회랑은 문 통로 안쪽에서부터 땅에서 창까지 널판자로 가렸고 (창은 이미 닫혔더라)

17 문 통로 위와 내전과 외전의 사방 벽도 다 그러하니 곧 측량한 크기대로며

18 널판자에는 그룹들과 종려나무를 새겼는데 두 그룹 사이에 종려나무 한 그루가 있으며 각 그룹에 두 얼굴이 있으니

19 하나는 사람의 얼굴이 이쪽 종려나무를 향하였고 하나는 어린 사자의 얼굴이라 저쪽 종려나무를 향하였으며 온 성전 사방이 다 그러하여

20 땅에서부터 문 통로 위에까지 그룹들과 종려나무들을 새겼으니 성전 벽이 다 그러하더라

나무 제단과 성전의 문들

21 ●외전 문설주는 네모졌고 내전 전면에 있는 양식은 이러하니

22 곧 나무 제단의 높이는 세 척이요 길이는 두 척이며 그 모퉁이와 옆과 면을 다 나무로 만들었더라 그가 내게 이르되 이는 여호와의 앞의 상이라 하더라

23 내전과 외전에 각기 문이 있는데

24 문마다 각기 두 문짝 곧 접는 두 문짝이 있어 이 문에 두 짝이요 저 문에 두 짝이며

1) 본 절은 히브리 글이 분명하지 않으므로 의역하였음

25 이 성전 문에 그룹과 종려나무를 새겼는데 벽에 있는 것과 같고 현관 앞에는 나무 디딤판이 있으며
26 현관 좌우편에는 닫힌 창도 있고 종려나무도 새겨져 있고 성전의 골방과 디딤판도 그러하더라

제사장 방—B.C. 573년경

42 그가 나를 데리고 밖으로 나가 북쪽 뜰로 가서 두 방에 이르니 그 두 방의 하나는 골방 앞 뜰을 향하였고 다른 하나는 북쪽 건물을 향하였는데
2 그 방들의 자리의 길이는 백 척이요 너비는 쉰 척이며 그 문은 북쪽을 향하였고
3 그 방 삼층에 회랑들이 있는데 한 방의 회랑은 스무 척 되는 안뜰과 마주 대하였고 다른 한 방의 회랑은 바깥뜰 박석 깔린 곳과 마주 대하였으며
4 그 두 방 사이에 통한 길이 있어 너비는 열 척이요 길이는 백 척이며 그 문들은 북쪽을 향하였으며
5 그 위층의 방은 가장 좁으니 이는 회랑들로 말미암아 아래층과 가운데 층보다 위층이 더 줄어짐이라
6 그 방은 삼층인데도 뜰의 기둥 같은 기둥이 없으므로 그 위층이 아래층과 가운데 층보다 더욱 좁아짐이라 41:6
7 그 한 방의 바깥 담 곧 뜰의 담과 마주 대한 담의 길이는 쉰 척이니
8 바깥뜰로 향한 방의 길이는 쉰 척이며 성전 앞을 향한 방은 백 척이며
9 이 방들 아래에 동쪽에서 들어가는 통행구가 있으니 곧 바깥뜰에서 들어가는 통행구더라

10 [1]남쪽 골방 뜰 맞은쪽과 남쪽 건물 맞은쪽에도 방 둘이 있는데
11 그 두 방 사이에 길이 있고 그 방들의 모양은 북쪽 방 같고 그 길이와 너비도 같으며 그 출입구와 문도 그와 같으며
12 이 남쪽 방에 출입하는 문이 있는데 담 동쪽 길 어귀에 있더라
13 ●그가 내게 이르되 좌우 골방 뜰 앞 곧 북쪽과 남쪽에 있는 방들은 거룩한 방이라 여호와를 가까이 하는 제사장들이 지성물을 거기에서 먹을 것이며 지성물 곧 소제와 속죄제와 속건제의 제물을 거기 둘 것이니 이는 거룩한 곳이라
14 제사장의 의복은 거룩하므로 제사장이 성소에 들어갔다가 나올 때에 바로 바깥뜰로 가지 못하고 수종드는 그 의복을 그 방에 두고 다른 옷을 입고 백성의 뜰로 나갈 것이니라 하더라

성전의 사면 담을 측량하다

15 ●그가 안에 있는 성전 측량하기를 마친 후에 나를 데리고 동쪽을 향한 문의 길로 나가서 사방 담을 측량하는데 40:6
16 그가 측량하는 장대 곧 그 장대로 동쪽을 측량하니 오백 척이요
17 그 장대로 북쪽을 측량하니 오백 척이요
18 그 장대로 남쪽을 측량하니 오백 척이요
19 서쪽으로 돌이켜 그 장대로 측량하니 오백 척이라
20 그가 이같이 그 사방을 측량하니 그 사방 담 안 마당의 길이가 오백 척이며 너비가 오백 척이라 그 담은 거룩한 것과 속된 것을 구별하는 것이더라

42장 에는 무엇이 기록되어 있을까?

에스겔은 성전의 방들 및 성전을 둘러싼 담에 대해 자세히 말했어요. 성전 뜰에 있던 방들은 하나님께 바쳐진 제물들을 보관하거나, 제사장이 옷을 갈아입으면서 잠시 쉬던 곳이에요. 성전의 담은 거룩한 것과 속된 것을 갈라 구별하는 역할을 했지요. 이는 곧 하나님의 사람들이 거룩한 삶을 살아야 함을 가리킨답니다.

1) 10절로 12절은 히브리 글이 분명하지 않으므로 의역하였음

척(41:4) 길이의 단위.
측량(41:5) 물건의 깊이·높이 등을 재어 헤아리는 것.
외전(41:15) 성전의 바깥 장소, 성소.
디딤판(41:25) 디디고 올라서게 만들어 놓은 판.
회랑(42:3) 어떤 한 방을 중심으로 하여 둘러 댄 마루.
박석(42:3) 얇고 넓적한 돌.
장대(42:16) 나무로 된 긴 막대.

여호와께서 성전에 들어가시다 —— B.C. 573년경

43 그 후에 그가 나를 데리고 문에 이르니 곧 동쪽을 향한 문이라

2 이스라엘 하나님의 영광이 동쪽에서부터 오는데 하나님의 음성이 많은 물소리 같고 땅은 그 영광으로 말미암아 빛나니

3 그 모양이 내가 본 환상 곧 전에 성읍을 멸하러 올 때에 보던 환상 같고 그발 강 가에서 보던 환상과도 같기로 내가 곧 얼굴을 땅에 대고 엎드렸더니

4 여호와의 영광이 동문을 통하여 성전으로 들어가고

5 영이 나를 들어 데리고 안뜰에 들어가시기로 내가 보니 여호와의 영광이 성전에 가득하더라

6 ● 성전에서 내게 하는 말을 내가 듣고 있을 때에 어떤 사람이 내 곁에 서 있더라

7 그가 내게 이르시되 인자야 이는 내 보좌의 처소, 내 발을 두는 처소, 내가 이스라엘 족속 가운데에 영원히 있을 곳이라 이스라엘 족속 곧 그들과 그들의 왕들이 음행하며 그 죽은 왕들의 시체로 다시는 내 거룩한 이름을 더럽히지 아니하리라

8 그들이 그 문지방을 내 문지방 곁에 두며 그 문설주를 내 문설주 곁에 두어서 그들과 나 사이에 겨우 한 담이 막히게 하였고 또 그 행하는 가증한 일로 내 거룩한 이름을 더럽혔으므로 내가 노하여 멸망시켰거니와   23:39

9 이제는 그들이 그 음란과 그 왕들의 시체를 내게서 멀리 제거하여 버려야 할 것이라 그리하면 내가 그들 가운데에 영원히 살리라

10 ● 인자야 너는 이 성전을 이스라엘 족속에게 보여서 그들이 자기의 죄악을 부끄러워하고 그 형상을 측량하게 하라

11 만일 그들이 자기들이 행한 모든 일을 부끄러워하거든 너는 이 성전의 제도와 구조와 그 출입하는 곳과 그 모든 형상을 보이며 또 그 모든 규례와 그 모든 법도와 그 모든 율례를 알게 하고 그 목전에 그것을 써서 그들로 그 모든 법도와 그 모든 규례를 지켜 행하게 하라

12 성전의 법은 이러하니라 산 꼭대기 지점의 주위는 지극히 거룩하리라 성전의 법은 이러하니라

번제단의 모양과 크기

13 ● 제단의 크기는 이러하니라 한 자는 팔꿈치에서부터 손가락에 이르고 한 손바닥 넓이가 더한 것이라 제단 밑받침의 높이는 한 척이요 그 사방 가장자리의 너비는 한 척이며 그 가로 둘린 턱의 너비는 한 뼘이니 이는 제단 밑받침이요

14 이 땅에 닿은 밑받침 면에서 아래층의 높이는 두 척이요 그 가장자리의 너비는 한 척이며 이 아래층 면에서 이 층의 높이는 네 척이요 그 가장자리의 너비는 한 척이며   43:17, 20

15 그 번제단 위층의 높이는 네 척이며 그 번제하는 바다에서 솟은 뿔이 넷이며

번제단의 단면도(43:13-17)

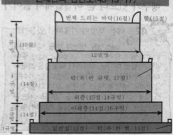

16 그 번제하는 바닥의 길이는 열두 척이요 너비도 열두 척이니 네모 반듯하고

17 그 아래층의 길이는 열네 척이요 너비는 열네 척이니 네모 반듯하고 그 밑받침에 둘린 턱의 너비는 반 척이며 그 가장자리의 너비는 한 척이니라 그 층계는 동쪽을 향하게 할지니라

번제단의 봉헌

18 ●그가 내게 이르시되 인자야 주 여호와께서 이같이 말씀하셨느니라 이 제단을 만드는 날에 그 위에 번제를 드리며 피를 뿌리는 규례는 이러하니라

19 주 여호와의 말씀이니라 나를 가까이하여 내게 수종드는 사독의 자손 레위 사람 제사장에게 너는 어린 수송아지 한 마리를 주어 속죄제물을 삼되

20 네가 그 피를 가져다가 제단의 네 뿔과 아래층 네 모퉁이와 사방 가장자리에 발라 속죄하여 제단을 정결하게 하고

21 그 속죄제물의 수송아지를 가져다가 성전의 정한 처소 곧 성소 밖에서 불사를지며 히 13:11

22 다음 날에는 흠 없는 숫염소 한 마리를 속죄제물로 삼아 드려서 그 제단을 정결하게 하기를 수송아지로 정결하게 함과 같이 하고

23 정결하게 하기를 마친 후에는 흠 없는 수송아지 한 마리와 떼 가운데에서 흠 없는 숫양 한 마리를 드리되

24 나 여호와 앞에 받들어다가 제사장은 그 위에 소금을 쳐서 나 여호와께 번제로 드릴 것이며

25 칠 일 동안은 매일 염소 한 마리를 갖추어 속죄제물을 삼고 또 어린 수송아지 한 마리와 떼 가운데에서 숫양 한 마리를 흠 없는 것으로 갖출 것이며 레 8:33

26 이같이 칠 일 동안 제단을 위하여 속죄제를 드려 정결하게 하며 드릴 것이니

27 이 모든 날이 찬 후 제팔일과 그 다음에는 제사장이 제단 위에서 너희 번제와 감사제를 드릴 것이라 그리하면 내가 너희를 즐겁게 받으리라 주 여호와의 말씀이니라

성전 동쪽 문은 닫아 두라   B.C. 573년경

44

1 그가 나를 데리고 성소의 동쪽을 향한 바깥 문에 돌아오시니 그 문이 닫혔더라

2 여호와께서 내게 이르시되 이 문은 닫고 다시 열지 못할지니 아무도 그리로 들어오지 못할 것은 이스라엘 하나님 나 여호와가 그리로 들어왔음이라 그러므로 닫아 둘지니라 43:4

3 왕은 왕인 까닭에 안 길로 이 문 현관으로 들어와서 거기에 앉아서 나 여호와 앞에서 음식을 먹고 그 길로 나갈 것이니라

여호와의 영광이 성전에 가득하다

4 ●그가 또 나를 데리고 북문을 통하여 성전 앞에 이르시기로 내가 보니 여호와의 영광이 여호와의 성전에 가득한지라 내가 얼굴을 땅에 대고 엎드리니

5 여호와께서 내게 이르시되 인자야 너는 전심으로 주목하여 내가 네게 말하는 바 여호와의 성전의 모든 규례와 모든 율례를 귀로 듣고 또 성전의 입구와 성소의 출구를 전심으로 주목하고

6 너는 반역하는 자 곧 이스라엘 족속에게 이르기를 주 여호와께서 이같이 말씀하시기를 이스라엘 족속아 너희의 모든 가증한 일이 족하니라

7 너희가 마음과 몸에 할례 받지 아니한

보좌(43:7) 임금이 앉은 자리.
처소(43:7) 사람이 살거나 임시로 머물고 있는 곳.
가증(43:8) 괘씸하고 얄미움.
형상(43:10) 물건 특유의 성질과 생긴 모양.

---

44 장에는 무엇이 기록되어 있을까?

이스라엘 사람들은 하나님과의 사이가 좋아져 다시금 하나님 앞에 제사를 드릴 수 있게 되었군요. 하나님은 에스겔을 통해 성전에서 봉사할 자들에게 필요한 규칙을 말씀하시고, 그들을 따로 구별해 세우도록 하셨지요. 또한 성전에서 봉사할 레위인들과 제사장들이 받을 재산을 모세 율법의 규례와 똑같이 세우셨답니다.

이방인을 데려오고 내 떡과 기름과 피를 드릴 때에 그들로 내 성소 안에 있게 하여 내 성전을 더럽히므로 너희의 모든 가증한 일 외에 그들이 내 언약을 위반하게 하는 것이 되었으며

8 너희가 내 성물의 직분을 지키지 아니하고 내 성소에 사람을 두어 너희 직분을 대신 지키게 하였느니라　민 18:7

레위 사람들의 제사장 직분을 박탈하다

9 ●주 여호와께서 이같이 말씀하셨느니라 이스라엘 족속 중에 있는 이방인 중에 마음과 몸에 할례를 받지 아니한 이방인은 내 성소에 들어오지 못하리라

10 이스라엘 족속이 그릇 행하여 나를 떠날 때에 레위 사람도 그릇 행하여 그 우상을 따라 나를 멀리 떠났으니 그 죄를 담당하리라

11 그러나 그들이 내 성소에서 수종들어 성전 문을 맡을 것이며 성전에서 수종들어 백성의 번제의 희생물과 다른 희생물을 잡아 백성 앞에 서서 수종들게 되리라

12 그들이 전에 백성을 위하여 그 우상 앞에서 수종들어 이스라엘 족속이 죄악에 걸려 넘어지게 하였으므로 내가 내 손을 들어 쳐서 그들이 그 죄악을 담당하였느니라 주 여호와의 말씀이니라

13 그들이 내게 가까이 나아와 제사장의 직분을 행하지 못하며 또 내 성물 곧 지성물에 가까이 오지 못하리니 그들이 자기의 수치와 그 행한 바 가증한 일을 담당하리라　민 18:3

14 그러나 내가 그들을 세워 성전을 지키게 하고 성전에 모든 수종드는 일과 그 가운데에서 행하는 모든 일을 맡기리라

제사장들

15 ●이스라엘 족속이 그릇 행하여 나를 떠날 때에 사독의 자손 레위 사람 제사장들은 내 성소의 직분을 지켰은즉 그

들은 내게 가까이 나아와 수종을 들되 내 앞에 서서 기름과 피를 내게 드릴지니라 주 여호와의 말씀이니라

16 그들이 내 성소에 들어오며 또 내 상에 가까이 나아와 내게 수종들어 내가 맡긴 직분을 지키되

17 그들이 안뜰 문에 들어올 때에나 안뜰 문과 성전 안에서 수종들 때에는 양털 옷을 입지 말고 가는 베 옷을 입을 것이니　출 28:39, 40

18 가는 베 관을 머리에 쓰며 가는 베 바지를 입고 땀이 나게 하는 것으로 허리를 동이지 말 것이며

19 그들이 바깥뜰 백성에게로 나갈 때에는 수종드는 옷을 벗어 거룩한 방에 두고 다른 옷을 입을지니 이는 그 옷으로 백성을 거룩하게 할까 함이라

20 그들은 또 머리털을 밀지도 말며 머리털을 길게 자라게도 말고 그 머리털을 깎기만 할 것이며

21 아무 제사장이든지 안뜰에 들어갈 때에는 포도주를 마시지 말 것이며　레 10:9

22 과부나 이혼한 여인에게 장가 들지 말고 오직 이스라엘 족속의 처녀나 혹시 제사장의 과부에게 장가 들 것이며

23 내 백성에게 거룩한 것과 속된 것의 구별을 가르치며 부정한 것과 정한 것을 분별하게 할 것이며

24 송사하는 일을 재판하되 내 규례대로 재판할 것이며 내 모든 정한 절기에는 내 법도와 율례를 지킬 것이며 또 안식일을 거룩하게 하며

45장에는 무엇이 기록되어 있을까?

45-46장에서는 이스라엘 백성들이 애굽(불)에서 돌아오게 되는 날 어떻게 삶을 살아야 하는지를 말해주고 있어요. 이스라엘 사람들은 하나님을 위해 봉사하는 자들의 먹고 살 것을 책임지고 각종 명절과 제사 규칙을 지켜야 했지요. 이는 매일의 삶이 하나님께 예배하는 것이 되어야 한다는 것을 말하고 있답니다(롬 12:1).

직분(44:8) 자기가 마땅히 해야 할 본분.
수종(44:11) 따라다니면서 옆에서 보살피는 일.
송사(44:24) 소송, 고소.
입제(45:8) 폭력으로 남을 억압하는 일을 말함.

25 시체를 가까이 하여 스스로 더럽히지 못할 것이로되 부모나 자녀나 형제나 시집 가지 아니한 자매를 위하여는 더럽힐 수 있으며

26 이런 자는 스스로 정결하게 한 후에 칠 일을 더 지낼 것이요

27 성소에서 수종들기 위해 안뜰과 성소에 들어갈 때에는 속죄제를 드릴지니라 주 여호와의 말씀이니라

28 ●그들에게는 기업이 있으리니 내가 곧 그 기업이라 너희는 이스라엘 가운데에서 그들에게 산업을 주지 말라 내가 그 산업이 됨이라

29 그들은 소제와 속죄제와 속건제의 제물을 먹을지니 이스라엘 중에서 구별하여 드리는 물건을 다 그들에게 돌리며

30 또 각종 처음 익은 열매와 너희 모든 예물 중에 각종 거제 제물을 다 제사장에게 돌리고 너희가 또 첫 밀가루를 제사장에게 주어 그들에게 네 집에 복이 내리도록 하게 하라

31 새나 가축이 저절로 죽은 것이나 찢겨서 죽은 것은 다 제사장이 먹지 말 것이니라

거룩한 구역 — B.C. 573년경

45 너희는 제비 뽑아 땅을 나누어 기업으로 삼을 때에 한 구역을 거룩한 땅으로 삼아 여호와께 예물로 드릴지니 그 길이는 이만 오천 척이요 너비는 [1]만 척이라 그 구역 안 전부가 거룩하리라

2 그 중에서 성소에 속할 땅은 길이가 오백 척이요 너비가 오백 척이니 네모가 반듯하며 그 외에 사방 쉰 척으로 전원이 되게 하되

3 이 측량한 가운데에서 길이는 이만 오천 척을 너비는 만 척을 측량하고 그 안에 성소를 둘지니 지극히 거룩한 곳이요

4 그 곳은 성소에서 수종드는 제사장들 곧 하나님께 가까이 나아가서 수종드

는 자들에게 주는 거룩한 땅이니 그들이 집을 지을 땅이며 성소를 위한 거룩한 곳이라

5 또 길이는 이만 오천 척을 너비는 만 척을 측량하여 성전에서 수종드는 레위 사람에게 돌려 그들의 거주지를 삼아 [2]마을 스물을 세우게 하고

6 구별한 거룩한 구역 옆에 너비는 오천 척을 길이는 이만 오천 척을 측량하여 성읍의 기지로 삼아 이스라엘 온 족속에게 돌리고

7 드린 거룩한 구역과 성읍의 기지 된 땅의 좌우편 곧 드린 거룩한 구역의 옆과 성읍의 기지 옆의 땅을 왕에게 돌리되 서쪽으로 향하여 서쪽 국경까지와 동쪽으로 향하여 동쪽 국경까지니 그 길이가 구역 하나와 서로 같을지니라

8 이 땅을 왕에게 돌려 이스라엘 가운데에 기업으로 삼게 하면 나의 왕들이 다시는 내 백성을 압제하지 아니하리라 그 나머지 땅은 이스라엘 족속에게 그 지파대로 줄지니라

사 11:3-5

48:10

술술 풀리는 성경 말씀

거룩한 땅의 구별

하나님은 가나안 땅의 일부를 거룩하게 구별하여 드릴 것을 요구하셨어요. 그 땅에 대한 하나님의 소유권을 주장하셨던 것이지요. 하나님은 우리에게 먹을 것과 입을 것, 살아갈 곳을 주시며, 필요를 따라 만나를 내려주시는 분이세요. 그러나 하나님은 또한 우리에게 하나님의 소유를 주장하시는 분이랍니다.

여러분은 하나님께 드릴 것을 구별하여 드리고 있나요? 시간과 물질, 열정, 헌신을 구별하여 드리고 있나요? 기억할 것은 하나님의 것을 구별하여 드릴 때에는, 먼저 구별할 것과 제일 좋은 것을 구별하여야 한다는 것이랍니다(민 18:12).

45장 1-8절

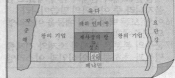

---

1) 칠십인역본에는, 이만 오천 2) 히, 방

속죄제

인간이 지은 죄를 용서받기 위해 드리는 제사로서, 여러 가지 희생 제사 중에서도 가장 중요한 상징적인 제사예요. 속죄제를 드리는 방법은 사람의 형편과 처지에 따라 매우 세밀하게 정해졌답니다.

예수님께서는 우리 죄를 위하여 직접 속죄제의 제물이 되셨지요 (히 9:28, 10:12). 45장 17절

통치자들의 통치 법칙

9 ●주 여호와께서 이같이 말씀하셨느니라 이스라엘의 통치자들아 너희에게 만족하니라 너희는 포악과 겁탈을 제거하여 버리고 정의와 공의를 행하여 내 백성에게 속여 빼앗는 것을 그칠지니라 주 여호와의 말씀이니라

10 너희는 공정한 저울과 공정한 에바와 공정한 밧을 쓸지니라

11 에바와 밧은 그 용량을 동일하게 하되 호멜의 용량을 따라 밧은 십분의 일 호멜을 담게 하고 에바도 십분의 일 호멜을 담게 할 것이며

12 세겔은 이십 게라니 이십 세겔과 이십오 세겔과 십오 세겔로 너희 마네가 되게 하라

13 ●너희가 마땅히 드릴 예물은 이러하니 밀 한 호멜에서는 육분의 일 에바를 드리고 보리 한 호멜에서도 육분의 일 에바를 드리며

14 기름은 정한 규례대로 한 고르에서 십분의 일 밧을 드릴지니 기름의 밧으로 말하면 한 고르는 십 밧 곧 한 호멜이며 (십 밧은 한 호멜이라)

15 또 이스라엘의 윤택한 초장의 가축 떼 이백 마리에서는 어린 양 한 마리를 드릴 것이라 백성을 속죄하기 위하여 이것들을 소제와 번제와 감사 제물로 삼을지니라 주 여호와의 말씀이니라

16 이 땅 모든 백성은 이 예물을 이스라엘의 군주에게 드리고

17 군주의 본분은 번제와 소제와 전제를 명절과 초하루와 안식일과 이스라엘 족속의 모든 정한 명절에 갖추는 것이니 이스라엘 족속을 속죄하기 위하여 이 속죄제와 소제와 번제와 감사 제물을 갖출지니라

유월절과 일곱째 달 열다섯째 날
(출 12:1~20, 레 23:33~43)

18 ●여호와께서 이같이 말씀하셨느니라 첫째 달 초하룻날에 흠 없는 수송아지 한 마리를 가져다가 성소를 정결하게 하되

19 제사장이 그 속죄제 희생제물의 피를 가져다가 성전 문설주와 제단 아래층 네 모퉁이와 안뜰 문설주에 바를 것이요

20 그 달 칠일에도 모든 과실범과 모르고 범죄한 자를 위하여 역시 그렇게 하여 성전을 속죄할지니라

21 ●첫째 달 열나흗날에는 유월절을 칠일 동안 명절로 지키며 누룩 없는 떡을 먹을 것이라

22 그 날에 왕은 자기와 이 땅 모든 백성을 위하여 송아지 한 마리를 갖추어 속죄제를 드릴 것이요

23 또 명절 칠 일 동안에는 그가 나 여호와를 위하여 매일 흠 없는 수송아지 일곱 마리와 숫양 일곱 마리를 준비하되 곧 이레 동안에 매일 숫염소 한 마리를 갖추어 속죄제를 드릴 것이며

24 또 소제를 갖추되 수송아지 한 마리에는 밀가루 한 에바요 숫양 한 마리에도 한 에바며 밀가루 한 에바에는 기름 한 힌 씩이니

25 일곱째 달 열다섯째 날에 칠 일 동안 명

46 에는 무엇이 기록되어 있을까?

하나님은 그의 백성과 영적으로 친해지고 싶어하셨어요. 그래서 하나님과 더 가까워질 수 있는 제단과 성전 예배의 규칙, 그리고 왕이 지켜야 할 것을 말씀해주셨지요. 한편 이스라엘이 하나님과 관계를 회복하는 것은 하나님이 구원하시고자 하는 모든 사람들이 결국 하나님께로 돌아오게 될 것을 미리 보여주는 것이랍니다.

---

1) 칠십인 역본에는, 칠월 초하루

절을 지켜 속죄제와 번제며 그 밀가루
와 기름을 드릴지니라 　신 16:13

안식일과 초하루—B.C. 573년경

46 주 여호와께서 이같이 말씀하
셨느니라 안뜰 동쪽을 향한
문은 일하는 엿새 동안에는 닫고 안식
일에는 열며 초하루에도 열고
2 군주는 바깥 문 현관을 통하여 들어와
서 문 벽 곁에 서고 제사장은 그를 위하
여 번제와 감사제를 드릴 것이요 군주
는 문 통로에서 예배한 후에 밖으로 나
가고 그 문은 저녁까지 닫지 말 것이며
3 이 땅 백성도 안식일과 초하루에 이 문
입구에서 나 여호와 앞에 예배할 것이며
4 안식일에 군주가 여호와께 드릴 번제
는 흠 없는 어린 양 여섯 마리와 흠 없
는 숫양 한 마리라
5 그 소제는 숫양 하나에는 밀가루 한
에바요 모든 어린 양에는 그 힘대로 할
것이며 밀가루 한 에바에는 기름 한 힌
씩이니라
6 ●초하루에는 흠 없는 수송아지 한 마리
와 어린 양 여섯 마리와 숫양 한 마리를
드리되 모두 흠 없는 것으로 할 것이며
7 또 소제를 준비하되 수송아지에는 밀
가루 한 에바요 숫양에도 밀가루 한 에
바며 모든 어린 양에는 그 힘대로 할 것
이요 밀가루 한 에바에는 기름 한 힌 씩
이며
8 군주가 올 때에는 이 문 현관을 통하여
들어오고 나갈 때에도 그리할지니라
9 ●그러나 모든 정한 절기에 이 땅 백성
이 나 여호와 앞에 나아올 때에는 북문

으로 들어와서 경배하는 자는 남문으
로 나가고 남문으로 들어오는 자는 북
문으로 나갈지라 들어온 문으로 도로
나가지 말고 그 몸이 앞으로 향한 대로
나갈지며 　신 16:16
10 군주가 무리 가운데에 있어서 그들이
들어올 때에 들어오고 그들이 나갈 때
에 나갈지니라
11 명절과 성회 때에 그 소제는 수송아지
한 마리에 밀가루 한 에바요 숫양 한
마리에도 한 에바요 모든 어린 양에는
그 힘대로 줄 것이며 밀가루 한 에바에
는 기름 한 힌 씩이며
12 만일 군주가 자원하여 번제를 준비하거
나 혹은 자원하여 감사제를 준비하여 나
여호와께 드릴 때에는 그를 위하여 동
쪽을 향한 문을 열고 그가 번제와 감사
제를 안식일에 드림 같이 드리고 밖으로
나갈지며 나간 후에 문을 닫을지니라

매일 드리는 제사

13 ●아침마다 일년 되고 흠 없는 어린 양
한 마리를 번제를 갖추어 나 여호와께
드리고 　민 28:3
14 또 아침마다 그것과 함께 드릴 소제를
갖추되 곧 밀가루 육분의 일 에바와 기
름 삼분의 일 힌을 섞을 것이니 이는
영원한 규례로 삼아 항상 나 여호와께
드릴 소제라
15 이같이 아침마다 그 어린 양과 밀가루
와 기름을 준비하여 항상 드리는 번제
물로 삼을지니라

군주와 그의 기업

16 ●주 여호와께서 이같이 말씀하셨느니

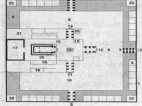

라 군주가 만일 한 아들에게 선물을 준
즉 그의 기업이 되어 그 자손에게 속하
나니 이는 그 기업을 이어 받음이어니와
17 군주가 만일 그 기업을 한 종에게 선물
로 준즉 그 종에게 속하여 희년까지 이
르고 그 후에는 군주에게로 돌아갈 것
이니 군주의 기업은 그 아들이 이어 받
을 것임이라
18 군주는 백성의 기업을 빼앗아 그 산업
에서 쫓아내지 못하리니 군주가 자기
아들에게 기업으로 줄 것은 자기 산업
으로만 할 것임이라 백성이 각각 그 산
업을 떠나 흩어지지 않게 할 것이니라

성전 부엌

19 ●그 후에 그가 나를 데리고 문 곁 통
행구를 통하여 북쪽을 향한 제사장의
거룩한 방에 들어가시니 그 방 뒤 서쪽
에 한 처소가 있었는데　　　　42:13
20 그가 내게 이르시되 이는 제사장이 속
건제와 속죄제 희생제물을 삶으며 소
제 제물을 구울 처소니 그들이 이 성물
을 가지고 바깥뜰에 나가면 백성을 거
룩하게 할까 함이니라 하시고
21 나를 데리고 바깥뜰로 나가서 나를 뜰
네 구석을 지나가게 하시매 본즉 그
뜰 매 구석에 또 뜰이 있는데
22 뜰의 네 구석 안에는 집이 있으니 길이

는 마흔 척이요 너비는 서른 척이라 구
석의 네 뜰이 같은 크기며
23 그 작은 네 뜰 사방으로 돌아가며 부엌
이 있고 그 사방 부엌에 삶는 기구가
설비되었는데
24 그가 내게 이르시되 이는 삶는 부엌이
니 성전에서 수종드는 자가 백성의 제
물을 여기서 삶을 것이니라 하시더라

성전에서 나오는 물　B.C. 573년경

47

그가 나를 데리고 성전 문에
이르시니 성전의 앞면이 동쪽
을 향하였는데 그 문지방 밑에서 물이
나와 동쪽으로 흐르다가 성전 오른쪽
제단 남쪽으로 흘러 내리더라
2 그가 또 나를 데리고 북문으로 나가서
바깥 길로 꺾여 동쪽을 향한 바깥 문에
이르시기로 본즉 물이 그 오른쪽에서
스며 나오더라
3 ●그 사람이 손에 줄을 잡고 동쪽으로
나아가며 천 척을 측량한 후에 내게
그 물을 건너게 하시니 물이 발목에 오
르더니　　　　40:3
4 다시 천 척을 측량하고 내게 물을 건너
게 하시니 물이 무릎에 오르고 다시 천
척을 측량하고 내게 물을 건너게 하시
니 물이 허리에 오르고
5 다시 천 척을 측량하시니 물이 내가 건
너지 못할 강이 된지라 그 물이 가득하
여 헤엄칠 만한 물이요 사람이 능히 건
너지 못할 강이더라
6 ●그가 내게 이르시되 인자야 네가 이
것을 보았느냐 하시고 나를 인도하여
강 가로 돌아가게 하시기로　　44:5

술술 풀리는 성경 말씀

성전에서 흐르는 물

성전에서 흐르는 물은 하나님의 보좌에서 흘러나
오는 생명수를 말합니다. 이 물이 닿는 곳마다 모든
생물이 번성하게 되며 각종 나무의 열매가 끊이지 않
고 사해(死海)에도 여부가 생기게 되지요.

풍성한 은혜와 축복이 거룩한 곳으로부터 흘러나
와 온 땅에 퍼져 나가는 것을 상상해보세요. 생물이
살수 없는 사해가 변해 고기배들이 떠다니는 곳이 될
것을 상상해보세요.

멸망할 수밖에 없는 인간이 구원을 얻게 된 것은 바
로 하나님의 보좌로부터 흘러나오는 은혜 때문이며,
나의 영혼이 다시 살아나는 것도 바로 하나님으로부
터 흘러나오는 생명수 때문이랍니다.　47장 1~12절

47장에는 무엇이 기록되어 있을까?

에스겔은 새 성전에서부터 흘러나
온 생명수가 거친 땅을 적시고 사해(死海)를 맑
은 물로 바꾸는 환상을 보게 되었어요, 이는 하
나님이 이스라엘 백성들과 영적으로 죽은 자와
같았던 온 세상의 사람들을 구원하신다는 뜻이
랍니다. 영적 이스라엘 자손은 장차 새 하늘과
새 땅을 차지하게 될 것입니다.

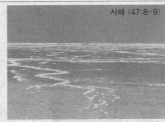

사해 (47:8-9)

7 내가 돌아가니 강 좌우편에 나무가 심히 많더라

8 그가 내게 이르시되 이 물이 동쪽으로 향하여 흘러 아라바로 내려가서 바다에 이르리니 이 흘러 내리는 물로 그 바다의 물이 되살아나리라

9 이 강물이 이르는 곳마다 번성하는 모든 생물이 살고 또 고기가 심히 많으리니 물이 흘러 들어가므로 바닷물이 되살아나겠고 이 강이 이르는 각처에 모든 것이 살 것이며

10 또 이 강 가에 어부가 설 것이니 엔게디에서부터 에네글라임까지 그물 치는 곳이 될 것이라 그 고기가 각기 종류를 따라 큰 바다의 고기 같이 심히 많으려니와

11 그 진펄과 개펄은 되살아나지 못하고 소금 땅이 될 것이며

12 강 좌우 가에는 각종 먹을 과실나무가 자라서 그 잎이 시들지 아니하며 열매가 끊이지 아니하고 달마다 새 열매를 맺으리니 그 물이 성소를 통하여 나옴이라 그 열매는 먹을 만하고 그 잎사귀는 약 재료가 되리라

땅의 경계선과 분배

13 ●주 여호와께서 이같이 말씀하셨느니라 너희는 이 경계선대로 이스라엘 열두 지파에게 이 땅을 나누어 기업이 되게 하되 요셉에게는 두 몫이니라

14 내가 옛적에 내 손을 들어 맹세하여 이 땅을 너희 조상들에게 주겠다고 하였나니 너희는 공평하게 나누어 기업을 삼으라 이 땅이 너희의 기업이 되리라

15 이 땅 경계선은 이러하니라 북쪽은 대해에서 헤들론 길을 거쳐 스닷 어귀까지니

16 곧 하맛과 브로다며 다메섹 경계선과 하맛 경계선 사이에 있는 시브라임과 하우란 경계선 곁에 있는 하셀핫디곤이라

17 그 경계선이 바닷가에서부터 다메섹 경계선에 있는 하살에논까지요 그 경계선이 또 북쪽 끝에 있는 하맛 경계선에 이르렀나니 이는 그 북쪽이요

18 동쪽은 하우란과 다메섹과 및 길르앗과 이스라엘 땅 사이에 있는 요단 강이니 북쪽 경계선에서부터 동쪽 바다까지 측량하라 이는 그 동쪽이요 렘 50:19

19 남쪽은 다말에서부터 므리봇 가데스 물에 이르고 애굽 시내를 따라 대해에 이르나니 이는 그 남쪽이요 신 32:51

20 서쪽은 대해라 남쪽 경계선에서부터 맞은쪽 하맛 어귀까지 이르나니 이는 그 서쪽이니라

21 ●그런즉 너희가 이스라엘 모든 지파대로 이 땅을 나누어 차지하라

22 너희는 이 땅을 나누되 제비 뽑아 너희와 너희 가운데에 머물러 사는 타국인 곧 너희 가운데에서 자녀를 낳은 자의 기업이 되게 할지니 너희는 그 타국인을 본토에서 난 이스라엘 족속 같이 여기고 그들도 이스라엘 지파 중에서 너희와 함께 기업을 얻게 하되 롬 10:12

23 타국인이 머물러 사는 그 지파에서 그 기업을 줄지니라 주 여호와의 말씀이니라

각 지파의 몫과 거룩한 땅——B.C. 573년경

48 모든 지파의 이름은 이와 같으니라 북쪽 끝에서부터 헤들론 길을 거쳐 하맛 어귀를 지나서 다메섹 경계선에 있는 하살에논까지 곧 북쪽으로 하맛 경계선에 미치는 땅 동쪽에서 서쪽까지는 단의 몫이요

2 단 경계선 다음으로 동쪽에서 서쪽까

지는 아셀의 몫이요

3 아셀 경계선 다음으로 동쪽에서 서쪽까지는 납달리의 몫이요

4 납달리 경계선 다음으로 동쪽에서 서쪽까지는 므낫세의 몫이요

5 므낫세 경계선 다음으로 동쪽에서 서쪽까지는 에브라임의 몫이요

6 에브라임 경계선 다음으로 동쪽에서 서쪽까지는 르우벤의 몫이요 ☞ 13:15-21

7 르우벤 경계선 다음으로 동쪽에서 서쪽까지는 유다의 몫이요

8 유다 경계선 다음으로 동쪽에서 서쪽까지는 너희가 예물로 드릴 땅이라 너비는 이만 오천 척이요 길이는 다른 몫의 동쪽에서 서쪽까지와 같고 성소는 그 중앙에 있을지니 45:1-6

9 곧 너희가 여호와께 드려 예물로 삼을 땅의 길이는 이만 오천 척이요 너비는 ¹⁾만 척이라

10 이 드리는 거룩한 땅은 제사장에게 돌릴지니 북쪽으로 길이가 이만 오천 척이요 서쪽으로 너비는 만 척이요 동쪽으로 너비가 만 척이요 남쪽으로 길이가 이만 오천 척이라 그 중앙에 여호와의 성소가 있게 하고 44:28; 45:4

11 이 땅을 사독의 자손 중에서 거룩하게 구별한 제사장에게 돌릴지어다 그들은 직분을 지키고 이스라엘 족속이 그릇될 때에 레위 사람이 그릇된 것처럼 그릇되지 아니하였느니라

12 땅의 예물 중에서 그들이 예물을 받을지니 레위인의 접경지에 관한 가장 거룩한 예물이니라

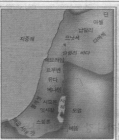

○에스겔 환상 중에 나타난 이스라엘 (48:1-29) 성지의 이상적인 재분배에 대한 에스겔의 환상이 나타나 있는데, 여기에는 열두 지파가 나란히 인접하여 유업을 받아 정착하고 있다.

13 ● 제사장의 경계선을 따라 레위 사람의 몫을 주되 길이는 이만 오천 척이요 너비는 만 척으로 할지니 이 구역의 길이가 이만 오천 척이요 너비가 각기 만 척이라

14 그들이 그 땅을 팔지도 못하며 바꾸지도 못하며 그 땅의 처음 익은 열매를 남에게 주지도 못하리니 이는 여호와께 거룩히 구별한 것임이라

15 ● 이 이만 오천 척 다음으로 너비 오천 척은 속된 땅으로 구분하여 성읍을 세우며 거주하는 곳과 전원을 삼되 성읍이 그 중앙에 있게 할지니

16 그 크기는 북쪽도 사천오백 척이요 남쪽도 사천오백 척이요 동쪽도 사천오백 척이요 서쪽도 사천오백 척이며 ☞ 21:16

17 그 성읍의 들은 북쪽으로 이백오십 척이요 남쪽으로 이백오십 척이요 동쪽으로 이백오십 척이요 서쪽으로 이백오십 척이며

18 예물을 삼아 거룩히 구별할 땅과 연접하여 남아 있는 땅의 길이는 동쪽으로 만 척이요 서쪽으로 만 척이라 곧 예물을 삼아 거룩하게 구별할 땅과 연접하였으며 그 땅의 소산은 성읍에서 일하는 자의 양식을 삼을지라

19 이스라엘 모든 지파 가운데 그 성읍에서 일하는 자는 그 땅을 경작할지니라

20 그런즉 예물로 드리는 땅의 합계는 길

48 에는 무엇이 기록되어 있을까?

48장은 이스라엘 열두 지파가 한 사람도 빠지지 않고 땅을 돌려받게 될 것을 말하고 있어요. 이스라엘 백성들이 바벨론에서 포로 생활을 하면서도 삶을 포기하지 않을 수 있었던 것은 회복될 땅에 대한 소망이 있었기 때문이에요. 이스라엘 백성이 그 소망을 실현시키기 위해서는 오직 하나님만을 의지해야 한답니다.

¹⁾칠십인 역본에는, 이만

이도 이만 오천 척이요 너비도 이만 오천 척이라 너희가 거룩히 구별하여 드릴 땅은 성읍의 기지와 합하여 네모 반듯할 것이니라

21 ●거룩하게 구별할 땅과 성읍의 기지 좌우편에 남은 땅은 군주에게 돌릴지니 곧 거룩하게 구별할 땅의 동쪽을 향한 그 경계선 앞 이만 오천 척과 서쪽을 향한 그 경계선 앞 이만 오천 척이라 다른 몫들과 연접한 땅이니 이것을 군주에게 돌릴 것이며 거룩하게 구별할 땅과 성전의 성소가 그 중앙에 있으리라

45:7

22 그런즉 군주에게 돌려 그에게 속할 땅은 레위 사람의 기업 좌우편과 성읍의 기지 좌우편이며 유다 지경과 베냐민 지경 사이에 있을지니라

나머지 지파들의 몫

23 ●그 나머지 모든 지파는 동쪽에서 서쪽까지는 베냐민의 몫이요

24 베냐민 경계선 다음으로 동쪽에서 서쪽까지는 시므온의 몫이요

25 시므온 경계선 다음으로 동쪽에서 서쪽까지는 잇사갈의 몫이요

26 잇사갈 경계선 다음으로 동쪽에서 서쪽까지는 스불론의 몫이요

27 스불론 경계선 다음으로 동쪽에서 서쪽까지는 갓의 몫이며

28 갓 경계선 다음으로 남쪽 경계선은 다말에서부터 므리바가데스 샘에 이르고 애굽 시내를 따라 대해에 이르나니

29 이것은 너희가 제비 뽑아 이스라엘 지파에게 나누어 주어 기업이 되게 할 땅이요 또 이것들은 그들의 몫이니라 주 여호와의 말씀이니라

예루살렘 성읍의 문들

30 ●그 성읍의 출입구는 이러하니라 북쪽의 너비가 사천오백 척이라

31 그 성읍의 문들은 이스라엘 지파들의 이름을 따를 것인데 북쪽으로 문이 셋이라 하나는 르우벤 문이요 하나는 유다 문이요 하나는 레위 문이며

32 동쪽의 너비는 사천오백 척이니 또한 문이 셋이라 하나는 요셉 문이요 하나는 베냐민 문이요 하나는 단 문이며

33 남쪽의 너비는 사천오백 척이니 또한 문이 셋이라 하나는 시므온 문이요 하나는 잇사갈 문이요 하나는 스불론 문이며

34 서쪽도 사천오백 척이니 또한 문이 셋이라 하나는 갓 문이요 하나는 아셀 문이요 하나는 납달리 문이며

35 그 사방의 합계는 만 팔천 척이라 그 날 후로는 그 성읍의 이름을 1)여호와삼마라 하리라

1)여호와께서 거기에 계시다

새 옷을 입으면

어떤 고등학교 야구팀이 새 운동복을 입고 경기에 들어갔어요. 그런데 경기 중에 선수들이 새 옷을 아끼는 마음에 가능한 한 넘어지지 않고 깨끗하게 시합을 하고 있는 거였어요.

감독은 쉬는 시간에 선수들의 새 옷에다 흙탕물을 뿌렸어요. 깨끗하던 옷이 더러워지자, 선수들은 더 이상 옷에 미련을 두지 않고 몸을 날리고 넘어지며 열심히 뛰었답니다.

새 옷을 입으면 몸가짐이 달라집니다. 기독교인은 예수 그리스도로 옷을 입은 사람들이에요. 옛 습관을 좇는 옛 사람이라는 옷을 벗어버리고, 예수님이라는 새 옷을 입은 거예요. 흠 없고 순결한 옷을 위해 몸가짐을 조심해야 하겠어요.

Daniel
다니엘

☆ 다니엘을 읽기 전에

이 책을 기록한 다니엘은 유다 자손으로 바벨론으로 끌려간 왕족 출신 소년들 중의 한 사람이었어요. 바벨론에서 다니엘의 이름은 '벨드사살'로 바뀌었고, 그의 세 친구와 함께 왕궁에서 교육을 받았답니다.

☆ 언제, 왜, 누구를 위하여 썼나요?

이 책은 B.C. 605-530년경에 기록된 것으로 보고 있어요. 바벨론의 포로가 된 이스라엘 백성들로 하여금 하나님이 그들의 역사의 주관자이심을 깨닫게 하기 위해 쓰였지요.

☆ 어떤 내용인가요?

이 책은 다니엘의 참된 용기와 하나님에 대한 그의 신실한 믿음을 보여주고 있어요. 다니엘은 하나님께서 주신 지혜로 꿈을 잘 해석하였고 여러 가지 환상도 보았답니다.

느부갓네살 왕궁의 소년들 — B.C. 605년경

1 유다 왕 여호야김이 다스린 지 삼 년이 되는 해에 바벨론 왕 느부갓네살이 예루살렘에 이르러 성을 에워쌌더니

2 주께서 유다 왕 여호야김과 하나님의 전 그릇 얼마를 그의 손에 넘기시매 그가 그것을 가지고 시날 땅 자기 신들의 신전에 가져다가 그 신들의 보물 창고에 두었더라

3 왕이 환관장 아스부나스에게 말하여 이스라엘 자손 중에서 왕족과 귀족 몇 사람 ᴬᴾ 39:7

4 곧 흠이 없고 용모가 아름다우며 모든 지혜를 통찰하며 지식에 통달하며 학문에 익숙하여 왕궁에 설 만한 소년을 데려오게 하였고 그들에게 갈대아 사

1 장 에는 무엇이 기록되어 있을까?

다니엘은 유다 민족으로 세 친구 하나냐, 미사엘, 아사랴와 함께 바벨론 제국에 포로로 끌려왔어요. 다니엘과 그의 세 친구는 왕이 주는 음식과 포도주로 자신을 더럽히지 않기로 뜻을 정했지요. 그럼에도 그들은 다른 어떤 소년들보다도 건강해 보였을 뿐 아니라, 지혜와 지식이 가장 뛰어난 자들로 인정받게 되었답니다.

람의 학문과 언어를 가르치게 하였고

5 또 왕이 지정하여 그들에게 왕의 음식과 그가 마시는 포도주에서 날마다 쓸 것을 주어 삼 년을 기르게 하였으니 그 후에 그들은 왕 앞에 서게 될 것이더라

6 그들 가운데는 유다 자손 곧 다니엘과 하나냐와 미사엘과 아사랴가 있었더니

7 환관장이 그들의 이름을 고쳐 다니엘은 벨드사살이라 하고 하나냐는 사드락이라 하고 미사엘은 메삭이라 하고 아사랴는 아벳느고라 하였더라 4:8

8 ●다니엘은 뜻을 정하여 왕의 음식과 그가 마시는 포도주로 자기를 더럽히지 아니하리라 하고 자기를 더럽히지 아니하도록 환관장에게 구하니

9 하나님이 다니엘로 하여금 환관장에게 은혜와 긍휼을 얻게 하신지라

10 환관장이 다니엘에게 이르되 내가 내 주 왕을 두려워하노라 그가 너희 먹을 것과 너희 마실 것을 지정하셨거늘 너희의 얼굴이 초췌하여 같은 또래의 소년들보다 못한 것을 그가 보게 할 것이 무엇이냐 그렇게 되면 너희 때문에 내 머리가 왕 앞에서 위태롭게 되리라 하니라

11 환관장이 다니엘과 하나냐와 미사엘

왕의 음식을 거절하는 다니엘과 세 친구(1:8)

과 아사랴를 감독하게 한 자에게 다니엘이 말하되

12 청하오니 당신의 종들을 열흘 동안 시험하여 채식을 주어 먹게 하고 물을 주어 마시게 한 후에

13 당신 앞에서 우리의 얼굴과 왕의 음식을 먹는 소년들의 얼굴을 비교하여 보아서 당신이 보는 대로 종들에게 행하소서 하매

14 그가 그들의 말을 따라 열흘 동안 시험하더니

15 열흘 후에 그들의 얼굴이 더욱 아름답고 살이 더욱 윤택하여 왕의 음식을 먹는 다른 소년들보다 더 좋아 보이는지라

16 그리하여 감독하는 자가 그들에게 지정된 음식과 마실 포도주를 제하고 채식을 주니라

17 ● 하나님이 이 네 소년에게 학문을 주시고 모든 서적을 깨닫게 하시고 지혜를 주셨으니 다니엘은 또 모든 환상과 꿈을 깨달아 알더라

18 왕이 말한 대로 그들을 불러들일 기한이 찼으므로 환관장이 그들을 느부갓네살 앞으로 데리고 가니

19 왕이 그들과 말하여 보매 무리 중에 다니엘과 하나냐와 미사엘과 아사랴와 같은 자가 없으므로 그들을 왕 앞에 서게 하고

20 왕이 그들에게 모든 일을 묻는 중에 그 지혜와 총명이 온 나라 박수와 술객보

다 십 배나 나은 줄을 아니라

21 다니엘은 고레스 왕 원년까지 있으니라

6:28

느부갓네살의 꿈—B.C. 604년경

2 느부갓네살이 다스린 지 이 년이 되는 해에 느부갓네살이 꿈을 꾸고 그로 말미암아 마음이 번민하여 잠을 이루지 못한지라

에 6:1

2 왕이 그의 꿈을 자기에게 알려 주도록 박수와 술객과 점쟁이와 갈대아 술사를 부르라 말하매 그들이 들어가서 왕의 앞에 선지라

3 왕이 그들에게 이르되 내가 꿈을 꾸고 그 꿈을 알고자 하여 마음이 번민하도다 하니

창 40:8

4 갈대아 술사들이 아람 말로 왕에게 말하되[1] 왕이여 만수무강 하옵소서 왕께서 그 꿈을 종들에게 이르시면 우리가 해석하여 드리겠나이다 하는지라

5 왕이 갈대아인들에게 대답하여 이르되[2] 내가 명령을 내렸나니 너희가 만일 꿈과 그 해석을 내게 알게 하지 아니하면 너희 몸을 쪼갤 것이며 너희의 집을 거름더미로 만들 것이요

6 너희가 만일 꿈과 그 해석을 보이면 너희가 선물과 상과 큰 영광을 내게서 얻으리라 그런즉 꿈과 그 해석을 내게 보이라 하니

7 그들이 다시 대답하여 이르되 원하건대 왕은 꿈을 종들에게 이르소서 그리하시면 우리가 해석하여 드리겠나이다 하니

물과 채소만 먹음
(1:12)

---

1) 2:4 하반부터 7:28까지는 아람 말로 기록되었음 2) 내 명령이 확실하니

8 왕이 대답하여 이르되 내가 분명히 아노라 너희가 나의¹⁾ 명령이 내렸음을 보았으므로 시간을 지연하려 함이로다

9 너희가 만일 이 꿈을 내게 알게 하지 아니하면 너희를 처치할 법이 오직 하나이니 이는 너희가 거짓말과 망령된 말을 내 앞에서 꾸며 말하여 때가 변하기를 기다리려 함이라 이제 그 꿈을 내게 알게 하라 그리하면 너희가 그 해석도 보일 줄을 내가 알리라 하더라

10 갈대아인들이 왕 앞에 대답하여 이르되 세상에는 왕의 그 일을 보일 자가 한 사람도 없으므로 어떤 크고 권력 있는 왕이라도 이런 것으로 박수에게나 술객에게나 갈대아인들에게 물은 자가 없었나이다 2:27

11 왕께서 물으신 것은 어려운 일이라 육체와 함께 살지 아니하는 신들 외에는 왕 앞에 그것을 보일 자가 없나이다 한지라

12 왕이 이로 말미암아 진노하고 통분하여 바벨론의 모든 지혜자들을 다 죽이라 명령하니라

13 왕의 명령이 내리매 지혜자들은 죽게 되었고 다니엘과 그의 친구들도 죽이려고 찾았더라

다니엘에게 은밀한 것을 보이시다

14 ●그 때에 왕의 근위대장 아리옥이 바벨론 지혜자들을 죽이러 나가매 다니엘이 명철하고 슬기로운 말로

15 왕의 근위대장 아리옥에게 물어 이르되 왕의 명령이 어찌 그리 급하냐 하니 아리옥이 그 일을 다니엘에게 알리매

16 다니엘이 들어가서 왕께 구하기를 시

간을 주시면 왕에게 그 해석을 알려 드리리이다 하니라

17 ●이에 다니엘이 자기 집으로 돌아가서 그 친구 하나냐와 미사엘과 아사랴에게 그 일을 알리고

18 하늘에 계신 하나님이 이 은밀한 일에 대하여 불쌍히 여기사 다니엘과 친구들이 바벨론의 다른 지혜자들과 함께 죽임을 당하지 않게 하시기를 그들로 하여금 구하게 하니라

19 이에 이 은밀한 것이 밤에 환상으로 다니엘에게 나타나 보이매 다니엘이 하늘에 계신 하나님을 찬송하니라

20 다니엘이 말하여 이르되 영원부터 영원까지 하나님의 이름을 찬송할 것은 지혜와 능력이 그에게 있음이로다

21 그는 때와 계절을 바꾸시며 왕들을 폐하시고 왕들을 세우시며 지혜자에게 지혜를 주시고 총명한 자에게 지식을 주시는도다

22 그는 깊고 은밀한 일을 나타내시고 어두운 데에 있는 것을 아시며 또 빛이 그와 함께 있도다

23 나의 조상들의 하나님이여 주께서 이제 내게 지혜와 능력을 주시고 우리가 주께 구한 것을 내게 알게 하셨사오니 내가 주께 감사하고 주를 찬양하오니 다 곧 주께서 왕의 그 일을 내게 보이셨나이다 하니라 시 31:42

24 이에 다니엘은 왕이 바벨론 지혜자들을 죽이라 명령한 아리옥에게로 가서 그에게 이같이 이르되 바벨론 지혜자들을 죽이지 말고 나를 왕의 앞으로 인도하라 그리하면 내가 그 해석을 왕께

1) 명령이 확실함을

알려 드리리라 하니 2:12-14

다니엘이 꿈을 해석하다

25 ●이에 아리옥이 다니엘을 데리고 급히 왕 앞에 들어가서 아뢰되 내가 사로잡혀 온 유다 자손 중에서 한 사람을 찾아내었나이다 그가 그 해석을 왕께 알려 드리리이다 하니라 1:6

26 왕이 대답하여 벨드사살이라 이름한 다니엘에게 이르되 내가 꾼 꿈과 그 해석을 네가 능히 내게 알게 하겠느냐 하니

27 다니엘이 왕 앞에 대답하여 이르되 왕이 물으신 바 은밀한 것은 지혜자나 술객이나 박수나 점쟁이가 능히 왕께 보일 수 없으되 2:2

28 오직 은밀한 것을 나타내실 이는 하늘에 계신 하나님이시라 그가 느부갓네살 왕에게 후일에 될 일을 알게 하셨나이다 왕의 꿈 곧 왕이 침상에서 머리 속으로 받은 환상은 이러하니이다

29 왕이여 왕이 침상에서 장래 일을 생각하실 때에 은밀한 것을 나타내시는 이가 장래 일을 왕에게 알게 하셨사오며

30 내게 이 은밀한 것을 나타내심은 내 지혜가 모든 사람보다 낫기 때문이 아니라 오직 그 해석을 왕에게 알려서 왕이 마음으로 생각하던 것을 왕에게 알려 주려 하심이니이다

31 ●왕이여 왕이 한 큰 신상을 보셨나이다 그 신상이 왕의 앞에 섰는데 크고 광채가 매우 찬란하며 그 모양이 심히 두려우니

32 그 우상의 머리는 순금이요 가슴과 두 팔은 은이요 배와 넓적다리는 놋이며

33 그 종아리는 쇠요 그 발은 얼마는 쇠요 얼마는 진흙이었나이다 2:40-43

34 또 왕이 보신즉 손대지 아니한 돌이 나와서 신상의 쇠와 진흙의 발을 쳐서 부서뜨리매

35 그 때에 쇠와 진흙과 놋과 은과 금이 다 부서져 여름 타작 마당의 겨 같이 되어 바람에 불려 간 곳이 없었고 우상을 친 돌은 태산을 이루어 온 세계에 가득하였나이다 사 17:13

36 ●그 꿈이 이러한즉 [1]내가 이제 그 해석을 왕 앞에 아뢰리이다

37 왕이여 왕은 여러 왕들 중의 왕이시라 하늘의 하나님이 나라와 권세와 능력과 영광을 왕에게 주셨고

38 사람들과 들짐승과 공중의 새들, 어느 곳에 있는 것을 막론하고 그것들을 왕의 손에 넘기사 다 다스리게 하셨으니 왕은 곧 그 금 머리니이다

39 왕을 뒤이어 왕보다 못한 다른 나라가 일어날 것이요 셋째로 또 놋 같은 나라가 일어나서 온 세계를 다스릴 것이며

40 넷째 나라는 강하기가 쇠 같으리니 쇠는 모든 물건을 부서뜨리고 이기는 것이라 쇠가 모든 것을 부수는 것 같이 그 나라가 뭇 나라를 부서뜨리고 찧을 것이며

41 왕께서 그 발과 발가락이 얼마는 토기장이의 진흙이요 얼마는 쇠인 것을 보셨은즉 그 나라가 나누일 것이며 왕께서 쇠와 진흙이 섞인 것을 보셨은즉 그 나라가 쇠 같은 든든함이 있을 것이나

42 그 발가락이 얼마는 쇠요 얼마는 진흙인즉 그 나라가 얼마는 든든하고 얼마

1) 히, 우리가

박수(2:10) 마술사. 남자 무당.
술객(2:10) 점을 치는 데 능통한 사람.

술술 풀리는 **성경 말씀**

꿈

고대 사회에서 꿈은 대개 신들로부터 오는 메시지로 여겨졌어요. 그리고 현명한 사람들은 그 꿈들을 해석할 수 있는 것으로 기대되었어요. 그래서 그들은 그 꿈에 대해 알고 있는 한도 내에서 그것들을 해석하였습니다. 또한 꿈은 하나님의 메시지를 담아 전해졌던 것이기도 하지요.

느부갓네살 왕도 당시 사람들처럼 박사네들에게 자신이 꾼 꿈을 해석해줄 것을 요구했습니다. 그러나 하나님은 느부갓네살에게 하나님의 종에 의해서만 밝혀지고 이해될 수 있는 꿈을 꾸게 하셨어요. 2장 26절

는 부서질 만할 것이며

43 왕께서 쇠와 진흙이 섞인 것을 보셨은즉 그들이 다른 민족과 서로 섞일 것이나 그들이 피차에 합하지 아니함이 쇠와 진흙이 합하지 않음과 같으리이다

44 이 여러 왕들의 시대에 하늘의 하나님이 한 나라를 세우시리니 이것은 영원히 망하지도 아니할 것이요 그 국권이 다른 백성에게로 돌아가지도 아니할 것이요 도리어 이 모든 나라를 쳐서 멸망시키고 영원히 설 것이라 ^{단 15:24}

45 손대지 아니한 돌이 산에서 나와서 쇠와 놋과 진흙과 은과 금을 부서뜨린 것을 왕께서 보신 것은 크신 하나님이 장래 일을 왕께 알게 하신 것이라 이 꿈은 참되고 이 해석은 확실하니이다 하니

46 ● 이에 느부갓네살 왕이 엎드려 다니엘에게 절하고 명하여 예물과 향품을 그에게 주게 하니라

47 왕이 대답하여 다니엘에게 이르되 너희 하나님은 참으로 모든 신들의 신이시요 모든 왕의 주재시로다 네가 능히 이 은밀한 것을 나타내었으니 네 하나님은 또 은밀한 것을 나타내시는 이시로다

48 왕이 이에 다니엘을 높여 귀한 선물을 많이 주며 그를 세워 바벨론 온 지방을 다스리게 하며 또 바벨론 모든 지혜자의 어른을 삼았으며

49 왕이 또 다니엘의 요구대로 사드락과 메삭과 아벳느고를 세워 바벨론 지방의 일을 다스리게 하였고 다니엘은 왕

1) 히, 암마

궁에 있었더라 ^{례 2:21}

금 신상 숭배 — B.C. 585년경

3 느부갓네살 왕이 금으로 신상을 만들었으니 높이는 육십 ¹⁾규빗이요 너비는 여섯 규빗이라 그것을 바벨론 지방의 두라 평지에 세웠더라

2 느부갓네살 왕이 사람을 보내어 총독과 수령과 행정관과 모사와 재무관과 재판관과 법률사와 각 지방 모든 관원을 느부갓네살 왕이 세운 신상의 낙성식에 참석하게 하매

3 이에 총독과 수령과 행정관과 모사와 재무관과 재판관과 법률사와 각 지방 모든 관원이 느부갓네살 왕이 세운 신상의 낙성식에 참석하여 느부갓네살 왕이 세운 신상 앞에 서니라

4 선포하는 자가 크게 외쳐 이르되 백성들과 나라들과 각 언어로 말하는 자들아 왕이 너희 무리에게 명하시나니

5 너희는 나팔과 피리와 수금과 삼현금과 양금과 생황과 및 모든 악기 소리를 들을 때에 엎드리어 느부갓네살 왕이 세운 금 신상에게 절하라 ^{3:7, 10, 15}

6 누구든지 엎드려 절하지 아니하는 자는 즉시 맹렬히 타는 풀무불에 던져 넣으리라 하였더라

7 모든 백성과 나라들과 각 언어를 말하는 자들이 나팔과 피리와 수금과 삼현금과 양금과 및 모든 악기 소리를 듣자 곧 느부갓네살 왕이 세운 금 신상에게 엎드려 절하니라

다니엘의 네 친구

8 ● 그 때에 어떤 갈대아 사람들이 나아

와 유다 사람들을 참소하니라 6:12, 13

9 그들이 느부갓네살 왕에게 이르되 왕이여 만수무강 하옵소서 3:4-6

10 왕이여 왕이 명령을 내리사 모든 사람이 나팔과 피리와 수금과 삼현금과 양금과 생황과 및 모든 악기 소리를 듣거든 엎드려 금 신상에게 절할 것이라

11 누구든지 엎드려 절하지 아니하는 자는 맹렬히 타는 풀무불 가운데에 던져 넣음을 당하리라 하지 아니하셨나이까

12 이제 몇 유다 사람 사드락과 메삭과 아벳느고는 왕이 세워 바벨론 지방을 다스리게 하신 자이거늘 왕이여 이 사람들이 왕을 높이지 아니하며 왕의 신들을 섬기지 아니하며 왕이 세우신 금 신상에게 절하지 아니하나이다 2:49

13 ●느부갓네살 왕이 노하고 분하여 사드락과 메삭과 아벳느고를 끌어오라 말하매 드디어 그 사람들을 왕의 앞으로 끌어온지라

14 느부갓네살이 그들에게 물어 이르되 사드락, 메삭, 아벳느고야 너희가 내 신을 섬기지 아니하며 내가 세운 금 신상에게 절하지 아니한다 하니 사실이냐

15 이제라도 너희가 준비하였다가 나팔과 피리와 수금과 삼현금과 양금과 생황과 및 모든 악기 소리를 들을 때에 내가 만든 신상 앞에 엎드려 절하면 좋거니와 너희가 만일 절하지 아니하면 즉시 너희를 맹렬히 타는 풀무불 가운데에 던져 넣을 것이니 능히 너희를 내 손에서 건져낼 신이 누구이겠느냐 하니

16 사드락과 메삭과 아벳느고가 왕에게 대답하여 이르되 느부갓네살이여 우리가 이 일에 대하여 왕에게 대답할 필요가 없나이다

17 왕이여 우리가 섬기는 하나님이 계시다면 우리를 맹렬히 타는 풀무불 가운데에서 능히 건져내시겠고 왕의 손에서도 건져내시리이다

18 그렇게 하지 아니하실지라도 왕이여

우리가 왕의 신들을 섬기지도 아니하고 왕이 세우신 금 신상에게 절하지도 아니할 줄을 아옵소서

세 친구를 풀무불에 던지다

19 ●느부갓네살이 분이 가득하여 사드락과 메삭과 아벳느고를 향하여 얼굴빛을 바꾸고 명령하여 이르되 그 풀무불을 뜨겁게 하기를 평소보다 칠 배나 뜨겁게 하라 하고

20 군대 중 용사 몇 사람에게 명령하여 사드락과 메삭과 아벳느고를 결박하여 극렬히 타는 풀무불 가운데에 던지라 하니라

21 그러자 그 사람들을 겉옷과 속옷과 모자와 다른 옷을 입은 채 결박하여 맹렬히 타는 풀무불 가운데에 던졌더라

22 왕의 명령이 엄하고 풀무불이 심히 뜨거우므로 불꽃이 사드락과 메삭과 아벳느고를 붙든 사람을 태워 죽였고 2:15

23 이 세 사람 사드락과 메삭과 아벳느고는 결박된 채 맹렬히 타는 풀무불 가운데에 떨어졌더라

왕이 네 친구를 높이다

24 ●그 때에 느부갓네살 왕이 놀라 급히 일어나서 모사들에게 물어 이르되 우리가 결박하여 불 가운데에 던진 자는

바벨론 느부갓네살 궁(4:4)

세 사람이 아니었느냐 하니 그들이 왕에게 대답하여 이르되 왕이여 옳소이다 하더라

25 왕이 또 말하여 이르되 내가 보니 결박되지 아니한 네 사람이 불 가운데로 다니는데 상하지도 아니하였고 그 넷째의 모양은 신들의 아들과 같도다 하고

26 느부갓네살이 맹렬히 타는 풀무불 아귀 가까이 가서 불러 이르되 지극히 높으신 하나님의 종 사드락, 메삭, 아벳느고야 나와서 이리로 오라 하매 사드락과 메삭과 아벳느고가 불 가운데에서 나온지라 3:17

27 총독과 지사와 행정관과 왕의 모사들이 모여 이 사람들을 본즉 불이 능히 그들의 몸을 해하지 못하였고 머리털도 그을리지 아니하였고 겉옷 빛도 변하지 아니하였고 불 탄 냄새도 없었더라

28 ●느부갓네살이 말하여 이르되 사드락과 메삭과 아벳느고의 하나님을 찬송할지로다 그가 그의 천사를 보내사 자기를 의뢰하고 그들의 몸을 바쳐 왕의 명령을 거역하고 그 하나님 밖에는 다른 신을 섬기지 아니하며 그에게 절하지 아니한 종들을 구원하셨도다

29 그러므로 내가 이제 조서를 내리노니 각 백성과 각 나라와 각 언어를 말하는 자가 모두 사드락과 메삭과 아벳느고의 하나님께 경솔히 말하거든 그 몸을 쪼개고 그 집을 거름터로 삼을지니 이는 이같이 사람을 구원할 다른 신이 없음이니라 하더라 6:27

30 왕이 드디어 사드락과 메삭과 아벳

고를 바벨론 지방에서 더욱 높이니라

느부갓네살 왕의 두 번째 꿈—B.C. 570년경

4 느부갓네살 왕은 천하에 거주하는 모든 백성들과 나라들과 각 언어를 말하는 자들에게 조서를 내리노라 원하노니 너희에게 큰 평강이 있을지어다

2 지극히 높으신 하나님이 내게 행하신 이적과 놀라운 일을 내가 알게 하기를 즐겨 하노라

3 참으로 크도다 그의 이적이여, 참으로 능하도다 그의 놀라운 일이여, 그의 나라는 영원한 나라요 그의 통치는 대대에 이르리로다 2:44

4 ●나 느부갓네살이 내 집에 편히 있으며 내 궁에서 평강할 때에

5 한 꿈을 꾸고 그로 말미암아 두려워하였으니 곧 내 침상에서 생각하는 것과 머리 속으로 받은 환상으로 말미암아 번민하였었노라

6 이러므로 내가 명령을 내려 바벨론의 모든 지혜자들을 내 앞으로 불러다가 그 꿈의 해석을 내게 알게 하라 하였더라 2:2

7 그 때에 박수와 술객과 갈대아 술사와 점쟁이가 들어왔으므로 내가 그 꿈을 그들에게 말하였으나 그들이 그 해석을 내게 알려 주지 못하였느니라

8 그 후에 다니엘이 내 앞에 들어왔으니 그는 내 신의 이름을 따라 벨드사살이라 이름한 자요 그의 안에는 거룩한 신들의 영이 있는 자라 내가 그에게 꿈을 말하여 이르되 4:7

4 에는 무엇이 기록되어 있을까?

느부갓네살 왕은 자기 왕국이 부강해지자 교만해졌어요. 이에 하나님께서는 그를 벌하려는 뜻을 꿈으로 보이셨지요. 그 꿈은 오직 다니엘만이 하나님께서 주신 지혜로 해석할 수 있었어요. 그리고 실제로 그 꿈이 이뤄짐으로써, 모든 지혜가 하나님으로부터 오고 하나님을 등진 모든 것은 허망하게 무너짐을 보여주셨지요.

9 박수장 벨드사살아 네 안에는 거룩한 신들의 영이 있은즉 어떤 은밀한 것이라도 네게는 어려울 것이 없는 줄을 내가 아노니 내 꿈에 본 환상의 해석을 내게 말하라

10 내가 침상에서 나의 머리 속으로 받은 환상이 이러하니라 내가 본즉 땅의 중앙에 한 나무가 있는 것을 보았는데 높이가 높더니

11 그 나무가 자라서 견고하여지고 그 높이는 하늘에 닿았으니 그 모양이 땅 끝에서도 보이겠고 ^{겔 31:3-6}

12 그 잎사귀는 아름답고 그 열매는 많아서 만민의 먹을 것이 될 만하고 들짐승이 그 그늘에 있으며 공중에 나는 새는 그 가지에 깃들이고 육체를 가진 모든 것이 거기에서 먹을 것을 얻더라

13 내가 침상에서 머리 속으로 받은 환상 가운데에 또 본즉 한 순찰자, 한 거룩한 자가 하늘에서 내려왔는데 ^{막 14:5}

14 그가 소리 질러 이처럼 이르기를 그 나무를 베고 그 가지를 자르고 그 잎사귀를 떨고 그 열매를 헤치고 짐승들을 그 아래에서 떠나게 하고 새들을 그 가지에서 쫓아내라

15 그러나 그 뿌리의 그루터기를 땅에 남겨 두고 쇠와 놋줄로 동이고 그것을 들 풀 가운데 두어라 그것이 하늘 이슬에 젖고 땅의 풀 가운데에서 짐승과 더불어 제 몫을 얻으리라

16 또 그 마음은 변하여 사람의 마음 같지 아니하고 짐승의 마음을 받아 일곱 때를 지내리라

17 이는 순찰자들의 명령대로요 거룩한 자들의 말대로이니 지극히 높으신 이가 사람의 나라를 다스리시며 자기의 뜻대로 그것을 누구에게든지 주시며 또 지극히 천한 자를 그 위에 세우시는 줄을 사람들이 알게 하려 함이라 하였느니라

18 나 느부갓네살 왕이 이 꿈을 꾸었나니 너 벨드사살아 그 해석을 밝히 말하라 내 나라 모든 지혜자가 능히 내게 그 해

석을 알게 하지 못하였으나 오직 너는 능히 하리니 이는 거룩한 신들의 영이 네 안에 있음이라 ^{창 41:8}

다니엘의 꿈 해석

19 ●벨드사살이라 이름한 다니엘이 한 동안 놀라며 마음으로 번민하는지라 왕이 그에게 말하여 이르기를 벨드사살아 너는 이 꿈과 그 해석으로 말미암아 번민할 것이 아니니라 벨드사살이 대답하여 이르되 내 주여 그 꿈은 왕을 미워하는 자에게 응하며 그 해석은 왕의 대적에게 응하기를 원하나이다

20 왕께서 보신 바 나무가 자라서 견고하여지고 그 높이는 하늘에 닿았으니 땅 끝에서도 보이겠고

21 그 잎사귀는 아름답고 그 열매는 많아서 만민의 먹을 것이 될 만하고 들짐승은 그 아래에 살며 공중에 나는 새는 그 가지에 깃들였나이다

22 왕이여 이 나무는 곧 왕이시라 이는 왕이 자라서 견고하여지고 창대하사 하늘에 닿으시며 권세는 땅 끝까지 미치심이니이다

23 왕이 보신즉 한 순찰자, 한 거룩한 자가 하늘에서 내려와서 이르기를 그 나무를 베어 없애라 그러나 그 뿌리의 그

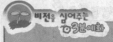

뮬러의 은행

고아의 아버지 조지 뮬러가 수백 명의 고아들을 돌보는 것을 보고 어떤 사람이 물었어요. "어떻게 이런 많은 아이들을 돌볼 수 있나요?"

그러자 뮬러가 대답했습니다. "저기에 내가 돈을 빌려 쓸 수 있는 은행이 있습니다."

은행을 찾느라 두리번거리는 사람에게 뮬러가 말했어요. "저기 문을 보십시오."

뮬러는 집안의 한 쪽 문을 가리켰는데, 그 문에는 '여호와이레'라고 쓰여 있었지요. 그곳은 뮬러의 기도실이었지요. 뮬러는 필요한 것이 있을 때마다 항상 기도하였고, 하나님께서는 필요한 모든 것을 공급해주셨답니다.

루터기는 땅에 남겨 두고 쇠와 놋줄로 동이고 그것을 들 풀 가운데 두라 그것이 하늘 이슬에 젖고 또 들짐승들과 더불어 제 몫을 얻으며 일곱 때를 지내리라 하였느니라

24 왕이여 그 해석은 이러하니이다 곧 지극히 높으신 이가 명령하신 것이 내 주 왕에게 미칠 것이라

25 왕이 사람에게서 쫓겨나서 들짐승과 함께 살며 소처럼 풀을 먹으며 하늘 이슬에 젖을 것이요 이와 같이 일곱 때를 지낼 것이라 그 때에 지극히 높으신 이가 사람의 나라를 다스리시며 자기의 뜻대로 그것을 누구에게든지 주시는 줄을 아시리이다 ᴬᴵ 83:18

26 또 그들이 그 나무뿌리의 그루터기를 남겨 두라 하였은즉¹⁾ 하나님이 다스리시는 줄을 왕이 깨달은 후에야 왕의 나라가 견고하리이다

27 그런즉 왕이여 내가 아뢰는 것을 받으시고 공의를 행함으로 죄를 사하고 가난한 자를 긍휼히 여김으로 죄악을 사하소서 그리하시면 왕의 평안함이 혹시 장구하리이다 하니라

28 ●이 모든 일이 다 나 느부갓네살 왕에게 임하였느니라

29 열두 달이 지난 후에²⁾ 내가 바벨론 왕궁 지붕에서 거닐새

30 나 왕이 말하여 이르되 이 큰 바벨론은 내가 능력과 권세로 건설하여 나의 도성으로 삼고 이것으로 내 위엄의 영광을 나타낸 것이 아니냐 하였더니

31 이 말이 아직도 나 왕의 입에 있을 때에 하늘에서 소리가 내려 이르되 느부갓네살 왕아 네게 말하노니 나라의 왕위가 네게서 떠났느니라

32 네가 사람에게서 쫓겨나서 들짐승과 함께 살면서 소처럼 풀을 먹을 것이요 이와 같이 일곱 때를 지내서 지극히 높으신 이가 사람의 나라를 다스리시며 자기의 뜻대로 그것을 누구에게든지 주시는 줄을 알기까지 이르리라 하더라

33 바로 그 때에 이 일이 나 느부갓네살에게 응하므로 내가 사람에게 쫓겨나서 소처럼 풀을 먹으며 몸이 하늘 이슬에 젖고 머리털이 독수리 털과 같이 자라고 손톱은 새 발톱과 같이 되었더라

느부갓네살 왕의 하나님 찬양

34 ●그 기한이 차매 나 느부갓네살이 하늘을 우러러 보았더니 내 총명이 다시 내게로 돌아온지라 이에 내가 지극히 높으신 이에게 감사하며 영생하시는 이를 찬양하고 경배하였노니 그 권세는 영원한 권세요 그 나라는 대대에 이르리로다 ᴬᴸ 4:10

35 땅의 모든 사람들을 없는 것 같이 여기시며 하늘의 군대에게든지 땅의 사람에게든지 그는 자기 뜻대로 행하시나니 그의 손을 금하든지 혹시 이르기를 네가 무엇을 하느냐고 할 자가 아무도 없도다

36 그 때에 내 총명이 내게로 돌아왔고 또 내 나라의 영광에 대하여도 내 위엄과 광명이 내게로 돌아왔고 또 나의 모사들과 관원들이 내게 찾아오니 내가 내 나라에서 다시 세움을 받고 또 지극한 위세가 내게 더하였느니라

1) 하늘이　2) 히, 그가

37 그러므로 지금 나 느부갓네살은 하늘의 왕을 찬양하며 칭송하며 경배하노니 그의 일이 다 진실하고 그의 행하심이 의로우시므로 교만하게 행하는 자를 그가 능히 낮추심이라 —B.C. 539년경

벨사살 왕이 잔치를 베풀다

5 벨사살 왕이 그의 귀족 천 명을 위하여 큰 잔치를 베풀고 그 천 명 앞에서 술을 마시니라

2 벨사살이 술을 마실 때에 명하여 그의 부친 느부갓네살이 예루살렘 성전에서 탈취하여 온 금, 은 그릇을 가져오라고 명하였으니 이는 왕과 귀족들과 왕후들과 후궁들이 다 그것으로 마시려 함이었더라

3 이에 예루살렘 하나님의 전 성소 중에서 탈취하여 온 금 그릇을 가져오매 왕이 그 귀족들과 왕후들과 후궁들과 더불어 그것으로 마시더라

4 그들이 술을 마시고는 그 금, 은, 구리, 쇠, 나무, 돌로 만든 신들을 찬양하니라

5 ●그 때에 사람의 손가락들이 나타나서 왕궁 촛대 맞은편 석회벽에 글자를 쓰는데 왕이 그 글자 쓰는 손가락을 본지라

6 이에 왕의 즐기던 얼굴 빛이 변하고 그 생각이 번민하여 넓적다리 마디가 녹는 듯하고 그의 무릎이 서로 부딪친지라

7 왕이 크게 소리 질러 술객과 갈대아 술사와 점쟁이를 불러오게 하고 바벨론의 지혜자들에게 말하되 누구를 막론하고 이 글자를 읽고 그 해석을 내게 보이면 자주색 옷을 입히고 금사슬을 그의 목에 걸어 주리니 그를 나라의 셋째

B.C. 550년 우르에서 발견된 느부갓네살의 아들 벨사살의 이름이 적힌 토판(5:1)

통치자로 삼으리라 하니라 _{사 47:13}

8 그 때에 왕의 지혜자가 다 들어왔으나 능히 그 글자를 읽지 못하며 그 해석을 왕께 알려 주지 못하는지라 _{2:10, 27}

9 그러므로 벨사살 왕이 크게 번민하여 그의 얼굴빛이 변하였고 귀족들도 다 놀라니라

10 ●왕비가 왕과 그 귀족들의 말로 말미암아 잔치하는 궁에 들어왔더니 이에 말하여 이르되 왕이여 만수무강 하옵소서 왕의 생각을 번민하게 하지 말며 얼굴빛을 변할 것도 아니니이다

11 왕의 나라에 거룩한 신들의 영이 있는 사람이 있으니 곧 왕의 부친 때에 있던 자로서 명철과 총명과 지혜가 신들의 지혜와 같은 자니이다 왕의 부친 느부갓네살 왕이 그를 세워 박수와 술객과 갈대아 술사와 점쟁이의 어른을 삼으셨으니

12 왕이 벨드사살이라 이름하는 이 다니엘은 마음이 민첩하고 지식과 총명이 있어 능히 꿈을 해석하며 은밀한 말을 밝히며 의문을 풀 수 있었나이다 이제 다니엘을 부르소서 그리하시면 그가 그 해석을 알려 드리리이다 하니라

다니엘이 글을 해석하다

13 ●이에 다니엘이 부름을 받아 왕의 앞에 나오매 왕이 다니엘에게 말하되 네가 나의 부왕이 유다에서 사로잡아 온 유다 자손 중의 그 다니엘이냐

14 내가 네게 대하여 들은즉 네 안에는 신들의 영이 있으므로 네가 명철과 총명과 비상한 지혜가 있다 하도다

15 지금 여러 지혜자와 술객을 내 앞에 불

러다가 그들에게 이 글을 읽고 그 해석을 내게 알게 하라 하였으나 그들이 다 그 해석을 내게 보이지 못하였느니라

16 내가 네게 대하여 들은즉 너는 해석을 잘하고 의문을 푼다 하도다 그런즉 이제 네가 이 글을 읽고 그 해석을 내게 알려 주면 네게 자주색 옷을 입히고 금 사슬을 네 목에 걸어 주어 너를 나라의 셋째 통치자로 삼으리라 하니

17 ●다니엘이 왕에게 대답하여 이르되 왕의 예물은 왕이 친히 가지시며 왕의 상급은 다른 사람에게 주옵소서 그럴지라도 내가 왕을 위하여 이 글을 읽으며 그 해석을 아뢰리이다

18 왕이여 지극히 높으신 하나님이 왕의 부친 느부갓네살에게 나라와 큰 권세와 영광과 위엄을 주셨고 겔 2:35-7

19 그에게 큰 권세를 주셨으므로 백성들과 나라들과 언어가 다른 모든 사람들이 그의 앞에서 떨며 두려워하였으며 그는 임의로 죽이며 임의로 살리며 임의로 높이며 임의로 낮추었더니

20 그가 마음이 높아지며 뜻이 완악하여 교만을 행하므로 그의 왕위가 폐한 바 되며 그의 영광을 빼앗기고

21 사람 중에서 쫓겨나서 그의 마음이 들짐승의 마음과 같았고 또 들나귀와 함께 살며 또 소처럼 풀을 먹으며 그의 몸이 하늘 이슬에 젖었으며 지극히 높으신 하나님이 사람 나라를 다스리시며 자기의 뜻대로 누구든지 그 자리에 세우시는 줄을 알기에 이르렀나이다

22 벨사살이여 왕은 그의 아들이 되어서

다니엘을 미워하는 신하들(6:4)

이것을 다 알고도 아직도 마음을 낮추지 아니하며

23 도리어 자신을 하늘의 주재보다 높이며 그의 성전 그릇을 왕 앞으로 가져다가 왕과 귀족들과 왕후들과 후궁들이 다 그것으로 술을 마시고 왕이 또 보지도 듣지도 알지도 못하는 금, 은, 구리, 쇠와 나무, 돌로 만든 신상들을 찬양하고 도리어 왕의 호흡을 주장하시고 왕의 모든 길을 작정하시는 하나님께는 영광을 돌리지 아니한지라

24 이러므로 그의 앞에서 이 손가락이 나와서 이 글을 기록하였나이다 5:5

25 기록된 글자는 이것이니 곧 메네 메네 데겔 우바르신이라

26 그 글을 해석하건대 메네는 하나님이 이미 왕의 나라의 시대를 세어서 그것을 끝나게 하셨다 함이요 렘 25:11

27 데겔은 왕을 저울에 달아 보니 부족함이 보였다 함이요 시 62:9

28 베레스는 왕의 나라가 나뉘어서 메대와 바사 사람에게 준 바 되었다 함이니이다 하니

29 ●이에 벨사살이 명하여 그들이 다니엘에게 자주색 옷을 입히게 하며 금 사슬을 그의 목에 걸어 주고 그를 위하여 조서를 내려 나라의 셋째 통치자로 삼으니라

30 ●그 날 밤에 갈대아 왕 벨사살이 죽임을 당하였고 사 21:4-9

31 메대 사람 다리오가 나라를 얻었는데 그 때에 다리오는 육십이 세였더라 6:1

6 다리오가 자기의 뜻대로 고관 백이십 명을 세워 전국을 통치하게 하고

2 또 그들 위에 총리 셋을 두었으니 다니엘이 그 중의 하나이라 이는 고관들로 총리에게 자기의 직무를 보고하게 하여 왕에게 손해가 없게 하려 함이었더라

3 다니엘은 마음이 민첩하여 총리들과 고관들 위에 뛰어나므로 왕이 그를 세워 전국을 다스리게 하고자 한지라

4 이에 총리들과 고관들이 국사에 대하여 다니엘을 고발할 근거를 찾고자 하였으나 아무 근거, 아무 허물도 찾지 못하였으니 이는 그가 충성되어 아무 그릇됨도 없고 아무 허물도 없음이었더라

5 그들이 이르되 이 다니엘은 그 하나님의 율법에서 근거를 찾지 못하면 그를 고발할 수 없으리라 하고

6 이에 총리들과 고관들이 모여 왕에게 나아가서 그에게 말하되 다리오 왕이여 만수무강 하옵소서

7 나라의 모든 총리와 지사와 총독과 법관과 관원이 의논하고 왕에게 한 법률을 세우며 한 금령을 정하실 것을 구하나이다 왕이여 그것은 곧 이제부터 삼십 일 동안에 누구든지 왕 외의 어떤 신에게나 사람에게 무엇을 구하면 사자 굴에 던져 넣기로 한 것이니이다

8 그런즉 왕이여 원하건대 금령을 세우시고 그 조서에 왕의 도장을 찍어 메대와 바사의 고치지 아니하는 규례를 따라 그것을 다시 고치지 못하게 하옵소서 하매

변함없이 기도하는 다니엘(6:10)

9 이에 다리오 왕이 조서에 왕의 도장을 찍어 금령을 내리라

10 ● 다니엘이 이 조서에 왕의 도장이 찍힌 것을 알고도 자기 집에 돌아가서는 윗방에 올라가 예루살렘으로 향한 창문을 열고 전에 하던 대로 하루 세 번씩 무릎을 꿇고 기도하며 그의 하나님께 감사하였더라

11 그 무리들이 모여서 다니엘이 자기 하나님 앞에 기도하며 간구하는 것을 발견하고 6:6

12 이에 그들이 나아가서 왕의 금령에 관하여 왕께 아뢰되 왕이여 왕이 이미 금령에 왕의 도장을 찍어서 이제부터 삼십 일 동안에는 누구든지 왕 외의 어떤 신에게나 사람에게 구하면 사자 굴에 던져 넣기로 하지 아니하였나이까 하니 왕이 대답하여 이르되 이 일이 확실하니 메대와 바사의 고치지 못하는 규례니라 하는지라

13 그들이 왕 앞에서 말하여 이르되 왕이여 사로잡혀 온 유다 자손 중에 다니엘이 왕과 왕의 도장이 찍힌 금령을 존중하지 아니하고 하루 세 번씩 기도하나이다 하니 행 5:29

14 왕이 이 말을 듣고 그로 말미암아 심히 근심하여 다니엘을 구원하려고 마음을 쓰며 그를 건져내려고 힘을 다하다가 해가 질 때에 이르렀더라

15 그 무리들이 또 모여 왕에게로 나아와서 왕께 말하되 왕이여 메대와 바사의 규례를 아시거니와 왕께서 세우신 금령과 법도는 고치지 못할 것이니이다

하나님께서 지켜주셔서 사자 굴에서도
살아남은 다니엘(6:22-23)

하니

히 8:8

16 ●이에 왕이 명령하매 다니엘을 끌어다
가 사자 굴에 던져 넣는지라 왕이 다니
엘에게 이르되 네가 항상 섬기는 너의
하나님이 너를 구원하시리라 하니라

17 이에 돌을 굴려다가 굴 어귀를 막으매
왕이 그의 도장과 귀족들의 도장으로
봉하였으니 이는 다니엘에 대한 조치
를 고치지 못하게 하려 함이었더라

18 왕이 궁에 돌아가서는 밤이 새도록 금
식하고 그 앞에 오락을 그치고 잠자기
를 마다하니라

19 ●이튿날에 왕이 새벽에 일어나 급히
사자 굴로 가서

20 다니엘이 든 굴에 가까이 이르러서 슬
피 소리 질러 다니엘에게 묻되 살아 계
시는 하나님의 종 다니엘아 네가 항상
섬기는 네 하나님이 사자들에게서 능
히 너를 구원하셨느냐 하니라

21 다니엘이 왕에게 아뢰되 왕이여 원하
건대 왕은 만수무강 하옵소서

22 나의 하나님이 이미 그의 천사를 보내
어 사자들의 입을 봉하셨으므로 사자
들이 나를 상해하지 못하였사오니 이
는 나의 무죄함이 그 앞에 명백함이오
며 또 왕이여 나는 왕에게도 해를 끼치
지 아니하였나이다 하니라

시 91:11-13

23 왕이 심히 기뻐하여 명하여 다니엘을 굴
에서 올리라 하매 그들이 다니엘을 굴
에서 올린즉 그의 몸이 조금도 상하지
아니하였으니 이는 그가 자기의 하나

님을 믿음이었더라

24 ●왕이 말하여 다니
엘을 참소한 사람들을
끌어오게 하고 그들을
그들의 처자들과 함께
사자 굴에 던져 넣게 하
였더니 그들이 굴 바닥
에 닿기도 전에 사자들
이 곧 그들을 움켜서 그
뼈까지도 부서뜨렸더라

25 ●이에 다리오 왕이
온 땅에 있는 모든 백성과 언
어가 다른 모든 사람들에게 조서를 내
려 이르되 원하건대 너희에게 큰 평강
이 있을지어다

26 내가 이제 조서를 내리노라 내 나라 관
할 아래에 있는 사람들은 다 다니엘의
하나님 앞에서 떨며 두려워할지니 그
는 살아 계시는 하나님이시요 영원히
변하지 않으실 이시며 그의 나라는 멸
망하지 아니할 것이요 그의 권세는 무
궁할 것이며

27 그는 구원도 하시며 건져내기도 하시
며 하늘에서든지 땅에서든지 이적과
기사를 행하시는 이로서 다니엘을 구
원하여 사자의 입에서 벗어나게 하셨
음이라 하였더라

4:3

28 ●이 다니엘이 다리오 왕의 시대와 바
사 사람 고레스 왕의 시대에 형통하였
더라

네 짐승 환상 —B.C. 553년경

7

바벨론 벨사살 왕 원년에 다니엘이
그의 침상에서 꿈을 꾸며 머리 속
으로 환상을 받고 그 꿈을 기록하며 그
일의 대략을 진술하니라

2 다니엘이 진술하여 이르되 내가 밤에
환상을 보았는데 하늘의 네 바람이 큰
바다로 몰려 불더니

3 큰 짐승 넷이 바다에서 나왔는데 그 모
양이 각각 다르더라

4 첫째는 사자와 같은데 독수리의 날개
가 있더니 내가 보는 중에 그 날개가

뽑혔고 또 땅에서 들려서 사람처럼 두 발로 서게 함을 받았으며 또 사람의 마음을 받았더라

5 또 보니 다른 짐승 곧 둘째는 곰과 같은데 그것이 몸 한쪽을 들었고 그 입의 잇사이에는 세 갈빗대가 물렸는데 그것에게 말하는 자들이 있어 이르기를 일어나서 많은 고기를 먹으라 하였더라

6 그 후에 내가 또 본즉 다른 짐승 곧 표범과 같은 것이 있는데 그 등에는 새의 날개 넷이 있고 그 짐승에게 또 머리 넷이 있으며 권세를 받았더라

7 내가 밤 환상 가운데에 그 다음에 본 넷째 짐승은 무섭고 놀라우며 또 매우 강하며 또 쇠로 된 큰 이가 있어서 먹고 부서뜨리고 그 나머지를 발로 밟았으며 이 짐승은 전의 모든 짐승과 다르고 또 열 뿔이 있더라 _계 12:3_

8 내가 그 뿔을 유심히 보는 중에 다른 작은 뿔이 그 사이에서 나더니 첫 번째 뿔 중의 셋이 그 앞에서 뿌리까지 뽑혔으며 이 작은 뿔에는 사람의 눈 같은 눈들이 있고 또 입이 있어 큰 말을 하였더라

옛적부터 항상 계신 자
9 ●내가 보니 왕좌가 놓이고 옛적부터 항상 계신 이가 좌정하셨는데 그의 옷은 희기가 눈 같고 그의 머리털은 깨끗한 양의 털 같고 그의 보좌는 불꽃이요 그의 바퀴는 타오르는 불이며

10 불이 강처럼 흘러 그의 앞에서 나오며 그를 섬기는 자는 천천이요 그 앞에서 모셔 선 자는 만만이며 심판을 베푸는데 책들이 펴 놓였더라

11 그 때에 내가 작은 뿔이 말하는 큰 목소리로 말미암아 주목하여 보는 사이에 짐승이 죽임을 당하고 그의 시체가 상한 바 되어 타오르는 불에 던져졌으며

12 그 남은 짐승들은 그의 권세를 빼앗겼으나 그 생명은 보존되어 정한 시기가 이르기를 기다리게 되었더라 _7:3-6_

13 ●내가 또 밤 환상 중에 보니 인자 같은 이가 하늘 구름을 타고 와서 옛적부터 항상 계신 이에게 나아가 그 앞으로 인도되매

14 그에게 권세와 영광과 나라를 주고 모든 백성과 나라들과 다른 언어를 말하는 모든 자들이 그를 섬기게 하였으니 그의 권세는 소멸되지 아니하는 영원한 권세요 그의 나라는 멸망하지 아니할 것이니라

_환상 해석_
15 ●나 다니엘이 중심에 근심하며 내 머리 속의 환상이 나를 번민하게 한지라

16 내가 그 곁에 모셔 선 자들 중 하나에게 나아가서 이 모든 일의 진상을 물으매 그가 내게 말하여 그 일의 해석을 알려 주며 이르되

17 그 네 큰 짐승은 세상에 일어날 네 왕이라

18 지극히 높으신 이의 성도들이 나라를 얻으리니 그 누림이 영원하고 영원하

다니엘이 본 환상과 그 의미(7:4-7)

	환상의 내용	의 미
7:4	· 사자 · 날개가 뽑혔고… · 마음을 받았음	· 바빌론 제국 · 느부갓네살의 일곱 때 사건
7:5	· 곰 · 몸 한쪽을 들었음 · 세 갈빗대	· 메대와 바사(페르시아) 제국 · 바사의 우세함 · 정복한 세 나라–바벨론, 루디아, 애굽
7:6	· 표범 · 새의 날개 · 머리 넷	· 헬라 제국 · 그 신속성과 정보력 상징 · 네 나라로 분할 통치될 것 상징

7:7	· 쇠로 된 이가 있는
	  열 뿔 짐승
		· 로마 제국
		· 로마의 강대함과 파괴력 상징
		· 로마 시대로부터·적그리스도
		  출현까지의 기간

7장에는 무엇이 기록되어 있을까?

7장의 환상은 앞 장의 사건보다 약 11년 전인 벨사살 왕 1년에 일었으며 다니엘은 환상 중에 사자, 곰, 표범, 열 뿔 달린 짐승을 보았지요. 이것은 차례대로 바벨론, 메대·바사, 알렉산더대 제국, 로마를 뜻하는 것이었어요. 모든 역사는 결국 하나님의 주권에 의해 다스려진다는 것을 알려 주고 있는 것이랍니다.

고 영원하리라

19 이에 내가 넷째 짐승에 관하여 확실히 알고자 하였으니 곧 그것은 모든 짐승과 달라서 심히 무섭더라 그 이는 쇠요 그 발톱은 놋이니 먹고 부서뜨리고 나머지는 발로 밟았으며

20 또 그것의 머리에는 열 뿔이 있고 그 외에 또 다른 뿔이 나오매 세 뿔이 그 앞에서 빠졌으며 그 뿔에는 눈도 있고 큰 말을 하는 입도 있고 그 모양이 그의 동류보다 커 보이더라

21 내가 본즉 이 뿔이 성도들과 더불어 싸워 그들에게 이겼더니 단 13:7

22 옛적부터 항상 계신 이가 와서 지극히 높으신 이의 성도들을 위하여 원한을 풀어 주었고 때가 이르매 성도들이 나라를 얻었더라

23 ●모신 자가 이처럼 이르되 넷째 짐승은 곧 땅의 넷째 나라인데 이는 다른 나라들과는 달라서 온 천하를 삼키고 밟아 부서뜨릴 것이며

24 그 열 뿔은 그 나라에서 일어날 열 왕이요 그 후에 또 하나가 일어나리니 그는 먼저 있던 자들과 다르고 또 세 왕을 복종시킬 것이며

25 그가 장차 지극히 높으신 이를 말로 대적하며 또 지극히 높으신 이의 성도를 괴롭게 할 것이며 그가 또 때와 법을 고치고자 할 것이며 성도들은 그의 손에 붙인 바 되어 한 때와 두 때와 반 때를 지내리라

26 그러나 심판이 시작되면 그는 권세를 빼앗기고 완전히 멸망할 것이요 7:10

27 나라와 권세와 온 천하 나라들의 위세가 지극히 높으신 이의 거룩한 백성에게 붙인 바 되리니 그의 나라는 영원한 나라이라 모든 권세 있는 자들이 다 그를 섬기며 복종하리라

28 그 말이 이에 그친지라 나 다니엘은 중심에 번민하였으며 내 얼굴빛이 변하였으나 내가 이 일을 마음에 간직하였느니라

숫양과 숫염소의 환상 — B.C. 553년경

8 나 다니엘에게 처음에 나타난 환상 후 벨사살 왕 제삼년에 다시 한 환상이 나타나니라

2 내가 환상을 보았는데 내가 그것을 볼 때에 내 몸은 엘람 지방 수산 성에 있었고 내가 환상을 보기는 을래 강변에 서있니라 에 1:2

3 내가 눈을 들어 본즉 강 가에 두 뿔 가진 숫양이 섰는데 그 두 뿔이 다 길었으며 그 중 한 뿔은 다른 뿔보다 길었고 그 긴 것은 나중에 난 것이더라 10:5

4 내가 본즉 그 숫양이 서쪽과 북쪽과 남쪽을 향하여 받으나 그것을 당할 짐승이 하나도 없고 그 손에서 구할 자가 없으므로 그것이 원하는 대로 행하고 강하여졌더라 8:7

5 ●내가 생각할 때에 한 숫염소가 서쪽에서부터 와서 온 지면에 두루 다니되 땅에 닿지 아니하며 그 염소의 두 눈 사

이에는 현저한 뿔이 있더라

6 그것이 두 뿔 가진 숫양 곧 내가 본 바 강 가에 섰던 양에게로 나아가되 분노한 힘으로 그것에게로 달려가더니

7 내가 본즉 그것이 숫양에게로 가까이 나아가서는 더욱 성내어 그 숫양을 쳐서 그 두 뿔을 꺾으나 숫양에게는 그것을 대적할 힘이 없으므로 그것이 숫양을 땅에 엎드러뜨리고 짓밟았으나 숫양을 그 손에서 벗어나게 할 자가 없었더라

8 숫염소가 스스로 심히 강대하여 가더니 강성할 때에 그 큰 뿔이 꺾이고 그 대신에 현저한 뿔 넷이 하늘 1)사방을 향하여 났더라

9 ●그 중 한 뿔에서 또 작은 뿔 하나가 나서 남쪽과 동쪽과 또 영화로운 땅을 향하여 심히 커지더니

10 그것이 하늘 군대에 미칠 만큼 커져서 그 군대와 별들 중의 몇을 땅에 떨어뜨리고 그것들을 짓밟고

11 또 스스로 높아져서 군대의 주재를 대적하며 그에게 매일 드리는 제사를 없애 버렸고 그의 성소를 헐었으며

12 그의 악으로 말미암아 2)백성이 매일 드리는 제사가 넘긴 바 되었고 그것이 또 진리를 땅에 던지며 자의로 행하여 형통하였더라

13 내가 들은즉 한 거룩한 이가 말하더니 다른 거룩한 이가 그 말하는 이에게 문되 환상에 나타난 바 매일 드리는 제사와 멸망하게 하는 죄악에 대한 일과 성소와 3)백성이 내준 바 되며 짓밟힐 일이 어느 때까지 이를꼬 하매

14 그가 내게 이르되 이천삼백 주야까지니 그 때에 성소가 정결하게 되리라 하였느니라

가브리엘 천사가 환상을 깨닫게 하다

15 ●나 다니엘이 이 환상을 보고 그 뜻을 알고자 할 때에 사람 모양 같은 것이 내 앞에 섰고

16 내가 들은즉 을래 강 두 언덕 사이에서 사람의 목소리가 있어 외쳐 이르되 가브리엘아 이 환상을 이 사람에게 깨닫게 하라 하더니

17 그가 내가 선 곳으로 나왔는데 그가 올 때에 내가 두려워서 얼굴을 땅에 대고 엎드리매 그가 내게 이르되 인자야 깨달아 알라 이 환상은 정한 때 끝에 관한 것이니라

18 그가 내게 말할 때에 내가 얼굴을 땅에 대고 엎드리어 깊이 잠들매 그가 나를 어루만져서 일으켜 세우며

19 이르되 진노하시는 때가 마친 후에 될 일을 내가 네게 알게 하리니 이 환상은 정한 때 끝에 관한 것임이라

20 네가 본 바 두 뿔 가진 숫양은 곧 메대와 바사 왕들이요

21 털이 많은 숫염소는 곧 헬라 왕이요 그의 두 눈 사이에 있는 큰 뿔은 곧 그 첫째 왕이요

22 이 뿔이 꺾이고 그 대신에 네 뿔이 났은즉 그 나라 가운데에서 네 나라가 일어나되 그의 권세만 못하리라

23 이 네 나라 마지막 때에 반역자들이 가득할 즈음에 한 왕이 일어나리니 그 얼굴은 뻔뻔하며 속임수에 능하며

24 그 권세가 강할 것이나 자기의 힘으로 말미암은 것이 아니며 그가 장차 놀랍게 파괴 행위를 하고 자의로 행하여 형통하며 강한 자들과 거룩한 백성을 멸하리라

25 그가 꾀를 베풀어 제 손으로 속임수를

8장 에는 무엇이 기록되어 있을까?

8장에 등장하는 숫양은 메대와 바사 제국을, 숫염소는 그리스 제국을 뜻합니다. 이는 바벨론이 멸망한 후, 근동(近東)의 강한 나라들 간에 생길 다툼을 나타낸 것이었으며, 또한 나라와 나라 사이에 먹고 먹히는 세상의 역사 이치를 드러내는 것이기도 하지요. 특히 작은 뿔은 이 세상의 마지막 때에 받을 고난을 뜻합니다.

1) 네 바람 2) 군대의 3) 군대가

강성(8:8) 힘차고 왕성함.
주재(8:11) 책임지고 맡아서 처리함. 또는 그 사람.
자의(8:24) 스스로의 생각. 뜻.

행하고 마음에 스스로 큰 체하며 또 평화로운 때에 많은 무리를 멸하며 또 스스로 서서 만왕의 왕을 대적할 것이나 그가 사람의 손으로 말미암지 아니하고 깨지리라

26 이미 말한 바 주야에 대한 환상은 확실하니 너는 그 환상을 간직하라 이는 여러 날 후의 일임이라 하더라

27 이에 나 다니엘이 지쳐서 여러 날 앓다가 일어나서 왕의 일을 보았느니라 내가 그 환상으로 말미암아 놀랐고 그 뜻을 깨닫는 사람도 없었느니라

바사 궁에 새겨진 다리오 왕 (9:1)

다니엘의 기도 - B.C. 538년경

9 메대 족속 아하수에로의 아들 다리오가 갈대아 나라 왕으로 세움을 받던 첫 해

2 곧 그 통치 원년에 나 다니엘이 책을 통해 여호와께서 말씀으로 선지자 예레미야에게 알려 주신 그 연수를 깨달았나니 곧 예루살렘의 황폐함이 칠십 년만에 그치리라 하신 것이니라 대하 36:21

3 ●내가 금식하며 베옷을 입고 재를 덮어쓰고 주 하나님께 기도하며 간구하기를 결심하고

4 내 하나님 여호와께 기도하며 자복하여 이르기를 크시고 두려워할 주 하나님, 주를 사랑하고 주의 계명을 지키는 자를 위하여 언약을 지키시고 그에게 인자를 베푸시는 이시여

5 우리는 이미 범죄하여 패역하며 행악하며 반역하여 주의 법도와 규례를 떠났사오며

6 우리가 또 주의 종 선지자들이 주의 이름으로 우리의 왕들과 우리의 고관과 조상들과 온 국민에게 말씀한 것을 듣지 아니하였나이다

7 주여 공의는 주께로 돌아가고 수치는 우리 얼굴로 돌아옴이 오늘과 같아서 유다 사람들과 예루살렘 거민들과 이스라엘이 가까운 곳에 있는 자들이나 먼 곳에 있는 자들이 다 주께서 쫓아내신 각국에서 수치를 당하였사오니 이는 그들이 주께 죄를 범하였음이니이다

8 주여 수치가 우리에게 돌아오고 우리의 왕들과 우리의 고관과 조상들에게 돌아온 것은 우리가 주께 범죄하였음이니이다 마는

9 주 우리 하나님께는 긍휼과 용서하심이 있사오니 이는 우리가 주께 패역하였음이오며

10 우리 하나님 여호와의 목소리를 듣지 아니하며 여호와께서 그의 종 선지자들에게 부탁하여 우리 앞에 세우신 율법을 행하지 아니하였음이니이다

11 온 이스라엘이 주의 율법을 범하고 치우쳐 가서 주의 목소리를 듣지 아니하였으므로 이 저주가 우리에게 내렸으되 곧 하나님의 종 모세의 율법에 기록된 맹세대로 되었사오니 이는 우리가 주께 범죄하였음이니이다

12 주께서 큰 재앙을 우리에게 내리사 우리와 및 우리를 재판하던 재판관을 쳐서 하신 말씀을 이루셨사오니 온 천하에 예루살렘에서 일어난 일 같은 것이 없나이다

13 모세의 율법에 기록된 대로 이 모든 재

앙이 이미 우리에게 내렸사오나 우리는 우리의 죄악을 떠나고 주의 진리를 깨달아 우리 하나님 여호와의 얼굴을 기쁘게 하지 아니하였나이다

14 그러므로 여호와께서 이 재앙을 간직하여 두셨다가 우리에게 내리게 하셨사오니 우리의 하나님 여호와께서 행하시는 모든 일이 공의로우시나 우리가 그 목소리를 듣지 아니하였음이니이다

다리오의 이름이 새겨진 그릇(9:1)

15 강한 손으로 주의 백성을 애굽 땅에서 인도하여 내시고 오늘과 같이 명성을 얻으신 우리 주 하나님이여 우리는 범죄하였고 악을 행하였나이다 _{출 6:1; 6}

16 주여 구하옵나니 주는 주의 공의를 따라 주의 분노를 주의 성 예루살렘, 주의 거룩한 산에서 떠나게 하옵소서 이는 우리의 죄와 우리 조상들의 죄악으로 말미암아 예루살렘과 주의 백성이 사면에 있는 자들에게 수치를 당함이니이다

17 그러하온즉 우리 하나님이여 지금 주의 종의 기도와 간구를 들으시고 주를 위하여 주의 얼굴 빛을 주의 황폐한 성소에 비추시옵소서

18 나의 하나님이여 귀를 기울여 들으시며 눈을 떠서 우리의 황폐한 상황과 주의 이름으로 일컫는 성을 보옵소서 우리가 주 앞에 간구하옵는 것은 우리의 공의를 의지하여 하는 것이 아니요 주의 큰 긍휼을 의지하여 함이니이다

19 주여 들으소서 주여 용서하소서 주여 귀를 기울이시고 행하소서 지체하지 마옵소서 나의 하나님이여 주 자신을 위하여 하시옵소서 이는 주의 성과 주의 백성이 주의 이름으로 일컫는 바 됨

이니이다

가브리엘이 환상을 설명하다

20 ●내가 이같이 말하여 기도하며 내 죄와 내 백성 이스라엘의 죄를 자복하고 내 하나님의 거룩한 산을 위하여 내 하나님 여호와 앞에 간구할 때 _{사 6:5}

21 곧 내가 기도할 때에 이전에 환상 중에 본 그 사람 가브리엘이 빨리 날아서 저녁 제사를 드릴 때 즈음에 내게 이르더니

22 내게 가르치며 내게 말하여 이르되 다니엘아 내가 이제 네게 지혜와 총명을 주려고 왔느니라

23 곧 네가 기도를 시작할 즈음에 명령이 내렸으므로 이제 네게 알리러 왔느니라 너는 크게 은총을 입은 자라 그런즉 너는 이 일을 생각하고 그 환상을 깨달을지니라

24 네 백성과 네 거룩한 성을 위하여 일흔 이레를 기한으로 정하였나니 허물이 그치며 죄가 끝나며 죄악이 용서되며 영원한 의가 드러나며 환상과 예언이 응하며 또 지극히 거룩한 이가 기름 부음을 받으리라

25 그러므로 너는 깨달아 알지니라 예루살렘을 중건하라는 영이 날 때부터 [1]기름 부음을 받은 자 곧 왕이 일어나기까지 일곱 이레와 예순두 이레가 지날 것이요 그 곤란한 동안에 성이 중건되어 광장과 거리가 세워질 것이며

26 예순두 이레 후에 [1]기름 부음을 받은 자가 끊어져 없어질 것이며 장차 한 왕의 백성이 와서 그 성읍과 성소를 무너

토막상식 일흔 이레

한정할 수 없는 어떤 기간을 나타냅니다. 이레가 7년을 뜻한다는 암시는 나타나 있지 않아요. '7'이란 숫자는 '완전'을 상징하지요. 따라서 여기서 '7'은 하나님의 사역을 뜻하는 완전수예요. 그렇게 보면, 일흔 이레는 극히 중요한 하나님의 사역을 완성하는 기간으로 볼 수 있지요. 9장 24절

1) 메시야가

뜨리려니와 그의 마지막은 홍수에 휩쓸림 같을 것이며 또 끝까지 전쟁이 있으리니 황폐할 것이 작정되었느니라

27 그가 장차 많은 사람들과 더불어 한 이레 동안의 언약을 굳게 맺고 그가 그 이레의 절반에 제사와 예물을 금지할 것이며 또 포악하여 가증한 것이 날개를 의지하여 설 것이며 또 이미 정한 종말까지 진노가 황폐하게 하는 자에게 쏟아지리라 하였느니라 막 13:14

힌데겔 강 가에서 본 환상 · B.C. 536년경

10 바사 왕 고레스 제삼년에 한 일이 벨드사살이라 이름한 다니엘에게 나타났는데 그 일이 참되니 곧 큰 전쟁에 관한 것이라 다니엘이 그 일을 분명히 알았고 그 환상을 깨달으니라

2 그 때에 나 다니엘이 세 이레 동안을 슬퍼하며

3 세 이레가 차기까지 좋은 떡을 먹지 아니하며 고기와 포도주를 입에 대지 아니하며 또 기름을 바르지 아니하니라

4 첫째 달 이십사일에 내가 힛데겔이라 하는 큰 강 가에 있었는데

5 그 때에 내가 눈을 들어 바라본즉 한 사람이 세마포 옷을 입었고 허리에는 우바스 순금 띠를 띠었더라 겔 1:5,6

6 또 그의 몸은 황옥 같고 그의 얼굴은 번갯빛 같고 그의 눈은 횃불 같고 그의 팔과 발은 빛난 놋과 같고 그의 말소리는 무리의 소리와 같더라

7 이 환상을 나 다니엘이 홀로 보았고 나와 함께 한 사람들은 이 환상을 보지 못하였어도 그들이 크게 떨며 도망하여 숨었느니라 행 9:7

고레스의 왕궁이 있던 곳으로 현재 고레스 우림이 있는 바사의 수도 전경(10:1)

8 그러므로 나만 홀로 있어서 이 큰 환상을 볼 때에 내 몸에 힘이 빠졌고 나의 아름다운 빛이 변하여 썩은 듯하였고 나의 힘이 다 없어졌으나

9 내가 그의 음성을 들었는데 그의 음성을 들을 때에 내가 얼굴을 땅에 대고 깊이 잠들었느니라

10 ●한 손이 있어 나를 어루만지기로 내가 떨었더니 그가 내 무릎과 손바닥이 땅에 닿게 일으키고

11 내게 이르되 큰 은총을 받은 사람 다니엘아 내가 네게 이르는 말을 깨닫고 일어서라 내가 네게 보내심을 받았느니라 하더라 그가 내게 이 말을 한 후에 내가 떨며 일어서니 8:16, 17

12 그가 내게 이르되 다니엘아 두려워하지 말라 네가 깨달으려 하여 네 하나님 앞에 스스로 겸비하게 하기로 결심하던 첫날부터 네 말이 응답 받았으므로 내가 네 말로 말미암아 왔느니라

13 그런데 바사 왕국의 군주가 이십일 일 동안 나를 막았으므로 내가 거기 바사 왕국의 왕들과 함께 머물러 있더니 가장 높은 군주 중 하나인 미가엘이 와서 나를 도와 주므로 계 12:7

14 이제 내가 마지막 날에 네 백성이 당할 일을 네게 깨닫게 하러 왔노라 이는 이 환상이 오랜 후의 일임이니라 하더라

15 그가 이런 말로 내게 이를 때에 내가 곧 얼굴을 땅에 향하고 말문이 막혔더니

16 인자와 같은 이가 있어 내 입술을 만진지라 내가 곧 입을 열어 내 앞에 서 있는 자에게 말하여 이르되 내 주여 이 환상으로 말미암아 근심이 내게 더하므

로 내가 힘이 없어졌나이다

17 내 몸에 힘이 없어졌고 호흡이 남지 아니하였사오니 내 주의 이 종이 어찌 능히 내 주와 더불어 말씀할 수 있으리이까 하니 *사 6:1-5*

18 ●또 사람의 모양 같은 것 하나가 나를 만지며 나를 강건하게 하여

19 이르되 큰 은총을 받은 사람이여 두려워하지 말라 평안하라 강건하라 강건하라 그가 이같이 내게 말하매 내가 곧 힘이 나서 이르되 내 주께서 나를 강건하게 하셨사오니 말씀하옵소서

20 그가 이르되 내가 어찌하여 네게 왔는지 네가 아느냐 이제 내가 돌아가서 바사 군주와 싸우려니와 내가 나간 후에는 헬라의 군주가 이를 것이라

21 오직 내가 먼저 진리의 글에 기록된 것으로 네게 보이리라 나를 도와서 그들을 대항할 자는 너희의 군주 미가엘뿐이니라

11 내가 또 메대 사람 다리오 원년에 일어나 그를 도와서 그를 강하게 한 일이 있었느니라

남방 왕과 북방 왕이 싸우리라

2 ●이제 내가 참된 것을 네게 보이리라 보라 바사에서 또 세 왕들이 일어날 것이요 그 후의 넷째는 그들보다 심히 부요할 것이며 그가 그 부요함으로 강하여진 후에는 모든 사람을 충동하여 헬라 왕국을 칠 것이며 *8:26*

3 장차 한 능력 있는 왕이 일어나서 큰 권세로 다스리며 자기 마음대로 행하리라

4 그러나 그가 강성할 때에 그의 나라가 갈라져 천하 사방에 나누일 것이나 그의 자손에게로 돌아가지도 아니할 것이요 또 자기가 주장하던 권세대로도 되지 아니하리니 이는 그 나라가 뽑혀서 그 외의 다른 사람들에게로 돌아갈 것임이라

5 ●남방의 왕은 강할 것이나 그 군주들 중 하나는 그보다 강하여 권세를 펼치리니 그의 권세가 심히 클 것이요

6 몇 해 후에 그들이 서로 단합하리니 곧 남방 왕의 딸이 북방 왕에게 가서 화친하리라 그러나 그 공주의 힘이 쇠하고 그 왕은 서지도 못하며 권세가 없어질 뿐 아니라 그 공주와 그를 데리고 온 자와 그를 낳은 자와 그 때에 도와 주던 자가 다 버림을 당하리라

7 ●그러나 그 공주의 본 족속에게서 난 자 중의 한 사람이 왕위를 이어 권세를 받아 북방 왕의 군대를 치러 와서 그의 성에 들어가서 그들을 쳐서 이기고

8 그 신들과 부어 만든 우상들과 은과 금의 아름다운 그릇들은 다 노략하여 애굽으로 가져갈 것이요 몇 해 동안은 그가 북방 왕을 치지 아니하리라

9 북방 왕이 남방 왕의 왕국으로 쳐들어갈 것이나 자기 본국으로 물러가리라

10 ●그러나 그의 아들들이 전쟁을 준비하고 심히 많은 군대를 모아서 물이 넘침 같이 나아올 것이며 그가 또 와서 남방 왕의 견고한 성까지 칠 것이요

11 남방 왕은 크게 노하여 나와서 북방 왕과 싸울 것이라 북방 왕이 큰 무리

다니엘과 그의 시대(9:1-11:1)

를 일으킬 것이나 그 무리는 그의 손에 넘겨 준 바 되리라 8:7

12 그가 큰 무리를 사로잡은 후에 그의 마음이 스스로 높아져서 수만 명을 엎드러뜨릴 것이나 그 세력은 더하지 못할 것이요

13 북방 왕은 돌아가서 다시 군대를 전보다 더 많이 준비하였다가 몇 때 곧 몇 해 후에 대군과 많은 물건을 거느리고 오리라

14 그 때에 여러 사람이 일어나서 남방 왕을 칠 것이요 네 백성 중에서도 포악한 자가 스스로 높아져서 환상을 이루려 할 것이나 그들이 도리어 걸려 넘어지리라

15 이에 북방 왕은 와서 토성을 쌓고 견고한 성읍을 점령할 것이요 남방 군대는 그를 당할 수 없으며 또 그가 택한 군대라도 그를 당할 힘이 없을 것이므로

16 오직 와서 치는 자가 자기 마음대로 행하리니 그를 당할 사람이 없겠고 그는 영화로운 땅에 설 것이요 그의 손에는 멸망이 있으리라

17 그가 결심하고 전국의 힘을 다하여 이르렀다가 그와 화친할 것이요 또 여자의 딸을 그에게 주어 그의 나라를 망하게 하려 할 것이나 이루지 못하리니 그에게 무익하리라

18 그 후에 그가 그의 얼굴을 바닷가로 돌려 많이 점령할 것이나 한 장군이 나타나 그의 정복을 그치게 하고 그 수치를 그에게로 돌릴 것이요

19 그가 드디어 그 얼굴을 돌려 자기 땅 산성들로 향할 것이나 거쳐 넘어지고

다시는 보이지 아니하리라 욥 20:8

비천한 북방 왕

20 ●그 왕위를 이을 자가 압제자를 그 나라의 아름다운 곳으로 두루 다니게 할 것이나 그는 분노함이나 싸움이 없이 몇 날이 못 되어 망할 것이요

21 또 그의 왕위를 이을 자는 한 비천한 사람이라 나라의 영광을 그에게 주지 아니할 것이나 그가 평안한 때를 타서 속임수로 그 나라를 얻을 것이며

22 넘치는 물 같은 군대가 그에게 넘침으로 말미암아 패할 것이요 동맹한 왕도 그렇게 될 것이며

23 그와 약조한 후에 그는 거짓을 행하여 올라올 것이요 소수의 백성을 가지고 세력을 얻을 것이며

24 그가 평안한 때에 그 지방의 가장 기름진 곳에 들어와서 그의 조상들과 조상들의 조상이 행하지 못하던 것을 행할 것이요 그는 노략하고 탈취한 재물을 무리에게 흩어 주며 계략을 세워 얼마 동안 산성들을 칠 것인데 때가 이르기까지 그리하리라 겔 34:14

25 그가 그의 힘을 떨치며 용기를 내어 큰 군대를 거느리고 남방 왕을 칠 것이요 남방 왕도 심히 크고 강한 군대를 거느리고 맞아 싸울 것이나 능히 당하지 못하리니 이는 그들이 계략을 세워 그를 침이니라

26 그의 음식을 먹는 자들이 그를 멸하리니 그의 군대가 흩어질 것이요 많은 사람이 엎드러져 죽으리라

27 이 두 왕이 마음에 서로 해하고자 하여 한 밥상에 앉았을 때에 거짓말을 할

11에는 무엇이 기록되어 있을까?

바사 제국의 멸망 후 헬라 제국의 등장, 알렉산더가 죽은 후 프톨레미 왕조와 셀류쿠스 왕조의 다툼, 안티오쿠스 에피파네스가 등장하면서 그가 행한 유대교 박해와 그 최후가 기록되어 있어요. 세상의 어떠한 권력도 하나님의 섭리를 벗어날 수 없고, 모든 역사 이후에는 하나님의 영원한 통치가 있답니다.

영화(11:16) 몸이 귀하게 되어 이름이 드러나는 것. 또는 권력이나 부귀를 마음껏 누리는 일.

화친(11:17) 서로 의좋게 지냄.

압제(11:20) 권력으로 억지로 누르는 것.

동맹(11:22) 동일한 목적이나 이익을 위하여 같이 행동하려는 일.

연단(11:35) 어떤 일을 여러 번 반복함으로써, 견딜 수 있게 되거나 익숙하게 되는 것.

흠모(11:37) 공경하며 사모함.

것이라 일이 형통하지 못하리니 이는 아직 때가 이르지 아니하였으므로 그 일이 이루어지지 아니할 것임이니라

28 ●북방 왕은 많은 재물을 가지고 본국으로 돌아가리니 그는 마음으로 거룩한 언약을 거스르며 자기 마음대로 행하고 본토로 돌아갈 것이며

29 작정된 기한에 그가 다시 나와서 남방에 이를 것이나 이번이 그 전만큼 못하리니

30 이는 깃딤의 배들이 이르러 그를 칠 것임이라 그가 낙심하고 돌아가면서 맺은 거룩한 언약에 분노하였고 고 자기 땅에 돌아가서는 맺은 거룩한 언약을 배반하는 자들을 살필 것이며

31 군대는 그의 편에 서서 성소 곧 견고한 곳을 더럽히며 매일 드리는 제사를 폐하며 멸망하게 하는 가증한 것을 세울 것이며 8:11

32 그가 또 언약을 배반하고 악행하는 자를 속임수로 타락시킬 것이나 오직 자기의 하나님을 아는 백성은 강하여 용맹을 떨치리라

33 백성 중에 지혜로운 자들이 많은 사람을 가르칠 것이나 그들이 칼날과 불꽃과 사로잡힘과 약탈을 당하여 여러 날 동안 몰락하리라

34 그들이 몰락할 때에 도움을 조금 얻을 것이나 많은 사람들이 속임수로 그들과 결합할 것이며

35 또 그들 중 지혜로운 자 몇 사람이 몰락하여 무리 중에서 연단을 받아 정결하게 되며 희게 되어 마지막 때까지 이르게 하리니 이는 아직 정한 기한이 남았음이라

36 ●그 왕은 자기 마음대로 행하며 스스로 높여 모든 신보다 크다 하며 비상한 말로 신들의 신을 대적하며 형통하기를 분노하심이 그칠 때까지 하리니 이는 그 작정된 일을 반드시 이루실 것임이라

37 그가 모든 것보다 스스로 크다 하고 그의 조상들의 신들과 여자들이 흠모하는 것을 돌아보지 아니하며 어떤 신도

돌아보지 아니하고

38 그 대신에 강한 신을 공경할 것이요 또 그의 조상들이 알지 못하던 신에게 금은 보석과 보물을 드려 공경할 것이며

39 그는 이방신을 힘입어 크게 견고한 산성들을 점령할 것이요 무릇 그를 안다 하는 자에게는 영광을 더하여 여러 백성을 다스리게도 하며 그에게서 뇌물을 받고 땅을 나눠 주기도 하리라

40 ●마지막 때에 남방 왕이 그와 힘을 겨룰 것이나 북방 왕이 병거와 마병과 많은 배로 회오리바람처럼 그에게로 마주 와서 그 여러 나라에 침공하여 물이 넘침 같이 지나갈 것이요

41 그가 또 영화로운 땅에 들어갈 것이요 많은 나라를 패망하게 할 것이나 오직 에돔과 모압과 암몬 자손의 지도자들은 그의 손에서 벗어나리라

42 그가 여러 나라들에 그의 손을 펴리니 애굽 땅도 면하지 못할 것이니

43 그가 권세로 애굽의 금 은과 모든 보물을 차지할 것이요 리비아 사람과 구스 사람이 그의 시종이 되리라 나 3:9

44 그러나 동북에서부터 소문이 이르러 그를 번민하게 하므로 그가 분노하여

엄마가 필요한 이유

밤에 잠자리에 들려는 어린 딸이 어머니에게 자기와 함께 있어 달라고 졸랐어요. 하지만 어머니는 딸을 안심시킨 후 말했답니다.

"무서워할 필요가 없단다. 하나님께서 항상 네 곁에 계셔."

그러자 어린 딸이 이렇게 말했어요.

"알아요, 하지만 하나님은 안 보이잖아요. 하나님은 얼굴이랑 팔이랑 손이랑 아무 것도 보이지도 않고 저를 꼭 안아주지도 못한단 말이에요."

혹시 하나님이 보이지 않는다고 해서 의심하거나 두려운 마음을 가지고 있지는 않나요? 보이지는 않지만 믿고 의지하면 보이는 사람보다 더 큰 힘이 되어주시고 능력이 되어주신답니다.

나가서 많은 무리를 다 죽이며 멸망시키고자 할 것이요

45 그가 장막 궁전을 바다와 영화롭고 거룩한 산 사이에 세울 것이나 그의 종말이 이르리니 도와 줄 자가 없으리라

끝날─B.C. 536년경

12 그 때에 네 민족을 호위하는 큰 군주 미가엘이 일어날 것이요 또 환난이 있으리니 이는 개국 이래로 그 때까지 없던 환난일 것이며 그 때에 네 백성 중 책에 기록된 모든 자가 구원을 받을 것이라 △ 16:18

2 땅의 티끌 가운데에서 자는 자 중에서 많은 사람이 깨어나 영생을 받는 자도 있겠고 수치를 당하여서 영원히 부끄러움을 당할 자도 있을 것이며 △ 5:28

3 지혜 있는 자는 궁창의 빛과 같이 빛날 것이요 많은 사람을 옳은 데로 돌아오게 한 자는 별과 같이 영원토록 빛나리라 마 13:43

4 다니엘아 마지막 때까지 이 말을 간수하고 이 글을 봉함하라 많은 사람이 빨리 왕래하며 지식이 더하리라 계 11:9

5 ●나 다니엘이 본즉 다른 두 사람이 있어 하나는 강 이쪽 언덕에 섰고 하나는 강 저쪽 언덕에 섰더니 10:4

6 그 중에 하나가 세마포 옷을 입은 자 곧 강물 위쪽에 있는 자에게 이르되 이 놀라운 일의 끝이 어느 때까지냐 하더라

7 내가 들은즉 그 세마포 옷을 입고 강물 위쪽에 있는 자가 자기의 좌우 손을 들

다니엘의 무덤이 있는 수사 전경(12:13)

어 하늘을 향하여 영원히 살아 계시는 이를 가리켜 맹세하여 이르되 반드시 한 때 두 때 반 때를 지나서 성도의 권세가 다 깨지기까지이니 그렇게 되면 이 모든 일이 다 끝나리라 하더라

8 내가 듣고도 깨닫지 못한지라 내가 이르되 내 주여 이 모든 일의 결국이 어떠하겠나이까 하니

9 그가 이르되 다니엘아 갈지어다 이 말은 마지막 때까지 간수하고 봉함할 것임이니라

10 많은 사람이 연단을 받아 스스로 정결하게 하며 희게 할 것이나 악한 사람은 악을 행하리니 악한 자는 아무것도 깨닫지 못하되 오직 지혜 있는 자는 깨달으리라

11 매일 드리는 제사를 폐하며 멸망하게 할 가증한 것을 세울 때부터 천이백구십 일을 지낼 것이요

12 기다려서 천삼백삼십오 일까지 이르는 그 사람은 복이 있으리라

13 너는 가서 마지막을 기다리라 이는 네가 평안히 쉬다가 끝날에는 네 몫을 누릴 것임이라

12장에는 무엇이 기록되어 있을까?

세상의 마지막 때에는 큰 환난이 닥치지만 그것을 이겨낸 자는 상을 받게 될 것입니다. 또 예수님의 적인 적그리스도가 심판을 받게 될 것이에요. 그러나 이러한 세상의 마지막 때는 하나님 외에 아무도 알 수 없다고 말씀하십니다(마 24:36). 그러므로 믿는 자는 매순간 성실하게 믿음을 지키며 살아가야 한답니다.

호위(12:1) 따라다니며 보호함.
개국(12:1) 나라를 새로 세움.
궁창(12:3) 높고 맑게 갠 푸른 하늘.
간수(12:4) (물건을) 잘 보관하는 것.
봉함(12:4) 편지틀 봉투에 넣고 열지 못하게 붙임.
세마포(12:6) 올이 고운 삼베. 흰 옷으로서 순결을 상징했다.
정결(12:10) 말쑥하고 깨끗함.

Hosea

호세아

☆ 호세아를 읽기 전에

이 책을 기록한 사람은 선지자 호세아예요. 구약성경에는 호세아부터 말라기까지 12권의 소선지서가 있는데, 호세아서는 그중에서 가장 긴 책이랍니다. 호세아에게는 아내 고멜과 자녀 이스르엘, 로루하마, 로암미가 있었어요.

☆ 언제, 왜, 누구를 위하여 썼나요?

이 책은 B.C. 790~710년경에 기록된 것으로 보고 있어요. 이스라엘 백성들에게 곧 다가올 하나님의 심판을 알려주고 그들이 빨리 하나님의 사랑의 품으로 돌아오도록 가르치고 있습니다.

☆ 어떤 내용인가요?

호세아의 결혼 생활을 통해 이스라엘을 향하신 하나님의 사랑을 보여주고 있어요. 하나님은 죄에 빠진 이스라엘 백성들을 용서하시고 그들에게 다시 은혜를 베푸신답니다.

---

1 웃시야와 요담과 아하스와 히스기야가 이어 유다 왕이 된 시대 곧 요아스의 아들 여로보암이 이스라엘 왕이 된 시대에 브에리의 아들 호세아에게 임한 여호와의 말씀이라

호세아의 아내와 자녀들

2 ●여호와께서 처음 호세아에게 말씀하실 때 여호와께서 호세아에게 이르시되 너는 가서 음란한 여자를 맞이하여 음란한 자식들을 낳으라 이 나라가 여호와를 떠나 크게 음란함이니라 하시니

3 이에 그가 가서 디블라임의 딸 고멜을 맞이하였더니 고멜이 임신하여 아들을 낳으매

4 여호와께서 호세아에게 이르시되 그의 이름을 이스르엘이라 하라 조금 후에

내가 이스르엘의 피를 예후의 집에 갚으며 이스라엘 족속의 나라를 폐할 것임이니라

5 그 날에 내가 이스르엘 골짜기에서 이스라엘의 활을 꺾으리라 하시니라

6 고멜이 또 임신하여 딸을 낳으매 여호와께서 호세아에게 이르시되 그의 이름을 1)로루하마라 하라 내가 다시는 이스라엘 족속을 긍휼히 여겨서 용서하지 않을 것임이니라

7 그러나 내가 유다 족속을 긍휼히 여겨 그들의 하나님 여호와로 구원하겠고 활과 칼이나 전쟁이나 말과 마병으로 구원하지 아니하리라 하시니라

8 고멜이 로루하마를 젖뗀 후에 또 임신하여 아들을 낳으매

9 여호와께서 이르시되 그의 이름을 2)로암미라 하라 너희는 내 백성이 아니요 나는 너희 하나님이 되지 아니할 것임이니라

이스라엘이 회복되리라

10 ●그러나 이스라엘 자손의 수가 바닷가의 모래 같이 되어서 헤아릴 수도 없고 셀 수도 없을 것이며 전에 그들에게

1:6

1장 에는 무엇이 기록되어 있을까?

북이스라엘 사람인 호세아는 선지자로 부르심을 받았어요. 하나님은 타락한 이스라엘에 대한 사랑을 나타내시기 위해, 호세아에게 정숙하지 못한 고멜과 결혼하라고 하셨지요. 그리고 고멜과의 사이에서 낳은 자녀들에게 심판의 뜻이 담긴 이름을 짓게 하셨어요. 그러나 하나님은 이스라엘을 다시 회복하시겠다고 약속하셨답니다.

---

1)긍휼히 여김을 받지 못하는 자 2)내 백성이 아니라

호세아

르기를 너희는 내 백성이 아니라 한 그곳에서 그들에게 이르기를 너희는 살아 계신 하나님의 아들들이라 할 것이라

11 이에 유다 자손과 이스라엘 자손이 함께 모여 한 우두머리를 세우고 그 땅에서부터 올라오리니 이스르엘의 날이 클 것임이로다

2 너희 형제에게는 1)암미라 하고 너희 자매에게는 2)루하마라 하라

2 ●너희 어머니와 논쟁하고 논쟁하라 그는 내 아내가 아니라 나는 그의 남편이 아니라 그가 그의 얼굴에서 음란을 제하게 하고 그 유방 사이에서 음행을 제하게 하라

3 그렇지 아니하면 내가 그를 벌거벗겨서 그 나던 날과 같게 할 것이요 그로 광야 같이 되게 하며 마른 땅 같이 되게 하여 목말라 죽게 할 것이며

4 내가 그의 자녀를 긍휼히 여기지 아니하리니 이는 그들이 음란한 자식들임이니라

5 그들의 어머니는 음행하였고 그들을 임신했던 자는 부끄러운 일을 행하였나니 이는 그가 이르기를 나는 나를 사랑하는 자들을 따르리니 그들이 내 떡과 내 물과 내 양털과 내 삼과 내 기름과 내 술들을 내게 준다 하였음이라

6 그러므로 내가 가시로 그 길을 막으며 담을 쌓아 그로 그 길을 찾지 못하게 하리니

7 그가 그 사랑하는 자를 따라갈지라도

바알 신(2:8)

미치지 못하며 그들을 찾을지라도 만나지 못할 것이라 그제야 그가 이르기를 내가 본 남편에게로 돌아가리니 그 때의 내 형편이 지금보다 나았음이라 하리라 `겔 23:4`

8 ●곡식과 새 포도주와 기름은 내가 그에게 준 것이요 그들이 3)바알을 위하여 쓴 은과 금도 내가 그에게 더하여 준 것이거늘 그가 알지 못하도다

9 그러므로 내가 내 곡식을 그것이 익을 계절에 도로 찾으며 내 새 포도주를 그것이 맛 들 시기에 도로 찾으며 또 그들의 벌거벗은 몸을 가릴 내 양털과 내 삼을 빼앗으리라

10 이제 내가 그 수치를 그 사랑하는 자의 눈 앞에 드러내리니 그를 내 손에서 건져낼 사람이 없으리라 `2:3`

11 내가 그의 모든 희락과 절기와 월삭과 안식일과 모든 명절을 폐하겠고 `암 8:10`

12 그가 전에 이르기를 이것은 나를 사랑하는 자들이 내게 준 값이라 하던 그 포도나무와 무화과나무를 거칠게 하여 수풀이 되게 하며 들짐승들에게 먹게 하리라

13 그가 귀고리와 패물로 장식하고 그가 사랑하는 자를 따라가서 나를 잊어버리고 향을 살라 바알들을 섬긴 시일대로 내가 그에게 벌을 주리라 여호와의 말씀이니라

백성을 향한 여호와의 사랑

14 ●그러므로 보라 내가 그를 타일러 거친 들로 데리고 가서 말로 위로하고

15 거기서 비로소 그의 포도원을 그에게 주고 4)아골 골짜기로 소망의 문을 삼아 주리니 그가 거기서 응대하기를 어렸

1) 내 백성이라 2) 긍휼히 여김을 받는 자 3) 바알 우상을 만든 은과 금도 4) 환난

을 때와 애굽 땅에서 올라오던 날과 같이 하리라

16 여호와께서 이르시되 그 날에 네가 나를 내 남편이라 일컫고 다시는 내¹⁾바알이라 일컫지 아니하리라 _사 54:5_

17 내가 바알들의 이름을 그의 입에서 제거하여 다시는 그의 이름을 기억하여 부르는 일이 없게 하리라

18 그 날에는 내가 그들을 위하여 들짐승과 공중의 새와 땅의 곤충과 더불어 언약을 맺으며 또 이 땅에서 활과 칼을 꺾어 전쟁을 없이하고 그들로 평안히 눕게 하리라 _사 46:9_

19 내가 네게 장가 들어 영원히 살되 공의와 정의와 은총과 긍휼히 여김으로 네게 장가 들며

20 진실함으로 네게 장가 들리니 네가 여호와를 알리라 _13:4_

21 ●여호와께서 이르시되 그 날에 내가 응답하리라 나는 하늘에 응답하고 하늘은 땅에 응답하고

22 땅은 곡식과 포도주와 기름에 응답하고 또 이것들은²⁾이스르엘에 응답하리라

23 내가 나를 위하여 그를 이 땅에 심고 긍휼히 여김을 받지 못하였던 자를 긍휼히 여기며 내 백성 아니었던 자에게 향하여 이르기를 너는 내 백성이라 하리니 그들은 이르기를 주는 내 하나님이시라 하리라 하시니라

호세아와 음녀가 된 여인 — B.C. 760년경

3 여호와께서 내게 이르시되 이스라엘 자손이 다른 신을 섬기고 건포도 과자를 즐길지라도 여호와가 그들을 사랑하나니 너는 또 가서 타인의 사랑을 받아 음녀가 된 그 여자를 사랑하라 하시기로

2 내가 은 열다섯 개와 보리 한 호멜 반으로 나를 위하여 그를 사고

3 그에게 이르기를 너는 많은 날 동안 나

와 함께 지내고 음행하지 말며 다른 남자를 따르지 말라 나도 네게 그리하리라 하였노라

4 이스라엘 자손들이 많은 날 동안 왕도 없고 지도자도 없고 제사도 없고 주상도 없고 에봇도 없고 드라빔도 없이 지내다가 _삼상 17:5_

5 그 후에 이스라엘 자손이 돌아와서 그들의 하나님 여호와와 그들의 왕 다윗을 찾고 마지막 날에는 여호와를 경외하므로 여호와와 그의 은총으로 나아가리라

어머니를 멸하리라 — B.C. 755년경

4 이스라엘 자손들아 여호와의 말씀을 들으라 여호와께서 이 땅 주민과 논쟁하시나니 이 땅에는 진실도 없고 인애도 없고 하나님을 아는 지식도 없고

2 오직 저주와 속임과 살인과 도둑질과 간음뿐이요 포악하여 피가 피를 뒤이음이라

3 그러므로 이 땅이 슬퍼하며 거기 사는 자와 들짐승과 공중에 나는 새가 다 쇠잔할 것이요 바다의 고기도 없어지리라

4 그러나 어떤 사람이든지 다투지도 말며 책망하지도 말라 네 백성들이 제사장과 다투는 자처럼 되었음이니라

5 너는 낮에 넘어지겠고 너와 함께 있는

3장 에는 무엇이 기록되어 있을까?

하나님은 호세아에게 정숙하지 못한 고멜을 다시 사랑하라고 말씀하셨어요. 이는 죄인을 용서하시고 회복시키시는 하나님의 열심을 나타내지요. 인간이 이해하기 힘든 이 같은 하나님의 뜻은, 죄인들을 구원하시기 위해 대신 죽으실 그리스도를 미리 보여주기 위해서였답니다.

4장 호세아는 이스라엘이 지은 죄들과 제사장들이 지은 죄들을 모두 폭로하였어요. 신앙적으로 본이 되어야 할 제사장들이 죄를 지음으로써 백성들도 같이 죄를 짓게 되었기 때문이지요. 그 당시 사람들은 지위가 높든지 낮든지 상관없이 모두가 죄를 지었답니다. 하나님은 이러한 그들을 꾸짖으셨어요.

---

1)주인 2)심으심

제하다(2:2) 어떤 수에서 덜어 버린다. 없애거나 빼 버린다.

희락(2:11) 기쁨과 즐거움.

우상 숭배의 중심지 다볼 산 (5:1)

선지자는 밤에 넘어지리라 내가 네 어머니를 멸하리라

여호와께서 백성과 제사장을 심판하시다

6 ●내 백성이 지식이 없으므로 망하는 도다 네가 지식을 버렸으니 나도 너를 버려 내 제사장이 되지 못하게 할 것이요 네가 네 하나님의 율법을 잊었으니 나도 네 자녀들을 잊어버리리라

7 그들은 번성할수록 내게 범죄하니 내가 그들의 영화를 변하여 욕이 되게 하리라

8 그들이 내 백성의 속죄제물을 먹고 그 마음을 그들의 죄악에 두는도다

9 장차는 백성이나 제사장이나 동일함이라 내가 그들의 행실대로 벌하며 그들의 행위대로 갚으리라

10 그들이 먹어도 배부르지 아니하며 음행하여도 수효가 늘지 못하니 이는 여호와를 버리고 따르지 아니하였음이니라

이교 예배를 책망하다

11 ●음행과 묵은 포도주와 새 포도주가 마음을 빼앗느니라

12 내 백성이 나무에게 묻고 그 막대기는 그들에게 고하나니 이는 그들이 음란한 마음에 미혹되어 하나님을 버리고 음행하였음이니라

13 그들이 산 꼭대기에서 제사를 드리며 작은 산 위에서 분향하되 참나무와 버드나무와 상수리나무 아래에서 하니 이는 그 나무 그늘이 좋음이라 이러므로 너희 딸들은 음행하며 너희 며느리들은 간음을 행하는도다

암 7:17

14 너희 딸들이 음행하며 너희 며느리들이 간음하여도 내가 벌하지 아니하리니 이는 남자들도 창기와 함께 나가며 음부와 함께 희생을 드림이니라 깨닫지 못하는 백성은 망하리라

15 ●이스라엘아 너는 음행하여도 유다는 죄를 범하지 못하게 할 것이라 너희는 길갈로 가지 말며 벧아웬으로 올라가지 말며 여호와의 사심을 두고 맹세하지 말지어다

왕상 12:28, 29

16 이스라엘은 완강한 암소처럼 완강하니 이제 여호와께서 어린 양을 넓은 들에서 먹임 같이 그들을 먹이시겠느냐

17 에브라임이 우상과 연합하였으니 버려 두라

18 그들이 마시기를 다 하고는 이어서 음행하였으며 그들은 부끄러운 일을 좋아하느니라

19 바람이 그 날개로 그를 쌌나니 그들이 그 제물로 말미암아 부끄러운 일을 당하리라

우상 숭배를 경고하다 — B.C. 755년경

5 제사장들아 이를 들으라 이스라엘 족속들아 깨달으라 왕족들아 귀를 기울이라 너희에게 심판이 있나니 너희가 미스바에 대하여 올무가 되며 다볼 위에 친 그물이 됨이라

4:1

2 패역자가 살육죄에 깊이 빠졌으매 내가 그들을 다 벌하노라

3 에브라임은 내가 알고 이스라엘은 내게 숨기지 못하나니 에브라임아 이제 네가 음행하였고 이스라엘이 더러워졌느니라

암 3:2

4 그들의 행위가 그들로 자기 하나님에게

5 에는 무엇이 기록되어 있을까?

5장에는 이스라엘에 대한 심판이 있어요. 들이 자은 죄악이 다시 나오는데 종교적으로 거짓 신을 섬김으로써 사회 곳곳에 종교적, 도덕적 기반을 흔들어놓았어요. 이것은 남유다 역시 마찬가지였지요. 이스라엘은 마땅히 심판을 받아야 했어요. 하지만 하나님은 자비를 베푸셔서 심판 후의 또다른 회복을 약속하셨답니다.

게 돌아가지 못하게 하나니 이는 음란한 마음이 그 속에 있어 여호와를 알지 못하는 까닭이라 4:11

5 이스라엘의 교만이 그 얼굴에 드러났나니 그 죄악으로 말미암아 이스라엘과 에브라임이 넘어지고 유다도 그들과 함께 넘어지리라

6 그들이 양 떼와 소 떼를 끌고 여호와를 찾으러 갈지라도 만나지 못할 것은 이미 그들에게서 떠나셨음이라 요 8:6

7 그들이 여호와께 정조를 지키지 아니하고 사생아를 낳으니 그러므로 새 달이 그들과 그 기업을 함께 삼키리로다

유다와 이스라엘 나이의 전쟁

8 ●너희가 기브아에서 뿔나팔을 불며 라마에서 나팔을 불며 벧아웬에서 외치기를 베냐민아 네 뒤를 쫓는다 할지어다 4:15

9 벌하는 날에 에브라임이 황폐할 것이라 내가 이스라엘 지파 중에서 반드시 있을 일을 보였노라

10 유다 지도자들은 경계표를 옮기는 자 같으니 내가 나의 진노를 그들에게 물 같이 부으리라

11 에브라임은 사람의 명령 뒤따르기를 좋아하므로 학대를 받고 재판의 압제를 받는도다

12 그러므로 내가 에브라임에게는 좀 같으며 유다 족속에게는 썩이는 것 같도다

13 에브라임이 자기의 병을 깨달으며 유다가 자기의 상처를 깨달았고 에브라임은 앗수르로 가서[1] 야렙 왕에게 사람을 보내었으나 그가 능히 너희를 고치

지 못하겠고 너희 상처를 낫게 하지 못하리라

14 내가 에브라임에게는 사자 같고 유다 족속에게는 젊은 사자 같으니 바로 내가 움켜갈지라 내가 탈취하여 갈지라도 건져낼 자가 없으리라

15 그들이 그 죄를 뉘우치고 내 얼굴을 구하기까지 내가 내 곳으로 돌아가리라 그들이 고난 받을 때에 나를 간절히 구하리라

백성들의 불성실한 회개 ─ B.C. 755년경

6 오라 우리가 여호와께로 돌아가자 여호와께서 우리를 찢으셨으나 도로 낫게 하실 것이요 우리를 치셨으나 싸매어 주실 것임이라

2 여호와께서 이틀 후에 우리를 살리시며 셋째 날에 우리를 일으키시리니 우리가 그의 앞에서 살리라

3 그러므로 우리가 여호와를 알자 힘써 여호와를 알자 그의 나타나심은 새벽 빛 같이 어김없나니 비와 같이, 땅을 적시는 늦은 비와 같이 우리에게 임하시리라 하니라

4 ●에브라임아 내가 네게 어떻게 하랴 유다야 내가 네게 어떻게 하랴 너희의 인애가 아침 구름이나 쉬 없어지는 이슬 같도다

5 그러므로 내가 선지자들로 그들을 치고 내 입의 말로 그들을 죽였노니 내 심판은 빛처럼 나오느니라 히 4:12

6 나는 인애를 원하고 제사를 원하지 아니하며 번제보다 하나님을 아는 것을 원하노라

[1] 싸움의 왕

7 그들은 아담처럼 언약을 어기고 거기에서 나를 반역하였느니라 ·8:1

8 길르앗은 악을 행하는 자의 고을이라 피 발자국으로 가득 찼도다

9 강도 떼가 사람을 기다림 같이 제사장의 무리가 세겜 길에서 살인하니 그들이 사악을 행하였느니라 ·7:1

10 내가 이스라엘 집에서 가증한 일을 보았나니 거기서 에브라임은 음행하였고 이스라엘은 더럽혀졌느니라

11 또한 유다여 내가 내 백성의 사로잡힘을 돌이킬 때에 네게도 추수할 일을 정하였느니라

왕궁 안의 반란

7 내가 이스라엘을 치료하려 할 때에 에브라임의 죄와 사마리아의 악이 드러나도다 그들은 거짓을 행하며 안으로 들어가 도둑질하고 밖으로 떼 지어 노략질하며

2 내가 모든 악을 기억하였음을 그들이 마음에 생각하지 아니하거니와 이제 그들의 행위가 그들을 에워싸고 내 얼굴 앞에 있도다

3 그들이 그 악으로 왕을, 그 거짓말로 지도자들을 기쁘게 하도다

4 그들은 다 간음하는 자라 과자 만드는 자에 의해 달궈진 화덕과 같도다 그가

7 에는 무엇이 기록되어 있을까?

정치, 사회적으로 타락한 이스라엘의 모습이 자세히 나와 있어요. 이스라엘은 왕으로부터 백성에 이르기까지 죄를 짓는 데다 관심이 집중되어 있었지요. 그러나 더 심각한 문제는 그들이 자신들의 죄를 깨닫지 못한다는 데에 있어요. 하나님이 벌하시는 뜻을 가능한 한 빨리 깨닫고 돌아오는 자가 구원을 얻을 수 있습니다.

8 하나님은 오래 참으시지만 계속해서 회개를 하지 않는 자에게는 무서운 심판을 내리시지요. 8장에서는 이스라엘에게 곧 닥칠 심판을 나팔 소리로 비유하고 있어요. 이스라엘은 닥쳐온 위기를 벗어나기 위해 하나님 대신 세상의 권력에 의지하는 불신앙적인 모습을 보였답니다.

반죽을 뭉침으로 발효되기까지만 불 일으키기를 그칠 뿐이니라

5 우리 왕의 날에 지도자들은 술의 뜨거움으로 병이 나며 왕은 오만한 자들과 더불어 악수하는도다 ·사 28:1-8

6 그들이 가까이 올 때에 그들의 마음은 간교하여 화덕 같으니 그들의 분노는 밤새도록 자고 아침에 피우는 불꽃 같도다

7 그들이 다 화덕 같이 뜨거워져서 그 재판장들을 삼키며 그들의 왕들을 다 엎드러지게 하며 그들 중에는 내게 부르짖는 자가 하나도 없도다

이스라엘과 여러 민족

8 ●에브라임이 여러 민족 가운데에 혼합되니 그는 곧 뒤집지 않은 전병이로다

9 이방인들이 그의 힘을 삼켰으나 알지 못하고 백발이 무성할지라도 알지 못하는도다

10 이스라엘의 교만은 그 얼굴에 드러났나니 그들이 이 모든 일을 당하여도 그들의 하나님 여호와께로 돌아오지 아니하며 구하지 아니하도다

11 에브라임은 어리석은 비둘기 같이 지혜가 없어서 애굽을 향하여 부르짖으며 앗수르로 가는도다

12 그들이 갈 때에 내가 나의 그물을 그 위에 쳐서 공중의 새처럼 떨어뜨리고 전에 그 회중에 들려 준 대로 그들을 징계하리라

13 화 있을진저 그들이 나를 떠나 그릇 갔음이니라 패망할진저 그들이 내게 범죄하였음이니라 내가 그들을 건져 주려 하나 그들이 나를 거슬러 거짓을 말하고

14 성심으로 나를 부르지 아니하였으며 오직 침상에서 슬피 부르짖으며 곡식과 새 포도주로 말미암아 모이며 나를 거역하는도다

15 내가 그들 팔을 연습시켜 힘 있게 하였으나 그들은 내게 대하여 악을 꾀하는도다 ·나 1:9

이스라엘의 타작 마당 (9:1-2)

16 그들은 돌아오나 높으신 자에게로 돌아오지 아니하니 속이는 활과 같으며 그들의 지도자들은 그 혀의 거친 말로 말미암아 칼에 엎드러지리니 이것이 애굽 땅에서 조롱거리가 되리라

우상 숭배를 책망하다 — B.C. 755년경

8

나팔을 네 입에 댈지어다 원수가 독수리처럼 여호와의 집에 덮치리니 이는 그들이 내 언약을 어기며 내 율법을 범함이로다

2 그들이 장차 내게 부르짖기를 나의 하나님이여 우리 이스라엘이 주를 아나이다 하리라

3 이스라엘이 이미 선을 버렸으니 원수가 그를 따를 것이라

4 그들이 왕들을 세웠으나 내게서 난 것이 아니며 그들이 지도자들을 세웠으나 내가 모르는 바이며 그들이 또 그 은, 금으로 자기를 위하여 우상을 만들었나니 결국은 파괴되고 말리라

5 사마리아여 네 송아지는 버려졌느니라 내 진노가 무리를 향하여 타오르나니 그들이 어느 때에야 무죄하겠느냐

6 이것은 이스라엘에서 나고 장인이 만든 것이라 참 신이 아니라 사마리아의 송아지가 산산조각이 나리라

7 그들이 바람을 심고 광풍을 거둘 것이라 심은 것이 줄기가 없으며 이삭은 열매를 맺지 못할 것이요 혹시 맺을지라도 이방 사람이 삼키리라

8 ●이스라엘은 이미 삼켜졌은즉 이제 여러 나라 가운데에 있는 것이 즐겨 쓰지 아니하는 그릇 같도다

9 그들이 홀로 떨어진 들나귀처럼 앗수르로 갔고 에브라임이 값 주고 사랑하는 자들을 얻었도다

10 그들이 여러 나라에게 값을 주었을지라도 이제 내가 그들을 모으리니 그들은 지도자의 임금이 지워 준 짐으로 말미암아 쇠하기 시작하리라

11 ●에브라임은 죄를 위하여 제단을 많이 만들더니 그 제단이 그에게 범죄하게 하는 것이 되었도다

12 내가 그를 위하여 내 율법을 만 가지로 기록하였으나 그들은 이상한 것으로 여기도다

13 그들이 내게 고기를 제물로 드리고 먹을지라도 여호와는 그것을 기뻐하지 아니하고 이제 그들의 죄악을 기억하여 그 죄를 벌하리니 그들은 애굽으로 다시 가리라
고전 4:5

14 이스라엘은 자기를 지으신 이를 잊어버리고 왕궁들을 세웠으며 유다는 견고한 성읍을 많이 쌓았으나 내가 그 성읍들에 불을 보내어 그 성들을 삼키게 하리라

형벌의 날 보응의 날 — B.C. 735년경

9

이스라엘아 너는 이방 사람처럼 기뻐 뛰놀지 말라 네가 음행하여 네 하나님을 떠나고 각 타작 마당에서 음행의 값을 좋아하였느니라

2 타작 마당이나 술틀이 그들을 기르지 못할 것이며 새 포도주도 떨어질 것이요
2:9

3 그들은 여호와의 땅에 거주하지 못하

9장에는 무엇이 기록되어 있을까?

호세아가 지금까지 이스라엘 백성들의 죄를 조목조목 말한 것은, 하나님이 이들을 심판하실 수밖에 없음을 강조하기 위해서였어요. 그 심판은 곡식의 소출이 감소하고, 이스라엘 백성이 이방의 포로로 잡혀가며, 후손이 줄어드는 것 등이지요. 실제로 이 예언은 이스라엘이 앗수르에 멸망함으로써 이루어졌답니다.

며 에브라임은 애굽으로 다시 가고 앗수르에서 더러운 것을 먹을 것이니라

4 그들은 여호와께 포도주를 부어 드리지 못하며 여호와께서 기뻐하시는 바도 되지 못할 것이라 그들의 제물은 애곡하는 자의 떡과 같아서 그것을 먹는 자는 더러워지나니 그들의 떡은 자기의 먹기에만 소용될 뿐이라 여호와의 집에 드릴 것이 아님이니라

5 너희는 명절 날과 여호와의 절기의 날에 무엇을 하겠느냐 슥 1:13

6 보라 그들이 멸망을 피하여 갈지라도 애굽은 그들을 모으고 놉은 그들을 장사하리니 그들의 은은 귀한 것이나 찔레가 덮을 것이요 그들의 장막 안에는 가시덩굴이 퍼지리라 창 30:13

7 형벌의 날이 이르렀고 보응의 날이 온 것을 이스라엘이 알지라 선지자가 어리석었고 신에 감동하는 자가 미쳤나니 이는 네 죄악이 많고 네 원한이 큼이니라

8 에브라임은 나의 하나님과 함께 한 파수꾼이며 선지자는 모든 길에 친 새 잡는 자의 그물과 같고 그의 하나님의 전에는 원한이 있도다

9 너희 기브아의 시대와 같이 심히 부패한지라 여호와께서 그 악을 기억하시고 그 죄를 벌하시리라 삿 19:12

이스라엘의 죄와 하나님의 심판

10 ●옛적에 내가 이스라엘을 만나기를 광야에서 포도를 만남 같이 하였으며 너희 조상들을 보기를 무화과나무에서 처음 맺힌 첫 열매를 봄 같이 하였거늘 그들이 바알브올에 가서 부끄러운 우상에게 몸을 드림으로 저희가 사랑하는 우상 같이 가증하여졌도다 민 25:3

11 에브라임의 영광이 새 같이 날아 가리니 해산하는 것이나 아이 배는 것이나 임신하는 것이 없으리라 4:7

12 혹 그들이 자식을 기를지라도 내가 그 자식을 없이하여 한 사람도 남기지 아니할 것이라 내가 그들을 떠나는 때에

는 그들에게 화가 미치리로다

13 내가 보건대 에브라임은 아름다운 곳에 심긴 두로와 같으나 그 자식들을 살인하는 자에게로 끌어내리라

14 여호와여 그들에게 주소서 무엇을 주시려 하나이까 아이 배지 못하는 태와 젖 없는 유방을 주시옵소서

15 그들의 모든 악이 길갈에 있으므로 내가 거기에서 그들을 미워하였노라 그들의 행위가 악하므로 내 집에서 그들을 쫓아내고 다시는 사랑하지 아니하리라 그들의 지도자들은 다 반역한 자니라

16 에브라임은 매를 맞아 그 뿌리가 말라 열매를 맺지 못하나니 비록 아이를 낳을지라도 내가 그 사랑하는 태의 열매를 죽이리라 5:7

17 그들이 듣지 아니하므로 내 하나님이 그들을 버리시리니 그들이 여러 나라 가운데에 떠도는 자가 되리라 4:10

하나님의 심판에 대한 선지자의 경고

10 이스라엘은 열매 맺는 무성한 포도나무라 그 열매가 많을수록 제단을 많게 하며 그 땅이 번영할수록 주상을 아름답게 하도다

2 그들이 두 마음을 품었으니 이제 벌을 받을 것이라 하나님이 그 제단을 쳐서 깨뜨리시며 그 주상을 허시리라

3 그들이 이제 이르기를 우리가 여호와를 두려워하지 아니하므로 우리에게 왕이 없거니와 왕이 우리를 위하여 무엇을 하리요 하리로다

4 ●그들이 헛된 말을 내며 거짓 맹세로 언약을 세우니 그 재판이 밭이랑에 돋

기경(10:12) 새 땅이나 묵힌 땅을 일구어 논밭을 만듦.

10 장에는 무엇이 기록되어 있을까?

이스라엘의 여로보암 왕은 국가가 부유해지고 강해지자, 거짓 신을 섬기기 시작했어요. '두 마음'(2절)은 당시 이스라엘의 영적 상태를 잘 말해주는 것으로, 한 쪽으로는 세상(거짓 신)을, 다른 한 쪽으로는 하나님을 섬겼음을 의미하지요. 그러나 하나님은 이스라엘이 죄에서 돌이켜 용서받을 기회를 주셨답니다.

는 독초 같으리로다

5 사마리아 주민이 벧아웬의 송아지로 말미암아 두려워할 것이라 그 백성이 슬퍼하며 그것을 기뻐하던 ²제사장들도 슬퍼하리니 이는 그의 영광이 떠나감이며

6 그 송아지는 앗수르로 옮겨다가 예물로 ²야렙 왕에게 드리리니 에브라임은 수치를 받을 것이요 이스라엘은 자기들의 계책을 부끄러워할 것이며

7 사마리아 왕은 물 위에 있는 거품 같이 멸망할 것이며

8 이스라엘의 죄 곧 아웬의 산당은 파괴되어 가시와 찔레가 그 제단 위에 날 것이니 그 때에 그들이 산더러 우리를 가리라 할 것이요 작은 산더러 우리 위에 무너지라 하리라

이스라엘에게 징벌을 선언하시다

9 ●이스라엘아 네가 기브아 시대로부터 범죄하더니 지금까지 죄를 짓는구나 그러나 범죄한 자손들에 대한 전쟁이 어찌 기브아에서 일어나지 않겠느냐

10 내가 원하는 때에 그들을 징계하리니 그들이 두 가지 죄에 걸릴 때에 만민이 모여서 그들을 치리라

11 에브라임은 마치 길들인 암소 같아서 곡식 밟기를 좋아하나 내가 그의 아름

1) 히, 그마림 2) 싸움의 왕

술술 풀리는 성경 묵상

너는 내 아들이라

이스라엘을 향한 하나님의 사랑을 아내에 대한 남편의 사랑으로 비추던 호세아서는, 이제 11장에서 자녀에 대한 부모 사랑으로 비유하고 있어요.

하나님께서 '아들' 이스라엘을 사랑으로 낳으시고 품에 안으시며 걷는 법을 가르치셨어요(1~4절). 그러나 이를 계속해서 반항하였고, 참다못해 하나님은 앗수르를 도구로 아이를 가르치려 하셨지요(5~7절). 그러나 하나님께서는 심판의 순간에 진노를 거두시고 아들을 버리지 않으실 것이에요(8~9절).

이처럼 하나님의 심판 뒤에는 버릇없는 자식을 훈계하려는 부모의 사랑이 담겨 있습니다.

11장 1~9절

다운 목에 멍에를 메우고 에브라임 위에 사람을 태우리라 유다가 밭을 갈고 야곱은 흙덩이를 깨뜨리리라

12 ●너희가 자기를 위하여 공의를 심고 인애를 거두라 너희 묵은 땅을 기경하라 지금이 곧 여호와를 찾을 때니 마침내 여호와께서 오사 공의를 비처럼 너희에게 내리시리라

13 너희는 악을 밭 갈아 죄를 거두고 거짓 열매를 먹었나니 이는 네가 네 길과 네 용사의 많음을 의뢰하였음이라

4:2 호

14 그러므로 너희 백성 중에 요란함이 일어나며 네 산성들이 다 무너지되 살만이 전쟁의 날에 벧아벨을 무너뜨린 것 같이 될 것이라 그 때에 어머니와 자식이 함께 부서졌도다

15 너희의 큰 악으로 말미암아 벧엘이 이같이 너희에게 행하리니 이스라엘 왕이 새벽에 정녕 망하리로다

백성을 버리지 않으시는 하나님

11

이스라엘이 어렸을 때에 내가 사랑하여 내 아들을 애굽에서 불러냈거늘

2 선지자들이 그들을 부를수록 그들은 점점 멀리하고 바알들에게 제사하며 아로새긴 우상 앞에서 분향하였느니라

3 그러나 내가 에브라임에게 걸음을 가르치고 내 팔로 안았음에도 내가 그들을 고치는 줄을 그들은 알지 못하였도다

4 내가 사람의 줄 곧 사랑의 줄로 그들을 이끌었고 그들에게 대하여 그 목에서 멍에를 벗기는 자 같이 되었으며 그들 앞에 먹을 것을 두었노라

11장에는 무엇이 기록되어 있을까?

이스라엘 백성은 지난 날 애굽으로부터 구원해주신 하나님을 잊고 배신했던 것처럼, 또다시 하나님의 사랑을 거부하였어요. 그럼에도 불구하고 하나님은 이러한 죄인까지도 끌어안으시는 자비를 베푸셨지요. 하나님의 '온전히 불붙는 사랑'(8절)은 이스라엘을 회복시키실 것이니다.

5 ●그들은 애굽 땅으로 되돌아 가지 못하겠거늘 내게 돌아 오기를 싫어하니 앗수르 사람이 그 임금이 될 것이라

6 칼이 그들의 성읍들을 치며 빗장을 깨뜨려 없이하리니 이는 그들의 계책으로 말미암음이니라

7 내 백성이 끝끝내 내게서 물러가나니 비록 그들을 불러 위에 계신 이에게로 돌아오라 할지라도 일어나는 자가 하나도 없도다

8 ●에브라임이여 내가 어찌 너를 놓겠느냐 이스라엘이여 내가 어찌 너를 버리겠느냐 내가 어찌 너를 아드마 같이 놓겠느냐 어찌 너를 스보임 같이 두겠느냐 내 마음이 내 속에서 돌이키어 나의 긍휼이 온전히 불붙듯 하도다

9 내가 나의 맹렬한 진노를 나타내지 아니하며 내가 다시는 에브라임을 멸하지 아니하리니 이는 내가 하나님이요 사람이 아님이라 네 가운데 있는 거룩한 이니 진노함으로 네게 임하지 아니하리라

10 그들은 사자처럼 소리를 내시는 여호와를 따를 것이라 여호와께서 소리를 내시면 자손들이 서쪽에서부터 떨며 오되

11 그들은 애굽에서부터 새 같이, 앗수르에서부터 비둘기 같이 떨며 오리니 내가 그들을 그들의 집에 머물게 하리라 나 여호와의 말이니라

하나님께로 돌아오라

12 ●에브라임은 거짓으로, 이스라엘 족속은 속임수로 나를 에워쌌고 유다는 하나님 곧 신실하시고 거룩하신 자에게 대하여 정함이 없도다

12 에브라임은 바람을 먹으며 동풍을 따라가서 종일토록 거짓과 포학을 더하여 앗수르와 계약을 맺고 기름을 애굽에 보내도다

2 여호와께서 유다와 논쟁하시고 야곱을 그 행실대로 벌하시며 그의 행위대로 그에게 보응하시리라

3 야곱은 모태에서 그의 형의 발뒤꿈치를 잡았고 또 힘으로는 하나님과 겨루되

4 천사와 겨루어 이기고 울며 그에게 간구하였으며 하나님은 벧엘에서 그를 만나셨고 거기에서 우리에게 말씀하셨나니

5 여호와는 만군의 하나님이시라 여호와는 그를 기억하게 하는 이름이니라

6 그런즉 너의 하나님께로 돌아와서 인애와 정의를 지키며 항상 너의 하나님을 바랄지니라

거짓 저울을 쓰는 에브라임

7 ●그는 상인이라 손에 거짓 저울을 가지고 속이기를 좋아하는도다　암 8:5

8 에브라임이 말하기를 나는 실로 부자라 내가 재물을 얻었는데 내가 수고한

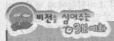

비전을 심어주는 3분 예화

장미가 오래 사는 이유

미국 존 홉킨스 대학의 켈리 교수는 신앙심이 깊고 또 매우 인격적이었던 학생들에게 인기가 많았습니다. 그는 외출할 때 늘 장미꽃을 옷에 꽂고 다녔는데, 켈리 교수를 좋아하는 학생들도 그것을 따라 장미꽃을 옷에 꽂고 다녔답니다.

그런데 이상하게도 학생들의 장미는 하루도 못 가서 시들었는데, 켈리 교수의 장미는 며칠이 지나도 시들지 않는 거였어요. 학생들이 그 이유를 묻자, 켈리 교수는 자신의 옷깃을 뒤집어 보여주었지요. 옷깃 뒤에는 조그마한 물병이 있고 장미가 그 물병에 담겨 있었답니다.

예수님을 구세주로 믿는 사람은 하나님과 연결되어 영원한 생명을 얻게 되지요. 바로 하나님께로부터 나오는 영원한 생명의 양식을 먹기 때문이에요.

12 **장** 에는 무엇이 기록되어 있을까?

호세아는 다시 북이스라엘의 죄와 그에 따르는 심판을 말하였어요. 특히 야곱의 삶과 이스라엘 백성이 애굽에서 탈출하였던 일을 예로 들면서, 속히 죄에서 돌이키라고 재촉했지요. 야곱이나 애굽에서 나온 백성들은 모두 죄인이었지만, 죄를 회개했을 때 하나님의 은혜를 받을 수 있었기 때문이었답니다.

모든 것 중에서 죄라 할 만한 불의를 내게서 찾아 낼 자 없으리라 하거니와

9 네가 애굽 땅에 있을 때부터 나는 네 하나님 여호와니라 내가 너로 다시 장막에 거주하게 하기를 명절날에 하던 것 같게 하리라

10 내가 여러 선지자에게 말하였고 이상을 많이 보였으며 선지자들을 통하여 비유를 베풀었노라

11 길르앗은 불의한 것이냐 과연 그러하다 그들은 거짓되도다 길갈에서는 무리가 수송아지로 제사를 드리며 그 제단은 밭이랑에 쌓인 돌무더기 같도다

12 야곱이 아람의 들로 도망하였으며 이스라엘이 아내를 얻기 위하여 사람을 섬기며 아내를 얻기 위하여 양을 쳤고

13 여호와께서는 한 선지자로 이스라엘을 애굽에서 인도하여 내셨고 이스라엘이 한 선지자로 보호 받았거늘

14 에브라임이 격노하게 함이 극심하였으니 그의 주께서 그의 피로 그의 위에 머물러 있게 하시며 그의 수치를 그에게 돌리시리라

바알로 말미암아 범죄한 에브라임

13 에브라임이 1)말을 하면 사람들이 떨었도다 그가 이스라엘 중에서 자기를 높이더니 바알로 말미암아 범죄하므로 망하였거늘

2 이제도 그들은 더욱 범죄하여 그 은으로 자기를 위하여 우상을 부어 만들되 자기의 정교함을 따라 우상을 만들었으며 그것은 다 은장색이 만든 것이거늘 그것에 대하여 말하기를 제사를 드리는 자는 송아지와 입을 맞출 것이라 하도다

3 이러므로 그들은 아침 구름 같으며 쉬 사라지는 이슬 같으며 타작 마당에서 광풍에 날리는 쭉정이 같으며 굴뚝에서 나가는 연기 같으리라

4 ●그러나 애굽 땅에 있을 때부터 나는 네 하나님 여호와라 나 밖에 네가 다른

신을 알지 말 것이라 나 외에는 구원자가 없느니라

5 내가 광야 마른 땅에서 너를 알았거늘

6 그들이 먹여 준 대로 배가 불렀고 배가 부르니 그들의 마음이 교만하여 이로 말미암아 나를 잊었느니라

7 그러므로 내가 그들에게 사자 같고 길가에서 기다리는 표범 같으니라

8 내가 새끼 잃은 곰 같이 그들을 만나 그의 염통 꺼풀을 찢고 거기서 암사자 같이 그들을 삼키리라 들짐승이 그들을 찢으리라

9 ●이스라엘아 네가 패망하였나니 이는 너를 도와 주는 나를 대적함이니라

10 전에 네가 이르기를 내게 왕과 지도자들을 주소서 하였느니라 네 모든 성읍에서 너를 구원할 자 곧 네 왕이 이제 어디 있으며 네 재판장들이 어디 있느냐

11 내가 분노하므로 네게 왕을 주고 진노하므로 폐하였노라

12 에브라임의 불의가 봉함되었고 그 죄가 저장되었나니 _{롬 2:5}

13 해산하는 여인의 어려움이 그에게 임하리라 그는 지혜 없는 자식이로다 해산할 때가 되어도 그가 나오지 못하느니라 _{사 37:3}

14 내가 그들을 스올의 권세에서 속량하며 사망에서 구속하리니 사망아 네 재앙이 어디 있느냐 스올아 네 멸망이 어디 있느냐 뉘우침이 내 눈 앞에서 숨으리라

15 ●그가 비록 형제 중에서 결실하나 동풍이 오리니 곧 광야에서 일어나는 여호와의 바람이라 그의 근원이 마르며

13장 에는 무엇이 기록되어 있을까?

13장에서는 이스라엘이 거짓 신을 섬긴 죄로 인해 결국 멸망당할 수밖에 없음을 말하고 있어요. 이스라엘은 하나님께 택함받은 민족으로 본이 되게 살아야 했지만 그렇지 못했지요. 양을 돌보던 목자(4:16)가 도리어 그 양을 잡아먹는 야수로 바뀌는 것처럼, 백성을 보호하시던 하나님은 이제 그들을 혹독하게 벌하실 것입니다.

---

1) 떨므로 말할 때에

그의 샘이 마르고 그 쌓아 둔 바 모든 보배의 그릇이 약탈되리로다
16 사마리아가 그들의 하나님을 배반하였으므로 형벌을 당하여 칼에 엎드러질 것이요 그 어린 아이는 부서뜨려지며 아이 밴 여인은 배가 갈라지리라

이스라엘을 향한 호세아의 호소

14 이스라엘아 네 하나님 여호와께로 돌아오라 네가 불의함으로 말미암아 엎드러졌느니라

2 너는 말씀을 가지고 여호와께로 돌아와서 아뢰기를 모든 불의를 제거하시고 선한 바를 받으소서 우리가 수송아지를 대신하여 입술의 열매를 주께 드리리이다
3 우리가 앗수르의 구원을 의지하지 아니하며 말을 타지 아니하며 다시는 우리의 손으로 만든 것을 향하여 너희는 우리의 신이라 하지 아니하오리니 이는 고아가 주로 말미암아 긍휼을 얻음이니이다 할지니라

여호와의 진노가 떠나다

4 ●내가 그들의 반역을 고치고 기쁘게 그들을 사랑하리니 나의 진노가 그에게서 떠났음이니라   렘 3:22

5 내가 이스라엘에게 이슬과 같으리니 그가 백합화 같이 피겠고 레바논 백향목 같이 뿌리가 박힐 것이라
6 그의 가지는 퍼지며 그의 아름다움은 감람나무와 같고 그의 향기는 레바논 백향목 같으리니
7 그 그늘 아래에 거주하는 자가 돌아올지라 그들은 곡식 같이 풍성할 것이며 포도나무 같이 꽃이 필 것이며 그 향기는 레바논의 포도주 같이 되리라
8 에브라임의 말이 내가 다시 우상과 무슨 상관이 있으리요 할지라 내가 그를 돌아보아 대답하기를 나는 푸른 잣나무 같으니 네가 나로 말미암아 열매를 얻으리라 하리라

여호와의 도

9 ●누가 지혜가 있어 이런 일을 깨달으며 누가 총명이 있어 이런 일을 알겠느냐 여호와의 도는 정직하니 의인은 그 길로 다니거니와 그러나 죄인은 그 길에 걸려 넘어지리라

---

14 에는 무엇이 기록되어 있을까?

이스라엘이 회복되기 위해서는 오직 하나님께로 돌아가야만 해요. 화개라 한다면 하나님은 죄를 잊으시고 풍성한 은혜를 베푸실 거예요. 회복될 이스라엘을 비유한 '백향목'은 계시록에 나오는 새 생명나무를 떠올리게 하지요(계 22:2). 그리고 하나님의 축복을 비유한 '이슬'은 모든 사람에게 임할 성령의 은혜를 뜻합니다.

토막상식

호세아

'여호와가 구원하신다' 라는 뜻으로, 앗수르와 애굽 두 강대국 사이에서 갈팡질팡하며 이방신을 숭배한 이스라엘 백성의 죄를 지적하고 하나님의 심판을 선언했어요.
그러나 호세아는 이스라엘의 멸망을 예고하면서도 부정한 아내 고멜을 품으므로써, 이스라엘 백성을 향한 하나님의 사랑을 보여주었습니다.

Joel

요엘

1 브두엘의 아들 요엘에게 임한 여호와의 말씀이라

농사를 망친 농부들의 애곡

2 ●늙은 자들아 너희는 이것을 들을지어다 땅의 모든 주민들아 너희는 귀를 기울일지어다 너희의 날에나 너희 조상들의 날에 이런 일이 있었느냐 암 4:1

3 너희는 이 일을 너희 자녀에게 말하고 너희 자녀는 자기 자녀에게 말하고 그 자녀는 후세에 말할 것이니라 시 78:4

4 팥중이가 남긴 것을 메뚜기가 먹고 메뚜기가 남긴 것을 느치가 먹고 느치가 남긴 것을 황충이 먹었도다

5 ●취하는 자들아 너희는 깨어 울지어다 포도주를 마시는 자들아 너희는 울지어다 이는 단 포도주가 너희 입에서 끊어졌음이니

6 다른 한 민족이 내 땅에 올라왔음이로다 그들은 강하고 수가 많으며 그 이빨은 사자의 이빨 같고 그 어금니는 암사자의 어금니 같도다

7 그들이 내 포도나무를 멸하며 내 무화과나무를 긁어 말갛게 벗겨서 버리니 그 모든 가지가 하얗게 되었도다 암 4:9

8 ●너희는 처녀가 어렸을 때에 약혼한 남자로 말미암아 굵은 베로 동이고 애곡함 같이 할지어다 암 8:10

9 소제와 전제가 여호와의 성전에서 끊어졌고 여호와께 수종드는 제사장은 슬퍼하도다

10 밭이 황무하고 토지가 마르니 곡식이 떨어지며 새 포도주가 말랐고 기름이 다하였도다

11 농부들아 너희는 부끄러워할지어다 포도원을 가꾸는 자들아 곡할지어다 이는 밀과 보리 때문이라 밭의 소산이 다 없어졌음이로다

12 포도나무가 시들었고 무화과나무가 말랐으며 석류나무와 대추나무와 사과나무와 밭의 모든 나무가 다 시들었으니 이러므로 사람의 즐거움이 말랐도다

13 ●제사장들아 너희는 굵은 베로 동이

고 슬피 울지어다 제단에 수종드는 자들아 너희는 울지어다 내 하나님께 수종드는 자들아 너희는 와서 굵은 베 옷을 입고 밤이 새도록 누울지어다 이는 소제와 전제를 너희 하나님의 성전에 드리지 못함이로다 _렘 4:8_

14 너희는 금식일을 정하고 성회를 소집하여 장로들과 이 땅의 모든 주민들을 너희 하나님 여호와의 성전으로 모으고 여호와께 부르짖을지어다

15 슬프다 그 날이여 여호와의 날이 가까웠나니 곧 멸망 같이 전능자에게로부터 이르리로다

16 먹을 것이 우리 눈 앞에 끊어지지 아니하였느냐 기쁨과 즐거움이 우리 하나님의 성전에서 끊어지지 아니하였느냐

17 씨가 흙덩이 아래에서 썩어졌고 창고가 비었고 곳간이 무너졌으니 이는 곡식이 시들었음이로다

18 가축이 울부짖고 소 떼가 소란하니 이는 꼴이 없음이라 양 떼도 피곤하도다

19 여호와여 내가 주께 부르짖으오니 불이 목장의 풀을 살랐고 불꽃이 들의 모든 나무를 살랐음이니이다

20 들짐승도 주를 향하여 헐떡거리오니 시내가 다 말랐고 들의 풀이 불에 탔음이니이다

여호와의 날을 경고하는 메뚜기 떼

2 시온에서 나팔을 불며 나의 거룩한 산에서 경고의 소리를 질러 이 땅 주민들로 다 떨게 할지니 이는 여호와의 날이 이르게 됨이니라 이제 임박하였으니

2 곧 어둡고 캄캄한 날이요 짙은 구름이 덮인 날이라 새벽 빛이 산 꼭대기에 덮인 것과 같으니 이는 많고 강한 백성이 이르렀음이라 이와 같은 것이 옛날에도 없었고 이후에도 대대에 없으리로다

3 불이 그들의 앞을 사르며 불꽃이 그들의 뒤를 태우니 그들의 예전의 땅은 에덴 동산 같았으나 그들의 나중의 땅은 황폐한 들 같으니 그것을 피한 자가 없도다 _1:19_

4 ●그의 모양은 말 같고 그 달리는 것은 ¹⁾기병 같으며 _계 9:7_

5 그들이 산 꼭대기에서 뛰는 소리는 병거 소리와도 같고 불꽃이 검불을 사르는 소리와도 같으며 강한 군사가 줄을 벌이고 싸우는 것 같으니

6 그 앞에서 백성들이 질리고, 무리의 낯빛이 하얘졌도다 _나 2:10_

7 그들이 용사 같이 달리며 무사 같이 성을 기어 오르며 각기 자기의 길로 나아가되 그 줄을 이탈하지 아니하며

8 피차에 부딪치지 아니하고 각기 자기의 길로 나아가며 무기를 돌파하고 나아가나 ²⁾상하지 아니하며

9 성중에 뛰어 들어가며 성 위에 달리며 집에 기어 오르며 도둑 같이 창으로 들어가니

10 그 앞에서 땅이 진동하며 하늘이 떨며 해와 달이 캄캄하며 별들이 빛을 거두도다 _마 24:29_

11 여호와께서 그의 군대 앞에서 소리를 지르시고 그의 진영은 심히 크고 그의 명령을 행하는 자는 강하니 여호와의 날이 크고 심히 두렵도다 당할 자가 누

1) 전마 2) 끊치지 아니하며

2 **에는 무엇이 기록되어 있을까?**

요엘은 '여호와의 날'에 있을 심판의 모습을 메뚜기의 활동과 연관시켜 설명하였어요. '여호와의 날'은 악인은 벌을 받는 날이지요, 그래서 악인에겐 슬픔의 날이나, 의인에게는 기쁨의 날이랍니다. 구약의 성령강림으로 불리는 28-32절은, 온 백성에게 내릴 성령의 세례를 약속하고 있어요.

검불(2:5) 마른 풀이나 가랑잎, 지푸라기 따위.
무리(2:6) 유다 지방 사람들.
인애(2:13) 어진 마음으로 남을 사랑함.
성회(2:15) 성도들의 모임.
신방(2:16) 신혼부부가 첫날밤을 함께 보내는 장소.
낭실(2:17) 대문 양쪽에 있는 방. 결채.
흠흠(2:19) 모자람이 없이 아주 넉넉함.
적막(2:20) 고요하고 쓸쓸함.

구이라

여호와께로 돌아올지어다

12 ●여호와의 말씀에 너희는 이제라도 금식하고 울며 애통하는 마음을 다하여 내게로 돌아오라 하셨나니 월 12:6

13 너희는 옷을 찢지 말고 마음을 찢고 너희 하나님 여호와께로 돌아올지어다 그는 은혜로우시며 자비로우시며 노하기를 더디하시며 인애가 크시사 뜻을 돌이켜 재앙을 내리지 아니하시나니

14 주께서 혹시 마음과 뜻을 돌이키시고 그 뒤에 복을 내리사 너희 하나님 여호와께 소제와 전제를 드리게 하지 아니하실는지 누가 알겠느냐

15 ●너희는 시온에서 나팔을 불어 거룩한 금식일을 정하고 성회를 소집하라

16 백성을 모아 그 모임을 거룩하게 하고 장로들을 모으며 어린이와 젖 먹는 자를 모으며 신랑을 그 방에서 나오게 하며 신부도 그 신방에서 나오게 하고

17 여호와를 섬기는 제사장들은 낭실과 제단 사이에서 울며 이르기를 여호와여 주의 백성을 불쌍히 여기소서 주의 기업을 욕되게 하여 ¹⁾나라들로 그들을 관할하지 못하게 하옵소서 어찌하여 이방인으로 그들의 하나님이 어디 있느냐 말하게 하겠나이까 할지어다

이른 비와 늦은 비를 적당하게 주시다

18 ●그 때에 여호와께서 자기의 땅을 극진히 사랑하시어 그의 백성을 불쌍히 여기²⁾실지라

19 여호와께서 그들에게 응답하여 이르시기를 내가 너희에게 곡식과 새 포도주와 기름을 주리니 너희가 이로 말미암아 흡족하리라 내가 다시는 너희가 나라들 가운데에서 욕을 당하지 않게 할 것이며

20 내가 북쪽 군대를 너희에게서 멀리 떠나게 하여 메마르고 적막한 땅으로 쫓아내리니 그 앞의 부대는 동해로, 그 뒤의 부대는 서해로 들어갈 것이라 상한

냄새가 일어나고 악취가 오르리니 이는 큰 일을 행하였음이니라 하²⁾시리라

21 ●땅이여 두려워하지 말고 기뻐하며 즐거워할지어다 여호와께서 큰 일을 행하셨음이로다

22 들짐승들아 두려워하지 말지어다 들의 풀이 싹이 나며 나무가 열매를 맺으며 무화과나무와 포도나무가 다 힘을 내는도다

23 시온의 자녀들아 너희는 너희 하나님 여호와로 말미암아 기뻐하며 즐거워할지어다 그가 너희를 위하여 비를 내리시되 이른 비를 너희에게 적당하게 주시리니 이른 비와 늦은 비가 예전과 같을 것이라

24 마당에는 밀이 가득하고 독에는 새 포도주와 기름이 넘치리로다

25 내가 전에 너희에게 보낸 큰 군대 곧 메뚜기와 느치와 황충과 팥중이가 먹은 햇수대로 너희에게 갚아 주리니 ¹:4

26 너희는 먹되 풍족히 먹고 너희에게 놀라운 일을 행하신 너희 하나님 여호와의 이름을 찬송할 것이라 내 백성이 영원히 수치를 당하지 아니하리로다

술술 풀리는 **성령말씀**

성령 강림의 선지자 요엘

'여호와는 하나님이시다'라는 뜻으로서, '브두엘의 아들 요엘'(1:1)이란 사실 외에는 그에 대해 알려진 것이 없어요.

요엘은 환상 속에서 엄청난 메뚜기 떼의 재앙을 보고, 그것이 단순한 자연 재해가 아니라 이스라엘의 죄악의 대가로 내려진 하나님의 심판임을 선포했어요. 그래서 그는 편안함만을 누리며 지냈던 이스라엘을 향해 기도와 금식을 선포하고 회개하여 하나님께 돌아오라고 호소하였지요.

아울러 하나님께서 모든 백성들에게 당신의 영을 부어 예언자의 통찰력을 갖게 하실 것이며, '여호와의 날'은 하나님을 섬기는 이들에게는 두려운 날이 아니라 '구원의 날'이 될 것이라고 전하였어요. 그래서 요엘은 '성령 강림의 선지자'라고 불려졌답니다.

2장

1) 이방의 조롱거리가 되지 말게 하옵소서 2) 히, 과거사를 썼음

27 그런즉 내가 이스라엘 가운데에 있어 너희 하나님 여호와가 되고 다른 이가 없는 줄을 너희가 알 것이라 내 백성이 영원히 수치를 당하지 아니하리로다

내 영을 만민에게 부어 주리라

28 ●그 후에 내가 내 영을 [1]만민에게 부어 주리니 너희 자녀들이 장래 일을 말할 것이며 너희 늙은이는 꿈을 꾸며 너희 젊은이는 이상을 볼 것이며   사 40:5

29 그 때에 내가 또 내 영을 남종과 여종에게 부어 줄 것이며

30 내가 이적을 하늘과 땅에 베풀리니 곧 피와 불과 연기 기둥이라

31 여호와의 크고 두려운 날이 이르기 전에 해가 어두워지고 달이 핏빛 같이 변하려니와

32 누구든지 여호와의 이름을 부르는 자는 구원을 얻으리니 이는 나 여호와의 말대로 시온 산과 예루살렘에서 피할 자가 있을 것임이요 남은 자 중에 나 여호와의 부름을 받을 자가 있을 것임이니라

여호와께서 민족들을 심판하시다

3 보라 그 날 곧 내가 유다와 예루살렘 가운데에서 사로잡힌 자를 돌아오게 할 그 때에

2 내가 만국을 모아 데리고 여호사밧 골짜기에 내려가서 내 백성 곧 내 기업인 이스라엘을 위하여 거기에서 그들을 심문하리니 이는 그들이 이스라엘을 나라들 가운데에 흩어 버리고 나의 땅을 나누었음이며

3 또 제비 뽑아 내 백성을 끌어 가서 소년을 기생과 바꾸며 소녀를 술과 바꾸어

여호사밧 골짜기 (기드론 골짜기)

마셨음이니라

4 두로와 시돈과 블레셋 사방아 너희가 나와 무슨 상관이 있느냐 너희가 내게 보복하겠느냐 만일 내게 보복하면 너희가 보복하는 것을 내가 신속히 너희 머리에 돌리리니

5 곧 너희가 내 은과 금을 빼앗고 나의 진기한 보물을 너희 신전으로 가져갔으며   겔 18

6 또 유다 자손과 예루살렘 자손들을 헬라 족속에게 팔아서 그들의 영토에서 멀리 떠나게 하였음이니라

7 보라 내가 그들을 너희가 팔아 이르게 한 곳에서 일으켜 나오게 하고 너희가 행한 것을 너희 머리에 돌려서   렘 23:8

8 너희 자녀를 유다 자손의 손에 팔리니 그들은 다시 먼 나라 스바 사람에게 팔리라 여호와께서 말씀하셨느니라

9 ●너희는 모든 민족에게 이렇게 널리 선포할지어다 너희는 전쟁을 준비하고 용사를 격려하고 병사로 다 가까이 나아와서 올라오게 할지어다

10 너희는 보습을 쳐서 칼을 만들지어다 낫을 쳐서 창을 만들지어다 약한 자도 이르기를 나는 강하다 할지어다   사 2:4

11 사면의 민족들아 너희는 속히 와서 모일지어다 여호와여 주의 용사들로 그리로 내려오게 하옵소서

12 민족들은 일어나서 여호사밧 골짜기로 올라올지어다 내가 거기에 앉아서 사면의 민족들을 다 심판하리로다   사 3:13

1) 모든 육체

13 너희는 낫을 쓰라 곡식이 익었도다 와서 밟을지어다 포도주 틀이 가득히 차고 포도주 독이 넘치니 그들의 악이 큼이로다

여호와께서 백성들에게 복을 주시다

14 ●사람이 많음이여, 심판의 골짜기에 사람이 많음이여, 심판의 골짜기에 여호와의 날이 가까움이로다

15 해와 달이 캄캄하며 별들이 그 빛을 거두도다

16 여호와께서 시온에서 부르짖고 예루살렘에서 목소리를 내시리니 하늘과 땅이 진동하리로다 그러나 여호와께서 그의 백성의 피난처, 이스라엘 자손의 산성이 되시리로다 렘 17:17

17 그런즉 너희가 나는 내 성산 시온에 사는 너희 하나님 여호와인 줄 알 것이라 예루살렘이 거룩하리니 다시는 이방 사람이 그 가운데로 통행하지 못하리로다

18 ●그 날에 산들이 단 포도주를 떨어뜨릴 것이며 작은 산들이 젖을 흘릴 것이며 유다 모든 시내가 물을 흘릴 것이며 여호와의 성전에서 샘이 흘러 나와서 싯딤 골짜기에 대리라

19 그러나 애굽은 황무지가 되겠고 에돔은 황무한 들이 되리니 이는 그들이 유다 자손에게 포악을 행하여 무죄한 피를 그 땅에서 흘렸음이니라

20 유다는 영원히 있겠고 예루살렘은 대대로 있으리라 슥 37:25

21 내가 전에는 그들의 피흘림 당한 것을 1)갚아 주지 아니하였거니와 이제는 1)갚아 주리니 이는 여호와께서 시온에 거하심이니라 슥 36:25

1) 정결하게

비전을 심어주는 3분예화
하나님의 일

1800년경에 영국의 모리슨 선교사가 중국 선교를 위해 배를 탔을 때 한 사람이 그에게 물었어요.

"모리슨 씨, 당신이 정말 중국에 영향을 미칠 수 있다고 생각하십니까?"

그러자 모리슨은 이렇게 대답했어요.

"아닙니다. 저는 못합니다. 그렇지만 하나님께서 하실 것입니다."

그가 중국에서 선교를 끝내고 죽었을 때 그곳에 개신교 교인들은 겨우 12명 정도에 불과했지요. 그러나 100년 후에 중국의 기독교인은 3백만 명 정도가 되었고, 지금은 수천만 명에 이르고 있어요.

이처럼 자신에게 맡겨진 일에 헌신하고 충성할 때, 하나님의 일은 하나님께서 친히 이루어가신답니다.

아모스를 읽기 전에

이 책을 기록한 사람은 아모스예요. '아모스'는 히브리어로 '짐진 자'라는 뜻이 지요. 아모스는 가축을 기르면서 뽕나무를 재배하던 사람이었는데 하나님께서 선지자로 부르셨어요. 이 책은 12권의 소선지서 중에 가장 먼저 기록되었답니다.

언제, 왜, 누구를 위하여 썼나요?

이 책은 B.C. 760~753년경에 기록된 것으로 보고 있어요. 하나님 앞에 죄를 짓고 또 사회적으로도 부도덕한 삶을 살았던 이스라엘을 책망하기 위해, 또 이로 인해 앞으로 당하게 될 심판을 경고하기 위해 기록한 책이랍니다.

어떤 내용인가요?

주변 나라들의 심판에 대해 예언하고 있어요. 또한 이스라엘에 대한 '다림줄' 환상과 심판을 선포하고 있지요. 하지만 하나님 께서는 이스라엘을 회복시키겠다는 희망도 함께 주셨답니다.

1
유다 왕 웃시야의 시대 곧 이스라엘 왕 요아스의 아들 여로보암의 시대 지진 전 이년에 드고아 목자 중 아모스가 이스라엘에 대하여 이상으로 받은 말씀이라
삼하 14:2

2 ●그가 이르되 여호와께서 시온에서부터 부르짖으시며 예루살렘에서부터 소리를 내시리니 목자의 초장이 마르고 갈멜 산 꼭대기가 마르리로다
욜 20:2

이스라엘 이웃 나라들에 내리실 벌

3 여호와께서 이와 같이 말씀하시되 다메섹의 서너 가지 죄로 말미암아 내가 그 벌을 돌이키지 아니하리니 이는 그들이 철 타작기로 타작하듯 길르앗을 압박하였음이라

4 내가 하사엘의 집에 불을 보내리니 벤

하닷의 궁궐들을 사르리라

5 내가 다메섹의 빗장을 꺾으며 ¹⁾아웬 골짜기에서 그 주민들을 끊으며 ²⁾벧에덴에서 규 잡은 자를 끊으리니 아람 백성이 사로잡혀 기르에 이르리라 여호와께서 말씀하셨느니라

6 ●여호와께서 이와 같이 말씀하시되 가사의 서너 가지 죄로 말미암아 내가 그 벌을 돌이키지 아니하리니 이는 그들이 모든 사로잡은 자를 끌어 에돔에 넘겼음이라

7 내가 가사 성에 불을 보내리니 그 궁궐들을 사르리라

8 내가 또 아스돗에서 그 주민들과 아스글론에서 규를 잡은 자를 끊고 또 손을 돌이켜 에그론을 치리니 블레셋의 남아 있는 자가 멸망하리라 주 여호와께서 말씀하셨느니라

9 ●여호와께서 이와 같이 말씀하시되 두로의 서너 가지 죄로 말미암아 내가 그 벌을 돌이키지 아니하리니 이는 그들이 그 형제의 계약을 기억하지 아니하고 모든 사로잡은 자를 에돔에 넘겼음이라

10 내가 두로 성에 불을 보내리니 그 궁궐

---

1 에는 무엇이 기록되어 있을까?

아모스는 북이스라엘의 최고 황금기였던 여로보암 2세 때 선지자로 활동했어요. 이 때는 최고로 부유했지만, 신앙은 잃어버린 시기였죠. 그는 하나님께서 이스라엘을 심판하시고 이웃나라들도 심판하실 것을 말했답니다. 하나님을 거스르는 자는 누구든지 심판의 자리에서 벗어날 수 없음을 강조하고 있지요.

---

¹⁾우상 숭배하는 ²⁾에덴 집

들을 사르리라 슥 9:4

11 ●여호와께서 이와 같이 말씀하시되 에돔의 서너 가지 죄로 말미암아 내가 그 벌을 돌이키지 아니하리니 이는 그가 칼로 그의 형제를 쫓아가며 긍휼을 버리며 항상 맹렬히 화를 내며 분을 끝없이 품었음이라

12 내가 데만에 불을 보내리니 보스라의 궁궐들을 사르리라

13 ●여호와께서 이와 같이 말씀하시되 암몬 자손의 서너 가지 죄로 말미암아 내가 그 벌을 돌이키지 아니하리니 이는 그들이 자기 지경을 넓히고자 하여 길르앗의 아이 밴 여인의 배를 갈랐음이니라

14 내가 랍바 성에 불을 놓아 그 궁궐들을 사르되 전쟁의 날에 외침과 회오리바람의 날에 폭풍으로 할 것이며 슥 29:6

15 그들의 왕은 그 지도자들과 함께 사로잡혀 가리라 여호와께서 말씀하셨느니라

2 여호와께서 이와 같이 말씀하시되 모압의 서너 가지 죄로 말미암아 내가 그 벌을 돌이키지 아니하리니 이는 그가 에돔 왕의 뼈를 불살라 재를 만들었음이라 슥 2:8

2 내가 모압에 불을 보내리니 그리욧 궁궐들을 사르리라 모압이 요란함과 외침과 나팔 소리 중에서 죽을 것이라

3 내가 그 중에서 재판장을 멸하며 지도자들을 그와 함께 죽이리라 여호와께서 말씀하시니라

유다에 내리신 벌

4 ●여호와께서 이와 같이 말씀하시되 유다의 서너 가지 죄로 말미암아 내가

그 벌을 돌이키지 아니하리니 이는 그들이 여호와의 율법을 멸시하며 그 율례를 지키지 아니하고 그의 조상들이 따라가던 ¹⁾거짓 것에 미혹되었음이라

5 내가 유다에 불을 보내리니 예루살렘의 궁궐들을 사르리라

이스라엘에 내리신 벌

6 ●여호와께서 이와 같이 말씀하시되 이스라엘의 서너 가지 죄로 말미암아 내가 그 벌을 돌이키지 아니하리니 이는 그들이 은을 받고 의인을 팔며 신 한 켤레를 받고 가난한 자를 팔며

7 힘 없는 자의 머리를 티끌 먼지 속에 발로 밟고 연약한 자의 길을 굽게 하며 아버지와 아들이 한 젊은 여인에게 다녀서 내 거룩한 이름을 더럽히며

8 모든 제단 옆에서 전당 잡은 옷 위에 누우며 그들의 신전에서 벌금으로 얻은 포도주를 마심이니라

9 ●내가 아모리 사람을 그들 앞에서 멸하였나니 그키는 백향목 높이와 같고 강하기는 상수리나무 같으나 내가 그 위의 열매와 그 아래의 뿌리를 진멸하였느니라

10 내가 너희를 애굽 땅에서 이끌어 내어 사십 년 동안 광야에서 인도하고 아모리 사람의 땅을 너희가 차지하게 하였고

11 또 너희 아들 중에서 선지자를, 너희 청년 중에서 나실인을 일으켰나니 이스라엘 자손들아 과연 그렇지 아니하냐 이는 여호와의 말씀이니라

12 그러나 너희가 나실 사람으로 포도주를 마시게 하며 또 선지자에게 명령하여 예언하지 말라 하였느니라 미 2:6

1) 우상

13 ●보라 곡식 단을 가득히 실은 수레가 흙을 누름 같이 내가 너희를 누르니

14 빨리 달음박질하는 자도 도망할 수 없으며 강한 자도 자기 힘을 낼 수 없으며 용사도 자기 목숨을 구할 수 없으며

15 활을 가진 자도 설 수 없으며 발이 빠른 자도 피하여 낼 수 없으며 말 타는 자도 자기 목숨을 구할 수 없고

16 용사 가운데 그 마음이 굳센 자도 그 날에는 벌거벗고 도망하리라 여호와의 말씀이니라

여호와의 말씀을 받은 난지 — B.C. 760년경

복원된 단의 뿔(3:14-15) 벧엘과 함께 북이스라엘의 우상 숭배의 중심이었던 단의 제단

3 이스라엘 자손들아 여호와께서 너희에 대하여 이르시는 이 말씀을 들으라 애굽 땅에서 인도하여 올리신 모든 족속에 대하여 이르시기를

2 내가 땅의 모든 족속 가운데 너희만을 알았나니 그러므로 내가 너희 모든 죄악을 너희에게 보응하리라 하셨나니

3 두 사람이 뜻이 같지 않은데 어찌 동행하겠으며

4 사자가 움킨 것이 없는데 어찌 수풀에서 부르짖겠으며 젊은 사자가 잡은 것이 없는데 어찌 굴에서 소리를 내겠느냐

5 땅에 놓인 덫이 없는데 새가 어찌 거기 치이겠으며 잡힌 것이 없는데 덫이 어찌 땅에서 뛰겠느냐

6 성읍에서 나팔이 울리는데 백성이 어찌 두려워하지 아니하겠으며 여호와의 행하심이 없는데 재앙이 어찌 성읍에 임하겠느냐

7 주 여호와께서는 자기의 비밀을 그 종 선지자들에게 보이지 아니하시고는

결코 행하심이 없으시리라
잠 18:17

8 사자가 부르짖은즉 누가 두려워하지 아니하겠느냐 주 여호와께서 말씀하신즉 누가 예언하지 아니하겠느냐

9 ●아스돗의 궁궐들과 애굽 땅의 궁궐들에 선포하여 이르기를 너희는 사마리아 산들에 모여 그 성 중에서 얼마나 큰 요란함과 학대함이 있나 보라 하라

10 자기 궁궐에서 포학과 겁탈을 쌓는 자들이 바른 일 행할 줄을 모르느니라 여호와의 말씀이니라

11 그러므로 주 여호와께서 이와 같이 말씀하시되 이 땅 사면에 대적이 있어 네 힘을 쇠하게 하며 네 궁궐을 약탈하리라

12 여호와께서 이와 같이 말씀하시되 목자가 사자 입에서 양의 두 다리나 귀 조각을 건져냄과 같이 사마리아에서 침상 모서리에나 걸상의 방석에 앉은 이스라엘 자손도 건져냄을 입으리라

13 ●주 여호와 만군의 하나님의 말씀이니라 너희는 듣고 야곱의 족속에게 증언하라
렘 2:7

14 내가 이스라엘의 모든 죄를 보응하는 날에 벧엘의 제단들을 벌하여 그 제단의 뿔들을 꺾어 땅에 떨어뜨리고
4:4

15 겨울 궁과 여름 궁을 치리니 상아 궁들이 파괴되며 큰 궁들이 무너지리라 여호와의 말씀이니라
왕상 22:39

4 사마리아의 산에 있는 바산의 암소들아 이 말을 들으라 너희는 힘 없는 자를 학대하며 가난한 자를 압제하며 가장에게 이르기를 술을 가져다가 우리로 마시게 하라 하는도다

3 에는 무엇이 기록되어 있을까?

요 2장 너희들과 이스라엘을 향한 심판에 이어, 여기서부터는 6장 14절까지는 이스라엘에 대한 설교 세 편이 나옵니다. 3장은 그 첫 번째 설교로서, 이스라엘이 결국 심판받을 수밖에 없음을 말하고 있는데, 그 이유는 이스라엘이 하나님으로부터 택함 받은 민족으로서의 축복과 책임을 잊고 죄에 빠져 살았기 때문이지요.

2 주 여호와께서 자기의 거룩함을 두고 맹세하시되 때가 너희에게 이를지라 사람이 갈고리로 너희를 끌어 가며 낚시로 너희의 남은 자들도 그리하리라

3 너희가 성 무너진 데를 통하여 각기 앞으로 바로 나가서 하르몬에 던져지리라 여호와의 말씀이니라 　렘 12:5, 12

돌아오지 아니하는 백성 이스라엘

4 ●너희는 벧엘에 가서 범죄하며 길갈에 가서 죄를 더하며 아침마다 너희 희생을, 삼일마다 너희 십일조를 드리며

5 누룩 넣은 것을 불살라 수은제로 드리며 낙헌제를 소리내어 선포하려무나 이스라엘 자손들아 이것이 너희가 기뻐하는 바니라 주 여호와의 말씀이니라

6 ●또 내가 너희 모든 성읍에서 너희 이를 깨끗하게 하며 너희의 각 처소에 양식이 떨어지게 하였으나 너희가 내게로 돌아오지 아니하였느니라 여호와의 말씀이니라 　왕하 2:17

7 또 추수하기 석 달 전에 내가 너희에게 비를 멈추게 하여 어떤 성읍에는 내리고 어떤 성읍에는 내리지 않게 하였더니 땅 한 부분은 비를 얻고 한 부분은 비를 얻지 못하여 말랐으매

8 두세 성읍 사람이 어떤 성읍으로 비틀거리며 물을 마시러 가서 만족하게 마시지 못하였으나 너희가 내게로 돌아오지 아니하였느니라 여호와의 말씀이니라

9 내가 곡식을 마르게 하는 재앙과 깜부기 재앙으로 너희를 쳤으며 팥중이로 너희의 많은 동산과 포도원과 무화과

나무와 감람나무를 다 먹게 하였으나 너희가 내게로 돌아오지 아니하였느니라 여호와의 말씀이니라 　신 28:22

10 내가 너희 중에 전염병 보내기를 애굽에서 한 것처럼 하였으며 칼로 너희 청년들을 죽였으며 너희 말들을 노략하게 하며 너희 진영의 악취로 코를 찌르게 하였으나 너희가 내게로 돌아오지 아니하였느니라 여호와의 말씀이니라

11 내가 너희 중의 성읍 무너뜨리기를 하나님이 내가 소돔과 고모라를 무너뜨림 같이 하였으므로 너희가 불붙는 가운데서 빼낸 나무 조각 같이 되었으나 너희가 내게로 돌아오지 아니하였느니라 여호와의 말씀이니라 　사 13:19

12 ●그러므로 이스라엘아 내가 이와 같이 네게 행하리라 내가 이것을 네게 행하리니 이스라엘아 네 하나님 만나기를 준비하라

13 보라 산들을 지으며 바람을 창조하며 자기 뜻을 사람에게 보이며 아침을 어둡게 하며 땅의 높은 데를 밟는 이는 그의 이름이 만군의 하나님 여호와시니라 　애가 · B.C. 760년경

5

이스라엘 족속아 내가 너희에게 대하여 애가로 지은 이 말을 들으라

2 처녀 이스라엘이 엎드러졌음이여 다시 일어나지 못하리로다 자기 땅에 던지움이여 일으킬 자 없으리로다 　8:14

3 주 여호와께서 이와 같이 말씀하시되 이스라엘 중에서 천 명이 행군해 나가던 성읍에는 백 명만 남고 백 명이 행군해 나가던 성읍에는 열 명만 남으리라 하셨느니라 　사 6:13

4 장 에는 무엇이 기록되어 있을까?

두 번째 설교에서 아모스는 사치하고 제멋대로 행동하는 이스라엘 부자들을 꾸짖었어요. 그러한 이스라엘에게 하나님은 일곱 가지 재앙으로 경고하셨지만, 그들은 하나님께 돌아오기를 거부하였지요. 하나님이 애타게 돌아오라고 부탁하시는 모습과 백성의 고집 센 모습이 상반되게 나타납니다.

포학(3:10) 횡포하고 잔학함.
겁탈(3:10) 남을 위협하여 그 사람의 것을 함부로 빼앗음.
봉응(3:14) 선악에 따라 받는 것.
수은제(4:5) 하나님과 사람 사이의 평화를 위하여 드리는 제사.
낙헌제(4:5) 자발적이고 즐거운 마음으로 하나님께 드리는 제사.
애가(5:1) 슬픔을 읊조리는 짧은 형식의 시로, 죽은 사람을 애도하기 위해 부르는 노래.

여호와를 찾으라

4 ●여호와께서 이스라엘 족속에게 이와 같이 말씀하시기를 너희는 나를 찾으라 그리하면 살리라

5 벧엘을 찾지 말며 길갈로 들어가지 말며 브엘세바로도 나아가지 말라 길갈은 반드시 사로잡히겠고 벧엘은 비참하게 될 것이라 하셨나니 삼상 7:16

6 너희는 여호와를 찾으라 그리하면 살리라 그렇지 않으면 그가 불 같이 요셉의 집에 임하여 멸하시리니 벧엘에서 그 불들을 끌 자가 없으리라

7 정의를 쓴 쑥으로 바꾸며 공의를 땅에 던지는 자들아

8 묘성과 삼성을 만드시며 사망의 그늘을 아침으로 바꾸시고 낮을 어두운 밤으로 바꾸시며 바닷물을 불러 지면에 쏟으시는 이를 찾으라 그의 이름은 여호와시니라

9 그가 강한 자에게 갑자기 패망이 이르게 하신즉 그 패망이 산성에 미치느니라

10 무리가 성문에서 책망하는 자를 미워하며 정직히 말하는 자를 싫어하는도다

11 너희가 힘없는 자를 밟고 그에게서 밀의 부당한 세를 거두었은즉 너희가 비록 다듬은 돌로 집을 건축하였으나 거기 거주하지 못할 것이요 아름다운 포도원을 가꾸었으나 그 포도주를 마시지 못하리라

12 너희의 허물이 많고 죄악이 무거움을 내가 아노라 너희는 의인을 학대하며 뇌물을 받고 성문에서 가난한 자를 억울하게 하는 자로다

13 그러므로 이런 때에 지혜자가 잠잠하

나니 이는 악한 때임이니라

14 너희는 살려면 선을 구하고 악을 구하지 말지어다 만군의 하나님 여호와께서 너희의 말과 같이 너희와 함께 하시리라

15 너희는 악을 미워하고 선을 사랑하며 성문에서 정의를 세울지어다 만군의 하나님 여호와께서 혹시 요셉의 남은 자를 불쌍히 여기시리라

16 ●그러므로 주 만군의 하나님 여호와께서 이와 같이 말씀하시기를 사람이 모든 광장에서 울겠고 모든 거리에서 슬프도다 슬프도다 하겠으며 농부를 불러다가 애곡하게 하며 울음꾼을 불러다가 울게 할 것이며

17 모든 포도원에서도 울리니 이는 내가 너희 가운데로 지나갈 것임이라 여호와의 말씀이니라

18 ●화 있을진저 여호와의 날을 사모하는 자여 너희가 어찌하여 여호와의 날을 사모하느냐 그 날은 어둠이요 빛이 아니라 욜 1:15

19 마치 사람이 사자를 피하다가 곰을 만나거나 혹은 집에 들어가서 손을 벽에 대었다가 뱀에게 물림 같도다 렘 48:44

20 여호와의 날은 빛 없는 어둠이 아니며 빛남 없는 캄캄함이 아니냐 욜 1:15

21 ●내가 너희 절기들을 미워하여 멸시하며 너희 성회들을 기뻐하지 아니하나니 레 26:31

22 너희가 내게 번제나 소제를 드릴지라도 내가 받지 아니할 것이요 너희의 살진 희생의 화목제도 내가 돌아보지 아

여호와의 날에 대한 선지자들의 이해(5:18-20)

선지자	여호와의 날	성경 본문
이사야	모든 나라와 하나님의 백성이 모두 심판을 당하는 날	사 2:4,6-22
아모스	이스라엘이 기대하고 있는 구원의 날이 아니라 오히려 진노가 임하는 날	암 5:18-20
스바냐	우주적인 심판이 행해지는 날로 겸손하고 의로운 자는 그 가운데서도 소망이 있음	습 1,2장
요엘	언약에 순종하면 더 큰 재앙이 나타날 종말적인 구원의 날	욜 2,3장

5 에는 무엇이 기록되어 있을까?

아모스의 세 번째 설교 주제는 회복의 방법이랍니다. 아모스는 그 방법을 '살 길'로 표현하는데, 그것은 하나님을 찾는 것, 선한 것과 정의를 행하는 것, 사회 정의를 이루는 것이에요. 하나님을 아는 지식 위에 의로운 행동이 덧붙여져야 참된 신앙이랍니다.

오직 정의를 물 같이, 공의를 마르지 않는 강 같이 흐르게 할지어다(5·24)

니하리라

23 네 노랫소리를 내 앞에서 그칠지어다 네 비파 소리도 내가 듣지 아니하리라

24 오직 정의를 물 같이, 공의를 마르지 않는 강 같이 흐르게 할지어다 │행 22:3

25 이스라엘 족속아 너희가 사십 년 동안 광야에서 희생과 소제물을 내게 드렸느냐

26 너희가 너희 왕 식굿과 기윤과 너희 우상들과 너희가 너희를 위하여 만든 신들의 별 형상을 지고 가리라

27 내가 너희를 다메섹 밖으로 사로잡혀 가게 하리라 그의 이름이 만군의 하나님이라 불리우는 여호와께서 말씀하셨느니라 │행 7:6

이스라엘의 멸망 — B.C. 760년경

6 화 있을진저 시온에서 교만한 자와 사마리아 산에서 마음이 든든한 자 곧 백성들의 머리인 지도자들이여 이스라엘 집이 그들을 따르는도다

2 너희는 갈레로 건너가 보고 거기에서 큰 하맛으로 가고 또 블레셋 사람의 가드로 내려가라 너희가 이 나라들보다 나으냐 그 영토가 너희 영토보다 넓으냐

3 너희는 흉한 날이 멀다 하여 포악한 자리로 가까워지게 하고

4 상아 상에 누우며 침상에서 기지개 켜며 양 떼에서 어린 양과 우리에서 송아지를 잡아서 먹고

5 비파 소리에 맞추어 노래를 지절거리며 다윗처럼 자기를 위하여 악기를 제조하며

6 대접으로 포도주를 마시며 귀한 기름을 몸에 바르면서 요셉의 환난에 대하

여는 근심하지 아니하는 자로다

7 그러므로 그들이 이제는 사로잡히는 자 중에 앞서 사로잡히리니 기지개 켜는 자의 떠드는 소리가 그치리라 │7:11

8 만군의 하나님 여호와의 말씀이니라 주 여호와가 당신을 두고 맹세하셨노라 내가 야곱의 영광을 싫어하며 그 궁궐들을 미워하므로 이 성읍과 거기에 가득한 것을 원수에게 넘기리라 하셨느니라 │레 26:11

9 한 집에 열 사람이 남는다 하여도 다 죽을 것이요 │5:3

10 죽은 사람의 친척 곧 그 시체를 불사를 자가 그 뼈를 집 밖으로 가져갈 때에 그 집 깊숙한 곳에 있는 자에게 묻기를 아직 더 있느냐 하면 대답하기를 없다 하리니 그가 또 말하기를 잠잠하라 우리가 여호와의 이름을 부르지 못할 것이라 하리라

11 보라 여호와께서 명령하시므로 타격을 받아 큰 집은 갈라지고 작은 집은 터지리라

12 ● 말들이 어찌 바위 위에서 달리겠으며 소가 어찌 거기서 밭 갈겠느냐 그런데 너희는 정의를 쓸개로 바꾸며 공의의 열매를 쓴 쑥으로 바꾸며 │호 10:4

13 허무한 것을 기뻐하며 이르기를 우리는 우리의 힘으로 뿔들을 취하지 아니하였느냐 하는도다

14 만군의 하나님 여호와의 말씀이니라 이스라엘 족속아 내가 한 나라를 일으켜 너희를 치리니 그들이 하맛 어귀에서부터 아라바 시내까지 너희를 학대하리라 하셨느니라 │민 34:8

6장에는 무엇이 기록되어 있을까?

이스라엘의 지배 계층은 본이 되기는커녕 도리어 죄를 퍼뜨리는 사람들이었어요. 그래서 그들은 나중에 적의 포로가 되어 고통을 당하게 된답니다. 아모스는 죄에서 돌이키기를 거부하는 자는 심판을 받게 될 것이라고 경고하면서 설교를 마쳤어요.

첫째, 메뚜기 재앙 — B.C. 760년경

아모스의 고향 드고아(7:14)

7 주 여호와께서 내게 보이신 것이 이러하니라 왕이 풀을 벤 후 풀이 다시 움돋기 시작할 때에 주께서 메뚜기를 지으시매

2 메뚜기가 땅의 풀을 다 먹은지라 내가 이르되 주 여호와여 청하건대 사하소서 야곱이 미약하오니 어떻게 서리이까 하매

3 여호와께서 이에 대하여 뜻을 돌이키셨으므로 이것이 이루어지지 아니하리라 여호와께서 말씀하셨느니라 욘 3:10

둘째, 불

4 ●주 여호와께서 또 내게 보이신 것이 이러하니라 주 여호와께서 명령하여 불로 징벌하게 하시니 불이 큰 바다를 삼키고 육지까지 먹으려 하는지라

5 이에 내가 이르되 주 여호와여 청하건대 그치소서 야곱이 미약하오니 어떻게 서리이까 하매

6 주 여호와께서 이에 대하여 뜻을 돌이켜 주 여호와께서 이르시되 이것도 이루지 아니하리라 하시니라

셋째, 다림줄

7 ●또 내게 보이신 것이 이러하니라 다림줄을 가지고 쌓은 담 곁에 주께서 손에 다림줄을 잡고 서셨더니

8 여호와께서 내게 이르시되 아모스야 네가 무엇을 보느냐 내가 대답하되 다림줄이니이다 주께서 이르시되 내가 다림줄을 내 백성 이스라엘 가운데 두고 다시는 용서하지 아니하리니

9 이삭의 산당들이 황폐되며 이스라엘의 성소들이 파괴될 것이라 내가 일어나 칼로 여로보암의 집을 치리라 하시니라

아모스와 아마샤의 대결

10 ●때에 벧엘의 제사장 아마샤가 이스라엘의 왕 여로보암에게 보내어 이르되 이스라엘 족속 중에 아모스가 왕을 모반하나니 그 모든 말을 이 땅이 견딜 수 없나이다

11 아모스가 말하기를 여로보암은 칼에 죽겠고 이스라엘은 반드시 사로잡혀 그 땅에서 떠나겠다 하나이다 7:9, 17

12 아마샤가 또 아모스에게 이르되 선견자야 너는 유다 땅으로 도망하여 가서 거기에서나 떡을 먹으며 거기에서나 예언하고

13 다시는 벧엘에서 예언하지 말라 이는 왕의 성소요 나라의 궁궐임이니라 2:12

14 아모스가 아마샤에게 대답하여 이르되 나는 선지자가 아니며 선지자의 아들도 아니라 나는 목자요 뽕나무를 재배하는 자로서

15 양 떼를 따를 때에 여호와께서 나를 데려다가 여호와께서 내게 이르시기를 가서 내 백성 이스라엘에게 예언하라 하셨나니

16 이제 너는 여호와의 말씀을 들을지니라 네가 이르기를 이스라엘에 대하여 예언하지 말며 이삭의 집을 향하여 경고하지 말라 하므로

17 여호와께서 이와 같이 말씀하시기를 네 아내는 성읍 가운데서 창녀가 될 것이요 네 자녀들은 칼에 엎드러지며 네

7장 에는 무엇이 기록되어 있을까?

하나님은 아모스에게 이스라엘의 멸망 심판을 환상으로 보여주셨어요. 메뚜기, 불, 다림줄 환상은 앗수르의 공격을 뜻하는 것으로, 실제로 이스라엘은 앗수르의 공격을 세 차례 받고 멸망하게 되지요. 한편 제사장이었던 아마샤가 아모스를 옥하고 내쫓으려고 한 것은 당시에 종교적인 죄악이 심각했음을 잘 보여준답니다.

땅은 측량하여 나누어질 것이며 너는 더러운 땅에서 죽을 것이요 이스라엘은 반드시 사로잡혀 그의 땅에서 떠나리라 하셨느니라

넷째, 여름 과일 한 광주리 —B.C. 760년경

8 주 여호와께서 내게 이와 같이 보이셨느니라 보라 1)여름 과일 한 광주리이니라

2 그가 말씀하시되 아모스야 네가 무엇을 보느냐 내가 이르되 여름 과일 한 광주리니이다 하매 여호와께서 내게 이르시되 내 백성 이스라엘의 끝이 이르렀은즉 내가 다시는 그를 용서하지 아니하리니

3 그 날에 궁전의 노래가 애곡으로 변할 것이며 곳곳에 시체가 많아서 사람이 잠잠히 그 시체들을 내어버리리라 주 여호와의 말씀이니라

4 ●가난한 자를 삼키며 땅의 힘없는 자를 망하게 하려는 자들아 이 말을 들으라

5 너희가 이르기를 월삭이 언제 지나서 우리가 곡식을 팔며 안식일이 언제 지나서 우리가 밀을 내게 할꼬 에바를 작게 하고 세겔을 크게 하여 거짓 저울로 속이며

6 은으로 힘없는 자를 사며 신 한 켤레로 가난한 자를 사며 찌꺼기 밀을 팔자 하는도다 2:6

7 여호와께서 야곱의 영광을 두고 맹세하시되 내가 그들의 모든 행위를 절대로 잊지 아니하리라 하셨나니

8 이로 말미암아 땅이 떨지 않겠으며 그 가운데 모든 주민이 애통하지 않겠느냐 온 땅이 강의 넘침 같이 솟아오르며 애굽 강 같이 뛰놀다가 낮아지리라

9 주 여호와의 말씀이니라 그 날에 내가 해를 대낮에 지게 하여 백주에 땅을 캄캄하게 하며

10 너희 절기를 애통으로, 너희 모든 노래를 애곡으로 변하게 하며 모든 사람에게 굵은 베로 허리를 동이게 하며 모든 머리를 대머리가 되게 하며 독자의 죽

음으로 말미암아 애통하듯 하게 하며 결국은 곤고한 날과 같게 하리라

11 ●주 여호와의 말씀이니라 보라 날이 이를지라 내가 기근을 땅에 보내리니 양식이 없어 주림이 아니며 물이 없어 갈함이 아니요 여호와의 말씀을 듣지 못한 기갈이라

12 사람이 이 바다에서 저 바다까지, 북쪽에서 동쪽까지 비틀거리며 여호와의 말씀을 구하려고 돌아다녀도 얻지 못하리니

13 그 날에 아름다운 처녀와 젊은 남자가 다 갈하여 쓰러지리라

14 사마리아의 죄된 우상을 두고 맹세하여 이르기를 단아 네 신들이 살아 있음을 두고 맹세하노라 하거나 브엘세바가 위하는 것이 살아 있음을 두고 맹세하노라 하는 자는 엎드러지고 다시 일어나지 못하리라

다섯째, 범한 나라를 멸하리라 스9:1; 10:29

9 내가 보니 주께서 제단 곁에 서서 이르시되 기둥 머리를 쳐서 문지방이 움직이게 하며 그것으로 부서져서 무리의 머리에 떨어지게 하라 내가 그 남은 자를 칼로 죽이리니 그 중에서 한 사람도 도망하지 못하며 그 중에서 한 사람도 피하지 못하리라

8 에는 무엇이 기록되어 있을까?

'과일 광주리' 환상은 이스라엘이 광주리에 과일 옮겨지듯이 포로로 잡혀갈 것을 의미해요. 또한 아모스는 장사꾼들이 옳지 않은 방법으로 이득을 취하는 것을 꾸짖었지요. 한편 말씀을 듣지 못해 목말라하는 이스라엘을 통해, 말씀이 없을 때 사람들이 죄를 짓고 영적으로 실패하게 되는 것을 알 수 있답니다.

9 성전 문지방이 무너져내리는 환상은, 성전(교회)의 죄악이 결국 이스라엘 사회 전체의 멸망을 가져오게 되었음을 뜻하답니다. 그러나 하나님은 심판의 와중에서도 남아 있는 주의 백성들을 구해주시겠다고 약속하셨어요. 이 약속은 예수 그리스도의 등장으로 이루어진답니다.

---

1) 히, 여름 과일이란 말과 끝이란 말의 음이 같음

2 그들이 파고 스올로 들어갈지라도 내 손이 거기에서 붙잡아 낼 것이요 하늘로 올라갈지라도 내가 거기에서 붙잡아 내릴 것이며

3 갈멜 산 꼭대기에 숨을지라도 내가 거기에서 찾아낼 것이요 내 눈을 피하여 바다 밑에 숨을지라도 내가 거기에서 뱀을 명령하여 물게 할 것이요

4 그 원수 앞에 사로잡혀 갈지라도 내가 거기에서 칼을 명령하여 죽이게 할 것이라 내가 그들에게 주목하여 화를 내리고 복을 내리지 아니하리라 하시니라

5 ●주 만군의 여호와는 땅을 만져 녹게 하사 거기 거주하는 자가 애통하게 하시며 그 온 땅이 강의 넘침 같이 솟아 오르며 애굽 강 같이 낮아지게 하시는 이요

6 그의 궁전을 하늘에 세우시며 그 궁창의 기초를 땅에 두시며 바닷물을 불러 지면에 쏟으시는 이니 그 이름은 여호와시니라 5:8

7 ●여호와의 말씀이니라 이스라엘 자손들아 너희는 내게 구스 족속 같지 아니하냐 내가 이스라엘을 애굽 땅에서, 블레셋 사람을 갑돌에서, 아람 사람을 기르에서 올라오게 하지 아니하였느냐

8 보라 주 여호와의 눈이 범죄한 나라를 주목하노니 내가 그것을 지면에서 멸하리라 그러나 야곱의 집은 온전히 멸하지는 아니하리라 여호와의 말씀이니라

9 보라 내가 명령하여 이스라엘 족속을 만국 중에서 체질하기를 체로 체질함 같이 하려니와 그 한 알갱이도 땅에 떨어지지 아니하리라

10 내 백성 중에서 말하기를 화가 우리에게 미치지 아니하며 이르지 아니하리라 하는 모든 죄인은 칼에 죽으리라

이스라엘의 회복

11 ●그 날에 내가 다윗의 무너진 장막을 일으키고 그것들의 틈을 막으며 그 허물어진 것을 일으켜서 옛적과 같이 세우고

12 그들이 에돔의 남은 자와 내 이름으로 일컫는 만국을 기업으로 얻게 하리라 이 일을 행하시는 여호와의 말씀이니라

13 여호와의 말씀이니라 보라 날이 이를지라 그 때에 파종하는 자가 곡식 추수하는 자의 뒤를 이으며 포도를 밟는 자가 씨 뿌리는 자의 뒤를 이으며 산들은 단 포도주를 흘리며 작은 산들은 녹으리라

14 내가 내 백성 이스라엘이 사로잡힌 것을 돌이키리니 그들이 황폐한 성읍을 건축하여 거주하며 포도원들을 가꾸고 그 포도주를 마시며 과원들을 만들고 그 열매를 먹으리라

15 내가 그들을 그들의 땅에 심으리니 그들이 내가 준 땅에서 다시 뽑히지 아니하리라 네 하나님 여호와의 말씀이니라

비전을 심어주는 **3분 예화**

기다리지 못함에서

어느 극장에 전화가 걸려왔어요.
"혹시 진주 목걸이를 보지 못하셨나요? 어제 저녁에 그 극장에서 잃어버린 것 같거든요."
"글쎄요. 찾아보겠습니다. 잠시만 기다리세요."
극장 관리인은 목걸이를 찾으려 그 여인이 앉았던 자리로 갔어요. 얼마 뒤 목걸이를 찾은 관리인은 반갑게 수화기를 들었는데, 수화기에서는 '뚜뚜' 하는 소

리만 들렸지요. 그 여인은 관리인이 목걸이를 찾으러 간 10여 분을 기다리지 못하고 전화를 끊은 거예요.
기도 응답이 없어도 끈질기게 기도해야 해요. 밤낮 부르짖는 자녀의 기도를 하나님께서는 절대로 외면하지 않으신답니다. 중도에 포기하여 하나님의 응답을 놓치는 경우가 얼마나 많을까요?

오바댜를 읽기 전에

이 책을 기록한 사람은 오바댜예요. '오바댜'는 히브리어로 '여호와의 종', '여호와를 경배하는 자'라는 뜻이지요. 오바댜가 예언한 에돔 족속은 야곱의 형인 에서의 후손들로서, 형제 나라인 이스라엘을 수백 년 동안 대적해왔답니다.

언제, 왜, 누구를 위하여 썼나요?

이 책을 기록한 때는 B.C. 848-841년경이라고 해요. 에돔이 멸망할 것과 유다 백성이 회복될 것을 알려주었지요. 불의한 자를 심판하시는 하나님의 공의와 모든 나라를 다스리시는 하나님의 위엄을 선포하고 있답니다.

어떤 내용인가요?

편안한 삶 속에서 교만하고 자기와 한 핏줄인 이스라엘을 괴롭히는 것을 즐거워한 에돔 족속이 하나님으로부터 심판을 받아 멸망할 것을 예언하고 있어요.

1 오바댜의 묵시라
여호와께서 에돔을 심판하시다

●주 여호와께서 에돔에 대하여 이와 같이 말씀하시니라 우리가 여호와께로 말미암아 소식을 들었노니 곧 사자가 나라들 가운데에 보내심을 받고 이르기를 너희는 일어날지어다 우리가 일어나서 그와 싸우자 하는 것이니라

2 보라 내가 너를 나라들 가운데에 매우 작게 하였으므로 네가 크게 멸시를 받느니라

3 너의 마음의 교만이 너를 속였도다 바위 틈에 거주하며 높은 곳에 사는 자여 네가 마음에 이르기를 누가 능히 나를 땅에 끌어내리겠느냐 하니

4 네가 독수리처럼 높이 오르며 별 사이에 깃들일지라도 내가 거기에서 너를 끌어내리리라 여호와의 말씀이니라

5 혹시 도둑이 네게 이르렀으며 강도가 밤중에 네게 이르렀을지라도 만족할 만큼 훔치면 그치지 아니하였겠느냐 혹시 포도를 따는 자가 네게 이르렀을지라도 그것을 얼마쯤 남기지 아니하였겠느냐 네가 어찌 그리 망하였는고

6 에서가 어찌 그리 수탈되었으며 그 감춘 보물이 어찌 그리 빼앗겼는고

7 너와 약조한 모든 자들이 다 너를 쫓아 변경에 이르게 하며 너와 화목하던 자들이 너를 속여 이기며 네 먹을 것을 먹는 자들이 네 아래에 함정을 파니 네 마음에 지각이 없음이로다

8 여호와의 말씀이니라 그 날에 내가 에돔에서 지혜 있는 자를 멸하며 에서의 산에서 지각 있는 자를 멸하지 아니하겠느냐

9 드만아 네 용사들이 놀랄 것이라 이로 말미암아 에서의 산에 있는 사람은 다 죽임을 당하여 멸절되리라

에돔의 죄

10 ●네가 네 형제 야곱에게 행한 포학으로 말미암아 부끄러움을 당하고 영원히 멸절되리라

11 네가 멀리 섰던 날 곧 이방인이 그의 재

1. 애돔은 무엇이 기록되어 있을까?

에돔(에서)은 이방 여러 나라와 연합하여 친척 나라인 이스라엘(야곱)을 공격하였어요. 오바댜는 하나님과 그가 택하신 족속을 대적하는 자들은 반드시 심판을 받을 것이라고 경고했지요. 에돔은 오늘날 믿는 자를 대적하는 사탄과 그의 따르는 자들을 의미한답니다.

물을 빼앗아 가며 외국인이 그의 성문에 들어가서 예루살렘을 얻기 위하여 제비 뽑던 날에 너도 그들 중 한 사람 같았느니라

12 네가 형제의 날 곧 그 재앙의 날에 방관할 것이 아니며 유다 자손이 패망하는 날에 기뻐할 것이 아니며 그 고난의 날에 네가 입을 크게 벌릴 것이 아니며

13 내 백성이 환난을 당하는 날에 네가 그 성문에 들어가지 않을 것이며 환난을 당하는 날에 네가 그 고난을 방관하지 않을 것이며 환난을 당하는 날에 네가 그 재물에 손을 대지 않을 것이며

14 네거리에 서서 그 도망하는 자를 막지 않을 것이며 고난의 날에 그 남은 자를 원수에게 넘기지 않을 것이니라

여호와께서 만국을 벌하시는 날

15 ●여호와께서 만국을 벌할 날이 가까웠나니 네가 행한 대로 너도 받을 것인즉 네가 행한 것이 네 머리로 돌아갈 것이라 　렘 50:29

16 너희가 내 성산에서 마신 것 같이 만국인이 항상 마시리니 곧 마시고 삼켜서 본래 없던 것 같이 되리라 　렘 49:12, 13

여호와께 속할 나라

17 ●오직 시온 산에서 피할 자가 있으리니 그 산이 거룩할 것이요 야곱 족속은 자기 기업을 누릴 것이며 　사 4:2, 3

18 야곱 족속은 불이 될 것이며 요셉 족속은 불꽃이 될 것이요 에서 족속은 지푸라기가 될 것이라 그들이 그들 위에 붙어서 그들을 불사를 것인즉 에서 족속에 남은 자가 없으리니 여호와께서 말씀하셨음이라 　사 10:17

19 그들이 네겝과 에서의 산과 평지와 블레셋을 얻을 것이요 또 그들이 에브라임의 들과 사마리아의 들을 얻을 것이며 베냐민은 길르앗을 얻을 것이며

20 사로잡혔던 이스라엘의 많은 자손은 가나안 사람에게 속한 이 땅을 사르밧까지 얻을 것이며 예루살렘에서 사로잡혔던 자들 곧 스바랏에 있는 자들은 네겝의 성읍들을 얻을 것이니라

21 구원 받은 자들이 시온 산에 올라와서 에서의 산을 심판하리니 나라가 여호와께 속하리라

선생님!! 궁금해요

물고기 뱃속에 갇힌 요나는 어떻게 살아남았지요?

요나는 하나님의 부르심을 받은 선지자였어요. 그는 하나님께로부터 니느웨로 가라는 명령을 받았지만 가지 않고, 오히려 반대 방향으로 가는 배를 탔죠.

그런데 갑자기 무서운 풍랑이 일어났어요. 배에 탔던 사람들이 모여 누구의 죄 때문에 큰 풍랑이 일어났는지 제비를 뽑는데, 요나가 걸렸답니다. 요나는 그제서야 자신의 잘못을 고백하고 자신을 바다에 던지면 풍랑이 멈출 것이라고 말했지요. 사람들이 요나를 바다에 던지자 풍랑은 거짓말처럼 그쳤고, 커다란 물고기가 기다렸다는 듯이 요나를 삼키고 말았어요.

성경책에는 요나가 무엇을 먹었다고도, 어떻게 숨을 쉬었다고도 나오지 않아요. 하지만 요나는 물고기 뱃속에서 무려 밤낮 사흘을 지냈답니다. 하나님께서 하나님의 일을 할 요나를 기적적으로 살려주셨던 거예요.

욘 1장 17절

✿ 요나를 읽기 전에

이 책을 기록한 사람은 요나예요. '요나'는 히브리어로 '비둘기'라는 뜻이랍니다. 특별히 요나서는 다른 선지서처럼 선지자 요나의 메시지를 모아놓은 책이 아니에요. 요나서는 그를 둘러싸고 일어났던 사건들을 기록하고 있답니다.

✿ 언제, 왜, 누구를 위하여 썼나요?

이 책은 B.C. 760년경에 기록된 것으로 보고 있어요. 자기들만 하나님께 택함 받은 백성이라고 생각했던 이스라엘 백성에게 이방 나라에까지 하나님의 사랑을 전해야 한다는 것을 깨우쳐주기 위해 기록한 책이에요.

✿ 어떤 내용인가요?

하나님의 뜻에 불순종한 요나는 벌을 받고 나서야 잘못을 뉘우쳐요. 요나가 다시 니느웨로 가서 하나님의 말씀을 전하자, 니느웨는 회개하고 구원을 받는답니다.

요나가 여호와를 피하여 달아나다

1 여호와의 말씀이 아밋대의 아들 요나에게 임하니라 이르시되

2 너는 일어나 저 큰 성읍 니느웨로 가서 그것을 향하여 외치라 그 악독이 내 앞에 상달되었음이니라 하시니라

3 그러나 요나가 여호와의 얼굴을 피하려고 일어나 다시스로 도망하려 하여 욥바로 내려갔더니 마침 다시스로 가는 배를 만난지라 여호와의 얼굴을 피하여 그들과 함께 다시스로 가려고 배삯을 주고 배에 올랐더라

4 ●여호와께서 큰 바람을 바다 위에 내리시매 바다 가운데에 큰 폭풍이 일어나 배가 거의 깨지게 된지라

5 사공들이 두려워하여 각각 자기의 신을 부르고 또 배를 가볍게 하려고 그 가운데 물건들을 바다에 던지니라 그러

나 요나는 배 밑층에 내려가서 누워 깊이 잠이 든지라 행 27:18

6 선장이 그에게 가서 이르되 자는 자여 어찌함이냐 일어나서 네 하나님께 구하라 혹시 하나님이 우리를 생각하사 망하지 아니하게 하시리라 하니라

7 그들이 서로 이르되, 자 우리가 제비를 뽑아 이 재앙이 누구로 말미암아 우리에게 임하였나 알아 보자 하고 곧 제비를 뽑으니 제비가 요나에게 뽑힌지라

8 무리가 그에게 이르되 청하건대 이 재앙이 누구 때문에 우리에게 임하였는가 말하라 네 생업이 무엇이며 네가 어디서 왔으며 어느 나라가 어디며 어느 민족에 속하였느냐 하니

9 그가 대답하되 나는 히브리 사람이요 바다와 육지를 지으신 하늘의 하나님 여호와를 경외하는 자로라 하고

10 자기가 여호와의 얼굴을 피함인 줄을 그들에게 말하였으므로 무리가 알고 심히 두려워하여 이르되 네가 어찌하여 그렇게 행하였느냐 하니라 행 27:22

11 ●바다가 점점 흉용한지라 무리가 그에게 이르되 우리가 너를 어떻게 하여야 바다가 우리를 위하여 잔잔하겠느냐 하니

---

1 이 장에는 무엇이 기록되어 있을까?

하나님은 이스라엘 백성뿐만 아니라 이방 민족에게도 구원을 베풀기 원하셨어요. 요나가 하나님의 명령을 어기고 다시스로 간 것은, 이방 민족을 거부하는 마음에서 비롯된 것이지요. 요나는 이것이 하나님의 뜻을 방해하는 것임을 깨달아야 했어요.

12 그가 대답하되 나를 들어 바다에 던지라 그리하면 바다가 너희를 위하여 잔잔하리라 너희가 이 큰 폭풍을 만난 것이 나 때문인 줄을 내가 아노라 하니라

13 그러나 그 사람들이 힘써 노를 저어 배를 육지로 돌리고자 하다가 바다가 그들을 향하여 점점 더 흉용하므로 능히 못한지라

14 무리가 여호와께 부르짖어 이르되 여호와여 구하고 구하오니 이 사람의 생명 때문에 우리를 멸망시키지 마옵소서 무죄한 피를 우리에게 돌리지 마옵소서 주 여호와께서는 주의 뜻대로 행하심이니이다 하고

물고기 뱃속에 들어간 요나(1:15-17)

15 요나를 들어 바다에 던지매 바다가 뛰노는 것이 곧 그친지라

16 그 사람들이 여호와를 크게 두려워하여 여호와께 제물을 드리고 서원을 하였더라

요나의 기도 — B.C. 750년경

17 ●여호와께서 이미 큰 물고기를 예비하사 요나를 삼키게 하셨으므로 요나가 밤낮 삼 일을 물고기 뱃속에 있으니라

2 요나가 물고기 뱃속에서 그의 하나님 여호와께 기도하여

2 이르되
내가 받는 고난으로 말미암아 여호와께 불러 아뢰었더니 주께서 내게 대답하셨고 내가 1)스올의 뱃속에서 부르짖었더니 주께서 내 음성을 들으셨나이다

3 주께서 나를 깊음 속 바다 가운데에 던지셨으므로 큰 물이 나를 둘렀고 주의 파도와 큰 물결이 다 내 위에 넘쳤나이다

4 내가 말하기를 내가 주의 목전에서 쫓겨났을지라도 다시 주의 성전을 바라보겠다 하였나이다 　시 31:22

5 물이 나를 영혼까지 둘렀사오며 깊음이 나를 에워싸고 바다 풀이 내 머리를 감쌌나이다

6 내가 산의 뿌리까지 내려갔사오며 땅이 그 빗장으로 나를 오래도록 막았사오나 나의 하나님 여호와여 주께서 내 생명을 구덩이에서 건지셨나이다

7 내 영혼이 내 속에서 피곤할 때에 내가 여호와를 생각하였더니 내 기도가 주께 이르렀사오며 주의 성전에 미쳤나이다

8 거짓되고 헛된 것을 숭상하는 모든 자는 자기에게 베푸신 은혜를 버렸사오나

9 나는 감사하는 목소리로 주께 제사를 드리며 나의 서원을 주께 갚겠나이다 구원은 여호와께 속하였나이다 하니라

10 ●여호와께서 그 물고기에게 말씀하시매 요나를 육지에 토하니라

니느웨 백성의 회개 — B.C. 750년경

3 여호와의 말씀이 두 번째로 요나에게 임하니라 이르시되

2 일어나 저 큰 성읍 니느웨로 가서 내가 네게 명한 바를 그들에게 선포하라 하신지라

3 요나가 여호와의 말씀대로 일어나서 니느웨로 가니라 니느웨는 사흘 동안 걸을 만큼 하나님 앞에 큰 성읍이더라

2 에는 무엇이 기록되어 있을까?

하나님은 한 번 부르신 사람을 끝까지 책임지시는 분이에요. 하나님은 자신의 뜻을 이루시기 위해 큰 물고기를 삼키게 하셨지요. 요나는 삼일 간 물고기 뱃속에 있으면서 자신의 불순종을 철저히 회개했어요. 진정한 하나님의 사람은 하나님이 고난을 주실 때 회개하며 주를 의지한답니다.

1) 음부

4 요나가 그 성읍에 들어가서 하루 동안 다니며 외쳐 이르되 사십 일이 지나면 니느웨가 무너지리라 하였더니

5 니느웨 사람들이 하나님을 믿고 금식을 선포하고 높고 낮은 자를 막론하고 굵은 베 옷을 입은지라 단 9:3

6 그 일이 니느웨 왕에게 들리매 왕이 보좌에서 일어나 왕복을 벗고 굵은 베 옷을 입고 재 위에 앉으니라 눅 11:32

7 왕과 그의 대신들로 조서를 내려 니느웨에 선포하여 이르되 사람이나 짐승이나 소 떼나 양 떼나 아무것도 입에 대지 말지니 곧 먹지도 말 것이요 물도 마시지 말 것이며 슥 2:8

8 사람이든지 짐승이든지 다 굵은 베 옷을 입을 것이요 힘써 하나님께 부르짖을 것이며 각기 악한 길과 손으로 행한 강포에서 떠날 것이라

9 하나님이 뜻을 돌이키시고 그 진노를 그치사 우리가 멸망하지 않게 하시리라 그렇지 않을 줄을 누가 알겠느냐 한지라

10 하나님이 그들이 행한 것 곧 그 악한 길에서 돌이켜 떠난 것을 보시고 하나님이 뜻을 돌이키사 그들에게 내리리라고 말씀하신 재앙을 내리지 아니하시니라

요나의 분노와 하나님의 자비 ─ B.C. 750년경

4 요나가 매우 싫어하고 성내며
2 여호와께 기도하여 이르되 여호와여 내가 고국에 있을 때에 이러하겠다고 말씀하지 아니하였나이까 그러므로 내가 빨리 다시스로 도망하였사오니 주께서는 은혜로우시며 자비로우시며 노하기를 더디하시며 인애가 크시사 뜻을 돌이켜 재앙을 내리지 아니하시는 하나님이신 줄을 내가 알았음이니이다

3 여호와여 원하건대 이제 내 생명을 거두어 가소서 사는 것보다 죽는 것이 내게 나음이니이다 하니

4 여호와께서 이르시되 네가 성내는 것이 옳으냐 하시니라

5 요나가 성읍에서 나가서 그 성읍 동쪽에 앉아 거기서 자기를 위하여 초막을 짓고 그 성읍에 무슨 일이 일어나는가를 보려고 그 그늘 아래에 앉았더라

6 하나님 여호와께서 박넝쿨을 예비하사 요나를 가리게 하셨으니 이는 그의 머리를 위하여 그늘이 지게 하며 그의 괴로움을 면하게 하려 하심이었더라 요나가 박넝쿨로 말미암아 크게 기뻐하였더니

7 하나님이 벌레를 예비하사 이튿날 새벽에 그 박넝쿨을 갉아먹게 하시매 시드니라 욘 1:12

8 해가 뜰 때에 하나님이 뜨거운 동풍을 예비하셨고 해는 요나의 머리에 쪼이매 요나가 혼미하여 스스로 죽기를 구하여 이르되 사는 것보다 죽는 것이 내게 나으니이다 하니라

9 하나님이 요나에게 이르시되 네가 이 박넝쿨로 말미암아 성내는 것이 어찌 옳으냐 하시니 그가 대답하되 내가 성내어 죽기까지 할지라도 옳으니이다 하니라

10 여호와께서 이르시되 네가 수고도 아니하였고 재배도 아니하였고 하룻밤에 났다가 하룻밤에 말라 버린 이 박넝쿨을 아꼈거든

11 하물며 이 큰 성읍 니느웨에는 좌우를 분변하지 못하는 자가 십이만여 명이요 가축도 많이 있나니 내가 어찌 아끼지 아니하겠느냐 하시니라 신 1:39

3 에는 무엇이 기록되어 있을까?

하나님의 구원을 체험한 요나는 다시 니느웨 성으로 가라는 명령을 받아요. 요나가 니느웨 성이 40일 뒤에 무너질 것이라고 외치자, 니느웨 성의 최고 지도자에서부터 보통 사람들에 이르기까지 모든 사람이 회개하였어요. 이렇듯 하나님의 말씀의 능력은 모든 사람을 무릎꿇게 만든답니다.

4 요나는 하나님이 이스라엘의 대적인 니느웨를 용서해주신 것이 불만스러웠어요. 그래서 요나는 성읍에 초막을 짓고 앉아 니느웨가 멸망하기만을 기다렸지요. 하나님은 이런 요나에게 박넝쿨을 이용해서 모든 사람을 향한 사랑과 구원의 계획을 말씀하셨답니다.

Micah

미가

미가를 읽기 전에

이 책을 기록한 사람은 미가예요. 미가는 아모스 선지자처럼 시골에서 평범하고 소박한 생활을 하던 사람이었지요. 그는 예루살렘의 탐욕스런 부자들과 권력자들로부터 백성들을 보호하려고 애썼어요.

언제, 왜, 누구를 위하여 썼나요?

이 책을 기록한 때는 B.C. 700년경이라고 해요. 미가서는 특별히 유다의 지도자들에게 쓴 책이에요. 그들에게 유다에 곧 내려질 하나님의 심판을 알려주고, 유다의 종교적인 부패와 사회적인 불의를 책망하기 위해 기록했어요.

어떤 내용인가요?

사마리아와 유다의 멸망을 예언하고, 지도자들의 잘못된 모습을 보여주고 있어요. 그러나 하나님께서는 예루살렘의 회복과 새로운 은혜도 약속해주셨답니다.

1

유다의 왕들 요담과 아하스와 히스기야 시대에 모레셋 사람 미가에게 임한 여호와의 말씀 곧 사마리아와 예루살렘에 관한 묵시라

야곱의 허물 이스라엘의 죄 — B.C. 700년경

2 ●백성들아 너희는 다 들을지어다 땅과 거기에 있는 모든 것들아 자세히 들을지어다 주 여호와께서 너희에게 대하여 증언하시되 곧 주께서 성전에서 그리하실 것이니라　사 50:7

3 여호와께서 그의 처소에서 나오시고 강림하사 땅의 높은 곳을 밟으실 것이라

4 그 아래에서 산들이 녹고 골짜기들이 갈라지기를 불 앞의 밀초 같고 비탈로 쏟아지는 물 같을 것이니

5 이는 다 야곱의 허물로 말미암음이요 이스라엘 족속의 죄로 말미암음이라

)   에는 무엇이 기록되어 있을까?

미가는 사마리아(북이스라엘)와 남유다에 내릴 하나님의 심판을 선포하였어요. 하나님은 모세의 율법을 통해 산당을 없애 줄 것을 거듭 명령하셨지만, 이스라엘 자손들은 가나안 정복 이후로 그곳에 신을 섬기었지요. 결국 하나님의 심판은 하나님의 성전이 있는 예루살렘에까지 이르게 되었답니다.

야곱의 허물이 무엇이냐 사마리아가 아니냐 유다의 1)산당이 무엇이냐 예루살렘이 아니냐

6 이러므로 내가 사마리아를 들의 무더기 같게 하고 포도 심을 동산같게 하며 또 그 돌들을 골짜기에 쏟아내리고 그 기초를 드러내며

7 그 새긴 우상들은 다 부서지고 그 음행의 값은 다 불살라지며 내가 그 목상들을 다 깨뜨리리니 그가 기생의 값으로 모았은즉 그것이 기생의 값으로 돌아가리라　신 9:21

낭처가 유다와 예루살렘에도 미치다

8 ●이러므로 내가 애통하며 애곡하고 벌거벗은 몸으로 행하며 들개 같이 애곡하고 타조 같이 애통하리니　사 22:4

9 이는 그 상처는 고칠 수 없고 그것이 유다까지도 이르고 내 백성의 성문 곧 예루살렘에도 미쳤음이니라　렘하 18:13

10 가드에 알리지 말며 도무지 울지 말지어다 내가 베들레아브라에서 티끌에 굴렀도다

11 사빌 주민아 너는 벗은 몸으로 수치를 무릅쓰고 나갈지어다 사아난 주민은 나

---

1) 다른 역본에는, 죄

라기스 성(1:13)

오지 못하고 벧에셀이 애곡하여 너희에게 의지할 곳이 없게 하리라

12 마롯 주민이 근심 중에 복을 바라니 이는 재앙이 여호와께로 말미암아 예루살렘 성문에 임함이니라 렘 14:19

13 라기스 주민아 너는 준마에 병거를 매울지어다 라기스는 딸 시온의 죄의 근본이니 이는 이스라엘의 허물이 네게서 보였음이니라

14 이러므로 너는 가드모레셋에 작별하는 예물을 줄지어다 악십의 집들이 이스라엘 왕들을 속이리라 수 15:44

15 마레사 주민아 내가 장차 너를 소유할 자로 네게 이르게 하리니 이스라엘의 영광이 아둘람까지 이를 것이라 수 5:2

16 너는 네 기뻐하는 자식으로 인하여 네 머리털을 깎아 대머리 같게 할지어다 네 머리가 크게 벗어지게 하기를 독수리 같게 할지어다 이는 그들이 사로잡혀 너를 떠났음이라

멸망할 자들 ─ B.C. 700년경

2 그들이 침상에서 죄를 꾀하며 악을 꾸미고 날이 밝으면 그 손에 힘이 있으므로 그것을 행하는 자는 화 있을진저

2 밭들을 탐하여 빼앗고 집들을 탐하여 차지하니 그들이 남자와 그의 집과 사람과 그의 산업을 강탈하도다

3 그러므로 여호와의 말씀에 내가 이 족속에게 재앙을 계획하나니 너희의 목이 이에서 벗어나지 못할 것이요 또한 교만하게 다니지 못할 것이라 이는 재

앙의 때임이라 하셨느니라

4 그 때에 너희를 조롱하는 시를 지으며 슬픈 노래를 불러 이르기를 우리가 온전히 망하게 되었도다 그가 내 백성의 산업을 옮겨 내게서 떠나게 하시며 우리 밭을 나누어 패역자에게 주시는도다 하리니

5 그러므로 여호와의 회중에서 분깃에 줄을 댈 자가 너희 중에 하나도 없으리라

6 ●그들이 말하기를 너희는 예언하지 말라 이것은 예언할 것이 아니거늘 욕하는 말을 그치지 아니한다 하는도다

7 너희 야곱의 족속아 어찌 이르기를 여호와의 영이 성급하시다 하겠느냐 그의 행위가 이러하시다 하겠느냐 나의 말이 정직하게 행하는 자에게 유익하지 아니하냐

8 근래에 내 백성이 원수 같이 일어나서 전쟁을 피하여 평안히 지나가는 자들의 의복에서 겉옷을 벗기며 렘 12:8

9 내 백성의 부녀들을 그들의 즐거운 집에서 쫓아내고 그들의 어린 자녀에게서 나의 영광을 영원히 빼앗는도다

10 이것은 너희가 쉴 곳이 아니니 일어나 떠날지어다 이는 그것이 이미 더러워졌음이니라 그런즉 반드시 멸하리니 그 멸망이 크리라

11 사람이 만일 허망하게 행하며 거짓말로 이르기를 내가 포도주와 독주에 대하여 네게 예언하리라 할 것 같으면 그 사람이 이 백성의 선지자가 되리로다

12 ●야곱아 내가 반드시 너희 무리를 다 모으며 내가 반드시 이스라엘의 남은 자를 모으고 그들을 한 처소에 두기를 보

스라의 양 떼 같이 하며 초장의 양 떼 같이 하리니 사람들이 크게 떠들 것이며

13 길을 여는 자가 그들 앞에 올라가고 그들은 길을 열어 성문에 이르러서는 그리로 나갈 것이며 그들의 왕이 앞서 가며 여호와께서는 선두로 가시리라

예루살렘 성 설경(4:2)

미가가 이스라엘 통치자들을 고발하다

3 내가 또 이르노니 야곱의 우두머리들과 이스라엘 족속의 통치자들으라 정의를 아는 것이 너희의 본분이 아니냐

2 너희가 선을 미워하고 악을 기뻐하여 내 백성의 가죽을 벗기고 그 뼈에서 살을 뜯어

3 그들의 살을 먹으며 그 가죽을 벗기며 그 뼈를 꺾어 다지기를 냄비와 솥 가운데에 담을 고기처럼 하는도다　*시14:4*

4 그 때에 그들이 여호와께 부르짖을지라도 응답하지 아니하시고 그들의 행위가 악했던 만큼 그들 앞에 얼굴을 가리시리라

5 ●내 백성을 유혹하는 선지자들은 이에 물 것이 있으면 평강을 외치나 그 입에 무엇을 채워 주지 아니하는 자에게는 전쟁을 준비하는도다 이런 선지자에 대하여 여호와께서 이르시되

6 그러므로 너희가 밤을 만나리니 이상을 보지 못할 것이요 어둠을 만나리니 점치지 못하리라 하셨나니 이 선지자 위에는 해가 져서 낮이 캄캄할 것이라

7 선견자가 부끄러워하며 술객이 수치를 당하여 다 입술을 가릴 것은 하나님이 응답하지 아니하심이거니와

8 오직 나는 여호와의 영으로 말미암아 능력과 정의와 용기로 충만해져서 야곱의 허물과 이스라엘의 죄를 그들에게 보이리라

9 ●야곱 족속의 우두머리들과 이스라엘 족속의 통치자들 곧 정의를 미워하고 정직한 것을 굽게 하는 자들아 원하노니 이 말을 들을지어다

10 시온을 피로, 예루살렘을 죄악으로 건축하는도다

11 그들의 우두머리들은 뇌물을 위하여 재판하며 그들의 제사장은 삯을 위하여 교훈하며 그들의 선지자는 돈을 위하여 점을 치면서도 여호와를 의뢰하여 이르기를 여호와께서 우리 중에 계시지 아니하냐 재앙이 우리에게 임하지 아니하리라 하는도다

12 이러므로 너희로 말미암아 시온은 갈아엎은 밭이 되고 예루살렘은 무더기가 되고 성전의 산은 수풀의 높은 곳이 되리라

여호와께서 이루실 평화 —B.C. 700년경

4 끝날에 이르러는 여호와의 전의 산이 산들의 꼭대기에 굳게 서며 작은 산들 위에 뛰어나고 민족들이 그리로 몰려갈 것이라

2 곧 많은 이방 사람들이 가며 이르기를 오라 우리가 여호와의 산에 올라가서 야곱의 하나님의 전에 이르자 그가 그의 도를 가지고 우리에게 가르치실 것이니라 우리가 그의 길로 행하리라 하리니 이는 율법이 시온에서부터 나올

것이요 여호와의 말씀이 예루살렘에서
부터 나올 것이니라

3 그가 많은 민족들 사이의 일을 심판하시
며 먼 곳 강한 이방 사람을 판결하시리니
무리가 그 칼을 쳐서 보습을 만들고 창을
쳐서 낫을 만들 것이며 이 나라와 저 나
라가 다시는 칼을 들고 서로 치지 아니하
며 다시는 전쟁을 연습하지 아니하고

4 각 사람이 자기 포도나무 아래와 자기
무화과나무 아래에 앉을 것이라 그들을
두렵게 할 자가 없으리니 이는 만군의
여호와의 입이 이같이 말씀하셨음이라

5 만민이 각각 자기의 신의 이름을 의지
하여 행하되 오직 우리는 우리 하나님
여호와의 이름을 의지하여 영원히 행
하리로다

이스라엘이 포로에서 돌아오리라

6 ●여호와께서 말씀하시되 그 날에는
내가 저는 자를 모으며 쫓겨난 자와 내
가 환난 받게 한 자를 모아

7 발을 저는 자는 남은 백성이 되게 하며
멀리 쫓겨났던 자들이 강한 나라가 되
게 하고 나 여호와가 시온 산에서 이제
부터 영원까지 그들을 다스리리라 하
셨나니

8 너 양 떼의 망대요 딸 시온의 산이여 이
전 권능 곧 딸 예루살렘의 나라가 네게
로 돌아오리라

9 ●이제 네가 어찌하여 부르짖느냐 너
희 중에 왕이 없어졌고 네 모사가 죽었
으므로 네가 해산하는 여인처럼 고통
함이냐

10 딸 시온이여 해산하는 여인처럼 힘쓰
여 낳을지어다 이제 네가 성읍에서 나
가서 들에 거주하며 또 바벨론까지 이
르러 거기서 구원을 얻으리니 여호와
께서 거기서 너를 네 원수들의 손에서
속량하여 내시리라

11 이제 많은 이방 사람들이 모여서 너를
치며 이르기를 시온이 더럽게 되며 그
것을 우리 눈으로 바라보기를 원하노

라 하거니와

12 그들이 여호와의 뜻을 알지 못하며 그
의 계획을 깨닫지 못한 것이라 여호와
께서 곡식 단을 타작 마당에 모음 같이
그들을 모으셨나니

13 딸 시온이여 일어나서 칠지어다 내가
네 뿔을 무쇠 같게 하며 네 굽을 놋 같
게 하리니 네가 여러 백성을 쳐서 깨뜨
릴 것이라 내가 그들의 탈취물을 구별
하여 여호와께 드리며 그들의 재물을
온 땅의 주께 돌리리라

5 딸 군대여 너는 떼를 모을지어다
그들이 우리를 에워쌌으니 막대기
로 이스라엘 재판자의 뺨을 치리로다

베들레헴에서 다스릴 자가 나오리라

2 베들레헴 에브라다여 너는 유다 1)족
속 중에 작을지라도 이스라엘을 다스
릴 자가 네게서 내게로 나올 것이라 그
의 근본은 상고에, 영원에 있느니라

3 그러므로 여인이 해산하기까지 그들을
붙여 두시겠고 그 후에는 그의 형제 가
운데에 남은 자가 이스라엘 자손에게
로 돌아오리니

4 그가 여호와의 능력과 그의 하나님 여
호와의 이름의 위엄을 의지하고 서서
목축하니 그들이 거주할 것이라 이제
그가 창대하여 땅 끝까지 미치리라

4장에는 무엇이 기록되어 있을까?

4장에서는 예루살렘의 회복과 최후
에 거둘 승리를 말하고 있어요. 이것은 바벨론에
포로로 잡혀 간 사람들이 풀려날 것을 뜻하지요.
또한 장차 마지막 날에 그리스도가 오셔서 메시
아 왕국을 세우실 것을 뜻하기도 해요. 심판과 어
두운 분위기 속에서 이러한 희망의 말씀은 이스라
엘 백성에게 더없는 위로가 되었습니다.

5장은 장차 그리스도가 오실 것에 대
한 말씀이에요. 메시아 왕국을 세우
실 그리스도의 탄생과 성품을 소개하
고 있지요. 그가 베들레헴에서 태어나서 고난
받으시고, 사람들을 구원하시며, 마지막 날에 세
상을 심판하실 것까지 그 모든 내용은 신약에
등장한 예수 그리스도의 삶과 똑같답니다.

---

1) 히, 천천

메시야가 탄생할 작은 고을 베들레헴 (5:2-9)

5 이 사람은 평강이 될 것이라 앗수르 사람이 우리 땅에 들어와서 우리 궁들을 밟을 때에는 우리가 일곱 목자와 여덟 군왕을 일으켜 그를 치리니
6 그들이 칼로 앗수르 땅을 황폐하게 하며 니므롯 땅 어귀를 황폐하게 하리라 앗수르 사람이 우리 땅에 들어와서 우리 지경을 밟을 때에는 그가 우리를 그에게서 건져내리라
7 야곱의 남은 자는 많은 백성 가운데 있으리니 그들은 여호와께로부터 내리는 이슬 같고 풀 위에 내리는 단비 같아서 사람을 기다리지 아니하며 인생을 기다리지 아니할 것이며
8 야곱의 남은 자는 여러 나라 가운데와 많은 백성 가운데에 있으리니 그들은 수풀의 짐승들 중의 사자 같고 양 떼 중의 젊은 사자 같아서 만일 그가 지나간즉 밟고 찢으리니 능히 구원할 자가 없을 것이라
9 네 손이 네 대적들 위에 들려서 네 모든 원수를 진멸하기를 바라노라 　사 10:12

님판
10 ●여호와께서 이르시되 그 날에 이르러는 내가 네 군마를 네 가운데에서 멸절하며 네 병거를 부수며
11 네 땅의 성읍들을 멸하며 네 모든 견고한 성을 무너뜨릴 것이며 　암 5:9
12 내가 또 복술을 네 손에서 끊으리니 네게 다시는 점쟁이가 없게 될 것이며
13 내가 네가 새긴 우상과 주상을 너희 가운데에서 멸절하리니 네가 네 손으로 만든 것을 다시는 섬기지 아니하리라

14 내가 또 네 아세라 목상을 너희 가운데에서 빼버리고 네 성읍들을 멸할 것이며
15 내가 또 진노와 분노로 순종하지 아니한 나라에 갚으리라 하셨느니라

여호와께서 이스라엘과 변론하시다
6 너희는 여호와의 말씀을 들을지어다 너는 일어나서 산을 향하여 변론하여 작은 산들이 네 목소리를 듣게 하라 하셨나니
2 너희 산들과 땅의 견고한 지대들아 너희는 여호와의 변론을 들으라 여호와께서 자기 백성과 변론하시며 이스라엘과 변론하실 것이라
3 이르시기를 내 백성아 내가 무엇을 네게 행하였으며 무슨 일로 너를 괴롭게 하였느냐 너는 내게 증언하라 　렘 2:5
4 내가 너를 애굽 땅에서 인도해 내어 종 노릇 하는 집에서 속량하였고 모세와 아론과 미리암을 네 앞에 보냈느니라
5 내 백성아 너는 모압 왕 발락이 꾀한 것과 브올의 아들 발람이 그에게 대답한 것을기억하며 싯딤에서부터 길갈까지의 일을 기억하라 그리하면 너 여호와가 공의롭게 행한 일을 알리라 하실 것이니라

여호와께서 구하시는 것
6 ●내가 무엇을 가지고 여호와 앞에 나아가며 높으신 하나님께 경배할까 내가 번제물로 일 년 된 송아지를 가지고 그 앞에 나아갈까
7 여호와께서 천천의 숫양이나 만만의 강물 같은 기름을 기뻐하실까 내 허물

미

을 위하여 내 맏아들을, 내 영혼의 죄로 말미암아 내 몸의 열매를 드릴까

8 사람아 주께서 선한 것이 무엇임을 네게 보이셨나니 여호와께서 네게 구하시는 것은 오직 정의를 행하며 인자를 사랑하며 겸손하게 네 하나님과 함께 행하는 것이 아니냐 **암송**

9 ●여호와께서 성읍을 향하여 외쳐 부르시나니 지혜는 주의 이름을 경외함이니라 너희는 매가 예비되었나니 그것을 정하신 이가 누구인지 들을지니라

10 악인의 집에 아직도 불의한 재물이 있느냐 축소시킨 가증한 에바가 있느냐

11 내가 만일 부정한 저울을 썼거나 주머니에 거짓 저울추를 두었으면 깨끗하겠느냐

12 그 부자들은 강포가 가득하였고 그 주민들은 거짓을 말하니 그 혀가 입에서 거짓되도다

13 그러므로 나도 너를 쳐서 병들게 하였으며 네 죄로 말미암아 너를 황폐하게 하였나니

14 네가 먹어도 배부르지 못하고 항상 속이 빌 것이며 네가 감추어도 보존되지 못하겠고 보존된 것은 내가 칼에 붙일 것이며

15 네가 씨를 뿌려도 추수하지 못할 것이며 감람 열매를 밟아도 기름을 네 몸에 바르지 못할 것이며 포도를 밟아도 술을 마시지 못하리라

16 너희가 오므리의 율례와 아합 집의 모든 예법을 지키고 그들의 전통을 따르니 내가 너희를 황폐하게 하며 그의 주민을 사람의 조소거리로 만들리라 너

희가 내 백성의 수욕을 담당하리라

7 재앙이로다 나여 나는 여름 과일을 딴 후와 포도를 거둔 후 같아서 먹을 포도송이가 없으며 내 마음에 사모하는 처음 익은 무화과가 없도다

2 경건한 자가 세상에서 끊어졌고 정직한 자가 사람들 가운데 없도다 무리가 다 피를 흘리려고 매복하며 각기 그물로 형제를 잡고자 하고

3 두 손으로 악을 부지런히 행하는도다 그 지도자와 재판관은 뇌물을 구하며 권세자는 자기 마음의 욕심을 말하며 그들이 서로 결합하니

4 그들의 가장 선한 자라도 가시 같고 가장 정직한 자라도 찔레 울타리보다 더하도다 ¹⁾그들의 파수꾼들의 날 곧 ¹⁾그들 가운데에 형벌의 날이 임하였으니 이제는 그들이 요란하리로다

5 너희는 이웃을 믿지 말며 친구를 의지하지 말며 네 품에 누운 여인에게라도 네 입의 문을 지킬지어다 렘 9:4

6 아들이 아버지를 멸시하며 딸이 어머니를 대적하며 며느리가 시어머니를 대적하리니 사람의 원수가 곧 자기의 집안 사람이리로다

구원하시는 하나님

7 ●오직 나는 여호와를 우러러보며 나를 구원하시는 하나님을 바라보나니 나의 하나님이 나에게 귀를 기울이시리로다

8 나의 대적이여 나로 말미암아 기뻐하지 말지어다 나는 엎드러질지라도 일어

1) 히, 너

날 것이요 어두운 데에 앉을지라도 여호와께서 나의 빛이 되실 것임이로다

9 내가 여호와께 범죄하였으니 그의 진노를 당하려니와 마침내 주께서 나를 위하여 논쟁하시고 심판하시며 주께서 나를 인도하사 광명에 이르게 하시리니 내가 그의 공의를 보리로다

10 나의 대적이 이것을 보고 부끄러워하리니 그는 전에 내게 말하기를 네 하나님 여호와가 어디 있느냐 하던 ¹⁾자라 그가 거리의 진흙 같이 밟히리니 그것을 내가 보리로다 ↑ 10:5

11 네 성벽을 건축하는 날 곧 그 날에는 지경이 넓혀질 것이라 ↑ 2:2

12 그 날에는 앗수르에서 애굽 성읍들에까지, 애굽에서 강까지, 이 바다에서 저 바다까지, 이 산에서 저 산까지의 사람들이 네게로 돌아올 것이나

13 그 땅은 그 주민의 행위의 열매로 말미암아 황폐하리로다

기도와 찬양

14 ●원하건대 주는 주의 지팡이로 주의 백성 곧 갈멜 속 삼림에 홀로 거주하는 주의 기업의 양 떼를 먹이시되 그들을 옛날 같이 바산과 길르앗에서 먹이시옵소서

15 이르시되 네가 애굽 땅에서 나오던 날과 같이 내가 그들에게 이적을 보이리라 하셨느니라

16 이르되 여러 나라가 보고 자기의 세력을 부끄러워하여 손으로 그 입을 막을 것이요 귀는 막힐 것이며

17 그들이 뱀처럼 티끌을 핥으며 땅에 기는 벌레처럼 떨며 그 좁은 구멍에서 나와서 두려워하며 우리 하나님 여호와께로 돌아와서 주로 말미암아 두려워하리이다

18 ●주와 같은 신이 어디 있으리이까 주께서는 죄악과 그 기업에 남은 자의 허물을 사유하시며 인애를 기뻐하시므로 진노를 오래 품지 아니하시나이다

19 다시 우리를 불쌍히 여기셔서 우리의 죄악을 발로 밟으시고 우리의 모든 죄를 깊은 바다에 던지시리이다 ℓ 50:20

20 주께서 옛적에 우리 조상들에게 맹세하신 대로 야곱에게 성실을 베푸시며 아브라함에게 인애를 더하시리이다

---

1) 히, 여자

비전을 심어주는 3분 여화

낭비를 기록하는 장부

어느 할머니께 특별한 습관이 있었어요. 그 할머니는 잠깐 동안 외출을 하더라도 가방 속에 꼭 금전 출납부를 가지고 다니면서 무엇인가를 기록하였지요. 어떤 사람이 할머니에게 물었어요.

"할머니, 그 장부에 기록하는 것이 무엇인가요?"

"여기에는 내가 편하기 위해서나 즐거움을 위해서 쓴 돈을 기록해요. 버스를 타기 싫어서 택시를 탔다거나 지나친 지출을 한다거나 하면 이 장부에 적지요."

"그런 것을 적는 이유는 무엇입니까?"

할머니는 이렇게 대답했어요.

"내가 나 자신의 편안함이나 즐거움을 찾는 동안에 다른 사람은 그만큼의 고통을 받고 있다는 생각이 들어요. 그래서 나 자신을 위해서 쓴 돈이 있으면, 그만큼의 돈을 고아원이나 양로원 등에 보내기 위해서 이렇게 하나하나 기록한답니다."

Nahum
나훔

1 니느웨에 대한 경고 곧 엘고스 사람 나훔의 묵시의 글이라

니느웨에 대한 여호와의 진노 —— B.C. 730년경

2 ●여호와는 질투하시며 보복하시는 하나님이시니라 여호와는 보복하시며 진노하시되 자기를 거스르는 자에게 여호와는 보복하시며 자기를 대적하는 자에게 진노를 품으시며
3 여호와는 노하기를 더디하시며 권능이 크시며 벌 받을 자를 결코 내버려두지 아니하시느니라 여호와의 길은 회오리바람과 광풍에 있고 구름은 그의 발의 티끌이로다
4 그가 바다를 꾸짖어 그것을 말리시며 모든 강을 말리시나니 바산과 갈멜이 쇠하며 레바논의 꽃이 시드는도다
5 그로 말미암아 산들이 진동하며 작은

산들이 녹고 그 앞에서는 땅 곧 세계와 그 가운데에 있는 모든 것들이 솟아오르는도다
6 누가 능히 그의 분노 앞에 서며 누가 능히 그의 진노를 감당하랴 그의 진노가 불처럼 쏟아지니 그로 말미암아 바위들이 깨지는도다
7 여호와는 선하시며 환난 날에 산성이시라 그는 자기에게 피하는 자들을 아시느니라
8 그가 범람하는 물로 그 곳을 진멸하시고 자기 대적들을 흑암으로 쫓아내시리라 시 28:2, 18
9 ●너희는 여호와께 대하여 무엇을 꾀하느냐 그가 온전히 멸하시리니 재난이 다시 일어나지 아니하리라 시 2:1
10 가시덤불 같이 엉크러졌고 술을 마신 것 같이 취한 그들은 마른 지푸라기 같이 모두 탈 것이거늘
11 여호와께 악을 꾀하는 한 사람이 너희 중에서 나와서 사악한 것을 권하는도다 렘 11:2
12 여호와께서 이같이 말씀하시기를 그들이 비록 강하고 많을지라도 반드시 멸절을 당하리니 그가 없어지리라 내가

전에는 너를 괴롭혔으나 다시는 너를 괴롭히지 아니할 것이라

13 이제 네게 지운 그의 멍에를 내가 깨뜨리고 네 결박을 끊으리라

14 ●나 여호와가 네게 대하여 명령하였나니 네 이름이 다시는 전파되지 않을 것이라 내가 네 신들의 집에서 새긴 우상과 부은 우상을 멸절하며 네 무덤을 준비하리니 이는 네가 쓸모 없게 되었음이라

15 ●볼지어다 아름다운 소식을 알리고 화평을 전하는 자의 발이 산 위에 있도다 유다야 네 절기를 지키고 네 서원을 갚을지어다 악인이 진멸되었으니 그가 다시는 네 가운데로 통행하지 아니하리로다 하시니라

니느웨의 멸망

2 파괴하는 자가 너를 치러 올라왔나니 너는 산성을 지키며 길을 파수하며 네 허리를 견고히 묶고 네 힘을 크게 굳게 할지어다

2 여호와께서 야곱의 영광을 회복하시되 이스라엘의 영광 같게 하시나니 이는 약탈자들이 약탈하였고 또 그들의 포도나무 가지를 없이 하였음이라

3 그의 용사들의 방패는 붉고 그의 무사들의 옷도 붉으며 그 항오를 벌이는 날에 병거의 쇠가 번쩍이고 노송나무 창이 요동하는도다

4 그 병거는 미친 듯이 거리를 달리며 대로에서 이리저리 빨리 달리니 그 모양이 횃불 같고 빠르기가 번개 같도다

5 그가 그의 존귀한 자들을 생각해 내니 그들이 엎드러질 듯이 달려서 급히 성

에 이르러 막을 것을 준비하도다

6 강들의 수문이 열리고 왕궁이 소멸되며

7 정한 대로 왕후가 벌거벗은 몸으로 끌려가니 그 모든 시녀들이 가슴을 치며 비둘기 같이 슬퍼 우는도다

8 ●니느웨는 예로부터 물이 모인 못 같더니 이제 모두 도망하니 서라 서라 하나 돌아보는 자가 없도다

9 은을 노략하라 금을 노략하라 그 저축한 것이 무한하고 아름다운 기구가 풍부함이니라

10 니느웨가 공허하였고 황폐하였도다 주민이 낙담하여 그 무릎이 서로 부딪히며 모든 허리가 아프게 되며 모든 낯이 빛을 잃도다

11 이제 사자의 굴이 어디냐 젊은 사자가 먹을 곳이 어디냐 전에는 수사자 암사자가 그 새끼 사자와 함께 거기서 다니되 그것들을 두렵게 할 자가 없었으며

12 수사자가 그 새끼를 위하여 먹이를 충분히 찢고 그의 암사자들을 위하여 움켜 사냥한 것으로 그 굴을 채웠고 찢은 것으로 그 구멍을 채웠었도다

13 만군의 여호와의 말씀에 내가 네 대적이 되어 네 병거들을 불살라 연기가 되게 하고 네 젊은 사자들을 칼로 멸할 것이며 내가 또 네 노략한 것을 땅에서 끊으리니 네 파견자의 목소리가 다시

3 는 들리지 아니하리라 하셨느니라

화 있을진저 피의 성이여 그 안에는 거짓이 가득하고 포악이 가득하며 탈취가 떠나지 아니하는도다 겔 24:6, 9

2 휘두르는 채찍 소리, 윙윙 하는 병거 바퀴 소리, 뛰는 말, 달리는 병거, 슥 2:4

3 충돌하는 기병, 번쩍이는 칼, 번개 같은 창, 죽임 당한 자의 떼, 주검의 큰 무더기, 무수한 시체여 사람이 그 시체에 걸려 넘어지니

4 이는 마술에 능숙한 미모의 음녀가 많은 음행을 함이라 그가 그의 음행으로 여러 나라를 미혹하고 그의 마술로 여러 족속을 미혹하느니라

5 보라 내가 네게 말하노니 만군의 여호와의 말씀에 네 치마를 걷어 올려 네 얼굴에 이르게 하고 네 벌거벗은 것을 나라들에게 보이며 네 부끄러운 곳을 못 민족에게 보일 것이요

6 내가 또 가증하고 더러운 것들을 네 위에 던져 능욕하여 너를 구경거리가 되게 하리니

7 그 때에 너를 보는 자가 다 네게서 도망하며 이르기를 니느웨가 황폐하였도다 누가 그것을 위하여 애곡하며 내가 어디서 너를 위로할 자를 구하리요 하리라

8 ● 네가 어찌 노아몬보다 낫겠느냐 그는 강들 사이에 있으므로 물이 둘렸으니 바다가 성루가 되었고 바다가 방어벽이 되었으며

9 구스와 애굽이 그의 힘이 강하여 끝이 없었고 붓과 루빔이 그를 돕는 자가 되었으나

10 그가 포로가 되어 사로잡혀 갔고 그의

3 에는 무엇이 기록되어 있을까?

니느웨(앗수르)는 사납고 악하며, 남의 것을 잘 빼앗고, 많은 사람들을 죽였어요. 자신들이 단지 하나님의 도구로 쓰인 줄 모르고, 이스라엘과 주변 나라들을 마구 못살게 굴었지요. 게다가 거짓 신을 섬기는 죄악을 이스라엘과 주변 나라에 퍼뜨려 결국 멸망당하고 말았답니다.

토막상식　나훔

앗수르의 전성기였던 B.C. 633년부터 수도 니느웨가 함락당한 B.C. 612년까지 활동하였어요. 앗수르의 '피의 도성' 니느웨의 멸망을 극단적으로 묘사해서, '천둥 같은 선지자'라고 불렸지요.

어린 아이들은 길 모퉁이 모퉁이에 메어침을 당하여 부서졌으며 그의 존귀한 자들은 제비 뽑혀 나뉘었고 그의 모든 권세자들은 사슬에 결박되었느니라

11 너도 술에 취하여 숨으리라 너도 원수들 때문에 피난처를 찾으리라

12 네 모든 산성은 무화과나무의 처음 익은 열매가 흔들기만 하면 먹는 자의 입에 떨어짐과 같으리라 사 6:13

13 네 가운데 1)장정들은 여인 같고 네 땅의 성문들은 네 원수 앞에 넓게 열리고 빗장들은 불에 타도다

14 너는 물을 길어 에워싸일 것을 대비하며 너의 산성들을 견고하게 하며 진흙에 들어가서 흙을 밟아 벽돌 가마를 수리하라 사 2:1

15 거기서 불이 너를 삼키며 칼이 너를 베기를 느치가 먹는 것 같이 하리라 네가 느치 같이 스스로 많게 할지어다 네가 메뚜기 같이 스스로 많게 할지어다

16 네가 네 상인을 하늘의 별보다 많게 하였으나 느치가 날개를 펴서 날아감과 같고

17 네 방백은 메뚜기 같고 너의 장수들은 큰 메뚜기 떼가 추운 날에는 울타리에 깃들였다가 해가 뜨면 날아감과 같으니 그 있는 곳을 알 수 없도다

18 앗수르 왕이여 네 목자가 자고 네 귀족은 누워 쉬며 네 백성은 산들에 흩어지나 그들을 모을 사람이 없도다

19 네 상처는 고칠 수 없고 네 부상은 중하도다 네 소식을 듣는 자가 다 너를 보고 손뼉을 치나니 이는 그들이 항상 네게 행패를 당하였음이 아니더냐 하시니라 애 2:15

1) 히, 백성

하박국

이 책을 기록한 사람은 선지자 하박국이에요. 하박국은 '안다, 껴안다'라는 뜻의 이름이지요. 그는 유다가 바벨론 포로로 잡혀 가기 전 시대에 활동했어요. 그는 어떤 어려운 환경에서도 하나님으로 인해 기뻐했답니다.

🌟 언제, 왜, 누구를 위하여 썼나요?

이 책은 B.C. 609~589년경에 기록된 것으로 보고 있어요. 하박국 선지자는 유다 백성들에게 의인이 고통받고 악인이 형통한 것은 잠시 동안이며, 결국에는 하나님의 공의가 이루어진다는 것을 깨달아 하나님을 의지하게 하려고 이 책을 썼어요.

🌟 어떤 내용인가요?

왜 악인이 잘되고 승리하는지에 대한 하박국 선지자의 질문과 하나님의 응답이 기록되어 있어요. 하박국은 하나님께 대한 믿음을 기도와 찬양으로 마무리하고 있답니다.

1
선지자 하박국이 묵시로 받은 경고라

하박국의 호소

2 ●여호와여 내가 부르짖어도 주께서 듣지 아니하시니 어느 때까지리이까 내가 강포로 말미암아 외쳐도 주께서 구원하지 아니하시나이다

3 어찌하여 내게 죄악을 보게 하시며 패역을 눈으로 보게 하시나이까 겁탈과 강포가 내 앞에 있고 변론과 분쟁이 일어났나이다

4 이러므로 율법이 해이하고 정의가 전혀 시행되지 못하오니 이는 악인이 의인을 에워쌌으므로 정의가 굽게 행하여짐이니이다   *행 5:20*

여호와의 응답

5 ●여호와께서 이르시되 너희는 여러 나라를 보고 또 보고 놀라고 또 놀랄지

어다 너희의 생전에 내가 한 가지 일을 행할 것이라 누가 너희에게 말할지라도 너희가 믿지 아니하리라   *행 13:41*

6 보라 내가 사납고 성급한 백성 곧 땅이 넓은 곳으로 다니며 자기의 소유가 아닌 거처들을 점령하는 갈대아 사람을 일으켰나니

7 그들은 두렵고 무서우며 당당함과 위엄이 자기들에게서 나오며

8 그들의 군마는 표범보다 빠르고 저녁 이리보다 사나우며 그들의 마병은 먼 곳에서부터 빨리 달려오는 마병이라 마치 먹이를 움키려 하는 독수리의 날음과 같으니라   *합 8:1*

9 그들은 다 강포를 행하러 오는데 앞을 향하여 나아가며 사람을 사로잡아 모으기를 모래 같이 많이 할 것이요   *2:5*

10 왕들을 멸시하며 방백을 조소하며 모든 견고한 성들을 비웃고 흙벽을 쌓아 그것을 점령할 것이며

11 그들은 자기들의 힘을 자기들의 신으로 삼는 자들이라 이에 바람 같이 급히 몰아 지나치게 행하여 범죄하리라

하박국이 다시 호소하다

12 ●선지자가 이르되 여호와 나의 하나

님, 나의 거룩한 이시여 주께서는 만세 전부터 계시지 아니하시니이까 우리가 사망에 이르지 아니하리이다 여호와여 주께서 심판하기 위하여 그들을 두셨나이다 반석이시여 주께서 경계하기 위하여 그들을 세우셨나이다 신 32:4

13 주께서는 눈이 정결하시므로 악을 차마 보지 못하시며 패역을 차마 보지 못하시거늘 어찌하여 거짓된 자들을 방관하시며 악인이 자기보다 의로운 사람을 삼키는데도 잠잠하시나이까

14 주께서 어찌하여 사람을 바다의 고기 같게 하시며 다스리는 자 없는 벌레 같게 하시나이까

15 그가 낚시로 모두 낚으며 그물로 잡으며 투망으로 모으고 그리고는 기뻐하고 즐거워하여

16 그물에 제사하며 투망 앞에 분향하오니 이는 그것을 힘입어 소득이 풍부하고 먹을 것이 풍성하게 됨이니이다

17 그가 그물을 떨고는 계속하여 여러 나라를 무자비하게 멸망시키는 것이 옳으니이까

여호와의 응답

2 내가 내 파수하는 곳에 서며 성루에 서리라 그가 내게 무엇이라 말씀하실는지 기다리고 바라보며 나의 질문에 대하여 1)어떻게 대답하실는지 보리라 하였더니

2 여호와께서 내게 대답하여 이르시되 너는 이 묵시를 기록하여 판에 명백히 새기되 달려가면서도 읽을 수 있게 하라 신 27:8

3 이 묵시는 정한 때가 있나니 그 종말이

토막상식

하박국

민족의 아픔을 끌어안고 인내하며 하나님을 찬양한 하박국은, 이스라엘이 겪고 있는 고통이 하나님께서 바벨론을 도구로 삼아 이스라엘의 죄를 심판하시는 것임을 일깨웠어요. 그리고 참담한 역사 속에서도 하나님을 향한 믿음을 잃지 말도록 격려했답니다.

속히 이르겠고 결코 거짓되지 아니하리라 비록 더딜지라도 기다리라 지체되지 않고 반드시 응하리라 단 8:17

4 ●보라 그의 마음은 교만하며 그 속에서 정직하지 못하나 의인은 그의 믿음으로 말미암아 살리라

5 그는 술을 즐기며 거짓되고 교만하여 가만히 있지 아니하고 스올처럼 자기의 욕심을 넓히며 또 그는 사망 같아서 족한 줄을 모르고 자기에게로 여러 나라를 모으며 여러 백성을 모으나니

6 그 무리가 다 속담으로 그를 평론하며 조롱하는 시로 그를 풍자하지 않겠느냐 곧 이르기를 화 있을진저 자기 소유 아닌 것을 모으는 자여 언제까지 이르겠느냐 볼모 잡은 것으로 무겁게 짐진 자여

7 너를 억누를 자들이 갑자기 일어나지 않겠느냐 너를 괴롭힐 자들이 깨어나지 않겠느냐 네가 그들에게 노략을 당하지 않겠느냐

8 네가 여러 나라를 노략하였으므로 그 모든 민족의 남은 자가 너를 노략하리니 이는 네가 사람의 피를 흘렸음이요 또 땅과 성읍과 그 안의 모든 주민에게 강포를 행하였음이니라

9 ●재앙을 피하기 위하여 높은 데 깃들이려 하며 자기 집을 위하여 부당한 이익을 취하는 자에게 화 있을진저

10 네가 많은 민족을 멸한 것이 네 집에 욕을 부르며 네 영혼에게 죄를 범하게 하는 것이 되었도다 왕상 9:26

11 담에서 돌이 부르짖고 집에서 들보가 응답하리라

2장에는 무엇이 기록되어 있을까?

하나님은 하박국의 질문에 직접적으로 답해주시지는 않으셨어요. 다만 주변에서 거리낌없이 일어나는 악한 행위에 대해 참고 기다리며, 믿음으로 경주하듯이 살아가라고 말씀하셨지요. 비록 우리는 악의 원인과 도리에 어긋나는 일들이 일어나는 이유에 대해 알 수는 없지만, 하나님은 반드시 죄악을 심판하실 것입니다.

1)나로 어떻게 대답하게 하실는지

12 ●피로 성읍을 건설하며 불의로 성을 건축하는 자에게 화 있을진저
13 민족들이 불탈 것으로 수고하는 것과 나라들이 헛된 일로 피곤하게 되는 것이 만군의 여호와께로 말미암음이 아니냐
14 이는 물이 바다를 덮음 같이 여호와의 영광을 인정하는 것이 세상에 가득함이니라
　　※ 14:8, 9
15 ●이웃에게 술을 마시게 하되 자기의 분노를 더하여 그에게 취하게 하고 그 하체를 드러내려 하는 자에게 화 있을진저
16 네게 영광이 아니요 수치가 가득한즉 너도 마시고 너의 할례 받지 아니한 것을 드러내라 여호와의 오른손의 잔이 네게로 돌아올 것이라 더러운 욕이 네 영광을 가리리라
17 이는 네가 레바논에 강포를 행한 것과 짐승을 죽인 것 곧 사람의 피를 흘리며 땅과 성읍과 그 안의 모든 주민에게 강포를 행한 것이 네게로 돌아오리라
18 ●새긴 우상은 그 새겨 만든 자에게 무엇이 유익하겠느냐 부어 만든 우상은 거짓 스승이라 만든 자가 이 말하지 못하는 우상을 의지하니 무엇이 유익하겠느냐
19 나무에게 깨라 하며 말하지 못하는 돌에게 일어나라 하는 자에게 화 있을진저 그것이 교훈을 베풀겠느냐 보라 이는 금과 은으로 입힌 것인즉 그 속에는 생기가 도무지 없느니라
20 오직 여호와는 그 성전에 계시니 온 땅은 그 앞에서 잠잠할지니라 하시니라

하박국의 기도 _ B.C. 620년경
3
1 시기오놋에 맞춘 선지자 하박국의 기도라
2 여호와여 내가 주께 대한 소문을 듣고 놀랐나이다 여호와여 주는 주의 일을 이 수년 내에 부흥하게 하옵소서 이 수년 내에 나타내시옵소서 진노 중에라도 긍휼을 잊지 마옵소서
3 하나님이 데만에서부터 오시며 거룩한 자가 바란 산에서부터 오시는도다 (셀라) 그의 영광이 하늘을 덮었고 그의 찬송이 세계에 가득하도다
4 그의 광명이 햇빛 같고 광선이 그의 손에서 나오니 그의 권능이 그 속에 감추어졌도다
5 역병이 그 앞에서 행하며 불덩이가 그의 발 밑에서 나오는도다
6 그가 서시즉 땅이 진동하며 그가 보신즉 여러 나라가 1)전율하며 영원한 산이 무너지며 무궁한 작은 산이 엎드러지나니 그의 행하심이 예로부터 그러하시도다
7 내가 본즉 구산의 장막이 환난을 당하고 미디안 땅의 휘장이 흔들리는도다
8 여호와여 주께서 말을 타시며 구원의 병거를 모시오니 강들을 분히 여기심이니이까 강들을 노여워하심이니이까 바다를 향하여 성내심이니이까
9 주께서 활을 꺼내시고 2)화살을 바로 쏘셨나이다 (셀라) 주께서 강들로 땅을 쪼개셨나이다

1) 흩어지며 2) 지파에게 맹세하셨나이다
할례(2:16) 남자아이가 태어난 지 8일 만에 생식기 끝의 껍질을 끊어내는 의식.
데만(3:3) 에서의 손자로서 에돔을 상징함.
창수(3:3) 문자적인 의미는 '목소리를 높이다'임.
창수(3:10) 비가 많이 내려 강물이 불어서 둑 위로 넘치는 것을 말함.
소출(3:17) 논밭에서 생산되는 곡식.
수금(3:19) 6-8개의 현을 가진 현악기의 한 종류.

3 장에는 무엇이 기록되어 있을까?
하박국은 두 번에 걸친 하나님의 응답을 듣고 궁금해했던 것들을 어느 정도 이해할 수 있었어요. 이제 하박국은 하나님께서 앞으로 세상의 질서를 바로잡으시고 선악 간에 심판하실 것을 찬양하였지요. 그는 이 땅을 구원하실 메시아를 기대하면서, 두려운 마음에서 기쁜 마음으로 옮겨갈 수 있었답니다.

10 산들이 주를 보고 흔들리며 창수가 넘치고 바다가 소리를 지르며 손을 높이 들었나이다

11 날아가는 주의 화살의 빛과 번쩍이는 주의 창의 광채로 말미암아 해와 달이 그 처소에 멈추었나이다

12 주께서 노를 발하사 땅을 두르셨으며 분을 내사 여러 나라를 밟으셨나이다

13 주께서 주의 백성을 구원하시려고, 기름 부음 받은 자를 구원하시려고 나오사 악인의 집의 머리를 치시며 그 기초를 바닥까지 드러내셨나이다 (셀라)

14 그들이 회오리바람처럼 이르러 나를 흩으려 하며 가만히 가난한 자 삼키기를 즐거워하나 오직 주께서 그들의 전사의 머리를 그들의 창으로 찌르셨나이다 _{산 7:22}

15 주께서 말을 타시고 바다 곧 큰 물의 파도를 밟으셨나이다

16 ●내가 들었으므로 내 창자가 흔들렸고 그 목소리로 말미암아 내 입술이 떨렸도다 무리가 우리를 치러 올라오는 환난 날을 내가 기다리므로 썩이는 것이 내 뼈에 들어왔으며 내 몸은 내 처소에서 떨리는도다

17 비록 무화과나무가 무성하지 못하며 포도나무에 열매가 없으며 감람나무에 소출이 없으며 밭에 먹을 것이 없으며 우리에 양이 없으며 외양간에 소가 없을지라도

18 나는 여호와로 말미암아 즐거워하며 나의 구원의 하나님으로 말미암아 기뻐하리로다

19 주 여호와는 나의 힘이시라 나의 발을 사슴과 같게 하사 나를 나의 높은 곳으로 다니게 하시리로다 이 노래는 지휘하는 사람을 위하여 내 수금에 맞춘 것이니라

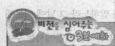

비전을 심어주는
3분여화

거계를 진단하는 사람

공장의 기계에 결함이 있을 때 문제가 어디에 있는지 정확하게 진단해내는 기계공이 있었어요. 그의 기술은 저절로 생긴 것이 아니었지요.

그는 다른 사람들보다 10분 일찍 일어나서, 조용한 공장 한가운데 서서 눈을 감고 기계 소리를 주의 깊게 들었어요. 기계의 미세한 소리 하나까지 놓치지 않

들은 결과, 그는 기계에서 이상한 소리가 날 때 기계의 문제를 발견하고 사고 전에 미리 조치를 취할 수 있었답니다.

하나님께서는 우리의 작은 일에도 관심을 가지시고 우리의 작은 신음소리에도 귀를 기울이고 계시지요. 또 언제든지 우리를 도우실 준비를 하고 계신답니다.

Zephaniah
스바냐

✿ 스바냐를 읽기 전에

이 책을 기록한 사람은 스바냐예요. 스바냐는 유다 왕 요시야 시대에 활동했던 선지자지요. 스바냐서의 주제는 요엘, 아모스와 같이 '여호와의 날'이에요. '여호와의 날'은 심판과 축복의 두 가지 뜻을 가지고 있답니다.

✿ 언제, 왜, 누구를 위하여 썼나요?

이 책을 기록한 때는 B.C. 640~630년경이라고 해요. 스바냐 선지자는 유다 백성들에게 심판의 날인 '여호와의 날'을 선포하고, 그날에 있을 하나님의 심판과 '남은 자'에게 베푸실 하나님의 축복을 전하기 위해 이 책을 기록했어요.

✿ 어떤 내용인가요?

스바냐는 모든 나라들이 '여호와의 날'에 심판받게 됨을 선포하고 회개할 것을 요청했어요. 하나님께서는 그날에 주의 백성을 남겨두시고 기름을 주실 것이라고 약속하셨지요.

---

1 아몬의 아들 유다 왕 요시야의 시대에 스바냐에게 임한 여호와의 말씀이라 스바냐는 히스기야의 현손이요 아마랴의 증손이요 그다랴의 손자요 구시의 아들이었더라

여호와의 날

2 ●여호와께서 이르시되 내가 땅 위에서 모든 것을 진멸하리라
3 내가 사람과 짐승을 진멸하고 공중의 새와 바다의 고기와 거치게 하는 것과 악인들을 아울러 진멸할 것이라 내가 사람을 땅 위에서 멸절하리라 나 여호와의 말이니라
4 내가 유다와 예루살렘의 모든 주민들 위에 손을 펴서 남아 있는 바알을 그 곳에서 멸절하며 그마림이란 이름과 및 그 제사장들을 아울러 멸절하며

 에는 무엇이 기록되어 있을까?

노아의 홍수 때 물로 세상을 심판하신 하나님은 이제 불로 심판하실 거예요. 스바냐는 하나님의 우주적인 심판(2~3절)을 먼저 말한 다음, 유다의 심판을 예언하였지요. 당시 유다는 거짓 숭배가 극에 달했어요. 스바냐의 예언은 유다가 바벨론과의 전쟁에 지면서 실제로 이루어졌습니다.

---

5 또 지붕에서 하늘의 뭇 별에게 경배하는 자들과 경배하며 여호와께 맹세하면서 말감을 가리켜 맹세하는 자들과
6 여호와를 배반하고 따르지 아니한 자들과 여호와를 찾지도 아니하며 구하지도 아니한 자들을 멸절하리라
7 ●주 여호와 앞에서 잠잠할지어다 이는 여호와의 날이 가까웠으므로 여호와께서 희생을 준비하시고 그가 청할 자들을 구별하셨음이니라
8 여호와의 희생의 날에 내가 방백들과 왕자들과 이방인의 옷을 입은 자들을 벌할 것이며
9 그 날에 문턱을 뛰어넘어서 포악과 거짓을 자기 주인의 집에 채운 자들을 내가 벌하리라
10 나 여호와가 말하노라 그 날에 어문에서는 부르짖는 소리가, 제 이 구역에서는 울음 소리가, 작은 산들에서는 무너지는 소리가 일어나리라
11 막데스 주민들아 너희는 슬피 울라 1)가나안 백성이 다 패망하고 은을 거래하는 자들이 끊어졌음이니라
12 그 때에 내가 예루살렘에서 찌끼기 같

> 율 7:1

> 렘 7:19

> 욥 7:7

> 약 5:1

1) 장사하는

이 가라앉아서 마음속에 스스로 이르기를 여호와께서는 복도 내리지 아니하시며 화도 내리지 아니하시리라 하는 자를 등불로 두루 찾아 벌하리니
13 그들의 재물이 노략되며 그들의 집이 황폐할 것이라 그들이 집을 건축하나 거기에 살지 못하며 포도원을 가꾸나 그 포도주를 마시지 못하리라
14 ●여호와의 큰 날이 가깝도다 가깝고도 빠르도다 여호와의 날의 소리로다 용사가 거기서 심히 슬피 우는도다
15 그날은 분노의 날이요 환난과 고통의 날이요 황폐와 패망의 날이요 캄캄하고 어두운 날이요 구름과 흑암의 날이요
16 나팔을 불어 경고하며 견고한 성읍들을 치며 높은 망대를 치는 날이로다
17 내가 사람들에게 고난을 내려 맹인 같이 행하게 하리니 이는 그들이 나 여호와께 범죄하였음이라 또 그들의 피는 쏟아져서 티끌 같이 되며 그들의 살은 분토 같이 될지라
18 그들의 은과 금이 여호와의 분노의 날에 능히 그들을 건지지 못할 것이며 이 온 땅이 여호와의 질투의 불에 삼켜지리니 이는 여호와가 이 땅 모든 주민을 멸절하되 놀랍게 멸절할 것임이라

공의와 겸손을 구하라—B.C. 630년경

2 수치를 모르는 백성아 모일지어다 모일지어다

습 1:14

2 명령이 시행되어 날이 겨 같이 지나가기 전, 여호와의 진노가 너희에게 내리기 전, 여호와의 분노의 날이 너희에게 이르기 전에 그리할지어다
3 여호와의 규례를 지키는 세상의 모든

겸손한 자들아 너희는 여호와를 찾으며 공의와 겸손을 구하라 너희가 혹시 여호와의 분노의 날에 숨김을 얻으리라

이스라엘 이웃 나라들이 받을 벌

4 ●가사는 버림을 당하며 아스글론은 폐허가 되며 아스돗은 대낮에 쫓겨나며 에그론은 뽑히리라
5 해변 주민 그렛 족속에게 화 있을진저 블레셋 사람의 땅 가나안아 여호와의 말씀이 너희를 치나니 내가 너를 멸하여 주민이 없게 하리라
6 해변은 풀밭이 되어 목자의 움막과 양 떼의 우리가 거기에 있을 것이며
7 그 지경은 유다 족속의 남은 자에게로 돌아갈지라 그들이 거기에서 양 떼를 먹이고 저녁에는 아스글론 집들에 누우리니 이는 그들의 하나님 여호와가 그들을 보살피사 그들이 사로잡힘을 돌이킬 것임이라
8 ●내가 모압의 비방과 암몬 자손이 조롱하는 말을 들었나니 그들이 내 백성을 비방하고 자기들의 경계에 대하여 교만하였느니라
9 그러므로 만군의 여호와 이스라엘의 하나님이 말하노라 내가 나의 삶을 두고 맹세하노니 장차 모압은 소돔 같으며 암몬 자손은 고모라 같을 것이라 찔레가 나며 소금 구덩이가 되어 영원히 황폐하리니 내 백성의 남은 자들이 그들을 노략하며 나의 남은 백성이 그것을 기업으로 얻을 것이라
10 그들이 이런 일을 당할 것은 그들이 만군의 여호와의 백성을 훼방하고 교만하여졌음이라
11 여호와가 그들에게 두렵게 되어서 세

상의 모든 신을 쇠약하게 하리니 이방의 모든 해변 사람들이 각각 자기 처소에서 여호와께 경배하리라 *습 2:11*

12 ●구스 사람들아 너희도 내 칼에 죽임을 당하리라

13 여호와가 북쪽을 향하여 손을 펴서 앗수르를 멸하며 니느웨를 황폐하게 하여 사막 같이 메마르게 하리니 *나 3:7*

14 각종 짐승이 그 가운데 떼로 누울 것이며 당아와 고슴도치가 그 기둥 꼭대기에 깃들이고 그것들이 창에서 울 것이며 문턱이 적막하리니 백향목으로 지은 것이 벗겨졌음이라

15 이는 기쁜 성이라 염려 없이 거주하며 마음속에 이르기를 오직 나만 있고 나 외에는 다른 이가 없다 하더니 어찌 이와 같이 황폐하여 들짐승이 엎드릴 곳이 되었는고 지나가는 자마다 비웃으며 손을 흔들리로다

예루살렘이 받을 형벌과 보호

3 패역하고 더러운 곳, 포학한 그 성읍이 화 있을진저

2 그가 명령을 듣지 아니하며 교훈을 받지 아니하며 여호와를 의뢰하지 아니하며 자기 하나님에게 가까이 나아가지 아니하였느니라

3 그 가운데 방백들은 부르짖는 사자요 그의 재판장들은 이튿날까지 남겨 두는 것이 없는 저녁 이리요 *잠 28:15*

4 그의 선지자들은 경솔하고 간사한 사람들이요 그의 제사장들은 성소를 더럽히고 율법을 범하였도다

5 그 가운데 계시는 여호와는 의로우사 불의를 행하지 아니하시고 아침마

○ 이스라엘의 성벽(3:8, 14)
영광과 치욕이 되풀이된 이스라엘의 역사를 잘 보여준다.

다 빠짐없이 자기의 공의를 비추시거늘 불의한 자는 수치를 알지 못하는도다

6 내가 여러 나라를 끊어 버렸으므로 그들의 망대가 파괴되었고 내가 그들의 거리를 비게 하여 지나는 자가 없게 하였으므로 그들의 모든 성읍이 황폐하며 사람이 없으며 거주할 자가 없게 되었느니라 *습 2:5*

7 내가 이르기를 너는 오직 나를 경외하고 교훈을 받으라 그리하면 내가 형벌을 내리기로 정하기는 하였지만 너의 거처가 끊어지지 아니하리라 하였으나 그들이 1)부지런히 그들의 모든 행위를 더럽게 하였느니라 *롬 9:9*

8 ●나 여호와가 말하노라 그러므로 내가 일어나 2)벌할 날까지 너희는 나를 기다리라 내가 뜻을 정하고 나의 분노와 모든 진노를 쏟으려고 여러 나라를 소집하며 왕국들을 모으리라 온 땅이 나의 질투의 불에 소멸되리라

9 ●그 때에 내가 여러 백성의 입술을 깨끗하게 하여 그들이 다 여호와의 이름을 부르며 한 가지로 나를 섬기게 하리니

10 내게 구하는 백성들 곧 내가 흩은 자의 딸이 구스 강 건너편에서부터 예물을 가지고 와서 내게 바칠지라

11 그 날에 네가 내게 범죄한 모든 행위로 말미암아 수치를 당하지 아니할 것은 그 때에 내가 네 가운데서 교만하여 자랑하는 자들을 제거하여 네가 나의 성

1) 일찍이 일어나서 2) 겁탈

산에서 다시는 교만하지 않게 할 것임이라

12 내가 곤고하고 가난한 백성을 네 가운데에 남겨 두리니 그들이 여호와의 이름을 의탁하여 보호를 받을지라 ^{나 1:7}

13 이스라엘의 남은 자는 악을 행하지 아니하며 거짓을 말하지 아니하며 입에 거짓된 혀가 없으며 먹고 누울지라도 그들을 두렵게 할 자가 없으리라

기뻐하며 부를 노래

14 ●시온의 딸아 노래할지어다 이스라엘아 기쁘게 부를지어다 예루살렘 딸아 전심으로 기뻐하며 즐거워할지어다

15 여호와가 네 형벌을 제거하였고 네 원수를 쫓아냈으며 이스라엘 왕 여호와가 네 가운데 계시니 네가 다시는 화를 당할까 두려워하지 아니할 것이라

16 그 날에 사람이 예루살렘에 이르기를 두려워하지 말라 시온아 네 손을 늘어뜨리지 말라

17 너의 하나님 여호와가 너의 가운데에 계시니 그는 구원을 베푸실 전능자이시라 그가 너로 말미암아 기쁨을 이기지 못하시며 너를 잠잠히 사랑하시며 너로 말미암아 즐거이 부르며 기뻐하시리라 하리라 ^{암송}

18 내가 절기로 말미암아 근심하는 자들을 모으리니 그들은 네게 속한 자라 그들에게 지워진 짐이 치욕이 되었느니라

19 그 때에 내가 너를 괴롭게 하는 자를 다 벌하고 저는 자를 구원하며 쫓겨난 자를 모으며 온 세상에서 수욕 받는 자에게 칭찬과 명성을 얻게 하리라 ^{미 4:6, 7}

20 내가 그 때에 너희를 이끌고 그 때에 너희를 모을지라 내가 ¹⁾너희 목전에서 너희의 사로잡힘을 돌이킬 때에 너희에게 천하 만민 가운데서 명성과 칭찬을 얻게 하리라 여호와의 말이니라 ^{2:7}

1) 그들의

Haggai
학개

학개를 읽기 전에

이 책을 기록한 사람은 학개예요. 유다 백성들은 바벨론에 포로로 잡혀 간 후에 세 번에 걸쳐 다시 예루살렘으로 돌아오게 되는데, 학개서는 첫 번째로 돌아왔을 때를 배경으로 한 이야기예요.

언제, 왜, 누구를 위하여 썼나요?

이 책을 기록한 때는 B.C. 520년경으로 보고 있어요. 학개는 포로 생활을 마치고 예루살렘으로 돌아온 이스라엘 백성들과 지도자들에게 성전 세우는 일을 멈추지 말고 다시 시작하게 하려고 이 책을 기록했어요.

어떤 내용인가요?

학개는 성전을 다시 세우는 일에 소홀히 하는 백성들을 책망하고 성전 짓는 일에 힘쓰라고 권면해요. 또한 스룹바벨에 대해서는 하나님의 축복의 약속을 전해준답니다.

성전을 건축하라는 여호와의 말씀

1 다리오 왕 제이년 여섯째 달 곧 그 달 초하루에 여호와의 말씀이 선지자 학개로 말미암아 스알디엘의 아들 유다 총독 스룹바벨과 여호사닥의 아들 대제사장 여호수아에게 임하니라 이르시되

2 만군의 여호와가 이같이 말하여 이르노라 이 백성이 말하기를 여호와의 전을 건축할 시기가 이르지 아니하였다 하느니라

3 여호와의 말씀이 선지자 학개에게 임하여 이르시되

4 이 성전이 황폐하였거늘 너희가 이 때에 판벽한 집에 거주하는 것이 옳으냐

5 그러므로 이제 만군의 여호와가 이같이 말하노니 너희는 너희의 행위를 살필지니라

6 너희가 많이 뿌릴지라도 수확이 적으며 먹을지라도 배부르지 못하며 마실지라도 흡족하지 못하며 입어도 따뜻하지 못하며 일꾼이 삯을 받아도 그것을 구멍 뚫어진 전대에 넣음이 되느니라

7 ●만군의 여호와가 말하노니 너희는 자기의 행위를 살필지니라 **1:1**

8 너희는 산에 올라가서 나무를 가져다가 성전을 건축하라 그리하면 내가 그것으로 말미암아 기뻐하고 또 영광을 얻으리라 여호와가 말하였느니라 **△ 3:7**

9 너희가 많은 것을 바랐으나 도리어 적었고 너희가 그것을 집으로 가져갔으나 내가 불어 버렸느니라 나 만군의 여호와가 말하노라 이것이 무슨 까닭이냐 내 집은 황폐하였으되 너희는 각각 자기의 집을 짓기 위하여 빨랐음이라

10 그러므로 너희로 말미암아 하늘은 이슬을 그쳤고 땅은 산물을 그쳤으며

11 내가 이 땅과 산과 곡물과 새 포도주와 기름과 땅의 모든 소산과 사람과 가축과 손으로 수고하는 모든 일에 한재를 들게 하였느니라

성전 건축을 격려하다

12 ●스알디엘의 아들 스룹바벨과 여호

7장 에는 무엇이 기록되어 있을까?

학개는 이스라엘 백성들이 가난해진 이유가 성전 건축을 게을리했기 때문이라고 말했어요. 그들은 성전을 짓는 것보다 자기 집을 짓는 것이 우선이었지요. 학개가 이와 같은 잘못을 꾸짖자, 이스라엘의 모든 백성들은 그의 말에 순종하여 성전 건축을 하기 시작했답니다.

사독의 아들 대제사장 여호수아와 남은 모든 백성이 그들의 하나님 여호와의 목소리와 선지자 학개의 말을 들었으니 이는 그들의 하나님 여호와께서 그를 보내셨음이라 백성이 다 여호와를 경외하매

대상 1:19

13 그 때에 여호와의 사자 학개가 여호와의 위임을 받아 백성에게 말하여 이르되 여호와가 말하노니 내가 너희와 함께하노라 하니라

다리오 왕의 무덤(1:15)

14 여호와께서 스알디엘의 아들 유다 총독 스룹바벨의 마음과 여호사닥의 아들 대제사장 여호수아의 마음과 남은 모든 백성의 마음을 감동시키시매 그들이 와서 만군의 여호와 그들의 하나님의 전 공사를 하였으니

대하 36:22

15 그 때는 다리오 왕 제이년 여섯째 달이십사일이었더라

2 일곱째 달 곧 그 달 이십일일에 여호와의 말씀이 선지자 학개에게 임하니라 이르시되

2 너는 스알디엘의 아들 유다 총독 스룹바벨과 여호사닥의 아들 대제사장 여호수아와 남은 백성에게 말하여 이르라

3 너희 가운데에 남아 있는 자 중에서 이 성전의 이전 영광을 본 자가 누구냐 이제 이것이 너희에게 어떻게 보이느냐 이것이 너희 눈에 보잘것없지 아니하냐

4 그러나 여호와가 이르노라 스룹바벨아 스스로 굳세게 할지어다 여호사닥의 아들 대제사장 여호수아야 스스로 굳세게 할지어다 여호와의 말이니라 이 땅 모든 백성아 스스로 굳세게 하여

일할지어다 내가 너희와 함께 하노라 만군의 여호와의 말이니라

5 너희가 애굽에서 나올 때에 내가 너희와 언약한 말과 나의 영이 계속하여 너희 가운데에 머물러 있나니 너희는 두려워하지 말지어다

6 만군의 여호와가 이같이 말하노라 조금 있으면 내가 하늘과 땅과 바다와 육지를 진동시킬 것이요

7 또한 모든 나라를 진동시킬 것이며 모든 나라의 1)보배가 이르리니 내가 이 성전에 영광이 충만하게 하리라 만군의 여호와의 말이니라

8 은도 내 것이요 금도 내 것이니라 만군의 여호와의 말이니라

9 이 성전의 나중 영광이 이전 영광보다 크리라 만군의 여호와의 말이니라 내가 이 곳에 평강을 주리라 만군의 여호와의 말이니라

10 ● 다리오 왕 제이년 아홉째 달 이십사일에 여호와의 말씀이 선지자 학개에게 임하니라 이르시되

11 만군의 여호와가 말하노니 너는 제사장에게 율법에 대하여 물어 이르기를

12 사람이 옷자락에 거룩한 고기를 쌌는데 그 옷자락이 만일 떡에나 국에나 포도주에나 기름에나 다른 음식물에 닿았으면 그것이 성물이 되겠느냐 하라 학개가 물으매 제사장들이 대답하여 이르되 아니니라 하는지라

13 학개가 이르되 시체를 만져서 부정하여진 자가 만일 그것들 가운데 하나를

1) 사모하는 것이

만지면 그것이 부정하겠느냐 하니 제사장들이 대답하여 이르되 부정하리라 하더라

14 이에 학개가 대답하여 이르되 여호와의 말씀에 내 앞에서 이 백성이 그러하고 이 나라가 그러하고 그들의 손의 모든 일도 그러하고 그들이 거기에서 드리는 것도 부정하니라

15 이제 원하건대 너희는 오늘부터 이전 곧 여호와의 전에 돌이 돌 위에 놓이지 아니하였던 때를 기억하라 ☞ 4:24

16 그 때에는 이십 고르 곡식 더미에 이른즉 십 고르뿐이었고 포도즙 틀에 오십 고르를 길으러 이른즉 이십 고르뿐이었느니라

17 만군의 여호와가 말하노라 내가 너희손으로 지은 모든 일에 곡식을 마르게 하는 재앙과 깜부기 재앙과 우박으로 쳤으나 너희가 내게로 돌이키지 아니하였느니라 ☞ 4:9

18 너희는 오늘 이전을 기억하라 아홉째 달 이십사일 곧 여호와의 성전 지대를 쌓던 날부터 기억하여 보라 2:10

19 곡식 종자가 아직도 창고에 있느냐 포도나무, 무화과나무, 석류나무, 감람나무에 열매가 맺지 못하였느니라 그러나 오늘부터는 내가 너희에게 복을 주리라

20 ●그 달 이십사일에 여호와의 말씀이 다시 학개에게 임하니라 이르시되

21 너는 유다 총독 스룹바벨에게 말하여 이르라 내가 하늘과 땅을 진동시킬 것이요 1:14

22 여러 왕국들의 보좌를 엎을 것이요 여러 나라의 세력을 멸할 것이요 그 병거들과 그 탄 자를 엎드러뜨리리니 말과 그 탄 자가 각각 그의 동료의 칼에 엎드러지리라

23 만군의 여호와가 말하노라 스알디엘의 아들 내 종 스룹바벨아 여호와가 말하노라 그 날에 내가 너를 세우고 너를 인장으로 삼으리니 이는 내가 너를 택하였음이니라 만군의 여호와의 말이니라 하시니라

성도의 교제

기독교 반대자 루시안은 기독교를 비판하는 글을 썼는데, 그의 글 중에는 오히려 기독교의 장점을 드러내는 내용이 포함되어 있었어요.

"기독교인들이 자신도 어려우면서 서로 돕는 것은 대단한 일이죠. 그들은 아무 것도 아끼지 않는다. 그 종교의 첫 사람이 기독교인들의 머릿속에 자신들은 서로 형제라고 하는 사상을 단단히 넣어준 것 같다."

그의 묘사는 교회의 아름다운 친교의 모습이 처음부터 전통으로 자리잡고 계승되었다는 것을 증명하고 있어요. 성도는 모두가 하나님의 자녀이고 한 가족이며 한 형제이지요. 이 가족관계는 천국에서도 유지될 영원한 것이랍니다.

스가랴를 읽기 전에

이 책을 기록한 사람은 스가랴예요. 스가랴는 베레갸의 아들이며 잇도의 손자로, 이 책에는 그의 이상과 예언이 기록되어 있지요. 예레미야, 에스겔처럼 예언자이면서 제사장으로 학개와 같은 시대에 활동했답니다.

언제, 왜, 누구를 위하여 썼나요?

이 책은 1-8장까지는 B.C. 520-518년 경에, 9-14장까지는 B.C. 480-470년 경에 기록된 것으로 보고 있어요. 이스라엘 백성들에게 14년 동안 중단됐던 성전 재건축을 다시 시작하도록 하고, 회복에 대한 소망을 주기 위해 기록하였지요.

어떤 내용인가요?

스가랴의 여덟 가지 환상이 나와요. 이를 통해 이스라엘이 축복을 누릴 수 있는지 없는지는 하나님의 뜻에 순종하느냐 그렇지 않으냐에 있음을 보여주고, 오실 메시아에 대해 약속하고 있어요.

악한 길에서 돌아오라고 명령하시다

1 다리오 왕 제이년 여덟째 달에 여호와의 말씀이 잇도의 손자 베레갸의 아들 선지자 스가랴에게 임하니라 이르시되

2 여호와가 너희의 조상들에게 심히 진노하였느니라

3 그러므로 너는 그들에게 말하기를 만군의 여호와께서 이처럼 이르시되 너희는 내게로 돌아오라 만군의 여호와의 말이니라 그리하면 내가 너희에게로 돌아가리라 만군의 여호와의 말이니라

4 너희 조상들을 본받지 말라 옛적 선지자들이 그들에게 외쳐 이르되 만군의 여호와께서 이같이 말씀하시기를 너희가 악한 길, 악한 행위를 떠나서 돌아오라 하셨다 하나 그들이 듣지 아니하고 내게 귀를 기울이지 아니하였느니라 여호와의 말이니라

5 너희 조상들이 어디 있느냐 또 선지자들이 영원히 살겠느냐

6 내가 나의 종 선지자들에게 명령한 내 말과 내 법도들이 어찌 너희 조상들에게 임하지 아니하였느냐 그러므로 그들이 돌이켜 이르기를 만군의 여호와께서 우리 길대로, 우리 행위대로 우리에게 행하시려고 뜻하신 것을 우리에게 행하셨도다 하였느니라

화석류나무 사이에 선 자

7 ●다리오 왕 제이년 열한째 달 곧 스밧월 이십사일에 잇도의 손자 베레갸의 아들 선지자 스가랴에게 여호와의 말씀이 임하니라

8 내가 밤에 보니 한 사람이 붉은 말을 타고 골짜기 속 화석류나무 사이에 섰고 그 뒤에는 붉은 말과 자줏빛 말과 백마가 있기로

9 내가 말하되 내 주여 이들이 무엇이니이까 하니 내게 말하는 천사가 내게 이르되 이들이 무엇인지 내가 네게 보이리라 하니

1장에는 무엇이 기록되어 있을까?

선지자 스가랴는 하나님의 성전을 재건축하고 백성들 사이에 여호와 신앙을 다시 일으키는 일을 하였어요. 스가랴가 본 '말 탄 사람' 환상은 성전을 건축하느라 지치고 실망한 이스라엘 백성에게 용기와 희망을 주는 것이었지요. '네 뿔과 대장장이' 환상은 때가 되면 하나님이 원수들을 심판하신다는 것을 의미했어요.

2:3

10 화석류나무 사이에 선 자가 대답하여 이르되 이는 여호와께서 땅에 두루 다니라고 보내신 자들이니라 히 1:14

11 그들이 화석류나무 사이에 선 여호와의 천사에게 말하되 우리가 땅에 두루 다녀 보니 온 땅이 평안하고 조용하더이다 하더라

12 여호와의 천사가 대답하여 이르되 만군의 여호와여 여호와께서 언제까지 예루살렘과 유다 성읍들을 불쌍히 여기지 아니하시려 하나이까 이를 노하신 지 칠십 년이 되었나이다 하매

13 여호와께서 내게 말하는 천사에게 선한 말씀, 위로하는 말씀으로 대답하시더라 사 40:1, 2

14 내게 말하는 천사가 내게 이르되 너는 외쳐 이르기를 만군의 여호와의 말씀에 내가 예루살렘을 위하며 시온을 위하여 크게 질투하며

15 안일한 여러 나라들 때문에 심히 진노하나니 나는 조금 노하였거늘 그들은 힘을 내어 고난을 더하였음이라

16 그러므로 여호와가 이처럼 말하노라 내가 불쌍히 여기므로 예루살렘에 돌아왔은즉 내 집이 그 가운데에 건축되리니 예루살렘 위에 먹줄이 쳐지리라 만군의 여호와의 말이니라

17 그가 다시 외쳐 이르기를 만군의 여호와의 *말씀에 나의 성읍들이* 넘치도록 다시 풍부할 것이라 여호와가 다시 시온을 위로하며 다시 예루살렘을 택하리라 하라 하니라 사 44:26

네 뿔과 대장장이 네 명

18 ●내가 눈을 들어 본즉 네 개의 뿔이 보이기로

19 이에 내게 말하는 천사에게 묻되 이들이 무엇이니이까 하니 내게 대답하되 이들은 유다와 이스라엘과 예루살렘을 흩뜨린 뿔이니라

20 그 때에 여호와께서 대장장이 네 명을 내게 보이시기로 사 44:12

21 내가 말하되 그들이 무엇하러 왔나이까 하니 대답하여 이르시되 그 뿔들이 유다를 흩뜨려서 사람들이 능히 머리를 들지 못하게 하니 이 대장장이들이 와서 그것들을 두렵게 하고 이전의 뿔들을 들어 유다 땅을 흩뜨린 여러 나라의 뿔들을 떨어뜨리려 하느니라 하시더라

측량줄을 잡은 사람 B.C. 520년경

2 내가 또 눈을 들어 본즉 한 사람이 측량줄을 그의 손에 잡았기로

2 네가 어디로 가느냐 물은즉 그가 내게 대답하되 예루살렘을 측량하여 그 너비와 길이를 보고자 하노라 하고 말할 때에

3 내게 말하는 천사가 나가고 다른 천사가 나와서 그를 맞으며

4 이르되 너는 달려가서 그 소년에게 말하여 이르기를 예루살렘은 그 가운데 사람과 가축이 많으므로 성곽 없는 성읍이 될 것이니라

5 여호와의 말씀에 내가 불로 둘러싼 성곽이 되며 그 가운데에서 영광이 되리라

6 ●오호라 너희는 북방 땅에서 도피할지어다 여호와의 말씀이니라 이는 내가 너희를 하늘 사방에 바람 같이 흩어지게 하였음이니라 여호와의 말씀이니라

7 바벨론[1] 성에 거주하는 시온아 이제 너

1) 딸과 함께

는 피할지니라

8 만군의 여호와께서 이같이 말씀하시되 영광을 위하여 나를 너희를 노략한 여러 나라로 보내셨나니 너희를 범하는 자는 그의 눈동자를 범하는 것이라

9 내가 손을 그들 위에 움직인즉 그들이 자기를 섬기던 자들에게 노략거리가 되리라 하셨나니 너희가 만군의 여호와께서 나를 보내신 줄 알리라

10 여호와의 말씀에 시온의 딸아 노래하고 기뻐하라 이는 내가 와서 네 가운데에 머물 것임이니라

11 그 날에 많은 나라가 여호와께 속하여 내 백성이 될 것이요 나는 네 가운데에 머물리라 네가 만군의 여호와께서 나를 네게 보내신 줄 알리라

12 여호와께서 장차 유다를 거룩한 땅에서 자기 소유를 삼으시고 다시 예루살렘을 택하시리니   신 32:9

13 모든 육체가 여호와 앞에서 잠잠할 것은 여호와께서 그의 거룩한 처소에서 일어나심이니라 하라 하더라   합 2:20

여호와의 천사 앞에 선 여호수아

3 대제사장 여호수아는 여호와의 천사 앞에 섰고 사탄은 그의 오른쪽에 서서 그를 대적하는 것을 여호와께서 내게 보이시니라

2 여호와께서 사탄에게 이르시되 사탄아 여호와께서 너를 책망하노라 예루살렘을 택한 여호와께서 너를 책망하노라 이는 불에서 꺼낸 그슬린 나무가 아니냐 하실 때에

3 여호수아가 더러운 옷을 입고 천사 앞에 서 있는지라

4 여호와께서 자기 앞에 선 자들에게 명령하사 그 더러운 옷을 벗기라 하시고 또 여호수아에게 이르시되 내가 네 죄악을 제거하여 버렸으니 네게 아름다운 옷을 입히리라 하시기로

5 내가 말하되 정결한 관을 그의 머리에 씌우소서 하매 곧 정결한 관을 그 머리에 씌우며 옷을 입히고 여호와의 천사는 곁에 섰더라

6 ● 여호와의 천사가 여호수아에게 증언하여 이르되

7 만군의 여호와의 말씀에 네가 만일 내 도를 행하며 내 규례를 지키면 네가 내 집을 다스릴 것이요 내 뜰을 지킬 것이며 내가 또 너로 여기 섰는 자들 가운데에 왕래하게 하리라

8 대제사장 여호수아야 너와 네 앞에 앉은 네 동료들은 내 말을 들을 것이니라 이들은 예표의 사람들이라 내가 내 종 싹을 나게 하리라

9 만군의 여호와가 말하노라 내가 너 여호수아 앞에 세운 돌을 보라 한 돌에 일곱 눈이 있느니라 내가 거기에 새길 것을 새기며 이 땅의 죄악을 하루에 제거하리라

10 만군의 여호와가 말하노라 그 날에 너희가 각각 포도나무와 무화과나무 아래로 서로 초대하리라 하셨느니라

순금 등잔대와 두 감람나무 — B.C. 520년경

4 내게 말하던 천사가 다시 와서 나를 깨우니 마치 자는 사람이 잠에서 깨어난 것 같더라

2 그가 내게 묻되 네가 무엇을 보느냐 내

3 장 에는 무엇이 기록되어 있을까?

네 번째 환상은 하나님의 명령으로 여호수아의 더러운 옷이 아름다운 옷으로 바뀌는 것이었어요. 이것은 하나님이 대제사장 여호수아의 권위를 인정하시며, 이스라엘의 죄를 용서하신다는 것을 뜻하지요. 또한 더 나아가 예수님으로 인해 전 인류의 죄가 용서받게 되는 것을 상징하기도 한답니다.

4 장 다섯 번째 환상에 나타난 '순금 등잔대'는 다시 건축될 성전을, '두 감람나무'는 스룹바벨과 여호수아를 뜻하는 것이었어요. 하나님은 이 환상을 통해 당시 정치 지도자였던 스룹바벨을 격려하셨지요. 또한, 그에게 대제사장 여호수아와 마음을 모아 하나님의 성전 건축에 최선을 다하라고 말씀하셨답니다.

노략(2:8) 떼를 지어 돌아다니면서 사람이나 재물을 마구 빼앗아 감.

책망(3:2) 잘못을 들어 꾸짖음.

가 대답하되 내가 보니 순금 등잔대가 있는데 그 위에는 기름 그릇이 있고 또 그 기름 그릇 위에 일곱 등잔이 있으며 그 기름 그릇 위에 있는 등잔을 위해서 일곱 관이 있고

3 그 등잔대 곁에 두 감람나무가 있는데 하나는 그 기름 그릇 오른쪽에 있고 하나는 그 왼쪽에 있나이다 하고

4 내게 말하는 천사에게 물어 이르되 내 주여 이것들이 무엇이니이까 하니

5 내게 말하는 천사가 대답하여 이르되 네가 이것들이 무엇인지 알지 못하느냐 하므로 내가 대답하되 내 주여 내가 알지 못하나이다 하니

6 그가 내게 대답하여 이르되 여호와께서 스룹바벨에게 하신 말씀이 이러하니라 만군의 여호와께서 말씀하시되 이는 힘으로 되지 아니하며 능력으로 되지 아니하고 오직 나의 영으로 되느니라

7 큰 산아 네가 무엇이냐 네가 스룹바벨 앞에서 평지가 되리라 그가 머릿돌을 내놓을 때에 무리가 외치기를 은총, 은총이 그에게 있을지어다 하리라 하셨고

8 여호와의 말씀이 또 내게 임하여 이르시되

9 스룹바벨의 손이 이 성전의 기초를 놓았은즉 그의 손이 또한 그 일을 마치리라 하셨나니 만군의 여호와께서 나를 너희에게 보내신 줄을 네가 알리라 하셨느니라

10 작은 일의 날이라고 멸시하는 자가 누구냐 사람들이 스룹바벨의 손에 다림줄이 있음을 보고 기뻐하리라 이 일곱

은 온 세상에 두루 다니는 여호와의 눈이라 하니라

11 ●내가 그에게 물어 이르되 등잔대 좌우의 두 감람나무는 무슨 뜻이니이까 4:3

12 다시 그에게 물어 이르되 금 기름을 흘리는 두 금관 옆에 있는 이 감람나무 가지는 무슨 뜻이니이까 하니

13 그가 내게 대답하여 이르되 네가 이것이 무엇인지 알지 못하느냐 하는지라 내가 대답하되 내 주여 알지 못하나이다 하니

14 이르되 이는 기름 부음 받은 자 둘이니 온 세상의 주 앞에 서 있는 자니라 하더라 슥 3:1~7

날아가는 두루마리 · B.C. 520년경

5 내가 다시 눈을 들어 본즉 날아가는 두루마리가 있더라

2 그가 내게 묻되 네가 무엇을 보느냐 하기로 내가 대답하되 날아가는 두루마리를 보나이다 그 길이가 이십¹⁾ 규빗이요 너비가 십 규빗이니이다

3 그가 내게 이르되 이는 온 땅 위에 내리는 저주라 도둑질하는 자는 그 이쪽 글대로 끊어지고 맹세하는 자는 그 저쪽 글대로 끊어지리라 하니

4 만군의 여호와께서 이르시되 내가 이것을 보냈나니 도둑의 집에도 들어가며 내 이름을 가리켜 망령되이 맹세하는 자의 집에도 들어가서 그의 집에 머무르며 그 집을 나무와 돌과 아울러 사르리라 하셨느니라 하니라 말 3:5

에바 속의 여인

5 ●내게 말하던 천사가 나아와서 내게 이르되 너는 눈을 들어 나오는 이것이 무엇인가 보라 하기로

6 내가 묻되 이것이 무엇이니이까 하니 그가 이르되 나오는 이것이 에바이니라 하시고 또 이르되 온 땅에서 그들의 모양이 이러하니라

7 이 에바 가운데에는 한 여인이 앉았느

5 에는 무엇이 기록되어 있을까?

여섯 번째 '두루마리 환상'은 성전 건축을 게을리하는 이스라엘 사람에게 내릴 심판을 의미하고, 일곱 번째 '여인' 환상은 마지막 때 죄인에게 내려질 심판을 의미합니다. 두 환상 모두 '심판'이라는 주제를 담고 있지요. 특히 여인 환상에 등장하는 '에바'는 하나님의 심판이 완전하다는 것을 나타낸답니다.

1) 히, 암마

니라 하니 그 때에 둥근 납 한 조각이 들리더라

8 그가 이르되 이는 악이라 하고 그 여인을 에바 속으로 던져 넣고 납 조각을 에바 아귀 위에 던져 덮더라 ■12:7

9 내가 또 눈을 들어 본즉 두 여인이 나오는데 학의 날개 같은 날개가 있고 그 날개에 바람이 있더라 그들이 그 에바를 천지 사이에 들었기로 렘 8:7

10 내가 내게 말하는 천사에게 묻되 그들이 에바를 어디로 옮겨 가나이까 하니

11 그가 내게 이르되 그들이 시날 땅으로 가서 그것을 위하여 집을 지으려 함이니라 준공되면 그것이 제 처소에 머물게 되리라 하더라

네 병거 — B.C. 520년경

6 내가 또 눈을 들어 본즉 네 병거가 두 산 사이에서 나오는데 그 산은 구리 산이더라

2 첫째 병거는 붉은 말들이, 둘째 병거는 검은 말들이,

3 셋째 병거는 흰 말들이, 넷째 병거는 어룽지고 건장한 말들이 메었는지라

4 내가 내게 말하는 천사에게 물어 이르되 내 주여 이것들이 무엇이니이까 하니

5 천사가 대답하여 이르되 이는 하늘의 네 바람인데 온 세상의 주 앞에 서 있다가 나가는 것이라 하더라 마 24:31

6 검은 말은 북쪽 땅으로 나가고 흰 말은 그 뒤를 따르고 어룽진 말은 남쪽 땅으로 나가고

7 건장한 말은 나가서 땅에 두루 다니고자 하니 그가 이르되 너희는 여기서 나가서 땅에 두루 다니라 하매 곧 땅에 두루 다니더라

8 그가 내게 외쳐 말하여 이르되 북쪽으로 나간 자들이 북쪽에서 내 영을 쉬게 하였느니라 하더라

면류관을 여호수아의 머리에 씌우다

9 ●여호와의 말씀이 내게 임하여 이르시되

10 사로잡힌 자 가운데 바벨론에서부터 돌아온 헬대와 도비야와 여다야가 스바냐의 아들 요시아의 집에 들어갔나니 너는 이 날에 그 집에 들어가서 그들에게서 받되

11 은과 금을 받아 면류관을 만들어 여호사닥의 아들 대제사장 여호수아의 머리에 씌우고

12 말하여 이르기를 만군의 여호와께서 이같이 말씀하시되 보라 싹이라 이름하는 사람이 자기 곳에서 돋아나서 여호와의 전을 건축하리라

13 그가 여호와의 전을 건축하고 영광도 얻고 그 자리에 앉아서 다스릴 것이요 또 제사장이 자기 자리에 있으리니 이 둘 사이에 평화의 의논이 있으리라 하셨다 하고

6장 에는 무엇이 기록되어 있을까?

마지막 여덟 번째 환상의 '네 마리 말'은 하나님이 이스라엘의 대적을 심판하시고 승리하게 되는 것을 의미합니다. 이것은 요한계시록에 나오는 '말'의 의미와 같지요(계 6:1-8). 여호수아가 면류관을 쓰는 것은 왕권과 대제사장권이 하나로 합쳐진다는 것을 뜻하는데, 이는 곧 오실 메시아의 권능을 가리킨답니다.

14 그 면류관은 헬렘과 도비야와 여다야와 스바냐의 아들 헨을 기념하기 위하여 여호와의 전 안에 두라 하시니라

15 먼 데 사람들이 와서 여호와의 전을 건축하리니 만군의 여호와께서 나를 너희에게 보내신 줄을 너희가 알리라 너희가 만일 너희의 하나님 여호와의 말씀을 들을진대 이같이 되리라

여호와께서는 금식보다 청종을 원하신다

7 다리오 왕 제사년 아홉째 달 곧 기슬래 월 사일에 여호와의 말씀이 스가랴에게 임하니라

2 그 때에 벧엘 사람이 사레셀과 레겜멜렉과 그의 부하들을 보내어 여호와께 은혜를 구하고

3 만군의 여호와의 전에 있는 제사장들과 선지자들에게 물어 이르되 내가 여러 해 동안 행한 대로 오월 중에 울며 근신하리이까 하매

4 만군의 여호와의 말씀이 내게 임하여 이르시되

5 온 땅의 백성과 제사장들에게 이르라 너희가 칠십 년 동안 다섯째 달과 일곱째 달에 금식하고 애통하였거니와 그 금식이 나를 위하여, 나를 위하여 한 것이냐

6 너희가 먹고 마실 때에 그것을 너희를 위하여 먹고 너희를 위하여 마시는 것이 아니냐

7 예루살렘과 사면 성읍에 백성이 평온히 거주하며 남방과 평원에 사람이 거주할 때에 여호와가 옛 선지자들을 통하여 외친 말씀이 있지 않으냐 하시니라

토막상식
기슬래 월

유다 달력으로는 9월, 태양 달력으로는 11~12월에 해당하는 달로, 씨를 뿌리기 시작하는 달이지요. 이것은 포로 생활에서 돌아온 후 바벨론에서 가져와 사용한 시간 개념이에요. 바벨론의 연대기에 따르면 느부갓네살 왕이 예루살렘 공격을 시작한 시기가 바로 기슬래 월이었답니다.

7장 1절

나로잡혀 가는 까닭

8 ●여호와의 말씀이 스가랴에게 임하여 이르시되

9 만군의 여호와가 이같이 말하여 이르시기를 너희는 진실한 재판을 행하며 서로 인애와 긍휼을 베풀며

미 6:8

10 과부와 고아와 나그네와 궁핍한 자를 압제하지 말며 서로 해하려고 마음에 도모하지 말라 하였으나

슥 22:22

11 그들이 듣기를 싫어하여 1)등을 돌리며 듣지 아니하려고 귀를 막으며

12 그 마음을 금강석 같게 하여 율법과 만군의 여호와가 그의 영으로 옛 선지자들을 통하여 전한 말을 듣지 아니하므로 큰 진노가 만군의 여호와께로부터 나왔도다

13 내가 불러도 그들이 듣지 아니한 것처럼 그들이 불러도 내가 듣지 아니하리라 만군의 여호와가 말하였느니라

14 내가 그들을 바람으로 불어 알지 못하던 여러 나라에 흩었느니라 그 후에 이 땅이 황폐하여 오고 가는 사람이 없었나니 이는 그들이 아름다운 땅을 황폐하게 하였음이니라 하시니라

예루살렘 회복에 대한 약속 - B.C. 518년경

8 만군의 여호와의 말씀이 임하여 이르시되

2 만군의 여호와가 이같이 말하노라 내가 시온을 위하여 크게 질투하며 그를 위하여 크게 분노함으로 질투하노라

3 여호와가 이같이 말하노라 내가 시온에 돌아와 예루살렘 가운데에 거하리

7 장 에는 무엇이 기록되어 있을까?

하나님은 이스라엘 백성의 형식적인 금식에 대해 엄하게 꾸짖으셨어요. 그리고 나서 참된 금식은 하나님을 온전하게 섬기고 믿겠다는 순수한 마음에서 나오는 것임을 가르쳐 주셨지요. 스가랴는 이스라엘 백성들에게 형식뿐인 금식 제도를 중지하고 그 대신 의로운 생활을 하라고 가르쳤어요.

1)굽은 어깨로 향하며

니 예루살렘은 진리의 성읍이라 일컫 겠고 만군의 여호와의 산은 성산이라 일컫게 되리라

4 만군의 여호와가 이같이 말하노라 예루 살렘 길거리에 늙은 남자들과 늙은 여자 들이 다시 앉을 것이라 다 나이가 많으 므로 저마다 손에 지팡이를 잡을 것이요

5 그 성읍 거리에 소년과 소녀들이 가득 하여 거기에서 뛰놀리라

6 만군의 여호와가 이같이 말하노라 이 일이 그 날에 남은 백성의 눈에는 기이 하려니와 내 눈에야 어찌 기이하겠느 냐 만군의 여호와의 말이니라

7 만군의 여호와가 이같이 말하노라 보 라, 내가 내 백성을 해가 뜨는 땅과 해 가 지는 땅에서부터 구원하여 내고

8 인도하여다가 예루살렘 가운데에 거주 하게 하리니 그들은 내 백성이 되고 나는 진리와 공의로 그들의 하나님이 되리라

9 ●만군의 여호와가 이같이 말하노라 만군의 여호와의 집 곧 성전을 건축하 려고 그 지대를 쌓던 날에 있었던 선지 자들의 입의 말을 이 날에 듣는 너희는 손을 견고히 할지니라

10 이 날 전에는 사람도 삯을 얻지 못하였 고 짐승도 삯을 받지 못하였으며 사람 이 원수로 말미암아 평안히 출입하지 못하였으니 내가 모든 사람을 풀어 서 로 치게 하였느니라

11 만군의 여호와의 말씀이니라 이제는 내가 이 남은 백성을 대하기를 옛날과 같이 아니할 것인즉

12 곧 평강의 씨앗을 얻을 것이라 포도나

무가 열매를 맺으며 땅이 산물을 내며 하늘은 이슬을 내리리니 내가 이 남은 백성으로 이 모든 것을 누리게 하리라

13 유다 족속아, 이스라엘 족속아, 너희가 이방인 가운데에서 저주가 되었었으 나 이제는 내가 너희를 구원하여 너희 가 복이 되게 하리니 두려워하지 말지 니라 손을 견고히 할지니라

14 ●만군의 여호와가 이같이 말하노라 너희 조상들이 나를 격노하게 하였을 때에 내가 그들에게 재앙을 내리기로 뜻하고 뉘우치지 아니하였으나

15 이제 내가 다시 예루살렘과 유다 족속 에게 은혜를 베풀기로 뜻하였나니 너 희는 두려워하지 말지니라

16 너희가 행할 일은 이러하니라 너희는 이웃과 더불어 진리를 말하며 너희 성문에서 진실하고 화평한 재판을 베 풀고   엡 4:25

17 마음에 서로 해하기를 도모하지 말며 거짓 맹세를 좋아하지 말라 이 모든 일 은 내가 미워하는 것이니라 여호와의 말이니라

금식에 관하여 말씀하시다

18 ●만군의 여호와의 말씀이 내게 임하 여 이르시되

19 만군의 여호와가 이같이 말하노라 넷 째 달의 금식과 다섯째 달의 금식과 일 곱째 달의 금식과 열째 달의 금식이 변 하여 유다 족속에게 기쁨과 즐거움과 희락의 절기들이 되리니 오직 너희는 진리와 화평을 사랑할지니라

20 만군의 여호와가 이와 같이 말하노라 다시 여러 백성과 많은 성읍의 주민이 올 것이라

8 에는 무엇이 기록되어 있을까?

스가랴는 회복될 예루살렘의 영광 과 평화를 말했어요. 그 나라는 정치(안정), 사 회(정의), 군사(평화), 종교(하나님 경배) 등에 완벽한 조화를 이룰 거예요. 이 모든 것은 하나 님의 은혜의 결과지요. 사람들의 범죄로 인해 깨질 수밖에 없었던 하나님과의 약속을, 하나 님께서 다시 회복하셨기 때문입니다.

금식(7:5) 하나님 앞에서 자신을 낮추는 하나의 수단 으로 먹는 것을 절제함.
인애(7:9) 어질고 사랑하는 마음.
성산(8:3) 거룩한 산. 시온 산.
기이(8:6) 보통과는 달리 이상함.
산물(8:12) 그 지방에서 생산되는 물건, 열매, 과일 등.
재앙(8:14) 여기서는 하나님께서 징벌과 위협으로서, 갑작스럽고 치명적인 질병을 가리킴.

21 이 성읍 주민이 저 성읍에 가서 이르기를 우리가 속히 가서 만군의 여호와를 찾고 여호와께 은혜를 구하자 하면 나도 가겠노라 하겠으며

22 많은 백성과 강대한 나라들이 예루살렘으로 와서 만군의 여호와를 찾고 여호와께 은혜를 구하리라 ^{사 60:3-12}

23 만군의 여호와가 이와 같이 말하노라 그 날에는 말이 다른 이방 백성 열 명이 유다 사람 하나의 옷자락을 잡을 것이라 곧 잡고 말하기를 하나님이 너희와 함께 하심을 들었나니 우리가 너희와 함께 가려 하노라 하리라 하시니라

이스라엘 이웃 나라들에 대한 하나님의 말씀

9 여호와의 말씀이 하드락 땅에 내리며 다메섹에 머물리니 사람들과 이스라엘 모든 지파의 눈이 여호와를 우러러봄이니라

2 그 접경한 하맛에도 임하겠고 두로와 시돈에도 임하리니 그들이 매우 지혜로움이니라

3 두로는 자기를 위하여 요새를 건축하며 은을 티끌 같이, 금을 거리의 진흙 같이 쌓았도다

4 주께서 그를 정복하시며 그의 권세를 바다에 처넣으시리니 그가 불에 삼켜질지라

5 아스글론이 보고 무서워하며 가사도 심히 아파할 것이며 에그론은 그 소망이 수치가 되므로 역시 그러하리라 가사에는 임금이 끊어질 것이며 아스글론에는 주민이 없을 것이며

6 아스돗에는 잡족이 거주하리라 내가 블레셋 사람의 교만을 끊고

아스돗 유적 발굴지(9:6)

7 그의 입에서 그의 피를, 그의 잇사이에서 그 가증한 것을 제거하리니 그들도 남아서 우리 하나님께로 돌아와서 유다의 한 지도자 같이 되겠고 에그론은 여부스 사람 같이 되리라

8 ●내가 내 집을 둘러 진을 쳐서 적군을 막아 왕래하지 못하게 할 것이라 포학한 자가 다시는 그 지경으로 지나가지 못하리니 이는 내가 눈으로 친히 봄이니라

구원을 베풀 왕

9 ●시온의 딸아 크게 기뻐할지어다 예루살렘의 딸아 즐거이 부를지어다 보라 네 왕이 네게 임하시나니 그는 공의로우시며 구원을 베푸시며 겸손하여서 나귀를 타시나니 나귀의 작은 것 곧 나귀 새끼니라 ^{마 9:6, 7}

10 내가 에브라임의 병거와 예루살렘의 말을 끊겠고 전쟁하는 활도 끊으리니 그가 이방 사람에게 화평을 전할 것이요 그의 통치는 바다에서 바다까지 이르고 유브라데 강에서 땅 끝까지 이르리라

11 ●또 너로 말할진대 네 언약의 피로 말미암아 내가 네 갇힌 자들을 물 없는 구덩이에서 놓았나니 ^{출 24:8}

12 갇혀 있으나 소망을 품은 자들아 너희는 요새로 돌아올지니라 내가 오늘도 이르노라 내가 네게 갑절이나 갚을 것이라

13 내가 유다를 당긴 활로 삼고 에브라임을 끼운 화살로 삼았으니 시온아 내가 네 자식들을 일으켜 헬라 자식들을 치게 하며 너를 용사의 칼과 같게 하리라

14 여호와께서 그들 위에 나타나서 그들의 화살을 번개 같이 쏘아내실 것이며

주 여호와께서 나팔을 불게 하시며 남방 회오리바람을 타고 가실 것이라

15 만군의 여호와께서 그들을 호위하시리니 그들이 원수를 삼키며 물맷돌을 밟을 것이며 그들이 피를 마시고 즐거이 부르기를 술취한 것 같이 할 것인즉 피가 가득한 동이와도 같고 피 묻은 제단 모퉁이와도 같을 것이라 _{참 41:28}

16 이 날에 그들의 하나님 여호와께서 그들을 자기 백성의 양 떼 같이 구원하시리니 그들이 왕관의 보석 같이 여호와의 땅에 빛나리로다

17 ²⁾그의 형통함과 ²⁾그의 아름다움이 어찌 그리 큰지 곡식은 청년을, 새 포도주는 처녀를 강건하게 하리라

여호와께서 구원을 약속하시다 · B.C. 487년경

10

봄비가 올 때에 여호와 곧 구름을 일게 하시는 여호와께 비를 구하라 무리에게 소낙비를 내려서 밭의 채소를 각 사람에게 주시리라

2 드라빔들은 허탄한 것을 말하며 복술자는 진실하지 않은 것을 보고 거짓 꿈을 말한즉 그 위로가 헛되므로 백성들이 양 같이 유리하며 목자가 없으므로 곤고를 당하나니 _{렘 3:4}

3 내가 목자들에게 노를 발하며 내가 숫염소들을 벌하리라 만군의 여호와가 그 무리 곧 유다 족속을 돌보아 그들을 전쟁의 준마와 같게 하리니

4 모퉁잇돌이 그에게서, 말뚝이 그에게서, 싸우는 활이 그에게서, 권세 잡은 자가 다 일제히 그에게서 나와서

5 싸울 때에 용사 같이 거리의 진흙 중에

토막상식 이스라엘의 봄비

여기서 "봄비"는 '늦은 비'를 가리킵니다. 물이 부족한 이스라엘에서 '이른 비'와 '늦은 비'는 하나님의 축복과 자비의 상징이었지요. 10장 1절

원수를 밟을 것이라 여호와가 그들과 함께 한즉 그들이 싸워 말 탄 자들을 부끄럽게 하리라

6 내가 유다 족속을 견고하게 하며 요셉 족속을 구원할지라 내가 그들을 긍휼히 여김으로 그들이 돌아오게 하리니 그들은 내가 내버린 일이 없었음 같이 되리라 나는 그들의 하나님 여호와라 내가 그들에게 들으리라 _{9:16}

7 에브라임이 용사 같아서 포도주를 마심 같이 마음이 즐거울 것이요 그들의 자손은 보고 기뻐하며 여호와로 말미암아 마음에 즐거워하리라

8 ●내가 그들을 향하여 휘파람을 불어 그들을 모을 것은 내가 그들을 구속하였음이라 그들이 전에 번성하던 것 같이 번성하리라

9 내가 그들을 여러 백성들 가운데 흩으려니와 그들이 먼 곳에서 나를 기억하고 그들이 살아서 그들의 자녀들과 함께 돌아올지라

10 내가 그들을 애굽 땅에서 돌아오게 하며 그들을 앗수르에서부터 모으며 길르앗 땅과 레바논으로 그들을 이끌어 가리니 그들이 거할 곳이 부족하리라

11 내가 그들이 고난의 바다를 지나갈 때에 바다 물결을 치리니 나일의 깊은 곳이 다 마르겠고 앗수르의 교만이 낮아지겠고 애굽의 규가 없어지리라

12 내가 그들로 나 여호와를 의지하여 견고하게 하리니 그들이 내 이름으로 행하리라 나 여호와의 말이니라

10 에는 무엇이 기록되어 있을까?

앞서 9장에서 예언된 메시아가 새 왕국을 통치하실 것을 자세히 말하고 있어요. 그분은 거짓 목자와 거짓 신을 의지하는 유대인들을 모으며, 대적을 물어 없애실 거예요. 오직 공평하시고 의로우신 왕 그리스도가 오셔서 정의와 평화가 강같이 흐르는 새 왕국을 건설하실 것입니다.

요단의 자랑이 쓰러지다

11 레바논아 네 문을 열고 불이 네 백향목을 사르게 하라 *렘 31:3*

2 너 잣나무여 곡할지어다 백향목이 넘어졌고 아름다운 나무들이 쓰러졌음이로다 바산의 상수리나무들아 곡할지어다 무성한 숲이 엎드러졌도다

3 목자들의 곡하는 소리가 남이여 그들의 영화로운 것이 쓰러졌음이며 어린 사자의 부르짖는 소리가 남이여 이는 요단의 자랑이 쓰러졌음이로다

두 목자

4 ●여호와 나의 하나님이 이르시되 너는 잡혀 죽을 양 떼를 먹이라

5 사들인 자들은 그들을 잡아도 죄가 없다 하고 판 자들은 말하기를 내가 부요하게 되었은즉 여호와께 찬송하리라 하고 그들의 목자들은 그들을 불쌍히 여기지 아니하는도다 *렘 50:7*

6 여호와가 말하노라 내가 다시는 이 땅 주민을 불쌍히 여기지 아니하고 그 사람들을 각각 그 이웃의 손과 임금의 손에 넘기리니 그들이 이 땅을 칠지라도 내가 그들의 손에서 건져내지 아니하리라 하시기로

7 내가 잡혀 죽을 양 떼를 먹이니 참으로 가련한 양들이라 내가 막대기 둘을 취하여 하나는 은총이라 하며 하나는 연합이라 하고 양 떼를 먹일새

8 한 달 동안에 내가 그 세 목자를 제거하였으니 이는 내 마음에 그들을 싫어하였고 그들의 마음에도 나를 미워하였음이라

❶ 아름다운 나무 백향목(11:1-2)
백향목이 불에 타고 쓰러진다는 것은 이스라엘의 영광이 무너질 것을 예언하는 말씀이다.

9 내가 이르되 내가 너희를 먹이지 아니하리라 죽는 자는 죽는 대로, 망하는 자는 망하는 대로, 나머지는 서로 살을 먹는 대로 두리라 하고

10 이에 은총이라 하는 막대기를 취하여 꺾었으니 이는 모든 백성들과 세운 언약을 폐하려 하였음이라

11 당일에 곧 폐하매 내 말을 지키던 가련한 양들은 이것이 여호와의 말씀이었던 줄 안지라

12 내가 그들에게 이르되 너희가 좋게 여기거든 내 품삯을 내게 주고 그렇지 아니하거든 그만두라 그들이 곧 은 삼십 개를 달아서 내 품삯을 삼은지라

13 여호와께서 내게 이르시되 그들이 나를 헤아린 바 그 삯을 토기장이에게 던지라 하시기로 내가 곧 그 은 삼십 개를 여호와의 전에서 토기장이에게 던지고

14 내가 또 연합이라 하는 둘째 막대기를 꺾었으니 이는 유다와 이스라엘 형제의 의리를 끊으려 함이었느니라

15 ●여호와께서 내게 이르시되 너는 또 어리석은 목자의 기구들을 빼앗을지니라

16 보라 내가 한 목자를 이 땅에 일으키리니 그가 없어진 자를 마음에 두지 아니하며 흩어진 자를 찾지 아니하며 상한 자를 고치지 아니하며 강건한 자를 먹이지 아니하고 오히려 살진 자의 고기를 먹으며 또 그 굽을 찢으리라

17 화 있을진저 양 떼를 버린 못된 목자여 칼이 그의 팔과 오른쪽 눈에 내리리니 그의 팔이 아주 마르고 그의 오른쪽 눈이 아주 멀어 버릴 것이라 하시니라

예루살렘의 구원 — B.C. 487년경

12 이스라엘에 관한 여호와의 경고의 말씀이라 ●여호와 곧 하늘을 펴시며 땅의 터를 세우시며 사람 안에 심령을 지으신 이가 이르시되

2 보라 내가 예루살렘으로 그 사면 모든 민족에게 취하게 하는 잔이 되게 할 것이라 예루살렘이 에워싸일 때에 유다에게까지 이르리라

3 그 날에는 내가 예루살렘을 모든 민족에게 무거운 돌이 되게 하리니 그것을 드는 모든 자는 크게 상할 것이라 천하 만국이 그것을 치려고 모이리라

4 여호와가 말하노라 그 날에 내가 모든 말을 쳐서 놀라게 하며 그 탄 자를 쳐서 미치게 하되 유다 족속은 내가 돌보고 모든 민족의 말을 쳐서 눈이 멀게 하리니

5 유다의 우두머리들이 마음속에 이르기를 예루살렘 주민이 그들의 하나님 만군의 여호와로 말미암아 힘을 얻었다 할지라

6 그 날에 내가 유다 지도자들을 나무 가운데에 화로 같게 하며 곡식단 사이에 횃불 같게 하리니 그들이 그 좌우에 에워싼 모든 민족들을 불사를 것이요 예루살렘 사람들은 다시 그 본 곳 예루살렘에 살게 되리라

7 여호와가 먼저 유다 장막을 구원하리니 이는 다윗의 집의 영광과 예루살렘 주민의 영광이 유다보다 더하지 못하게 하려 함이니라

8 그 날에 여호와가 예루살렘 주민을 보호하리니 그 중에 약한 자가 그 날에는 다윗 같겠고 다윗의 족속은 하나님 같고 무리 앞에 있는 여호와의 사자 같을 것이라

9 예루살렘을 치러 오는 이방 나라들을 그 날에 내가 멸하기를 힘쓰리라

10 ●내가 다윗의 집과 예루살렘 주민에게 은총과 간구하는 심령을 부어 주리니 그들이 그 찌른 바 ¹⁾그를 바라보고 그

를 위하여 애통하기를 독자를 위하여 애통하듯 하며 그를 위하여 통곡하기를 장자를 위하여 통곡하듯 하리로다

11 그 날에 예루살렘에 큰 애통이 있으리니 므깃도 골짜기 하다드림몬에 있던 애통과 같을 것이라

12 온 땅 각 족속이 따로 애통하되 다윗의 족속이 따로 하고 그들의 아내들이 따로 하며 나단의 족속이 따로 하고 그들의 아내들이 따로 하며

13 레위의 족속이 따로 하고 그들의 아내들이 따로 하며 시므이의 족속이 따로 하고 그들의 아내들이 따로 하며

14 모든 남은 족속도 각기 따로 하고 그들의 아내들이 따로 하리라

13 그 날에 죄와 더러움을 씻는 샘이 다윗의 족속과 예루살렘 주민을 위하여 열리리라

2 만군의 여호와가 말하노라 그 날에 내가 우상의 이름을 이 땅에서 끊어서 기억도 되지 못하게 할 것이며 거짓 선지자와 더러운 귀신을 이 땅에서 떠나게 할 것이요

3 사람이 아직도 예언할 것 같으면 그 낳은 부모가 그에게 이르기를 네가 여호와의 이름을 빙자하여 거짓말을 하니

12장 에는 무엇이 기록되어 있을까?

12~14장까지는 메시아 왕국의 승리에 초점을 맞추고 있어요. 12장에서는 예루살렘이 승리하며 회개 운동이 일어날 것을 말하고 있지요. 여기에서 예루살렘은 신약 교회(믿는 자)를 나타내는데, 사탄의 어떠한 공격을 받아도 교회는 결국 승리할 거예요. 또한 믿는 자는 스스로 죄를 고백하는 마음을 가져야 한답니다.

13장 스가랴는 죄를 회개하면 하나님의 구원을 얻게 된다고 말했어요. 이처럼 새 예루살렘은 믿는 자의 회개와 의로움이 새 생명 위에 세워지는 것이지요. 또한 이 나라는 '주님의 희생적인 죽음' 위에 세워진답니다. 주님은 새 예루살렘(교회)의 머리가 되시며, 우리는 그분께 붙은 가지(요 15:4)예요.

---

1) 히, '나를' 어떤 역본에는, '그를'

살지 못하리라 하고 낳은 부모가 그가 예언할 때에 칼로 그를 찌르리라

4 그 날에 선지자들이 예언할 때에 그 환상을 각기 부끄러워할 것이며 사람을 속이려고 털옷도 입지 아니할 것이며

5 말하기를 나는 선지자가 아니요 나는 농부라 내가 어려서부터 사람의 종이 되었노라 할 것이요

6 어떤 사람이 그에게 묻기를 네 두 팔 사이에 있는 상처는 어찌 됨이냐 하면 대답하기를 이는 나의 친구의 집에서 받은 상처라 하리라

목자를 치라는 명령

7 ●만군의 여호와가 말하노라 칼아 깨어서 내 목자, 내 짝 된 자를 치라 목자를 치면 양이 흩어지려니와 작은 자들 위에는 내가 내 손을 드리우리라

8 여호와가 말하노라 이 온 땅에서 삼분의 이는 멸망하고 삼분의 일은 거기 남으리니

9 내가 그 삼분의 일을 불 가운데에 던져 은 같이 연단하며 금 같이 시험할 것이라 그들이 내 이름을 부르리니 내가 들을 것이며 나는 말하기를 이는 내 백성이라 할 것이요 그들은 말하기를 여호와는 내 하나님이시라 하리라

예루살렘과 이방 나라들 —B.C. 487년경

14 여호와의 날이 이르리라 그 날에 네 재물이 약탈되어 네 가운데에서 나누이리라

2 내가 이방 나라들을 모아 예루살렘과 싸우게 하리니 성읍이 함락되며 가옥이 약탈되며 부녀가 욕을 당하며 성읍

백성이 절반이나 사로잡혀 가려니와 남은 백성은 성읍에서 끊어지지 아니하리라

3 그 때에 여호와께서 나가사 그 이방 나라들을 치시되 이왕의 전쟁 날에 싸운 것 같이 하시리라

4 그 날에 그의 발이 예루살렘 앞 곧 동쪽 감람 산에 서실 것이요 감람 산은 그 한 가운데가 동서로 갈라져 매우 큰 골짜기가 되어서 산 절반은 북으로, 절반은 남으로 옮기고

5 그 산 골짜기는 아셀까지 이를지라 너희가 그 산 골짜기로 도망하되 유다 왕 웃시야 때에 지진을 피하여 도망하던 것 같이 하리라 나의 하나님 여호와께서 임하실 것이요 모든 거룩한 자들이 주와 함께 하리라

6 그 날에는 빛이 없겠고 광명한 것들이 떠날 것이라

7 여호와께서 아시는 한 날이 있으리니 낮도 아니요 밤도 아니라 어두워 갈 때에 빛이 있으리로다   사 60:1-3

8 그 날에 생수가 예루살렘에서 솟아나서 절반은 동해로, 절반은 서해로 흐를 것이라 여름에도 겨울에도 그러하리라

9 ●여호와께서 천하의 왕이 되시리니 그 날에는 여호와께서 홀로 한 분이실 것이요 그의 이름이 홀로 하나이실 것이라

10 온 땅이 아라바 같이 되되 게바에서 예루살렘 남쪽 림몬까지 이를 것이며 예루살렘이 높이 들려서 그 본처에 있으리니 베냐민 문에서부터 첫 문 자리와 성 모퉁이 문까지 또 하나넬 망대에서부터 왕의 포도주 짜는 곳까지라

연단(13:9) 쇠붙이를 불에 달구어 두드리는 것을 말하는데, 배운 것을 익히는 단련의 의미로 쓰임.

이왕(14:3) 이미 지나간 때. 이전.

망대(14:10) 망을 보기 위하여 세운 높은 대.

진(14:15) 전투를 하거나 야영을 할 때 군사가 머물러 모여 있는 곳.

초막절(14:16) 수장절. 유대인들이 7간 초막을 짓고 살면서 광야 생활을 기념하는 절기.

11 사람이 그 가운데에 살며 다시는 저주가 있지 아니하리니 예루살렘이 평안히 서리로다

12 ●예루살렘을 친 모든 백성에게 여호와께서 내리실 재앙은 이러하니 곧 섰을 때에 그들의 살이 썩으며 그들의 눈동자가 눈구멍 속에서 썩으며 그들의 혀가 입 속에서 썩을 것이요

13 그 날에 여호와께서 그들을 크게 요란하게 하시리니 피차 손으로 붙잡으며 피차 손을 들어 칠 것이며

14 유다도 예루살렘에서 싸우리니 이 때에 사방에 있는 이방 나라들의 보화 곧 금 은과 의복이 심히 많이 모여질 것이요

15 또 말과 노새와 낙타와 나귀와 그 진에 있는 모든 가축에게 미칠 재앙도 그 재앙과 같으리라

16 ●예루살렘을 치러 왔던 이방 나라들 중에 남은 자가 해마다 올라와서 그 왕 만군의 여호와께 경배하며 초막절을 지킬 것이라

17 땅에 있는 족속들 중에 그 왕 만군의 여호와께 경배하러 예루살렘에 올라오지 아니하는 자들에게는 비를 내리지 아니하실 것인즉

18 만일 애굽 족속이 올라오지 아니할 때에는 비 내림이 있지 아니하리니 여호와께서 초막절을 지키러 올라오지 아니하는 이방 나라들의 사람을 치시는 재앙으로 그에게 내리실 것이라

19 애굽 사람이나 이방 나라 사람이나 초막절을 지키러 올라오지 아니하는 자가 받을 벌이 그러하니라

20 그 날에는 말 방울에까지 여호와께 성결이라 기록될 것이라 여호와의 전에 있는 모든 솥이 제단 앞 주발과 다름이 없을 것이니 ^{개 20:6}

21 예루살렘과 유다의 모든 솥이 만군의 여호와의 성물이 될 것인즉 제사 드리는 자가 와서 이 솥을 가져다가 그것으로 고기를 삶으리라 그 날에는 만군의 여호와의 전에 가나안 사람이 다시 있지 아니하리라 ^{사 13:1}

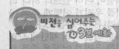

Malachi
말라기

✿ 말라기를 읽기 전에

이 책을 기록한 사람은 말라기예요. '말라기'는 히브리어로 '내 사자'라는 뜻이지요. 말라기 선지자에 대한 특별한 기록은 없어요. 말라기서는 소선지서의 마지막 책이자 구약성경의 마지막 책이랍니다.

✿ 언제, 왜, 누구를 위하여 썼나요?

이 책을 기록한 때는 정확하게 알 수 없어요. 다만 말라기 예언자는 성전 재건(B.C. 516년) 이후에 활동하였을 것으로 추측되지요. 예루살렘에 돌아온 지 100년이 지난 이스라엘 백성들에게 하나님과의 관계를 회복하게 하려고 기록했어요.

✿ 어떤 내용인가요?

하나님은 이스라엘을 사랑하셔서, 하나님을 섬기는 일에 올바르지 못했던 이스라엘을 꾸짖으셨지요. 또 메시아를 보내시기 전에 예언자 엘리야를 보내겠다고 말씀하셨답니다.

1
여호와께서 1)말라기를 통하여 이스라엘에게 말씀하신 경고라

여호와께서 이스라엘을 사랑하시다

2 ●여호와께서 이르시되 내가 너희를 사랑하였노라 하나 너희는 이르기를 주께서 어떻게 우리를 사랑하셨나이까 하는도다 나 여호와가 말하노라 에서는 야곱의 형이 아니냐 그러나 내가 야곱을 사랑하였고 _{롬 9:13}

3 에서는 미워하였으며 그의 산들을 황폐하게 하였고 그의 산업을 광야의 이리들에게 넘겼느니라

4 에돔은 말하기를 우리가 2)무너뜨림을 당하였으나 황폐된 곳을 다시 쌓으리라 하거니와 나 만군의 여호와는 이르노라 그들은 쌓을지라도 나는 헐리라

사람들이 그들을 일컬어 악한 지역이라 할 것이요 여호와의 영원한 진노를 받은 백성이라 할 것이며

5 너희는 눈으로 보고 이르기를 여호와께서는 이스라엘 지역 밖에서도 크시다 하리라

제사장과 백성들의 죄

6 ●내 이름을 멸시하는 제사장들아 나 만군의 여호와가 너희에게 이르기를 아들은 그 아버지를, 종은 그 주인을 공경하나니 내가 아버지일진대 나를 공경함이 어디 있느냐 내가 주인일진대 나를 두려워함이 어디 있느냐 하나 너희는 이르기를 우리가 어떻게 주의 이름을 멸시하였나이까 하는도다

7 너희가 더러운 떡을 나의 제단에 드리고도 말하기를 우리가 어떻게 주를 더럽게 하였나이까 하는도다 이는 너희가 여호와의 식탁은 경멸히 여길 것이라 말하기 때문이라

8 만군의 여호와가 이르노라 너희가 눈먼 희생제물을 바치는 것이 어찌 악하지 아니하며 저는 것, 병든 것을 드리는 것이 어찌 악하지 아니하냐 이제 그것

1
장
에는 무엇이 기록되어 있을까?

포로 생활에서 풀려나 이스라엘로 돌아온 백성은 하나님의 나라가 오지 않고 기근과 흉작이 덮치자 하나님의 사랑을 의심하기 시작했어요. 그래서 말라기는 야곱에게 주신 하나님의 사랑의 약속을 말하면서 그들을 위로하였지요. 동시에 이것은 약속을 잊고 형식적으로만 예배를 드리는 백성들에 대한 경고이기도 했답니다.

1)나의 사자 2)가난하나

을 너희 총독에게 드려 보라 그가 너를
기뻐하겠으며 너를 받아 주겠느냐

9 만군의 여호와가 이르노라 너희는 나
하나님께 은혜를 구하면서 우리를 불
쌍히 여기소서 하여 보라 너희가 이같
이 행하였으니 내가 너희 중 하나인들
받겠느냐

10 만군의 여호와가 이르노라 너희가 내
제단 위에 헛되이 불사르지 못하게 하
기 위하여 너희 중에 성전 문을 닫을 자
가 있었으면 좋겠도다 내가 너희를 기
뻐하지 아니하며 너희가 손으로 드리
는 것을 받지도 아니하리라 │ 사 1:13

11 만군의 여호와가 이르노라 해 뜨는 곳
에서부터 해 지는 곳까지의 이방 민족
중에서 내 이름이 크게 될 것이요 각처
에서 내 이름을 위하여 분향하며 깨끗
한 제물을 드리리니 이는 내 이름이 이
방 민족 중에서 크게 될 것임이니라

12 그러나 너희는 말하기를 여호와의 식
탁은 더러워졌고 그 위에 있는 과일 곧
먹을 것은 경멸히 여길 것이라 하여 내
이름을 더럽히는도다

13 만군의 여호와가 이르노라 너희가 또
말하기를 이 일이 얼마나 번거로운고
하며 코웃음치고 훔친 물건과 저는 것,
병든 것을 가져왔느니라 너희가 이같이
봉헌물을 가져오니 내가 그것을 너희 손
에서 받겠느냐 이는 여호와의 말이니라

14 짐승 떼 가운데에 수컷이 있거늘 그 서
원하는 일로 얻을 흠 있는 것으로 속여 내게
드리는 자는 저주를 받으리니 나는 큰
임금이요 내 이름은 이방 민족 중에서

토막 상식 희생의 뜻

율법에 의하면 희생으로 바쳐진 짐승의 똥은 성전
밖에서 불사르도록 되어 있어요(출 29:14). 하나님께
서는 제사장들이 하나님을 멸시한 것처럼 그들의 얼
굴에 희생의 똥을 발라 되갚아주실 것이라고 말씀하
셨지요.   2장 3절

두려워하는 것이 됨이니라 만군의 여
호와의 말이니라

제사장들에 대한 명령—B.C. 430년경

2 너희 제사장들아 이제 너희에게 이
같이 명령하노라

2 만군의 여호와가 이르노라 너희가 만
일 듣지 아니하며 마음에 두지 아니하
여 내 이름을 영화롭게 하지 아니하면
내가 너희에게 저주를 내려 너희의 복
을 저주하리라 내가 이미 저주하였으
니 이는 너희가 그것을 마음에 두지 아
니하였음이라

3 보라 내가 너희의 자손을 꾸짖을 것이
요 똥 곧 너희 절기의 희생의 똥을 너희
얼굴에 바를 것이라 너희가 그것과 함
께 제하여 버림을 당하리라

4 만군의 여호와가 이르노라 내가 이 명
령을 너희에게 내린 것은 레위와 세운
나의 언약이 항상 있게 하려 함인 줄을
너희가 알리라

5 레위와 세운 나의 언약은 생명과 평강
의 언약이라 내가 이것을 그에게 준 것
은 그로 경외하게 하려 함이라 그가 나
를 경외하고 내 이름을 두려워하였으며

6 그의 입에는 진리의 법이 있었고 그의
입술에는 불의함이 없었으며 그가 화
평함과 정직함으로 나와 동행하며 많
은 사람을 돌이켜 죄악에서 떠나게 하
였느니라

7 제사장의 입술은 지식을 지켜야 하겠
고 사람들은 그의 입에서 율법을 구하
게 되어야 할 것이니 제사장은 만군의
여호와의 사자가 됨이거늘

8 너희는 옳은 길에서 떠나 많은 사람을
율법에 거스르게 하는도다 나 만군의

2장에는 무엇이 기록되어 있을까?

하나님께서 이스라엘에 제사장을
두신 것은, 백성들이 하나님을 잘 믿을 수 있도
록 이끌어주라는 뜻이었어요. 하지만 제사장들
은 백성들을 하나님께 잘 이끌지 못하고, 오히
려 앞장서서 죄를 지었답니다. 이렇게 종교 지
도자들이 타락했기 때문에, 백성들도 타락할 수
밖에 없었던 거지요.

여호와가 이르노니 너희가 레위의 언약을 깨뜨렸느니라

9 너희가 내 길을 지키지 아니하고 율법을 행할 때에 사람에게 치우치게 하였으므로 나도 너희로 하여금 모든 백성 앞에서 멸시와 천대를 당하게 하였느니라 하시니라

미 3:11

거짓을 행하는 유다

10 ●우리는 한 아버지를 가지지 아니하였느냐 한 하나님께서 지으신 바가 아니냐 어찌하여 우리 각 사람이 자기 형제에게 거짓을 행하여 우리 조상들의 언약을 욕되게 하느냐

11 유다는 거짓을 행하였고 이스라엘과 예루살렘 중에서는 가증한 일을 행하였으며 유다는 여호와께서 사랑하시는 그 성결을 욕되게 하여 이방신의 딸과 결혼하였으니

느 9:1

12 이 일을 행하는 사람에게 속한 자는 깨는 자나 응답하는 자는 물론이요 만군의 여호와께 제사를 드리는 자도 여호와께서 야곱의 장막 가운데에서 끊어 버리시리라

13 너희가 이런 일도 행하나니 곧 눈물과 울음과 탄식으로 여호와의 제단을 가리게 하는도다 그러므로 여호와께서 다시는 너희의 봉헌물을 돌아보지도 아니하시며 그것을 너희 손에서 기꺼이 받지도 아니하시거늘

14 너희는 이르기를 어찌 됨이니이까 하는도다 이는 너와 네가 어려서 맞이한 아내 사이에 여호와께서 증인이 되시기 때문이라 그는 네 짝이요 너와 서약한 아내로되 네가 그에게 거짓을 행하였도다

15 그에게는 영이 충만하였으나 오직 하나를 만들지 아니하셨느냐 어찌하여 하나만 만드셨느냐 이는 경건한 자손을 얻고자 하심이라 그러므로 네 심령을 삼가 지켜 어려서 맞이한 아내에게 거짓을 행하지 말지니라

16 이스라엘의 하나님 여호와가 이르노니 나는 이혼하는 것과 옷으로 학대를 가리는 자를 미워하노라 만군의 여호와의 말이니라 그러므로 너희 심령을 삼가 지켜 거짓을 행하지 말지니라

주께서 임하시는 날 —B.C. 430년경

17 ●너희가 말로 여호와를 괴롭게 하고도 이르기를 우리가 어떻게 여호와를 괴롭혀 드렸나이까 하는도다 이는 너희가 말하기를 모든 악을 행하는 자는 여호와의 눈에 좋게 보이며 그에게 기쁨이 된다 하며 또 말하기를 정의의 하나님이 어디 계시냐 함이니라

3 만군의 여호와가 이르노라 보라 내가 내 사자를 보내리니 그가 내 앞에서 길을 준비할 것이요 또 너희가 구하는 바 주가 갑자기 그의 성전에 임하시리니 곧 너희가 사모하는 바 언약의 사자가 임하실 것이라

2 그가 임하시는 날을 누가 능히 당하며 그가 나타나는 때에 누가 능히 서리요 그는 금을 연단하는 자의 불과 표백하는 자의 잿물과 같을 것이라

3 그가 은을 연단하여 깨끗하게 하는 자 같이 앉아서 레위 자손을 깨끗하게 하되 금, 은같이 그들을 연단하리니 그들이 공의로운 제물을 나 여호와께 바칠 것이라

4 그 때에 유다와 예루살렘의 봉헌물이 옛날과 고대와 같이 나 여호와께 기쁨이 되려니와

5 내가 심판하러 너희에게 임할 것이라 점치는 자에게와 간음하는 자에게와

약 1:2

3장 에는 무엇이 기록되어 있을까?

악인들은 죄를 지으면서도 '하나님이 어디 있느냐'고 되물었어요. 이에 말라기는 하나님이 그들을 심판하실 날이 곧 이르렀음을 선포하였지요. 주님 오실 날에 대비하는 사람은 하나님을 경외하고 하나님의 명령을 잘 지켜야 한답니다. 3장에서는 특히 십일조와 봉헌물을 하나님께 반드시 드릴 것을 강조하고 있어요.

거짓 맹세하는 자에게와 품꾼의 삯에 대하여 억울하게 하며 과부와 고아를 압제하며 나그네를 억울하게 하며 나를 경외하지 아니하는 자들에게 속히 증언하리라 만군의 여호와가 말하였느니라

6 나 여호와는 변하지 아니하나니 그러므로 야곱의 자손들이 너희가 소멸되지 아니하느니라

민 23:19

십일조

7 ● 만군의 여호와가 이르노라 너희 조상들의 날로부터 너희가 나의 규례를 떠나 지키지 아니하였도다 그런즉 내게로 돌아오라 그리하면 나도 너희에게로 돌아가리라 하였더니 너희가 이르기를 우리가 어떻게 하여야 돌아가리이까 하는도다

8 사람이 어찌 하나님의 것을 도둑질하겠느냐 그러나 너희는 나의 것을 도둑질하고도 말하기를 우리가 어떻게 주의 것을 도둑질하였나이까 하는도다 이는 곧 십일조와 봉헌물이라

9 너희 곧 온 나라가 나의 것을 도둑질하였으므로 너희가 저주를 받았느니라

10 만군의 여호와가 이르노라 너희의 온전한 십일조를 창고에 들여 나의 집에 양식이 있게 하고 그것으로 나를 시험하여 내가 하늘 문을 열고 너희에게 복을 쌓을 곳이 없도록 붓지 아니하나 보라

11 만군의 여호와가 이르노라 내가 너희를 위하여[1] 메뚜기를 금하여 너희 토지 소산을 먹어 없애지 못하게 하며 너희 밭의 포도나무 열매가 기한 전에 떨어지지 않게 하리니

12 너희 땅이 아름다워지므로 모든 이방인들이 너희를 복되다 하리라 만군의 여호와의 말이니라

여호와를 경외하는 자들

13 ● 여호와가 이르노라 너희가 완악한 말로 나를 대적하고도 이르기를 우리가 무슨 말로 주를 대적하였나이까 하는도다

14 이는 너희가 말하기를 하나님을 섬기는 것이 헛되니 만군의 여호와 앞에서 그 명령을 지키며 슬프게 행하는 것이 무엇이 유익하리요

15 지금 우리는 교만한 자가 복되다 하며 악을 행하는 자가 번성하며 하나님을 시험하는 자가 화를 면한다 하노라 함이라

16 ● 그 때에 여호와를 경외하는 자들이 피차에 말하매 여호와께서 그것을 분명히 들으시고 여호와를 경외하는 자와 그 이름을 존중히 여기는 자를 위하여 여호와 앞에 있는 기념책에 기록하셨느니라

단 12:1

17 만군의 여호와가 이르노라 나는 내가 정

1) 먹는 자를

선생님!! 궁금해요

하나님은 왜 아벨의 제사만 받고 가인의 제사는 받지 않으셨어요?

형 가인은 농사를 지으며 살았고, 동생 아벨은 양치기였어요. 가인은 곡식으로, 아벨은 자신이 키운 양의 첫 새끼로 하나님께 제사를 드렸죠. 그런데 하나님께서는 가인의 제사는 받지 않으시고 아벨의 제사만 받으셨어요. 가인은 무척 화가 나서 아무도 보지 않는 데서 동생 아벨을 죽이고 말았답니다. 그러나 하나님은 다 아시고 가인에게 벌을 주셨어요.

왜 하나님께서 가인의 제사는 받지 않고 아벨의 제사만 받으신 걸까요? 아벨은 진실한 믿음을 가지고 하나님이 원하는 방법으로 제사를 드렸지만, 가인은 진실한 믿음 없이 자기 방법대로 제사를 드렸기 때문이에요. 우리도 예배를 드릴 때 진실한 마음으로 하나님의 뜻대로 드리지 않는다면 하나님은 그 예배를 받지 않으실 거예요. 창 4장 4-5절

말

한 날에 그들을 나의 특별한 소유로 삼을 것이요 또 사람이 자기를 섬기는 아들을 아낌 같이 내가 그들을 아끼리니

18 그 때에 너희가 돌아와서 의인과 악인을 분별하고 하나님을 섬기는 자와 섬기지 아니하는 자를 분별하리라

여호와께서 정하신 날 — B.C. 430년경

4 만군의 여호와가 이르노라 보라 용광로 불 같은 날이 이르리니 교만한 자와 악을 행하는 자는 다 지푸라기 같을 것이라 그 이르는 날에 그들을 살라 그 뿌리와 가지를 남기지 아니할 것이로되

2 내 이름을 경외하는 너희에게는 공의로운 해가 떠올라서 치료하는 1)광선을 비추리니 너희가 나가서 외양간에서

나온 송아지 같이 뛰리라

3 또 너희가 악인을 밟을 것이니 그들이 내가 정한 날에 너희 발바닥 밑에 재와 같으리라 만군의 여호와의 말이니라

4 ●너희는 내가 호렙에서 온 이스라엘을 위하여 내 종 모세에게 명령한 법 곧 율례와 법도를 기억하라

5 보라 여호와의 크고 두려운 날이 이르기 전에 내가 선지자 엘리야를 너희에게 보내리니

6 그가 아버지의 마음을 자녀에게로 돌이키게 하고 자녀들의 마음을 그들의 아버지에게로 돌이키게 하리라 돌이키지 아니하면 두렵건대 내가 와서 저주로 그 땅을 칠까 하노라 하시니라

1) 날개

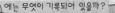

4장 에는 무엇이 기록되어 있을까?

4장에서는 하나님의 날에 있을 심판에 대해 말하고 있어요. 그날에 악인은 참 뿌리까지 잘리고 멸망당할 것이지만, 의인은 참 기쁨과 자유를 누리게 될 것입니다. 한편, 하나님은 엘리야를 보내시겠다고 말씀하셨어요. 이로써 구약이 마무리되고, 새로운 시대(신약)의 막이 열리게 되었답니다.

토막 상식 호렙

시내 산의 다른 이름으로, 모세가 하나님으로부터 율법을 받은 산이에요. 호렙 산의 율법은 역사와 시간을 초월하여 우리에게 주신 영원한 약속입니다(신 5: 3). 여호와의 그날을 기다리고 맞이할 사람들은 하나님과의 약속을 기억하고 실천하며 행동해야 해요.

4장 4절

🌟 마태복음을 읽기 전에

마태복음은 예수님의 12제자 가운데 한 사람인 마태가 쓴 책이에요. 마태의 직업은 세금을 거두는 일을 하는 세리였어요. 그 당시 세리들은 백성들로부터 많은 세금을 거두어 가로챘기 때문에 유대인들에게 죄인으로 취급당했답니다.

🌟 언제, 왜, 누구를 위하여 썼나요?

이 책을 기록한 때는 A.D. 50년대 후반~70년 이전이라고 해요. 유대인들에게 예수님이 메시아이신 것을 증명하기 위해 기록한 책이랍니다. 주로 유대인들을 위해 썼지만 기독교인이 된 이방인들을 위한 책이기도 하지요.

마막눅

🌟 어떤 내용인가요?

마태복음은 예수님이 구약에서 예언된 메시아이심을 가장 잘 보여주는 책이에요. 예수님은 이 땅에 오셔서 십자가에서 죽으심으로써 우리의 구세주가 되셨어요.

예수 그리스도의 계보 (눅 3:23-38)

1 아브라함과 다윗의 자손 예수 그리스도의 계보라

2 아브라함이 이삭을 낳고 이삭은 야곱을 낳고 야곱은 유다와 그의 형제들을 낳고

3 유다는 다말에게서 베레스와 세라를 낳고 베레스는 헤스론을 낳고 헤스론은 람을 낳고

4 람은 아미나답을 낳고 아미나답은 나손을 낳고 나손은 살몬을 낳고

5 살몬은 라합에게서 보아스를 낳고 보아스는 룻에게서 오벳을 낳고 오벳은 이새를 낳고

6 이새는 다윗 왕을 낳으니라 ●다윗은 우리야의 아내에게서 솔로몬을 낳고

7 솔로몬은 르호보암을 낳고 르호보암은 아비야를 낳고 아비야는 아사를 낳고

8 아사는 여호사밧을 낳고 여호사밧은 요람을 낳고 요람은 웃시야를 낳고

9 웃시야는 요담을 낳고 요담은 아하스를 낳고 아하스는 히스기야를 낳고

10 히스기야는 므낫세를 낳고 므낫세는 아몬을 낳고 아몬은 요시야를 낳고

11 바벨론으로 사로잡혀 갈 때에 요시야는 여고냐와 그의 형제들을 낳으니라

12 ●바벨론으로 사로잡혀 간 후에 여고냐는 스알디엘을 낳고 스알디엘은 스룹바벨을 낳고

13 스룹바벨은 아비훗을 낳고 아비훗은 엘리아김을 낳고 엘리아김은 아소르를 낳고

14 아소르는 사독을 낳고 사독은 아킴을 낳고 아킴은 엘리웃을 낳고

15 엘리웃은 엘르아살을 낳고 엘르아살은 맛단을 낳고 맛단은 야곱을 낳고

16 야곱은 마리아의 남편 요셉을 낳았으니 마리아에게서 그리스도라 칭하는 예수가 나시니라

17 ●그런즉 모든 대 수가 아브라함부터 다윗까지 열네 대요 다윗부터 바벨론으로 사로잡혀 갈 때까지 열네 대요 바벨론으로 사로잡혀 간 후부터 그리스

1장 에는 무엇이 기록되어 있을까?

마태복음은 예수님의 족보로 시작하고 있어요. 특별히 아브라함과 다윗의 자손으로 오신 예수님의 혈통을 먼저 밝히고 난 다음, 약속의 조상들을 차례대로 언급하고 있지요. 14대씩 3부분으로 나누어진 이 족보는 아담에서 시작하여 요셉으로 끝맺음으로써 예수님께서 우리의 구세주가 되신다는 것을 잘 보여주고 있답니다.

아기 예수님께 경배하는 동방 박사들(2:11)

도까지 열네 대더라

예수 그리스도의 나심 (눅 2:1-7) — B.C. 4년경

18 ●예수 그리스도의 나심은 이러하니라 그의 어머니 마리아가 요셉과 약혼하고 동거하기 전에 성령으로 잉태된 것이 나타났더니

19 그의 남편 요셉은 의로운 사람이라 그를 드러내지 아니하고 가만히 끊고자 하여

20 이 일을 생각할 때에 주의 사자가 현몽하여 이르되 다윗의 자손 요셉아 네 아내 마리아 데려오기를 무서워하지 말라 그에게 잉태된 자는 성령으로 된 것이라

21 아들을 낳으리니 이름을 예수라 하라 이는 그가 자기 백성을 그들의 죄에서 구원할 자이심이라 하니라　눅 2:11

22 이 모든 일이 된 것은 주께서 선지자로 하신 말씀을 이루려 하심이니 이르시되

23 `보라 처녀가 잉태하여 아들을 낳을 것이요 그의 이름은 임마누엘이라 하리라

하셨으니 이를 번역한즉 하나님이 우리와 함께 계시다 함이라

24 요셉이 잠에서 깨어 일어나 주의 사자의 분부대로 행하여 그의 아내를 데려 왔으나

25 아들을 낳기까지 동침하지 아니하더니 낳으매 이름을 예수라 하니라　눅 2:21

동방으로부터 박사들이 경배하러 오다

2 헤롯 왕 때에 예수께서 유대 베들레헴에서 나시매 동방으로부터 1)박사들이 예루살렘에 이르러 말하되

2 유대인의 왕으로 나신 이가 어디 계시냐

우리가 동방에서 그의 별을 보고 그에게 경배하러 왔노라 하니　숙 9:9

3 헤롯 왕과 온 예루살렘이 듣고 소동한지라

4 왕이 모든 대제사장과 백성의 서기관들을 모아 그리스도가 어디서 나겠느냐 물으니

5 이르되 유대 베들레헴이오니 이는 선지자로 이렇게 기록된 바

6 `또 유대 땅 베들레헴아 너는 유대 2)고을 중에서 가장 작지 아니하도다 네게서 한 다스리는 자가 나와서 내 백성 이스라엘의 목자가 되리라 하였음이니이다　미 5:2

7 이에 헤롯이 가만히 박사들을 불러 별이 나타난 때를 자세히 묻고

8 베들레헴으로 보내며 이르되 가서 아기에 대하여 자세히 알아보고 찾거든 내게 고하여 나도 가서 그에게 경배하게 하라

9 박사들이 왕의 말을 듣고 갈새 동방에서 보던 그 별이 문득 앞서 인도하여 가다가 아기 있는 곳 위에 머물러 서 있는지라

10 그들이 별을 보고 매우 크게 기뻐하고 기뻐하더라

11 집에 들어가 아기와 그의 어머니 마리아가 함께 있는 것을 보고 엎드려 아기께 경배하고 보배합을 열어 황금과 유향과 몰약을 예물로 드리니라

12 그들은 꿈에 헤롯에게로 돌아가지 말라 지시하심을 받아 다른 길로 고국에 돌아가니라

애굽으로 피하다

13 `그들이 떠난 후에 주의 사자가 요셉

생각 2 장 에는 무엇이 기록되어 있을까?

예수님이 탄생하신 직후에 동방 박사들이 예수님을 경배하러 온 이야기, 요셉이 헤롯을 피해서 아기 예수님과 마리아를 데리고 애굽으로 갔다가 다시 이스라엘로 돌아온 이야기가 나와 있어요. 이를 통해 만왕의 왕이신 예수님의 왕권과 예수님에 대한 사탄의 살해 의도, 그리고 우리를 위해 이 땅에 오신 예수님의 사랑을 볼 수 있답니다.

1)점성가들이　2)헬, 두령 중에　ㄱ.사 7:14　ㄴ.미 5:2

아기 예수님과
마리아를 데리고
이스라엘로 돌아온
요셉(2:21)

에게 현몽하여 이르되 헤롯이 아기를
찾아 죽이려 하니 일어나 아기와 그의
어머니를 데리고 애굽으로 피하여 내가
네게 이르기까지 거기 있으라 하시니
14 요셉이 일어나서 밤에 아기와 그의 어
머니를 데리고 애굽으로 떠나가
15 헤롯이 죽기까지 거기 있었으니 이는
주께서 선지자를 통하여 말씀하신 바
ᄂ애굽으로부터 내 아들을 불렀다
함을 이루려 하심이라
16 이에 헤롯이 박사들에게 속은 줄 알고
심히 노하여 사람을 보내어 베들레헴
과 그 모든 지경 안에 있는 사내아이를
박사들에게 자세히 알아본 그 때를 기
준하여 두 살부터 그 아래로 다 죽이니
17 이에 선지자 예레미야를 통하여 말씀
하신 바
18 ᄃ라마에서 슬퍼하며 크게 통곡하는
소리가 들리니 라헬이 그 자식을 위
하여 애곡하는 것이라 그 자식이
없으므로 위로 받기를 거절하였도다
함이 이루어졌느니라

애굽에서 이스라엘 땅으로

19 ●헤롯이 죽은 후에 주의 사자가 애굽
에서 요셉에게 현몽하여 이르되
20 일어나 아기와 그의 어머니를 데리고
이스라엘 땅으로 가라 아기의 목숨을
찾던 자들이 죽었느니라 하시니
21 요셉이 일어나 아기와 그의 어머니를
데리고 이스라엘 땅으로 들어가니라
22 그러나 아켈라오가 그의 아버지 헤롯
을 이어 유대의 임금 됨을 듣고 거기로
가기를 무서워하더니 꿈에 지시하심을

받아 갈릴리 지방으로 떠나가
23 나사렛이란 동네에 가서 사니 이는 선
지자로 하신 말씀에 ᄅ나사렛 사람이라
칭하리라 하심을 이루려 함이러라

세례 요한이 천국을 전파하다 (막 1:1~8;
눅 3:1~18; 요 1:19~28) ─ A.D. 26년경

3 그 때에 ¹⁾세례 요한이 이르러 유대
광야에서 전파하여 말하되
2 회개하라 천국이 가까이 왔느니라 하
였으니
3 그는 선지자 이사야를 통하여 말씀하
신 자라 일렀으되
ᄆ광야에 외치는 자의 소리가 있어 이
르되 너희는 주의 길을 준비하라 그
가 오실 길을 곧게 하라
하였느니라
4 이 요한은 낙타털 옷을 입고 허리에 가
죽 띠를 띠고 음식은 메뚜기와 석청이
었더라
5 이 때에 예루살렘과 온 유대와 요단 강
사방에서 다 그에게 나아와
6 자기들의 죄를 자복하고 요단 강에서
그에게 ¹⁾세례를 받더니
7 요한이 많은 바리새인들과 사두개인들
이 ¹⁾세례 베푸는 데로 오는 것을 보고
이르되 독사의 자식들아 누가 너희를
가르쳐 임박한 진노를 피하라 하더냐
8 그러므로 회개에 합당한 열매를 맺고
9 속으로 아브라함이 우리 조상이라고
생각하지 말라 내가 너희에게 이르노
니 하나님이 능히 이 돌들로도 아브라
함의 자손이 되게 하시리라
10 이미 도끼가 나무 뿌리에 놓였으니 좋

마귀에게 시험 받으시는 예수님(4:3)

은 열매를 맺지 아니하는 나무마다 찍
혀 불에 던져지리라

11 나는 너희로 회개하게 하기 위하여 물
로 1)세례를 베풀거니와 내 뒤에 오시
는 이는 나보다 능력이 많으시니 나는
그의 신을 들기도 감당하지 못하겠노
라 그는 성령과 불로 너희에게 2)세례
를 베푸실 것이요

12 손에 키를 들고 자기의 타작 마당을
정하게 하사 자기 알곡은 모아 곳간에 들이
고 쭉정이는 꺼지지 않는 불에 태우시
리라

세례를 받으시다 (막 1:9-11; 눅 3:21-22)

13 ●이 때에 예수께서 갈릴리로부터 요
단 강에 이르러 요한에게 세례를 받으
려 하시니

14 요한이 말려 이르되 내가 당신에게서
1)세례를 받아야 할 터인데 당신이 내
게로 오시나이까

15 예수께서 대답하여 이르시되 이제 허
락하라 우리가 이와 같이 하여 모든 의
를 이루는 것이 합당하니라 하시니 이
에 요한이 허락하는지라

16 예수께서 세례를 받으시고 곧 물에서
올라오실새 하늘이 2)열리고 하나님의
성령이 비둘기 같이 내려 자기 위에 임
하심을 보시더니

17 하늘로부터 소리가 있어 말씀하시되
이는 내 사랑하는 아들이요 내 기뻐하
는 자라 하시니라

4 그 때에 예수께서 성령에게 이끌
리어 마귀에게 시험을 받으러 광
야로 가사

2 사십 일을 밤낮으로 금식하신 후에 주
리신지라

3 시험하는 자가 예수께 나아와서 이르
되 네가 만일 하나님의 아들이어든 명
하여 이 돌들로 떡덩이가 되게 하라

4 예수께서 대답하여 이르시되 기록되
었으되
ᄀ사람이 떡으로만 살 것이 아니요 하
나님의 입으로부터 나오는 모든 말
씀으로 살 것이라
하였느니라 하시니

5 이에 마귀가 예수를 거룩한 성으로 데
려다가 성전 꼭대기에 세우고

6 이르되 네가 만일 하나님의 아들이어
든 뛰어내리라 기록되었으되
ᄂ그가 너를 위하여 그의 사자들을 명
하시리니 그들이 손으로 너를 받들어
발이 돌에 부딪치지 않게 하리로다
하였느니라

7 예수께서 이르시되 또 기록되었으되
ᄃ주 너의 하나님을 시험하지 말라 하
였느니라 하시니

8 마귀가 또 그를 데리고 지극히 높은 산
으로 가서 천하 만국과 그 영광을 보여

9 이르되 만일 내게 엎드려 경배하면 이
모든 것을 네게 주리라

10 이에 예수께서 말씀하시되 사탄아 물러
가라 기록되었으되 ᄅ주 너의 하나님께
경배하고 다만 그를 섬기라 하였느니라

4 에는 무엇이 기록되어 있을까?

40일 동안 금식하신 예수님은 마귀
의 시험을 받으셨어요. 마귀는 세 가지 시험을
통해서 예수님께서 하나님을 거부하고 자신에
게 복종할 것을 요구했지요. 하지만 예수님께서
는 하나님의 말씀으로 모든 시험을 승리하셨어
요. 이후 예수님께서는 제자들을 모으시고 두루
다니시며 천국의 복음을 전파하시게 됩니다.

1) 웹, 또는 침례 2) 어떤 사본에, 자기에게 열리고 ᄀ. 신 8:3 ᄂ. 시 91:11,12 ᄃ. 신 6:16 ᄅ. 신 6:13

마

11 이에 마귀는 예수를 떠나고 천사들이 나아와서 수종드니라

비로소 천국을 전파하시다 (막 1:14-15; 눅 4:14-15)

12 ●예수께서 요한이 잡혔음을 들으시고 갈릴리로 물러가셨다가
13 나사렛을 떠나 스불론과 납달리 지경 해변에 있는 가버나움에 가서 사시니
14 이는 선지자 이사야를 통하여 하신 말씀을 이루려 하심이라 일렀으되
15 스불론 땅과 납달리 땅과 요단 강 저편 해변 길과 이방의 갈릴리여
16 흑암에 앉은 백성이 큰 빛을 보았고 사망의 땅과 그늘에 앉은 자들에게 빛이 비치었도다
하였느니라　　　눅 2:32
17 ●이 때부터 예수께서 비로소 전파하여 이르시되 회개하라 천국이 가까이 왔느니라 하시더라

어부들을 부르시다 (막 1:16-20; 눅 5:1-11)

18 ●갈릴리 해변에 다니시다가 두 형제 곧 베드로라 하는 시몬과 그의 형제 안드레가 바다에 그물 던지는 것을 보시니 그들은 어부라
19 말씀하시되 나를 따라오라 내가 너희를 사람을 낚는 어부가 되게 하리라 하시니　암송
20 그들이 곧 그물을 버려 두고 예수를 따르니라
21 거기서 더 가시다가 다른 두 형제 곧 세베대의 아들 야고보와 그의 형제 요한이 그의 아버지 세베대와 함께 배에서 그물 깁는 것을 보시고 부르시니
22 그들이 곧 배와 아버지를 버려 두고 예수를 따르니라

가르치시며 전파하시며 고치시다 (막 6:7~19)

23 ●예수께서 온 갈릴리에 두루 다니사 그들의 회당에서 가르치시며 천국 복음을 전파하시며 백성 중의 모든 병과 모든 약한 것을 고치시니
24 그의 소문이 온 수리아에 퍼진지라 사람들이 모든 앓는 자 곧 각종 병에 걸려서 고통 당하는 자, 귀신 들린 자, 간질하는 자, 중풍병자들을 데려오니 그들을 고치시더라
25 갈릴리와 데가볼리와 예루살렘과 유대와 요단 강 건너편에서 수많은 무리가 따르니라

복이 있는 사람 (눅 6:20~23) —A.D. 28년경

5 예수께서 무리를 보시고 산에 올라가 앉으시니 제자들이 나아온지라
2 입을 열어 가르쳐 이르시되
3 심령이 가난한 자는 복이 있나니 천국이 그들의 것임이요
4 애통하는 자는 복이 있나니 그들이 위로를 받을 것임이요
5 온유한 자는 복이 있나니 그들이 땅을 기업으로 받을 것임이요
6 의에 주리고 목마른 자는 복이 있나니 그들이 배부를 것임이요
7 긍휼히 여기는 자는 복이 있나니 그들이 긍휼히 여김을 받을 것임이요
8 마음이 청결한 자는 복이 있나니 그들이 하나님을 볼 것임이요
9 화평하게 하는 자는 복이 있나니 그들이 하나님의 아들이라 일컬음을 받을 것임이요
10 의를 위하

산에서 사람들을 가르치신 예수님(5:1)

1) 헬, 그 나라의 복음을　ㄱ. 사 9:1,2

여 박해를 받은 자는 복이 있나니 천국
이 그들의 것임이라
11 나로 말미암아 너희를 욕하고 박해하
고 거짓으로 너희를 거슬러 모든 악한
말을 할 때에는 너희에게 복이 있나니
12 기뻐하고 즐거워하라 하늘에서 너희
의 상이 큼이라 너희 전에 있던 선지자
들도 이같이 박해하였느니라 행 7:52

소금이요 빛이라 (막 9:50; 눅 14:34~35)

13 ●너희는 세상의 소금이니 소금이 만
일 그 맛을 잃으면 무엇으로 짜게 하리
요 후에는 아무 쓸 데 없어 다만 밖에
버려져 사람에게 밟힐 뿐이니라
14 너희는 세상의 빛이라 산 위에 있는 동
네가 숨겨지지 못할 것이요
15 사람이 등불을 켜서 말 아래에 두지 아
니하고 등경 위에 두나니 이러므로 집
안 모든 사람에게 비치느니라
16 이같이 너희 빛이 사람 앞에 비치게 하
여 그들로 너희 착한 행실을 보고 하늘
에 계신 너희 아버지께 영광을 돌리게
하라 암송

예수와 율법

17 ●내가 율법이나 선지자를 폐하러 온
줄로 생각하지 말라 폐하러 온 것이 아
니요 완전하게 하려 함이라 갈 3:24
18 진실로 너희에게 이르노니 천지가 없
어지기 전에는 율법의 일점 일획도 결
코 없어지지 아니하고 다 이루리라
19 그러므로 누구든지 이 계명 중의 지극
히 작은 것 하나라도 버리고 또 그같이
사람을 가르치는 자는 천국에서 지극
히 작다 일컬음을 받을 것이요 누구든

지 이를 행하며 가르치는 자는 천국에
서 크다 일컬음을 받으리라 약 2:10
20 내가 너희에게 이르노니 너희 의가 서
기관과 바리새인보다 더 낫지 못하면
결코 천국에 들어가지 못하리라

노하지 말라

21 ●『옛 사람에게 말한 바 살인하지 말
라 누구든지 살인하면 심판을 받게 되
리라 하였다는 것을 너희가 들었으나
22 나는 너희에게 이르노니 형제에게 노
하는 자마다 심판을 받게 되고 형제를
대하여 ¹⁾라가라 하는 자는 공회에 잡
혀가게 되고 미련한 놈이라 하는 자는
지옥 불에 들어가게 되리라 욀 3:15
23 그러므로 예물을 제단에 드리려다가
거기서 네 형제에게 원망들을 만한 일
이 있는 것이 생각나거든
24 예물을 제단 앞에 두고 먼저 가서 형제와
화목하고 그 후에 와서 예물을 드리라
25 너를 고발하는 자와 함께 길에 있을 때
에 급히 사화하라 그 고발하는 자가 너
를 재판관에게 내어 주고 재판관이 옥리
에게 내어 주어 옥에 가둘까 염려하라
26 진실로 네게 이르노니 네가 한 푼이라
도 남김이 없이 다 갚기 전에는 결코
거기서 나오지 못하리라

간음하지 말라 (마 19:9; 막 10:11~12; 눅 16:18)

27 ●『또 간음하지 말라 하였다는 것을
너희가 들었으나 출 20:14
28 나는 너희에게 이르노니 음욕을 품고
여자를 보는 자마다 마음에 이미 간음
하였느니라 암송
29 만일 네 오른 눈이 너로 실족하게 하거
든 빼어 내버리라 네 백체 중 하나가
없어지고 온 몸이 지옥에 던져지지 않
는 것이 유익하며
30 또한 만일 네 오른손이 너로 실족하게
하거든 찍어 내버리라 네 백체 중 하나

5 에는 무엇이 기록되어 있을까?

5장부터 7장까지는 예수님께서 산
에 오르셔서 사람들을 가르치신 산상수훈이에
요. 여기서 예수님은 천국의 시민이 되기 위해
서는 무엇이 필요한지, 또 천국에서 받게 될 상
에 대해서 말씀해주셨어요. 이어서 예수님은 모
세의 율법에 대해 새롭게 설명을 해주시고 그
에 따른 명령을 하셨습니다.

1)라가는 히브리인의 욕설 ㄱ. 출 20:13; 신 5:17 ㄴ. 출 20:14;
신 5:18

백체(5:29) 온몸. 몸의 사지를 말함.
보좌(5:34) 권세와 위엄을 상징하는 자리.

가 없어지고 온 몸이 지옥에 던져지지 않는 것이 유익하니라

31 또 일렀으되 누구든지 아내를 버리려거든 이혼 증서를 줄 것이라 하였으나

32 나는 너희에게 이르노니 누구든지 음행한 이유 없이 아내를 버리면 이는 그로 간음하게 함이요 또 누구든지 버림받은 여자에게 장가드는 자도 간음함이니라

맹세하지 말라

33 ● 또 옛 사람에게 말한 바 헛 맹세를 하지 말고 네 맹세한 것을 주께 지키라 하였다는 것을 너희가 들었으나

34 나는 너희에게 이르노니 도무지 맹세하지 말지니 하늘로도 하지 말라 이는 하나님의 보좌임이요

35 땅으로도 하지 말라 이는 하나님의 발등상임이요 예루살렘으로도 하지 말라 이는 큰 임금의 성임이요

36 네 머리로도 하지 말라 이는 네가 한 터럭도 희고 검게 할 수 없음이라

37 오직 너희 말은 옳다 옳다, 아니라 아니라 하라 이에서 지나는 것은 1)악으로부터 나느니라

악한 자를 대적하지 말라 (눅 6:29-30)

38 ● 또 눈은 눈으로, 이는 이로 갚으라 하였다는 것을 너희가 들었으나

39 나는 너희에게 이르노니 2)악한 자를 대적하지 말라 누구든지 네 오른편 뺨을 치거든 왼편도 돌려 대며

40 또 너를 고발하여 속옷을 가지고자 하는 자에게 겉옷까지도 가지게 하며

41 또 누구든지 너로 억지로 오 리를 가게 하거든 그 사람과 십 리를 동행하고

42 네게 구하는 자에게 주며 네게 꾸고자 하는 자에게 거절하지 말라

원수를 사랑하라 (눅 6:27-28, 32-36)

43 ● 또 네 이웃을 사랑하고 네 원수를 미워하라 하였다는 것을 너희가 들었으나

44 나는 너희에게 이르노니 너희 원수를 사랑하며 너희를 박해하는 자를 위하여 기도하라

45 이같이 한즉 하늘에 계신 너희 아버지의 아들이 되리니 이는 하나님이 그 해를 악인과 선인에게 비추시며 비를 의로운 자와 불의한 자에게 내려주심이라

46 너희가 너희를 사랑하는 자를 사랑하면 무슨 상이 있으리요 세리도 이같이 아니하느냐

47 또 너희가 너희 형제에게만 문안하면 남보다 더하는 것이 무엇이냐 이방인들도 이같이 아니하느냐

48 그러므로 하늘에 계신 너희 아버지의 온전하심과 같이 너희도 온전하라

구제함을 은밀하게 하라

6 사람에게 보이려고 그들 앞에서 너희 의를 행하지 않도록 주의하라 그리지 아니하면 하늘에 계신 너희 아버지께 상을 받지 못하느니라 암송

2 ● 그러므로 구제할 때에 외식하는 자가

1) 또는 악한 자로 2) 또는 악을 ㄱ. 신 24:1, 3 ㄴ. 레 19:12; 민 30:2; 신 23:21 ㄷ. 출 21:24; 레 24:20; 신 19:21, 레 19:18

선생님!! 궁금해요

미워하는 사람을 위해서도 기도해야 하나요?

예수님께서 십자가에 못 박혀 죽으신 것은 착한 사람들만을 위한 것이 아닙니다. 예수님께서는 자신을 못 박은 나쁜 군병들과 자기를 미워하던 유대인들을 위해서도 기도하셨어요.

예수님은 우리에게 사랑하는 가족이나 친구뿐만 아니라 나를 싫어하고 미워하는 "원수들"을 위해서도 기도하라고 말씀하셨답니다. 그러므로 미운 친구, 싫은 사람들을 위해서도 기도하자요.

5장 44절

6장 에는 무엇이 기록되어 있을까?

예수님은 자선, 기도, 주기도문, 금식 등 천국의 시민들이 어떻게 생활을 해야 하는지에 대해서 다루셨어요. 당시 바리새인과 부패한 종교지도자들은 눈에 보이는 것만 중요하게 여겼지요. 하지만 예수님께서는 천국의 시민은 마음으로부터 우러나오는 진정한 변화가 있어야 한다고 가르치셨답니다.

기도하시는 예수님(6:5-13)

사람에게서 영광을 받으려고 회당과 거리에서 하는 것 같이 너희 앞에 나팔을 불지 말라 진실로 너희에게 이르노니 그들은 자기 상을 이미 받았느니라

3 너는 구제할 때에 오른손이 하는 것을 왼손이 모르게 하여

4 네 구제함을 은밀하게 하라 은밀한 중에 보시는 너의 아버지께서 갚으시리라

너희는 이렇게 기도하라 (눅 11:2-4)

5 ●또 너희는 기도할 때에 외식하는 자와 같이 하지 말라 그들은 사람에게 보이려고 회당과 큰 거리 어귀에 서서 기도하기를 좋아하느니라 내가 진실로 너희에게 이르노니 그들은 자기 상을 이미 받았느니라

6 너는 기도할 때에 네 골방에 들어가 문을 닫고 은밀한 중에 계신 네 아버지께 기도하라 은밀한 중에 보시는 네 아버지께서 갚으시리라

7 또 기도할 때에 이방인과 같이 중언부언하지 말라 그들은 말을 많이 하여야 들으실 줄 생각하느니라

8 그러므로 그들을 본받지 말라 구하기 전에 너희에게 있어야 할 것을 하나님 너희 아버지께서 아시느니라

9 그러므로 너희는 이렇게 기도하라 하늘에 계신 우리 아버지여 이름이 거룩히 여김을 받으시오며

10 나라가 임하시오며 뜻이 하늘에서 이루어진 것 같이 땅에서도 이루어지이다

11 오늘 우리에게 1)일용할 양식을 주시옵고

12 우리가 우리에게 2)죄 지은 자를 사하여

준 것 같이 우리 죄를 사하여 주시옵고

13 우리를 시험에 들게 하지 마시옵고 다만 3)악에서 구하시옵소서 4)(나라와 권세와 영광이 아버지께 영원히 있사옵나이다 아멘)

14 너희가 사람의 잘못을 용서하면 너희 하늘 아버지께서도 너희 잘못을 용서하시려니와

15 너희가 사람의 잘못을 용서하지 아니하면 너희 아버지께서도 너희 잘못을 용서하지 아니하시리라

외식으로 금식하지 말라

16 ●금식할 때에 너희는 외식하는 자들과 같이 슬픈 기색을 보이지 말라 그들은 금식하는 것을 사람에게 보이려고 얼굴을 흉하게 하느니라 내가 진실로 너희에게 이르노니 그들은 자기 상을 이미 받았느니라 (사 58:5)

17 너는 금식할 때에 머리에 기름을 바르고 얼굴을 씻으라

18 이는 금식하는 자로 사람에게 보이지 않고 오직 은밀한 중에 계신 네 아버지께 보이게 하려 함이라 은밀한 중에 보시는 네 아버지께서 갚으시리라

보물을 하늘에 쌓아 두라
(눅 11:34-36; 12:22-34; 16:13)

19 ●너희를 위하여 보물을 땅에 쌓아 두

1) 또는 내일 양식을 2) 헬, 빚진 자를 탕감하여 준 것 같이 우리의 빚도 탕감하여 주시옵고 3) 또는 악한 자에게서 4) 고대 사본에 이 괄호 내 구절이 없음

잘못된 기준

한 유명한 건축가가 어느 건물과 계단을 설계하여 건축을 마쳤습니다. 그런데 이상하게도 그 건물의 계단에서 넘어지는 사람들이 많았어요. 한 번은 층계에서 넘어져 부상을 당한 시민이 건축가에게 항의를 했지요.

건축가는 집에다 나무 층계의 모형을 만들어놓고 직접 실험을 하며 완전함을 느꼈을 때, 모형대로 층계를 만들었다고 했어요. 이때 건축가를 자세히 관찰한 부상자는 건축가의 한 쪽 다리가 유난히 짧은 것을 발견하였지요. 한쪽 다리가 짧은 그 건축가는 자신의 걸음을 기준으로 층계를 만들었던 거예요.

지 말라 거기는 좀과 동록이 해하며 도 둑이 구멍을 뚫고 도둑질하느니라

20 오직 너희를 위하여 보물을 하늘에 쌓 아 두라 거기는 좀이나 동록이 해하지 못하며 도둑이 구멍을 뚫지도 못하고 도둑질도 못하느니라

21 네 보물 있는 그 곳에는 네 마음도 있 느니라

22 눈은 몸의 등불이니 그러므로 네 눈이 1)성하면 온 몸이 밝을 것이요

23 눈이 나쁘면 온 몸이 어두울 것이니 그 러므로 네게 있는 빛이 어두우면 그 어 둠이 얼마나 더하겠느냐

24 한 사람이 두 주인을 섬기지 못할 것이 니 혹 이를 미워하고 저를 사랑하거나 혹 이를 중히 여기고 저를 경히 여김이 라 너희가 하나님과 재물을 겸하여 섬 기지 못하느니라

25 그러므로 내가 너희에게 이르노니 목숨 을 위하여 무엇을 먹을까 무엇을 마실 까 몸을 위하여 무엇을 입을까 염려하 지 말라 목숨이 음식보다 중하지 아니 하며 몸이 의복보다 중하지 아니하냐

26 공중의 새를 보라 심지도 않고 거두지 도 않고 창고에 모아들이지도 아니하 되 너희 하늘 아버지께서 기르시나니 너희는 이것들보다 귀하지 아니하냐

27 너희 중에 누가 염려함으로 그 2)키를 한 자라도 더할 수 있겠느냐

28 또 너희가 어찌 의복을 위하여 염려하 느냐 들의 백합화가 어떻게 자라는가 생각하여 보라 수고도 아니하고 길쌈 도 아니하느니라

29 그러나 내가 너희에게 말하노니 솔로 몬의 모든 영광으로도 입은 것이 이 꽃 하나만 같지 못하였느니라

30 오늘 있다가 내일 아궁이에 던져지는 들풀도 하나님이 이렇게 입히시거든 하 물며 너희일까보냐 믿음이 작은 자들아

31 그러므로 염려하여 이르기를 무엇을 먹을까 무엇을 마실까 무엇을 입을까 하지 말라

32 이는 다 이방인들이 구하는 것이라 너 희 하늘 아버지께서 이 모든 것이 너희 에게 있어야 할 줄을 아시느니라 6:8

33 그런즉 너희는 먼저 그의 나라와 그의 의를 구하라 그리하면 이 모든 것을 너 희에게 더하시리라 [암송]

34 그러므로 내일 일을 위하여 염려하지 말라 내일 일은 내일이 염려할 것이요 한 날의 괴로움은 그 날로 족하니라

비판하지 말라 (눅 6:37~38, 41~42)

7 비판을 받지 아니하려거든 비판하 지 말라

2 너희가 비판하는 그 비판으로 너희가 비판을 받을 것이요 너희가 헤아리는 그 헤아림으로 너희가 헤아림을 받을 것이니라

3 어찌하여 형제의 눈 속에 있는 티는 보고 네 눈 속에 있는 들보는 깨닫지 못하느냐

4 보라 네 눈 속에 들보가 있는데 어찌하 여 형제에게 말하기를 나로 네 눈 속에 있는 티를 빼게 하라 하겠느냐

5 외식하는 자여 먼저 네 눈 속에서 들보 를 빼어라 그 후에야 밝히 보고 형제의 눈 속에서 티를 빼리라

6 ●거룩한 것을 개에게 주지 말며 너희 진주를 돼지 앞에 던지지 말라 그들이 그것을 발로 밟고 돌이켜 너희를 찢어 상하게 할까 염려하라

구하라 찾으라 문을 두드리라 (눅 11:9~13)

●구하라 그리하면 너희에게 주실 것

1)웰, 순전하면 2)또는 목숨을

중언부언(6:7) 이미 한 말을 자꾸 되풀이하는 것.
동록(6:19) 쇠붙이가 녹슨 현상을 말함.

7 에는 무엇이 기록되어 있을까?

7장은 산상수훈의 결론 부분이에 요. 예수님은 다른 사람을 비판하는 문제와 기 도에 대한 교훈을 말씀하시며 천국 시민으로서 어떻게 살아가야 하는지 자세히 가르쳐주셨어 요. 단순히 복음을 듣는 것에서 그친다면 진정 한 천국 시민이라고 할 수 없지요. 중요한 것은 그것을 꼭 실천에 옮겨야 한다는 것이랍니다.

반석 위에 지은 집(7:24-25)

이요 찾으라 그리하면 찾아낼 것이요 문을 두드리라 그리하면 너희에게 열릴 것이니

8 구하는 이마다 받을 것이요 찾는 이는 찾아낼 것이요 두드리는 이에게는 열릴 것이니라 〔얄솜〕

9 너희 중에 누가 아들이 떡을 달라 하는데 돌을 주며

10 생선을 달라 하는데 뱀을 줄 사람이 있겠느냐

11 너희가 악한 자라도 좋은 것으로 자식에게 줄 줄 알거든 하물며 하늘에 계신 너희 아버지께서 구하는 자에게 좋은 것으로 주시지 않겠느냐

12 그러므로 무엇이든지 남에게 대접을 받고자 하는 대로 너희도 남을 대접하라 이것이 율법이요 선지자니라 갈 5:14

좁은 문 (눅 13:24)

13 ●좁은 문으로 들어가라 멸망으로 인도하는 문은 크고 그 길이 넓어 그리로 들어가는 자가 많고

14 생명으로 인도하는 문은 좁고 길이 협착하여 찾는 자가 적음이라

열매로 그들을 알리라 (눅 6:43-44, 47-49; 13:25-27)

15 ●거짓 선지자들을 삼가라 양의 옷을 입고 너희에게 나아오나 속에는 노략질하는 이리라

16 그들의 열매로 그들을 알지니 가시나무에서 포도를, 또는 엉겅퀴에서 무화과를 따겠느냐

17 이와 같이 좋은 나무마다 아름다운 열매를 맺고 못된 나무가 나쁜 열매를 맺나니

18 좋은 나무가 나쁜 열매를 맺을 수 없고

못된 나무가 아름다운 열매를 맺을 수 없느니라

19 아름다운 열매를 맺지 아니하는 나무마다 찍혀 불에 던져지느니라 ▲ 15:2, 6

20 이러므로 그들의 열매로 그들을 알리라

21 나더러 주여 주여 하는 자마다 다 천국에 들어갈 것이 아니요 다만 하늘에 계신 내 아버지의 뜻대로 행하는 자라야 들어가리라 〔얄솜〕

22 그 날에 많은 사람이 나더러 이르되 주여 주여 우리가 주의 이름으로 선지자 노릇 하며 주의 이름으로 귀신을 쫓아내며 주의 이름으로 많은 권능을 행하지 아니하였나이까 하리니

23 그 때에 내가 그들에게 밝히 말하되 내가 너희를 도무지 알지 못하니 불법을 행하는 자들아 내게서 떠나가라 하리라

24 그러므로 누구든지 나의 이 말을 듣고 행하는 자는 그 집을 반석 위에 지은 지혜로운 사람 같으리니 뷰 1:22-25

25 비가 내리고 창수가 나고 바람이 불어 그 집에 부딪치되 무너지지 아니하나니 이는 주추를 반석 위에 놓은 까닭이요

26 나의 이 말을 듣고 행하지 아니하는 자는 그 집을 모래 위에 지은 어리석은 사람 같으리니

27 비가 내리고 창수가 나고 바람이 불어 그 집에 부딪치매 무너져 그 무너짐이 심하니라

무리들이 가르치심에 놀라다

28 ●예수께서 이 말씀을 마치시매 무리들이 그의 가르치심에 놀라니

29 이는 그 가르치시는 것이 권위 있는 자와 같고 그들의 서기관들과 같지 아니

모래 위에 지은 집(7:26-27)

함일러라

나병환자를 깨끗하게 하시다 (막 1:40-45; 눅 5:12-16)—A.D. 27년경

8 예수께서 산에서 내려 오시니 수많은 무리가 따르니라

2 한 나병환자가 나아와 절하며 이르되 주여 원하시면 저를 깨끗하게 하실 수 있나이다 하거늘

3 예수께서 손을 내밀어 그에게 대시며 이르시되 내가 원하노니 깨끗함을 받으라 하시니 즉시 그의 나병이 깨끗하여지니라

4 예수께서 이르시되 삼가 아무에게도 이르지 말고 다만 가서 「제사장에게 네 몸을 보이고 모세가 명한 예물을 드려 그들에게 입증하라 하시니라

백부장의 하인을 고치시다 (눅 7:1-10; 요 4:43-54)

5 ●예수께서 가버나움에 들어가시니 한 백부장이 나아와 간구하여

6 이르되 주여 내 하인이 중풍병으로 집에 누워 몹시 괴로워하나이다

7 이르시되 내가 가서 고쳐 주리라

8 백부장이 대답하여 이르되 주여 내 집에 들어오심을 나는 감당하지 못하겠사오니 다만 말씀으로만 하옵소서 그러면 내 하인이 낫겠사옵나이다

9 나도 남의 수하에 있는 사람이요 내 아래에도 군사가 있으니 이더러 가라 하면 가고 저더러 오라 하면 오고 내 종더러 이것을 하라 하면 하나이다

10 예수께서 들으시고 놀랍게 여겨 따르는 자들에게 이르시되 내가 진실로 너희에게 이르노니 「이스라엘 중 아무에게서

예수님께 믿음을 칭찬받고 하인의 병을 고침받은 백부장(8:5-13)

도 이만한 믿음을 보지 못하였노라

11 또 너희에게 이르노니 동 서로부터 많은 사람이 이르러 아브라함과 이삭과 야곱과 함께 천국에 2앉으려니 와 할 1:11

12 그 나라의 본 자손들은 바깥 어두운 데 쫓겨나 거기서 울며 이를 갈게 되리라

13 예수께서 백부장에게 이르시되 가라 네 믿은 대로 될지어다 하시니 그 즉시 하인이 나으니라

많은 사람들을 다 고치시다 (막 1:29-34; 눅 4:38-41)

14 ●예수께서 베드로의 집에 들어가사 그의 장모가 열병으로 앓아 누운 것을 보시고

15 그의 손을 만지시니 열병이 떠나가고 여인이 일어나서 예수께 수종들더라

16 저물매 사람들이 귀신 들린 자를 많이 데리고 예수께 오거늘 예수께서 말씀으로 귀신들을 쫓아 내시고 병든 자들을 다 고치시니

17 이는 선지자 이사야를 통하여 하신 말씀에

「우리의 연약한 것을 친히 담당하시고 병을 짊어지셨도다 사 53:4

함을 이루려 하심이더라

나를 따르라 (눅 9:57-62)

18 ●예수께서 무리가 자기를 에워싸는 것을 보시고 건너편으로 가기를 명하시니라 눅 8:22

19 한 서기관이 나아와 예수께 아뢰되 선

1) 어떤 사본에, 이스라엘 중에서라도 2) 헬, 기대어 누우려니와 (유대인이 음식 먹을 때에 가지는 자세) ㄱ. 레 14:2 이하 ㄴ. 사 53:4

큰 폭풍을 만난 제자들(8:24)

생님이여 어디로 가시든지 저는 따르리이다

20 예수께서 이르시되 여우도 굴이 있고 공중의 새도 거처가 있으되 인자는 머리 둘 곳이 없다 하시더라

21 제자 중에 또 한 사람이 이르되 주여 내가 먼저 가서 내 아버지를 장사하게 허락하옵소서

22 예수께서 이르시되 죽은 자들이 그들의 죽은 자들을 장사하게 하고 너는 나를 따르라 하시니라

바람과 바다를 잔잔하게 하시다 (막 4:35-41; 눅 8:22-25)

23 ● 배에 오르시매 제자들이 따랐더니

24 바다에 큰 놀이 일어나 배가 물결에 덮이게 되었으되 예수께서는 주무시는지라

25 그 제자들이 나아와 깨우며 이르되 주여 구원하소서 우리가 죽겠나이다

26 예수께서 이르시되 어찌하여 무서워하느냐 믿음이 작은 자들아 하시고 곧 일어나사 바람과 바다를 꾸짖으시니 아주 잔잔하게 되거늘

27 그 사람들이 놀랍게 여겨 이르되 이이가 어떠한 사람이기에 바람과 바다도 순종하는가 하더라

귀신 들린 두 사람을 고치시다 (막 5:1-20; 눅 8:26-39)

28 ● 또 예수께서 건너편 가다라 지방에 가시매 귀신 들린 자 둘이 무덤 사이에서 나와 예수를 만나니 그들은 몹시 사나워 아무도 그 길로 지나갈 수 없을 지경이더라

29 이에 그들이 소리 질러 이르되 하나님의 아들이여 우리가 당신과 무슨 상관이 있나이까 때가 이르기 전에 우리를 괴롭게 하려고 여기 오셨나이까 하더니

30 마침 멀리서 많은 돼지 떼가 먹고 있는지라

31 귀신들이 예수께 간구하여 이르되 만일 우리를 쫓아 내시려면 돼지 떼에 들여 보내 주소서 하니

32 그들에게 가라 하시니 귀신들이 나와서 돼지에게로 들어가는지라 온 떼가 비탈로 내리달아 바다에 들어가서 물에서 몰사하거늘

33 치던 자들이 달아나 시내에 들어가 이 모든 일과 귀신 들린 자의 일을 고하니

34 온 시내가 예수를 만나려고 나가서 보고 그 지방에서 떠나시기를 간구하더라

중풍병자를 고치시다 (막 2:1-12; 눅 5:17-26)

9 예수께서 배에 오르사 건너가 본 동네에 이르시니

2 침상에 누운 중풍병자를 사람들이 데리고 오거늘 예수께서 그들의 믿음을 보시고 중풍병자에게 이르시되 작은 자야 안심하라 네 죄 사함을 받았느니라

3 어떤 서기관들이 속으로 이르되 이 사람이 신성을 모독하도다

4 예수께서 그 생각을 아시고 이르시되 너희가 어찌하여 마음에 악한 생각을 하느냐　눅 6:8

5 네 죄 사함을 받았느니라 하는 말과 일어나 걸어가라 하는 말 중에 어느 것이 쉽겠느냐

6 그러나 인자가 세상에서 죄를 사하는 권능이 있는 줄을 너희로 알게 하려 하노라 하시고 중풍병자에게 말씀하시

되 일어나 네 침상을 가지고 집으로 가
라 하시니

7 그가 일어나 집으로 돌아가거늘

8 무리가 보고 두려워하며 이런 권능을
사람에게 주신 하나님께 영광을 돌리
니라 ● 15:8

마태를 부르시다 (막 2:13~17; 눅 5:27~32)

9 ●예수께서 그 곳을 떠나 지나가시다
가 마태라 하는 사람이 세관에 앉아 있
는 것을 보시고 이르시되 나를 따르라
하시니 일어나 따르니라

세리 마태(9:9)

10 예수께서 마태의 집에 앉아 음식을
잡수실 때에 많은 세리와 죄인들이 와서
예수와 그의 제자들과 함께 ¹⁾앉았더니

11 바리새인들이 보고 그의 제자들에게
이르되 어찌하여 너희 선생은 세리와
죄인들과 함께 잡수시느냐 ● 마 11:19

12 예수께서 들으시고 이르시되 건강한
자에게는 의사가 쓸 데 없고 병든 자에
게라야 쓸 데 있느니라

13 너희는 가서 내가 긍휼을 원하고 제
사를 원하지 아니하노라 하신 뜻이 무
엇인지 배우라 나는 의인을 부르러 온
것이 아니요 죄인을 부르러 왔노라 하
시니라

금식 논쟁 (막 2:18~22; 눅 5:33~39)

14 ●그 때에 요한의 제자들이 예수께 나
아와 이르되 우리와 바리새인들은 금
식하는데 어찌하여 당신의 제자들은
금식하지 아니하나이까 ● 눅 18:12

15 예수께서 그들에게 이르시되 혼인집
손님들이 신랑과 함께 있을 동안에 슬
퍼할 수 있느냐 그러나 신랑을 빼앗길
날이 이르리니 그 때에는 금식할 것이

니라

16 생베 조각을 낡은 옷에 붙이는 자가 없
나니 이는 기운 것이 그 옷을 당기어 해
어짐이 더하게 됨이요 눅 5:36

17 새 포도주를 낡은 가죽 부대에 넣지 아
니하나니 그렇게 하면 부대가 터져 포
도주도 쏟아지고 부대도 버리게 됨이
라 새 포도주는 새 부대에 넣어야 둘이
다 보전되느니라

한 관리의 딸과 예수의 옷을 만진 여자
(막 5:21~43; 눅 8:40~56)

18 ●예수께서 이 말씀을 하실 때에 한 관
리가 와서 절하며 이르되 내 딸이 방금
죽었사오나 오셔서 그 몸에 손을 얹어
주소서 그러면 살아나겠나이다 하니

19 예수께서 일어나 따라가시매 제자들
도 가더니

20 열두 해 동안이나 혈루증으로 앓는 여
자가 예수의 뒤로 와서 그 겉옷 가를
만지니

21 이는 제 마음에 그 겉옷만 만져도 구원
을 받겠다 함이라

22 예수께서 돌이켜 그를 보시며 이르시
되 딸아 안심하라 네 믿음이 너를 구
원하였다 하시니 여자가 그 즉시 구원
을 받으니라 막 10:52

23 예수께서 그 관리의 집에 가사 피리 부
는 자들과 떠드는 무리를 보시고

24 이르시되 물러가라 이 소녀가 죽은 것이
아니라 잔다 하시니 그들이 비웃더라

9 에는 무엇이 기록되어 있을까?
⊙ 예수님이 중풍병자, 혈루증 여인, 죽
은 아이로의 딸 등 많은 사람들을 고치신 이야
기가 기록되어 있어요. 9장에서는 더 나아가서
우리의 죄를 사해주시는 예수님의 권세를 보여
주고 있지요. 결국 예수님이 사람들을 치유해주
시는 것은 죄사함을 통해 모든 사람들이 구원받
도록 하기 위해서랍니다.

1) 8:11 낳아주를 보라 ㄱ, 호 6:6

25 무리를 내보낸 후에 예수께서 들어가사 소녀의 손을 잡으시매 일어나는지라

26 그 소문이 그 온 땅에 퍼지더라

맹인들의 눈을 뜨게 하시다

27 ●예수께서 거기에서 떠나가실새 두 맹인이 따라오며 소리 질러 이르되 다윗의 자손이여 우리를 불쌍히 여기소서 하더니

28 예수께서 집에 들어가시매 맹인들이 그에게 나아오거늘 예수께서 이르시되 내가 능히 이 일 할 줄을 믿느냐 대답하되 주여 그러하오이다 하니

29 이에 예수께서 그들의 눈을 만지시며 이르시되 너희 믿음대로 되라 하시니

30 그 눈들이 밝아진지라 예수께서 엄히 경고하시되 삼가 아무에게도 알리지 말라 하셨으나

31 그들이 나가서 예수의 소문을 그 온 땅에 퍼뜨리니라　막 7:36

말 못하는 사람을 고치시다

32 ●그들이 나갈 때에 귀신 들려 말 못하는 사람을 예수께 데려오니

33 귀신이 쫓겨나고 말 못하는 사람이 말하거늘 무리가 놀랍게 여겨 이르되 이스라엘 가운데서 이런 일을 본 적이 없다 하되

34 바리새인들은 이르되 그가 귀신의 왕을 의지하여 귀신을 쫓아낸다 하더라

무리를 불쌍히 여기시다

35 ●예수께서 모든 도시와 마을에 두루 다니사 그들의 회당에서 가르치시며

1) 천국 복음을 전파하시며 모든 병과 모든 약한 것을 고치시니라

36 무리를 보시고 불쌍히 여기시니 이는 그들이 목자 없는 양과 같이 고생하며 기진함이라

37 이에 제자들에게 이르시되 추수할 것은 많되 일꾼이 적으니

38 그러므로 추수하는 주인에게 청하여 추수할 일꾼들을 보내 주소서 하라 하시니라

열두 제자를 부르시다 (막 3:13-19; 눅 6:12-16)

10 예수께서 그의 열두 제자를 부르사 더러운 귀신을 쫓아내며 모든 병과 모든 약한 것을 고치는 권능을 주시니라

열두 제자에게 명하여 이르시다
(막 6:7-13; 눅 9:1-6) — A.D. 28년경

2 ●열두 사도의 이름은 이러하니 베드로라 하는 시몬을 비롯하여 그의 형제 안드레와 세베대의 아들 야고보와 그의 형제 요한,

3 빌립과 바돌로매, 도마와 세리 마태, 알패오의 아들 야고보와 다대오,

4 2)가나나인 시몬 및 가룟 유다 곧 예수를 판 자라　요 13:26

5 예수께서 이 열둘을 내보내시며 명하여 이르시되 이방인의 길로도 가지 말고 사마리아인의 고을에도 들어가지 말고

6 오히려 이스라엘 집의 잃어버린 양에게로 가라　15:24

7 가면서 전파하여 말하되 천국이 가까이 왔다 하고　눅 10:9

8 병든 자를 고치며 죽은 자를 살리며 나

1) 헬, 그 나라의 복음을 2) 아람어에서 온 말로 열심당원이란 뜻이니라

삼가(9:30) 조심스럽게, 경계하여.

사도(10:2) '보냄을 받은 자'라는 뜻으로 '보내 자' 를 대표해서 주어진 권한을 행사할 수 있는 사람.

베드로라 하는 시몬(10:2) '시몬'이 히브리 본명이고, 베드로는 '반석'이란 뜻의 헬라식 이름으로 신앙고백 후에 받은 이름이다.

바돌로매(10:3) 요 1:46의 '나다나엘'과 같은 인물.

마태(10:3) 레위가 본명이고, 마태는 사도가 된 후의 이름인 듯하다.

다대오(10:3) '야고보의 아들 유다'를 말한다.

합당(10:11) 꼭 알맞음. 적당.

10 에는 무엇이 기록되어 있을까?

열두 제자를 전도할 곳으로 보내시기 직전에 예수님은 여러 교훈을 말씀하셨어요. 우선 복음을 전하는 사람의 마음가짐에 대해 가르쳐주셨지요. 또 전할 때마다 하나님께서 친히 도와주신다는 것과 세상 속에서 겪는 어려움, 그리고 말씀을 받아들이는 사람이 받을 축복에 대해서도 이야기해주셨어요.

예수님의 12제자(10:2-4)

병환자를 깨끗하게 하며 귀신을 쫓아 내되 너희가 거저 받았으니 거저 주라
9 너희 전대에 금이나 은이나 동을 가지지 말고
막 6:8-11
10 여행을 위하여 배낭이나 두 벌 옷이나 신이나 지팡이를 가지지 말라 이는 일꾼이 자기의 먹을 것 받는 것이 마땅함이라
고전 9:7
11 어떤 성이나 마을에 들어가든지 그에 합당한 자를 찾아내어 너희가 떠나기까지 거기서 머물라
12 또 그 집에 들어가면서 평안하기를 빌라
13 그 집이 이에 합당하면 너희 빈 평안이 거기 임할 것이요 만일 합당하지 아니하면 그 평안이 너희에게 돌아올 것이니라
14 누구든지 너희를 영접하지도 아니하고 너희 말을 듣지도 아니하거든 그 집이나 성에서 나가 너희 발의 먼지를 떨어 버리라
15 내가 진실로 너희에게 이르노니 심판 날에 소돔과 고모라 땅이 그 성보다 견디기 쉬우리라
마음을 받을 것이다 (막 13:9-13; 눅 21:12-17)
16 ●보라 내가 너희를 보냄이 양을 이리 가운데로 보냄과 같도다 그러므로 너희는 뱀 같이 지혜롭고 비둘기 같이 순결하라
17 사람들을 삼가라 그들이 너희를 공회에 넘겨 주겠고 그들의 회당에서 채찍질하리라

18 또 너희가 나로 말미암아 총독들과 임금들 앞에 끌려 가리니 이는 그들과 이방인들에게 증거가 되게 하려 하심이라
19 너희를 넘겨 줄 때에 어떻게 또는 무엇을 말할까 염려하지 말라 그 때에 너희에게 할 말을
20 말하는 이는 너희가 아니라 너희 속에서 말씀하시는 이 곧 너희 아버지의 성령이시니라
21 장차 형제가 형제를, 아버지가 자식을 죽는 데에 내주며 자식들이 부모를 대적하여 죽게 하리라
22 또 너희가 내 이름으로 말미암아 모든 사람에게 미움을 받을 것이나 끝까지 견디는 자는 구원을 얻으리라
단 12:12
23 이 동네에서 너희를 박해하거든 저 동네로 피하라 내가 진실로 너희에게 이르노니 이스라엘의 모든 동네를 다 다니지 못하여서 인자가 오리라
두려워할 분을 두려워하라 (눅 12:2-9)
24 ●제자가 그 선생보다, 또는 종이 그 상전보다 높지 못하나니
25 제자가 그 선생 같고 종이 그 상전 같으면 족하도다 집 주인을 바알세불이라 하였거든 하물며 그 집 사람들이랴
26 그런즉 그들을 두려워하지 말라 감추인 것이 드러나지 않을 것이 없고 숨은 것이 알려지지 않을 것이 없느니라
27 내가 너희에게 어두운 데서 이르는 것을 광명한 데서 말하며 너희가 귓속말로 듣는 것을 집 위에서 전파하라
28 몸은 죽여도 영혼은 능히 죽이지 못하는 자들을 두려워하지 말고 오직 몸과 영혼을 능히 지옥에 멸하실 수 있는 이를 두려워하라
29 참새 두 마리가 한 1)앗사리온에 팔리지

1) 동전의 명칭

않느냐 그러나 너희 아버지께서 허락하지 아니하시면 그 하나도 땅에 떨어지지 아니하리라

30 너희에게는 머리털까지 다 세신 바 되었느려

31 두려워하지 말라 너희는 많은 참새보다 귀하니라

32 누구든지 사람 앞에서 나를 시인하면 나도 하늘에 계신 내 아버지 앞에서 그를 시인할 것이요 _{암송}

33 누구든지 사람 앞에서 나를 부인하면 나도 하늘에 계신 내 아버지 앞에서 그를 부인하리라

검을 주러 왔다 (눅 12:51-53; 14:26-27)

34 ●내가 세상에 화평을 주러 온 줄로 생각하지 말라 화평이 아니요 검을¹⁾ 주러 왔노라

35 내가 온 것은 사람이 그 아버지와, 딸이 어머니와, 며느리가 시어머니와 불화하게 하려 함이니

36 사람의 원수가 자기 집안 식구리라

37 아버지나 어머니를 나보다 더 사랑하는 자는 내게 합당하지 아니하고 아들이나 딸을 나보다 더 사랑하는 자도 내게 합당하지 아니하며

38 또 자기 십자가를 지고 나를 따르지 않

1) 헬, 단지러

는 자도 내게 합당하지 아니하니라

39 자기 목숨을 얻는 자는 잃을 것이요 나를 위하여 자기 목숨을 잃는 자는 얻으리라

상을 받을 사람 (막 9:41)

40 ●너희를 영접하는 자는 나를 영접하는 것이요 나를 영접하는 자는 나를 보내신 이를 영접하는 것이니라 요 4:14

41 선지자의 이름으로 선지자를 영접하는 자는 선지자의 상을 받을 것이요 의인의 이름으로 의인을 영접하는 자는 의인의 상을 받을 것이요

42 또 누구든지 제자의 이름으로 이 작은 자 중 하나에게 냉수 한 그릇이라도 주는 자는 내가 진실로 너희에게 이르노니 그 사람이 결단코 상을 잃지 아니하리라 하시니라

11

예수께서 열두 제자에게 명하기를 마치시고 이에 그들의 여러 동네에서 가르치시며 전도하시려고 거기를 떠나 가시니라

세례 요한 (눅 7:18-35) → A.D. 28년경

2 ●요한이 옥에서 그리스도께서 하신 일을 듣고 제자들을 보내어

3 예수께 여짜오되 오실 그이가 당신이오니이까 우리가 다른 이를 기다리오리이까 요 11:27

4 예수께서 대답하여 이르시되 너희가 가서 듣고 보는 것을 요한에게 알리되

5 맹인이 보며 못 걷는 사람이 걸으며 나병환자가 깨끗함을 받으며 못 듣는 자가 들으며 죽은 자가 살아나며 가난한 자에게 복음이 전파된다 하라 사 35:4-6

11 장에는 무엇이 기록되어 있을까?

세례 요한은 천국 복음을 전하고 세례를 베풀면서 예수님의 길을 예비한 사람이었어요. 예수님에 대해 궁금했던 요한은 제자를 보내서 예수님이 우리의 구세주가 되시는지 물어보았답니다. 이에 대해 예수님은 많은 사람들을 고치신 사건을 말씀하시며 구약에서 예언한 구원자가 바로 자신이라는 것을 밝히셨지요.

6 누구든지 나로 말미암아 실족하지 아니하는 자는 복이 있도다 하시니라

7 그들이 떠나매 예수께서 무리에게 요한에 대하여 말씀하시되 너희가 무엇을 보려고 광야에 나갔더냐 바람에 흔들리는 갈대냐

8 그러면 너희가 무엇을 보려고 나갔더냐 부드러운 옷 입은 사람이냐 부드러운 옷을 입은 사람들은 왕궁에 있느니라

9 그러면 너희가 어찌하여 나갔더냐 선지자를 보기 위함이었더냐 옳다 내가 너희에게 이르노니 선지자보다 더 나은 자니라

10 기록된 바
　보라 내가 내 사자를 네 앞에 보내노니 그가 네 길을 네 앞에 준비하리라 하신 것이 이 사람에 대한 말씀이니라

11 내가 진실로 너희에게 말하노니 여자가 낳은 자 중에 1)세례 요한보다 큰 이가 일어남이 없도다 그러나 천국에서는 극히 작은 자라도 그보다 크니라

12 1)세례 요한의 때부터 지금까지 천국은 침노를 당하나니 침노하는 자는 빼앗느니라

13 모든 선지자와 율법이 예언한 것은 요한까지니

14 만일 너희가 즐겨 받을진대 오리라 한 엘리야가 곧 이 사람이니라

15 귀 있는 자는 들을지어다

16 이 세대를 무엇으로 비유할까 비유하건대 아이들이 장터에 앉아 제 동무를 불러

17 이르되 우리가 너희를 향하여 피리를 불어도 너희가 춤추지 않고 우리가 슬피 울어도 너희가 가슴을 치지 아니하였다 함과 같도다

18 요한이 와서 먹지도 않고 마시지도 아니하매 그들이 말하기를 귀신이 들렸다 하더니

19 인자는 와서 먹고 마시매 말하기를 보라 먹기를 탐하고 포도주를 즐기는 사

예수님의 길을 예비한 세례 요한 (11:10-11)

람이요 세리와 죄인의 친구로다 하니 지혜는 그 2)행한 일로 인하여 옳다 함을 얻느니라

회개하지 아니하는 도시들 (눅 10:13-15)

20 ●예수께서 권능을 가장 많이 행하신 고을들이 회개하지 아니하므로 그 때에 책망하시되

21 화 있을진저 고라신아 화 있을진저 벳새다야 너희에게 행한 모든 권능을 두로와 시돈에서 행하였더라면 그들이 벌써 베옷을 입고 재에 앉아 회개하였으리라

22 내가 너희에게 이르노니 심판 날에 두로와 시돈이 너희보다 견디기 쉬우리라

23 가버나움아 네가 하늘까지 높아지겠느냐 음부에까지 낮아지리라 네게 행한 모든 권능을 소돔에서 행하였더라면 그 성이 오늘까지 있었으리라

24 내가 너희에게 이르노니 심판 날에 소돔 땅이 너보다 견디기 쉬우리라 하시니라

10:15

짐 진 자들아 내게로 오라 (눅 10:21-22)

25 ●그 때에 예수께서 대답하여 이르시되 천지의 주재이신 아버지여 이것을 지혜롭고 슬기 있는 자들에게는 숨기시고 어린 아이들에게는 나타내심을 감사하나이다

26 옳소이다 이렇게 된 것이 아버지의 뜻이니이다

27 내 아버지께서 모든 것을 내게 주셨으니 아버지 외에는 아들을 아는 자가 없고 아들과 또 아들의 소원대로 계시

1)헬, 또는 침례 2)어떤 사본에는, 자녀들로 ㄱ. 말 3:1

받는 자 외에는 아버지를 아는 자가 없
느니라

28 수고하고 무거운 짐 진 자들아 내게
로 오라 내가 너희를 쉬게 하리라

29 나는 마음이 온유하고 겸손하니 나의
멍에를 메고 내게 배우라 그리하면 너
희 마음이 쉼을 얻으리니 **암송**

30 이는 내 멍에는 쉽고 내 짐은 가벼움이
라 하시니라

안식일에 밀 이삭을 자르다
(막 2:23~28; 눅 6:1~5)

12 그 때에 예수께서 안식일에 밀
밭 사이로 가실새 제자들이 시
장하여 이삭을 잘라 먹으니

2 바리새인들이 보고 예수께 말하되 보
시오 당신의 제자들이 안식일에 하지
못할 일을 하나이다

3 예수께서 이르시되 ㄱ다윗이 자기와 그
함께 한 자들이 시장할 때에 한 일을 읽
지 못하였느냐

4 그가 하나님의 전에 들어가서 제사장 외
에는 자기나 그 함께 한 자들이 먹어서
는 안 되는 진설병을 먹지 아니하였느냐

5 ㄴ또 안식일에 제사장들이 성전 안에서
안식을 범하여도 죄가 없음을 너희가
율법에서 읽지 못하였느냐 ㄴ 28:9, 10

6 내가 너희에게 이르노니 성전보다 더
큰 이가 여기 있느니라

7 ㄷ나는 자비를 원하고 제사를 원하지
아니하노라 하신 뜻을 너희가 알았더
라면 무죄한 자를 정죄하지 아니하였
으리라

8 인자는 안식일의 주인이니라 하시니라

예수님을 죽이려고 하는
바리새인들(12:14)

안식일에 손 마른 사람을 고치시다
(막 3:1~6; 눅 6:6~11)

9 ●거기에서 떠나 그들의 회당에 들어
가시니

10 한쪽 손 마른 사람이 있는지라 사람들
이 예수를 고발하려 하여 물어 이르되
안식일에 병 고치는 것이 옳으니이까

11 예수께서 이르시되 너희 중에 어떤 사
람이 양 한 마리가 있어 안식일에 구덩
이에 빠졌으면 끌어내지 않겠느냐

12 사람이 양보다 얼마나 더 귀하냐 그러
므로 안식일에 선을 행하는 것이 옳으
니라 하시고

13 이에 그 사람에게 이르시되 손을 내밀
라 하시니 그가 내밀매 다른 손과 같이
회복되어 성하더라

14 바리새인들이 나가서 어떻게 하여 예
수를 죽일까 의논하거늘

15 예수께서 아시고 거기를 떠나가시니
많은 사람이 따르는지라 예수께서 그
들의 병을 다 고치시고

16 자기를 나타내지 말라 경고하셨으니

17 이는 선지자 이사야를 통하여 말씀하신 바

18 ㄹ보라 내가 택한 종 곧 내 마음에 기
뻐하는 바 내가 사랑하는 자로다 내
가 내 영을 그에게 줄 터이니 그가 심
판을 이방에 알게 하리라

19 그는 다투지도 아니하며 들레지도
아니하리니 아무도 길에서 그 소리
를 듣지 못하리라

20 상한 갈대를 꺾지 아니하며 1)꺼져가

12 에는 무엇이 기록되어 있을까?

안식일 문제와 귀신 쫓는 문제를
놓고 예수님과 바리새인 사이에 논쟁이 벌어졌
어요. 그것은 예수님께서 율법을 형식적으로 지
키는 것보다는 그 원래의 뜻을 아는 것이 더욱
중요하다고 말씀하셨기 때문이었어요. 예수님
은 자신을 반대하는 사람들에게 때로는 단호하
게, 또 한편으로는 부드럽게 대처하셨어요.

1) 또는 연기나는 삼대를 ㄱ. 삼상 21:6 ㄴ. 민 28:9, 10 ㄷ. 호 6:6
ㄹ. 사 42:1 이하

는 심지를 끄지 아니하기를 심판하여 이길 때까지 하리니

21 또한 이방들이 그의 이름을 바라리라 함을 이루려 하심이니라

예수와 바알세불

(막 3:20-30; 눅 6:43-45; 11:14-23; 12:10)

22 ●그 때에 귀신 들려 눈 멀고 말 못하는 사람을 데리고 왔거늘 예수께서 고쳐 주시매 그 말 못하는 사람이 말하며 보게 된지라

23 무리가 다 놀라 이르되 이는 다윗의 자손이 아니냐 하니

24 바리새인들은 듣고 이르되 이가 귀신의 왕 바알세불을 힘입지 않고는 귀신을 쫓아내지 못하느니라 하거늘 ▲ 7:20

25 예수께서 그들의 생각을 아시고 이르시되 스스로 분쟁하는 나라마다 황폐하여질 것이요 스스로 분쟁하는 동네나 집마다 서지 못하리라

26 만일 사탄이 사탄을 쫓아내면 스스로 분쟁하는 것이니 그리하고야 어떻게 그의 나라가 서겠느냐

27 또 내가 바알세불을 힘입어 귀신을 쫓아내면 너희의 아들들은 누구를 힘입어 쫓아내느냐 그러므로 그들이 너희의 재판관이 되리라

28 그러나 내가 하나님의 성령을 힘입어 귀신을 쫓아내는 것이면 하나님의 나라가 이미 너희에게 임하였느니라

29 사람이 먼저 강한 자를 결박하지 않고서야 어떻게 그 강한 자의 집에 들어가 그 세간을 강탈하겠느냐 결박한 후에야 그 집을 강탈하리라

30 나와 함께 아니하는 자는 나를 반대하는 자요 나와 함께 모으지 아니하는 자는 헤치는 자니라

31 그러므로 내가 너희에게 이르노니 사람에 대한 모든 죄와 모독은 사하심을 얻되 성령을 모독하는 것은 사하심을 얻지 못하겠고

32 또 누구든지 말로 인자를 거역하면 사하심을 얻되 누구든지 말로 성령을 거

역하면 이 세상과 오는 세상에서도 사하심을 얻지 못하리라

33 나무도 좋고 열매도 좋다 하든지 나무도 좋지 않고 열매도 좋지 않다 하든지 하라 그 열매로 나무를 아느니라

34 독사의 자식들아 너희는 악하니 어떻게 선한 말을 할 수 있느냐 이는 마음에 가득한 것을 입으로 말함이라 3:7

35 선한 사람은 그 쌓은 선에서 선한 것을 내고 악한 사람은 그 쌓은 악에서 악한 것을 내느니라

36 내가 너희에게 이르노니 사람이 무슨 무익한 말을 하든지 심판 날에 이에 대하여 심문을 받으리니

37 네 말로 의롭다 함을 받고 네 말로 정죄함을 받으리라

악한 세대가 표적을 구하나

(막 8:11-12; 눅 11:24-26, 29-32)

38 ●그 때에 서기관과 바리새인 중 몇 사람이 말하되 선생님이여 우리에게 표적 보여주시기를 원하나이다

39 예수께서 대답하여 이르시되 악하고 음란한 세대가 표적을 구하나 선지자 요나의 표적 밖에는 보일 표적이 없느니라

40 요나가 밤낮 사흘 동안 큰 물고기 뱃속에 있었던 것 같이 인자도 밤낮 사흘

동안 땅 속에 있으리라

41 심판 때에 니느웨 사람들이 일어나 이 세대 사람들을 정죄하리니 이는 그들이 요나의 전도를 듣고 회개하였음이거니와 요나보다 더 큰 이가 여기 있으며

42 심판 때에 남방 여왕이 일어나 이 세대 사람들을 정죄하리니 이는 그가 솔로몬의 지혜로운 말을 들으려고 땅 끝에서 왔음이거니와 솔로몬보다 더 큰 이가 여기 있느니라

43 더러운 귀신이 사람에게서 나갔을 때에 물 없는 곳으로 다니며 쉬기를 구하되 쉴 곳을 얻지 못하고

44 이에 이르되 내가 나온 내 집으로 돌아가리라 하고 와 보니 그 집이 비고 청소되고 수리되었거늘

45 이에 가서 저보다 더 악한 귀신 일곱을 데리고 들어가서 거하니 그 사람의 나중 형편이 전보다 더욱 심하게 되느니라 이 악한 세대가 또한 이렇게 되리라

예수의 어머니와 형제 자매

(막 3:31-35; 눅 8:19-21)

46 ● 예수께서 무리에게 말씀하실 때에 그의 어머니와 동생들이 예수께 말하려고 밖에 섰더니

47 한 사람이 예수께 여짜오되 보소서 당신의 어머니와 1)동생들이 당신께 말하려고 밖에 서 있나이다 하니

48 말하던 사람에게 대답하여 이르시되 누가 내 어머니이며 내 1)동생들이냐 하시고

49 손을 내밀어 제자들을 가리켜 이르시되 나의 어머니와 나의 1)동생들을 보라

50 누구든지 하늘에 계신 내 아버지의 뜻대로 하는 자가 내 형제요 자매요 어머니이니라 하시더라

네 가지 땅에 떨어진 씨 비유

(막 4:1-9; 눅 8:4-8)

13

그 날 예수께서 집에서 나가사 바닷가에 앉으시매

2 큰 무리가 그에게로 모여 들거늘 예수께서 배에 올라가 앉으시고 온 무리는 해변에 서 있더니

3 예수께서 비유로 여러 가지를 그들에게 말씀하여 이르시되 씨를 뿌리는 자가 뿌리러 나가서

4 뿌릴새 더러는 길 가에 떨어지매 새들이 와서 먹어버렸고

5 더러는 흙이 얕은 돌밭에 떨어지매 흙이 깊지 아니하므로 곧 싹이 나오나

6 해가 돋은 후에 타서 뿌리가 없으므로 말랐고

7 더러는 가시떨기 위에 떨어지매 가시가 자라서 기운을 막았고

8 더러는 좋은 땅에 떨어지매 어떤 것은 백 배, 어떤 것은 육십 배, 어떤 것은 삼십 배의 결실을 하였느니라

9 귀 있는 자는 들으라 하시니라

1)또는 형제들

하나님 나라의 비유 (13:3-50)

비유	본문	
씨 뿌리는 자	하나님 나라는 미미해 보이지만 좋은 땅에 뿌려진 씨앗처럼 왕성한 성장력을 지니고 있다.	13:3-9, 18-23
가라지	교회 안에는 악인들이 있게 마련이며 하나님의 자녀들은 심판 때까지 그들의 훼방을 잘 견디내야 한다.	13:24-30, 37-43
겨자씨	하나님 나라는 겨자씨가 자라서 큰 나무가 되고, 한 줌 누룩이 서 말 밀가루 반죽을 부풀게 하는 것처럼 시작은 미미하고 보잘것없지만 결말은 놀랍도록 위대해진다.	13:31-32
누룩		13:33
숨겨진 보화	하나님 나라는 그 진가를 아는 사람에게는 모든 것을 쏟아부을 만큼 귀중하다.	13:44
값진 진주		13:45-46
그물	하나님 나라가 완성되면 교회 안에 있는 악인들을 가려낼 것이다.	13:47-50

13 에는 무엇이 기록되어 있을까?

예수님은 씨, 겨자씨, 누룩, 알곡과 가라지 같은 자연 사물을 통해서 천국을 설명해 주셨어요. 대표적으로 씨 뿌리는 비유는 복음을 받아들이는 마음가짐에 대해서, 누룩과 겨자씨의 비유는 천국이 점점 확대되어가는 것에 대해서, 또 감추인 보화와 진주 비유는 천국 시민이 갖게 되는 참 기쁨에 대해서 말해주고 있답니다.

비유를 설명하시니다 (막 4:10~20; 눅 8:9~15)

10 ●제자들이 예수께 나아와 이르되 어찌하여 그들에게 비유로 말씀하시나이까

11 대답하여 이르시되 천국의 비밀을 아는 것이 너희에게는 허락되었으나 그들에게는 아니되었나니

12 무릇 있는 자는 받아 넉넉하게 되되 없는 자는 그 있는 것도 빼앗기리라

13 그러므로 내가 그들에게 비유로 말하는 것은 그들이 보아도 보지 못하며 들어도 듣지 못하며 깨닫지 못함이니라

14 이사야의 예언이 그들에게 이루어졌으니 일렀으되
　너희가 듣기는 들어도 깨닫지 못할 것이요 보기는 보아도 알지 못하리라

15 이 백성들의 마음이 완악하여져서 그 귀는 듣기에 둔하고 눈은 감았으니 이는 눈으로 보고 귀로 듣고 마음으로 깨달아 돌이켜 내게 고침을 받을까 두려워함이라
하였느니라　사 6:11

16 그러나 너희 눈은 봄으로, 너희 귀는 들음으로 복이 있도다

17 내가 진실로 너희에게 이르노니 많은 선지자와 의인이 너희가 보는 것들을 보고자 하여도 보지 못하였고 너희가 듣는 것들을 듣고자 하여도 듣지 못하였느니라　히 11:13

18 그런즉 씨 뿌리는 비유를 들으라

19 아무나 1)천국 말씀을 듣고 깨닫지 못할 때는 악한 자가 와서 그 마음에 뿌려진 것을 빼앗나니 이는 곧 길 가에 뿌려진 자요

20 돌밭에 뿌려졌다는 것은 말씀을 듣고 즉시 기쁨으로 받되

21 그 속에 뿌리가 없어 잠시 견디다가 말씀으로 말미암아 환난이나 박해가 일어나는 때에는 곧 넘어지는 자요　11:6

22 가시떨기에 뿌려졌다는 것은 말씀을 들으나 세상의 염려와 재물의 유혹에 말씀이 막혀 결실하지 못하는 자요

꽃이 핀 겨자 나무
(13:31)

23 좋은 땅에 뿌려졌다는 것은 말씀을 듣고 깨닫는 자니 결실하여 어떤 것은 백 배, 어떤 것은 육십 배, 어떤 것은 삼십 배가 되느니라 하시더라

24 ●예수께서 그들 앞에 또 비유를 들어 이르시되 천국은 좋은 씨를 제 밭에 뿌린 사람과 같으니

25 사람들이 잘 때에 그 원수가 와서 곡식 가운데 가라지를 덧뿌리고 갔더니

26 싹이 나고 결실할 때에 가라지도 보이거늘

27 집 주인의 종들이 와서 말하되 주여 밭에 좋은 씨를 뿌리지 아니하였나이까 그런데 가라지가 어디서 생겼나이까

28 주인이 이르되 원수가 이렇게 하였구나 종들이 말하되 그러면 우리가 가서 이것을 뽑기를 원하시나이까

29 주인이 이르되 가만 두라 가라지를 뽑다가 곡식까지 뽑을까 염려하노라

30 둘 다 추수 때까지 함께 자라게 두라 추수 때에 내가 추수꾼들에게 말하기를 가라지는 먼저 거두어 불사르게 단으로 묶고 곡식은 모아 내 곳간에 넣으라 하리라

겨자씨와 누룩 비유 (막 4:30~32; 눅 13:18~21)

31 ●또 비유를 들어 이르시되 천국은 마치 사람이 자기 밭에 갖다 심은 겨자씨 한 알 같으니

32 이는 모든 씨보다 작은 것이로되 자란 후에는 풀보다 커서 나무가 되매 공중의 새들이 와서 그 가지에 깃들이느니라

33 ●또 비유로 말씀하시되 천국은 마치 여자가 가루 서 말 속에 갖다 넣어 전부 부풀게 한 누룩과 같으니라　갈 5:9

1) 헬, 그 나라의 말씀을 ㄱ. 사 6:9,10

비유로 말씀하신 까닭 (막 4:33-34)

34 ●예수께서 이 모든 것을 무리에게 비유로 말씀하시고 비유가 아니면 아무 것도 말씀하지 아니하셨으니

35 이는 선지자를 통하여 말씀하신 바 내가 입을 열어 비유로 말하고 창세부터 감추인 것들을 드러내리라 함을 이루려 하심이라

가라지 비유를 설명하시다

36 ●이에 예수께서 무리를 떠나사 집에 들어가시니 제자들이 나아와 이르되 밭의 가라지의 비유를 우리에게 설명하여 주소서

37 대답하여 이르시되 좋은 씨를 뿌리는 이는 인자요

38 밭은 세상이요 좋은 씨는 천국의 아들들이요 가라지는 악한 자의 아들들이요

39 가라지를 뿌린 원수는 마귀요 추수 때는 세상 끝이요 추수꾼은 천사들이니

40 그런즉 가라지를 거두어 불에 사르는 것 같이 세상 끝에도 그러하리라

41 인자가 그 천사들을 보내리니 그들이 그 나라에서 모든 넘어지게 하는 것과 또 불법을 행하는 자들을 거두어 내어

42 풀무 불에 던져 넣으리니 거기서 울며 이를 갈게 되리라

43 그 때에 의인들은 자기 아버지 나라에서 해와 같이 빛나리라 귀 있는 자는 들으라

단 12:3

네 가지 비유

44 ●천국은 마치 밭에 감추인 보화와 같으니 사람이 이를 발견한 후 숨겨 두고 기뻐하며 돌아가서 자기의 소유를 다 팔아 그 밭을 사느니라

45 ●또 천국은 마치 좋은 진주를 구하는 장사와 같으니

46 극히 값진 진주 하나를 발견하매 가서 자기의 소유를 다 팔아 그 진주를 사느니라

47 ●또 천국은 마치 바다에 치고 각종 물고기를 모는 그물과 같으니

48 그물에 가득하매 물 가로 끌어 내고 앉아서 좋은 것은 그릇에 담고 못된 것은 내버리느니라

49 세상 끝에도 이러하리라 천사들이 와서 의인 중에서 악인을 갈라 내어 25:32

50 풀무 불에 던져 넣으리니 거기서 울며 이를 갈리라

새 것과 옛 것

51 ●이 모든 것을 깨달았느냐 하시니 대답하되 그러하오이다

52 예수께서 이르시되 그러므로 천국의 제자된 서기관마다 마치 새것과 옛것을 그 곳간에서 내오는 집주인과 같으니라

고향에서 배척을 받으시다 (막 6:1-6; 눅 4:16-30)

53 ●예수께서 이 모든 비유를 마치신 후에 그 곳을 떠나사

54 고향으로 돌아가사 그들의 회당에서 가르치시니 그들이 놀라 이르되 이 사람의 이 지혜와 이런 능력이 어디서 났느냐

55 이는 그 목수의 아들이 아니냐 그 어머니는 마리아, 그 형제들은 야고보, 요셉, 시몬, 유다라 하지 않느냐 ♦ 6:42

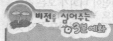

강도에게 준 선물

감리교의 창시자 요한 웨슬레가 길에서 강도를 만난 적이 있었어요. 강도는 웨슬레를 협박하여 가방을 모두 뒤졌지만 책 외에는 아무 것도 찾을 수가 없었지요. 강도는 매우 불쾌한 표정을 지으며, 재수가 없다고 투덜거렸어요.

그때 웨슬레가 강도에게 말했어요.

"당신에게 선물을 하나 주겠소. 그것은 오직 예수 그리스도의 피가 당신의 죄를 정결케 해준다는 사실이오. 그것을 믿으시오."

강도는 말없이 돌아갔습니다. 그로부터 10년 후 웨슬레가 집회를 인도하는데, 한 중년신사가 꾸벅 인사를 했어요. 바로 10년 전의 강도가 회개하여 새사람이 되었던 거예요.

56 그 누이들은 다 우리와 함께 있지 아니하냐 그런즉 이 사람의 이 모든 것이 어디서 났느냐 하고

57 1)예수를 배척한지라 예수께서 그들에게 말씀하시되 선지자가 자기 고향과 자기 집 외에서는 존경을 받지 않음이 없느니라 하시고

58 그들이 믿지 않음으로 말미암아 거기서 많은 능력을 행하지 아니하시니라

세례 요한의 죽음 (막 6:14-29; 눅 9:7-9)

14 그때에 분봉 왕 헤롯이 예수의 소문을 듣고

2 그 신하들에게 이르되 이는 2)세례 요한이라 그가 죽은 자 가운데서 살아났으니 그러므로 이런 능력이 그 속에서 역사하는도다 하더라

3 전에 헤롯이 그 동생 빌립의 아내 헤로디아의 일로 요한을 잡아 결박하여 옥에 가두었으니

4 이는 요한이 헤롯에게 말하되 당신이 그 여자를 차지한 것이 옳지 않다 하였음이라
레 18:16

5 헤롯이 요한을 죽이려 하되 무리가 그를 선지자로 여기므로 그들을 두려워하더니
눅 20:6

6 마침 헤롯의 생일이 되어 헤로디아의 딸이 연석 가운데서 춤을 추어 헤롯을 기쁘게 하니

7 헤롯이 맹세로 그에게 무엇이든지 달라는 대로 주겠다고 약속하거늘

8 그가 제 어머니의 시킴을 듣고 이르되 2)세례 요한의 머리를 소반에 얹어 여기서 내게 주소서 하니

예수님의 소문을 들은 헤롯왕 (14:1-12)

9 왕이 근심하나 자기가 맹세한 것과 그 함께 3)앉은 사람들 때문에 주라 명하고

10 사람을 보내어 옥에서 요한의 목을 베어

11 그 머리를 소반에 얹어서 그 소녀에게 주니 그가 자기 어머니에게로 가져가니라

12 요한의 제자들이 와서 시체를 가져다가 장사하고 가서 예수께 아뢰니라

오천 명을 먹이니라 (막 6:30-44; 눅 9:10-17; 요 6:1-14)

13 ●예수께서 들으시고 배를 타고 떠나사 따로 빈 들에 가시니 무리가 듣고 여러 고을로부터 걸어서 따라간지라

14 예수께서 나오사 큰 무리를 보시고 불쌍히 여기사 그 중에 있는 병자를 고쳐 주시니라
9:36

15 저녁이 되매 제자들이 나아와 이르되 이 곳은 빈 들이요 때도 이미 저물었으니 무리를 보내어 마을에 들어가 먹을 것을 사 먹게 하소서

16 예수께서 이르시되 갈 것 없다 너희가 먹을 것을 주라

17 제자들이 이르되 여기 우리에게 있는 것은 떡 다섯 개와 물고기 두 마리뿐이니이다
16:9

18 이르시되 그것을 내게 가져오라 하시고

19 무리를 명하여 잔디 위에 3)앉히시고 떡 다섯 개와 물고기 두 마리를 가지사 하늘을 우러러 축사하시고 떡을 떼어 제자들에게 주시매 제자들이 무리에게 주니

20 다 배불리 먹고 남은 조각을 열두 바구니에 차게 거두었으며

1)또는 예수로 말미암아 넘어진지라 2)헬, 또는 침례 3)8:11 난하주를 보라

21 먹은 사람은 여자와 어린이 외에 오천 명이나 되었더라
눅 6:45~52; 요 6:15~21

22 ● 예수께서 즉시 제자들을 재촉하사 자기가 무리를 보내는 동안에 배를 타고 앞서 건너편으로 가게 하시고

23 무리를 보내신 후에 기도하러 따로 산에 올라가시니라 저물매 거기 혼자 계시더니
눅 6:12

24 배가 이미 [1]육지에서 수 리나 떠나서 바람이 거스르므로 물결로 말미암아 고난을 당하더라

25 밤 사경에 예수께서 바다 위로 걸어서 제자들에게 오시니

26 제자들이 그가 바다 위로 걸어오심을 보고 놀라 유령이라 하며 무서워하여 소리 지르거늘

27 예수께서 즉시 이르시되 안심하라 나니 두려워하지 말라

28 베드로가 대답하여 이르되 주여 만일 주님이시거든 나를 명하사 물 위로 오라 하소서 하니

29 오라 하시니 베드로가 배에서 내려 [2]물 위로 걸어서 예수께로 가되

30 바람을 보고 무서워 빠져 가는지라 소리 질러 이르되 주여 나를 구원하소서 하니

31 예수께서 즉시 손을 내밀어 그를 붙잡으시며 이르시되 믿음이 작은 자여 왜 의심하였느냐 하시고

혼자 기도하기 위해 제자들을 먼저 보내신 예수님(14:23)

바다 위를 걸으시는 예수님(14:25)

32 배에 함께 오르매 바람이 그치는지라

33 배에 있는 사람들이 예수께 절하며 이르되 진실로 하나님의 아들이로소이다 하더라

게네사렛에서 병자들을 고치시다 (막 6:53~56)

34 ● 그들이 건너가 게네사렛 땅에 이르니

35 그 곳 사람들이 예수이신 줄을 알고 그 근방에 두루 통지하여 모든 병든 자를 예수께 데리고 와서

36 다만 예수의 옷자락에라도 손을 대게 하시기를 간구하니 손을 대는 자는 다 나음을 얻으니라

장로들의 전통 (막 7:1~23) ─ A.D. 29년경

15 그 때에 바리새인과 서기관들이 예루살렘으로부터 예수께 나아와 이르되

2 당신의 제자들이 어찌하여 장로들의 전통을 범하나이까 떡 먹을 때에 손을 씻지 아니하나이다

3 대답하여 이르시되 너희는 어찌하여 너희의 전통으로 하나님의 계명을 범하느냐

4 하나님이 이르셨으되 네 부모를 공경하라 하시고 또 아버지나 어머니를 비방하는 자는 반드시 죽임을 당하리라 하였거늘

5 너희는 이르되 누구든지 아버지에게나

1) 어떤 사본에, 바다 가운데 있어 2) 어떤 사본에, 예수께 가려고 물 위로 걸어가다가 ㄱ. 출 20:12; 신 5:16 ㄴ. 출 21:17; 레 20:9

어머니에게 말하기를 내가 드려 유익하게 할 것이 하나님께 드림이 되었다고 하기만 하면

6 그 부모를 공경할 것이 없다 하여 너희의 전통으로 하나님의 말씀을 폐하는도다

7 외식하는 자들아 이사야가 너희에 관하여 잘 예언하였도다 일렀으되

8 ¹이 백성이 입술로는 나를 공경하되 마음은 내게서 멀도다

9 사람의 계명으로 교훈을 삼아 가르치니 나를 헛되이 경배하는도다 하였느니라 하시고

10 무리를 불러 이르시되 듣고 깨달으라

11 입으로 들어가는 것이 사람을 더럽게 하는 것이 아니라 입에서 나오는 그것이 사람을 더럽게 하는 것이니라

12 이에 제자들이 나아와 이르되 바리새인들이 이 말씀을 듣고 ¹걸림이 된 줄 아시나이까

13 예수께서 대답하여 이르시되 심은 것마다 내 하늘 아버지께서 심으시지 않은 것은 뽑힐 것이니

14 그냥 두라 그들은 맹인이 되어 맹인을 인도하는 자로다 만일 맹인이 맹인을 인도하면 둘이 다 구덩이에 빠지리라 하시니

롬 2:19

15 베드로가 대답하여 이르되 이 비유를 우리에게 설명하여 주옵소서

13:36

16 예수께서 이르시되 너희도 아직까지 깨달음이 없느냐

16:9

17 입으로 들어가는 모든 것은 배로 들어가서 뒤로 내버려지는 줄 알지 못하느냐

18 입에서 나오는 것들은 마음에서 나오나니 이것이야말로 사람을 더럽게 하느니라

막 3:6

19 마음에서 나오는 것은 악한 생각과 살인과 간음과 음란과 도둑질과 거짓 증언과 비방이니

20 이런 것들이 사람을 더럽게 하는 것이요 씻지 않은 손으로 먹는 것은 사람을 더럽게 하지 못하느니라

가나안 여자의 믿음 (막 7:24-30)

21 ●예수께서 거기서 나가사 두로와 시돈 지방으로 들어가시니

22 가나안 여자 하나가 그 지경에서 나와서 소리 질러 이르되 주 다윗의 자손이여 나를 불쌍히 여기소서 내 딸이 흉악하게 귀신 들렸나이다 하되

23 예수는 한 말씀도 대답하지 아니하시니 제자들이 와서 청하여 말하되 그 여자가 우리 뒤에서 소리를 지르오니 그를 보내소서

24 예수께서 대답하여 이르시되 나는 이스라엘 집의 잃어버린 양 외에는 다른 데로 보내심을 받지 아니하였노라 하시니

25 여자가 와서 예수께 절하며 이르되 주여 저를 도우소서

26 대답하여 이르시되 자녀의 떡을 취하여 개들에게 던짐이 마땅하지 아니하니라

27 여자가 이르되 주여 옳소이다마는 개들도 제 주인의 상에서 떨어지는 부스러기를 먹나이다 하니

28 이에 예수께서 대답하여 이르시되 여자여 네 믿음이 크도다 네 소원대로 되리라 하시니 그 때로부터 그의 딸이 나으니라

많은 사람들을 고치시다

29 ●예수께서 거기서 떠나사 갈릴리 호숫가에 이르러 산에 올라가 거기 앉으시니

30 큰 무리가 다리 저는 사람과 장애인과 맹인과 말 못하는 사람과 기타 여럿을

15 장 에는 무엇이 기록되어 있을까?

종교 지도자들이 전통을 지키는 문제에 대해 질문하자, 예수님은 하나님 계명의 원래 목적은 겉으로 보이는 모습보다 깨끗한 마음이 더 중요한 것이라고 말씀하셨어요. 한편, 뒷부분에는 예수님의 놀라운 능력을 보여주는 가나안 여인의 치유 이야기와 칠병이어 기적 이야기가 소개되고 있습니다.

1)또는 실족 ㄱ. 사 29:13

데리고 와서 예수의 발 앞에 앉히매 고
쳐 주시니 눅 7:22

31 말 못하는 사람이 말하고 장애인이 온전
하게 되고 다리 저는 사람이 걸으며 맹
인이 보는 것을 무리가 보고 놀랍게 여겨
이스라엘의 하나님께 영광을 돌리니라

나선 명을 먹이시다 (막 8:1~10)

32 ●예수께서 제자들을 불러 이르시되
내가 무리를 불쌍히 여기노라 그들이
나와 함께 있은 지 이미 사흘이매 먹을
것이 없도다 길에서 기진할까 하여 굶
겨 보내지 못하겠노라

33 제자들이 이르되 광야에 있어 우리가
어디서 이런 무리가 배부를 만큼 떡을
얻으리이까

34 예수께서 이르시되 너희에게 떡이 몇
개나 있느냐 이르되 일곱 개와 작은 생
선 두어 마리가 있나이다 하거늘

35 예수께서 무리에게 명하사 땅에 [1]앉게
하시고

36 떡 일곱 개와 그 생선을 가지사 축사하
시고 떼어 제자들에게 주시니 제자들
이 무리에게 주매

37 다 배불리 먹고 남은 조각을 일곱 광주
리에 차게 거두었으며

38 먹은 자는 여자와 어린이 외에 사천 명
이었더라

39 예수께서 무리를 흩어 보내시고 배에
오르사 마가단 지경으로 가시니라

악한 세대가 표적을 구하나
(막 8:11~13; 눅 12:54~56)

16

바리새인과 사두개인들이 와
서 예수를 시험하여 하늘로부

예수님을
그리스도로 고백하는
베드로(16:16)

터 오는 [2]표적 보이기를 청하니 12:38

2 예수께서 대답하여 이르시되 너희가 저
녁에 하늘이 붉으면 날이 좋겠다 하고

3 아침에 하늘이 붉고 흐리면 오늘은 날
이 궂겠다 하나니 너희가 날씨는 분별
할 줄 알면서 시대의 [2]표적은 분별할
수 없느냐

4 악하고 음란한 세대가 [2]표적을 구하나
요나의 [2]표적 밖에는 보여 줄 [2]표적이
없느니라 하시고 그들을 떠나 가시니라

바리새인과 사두개인들의 누룩 (막 8:14~21)

5 ●제자들이 건너편으로 갈새 떡 가져
가기를 잊었더니

6 예수께서 이르시되 삼가 바리새인과
사두개인들의 누룩을 주의하라 하시니

7 제자들이 서로 논의하여 이르되 [3]우리
가 떡을 가져오지 아니하였도다 하거늘

8 예수께서 아시고 이르시되 믿음이 작
은 자들아 어찌 떡이 없으므로 서로 논
의하느냐

9 너희가 아직도 깨닫지 못하느냐 떡 다
섯 개로 오천 명을 먹이고 주운 것이 몇
바구니며

10 떡 일곱 개로 사천 명을 먹이고 주운 것이
몇 광주리였는지를 기억하지 못하느냐

11 어찌 내 말한 것이 떡에 관함이 아닌 줄
을 깨닫지 못하느냐 오직 바리새인과
사두개인들의 누룩을 주의하라 하시니

12 그제서야 제자들이 떡의 누룩이 아니
요 바리새인과 사두개인들의 교훈을
삼가라고 말씀하신 줄을 깨달으니라

16 에는 무엇이 기록되어 있을까?

사두개인들과 바리새인들은 예수님
께 하늘에서 오는 증거를 보여달라고 요구했어
요. 하지만 예수님께서는 참된 증거, 곧 예수님께서
이 땅에 오심으로 인해 천국이 가까이 왔음을 분
별하라고 경고하셨지요. 베드로는 예수님께서 우
리의 구세주 되심을 고백하였고, 이후 예수님께서는
제자들에게 자신의 죽음에 대해 예언하셨어요.

1)8:11 난하주를 보라 2)또는 이적 3)또는 이는 우리가 떡을 가져
오지 아니하였음이로다

베드로를 축복하시는 예수님(16:17-19)

베드로가 예수를 그리스도로 고백하다

13 ●예수께서 빌립보 가이사랴 지방에 이르러 제자들에게 물어 이르시되 사람들이 인자를 누구라 하느냐

14 이르되 더러는 ¹⁾세례 요한, 더러는 엘리야, 어떤 이는 예레미야나 선지자 중의 하나라 하나이다

15 이르시되 너희는 나를 누구라 하느냐

16 시몬 베드로가 대답하여 이르되 ²⁾주는 그리스도시요 살아 계신 하나님의 아들이시니이다

17 예수께서 대답하여 이르시되 바요나 시몬아 네가 복이 있도다 이를 네게 알게 한 이는 혈육이 아니요 하늘에 계신 내 아버지시니라

18 또 내가 네게 이르노니 너는 ³⁾베드로라 내가 이 반석 위에 내 교회를 세우리니 음부의 ⁴⁾권세가 이기지 못하리라

19 내가 천국 열쇠를 네게 주리니 네가 땅에서 무엇이든지 매면 하늘에서도 매일 것이요 네가 땅에서 무엇이든지 풀면 하늘에서도 풀리리라 하시고

20 이에 제자들에게 경고하사 자기가 그리스도인 것을 아무에게도 이르지 말라 하시니라

죽음과 부활을 처음으로 이르시다
(막 8:31-9:1; 눅 9:22-27)

21 ●이 때로부터 예수 그리스도께서 자기가 예루살렘에 올라가 장로들과 대제사장들과 서기관들에게 많은 고난(苦難)을 받고 죽임을 당하고 제삼일에

살아나야 할 것을 제자들에게 비로소 나타내시니

22 베드로가 예수를 붙들고 항변하여 이르되 주여 그리 마옵소서 이 일이 결코 ⁵⁾주께 미치지 아니하리이다

23 예수께서 돌이키시며 베드로에게 이르시되 사탄아 내 뒤로 물러 가라 너는 나를 넘어지게 하는 자로다 네가 하나님의 일을 생각하지 아니하고 도리어 사람의 일을 생각하는도다 하시고

24 이에 예수께서 제자들에게 이르시되 누구든지 나를 따라오려거든 자기를 부인하고 자기 십자가를 지고 나를 따를 것이니라

25 누구든지 제 목숨을 구원하고자 하면 잃을 것이요 누구든지 나를 위하여 제 목숨을 잃으면 찾으리라

26 사람이 만일 온 천하를 얻고도 제 목숨을 잃으면 무엇이 유익하리요 사람이 무엇을 주고 제 목숨과 바꾸겠느냐

27 인자가 아버지의 영광으로 그 천사들과 함께 오리니 그 때에 각 사람이 행한 대로 갚으리라

28 진실로 너희에게 이르노니 여기 서 있는 사람 중에 죽기 전에 인자가 그 왕권을 가지고 오는 것을 볼 자들도 있느니라

영광스러운 모습으로 변형되시다
(막 9:2-13; 눅 9:28-36)

17 엿새 후에 예수께서 베드로와 야고보와 그 형제 요한을 데리시고 따로 높은 산에 올라가셨더니

2 그들 앞에서 변형되사 그 얼굴이 해 같이 빛나며 옷이 빛과 같이 희어졌더라

17장 에는 무엇이 기록되어 있을까?

예수님의 탄생과 십자가 수난 사이에 위치한 변화산 사건은 많은 의미를 담고 있어요. 예수님께서 구세주 되심과 현재 그리고 앞으로 그분이 입게 될 영광을 미리 보여준 것이지요. 이 사건 이후에는 치유와 믿음의 관계, 십자가 수난에 관한 두 번째 예언, 성전세 내는 문제 등에 관한 말씀이 소개됩니다.

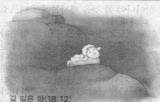

길 잃은 양(18:12)

3 그 때에 모세와 엘리야가 예수와 더불어 말하는 것이 그들에게 보이거늘

4 베드로가 예수께 여쭈어 이르되 주여 우리가 여기 있는 것이 좋사오니 만일 주께서 원하시면 내가 여기서 초막 셋을 짓되 하나는 주님을 위하여, 하나는 모세를 위하여, 하나는 엘리야를 위하여 하리이다

5 말할 때에 홀연히 빛난 구름이 그들을 덮으며 구름 속에서 소리가 나서 이르시되 이는 내 사랑하는 아들이요 내 기뻐하는 자니 너희는 그의 말을 들으라 하시는지라

6 제자들이 듣고 엎드려 심히 두려워하니

7 예수께서 나아와 그들에게 손을 대시며 이르시되 일어나라 두려워하지 말라 하시니 14:27

8 제자들이 눈을 들고 보매 오직 예수 외에는 아무도 보이지 아니하더라

9 ●그들이 산에서 내려올 때에 예수께서 명하여 이르시되 인자가 죽은 자 가운데서 살아나기 전에는 본 것을 아무에게도 이르지 말라 하시니 8:4

10 제자들이 물어 이르되 그러면 어찌하여 서기관들이 엘리야가 먼저 와야 하리라 하나이까

11 예수께서 대답하여 이르시되 엘리야가 과연 먼저 와서 모든 일을 회복하리라

12 내가 너희에게 말하노니 엘리야가 이미 왔으되 사람들이 알지 못하고 임의로 대우하였도다 인자도 이와 같이 그

들에게 고난을 받으리라 하시니

13 그제서야 제자들이 예수께서 말씀하신 것이 1)세례 요한인 줄을 깨달으니라

귀신 들린 아이를 고치시다
(막 9:14-29; 눅 9:37-43 상)

14 ●그들이 무리에게 이르매 한 사람이 예수께 와서 꿇어 엎드려 이르되

15 주여 내 아들을 불쌍히 여기소서 그가 간질로 심히 고생하여 자주 불에도 넘어지며 물에도 넘어지는지라 4:24

16 내가 주의 제자들에게 데리고 왔으나 능히 고치지 못하더이다

17 예수께서 대답하여 이르시되 믿음이 없고 패역한 세대여 내가 얼마나 너희와 함께 있으며 얼마나 너희에게 참으리요 그를 이리로 데려오라 하시니라

18 이에 예수께서 꾸짖으시니 귀신이 나가고 아이가 그 때부터 나으니라 ▲ 20:23

19 이 때에 제자들이 조용히 예수께 나아와 이르되 우리는 어찌하여 쫓아내지 못하였나이까

20 이르시되 너희 믿음이 작은 까닭이니라 진실로 너희에게 이르노니 만일 너희에게 믿음이 겨자씨 한 알 만큼만 있어도 이 산을 명하여 여기서 저기로 옮겨지라 하면 옮겨질 것이요 또 너희가 못할 것이 없으리라 고후 12:9

21 2)(없음)

죽음과 부활을 다시 이르시다
(막 9:30-32; 눅 9:43 하-45)

22 ●갈릴리에 모일 때에 예수께서 제자들에게 이르시되 인자가 장차 사람들의 손에 넘겨져 16:21

23 죽임을 당하고 제삼일에 살아나리라 하시니 제자들이 매우 근심하더라

성전세를 내시다

24 ●가버나움에 이르니 3)반 세겔 받는 자들이 베드로에게 나아와 이르되 너의

1) 헬, 또는 침례 2) 어떤 사본에, 21절 '기도와 금식이 아니면 이런 유가 나가지 아니하느니라'가 있음 3) 반 세겔은 성전세로 바치는 금액

패역(17:17) 도리에 어긋나고 순리를 거스름.
관세(17:25) 한 나라의 세관을 통과하는 상품에 대하여 부과하는 세금.
국세(17:25) 나라에서 경비의 재원을 확보하기 위하여 국민으로부터 받아들이는 세금.

선생은 반 세겔을 내지 아니하느냐
25 이르되 내신다 하고 집에 들어가니 예수께서 먼저 이르시되 시몬아 네 생각은 어떠하냐 세상 임금들이 누구에게 관세와 국세를 받느냐 자기 아들에게냐 타인에게냐
26 베드로가 이르되 타인에게니이다 예수께서 이르시되 그렇다면 아들들은 세를 면하리라
27 그러나 우리가 그들이 실족하지 않게 하기 위하여 네가 바다에 가서 낚시를 던져 먼저 오르는 고기를 가져 입을 열면 돈 한 세겔을 얻을 것이니 가져다가 나와 너를 위하여 주라 하시니라
천국에서 큰 사람 (막 9:33-37, 42-48; 눅 9:46-48; 15:3-7; 17:1-2)

18 그 때에 제자들이 예수께 나아와 이르되 천국에서는 누가 크니이까
2 예수께서 한 어린 아이를 불러 그들 가운데 세우시고
3 이르시되 진실로 너희에게 이르노니 너희가 돌이켜 어린 아이들과 같이 되지 아니하면 결단코 천국에 들어가지 못하리라
4 그러므로 누구든지 이 어린 아이와 같이 자기를 낮추는 사람이 천국에서 큰 자니라
5 또 누구든지 내 이름으로 이런 어린 아이 하나를 영접하면 곧 나를 영접함이니
6 누구든지 나를 믿는 이 작은 자 중 하나를 실족하게 하면 차라리 연자 맷돌이 그 목에 달려서 깊은 바다에 빠뜨려

잃어버린 양을 찾은 기쁨(18:13)

지는 것이 나으니라
7 실족하게 하는 일들이 있음으로 말미암아 세상에 화가 있도다 실족하게 하는 일이 없을 수는 없으나 실족하게 하는 그 사람에게는 화가 있도다
8 만일 네 손이나 네 발이 너를 1)범죄하게 하거든 찍어 내버리라 장애인이나 다리 저는 자로 2)영생에 들어가는 것이 두 손과 두 발을 가지고 영원한 불에 던져지는 것보다 나으니라
9 만일 네 눈이 너를 1)범죄하게 하거든 빼어 내버리라 한 눈으로 영생에 들어가는 것이 두 눈을 가지고 지옥 불에 던져지는 것보다 나으니라
10 삼가 이 작은 자 중의 하나도 업신여기지 말라 너희에게 말하노니 그들의 천사들이 하늘에서 하늘에 계신 내 아버지의 얼굴을 항상 뵈옵느니라
11 3)(없음)
12 너희 생각에는 어떠하냐 만일 어떤 사람이 양 백 마리가 있는데 그 중의 하나가 길을 잃었으면 그 아흔아홉 마리를 산에 두고 가서 길 잃은 양을 찾지 않겠느냐
13 진실로 너희에게 이르노니 만일 찾으면 길을 잃지 아니한 아흔아홉 마리보다 이것을 더 기뻐하리라
14 이와 같이 이 작은 자 중의 하나라도 잃는 것은 하늘에 계신 너희 아버지의 뜻이 아니니라

1) 또는 실족 2) 헬, 생명에 3) 어떤 사본에, 11절 '인자가 온 것은 잃은 자를 구원하려 함이니라'가 있음

18장 에는 무엇이 기록되어 있을까?

예수님은 어린아이를 예로 드시며 천국 시민이 되기 위한 겸손과 용서의 교훈을 제자들에게 가르치셨어요. 이는 머지않아 자신이 죽은 뒤 남겨지게 될 제자들을 일깨우기 위해서였죠. 예수님은 제자들이 서로를 인정하고 끝없는 관용을 베풀면서 복음 전하는 일에 앞장서기를 바라셨던 거예요.

우리의 모임 중에 함께
하시는 예수님(18:20)

형제가 죄를 범하거든 (눅 17:3)

15 ●네 형제가 ¹⁾죄를 범하거든 가서 너와 그 사람과만 상대하여 권고하라 만일 들으면 네가 네 형제를 얻은 것이요

16 만일 듣지 않거든 한두 사람을 데리고 가서 두세 증인의 입으로 말마다 확증하게 하라

17 만일 그들의 말도 듣지 않거든 교회에 말하고 교회의 말도 듣지 않거든 이방인과 세리와 같이 여기라   살후 3:6, 14

18 진실로 너희에게 이르노니 무엇이든지 너희가 땅에서 매면 하늘에서도 매일 것이요 무엇이든지 땅에서 풀면 하늘에서도 풀리리라

19 진실로 다시 너희에게 이르노니 너희 중의 두 사람이 땅에서 합심하여 무엇이든지 구하면 하늘에 계신 내 아버지께서 그들을 위하여 이루게 하시리라

20 두세 사람이 내 이름으로 모인 곳에는 나도 그들 중에 있느니라   암송

용서할 줄 모르는 종 비유

21 ●그 때에 베드로가 나아와 이르되 주여 형제가 내게 죄를 범하면 몇 번이나 용서하여 주리이까 일곱 번까지 하오리이까

22 예수께서 이르시되 네게 이르노니 일곱 번뿐 아니라 일곱 번을 일흔 번까지라도 할지니라

23 그러므로 천국은 그 종들과 결산하려 하던 어떤 임금과 같으니

24 결산할 때에 만 ²⁾달란트 빚진 자 하나를 데려오매

25 갚을 것이 없는지라 주인이 명하여 그 몸과 아내와 자식들과 모든 소유를 다 팔아 갚게 하라 하니

26 그 종이 엎드려 절하며 이르되 내게 참으소서 다 갚으리이다 하거늘   8:2

27 그 종의 주인이 불쌍히 여겨 놓아 보내며 그 빚을 탕감하여 주었더니

28 그 종이 나가서 자기에게 백 ³⁾데나리온 빚진 동료 한 사람을 만나 붙들어 목을 잡고 이르되 빚을 갚으라 하매

29 그 동료가 엎드려 간구하여 이르되 나에게 참아 주소서 갚으리이다 하되

30 허락하지 아니하고 이에 가서 그가 빚을 갚도록 옥에 가두거늘

31 그 동료들이 그것을 보고 몹시 딱하게 여겨 주인에게 가서 그 일을 다 알리니

32 이에 주인이 그를 불러다가 말하되 악한 종아 네가 빌기에 내가 네 빚을 전부 탕감하여 주었거늘

33 내가 너를 불쌍히 여김과 같이 너도 네 동료를 불쌍히 여김이 마땅하지 아니하냐 하고

34 주인이 노하여 그 빚을 다 갚도록 그를 옥졸들에게 넘기니라

35 너희가 각각 마음으로부터 형제를 용서하지 아니하면 나의 하늘 아버지께서도 너희에게 이와 같이 하시리라

이혼에 대하여 가르치시다 (막 10:1~12)

19 예수께서 이 말씀을 마치시고 갈릴리를 떠나 요단 강 건너 유대 지경에 이르시니

2 큰 무리가 따르거늘 예수께서 거기서

19 장에는 무엇이 기록되어 있을까?

'결혼'(이혼)과 '구원'이란 두 주제에 대해 명쾌하게 설명해주셨어요. 먼저 결혼은 매우 신성하기 때문에 배우자의 부정 이외의 이유로는 절대로 이혼할 수 없다고 말씀하셨지요. 또한 예수님은 재산이 많은지 적은지에 따라 구원을 받는 것이 아니라고 말씀하셨답니다.

1) 어떤 사본에, 네게 죄를   2) 금은의 중량   3) 은전의 명칭

그들의 병을 고치시더라

3 ●바리새인들이 예수께 나아와 그를 시험하여 이르되 사람이 어떤 이유가 있으면 그 아내를 버리는 것이 옳으니이까

4 예수께서 대답하여 이르시되 사람을 지으신 이가 본래 그들을 남자와 여자로 지으시고

5 말씀하시기를 ㄱ그러므로 사람이 그 부모를 떠나서 아내에게 합하여 그 둘이 한 몸이 될지니라 하신 것을 읽지 못하였느냐

6 그런즉 이제 둘이 아니요 한 몸이니 그러므로 하나님이 짝지어 주신 것을 사람이 나누지 못할지니라 하시니

7 여짜오되 그러면 어찌하여 ㄴ모세는 이혼 증서를 주어서 버리라 명하였나이까

8 예수께서 이르시되 모세가 너희 마음의 완악함 때문에 아내 버림을 허락하였거니와 본래는 그렇지 아니하니라

9 내가 너희에게 말하노니 누구든지 음행한 이유 외에 아내를 버리고 다른 데 장가 드는 자는 간음함이니라

10 제자들이 이르되 만일 사람이 아내에게 이같이 할진대 장가 들지 않는 것이 좋겠나이다

11 예수께서 이르시되 사람마다 이 말을 받지 못하고 오직 타고난 자라야 할지니라

12 어머니의 태로부터 된 고자도 있고 사람이 만든 고자도 있고 천국을 위하여 스스로 된 고자도 있도다 이 말을 받을 만한 자는 받을지어다

어린 아이들에게 안수하시다
(막 10:13-16; 눅 18:15-17)

13 ●그 때에 사람들이 예수께 안수하고 기도해 주심을 바라고 어린 아이들을 데리고 오매 제자들이 꾸짖거늘

14 예수께서 이르시되 어린 아이들을 용납하고 내게 오는 것을 금하지 말라 천국이 이런 사람의 것이니라 하시고

15 그들에게 안수하시고 거기를 떠나시니라

ㄱ. 창 2:24 ㄴ. 신 24:1-4 ㄷ. 출 20:12-16; 신 5:16-20 ㄹ. 레 19:18

재물이 많은 청년 (막 10:17-31; 눅 18:18-30)

16 ●어떤 사람이 주께 와서 이르되 선생님이여 내가 무슨 선한 일을 하여야 영생을 얻으리이까

17 예수께서 이르시되 어찌하여 선한 일을 내게 묻느냐 선한 이는 오직 한 분이시니라 네가 생명에 들어 가려면 계명들을 지키라

18 이르되 어느 계명이오니이까 예수께서 이르시되 ㄷ살인하지 말라, 간음하지 말라, 도둑질하지 말라, 거짓 증언하지 말라,

19 네 부모를 공경하라, ㄹ네 이웃을 네 자신과 같이 사랑하라 하신 것이니라

20 그 청년이 이르되 이 모든 것을 내가 지키었사온대 아직도 무엇이 부족하니이까

21 예수께서 이르시되 네가 온전하고자 할진대 가서 네 소유를 팔아 가난한 자들에게 주라 그리하면 하늘에서 보화가 네게 있으리라 그리고 와서 나를 따르라 하시니

22 그 청년이 재물이 많으므로 이 말씀을 듣고 근심하며 가니라

23 ●예수께서 제자들에게 이르시되 내가 진실로 너희에게 이르노니 부자는 천국에 들어가기가 어려우니라 13:22

24 다시 너희에게 말하노니 낙타가 바늘

선생님!! 궁금해요

왜 성경에 나오는 남자들은 부인이 여러 명이에요?

하나님께서는 아담과 하와를 창조하시고 행복한 가정을 이루며 살게 하셨어요. 한 남자와 한 여자가 만나 결혼하는 것이 하나님의 뜻이었답니다.

그러나 하나님을 믿지 않는 사람들의 풍습을 따라 아내 말고도 다른 여자와 결혼하는 경우가 종종 있었죠. 야곱에게는 두 명의 아내와 첩이 있었고, 솔로몬 왕도 굉장히 많은 아내와 첩이 있었어요. 그런데 이들에게는 늘 문제가 끊이지 않았어요.

하나님은 한 남자와 한 여자가 믿음 안에서 결혼하여 행복하게 살기를 원하신답니다. 19장 5절

귀로 들어가는 것이 부자가 하나님의 나라에 들어가는 것보다 쉬우니라 하시니

25 제자들이 듣고 몹시 놀라 이르되 그렇다면 누가 구원을 얻을 수 있으리이까

26 예수께서 그들을 보시며 이르시되 사람으로는 할 수 없으나 하나님으로서는 다 하실 수 있느니라

27 이에 베드로가 대답하여 이르되 보소서 우리가 모든 것을 버리고 주를 따랐사온대 그런즉 우리가 무엇을 얻으리이까

28 예수께서 이르시되 내가 진실로 너희에게 이르노니 세상이 새롭게 되어 인자가 자기 영광의 보좌에 앉을 때에 나를 따르는 너희도 열두 보좌에 앉아 이스라엘 열두 지파를 심판하리라

29 또 내 이름을 위하여 집이나 형제나 자매나 ¹⁾부모나 자식이나 전토를 버린 자마다 여러 배를 받고 또 영생을 상속하리라

30 그러나 먼저 된 자로서 나중 되고 나중 된 자로서 먼저 될 자가 많으니라

포도원의 품꾼들

20 천국은 마치 품꾼을 얻어 포도원에 들여보내려고 이른 아침에 나간 집 주인과 같으니 ≫ 8:11

2 그가 하루 한 ²⁾데나리온씩 품꾼들과 약속하여 포도원에 들여보내고

3 또 ³⁾제삼시에 나가 보니 장터에 놀고 서 있는 사람들이 또 있는지라

4 그들에게 이르되 너희도 포도원에 들어가라 내가 너희에게 상당하게 주리

예수님을 찾아온 야고보와 요한의 어머니(20:20-21)

라 하니 그들이 가고

5 ⁴⁾제육시와 ⁵⁾제구시에 또 나가 그와 같이 하고

6 ⁶⁾제십일시에도 나가 보니 서 있는 사람들이 또 있는지라 이르되 너희는 어찌하여 종일토록 놀고 여기 서 있느냐

7 이르되 우리를 품꾼으로 쓰는 이가 없음이니이다 이르되 너희도 포도원에 들어가라 하니라

8 저물매 포도원 주인이 청지기에게 이르되 품꾼들을 불러 나중 온 자로부터 시작하여 먼저 온 자까지 삯을 주라 하니 ᄅ 19:13

9 제십일시에 온 자들이 와서 한 ²⁾데나리온씩 받거늘

10 먼저 온 자들이 와서 더 받을 줄 알았더니 그들도 한 ²⁾데나리온씩 받은지라

11 받은 후 집 주인을 원망하여 이르되

12 나중 온 이 사람들은 한 시간밖에 일하지 아니하였거늘 그들을 종일 수고하며 더위를 견딘 우리와 같게 하였나이다

13 주인이 그 중의 한 사람에게 대답하여 이르되 친구여 내가 네게 잘못한 것이 없노라 네가 나와 한 ²⁾데나리온의 약속을 하지 아니하였느냐

14 네 것이나 가지고 가라 나중 온 이 사람에게 너와 같이 주는 것이 내 뜻이니라

15 내 것을 가지고 내 뜻대로 할 것이 아니냐 내가 선하므로 네가 악하게 보느냐

16 이와 같이 나중 된 자로서 먼저 되고 먼저 된 자로서 나중 되리라

죽음과 부활을 세 번째로 이르시다
(막 10:32-34; 눅 18:31-34)

17 ● 예수께서 예루살렘으로 올라가려

20장에는 무엇이 기록되어 있을까?

포도원의 품꾼 비유를 통해 예수님은 제자들이 자기들의 한 일들을 앞세우고 인정받으려는 태도를 경계하셨어요. 이어서 십자가 수난에 대한 세 번째 예언과 제자들의 반응이 소개되고 있지요. 한편, 보지 못하는 두 사람을 고쳐주신 이야기를 통해 모든 사람들을 불쌍히 여기시는 예수님의 사랑을 알 수 있답니다.

---

1) 어떤 사본에는, '부모나' 아래에 '아내나'가 있음 2) 은전의 명칭 3) 오전 아홉시 4) 정오 열두시 5) 오후 세시 6) 오후 다섯시

하실 때에 열두 제자를 따로 데리시고 길에서 이르시되

18 보라 우리가 예루살렘으로 올라가노니 인자가 대제사장들과 서기관들에게 넘겨지매 그들이 죽이기로 결의하고

19 이방인들에게 넘겨 주어 그를 조롱하며 채찍질하며 십자가에 못 박게 할 것이나 제삼일에 살아나리라

한 어머니의 요구 (막 10:35-45)

20 ●그 때에 세베대의 아들의 어머니가 그 아들들을 데리고 예수께 와서 절하며 무엇을 구하니

21 예수께서 이르시되 무엇을 원하느냐 이르되 나의 이 두 아들을 주의 나라에서 하나는 주의 우편에, 하나는 주의 좌편에 앉게 명하소서

22 예수께서 대답하여 이르시되 너희는 너희가 구하는 것을 알지 못하는도다 내가 마시려는 잔을 너희가 마실 수 있느냐 그들이 말하되 할 수 있나이다

23 이르시되 너희가 과연 내 잔을 마시려니와 내 좌우편에 앉는 것은 내가 주는 것이 아니라 내 아버지께서 누구를 위하여 예비하셨든지 그들이 얻을 것이니라

24 열 제자가 듣고 그 두 형제에 대하여 분히 여기거늘

25 예수께서 제자들을 불러다가 이르시되 이방인의 집권자들이 그들을 임의로 주관하고 그 고관들이 그들에게 권세를 부리는 줄을 너희가 알거니와

26 너희 중에는 그렇지 않아야 하나니 너희 중에 누구든지 크고자 하는 자는 너

희를 섬기는 자가 되고

27 너희 중에 누구든지 으뜸이 되고자 하는 자는 너희의 종이 되어야 하리라

28 인자가 온 것은 섬김을 받으려 함이 아니라 도리어 섬기려 하고 자기 목숨을 많은 사람의 대속물로 주려 함이니라

맹인 두 사람을 고치시다 (막 10:46-52; 눅 18:35-43)

29 ●그들이 여리고에서 떠나 갈 때에 큰 무리가 예수를 따르더라

30 맹인 두 사람이 길 가에 앉았다가 예수께서 지나가신다 함을 듣고 소리 질러 이르되 주여 우리를 불쌍히 여기소서 다윗의 자손이여 하니

31 무리가 꾸짖어 잠잠하라 하되 더욱 소리 질러 이르되 주여 우리를 불쌍히 여기소서 다윗의 자손이여 하는지라

32 예수께서 머물러 서서 그들을 불러 이르시되 너희에게 무엇을 하여 주기를 원하느냐

33 이르되 주여 우리의 눈 뜨기를 원하나이다

34 예수께서 불쌍히 여기사 그들의 눈을 만지시니 곧 보게 되어 그들이 예수를 따르니라

예루살렘에 들어가시다 (막 11:1-11; 눅 19:28-38; 요 12:12-19)

21 그들이 예루살렘에 가까이 가서 감람 산 벳바게에 이르렀을 때에 예수께서 두 제자를 보내시며

2 이르시되 너희는 맞은편 마을로 가라 그리하면 곧 매인 나귀와 나귀 새끼가

다투는 제자들
(20:24-28)

함께 있는 것을 보리니 풀어 내게로 끌고 오라

3 만일 누가 무슨 말을 하거든 주가 쓰시겠다 하라 ¹⁾그리하면 즉시 보내리라 하시니 ㄴ.24:1

4 이는 선지자를 통하여 하신 말씀을 이루려 하심이라 일렀으되

5 「시온 딸에게 이르기를 네 왕이 네게 임하나니 그는 겸손하여 나귀, 곧 멍에 메는 짐승의 새끼를 탔도다 하라 하였느니라 ㄱ.9:9

6 제자들이 가서 예수께서 명하신 대로 하여

7 나귀와 나귀 새끼를 끌고 와서 자기들의 겉옷을 그 위에 얹으매 예수께서 그 위에 타시니

8 무리의 대다수는 그들의 겉옷을 길에 펴고 다른 이들은 나뭇가지를 베어 길에 펴고

9 앞에서 가고 뒤에서 따르는 무리가 소리 높여 이르되 호산나 다윗의 자손이여 찬송하리로다 주의 이름으로 오시는 이여 가장 높은 곳에서 호산나 하더라

10 예수께서 예루살렘에 들어가시니 온 성이 소동하여 이르되 이는 누구냐 하거늘

11 무리가 이르되 갈릴리 나사렛에서 나온 선지자 예수라 하니라

성전을 깨끗하게 하시다
(막 11:15-19; 눅 19:45-48; 요 2:13-22)

12 ●예수께서 성전에 들어가사 성전 안에서 매매하는 모든 사람들을 내쫓으시며 돈 바꾸는 사람들의 상과 비둘기 파는 사람들의 의자를 둘러 엎으시고

13 그들에게 이르시되 기록된 바 「내 집은 기도하는 집이라 일컬음을 받으리라 하였거늘 너희는 「강도의 소굴을 만드는도다 하시니라

14 맹인과 저는 자들이 성전에서 예수께 나아오매 고쳐주시니

15 대제사장들과 서기관들이 예수께서 하시는 이상한 일과 또 성전에서 소리 질러 호산나 다윗의 자손이여 하는 어린이들을 보고 노하여

16 예수께 말하되 그들이 하는 말을 듣느냐 예수께서 이르시되 『그렇다 어린 아기와 젖먹이들의 입에서 나오는 찬미를 온전하게 하셨나이다 함을 너희가 읽어 본 일이 없느냐 하시고

17 그들을 떠나 성 밖으로 베다니에 가서 거기서 유하시니라

무화과나무가 마르다 (막 11:12-14, 20-24)

18 ●이른 아침에 성으로 들어오실 때에 시장하신지라

19 길 가에서 한 무화과나무를 보시고 그리로 가사 잎사귀 밖에 아무 것도 찾지 못하시고 나무에게 이르시되 이제부터 영원토록 네가 열매를 맺지 못하리라 하시니 무화과나무가 곧 마른지라

20 제자들이 보고 이상히 여겨 이르되 무화과나무가 어찌하여 곧 말랐나이까

21 예수께서 대답하여 이르시되 내가 진실로 너희에게 이르노니 만일 너희가 믿음이 있고 의심하지 아니하면 이 무화과나무에 된 이런 일만 할 뿐 아니라 이 산더러 들려 바다에 던져지라 하여도 될 것이요

22 너희가 기도할 때에 무엇이든지 믿고 구하는 것은 다 받으리라 하시니라

예수의 권위를 두고 말하다
(막 11:27-33; 눅 20:1-8)

23 ●예수께서 성전에 들어가 가르치실 새 대제사장들과 백성의 장로들이 나아와 이르되 네가 무슨 권위로 이런 일

1)또는 즉시 돌려 보내리라 하라 하시니 ㄱ.사 62:11; 슥 9:9 ㄴ.사 56:7 ㄷ.렘 7:11 ㄹ.시 8:2

21 에는 무엇이 기록되어 있을까?

예수님은 당당하게 예루살렘에 들어가셨어요. 대적자들의 본거지를 정면 돌파해 들어가시는 예수님의 모습은 만왕의 왕이신 예수님의 권세를 분명히 드러내고 있지요. 예수님의 권위에 대한 종교 지도자들의 반발이라든지, 두 아들과 불의한 농부의 비유는 영광의 예수님을 죽이고자 하는 음모가 치열해지고 있음을 보여준답니다.

24 예수께서 대답하시되 나도 한 말을 너희에게 물으리니 너희가 대답하면 나도 무슨 권위로 이런 일을 하는지 이르리라

25 요한의[1] 세례가 어디로부터 왔느냐 하늘로부터냐 사람으로부터냐 그들이 서로 의논하여 이르되 만일 하늘로부터라 하면 어찌하여 그를 믿지 아니하였느냐 할 것이요

26 만일 사람으로부터라 하면 모든 사람이 요한을 선지자로 여기니 백성이 무섭다 하여

27 예수께 대답하여 이르되 우리가 알지 못하노라 하니 예수께서 이르시되 나도 무슨 권위로 이런 일을 하는지 너희에게 이르지 아니하리라

28 그러나 너희 생각에는 어떠하냐 어떤 사람에게 두 아들이 있는데 맏아들에게 가서 이르되 얘 오늘 포도원에 가서 일하라 하니

29 대답하여 이르되 아버지 가겠나이다 하더니 가지 아니하고

30 둘째 아들에게 가서 또 그와 같이 말하니 대답하여 이르되 싫소이다 하였다가 그 후에 뉘우치고 갔으니

31 그 둘 중의 누가 아버지의 뜻대로 하였느냐 이르되 둘째 아들이니이다 예수께서 그들에게 이르시되 내가 진실로 너희에게 이르노니 세리들과 창녀들이 너희보다 먼저 하나님의 나라에 들어가리라

32 요한이 의의 도로 너희에게 왔거늘 너희는 그를 믿지 아니하였으되 세리와 창녀는 믿었으며 너희는 이것을 보고도 끝내 뉘우쳐 믿지 아니하였느니라 3:1
포도원 농부 비유 (막 12:1-12; 눅 20:9-19)

33 ●다른 한 비유를 들으라 한 집 주인이 포도원을 만들어 산울타리로 두르고 거기에 즙 짜는 틀을 만들고 망대를 짓고 농부들에게 세로 주고 타국에 갔더니

34 열매 거둘 때가 가까우매 그 열매를 받으려고 자기 종들을 농부들에게 보내니

35 농부들이 종들을 잡아 하나는 심히 때리고 하나는 죽이고 하나는 돌로 쳤거늘

36 다시 다른 종들을 처음보다 많이 보내니 그들에게도 그렇게 하였는지라

37 후에 자기 아들을 보내며 이르되 그들이 내 아들은 존대하리라 하였더니

38 농부들이 그 아들을 보고 서로 말하되 이는 상속자니 자 죽이고 그의 유산을 차지하자 하고 요 11:53

39 이에 잡아 포도원 밖에 내쫓아 죽였느니라

40 그러면 포도원 주인이 올 때에 그 농부들을 어떻게 하겠느냐

41 그들이 말하되 그 악한 자들을 진멸하

1) 헬, 또는 침례

선생님!! 궁금해요

어떻게 나무를 야단칠 수가 있어요? 나무가 사람의 말을 알아듣나요?

예수님은 무화과나무를 야단치고 저주하셨어요. 그 나무는 잎만 많고 열매가 없었기 때문이었지요. 예수님께서 무화과나무를 꾸중하신 속마음은 나무만을 야단치기 위한 것이 아니었어요. 바로 하나님을 믿는다고 하지만 실제로는 하나님의 말씀대로 살지 않고 아무런 선한 열매도 맺지 못하는 사람들의 악한 행동을 야단치신 것이었지요.

이것은 교회에 나오더라도 겉으로는 믿는 척하면서 실제로는 거짓말을 하고 악한 행동을 하며 하나님의 말씀을 따르지 않고 살아가는 사람들을 가리키는 거에요. 놀랍게도 꾸중을 들은 무화과나무는 시들어 죽고 말았답니다.

21장 19절

고 포도원은 제 때에 열매를 바칠 만한 다른 농부들에게 세로 줄지니이다

42 예수께서 이르시되 너희가 성경에 "건축자들이 버린 돌이 모퉁이의 머릿돌이 되었나니 이것은 주로 말미암아 된 것이요 우리 눈에 기이하도다 함을 읽어 본 일이 없느냐

43 그러므로 내가 너희에게 이르노니 하나님의 나라를 너희는 빼앗기고 그 나라의 열매 맺는 백성이 받으리라

44 이 돌 위에 떨어지는 자는 깨지겠고 이 돌이 사람 위에 떨어지면 그를 가루로 만들어 흩으리라 하시니

45 대제사장들과 바리새인들이 예수의 비유를 듣고 자기들을 가리켜 말씀하심인 줄을 알고

46 잡고자 하나 무리를 무서워하니 이는 그들이 예수를 선지자로 앎이었더라

혼인 잔치 비유 (눅 14:15~24)

22 예수께서 다시 비유로 대답하여 이르시되

2 천국은 마치 자기 아들을 위하여 혼인 잔치를 베푼 어떤 임금과 같으니 13:24

3 그 종들을 보내어 그 청한 사람들을 혼인 잔치에 오라 하였더니 오기를 싫어하거늘

4 다시 다른 종들을 보내며 이르되 청한 사람들에게 이르기를 내가 오찬을 준비하되 나의 소와 살진 짐승을 잡고 모든 것을 갖추었으니 혼인 잔치에 오소서 하였더니

5 그들이 돌아 보지도 않고 한사람은 자기 밭으로, 한 사람은 자기 사업하러 가고

예수님을 올무에 빠뜨리려는
바리새인들(22:15)

6 그 남은 자들은 종들을 잡아 모욕하고 죽이니

7 임금이 노하여 군대를 보내어 그 살인한 자들을 진멸하고 그 동네를 불사르고 19:27

8 이에 종들에게 이르되 혼인 잔치는 준비되었으나 청한 사람들은 합당하지 아니하니

9 네거리 길에 가서 사람을 만나는 대로 혼인 잔치에 청하여 오라 한대

10 종들이 길에 나가 악한 자나 선한 자나 만나는 대로 모두 데려오니 혼인 잔치에 손님들이 가득한지라

11 임금이 손님들을 보러 들어올새 거기서 예복을 입지 않은 한 사람을 보고

12 이르되 친구여 어찌하여 예복을 입지 않고 여기 들어왔느냐 하니 그가 아무말도 못하거늘

13 임금이 사환들에게 말하되 그 손발을 묶어 바깥 어두운 데에 내던지라 거기서 슬피 울며 이를 갈게 되리라 하니라

14 청함을 받은 자는 많되 택함을 입은 자는 적으니라

가이사에게 세금을 바치는 것 (막 12:13~17; 눅 20:20~26)

15 ●이에 바리새인들이 가서 어떻게 하면 예수를 말의 올무에 걸리게 할까 상의하고

16 자기 제자들을 헤롯 당원들과 함께 예수께 보내어 말하되 선생님이여 우리가 아노니 당신은 참되시고 진리로 하나님의 도를 가르치시며 아무도 꺼리는 일이 없으시니 이는 사람을 외모로 보지 아니하심이니이다 막 3:6

ㄱ. 시 118:22 이하

17 그러면 당신의 생각에는 어떠한지 우리에게 이르소서 가이사에게 세금을 바치는 것이 옳으니이까 옳지 아니하니이까 하니

18 예수께서 그들의 악함을 아시고 이르시되 외식하는 자들아 어찌하여 나를 시험하느냐

19 세금 낼 돈을 내게 보이라 하시니 ¹⁾데나리온 하나를 가져왔거늘

20 예수께서 말씀하시되 이 형상과 이 글이 누구의 것이냐

21 이르되 가이사의 것이니이다 이에 이르시되 그런즉 가이사의 것은 가이사에게, 하나님의 것은 하나님께 바치라 하시니

22 그들이 이 말씀을 듣고 놀랍게 여겨 예수를 떠나가니라

부활 논쟁 (막 12:18-27; 눅 20:27-40)

23 ●부활이 없다 하는 사두개인들이 그 날 예수께 와서 물어 이르되 ^{행 23:8}

24 선생님이여 모세가 일렀으되 사람이 만일 자식이 없이 죽으면 그 동생이 그 아내에게 장가 들어 형을 위하여 상속자를 세울지니라 하였나이다

25 우리 중에 칠 형제가 있었는데 맏이가 장가 들었다가 죽어 상속자가 없으므로 그 아내를 그 동생에게 물려 주고

26 그 둘째와 셋째로 일곱째까지 그렇게 하다가

27 최후에 그 여자도 죽었나이다

28 그런즉 그들이 다 살아날 때에 일곱 중의 누구의 아내가 되리이까 부활 때에

29 예수께서 대답하여 이르시되 너희가 성경도, 하나님의 능력도 알지 못하는 고로 오해하였도다

30 부활 때에는 장가도 아니 가고 시집도 아니 가고 하늘에 있는 천사들과 같으니라

31 죽은 자의 부활을 논할진대 하나님이 너희에게 말씀하신 바

32 나는 아브라함의 하나님이요 이삭의 하나님이요 야곱의 하나님이로라 하

신 것을 읽어 보지 못하였느냐 하나님은 죽은 자의 하나님이 아니요 살아 있는 자의 하나님이시니라 하시니

33 무리가 듣고 그의 가르치심에 놀라더라

가장 큰 계명 (막 12:28-34; 눅 10:25-28)

34 ●예수께서 사두개인들로 대답할 수 없게 하셨다 함을 바리새인들이 듣고 모였는데

35 그 중의 한 율법사가 예수를 시험하여 묻되

36 선생님 율법 중에서 어느 계명이 크니이까

37 예수께서 이르시되 네 마음을 다하고 목숨을 다하고 뜻을 다하여 주 너의 하나님을 사랑하라 하셨으니

38 이것이 크고 첫째 되는 계명이요

39 둘째도 그와 같으니 네 이웃을 네 자신 같이 사랑하라 하셨으니

40 이 두 계명이 온 율법과 선지자의 강령이니라 ^{암송}

그리스도와 다윗의 자손 (막 12:35-37; 눅 20:41-44)

41 ●바리새인들이 모였을 때에 예수께서 그들에게 물으시되

술술 풀리는 **성경 말씀**

사두개인

'사두개'란 명칭은 다윗 시대의 대제사장 '사독'(삼하 15:24)에서 유래하였습니다. 이들은 바리새파처럼 B.C. 2세기 마카비우스 시대에 등장했어요. 초기에는 바리새인과 함께 마카비우스 가문의 세속화에 반대하여 항거했어요. 하지만 점차 권력층에 붙어서 바리새인과 대립 관계에 서게 되었지요.

정치적으로 로마의 통치에 적극 협조하는 현실주의자였던 반면에, 신학적으로는 매우 보수적이었어요. 그래서 바리새인들과는 달리 모세오경만 인정하고 조상들의 입을 통해 내려온 말씀은 멀리했답니다. 또 천사의 존재, 부활, 종말 심판 등을 인정하지 않았지요.

이들은 예수님의 활동 초기에는 별로 등장하지 않았지만, 차츰 바리새인과 한 무리가 되어 예수님을 없애려는 음모에 앞장섰어요.

22장 23절

1) 은전의 명칭 ㄱ. 신 25:5 ㄴ. 출 3:6 ㄷ. 신 6:5 ㄹ. 레 19:18

42 너희는 그리스도에 대하여 어떻게 생각하느냐 누구의 자손이냐 대답하되 다윗의 자손이니이다

43 이르시되 그러면 다윗이 성령에 감동되어 어찌 그리스도를 주라 칭하여 말하되

44 주께서 내 주께 이르시되 내가 네 원수를 네 발 아래에 둘 때까지 내 우편에 앉아 있으라 하셨도다 하였느냐   시 110:1

45 다윗이 그리스도를 주라 칭하였은즉 어찌 그의 자손이 되겠느냐 하시니

46 한 마디도 능히 대답하는 자가 없고 그 날부터 감히 그에게 묻는 자도 없더라   막 12:34

서기관들과 바리새인들을 꾸짖으니라
(막 12:38-40; 눅 11:37-52; 20:45-47)

23

이에 예수께서 무리와 제자들에게 말씀하여 이르시되

2 서기관들과 바리새인들이 모세의 자리에 앉았으니   눅 11:46

3 그러므로 무엇이든지 그들이 말하는 바는 행하고 지키되 그들이 하는 행위는 본받지 말라 그들은 말만 하고 행하지 아니하며

4 또 무거운 짐을 묶어 사람의 어깨에 지우되 자기는 이것을 한 손가락으로도 움직이려 하지 아니하며   갈 6:13

5 그들의 모든 행위를 사람에게 보이고자 하나니 곧 그 경문 띠를 넓게 하며 옷술을 길게 하고

6 잔치의 윗자리와 회당의 높은 자리와

7 시장에서 문안 받는 것과 사람에게 랍

비라 칭함을 받는 것을 좋아하느니라

8 그러나 너희는 랍비라 칭함을 받지 말라 너희 선생은 하나요 너희는 다 형제니라   마 3:1

9 땅에 있는 자를 아버지라 하지 말라 너희의 아버지는 한 분이시니 곧 하늘에 계신 이시니라

10 또한 지도자라 칭함을 받지 말라 너희의 지도자는 한 분이시니 곧 그리스도시니라

11 너희 중에 큰 자는 너희를 섬기는 자가 되어야 하리라

12 누구든지 자기를 높이는 자는 낮아지고 누구든지 자기를 낮추는 자는 높아지리라   벧전 5:5

13 ●화 있을진저 외식하는 서기관들과 바리새인들이여 너희는 천국 문을 사람들 앞에서 닫고 너희도 들어가지 않고 들어가려 하는 자도 들어가지 못하게 하는도다

14¹⁾ (없음)

15 ●화 있을진저 외식하는 서기관들과 바리새인들이여 너희는 교인 한 사람을 얻기 위하여 바다와 육지를 두루 다니다가 생기면 너희보다 배나 더 지옥 자식이 되게 하는도다

16 ●화 있을진저 눈 먼 인도자여 너희가 말하되 누구든지 성전으로 맹세하면 아무 일 없거니와 성전의 금으로 맹세하면 지킬지라 하는도다

17 어리석은 맹인들아 어느 것이 크냐 그 금이냐 그 금을 거룩하게 하는 성전

1) 어떤 사본에, 14절을 막 12:40과 눅 20:47과 유사한 구절이 있음 ㄱ. 시 110:1

이냐 　　　　　　　　　　　ᅩ 30:29

18 너희가 또 이르되 누구든지 제단으로 맹세하면 아무 일 없거니와 그 위에 있는 예물로 맹세하면 지킬지라 하는도다

19 맹인들이여 어느 것이 크냐 그 예물이냐 그 예물을 거룩하게 하는 제단이냐

20 그러므로 제단으로 맹세하는 자는 제단과 그 위에 있는 모든 것으로 맹세함이요

21 또 성전으로 맹세하는 자는 성전과 그 안에 계신 이로 맹세함이요

22 또 하늘로 맹세하는 자는 하나님의 보좌와 그 위에 앉으신 이로 맹세함이니라

23 ●화 있을진저 외식하는 서기관들과 바리새인들이여 너희가 박하와 회향과 근채의 십일조는 드리되 율법의 더 중한 바 정의와 긍휼과 믿음은 버렸도다 그러나 이것도 행하고 저것도 버리지 말아야 할지니라

24 맹인 된 인도자여 하루살이는 걸러 내고 낙타는 삼키는도다

25 ●화 있을진저 외식하는 서기관들과 바리새인들이여 잔과 대접의 겉은 깨끗이 하되 그 안에는 탐욕과 방탕으로 가득하게 하는도다

26 눈먼 바리새인이여 너는 먼저 안을 깨끗이 하라 그리하면 겉도 깨끗하리라

27 ●화 있을진저 외식하는 서기관들과 바리새인들이여 회칠한 무덤 같으니 겉으로는 아름답게 보이나 그 안에는 죽은 사람의 뼈와 모든 더러운 것이 가득하도다

28 이와 같이 너희도 겉으로는 사람에게 옳게 보이되 안으로는 외식과 불법이 가득하도다

29 ●화 있을진저 외식하는 서기관들과 바리새인들이여 너희는 선지자들의 무덤을 만들고 의인들의 비석을 꾸미며 이르되

30 만일 우리가 조상 때에 있었더라면 우리는 그들이 선지자의 피를 흘리는 데 참여하지 아니하였으리라 하니

31 그러면 너희가 선지자를 죽인 자의 자손임을 스스로 증명함이로다　행 7:51, 52

32 너희가 너희 조상의 분량을 채우라

33 뱀들아 독사의 새끼들아 너희가 어떻게 지옥의 판결을 피하겠느냐　3:7

34 그러므로 내가 너희에게 선지자들과 지혜 있는 자들과 서기관들을 보내매 너희가 그 중에서 더러는 죽이거나 십자가에 못 박고 그 중에서 더러는 너희 회당에서 채찍질하고 이 동네에서 저 동네로 따라다니며 박해하리라

35 그러므로 의인 아벨의 피로부터 성전과 제단 사이에서 너희가 죽인 바라갸의 아들 사가랴의 피까지 땅 위에서 흘린 의로운 피가 다 너희에게 돌아가리라

36 내가 진실로 너희에게 이르노니 이것이 다 이 세대에 돌아가리라　10:23

예루살렘을 두고 이르시다 (눅 13:34-35)

37 ●예루살렘아 예루살렘아 선지자들을 죽이고 네게 파송된 자들을 돌로 치는 자여 암탉이 그 새끼를 날개 아래에 모음 같이 내가 네 자녀를 모으려 한 일이 몇 번이더냐 그러나 너희가 원하지 아니하였도다

38 보라 너희 집이 황폐하여 버려진 바 되

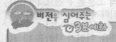

비전을 심어주는 **3분 예화**

효과대의 열매

'제임스 로빈슨' 목사의 집회가 9일 동안 열릴 때였어요. 부흥회가 절반 쯤 지났을 때 한 남자가 그지역의 한 가정을 찾아가서 주인에게 말했습니다.

　"부인께서는 저를 잘 모르실 겁니다. 저는 며칠 전 로빈슨 목사님의 저녁 집회에서 구원을 받은 사람입니다. 그런데 저는 지난 여름에 이 집에서 정원용 구를 훔쳤습니다. 이제 잘못을 뉘우치고 이렇게 훔친 물건을 돌려드리려고 왔습니다. 제가 저질렀던 일에 대해 진심으로 사과드립니다."

　이처럼 참된 회개는 고백과 보상이 따른답니다. 그 보상은 법에 의한 것이 아니라 자원하는 마음에서 나오는 것이지요. 회개가 많아지는 공동체는 천국이 될 거예요.

리라

39 내가 너희에게 이르노니 이제부터 너희는 찬송하리로다 주의 이름으로 오시는 이여 할 때까지 나를 보지 못하리라 하시니라

성전이 무너뜨려질 것을 예언하시다
(막 13:1~2; 눅 21:5~6)

24 예수께서 성전에서 나와서 가실 때에 제자들이 성전 건물들을 가리켜 보이려고 나아오니

2 대답하여 이르시되 너희가 이 모든 것을 보지 못하느냐 내가 진실로 너희에게 이르노니 돌 하나도 돌 위에 남지 않고 다 무너뜨려지리라

재난의 징조 (막 13:3~13; 눅 21:7~19)

3 ●예수께서 감람 산 위에 앉으셨을 때에 제자들이 조용히 와서 이르되 우리에게 이르소서 어느 때에 이런 일이 있겠사오며 또 주의 임하심과 세상 끝에는 무슨 징조가 있사오리이까

4 예수께서 대답하여 이르시되 너희가 사람의 미혹을 받지 않도록 주의하라

5 많은 사람이 내 이름으로 와서 이르되 나는 그리스도라 하여 많은 사람을 미혹하리라

6 난리와 난리 소문을 듣겠으나 너희는 삼가 두려워하지 말라 이런 일이 있어야 하되 아직 끝은 아니니라

7 민족이 민족을, 나라가 나라를 대적하여 일어나겠고 곳곳에 기근과 지진이 있으리니

8 이 모든 것은 재난의 시작이니라

9 그 때에 사람들이 너희를 환난에 넘겨

감람 산의 전경(24:3)

주겠으며 너희를 죽이리니 너희가 내 이름 때문에 모든 민족에게 미움을 받으리라

10 그 때에 많은 사람이 실족하게 되어 서로 잡아 주고 서로 미워하겠으며 11:6

11 거짓 선지자가 많이 일어나 많은 사람을 미혹하겠으며

12 불법이 성하므로 많은 사람의 사랑이 식어지리라 단 3:1~5

13 그러나 끝까지 견디는 자는 구원을 얻으리라

14 이 천국 복음이 모든 민족에게 증언되기 위하여 온 세상에 전파되리니 그제야 끝이 오리라

가장 큰 환난 (막 13:14~23; 눅 21:20~24)

15 ●그러므로 너희가 선지자 다니엘이 말한 바 멸망의 가증한 것이 거룩한 곳에 선 것을 보거든 (읽는 자는 깨달을지저) 단 9:27

16 그 때에 유대에 있는 자들은 산으로 도망할지어다

17 지붕 위에 있는 자는 집 안에 있는 물건을 가지러 내려 가지 말며

18 밭에 있는 자는 겉옷을 가지러 뒤로 돌이키지 말지어다

19 그 날에는 아이 밴 자들과 젖 먹이는 자들에게 화가 있으리로다

20 너희가 도망하는 일이 겨울에나 안식일에 되지 않도록 기도하라

21 이는 그 때에 큰 환난이 있겠음이라 창세로부터 지금까지 이런 환난이 없었고 후에도 없으리라

ㄱ. 단 9:27; 11:31; 12:11

24 에는 무엇이 기록되어 있을까?

예수님께서는 23장 끝에 말씀하신 예루살렘의 멸망에 대해 좀 더 자세하게 말씀하셨어요. 이 예언은 우선 예루살렘의 멸망에 대해서 이야기하고 있지만, 궁극적으로는 모든 사람들에게 임할 마지막 때를 나타내고 있답니다. 우리는 매일 마지막 때를 생각하면서 예수님이 다시 오실 날을 준비해야겠어요.

22 그 날들을 감하지 아니하면 모든 육체가 구원을 얻지 못할 것이나 그러나 택하신 자들을 위하여 그 날들을 감하시리라

23 그 때에 사람이 너희에게 말하되 보라 그리스도가 여기 있다 혹은 저기 있다 하여도 믿지 말라

24 거짓 그리스도들과 거짓 선지자들이 일어나 큰 ¹표적과 기사를 보여 할 수만 있으면 택하신 자들도 미혹하리라

25 보라 내가 너희에게 미리 말하였노라

26 그러면 사람들이 너희에게 말하되 보라 그리스도가 광야에 있다 하여도 나가지 말고 보라 골방에 있다 하여도 믿지 말라

27 번개가 동편에서 나서 서편까지 번쩍임 같이 인자의 임함도 그러하리라

28 주검이 있는 곳에는 독수리들이 모일 것이니라

인자가 오는 것을 보리라
(막 13:24-27; 눅 21:25-28)

29 ●그 날 환난 후에 즉시 해가 어두워지며 달이 빛을 내지 아니하며 별들이 하늘에서 떨어지며 하늘의 권능들이 흔들리리라

30 그 때에 인자의 징조가 하늘에서 보이겠고 그 때에 땅의 모든 족속들이 통곡하며 그들이 인자가 구름을 타고 능력과 큰 영광으로 오는 것을 보리라

31 그가 큰 나팔소리와 함께 천사들을 보내리니 그의 택하신 자들을 하늘 이 끝에서 저 끝까지 사방에서 모으리라

무화과나무에서 배울 교훈 (막 13:28-37; 눅 21:29-33; 17:26-30, 34-36; 12:35-48)

32 ●무화과나무의 비유를 배우라 그 가지가 연하여지고 잎사귀를 내면 여름이 가까운 줄을 아나니

33 이와 같이 너희도 이 모든 일을 보거든 ²인자가 가까이 곧 문앞에 이른 줄 알라

34 내가 진실로 너희에게 말하노니 이 세대가 지나가기 전에 이 일이 다 일어나리라

35 천지는 없어질지언정 내 말은 없어지지 아니하리라
5:18

36 그러나 그 날과 그 때는 아무도 모르나니 하늘의 천사들도, 아들도 모르고 오직 아버지만 아시느니라

37 노아의 때와 같이 인자의 임함도 그러하리라

38 홍수 전에 노아가 방주에 들어가던 날까지 사람들이 먹고 마시고 장가 들고 시집 가고 있으면서

39 홍수가 나서 그들을 다 멸하기까지 깨닫지 못하였으니 인자의 임함도 이와 같으리라

40 그 때에 두 사람이 밭에 있으매 한 사람은 데려가고 한 사람은 버려둠을 당할 것이요

41 두 여자가 맷돌질을 하고 있으매 한 사람은 데려가고 한 사람은 버려둠을 당할 것이니라

42 그러므로 깨어 있으라 어느 날에 너희 주가 임할지 너희가 알지 못함이니라

43 너희도 아는 바니 만일 집 주인이 도둑이 어느 시각에 올 줄을 알았더라면 깨어 있어 그 집을 뚫지 못하게 하였으리라

44 이러므로 너희도 준비하고 있으라 생

술술 풀리는 성경말씀

멸망의 가증한 것

'멸망의 가증한 것이 거룩한 곳에 섰다' 는 표현은 수리아 왕 안티오쿠스 에피파네스가 B.C. 167년 예루살렘 성전에 제우스 신상을 세웠던 사건을 가리킵니다. 이것은 과거에 다니엘 선지자가 예언한 사건이기 때문에, 이스라엘 사람이라면 이 말의 의미를 누구나 알고 있었지요.

예수님의 말씀은 실제로 A.D. 66~70년에 유대인들의 반로마 독립 운동이었던 유대 항쟁 때 이루어졌어요. 이때 로마 군대에 의해 유대 땅은 처참하게 버려지고 수많은 사람들이 죽임을 당했지요. 예수님의 말씀대로 로마 군대는 성전 제단에 독수리 문양이 새겨진 군기를 꽂고, 일곱 가지 등대를 전리품으로 내두르며 행진하였답니다.
24장 15절

16:28

1) 또는 이적 2) 또는 때가

각하지 않은 때에 인자가 오
리라
45 충성되고 지혜 있는 종이 되
어 주인에게 그 집 사람들을
맡아 때를 따라 양식을 나눠
줄 자가 누구냐
46 주인이 올 때에 그 종이 이렇
게 하는 것을 보면 그 종이 복
이 있으리로다
47 내가 진실로 너희에게 이르노
니 주인이 그의 모든 소유를 그에게 맡
기리라
48 만일 그 악한 종이 마음에 생각하기를
주인이 더디 오리라 하여
49 동료들을 때리며 술친구들과 더불어
먹고 마시게 되면
50 생각하지 않은 날 알지 못하는 시각에
그 종의 주인이 이르러
51 [1)]엄히 때리고 외식하는 자가 받는 벌에
처하리니 거기서 슬피 울며 이를 갈리라

등불을 꺼뜨려 신랑을 맞이하지 못한
미련한 다섯 처녀(25:8-10)

열 처녀 비유 ─ A.D. 30년경

25 그때에 천국은 마치 등을 들고
신랑을 맞으러 나간 열 처녀와
같다 하리니   계 19:9
2 그 중의 다섯은 미련하고 다섯은 슬기
있는 자라
3 미련한 자들은 등을 가지되 기름을 가
지지 아니하고
4 슬기 있는 자들은 그릇에 기름을 담아
등과 함께 가져갔더니
5 신랑이 더디 오므로 다 졸며 잘새
6 밤중에 소리가 나되 보라 신랑이로다
맞으러 나오라 하매

7 이에 그 처녀들이 다 일어나 등을 준비
할새
8 미련한 자들이 슬기 있는 자들에게 이
르되 우리 등불이 꺼져가니 너희 기름
을 좀 나눠 달라 하거늘
9 슬기 있는 자들이 대답하여 이르되 우
리와 너희가 쓰기에 다 부족할까 하노
니 차라리 파는 자들에게 가서 너희 쓸
것을 사라 하니
10 그들이 사러 간 사이에 신랑이 오므로
준비하였던 자들은 함께 혼인 잔치에
들어가고 문은 닫힌지라   계 19:9
11 그 후에 남은 처녀들이 와서 이르되 주
여 주여 우리에게 열어 주소서
12 대답하여 이르되 진실로 너희에게 이
르노니 내가 너희를 알지 못하노라 하
였느니라
13 그런즉 깨어 있으라 너희는 그 날과 그
때를 알지 못하느니라

달란트 비유 (눅 19:11-27)

14 ●또 어떤 사람이 타국에 갈 때 그 종
들을 불러 자기 소유를 맡김과 같으니
15 각각 그 재능대로 한 사람에게는 금 다
섯 [2)]달란트를, 한 사람에게는 두 [2)]달
란트를, 한 사람에게는 한 [2)]달란트를
주고 떠났더니
16 다섯 [2)]달란트 받은 자는 바로 가서 그것
으로 장사하여 또 다섯 [2)]달란트를 남기고
17 두 [2)]달란트 받은 자도 그같이 하여 또
두 [2)]달란트를 남겼으되
18 한 [2)]달란트 받은 자는 가서 땅을 파고

25 장에는 무엇이 기록되어 있을까?

세 가지 비유는 마지막 때를 대비
하는 사람의 마음가짐에 대해 말하고 있어요.
열 처녀 비유는 천국 날을 항상 준비해야 한
다는 것을, 달란트 비유는 맡은 일에 최선을 다
해야 한다는 것을 말해주고 있지요. 또 양과 염
소의 비유는 마지막의 심판을 늘 기억하면서 이
웃에게 친절을 베풀 것을 교훈한답니다.

1) 혤, 쪼개어 내고 2) 금은의 중량

그 주인의 돈을 감추어 두었더니

19 오랜 후에 그 종들의 주인이 돌아와 그들과 결산할새

20 다섯 ¹⁾달란트 받았던 자는 다섯 ¹⁾달란트를 더 가지고 와서 이르되 주인이여 내게 다섯 ¹⁾달란트를 주셨는데 보소서 내가 또 다섯 ¹⁾달란트를 남겼나이다

21 그 주인이 이르되 잘하였도다 착하고 충성된 종아 네가 적은 일에 충성하였으매 내가 많은 것을 네게 맡기리니 네 주인의 즐거움에 참여할지어다 하고

22 두 ¹⁾달란트 받았던 자도 와서 이르되 주인이여 내게 두 ¹⁾달란트를 주셨는데 보소서 내가 또 두 ¹⁾달란트를 남겼나이다

23 그 주인이 이르되 잘하였도다 착하고 충성된 종아 네가 적은 일에 충성하였으매 내가 많은 것을 네게 맡기리니 네 주인의 즐거움에 참여할지어다 하고

24 한 ¹⁾달란트 받았던 자는 와서 이르되 주인이여 당신은 굳은 사람이라 심지 않은 데서 거두고 헤치지 않은 데서 모으는 줄을 내가 알았으므로

25 두려워하여 나가서 당신의 ¹⁾달란트를 땅에 감추어 두었나이다 보소서 당신의 것을 가지셨나이다

26 그 주인이 대답하여 이르되 악하고 게으른 종아 나는 심지 않은 데서 거두고 헤치지 않은 데서 모으는 줄로 네가 알았느냐

27 그러면 네가 마땅히 내 돈을 취리하는 자들에게나 맡겼다가 내가 돌아와서 내 원금과 이자를 받게 하였을 것이니라 하고

28 그에게서 그 한 ¹⁾달란트를 빼앗아 열 ¹⁾달란트 가진 자에게 주라

29 무릇 있는 자는 받아 풍족하게 되고 없는 자는 그 있는 것까지 빼앗기리라

30 이 무익한 종을 바깥 어두운 데로 내쫓으라 거기서 슬피 울며 이를 갈리라 하니라

책망 받고 쫓겨나는 종 (25:24-30)

칭찬받는 종 (25:19-23)

인자가 모든 천사와 함께 올 때

31 ●인자가 자기 영광으로 모든 천사와 함께 올 때에 자기 영광의 보좌에 앉으리니
16:27

32 모든 민족을 그 앞에 모으고 각각 구분하기를 목자가 양과 염소를 구분하는 것 같이 하여

33 양은 그 오른편에 염소는 왼편에 두리라

34 그 때에 임금이 그 오른편에 있는 자들에게 이르시되 내 아버지께 복 받을 자들이여 나아와 창세로부터 너희를 위하여 예비된 나라를 상속받으라

35 내가 주릴 때에 너희가 먹을 것을 주었고 목마를 때에 마시게 하였고 나그네 되었을 때에 영접하였고
창 18:7

36 헐벗었을 때에 옷을 입혔고 병들었을 때에 돌보았고 옥에 갇혔을 때에 와서 보았느니라

37 이에 의인들이 대답하여 이르되 주여 우리가 어느 때에 주께서 주리신 것을 보고 음식을 대접하였으며 목마르신 것을 보고 마시게 하였나이까

38 어느 때에 나그네 되신 것을 보고 영접하였으며 헐벗으신 것을 보고 옷 입혔나이까

39 어느 때에 병드신 것이나 옥에 갇히신 것을 보고 가서 뵈었나이까 하리니

40 임금이 대답하여 이르시되 내가 진실로 너희에게 이르노니 너희가 여기 내 형제 중에 지극히 작은 자 하나에게 한 것이 곧 내게 한 것이니라 하시고

41 또 왼편에 있는 자들에게 이르시되 저

외식(24:51) 겉만 꾸밈. 체면치레.

취리하는 자(25:27) 돈을 교환해주거나 이자를 받는 사람을 뜻함.

1)금은의 중량

주를 받은 자들아 나를 떠나 마귀와 그 사자들을 위하여 예비된 영원한 불에 들어가라

42 내가 주릴 때에 너희가 먹을 것을 주지 아니하였고 목마를 때에 마시게 하지 아니하였고

43 나그네 되었을 때에 영접하지 아니하였고 헐벗었을 때에 옷 입히지 아니하였고 병들었을 때와 옥에 갇혔을 때에 돌보지 아니하였느니라 하시니

44 그들도 대답하여 이르되 주여 우리가 어느 때에 주께서 주리신 것이나 목마르신 것이나 나그네 되신 것이나 헐벗으신 것이나 병드신 것이나 옥에 갇히신 것을 보고 공양하지 아니하더이까

45 이에 임금이 대답하여 이르시되 내가 진실로 너희에게 이르노니 이 지극히 작은 자 하나에게 하지 아니한 것이 곧 내게 하지 아니한 것이니라 하시리니

46 그들은 영벌에, 의인들은 영생에 들어가리라 하시니라

예수를 죽이려고 의논하다 (막 14:1-2; 눅 22:1-2; 요 11:45-53)

26 예수께서 이 말씀을 다 마치시고 제자들에게 이르시되

2 너희가 아는 바와 같이 이틀이 지나면 유월절이라 인자가 십자가에 못 박히기 위하여 팔리리라 하시더라 요 13:1

3 그 때에 대제사장들과 백성의 장로들이 가야바라 하는 대제사장의 관정에 모여

4 예수를 흉계로 잡아 죽이려고 의논하되

5 말하기를 민란이 날까 하노니 명절에

는 하지 말자 하더라 27:24

예수의 머리에 향유를 붓다 (막 14:3-9; 요 12:1-8)

6 ●예수께서 베다니 나병환자 시몬의 집에 계실 때에 21:17

7 한 여자가 매우 귀한 향유 한 옥합을 가지고 나아와서 식사하시는 예수의 머리에 부으니

8 제자들이 보고 분개하여 이르되 무슨 의도로 이것을 허비하느냐

9 이것을 비싼 값에 팔아 가난한 자들에게 줄 수 있었겠도다 하거늘

10 예수께서 아시고 그들에게 이르시되 너희가 어찌하여 이 여자를 괴롭게 하느냐 그가 내게 좋은 일을 하였느니라

11 가난한 자들은 항상 너희와 함께 있거니와 나는 항상 함께 있지 아니하리라

12 이 여자가 내 몸에 이 향유를 부은 것은 내 장례를 위하여 함이니라 요 19:40

13 내가 진실로 너희에게 이르노니 온 천하에 어디서든지 이 복음이 전파되는 곳에서는 이 여자가 행한 일도 말하여 그를 기억하리라 하시니라

유다가 배반하다 (막 14:10-11; 눅 22:3-6)

14 ●그 때에 열둘 중의 하나인 가룟 유다라 하는 자가 대제사장들에게 가서 말하되

15 내가 예수를 너희에게 넘겨 주리니 얼마나 주려느냐 하니 그들이 은 삼십을

1 8:11 낟하주를 보라

술술 풀리는 성경말씀

예수님 시대의 대제사장들

달아 주거늘

16 그가 그 때부터 예수를 넘겨 줄 기회를 찾더라

마지막 만찬 (막 14:12-26; 눅 22:7-23; 요 13:21-30; 고전 11:23-25)

17 ●무교절의 첫날에 제자들이 예수께 나아와서 이르되 유월절 음식 잡수실 것을 우리가 어디서 준비하기를 원하시나이까

18 이르시되 성안 아무에게 가서 이르되 선생님 말씀이 내 때가 가까이 왔으니 내 제자들과 함께 유월절을 네 집에서 지키겠다 하시더라 하라 하시니

19 제자들이 예수께서 시키신 대로 하여 유월절을 준비하였더라

20 저물 때에 예수께서 열두 제자와 함께 1)앉으셨더니

21 그들이 먹을 때에 이르시되 내가 진실로 너희에게 이르노니 너희 중의 한 사람이 나를 팔리라 하시니

22 그들이 몹시 근심하여 각각 여짜오되 주여 나는 아니지요

23 대답하여 이르시되 나와 함께 그릇에 손을 넣는 그가 나를 팔리라

24 인자는 자기에 대하여 기록된 대로 가거니와 인자를 파는 그 사람에게는 화가 있으리로다 그 사람은 차라리 태어나지 아니하였더라면 제게 좋을 뻔하였느니라

25 예수를 파는 유다가 대답하여 이르되 랍비여 나는 아니지요 대답하시되 네가 말하였도다 하시니라

26 그들이 먹을 때에 예수께서 떡을 가지사 축복하시고 떼어 제자들에게 주시며 이르시되 받아서 먹으라 이것은 내 몸이니라 하시고

27 또 잔을 가지사 감사 기도 하시고 그들에게 주시며 이르시되 너희가 다 이것을 마시라

28 이것은 죄 사함을 얻게 하려고 많은 사람을 위하여 흘리는 바 나의 피 곧 언

겟세마네 동산에서 기도하시는 예수님(26:36-46)

약의 피니라

29 그러나 너희에게 이르노니 내가 포도나무에서 난 것을 이제부터 내 아버지의 나라에서 새것으로 너희와 함께 마시는 날까지 마시지 아니하리라 하시니라

30 ●이에 그들이 찬미하고 감람 산으로 나아가니라
막 14:26

베드로가 부인할 것을 예언하시다 (막 14:27-31; 눅 22:31-34; 요 13:36-38)

31 ●그 때에 예수께서 제자들에게 이르시되 오늘 밤에 너희가 다 나를 2)버리리라 기록된 바 `내가 목자를 치리니 양의 떼가 흩어지리라 하였느니라 슥 13:6

32 그러나 내가 살아난 후에 너희보다 먼저 갈릴리로 가리라

33 베드로가 대답하여 이르되 모두 주를 3)버릴지라도 나는 결코 4)버리지 않겠나이다

34 예수께서 이르시되 내가 진실로 네게 이르노니 오늘 밤 닭 울기 전에 네가 세 번 나를 부인하리라

35 베드로가 이르되 내가 주와 함께 죽을지언정 주를 부인하지 않겠나이다 하고 모든 제자도 그와 같이 말하니라

겟세마네에서 기도하시다 (막 14:32-42; 눅 22:39-46)

36 ●이에 예수께서 제자들과 함께 겟세마네라 하는 곳에 이르러 제자들에게 이르시되 내가 저기 가서 기도할 동안에 너희는 여기 앉아 있으라 하시고

37 베드로와 세베대의 두 아들을 데리고 가실새 고민하고 슬퍼하사

1) 8:11 난하주를 보라 2) 또는 나를 인하여 실족하리라 3) 헬, 주를 인하여 실족할지라도 4) 헬, 실족하지 않겠나이다 ㄱ. 슥 13:7

38 이에 말씀하시되 내 마음이 매우 고민하여 죽게 되었으니 너희는 여기 머물러 나와 함께 깨어 있으라 하시고

39 조금 나아가사 얼굴을 땅에 대시고 엎드려 기도하여 이르시되 내 아버지여 만일 할 만하시거든 이 잔을 내게서 지나가게 하옵소서 그러나 나의 원대로 마시옵고 아버지의 원대로 하옵소서 하시고

40 제자들에게 오사 그 자는 것을 보시고 베드로에게 말씀하시되 너희가 나와 함께 한 시간도 이렇게 깨어 있을 수 없더냐

41 시험에 들지 않게 깨어 기도하라 마음에는 원이로되 육신이 약하도다 하시고

42 다시 두 번째 나아가 기도하여 이르시되 내 아버지여 만일 내가 마시지 않고는 이 잔이 내게서 지나갈 수 없거든 아버지의 원대로 되기를 원하나이다 하시고

43 다시 오사 보신즉 그들이 자니 이는 그들의 눈이 피곤함일러라

44 또 그들을 두시고 나아가 세 번째 같은 말씀으로 기도하신 후

45 이에 제자들에게 오사 이르시되 이제

는 자고 쉬라 보라 때가 가까이 왔으니 인자가 죄인의 손에 팔리느니라

46 일어나라 함께 가자 보라 나를 파는 자가 가까이 왔느니라

갑히시다 (막 14:43-50; 눅 22:47-53; 요 18:3-12)

47 ●말씀하실 때에 열둘 중의 하나인 유다가 왔는데 대제사장들과 백성의 장로들에게서 파송된 큰 무리가 칼과 몽치를 가지고 그와 함께 하였더라

48 예수를 파는 자가 그들에게 군호를 짜 이르되 내가 입맞추는 자가 그이니 그를 잡으라 한지라

49 곧 예수께 나아와 랍비여 안녕하시옵니까 하고 입을 맞추니

50 예수께서 이르시되 친구여 네가 무엇을 하려고 왔는지 행하라 하신대 이에 그들이 나아와 예수께 손을 대어 잡는지라 41:9

51 예수와 함께 있던 자 중의 하나가 손을 펴 칼을 빼어 대제사장의 종을 쳐 그 귀를 떨어뜨리니

52 이에 예수께서 이르시되 네 칼을 도로 칼집에 꽂으라 칼을 가지는 자는 다 칼로 망하느니라

53 너는 내가 내 아버지께 구하여 지금 열두 군단 더 되는 천사를 보내시게 할 수 없는 줄로 아느냐

54 내가 만일 그렇게 하면 이런 일이 있으리라 한 성경이 어떻게 이루어지겠느냐 하시더라

55 그 때에 예수께서 무리에게 말씀하시되 너희가 강도를 잡는 것 같이 칼과 몽치를 가지고 나를 잡으러 나왔느냐 내가 날마다 성전에 앉아 가르쳤으되 너희가 나를 잡지 아니하였도다

56 그러나 이렇게 된 것은 다 선지자들의 글을 이루려 함이니라 하시더라 이에 제자들이 다 예수를 버리고 도망하니라

공회 앞에 서시다 (막 14:53-65; 눅 22:54-65, 63-71; 요 18:13-14, 19-24)

57 ●예수를 잡은 자들이 그를 끌고 대제사장 가야바에게로 가니 거기 서기관

과 장로들이 모여 있더라

58 베드로가 멀찍이 예수를 따라 대제사장의 집 뜰에까지 가서 그 결말을 보려고 안에 들어가 하인들과 함께 앉아 있더라

59 대제사장들과 온 공회가 예수를 죽이려고 그를 칠 거짓 증거를 찾으매

60 거짓 증인이 많이 왔으나 얻지 못하더니 후에 두 사람이 와서

61 이르되 이 사람의 말이 내가 하나님의 성전을 헐고 사흘 동안에 지을 수 있다 하더라 하니

62 대제사장이 일어서서 예수께 묻되 아무 대답도 없느냐 이 사람들이 너를 치는 증거가 어떠하냐 하되

63 예수께서 침묵하시거늘 대제사장이 이르되 내가 너로 살아 계신 하나님께 맹세하게 하노니 네가 하나님의 아들 그리스도인지 우리에게 말하라

64 예수께서 이르시되 네가 말하였느니라 그러나 내가 너희에게 이르노니 이후에 인자가 권능의 우편에 앉아 있는 것과 하늘 구름을 타고 오는 것을 너희가 보리라 하시니

65 이에 대제사장이 자기 옷을 찢으며 이

르되 그가 신성모독 하는 말을 하였으니 어찌 더 증인을 요구하리요 보라 너희가 지금 이 신성모독 하는 말을 들었도다 레 24:16

66 너희 생각은 어떠하냐 대답하여 이르되 그는 사형에 해당하니라 하고

67 이에 예수의 얼굴에 침 뱉으며 주먹으로 치고 어떤 사람은 손바닥으로 때리며

68 이르되 그리스도야 우리에게 선지자 노릇을 하라 너를 친 자가 누구냐 하더라

베드로가 예수를 알지 못한다고 하다
(막 14:66~72; 눅 22:56~62; 요 18:15~18, 25~27)

69 ● 베드로가 바깥 뜰에 앉았더니 한 여종이 나아와 이르되 너도 갈릴리 사람 예수와 함께 있었도다 하거늘

70 베드로가 모든 사람 앞에서 부인하여 이르되 나는 네가 무슨 말을 하는지 알지 못하겠노라 하며

71 앞문까지 나아가니 다른 여종이 그를 보고 거기 있는 사람들에게 말하되 이 사람은 나사렛 예수와 함께 있었도다 하매

72 베드로가 맹세하고 또 부인하여 이르되 나는 그 사람을 알지 못하노라 하더라

73 조금 후에 곁에 섰던 사람들이 나아와 베드로에게 이르되 너도 진실로 그 도당이라 네 말소리가 너를 표명한다 하거늘

74 그가 저주하며 맹세하여 이르되 나는 그 사람을 알지 못하노라 하니 곧 닭이 울더라

75 이에 베드로가 예수의 말씀에 닭 울기 전에 네가 세 번 나를 부인하리라 하심이 생각나서 밖에 나가서 심히 통곡하니라

예수를 빌라도에게 넘기다
(막 15:1; 눅 23:1~2; 요 18:28~32)

27 새벽에 모든 대제사장과 백성의 장로들이 예수를 죽이려고 함께 의논하고

2 결박하여 끌고 가서 총독 빌라도에게

선생님!! 궁금해요

왜 많은 사람들이 예수님을 때리고 미워했어요?

사람들이 바라던 구세주는 큰 군대와 많은 돈을 가지고 자기들을 로마에서 구해낼 위대한 왕이었어요. 그러나 예수님은 세상 사람들의 칭찬과 사랑을 받기 위해 이 땅에 오신 분이 아니셨지요. 그분은 순전히 우리가 받을 욕을 받으시고, 우리가 맞을 때를 맞으시며, 우리가 받을 고통과 저주를 대신 받으러 오셨어요. 또한 우리를 대신해서 십자가에서 죽기까지 하셨답니다.

이것은 그들이 바라는 왕의 모습과 너무 달랐어요. 그래서 그들은 예수님을 미워했지요. 하지만 예수님은 자신을 미워하는 사람들까지 사랑하셨어요. 우리는 늘 예수님께 감사하는 마음을 가지고 그분을 닮도록 노력해야 해요.

26장 67~68절

넘겨 주니라   20:19

예수님께서
재판을
받으신 곳
(27:8)

3 ●그 때에 예수를 판 유다가 그의 정죄됨을 보고 스스로 뉘우쳐 그 은삼십을 대제사장들과 장로들에게 도로 갖다 주며

4 이르되 내가 무죄한 피를 팔고 죄를 범하였도다 하니 그들이 이르되 그것이 우리에게 무슨 상관이냐 네가 당하라 하거늘

5 유다가 은을 성소에 던져 넣고 물러가서 스스로 목매어 죽은지라

6 대제사장들이 그 은을 거두며 이르되 이것은 핏값이라 성전고에 넣어 둠이 옳지 않다 하고

7 의논한 후 이것으로 토기장이의 밭을 사서 나그네의 묘지를 삼았으나

8 그러므로 오늘날까지 그 밭을 피밭이라 일컫느니라   행 1:19

9 이에 선지자 예레미야를 통하여 하신 말씀이 이루어졌나니 일렀으되 그들이 그 가격 매겨진 자 곧 이스라엘 자손 중에서 가격 매긴 자의 가격 곧 은 삼십을 가지고

10 토기장이의 밭 값으로 주었으니 이는 주께서 내게 명하신 바와 같으니라 하였더라

11 ●예수께서 총독 앞에 섰으매 총독이 물어 이르되 네가 유대인의 왕이냐 예수께서 대답하시되 네 말이 옳도다 하시고   딤전 6:13

12 대제사장들과 장로들에게 고발을 당하되 아무 대답도 아니하시는지라

13 이에 빌라도가 이르되 그들이 너를 쳐서 얼마나 많은 것으로 증언하는지 듣지 못하느냐 하되

14 한 마디도 대답하지 아니하시니 총독이 크게 놀라워하더라

15 명절이 되면 총독이 무리의 청원대로 죄수 한 사람을 놓아 주는 전례가 있더니

16 그 때에 바라바라 하는 유명한 죄수가 있는데

17 그들이 모였을 때에 빌라도가 물어 이르되 너희는 내가 누구를 너희에게 놓아 주기를 원하느냐 1)바라바냐 그리스도라 하는 예수냐 하니

18 이는 그가 그들의 시기로 예수를 넘겨 준 줄 앎이더라

19 총독이 재판석에 앉았을 때에 그의 아내가 사람을 보내어 이르되 저 옳은 사람에게 아무 상관도 하지 마옵소서 오늘 꿈에 내가 그 사람으로 인하여 애를 많이 태웠나이다 하더라

20 대제사장들과 장로들이 무리를 권하여 바라바를 달라 하게 하고 예수를 죽이자 하게 하였더니

21 총독이 대답하여 이르되 둘 중의 누구를 너희에게 놓아 주기를 원하느냐 이르되 바라바로소이다

22 빌라도가 이르되 그러면 그리스도라 하는 예수를 내가 어떻게 하랴 그들이 다 이르되 십자가에 못 박혀야 하겠나이다

1)어떤 사본에, 바라바라 하는 예수냐 ㄱ. 슥 11:12,13

예수님이 옷을
벗기우고 능욕
당하신 곳
(27:31)

23 빌라도가 이르되 어찜이냐 무슨 악한
일을 하였느냐 그들이 더욱 소리 질러
이르되 십자가에 못 박혀야 하겠나이
다 하는지라

24 빌라도가 아무 성과도 없이 도리어 민
란이 나려는 것을 보고 물을 가져다가
무리 앞에서 손을 씻으며 이르되 1)이
사람의 피에 대하여 나는 무죄하니 너
희가 당하라

25 백성이 다 대답하여 이르되 그 피를 우
리와 우리 자손에게 돌릴지어다 하거늘

26 이에 바라바는 그들에게 놓아 주고 예
수는 채찍질하고 십자가에 못 박히게
넘겨 주니라

군병들이 예수를 희롱하다
(막 15:16-20; 요 19:2-3)

27 ●이에 총독의 군병들이 예수를 데리
고 관정 안으로 들어가서 온 군대를 그
에게로 모으고

28 그의 옷을 벗기고 홍포를 입히며

29 가시관을 엮어 그 머리에 씌우고 갈대
를 그 오른손에 들리고 그 앞에서 무릎
을 꿇고 희롱하여 이르되 유대인의 왕
이여 평안할지어다 하며

30 그에게 침 뱉으며 갈대를 빼앗아 그의 머
리를 치더라   막 10:34

31 희롱을 다 한 후 홍포를 벗기고 도로
그의 옷을 입혀 십자가에 못 박으려고
끌고 나가니라

십자가에 못 박히시다 (막 15:21-32;
눅 23:26-43; 요 19:17-27) ─ A.D. 30년경

32 ●나가다가 시몬이란 구레네 사람을

만나매 그에게 예수의 십자가를 억지
로 지워 가게 하였더라

33 골고다 즉 해골의 곳이라는 곳에 이르러

34 쓸개 탄 포도주를 예수께 주어 마시게
하려 하였더니 예수께서 맛보시고 마
시고자 하지 아니하시더라

35 그들이 예수를 십자가에 못 박은 후에
그 옷을 제비 뽑아 나누고

36 거기 앉아 지키더라

37 그 머리 위에 이는 유대인의 왕 예수라
쓴 죄패를 붙였더라

38 이 때에 예수와 함께 강도 둘이 십자가
에 못 박히니 하나는 우편에, 하나는
좌편에 있더라

39 지나가는 자들은 자기 머리를 흔들며
예수를 모욕하여   시 22:7

40 이르되 성전을 헐고 사흘에 짓는 자여
네가 만일 하나님의 아들이어든 자기
를 구원하고 십자가에서 내려오라 하
며

41 그와 같이 대제사장들도 서기관들과
장로들과 함께 희롱하여 이르되

42 그가 남은 구원하였으되 자기는 구원
할 수 없도다 그가 이스라엘의 왕이로
다 지금 십자가에서 내려올지어다 그
리하면 우리가 믿겠노라

43 그가 하나님을 신뢰하니 하나님이 원
하시면 이제 그를 구원하실지라 그의
말이 나는 하나님의 아들이라 하였도
다 하며   시 22:8

44 함께 십자가에 못 박힌 강도들도 이와
같이 욕하더라

영혼이 떠나시다
(막 15:33-41; 눅 23:44-49; 요 19:28-30)

45 ●제육시로부터 온 땅에 어둠이 임하

성소(27:5) 성막과 성전의 지성소 앞 합단이 있는 곳.
성전고(27:6) 성전에 딸린 창고.
청원(27:15) 어떤 일이 이루어지도록 간곡히 바라는
글이나 말.
전례(27:15) 전해오는 본보기.
홍포(27:28) 임금이 입던 예복.
쓸개 탄 포도주(27:34) 마취제.
죄패(27:37) 죄인에게 붙이던 패.

---

1)어떤 사본에, 이 옳은 사람의

여 제구시까지 계속되더니

암 8:9

46 제구시쯤에 예수께서 크게 소리 질러 이르시되 ᄀ엘리 엘리 라마 사박다니 하시니 이는 곧 나의 하나님, 나의 하나님, 어찌하여 나를 버리셨나이까 하는 뜻이라

시 22:1

47 거기 섰던 자 중 어떤 이들이 듣고 이르되 이 사람이 엘리야를 부른다 하고

48 그 중의 한 사람이 곧 달려가서 해면을 가져다가 신 포도주에 적시어 갈대에 꿰어 마시게 하거늘

49 그 남은 사람들이 이르되 가만 두라 엘리야가 와서 그를 구원하나 보자 하더라[1]

50 예수께서 다시 크게 소리 지르시고 영혼이 떠나시니라

51 이에 성소 휘장이 위로부터 아래까지 찢어져 둘이 되고 땅이 진동하며 바위가 터지고

52 무덤들이 열리며 자던 성도의 몸이 많이 일어나되

53 예수의 부활 후에 그들이 무덤에서 나와서 거룩한 성에 들어가 많은 사람에게 보이니라

54 백부장과 및 함께 예수를 지키던 자들이 지진과 그 일어난 일들을 보고 심히 두려워하여 이르되 이는 진실로 하나님의 아들이었도다 하더라

55 예수를 섬기며 갈릴리에서부터 따라온 많은 여자가 거기 있어 멀리서 바라보고 있으니

56 그 중에는 막달라 마리아와 또 야고보와 요셉의 어머니 마리아와 또 세베대

무덤의 돌문이 열려 있음(28:2)

의 아들들의 어머니도 있더라

막 15:40

요셉이 예수의 시체를 무덤에 넣어 두다
(막 15:42-47; 눅 23:50-56; 요 19:38-42)

57 ● 저물었을 때에 아리마대의 부자 요셉이라 하는 사람이 왔으니 그도 예수의 제자라

58 빌라도에게 가서 예수의 시체를 달라 하니 이에 빌라도가 내주라 명령하거늘

59 요셉이 시체를 가져다가 깨끗한 세마포로 싸서

60 바위 속에 판 자기 새 무덤에 넣어 두고 큰 돌을 굴려 무덤 문에 놓고 가니

61 거기 막달라 마리아와 다른 마리아가 무덤을 향하여 앉았더라

경비병이 무덤을 지키다

62 ● 그 이튿날은 준비일 다음 날이라 대제사장들과 바리새인들이 함께 빌라도에게 모여 이르되

63 주여 저 속이던 자가 살아 있을 때에 말하되 내가 사흘 후에 다시 살아나리라 한 것을 우리가 기억하노니

막 8:31

64 그러므로 명령하여 그 무덤을 사흘까지 굳게 지키게 하소서 그의 제자들이 와서 시체를 도둑질하여 가고 백성에게 말하되 그가 죽은 자 가운데서 살아났다 하면 후의 속임이 전보다 더 클까 하나이다 하니

65 빌라도가 이르되 너희에게 경비병이 있으니 가서 힘대로 굳게 지키라 하거늘

66 그들이 경비병과 함께 가서 돌을 인봉하고 무덤을 굳게 지키니라

28 **에는 무엇이 기록되어 있을까?**

예수님은 말씀하신 대로 3일 만에 다시 살아나셨어요. 이로써 예수님은 약속을 꼭 지키신다는 것과 우리의 구세주가 되신다는 것이 증명되었지요. 예수님은 제자들에게 모든 사람들을 제자 삼으며 부활의 증인으로 살 것을 분부하셨어요. 예수님의 부활을 증거하면서 살아가는 것은 우리의 삶에서 가장 중요한 일이랍니다.

1) 어떤 사본에, 49절 끝에 요 19:34와 같은 말이 있음 ᄀ. 시 22:1

천사가 부활의 소식을 알려줌(28:5)

살아나시다 (막 16:1-8; 눅 24:1-12; 요 20:1-10)

28 안식일이 다 지나고 ¹⁾안식 후 첫날이 되려는 새벽에 막달라 마리아와 다른 마리아가 무덤을 보려고 갔더니

2 큰 지진이 나며 주의 천사가 하늘로부터 내려와 돌을 굴려 내고 그 위에 앉았는데 27:51

3 그 형상이 번개 같고 그 옷이 눈 같이 희거늘

4 지키던 자들이 그를 무서워하여 떨며 죽은 사람과 같이 되었더라

5 천사가 여자들에게 말하여 이르되 너희는 무서워하지 말라 십자가에 못 박히신 예수를 너희가 찾는 줄을 내가 아노라

6 그가 여기 계시지 않고 그가 말씀 하시던 대로 살아나셨느니라 와서 그가 누우셨던 곳을 보라

7 또 빨리 가서 그의 제자들에게 이르되 그가 죽은 자 가운데서 살아나셨고 너희보다 먼저 갈릴리로 가시나니 거기서 너희가 뵈오리라 하라 보라 내가 너희에게 일렀느니라 하거늘

8 그 여자들이 무서움과 큰 기쁨으로 빨리 무덤을 떠나 제자들에게 알리려고 달음질할새

9 예수께서 그들을 만나 이르시되 평안하냐 하시거늘 여자들이 나아가 그 발을 붙잡고 경배하니

10 이에 예수께서 이르시되 무서워하지 말라 가서 내 형제들에게 갈릴리로 가라 하라 거기서 나를 보리라 하시니라

경비병의 보고

11 ●여자들이 갈 때 경비병 중 몇이 성에 들어가 모든 된 일을 대제사장들에게 알리니

12 그들이 장로들과 함께 모여 의논하고 군인들에게 돈을 많이 주며

13 이르되 너희는 말하기를 그의 제자들이 밤에 와서 우리가 잘 때에 그를 도둑질하여 갔다 하라

14 만일 이 말이 총독에게 들리면 우리가 권하여 너희로 근심하지 않게 하리라 하니 27:2

15 군인들이 돈을 받고 가르친 대로 하였으니 이 말이 오늘날까지 유대인 가운데 두루 퍼지니라

제자들에게 할 일을 분부하시다 (막 16:14-18; 눅 24:36-49; 요 20:19-23; 행 1:6-8)

16 ●열한 제자가 갈릴리에 가서 예수께서 지시하신 산에 이르러

17 예수를 뵈옵고 경배하나 아직도 의심하는 사람들이 있더라

18 예수께서 나아와 말씀하여 이르시되 하늘과 땅의 모든 권세를 내게 주셨으니 단 7:13, 14

19 그러므로 너희는 가서 모든 민족을 제자로 삼아 아버지와 아들과 성령의 이름으로 ²⁾세례를 베풀고

20 내가 너희에게 분부한 모든 것을 가르쳐 지키게 하라 볼지어다 내가 세상 끝날까지 너희와 항상 함께 있으리라 하시니라 암송

제자들이 예수님의 시체를 훔쳐 갔다고 속이는 사람들(28:11-15)

1)헬, 그 주간의 2)헬, 또는 침례

Mark
마가복음

🌸 마가복음을 읽기 전에

이 책을 기록한 사람은 마가 요한이에요. 마가는 예수님의 직계 제자가 아니라 베드로의 제자로서, 베드로에게 아들로 불리기도 했답니다. 그래서 마가복음에는 베드로와 관련된 사건이 많이 기록되어 있지요.

🌸 **언제, 왜, 누구를 위하여 썼나요?**

이 책은 A.D. 65－70년경에 기록된 것으로 보고 있어요. 예수님을 믿는 사람에게 예수님께서 하신 일을 증거하기 위해 기록했지요. 모든 이방 기독교인들 중에서도 특히 로마에 있는 기독교인들을 위해 쓰셨답니다.

🌸 **어떤 내용인가요?**

하나님의 아들로서 사명을 성실하게 이루어가시는 예수님의 모습을 잘 보여주고 있어요. 예수님은 십자가에 못 박히셨지만 다시 살아나셔서 우리의 구주가 되셨어요.

복음을 전파하다 (마 3:1-12; 눅 3:1-9, 15-17; 요 1:19-23)·A.D. 26년경

1
1) 하나님의 아들 예수 그리스도의 복음의 시작이라   마 4:3

2 선지자 이사야의 글에
보라 내가 내 사자를 네 앞에 보내노니 그가 네 길을 준비하리라

3 광야에 외치는 자의 소리가 있어 이르되 너희는 주의 길을 준비하라 그의 오실 길을 곧게 하라
기록된 것과 같이

4 세례 요한이 광야에 이르러 죄 사함을 받게 하는 회개의 2)세례를 전파하니

5 온 유대 지방과 예루살렘 사람이 다 나아가 자기 죄를 자복하고 요단 강에서 그에게 2)세례를 받더라

6 요한은 낙타털 옷을 입고 허리에 가죽

띠를 띠고 메뚜기와 석청을 먹더라

7 그가 전파하여 이르되 나보다 능력 많으신 이가 내 뒤에 오시나니 나는 굽혀 그의 신발끈을 풀기도 감당하지 못하겠노라

8 나는 너희에게 물로 2)세례를 베풀었거니와 그는 너희에게 성령으로 2)세례를 베푸시리라

세례를 받으시다 (마 3:13-17; 눅 3:21-22)

9 ●그 때에 예수께서 갈릴리 나사렛으로부터 와서 요단 강에서 요한에게 2)세례를 받으시고

10 곧 물에서 올라오실새 하늘이 갈라짐과 성령이 비둘기 같이 자기에게 내려오심을 보시더니

11 하늘로부터 소리가 나기를 너는 내 사랑하는 아들이라 내가 너를 기뻐하노라 하시니라

시험을 받으시다 (마 4:1-11; 눅 4:1-13)

12 ●성령이 곧 예수를 광야로 몰아내신지라

13 광야에서 사십 일을 계시면서 사탄에게 시험을 받으시며 들짐승과 함께 계시니 천사들이 수종들더라

에는 무엇이 기록되어 있을까?

마가는 이방인에게 예수님을 '인자' 라고 소개하고 있어요. 그것은 하나님의 종으로 이 땅에 오신 예수님을 설명하기 위해서예요. 1장에는 세례 요한의 사역과 예수님의 활동이 기록되어 있는데, 특히 마가는 예수님의 치유 사역을 통해 '종으로서의 예수님'을 강조하고 있지요. 예수님은 귀신 들린 자도 거뜬히 고쳐주셨답니다.

---

1) 어떤 사본에는, '하나님의 아들' 이 없음 2) 헬, 또는 침례 ㄱ. 말 3:1 ㄴ. 사 40:3

'회개하라'고 외치는 세례 요한(1:4)

갈릴리에서 복음을 전파하다 (마 4:12-17; 눅 4:14-15)

14 ●요한이 잡힌 후 예수께서 갈릴리에 오셔서 하나님의 복음을 전파하여

15 이르시되 때가 찼고 하나님의 나라가 가까이 왔으니 회개하고 복음을 믿으라 하시더라

어부들을 부르시다 (마 4:18-22; 눅 5:1-11)

16 ●갈릴리 해변으로 지나가시다가 시몬과 그 형제 안드레가 바다에 그물 던지는 것을 보시니 그들은 어부라

17 예수께서 이르시되 나를 따라오라 내가 너희로 사람을 낚는 어부가 되게 하리라 하시니

18 곧 그물을 버려 두고 따르니라

19 조금 더 가시다가 세베대의 아들 야고보와 그 형제 요한을 보시니 그들도 배에 있어 그물을 깁는데

20 곧 부르시니 그 아버지 세베대를 품꾼들과 함께 배에 버려 두고 예수를 따라가니라

더러운 귀신 들린 사람을 고치시다 (눅 4:31-37)

21 ●그들이 가버나움에 들어가니라 예수께서 곧 안식일에 회당에 들어가 가르치시매

22 뭇 사람이 그의 교훈에 놀라니 이는 그가 가르치시는 것이 권위 있는 자와 같고 서기관들과 같지 아니함일러라

23 마침 그들의 회당에 더러운 귀신 들린 사람이 있어 소리 질러 이르되

24 나사렛 예수여 우리가 당신과 무슨 상관이 있나이까 우리를 멸하러 왔나이까 나는 당신이 누구인 줄 아노니 하나님의 거룩한 자니이다

25 예수께서 꾸짖어 이르시되 잠잠하고 그 사람에게서 나오라 하시니

26 더러운 귀신이 그 사람에게 경련을 일으키고 큰 소리를 지르며 나오는지라

27 다 놀라 서로 물어 이르되 이는 어찜이냐 권위 있는 새 교훈이로다 더러운 귀신들에게 명한즉 순종하는도다 하더라

28 예수의 소문이 곧 온 갈릴리 사방에 퍼지더라

많은 사람을 고치시다 (마 8:14-17; 눅 4:38-41)

29 ●회당에서 나와 곧 야고보와 요한과 함께 시몬과 안드레의 집에 들어가시니

30 시몬의 장모가 열병으로 누워 있는지라 사람들이 곧 그 여자에 대하여 예수께 여짜온대

31 나아가사 그 손을 잡아 일으키시니 열병이 떠나고 여자가 그들에게 수종드니라

32 ●저물어 해 질 때에 모든 병자와 귀신 들린 자를 예수께 데려오니 　마 8:16, 17

33 온 동네가 그 문 앞에 모였더라

34 예수께서 각종 병이 든 많은 사람을 고치시며 많은 귀신을 내쫓으시되 귀신이 자기를 알므로 그 말하는 것을 허락하지 아니하시니라 　3:12

전도 여행을 떠나시다 (눅 4:42-44)

35 ●새벽 아직도 밝기 전에 예수께서 일어나 나가 한적한 곳으로 가사 거기서 기도하시더니

36 시몬과 및 그와 함께 있는 자들이 예수의 뒤를 따라가

37 만나서 이르되 모든 사람이 주를 찾나이다

예수님이 세례 요한에게 세례를 받으심(1:9)

마

38이르시되 우리가 다른 가까운 마을들로 가자 거기서도 전도하리니 내가 이를 위하여 왔노라 하시고

39이에 온 갈릴리에 다니시며 그들의 여러 회당에서 전도하시고 또 귀신들을 내쫓으시더라

나병환자를 깨끗하게 하시다 (마 8:1~4; 눅 5:12~16)

40 ●한 나병환자가 예수께 와서 꿇어 엎드려 간구하여 이르되 원하시면 저를 깨끗하게 하실 수 있나이다

41예수께서 불쌍히 여기사 손을 내밀어 그에게 대시며 이르시되 내가 원하노니 깨끗함을 받으라 하시니

42곧 나병이 그 사람에게서 떠나가고 깨끗하여진지라

43곧 보내시며 엄히 경고하사

44이르시되 삼가 아무에게 아무 말도 하지 말고 가서 네 몸을 제사장에게 보이고 네가 깨끗하게 되었으니 ﹁모세가 명한 것을 드려 그들에게 입증하라 하셨으며

45그러나 그 사람이 나가서 이 일을 많이 전파하여 널리 퍼지게 하니 그러므로 예수께서 다시는 드러나게 동네에 들어가지 못하시고 오직 바깥 한적한 곳에 계셨으나 사방에서 사람들이 그에게로 나아오더라 3:7

중풍병자를 고치시다 (마 9:1~8; 눅 5:17~26)

2 수 일 후에 예수께서 다시 가버나움에 들어가시니 집에 계시다는 소문이 들린지라

2 많은 사람이 모여서 문 앞까지도 들어

중풍병자를 데려온 친구들(2:3)

설 자리가 없게 되었는데 예수께서 그들에게 도를 말씀하시더니

3 사람들이 한 중풍병자를 네 사람에게 메워 가지고 예수께로 올새

4 무리들 때문에 예수께 데려갈 수 없으므로 그 계신 곳의 지붕을 뜯어 구멍을 내고 중풍병자가 누운 상을 달아 내리니

5 예수께서 그들의 믿음을 보시고 중풍병자에게 이르시되 작은 자야 네 죄 사함을 받았느니라 하시니

6 어떤 서기관들이 거기 앉아서 마음에 생각하기를

7 이 사람이 어찌 이렇게 말하는가 신성모독이로다 오직 하나님 한 분 외에는 누가 능히 죄를 사하겠느냐 시 130:4

8 그들이 속으로 이렇게 생각하는 줄을 예수께서 곧 ﹁1)중심에 아시고 이르시되 어찌하여 이것을 마음에 생각하느냐

9 중풍병자에게 네 죄 사함을 받았느니라 하는 말과 일어나 네 상을 가지고 걸어가라 하는 말 중에서 어느 것이 쉽겠느냐

10그러나 인자가 땅에서 죄를 사하는 권세가 있는 줄을 너희로 알게 하려 하노라 하시고 중풍병자에게 말씀하시되

11내가 네게 이르노니 일어나 네 상을 가지고 집으로 가라 하시니

12그가 일어나 곧 상을 가지고 모든 사람 앞에서 나가거늘 그들이 다 놀라 하나님께 영광을 돌리며 이르되 우리가 이런 일을 도무지 보지 못하였다 하더라

2장에는 무엇이 기록되어 있을까?

예수님은 중풍병자를 고쳐주심으로써 우리의 모든 죄를 사하는 권세를 가지고 계시며 모든 사람의 구속자가 되신다는 것을 분명하게 밝혀주셨어요. 2장 뒷부분에는 금식과 안식일에 관한 논쟁이 나오고 예수님께서는 의식과 전통보다는 사람과 그 마음의 상태가 더 중요하다고 가르쳐주셨지요.

1)또는 심령으로 ㄱ. 레 14:2 이하

레위를 부르시다 (마 9:9-13; 눅 5:27-32)

13 ●예수께서 다시 바닷가에 나가시매 큰 무리가 나왔거늘 예수께서 그들을 가르치시니라

14 또 지나가시다가 알패오의 아들 레위가 세관에 앉아 있는 것을 보시고 그에게 이르시되 나를 따르라 하시니 일어나 따르니라

15 그의 집에 1)앉아 잡수실 때에 많은 세리와 죄인이 예수와 그의 제자들과 함께 2)앉았으니 이는 그러한 사람들이 많이 있어서 예수를 따름이러라

16 바리새인의 서기관들이 예수께서 죄인 및 세리들과 함께 잡수시는 것을 보고 그의 제자들에게 이르되 어찌하여 세리 및 죄인들과 함께 먹는가

17 예수께서 들으시고 그들에게 이르시되 건강한 자에게는 의사가 쓸 데 없고 병든 자에게라야 쓸 데 있느니라 나는 의인을 부르러 온 것이 아니요 죄인을 부르러 왔노라 하시니라

금식 논쟁 (마 9:14-17; 눅 5:33-39)

18 ●요한의 제자들과 바리새인들이 금식하고 있는지라 사람들이 예수께 와서 말하되 요한의 제자들과 바리새인의 제자들은 금식하는데 어찌하여 당신의 제자들은 금식하지 아니하나이까

19 예수께서 그들에게 이르시되 혼인 집 손님들이 신랑과 함께 있을 때에 금식할 수 있느냐 신랑과 함께 있을 동안에는 금식할 수 없느니라

20 그러나 신랑을 빼앗길 날이

이르리니 그 날에는 금식할 것이니라

21 생베 조각을 낡은 옷에 붙이는 자가 없나니 만일 그렇게 하면 기운 새 것이 낡은 그것을 당기어 해어짐이 더하게 되느니라

22 새 포도주를 낡은 가죽 부대에 넣는 자가 없나니 만일 그렇게 하면 새 포도주가 부대를 터뜨려 포도주와 부대를 버리게 되리라 오직 새 포도주는 새 부대에 넣느니라 하시니라

안식일에 밀 이삭을 자르다 (마 12:1-8; 눅 6:1-5)

23 ●안식일에 예수께서 밀밭 사이로 지나가실새 그의 제자들이 길을 3)열며 이삭을 자르니

24 바리새인들이 예수께 말하되 보시오 저들이 어찌하여 안식일에 하지 못할 일을 하나이까

25 예수께서 이르시되 다윗이 자기와 및 함께 한 자들이 먹을 것이 없어 시장할 때에 한 일을 읽지 못하였느냐

26 그가 아비아달 대제사장 때에 하나님의 전에 들어가서 제사장 외에는 먹어서는 안 되는 진설병을 먹고 함께 한 자들에게도 주지 아니하였느냐

27 또 이르시되 안식일이 사람을 위하여 있는 것이요 사람이 안식일을 위하여 있는 것이 아니니

28 이러므로 인자는 안식일에도 주인이니라

안식일에 손 마른 사람을 고치시다
(마 12:9-14; 눅 6:6-11)

3 예수께서 다시 회당에 들어가시니 한쪽 손 마른 사람이 거기 있는지라

지붕을 뜯어 병자를 내려보냄 (2:4)

3장 에는 무엇이 기록되어 있을까?

예수님께서 사람들을 고쳐주시는 이야기가 계속되고 있어요. 당시 예수님과 같은 일들을 좋게 보는 사람들도 있었지만 나쁘게 보는 사람들도 있었지요. 한편 열두 제자를 부르시는 이야기가 중간에 소개되어 있어요. 제자들을 임명함으로써 예수님은 이 땅에서의 사역을 본격적으로 시작하셨답니다.

1) 헬, 기대어 누워(유대인이 음식 먹을 때에 가지는 자세) 2) 헬, 기대어 누웠으니 3) 또는 가며 ㄱ. 삼상 21:6

헤롯당과 함께 예수님을
죽이려는 바리새인들(3:6)

2 사람들이 예수를 고발하려 하여 안식
　일에 그 사람을 고치시는가 주시하고
　있거늘
3 예수께서 손 마른 사람에게 이르시되
　한 가운데에 일어서라 하시고
4 그들에게 이르시되 안식일에 선을 행
　하는 것과 악을 행하는 것, 생명을 구하
　는 것과 죽이는 것, 어느 것이 옳으냐
　하시니 그들이 잠잠하거늘
5 그들의 마음이 완악함을 탄식하사 노
　하심으로 그들을 둘러 보시고 그 사람
　에게 이르시되 네 손을 내밀라 하시니
　내밀매 그 손이 회복되었더라
6 바리새인들이 나가서 곧 헤롯당과 함께
　어떻게 하여 예수를 죽일까 의논하니라

많은 무리가 나아오다

7 ●예수께서 제자들과 함께 바다로 물러
　가시니 갈릴리에서 큰 무리가 따르며
8 유대와 예루살렘과 이두매와 요단 강
　건너편과 또 두로와 시돈 근처에서 많
　은 무리가 그가 하신 큰 일을 듣고 나아
　오는지라
9 예수께서 무리가 에워싸 미는 것을 피
　하기 위하여 작은 배를 대기하도록 제
　자들에게 명하셨으니
10 이는 많은 사람을 고치셨으므로 병으
　로 고생하는 자들이 예수를 만지고자
　하여 몰려왔음이더라
11 더러운 귀신들도 어느 때든지 예수를
　보면 그 앞에 엎드려 부르짖어 이르되
　당신은 하나님의 아들이니이다 하니
12 예수께서 자기를 나타내지 말라 많

1) 아람어에서 온 말로 열심당원이란 뜻이다

이 경고하시니라

열두 제자를 세우시다 (마 10:1-4; 눅 6:12-16)

13 ●또 산에 오르사 자기가 원하는 자들
　을 부르시니 나아온지라
14 이에 열둘을 세우셨으니 이는 자기와 함
　께 있게 하시고 또 보내사 전도도 하며
15 귀신을 내쫓는 권능도 가지게 하려 하
　심이러라
16 이 열둘을 세우셨으니 시몬에게는 베
　드로란 이름을 더하셨고
17 또 세베대의 아들 야고보와 야고보의
　형제 요한이니 이 둘에게는 보아너게
　곧 우레의 아들이란 이름을 더하셨으며
18 또 안드레와 빌립과 바돌로매와 마태
　와 도마와 알패오의 아들 야고보와 및
　다대오와 1)가나나인 시몬이며
19 또 가룟 유다니 이는 예수를 판 자더라

예수와 바알세불
(마 12:22-32; 눅 11:14-23; 12:10)

20 ●집에 들어가시니 무리가 다시 모이
　므로 식사할 겨를도 없는지라
21 예수의 친족들이 듣고 그를 붙들러 나
　오니 이는 그가 미쳤다 함일러라
22 예루살렘에서 내려온 서기관들은 그
　가 바알세불이 지폈다 하며 또 귀신의

왕을 힘입어 귀신을 쫓아낸다 하니

23 예수께서 그들을 불러다가 비유로 말씀하시되 사탄이 어찌 사탄을 쫓아낼 수 있느냐

24 또 만일 나라가 스스로 분쟁하면 그 나라가 설 수 없고

25 만일 집이 스스로 분쟁하면 그 집이 설 수 없고

26 만일 사탄이 자기를 거슬러 일어나 분쟁하면 설 수 없고 망하느니라

27 사람이 먼저 강한 자를 결박하지 않고는 그 강한 자의 집에 들어가 세간을 강탈하지 못하리니 결박한 후에야 그 집을 강탈하리라

28 내가 진실로 너희에게 이르노니 ¹⁾사람의 모든 죄와 모든 모독하는 일은 사하심을 얻되

29 누구든지 성령을 모독하는 자는 영원히 사하심을 얻지 못하고 영원한 죄가 되느니라 하시니

30 이는 그들이 말하기를 더러운 귀신이 들렸다 함이러라

예수의 어머니와 형제 자매
(마 12:46-50; 눅 8:19-21)

31 ●그 때에 예수의 어머니와 ²⁾동생들이 와서 밖에 서서 사람을 보내어 예수를 부르니

32 무리가 예수를 둘러 앉았다가 여쭈오되 보소서 당신의 어머니와 ²⁾동생들과 누이들이 밖에서 찾나이다

33 대답하시되 누가 내 어머니이며 ²⁾동생들이냐 하시고

34 둘러 앉은 자들을 보시며 이르시되 내 어머니와 내 ²⁾동생들을 보라

35 누구든지 하나님의 뜻대로 행하는 자가 내 형제요 자매요 어머니이니라

네 가지 땅에 떨어진 씨 비유
(마 13:1-9; 눅 8:4-8)

4 예수께서 다시 바닷가에서 가르치시니 큰 무리가 모여들거늘 예수께서 바다에 떠 있는 배에 올라 앉으시고

온 무리는 바닷가 육지에 있더라

2 이에 예수께서 여러 가지를 비유로 가르치시니 그 가르치시는 중에 그들에게 이르시되

3 들으라 씨를 뿌리는 자가 뿌리러 나가서

4 뿌릴새 더러는 길 가에 떨어지매 새들이 와서 먹어 버렸고

5 더러는 흙이 얕은 돌밭에 떨어지매 흙이 깊지 아니하므로 곧 싹이 나오나

6 해가 돋은 후에 타서 뿌리가 없으므로 말랐고

7 더러는 가시떨기에 떨어지매 가시가 자라 기운을 막으므로 결실하지 못하였고

8 더러는 좋은 땅에 떨어지매 자라 무성하여 결실하였으니 삼십 배나 육십 배나 백 배가 되었느니라 하시고　△ 15:5

9 또 이르시되 들을 귀 있는 자는 들으라 하시니라

비유를 설명하시다 (마 13:10-23; 눅 8:9-15)

10 ●예수께서 홀로 계실 때에 함께 한 사람들이 열두 제자와 더불어 그 비유들에 대하여 물으니

11 이르시되 하나님 나라의 비밀을 너희에게는 주었으나 외인에게는 모든 것을 비유로 하나니

12 이는 그들로 보기는 보아도 알지 못하며 듣기는 들어도 깨닫지 못하게 하여 돌이켜 죄 사함을 얻지 못하게 하려 함이라 하시고

13 또 이르시되 너희가 이 비유를 알지 못할진대 어떻게 모든 비유를 알겠느냐

14 뿌리는 자는 말씀을 뿌리는 것이라

15 말씀이 길 가에 뿌려졌다는 것은 이들

4장 에는 무엇이 기록되어 있을까?

예수님은 영적 진리를 알기 쉽게 가르쳐주시기 위해서 자연 사물과 생활 속의 소재를 들어 설명해주셨어요. 여기에 나오는 네 가지 비유는 마태복음 13장에 나오는 비유들과 비슷한 내용이지만, 마태가 말한 누룩, 보화, 진주, 그물 비유는 나오지 않고 있어요. 대신 풍랑을 잠잠하게 하신 이야기가 이어서 소개되었지요.

을 가리킴이니 곧 말씀을 들었을 때에 사탄이 즉시 와서 그들에게 뿌려진 말씀을 빼앗는 것이요 　벧전 5:8

16 또 이와 같이 돌밭에 뿌려졌다는 것은 이들을 가리킴이니 곧 말씀을 들을 때에 즉시 기쁨으로 받으나

17 그 속에 뿌리가 없어 잠깐 견디다가 말씀으로 인하여 환난이나 박해가 일어나는 때에는 곧 넘어지는 자요

18 또 어떤 이는 가시떨기에 뿌려진 자니 이들은 말씀을 듣기는 하되

19 세상의 염려와 재물의 유혹과 기타 욕심이 들어와 말씀을 막아 결실하지 못하게 되는 자요

20 좋은 땅에 뿌려졌다는 것은 곧 말씀을 듣고 받아 삼십 배나 육십 배나 백 배의 결실을 하는 자니라

등불은 등경 위에 (눅 8:16-18)

21 ●또 그들에게 이르시되 사람이 등불을 가져오는 것은 말 아래에나 평상 아래에 두려 함이냐 등경 위에 두려 함이 아니냐

22 드러내려 하지 않고는 숨긴 것이 없고 나타내려 하지 않고는 감추인 것이 없느니라

23 들을 귀 있는 자는 들으라

24 또 이르시되 너희가 무엇을 듣는가 스스로 삼가라 너희의 헤아리는 그 헤아림으로 너희가 헤아림을 받을 것이며 더 받으리니

25 있는 자는 받을 것이요 없는 자는 그 있는 것까지도 빼앗기리라

자라나는 씨 비유 (마 13:31-32; 눅 13:18-19)

26 ●또 이르시되 하나님의 나라는 사람이 씨를 땅에 뿌림과 같으니

27 그가 밤낮 자고 깨고 하는 중에 씨가 나서 자라되 어떻게 그리 되는지를 알지 못하느니라

28 땅이 스스로 열매를 맺되 처음에는 싹이요 다음에는 이삭이요 그 다음에는 이삭에 충실한 곡식이라

29 열매가 익으면 곧 낫을 대나니 이는 추

수 때가 이르렀음이라

겨자씨 비유 (마 13:31-32; 눅 13:18-19)

30 ●또 이르시되 우리가 하나님의 나라를 어떻게 비교하며 또 무슨 비유로 나타낼까 　마 13:24

31 겨자씨 한 알과 같으니 땅에 심길 때에는 땅 위의 모든 씨보다 작은 것이로되

32 심긴 후에는 자라서 모든 풀보다 커지며 큰 가지를 내나니 공중의 새들이 그 그늘에 깃들일 만큼 되느니라

비유로 가르치시다 (마 13:34-35)

33 ●예수께서 이러한 많은 비유로 그들이 알아 들을 수 있는 대로 말씀을 가르치시되 　요 16:12

34 비유가 아니면 말씀하지 아니하시고 다만 혼자 계실 때에 그 제자들에게 모든 것을 해석하시더라

바람과 바다를 잔잔하게 하시다 (마 8:23-27; 눅 8:22-25)

35 그 날 저물 때에 제자들에게 이르시되 우리가 저편으로 건너가자 하시니

36 그들이 무리를 떠나 예수를 배에 계신 그대로 모시고 가매 다른 배들도 함께 하더니

37 큰 광풍이 일어나며 물결이 배에 부딪쳐 들어와 배에 가득하게 되었더라

38 예수께서는 고물에서 베개를 베고 주무시더니 제자들이 깨우며 이르되 선생님이여 우리가 죽게 된 것을 돌보지 아니하시나이까 하니

광풍 속에서 주무시는 예수님(4:38)

막

39 예수께서 깨어 바람을 꾸짖으시며 바다더러 이르시되 잠잠하라 고요하라 하시니 바람이 그치고 아주 잔잔하여지더라

40 이에 제자들에게 이르시되 어찌하여 이렇게 무서워하느냐 너희가 1)어찌 믿음이 없느냐 하시니

41 그들이 심히 두려워하여 서로 말하되 그가 누구이기에 바람과 바다도 순종하는가 하였더라

바다가 잔잔해짐(4:39)

귀신 들린 사람을 고치시다
(마 8:28~34; 눅 8:26~39)

5 예수께서 바다 건너편 거라사인의 지방에 이르러

2 배에서 나오시매 곧 더러운 귀신 들린 사람이 무덤 사이에서 나와 예수를 만나니라 마 4:1

3 그 사람은 무덤 사이에 거처하는데 이제는 아무도 그를 쇠사슬로도 맬 수 없게 되었으니

4 이는 여러 번 고랑과 쇠사슬에 매였어도 쇠사슬을 끊고 고랑을 깨뜨렸음이라 그리하여 아무도 그를 제어할 힘이 없는지라

5 밤낮 무덤 사이에서나 산에서나 늘 소리 지르며 돌로 자기의 몸을 해치고 있었더라

6 그가 멀리서 예수를 보고 달려와 절하며

7 큰 소리로 부르짖어 이르되 지극히 높으신 하나님의 아들 예수여 나와 당신이 무슨 상관이 있나이까 원하건대 하나님 앞에 맹세하고 나를 괴롭히지 마옵소서 하니

8 이는 예수께서 이미 그에게 이르시기를 더러운 귀신아 그 사람에게서 나오라 하셨음이라

9 이에 물으시되 네 이름이 무엇이냐 이르되 내 이름은 2)군대니 우리가 많음이니이다 하고

10 자기를 그 지방에서 내보내지 마시기를 간구하더니

11 마침 거기 돼지의 큰 떼가 산 곁에서 먹고 있는지라

12 이에 간구하여 이르되 우리를 돼지에게로 보내어 들어가게 하소서 하니

13 허락하신대 더러운 귀신들이 나와서 돼지에게로 들어가매 거의 이천 마리 되는 떼가 바다를 향하여 비탈로 내리달아 바다에서 몰사하거늘

14 치던 자들이 도망하여 읍내와 여러 마을에 말하니 사람들이 어떻게 되었는지를 보러 와서

15 예수께 이르러 그 귀신 들렸던 자 곧 군대 귀신 지폈던 자가 옷을 입고 정신이 온전하여 앉은 것을 보고 두려워하더라

16 이에 귀신 들렸던 자가 당한 것과 돼지의 일을 본 자들이 그들에게 알리매

17 그들이 예수께 그 지방에서 떠나시기를 간구하더라

18 예수께서 배에 오르실 때에 귀신 들렸

1)어떤 사본에, 어찌 아직도 믿음이 2)헬, 레기온. 로마 군대의 여단 규모

막

예수님을 따라 바닷가에 모인 사람들이 (5:21)

던 사람이 함께 있기를 간구하였으나

19 허락하지 아니하시고 그에게 이르시되 집으로 돌아가 주께서 네게 어떻게 큰 일을 행하사 너를 불쌍히 여기신 것을 네 가족에게 알리라 하시니

20 그가 가서 예수께서 자기에게 어떻게 큰 일 행하셨는지를 데가볼리에 전파하니 모든 사람이 놀랍게 여기더라

야이로의 딸과 예수의 옷에 손을 댄 여자

(마 9:18-26; 눅 8:40-56)

21 ●예수께서 배를 타시고 다시 맞은편으로 건너가시니 큰 무리가 그에게로 모이거늘 이에 바닷가에 계시더니

22 회당장 중의 하나인 야이로라 하는 이가 와서 예수를 보고 발 아래 엎드리어

23 간곡히 구하여 이르되 내 어린 딸이 죽게 되었사오니 오셔서 그 위에 손을 얹으사 그로 구원을 받아 살게 하소서 하거늘

24 이에 그와 함께 가실새 큰 무리가 따라가며 에워싸 밀더라

25 ●열두 해를 혈루증으로 앓아 온 한 여자가 있어

26 많은 의사에게 많은 괴로움을 받았고 가진 것도 다 허비하였으되 아무 효험이 없고 도리어 더 중하여졌던 차에

27 예수의 소문을 듣고 무리 가운데 끼어 뒤로 와서 그의 옷에 손을 대니

28 이는 내가 그의 옷에만 손을 대어도 구원을 받으리라 생각함일러라

29 이에 그의 혈루 근원이 곧 마르매 병이

나은 줄을 몸에 깨달으니라

30 예수께서 그 능력이 자기에게서 나간 줄을 곧 스스로 아시고 무리 가운데서 돌이켜 말씀하시되 누가 내 옷에 손을 대었느냐 하시니

31 제자들이 여짜오되 무리가 에워싸 미는 것을 보시며 누가 내게 손을 대었느냐 물으시나이까 하되

32 예수께서 이 일 행한 여자를 보려고 둘러 보시니

33 여자가 자기에게 이루어진 일을 알고 두려워하여 떨며 와서 그 앞에 엎드려 모든 사실을 여짜오니

34 예수께서 이르시되 딸아 네 믿음이 너를 구원하였으니 평안히 가라 네 병에서 놓여 건강할지어다

35 ●아직 예수께서 말씀하실 때에 회당장의 집에서 사람들이 와서 회당장에게 이르되 당신의 딸이 죽었나이다 어찌하여 선생을 더 괴롭게 하나이까

36 예수께서 그 하는 말을 곁에서 들으시고 회당장에게 이르시되 두려워하지 말고 믿기만 하라 하시고

37 베드로와 야고보와 야고보의 형제 요한 외에 아무도 따라옴을 허락하지 아니하시고

38 회당장의 집에 함께 가사 떠드는 것과 사람들이 울며 심히 통곡함을 보시고

39 들어가서 그들에게 이르시되 너희가 어찌하여 떠들며 우느냐 이 아이가 죽은 것이 아니라 잔다 하시니

40 그들이 비웃더라 예수께서 그들을 다 내보내신 후에 아이의 부모와 또 자기와 함께 한 자들을 데리시고 아이 있는 곳에 들어가사

41 그 아이의 손을 잡고 이르시되 달리다굼 하시니 번역하면 곧 내가 네게 말하노니 소녀야 일어나라 하심이라

42 소녀가 곧 일어나서 걸으니 나이가 열두 살이라 사람들이 곧 크게 놀라고 놀

효험(5:26) 일의 좋은 보람. 효력, 효용.
제어(6:7) 길들임. 대상을 휘어잡아 복종시킴.

라거늘

43 예수께서 이 일을 아무도 알지 못하게 하라고 그들을 많이 경계하시고 이에 소녀에게 먹을 것을 주라 하시니라

고향에서 배척을 받으시다 (마 13:53-58; 눅 4:16-30) - A.D. 28년경

6 예수께서 거기를 떠나사 고향으로 가시니 제자들도 따르니라

2 안식일이 되어 회당에서 가르치시니 많은 사람이 듣고 놀라 이르되 이 사람이 어디서 이런 것을 얻었느냐 이 사람이 받은 지혜와 그 손으로 이루어지는 이런 권능이 어찌됨이냐

3 이 사람이 마리아의 아들 목수가 아니냐 야고보와 요셉과 유다와 시몬의 형제가 아니냐 그 누이들이 우리와 함께 여기 있지 아니하냐 하고 예수를 배척한지라

4 예수께서 그들에게 이르시되 선지자가 자기 고향과 자기 친척과 자기 집 외에서는 존경을 받지 못함이 없느니라 하시며

5 거기서는 아무 권능도 행하실 수 없어 다만 소수의 병자에게 안수하여 고치실 뿐이며

6 그들이 믿지 않음을 이상히 여기셨더라

열두 제자를 부르사 둘씩 보내시다 (마 10:1, 5-15; 눅 9:1-6)

● 이에 모든 촌에 두루 다니시며 가르치시더라

7 ● 열두 제자를 부르사 둘씩 둘씩 보내시며 더러운 귀신을 제어하는 권능을 주시고

전도를 위해 제자들을 보내시는 예수님 (6:7-13)

8 명하시되 여행을 위하여 지팡이 외에는 양식이나 배낭이나 전대의 2)돈이나 아무 것도 가지지 말며

9 신만 신고 두 벌 옷을 입지 말라 하시고

10 또 이르시되 어디서든지 누구의 집에 들어가거든 그 곳을 떠나기까지 거기 유하라

11 어느 곳에서든지 너희를 영접하지 아니하고 너희 말을 듣지도 아니하거든 거기서 나갈 때에 발 아래 먼지를 떨어 버려 그들에게 증거를 삼으라 하시니

12 제자들이 나가서 회개하라 전파하고

13 많은 귀신을 쫓아내며 많은 병자에게 기름을 발라 고치더라

세례 요한의 죽음 (마 14:1-12; 눅 9:7-9)

14 ● 이에 예수의 이름이 드러난지라 헤롯 왕이 듣고 이르되 이는 3)세례 요한이 죽은 자 가운데서 살아났도다 그러므로 이런 능력이 그 속에서 일어나느니라 하고

15 어떤 이는 그가 엘리야라 하고 또 어떤 이는 그가 선지자나 옛 선지자 중의 하나와 같다 하되

16 헤롯은 듣고 이르되 내가 목 벤 요한 그가 살아났다 하더라

17 전에 헤롯이 자기가 동생 빌립의 아내 헤로디아에게 장가 든 고로 이 여자를 위하여 사람을 보내어 요한을 잡아 옥에 가두었으니

6 장에는 무엇이 기록되어 있을까?

6장에는 예수님이 열두 제자를 여러 마을에 보내시는 이야기가 소개되고 있어요. 한편 세례 요한의 죽음에 관해 자세하게 설명한 것은 당시의 지배 계층이 얼마나 타락했는지를 보여주기 위해서랍니다. 또한 오병이어와 물 위를 걸으신 사건은 자연을 지배하시는 예수님의 능력을 보여주고 있어요.

막

1)또는 예수로 말미암아 실족한지라 2)헬, 동 3)헬, 또는 침례

18 이는 요한이 헤롯에게 말하되 동생의 아내를 취한 것이 옳지 않다 하였음이라
19 헤로디아가 요한을 원수로 여겨 죽이고자 하였으되 하지 못한 것은
20 헤롯이 요한을 의롭고 거룩한 사람으로 알고 두려워하여 보호하며 또 그의 말을 들을 때에 크게 번민을 하면서도 달갑게 들음이러라
21 마침 기회가 좋은 날이 왔으니 곧 헤롯이 자기 생일에 대신들과 천부장들과 갈릴리의 귀인들로 더불어 잔치할새
22 헤로디아의 1)딸이 친히 들어와 춤을 추어 헤롯과 그와 함께 2)앉은 자들을 기쁘게 한지라 왕이 그 소녀에게 이르되 무엇이든지 네가 원하는 것을 내게 구하라 내가 주리라 하고
23 또 맹세하기를 무엇이든지 네가 내게 구하면 내 나라의 절반까지라도 주리라 하거늘
24 그가 나가서 그 어머니에게 말하되 내가 무엇을 구하리이까 그 어머니가 이르되 3)세례 요한의 머리를 구하라 하니
25 그가 곧 왕에게 급히 들어가 구하여 이르되 3)세례 요한의 머리를 소반에 얹어 곧 내게 주기를 원하옵나이다 하니
26 왕이 심히 근심하나 자기가 맹세한 것과 그 2)앉은 자들로 인하여 그를 거절할 수 없는지라
27 왕이 곧 시위병 하나를 보내어 요한의 머리를 가져오라 명하니 그 사람이 나가 옥에서 요한을 목 베어
28 그 머리를 소반에 얹어다가 소녀에게 주니 소녀가 이것을 그 어머니에게 주니라
29 요한의 제자들이 듣고 와서 시체를 가져다가 장사하니라

오천 명을 먹이시다
(마 14:13-21; 눅 9:10-17; 요 6:1-14)

30 ●사도들이 예수께 모여 자기들이 행한 것과 가르친 것을 낱낱이 고하니

31 이르시되 너희는 따로 한적한 곳에 가서 잠깐 쉬어라 하시니 이는 오고 가는 사람이 많아 음식 먹을 겨를도 없음이라
32 이에 배를 타고 따로 한적한 곳에 갈새
33 그들이 가는 것을 보고 많은 사람이 그들인 줄 안지라 모든 고을로부터 도보로 그 곳에 달려와 그들보다 먼저 갔더라
34 예수께서 나오사 큰 무리를 보시고 그 목자 없는 양 같음으로 인하여 불쌍히 여기사 이에 여러 가지로 가르치시더라
35 때가 저물어가매 제자들이 예수께 나아와 여짜오되 이 곳은 빈 들이요 날도 저물어가니
36 무리를 보내어 두루 촌과 마을로 가서 무엇을 사 먹게 하옵소서
37 대답하여 이르시되 너희가 먹을 것을 주라 하시니 여짜오되 우리가 가서 이백 4)데나리온의 떡을 사다 먹이리이까
38 이르시되 너희에게 떡 몇 개나 있는지 가서 보라 하시니 알아보고 이르되 떡 다섯 개와 물고기 두 마리가 있더이다 하거늘
39 제자들에게 명하사 그 모든 사람으로 떼를 지어 푸른 잔디 위에 앉게 하시니

술술 풀리는 **성경 말씀**

기도의 모범을 보여주신 예수님

예수님은 공생애 기간 동안에 항상 기도에 힘쓰심으로써 기도의 훌륭한 모범을 보여주셨어요. 즉, 예수님은 시간과 장소에 상관없이 기도하셨는데, 아침 밝기 전 새벽에 한적한 곳에서(1:35), 해가 저물 무렵 산에서(6:46-47), 늦은 밤 겟세마네 동산에서(14:32), 하루의 사역을 시작하시기 전(1:35)과 끝내신 후(6:45-46), 그리고 중요한 결단을 내리시기 전(14:32-39)에 기도하셨어요.
예수님은 날마다 해야 할 일이 많으셨고 항상 그분을 찾아오는 많은 사람들 사이에서 사역하셨기 때문에, 조용한 기도의 시간을 갖는 것이 쉽지 않으셨을 거예요. 그럼에도 늘 기도하신 예수님을 우리도 본받아야 하겠어요. 6장 46-47절

1) 또는 친딸이 들어와 2) 2:15 난하주를 보라 3) 헬, 또는 침례 4) 은전의 명칭

40 떼로 백 명씩 또는 오십 명씩 앉은지라
41 예수께서 떡 다섯 개와 물고기 두 마리를 가지사 하늘을 우러러 축사하시고 떡을 떼어 제자들에게 주어 사람들에게 나누어 주게 하시고 또 물고기 두 마리도 모든 사람에게 나누시매
42 다 배불리 먹고　마 26:26
43 남은 떡 조각과 물고기를 열두 바구니에 차게 거두었으며
44 떡을 먹은 남자는 오천 명이었더라

바다 위로 걸으시다 (마 14:22-33; 요 6:15-21)

45 ● 예수께서 즉시 제자들을 재촉하사 자기가 무리를 보내는 동안에 배 타고 앞서 건너편 벳새다로 가게 하시고
46 무리를 작별하신 후에 기도하러 산으로 가시니라
47 저물매 배는 바다 가운데 있고 예수께서는 홀로 뭍에 계시더니
48 바람이 거스르므로 제자들이 힘겹게 노 젓는 것을 보시고 밤 사경쯤에 바다 위로 걸어서 그들에게 오사 지나가려고 하시매
49 제자들이 그가 바다 위로 걸어 오심을 보고 유령인가 하여 소리 지르니
50 그들이 다 예수를 보고 놀람이라 이에 예수께서 곧 그들에게 말씀하여 이르시되 안심하라 내니 두려워하지 말라 하시고
51 배에 올라 그들에게 가시니 바람이 그치는지라 제자들이 마음에 심히 놀라니
52 이는 그들이 그 떡 떼시던 일을 깨닫지 못하고 도리어 그 마음이 둔하여졌음이러라

가버나움에서 발굴된 생활 도구들 (7:4)

게네사렛에서 병자들을 고치시다 (마 14:34-36)

53 건너가 게네사렛 땅에 이르러 대고
54 배에서 내리니 사람들이 곧 예수신 줄을 알고
55 그 온 지방으로 달려 돌아 다니며 예수께서 어디 계시다는 말을 듣는 대로 병든 자를 침상째로 메고 나아오니
56 아무 데나 예수께서 들어가시는 지방이나 도시나 마을에서 병자를 시장에 두고 예수께 그의 옷 가에라도 손을 대게 하시기를 간구하니 손을 대는 자는 다 성함을 얻으니라

장로들의 전통 (마 15:1-20) ─ A.D. 29년경

7 바리새인들과 또 서기관 중 몇이 예루살렘에서 와서 예수께 모여들었다가
2 그의 제자 중 몇 사람이 부정한 손 곧 씻지 아니한 손으로 떡 먹는 것을 보았더라
3 (바리새인들과 모든 유대인들은 장로들의 전통을 지키어 ¹⁾손을 잘 씻지 않고서는 음식을 먹지 아니하며　행 10:14, 28
4 또 시장에서 돌아와서는 ²⁾물을 뿌리지 않고서는 먹지 아니하며 그 외에도 여러 가지를 지키어 오는 것이 있으니 잔과 주발과 놋그릇을 씻음이러라)
5 이에 바리새인들과 서기관들이 예수께 묻되 어찌하여 당신의 제자들은 장로들의 전통을 준행하지 아니하고 부정한 손으로 떡을 먹나이까　갈 1:14
6 이르시되 이사야가 너희 외식하는 자에 대하여 잘 예언하였도다 기록하였으되 이 백성이 입술로는 나를 공경하되

1)또는 팔뚝까지 2)또는 목욕하지 않으면 ㄱ. 사 29:13

65

토막상식

고르반

유대인들은 하나님의 명령에 따라 부모님을 공경해야 했어요. 그러려면 재물이 들기 마련인데, 유대인들은 재물의 손실을 줄이고 부모님을 공경하지 않아도 되는 교묘한 전통을 만들었지요. 그것이 바로 '고르반(하나님께 바쳤졌다)'이랍니다. 7장 11절

마음은 내게서 멀도다

7 사람의 계명으로 교훈을 삼아 가르치니 나를 헛되이 경배하는도다 하였느니라

8 너희가 하나님의 계명은 버리고 사람의 전통을 지키느니라

9 또 이르시되 너희가 너희 전통을 지키려고 하나님의 계명을 잘 저버리는도다

10 모세는 ㄱ네 부모를 공경하라 하고 또 ㄴ아버지나 어머니를 모욕(侮辱)하는 자는 죽임을 당하리라 하였거늘

11 너희는 이르되 사람이 아버지에게나 어머니에게나 말하기를 내가 드려 유익하게 할 것이 고르반 곧 하나님께 드림이 되었다고 하기만 하면 그만이라 하고

12 자기 아버지나 어머니에게 다시 아무 것도 하여 드리기를 허락하지 아니하여

13 너희가 전한 전통으로 하나님의 말씀을 폐하며 또 이같은 일을 많이 행하느니라 하시고

14 무리를 다시 불러 이르시되 너희는 다 내 말을 듣고 깨달으라

15 무엇이든지 밖에서 사람에게로 들어가는 것은 능히 사람을 더럽게 하지 못하되

16 사람 안에서 나오는 것이 사람을 더럽게 하는 것이니라 하시고

17 무리를 떠나 집으로 들어가시니 제자들이 그 비유를 묻자온대

18 예수께서 이르시되 너희도 이렇게 깨달음이 없느냐 무엇이든지 밖에서 들어가는 것이 능히 사람을 더럽게 하지 못함을 알지 못하느냐

19 이는 마음으로 들어가지 아니하고 배로 들어가 뒤로 나감이라 이러므로 모든 음식물을 깨끗하다 하시니라 눅 11:41

20 또 이르시되 사람에게서 나오는 그것이 사람을 더럽게 하느니라

21 속에서 곧 사람의 마음에서 나오는 것은 악한 생각 곧 음란과 도둑질과 살인과

22 간음과 탐욕과 악독과 속임과 음탕과 질투와 비방과 교만과 우매함이니

23 이 모든 악한 것이 다 속에서 나와서 사람을 더럽게 하느니라

수로보니게 여자의 믿음 (마 15:21~28)

24 ●예수께서 일어나사 거기를 떠나 두로 지방으로 가서 한 집에 들어가 아무도 모르게 하시려 하나 숨길 수 없더라

25 이에 더러운 귀신 들린 어린 딸을 둔 한 여자가 예수의 소문을 듣고 곧 와서 그 발 아래에 엎드리니

26 그 여자는 헬라인이요 수로보니게 족속이라 자기 딸에게서 귀신 쫓아내시기를 간구하거늘

27 예수께서 이르시되 자녀로 먼저 배불리 먹게 할지니 자녀의 떡을 취하여 개들에게 던짐이 마땅치 아니하니라

28 여자가 대답하여 이르되 주여 옳소이다마는 상 아래 개들도 아이들이 먹던 부스러기를 먹나이다

29 예수께서 이르시되 이 말을 하였으니 돌아가라 귀신이 네 딸에게서 나갔느니라 하시매

30 여자가 집에 돌아가 본즉 아이가 침상에 누웠고 귀신이 나갔더라

귀 먹고 말 더듬는 사람을 고치시다

31 ●예수께서 다시 두로 지방에서 나와 시돈을 지나고 데가볼리 지방을 통과하여 갈릴리 호수에 이르시매

32 사람들이 귀 먹고 말 더듬는 자를 데리고 예수께 나아와 안수하여 주시기를 간구하거늘

33 예수께서 그 사람을 따로 데리고 무리

ㄱ. 출 20:12; 신 5:16 ㄴ. 출 21:17; 레 20:9

를 떠나사 손가락을 그의 양 귀에 넣고
침을 뱉어 그의 혀에 손을 대시며 8:23
34 하늘을 우러러 탄식하시며 그에게 이
르시되 에바다 하시니 이는 열리라는
뜻이라 6:41
35 그의 귀가 열리고 혀가 맺힌 것이 곧 풀
려 말이 분명하여졌더라
36 예수께서 그들에게 경고하사 아무에
게도 이르지 말라 하시되 경고하실수
록 그들이 더욱 널리 전파하더라 5:43
37 사람들이 심히 놀라 이르되 그가 모든
것을 잘하였도다 못 듣는 사람도 듣게
하고 말 못하는 사람도 말하게 한다 하
니라

사천 명을 먹이다 (마 15:32-39)

8 그 무렵에 또 큰 무리가 있어 먹을
것이 없는지라 예수께서 제자들을
불러 이르시되
2 내가 무리를 불쌍히 여기노라 그들이
나와 함께 있은 지 이미 사흘이 지났으
나 먹을 것이 없도다
3 만일 내가 그들을 굶겨 집으로 보내면
길에서 기진하리라 그 중에는 멀리서
온 사람들도 있느니라
4 제자들이 대답하되 이 광야 어디서 떡
을 얻어 이 사람들로 배부르게 할 수 있
으리이까
5 예수께서 물으시되 너희에게 떡 몇 개나
있느냐 이르되 일곱이로소이다 하거늘
6 예수께서 무리를 명하여 땅에 앉게 하
시고 떡 일곱 개를 가지사 축사하시고
떼어 제자들에게 주어 나누어 주게 하
시니 제자들이 무리에게 나누어 주더라
7 또 작은 생선 두어 마리가 있는지라 이

에 축복하시고 명하사 이것도 나누어
주게 하시니
8 배불리 먹고 남은 조각 일곱 광주리를
거두었으며
9 사람은 약 사천 명이었더라 예수께서
그들을 흩어 보내시고
10 곧 제자들과 함께 배에 오르사 달마누
다 지방으로 가시니라

표적을 구하나 (마 16:1-4)

11 ●바리새인들이 나와서 예수를 힐난하
며 그를 시험하여 하늘로부터 오는 2)표
적을 구하거늘
12 예수께서 마음속으로 깊이 탄식하시
며 이르시되 어찌하여 이 세대가 2)표적
을 구하느냐 내가 진실로 너희에게 이
르노니 이 세대에 2)표적을 주지 아니하
리라 하시고
13 그들을 떠나 다시 배에 올라 건너편으
로 가시니라

바리새인들과 헤롯의 누룩 (마 16:5-12)

14 ●제자들이 떡 가져오기를 잊었으매
배에 떡 한 개밖에 그들에게 없더라
15 예수께서 경고하여 이르시되 삼가 바
리새인들의 누룩과 헤롯의 누룩을 주

1) 2:15 난하주를 보라 2) 또는 이적

호랑이를 품등이는 것처럼

인도에서 어떤 사람이 산에서 호랑이 새끼를 주워
다가 집에서 길렀어요. 호랑이는 잘 자랐고 훈련도
잘 받았답니다.

어느 날 주인이 손에 난 상처를 치료하고 낮잠을
자고 있었는데, 문득 손에 아픔을 느껴 눈을 뜨고는
깜짝 놀라니 말았어요. 피 냄새를 맡고 잠재해 있던
야성이 되살아난 호랑이가 상처에서 흐르는 피를 핥
아 먹는 손까지 물려고 했던 거예요.

이처럼 모든 사람은 태어날 때부터 죄의 유혹을
받으면 죄를 짓는 본능을 가지고 태어납니다. 도덕
교육이 약간의 절제는 가능하게 하지만 죄인의 본능
을 완전히 없애지는 못하지요. 이러한 죄인의 본능
은 예수님을 믿을 때 예수님께서 없애주신답니다.

---

8 에는 무엇이 기록되어 있을까?

8장의 칠병이어 기적은 데가볼리
지역의 이방인들에게 일어났어요. 또한 예수님은
표적만을 구하는 이 세대를 보시고 탄식하시며
제자들의 어리석음을 꾸짖으셨지요. 한편 베드로
는 위대한 고백을 하였지만 곧 인간적인 마음을
앞세워 예수님께 혹독한 책망을 받았답니다.

제자들에게 죽음과 부활을
말씀하시는 예수님(8:31)

의하라 하시니

16 제자들이 서로 수군거리기를 ¹⁾이는 우리에게 떡이 없음이로다 하거늘

17 예수께서 아시고 이르시되 너희가 어찌 떡이 없음으로 수군거리느냐 아직도 알지 못하며 깨닫지 못하느냐 너희마음이 둔하냐

18 너희가 눈이 있어도 보지 못하며 귀가있어도 듣지 못하느냐 또 기억하지 못하느냐

19 내가 떡 다섯 개를 오천 명에게 떼어 줄때에 조각 몇 바구니를 거두었더냐 이르되 열둘이니이다

20 또 일곱 개를 사천 명에게 떼어 줄 때에 조각 몇 광주리를 거두었더냐 이르되 일곱이니이다

21 이르시되 아직도 깨닫지 못하느냐 하시니라

벳새다에서 맹인을 고치시다

22 ●벳새다에 이르매 사람들이 맹인 한 사람을 데리고 예수께 나아와 손 대시기를 구하거늘

23 예수께서 맹인의 손을 붙잡으시고 마을 밖으로 데리고 나가사 눈에 침을 뱉으시며 그에게 안수하시고 무엇이 보이느냐 물으시니

24 쳐다보며 이르되 사람들이 보이나이다 다 나무 같은 것들이 걸어 가는 것을 보나이다 하거늘

25 이에 그 눈에 다시 안수하시매 그가 주목하여 보더니 나아서 모든 것을 밝히 보는지라

26 예수께서 그 사람을 집으로 보내시며 이르시되 마을에는 들어가지 말라 하시니라

베드로의 고백, 죽음과 부활을 말씀하심
(마 16:13~28; 눅 9:18~27)

27 ●예수와 제자들이 빌립보 가이사랴 여러 마을로 나가실새 길에서 제자들에게 물어 이르시되 사람들이 나를 누구라고 하느냐

28 제자들이 여짜와 이르되 ²⁾세례 요한이라 하고 더러는 엘리야, 더러는 선지자 중의 하나라 하나이다

29 또 물으시되 너희는 나를 누구라 하느냐 베드로가 대답하여 이르되 주는 그리스도시니이다 하매

30 이에 자기의 일을 아무에게도 말하지 말라 경고하시고

31 인자가 많은 고난을 받고 장로들과 대제사장들과 서기관들에게 버린 바 되어 죽임을 당하고 사흘 만에 살아나야 할 것을 비로소 그들에게 가르치시되

32 드러내 놓고 이 말씀을 하시니 베드로가 예수를 붙잡고 항변하매

33 예수께서 돌이키사 제자들을 보시며 베드로를 꾸짖어 이르시되 사탄아 내 뒤로 물러가라 네가 하나님의 일을 생

술술 풀리는 성경말씀

예수님께서는 왜 베드로를
'사탄'이라고 부르셨나요?

베드로에게 "사탄아 물러가라" 하신 말씀은, 일찍이 예수께서 광야에서 40일 금식을 마치셨을 때 하나님의 일을 시작하는 것을 방해하기 위해 주님을 시험한 마귀에게 하셨던 말씀이에요. 베드로는 하나님의 일을 잘 알지 못하고 예수님의 예정된 고난의 길을 가로막으려 했지요.

예수님께서도 할 수만 있다면 그런 고통스러운 길을 피하고 싶어하셨어요. 그러나 하나님께서 자신을 땅에 보내신 목적을 이루시기 위해서는 이 유혹을 넘어서야 했지요. 그렇기에 예수님은 베드로를 사탄이라고 부르셨던 거예요. 한편 이 말씀은 베드로에게 뒤로 물러나 따라오라는 뜻도 담겨 있습니다.

8장 33절

각하지 아니하고 도리어 사람의 일을 생각하는도다 하시고

34 무리와 제자들을 불러 이르시되 누구든지 나를 따라오려거든 자기를 부인하고 자기 십자가를 지고 나를 따를 것이니라

35 누구든지 자기 목숨을 구원하고자 하면 잃을 것이요 누구든지 나와 복음을 위하여 자기 목숨을 잃으면 구원하리라

36 사람이 만일 온 천하를 얻고도 자기 목숨을 잃으면 무엇이 유익하리요

37 사람이 무엇을 주고 자기 목숨과 바꾸겠느냐

38 누구든지 이 음란하고 죄 많은 세대에서 나와 내 말을 부끄러워하면 인자도 아버지의 영광으로 거룩한 천사들과 함께 올 때에 그 사람을 부끄러워하리라

9 또 그들에게 이르시되 내가 진실로 너희에게 이르노니 여기 서 있는 사람 중에는 죽기 전에 하나님의 나라가 권능으로 임하는 것을 볼 자들도 있느니라 하시니라
　　　　　　　　　　　　　마 16:28

영광스러운 모습으로 변형되시다 (마 17:1-13; 눅 9:28-36)―A.D. 29년경

2 ●엿새 후에 예수께서 베드로와 야고보와 요한을 데리시고 따로 높은 산에 올라가셨더니 그들 앞에서 변형되사

3 그 옷이 광채가 나며 세상에서 빨래하는 자가 그렇게 희게 할 수 없을 만큼 매우 희어졌더라

4 이에 엘리야가 모세와 함께 그들에게 나타나 예수와 더불어 말하거늘

5 베드로가 예수께 고하되 랍비여 우리가 여기 있는 것이 좋사오니 우리가 초막 셋을 짓되 하나는 주를 위하여, 하나는 모세를 위하여, 하나는 엘리야를 위하여 하사이다 하니

6 이는 그들이 몹시 무서워하므로 그가 무슨 말을 할지 알지 못함이더라

7 마침 구름이 와서 그들을 덮으며 구름 속에서 소리가 나되 이는 내 사랑하는 아들이니 너희는 그의 말을 들으라 하는지라

8 문득 둘러보니 아무도 보이지 아니하고 오직 예수와 자기들뿐이었더라

9 ●그들이 산에서 내려올 때에 예수께서 경고하시되 인자가 죽은 자 가운데서 살아날 때까지는 본 것을 아무에게도 이르지 말라 하시니

10 그들이 이 말씀을 마음에 두며 서로 문의하되 죽은 자 가운데서 살아나는 것이 무엇일까 하고

11 이에 예수께 묻자와 이르되 어찌하여 서기관들이 엘리야가 먼저 와야 하리라 하나이까

12 이르시되 엘리야가 과연 먼저 와서 모든 것을 회복하거니와 어찌 인자에 대하여 기록하기를 많은 고난을 받고 멸시를 당하리라 하였느냐
　　　　　　　　　　　　　마 22:6

13 그러나 내가 너희에게 이르노니 엘리야가 왔으되 기록된 바와 같이 사람들이 함부로 대우하였느니라 하시니라

귀신 들린 아이를 고치시다
(마 17:14-20; 눅 9:37-43상)

14 ●이에 그들이 제자들에게 와서 보니 큰 무리가 그들을 둘러싸고 서기관들이 그들과 더불어 변론하고 있더라

15 온 무리가 곧 예수를 보고 매우 놀라며 달려와 문안하거늘

16 예수께서 물으시되 너희가 무엇을 그들과 변론하느냐

17 무리 중의 하나가 대답하되 선생님 말 못하게 귀신 들린 내 아들을 선생님께 데려왔나이다

18 귀신이 어디서든지 그를 잡으면 거꾸러져 거품을 흘리며 이를 갈며 그리고

9 장 에는 무엇이 기록되어 있을까?

십자가 수난을 앞둔 예수님은 변화산 사건을 통해 구세주 되심을 다시 한 번 나타내셨습니다. 한편, 제자들은 변화된 예수님의 영광과 권능을 봤으면서도 믿음의 용기를 갖지 못하고 어리석은 논쟁만 하였는데, 예수님은 이런 제자들에게 참 제자도를 가르쳐주시며 그들의 마음을 일깨워주셨어요.

파리해지는지라 내가 선생님의 제자
들에게 내쫓아 달라 하였으나 그들이
능히 하지 못하더이다
19 대답하여 이르시되 믿음이 없는 세대
여 내가 얼마나 너희와 함께 있으며 얼
마나 너희에게 참으리요 그를 내게로
데려오라 하시매
20 이에 데리고 오니 귀신이 예수를 보고
곧 그 아이로 심히 경련을 일으키게 하
는지라 그가 땅에 엎드러져 구르며 거
품을 흘리더라
21 예수께서 그 아버지에게 물으시되 언
제부터 이렇게 되었느냐 하시니 이르
되 어릴 때부터니이다
22 귀신이 그를 죽이려고 불과 물에 자주
던졌나이다 그러나 무엇을 하실 수 있거
든 우리를 불쌍히 여기사 도와 주옵소서
23 예수께서 이르시되 할 수 있거든이 무
슨 말이냐 믿는 자에게는 능히 하지 못
할 일이 없느니라 하시니
24 곧 그 아이의 아버지가 소리를 질러 이
르되 내가 믿나이다 나의 믿음 없는 것
을 도와 주소서 하더라
25 예수께서 무리가 달려와 모이는 것을
보시고 그 더러운 귀신을 꾸짖어 이르
시되 말 못하고 못 듣는 귀신아 내가 네
게 명하노니 그 아이에게서 나오고 다
시 들어가지 말라 하시매
26 귀신이 소리 지르며 아이로 심히 경련
을 일으키게 하고 나가니 그 아이가 죽
은 것 같이 되어 많은 사람이 말하기를
죽었다 하나
27 예수께서 그 손을 잡아 일으키시니 이
에 일어서니라
28 집에 들어가시매 제자들이 조용히 묻

연자 맷돌 (9:42)

자오되 우리는 어찌하여 능히 그 귀신
을 쫓아내지 못하였나이까
29 이르시되 기도 외에 다른 것으로는 이
런 종류가 나갈 수 없느니라 하시니라

죽음과 부활을 두 번째로 말씀하시다
(마 17:22-23; 눅 9:43하-45)

30 그 곳을 떠나 갈릴리 가운데로 지날
새 예수께서 아무에게도 알리고자 아
니하시니
31 이는 제자들을 가르치시며 또 인자가
사람들의 손에 넘겨져 죽임을 당하고
죽은 지 삼 일만에 살아나리라는 것을
말씀하셨기 때문이더라
32 그러나 제자들은 이 말씀을 깨닫지 못
하고 묻기도 두려워하더라

누가 크냐 (마 18:1-5; 눅 9:46-48)

33 가버나움에 이르러 집에 계실새 제
자들에게 물으시되 너희가 길에서 서
로 토론한 것이 무엇이냐 하시되
34 그들이 잠잠하니 이는 길에서 서로 누
가 크냐 하고 쟁론하였음이라
35 예수께서 앉으사 열두 제자를 불러서
이르시되 누구든지 첫째가 되고자 하
면 뭇 사람의 끝이 되며 뭇 사람을 섬기
는 자가 되어야 하리라 하시고
36 어린 아이 하나를 데려다가 그들 가운
데 세우시고 안으시며 제자들에게 이
르시되
37 누구든지 내 이름으로 이런 어린 아이
하나를 영접하면 곧 나를 영접함이요
누구든지 나를 영접하면 나를 영접함
이 아니요 나를 보내신 이를 영접함이
니라

경련(9:26) 근육이 발작적으로 수축하는 현상.
쟁론(9:34) 서로 다투어 논박함.
영접(9:37) 손님을 맞아 대접함.
의탁(9:39) 남에게 맡기어 부탁하는 것.
비방(9:39) 남을 헐뜯고 욕함.
실족(9:42) 발을 잘못 디딤. 행동을 잘못함.
연자 맷돌(9:42) 손으로 가는 맷돌이 아니라, 소나
당나귀에 매어 돌리는 맷돌을 뜻함.

세상 속에서 소금의 역할을 잘 감당하여 서로 화목해야 함(9:50)

우리를 위하는 사람
(마 18:6-9, 눅 9:49-50; 17:1-2)

38 ●요한이 예수께 여짜오되 선생님 우리를 따르지 않는 어떤 자가 주의 이름으로 귀신을 내쫓는 것을 우리가 보고 우리를 따르지 아니하므로 금하였나이다

39 예수께서 이르시되 금하지 말라 내 이름을 의탁하여 능한 일을 행하고 즉시로 나를 비방할 자가 없느니라

40 우리를 반대하지 않는 자는 우리를 위하는 자니라

41 누구든지 너희가 그리스도에게 속한 자라 하여 물 한 그릇이라도 주면 내가 진실로 너희에게 이르노니 그가 결코 상을 잃지 않으리라

42 또 누구든지 나를 믿는 이 작은 자들 중 하나라도 실족하게 하면 차라리 연자 맷돌이 그 목에 매여 바다에 던져지는 것이 나으리라

43 만일 네 손이 너를 1)범죄하게 하거든 찍어버리라 장애인으로 2)영생에 들어가는 것이 두 손을 가지고 지옥 곧 꺼지지 않는 불에 들어가는 것보다 나으니라

44 3)(없음)

45 만일 네 발이 너를 1)범죄하게 하거든 찍어버리라 다리 저는 자로 2)영생에 들어가는 것이 두 발을 가지고 지옥에 던져지는 것보다 나으니라

46 3)(없음)

47 만일 네 눈이 너를 1)범죄하게 하거든 빼버리라 한 눈으로 하나님의 나라에 들어가는 것이 두 눈을 가지고 지옥에 던져지는 것보다 나으니라

48 거기에서는 구더기도 죽지 않고 불도 꺼지지 아니하느니라

49 사람마다 불로써 소금 치듯 함을 받으리라

50 소금은 좋은 것이로되 만일 소금이 그 맛을 잃으면 무엇으로 이를 짜게 하리요 너희 속에 소금을 두고 서로 화목하라 하시니라

이혼에 대하여 가르치시다
(마 19:1-12)

10 예수께서 거기서 떠나 유대 지경과 요단 강 건너편으로 가시니 무리가 다시 모여들거늘 예수께서 다시 전례대로 가르치시더니

2 바리새인들이 예수께 나아와 그를 시험하여 묻되 사람이 아내를 버리는 것이 옳으니이까

3 대답하여 이르시되 모세가 어떻게 너희에게 명하였느냐

4 이르되 모세는 이혼 증서를 써주어 버리기를 허락하였나이다

5 예수께서 그들에게 이르시되 너희 마음이 완악함으로 말미암아 이 명령을 기록하였거니와

6 창조 때로부터 사람을 남자와 여자로 지으셨으니

7 이러므로 사람이 그 부모를 떠나서

8 그 둘이 한 몸이 될지니라 이러한즉 이제 둘이 아니요 한 몸이니

9 그러므로 하나님이 짝지어 주신 것을 사람이 나누지 못할지니라 하시더라

10 집에서 제자들이 다시 이 일을 물으니

10장에는 무엇이 기록되어 있을까?

10장은 3차 갈릴리 전도를 마치고 예루살렘에 들어가시기 바로 직전에 예수님이 하신 일들을 소개하고 있어요. 그래서 여기에 등장하는 이야기들은 주로 마지막 때와 구원에 대한 내용을 담고 있지요. 천국(구원)은 겸손한 마음으로 예수님을 구주로 받아들이는 사람에게 주어지는 하나님의 선물이에요.

---

1)또는 실족하게 하다 2)헬, 생에 3)어떤 사본에, 44, 46 양절에, 48절과 같은 문구가 있느니 ㄱ. 신 24:1, 3

11 이르시되 누구든지 그 아내를 버리고 다른 데에 장가 드는 자는 본처에게 간음을 행함이요 롬 7:3

12 또 아내가 남편을 버리고 다른 데로 시집 가면 간음을 행함이라

어린 아이들을 축복하시다
(마 19:13-15; 눅 18:15-17)

13 ●사람들이 예수께서 만져 주심을 바라고 어린 아이들을 데리고 오매 제자들이 꾸짖거늘

14 예수께서 보시고 노하시어 이르시되 어린 아이들이 내게 오는 것을 용납하고 금하지 말라 하나님의 나라가 이런 자의 것이니라

15 내가 진실로 너희에게 이르노니 누구든지 하나님의 나라를 어린 아이와 같이 받들지 않는 자는 결단코 그 곳에 들어가지 못하리라 하시고

16 그 어린 아이들을 안고 그들 위에 안수하시고 축복하시니라

재물이 많은 사람 (마 19:16-30; 눅 18:18-30)

17 ●예수께서 길에 나가실새 한 사람이 달려와서 꿇어 앉아 묻자오되 선한 선생님이여 내가 무엇을 하여야 영생을 얻으리이까 1:40

18 예수께서 이르시되 네가 어찌하여 나를 선하다 일컫느냐 하나님 한 분 외에는 선한 이가 없느니라

19 네가 계명을 아나니 1)살인하지 말라, 간음하지 말라, 도둑질하지 말라, 거짓 증언 하지 말라, 속여 빼앗지 말라, 네 부모를 공경하라 하였느니라 ㄱ. 출 20:12-16; 신 5:16-20

20 그가 여짜오되 선생님이여 이것은 내가 어려서부터 다 지켰나이다

21 예수께서 그를 보시고 사랑하사 이르시되 네게 아직도 한 가지 부족한 것이 있으니 가서 네게 있는 것을 다 팔아 가난한 자들에게 주라 그리하면 하늘에서 보화가 네게 있으리라 그리고 와서 나를 따르라 하시니 마 6:20

22 그 사람은 재물이 많은 고로 이 말씀으로 인하여 슬픈 기색을 띠고 근심하며 가니라

23 ●예수께서 둘러 보시고 제자들에게 이르시되 재물이 있는 자는 하나님의 나라에 들어가기가 심히 어렵도다 하시니

24 제자들이 그 말씀에 놀라는지라 예수께서 다시 대답하여 이르시되 얘들아 1)하나님의 나라에 들어가기가 얼마나 어려운지 시 52:7

25 낙타가 바늘귀로 나가는 것이 부자가 하나님의 나라에 들어가는 것보다 쉬우니라 하시니

26 제자들이 매우 놀라 서로 말하되 그런즉 누가 구원을 얻을 수 있는가 하니

27 예수께서 그들을 보시며 이르시되 사람으로는 할 수 없으되 하나님으로는 그렇지 아니하니 하나님으로서는 다 하실 수 있느니라

28 베드로가 여짜와 이르되 보소서 우리가 모든 것을 버리고 주를 따랐나이다

29 예수께서 이르시되 내가 진실로 너희에게 이르노니 나와 복음을 위하여 집이나 형제나 자매나 어머니나 2)아버지나 자식이나 전토를 버린 자는

30 현세에 있어 집과 형제와 자매와 어머니와 자식과 전토를 백 배나 받되 박해

선생님!! 궁금해요

왜 어린아이 같아야 천국에 갈 수 있는 거예요?

예수님께서는 '어린아이와 같은 사람'이 천국에 들어갈 수 있다고 말씀하셨어요. 이때의 어린아이는 부모님 말씀, 어른들의 말씀을 잘 듣는 어린아이를 말하는 거지요.

이 말에는 특별히 두 가지 뜻이 있는데, 첫째로는 어린아이처럼 겸손해야 천국에 들어갈 수 있다는 거예요. 예수님은 자신을 낮추는 자는 높아지고, 높아지려는 사람은 낮아진다고 말씀하셨지요. 둘째는 정직해야 한다는 거예요. 원래 아이들은 마음이 깨끗하고 정직해요. 마찬가지로 하나님의 백성들도 정직하게 살아야 한답니다. 10장 15절

1) 어떤 사본에, 재물을 의지하는 자는 하나님의 나라에 2) 어떤 사본에는, '아버지나' 아래에 '아내나'가 있음

맹인 거지 바디매오
(10:46)

를 겸하여 받고 내세에 영생을 받지 못
할 자가 없느니라

31 그러나 먼저 된 자로서 나중 되고 나중
된 자로서 먼저 될 자가 많으니라

죽음과 부활을 네 번째로 이르시다
(마 20:17-19; 눅 18:31-34)

32 ●예루살렘으로 올라가는 길에 예수께
서 그들 앞에 서서 가시는데 그들이 놀
라고 따르는 자들은 두려워하더라 이
에 다시 열두 제자를 데리시고 자기가
당할 일을 말씀하여 이르시되

33 보라 우리가 예루살렘에 올라가노니
인자가 대제사장들과 서기관들에게
넘겨지매 그들이 죽이기로 결의하고
이방인들에게 넘겨 주겠고

34 그들은 능욕하며 침 뱉으며 채찍질하
고 죽일 것이나 그는 삼 일 만에 살아
나리라

야고보와 요한이 구하는 것 (마 20:20-28)

35 ●세베대의 아들 야고보와 요한이 주
께 나아와 여짜오되 선생님이여 무엇
이든지 우리가 구하는 바를 우리에게
하여 주시기를 원하옵나이다

36 이르시되 너희에게 무엇을 하여 주기
를 원하느냐

37 여짜오되 주의 영광중에서 우리를 하
나는 주의 우편에, 하나는 좌편에 앉게
하여 주옵소서

38 예수께서 이르시되 너희는 너희가 구
하는 것을 알지 못하는도다 내가 마시
는 잔을 너희가 마실 수 있으며 내가
받는¹⁾세례를 너희가 받을 수 있느냐

39 그들이 말하되 할 수 있나이다 예수께

서 이르시되 너희는 내가 마시는 잔을
마시며 내가 받는¹⁾세례를 받으려니와

40 내 좌우편에 앉는 것은 내가 줄 것이 아
니라 누구를 위하여 준비되었든지 그
들이 얻을 것이니라

41 열 제자가 듣고 야고보와 요한에 대하
여 화를 내거늘

42 예수께서 불러다가 이르시되 이방인
의 집권자들이 그들을 임의로 주관하
고 그 고관들이 그들에게 권세를 부리
는 줄을 너희가 알거니와

43 너희 중에는 그렇지 않을지니 너희 중
에 누구든지 크고자 하는 자는 너희를
섬기는 자가 되고

44 너희 중에 누구든지 으뜸이 되고자 하는
자는 모든 사람의 종이 되어야 하리라

45 인자가 온 것은 섬김을 받으려 함이
아니라 도리어 섬기려 하고 자기 목숨
을 많은 사람의 대속물로 주려 함이니
라 암송

맹인 바디매오가 고침을 받다
(마 20:29-34; 눅 18:35-43)

46 ●그들이 여리고에 이르렀더니 예수께
서 제자들과 허다한 무리와 함께 여리
고에서 나가실 때에 디매오의 아들인 맹
인 거지 바디매오가 길 가에 앉았더라

47 나사렛 예수시란 말을 듣고 소리 질러
이르되 다윗의 자손 예수여 나를 불쌍
히 여기소서 하거늘

48 많은 사람이 꾸짖어 잠잠하라 하되 그가
더욱 크게 소리 질러 이르되 다윗의 자
손이여 나를 불쌍히 여기소서 하는지라

간절하게 소리쳐 예수님을
부르는 바디매오(10:47-48)

1) 헬, 또는 침례

마

눈을 뜬 바디매오(10:51-52)

49 예수께서 머물러 서서 그를 부르라 하시니 그들이 그 맹인을 부르며 이르되 안심하고 일어나라 그가 너를 부르신다 하매

50 맹인이 겉옷을 내버리고 뛰어 일어나 예수께 나아오거늘

51 예수께서 말씀하여 이르시되 네게 무엇을 하여 주기를 원하느냐 맹인이 이르되 선생님이여 보기를 원하나이다

52 예수께서 이르시되 가라 네 믿음이 너를 구원하였느니라 하시니 그가 곧 보게 되어 예수를 길에서 따르니라

예루살렘에 들어가시다 (마 21:1-11;
눅 19:28-40; 요 12:12-19) = A.D. 30년경

11 그들이 예루살렘에 가까이 와서 감람 산 벳바게와 베다니에 이르렀을 때에 예수께서 제자 중 둘을 보내시며

2 이르시되 너희는 맞은편 마을로 가라 그리로 들어가면 곧 아직 아무도 타 보지 않은 나귀 새끼가 매여 있는 것을 보리니 풀어 끌고 오라

3 만일 누가 너희에게 왜 이렇게 하느냐 묻거든 주가 쓰시겠다 하라 그리하면 즉시 이리로 보내리라 하시니

4 제자들이 가서 본즉 나귀 새끼가 문 앞 *거리에 매여 있는지라* 그것을 푸니

5 거기 서 있는 사람 중 어떤 이들이 이르되 나귀 새끼를 풀어 무엇 하려느냐 하매

6 제자들이 예수께서 이르신 대로 말한 대 이에 허락하는지라

7 나귀 새끼를 예수께로 끌고 와서 자기

들의 겉옷을 그 위에 얹어 놓으매 예수께서 타시니

8 많은 사람들은 자기들의 겉옷을, 또 다른 이들은 들에서 벤 나뭇가지를 길에 펴며

9 앞에서 가고 뒤에서 따르는 자들이 소리 지르되 호산나 찬송하리로다 주의 이름으로 오시는 이여

10 찬송하리로다 오는 우리 조상 다윗의 나라여 가장 높은 곳에서 호산나 하더라

11 ●예수께서 예루살렘에 이르러 성전에 들어가사 모든 것을 둘러 보시고 때가 이미 저물매 열두 제자를 데리시고 베다니에 나가시니라

무화과나무에 이르시다 (마 21:18-19)

12 ●이튿날 그들이 베다니에서 나왔을 때에 예수께서 시장하신지라

13 멀리서 잎사귀 있는 한 무화과나무를 보시고 혹 그 나무에 무엇이 있을까 하여 가셨더니 가서 보신즉 잎사귀 외에 아무 것도 없더라 이는 무화과의 때가 아님이라

14 예수께서 나무에게 말씀하여 이르시되 이제부터 영원토록 사람이 네게서 열매를 따 먹지 못하리라 하시니 제자들이 이를 듣더라

성전을 깨끗하게 하시다
(마 21:12-17; 눅 19:45-48; 요 2:13-22)

15 ●그들이 예루살렘에 들어가니라 예수께서 성전에 들어가사 성전 안에서 매매하는 자들을 내쫓으시며 돈 바꾸는 자들의 상과 비둘기 파는 자들의 의자를 둘러 엎으시고

16 아무나 물건을 가지고 성전 안으로 지

---

1) 또는 즉시 들려 보내리라 하라 하시니

11 에는 무엇이 기록되어 있을까?

예수님은 겸손하게, 그러나 당당하게 예루살렘에 들어가셨어요. 반대파의 세력을 정면 돌파하시면서 말이에요. 예수님은 열매 없는 무화과나무를 저주하셨는데 이것은 생명 없는 종교를 질책하신 것이랍니다. 또 성전을 깨끗하게 하신 사건을 통해서 하나님을 믿는 교회는 아무 의미가 없다는 것을 행동으로 직접 보여주셨지요.

열매가 달렸을 때의 무화과나무 모습
(11:12-14)

나다님을 허락하지 아니하시고

17 이에 가르쳐 이르시되 기록된 바 내 집은 만민이 기도하는 집이라 칭함을 받으리라고 하지 아니하였느냐 너희는 강도의 소굴을 만들었도다 하시매

18 대제사장들과 서기관들이 듣고 예수를 어떻게 죽일까 하고 꾀하니 이는 무리가 다 그의 교훈을 놀랍게 여기므로 그를 두려워함일러라

19 ●그리고 날이 저물매 그들이 성 밖으로 나가더라

무화과나무 마르다 (마 21:20-22)

20 ●그들이 아침에 지나갈 때에 무화과나무가 뿌리째 마른 것을 보고

21 베드로가 생각이 나서 여짜오되 랍비여 보소서 저주하신 무화과나무가 말랐나이다

22 예수께서 그들에게 대답하여 이르시되 하나님을 믿으라

23 내가 진실로 너희에게 이르노니 누구든지 이 산더러 들리어 바다에 던지라 하며 그 말하는 것이 이루어질 줄 믿고 마음에 의심(疑心)하지 아니하면 그대로 되리라

24 그러므로 내가 너희에게 말하노니 무엇이든지 기도하고 구하는 것은 받은 줄로 믿으라 그리하면 너희에게 그대로 되리라

25 서서 기도할 때에 아무에게나 혐의가 있거든 용서하라 그리하여야 하늘에 계신 너희 아버지께서도 너희 허물을 사하여 주시리라 하시니라

1) 어떤 사본에, 26 '만일 너희가 용서하지 아니하면 하늘에 계신 너희 아버지도 너희 허물을 사하지 아니하시리라'가 2)렘, 또는 침례 ㄱ. 사 56:7 ㄴ. 렘 7:11

26 1)(없음)

예수의 권위를 두고 말하다
(마 21:23-27, 눅 20:1-8)

27 ●그들이 다시 예루살렘에 들어가니라 예수께서 성전에서 거니실 때에 대제사장들과 서기관들과 장로들이 나아와

28 이르되 무슨 권위로 이런 일을 하느냐 누가 이런 일 할 권위를 주었느냐

29 예수께서 이르시되 나도 한 말을 너희에게 물으리니 대답하라 그리하면 나도 무슨 권위로 이런 일을 하는지 이르리라

30 요한의 2)세례가 하늘로부터냐 사람으로부터냐 내게 대답하라

31 그들이 서로 의논하여 이르되 만일 하늘로부터라 하면 어찌하여 그를 믿지 아니하였느냐 할 것이니

32 그러면 사람으로부터라 할까 하였으나 모든 사람이 요한을 참 선지자로 여기므로 그들이 백성을 두려워하는지라

33 이에 예수께 대답하여 이르되 우리가 알지 못하노라 하니 예수께서 이르시되 나도 무슨 권위로 이런 일을 하는지 너희에게 이르지 아니하리라 하시니라

포도원 농부 비유 (마 21:33-46, 눅 20:9-19)

12 예수께서 비유로 그들에게 말씀하시되 한 사람이 포도원을 만들어 산울타리로 두르고 즙 짜는 틀을 만들고 망대를 지어서 농부들에게 세로 주고 타국에 갔더니

2 때가 이르매 농부들에게 포도원 소출 얼마를 받으려고 한 종을 보내니

3 그들이 종을 잡아 심히 때리고 거저 보내었거늘

4 다시 다른 종을 보내니 그의 머리에 상

12 에는 무엇이 기록되어 있을까?

당시 대부분의 유대인들은 외국인들의 땅을 빌려서 농사지었기 때문에 소작료 문제를 가지고 자주 싸우곤 했어요. 이런 배경을 가진 악한 농부의 비유는 상속자이신 예수님을 죽이려는 유대인의 악한 음모와 그에 따른 심판을 경고하신 것이랍니다. 또 예수님은 사사건건 대적하는 사람들을 명쾌한 진리로 잠잠케 하셨지요.

처를 내고 능욕하였거늘

5 또 다른 종을 보내니 그들이 그를 죽이고 또 그 외 많은 종들도 더러는 때리고 더러는 죽인지라

6 이제 한 사람이 남았으니 곧 그가 사랑하는 아들이라 최후로 이를 보내며 이르되 내 아들은 존대하리라 하였더니

7 그 농부들이 서로 말하되 이는 상속자니 자 죽이자 그러면 그 유산이 우리 것이 되리라 하고

8 이에 잡아 죽여 포도원 밖에 내던졌느니라

9 포도원 주인이 어떻게 하겠느냐 와서 그 농부들을 진멸하고 포도원을 다른 사람들에게 주리라

10 너희가 성경에
건축자들이 버린 돌이 모퉁이의 머릿돌이 되었나니

11 이것은 주로 말미암아 된 것이요 우리 눈에 놀랍도다
함을 읽어 보지도 못하였느냐 하시니라

12 그들이 예수의 이 비유가 자기들을 가리켜 말씀하심인 줄 알고 잡고자 하되 무리를 두려워하여 예수를 두고 가니라

가이사에게 세금을 바치는 건
(마 22:15-22; 눅 20:20-26)

13 ●그들이 예수의 말씀을 책잡으려 하여 바리새인과 헤롯 당 중에서 사람을 보내매

14 와서 이르되 선생님이여 우리가 아노니 당신은 참되시고 아무도 꺼리는 일이 없으시니 이는 사람을 외모로 보지 않고 오직 진리로써 하나님의 도를 가르치심이니이다 가이사에게 세금을 바치

3:6

토막상식 헤롯 당

헤롯의 가문을 지지하는 세력들을 말합니다. 헤롯 왕(B.C. 37-4년)은 막대한 뇌물과 아첨으로 로마 황제 아구스도로부터 유대의 분봉왕으로 세워지게 되었지요. 헤롯 당은 유대에서 세력을 구축한 뒤 그 지위를 굳건히 하기 위해 로마 제국에 충성하는 세력으로 자랐답니다.
12장 13절

토막상식 렙돈과 고드란트는 얼마?

(헬) '렙돈'은 그리스 최소 단위의 동전으로 동으로 주조되었고, 중량은 1.7g 정도였어요. 앗사리온의 1/8 정도의 가치로, 눅 12:59에서는 '한 푼'으로 번역되었습니다. (헬) '고드란트'는 로마 최소 단위의 동전으로 청동으로 주조되었어요. 중량은 3.5g정도로 앗사리온의 1/4에 해당하는데, 당시 로마에서는 1회 입욕료에 해당하는 금액이었어요. 마 5:26에는 '한 푼'으로 번역되었어요.
12장 42절

는 것이 옳으니이까 옳지 아니하니이까

15 우리가 바치리이까 말리이까 한대 예수께서 그 외식함을 아시고 이르시되 어찌하여 나를 시험하느냐 [1]데나리온 하나를 가져다가 내게 보이라 하시니

16 가져왔거늘 예수께서 이르시되 이 형상과 이 글이 누구의 것이냐 이르되 가이사의 것이니이다

17 이에 예수께서 이르시되 가이사의 것은 가이사에게, 하나님의 것은 하나님께 바치라 하시니 그들이 예수께 대하여 매우 놀랍게 여기더라

부활 논쟁
(마 22:23-33; 눅 20:27-40)

18 부활이 없다 하는 사두개인들이 예수께 와서 물어 이르되

19 선생님이여 모세가 우리에게 써 주기를 어떤 사람의 형이 자식이 없이 아내를 두고 죽으면 그 동생이 그 아내를 취하여 형을 위하여 상속자를 세울지니라 하였나이다

20 칠 형제가 있었는데 맏이가 아내를 취하였다가 상속자가 없이 죽고

21 둘째도 그 여자를 취하였다가 상속자가 없이 죽고 셋째도 그렇게 하여

22 일곱이 다 상속자가 없었고 최후에 여자도 죽었나이다

23 일곱 사람이 다 그를 아내로 취하였으니 부활할 때 곧 그들이 살아날 때에 그 중의 누구의 아내가 되리이까

24 예수께서 이르시되 너희가 성경도 하나님의 능력도 알지 못하므로 오해함이 아니냐

25 사람이 죽은 자 가운데서 살아날 때에는 장가도 아니 가고 시집도 아니 가고

하늘에 있는 천사들과 같으니라

26 죽은 자가 살아난다는 것을 말할진대
너희가 모세의 책 중 가시나무 떨기에
관한 글에 하나님께서 모세에게 이르
시되 나는 아브라함의 하나님이요 이
삭의 하나님이요 야곱의 하나님이로
라 하신 말씀을 읽어보지 못하였느냐

27 하나님은 죽은 자의 하나님이 아니요
산 자의 하나님이시라 너희가 크게 오
해하였도다 하시니라

가장 큰 계명 (마 22:34-40; 눅 10:25-28)

28 ●서기관 중 한 사람이 그들이 변론하
는 것을 듣고 예수께서 잘 대답하신 줄
을 알고 나아와 묻되 모든 계명 중에 첫
째가 무엇이니이까

29 예수께서 대답하시되 첫째는 이것이
니 이스라엘아 들으라 주 곧 우리 하
나님은 유일한 주시라

30 네 마음을 다하고 목숨을 다하고 뜻을
다하고 힘을 다하여 주 너의 하나님을
사랑하라 하신 것이요

31 둘째는 이것이니 네 이웃을 네 자신과
같이 사랑하라 하신 것이라 이보다 더
큰 계명이 없느니라

32 서기관이 이르되 선생님이여 옳소이
다 하나님은 한 분이시요 그 외에 다른
이가 없다 하신 말씀이 참이니이다

33 또 마음을 다하고 지혜를 다하고 힘을
다하여 하나님을 사랑하는 것과 또 이
웃을 자기 자신과 같이 사랑하는 것이
전체로 드리는 모든 번제물과 기타 제
물보다 나으니
이다

34 예수께서
그가 지혜
있게 대답
함을 보시
고 이르시
되 네가 하
나님의 나
라에서 멀지
않도다 하시

부자의 헌금 (12:41)

가난한 과부의
헌금을 칭찬하심
(12:42-44)

니 그 후에 감히 묻는 자가 없더라

그리스도와 다윗의 자손
(마 22:41-46; 눅 20:41-44)

35 ●예수께서 성전에서 가르치실새 대답
하여 이르시되 어찌하여 서기관들이
그리스도를 다윗의 자손이라 하느냐

36 다윗이 성령에 감동되어 친히 말하되
주께서 내 주께 이르시되 내가 네 원
수를 네 발 아래에 둘 때까지 내 우편
에 앉았으라 하셨도다
하였느니라
시 110:1

37 다윗이 그리스도를 주라 하였은즉 어
찌 그의 자손이 되겠느냐 하시니 많은
사람들이 즐겁게 듣더라

서기관들을 낮추심 (마 23:1-36; 눅 20:45-47)

38 ●예수께서 가르치실 때에 이르시되
긴 옷을 입고 다니는 것과 시장에서 문
안 받는 것과

39 회당의 높은 자리와 잔치의 윗자리를
원하는 서기관들을 삼가라

40 그들은 과부의 가산을 삼키며 외식으
로 길게 기도하는 자니 그 받는 판결이
더욱 중하리라 하시니라

가난한 과부의 헌금 (눅 21:1-4)

41 ●예수께서 헌금함을 대하여 앉으사
무리가 어떻게 헌금함에 돈 넣는가를
보실새 여러 부자는 많이 넣는데

42 한 가난한 과부는 와서 두 렙돈 곧 한

1) 헬라 동전의 명칭 ㄱ. 출 3:6 ㄴ. 신 6:4 이하 ㄷ. 레 19:18 ㄹ. 시 110:1

¹⁾고드란트를 넣는지라

43 예수께서 제자들을 불러다가 이르시되 내가 진실로 너희에게 이르노니 이 가난한 과부는 헌금함에 넣는 모든 사람보다 많이 넣었도다

44 그들은 다 그 풍족한 중에서 넣었거니와 이 과부는 그 가난한 중에서 자기의 모든 소유 곧 생활비 전부를 넣었느니라 하시니라

성전이 무너뜨려질 것을 이르시다
(마 24:1-2; 눅 21:5-6) · A.D. 30년경

13 예수께서 성전에서 나가실 때에 제자 중 하나가 이르되 선생님이여 보소서 이 돌들이 어떠하며 이 건물들이 어떠하니이까

2 예수께서 이르시되 네가 이 큰 건물들을 보느냐 돌 하나도 돌 위에 남지 않고 다 무너뜨려지리라 하시니라

재난의 징조 (마 24:3-14; 눅 21:7-19)

3 ●예수께서 감람 산에서 성전을 마주 대하여 앉으셨을 때에 베드로와 야고보와 요한과 안드레가 조용히 묻되

4 우리에게 이르소서 어느 때에 이런 일이 있겠사오며 이 모든 일이 이루어지려 할 때에 무슨 징조가 있사오리이까

5 예수께서 이르시되 너희가 사람의 미혹을 받지 않도록 주의하라

6 많은 사람이 내 이름으로 와서 이르되 내가 그라 하여 많은 사람을 미혹하리라

7 난리와 난리의 소문을 들을 때에 두려워하지 말라 이런 일이 있어야 하되 아직 끝은 아니니라

8 민족이 민족을, 나라가 나라를 대적하

13 에는 무엇이 기록되어 있을까?
당시 유대인들은 곧 마지막 때가 오게 될 것이라고 생각하고 그때가 언제인지 궁금해했어요. 특히 로마의 박해에서 벗어나게 해 주고 악을 물리쳐줄 구세주를 간절히 바라고 있었죠. 그러나 예수님은 그들에게 정말로 중요한 것은 그때를 아는 것보다 늘 깨어 있는 우리의 자세라고 말씀하셨답니다.

여 일어나겠고 곳곳에 지진이 있으며 기근이 있으리니 이는 재난의 시작이니라

9 ●너희는 스스로 조심하라 사람들이 너희를 공회에 넘겨 주겠고 너희를 회당에서 매질하겠으며 나로 말미암아 너희가 권력자들과 임금들 앞에 서리니 이는 그들에게 증거가 되려 함이라

10 또 복음이 먼저 만국에 전파되어야 할 것이니라 눅 10:18

11 사람들이 너희를 끌어다가 넘겨 줄 때에 무슨 말을 할까 미리 염려하지 말고 무엇이든지 그 때에 너희에게 주시는 그 말을 하라 말하는 이는 너희가 아니요 성령이시니라

12 형제가 형제를, 아버지가 자식을 죽는 데에 내주며 자식들이 부모를 대적하여 죽게 하리라

13 또 너희가 내 이름으로 말미암아 모든 사람에게 미움을 받을 것이나 끝까지 견디는 자는 구원을 받으리라 요 15:21

가장 큰 환난 (마 24:15-28; 눅 21:20-24)

14 ●멸망의 가증한 것이 서지 못할 곳에 선 것을 보거든 (읽는 자는 깨달을진저) 그 때에 유대에 있는 자들은 산으로 도망할지어다

15 지붕 위에 있는 자는 내려가지도 말고 집에 있는 무엇을 가지러 들어가지도 말며

16 밭에 있는 자는 겉옷을 가지러 뒤로 돌이키지 말지어다

17 그 날에는 아이 밴 자들과 젖먹이는 자들에게 화가 있으리로다

18 이 일이 겨울에 일어나지 않도록 기도하라

19 이는 그 날들이 환난의 날이 되겠음이라 하나님께서 창조하신 시초부터 지금까지 이런 환난이 없었고 후에도 없으리라 렘 30:7

20 만일 주께서 그 날들을 감하지 아니하셨더라면 모든 육체가 구원을 얻지 못

¹⁾로마 동전의 명칭

할 것이거늘 자기가 택하신 자들을 위하여 그 날들을 감하셨느니라

21 그 때에 어떤 사람이 너희에게 말하되 보라 그리스도가 여기 있다 보라 저기 있다 하여도 믿지 말라

22 거짓 그리스도들과 거짓 선지자들이 일어나서 이적과 기사를 행하여 할 수만 있으면 택하신 자들을 미혹하려 하리라

23 너희는 삼가라 내가 모든 일을 너희에게 미리 말하였노라

인자가 오는 것을 보리라
(마 24:29-31; 눅 21:25-28)

24 ●그 때에 그 환난 후 해가 어두워지며 달이 빛을 내지 아니하며

25 별들이 하늘에서 떨어지며 하늘에 있는 권능들이 흔들리리라

26 그 때에 인자가 구름을 타고 큰 권능과 영광으로 오는 것을 사람들이 보리라

27 또 그 때에 그가 천사들을 보내어 자기가 택하신 자들을 땅 끝으로부터 하늘 끝까지 사방에서 모으리라

무화과나무 비유에서 배울 교훈
(마 24:32-44; 눅 21:29-33)

28 ●무화과나무의 비유를 배우라 그 가지가 연하여지고 잎사귀를 내면 여름

1) 또는 표적 2) 또는 때가 3) 어떤 사본에, 있어 기도하라

이 가까운 줄 아나니

29 이와 같이 너희가 이런 일이 일어나는 것을 보거든 2)인자가 가까이 곧 문 앞에 이른 줄 알라

30 내가 진실로 너희에게 말하노니 이 세대가 지나가기 전에 이 일이 다 일어나리라
9:1

31 천지는 없어지겠으나 내 말은 없어지지 아니하리라
마 5:18

32 그러나 그 날과 그 때는 아무도 모르나니 하늘에 있는 천사들도, 아들도 모르고 아버지만 아시느니라

33 주의하라 깨어 3)있으라 그 때가 언제인지 알지 못함이라

34 가령 사람이 집을 떠나 타국으로 갈 때에 그 종들에게 권한을 주어 각각 사무를 맡기며 문지기에게 깨어 있으라 명함과 같으니

35 그러므로 깨어 있으라 집 주인이 언제 올는지 혹 저물 때일는지, 밤중일는지, 닭 울 때일는지, 새벽일는지 너희가 알지 못함이라

36 그가 홀연히 와서 너희가 자는 것을 보지 않도록 하라

37 깨어 있으라 내가 너희에게 하는 이 말은 모든 사람에게 하는 말이니라 하시니라

예수를 죽일 방도를 찾다 (마 26:1-5; 눅 22:1-2; 요 11:45-53) — A.D. 30년경

14 이틀이 지나면 유월절과 무교절이라 대제사장들과 서기관들이 예수를 흉계로 잡아 죽일 방도를 구하며
요 11:55

14 장 에는 무엇이 기록되어 있을까?

14장에서는 고난받는 종으로서의 예수님의 모습이 강조되고 있어요. 미리 말씀하셨던 대로 예수님은 체포되어서 모진 고난을 당하셨지요. 예수님은 '도살할 양'(시 44:22) 같은 취급을 받으시면서도 제자들의 안전을 먼저 걱정하셨어요. 또 죽음을 앞둔 상황 속에서도 변함없이 하나님의 뜻에 순종하셨답니다.

2 이르되 민란이 날까 하노니 명절에는 하지 말자 하더라

예수의 머리에 향유를 붇다
(마 26:6–13; 요 12:1–8)

3 ●예수께서 베다니 나병환자 시몬의 집에서 1)식사하실 때에 한 여자가 매우 값진 향유 곧 순전한 나드 한 옥합을 가지고 와서 그 옥합을 깨뜨려 예수의 머리에 부으니

4 어떤 사람들이 화를 내어 서로 말하되 어찌하여 이 향유를 허비하는가

5 이 향유를 삼백 2)데나리온 이상에 팔아 가난한 자들에게 줄 수 있었겠도다 하며 그 여자를 책망하는지라

6 예수께서 이르시되 가만 두라 너희가 어찌하여 그를 괴롭게 하느냐 그가 내게 좋은 일을 하였느니라

7 가난한 자들은 항상 너희와 함께 있으니 아무 때라도 원하는 대로 도울 수 있거니와 나는 너희와 항상 함께 있지 아니하리라

8 그는 힘을 다하여 내 몸에 향유를 부어 내 장례를 미리 준비하였느니라 막 16:1

9 내가 진실로 너희에게 이르노니 온 천하에 어디서든지 복음이 전파되는 곳에는 이 여자가 행한 일도 말하여 그를 기억하리라 하시니라

유다가 배반하다 (마 26:14–16; 눅 22:3–6)

10 ●열둘 중의 하나인 가룟 유다가 예수를 넘겨 주려고 대제사장들에게 가매

11 그들이 듣고 기뻐하여 돈을 주기로 약속하니 유다가 예수를 어떻게 넘겨 줄까 하고 그 기회를 찾더라

제자들과 함께 유월절을 지키다
(마 26:17–25; 눅 22:7–14, 21–23; 요 13:21–30)

12 ●무교절의 첫날 곧 유월절 양 잡는 날에 제자들이 예수께 여짜오되 우리가 어디로 가서 선생님께서 유월절 음식을 잡수시게 준비하기를 원하시나이까 하매

13 예수께서 제자 중의 둘을 보내시며 이르시되 성내로 들어가라 그리하면 물 한 동이를 가지고 가는 사람을 만나리니 그를 따라가서

14 어디든지 그가 들어가는 그 집 주인에게 이르되 선생님의 말씀이 내가 내 제자들과 함께 유월절 음식을 먹을 나의 객실이 어디 있느냐 하시더라 하라

15 그리하면 자리를 펴고 준비한 큰 다락방을 보이리니 거기서 우리를 위하여 준비하라 하시니

16 제자들이 나가 성내로 들어가서 예수께서 하시던 말씀대로 만나 유월절 음식을 준비하니라

17 ●저물매 그 열둘을 데리시고 가서

18 다3)앉아 먹을 때에 예수께서 이르시되 내가 진실로 너희에게 이르노니 너희 중의 한 사람 곧 나와 함께 먹는 자가 나를 팔리라 하신대

19 그들이 근심하며 하나씩 하나씩 나는 아니지요 하고 말하기 시작하니

20 그들에게 이르시되 열둘 중의 하나 곧 나와 함께 그릇에 손을 넣는 자니라

21 인자는 자기에 대하여 기록된 대로 가거니와 인자를 파는 그 사람에게는 화가 있으리로다 그 사람은 차라리 나지 아니하였더라면 자기에게 좋을 뻔하였느니라 하시니라

마지막 만찬
(마 26:26–30; 눅 22:15–20; 고전 11:23–25)

22 ●그들이 먹을 때에 예수께서 떡을 가지사 축복(祝福)하시고 떼어 제자들에게 주시며 이르시되 받으라 이것은 내

겟세마네 동산에 제자들을 데리고
기도하러 올라가시는 예수님(14:32)

몸이니라 하시고 6:41

23 또 잔을 가지사 감사 기도 하시고 그들에게 주시니 다 이를 마시매

24 이르시되 이것은 많은 사람을 위하여 흘리는 나의 피 곧 언약의 피니라

25 진실로 너희에게 이르노니 내가 포도나무에서 난 것을 하나님 나라에서 새 것으로 마시는 날까지 다시 마시지 아니하리라 하시니라

26 ●이에 그들이 찬미하고 감람 산으로 가니라

잠자는 제자들(14:37-38)

베드로가 부인할 것을 예언하시다
(마 26:31-35; 눅 22:31-34; 요 13:36-38)

27 ●예수께서 제자들에게 이르시되 너희가 다 [1]나를 버리리라 이는 기록된 바 내가 목자를 치리니 양들이 흩어지리라 하였음이니라

28 그러나 내가 살아난 후에 너희보다 먼저 갈릴리로 가리라

29 베드로가 여짜오되 다 [2]버릴지라도 나는 그리하지 않겠나이다

30 예수께서 이르시되 내가 진실로 네게 이르노니 오늘 이 밤 닭이 두 번 울기 전에 네가 세 번 나를 부인하리라

31 베드로가 힘있게 말하되 내가 주와 함께 죽을지언정 주를 부인하지 않겠나이다 하고 모든 제자도 이와 같이 말하니라

하나님의 뜻대로 이루어지기를 기도하시는 예수님(14:36)

겟세마네에서 기도하시다
(마 26:36-46; 눅 22:39-46)

32 ●그들이 겟세마네라 하는 곳에 이르매 예수께서 제자들에게 이르시되 내가 기도할 동안에 너희는 여기 앉아 있으라 하시고

33 베드로와 야고보와 요한을 데리고 가실새 심히 놀라시며 슬퍼하사

34 말씀하시되 내 마음이 심히 고민하여 죽게 되었으니 너희는 여기 머물러 깨어 있으라 하시고

35 조금 나아가사 땅에 엎드리어 될 수 있는 대로 이 때가 자기에게서 지나가기를 구하여

36 이르시되 아빠 아버지여 아버지께는 모든 것이 가능하오니 이 잔을 내게서 옮기시옵소서 그러나 나의 원대로 마시옵고 아버지의 원대로 하옵소서 하시고

37 돌아오사 제자들이 자는 것을 보시고 베드로에게 말씀하시되 시몬아 자느냐 네가 한 시간도 깨어 있을 수 없더냐

38 시험에 들지 않게 깨어 있어 기도하라 마음에는 원이로되 육신이 약하도다 하시고 마 6:13

39 다시 나아가 동일한 말씀으로 기도하시고

40 다시 오사 보신즉 그들이 자니 이는 그들의 눈이 심히 피곤함이라 그들이 예수께 무엇으로 대답할 줄을 알지 못하더라

41 세 번째 오사 그들에게 이르시되 이제

1) 또는 나로 말미암아 실족하리라 2) 웰, 실족할지라도 ㄱ. 슥 13:7

베드로 통곡 교회(14:72)

는 자고 쉬라 그만 되었다 때가 왔도다 보라 인자가 죄인의 손에 팔리느니라
42 일어나라 함께 가자 보라 나를 파는 자가 가까이 왔느니라

잡히시다

(마 26:47-56; 눅 22:47-53; 요 18:2-12)

43 ●예수께서 말씀하실 때에 곧 열둘 중의 하나인 유다가 왔는데 대제사장들과 서기관들과 장로들에게서 파송된 무리가 검과 몽치를 가지고 그와 함께 하였더라
44 예수를 파는 자가 이미 그들과 군호를 짜 이르되 내가 입맞추는 자가 그이니 그를 잡아 단단히 끌어 가라 하였는지라
45 이에 와서 곧 예수께 나아와 랍비여 하고 입을 맞추니
46 그들이 예수께 손을 대어 잡거늘
47 곁에 서 있는 자 중의 한 사람이 칼을 빼어 대제사장의 종을 쳐 그 귀를 떨어뜨리니라
48 예수께서 무리에게 말씀하여 이르시되 너희가 강도를 잡는 것 같이 검과 몽치를 가지고 나를 잡으러 나왔느냐
49 내가 날마다 너희와 함께 성전에 있으면서 가르쳤으되 너희가 나를 잡지 아니하였도다 그러나 이는 성경을 이루려 함이니라 하시더라
50 *제자들이 다 예수를 버리고 도망하니라*

한 청년이 벗은 몸으로 도망하다

51 ●한 청년이 벗은 몸에 베 홑이불을 두르고 예수를 따라가다가 무리에게 잡히매
52 베 홑이불을 버리고 벗은 몸으로 도망하니라

1) 헬, 빛을 쬐더라

공회 앞에 서시다 *(마 26:57-68; 눅 22:54-55, 63-71; 요 18:13-14, 19-24)*

53 ●그들이 예수를 끌고 대제사장에게로 가니 대제사장들과 장로들과 서기관들이 다 모이더라
54 베드로가 예수를 멀찍이 따라 대제사장의 집 뜰 안까지 들어가서 아랫사람들과 함께 앉아 1)불을 쬐더라
55 대제사장들과 온 공회가 예수를 죽이려고 그를 칠 증거를 찾되 얻지 못하니
56 이는 예수를 쳐서 거짓 증언하는 자가 많으나 그 증언이 서로 일치하지 못함이러라
57 어떤 사람들이 일어나 예수를 쳐서 거짓 증언하여 이르되
58 우리가 그의 말을 들으니 손으로 지은 이 성전을 내가 헐고 손으로 짓지 아니한 다른 성전을 사흘 동안에 지으리라 하더라 하되
59 그 증언도 서로 일치하지 않더라
60 대제사장이 가운데 일어서서 예수에게 물어 이르되 너는 아무 대답도 없느냐 이 사람들이 너를 치는 증거가 어떠하냐 하되
61 침묵하고 아무 대답도 아니하시거늘 대제사장이 다시 물어 이르되 네가 찬송 받을 이의 아들 그리스도냐
62 예수께서 이르시되 내가 그니라 인자가 권능자의 우편에 앉은 것과 하늘 구름을 타고 오는 것을 너희가 보리라 하시니
63 대제사장이 자기 옷을 찢으며 이르되 우리가 어찌 더 증인을 요구하리요
64 그 신성모독 하는 말을 너희가 들었도다 너희는 어떻게 생각하느냐 하니 그들이 다 예수를 사형에 해당한 자로 정죄하고

> 인자(14:41) 사람의 아들. 예수님이 자신을 일컫는 말.
> 몽치(14:43) 짤막하고 단단한 몽둥이로 옛날에 무기로 사용되었다.
> 군호(14:44) 군에서 쓰는 암호.
> 공회(14:55) 공식적인 일로 인하여 모임.
> 정죄(14:64) 죄가 있는 것으로 판정함.
> 전례(15:8) 이미 있었던 사례.

65 어떤 사람은 그에게 침을 뱉으며 그의 얼굴을 가리고 주먹으로 치며 이르되 선지자 노릇을 하라 하고 하인들은 손바닥으로 치더라

베드로가 예수를 알지 못한다고 하다
(마 26:69-75; 눅 22:56-62; 요 18:15-18, 25-27)

66 ●베드로는 아랫뜰에 있더니 대제사장의 여종 하나가 와서
67 베드로가 불 쬐고 있는 것을 보고 주목하여 이르되 너도 나사렛 예수와 함께 있었도다 하거늘
68 베드로가 부인하여 이르되 나는 네가 말하는 것이 무엇인지 알지도 못하고 깨닫지도 못하겠노라 하며 앞뜰로 나갈새1)
69 여종이 그를 보고 곁에 서 있는 자들에게 다시 이르되 이 사람은 그 도당이라 하되
70 또 부인하더라 조금 후에 곁에 서 있는 사람들이 다시 베드로에게 말하되 너는 갈릴리 사람이니 참으로 그 도당이니라
71 그러나 베드로가 저주하며 맹세하되 나는 너희가 말하는 이 사람을 알지 못하노라 하니
72 닭이 곧 두 번째 울더라 이에 베드로가 예수께서 자기에게 하신 말씀 곧 닭이 두 번 울기 전에 네가 세 번 나를 부인하리라 하심이 기억되어 그 일을 생각하고 울었더라

빌라도가 예수께 묻다 (마 27:1-2, 11-14;
눅 23:1-5; 요 18:28-38) 4,7 사 30:6 여경

15 새벽에 대제사장들이 즉시 장로들과 서기관들 곧 온 공회와

예수께서 체포당하신 겟세마네 동굴 (15:1)

더불어 의논하고 예수를 결박하여 끌고 가서 빌라도에게 넘겨 주니
2 빌라도가 묻되 네가 유대인의 왕이냐 예수께서 대답하여 이르시되 네 말이 옳도다 하시매
3 대제사장들이 여러 가지로 고발하는지라
4 빌라도가 또 물어 이르되 아무 대답도 없느냐 그들이 얼마나 많은 것으로 너를 고발하는가 보라 하되
5 예수께서 다시 아무 말씀으로도 대답하지 아니하시니 빌라도가 놀랍게 여기더라 　사 53:7

십자가에 못 박히게 예수를 넘기다
(마 27:15-26; 눅 23:13-25; 요 18:39-19:16)

6 ●명절이 되면 백성들이 요구하는 대로 죄수 한 사람을 놓아 주는 전례가 있더니
7 민란을 꾸미고 그 민란중에 살인하고 체포된 자 중에 바라바라 하는 자가 있는지라
8 무리가 나아가서 전례대로 하여 주기를 요구한대
9 빌라도가 대답하여 이르되 너희는 내가 유대인의 왕을 너희에게 놓아 주기를 원하느냐 하니
10 이는 그가 대제사장들이 시기로 예수를 넘겨 준 줄 앎이러라
11 그러나 대제사장들이 무리를 충동하여 도리어 바라바를 놓아 달라 하게 하니
12 빌라도가 또 대답하여 이르되 그러면

15에는 무엇이 기록되어 있을까?
예수님이 빌라도에게 재판 받으시고 십자가에 달려 돌아가신 후 무덤에 장사되기까지의 이야기예요. 사람들을 두려워하여 예수님께 사형 선고를 내린 빌라도는 역사에 씻을 수 없는 오명을 남겼지요. 하지만 재판을 받을 당시 초라해 보였던 예수님은 오늘날 수많은 사람들이 경배와 찬양을 돌리는 구세주가 되셨답니다.

1)어떤 사본에는, 68절 끝에 '마침 닭이 울더라'가 있음

해골 형상의 언덕(15:22)

너희가 유대인의 왕이라 하는 이를 내가 어떻게 하랴
13 그들이 다시 소리 지르되 그를 십자가에 못 박게 하소서
14 빌라도가 이르되 어찜이냐 무슨 악한 일을 하였느냐 하니 더욱 소리 지르되 십자가에 못 박게 하소서 하는지라
15 빌라도가 무리에게 만족을 주고자 하여 바라바는 놓아 주고 예수는 채찍질하고 십자가에 못 박히게 넘겨 주니라

군인들이 예수를 희롱하다 (마 27:27-31; 요 19:2-3)

16 ●군인들이 예수를 끌고 브라이도리온이라는 뜰 안으로 들어가서 온 군대를 모으고
17 예수에게 자색 옷을 입히고 가시관을 엮어 씌우고
18 경례하여 이르되 유대인의 왕이여 평안할지어다 하고
19 갈대로 그의 머리를 치며 침을 뱉으며 꿇어 절하더라
20 희롱을 다 한 후 자색 옷을 벗기고 도로 그의 옷을 입히고 십자가에 못 박으려고 끌고 나가니라

십자가에 못 박히다 (마 27:32-44; 눅 23:26-43; 요 19:17-27)

21 ●마침 알렉산더와 루포의 아버지인 구레네 사람 시몬이 시골로부터 와서 지나가는데 그들이 그를 억지로 같이 가게 하여 예수의 십자가를 지우고
22 예수를 끌고 골고다라 하는 곳(번역하면 해골의 곳)에 이르러
23 몰약을 탄 포도주를 주었으나 예수께서 받지 아니하시니라
24 십자가에 못 박고 그 옷을 나눌새 누가 어느 것을 가질까 하여 제비를 뽑더라
25 때가 제삼시가 되어 십자가에 못 박으니라
26 그 위에 있는 죄패에 유대인의 왕이라 썼고
27 강도 둘을 예수와 함께 십자가에 못 박으니 하나는 그의 우편에, 하나는 좌편에 있더라
28 1)(없음)
29 지나가는 자들은 자기 머리를 흔들며 예수를 모욕하여 이르되 아하 성전을 헐고 사흘에 짓는다는 자여
30 네가 너를 구원하여 십자가에서 내려오라 하고
31 그와 같이 대제사장들도 서기관들과 함께 희롱하며 서로 말하되 그가 남은 구원하였으되 자기는 구원할 수 없도다
32 이스라엘의 왕 그리스도가 지금 십자가에서 내려와 우리가 보고 믿게 할지어다 하며 함께 십자가에 못 박힌 자들도 예수를 욕하더라

숨지시다 (마 27:45-61; 눅 23:44-56; 요 19:28-30, 38-42)

33 ●제육시가 되매 온 땅에 어둠이 임하여 제구시까지 계속하더니
34 제구시에 예수께서 크게 소리 지르시되 엘리 엘리 라마 사박다니 하시니 이를 번역하면 나의 하나님, 나의 하나님 어찌하여 나를 버리셨나이까 하는 뜻이라

십자가에 달리신 예수님(15:25)

1) 어떤 사본에는, 28 '불법자와 함께 인정함을 받았다 한 성경이 응하였느니라'가 있음

35 곁에 섰던 자 중 어떤 이들이 듣고 이르되 보라 엘리야를 부른다 하고

36 한 사람이 달려가서 해면에 신 포도주를 적시어 갈대에 꿰어 마시게 하고 이르되 가만 두라 엘리야가 와서 그를 내려 주나 보자 하더라

37 예수께서 큰 소리를 지르시고 숨지시니라

38 이에 성소 휘장이 위로부터 아래까지 찢어져 둘이 되니라 ☉ 26:31-33

39 예수를 향하여 섰던 백부장이 그렇게 숨지심을 보고 이르되 이 사람은 진실로 하나님의 아들이었도다 하더라

40 멀리서 바라보는 여자들도 있었는데 그 중에 막달라 마리아와 또 작은 야고보와 요세의 어머니 마리아와 또 살로메가 있었으니

41 이들은 예수께서 갈릴리에 계실 때에 따르며 섬기던 자들이요 또 이 외에 예수와 함께 예루살렘에 올라온 여자들도 많이 있었더라

요셉이 예수의 시체를 무덤에 넣어 두다
(마 27:57-61; 눅 23:50-56; 요 19:38-42)

42 ●이 날은 준비일 곧 안식일 전날이므로 저물었을 때에

43 아리마대 사람 요셉이 와서 당돌히 빌라도에게 들어가 예수의 시체를 달라 하니 이 사람은 존경 받는 공회원이요 하나님의 나라를 기다리는 자라

44 빌라도는 예수께서 벌써 죽었을까 하고 이상히 여겨 백부장을 불러 죽은 지가 오래냐 묻고

45 백부장에게 알아 본 후에 요셉에게 시체를 내주는지라

46 요셉이 세마포를 사서 예수를 내려다가 그것으로 싸서 바위 속에 판 무덤에 넣어 두고 돌을 굴려 무덤 문에 놓으매

47 막달라 마리아와 요세의 어머니 마리아가 예수 둔 곳을 보더라

살아나시다 (마 28:1-10; 눅 24:1-12; 요 20:1-18) — A.D. 30년경

16

안식일이 지나매 막달라 마리아와 야고보의 어머니 마리아와 또 살로메가 가서 예수께 바르기 위하여 향품을 사다 두었다가

2 [1)안식 후 첫날 매우 일찍이 해 돋을 때에 그 무덤으로 가며

3 서로 말하되 누가 우리를 위하여 무덤 문에서 돌을 굴려 주리요 하더니

4 눈을 들어본즉 벌써 돌이 굴려져 있는데 그 돌이 심히 크더라

5 무덤에 들어가서 흰 옷을 입은 한 청년이 우편에 앉은 것을 보고 놀라매

6 청년이 이르되 놀라지 말라 너희가 십자가에 못 박히신 나사렛 예수를 찾는구나 그가 살아나셨고 여기 계시지 아니하니라 보라 그를 두었던 곳이니라

7 가서 그의 제자들과 베드로에게 이르기를 예수께서 너희보다 먼저 갈릴리로 가시나니 전에 너희에게 말씀하신 대로 너희가 거기서 뵈오리라 하라 하는지라

8 여자들이 몹시 놀라 떨며 나와 무덤에서 도망하고 무서워하여 아무에게 아무 말도 하지 못하더라

막달라 마리아에게 보이시다
(마 28:9-10; 요 20:11-18)

9 2)[예수께서 안식 후 첫날 이른 아침에

16장에는 무엇이 기록되어 있을까?

예수님은 십자가에서 돌아가셨지만 3일 만에 부활하셨어요. 결코 막을 수 없다는 것을 증명해 보이신 것이지요. 이 부활은 하나님께서 우리를 향한 약속을 꼭 지키시며 예수님이 우리의 구세주 되신다는 것을 보여주는 영광스런 사건이에요. 이제 제자들의 전도 사역으로 본격적인 성령의 역사가 펼쳐지게 됩니다.

1) 헬, 그 주간의 2) 어떤 사본에는, 9-20절까지 없음

예수님을 믿고 세례를 받는 사람은
구원을 얻음(16:16)

살아나신 후 전에 일곱 귀신을 쫓아내
어 주신 막달라 마리아에게 먼저 보이
시니

10 마리아가 가서 예수와 함께 하던 사람
들이 슬퍼하며 울고 있는 중에 이 일을
알리매

11 그들은 예수께서 살아나셨다는 것과
마리아에게 보이셨다는 것을 듣고도
믿지 아니하니라

두 제자에게 나타나시니라 (눅 24:13~35)

12 그 후에 그들 중 두 사람이 걸어서 시
골로 갈 때에 예수께서 다른 모양으로
그들에게 나타나시니

13 두 사람이 가서 남은 제자들에
게 알리었으되 역시 믿지 아
니하니라

만민에게 복음을 전파하라
(마 28:16~20; 눅 24:36~49;
요 20:19~23; 행 1:6~8)

14 ●그 후에 열한 제
자가 ¹⁾음식 먹을
때에 예수께서
그들에게 나타
나사 그들의 믿
음 없는 것과 마
음이 완악한 것을
꾸짖으시니 이는 자
기가 살아난 것을 본
자들의 말을 믿지 아니
함일러라

15 또 이르시되 너희는 온 천하에 다니며
²⁾만민에게 복음을 전파하라

16 믿고 ³⁾세례를 받는 사람은 구원을 얻을
것이요 믿지 않는 사람은 정죄를 받으
리라

17 믿는 자들에게는 이런 ⁴⁾표적이 따르리
니 곧 그들이 내 이름으로 귀신을 쫓아
내며 새 방언을 말하며 행 2:4

18 뱀을 집어 올리며 무슨 독을 마실지라
도 해를 받지 아니하며 병든 사람에게
손을 얹은즉 나으리라 하시더라
하늘로 올리시니라 (눅 24:50~53; 행 1:9~11)

19 ●주 예수께서 말씀을 마치신 후에 하
늘로 올려지사 하나님 우편에 앉으시
니라 눅 24:50, 51

20 제자들이 나가 두루 전파할새 주께서
함께 역사하사 그 따르는 ⁴⁾표적으로 말
씀을 확실히 증언하시니라] 행 5:12

1) 2:15 천하주를 보라 2) 헬, 온 창조세계의 3) 헬, 또는 침례
4) 또는 이적

예수님이 하늘로 올라가심(16:19)

누가복음을 읽기 전에

이 책을 기록한 사람은 누가예요. 그는 사도 바울과 함께 일했고 사도행전도 기록했지요. 의사였던 누가는 특별히 병자들을 고치시고 세리와 고아와 과부 등 소외된 사람들에게 관심을 기울이신 예수님의 모습을 많이 증거하였습니다.

언제, 왜, 누구를 위하여 썼나요?

이 책을 기록한 때는 A.D. 61~63년경이라고 해요. 누가는 '데오빌로 각하'에게 예수님이 구원의 주시라는 것을 확실하게 전하기 위해 이 글을 썼어요. 데오빌로는 로마의 높은 관리였는데 훗날 기독교인이 되었을 것으로 추측됩니다.

어떤 내용인가요?

누가복음은 예수님이 이 땅에 오셔서 죽으시고 부활하시고 승천하실 때까지의 사건들을 시간의 흐름에 따라 자세하게 전해주고 있어요.

데오빌로 각하에게

1 우리 중에 이루어진 사실에 대하여 2 처음부터 목격자와 말씀의 일꾼 된 자들이 전하여 준 그대로 내력을 저술하려고 붓을 든 사람이 많은지라

3 그 모든 일을 근원부터 자세히 미루어 살핀 나도 데오빌로 각하에게 차례대로 써 보내는 것이 좋은 줄 알았노니

4 이는 각하가 알고 있는 바를 더 확실하게 하려 함이로라

세례 요한의 출생을 예고하다

5 ●유대 왕 헤롯 때에 아비야 반열에 제사장 한 사람이 있었으니 이름은 사가랴요 그의 아내는 아론의 자손이니 이름은 엘리사벳이라

6 이 두 사람이 하나님 앞에 의인이니 주의 모든 계명과 규례대로 흠이 없이 행하더라

7 엘리사벳이 잉태를 못하므로 그들에게 자식이 없고 두 사람의 나이가 많더라

8 ●마침 사가랴가 그 반열의 차례대로 하나님 앞에서 제사장의 직무를 행할새

9 제사장의 전례를 따라 제비를 뽑아 주의 성전에 들어가 분향하고

10 모든 백성은 그 분향하는 시간에 밖에서 기도하더니 대 16:17

11 주의 사자가 그에게 나타나 향단 우편에 선지라

12 사가랴가 보고 놀라며 무서워하니

13 천사가 그에게 이르되 사가랴여 무서워하지 말라 너의 간구함이 들린지라 네 아내 엘리사벳이 네게 아들을 낳아 주리니 그 이름을 요한이라 하라

14 너도 기뻐하고 즐거워할 것이요 많은 사람도 그의 태어남을 기뻐하리니

15 이는 그가 주 앞에 큰 자가 되며 포도주나 독한 술을 마시지 아니하며 모태로부터 성령의 충만함을 받아

16 이스라엘 자손을 주 곧 그들의 하나님께로 많이 돌아오게 하겠음이라

17 그가 또 엘리야의 심령과 능력으로 주 앞에 먼저 와서 아버지의 마음을 자식

1장 에는 무엇이 기록되어 있을까?

누가는 첫 부분에 이 책을 기록한 이유와 자신의 사람, 그리고 자기 자신에 대해서 간단하게 소개해주었어요. 그는 이방 사람들, 특히 로마에 있는 그리스도인들에게 예수님을 전하고 설명해주고 싶어했지요. 한편 세례 요한과 예수님의 출생은 모두 다 천사가 나타나 예고해주었답니다.

요셉과 약혼한 마리아(1:27)

에게, 거스르는 자를 의인의 슬기에 돌아오게 하고 주를 위하여 세운 백성을 준비하리라

18 사가랴가 천사에게 이르되 내가 이것을 어떻게 알리요 내가 늙고 아내도 나이가 많으니이다

19 천사가 대답하여 이르되 나는 하나님 앞에 서 있는 가브리엘이라 이 좋은 소식을 전하여 네게 말하라고 보내심을 받았노라

20 보라 이 일이 되는 날까지 네가 말 못하는 자가 되어 능히 말을 못하리니 이는 네가 내 말을 믿지 아니함이거니와 때가 이르면 내 말이 이루어지리라 하더라

21 백성들이 사가랴를 기다리며 그가 성전 안에서 지체함을 이상히 여기더라

22 그가 나와서 그들에게 말을 못하니 백성들이 그가 성전 안에서 환상을 본 줄 알았더라 그가 몸짓으로 뜻을 표시하며 그냥 말 못하는 대로 있더니

23 그 직무의 날이 다 되매 집으로 돌아가니라

24 ●이 후에 그의 아내 엘리사벳이 잉태하고 다섯 달 동안 숨어 있으며 이르되

25 주께서 나를 돌보시는 날에 사람들 앞에서 내 부끄러움을 없게 하시려고 이렇게 행하심이라 하더라

예수의 나심을 예고하다

26 ●여섯째 달에 천사 가브리엘이 하나님의 보내심을 받아 갈릴리 나사렛이란 동네에 가서

27 다윗의 자손 요셉이라 하는 사람과 약혼한 처녀에게 이르니 그 처녀의 이름은 마리아라

28 그에게 들어가 이르되 은혜를 받은 자여 평안할지어다 주께서 너와 함께 하시도다 하니

29 처녀가 그 말을 듣고 놀라 이런 인사가 어찌함인가 생각하매

30 천사가 이르되 마리아여 무서워하지 말라 네가 하나님께 은혜를 입었느니라

31 보라 네가 잉태하여 아들을 낳으리니 그 이름을 예수라 하라

32 그가 큰 자가 되고 지극히 높으신 이의 아들이라 일컬어질 것이요 주 하나님께서 그 조상 다윗의 왕위를 그에게 주시리니 　악 5:7

33 영원히 야곱의 집을 왕으로 다스리실 것이며 그 나라가 무궁하리라

34 마리아가 천사에게 말하되 나는 남자를 알지 못하니 어찌 이 일이 있으리이까

35 천사가 대답하여 이르되 성령이 네게 임하시고 지극히 높으신 이의 능력이 너를 덮으시리니 이러므로 나실 바 거룩한 이는 하나님의 아들이라 일컬어지리라

36 보라 네 친족 엘리사벳도 늙어서 아들을 배었느니라 본래 임신하지 못한다고 알려진 이가 이미 여섯 달이 되었느니라

37 대저 하나님의 모든 말씀은 능하지 못하심이 없느니라

38 마리아가 이르되 주의 여종이오니 말씀대로 내게 이루어지이다 하매 천사가 떠나가니라

마리아가 엘리사벳을 방문하다

39 ●이 때에 마리아가 일어나 빨리 산골로 가서 유대 한 동네에 이르러 　1:65

40 사가랴의 집에 들어가 엘리사벳에게

천사를 보고 놀란 마리아(1:29)

문안하니

41 엘리사벳이 마리아가 문안함을 들으매 아이가 복중에서 뛰노는지라 엘리사벳이 성령의 충만함을 받아

42 큰 소리로 불러 이르되 여자 중에 네가 복이 있으며 네 태중의 아이도 복이 있도다

43 내 주의 어머니가 내게 나아오니 이 어찌 된 일인가

44 보라 네 문안하는 소리가 내 귀에 들릴 때에 아이가 내 복중에서 기쁨으로 뛰놀았도다

45 주께서 하신 말씀이 반드시 이루어지리라고 믿은 그 여자에게 복이 있도다

마리아의 찬가

46 마리아가 이르되
내 영혼이 주를 찬양하며

47 내 마음이 하나님 내 구주를 기뻐하였음은

48 그의 여종의 비천함을 돌보셨음이라 보라 이제 후로는 만세에 나를 복이 있다 일컬으리로다 삼상 138:6

49 능하신 이가 큰 일을 내게 행하셨으니 그 이름이 거룩하시며

50 긍휼하심이 두려워하는 자에게 대대로 이르는도다

51 그의 팔로 힘을 보이사 마음의 생각이 교만한 자들을 흩으셨고

52 권세 있는 자를 그 위에서 내리치셨으며 비천한 자를 높이셨고 욥 5:11

53 주리는 자를 좋은 것으로 배불리셨으며 부자는 빈 손으로 보내셨도다

54 그 종 이스라엘을 도우사 긍휼히 여기시고 기억하시되

천사 가브리엘이 마리아에게 복된 소식을 전함(1:26-38)

마리아가 하나님을 찬양함(1:46-55)

55 우리 조상에게 말씀하신 것과 같이 아브라함과 그 자손에게 영원히 하시리로다 하니라

56 마리아가 석 달쯤 함께 있다가 집으로 돌아가니라

세례 요한의 출생

57 ●엘리사벳이 해산할 기한이 차서 아들을 낳으니

58 이웃과 친족이 주께서 그를 크게 긍휼히 여기심을 듣고 함께 즐거워하더라

59 팔 일이 되매 아이를 할례하러 와서 그 아버지의 이름을 따라 사가랴라 하고자 하더니

60 그 어머니가 대답하여 이르되 아니라 요한이라 할 것이라 하매

61 그들이 이르되 네 친족 중에 이 이름으로 이름한 이가 없다 하고

62 그의 아버지께 몸짓하여 무엇으로 이름을 지으려 하는가 물으니 1:22

63 그가 서판을 달라 하여 그 이름을 요한이라 쓰매 다 놀랍게 여기더라

64 이에 그 입이 곧 열리고 혀가 풀리며 말을 하여 하나님을 찬송하니 1:20

65 그 근처에 사는 자가 다 두려워하고 이 모든 말이 온 유대 산골에 두루 퍼지매

66 듣는 사람이 다 이 말을 마음에 두며 이르되 이 아이가 장차 어찌 될까 하니 이는 주의 손이 그와 함께 하심이러라

사가랴의 예언

67 ●그 부친 사가랴가 성령의 충만함을 받아 예언하여 이르되

68 찬송하리로다 주 이스라엘의 하나님

베들레헴으로 가는
마리아와 요셉(2:1-5)

68 이여 그 백성을 돌보사 속량하시며
69 우리를 위하여 구원의 뿔을 그 종 다
윗의 집에 일으키셨으니
70 이것은 주께서 예로부터 거룩한 선
지자의 입으로 말씀하신 바와 같이
71 우리 원수에게서와 우리를 미워하는
모든 자의 손에서 구원하시는 일이라
72 우리 조상을 긍휼히 여기시며 그 거
룩한 언약을 기억하셨으니
73 곧 우리 조상 아브라함에게 하신 맹
세라
74 우리가 원수의 손에서 건지심을 받고
75 종신토록 주의 앞에서 성결과 의로우
려움이 없이 섬기게 하리라 하셨느
76 이 아이여 네가 지극히 높으신 이의
선지자라 일컬음을 받고 주 앞에 앞
서 가서 그 길을 준비하여
77 주의 백성에게 그 죄 사함으로 말미
암는 구원을 알게 하리니
78 이는 우리 하나님의 긍휼로 인함이
라 이로써 돋는 해가 위로부터 우리
에게 임하여
79 어둠과 죽음의 그늘에 앉은 자에게
비치고 우리 발을 평강의 길로 인도
하시리로다
하니라　행 26:18
80 아이가 자라며 심령이 강하여지고 이
스라엘에게 나타나는 날까지 빈 들에
있으니라　2:40

예수의 나심 (마 1:18~25)

2 그 때에 가이사 아구스도가 영을
내려 천하로 다 호적하라 하였으니

2 이 호적은 구레뇨가 수리아 총독이 되
었을 때에 처음 한 것이라
3 모든 사람이 호적하러 각각 고향으로
돌아가매
4 요셉도 다윗의 집 족속이므로 갈릴리
나사렛 동네에서 유대를 향하여 베들
레헴이라 하는 다윗의 동네로　1:27
5 그 약혼한 마리아와 함께 호적하러 올
라가니 마리아가 이미 잉태하였더라
6 거기 있을 그 때에 해산할 날이 차서
7 첫아들을 낳아 강보로 싸서 구유에 뉘
었으니 이는 여관에 있을 곳이 없음이러라

목자들이 예수 탄생 소식을 듣다

8 그 지역에 목자들이 밤에 밖에서 자
기 양 떼를 지키더니
9 주의 사자가 곁에 서고 주의 영광이 그
들을 두루 비추매 크게 무서워하는지라
10 천사가 이르되 무서워하지 말라 보라
내가 온 백성에게 미칠 큰 기쁨의 좋은
소식을 너희에게 전하노라
11 오늘 다윗의 동네에 너희를 위하여 구
주가 나셨으니 곧 그리스도 주시니라
12 너희가 가서 강보에 싸여 구유에 뉘어
있는 아기를 보리니 이것이 너희에게
표적이니라 하더니
13 홀연히 수많은 천군이 그 천사와 함께
하나님을 찬송하여 이르되
14 지극히 높은 곳에서는 하나님께 영
광이요 땅에서는 하나님이 기뻐하신
사람들 중에 평화로다
하니라　빌 2:13
15 천사들이 떠나 하늘로 올라가니 목
자가 서로 말하되 이제 베들레헴으로

2 에는 무엇이 기록되어 있을까?

1장에서 예언되었던 예수님의 탄생
이 실제로 이루어졌어요. 예수님의 탄생을 축하하
고 경배한 사람들은 주로 가난한 사람들이었답니
다. 특히 우리들에게 잘 알려져 있지 않은 시므온과
안나는 아기 예수님이 우리의 구세주라는 것을
정확하게 알고 있었어요. 이처럼 예수님은 낮고
겸손한 사람들에게 영접을 받으셨지요.

가서 주께서 우리에게 알리신 바이 이루어진 일을 보자 하고

16 빨리 가서 마리아와 요셉과 구유에 누인 아기를 찾아서

17 보고 천사가 자기들에게 이 아기에 대하여 말한 것을 전하니

18 듣는 자가 다 목자들이 그들에게 말한 것들을 놀랍게 여기되

19 마리아는 이 모든 말을 마음에 새기어 생각하니라 2:51

20 목자들은 자기들에게 이르던 바와 같이 듣고 본 그 모든 것으로 인하여 하나님께 영광을 돌리고 찬송하며 돌아가니라 마 9:8

21 ●할례할 팔 일이 되매 그 이름을 예수라 하니 곧 잉태하기 전에 천사가 일컫은 바러라

아기 예수의 정결예식

22 ●모세의 법대로 정결예식의 날이 차매 아기를 데리고 예루살렘에 올라가니

23 이는 주의 율법에 쓴 바 첫 태에 처음 난 남자마다 주의 거룩한 자라 하리라 한 대로 아기를 주께 드리고 출 13:2

24 또 주의 율법에 말씀하신 대로 산비둘기 한 쌍이나 혹은 어린 집비둘기 둘로 제사하려 함이더라

25 예루살렘에 시므온이라 하는 사람이 있으니 이 사람은 의롭고 경건하여 이스라엘의 위로를 기다리는 자라 성령이 그 위에 계시더라

26 그가 주의 그리스도를 보기 전에는 죽지 아니하리라 하는 성령의 지시를 받

았더니

27 성령의 감동으로 성전에 들어가매 마침 부모가 율법의 관례대로 행하고자 하여 그 아기 예수를 데리고 오는지라

28 시므온이 아기를 안고 하나님을 찬송하여 이르되

29 주재여 이제는 말씀하신 대로 종을 평안히 놓아 주시는도다

30 내 눈이 주의 구원을 보았사오니

31 이는 만민 앞에 예비하신 것이요

32 이방을 비추는 빛이요 주의 백성 이스라엘의 영광이니이다 하니

33 그의 부모가 그에 대한 말들을 놀랍게 여기더라

34 시므온이 그들에게 축복하고 그의 어머니 마리아에게 말하여 이르되 보라 이는 이스라엘 중 많은 사람을 패하거나 흥하게 하며 비방을 받는 표적이 되기 위하여 세움을 받았고 사 2:16

35 또 칼이 네 마음을 찌르듯 하리니 이는 여러 사람의 마음의 생각을 드러내려 함이니라 하더라

36 또 아셀 지파 바누엘의 딸 안나라 하는 선지자가 있어 나이가 매우 많았더라 그가 결혼한 후 일곱 해 동안 남편과 함께 살다가

37 과부가 되고 팔십사 세가 되었더라 이 사람이 성전을 떠나지 아니하고 주야로 금식하며 기도함으로 섬기더니

38 마침 이 때에 나아와서 하나님께 감사하고 예루살렘의 속량을 바라는 모든 사람에게 그에 대하여 말하니라

39 주의 율법을 따라 모든 일을 마치고 갈릴리로 돌아가 본 동네 나사렛에 이르니라 2:51

아기 예수님께 경배하는 목자들(2:8-20)

ㄱ. 레 12:2-6 ㄴ. 출 13:2,12 ㄷ. 레 12:8, 5:11

40 ●아기가 자라며 강하여지고 지혜가 충만하며 하나님의 은혜가 그의 위에 있더라 1:80

열두 살 나이의 예수

41 ●그의 부모가 해마다 유월절이 되면 예루살렘으로 가더니

42 예수께서 열두 살 되었을 때에 그들이 이 절기의 관례를 따라 올라 갔다가

성전에 계신 예수님 (2:46-49)

43 그 날들을 마치고 돌아갈 때에 아이 예수는 예루살렘에 머무셨더라 그 부모는 이를 알지 못하고

44 동행 중에 있는 줄로 생각하고 하룻길을 간 후 친족과 아는 자 중에서 찾되

45 만나지 못하매 찾으면서 예루살렘에 돌아갔더니

46 사흘 후에 성전에서 만난즉 그가 선생들 중에 앉으사 그들에게 듣기도 하시며 묻기도 하시니

47 듣는 자가 다 그 지혜와 대답을 놀랍게 여기더라

48 그의 부모가 보고 놀라며 그의 어머니는 이르되 아이야 어찌하여 우리에게 이렇게 하였느냐 보라 네 아버지와 내가 근심하여 너를 찾았노라

49 예수께서 이르시되 어찌하여 나를 찾으셨나이까 내가[1] 내 아버지 집에 있어야 될 줄을 알지 못하셨나이까 하시니

50 그 부모가 그가 하신 말씀을 깨닫지 못하더라

51 예수께서 함께 내려가사 나사렛에 이르러 순종하여 받드시더라 그 어머니는 이 모든[2] 말을 마음에 두니라

52 ●예수는 지혜와 키가 자라가며 하나님

예수님을 잃어버린 요셉과 마리아 (2:41-45)

과 사람에게 더욱 사랑스러워 가시더라

세례 요한의 전파
(마 3:1-12; 막 1:1-8; 요 1:19-28)

3 디베료 황제가 통치한 지 열다섯 해 곧 본디오 빌라도가 유대의 총독으로, 헤롯이 갈릴리의 분봉 왕으로, 그 동생 빌립이 이두래와 드라고닛 지방의 분봉 왕으로, 루사니아가 아빌레네의 분봉 왕으로 마 27:2

2 안나스와 가야바가 대제사장으로 있을 때에 하나님의 말씀이 빈 들에서 사가랴의 아들 요한에게 임한지라

3 요한이 요단 강 부근 각처에 와서 죄 사함을 받게 하는 회개의[3] 세례를 전파하니

4 선지자 이사야의 책에 쓴 바 광야에서 외치는 자의 소리가 있어 이르되 너희는 주의 길을 준비하라 그의 오실 길을 곧게 하라

5 모든 골짜기가 메워지고 모든 산과 작은 산이 낮아지고 굽은 것이 곧아지고 험한 길이 평탄하여질 것이요

6 모든 육체가 하나님의 구원하심을 보리라

함과 같으니라 사 98:2

7 ●요한이[3] 세례 받으러 나아오는 무리에게 이르되 독사의 자식들아 누가 너희에게 일러 장차 올 진노를 피하라 하더냐

8 그러므로 회개에 합당한 열매를 맺고 속으로 아브라함이 우리 조상이라 말하지 말라 내가 너희에게 이르노니 하나님이 능히 이 돌들로도 아브라함의 자손이 되게 하시리라

1) 또는 내 아버지의 일에 관계하여야 2) 또는 일을 3) 헬, 또는 침례 ㄱ. 사 40:3 이하

9 이미 도끼가 나무 뿌리에 놓였으니 좋은 열매 맺지 아니하는 나무마다 찍혀 불에 던져지리라

10 무리가 물어 이르되 그러면 우리가 무엇을 하리이까

행 2:37

11 대답하여 이르되 옷 두 벌 있는 자는 옷 없는 자에게 나눠 줄 것이요 먹을 것이 있는 자도 그렇게 할 것이니라 하고

12 세리들도 ¹⁾세례를 받고자 하여 와서 이르되 선생이여 우리는 무엇을 하리이까 하매

7:29

13 이르되 부과된 것 외에는 거두지 말라 하고

14 군인들도 물어 이르되 우리는 무엇을 하리이까 하매 이르되 사람에게서 강탈하지 말며 거짓으로 고발하지 말고 받는 급료를 족한 줄로 알라 하니라

15 ●백성들이 바라고 기다리므로 모든 사람들이 요한을 혹 그리스도신가 심중에 생각하니

16 요한이 모든 사람에게 대답하여 이르되 나는 물로 너희에게 ¹⁾세례를 베풀거니와 나보다 능력이 많으신 이가 오시나니 나는 그의 신발끈을 풀기도 감당하지 못하겠노라 그는 성령과 불로 너희에게 ¹⁾세례를 베푸실 것이요

17 손에 키를 들고 자기의 타작 마당을 정하게 하사 알곡은 모아 곳간에 들이고 쭉정이는 꺼지지 않는 불에 태우시리라

18 ●또 그 밖에 여러 가지로 권하여 백성에게 좋은 소식을 전하였으나

19 분봉 왕 헤롯은 그의 동생의 아내 헤로디아의 일과 또 자기가 행한 모든 악한

많은 사람들이 요한의 세례를 받으러 나옴 (3:15-17)

일로 말미암아 요한에게 책망을 받고

20 그 위에 한 가지 악을 더하여 요한을 옥에 가두니라

세례를 받으시다 (마 3:13-17; 막 1:9-11)

21 ●백성이 다 ¹⁾세례를 받을새 예수도 ¹⁾세례를 받으시고 기도하실 때에 하늘이 열리며

5:16

22 성령이 비둘기 같은 형체로 그의 위에 강림하시더니 하늘로부터 소리가 나기를 너는 내 사랑하는 아들이라 내가 너를 기뻐하노라 하시니라

예수의 족보 (마 1:1-17)

23 ●예수께서 가르치심을 시작하실 때에 삼십 세쯤 되시니라 사람들이 아는 대로는 요셉의 아들이니 요셉의 위는 헬리요

마 4:17

24 그 위는 맛닷이요 그 위는 레위요 그 위는 멜기요 그 위는 안나요 그 위는 요셉이요

25 그 위는 맛다디아요 그 위는 아모스요 그 위는 나훔이요 그 위는 에슬리요 그 위는 낙개요

26 그 위는 마앗이요 그 위는 맛다디아요 그 위는 서머인이요 그 위는 요섹이요 그 위는 요다요

27 그 위는 요아난이요 그 위는 레사요 그 위는 스룹바벨이요 그 위는 스알디엘이요 그 위는 네리요

28 그 위는 멜기요 그 위는 앗디요 그 위는 고삼이요 그 위는 엘마담이요 그 위는 에르요

29 그 위는 예수요 그 위는 엘리에서요

1) 헬, 또는 침례

위는 요림이요 그 위는 맛닷이요 그 위
는 레위요

30 그 위는 시므온이요 그 위는 유다요 그
위는 요셉이요 그 위는 요남이요 그 위
는 엘리아김이요

31 그 위는 멜레아요 그 위는 멘나요 그
는 맛다다요 그 위는 나단이요 그 위는
다윗이요

32 그 위는 이새요 그 위는 오벳이요 그
는 보아스요 그 위는 살몬이요 그 위는
나손이요

33 그 위는 아미나답이요 그 위는 아니요
그 위는 헤스론이요 그 위는 베레스요
그 위는 유다요

34 그 위는 야곱이요 그 위는 이삭이요 그
위는 아브라함이요 그 위는 데라요 그
위는 나홀이요

35 그 위는 스룩이요 그 위는 르우요 그는
벨렉이요 그 위는 헤버요 그 위는 살라
요

36 그 위는 가이난이요 그 위는 아박삿이
요 그 위는 셈이요 그 위는 노아요 그
위는 레멕이요

37 그 위는 므두셀라요 그 위는 에녹이요
그 위는 야렛이요 그 위는 마할랄렐이
요 그 위는 가이난이요

38 그 위는 에노스요 그 위는 셋이요 그 위
는 아담이요 그 위는 하나님이시니라

시험을 받으시다 (마 4:1-11; 막 1:12-13)

4 예수께서 성령의 충만함을 입어 요
단 강에서 돌아오사 광야에서 사
십 일 동안 성령에게 이끌리시며 4:14

2 마귀에게 시험을 받으시더라 이 모든
날에 아무 것도 잡수시지 아니하시니

성전 꼭대기에서 시험 받으시는
예수님(4:9-11)

날 수가 다하매 주리신지라

3 마귀가 이르되 네가 만일 하나님의 아
들이어든 이 돌들에게 명하여 떡이 되
게 하라

4 예수께서 대답하시되 기록된 바 ㄱ사람
이 떡으로만 살 것이 아니라 하였느니라

5 마귀가 또 예수를 이끌고 올라가서 순
식간에 천하 만국을 보이며

6 이르되 이 모든 권위와 그 영광을 내가
네게 주리라 이것은 내게 넘겨 준 것이
므로 내가 원하는 자에게 주노라

7 그러므로 네가 만일 내게 절하면 다 네
것이 되리라

8 예수께서 대답하여 이르시되 기록된
바 ㄴ주 너의 하나님께 경배하고 다만
그를 섬기라 하였느니라 신 6:13

9 또 이끌고 예루살렘으로 가서 성전 꼭
대기에 세우고 이르되 네가 만일 하나
님의 아들이어든 여기서 뛰어내리라

10 기록되었으되

ㄷ하나님이 너를 위하여 그 사자들을
명하사 너를 지키게 하시리라
하였고

11 또한

그들이 손으로 너를 받들어 네 발이
돌에 부딪치지 않게 하시리라
하였느니라

12 예수께서 대답하여 이르시되 ㄹ주 너의
하나님을 시험하지 말라 하였느니라

13 마귀가 모든 시험을 다 한 후에 얼마

4 에는 무엇이 기록되어 있을까?

예수님은 마귀로부터 세 번의 시험
을 받으셨어요. 물론 그 시험에서 모두 다 승리
하셨지요. 예수님께서 받으신 이 시험을 우리도
받을 수 있어요. 마귀는 우리가 하나님의 주권
에 순종하지 않기를 바라기 때문이에요. 우리가
이 시험을 이기기 위해서는 예수님을 굳게 의
지하는 믿음을 가져야만 한답니다.

ㄱ. 신 8:3 ㄴ. 신 6:13 ㄷ. 시 91:11, 12 ㄹ. 신 6:16

동안 떠나니라

갈릴리 여러 회당에서 가르치시다
(마 4:12-17; 막 1:14-15)

14 ●예수께서 성령의 능력으로 갈릴리에 돌아가시니 그 소문이 사방에 퍼졌고
15 친히 그 여러 회당에서 가르치시매 뭇 사람에게 칭송을 받으시더라 마 9:35

나사렛에서 배척을 받으시다
(마 13:53-58; 막 6:1-6)

16 ●예수께서 그 자라나신 곳 나사렛에 이르사 안식일에 늘 하시던 대로 회당에 들어가사 성경을 읽으려고 서시매
17 선지자 이사야의 글을 드리거늘 책을 펴서 이렇게 기록된 데를 찾으시니 곧
18 주의 성령이 내게 임하셨으니 이는 가난한 자에게 복음을 전하게 하시려고 내게 기름을 부으시고 나를 보내사 포로 된 자에게 자유를, 눈 먼 자에게 다시 보게 함을 전파하며 눌린 자를 자유롭게 하고 사 61:1
19 주의 은혜의 해를 전파하게 하려 하심이라 하였더라 레 25:10
20 책을 덮어 그 ¹¹맡은 자에게 주시고 앉으시니 회당에 있는 자들이 다 주목하여 보더라
21 이에 예수께서 그들에게 말씀하시되 이 글이 오늘 너희 귀에 응하였느니라 하시니
22 그들이 다 그를 증언하고 그 입으로 나오는 바 은혜로운 말을 놀랍게 여겨 이르되 이 사람이 요셉의 아들이 아니냐
23 예수께서 그들에게 이르시되 너희가 반드시 의사야 너 자신을 고치라 하는 속담을 인용하여 내게 말하기를 우리가 들은 바 가버나움에서 행한 일을 네 고향 여기서도 행하라 하리라
24 또 이르시되 내가 진실로 너희에게 이

르노니 선지자가 고향에서는 환영을 받는 자가 없느니라
25 내가 참으로 너희에게 이르노니 엘리야 시대에 하늘이 삼 년 육 개월간 닫히어 온 땅에 큰 흉년이 들었을 때에 이스라엘에 많은 과부가 있었으되
26 엘리야가 그 중 한 사람에게도 보내심을 받지 않고 오직 시돈 땅에 있는 사렙다의 한 과부에게 뿐이었으며
27 또 선지자 엘리사 때에 이스라엘에 많은 나병환자가 있었으되 그 중의 한 사람도 깨끗함을 얻지 못하고 오직 수리아 사람 나아만뿐이었느니라
28 회당에 있는 자들이 이것을 듣고 다 크게 화가 나서
29 일어나 동네 밖으로 쫓아내어 그 동네가 건설된 산 낭떠러지까지 끌고 가서 밀쳐 떨어뜨리고자 하되
30 예수께서 그들 가운데로 지나서 가시니라

더러운 귀신 들린 사람을 고치시다(마 1:21-28)

31 ●갈릴리의 가버나움 동네에 내려오사 안식일에 가르치시매
32 그들이 그 가르치심에 놀라니 이는 그 말씀이 권위가 있음이러라
33 회당에 더러운 귀신 들린 사람이 있어 크게 소리 질러 이르되
34 아 나사렛 예수여 우리가 당신과 무슨 상관이 있나이까 우리를 멸하러 왔나이까 나는 당신이 누구인 줄 아노니 하나님의 거룩한 자니이다

1) 헬, 사환인 ㄱ. 사 61:1 이하

말씀으로 마귀를 물리치시는 예수님(4:12-13)

35 예수께서 꾸짖어 이르시되 잠잠하고 그 사람에게서 나오라 하시니 귀신이 그 사람을 무리 중에 넘어뜨리고 나오되 그 사람은 상하지 아니한지라

36 다 놀라 서로 말하여 이르되 이 어떠한 말씀인고 권위와 능력으로 더러운 귀신을 명하매 나가는도다 하더라

37 이에 예수의 소문이 그 근처 사방에 퍼지니라

온갖 병자들을 고치시다
(마 8:14-17; 막 1:29-34)

38 ●예수께서 일어나 회당에서 나가사 시몬의 집에 들어가시니 시몬의 장모가 중한 열병을 앓고 있는지라 사람들이 그를 위하여 예수께 구하니

39 예수께서 가까이 서서 열병을 꾸짖으신대 병이 떠나고 여자가 곧 일어나 그들에게 수종드니라

40 ●해 질 무렵에 사람들이 온갖 병자들을 데리고 나아오매 예수께서 일일이 그 위에 손을 얹으사 고치시니

41 여러 사람에게서 귀신들이 나가며 소리 질러 이르되 당신은 하나님의 아들이니이다 예수께서 꾸짖으사 그들이 말함을 허락하지 아니하시니 이는 자기를 그리스도인 줄 앎이러라

복음을 전하러 떠나시다
(막 1:35-39)

42 ●날이 밝으매 예수께서 나오사 한적한 곳에 가시니 무리가 찾다가 만나서 자기들에게서 떠나지 못하게 만류하려 하매

43 예수께서 이르시되 내가 다른 동네들에서도 하나님의 나라 복음을 전하여야 하리니 나는 이 일을 위해 보내심을 받았노라 하시고

44 1) 갈릴리 여러 회당에서 전도하시더라

어부들이 예수를 따르다
(마 4:18-22; 막 1:16-20)

5 무리가 몰려와서 하나님의 말씀을 들을새 예수는 게네사렛 호숫가에 서서

2 호숫가에 배 두 척이 있는 것을 보시니 어부들은 배에서 나와서 그물을 씻는지라

3 예수께서 한 배에 오르시니 그 배는 시몬의 배라 육지에서 조금 떼기를 청하시고 앉으사 배에서 무리를 가르치시더니

4 말씀을 마치시고 시몬에게 이르시되 깊은 데로 가서 그물을 내려 고기를 잡으라
△ 21:6

5 시몬이 대답하여 이르되 선생님 우리들이 밤이 새도록 수고하였으되 잡은 것이 없지마는 말씀에 의지하여 내가 그물을 내리리이다 하고

6 그렇게 하니 고기를 잡은 것이 심히 많아 그물이 찢어지는지라

7 이에 다른 배에 있는 동무들에게 손짓하여 와서 도와 달라 하니 그들이 와서 두 배에 채우매 잠기게 되었더라

8 시몬 베드로가 이를 보고 예수의 무릎 아래에 엎드려 이르되 주여 나를 떠나소서 나는 죄인이로소이다 하니

9 이는 자기 및 자기와 함께 있는 모든 사람이 고기 잡힌 것으로 말미암아 놀라고

10 세베대의 아들로서 시몬의 동업자인 야고보와 요한도 놀랐음이라 예수께서 시몬에게 이르시되 무서워하지 말라 이제 후로는 네가 사람을 2) 취하리라 하시니

11 그들이 배들을 육지에 대고 모든 것을 버려 두고 예수를 따르니라

그물 한가득 물고기를 잡은 베드로
(5:4-6)

1) 어떤 사본에는, 유대 2) 헬, 사로잡으리라

나병 들린 사람을 깨끗하게 하시다
(마 8:1~4; 막 1:40~45)

12 ●예수께서 한 동네에 계실 때에 온 몸에 나병 들린 사람이 있어 예수를 보고 엎드려 구하여 이르되 주여 원하시면 나를 깨끗하게 하실 수 있나이다 하니

13 예수께서 손을 내밀어 그에게 대시며 이르시되 내가 원하노니 깨끗함을 받으라 하신대 나병이 곧 떠나니라

14 예수께서 그를 경고하시되 아무에게도 이르지 말고 가서 제사장에게 네 몸을 보이고 또 네가 깨끗하게 됨으로 인하여 모세가 명한 대로 예물을 드려 그들에게 입증하라 하셨더니

15 예수의 소문이 더욱 퍼지매 수많은 무리가 말씀도 듣고 자기 병도 고침을 받고자 하여 모여 오되

16 예수는 물러가사 한적한 곳에서 기도하시니라

중풍병자를 고치시다 (마 9:1~8; 막 2:1~12)

17 ●하루는 가르치실 때에 갈릴리의 각 마을과 유대와 예루살렘에서 온 바리새인과 율법교사들이 앉았는데 병을 고치는 주의 능력이 예수와 함께 하더라

18 한 중풍병자를 사람들이 침상에 메고 와서 예수 앞에 들여놓고자 하였으나

19 무리 때문에 메고 들어갈 길을 얻지 못한지라 지붕에 올라가 기와를 벗기고 병자를 침상째 무리 가운데로 예수 앞에 달아 내리니

20 예수께서 그들의 믿음을 보시고 이르시되 이 사람아 네 죄 사함을 받았느니라 하시니

중풍병자가 침상을 메고 집으로 감(5:24~25)

21 서기관과 바리새인들이 생각하여 이르되 이 신성모독 하는 자가 누구냐 오직 하나님 외에 누가 능히 죄를 사하겠느냐

22 예수께서 그 생각을 아시고 대답하여 이르시되 너희 마음에 무슨 생각을 하느냐

23 네 죄 사함을 받았느니라 하는 말과 일어나 걸어가라 하는 말이 어느 것이 쉽겠느냐

24 그러나 인자가 땅에서 죄를 사하는 권세가 있는 줄을 너희로 알게 하리라 하시고 중풍병자에게 말씀하시되 내가 네게 이르노니 일어나 네 침상을 가지고 집으로 가라 하시매

25 그 사람이 그들 앞에서 곧 일어나 그 누웠던 것을 가지고 하나님께 영광을 돌리며 자기 집으로 돌아가니

26 모든 사람이 놀라 하나님께 영광을 돌리며 심히 두려워하여 이르되 오늘 우리가 놀라운 일을 보았다 하니라 ^{7:16}

레위가 예수를 따르다 (마 9:9~17; 막 2:13~22)

27 ●그 후에 예수께서 나가사 레위라 하는 세리가 세관에 앉아 있는 것을 보시고 나를 따르라 하시니

28 그가 모든 것을 버리고 일어나 따르니라

29 레위가 예수를 위하여 자기 집에서 큰 잔치를 하니 세리와 다른 사람이 많이 함께 ¹⁾앉아 있는지라

1) 헬, 기대어 누워 있는지라(유대인이 음식 먹을 때에 가지는 자세), ㄱ. 레 14:2 이하

5장 에는 무엇이 기록되어 있을까?

예수님의 놀라운 능력을 본 제자들은 자신의 일을 모두 포기하고 곧바로 예수님을 따랐어요. 이 멋진 모습은 우리에게 예수님의 진정한 제자란 무엇인지에 대해서 생각하게 해 주지요. 또한 나병 들린 사람과 중풍병자를 치유하신 이야기는 죄를 사하는 권세가 예수님께 있다는 것을 보여준답니다.

수종(4:39) 따라다니며 시중을 듦.
만류(4:42) 붙잡고 말림.
제사장(5:14) 하나님과 사람 사이의 중개자.
서기관(5:21) 모세 율법의 해석자이자 교사.

세리와 함께 음식을
드시는 예수님 (5:27-32)

30 바리새인과 그들의 서기관들이 그 제자들을 비방하여 이르되 너희가 어찌하여 세리와 죄인과 함께 먹고 마시느냐

31 예수께서 대답하여 이르시되 건강한 자에게는 의사가 쓸 데 없고 병든 자에게라야 쓸 데 있나니

32 내가 의인을 부르러 온 것이 아니요 죄인을 불러 회개시키러 왔노라 [암송]

33 그들이 예수께 말하되 요한의 제자는 자주 금식하며 기도하고 바리새인의 제자들도 또한 그리하되 당신의 제자들은 먹고 마시나이다

34 예수께서 그들에게 이르시되 혼인 집 손님들이 신랑과 함께 있을 때에 너희가 그 손님으로 금식하게 할 수 있느냐

35 그러나 그 날에 이르러 그들이 신랑을 빼앗기리니 그 날에는 금식할 것이니라 9:22

36 또 비유하여 이르시되 새 옷에서 한 조각을 찢어 낡은 옷에 붙이는 자가 없나니 만일 그렇게 하면 새 옷을 찢을 뿐이요 또 새 옷에서 찢은 조각이 낡은 것에 어울리지 아니하리라

37 새 포도주를 낡은 가죽 부대에 넣는 자가 없나니 만일 그렇게 하면 새 포도주가 부대를 터뜨려 포도주가 쏟아지고 부대도 못쓰게 되리라

38 새 포도주는 새 부대에 넣어야 할 것이니라

39 묵은 포도주를 마시고 새 것을 원하는 자가 없나니 이는 묵은 것이 좋다 함이니라

ㄱ. 삼상 21:6

안식일에 밀 이삭을 자르다
(마 12:1-8; 막 2:23-28)

6 안식일에 예수께서 밀밭 사이로 지나가실새 제자들이 이삭을 잘라 손으로 비비어 먹으니

2 어떤 바리새인들이 말하되 어찌하여 안식일에 하지 못할 일을 하느냐

3 예수께서 대답하여 이르시되 ㄱ다윗이 자기 및 자기와 함께 한 자들이 시장할 때에 한 일을 읽지 못하였느냐 삼상 21:6

4 그가 하나님의 전에 들어가서 다만 제사장 외에는 먹어서는 안 되는 진설병을 먹고 함께 한 자들에게도 주지 아니하였느냐

5 또 이르시되 인자는 안식일의 주인이니라 하시더라

안식일에 손 마른 사람을 고치다
(마 12:9-14; 막 3:1-6)

6 또 다른 안식일에 예수께서 회당에 들어가사 가르치실새 거기 오른손 마른 사람이 있는지라

7 서기관과 바리새인들이 예수를 고발할 증거를 찾으려 하여 안식일에 병을 고치시는가 엿보니

8 예수께서 그들의 생각을 아시고 손 마른 사람에게 이르시되 일어나 한가운데 서라 하시니 그가 일어나 서거늘

9 예수께서 그들에게 이르시되 내가 너희에게 묻노니 안식일에 선을 행하는 것과 악을 행하는 것, 생명을 구하는 것과 죽이는 것, 어느 것이 옳으냐 하시며

10 무리를 둘러보시고 그 사람에게 이르시되 네 손을 내밀라 하시니 그가 그리

6장 에는 무엇이 기록되어 있을까?

예수님과 종교 지도자들은 안식일 문제로 논쟁을 했어요. 그동안 부패한 종교인들은 안식일을 여러 가지 해서는 안 되는 일들로 정해 인간의 자유를 억눌렀지요. 하지만 예수님은 안식일이란 인간의 생명과 행복을 위한 것이라고 말씀하셨답니다. 한편, 20-49절의 설교는 사랑을 실천하고 믿음과 행동이 똑같아야 한다는 내용이에요.

하매 그 손이 회복될지라

11 그들은 노기가 가득하여 예수를 어떻게 할까 하고 서로 의논하니라

열두 제자를 사도로 택하시다 (마 10:1-4; 4:23-25; 막 3:13-19)

12 ●이 때에 예수께서 기도하시러 산으로 가사 밤이 새도록 하나님께 기도하시고

13 밝으매 그 제자들을 부르사 그 중에서 열둘을 택하여 사도라 칭하셨으니

14 곧 베드로라고도 이름을 주신 시몬과 그의 동생 안드레와 야고보와 요한과 빌립과 바돌로매와

15 마태와 도마와 알패오의 아들 야고보와 1)셀롯이라는 시몬과

16 야고보의 아들 유다와 예수를 파는 자 될 가룟 유다라

17 예수께서 그들과 함께 내려오사 평지에 서시니 그 제자의 많은 무리와 2)예수의 말씀도 듣고 병 고침을 받으려고 유대 사방과 예루살렘과 두로와 시돈의 해안으로부터 온 많은 백성도 있더라

18 더러운 귀신에게 고난 받는 자들도 고침을 받은지라

19 온 무리가 예수를 만지려고 힘쓰니 이는 능력이 예수께로부터 나와서 모든 사람을 낫게 함이러라

복과 화를 선포하시다 (마 5:1-12)

20 ●예수께서 눈을 들어 제자들을 보시고 이르시되 너희 가난한 자는 복이 있나니 하나님의 나라가 너희 것임이요

21 지금 주린 자는 복이 있나니 너희가 배부름을 얻을 것임이요 지금 우는 자는 복이 있나니 너희가 웃을 것임이요

22 인자로 말미암아 사람들이 너희를 미워하며 멀리하고 욕하고 너희 이름을 악하다 하여 버릴 때에는 너희에게 복이 있도다

23 그 날에 기뻐하고 뛰놀라 하늘에서 너희 상이 큼이라 그들의 조상들이 선지자들에게 이와 같이 하였느니라

24 그러나 화 있을진저 너희 부요한 자여 너희는 너희의 위로를 이미 받았도다

25 화 있을진저 너희 지금 배부른 자여 너희는 주리리로다 화 있을진저 너희 지금 웃는 자여 너희가 애통하며 울리로다

26 모든 사람이 너희를 칭찬하면 화가 있도다 그들의 조상들이 거짓 선지자들에게 이와 같이 하였느니라

원수를 사랑하라 (마 5:38-48; 7:1-5,12 상,17-20; 12:34 하-35)

27 ●그러나 너희 듣는 자에게 내가 이르노니 너희 원수를 사랑하며 너희를 미워하는 자를 선대하며

28 너희를 저주하는 자를 위하여 축복하며 너희를 모욕하는 자를 위하여 기도하라

29 너의 이 뺨을 치는 자에게 저 뺨도 돌려대며 네 겉옷을 빼앗는 자에게 속옷도 거절하지 말라

30 네게 구하는 자에게 주며 네 것을 가져가는 자에게 다시 달라 하지 말며

31 남에게 대접을 받고자 하는 대로 너희도 남을 대접하라

32 너희가 만일 너희를 사랑하는 자만을 사랑하면 칭찬 받을 것이 무엇이냐 죄인들도 사랑하는 자는 사랑하느니라

33 너희가 만일 선대하는 자만을 선대하

선생님!! 궁금해요

기도할 때 눈을 뜨면 안 되나요?

기도할 때 눈을 감는 것은 한 가지 이유 때문이에요. 눈 앞에 있는 것을 보면서 기도하려면 집중이 잘 안 되거든요. 그래서 여러 가지 복잡한 생각을 버리고 하나님만 더 깊이 생각하기 위해 눈을 감는 것이랍니다. 장난감과 과자를 앞에 두고 그것을 보면서 기도하려면 무척 어려울 거예요. 하지만 눈을 감으면 보이지 않으니까 더욱 집중해서 기도를 잘할 수 있지요.

어떤 사람은 눈을 뜬 채로 기도를 드리기도 해요. 하나님께 감사하다고 고백하는 것이지요. 우리도 아름다운 꽃과 멋진 산과 바다를 볼 때 눈을 뜬 채로 감사의 기도를 드릴 수 있답니다. 　　18장 13절

---

1) 열심당원 2) 사본에 따라 이 구절은 18절 앞반절에 나타날 수도 있음.

면 칭찬 받을 것이 무엇이냐 죄인들도 이렇게 하느니라

34 너희가 받기를 바라고 사람들에게 꾸어 주면 칭찬 받을 것이 무엇이냐 죄인들도 그만큼 받고자 하여 죄인에게 꾸어 주느니라

35 오직 너희는 원수를 사랑하고 선대하며 1)아무 것도 바라지 말고 꾸어 주라 그리하면 너희 상이 클 것이요 또 지극히 높으신 이의 아들이 되리니 그는 은혜를 모르는 자와 악한 자에게도 인자하시니라

36 너희 아버지의 자비로우심 같이 너희도 자비로운 자가 되라 엡 5:1, 2

37 비판하지 말라 그리하면 너희가 비판을 받지 않을 것이요 정죄하지 말라 그리하면 너희가 정죄를 받지 않을 것이요 용서하라 그리하면 너희가 용서를 받을 것이요

38 주라 그리하면 너희에게 줄 것이니 곧 후히 되어 누르고 흔들어 넘치도록 하여 너희에게 안겨 주리라 너희가 헤아리는 그 헤아림으로 너희도 헤아림을 도로 받을 것이니라

39 ●또 비유로 말씀하시되 맹인이 맹인을 인도(引導)할 수 있느냐 둘이 다 구덩이에 빠지지 아니하겠느냐 마 15:14

40 제자가 그 선생보다 높지 못하나 무릇

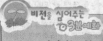

온전하게 된 자는 그 선생과 같으리라

41 어찌하여 형제의 눈 속에 있는 티는 보고 네 눈 속에 있는 들보는 깨닫지 못하느냐

42 너는 네 눈 속에 있는 들보를 보지 못하면서 어찌하여 형제에게 말하기를 형제여 나로 네 눈 속에 있는 티를 빼게 하라 할 수 있느냐 외식하는 자여 먼저 네 눈 속에서 들보를 빼라 그 후에야 네가 밝히 보고 형제의 눈 속에 있는 티를 빼리라

43 못된 열매 맺는 좋은 나무가 없고 또 좋은 열매 맺는 못된 나무가 없느니라

44 나무는 각각 그 열매로 아나니 가시나무에서 무화과를, 또는 찔레에서 포도를 따지 못하느니라

45 선한 사람은 마음에 쌓은 선에서 선을 내고 악한 자는 그 쌓은 악에서 악을 내나니 이는 마음에 가득한 것을 입으로 말함이니라 암송

듣고 행하는 자와 행하지 아니하는 자 (마 7:24~27)

46 ●너희는 나를 불러 주여 주여 하면서도 어찌하여 내가 말하는 것을 행하지 아니하느냐

47 내게 나아와 내 말을 듣고 행하는 자마다 누구와 같은 것을 너희에게 보이리라

48 집을 짓되 깊이 파고 주춧돌을 반석 위에 놓은 사람과 같으니 큰 물이 나서 탁류가 그 집에 부딪치되 잘 지었기 때문에 능히 요동하지 못하게 하였거니와

49 듣고 행하지 아니하는 자는 주춧돌 없이 흙 위에 집 지은 사람과 같으니 탁류가 부딪치매 집이 곧 무너져 파괴됨이 심하니라 하시니라

백부장의 종을 고치시다 (마 8:5~13; 요 4:43~54)

7 예수께서 모든 말씀을 백성에게 들려 주시기를 마치신 후에 가버나움으로 들어가시니라

2 ●어떤 백부장의 사랑하는 종이 병들어 죽게 되었더니

3 예수의 소문을 듣고 유대인의 장로 몇

1)어떤 사본에, 아무에게도 실망하지 말고

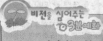

사람을 예수께 보내어 오셔서 그 종을
구해 주시기를 청한지라

4 이에 그들이 예수께 나아와 간절히 구
하여 이르되 이 일을 하시는 것이 이 사
람에게는 합당하니이다

5 그가 우리 민족을 사랑하고 또한 우리
를 위하여 회당을 지었나이다 하니

6 예수께서 함께 가실새 이에 그 집이 멀지
아니하여 백부장이 벗들을 보내어 이르
되 주여 수고하시지 마옵소서 내 집에 들
어오심을 나는 감당하지 못하겠나이다

7 그러므로 내가 주께 나아가기도 감당
하지 못할 줄을 알았나이다 말씀만¹⁾ 하
사 내 하인을 낫게 하소서

8 나도 남의 수하에 든 사람이요 내 아래
에도 병사가 있으니 이더러 가라 하면
가고 저더러 오라 하면 오고 내 종더러
이것을 하라 하면 하나이다

9 예수께서 들으시고 그를 놀랍게 여겨
돌이키사 따르는 무리에게 이르시되
내가 너희에게 이르노니 이스라엘 중
에서도 이만한 믿음은 만나보지 못하
였노라 하시더라   7:50

10 보내었던 사람들이 집으로 돌아가 보
매 종이 이미 나아 있었더라

과부의 아들을 살리시다

11 ●그 후에 예수께서 나인이란 성으로
가실새 제자와 많은 무리가 동행하더니

12 성문에 가까이 이르실 때에 사람들이
한 죽은 자를 메고 나오니 이는 한 어머
니의 독자요 그의 어머니는 과부라 그
성의 많은 사람도 그와 함께 나오거늘

13 주께서 과부를 보시고 불쌍히 여기사

많은 사람들을 고치시는
예수님(7:2-17)

울지 말라 하시고

14 가까이 가서 그 관에 손을 대시니 멘 자
들이 서는지라 예수께서 이르시되 청년
아 내가 네게 말하노니 일어나라 하시매

15 죽었던 자가 일어나 앉고 말도 하거늘
예수께서 그를 어머니에게 주시니

16 모든 사람이 두려워하며 하나님께 영
광을 돌려 이르되 큰 선지자가 우리 가
운데 일어나셨다 하고 또 하나님께서
자기 백성을 돌보셨다 하더라

17 예수께 대한 이 소문이 온 유대와 사방
에 두루 퍼지니라

세례 요한의 제자들에게 대답하시다 (마 11:2-19)

18 ●요한의 제자들이 이 모든 일을 그에
게 알리니

19 요한이 그 제자 중 둘을 불러 주께 보
내어 이르되 오실 그이가 당신이오니
이까 우리가 다른 이를 기다리오리이
까 하라 하매

20 그들이 예수께 나아가 이르되²⁾세례 요
한이 우리를 보내어 당신께 여쭈어 보
라고 하기를 오실 그이가 당신이오니
이까 우리가 다른 이를 기다리오리이
까 하더이다 하니

21 마침 그 때에 예수께서 질병과 고통과
및 악귀 들린 자를 많이 고치시며 또
많은 맹인을 보게 하신지라   마 4:23

22 예수께서 대답하여 이르시되 너희가

1) 어떤 사본에, 하소서 그리하면 내 하인이 낫겠나이다 2) 헬,
또는 침례

탁류(6:48) 흐린 물줄기. 곧 사회를 흐리게 하는 물이
란 뜻으로, 나쁜 풍조를 비유함.
주추(6:49) 기둥 밑에 괴어 놓은 돌.

가서 보고 들은 것을 요한에게 알리되 맹인이 보며 못 걷는 사람이 걸으며 나병환자가 깨끗함을 받으며 귀먹은 사람이 들으며 죽은 자가 살아나며 가난한 자에게 복음이 전파된다 하라

23 누구든지 나로 말미암아 실족하지 아니하는 자는 복이 있도다 하시니라

24 ●요한이 보낸 자가 떠난 후에 예수께서 무리에게 요한에 대하여 말씀하시되 너희가 무엇을 보려고 광야에 나갔더냐 바람에 흔들리는 갈대냐

25 그러면 너희가 무엇을 보려고 나갔더냐 부드러운 옷 입은 사람이냐 보라 화려한 옷을 입고 사치하게 지내는 자는 왕궁에 있느니라

26 그러면 너희가 무엇을 보려고 나갔더냐 선지자냐 옳다 내가 너희에게 이르노니 선지자보다도 훌륭한 자니라

27 기록된 바
"보라 내가 내 사자를 네 앞에 보내노니 그가 네 앞에서 네 길을 준비하리라 한 것이 이 사람에 대한 말씀이라

28 내가 너희에게 말하노니 여자가 낳은 자 중에 요한보다 큰 자가 없도다 그러나 하나님의 나라에서는 극히 작은 자라도 그보다 크니라 하시니

29 모든 백성과 세리들은 이미 요한의 ¹⁾세례를 받은지라 이 말씀을 듣고 하나님을 의롭다 하되

30 바리새인과 율법교사들은 그의 ¹⁾세례를 받지 아니함으로 自己를 위한 하나님의 뜻을 저버리니라 ᄀ눅 20:27

31 또 이르시되 이 세대의 사람을 무엇으로 비유할까 무엇과 같은가

32 비유하건대 아이들이 장터에 앉아 서로 불러 이르되 우리가 너희를 향하여 피리를 불어도 너희가 춤추지 않고 우리가 곡하여도 너희가 울지 아니하였

다 함과 같도다

33 ¹⁾세례 요한이 와서 떡도 먹지 아니하며 포도주도 마시지 아니하매 너희 말이 귀신이 들렸다 하더니

34 인자는 와서 먹고 마시매 너희 말이 보라 먹기를 탐하고 포도주를 즐기는 사람이요 세리와 죄인의 친구로다 하니

35 지혜는 자기의 모든 자녀로 인하여 옳다 함을 얻느니라

한 여자가 예수께 향유를 붓다

36 ●한 바리새인이 예수께 자기와 함께 잡수시기를 청하니 이에 그 바리새인의 집에 들어가 ²⁾앉으셨을 때에 ᄉ 12:1-8

37 그 동네에 죄를 지은 한 여자가 있어 예수께서 바리새인의 집에 ²⁾앉아 계심을 알고 향유 담은 옥합을 가지고 와서

38 예수의 뒤로 그 발 곁에 서서 울며 눈물로 그 발을 적시고 자기 머리털로 닦고 그 발에 입맞추고 향유를 부으니

39 예수를 청한 바리새인이 그것을 보고 마음에 이르되 이 사람이 만일 선지자라면 자기를 만지는 이 여자가 누구며 어떠한 자 곧 죄인인 줄을 알았으리라 하거늘

40 예수께서 대답하여 이르시되 시몬아 내가 네게 이를 말이 있다 하시니 그가 이르되 선생님 말씀하소서

41 이르시되 빚 주는 사람에게 빚진 자가 둘이 있어 하나는 오백 ³⁾데나리온을 졌고 하나는 오십 ³⁾데나리온을 졌는데

42 갚을 것이 없으므로 둘 다 탕감하여 주었으니 둘 중에 누가 그를 더 사랑하겠느냐

43 시몬이 대답하여 이르되 내 생각에는

1)헬, 또는 침례 2)5:29 난하주를 보라 3)은전의 명칭 ᄀ,말 3:1

비유(7:31) 어떤 현상이나 사물을 그와 비슷한 것으로 끌어내어 표현하는 것.
옥합(7:37) 옥으로 만든 뚜껑이 있는 작은 그릇.

8 에는 무엇이 기록되어 있을까?

예수님은 씨 뿌리는 비유를 통해 여러 가지 교훈을 말씀하지요. 한편 귀신 들린 사람과 혈루증 여인을 치유하신 이야기에서는 우리의 어렵고 힘든 상황을 해결해주시는 예수님의 사랑을 느낄 수 있지요. 풍랑을 잠재우시고 죽은 사람을 살리신 기적에는 구세주 예수님의 놀라운 능력이 나타나 있답니다.

많이 탕감함을 받은 자니이다 이르시되 네 판단이 옳다 하시고

44 그 여자를 돌아보시며 시몬에게 이르시되 이 여자를 보느냐 내가 네 집에 들어올 때 너는 내게 발 씻을 물도 주지 아니하였으되 이 여자는 눈물로 내 발을 적시고 그 머리털로 닦았으며

45 너는 내게 입맞추지 아니하였으되 그는 내가 들어올 때로부터 내 발에 입맞추기를 그치지 아니하였으며

46 너는 내 머리에 감람유도 붓지 아니하였으되 그는 향유를 내 발에 부었느니라

47 이러므로 내가 네게 말하노니 그의 많은 죄가 사하여졌도다 이는 그의 사랑함이 많음이라 사함을 받은 일이 적은 자는 적게 사랑하느니라

48 이에 여자에게 이르시되 네 죄 사함을 받았느니라 하시니

49 함께 1)앉아 있는 자들이 속으로 말하되 이가 누구이기에 죄도 사하는가 하더라

50 예수께서 여자에게 이르시되 네 믿음이 너를 구원하였으니 평안히 가라 하시니라
막 5:34

여자들이 예수의 활동을 돕다

8 그 후에 예수께서 각 성과 마을에 두루 다니시며 하나님의 나라를 선포하시며 그 복음을 전하실새 열두 제자가 함께 하였고

2 또한 악귀를 쫓아내심과 병 고침을 받은 어떤 여자들 곧 일곱 귀신이 나

씨 뿌리는 비유(8:5-8)

간 자 막달라인이라 하는 마리아와

3 헤롯의 청지기 구사의 아내 요안나와 수산나와 다른 여러 여자가 함께 하여 자기들의 소유로 그들을 섬기더라 마 14:1

네 가지 땅에 떨어진 씨 비유
(마 13:1-9; 막 4:1-9)

4 ●각 동네 사람들이 예수께로 나아와 큰 무리를 이루니 예수께서 비유로 말씀하시되

5 씨를 뿌리는 자가 그 씨를 뿌리러 나가서 뿌릴새 더러는 길 가에 떨어지매 밟히며 공중의 새들이 먹어버렸고

6 더러는 바위 위에 떨어지매 싹이 났다가 습기가 없으므로 말랐고

7 더러는 가시떨기 속에 떨어지매 가시가 함께 자라서 기운을 막았고

8 더러는 좋은 땅에 떨어지매 나서 백 배의 결실을 하였느니라 이 말씀을 하시고 외치시되 들을 귀 있는 자는 들을지어다

비유를 설명하시다
(마 13:10-23; 막 4:13-20)

9 ●제자들이 이 비유의 뜻을 물으니

10 이르시되 하나님 나라의 비밀을 아는 것이 너희에게는 허락되었으나 다른 사람에게는 비유로 하나니 이는 그들로 보아도 보지 못하고 들어도 깨닫지 못하게 하려 함이라

11 이 비유는 이러하니라 씨는 하나님의 말씀이요

12 길 가에 있다는 것은 말씀을 들은 자니 이에 마귀가 가서 그들이 믿어 구원을 얻지 못하게 하려고 말씀을 그 마음에

1) 5:29 난하주를 보라

서 빼앗는 것이요

13 바위 위에 있다는 것은 말씀을 들을 때에 기쁨으로 받으나 뿌리가 없어 잠깐 믿다가 시련을 당할 때에 배반하는 자요

14 가시떨기에 떨어졌다는 것은 말씀을 들은 자이나 지내는 중 이생의 염려와 재물과 향락에 기운이 막혀 온전히 결실하지 못하는 자요

15 좋은 땅에 있다는 것은 착하고 좋은 마음으로 말씀을 듣고 지키어 인내로 결실하는 자니라

등불은 등경 위에

16 ●누구든지 등불을 켜서 그릇으로 덮거나 평상 아래에 두지 아니하고 등경 위에 두나니 이는 들어가는 자들로 그 빛을 보게 하려 함이라

17 숨은 것이 장차 드러나지 아니할 것이 없고 감추인 것이 장차 알려지고 나타나지 않을 것이 없느니라 마 10:26

18 그러므로 너희가 어떻게 들을까 스스로 삼가라 누구든지 있는 자는 받겠고 없는 자는 그 있는 줄로 아는 것까지도 빼앗기리라 하시니라

예수의 어머니와 동생들

19 ●예수의 어머니와 그 ¹⁾동생들이 왔으나 무리로 인하여 가까이 하지 못하니

20 어떤 이가 알리되 당신의 어머니와 ¹⁾동생들이 당신을 보려고 밖에 서 있나이다

21 예수께서 대답하여 이르시되 내 어머니와 내 ¹⁾동생들은 곧 하나님의 말씀을 듣고 행하는 이 사람들이라 하시니라

바람과 물결을 잔잔하게 하다

(마 8:23-27; 막 4:35-41)

22 ●하루는 제자들과 함께 배에 오르사 그들에게 이르시되 호수 저편으로 건너가자 하시매 이에 떠나 요 6:16-21

23 행선할 때에 예수께서 잠이 드셨더니 마침 광풍이 호수로 내리치매 배에 물이 가득하게 되어 위태한지라

24 제자들이 나아와 깨워 이르되 주여 주여 우리가 죽겠나이다 한대 예수께서 잠을 깨사 바람과 물결을 꾸짖으시니 이에 그쳐 잔잔하여지더라

25 제자들에게 이르시되 너희 믿음이 어디 있느냐 하시니 그들이 두려워하고 놀랍게 여겨 서로 말하되 그가 누구이기에 바람과 물을 명하매 순종하는가 하더라

귀신 들린 사람을 고치시다

(마 8:28-34; 막 5:1-20)

26 ●그들이 갈릴리 맞은편 거라사인의 땅에 이르러

27 예수께서 육지에 내리시매 그 도시 사람으로서 귀신 들린 자 하나가 예수를 만나니 그 사람은 오래 옷을 입지 아니하며 집에 거하지도 아니하고 무덤 사이에 거하는 자라

28 예수를 보고 부르짖으며 그 앞에 엎드려 큰 소리로 불러 이르되 지극히 높으신 하나님의 아들 예수여 당신이 나와 무슨 상관이 있나이까 당신께 구하노니 나를 괴롭게 하지 마옵소서 하니

29 이는 예수께서 이미 더러운 귀신을 명하사 그 사람에게서 나오라 하셨음이라 (귀신이 가끔 그 사람을 붙잡으므로 그를 쇠사슬과 고랑에 매어 지켰으되 그 맨 것을 끊

폭풍을 꾸짖으시는 예수님(8:22-25)

예수님께 딸을 고쳐달라고 간구하는 야이로(8:41-42)

큰 일을 행하셨는지를
온 성내에 전파하니라
야이로의 딸과 예수의 옷
에 손 댄 여자(마 9:18-
26; 막 5:21-43)

40 ●예수께서 돌아오
시매 무리가 환영하
니 이는 다 기다렸음
이러라
41 이에 회당장인 야이
로라 하는 사람이 와서

고 귀신에게 몰려 광야로 나갔더라)
30 예수께서 네 이름이 무엇이냐 물으신
즉 이르되 1)군대라 하니 이는 많은 귀
신이 들렸음이라
31 무저갱으로 들어가라 하지 마시기를
간구하더니
32 마침 그 곳에 많은 돼지 떼가 산에서
먹고 있는지라 귀신들이 그 돼지에게
로 들어가게 허락하심을 간구하니 이
에 허락하시니
33 귀신들이 그 사람에게서 나와 돼지에
게로 들어가니 그 떼가 비탈로 내리달
아 호수에 들어가 몰사하거늘
34 치던 자들이 그 이루어진 일을 보고 도
망하여 성내와 마을에 알리니
35 사람들이 그 이루어진 일을 보러 나와
서 예수께 이르러 귀신 나간 사람이 옷
을 입고 정신이 온전하여 예수의 발치
에 앉아 있는 것을 보고 두려워하거늘
36 귀신 들렸던 자가 어떻게 구원 받았는
지를 본 자들이 그들에게 이르매
37 거라사인의 땅 근방 모든 백성이 크게
두려워하여 예수께 떠나가시기를 구하
더라 예수께서 배에 올라 돌아가실새
38 귀신 나간 사람이 함께 있기를 구하였
으나 예수께서 그를 보내시며 이르시되
39 집으로 돌아가 하나님이 네게 어떻게
큰 일을 행하셨는지를 말하라 하시니
그가 가서 예수께서 자기에게 어떻게

예수의 발 아래에 엎드려 자기 집에 오
시기를 간구하니
42 이는 자기에게 열두 살 된 외딸이 있어
죽어감이러라 ●예수께서 가실 때에
무리가 밀려들더라
43 이에 열두 해를 혈루증으로 앓는 중에
2)아무에게도 고침을 받지 못하던 여
자가
44 예수의 뒤로 와서 그의 옷 가에 손을 대
니 혈루증이 즉시 그쳤더라
45 예수께서 이르시되 내게 손을 댄 자가
누구냐 하시니 다 아니라 할 때에 3)베
드로가 이르되 주여 무리가 밀려들어
미나이다
46 예수께서 이르시되 내게 손을 댄 자가
있도다 이는 내게서 능력이 나간 줄 앎
이로다 하신대
47 여자가 스스로 숨기지 못할 줄 알고 떨
며 나아와 엎드리어 그 손 댄 이유와
곧 나은 것을 모든 사람 앞에서 말하니
48 예수께서 이르시되 딸아 네 믿음이 너
를 구원하였으니 평안히 가라 하시더라
49 ●아직 말씀하실 때에 회당장의 집에
서 사람이 와서 말하되 당신의 딸이 죽
었나이다 선생님을 더 괴롭게 하지 마
소서 하거늘

---

1) 헬, 레기온. 로마 군대의 여단 규모 2) 어떤 사본에는, 의사들에
게 그 가산을 다 허비하였으되 아무에게도 3) 어떤 사본에는, 베드
로와 함께 있는 자들이

평상(8:16) 나무로 만든 침상의 일종.
등경(8:16) 등잔을 올려놓은 틀. 등잔걸이.
무저갱(8:31) 끝없이 깊은 곳. 마귀가 일시적으로
갇힌 곳을 뜻함.
혈루증(8:43) 자궁의 하혈 증상.

50 예수께서 들으시고 이르시되 두려워하지 말고 믿기만 하라 그리하면 딸이 구원을 얻으리라 하시고

51 그 집에 이르러 베드로와 요한과 야고보와 아이의 부모 외에는 함께 들어가기를 허락하지 아니하시니라

52 모든 사람이 아이를 위하여 울며 통곡하매 예수께서 이르시되 울지 말라 죽은 것이 아니라 잔다 하시니 ▲ 11:11, 13

53 그들이 그 죽은 것을 아는 고로 비웃더라

54 예수께서 아이의 손을 잡고 불러 이르시되 아이야 일어나라 하시니

55 그 영이 돌아와 아이가 곧 일어나거늘 예수께서 먹을 것을 주라 명하시니

56 그 부모가 놀라는지라 예수께서 경고하사 이 일을 아무에게도 말하지 말라 하시니라

죽었던 아이가 살아남
(8:54-56)

라 하시니

6 제자들이 나가 각 마을에 두루 다니며 곳곳에 복음을 전하며 병을 고치더라

열두 제자를 내보내시다 (마 10:5-15; 막 6:7-13)

9 예수께서 열두 제자를 불러 모으사 모든 귀신을 제어하며 병을 고치는 능력과 권위를 주시고

2 하나님의 나라를 전파하며 앓는 자를 고치게 하려고 내보내시며 10:1, 9

3 이르시되 여행을 위하여 아무 것도 가지지 말라 지팡이나 배낭이나 양식이나 돈이나 두 벌 옷을 가지지 말며 10:4

4 어느 집에 들어가든지 거기서 머물다가 거기서 떠나라

5 누구든지 너희를 영접하지 아니하거든 그 성에서 떠날 때에 너희 발에서 먼지를 떨어 버려 그들에게 증거를 삼으

헤롯이 듣고 심히 당황하다
(마 14:1-12; 막 6:14-29)

7 ●분봉 왕 헤롯이 이 모든 일을 듣고 심히 당황하니 이는 어떤 사람은 요한이 죽은 자 가운데서 살아났다고도 하며

8 어떤 사람은 엘리야가 나타났다고도 하며 어떤 사람은 옛 선지자 한 사람이 다시 살아났다고도 함이라

9 헤롯이 이르되 요한은 내가 목을 베었거늘 이제 이런 일이 들리니 이 사람이 누군가 하며 그를 보고자 하더라

오천 명을 먹이다
(마 14:13-21; 막 6:30-44; 요 6:1-14)

10 ●사도들이 돌아와 자기들이 행한 모든 것을 예수께 여쭈니 데리시고 따로 벳새다라는 고을로 떠나 가셨으나

11 무리가 알고 따라왔거늘 예수께서 그들을 영접하사 하나님 나라의 일을 이야기하시며 병 고칠 자들을 고치시더라

12 날이 저물어 가매 열두 사도가 나아와 여짜오되 무리를 보내어 두루 마을과 촌으로 가서 유하며 먹을 것을 얻게 하소서 우리가 있는 여기는 빈 들이니이다

13 예수께서 이르시되 너희가 먹을 것을 주라 하시니 여짜오되 우리에게 떡 다섯 개와 물고기 두 마리밖에 없으니 이 모든 사람을 위하여 먹을 것을 사지 아니하고서는 할 수 없사옵나이다 하니

14 이는 남자가 한 오천 명 됨이러라 제자

통곡하는 이들에게 아이가 죽은 것이 아니라 잔다고 말씀하심(8:52-53)

들에게 이르시되 떼를 지어 한 오십 명
씩 앉히라 하시니

15 제자들이 이렇게 하여 다 앉힌 후

16 예수께서 떡 다섯 개와 물고기 두 마리
를 가지사 하늘을 우러러 축사하시고
떼어 제자들에게 주어 무리에게 나누
어 주게 하시니

17 먹고 다 배불렀더라 그 남은 조각을 열
두 바구니에 거두니라

베드로의 고백, 죽음과 부활 예고
(마 16:13~28; 막 8:27~9:1)

18 ●예수께서 따로 기도하실 때에 제자
들이 주와 함께 있더니 물어 이르시되
무리가 나를 누구라고 하느냐 요 11:49

19 대답하여 이르되 ¹⁾세례 요한이라 하고
더러는 엘리야라, 더러는 옛 선지자 중
의 한 사람이 살아났다 하나이다

20 예수께서 이르시되 너희는 나를 누구
라 하느냐 베드로가 대답하여 이르되
하나님의 그리스도시니이다 하니

21 경고하사 이 말을 아무에게도 이르지
말라 명하시고 마 16:20

22 이르시되 인자가 많은 고난을 받고 장
로들과 대제사장들과 서기관들에게
버린 바 되어 죽임을 당하고 제삼일에
살아나야 하리라 하시고

23 또 무리에게 이르시되 아무든지 나를 따
라오려거든 자기를 부인하고 날마다 제
십자가를 지고 나를 따를 것이니라 막추

24 누구든지 제 목숨을 구원하고자 하면
잃을 것이요 누구든지 나를 위하여 제
목숨을 잃으면 구원하리라

25 사람이 만일 온 천하를 얻고도 자기를 마 10:39

잃든지 빼앗기든지 하면 무엇이 유익
하리요

26 누구든지 나와 내 말을 부끄러워하면
인자도 자기와 아버지와 거룩한 천사
들의 영광으로 올 때에 그 사람을 부끄
러워하리라

27 내가 참으로 너희에게 이르노니 여기
서 있는 사람 중에 죽기 전에 하나님의
나라를 볼 자들도 있느니라

영광스러운 모습으로 변화되시다
(마 17:1~8; 막 9:2~8)

28 ●이 말씀을 하신 후 팔 일쯤 되어 예
수께서 베드로와 요한과 야고보를 데
리고 기도하시러 산에 올라가사

29 기도하실 때에 용모가 변화되고 그 옷
이 희어져 광채가 나더라

30 문득 두 사람이 예수와 함께 말하니 이
는 모세와 엘리야라

31 영광중에 나타나서 장차 예수께서 예루
살렘에서 별세하실 것을 말할새 요 3:21

32 베드로와 및 함께 있는 자들이 깊이 졸
다가 온전히 깨어나 예수의 영광과 및
함께 선 두 사람을 보더니

33 두 사람이 떠날 때에 베드로가 예수께
여짜오되 주여 우리가 여기 있는 것이
좋사오니 우리가 초막 셋을 짓되 하나는
주를 위하여, 하나는 모세를 위하여, 하
나는 엘리야를 위하여 하사이다 하되 자
기가 하는 말을 자기도 알지 못하더라

34 이 말 할 즈음에 구름이 와서 그들을 덮
는지라 구름 속으로 들어갈 때에 그들
이 무서워하더니

35 구름 속에서 소리가 나서 이르되 이는
나의 아들 곧 택함을 받은 자니 너희는
그의 말을 들으라 하고

36 소리가 그치매 오직 예수만 보이더라
제자들이 잠잠하여 그 본 것을 무엇이

9 장에는 무엇이 기록되어 있을까?

예수님은 제자들에게 귀신을 쫓고
병을 고치는 능력을 주셨어요. 그리고 제자들이
이 능력을 가지고 열심히 복음을 전하게 했었
지요. 한편 이 기간 동안 일어난 오병이어 기적,
변화산 사건, 귀신을 쫓으신 사건에는 모두 구
세주이신 예수님의 능력이 잘 나타나 있답니다.
이로써 예수님의 갈릴리 사역이 끝나게 돼요.

---

1) 헬. 또는 침례

분봉 왕(9:7) 한 나라를 나누어 그중 한 지역을 다스려
지배하는 사람.
별세(9:31) '죽음'을 높이는 말.
초막(9:33) 사람이나 가축을 위한 임시 처소를 말함.

든지 그 때에는 아무에게도 이르지 아니하니라 마 17:9

귀신 들린 아이를 낫게 하시다
(마 17:14-18; 막 9:14-27)

37 ●이튿날 산에서 내려오시니 큰 무리가 맞을새

38 무리 중의 한 사람이 소리 질러 이르되 선생님 청컨대 내 아들을 돌보아 주옵소서 이는 내 외아들이니이다

39 귀신이 그를 잡아 갑자기 부르짖게 하고 경련을 일으켜 거품을 흘리게 하며 몹시 상하게 하고야 겨우 떠나 가나이다

40 당신의 제자들에게 내쫓아 주기를 구하였으나 그들이 능히 못하더이다

41 예수께서 대답하여 이르시되 믿음이 없고 패역한 세대여 내가 얼마나 너희와 함께 있으며 너희에게 참으리요 네 아들을 이리로 데리고 오라 하시니

42 올 때에 귀신이 그를 거꾸러뜨리고 심한 경련을 일으키게 하는지라 예수께서 더러운 귀신을 꾸짖으시고 아이를 낫게 하사 그 아버지에게 도로 주시니

43 사람들이 다 하나님의 위엄에 놀라니라

인자가 사람들의 손에 넘겨지리라
(마 17:22-23; 막 9:30-32)

●그들이 다 그 행하시는 모든 일을 놀랍게 여길새 예수께서 제자들에게 이르시되

44 이 말을 너희 귀에 담아 두라 인자가 장차 사람들의 손에 넘겨지리라 하시되

45 그들이 이 말씀을 알지 못하니 이는 그들로 깨닫지 못하게 숨긴 바 되었음이라 또 그들은 이 말씀을 묻기도 두려워하더라 2:50

누가 크냐 (마 18:1-5; 막 9:33-37)

46 ●제자 중에서 누가 크냐 하는 변론이 일어나니

47 예수께서 그 마음에 변론하는 것을 아시고 어린 아이 하나를 데려다가 자기 곁에 세우시고

48 그들에게 이르시되 누구든지 내 이름으로 이런 어린 아이를 영접하면 곧 나를 영접함이요 또 누구든지 나를 영접하면 곧 나를 보내신 이를 영접함이라 너희 모든 사람 중에 가장 작은 그가 큰 자니라 마 10:40

너희를 위하는 사람 (마 9:38-40)

49 ●요한이 여쭈오되 주여 어떤 사람이 주의 이름으로 귀신을 내쫓는 것을 우리가 보고 우리와 함께 따르지 아니하므로 금하였나이다

50 예수께서 이르시되 금하지 말라 너희를 반대하지 않는 자는 너희를 위하는 자니라 하시니라

사마리아의 마을에서 예수를 받아들이지 않다

51 ●예수께서 승천하실 기약이 차가매 예루살렘을 향하여 올라가기로 굳게 결심하시고

52 사자들을 앞서 보내시매 그들이 가서 예수를 위하여 준비하려고 사마리아인의 한 마을에 들어갔더니

53 예수께서 예루살렘을 향하여 가시기 때문에 그들이 받아들이지 아니 하는지라

54 제자 야고보와 요한이 이를 보고 이르되 주여 우리가 불을 명하여 하늘로부터 내려 저들을 멸하라 하기를 원하시나이까

55 예수께서 돌아보시며 꾸짖으시고[1]
56 함께 다른 마을로 가시니라

나를 따르라 (마 8:19-22)

57 ●길 가실 때에 어떤 사람이 여짜오되 어디로 가시든지 나는 따르리이다
58 예수께서 이르시되 여우도 굴이 있고 공중의 새도 집이 있으되 인자는 머리 둘 곳이 없도다 하시고
59 또 다른 사람에게 나를 따르라 하시니 그가 이르되 나로 먼저 가서 내 아버지를 장사하게 허락하옵소서
60 이르시되 죽은 자들로 자기의 죽은 자들을 장사하게 하고 너는 가서 하나님의 나라를 전파하라 하시고 마 4:23
61 또 다른 사람이 이르되 주여 내가 주를 따르겠나이다마는 나로 먼저 내 가족을 작별하게 허락하소서
62 예수께서 이르시되 손에 쟁기를 잡고 뒤를 돌아보는 자는 하나님의 나라에 합당하지 아니하니라 하시니라 빌 3:13

칠십 인을 세워 보내시다 (마 11:20-24)

10 그 후에 주께서 따로 칠십 인을 세우사 친히 가시려는 각 동네와 각 지역으로 둘씩 앞서 보내시며
2 이르시되 추수할 것은 많되 일꾼이 적으니 그러므로 추수하는 주인에게 청하여 추수할 일꾼들을 보내 주소서 하라
3 갈지어다 내가 너희를 보냄이 어린 양을 이리 가운데로 보냄과 같도다
4 전대나 배낭이나 신발을 가지지 말며 길에서 아무에게도 문안하지 말며 9:3
5 어느 집에 들어가든지 먼저 말하되 이 집이 평안할지어다 하라

제자 칠십 인을 파송하시는 예수님(10:1-16)

6 만일[2] 평안을 받을 사람이 거기 있으면 너희의 평안이 그에게 머물 것이요 그렇지 않으면 너희에게로 돌아오리라
7 그 집에 유하며 주는 것을 먹고 마시라 일꾼이 그 삯을 받는 것이 마땅하니라 이 집에서 저 집으로 옮기지 말라
8 어느 동네에 들어가든지 너희를 영접하거든 너희 앞에 차려놓는 것을 먹고
9 거기 있는 병자들을 고치고 또 말하기를 하나님의 나라가 너희에게 가까이 왔다 하라
10 어느 동네에 들어가든지 너희를 영접하지 아니하거든 그 거리로 나와서 말하되
11 너희 동네에서 우리 발에 묻은 먼지도 너희에게 떨어버리노라 그러나 하나님의 나라가 가까이 온 줄을 알라 하라
12 내가 너희에게 말하노니 그 날에 소돔이 그 동네보다 견디기 쉬우리라
13 화 있을진저 고라신아, 화 있을진저 벳새다야, 너희에게 행한 모든 권능을 두로와 시돈에서 행하였더라면 그들이 벌써 베옷을 입고 재에 앉아 회개하였으리라
14 심판 때에 두로와 시돈이 너희보다 견디기 쉬우리라
15 가버나움아 네가 하늘에까지 높아지겠느냐 음부에까지 낮아지리라 창 11:4
16 너희 말을 듣는 자는 곧 내 말을 듣는 것이요 너희를 저버리는 자는 곧 나를 저

10장에는 무엇이 기록되어 있을까?

예수님은 칠십 명의 전도자들을 또 세우셨어요. 예수님의 능력을 받은 그들은 놀라운 일을 행하였지요. 한편 선한 사마리아인의 비유는 참된 이웃 사랑이 무엇인지를 보여주고 있어요. 또 마르다와 마리아의 이야기는 예수님을 섬기는 사람이 가져야 할 태도를 가르쳐주고 있답니다.

1) 어떤 고대 사본에는, 55절 끝에 다음 말이 있음. '이르시되 너희는 무슨 정신으로 말하는지 모르는구나 인자는 사람의 생명을 멸망시키러 온 것이 아니요 구원하러 왔노라 하시고 2) 헬, 평안의 아들이

한 유대인이 길을 가다가
강도를 만남(10:30)

버리는 것이요 나를 저버리는 자는 나
보내신 이를 저버리는 것이라 하시니라

칠십 인이 돌아오다

17 ●칠십 인이 기뻐하며 돌아와 이르되
주여 주의 이름이면 귀신들도 우리에
게 항복하더이다
18 예수께서 이르시되 사탄이 하늘로부터
번개 같이 떨어지는 것을 내가 보았노라
19 내가 너희에게 뱀과 전갈을 밟으며 원
수의 모든 능력을 제어할 권능을 주었
으니 너희를 해칠 자가 결코 없으리라
20 그러나 귀신들이 너희에게 항복하는 것
으로 기뻐하지 말고 너희 이름이 하늘
에 기록된 것으로 기뻐하라 하시니라

예수의 감사 기도 (마 11:25-27; 13:16-17)

21 ●그 때에 예수께서 성령으로 기뻐하
시며 이르시되 천지의 주재이신 아버
지여 이것을 지혜롭고 슬기 있는 자들
에게는 숨기시고 어린 아이들에게는
나타내심을 감사하나이다 옳소이다
이렇게 된 것이 아버지의 뜻이니이다
22 내 아버지께서 모든 것을 내게 주셨으
니 아버지 외에는 아들이 누구인지 아
는 자가 없고 아들과 또 아들의 소원대
로 계시를 받는 자 외에는 아버지가 누
구인지 아는 자가 없나이다 하시고
23 제자들을 돌아 보시며 조용히 이르시
되 너희가 보는 것을 보는 눈은 복이
있도다
24 내가 너희에게 말하노니 많은 선지자와
임금이 너희가 보는 바를 보고자 하였

으되 보지 못하였으며 너희가 듣는 바
를 듣고자 하였으되 듣지 못하였느니라

자비를 베푼 사마리아 사람

25 ●어떤 율법교사가 일어나 예수를 시
험하여 이르되 선생님 내가 무엇을 하
여야 영생을 얻으리이까
26 예수께서 이르시되 율법에 무엇이라
기록되었으며 네가 어떻게 읽느냐
27 대답하여 이르되 네 마음을 다하며
목숨을 다하며 힘을 다하고 뜻을 다하
여 주 너의 하나님을 사랑하고 또한
¹)네 이웃을 네 자신 같이 사랑하라 하
였나이다
28 예수께서 이르시되 네 대답이 옳도다
이를 행하라 그러면 살리라 하시니
29 그 사람이 자기를 옳게 보이려고 예수
께 여쭈오되 그러면 내 이웃이 누구니
이까
30 예수께서 대답하여 이르시되 어떤 사람
이 예루살렘에서 여리고로 내려가다가
강도를 만나매 강도들이 그 옷을 벗기
고 때려 거의 죽은 것을 버리고 갔더라
31 마침 한 제사장이 그 길로 내려가다가
그를 보고 피하여 지나가고
32 또 이와 같이 한 레위인도 그 곳에 이
르러 그를 보고 피하여 지나가되
33 어떤 사마리아 사람은 여행하는 중 거
기 이르러 그를 보고 불쌍히 여겨
34 가까이 가서 기름과 포도주를 그 상처
에 붓고 싸매고 자기 짐승에 태워 주막
으로 데리고 가서 돌보아 주니라
35 그 이튿날 그가 주막 주인에게 ¹)데나
리온 둘을 내어 주며 이르되 이 사람을

강도 만난 사람을 도와주는
사마리아인(10:33-35)

1) 은전의 명칭 ㄱ. 신 6:5 ㄴ. 레 19:18

일하는 데 분주한 마르다(10:40)

하나님 말씀을 더 듣는 것이 더 중요하다고 가르치심(10:41-42)

돌보아 주라 비용이 더 들면 내가 돌아올 때에 갚으리라 하였으니

36 네 생각에는 이 세 사람 중에 누가 강도 만난 자의 이웃이 되겠느냐

37 이르되 자비를 베푼 자니이다 예수께서 이르시되 가서 너도 이와 같이 하라 하시니라

마르다와 마리아

38 ●그들이 길 갈 때에 예수께서 한 마을에 들어가시매 마르다라 이름하는 한 여자가 자기 집으로 영접하더라

39 그에게 마리아라 하는 동생이 있어 주의 발치에 앉아 그의 말씀을 듣더니

40 마르다는 $^{1)}$준비하는 일이 많아 마음이 분주한지라 예수께 나아가 이르되 주여 내 동생이 나 혼자 일하게 두는 것을 생각하지 아니하시나이까 그를 명하사 나를 도와 주라 하소서

41 주께서 대답하여 이르시되 마르다야 마르다야 네가 많은 일로 염려하고 근심하여

42 $^{2)}$몇 가지만 하든지 혹은 한 가지만이라도 족하니라 마리아는 이 좋은 편을 택하였으니 빼앗기지 아니하리라 하시니라

기도를 가르치시다 (마 6:9-15; 7:7-11)

11 예수께서 한 곳에서 기도하시고 마치시매 제자 중 하나가 여짜오되 주여 요한이 자기 제자들에게

기도를 가르친 것과 같이 우리에게도 가르쳐 주옵소서

2 예수께서 이르시되 너희는 기도할 때에 이렇게 하라 아버지여 이름이 거룩히 여김을 받으시오며 나라가 임하시오며 　단 7:14

3 우리에게 날마다 일용할 양식을 주시옵고

4 우리가 우리에게 $^{3)}$죄 지은 모든 사람을 용서하오니 우리 죄도 사하여 주시옵고 우리를 시험에 들게 하지 마시옵소서 하라 　엡 4:32

5 ●또 이르시되 너희 중에 누가 벗이 있는데 밤중에 그에게 가서 말하기를 벗이여 떡 세 덩이를 내게 꾸어 달라

6 내 벗이 여행중에 내게 왔으나 내가 먹일 것이 없노라 하면

7 그가 안에서 대답하여 이르되 나를 괴롭게 하지 말라 문이 이미 닫혔고 아이들이 나와 함께 침실에 누웠으니 일어나 네게 줄 수가 없노라 하겠느냐

8 내가 너희에게 말하노니 비록 벗 됨으로 인하여서는 일어나서 주지 아니할지라도 그 간청함을 인하여 일어나 그 요구대로 주리라

9 내가 또 너희에게 이르노니 구하라 그러면 너희에게 주실 것이요 찾으라 그러면 찾아낼 것이요 문을 두드리라 그러면 너희에게 열릴 것이니

10 구하는 이마다 받을 것이요 찾는 이는 찾아낼 것이요 두드리는 이에게는 열릴 것이니라

11 너희 중에 아버지 된 자로서 누가 아들이 $^{4)}$생선을 달라 하는데 생선 대신에 뱀을 주며

12 알을 달라 하는데 전갈을 주겠느냐

13 너희가 악할지라도 좋은 것을 자식에게 줄 줄 알거든 하물며 너희 하늘 아버지께서 구하는 자에게 성령을 주시

1) 헬, 봉사하는　2) 최근의 본문(GNT 4판에는 '한 가지만으로도 족하니라'로 되었음　3) 헬, 빚진 모든　4) 어떤 사본에는, 떡을 달라 하면 돌을 주며 생선을

지 않겠느냐 하시니라

예수와 바알세불

(마 12:22-30, 43-45; 막 3:20-27)

14 ●예수께서 한 말 못하게 하는 귀신을 쫓아내시니 귀신이 나가매 말 못하는 사람이 말하는지라 무리들이 놀랍게 여겼으나 마 9:32

15 그 중에 더러는 말하기를 그가 귀신의 왕 바알세불을 힘입어 귀신을 쫓아낸다 하고

16 또 더러는 예수를 시험하여 하늘로부터 오는 ¹⁾표적을 구하니

17 예수께서 그들의 생각을 아시고 이르시되 스스로 분쟁하는 나라마다 황폐하여지며 스스로 분쟁하는 집은 무너지느니라

18 너희 말이 내가 바알세불을 힘입어 귀신을 쫓아낸다 하니 만일 사탄이 스스로 분쟁하면 그의 나라가 어떻게 서겠느냐

19 내가 바알세불을 힘입어 귀신을 쫓아내면 너희 아들들은 누구를 힘입어 쫓아내느냐 그러므로 그들이 너희 재판관이 되리라

20 그러나 내가 만일 하나님의 ²⁾손을 힘입어 귀신을 쫓아낸다면 하나님의 나라가 이미 너희에게 임하였느니라 눅 8:19

21 강한 자가 무장을 하고 자기 집을 지킬 때에는 그 소유가 안전하되

22 더 강한 자가 와서 그를 굴복시킬 때에는 그가 믿던 무장을 빼앗고 그의 ³⁾재물을 나누느니라

23 나와 함께 하지 아니하는 자는 나를 반

쏙쏙 상식

바알세불

'바알세불'은 구약에서 유대인들이 이방인을 경멸하며 부르던 것으로, '바알신의 왕자', '똥의 주님', '파리 대왕'이란 뜻이지요. 한편, 후기 유대교에서는 마귀 또는 악마의 대명사로 쓰였어요.

11장 15절

대하는 자요 나와 함께 모으지 아니하는 자는 헤치는 자니라

24 더러운 귀신이 사람에게서 나갔을 때에 물 없는 곳으로 다니며 쉬기를 구하되 얻지 못하나니 이에 이르되 내가 나온 내 집으로 돌아가리라 하고

25 가서 보니 그 집이 청소되고 수리되었거늘

26 이에 가서 저보다 더 악한 귀신 일곱을 데리고 들어가서 거하니 그 사람의 나중 형편이 전보다 더 심하게 되느니라

27 ●이 말씀을 하실 때에 무리 중에서 한 여자가 음성을 높여 이르되 당신을 밴 태와 당신을 먹인 젖이 복이 있나이다 하니

28 예수께서 이르시되 오히려 하나님의 말씀을 듣고 지키는 자가 복이 있느니라 하시니라

악한 세대가 표적을 구하나

(마 12:38-42; 막 8:12)

29 ●무리가 모였을 때에 예수께서 말씀하시되 이 세대는 악한 세대라 ¹⁾표적을 구하되 요나의 ¹⁾표적 밖에는 보일 ¹⁾표적이 없나니

30 요나가 니느웨 사람들에게 ¹⁾표적이 됨과 같이 인자도 이 세대에 그러하리라

31 심판 때에 남방 여왕이 일어나 이 세대 사람을 정죄하리니 이는 그가 솔로몬의 지혜로운 말을 들으려고 땅 끝에서 왔음이거니와 솔로몬보다 더 큰 이가 여기 있으며

32 심판 때에 니느웨 사람들이 일어나 이 세대 사람을 정죄하리니 이는 그들이 요나의 전도를 듣고 회개하였음이거니

11장에는 무엇이 기록되어 있을까?

예수님은 직접 기도의 모범을 보여주시고, 기도를 할 때는 믿음을 가지고 끈기 있게 구해야 한다고 가르쳐주셨어요. 한편 예수님이 귀신을 쫓는 것을 보고는 귀신의 왕 바알세불의 힘으로 한 것이라며 비난하는 사람들이 있었어요. 예수님은 그들의 악한 마음을 꾸짖으시고 곧이어 유대인들의 형식적인 신앙도 책망하셨답니다.

1)또는 이적 2)혈, 손가락을 3)혈, 노략물을

와 요나보다 더 큰 이가 여기 있느니라

눈은 몸의 등불 (마 5:15; 6:22~23)

33 ●누구든지 등불을 켜서 움 속에나 말 아래에 두지 아니하고 등경 위에 두나니 이는 들어가는 자로 그 빛을 보게 하려 함이라

34 네 몸의 등불은 눈이라 네 눈이 ¹⁾성하면 온 몸이 밝을 것이요 만일 나쁘면 네 몸도 어두우리라

35 그러므로 네 속에 있는 빛이 어둡지 아니한가 보라

36 네 온 몸이 밝아 조금도 어두운 데가 없으면 등불의 빛이 너를 비출 때와 같이 온전히 밝으리라 하시니라

바리새인과 율법교사
(마 23:1~36; 막 12:38~40; 눅 20:45~47)

37 ●예수께서 말씀하실 때에 한 바리새 인이 자기와 함께 점심 잡수시기를 청하므로 들어가 ²⁾앉으셨더니

38 잡수시기 전에 손 씻지 아니하심을 그 바리새인이 보고 이상히 여기는지라

39 주께서 이르시되 너희 바리새인은 지금 잔과 대접의 겉은 깨끗이 하나 너희 속에는 탐욕과 악독이 가득하도다

40 어리석은 자들아 겉을 만드신 이가 속도 만들지 아니하셨느냐

41 그러나 그 안에 있는 것으로 구제하라 그리하면 모든 것이 너희에게 깨끗하리라

42 ●화 있을진저 너희 바리새인이여 너희가 박하와 운향과 모든 채소의 십일조는 드리되 공의와 하나님께 대한 사랑은 버리는도다 그러나 이것도 행하고 저것도 버리지 말아야 할지니라

43 화 있을진저 너희 바리새인이여 너희가 회당의 높은 자리와 시장에서 문안 받는 것을 기뻐하는도다

44 화 있을진저 너희여 너희는 ³⁾평토장한 무덤 같아서 그 위를 밟는 사람이 알지 못하느니라

45 ●한 율법교사가 예수께 대답하여 이르되 선생님 이렇게 말씀하시니 우리

까지 모욕하심이니이다

46 이르시되 화 있을진저 또 너희 율법교사 여 지기 어려운 짐을 사람에게 지우고 너희는 한 손가락도 이 짐에 대지 않는도다

47 화 있을진저 너희는 선지자들의 무덤을 만드는도다 그들을 죽인 자도 너희 조상들이로다

48 이와 같이 그들은 죽이고 너희는 무덤을 만드니 너희가 너희 조상의 행한 일에 증인이 되어 옳게 여기는도다

49 그러므로 하나님의 지혜가 일렀으되 내가 선지자와 사도들을 그들에게 보내리니 그 중에서 더러는 죽이며 또 박해하리라 하였느니라

50 창세 이후로 흘린 모든 선지자의 피를 이 세대가 담당하되

51 곧 아벨의 피로부터 제단과 성전 사이에서 죽임을 당한 사가랴의 피까지 하리라 내가 너희에게 이르노니 과연 이 세대가 담당하리라

52 화 있을진저 너희 율법교사여 너희가 지식의 열쇠를 가져가서 너희도 들어가지 않고 또 들어가고자 하는 자도 막았느니라 하시니라

53 ●거기서 나오실 때에 서기관과 바리

술술 풀리는 성경 말씀

율법학자와 바리새인

출애굽한 이스라엘 백성이 시내 산에서 하나님과 언약을 맺은 이후, 율법을 얼마나 잘 지키는가 하는 것이 그들이 하나님을 섬기는 기준이 되었어요. 따라서 자연히 율법을 해석하고 가르치는 율법학자(서기관)가 민중의 지도자로 등장하게 되었지요. 율법학자와 밀접하게 관련되어 등장한 것이 바리새파였어요. 처음에 바리새인들은 '구별된 사람들'이란 이름의 뜻처럼, 율법을 순수하게 지키려 거룩해지도록 노력했지요. 하지만 점차 그들은 자신들이 특별한 사람들이라 생각하고, 율법의 정신은 잃어버린 채 형식적인 규율에만 얽매이게 되었어요. 예수님께서는 그들의 이러한 태도를 엄중히 책망하셨답니다.

11장 37~54절

1) 웹, 순전하면 2) 5:29 난하주를 보라 3) 웹, 보이지 않는

새인들이 거세게 달려들어 여러 가지 일을 따져 묻고

54 그 입에서 나오는 말을 책잡고자 하여 노리고 있더라 _{막 12:13}

바리새인들의 외식을 주의하라
(마 10:26-33; 12:32; 10:19-20)

12 그 동안에 무리 수만 명이 모여 서로 밟힐 만큼 되었더니 예수께서 먼저 제자들에게 말씀하여 이르시되 바리새인들의 누룩 곧 외식을 주의하라

2 감추인 것이 드러나지 않을 것이 없고 숨긴 것이 알려지지 않을 것이 없나니

3 이러므로 너희가 어두운 데서 말한 모든 것이 광명한 데서 들리고 너희가 골방에서 귀에 대고 말한 것이 지붕 위에서 전파되리라

4 내가 내 친구 너희에게 말하노니 몸을 죽이고 그 후에는 능히 더 못하는 자들을 두려워하지 말라

5 마땅히 두려워할 자를 내가 너희에게 보이리니 곧 죽인 후에 또한 지옥에 던져 넣는 권세 있는 그를 두려워하라 내가 참으로 너희에게 이르노니 그를 두려워하라

6 참새 다섯 마리가 두 1)앗사리온에 팔리는 것이 아니냐 그러나 하나님 앞에는 그 하나도 잊어버리시는 바 되지 아니하는도다

7 너희에게는 심지어 머리털까지도 다 세신 바 되었나니 두려워하지 말라 너희는 참새보다 더 귀하니라

8 내가 또한 너희에게 말하노니 누구든지 사람 앞에서 나를 시인하면 인자도

하나님의 사자들 앞에서 그를 시인할 것이요

9 사람 앞에서 나를 부인하는 자는 하나님의 사자들 앞에서 부인을 당하리라

10 누구든지 말로 인자를 거역하면 사하심을 받으려니와 성령을 모독하는 자는 사하심을 받지 못하리라 _{막 3:28, 29}

11 사람이 너희를 회당이나 위정자나 권세 있는 자 앞에 끌고 가거든 어떻게 무엇으로 대답하며 무엇으로 말할까 염려하지 말라

12 마땅히 할 말을 성령이 곧 그 때에 너희에게 가르치시리라 하시니라

한 부자 비유

13 ●무리 중에 한 사람이 이르되 선생님 내 2)형을 명하여 유산을 나와 나누게 하소서 하니

14 이르시되 이 사람아 누가 나를 너희의 재판장이나 물건 나누는 자로 세웠느냐 하시고

15 그들에게 이르시되 삼가 모든 탐심을 물리치라 사람의 생명이 그 소유의 넉넉한 데 있지 아니하니라 하시고

16 또 비유로 그들에게 말하여 이르시되 한 부자가 그 밭에 소출이 풍성하매

17 심중에 생각하여 이르되 내가 곡식 쌓아 둘 곳이 없으니 어찌할까 하고

18 또 이르되 내가 이렇게 하리라 내 곳간을 헐고 더 크게 짓고 내 모든 곡식과 물건을 거기 쌓아 두리라

19 또 내가 내 영혼에게 이르되 영혼아 여러 해 쓸 물건을 많이 쌓아 두었으니 평안히 쉬고 먹고 마시고 즐거워하자 하리라 하되

20 하나님은 이르시되 어리석은 자여 오늘 밤에 네 영혼을 도로 찾으리니 그러면 네 준비한 것이 누구의 것이 되겠느냐 하셨으니

21 자기를 위하여 재물을 쌓아 두고 하나님께 대하여 부요하지 못한 자가 이와 같으니라

12 에는 무엇이 기록되어 있을까?

예수님은 바리새인들의 위선을 무섭게 꾸짖으셨어요. 그 때문에 예수님을 반대하는 사람들의 미움은 더욱 커졌지요. 분위기는 점점 심각해졌어요. 하지만 예수님께서는 언제나 하나님을 인정하고 충성되게 살아간다면 하나님께서 늘 보호해주신다고 말씀하시며 제자들을 위로해주셨답니다.

1) 동전의 명칭 2) 또는 동생

목숨과 몸을 위하여 염려하지 말라 (마 6:25-34)

22 ●또 제자들에게 이르시되 그러므로 내가 너희에게 이르노니 너희 목숨을 위하여 무엇을 먹을까 몸을 위하여 무엇을 입을까 염려하지 말라

23 목숨이 음식보다 중하고 몸이 의복보다 중하니라

24 까마귀를 생각하라 심지도 아니하고 거두지도 아니하며 골방도 없고 창고도 없으되 하나님이 기르시나니 너희는 새보다 얼마나 더 귀하냐

25 또 너희 중에 누가 염려함으로 그 [1]키를 한 자라도 더할 수 있느냐

26 그런즉 가장 작은 일도 하지 못하면서 어찌 다른 일들을 염려하느냐

27 백합화를 생각하여 보라 실도 만들지 않고 짜지도 아니하느니라 그러나 내가 너희에게 말하노니 솔로몬의 모든 영광으로도 입은 것이 이 꽃 하나만큼 훌륭하지 못하였느니라

28 오늘 있다가 내일 아궁이에 던져지는 들풀도 하나님이 이렇게 입히시거든 하물며 너희일까보냐 믿음이 작은 자들아

29 너희는 무엇을 먹을까 무엇을 마실까 하여 구하지 말며 근심하지도 말라

30 이 모든 것은 세상 백성들이 구하는 것이라 너희 아버지께서는 이런 것이 너희에게 있어야 할 것을 아시느니라

31 다만 너희는 그의 나라를 구하라 그리하면 이런 것들을 너희에게 더하시리라

32 적은 무리여 무서워 말라 너희 아버지께서 그 나라를 너희에게 주시기를 기뻐하시느니라

33 너희 소유를 팔아 구제하여 낡아지지 아니하는 배낭을 만들라 곧 하늘에 둔 바 다함이 없는 보물이니 거기는 도둑도 가까이 하는 일이 없고 좀도 먹는 일이 없느니라

34 너희 보물 있는 곳에는 너희 마음도 있으리라

깨어 준비하고 있으라 (마 24:45-51)

35 ●허리에 띠를 띠고 등불을 켜고 서 있으라

36 너희는 마치 그 주인이 혼인 집에서 돌아와 문을 두드리면 곧 열어 주려고 기다리는 사람과 같이 되라

37 주인이 와서 깨어 있는 것을 보면 그 종들은 복이 있으리로다 내가 진실로 너희에게 이르노니 주인이 띠를 띠고 그 종들을 자리에 [2]앉히고 나아와 수종들리라

38 주인이 혹 이경에나 혹 삼경에 이르러서도 종들이 그같이 하고 있는 것을 보면 그 종들은 복이 있으리로다

39 너희도 아는 바니 집 주인이 만일 도둑이 어느 때에 이를 줄 알았더라면 그 집을 뚫지 못하게 하였으리라 살전 5:2

1) 혹 목숨을 한 시간이라도 연장할 수 있느냐 2) 5:29 난하주를 보라

성경은 언제 만들어졌어요?

성경은 쓰기 시작한 때와 다 만들어진 때까지 시간의 차이가 아주 많이 나요. 성경은 원래 구약 시대의 모세 이후 약 1500동안 하나님께 쓰임 받은 사람의 입을 통해 전해지거나 기록되었어요. 예수님이 오시기 전부터 이미 구약 성경이 있었던 것이죠. 그리고 신약 성경은 예수님이 오신 후에 기록되었는데, 약 100년 동안 글씨로 써서 남겨지거나 입으로 전해졌답니다.

지금 우리가 보는 66권의 성경은 한참 후에 만들어진 거예요. B.C. 457년에 구약 성경이 정리되고요, A.D. 397년 칼뱌의 회의 때 공의회를 통하여 신약도 성경으로 확정되었던 것이지요. 그리고 우리가 보는 한글 성경은 약 120년 전에 만들어졌답니다.

24장 27절

40 그러므로 너희도 준비하고 있으라 생각하지 않은 때에 인자가 오리라 하시니라

41 ● 베드로가 여짜오되 주께서 이 비유를 우리에게 하심이니이까 모든 사람에게 하심이니이까

42 주께서 이르시되 지혜 있고 진실한 청지기가 되어 주인에게 그 집 종들을 맡아 때를 따라 양식을 나누어 줄 자가 누구냐

43 주인이 이를 때에 그 종이 그렇게 하는 것을 보면 그 종은 복이 있으리로다

44 내가 참으로 너희에게 이르노니 주인이 그 모든 소유를 그에게 맡기리라

45 만일 그 종이 마음에 생각하기를 주인이 더디 오리라 하여 남녀 종들을 때리며 먹고 마시고 취하게 되면

46 생각하지 않은 날 알지 못하는 시각에 그 종의 주인이 이르러 1)엄히 때리고 신실하지 아니한 자의 받는 벌에 처하리니

47 주인의 뜻을 알고도 준비하지 아니하고 그 뜻대로 행하지 아니한 종은 많이 맞을 것이요

48 알지 못하고 맞을 일을 행한 종은 적게 맞으리라 무릇 많이 받은 자에게는 많이 요구할 것이요 많이 맡은 자에게는 많이 달라 할 것이니라

불을 던지러, 분쟁을 일으키러 왔다
(마 10:34-36)

49 ● 내가 불을 땅에 던지러 왔노니 이 불이 이미 붙었으면 내가 무엇을 원하리요

50 나는 받을 2)세례가 있으니 그것이 이루어지기까지 나의 답답함이 어떠하겠느냐

51 내가 세상에 화평을 주려고 온 줄로 아느냐 내가 너희에게 이르노니 아니라 도리어 분쟁하게 하려 함이로라

52 이 후부터 한 집에 다섯 사람이 있어 분쟁하되 셋이 둘과, 둘이 셋과 하리니

53 아버지가 아들과, 아들이 아버지와, 어머니가 딸과, 딸이 어머니와, 시어머니가 며느리와, 며느리가 시어머니와 분쟁하리라 하시니라

시대를 분간하고, 화해하기를 힘쓰라
(마 5:25-26; 16:2-3)

54 ● 또 무리에게 이르시되 너희가 구름이 서쪽에서 이는 것을 보면 곧 말하기를 소나기가 오리라 하나니 과연 그러하고

55 남풍이 부는 것을 보면 말하기를 심히 더우리라 하나니 과연 그러하니라

56 외식하는 자여 너희가 천지의 기상은 분간할 줄 알면서 어찌 이 시대는 분간하지 못하느냐

57 또 어찌하여 옳은 것을 스스로 판단하지 아니하느냐

58 네가 너를 고발하는 자와 함께 법관에게 갈 때에 길에서 화해하기를 힘쓰라 그가 너를 재판장에게 끌어 가고 재판장이 너를 옥졸에게 넘겨 주어 옥졸이 옥에 가둘까 염려하라

59 네게 이르노니 한 푼이라도 남김이 없이 갚지 아니하고서는 결코 거기서 나오지 못하리라 하시니라

1) 헬, 조개어 내고 2) 헬, 또는 침례

신실(12:46) 믿음성이 있고 꾸밈이 없음. 거짓이 없음.
옥졸(12:58) 옥에 갇힌 사람을 지키는 사령.

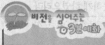

비전을 심어주는 3분 예화

기도의 맛을 본 교수

어릴 때부터 신앙 생활을 했지만 분명한 체험을 하지 못하던 대학교수가, 어느 날 신앙체험을 하게 되었어요. 기도하다가 성령 충만을 받고 방언을 하기 시작하게 된 거예요.

하루는 그 교수가 교수실에서 크고 기쁜 목소리로 2시간이나 방언으로 기도하고 있었어요. 밖에서 문 두드리는 소리가 들려 문을 열어보니, 문 밖에는 옆방의 교수가 혹시 이 사람이 미치지는 않았는가 하는 눈빛으로 서 있었지요. 그래도 교수는 마냥 기쁘고 즐거웠어요.

이처럼 기도의 기름을 맛본 사람은 주위의 눈치에 상관하지 않고, 그 기쁨과 즐거움을 누리게 된답니다.

회개하지 아니하면 망하리라

13 그 때 마침 두어 사람이 와서 빌라도가 어떤 갈릴리 사람들의 피를 그들의 제물에 섞은 일로 예수께 아뢰니

2 대답하여 이르시되 너희는 이 갈릴리 사람들이 이같이 해받으므로 다른 모든 갈릴리 사람보다 죄가 더 있는 줄 아느냐

3 너희에게 이르노니 아니라 너희도 만일 회개하지 아니하면 다 이와 같이 망하리라 _눅 18:30_

4 또 실로암에서 망대가 무너져 치어 죽은 열여덟 사람이 예루살렘에 거한 다른 모든 사람보다 ¹⁾죄가 더 있는 줄 아느냐

5 너희에게 이르노니 아니라 너희도 만일 회개하지 아니하면 다 이와 같이 망하리라

열매 맺지 못하는 무화과나무 비유

6 ●이에 비유로 말씀하시되 한 사람이 포도원에 무화과나무를 심은 것이 있더니 와서 그 열매를 구하였으나 얻지 못한지라

7 포도원지기에게 이르되 내가 삼 년을 와서 이 무화과나무에서 열매를 구하되 얻지 못하니 찍어버리라 어찌 땅만 버리게 하겠느냐

8 대답하여 이르되 주인이여 금년에도 그대로 두소서 내가 두루 파고 거름을 주리니

9 이 후에 만일 열매가 열면 좋거니와 그렇지 않으면 찍어버리소서 하였다 하시니라

안식일에 꼬부라진 여자를 고치시다

10 ●예수께서 안식일에 한 회당에서 가르치실 때에

로마 상식 **실로암**

예루살렘의 한 연못으로, '보냄을 받았다'라는 뜻을 가지고 있어요. 히스기야시대에는 이곳에 지하 수로를 파서 기혼 샘으로부터 물을 공급받았지요. 예수님은 이곳에서 한 맹인의 눈을 깨끗하게 고쳐주셨답니다(요 9:1-12). 13장 4절

11 열여덟 해 동안이나 귀신 들려 앓으며 꼬부라져 조금도 펴지 못하는 한 여자가 있더라

12 예수께서 보시고 불러 이르시되 여자여 네가 네 병에서 놓였다 하시고

13 안수하시니 여자가 곧 펴고 하나님께 영광을 돌리는지라

14 회당장이 예수께서 안식일에 병 고치시는 것을 분 내어 무리에게 이르되 일할 날이 엿새가 있으니 그 동안에 와서 고침을 받을 것이요 안식일에는 하지 말 것이니라 하거늘 _출 20:9_

15 주께서 대답하여 이르시되 외식하는 자들아 너희가 각각 안식일에 자기의 소나 나귀를 외양간에서 풀어내어 이끌고 가서 물을 먹이지 아니하느냐

16 그러면 열여덟 해 동안 사탄에게 매인 바 된 이 아브라함의 딸을 안식일에 이 매임에서 푸는 것이 합당하지 아니하냐

17 예수께서 이 말씀을 하시매 모든 반대하는 자들은 부끄러워하고 온 무리는 그가 하시는 모든 영광스러운 일을 기뻐하니라 _겨자씨와 누룩 비유 [마 13:31-33, 막 4:30-32]_

18 ●그러므로 예수께서 이르시되 하나님의 나라가 무엇과 같을까 내가 무엇으로 비교할까

19 마치 사람이 자기 채소밭에 갖다 심은 겨자씨 한 알 같으니 자라 나무가 되어 공중의 새들이 그 가지에 깃들였느니라

20 또 이르시되 내가 하나님의 나라를 무엇으로 비교할까

21 마치 여자가 가루 서 말 속에 갖다 넣어 전부 부풀게 한 누룩과 같으니라 하

13장에는 무엇이 기록되어 있을까?

죄가 많고 적은 것은 중요하지 않아요. 회개하지 않은 모든 죄는 하나님의 심판을 받게 된답니다(1-5절). 한편 예수님께서 안식일에 한 여자의 병을 고쳐주시자, 사람들은 안식일에 병을 고쳐서는 안 된다며 예수님을 비난했어요. 하지만 예수님은 오히려 이들을 꾸짖으시고 자신의 뜻을 굽히지 않으셨답니다.

1) 헬, 빚진 것이

셨더라

고전 5:6

좁은 문으로 들어가기를 힘쓰라

마 7:13-14, 21-23

22 ●예수께서 각 성 각 마을로 다니사 가르치시며 예루살렘으로 여행하시더니
23 어떤 사람이 여짜오되 주여 구원을 받는 자가 적으니이까 그들에게 이르시되
24 좁은 문으로 들어가기를 힘쓰라 내가 너희에게 이르노니 들어가기를 구하여도 못하는 자가 많으리라
25 집 주인이 일어나 문을 한 번 닫은 후에 너희가 밖에 서서 문을 두드리며 주여 열어 주소서 하면 그가 대답하여 이르되 나는 너희가 어디에서 온 자인지 알지 못하노라 하리니
26 그 때에 너희가 말하되 우리는 주 앞에서 먹고 마셨으며 주는 또한 우리의 길거리에서 가르치셨나이다 하나
27 그가 너희에게 말하여 이르되 나는 너희가 어디에서 왔는지 알지 못하노라 행악하는 모든 자들아 나를 떠나 가라 하리라
28 너희가 아브라함과 이삭과 야곱과 모든 선지자는 하나님 나라에 있고 오직 너희는 밖에 쫓겨난 것을 볼 때에 거기서 슬피 울며 이를 갈리라
29 사람들이 동서남북으로부터 와서 하나님의 나라 잔치에 1)참여하리니
30 보라 나중 된 자로서 먼저 될 자도 있고 먼저 된 자로서 나중 될 자도 있느니라 하시더라

선지자들을 죽이는 예루살렘아

마 23:37-39

31 ●곧 그 때에 어떤 바리새인들이 나아와서 이르되 나가서 여기를 떠나소서

헤롯이 당신을 죽이고자 하나이다
32 이르시되 너희는 가서 저 여우에게 이르되 오늘과 내일은 내가 귀신을 쫓아내며 병을 고치다가 제삼일에는 2)완전하여지리라 하라
33 그러나 오늘과 내일과 모레는 내가 갈 길을 가야 하리니 선지자가 예루살렘 밖에서는 죽는 법이 없느니라

마 16:21

34 예루살렘아 예루살렘아 선지자들을 죽이고 네게 파송된 자들을 돌로 치는 자여 암탉이 제 새끼를 날개 아래에 모음 같이 내가 너희의 자녀를 모으려 한 일이 몇 번이냐 그러나 너희가 원하지 아니하였도다

마 23:37-39

35 보라 너희 집이 황폐하여 버린 바 되리라 내가 너희에게 이르노니 너희가 주의 이름으로 오시는 이를 찬송하리로다 할 때까지는 나를 보지 못하리라 하시니라

수종병 든 사람을 고치다

14 안식일에 예수께서 한 바리새인 지도자의 집에 떡 잡수시러 들어가시니 그들이 엿보고 있더라
2 주의 앞에 수종병 든 한 사람이 있는지라
3 예수께서 대답하여 율법교사들과 바리새인들에게 이르시되 안식일에 병 고쳐 주는 것이 합당하냐 아니하냐
4 그들이 잠잠하거늘 예수께서 그 사람을 데려다가 고쳐 보내시고
5 또 그들에게 이르시되 너희 중에 누가 그 3)아들이나 소가 우물에 빠졌으면 안식일에라도 곧 끌어내지 않겠느냐 하시니

1) 5:29 난하주를 보라 2) 또는 완전히 이루리라 3) 어떤 사본에는 나귀나

14장 에는 무엇이 기록되어 있을까?

또다시 안식일 논쟁이 벌어졌지만 예수님은 한 마디의 적절한 질문(5절)으로 반대 세력들을 잠잠하게 만드셨어요. 잔치 비유에서는 믿는 사람들이 가져야 할 겸손한 마음과 베푸는 마음에 대해서 가르쳐주셨지요. 한편 천국의 초청을 받은 유대인들은 이를 거부했지만, 믿음으로 받아들인 이방인들은 오히려 축복을 받게 된답니다.

6 그들이 이에 대하여 대답하지 못하니라

끝자리에 앉으라

7 ●청함을 받은 사람들이 높은 자리 택함을 보시고 그들에게 비유로 말씀하여 이르시되

8 네가 누구에게나 혼인 잔치에 청함을 받았을 때에 높은 자리에 ¹⁾앉지 말라 그렇지 않으면 너보다 더 높은 사람이 청함을 받은 경우에

9 너와 그를 청한 자가 와서 너더러 이사람에게 자리를 내주라 하리니 그 때에 네가 부끄러워 끝자리로 가게 되리라

10 청함을 받았을 때에 차라리 가서 끝자리에 ¹⁾앉으라 그러면 너를 청한 자가 와서 너더러 벗이여 올라 ¹⁾앉으라 하리니 그 때에야 함께 ¹⁾앉은 모든 사람 앞에서 영광이 있으리라

잠 25:6, 7

11 무릇 자기를 높이는 자는 낮아지고 자기를 낮추는 자는 높아지리라

마 4:6

12 ●또 자기를 청한 자에게 이르시되 네가 점심이나 저녁이나 베풀거든 벗이나 형제나 친척이나 부한 이웃을 청하지 말라 두렵건대 그 사람들이 너를 도로 청하여 네게 갚음이 될까 하노라

13 잔치를 베풀거든 차라리 가난한 자들과 몸 불편한 자들과 저는 자들과 맹인들을 청하라

14 그리하면 그들이 갚을 것이 없으므로 네게 복이 되리니 이는 의인들의 부활 시에 네가 갚음을 받겠음이라 하시더라

큰 잔치 비유 (마 22:1~10)

15 ●함께 ²⁾먹는 사람 중의 하나가 이 말을 듣고 이르되 무릇 하나님의 나라에서 떡을 먹는 자는 복되도다 하니

16 이르시되 어떤 사람이 큰 잔치를 베풀고 많은 사람을 청하였더니

17 잔치할 시각에 그 청하였던 자들에게 종을 보내어 이르되 오소서 모든 것이 준비되었나이다 하매

18 다 일치하게 사양하여 한 사람은 이르되 나는 밭을 샀으매 아무래도 나가 보

아야 하겠으니 청컨대 나를 양해하도록 하라 하고

19 또 한 사람은 이르되 나는 소 다섯 겨리를 샀으매 시험하러 가니 청컨대 나를 양해하도록 하라 하고

20 또 한 사람은 이르되 나는 장가 들었으니 그러므로 가지 못하겠노라 하는지라

21 종이 돌아와 주인에게 그대로 고하니 이에 집 주인이 노하여 그 종에게 이르되 빨리 시내의 거리와 골목으로 나가서 가난한 자들과 몸 불편한 자들과 맹인들과 저는 자들을 데려오라 하니라

22 종이 이르되 주인이여 명하신 대로 하였으되 아직도 자리가 있나이다

23 주인이 종에게 이르되 길과 산울타리 가로 나가서 사람을 강권하여 데려다가 내 집을 채우라

24 내가 너희에게 말하노니 전에 청하였던 그 사람들은 하나도 내 잔치를 맛보지 못하리라 하였다 하시니라

제자가 되는 길 (마 5:13; 막 9:50)

25 ●수많은 무리가 함께 갈새 예수께서 돌이키사 이르시되

26 무릇 내게 오는 자가 자기 부모와 처자와 형제와 자매와 더욱이 자기 목숨까

솔솔 풀리는 성경 말씀

예수님의 제자가 되려면

'미워하다'라는 말의 원래 의미는, '뒤로 돌리다', '나중으로 생각하다'라는 뜻이에요. 그러므로 예수님의 이 말씀은 극한 상황에서 필요하다면 부모님까지도, 심지어는 자기 자신까지도 예수님 다음으로 생각해야 한다는 뜻이랍니다.

여기서 말하고 있는 극한 상황이란 진리를 따르느냐, 아니면 부모님에 대한 효나 처자 목숨을 선택하느냐 하는 갈림길을 말하는 거예요. 사랑하는 사람을 세상에 남겨놓고 진리를 따라 십자가를 지게 된다면, 그것은 결국 그들을 영원한 생명으로 인도하는 길이 되지요.

이 말씀을 하신 예수님은 얼마 후 모든 사람을 구원하시기 위해, 직접 자신의 생명을 버리시고 십자가에 달려 돌아가셨답니다.

14장 26절

---

1) 5:29 난하주를 보라　2) 5:29 난하주를 보라

지 미워하지 아니하면 능히 내 제자가 되지 못하고

27 누구든지 자기 십자가를 지고 나를 따르지 않는 자도 능히 내 제자가 되지 못하리라

28 너희 중의 누가 망대를 세우고자 할진대 자기의 가진 것이 준공하기까지에 족할지 먼저 앉아 그 비용을 계산하지 아니하겠느냐

29 그렇게 아니하여 그 기초만 쌓고 능히 이루지 못하면 보는 자가 다 비웃어

30 이르되 이 사람이 공사를 시작하고 능히 이루지 못하였다 하리라

31 또 어떤 임금이 다른 임금과 싸우러 갈 때에 먼저 앉아 일만 명으로써 저 이만 명을 거느리고 오는 자를 대적할 수 있을까 헤아리지 아니하겠느냐

32 만일 못할 터이면 그가 아직 멀리 있을 때에 사신을 보내어 화친을 청할지니라

33 이와 같이 너희 중의 누구든지 자기의 모든 소유를 버리지 아니하면 능히 내 제자가 되지 못하리라

34 소금이 좋은 것이나 소금도 만일 그 맛을 잃으면 무엇으로 짜게 하리요 마 5:13

35 땅에도, 거름에도 쓸 데 없어 내버리느니라 들을 귀가 있는 자는 들을지어다 하시니라

잃은 양을 찾은 목자 비유 (마 18:12~14)

15 모든 세리와 죄인들이 말씀을 들으러 가까이 나아오니

2 바리새인과 서기관들이 수군거려 이르되 이 사람이 죄인을 영접하고 음식을 같이 먹는다 하더라

아버지의 재산을 미리 달라고 조르는 둘째 아들(15:12)

3 ● 예수께서 그들에게 이 비유로 이르시되

4 너희 중에 어떤 사람이 양 백 마리가 있는데 그 중의 하나를 잃으면 아흔아홉 마리를 들에 두고 그 잃은 것을 찾아내기까지 찾아다니지 아니하겠느냐

5 또 찾아낸즉 즐거워 어깨에 메고

6 집에 와서 그 벗과 이웃을 불러 모으고 말하되 나와 함께 즐기자 나의 잃은 양을 찾아내었노라 하리라

7 내가 너희에게 이르노니 이와 같이 죄인 한 사람이 회개하면 하늘에서는 회개할 것 없는 의인 아흔아홉으로 말미암아 기뻐하는 것보다 더하리라

잃은 드라크마를 찾은 여인 비유

8 ● 어떤 여자가 열 드라크마가 있는데 하나를 잃으면 등불을 켜고 집을 쓸며 찾아내기까지 부지런히 찾지 아니하겠느냐

9 또 찾아낸즉 벗과 이웃을 불러 모으고 말하되 나와 함께 즐기자 잃은 ¹⁾드라크마를 찾아내었노라 하리라

10 내가 너희에게 이르노니 이와 같이 죄인 한 사람이 회개하면 하나님의 사자들 앞에 기쁨이 되느니라

잃은 아들을 되찾은 아버지 비유

11 ● 또 이르시되 어떤 사람이 두 아들이 있는데

12 그 둘째가 아버지에게 말하되 아버지여 재산 중에서 내게 돌아올 분깃을 내게 주소서 하는지라 아버지가 그 살림을 각각 나눠 주었더니

13 그 후 며칠이 안 되어 둘째 아들이 재물을 다 모아 가지고 먼 나라에 가 거기서

1) 은전의 명칭

허랑방탕하여 그 재산을 낭비하더니

14 다 없앤 후 그 나라에 크게 흉년이 들어 그가 비로소 궁핍한지라

15 가서 그 나라 백성 중 한 사람에게 붙여 사니 그가 그를 들로 보내어 돼지를 치게 하였는데

16 그가 돼지 먹는 쥐엄 열매로 배를 채우고자 하되 주는 자가 없는지라

돌아온 아들을 맞아주는 아버지(15:20)

17 이에 스스로 돌이켜 이르되 내 아버지에게는 양식이 풍족한 품꾼이 얼마나 많은가 나는 여기서 주려 죽는구나

18 내가 일어나 아버지께 가서 이르기를 아버지 내가 하늘과 아버지께 죄를 지었사오니

19 지금부터는 아버지의 아들이라 일컬음을 감당하지 못하겠나이다 나를 품꾼의 하나로 보소서 하리라 하고

20 이에 일어나서 아버지께로 돌아가니라 아직도 거리가 먼데 아버지가 그를 보고 측은히 여겨 달려가 목을 안고 입을 맞추니

21 아들이 이르되 아버지 내가 하늘과 아버지께 죄를 지었사오니 지금부터는 아버지의 아들이라 일컬음을 감당하지 못하겠나이다 1)하나

22 아버지는 종들에게 이르되 제일 좋은 옷을 내어다가 입히고 손에 가락지를 끼우고 발에 신을 신기라 ☞ 3:4

23 그리고 살진 송아지를 끌어다가 잡으라 우리가 먹고 즐기자

24 이 내 아들은 죽었다가 다시 살아났으며 내가 잃었다가 다시 얻었노라 하니 그들이 즐거워하더라

25 맏아들은 밭에 있다가 돌아와 집에 가까

잘못을 뉘우치고 아버지께 돌아가려는 아들(15:14-19)

이 왔을 때에 풍악과 춤추는 소리를 듣고

26 한 종을 불러 이 무슨 일인가 물은대

27 대답하되 당신의 동생이 돌아왔으매 당신의 아버지가 건강한 그를 다시 맞아들이게 됨으로 인하여 살진 송아지를 잡았나이다 하니

28 그가 노하여 들어가고자 하지 아니하거늘 아버지가 나와서 권한대

29 아버지께 대답하여 이르되 내가 여러 해 아버지를 섬겨 명을 어김이 없거늘 내게는 염소 새끼라도 주어 나와 내 벗으로 즐기게 하신 일이 없더니

30 아버지의 살림을 창녀들과 함께 삼켜 버린 이 아들이 돌아오매 이를 위하여 살진 송아지를 잡으셨나이다 15:12

31 아버지가 이르되 얘 너는 항상 나와 함께 있으니 내 것이 다 네 것이로되

32 이 네 동생은 죽었다가 살아났으며 내가 잃었다가 얻었기로 우리가 즐거워하고 기뻐하는 것이 마땅하다 하니라

옳지 않은 청지기 비유 —A.D. 29년경

16

또한 제자들에게 이르시되 어떤 부자에게 청지기가 있는데 그가 주인의 소유를 낭비한다는 말이 그 주인에게 들린지라

2 주인이 그를 불러 이르되 내가 네게 대하여 들은 이 말이 어찌 됨이냐 네가 보던 일을 셈하라 청지기 직무를 계속하지 못하리라 하니

3 청지기가 속으로 이르되 주인이 내 직분을 빼앗으니 내가 무엇을 할까 땅을 파자니 힘이 없고 빌어 먹자니 부끄럽

1)어떤 사본에, '나를 품꾼의 하나로 보소서'가 있음

구나

4 내가 할 일을 알았도다 이렇게 하면 직분을 빼앗긴 후에 사람들이 나를 자기 집으로 영접하리라 하고

5 주인에게 빚진 자를 일일이 불러다가 먼저 온 자에게 이르되 네가 내 주인에게 얼마나 빚졌느냐

6 말하되 기름 백 말이니이다 이르되 여기 네 증서를 가지고 빨리 앉아 오십이라 쓰라 하고

7 또 다른 이에게 이르되 너는 얼마나 빚졌느냐 이르되 밀 백 석이니이다 이르되 여기 네 증서를 가지고 팔십이라 쓰라 하였는지라

8 주인이 이 옳지 않은 청지기가 일을 지혜 있게 하였으므로 칭찬하였으니 이 세대의 아들들이 자기 시대에 있어서는 빛의 아들들보다 더 지혜로움이니라

9 내가 너희에게 말하노니 불의의 재물로 친구를 사귀라 그리하면 그 재물이 없어질 때에 그들이 너희를 영주할 처소로 영접하리라

10 지극히 작은 것에 충성된 자는 큰 것에도 충성되고 지극히 작은 것에 불의한 자는 큰 것에 불의하니라 마 25:21.

11 너희가 만일 불의한 재물에도 충성하지 아니하면 누가 참된 것으로 너희에게 맡기겠느냐

12 너희가 만일 남의 것에 충성하지 아니하면 누가 너희의 것을 너희에게 주겠느냐

13 집 하인이 두 주인을 섬길 수 없나니 혹 이를 미워하고 저를 사랑하거나 혹 이를 중히 여기고 저를 경히 여길 것임이니라 너희는 하나님과 재물을 겸하여 섬길 수 없느니라

율법과 하나님 나라의 복음

14 ●바리새인들은 돈을 좋아하는 자들이라 이 모든 것을 듣고 비웃거늘

15 예수께서 이르시되 너희는 사람 앞에서 스스로 옳다 하는 자들이나 너희 마음을 하나님께서 아시나니 사람 중에 높임을 받는 그것은 하나님 앞에 미움을 받는 것이니라

16 율법과 선지자는 요한의 때까지요 그 후부터는 하나님 나라의 복음이 전파되어 사람마다 그리로 침입하느니라

17 그러나 율법의 한 획이 떨어짐보다 천지가 없어짐이 쉬우리라

18 무릇 자기 아내를 버리고 다른 데 장가 드는 자도 간음함이요 무릇 버림당한 여자에게 장가드는 자도 간음함이니라

부자와 거지

19 ●한 부자가 있어 자색 옷과 고운 베옷을 입고 날마다 호화롭게 즐기더라

20 그런데 나사로라 이름하는 한 거지가 헌데 투성이로 그의 대문 앞에 버려진 채

21 그 부자의 상에서 떨어지는 것으로 배불리려 하매 심지어 개들이 와서 그 헌데를 핥더라

22 이에 그 거지가 죽어 천사들에게 받들려 아브라함의 품에 들어가고 부자도 죽어 장사되매

23 그가 음부에서 고통중에 눈을 들어 멀리 아브라함과 그의 품에 있는 나사로를 보고

24 불러 이르되 아버지 아브라함이여 나를 긍휼히 여기사 나사로를 보내어 그 손가락 끝에 물을 찍어 내 혀를 서늘하게 하소서 내가 이 불꽃 가운데서 괴로워하나이다

25 아브라함이 이르되 얘 너는 살았을 때에 좋은 것을 받았고 나사로는 고난을 받았으니 이것을 기억하라 이제 그는 여기서 위로를 받고 너는 괴로움을 받느니라

16 에는 무엇이 기록되어 있을까?

재물을 소재로 한 이야기가 이어서 나오고 있어요. 재물을 어떻게 사용하는가 하는 것은 살아가는 데 있어서 무척이나 중요한 문제지요. 예수님은 천국에 들어가기 위해서는 재물을 바르게 써야 한다고 가르쳐주셨어요. 모든 재물은 하나님의 것이라는 생각을 가지고 가난한 사람들을 위해서 사용해야 한답니다.

예수님께 나온 열 명의 나병환자들(17:11-13)

26 그뿐 아니라 너희와 우리 사이에 큰 구렁텅이가 놓여 있어 여기서 너희에게 건너가고자 하되 갈 수 없고 거기서 우리에게 건너올 수도 없게 하였느니라

27 이르되 그러면 아버지여 구하노니 나사로를 내 아버지의 집에 보내소서

28 내 형제 다섯이 있으니 그들에게 증언하게 하여 그들로 이 고통 받는 곳에 오지 않게 하소서

29 아브라함이 이르되 그들에게 모세와 선지자들이 있으니 그들에게 들을지니라

30 이르되 그렇지 아니하니이다 아버지 아브라함이여 만일 죽은 자에게서 그들에게 가는 자가 있으면 회개하리이다

31 이르되 모세와 선지자들에게 듣지 아니하면 비록 죽은 자 가운데서 살아나는 자가 있을지라도 권함을 받지 아니하리라 하였다 하시니라

용서, 믿음, 종이 할 일
(마 18:6-7; 21:22; 막 9:42)

17 예수께서 제자들에게 이르시되 실족하게 하는 것이 없을 수는 없으나 그렇게 하게 하는 자에게는 화로다 마 18:6, 7

2 그가 이 작은 자 중의 하나를 실족하게 할진대 차라리 연자맷돌이 그 목에 매여 바다에 던져지는 것이 나으리라

3 너희는 스스로 조심하라 만일 네 형제가 죄를 범하거든 경고하고 회개하거든 용서하라

4 만일 하루에 일곱 번이라도 네게 죄를 짓고 일곱 번 네게 돌아와 내가 회개하노라 하거든 너는 용서하라 하시더라

5 ●사도들이 주께 여짜오되 우리에게 믿음을 더하소서 하니

6 주께서 이르시되 너희에게 겨자씨 한 알만한 믿음이 있었더라면 이 뽕나무더러 뿌리가 뽑혀 바다에 심기어라 하였을 것이요 그것이 너희에게 순종하였으리라

7 너희 중 누구에게 밭을 갈거나 양을 치거나 하는 종이 있어 밭에서 돌아오면 그더러 곧 와 1)앉아서 먹으라 말할 자가 있느냐

8 도리어 그더러 내 먹을 것을 준비하고 띠를 띠고 내가 먹고 마시는 동안에 수종들고 너는 그 후에 먹고 마시라 하지 않겠느냐

9 명한 대로 하였다고 종에게 감사하겠느냐

10 이와 같이 너희도 명령 받은 것을 다 행한 후에 이르기를 우리는 무익한 종이라 우리가 하여야 할 일을 한 것뿐이라 할지니라

나병환자 열 명이 깨끗함을 받다

11 ●예수께서 예루살렘으로 가실 때에 사마리아와 갈릴리 사이로 지나가시다가

17 에는 무엇이 기록되어 있을까?

예수님께서 감당하셔야 할 십자가의 수난이 점점 다가오고 있었어요. 예수님은 제자들이 자만하지 않고 겸손한 마음으로 말씀 전하는 일에 힘쓰기를 바라셨지요. 또한 제자의 생활 방식과 믿음의 능력, 그리고 하나님 나라가 오는 시기에 대해서 말씀하시며 그들의 마음을 일깨워 주셨답니다.

1)5:29 난하주를 보라

예수님께 감사드린
단 한 사람(17:15-19)

12한 마을에 들어가시니 나병환자 열 명이 예수를 만나 멀리 서서
13소리를 높여 이르되 예수 선생님이여 우리를 불쌍히 여기소서 하거늘
14보시고 이르시되 가서 제사장들에게 너희 몸을 보이라 하셨더니 그들이 가다가 깨끗함을 받은지라 레 14:3
15그 중의 한 사람이 자기가 나은 것을 보고 큰 소리로 하나님께 영광을 돌리며 돌아와
16예수의 발 아래에 엎드리어 감사하니 그는 사마리아 사람이라
17예수께서 대답하여 이르시되 열 사람이 다 깨끗함을 받지 아니하였느냐 그 아홉은 어디 있느냐
18이 이방인 외에는 하나님께 영광을 돌리러 돌아온 자가 없느냐 하시고
19그에게 이르시되 일어나 가라 네 믿음이 너를 구원하였느니라 하시더라

하나님의 나라는 너희 안에 있다
(마 24:23-28, 37-41)

20●바리새인들이 하나님의 나라가 어느 때에 임하나이까 묻거늘 예수께서 대답하여 이르시되 하나님의 나라는 볼 수 있게 임하는 것이 아니요
21또 여기 있다 저기 있다고도 못하리니 하나님의 나라는 너희 안에 있느니라
22또 제자들에게 이르시되 때가 이르리니 너희가 인자의 날 하루를 보고자 하되 보지 못하리라
23사람이 너희에게 말하되 보라 저기 있다 보라 여기 있다 하리라 그러나 너희

는 가지도 말고 따르지도 말라 마 24:23
24번개가 하늘 아래 이쪽에서 번쩍이어 하늘 아래 저쪽까지 비침같이 인자도 자기 날에 그러하리라
25그러나 그가 먼저 많은 고난을 받으며 이 세대에게 버린 바 되어야 할지니라
26노아의 때에 된 것과 같이 인자의 때에도 그러하리라
27노아가 방주에 들어가던 날까지 사람들이 먹고 마시고 장가 들고 시집 가더니 홍수가 나서 그들을 다 멸망시켰으며
28또 롯의 때와 같으리니 사람들이 먹고 마시고 사고 팔고 심고 집을 짓더니
29롯이 소돔에서 나가던 날에 하늘로부터 불과 유황이 비오듯 하여 그들을 멸망시켰느니라
30인자가 나타나는 날에도 이러하리라
31그 날에 만일 사람이 지붕 위에 있고 그의 세간이 그 집 안에 있으면 그것을 가지러 내려가지 말 것이요 밭에 있는 자도 그와 같이 뒤로 돌이키지 말 것이니라
32롯의 처를 기억하라 창 19:26
33무릇 자기 목숨을 보전하고자 하는 자는 잃을 것이요 잃는 자는 살리리라
34내가 너희에게 이르노니 그 밤에 둘이 한 자리에 누워 있으매 하나는 데려감을 얻고 하나는 버려둠을 당할 것이요
35두 여자가 함께 맷돌을 갈고 있으매 하나는 데려감을 얻고 하나는 버려둠을 당할 것이니라
36 1)(없음)
37그들이 대답하여 이르되 주여 어디오니이까 이르시되 주검 있는 곳에는 독

1)어떤 고대 사본에, 36절 '두 사람이 밭에 있으매 하나는 데려감을 당하고 하나는 버려둠을 당할 것이요' 가 있음

수리가 모이느니라 하시니라 마 24:28

과부와 재판장 비유──A.D. 30년경

18 예수께서 그들에게 항상 기도하고 낙심하지 말아야 할 것을 비유로 말씀하여

2 이르시되 어떤 도시에 하나님을 두려워하지 않고 사람을 무시하는 한 재판장이 있는데

3 그 도시에 한 과부가 있어 자주 그에게 가서 내 원수에 대한 나의 원한을 풀어 주소서 하되

4 그가 얼마 동안 듣지 아니하다가 후에 속으로 생각하되 내가 하나님을 두려워하지 않고 사람을 무시하나

5 이 과부가 나를 번거롭게 하니 내가 그 원한을 풀어 주리라 그렇지 않으면 늘 와서 나를 괴롭게 하리라 하였느니라

6 주께서 또 이르시되 불의한 재판장이 말한 것을 들으라

7 하물며 하나님께서 그 밤낮 부르짖는 택하신 자들의 원한을 풀어 주지 아니하시겠느냐 그들에게 오래 참으시겠느냐

8 내가 너희에게 이르노니 속히 그 원한을 풀어 주시리라 그러나 인자가 올 때에 세상에서 믿음을 보겠느냐 하시니라

바리새인과 세리 비유

9 ●또 자기를 의롭다고 믿고 다른 사람을 멸시하는 자들에게 이 비유로 말씀하시되
16:15

10 두 사람이 기도하러 성전에 올라가니 하나는 바리새인이요 하나는 세리라

11 바리새인은 서서 따로 기도하여 이르되 하나님이여 나는 다른 사람들 곧 토

제자들이 어린아이들을 예수께 데리고 오지 못하게 함 (18:15)

어린이들을 사랑하시는 예수님 (18:16-17)

색, 불의, 간음을 하는 자들과 같지 아니하고 이 세리와도 같지 아니함을 감사하나이다

12 나는 이레에 두 번씩 금식하고 또 소득의 십일조를 드리나이다 하고

13 세리는 멀리 서서 감히 눈을 들어 하늘을 쳐다보지도 못하고 다만 가슴을 치며 이르되 하나님이여 불쌍히 여기소서 나는 죄인이로소이다 하였느니라

14 내가 너희에게 이르노니 이에 저 바리새인이 아니고 이 사람이 의롭다 하심을 받고 그의 집으로 내려갔느니라 무릇 자기를 높이는 자는 낮아지고 자기를 낮추는 자는 높아지리라 하시니라

어린 아이들을 금하지 말라
(마 19:13-15; 막 10:13-16)

15 ●사람들이 예수께서 만져 주심을 바라고 자기 어린 아기를 데리고 오매 제자들이 보고 꾸짖거늘

16 예수께서 그 어린 아이들을 불러 가까이 하시고 이르시되 어린 아이들이 내게 오는 것을 용납하고 금하지 말라 하나님의 나라가 이런 자의 것이니라

17 내가 진실로 너희에게 이르노니 누구든지 하나님의 나라를 어린 아이와 같이 받아들이지 않는 자는 결단코 거기 들어가지 못하리라 하시니라

부자 관리 (마 19:16-30; 막 10:17-31)

18 ●어떤 관리가 물어 이르되 선한 선생님이여 내가 무엇을 하여야 영생을 얻으리이까

19 예수께서 이르시되 네가 어찌하여 나를 선하다 일컫느냐 하나님 한 분 외에는 선한 이

예수님을 보고 싶은
삭개오(19:3)

가 없느니라

20 네가 계명을 아나니 간음하지 말라, 살인하지 말라, 도둑질하지 말라, 거짓 증언 하지 말라, 네 부모를 공경하라 하였느니라

21 여짜오되 이것은 내가 어려서부터 다 지키었나이다

22 예수께서 이 말을 들으시고 이르시되 네게 아직도 한 가지 부족한 것이 있으니 네게 있는 것을 다 팔아 가난한 자들에게 나눠 주라 그리하면 하늘에서 네게 보화가 있으리라 그리고 와서 나를 따르라 하시니

23 그 사람이 큰 부자이므로 이 말씀을 듣고 심히 근심하더라

24 예수께서 그를 보시고 이르시되 재물이 있는 자는 하나님의 나라에 들어가기가 얼마나 어려운지

25 낙타가 바늘귀로 들어가는 것이 부자가 하나님의 나라에 들어가는 것보다 쉬우니라 하시니

26 듣는 자들이 이르되 그런즉 누가 구원을 얻을 수 있나이까

27 이르시되 무릇 사람이 할 수 없는 것을 하나님은 하실 수 있느니라

28 베드로가 여짜오되 보옵소서 우리가 우리의 것을 다 버리고 주를 따랐나이다

29 이르시되 내가 진실로 너희에게 이르노니 하나님의 나라를 위하여 집이나 아내나 형제나 부모나 자녀를 버린 자는

30 현세에 여러 배를 받고 내세에 영생을 받지 못할 자가 없느니라 하시니라

죽음과 부활을 다시 이르시다

(마 20:17~19; 막 10:32~34)—A.D. 30년경

31 ●예수께서 열두 제자를 데리시고 이르시되 보라 우리가 예루살렘으로 올라가노니 선지자들을 통하여 기록된 모든 것이 인자에게 응하리라

32 인자가 이방인들에게 넘겨져 희롱을 당하고 능욕을 당하고 침 뱉음을 당하겠으며

33 그들은 채찍질하고 그를 죽일 것이나 그는 삼 일 만에 살아나리라 하시되

34 제자들이 이것을 하나도 깨닫지 못하였으니 그 말씀이 감취었으므로 그들이 그 이르신 바를 알지 못하였더라

맹인을 고치시다 (마 20:29~34; 막 10:46~52)

35 ●여리고에 가까이 가셨을 때에 한 맹인이 길 가에 앉아 구걸하다가

36 무리가 지나감을 듣고 이 무슨 일이냐고 물은대

37 그들이 나사렛 예수께서 지나가신다 하니

38 맹인이 외쳐 이르되 다윗의 자손 예수여 나를 불쌍히 여기소서 하거늘

39 앞서 가는 자들이 그를 꾸짖어 잠잠하라 하되 그가 더욱 크게 소리 질러 다윗의 자손이여 나를 불쌍히 여기소서 하는지라

40 예수께서 머물러 서서 명하여 데려오라 하셨더니 그가 가까이 오매 물어 이르시되

41 네게 무엇을 하여 주기를 원하느냐 이

19장에는 무엇이 기록되어 있을까요?

예수님을 만난 사람은 삶의 모든 것이 변화되지요. 세리장 삭개오 역시 예수님을 만나면서 구원을 받고 새로운 삶을 살게 되었답니다. 므나의 비유에는 마지막 때의 심판과 하나님의 마음 등의 교훈이 담겨 있어요. 한편 28절부터는 예수님이 예루살렘에 들어가시고 성전을 깨끗하게 하신 일들이 소개되어 있지요.

르되 주여 보기를 원하나이다

42 예수께서 그에게 이르시되 보라 네 믿음이 너를 구원하였느니라 하시매

43 곧 보게 되어 하나님께 영광을 돌리며 예수를 따르니 백성이 다 이를 보고 하나님을 찬양하니라

예수와 삭개오

19

예수께서 여리고로 들어가 지나가시더라

2 삭개오라 이름하는 자가 있으니 세리장이요 또한 부자라

3 그가 예수께서 어떠한 사람인가 하여 보고자 하되 키가 작고 사람이 많아 할 수 없어

4 앞으로 달려가서 보기 위하여 돌무화과나무에 올라가니 이는 예수께서 그리로 지나가시게 됨이러라

5 예수께서 그 곳에 이르사 쳐다 보시고 이르시되 삭개오야 속히 내려오라 내가 오늘 네 집에 유하여야 하겠다 하시니

6 급히 내려와 즐거워하며 영접하거늘

7 뭇 사람이 보고 수군거려 이르되 저가 죄인의 집에 유하러 들어갔도다 하더라

8 삭개오가 서서 주께 여짜오되 주여 보시옵소서 내 소유의 절반을 가난한 자들에게 주겠사오며 만일 누구의 것을 속여 빼앗은 일이 있으면 네 갑절이나 갚겠나이다

9 예수께서 이르시되 오늘 구원이 이 집에 이르렀으니 이 사람도 아브라함의 자손임이로다

10 인자가 온 것은 잃어버린 자를 찾아 구원하려 함이니라 암송

은 열 므나 비유 (마 25:14-30)

11 ● 그들이 이 말씀을 듣고 있을 때에 비유(比喩)를 더하여 말씀하시니 이는 자기가 예루살렘에 가까이 오셨고 그들은 하나님의 나라가 당장에 나타날 줄로 생각함이더라

12 이르시되 어떤 귀인이 왕위를 받아가지고 오려고 먼 나라로 갈 때에 막 13:34

13 그 종 열을 불러 은화 열 므나를 주며 이르되 내가 돌아올 때까지 장사하라 하니라 벧전 4:10

14 그런데 그 백성이 그를 미워하여 사자를 뒤로 보내어 이르되 우리는 이 사람이 우리의 왕 됨을 원하지 아니하나이다 하였더라

15 귀인이 왕위를 받아가지고 돌아와서 은화를 준 종들이 각각 어떻게 장사하였는지를 알고자 하여 그들을 부르니

16 그 첫째가 나아와 이르되 주인이여 당신의 한 1)므나로 열 1)므나를 남겼나이다

17 주인이 이르되 잘하였다 착한 종이여 네가 지극히 작은 것에 충성하였으니 열 고을 권세를 차지하라 하고 16:10

18 그 둘째가 와서 이르되 주인이여 당신의 한 1)므나로 다섯 1)므나를 만들었나이다

19 주인이 그에게도 이르되 너도 다섯 고을을 차지하라 하고

20 또 한 사람이 와서 이르되 주인이여 보소서 당신의 한 1)므나가 여기 있나이다 내가 수건으로 싸 두었었나이다

21 이는 당신이 엄한 사람인 것을 내가 무서워함이라 당신은 두지 않은 것을 취하고 심지 않은 것을 거두나이다

22 주인이 이르되 악한 종아 내가 네 말로 너를 심판하노니 너는 내가 두지 않은 것을 취하고 심지 않은 것

예수님이 타실
나귀 새끼를 끌고 옴(19:28-36)

을 거두는 엄한 사람인 줄로 알았느냐
23 그러면 어찌하여 내 돈을 은행에 맡기지
아니하였느냐 그리하였으면 내가 와서
그 이자와 함께 그 돈을 찾았으리라 하고
24 곁에 섰는 자들에게 이르되 그 한 ¹⁾므
나를 빼앗아 열 ¹⁾므나 있는 자에게 주
라 하니
25 그들이 이르되 주여 그에게 이미 열 ¹⁾므
나가 있나이다
26 주인이 이르되 내가 너희에게 말하노
니 무릇 있는 자는 받겠고 없는 자는 그
있는 것도 빼앗기리라 마 13:12
27 그리고 내가 왕 됨을 원하지 아니하던
저 원수(怨讐)들을 이리로 끌어다가 내
앞에서 죽이라 하였느니라

예루살렘을 향하여 가시다
(마 21:1-11; 막 11:1-11; 요 12:12-19)

28 ●예수께서 이 말씀을 하시고 예루살
렘을 향하여 앞서서 가시더라 막 10:32
29 감람원이라 불리는 산 쪽에 있는 벳바
게와 베다니에 가까이 가셨을 때에 제
자 중 둘을 보내시며
30 이르시되 너희는 맞은편 마을로 가라
그리로 들어가면 아직 아무도 타 보지
않은 나귀 새끼의 매여 있는 것을 보리
니 풀어 끌고 오라
31 만일 누가 너희에게 어찌하여 푸느냐 묻
든 말하기를 주가 쓰시겠다 하라 하시매
32 보내심을 받은 자들이 가서 그 말씀하
신 대로 만난지라

33 나귀 새끼를 풀
때에 그 임자들
이 이르되 어찌
하여 나귀 새끼
를 푸느냐
34 대답하되 주
께서 쓰시겠다
하고
35 그것을 예수
께로 끌고 와서
자기들의 겉옷을 나
귀 새끼 위에 걸쳐 놓고 예수를 태우니
36 가실 때에 그들이 자기의 겉옷을 길에
펴더라
37 이미 감람 산 내리막길에 가까이 오시
매 제자의 온 무리가 자기들이 본 바
모든 능한 일로 인하여 기뻐하며 큰 소
리로 하나님을 찬양하여
38 이르되 찬송하리로다 주의 이름으로
오시는 왕이여 하늘에는 평화요 가장
높은 곳에는 영광이로다 하니 시 118:26
39 무리 중 어떤 바리새인들이 말하되 선생
이여 당신의 제자들을 책망하소서 하거늘
40 대답하여 이르시되 내가 너희에게 말
하노니 만일 이 사람들이 침묵하면 돌
들이 소리 지르리라 하시니라 합 2:11
41 ●가까이 오사 성을 보시고 우시며
42 이르시되 너도 오늘 평화에 관한 일을
알았더라면 좋을 뻔하였거니와 지금
네 눈에 숨겨졌도다
43 날이 이를지라 네 원수들이 토둔을 쌓
고 너를 둘러 사면으로 가두고 겔 4:2
44 또 너와 및 그 가운데 있는 네 자식들을
땅에 메어치며 돌 하나도 돌 위에 남기
지 아니하리니 이는 네가 ²⁾보살핌 받는
날을 알지 못함을 인함이니라 하시니라

성전에 들어가신 예수
(마 21:12-17; 막 11:15-19; 요 2:13-22)

45 ●성전에 들어가사 장사하는 자들을
내쫓으시며
46 그들에게 이르시되 기록된 바 ㄱ내 집은
기도하는 집이 되리라 하였거늘 ㄴ너희

1)금은의 중량 2)심판, 벧전 2:12 참조 ㄱ. 사 56:7 ㄴ. 렘 7:11

는 강도의 소굴을 만들었도다 하시니라

47 ●예수께서 날마다 성전에서 가르치시니 대제사장들과 서기관들과 백성의 지도자들이 그를 죽이려고 꾀하되

48 백성이 다 그에게 귀를 기울여 들으므로 어찌할 방도를 찾지 못하였더라

예수의 권위를 두고 말하다

(마 21:23-27; 막 11:27-33)

20 하루는 예수께서 성전에서 백성을 가르치시며 복음을 전하실새 대제사장들과 서기관들이 장로들과 함께 가까이 와서

2 말하여 이르되 당신이 무슨 권위로 이런 일을 하는지 이 권위를 준 이가 누구인지 우리에게 말하라

3 대답하여 이르시되 나도 한 말을 너희에게 물으리니 내게 말하라

4 요한의 1)세례가 하늘로부터냐 사람으로부터냐

5 그들이 서로 의논하여 이르되 만일 하늘로부터라 하면 어찌하여 그를 믿지 아니하였느냐 할 것이요

6 만일 사람으로부터라 하면 백성이 요한을 선지자로 인정하니 그들이 다 우리를 돌로 칠 것이라 하고 *마 14:5*

7 대답하되 어디로부터인지 알지 못하노라 하니

8 예수께서 이르시되 나도 무슨 권위로 이런 일을 하는지 너희에게 이르지 아니하리라 하시니라

포도원 농부 비유

(마 21:33-46; 막 12:1-12)

9 ●그가 또 이 비유로 백성에게 말씀하시기 시작하시니라 한 사람이 포도원

을 만들어 농부들에게 세로 주고 타국에 가서 오래 있다가

10 때가 이르매 포도원 소출 얼마를 바치게 하려고 한 종을 농부들에게 보내니 농부들이 종을 몹시 때리고 거저 보내었거늘

11 다시 다른 종을 보내니 그도 몹시 때리고 능욕하고 거저 보내었거늘

12 다시 세 번째 종을 보내니 이 종도 상하게 하고 내쫓은지라

13 포도원 주인이 이르되 어찌할까 내 사랑하는 아들을 보내리니 그들이 혹 그는 존대하리라 하였더니 *요 3:16*

14 농부들이 그를 보고 서로 의논하여 이르되 이는 상속자니 죽이고 그 유산을 우리의 것으로 만들자 하고 *히 1:2*

15 포도원 밖에 내쫓아 죽였느니라 그런즉 포도원 주인이 이 사람들을 어떻게 하겠느냐

16 와서 그 농부들을 진멸하고 포도원을 다른 사람들에게 주리라 하시니 사람들이 듣고 이르되 그렇게 되지 말아지이다 하거늘

17 그들을 보시며 이르시되 그러면 기록된 바
건축자들의 버린 돌이 모퉁이의 머릿돌이 되었느니라
함이 어찜이냐 *시 118:22*

18 무릇 이 돌 위에 떨어지는 자는 깨어지겠고 이 돌이 사람 위에 떨어지면 그를 가루로 만들어 흩으리라 하시니라

가이사에게 세를 바치는 것

(마 22:15-22; 막 12:13-17)

19 ●서기관들과 대제사장들이 예수의 이 비

20장에는 무엇이 기록되어 있을까?

반대자들이 모여 있는 예루살렘에서도 예수님은 당당하게 복음을 전하셨어요. 당시 종교 지도자들은 어떻게 하면 예수님을 물리칠 수 있을까 궁리만 하고 있었어요. 예수님께서 예루살렘에 들어오심으로 인해서 자기들의 위치가 불안해졌기 때문이지요. 하지만 예수님은 그들의 모든 교묘한 도전에 지혜롭게 대처하셨답니다.

임자(19:33) 물건을 차지하고 있는 사람. 주인.
책망(19:39) 잘못을 들어 꾸짖음.
세례(20:4) 자신이 죄인임을 깨닫고 구주이신 예수님을 믿음으로써 그리스도인이 됨을 여러 사람 앞에 공표하는 표. 교인이 되는 의식.
소출(20:10) 논밭에서 생산되는 곡식.
존대(20:13) 받들어 대접함.
진멸(20:16) 죄다 멸망함.
머릿돌(20:17) 건물을 지을 때 중심이 되는 돌.

유는자기들을가리켜말씀하심인줄알고 즉시잡고자하되백성을두려워하더라

20 이에 그들이 엿보다가 예수를 총독의 다스림과 권세 아래에 넘기려 하여 정탐들을 보내어 그들로 스스로 의인인 체하며 예수의 말을 책잡게 하니

21 그들이 물어 이르되 선생님이여 우리가 아노니 당신은 바로 말씀하시고 가르치시며 사람을 외모로 취하지 아니하시고 오직 진리로써 하나님의 도를 가르치시나이다

22 우리가 가이사에게 세를 바치는 것이 옳으니이까 옳지 않으니이까 하니

23 예수께서 그 간계를 아시고 이르시되

24 데나리온 하나를 내게 보이라 누구의 형상과 글이 여기 있느냐 대답하되 가이사의 것이니이다

25 이르시되 그런즉 가이사의 것은 가이사에게, 하나님의 것은 하나님께 바치라 하시니

26 그들이 백성 앞에서 그의 말을 능히 책잡지 못하고 그의 대답을 놀랍게 여겨 침묵하니라

부활 논쟁 (마 22:23-33; 막 12:18-27)

27 ● 부활이 없다고 주장하는 사두개인 중 어떤 이들이 와서

28 물어 이르되 선생님이여 모세가 우리에게 써 주기를 만일 어떤 사람의 형이 아내를 두고 자식이 없이 죽으면 그 동생이 그 아내를 취하여 형을 위하여 상속자를 세울지니라 하였나이다

29 그런데 칠 형제가 있었는데 맏이가 아내를 취하였다가 자식이 없이 죽고

30 그 둘째와 셋째가 그를 취하고

31 일곱이 다 그와 같이 자식이 없이 죽고

32 그 후에 여자도 죽었나이다

33 일곱이 다 그를 아내로 취하였으니 부활때에 그 중에 누구의 아내가 되리이까

34 예수께서 이르시되 이 세상의 자녀들은 장가도 가고 시집도 가되

35 저 세상과 및 죽은 자 가운데서 부활함을 얻기에 합당히 여김을 받은 자들은 장가 가고 시집 가는 일이 없으며

36 그들은 다시 죽을 수도 없나니 이는 천사와 동등이요 부활의 자녀로서 하나님의 자녀임이라

37 죽은 자가 살아난다는 것은 모세도 가시나무 떨기에 관한 글에서 주를 아브라함의 하나님이요 이삭의 하나님이요 야곱의 하나님이라 칭하였나니

38 하나님은 죽은 자의 하나님이 아니요 살아 있는 자의 하나님이시라 하나님에게는 모든 사람이 살았느니라 하시니

39 서기관 중 어떤 이들이 말하되 선생님 잘 말씀하셨나이다 하니

40 그들은 아무 것도 감히 더 물을 수 없음이더라

그리스도와 다윗의 자손 (마 22:41-46; 막 12:35-37)

41 ● 예수께서 그들에게 이르시되 사람들이 어찌하여 그리스도를 다윗의 자손이라 하느냐

42 시편에 다윗이 친히 말하였으되 주께서 내 주께 이르시되

43 내가 네 원수를 네 발등상으로 삼을 때까지 내 우편에 앉았으라 하셨도다

비전을 심어주는 3분 예화

흥정하는 기도

표류 당한 유대인 두 사람이 구명 보트에 몸을 지탱하고 있었어요. 사방은 모두 망망한 바다뿐이었지요. 한 유대인이 간절히 기도했어요. "하나님, 만약 저를 구해주신다면 재산의 절반을 바치겠습니다."

하지만 오히려 풍랑은 더욱 심해졌고, 유대인은 다시 기도했어요. "오, 하나님, 살려주세요. 살려주신다면 재산의 3분의 2를 주님, 남겨 바치겠습니다."

다시 아픔이 되어도 구원의 손길은 오지 않았지요. 유대인은 또 간절히 기도하기 시작했어요. "하나님, 제 목숨을 구해주신다면 재산 전부를…"

그때 다른 유대인이 소리쳤답니다. "이봐, 거래를 중단해, 저기 섬이 보여!"

우리도 기도할 때 이렇게 하나님과 흥정하고 있지는 않나요?

1) 은전의 명칭 ㄱ. 신 25:5 ㄴ. 출 3:6 ㄷ. 시 110:1

하였느니라 　시 110:1

44 그런즉 다윗이 그리스도를 주라 칭하였으니 어찌 그의 자손이 되겠느냐 하시니라

너기관들을 삼가라
(마 23:1-36; 막 12:38-40; 눅 11:37-54)

45 ●모든 백성이 들을 때에 예수께서 그 제자들에게 이르시되

46 긴 옷을 입고 다니는 것을 원하며 시장에서 문안 받는 것과 회당의 높은 자리와 잔치의 윗자리를 좋아하는 서기관들을 삼가라

47 그들은 과부의 가산을 삼키며 외식으로 길게 기도하니 그들이 더 엄중한 심판을 받으리라 하시니라

가난한 과부의 헌금 (막 12:41-44)

21 예수께서 눈을 들어 부자들이 헌금함에 헌금 넣는 것을 보시고

2 또 어떤 가난한 과부가 두 1)렙돈 넣는 것을 보시고

3 이르시되 내가 참으로 너희에게 말하노니 이 가난한 과부가 다른 모든 사람보다 많이 넣었도다

4 저들은 그 풍족한 중에서 헌금을 넣었거니와 이 과부는 그 가난한 중에서 자기가 가지고 있는 생활비 전부를 넣었느니라 하시니라

성전이 무너뜨려질 것을 이르시다 (마 24:1-2; 막 13:1-2)

5 ●어떤 사람들이 성전을 가리켜 그 아름다운 돌과 헌물로 꾸민 것을 말하매 예수께서 이르시되

6 너희 보는 이것들이 날이 이르면 돌하나도 돌 위에 남지 않고 다 무너뜨려지리라

7 그들이 물어 이르되 선생님이여 그러면 어느 때에 이런 일이 있겠사오며 이런 일이 일어나려 할 때에 무슨 징조가 있사오리이까

8 이르시되 미혹을 받지 않도록 주의하라 많은 사람이 내 이름으로 와서 이르되 내가 그라 하며 때가 가까이 왔다라 하겠으나 그들을 따르지 말라

9 난리와 소요의 소문을 들을 때에 두려워하지 말라 이 일이 먼저 있어야 하되 끝은 곧 되지 아니하리라

환난의 징조 (마 24:3-14; 막 13:3-13)

10 ●또 이르시되 민족이 민족을, 나라가 나라를 대적하여 일어나겠고

11 곳곳에 큰 지진과 기근과 전염병이 있겠고 또 무서운 일과 하늘로부터 큰 징조들이 있으리라

12 이 모든 일 전에 내 이름으로 말미암아 너희에게 손을 대어 박해하며 회당과 옥에 넘겨 주며 임금들과 집권자들 앞에 끌어 가리니

13 이 일이 도리어 너희에게 2)증거가 되리라

14 그러므로 너희는 변명할 것을 미리 궁리하지 않도록 명심하라

15 내가 너희의 모든 대적이 능히 대항하거나 변박할 수 없는 구변과 지혜를 너희에게 주리라

16 심지어 부모와 형제와 친척과 벗이 너희를 넘겨 주어 너희 중의 몇을 죽이게 하겠고

과부가 정성껏 드린 헌금을 칭찬하신 예수님(21:3-4)

1)동전의 명칭 2)또는 증거의 기회가

유월절

유월절은 이스라엘의 출애굽을 기념하는 축제날이에요. 이 날은 유대력으로 니산 월(3~4월) 14일 저녁에 시작되어 15일 저녁까지 지켜졌으며 이때에는 팔레스타인뿐 아니라 여러 다른 나라에서 온 많은 순례객들이 예루살렘으로 모여든답니다.　22장 1절

17 또 너희가 내 이름으로 말미암아 모든 사람에게 미움을 받을 것이나

18 너희 머리털 하나도 상하지 아니하리라

19 너희의 인내로 너희 1)영혼을 얻으리라

예루살렘의 환난과 인자의 오심
(마 24:15-21, 29-31; 막 13:14-19, 24-27)

20 ● 너희가 예루살렘이 군대들에게 에워싸이는 것을 보거든 그 멸망이 가까운 줄을 알라

21 그 때에 유대에 있는 자들은 산으로 도망갈 것이며 2)성내에 있는 자들은 나갈 것이며 촌에 있는 자들은 그리로 들어가지 말지어다

22 이 날들은 기록된 모든 것을 이루는 징벌의 날이니라

23 그 날에는 아이 밴 자들과 젖먹이는 자들에게 화가 있으리니 이는 땅에 큰 환난과 이 백성에게 진노가 있겠음이로다

24 그들이 칼날에 죽임을 당하며 모든 이방에 사로잡혀 가겠고 예루살렘은 이방인의 때가 차기까지 이방인들에게 밟히리라

25 일월 성신에는 징조가 있겠고 땅에서는 민족들이 바다와 파도의 성난 소리로 인하여 혼란한 중에 곤고하리라

26 사람들이 세상에 임할 일을 생각하고 무서워하므로 기절하리니 이는 하늘의 2)권능들이 흔들리겠음이라

27 그 때에 사람들이 인자가 구름을 타고 능력과 큰 영광으로 오는 것을 보리라

28 이런 일이 되기를 시작하거든 일어나 머리를 들라 너희 속량이 가까웠느니라 하시더라

무화과나무에서 배울 교훈
(마 24:32-35; 막 13:28-31)

29 ● 이에 비유로 이르시되 무화과나무와 모든 나무를 보라

30 싹이 나면 너희가 보고 여름이 가까운 줄을 자연히 아나니

31 이와 같이 너희가 이런 일이 일어나는 것을 보거든 하나님의 나라가 가까이 온 줄을 알라

32 내가 진실로 너희에게 말하노니 이 세대가 지나가기 전에 모든 일이 다 이루어지리라

33 천지는 없어지겠으나 내 말은 없어지지 아니하리라　16:17

항상 기도하며 깨어 있으라

34 ● 너희는 스스로 조심하라 그렇지 않으면 방탕함과 술취함과 생활의 염려로 마음이 둔하여지고 뜻밖에 그 날이 덫과 같이 너희에게 임하리라

35 이 날은 온 지구상에 거하는 모든 사람에게 임하리라

36 이러므로 너희는 장차 올 이 모든 일을 능히 피하고 인자 앞에 서도록 항상 기도하며 깨어 있으라 하시니라　18:1

37 ● 예수께서 낮에는 성전에서 가르치시고 밤에는 나가 감람원이라 하는 산에서 쉬시니

38 모든 백성이 그 말씀을 들으려고 이른 아침에 성전에 나아가더라

유다가 배반하다 (마 26:1-5, 14-16; 막 14:1-2, 10-11; 요 11:45-53) — A.D. 30년경

22

유월절이라 하는 무교절이 다 가오매

22장에는 무엇이 기록되어 있을까?

예수님이 가룟 유다에게 배반당하시고 재판을 받으시기까지의 이야기예요. 특히 유월절 만찬과 성찬 예식 이야기에는 자신을 속죄양으로 드려서 모든 사람을 구원하고자 하신 예수님의 사랑이 잘 나타나 있지요. 겟세마네 기도에는 우리 대신 하나님의 무서운 진노를 받으시는 예수님의 고통이 절절하게 담겨 있답니다.

1) 또는 목숨을 2) 헬, 그 안에

제자들에게 떡과 포도주를 나눠주시는 예수님(22:17-20)

2 대제사장들과 서기관들이 예수를 무슨 방도로 죽일까 궁리하니 이는 그들이 백성을 두려워함이더라

3 ●열둘 중의 하나인 가룟인이라 부르는 유다에게 사탄이 들어가니

4 이에 유다가 대제사장들과 성전 경비대장들에게 가서 예수를 넘겨 줄 방도를 의논하매

5 그들이 기뻐하여 돈을 주기로 언약하는지라

6 유다가 허락하고 예수를 무리가 없을 때에 넘겨 줄 기회를 찾더라

유월절을 준비하다
(마 26:17-25; 막 14:12-21; 요 13:21-30)

7 ●유월절 양을 잡을 무교절날이 이른지라

8 예수께서 베드로와 요한을 보내시며 이르시되 가서 우리를 위하여 유월절을 준비하여 우리로 먹게 하라　행 3:1

9 여짜오되 어디서 준비하기를 원하시나이까

10 이르시되 보라 너희가 성내로 들어가면 물 한 동이를 가지고 가는 사람을 만나리니 그가 들어가는 집으로 따라 들어가서

11 그 집 주인에게 이르되 선생님이 네게 하는 말씀이 내가 내 제자들과 함께 유월절을 먹을 객실이 어디 있느냐 하시더라 하라

12 그리하면 그가 자리를 마련한 큰 다락방을 보이리니 거기서 준비하라 하시니

13 그들이 나가 그 하신 말씀대로 만나 유

월절을 준비하니라

마지막 만찬
(마 26:26-30; 막 14:22-26; 고전 11:23-25)

14 ●때가 이르매 예수께서 사도들과 함께 [1]앉으사

15 이르시되 내가 고난을 받기 전에 너희와 함께 이 유월절 먹기를 원하고 원하였노라

16 내가 너희에게 이르노니 이 유월절이 하나님의 나라에서 이루기까지 다시 먹지 아니하리라 하시고　14:15

17 이에 잔을 받으사 감사 기도 하시고 이르시되 이것을 갖다가 너희끼리 나누라

18 내가 너희에게 이르노니 내가 이제부터 하나님의 나라가 임할 때까지 포도나무에서 난 것을 다시 마시지 아니하리라 하시고

19 또 떡을 가져 감사 기도 하시고 떼어 그들에게 주시며 이르시되 이것은 너희를 위하여 주는 내 몸이라 너희가 이를 행하여 나를 기념하라 하시고

20 저녁 먹은 후에 잔도 그와 같이 하여 이르시되 이 잔은 내 피로 세우는 새 언약이니 곧 너희를 위하여 붓는 것이라

21 그러나 보라 나를 파는 자의 손이 나와 함께 상 위에 있도다

22 인자는 이미 작정된 대로 가거니와 그를 파는 그 사람에게는 화가 있으리로다 하시니

23 그들이 서로 묻되 우리 중에서 이 일을 행할 자가 누구일까 하더라

베드로가 부인할 것을 이르시다
(마 26:31-35; 막 14:27-31; 요 13:36-38)

24 ●또 그들 사이에 그 중 누가 크냐 하는 다툼이 난지라

일월 성신(21:25) 해와 달과 별.
곤고(21:25) 곤란하고 괴로움.
속량(21:28) 대가를 지불하고 종의 신분을 풀어주어 자유인이 되게 하는 것.
방도(22:4) 일에 대한 방법과 도리.

1) 5:29 난하주를 보라

25 예수께서 이르시되 이방인의 임금들은 그들을 주관하며 그 집권자들은 은인이라 칭함을 받으나

26 너희는 그렇지 않을지니 너희 중에 큰 자는 젊은 자와 같고 다스리는 자는 섬기는 자와 같을지니라

27 [1]앉아서 먹는 자가 크냐 섬기는 자가 크냐 앉아서 먹는 자가 아니냐 그러나 나는 섬기는 자로 너희 중에 있노라

28 너희는 나의 모든 시험 중에 항상 나와 함께 한 자들인즉

29 내 아버지께서 나라를 내게 맡기신 것 같이 나도 너희에게 맡겨

30 너희로 내 나라에 있어 내 상에서 먹고 마시며 또는 보좌에 앉아 이스라엘 열두 지파를 다스리게 하려 하노라

31 시몬아, 시몬아, 보라 사탄이 너희를 밀 까부르듯 하려고 요구하였으나

32 그러나 내가 너를 위하여 네 믿음이 떨어지지 않기를 기도하였노니 너는 돌이킨 후에 네 형제를 굳게 하라

33 그가 말하되 주여 내가 주와 함께 옥에도, 죽는 데에도 가기를 각오하였나이다

34 이르시되 베드로야 내가 네게 말하노니 오늘 닭 울기 전에 네가 세 번 나를 모른다고 부인하리라 하시니라

전대와 배낭과 검

35 그들에게 이르시되 내가 너희를 전대와 배낭과 신발도 없이 보내었을 때에 부족한 것이 있더냐 이르되 없었나이다

36 이르시되 이제는 전대 있는 자는 가질 것이요 배낭도 그리하고 검 없는 자는 겉옷을 팔아 살지어다

37 내가 너희에게 말하노니 기록된 바 그는 불법자의 동류로 여김을 받았다 한 말이 내게 이루어져야 하리니 내게 관한 일이 [2]이루어져 감이니라

38 그들이 여짜오되 주여 보소서 여기 검 둘이 있나이다 대답하시되 족하다 하시니라

감람 산에서 기도하시다
(마 26:36-46; 막 14:32-42)

39 ●예수께서 나가사 습관을 따라 감람 산에 가시매 제자들도 따라갔더니

40 그 곳에 이르러 그들에게 이르시되 유혹에 빠지지 않게 기도하라 하시고

41 그들을 떠나 돌 던질 만큼 가서 무릎을 꿇고 기도하여

42 이르시되 아버지여 만일 아버지의 뜻이거든 이 잔을 내게서 옮기시옵소서 그러나 내 원대로 마시옵고 아버지의 원대로 되기를 원하나이다 하시니

43 천사가 하늘로부터 예수께 나타나 힘을 더하더라

44 예수께서 힘쓰고 애써 더욱 간절히 기도하시니 땀이 땅에 떨어지는 핏방울 같이 되더라

1) 5:29 난하주를 보라 2) 또는 끝남이니라 ㄱ. 사 53:12

겟세마네 동산에 세워진
간절히 기도하시는
예수님의 기도상(22:44)

45 기도 후에 일어나 제자들에게 가서 슬
픔으로 인하여 잠든 것을 보시고
46 이르시되 어찌하여 자느냐 시험에 들
지 않게 일어나 기도하라 하시니라

잡히시다

　(마 26:47~56; 막 14:43~50; 요 18:3~11)

47 ●말씀하실 때에 한 무리가 오는데 열
둘 중의 하나인 유다라 하는 자가 그들
을 앞장서 와서
48 예수께 입을 맞추려고 가까이 하는지
라 예수께서 이르시되 유다야 네가 입
맞춤으로 인자를 파느냐 하시니
49 그의 주위 사람들이 그 될 일을 보고 여
쭈오되 주여 우리가 칼로 치리이까 하고
50 그 중의 한 사람이 대제사장의 종을 쳐
그 오른쪽 귀를 떨어뜨린지라
51 예수께서 일러 이르시되 이것까지 참으
라 하시고 그 귀를 만져 낫게 하시더라
52 예수께서 그 잡으러 온 대제사장들과
성전의 경비대장들과 장로들에게 이
르시되 너희가 강도를 잡는 것 같이 검
과 몽치를 가지고 나왔느냐
53 내가 날마다 너희와 함께 성전에 있을
때에 내게 손을 대지 아니하였도다 그
러나 이제는 너희 때요 어둠의 권세로
다 하시니라

베드로가 예수를 모른다고 하다 (마 26:57~58;
막 14:53~54, 66~72; 요 18:12~18, 25~27)

54 ●예수를 잡아 끌고 대제사장의 집으로
들어갈새 베드로가 멀찍이 따라가니라
55 사람들이 뜰 가운데 불을 피우고 함께
앉았는지라 베드로도 그 가운데 앉았
더니
56 한 여종이 베드로의 불빛을 향하여 앉

은 것을 보고 주목하여 이르되 이 사람
도 그와 함께 있었느니라 하니
57 베드로가 부인하여 이르되 이 여자여
나는 그를 알지 못하노라 하더라
58 조금 후에 다른 사람이 보고 이르되
너도 그 도당이라 하거늘 베드로가 이
르되 이 사람아 나는 아니로라 하더라
59 한 시간쯤 있다가 또 한 사람이 장담하
여 이르되 이는 갈릴리 사람이니 참으
로 그와 함께 있었느니라
60 베드로가 이르되 이 사람아 나는 네가
하는 말을 알지 못하노라고 아직 말하
고 있을 때에 닭이 곧 울더라
61 주께서 돌이켜 베드로를 보시니 베드로
가 주의 말씀 곧 오늘 닭 울기 전에 네가
세 번 나를 부인하리라 하심이 생각나서
62 밖에 나가서 심히 통곡하니라

예수를 희롱하고 때리다

　(마 26:67~68; 막 14:65)

63 ●지키는 사람들이 예수를 희롱하고
때리며
64 그의 눈을 가리고 물어 이르되 선지자
노릇 하라 너를 친 자가 누구냐 하고
65 이 외에도 많은 말로 욕하더라

공회 앞에 서시다

　(마 26:59~66; 막 14:55~64; 요 18:19~24)

66 ●날이 새매 백성의 장로들 곧 대제사
장들과 서기관들이 모여서 예수를 그
공회로 끌어들여
67 이르되 네가 그리스도이거든 우리에게
말하라 대답하시되 내가 말할지라도
너희가 믿지 아니할 것이요　요 1819~21
68 내가 물어도 너희가 대답하지 아니할
것이니라
69 그러나 이제부터는 인자가 하나님의
권능의 우편에 앉아 있으리라 하시니
70 다 이르되 그러면 네가 하나님의 아들
이냐 대답하시되 너희들이 내가 그라
고 말하고 있느니라
71 그들이 이르되 어찌 더 증거를 요구하
리요 우리가 친히 그 입에서 들었노라
하더라

23 무리가 다 일어나 예수를 빌라도에게 끌고 가서

2 고발하여 이르되 우리가 이 사람을 보매 우리 백성을 미혹하고 가이사에게 세금 바치는 것을 금하며 자칭 왕 그리스도라 하더이다 하니

3 빌라도가 예수께 물어 이르되 네가 유대인의 왕이냐 대답하여 이르시되 네 말이 옳도다

4 빌라도가 대제사장들과 무리에게 이르되 내가 보니 이 사람에게 죄가 없도다 하니

5 무리가 더욱 강하게 말하되 그가 온 유대에서 가르치고 갈릴리에서부터 시작하여 여기까지 와서 백성을 소동하게 하나이다

6 빌라도가 듣고 그가 갈릴리 사람이냐 물어

7 헤롯의 관할에 속한 줄을 알고 헤롯에게 보내니 그 때에 헤롯이 예루살렘에 있더라

헤롯 앞에 서다　　　3:1

8 ●헤롯이 예수를 보고 매우 기뻐하니 이는 그의 소문을 들었으므로 보고자 한 지 오래였고 또한 무엇이나 이적 행하심을 볼까 바랐던 연고러라

9 여러 말로 물으나 아무 말도 대답하지 아니하시니

10 대제사장들과 서기관들이 서서 힘써 고발하더라

11 헤롯이 그 군인들과 함께 예수를 업신

구레네 시몬이 대신
십자가를 졌던 곳(23:26)

여기며 희롱하고 빛난 옷을 입혀 빌라도에게 도로 보내니

12 헤롯과 빌라도가 전에는 원수(怨讐)였으나 당일에 서로 친구가 되니라 ^행 4:27

십자가에 못 박히게 예수를 넘기다
(마 27:15-26; 막 15:6-15; 요 18:39-19:16)

13 ●빌라도가 대제사장들과 관리들과 백성을 불러 모으고

14 이르되 너희가 이 사람이 백성을 미혹하는 자라 하여 내게 끌고 왔도다 보라 내가 너희 앞에서 심문하였으되 너희가 고발하는 일에 대하여 이 사람에게서 죄를 찾지 못하였고

15 헤롯이 또한 그렇게 하여 그를 우리에게 도로 보내었도다 보라 그가 행한 일에는 죽일 일이 없느니라

16 그러므로 때려서 놓겠노라

17 ²⁾(없음)

18 무리가 일제히 소리 질러 이르되 이 사람을 없이하고 바라바를 우리에게 놓아 주소서 하니

19 이 바라바는 성중에서 일어난 민란과 살인으로 말미암아 옥에 갇힌 자러라

20 빌라도는 예수를 놓고자 하여 다시 그들에게 말하되

21 그들은 소리 질러 이르되 그를 십자가에 못 박게 하소서 십자가에 못 박게 하소서 하는지라

22 빌라도가 세 번째 말하되 이 사람이 무슨 악한 일을 하였느냐 나는 그에게서 죽일 죄를 찾지 못하였나니 때려서 놓으리라 하니

23 에는 무엇이 기록되어 있을까?

예수님이 재판에서 십자가형 선고를 받으시고 무덤에 장사되기까지의 이야기예요. 특히 헤롯이 예수님을 심문하는 것은 이 누가복음에만 나온답니다. 악한 사람들은 예수님을 십자가에 못 박으라고 소리 질렀어요. 하지만 예수님은 그 모든 핍박 가운데서도 자신이 가야 할 길을 묵묵히 가시며 구원의 역사를 이루어가셨어요.

1) 또는 표적 2) 어떤 사본에는, 17 '명절을 당하면 반드시 한 사람을 놓아 주더라' 가 있음

23 그들이 큰 소리로 재촉하여 십자가에 못 박기를 구하니 그들의 소리가 이긴지라
24 이에 빌라도가 그들이 구하는 대로 하기를 언도하고
25 그들이 요구하는 자 곧 민란과 살인으로 말미암아 옥에 갇힌 자를 놓아 주고 예수는 넘겨 주어 그들의 뜻대로 하게 하니라

십자가에 못 박히시다
(마 27:32-44; 막 15:21-32; 요 19:17-27)

26 ●그들이 예수를 끌고 갈 때에 시몬이라는 구레네 사람이 시골에서 오는 것을 붙들어 그에게 십자가를 지워 예수를 따르게 하더라
27 또 백성과 및 그를 위하여 가슴을 치며 슬피 우는 여자의 큰 무리가 따라오는지라
28 예수께서 돌이켜 그들을 향하여 이르시되 예루살렘의 딸들아 나를 위하여 울지 말고 너희와 너희 자녀를 위하여 울라
29 보라 날이 이르면 사람이 말하기를 잉태하지 못하는 이와 해산하지 못한 배와 먹이지 못한 젖이 복이 있다 하리라
30 그 때에 사람이 산들을 대하여 우리 위에 무너지라 하며 작은 산들을 대하여 우리를 덮으라 하리라

호 2:19

31 푸른 나무에도 이같이 하거든 마른 나무는 어떻게 되리요 하시니라
32 또 다른 두 행악자도 사형을 받게 되어 예수와 함께 끌려 가니라
33 해골이라 하는 곳에 이르러 거기서 예수를 십자가에 못 박고 두 행악자도 그렇게 하니 하나는 우편에, 하나는 좌편에 있더라
34 이에 1) 예수께서 이르시되 아버지 저들을 사하여 주옵소서 자기들이 하는 것을 알지 못함이니이다 하시더라 그들이 그의 옷을 나눠 제비 뽑을새
35 백성은 서서 구경하는데 관리들은 비웃어 이르되 저가 남을 구원하였으니 만일 하나님이 택하신 자 그리스도이

면 자신도 구원할지어다 하고
36 군인들도 희롱하면서 나아와 신 포도주를 주며
37 이르되 네가 만일 유대인의 왕이면 네가 너를 구원하라 하더라
38 그의 위에 이는 유대인의 왕이라 쓴 패가 있더라
39 ●달린 행악자 중 하나는 비방하여 이르되 네가 그리스도가 아니냐 너와 우리를 구원하라 하되
40 하나는 그 사람을 꾸짖어 이르되 네가 동일한 정죄를 받고서도 하나님을 두려워하지 아니하느냐
41 우리는 우리가 행한 일에 상당한 보응을 받는 것이니 이에 당연하거니와 이 사람이 행한 것은 옳지 않은 것이 없느니라 하고
42 이르되 예수여 당신의 나라에 임하실 때에 나를 기억하소서 하니
43 예수께서 이르시되 내가 진실로 네게 이르노니 오늘 네가 나와 함께 낙원에 있으리라 하시니라

숨지시다
(마 27:45-56; 막 15:33-41; 요 19:28-30)

44 ●때가 제육시쯤 되어 해가 빛을 잃고 온 땅에 어둠이 임하여 제구시까지 계속하며

술술 풀리는 성경 말씀

신 포도주

마태는 로마 군인들이 예수님께 '쓸개 탄 포도주'(마 27:34)를, 마가는 '몰약을 탄 포도주'(막 15:23)를, 누가는 '신 포도주'(23:36)를 주었다고 했어요. 이것은 '쓸개를 나의 음식물로 주며 목마를 때에는 초를 마시게 하였다'(시 69:21)는 예언이 이루어진 것이지요.

신 포도주는 일종의 마취제로, 가끔 십자가 처형을 당하는 사형수의 고통을 덜어주기 위해 주었던 것이었어요. 그러나 예수님께서는 그것을 맛보시고서는 더 마시기를 거절하셨지요. 그것은 하나님의 뜻을 따라 모든 사람을 위해 겪는 수난의 고통을 끝까지 견디어 내겠다고 결심하셨기 때문이에요. 23장 36절

---

1) 어떤 사본에는, '예수께서'부터 '하시더라'까지 없음

연고(23:8) 까닭, 사유.
언도(23:24) 재판의 결과를 말로 알리는 것.

45 성소의 휘장이 한가운데가 찢어지더라
46 예수께서 큰 소리로 불러 이르시되 아버지 내 영혼을 아버지 손에 부탁하나이다 하고 이 말씀을 하신 후 숨지시니라
47 백부장이 그 된 일을 보고 하나님께 영광을 돌려 이르되 이 사람은 정녕 의인이었도다 하고
48 이를 구경하러 모인 무리도 그 된 일을 보고 다 가슴을 치며 돌아가고
49 예수를 아는 자들과 갈릴리로부터 따라온 여자들도 다 멀리 서서 이 일을 보니라

요셉이 예수의 시체를 무덤에 넣어 두다
(마 27:57-61; 막 15:42-47; 요 19:38-42)

50 ●공회 의원으로 선하고 의로운 요셉이라 하는 사람이 있으니
51 (그들의 결의와 행사에 찬성하지 아니한 자라) 그는 유대인의 동네 아리마대 사람이요 하나님의 나라를 기다리는 자라
52 그가 빌라도에게 가서 예수의 시체를 달라 하여
53 이를 내려 세마포로 싸고 아직 사람을 장사한 일이 없는 바위에 판 무덤에 넣어 두니
54 이 날은 준비일이요 안식일이 거의 되었더라
55 갈릴리에서 예수와 함께 온 여자들이 뒤를 따라 그 무덤과 그의 시체를 어떻게 두었는지를 보고
56 돌아가 향품과 향유를 준비하더라

살아나다 (마 28:1-10; 막 16:1-8; 요 20:1-10) ·A.D. 30년경

●계명을 따라 안식일에 쉬더라

24 [1)]안식 후 첫날 새벽에 이 여자들이 그 준비한 향품을 가지고

24장에는 무엇이 기록되어 있을까?

예수님의 무덤을 제일 먼저 찾은 사람은 제자들이 아니라 여인들이었요, 부활하신 예수님은 엠마오에 나타나셔서 낙심해 있는 제자들을 위로하시고 그들이 다시 복음을 전하는 일에 힘을 낼 수 있도록 도와주셨지요. 부활을 강조하신 예수님의 마지막 말씀(46절)은 우리의 마음에 깊이 새겨야 할 기독교 신앙의 핵심이랍니다.

예수님의 부활하심을
믿지 못하는 제자들(24:11)

무덤에 가서
2 돌이 무덤에서 굴려 옮겨진 것을 보고
3 들어가니 주 예수의 시체가 보이지 아니하더라
4 이로 인하여 근심할 때에 문득 찬란한 옷을 입은 두 사람이 곁에 섰는지라
5 여자들이 두려워 얼굴을 땅에 대니 두 사람이 이르되 어찌하여 살아 있는 자를 죽은 자 가운데서 찾느냐
6 여기 계시지 않고 살아나셨느니라 갈릴리에 계실 때에 너희에게 어떻게 말씀하셨는지를 기억하라
7 이르시기를 인자가 죄인의 손에 넘겨져 십자가에 못 박히고 제삼일에 다시 살아나야 하리라 하셨느니라 한대
8 그들이 예수의 말씀을 기억하고
9 무덤에서 돌아가 이 모든 것을 열한 사도와 다른 모든 이에게 알리니
10 (이 여자들은 막달라 마리아와 요안나와 야고보의 모친 마리아라 또 그들과 함께 한 다른 여자들도 이것을 사도들에게 알리니라)
11 사도들은 그들의 말이 허탄한 듯이 들려 믿지 아니하나
12 베드로는 일어나 무덤에 달려가서 구부려 들여다 보니 세마포만 보이는지라 그 된 일을 놀랍게 여기며 집으로 돌아가니라

엠마오 길에서 제자들에게 나타나시다
(막 16:12-13)

13 ●그 날에 그들 중 둘이 예루살렘에서 이십오 리 되는 엠마오라 하는 마을로 가면서

1) 헬, 그 주간의

14 이 모든 된 일을 서로 이야기하더라

15 그들이 서로 이야기하며 문의할 때에 예수께서 가까이 이르러 그들과 동행하시나 24:36

16 그들의 눈이 가리어져서 그인 줄 알아보지 못하거늘 ㅁ 21:4

17 예수께서 이르시되 너희가 길 가면서 서로 주고받고 하는 이야기가 무엇이냐 하시니 두 사람이 슬픈 빛을 띠고 머물러 서더라

18 그 한 사람인 글로바라 하는 자가 대답하여 이르되 당신이 예루살렘에 체류하면서도 요즘 거기서 된 일을 혼자만 알지 못하느냐

19 이르시되 무슨 일이냐 이르되 나사렛 예수의 일이니 그는 하나님과 모든 백성 앞에서 말과 일에 능하신 선지자이거늘

20 우리 대제사장들과 관리들이 사형 판결에 넘겨 주어 십자가에 못 박았느니라 23:13

21 우리는 이 사람이 이스라엘을 속량할 자라고 바랐노라 이뿐 아니라 이 일이 일어난 지가 사흘째요

22 또한 우리 중에 어떤 여자들이 우리로 놀라게 하였으니 이는 그들이 새벽에 무덤에 갔다가

23 그의 시체는 보지 못하고 와서 그가 살아나셨다 하는 천사들의 나타남을 보았다 함이라

24 또 우리와 함께 한 자 중에 두어 사람이 무덤에 가 과연 여자들이 말한 바와 같음을 보았으나 예수는 보지 못하였느니라 하거늘

25 이르시되 미련하고 선지자들이 말한 모든 것을 마음에 더디 믿는 자들이여

26 그리스도가 이런 고난을 받고 자기의 영광에 들어가야 할 것이 아니냐 하시고 ㅎ 2:10

27 이에 모세와 모든 선지자의 글로 시작하여 모든 성경에 쓴 바 자기에 관한 것을 자세히 설명하시니라

28 그들이 가는 마을에 가까이 가매 예수는 더 가려 하는 것 같이 하시니

29 그들이 강권하여 이르되 우리와 함께 유하사이다 때가 저물어가고 날이 이미 기울었나이다 하니 이에 그들과 함께 유하러 들어가시니라

30 그들과 함께 [1]음식 잡수실 때에 떡을 가지사 축사하시고 떼어 그들에게 주시니 ㅁ 14:19

31 그들의 눈이 밝아져 그인 줄 알아 보더니 예수는 그들에게 보이지 아니하시는지라

32 그들이 서로 말하되 길에서 우리에게 말씀하시고 우리에게 성경을 풀어 주실 때에 우리 속에서 마음이 [2]뜨겁지 아니하더냐 하고

33 곧 그 때로 일어나 예루살렘에 돌아가 보니 열한 제자 및 그들과 함께 한 자들이 모여 있어

34 말하기를 주께서 과연 살아나시고 시몬에게 보이셨다 하는지라 고전 15:4, 5

35 두 사람도 길에서 된 일과 예수께서 떡을 떼심으로 자기들에게 알려지신 것을 말하더라

선생님!! 궁금해요

왜 하나님은 예수님을 십자가에서 구해주지 않았어요?

예수님께서는 잡히시기 전날 밤 겟세마네 동산에서 간절히 기도하셨어요. "아버지여, 가능하다면 이 잔(십자가)을 내게서 지나가게 하옵소서. 그러나 나의 뜻이 아니라 아버지의 뜻대로 하옵소서."

예수님은 십자가를 지지 말게 해달라는 것이 아니라, 아버지의 뜻대로 하도록 힘을 달라고 기도하셨던 것이죠. 하나님의 뜻은 우리를 구원하기 위해 예수님께서 대신 죽으시는 것이었어요. 우리는 모두 죄인이기 때문에 지옥에 갈 수밖에 없었거든요.

그래서 하나님은 예수님을 십자가의 죽음에서 구하지 않으신 거예요. 하나님은 죄를 지은 우리를 구원해주시기 위해 마음이 아프지만 아들이신 예수님을 십자가에서 돌아가시게 하셨답니다.

ㅁ 26장 39절

1) 5:29 난하주를 보라 2) 헬, 불타지

제자들에게 나타나신 예수님(24:36-37)

열한 제자에게 나타나시다 (마 28:16-20;
막 16:14-18; 요 20:19-23; 행 1:6-8)

36 ●이 말을 할 때에 예수께서 친히 그들 가운데 서서 이르시되 너희에게 평강이 있을지어다 하시니　＊ 요 20:19, 20
37 그들이 놀라고 무서워하여 그 보는 것을 영으로 생각하는지라
38 예수께서 이르시되 어찌하여 두려워하며 어찌하여 마음에 의심이 일어나느냐
39 내 손과 발을 보고 나인 줄 알라 또 나를 만져 보라 영은 살과 뼈가 없으되 너희 보는 바와 같이 나는 있느니라
40 이 말씀을 하시고 손과 발을 보이시나
41 그들이 너무 기쁘므로 아직도 믿지 못하고 놀랍게 여길 때에 이르시되 여기 무슨 먹을 것이 있느냐 하시니　＊ 요 21:5
42 이에 구운 생선 한 토막을 드리니
43 받으사 그 앞에서 잡수시더라

44 ●또 이르시되 내가 너희와 함께 있을 때에 너희에게 말한 바 곧 모세의 율법과 선지자의 글과 시편에 나를 가리켜 기록된 모든 것이 이루어져야 하리라 한 말이 이것이라 하시고
45 이에 그들의 마음을 열어 성경을 깨닫게 하시고
46 또 이르시되 이같이 그리스도가 고난을 받고 제삼일에 죽은 자 가운데서 살아날 것과
47 또 그의 이름으로 죄 사함을 받게 하는 회개가 예루살렘에서 시작하여 모든 족속에게 전파될 것이 기록되었으니
48 너희는 이 모든 일의 증인이라
49 볼지어다 내가 내 아버지께서 약속하신 것을 너희에게 보내리니 너희는 위로부터 능력으로 입혀질 때까지 이 성에 머물라 하시니라

하늘로 올려지시다 (막 16:19-20; 행 1:9-11)

50 ●예수께서 그들을 데리고 베다니 앞까지 나가사 손을 들어 그들에게 축복하시더니
51 축복하실 때에 그들을 떠나 1)[하늘로 올려지시니]
52 그들이 1)[그에게 경배하고] 큰 기쁨으로 예루살렘에 돌아가
53 늘 성전에서 하나님을 찬송하니라

1)어떤 사본에는, 이 괄호 내 구절이 없음

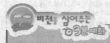

※ **요한복음을 읽기 전에**

이 책을 기록한 사람은 예수님의 12제자 가운데 한 사람인 요한이에요. 그는 특별히 "예수님께서 사랑하시던 제자"로 불렸어요. 세베대의 아들이며 사도 야고보의 동생인 사도 요한은 고기 잡는 일을 하다가 예수님의 제자로 부름 받았지요.

※ **언제, 왜, 누구를 위하여 썼나요?**

이 책은 A.D. 80~90년경에 쓰였어요. 당시에는 예수님을 하나님의 아들로 인정하지 않는 사람들이 있었어요. 그래서 요한은 모든 기독교인들에게 예수님이 그리스도시며 하나님의 아들이시라는 것을 증거하려고 이 글을 썼답니다.

※ **어떤 내용인가요?**

예수님께서 태초부터 하나님과 함께 계셨던 하나님의 외아들로서, 이 세상을 구원하시기 위하여 인간의 몸으로 이 땅에 오신 것을 증거하고 있어요.

말씀이 육신이 되시다 — A.D. 26년경

1 태초에 **¹말씀이 계시니라** 이 **¹말씀이 하나님과 함께 계셨으니** 이 **말씀은 곧 하나님이시니라** 암송

2 그가 태초에 하나님과 함께 계셨고

3 만물이 그로 말미암아 지은 바 되었으니 지은 것이 하나도 그가 없이는 된 것이 없느니라

4 그 안에 생명이 있었으니 이 생명은 사람들의 빛이라 5:26

5 빛이 어둠에 비치되 어둠이 ²깨닫지 못하더라

6 하나님께로부터 보내심을 받은 사람이 있으니 그의 이름은 요한이라

7 그가 증언하러 왔으니 곧 빛에 대하여 증언하고 모든 사람이 자기로 말미암아 믿게 하려 함이라

8 그는 이 빛이 아니요 이 빛에 대하여 증언하러 온 자라 1:20

9 참 빛 곧 세상에 와서 각 사람에게 비추는 빛이 있었나니

10 그가 세상에 계셨으며 세상은 그로 말미암아 지은 바 되었으되 세상이 그를 알지 못하였고

11 ³자기 땅에 오매 자기 백성이 영접하지 아니하였으나

12 영접하는 자 곧 그 이름을 믿는 자들에게는 하나님의 자녀가 되는 권세를 주셨으니 암송

13 이는 혈통으로나 육정으로나 사람의 뜻으로 나지 아니하고 오직 하나님께로부터 난 자들이니라 3:5, 6

14 말씀이 육신이 되어 우리 가운데 거하시매 우리가 그의 영광을 보니 아버지의 독생자의 영광이요 은혜와 ⁴진리가 충만하더라 암송

15 요한이 그에 대하여 증언하여 외쳐 이르되 내가 전에 말하기를 내 뒤에 오시는 이가 나보다 앞선 것은 나보다 먼저 계심이라 한 것이 이 사람을 가리킴이

1 에는 무엇이 기록되어 있을까?

답 요한은 '하나님께서 어떻게 사람이 되실 수 있을까?'라는 문제에 대하여 설명해주고 있어요. 영원 전부터 계셨던 예수님은 인간이 되셔서 구원의 역사를 이루셨지요. 이것은 당시 사람들이 생각하였던 것과는 전혀 다른 것이었어요. 한편 예수님은 세례 요한에게 세례를 받으시고 제자들을 불러모으셨습니다.

1) 헬, 로고스 2) 또는 이기지 못하더라 3) 또는 자기 소유에 4) 헬, 참이

세례 요한에게 세례를 받는 예수님(1:31)

라 하니라

16 우리가 다 그의 충만한 데서 받으니 은혜 위에 은혜러라

17 율법은 모세로 말미암아 주어진 것이요 은혜와[1] 진리는 예수 그리스도로 말미암아 온 것이라

18 본래 하나님을 본 사람이 없으되 아버지 품 속에 있는[2] 독생하신 하나님이 나타내셨느니라 암송

세례 요한의 증언 (마 3:11-12; 막 1:7-8; 눅 3:15-17)

19 ● 유대인들이 예루살렘에서 제사장들과 레위인들을 요한에게 보내어 네가 누구냐 물을 때에 요한의 증언이 이러하니라

20 요한이 드러내어 말하고 숨기지 아니하니 드러내어 하는 말이 나는 그리스도가 아니라 한대

21 또 묻되 그러면 누구냐 네가 엘리야냐 이르되 나는 아니라 또 묻되 네가 그 선지자냐 대답하되 아니라

22 또 말하되 누구냐 우리를 보낸 이들에게 대답하게 하라 너는 네게 대하여 무엇이라 하느냐

23 이르되 나는 선지자 이사야의 말과 같이 주의 길을 곧게 하라고 광야에서 외치는 자의 소리로라 하니라 막 1:3

24 그들은 바리새인들이 보낸 자라

25 또 물어 이르되 네가 만일 그리스도도 아니요 엘리야도 아니요 그 선지자도 아닐진대 어찌하여[3] 세례를 베푸느냐

26 요한이 대답하되 나는 물로[3] 세례를 베풀거니와 너희 가운데 너희가 알지 못하는 한 사람이 섰으니

27 곧 내 뒤에 오시는 그이라 나는 그의 신발끈을 풀기도 감당하지 못하겠노라 하더라

28 이 일은 요한이[3] 세례 베풀던 곳 요단 강 건너편 베다니에서 일어난 일이니라

하나님의 어린 양을 보라

29 ● 이튿날 요한이 예수께서 자기에게 나아오심을 보고 이르되 보라 세상 죄를 지고 가는 하나님의 어린 양이로다

30 내가 전에 말하기를 내 뒤에 오는 사람이 있는데 나보다 앞선 것은 그가 나보다 먼저 계심이라 한 것이 이 사람을 가리킴이라

31 나도 그를 알지 못하였으나 내가 와서 물로[3] 세례를 베푸는 것은 그를 이스라엘에 나타내려 함이라 하니라

32 요한이 또 증언하여 이르되 내가 보매 성령이 비둘기 같이 하늘로부터 내려와서 그의 위에 머물렀더라

33 나도 그를 알지 못하였으나 나를 보내어 물로[3] 세례를 베풀라 하신 그이가 나에게 말씀하시되 성령이 내려서 누구 위에든지 머무는 것을 보거든 그가 곧 성령으로[3] 세례를 베푸는 이인 줄 알라 하셨기에

34 내가 보고 그가 하나님의 아들이심을 증언하였노라 하니라

요한의 두 제자

35 ● 또 이튿날 요한이 자기 제자 중 두 사람과 함께 섰다가

36 예수께서 거니심을 보고 말하되 보라 하나님의 어린 양이로다

37 두 제자가 그의 말을 듣고 예수를 따르거늘

38 예수께서 돌이켜 그 따르는 것을 보시고 물어 이르시되 무엇을

성령이 비둘기같이 내려오심(1:32)

[1] 헬, 참이 [2] 어떤 사본에는, 독생자가 [3] 헬, 또는 침례 ㄱ. 사 40:3

구하느냐 이르되 랍비여 어디 계시오니이까 하니 (랍비는 번역하면 선생이라)

39 예수께서 이르시되 와서 보라 그러므로 그들이 가서 계신 데를 보고 그 날 함께 거하니 때가 열 시쯤 되었더라

혼인잔치에 포도주가 떨어짐(2:1-5)

40 요한의 말을 듣고 예수를 따르는 두 사람 중의 하나는 시몬 베드로의 형제 안드레라

41 그가 먼저 자기의 형제 시몬을 찾아 말하되 우리가 메시야를 만났다 하고 (메시야는 번역하면 그리스도라)

42 데리고 예수께로 오니 예수께서 보시고 이르시되 네가 요한의 아들 시몬이니 장차 게바라 하리라 하시니라 (게바는 번역하면 베드로라)

빌립과 나다나엘을 부르시다

43 ●이튿날 예수께서 갈릴리로 나가려 하시다가 빌립을 만나 이르시되 나를 따르라 하시니

44 빌립은 안드레와 베드로와 한 동네 벳새다 사람이라

45 빌립이 나다나엘을 찾아 이르되 모세가 율법에 기록하였고 여러 선지자가 기록한 그이를 우리가 만났으니 요셉의 아들 나사렛 예수니라

46 나다나엘이 이르되 나사렛에서 무슨 선한 것이 날 수 있느냐 빌립이 이르되 와서 보라 하니라

47 예수께서 나다나엘이 자기에게 오는 것을 보시고 그를 가리켜 이르시되 보라 이는 참으로 이스라엘 사람이라 그

속에 간사한 것이 없도다

48 나다나엘이 이르되 어떻게 나를 아시나이까 예수께서 대답하여 이르시되 빌립이 너를 부르기 전에 네가 무화과나무 아래에 있을 때에 보았노라

49 나다나엘이 대답하되 랍비여 당신은 하나님의 아들이시요 당신은 이스라엘의 임금이로소이다

50 예수께서 대답하여 이르시되 내가 너를 무화과나무 아래에서 보았다 하므로 믿느냐 이보다 더 큰 일을 보리라

51 또 이르시되 진실로 진실로 너희에게 이르노니 하늘이 열리고 하나님의 사자들이 인자 위에 오르락 내리락 하는 것을 보리라 하시니라

가나의 혼례—A.D. 27년경

2 사흘째 되던 날 갈릴리 가나에 혼례가 있어 예수의 어머니도 거기 계시고

2 예수와 그 제자들도 혼례에 청함을 받았으나

3 포도주가 떨어진지라 예수의 어머니가 예수에게 이르되 저들에게 포도주가 없다 하니

4 예수께서 이르시되 여자여 나와 무슨 상관이 있나이까 내 때가 아직 이르지 아니하였나이다

5 그의 어머니가 하인들에게 이르되 너희에게 무슨 말씀을 하시든지 그대로 하라 하니라

6 거기에 유대인의 정결 예식을 따라 두세 통 드는 돌항아리 여섯이 놓였는지라

7 예수께서 그들에게 이르시되 항아리에

물이 포도주로
바뀜(2:6-10)

물을 채우라 하신즉 아귀까지 채우니

8 이제는 떠서 연회장에게 갖다 주라 하시매 갖다 주었더니

9 연회장은 물로 된 포도주를 맛보고도 어디서 났는지 알지 못하되 물 떠온 하인들은 알더라 연회장이 신랑을 불러

10 말하되 사람마다 먼저 좋은 포도주를 내고 취한 후에 낮은 것을 내거늘 그대는 지금까지 좋은 포도주를 두었도다 하니라

11 예수께서 이 첫 1)표적을 갈릴리 가나에서 행하여 그의 영광을 나타내시매 제자들이 그를 믿으니라

12 ●그 후에 예수께서 그 어머니와 형제들과 제자들과 함께 가버나움으로 내려가셨으나 거기에 여러 날 계시지는 아니하시니라

성전을 깨끗하게 하시다
(마 21:12-13; 막 11:15-17; 눅 19:45-46)

13 ●유대인의 유월절이 가까운지라 예수께서 예루살렘으로 올라가셨더니

14 성전 안에서 소와 양과 비둘기 파는 사람들과 돈 바꾸는 사람들이 앉아 있는 것을 보시고

15 노끈으로 채찍을 만드사 양이나 소를 다 성전에서 내쫓으시고 돈 바꾸는 사람들의 돈을 쏟으시며 상을 엎으시고

16 비둘기 파는 사람들에게 이르시되 이것을 여기서 가져가라 내 아버지의 집으로 장사하는 집을 만들지 말라 하시니

17 제자들이 성경 말씀에 주의 전을 사모하는 열심이 나를 삼키리라 한 것을 기억하더라

18 이에 유대인들이 대답하여 예수께 말하기를 네가 이런 일을 행하니 무슨 1)표적을 우리에게 보이겠느냐
마 12:38

19 예수께서 대답하여 이르시되 너희가 이 성전을 헐라 내가 사흘 동안에 일으키리라
막 14:58

20 유대인들이 이르되 이 성전은 사십육 년 동안에 지었거늘 네가 삼 일 동안에 일으키겠느냐 하더라

21 그러나 예수는 성전된 자기 육체를 가리켜 말씀하신 것이라

22 죽은 자 가운데서 살아나신 후에야 제자들이 이 말씀하신 것을 기억하고 성경과 예수께서 하신 말씀을 믿었더라

예수는 사람의 마음속을 아신다

23 ●유월절에 예수께서 예루살렘에 계시니 많은 사람이 그의 행하시는 1)표적을 보고 그의 이름을 믿었으나

24 예수는 그의 몸을 그들에게 의탁하지 아니하셨으니 이는 친히 모든 사람을 아심이요

25 또 사람에 대하여 누구의 증언도 받으실 필요가 없었으니 이는 그가 친히 사람의 속에 있는 것을 아셨음이니라

예수와 니고데모—A.D. 27년경

3 그런데 바리새인 중에 니고데모라 하는 사람이 있으니 유대인의 2)지도자라

2 그가 밤에 예수께 와서 이르되 랍비여 우리가 당신은 하나님께로부터 오신 선생인 줄 아나이다 하나님이 함께 하시지 아니하시면 당신이 행하시는 이 1)표적을 아무도 할 수 없나이다

3장 에는 무엇이 기록되어 있을까?

니고데모는 바리새인이자 지식인, 권력자였어요. 하지만 그는 정작 구원이 무엇인지에 대해서는 잘 알지 못했지요. 예수님은 니고데모에게 인간이 구원받는 것은 하나님의 능력, 특별히 성령을 통해서만 가능하다고 가르쳐 주셨어요. 한편, 세례 요한은 겸손히 자신을 낮추고 예수님이 구세주 되심을 고백했답니다.

예수님을 찾아온 니고데모(3:1-2)

3 예수께서 대답하여 이르시되 진실로 진실로 네게 이르노니 사람이¹⁾거듭나지 아니하면 하나님의 나라를 볼 수 없느니라

4 니고데모가 이르되 사람이 늙으면 어떻게 날 수 있사옵나이까 두 번째 모태에 들어갔다가 날 수 있사옵나이까

5 예수께서 대답하시되 진실로 진실로 네게 이르노니 사람이 물과 성령으로 나지 아니하면 하나님의 나라에 들어갈 수 없느니라

6 육으로 난 것은 육이요 영으로 난 것은 영이니

7 내가 네게 거듭나야 하겠다 하는 말을 놀랍게 여기지 말라

8 바람이 임의로 불매 네가 그 소리는 들어도 어디서 와서 어디로 가는지 알지 못하나니 성령으로 난 사람도 다 그러하니라

9 니고데모가 대답하여 이르되 어찌 그러한 일이 있을 수 있나이까

10 예수께서 그에게 대답하여 이르시되 너는 이스라엘의 선생으로서 이러한 것들을 알지 못하느냐

11 진실로 진실로 네게 이르노니 우리는 아는 것을 말하고 본 것을 증언하노라 그러나 너희가 우리의 증언을 받지 아니하는도다

12 내가 땅의 일을 말하여도 너희가 믿지 아니하거든 하물며 하늘의 일을 말하면 어떻게 믿겠느냐

13 하늘에서 내려온 자²⁾곧 인자 외에는 하늘에 올라간 자가 없느니라

14 모세가 광야에서 뱀을 든 것 같이 인자도 들려야 하리니

15 이는 그를 믿는 자마다 영생을 얻게 하려 하심이니라

16 ●하나님이 세상을 이처럼 사랑하사 독생자를 주셨으니 이는 그를 믿는 자마다 멸망하지 않고 영생을 얻게 하려 하심이라 _{롬 5:8}

17 하나님이 그 아들을 세상에 보내신 것은 세상을 ³⁾심판하려 하심이 아니요 그로 말미암아 세상이 구원을 받게 하려 하심이라

18 그를 믿는 자는 ³⁾심판을 받지 아니하는 것이요 믿지 아니하는 자는 하나님의 독생자의 이름을 믿지 아니하므로 벌써 ³⁾심판을 받은 것이니라

19 그 정죄는 이것이니 곧 빛이 세상에 왔으되 사람들이 자기 행위가 악하므로 빛보다 어둠을 더 사랑한 것이니라 _{1:4}

20 악을 행하는 자마다 빛을 미워하여 빛으로 오지 아니하나니 이는 그 행위가 드러날까 함이요

21 ⁴⁾진리를 따르는 자는 빛으로 오나니 이는 그 행위가 하나님 안에서 행한 것임을 나타내려 함이라 하시니라 _{요일 1:6}
그는 흥하고 나는 쇠하여야 하리라

22 ●그 후에 예수께서 제자들과 유대 땅으로 가서 거기 함께 유하시며 ⁵⁾세례를 베푸시더라

23 요한도 살렘 가까운 애논에서 ⁵⁾세례를 베푸니 거기 물이 많음이라 그러므로 사람들이 와서 ⁵⁾세례를 받더라

24 요한이 아직 옥에 갇히지 아니하였더라

25 이에 요한의 제자 중에서 한 유대인과

1) 또는 위에서 **2)** 어떤 사본에, 곧 하늘에 있는 인자 **3)** 또는 정죄 **4)** 헬, 참 **5)** 헬, 또는 침례

니고데모에게 말씀을 가르쳐주시는 예수님(3:3-21)

더불어 정결예식에 대하여 변론이 되었더니 2:6

26 그들이 요한에게 가서 이르되 랍비여 선생님과 함께 요단 강 저편에 있던 이 곧 선생님이 증언하시던 이가 **세례를 베풀매 사람이 다 그에게로 가더이다

27 요한이 대답하여 이르되 만일 하늘에서 주신 바 아니면 사람이 아무 것도 받을 수 없느니라

28 내가 말한 바 나는 그리스도가 아니요 그의 앞에 보내심을 받은 자라고 한 것을 증언할 자는 너희니라

29 신부를 취하는 자는 신랑이나 서서 신랑의 음성을 듣는 친구가 크게 기뻐하나니 나는 이러한 기쁨으로 충만하였노라

30 그는 흥하여야 하겠고 나는 쇠하여야 하리라 하니라

31 ●위로부터 오시는 이는 만물 위에 계시고 땅에서 난 이는 땅에 속하여 땅에 속한 것을 말하느니라 하늘로부터 오시는 이는 만물 위에 계시나니 8:23

32 그가 친히 보고 들은 것을 증언하되 그의 증언을 받는 자가 없도다

33 그의 증언을 받는 자는 하나님이 참되시다는 것을 인쳤느니라

34 하나님이 보내신 이는 하나님의 말씀을 하나니 이는 하나님이 성령을 한량 없이 주심이니라

35 아버지께서 아들을 사랑하사 만물을 다 그의 손에 주셨으니

36 아들을 믿는 자에게는 영생이 있고 아들에게 순종하지 아니하는 자는 영생

우물가에 사마리아 여인을 만난 예수님 (4:5-26)

을 보지 못하고 도리어 하나님의 진노가 그 위에 머물러 있느니라

사마리아 여자와 말씀하시다 ──A.D. 27년경

4 예수께서 제자를 삼고 **세례를 베푸시는 것이 요한보다 많다 하는 말을 바리새인들이 들은 줄을 주께서 아신지라

2 (예수께서 친히 **세례를 베푸신 것이 아니요 제자들이 베푼 것이라)

3 유대를 떠나사 다시 갈릴리로 가실새

4 사마리아를 통과하여야 하겠는지라

5 사마리아에 있는 수가라 하는 동네에 이르시니 야곱이 그 아들 요셉에게 준 땅이 가깝고

6 거기 또 야곱의 우물이 있더라 예수께서 길 가시다가 피곤하여 우물 곁에 그대로 앉으시니 때가 여섯 시쯤 되었더라

7 사마리아 여자 한 사람이 물을 길으러 왔으매 예수께서 물을 좀 달라 하시니

8 이는 제자들이 먹을 것을 사러 그 동네에 들어갔음이러라

9 사마리아 여자가 이르되 당신은 유대인으로서 어찌하여 사마리아 여자인 나에게 물을 달라 하나이까 하니 이는 유대인이 사마리아인과 상종하지 아니함이러라

10 예수께서 대답하여 이르시되 네가 만일 하나님의 선물과 또 네게 물 좀 달라 하는 이가 누구인 줄 알았더라면 네가 그에게 구하였을 것이요 그가 생수를 네게 주었으리라 사 44:3

에스겔은 메마른 땅을 되살리는 생수가 성전에서 흘러나오는 환상을 보았어요(겔 47:1), 이사야 선지자는 '목마른 자들아 물로 나아오라'(사 55:1)고 외쳤지요, 이처럼 영원한 만족과 위로를 바라던 사람들의 소원이 예수님을 통해 이루어졌어요, 영원한 '생수'되신 예수님은 사마리아 여인의 갈증을 풀어주셨답니다,

1)헬, 또는 침례

예수님이 영원한
생명의 물 되심을
드러내심(4:13-14)

1 여자가 이르되 주여 물 길을 그릇도 없고 이 우물은 깊은데 어디서 당신이 그 생수를 얻겠사옵나이까

2 우리 조상 야곱이 이 우물을 우리에게 주셨고 또 여기서 자기와 자기 아들들과 짐승이 다 마셨는데 당신이 야곱보다 더 크니이까

3 예수께서 대답하여 이르시되 이 물을 마시는 자마다 다시 목마르려니와

4 내가 주는 물을 마시는 자는 영원히 목마르지 아니하리니 내가 주는 물은 그 속에서 영생하도록 솟아나는 샘물이 되리라 [암송]

15 여자가 이르되 주여 그런 물을 내게 주사 목마르지도 않고 또 여기 물 길으러 오지도 않게 하옵소서

16 이르시되 가서 네 남편을 불러 오라

17 여자가 대답하여 이르되 나는 남편이 없나이다 예수께서 이르시되 네가 남편이 없다 하는 말이 옳도다

18 너에게 남편 다섯이 있었고 지금 있는 자도 네 남편이 아니니 네 말이 참되도다

19 여자가 이르되 주여 내가 보니 선지자로소이다

20 우리 조상들은 이 산에서 예배하였는데 당신들의 말은 예배할 곳이 예루살렘에 있다 하더이다

21 예수께서 이르시되 여자여 내 말을 믿으라 이 산에서도 말고 예루살렘에서도 말고 너희가 아버지께 예배할 때가 이르리라

22 너희는 알지 못하는 것을 예배하고 우리는 아는 것을 예배하노니 이는 구원이 유대인에게서 남이라

23 아버지께 참되게 예배하는 자들은 영과 진리로 예배할 때가 오나니 곧 이 때라 아버지께서는 자기에게 이렇게 예배하는 자들을 찾으시느니라

24 하나님은 영이시니 예배하는 자가 영(靈)과 진리(眞理)로 예배할지니라 [암송]

25 여자가 이르되 메시야 곧 그리스도라 하는 이가 오실 줄을 내가 아노니 그가 오시면 모든 것을 우리에게 알려 주시리이다

26 예수께서 이르시되 네게 말하는 내가 그라 하시니라

27 ●이 때에 제자들이 돌아와서 예수께서 여자와 말씀하시는 것을 이상히 여겼으나 무엇을 구하시나이까 어찌하여 그와 말씀하시나이까 묻는 자가 없더라

28 여자가 물동이를 버려 두고 동네로 들어가서 사람들에게 이르되

29 내가 행한 모든 일을 내게 말한 사람을 와서 보라 이는 그리스도가 아니냐 하니

30 그들이 동네에서 나와 예수께로 오더라

31 그 사이에 제자들이 청하여 이르되 랍비여 잡수소서

32 이르시되 내게는 너희가 알지 못하는 먹을 양식이 있느니라

33 제자들이 서로 말하되 누가 잡수실 것을 갖다 드렸는가 하니

34 예수께서 이르시되 나의 양식은 나를 보내신 이의 뜻을 행하며 그의 일을 온전히 이루는 이것이니라

35 너희는 넉 달이 지나야 추수할 때가 이르겠다 하지 아니하느냐 그러나 나

마을로 내려가 예수님이
구세주임을 알림(4:28-30)

는 너희에게 이르노니 너희 눈을 들어 밭을 보라 희어져 추수하게 되었도다

36 거두는 자가 이미 삯도 받고 영생에 이르는 열매를 모으나니 이는 뿌리는 자와 거두는 자가 함께 즐거워하게 하려 함이라

37 그런즉 한 사람이 심고 다른 사람이 거둔다 하는 말이 옳도다

38 내가 너희로 노력하지 아니한 것을 거두러 보내었노니 다른 사람들은 노력하였고 너희는 그들이 노력한 것에 참여하였느니라

39 ●여자의 말이 내가 행한 모든 것을 그가 내게 말하였다 증언하므로 그 동네 중에 많은 사마리아인이 예수를 믿는지라 4:29

40 사마리아인들이 예수께 와서 자기들과 함께 유하시기를 청하니 거기서 이틀을 유하시매

41 예수의 말씀으로 말미암아 믿는 자가 더욱 많아

42 그 여자에게 말하되 이제 우리가 믿는 것은 네 말로 인함이 아니니 이는 우리가 친히 듣고 그가 참으로 세상의 구주신 줄 앎이라 하였더라

왕의 신하의 아들을 고치시다
(마 8:5-13; 눅 7:1-10)

43 ●이틀이 지나매 예수께서 거기를 떠나 갈릴리로 가시며

44 친히 증언하시기를 선지자가 고향에서는 높임을 받지 못한다 하시고

45 갈릴리에 이르시매 갈릴리인들이 그

베데스다

병자가 낫는 신기한 연못, 베데스다(5:2-4)

를 영접하니 이는 자기들도 명절에 갔다가 예수께서 명절중 예루살렘에서 하신 모든 일을 보았음이더라

46 ●예수께서 다시 갈릴리 가나에 이르시니 전에 물로 포도주를 만드신 곳이라 왕의 신하가 있어 그의 아들이 가버나움에서 병들었더니

47 그가 예수께서 유대로부터 갈릴리로 오셨다는 것을 듣고 가서 청하되 내려오셔서 내 아들의 병을 고쳐 주소서 하니 그가 거의 죽게 되었음이라 4:3, 54

48 예수께서 이르시되 너희는 1)표적과 기사를 보지 못하면 도무지 믿지 아니하리라

49 신하가 이르되 주여 내 아이가 죽기 전에 내려오소서

50 예수께서 이르시되 가라 네 아들이 살아 있다 하시니 그 사람이 예수께서 하신 말씀을 믿고 가더니

51 내려가는 길에서 그 종들이 오다가 만나서 아이가 살아 있다 하거늘

52 그 낫기 시작한 때를 물은즉 어제 일곱 시에 열기가 떨어졌나이다 하는지라

53 그의 아버지가 예수께서 네 아들이 살아 있다 말씀하신 그 때인 줄 알고 자기와 그 온 집안이 다 믿으니라

54 이것은 예수께서 유대에서 갈릴리로 오신 후에 행하신 두 번째 1)표적이니라

5 그 후에 유대인의 명절이 되어 예수께서 예루살렘에 올라가시니라

오래된 병을 고치시다

2 ●예루살렘에 있는 양문 곁에 히브리말로 베데스다라 하는 못이 있는데 거기 행각 다섯이 있고

1)또는 이적

3 그 안에 많은 병자, 맹인, 다리 저는 사람, 혈기 마른 사람들이 누워 [1][물의 움직임을 기다리니

4 이는 천사가 가끔 못에 내려와 물을 움직이게 하는데 움직인 후에 먼저 들어가는 자는 어떤 병에 걸렸든지 낫게 됨이러라]

5 거기 서른여덟 해 된 병자가 있더라

6 예수께서 그 누운 것을 보시고 병이 벌써 오래된 줄 아시고 이르시되 네가 낫고자 하느냐

7 병자가 대답하되 주여 물이 움직일 때에 나를 못에 넣어 주는 사람이 없어 내가 가는 동안에 다른 사람이 먼저 내려가나이다

8 예수께서 이르시되 일어나 네 자리를 들고 걸어가라 하시니

9 그 사람이 곧 나아서 자리를 들고 걸어가니라 ●이 날은 안식일이니   9:14

10 유대인들이 병 나은 사람에게 이르되 안식일인데 네가 자리를 들고 가는 것이 옳지 아니하니라

11 대답하되 나를 낫게 한 그가 자리를 들고 걸어가라 하더라 하니

12 그들이 묻되 너에게 자리를 들고 걸어가라 한 사람이 누구냐 하되

13 고침을 받은 사람은 그가 누구인지 알지 못하니 이는 거기 사람이 많으므로 예수께서 이미 피하셨음이라

14 그 후에 예수께서 성전에서 그 사람을 만나 이르시되 보라 네가 나았으니 더 심한 것이 생기지 않게 다시는 죄를 범하지 말라 하시니

38년 된 병자(5:5)

예수님께서 38년 된 병자를
고쳐주심(5:8-9)

15 그 사람이 유대인들에게 가서 자기를 고친 이는 예수라 하니라

16 그러므로 안식일에 이러한 일을 행하신다 하여 유대인들이 예수를 박해하게 된지라

17 예수께서 그들에게 이르시되 내 아버지께서 이제까지 일하시니 나도 일한다 하시매

18 유대인들이 이로 말미암아 더욱 예수를 죽이고자 하니 이는 안식일을 범할 뿐만 아니라 하나님을 자기의 친 아버지라 하여 자기를 하나님과 동등으로 삼으심이러라

아들의 권한

19 ●그러므로 예수께서 그들에게 이르시되 내가 진실로 진실로 너희에게 이르노니 아들이 아버지께서 하시는 일을 보지 않고는 아무 것도 스스로 할 수 없나니 아버지께서 행하시는 그것을 아들도 그와 같이 행하느니라   8:28

20 아버지께서 아들을 사랑하사 자기가 행하시는 것을 다 아들에게 보이시고 또 그보다 더 큰 일을 보이사 너희로 놀랍게 여기게 하시리라

21 아버지께서 죽은 자들을 일으켜 살리심 같이 아들도 자기가 원하는 자들을 살리느니라

22 아버지께서 아무도 심판하지 아니하시고 심판을 다 아들에게 맡기셨으니

23 이는 모든 사람으로 아버지를 공경하는 것 같이 아들을 공경하게 하려 하심이라 아들을 공경하지 아니하는 자는 그를 보내신 아버지도 공경하지 아니하느니라

1) 어떤 사본에는, 이 괄호 내 구절이 없고 3절의 '누워'는 '누웠으나'로 되어 있음

요

24 내가 진실로 진실로 너희에게 이르노니 내 말을 듣고 또 나 보내신 이를 믿는 자는 영생을 얻었고 1)심판에 이르지 아니하나니 사망에서 생명으로 옮겼느니라 [있음]

25 진실로 진실로 너희에게 이르노니 죽은 자들이 하나님의 아들의 음성을 들을 때가 오나니 곧 이 때라 듣는 자는 살아나리라

26 아버지께서 자기 속에 생명이 있음 같이 아들에게도 생명을 주어 그 속에 있게 하였고 6:57

27 또 인자됨으로 말미암아 심판하는 권한을 주셨느니라 마 10:42

28 이를 놀랍게 여기지 말라 무덤 속에 있는 자가 다 그의 음성을 들을 때가 오나니

29 선한 일을 행한 자는 생명의 부활로, 악한 일을 행한 자는 심판의 부활로 나오리라 단 12:2

예수를 믿게 하는 증언

30 ●내가 아무 것도 스스로 할 수 없노라 듣는 대로 심판하노니 나는 나의 뜻대로 하려 하지 않고 나를 보내신 이의 뜻대로 하려 하므로 내 심판은 의로우니라

31 내가 만일 나를 위하여 증언하면 내 증언은 참되지 아니하되

32 나를 위하여 증언하시는 이가 따로 있으니 나를 위하여 증언하시는 그 증언이 참인 줄 아노라

33 너희가 요한에게 사람을 보내매 요한이 진리에 대하여 증언하였느니라

34 그러나 나는 사람에게서 증언을 취하지 아니하노라 다만 이 말을 하는 것은 너희로 구원을 받게 하려 함이니라

35 요한은 커서 비추이는 등불이라 너희가 한때 그 빛에 즐거이 있기를 원하였거니와

36 내게는 요한의 증거보다 더 큰 증거가 있으니 아버지께서 내게 주사 이루게 하시는 역사 곧 내가 하는 그 역사가 아버지께서 나를 보내신 것을 나를 위하

여 증언하는 것이요

37 또한 나를 보내신 아버지께서 친히 나를 위하여 증언하셨느니라 너희는 아무 때에도 그 음성을 듣지 못하였고 그 형상을 보지 못하였으며

38 그 말씀이 너희 속에 거하지 아니하니 이는 그가 보내신 이를 믿지 아니함이라

39 너희가 성경에서 영생을 얻는 줄 생각하고 성경을 연구하거니와 이 성경이 곧 내게 대하여 증언하는 것이니라

40 그러나 너희가 영생을 얻기 위하여 내게 오기를 원하지 아니하는도다 5:44

41 나는 사람에게서 영광을 취하지 아니하노라

42 다만 하나님을 사랑하는 것이 너희 속에 없음을 알았노라

43 나는 내 아버지의 이름으로 왔으매 너희가 영접하지 아니하나 만일 다른 사람이 자기 이름으로 오면 영접하리라

44 너희가 서로 영광을 취하고 유일하신 하나님께로부터 오는 영광은 구하지 아니하니 어찌 나를 믿을 수 있느냐

45 내가 너희를 아버지께 고발할까 생각하지 말라 너희를 고발하는 이가 있으니 곧 너희가 바라는 자 모세니라 9:28

46 모세를 믿었더라면 또 나를 믿었으리니 이는 그가 내게 대하여 기록하였음이라

47 그러나 그의 글도 믿지 아니하거든 어찌 내 말을 믿겠느냐 하시니라 눅 16:31

오천 명을 먹이시다 (마 14:13-21; 막 6:30-44; 눅 9:10-17) - A.D. 29년경

6 그 후에 예수께서 디베랴의 갈릴리 바다 건너편으로 가시매

6장에는 무엇이 기록되어 있을까?

예수님이 갈릴리에서 보이신 두 가지 기적과 바다 위를 걸으신 이야기예요. 하나님께서 출애굽 이후 이스라엘 백성에게 만나와 메추라기를 주셨던 것처럼, 예수님은 많은 사람들에게 떡과 물고기를 주셨어요. 예수님께서는 스스로를 '하늘에서 내려온 떡'(58절)이라고 말씀하시며 모든 사람의 생명이 되심을 밝히셨답니다.

1) 또는 정죄

한 어린이가 보리떡 5개와 물고기 2마리를 예수님께 가지고 옴(6:9)

2 큰 무리가 따르니 이는 병자들에게 행하시는 ¹⁾표적을 보았음이러라

3 예수께서 산에 오르사 제자들과 함께 거기 앉으시니

4 마침 유대인의 명절인 유월절이 가까운지라

5 예수께서 눈을 들어 큰 무리가 자기에게로 오는 것을 보시고 빌립에게 이르시되 우리가 어디서 떡을 사서 이 사람들을 먹이겠느냐 하시니

6 이렇게 말씀하심은 친히 어떻게 하실지를 아시고 빌립을 시험하고자 하심이라

7 빌립이 대답하되 각 사람으로 조금씩 받게 할지라도 이백 ²⁾데나리온의 떡이 부족하리이다

8 제자 중 하나 곧 시몬 베드로의 형제 안드레가 예수께 여짜오되

9 여기 한 아이가 있어 보리떡 다섯 개와 물고기 두 마리를 가지고 있나이다 그러나 그것이 이 많은 사람에게 얼마나 되겠사옵나이까

10 예수께서 이르시되 이 사람들로 ³⁾앉게 하라 하시니 그 곳에 잔디가 많은지라 사람들이 ³⁾앉으니 수가 오천 명쯤 되더라

11 예수께서 떡을 가져 축사하신 후에 ³⁾앉아 있는 자들에게 나눠 주시고 물고기도 그렇게 그들의 원대로 주시니라

12 그들이 배부른 후에 예수께서 제자들에게 이르시되 남은 조각을 거두고 버리는 것이 없게 하라 하시므로

13 이에 거두니 보리떡 다섯 개로 먹고 남은 조각이 열두 바구니에 찼더라

14 그 사람들이 예수께서 행하신 이 ¹⁾표적을 보고 말하되 이는 참으로 세상에 오실 그 선지자라 하더라

15 그러므로 예수께서 그들이 와서 자기를 억지로 붙들어 임금으로 삼으려는 줄 아시고 다시 혼자 산으로 떠나 가시니라

바다 위로 걸어오시다

(마 14:22-27; 막 6:45-52)

16 ● 저물매 제자들이 바다에 내려가서

17 배를 타고 바다를 건너 가버나움으로 가는데 이미 어두웠고 예수는 아직 그들에게 오시지 아니하셨더니

18 큰 바람이 불어 파도가 일어나더라

19 제자들이 노를 저어 십여 리쯤 가다가 예수께서 바다 위로 걸어 배에 가까이 오심을 보고 두려워하거늘

20 이르시되 내니 두려워하지 말라 하신대

21 이에 기뻐서 배로 영접하니 배는 곧 그들이 가려던 땅에 이르렀더라

생명의 떡

22 ● 이튿날 바다 건너편에 서 있던 무리가 배 한 척 외에 다른 배가 거기 없는

보리떡 5개와 물고기 2마리로 5천 명을 먹이심(6:10-13)

¹⁾ 또는 이적　²⁾ 은전의 명칭　³⁾ 헬, 기대어 눕게(유대인이 음식 먹을 때에 가지는 자세)

것과 또 어제 예수께서 제자들과 함께 그 배에 오르지 아니하시고 제자들만 가는 것을 보았더니 6:2, 16

23 (그러나 디베랴에서 배들이 주께서 축사하신 후 여럿이 떡 먹던 그 곳에 가까이 왔더라)

24 무리가 거기에 예수도 안 계시고 제자들도 없음을 보고 곧 배들을 타고 예수를 찾으러 가버나움으로 가서

25 바다 건너편에서 만나 랍비여 언제 여기 오셨나이까 하니

26 예수께서 대답하여 이르시되 내가 진실로 진실로 너희에게 이르노니 너희가 나를 찾는 것은 1)표적을 본 까닭이 아니요 떡을 먹고 배부른 까닭이로다

27 썩을 양식을 위하여 일하지 말고 영생하도록 있는 양식을 위하여 하라 이 양식은 인자가 너희에게 주리니 인자는 아버지 하나님께서 인치신 자니라

28 그들이 묻되 우리가 어떻게 하여야 하나님의 일을 하오리이까

29 예수께서 대답하여 이르시되 하나님께서 보내신 이를 믿는 것이 하나님의 일이니라 하시니

30 그들이 묻되 그러면 우리가 보고 당신을 믿도록 행하시는 1)표적이 무엇이니이까, 하시는 일이 무엇이니이까 마 12:38

31 기록된 바 하늘에서 그들에게 떡을 주어 먹게 하였다 함과 같이 우리 조상들은 광야에서 만나를 먹었나이다

32 예수께서 이르시되 내가 진실로 진실로 너희에게 이르노니 모세가 너희에게 하늘로부터 떡을 준 것이 아니라 내 아버지께서 너희에게 하늘로부터 참 떡을 주시나니

예수님의 갈릴리 주변에서의 사역 (6:1-71)

33 하나님의 떡은 하늘에서 내려 세상에 생명을 주는 것이니라

34 그들이 이르되 주여 이 떡을 항상 우리에게 주소서 4:15

35 예수께서 이르시되 나는 생명의 떡이니 내게 오는 자는 결코 주리지 아니할 터이요 나를 믿는 자는 영원히 목마르지 아니하리라 4:14

36 그러나 내가 너희에게 이르기를 너희는 나를 보고도 믿지 아니하는도다 하였느니라 6:26

37 아버지께서 내게 주시는 자는 다 내게로 올 것이요 내게 오는 자는 내가 결코 내쫓지 아니하리라

38 내가 하늘에서 내려온 것은 내 뜻을 행하려 함이 아니요 나를 보내신 이의 뜻을 행하려 함이니라

39 나를 보내신 이의 뜻은 내게 주신 자 중에 내가 하나도 잃어버리지 아니하고 마지막 날에 다시 살리는 이것이니라

40 내 아버지의 뜻은 아들을 보고 믿는 자마다 영생을 얻는 이것이니 마지막 날에 내가 이를 다시 살리리라 하시니라

41 ●자기가 하늘에서 내려온 떡이라 하시므로 유대인들이 예수에 대하여 수군거려

42 이르되 이는 요셉의 아들 예수가 아니냐 그 부모를 우리가 아는데 자기가 지금 어찌하여 하늘에서 내려왔다 하느냐

43 예수께서 대답하여 이르시되 너희는 서로 수군거리지 말라

토막상식

디베랴

갈릴리 바다의 북쪽 해변에 세워진 성읍이에요. A.D. 25년경 헤롯 안디바는 이곳을 황제 디베료의 이름을 따서 붙여 갈릴리 및 베뢰아 지역의 수도로 삼았습니다. 그래서 갈릴리 바다를 '디베랴 바다'라고 부르기도 하지요. 6장 23절

1)또는 이적 ㄱ. 출 16:4, 15; 시 78:24; 105:40; 느 9:15

44 나를 보내신 아버지께서 이끌지 아니하시면 아무도 내게 올 수 없으니 오는 그를 내가 마지막 날에 다시 살리리라

45 선지자의 글에 그들이 다 하나님의 가르치심을 받으리라 기록되었은즉 아버지께 듣고 배운 사람마다 내게로 오느니라

46 이는 아버지를 본 자가 있다는 것이 아니니라 오직 하나님에게서 온 자만 아버지를 보았느니라

47 진실로 진실로 너희에게 이르노니 믿는 자는 영생을 가졌나니

48 내가 곧 생명의 떡이니라

49 너희 조상들은 광야에서 만나를 먹었어도 죽었거니와

50 이는 하늘에서 내려오는 떡이니 사람으로 하여금 먹고 죽지 아니하게 하는 것이니라

51 나는 하늘에서 내려온 살아 있는 떡이니 사람이 이 떡을 먹으면 영생하리라 내가 줄 떡은 곧 세상의 생명을 위한 내 살이니라 하시니라

52 ●그러므로 유대인들이 서로 다투어 이르되 이 사람이 어찌 능히 자기 살을 우리에게 주어 먹게 하겠느냐

53 예수께서 이르시되 내가 진실로 진실로 너희에게 이르노니 인자의 살을 먹지 아니하고 인자의 피를 마시지 아니하면 너희 속에 생명이 없느니라

54 내 살을 먹고 내 피를 마시는 자는 영생을 가졌고 마지막 날에 내가 그를 다시 살리리니

55 내 살은 참된 양식이요 내 피는 참된 음료로다

56 내 살을 먹고 내 피를 마시는 자는 내 안에 거하고 나도 그의 안에 거하나니

57 살아 계신 아버지께서 나를 보내시매 내가 아버지로 말미암아 사는 것 같이 나를 먹는 그 사람도 나로 말미암아 살리라

58 이것은 하늘에서 내려온 떡이니 조상들이 먹고도 죽은 그것과 같지 아니하여 이 떡을 먹는 자는 영원히 살리라

59 이 말씀은 예수께서 가버나움 회당에서 가르치실 때에 하셨느니라

영생의 말씀

60 ●제자 중 여럿이 듣고 말하되 이 말씀은 어렵도다 누가 들을 수 있느냐 한대

61 예수께서 스스로 제자들이 이 말씀에 대하여 수군거리는 줄 아시고 이르시되 이 말이 너희에게 걸림이 되느냐

62 그러면 너희는 인자가 이전에 있던 곳으로 올라가는 것을 본다면 어떻게 하겠느냐

63 살리는 것은 영이니 육은 무익하니라 내가 너희에게 이른 말은 영이요 생명이라

64 그러나 너희 중에 믿지 아니하는 자들이 있느니라 하시니 이는 예수께서 믿지 아니하는 자들이 누구며 자기를 팔자가 누구인지 처음부터 아심이러라

65 또 이르시되 그러므로 전에 너희에게 말하기를 내 아버지께서 오게 하여 주지 아니하시면 누구든지 내게 올 수 없다 하였노라 하시니라

66 ●그 때부터 그의 제자 중에서 많은 사람이 떠나가고 다시 그와 함께 다니지 아니하더라

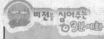

비전을 심어주는 **3분 예화**

눈으로 볼 수 없는 하나님

어떤 로마인이 유대 랍비를 찾아와서 말했어요. "당신들은 늘 하나님 이야기만 하는데, 그 하나님이 어디에 있는지 보여주시오. 그러면 나도 하나님을 믿지요."

랍비는 이 심술궂은 질문을 못 들은 척할 수가 없어 태양을 가리키며 말했어요. "저 태양을 똑바로 쳐다보시오." 그러자 그 로마인은 태양을 잠깐 쳐다보고는 소리쳤어요. "엉터리 같은 소리는 집어치우시오! 어떻게 태양을 똑바로 쳐다볼 수 있단 말이오."

그러자 랍비는 다음과 같이 말했답니다. "당신이 하나님께서 창조하신 많은 것들 가운데 태양조차 바로 볼 수가 없으면서 어떻게 위대하신 하나님을 눈으로 볼 수 있겠소?"

1) 또는 너희로 실족하게 하느냐 ㄱ. 사 54:13

67 예수께서 열두 제자에게 이르시되 너희도 가려느냐 ^{마 10:2}

68 시몬 베드로가 대답하되 주여 영생의 말씀이 주께 있사오니 우리가 누구에게로 가오리이까

69 우리가 주는 하나님의 거룩하신 자이신 줄 믿고 알았사옵나이다

70 예수께서 대답하시되 내가 너희 열둘을 택하지 아니하였느냐 그러나 너희 중의 한 사람은 마귀니라 하시니 ^{15:16}

71 이 말씀은 가룟 시몬의 아들 유다를 가리키심이라 그는 열둘 중의 하나로 예수를 팔 자러라

형제들까지도 예수를 믿지 아니하다

7 그 후에 예수께서 갈릴리에서 다니시고 유대에서 다니려 아니하심은 유대인들이 죽이려 함이러라

2 유대인의 명절인 초막절이 가까운지라

3 그 형제들이 예수께 이르되 당신이 행하는 일을 제자들도 보게 여기를 떠나 유대로 가소서

4 스스로 나타나기를 구하면서 묻혀서 일하는 사람이 없나니 이 일을 행하려 하거든 자신을 세상에 나타내소서 하니

5 이는 그 형제들까지도 예수를 믿지 아니함이러라 ^{막 3:21}

6 예수께서 이르시되 내 때는 아직 이르지 아니하였거니와 너희 때는 늘 준비되어 있느니라

7 세상이 너희를 미워하지 아니하되 나를 미워하나니 이는 내가 세상의 일들을 악하다고 증언함이라

8 너희는 명절에 올라가라 내 때가 아직

7 에는 무엇이 기록되어 있을까?

십자가의 수난을 얼마 남겨두지 않고 예수님은 예루살렘으로 가셨어요. 그곳은 예수님을 반대하는 유대인들이 많이 있었던 위험한 곳이었죠. 그들은 예수님을 체포하려고까지 했어요. 하지만 예수님은 이런 상황 가운데서도 알 수 있는 한 많은 사람들에게 천국의 복음을 전하시기 위해 노력하셨답니다.

차지 못하였으니 나는 이 명절에 아직 올라가지 아니하노라 ^{마 10:2}

9 이 말씀을 하시고 갈릴리에 머물러 계시니라

명절을 지키러 올라가시다

10 ● 그 형제들이 명절에 올라간 후에 자기도 올라가시되 나타내지 않고 은밀히 가시니라

11 명절중에 유대인들이 예수를 찾으면서 그가 어디 있느냐 하고

12 예수에 대하여 무리 중에서 수군거림이 많아 어떤 사람은 좋은 사람이라 하며 어떤 사람은 아니라 무리를 미혹하다 하나

13 그러나 유대인들을 두려워하므로 드러나게 그에 대하여 말하는 자가 없더라

14 ● 이미 명절의 중간이 되어 예수께서 성전에 올라가사 가르치시니 ^{7:28}

15 유대인들이 놀랍게 여겨 이르되 이 사람은 배우지 아니하였거늘 어떻게 글을 아느냐 하니

16 예수께서 대답하여 이르시되 내 교훈은 내 것이 아니요 나를 보내신 이의 것이니라 ^{8:28}

17 사람이 하나님의 뜻을 행하려 하면 이 교훈이 하나님께로부터 왔는지 내가 스스로 말함인지 알리라

18 스스로 말하는 자는 자기 영광만 구하되 보내신 이의 영광을 구하는 자는 참되니 그 속에 불의가 없느니라 ^{8:50}

19 모세가 너희에게 율법을 주지 아니하였느냐 너희 중에 율법을 지키는 자가 없도다 너희가 어찌하여 나를 죽이려 하느냐

20 무리가 대답하되 당신은 귀신이 들렸도다 누가 당신을 죽이려 하나이까 ^{마 12:14}

21 예수께서 대답하여 이르시되 내가 한 가지 일을 행하매 너희가 다 이로 말미암아 이상히 여기는도다

22 모세가 너희에게 할례를 행했으니 (그러나 할례는 모세에게서 난 것이 아니요 조상들에게서 난 것이라) 그러므로

너희가 안식일에도 사람에게 할례를 행하느니라

23 모세의 율법(律法)을 범하지 아니하려고 사람이 안식일에도 할례를 받는 일이 있거든 내가 안식일에 사람의 전신을 건전하게 한 것으로 너희가 내게 노여워하느냐 　막 3:5

24 외모로 판단하지 말고 공의롭게 판단하라 하시니라

예수를 잡고자 하나

25 ●예루살렘 사람 중에서 어떤 사람이 말하되 이는 그들이 죽이고자 하는 그 사람이 아니냐

26 보라 드러나게 말하되 그들이 아무 말도 아니하는도다 당국자들은 이 사람을 참으로 그리스도인 줄 알았는가

27 그러나 우리는 이 사람이 어디서 왔는지 아노라 그리스도께서 오실 때에는 어디서 오시는지 아는 자가 없으리라 하는지라 　막 6:3

28 예수께서 성전에서 가르치시며 외쳐 이르시되 너희가 나를 알고 내가 어디서 온 것도 알거니와 내가 스스로 온 것이 아니니라 나를 보내신 이는 참되시니 너희는 그를 알지 못하나

이스라엘의 생수의 강 이었던 요단 강기슭

29 나는 아노니 이는 내가 그에게서 났고 그가 나를 보내셨음이라 하시니 　마 11:27

30 그들이 예수를 잡고자 하나 손을 대는 자가 없으니 이는 그의 때가 아직 이르지 아니하였음이러라

31 무리 중의 많은 사람이 예수를 믿고 말하되 그리스도께서 오실지라도 그 행하실 1)표적이 이 사람이 행한 것보다 더 많으랴 하니

32 예수에 대하여 무리가 수군거리는 것이 바리새인들에게 들린지라 대제사장들과 바리새인들이 그를 잡으려고 아랫사람들을 보내니

33 예수께서 이르시되 내가 너희와 함께 조금 더 있다가 나를 보내신 이에게로 돌아가겠노라

34 너희가 나를 찾아도 만나지 못할 터이요 나 있는 곳에 오지도 못하리라 하시니

35 이에 유대인들이 서로 묻되 이 사람이 어디로 가기에 우리가 그를 만나지 못하리요 헬라인 중에 흩어져 사는 자들에게로 가서 헬라인을 가르칠 터인가

36 나를 찾아도 만나지 못할 터이요 나 있는 곳에 오지도 못하리라 한 이 말이 무슨 말이냐 하니라

생수의 강이 흘러나오리라

37 ●명절 끝날 곧 큰 날에 예수께서 서서 외쳐 이르시되 누구든지 목마르거든 내게로 와서 마시라

38 나를 믿는 자는 성경에 이름과 같이 그 배에서 생수의 강이 흘러나오리라 하시니 　사 12:3

39 이는 그를 믿는 자들이 받을 성령을 가

술술 풀리는 성경말씀

누구든지 목마르거든 내게로 와서 마시라!

　예수님은 초막절에 두 번째로 예루살렘에 올라가셨어요. 초막절은 해마다 거두어들인 수확에 감사하며 출애굽 사건을 기념하는 축제지요.

　이 기간 동안에는 매일 실로암 연못에서 물을 길어와 제단에 뿌리는 의식이 있었는데, 제사장은 금으로 된 물병에 물을 담아 성전으로 향했어요. 성전에 도착한 사람들은 롤랍이라는 나뭇가지 다발을 흔들며 시편 118편을 노래하고, 제사장은 제단에 물을 부었지요.

　이 의식은 메시아가 오면, 생명의 물이 예루살렘에서 흘러나와 온 세상에 이르게 된다는 것을 상징하는 것이었어요. 이런 배경에서 예수님은 "누구든지 목마르거든 내게로 와서 마시라"고 외치셨던 것이랍니다.

7장 37절

---

1)또는 이적

리켜 말씀하신 것이라 (예수께서 아직
영광을 받지 않으셨으므로 성령이 아
직 그들에게 계시지 아니하시더라)
40 이 말씀을 들은 무리 중에서 어떤 사람
은 이 사람이 참으로 그 선지자라 하며
41 어떤 사람은 그리스도라 하며 어떤 이
들은 그리스도가 어찌 갈릴리에서 나
오겠느냐   1:46
42 성경에 이르기를 그리스도는 다윗의
씨로 또 다윗이 살던 마을 베들레헴에
서 나오리라 하지 아니하였느냐 하며
43 예수로 말미암아 무리 중에 쟁론이
되니
44 그 중에는 그를 잡고자 하는 자들도 있
으나 손을 대는 자가 없었더라   7:30

대제사장들과 바리새인들은 믿지 않다
45 ●아랫사람들이 대제사장들과 바리새
인들에게로 오니 그들이 묻되 어찌하
여 잡아오지 아니하였느냐
46 아랫사람들이 대답하되 그 사람이 말
하는 것처럼 말한 사람은 이 때까지 없
었나이다 하니
47 바리새인들이 대답하되 너희도 미혹
되었느냐   7:12
48 당국자들이나 바리새 중에 그를 믿
는 자가 있느냐   7:51
49 율법을 알지 못하는 이 무리는 저주를
받은 자로다
50 그 중의 한 사람 곧 전에 예수께 왔던
니고데모가 그들에게 말하되
51 우리 율법은 사람의 말을 듣고 그 행한
것을 알기 전에 심판하느냐
52 그들이 대답하여 이르되 너도 갈릴리
에서 왔느냐 찾아 보라 갈릴리에서는
선지자가 나지 못하느니라 하였더라

음행중에 잡혀온 여자가 용서 받다
53 [다 각각 집으로 돌아가고
8 예수는 감람 산으로 가시니라
2 아침에 다시 성전으로 들어오시
니 백성이 다 나아오는지라 앉으사 그

들을 가르치시더니
3 서기관들과 바리새인들이 음행중에
잡힌 여자를 끌고 와서 가운데 세우고
4 예수께 말하되 선생이여 이 여자가 간
음하다가 현장에서 잡혔나이다
5 모세는 율법에 이러한 여자를 돌로
치라 명하였거니와 선생은 어떻게 말
하겠나이까
6 그들이 이렇게 말함은 고발할 조건을 얻
고자 하여 예수를 시험함이러라 예수께
서 몸을 굽히사 손가락으로 땅에 쓰시니
7 그들이 묻기를 마지 아니하는지라 이
에 일어나 이르시되 너희 중에 죄 없는
자가 먼저 돌로 치라 하시고   롬 2:1
8 다시 몸을 굽혀 손가락으로 땅에 쓰시니
9 그들이 이 말씀을 듣고 양심에 가책을
느껴 어른으로 시작하여 젊은이까지
하나씩 하나씩 나가고 오직 예수와 그
가운데 섰는 여자만 남았더라
10 예수께서 일어나사 여자 외에 아무도
없는 것을 보시고 이르시되 여자여 너
를 고발하던 그들이 어디 있느냐 너를
정죄한 자가 없느냐
11 대답하되 주여 없나이다 예수께서 이르
시되 나도 너를 정죄하지 아니하노니 가
서 다시는 죄를 범하지 말라 하시니래

나는 세상의 빛
12 ●예수께서 또 말씀하여 이르시되 나
는 세상의 빛이니 나를 따르는 자는 어
둠에 다니지 아니하고 생명의 빛을 얻
으리라   1:4
13 바리새인들이 이르되 네가 너를 위하

8 에는 무엇이 기록되어 있을까?

'간음하다 잡힌 여인'에 대한 이
야기는 죄인을 용서하시는 예수님의 사랑을
보여줍니다. 우리 역시 하나님 앞에 끔찍한 죄
인이었지만, 예수님께서는 우리의 모든 죄를
용서해주셨습니다. 이 세상의 빛으로 오신 예
수님은 사람들에게 참진리에 대해 말씀해주셨
지만, 이를 깨닫지 못한 사람들은 도리어 예수
님을 돌로 치려고 했지요.

1) 어떤 사본에, 7:53부터 8:11까지 없음 ㄱ, 삼하 7:12 이하; 미
5:2 ㄴ, 레 20:10; 신 22:22 이하

여 증언하니 네 증언은 참되지 아니하
도다
⁵:³¹
14 예수께서 대답하여 이르시되 내가 나
를 위하여 증언하여도 내 증언이 참되
니 나는 내가 어디서 오며 어디로 가는
것을 알거니와 너희는 내가 어디서 오
며 어디로 가는 것을 알지 못하느니라
15 너희는 육체를 따라 판단하나 나는 아
무도 판단하지 아니하노라
16 만일 내가 판단하여도 내 판단이 참되
니 이는 내가 혼자 있는 것이 아니요
나를 보내신 이가 나와 함께 계심이라
17 너희 율법에도 두 사람의 증언이 참
되다 기록되었으니
18 내가 나를 위하여 증언하는 자가 되고
나를 보내신 아버지도 나를 위하여 증
언하시느니라
19 이에 그들이 묻되 네 아버지가 어디 있
느냐 예수께서 대답하시되 너희는 나
를 알지 못하고 내 아버지도 알지 못하
는도다 나를 알았더라면 내 아버지도
알았으리라
¹⁴:⁷, ⁹
20 이 말씀은 성전에서 가르치실 때에 현
금함 앞에서 하셨으나 잡는 사람이 없
으니 이는 그의 때가 아직 이르지 아니
하였음이러라

내가 가는 곳

21 ●다시 이르시되 내가 가리니 너희가 나
를 찾다가 너희 죄 가운데서 죽겠고 내
가 가는 곳에는 너희가 오지 못하리라

22 유대인들이 이르되 그가 말하기를 내
가 가는 곳에는 너희가 오지 못하리라
하니 그가 자결하려는가
23 예수께서 이르시되 너희는 아래에서
났고 나는 위에서 났으며 너희는 이 세
상에 속하였고 나는 이 세상에 속하지
아니하였느니라
24 그러므로 내가 너희에게 말하기를 너
희가 너희 죄 가운데서 죽으리라 하였
노라 너희가 만일 내가 그인 줄 믿지
아니하면 너희 죄 가운데서 죽으리라
25 그들이 말하되 네가 누구냐 예수께서
이르시되 나는 처음부터 너희에게 말
하여 온 자니라
26 내가 너희에게 대하여 말하고 판단할
것이 많으나 나를 보내신 이가 참되시
매 내가 그에게 들은 그것을 세상에 말
하노라 하시되
¹⁵:¹⁵
27 그들은 아버지를 가리켜 말씀하신 줄
을 깨닫지 못하더라
28 이에 예수께서 이르시되 너희가 인자
를 든 후에 내가 그인 줄을 알고 또 내
가 스스로 아무 것도 하지 아니하고 오
직 아버지께서 가르치신 대로 이런 것
을 말하는 줄도 알리라
29 나를 보내신 이가 나와 함께 하시도다
나는 항상 그가 기뻐하시는 일을 행하
므로 나를 혼자 두지 아니하셨느니라
30 이 말씀을 하시매 많은 사람이 믿더라

ㄱ. 신 19:15; 17:6

31 ●그러므로 예수께서 자기를 믿은 유대인들에게 이르시되 너희가 내 말에 거하면 참으로 내 제자가 되고

32 진리를 알지니 진리가 너희를 자유롭게 하리라 (찬송)

33 그들이 대답하되 우리가 아브라함의 자손이라 남의 종이 된 적이 없거늘 어찌하여 우리가 자유롭게 되리라 하느냐

34 예수께서 대답하시되 진실로 진실로 너희에게 이르노니 죄를 범하는 자마다 죄의 종이라

35 종은 영원히 집에 거하지 못하되 아들은 영원히 거하나니

36 그러므로 아들이 너희를 자유롭게 하면 너희가 참으로 자유로우리라

37 나도 너희가 아브라함의 자손인 줄 아노라 그러나 내 말이 너희 안에 있을 곳이 없으므로 나를 죽이려 하는도다

38 나는 내 아버지에게서 본 것을 말하고 너희는 너희 아비에게서 들은 것을 행하느니라

39 대답하여 이르되 우리 아버지는 아브라함이라 하니 예수께서 이르시되 너

솔솔 풀리는 성경 말씀

믿음이 없는 사람들

예수님은 계속해서 "나는 아버지께서 보내서 왔다", "나는 사람들에게 생명을 주러 왔다"고 말씀하셨지만, 그때마다 예수님의 적들은 "당신은 누구십니까?"라고 물었어요. 믿음이 없는 그들은 예수님의 말씀을 이해하지 못했지요.

1. "나는 ~다"라는 표현은 하나님이 모세에게 직접 가르쳐주신 하나님의 이름이었어요(출 3:14). 요한복음에서 예수님은 이 칭호를 일곱 번이나 사용하셨어요.

2. "나는 아버지께서 보내서 왔다"는 말씀도 여덟 번이나 하셨어요(3:13,17;6:33-5,38,51,58;7:28;8:28).

3. "나의 말은 곧 아버지의 말씀이다"라고도 여섯 번이나 말씀하셨답니다(5:19이하,26-27,30,43;6:37-41;7:16-18). 8장 43-47절

희가 아브라함의 자손이면 아브라함이 행한 일들을 할 것이거늘 롬 2:28

40 지금 하나님께 들은 진리를 너희에게 말한 사람은 나를 죽이려 하는도다 아브라함은 이렇게 하지 아니하였느니라

41 너희는 너희 아비가 행한 일들을 하는도다 대답하되 우리가 음란한 데서 나지 아니하였고 아버지는 한 분뿐이시니 곧 하나님이시로다

42 예수께서 이르시되 하나님이 너희 아버지였으면 너희가 나를 사랑하였으리니 이는 내가 하나님께로부터 나와서 왔음이라 나는 스스로 온 것이 아니요 아버지께서 나를 보내신 것이니라

43 어찌하여 내 말을 깨닫지 못하느냐 이는 내 말을 들을 줄 알지 못함이로다

44 너희는 너희 아비 마귀에게서 났으니 너희 아비의 욕심대로 너희도 행하고자 하느니라 그는 처음부터 살인한 자요 1)진리가 그 속에 없으므로 1)진리에 서지 못하고 거짓을 말할 때마다 제 것으로 말하나니 이는 그가 거짓말쟁이요 거짓의 아비가 되었음이라

45 내가 1)진리를 말하므로 너희가 나를 믿지 아니하는도다 18:37

46 너희 중에 누가 나를 죄로 책잡겠느냐 내가 1)진리를 말하는데도 어찌하여 나를 믿지 아니하느냐

47 하나님께 속한 자는 하나님의 말씀을 듣나니 너희가 듣지 아니함은 하나님께 속하지 아니하였음이로다 요일 4:6

48 유대인들이 대답하여 이르되 우리가 너를 사마리아 사람이라 또는 귀신이 들렸다 하는 말이 옳지 아니하냐 10:20

49 예수께서 대답하시되 나는 귀신 들린 것이 아니라 오직 내 아버지를 공경함이거늘 너희가 나를 무시하는도다

50 나는 내 영광을 구하지 아니하나 구하고 판단하시는 이가 계시니라

51 진실로 진실로 너희에게 이르노니 사람이 내 말을 지키면 영원히 죽음을 보

1)또는 참된 것

지 아니하리라

52 유대인들이 이르되 지금 네가 귀신 들린 줄을 아노라 아브라함과 선지자들도 죽었거늘 네 말은 사람이 내 말을 지키면 영원히 죽음을 맛보지 아니하리라 하니

53 너는 이미 죽은 우리 조상 아브라함보다 크냐 또 선지자들도 죽었거늘 너는 너를 누구라 하느냐

54 예수께서 대답하시되 내가 내게 영광을 돌리면 내 영광이 아무 것도 아니거니와 내게 영광을 돌리시는 이는 내 아버지시니 곧 너희가 너희 하나님이라 칭하는 그이시라

16:14

55 너희는 그를 알지 못하되 나는 아노니 만일 내가 알지 못한다 하면 나도 너희 같이 거짓말쟁이가 되리라 나는 그를 알고 또 그의 말씀을 지키노라

56 너희 조상 아브라함은 나의 때 볼 것을 즐거워하다가 보고 기뻐하였느니라

57 유대인들이 이르되 네가 아직 오십 세도 못되었는데 아브라함을 보았느냐

58 예수께서 이르시되 진실로 진실로 너희에게 이르노니 아브라함이 나기 전부터 내가 있느니라 하시니   출 3:14

59 그들이 돌을 들어 치려 하거늘 예수께서 숨어 성전에서 나가시니라   10:31

날 때부터 맹인 된 사람을 고치시다

9 예수께서 길을 가실 때에 날 때부터 맹인 된 사람을 보신지라

2 제자들이 물어 이르되 랍비여 이 사람이 맹인으로 난 것이 누구의 죄로 인함이니이까 자기니이까 그의 부모니이까

3 예수께서 대답하시되 이 사람이나 그 부모의 죄로 인한 것이 아니라 그에게서 하나님이 하시는 일을 나타내고자 하심이라

4 때가 아직 낮이매 나를 보내신 이의 일을 우리가 하여야 하리라 밤이 오리니 그 때는 아무도 일할 수 없느니라

5 내가 세상에 있는 동안에는 세상의 빛이로라

6 이 말씀을 하시고 땅에 침을 뱉어 진흙을 이겨 그의 눈에 바르시고

7 이르시되 실로암 못에 가서 씻으라 하시니 (실로암은 번역하면 보냄을 받았다는 뜻이라) 이에 가서 씻고 밝은 눈으로 왔더라

8 이웃 사람들과 전에 그가 걸인인 것을 보았던 사람들이 이르되 이는 앉아서 구걸(求乞)하던 자가 아니냐

9 어떤 사람은 그 사람이라 하며 어떤 사람은 아니라 그와 비슷하다 하거늘 자기 말은 내가 그라 하니

10 그들이 묻되 그러면 네 눈이 어떻게 떠졌느냐

11 대답하되 예수라 하는 그 사람이 진흙을 이겨 내 눈에 바르고 나더러 실로암에 가서 씻으라 하기에 가서 씻었더니 보게 되었노라

12 그들이 이르되 그가 어디 있느냐 이르되 알지 못하노라 하니라

보게 된 맹인과 바리새인들

13 ●그들이 전에 맹인이었던 사람을 데리고 바리새인들에게 갔더라

14 예수께서 진흙을 이겨 눈을 뜨게 하신 날은 안식일이라   5:9

15 그러므로 바리새인들도 그가 어떻게 보게 되었는지를 물으니 이르되 그 사

9 **장** 에는 무엇이 기록되어 있을까?

예수님은 태어날 때부터 맹인이었던 사람의 눈을 고쳐주셨어요. 하지만 그의 부모님과 바리새인들은 그 사실을 인정하지 않았지요. 고침 받은 맹인은 그들의 위협에도 아랑곳하지 않고 자기가 직접 경험한 구원의 사건을 당당하게 고백했으며, 예수님이 구세주 되심을 믿는 그의 믿음은 점점 분명해져 갔습니다.

책잡겠느냐(8:46) 남의 잘못을 들어 나무라는 것, 여기서는 고소한 후에 그 죄를 증명하는 것을 말한다.

사마리아 사람(8:48) 팔레스타인의 사마리아 부근에 살던 민족. 종교적인 차이로 유대인에게 이방인으로 배척받았다.

랍비(9:2) 유대인들이 선생을 부르는 존칭.

이겨(9:6) 가루 따위를 반죽하여.

람이 진흙을 내 눈에 바르매 내가 씻고 보나이다 하니

16 바리새인 중에 어떤 사람은 말하되 이 사람이 안식일을 지키지 아니하니 하나님께로부터 온 자가 아니라 하며 어떤 사람은 말하되 죄인으로서 어떻게 이러한 ¹⁾표적을 행하겠느냐 하여 그들 중에 분쟁이 있었더니　7:43

17 이에 맹인되었던 자에게 다시 묻되 그 사람이 네 눈을 뜨게 하였으니 너는 그를 어떠한 사람이라 하느냐 대답하되 선지자니이다 하니

18 유대인들이 그가 맹인으로 있다가 보게 된 것을 믿지 아니하고 그 부모를 불러 묻되　9:22

19 이는 너희 말에 맹인으로 났다 하는 너희 아들이냐 그러면 지금은 어떻게 해서 보느냐

20 그 부모가 대답하여 이르되 이 사람이 우리 아들인 것과 맹인으로 난 것을 아나이다

21 그러나 지금 어떻게 해서 보는지 또는 누가 그 눈을 뜨게 하였는지 우리는 알지 못하나이다 그에게 물어 보소서 그가 장성하였으니 자기 일을 말하리이다

22 그 부모가 이렇게 말한 것은 이미 유대인들이 누구든지 예수를 그리스도로 시인하는 자는 출교하기로 결의하였으므로 그들을 무서워함이러라

23 이러므로 그 부모가 말하기를 그가 장성하였으니 그에게 물어 보소서 하였더라　9:21

24 이에 그들이 맹인이었던 사람을 두 번째 불러 이르되 너는 하나님께 영광을 돌리라 우리는 이 사람이 죄인인 줄 아노라

25 대답하되 그가 죄인인지 내가 알지 못하나 한 가지 아는 것은 내가 맹인으로 있다가 지금 보는 그것이니이다

26 그들이 이르되 그 사람이 네게 무엇을 하였느냐 어떻게 네 눈을 뜨게 하였느냐

27 대답하되 내가 이미 일렀어도 듣지 아니하고 어찌하여 다시 듣고자 하나이까 당신들도 그의 제자가 되려 하나이까

28 그들이 욕하여 이르되 너는 그의 제자이나 우리는 모세의 제자라

29 하나님이 모세에게는 말씀하신 줄을 우리가 알거니와 이 사람은 어디서 왔는지 알지 못하노라

30 그 사람이 대답하여 이르되 이상하다 이 사람이 내 눈을 뜨게 하였으되 당신들은 그가 어디서 왔는지 알지 못하는도다

31 하나님이 죄인의 말을 듣지 아니하시고 경건하여 그의 뜻대로 행하는 자의 말은 들으시는 줄을 우리가 아나이다

32 창세 이후로 맹인으로 난 자의 눈을 뜨게 하였다 함을 듣지 못하였으니

33 이 사람이 하나님께로부터 오지 아니하였으면 아무 일도 할 수 없으리이다

34 그들이 대답하여 이르되 네가 온전히 죄 가운데서 나서 우리를 가르치느냐 하고 이에 쫓아내어 보내니라　9:2

맹인이 되었더라면 죄가 없으려니와

35 ●예수께서 그들이 그 사람을 쫓아냈다 하는 말을 들으셨더니 그를 만나사

1) 또는 이적

이르시되 네가 1)인자를 믿느냐 마 16:16

36 대답하여 이르되 주여 그가 누구시오니이까 내가 믿고자 하나이다 롬 10:14

37 예수께서 이르시되 네가 그를 보았거니와 지금 너와 말하는 자가 그이니라

38 이르되 주여 내가 믿나이다 하고 절하는지라

39 예수께서 이르시되 내가 심판하러 이 세상에 왔으니 보지 못하는 자들은 보게 하고 보는 자들은 맹인이 되게 하려 함이라 하시니

40 바리새인 중에 예수와 함께 있던 자들이 이 말씀을 듣고 이르되 우리도 맹인인가 롬 2:19

41 예수께서 이르시되 너희가 맹인이 되었더라면 죄가 없으려니와 본다고 하니 너희 죄가 그대로 있느니라

선한 목자
(10:11-12)

양의 우리 비유 —A.D. 29년경

10 내가 진실로 진실로 너희에게 이르노니 문을 통하여 양의 우리에 들어가지 아니하고 다른 데로 넘어가는 자는 절도며 강도요

2 문으로 들어가는 이는 양의 목자라

3 문지기는 그를 위하여 문을 열고 양은 그의 음성을 듣나니 그가 자기 양의 이름을 각각 불러 인도하여 내느니라

4 자기 양을 다 내놓은 후에 앞서 가면 양들이 그의 음성을 아는 고로 따라오되

5 타인의 음성은 알지 못하는 고로 타인을 따르지 아니하고 도리어 도망하느니라

6 예수께서 이 비유로 그들에게 말씀하셨으나 그들은 그가 하신 말씀이 무엇인지 알지 못하니라

선한 목자

7 ●그러므로 예수께서 다시 이르시되 내가 진실로 진실로 너희에게 말하노니 나는 양의 문이라

8 나보다 먼저 온 자는 다 절도요 강도니 양들이 듣지 아니하였느니라

9 내가 문이니 누구든지 나로 말미암아 들어가면 구원을 받고 또는 들어가며 나오며 꼴을 얻으리라

10 도둑이 오는 것은 도둑질하고 죽이고 멸망시키려는 것뿐이요 내가 온 것은 양으로 생명을 얻게 하고 더 풍성히 얻게 하려는 것이라 5:40

11 나는 선한 목자라 선한 목자는 양들을 위하여 목숨을 버리거니와

12 삯꾼은 목자가 아니요 양도 제 양이 아니라 이리가 오는 것을 보면 양을 버리고 달아나나니 이리가 양을 물어 가고 또 헤치느니라

13 달아나는 것은 그가 삯꾼인 까닭에 양을 돌보지 아니함이나

14 나는 선한 목자라 나는 내 양을 알고 양도 나를 아는 것이

15 아버지께서 나를 아시고 내가 아버지를 아는 것 같으니 나는 양을 위하여 목숨을 버리노라

16 또 이 우리에 들지 아니한 다른 양들이 내게 있어 내가 인도하여야 할 터이니 그들도 내 음성을 듣고 한 무리가 되어 한 목자에게 있으리라

17 내가 내 목숨을 버리는 것은 그것을 내가

1)어떤 사본에, 하나님의 아들을

다시 얻기 위함이니 이로 말미암아 아버지께서 나를 사랑하시느니라

18 이를 내게서 빼앗는 자가 있는 것이 아니라 내가 스스로 버리노라 나는 버릴 권세도 있고 다시 얻을 권세도 있으니 이 계명은 내 아버지에게서 받았노라 하시니라

19 ●이 말씀으로 말미암아 유대인 중에 다시 분쟁이 일어나니

20 그 중에 많은 사람이 말하되 그가 귀신 들려 미쳤거늘 어찌하여 그 말을 듣느냐 하며

21 어떤 사람은 말하되 이 말은 귀신 들린 자의 말이 아니라 귀신이 맹인의 눈을 뜨게 할 수 있느냐 하더라

제자들과 함께 나사로에게 가시는 예수님(11:5-16)

유대인들이 예수를 돌로 치려 하다

22 ●예루살렘에 수전절이 이르니 때는 겨울이라

23 예수께서 성전 안 솔로몬 행각에서 거니시니

24 유대인들이 에워싸고 이르되 당신이 언제까지나 우리 마음을 의혹하게 하려 하나이까 그리스도이면 밝히 말씀하소서 하니

25 예수께서 대답하시되 내가 너희에게 말하였으되 믿지 아니하는도다 내가 내 아버지의 이름으로 행하는 일들이 나를 증거하는 것이거늘

26 너희가 내 양이 아니므로 믿지 아니하는도다

27 내 양은 내 음성을 들으며 나는 그들을 알며 그들은 나를 따르느니라 10:4, 14

28 내가 그들에게 영생을 주노니 영원히 멸망하지 아니할 것이요 또 그들을 내 손에서 빼앗을 자가 없느니라 4절, 2:25

29 ¹⁾그들을 주신 내 아버지는 만물보다 크시매 아무도 아버지 손에서 빼앗을 수 없느니라

30 나와 아버지는 하나이니라 하신대

31 유대인들이 다시 돌을 들어 치려 하거늘

32 예수께서 대답하시되 내가 아버지로 말미암아 여러 가지 선한 일로 너희에게 보였거늘 그 중에 어떤 일로 나를 돌로 치려 하느냐

33 유대인들이 대답하되 선한 일로 말미암아 우리가 너를 돌로 치려는 것이 아니라 신성모독으로 인함이니 네가 사람이 되어 자칭 하나님이라 함이로라

34 예수께서 이르시되 너희 ²⁾율법에 기록된 바 내가 너희를 신이라 하였노라 하지 아니하였느냐

35 성경은 폐하지 못하나니 하나님의 말씀을 받은 사람들을 신이라 하셨거든

36 하물며 아버지께서 거룩하게 하사 세상에 보내신 자가 나는 하나님의 아들이라 하는 것으로 너희가 어찌 신성모독이라 하느냐

37 만일 내가 내 아버지의 일을 행하지 아니하거든 나를 믿지 말려니와

38 내가 행하거든 나를 믿지 아니할지라도 그 일은 믿으라 그러면 너희가 아버지께서 내 안에 계시고 내가 아버지 안에 있음을 깨달아 알리라 하시니

39 그들이 다시 예수를 잡고자 하였으나 그 손에서 벗어나 나가시니라 7:30

40 ●다시 요단 강 저편 요한이 처음으로 ²⁾세례 베풀던 곳에 가사 거기 거하시니

41 많은 사람이 왔다가 말하되 요한은 아

분쟁(10:19) 어떤 말썽 때문에 서로 시끄럽게 다투는 일.

위문(11:19) 위로하여 문안함.

---

1) 어떤 사본에, 내 아버지께서 내게 주신 것이 만물보다 크매
2) 헬, 또는 침례 ㄱ. 시 82:6

무 1)표적도 행하지 아니하였으나 요한
이 이 사람을 가리켜 말한 것은 다 참
이라 하더라

42 그리하여 거기서 많은 사람이 예수를
믿으니라

죽은 나사로를 살리시다─A.D. 29년경

11 어떤 병자가 있으니 이는 마리아
와 그 자매 마르다의 마을 베다
니에 사는 나사로라

2 이 마리아는 향유를 주께 붓고 머리털
로 주의 발을 닦던 자요 병든 나사로는
그의 오라버니더라

3 이에 그 누이들이 예수께 사람을 보내
어 이르되 주여 보시옵소서 사랑하시
는 자가 병들었나이다 눅 7:13

4 예수께서 들으시고 이르시되 이 병은
죽을 병이 아니라 하나님의 영광을 위
함이요 하나님의 아들이 이로 말미암아
영광을 받게 하려 함이라 하시더라 9:3

5 예수께서 본래 마르다와 그 2)동생과
나사로를 사랑하시더니

6 나사로가 병들었다 함을 들으시고 그
계시던 곳에 이틀을 더 유하시고

7 그 후에 제자들에게 이르시되 유대로
다시 가자 하시니 10:40

8 제자들이 말하되 랍비여 방금도 유대
인들이 돌로 치려 하였는데 또 그리로
가시려 하나이까

9 예수께서 대답하시되 낮이 열두 시간
이 아니냐 사람이 낮에 다니면 이 세상
의 빛을 보므로 실족하지 아니하고

10 밤에 다니면 빛이 그 사람 안에 없는 고
로 실족하느니라

나사로의 죽음을 슬퍼하는
마르다와 마리아(11:20-32)

11 이 말씀을 하신 후에 또 이르시되 우리
친구 나사로가 잠들었도다 그러나 내
가 깨우러 가노라

12 제자들이 이르되 주여 잠들었으면 낫
겠나이다 하더라

13 예수는 그의 죽음을 가리켜 말씀하신
것이나 그들은 잠들어 쉬는 것을 가리
켜 말씀하심인 줄 생각하는지라 마 9:24

14 이에 예수께서 밝히 이르시되 나사로
가 죽었느니라

15 내가 거기 있지 아니한 것을 너희를 위
하여 기뻐하노니 이는 너희로 믿게 하려
함이라 그러나 그에게로 가자 하시니

16 디두모라고도 하는 도마가 다른 제자
들에게 말하되 우리도 주와 함께 죽으
러 가자 하니라

나는 부활이요 생명이니

17 ●예수께서 와서 보시니 나사로가 무
덤에 있은 지 이미 나흘이라

18 베다니는 예루살렘에서 가깝기가 한
오 리쯤 되매

19 많은 유대인이 마르다와 마리아에게
그 오라비의 일로 위문하러 왔더니

20 마르다는 예수께서 오신다는 말을 듣
고 곧 나가 맞이하되 마리아는 집에 앉
았더라

21 마르다가 예수께 여짜오되 주께서 여
기 계셨더라면 내 오라버니가 죽지 아
니하였겠나이다

22 그러나 나는 이제라도 주께서 무엇이
든지 하나님께 구하시는 것을 하나님

11 에는 무엇이 기록되어 있을까?

예수님께서 죽은 나사로를 살리신
이야기예요. 이 표적은 부활과 생명이 되시는
예수님을 잘 나타내주고 있어요. 또 나사로의
부활은 마지막 때에 예수님을 믿는 사람들이 새
생명을 얻게 될 것을 상징하고 있답니다. 한편
이 사건 이후, 유대인들은 예수님을 죽이기 위
해서 본격적으로 의논하기 시작했어요.

1) 또는 이적 2) 형제

무덤에서 살아 나온 나사로(11:39-44)

이 주실 줄을 아나이다

23 예수께서 이르시되 네 오라비가 다시 살아나리라

24 마르다가 이르되 마지막 날 부활 때에는 다시 살아날 줄을 내가 아나이다

25 예수께서 이르시되 나는 부활이요 생명이니 나를 믿는 자는 죽어도 살겠고

26 무릇 살아서 나를 믿는 자는 영원히 죽지 아니하리니 이것을 네가 믿느냐

27 이르되 주여 그러하외다 주는 그리스도시요 세상에 오시는 하나님의 아들이신 줄 내가 믿나이다

28 이 말을 하고 돌아가서 가만히 그 자매 마리아를 불러 말하되 선생님이 오셔서 너를 부르신다 하니

29 마리아가 이 말을 듣고 급히 일어나 예수께 나아가매

30 예수는 아직 마을로 들어오지 아니하시고 마르다가 맞이했던 곳에 그대로 계시더라

11:20

31 마리아와 함께 집에 있어 위로하던 유대인들은 그가 급히 일어나 나가는 것을 보고 곡하러 무덤에 가는 줄로 생각하고 따라가더니

32 마리아가 예수 계신 곳에 가서 뵈옵고 그 발 앞에 엎드리어 이르되 주께서 여기 계셨더라면 내 오라버니가 죽지 아니하였겠나이다 하더라

33 예수께서 그가 우는 것과 또 함께 온 유대인들이 우는 것을 보시고 심령에 비통히 여기시고 불쌍히 여기사

11:38

34 이르시되 그를 어디 두었느냐 이르되 주여 와서 보옵소서 하니

35 예수께서 눈물을 흘리시더라

36 이에 유대인들이 말하되 보라 그를 얼마나 사랑하셨는가 하며

37 그 중 어떤 이는 말하되 맹인의 눈을 뜨게 한 이 사람이 그 사람은 죽지 않게 할 수 없었더냐 하더라

38 이에 예수께서 다시 속으로 비통히 여기시며 무덤에 가시니 무덤이 굴이라 돌로 막았거늘

39 예수께서 이르시되 돌을 옮겨 놓으라 하시니 그 죽은 자의 누이 마르다가 이르되 주여 죽은 지가 나흘이 되었으매 벌써 냄새가 나나이다

40 예수께서 이르시되 내 말이 네가 믿으면 하나님의 영광을 보리라 하지 아니하였느냐 하시니

41 돌을 옮겨 놓으니 예수께서 눈을 들어 우러러 보시고 이르시되 아버지여 내 말을 들으신 것을 감사하나이다

17:1

42 항상 내 말을 들으시는 줄을 내가 알았나이다 그러나 이 말씀 하옵는 것은 둘러선 무리를 위함이니 곧 아버지께서 나를 보내신 것을 그들로 믿게 하려 함이니이다

43 이 말씀을 하시고 큰 소리로 나사로야 나오라 부르시니

44 죽은 자가 수족을 베로 동인 채로 나오는데 그 얼굴은 수건에 싸였더라 예수께서 이르시되 풀어 놓아 다니게 하라 하시니라

예수를 죽이려고 모의하다
(마 26:1-5; 막 14:1-2; 눅 22:1-2)

45 ●마리아에게 와서 예수께서 하신 일을 본 많은 유대인이 그를 믿었으나

11:19

46 그 중에 어떤 자는 바리새인들에게 가서 예수께서 하신 일을 알리니라

47 ●이에 대제사장들과 바리새인들이 공회를 모으고 이르되 이 사람이 많은 [1]표적을 행하니 우리가 어떻게 하겠느냐

48 만일 그를 이대로 두면 모든 사람이 그를 믿을 것이요 그리고 로마인들이 와서 우리 땅과 민족을 빼앗아 가리라 하니

1) 또는 이적

49 그 중의 한 사람 그 해의 대제사장인 가야바가 그들에게 말하되 너희가 아무 것도 알지 못하는도다

50 한 사람이 백성을 위하여 죽어서 온 민족이 망하지 않게 되는 것이 너희에게 유익한 줄을 생각하지 아니하는도다 하였으니

51 이 말은 스스로 함이 아니요 그 해의 대제사장이므로 예수께서 그 민족을 위하시고

52 또 그 민족만 위할 뿐 아니라 흩어진 하나님의 자녀를 모아 하나가 되게 하기 위하여 죽으실 것을 미리 말함이러라

53 이 날부터는 그들이 예수를 죽이려고 모의하니라

54 ●그러므로 예수께서 다시 유대인 가운데 드러나게 다니지 아니하시고 거기를 떠나 빈 들 가까운 곳인 에브라임이라는 동네에 가서 제자들과 함께 거기 머무르시니라 7:1

55 유대인의 유월절이 가까우매 많은 사람이 자기를 성결하게 하기 위하여 유월절 전에 시골에서 예루살렘으로 올라갔더니 민 9:10

56 그들이 예수를 찾으며 성전에 서서 서로 말하되 너희 생각에는 어떠하냐 그가 명절에 오지 아니하겠느냐 하니 7:11

57 이는 대제사장들과 바리새인들이 누구든지 예수 있는 곳을 알거든 신고하여 잡게 하라 명령하였음이러라

예수의 발에 향유를 붓다
(마 26:6-13; 막 14:3-9)

12 유월절 엿새 전에 예수께서 베다니에 이르시니 이 곳은 예수께서 죽은 자 가운데서 살리신 나사로가 있는 곳이라

2 거기서 예수를 위하여 잔치할새 마르다는 일을 하고 나사로는 예수와 함께 [1]앉은 자 중에 있더라

3 마리아는 지극히 비싼 향유 곧 순전한 나드 한 근을 가져다가 예수의 발에 붓고 자기 머리털로 그의 발을 닦으니 향유 냄새가 집에 가득하더라

4 제자 중 하나로서 예수를 잡아 줄 가룟 유다가 말하되 6:71

5 이 향유를 어찌하여 삼백 [2]데나리온에 팔아 가난한 자들에게 주지 아니하였느냐 하니

6 이렇게 말함은 가난한 자들을 생각함이 아니요 그는 도둑이라 돈궤를 맡고 거기 넣는 것을 훔쳐 감이러라 13:29

7 예수께서 이르시되 그를 가만 두어 나의 장례할 날을 위하여 그것을 간직하게 하라 19:40

8 가난한 자들은 항상 너희와 함께 있거니와 나는 항상 있지 아니하리라 하시니라

나사로까지 죽이려고 모의하다

9 ●유대인의 큰 무리가 예수께서 여기 계신 줄을 알고 오니 이는 예수만 보기

1) 6:10 난하주를 보라 2) 은전의 명칭

선생님!! 궁금해요

바리새인은 어떤 사람들이에요? 제사장이나 서기관은요?

바리새인은 원래 하나님의 율법을 연구하고 그 율법을 성실하게 지키면서 살아가는 사람들이었어요. 그러나 점차 그들의 마음은 빗나가기 시작했어요. 겉모양을 꾸미며 예배드리는 형식만 좋아하고 진정한 믿음과 사랑과 의를 잃어버린 것이에요. 그래서 예수님의 사랑을 받지 못했지요.

제사장은 원래 성전에서 백성을 대표하여 제사를 드리는 사람이었어요. 서기관은 율법(성경)을 공부하고 가르치며 기록하는 사람이었지요.

이 중요한 직분을 맡은 사람들이 예수님을 하나님의 아들로 알아보지 못하고 미워하며 고통을 주었답니다.

눅 15장 2절

예수님을 환영하는 사람들(12:13)

위함이 아니요 죽은 자 가운데서 살리신 나사로도 보려 함이러라
10 대제사장들이 나사로까지 죽이려고 모의하니
11 나사로 때문에 많은 유대인이 가서 예수를 믿음이러라 11:45

예루살렘으로 가시다
(마 21:1-11; 막 11:1-11; 눅 19:28-40)

12 ●그 이튿날에는 명절에 온 큰 무리가 예수께서 예루살렘으로 오신다는 것을 듣고
13 종려나무 가지를 가지고 맞으러 나가 외치되 호산나 찬송하리로다 주의 이름으로 오시는 이 곧 이스라엘의 왕이시여 하더라
14 예수는 한 어린 나귀를 보고 타시니
15 이는 기록된 바 ¹시온 딸아 두려워하지 말라 보라 너의 왕이 나귀 새끼를 타고 오신다 함과 같더라
16 제자들은 처음에 이 일을 깨닫지 못하였다가 예수께서 영광을 얻으신 후에야 이것이 예수께 대하여 기록된 것임과 사람들이 예수께 이같이 한 것임이 생각났더라
17 나사로를 무덤에서 불러내어 죽은 자 가운데서 살리실 때에 함께 있던 무리가 증언한지라
18 이에 무리가 예수를 맞음은 이 ¹)표적 행하심을 들었음이러라
19 바리새인들이 서로 말하되 볼지어다

너희 하는 일이 쓸 데 없도다 보라 온 세상이 그를 따르는도다 하니라
인자가 들려야 하리라

20 ●명절에 예배하러 올라온 사람 중에 헬라인 몇이 있는데
21 그들이 갈릴리 벳새다 사람 빌립에게 가서 청하여 이르되 선생이여 우리가 예수를 뵈옵고자 하나이다 하니 1:44
22 빌립이 안드레에게 가서 말하고 안드레와 빌립이 예수께 가서 여쭈니
23 예수께서 대답하여 이르시되 인자가 영광을 얻을 때가 왔도다
24 내가 진실로 진실로 너희에게 이르노니 한 알의 밀이 땅에 떨어져 죽지 아니하면 한 알 그대로 있고 죽으면 많은 열매를 맺느니라 암송
25 자기의 ²생명을 사랑하는 자는 잃어버릴 것이요 이 세상에서 자기의 ²생명을 미워하는 자는 영생하도록 보전하리라
26 사람이 나를 섬기려면 나를 따르라 나 있는 곳에 나를 섬기는 자도 거기 있으리니 사람이 나를 섬기면 내 아버지께서 그를 귀히 여기시리라
27 지금 내 ³마음이 괴로우니 무슨 말을 하리요 아버지여 나를 구원하여 이 때를 면하게 하여 주옵소서 그러나 내가 이를 위하여 이 때에 왔나이다
28 아버지여, 아버지의 이름을 영광스럽게 하옵소서 하시니 이에 하늘에서 소리가

12장 에는 무엇이 기록되어 있을까?

예수님이 예루살렘에 들어가시자, 많은 사람들이 환호했어요. 하지만 예수님이 가시는 길은 그들의 기대와는 전혀 다른 것이었어요. 그 길은 죄인들을 위해 자신의 생명을 바치는 십자가의 길이었어요. 한편 예수님은 여전히 진리를 깨닫지 못하는 유대인들에게 더욱 목소리를 높여 구원과 회개를 외치셨어요.

1)또는 이적 2)또는 영혼 3)또는 영혼 ㄱ. 슥9:9

나서 이르되 내가 이미 영광스럽게 하였고 또다시 영광스럽게 하리라 하시니

29 곁에 서서 들은 무리는 천둥이 울었다고도 하며 또 어떤 이들은 천사가 그에게 말하였다고도 하나

30 예수께서 대답하여 이르시되 이 소리가 난 것은 나를 위한 것이 아니요 너희를 위한 것이니라

31 이제 이 세상에 대한 심판이 이르렀으니 이 세상의 임금이 쫓겨나리라

32 내가 땅에서 들리면 모든 사람을 내게로 이끌겠노라 하시니

33 이렇게 말씀하심은 자기가 어떠한 죽음으로 죽을 것을 보이심이러라 18:32

34 이에 무리가 대답하되 우리는 율법에서 그리스도가 영원히 계신다 함을 들었거늘 너는 어찌하여 인자가 들려야 하리라 하느냐 이 인자는 누구냐

35 예수께서 이르시되 아직 잠시 동안 빛이 너희 중에 있으니 빛이 있을 동안에 다녀 어둠에 붙잡히지 않게 하라 어둠에 다니는 자는 그 가는 곳을 알지 못하느니라

36 너희에게 아직 빛이 있을 동안에 빛을 믿으라 그리하면 빛의 아들이 되리라

● 예수께서 이 말씀을 하시고 그들을 떠나가서 숨으시니라

37 이렇게 많은 1)표적을 그들 앞에서 행하셨으나 그를 믿지 아니하니

38 이는 선지자 이사야의 말씀을 이루려 하심이라 이르되
주여 우리에게서 들은 바를 누가 믿었으며 주의 팔이 누구에게 나타났나이까
하였더라 사 53:1

39 그들이 능히 믿지 못한 것은 이 때문이니 곧 이사야가 다시 일렀으되

40 그들의 눈을 멀게 하시고 그들의 마음을 완고하게 하셨으니 이는 그들로 하여금 눈으로 보고 마음으로 깨닫고 돌이켜 내게 고침을 받지 못하게 하려 함이라
하였음이더라 마 13:14

41 이사야가 이렇게 말한 것은 주의 영광을 보고 주를 가리켜 말한 것이라

42 그러나 관리 중에도 그를 믿는 자가 많되 바리새인들 때문에 드러나게 말하지 못하니 이는 출교를 당할까 두려워함이라

43 그들은 사람의 영광을 하나님의 영광보다 더 사랑하였더라

마지막 날과 심판

44 ● 예수께서 외쳐 이르시되 나를 믿는 자는 나를 믿는 것이 아니요 나를 보내신 이를 믿는 것이며

45 나를 보는 자는 나를 보내신 이를 보는 것이니라

46 나는 빛으로 세상에 왔나니 무릇 나를 믿는 자로 어둠에 거하지 않게 하려 함이로라 1:4

47 사람이 내 말을 듣고 지키지 아니할지라도 내가 그를 심판하지 아니하노라 내가 온 것은 세상을 심판하려 함이 아니요 세상을 구원하려 함이로라 3:17

48 나를 저버리고 내 말을 받지 아니하는 자를 심판할 이가 있으니 곧 내가 한 그 말이 마지막 날에 그를 심판하리라

49 내가 내 자의로 말한 것이 아니요 나를 보내신 아버지께서 내가 말할 것과 이를 것을 친히 명령하여 주셨으니

50 나는 그의 명령이 영생인 줄 아노라 그러므로 내가 이르는 것은 내 아버지께서 내게 말씀하신 그대로니라 하시니라

---

1) 또는 이적 ㄱ. 사 53:1 ㄴ. 사 6:10

모의(12:10) 꾀하고 의논함.
완고(12:40) 성질이 완강하고 고루함.
자의(12:49) 자기 스스로의 생각이나 의견.

토막상식 평화의 왕

고대의 정복자들은 개선할 때 군마를 타거나 엎드린 군인들의 머리를 밟고 입성했어요. 그러나 제사장들이나 상인 등 평화로운 사람들은 나귀를 타고 다녔지요. 그러므로 나귀를 타신 예수님은 평화의 왕으로 예루살렘에 입성하신 것이랍니다. 12장 14-15절

제자들의 발을 씻으시다 — A.D. 30년경

13 유월절 전에 예수께서 자기가 세상을 떠나 아버지께로 돌아가실 때가 이른 줄 아시고 세상에 있는 자기 사람들을 사랑하시되 끝까지 사랑하시니라 16:28

2 마귀가 벌써 시몬의 아들 가룟 유다의 마음에 예수를 팔려는 생각을 넣었더라

3 저녁 먹는 중 예수는 아버지께서 모든 것을 자기 손에 맡기신 것과 또 자기가 하나님께로부터 오셨다가 하나님께로 돌아가실 것을 아시고

4 저녁 잡수시던 자리에서 일어나 겉옷을 벗고 수건을 가져다가 허리에 두르시고

5 이에 대야에 물을 떠서 제자들의 발을 씻으시고 그 두르신 수건으로 닦기를 시작하여

6 시몬 베드로에게 이르시니 베드로가 이르되 주여 주께서 내 발을 씻으시나이까

7 예수께서 대답하여 이르시되 내가 하는 것을 네가 지금은 알지 못하나 이후에는 알리라

8 베드로가 이르되 내 발을 1)절대로 씻지 못하시리이다 예수께서 대답하시되 내가 너를 씻어 주지 아니하면 네가 나와 상관이 없느니라

9 시몬 베드로가 이르되 주여 내 발뿐 아니라 손과 머리도 씻어 주옵소서

10 예수께서 이르시되 이미 목욕한 자는 발밖에 씻을 필요가 없느니라 온 몸이 깨끗하니라 너희가 깨끗하나 다는 아니니라 하시니

11 이는 자기를 팔 자가 누구인지 아심이라 그러므로 다는 깨끗하지 아니하다 하시니라 6:64

12 ●그들의 발을 씻으신 후에 옷을 입으시고 다시 앉아 그들에게 이르시되 내가 너희에게 행한 것을 너희가 아느냐

13 너희가 나를 선생이라 또는 주라 하니 너희 말이 옳도다 내가 그러하다

14 내가 주와 또는 선생이 되어 너희 발을 씻었으니 너희도 서로 발을 씻어 주는 것이 옳으니라

15 내가 너희에게 행한 것 같이 너희도 행하게 하려 하여 본을 보였노라 벧전 2:21

16 내가 진실로 진실로 너희에게 이르노니 종이 주인보다 크지 못하고 보냄을 받은 자가 보낸 자보다 크지 못하나니

17 너희가 이것을 알고 행하면 복이 있으리라

18 내가 너희 모두를 가리켜 말하는 것이 아니니라 나는 내가 택한 자들이 누구인지 앎이라 그러나 "내 떡을 먹는 자가 내게 발꿈치를 들었다" 한 성경을 응하게 하려는 것이니라 시 41:9

19 지금부터 일이 일어나기 전에 미리 너희에게 이름은 일이 일어날 때에 내가 그인 줄 너희가 믿게 하려 함이로라

20 내가 진실로 진실로 너희에게 이르노니 내가 보낸 자를 영접하는 자는 나를 영접하는 것이요 나를 영접하는 자는 나를 보내신 이를 영접하는 것이니라

너희 중 하나가 나를 팔리라
(마 26:20-25; 막 14:17-21; 눅 22:21-23)

21 ●예수께서 이 말씀을 하시고 심령이 괴로워 증언하여 이르시되 내가 진실로 진실로 너희에게 이르노니 너희 중 하나가 나를 팔리라 하시니

22 제자들이 서로 보며 누구에 대하여 말씀하시는지 의심하더라

23 예수의 제자 중 하나 곧 그가 사랑하시

13 에는 무엇이 기록되어 있을까?

예수님은 제자들의 발을 씻어주셨어요. 섬김의 종으로 오신 예수님은 이렇게 몸소 겸손을 보여주셨답니다. 이기적인 마음으로 자주 다투곤 했던 제자들은 예수님의 이런 모습을 보면서 자기 자신을 반성하게 되었지요. 또한 예수님은 유월절 만찬을 베푸시고 유다의 배반과 베드로의 부인을 예언하셨어요.

1) 또는 영원히. 시 41:9

영접(13:20) 손님을 맞아 대접함.
거처(14:2) 한 자리를 정하여 자리잡고 사는 곳.

제자들의 발을 씻기시는
예수님(13:4-15)

는 자가 예수의 품에 의지하여 누웠는
지라   19:26
24 시몬 베드로가 머릿짓을 하여 말하되
말씀하신 자가 누구인지 말하라 하니
25 그가 예수의 가슴에 그대로 의지하여
말하되 주여 누구니이까
26 예수께서 대답하시되 내가 떡 한 조각
을 적셔다 주는 자가 그니라 하시고 곧
한 조각을 적셔서 가룟 시몬의 아들 유
다에게 주시니
27 조각을 받은 후 곧 사탄이 그 속에 들어
간지라 이에 예수께서 유다에게 이르
시되 네가 하는 일을 속히 하라 하시니
28 이 말씀을 무슨 뜻으로 하셨는지 그 [1]앉
은 자 중에 아는 자가 없고
29 어떤 이들은 유다가 돈궤를 맡았으므
로 명절에 우리가 쓸 물건을 사라 하시
는지 혹은 가난한 자들에게 무엇을 주
라 하시는 줄로 생각하더라
30 유다가 그 조각을 받고 곧 나가니 밤이
러라

내 계명

31 ●그가 나간 후에 예수께서 이르시되
지금 인자가 영광을 받았고 하나님도
인자로 말미암아 영광을 받으셨도다
32 만일 하나님이 그로 말미암아 영광을
받으셨으면 하나님도 자기로 말미암
아 그에게 영광을 주시리니 곧 주시

리라
33 작은 자들아 내가 아직 잠시 너희와 함
께 있겠노라 너희가 나를 찾을 것이나
일찍이 내가 유대인들에게 너희는 내
가 가는 곳에 올 수 없다고 말한 것과
같이 지금 너희에게도 이르노라
34 새 계명을 너희에게 주노니 서로 사랑
하라 내가 너희를 사랑한 것 같이 너희
도 서로 사랑하라
35 너희가 서로 사랑하면 이로써 모든 사
람이 너희가 내 제자인 줄 알리라 [암송]

베드로가 부인할 것을 이르시다
(마 26:31-35; 막 14:27-31; 눅 22:31-34)

36 ●시몬 베드로가 이르되 주여 어디로
가시나이까 예수께서 대답하시되 내
가 가는 곳에 네가 지금은 따라올 수
없으나 후에는 따라오리라
37 베드로가 이르되 주여 내가 지금은 어
찌하여 따라갈 수 없나이까 주를 위하
여 내 목숨을 버리겠나이다 마 26:35-36
38 예수께서 대답하시되 네가 나를 위하
여 네 목숨을 버리겠느냐 내가 진실로
진실로 네게 이르노니 닭 울기 전에 네
가 세 번 나를 부인하리라

내가 곧 길이요 진리요 생명이니
──A.D. 30년경

14

너희는 마음에 근심하지 말라
하나님을 [2]믿으니 또 나를 믿
으라
2 내 아버지 집에 거할 곳이 많도다 그렇
지 않으면 너희에게 일렀으리라 내가
너희를 위하여 거처를 예비하러 가노

14장에는 무엇이 기록되어 있을까?

유다의 배반과 베드로의 부인, 예
수님의 죽음 등에 관한 예고를 들은 제자들은
무척 불안해했어요. 예수님은 제자들을 위로하
시면서 보혜사 성령을 보내주시겠다고 약속하
셨지요. 예수님은 성령을 통해서 언제나 제자
들과 함께하실 거예요. 예수님의 이 약속은 부
활하신 후에 오순절 성령 강림을 통해서 이루
어진답니다.

3 가서 너희를 위하여 거처를 예비하면 내가 다시 와서 너희를 내게로 영접하여 나 있는 곳에 너희도 있게 하리라

4 내가 어디로 가는지 그 길을 너희가 아느니라

5 도마가 이르되 주여 주께서 어디로 가시는지 우리가 알지 못하거늘 그 길을 어찌 알겠사옵나이까

6 예수께서 이르시되 내가 곧 길이요 진리요 생명이니 나로 말미암지 않고는 아버지께로 올 자가 없느니라 10:9

7 너희가 나를 알았더라면 내 아버지도 알았으리로다 이제부터는 너희가 그를 알았고 또 보았느니라

8 빌립이 이르되 주여 아버지를 우리에게 보여 주옵소서 그리하면 족하겠나이다

9 예수께서 이르시되 빌립아 내가 이렇게 오래 너희와 함께 있으되 네가 나를 알지 못하느냐 나를 본 자는 아버지를 보았거늘 어찌하여 아버지를 보이라 하느냐

10 내가 아버지 안에 거하고 아버지는 내 안에 계신 것을 네가 믿지 아니하느냐 내가 너희에게 이르는 말은 스스로 하는 것이 아니라 아버지께서 내 안에 계셔서 그의 일을 하시는 것이라

11 내가 아버지 안에 거하고 아버지께서 내 안에 계심을 믿으라 그렇지 못하겠거든 행하는 그 일로 말미암아 나를 믿으라

12 내가 진실로 진실로 너희에게 이르노니 나를 믿는 자는 내가 하는 일을 그도 할 것이요 또한 그보다 큰 일도 하리니 이는 내가 아버지께로 감이라

13 너희가 내 이름으로 무엇을 구하든지 내가 행하리니 이는 아버지로 하여금 아들로 말미암아 영광을 받으시게 하려 함이라 요일 5:14

14 내 이름으로 무엇이든지 내게 구하면 내가 행하리라 15:16

15 너희가 나를 사랑하면 나의 계명을 지키리라

16 내가 아버지께 구하겠으니 그가 또 다른 보혜사를 너희에게 주사 영원토록 너희와 함께 있게 하리니

17 그는 진리의 영이라 세상은 능히 그를 받지 못하나니 이는 그를 보지도 못하고 알지도 못함이라 그러나 너희는 그를 아나니 그는 너희와 함께 거하심이요 또 너희 속에 계시겠음이라

18 내가 너희를 고아와 같이 버려두지 아니하고 너희에게로 오리라

19 조금 있으면 세상은 다시 나를 보지 못할 것이로되 너희는 나를 보리니 이는 내가 살아 있고 너희도 살아 있겠음이라

20 그 날에는 내가 아버지 안에, 너희가 내 안에, 내가 너희 안에 있는 것을 너

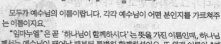

예수, 그리스도, 임마누엘…
어떤 게 진짜 예수님의 이름이에요?

모두가 예수님의 이름이랍니다. 각각 예수님이 어떤 분인지를 가르쳐주는 이름이지요.

"임마누엘"은 곧 "하나님이 함께하시다"는 뜻을 가진 이름인데, 하나님께서는 예수님이 태어날 때부터 특별히 함께하셨어요. 또 원래 이름인 "예수"는 "구원자"라는 뜻이 들어 있어요. 사실 예수라는 이름은 영희, 철수만큼이나 흔한 이름이었어요. 하지만 예수님 때문에 특별한 이름이 되었죠. 또 예수님을 "그리스도"라고 부르는 것은 대제사장이신 예수님께서 우리를 위하여 자신을 제물로 드리시고 우리를 도와주시며 기도해주시는 분이기 때문이에요. 또 예수님은 천국 복음을 증거하시며 예언하셨던 선지자였고 만왕의 왕으로서 이 땅에 오신 분이랍니다. 마 1장 23절

희가 알리라

21 나의 계명을 지키는 자라야 나를 사랑하는 자니 나를 사랑하는 자는 내 아버지께 사랑을 받을 것이요 나도 그를 사랑하여 그에게 나를 나타내리라 [암송]

22 가룟인 아닌 유다가 이르되 주여 어찌하여 자기를 우리에게는 나타내시고 세상에는 아니하려 하시나이까

23 예수께서 대답하여 이르시되 사람이 나를 사랑하면 내 말을 지키리니 내 아버지께서 그를 사랑하실 것이요 우리가 그에게 가서 거처를 그와 함께 하리라

24 나를 사랑하지 아니하는 자는 내 말을 지키지 아니하나니 너희가 듣는 말은 내 말이 아니요 나를 보내신 아버지의 말씀이니라

보혜사

25 ●내가 아직 너희와 함께 있어서 이 말을 너희에게 하였거니와

26 보혜사 곧 아버지께서 내 이름으로 보내실 성령 그가 너희에게 모든 것을 가르치고 내가 너희에게 말한 모든 것을 생각나게 하리라 [암송]

27 평안을 너희에게 끼치노니 곧 나의 평안을 너희에게 주노라 내가 너희에게 주는 것은 세상이 주는 것과 같지 아니하니라 너희는 마음에 근심하지도 말고 두려워하지도 말라

28 내가 갔다가 너희에게로 온다 하는 말을 너희가 들었나니 나를 사랑하였더라면 내가 아버지께로 감을 기뻐하였으리라 아버지는 나보다 크심이라

29 이제 일이 일어나기 전에 너희에게 말

15장 에는 무엇이 기록되어 있을까?

예수님은 자신을 참 포도나무로, 믿음의 사람들을 그 가지로 비유하시면서, 예수님과 우리가 하나로 연결되어야 한다고 가르치셨어요. 우리는 예수님 안에 있으면 많은 열매를 맺을 수 있어요. 하지만 만약 그렇지 않으면 영적으로 죽을 수밖에 없답니다. 또한 예수님은 앞으로 제자들이 세상으로부터 많은 핍박을 받게 될 것을 말씀하셨어요.

한 것은 일이 일어날 때에 너희로 믿게 하려 함이라

30 이 후에는 내가 너희와 말을 많이 하지 아니하리니 이 세상의 임금이 오겠음이라 그러나 그는 내게 관계할 것이 없으니

31 오직 내가 아버지를 사랑하는 것과 아버지께서 명하신 대로 행하는 것을 세상이 알게 하려 함이로라 일어나라 여기를 떠나자 하시니라 —12:31

나는 포도나무요 너희는 가지라 —A.D. 30년경

15 나는 참포도나무요 내 아버지는 농부라

2 무릇 내게 붙어 있어 열매를 맺지 아니하는 가지는 아버지께서 그것을 제거해 버리시고 무릇 열매를 맺는 가지는 더 열매를 맺게 하려 하여 그것을 깨끗하게 하시느니라

3 너희는 내가 일러준 말로 이미 깨끗하여졌으니

4 내 안에 거하라 나도 너희 안에 거하리라 가지가 포도나무에 붙어 있지 아니하면 스스로 열매를 맺을 수 없음 같이 너희도 내 안에 있지 아니하면 그러하리라

5 나는 포도나무요 너희는 가지라 그가내 안에, 내가 그 안에 거하면 사람이 열매를 많이 맺나니 나를 떠나서는 너희가 아무 것도 할 수 없음이라 [암송]

6 사람이 내 안에 거하지 아니하면 가지처럼 밖에 버려져 마르나니 사람들이 그것을 모아다가 불에 던져 사르느니라

7 너희가 내 안에 거하고 내 말이 너희 안에 거하면 무엇이든지 원하는 대로 구하라 그리하면 이루리라 [암송]

8 너희가 열매를 많이 맺으면 내 아버지께서 영광을 받으실 것이요 너희는 내 제자가 되리라

9 아버지께서 나를 사랑하신 것 같이 나도 너희를 사랑하였으니 나의 사랑 안에 거하라

10 내가 아버지의 계명을 지켜 그의 사랑

안에 거하는 것 같이 너희도 내 계명을 지키면 내 사랑 안에 거하리라 14:15

11 내가 이것을 너희에게 이름은 내 기쁨이 너희 안에 있어 너희 기쁨을 충만하게 하려 함이라

12 내 계명은 곧 내가 너희를 사랑한 것 같이 너희도 서로 사랑하라 하는 이것이니라 앞층

13 사람이 친구를 위하여 자기 목숨을 버리면 이보다 더 큰 사랑이 없나니 10:11

14 너희는 내가 명하는 대로 행하면 곧 나의 친구라

15 이제부터는 너희를 종이라 하지 아니하리니 종은 주인이 하는 것을 알지 못함이라 너희를 친구라 하였노니 내가 내 아버지께 들은 것을 다 너희에게 알게 하였음이라

16 너희가 나를 택한 것이 아니요 내가 너희를 택하여 세웠나니 이는 너희로 가서 열매를 맺게 하고 또 너희 열매가 항상 있게 하여 내 이름으로 아버지께 무엇을 구하든지 다 받게 하려 함이라

17 내가 이것을 너희에게 명(命)함은 너희로 서로 사랑하게 하려 함이라 15:12

18 세상이 너희를 미워하면 너희보다 먼저 나를 미워한 줄을 알라

19 너희가 세상에 속하였으면 세상이 자기의 것을 사랑할 것이나 너희는 세상에 속한 자가 아니요 도리어 내가 너희를 세상에서 택하였기 때문에 세상이 너희를 미워하느니라

20 내가 너희에게 종이 주인보다 더 크지 못하다 한 말을 기억하라 사람들이 나를

박해하였은즉 너희도 박해할 것이요 내 말을 지켰은즉 너희 말도 지킬 것이라

21 그러나 사람들이 내 이름으로 말미암아 너희에게 이 모든 일을 너희에게 하리니 이는 나를 보내신 이를 알지 못함이라

22 내가 와서 그들에게 말하지 아니하였더라면 죄가 없었으려니와 지금은 그 죄를 핑계할 수 없느니라

23 나를 미워하는 자는 내 아버지를 미워하느니라 요일 2:23

24 내가 아무도 못한 일을 그들 중에서 하지 아니하였더라면 그들에게 죄가 없었으려니와 지금은 그들이 나와 내 아버지를 보았고 또 미워하였도다

25 그러나 이는 그들의 율법에 ¬기록된 바 그들이 이유 없이 나를 미워하였다 한 말을 응하게 하려 함이라 시 35:19

26 내가 아버지께로부터 너희에게 보낼 보혜사 곧 아버지께로부터 나오시는 진리의 성령이 오실 때에 그가 나를 증언하실 것이요

27 너희도 처음부터 나와 함께 있었으므로 증언하느니라

성령의 일 ─ A.D. 30년경

16

내가 이것을 너희에게 이름은 너희로 실족하지 않게 하려 함이니

2 사람들이 너희를 출교할 뿐 아니라 때가 이르면 무릇 너희를 죽이는 자가 생각하기를 이것이 하나님을 섬기는 일이라 하리라

3 그들이 이런 일을 할 것은 아버지와 나

¬. 시 35:19; 69:4

16 에는 무엇이 기록되어 있을까?

앞으로 제자들이 받게 될 어려움들에 대한 내용이에요. 하나님의 일을 하는 사람들은 꼭 이러한 고난을 겪게 된답니다. 하지만 우리는 성령의 능력을 의지하면서 그 모든 문제들을 당당히 헤쳐나가야 해요. 예수님의 죽음이 당장은 제자들을 슬프게 하지만 멀리 본다면 더 큰 유익을 가져다 줄 거예요.

보혜사 성령님의 3가지 주요 사역(16:8-11)

(1) 죄에 대하여 세상을 책망하심	죄에 대한 책임을 통하여 회개하고 구원에 이르는 일이 나타난다.
(2) 의에 대하여 세상을 책망하심	세상은 참된 의인 그리스도를 정죄하였으니, 성령께서는 세상의 의에 대하여 책망하시고 그리스도가 옳았다는 것을 증거한다.
(3) 심판에 대하여 세상을 책망하심	그리스도를 심판하던 세상이 심판을 받을 것이다.

를 알지 못함이라

4 오직 너희에게 이 말을 한 것은 너희로 그 때를 당하면 내가 너희에게 말한 이 것을 기억나게 하려 함이요 처음부터 이 말을 하지 아니한 것은 내가 너희와 함께 있었음이라

5 지금 내가 나를 보내신 이에게로 가는 데 너희 중에서 나더러 어디로 가는지 묻는 자가 없고

6 도리어 내가 이 말을 하므로 너희 마음에 근심이 가득하였도다

7 그러나 내가 너희에게 실상을 말하노니 내가 떠나가는 것이 너희에게 유익이라 내가 떠나가지 아니하면 보혜사가 너희에게로 오시지 아니할 것이요 가면 내가 그를 너희에게로 보내리니   7:39

8 그가 와서 죄에 대하여, 의에 대하여, 심판에 대하여 세상을 책망하시리라

9 죄에 대하여라 함은 그들이 나를 믿지 아니함이요   롬 3:9

10 의에 대하여라 함은 내가 아버지께로 가니 너희가 다시 나를 보지 못함이요

11 심판에 대하여라 함은 이 세상 임금이 심판을 받았음이라

12 내가 아직도 너희에게 이를 것이 많으나 지금은 너희가 감당하지 못하리라

13 그러나 진리의 성령이 오시면 그가 너희를 모든 진리 가운데로 인도하시리니 그가 스스로 말하지 않고 오직 들은 것을 말하며 장래 일을 너희에게 알리시리라

14 그가 내 영광을 나타내리니 내 것을 가지고 너희에게 알리시겠음이라

15 무릇 아버지께 있는 것은 다 내 것이라 그러므로 내가 말하기를 그가 내 것을 가지고 너희에게 알리시리라 하였노라

16 조금 있으면 너희가 나를 보지 못하겠고 또 조금 있으면 나를 보리라 하시니

17 제자 중에서 서로 말하되 우리에게 말씀하신 바 조금 있으면 나를 보지 못하겠고 또 조금 있으면 나를 보리라 하시

며 또 내가 아버지께로 감이라 하신 것이 무슨 말씀이냐 하고

18 또 말하되 조금 있으면이라 하신 말씀이 무슨 말씀이냐 무엇을 말씀하시는지 알지 못하노라 하거늘

19 예수께서 그 묻고자 함을 아시고 이르시되 내 말이 조금 있으면 나를 보지 못하겠고 또 조금 있으면 나를 보리라 하므로 서로 문의하느냐

20 내가 진실로 진실로 너희에게 이르노니 너희는 곡하고 애통하겠으나 세상은 기뻐하리라 너희는 근심하겠으나 너희 근심이 도리어 기쁨이 되리라

21 여자가 해산하게 되면 그 때가 이르렀으므로 근심하나 아기를 낳으면 세상에 사람 난 기쁨으로 말미암아 그 고통을 다시 기억하지 아니하느니라   살전 5:3

22 지금은 너희가 근심하나 내가 다시 너희를 보리니 너희 마음이 기쁠 것이요 너희 기쁨을 빼앗을 자가 없으리라

23 그 날에는 너희가 아무 것도 내게 1)묻지 아니하리라 내가 진실로 진실로 너희에게 이르노니 너희가 무엇이든지 아버지께 구하는 것을 내 이름으로 주시리라   마 7:7

비전을 심어주는 3분 예화

성자가 된 이유

프란시스가 성자라고 높임을 받는 것을 시기하던 제자가 어느 날 프란시스에게 질문했어요. "선생님은 자신을 어떤 사람이라고 생각하십니까?" 프란시스가 대답했습니다. "나는 세상에서 제일 악한 자라고 생각하네."

제자는 깜짝 놀라며 되물었어요. "선생님, 그것은 거짓말입니다. 세상에는 도둑도 있고 강도도 있고 악한 자들이 많이 있는데, 선생님이 제일 악한 자라고 말씀하시는 것은 거짓입니다."

그러자 프란시스가 대답했습니다. "자네는 몰라. 하나님께서 내게 베푸신 은혜가 무척 크다네. 그 은혜를 다른 사람에게 베푸셨다면 그 사람은 나보다 훨씬 더 훌륭한 사람이 되었을 거야."

1) 또는 구하지 아니하리라

24 지금까지는 너희가 내 이름으로 아무 것도 구하지 아니하였으나 구하라 그리하면 받으리니 너희 기쁨이 충만하리라

내가 세상을 이기었다

25 ●이것을 비유로 너희에게 일렀거니와 때가 이르면 다시는 비유로 너희에게 이르지 않고 아버지에 대한 것을 밝히 이르리라

26 그 날에 너희가 내 이름으로 구할 것이요 내가 너희를 위하여 아버지께 구하겠다 하는 말이 아니니

27 이는 너희가 나를 사랑하고 또 내가 하나님께로부터 온 줄 믿었으므로 아버지께서 친히 너희를 사랑하심이라

28 내가 아버지에게서 나와 세상에 왔고 다시 세상을 떠나 아버지께로 가노라 하시니 *13:3*

29 제자들이 말하되 지금은 밝히 말씀하시고 아무 비유로도 하지 아니하시니

30 우리가 지금에야 주께서 모든 것을 아시고 또 사람의 물음을 기다리시지 않는 줄 아나이다 이로써 하나님께로부터 나오심을 우리가 믿사옵나이다

31 예수께서 대답하시되 이제는 너희가 믿느냐

32 보라 너희가 다 각각 제 곳으로 흩어지고 나를 혼자 둘 때가 오나니 벌써 왔도다 그러나 내가 혼자 있는 것이 아니라 아버지께서 나와 함께 계시느니라

33 이것을 너희에게 이르는 것은 너희로 내 안에서 평안을 누리게 하려 함이라 세상에서는 너희가 환난을 당하나 담대하라 내가 세상을 이기었노라 암송

기도하나이다 — A.D. 30년경

17 예수께서 이 말씀을 하시고 눈을 들어 하늘을 우러러 이르시되 아버지여 때가 이르렀사오니 아들을 영화롭게 하사 아들로 아버지를 영화롭게 하게 하옵소서 *12:23*

2 아버지께서 아들에게 주신 모든 사람에게 영생을 주게 하시려고 만민을 다스리는 권세를 아들에게 주셨음으로 소이다 *단 7:14*

3 영생은 곧 유일하신 참 하나님과 그가 보내신 자 예수 그리스도를 아는 것이니이다 암송

4 아버지께서 내게 하라고 주신 일을 내가 이루어 아버지를 이 세상에서 영화롭게 하였사오니

5 아버지여 창세 전에 내가 아버지와 함께 가졌던 영화로써 지금도 아버지와 함께 나를 영화롭게 하옵소서

6 세상 중에서 내게 주신 사람들에게 내가 아버지의 이름을 나타내었나이다 그들은 아버지의 것이었는데 내게 주셨으며 그들은 아버지의 말씀을 지키었나이다

7 지금 그들은 아버지께서 내게 주신 것이 다 아버지로부터 온 것인 줄 알았나이다

8 나는 아버지께서 내게 주신 말씀들을 그들에게 주었사오며 그들은 이것을 받고 내가 아버지께로부터 나온 줄을 참으로 아오며 아버지께서 나를 보내신 줄도 믿었사옵나이다

9 내가 그들을 위하여 비옵나니 내가 비옵는 것은 세상을 위함이 아니요 내게 주신 자들을 위함이니이다 그들은 아버지의 것이로소이다

10 내 것은 다 아버지의 것이요 아버지의 것은 내 것이온데 내가 그들로 말미암아 영광을 받았나이다

11 나는 세상에 더 있지 아니하오나 그들은 세상에 있사옵고 나는 아버지께로 가옵

17 에는 무엇이 기록되어 있을까?

예수님은 대제사장으로서 하나님과 사람들 사이에 중보기도를 드리셨어요. 이 기도는 성부이신 하나님과 성자이신 예수님의 영광을 구하는 것으로부터 시작해요(1~5절). 다음으로 세상 속으로 보내진 제자들을 위해 기도하시다가(6~19절), 믿음의 사람들이 하나 되기를 구하시는 내용(20~26절)으로 마무리 되지요.

나니 거룩하신 아버지여 내게 주신 아버지의 이름으로 그들을 보전하사 우리와 같이 그들도 하나가 되게 하옵소서

12 내가 그들과 함께 있을 때에 내게 주신 아버지의 이름으로 그들을 보전하고 지키었나이다 그 중의 하나도 멸망하지 않고 다만 멸망의 자식뿐이오니 이는 성경을 응하게 함이니이다

13 지금 내가 아버지께로 가오니 내가 세상에서 이 말을 하옵는 것은 그들로 내 기쁨을 그들 안에 충만히 가지게 하려 함이니이다

14 내가 아버지의 말씀을 그들에게 주었사오매 세상이 그들을 미워하였사오니 이는 내가 세상에 속하지 아니함 같이 그들도 세상에 속하지 아니함으로 인함이니이다

15 내가 비옵는 것은 그들을 세상에서 데려가시기를 위함이 아니요 다만 악에 빠지지 않게 보전하시기를 위함이니이다 *마 6:13*

16 내가 세상에 속하지 아니함 같이 그들도 세상에 속하지 아니하였사옵나이다

17 그들을 진리로 거룩하게 하옵소서 아버지의 말씀은 진리니이다

18 아버지께서 나를 세상에 보내신 것 같이 나도 그들을 세상에 보내었고 *20:21*

19 또 그들을 위하여 내가 나를 거룩하게 하오니 이는 그들도 진리로 거룩함을 얻게 하려 함이니이다

20 내가 비옵는 것은 이 사람들만 위함이 아니요 또 그들의 말로 말미암아 나를 믿는 사람들도 위함이니 *행 4:29*

21 아버지여, 아버지께서 내 안에, 내가 아버지 안에 있는 것 같이 그들도 다 하나가 되어 우리 안에 있게 하사 세상으로 아버지께서 나를 보내신 것을 믿게 하옵소서 *10:38*

22 내게 주신 영광을 내가 그들에게 주었사오니 이는 우리가 하나가 된 것 같이 그들도 하나가 되게 하려 함이니이다

23 곧 내가 그들 안에 있고 아버지께서 내 안에 계시어 그들로 온전함을 이루어 하나가 되게 하려 함은 아버지께서 나를 보내신 것과 또 나를 사랑하심 같이 그들도 사랑하신 것을 세상으로 알게 하려 함이로소이다

24 아버지여 내게 주신 자도 나 있는 곳에 나와 함께 있어 아버지께서 창세 전부터 나를 사랑하시므로 내게 주신 나의 영광을 그들로 보게 하시기를 원하옵나이다 *고후 3:18*

25 의로우신 아버지여 세상이 아버지를 알지 못하여도 나는 아버지를 알았사옵고 그들도 아버지께서 나를 보내신 줄 알았사옵나이다

26 내가 아버지의 이름을 그들에게 알게 하였고 또 알게 하리니 이는 나를 사랑하신 사랑이 그들 안에 있고 나도 그들 안에 있게 하려 함이니이다

예수님의 대제사장적 기도(17장)

예수님은 하나님께 드리는 기도로 마지막 말씀을 마치셨다. 이 기도는 예수님이 대제사장으로서 하나님께 인간을 중보하는 기도라 하여 '대제사장의 기도' 라고 불린다.

주 제	요 지	의 미	본 문
예수님 자신을 위해	아들을 영화롭게 하옵소서	이제 예수님은 수난을 당하시고 수난 후에는 부활, 승천하여 하나님의 오른편에 앉아 영광을 누리실 때가 되었다.	17:1~5
제자들을 위해	이들을 지켜주소서	예수님이 이 세상에 속하지 않으신 것처럼 제자들도 이 세상에 속하지 않았기 때문에 세상의 세력과 싸워야 하므로 하나님께서 그들이 악에 빠지지 않게 보호하라고 하신다.	17:6~16
	진리로 거룩하게 하소서	제자들은 아버지의 말씀을 전할 사람들이다. 아버지의 말씀은 진리다; 진리를 위해 헌신하는 사람들은 자신을 거룩하게 해야 한다.	17:17~19
제자들을 통해 믿게 될 모든 이들을 위해	하나되게 하소서	신자들이 진리 안에서 하나될 때, 세상 사람들은 하나님이 예수님을 보내셨음을 믿게 될 것이다.	17:20~26

잡히시다 (마 26:47-56; 막 14:43-50;
눅 22:47-53) ─ A.D. 30년경

18 예수께서 이 말씀을 하시고 제
자들과 함께 기드론 시내 건너
편으로 나가시니 그 곳에 동산이 있는
데 제자들과 함께 들어가시니라

2 그 곳은 가끔 예수께서 제자들과 모이
시는 곳이므로 예수를 파는 유다도 그
곳을 알더라

3 유다가 군대와 대제사장들과 바리새
인들에게서 얻은 아랫사람들을 데리
고 등과 횃불과 무기를 가지고 그리로
오는지라

4 예수께서 그 당할 일을 다 아시고 나아
가 이르시되 너희가 누구를 찾느냐

5 대답하되 나사렛 예수라 하거늘 이르
시되 내가 그니라 하시니라 그를 파는
유다도 그들과 함께 섰더라

6 예수께서 그들에게 내가 그니라 하실
때에 그들이 물러가서 땅에 엎드러지
는지라

7 이에 다시 누구를 찾느냐 물으신대
그들이 말하되 나사렛 예수라 하거늘

8 예수께서 대답하시되 너희에게 내가
그니라 하였으니 나를 찾거든 이 사람
들이 가는 것은 용납하라 하시니

9 이는 아버지께서 내게 주신 자 중에서
하나도 잃지 아니하였사옵나이다 하
신 말씀을 응하게 하려 함이러라 17:12

10 이에 시몬 베드로가 칼을 가졌는데 그것
을 빼어 대제사장의 종을 쳐서 오른편
귀를 베어버리니 그 종의 이름은 말고라

11 예수께서 베드로더러 이르시되 칼을
칼집에 꽂으라 아버지께서 주신 잔을

겟세마네 동산에 세워진
동굴 교회의 제단(18:1)

내가 마시지 아니하겠느냐 하시니라

안나스에게로 끌고 가다
(마 26:57-58; 막 14:53-54; 눅 22:54)

12 ●이에 군대와 천부장과 유대인의 아
랫사람들이 예수를 잡아 결박하여

13 먼저 안나스에게로 끌고 가니 안나스
는 그 해의 대제사장인 가야바의 장인
이라 막 14:53

14 가야바는 유대인들에게 한 사람이 백
성을 위하여 죽는 것이 유익하다고 권
고하던 자러라

베드로가 제자가 아니라고 하다
(마 26:69-70; 막 14:66-68; 눅 22:55-57)

15 ●시몬 베드로와 또 다른 제자 한 사람
이 예수를 따르니 이 제자는 대제사장
과 아는 사람이라 예수와 함께 대제사
장의 집 뜰에 들어가고

16 베드로는 문 밖에 서 있는지라 대제사
장을 아는 그 다른 제자가 나가서 문지
키는 여자에게 말하여 베드로를 데리
고 들어오니

17 문 지키는 여종이 베드로에게 말하되 너
도 이 사람의 제자 중 하나가 아니냐 하
니 그가 말하되 나는 아니라 하고 18:25

18 그 때가 추운 고로 종과 아랫사람들이
불을 피우고 서서 쬐니 베드로도 함께
서서 쬐더라

대제사장이 예수에게 묻다
(마 26:59-66; 막 14:55-64; 눅 22:66-71)

19 ●대제사장이 예수에게 그의 제자들과
그의 교훈에 대하여 물으니 눅 22:63-71

20 예수께서 대답하시되 내가 드러내 놓
고 세상에 말하였노라 모든 유대인들
이 모이는 회당과 성전에서 항상 가르

18 에는 무엇이 기록되어 있을까?

요한은 빌라도의 재판 장면을 자세
하게 설명해주고 있어요. 그것은 예수님이 죄가
없으시다는 것을 이방인에게 보여주고 싶었기
때문이에요. 빌라도는 예수님에게서 아무런 죄
도 찾을 수 없었지만 군중들을 두려워한 나머
지, 예수님을 십자가에 못 박히게 했습니다.

첫고 은밀하게는 아무 것도 말하지 아니하였거늘

21 어찌하여 내게 묻느냐 내가 무슨 말을 하였는지 들은 자들에게 물어 보라 그들이 내가 하던 말을 아느니라

22 이 말씀을 하시매 곁에 섰던 아랫사람 하나가 손으로 예수를 쳐 이르되 네가 대제사장에게 이같이 대답하느냐 하니

23 예수께서 대답하시되 내가 말을 잘못하였으면 그 잘못한 것을 증언하라 바른 말을 하였으면 네가 어찌하여 나를 치느냐 하시더라

24 안나스가 예수를 결박한 그대로 대제사장 가야바에게 보내니라

베드로가 다시 제자가 아니라고 하다
(마 26:71-75; 막 14:69-72; 눅 22:58-62)

25 ●시몬 베드로가 서서 불을 쬐더니 사람들이 묻되 너도 그 제자 중 하나가 아니냐 베드로가 부인하여 이르되 나는 아니라 하니

26 대제사장의 종 하나는 베드로에게 귀를 잘린 사람의 친척이라 이르되 네가 그 사람과 함께 동산에 있는 것을 내가 보지 아니하였느냐

27 이에 베드로가 또 부인하니 곧 닭이 울더라

빌라도 앞에 서시다
(마 27:1-2, 11-14; 막 15:1-5; 눅 23:1-5)

28 ●그들이 예수를 가야바에게서 관정으로 끌고 가니 새벽이라 그들은 더럽힘을 받지 아니하고 유월절 잔치를 먹고자 하여 관정에 들어가지 아니하더라

29 그러므로 빌라도가 밖으로 나가서 그들에게 말하되 너희가 무슨 일로 이 사람을 고발하느냐

붙잡히신
예수님
(18:12)

30 대답하여 이르되 이 사람이 행악자가 아니었더라면 우리가 당신에게 넘기지 아니하였겠나이다

31 빌라도가 이르되 너희가 그를 데려다가 너희 법대로 재판하라 유대인들이 이르되 우리에게는 사람을 죽이는 권한이 없나이다 하니

32 이는 예수께서 자기가 어떠한 죽음으로 죽을 것을 가리켜 하신 말씀을 응하게 하려 함이러라

33 ●이에 빌라도가 다시 관정에 들어가 예수를 불러 이르되 네가 유대인의 왕이냐　눅 23:3

34 예수께서 대답하시되 이는 네가 스스로 하는 말이냐 다른 사람들이 나에 대하여 네게 한 말이냐

35 빌라도가 대답하되 내가 유대인이냐 네 나라 사람과 대제사장들이 너를 내게 넘겼으니 네가 무엇을 하였느냐

36 예수께서 대답하시되 내 나라는 이 세상에 속한 것이 아니니라 만일 내 나라가 이 세상에 속한 것이었더라면 내 종들이 싸워 나로 유대인들에게 넘겨지지 않게 하였으리라 이제 내 나라는 여기에 속한 것이 아니니라

37 빌라도가 이르되 그러면 네가 왕이 아니냐 예수께서 대답하시되 네 말과 같이 내가 왕이니라 내가 이를 위하여 태어났으며 이를 위하여 세상에 왔나니 곧 진리에 대하여 증언하려 함이로라

토막상식　알고

대제사장 가야바의 종이에요. 예수님을 체포할 당시 베드로에게 귀를 베였지만, 예수님께서 말씀하고 쳐주셨지요. '말고'란 이름이 나바티안의 여러 비문들에 등장하는 아람식 이름인 것으로 보아 나바티안 출신일 것으로 추측됩니다. 　18장 10절

무릇 진리에 속한 자는 내 음성을 듣느니라 하신대   요일 3:19

38 빌라도가 이르되 진리가 무엇이냐 하더라

십자가에 못 박도록 예수를 넘겨 주다
(마 27:15~31; 막 15:6~20; 눅 23:13~25)

●이 말을 하고 다시 유대인들에게 나가서 이르되 나는 그에게서 아무 죄도 찾지 못하였노라

39 유월절이면 내가 너희에게 한 사람을 놓아 주는 전례가 있으니 그러면 너희는 내가 유대인의 왕을 너희에게 놓아 주기를 원하느냐 하니

40 그들이 또 소리 질러 이르되 이 사람이 아니라 바라바라 하니 바라바는 강도였더라   행 3:14

19 이에 빌라도가 예수를 데려다가 채찍질하더라

2 군인들이 가시나무로 관을 엮어 그의 머리에 씌우고 자색 옷을 입히고

3 앞에 가서 이르되 유대인의 왕이여 평안할지어다 하며 손으로 때리더라

4 빌라도가 다시 밖에 나가 말하되 보라 이 사람을 데리고 너희에게 나오나니 이는 내가 그에게서 아무 죄도 찾지 못한 것을 너희로 알게 하려 함이로라 하더라

5 이에 예수께서 가시관을 쓰고 자색 옷을 입고 나오시니 빌라도가 그들에게 말하되 보라 이 사람이로다 하매

6 대제사장들과 아랫사람들이 예수를 보고 소리 질러 이르되 십자가에 못 박으소서 십자가에 못 박으소서 하는지라 빌라도가 이르되 너희가 친히 데려

19 에는 무엇이 기록되어 있을까?

예수님은 빌라도의 사형 선고를 받으시고 십자가에 못 박히셨어요. 도살장에 끌려가는 양처럼 말없이 받으시면서도 예수님은 온화한 모습이셨어요. 이것은 예수님이 모든 사람들을 구속하시는 유월절 양이시라는 것을 보여줍니다. 한편 "다 이루었다"(30절)는 말씀은 예수님의 구속 사역이 이로써 완전히 끝났다는 것을 나타냅니다.

다가 십자가에 못 박으라 나는 그에게서 죄를 찾지 못하였노라

7 유대인들이 대답하되 우리에게 법이 있으니 그 법대로 하면 그가 당연히 죽을 것은 그가 자기를 하나님의 아들이라 함이니이다

8 빌라도가 이 말을 듣고 더욱 두려워하여

9 다시 관정에 들어가서 예수께 말하되 너는 어디로부터냐 하되 예수께서 대답하여 주지 아니하시는지라   사 53:7

10 빌라도가 이르되 내게 말하지 아니하느냐 내가 너를 놓을 권한도 있고 십자가에 못 박을 권한도 있는 줄 알지 못하느냐

11 예수께서 대답하시되 위에서 주지 아니하셨더라면 나를 해할 권한이 없었으리니 그러므로 나를 네게 넘겨 준 자의 죄는 더 크다 하시니라

12 이러하므로 빌라도가 예수를 놓으려고 힘썼으나 유대인들이 소리 질러 이르되 이 사람을 놓으면 가이사의 충신이 아니니이다 무릇 자기를 왕이라 하는 자는 가이사를 반역하는 것이니이다

13 빌라도가 이 말을 듣고 예수를 끌고 나가서 돌을 깐 뜰 (히브리 말로 가바다)에 있는 재판석에 앉아 있더라   마 27:19

14 이 날은 유월절의 준비일이요 때는 [1)]제육시라 빌라도가 유대인들에게 이르되 보라 너희 왕이로다

15 그들이 소리 지르되 없이 하소서 없이 하소서 그를 십자가에 못 박게 하소서 빌라도가 이르되 내가 너희 왕을 십자가에 못 박으랴 대제사장들이 대답하되 가이사 외에는 우리에게 왕이 없나이다 하니

16 이에 예수를 십자가에 못 박도록 그들에게 넘겨 주니라

십자가에 못 박히시다 (마 27:32~44; 막 15:21~32; 눅 23:26~43) —A.D. 30년경

17 ●그들이 예수를 맡으매 예수께서 자기의 십자가를 지시고 해골 (히브리 말

1)낮 열두 시

십자가에 달리신 예수님(19:18)

로 골고다)라 하는 곳에 나가시니

18 그들이 거기서 예수를 십자가에 못 박을새 다른 두 사람도 그와 함께 좌우 편에 못 박으니 예수는 가운데 있더라

19 빌라도가 패를 써서 십자가 위에 붙이니 나사렛 예수 유대인의 왕이라 기록되었더라

20 예수께서 못 박히신 곳이 성에서 가까운 고로 많은 유대인이 이 패를 읽는데 히브리와 로마와 헬라 말로 기록되었더라

21 유대인의 대제사장들이 빌라도에게 이르되 유대인의 왕이라 쓰지 말고 자칭 유대인의 왕이라 쓰라 하니

22 빌라도가 대답하되 내가 쓸 것을 썼다 하니라

23 ●군인들이 예수를 십자가에 못 박고 그의 옷을 취하여 네 깃에 나눠 각각 한 깃씩 얻고 속옷도 취하니 이 속옷은 호지 아니하고 위에서부터 통으로 짠 것이라

24 군인들이 서로 말하되 이것을 찢지 말고 누가 얻나 제비 뽑자 하니 이는 성경에

그들이 내 옷을 나누고 내 옷을 제비 뽑나이다

한 것을 응하게 하려 함이러라 군인들은 이런 일을 하고

25 예수의 십자가 곁에는 그 어머니와 이모와 글로바의 아내 마리아와 막달라 마리아가 섰는지라

26 예수께서 자기의 어머니와 사랑하시는 제자가 곁에 서 있는 것을 보시고 자기 어머니께 말씀하시되 여자여 보소서 아들이니이다 하시고

27 또 그 제자에게 이르시되 보라 네 어머니라 하신대 그 때부터 그 제자가 자기 집에 모시니라

영혼이 떠나가시다

(마 27:45-56; 막 15:33-41; 눅 23:44-49)

28 ●그 후에 예수께서 모든 일이 이미 이루어진 줄 아시고 성경을 응하게 하려 하사 이르시되 내가 목마르다 하시니

29 거기 신 포도주가 가득히 담긴 그릇이 있는지라 사람들이 신 포도주를 적신 해면을 우슬초에 매어 예수의 입에 대니

30 예수께서 신 포도주를 받으신 후에 이르시되 다 이루었다 하시고 머리를 숙이니 영혼이 떠나가시니라

17:4
창으로 옆구리를 찌르다

31 ●이 날은 준비일이라 유대인들은 그 안식일이 큰 날이므로 그 안식일에 시체들을 십자가에 두지 아니하려 하여 빌라도에게 그들의 다리를 꺾어 시체

선생님!! 궁금해요

예수님이 돌아가실 때는 낮인데도 왜 하늘이 캄캄해졌나요?

예수님이 우리의 죄를 대신해서 십자가 위에서 돌아가실 때 이상한 자연 현상이 일어났어요. 가장 밝아야 할 정오(낮 12시)가 오히려 캄캄한 밤처럼 어두워졌어요. 그때부터 무려 3시간 동안 온 땅에 어두움이 계속되었죠. 예루살렘 성전 안에 있는 성소의 휘장은 위로부터 아래로 찢어졌어요. 그리고 땅이 흔들리며 바위가 터졌답니다.

이런 일들은 하나님의 아들이 예수님에게 모든 죄를 맡기는 무서운 심판을 나타내는 거예요. 십자가상의 죽음이 예수님에게는 저주의 심판이 되었지만 우리에게는 구원을 이루어주시는 과정이 되었죠. 예수님은 죄를 짊어지고 십자가 위에서 홀로 버림받았어요. 예루살렘 성전 안에 있는 성소의 휘장은 위로부터 아래로 찢어졌어요. 그러나 예수님은 그 슬픔과 어두움을 이기시고 사흘 만에 부활하셨답니다. 눅 23장 44-45절

ㄱ. 시 22:18 ㄴ. 시 69:21

부활하신 예수님이 마리아에게
나타나심(20:11-18)

를 치워 달라 하니
32 군인들이 가서 예수와 함께 못 박힌 첫째 사람과 또 그 다른 사람의 다리를 꺾고
33 예수께 이르러서는 이미 죽으신 것을 보고 다리를 꺾지 아니하고
34 그 중 한 군인(軍人)이 창으로 옆구리를 찌르니 곧 피와 물이 나오더라
35 이를 본 자가 증언하였으니 그 증언이 참이라 그가 자기의 말하는 것이 참인 줄 알고 너희로 믿게 하려 함이니라
36 이 일이 일어난 것은 ㄱ그 뼈가 하나도 꺾이지 아니하리라 한 성경을 응하게 하려 함이라
37 또 다른 성경에 ㄴ그들이 그 찌른 자를 보리라 하였느니라

새 무덤에 예수를 두다
(마 27:57-61; 막 15:42-47; 눅 23:50-56)

38 ●아리마대 사람 요셉은 예수의 제자이나 유대인이 두려워 그것을 숨기더니 이 일 후에 빌라도에게 예수의 시체를 가져가기를 구하매 빌라도가 허락하는지라 이에 가서 예수의 시체를 가져가니라
39 일찍이 예수께 밤에 찾아왔던 니고데모도 몰약과 침향 섞은 것을 백1)리트라쯤 가지고 온지라
40 이에 예수의 시체를 가져다가 유대인의 장례 법대로 그 향품과 함께 세마포로 쌌더라
41 예수께서 십자가에 못 박히신 곳에 동

산이 있고 동산 안에 아직 사람을 장사한 일이 없는 새 무덤이 있는지라
42 이 날은 유대인의 준비일이요 또 무덤이 가까운 고로 예수를 거기 두니라

살아나시다
(마 28:1-10; 막 16:1-8; 눅 24:1-12)

20
1 2)안식 후 첫날 일찍이 아직 어두울 때에 막달라 마리아가 무덤에 와서 돌이 무덤에서 옮겨진 것을 보고
2 시몬 베드로와 예수께서 사랑하시던 그 다른 제자에게 달려가서 말하되 사람들이 주님을 무덤에서 가져다가 어디 두었는지 우리가 알지 못하겠다 하니
3 베드로와 그 다른 제자가 나가서 무덤으로 갈새
4 둘이 같이 달음질하더니 그 다른 제자가 베드로보다 더 빨리 달려가서 먼저 무덤에 이르러
5 구부려 세마포 놓인 것을 보았으나 들어가지는 아니하였더니
6 시몬 베드로는 따라와서 무덤에 들어가 보니 세마포가 놓였고
7 또 머리를 쌌던 수건은 세마포와 함께 놓이지 않고 딴 곳에 쌌던 대로 놓여 있더라
8 그 때에야 무덤에 먼저 갔던 그 다른 제자도 들어가 보고 믿더라
9 (그들은 성경에 그가 죽은 자 가운데서 다시 살아나야 하리라 하신 말씀을 아직 알지 못하더라)
10 이에 두 제자가 자기들의 집으로 돌아가니라

20에는 무엇이 기록되어 있을까?

예수님은 부활하여 우리 여러 사람들 앞에 나타나셨어요. 살아 계셨을 때에 "나는 부활이요 생명이니"(11:25)라고 말씀하셨던 약속을 예수님은 부활을 통해서 예수님은 자신이 구세주이심을 증명해 보이셨어요. 또한 예수님을 믿는 사람들에게 부활의 소망을 안겨주셨어요.

막달라 마리아에게 나타나시다 (막 16:9-11)

11 ●마리아는 무덤 밖에 서서 울고 있더니 울면서 구부려 무덤 안을 들여다보니

12 흰 옷 입은 두 천사가 예수의 시체 뉘었던 곳에 하나는 머리 편에, 하나는 발 편에 앉았더라

13 천사들이 이르되 여자여 어찌하여 우느냐 이르되 사람들이 내 주님을 옮겨다가 어디 두었는지 내가 알지 못함이니이다

14 이 말을 하고 뒤로 돌이켜 예수께서 서 계신 것을 보았으나 예수이신 줄은 알지 못하더라

15 예수께서 이르시되 여자여 어찌하여 울며 누구를 찾느냐 하시니 마리아는 그가 동산지기인 줄 알고 이르되 주여 당신이 옮겼거든 어디 두었는지 내게 이르소서 그리하면 내가 가져가리이다

16 예수께서 마리아야 하시거늘 마리아가 돌이켜 히브리 말로 랍오니 하니 (이는 선생님이라는 말이라)

17 예수께서 이르시되 나를 붙들지 말라 내가 아직 아버지께로 올라가지 아니하였노라 너는 내 형제들에게 가서 이르되 내가 내 아버지 곧 너희 아버지, 내 하나님 곧 너희 하나님께로 올라간다 하라 하시니

18 막달라 마리아가 가서 제자들에게 내가 주를 보았다 하고 또 주께서 자기에게 이렇게 말씀하셨다 이르니라

제자들에게 나타나시다 (마 28:16-20; 막 16:14-18; 눅 24:36-49)

19 ●이 날 곧 안식 후 첫날 저녁 때에 제자들이 유대인들을 두려워하여 모인 곳의 문들을 닫았더니 예수께서 오사 가운데 서서 이르시되 너희에게 평강이 있을지어다

20 이 말씀을 하시고 손과 옆구리를 보이시니 제자들이 주를 보고 기뻐하더라

21 예수께서 또 이르시되 너희에게 평강이 있을지어다 아버지께서 나를 보내신 것 같이 나도 너희를 보내노라 시 61:1

22 이 말씀을 하시고 그들을 향하사 숨을 내쉬며 이르시되 성령을 받으라

23 너희가 누구의 죄든지 사하면 사하여질 것이요 누구의 죄든지 그대로 두면 그대로 있으리라 하시니라

도마가 의심하다

24 ●열두 제자 중의 하나로서 디두모라 불리는 도마는 예수께서 오셨을 때에 함께 있지 아니한지라

25 다른 제자들이 그에게 이르되 우리가 주를 보았노라 하니 도마가 이르되 내가 그의 손의 못 자국을 보며 내 손가락을 그 못 자국에 넣으며 내 손을 그 옆구리에 넣어 보지 않고는 믿지 아니하겠노라 하더라

26 ●여드레를 지나서 제자들이 다시 집 안에 있을 때에 도마도 함께 있고 문들이 닫혔는데 예수께서 오사 가운데 서서 이르시되 너희에게 평강이 있을지어다 하시고 20:21

27 도마에게 이르시되 네 손가락을 이리 내밀어 내 손을 보고 네 손을 내밀어 내 옆구리에 넣어 보라 그리하여 믿음 없는 자가 되지 말고 믿는 자가 되라

28 도마가 대답하여 이르되 나의 주님이

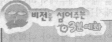

비전을 심어주는 3분 예화

다윈의 고백

진화론의 창시자인 찰스 다윈이 죽기 몇 달 전 병실에 누워 있을 때, 어느 부인이 그를 방문했어요. 그때 다윈은 성경을 읽고 있었는데, 부인이 물었답니다.

"지금 무엇을 읽고 계신가요?" 다윈은 겸연쩍은 표정으로 대답했어요. "성경입니다." 부인이 창세기를 펼쳐 보이며 진화론이 틀린 것이라고 말하자, 다윈은 비통한 표정을 지으며 이런 고백을 했다고 해요.

"나는 참 철없는 젊은이였습니다. 나는 세상의 모든 것들에 대해 의문을 가지고 바라보고 접근했어요. 진화론도 그중의 하나입니다. 그런데 사람들이 진화론을 '학문'이 아니라, 마치 하나의 종교처럼 맹신하고 있어요. 제발 사람들에게 하나님의 창조에 대해서 알려주십시오."

시요 나의 하나님이시니이다
29 예수께서 이르시되 너는 나를 본 고로
믿느냐 보지 못하고 믿는 자들은 복되
도다 하시니라

이 책을 기록한 목적

30 ●예수께서 제자들 앞에서 이 책에 기
록되지 아니한 다른¹⁾표적도 많이 행하
셨으나 　　　　　　　　　　　21:25

31 오직 이것을 기록함은 너희로 예수께
서 하나님의 아들 그리스도이심을 믿
게 하려 함이요 또 너희로 믿고 그 이름
을 힘입어 생명을 얻게 하려 함이니라

일곱 제자에게 나타나시다 ─A.D. 30년경

21 그 후에 예수께서 디베랴 호수
에서 또 제자들에게 자기를 나
타내셨으니 나타내신 일은 이러하니
라

2 시몬 베드로와 디두모라 하는 도마와
갈릴리 가나 사람 나다나엘과 세베대
의 아들들과 또 다른 제자 둘이 함께
있더니

3 시몬 베드로가 나는 물고기 잡으러 가
노라 하니 그들이 우리도 함께 가겠다
하고 나가서 배에 올랐으나 그 날 밤에
아무 것도 잡지 못하였더니

4 날이 새어갈 때에 예수께서 바닷가에
서셨으나 제자들이 예수이신 줄 알지
못하는지라

5 예수께서 이르시되 얘들아 너희에게
고기가 있느냐 대답하되 없나이다

6 이르시되 그물을 배 오른편에 던지라
그리하면 잡으리라 하시니 이에 던졌
더니 물고기가 많아 그물을 들 수 없

갈릴리에서 고기잡이를 하는 어부
(21:1-14)

더라

7 예수께서 사랑하시는 그 제자가 베드
로에게 이르되 주님이시라 하니 시몬
베드로가 벗고 있다가 주님이라 하는
말을 듣고 겉옷을 두른 후에 바다로 뛰
어 내리더라

8 다른 제자들은 육지에서 거리가 불과
한 ²⁾오십 칸쯤 되므로 작은 배를 타고
물고기 든 그물을 끌고 와서

9 육지에 올라보니 숯불이 있는데 그 위
에 생선이 놓였고 떡도 있더라

10 예수께서 이르시되 지금 잡은 생선을
좀 가져오라 하시니

11 시몬 베드로가 올라가서 그물을 육지
에 끌어 올리니 가득히 찬 큰 물고기가
백쉰세 마리라 이같이 많으나 그물이
찢어지지 아니하였더라

12 예수께서 이르시되 와서 조반을 먹으
라 하시니 제자들이 주님이신 줄 아는
고로 당신이 누구냐 감히 묻는 자가 없
더라

13 예수께서 가셔서 떡을 가져다가 그들
에게 주시고 생선도 그와 같이 하시니
라 　　　　　　　　　　　21:9

14 이것은 예수께서 죽은 자 가운데서 살
아나신 후에 세 번째로 제자들에게 나
타나신 것이라

내 양을 먹이라

15 ●그들이 조반 먹은 후에 예수께서 시
몬 베드로에게 이르시되 요한의 아들
시몬아 네가 이 ³⁾사람들보다 나를 더
사랑하느냐 하시니 이르되 주님 그리

21 장 에는 무엇이 기록되어 있을까?

부활하신 예수님은 디베랴에 있는
일곱 제자들에게 나타나셨고, 이처럼 예수님
은 부활하신 후에도 계속해서 제자들을 돌아보
시고 그들의 사역에 관심을 가지셨지요. 특히
베드로와 만나신 이야기에서는 죄를 짓고 낙심
한 제자를 다시 일으키시고 용기를 주시는 예
수님의 사랑을 느낄 수 있어요.

1) 또는 이적　2) 200규빗　3) 또는 것들보다

하나이다 내가 주님을 사랑하는 줄 주님께서 아시나이다 이르시되 내 어린 양을 먹이라 하시고 _{마 26:33}

16 또 두 번째 이르시되 요한의 아들 시몬아 네가 나를 사랑하느냐 하시니 이르되 주님 그러하나이다 내가 주님을 사랑하는 줄 주님께서 아시나이다 이르시되 내 양을 치라 하시고

17 세 번째 이르시되 요한의 아들 시몬아 네가 나를 사랑하느냐 하시니 주께서 세 번째 네가 나를 사랑하느냐 하시므로 베드로가 근심하여 이르되 주님 모든 것을 아시오매 내가 주님을 사랑하는 줄을 주님께서 아시나이다 예수께서 이르시되 내 양을 먹이라 _{21:16}

18 내가 진실로 진실로 네게 이르노니 네가 젊어서는 스스로 띠 띠고 원하는 곳으로 다녔거니와 늙어서는 네 팔을 벌리리니 남이 네게 띠 띠우고 원하지 아니하는 곳으로 데려가리라

19 이 말씀을 하심은 베드로가 어떠한 죽음으로 하나님께 영광을 돌릴 것을 가리키심이러라 이 말씀을 하시고 베드로에게 이르시되 나를 따르라 하시니

20 베드로가 돌이켜 예수께서 사랑하시는 그 제자가 따르는 것을 보니 그는 만찬석에서 예수의 품에 의지하여 주님 주님을 파는 자가 누구오니이까 묻던 자더라 _{13:25}

21 이에 베드로가 그를 보고 예수께 여짜오되 주님 이 사람은 어떻게 되겠사옵나이까

22 예수께서 이르시되 내가 올 때까지 그를 머물게 하고자 할지라도 네게 무슨 상관이냐 너는 나를 따르라 하시더라

23 이 말씀이 형제들에게 나가서 그 제자는 죽지 아니하겠다 하였으나 예수의 말씀은 그가 죽지 않겠다 하신 것이 아니라 내가 올 때까지 그를 머물게 하고자 할지라도 네게 무슨 상관이냐 하신 것이러라

24 ●이 일들을 증언하고 이 일들을 기록한 제자가 이 사람이라 우리는 그의 증언이 참된 줄 아노라

25 ●예수께서 행하신 일이 이 외에도 많으니 만일 낱낱이 기록된다면 이 세상이라도 이 기록된 책을 두기에 부족할 줄 아노라

선생님!! 궁금해요

예수님이 다시 살아나셨을 때 유령이 되었나요?

예수님은 분명히 십자가에 달려 돌아가셨어요. 그리고 3일 만에 부활하셨지요. 그러나 예수님은 유령이 된 것이 아니에요. '유령'은 하나님 믿는 것을 방해하는 악한 마귀로서 몸이 없지만, 예수님은 몸을 가지고 살아나셨어요. 하지만 그 몸은 우리 사람들이 가진 몸과는 많이 달라요. 시간과 공간을 뛰어넘는 부활의 몸이지요. 그래서 벽도 스르륵 지나갈 수 있었던 거예요.

예수님은 부활 후 40일 동안 제자들과 많은 사람들에게 나타나신 후에 하늘로 올라가셨어요. 예수님은 언젠가는 이 세상에 다시 오신답니다. 그때에는 우리의 몸도 예수님처럼 새로운 몸으로 부활하게 될 거예요.

20장 19절

Acts
사도행전

☀ 사도행전을 읽기 전에

이 책은 누가복음을 기록한 누가가 기록했어요. '사도'라는 말은 헬라어에서 '보냄을 받은 자'라는 뜻을 가지고 있지요. 예수님께서는 자기를 따르는 많은 사람들 중에서 특별한 임무를 맡기시기 위해 12명의 사도를 선택하셨답니다.

☀ 언제, 왜, 누구를 위하여 썼나요?

이 책을 기록한 때는 A.D. 61－63년경이라고 해요. 초대 교회가 어떻게 발전하게 되었는지 보여주고 유대인들에게 기독교를 증거하기 위해서 기록한 책이에요. 누가는 모든 그리스도인, 특히 데오빌로를 위해 이 책을 썼답니다.

☀ 어떤 내용인가요?

처음에 교회가 어떻게 생겼는지에 관한 것과 사도들이 성령 받은 사건이 나옵니다. 성령 받은 사도들은 그 당시 세계의 중심지였던 로마에까지 복음을 전하게 되었어요.

성령으로 세례를 받으리라 ─ A.D. 33년경

1 데오빌로여 내가 먼저 쓴 글에는 무릇 예수께서 행하시며 가르치시기를 시작하심부터

2 그가 택하신 사도들에게 성령으로 명하시고 승천하신 날까지의 일을 기록하였노라

3 그가 고난 받으신 후에 또한 그들에게 확실한 많은 증거로 친히 살아 계심을 나타내사 사십 일 동안 그들에게 보이시며 하나님 나라의 일을 말씀하시니라

4 사도와 함께 모이사 그들에게 분부하여 이르시되 예루살렘을 떠나지 말고 내게서 들은 바 아버지께서 약속하신 것을 기다리라

5 요한은 물로 1)세례를 베풀었으나 너희는 몇 날이 못되어 성령으로 1)세례를 받으리라 하셨느니라

예수께서 하늘로 올려지시다

6 ●그들이 모였을 때에 예수께 여쭈어 이르되 주께서 이스라엘 나라를 회복하심이 이 때니이까 하니 마 24:3

7 이르시되 때와 시기는 아버지께서 자기의 권한에 두셨으니 너희가 알 바 아니요

8 오직 성령이 너희에게 임하시면 너희가 권능을 받고 예루살렘과 온 유대와 사마리아와 땅 끝까지 이르러 내 증인이 되리라 하시니라 압송

9 이 말씀을 마치시고 그들이 보는데 올려져 가시니 구름이 그를 가리어 보이지 않게 하더라

10 올라가실 때에 제자들이 자세히 하늘을 쳐다보고 있는데 흰 옷 입은 두 사람이 그들 곁에 서서

11 이르되 갈릴리 사람들아 어찌하여 서서 하늘을 쳐다보느냐 너희 가운데서 하늘로 올려지신 이 예수는 하늘로 가심을 본 그대로 오시리라 하였느니라

유다 대신에 맛디아를 세우다

12 ●제자들이 감람원이라 하는 산으로부터 예루살렘에 돌아오니 이 산은 예

? 에는 무엇이 기록되어 있을까?

사도행전은 부활하신 예수님이 활동하신 이야기로 시작되고 있어요. 누가는 예수님이 살아 계셨을 당시에 하셨던 일들이 제자들을 통해서 계속 이어진다는 것을 말해주고 싶었어요. 가룟 유다 대신에 맛디아를 사도로 세운 것도 이 때문이었지요. 예수님이 하늘로 올라가신 후, 이제 본격적인 성령의 사역이 펼쳐지게 됩니다.

1) 헬, 또는 침례

예수님이 재림하실 것을
알려주는 천사들(1:10~11)

루살렘에서 가까워 안식일에 가기 알
맞은 길이라

13 들어가 그들이 유하는 다락방으로 올
라가니 베드로, 요한, 야고보, 안드레
와 빌립, 도마와 바돌로매, 마태와 및
알패오의 아들 야고보, 1)셀롯인 시몬,
야고보의 2)아들 유다가 다 거기 있어

14 여자들과 예수의 어머니 마리아와 예
수의 아우들과 더불어 마음을 같이하
여 오로지 기도에 힘쓰더라

15 ●모인 무리의 수가 약 백이십 명이나
되더라 그 때에 베드로가 그 형제들 가
운데 일어서서 이르되

16 형제들아 성령이 다윗의 입을 통하여
예수 잡는 자들의 길잡이가 된 유다를
가리켜 미리 말씀하신 성경이 응하였
으니 마땅하도다

17 이 사람은 본래 우리 수 가운데 참여하
여 이 3)직무의 한 부분을 맡았던 자라

18 (이 사람이 불의의 삯으로 밭을 사고
후에 몸이 곤두박질하여 배가 터져 창
자가 다 흘러 나온지라

19 이 일이 예루살렘에 사는 모든 사람에게
알려져 그들의 말로는 그 밭을 아겔
다마라 하니 이는 피밭이라는 뜻이라)

20 시편에 기록하였으되
ㄱ그의 거처를 황폐하게 하시며 거기
거하는 자가 없게 하소서
하였고 또 일렀으되
ㄴ그의 4)직분을 타인이 취하게 하소서
하였도다

21 이러하므로 요한의 5)세례로부터 우리
가운데서 올려져 가신 날까지 주 예수께
서 우리 가운데 출입하실 때에

22 항상 우리와 함께 다니던 사람 중에 하
나를 세워 우리와 더불어 예수께서 부
활하심을 증언할 사람이 되게 하여야
하리라 하거늘

23 그들이 두 사람을 내세우니 하나는 바
사바라고도 하고 별명은 유스도라고
하는 요셉이요 하나는 맛디아라

24 그들이 기도하여 이르되 뭇 사람의 마
음을 아시는 주여 이 두 사람 중에 누
가 주님께 택하신 바 되어

25 봉사와 및 사도의 직무를 대신할 자인
지를 보이시옵소서 유다는 이 직무를
버리고 제 곳으로 갔나이다 하고

26 제비 뽑아 맛디아를 얻으니 그가 열한
사도의 수에 들어가니라

2 오순절 날이 이미 이르매 그들이
다같이 한 곳에 모였더니

2 홀연히 하늘로부터 급하고 강한 바람
같은 소리가 있어 그들이 앉은 온 집에
가득하며

3 마치 불의 혀처럼 갈라지는 것들이 그
들에게 보여 각 사람 위에 하나씩 임하
여 있더니

4 그들이 다 성령의 충만함을 받고 성령
이 말하게 하심을 따라 다른 언어들로
말하기를 시작하니라

5 ●그 때에 경건한 유대인들이 천하 각
국으로부터 와서 예루살렘에 머물러
있더니

6 이 소리가 나매 큰 무리가 모여 각각 자

성령이 임하시다─A.D. 33년경

눅 24:3

8:2

2 장에는 무엇이 기록되어 있을까?

오순절날 모인 제자들은 성령을 받
은 후, 큰 능력을 가지고 담대하게 예수님을 전
하기 시작했어요. 제자들을 본 사람들은 모두 놀
라 어리둥절했지요. 하지만 그것은 이상한 일이
아니랍니다. 새 시대에 새 영이 올 것이라는 구
약의 예언이 마침내 이루어진 거예요.(욜 2:28~
29).

1) 열심당 2) 또는 형제 3) 헬, 봉사의 4) 헬, 감독의 직분 5) 헬, 또
는 침례 ㄱ. 시 69:25 ㄴ. 시 109:8

성령 충만함을 받은 제자들(2:1-13)

가 내 영을 모든 육체에 부어 주리니 너희의 자녀들은 예언할 것이요 너희의 젊은이들은 환상을 보고 너희의 늙은이들은 꿈을 꾸리라

18 그 때에 내가 내 영을 내 남종과 여종들에게 부어 주리니 그들이 예언할 것이요

기의 방언으로 제자들이 말하는 것을 듣고 소동하여

7 다 놀라 신기하게 여겨 이르되 보라 이 말하는 사람들이 다 갈릴리 사람이 아니냐 1:11

8 우리가 우리 각 사람이 난 곳 방언으로 듣게 되는 것이 어찌 됨이냐

9 우리는 바대인과 메대인과 엘람인과 또 메소보다미아, 유대와 갑바도기아, 본도와 아시아,

10 브루기아와 밤빌리아, 애굽과 및 구레네에 가까운 리비아 여러 지방에 사는 사람들과 로마로부터 온 나그네 곧 유대인과 유대교에 들어온 사람들과

11 그레데인과 아라비아인들이라 우리가 다 우리의 각 언어로 하나님의 큰 일을 말함을 듣는도다 하고

12 다 놀라며 당황하여 서로 이르되 이 어찌 된 일이냐 하며 2:7

13 또 어떤 이들은 조롱하여 이르되 그들이 새 술에 취하였다 하더라

베드로의 오순절 설교

14 ●베드로가 열한 사도와 함께 서서 소리를 높여 이르되 유대인들과 예루살렘에 사는 모든 사람들아 이 일을 너희로 알게 할 것이니 내 말에 귀를 기울이라

15 때가 1)제 삼 시니 너희 생각과 같이 이 사람들이 취한 것이 아니라

16 이는 곧 선지자 요엘을 통하여 말씀하신 것이니 일렀으되

17 하나님이 말씀하시기를 말세에 내

19 또 내가 위로 하늘에서는 기사를 아래로 땅에서는 징조를 베풀리니 피와 불과 연기로다

20 주의 크고 영화로운 날이 이르기 전에 해가 변하여 어두워지고 달이 변하여 피가 되리라

21 누구든지 주의 이름을 부르는 자는 구원을 받으리라 하였느니라 롬 10:13

22 이스라엘 사람들아 이 말을 들으라 너희도 아는 바와 같이 하나님께서 나사렛 예수로 큰 권능과 기사와 2)표적을 너희 가운데서 베푸사 너희 앞에서 그를 증언하셨느니라

23 그가 하나님께서 정하신 뜻과 미리 아신 대로 내준 바 되었거늘 너희가 법 없는 자들의 손을 빌려 못 박아 죽였으나

24 하나님께서 그를 사망의 고통에서 풀어 살리셨으니 이는 그가 사망에 매여 있을 수 없었음이라

25 다윗이 그를 가리켜 이르되 내가 항상 내 앞에 계신 주를 뵈었음이여 나로 요동하지 않게 하기 위하여 그가 내 우편에 계시도다

26 그러므로 내 마음이 기뻐하였고 내 혀도 즐거워하였으며 육체도 희망에 거하리니

27 이는 내 영혼을 음부에 버리지 아니하시며 주의 거룩한 자로 썩음을 당하지 않게 하실 것임이로다

1) 오전 아홉 시 2) 또는 이적 ㄱ. 욜 2:28 이하 ㄴ. 시 16:8 이하

28 주께서 생명의 길을 내게 보이셨으
니 주 앞에서 내게 기쁨이 충만하게
하시리로다

하였으므로

시 16:8~11

29 형제들아 내가 조상 다윗에 대하여 담대
히 말할 수 있노니 다윗이 죽어 장사되
어 그 묘가 오늘까지 우리 중에 있도다

30 그는 선지자라 하나님이 이미 맹세하
사 그 자손 중에서 한 사람을 그 위에
앉게 하리라 하심을 알고

삼하 7:12

31 미리 본 고로 그리스도의 부활을 말하
되 그가 음부에 버림이 되지 않고 그의
육신이 썩음을 당하지 아니하시리라
하더니

32 이 예수를 하나님이 살리신지라 우리
가 다 1)이 일에 증인이로다

33 하나님이 오른손으로 예수를 높이시
매 그가 약속하신 성령을 아버지께 받
아서 너희가 보고 듣는 이것을 부어 주
셨느니라

34 다윗은 하늘에 올라가지 못하였으나
친히 말하여 이르되

　주께서 내 주에게 말씀하시기를

35 　내가 네 원수로 네 발등상이 되게 하
기까지 너는 내 우편에 앉아 있으라

하셨도다

시 110:1

36 그런즉 이스라엘 온 집은 확실히 알지
니 너희가 십자가에 못 박은 이 예수를
하나님이 주와 그리스도가 되게 하셨
느니라 하니라

37 ●그들이 이 말을 듣고 마음에 찔려 베

사람들에게 복음을 전하는
베드로(2:14~36)

세례를 받고 그리스도인이 된
사람들(2:41~42)

드로와 다른 사도들에게 물어 이르되
형제들아 우리가 어찌할꼬 하거늘

38 베드로가 이르되 너희가 회개하여 각
각 예수 그리스도의 이름으로 2)세례를
받고 죄 사함을 받으라 그리하면 3)성
령의 선물을 받으리니

39 이 약속은 너희와 너희 자녀와 모든 먼
데 사람 곧 주 우리 하나님이 얼마든지
부르시는 자들에게 하신 것이라 하고

40 또 여러 말로 확증하며 권하여 이르되
너희가 이 패역한 세대에서 구원을 받
으라 하니

41 그 말을 받은 사람들은 2)세례를 받으
매 이 날에 신도의 수가 삼천이나 더하
더라

42 그들이 사도의 가르침을 받아 서로 교
제하고 떡을 떼며 오로지 기도하기를
힘쓰니라

　믿는 사람이 모든 물건을 통용하다

43 ●사람마다 두려워하는데 사도들로 말
미암아 기사와 4)표적이 많이 나타나니

44 믿는 사람이 다 함께 있어 모든 물건을
서로 통용하고

45 또 재산과 소유를 팔아 각 사람의 필요
를 따라 나눠 주며

46 날마다 마음을 같이하여 성전에 모이
기를 힘쓰고 집에서 떡을 떼며 기쁨과
순전한 마음으로 음식을 먹고

47 하나님을 찬미하며 또 온 백성에게 칭
송을 받으니 주께서 구원 받는 사람을
날마다 더하게 하시니라

롬 14:18

1) 또는 그의 2) 헬, 또는 침례 3) 또는 성령을 선물로 4) 또는 이적
ㄱ. 시 110:1

베드로와 요한이 못 걷게 된 이를 고치다

3 ¹⁾제 구 시 기도 시간에 베드로와 요한이 성전에 올라갈새

2 나면서 못 걷게 된 이를 사람들이 메고 오니 이는 성전에 들어가는 사람들에게 구걸하기 위하여 날마다 미문이라는 성전 문에 두는 자라

3 그가 베드로와 요한이 성전에 들어가려 함을 보고 구걸하거늘

4 베드로가 요한과 더불어 주목하여 이르되 우리를 보라 하니

5 그가 그들에게서 무엇을 얻을까 하여 바라보거늘

6 베드로가 이르되 은과 금은 내게 없거니와 내게 있는 이것을 네게 주노니 나사렛 예수 그리스도의 이름으로 일어나 걸으라 하고

7 오른손을 잡아 일으키니 발과 발목이 곧 힘을 얻고

8 뛰어 서서 걸으며 그들과 함께 성전으로 들어가면서 걷기도 하고 뛰기도 하며 하나님을 찬송(讚頌)하니

9 모든 백성이 그 걷는 것과 하나님을 찬송함을 보고

4:16, 21

10 그가 본래 성전 미문에 앉아 구걸하던 사람인 줄 알고 그에게 일어난 일로 인하여 심히 놀랍게 여기며 놀라니라

베드로가 솔로몬의 행각에서 설교하다

11 ●나은 사람이 베드로와 요한을 붙잡으니 모든 백성이 크게 놀라며 달려 나아가 솔로몬의 행각이라 불리우는 행각에 모이거늘

12 베드로가 이것을 보고 백성에게 말하

예루살렘의 미문 (황금문) (3:2)

되 이스라엘 사람들아 이 일을 왜 놀랍게 여기느냐 우리 개인의 권능과 경건으로 이 사람을 걷게 한 것처럼 왜 우리를 주목하느냐

13 아브라함과 이삭과 야곱의 하나님 곧 우리 조상의 하나님이 그의 ²⁾종 예수를 영화롭게 하셨느니라 너희가 그를 넘겨 주고 빌라도가 놓아 주기로 결의한 것을 너희가 그 앞에서 거부하였으니

14 너희가 거룩하고 의로운 이를 거부하고 도리어 살인한 사람을 놓아 주기를 구하여

막 15:11

15 생명의 주를 죽였도다 그러나 하나님이 죽은 자 가운데서 그를 살리셨으니 우리가 ³⁾이 일에 증인이라

16 그 이름을 믿으므로 그 이름이 너희가 보고 아는 이 사람을 성하게 하였나니 예수로 말미암아 난 믿음이 너희 모든 사람 앞에서 이같이 완전히 낫게 하였느니라

17 형제들아 너희가 알지 못하여서 그리하였으며 너희 관리들도 그리한 줄 아노라

18 그러나 하나님이 모든 선지자의 입을 통하여 자기의 그리스도께서 고난 받으실 일을 미리 알게 하신 것을 이와 같이 이루셨느니라

19 그러므로 너희가 회개하고 돌이켜 너희 죄 없이 함을 받으라 이같이 하면 새롭게 되는 날이 주앞으로부터 이를 것이요

20 또 주께서 너희를 위하여 예정하신 그리스도 곧 예수를 보내시리니

3 에는 무엇이 기록되어 있을까?

함때는 예수님을 부인하고 도망갔던 베드로가 이제 병자를 일으키고 예수님이 구세주라는 것을 전하고 있어요. 이처럼 성령은 사람을 변화시키는 놀라운 능력을 가지고 있지요. 베드로는 사람들에게 예수님이 왜 고난을 당하셨는지 설명해주고, 회개를 하여 구원받도록 가르쳐주었답니다.

1) 오후 세 시 2) 또는 소자 3) 또는 그의

21 하나님이 영원 전부터 거룩한 선지자들의 입을 통하여 말씀하신 바 만물을 회복하실 때까지는 하늘이 마땅히 그를 받아 두리라

22 모세가 말하되 주 하나님이 너희를 위하여 너희 형제 가운데서 나 같은 선지자 하나를 세울 것이니 너희가 무엇이든지 그의 모든 말을 들을 것이라

23 누구든지 그 선지자의 말을 듣지 아니하는 자는 백성 중에서 멸망 받으리라 하였고

24 또한 사무엘 때부터 이어 말한 모든 선지자도 이 때를 가리켜 말하였느니라

25 너희는 선지자들의 자손이요 또 하나님이 너희 조상과 더불어 세우신 언약의 자손이라 아브라함에게 이르시기를 `땅 위의 모든 족속이 너의 씨로 말미암아 복을 받으리라 하셨으니

26 하나님이 그 `종을 세워 복 주시려고 너희에게 먼저 보내사 너희로 하여금 돌이켜 각각 그 악함을 버리게 하셨느니라

베드로와 요한이 공회 앞에 서다——A.D. 33년경

4 사도들이 백성에게 말할 때에 제사장들과 성전 `맡은 자와 사두개인들이 이르러

2 예수 안에 죽은 자의 부활이 있다고 백성을 가르치고 전함을 싫어하여 17:18

3 그들을 잡으매 날이 이미 저물었으므로 이튿날까지 가두었으나

4 말씀을 들은 사람 중에 믿는 자가 많으니 남자의 수가 약 오천이나 되었더라

5 ●이튿날 관리들과 장로들과 서기관들이 예루살렘에 모였는데

6 대제사장 안나스와 가야바와 요한과 알렉산더와 및 대제사장의 문중이 다 참여하여

7 사도들을 가운데 세우고 묻되 너희가 무슨 권세와 누구의 이름으로 이 일을 행하였느냐

8 이에 베드로가 성령이 충만하여 이르되 백성의 관리들과 장로들아

9 만일 병자에게 행한 착한 일에 대하여 이 사람이 어떻게 구원을 받았느냐고 오늘 우리에게 질문한다면

10 너희와 모든 이스라엘 백성들은 알라 너희가 십자가에 못 박고 하나님이 죽은 자 가운데서 살리신 나사렛 예수 그리스도의 이름으로 이 사람이 건강하게 되어 너희 앞에 섰느니라

11 이 예수는 ` 너희 건축자들의 버린 돌로서 집 모퉁이의 머릿돌이 되었느니라

12 다른 이로써는 구원을 받을 수 없나니 천하 사람 중에 구원을 받을 만한 다른 이름을 우리에게 주신 일이 없음이라 하였더라

13 ●그들이 베드로와 요한이 담대하게 말함을 보고 그들을 본래 학문 없는 범인으로 알았다가 이상히 여기며 또 전에 예수와 함께 있던 줄도 알고

14 또 병 나은 사람이 그들과 함께 서 있는 것을 보고 비난할 말이 없는지라

15 명하여 공회에서 나가라 하고 서로 의논하여 이르되

16 이 사람들을 어떻게 할까 그들로 말미암아 유명한 `표적 나타난 것이 예루살렘에 사는 모든 사람에게 알려졌으니 우리도 부인할 수 없는지라

17 이것이 민간에 더 퍼지지 못하게 그들

4 에는 무엇이 기록되어 있을까?

제자들의 사역을 못마땅하게 여기던 유대교 지도자들은 마침내 그들을 체포했어요. 이것은 이미 예상되었던 일이지요. 예수님께서는 복음을 전할 때에 반드시 핍박을 받게 될 것을 미리 말씀해주셨거든요. (마 24:9) 그럼에도 불구하고 베드로와 요한은 예수님의 부활과 복음을 당당하게 전했답니다.

1) 또는 소자 2) 또는 경비대장 3) 또는 이적 ㄱ. 신 18:15 ㄴ. 신 18:19 ㄷ. 창 12:3; 22:18; 26:4; 28:14 ㄹ. 시 118:22

행각(3:11) 바깥 뜰을 에워싸고 있는 벽의 안쪽에 쪽 세워진 회랑.
결의(3:13) 결정.
모퉁이의 머릿돌(4:11) 두 개의 벽이 직각으로 마주치는 곳에 놓여서 그 벽을 지탱해주는 역할을 하는 큰돌.
범인(4:13) 평범한 사람.

을 위협하여 이 후에는 이 이름으로 아무에게도 말하지 말게 하자 하고

18 그들을 불러 경고하여 도무지 예수의 이름으로 말하지도 말고 가르치지도 말라 하니 5:40

19 베드로와 요한이 대답하여 이르되 하나님 앞에서 너희의 말을 듣는 것이 하나님의 말씀을 듣는 것보다 옳은가 판단하라

20 우리는 보고 들은 것을 말하지 아니할 수 없다 하니 1:8

21 관리들이 백성들 때문에 그들을 어떻게 처벌할지 방법을 찾지 못하고 다시 위협하여 놓아 주었으니 이는 모든 사람이 그 된 일을 보고 하나님께 영광을 돌림이라

22 이 ¹¹표적으로 병 나은 사람은 사십여 세나 되었더라

한마음으로 하나님께 기도하다

23 ●사도들이 놓이매 그 동료에게 가서 제사장들과 장로들의 말을 다 알리니

24 그들이 듣고 한마음으로 하나님께 소리를 높여 이르되 대주재여 천지와 바다와 그 가운데 만물을 지은 이시요

25 또 주의 종 우리 조상 다윗의 입을 통하여 성령으로 말씀하시기를
「어찌하여 열방이 분노하며 족속들이 허사를 경영하였는고

26 세상의 군왕들이 나서며 관리들이 함께 모여 주와 그의 그리스도를 대적하도다

하신 이로소이다

27 과연 헤롯과 본디오 빌라도는 이방인과 이스라엘 백성과 합세하여 하나님께서 기름 부으신 거룩한 ²종 예수를 거슬러

28 하나님의 ³권능과 뜻대로 이루려고 예정하신 그것을 행하려고 이 성에 모였나이다 2:23

29 주여 이제도 그들의 위협함을 굽어보시옵고 또 종들로 하여금 담대히 하나님의 말씀을 전하게 하여 주시오며

30 손을 내밀어 병을 낫게 하시옵고 ¹¹표적과 기사가 거룩한 종 예수의 이름으로 이루어지게 하옵소서 하더라 2:43

31 빌기를 다하매 모인 곳이 진동하더니 무리가 다 성령이 충만하여 담대히 하나님의 말씀을 전하니라 4:29

물건을 서로 통용하다

32 ●믿는 무리가 한마음과 한 ⁴뜻이 되어 모든 물건을 서로 통용하고 자기 재물을 조금이라도 자기 것이라 하는 이가 하나도 없더라

33 사도들이 큰 권능으로 주 예수의 부활을 증언하니 무리가 큰 은혜를 받아

34 그 중에 가난한 사람이 없으니 이는 밭과 집 있는 자는 팔아 그 판 것의 값을 가져다가

35 사도들의 발 앞에 두매 그들이 각 사람의 필요를 따라 나누어 줌이라 4:37

36 ●구브로에서 난 레위족 사람이 있으니 이름은 요셉이라 사도들이 일컬어 바나바라 (번역하면 위로의 아들이라) 하니

37 그가 밭이 있으매 팔아 그 값을 가지고 사도들의 발 앞에 두니라

아나니아와 삽비라 ─A.D. 33년경

5 아나니아라 하는 사람이 그의 아내 삽비라와 더불어 소유를 팔아

2 그 값에서 얼마를 감추매 그 아내도 알더라 얼마만 가져다가 사도들의 발 앞에 두니 4:37

3 베드로가 이르되 아나니아야 어찌하여 사탄이 네 마음에 가득하여 네가 성령을 속이고 땅 값 얼마를 감추었느냐

4 땅이 그대로 있을 때에는 네 땅이 아니

5장 에는 무엇이 기록되어 있을까?

아나니아와 삽비라 부부는 돈의 일부를 감추고 하나님을 속이려다가 결국 죽고 말았어요. 하나님의 것을 가로채려는 것은 정말 큰 죄에요. 하나님께서는 그런한 자에게 무서운 벌을 내리신답니다. 한편 복음을 전하던 제자들은 감옥에 갇히게 되었어요. 하지만 제자들은 그 고난을 오히려 기쁘게 여겼지요.

1) 또는 이적 2) 또는 소자 3) 헬, 손과 4) 또는 영혼 ㄱ. 시 2:1,2

며 판 후에도 네 마음대로 할 수가 없
더냐 어찌하여 이 일을 네 마음에 두었
느냐 사람에게 거짓말한 것이 아니요
하나님께로다

5 아나니아가 이 말을 듣고 엎드러져 혼
이 떠나니 이 일을 듣는 사람이 다 크
게 두려워하더라

6 젊은 사람들이 일어나 시신을 싸서 메
고 나가 장사하니라

7 ●세 시간쯤 지나 그의 아내가 그 일어
난 일을 알지 못하고 들어오니

8 베드로가 이르되 그 땅 판 값이 이것뿐
이냐 내게 말하라 하니 이르되 예 이것
뿐이라 하더라

9 베드로가 이르되 너희가 어찌 함께 꾀
하여 주의 영을 시험하려 하느냐 보라
네 남편을 장사하고 오는 사람들의 발
이 문 앞에 이르렀으니 또 너를 메어 내
가리라 하니

10 곧 그가 베드로의 발 앞에 엎드러져 혼
이 떠나는지라 젊은 사람들이 들어와
죽은 것을 보고 메어다가 그의 남편 곁
에 장사하니 5:5

11 온 교회와 이 일을 듣는 사람들이 다
크게 두려워하니라

사도들이 표적을 일으키다

12 ●사도들의 손을 통하여 민간에 *표적과
기사가 많이 일어나매 믿는 사람이 다
마음을 같이하여 솔로몬 행각에 모이고

13 그 나머지는 감히 그들과 상종하는 사
람이 없으나 백성이 칭송하더라 2:47

14 믿고 주께로 나아오는 자가 더 많으니
남녀의 큰 무리더라

15 심지어 병든 사람을 메고 거리에 나가
침대와 요 위에 누이고 베드로가 지날
때에 혹 그의 그림자라도 누구에게 덮
일까 바라고

16 예루살렘 부근의 수많은 사람들도 모
여 병든 사람과 더러운 귀신에게 괴로
움 받는 사람을 데리고 와서 다 나음을
얻으니라

사도들이 능욕을 받다

17 ●대제사장과 그와 함께 있는 사람 즉
사두개인의 당파가 다 마음에 시기가
가득하여 일어나서

18 사도들을 잡아다가 옥에 가두었더니

19 주의 사자가 밤에 옥문을 열고 끌어내
어 이르되

20 가서 성전에 서서 이 생명의 말씀을 다
백성에게 말하라 하매

21 그들이 듣고 새벽에 성전에 들어가서
가르치더니 대제사장과 그와 함께 있
는 사람들이 와서 *공회와 이스라엘
족속의 원로들을 다 모으고 사람을 옥
에 보내어 사도들을 잡아오라 하니

22 부하들이 가서 옥에서 사도들을 보지
못하고 돌아와

1) 또는 이적 2) 또는 공회 즉 이스라엘

23 이르되 우리가 보니 옥은 든든하게 잠기고 지키는 사람들이 문에 서 있으되 문을 열고 본즉 그 안에는 한 사람도 없더이다 하니

24 성전 [1]맡은 자와 제사장들이 이 말을 듣고 의혹하여 이 일이 어찌 될까 하더니

25 사람이 와서 알리되 보소서 옥에 가두었던 사람들이 성전에 서서 백성을 가르치더이다 하니

26 성전 [1]맡은 자가 부하들과 같이 가서 그들을 잡아왔으나 강제로 못함은 백성들이 돌로 칠까 두려워함이더라

27 그들을 끌어다가 공회 앞에 세우니 대제사장이 물어　마 5:22

28 이르되 우리가 이 이름으로 사람을 가르치지 말라고 엄금하였으되 너희가 너희 가르침을 예루살렘에 가득하게 하니 이 사람의 피를 우리에게로 돌리고자 함이로다

29 베드로와 사도들이 대답하여 이르되 사람보다 하나님께 순종하는 것이 마땅하니라　4:19

30 너희가 나무에 달아 죽인 예수를 우리 조상의 하나님이 살리시고

31 이스라엘에게 회개함과 죄 사함을 주시려고 그를 [2]오른손으로 높이사 임금과 구주로 삼으셨느니라　히 2:10

32 우리는 이 [3]일에 증인이요 하나님이 자기에게 순종하는 사람들에게 주신 성령도 그러하니라 하더라

33 ●그들이 듣고 크게 노하여 사도들을 없이하고자 할새

34 바리새인 가말리엘은 율법교사로 모든 백성에게 존경을 받는 자라 공회 중에 일어나 명하여 사도들을 잠깐 밖에 나가게 하고

35 말하되 이스라엘 사람들아 너희가 이 사람들에게 대하여 어떻게 하려는지 조심하라

36 이 전에 드다가 일어나 스스로 선전하매 사람이 약 사백 명이나 따르더니 그가 죽임을 당하매 따르던 모든 사람들이 흩어져 없어졌고

37 그 후 호적할 때에 갈릴리의 유다가 일어나 백성을 꾀어 따르게 하다가 그도 망한즉 따르던 모든 사람들이 흩어졌느니라

38 이제 내가 너희에게 말하노니 이 사람들을 상관하지 말고 버려 두라 이 사상과 이 소행이 사람으로부터 났으면 무너질 것이요

39 만일 하나님께로부터 났으면 너희가 그들을 무너뜨릴 수 없겠고 도리어 하나님을 대적하는 자가 될까 하노라 하니

40 그들이 옳게 여겨 사도들을 불러들여 채찍질하며 예수의 이름으로 말하는 것을 금하고 놓으니

41 사도들은 그 이름을 위하여 능욕 받는 일에 합당한 자로 여기심을 기뻐하면서 공회 앞을 떠나니라

42 그들이 날마다 성전에 있든지 집에 있든지 예수는 그리스도라고 가르치와 전도하기를 그치지 아니하니라

일곱 일꾼을 택하다—A.D. 33년경

6

그 때에 제자가 더 많아졌는데 헬라파 유대인들이 자기의 과부들이 매일의 [4]구제에 빠지므로 히브리파 사람을 원망하니

2 열두 사도가 모든 제자를 불러 이르되

---

1) 또는 경비대장 2) 또는 오른편에 3) 또는 말씀의 4) 헬, 봉사

의혹(5:24) 의심하여 분별하지 못함.
엄금(5:28) 엄중하게 금지함.
능욕(5:41) 업신여겨 욕보임.
안수(6:6) 세례를 베풀 때 머리에 손을 얹는 것.
모독(6:11) 덥비들어 욕되게 함.
충동(6:12) 심하게 마음을 흔들어 놓는 것.

6 장 에는 무엇이 기록되어 있을까?

성도들의 수가 점점 늘어나자, 제자들은 복음 전하는 일에 집중하기가 힘들어졌어요. 그래서 제자들은 성도들을 효과적으로 다스리기 위해 집사라 제도를 만들었지요. 이 제도를 통해서 초대 교회는 복음 전하는 일(제자)과 돕는 일(집사)을 나누어서 처리했답니다. 한편, 초대 교회에 가장 큰 영향력을 끼친 스데반 집사가 등장하고 있어요.

초대 교회의
일곱 집사들
(6:1-6)

우리가 하나님의 말씀을 제쳐 놓고 ¹⁾접대를 일삼는 것이 마땅하지 아니하니

3 형제들아 너희 가운데서 성령과 지혜가 충만하여 칭찬 받는 사람 일곱을 택하라 우리가 이 일을 그들에게 맡기고

4 우리는 오로지 기도하는 일과 ²⁾말씀 사역에 힘쓰리라 하니

5 온 무리가 이 말을 기뻐하여 믿음과 성령이 충만한 사람 스데반과 또 빌립과 브로고로와 니가노르와 디몬과 바메나와 유대교에 입교했던 안디옥 사람 니골라를 택하여 11:19

6 사도들 앞에 세우니 사도들이 기도하고 그들에게 안수하니라

7 ●하나님의 말씀이 점점 왕성하여 예루살렘에 있는 제자의 수가 더 심히 많아지고 허다한 제사장의 무리도 이 ³⁾도에 복종하니라

스데반이 잡히다

8 ●스데반이 은혜와 권능이 충만하여 큰 기사와 ⁴⁾표적을 민간에 행하니

9 이른 바 자유민들 즉 구레네인, 알렉산드리아인, 길리기아와 아시아에서 온 사람들의 회당에서 어떤 자들이 일어나 스데반과 더불어 논쟁할새

10 스데반이 지혜와 성령으로 말함을 그들이 능히 당하지 못하거늘

11 사람들을 매수하여 말하게 하되 이 사람이 모세와 하나님을 모독하는 말 하는 것을 우리가 들었노라 하게 하고

12 백성과 장로와 서기관들을 충동시켜 와서 잡아가지고 공회에 이르러

13 거짓 증인들을 세우니 이르되 이 사람이 이 거룩한 곳과 율법을 거슬러 말하기를 마지 아니하는도다 7:58

14 그의 말에 이 나사렛 예수가 이 곳을 헐고 또 모세가 우리에게 전하여 준 규례를 고치겠다 함을 우리가 들었노라 하거늘

15 공회 중에 앉은 사람들이 다 스데반을 주목하여 보니 그 얼굴이 천사의 얼굴과 같더라

스데반이 설교하다

7 대제사장이 이르되 이것이 사실이냐

2 스데반이 이르되 ●여러분 부형들이여 들으소서 우리 조상 아브라함이 하란에 있기 전 메소보다미아에 있을 때에 영광의 하나님이 그에게 보여

3 이르시되 네 고향과 친척을 떠나 내가 네게 보일 땅으로 가라 하시니 창 12:1

4 아브라함이 갈대아 사람의 땅을 떠나 하란에 거하다가 그의 아버지가 죽으매 하나님이 그를 거기서 너희 지금 사는 이 땅으로 옮기셨느니라 창 12:5

5 그러나 여기서 발 붙일 만한 땅도 유업으로 주지 아니하시고 다만 이 땅을 아직 자식도 없는 그와 그의 후손에게 소유로 주신다고 약속하셨으며

6 하나님이 또 이같이 말씀하시되 그 후손이 다른 땅에서 나그네가 되리니 그 땅 사람들이 종으로 삼아 사백 년 동안을 괴롭게 하리라 하시고

7 또 이르시되 종 삼는 나라를 내가 심판

7장에는 무엇이 기록되어 있을까?

스데반 집사는 예수님을 핍박했던 유대인들을 비판하고, 예수님만이 구세주 되심을 전하다가 죽임을 당했어요. 이러한 스데반의 순교 이후에도 끔찍한 고난을 받으면서도 예수님을 당당하게 전한 초대 교회 성도들이 많이 있었답니다. 그들은 십자가에 거꾸로 달려 죽고, 톱에 잘리기도 했으며, 사자 입에 떨어지기도 했어요.

---

1)또는 재정 출납을 2)헬. 말씀의 봉사에 3)헬. 믿음 4)또는 이적

하리니 그 후에 그들이 나와서 이 곳에서 나를 섬기리라 하시고 ^{출 3:12}

8 할례의 언약을 아브라함에게 주셨더니 그가 이삭을 낳아 여드레 만에 할례를 행하고 이삭이 야곱을, 야곱이 우리 열두 조상을 낳으니라

9 여러 조상이 요셉을 시기하여 애굽에 팔았더니 하나님이 그와 함께 계셔

10 그 모든 환난에서 건져내사 애굽 왕 바로 앞에서 은총과 지혜를 주시매 바로가 그를 애굽과 자기 온 집의 통치자로 세웠느니라

11 그 때에 애굽과 가나안 온 땅에 흉년이 들어 큰 환난이 있을새 우리 조상들이 양식이 없는지라

12 야곱이 애굽에 곡식 있다는 말을 듣고 먼저 우리 조상들을 보내고

13 또 재차 보내매 요셉이 자기 형제들에게 알려지게 되고 또 요셉의 친족이 바로에게 드러나게 되니라

14 요셉이 사람을 보내어 그의 아버지 야곱과 온 친족 일흔다섯 사람을 청하였더니

15 야곱이 애굽으로 내려가 자기와 우리 조상들이 거기서 죽고

16 세겜으로 옮겨져 아브라함이 세겜 하몰의 자손에게서 은으로 값 주고 산 무덤에 장사되니라

17 하나님이 아브라함에게 약속하신 때가 가까우매 이스라엘 백성이 애굽에서 번성하여 많아졌더니

18 요셉을 알지 못하는 새 임금이 애굽 왕 위에 오르매

19 그가 우리 족속에게 교활한 방법을 써서 조상들을 괴롭게 하여 그 어린 아이들을 내버려 살지 못하게 하려 할새

20 그 때에 모세가 났는데 하나님 보시기에 아름다운지라 그의 아버지의 집에서 석 달 동안 길리더니

21 버려진 후에 바로의 딸이 그를 데려다가 자기 아들로 기르매

22 모세가 애굽 사람의 모든 지혜를 배워 그의 말과 하는 일들이 능하더라

23 나이가 사십이 되매 그 형제 이스라엘 자손(子孫)을 돌볼 생각이 나더니

24 한 사람이 원통한 일 당함을 보고 보호하여 압제 받는 자를 위하여 원수를 갚아 애굽 사람을 쳐 죽이니라

25 그는 그의 형제들이 하나님께서 자기의 손을 통하여 구원해 주시는 것을 깨달으리라고 생각하였으나 그들이 깨닫지 못하였더라

26 이튿날 이스라엘 사람끼리 싸울 때에 모세가 와서 화해시키려 하여 이르되 너희는 형제인데 어찌 서로 해치느냐 하니

27 그 동무를 해치는 사람이 모세를 밀어 뜨려 이르되 누가 너를 관리와 재판장으로 우리 위에 세웠느냐

28 네가 어제는 애굽 사람을 죽임과 같이 또 나를 죽이려느냐 하니

29 모세가 이 말 때문에 도주하여 미디안 땅에서 나그네 되어 거기서 아들 둘을 낳으니라

30 사십 년이 차매 천사가 시내 산 광야가

시나무 떨기 불꽃 가운데서 그에게 보이거늘

31 모세가 그 광경을 보고 놀랍게 여겨 알아보려고 가까이 가니 주의 소리가 있어

32 나는 네 조상의 하나님 즉 아브라함과 이삭과 야곱의 하나님이라 하신대 모세가 무서워 감히 바라보지 못하더라

33 주께서 이르시되 네 발의 신을 벗으라 네가 서 있는 곳은 거룩한 땅이니라

34 내 백성이 애굽에서 괴로움 받음을 내가 확실히 보고 그 탄식하는 소리를 듣고 그들을 구원하려고 내려왔노니 이제 내가 너를 애굽으로 보내리라 하시니라

35 그들의 말이 누가 너를 관리와 재판장으로 세웠느냐 하며 거절하던 그 모세를 하나님은 가시나무 떨기 가운데서 보이던 천사의 손으로 관리와 속량하는 자로서 보내셨으니 _출 14:19_

36 이 사람이 백성을 인도하여 나오게 하고 애굽과 홍해와 광야에서 사십 년간 기사와 [1]표적을 행하였느니라

37 이스라엘 자손에 대하여 하나님이 너희 형제 가운데서 나와 같은 선지자를 세우리라 하던 자가 곧 이 모세라 _3:22_

38 시내 산에서 말하던 그 천사와 우리 조상들과 함께 광야 교회에 있었고 또 살아 있는 말씀을 받아 우리에게 주던 자가 이 사람이라

39 우리 조상들이 모세에게 복종하지 아니하고자 하여 거절하며 그 마음이 도리어 애굽으로 향하여

40 아론더러 이르되 우리를 인도할 신들을 우리를 위하여 만들라 애굽 땅에서 우리를 인도하던 이 모세는 어떻게 되었는지 알지 못하노라 하고

41 그 때에 그들이 송아지를 만들어 그 우상 앞에 제사하며 자기 손으로 만든 것을 기뻐하더니

42 하나님이 외면하사 그들을 [2]그 하늘의 군대 섬기는 일에 버려 두셨으니 이는

선지자의 책에 기록된 바

"이스라엘의 집이여 너희가 광야에서 사십 년간 희생과 제물을 내게 드린 일이 있었느냐

43 몰록의 장막과 신 레판의 별을 받들었으며 이것은 너희가 절하고자 하여 만든 형상이로다 내가 너희를 바벨론 밖으로 옮기리라 함과 같으니라

44 광야에서 우리 조상들에게 증거의 장막이 있었으니 이것은 모세에게 말씀하신 이가 명하사 그가 본 그 양식대로 만들게 하신 것이라

45 우리 조상들이 그것을 받아 하나님이 그들 앞에서 쫓아내신 이방인의 땅을 점령할 때에 여호수아와 함께 가지고 들어가서 다윗 때까지 이르니라

46 다윗이 하나님 앞에서 은혜를 받아 [3]야곱의 집을 위하여 하나님의 처소를 준비하게 하여 달라고 하더니

47 솔로몬이 그를 위하여 집을 지었느니라

48 그러나 지극히 높으신 이는 손으로 지은 곳에 계시지 아니하시나니 선지자가 말한 바

49 "주께서 이르시되 하늘은 나의 보좌요 땅은 나의 발등상이니 너희가 나를 위하여 무슨 집을 짓겠으며 나의 안식할 처소가 어디냐

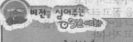

비전을 심어주는 **이야기** 한 편

졸업식 축사

윈스턴 처칠이 옥스퍼드 대학의 졸업식에서 축사를 하게 되었어요. 모두 숨을 죽이고 근사한 축사를 기대하고 있었는데, 처칠이 힘차게 외쳤습니다.

"포기하지 마십시오!"

졸업생들은 다음 말을 기다리는 듯 처칠에게 집중했지요. 처칠이 다시 크게 외쳤어요.

"절대로, 절대로, 절대로 포기하지 마십시오!"

그리고 처칠은 더 이상 말하지 않고 잠고 강단을 내려왔어요. 그것이 졸업식 축사의 전부였답니다. 포기하지 않는 사람은 실패하지 않습니다.

50 이 모든 것이 다 내 손으로 지은 것이 아니냐 함과 같으니라

51 목이 곧고 마음과 귀에 할례를 받지 못한 사람들아 너희도 너희 조상과 같이 항상 성령을 거스르는도다

52 너희 조상들이 선지자들 중의 누구를 박해하지 아니하였느냐 의인이 오시리라 예고한 자들을 그들이 죽였고 이제 너희는 그 의인을 잡아 준 자요 살인한 자가 되나니

53 너희는 천사가 전한 율법을 받고도 지키지 아니하였도다 하니라

스데반이 순교하다

54 ●그들이 이 말을 듣고 마음에 찔려 그를 향하여 이를 갈거늘

55 스데반이 성령 충만하여 하늘을 우러러 주목하여 하나님의 영광과 및 예수께서 하나님 우편에 서신 것을 보고 6:5

56 말하되 보라 하늘이 열리고 인자가 하나님 우편에 서신 것을 보노라 한대

57 그들이 큰 소리를 지르며 귀를 막고 일제히 그에게 달려들어

58 성 밖으로 내치고 돌로 칠새 증인들이 옷을 벗어 사울이라 하는 청년의 발 앞에 두니라

59 그들이 돌로 스데반을 치니 스데반이 부르짖어 이르되 주 예수여 내 영혼을 받으시옵소서 하고

60 무릎을 꿇고 크게 불러 이르되 주여 이 죄를 그들에게 돌리지 마옵소서 이 말을 하고 자니라

8 사울은 그가 죽임 당함을 마땅히 여기더라

사울이 교회를 박해하다

●그 날에 예루살렘에 있는 교회에 큰 박해가 있어 사도 외에는 다 유대와 사마리아 모든 땅으로 흩어지니라

2 경건한 사람들이 스데반을 장사하고 위하여 크게 울더라

3 사울이 교회를 잔멸할새 각 집에 들어가 남녀를 끌어다가 옥에 넘기니라

사마리아에 복음을 전하다 —A.D. 34년경

4 ●그 흩어진 사람들이 두루 다니며 복음의 말씀을 전할새

5 빌립이 사마리아 성에 내려가 그리스도를 백성에게 전파하니

6 무리가 빌립의 말도 듣고 행하는 1)표적도 보고 한마음으로 그가 하는 말을 따르더라

7 많은 사람에게 붙었던 더러운 귀신들이 크게 소리를 지르며 나가고 또 많은 중풍병자와 못 걷는 사람이 나으니

8 그 성에 큰 기쁨이 있더라

9 ●그 성에 시몬이라 하는 사람이 전부터 있어 마술을 행하여 사마리아 백성을 놀라게 하며 자칭 큰 자라 하니

10 낮은 사람부터 높은 사람까지 다 따르며 이르되 이 사람은 크다 일컫는 하나님의 능력이라 하더라

11 오랫동안 그 마술에 놀랐으므로 그들이 따르더니 14:11

12 빌립이 하나님 나라와 및 예수 그리스도의 이름에 관하여 전도함을 그들이 믿고 남녀가 다 1세례를 받으니 2:38

13 시몬도 믿고 2)세례를 받은 후에 전심으로 빌립을 따라다니며 그 나타

그리스도인을 핍박하는 사울(8:3)

1)또는 이적 2)헬, 또는 침례

에디오피아의 신하를 만난 빌립(8:27-29)

나는 ¹⁾표적과 큰 능력을 보고 놀라니라

14 ●예루살렘에 있는 사도들이 사마리아도 하나님의 말씀을 받았다 함을 듣고 베드로와 요한을 보내매 8:1

15 그들이 내려가서 그들을 위하여 성령 받기를 기도하니 2:38

16 이는 아직 한 사람에게도 성령 내리신 일이 없고 오직 주 예수의 이름으로 ²⁾세례만 받을 뿐이더라

17 이에 두 사도가 그들에게 안수하매 성령을 받는지라 6:6

18 시몬이 사도들의 안수로 성령 받는 것을 보고 돈을 드려

19 이르되 이 권능을 내게도 주어 누구든지 내가 안수하는 사람은 성령을 받게 하여 주소서 하니

20 베드로가 이르되 네가 하나님의 선물을 돈 주고 살 줄로 생각하였으니 네 은과 네가 함께 망할지어다

21 하나님 앞에서 네 마음이 바르지 못하니 이 ³⁾도에는 네가 관계도 없고 분깃 될 것도 없느니라

22 그러므로 너의 이 악함을 회개하고 주께 기도하라 혹 마음에 품은 것을 사하여 주시리라

23 내가 보니 너는 ⁴⁾악독이 가득하며 불의에 ⁵⁾매인 바 되었도다

24 시몬이 대답하여 이르되 나를 위하여 주께 기도하여 말한 것이 하나도 내게

임하지 않게 하소서 하니라

25 ●두 사도가 주의 말씀을 증언하여 말한 후 예루살렘으로 돌아갈새 사마리아인의 여러 마을에서 복음을 전하니라

빌립과 에디오피아 내시

26 ●주의 사자가 빌립에게 말하여 이르되 일어나서 남쪽으로 향하여 예루살렘에서 가사로 내려가는 길까지 가라 하니 그 길은 광야라

27 일어나 가서 보니 에디오피아 사람 곧 에디오피아 여왕 간다게의 모든 국고를 맡은 관리인 내시가 예배하러 예루살렘에 왔다가

28 돌아가는데 수레를 타고 선지자 이사야의 글을 읽더라

29 성령이 빌립더러 이르시되 이 수레로 가까이 나아가라 하시거늘

30 빌립이 달려가서 선지자 이사야의 글 읽는 것을 듣고 말하되 읽는 것을 깨닫느냐

31 대답하되 지도해 주는 사람이 없으니 어찌 깨달을 수 있느냐 하고 빌립을 청하여 수레에 올라 같이 앉으라 하니라

32 읽는 성경 구절은 이것이니 일렀으되 ^ㄱ그가 도살자에게로 가는 양과 같이 끌려갔고 털 깎는 자 앞에 있는 어린 양이 조용함과 같이 그의 입을 열지 아니하였도다

33 그가 굴욕을 당했을 때 공정한 재판도 받지 못하였으니 누가 그의 세대를 말하리요 그의 생명이 땅에서 빼앗김이로다 하였거늘

34 그 내시가 빌립에게 말하되 청컨대 내가 묻노니 선지자가 이 말한 것이 누구를 가리킴이냐 자기를 가리킴이냐 타인을 가리킴이냐

35 빌립이 입을 열어 이 글에서 시작하여

박해(7:52) 핍박하여 해롭게 함. 괴롭힘.
진멸(8:3) 남아 있는 것을 쓸어버리다.
악독(8:23) 마음이 흉악하고 독살스러움.

1) 또는 이적 2) 헬, 또는 침례 3) 또는 일에는 4) 헬, 쓴 담즙의
5) 또는 매는 자가 되었도다 ㄱ. 사 53:7 이하

에디오피아 신하에게
복음을 전하는 빌립
(8:30-39)

예수를 가르쳐 복음을 전하니　마 5:2

36 길 가다가 물 있는 곳에 이르러 그 내
시가 말하되 보라 물이 있으니 내가 세
례를 받음에 무슨 거리낌이 있느냐

37 2)(없음)

38 이에 명하여 수레를 멈추고 빌립과 내
시가 둘 다 물에 내려가 빌립이 1)세례
를 베풀고

39 둘이 물에서 올라올새 주의 영이 빌립
을 3)이끌어간지라 내시는 기쁘게 길을
가므로 그를 다시 보지 못하니라

40 빌립은 아소도에 나타나 여러 성을 지
나 다니며 복음을 전하고 가이사랴에
이르니라

사울이 회개하다　(행 22:6-16; 26:12-18)

9 사울이 주의 제자들에 대하여 여전
히 위협과 살기가 등등하여 대제
사장에게 가서

2 다메섹 여러 회당에 가져갈 공문을 청
하니 이는 만일 그 도를 따르는 사람을
만나면 남녀를 막론하고 결박하여 예
루살렘으로 잡아오려 함이라

3 사울이 길을 가다가 다메섹에 가까이
이르더니 홀연히 하늘로부터 빛이 그
를 둘러 비추는지라

4 땅에 엎드러져 들으매 소리가 있어 이
르시되 사울아 사울아 네가 어찌하여
나를 박해하느냐 하시거늘　26:14

5 대답하되 주여 누구시니이까 이르시
되 나는 네가 박해하는 예수라

6 너는 일어나 시내로 들어가라 네가 행할

것을 네게 이를 자가 있느니라 하시니

7 같이 가던 사람들은 소리만 듣고 아무
도 보지 못하여 말을 못하고 서 있더라

8 사울이 땅에서 일어나 눈은 떴으나 아
무 것도 보지 못하고 사람의 손에 끌려
다메섹으로 들어가서

9 사흘 동안 보지 못하고 먹지도 마시지
도 아니하니라

10 ●그 때에 다메섹에 아나니아라 하는
제자가 있더니 주께서 환상 중에 불러
이르시되 아나니아야 하시거늘 대답하
되 주여 내가 여기 있나이다 하니　22:12

11 주께서 이르시되 일어나 직가라 하는
거리로 가서 유다의 집에서 다소 사람
사울이라 하는 사람을 찾으라 그가 기
도하는 중이니라

12 그가 아나니아라 하는 사람이 들어와
서 자기에게 안수하여 다시 보게 하는
것을 4)보았느니라 하시거늘

13 아나니아가 대답하되 주여 이 사람에
대하여 내가 여러 사람에게 들사온즉
그가 예루살렘에서 주의 성도에게 적
지 않은 해를 끼쳤다 하더니

14 여기서도 주의 이름을 부르는 모든 사
람을 결박할 권한을 대제사장들에게
서 받았나이다 하거늘

15 주께서 이르시되 가라 이 사람은 내 이름
을 이방인과 임금들과 이스라엘 자손들
에게 전하기 위하여 택한 나의 그릇이라

16 그가 내 이름을 위하여 얼마나 고난을
받아야 할 것을 내가 그에게 보이리라
하시니

17 아나니아가 떠나 그 집에 들어가서 그
에게 안수하여 이르되 형제 사울아 주

1) 헬, 또는 침례　2) 어떤 사본에, 37 "빌립이 이르되 네가 마음을
온전히 하여 믿으면 가하니라 대답하여 이르되 내가 예수 그리스
도께서 하나님의 아들인 줄 믿노라"가 있음　3) 헬, 빼앗아간지라
4) 어떤 사본에, 환상 중에 보았느니라

생각 **9**장 에는 무엇이 기록되어 있을까?

바울은 예수님 믿는 사람들을 싫어
하게 핍박하던 사람이었어요. 하지만 예수님 믿는
사람들을 잡으러 가는 길에 다메섹에서 예수님을
만나게 되었지요. 그로부터 그는 복음을 전하
는 사도가 되었어요. 베드로가 유대인을 위한 사
도였다면, 바울은 이방인을 위한 사도였답니다.

예수님을 만난 사울
(9:3-9)

곧 네가 오는 길에서 나타나셨던 예수께서 나를 보내어 너로 다시 보게 하시고 성령으로 충만하게 하신다 하니

18 즉시 사울의 눈에서 비늘 같은 것이 벗어져 다시 보게 된지라 일어나 1)세례를 받고

19 음식을 먹으매 강건하여지니라

사울이 다메섹에서 전도하다 —A.D. 35년경

●사울이 다메섹에 있는 제자들과 함께 며칠 있을새

20 즉시로 각 회당에서 예수가 하나님의 아들이심을 전파하니

21 듣는 사람이 다 놀라 말하되 이 사람이 예루살렘에서 이 이름을 부르는 사람을 멸하려던 자가 아니냐 여기 온 것도 그들을 결박하여 대제사장들에게 끌어 가고자 함이 아니냐 하더라

22 사울은 힘을 더 얻어 예수를 그리스도라 증언하여 다메섹에 사는 유대인들을 당혹하게 하니라

사울이 피난하다

23 ●여러 날이 지나매 유대인들이 사울 죽이기를 공모하더니

24 그 계교가 사울에게 알려지니라 그들이 그를 죽이려고 밤낮으로 성문까지 지키거늘

25 그의 제자들이 밤에 사울을 광주리에 담아 성벽에서 달아 내리니라

사울이 예루살렘에 가다

26 ●사울이 예루살렘에 가서 제자들을 사귀고자 하나 다 두려워하여 그가 제자 됨을 믿지 아니하니

27 바나바가 데리고 사도들에게 가서 그가 길에서 어떻게 주를 보았는지와 주께서 그에게 말씀하신 일과 다메섹에서 그가 어떻게 예수의 이름으로 담대히 말하였는지를 전하니라 4:36

28 사울이 제자들과 함께 있어 예루살렘에 출입하며

29 또 주 예수의 이름으로 담대히 말하고 헬라파 유대인들과 함께 말하며 변론하니 그 사람들이 죽이려고 힘쓰거늘

30 형제들이 알고 가이사랴로 데리고 내려가서 다소로 보내니라

31 ●그리하여 온 유대와 갈릴리와 사마리아 교회가 평안하여 든든히 서 가고 주를 경외함과 성령의 2)위로로 진행하여 수가 더 많아지니라

베드로가 중풍병자를 고치다

32 ●그 때에 베드로가 사방으로 두루 다니다가 룻다에 사는 성도들에게도 내려갔더니

33 거기서 애니아라 하는 사람을 만나매 그는 중풍병으로 침상 위에 누운 지 여덟 해라

34 베드로가 이르되 애니아야 예수 그리스도께서 너를 낫게 하시니 일어나 네 자리를 정돈하라 한대 곧 일어나니

35 룻다와 사론에 사는 사람들이 다 그를 보고 주께로 돌아오니라

베드로가 도르가를 살리다

36 ●욥바에 다비다라 하는 여제자가 있으니 그 이름을 번역하면 도르가라 선행과 구제하는 일이 심히 많더니 단 3:8

37 그 때에 병들어 죽으매 시체를 씻어 다락에 누이니라

사울을 안수하는 아나니아(9:17)

1) 헬, 또는 침례 2) 또는 후원으로

골 1:17, 18

38 룻다가 욥바에서 가까운지라 제자들이 베드로가 거기 있음을 듣고 두 사람을 보내어 지체 말고 와 달라고 간청하여

39 베드로가 일어나 그들과 함께 가서 이르매 그들이 데리고 다락방에 올라가니 모든 과부가 베드로 곁에 서서 울며 도르가가 그들과 함께 있을 때에 지은 속옷과 겉옷을 다 내보이거늘

40 베드로가 사람을 다 내보내고 무릎을 꿇고 기도하고 돌이켜 시체를 향하여 이르되 다비다야 일어나라 하니 그가 눈을 떠 베드로를 보고 일어나 앉는지라

41 베드로가 손을 내밀어 일으키고 성도들과 과부들을 불러 들여 그가 살아난 것을 보이니

42 온 욥바 사람이 알고 많은 사람이 주를 믿더라

43 베드로가 욥바에 여러 날 있어 시몬이라 하는 무두장이의 집에서 머무니라

고넬료가 사람들을 보내 베드로를 집으로 초대함(10:17-23)

고넬료가 베드로를 청하다 — A.D. 41년경

10

1 가이사랴에 고넬료라 하는 사람이 있으니 이달리야 부대라 하는 군대의 백부장이라

2 그가 경건하여 온 집안과 더불어 하나님을 경외하며 백성을 많이 구제하고 하나님께 항상 기도하더니

3 하루는 제 구 시쯤 되어 환상 중에 밝히 보매 하나님의 사자가 들어와 이르되 고넬료야 하니

4 고넬료가 주목하여 보고 두려워 이르되 주여 무슨 일이니이까 천사가 이르되 네 기도와 구제가 하나님 앞에 상달되어 기억하신 바가 되었으니

5 네가 지금 사람들을 욥바에 보내어 베드로라 하는 시몬을 청하라

6 그는 무두장이 시몬의 집에 유숙하니 그 집은 해변에 있다 하더라

7 마침 말하던 천사가 떠나매 고넬료가 집안 하인 둘과 부하 가운데 경건한 사람 하나를 불러

8 이 일을 다 이르고 욥바로 보내니라

9 ●이튿날 그들이 길을 가다가 그 성에 가까이 갔을 그 때에 베드로가 기도하려고 지붕에 올라가니 그 시각은 제 육 시더라

10 그가 시장하여 먹고자 하매 사람들이 준비할 때에 황홀한 중에

11 하늘이 열리며 한 그릇이 내려오는 것을 보니 큰 보자기 같고 네 귀를 매어 땅에 드리웠더라

12 그 안에는 땅에 있는 각종 네 발 가진 짐승과 기는 것과 공중에 나는 것들이 있더라

13 또 소리가 있으되 베드로야 일어나 잡아 먹어라 하거늘

14 베드로가 이르되 주여 그럴 수 없나이다 속되고 깨끗하지 아니한 것을 내가 결코 먹지 아니하였나이다 한대

15 또 두 번째 소리가 있으되 하나님께서 깨끗하게 하신 것을 네가 속되다 하지 말라 하더라

16 이런 일이 세 번 있은 후 그 그릇이 곧 하늘로 올려져 가니라

17 ●베드로가 본 바 환상이 무슨 뜻인지 속으로 의아해 하더니 마침 고넬료가

여기는 무엇이 기록되어 있을까?

그동안 이방인과 가까이하지 않았던 베드로가 성령님의 지시를 따라 이방인 고넬료에게 세례를 베풀었어요. 할례를 받았다거나 율법을 따르는 유대인이라고 해서 구원을 받는 것은 아니에요. 정말 중요한 것은 하나님을 경외하는 마음이랍니다.

보낸 사람들이 시몬의 집을 찾아 문 밖에 서서

18 불러 묻되 베드로라 하는 시몬이 여기 유숙하느냐 하거늘

19 베드로가 그 환상에 대하여 생각할 때에 성령께서 그에게 말씀하시되[1] 두 사람이 너를 찾으니

20 일어나 내려가 의심하지 말고 함께 가라 내가 그들을 보내었느니라 하시니

21 베드로가 내려가 그 사람들을 보고 이르되 내가 곧 너희가 찾는 사람인데 너희가 무슨 일로 왔느냐

22 그들이 대답하되 백부장 고넬료는 의인이요 하나님을 경외하는 사람이라 유대 온 족속이 칭찬하더니 그가 거룩한 천사의 지시를 받아 당신을 그 집으로 청하여 말을 들으려 하느니라 한대

23 베드로가 불러 들여 유숙하게 하니라

베드로가 고넬료의 집에서 설교하다

● 이튿날 일어나 그들과 함께 갈새 욥바에서 온 어떤 형제들도 함께 가니라

24 이튿날 가이사랴에 들어가니 고넬료가 그의 친척과 가까운 친구들을 모아 기다리더니

25 마침 베드로가 들어올 때에 고넬료가 맞아 발 앞에 엎드리어 절하니

26 베드로가 일으켜 이르되 일어서라 나도 사람이라 하고

27 더불어 말하며 들어가 여러 사람이 모인 것을 보고

28 이르되 유대인으로서 이방인과 교제하며 가까이 하는 것이 위법인 줄은 너희도 알거니와 하나님께서 내게 지시하사 아무도 속되다 하거나 깨끗하지 않다 하지 말라 하시기로

29 부름을 사양하지 아니하여 왔노라 묻노니 무슨 일로 나를 불렀느냐

30 고넬료가 이르되 내가 나흘 전 이맘때까지 내 집에서 제 구 시 기도를 하는데 갑자기 한 사람이 빛난 옷을 입고 내 앞에 서서

31 말하되 고넬료야 하나님이 네 기도를 들으시고 네 구제를 기억하셨으니

32 사람을 욥바에 보내어 베드로라 하는 시몬을 청하라 그가 바닷가 무두장이 시몬의 집에 유숙하느니라 하시기로

33 내가 곧 당신에게 사람을 보내었는데 오셨으니 잘하였나이다 이제 우리는 주께서 당신에게 명하신 모든 것을 듣고자 하여 다 하나님 앞에 있나이다

34 베드로가 입을 열어 말하되 내가 참으로 하나님은 사람의 외모를 보지 아니하시고

35 각 나라 중 하나님을 경외하며 의를 행하는 사람은 다 받으시는 줄 깨달았도다

36 만유의 주 되신 예수 그리스도로 말미암아 화평의 복음을 전하사 이스라엘 자손들에게 보내신 말씀

37 곧 요한이 그[2] 세례를 반포한 후에 갈릴리에서 시작하여 온 유대에 두루 전파된 그것을 너희도 알거니와

38 하나님이 나사렛 예수에게 성령과 능력을 기름 붓듯 하셨으매 그가 두루 다니시며 선한 일을 행하시고 마귀에게 눌린 모든 사람을 고치셨으니 이는 하나님이 함께 하셨음이라

39 우리는 유대인의 땅과 예루살렘에서 그가 행하신 모든 일에 증인이라 그를 그들이 나무에 달아 죽였으나

고넬료의 집에서 복음을 전하는 베드로(10:34-43)

1) 어떤 사본에, 세 사람이
2) 헬, 또는 침례

40 하나님이 사흘 만에 다시 살리사 나타 내시되
41 모든 백성에게 하신 것이 아니요 오직 미리 택하신 증인 곧 죽은 자 가운데서 부활하신 후 그를 모시고 음식을 먹은 우리에게 하신 것이라
42 우리에게 명하사 백성에게 전도하되 하나님이 살아 있는 자와 죽은 자의 재판장으로 정하신 자가 곧 이 사람인 것을 증언하게 하셨고
43 그에 대하여 모든 선지자도 증언하되 그를 믿는 사람들이 다 그의 이름을 힘입어 죄 사함을 받는다 하였느니라

이방인들도 성령을 받다

44 ●베드로가 이 말을 할 때에 성령이 말씀 듣는 모든 사람에게 내려오시니
45 베드로와 함께 온 할례 받은 신자들이 이방인들에게도 1)성령 부어 주심으로 말미암아 놀라며
46 이는 방언을 말하며 하나님 높임을 들음이러라
47 이에 베드로가 이르되 이 사람들이 우리와 같이 성령을 받았으니 누가 능히 물로 2)세례 베풂을 금하리요 하고
48 명하여 예수 그리스도의 이름으로 2)세례를 베풀라 하니라 그들이 베드로에게 며칠 더 머물기를 청하니라

베드로가 예루살렘 교회에 보고하다

11 유대에 있는 사도들과 형제들이 이방인들도 하나님의 말씀을 받았다 함을 들었더니
2 베드로가 예루살렘에 올라갔을 때에 할례자들이 비난하여

이방 선교의 중심지 안디옥(11:19)

3 이르되 네가 무할례자의 집에 들어가 함께 먹었다 하니
4 베드로가 그들에게 이 일을 차례로 설명하여
5 이르되 내가 욥바 시에서 기도할 때에 황홀한 중에 환상을 보니 큰 보자기 같은 그릇이 네 귀에 매여 하늘로부터 내리어 내 앞에까지 드리워지거늘
6 이것을 주목하여 보니 땅에 네 발 가진 것과 들짐승과 기는 것과 공중에 나는 것들이 보이더라
7 또 들으니 소리 있어 내게 이르되 베드로야 일어나 잡아 먹으라 하거늘
8 내가 이르되 주님 그럴 수 없나이다 속되거나 깨끗하지 아니한 것은 결코 내 입에 들어간 일이 없나이다 하니
9 또 하늘로부터 두 번째 소리 있어 내게 이르되 하나님이 깨끗하게 하신 것을 네가 속되다고 하지 말라 하더라
10 이런 일이 세 번 있은 후에 모든 것이 다시 하늘로 끌려 올라가더라
11 마침 세 사람이 내가 유숙한 집 앞에 서 있으니 가이사랴에서 내게로 보낸 사람이라
12 성령이 내게 명하사 아무 의심 말고 함께 가라 하시매 이 여섯 형제도 나와 함께 가서 그 사람의 집에 들어가니
13 그가 우리에게 말하기를 천사가 내 집에 서서 말하되 네가 사람을 욥바에 보내어 베드로라 하는 시몬을 청하라
14 그가 너와 네 온 집이 구원 받을 말씀을 네게 이르리라 함을 보았다 하거늘
15 내가 말을 시작할 때에 성령이 그들에

1) 헬, 성령의 선물 부어 주심으로 2) 헬, 또는 침례

게 임하시기를 처음 우리에게 하신 것 과 같이 하는지라

16 내가 주의 말씀에 요한은 물로 ¹⁾세례를 베풀었으나 너희는 성령으로 ¹⁾세례를 받으리라 하신 것이 생각났노라

17 그런즉 하나님이 우리가 주 예수 그리스도를 믿을 때에 주신 것과 같은 선물을 그들에게도 주셨으니 내가 누구이기에 하나님을 능히 막겠느냐 하더라

18 그들이 이 말을 듣고 잠잠하여 하나님께 영광을 돌려 이르되 그러면 하나님께서 이방인에게도 생명 얻는 회개를 주셨도다 하니라

안디옥 교회

19 ●그 때에 스데반의 일로 일어난 환난으로 말미암아 흩어진 자들이 베니게와 구브로와 안디옥까지 이르러 유대인에게만 말씀을 전하는데 8:1, 4

20 그 중에 구브로와 구레네 몇 사람이 안디옥에 이르러 ²⁾헬라인에게도 말하여 주 예수를 ³⁾전파하니

21 주의 손이 그들과 함께 하시매 수많은 사람들이 믿고 주께 돌아오더라 눅 1:66

22 예루살렘 교회가 이 사람들의 소문을 듣고 바나바를 안디옥으로 보내니

23 그가 이르러 하나님의 은혜를 보고 기뻐하여 모든 사람에게 굳건한 마음으로 주와 함께 머물러 있으라 권하니

24 바나바는 착한 사람이요 성령과 믿음이 충만한 사람이라 이에 큰 무리가 주께 더하여지더라

25 바나바가 사울을 찾으러 다소에 가서

26 만나매 안디옥에 데리고 와서 둘이 교회에 일 년간 모여 있어 큰 무리를 가르쳤고 제자들이 안디옥에서 비로소 그리스도인이라 일컬음을 받게 되었더라

27 ●그 때에 선지자들이 예루살렘에서 안디옥에 이르니 18:22

28 그 중에 아가보라 하는 한 사람이 일어나 성령으로 말하되 천하에 큰 흉년이 들리라 하더니 글라우디오 때에 그렇게 되니라

29 제자들이 각각 그 힘대로 유대에 사는 형제들에게 ⁴⁾부조를 보내기로 작정하고

30 이를 실행하여 바나바와 사울의 손으로 장로들에게 보내니라

야고보의 순교와 베드로의 투옥 A.D. 44년경

12

그 때에 헤롯 왕이 손을 들어 교회 중에서 몇 사람을 해하려 하여

2 요한의 형제 야고보를 칼로 죽이니

3 유대인들이 이 일을 기뻐하는 것을 보고 베드로도 잡으려 할새 때는 무교절 기간이라

4 잡으매 옥에 가두어 군인 넷씩이 네 패에게 맡겨 지키고 유월절 후에 백성 앞에 끌어 내고자 하더라

5 이에 베드로는 옥에 갇혔고 교회는 그를 위하여 간절히 하나님께 기도하더라

6 헤롯이 잡아 내려고 하는 그 전날 밤에 베드로가 두 군인 틈에서 두 쇠사슬에 매여 누워 자는데 파수꾼들이 문 밖에서 옥을 지키더니

7 홀연히 주의 사자가 나타나매 옥중에 광채가 빛나며 또 베드로의 옆구리를 쳐 깨워 이르되 급히 일어나라 하니 쇠사슬이 그 손에서 벗어지더라

12 에는 무엇이 기록되어 있을까?

1) 헬, 또는 침례 2) 어떤 사본에, 헬라파 유대인에게도 3) 헬, 복음으로 전하니 4) 헬, 봉사

8 천사가 이르되 띠를 띠고 신을 신으라 하거늘 베드로가 그대로 하니 천사가 또 이르되 겉옷을 입고 따라오라 한대

9 베드로가 나와서 따라갈새 천사가 하는 것이 생시인 줄 알지 못하고 환상을 보는가 하나

10 이에 첫째와 둘째 파수를 지나 시내로 통한 쇠문에 이르니 문이 저절로 열리는지라 나와서 한 거리를 지나매 천사가 곧 떠나더라 　16:26

11 이에 베드로가 정신이 들어 이르되 내가 이제야 참으로 주께서 그의 천사를 보내어 나를 헤롯의 손과 유대 백성의 모든 기대에서 벗어나게 하신 줄 알겠노라 하여

12 깨닫고 마가라 하는 요한의 어머니 마리아의 집에 가니 여러 사람이 거기에 모여 기도하고 있더라

13 베드로가 대문을 두드린대 로데라 하는 여자 아이가 영접하러 나왔다가

14 베드로의 음성인 줄 알고 기뻐하여 문을 미처 열지 못하고 달려 들어가 말하되 베드로가 대문 밖에 섰더라 하니

15 그들이 말하되 네가 미쳤다 하나 여자 아이는 힘써 말하되 참말이라 하니 그들이 말하되 그러면 그의 천사라 하더라

16 베드로가 문 두드리기를 그치지 아니하니 그들이 문을 열어 베드로를 보고 놀라는지라

17 베드로가 그들에게 손짓하여 조용히 하게 하고 주께서 자기를 이끌어 옥에서 나오게 하던 일을 말하고 또 야고보와 형제들에게 이 말을 전하라 하고 떠나 다른 곳으로 가니라

18 날이 새매 군인들은 베드로가 어떻게 되었는지 알지 못하여 적지 않게 소동하니

19 헤롯이 그를 찾아도 보지 못하매 파수꾼들을 심문하고 죽이라 명하니라 헤롯이 유대를 떠나 가이사랴로 내려가서 머무니라 　16:27

헤롯이 죽다

20 ●헤롯이 두로와 시돈 사람들을 대단히 노여워하니 그들의 지방이 왕국에서 나는 양식을 먹는 까닭에 한마음으로 그에게 나아와 왕의 침소 맡은 신하 블라스도를 설득하여 화목하기를 청한지라

21 헤롯이 날을 택하여 왕복을 입고 단상에 앉아 백성에게 연설하니

22 백성들이 크게 부르되 이것은 신의 소리요 사람의 소리가 아니라 하거늘

23 헤롯이 영광을 하나님께로 돌리지 아니하므로 주의 사자가 곧 치니 벌레에게 먹혀 죽으니라

24 ●하나님의 말씀은 흥왕하여 더하더라

25 ●바나바와 사울이 [1]부조하는 일을 마치고 마가라 하는 요한을 데리고 예루살렘에서 돌아오니라 　13:5

1) 헬, 봉사를

13 안디옥 교회에 선지자들과 교
사들이 있으니 곧 바나바와 니
게르라 하는 시므온과 구레네 사람 루
기오와 분봉 왕 헤롯의 젖동생 마나엔
과 및 사울이라

2 주를 섬겨 금식할 때에 성령이 이르시
되 내가 불러 시키는 일을 위하여 바나
바와 사울을 따로 세우라 하시니

3 이에 금식하며 기도하고 두 사람에게
안수하여 보내니라

바나바와 사울이 구브로에서 전도하다

4 ●두 사람이 성령의 보내심을 받아 실
루기아에 내려가 거기서 배 타고 구브
로에 가서

5 살라미에 이르러 하나님의 말씀을 유
대인의 여러 회당에서 전할새 요한을
수행원으로 두었더라　　　　　9:20

6 온 섬 가운데로 지나서 바보에 이르러
바예수라 하는 유대인 거짓 선지자인
마술사를 만나니

7 그가 총독 서기오 바울과 함께 있으니
서기오 바울은 지혜 있는 사람이라 바
나바와 사울을 불러 하나님의 말씀을
듣고자 하더라

8 이 마술사 엘루마는(이 이름을 번역하
면 마술사라) 그들을 대적하여 총독으
로 믿지 못하게 힘쓰니　　　　8:9

9 바울이라고 하는 사울이 성령이 충만
하여 그를 주목하고

10 이르되 모든 거짓과 악행이 가득한 자
요 마귀의 자식이요 모든 의의 원수여
주의 바른 길을 굽게 하기를 그치지 아

니하겠느냐

11 보라 이제 주의 손이 네 위에 있으니
네가 맹인이 되어 얼마 동안 해를 보
지 못하리라 하니 즉시 안개와 어둠이
그를 덮어 인도할 사람을 두루 구하는
지라

12 이에 총독이 그렇게 된 것을 보고 믿으
며 주의 가르치심을 놀랍게 여기니라

바울과 바나바가 비시디아 안디옥에서 전도하다

13 ●바울과 및 동행하는 사람들이 바보
에서 배 타고 밤빌리아에 있는 버가
에 이르니 요한은 그들에게서 떠나 예루
살렘으로 돌아가나

14 그들은 버가에서 더 나아가 비시디아
안디옥에 이르러 안식일에 회당에 들
어가 앉으니라

15 율법과 선지자의 글을 읽은 후에 회당
장들이 사람을 보내어 물어 이르되 형
제들아 만일 백성을 권할 말이 있거든
말하라 하니

16 바울이 일어나 손짓하며 말하되 이스
라엘 사람들과 및 하나님을 경외하는
사람들아 들으라

17 이 이스라엘 백성의 하나님이 우리 조
상들을 택하시고 애굽 땅에서 나그네
된 그 백성을 높여 [1]큰 권능으로 인도
하여 내사

18 광야에서 약 사십 년간 [2]그들의 소행
을 참으시고　　　　　　　출 16:35

19 가나안 땅 일곱 족속을 멸하사 그 땅
을 기업으로 주시기까지 약 사백오십 년
간이라　　　　　　　　　　신 7:1

20 그 후에 선지자 사무엘 때까지 사사를
주셨더니

21 그 후에 그들이 왕을 구하거늘 하나님
이 베냐민 지파 사람 기스의 아들 사울
을 사십 년간 주셨다가

22 폐하시고 다윗을 왕으로 세우시고 증
언하여 이르시되 내가 이새의 아들
다윗을 만나니 내 마음에 맞는 사람이

13장 에는 무엇이 기록되어 있을까?

여기부터는 안디옥에서 로마까지 복
음이 전파되는 이야기예요. 특히 13장에는 바울의
1차 전도 여행이 나와 있지요. 바울과 그 일행은
기적과 설교를 통해 하나님을 전했어요. 또한 바
울은 다윗의 후손에서 구주가 나신다는 약속이
예수님을 통해서 이루어졌다는 것과 예수님을 믿
음으로 죄가 용서된다는 것을 전했답니다.

---

1) 헬, 높이 드신 팔로 2) 어떤 사본에, 기르시고 ㄱ. 삼상 13:14;
시 89:20

바울의 1, 2차 전도 여행
(13:1-18:22)

33곧 하나님이 예수를 일으키사 우리 자녀들에게 이 약속을 이루게 하셨다 함이라 시편 둘째 편에 기록한 바와 같이 너는 내 아들이라 오늘 너를 낳았다 하셨고

라 내 뜻을 다 이루리라 하시더니

23하나님이 약속하신 대로 이 사람의 후손에서 이스라엘을 위하여 구주를 세우셨으니 곧 예수라

24그가 오시기에 앞서 요한이 먼저 회개의[1]세례를 이스라엘 모든 백성에게 전파하니라

25요한이 그 달려갈 길을 마칠 때에 말하되 너희가 나를 누구로 생각하느냐 나는 그리스도가 아니라 내 뒤에 오시는 이가 있으니 나는 그 발의 신발끈을 풀기도 감당하지 못하리라 하였으니

26형제들아 아브라함의 후손과 너희 중 하나님을 경외하는 사람들아 이 구원의 말씀을 우리에게 보내셨거늘 4:12

27예루살렘에 사는 자들과 그들 관리들이 예수와 및 안식일마다 외우는 바 선지자들의 말을 알지 못하므로 예수를 정죄하여 선지자들의 말을 응하게 하였도다

28죽일 죄를 하나도 찾지 못하였으나 빌라도에게 죽여 달라 하였으니 마27:22

29성경에 그를 가리켜 기록한 말씀을 다 응하게 한 것이라 후에 나무에서 내려다가 무덤에 두었으나

30하나님이 죽은 자 가운데서 그를 살리신지라

31갈릴리로부터 예루살렘에 함께 올라간 사람들에게 여러 날 보이셨으니 그들이 이제 백성 앞에서 그의 증인이라

32우리도 조상들에게 주신 약속을 너희에게 전파하노니

34또 하나님께서 죽은 자 가운데서 그를 일으키사 다시 썩음을 당하지 않게 하실 것을 가르쳐 이르시되 내가 다윗의 거룩하고 미쁜 은사를 너희에게 주리라 하셨으며

35또 다른 시편에 일렀으되 주의 거룩한 자로 썩음을 당하지 않게 하시리라 하셨느니라

36다윗은 당시에 하나님의 뜻을 따라 섬기다가 잠들어 그 조상들과 함께 묻혀 썩음을 당하였으되

37하나님께서 살리신 이는 썩음을 당하지 아니하였나니

38그러므로 형제들아 너희가 알 것은 이 사람을 힘입어 죄 사함을 너희에게 전하는 이것이며

39또 모세의 율법으로 너희가 의롭다 하심을 얻지 못하던 모든 일에도 이 사람을 힘입어 믿는 자마다 의롭다 하심을 얻는 것이라

40그런즉 너희는 선지자들을 통하여 말씀하신 것이 너희에게 미칠까 삼가라

41일렀으되 보라 멸시하는 사람들아 너희는 놀라고 멸망하라 내가 너희 때를 당하여 한 일을 행할 것이니 사람이 너희에게 일러줄지라도 도무지 믿지 못할 일이라 하였느니라 하니라 합1:5

42 그들이 나갈새 사람들이 청하되 다음 안식일에도 이 말씀을 하라 하더라

43회당의 모임이 끝난 후에 유대인과 유

1)웰, 또는 침례 ㄱ.시2:7 ㄴ.사55:3 ㄷ.시16:10 ㄹ.합1:5

대교에 입교한 경건한 사람들이 많이 바울과 바나바를 따르니 두 사도가 더불어 말하고 항상 하나님의 은혜 가운데 있으라 권하니라 `14:22`

44 ●그 다음 안식일에는 온 시민이 거의 다 하나님의 말씀을 듣고자 하여 모이니

45 유대인들이 그 무리를 보고 시기가 가득하여 바울이 말한 것을 반박하고 비방하거늘

46 바울과 바나바가 담대히 말하여 이르되 하나님의 말씀을 마땅히 먼저 너희에게 전할 것이로되 너희가 그것을 버리고 영생을 얻기에 합당하지 않은 자로 자처하기로 우리가 이방인에게로 향하노라

47 주께서 이같이 우리에게 명하시되 내가 너를 이방의 빛으로 삼아 너로 땅 끝까지 구원하게 하리라 하셨느니라 하니

48 이방인들이 듣고 기뻐하여 하나님의 말씀을 찬송하며 영생을 주시기로 작정된 자는 다 믿더라

49 주의 말씀이 그 지방에 두루 퍼지니라

50 이에 유대인들이 경건한 귀부인들과 그 시내 유력자들을 선동하여 바울과 바나바를 박해하게 하여 그 지역에서 쫓아내니

51 두 사람이 그들을 향하여 발의 티끌을 떨어 버리고 이고니온으로 가거늘

52 제자들은 기쁨과 성령이 충만하니라

바울과 바나바가 이고니온에서 전도하다
14 이에 이고니온에서 두 사도가 함께 유대인의 회당에 들어가 말하니 유대와 헬라의 허다한 무리가

믿더라

2 그러나 순종하지 아니하는 유대인들이 이방인들의 마음을 선동하여 형제들에게 악감을 품게 하거늘

3 두 사도가 오래 있어 주를 힘입어 담대히 말하니 주께서 그들의 손으로 1)표적과 기사를 행하게 하여 주사 자기 은혜의 말씀을 증언하시니

4 그 시내의 무리가 나뉘어 유대인을 따르는 자도 있고 두 사도를 따르는 자도 있는지라

5 이방인과 유대인과 그 관리들이 두 사도를 모욕하며 돌로 치려고 달려드니

6 그들이 알고 도망하여 루가오니아의 두 성 루스드라와 더베와 그 근방으로 가서

7 거기서 복음을 전하니라 `13:32`

바울과 바나바가 루스드라에서 전도하다

8 ●루스드라에 발을 쓰지 못하는 한 사람이 앉아 있는데 나면서 걷지 못하게 되어 걸어 본 적이 없는 자라 `3:2`

9 바울이 말하는 것을 듣거늘 바울이 주목하여 구원 받을 만한 믿음이 그에게 있는 것을 보고

10 큰 소리로 이르되 네 발로 바로 일어서라 하니 그 사람이 일어나 걷는지라

11 무리가 바울이 한 일을 보고 루가오니아 방언으로 소리 질러 이르되 신들이 사람의 형상으로 우리 가운데 내려오셨다 하여

12 바나바는 제우스라 하고 바울은 그 중에 말하는 자이므로 헤르메스라 하더라

13 시외 제우스 신당의 제사장이 소와 화

1)또는 이적 ㄱ, 사 49:6

14장 에는 무엇이 기록되어 있을까?

바울과 바나바는 소아시아의 이고니온과 루스드라, 더베를 거쳐 안디옥으로 돌아왔어요. 루스드라에서 바울이 앉은뱅이를 고치는 것을 본 사람들은 이들을 신으로 생각해서 제사까지 드리려고 했지요. 하지만 전도는 사람의 능력으로 하는 것이 아니에요. 오직 성령의 도우심으로 예수님만을 전해야 한답니다.

감당(13:25) (일을) 능히 해내는 것.
경외(13:26) 공경하고 두려워하는 것.
미쁜(13:34) 믿음성이 있는.
입교(13:43) 종교를 믿기 시작하는 것.
자처(13:46) 자기 자신을 어떠한 사람으로 여기고 스스로 그렇게 처신함.
유력자(13:50) 세력이 있는 사람.
악감(14:2) 좋지 않게 생각하는 감정.
근방(14:6) 가까운 주변.
형상(14:11) 생긴 모양.

오늘날의 이고니온(14:19)

환들을 가지고 대문 앞에 와서 무리와 함께 제사하고자 하니

14 두 사도 바나바와 바울이 듣고 옷을 찢고 무리 가운데 뛰어 들어가서 소리 질러

15 이르되 여러분이여 어찌하여 이러한 일을 하느냐 우리도 여러분과 같은 성정을 가진 사람이라 여러분에게 복음을 전하는 것은 이런 헛된 일을 버리고 천지와 바다와 그 가운데 만물을 지으시고 살아 계신 하나님께로 돌아오게 함이라　시 146:6

16 하나님이 지나간 세대에는 모든 민족으로 자기들의 길들을 가게 방임하셨으나

17 그러나 자기를 증언하지 아니하신 것이 아니니 곧 여러분에게 하늘로부터 비를 내리시며 결실기를 주시는 선한 일을 하사 음식과 기쁨으로 여러분의 마음에 만족하게 하셨느니라 하고

18 이렇게 말하여 겨우 무리를 말려 자기들에게 제사를 못하게 하니라

19 ●유대인들이 안디옥과 이고니온에서 와서 무리를 충동하니 그들이 돌로 바울을 쳐서 죽은 줄로 알고 시외로 끌어 내치니라

20 제자들이 둘러섰을 때에 바울이 일어나 그 성에 들어갔다가 이튿날 바나바와 함께 더베로 가서

21 복음을 그 성에서 전하여 많은 사람을 제자로 삼고 루스드라와 이고니온과 안디옥으로 돌아가서

22 제자들의 마음을 굳게 하여 이 믿음에 머물러 있으라 권하고 또 우리가 하나

님의 나라에 들어가려면 많은 환난을 겪어야 할 것이라 하고

23 각 교회에서 장로들을 택하여 금식 기도하며 그들이 믿는 주께 그들을 위탁하고

24 비시디아 가운데로 지나서 밤빌리아에 이르러

25 말씀을 버가에서 전하고 앗달리아로 내려가서

26 거기서 배 타고 안디옥에 이르니 이 곳은 두 사도가 이룬 그 일을 위하여 전에 하나님의 은혜에 부탁하던 곳이라

27 그들이 이르러 교회를 모아 하나님이 함께 행하신 모든 일과 이방인들에게 믿음의 문을 여신 것을 보고하고

28 제자들과 함께 오래 있으니라

예루살렘 회의──A.D. 51년경

15

어떤 사람들이 유대로부터 내려와서 형제들을 가르치되 너희가 모세의 법대로 할례를 받지 아니하면 능히 구원을 받지 못하리라 하니

2 바울 및 바나바와 그들 사이에 적지 아니한 다툼과 변론이 일어난지라 형제들이 이 문제에 대하여 바울과 바나바와 및 그 중의 몇 사람을 예루살렘에 있는 사도와 장로들에게 보내기로 작정하니라

3 그들이 교회의 전송을 받고 베니게와 사마리아로 다니며 이방인들이 주께 돌아온 일을 말하여 형제들을 다 크게 기쁘게 하더라

4 예루살렘에 이르러 교회와 사도와 장로들에게 영접을 받고 하나님이 자기들과 함께 계셔 행하신 모든 일을 말

하매

5 바리새파 중에 어떤 믿는 사람들이 일어나 말하되 이방인에게 할례를 행하고 모세의 율법을 지키라 명하는 것이 마땅하다 하니라

6 ●사도와 장로들이 이 일을 의논하러 모여

7 많은 변론이 있은 후에 베드로가 일어나 말하되 형제들아 너희도 알거니와 하나님이 이방인들로 내 입에서 복음의 말씀을 들어 믿게 하시려고 오래 전부터 너희 가운데서 나를 택하시고

8 또 마음을 아시는 하나님이 우리에게와 같이 그들에게도 성령을 주어 증언하시고 1:24

9 믿음으로 그들의 마음을 깨끗이 하사 그들이나 우리나 차별하지 아니하셨느니라

10 그런데 지금 너희가 어찌하여 하나님을 시험하여 우리 조상과 우리도 능히 메지 못하던 멍에를 제자들의 목에 두려느냐

11 그러나 우리는 그들이 우리와 동일하게 주 예수의 은혜로 구원 받는 줄을 믿노라 하니라

12 ●온 무리가 가만히 있어 바나바와 바울이 하나님께서 자기들로 말미암아 이방인 중에서 행하신 1)표적과 기사에 관하여 말하는 것을 듣더니

13 말을 마치매 야고보가 대답하여 이르되 형제들아 내 말을 들으라

14 하나님이 처음으로 이방인 중에서 자기 이름을 위할 백성을 취하시려고 그들을 돌보신 것을 시므온이 말하였으니

15 선지자들의 말씀이 이와 일치하도다 기록된 바

16 이 후에 내가 돌아와서 다윗의 무너진 장막을 다시 지으며 또 그 허물어진 것을 다시 지어 일으키리니 암 9:11

17 이는 그 남은 사람들과 내 이름으로 일컬음을 받는 모든 이방인들로 주를 찾게 하려 함이라 하셨으니

18 즉 예로부터 이것을 알게 하시는 주의 말씀이라 함과 같으니라

19 그러므로 내 의견에는 이방인 중에서 하나님께로 돌아오는 자들을 괴롭게 하지 말고

20 다만 우상의 더러운 것과 음행과 목매어 죽인 것과 피를 멀리하라고 편지하는 것이 옳으니

21 이는 예로부터 각 성에서 모세를 전하는 자가 있어 안식일마다 회당에서 그 글을 읽음이라 하더라 고후 3:14, 15

이방인 신자들에게 보내는 편지

22 ●이에 사도와 장로와 온 교회가 그 중에서 사람들을 택하여 바울과 바나바와 함께 안디옥으로 보내기를 결정하니 곧 형제 중에 인도자인 바사바라 하는 유다와 실라더라

23 그 편에 편지를 부쳐 이르되 사도와 장로 된 형제들은 안디옥과 수리아와 길리기아에 있는 이방인 형제들에게 문안하노라

24 들은즉 우리 가운데서 어떤 사람들이 우리의 지시도 없이 나가서 말로 너희를 괴롭게 하고 마음을 혼란하게 한다

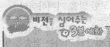

비전을 심어주는 3분 예화

기독교인의 봉사

강원도 태백의 예수원 설립자 대천덕 신부가 생전에 이런 말을 한 적이 있어요.

"인간이 만든 법은 어떤 것도 완전하지 않습니다. 그래서 하나님께서 허락하신 인권을 제대로 누리지 못하는 사람들이 많지요. 그러나 하나님께서는 새 법을 만들라고 하지 않으십니다. 정부에게 요구하라고도 하지 않으십니다. 대신 하나님께서는 '하나님의 백성 된 너희들아 자비를 베풀어라. 너희들이 어려운 사람을 도와주라.' 고 하십니다. 이것은 기독교인들에게 주어진 책임입니다."

세상은 모순투성이에요. 이곳을 조금이나마 아름답게 만드는 일을 우리 기독교인이 해야 하지요. 우리는 세상의 빛과 소금으로 살아야 한답니다.

1)또는 이적 ㄱ.암 9:11,12

바울과 실라가 갇혔던
빌립보의 감옥터(16:23)

하기로

25-26 사람을 택하여 우리 주 예수 그리스도의 이름을 위하여 생명을 아끼지 아니하는 자인 우리가 사랑하는 바나바와 바울과 함께 보내기를 만장일치로 결정하였노라

27 그리하여 유다와 실라를 보내니 그들도 이 일을 말로 전하리라

28 성령과 우리는 이 요긴한 것들 외에는 아무 짐도 너희에게 지우지 아니하는 것이 옳은 줄 알았노니

29 우상의 제물과 피와 목매어 죽인 것과 음행을 멀리할지니라 이에 스스로 삼가면 잘되리라 평안함을 원하노라 하였더라   21:25

30 ●그들이 작별하고 안디옥에 내려가 무리를 모은 후에 편지를 전하니

31 읽고 그 1)위로한 말을 기뻐하더라

32 유다와 실라도 선지자라 여러 말로 형제를 2)권면(勸勉)하여 굳게 하고

33 얼마 있다가 평안히 가라는 전송을 형제들에게 받고 자기를 보내던 사람들에게로 돌아가되

34 3)(없음)

35 바울과 바나바는 안디옥에서 유하며 수다한 다른 사람들과 함께 주의 말씀을 가르치며 전파하니라

바울과 바나바가 갈라서다

36 ●며칠 후에 바울이 바나바더러 말하되 우리가 주의 말씀을 전한 각 성으로 다시 가서 형제들이 어떠한가 방문하자 하고

37 바나바는 마가라 하는 요한도 데리고 가고자 하나   12:12

38 바울은 밤빌리아에서 자기들을 떠나 함께 일하러 가지 아니한 자를 데리고 가는 것이 옳지 않다 하여   13:13

39 서로 심히 다투어 피차 갈라서니 바나바는 마가를 데리고 배 타고 구브로로 가고

40 바울은 실라를 택한 후에 형제들에게 주의 은혜에 부탁함을 받고 떠나

41 수리아와 길리기아로 다니며 교회들을 견고하게 하니라   눅 2:2

바울이 디모데를 데리고 가다

16 바울이 더베와 루스드라에도 이르매 거기 디모데라 하는 제자가 있으니 그 어머니는 믿는 유대 여자요 아버지는 헬라인이라

2 디모데는 루스드라와 이고니온에 있는 형제들에게 칭찬(稱讚) 받는 자니

3 바울이 그를 데리고 떠나고자 할새 그 지역에 있는 유대인으로 말미암아 그를 데려다가 할례를 행하니 이는 그 사람들이 그의 아버지는 헬라인인 줄 다 앎이러라

4 여러 성으로 다녀 갈 때에 예루살렘에 있는 사도와 장로들이 작정한 규례를 그들에게 주어 지키게 하니   15:28

5 이에 여러 교회가 믿음이 더 굳건해지고 수가 날마다 늘어가니라

바울이 환상을 보다

6 ●성령이 아시아에서 말씀을 전하지 못하게 하시거늘 그들이 브루기아와 갈라디아 땅으로 다녀가   18:23

7 무시아 앞에 이르러 비두니아로 가고

16장 에는 무엇이 기록되어 있을까?

2차 전도 여행 중에 바울은 디모데를 자신의 동역자로 삼았어요, 누가는 디모데가 어떤 사람인지 자세하게 설명하고 있어요, 앞으로 디모데가 중요한 일을 맡게 되기 때문이지요, 또한 아시아로 가려고 했던 바울이 '예수의 영'의 지시로 마게도냐로 가게 된 이야기와 바울과 실라가 옥에 갇혔다가 놓이게 된 이야기가 나온답니다.

여종의 귀신을
쫓아준 바울과 실라
(16:17-18)

자 애쓰되 예수의 영이 허락하지 아니
하시는지라

8 무시아를 지나 드로아로 내려갔는데

9 밤에 환상이 바울에게 보이니 마게도
냐 사람 하나가 서서 그에게 청하여 이
르되 마게도냐로 건너와서 우리를 도
우라 하거늘 9:10

10 바울이 그 환상을 보았을 때 우리가 곧
마게도냐로 떠나기를 힘쓰니 이는 하
나님이 저 사람들에게 복음을 전하라
고 우리를 부르신 줄로 인정함이러라

루디아가 믿다

11 ●우리가 드로아에서 배로 떠나 사모
드라게로 직행하여 이튿날 네압볼리
로 가고

12 거기서 빌립보에 이르니 이는 마게도
냐 지방의 ¹⁾첫 성이요 또 로마의 식민
지라 이 성에서 수일을 유하다가 빌 1:1

13 안식일에 우리가 기도할 곳이 있을까
하여 문 밖 강가에 나가 거기 앉아서 모
인 여자들에게 말하는데 13:14

14 두아디라 시에 있는 자색 옷감 장사로서
하나님을 섬기는 루디아라 하는 한 여
자가 말을 듣고 있을 때 주께서 그 마음
을 열어 바울의 말을 따르게 하신지라

15 그와 그 집이 다 ²⁾세례를 받고 우리에
게 청하여 이르되 만일 나를 주 믿는 자
로 알거든 내 집에 들어와 유하라 하고
강권하여 머물게 하니라 24:29

바울과 실라가 갇히다

16 ●우리가 기도하는 곳에 가다가 점치
는 귀신 들린 여종 하나를 만나니 점으

로그 주인들에게 큰 이익을 주는 자라

17 그가 바울과 우리를 따라와 소리 질러
이르되 이 사람들은 지극히 높은 하나
님의 종으로서 구원의 길을 너희에게
전하는 자라 하며

18 이같이 여러 날을 하는지라 바울이 심
히 괴로워하여 돌이켜 그 귀신에게 이
르되 예수 그리스도의 이름으로 내가
네게 명하노니 그에게서 나오라 하니
귀신이 즉시 나오니라

19 ●여종의 주인들은 자기 수익의 소망
이 끊어진 것을 보고 바울과 실라를 붙
잡아 장터로 관리들에게 끌어 갔다가

20 상관들 앞에 데리고 가서 말하되 이 사
람들이 유대인인데 우리 성을 심히 요
란하게 하여

21 로마 사람인 우리가 받지도 못하고 행
하지도 못할 풍속을 전한다 하거늘

22 무리가 일제히 일어나 고발하니 상관
들이 옷을 찢어 벗기고 매로 치라 하여

23 많이 친 후에 옥에 가두고 간수에게 명
하여 든든히 지키라 하니

24 그가 이러한 명령을 받아 그들을 깊은
옥에 가두고 그 발을 차꼬에 든든히 채
웠더니

25 한밤중에 바울과 실라가 기도하고 하
나님을 찬송하매 죄수들이 듣더라

26 이에 갑자기 큰 지진이 나서 옥터가 움
직이고 문이 곧 다 열리며 모든 사람의
매인 것이 다 벗어진지라

27 간수가 자다가 깨어 옥문들이 열린 것
을 보고 죄수들이 도망한 줄 생각하고
칼을 빼어 자결하려 하거늘 12:19

감옥에서도 찬양하는
바울과 실라(16:25)

간수와 그의 온 가족이 하나님을 믿게 됨(16:26-34)

28 바울이 크게 소리 질러 이르되 네 몸을 상하지 말라 우리가 다 여기 있노라 하니

29 간수가 등불을 달라고 하며 뛰어 들어가 무서워 떨며 바울과 실라 앞에 엎드리고

30 그들을 데리고 나가 이르되 선생들이여 내가 어떻게 하여야 구원을 받으리이까 하거늘

31 이르되 주 예수를 믿으라 그리하면 너와 네 집이 구원을 받으리라 하고

32 주의 말씀을 그 사람과 그 집에 있는 모든 사람에게 전하더라

33 그 밤 그 시각에 간수가 그들을 데려다가 그 맞은 자리를 씻어 주고 자기와 그온 가족이 다 1)세례를 받은 후 16:25

34 그들을 데리고 자기 집에 올라가서 음식을 차려 주고 그와 온 집안이 하나님을 믿으므로 크게 기뻐하니라 18:14

35 ●날이 새매 상관들이 부하를 보내어 이 사람들을 놓으라 하니

36 간수가 그 말대로 바울에게 말하되 상관들이 사람을 보내어 너희를 놓으라 하였으니 이제는 나가서 평안히 가라 하거늘

37 바울이 이르되 로마 사람인 우리를 죄도 정하지 아니하고 공중(公衆) 앞에서 때리고 옥에 가두었다가 이제는 가만히 내보내고자 하느냐 아니라 그들이 친히 와서 우리를 데리고 나가야 하리라 한대 22:25-27

40 두 사람이 옥에서 나와 루디아의 집에 들어가서 형제들을 만나 보고 2)위로하고 가니라

바울이 데살로니가에서 전도하다

17 그들이 암비볼리와 아볼로니아로 다녀가 데살로니가에 이르니 거기 유대인의 회당이 있는지라

2 바울이 자기의 관례대로 그들에게로 들어가서 세 안식일에 성경을 가지고 강론하며 9:20

3 뜻을 풀어 그리스도가 해를 받고 죽은 자 가운데서 다시 살아나야 할 것을 증언하고 이르되 내가 너희에게 전하는 이 예수가 곧 그리스도라 하니 갈 3:1

4 그 중의 어떤 사람 곧 경건한 헬라인의 큰 무리와 적지 않은 귀부인도 권함을 받고 바울과 실라를 따르나 15:22

5 그러나 유대인들은 시기하여 저자의 어떤 불량한 사람들을 데리고 떼를 지어 성을 소동하게 하여 야손의 집에 침입하여 그들을 백성에게 끌어내려고 찾았으나

6 발견하지 못하매 야손과 몇 형제들을 끌고 읍장들 앞에 가서 소리 질러 이르되 천하를 어지럽게 하던 이 사람들이 여기도 이르매 16:19

7 야손이 그들을 맞아 들였도다 이 사람들이 다 가이사의 명을 거역하여 말하되 다른 임금 곧 예수라 하는 이가 있다 하더이다 하니 눅 23:2

8 무리와 읍장들이 이 말을 듣고 소동하여

1) 헬, 또는 침례 2) 권면하고

9 야손과 그 나머지 사람들에게 보석금을 받고 놓아 주니라 17:5

베뢰아 사람들이 말씀을 받다

10 ●밤에 형제들이 곧 바울과 실라를 베뢰아로 보내니 그들이 이르러 유대인의 회당에 들어가니라

11 베뢰아에 있는 사람들은 데살로니가에 있는 사람들보다 더 너그러워서 간절한 마음으로 말씀을 받고 이것이 그러한가 하여 날마다 성경을 상고하므로

12 그 중에 믿는 사람이 많고 또 헬라의 귀부인과 남자가 적지 아니하나

13 데살로니가에 있는 유대인들은 바울이 하나님의 말씀을 베뢰아에서도 전하는 줄을 알고 거기도 가서 무리를 움직여 소동하게 하거늘

14 형제들이 곧 바울을 내보내어 바다까지 가게 하되 실라와 디모데는 아직 거기 머물더라

15 바울을 인도하는 사람들이 그를 데리고 아덴까지 이르러 그에게서 실라와 디모데를 자기에게로 속히 오게 하라는 명령을 받고 떠나니라

바울이 아덴에서 전도하다

16 ●바울이 아덴에서 그들을 기다리다가 그 성에 우상이 가득한 것을 보고 마음에 격분하여

17 회당에서는 유대인과 경건한 사람들과 또 장터에서는 날마다 만나는 사람들과 변론하니

18 어떤 에피쿠로스와 스토아 철학자들도 바울과 쟁론할새 어떤 사람은 이르되 이 말쟁이가 무슨 말을 하고자 하

아테네(아덴)의 아고라 터 (17:21)

나 하고 어떤 사람은 이르되 이방 신들을 전하는 사람인가보다 하니 이는 바울이 예수와 부활을 전하기 때문이러라

19 그를 붙들어 아레오바고로 가며 말하기를 네가 말하는 이 새로운 가르침이 무엇인지 우리가 알 수 있겠느냐 17:22

20 네가 어떤 이상한 것을 우리 귀에 들려주니 그 무슨 뜻인지 알고자 하노라 하니

21 모든 아덴 사람과 거기서 나그네 된 외국인들이 가장 새로운 것을 말하고 듣는 것 이외에는 달리 시간을 쓰지 않음이더라

22 바울이 아레오바고 가운데 서서 말하되 아덴 사람들아 너희를 보니 범사에 종교심이 많도다

23 내가 두루 다니며 너희가 위하는 것들을 보다가 알지 못하는 신에게라고 새긴 단도 보았으니 그런즉 너희가 알지 못하고 위하는 그것을 내가 너희에게 알게 하리라

24 우주와 그 가운데 있는 만물을 지으신 하나님께서는 천지의 주재시니 손으로 지은 전에 계시지 아니하시고

25 또 무엇이 부족한 것처럼 사람의 손으로 섬김을 받으시는 것이 아니니 이는 만민에게 생명과 호흡과 만물을 친히 주시는 이심이라

26 인류의 모든 족속을 한 혈통으로 만드사 온 땅에 살게 하시고 그들의 연대를 정하시며 거주의 경계를 한정하셨으니

27 이는 사람으로 혹 1)하나님을 더듬어 찾

1) 헬, 신

아 발견하게 하려 하심이로되 그는 우
리 각 사람에게서 멀리 계시지 아니하
도다

28 우리가 그를 힘입어 살며 기동하며 존재
하느니라 너희 시인 중 어떤 사람들의
말과 같이 우리가 그의 소생이라 하니

29 이와 같이 하나님의 소생이 되었은즉
하나님을 금이나 은이나 돌에다 사람
의 기술과 고안으로 새긴 것들과 같이
여길 것이 아니니라

30 알지 못하던 시대에는 하나님이 간과
하셨거니와 이제는 어디든지 사람에
게 다 명하사 회개하라 하셨으나

31 이는 정하신 사람으로 하여금 천하를
공의로 심판할 날을 작정하시고 이에
그를 죽은 자 가운데서 다시 살리신 것
으로 모든 사람에게 믿을 만한 증거를
주셨음이니라 하니라 　10:42

32 ●그들이 죽은 자의 부활을 듣고 어떤
사람은 조롱하되 어떤 사람은 이 일
에 대하여 네 말을 다시 듣겠다 하니

33 이에 바울이 그들 가운데서 떠나매

34 몇 사람이 그를 가까이하여 믿으니 그
중에는 아레오바고 관리 디오누시오
와 다마리라 하는 여자와 또 다른 사람
들도 있었더라

바울이 고린도에서 전도하다

18 그 후에 바울이 아덴을 떠나 고
린도에 이르러

2 아굴라라 하는 본도에서 난 유대인 한
사람을 만나니 글라우디오가 모든 유
대인을 명하여 로마에서 떠나라 한 고
로 그가 그 아내 브리스길라와 함께 이

달리야로부터 새로 온지라 바울이 그
들에게 가매 　롬 16:3

3 생업이 같으므로 함께 살며 일을 하니
그 생업은 천막을 만드는 것이더라

4 안식일마다 바울이 회당에서 강론하
고 유대인과 헬라인을 권면하니라

5 ●실라와 디모데가 마게도냐로부터
내려오매 바울이 하나님의 말씀에 붙
잡혀 유대인들에게 예수는 그리스도
라 밝히 증언하니

6 그들이 대적하여 비방하거늘 바울이
옷을 털면서 이르되 너희 피가 너희 머
리로 돌아갈 것이요 나는 깨끗하니라
이 후에는 이방인에게로 가리라 하고

7 거기서 옮겨 하나님을 경외하는 디도
유스도라 하는 사람의 집에 들어가니
그 집은 회당 옆이라

8 또 회당장 그리스보가 온 집안과 더불
어 주를 믿으며 수많은 고린도 사람도
듣고 믿어 [1]세례를 받더라 　고전 1:14

9 밤에 주께서 환상 가운데 바울에게 말
씀하시되 두려워하지 말며 침묵하지
말고 말하라

10 내가 너와 함께 있으매 어떤 사람도 너

1) 헬, 또는 침례

---

18 에는 무엇이 기록되어 있을까?

고린도는 우상 숭배와 물질적인 타락
이 가득한 도시였어요. 이곳에 복음을 전할 때 바
울은 여러 가지로 힘든 상황이었어요 (고전 2:3).
하지만 실라와 디모데, 아굴라와 브리스길라 부부
같은 동역자들의 도움을 받아 성공적으로 하나님
의 복음을 전할 수 있었지요. 이후 안디옥을 마지
막으로 바울의 2차 전도 여행은 끝나게 됩니다.

비전을 심어주는 **3분예화**

예수님을 위하여

버마에서 선교사로 활동하던 메이슨 의사가 부족
들을 가르칠 교사 한 사람을 구하고 있었어요. 마침
적당한 사람을 찾았는데, 그는 뱃사공이었습니다.
메이슨은 그에게 교사 자격으로 가면 매달 5루피를
받을 것이라고 말하며 함께 가겠느냐고 물었지요.
뱃사공은 시간을 달라고 했습니다. 그 당시 뱃사공은
사공 일을 하면서 매달 20루피를 벌고 있었어요.
뱃사공은 며칠간 기도한 후에 의사를 찾아가 왔습
니다. 의사가 다시 물었어요. "결정했습니까? 한
달에 5루피를 받으며 가겠습니까?"
그러자 뱃사공이 대답했습니다. "아닙니다. 한 달
에 5루피를 받으려고 가고 싶지는 않습니다. 다만 예
수님을 위하여 가겠습니다."

를 대적하여 해롭게 할 자가 없을 것이
니 이는 이 성중에 내 백성이 많음이라
하시더라

11 일 년 육 개월을 머물며 그들 가운데서
하나님의 말씀을 가르치니라

12 ●갈리오가 아가야 총독 되었을 때에
유대인이 일제히 일어나 바울을 대적
하여 법정으로 데리고 가서   롬 15:26

13 말하되 이 사람이 율법을 어기면서 하
나님을 경외하라고 사람들을 권한다
하거늘

14 바울이 입을 열고자 할 때에 갈리오가
유대인들에게 이르되 너희 유대인들
아 만일 이것이 무슨 부정한 일이나 불
량한 행동이었으면 내가 너희 말을 들
어 주는 것이 옳거니와

15 만일 문제가 언어와 명칭과 너희 법에
관한 것이면 너희가 스스로 처리하라
나는 이러한 일에 재판장 되기를 원하
지 아니하노라 하고

16 그들을 법정에서 쫓아내니

17 모든 사람이 회당장 소스데네를 잡아
법정 앞에서 때리되 갈리오가 이 일을
상관하지 아니하니라   고전 1:1

바울이 안디옥으로 내려가다

18 ●바울은 더 여러 날 머물다가 형제들
과 작별하고 배 타고 수리아로 떠나갈
새 브리스길라와 아굴라도 함께 하더
라 바울이 일찍이 서원이 있었으므로
겐그레아에서 머리를 깎았더라

19 에베소에 와서 그들을 거기 머물게 하
고 자기는 회당에 들어가서 유대인들
과 변론하니

20 여러 사람이 더 오래 있기를 청하되 허
락하지 아니하고

21 작별하여 이르되 만일 하나님의 뜻이
면 너희에게 돌아오리라 하고 배를 타
고 에베소를 떠나

22 가이사랴에 상륙하여 올라가 교회의 안
부를 물은 후에 안디옥으로 내려가서

23 얼마 있다가 떠나 갈라디아와 브루기

1) 엘, 또는 침례

아 땅을 차례로 다니며 모든 제자를 굳
건하게 하니라

아볼로가 담대히 전도하다—A.D. 53년경

24 ●알렉산드리아에서 난 아볼로라 하
는 유대인이 에베소에 이르니 이 사람
은 언변이 좋고 성경에 능통한 자라

25 그가 일찍이 주의 도를 배워 열심으로
예수에 관한 것을 자세히 말하며 가르
치나 요한의 1)세례만 알 따름이라

26 그가 회당에서 담대히 말하기 시작하
거늘 브리스길라와 아굴라가 듣고 데
려다가 하나님의 도를 더 정확하게 풀
어 이르더라

27 아볼로가 아가야로 건너가고자 함으
로 형제들이 그를 격려하며 제자들에
게 편지를 써 영접하라 하였더니 그가
가매 은혜로 말미암아 믿은 자들에게
많은 유익을 주니   고전 3:6

28 이는 성경으로써 예수는 그리스도라
고 증언하여 공중 앞에서 힘있게 유대
인의 말을 이김이러라   9:22

바울이 에베소에서 전도하다

19

아볼로가 고린도에 있을 때에
바울이 윗지방으로 다녀 에베
소에 와서 어떤 제자들을 만나

2 이르되 너희가 믿을 때에 성령을 받았
느냐 이르되 아니라 우리는 성령이 계
심도 듣지 못하였노라

3 바울이 이르되 그러면 너희가 무슨 1)세
례를 받았느냐 대답하되 요한의 1)세례
니라   18:25

4 바울이 이르되 요한이 회개의 1)세례를
베풀며 백성에게 말하되 내 뒤에 오시

19장 에는 무엇이 기록되어 있을까?

바울은 에베소에서 약 3년 동안 복
음을 전했어요. 두란노 서원에서 복음을 가르치
는 일에 힘썼던 그는 자신의 먹을 양식을 위해서
도 부지런히 일했어요. 또한 교회에 보낼 편지를
쓰기도 했지요. 하지만 바울은 지금까지 이루어왔
던 것에 만족하지 않고 당시 세계의 중심지였던
로마에도 복음 전하기를 간절히 바랐답니다.

는 이를 믿으라 하였으니 이는 곧 예수라 하거늘 마 3:11

5 그들이 듣고 주 예수의 이름으로 1)세례를 받으니

6 바울이 그들에게 안수하매 성령이 그들에게 임하시므로 방언도 하고 예언도 하니 6:6

7 모두 열두 2)사람쯤 되니라

8 ●바울이 회당에 들어가 석 달 동안 담대히 하나님 나라에 관하여 강론하며 권면하되

9 어떤 사람들은 마음이 굳어 순종하지 않고 무리 앞에서 이 도를 비방하거늘 바울이 그들을 떠나 제자들을 따로 세우고 두란노 서원에서 날마다 강론하니라

10 두 해 동안 이같이 하니 아시아에 사는 자는 유대인이나 헬라인이나 다 주의 말씀을 듣더라

11 하나님이 바울의 손으로 놀라운 능력을 행하게 하시니

12 심지어 사람들이 바울의 몸에서 손수건이나 앞치마를 가져다가 병든 사람에게 얹으면 그 병이 떠나고 3)악귀도 나가더라

13 이에 돌아다니며 마술하는 어떤 유대인들이 4)시험삼아 3)악귀 들린 자들에게 주 예수의 이름을 불러 말하되 내가 바울이 전파하는 예수를 의지하여 너희에게 명하노라 하더라

14 유대의 한 제사장 스게와의 일곱 아들도 이 일을 행하더니

15 악귀가 대답하여 이르되 내가 예수도 알고 바울도 알거니와 너희는 누구냐 하며

16 악귀 들린 사람이 그들에게 뛰어올라 눌러 이기니 그들이 상하여 벗은 몸으로 그 집에서 도망하는지라

17 에베소에 사는 유대인과 헬라인들이 다 이 일을 알고 두려워하며 주 예수의 이름을 높이고

18 믿은 사람들이 많이 와서 자복하여 행한 일을 알리며

19 또 마술을 행하던 많은 사람이 그 책을 모아 가지고 와서 모든 사람 앞에서 불사르니 그 책 값을 계산한즉 은 오만이나 되더라

20 이와 같이 주의 말씀이 힘이 있어 흥왕하여 세력을 얻으니라

에베소에서 일어난 소동

21 ●이 일이 있은 후에 바울이 마게도냐와 아가야를 거쳐 예루살렘에 가기로 작정하여 이르되 내가 거기 갔다가 후에 로마도 보아야 하리라 하고

22 자기를 돕는 사람 중에서 디모데와 에라스도 두 사람을 마게도냐로 보내고 자기는 아시아에 얼마 동안 더 있으니라

23 ●그 때쯤 되어 이 도로 말미암아 적지 않은 소동이 있었으니 19:9

24 즉 데메드리오라 하는 어떤 은장색이 은으로 아데미의 신상 모형을 만들어 직공들에게 적지 않은 벌이를 하게 하더니

25 그가 그 직공들과 그러한 영업하는 자들을 모아 이르되 여러분도 알거니와 우리의 풍족한 생활이 이 생업에 있는데

26 이 바울이 에베소뿐 아니라 거의 전 아시아를 통하여 수많은 사람을 권유하여 말하되 사람의 손으로 만든 것들은 신이 아니라 하니 이는 그대들도 보고

바울의 3차 전도 여행(18:23-21:26)

1) 헬, 또는 침례 2) 헬, 남자 3) 헬, 악령, 악령 4) 또는 망령되이

에베소에 있는 대극장과
아르카디아 길(19:29)

들은 것이라

27 우리의 이 영업이 천하여질 위험이 있을 뿐 아니라 큰 여신 아데미의 신전도 무시 당하게 되고 온 아시아와 천하가 위하는 그의 위엄도 떨어질까 하노라 하더라

28 그들이 이 말을 듣고 분노가 가득하여 외쳐 이르되 크다 에베소 사람의 아데미여 하니

29 온 시내가 요란하여 바울과 같이 다니는 마게도냐 사람 가이오와 아리스다고를 붙들어 일제히 연극장으로 달려 들어가는지라

30 바울이 백성 가운데로 들어가고자 하나 제자들이 말리고

31 또 아시아 관리 중에 바울의 친구된 어떤 이들이 그에게 통지하여 연극장에 들어가지 말라 권하더라

32 사람들이 외쳐 어떤 이는 이런 말을, 어떤 이는 저런 말을 하니 모인 무리가 분란하여 태반이나 어찌하여 모였는지 알지 못하더라

33 유대인들이 무리 가운데서 알렉산더를 권하여 앞으로 밀어내니 알렉산더가 손짓하며 백성에게 변명하려 하나

34 그들은 그가 유대인 줄 알고 다 한 소리로 외쳐 이르되 크다 에베소 사람의 아데미여 하기를 두 시간이나 하더니

35 서기장이 무리를 진정시키고 이르되 에베소 사람들아 에베소 시가 큰 아데미와 [1)제우스에게서 내려온 우상의 신전 지기가 된 줄을 누가 알지 못하겠느냐

36 이 일이 그렇지 않다 할 수 없으니 너희가 가만히 있어서 무엇이든지 경솔히 아니하여야 하리라

37 신전의 물건을 도둑질하지도 아니하였고 우리 여신을 비방하지도 아니한 이 사람들을 너희가 붙잡아 왔으니

38 만일 데메드리오와 그와 함께 있는 직공들이 누구에게 고발할 것이 있으면 재판 날도 있고 총독들도 있으니 피차 고소할 것이요
13:7

39 만일 그 외에 무엇을 원하면 정식으로 민회에서 결정할지라

40 오늘 아무 까닭도 없는 이 일에 우리가 소요 사건으로 책망 받을 위험이 있고 우리는 이 불법 집회에 관하여 보고할 자료가 없다 하고

41 이에 그 모임을 흩어지게 하니라

바울이 마게도냐와 헬라를 다니다

20

소요가 그치매 바울은 제자들을 불러 권한 후에 작별하고 떠나 마게도냐로 가니라

2 그 지방으로 다녀가며 여러 말로 제자들에게 권하고 헬라에 이르러

3 거기 석 달 동안 있다가 배 타고 수리아로 가고자 할 그 때에 유대인들이 자기를 해하려고 공모하므로 마게도냐를 거쳐 돌아가기로 작정하니
23:12

4 2)아시아까지 함께 가는 자는 베뢰아 사람 부로의 아들 소바더와 데살로니가 사람 아리스다고와 세군도와 더베 사람 가이오와 및 디모데와 아시아 사람 두기고와 드로비모라

1)또는 하늘로서 2)어떤 사본에는, '아시아까지' 가 없음

5 그들은 먼저 가서 드로아에서 우리를 기다리더라

6 우리는 무교절 후에 빌립보에서 배로 떠나 닷새 만에 드로아에 있는 그들에게 가서 이레를 머무니라

고후 2:12

유두고를 날리다

7 ●그 주간의 첫날에 우리가 떡을 떼려 하여 모였더니 바울이 이튿날 떠나고자 하여 그들에게 강론할새 말을 밤중까지 계속하매

8 우리가 모인 윗다락에 등불을 많이 켰는데

9 유두고라 하는 청년이 창에 걸터 앉아 있다가 깊이 졸더니 바울이 강론하기를 더 오래 하매 졸음을 이기지 못하여 삼 층에서 떨어지거늘 일으켜보니 죽었는지라

10 바울이 내려가서 그 위에 엎드려 그 몸을 안고 말하되 떠들지 말라 생명이 그에게 있다 하고

11 올라가 떡을 떼어 먹고 오랫동안 곧 날이 새기까지 이야기하고 떠나니라

12 사람들이 살아난 청년을 데리고 가서 적지 않게 위로를 받았더라

드로아에서 밀레도까지 항해하다

13 ●우리는 앞서 배를 타고 앗소에서 바울을 태우려고 그리로 가니 이는 바울이[1] 걸어서 가고자 하여 그렇게 정하여 준 것이라

14 바울이 앗소에서 우리를 만나니 우리가 배에 태우고 미둘레네로 가서

15 거기서 떠나 이튿날 기오 앞에 오고 그 이튿날 사모에 들르고 또 그 다음 날 밀레도에 이르니라

16 바울이 아시아에서 지체하지 않기 위하여 에베소를 지나 배 타고 가기로 작정하였으니 이는 될 수 있는 대로 오순절 안에 예루살렘에 이르려고 급히 감이러라

21:4, 12

에베소 장로들에게 고별 설교를 하다

17 ●바울이 밀레도에서 사람을 에베소로 보내어 교회 장로들을 청하니 *11:30*

18 오매 그들에게 말하되 아시아에 들어온 첫날부터 지금까지 내가 항상 여러분 가운데서 어떻게 행하였는지를 여러분도 아는 바니

19 곧 모든 겸손과 눈물이며 유대인의 간계로 말미암아 당한 시험을 참고 주를 섬긴 것과

20 유익한 것은 무엇이든지 공중 앞에서나 각 집에서나 거리낌이 없이 여러분에게 전하여 가르치고

20:27

21 유대인과 헬라인들에게 하나님께 대한 회개와 우리 주 예수 그리스도께 대한 믿음을 증언한 것이라

1) 또는 육로로

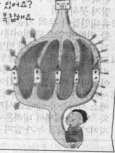

선생님!! 궁금해요

왜 교회는 여러 가지가 있어요? 장로교, 감리교…… 너무 복잡해요.

하나님은 성경을 통해 오직 우리를 창조하신 하나님만 섬기는 한 가지 종교(기독교)를 허락해주셨어요. 그런데 기독교 안에 여러 종파가 생겼죠. 사람들의 서로 다른 생각으로 나누어진 경우도 있지만, 그 안에도 다양한 사람들에게 복음을 전하여 구원하려는 하나님의 지혜와 뜻이 있답니다.

현재 기독교에는 장로교, 감리교, 침례교, 성결교 등이 있어요. 하지만 어느 교단, 어느 교회인가는 중요하지 않아요. 말씀을 바르게 가르쳐주고 예수님을 바로 알게 해준다면 그곳이 바로 좋은 교회겠지요.

한가지 분명한 것은 다른 종교를 아무리 열심히 믿어도 구원을 받을 수 없다는 거예요. 기독교 안에서 예수님을 진실하게 믿는 교회만 구원을 받을 수 있답니다.

16장 5절

22 보라 이제 나는 성령에 매여 예루살렘으로 가는데 거기서 무슨 일을 당할는지 알지 못하노라

23 오직 성령이 각 성에서 내게 증언하여 결박과 환난이 나를 기다린다 하시나

24 내가 달려갈 길과 주 예수께 받은 사명 곧 하나님의 은혜의 복음을 증언하는 일을 마치려 함에는 나의 생명조차 조금도 귀한 것으로 여기지 아니하노라

25 보라 내가 여러분 중에 왕래하며 하나님의 나라를 전파하였으나 이제는 여러분이 다 내 얼굴을 다시 보지 못할 줄 아노라

26 그러므로 오늘 여러분에게 증언하거니와 모든 사람의 피에 대하여 내가 깨끗하니

27 이는 내가 꺼리지 않고 하나님의 뜻을 다 여러분에게 전하였음이라

28 여러분은 자기를 위하여 또는 온 양 떼를 위하여 삼가라 성령이 그들 가운데 여러분을 감독자로 삼고 1)하나님이 자기 피로 사신 교회를 보살피게 하셨느니라

29 내가 떠난 후에 사나운 이리가 여러분에게 들어와서 그 양 떼를 아끼지 아니하며

30 또한 여러분 중에서도 제자들을 끌어 자기를 따르게 하려고 어그러진 말을 하는 사람들이 일어날 줄을 내가 아노라

31 그러므로 여러분이 일깨어 내가 삼 년이나 밤낮 쉬지 않고 눈물로 각 사람을 훈계하던 것을 기억하라

32 지금 내가 여러분을 주와 및 그 은혜의 말씀에 부탁하노니 그 말씀이 여러분을 능히 든든히 세우사 거룩하게 하심을 입은 모든 자 가운데 기업이 있게 하시리라

33 내가 아무의 은이나 금이나 의복을 탐하지 아니하였고

34 여러분이 아는 바와 같이 이 손으로 나와 내 동행들이 쓰는 것을 충당하여

35 범사에 여러분에게 모본을 보여준 바와 같이 수고하여 약한 사람들을 돕고

또 주 예수께서 친히 말씀하신 바 주는 것이 받는 것보다 복이 있다 하심을 기억하여야 할지니라

36 ●이 말을 한 후 무릎을 꿇고 그 모든 사람들과 함께 기도하니

37 다 크게 울며 바울의 목을 안고 입을 맞추고

38 다시 그 얼굴을 보지 못하리라 한 말로 말미암아 더욱 근심하고 배에까지 그를 전송하니라

바울이 예루살렘으로 가다

21 우리가 그들을 작별하고 배를 타고 바로 고스로 가서 이튿날 로도에 이르러 거기서부터 바다라로 가서

2 베니게로 건너가는 배를 만나서 타고 가다가

3 구브로를 바라보고 이를 왼편에 두고 수리아로 항해하여 두로에서 상륙하니 거기서 배의 짐을 풀려 함이러라

4 제자들을 찾아 거기서 이레를 머물더니 그 제자들이 성령의 감동으로 바울더러 예루살렘에 들어가지 말라 하더라

5 이 여러 날을 지낸 후 우리가 떠나갈새 그들이 다 그 처자와 함께 성문 밖까지 전송하거늘 우리가 바닷가에서 무릎을 꿇고 기도하고

6 서로 작별한 후 우리는 배에 오르고 그들은 집으로 돌아가니라

7 ●두로를 떠나 항해를 다 마치고 돌레마이에 이르러 형제들에게 안부를 묻고 그들과 함께 하루를 있다가

8 이튿날 떠나 가이사랴에 이르러 일곱 집사 중 하나인 전도자 빌립의 집에 들

21 에는 무엇이 기록되어 있을까?

당시 예루살렘 교회에 있던 어떤 교인들은 바울이 할례도 하지 말고 유대의 관습도 지키지 말 것을 가르쳤다고 생각했어요, 이런 오해를 풀기 위해 장로들은 바울에게 정결 의식을 할 것을 요구했지요, 사실 바울의 입장에선 율법이나 할례 같은 형식보다는 내용이 중요했기 때문에, 바울은 이 제의를 흔쾌히 받아들였답니다,

1) 어떤 사본에, 주께서

어가서 머무르니라

9 그에게 딸 넷이 있으니 처녀로 예언하는 자라

10 여러 날 머물러 있더니 아가보라 하는 한 선지자가 유대로부터 내려와

11 우리에게 와서 바울의 띠를 가져다가 자기 수족을 잡아매고 말하기를 성령이 말씀하시되 예루살렘에서 유대인들이 이같이 이 띠 임자를 결박하여 이방인의 손에 넘겨 주리라 하거늘

12 우리가 그 말을 듣고 그곳 사람들과 더불어 바울에게 예루살렘으로 올라가지 말라 권하니

13 바울이 대답하되 여러분이 어찌하여 울어 내 마음을 상하게 하느냐 나는 주 예수의 이름을 위하여 결박 당할 뿐아니라 예루살렘에서 죽을 것도 각오하였노라 하니

14 그가 권함을 받지 아니하므로 우리가 주의 뜻대로 이루어지이다 하고 그쳤노라

마 26:42

15 ●이 여러 날 후에 여장을 꾸려 예루살렘으로 올라갈새

16 가이사랴의 몇 제자가 함께 가며 한 오랜 제자 구브로 사람 나손을 데리고 가

술술 풀리는 성경 말씀

사도 바울의 순교를 예언한 아가보

예루살렘으로 향하는 길에 바울은 가이사랴에 들러 일곱 집사 중 한 사람인 빌립의 집에 며칠 간 머물렀어요. 이때 '아가보'라는 선지자가 유대로부터 내려왔는데, 그는 팔레스타인 지방의 기근(A.D. 46년)을 예언했던 인물이었지요.

아가보는 바울의 허리띠로 자신의 손발을 묶고 "유대인들이 예루살렘에서 이 띠의 주인을 이렇게 묶어 이방인들의 손에 넘겨줄 것이다"라며 사도 바울의 죽음을 예언했습니다.

가이사랴의 신자들은 슬픔에 젖어 바울을 붙잡으려 했지만, 그는 "왜들 이렇게 울면서 내 마음을 흔들어 놓는 겁니까?" 하고 부드럽게 꾸짖었지요. 주님을 위한 순교는 주 예수를 위해 참고 견뎌온 바울의 환난에 마지막 도장을 찍는 것이었어요.

21장 10-14절

니 이는 우리가 그의 집에 머물려 함이라

21:3, 4

바울이 야고보를 방문하다

17 ●예루살렘에 이르니 형제들이 우리를 기꺼이 영접하거늘

18 그 이튿날 바울이 우리와 함께 야고보에게로 들어가니 장로들이 다 있더라

19 바울이 문안하고 하나님이 자기의 사역으로 말미암아 이방 가운데서 하신 일을 낱낱이 말하니

20 그들이 듣고 하나님께 영광을 돌리고 바울더러 이르되 형제여 그대도 보는 바에 유대인 중에 믿는 자 수만 명이 있으니 다 율법에 열성을 가진 자라

21 네가 이방에 있는 모든 유대인을 가르치되 모세를 배반하고 아들들에게 할례를 행하지 말고 또 관습을 지키지 말라 한다 함을 그들이 들었도다

22 그러면 어찌할꼬 그들이 필연 그대가 온 것을 들으리니

23 우리가 말하는 이대로 하라 서원한 네 사람이 우리에게 있으니

24 그들을 데리고 함께 결례를 행하고 그들을 위하여 비용을 내어 머리를 깎게 하라 그러면 모든 사람이 그대에 대하여 들은 것이 사실이 아니고 그대도 율법을 지켜 행하는 줄로 알 것이라

25 주를 믿는 이방인에게는 우리가 우상의 제물과 피와 목매어 죽인 것과 음행을 피할 것을 결의하고 편지하였느니라 하니

26 바울이 이 사람들을 데리고 이튿날 그들과 함께 결례를 행하고 성전에 들어가서 각 사람을 위하여 제사 드릴 때까지의 결례 기간이 만기된 것을 신고하니라

바울이 잡히다

27 ●그 이레가 거의 차매 아시아로부터 온 유대인들이 성전에서 바울을 보고 모든 무리를 충동하여 그를 붙들고

28 외치되 이스라엘 사람들아 도우라 이 사람은 각처에서 우리 백성과 율법과

다소에 있는 사도 바울의
고향집 (21:39)

이 곳을 비방하여 모든 사람을 가르치는 그 자인데 또 헬라인을 데리고 성전에 들어가서 이 거룩한 곳을 더럽혔다 하니

29 이는 그들이 전에 에베소 사람 드로비모가 바울과 함께 시내에 있음을 보고 바울이 그를 성전에 데리고 들어간 줄로 생각함이러라

30 온 성이 소동하여 백성이 달려와 모여 바울을 잡아 성전 밖으로 끌고 나가니 문들이 곧 닫히더라

31 그들이 그를 죽이려 할 때에 온 예루살렘이 요란하다는 소문이 군대의 천부장에게 들리매

32 그가 급히 군인들과 백부장들을 거느리고 달려 내려가니 그들이 천부장과 군인들을 보고 바울 치기를 그치는지라

33 이에 천부장이 가까이 가서 바울을 잡아 두 쇠사슬로 결박하라 명하고 그가 누구이며 그가 무슨 일을 하였느냐 물으니

34 무리 가운데서 어떤 이는 이런 말로, 어떤 이는 저런 말로 소리 치거늘 천부장이 소동으로 말미암아 진상을 알 수 없어 그를 영내로 데려가라 명하니라

35 바울이 층대에 이를 때에 무리의 폭행으로 말미암아 군사들에게 들려가니

36 이는 백성의 무리가 그를 없이하자고 외치며 따라 감이러라

바울이 백성에게 말하다

37 ●바울을 데리고 영내로 들어가려 할 그 때에 바울이 천부장에게 이르되 내가 당신에게 말할 수 있느냐 이르되 네가 헬라 말을 아느냐

38 그러면 네가 이전에 소요를 일으켜 자객 사천 명을 거느리고 광야로 가던 애굽인이 아니냐

39 바울이 이르되 나는 유대인이라 소읍이 아닌 길리기아 다소 시의 시민이니 청컨대 백성에게 말하기를 허락하라 하니
9:11

40 천부장이 허락하거늘 바울이 층대 위에 서서 백성에게 손짓하여 매우 조용히 한 후에 히브리 말로 말하니라

22

부형들아 내가 지금 여러분 앞에서 변명하는 말을 들으라

바울이 변명하다 (행 9:1-19; 26:12-18)

2 ●그들이 그가 히브리 말로 말함을 듣고 더욱 조용한지라 이어 이르되

3 나는 유대인으로 길리기아 다소에서 났고 이 성에서 자라 가말리엘의 문하에서 우리 조상들의 율법의 엄한 교훈을 받았고 오늘 너희 모든 사람처럼 하나님께 대하여 열심이 있는 자라

4 내가 이 도를 박해하여 사람을 죽이기까지 하고 남녀를 결박하여 옥에 넘겼노니
26:9-11

5 이에 대제사장과 모든 장로들이 내 증인이라 또 내가 그들에게서 다메섹 형제들에게 가는 공문을 받아 가지고 거기 있는 자들도 결박하여 예루살렘으로 끌어다가 형벌 받게 하려고 가더니

6 가는 중 다메섹에 가까이 갔을 때에 오정쯤 되어 홀연히 하늘로부터 큰 빛이 나를 둘러 비치매

7 내가 땅에 엎드러져 들으니 소리 있어 이르되 사울아 사울아 네가 왜 나를 박

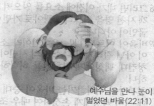

예수님을 만나 눈이
멀었던 바울 (22:11)

해느냐 하시거늘

8 내가 대답하되 주님 누구시니이까 하니 이르시되 나는 네가 박해하는 나사렛 예수라 하시더라

9 나와 함께 있는 사람들이 빛은 보면서도 나에게 말씀하시는 이의 소리는 듣지 못하더라

10 내가 이르되 주님 무엇을 하리이까 주께서 이르시되 일어나 다메섹으로 들어가라 네가 해야 할 모든 것을 거기서 누가 이르리라 하시거늘

11 나는 그 빛의 광채로 말미암아 볼 수 없게 되었으므로 나와 함께 있는 사람들의 손에 끌려 다메섹에 들어갔노라 9:8

12 율법에 따라 경건한 사람으로 거기 사는 모든 유대인들에게 칭찬을 듣는 아나니아라 하는 이가

13 내게 와 곁에 서서 말하되 형제 사울아 1)다시 보라 하거늘 즉시 그를 쳐다보았노라

14 그가 또 이르되 우리 조상들의 하나님이 너를 택하여 너로 하여금 자기 뜻을 알게 하시며 그 의인을 보게 하시고 그 입에서 나오는 음성을 듣게 하셨으니

15 네가 그를 위하여 모든 사람 앞에서 네가 보고 들은 것에 증인이 되리라

16 이제는 왜 주저하느냐 일어나 주의 이름을 불러 2)세례를 받고 너의 죄를 씻으라 하더라

17 후에 내가 예루살렘으로 돌아와서 성전에서 기도할 때에 황홀한 중에

18 보매 주께서 내게 말씀하시되 속히 예루살렘에서 나가라 그들은 네가 내게 대하여 증언하는 말을 듣지 아니하리라 하시거늘

19 내가 말하기를 주님 내가 주를 믿는 사람들을 가두고 또 각 회당에서 때리고

20 또 주의 증인 스데반이 피를 흘릴 때에 내가 곁에 서서 찬성하고 그 죽이는 사람들의 옷을 지킨 줄 그들도 아나이다

21 나더러 또 이르시되 떠나가라 내가 너를 멀리 이방인에게로 보내리라 하셨느니라 9:15

22 이 말하는 것까지 그들이 듣다가 소리질러 이르되 이러한 자는 세상에서 없애 버리자 살려 둘 자가 아니라 하여

23 떠들며 옷을 벗어 던지고 티끌을 공중에 날리니

24 천부장이 바울을 영내로 데려가라 명하고 그들이 무슨 일로 그에 대하여 떠드는지 알고자 하여 채찍질하며 심문하라 한대 21:34

25 가죽 줄로 바울을 매니 바울이 곁에 있는 백부장더러 이르되 너희가 로마 시민 된 자를 죄도 정하지 아니하고 채찍질할 수 있느냐 하니

26 백부장이 듣고 가서 천부장에게 전하여 이르되 어찌하려 하느냐 이는 로마

비전아 심어주는
9분 예화

골리앗과 싸울 때

유대인들은 자녀들에게 긍정적인 생각을 가르칠 때, 종종 다윗과 골리앗의 대결을 인용합니다.

"많은 사람들은 골리앗이 거인이라서 대항하기가 어렵다고 생각했어. 그들은 두려워하며 감히 싸울 생각도 못했단다. 그러나 다윗은 달랐지. 오히려 다윗은 물매돌을 던지기가 훨씬 쉬운 상대라고 생각했어. 골리앗의 몸집이 너무 크기 때문에 돌멩이가 빗나가지 않고 반드시 명중할 것이라고 생각한 거지."

긍정적인 생각은 용기를 얻는 데 도움이 될 수 있습니다. 그러나 하나님을 의지하는 신앙은 용기 이상의 큰 능력을 발휘하게 하지요. 다윗은 용기가 아닌 신앙으로 승리했던 거예요.

1) 또는 쳐다보라 2) 헬, 또는 침례

시민이라 하니

27 천부장이 와서 바울에게 말하되 네가 로마 시민이냐 내게 말하라 이르되 그러하다

28 천부장이 대답하되 나는 돈을 많이 들여 이 시민권을 얻었노라 바울이 이르되 나는 나면서부터라 하니

29 심문하려던 사람들이 곧 그에게서 물러가고 천부장도 그가 로마 시민인 줄 알고 또 그 결박한 것 때문에 두려워하니라

바울이 공회 앞에서 증언하다 _A.D. 59년경_

30 ●이튿날 천부장은 유대인들이 무슨 일로 그를 고발하는지 진상을 알고자 하여 그 결박을 풀고 명하여 제사장들과 온 공회를 모으고 바울을 데리고 내려가서 그들 앞에 세우니라

23 바울이 공회를 주목하여 이르되 여러분 형제들아 오늘까지 나는 범사에 양심을 따라 [1]하나님을 섬겼노라 하거늘

2 대제사장 아나니아가 바울 곁에 서 있는 사람들에게 그 입을 치라 명하니

3 바울이 이르되 회칠한 담이여 하나님이 너를 치시리로다 네가 나를 율법대로 심판한다고 앉아서 율법을 어기고 나를 치라 하느냐 하니

4 곁에 선 사람들이 말하되 하나님의 대제사장을 네가 욕하느냐

5 바울이 이르되 형제들아 나는 그가 대제사장인 줄 알지 못하였노라 기록하였으되 ㄱ 너의 백성의 관리를 비방하지 말라 하였느니라 하더라

6 바울이 그 중 일부는 사두개인이요 다른 일부는 바리새인 줄 알고 공회에서 외쳐 이르되 여러분 형제들아 나는 바리새인이요 또 바리새인의 아들이라 죽은 자의 소망 곧 부활로 말미암아 내가 심문을 받노라

빌 3:5

7 그 말을 한즉 바리새인과 사두개인 사이에 다툼이 생겨 무리가 나누어지니

8 이는 사두개인은 부활도 없고 천사도

없고 영도 없다 하고 바리새인은 다 있다 함이라

9 크게 떠들새 바리새인 편에서 몇 서기관이 일어나 다투어 이르되 우리가 이 사람을 보니 악한 것이 없도다 혹 영이나 혹 천사가 그에게 말하였으면 어찌하겠느냐 하여

10 큰 분쟁이 생기니 천부장은 바울이 그들에게 찢겨질까 하여 군인을 명하여 내려가 무리 가운데서 빼앗아 가지고 영내로 들어가거라 하니라

11 ●그날 밤에 주께서 바울 곁에 서서 이르시되 담대하라 네가 예루살렘에서 나의 일을 증언한 것 같이 로마에서도 증언하여야 하리라 하시니라

바울을 죽이려는 간계

12 ●날이 새매 유대인들이 당을 지어 맹세하되 바울을 죽이기 전에는 먹지도 아니하고 마시지도 아니하겠다 하고

13 이같이 동맹한 자가 사십여 명이더라

14 대제사장들과 장로들에게 가서 말하되 우리가 바울을 죽이기 전에는 아무것도 먹지 않기로 굳게 맹세하였으니

15 이제 너희는 그의 사실을 더 자세히 물어보려는 척하면서 공회와 함께 천부장에게 청하여 바울을 너희에게로 데리고 내려오게 하라 우리는 그가 가까이 오기 전에 죽이기로 준비하였노라 하더니

16 바울의 생질이 그들이 매복하여 있다 함을 듣고 와서 영내에 들어가 바울에게 알린지라

17 바울이 한 백부장을 청하여 이르되 이 청년을 천부장에게로 인도하라 그에

23 에는 무엇이 기록되어 있을까?

바울은 여러분 고난 가운데서도 더욱 당당하게 복음을 외쳤어요. 그리고 악한 사람들의 죄를 엄하게 꾸짖었지요. 한편 유대인 40명이 바울을 죽일 음모를 꾸몄지만, 바울은 천부장의 도움으로 위기에서 벗어날 수 있었어요. 이렇듯 사람의 생명, 특히 택한 자의 생명은 하나님의 주권에 속해 있답니다.

1) 헬, 하나님께 백성 노릇 하였노라 ㄱ. 출 22:28

게 무슨 할 말이 있다 하니

18 천부장에게로 데리고 가서 이르되 죄수 바울이 나를 불러 이 청년이 당신께 할 말이 있다 하여 데리고 가기를 청하더이다 하매

19 천부장이 그의 손을 잡고 물러가서 조용히 묻되 내게 할 말이 무엇이냐

20 대답하되 유대인들이 공모하기를 그들이 바울에 대하여 더 자세한 것을 묻기 위함이라 하여 내일 그를 데리고 공회로 내려오기를 당신께 청하자 하였으니

21 당신은 그들의 청함을 따르지 마옵소서 그들 중에서 바울을 죽이기 전에는 먹지도 않고 마시지도 않기로 맹세한 자 사십여 명이 그를 죽이려고 숨어서 지금 다 준비하고 당신의 허락만 기다리나이다 하니 ·사 10:9

22 이에 천부장이 청년을 보내며 경계하되 이 일을 내게 알렸다고 아무에게도 이르지 말라 하고

23 백부장 둘을 불러 이르되 밤 제 삼 시에 가이사랴까지 갈 보병 이백 명과 기병 칠십 명과 창병 이백 명을 준비하라 하고

24 또 바울을 태워 총독 벨릭스에게로 무사히 보내기 위하여 짐승을 준비하라 명하며 ·25:14

25 또 이 아래와 같이 편지하니 일렀으되

26 글라우디오 루시아는 총독 벨릭스 각하께 문안하나이다

27 이 사람이 유대인들에게 잡혀 죽게 된 것을 내가 로마 사람인 줄 들어 알고 군대를 거느리고 가서 구원하여다가

28 유대인들이 무슨 일로 그를 고발하는지 알고자 하여 그들의 공회로 데리고 내려갔더니

29 고발하는 것이 그들의 율법 문제에 관한 것뿐이요 한 가지도 죽이거나 결박할 사유가 없음을 발견하였나이다

30 그러나 이 사람을 해하려는 간계가 있다고 누가 내게 알려 주기로 곧 당신께 보내며 또 고발하는 사람들도 당신 앞에서 그에 대하여 말하라 하였나이다 하였더라

바울을 벨릭스 총독 앞에 세우다

31 ●보병이 명을 받은 대로 밤에 바울을 데리고 안디바드리에 이르러

32 이튿날 기병으로 바울을 호송하게 하고 영내로 돌아가니라

33 그들이 가이사랴에 들어가서 편지를 총독에게 드리고 바울을 그 앞에 세우니 ·23:23, 24

34 총독이 읽고 바울더러 어느 영지 사람이냐 물어 길리기아 사람인 줄 알고

35 이르되 너를 고발하는 사람들이 오거든 네 말을 들으리라 하고 헤롯 궁에 그를 지키라 명하니라

바울을 고발하다 ·A.D. 59년경

24 닷새 후에 대제사장 아나니아가 어떤 장로들과 한 변호사 더둘로와 함께 내려와서 총독 앞에서

바울을 고발하니라

2 바울을 부르매 더둘로가 고발하여 이르되

3 벨릭스 각하여 우리가 당신을 힘입어 태평을 누리고 또 이 민족이 당신의 선견으로 말미암아 여러 가지로 개선된 것을 우리가 어느 모양으로나 어느 곳에서나 크게 감사하나이다

4 당신을 더 괴롭게 아니하려 하여 우리가 대강 여쭙나니 관용하여 들으시기를 원하나이다

5 우리가 보니 이 사람은 전염병 같은 자라 천하에 흩어진 유대인을 다 소요하게 하는 자요 나사렛 이단의 우두머리라

6 그가 또 성전을 더럽게 하려 하므로 우리가 잡았사오니 ¹⁾(6하반−8상반 없음)

8 당신이 친히 그를 심문하시면 우리가 고발하는 이 모든 일을 아실 수 있나이다 하니

9 유대인들도 이에 참가하여 이 말이 옳다 주장하니라

바울이 변명하다

10 ●총독이 바울에게 머리로 표시하여 말하라 하니 그가 대답하되 당신이 여러 해 전부터 이 민족의 재판장 된 것을 내가 알고 내 사건에 대하여 기꺼이 변명하나이다 23:24

11 당신이 아실 수 있는 바와 같이 내가 예루살렘에 예배하러 올라간 지 열이틀밖에 안 되었고

12 그들은 내가 성전에서 누구와 변론하는 것이나 회당 또는 시중에서 무리를 소동하게 하는 것을 보지 못하였으니 25:8

13 이제 나를 고발하는 모든 일에 대하여 그들이 능히 당신 앞에 내세울 것이 없나이다

14 그러나 이것을 당신께 고백하리이다 나는 그들이 이단이라 하는 도를 따라 조상의 하나님을 섬기고 율법과 선지자들의 글에 기록된 것을 다 믿으며

15 그들이 기다리는 바 하나님께 향한 소망을 나도 가졌으니 곧 의인과 악인의 부활이 있으리라 함이니이다 히 12:2

16 이것으로 말미암아 나도 하나님과 사람에 대하여 항상 양심에 거리낌이 없기를 힘쓰나이다 암송

17 여러 해 만에 내가 내 민족을 구제할 것과 제물을 가지고 와서

18 드리는 중에 내가 결례를 행하였고 모임도 없고 소동도 없이 성전에 있는 것을 그들이 보았나이다 그러나 아시아로부터 온 어떤 유대인들이 있었으니

19 그들이 만일 나를 반대할 사건이 있으면 마땅히 당신 앞에 와서 고발하였을 것이요

20 그렇지 않으면 이 사람들이 내가 공회 앞에 섰을 때에 무슨 옳지 않은 것을 보았는가 말하라 하소서

21 오직 내가 그들 가운데 서서 외치기를 내가 죽은 자의 부활에 대하여 오늘 너희 앞에 심문을 받는다고 한 이 한 소리만 있을 따름이니이다 하니

22 벨릭스가 이 도에 관한 것을 더 자세히 아는 고로 연기하여 이르되 천부장 루시아가 내려오거든 너희 일을 처결하리라 하고

23 백부장에게 명하여 바울을 지키되 자유를 주고 그의 친구들이 그를 돌보아 주는 것을 금하지 말라 하니라 23:35

바울이 감옥에 갇혀 지내되

24 ●수일 후에 벨릭스가 그 아내 유대 여

24장에는 무엇이 기록되어 있을까?

바울은 변호사 더둘로에게 고소되어 벨릭스 앞에서 재판을 받게 됐어요. 죄목은 군중을 소란하게 한 죄와 성전을 모독한 죄, 그리고 나사렛 이단의 우두머리라는 것. 바울은 예수님을 따르는 사람으로서 깨끗한 양심을 간직해왔다는 것을 분명히 밝히며, 더둘로의 고소가 잘못되었다는 것을 증명해 보였답니다.

---

1) 어떤 사본에는 24:6하반절−8상반절에 다음 내용이 더 있다. '그래서 우리의 율법대로 재판하려고 했으나 7 천부장 루시아가 와서 그를 우리 손에서 강제로 빼앗아 갔나이다 8 그리고 그를 고발하는 사람들에게 각하께 가라고 명하였나이다'

자 드루실라와 함께 와서 바울을 불러 그리스도 예수 믿는 도를 듣거늘

25 바울이 의와 절제와 장차 오는 심판을 강론하니 벨릭스가 두려워하여 대답하되 지금은 가라 내가 틈이 있으면 너를 부르리라 하고

26 동시에 또 바울에게서 돈을 받을까 바라는 고로 더 자주 불러 같이 이야기하더라

27 이태가 지난 후 보르기오 베스도가 벨릭스의 소임을 이어받으니 벨릭스가 유대인의 마음을 얻고자 하여 바울을 구류하여 두니라

바울이 가이사에게 낭소하다 —A.D. 59년경

25 베스도가 부임한 지 삼 일 후에 가이사랴에서 예루살렘으로 올라가니

2 대제사장들과 유대인 중 높은 사람들이 바울을 고소할새

3 베스도의 호의로 바울을 예루살렘으로 옮기기를 청하니 이는 길에 매복하였다가 그를 죽이고자 함이더라

4 베스도가 대답하여 바울이 가이사랴에 구류된 것과 자기도 멀지 않아 떠나갈 것을 말하고

5 또 이르되 너희 중 유력한 자들은 나와 함께 내려가서 그 사람에게 만일 옳지 아니한 일이 있거든 고발하라 하니라

6 ●베스도가 그들 가운데서 팔 일 혹은 십 일을 지낸 후 가이사랴로 내려가서 이튿날 재판 자리에 앉고 바울을 데려오라 명하니

7 그가 나오매 예루살렘에서 내려온 유

바울의 압송을 위해 배가 출발한 이스라엘의 가이사랴 항구(25:1)

대인들이 둘러서서 여러 가지 중대한 사건으로 고발하되 능히 증거를 대지 못하는지라

8 바울이 변명하여 이르되 유대인의 율법이나 성전이나 가이사에게나 내가 도무지 죄를 범하지 아니하였노라 하니

9 베스도가 유대인의 마음을 얻고자 하여 바울더러 묻되 네가 예루살렘에 올라가서 이 사건에 대하여 내 앞에서 심문을 받으려느냐

10 바울이 이르되 내가 가이사의 재판 자리 앞에 섰으니 마땅히 거기서 심문을 받을 것이라 당신도 잘 아시는 바와 같이 내가 유대인들에게 불의를 행한 일이 없나이다

11 만일 내가 불의를 행하여 무슨 죽을 죄를 지었으면 죽기를 사양하지 아니할 것이나 만일 이 사람들이 나를 고발하는 것이 다 사실이 아니면 아무도 나를 그들에게 내줄 수 없나이다 내가 가이사께 상소하노라 한대

12 베스도가 배석자들과 상의하고 이르되 네가 가이사에게 상소하였으니 가이사에게 갈 것이라 하니라

바울이 아그립바 왕과 버니게 앞에 서다

13 ●수일 후에 아그립바 왕과 버니게가 베스도에게 문안하러 가이사랴에 와서

14 여러 날을 있더니 베스도가 바울의 일로 왕에게 고하여 이르되 벨릭스가 한 사람을 구류하여 두었는데

15 내가 예루살렘에 있을 때에 유대인의 대제사장들과 장로들이 그를 고소하여 정죄하기를 청하기에

16 내가 대답하되 무릇 피고가 원고들 앞

에서 고소 사건에 대하여 변명할 기회가 있기 전에 내주는 것은 로마 사람의 법이 아니라 하였노라

17 그러므로 그들이 나와 함께 여기 오매 내가 지체하지 아니하고 이튿날 재판 자리에 앉아 명하여 그 사람을 데려왔으나

18 원고들이 서서 내가 짐작하던 것 같은 악행의 혐의는 하나도 제시하지 아니하고

19 오직 자기들의 종교와 또는 예수라 하는 이가 죽은 것을 살아 있다고 바울이 주장하는 그 일에 관한 문제로 고발하는 것뿐이라

20 내가 이 일에 대하여 어떻게 심리할는지 몰라서 바울에게 묻되 예루살렘에 올라가서 이 일에 심문을 받으려느냐 한즉

21 바울은 황제의 판결을 받도록 자기를 지켜 주기를 호소하므로 내가 그를 가이사에게 보내기까지 지켜 두라 명하였노라 하니

22 아그립바가 베스도에게 이르되 나도 이 사람의 말을 듣고자 하노라 베스도가 이르되 내일 들으시리이다 하더라

23 ●이튿날 아그립바와 버니게가 크게 위엄을 갖추고 와서 천부장들과 시중의 높은 사람들과 함께 접견 장소에 들어오고 베스도의 명으로 바울을 데려오니

24 베스도가 말하되 아그립바 왕과 여기 같이 있는 여러분이여 당신들이 보는 이 사람은 유대의 모든 무리가 크게 외치되 살려 두지 못할 사람이라고 하여 예루살렘에서와 여기서도 내게 청원

아그립바 왕 앞에 선 바울(26:1-7)

하였으나

22:22

25 내가 살펴본대 죽일 죄를 범한 일이 없더이다 그러나 그가 황제에게 상소한 고로 보내기로 결정하였나이다

26 그에 대하여 황제께 확실한 사실을 아뢸 것이 없으므로 심문한 후 상소할 자료가 있을까 하여 당신들 앞 특히 아그립바 왕 당신 앞에 그를 내세웠나이다

27 그 죄목도 밝히지 아니하고 죄수를 보내는 것이 무리한 일인 줄 아나이다 하였더라

바울이 변명하다 (행 9:1-19; 22:6-16)

26
아그립바가 바울에게 이르되 너를 위하여 말하기를 네게 허락하노라 하니 이에 바울이 손을 들어 변명하되

2 아그립바 왕이여 유대인이 고발하는 모든 일을 오늘 당신 앞에서 변명하게 된 것을 다행히 여기나이다

9:15

3 특히 당신이 유대인의 모든 풍속과 문제를 아심이니이다 그러므로 내 말을 너그러이 들으시기를 바라나이다

4 내가 처음부터 내 민족과 더불어 예루살렘에서 젊었을 때 생활한 상황을 유대인이 다 아는 바라

5 일찍부터 나를 알았으니 그들이 증언하려 하면 내가 우리 종교의 가장 엄한 파를 따라 바리새인의 생활을 하였다고 할 것이라

6 이제도 여기 서서 심문 받는 것은 하나님이 우리 조상에게 약속하신 것을 바

1) 헬, 아구스도에게

아그립바 왕에게 예수님을 전하는 바울(26:8-23)

라는 까닭이니

7 이 약속은 우리 열두 지파가 밤낮으로 간절히 하나님을 받들어 섬김으로 얻기를 바라는 바인데 아그립바 왕이여 이 소망으로 말미암아 내가 유대인들에게 고소를 당하는 것이니이다

8 당신들은 하나님이 죽은 사람을 살리심을 어찌하여 못 믿을 것으로 여기나이까

9 나도 나사렛 예수의 이름을 대적하여 많은 일을 행하여야 될 줄 스스로 생각하고

10 예루살렘에서 이런 일을 행하여 대제사장들에게서 권한을 받아 가지고 많은 성도를 옥에 가두며 또 죽일 때에 내가 찬성 투표를 하였고

11 또 모든 회당에서 여러 번 형벌하여 강제로 모독하는 말을 하게 하고 그들에 대하여 심히 격분하여 외국 성에까지 가서 박해하였고

12 그 일로 대제사장들의 권한과 위임을 받고 다메섹으로 갔나이다

13 왕이여 정오가 되어 길에서 보니 하늘로부터 해보다 더 밝은 빛이 나와 내 동행들을 둘러 비추는지라

14 우리가 다 땅에 엎드러지매 내가 소리를 들으니 히브리 말로 이르되 사울아 사울아 네가 어찌하여 나를 박해하느냐 *가시채를 뒷발질하기가 네게 고생이니라

15 내가 대답하되 주님 누구시니이까 주께서 이르시되 나는 네가 박해하는 예수라

16 일어나 너의 발로 서라 내가 네게 나타

난 것은 곧 네가 나를 본 일과 장차 내가 네게 나타날 일에 너로 종과 증인을 삼으려 함이니

17 이스라엘과 이방인들에게서 내가 너를 구원하여 그들에게 보내어

18 그 눈을 뜨게 하여 어둠에서 빛으로, 사탄의 권세에서 하나님께로 돌아오게 하고 죄 사함과 나를 믿어 거룩하게 된 무리 가운데서 기업을 얻게 하리라 하더이다

19 아그립바 왕이여 그러므로 하늘에서 보이신 것을 내가 거스르지 아니하고

20 먼저 다메섹과 예루살렘에 있는 사람과 유대 온 땅과 이방인에게까지 회개하고 하나님께로 돌아와서 회개에 합당한 일을 하라 전하므로

21 유대인들이 성전에서 나를 잡아 죽이고자 하였으나 　21:30, 31

22 하나님의 도우심을 받아 내가 오늘까지 서서 높고 낮은 사람 앞에서 증언하는 것은 선지자들과 모세가 반드시 되리라고 말한 것밖에 없으니

23 곧 그리스도가 고난을 받으실 것과 죽은 자 가운데서 먼저 다시 살아나사 이스라엘과 이방인들에게 빛을 전하시리라 함이니이다 하니라

　　　바울이 아그립바 왕에게 전도하다

24 ●바울이 이같이 변명하매 베스도가 크게 소리 내어 이르되 바울아 네가 미쳤도다 네 많은 학문이 너를 미치게 한다 하니

25 바울이 이르되 베스도 각하여 내가 미친 것이 아니요 참되고 온전한 말을 하나이다

26 왕께서는 이 일을 아시기로 내가 왕께 담대히 말하노니 이 일에 하나라도 아시지 못함이 없는 줄 믿나이다 이 일은 한쪽 구석에서 행한 것이 아니니이다

27 아그립바 왕이여 선지자를 믿으시나

1) 가축을 앞으로 몰기 위한 끝이 뾰족한 막대기

이까 믿으시는 줄 아나이다

28 아그립바가 바울에게 이르되 네가¹⁾적은 말로 나를 권하여 그리스도인이 되게 하려 하는도다

29 바울이 이르되 ²⁾말이 적으나 많으나 당신뿐만 아니라 오늘 내 말을 듣는 모든 사람도 다 이렇게 결박된 것 외에는 나와 같이 되기를 하나님께 원하나이다 하니라

30 ●왕과 총독과 버니게와 그 함께 앉은 사람들이 다 일어나서

31 물러가서 서로 말하되 이 사람은 사형이나 결박을 당할 만한 행위가 없다 하더라

32 이에 아그립바가 베스도에게 이르되 이 사람이 만일 가이사에게 상소하지 아니하였더라면 석방될 수 있을 뻔하였다 하니라

바울이 로마로 압송되다—A.D. 59년경

27 우리가 배를 타고 이달리야로 가기로 작정되매 바울과 다른 죄수 몇 사람을 아구스도대의 백부장 율리오란 사람에게 맡기니

2 아시아 해변 각처로 가려 하는 아드라 뭇데노 배에 우리가 올라 항해할새 마게도냐의 데살로니가 사람 아리스다고도 함께 하니라

3 이튿날 시돈에 대니 율리오가 바울을 친절히 대하여 친구들에게 가서 대접 받기를 허락하더니

4 또 거기서 우리가 떠나가다가 맞바람을 피하여 구브로 해안을 의지하고 항해하여

5 길리기아와 밤빌리아 바다를 건너 루기아의 무라 시에 이르러

6 거기서 백부장이 이달리야로 가려 하는 알렉산드리아 배를 만나 우리를 오르게 하니

7 배가 더디 가 여러 날 만에 간신히 니도 맞은편에 이르러 풍세가 더 허락하지 아니하므로 살모네 앞을 지나 그레데 해안을 바람막이로 항해하여

8 간신히 그 연안을 지나 미항이라는 곳에 이르니 라새아 시에서 가깝더라

9 ●여러 날이 걸려 금식하는 절기가 이미 지났으므로 항해하기가 위태한지라 바울이 그들을 권하여

10 말하되 여러분이여 내가 보니 이번 항해가 하물과 배만 아니라 우리 생명에도 타격과 많은 손해를 끼치리라 하되

11 백부장이 선장과 선주의 말을 바울의 말보다 더 믿더라

12 그 항구가 겨울을 지내기에 불편하므로 거기서 떠나 아무쪼록 뵈닉스에 가서 겨울을 지내자 하는 자가 더 많으니 뵈닉스는 그레데 항구라 한쪽은 서남을, 한쪽은 서북을 향하였더라

13 남풍이 순하게 불매 그들이 뜻을 이룬 줄 알고 돛을 감고 그레데 해변을 끼고 항해하더니

14 얼마 안 되어 섬 가운데로부터 유라굴로라는 광풍이 크게 일어나니

1) 또는 짧은 시간에 2) 또는 시간이 짧으나 기나

레 23:27-29

24:23

27 에는 무엇이 기록되어 있을까?

누가는 바울이 로마로 가는 길에 풍랑을 만난 것과 그 과정에서 바울이 활약한 장면을 자세하게 말해주고 있어요. 거센 폭풍으로 생명을 잃을 수도 있는 위태로운 상황이었지만, 바울은 두려워하지 않았지요. 바로 하나님의 약속을 굳게 믿고 있었기 때문이에요. 바울은 침착하게 선원들의 목숨을 구해주었답니다.

바울의 로마 여행(27:1-28:15)

15 배가 밀려 바람을 맞추어 갈 수 없어 가는 대로 두고 쫓겨가다가

16 가우다라는 작은 섬 아래로 지나 간신히 거룻배를 잡아

17 끌어 올리고 줄을 가지고 선체를 둘러 감고 '스르디스에 걸릴까 두려워하여 연장을 내리고 그냥 쫓겨가더니

18 우리가 풍랑으로 심히 애쓰다가 이튿날 사공들이 짐을 바다에 풀어 버리고

19 사흘째 되는 날에 배의 기구를 그들의 손으로 내버리니라

20 여러 날 동안 해도 별도 보이지 아니하고 큰 풍랑이 그대로 있으매 구원의 여망마저 없어졌더라

21 여러 사람이 오래 먹지 못하였으매 바울이 가운데 서서 말하되 여러분이여 내 말을 듣고 그레데에서 떠나지 아니하여 이 타격과 손상을 면하였더라면 좋을 뻔하였느니라

22 내가 너희를 권하노니 이제는 안심하라 너희 중 아무도 생명에는 아무런 손상이 없겠고 오직 배뿐이리라

23 내가 속한 바 곧 내가 섬기는 하나님의 사자가 어제 밤에 내 곁에 서서 말하되

24 바울아 두려워하지 말라 네가 가이사 앞에 서야 하겠고 또 하나님께서 너와 함께 항해하는 자를 다 네게 주셨다 하였으니

25 그러므로 여러분이여 안심하라 나는 내게 말씀하신 그대로 되리라고 하나님을 믿노라

26 그런즉 우리가 반드시 한 섬에 걸리리라 하더라

풍랑으로 배가 깨어지다

27 ●열나흘째 되는 날 밤에 우리가 아드리아 바다에서 이리 저리 쫓겨가다가 자정쯤 되어 사공들이 어느 육지에 가까워지는 줄을 짐작하고

28 물을 재어 보니 스무 길이 되고 조금 가다가 다시 재니 열다섯 길이라

29 암초에 걸릴까 하여 고물로 닻 넷을 내리고 날이 새기를 고대하니라

30 사공들이 도망하고자 하여 이물에서 닻을 내리는 체하고 거룻배를 바다에 내려 놓거늘

31 바울이 백부장과 군인들에게 이르되 이 사람들이 배에 있지 아니하면 너희가 구원을 얻지 못하리라 하니

32 이에 군인들이 거룻줄을 끊어 떼어 버리니라

33 날이 새어 가매 바울이 여러 사람에게 음식 먹기를 권하여 이르되 너희가 기다리고 기다리며 먹지 못하고 주린 지가 오늘까지 열나흘인즉

34 음식 먹기를 권하노니 이것이 너희의 구원을 위하는 것이요 너희 중 머리카락 하나도 잃을 자가 없으리라 하고

35 떡을 가져다가 모든 사람 앞에서 하나님께 축사하고 떼어 먹기를 시작하매

36 그들도 다 안심하고 받아 먹으나

37 배에 있는 우리의 수는 전부 이백칠십육 명이더라

38 배부르게 먹고 밀을 바다에 버려 배를 가볍게 하였더니

39 날이 새매 어느 땅인지 알지 못하나 경사진 해안으로 된 항만이 눈에 띄거늘 배를 거기에 들여다 댈 수 있는가를 논한 후

40 닻을 끊어 바다에 버리는 동시에 키를 풀어 늦추고 돛을 달고 바람

로마로 가는 길에 큰 폭풍을 만난 바울과 선원들(27:14-20)

23:11

1)모래톱

에 맞추어 해안을 향하여 들어가다가

41 두 물이 합하여 흐르는 곳을 만나 배를 걸매 이물은 부딪쳐 움직일 수 없이 붙고 고물은 큰 물결에 깨어져 가니

42 군인들은 죄수가 헤엄쳐서 도망할까 하여 그들을 죽이는 것이 좋다 하였으나

43 백부장이 바울을 구원하려 하여 그들의 뜻을 막고 헤엄칠 줄 아는 사람들을 명하여 물에 뛰어내려 먼저 육지에 나가게 하고

44 그 남은 사람들은 널조각 혹은 배 물건에 의지하여 나가게 하니 마침내 사람들이 다 상륙하여 구조되니라

멜리데 섬에 오르다 — A.D. 59년경

28 우리가 구조된 후에 안즉 그 섬은 멜리데라 하더라 `27:26`

2 비가 오고 날이 차매 원주민들이 우리에게 특별한 동정을 하여 불을 피워 우리를 다 영접하더라

3 바울이 나무 묶음을 거두어 불에 넣으니 뜨거움으로 말미암아 독사가 나와 그 손을 물고 있는지라

4 원주민들이 이 짐승이 그 손에 매달려 있음을 보고 서로 말하되 진실로 이 사람은 살인한 자로다 바다에서는 구조를 받았으나 공의가 그를 살지 못하게 함이로다 하더니

5 바울이 그 짐승을 불에 떨어 버리매 조금도 상함이 없더라

6 그들은 그가 붓든지 혹은 갑자기 쓰러져 죽을 줄로 기다렸다가 오래 기다려도 그에게 아무 이상이 없음을 보고 돌이켜 생각하여 말하되 그를 신이라 하더라

독사에게 물린 바울(28:3)

7 ● 이 섬에서 가장 높은 사람 보블리오라 하는 이가 그 근처에 토지가 있는지라 그가 우리를 영접하여 사흘이나 친절히 머물게 하더니

8 보블리오의 부친이 열병과 이질에 걸려 누워 있거늘 바울이 들어가서 기도하고 그에게 안수하여 낫게 하매

9 이러므로 섬 가운데 다른 병든 사람들이 와서 고침을 받고

10 후한 예로 우리를 대접하고 떠날 때에 우리 쓸 것을 배에 실었더라

바울이 로마로 가다

11 ● 석 달 후에 우리가 그 섬에서 겨울을 난 알렉산드리아 배를 타고 떠나니 그 배의 머리 장식은 ¹⁾디오스구로라 `27:6`

12 수라구사에 대고 사흘을 있다가

13 거기서 둘러가서 레기온에 이르러 하루를 지낸 후 남풍이 일어나므로 이튿날 보디올에 이르러

14 거기서 형제들을 만나 그들의 청함을 받아 이레를 함께 머무르니 그래서 우리는 이와 같이 로마로 가니라

15 그 곳 형제들이 우리 소식을 듣고 압비오 광장과 ²⁾트레스 타베르네까지 맞으러 오니 바울이 그들을 보고 하나님께 감사하고 담대한 마음을 얻으니라

바울이 로마에서 전도하다 (♪385, 400장)

16 ● 우리가 로마에 들어가니 바울에게는 자기를 지키는 한 군인과 함께 따로

28 장 에는 무엇이 기록되어 있을까?

　　멜리데 섬에서 세 달을 지낸 바울은 다시 배를 타고 로마로 갔어요. 바울은 비록 죄수의 몸이었지만, 별다른 방해를 받지 않고 자유롭게 복음을 전하며 교인들을 가르칠 수 있고, 이곳에서 바울이 전도하며 지낸 모든 시간은 복음이 세계로 뻗어나가는 데에 중요한 밑거름이 되었답니다.

1) 제우스의 쌍둥 아들 2) 헬, 세 여관이라는 뜻임

사람들을 영접하는 바울
(28:30)

있게 허락하더라

17 사흘 후에 바울이 유대인 중 높은 사람들을 청하여 그들이 모인 후에 이르되 여러분 형제들아 내가 이스라엘 백성이나 우리 조상의 관습을 배척한 일이 없는데 예루살렘에서 로마인의 손에 죄수로 내준 바 되었으니

18 로마인은 나를 심문하여 죽일 죄목이 없으므로 석방하려 하였으나 23:29

19 유대인들이 반대하기로 내가 마지 못하여 가이사에게 상소함이요 내 민족을 고발하려는 것이 아니니라 25:11

20 이러므로 너희를 보고 함께 이야기하려고 청하였으니 이스라엘의 소망으로 말미암아 내가 이 쇠사슬에 매인 바 되었노라

21 그들이 이르되 우리가 유대에서 네게 대한 편지도 받은 일이 없고 또 형제 중 누가 와서 네게 대하여 좋지 못한 것을 전하든지 이야기한 일도 없느니라 22:5

22 이에 우리가 너의 사상이 어떠한가 듣고자 하니 이 파에 대하여는 어디서든지 반대를 받는 줄 알기 때문이라 하더라

23 ●그들이 날짜를 정하고 그가 유숙하는 집에 많이 오니 바울이 아침부터 저녁까지 강론하여 하나님의 나라를 증언하고 모세의 율법과 선지자의 말을 가지고 예수에 대하여 권하더라

24 그 말을 믿는 사람도 있고 믿지 아니하는 사람도 있어 14:4

25 서로 맞지 아니하여 흩어질 때에 바울이 한 말로 이르되 성령이 선지자 이사야를 통하여 너희 조상들에게 말씀하신 것이 옳도다

26 일렀으되

이 백성에게 가서 말하기를 너희가 듣기는 들어도 도무지 깨닫지 못하며 보기는 보아도 도무지 알지 못하는도다

27 이 백성들의 마음이 우둔하여져서 그 귀로는 둔하게 듣고 그 눈은 감았으니 이는 눈으로 보고 귀로 듣고 마음으로 깨달아 돌아오면 내가 고쳐 줄까 함이라

하였으니 눅 2:30

28 그런즉 하나님의 이 구원이 이방인에게로 보내어진 줄 알라 그들은 그것을 들으리라 하더라

29[1] (없음)

30 ●바울이 온 이태를 자기 셋집에 머물면서 자기에게 오는 사람을 다 영접하고

31 하나님의 나라를 전파하며 주 예수 그리스도에 관한 모든 것을 담대하게 거침없이 가르치더라 20:25

1)어떤 사본에, 29 '그가 이 말을 마칠 때에 유대인들이 서로 큰 쟁론을 하며 물러가더라'가 있음 ㄱ. 사 6:9,10

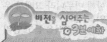

비전을 심어주는
3분 대화

부활 사실

한때 무신론자였던 영국의 '리틀 스톤'과 '길버트 웨스트'는 자신들의 주장을 증명하기 위해 예수님의 부활이 거짓임을 밝히는 연구를 시작했어요. 성경과 수많은 자료를 수집하고 연구한 뒤에 다시 만난 그 두 사람은 서로 같은 고백을 하였습니다.

"나는 더 이상 불신자로 머물러 있을 수 없네. 나는 연구를 통해 예수님의 부활이 사실이라는 것을 발견했을 뿐만 아니라, 우리가 죄인이라는 것과 예수 그리스도를 영접해야 된다는 것을 발견하게 되었네."

성경을 연구하고 예수님에 대하여 연구하는 사람은 예수님을 믿게 되지요. 예수님에 관한 기사가 모두 사실이며 또 예수님께서 하나님의 아들이심을 알게 되기 때문이에요.

☆ **로마서를 읽기 전에**

이 책을 기록한 사람은 사도 바울이에요. 바울은 그리스도인들을 아주 많이 괴롭혔지만, 나중에는 그리스도인이 되어서 이방인들에게 복음을 전하는 사도가 되었지요. 바울은 복음을 전하다가 A.D. 70년경 로마에서 죽임을 당했습니다.

✿ **언제, 왜, 누구를 위하여 썼나요?**

이 책은 A.D. 55~56년경 유대인과 이방인을 포함하여 로마에 있는 모든 그리스도인들에게 쓴 편지예요. 로마 교회 방문을 앞둔 바울이 하나님의 구원 계획을 설명하고 율법적인 그리스도인들을 교훈하기 위해 기록했답니다.

✿ **어떤 내용인가요?**

구원에 이르는 방법을 알려주고 있어요. 모든 인간은 율법과 행위로는 절대 의롭게 될 수 없답니다. 오직 예수님을 믿는 믿음만이 우리를 죄에서 구원할 수 있어요.

인사

1 예수 그리스도의 종 바울은 사도로 부르심을 받아 하나님의 복음을 위하여 택정함을 입었으니

2 이 복음은 하나님이 선지자들을 통하여 그의 아들에 관하여 성경에 미리 약속하신 것이라

3 그의 아들에 관하여 말하면 육신으로는 다윗의 ¹⁾혈통에서 나셨고

4 성결의 영으로는 ²⁾죽은 자들 가운데서 부활하사 능력으로 하나님의 아들로 선포되셨으니 곧 우리 주 예수 그리스도시니라 △ 1:14

5 그로 말미암아 우리가 은혜와 사도의 직분을 받아 그의 이름을 위하여 모든 이방인 중에서 믿어 순종하게 하나니

6 너희도 그들 중에서 예수 그리스도의

것으로 부르심을 받은 자니라

7 로마에서 하나님의 사랑하심을 받고 성도로 부르심을 받은 모든 자에게 하나님 우리 아버지와 주 예수 그리스도로부터 은혜와 평강이 있기를 원하노라

바울의 로마 방문 계획

8 ● 먼저 내가 예수 그리스도로 말미암아 너희 모든 사람에 관하여 내 하나님께 감사함은 너희 믿음이 온 세상에 전파됨이로다

9 내가 그의 아들의 복음 안에서 내 심령으로 섬기는 하나님이 나의 증인이 되시거니와 항상 내 기도에 쉬지 않고 너희를 말하며

10 어떻게 하든지 이제 하나님의 뜻 안에서 너희에게로 나아갈 좋은 길 얻기를 구하노라

11 내가 너희 보기를 간절히 원하는 것은 어떤 신령한 은사를 너희에게 나누어 주어 너희를 견고하게 하려 함이니 15:23

12 이는 곧 내가 너희 가운데서 너희와 나의 믿음으로 말미암아 피차 안위함을 얻으려 함이라

13 형제들아 내가 여러 번 너희에게 가고

---

1 에는 무엇이 기록되어 있을까?

바울은 로마 교회를 축복하고, 조만간 그곳을 찾아갈 계획을 밝혔어요. 그리고 오직 믿음으로 의로워질 수 있다고 가르쳐주었지요(16,17절). 이것은 성경의 핵심 주제랍니다. 바울은 로마서 전체에서 이 내용을 반복해서 말함으로써, 믿음을 통해서 구원받을 수 있다는 것을 강조하고 있답니다.

---

1) 헬, 씨 2) 헬, 죽은 자의 부활로

거꾸로 놓여진 뱀 형상을 한 저주의 여신 메두사 (1:23)

자한 것을 너희가 모르기를 원하지 아니하노니 이는 너희 중에서도 다른 이방인 중에서와 같이 열매를 맺게 하려 함이로되 지금까지 길이 막혔도다

14 헬라인이나 ¹⁾야만인이나 지혜 있는 자나 어리석은 자에게 다 내가 빚진 자라

15 그러므로 나는 할 수 있는 대로 로마에 있는 너희에게도 복음 전하기를 원하노라

16 내가 복음을 부끄러워하지 아니하노니 이 복음은 모든 믿는 자에게 구원을 주시는 하나님의 능력이 됨이라 먼저는 유대인에게요 그리고 헬라인에게로라 <u>암송</u>

17 복음에는 하나님의 의가 나타나서 믿음으로 믿음에 이르게 하나니 기록된 바 ⁻오직 의인은 믿음으로 말미암아 살리라 함과 같으니라

<u>모든 경건하지 않음과 불의</u>

18 ●하나님의 진노가 불의로 진리를 막는 사람들의 모든 경건하지 않음과 불의에 대하여 하늘로부터 나타나나니

19 이는 하나님을 알 만한 것이 그들 속에 보임이라 하나님께서 이를 그들에게 보이셨느니라

20 창세로부터 그의 보이지 아니하는 것 들 곧 그의 영원하신 능력과 신성이 그가 만드신 만물에 분명히 보여 알려졌나니 ⁻그러므로 그들이 핑계하지 못할지니라 <u>암송</u>

21 하나님을 알되 하나님을 영화롭게도

아니하며 감사하지도 아니하고 오히려 그 생각이 허망하여지며 미련한 마음이 어두워졌나니

22 스스로 지혜 있다 하나 어리석게 되어

23 썩어지지 아니하는 하나님의 영광을 썩어질 사람과 새와 짐승과 기어다니는 동물 모양의 우상으로 바꾸었느니라

24 ●그러므로 하나님께서 그들을 마음의 정욕대로 더러움에 내버려 두사 그들의 몸을 서로 욕되게 하게 하셨으니

25 이는 그들이 하나님의 진리를 거짓 것으로 바꾸어 피조물을 조물주보다 더 경배하고 섬김이라 주는 곧 영원히 찬송할 이시로다 아멘

26 ●이 때문에 하나님께서 그들을 부끄러운 욕심에 내버려 두셨으니 곧 그들의 여자들도 순리대로 쓸 것을 바꾸어 역리로 쓰며

27 그와 같이 남자들도 순리대로 여자 쓰기를 버리고 서로 향하여 음욕이 불 일듯 하매 남자가 남자와 더불어 부끄러운 일을 행하여 그들의 그릇됨에 상당한 보응을 그들 자신이 받았느니라

28 ●또한 그들이 ³⁾마음에 하나님 두기를 싫어하매 하나님께서 그들을 그 상실한 마음대로 내버려 두사 합당하지 못

동성애에 대한 바울의 생각

동성애적 성향의 원인에 대해서는 태어날 때부터 가진 유전자 구조에 의한 것인지, 아니면 사회적인 환경 조건에 의한 것인지 분명하지 않아요. 한편으로는 동성애가 사탄의 조종에 의해 저질러진 영적인 타락 현상이라고 말하기도 하지요.

바울은 동성애를 죄가 이 세상에 가져다 준 파멸적인 결과 가운데 하나로서 '순리에 어긋나는' 일로 말하고 있어요. 즉, 인간의 동성애적 성향은 인간의 성에 대해 하나님께서 원래 계획하셨던 것과는 어긋난다는 것이지요. 따라서 인간은 자신이 지니고 있는 동성애적 성향에 대해서는 책임이 없을지라도, 그와 같은 성향에 자신의 행동을 내맡긴 결과에 대해서는 책임을 면할 수 없답니다.

1장 26-27절

---

1) 헬라어를 사용하지 않는 사람 2) 또는 이는 그들로 핑계하지 못하게 하심이니라 3) 헬, 지식과 ㄱ. 합 2:4

한 일을 하게 하셨으니

29 곧 모든 불의, 추악, 탐욕, 악의가 가득한 자요 시기, 살인, 분쟁, 사기, 악독이 가득한 자요 수군수군하는 자요

30 비방하는 자요 1)하나님께서 미워하시는 자요 능욕하는 자요 교만한 자요 자랑하는 자요 악을 도모하는 자요 부모를 거역하는 자요

31 우매한 자요 배약하는 자요 무정한 자요 무자비한 자라

32 그들이 이같은 일을 행하는 자는 사형에 해당한다고 하나님께서 정하심을 알고도 자기들만 행할 뿐 아니라 또한 그런 일을 행하는 자들을 옳다 하느니라

하나님의 심판

2 그러므로 남을 판단하는 사람아, 누구를 막론하고 네가 핑계하지 못할 것은 남을 판단하는 것으로 네가 너를 정죄함이니 판단하는 네가 같은 일을 행함이니라

2 이런 일을 행하는 자에게 하나님의 심판이 진리대로 되는 줄 우리가 아노라

3 이런 일을 행하는 자를 판단하고도 같은 일을 행하는 사람아, 네가 하나님의 심판을 피할 줄로 생각하느냐　*삼하 1:16*

4 혹 네가 하나님의 인자하심이 너를 인도하여 회개하게 하심을 알지 못하여 그의 인자하심과 용납하심과 길이 참으심이 풍성함을 멸시하느냐

5 다만 네 고집과 회개하지 아니한 마음을 따라 진노의 날 곧 하나님의 의로우신 심판이 나타나는 그 날에 임할 진노를 네게 쌓는도다

6 하나님께서 각 사람에게 그 행한 대로 보응하시되　*마 16:27*

7 참고 선을 행하여 영광과 존귀와 썩지 아니함을 구하는 자에게는 영생으로 하시고

8 오직 당을 지어 진리를 따르지 아니하고 불의를 따르는 자에게는 진노와 분

노로 하시리라

9 악을 행하는 각 사람의 영에는 환난과 곤고가 있으리니 먼저는 유대인에게요 그리고 헬라인에게며

10 선을 행하는 각 사람에게는 영광과 존귀와 평강이 있으리니 먼저는 유대인에게요 그리고 헬라인에게라　*벧전 1:17*

11 이는 하나님께서 외모로 사람을 취하지 아니하심이라

12 ●무릇 율법 없이 범죄한 자는 또한 율법 없이 망하고 무릇 율법이 있고 범죄한 자는 율법으로 말미암아 심판을 받으리라

13 하나님 앞에서는 율법을 듣는 자가 의인이 아니요 오직 율법을 행하는 자라야 의롭다 하심을 얻으리니　*약 1:22, 23*

14 (율법 없는 이방인이 본성으로 율법의 일을 행할 때에는 이 사람은 율법이 없어도 자기가 자기에게 율법이 되나니

15 이런 이들은 그 양심이 증거가 되어 그 생각들이 서로 혹은 고발하며 혹은 변명하여 그 마음에 새긴 율법의 행위를 나타내느니라)

16 곧 나의 복음에 이른 바와 같이 하나님이 예수 그리스도로 말미암아 사람들의 은밀한 것을 심판하시는 그 날이라

유대인과 율법

17 ●유대인이라 불리는 네가 율법을 의지하며 하나님을 자랑하며

18 율법의 교훈을 받아 하나님의 뜻을 알고 2)지극히 선한 것을 분간하며

19 맹인의 길을 인도하는 자요 어둠에 있는 자의 빛이요

1) 또는 하나님을 미워하는 자요 2) 또는 능히 같지 아니한 점을 분별하라

2 여기에는 무엇이 기록되어 있을까?

바울은 하나님의 의로우신 심판에 대해서 자세히 설명하고 있는데, 이것은 유대인들의 죄를 경고하기 위해서였어요. 유대인들은 자신들이 하나님 앞에서 특별하다고 생각하면서도 정작 말씀대로 살아가지는 않았지요. 겉으로 보이는 조건은 중요한 게 아니에요. 하나님의 말씀에 순종하는 사람이 진정한 하나님의 백성이랍니다.

20 율법에 있는 지식과 진리의 모본을 가진 자로서 어리석은 자의 교사요 어린 아이의 선생이라고 스스로 믿으니 6:17
21 그러면 다른 사람을 가르치는 네가 네 자신은 가르치지 아니하느냐 도둑질하지 말라 선포하는 네가 도둑질하느냐
22 간음하지 말라 말하는 네가 간음하느냐 우상을 가증히 여기는 네가 신전 물건을 도둑질하느냐
23 율법을 자랑하는 네가 율법을 범함으로 하나님을 욕되게 하느냐
24 기록된 바와 같이 하나님의 이름이 너희 때문에 이방인 중에서 모독을 받는도다 사 52:5
25 네가 율법을 행하면 할례가 유익하나 만일 율법을 범하면 네 할례는 무할례가 되느니라
26 그런즉 무할례자가 율법의 규례를 지키면 그 무할례를 할례와 같이 여길 것이 아니냐
27 또한 본래 무할례자가 율법을 온전히 지키면 율법 조문과 할례를 가지고 율법을 범하는 너를 정죄하지 아니하겠느냐
28 무릇 표면적 유대인이 유대인이 아니요 표면적 육신의 할례가 할례가 아니니라 골 8:39
29 오직 이면적 유대인이 유대인이며 할례는 마음에 할지니 영에 있고 율법 조문에 있지 아니한 것이라 그 칭찬이 사람에게서가 아니요 다만 하나님에게서니라 고후 10:18

3 그런즉 유대인의 나음이 무엇이며 할례의 유익이 무엇이냐

2 범사에 많으니 우선은 그들이 하나님의 말씀을 맡았음이니라
3 어떤 자들이 믿지 아니하였으면 어찌하리요 그 믿지 아니함이 하나님의 미쁘심을 폐하겠느냐
4 그럴 수 없느니라 사람은 다 거짓되되 오직 하나님은 참되시다 할지어다 기록된 바

　주께서 주의 말씀에 의롭다 함을 얻으시고 판단 받으실 때에 이기려 하심이라

함과 같으니라 시 116:11
5 그러나 우리 불의가 하나님의 의를 드러나게 하면 무슨 말 하리요 [내가 사람의 말하는 대로 말하노니] 진노를 내리시는 하나님이 불의하시냐
6 결코 그렇지 아니하니라 만일 그러하면 하나님께서 어찌 세상을 심판하시리요
7 그러나 나의 거짓말로 하나님의 참되심이 더 풍성하여 그의 영광이 되었다면 어찌 내가 죄인처럼 심판을 받으리요
8 또는 그러면 선을 이루기 위하여 악을 행하자 하지 않겠느냐 어떤 이들이 이렇게 비방하여 우리가 이런 말을 한다고 하니 그들은 정죄 받는 것이 마땅하니라

ㄱ. 사52:5 ㄴ. 시 51:4

다 죄 아래에 있다

9 ●그러면 어떠하냐 우리는 1)나으냐 결코 아니라 유대인이나 헬라인이나 다 죄 아래에 있다고 우리가 이미 선언하였느니라

10 기록된 바

의인은 없나니 하나도 없으며

11 깨닫는 자도 없고 하나님을 찾는 자도 없고

12 다 치우쳐 함께 무익하게 되고 선을 행하는 자는 없나니 하나도 없도다

13 그들의 목구멍은 열린 무덤이요 그 혀로는 속임을 일삼으며 그 입술에는 독사의 독이 있고

14 그 입에는 저주와 악독이 가득하고

15 그 발은 피 흘리는 데 빠른지라

16 파멸과 고생이 그 길에 있어

17 평강의 길을 알지 못하였고

18 그들의 눈 앞에 하나님을 두려워함이 없느니라

함과 같으니라

하나님의 의

19 ●우리가 알거니와 무릇 율법이 말하는 바는 율법 아래에 있는 자들에게 말하는 것이니 이는 모든 입을 막고 온 세상으로 하나님의 2)심판 아래에 있게 하려 함이라

20 그러므로 율법의 행위로 그의 앞에 의롭다 하심을 얻을 육체가 없나니 율법으로는 죄를 깨달음이니라 <small>행 13:39</small>

21 이제는 율법 외에 하나님의 한 의가 나타났으니 율법과 선지자들에게 증거를 받은 것이라

22 곧 예수 그리스도를 믿음으로 말미암아 모든 믿는 자에게 미치는 하나님의 의니 차별이 없느니라

23 모든 사람이 죄를 범하였으매 하나님의 영광에 이르지 못하더니 <small>영송</small>

24 그리스도 예수 안에 있는 속량으로 말미암아 하나님의 은혜로 값 없이 의롭

25 이 예수를 하나님이 3)그의 피로써 믿음으로 말미암는 화목제물로 세우셨으니 이는 하나님께서 길이 참으시는 중에 전에 지은 죄를 간과하심으로 자기의 의로우심을 나타내려 하심이니

26 곧 이 때에 자기의 의로우심을 나타내사 자기도 의로우시며 또한 예수 믿는 자를 의롭다 하려 하심이라

27 그런즉 자랑할 데가 어디냐 있을 수가 없느니라 무슨 법으로냐 행위로냐 아니라 오직 믿음의 법으로니라 <small>엡 2:9</small>

28 그러므로 사람이 의롭다 하심을 얻는 것은 율법의 행위에 있지 않고 믿음으로 되는 줄 우리가 인정하노라 <small>엡 2:9</small>

29 하나님은 다만 유대인의 하나님이시냐 또한 이방인의 하나님은 아니시냐 진실로 이방인의 하나님도 되시느니라

30 할례자도 믿음으로 말미암아 또한 무할례자도 믿음으로 말미암아 의롭다 하실 하나님은 한 분이시니라 <small>갈 3:8</small>

31 그런즉 우리가 믿음으로 말미암아 율법을 파기하느냐 그럴 수 없느니라 도리어 율법을 굳게 세우느니라

아브라함의 믿음과 그로 말미암은 언약

4 그런즉 4)육신으로 우리 조상인 아브라함이 무엇을 얻었다 하리요

2 만일 아브라함이 행위로써 의롭다 하심을 받았으면 자랑할 것이 있으려니와 하나님 앞에서는 없느니라 <small>고전 1:31</small>

3 성경이 무엇을 말하느냐 아브라함이 하나님을 믿으매 그것이 그에게 의로 여겨진 바 되었느니라 <small>엡 1:7</small>

4장에는 무엇이 기록되어 있을까?

아브라함은 하나님의 약속을 조금도 의심하지 않고 굳게 믿었어요. 이로써 그는 하나님으로부터 의인정받았지요. 이처럼 하나님께서는 자신의 약속을 믿는 사람을 의롭다고 말씀하신답니다. 우리의 죄 때문에 죽임을 당하시고 부활하신 예수님을 믿음으로써 우리들도 의로워질 수 있어요.

---

1) 또는 그들만 못하냐 2) 또는 정죄 3) 또는 그의 피를 믿음으로 말미암아 화목제물로 세우셨으니 4) 또는 우리 조상 아브라함이 육으로 ㄱ. 시 14:1 이하 ; 53:1 이하 ㄴ. 시 5:9 ㄷ. 시 140:3 ㄹ. 시 10:7 ㅁ. 사 59:7 이하 ㅂ. 시 36:1 ㅅ. 창 15:6

4 일하는 자에게는 그 삯이 은혜로 여겨지지 아니하고 보수로 여겨지거니와

5 일을 아니할지라도 경건하지 아니한 자를 의롭다 하시는 이를 믿는 자에게는 그의 믿음을 의로 여기시나니

6 일한 것이 없이 하나님께 의로 여기심을 받는 사람의 복에 대하여 다윗이 말한 바

7 ㄱ불법이 사함을 받고 죄가 가리어짐을 받는 사람들은 복이 있고

8 주께서 그 죄를 인정하지 아니하실 사람은 복이 있도다 함과 같으니라 ㄴ시 5:19

9 그런즉 이 복이 할례자에게냐 혹은 무할례자에게냐 무릇 우리가 말하기를 아브라함에게는 그 믿음이 의로 여겨졌다 하노라

10 그런즉 그것이 어떻게 여겨졌느냐 할례시냐 무할례시냐 할례시가 아니요 무할례시니라

11 그가 할례의 표를 받은 것은 무할례시에 믿음으로 된 의를 인친 것이니 이는 무할례자로서 믿는 모든 자의 조상이 되어 그들도 의로 여기심을 얻게 하려 하심이라 ㄷ창 17:10

12 또 할례자의 조상이 되었나니 곧 할례 받을 자에게뿐 아니라 우리 조상 아브라함이 무할례시에 가졌던 믿음의 자취를 따르는 자들에게도 그러하니라

13 아브라함이나 그 후손에게 세상의 상속자가 되리라고 하신 언약은 율법으로 말미암은 것이 아니요 오직 믿음의 의로 말미암은 것이니라

14 만일 율법에 속한 자들이 상속자이면 믿음은 헛것이 되고 약속은 파기되었느니라 갈 3:18

15 율법은 진노를 이루게 하나니 율법이 없는 곳에는 범법도 없느니라 갈 3:10

16 그러므로 상속자가 되는 그것이 은혜에 속하기 위하여 믿음으로 되나니 이는 그 약속을 그 모든 후손에게 굳게 하려 하심이라 율법에 속한 자에게뿐만 아니라 아브라함의 믿음에 속한 자에게도 그러하니 아브라함은 우리 모든 사람의 조상이라 15:8

17 기록된 바 내가 너를 많은 민족의 조상으로 세웠다 하심과 같으니 그가 믿은 바 하나님은 죽은 자를 살리시며 없는 것을 있는 것으로 부르시는 이시니라

18 아브라함이 바랄 수 없는 중에 바라고 믿었으니 이는 ㄹ네 후손이 이같으리라 하신 말씀대로 많은 민족의 조상이 되게 하려 하심이라

19 그가 백 세나 되어 자기 몸이 죽은 것 같고 사라의 태가 죽은 것 같음을 알고도 믿음이 약하여지지 아니하고

20 믿음이 없어 하나님의 약속을 의심하지 않고 믿음으로 견고하여져서 하나님께 영광을 돌리며

선생님!! 궁금해요

성령님은 무슨 일을 하시나요?

성령님은 우리를 하나님의 자녀로 변화시켜 주시는 분이에요. 우리가 예수님을 닮아가도록, 하나님을 더 믿고 올바른 어린이가 되도록 도와주시죠. 하나님의 말씀을 들을 때는 감동을 주시고 바르게 깨달게 해주세요. 또한 예수님을 잘 믿고 기도할 수 있도록 도와주신답니다. 성령님은 거짓말을 많이 하는 아이를 정직한 아이로 변화시켜주시고, 나쁜 성품을 가진 사람들을 아름답게 변화시키기도 하세요. 싸움을 많이 하는 아이는 비둘기처럼 온순하게 변화시켜 서로 화목하게 해주시죠. 또 필요한 능력과 지혜도 주신답니다.

8장 26절

---

1) ㄱ. 헬, 씨 ㄱ, 시 32:1 이하 ㄴ. 창 17:5 ㄷ. 창 15:5

삯(4:4) 일을 한 데 대하여 보수로 주는 돈이나 물품.
인친 것(4:11) 도장을 찍음으로써 어떤 사실이 확증되는 것을 뜻함.
태(4:19) 뱃속의 아기를 싸고 있는 태반과 탯줄의 총칭.

21 약속하신 그것을 또한 능히 이루실 줄을 확신하였으니 ^{암송}

22 그러므로 그것이 그에게 의로 여겨졌느니라

23 그에게 의로 여겨졌다 기록된 것은 아브라함만 위한 것이 아니요

24 의로 여기심을 받을 우리도 위함이니 곧 예수 우리 주를 죽은 자 가운데서 살리신 이를 믿는 자니라 ^{창 2:24}

25 예수는 우리가 범죄한 것 때문에 내줌이 되고 또한 우리를 의롭다 하시기 위하여 살아나셨느니라

의롭다 하심을 받은 사람의 삶 A.D. 60년경

5 그러므로 우리가 믿음으로 의롭다 하심을 받았으니 ¹⁾우리 주 예수 그리스도로 말미암아 하나님과 ²⁾화평을 누리자 ^{3:28}

2 또한 그로 말미암아 우리가 믿음으로 서 있는 이 은혜에 들어감을 얻었으며 하나님의 영광을 바라고 즐거워하느니라

3 다만 이뿐 아니라 우리가 환난 중에도 즐거워하나니 이는 환난은 인내를,

4 인내는 연단을, 연단은 소망을 이루는 줄 앎이로다 ^{암송}

5 소망이 우리를 부끄럽게 하지 아니함은 우리에게 주신 성령으로 말미암아 하나님의 사랑이 우리 마음에 부은 바 됨이니

6 우리가 아직 연약할 때에 기약대로 그리스도께서 경건하지 않은 자를 위하여 죽으셨도다

7 의인을 위하여 죽는 자가 쉽지 않고 선인을 위하여 용감히 죽는 자가 혹 있거니와

8 우리가 아직 죄인 되었을 때에 그리스

도께서 우리를 위하여 죽으심으로 하나님께서 우리에 대한 자기의 사랑을 확증하셨느니라 ^{암송}

9 그러면 이제 우리가 그의 피로 말미암아 의롭다 하심을 받았으니 더욱 그로 말미암아 진노하심에서 구원을 받을 것이니

10 곧 우리가 원수 되었을 때에 그의 아들의 죽으심으로 말미암아 하나님과 화목하게 되었은즉 화목하게 된 자로서는 더욱 그의 살아나심으로 말미암아 구원을 받을 것이니라

11 그뿐 아니라 이제 우리로 화목하게 하신 우리 주 예수 그리스도로 말미암아 하나님 안에서 또한 즐거워하느니라

아담과 그리스도

12 ●그러므로 한 사람으로 말미암아 죄가 세상에 들어오고 죄로 말미암아 사망이 들어왔나니 이와 같이 모든 사람이 죄를 지었으므로 사망이 모든 사람에게 이르렀느니라 ^{창 2:17}

13 죄가 율법 있기 전에도 세상에 있었으나 율법이 없었을 때에는 죄를 죄로 여기지 아니하였느니라

14 그러나 아담으로부터 모세까지 아담의 범죄와 같은 죄를 짓지 아니한 자들까지도 사망이 왕 노릇 하였나니 아담은 오실 자의 ³⁾모형이라

15 그러나 이 은사는 그 범죄와 같지 아니하니 곧 한 사람의 범죄를 인하여 많은 사람이 죽었은즉 더욱 하나님의 은혜와 또한 한 사람 예수 그리스도의 은혜로 말미암은 선물은 많은 사람에게 넘쳤느니라

16 또 이 선물은 범죄한 한 사람으로 말미암은 것과 같지 아니하니 심판은 한 사람으로 말미암아 정죄에 이르렀으나 은사는 많은 범죄로 말미암아 의롭다 하심에 이름이니라

17 한 사람의 범죄로 말미암아 사망이 그

5 장 에는 무엇이 기록되어 있을까?

하나님께서 우리를 의롭다고 인정해주심으로 우리는 하나님과 화목하게 되었어요. 이것은 예수님께서 하나님과 원수 되었던 우리를 대신 죽으셔서 하나님과 화목할 수 있게 해주셨기 때문이에요. 이로써 죄로 인해 죽을 수밖에 없었던 우리들이 예수님을 통해서 참 생명을 얻을 수 있게 되었답니다.

1) 또는 믿음으로 서 있는 이 은혜에 들어감을 우리로 얻게 하신 우리 주 예수 그리스도로 말미암아 하나님으로 더불어 화평을 누리며 또한 하나님의 영광을 바라고 즐거워하자 2) 또는 화평을 얻고 3) 또는 예표

한 사람을 통하여 왕 노릇 하였은즉 더욱 은혜와 의의 선물을 넘치게 받는 자들은 한 분 예수 그리스도를 통하여 생명 안에서 왕 노릇 하리로다

18 그런즉 한 범죄로 많은 사람이 정죄에 이른 것 같이 한 의로운 행위로 말미암아 많은 사람이 의롭다 하심을 받아 생명에 이르렀느니라

초대 교회 성도들이 세례를 받던 장소(6:3-4)

19 한 사람이 순종하지 아니함으로 많은 사람이 죄인 된 것 같이 한 사람이 순종하심으로 많은 사람이 의인이 되리라

20 율법이 들어온 것은 범죄를 더하게 하려 함이라 그러나 죄가 더한 곳에 은혜가 더욱 넘쳤나니

21 이는 죄가 사망 안에서 왕 노릇 한 것 같이 은혜도 또한 의로 말미암아 왕 노릇 하여 우리 주 예수 그리스도로 말미암아 영생에 이르게 하려 함이라

그리스도와 함께 죽고 함께 산다 — A.D. 60년경

6 그런즉 우리가 무슨 말을 하리요 은혜를 더하게 하려고 죄에 거하겠느냐

2 그럴 수 없느니라 죄에 대하여 죽은 우리가 어찌 그 가운데 더 살리요 7:4

3 무릇 그리스도 예수와 합하여 ¹⁾세례를 받은 우리는 그의 죽으심과 합하여 ¹⁾세례를 받은 줄을 알지 못하느냐 행 2:38

4 그러므로 우리가 그의 죽으심과 합하여 ¹⁾세례를 받음으로 그와 함께 장사되었나니 이는 아버지의 영광으로 말미암아 그리스도를 죽은 자 가운데서 살리심과 같이 우리로 또한 새 생명 가운데서 행하게 하려 함이라 골 2:12

6 에는 무엇이 기록되어 있을까?
구원받기 전에 우리는 죄의 종이 되어서 죄가 시키는 대로 살 수밖에 없었어요. 하지만 예수님께서 십자가에 못 박혀 죽으심으로, 우리가 다시는 죄의 종이 되지 않게 해주셨지요. 이제 죄의 다스림에서 벗어나게 된 우리는 언제나 의롭고 거룩한 사람이 되도록 노력해야 하겠어요.

5 만일 우리가 그의 죽으심과 같은 모양으로 연합한 자가 되었으면 또한 그의 부활과 같은 모양으로 연합한 자도 되리라

6 우리가 알거니와 우리의 옛 사람이 예수와 함께 십자가에 못 박힌 것은 죄의 몸이 죽어 다시는 우리가 죄에게 종 노릇 하지 아니하려 함이니

7 이는 죽은 자가 죄에서 벗어나 의롭다 하심을 얻었음이라

8 만일 우리가 그리스도와 함께 죽었으면 또한 그와 함께 살 줄을 믿노니

9 이는 그리스도께서 죽은 자 가운데서 살아나셨으매 다시 죽지 아니하시고 사망이 다시 그를 주장하지 못할 줄을 앎이로라

10 그가 죽으심은 죄에 대하여 단번에 죽으심이요 그가 살아 계심은 하나님께 대하여 살아 계심이니 히 7:27

11 이와 같이 너희도 너희 자신을 죄에 대하여는 죽은 자요 그리스도 예수 안에서 하나님께 대하여는 살아 있는 자로 여길지어다

12 ● 그러므로 너희는 죄가 너희 죽을 몸을 지배하지 못하게 하여 몸의 사욕에 순종하지 말고

13 또한 너희 지체를 불의의 무기로 죄에게 내주지 말고 오직 너희 자신을 죽은 자 가운데서 다시 살아난 자 같이 하나님께 드리며 너희 지체를 의의 무기로 하나님께 드리라 골 3:5

14 죄가 너희를 주장하지 못하리니 이는 너희가 법 아래에 있지 아니하고 은혜 아래에 있음이라

---

1) 헬, 또는 침례

15 ●그런즉 어찌하리요 우리가 법 아래에 있지 아니하고 은혜 아래에 있으니 죄를 지으리요 그럴 수 없느니라

16 너희 자신을 종으로 내주어 누구에게 순종하든지 그 순종함을 받는 자의 종이 되는 줄을 너희가 알지 못하느냐 혹은 죄의 종으로 사망에 이르고 혹은 순종의 종으로 의에 이르느니라

17 하나님께 감사하리로다 너희가 본래 죄의 종이더니 ¹⁾너희에게 전하여 준 바 교훈의 본을 마음으로 순종하여

18 죄로부터 해방되어 의에게 종이 되었느니라

19 너희 육신이 연약하므로 내가 사람의 예대로 말하노니 전에 너희가 너희 지체를 부정과 불법에 내주어 불법에 이른 것 같이 이제는 너희 지체를 의에게 종으로 내주어 거룩함에 이르라

20 너희가 죄의 종이 되었을 때에는 의에 대하여 자유로웠느니라

21 너희가 그 때에 무슨 열매를 얻었느냐 이제는 너희가 그 일을 부끄러워하나니 이는 그 마지막이 사망임이라

22 그러나 이제는 너희가 죄로부터 해방되고 하나님께 종이 되어 거룩함에 이르는 열매를 맺었으니 그 마지막은 영생이라

23 죄의 삯은 사망이요 하나님의 ²⁾은사는 그리스도 예수 우리 주 안에 있는 영생이니라 *암송*

혼인 관계로 비유한 율법과 죄 — A.D. 60년경

7 형제들아 내가 법 아는 자들에게 말하노니 너희는 그 법이 사람이

살 동안만 그를 주관하는 줄 알지 못하느냐

2 남편 있는 여인이 그 남편 생전에는 법으로 그에게 매인 바 되나 만일 그 남편이 죽으면 남편의 법에서 벗어나느니라

3 그러므로 만일 그 남편 생전에 다른 남자에게 가면 음녀라 그러나 만일 남편이 죽으면 그 법에서 자유롭게 되나니 다른 남자에게 갈지라도 음녀가 되지 아니하느니라

4 그러므로 내 형제들아 너희도 그리스도의 몸으로 말미암아 율법에 대하여 죽임을 당하였으니 이는 다른 이 곧 죽은 자 가운데서 살아나신 이에게 가서 우리가 하나님을 위하여 열매를 맺게 하려 함이라

5 우리가 육신에 있을 때에는 율법으로 말미암는 죄의 정욕이 우리 지체 중에 역사하여 우리로 사망을 위하여 열매를 맺게 하였더니

6 이제는 우리가 얽매였던 것에 대하여 죽었으므로 율법에서 벗어났으니 이러므로 우리가 영의 새로운 것으로 섬길 것이요 율법 조문의 묵은 것으로 아니할지니라

7 그런즉 우리가 무슨 말을 하리요 율법이 죄냐 그럴 수 없느니라 율법으로 말미암지 않고는 내가 죄를 알지 못하였으니 곧 율법이 ⌐탐내지 말라 하지 아니하였더라면 내가 탐심을 알지 못하였으리라

8 그러나 죄가 기회를 타서 계명으로 말미암아 내 속에서 온갖 탐심을 이루었

1:8

1) 헬, 너희를 맡은 바 교훈의 2) 선물, ㄱ. 출 20:17; 신 5:21

의롭다(5:18) 흠이 없음.
세례(6:3) 자신이 죄인임을 깨닫고 구주이신 예수님을 믿은 후 치르는 의식, 주로 물을 뿌리거나 물 속에 들어가는 의식으로 치러진다.
사욕(6:12) 자기의 이익만 차리는 욕심.
지체(6:13) 팔다리의 몸
법(7:1) 구약에 기록된 모세의 율법을 가리킴.
역사(7:5) 행하는 것.
조문(7:6) 조목별로 적은 글. 여기서는 율법을 가리킴.
탐심(7:7) 탐내는 마음.

의의 종

7 에는 무엇이 기록되어 있을까?

여기서는 율법을 남편에 비유해서 설명하고 있어요. 율법의 지배를 받아 왔던 우리는 예수님의 죽으심으로 자유롭게 되었어요. 율법 자체는 나쁜 것이 아니에요. 율법은 죄가 무엇인지를 가르쳐 주는 일을 한답니다. 다만 자꾸만 죄를 짓고 싶어하는 우리의 마음이 악한 것이지요.

나니 이는 율법이 없으면 죄가 죽은 것임이라

9 전에 율법을 깨닫지 못했을 때에는 내가 살았더니 계명이 이르매 죄는 살아나고 나는 죽었도다

10 생명에 이르게 할 그 계명이 내게 대하여 도리어 사망에 이르게 하는 것이 되었도다

11 죄가 기회를 타서 계명으로 말미암아 나를 속이고 그것으로 나를 죽였는지라

12 이로 보건대 율법은 거룩하고 계명도 거룩하고 의로우며 선하도다 · 딤전 1:8

13 그런즉 선한 것이 내게 사망이 되었느냐 그럴 수 없느니라 오직 죄가 죄로 드러나기 위하여 선한 그것으로 말미암아 나를 죽게 만들었으니 이는 계명으로 말미암아 죄로 심히 죄 되게 하려 함이라

14 우리가 율법은 신령한 줄 알거니와 나는 육신에 속하여 죄 아래에 팔렸도다

15 내가 행하는 것을 내가 알지 못하노니 곧 내가 원하는 것은 행하지 아니하고 도리어 미워하는 것을 행함이라 · 갈 5:17

16 만일 내가 원하지 아니하는 그것을 행하면 내가 이로써 율법이 선한 것을 시인하노니

17 이제는 그것을 행하는 자가 내가 아니요 내 속에 거하는 죄니라

18 내 속 곧 내 육신에 선한 것이 거하지 아니하는 줄을 아노니 원함은 내게 있으나 선을 ²)행하는 것은 없노라 · 7:25

19 내가 원하는 바 선은 행하지 아니하고 도리어 원하지 아니하는 바 악을 행하는도다 · 7:15

20 만일 내가 원하지 아니하는 그것을 하

황제 숭배와 함께 박해가 이루어지던
이스펜도스의 고대 원형 극장 (8:17-18)

면 이를 행하는 자는 내가 아니요 내 속에 거하는 죄니라

21 그러므로 내가 한 법을 깨달았노니 곧 선을 행하기 원하는 나에게 악이 함께 있는 것이로다

22 내 속사람으로는 하나님의 법을 즐거워하되

23 내 지체 속에서 한 다른 법이 내 마음의 법과 싸워 내 지체 속에 있는 죄의 법으로 나를 사로잡는 것을 보는도다

24 오호라 나는 곤고한 사람이로다 이 사망의 몸에서 누가 나를 건져내랴 · 6:6

25 우리 주 예수 그리스도로 말미암아 하나님께 감사하리로다 그런즉 내 자신이 마음으로는 하나님의 법을 육신으로는 죄의 법을 섬기노라

생명의 성령의 법 — A.D. 60년경

8 그러므로 이제 그리스도 예수 안에 있는 자에게는 결코 정죄함이 없나니

2 이는 그리스도 예수 안에 있는 생명의 성령의 법이 죄와 사망의 법에서 ³)너를 해방하였음이라

3 율법이 육신으로 말미암아 연약하여 할 수 없는 그것을 하나님은 하시나니 곧 죄로 말미암아 자기 아들을 죄 있는 육신의 모양으로 보내어 육신에 죄를 정하사

4 육신을 따르지 않고 그 영을 따라 행하는 우리에게 율법의 요구가 이루어지게 하려 하심이니라

5 육신을 따르는 자는 육신의 일을, 영을 따르는 자는 영의 일을 생각하나니

8 에는 무엇이 기록되어 있을까?

8장은 바울의 신학이 잘 나타나 있는 부분이에요. 예수님 안에 있는 우리는 이제 성령의 지배를 받게 되었어요. 성령은 우리 모두가 하나님의 자녀가 되어 큰 축복을 받도록 인도해 주시지요. 이제 어떠한 고난이나 어려움도, 하나님의 사랑에서 우리를 끊어놓을 수 없답니다.

1) 혹, 법 없이 내가 2) 또는 행할 능은 3) 어떤 사본에, 나를

6 육신의 생각은 사망이요 영의 생각은 생명과 평안이니라

7 육신의 생각은 하나님과 원수가 되나니 이는 하나님의 법에 굴복하지 아니할 뿐 아니라 할 수도 없음이라 갈 4:4

8 육신에 있는 자들은 하나님을 기쁘시게 할 수 없느니라 7:5

9 만일 너희 속에 하나님의 영이 거하시면 너희가 육신에 있지 아니하고 영에 있나니 누구든지 그리스도의 영이 없으면 그리스도의 사람이 아니라 갈 4:6

10 또 하나님께서 너희 안에 계시면 몸은 죄로 말미암아 죽은 것이나 영은 의로 말미암아 살아 있는 것이니라

11 예수를 죽은 자 가운데서 살리신 이의 영이 너희 안에 거하시면 그리스도 예수를 죽은 자 가운데서 살리신 이가 너희 안에 거하시는 그의 영으로 말미암아 너희 죽을 몸도 살리시리라

12 ●그러므로 형제들아 우리가 빚진 자로되 육신에게 져서 육신대로 살 것이 아니니라

13 너희가 육신대로 살면 반드시 죽을 것이로되 영으로써 몸의 행실을 죽이면 살리니 갈 3:5

14 무릇 하나님의 영으로 인도함을 받는 사람은 곧 하나님의 아들이라 갈 5:18

15 너희는 다시 무서워하는 종의 영을 받지 아니하고 양자의 영을 받았으므로 우리가 아빠 아버지라고 부르짖느니라

16 성령이 친히 우리의 영과 더불어 우리가 하나님의 자녀인 것을 증언하시나니 엡 1:13

17 자녀이면 또한 상속자 곧 하나님의 상속자요 그리스도와 함께 한 상속자니 우리가 그와 함께 영광을 받기 위하여 고난도 함께 받아야 할 것이니라 갈 4:7

모든 피조물이 구원을 고대하다

18 ●생각하건대 현재의 고난은 장차 우리에게 나타날 영광과 비교할 수 없도다

19 피조물이 고대하는 바는 하나님의 아들들이 나타나는 것이니

20 피조물이 허무한 데 굴복하는 것은 자기 뜻이 아니요 오직 굴복하게 하시는 이로 말미암음이라

21 그 바라는 것은 피조물도 썩어짐의 종 노릇 한 데서 해방되어 하나님의 자녀들의 영광의 자유에 이르는 것이니라

22 피조물이 다 이제까지 함께 탄식하며 함께 고통을 겪고 있는 것을 우리가 아느니라

23 그뿐 아니라 또한 우리 곧 성령의 처음 익은 열매를 받은 우리까지도 속으로 탄식하여 양자 될 것 곧 우리 몸의 속량을 기다리느니라

24 우리가 소망으로 구원을 얻었으매 보이는 소망이 소망이 아니니 보는 것을 누가 바라리요

25 만일 우리가 보지 못하는 것을 바라면 참음으로 기다릴지니라

26 ●이와 같이 성령도 우리의 연약함을 도우시나니 우리는 마땅히 기도할 바를 알지 못하나 오직 성령이 말할 수 없는 탄식으로 우리를 위하여 친히 간구하시느니라 암송

비전을 심어주는 3분 여화
속장시첩

한 인디언 추장이 부족들 중에서 용감한 세 명의 용사를 불러, 높은 산을 가리키며 말했어요. "저 산 꼭대기에 올라가서 그곳에 있는 것을 하나씩 가져오너라. 그것으로 후계 추장을 선택할 것이다."

용사들은 높은 정상에 올라가서 각자 훌륭해 보이는 것을 가져왔어요. 첫 번째 사람은 아름다운 꽃을, 두 번째 사람은 아름다운 나무 뿌리를 가져왔지요. 그런데 세 번째 사람은 빈 손으로 와서 이렇게 말했어요.

"추장님, 저는 미래를 가져왔습니다. 산꼭대기에 올라보니 산너머로 기름진 평야가 펼쳐져 있는 것을 보았습니다. 그곳으로 우리 부족의 거처를 옮기면 지금보다 더 나은 생활을 할 수 있을 것입니다."

추장은 아름다운 미래를 제시한 세 번째 용사를 택했습니다.

1) 헬, 생명

로마서 9장

27 마음을 살피시는 이가 성령의 생각을 아시나니 이는 성령이 하나님의 뜻대로 성도를 위하여 간구하심이니라

28 우리가 알거니와 하나님을 사랑하는 자 곧 그의 뜻대로 부르심을 입은 자들에게는¹⁾ 모든 것이 합력하여 선을 이루느니라 암송

29 하나님이 미리 아신 자들을 또한 그 아들의 형상을 본받게 하기 위하여 미리 정하셨으니 이는 그로 많은 형제 중에서 맏아들이 되게 하려 하심이니라

30 또 미리 정하신 그들을 또한 부르시고 부르신 그들을 또한 의롭다 하시고 의롭다 하신 그들을 또한 영화롭게 하셨느니라

그리스도의 사랑 하나님의 사랑

31 ●그런즉 이 일에 대하여 우리가 무슨 말 하리요 만일 하나님이 우리를 위하시면 누가 우리를 대적하리요 시 118:6

32 자기 아들을 아끼지 아니하시고 우리 모든 사람을 위하여 내주신 이가 어찌 그 아들과 함께 모든 것을 우리에게 주시지 아니하겠느냐 암송

33 누가 능히 하나님께서 택하신 자들을 고발하리요 의롭다 하신 이는 하나님이시니

34 누가 정죄하리요 죽으실 뿐 아니라 다시 살아나신 이는 그리스도 예수시니 그는 하나님 우편에 계신 자요 우리를 위하여 간구하시는 자시니라

35 누가 우리를 그리스도의 사랑에서 끊으리요 환난이나 곤고나 박해나 기근이나 적신이나 위험이나 칼이랴

36 기록된 바
우리가 종일 주를 위하여 죽임을 당하게 되며 도살 당할 양 같이 여김을 받았나이다
함과 같으니라

37 그러나 이 모든 일에 우리를 사랑하시는 이로 말미암아 우리가 넉넉히 이기느니라 렘 1:5

38 내가 확신하노니 사망이나 생명이나 천사들이나 권세자들이나 현재 일이나 장래 일이나 능력이나 빌전 3:22

39 높음이나 깊음이나 다른 어떤 피조물이라도 우리를 우리 주 그리스도 예수 안에 있는 하나님의 사랑에서 끊을 수 없으리라

약속의 자녀 약속의 말씀

9 1-2 내가 그리스도 안에서 참말을 하고 거짓말을 아니하노라 나에게 큰 근심이 있는 것과 마음에 그치지 않는 고통이 있는 것을 내 양심이 성령 안에서 나와 더불어 증언하노니

3 나의 형제 곧 골육의 친척을 위하여 내 자신이 저주를 받아 그리스도에게서 끊어질지라도 원하는 바로라

4 그들은 이스라엘 사람이라 그들에게는 양자 됨과 영광과 언약들과 율법을 세우신 것과 예배와 약속들이 있고

5 조상들도 그들의 것이요 육신으로 하면 그리스도가 그들에게서 나셨으니 ²⁾그는 만물 위에 계셔서 세세에 찬양을 받으실 하나님이시니라 아멘 요 1:1

6 그러나 하나님의 말씀이 폐하여진 것 같지 않도다 이스라엘에게서 난 그들이 다 이스라엘이 아니요

7 또한 아브라함의 씨가 다 그의 자녀가 아니라 오직 이삭으로부터 난 자라야 네 씨라 불리리라 하셨으니 히 11:18

8 곧 육신의 자녀가 하나님의 자녀가 아니요 오직 약속의 자녀가 씨로 여기심을 받느니라

9 약속의 말씀은 이것이니 명년 이 때

9장 에는 무엇이 기록되어 있을까?

바울은 자신의 동족인 유대인들이 구원받기를 애타게 바라고 있어요. 이처럼 그는 이방인뿐 아니라 모든 사람을 위한 전도자였지요. 한편 바울은 이스라엘의 역사가 하나님의 선택한 사람을 중심으로 이어져왔다고 말하고 있어요. 하나님께서는 오직 자신을 사랑하는 사람을 통해서 구원을 이루어가신답니다.

1) 어떤 사본에, 하나님이 모든 것을 합하여 선을 이루시느니라
2) 또는 만물 위에 계신 하나님께 세세에 찬양이 있으리로다
ㄱ. 시 44:22 ㄴ. 창 21:12 ㄷ. 창 18:10

하나님의 진노와 긍휼

에 내가 이르리니 사라에게 아들이 있으리라 하심이라

10 그뿐 아니라 또한 리브가가 우리 조상 이삭 한 사람으로 말미암아 임신하였는데 ^{창 25:21}

11 그 자식들이 아직 나지도 아니하고 무슨 선이나 악을 행하지 아니한 때에 택하심을 따라 되는 하나님의 뜻이 행위로 말미암지 않고 오직 부르시는 이로 말미암아 서게 하려 하사

12 리브가에게 이르시되 큰 자가 어린 자를 섬기리라 하셨나니

13 기록된 바 내가 야곱은 사랑하고 에서는 미워하였다 하심과 같으니라 ^{말 1:2}

14 ●그런즉 우리가 무슨 말을 하리요 하나님께 불의가 있느냐 그럴 수 없느니라

15 모세에게 이르시되 내가 긍휼히 여길 자를 긍휼히 여기고 불쌍히 여길 자를 불쌍히 여기리라 하셨으니 ^{출 33:19}

16 그런즉 원하는 자로 말미암음도 아니요 달음박질하는 자로 말미암음도 아니요 오직 긍휼히 여기시는 하나님으로 말미암음이니라

17 성경이 바로에게 이르시되 내가 이 일을 위하여 너를 세웠으니 곧 너로 말미암아 내 능력을 보이고 내 이름이 온 땅에 전파되게 하려 함이라 하셨으니

18 그런즉 하나님께서 하고자 하시는 자를 긍휼히 여기시고 하고자 하시는 자를 완악하게 하시느니라

19 ●혹 네가 내게 말하기를 그러면 하나님이 어찌하여 허물하시느냐 누가 그 뜻을 대적하느냐 하리니

20 이 사람아 네가 누구이기에 감히 하나님께 반문하느냐 지음을 받은 물건이 지은 자에게 어찌 나를 이같이 만들었느냐 말하겠느냐

21 토기장이가 진흙 한 덩이로 하나는 귀히 쓸 그릇을, 하나는 천히 쓸 그릇을 만들 권한이 없느냐

22 만일 하나님이 그의 진노를 보이시고 그의 능력을 알게 하고자 하사 멸하기로 준비된 진노의 그릇을 오래 참으심으로 관용하시고 ^{2:4}

23 또한 영광 받기로 예비하신 바 긍휼의 그릇에 대하여 그 영광의 풍성함을 알게 하고자 하셨을지라도 무슨 말을 하리요

24 이 그릇은 우리니 곧 유대인 중에서뿐 아니라 이방인 중에서도 부르신 자니라

25 호세아의 글에도 이르기를
내가 내 백성 아닌 자를 내 백성이라, 사랑하지 아니한 자를 사랑한 자라 부르리라

26 너희는 내 백성이 아니라 한 그 곳에서 그들이 살아 계신 하나님의 아들이라 일컬음을 받으리라
함과 같으니라 ^{호 1:10}

ㄱ. 창 25:23 ㄴ. 말 1:2 이하 ㄷ. 출 33:19 ㄹ. 출 9:16 ㅁ. 호 2:23 ㅂ. 호 1:10

선생님!! 궁금해요

기도했는데도 나쁜 일이 생겼어요. 그런데도 하나님이 좋으신 분인가요?

기도한다고 해서 마술처럼 좋은 일만 생기는 것은 아니에요. 하나님을 섬기며 기도하는 사람에게도 어려움이 올 수 있어요. 하지만 너무 괴로워하지 마세요. 예수님께서는 슬픈 사람을 위로하시고, 외롭고 어려움에 처한 사람들을 찾아가 위로하며 축복해주시니까요.
지금 조금 힘들다고 해서 하나님이 우리 어린이들을 사랑하지 않는 것이 아니에요. 하나님께서는 우리에게 나중에 더 큰 축복을 주실 것이랍니다. 그리고 주님께서는 우리를 위해 아름다운 하늘나라도 예비해놓고 계세요. 그곳이 바로 우리가 영원히 살아갈 곳이에요. 그러니까 잘 참고 계속 기도하며 하나님께 소망을 가지고 생활해야겠죠?

8장 28절

27 또 이사야가 이스라엘에 관하여 외치되 ⁱ이스라엘 자손들의 수가 비록 바다의 모래 같을지라도 남은 자만 구원을 받으리니

28 주께서 땅 위에서 그 말씀을 이루고 속히 시행하시리라 하셨느니라

29 또한 이사야가 미리 말한 바 ᵈ만일 만군의 주께서 우리에게 씨를 남겨 두지 아니하셨더라면 우리가 소돔과 같이 되고 고모라와 같았으리로다 함과 같으니라

창 50:40

믿음에서 난 의

30 ●그런즉 우리가 무슨 말을 하리요 의를 따르지 아니한 이방인들이 의를 얻었으니 곧 믿음에서 난 의요

31 의의 법을 따라간 이스라엘은 율법에 이르지 못하였으니

창 5:4

32 어찌 그러하냐 이는 그들이 믿음을 의지하지 않고 행위를 의지함이라 부딪칠 돌에 부딪쳤느니라

33 기록된 바 ᵉ보라 내가 걸림돌과 거치는 바위를 시온에 두노니 그를 믿는 자는 부끄러움을 당하지 아니하리라 함과 같으니라

10 형제들아 내 마음에 원하는 바와 하나님께 구하는 바는 이스라엘을 위함이니 곧 그들로 구원을 받게 함이라

2 내가 증언하노니 그들이 하나님께 열심이 있으나 올바른 지식을 따른 것이 아니니라

3 하나님의 의를 모르고 자기 의를 세우려고 힘써 하나님의 의에 복종하지 아니하였느니라

4 그리스도는 모든 믿는 자에게 의를 이루기 위하여 율법의 마침이 되시니라

5 모세가 기록하되 ᵇ율법으로 말미암는 의를 행하는 사람은 그 의로 살리라 하였거니와

6 믿음으로 말미암는 의는 이같이 말하되 ⁱ네 마음에 누가 하늘에 올라가겠느냐 하지 말라 하니 올라가겠느냐 함은 그리스도를 모셔 내리려는 것이요

7 혹은 누가 무저갱에 내려가겠느냐 하지 말라 하니 내려가겠느냐 함은 그리스도를 죽은 자 가운데서 모셔 올리려는 것이라

8 그러면 무엇을 말하느냐 ᵐ말씀이 네게 가까워 네 입에 있으며 네 마음에 있다 하였으니 곧 우리가 전파하는 믿음의 말씀이라

9 네가 만일 네 입으로 예수를 주로 시인하며 또 하나님께서 그를 죽은 자 가운데서 살리신 것을 네 마음에 믿으면 구원을 받으리라

10 사람이 마음으로 믿어 의에 이르고 입으로 시인하여 구원에 이르느니라

11 성경에 이르되 ˢ누구든지 그를 믿는 자는 부끄러움을 당하지 아니하리라 하니

12 유대인이나 헬라인이나 차별이 없음이라 한 분이신 주께서 모든 사람의 주가 되사 그를 부르는 모든 사람에게 부

ㄱ. 사 10:22 이하 ㄴ. 사 1:9 ㄷ. 사 28:16 ㄹ. 레 18:5 ㅁ. 신 30:12 이하 ㅂ. 신 30:14 ㅅ. 사 28:16

이사야(9:27) 웃시야 왕, 히스기야 왕등 4대에 걸쳐 예언한 구약의 대표적인 예언자.

시온(9:33) 예루살렘의 서남쪽에 있는 산 이름. 예루살렘을 가리키기도 하며, 하나님 혹은 하나님의 백성을 가리키기도 한다.

무저갱(10:7) 끝없이 깊은 곳. 마귀가 일시적으로 갇힌 곳을 뜻함.

시인(10:9) 옳다고 인정함.

헬라(10:12) 유럽의 동남부에 돌출해 있는 큰 반도 국가로 로마자로 "그리스"라 부름. 바울 당시에는 헬라 문명이 발달하여 헬라어를 쓰는 사람이 많았다.

 10강 에는 무엇이 기록되어 있을까?

바울은 또다시 유대인들의 구원을 간절히 원하고 있어요. 유대인들은 하나님이 주시는 의를 알지 못한 채 오직 자신의 노력으로 율법을 지키려고 노력했지요. 그래서 바울은 그들의 잘못된 생각을 꼬집으며, 오직 예수님의 이름을 부르는 사람만이 구원을 얻을 수 있다고 단호하게 이야기해주었어요.

요하시도다

13 누구든지 주의 이름을 부르는 자는 구원을 받으리라 욜 2:32

14 그런즉 그들이 믿지 아니하는 이를 어찌 부르리요 듣지도 못한 이를 어찌 믿으리요 전파하는 자가 없이 어찌 들으리요

15 보내심을 받지 아니하였으면 어찌 전파하리요 기록된 바 ¹아름답도다 ¹⁾좋은 소식을 전하는 자들의 발이여 함과 같으니라

믿음과 들음과 그리스도의 말씀

16 ●그러나 그들이 다 복음을 순종하지 아니하였도다 이사야가 이르되 ²주여 우리가 전한 것을 누가 믿었나이까 하였으니

17 그러므로 믿음은 들음에서 나며 들음은 그리스도의 말씀으로 말미암았느니라 [암송]

18 그러나 내가 말하노니 그들이 듣지 아니하였느냐 그렇지 아니하니 ㄷ그 소리가 온 땅에 퍼졌고 그 말씀이 땅 끝까지 이르렀도다 하였느니라 살전 1:8

19 그러나 내가 말하노니 이스라엘이 알지 못하였느냐 먼저 모세가 이르되 ㄹ내가 백성 아닌 자로써 너희를 시기하게 하며 미련한 백성으로써 너희를 노엽게 하리라 하였고 신 32:21

20 이사야는 매우 담대하여 ㅁ내가 나를 찾지 아니한 자들에게 찾은 바 되고 내게 묻지 아니한 자들에게 나타났노라 하였고 사 65:1

21 이스라엘에 대하여 이르되 ㅂ순종하지 아니하고 거슬러 말하는 백성에게 내가 종일 내 손을 벌렸노라 하였느니라

이스라엘의 남은 자 —A.D. 60년경

11 그러므로 내가 말하노니 하나님이 자기 백성을 버리셨느냐 그럴 수 없느니라 나도 이스라엘인이요 아브라함의 씨에서 난 자요 베냐민 지파라

2 하나님이 그 미리 아신 자기 백성을 버리지 아니하셨나니 너희가 성경이 엘리야를 가리켜 말한 것을 알지 못하느냐 그가 이스라엘을 하나님께 고발하되

3 ㅅ주여 그들이 주의 선지자들을 죽였으며 주의 제단들을 헐어 버렸고 나만 남았는데 내 목숨도 찾나이다 하니

4 그에게 하신 대답이 무엇이냐 ㅇ내가 나를 위하여 바알에게 무릎을 꿇지 아니한 사람 칠천 명을 남겨 두었다 하셨으니

5 그런즉 이와 같이 지금도 은혜로 택하심을 따라 남은 자가 있느니라

6 만일 은혜로 된 것이면 행위로 말미암지 않음이니 그렇지 않으면 은혜가 은혜 되지 못하느니라

7 그런즉 어떠하냐 이스라엘이 구하는 그것을 얻지 못하고 오직 택하심을 입은 자가 얻었고 그 남은 자들은 우둔하여졌느니라

8 기록된 바 ㅈ하나님이 오늘까지 그들에게 혼미한 ㅊ심령과 보지 못할 눈과 듣지 못할 귀를 주셨다 함과 같으니라

9 또 다윗이 이르되 ㅋ그들의 밥상이 올무와 덫과 거치는 것과 보응이 되게 하시옵고

11 에는 무엇이 기록되어 있을까?

하나님이 택하신 백성이었던 이스라엘은 하나님의 뜻을 저버리고 많은 죄를 지었어요. 그로 인해 복음은 이방인에게 전해지게 되었지요. 하지만 하나님께서는 자기 백성을 결코 버리지 않으셨어요. 비록 지금 이스라엘은 하나님과 원수가 되었지만, 그들이 진심으로 회개하고 돌아온다면 하나님은 기꺼이 용서해주실 거예요.

말하였고

접붙임 (11:17)

행 13:4-6

10 그들의 눈은 흐려 보지 못하고 그들의 등은 항상 굽게 하옵소서 하였느니라

11 그러므로 내가 말하노니 그들이 넘어지기까지 실족하였느냐 그럴 수 없느니라 그들이 넘어짐으로 구원이 이방인에게 이르러 이스라엘로 시기나게 함이니라

12 그들의 넘어짐이 세상의 풍성함이 되며 그들의 실패가 이방인의 풍성함이 되거든 하물며 그들의 충만함이리요

이방인의 구원

13 ●내가 이방인인 너희에게 말하노라 내가 이방인의 사도인 만큼 내 직분을 영광스럽게 여기노니

14 이는 혹 내 골육을 아무쪼록 시기하게 하여 그들 중에서 얼마를 구원하려 함이라

15 그들을 버리는 것이 세상의 화목이 되거든 그 받아들이는 것이 죽은 자 가운데서 살아나는 것이 아니면 무엇이리요

16 제사하는 처음 익은 곡식 가루가 거룩한즉 떡덩이도 그러하고 뿌리가 거룩한즉 가지도 그러하니라
신 23:10

17 또한 가지 얼마가 꺾이었는데 돌감람나무인 네가 그들 중에 접붙임이 되어 참감람나무 뿌리의 진액을 함께 받는 자가 되었은즉

18 그 가지들을 향하여 자랑하지 말라 자랑할지라도 네가 뿌리를 보전하는 것이 아니요 뿌리가 너를 보전하는 것이니라

19 그러면 네 말이 가지들이 꺾인 것은 나로 접붙임을 받게 하려 함이라 하리니

20 옳도다 그들은 믿지 아니하므로 꺾이고 너는 믿으므로 섰느니라 높은 마음을 품지 말고 도리어 두려워하라

21 하나님이 원 가지들도 아끼지 아니하셨은즉 너도 아끼지 아니하시리라

22 그러므로 하나님의 인자하심과 준엄하심을 보라 넘어지는 자들에게는 준엄하심이 있으니 너희가 만일 하나님의 인자하심에 머물러 있으면 그 인자가 너희에게 있으리라 그렇지 않으면 너도 찍히는 바 되리라

23 그들도 믿지 아니하는 데 머무르지 아니하면 접붙임을 받으리니 이는 그들을 접붙이실 능력이 하나님께 있음이라

24 네가 원 돌감람나무에서 찍힘을 받고 본성을 거슬러 좋은 감람나무에 접붙임을 받았으니 원 가지인 이 사람들이야 얼마나 더 자기 감람나무에 접붙이심을 받으랴

이스라엘의 구원

25 형제들아 너희가 스스로 지혜 있다 하면서 이 신비를 너희가 모르기를 내가 원하지 아니하노니 이 신비는 이방인의 [1]충만한 수가 들어오기까지 이스라엘의 더러는 우둔하게 된 것이라

술술 풀리는 생명말씀

하나님의 은사

하나님의 은사란 교회를 세우고 다른 형제들을 섬기게 하기 위해서 성령께서 신자들에게 주시는 특별한 능력을 말해요. 모든 신자는 적어도 한 가지 이상 성령의 은사를 받게 되는데, 은사의 종류는 매우 다양해서 바울이 대략 20가지로 열거한 목록들은 대표적인 예일 뿐이랍니다(12:6-8; 고전 12:4-11, 28-30).

모든 은사는 개인의 유익을 위해 주어진 것이 아니며, 교회 공동체의 유익을 위해 주어져요. 각자 자신에게 주어진 은사를 발견하고 개발하여 교회의 유익을 위해 사용하는 일은 각 그리스도인에게 주어진 책임이지요. 자신에게 주어진 은사가 무엇인지 발견하기 위해서는 말씀과 기도, 다른 사람들의 조언을 통해 도움 받을 수 있답니다.

1) 헬, 충만히

11장 29절

26 그리하여 온 이스라엘이 구원을 받으리라 기록된 바

구원자가 시온에서 오사 야곱에게서 경건하지 않은 것을 돌이키시겠고

27 내가 그들의 죄를 없이 할 때에 그들에게 이루어질 내 언약이 이것이라 함과 같으니라 사 27:9

28 복음으로 하면 그들이 너희로 말미암아 원수 된 자요 택하심으로 하면 조상들로 말미암아 사랑을 입은 자라 5:10

29 하나님의 은사와 부르심에는 후회하심이 없느니라 렘 23:19

30 너희가 전에는 하나님께 순종하지 아니하더니 이스라엘이 순종하지 아니함으로 이제 긍휼을 입었는지라 엡 2:2

31 이와 같이 이 사람들이 순종하지 아니하니 이는 너희에게 베푸시는 긍휼로 이제 그들도 긍휼을 얻게 하려 하심이라

32 하나님이 모든 사람을 순종하지 아니하는 가운데 가두어 두심은 모든 사람에게 긍휼을 베풀려 하심이로다

33 ●깊도다 하나님의 [1]지혜와 지식의 풍성함이여, 그의 판단은 헤아리지 못할 것이며 그의 길은 찾지 못할 것이로다

34 ●누가 주의 마음을 알았느냐 누가 그의 모사가 되었느냐

35 ●누가 주께 먼저 드려서 갚으심을 받겠느냐

36 ●이는 만물이 주에게서 나오고 주로 말미암고 주에게로 돌아감이라 그에게 영광이 세세에 있을지어다 아멘

하나님의 뜻을 분별하는 내 생활

12 그러므로 형제들아 내가 하나님의 모든 자비하심으로 너희를 권하노니 너희 몸을 하나님이 기뻐하시는 거룩한 산 제물로 드리라 이는 너희가 드릴 [2]영적 예배니라 암송

2 너희는 이 세대를 본받지 말고 오직 마음을 새롭게 함으로 변화를 받아 하나님의 선하시고 기뻐하시고 온전하신

뜻이 무엇인지 분별하도록 하라 암송

3 ●내게 주신 은혜로 말미암아 너희 각 사람에게 말하노니 마땅히 생각할 그 이상의 생각을 품지 말고 오직 하나님께서 각 사람에게 나누어 주신 믿음의 분량대로 지혜롭게 생각하라

4 우리가 한 몸에 많은 지체를 가졌으나 모든 지체가 같은 기능을 가진 것이 아니니

5 이와 같이 우리 많은 사람이 그리스도 안에서 한 몸이 되어 서로 지체가 되었느니라

6 우리에게 주신 은혜대로 받은 은사가 각각 다르니 혹 예언이면 믿음의 분수대로, 벧전 4:10

7 혹 섬기는 일이면 섬기는 일로, 혹 가르치는 자면 가르치는 일로,

8 혹 위로하는 자면 위로하는 일로, 구제하는 자는 성실함으로, 다스리는 자는 부지런함으로, 긍휼을 베푸는 자는 즐거움으로 할 것이니라

9 사랑에는 거짓이 없나니 악을 미워하고 선에 속하라 암 5:15

10 형제를 사랑하여 서로 우애하고 존경하기를 서로 먼저 하며

11 부지런하여 게으르지 말고 열심을 품고 주를 섬기라 행 18:25

12 소망 중에 즐거워하며 환난 중에 참으며 기도에 항상 힘쓰며

13 성도들의 쓸 것을 공급하며 손 대접하기를 힘쓰라 히 13:2

그리스도인의 생활

14 ●너희를 박해하는 자를 축복하라 축

12장 에는 무엇이 기록되어 있을까?

12장은 구원받은 사람이 어떻게 살아가야 하는지에 대해서 가르쳐주고 있습니다. 바울은 우리가 하나님이 기뻐하시는 뜻에 따라 우리의 삶을 드려야 한다고 말했어요. 그는 이러한 삶을 '영적 예배'라고 표현했지요. 또한 바울은 악에게 지지 말고 선으로 악을 이겨낼 것을 당부했어요.

복하고 저주하지 말라

15 즐거워하는 자들과 함께 즐거워하고 우는 자들과 함께 울라

16 서로 마음을 같이하며 높은 데 마음을 두지 말고 도리어 낮은 데 처하며 스스로 지혜 있는 체 하지 말라 **암송**

17 아무에게도 악을 악으로 갚지 말고 모든 사람 앞에서 선한 일을 도모하라

18 할 수 있거든 너희로서는 모든 사람과 더불어 화목하라

19 내 사랑하는 자들아 너희가 친히 원수를 갚지 말고 하나님의 진노하심에 맡기라 기록되었으되 원수 갚는 것이 내게 있으니 내가 갚으리라고 주께서 말씀하시니라

20 네 원수가 주리거든 먹이고 목마르거든 마시게 하라 그리함으로 네가 숯불을 그 머리에 쌓아 놓으리라 잠 25:21

21 악에게 지지 말고 선으로 악을 이기라

그리스도인과 세상 권세

13 각 사람은 위에 있는 권세들에게 복종하라 권세는 하나님으로부터 나지 않음이 없나니 모든 권세는 다 하나님께서 정하신 바라

2 그러므로 권세(權勢)를 거스르는 자는 하나님의 명을 거스름이니 거스르는 자들은 심판을 자취하리라 딛 3:1

3 다스리는 자들은 선한 일에 대하여 두려움이 되지 않고 악한 일에 대하여 되나니 네가 권세를 두려워하지 아니하려느냐 선을 행하라 그리하면 그에게 칭찬을 받으리라

4 그는 하나님의 사역자가 되어 네게 선

을 베푸는 자니라 그러나 네가 악을 행하거든 두려워하라 그가 공연히 칼을 가지지 아니하였으니 곧 하나님의 사역자가 되어 악을 행하는 자에게 진노하심을 따라 보응하는 자니라

5 그러므로 복종하지 아니할 수 없으니 진노 때문에 할 것이 아니라 양심을 따라 할 것이라

6 너희가 조세를 바치는 것도 이로 말미암음이라 그들이 하나님의 일꾼이 되어 바로 이 일에 항상 힘쓰느니라

7 모든 자에게 줄 것을 주되 조세를 받을 자에게 조세를 바치고 관세를 받을 자에게 관세를 바치고 두려워할 자를 두려워하며 존경할 자를 존경하라

사랑은 율법의 완성

8 피차 사랑의 빚 외에는 아무에게든지 아무 빚도 지지 말라 남을 사랑하는 자는 율법을 다 이루었느니라 **암송**

9 간음하지 말라, 살인하지 말라, 도둑질하지 말라, 탐내지 말라 한 것과 그 외에 다른 계명이 있을지라도 네 이웃을 네 자신과 같이 사랑하라 하신 그 말씀 가운데 다 들었느니라

ㄱ. 신 32:35 ㄴ. 잠 25:21 이하 ㄷ. 출 20:13 이하; 신 5:17 이하

비전을 심어주는 9분 예화

보석보다 귀한 것

사막을 여행하던 두 명의 보석 상인이 서로 보석을 자랑하고 있었어요. 그런데 곁에 있던 한 사람이 웃으며 말했습니다.

"나도 당신들처럼 보석에 관심이 많지만, 그렇게 자랑할 것은 못 되는 것 같더군요. 예전에 사막 한가운데서 물과 음식이 부족해서 탈진하던 고생했던 적이 있었어요. 그 고생 중에 한 가죽주머니를 발견했는데, 혹시 물이나 음식이 들어 있지 않을까 해서 잔뜩 기대했지요. 그런데 그 안에는 여러 가지 보석들만 가득했어요. 그때의 절망감을 이해하시겠어요?"

생명을 얻은 후에야 보석도 비로소 가치가 있는 거예요. 우리의 몸과 영혼에 참 생명을 얻게 하시는 분은 오직 예수님뿐이랍니다.

13 장 에는 무엇이 기록되어 있을까?

모든 권력은 하나님게로부터 나오는 거예요. 그러므로 권력자는 최고 통치자이신 하나님을 항상 생각하며 공정하게 다스려야 하지요. 또한 성도들은 시민의 한 사람으로서 통치자에게 복종해야 해요. 그리고 종말의 때가 가까워지고 있다는 것을 늘 기억하면서, 항상 사랑을 실천하며 살아가야 한답니다.

10 사랑은 이웃에게 악을 행하지 아니하나 니 그러므로 사랑은 율법의 완성이니라

구원의 때가 가까워졌다

11 ●또한 너희가 이 시기를 알거니와 자 다가 깰 때가 벌써 되었으니 이는 이제 우리의 구원이 처음 믿을 때보다 가까 왔음이라

12 밤이 깊고 낮이 가까웠으니 그러므로 우리가 어둠의 일을 벗고 빛의 갑옷을 입자

13 낮에와 같이 단정히 행하고 방탕하거 나 술 취하지 말며 음란하거나 호색하 지 말며 다투거나 시기하지 말고

14 오직 주 예수 그리스도로 옷 입고 정욕 을 위하여 육신의 일을 도모하지 말라

형제를 비판하지 말라

14 믿음이 연약한 자를 너희가 받 되 그의 의견을 비판하지 말라

2 어떤 사람은 모든 것을 먹을 만한 믿음 이 있고 믿음이 연약한 자는 채소만 먹 느니라

3 먹는 자는 먹지 않는 자를 업신여기지 말고 먹지 않는 자는 먹는 자를 비판하 지 말라 이는 하나님이 그를 받으셨음 이라

4 남의 하인을 비판(批判)하는 너는 누구 냐 그가 서 있는 것이나 넘어지는 것이 자기 주인에게 있으매 그가 세움을 받 으리니 이는 그를 세우시는 권능(權能) 이 주께 있음이라

5 어떤 사람은 이 날을 저 날보다 낫게 여 기고 어떤 사람은 모든 날을 같게 여기 나니 각각 자기 마음으로 확정할지니라

6 날을 중히 여기는 자도 주를 위하여 중 히 여기고 먹는 자도 주를 위하여 먹으 니 이는 하나님께 감사함이요 먹지 않 는 자도 주를 위하여 먹지 아니하며 하 나님께 감사하느니라

7 우리 중에 누구든지 자기를 위하여 사 는 자가 없고 자기를 위하여 죽는 자도 없도다

8 우리가 살아도 주를 위하여 살고 죽어 도 주를 위하여 죽나니 그러므로 사나 죽으나 우리가 주의 것이로다 　빌 1:20

9 이를 위하여 그리스도께서 죽었다가 다시 살아나셨으니 곧 죽은 자와 산 자 의 주가 되려 하심이라

10 네가 어찌하여 네 형제를 비판하느냐 어찌하여 네 형제를 업신여기느냐 우 리가 다 하나님의 심판대 앞에 서리라

11 기록되었으되

　주께서 이르시되 내가 살았노니 모 든 무릎이 내게 꿇을 것이요 모든 혀 가1) 하나님께 자백하리라 하였느니라

12 이러므로 우리 각 사람이 자기 일을 하 나님께 직고하리라 　마 12:36

형제로 거리끼게 하지 말라

13 ●그런즉 우리가 다시는 서로 비판하지 말고 도리어 부딪칠 것이나 거칠 것을 형제 앞에 두지 아니하도록 주의하라

14 내가 주 예수 안에서 알고 확신하노니 무엇이든지 스스로 속된 것이 없으되 다만 속되게 여기는 그 사람에게는 속 되니라

15 만일 음식으로 말미암아 네 형제가 근 심하게 되면 이는 네가 사랑으로 행하 지 아니함이라 그리스도께서 대신하 여 죽으신 형제를 네 음식으로 망하게 하지 말라

16 그러므로 너희의 선한 것이 비방을 받 지 않게 하라

17 하나님의 나라는 먹는 것과 마시는 것 이 아니요 오직 성령 안에 있는 의와

14장 에는 무엇이 기록되어 있을까?

당시 초대 교회에는 믿음이 강한 사 람과 연약한 사람 사이에 많은 문제가 있었어요. 이 문제에 대해 바울은 믿음이 강한 사람이 양보 와 너그러움을 베풀어야 약한 사람을 도와줘야 한다고 가르쳐주었지요. 예수님을 믿는 우리는 다 른 사람을 인정하고 격려함으로써, 항상 하나님 이 기뻐하시는 삶을 살도록 노력해야 합니다.

1) 또는 하나님을 찬미하리라 2) 또는 판단하라 　ㄱ. 사 45:23

평강과 희락이라

18 이로써 그리스도를 섬기는 자는 하나님을 기쁘시게 하며 사람에게도 칭찬을 받느니라

19 그러므로 우리가 화평의 일과 서로 덕을 세우는 일을 힘쓰나니

20 음식으로 말미암아 하나님의 사업을 무너지게 하지 말라 만물이 다 깨끗하되 거리낌으로 먹는 사람에게는 악한 것이라 ^{2절 8:9}

21 고기도 먹지 아니하고 포도주도 마시지 아니하고 무엇이든지 네 형제로 거리끼게 하는 일을 아니함이 아름다우니라

22 네게 있는 믿음을 하나님 앞에서 스스로 가지고 있으라 자기가 옳다 하는 바로 자기를 정죄하지 아니하는 자는 복이 있도다

23 의심하고 먹는 자는 정죄되었나니 이는 믿음을 따라 하지 아니하였기 때문이라 믿음을 따라 하지 아니하는 것은 다 죄니라

널을 이루고 덕을 세우라

15 믿음이 강한 우리는 마땅히 믿음이 약한 자의 약점을 담당하고 자기를 기쁘게 하지 아니할 것이라

2 우리 각 사람이 이웃을 기쁘게 하되 선을 이루고 덕을 세우도록 할지니라

3 그리스도께서도 자기를 기쁘게 하지 아니하셨나니 기록된 바 주를 비방하는 자들의 비방이 내게 미쳤나이다 함과 같으니라

4 무엇이든지 전에 기록된 바는 우리의 교훈을 위하여 기록된 것이니 우리로

하여금 인내로 또는 성경의 위로로 소망을 가지게 함이니라

5 이제 인내와 위로의 하나님이 너희로 그리스도 예수를 본받아 서로 뜻이 같게 하여 주사

6 한마음과 한 입으로 하나님 곧 우리 주 예수 그리스도의 아버지께 영광을 돌리게 하려 하노라

7 그러므로 그리스도께서 우리를 받아 하나님께 영광을 돌리심과 같이 너희도 서로 받으라

8 내가 말하노니 그리스도께서 하나님의 진실하심을 위하여 할례의 추종자가 되셨으니 이는 조상들에게 주신 약속들을 견고하게 하시고

9 이방인들도 그 긍휼하심으로 말미암아 하나님께 영광을 돌리게 하려 하심이라 기록된 바
┌ 그러므로 내가 열방 중에서 주께 감사하고 주의 이름을 찬송하리로다 함과 같으니라 ^{시 18:49}

10 또 이르되
┌ 열방들아 주의 백성과 함께 즐거워 하라

^{ㄱ. 시 69:9 ㄴ. 시 18:49 ㄷ. 신 32:43}

그리스도인답게 살아요!	
기준	스스로에게 던지는 질문
하나님의 영광	이 일은 주를 영화롭게 할까요? 반대로 그분의 이름을 욕되게 할까요?(고전 6:20;10:31)
성전(나의 몸)	이 일을 함으로써 성령의 전인 내 몸이 훼손되지는 않을까요?(고전 6:19)
그리스도의 재림	주께서 재림하셨을 때 이 일을 자랑스러워 하게 될까요? 부끄러움을 느끼게 될까요?(요일 2:28)
주의 동참	이 일에 주님을 초대할 수 있을까요?(마 28:20; 골 3:17)
평안	이 일을 놓고 기도할 때 마음에 온전한 평안을 느끼나요?(골 3:15;빌 4:6~7)
장애물	이 일을 다른 이들을 위한 경주에서 넘어지거나 지체되지는 않을까요?(히 12:1;고전 9:24)
축복	이 일을 하고 나서 하나님의 축복을 기대할 수 있을까요? 반대로 후회하게 될까요?(잠 10:22;롬 15:29)
타인에 대한 배려	나의 행동이 다른 사람에게 어떤 영향을 미칠까요?(look 14:7,21)
일의 성격	이것은 육체적 정서적 영적으로 나에게 유익한 일인가요?(롬 12:9)

15 에는 무엇이 기록되어 있을까?

13절까지는 앞장과 이어지는 내용이에요. 바울은 다른 사람을 기쁘게 하며 서로 한마음이 될 것을 다시 강조했어요. 교회는 인종과 국경을 초월하여 예수님의 이름으로 조화롭게 지내도록 노력해야 해요. 14절부터는 로마 교회에 대한 바울의 부탁, 그리고 로마 방문 계획이 나타나 있어요.

하였으며

11 또

「모든 열방들아 주를 찬양하며 모든
백성들아 그를 찬송하라

하였으며

12 또 이사야가 이르되

ㄴ이새의 뿌리 곧 열방을 다스리기 위
하여 일어나시는 이가 있으리니 열
방이 그에게 소망을 두리라

하였느니라

13 소망의 하나님이 모든 기쁨과 평강을
믿음 안에서 너희에게 충만하게 하사
성령의 능력으로 소망이 넘치게 하시
기를 원하노라

하나님의 복음의 제사장 직분

14 ●내 형제들아 너희가 스스로 선함이
가득하고 모든 지식이 차서 능히 서로
권하는 자임을 나도 확신하노라

15 그러나 내가 너희로 다시 생각나게 하려
고 하나님께서 내게 주신 은혜로 말미암
아 더욱 담대히 대략 너희에게 썼노니

16 이 은혜는 곧 나로 이방인을 위하여 그
리스도 예수의 일꾼이 되어 하나님의 복
음의 제사장 직분을 하게 하사 이방인을
제물로 드리는 것이 성령 안에서 거룩하
게 되어 받으실 만하게 하려 하심이라

17 그러므로 내가 그리스도 예수 안에서
하나님의 일에 대하여 자랑하는 것이
있거니와

18 그리스도께서 이방인들을 순종하게
하기 위하여 나를 통하여 역사하신 것
외에는 내가 감히 말하지 아니하노라
그 일은 말과 행위로

19 표적과 기사의 능력으로 성령의 능력
으로 이루어졌으며 그리하여 내가 예
루살렘으로부터 두루 행하여 일루리
곤까지 그리스도의 복음을 1)편만하게

전하였노라

20 또 내가 그리스도의 이름을 부르는 곳
에는 복음을 전하지 않기를 힘썼노니
이는 남의 터 위에 건축하지 아니하려
함이라

21 기록된 바

「주의 소식을 받지 못한 자들이 볼 것
이요 듣지 못한 자들이 깨달으리라

함과 같으니라

바울의 로마 방문 계획

22 ●그러므로 또한 내가 너희에게 가려
하던 것이 여러 번 막혔더니

23 이제는 이 지방에 일할 곳이 없고 또 여
러 해 전부터 언제든지 서바나로 갈 때
에 너희에게 가기를 바라고 있었으니

24 이는 지나가는 길에 너희를 보고 먼저
너희와 사귐으로 얼마간 기쁨을 가진 후
에 너희가 그리로 보내주기를 바람이라

25 그러나 이제는 내가 성도를 섬기는 일
로 예루살렘에 가노니

26 이는 마게도냐와 아가야 사람들이 예
루살렘 성도 중 가난한 자들을 위하여
기쁘게 얼마를 연보하였음이라　고후 8:1

27 저희가 기뻐서 하였거니와 또한 저희
는 그들에게 빚진 자니 만일 이방인들
이 그들의 영적인 2)것을 나눠 가졌으
면 육적인 것으로 그들을 섬기는 것이
마땅하니라

28 그러므로 내가 이 일을 마치고 이 열매
를 그들에게 3)확증한 후에 너희에게
들렀다가 서바나로 가리라

29 내가 너희에게 나아갈 때에 그리스도
의 충만한 복을 가지고 갈 줄을 아노라

30 ●형제들아 내가 우리 주 예수 그리스
도와 성령의 사랑으로 말미암아 너희
를 권하노니 너희 기도에 나와 힘을 같

1) 또는 채웠노라 2) 또는 것으로 동정을 받으므로 3) 헬, 인친
후에 ㄱ, 시 117:1 ㄴ, 사 11:10 ㄷ, 사 52:15

정죄(14:23) 죄가 있는 것으로 판단함.
견고(15:8) 굳고 튼튼함. 공고.
열방(15:9) 여러 나라. 열국. 이방인.

토막상식

서바나

서바나는 바울이 마지막으로 복음을 전하고 싶어
했던 지역이었으며. 로마 제국의 영토 중 서쪽 끝에
위치한 지역을 가리키며, 오늘날에는 스페인으로 더
잘 알려져 있습니다.　15장 23절

이하여 나를 위하여 하나님께 빌어

31 나로 유대에서 순종하지 아니하는 자들로부터 건짐을 받게 하고 또 예루살렘에 대하여 내가 섬기는 일을 성도들이 받을 만하게 하고

32 나로 하나님의 뜻을 따라 기쁨으로 너희에게 나아가 너희와 함께 편히 쉬게 하라

33 평강의 하나님께서 너희 모든 사람과 함께 계실지어다 아멘

형 18:21

인나—A.D. 60년경

16

내가 겐그레아 교회의 1)일꾼으로 있는 우리 자매 뵈뵈를 너희에게 추천하노니

2 너희는 주 안에서 성도들의 합당한 예절로 그를 영접하고 무엇이든지 그에게 소용되는 바를 도와 줄지니 이는 그가 여러 사람과 나의 보호자가 되었음이라

3 ●너희는 그리스도 예수 안에서 나의 동역자들인 브리스가와 아굴라에게 문안하라

4 그들은 내 목숨을 위하여 자기들의 목까지도 내놓았나니 나뿐 아니라 이방인의 모든 교회도 그들에게 감사하느니라

5 또 저의 집에 있는 교회에도 문안하라 내가 사랑하는 에배네도에게 문안하라 그는 아시아에서 그리스도께 처음 맺은 열매니라

6 너희를 위하여 많이 수고한 마리아에게 문안하라

7 내 친척이요 나와 함께 갇혔던 안드로니고와 유니아에게 문안하라 그들은 사도들에게 존중히 여겨지고 또한 나보다 먼저 그리스도 안에 있는 자라

8 또 주 안에서 내 사랑하는 암블리아에게 문안하라

9 그리스도 안에서 우리의 동역자인 우르바노와 나의 사랑하는 스다구에게 문안하라

10 그리스도 안에서 인정함을 받은 아벨레에게 문안하라 아리스도불로의 권속에게 문안하라

11 내 친척 헤로디온에게 문안하라 나깃수의 가족 중 주 안에 있는 자들에게 문안하라

12 주 안에서 수고한 드루배나와 드루보사에게 문안하라 주 안에서 많이 수고하고 사랑하는 버시에게 문안하라

13 주 안에서 택하심을 입은 루포와 그의 어머니에게 문안하라 그의 어머니는 곧 내 어머니니라

14 아순그리도와 블레곤과 허메와 바드로바와 허마와 및 그들과 함께 있는 형제들에게 문안하라

15 빌롤로고와 율리아와 또 네레오와 그의 자매와 올름바와 그들과 함께 있는 모든 성도에게 문안하라

16 너희가 거룩하게 입맞춤으로 서로 문안하라 그리스도의 모든 교회가 다 너희에게 문안하느니라

17 ●형제들아 내가 너희를 권하노니 너희가 배운 교훈을 거슬러 분쟁을 일으키거나 거치게 하는 자들을 살피고 그들에게서 떠나라

18 이같은 자들은 우리 주 그리스도를 섬

16장에는 무엇이 기록되어 있을까?

로마서를 마무리하며 바울은 여러 사람에게 문안 인사를 전하고 있어요. 바울은 그들에게 복음을 가르치기도 하고, 그들의 어려움들을 어루만지며 격려하기도 했지요. 바울이 성도 한 사람 한 사람과 깊은 교제를 나누었던 것처럼, 교회와 성도는 하나님의 사랑 안에서 친밀한 만남을 가져야 해요.

---

1)또는 집사

영접(16:2) 손님을 맞아 접대함.

동역자(16:3) 같은 목적의 일을 하는 사람.

처음 맺은 열매(16:5) 여기서는 첫 신자를 뜻한다.

권속(16:10) 식구, 가족.

분쟁(16:17) 어떤 말썽 때문에 서로 시끄럽게 다투는 일.

교활(16:18) 간사하고 꾀가 많음.

미혹(16:18) 무엇에 홀려서 정신을 차리지 못하는 것.

기지 아니하고 다만 자기들의 배만 섬기나니 교활한 말과 아첨하는 말로 순진한 자들의 마음을 미혹하느니라

19 너희의 순종함이 모든 사람에게 들리는지라 그러므로 내가 너희로 말미암아 기뻐하노니 너희가 선한 데 지혜롭고 악한 데 미련하기를 원하노라

20 평강의 하나님께서 속히 사탄을 너희 발 아래에서 상하게 하시리라 ●우리 주 예수의 은혜가 너희에게 있을지어다

문안과 찬양

21 ●나의 동역자 디모데와 나의 친척 누기오와 야손과 소시바더가 너희에게 문안하느니라

22 이 편지를 기록하는 나 더디오도 주 안에서 너희에게 문안하노라

23 나와 온 교회를 돌보아 주는 가이오도

너희에게 문안하고 이 성의 1)재무관에라스도와 형제 구아도도 너희에게 문안하느니라

24 2)(없음)

25 나의 복음과 예수 그리스도를 전파함은 영세 전부터 감추어졌다가

26 이제는 나타내신 바 되었으며 영원하신 하나님의 명을 따라 선지자들의 글로 말미암아 모든 민족이 믿어 순종하게 하시려고 알게 하신 바 그 신비의 계시를 따라 된 것이니 이 복음으로 너희를 능히 견고하게 하실

27 지혜로우신 하나님께 예수 그리스도로 말미암아 영광이 세세무궁하도록 있을지어다 아멘

---

1) 헬, 청지기 2) 어떤 사본에, 24절 '우리 주 예수 그리스도의 은혜가 너희 모든 이에게 있을지어다 아멘' 이 있음

술술 풀리는 명쾌 말씀

복음을 감추어두신 이유

하나님께서는 복음을 아주 오래 전부터 감추어두셨다가 예수 그리스도를 통해 비로소 나타내셨어요. 이 점에 대해 복음의 비밀이 좀 더 일찍 드러났다면 더 많은 사람이 구원을 얻을 수 있지 않았겠느냐는 의문이 나올 수 있지요.

하지만 바울의 말은 복음이 신약 시대에 나타났다고 해서 그때부터만 사람들이 구원을 얻을 수 있게 되었다는 의미가 아니에요. 하나님께서는 그 이전에도 여

러 가지 방법으로 자신을 나타내 보이셨답니다(1:19-20;히 1:1-2).

우리는 하나님께서 메시아에 대한 약속의 성취를 왜 기다리셨는지 정확히 알 수는 없어요. 다만 하나님은 인간이 자신의 노력으로는 구원받을 수 없음을 충분히 깨달을 때까지 기다리셨고, 그때가 이르자(갈 4:4) 예수 그리스도를 보내신 것이라고 생각해볼 수 있습니다.

16장 25-26절

고린도전서

고린도전서를 읽기 전에

이 책은 사도 바울이 기록했어요. 고린도는 '그리스의 빛'이라고 불릴 정도로 학문과 문화가 발달하고 상업과 무역이 활발한 도시였지요. 그러나 재물 쌓는 것을 제일로 여겼기 때문에 도덕적으로 타락하고 점점 악해져갔어요.

언제, 왜, 누구를 위하여 썼나요?

이 책을 기록한 때는 A.D. 55년경이라고 해요. 바울은 고린도 교회 성도들에게 생활 속에서 겪는 문제에 대해 바른 길을 가르쳐주기 위해 이 책을 기록했어요. 그래서 오늘날 교회 성도들에게도 많은 교훈을 주고 있답니다.

어떤 내용인가요?

고린도 교회의 다툼과 무질서에 대해 충고하고 있어요. 또 결혼, 우상의 제물, 여자의 머리를 가리는 문제, 성만찬, 은사, 부활 등에 관한 문제에 대해 확실한 가르침을 주고 있지요.

인사와 감사 —A.D. 59년경

1 하나님의 뜻을 따라 그리스도 예수의 사도로 부르심을 받은 바울과 형제 소스데네는

2 고린도에 있는 하나님의 교회 곧 그리스도 예수 안에서 거룩하여지고 성도라 부르심을 받은 자들과 또 각처에서 우리의 주 곧 그들과 우리의 주 되신 예수 그리스도의 이름을 부르는 모든 자들에게

3 하나님 우리 아버지와 주 예수 그리스도로부터 은혜와 평강이 있기를 원하노라

4 ●그리스도 예수 안에서 너희에게 주신 하나님의 은혜로 말미암아 내가 너희를 위하여 항상 하나님께 감사하노니

5 이는 너희가 그 안에서 모든 일 곧 모든 언변과 모든 지식에 풍족하므로

6 그리스도의 증거가 너희 중에 견고하게 되어

7 너희가 모든 은사에 부족함이 없이 우리 주 예수 그리스도의 나타나심을 기다림이라

8 주께서 너희를 우리 주 예수 그리스도의 날에 책망할 것이 없는 자로 끝까지 견고하게 하시리라

9 너희를 불러 그의 아들 예수 그리스도 우리 주와 더불어 교제하게 하시는 하나님은 미쁘시도다

고린도 교회의 분쟁

10 ●형제들아 내가 우리 주 예수 그리스도의 이름으로 너희를 권하노니 모두가 같은 말을 하고 너희 가운데 분쟁이 없이 같은 마음과 같은 뜻으로 온전히 합하라

11 내 형제들아 글로에의 집 편으로 너희에 대한 말이 내게 들리니 곧 너희 가운데 분쟁이 있다는 것이라

12 내가 이것을 말하거니와 너희가 각각 이르되 나는 바울에게, 나는 아볼로에게, 나는 게바에게, 나는 그리스도에게 속한 자라 한다는 것이니

13 그리스도께서 어찌 나뉘었느냐 바울이

행 18:1

1장에는 무엇이 기록되어 있을까?

바울은 3차 전도 여행을 떠나기 직전, 고린도 교회의 분쟁 소식을 듣고 이 편지를 썼어요. 당시 고린도 교회는 각자 자기 이름만을 드높이려는 일부 지도자들 때문에 여러 갈래로 나뉘어 있었지요. 바울은 이들에게 예수님의 십자가에 관해 설명해주었어요. 십자가 앞에서는 어느 누구도 자랑할 것이 없답니다.

● 고린도
교회(1:2)
이 교회의
현관에는 바
울로부터 역
대 교역자들
의 명단이
연대별로 새
겨져 있다.

너희를 위하여 십자가에 못 박혔으며 바울의 이름으로 너희가¹⁾세례를 받았느냐

14 나는 그리스보와 가이오 외에는 너희 중 아무에게도 내가 ¹⁾세례를 베풀지 아니한 것을 감사하노니

15 이는 아무도 나의 이름으로 ¹⁾세례를 받았다 말하지 못하게 하려 함이라

16 내가 또한 스데바나 집 사람에게 ¹⁾세례를 베풀었고 그 외에는 다른 누구에게 ¹⁾세례를 베풀었는지 알지 못하노라

17 그리스도께서 나를 보내심은 ¹⁾세례를 베풀게 하려 하심이 아니요 오직 복음을 전하게 하려 하심이로되 말의 지혜로 하지 아니함은 그리스도의 십자가가 헛되지 않게 하려 함이라

하나님의 능력과 지혜이신 그리스도

18 ●십자가의 도가 멸망하는 자들에게는 미련한 것이요 구원을 받는 우리에게는 하나님의 능력이라 롬 1:16

19 기록된 바
내가 지혜 있는 자들의 지혜를 멸하고 총명한 자들의 총명을 폐하리라 하였으니

20 지혜 있는 자가 어디 있느냐 선비가 어디 있느냐 이 세대에 변론가가 어디 있느냐 하나님께서 이 세상의 지혜를 미련하게 하신 것이 아니냐

21 하나님의 지혜에 있어서는 이 세상이 자기 지혜로 하나님을 알지 못하므로 하나님께서 전도의 미련한 것으로 믿는 자들을 구원하시기를 기뻐하셨도다

22 유대인은 ²⁾표적을 구하고 헬라인은 지혜를 찾으나

23 우리는 십자가에 못 박힌 그리스도를 전하니 유대인에게는 거리끼는 것이요 이방인에게는 미련한 것이로되 고전 2:14

24 오직 부르심을 받은 자들에게는 유대인이나 헬라인이나 그리스도는 하나님의 능력이요 하나님의 지혜니라

25 하나님의 어리석음이 사람보다 지혜롭고 하나님의 약하심이 사람보다 강하니라

26 ●형제들아 너희를 부르심을 보라 육체를 따라 지혜로운 자가 많지 아니하며 능한 자가 많지 아니하며 문벌 좋은 자가 많지 아니하도다

27 그러나 하나님께서 세상의 미련한 것들을 택하사 지혜 있는 자들을 부끄럽게 하려 하시고 세상의 약한 것들을 택하사 강한 것들을 부끄럽게 하려 하시며

28 하나님께서 세상의 천한 것들과 멸시 받는 것들과 없는 것들을 택하사 있는 것들을 폐하려 하시나니

29 이는 아무 육체(肉體)도 하나님 앞에서 자랑하지 못하게 하려 하심이라 렘 2:9

30 너희는 하나님으로부터 나서 그리스도 예수 안에 있고 예수는 하나님으로부터 나와서 우리에게 지혜와 의로움과 거룩함과 구원함이 되셨으니

31 기록된 바 자랑하는 자는 주 안에서 자랑하라 함과 같게 하려 함이라

십자가에 못 박히신 그리스도

2 형제들아 내가 너희에게 나아가 하나님의 ³⁾증거를 전할 때에 말과 지혜의 아름다운 것으로 아니하였나니

2 내가 너희 중에서 예수 그리스도와 그

2 에는 무엇이 기록되어 있을까?

바울은 오직 예수님의 십자가가 구원만 전하기로 결심했어요. 그 복음만이 진정한 지혜이기 때문이에요. 성령에 속하지 않은 사람은 이를 받아들이지 않고 어리석다고 생각하지요. 하지만 우리는 하나님께서 은혜로 주신 성령을 통해 이 지혜를 깨달을 수 있답니다.

1) 헬, 또는 침례 2) 또는 이적 3) 어떤 사본에, 비밀을 ㄱ. 사 29:14
ㄴ. 9:23 이하

가 십자가에 못 박히신 것 외에는 아무 것도 알지 아니하기로 작정하였음이라

3 내가 너희 가운데 거할 때에 약하고 두려워하고 심히 떨었노라

4 내 말과 내 전도함이 설득력 있는 지혜의 말로 하지 아니하고 다만 성령의 나타나심과 능력으로 하여

5 너희 믿음이 사람의 지혜에 있지 아니하고 다만 하나님의 능력에 있게 하려 하였노라

성령으로 보이셨다

6 ●그러나 우리가 ¹⁾온전한 자들 중에서는 지혜를 말하노니 이는 이 세상의 지혜가 아니요 또 이 세상에서 없어질 통치자들의 지혜도 아니요

7 오직 ²⁾은밀한 가운데 있는 하나님의 지혜를 말하는 것으로서 곧 감추어졌던 것인데 하나님이 우리의 영광을 위하여 만세 전에 미리 정하신 것이라

8 이 지혜는 이 세대의 통치자들이 한 사람도 알지 못하였나니 만일 알았더라면 영광의 주를 십자가에 못 박지 아니하였으리라

9 기록된 바
하나님이 자기를 사랑하는 자들을 위하여 예비하신 모든 것은 눈으로 보지 못하고 귀로 듣지 못하고 사람의 마음으로 생각하지도 못하였다
함과 같으니라 사 64:4

10 오직 하나님이 성령으로 이것을 우리에게 보이셨으니 성령은 모든 것 곧 하나님의 깊은 것까지도 통달하시느니라

11 사람의 일을 사람의 속에 있는 영 외에

누가 알리요 이와 같이 하나님의 일도 하나님의 영 외에는 아무도 알지 못하느니라

12 우리가 세상의 영을 받지 아니하고 오직 하나님으로부터 온 영을 받았으니 이는 우리로 하여금 하나님께서 우리에게 은혜로 주신 것들을 알게 하려 하심이라 열종

13 우리가 이것을 말하거니와 사람의 지혜가 가르친 말로 아니하고 오직 성령께서 가르치신 것으로 하니 영적인 일은 영적인 것으로 분별하느니라

14 육에 속한 사람은 하나님의 성령의 일들을 받지 아니하나니 이는 그것들이 그에게는 어리석게 보임이요, 또 그는 그것들을 알 수도 없나니 그러한 일은 영적으로 분별되기 때문이라

15 신령한 자는 모든 것을 판단하나 자기는 아무에게도 판단을 받지 아니하느니라

16 누가 주의 마음을 알아서 주를 가르치겠느냐 그러나 우리가 그리스도의 마음을 가졌느니라

하나님의 동역자들

3 형제들아 내가 신령한 자들을 대함과 같이 너희에게 말할 수 없어

1) 또는 장성한 **2)** 하나님의 지혜를 비밀한 것으로 ㄱ, 사 64:4;65:17

'육에 속한 사람'과 '육신에 속한 자', '신령한 자'는 어떻게 다른가요?

'육에 속한 사람'(2:14)은 성령을 받지 못한 사람을 가리켜요. 이런 사람은 성령을 소유하지 못했기 때문에 하나님의 진리를 깨달을 수 없지요.

'육신에 속한 자'(3:1~3)는 복음을 받아들여 그리스도 안에 있지만, 여전히 죄악된 본성에 이끌려 살아가는 그리스도인을 말합니다. 이런 사람은 아직 성숙하지 못했기 때문에 영적으로는 갓난아기와 같지요.

'신령한 자'(2:15)는 성령의 충만한 지배를 받아 주의 뜻 가운데 살아가고자 하는 성숙한 성도를 가리킨답니다.
2장 14~15절, 3장 1~3절

3 에는 무엇이 기록되어 있을까?

각자 자기만 옳다고 주장하는 고린도 교인들에게 바울은 따끔한 충고를 해주었어요. 이런 사람의 일꾼은 그저 자신에게 맡겨진 일에 충실할 뿐이에요. 그리고 그 모든 것을 이루시는 분은 하나님이시지요. 현재 주어진 일에 최선을 다한다면, 마지막 심판 때에 그 모든 것이 밝히 드러나게 된답니다.

서 육신에 속한 자 곧 그리스도 안에서 어린 아이들을 대함과 같이 하노라

2 내가 너희를 젖으로 먹이고 밥으로 아니하였노니 이는 너희가 감당하지 못하였음이거니와 지금도 못하리라

3 너희는 아직도 육신에 속한 자로다 너희 가운데 시기와 분쟁이 있으니 어찌 육신에 속하여 사람을 따라 행함이 아니리요

4 어떤 이는 말하되 나는 바울에게라 하고 다른 이는 나는 아볼로에게라 하니 너희가 육의 사람이 아니리요

5 그런즉 아볼로는 무엇이며 바울은 무엇이냐 그들은 주께서 각각 주신 대로 너희로 하여금 믿게 한 1)사역자들이니라

6 나는 심었고 아볼로는 물을 주었으되 오직 하나님께서 자라나게 하셨으니

7 그런즉 심는 이나 물 주는 이는 아무 것도 아니로되 오직 자라게 하시는 이는 하나님뿐이니라

8 심는 이와 물 주는 이는 한가지이나 각각 자기가 일한 대로 자기의 상을 받으리라

9 우리는 하나님의 동역자들이요 너희는 하나님의 밭이요 하나님의 집이니라

10 ●내게 주신 하나님의 은혜를 따라 내가 지혜로운 건축자와 같이 터를 닦아 두매 다른 이가 그 위에 세우나 그러나 각각 어떻게 그 위에 세울까를 조심할지니라

11 이 닦아 둔 것 외에 능히 다른 터를 닦아 둘 자가 없으니 이 터는 곧 예수 그리스도라

12 만일 누구든지 금이나 은이나 보석이나 나무나 풀이나 짚으로 이 터 위에 세우면

13 각 사람의 공적이 나타날 터인데 그 날이 공적을 밝히리니 이는 불로 나타내고 그 불이 각 사람의 공적이 어떠한 것을 시험할 것임이라

14 만일 누구든지 그 위에 세운 공적이 그대로 있으면 상을 받고

15 누구든지 그 공적이 불타면 해를 받으리니 그러나 자신은 구원을 받되 불 가운데서 받은 것 같으리라

16 ●너희는 너희가 하나님의 성전인 것과 하나님의 성령이 너희 안에 계시는 것을 알지 못하느냐 [합송]

17 누구든지 하나님의 성전을 2)더럽히면 하나님이 그 사람을 멸하시리라 하나님의 성전은 거룩하니 너희도 그러하니라

18 ●아무도 자신을 속이지 말라 너희 중에 누구든지 이 세상에서 지혜 있는 줄로 생각하거든 어리석은 자가 되라 그리하여야 지혜로운 자가 되리라 8:2

19 이 세상 지혜(智慧)는 하나님께 어리석은 것이니 기록된 바 하나님은 ㄱ지혜 있는 자들로 하여금 자기 꾀에 빠지게 하시는 이라 하였고 ㄱ.욥5:13

20 또 ㄴ주께서 지혜 있는 자들의 생각을 헛것으로 아신다 하셨느니라

21 그런즉 누구든지 사람을 자랑하지 말라 만물이 다 너희 것임이라

22 바울이나 아볼로나 게바나 세계나 생명이나 사망이나 지금 것이나 장래 것이나 다 너희의 것이요

23 너희는 그리스도의 것이요 그리스도는 하나님의 것이니라

그리스도의 일꾼

4 사람이 마땅히 우리를 그리스도의 일꾼이요 하나님의 비밀을 맡은 자로 여길지어다

2 그리고 맡은 자들에게 구할 것은 충성이니라

3 너희에게나 3)다른 사람에게나 판단 받

4 에는 무엇이 기록되어 있을까?

바울은 고린도 교인들에게 교역자를 함부로 판단하지 말라고 경고했어요. 모든 것을 판단하시는 분은 오직 하나님뿐이랍니다. 그러므로 하나님의 일을 하는 사람은 언제나 충성스럽게 그 일을 감당해야 하지요. 또한 바울은 예수 그리스도 안에서 살아가는 자신을 본받아 능력 있는 삶을 살아갈 것을 당부하였어요.

1)또는 집사들 2)또는 멸하면 3)헬, 사람의 날에게나 ㄱ.욥5:13 ㄴ.시94:11

토막상식 누룩

누룩은 떡을 부풀게 만드는 일종의 발효제예요. 바울은 고린도 교인들이 지은 근친상간의 죄가 누룩과 같다고 꾸짖었지요. 한편 예수님께서는 누룩의 비유를 통해 바리새인의 위선과 사두개인의 물질주의를 책망하시고, 하나님 나라의 성장을 설명하셨답니다.

5장 1-8절

는 것이 내게는 매우 작은 일이라 나도 나를 판단하지 아니하노니

4 내가 자책할 아무 것도 깨닫지 못하나 이로 말미암아 의롭다 함을 얻지 못하노라 다만 나를 심판하실 이는 주시니라

5 그러므로 때가 이르기 전 곧 주께서 오시기까지 아무 것도 판단하지 말라 그가 어둠에 감추인 것들을 드러내고 마음의 뜻을 나타내시리니 그 때에 각 사람에게 하나님으로부터 칭찬이 있으리라

6 ●형제들아 내가 너희를 위하여 이 일에 나와 아볼로를 들어서 본을 보였으니 이는 너희로 하여금 기록된 말씀 밖으로 넘어가지 말라 한 것을 우리에게서 배워 서로 대적하여 교만한 마음을 가지지 말게 하려 함이라

7 누가 너를 남달리 구별하였느냐 네게 있는 것 중에 받지 아니한 것이 무엇이냐 네가 받았은즉 어찌하여 받지 아니한 것 같이 자랑하느냐

8 너희가 이미 배 부르며 이미 풍성하며 우리 없이도 왕이 되었도다 우리가 너희와 함께 왕 노릇 하기 위하여 참으로 너희가 왕이 되기를 원하노라

9 내가 생각하건대 하나님이 사도인 우리를 죽이기로 작정된 자 같이 끄트머리에 두셨으매 우리는 세계 곧 천사와 사람에게 구경거리가 되었노라

10 우리는 그리스도 때문에 어리석으나 너희는 그리스도 안에서 지혜롭고 우리는 약하나 너희는 강하고 너희는 존귀하나 우리는 비천하여

행 17:18

11 바로 이 시각까지 우리가 주리고 목마르며 헐벗고 매맞으며 정처가 없고

12 또 수고하여 친히 손으로 일을 하며 모욕을 당한즉 축복하고 박해를 받은즉 참고

13 비방을 받은즉 권면하니 우리가 지금까지 세상의 더러운 것과 만물의 찌꺼기 같이 되었도다

14 ●내가 너희를 부끄럽게 하려고 이것을 쓰는 것이 아니라 오직 너희를 내 사랑하는 자녀 같이 권하려 하는 것이라

15 그리스도 안에서 일만 스승이 있으되 아버지는 많지 아니하니 그리스도 예수 안에서 내가 복음으로써 너희를 낳았음이라

16 그러므로 내가 너희에게 권하노니 너희는 나를 본받는 자가 되라

17 이로 말미암아 내가 주 안에서 내 사랑하고 신실한 아들 디모데를 너희에게 보내었으니 그가 너희로 하여금 그리스도 예수 안에서 나의 행사 곧 내가 각처 각 교회에서 가르치는 것을 생각나게 하리라

18 어떤 이들은 내가 너희에게 나아가지 아니할 것 같이 스스로 교만하여졌으나

19 주께서 [1]허락하시면 내가 너희에게 속히 나아가서 교만한 자들의 말이 아니라 오직 그 능력을 알아보겠으니

20 하나님의 나라는 말에 있지 아니하고 오직 능력에 있음이라

21 너희가 무엇을 원하느냐 내가 매를 가지고 너희에게 나아가랴 사랑과 온유(溫柔)한 [2]마음으로 나아가랴

5장에는 무엇이 기록되어 있을까?

당시 고린도 지방은 성적으로 매우 타락한 상태였어요. 그러한 분위기는 교회 안에까지 스며들었고요. 심지어 이방인 친척끼리 성적 관계를 가지는 근친상간까지 일어났어요. 이 소식을 들은 바울은 믿지 않는 사람과는 사귀지 말아야 하며, 교회 안에서 죄를 짓는 사람은 쫓아내야 한다고 엄하게 꾸짖었어요.

1) 또는 원하시면 2) 헬, 영

니므롯 산 정상의 동 테라스에 있는
이방신의 제단들(5:10-11)

음행한 자를 판단하다

5 너희 중에 심지어 음행이 있다 함을
들으니 그런 음행은 이방인 중에서
도 없는 것이라 누가 그 아버지의 아내
를 취하였다 하는도다

2 그리하고도 너희가 오히려 교만하여
져서 어찌하여 통한히 여기지 아니하
고 그 일 행한 자를 너희 중에서 쫓아
내지 아니하였느냐

3 내가 실로 몸으로는 떠나 있으나 영으
로는 함께 있어서 거기 있는 것 같이 이
런 일 행한 자를 이미 판단하였노라

4 주 예수의 이름으로 너희가 내 영과 함
께 모여서 우리 주 예수의 능력으로

5 이런 자를 사탄에게 내주었으니 이는
육신은 멸하고 영은 ¹⁾주 예수의 날에
구원을 받게 하려 함이라   딤전 1:20

6 너희가 자랑하는 것이 옳지 아니하도
다 적은 누룩이 온 덩어리에 퍼지는 것
을 알지 못하느냐

7 너희는 누룩 없는 자인데 새 덩어리가
되기 위하여 묵은 누룩을 내버리라 우
리의 유월절 양 곧 그리스도께서 희생
되셨느니라

8 이러므로 우리가 명절을 지키되 묵은
누룩으로도 말고 악하고 악의에 찬 누
룩으로도 말고 누룩이 없이 오직 순전
함과 진실함의 떡으로 하자

9 ●내가 너희에게 쓴 편지에 음행하는
자들을 사귀지 말라 하였거니와   엡 5:11

10 이 말은 이 세상의 음행하는 자들이나
탐하는 자들이나 속여 빼앗는 자들이나
우상 숭배하는 자들을 도무지 사귀지 말

라 하는 것이 아니니 만일 그리하려면
너희가 세상 밖으로 나가야 할 것이라

11 이제 내가 너희에게 쓴 것은 만일 어떤
형제라 일컫는 자가 음행하거나 탐욕
을 부리거나 우상 숭배를 하거나 모욕
하거나 술 취하거나 속여 빼앗거든 사
귀지도 말고 그런 자와는 함께 먹지도
말라 함이라

12 밖에 있는 사람들을 판단하는 것이야
내게 무슨 상관이 있으리요마는 교회
안에 있는 사람들이야 너희가 판단하
지 아니하랴

13 밖에 있는 사람들은 하나님이 심판하
시려니와 이 악한 사람은 너희 중에서
내쫓으라

세상 법정에 송사하지 말라

6 너희 중에 누가 다른 이와 더불어
다툼이 있는데 구태여 불의한 자들
앞에서 고발하고 성도 앞에서 하지 아
니하느냐

2 성도가 세상을 판단할 것을 너희가 알
지 못하느냐 세상도 너희에게 판단을
받겠거든 지극히 작은 일 판단하기를
감당하지 못하겠느냐

3 우리가 천사를 판단할 것을 너희가 알
지 못하느냐 그러하거든 하물며 세상
일이랴

4 그런즉 너희가 세상 사건이 있을 때에
교회에서 경히 여김을 받는 자들을 세
우느냐

5 내가 너희를 부끄럽게 하려 하여 이 말
을 하노니 너희 가운데 그 형제간의 일
을 판단할 만한 지혜 있는 자가 이같이

6 에는 무엇이 기록되어 있을까?

바울은 세상을 판단하고 심판해야
할 성도들이 교회 안에서의 다툼을 가지고 세상
법정에 고소하는 것을 안타까워했어요. 교회의
문제는 오직 예수님의 사랑과 말씀 안에서 해결
해야 한답니다. 또한 바울은 성도의 몸은 하나
님의 귀한 성전이기 때문에 우리의 몸으로 방탕
한 죄를 지어서는 안 된다고 가르쳐주었어요.

1) 어떤 사본에는 주의 날에

하나도 없느냐

6 형제가 형제와 더불어 고발할 뿐더러 믿지 아니하는 자들 앞에서 하느냐

7 너희가 피차 고발함으로 너희 가운데 이미 뚜렷한 허물이 있나니 차라리 불의를 당하는 것이 낫지 아니하며 차라리 속는 것이 낫지 아니하냐

8 너희는 불의를 행하고 속이는구나 그는 너희 형제로다

9 불의한 자가 하나님의 나라를 유업으로 받지 못할 줄을 알지 못하느냐 미혹을 받지 말라 음행하는 자나 우상 숭배하는 자나 간음하는 자나 탐색하는 자나 남색하는 자나

10 도적이나 탐욕을 부리는 자나 술 취하는 자나 모욕하는 자나 속여 빼앗는 자들은 하나님의 나라를 유업으로 받지 못하리라

11 너희 중에 이와 같은 자들이 있더니 주 예수 그리스도의 이름과 우리 하나님의 성령 안에서 씻음과 거룩함과 의롭다 하심을 받았느니라

몸으로 하나님께 영광을 돌리라

12 ●모든 것이 내게 가하나 다 유익한 것이 아니요 모든 것이 내게 가하나 내가 무엇에든지 얽매이지 아니하리라 10:23

13 음식은 배를 위하여 있고 배는 음식을 위하여 있으나 하나님은 이것 저것을 다 폐하시리라 몸은 음란을 위하여 있지 않고 오직 주를 위하여 있으며 주는 몸을 위하여 계시느니라

14 하나님이 주를 다시 살리셨고 또한 그의 권능으로 우리를 다시 살리시리라

15 너희 몸이 그리스도의 지체인 줄을 알지 못하느냐 내가 그리스도의 지체를 가지고 창녀의 지체를 만들겠느냐 결코 그럴 수 없느니라

16 창녀와 합하는 자는 그와 한 몸인 줄을 알지 못하느냐 일렀으되 [1]둘이 한 육체가 된다 하셨나니

17 주와 합하는 자는 한 영이니라

18 음행을 피하라 사람이 범하는 죄마다 몸 밖에 있거니와 음행하는 자는 자기 몸에 죄를 범하느니라 히 13:4

19 너희 몸은 너희가 하나님께로부터 받은 바 너희 가운데 계신 성령의 전인 줄을 알지 못하느냐 너희는 너희 자신의 것이 아니라

20 값으로 산 것이 되었으니 그런즉 너희 몸으로 하나님께 영광을 돌리라 7:23

결혼에 대하여 이르다

7

1 너희가 쓴 문제에 대하여 말하면 남자가 여자를 가까이 아니함이 좋으나

2 음행을 피하기 위하여 남자마다 자기 아내를 두고 여자마다 자기 남편을 두라

3 남편은 그 아내에 대한 의무를 [1]다하고 아내도 그 남편에게 그렇게 할지라

4 아내는 자기 몸을 주장하지 못하고 오직 그 남편이 하며 남편도 그와 같이 자기 몸을 주장하지 못하고 오직 그 아내

1) 헬, 갚고 ㄱ. 창 2:24

선생님!! 궁금해요　예수님은 언제 재림하시나요?

예수님은 하늘로 올라가실 때 꼭 다시 오겠다고 약속하셨어요. 예수님이 다시 오시는 것을 '재림'이라고 해요. 그 재림의 날짜는 오직 하나님만이 아시지요. 하지만 예수님은 재림하시기 전에 어떤 징조가 있을 것인지 미리 알려주셨답니다.

우선 가짜 그리스도가 나타나 자신이 그리스도라고 거짓말을 하며 많은 사람을 유혹한다고 했어요. 또 전쟁이 자주 일어나며 세계 곳곳에 굶주림과 지진이 있다고 했지요. 그리고 사람들의 사랑이 식어요. 참된 믿음을 가진 사람도 많지 않아요. 그러므로 우리는 예수님이 다시 오실 때에 부끄러움 없이 맞이할 수 있도록 믿음의 준비를 해야 하겠어요. 행 1장 6~7절

가 하나니

5 서로 분방하지 말라 다만 기도할 틈을 얻기 위하여 합의상 얼마 동안은 하되 다시 합하라 이는 너희가 절제 못함으로 말미암아 사탄이 너희를 시험하지 못하게 하려 함이라

6 그러나 내가 이 말을 함은 허락이요 명령은 아니니라 고후 8:8

7 나는 모든 사람이 나와 같기를 원하노라 그러나 각각 하나님께 받은 자기의 은사가 있으니 이 사람은 이러하고 저 사람은 저러하니라

8 ●내가 결혼하지 아니한 자들과 과부들에게 이르노니 나와 같이 그냥 지내는 것이 좋으니라

9 만일 절제할 수 없거든 결혼하라 정욕이 불 같이 타는 것보다 결혼하는 것이 나으니라

10 결혼한 자들에게 내가 명하노니 (명하는 자는 내가 아니요 주시라) 여자는 남편에게서 갈라서지 말고 눅 16:18

11 (만일 갈라섰으면 그대로 지내든지 다시 그 남편과 화합하든지 하라) 남편도 아내를 버리지 말라

12 그 나머지 사람들에게 내가 말하노니 (이는 주의 명령이 아니라) 만일 어떤 형제에게 믿지 아니하는 아내가 있어 남편과 함께 살기를 좋아하거든 그를 버리지 말며

13 어떤 여자에게 믿지 아니하는 남편이 있어 아내와 함께 살기를 좋아하거든 그 남편을 버리지 말라

14 믿지 아니하는 남편이 아내로 말미암아 거룩하게 되고 믿지 아니하는 아내가 1)남편으로 말미암아 거룩하게 되나니 그렇지 아니하면 너희 자녀도 깨끗하지 못하니라 그러나 이제 거룩하니라

15 혹 믿지 아니하는 자가 갈리거든 갈리게 하라 형제나 자매나 이런 일에 구애될 것이 없느니라 그러나 하나님은 화평 중에서 2)너희를 부르셨느니라

16 아내 된 자여 네가 남편을 구원할는지 어찌 알 수 있으며 남편 된 자여 네가 네 아내를 구원할는지 어찌 알 수 있으리요

17 오직 주께서 각 사람에게 나눠 주신 대로 하나님이 각 사람을 부르신 그대로 행하라 내가 모든 교회에서 이와 같이 명하노라

18 할례자로서 부르심을 받은 자가 있느냐 무할례자가 되지 말며 무할례자로 부르심을 받은 자가 있느냐 할례를 받지 말라

19 할례 받는 것도 아무 것도 아니요 할례 받지 아니하는 것도 아무 것도 아니로되 오직 하나님의 계명을 지킬 따름이니라

20 각 사람은 부르심을 받은 그 부르심 그대로 지내라 7:24

21 네가 종으로 있을 때에 부르심을 받았느냐 염려하지 말라 3)그러나 네가 자유롭게 될 수 있거든 그것을 이용하라

22 주 안에서 부르심을 받은 자는 종이라도 주께 속한 자유인이요 또 그와 같이 자유인으로 있을 때에 부르심을 받은 자는 그리스도의 종이니라 엡 6:6

23 너희는 값으로 사신 것이니 사람들의 종이 되지 말라 6:20

24 형제들아 너희는 각각 부르심을 받은 그대로 하나님과 함께 거하라

녀녀와 과부에게 주는 권면

25 ●처녀에 대하여는 내가 주께 받은 계명이 없으되 주의 자비하심을 받아서 충성

1) 헬, 형제로 2) 어떤 사본에, 우리를 3) 또는 자유할 수 있어도 그대로 지내라

미혹(6:9) 마음이 흐려져 무엇에 홀림. 정신이 헷갈리어 헤맴.
화평(7:15) 마음이 평안함. 화목하고 평화스러운 것.

7 장 에는 무엇이 기록되어 있을까?

바울이 결혼에 대해서 가르쳐주고 있어요. 당시 고린도 교회는 반드시 결혼을 해야 한다는 주장과 하지 말아야 한다는 주장으로 나뉘어져 있었고, 바울은 결혼을 하느냐, 하지 않느냐 하는 것은 중요한 게 아니라고 말했어요. 어떠한 상황에서든 하나님의 영광을 위해서 살아가려고 노력하는 것이 더 중요한 것이랍니다.

스러운 자가 된 내가 의견을 말하노니

26 내 생각에는 이것이 좋으니 곧 임박한 환난으로 말미암아 사람이 그냥 지내는 것이 좋으니라

27 네가 아내에게 매였느냐 놓이기를 구하지 말며 아내에게서 놓였느냐 아내를 구하지 말라

28 그러나 장가 가도 죄 짓는 것이 아니요 처녀가 시집 가도 죄 짓는 것이 아니로되 이런 이들은 육신에 고난이 있으리니 나는 너희를 아끼노라

29 형제들아 내가 이 말을 하노니 그 때가 단축하여진 고로 이 후부터 아내 있는 자들은 없는 자 같이 하며 _{롬 13:11, 12}

30 우는 자들은 울지 않는 자 같이 하며 기쁜 자들은 기쁘지 않은 자 같이 하며 매매하는 자들은 없는 자 같이 하며

31 세상 물건을 쓰는 자들은 다 쓰지 못하는 자 같이 하라 이 세상의 외형은 지나감이니라

32 너희가 염려 없기를 원하노라 장가 가지 않은 자는 주의 일을 염려하여 어찌하여야 주를 기쁘시게 할까 하되

33 장가 간 자는 세상 일을 염려하여 어찌

하여야 아내를 기쁘게 할까 하여

34 마음이 갈라지며 시집 가지 않은 자와 처녀는 주의 일을 염려하여 몸과 영을 다 거룩하게 하려 하되 시집 간 자는 세상 일을 염려하여 어찌하여야 남편을 기쁘게 할까 하느니라

35 내가 이것을 말함은 너희의 유익을 위함이요 너희에게 올무를 놓으려 함이 아니니 오직 너희로 하여금 이치에 합당하게 하여 흐트러짐이 없이 주를 섬기게 하려 함이라

36 그러므로 만일 누가 자기의 ¹⁾약혼녀에 대한 행동이 합당하지 못한 줄로 생각할 때에 그 ¹⁾약혼녀의 혼기도 지나고 그같이 할 필요가 있거든 원하는 대로 하라 그것은 죄 짓는 것이 아니니 그들로 결혼하게 하라

37 그러나 그가 마음을 정하고 또 부득이한 일도 없고 자기 뜻대로 할 권리가 있어서 그 ¹⁾약혼녀를 그대로 두기로 하여도 잘하는 것이니라

38 그러므로 결혼하는 자도 잘하거니와 결혼하지 아니하는 자는 더 잘하는 것이니라

39 아내는 그 남편이 살아 있는 동안에 매여 있다가 남편이 ²⁾죽으면 자유로워 자기 뜻대로 시집 갈 것이나 주 안에서만 할 것이니라

40 그러나 내 뜻에는 그냥 지내는 것이 더욱 복이 있으리로다 나도 또한 하나님의 영을 받은 줄로 생각하노라 _{7:25}

1) 헬, 처녀 또는 처녀 딸 2) 헬, 잠들면

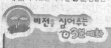

거짓 소문 때문에 죽은 소년

1983년 영국 이스트본에서 열세 살의 한 소년이 자살했어요. 소년이 자살한 이유는 그의 일기를 통해 밝혀졌습니다.

"우리 가정은 악마의 저주를 받아 가족들이 일찍 죽는다는 소문을 들었다. 죽음이 두렵다. 어차피 죽을 운명이라면 어머니 곁에서 죽는 편이 낫다."

죽으려고 마음먹었던 소년은, 진실을 분별하지 못했을 뿐아니라 죽음에 대한 두려움을 극복하지 못했어요. 나중에 이 소문은 이 가정에 적개심을 품은 한 노인이 퍼뜨린 유언비어로 밝혀졌어요.

이처럼 미신에 매여 마귀의 종으로 살아가는 사람들이 우리 주변에는 많이 있어요. 우리 모두가 진리를 깨달아 참된 자유를 누려야 하겠어요.

우상에게 바친 제물

8 우상의 제물에 대하여는 우리가 다 지식이 있는 줄을 아나 지식은

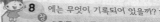

8 장 에는 무엇이 기록되어 있을까?

고린도 교인들 사이에 우상에게 제물로 바친 음식을 먹어도 되느냐, 안 되느냐 하는 문제를 두고 논란이 일어났어요. 바울은 신앙과 우상의 제물을 먹는 것과는 아무런 상관이 없다고 말해주었어요. 하지만 믿음이 약한 사람을 생각해서 신중하게 행동해야 한다고 당부했습니다.

교만하게 하며 사랑은 덕을 세우나니

2 만일 누구든지 무엇을 아는 줄로 생각하면 아직도 마땅히 알 것을 알지 못하는 것이요

3 또 누구든지 하나님을 사랑하면 그 사람은 하나님도 알아 주시느니라

4 그러므로 우상의 제물을 먹는 일에 대하여는 우리가 우상은 세상에 아무 것도 아니며 또한 하나님은 한 분밖에 없는 줄 아노라   신 6:4

5 비록 하늘에나 땅에나 신이라 불리는 자가 있어 많은 신과 많은 주가 있으나

6 그러나 우리에게는 한 하나님 곧 아버지가 계시니 만물이 그에게서 났고 우리도 그를 위하여 있고 또한 한 주 예수 그리스도께서 계시니 만물이 그로 말미암고 우리도 그로 말미암아 있느니라

7 그러나 이 지식은 모든 사람에게 있는 것은 아니므로 어떤 이들은 지금까지 우상에 대한 습관이 있어 우상의 제물로 알고 먹는 고로 그들의 양심이 약하여지고 더러워지느니라

8 음식은 우리를 하나님 앞에 내세우지 못하나니 우리가 먹지 않는다고 해서 더 못사는 것도 아니고 먹는다고 해서 더 잘사는 것도 아니니라

9 그런즉 너희의 1)자유가 믿음이 약한 자들에게 걸려 넘어지게 하는 것이 되지 않도록 조심하라

10 지식 있는 네가 우상의 집에 앉아 먹는 것을 누구든지 보면 그 믿음이 약한 자들의 양심이 담력을 얻어 우상의 제물을 먹게 되지 않겠느냐

11 그러면 네 지식으로 그 믿음이 약한 자가 멸망하나니 그는 그리스도께서 위하여 죽으신 형제라

12 이같이 너희가 형제에게 죄를 지어 그 약한 양심을 상하게 하는 것이 곧 그리스도에게 죄를 짓는 것이니라

13 그러므로 만일 음식이 내 형제를 실족하게 한다면 나는 영원히 고기를 먹지 아

니하여 내 형제를 실족하지 않게 하리라

사도의 권리─A.D. 59년경

9 내가 자유인이 아니냐 사도가 아니냐 예수 우리 주를 보지 못하였느냐 주 안에서 행한 나의 일이 너희가 아니냐   고후 12:12

2 다른 사람들에게는 내가 사도가 아닐지라도 너희에게는 사도이니 나의 사도 됨을 2)주 안에서 인친 것이 너희라

3 나를 비판하는 자들에게 변명할 것이 이것이니

4 우리가 먹고 마실 권리가 없겠느냐

5 우리가 다른 사도들과 주의 형제들과 게바와 같이 믿음의 자매 된 아내를 데리고 다닐 권리가 없겠느냐

6 어찌 나와 바나바만 일하지 아니할 권리가 없겠느냐   행 4:36

7 누가 자기 비용으로 군 복무를 하겠느냐 누가 포도를 심고 그 열매를 먹지 않겠느냐 누가 양 떼를 기르고 그 양 떼의 젖을 먹지 않겠느냐

8 내가 사람의 예대로 이것을 말하느냐 율법도 이것을 말하지 아니하느냐

9 모세의 율법에 「곡식을 밟아 떠는 소에게 망을 씌우지 말라 기록하였으니 하나님께서 어찌 소들을 위하여 염려하심이냐

10 오로지 우리를 위하여 말씀하심이 아니냐 과연 우리를 위하여 기록된 것이니 밭 가는 자는 소망을 가지고 갈며 곡식 떠는 자는 함께 얻을 소망을 가지고 떠는 것이라

11 우리가 너희에게 신령한 것을 뿌렸은

9장 에는 무엇이 기록되어 있을까?

바울은 자신의 사도직에 대해 비판하는 사람들에게 사도로서의 권리와 의무에 대해 말해주었어요. 바울은 고린도 교인들에게 복음을 전하는 사도로서 그들로부터 재정적인 지원을 받을 권리가 있었지요. 하지만 그는 많은 사람에게 보다 자유롭게 복음을 전하기 위해 그 권리를 기꺼이 포기했답니다.

1)헬, 권리가 2)또는 인친 것이 주 안에 있는 너희라 ㄱ. 신 25:4

박해를 피해 지하 동굴에 마련된 제단(9:13)

즉 너희의 육적인 것을 거두기로 과하다 하겠느냐

12 다른 이들도 너희에게 이런 권리를 가졌거든 하물며 우리일까보냐 그러나 우리가 이 권리를 쓰지 아니하고 범사에 참는 것은 그리스도의 복음에 아무 장애가 없게 하려 함이로라

13 성전의 일을 하는 이들은 성전에서 나는 것을 먹으며 제단에서 섬기는 이들은 제단과 함께 나누는 것을 너희가 알지 못하느냐

14 이와 같이 주께서도 복음 전하는 자들이 복음으로 말미암아 살리라 명하셨느니라

15 그러나 내가 이것을 하나도 쓰지 아니하였고 또 이 말을 쓰는 것은 내게 이같이 하여 달라는 것이 아니라 내가 차라리 죽을지언정 누구든지 내 자랑하는 것을 헛된 데로 돌리지 못하게 하리라

16 내가 복음을 전할지라도 자랑할 것이 없음은 내가 부득불 할 일임이라 만일 복음을 전하지 아니하면 내게 화가 있을 것이로다

17 내가 내 자의로 이것을 행하면 상을 얻으려니와 내가 자의로 아니한다 할지라도 나는 사명을 받았노라

18 그런즉 내 상이 무엇이냐 내가 복음을 전할 때에 값없이 전하고 복음으로 말미암아 내게 있는 권리를 다 쓰지 아니하는 이것이로라

19 내가 모든 사람에게서 자유로우나 스스로 모든 사람에게 종이 된 것은 더 많은 사람을 얻고자 함이라 빨전 3:1

20 유대인들에게 내가 유대인과 같이 된 것은 유대인들을 얻고자 함이요 율법 아래에 있는 자들에게는 내가 율법 아래에 있지 아니하나 율법 아래에 있는 자 같이 된 것은 율법 아래에 있는 자들을 얻고자 함이요 갈 2:19

21 율법 없는 자에게는 내가 하나님께는 율법 없는 자가 아니요 도리어 그리스도의 율법 아래에 있는 자이나 율법 없는 자와 같이 된 것은 율법 없는 자들을 얻고자 함이라

22 약한 자들에게 내가 약한 자와 같이 된 것은 약한 자들을 얻고자 함이요 내가 여러 사람에게 여러 모습이 된 것은 아무쪼록 몇 사람이라도 구원하고자 함이니

23 내가 복음을 위하여 모든 것을 행함은 복음에 참여하고자 함이라

24 운동장에서 달음질하는 자들이 다 달릴지라도 오직 상을 받는 사람은 한 사람인 줄을 너희가 알지 못하느냐 너희도 상을 받도록 이와 같이 달음질하라

25 이기기를 다투는 자마다 모든 일에 절제하나니 그들은 썩을 승리자의 관을 얻고자 하되 우리는 썩지 아니할 것을 얻고자 하노라

술술 풀리는 **성경 말씀**

복음을 위해 자유와 권리를 포기한 바울

1. 성도들에게 접대받을 권리를 포기했어요(1~18절).
   바울은 교회의 선교비를 포기하고 스스로 일하여 비용을 충당했어요. 사도가 개인의 욕심을 채우려는 의심을 사서 혹시나 복음을 전하는 데 어려움이 생기는 일이 없도록 한 것이지요.

2. 모든 사람에게 모든 것이 되었어요(19~23절).
   바울은 보다 많은 사람을 얻기 위해 유대인들에게는 유대인처럼, 이방인들에게는 이방인처럼 행동했어요. 또 믿음이 약한 신자를 배려해 제사 지낸 고기를 먹지 않았지요.

3. 오로지 복음 선포에 전심전력했어요(24~27절).
   바울은 운동선수들이 절제하고 몸을 단련시킨 후 모든 힘을 다해 경기에 임하듯, 오직 복음을 전하는 일에 온 마음과 힘을 쏟았답니다.   9장

26 그러므로 나는 달음질하기를 향방 없는 것 같이 아니하고 싸우기를 허공을 치는 것 같이 아니하며

27 내가 내 몸을 쳐 복종하게 함은 내가 남에게 전파한 후에 자신이 도리어 버림을 당할까 두려워함이로다 ┌ 갈 3:5

우상 숭배하는 일을 피하라 ── A.D. 59년경

10 형제들아 나는 너희가 알지 못하기를 원하지 아니하노니 우리 조상들이 다 구름 아래에 있고 바다 가운데로 지나며

2 모세에게 속하여 다 구름과 바다에서 세례를 받고 ┌ 1:13

3 다 같은 신령한 음식을 먹으며

4 다 같은 신령한 음료를 마셨으니 이는 그들을 따르는 신령한 반석으로부터 마셨으매 그 반석은 곧 그리스도시라

5 그러나 그들의 다수를 하나님이 기뻐하지 아니하셨으므로 그들이 광야에서 멸망을 받았느니라

6 이러한 일은 우리의 본보기가 되어 우리로 하여금 그들이 악을 즐겨 한 것 같이 즐겨 하는 자가 되지 않게 하려 함이니

7 그들 가운데 어떤 사람들과 같이 너희는 우상 숭배하는 자가 되지 말라 기록된 바 백성이 앉아서 먹고 마시며 일어나서 뛰논다 함과 같으니라 ┌ 출 32:4

8 그들 중의 어떤 사람들이 음행하다가 하루에 이만 삼천 명이 죽었나니 우리는 그들과 같이 음행하지 말자 ┌ 민 25:1

9 그들 가운데 어떤 사람들이 주를 시험하다가 뱀에게 멸망하였나니 우리는 그들과 같이 시험하지 말자

10 그들 가운데 어떤 사람들이 원망하다가 멸망시키는 자에게 멸망하였나니 너희는 그들과 같이 원망하지 말라

11 그들에게 일어난 이런 일은 본보기가 되고 또한 말세를 만난 우리를 깨우치기 위하여 기록되었으니

12 그런즉 선 줄로 생각하는 자는 넘어질까 조심하라 ┌ 롬 11:20

13 사람이 감당할 시험 밖에는 너희가 당한 것이 없나니 오직 하나님은 미쁘사 너희가 감당하지 못할 시험 당함을 허락하지 아니하시고 시험 당할 즈음에 또한 피할 길을 내사 너희로 능히 감당하게 하시느니라

14 ●그런즉 내 사랑하는 자들아 우상 숭배하는 일을 피하라

15 나는 지혜 있는 자들에게 말함과 같이 하노니 너희는 내가 이르는 말을 스스로 판단하라

16 우리가 축복하는 바 축복의 잔은 그리스도의 피에 참여함이 아니며 우리가 떼는 떡은 그리스도의 몸에 참여함이 아니냐

17 떡이 하나요 많은 우리가 한 몸이니 이는 우리가 다 한 떡에 참여함이라

18 육신을 따라 난 이스라엘을 보라 제물을 먹는 자들이 제단에 참여하는 자들이 아니냐

19 그런즉 내가 무엇을 말하느냐 우상의 제물은 무엇이며 우상은 무엇이냐

20 무릇 이방인이 제사하는 것은 귀신에게 하는 것이요 하나님께 제사하는 것이 아니니 나는 너희가 귀신과 교제하는 자가 되기를 원하지 아니하노라

21 너희가 주의 잔과 귀신의 잔을 겸하여 마시지 못하고 주의 식탁과 귀신의 식탁에 겸하여 참여하지 못하리라

22 그러면 우리가 주를 노여워하시게 하겠느냐 우리가 주보다 강한 자냐

다 하나님의 영광을 위하여 하라

23 ●모든 것이 가하나 모든 것이 유익한

10 장에는 무엇이 기록되어 있을까?

당시 고린도 교인들은 예수님을 믿고 난 후에도 이방 제단에 참석하며 우상을 숭배했어요. 바울은 그들에게 이스라엘 백성의 이야기를 해주며, 하나님께서는 우상 숭배하는 사람들에게 무서운 벌을 주신다고 경고했지요. 우리도 그 사건을 본보기로 삼아, 그들처럼 악한 일을 하지 않도록 조심해야 한답니다.

1) 헬, 또는 침례 ㄱ. 출 32:6

것은 아니요 모든 것이 가하나 모든 것이 덕을 세우는 것은 아니니

24 누구든지 자기의 유익을 구하지 말고 남의 유익을 구하라

25 무릇 시장에서 파는 것은 양심을 위하여 묻지 말고 먹으라

26 이는 땅과 거기 충만한 것이 주의 것임이라

27 불신자 중 누가 너희를 청할 때에 너희가 가고자 하거든 너희 앞에 차려 놓은 것은 무엇이든지 양심을 위하여 묻지 말고 먹으라

28 누가 너희에게 이것이 제물이라 말하거든 알게 한 자와 그 양심을 위하여 먹지 말라

29 내가 말한 양심은 너희의 것이 아니요 남의 것이니 어찌하여 내 자유가 남의 양심으로 말미암아 판단을 받으리요

30 만일 내가 감사함으로 참여하면 어찌하여 내가 감사하는 것에 대하여 비방을 받으리요

31 그런즉 너희가 먹든지 마시든지 무엇을 하든지 다 하나님의 영광을 위하여 하라 **암송**

32 유대인에게나 헬라인에게나 하나님의 교회에나 거치는 자가 되지 말고

33 나와 같이 모든 일에 모든 사람을 기쁘게 하여 자신의 유익을 구하지 아니하고 많은 사람의 유익을 구하여 그들로 구원을 받게 하라

11 내가 그리스도를 본받는 자가 된 것 같이 너희는 나를 본받는 자가 되라 4:16

여자가 머리를 가리는 것—A.D. 59년경

2 ●너희가 모든 일에 나를 기억하고 또 내가 너희에게 전하여 준 대로 그 전통을 너희가 지키므로 너희를 칭찬하노라

3 그러나 나는 너희가 알기를 원하노니 각 남자의 머리는 그리스도요 여자의 머리는 남자요 그리스도의 머리는 하나님이시라 엡 1:22

4 무릇 남자로서 머리에 무엇을 쓰고 기도나 예언을 하는 자는 그 머리를 욕되게 하는 것이요

5 무릇 여자로서 머리에 쓴 것을 벗고 기도나 예언을 하는 자는 그 머리를 욕되게 하는 것이니 이는 머리를 민 것과 다름이 없음이라

6 만일 여자가 머리를 가리지 않거든 깎을 것이요 만일 깎거나 미는 것이 여자에게 부끄러움이 되거든 가릴지니라

7 남자는 하나님의 형상과 영광이니 그 머리를 마땅히 가리지 않거니와 여자는 남자의 영광이니라

8 남자가 여자에게서 난 것이 아니요 여자가 남자에게서 났으며

9 또 남자가 여자를 위하여 지음을 받지 아니하고 여자가 남자를 위하여 지음을 받은 것이니

10 그러므로 여자는 천사들로 말미암아 권세 아래에 있는 표를 그 머리 위에 둘지니라

11 그러나 주 안에는 남자 없이 여자만 있지 않고 여자 없이 남자만 있지 아니하니라

12 이는 여자가 남자에게서 난 것 같이 남자도 여자로 말미암아 났음이라 그리

11장에는 무엇이 기록되어 있을까?

11장에서 바울은 고린도 교회의

두 가지 문제점에 대해 말하고 있어요. 우선 바울은 여자가 예배드릴 때에는 꼭 머리를 가려야 한다고 말했지요. 다음으로는 성만찬에 바르지 못한 태도로 참여하는 것을 꾸짖으면서, 그것은 예수님의 몸과 피에 대해 죄를 짓는 것이라고 알려주었답니다.

불신자(10:27) 신앙을 갖지 않은 자, 하나님을 믿지 않는 자를 말함.

비방(10:30) 남을 헐뜯고 나쁘게 말함.

거치는 자(10:32) 걸려 넘어지게 하는 사람.

예언(11:4) 미래의 일을 점치는 것이 아니라, 하나님의 말씀을 전하여 교회에 덕을 세우는 신령한 행위를 뜻함.

분쟁(11:18) 말썽을 일으켜 시끄럽게 다투는 것.

축사(11:24) 축복하며 감사하는 것.

징계(11:32) 허물을 뉘우치게 경계하고 나무람.

고 모든 것은 하나님에게서 났느니라

13 너희는 스스로 판단하라 여자가 머리를 가리지 않고 하나님께 기도하는 것이 마땅하냐

14 만일 남자에게 긴 머리가 있으면 자기에게 부끄러움이 되는 것을 본성이 너희에게 가르치지 아니하느냐

15 만일 여자가 긴 머리가 있으면 자기에게 영광이 되나니 긴 머리는 가리는 것을 대신하여 주셨기 때문이니라

16 논쟁하려는 생각을 가진 자가 있을지라도 우리에게나 하나님의 모든 교회에는 이런 관례가 없느니라 7:17

성만찬의 제정

(마 26:26-29; 막 14:22-25; 눅 22:14-20)

17 ●내가 명하는 이 일에 너희를 칭찬하지 아니하나니 이는 너희의 모임이 유익이 못되고 도리어 해로움이라 11:2

18 먼저 너희가 교회에 모일 때에 너희 중에 분쟁이 있다 함을 듣고 어느 정도 믿거니와

19 너희 중에 파당이 있어야 너희 중에 옳다 인정함을 받은 자들이 나타나게 되리라

20 그런즉 너희가 함께 모여서 주의 만찬을 먹을 수 없으니

21 이는 먹을 때에 각각 자기의 만찬을 먼저 갖다 먹으므로 어떤 사람은 시장하고 어떤 사람은 취함이라

22 너희가 먹고 마실 집이 없느냐 너희가 하나님의 교회를 업신여기고 빈궁한 자들을 부끄럽게 하느냐 내가 너희에게 무슨 말을 하랴 너희를 칭찬하랴 이것으로 칭찬하지 않노라

23 내가 너희에게 전한 것은 주께 받은 것이니 곧 주 예수께서 잡히시던 밤에 떡을 가지사

24 축사하시고 떼어 이르시되 이것은 너희를 위하는 내 몸이니 이것을 행하여 나를 기념하라 하시고

25 식후에 또한 그와 같이 잔을 가지시고 이르시되 이 잔은 내 피로 세운 새 언약이니 이것을 행하여 마실 때마다 나를 기념하라 하셨으니

26 너희가 이 1)떡을 먹으며 이 잔을 마실 때마다 주의 죽으심을 그가 오실 때까지 전하는 것이니라

27 그러므로 누구든지 주의 1)떡이나 잔을 합당하지 않게 먹고 마시는 자는 주의 몸과 피에 대하여 죄를 짓는 것이니라

28 사람이 자기를 살피고 그 후에야 이 1)떡을 먹고 이 잔을 마실지니

29 주의 몸을 분별하지 못하고 먹고 마시는 자는 자기의 2)죄를 먹고 마시는 것이니라

30 그러므로 너희 중에 약한 자와 병든 자가 많고 잠자는 자도 적지 아니하니

31 우리가 우리를 살폈으면 판단을 받지 아니하려니와 삼상 32:5

32 우리가 판단을 받는 것은 주께 징계를 받는 것이니 이는 우리로 세상과 함께 정죄함을 받지 않게 하려 하심이라

33 그런즉 내 형제들아 먹으러 모일 때에 서로 기다리라

34 만일 누구든지 시장하거든 집에서 먹을지니 이는 너희의 모임이 판단 받는 모임이 되지 않게 하려 함이라 그밖의 일들은 내가 언제든지 갈 때에 바로잡

---

1) 헬, 떡덩이 2) 헬, 심판

으리라

성령의 은사—A.D. 59년경

12
형제들아 신령한 것에 대하여 나는 너희가 알지 못하기를 원하지 아니하노니

2 너희도 알거니와 너희가 이방인으로 있을 때에 말 못하는 우상에게로 끄는 그대로 끌려 갔느니라

3 그러므로 내가 너희에게 알리노니 하나님의 영으로 말하는 자는 누구든지 예수를 저주할 자라 하지 아니하고 또 성령으로 아니하고는 누구든지 예수를 주시라 할 수 없느니라

4 ●은사는 여러 가지나 성령은 같고

5 직분은 여러 가지나 주는 같으며

6 또 사역은 여러 가지나 모든 것을 모든 사람 가운데서 이루시는 하나님은 같으니

7 각 사람에게 성령을 나타내심은 유익하게 하려 하심이라

8 어떤 사람에게는 성령으로 말미암아 지혜의 말씀을, 어떤 사람에게는 같은 성령을 따라 지식의 말씀을,

9 다른 사람에게는 같은 성령으로 믿음을, 어떤 사람에게는 한 성령으로 병고치는 은사를,

10 어떤 사람에게는 능력 행함을, 어떤 사람에게는 예언함을, 어떤 사람에게는 영들 분별함을, 다른 사람에게는 각종 방언 말함을, 어떤 사람에게는 방언들 통역함을 주시나니

11 이 모든 일은 같은 한 성령이 행하사 그의 뜻대로 각 사람에게 나누어 주시는 것이니라

하나의 몸과 많은 지체

12 ●몸은 하나인데 많은 지체가 있고 몸의 지체가 많으나 한 몸임과 같이 그리스도도 그러하니라

13 우리가 유대인이나 헬라인이나 종이나 자유인이나 다 한 성령으로[1] 세례를 받아 한 몸이 되었고 또 다 한 성령을 마시게 하셨느니라

14 몸은 한 지체뿐만 아니요 여럿이니

15 만일 발이 이르되 나는 손이 아니니 몸에 붙지 아니하였다 할지라도 이로써 몸에 붙지 아니한 것이 아니요

16 또 귀가 이르되 나는 눈이 아니니 몸에 붙지 아니하였다 할지라도 이로써 몸에 붙지 아니한 것이 아니니

17 만일 온 몸이 눈이면 듣는 곳은 어디며 온 몸이 듣는 곳이면 냄새 맡는 곳은 어디냐

18 그러나 이제 하나님이 그 원하시는 대로 지체를 각각 몸에 두셨으니 12:28

19 만일 다 한 지체뿐이면 몸은 어디냐

20 이제 지체는 많으나 몸은 하나라

21 눈이 손더러 내가 너를 쓸 데가 없다 하거나 또한 머리가 발더러 내가 너를 쓸 데가 없다 하지 못하리라

22 그뿐 아니라 더 약하게 보이는 몸의 지체가 도리어 요긴하고

1) 헬, 또는 침례

술술 흘리는 성경 말씀

다양성과 통일성

그리스도인의 모임이 아름다운 이유는, 그리스도인의 모습이 하나같이 똑같지 않으면서도 또 그 가운데 통일성이 있기 때문이에요. 그리스도인은 성령으로 세례를 받아 한 몸이 되었고 각각 그 몸의 지체들이 되었으므로 '다양한 가운데 통일성'을 갖게 되었지요.

고린도 교인들은 각자에게 다르게 주어진 은사를 그리스도라는 통일성 속에서 인정하지 못했기 때문에 많은 문제가 생기곤 했어요. 이처럼 비교 의식에 빠진 사람들은 스스로를 초라하게 여길 수도 있고, 남을 멸시할 수도 있지요. 그렇게 되면 내가 누군가에게 준 고통이 다시 나에게 돌아오고, 결국은 공동체 전체로 퍼지게 된답니다.

12장 14~26절

12 에는 무엇이 기록되어 있을까?

고린도 교회에는 성령의 은사 (선물)와 관련된 문제들이 많이 있었어요. 바울은 은사의 종류에는 어떤 것이 있고, 은사를 어떻게 사용해야 되는지에 대해서 자세히 설명해주었지요. 각 지체들이 하나의 몸을 이루는 것처럼, 성도들은 한 공동체인 교회를 위해 각자의 은사를 사용하여 서로 도와주어야 한답니다.

23 우리가 몸의 덜 귀히 여기는 그것들을 더욱 귀한 것들로 입혀 주며 우리의 아름답지 못한 지체는 더욱 아름다운 것을 얻느니라 그런즉

24 우리의 아름다운 지체는 그럴 필요가 없느니라 오직 하나님이 몸을 고르게 하여 부족한 지체에게 귀중함을 더하사

25 몸 가운데서 분쟁이 없고 오직 여러 지체가 서로 같이 돌보게 하셨느니라

26 만일 한 지체가 고통을 받으면 모든 지체가 함께 고통을 받고 한 지체가 영광을 얻으면 모든 지체가 함께 즐거워하느니라

27 너희는 그리스도의 몸이요 지체의 각 부분이라   롬 12:5

28 하나님이 교회 중에 몇을 세우셨으니 첫째는 사도요 둘째는 선지자요 셋째는 교사요 그 다음은 능력을 행하는 자요 그 다음은 병 고치는 은사와 서로 돕는 것과 다스리는 것과 각종 방언을 말하는 것이라

29 다 사도이겠느냐 다 선지자이겠느냐 다 교사이겠느냐 다 능력을 행하는 자이겠느냐

30 다 병 고치는 은사를 가진 자이겠느냐 다 방언을 말하는 자이겠느냐 다 통역하는 자이겠느냐

31 너희는 더욱 큰 은사를 사모하라 내가 또한 가장 좋은 길을 너희에게 보이리라

사랑 — A.D. 59년경

13 내가 사람의 방언과 천사의 말을 할지라도 사랑이 없으면 소리 나는 구리와 울리는 꽹과리가 되고

2 내가 예언하는 능력이 있어 모든 비밀과 모든 지식을 알고 또 산을 옮길 만

한 모든 믿음이 있을지라도 사랑이 없으면 내가 아무 것도 아니요   마 17:20

3 내가 내게 있는 모든 것으로 구제하고 또 내 몸을 불사르게 내줄지라도 사랑이 없으면 내게 아무 유익이 없느니라

4 사랑은 오래 참고 사랑은 온유하며 시기하지 아니하며 사랑은 자랑하지 아니하며 교만하지 아니하며

5 무례히 행하지 아니하며 자기의 1)유익을 구하지 아니하며 성내지 아니하며 악한 것을 생각하지 아니하며

6 불의를 기뻐하지 아니하며 진리와 함께 기뻐하고

7 모든 것을 참으며 모든 것을 믿으며 모든 것을 바라며 모든 것을 견디느니라   암송

8 사랑은 언제까지나 떨어지지 아니하되 예언도 폐하고 방언도 그치고 지식도 폐하리라

9 우리는 부분적으로 알고 부분적으로 예언하니   8:2

10 온전한 것이 올 때에는 부분적으로 하던 것이 폐하리라

11 내가 어렸을 때에는 말하는 것이 어린 아이와 같고 깨닫는 것이 어린 아이와 같고 생각하는 것이 어린 아이와 같다가 장성한 사람이 되어서는 어린 아이의 일을 버렸노라

12 우리가 지금은 거울로 보는 것 같이 희미하나 그 때에는 얼굴과 얼굴을 대하여 볼 것이요 지금은 내가 부분적으로 아나 그 때에는 주께서 나를 아신 것 같이 내가 온전히 알리라

13 그런즉 믿음, 소망, 사랑, 이 세 가지는 항상 있을 것인데 그 중의 2)제일은 사랑이라   암송

방언과 예언

14 사랑을 추구하며 신령한 것들을 사모하되 특별히 예언을 하

13장에는 무엇이 기록되어 있을까요?

13장은 '사랑장'으로 잘 알려져 있어요. 바울은 진정한 사랑이 어떤 것인지에 대해서 아름답게 표현했어요. 성령의 은사 중에서 가장 위대하고 영원한 것은 바로 '사랑'의 은사입니다. 그런데 사랑에는 긍정적인 덕목(~해야 한다)과 부정적인 덕목(~하지 말아야 한다)이 함께 있다는 것을 알아야 해요.

1) 헬. 것을 2) 헬. 더큰 것은
구제(13:3) 불황이나 재해 등으로 어려운 형편에 빠진 사람을 도와주는 것.

려고 하라

12:31

2 방언을 말하는 자는 사람에게 하지 아니하고 하나님께 하나니 이는 알아 듣는 자가 없고 영으로 비밀을 말함이라

3 그러나 예언하는 자는 사람에게 말하여 덕을 세우며 권면하며 위로하는 것이요

4 방언을 말하는 자는 자기의 덕을 세우고 예언하는 자는 교회의 덕을 세우나니

5 나는 너희가 다 방언 말하기를 원하나 특별히 예언하기를 원하노라 만일 방언을 말하는 자가 통역하여 교회의 덕을 세우지 아니하면 예언하는 자만 못하니라

민 11:29

6 그런즉 형제들아 내가 너희에게 나아가서 방언으로 말하고 계시나 지식이나 예언이나 가르치는 것으로 말하지 아니하면 너희에게 무엇이 유익하리요

7 혹 피리나 거문고와 같이 생명 없는 것이 소리를 낼 때에 그 음의 분별을 나타내지 아니하면 피리 부는 것인지 거문고 타는 것인지 어찌 알게 되리요

8 만일 나팔이 분명하지 못한 소리를 내면 누가 전투를 준비하리요

9 이와 같이 너희도 혀로써 알아 듣기 쉬운 말을 하지 아니하면 그 말하는 것을 어찌 알리요 이는 허공에다 말하는 것이라

9:26

10 이같이 세상에 소리의 종류가 많으나 뜻 없는 소리는 없나니

11 그러므로 내가 그 소리의 뜻을 알지 못하면 내가 말하는 자에게 1)외국인이 되고 말하는 자도 내게 1)외국인이 되

14 장 에는 무엇이 기록되어 있을까?

중요한 은사 중에서 방언과 예언에 대한 이야기예요. 바울은 방언보다 예언이 더 중요하다고 이야기하였어요. 그것은 예언이 성도와 교회에 덕을 세워줄 수 있기 때문이에요. 반면 통역이 없는 방언은 도리어 분란을 일으킬 위험이 있지요. 그러므로 이 두 은사를 교회에서 사용할 때에는 정해진 질서를 잘 따라야 해요.

리니

행 28:2

12 그러므로 너희도 영적인 것을 사모하는 자인즉 교회의 덕을 세우기 위하여 그것이 풍성하기를 구하라

14:4, 5

13 그러므로 방언을 말하는 자는 통역하기를 기도할지니

14 내가 만일 방언으로 기도하면 나의 영이 기도하거니와 나의 마음은 열매를 맺지 못하리라

15 그러면 어떻게 할까 내가 영으로 기도하고 또 마음으로 기도하며 내가 영으로 찬송하고 또 마음으로 찬송하리라

16 그렇지 아니하면 네가 영으로 축복할 때에 2)알지 못하는 처지에 있는 자가 네가 무슨 말을 하는지 알지 못하고 네 감사에 어찌 아멘 하리요

17 너는 감사를 잘하였으나 그러나 다른 사람은 덕 세움을 받지 못하리라

18 내가 너희 모든 사람보다 방언을 더 말하므로 하나님께 감사하노라

19 그러나 교회에서 내가 남을 가르치기 위하여 깨달은 마음으로 다섯 마디 말을 하는 것이 일만 마디 방언으로 말하는 것보다 나으니라

20 형제들아 지혜에는 아이가 되지 말고 악에는 어린 아이가 되라 지혜에는 장성한 사람이 되라

21 율법에 기록된 바 주께서 이르시되 내가 다른 방언을 말하는 자와 다른 입술로 이 백성에게 말할지라도 그들이 여전히 듣지 아니하리라 하였으니

22 그러므로 방언은 믿는 자들을 위하지 아니하고 믿지 아니하는 자들을 위하는 표적이나 예언은 믿지 아니하는 자들을 위하지 않고 믿는 자들을 위함이니라

23 그러므로 온 교회가 함께 모여 다 방언으로 말하면 3)알지 못하는 자들이나 믿

1) 또는 야만인 2) 또는 은사를 받지 못한 자 3) 또는 은사를 받지 못한 들 ㄱ. 사 28:11 이하

권면(14:3) 타일러서 힘쓰게 함.
제재(14:32) 어떤 태도나 행위에 대해 불이익이나 벌을 줌.

지 아니하는 자들이 들어와서 너희를 미쳤다 하지 아니하겠느냐

²⁴ 그러나 다 예언을 하면 믿지 아니하는 자들이나 알지 못하는 자들이 들어와서 모든 사람에게 책망을 들으며 모든 사람에게 판단을 받고

²⁵ 그 마음의 숨은 일들이 드러나게 되므로 엎드리어 하나님께 경배하며 하나님이 참으로 너희 가운데 계신다 전파하리라

차례를 따라 하라

²⁶ ●그런즉 형제들아 어찌할까 너희가 모일 때에 각각 찬송시도 있으며 가르치는 말씀도 있으며 계시도 있으며 방언도 있으며 통역함도 있나니 모든 것을 덕을 세우기 위하여 하라

²⁷ 만일 누가 방언으로 말하거든 두 사람이나 많아야 세 사람이 차례를 따라 하고 한 사람이 통역할 것이요

²⁸ 만일 통역하는 자가 없으면 교회에서는 잠잠하고 자기와 하나님께 말할 것이요

²⁹ 예언하는 자는 둘이나 셋이나 말하고 다른 이들은 분별할 것이요

³⁰ 만일 곁에 앉아 있는 다른 이에게 계시가 있으면 먼저 하던 자는 잠잠할지니라

³¹ 너희는 다 모든 사람으로 배우게 하고 모든 사람으로 권면을 받게 하기 위하여 하나씩 하나씩 예언할 수 있느니라

³² 예언하는 자들의 영은 예언하는 자들에게 제재를 받나니

³³ 하나님은 무질서의 하나님이 아니시요 오직 화평의 ¹⁾하나님이시니라 ●모든 성도가 교회에서 함과 같이

³⁴ 여자는 교회에서 잠잠하라 그들에게는 말하는 것을 허락함이 없나니 율법에 이른 것 같이 [*]오직 복종할 것이요

³⁵ 만일 무엇을 배우려거든 집에서 자기 남편에게 물을지니 여자가 교회에서 말하는 것은 부끄러운 것이라

³⁶ 하나님의 말씀이 너희로부터 난 것이냐 또는 너희에게만 임한 것이냐

³⁷ ●만일 누구든지 자기를 선지자나 혹은 신령한 자로 생각하거든 내가 너희에게 편지하는 이 글이 주의 명령인 줄 알라

³⁸ 만일 누구든지 알지 못하면 ²⁾그는 알지 못한 자니라

³⁹ ●그런즉 내 형제들아 예언하기를 사모하며 방언 말하기를 금하지 말라

⁴⁰ 모든 것을 품위 있게 하고 질서 있게 하라

그리스도의 부활——A.D. 59년경

15

형제들아 내가 너희에게 전한 복음을 너희에게 알게 하노니 이는 너희가 받은 것이요 또 그 가운데 선 것이라

² 너희가 만일 내가 전한 그 말을 굳게 지키고 헛되이 믿지 아니하였으면 그로 말미암아 구원을 받으리라

³ 내가 받은 것을 먼저 너희에게 전하였노니 이는 성경대로 그리스도께서 우

---

1) 또는 하나님이시니 모든 성도의 교회에서 그러하니라
2) 어떤 사본과, 알지 못하는 대로 두라

리 죄를 위하여 죽으시고

4 장사 지낸 바 되었다가 성경대로 사흘 만에 다시 살아나사 _{암송}

5 게바에게 보이시고 후에 열두 제자에게 보이셨으며

6 그 후에 오백여 형제에게 일시에 보이셨나니 그 중에 지금까지 대다수는 살아 있고 어떤 사람은 잠들었으며

7 그 후에 야고보에게 보이셨으며 그 후에 모든 사도에게와

8 맨 나중에 만삭되지 못하여 난 자 같은 내게도 보이셨느니라 _{갈 1:16}

9 나는 사도 중에 가장 작은 자라 나는 하나님의 교회를 박해하였으므로 사도라 칭함 받기를 감당하지 못할 자니라

10 그러나 내가 나 된 것은 하나님의 은혜로 된 것이니 내게 주신 그의 은혜가 헛되지 아니하여 내가 모든 사도보다 더 많이 수고하였으나 내가 한 것이 아니요 오직 나와 함께 하신 하나님의 은혜로라

11 그러므로 나나 그들이나 이같이 전파하매 너희도 이같이 믿었느니라

죽은 사람의 부활

12 ●그리스도께서 죽은 자 가운데서 다시 살아나셨다 전파되었거늘 너희 중에서 어떤 사람들은 어찌하여 죽은 자 가운데 부활이 없다 하느냐

13 만일 죽은 자의 부활이 없으면 그리스도도 다시 살아나지 못하셨으리라

14 그리스도께서 만일 다시 살아나지 못하셨으면 우리가 전파하는 것도 헛것이요 또 너희 믿음도 헛것이며 _{살전 4:14}

15 또 우리가 하나님의 거짓 증인으로 발

안디옥 외곽에 있는 베드로(게바) 동굴 교회(15:5)

견되리니 우리가 하나님이 그리스도를 다시 살리셨다고 증언하였음이라 만일 죽은 자가 다시 살아나는 일이 없으면 하나님이 그리스도를 다시 살리지 아니하셨으리라

16 만일 죽은 자가 다시 살아나는 일이 없으면 그리스도도 다시 살아나신 일이 없었을 터이요

17 그리스도께서 다시 살아나신 일이 없으면 너희의 믿음도 헛되고 너희가 여전히 죄 가운데 있을 것이요

18 또한 그리스도 안에서 잠자는 자도 망하였으리니

19 만일 그리스도 안에서 우리가 바라는 것이 다만 이 세상의 삶뿐이면 모든 사람 가운데 우리가 더욱 불쌍한 자이리라

20 ●그러나 이제 그리스도께서 죽은 자 가운데서 다시 살아나사 잠자는 자들의 첫 열매가 되셨도다 _{암송}

21 사망이 한 사람으로 말미암았으니 죽은 자의 부활도 한 사람으로 말미암는도다

22 아담 안에서 모든 사람이 죽은 것 같이 그리스도 안에서 모든 사람이 삶을 얻으리라

23 그러나 각각 자기 차례대로 되리니 먼저는 첫 열매인 그리스도요 다음에는 그가 강림하실 때에 그리스도에게 속한 자요

24 그 후에는 마지막이니 그가 모든 통치와 모든 권세와 능력을 멸하시고 나라를 아버지 하나님께 바칠 때라 _{단 7:14}

25 그가 모든 원수를 그 발 아래에 둘 때

15 에는 무엇이 기록되어 있을까?

복음은 그리스도가 부활하셨다는 것을 증언하였어요. 이것은 당시 고린도 교인들 가운데 예수님의 부활을 의심하는 사람들이 있었기 때문이에요. 그리고 바울은 죽은 사람들의 부활에 대해서도 이야기해주었지요. 그리스도께서 부활의 첫 열매가 되심으로 그를 믿는 사람들은 예수님이 다시 오실 때에 모두 부활하게 된답니다.

까지 반드시 왕 노릇 하시리니

26 맨 나중에 멸망 받을 원수는 사망이니라

27 만물을 그의 발 아래에 두셨다 하셨으니 만물을 아래에 둔다 말씀하실 때에 그 만물을 그의 아래에 두신 이가 그 중에 들지 아니한 것이 분명하도다 시 8:6

28 만물을 그에게 복종하게 하실 때에는 1)아들 자신도 그 때에 만물을 자기에게 복종하게 하신 이에게 복종하게 되리니 이는 하나님이 만유의 주로서 만유 안에 계시려 하심이라 빌 3:21

29 ●만일 죽은 자들이 도무지 다시 살아나지 못하면 죽은 자들을 위하여 2)세례를 받는 자들이 무엇을 하겠느냐 어찌하여 그들을 위하여 2)세례를 받느냐

30 또 어찌하여 우리가 언제나 위험을 무릅쓰리요 고후 11:26

31 형제들아 내가 그리스도 예수 우리 주 안에서 가진 바 너희에 대한 나의 자랑을 두고 단언하노니 나는 날마다 죽노라

32 내가 사람의 방법으로 에베소에서 맹수와 더불어 싸웠다면 내게 무슨 유익이 있으리요 죽은 자가 다시 살아나지 못한다면 내일 죽을 터이니 먹고 마시자 하리라

33 속지 말라 악한 동무들은 선한 행실을 더럽히나니

34 깨어 의를 행하고 죄를 짓지 말라 하나님을 알지 못하는 자가 있기로 내가 너희를 부끄럽게 하기 위하여 말하노라

몸의 부활

35 ●누가 묻기를 죽은 자들이 어떻게 다시 살아나며 어떠한 몸으로 오느냐 하리니 겔 37:3

36 어리석은 자여 네가 뿌리는 씨가 죽지 않으면 살아나지 못하겠고

37 또 네가 뿌리는 것은 장래의 형체를 뿌리는 것이 아니요 다만 밀이나 다른

것의 알맹이 뿐이로되

38 하나님이 그 뜻대로 그에게 형체를 주시되 각 종자에게 그 형체를 주시느니라 창 1:11

39 육체는 다 같은 육체가 아니니 하나는 사람의 육체요 하나는 짐승의 육체요 하나는 새의 육체요 하나는 물고기의 육체라

40 하늘에 속한 형체도 있고 땅에 속한 형체도 있으나 하늘에 속한 것의 영광이 따로 있고 땅에 속한 것의 영광이 따로 있으니

41 해의 영광이 다르고 달의 영광이 다르며 별의 영광도 다른데 별과 별의 영광이 다르도다

42 죽은 자의 부활도 그와 같으니 썩을 것으로 심고 썩지 아니할 것으로 다시 살아나며

43 욕된 것으로 심고 영광스러운 것으로 다시 살아나며 약한 것으로 심고 강한 것으로 다시 살아나며

44 육의 몸으로 심고 신령한 몸으로 다시 살아나나니 육의 몸이 있은즉 또 영의 몸도 있느니라

45 기록된 바 첫 사람 아담은 생령이 되었다 함과 같이 마지막 아담은 살려 주

술술 풀리는 성경 말씀

첫 열매

이스라엘 사람들은 곡식을 거두기 전에 먼저 한 단, 바로 '첫 열매'를 하나님께 드릴 예물로 제사장에게 가져와야만 추수가 허락되었어요. 첫 곡식을 드리는 절기는 1년에 두 번 있었는데, 유월절 이후에 맞이할 안식일 다음 날 보리의 첫 이삭 한 단을 드렸고 후로 50일째 되는 날에 밀의 첫 이삭을 드렸어요.

바울이 그리스도의 부활을 '첫 열매'에 빗댄 데는 이러한 배경이 깔려 있어요. 즉 예수님은 자신을 하나님께 첫 열매로 바치셨고, 따라서 그리스도의 활은 죽은 성도들의 부활이라는 추수가 시작되었음을 알리는 첫 열매인 것이지요. 바울은 하나님의 추수가 끝마쳐지려면 그리스도 안에서 잠자고 있는 성도들이 모두 부활해야 한다고 말했습니다.

15장 20절

---

1) 또는 아들도 그 때에 스스로 만물을 자기에게 복종하게 하신 이에게 복종하리라 2) 헬, 또는 침례 ㄱ. 시 8:6 ㄴ. 창 2:7

눈물 교회에
보관된
납골 상자들
(15:50-54)

는 영이 되었나니

46 그러나 먼저는 신령한 사람이 아니요 육의 사람이요 그 다음에 신령한 사람이니라

47 첫 사람은 땅에서 났으니 흙에 속한 자이거니와 둘째 사람은 하늘에서 나셨느니라

48 무릇 흙에 속한 자들은 저 흙에 속한 자와 같고 무릇 하늘에 속한 자들은 저 하늘에 속한 이와 같으니

49 우리가 흙에 속한 자의 형상을 입은 것 같이 또한 하늘에 속한 이의 형상을 입으리라

50 ●형제들아 내가 이것을 말하노니 혈과 육은 하나님 나라를 이어 받을 수 없고 또한 썩는 것은 썩지 아니하는 것을 유업으로 받지 못하느니라

51 보라 내가 너희에게 비밀을 말하노니 우리가 다 잠잘 것이 아니요 마지막 나팔에 순식간에 홀연히 다 변화되리니

52 나팔 소리가 나매 죽은 자들이 썩지 아니할 것으로 다시 살아나고 우리도 변화되리라

53 이 썩을 것이 반드시 썩지 아니할 것을 입겠고 이 죽을 것이 죽지 아니함을 입으로다

54 이 썩을 것이 썩지 아니함을 입고 이 죽을 것이 죽지 아니함을 입을 때에는 사망을 삼키고 이기리라고 기록된 말씀이 이루어지리라

55 사망아 너의 승리가 어디 있느냐 사망아 네가 쏘는 것이 어디 있느냐

ㄱ. 시25:8 ㄴ. 호13:14

56 사망이 쏘는 것은 죄요 죄의 권능은 율법이라

57 우리 주 예수 그리스도로 말미암아 우리에게 승리를 주시는 하나님께 감사하노니

58 그러므로 내 사랑하는 형제들아 견실하며 흔들리지 말고 항상 주의 일에 더욱 힘쓰는 자들이 되라 이는 너희 수고가 주 안에서 헛되지 않은 줄 앎이라 [암송]

16
성도를 위하는 연보

1 성도를 위하는 연보에 관하여는 내가 갈라디아 교회들에게 명한 것 같이 너희도 그렇게 하라

2 매주 첫날에 너희 각 사람이 수입에 따라 모아 두어서 내가 갈 때에 연보를 하지 않게 하라

3 내가 이를 때에 너희가 인정한 사람에게 편지를 주어 너희의 은혜를 예루살렘으로 가지고 가게 하리니 고후 8:18

4 만일 나도 가는 것이 합당하면 그들이 나와 함께 가리라

5 내가 마게도냐를 지날 터이니 마게도냐를 지난 후에 너희에게 가서

6 혹 너희와 함께 머물며 겨울을 지낼 듯도 하니 이는 너희가 나를 내가 갈 곳으로 보내어 주게 하려 함이라

7 이제는 지나는 길에 너희 보기를 원하지 아니하노니 이는 만일 주께서 허락하시면 얼마 동안 너희와 함께 머물기를 바람이라 행 18:21

8 내가 오순절까지 에베소에 머물려 함은

9 내게 광대하고 유효한 문이 열렸으나

16장 에는 무엇이 기록되어 있을까?

바울이 쓴 글의 특징은 교회를 이끌어나가는 데 중요한 원리와 그에 필요한 가르침들이 잘 조화를 이루고 있다는 거예요. 바울은 어려움에 처한 예루살렘 교회를 위해서 헌금할 것과 모든 일에 사랑으로 서로 협력할 것을 당부했어요. 또한 디모데와 아볼로를 잘 보아줄 것을 부탁했습니다.

대적하는 자가 많음이라

20 ●디모데가 이르거든 너희는 조심하여 그로 두려움이 없이 너희 가운데 있게 하라 이는 그도 나와 같이 주의 일을 힘쓰는 자임이라

11 그러므로 누구든지 그를 멸시하지 말고 평안히 보내어 내게로 오게 하라 나는 그가 형제들과 함께 오기를 기다리노라

12 형제 아볼로에 대하여는 그에게 형제들과 함께 너희에게 가라고 내가 많이 권하였으되 지금은 갈 뜻이 전혀 없으나 기회가 있으면 가리라

권면과 끝 인사

13 ●깨어 믿음에 굳게 서서 남자답게 강건하라

14 너희 모든 일을 사랑으로 행하라

15 ●형제들아 스데바나의 집은 곧 아가야의 첫 열매요 또 성도 섬기기로 작정한 줄을 너희가 아는지라 내가 너희를 권하노니 하 6:10

16 이같은 사람들과 또 함께 일하며 수고하는 모든 사람에게 순종하라

17 내가 스데바나와 브드나도와 아가이고가 온 것을 기뻐하노니 그들이 너희의 부족한 것을 채웠음이라

18 그들이 나와 너희 마음을 시원하게 하였으니 그러므로 너희는 이런 사람들을 알아 주라

19 ●아시아의 교회들이 너희에게 문안하고 아굴라와 브리스가와 그 집에 있는 교회가 주 안에서 너희에게 간절히 문안하고

20 모든 형제도 너희에게 문안하니 너희는 거룩하게 입맞춤으로 서로 문안하라

21 ●나 바울은 친필로 너희에게 문안하노니

22 만일 누구든지 주를 사랑하지 아니하면 저주를 받을지어다 [1]우리 주여 오시옵소서 롬 9:3

23 주 예수 그리스도의 은혜가 너희와 함께 하고

24 나의 사랑이 그리스도 예수 안에서 너희 무리와 함께 [2]할지어다

1) 또는 우리 주께서 임하셨도다 아람어, 마라나타 2) 어떤 사본에, 할지어다 아멘

계란 속의 생명

여덟 살짜리 마이클은 몸이 늘 아파서 휠체어를 타고 교회에 나오곤 했어요. 부활주일을 앞두고 교회학교 선생님이 아이들에게 속이 비어 있는 플라스틱 계란을 주면서, 그 속에 무엇이든 생명이 있는 것을 넣어 오라고 했습니다.

부활절 아침이 되자, 아이들은 꽃이나 씨앗 등이 들어 있는 플라스틱 계란을 차례로 열어 보였지요. 그런데 마이클이 가져온 계란 속에는 아무것도 들어 있지 않았어요. 아이들이 웃자, 마이클은 이렇게 말했어요.

"저는 예수님의 생명을 준비했어요. 예수님은 다시 살아나셨기 때문에 무덤이 비어 있잖아요. 그래서 이 계란에는 예수님의 생명이 들어 있어요."

마이클은 10개월 뒤에 죽고 말았어요. 마이클의 장례식 때에 그의 관에는 꽃 대신 빈 플라스틱 계란이 가지런히 놓였답니다.

고린도후서를 읽기 전에

고린도전서와 같이 사도 바울이 기록했어요. 고린도 교회는 바울이 2차 전도 여행을 할 때에 세운 교회예요. 고린도 교회의 문제를 해결하기 위해 먼저 고린도전서를 썼던 바울은 이 편지로 고린도 교인들을 더욱 강하게 교훈한답니다.

언제, 왜, 누구를 위하여 썼나요?

이 책은 A.D. 55~56년경 고린도 교회와 아가야 지방의 모든 교회를 대상으로 기록됐어요. 바울은 고린도 교회의 문제를 해결하고 자신에 대한 오해를 풀기 위해, 또 성도들을 돕기 위한 구제 헌금의 중요성을 강조하려고 이 글을 썼어요.

어떤 내용인가요?

바울은 거짓 선생들이 잘못된 진리로 고린도 교인들을 어려움에 빠지게 하는 것을 보고 자신은 하나님이 주신 참된 권위를 가지고 일하고 있음을 분명하게 전했어요.

고난과 위로와 구원과 감사 — A.D. 60년경

1 하나님의 뜻으로 말미암아 그리스도 예수의 사도 된 바울과 형제 디모데는 고린도에 있는 하나님의 교회와 또 온 아가야에 있는 모든 성도에게

2 하나님 우리 아버지와 주 예수 그리스도로부터 은혜와 평강이 있기를 원하노라

3 찬송하리로다 그는 우리 주 예수 그리스도의 하나님이시요 자비의 아버지시요 모든 위로의 하나님이시며 엡 1:3

4 우리의 모든 환난 중에서 우리를 위로하사 우리로 하여금 하나님께 받는 위로로써 모든 환난 중에 있는 자들을 능히 위로하게 하시는 이시로다 _{암송}

5 그리스도의 고난이 우리에게 넘친 것 같이 우리가 받는 위로도 그리스도로 말미암아 넘치는도다

6 우리가 환난 당하는 것도 너희가 위로와 구원을 받게 하려는 것이요 우리가 위로를 받는 것도 너희가 위로를 받게 하려는 것이니 이 위로가 너희 속에 역사하여 우리가 받는 것 같은 고난을 너희도 견디게 하느니라 4:15

7 너희를 위한 우리의 소망이 견고함은 너희가 고난에 참여하는 자가 된 것 같이 위로에도 그러할 줄을 앎이라

8 형제들아 우리가 아시아에서 당한 환난을 너희가 모르기를 원하지 아니하노니 힘에 겹도록 심한 고난을 당하여 살 소망까지 끊어지고 행 19:23

9 우리는 우리 자신이 사형 선고를 받은 줄 알았으니 이는 우리로 자기를 의지하지 말고 오직 죽은 자를 다시 살리시는 하나님만 의지하게 하심이라

10 그가 이같이 큰 사망에서 우리를 건지셨고 또 건지실 것이며 이 후에도 건지시기를 그에게 바라노라

11 너희도 우리를 위하여 간구함으로 도우라 이는 우리가 많은 사람의 기도로 얻은 은사로 말미암아 많은 사람이 우리를 위하여 감사하게 하려 함이라

1 에는 무엇이 기록되어 있을까?

바울은 자신이 아시아에서 겪은 어려움에 대해 말해주었어요. 하나님께서는 바울이 그 모든 고난을 잘 이겨낼 수 있도록 기적적인 도움을 주셨지요. 바울은 고난 자체보다 그것을 통해 역사하시는 하나님의 은혜를 더욱 중요하게 생각합니다. 한편 바울은 고린도 교회 방문 계획이 바뀌게 된 이유에 대해서 설명했어요.

○ 레가이
온 길(1:1)
레가이 온
항구에서
아고라까지
곧장 이어
지는 길이
며, 건고한
석회암으로
포장 되어
있다.

고
후

고린도 교회 방문을 연기하다

12 ●우리가 세상에서 특별히 너희에 대하여 하나님의 거룩함과 진실함으로 행하되 육체의 지혜로 하지 아니하고 하나님의 은혜로 행함은 우리 양심이 증언하는 바니 이것이 우리의 자랑이라

13 오직 너희가 읽고 아는 것 외에 우리가 다른 것을 쓰지 아니하노니 너희가 완전히 알기를 내가 바라는 것은

14 너희가 우리를 부분적으로 알았으나 우리 주 예수의 날에는 너희가 우리의 자랑이 되고 우리가 너희의 자랑이 되는 그것이라   고전 1:8

15 ●내가 이 확신을 가지고 너희로 두 번 은혜를 얻게 하기 위하여 먼저 너희에게 이르렀다가

16 너희를 지나 마게도냐로 갔다가 다시 마게도냐에서 너희에게 가서 너희의 도움으로 유대로 가기를 계획하였으니

17 이렇게 계획할 때에 어찌 경솔히 하였으리요 혹 계획하기를 육체를 따라 계획하여 예 예 하면서 아니라 아니라 하는 일이 내게 있겠느냐

18 하나님은 미쁘시니라 우리가 너희에게 한 말은 예 하고 아니라 함이 없노라

19 우리 곧 나와 실루아노와 디모데로 말미암아 너희 가운데 전파된 하나님의 아들 예수 그리스도는 예 하고 아니라 함이 되지 아니하셨으니 그에게는 예만 되었느니라   막 16:16

20 하나님의 약속은 얼마든지 그리스도 안에서 예가 되니 그런즉 그로 말미암아 우리가 아멘 하여 하나님께 영광을 돌리게 되느니라

21 우리를 너희와 함께 그리스도 안에서 굳건하게 하시고 우리에게 기름을 부으신 이는 하나님이시니

22 그가 또한 우리에게 인치시고 보증으로 우리 마음에 성령을 주셨느니라   엡 1:13

23 ●내가 내 목숨을 걸고 하나님을 불러 증언하시게 하노니 내가 다시 고린도에 가지 아니한 것은 너희를 아끼려 함이라

24 우리가 너희 믿음을 주관하려는 것이 아니요 오직 너희 기쁨을 돕는 자가 되려 함이니 이는 너희가 믿음에 섰음이라

2 내가 다시는 너희에게 근심 중에 나아가지 아니하기로 스스로 결심하였노니

2 내가 너희를 근심하게 한다면 내가 근심하게 한 자 밖에 나를 기쁘게 할 자가 누구냐

3 내가 이같이 쓴 것은 내가 갈 때에 마땅히 나를 기쁘게 할 자로부터 도리어 근심을 얻을까 염려함이요 또 너희 모두에 대한 나의 기쁨이 너희 모두의 기쁨인 줄 확신함이로라   1:21

4 내가 마음에 큰 눌림과 걱정이 있어 많은 눈물로 너희에게 썼노니 이는 너희로 근심하게 하려 한 것이 아니요 오직 내가 너희를 향하여 넘치는 사랑이 있음을 너희로 알게 하려 함이라

근심하게 한 사람을 용서하라

5 ●근심하게 한 자가 있었을지라도 나를 근심하게 한 것이 아니요 어느 정도 너희 모두를 근심하게 한 것이니 어느 정도라 함은 내가 너무 지나치게 말하

2장에는 무엇이 기록되어 있을까?

바울이 고린도 교회 방문을 연기한 것은, 사랑하는 교인의 잘못을 직접 징계할 수 없었기 때문이에요. 그는 고린도 교회가 그들의 문제를 스스로 해결하기 바랐지요. 바울은 문제가 되는 그 교인을 용서하고 위로해줄 것을 부탁했어요. 한편 바울은 복음 전하는 사람들을 그리스도의 향기라고 말했습니다.

지 아니하려 함이라

6 이러한 사람은 많은 사람에게서 벌 받는 것이 마땅하도다

7 그런즉 너희는 차라리 그를 용서하고 위로할 것이니 그가 너무 많은 근심에 1)잠길까 두려워하노라

8 그러므로 너희를 권하노니 사랑을 그들에게 나타내라

9 너희가 범사에 순종하는지 그 증거를 알고자 하여 내가 이것을 너희게 썼노라 빌 2:22

10 너희가 무슨 일에든지 누구를 용서하면 나도 그리하고 내가 만일 용서한 일이 있으면 용서한 그것은 너희를 위하여 그리스도 앞에서 한 것이니

11 이는 우리로 사탄에게 속지 않게 하려 함이라 우리는 그 계책을 알지 못하는 바가 아니로라

그리스도의 향기

12 ●내가 그리스도의 복음을 위하여 드로아에 이르매 주 안에서 문이 내게 열렸으되 행 16:8

13 내가 내 형제 디도를 만나지 못하므로 내 심령이 편하지 못하여 그들을 작별하고 마게도냐로 갔노라

14 항상 우리를 그리스도 안에서 이기게 하시고 우리로 말미암아 각처에서 그리스도를 아는 냄새를 나타내시는 하나님께 감사하노라

15 우리는 구원 받는 자들에게나 망하는 자들에게나 하나님 앞에서 그리스도의 향기니

16 이 사람에게는 사망으로부터 사망에

이르는 냄새요 저 사람에게는 생명(生命)으로부터 생명에 이르는 냄새라 누가 이 일을 감당하리요

17 우리는 수많은 사람들처럼 하나님의 말씀을 혼잡하게 하지 아니하고 곧 순전함으로 하나님께 받은 것 같이 하나님 앞에서와 그리스도 안에서 말하노라

내 언약의 일꾼들——A.D. 60년경

3 우리가 다시 자천하기를 시작하겠느냐 우리가 어찌 어떤 사람처럼 추천서를 너희에게 부치거나 혹은 너희게 받거나 할 필요가 있느냐

2 너희는 우리의 편지라 우리 마음에 썼고 뭇 사람이 알고 읽는 바라

3 너희는 우리로 말미암아 나타난 그리스도의 편지니 이는 먹으로 쓴 것이 아니요 오직 살아 계신 하나님의 영으로 쓴 것이며 또 돌판에 쓴 것이 아니요 오직 육의 마음판에 쓴 것이라

4 우리가 그리스도로 말미암아 하나님을 향하여 이같은 확신이 있으니

5 우리가 무슨 일이든지 우리에게서 난 것 같이 스스로 만족할 것이 아니니 우리의 만족은 오직 하나님으로부터 나느니라

6 그가 또한 우리를 새 언약의 일꾼 되기에 만족하게 하셨으니 율법 조문으로 하지 아니하고 오직 영으로 함이니 율법 조문은 죽이는 것이요 영은 살리는 것이니라

7 돌에 써서 새긴 죽게 하는 율법 조문의 직분도 영광이 있어 이스라엘 자손들은 모세의 얼굴의 없어질 영광 때문에 그 얼굴을 주목하지 못하였거든

8 하물며 영의 직분은 더욱 영광이 있지 아니하겠느냐 갈 3:5

9 정죄의 직분도 영광이 있은즉 의의 직분은 영광이 더욱 넘치리라

10 영광되었던 것이 더 큰 영광으로 말미암아 이에 영광될 것이 없으나

11 없어질 것도 영광으로 말미암았은즉 길이 있을 것은 더욱 영광 가운데 있느

3장 에는 무엇이 기록되어 있을까?

고린도 교인 가운데 일부는 바울이 추천장이 없다는 이유로 바울의 사도직을 인정하지 않았어요. 이에 대해 바울은 자신이 힘써 일한 고린도 교회야말로 그리스도께서 보내신 추천장이라고 말했지요. 또한 자신의 사도로서의 자격은 하나님으로부터 나온 것이며, 성령이 그것을 증명해준다고 주장했답니다.

---

1) 헬, 삼키울까

나라

12 ●우리가 이같은 소망이 있으므로 담대히 말하노니

13 우리는 모세가 이스라엘 자손들에게 장차 없어질 것의 결국을 주목하지 못하게 하려고 수건을 그 얼굴에 쓴 것 같이 아니하노라

14 그러나 그들의 마음이 완고하여 오늘까지도 구약을 읽을 때에 그 수건이 벗겨지지 아니하고 있으니 그 수건은 그리스도 안에서 없어질 것이라

15 오늘까지 모세의 글을 읽을 때에 수건이 그 마음을 덮었도다

16 그러나 언제든지 주께로 돌아가면 그 수건이 벗겨지리라

17 주는 영이시니 주의 영이 계신 곳에는 자유가 있느니라

18 우리가 다 수건을 벗은 얼굴로 거울을 보는 것 같이 주의 영광을 보매 그와 같은 형상으로 변화하여 영광에서 영광에 이르니 곧 주의 영으로 말미암음이니라

질그릇에 담긴 보배 *A.D. 60년경*

4 그러므로 우리가 이 직분을 받아 긍휼하심을 입은 대로 낙심하지 아니하고

2 이에 숨은 부끄러움의 일을 버리고 속임으로 행하지 아니하며 하나님의 말씀을 혼잡하게 하지 아니하고 오직 ¹진리를 나타냄으로 하나님 앞에서 각 사람의 양심에 대하여 스스로 추천하노라

3 만일 우리의 복음이 가리었으면 망하는 자들에게 가리어진 것이라

4 그 중에 이 세상의 신이 믿지 아니하는 자들의 마음을 혼미하게 하여 그리스도의 영광의 복음의 광채가 비치지 못하게 함이니 그리스도는 하나님의 형상이니라

5 우리는 우리를 전파하는 것이 아니라 오직 그리스도 예수의 주 되신 것과 또 예수를 위하여 우리가 너희의 종 된 것을 전파함이라 **암송**

6 ²어두운 데에 빛이 비치라 말씀하셨던 그 하나님께서 예수 그리스도의 얼굴에 있는 하나님의 영광을 아는 빛을 우리 마음에 비추셨느니라

7 ●우리가 이 보배를 질그릇에 가졌으니 이는 심히 큰 능력은 하나님께 있고 우리에게 있지 아니함을 알게 하려 함이라

8 우리가 사방으로 욱여쌈을 당하여도 싸이지 아니하며 답답한 일을 당하여도 낙심하지 아니하며

9 박해를 받아도 버린 바 되지 아니하며 거꾸러뜨림을 당하여도 망하지 아니하고

10 우리가 항상 예수의 죽음을 몸에 짊어짐은 예수의 생명이 또한 우리 몸에 나타나게 하려 함이라

1) 헬. 참 ㄱ.창 1:3

새로운 시작

1945년 4월 8일 주일 아침에 39세의 본회퍼 목사가 감옥에서 아침 기도를 드리고 있을 때, 험악하게 생긴 두 사나이가 본회퍼를 사형장으로 끌고 가기 위해 왔어요. "본회퍼, 나와라. 우리와 같이 가자."

감옥에는 영국 군인이 함께 수감되어 있었는데, 그 군인은 본회퍼가 사형장으로 끌려가는 것을 알고 비통한 목소리로 마지막 인사를 했습니다. "목사님, 이제 마지막이군요. 안녕히 가십시오."

그러자 본회퍼는 오히려 미소를 지으며 말했어요. "아닙니다. 마지막이 아니라 이제 시작입니다."

성도의 임종 순간은 영화롭고도 영원한 생명을 시작하는 영광의 순간이에요. 그러므로 임종의 시간은 기쁨과 즐거움의 시간이 된답니다.

4 장에는 무엇이 기록되어 있을까?

바울은 사도로서의 자세에 대해서 말해주고 있어요. 자신은 모든 사람의 종으로서 오직 예수 그리스도가 주님이시라는 것만을 전한다고 밝혔지요. 또한 바울은 질그릇의 비유를 통해 사람은 비록 연약하지만 그 안에 담긴 복음으로 인해 하나님의 풍성한 능력이 나오게 된다는 것을 가르쳐주었어요.

고후

11 우리 살아 있는 자가 항상 예수를 위하여 죽음에 넘겨짐은 예수의 생명이 또한 우리 죽을 육체에 나타나게 하려 함이라

12 그런즉 사망은 우리 안에서 역사하고 생명은 너희 안에서 역사하느니라

13 기록된 바 내가 믿었으므로 말하였다 한 것 같이 우리가 같은 믿음의 마음을 가졌으니 우리도 믿었으므로 또한 말하노라

14 주 예수를 다시 살리신 이가 예수와 함께 우리도 다시 살리사 너희와 함께 그 앞에 서게 하실 줄을 아노라

15 이는 모든 것이 너희를 위함이니 많은 사람의 감사로 말미암아 은혜가 더하여 넘쳐서 하나님께 영광을 돌리게 하려 함이라

겉사람과 속사람

16 ● 그러므로 우리가 낙심하지 아니하노니 우리의 겉사람은 낡아지나 우리의 속사람은 날로 새로워지도다

17 우리가 잠시 받는 환난의 경한 것이 지극히 크고 영원한 영광의 중한 것을 우리에게 이루게 함이니

18 우리가 주목하는 것은 보이는 것이 아니요 보이지 않는 것이니 보이는 것은 잠깐이요 보이지 않는 것은 영원함이라

5 만일 땅에 있는 우리의 장막 집이 무너지면 하나님께서 지으신 집 곧 손으로 지은 것이 아니요 하늘에 있는 영원한 집이 우리에게 있는 줄 아느니라

2 참으로 우리가 여기 있어 탄식하며 하늘로부터 오는 우리 처소로 덧입기를

간절히 사모하노라 롬 8:23

3 이렇게 입음은 우리가 벗은 자들로 발견되지 않으려 함이라 계 3:18

4 참으로 이 장막에 있는 우리가 짐진 것 같이 탄식하는 것은 벗고자 함이 아니요 오히려 덧입고자 함이니 죽을 것이 생명에 삼킨 바 되게 하려 함이라

5 곧 이것을 우리에게 이루게 하시고 보증으로 성령을 우리에게 주신 이는 하나님이시니라

6 그러므로 우리가 항상 담대하여 몸으로 있을 때에는 주와 따로 있는 줄을 아노니

7 이는 우리가 믿음으로 행하고 보는 것으로 행하지 아니함이로라

8 ● 우리가 담대하여 원하는 바는 차라리 몸을 떠나 주와 함께 있는 그것이라

9 그런즉 우리는 몸으로 있든지 떠나든지 주를 기쁘시게 하는 자가 되기를 힘쓰노라

10 이는 우리가 다 반드시 그리스도의 심판대 앞에 나타나게 되어 각각 선악간에 그 몸으로 행한 것을 따라 받으려 함이라

ㄱ. 시 116:10

술술 풀리는 성경 말씀

그리스도를 육신에 따라 안다는 것은?

바울은 자신이 예수님을 믿고 마음을 돌리기 전에는 그리스도를 육신을 따라 알았다고 고백했어요. '육신을 따라'란 말은 '겉모습을 따라', 또는 '세속적인 관점에서'라는 의미지요.

다메섹 가는 길에서 예수님을 만나기 전까지 바울은 예수님이 세상의 구주라는 사실을 도저히 받아들일 수 없었어요. 철저한 유대교 바리새인이던 바울이 보기에 예수님은 나사렛이라는 촌구석 출신이었고, 창녀, 세리, 이방인과 어울리는 불량배였으며, 군중들을 선동하여 사회를 혼란시키는 위험인물이었지요. 또한 율법과 성전을 모독하는 유대교의 적이며, 십자가에서 비참한 죽음을 당한 '인생의 실패자'일 뿐이었어요. 하지만 예수님을 만난 후 그의 이런 관점은 완전히 바뀌었답니다. 5장 16절

5 에는 무엇이 기록되어 있을까?

마음은 비록 이 세상에서의 삶이 힘들지라도 우리에게는 영원한 천국의 집이 있다는 것을 기억하며 살아야 한다고 말했어요. 한편 11절부터는 사도의 역할과 직분에 대해서 설명했는데, 하나님의 사랑으로 세워진 사도는 모든 사람들이 하나님과 화목해질 수 있도록 힘써야 한답니다.

화목하게 하는 직분

11 ●우리는 주의 두려우심을 알므로 사람들을 권면하거니와 우리가 하나님 앞에 알려져 있고 또 너희의 양심에도 알려지기를 바라노라

12 우리가 다시 너희에게 자천하는 것이 아니요 오직 우리로 말미암아 자랑할 기회를 너희에게 주어 마음으로 하지 않고 외모로 자랑하는 자들에게 대답하게 하려 하는 것이라   3:1

13 우리가 만일 미쳤어도 하나님을 위한 것이요 정신이 온전하여도 너희를 위한 것이니

14 그리스도의 사랑이 우리를 1)강권하시는도다 우리가 생각하건대 한 사람이 모든 사람을 대신하여 죽었은즉 모든 사람이 죽은 것이라

15 그가 모든 사람을 대신하여 죽으심은 살아 있는 자들로 하여금 다시는 그들 자신을 위하여 살지 않고 오직 그들을 대신하여 죽었다가 다시 살아나신 이를 위하여 살게 하려 함이라   롬 14:7-9

16 그러므로 우리가 이제부터는 어떤 사람도 육신을 따라 알지 아니하노라 비록 우리가 그리스도도 육신을 따라 알았으나 이제부터는 그같이 알지 아니하노라

17 그런즉 누구든지 그리스도 안에 있으면 새로운 피조물이라 이전 것은 지나갔으니 보라 새 것이 되었도다   암송

18 모든 것이 하나님께로서 났으며 그가 그리스도로 말미암아 우리를 자기와 화목하게 하시고 또 우리에게 화목하게 하는 직분을 주셨으니   골 1:20

19 곧 하나님께서 그리스도 안에 계시사 세상을 자기와 화목하게 하시며 그들의 죄를 그들에게 돌리지 아니하시고 화목하게 하는 말씀을 우리에게 부탁하셨느니라

20 ●그러므로 우리가 그리스도를 대신하여 사신이 되어 하나님이 우리를 통하여 너희를 권면하시는 것 같이 그리스도를 대신하여 간청하노니 너희는 하나님과 화목하라

21 하나님이 죄를 알지도 못하신 이를 우리를 대신하여 죄로 삼으신 것은 우리로 하여금 그 안에서 하나님의 의가 되게 하려 하심이라

6

우리가 하나님과 함께 일하는 자로서 너희를 권하노니 하나님의 은혜를 헛되이 받지 말라

2 이르시되

2)내가 은혜 2)베풀 때에 너에게 듣고 구원의 날에 너를 도왔다

하셨으니 보라 지금은 은혜 받을 만한 때요 보라 지금은 구원의 날이로다

3 우리가 이 직분이 비방을 받지 않게 하려고 무엇에든지 아무에게도 거리끼지 않게 하고

4 오직 모든 일에 하나님의 일꾼으로 자천하여 많이 견디는 것과 환난과 궁핍과 고난과

5 매 맞음과 갇힘과 난동과 수고로움과 자지 못함과 먹지 못함 가운데서나

6 깨끗함과 지식과 오래 참음과 자비함과 성령의 감화와 거짓이 없는 사랑과

7 3)진리의 말씀과 하나님의 능력으로 의의 무기를 좌우에 가지고   4:2

8 영광과 욕됨으로 그러했으며 악한 이름과 아름다운 이름으로 그러했느니라 우리는 속이는 자 같으나 참되고

9 무명한 자 같으나 유명한 자요 죽은 자 같으나 보라 우리가 살아 있고 징계를 받는 자 같으나 죽임을 당하지 아니하고

10 근심하는 자 같으나 항상 기뻐하고 가

6장 에는 무엇이 기록되어 있을까?

바울은 스스로 모든 일에서 하나님의 일꾼답게 행동했다고 밝혔어요. 때로는 매를 맞고 옥에 갇히기도 했지만, 하나님의 능력 안에서 항상 기뻐하며 감사하였지요. 그는 고린도 교인들이 마음을 열고 자신을 받아줄 것을 부탁했습니다. 한편 하나님의 백성인 성도들이 믿지 않는 사람들과 사귀지 말 것을 당부했어요.

---

1)또는 끄는도다 2)또는 받을 만한 때 3)헬. 참 ㄱ. 사 49:8

벨리알

벨리알은 문자적으로는 '무가치함', '올라올 수 없는 곳'(무저갱·지옥)이라는 뜻이에요. 믿는 자가 받을 몫은 영생, 의, 용서, 구원의 소망, 하나님의 나라 등인데 반하여 불신자들이 받을 몫은 죽음과 멸망뿐이랍니다.

6장 15절

난한 자 같으나 많은 사람을 부요하게 하고 아무 것도 없는 자 같으나 모든 것을 가진 자로다

11 ●고린도인들이여 너희를 향하여 우리의 입이 열리고 우리의 마음이 넓어졌으니 시 33:22

12 너희가 우리 안에서 좁아진 것이 아니라 오직 너희 심정에서 좁아진 것이니라

13 내가 자녀에게 말하듯 하노니 보답하는 것으로 너희도 마음을 넓히라

우리는 살아 계신 하나님의 성전

14 ●너희는 믿지 않는 자와 멍에를 함께 메지 말라 의와 불법이 어찌 함께 하며 빛과 어둠이 어찌 사귀며

15 그리스도와 벨리알이 어찌 조화되며 믿는 자와 믿지 않는 자가 어찌 상관하며

16 하나님의 성전과 우상이 어찌 일치가 되리요 우리는 살아 계신 하나님의 성전이라 이와 같이 하나님께서 이르시되 `내가 그들 가운데 거하며 두루 행하여` 나는 그들의 하나님이 되고 그들은 나의 백성이 되리라 렘 31:1

17 그러므로 「너희는 그들 중에서 나와서 따로 있고 부정한 것을 만지지 말라」 내가 너희를 영접하여 겔 18:4

18 『너희에게 아버지가 되고 너희는 내게 자녀가 되리라 전능하신 주의 말씀이니라』
하셨느니라

7 그런즉 사랑하는 자들아 이 약속을 가진 우리는 하나님을 두려워하는 가운데서 거룩함을 온전히 이루어 육과 영의 온갖 더러운 것에서 자신을 깨

ㄱ. 레 26:12; 출 29:45; 겔 37:27 ㄴ. 렘 31:1 ㄷ. 사 52:11 ㄹ. 호 1:10; 사 43:6

끗하게 하자

고린도 교회의 회개를 기뻐하다

2 ●마음으로 우리를 영접하라 우리는 아무에게도 불의를 행하지 않고 아무에게도 해롭게 하지 않고 아무에게서도 속여 빼앗은 일이 없노라

3 내가 이 말을 하는 것은 너희를 정죄하려고 하는 것이 아니라 내가 이전에 말하였거니와 너희가 우리 마음에 있어 함께 죽고 함께 살게 하고자 함이라

4 나는 너희를 향하여 담대한 것도 많고 너희를 위하여 자랑하는 것도 많으니 내가 우리의 모든 환난 가운데서도 위로가 가득하고 기쁨이 넘치는도다

5 ●우리가 마게도냐에 이르렀을 때에도 우리 육체가 편하지 못하였고 사방으로 환난을 당하여 밖으로는 다툼이요 안으로는 두려움이었노라 2:13

6 그러나 낙심한 자들을 위로하시는 하나님이 디도가 옴으로 우리를 위로하셨으니 2:13

7 그가 온 것뿐 아니요 오직 그가 너희에게서 받은 그 위로로 위로하고 너희의 사모함과 애통함과 나를 위하여 열심 있는 것을 우리에게 보고함으로 나를 더욱 기쁘게 하였느니라

8 그러므로 내가 편지로 너희를 근심하게 한 것을 후회하였으나 지금은 후회하지 아니함은 그 편지가 너희로 잠시만 근심하게 한 줄을 앎이라 2:2, 4

9 내가 지금 기뻐함은 너희로 근심하게 한 까닭이 아니요 도리어 너희가 근심함으로 회개함에 이른 까닭이라 너희

7에는 무엇이 기록되어 있을까?

바울은 자신이 아무에게도 악을 행하지 않았다고 주장하며, 교인들과 화해하고 싶은 마음을 전했어요. 그러나 하나님께서는 디도를 통해서 바울에게 고린도 교회의 문제가 해결되었다는 소식을 들려주셨지요. 바울은 매우 기뻐하며, 진심으로 회개한 교인들을 칭찬했어요. 이처럼 바울은 교회와 성도들을 깊이 사랑했답니다.

가 하나님의 뜻대로 근심하게 된 것은 우리에게서 아무 해도 받지 않게 하려 함이라

10 하나님의 뜻대로 하는 근심은 후회할 것이 없는 구원에 이르게 하는 회개를 이루는 것이요 세상 근심은 사망을 이루는 것이니라

11 보라 하나님의 뜻대로 하게 된 이 근심이 너희로 얼마나 간절하게 하며 얼마나 변증하게 하며 얼마나 분하게 하며 얼마나 두렵게 하며 얼마나 사모하게 하며 얼마나 열심 있게 하며 얼마나 벌하게 하였는가 너희가 그 일에 대하여 일체 너희 자신의 깨끗함을 나타내었느니라

12 그런즉 내가 너희에게 쓴 것은 그 불의를 행한 자를 위한 것도 아니요 그 불의를 당한 자를 위한 것도 아니요 오직 우리를 위한 너희의 간절함이 하나님 앞에서 너희에게 나타나게 하려 함이로라

13 이로 말미암아 우리가 위로를 받았고 우리가 받은 위로 위에 디도의 기쁨으로 우리가 더욱 많이 기뻐함은 그의 ¹⁾마음이 너희 무리로 말미암아 안심함을 얻었음이라

14 내가 그에게 너희를 위하여 자랑한 것이 있더라도 부끄럽지 아니하니 우리가 너희에게 이른 말이 다 참된 것 같이 디도 앞에서 우리가 자랑한 것도 참되게 되었도다

15 그가 너희 모든 사람들이 두려움과 떪으로 자기를 영접하여 순종한 것을 생

각하고 너희를 향하여 그의 심정이 더욱 깊었으니

16 내가 범사에 너희를 신뢰하게 된 것을 기뻐하노라

풍성한 연보 ─ A.D. 60년경

8 형제들아 하나님께서 마게도냐 교회들에게 주신 은혜를 우리가 너희에게 알리노니

2 환난의 많은 시련 가운데서 그들의 넘치는 기쁨과 극심한 가난이 그들의 풍성한 연보를 넘치도록 하게 하였느니라

3 내가 증언하노니 그들이 힘대로 할 뿐 아니라 힘에 지나도록 자원하여

4 이 은혜와 성도 섬기는 일에 참여함에 대하여 우리에게 간절히 구하니

5 우리가 바라던 것뿐 아니라 그들이 먼저 자신을 주께 드리고 또 하나님의 뜻을 따라 우리에게 주었도다

6 그러므로 우리가 디도를 권하여 그가 이미 너희 가운데서 시작하였은즉 이 은혜를 그대로 성취하게 하라 하였노라

7 오직 너희는 믿음과 말과 지식과 모든 간절함과 우리를 사랑하는 이 모든 일에 풍성한 것 같이 이 은혜에도 풍성하게 할지니라

8 내가 명령으로 하는 말이 아니요 오직 다른 이들의 간절함을 가지고 너희의 사랑의 진실함을 증명하고자 함이로라

9 우리 주 예수 그리스도의 은혜를 너희가 알거니와 부요하신 이로서 너희를 위하여 가난하게 되심은 그의 가난함으로 말미암아 너희를 부요하게 하려 하심이라

13:14

1) 헬, 영

멍에(6:14) 달구지나 쟁기의 채를 잡아매기 위해 소나 말의 목에 가로 얹는 나무. 주로 '자유롭게 활동할 수 없게 어떤 일에 얽매임'을 뜻한다.
온전히(7:1) 결점이 없고 완전히.
영접(7:15) 손님을 맞아 대접함.
범사(7:16) 모든 일. 평범한 일. 보통 일.
환난(8:2) 근심과 재난.
극심(8:2) 몹시 지독함.
연보(8:2) 교회 사업을 돕기 위하여 돈이나 물건을 내는 일. 헌금. 헌물.
부요(8:9) 재물이 넉넉하여 부유한 것.

8 에는 무엇이 기록되어 있을까?

8-9장에서는 헌금에 관한 문제에 대해서 이야기하고 있어요. 당시 예루살렘 교회는 가난한 편이었어요. 큰 어려움을 겪게 되었지요. 그러나 바울은 마게도냐 교회를 예로 들면서 헌금에 더욱 힘써줄 것을 부탁했어요. 헌금을 할 때 가장 중요한 것은 진심으로 원해서 드리는 마음이랍니다.

고후

10 이 일에 관하여 나의 뜻을 알리노니 이 일은 너희에게 유익함이라 너희가 일 년 전에 행하기를 먼저 시작할 뿐 아니라 원하기도 하였은즉

11 이제는 하던 일을 성취할지니 마음에 원하던 것과 같이 완성되기 있는 대로 하라

12 할 마음만 있으면 있는 대로 받으실 터이요 없는 것은 받지 아니하시리라

13 이는 다른 사람들은 평안하게 하고 너희는 곤고하게 하려는 것이 아니요 균등하게 하려 함이니

14 이제 너희의 넉넉한 것으로 그들의 부족한 것을 보충함은 후에 그들의 넉넉한 것으로 너희의 부족한 것을 보충하여 균등하게 하려 함이라

15 기록된 것 같이 많이 거둔 자도 남지 아니하였고 적게 거둔 자도 모자라지 아니하였느니라

디도와 그의 동역자

16 ● 너희를 위하여 같은 간절함을 디도의 마음에도 주시는 하나님께 감사하노니

17 그가 권함을 받고 더욱 간절함으로 자원하여 너희에게 나아갔고

18 또 그와 함께 그 형제를 보내었으니 이 사람은 복음으로써 모든 교회에서 칭찬을 받는 자요

19 이뿐 아니라 그는 동일한 주의 영광과 우리의 원을 나타내기 위하여 여러 교회의 택함을 받아 우리가 맡은 은혜의 일로 우리와 동행하는 자라

20 이것을 조심함은 우리가 맡은 이 거액의 연보에 대하여 아무도 우리를 비방하지 못하게 하려 함이니

21 이는 우리가 주 앞에서뿐 아니라 사람 앞에서도 선한 일에 조심하려 함이라

22 또 그들과 함께 우리의 한 형제를 보내었으니 우리는 그가 여러 가지 일에 간절한 것을 여러 번 확인하였거니와 이제 그가 너희를 크게 믿으므로 더욱 간절하니라

23 디도로 말하면 나의 동료요 너희를 위한 나의 동역자요 우리 형제들로 말하면 여러 교회의 1)사자들이요 그리스도의 영광이니라

24 그러므로 너희는 여러 교회 앞에서 너희의 사랑과 너희에 대한 우리 자랑의 증거를 그들에게 보이라

1) 헬, 사도들 ㄱ, 출 16:18

가난한 성도를 섬기는 연보

9 성도를 섬기는 일에 대하여는 내가 너희에게 쓸 필요가 없나니

2 이는 내가 너희의 원함을 앎이라 내가 너희를 위하여 마게도냐인들에게 아가야에서는 일 년 전부터 준비하였다는 것을 자랑하였는데 과연 너희의 열심이 퍽 많은 사람들을 분발하게 하였느니라

3 그런데 이 형제들을 보낸 것은 이 일에 너희를 위한 우리의 자랑이 헛되지 않고 내가 말한 것 같이 준비하게 하려 함이라

4 혹 마게도냐인들이 나와 함께 가서 너희가 준비하지 아니한 것을 보면 너희는 고사하고 우리가 이 믿던 것에 부끄러움을 당할까 두려워하노라

5 그러므로 내가 이 형제들로 먼저 너희에게 가서 너희가 전에 약속한 1)연보를 미리 준비하게 하도록 권면하는 것이 필요한 줄 생각하였노니 이렇게 준비하여야 될 2)연보답고 2)억지가 아니니라

6 ●이것이 곧 적게 심는 자는 적게 거두고 3)많이 심는 자는 3)많이 거둔다 하는 말이로다

7 각각 그 마음에 정한 대로 할 것이요 인색함으로나 억지로 하지 말지니 하나님은 즐겨 내는 자를 사랑하시느니라

8 하나님이 능히 모든 은혜를 너희에게 넘치게 하시나니 이는 너희로 모든 일에 항상 모든 것이 넉넉하여 모든 착한 일을 넘치게 하게 하려 하심이라

9 기록된 바
그가 흩어 가난한 자들에게 주었으니 그의 의가 영원토록 있느니라
함과 같으니라

10 심는 자에게 씨와 먹을 양식을 4)주시는 이가 너희 심을 것을 5)주사 풍성하게 하시고 너희 의의 열매를 더하게 하시리니

11 너희가 모든 일에 넉넉하여 너그럽게 연보를 함은 그들이 우리로 말미암아 하나님께 감사하게 하는 것이라

12 이 봉사의 직무가 성도들의 부족한 것을 보충할 뿐 아니라 사람들이 하나님께 드리는 많은 감사로 말미암아 넘쳤느니라

13 이 직무로 증거를 삼아 너희가 그리스도의 복음을 진실히 믿고 복종하는 것과 그들과 모든 사람을 섬기는 너희의

후한 연보로 말미암아 하나님께 영광을 돌리고

14 또 그들이 너희를 위하여 간구하며 하나님이 너희에게 주신 지극한 은혜로 말미암아 너희를 사모하느니라

15 말할 수 없는 그의 은사로 말미암아 하나님께 감사하노라

바울이 자기의 사도직을 변호하다

10 너희를 대면하면 유순하고 떠나 있으면 너희에 대하여 담대한 나 바울은 이제 그리스도의 온유와 관용으로 친히 너희를 권하고

2 또한 우리를 육신에 따라 행하는 자로 여기는 자들에 대하여 내가 담대히 대하는 것 같이 너희와 함께 있을 때에 나로 하여금 이 담대한 태도로 대하지 않게 하기를 구하노라

3 우리가 육신으로 행하나 육신에 따라 싸우지 아니하노니

4 우리의 싸우는 무기는 육신에 속한 것이 아니요 오직 어떤 견고한 진도 무너뜨리는 하나님의 능력이라 모든 이론을 무너뜨리며

5 하나님 아는 것을 대적하여 높아진 것을 다 무너뜨리고 모든 생각을 사로잡아 그리스도에게 복종하게 하니

6 너희의 복종이 온전하게 될 때에 모든 복종하지 않는 것을 벌하려고 준비하는 중에 있노라

7 너희는 외모만 보는도다 만일 사람이 자기가 그리스도에게 속한 줄을 믿을진대 자기가 그리스도에게 속한 것 같이 우리도 그러한 줄을 자기 속으로

10장에는 무엇이 기록되어 있을까?

바울은 자신의 사도직에 대해서 자세하게 변호했어요. 바울을 반대하는 사람들은 그의 사도직을 인정하지 않고 그의 인격까지 문제 삼았지요. 그러나 바울은 복음에 대한 열정과 용기를 가지고 당당하게 자신을 변호했습니다. 예수 그리스도 안에서 하는 자랑은 아무리 지나쳐도 부끄러운 것이 아니에요.

1)헬, 복 2)또는 탐심이 3)헬, 복으로 4)헬, 공급하시는 5)헬, 공급하사 가. 시 112:9

고후

다시 생각할 것이라

8 주께서 주신 권세는 너희를 무너뜨리려고 하신 것이 아니요 세우려고 하신 것이니 내가 이에 대하여 지나치게 자랑하여도 부끄럽지 아니하리라

9 이는 내가 편지들로 너희를 놀라게 하려는 것 같이 생각하지 않게 함이라

10 그들의 말이 그의 편지들은 무게가 있고 힘이 있으나 그가 몸으로 대할 때는 약하고 그 말도 시원하지 않다 하니

11 이런 사람은 우리가 떠나 있을 때에 편지들로 말하는 것과 함께 있을 때에 행하는 일이 같은 것임을 알지라

12 우리는 자기를 칭찬하는 어떤 자와 더불어 감히 짝하며 비교할 수 없노라 그러나 그들이 자기로써 자기를 헤아리고 자기로써 자기를 비교하니 지혜가 없도다

13 그러나 우리는 분수 이상의 자랑을 하지 않고 오직 하나님이 우리에게 나누어 주신 그 범위의 한계를 따라 하노니 곧 너희에게까지 이른 것이라

14 우리가 너희에게 미치지 못할 자로서 스스로 지나쳐 나아간 것이 아니요 그리스도의 복음으로 너희에게까지 이른 것이라

15 우리는 남의 수고를 가지고 분수 이상의 자랑을 하는 것이 아니라 오직 너희 믿음이 자랄수록 우리의 규범을 따라 너희 가운데서 더욱 풍성하여지기를 바라노라

16 이는 남의 규범으로 이루어 놓은 것으로 자랑하지 아니하고 너희 지역을 넘어 복음을 전하려 함이라

17 자랑하는 자는 주 안에서 자랑할지니라

18 옳다 인정함을 받는 자는 자기를 칭찬하는 자가 아니요 오직 주께서 칭찬하시는 자니라

바울과 거짓 사도들 ─ A.D. 60년경

11 원하건대 너희는 나의 좀 어리석은 것을 용납하라 [1]청하건대 나를 용납하라

2 내가 하나님의 열심으로 너희를 위하여 열심을 내노니 내가 너희를 정결한 처녀로 한 남편인 그리스도께 드리려고 중매함이로다 그러나 나는

3 뱀이 그 간계로 하와를 미혹한 것 같이 너희 마음이 그리스도를 향하는 진실함과 깨끗함에서 떠나 부패할까 두려워하노라

4 만일 누가 가서 우리가 전파하지 아니한 다른 예수를 전파하거나 혹은 너희가 받지 아니한 다른 영을 받게 하거나 혹은 너희가 받지 아니한 다른 복음을 받게 할 때에는 너희가 잘 용납하는구나

5 나는 지극히 크다는 사도들보다 부족한 것이 조금도 없는 줄로 생각하노라

6 내가 비록 말에는 부족하나 지식에는 그렇지 아니하니 이것을 우리가 모든 사람 가운데서 모든 일로 너희에게 나타내었노라

7 내가 너희를 높이려고 나를 낮추어 하나님의 복음을 값없이 너희에게 전함으로 죄를 지었느냐

8 내가 너희를 섬기기 위하여 다른 여러 교회에서 비용을 받은 것은 탈취한 것이라

9 또 내가 너희와 함께 있을 때 비용이 부족하였으되 아무에게도 누를 끼치지 아니하였음은 마게도냐에서 온 형제들이 나의 부족한 것을 보충하였음이라 내가 모든 일에 너희에게 폐를 끼치지 않기 위하여 스스로 조심하였고 또 조심하리라

10 그리스도의 [2]진리가 내 속에 있으니

11 에는 무엇이 기록되어 있을까?

고린도 교인들은 거짓 교사들의 잘못된 가르침을 받아들였어요. 바울은 교인들의 신앙을 바르게 인도하기 위해 거짓 교사들의 정체를 폭로했지요. 이어서 바울은 자기 자신을 자랑해 보이는데, 그것은 다름 아니라 고린도 교인들을 깨우치기 위해서였어요. 그는 누구보다도 뛰어나고 헌신적인 그리스도의 일꾼이었답니다.

1) 또는 너희가 과연 나를 용납하느니라 2) 웹, 참 ㄱ, 렘 9:24

5:13

아가야 지방에서 나의 이 자랑이 막히지 아니하리라

11 어떠한 까닭이냐 내가 너희를 사랑하지 아니함이냐 하나님이 아시느니라 12:15

12 나는 내가 해 온 그대로 앞으로도 하리니 기회를 찾는 자들이 그 자랑하는 일로 우리와 같이 인정 받으려는 그 기회를 끊으려 함이라

13 그런 사람들은 거짓 사도요 속이는 일꾼이니 자기를 그리스도의 사도로 가장하는 자들이니라 갈 1:7

14 이것은 이상한 일이 아니니라 사탄도 자기를 광명의 천사로 가장하나니

15 그러므로 사탄의 일꾼들도 자기를 의의 일꾼으로 가장하는 것이 또한 대단한 일이 아니니라 그들의 마지막은 그 행위대로 되리라

바울의 참된 자랑

16 ●내가 다시 말하노니 누구든지 나를 어리석은 자로 여기지 말라 만일 그러하더라도 내가 조금 자랑할 수 있도록 어리석은 자로 받으라

17 내가 말하는 것은 주를 따라 하는 말이 아니요 오직 어리석은 자와 같이 기탄 없이 자랑하노라

18 여러 사람이 육신을 따라 자랑하니 나도 자랑하겠노라

19 너희는 지혜로운 자로서 어리석은 자들을 기쁘게 용납하는구나

20 누가 너희를 종으로 삼거나 잡아먹거나 빼앗거나 스스로 높이거나 뺨을 칠지라도 너희가 용납하는도다

21 나는 우리가 약한 것 같이 욕되게 말하노라 그러나 누가 무슨 일에 담대하면 어리석은 말이나마 나도 담대하리라

22 그들이 히브리인이냐 나도 그러하며 그들이 이스라엘인이냐 나도 그러하며 그들이 아브라함의 후손이냐 나도 그러하며

23 그들이 그리스도의 일꾼이냐 정신 없는 말을 하거니와 나는 더욱 그러하도다 내가 수고를 넘치도록 하고 옥에 갇히기도 더 많이 하고 매도 수없이 맞고 여러 번 죽을 뻔하였으니

24 유대인들에게 사십에서 하나 감한 매를 다섯 번 맞았으며

25 세 번 태장으로 맞고 한 번 돌로 맞고 세 번 파선하고 일 주야를 깊은 바다에서 지냈으며

26 여러 번 여행하면서 강의 위험과 강도의 위험과 동족의 위험과 이방인의 위험과 시내의 위험과 광야의 위험과 바다의 위험과 거짓 형제 중의 위험을 당하고

27 또 수고하며 애쓰고 여러 번 자지 못하고 주리며 목마르고 여러 번 굶고 춥고 헐벗었노라

28 이 외의 일은 고사하고 아직도 날마다 내 속에 눌리는 일이 있으니 곧 모든 교회를 위하여 염려하는 것이라

선생님!! 궁금해요 하나님은 왜 교회를 여러 개 만드셨어요?

이 세상에 있는 교회를 모두 세어본다면 헤아릴 수 없을 정도로 많겠죠. 우리나라에도 수만 개의 교회가 있어요. 예수님을 통해 구원을 얻는 복음은 한 가지이지만, 그 복음을 세상에 살고 있는 많은 사람들에게 전해야 하니까 많은 교회가 필요한 것이죠.

교회가 많다고 잘못된 것은 아니랍니다. 그러나 교회끼리 서로 싸우거나 미워한다면 문제가 되겠지요. 하지만 대부분의 교회는 다른 교회가 어려울 때 도와주고 기도해준답니다. 우리가 사랑과 믿음을 가지고 이웃의 교회와 온 세계의 교회를 위해 기도한다면 하나님께서 칭찬하실 거예요.

8장 24절

고후

29 누가 약하면 내가 약하지 아니하며 누가 실족하게 되면 내가 애타지 아니하더냐
30 내가 부득불 자랑할진대 내가 약한 것을 자랑하리라
31 주 예수의 아버지 영원히 찬송할 하나님이 내가 거짓말 아니하는 것을 아시느니라
32 다메섹에서 아레다 왕의 고관이 나를 잡으려고 다메섹 성을 지켰으나
33 나는 광주리를 타고 들창문으로 성벽을 내려가 그 손에서 벗어났노라

에루살렘에서 다메섹으로 통하는 곳에 세워진 다메섹 성문(11:32)

12 주께서 보여 주신 환상과 계시
무익하나마 내가 부득불 자랑하노니 주의 환상과 계시를 말하리라
2 내가 그리스도 안에 있는 한 사람을 아노니 그는 십사 년 전에 셋째 하늘에 이끌려 간 자라 (그가 몸 안에 있었는지 몸 밖에 있었는지 나는 모르거니와 하나님은 아시느니라)
3 내가 이런 사람을 아노니 (그가 몸 안에 있었는지 몸 밖에 있었는지 나는 모르거니와 하나님은 아시느니라)
4 그가 낙원으로 이끌려 가서 말로 표현할 수 없는 말을 들었으니 사람이 가히 이르지 못할 말이로다
5 내가 이런 사람을 위하여 자랑하겠으나 나를 위하여는 약한 것들 외에 자랑하지 아니하리라
6 내가 만일 자랑하고자 하여도 어리석은 자가 되지 아니할 것은 내가 참말을 함이라 그러나 누가 나를 보는 바와 내게 듣는 바에 지나치게 생각할까 두려워하여 그만두노라
7 여러 계시를 받은 것이 지극히 크므로 너무 자만하지 않게 하시려고 내 육체에 가시 곧 사탄의 사자를 주셨으니 이는 나를 쳐서 너무 자만하지 않게 하려 하심이라
8 이것이 내게서 떠나가게 하기 위하여 내가 세 번 주께 간구하였더니
9 나에게 이르시기를 내 은혜가 네게 족하도다 이는 내 능력이 약한 데서 온전하여짐이라 하신지라 그러므로 도리어 크게 기뻐함으로 나의 여러 약한 것들에 대하여 자랑하리니 이는 그리스도의 능력이 내게 머물게 하려 함이라
10 그러므로 내가 그리스도를 위하여 약한 것들과 능욕과 궁핍과 박해와 곤고를 기뻐하노니 이는 내가 약한 그 때에 강함이라

고린도 교회의 일을 염려하다
11 ●내가 어리석은 자가 되었으나 너희가 억지로 시킨 것이니 나는 너희에게 칭찬을 받아야 마땅하도다 내가 아무 것도 아니나 지극히 크다는 사도들보다 조금도 부족하지 아니하니라
12 사도의 표가 된 것은 내가 너희 가운데서 모든 참음과 3)표적과 기사와 능력을 행한 것이라
13 내 자신이 너희에게 폐를 끼치지 아니한 일 밖에 다른 교회보다 부족하게 한 것이 무엇이 있느냐 너희는 나의 이 공평하지 못한 것을 용서하라
14 ●보라 내가 이제 세 번째 너희에게 가

12 장 에는 무엇이 기록되어 있을까?

하나님께서는 바울에게 환상과 계시를 보여주셨어요. 또한 하나님께서는 그로 인해 바울이 교만해지지 않도록 그의 몸에 가시와 같은 질병을 주셨답니다. 한편 바울은 고린도 교회 방문 계획을 밝히면서, 그들에게 물질적인 도움을 받지 않겠고 밝혔어요. 그것은 바울이 고린도 교인들을 무척 사랑했기 때문이에요.

1) 헬, 타지 않더냐 2) 헬, 장막으로 덮게 3) 또는 이적

기를 준비하였으나 너희에게 폐를 끼치지 아니하리라 내가 구하는 것은 너희의 재물이 아니요 오직 너희니라 어린 아이가 부모를 위하여 재물을 저축하는 것이 아니요 부모가 어린 아이를 위하여야 하느니라

15 내가 너희 영혼을 위하여 크게 기뻐하므로 재물을 사용하고 또 내 자신까지도 내어 주리니 너희를 더욱 사랑할수록 나는 사랑을 덜 받겠느냐

16 하여간 어떤 이의 말이 내가 너희에게 짐을 지우지는 아니하였을지라도 교활한 자가 되어 너희를 속임수로 취하였다 하니

17 내가 너희에게 보낸 자 중에 누구로 너희의 이득을 취하더냐

18 내가 디도를 권하고 함께 한 형제를 보내었으니 디도가 너희의 이득을 취하더냐 우리가 동일한 성령으로 행하지 아니하더냐 동일한 보조로 하지 아니하더냐

19 너희는 이 때까지 우리가 자기 변명을 하는 줄로 생각하는구나 우리는 그리스도 안에서 하나님 앞에 말하노라 사랑하는 자들아 이 모든 것은 너희의 덕을 세우기 위함이니라

20 내가 갈 때에 너희를 내가 원하는 것과 같이 보지 못하고 또 내가 너희에게 너희가 원하지 않는 것과 같이 보일까 두려워하며 또 다툼과 시기와 분냄과 당 짓는 것과 비방과 수군거림과 거만함과 혼란이 있을까 두려워하고

21 또 내가 다시 갈 때에 내 하나님이 나를 너희 앞에서 낮추실까 두려워하고

또 내가 전에 죄를 지은 여러 사람의 그 행한 바 더러움과 음란함과 호색함을 회개하지 아니함 때문에 슬퍼할까 두려워하노라

권면과 끝 인사

13 내가 이제 세 번째 너희에게 가리니 두세 증인의 입으로 말미암아 다 확정하리라

2 내가 이미 말하였거니와 지금 떠나 있으나 두 번째 대면하였을 때와 같이 전에 죄 지은 자들과 그 남은 모든 사람에게 미리 말하노니 내가 다시 가면 용서하지 아니하리라

3 이는 그리스도께서 내 안에서 말씀하시는 증거를 너희가 구함이니 그는 너희에게 대하여 약하지 않고 도리어 너희 안에서 강하시니라

4 그리스도께서 약하심으로 십자가에 못 박히셨으나 하나님의 능력으로 살아 계시니 우리도 1)그 안에서 약하나 너희에게 대하여 하나님의 능력으로 그와 함께 살리라

5 너희는 믿음 안에 있는가 너희 자신을 시험하고 너희 자신을 확증하라 예수 그리스도께서 너희 안에 계신 줄을 너희가 스스로 알지 못하느냐 그렇지 않으면 너희는 버림 받은 자니라

6 우리가 버림 받은 자 되지 아니한 것을 너희가 알기를 내가 바라고

7 우리가 하나님께서 너희로 악을 조금도 행하지 않게 하시기를 구하노니 이는 우리가 옳은 자임을 나타내고자 함이 아니라 오직 우리는 버림 받은 자 같

1)어떤 사본에, 그와 함께 약하나

실족(11:29) 발을 잘못 디딤. 즉 '행동을 잘못함'을 의미함.
부득불(12:1) 하는 수없이.
계시(12:1) 하나님의 감춰진 일을 사람에게 알게 함.
능욕(12:10) 남을 업신여겨 욕보임.
궁핍(12:10) 가난하고 구차함.
짐(12:16) 책임지고 치러갈 힘든 일. 경제적인 부담.
확증(13:5) 확실히 증명함. 또는 그 증거.

13 에는 무엇이 기록되어 있을까?

바울은 고린도 교회에 마지막 경고를 하고 있어요. 이번 세 번째 방문에서는, 전에 죄지은 사람들의 잘못을 용서하지 않겠다는 무서운 이야기였지요. 하지만 사실 바울은 자신이 직접 그들을 벌하지 않기를 바랐어요. 그는 고린도 교인들이 온전하고 강건해지기를 하나님께 기도했습니다.

을지라도 너희는 선을 행하게 하고자 함이라

8 우리는 진리를 거슬러 아무 것도 할 수 없고 오직 진리를 위할 뿐이니

9 우리가 약할 때에 너희가 강한 것을 기뻐하고 또 이것을 위하여 구하니 곧 너희가 온전하게 되는 것이라 　　11:30

10 그러므로 내가 떠나 있을 때에 이렇게 쓰는 것은 대면할 때에 주께서 너희를 넘어뜨리려 하지 않고 세우려 하여 내게 주신 그 권한을 따라 엄하지 않게 하려 함이라

11 ●마지막으로 말하노니 형제들아 기뻐하라 온전하게 되며 위로를 받으며 마음을 같이하며 평안할지어다 또 사랑과 평강의 하나님이 너희와 함께 계시리라 거룩하게 입맞춤으로 서로 문안하라

12 모든 성도들이 너희에게 문안하느니라

13 ●주 예수 그리스도의 은혜와 하나님의 사랑과 성령의 교통하심이 너희 무리와 함께 있을지어다 　　빌 4:22

비전을 심어주는 0]3분예화

필요할 때 나타나는 은사

어떤 선교사가 오지에서 선교할 때에 신비한 하나님의 능력이 나타났어요. 주민들을 위하여 손을 얹고 기도하면 병이 치료되는 것이었지요. 선교사는 자신에게 신유의 은사가 있는 것을 보며 스스로 놀랐습니다.

선교를 성공적으로 마치고 고국에 돌아온 뒤에도 그는 고국에 있는 성도들과 병자들을 위해서 기도했어요.

그런데 고국에서는 병자들의 병이 잘 낫지 않았지요. 처음에는 의아해했지만, 그는 그 이유를 고국에는 좋은 병원들이 충분히 있기 때문이라고 생각했답니다.

하나님께서는 자신의 권능을 그것이 꼭 필요한 곳에서 그것을 사용할 만한 사람을 통하여 나타내세요. 하나님의 권능은 재주나 자랑거리로 사용될 수 없습니다.

Galatians

갈라디아서

🌟 **갈라디아서를 읽기 전에**

이 책은 사도 바울이 기록했어요. 바울은 여러 차례 전도 여행을 떠났는데, 그중 1차 전도 여행 때였던 갈라디아는 매우 넓은 지역이었어요. 안디옥, 이고니온, 루스드라, 더베 등 소아시아의 여러 도시가 갈라디아 지역에 포함되었지요.

🌟 **언제, 왜, 누구를 위하여 썼나요?**

기록한 시기에 관해 A.D. 48~49년경이라는 남갈라디아설과 A.D. 55~56년경이라는 북갈라디아설이 있어요. 이 편지는 갈라디아에 있는 그리스도인들에게 오직 믿음으로만 구원받는다는 사실을 확신시키기 위해 쓰였답니다.

🌟 **어떤 내용인가요?**

구원은 오직 믿음으로 얻는다는 것과 율법으로부터의 자유를 강조하고 있어요. 또 성도가 성령을 따라 살면 성령의 열매를 맺게 된다는 것을 보여주고 있지요.

인사 ─ A.D. 53년경

1 사람들에게서 난 것도 아니요 사람으로 말미암은 것도 아니요 오직 예수 그리스도와 그를 죽은 자 가운데서 살리신 하나님 아버지로 말미암아 사도 된 바울은

2 함께 있는 모든 형제와 더불어 갈라디아 여러 교회들에게

3 우리 하나님 아버지와 주 예수 그리스도로부터 은혜와 평강이 있기를 원하노라

4 그리스도께서 하나님 곧 우리 아버지의 뜻을 따라 이 악한 세대에서 우리를 건지시려고 우리 죄를 대속하기 위하여 자기 몸을 주셨으니

5 영광이 그에게 세세토록 있을지어다 아멘

🧒 **1** 에는 무엇이 기록되어 있을까?

바울은 다른 복음을 받아들인 갈라디아 교인들에게 다른 복음이란 절대로 없다는 것을 확실히 말해주었어요. 이어서 바울은 자신이 회심하게 된 이야기와 사도로서 활동한 이야기를 자세하게 말해주었습니다. 이것은 자신이 전하는 복음과 사도로서의 직분이 하나님으로부터 나온 것임을 강조하기 위해서였지요.

다른 복음은 없다

6 ● 그리스도의 은혜로 너희를 부르신 이를 이같이 속히 떠나 다른 복음을 따르는 것을 내가 이상하게 여기노라

7 다른 복음은 없나니 다만 어떤 사람들이 너희를 교란하여 그리스도의 복음을 변하려 함이라

8 그러나 우리나 혹은 하늘로부터 온 천사라도 우리가 너희에게 전한 복음 외에 다른 복음을 전하면 저주를 받을지어다

9 우리가 전에 말하였거니와 내가 지금 다시 말하노니 만일 누구든지 너희가 받은 것 외에 다른 복음을 전하면 저주를 받을지어다

10 이제 내가 사람들에게 좋게 하랴 하나님께 좋게 하랴 사람들에게 기쁨을 구하랴 내가 지금까지 사람들의 기쁨을 구하였다면 그리스도의 종이 아니니라

바울이 사도가 된 내력

11 ● 형제들아 내가 너희에게 알게 하노니 내가 전한 복음은 사람의 뜻을 따라 된 것이 아니니라

12 이는 내가 사람에게서 받은 것도 아니요 배운 것도 아니요 오직 예수 그리스도의 계시로 말미암은 것이라

엡 3:3

13 내가 이전에 유대교에 있을 때에 행한 일을 너희가 들었거니와 하나님의 교회를 심히 박해하여 멸하고 행 8:3

14 내가 내 동족 중 여러 연갑자보다 유대교를 지나치게 믿어 내 조상의 전통에 대하여 더욱 열심이 있었으나 갈 2:8

15 그러나 내 어머니의 태로부터 나를 택정하시고 그의 은혜로 나를 부르신 이가

16 그의 아들을 이방에 전하기 위하여 그를 내 속에 나타내시기를 기뻐하셨을 때에 내가 곧 혈육과 의논하지 아니하고

17 또 나보다 먼저 사도 된 자들을 만나려고 예루살렘으로 가지 아니하고 아라비아로 갔다가 다시 다메섹으로 돌아갔노라

18 ●그 후 삼 년 만에 내가 게바를 방문하려고 예루살렘에 올라가서 그와 함께 십오 일을 머무는 동안

19 주의 형제 야고보 외에 다른 사도들을 보지 못하였노라

20 보라 내가 너희에게 쓰는 것은 하나님 앞에서 거짓말이 아니로다

21 그 후에 내가 수리아와 길리기아 지방에 이르렀으나 행 9:30

22 그리스도 안에 있는 유대의 교회들이 나를 얼굴로는 알지 못하고

23 다만 우리를 박해하던 자가 전에 멸하려던 그 믿음을 지금 전한다 함을 듣고

24 나로 말미암아 하나님께 영광을 돌리니라

예수님께서 십자가에서 숨을 거두신 곳에 세워진 제단 (2:20)

라갔나니

2 계시를 따라 올라가 내가 이방 가운데서 전파하는 복음을 그들에게 제시하되 유력한 자들에게 사사로이 한 것은 내가 달음질하는 것이나 달음질한 것이 헛되지 않게 하려 함이라

3 그러나 나와 함께 있는 헬라인 디도까지도 억지로 할례를 받게 하지 아니하였으니

4 이는 가만히 들어온 거짓 형제들 때문이라 그들이 가만히 들어온 것은 그리스도 예수 안에서 우리가 가진 자유를 엿보고 우리를 종으로 삼고자 함이로되

5 그들에게 우리가 한시도 복종하지 아니하였으니 이는 복음의 진리가 항상 너희 г운데 있게 하려 함이라

6 유력하다는 이들 중에 (본래 어떤 이들이든지 내게 상관이 없으며 하나님은 사람을 외모로 취하지 아니하시나니) 저 유력한 이들은 내게 의무를 더하여 준 것이 없고

7 도리어 그들은 내가 무할례자에게 복음 전함을 맡은 것이 베드로가 할례자에게 맡음과 같은 것을 보았고

8 베드로에게 역사하사 그를 할례자의 사도로 삼으신 이가 또한 내게 역사하사 나를 이방인의 사도로 삼으셨느니라

9 또 기둥 같이 여기는 야고보와 게바와 요한도 내게 주신 은혜를 알므로 나와 바나바에게 친교의 악수를 하였으니 우리는 이방인에게로, 그들은 할례자에게로 가게 하려 함이라

10 다만 우리에게 가난한 자들을 기억하

할례자의 사도와 이방인의 사도

2장 십사 년 후에 내가 다시 바나바와 함께 디도를 데리고 다시 예루살렘에 올

2장에는 무엇이 기록되어 있을까?

2장은 바울의 3차 예루살렘 방문을 배경으로 하고 있어요. 바로 이때에 할례가 아무 의미 없다는 것과 이방인에게 율법을 강요하지 말아야 한다는 것이 결정되었지요. 바울이 이 사건을 다시 이야기한 것은(1~10절), 아직도 율법에 얽매여 있는 갈라디아 교인들의 잘못을 지적하기 위해서였어요.

갈

도록 부탁하였으니 이것은 나도 본래부터 힘써 행하여 왔노라

믿음으로 의롭게 되다

11 ●게바가 안디옥에 이르렀을 때에 책망 받을 일이 있기로 내가 그를 대면하여 책망하였노라

12 야고보에게서 온 어떤 이들이 이르기 전에 게바가 이방인과 함께 먹다가 그들이 오매 그가 할례자들을 두려워하여 떠나 물러가매

13 남은 유대인들도 그와 같이 외식하므로 바나바도 그들의 외식에 유혹되었느니라

14 그러므로 나는 그들이 복음의 진리를 따라 바르게 행하지 아니함을 보고 모든 자 앞에서 게바에게 이르되 네가 유대인으로서 이방인을 따르고 유대인답게 살지 아니하면서 어찌하여 억지로 이방인을 유대인답게 살게 하려느냐 하였노라

15 우리는 본래 유대인이요 이방 죄인이 아니로되

16 사람이 의롭게 되는 것은 율법의 행위로 말미암음이 아니요 오직 예수 그리스도를 믿음으로 말미암는 줄 알므로 우리도 그리스도 예수를 믿나니 이는 우리가 율법의 행위로써가 아니고 그리스도를 믿음으로써 의롭다 함을 얻으려 함이라 율법의 행위로써는 의롭다 함을 얻을 육체가 없느니라

17 만일 우리가 그리스도 안에서 의롭게 되려 하다가 죄인으로 드러나면 그리스도께서 죄를 짓게 하는 자냐 결코 그

럴 수 없느니라

18 만일 내가 헐었던 것을 다시 세우면 내가 나를 범법한 자로 만드는 것이라

19 내가 율법으로 말미암아 율법에 대하여 죽었나니 이는 하나님에 대하여 살려 함이라

20 내가 그리스도와 함께 십자가에 못 박혔나니 그런즉 이제는 내가 사는 것이 아니요 오직 내 안에 그리스도께서 사시는 것이라 이제 내가 육체 가운데 사는 것은 나를 사랑하사 나를 위하여 자기 자신을 버리신 하나님의 아들을 믿는 믿음 안에서 사는 것이라 **암송**

21 내가 하나님의 은혜를 폐하지 아니하노니 만일 의롭게 되는 것이 율법으로 말미암으면 그리스도께서 헛되이 죽으셨느니라

갈라디아 사람들에게 호소하다

3 어리석도다 갈라디아 사람들아 예수 그리스도께서 십자가에 못 박히신 것이 너희 눈 앞에 밝히 보이거늘 누가 너희를 꾀더냐

2 내가 너희에게서 다만 이것을 알려 하노니 너희가 성령을 받은 것이 율법의 행위로냐 혹은 [1]듣고 믿음으로냐

3 너희가 이같이 어리석으냐 성령으로 시작하였다가 이제는 육체로 마치겠느냐

4 너희가 이같이 많은 괴로움을 헛되이 받았느냐 과연 헛되냐

5 너희에게 성령을 [2]주시고 너희 가운데서 능력을 행하시는 이의 일이 율법의 행위에서냐 혹은 듣고 믿음에서냐

6 아브라함이 하나님을 믿으매 그것을 그에게 의로 정하셨다 함과 같으니라

3 에는 무엇이 기록되어 있을까?

갈라디아 교인들은 자신들의 행위를 통해서 구원을 얻으려고 노력했어요. 이에 대해 바울은 이전까지는 율법이 우리를 인도해 주었지만, 그리스도가 오신 뒤로는 오직 믿음으로 의로워지게 되었다고 가르쳐주었지요. 또한 이 믿음을 통해서 모든 사람들은 하나님의 자녀가 되었다고 말했습니다.

1) 또는 믿음으로 들음에서나 2) 헬, 수용하거나 ㄱ. 창 15:6

연갑자(1:14) 나이가 서로 비슷한 사람.
택정(1:15) 여럿 중에서 골라 정함.
복음(2:7) 좋은 소식으로, 특별히 예수 그리스도를 통한 구원의 기쁜 소식을 가리킨다.
할례자(2:7) 남자아이가 태어난 지 8일 만에 생식기 끝의 껍질을 끊어내는 할례를 한 사람.
외식(2:13) 겉치레. 가식.
범법(2:18) 법에 어긋나는 일을 함.

7 그런즉 믿음으로 말미암은 자들은 아브라함의 자손인 줄 알지어다 3:9

8 또 하나님이 [1]이방을 믿음으로 말미암아 의로 정하실 것을 성경이 미리 알고 먼저 아브라함에게 복음을 전하되 모든 [1]이방인이 너로 말미암아 복을 받으리라 하였느니라

9 그러므로 믿음으로 말미암은 자는 믿음이 있는 아브라함과 함께 복을 받느니라 롬 4:16

10 무릇 율법 행위에 속한 자들은 저주 아래에 있나니 기록된 바 누구든지 율법 책에 기록된 대로 모든 일을 항상 행하지 아니하는 자는 저주 아래에 있는 자라 하였음이라

11 또 하나님 앞에서 아무도 율법으로 말미암아 의롭게 되지 못할 것이 분명하니 이는 ⌐의인은 믿음으로 살리라 하였음이라

12 율법은 믿음에서 난 것이 아니니 ⌐율법을 행하는 자는 그 가운데서 살리라 하였느니라

13 그리스도께서 우리를 위하여 저주를 받은 바 되사 율법의 저주에서 우리를 속량하셨으니 기록된 바 ⌐나무에 달린 자마다 저주 아래에 있는 자라 하였음이라

14 이는 그리스도 예수 안에서 아브라함의 복이 이방인에게 미치게 하고 또 우리로 하여금 믿음으로 말미암아 성령의 약속을 받게 하려 함이라

율법과 약속

15 ●형제들아 내가 사람의 예대로 말하노니 사람의 언약이라도 정한 후에는 아무도 폐하거나 더하거나 하지 못하느니라

16 이 약속들은 ⌐아브라함과 그 [2]자손에게 말씀하신 것인데 여럿을 가리켜 [2]자손들이라 하지 아니하시고 오직 한 사람을 가리켜 네 [2]자손이라 하셨으니 곧 그리스도라

17 내가 이것을 말하노니 하나님께서 미리 정하신 언약을 사백삼십 년 후에 생긴 율법이 폐기하지 못하고 그 약속을 헛되게 하지 못하리라

18 만일 그 유업이 율법에서 난 것이면 약속에서 난 것이 아니리라 그러나 하나님이 약속으로 말미암아 아브라함에게 주신 것이라

19 그런즉 율법은 무엇이냐 범법하므로 더하여진 것이라 천사들을 통하여 한 중보자의 손으로 베푸신 것인데 약속하신 [2]자손이 오시기까지 있을 것이라

20 그 중보자는 한 편만 위한 자가 아니나 하나님은 한 분이시니라

21 그러면 율법이 하나님의 약속들과 반대되는 것이냐 결코 그럴 수 없느니라 만일 능히 살게 하는 율법을 주셨더라면

1) 또는 족속 2) 헬, 씨 ㄱ. 창 12:3 ㄴ. 신 27:26 ㄷ. 합 2:4 ㄹ. 레 18:5 ㅁ. 신 21:23 ㅂ. 창 13:15; 17:8

선생님!! 궁금해요

어떻게 바울은 뱀에게 물리고도 죽지 않았나요?

바울은 예수 그리스도의 복음을 전하다가 억울하게 감옥에 갇히기도 하고 매를 맞기도 했어요. 한 번은 배를 타고 로마로 가는 길에 큰 풍랑을 만났지요. 배가 부서져서 간신히 헤엄쳐 멜리데 섬에 도착했어요. 그곳에서 바울은 불을 피워서 나뭇가지를 던져넣으려는데, 갑자기 독사가 뛰어나와 바울의 손을 물었어요.

그곳에 사는 사람들은 바울이 죽을 거라고 생각했지요. 그러나 바울은 아무렇지도 않은 듯이 뱀을 불에 떨어뜨렸어요. 물린 곳에도 아무런 이상이 없어서 모두들 신기하게 여겼지요. 이것은 하나님께서 복음을 전하는 바울을 지켜주셨기 때문이에요.

막 16장 18절

의가 반드시 율법으로 말미암았으리라

22 그러나 성경이 모든 것을 죄 아래에 가두었으니 이는 예수 그리스도를 믿음으로 말미암는 약속을 믿는 자들에게 주려 함이라

하나님의 아들

23 ●믿음이 오기 전에 우리는 율법 아래에 매인 바 되고 계시될 믿음의 때까지 갇혔느니라

24 이같이 율법이 우리를 그리스도께로 인도하는 초등교사가 되어 우리로 하여금 믿음으로 말미암아 의롭다 함을 얻게 하려 함이라

25 믿음이 온 후로는 우리가 초등교사 아래에 있지 아니하도다

26 너희가 다 믿음으로 말미암아 그리스도 예수 안에서 하나님의 아들이 되었으니

27 누구든지 그리스도와 합하기 위하여 1)세례를 받은 자는 그리스도로 옷 입었느니라

28 너희는 유대인이나 헬라인이나 종이나 자유인이나 남자나 여자나 다 그리스도 예수 안에서 하나이니라 골 3:11

29 너희가 그리스도의 것이면 곧 아브라함의 2)자손이요 약속대로 유업을 이을 자니라 4:28

4 내가 또 말하노니 유업을 이을 자가 모든 것의 주인이나 어렸을 동안에는 종과 다름이 없어서

2 그 아버지가 정한 때까지 후견인과 청지기 아래에 있나니

3 이와 같이 우리도 어렸을 때에 이 세상의 3)초등학문 아래에 있어서 종 노릇하였더니

4 때가 차매 하나님이 그 아들을 보내사 여자에게서 나게 하시고 율법 아래에 나게 하신 것은

5 율법 아래에 있는 자들을 속량하시고 우리로 아들의 명분을 얻게 하려 하심이라 엡 1:7

6 너희가 아들이므로 하나님이 그 아들의 영을 우리 마음 가운데 보내사 아빠 아버지라 부르게 하셨느니라 롬 5:5

7 그러므로 네가 이 후로는 종이 아니요 아들이니 아들이면 하나님으로 말미암아 유업을 받을 자니라

바울이 갈라디아 교회를 염려하다

8 ●그러나 너희가 그 때에는 하나님을 알지 못하여 본질상 하나님이 아닌 자들에게 종 노릇 하였더니 삼상 4:5

9 이제는 너희가 하나님을 알 뿐 아니라 더욱이 하나님이 아신 바 되었거늘 어찌하여 다시 약하고 천박한 초등학문으로 돌아가서 다시 그들에게 종 노릇 하려 하느냐

10 너희가 날과 달과 절기와 해를 삼가 지키니

11 내가 너희를 위하여 수고한 것이 헛될까 두려워하노라

12 ●형제들아 내가 너희와 같이 되었은즉 너희도 나와 같이 되기를 구하노라 너희가 내게 해롭게 하지 아니하였느니라

13 내가 처음에 육체의 약함으로 말미암아 너희에게 복음을 전한 것을 너희가 아는 바라

14 너희를 시험하는 것이 내 육체에 있으되 이것을 너희가 업신여기지도 아니하며 버리지도 아니하고 오직 나를 하나님의 천사와 같이 또는 그리스도 예수와 같이 영접하였도다 눅 10:16

15 너희의 복이 지금 어디 있느냐 내가 너희에게 증언하노니 너희가 할 수만 있었더라면 너희의 눈이라도 빼어 나에

4장에는 무엇이 기록되어 있을까?

예수 그리스도를 믿는 사람들은 하나님으로부터 유업을 받게 될 귀한 자녀들이에요. 바울은 아브라함의 이야기로 하나님과 사람들 관계를 들어서, 두 가지 언약에 대해서 설명해주었어요. 옛 언약(율법) 아래에 있는 사람들은 종처럼 얽매여 살아가지만, 새 언약(복음)을 받는 사람들은 이제 자유로운 하나님의 자녀가 된답니다.

---

1)헬, 또는 침례 2)헬, 씨 3)헬, 스토이케이아. 고대의 우주관과 운명론 등

게 주었으리라

16 그런즉 내가 너희에게 참된 말을 하므로 원수가 되었느냐

17 그들이 너희에 대하여 열심 내는 것은 좋은 뜻이 아니요 오직 너희를 이간시켜 너희로 그들에게 대하여 열심을 내게 하려 함이라

18 좋은 일에 대하여 열심으로 사모함을 받음은 내가 너희를 대하였을 때뿐 아니라 언제든지 좋으니라 **4:13, 14**

19 나의 자녀들아 너희 속에 그리스도의 형상을 이루기까지 다시 너희를 위하여 해산하는 수고를 하노니 **골 2:1**

20 내가 이제라도 너희와 함께 있어 내 언성을 높이려 함은 너희에 대하여 의혹이 있음이라

하갈과 사라

21 ●내게 말하라 율법 아래에 있고자 하는 자들아 율법을 듣지 못하였느냐

22 기록된 바 아브라함에게 두 아들이 있으니 하나는 여종에게서, 하나는 자유 있는 여자에게서 났다 하였으며

23 여종에게서는 육체를 따라 났고 자유 있는 여자에게서는 약속으로 말미암았느니라

24 이것은 비유니 이 여자들은 두 언약이라 하나는 시내 산으로부터 종을 낳은 자니 곧 하갈이라

25 이 하갈은 아라비아에 있는 시내 산으로서 지금 있는 예루살렘과 같은 곳이니 그가 그 자녀들과 더불어 종 노릇 하고

26 오직 위에 있는 예루살렘은 자유자니 곧 우리 어머니라

27 기록된 바 잉태하지 못한 자여 즐거워하라 산고를 모르는 자여 소리 질러 외치라 이는 홀로 사는 자의 자녀가 남편 있는 자의 자녀보다 많음이라 하였으니

28 형제들아 너희는 이삭과 같이 약속의 자녀라

29 그러나 그 때에 육체를 따라 난 자가 성령을 따라 난 자를 박해한 것 같이 이제도 그러하도다

30 그러나 성경이 무엇을 말하느냐 여종과 그 아들을 내쫓으라 여종의 아들이 자유 있는 여자의 아들과 더불어 유업을 얻지 못하리라 하였느니라

31 그런즉 형제들아 우리는 여종의 자녀가 아니요 자유 있는 여자의 자녀니라

5 그리스도께서 우리를 자유롭게 하려고 자유를 주셨으니 그러므로 굳건하게 서서 다시는 종의 멍에를 메지 말라

그리스도인의 자유와 사랑

2 ●보라 나 바울은 너희에게 말하노니 너희가 만일 할례를 받으면 그리스도께서 너희에게 아무 유익이 없으리라

3 내가 할례를 받는 각 사람에게 다시 증언하노니 그는 율법 전체를 행할 의무를 가진 자라

4 율법 안에서 의롭다 함을 얻으려 하는 너희는 그리스도에게서 끊어지고 은혜에서 떨어진 자로다

5 우리가 성령으로 믿음을 따라 의의 소망을 기다리노니

6 그리스도 예수 안에서는 할례나 무할례나 효력이 없으되 사랑으로써 역사하는 믿음뿐이니라

7 너희가 달음질을 잘 하더니 누가 너희를 막아 진리를 순종하지 못하게 하더냐

5장에는 무엇이 기록되어 있을까?

5장은 그리스도를 믿는 성도들이 가져야 할 생활 태도에 대해서 말해주고 있어요. 그리스도 안에서 자유롭게 된 성도들은 다시는 율법의 종이 되지 않도록 조심해야 해요. 그러기 위해서는 육체의 욕망을 버리고, 하나님의 뜻대로 살아야 하지요. 또한 성령의 이끄심을 따라 열매 맺는 삶을 살아야 한답니다.

1) 또는 내가 정당히 너희를 대접하므로 2) 헬, 광야의 자녀야
ㄱ. 창 16:15 ㄴ. 창 21:2 ㄷ. 사 54:1 ㄹ. 창 21:10, 12

이간(4:17) 두 사람 사이를 방해하여 서로 떨어지게 만듦.

8 그 권면은 너희를 부르신 이에게서 난 것이 아니니라   1:6

9 적은 누룩이 온 덩이에 퍼지느니라

10 나는 너희가 아무 다른 마음을 품지 아니할 줄을 주 안에서 확신하노라 그러나 너희를 요동하게 하는 자는 누구든지 심판을 받으리라

11 형제들아 내가 지금까지 할례를 전한다면 어찌하여 지금까지 박해를 받으리요 그리하였으면 십자가의 걸림돌이 제거되었으리니

12 너희를 어지럽게 하는 자들은 스스로 베어 버리기를 원하노라

13 ●형제들아 너희가 자유를 위하여 부르심을 입었으나 그러나 그 자유로 육체의 기회를 삼지 말고 오직 사랑으로 서로 종 노릇 하라 암송

14 온 율법은 네 이웃 사랑하기를 네 자신 같이 하라 하신 한 말씀에서 이루어졌나니

15 만일 서로 물고 먹으면 피차 멸망할까 조심하라

육체의 일과 성령의 열매

16 ●내가 이르노니 너희는 성령을 따라 행하라 그리하면 육체의 욕심을 이루지 아니하리라

17 육체의 소욕은 성령을 거스르고 성령

1)또는 무거운짐을 ㄱ. 레 19:18

은 육체를 거스르나니 이 둘이 서로 대적함으로 너희가 원하는 것을 하지 못하게 하려 함이니라

18 너희가 만일 성령의 인도하시는 바가 되면 율법 아래에 있지 아니하리라

19 육체의 일은 분명하니 곧 음행과 더러운 것과 호색과   엡 5:3

20 우상 숭배와 주술과 원수 맺는 것과 분쟁과 시기와 분냄과 당 짓는 것과 분열함과 이단과

21 투기와 술 취함과 방탕함과 또 그와 같은 것들이라 전에 너희에게 경계한 것 같이 경계하노니 이런 일을 하는 자들은 하나님의 나라를 유업으로 받지 못할 것이요

22 오직 성령의 열매는 사랑과 희락과 화평과 오래 참음과 자비와 양선과 충성과

23 온유와 절제니 이같은 것을 금지할 법이 없느니라

24 그리스도 예수의 사람들은 육체와 함께 그 정욕과 탐심을 십자가에 못 박았느니라   골 6:6

25 ●만일 우리가 성령으로 살면 또한 성령으로 행할지니

26 헛된 영광을 구하여 서로 노엽게 하거나 서로 투기하지 말지니라

짐을 서로 지라

6 형제들아 사람이 만일 무슨 범죄한 일이 드러나거든 신령한 너희는 온유한 심령으로 그러한 자를 바로잡고 너 자신을 살펴보아 너도 시험을 받을까 두려워하라 암송

2 너희가 1)짐을 서로 지라 그리하여 그리

솔솔 풀리는 성령 말씀

자유와 성령과 사랑

1. 자유 : 바울이 말한 자유는 할례와 율법, 그리고 죄와 죽음으로부터의 자유입니다(5:1).

2. 성령 : 인간은 자신의 힘으로 이 자유를 얻을 수 없지요. 바울은 오직 하나님의 영(롬 8:2,9,11;고후 3:17), 부활하신 그리스도의 영(고전 15:45)으로 말미암아 이 자유를 누릴 수 있다고 말했어요.

3. 사랑 : 초대 교회 교인들 가운데는 그리스도께서 주신 자유를 오해하거나 함부로 쓰는 경우가 많았어요. 바울은 자신의 자유로운 행동이 다른 형제를 배려하고 유익을 끼칠 때만 진정으로 정당하다고 말했습니다.

5~6장

6장 에는 무엇이 기록되어 있을까?

믿음으로 구원받은 성도는 사랑으로 죄인을 바로잡고(1절), 다른 성도들의 어려움을 도와주며(2절), 스스로 겸손해야 해요(3절). 또한 자신을 남과 비교하지 않으며(4절), 언제나 모든 사람에게 선한 일을 해야 하지요(10절). 이처럼 성령의 열매는 우리의 삶 속에서 직접 실천하면서 이루어가는 것이랍니다.

갈

스도의 법을 성취하라

3 만일 누가 아무 것도 되지 못하고 된 줄로 생각하면 스스로 속임이라

4 각각 자기의 일을 살피라 그리하면 자랑할 것이 자기에게는 있어도 남에게는 있지 아니하리니

5 각각 자기의 짐을 질 것이라

6 ●가르침을 받는 자는 말씀을 가르치는 자와 모든 좋은 것을 함께 하라

7 스스로 속이지 말라 하나님은 업신여김을 받지 아니하시나니 사람이 무엇으로 심든지 그대로 거두리라　욥 13:9

8 자기의 육체를 위하여 심는 자는 육체로부터 썩어질 것을 거두고 성령을 위하여 심는 자는 성령으로부터 영생을 거두리라

9 우리가 선을 행하되 낙심하지 말지니 포기하지 아니하면 때가 이르매 거두리라

10 그러므로 우리는 기회 있는 대로 모든 이에게 착한 일을 하되 더욱 믿음의 가정들에게 할지니라　암송

할례와 그리스도의 십자가

11 ●내 손으로 너희에게 이렇게 큰 글자로 쓴 것을 보라

12 무릇 육체의 모양을 내려 하는 자들이 억지로 너희에게 할례를 받게 함은 그들이 그리스도의 십자가로 말미암아 박해를 면하려 함뿐이라

13 할례를 받은 그들이라도 스스로 율법은 지키지 아니하고 너희에게 할례를 받게 하려 하는 것은 그들이 너희의 육체로 자랑하려 함이라

14 그러나 내게는 우리 주 예수 그리스도의 십자가 외에 결코 자랑할 것이 없으니 그리스도로 말미암아 세상이 나를 대하여 십자가에 못 박히고 내가 또한 세상을 대하여 그러하니라

15 할례나 무할례가 아무 것도 아니로되 오직 새로 지으심을 받는 것만이 중요하니라

16 무릇 이 규례를 행하는 자에게와 하나님의 이스라엘에게 평강과 긍휼이 있을지어다

17 ●이 후로는 누구든지 나를 괴롭게 하지 말라 내가 내 몸에 예수의 흔적을 지니고 있노라

18 ●형제들아 우리 주 예수 그리스도의 은혜가 너희 심령에 있을지어다 아멘

비전을 심어주는 3분 예화 　하루 한 시간 투자로

어느날 '빌리 선데이'라는 소년이 훌륭한 사람이 되려면 어떻게 살아야 하는지 목사님께 여쭈어보았어요. 그러자 목사님은 빌리에게 하루에 한 시간씩 자기가 가르쳐주는 대로 행동할 수 있는지 되물으셨지요. 빌리는 훌륭한 사람이 되는데 하루에 한 시간을 못하겠다고 말하자, 목사님은 이렇게 말했답니다.

"하루에 15분씩 기도하고 15분씩 성경을 묵상하게. 그리고 15분씩 다른 사람에게 하나님에 대한 이야기를 하고 15분씩 사랑을 실천하게. 그러면 자네는 훌륭한 사람이 될 것이야."

빌리는 목사님의 교훈을 곧바로 행동으로 옮겼고, 후에 하나님의 사랑과 권능을 전하는 훌륭한 부흥사가 되었습니다.

에베소서를 읽기 전에

이 책은 사도 바울이 기록했어요. 특별히 에베소서, 빌립보서, 골로새서, 빌레몬 서는 바울이 감옥에 갇혀 있을 때 쓴 편지이기 때문에 '옥중 서신'이라고 불린답 니다. 바울은 로마 감옥에서 2년 동안 갇혀 지내면서 많은 편지를 썼어요.

언제, 왜, 누구를 위하여 썼나요?

이 책을 기록한 때는 A.D. 62년경이라고 해요. 바울은 예수 님 안에서 이방인과 유대인이 한 몸(교회)을 이루도록 하기 위해 이 편지를 썼어요. 이 편지는 에베소에 있는 그리스도 인을 위해 쓰였답니다.

어떤 내용인가요?

1~3장은 교회에 대한 하나님의 뜻과 교회가 이루어지는 과 정을 설명해주고 있어요. 또 4~6장은 교회를 이루는 성도들 이 어떻게 생활해야 하는지를 잘 가르쳐주고 있지요.

인사

1 하나님의 뜻으로 말미암아 그리스 도 예수의 사도 된 바울은 에베소에 있는 성도들과 그리스도 예수 안에 있 는 신실한 자들에게 편지하노니 빌 1:1

2 하나님 우리 아버지와 주 예수 그리스 도로부터 은혜와 평강이 너희에게 있 을지어다

하늘에 속한 신령한 복 — A.D. 60년경

3 ●찬송하리로다 하나님 곧 우리 주 예 수 그리스도의 아버지께서 그리스도 안에서 하늘에 속한 모든 신령한 복을 우리에게 주시되

4 곧 창세 전에 그리스도 안에서 우리를 택하사 우리로 1)사랑 안에서 그 앞에 거룩하고 흠이 없게 하시려고

5 그 기쁘신 뜻대로 우리를 예정하사 예

수 그리스도로 말미암아 자기의 아들 들이 되게 하셨으니

6 이는 그가 사랑하시는 자 안에서 우리 에게 거저 주시는 바 그의 은혜의 영광 을 찬송하게 하려는 것이라

7 우리는 그리스도 안에서 그의 은혜의 풍성함을 따라 그의 피로 말미암아 속 량 곧 죄 사함을 받았느니라 골 1:14

8 이는 그가 모든 지혜와 총명을 우리에 게 넘치게 하사

9 그 뜻의 비밀을 우리에게 알리신 것이요 그의 기뻐하심을 따라 그리스도 안에서 때가 찬 경륜을 위하여 예정하신 것이니

10 하늘에 있는 것이나 땅에 있는 것이 그리스도 안에서 통일되게 하려 하심 이라 갈 4:4

11 모든 일을 그의 뜻의 결정대로 일하시 는 이의 계획을 따라 우리가 예정을 입 어 그 안에서 기업이 되었으니 롬 9:11

12 이는 우리가 그리스도 안에서 전부터 바라던 그의 영광의 찬송이 되게 하려 하심이라

13 그 안에서 너희도 2)진리의 말씀 곧 너

1장 에는 무엇이 기록되어 있을까?

에베소서는 삼위 일체 되시는 하나 님의 구원을 찬양하면서 시작하고 있어요. 성부이 신 하나님은 우리를 선택하시고, 성자이신 예수님 은 구원을 이루셨지요. 또한 성령님은 우리의 믿 음을 증명하시며, 우리가 하나님의 약속을 받도록 도와주세요. 바울은 에베소 교인들이 이러한 하나 님의 지혜를 잘 깨달을 수 있도록 기도했어요.

1) 4절에 '사랑 안에서'를 빼고 5절에 '사랑으로 예정하사'로 할 수 있음 2) 헬. 참

희의 구원의 복음을 듣고 그 안에서 또 한 믿어 1)약속의 성령으로 인치심을 받았으니

14 이는 우리 기업의 2)보증이 되사 그 얻으신 것을 속량하시고 그의 영광을 찬송하게 하려 하심이라

바울의 기도

15 ●이로 말미암아 주 예수 안에서 너희 믿음과 모든 성도를 향한 사랑을 나도 듣고

16 내가 기도할 때에 기억하며 너희로 말미암아 감사하기를 그치지 아니하고

17 우리 주 예수 그리스도의 하나님, 영광의 아버지께서 지혜와 계시의 영을 너희에게 주사 하나님을 알게 하시고

18 너희 마음의 눈을 밝히사 그의 부르심의 소망이 무엇이며 성도 안에서 그 기업의 영광의 풍성함이 무엇이며

19 그의 힘의 위력으로 역사하심을 따라 믿는 우리에게 베푸신 능력의 지극히 크심이 어떠한 것을 너희로 알게 하시기를 구하노라

20 그의 능력이 그리스도 안에서 역사하사 죽은 자들 가운데서 다시 살리시고 하늘에서 자기의 오른편에 앉히사

21 모든 통치와 권세와 능력과 주권과 이 세상뿐 아니라 오는 세상에 일컫는 모든 이름 위에 뛰어나게 하시고

22 또 만물을 그의 발 아래에 복종하게 하시고 그를 만물 위에 교회의 머리로 삼으셨느니라

23 교회는 그의 몸이니 만물 안에서 만물을 충만하게 하시는 이의 충만함이니라

허물과 죄로 죽었던 너희를 살리셨다

2 그는 허물과 죄로 죽었던 너희를 살리셨도다

2 그 때에 너희는 그 가운데서 행하여 이 3)세상 풍조를 따르고 공중의 권세 잡은 자를 따랐으니 곧 지금 불순종의 아들들 가운데서 역사하는 영이라

3 전에는 우리도 다 그 가운데서 우리 육체의 욕심을 따라 지내며 육체와 마음의 원하는 것을 하여 다른 이들과 같이 본질상 진노의 자녀이었더니

4 긍휼이 풍성하신 하나님이 우리를 사랑하신 그 큰 사랑을 인하여

5 허물로 죽은 우리를 그리스도와 함께 살리셨고 (너희는 은혜로 구원을 받은 것이라)

6 또 함께 일으키사 그리스도 예수 안에서 함께 하늘에 앉히시니

7 이는 그리스도 예수 안에서 우리에게 자비하심으로써 그 은혜의 지극히 풍성함을 오는 여러 세대에 나타내려 하심이라

8 너희는 그 은혜에 의하여 믿음으로 말미암아 구원을 받았으니 이것은 너희에게서 난 것이 아니요 하나님의 선물이라

9 행위에서 난 것이 아니니 이는 누구든지 자랑하지 못하게 함이라

10 우리는 그가 만드신 바라 그리스도 예

1) 또는 약속의 성령이 2) 헬, 보증금 3) 헬, 세대

7가지 '이렇게 행하라' (2-5장)

바울은 그리스도인들과 과거에는 사탄을 따라 이 세상의 방식대로 살았음을 지적하면서(2:2) 이제 어떻게 '살아가야 하는지를 '행함'으로 말 쓰며 권면하고 있어요.

과거의 행함	바울은 그리스도인들과 과거에는 사탄을 따라 이 세상의 방식대로 살았음을 지적하면서(2:2) 이제 어떻게 '살아가야 하는지를 '행함'으로 말 쓰며 권면하고 있어요.
선한 행함	우리의 삶은 선행으로 가득 차야 해요(2:10).
부르심에 합당한 행함	우리를 불러 자녀로 삼아주신 하나님의 이름을 욕되게 하지 않는 삶을 살아야 해요(4:1).
의미 있는 행함	인생의 허무한 것을 추구하지 말고 영원하고 의미 있는 삶을 살아야 해요(4:17).
사랑의 행함	예수님께서 우리를 사랑하신 것같이 사랑의 삶을 살아야 해요. 예수님께서 보여주신 사랑의 핵심은 자기 희생이에요(5:2).
빛 같은 행함	밝은 빛에 살고, 어두운 세상을 밝히는 삶을 살아야 해요.
지혜로운 행함	옳고 그름, 시대의 흐름을 분별하며 살아야 해요(5:15).

2 에는 무엇이 기록되어 있을까?

...사람들은 하나님의 뜻을 저버리고 죄를 지으며 살아갔어요. 그러나 하나님은 그들에게 새 생명을 주시려고 그리스도를 보내주셨습니다. 에베소 교인들 역시 이전에는 하나님을 알지 못했던 이방인이었지만, 예수 그리스도를 통해 하나님께 나아갈 수 있게 되었지요. 이제 유대인과 이방인은 그리스도 안에서 한 가족이 되었답니다.

수 안에서 선한 일을 위하여 지으심을 받은 자니 이 일은 하나님이 전에 예비하사 우리로 그 가운데서 행하게 하려 하심이니라

십자가로 화목하게 하시다

11 ●그러므로 생각하라 너희는 그 때에 육체로는 이방인이요 손으로 육체에 행한 할례를 받은 무리라 칭하는 자들로부터 할례를 받지 않은 무리라 칭함을 받는 자들이라

12 그 때에 너희는 그리스도 밖에 있었고 이스라엘 나라 밖의 사람이라 약속의 언약들에 대하여는 외인이요 세상에서 소망이 없고 하나님도 없는 자이더니

13 이제는 전에 멀리 있던 너희가 그리스도 예수 안에서 그리스도의 피로 가까워졌느니라

14 그는 우리의 화평이신지라 둘로 하나를 만드사 원수 된 것 곧 중간에 막힌 담을 자기 육체로 허시고

15 법조문으로 된 계명의 율법을 폐하셨으니 이는 이 둘로 자기 안에서 한 새 사람을 지어 화평하게 하시고

16 또 십자가로 이 둘을 한 몸으로 하나님과 화목하게 하려 하심이라 원수 된 것을 십자가로 소멸하시고

17 또 오셔서 먼 데 있는 너희에게 평안을 전하시고 가까운 데 있는 자들에게 평안을 전하셨으니

18 이는 그로 말미암아 우리 둘이 한 성령 안에서 아버지께 나아감을 얻게 하려 하심이라

19 그러므로 이제부터 너희는 외인도 아니요 나그네도 아니요 오직 성도들과 동일한 시민이요 하나님의 권속이라

20 너희는 사도들과 선지자들의 터 위에 세우심을 입은 자라 그리스도 예수께서 친히 모퉁잇돌이 되셨느니라

21 그의 안에서 건물마다 서로 연결하여

주 안에서 성전이 되어 가고

22 너희도 성령 안에서 하나님이 거하실 처소가 되기 위하여 그리스도 예수 안에서 함께 지어져 가느니라

하나님의 구원의 경륜의 비밀

3 이러므로 그리스도 예수의 일로 너희 이방인을 위하여 갇힌 자 된 나 바울이 말하거니와

2 너희를 위하여 내게 주신 하나님의 그 은혜의 경륜을 너희가 들었을 터이니

3 곧 계시로 내게 비밀을 알게 하신 것은 내가 먼저 간단히 기록함과 같으니

4 그것을 읽으면 내가 그리스도의 비밀을 깨달은 것을 너희가 알 수 있으리라

5 이제 그의 거룩한 사도들과 선지자들에게 성령으로 나타내신 것 같이 다른 세대에서는 사람의 아들들에게 알리지 아니하셨으나

6 이는 이방인들이 복음으로 말미암아 그리스도 예수 안에서 함께 상속자가 되고 함께 지체가 되고 함께 약속에 참여하는 자가 됨이라

7 이 복음을 위하여 그의 능력이 역사하시는 대로 내게 주신 하나님의 은혜의 선물을 따라 내가 일꾼이 되었노라

8 모든 성도 중에 지극히 작은 자보다 더 작은 나에게 이 은혜를 주신 것은 측량할 수 없는 그리스도의 풍성함을 이방인에게 전하게 하시고

9 영원부터 만물을 창조하신 하나님 속에 감추어졌던 비밀의 경륜이 어떠한 것을 드러내게 하려 하심이라 롬 1:26, 27

10 이는 이제 교회로 말미암아 하늘에 있

1) 어떤 사본에, 9절 처음에 '모든 사람에게'가 있음

긍휼(2:4) 가엾게 여겨 도움.
경륜(3:2) 일을 조직하여 경영함. 천하를 다스림.

3 에는 무엇이 기록되어 있을까?

바울은 이방인도 유대인과 마찬가지로 하나님의 상속자가 될 수 있다는 비밀을 깨달았어요. 놀라운 비밀이었지요. 바울은 이 기쁜 소식을 이방인에게 전하는 하나님의 일꾼이었답니다. 또한 에베소 교인들이 그리스도의 크신 사랑을 깨닫고 날마다 성숙해지도록 기도했어요.

에베소 교회의 유적(3:21)

엡

는 통치자들과 권세들에게 하나님의 각종 지혜를 알게 하려 하심이니 ᵇᵉᵗ 1:2

11 곧 영원부터 우리 주 그리스도 예수 안에서 예정하신 뜻대로 하신 것이라

12 우리가 그 안에서 그를 믿음으로 말미암아 담대함과 확신을 가지고 하나님께 나아감을 얻느니라

13 그러므로 너희에게 구하노니 너희를 위한 나의 여러 환난에 대하여 낙심하지 말라 이는 너희의 영광이니라 교후 4:1

그리스도의 사랑을 알게 하시기

14 ●이러므로 내가 하늘과 땅에 있는 각 족속에게

15 이름을 주신 아버지 앞에 무릎을 꿇고 비노니

16 그의 영광의 풍성함을 따라 그의 성령으로 말미암아 너희 속사람을 능력으로 강건하게 하시오며

17 믿음으로 말미암아 그리스도께서 너희 마음에 계시게 하시옵고 너희가 사랑 가운데서 뿌리가 박히고 터가 굳어져서

18 능히 모든 성도와 함께 지식에 넘치는 그리스도의 사랑을 알고

19 그 너비와 길이와 높이와 깊이가 어떠함을 깨달아 하나님의 모든 충만하신 것으로 너희에게 충만하게 하시기를 구하노라 1:23

20 ●우리 가운데서 역사하시는 능력대로 우리가 구하거나 생각하는 모든 것에 더 넘치도록 능히 하실 이에게

21 교회 안에서와 그리스도 예수 안에서 영광이 대대로 영원무궁하기를 원하노라 아멘

성령이 하나되게 하신 건

4 그러므로 주 안에서 갇힌 내가 너희를 권하노니 너희가 부르심을 받은 일에 합당하게 행하여

2 모든 겸손과 온유로 하고 오래 참음으로 사랑 가운데서 서로 용납하고

3 평안의 매는 줄로 성령이 하나 되게 하신 것을 힘써 지키라 **암송**

4 몸이 하나요 성령도 한 분이시니 이와 같이 너희가 부르심의 한 소망 안에서 부르심을 받았느니라

5 주도 한 분이시요 믿음도 하나요 ¹⁾세례도 하나요 ㅎ 6:6

6 하나님도 한 분이시니 곧 만유의 아버지시라 만유 위에 계시고 만유를 통일하시고 만유 가운데 계시도다

7 우리 각 사람에게 그리스도의 선물의 분량대로 은혜를 주셨나니

8 그러므로 이르기를

그가 위로 올라가실 때에 사로잡혔던 자들을 사로잡으시고 사람들에게 선물을 주셨다

하였도다

9 올라가셨다 하였은즉 땅 아래 낮은 곳으로 내리셨던 것이 아니면 무엇이냐

10 내리셨던 그가 곧 모든 하늘 위에 오르신 자니 이는 만물을 충만하게 하려 하심이라

11 그가 어떤 사람은 사도로, 어떤 사람은 선지자로, 어떤 사람은 복음 전하는 자로, 어떤 사람은 목사와 교사로 삼으셨으니

12 이는 성도를 온전하게 하여 봉사의 일을 하게 하며 그리스도의 몸을 세우려

4장 에는 무엇이 기록되어 있을까?

하나님의 백성이 모인 교회는 성령 안에서 서로 하나가 되도록 노력해야 해요. 예수님이 각 사람에게 서로 다른 은혜의 선물을 주신 것은, 성도들이 서로를 섬기면서 교회를 든든하게 세우기 바라셨기 때문이지요. 17절부터는 옛 모습을 버리고 새 사람이 되어 하나님의 형상대로 살아갈 것을 당부하는 내용이 나온답니다.

하심이라

13 우리가 다 하나님의 아들을 믿는 것과 아는 일에 하나가 되어 온전한 사람을 이루어 그리스도의 ¹⁾장성한 분량이 충만한 데까지 이르리니

14 이는 우리가 이제부터 어린 아이가 되지 아니하여 사람의 속임수와 간사한 유혹에 빠져 온갖 교훈의 풍조에 밀려 요동하지 않게 하려 함이라

15 오직 ²⁾사랑 안에서 ³⁾참된 것을 하여 범사에 그에게까지 자랄지라 그는 머리니 곧 그리스도라

16 그에게서 온 몸이 각 마디를 통하여 도움을 받음으로 연결되고 결합되어 각 지체의 분량대로 역사하여 그 몸을 자라게 하며 사랑 안에서 스스로 세우느니라

옛 사람과 새 사람

17 ●그러므로 내가 이것을 말하며 주 안에서 증언하노니 이제부터 너희는 이방인이 그 마음의 허망한 것으로 행함 같이 행하지 말라 _롤 3:7_

18 그들의 총명이 어두워지고 그들 가운데 있는 무지함과 그들의 마음이 굳어짐으로 말미암아 하나님의 생명에서 떠나 있도다

19 그들이 감각 없는 자가 되어 자신을 방탕에 방임하여 모든 더러운 것을 욕심으로 행하되

20 오직 너희는 그리스도를 그같이 배우지 아니하였느니라

21 ⁴⁾진리가 예수 안에 있는 것 같이 너희

가 참으로 그에게서 듣고 또한 그 안에서 가르침을 받았을진대

22 너희는 유혹의 욕심을 따라 썩어져 가는 구습을 따르는 옛 사람을 벗어 버리고 _벧전 2:1_

23 오직 너희의 심령이 새롭게 되어

24 하나님을 따라 의와 진리의 거룩함으로 지으심을 받은 새 사람을 입으라

하나님을 본받는 생활

25 ●그런즉 거짓을 버리고 ^ㄱ각각 그 이웃과 더불어 참된 것을 말하라 이는 우리가 서로 지체가 됨이라 _슥 8:16_

26 ^ㄴ분을 내어도 죄를 짓지 말며 해가 지도록 분을 품지 말고

27 마귀에게 틈을 주지 말라

28 도둑질하는 자는 다시 도둑질하지 말고 돌이켜 가난한 자에게 구제할 수 있도록 자기 손으로 수고하여 선한 일을 하라

29 무릇 더러운 말은 너희 입 밖에도 내지 말고 오직 덕을 세우는 데 소용되는 대로 선한 말을 하여 듣는 자들에게 은혜를 끼치게 하라 _암송_

30 하나님의 성령을 근심하게 하지 말라 그 안에서 너희가 구원의 날까지 인치심을 받았느니라

31 너희는 모든 악독과 노함과 분냄과 떠드는 것과 비방하는 것을 모든 악의와 함께 버리고

32 서로 친절하게 하며 불쌍히 여기며 서로 용서하기를 하나님이 그리스도 안에서 너희를 용서하심과 같이 하라

5 그러므로 사랑을 받는 자녀 같이 너희는 하나님을 본받는 자가 되고

5장 에는 무엇이 기록되어 있을까? ─

바울은 새 사람이 된 성도들이 어떻게 생활해야 하는지에 대해서 자세하게 가르쳐 주고 있어요. 성도들은 하나님을 닮아가기 위해서 노력해야 해요. 또한 하나님의 거룩한 백성답게 모든 악을 멀리하고, 예수님의 빛 가운데서 살아가도록 힘써야 하지요. 한편 22절부터는 부부간의 생활 태도에 대해서 알려주고 있답니다.

1) 헬, 충만의 신장의 분량이 2) 사랑 안에서 자라자 3) 또는 참된 생활을 하여 4) 헬, 참 ㄱ. 슥 8:16 ㄴ. 시 4:4

2 그리스도께서 너희를 사랑하신 것 같이 너희도 사랑 가운데서 행하라 그는 우리를 위하여 자신을 버리사 향기로운 제물과 희생제물로 하나님께 드리셨느니라

3 음행과 온갖 더러운 것과 탐욕은 너희 중에서 그 이름조차도 부르지 말라 이는 성도에게 마땅한 바니라

4 누추함과 어리석은 말이나 희롱의 말이 마땅치 아니하니 오히려 감사하는 말을 하라

5 너희도 정녕 이것을 알거니와 음행하는 자나 더러운 자나 탐하는 자 곧 우상 숭배자는 다 그리스도와 하나님의 나라에서 기업을 얻지 못하리니

6 누구든지 헛된 말로 너희를 속이지 못하게 하라 이로 말미암아 하나님의 진노가 불순종의 아들들에게 임하나니

7 그러므로 그들과 함께 하는 자가 되지 말라

8 너희가 전에는 어둠이더니 이제는 주 안에서 빛이라 빛의 자녀들처럼 행하라

9 빛의 열매는 모든 착함과 의로움과 진실함에 있느니라

10 주를 기쁘시게 할 것이 무엇인가 시험하여 보라

11 너희는 열매 없는 어둠의 일에 참여하지 말고 도리어 책망하라

12 그들이 은밀히 행하는 것들은 말하기도 부끄러운 것들이라

13 그러나 책망을 받는 모든 것은 빛으로 말미암아 드러나나니 드러나는 것마다 빛이니라

14 그러므로 이르시기를 잠자는 자여 깨어서 죽은 자들 가운데서 일어나라 그리스도께서 너에게 비추이시리라 하셨느니라

그리스도의 이름으로 감사하라

15 ●그런즉 너희가 어떻게 행할지를 자세히 주의하여 지혜 없는 자 같이 하지 말고 오직 지혜 있는 자 같이 하여

16 세월을 아끼라 때가 악하니라

17 그러므로 어리석은 자가 되지 말고 오직 주의 뜻이 무엇인가 이해하라

18 술 취하지 말라 이는 방탕한 것이니 오직 성령으로 충만함을 받으라

19 시와 찬송과 신령한 노래들로 서로 화답하며 너희의 마음으로 주께 노래하며 찬송하며

20 범사에 우리 주 예수 그리스도의 이름으로 항상 아버지 하나님께 감사하며

21 그리스도를 경외함으로 피차 복종하라

아내와 남편

22 ●아내들이여 자기 남편에게 복종하기를 주께 하듯 하라

23 이는 남편이 아내의 머리 됨이 그리스도께서 교회의 머리 됨과 같음이니 그가 바로 몸의 구주시니라

24 그러므로 교회가 그리스도에게 하듯 아내들도 범사에 자기 남편에게 복종

1) 헬, 참 2) 헬, 기회를 사라 3) 헬, 그 날들이

영적 전쟁 : 성도의 무기(6:10-20)	
진리의 허리띠(6:14)	허리와 배를 진리로 둘렀다는 것은, 두려움이나 자기 연민 때문에 거짓에 굴복하지 않고 말과 행동이 진실함을 뜻하지요.
의의 호심경(6:14)	그리스도의 보혈에 의지하여 죄를 고백하고 용서 받음으로써 영혼을 항상 순결하고 의롭게 해야 합니다.
평안의 복음의 신 (6:15)	신발이 맞고 편해야 자유롭게 돌아다니며 일할 수 있듯이, 그리스도인은 평안의 복음을 두루 전해야 합니다.
믿음의 방패(6:16)	영적 전투에 있어서는 믿음만이 의심과 두려움, 죄책감의 불화살을 쏘아대는 사탄의 공격을 막아내는 훌륭한 무기가 됩니다.
구원의 투구(6:17)	투구는 머리를 보호해주는데, 구원의 확신은 의심과 불안을 막아내는 강력한 방어 수단이에요.
성령의 검(6:17)	유일한 공격 무기인 성령의 검, 곧 하나님의 말씀은 우리 주 예수님께서 사탄을 물리치실 때 사용하셨던 무기지요(눅 4:1~14).

할지니라

25 남편들아 아내 사랑하기를 그리스도께서 교회를 사랑하시고 그 교회를 위하여 자신을 주심 같이 하라

26 이는 곧 물로 씻어 말씀으로 깨끗하게 하사 거룩하게 하시고

27 자기 앞에 영광스러운 교회로 세우사 티나 주름 잡힌 것이나 이런 것들이 없이 거룩하고 흠이 없게 하려 하심이라

28 이와 같이 남편들도 자기 아내 사랑하기를 자기 자신과 같이 할지니 자기 아내를 사랑하는 자는 자기를 사랑하는 것이라

29 누구든지 언제나 자기 육체를 미워하지 않고 오직 양육하여 보호하기를 그리스도께서 교회에게 함과 같이 하나니

30 우리는 그 몸의 지체임이라

31 그러므로 사람이 부모를 떠나 그의 아내와 합하여 그 둘이 한 육체가 될지니

32 이 비밀이 크도다 나는 그리스도와 교회에 대하여 말하노라

33 그러나 너희도 각각 자기의 아내 사랑하기를 자신 같이 하고 아내도 자기 남편을 존경하라

자녀와 부모

6 자녀들아 주 안에서 너희 부모에게 순종하라 이것이 옳으니라

2 네 아버지와 어머니를 공경하라 이것은 약속이 있는 첫 계명이니

3 이로써 네가 잘되고 땅에서 장수하리라 [암송]

4 또 아비들아 너희 자녀를 노엽게 하지 말고 오직 주의 교훈과 훈계로 양육하

라 [종과 상전]

5 종들이 두려워하고 떨며 성실한 마음으로 육체의 상전에게 순종하기를 그리스도께 하듯 하라 [엡 6:1]

6 눈가림만 하여 사람을 기쁘게 하는 자처럼 하지 말고 그리스도의 종들처럼 [1]마음으로 하나님의 뜻을 행하고

7 기쁜 마음으로 섬기기를 주께 하듯 하고 사람들에게 하듯 하지 말라

8 이는 각 사람이 무슨 선을 행하든지 종이나 자유인이나 주께로부터 그대로 받을 줄을 앎이라

9 상전들아 너희도 그들에게 이와 같이 하고 위협을 그치라 이는 그들과 너희의 상전이 하늘에 계시고 그에게는 사람을 외모로 취하는 일이 없는 줄 너희가 앎이라

마귀를 대적하는 싸움

10 끝으로 너희가 주 안에서와 그 힘의 능력으로 강건하여지고

11 마귀의 간계를 능히 대적하기 위하여 하나님의 전신 갑주를 입으라 [암송]

12 우리의 씨름은 혈과 육을 상대하는 것이 아니요 통치자들과 권세들과 이 어둠의 세상 주관자들과 하늘에 있는 악의 영들을 상대함이라

13 그러므로 하나님의 전신 갑주를 취하라 이는 악한 날에 너희가 능히 대적하고 모든 일을 행한 후에 서기 위함이라

14 그런즉 서서 진리로 너희 허리 띠를 띠고 의의 호심경을 붙이고 [사 11:5]

15 평안의 복음이 준비한 것으로 신을 신고

16 모든 것 위에 믿음의 방패를 가지고 이로써 능히 악한 자의 모든 불화살을 소멸하고

17 구원의 투구와 성령의 검 곧 하나님의

6장 에는 무엇이 기록되어 있을까?

바울은 부모와 자녀(1~4절), 주인과 종(5~9절)간의 덕목을 가르쳐주고 있어요. 이 둘의 관계에서 가장 중요한 것은 순종과 나그러움이에요. 한편, 10~20절에서 바울은 그리스도인의 영적 전투에 대해서 설명하고 있지요. 성도들은 하나님의 무기로 완전히 무장하여 이 세상의 악한 영들과의 싸움에서 승리하는 삶을 살아야 해요.

---

1) 헬, 목숨 2) 헬, 참 ㄱ. 창 2:24 ㄴ. 출 20:12; 신 5:16

화답(5:19) 시나 노래로 맞받아 답함.
훈계(6:4) 타일러 가르침.
상전(6:5) 종에게 있어서 그 '주인'을 이르는 말.

말씀을 가지라

빌 4:12

18 모든 기도와 간구를 하되 항상 성령 안에서 기도하고 이를 위하여 깨어 구하기를 항상 힘쓰며 여러 성도를 위하여 구하라

빌 1:4

19 또 나를 위하여 구할 것은 내게 말씀을 주사 나로 입을 열어 복음의 비밀을 담대히 알리게 하옵소서 할 것이니

20 이 일을 위하여 내가 쇠사슬에 매인 사신이 된 것은 나로 이 일에 당연히 할 말을 담대히 하게 하려 하심이라

끝 인사

21 ● 나의 사정 곧 내가 무엇을 하는지 너희에게도 알리려 하노니 사랑을 받은 형제요 주 안에서 진실한 일꾼인 두기고가 모든 일을 너희에게 알리리라

22 우리 사정을 알리고 또 너희 마음을 위로하기 위하여 내가 특별히 그를 너희에게 보내었노라

23 ● 아버지 하나님과 주 예수 그리스도께로부터 평안과 믿음을 겸한 사랑이 형제들에게 있을지어다

갈 5:6

24 우리 주 예수 그리스도를 변함 없이 사랑하는 모든 자에게 은혜가 있을지어다

선생님!! 궁금해요?

예수님은 떡과 포도주를 자신의 '살과 피'라고 하셨어요. 무슨 뜻이에요?

예수님께서는 십자가에서 돌아가시기 전날밤 제자들과 함께 거룩한 만찬식을 하셨어요. 사랑하는 제자들에게 떡을 떼어주시며 "내 몸이다"라고 말씀하셨지요. 그 떡은 예수님의 살을 의미해요. 예수님은 우리를 대신하여 십자가에 못 박혀 살이 찢기셨지요. 곧 그분의 죽으심을 기억하라는 말씀이에요.

또한 예수님은 포도주를 나누어주시면서 "이 잔은 내 피다"라고 말씀하셨어요. 예수님이 십자가에 죽으실 때 흘리신 피를 나타내는 거예요. 예수님이 우리 한 사람 한 사람을 위해 피를 흘리셨다는 것을 믿으면 우리는 영생을 얻을 수 있답니다.

그래서 교회에서 성찬식을 할 때 떡과 포도주를 먹는 거예요. 예수님이 다시 오실 때까지 그 죽으심을 기억하며 많은 사람에게 복음을 전하기 위해서지요.

눅 22장 19-20절

Philippians

빌립보서

빌립보서를 읽기 전에

이 책은 사도 바울이 기록했어요. 바울이 감옥에서 쓴 '옥중 서신' 중의 하나지요. 소아시아에서 유럽으로 들어갈 때 통과해야 하는 곳이었던 빌립보 지역은 군사적으로, 또 상업적으로 중요한 도시였어요.

언제, 왜, 누구를 위하여 썼나요?

이 책을 기록한 때는 A.D. 60~62년경이라고 해요. 바울이 빌립보 교인들에게 감사의 뜻을 전하고 교회가 나뉘지 않고 한마음이 되게 하려고 쓴 편지예요. 또 율법주의적인 유대교가 참된 복음과는 다르다는 것을 알려주고 있지요.

어떤 내용인가요?

바울은 어려움 중에서도 예수님을 높이는 삶을 살았어요. 그런 자신처럼 빌립보 교인들도 십자가에서 죽기까지 낮아지신 예수님을 본받도록 가르치고 있습니다.

인사 —A.D. 61년경

1 그리스도 예수의 종 바울과 디모데는 그리스도 예수 안에서 빌립보에 사는 모든 성도와 또한 감독들과 집사들에게 편지하노니

2 하나님 우리 아버지와 주 예수 그리스도로부터 은혜와 평강이 너희에게 있을지어다

빌립보 성도들을 생각하며 간구하다

3 ●내가 너희를 생각할 때마다 나의 하나님께 감사하며   고전 1:4

4 간구할 때마다 너희 무리를 위하여 기쁨으로 항상 간구함은

5 너희가 첫날부터 이제까지 복음을 위한 일에 참여하고 있기 때문이라

6 너희 안에서 착한 일을 시작하신 이가 그리스도 예수의 날까지 이루실 줄을 우리는 확신하노라

7 내가 너희 무리를 위하여 이와 같이 생각하는 것이 마땅하니 이는 너희가 내 마음에 있으며 나의 매임과 복음을 변명함과 확정함에 너희가 다 나와 함께 은혜에 참여한 자가 됨이라

8 내가 예수 그리스도의 심장으로 너희 무리를 얼마나 사모하는지 하나님이 내 증인이시니라

9 내가 기도하노라 너희 사랑을 지식과 모든 총명으로 점점 더 풍성하게 하사

10 너희로 1)지극히 선한 것을 분별하며 또 진실하여 허물 없이 그리스도의 날까지 이르고

11 예수 그리스도로 말미암아 의의 열매가 가득하여 하나님의 영광과 찬송이 되기를 원하노라

바울의 매임과 복음 전파

12 ●형제들아 내가 당한 일이 도리어 복음 전파에 진전이 된 줄을 너희가 알기를 원하노라

13 이러므로 나의 매임이 그리스도 안에서 모든 시위대 안과 그 밖의 모든 사람에게 나타났으니

빌립보살

---

1 에는 무엇이 기록되어 있을까?

바울은 자신이 감옥에 갇힌 것이 오히려 하나님의 일을 하는 데에 도움이 되었다고 고백했어요. 이처럼 바울은 복음 전하는 것만을 가장 중요하게 생각하며, 언제나 그리스도를 높이기 원했습니다. 뒷부분에는 언제나 하나님께 영광을 돌리는 삶을 살아야 한다는 가르침이 나와 있어요.

1) 또는 같지 아니한 것을

14 형제 중 다수가 나의 매임으로 말미암아 주 안에서 신뢰함으로 겁 없이 하나님의 말씀을 더욱 담대히 전하게 되었느니라 `1:7`

15 어떤 이들은 투기와 분쟁으로, 어떤 이들은 착한 뜻으로 그리스도를 전파하나니

16 이들은 내가 복음을 변증하기 위하여 세우심을 받은 줄 알고 사랑으로 하나 `2:3`

17 그들은 나의 매임에 괴로움을 더하게 할 줄로 생각하여 순수하지 못하게 다툼으로 그리스도를 전파하느니라 `2:3`

18 그러면 무엇이냐 겉치레로 하나 참으로 하나 무슨 방도로 하든지 전파되는 것은 그리스도니 이로써 나는 기뻐하고 또한 기뻐하리라

19 이것이 너희의 간구와 예수 그리스도의 성령의 도우심으로 나를 구원에 이르게 할 줄 아는 고로

20 나의 간절한 기대와 소망을 따라 아무 일에든지 부끄러워하지 아니하고 지금도 전과 같이 온전히 담대하여 살든지 죽든지 내 몸에서 그리스도가 존귀하게 되게 하려 하나니 `롬 8:19`

21 이는 내게 사는 것이 그리스도니 죽는 것도 유익함이라

22 그러나 만일 육신으로 사는 이것이 내 일의 열매일진대 무엇을 택해야 할는지 나는 알지 못하노라

23 내가 그 둘 사이에 끼었으니 차라리 세상을 떠나서 그리스도와 함께 있는 것이 훨씬 더 좋은 일이라 그렇게 하고 싶으나

24 내가 육신으로 있는 것이 너희를 위하여 더 유익하리라

25 내가 1)살 것과 너희 믿음의 진보와 기쁨을 위하여 너희 무리와 함께 거할 것을 확실히 아노니

26 내가 다시 너희와 같이 있음으로 그리스도 예수 안에서 너희 자랑이 나로 말미암아 풍성하게 하려 함이라 `고후 1:14`

27 오직 너희는 그리스도의 복음에 합당하게 3)생활하라 이는 내가 너희에게 가 보나 떠나 있으나 너희가 4)한마음으로 서서 한 뜻으로 복음의 신앙을 위하여 협력하는 것과

28 무슨 일에든지 대적하는 자들 때문에 두려워하지 아니하는 이 일을 듣고자 함이라 이것이 그들에게는 멸망의 증거요 너희에게는 구원의 증거니 이는 하나님께로부터 난 것이라

29 그리스도를 위하여 너희에게 은혜를 주신 것은 다만 그를 믿을 뿐 아니라 또한 그를 위하여 고난도 받게 하려 하심이라

30 너희에게도 그와 같은 싸움이 있으니 너희가 내 안에서 본 바요 이제도 내 안에서 듣는 바니라

그리스도의 겸손

2 그러므로 그리스도 안에 무슨 권면이나 사랑의 무슨 위로나 성령의 무슨 교제나 긍휼이나 자비가 있거든

1) 또는 주안의 형제들 2) 헬, 겨할 경과 3) 또는 시민노릇 4) 헬, 영 또는 정신

예수 그리스도의 낮아지심과 하나님의 높이심(2:5-11)	
예수 그리스도의 7단계 낮아지심(2:5-8)	하나님의 7단계 높이심(2:9-11)
1. 예수 그리스도는 스스로 자신을 비우셨어요.	7. 예수 그리스도는 주님이에요!
2. 종의 모습이 되셨어요.	6. 모든 입이 예수 그리스도를 주님이라고 시인할 거예요.
3. 사람과 같이 되셨어요.	5. 땅 아래 있는 자들이 모두 무릎을 꿇을 거예요.
4. 사람의 모습으로 나타나셨어요.	4. 땅에 있는 자들이 모두 무릎을 꿇을 거예요.
5. 자신을 낮추셨어요.	3. 하늘에 있는 자들이 모두 무릎을 꿇을 거예요.
6. 죽기까지 복종하셨어요.	2. 모든 이름 위에 가장 뛰어난 이름을 주셨어요.
7. 십자가의 죽음까지 받아들이셨어요.	1. 하나님은 예수 그리스도를 높이셨어요.

2 마음을 같이하여 같은 사랑을 가지고 뜻을 합하며 한마음을 품어

3 아무 일에든지 다툼이나 허영으로 하지 말고 오직 겸손한 마음으로 각각 자기보다 남을 낫게 여기고

4 각각 자기 일을 돌볼뿐더러 또한 각각 다른 사람들의 일을 돌보아 나의 기쁨을 충만하게 하라 ᴴᴸᵐ

5 너희 안에 이 마음을 품으라 곧 그리스도 예수의 마음이니

6 그는 근본 하나님의 1)본체시나 하나님과 동등됨을 2)취할 것으로 여기지 아니하시고 고후 1:1

7 오히려 자기를 비워 종의 3)형체를 가지사 사람들과 같이 되셨고

8 사람의 모양으로 나타나사 자기를 낮추시고 죽기까지 복종하셨으니 곧 십자가에 죽으심이라

9 이러므로 하나님이 그를 지극히 높여 모든 이름 위에 뛰어난 이름을 주사

10 하늘에 있는 자들과 땅에 있는 자들과 땅 아래에 있는 자들로 모든 무릎을 예수의 이름에 꿇게 하시고 롬 14:11

11 모든 입으로 예수 그리스도를 주라 시인하여 하나님 아버지께 영광을 돌리게 하셨느니라

하나님의 흠 없는 자녀로 살라

12 ●그러므로 나의 사랑하는 자들아 너희가 나 있을 때뿐 아니라 더욱 지금 나 없을 때에도 항상 복종하여 두렵고 떨림으로 너희 구원을 이루라

13 너희 안에서 행하시는 이는 하나님이시니 자기의 기쁘신 뜻을 위하여 너희에게 소원을 두고 행하게 하시나니

14 모든 일을 원망과 시비가 없이 하라

15 이는 너희가 흠이 없고 순전하여 어그러지고 거스르는 세대 가운데서 하나님의 흠 없는 자녀로 세상에서 그들 가운데 빛들로 나타내며

16 4)생명의 말씀을 5)밝혀 나의 달음질이 헛되지 아니하고 수고도 헛되지 아니함으로 그리스도의 날에 내가 자랑할 것이 있게 하려 함이라

17 만일 너희 믿음의 제물과 섬김 위에 내가 나를 전제로 드릴지라도 나는 기뻐하고 너희 무리와 함께 기뻐하리니

18 이와 같이 너희도 기뻐하고 나와 함께 기뻐6)하라

디모데와 에바브로디도

19 ●내가 디모데를 속히 너희에게 보내기를 주 안에서 바람은 너희의 사정을 앎으로 안위를 받으려 함이니 롬 16:21

20 이는 뜻을 같이하여 너희 사정을 진실히 생각할 자가 이밖에 내게 없음이라

21 그들이 다 자기 일을 구하고 그리스도 예수의 일을 구하지 아니하되 고전 10:24

22 디모데의 연단을 너희가 아나니 자식이 아버지에게 함같이 나와 함께 복음을 위하여 수고하였느니라

23 그러므로 내가 내 일이 어떻게 될지를 보아서 곧 이 사람을 보내기를 바라고

24 나도 속히 가게 될 것을 주 안에서 확신하노라

25 에바브로디도를 너희에게 보내는 것이 필요한 줄로 생각하노니 그는 나의 형제요 함께 수고하고 함께 군사 된 자요 너희 사자로 내가 쓸 것을 돕는 자라

1) 또는 형체 2) 또는 보류 3) 또는 본체 4) 헬, 생 5) 또는 붙들어 6) 또는 하나님라

존귀(1:20) 신분이 높고 귀함.
순전(2:15) 다른 성분이 섞이지 않고 한 가지만 있음.
안위(2:19) 위로함.
연단(2:22) 쇠붙이를 불에 달구어 두드림. 시련이나 수련 따위를 통해서 몸과 마음을 굳세게 닦음.

2장 에는 무엇이 기록되어 있을까?

바울은 하나님의 뜻에 죽기까지 순종하신 예수님을 본받아 살아갈 것을 당부했어요. 무슨 일을 하든지 항상 하나님의 기쁘게 하시는 일을 하도록 노력하라는 것이에요. 19절부터는 자신이 죽고 나서 사역을 이어나갈 동역자 디모데와 에바브로디도를 빌립보 교회에 추천하고 있답니다.

26 그가 너희 무리를 간절히 사모하고 자기가 병든 것을 너희가 들은 줄을 알고 심히 근심한지라

27 그가 병들어 죽게 되었으나 하나님이 그를 긍휼히 여기셨고 그뿐 아니라 또 나를 긍휼히 여기사 내 근심 위에 근심을 면하게 하셨느니라

28 그러므로 내가 더욱 급히 그를 보낸 것은 너희로 그를 다시 보고 기뻐하게 하며 내 근심도 덜려 함이니라

29 이러므로 너희가 주 안에서 모든 기쁨으로 그를 영접하고 또 이와 같은 자들을 존귀히 여기라

30 그가 그리스도의 일을 위하여 죽기에 이르러도 자기 목숨을 돌보지 아니한 것은 나를 섬기는 너희의 일에 부족함을 채우려 함이니라

하나님께로부터 난 의

3 끝으로 나의 형제들아 주 안에서 기뻐하라 너희에게 같은 말을 쓰는 것이 내게는 수고로움이 없고 너희에게는 안전하니라

2 개들을 삼가고 행악하는 자들을 삼가고 몸을 상해하는 일을 삼가라

3 하나님의 성령으로 봉사하며 그리스도[1]예수로 자랑하고 육체를 신뢰하지 아니하는 우리가 곧 할례파라   골 2:28

4 그러나 나도 육체를 신뢰할 만하며 만일 누구든지 다른 이가 육체를 신뢰할 것이 있는 줄로 생각하면 나는 더욱 그러하리라

5 나는 팔일 만에 할례를 받고 이스라엘 족속이요 베냐민 지파요 히브리인 중의 히브리인이요 율법으로는 바리새인이요

6 열심으로는 교회를 박해하고 율법의 의로는 흠이 없는 자라

7 그러나 무엇이든지 내게 유익하던 것을 내가 그리스도를 위하여 다 해로 여겼으나더라

8 또한 모든 것을 해로 여김은 내 주 그리스도 예수를 아는 지식이 가장 고상하기 때문이라 내가 그를 위하여 모든 것을 잃어버리고 배설물로 여김은 그리스도를 얻고

9 그 안에서 발견되려 함이니 내가 가진 의는 율법에서 난 것이 아니요 오직 그리스도를 믿음으로 말미암은 것이니 곧 믿음으로 하나님께로부터 난 의라

10 내가 그리스도와 그 부활의 권능과 그 고난에 [2]참여함을 알고자 하여 그의 죽으심을 본받아

11 어떻게 해서든지 죽은 자 가운데서 부활에 이르려 하노니   행 26:7

12 내가 이미 얻었다 함도 아니요 온전히 이루었다 함도 아니라 오직 내가 그리스도 예수께 잡힌 바 된 그것을 잡으려고 달려가노라

13 형제들아 나는 아직 내가 잡은 줄로 여기지 아니하고 오직 한 일 즉 뒤에 있는 것은 잊어버리고 앞에 있는 것을 잡으려고

14 푯대를 향하여 그리스도 예수 안에서 하나님이 [3]위에서 부르신 부름의 상을 위하여 달려가노라

15 그러므로 누구든지 우리 온전히 이룬 자들은 이렇게 생각할지니 만일 어떤

---

1)또는 예수 안에서 2)또는 교제 3)또는 위로

3 에는 무엇이 기록되어 있을까?

바울은 그리스도를 아는 지식이 가장 고상하기 때문에 자신이 가지고 있는 모든 것을 배설물로 여긴다고 고백했어요. 세상의 지식은 구원의 진리를 가르쳐 주지 못하기 때문이에요. 그리스도를 아는 사람은 그리스도를 따르는 삶을 살기 위해서 노력하지요. 바울은 이것을 푯대(상)를 향해 경주하는 삶이라고 말했어요.

푯대(3:14) 목표로 세우는 기둥.
부름의 상(3:14) 성도들이 받을 이생의 축복과 선한 싸움을 싸운 자에게 상급으로 주시는 면류관을 뜻한다.
온전히 이룬 자들(3:15) 성숙한 신자들을 가리킨다.
동역자(4:3) 같은 목적의 일을 하는 사람.
정결(4:8) 맑고 깨끗함.
기림(4:8) 좋은 점이나 잘하는 일을 칭찬해 말함.
비천(4:12) 신분이 낮고 천함.

일에 너희가 달리 생각하면 하나님이 이것도 너희에게 나타내시리라 갈 5:10
16 오직 우리가 어디까지 이르렀든지 그대로 행할 것이라

우리의 시민권은 하늘에

17 ●형제들아 너희는 함께 나를 본받으라 그리고 너희가 우리를 본받은 것처럼 그와 같이 행하는 자들을 눈여겨 보라
18 내가 여러 번 너희에게 말하였거니와 이제도 눈물을 흘리며 말하노니 여러 사람들이 그리스도의 십자가의 원수로 행하느니라
19 그들의 마침은 멸망이요 그들의 신은 배요 그 영광은 그들의 부끄러움에 있고 땅의 일을 생각하는 자라 롬 16:18
20 그러나 우리의 시민권은 하늘에 있는 지라 거기로부터 구원하는 자 곧 주 예수 그리스도를 기다리노니
21 그는 만물을 자기에게 복종하게 하실 수 있는 자의 역사로 우리의 낮은 몸을 자기 영광의 몸의 형체와 같이 변하게 하시리라

4 그러므로 나의 사랑하고 사모하는 형제들, 나의 기쁨이요 면류관인 사랑하는 자들아 이와 같이 주 안에 서라

권면

2 ●내가 유오디아를 권하고 순두게를 권하노니 주 안에서 같은 마음을 품으라
3 또 참으로 나와 멍에를 같이한 네게 구하노니 복음에 나와 함께 힘쓰던 저 여인들을 돕고 또한 글레멘드와 그 외에

빌립보의 아고라 유적지(4:10-15)

나의 동역자들을 도우라 그 이름들이 생명책에 있느니라
4 주 안에서 항상 기뻐하라 내가 다시 말하노니 기뻐하라
5 너희 관용을 모든 사람에게 알게 하라 주께서 가까우시니라
6 아무 것도 염려하지 말고 다만 모든 일에 기도와 간구로, 너희 구할 것을 감사함으로 하나님께 아뢰라
7 그리하면 모든 지각에 뛰어난 하나님의 평강이 그리스도 예수 안에서 너희 마음과 생각을 지키시리라 암송
8 ●끝으로 형제들아 무엇에든지 참되며 무엇에든지 경건하며 무엇에든지 옳으며 무엇에든지 정결하며 무엇에든지 사랑 받을 만하며 무엇에든지 칭찬 받을 만하며 무슨 덕이 있든지 무슨 기림이 있든지 이것들을 생각하라
9 1)너희는 내게 배우고 받고 듣고 본 바를 행하라 그리하면 평강의 하나님이 너희와 함께 계시리라

빌립보 사람들의 선물

10 ●내가 주 안에서 크게 기뻐함은 너희가 나를 생각하던 것이 이제 다시 싹이 남이니 너희가 또한 이를 위하여 생각은 하였으나 기회가 없었느니라
11 내가 궁핍하므로 말하는 것이 아니니라 어떠한 형편에든지 나는 자족하기를 배웠노니
12 나는 비천에 처할 줄도 알고 풍부에 처할 줄도 알아 모든 일 곧 배부름과 배고픔과 풍부와 궁핍에도 처할 줄 아

4장 에는 무엇이 기록되어 있을까?

바울은 자신의 동역자 한 사람 한 사람에 대한 관심과 배려를 표현했어요. 또한 빌립보 교회 전체에 대한 감사의 마음도 전했지요. 한편 4-9절은 성도가 어떻게 생활해야 하는지에 대해서 가르쳐주고 있어요. 성도는 기쁨과 감사와 기도의 생활로써 항상 다른 사람에게 영적인 모범이 되어야 해요.

1)또는 너희는 배우고 …… 내 안에서 본 바를

는 일체의 비결을 배웠노라

13 내게 능력 주시는 자 안에서 내가 모든 것을 할 수 있느니라 ^{암송}

14 그러나 너희가 내 괴로움에 함께 참여하였으니 잘하였도다

15 빌립보 사람들아 너희도 알거니와 복음의 시초에 내가 마게도냐를 떠날 때에 주고 받는 내 일에 참여한 교회가 너희 외에 아무도 없었느니라

16 데살로니가에 있을 때에도 너희가 한 번뿐 아니라 두 번이나 나의 쓸 것을 보내었도다

17 내가 선물을 구함이 아니요 오직 너희에게 유익하도록 풍성한 열매를 구함이라

18 내게는 모든 것이 있고 또 풍부한지라 에바브로디도 편에 너희가 준 것을 받

으므로 내가 풍족하니 이는 받으실 만한 향기로운 제물이요 하나님을 기쁘시게 한 것이라 ^{고후 2:14}

19 나의 하나님이 그리스도 예수 안에서 영광 가운데 그 풍성한 대로 너희 모든 쓸 것을 채우시리라 ^{암송}

20 하나님 곧 우리 아버지께 세세 무궁하도록 영광을 돌릴지어다 아멘 ^{갈 1:4}

끝 인사

21 ●그리스도 예수 안에 있는 성도에게 각각 문안하라 나와 함께 있는 형제들이 너희에게 문안하고

22 모든 성도들이 너희에게 문안하되 특히 가이사의 집 사람들 중 몇이니라

23 ●주 예수 그리스도의 은혜가 너희 심령에 있을지어다

---

1) 또는 교제

한 여인이 병원에 입원하였는데, 의사에게 어느 보조간호사로 하여금 자신을 간호하게 해달라고 부탁했어요. 하지만 그 보조간호사는 정규과정을 거치지 않은 간호사였지요. 이상하게 여긴 의사가 물었습니다.

"자격증이 있는 다른 간호사들이 많이 있는데, 왜 하필이면 보조간호사를 원합니까?"

여인은 이렇게 대답했답니다.

"나는 그 보조간호사에게서 따뜻한 사랑의 눈길과 주체하지 못하고 기뻐하는 모습을 보았어요. 그녀에게 그렇게 기뻐하는 이유를 물었더니 예수님 때문이었다고 대답하더군요. 나도 그 보조간호사의 기쁨과 사랑을 체험해보고 싶어요."

Colossians

골로새서

골로새서를 읽기 전에

이 책은 사도 바울이 기록했어요. 골로새서도 바울이 감옥에서 쓴 편지예요. 당시 골로새 교회는 에바브라가 지도하고 있었는데, 당시 헬라 문화의 나쁜 영향을 받아서 기독교의 참된 정신이 변해가고 있었답니다.

언제, 왜, 누구를 위하여 썼나요?

이 책을 기록한 때는 A.D. 62년경이라고 해요. 골로새 교회에 들어온 이단을 물리치고 참된 진리가 되시는 예수님을 전하기 위해 쓴 편지예요. 이 편지는 골로새에 있는 그리스도인들을 위하여 쓰여졌답니다.

어떤 내용인가요?

예수 그리스도의 뛰어나심과 성도들의 순종하는 삶에 대해 강조하고 있어요. 예수님은 구원에 이르는 유일한 길이 되시며 교회의 머리가 되시는 분이랍니다.

인사—A.D. 64년경

1 하나님의 뜻으로 말미암아 그리스도 예수의 사도 된 바울과 형제 디모데는

2 골로새에 있는 1)성도들 곧 그리스도 안에서 신실한 형제들에게 편지하노니 우리 아버지 하나님으로부터 은혜와 평강이 너희에게 있을지어다

엡 1:1 / 롬 1:1

하나님께 감사를 드리다

3 ●우리가 너희를 위하여 기도할 때마다 하나님 곧 우리 주 예수 그리스도의 아버지께 감사하노라

4 이는 그리스도 예수 안에 너희의 믿음과 모든 성도에 대한 사랑을 들었음이요

5 너희를 위하여 하늘에 쌓아 둔 소망으로 말미암음이니 곧 너희가 전에 복음 진리의 말씀을 들은 것이라

6 이 복음이 이미 너희에게 이르매 너희가 듣고 참으로 하나님의 은혜를 깨달은 날부터 너희 중에서와 같이 또한 온 천하에서도 열매를 맺어 자라는도다

7 이와 같이 우리와 함께 종 된 사랑하는 에바브라에게 너희가 배웠나니 그는 너희를 위한 그리스도의 신실한 일꾼이요

8 성령 안에서 너희 사랑을 우리에게 알린 자니라

하나님의 형상이요 교회의 머리라

9 ●이로써 우리도 듣던 날부터 너희를 위하여 기도하기를 그치지 아니하고 구하노니 너희로 하여금 모든 신령한 지혜와 총명에 하나님의 뜻을 아는 것으로 채우게 하시고

10 주께 합당하게 행하여 범사에 기쁘시게 하고 모든 선한 일에 열매를 맺게 하시며 하나님을 아는 것에 자라게 하시고

11 그의 영광의 힘을 따라 모든 능력으로 능하게 하시며 기쁨으로 모든 견딤과 오래 참음에 이르게 하시고

골 3:16

12 우리로 하여금 빛 가운데서 성도의 기업의 부분을 얻기에 합당하게 하신 아버지께 감사하게 하시기를 원하노라

1 장 **에는 무엇이 기록되어 있을까?**

바울은 많은 이단 사상이 들어와 있던 골로새 교회에 그리스도에 대한 참된 지식을 전합니다. 그는 골로새 교인들에게 우선 이 세상의 모든 만물을 창조하시고 다스리시는 그리스도의 주권(15~17절)을 이야기한 다음, 하나님과 사람 사이를 화해시켜주신 구속의 사역(18~22절)에 대해서 가르쳐주었답니다.

1)또는 성도들이나 2)헬, 참

골로새 교회의 이단 사상

1. 유대교 율법주의 : 대부분 이방인이었던 골로새 교인들에게 그리스도인들도 할례, 음식에 관한 규례, 절기 등의 율법을 지켜야 한다고 주장했어요.
2. 영지주의 : 예수님의 성육신을 부정하고, 특별한 지식이 있어야 구원받을 수 있다고 주장했어요.
3. 금욕주의 : 육체를 괴롭힘으로써 욕망을 억눌러야 한다고 가르쳤어요.

2장

13 그가 우리를 흑암의 권세에서 건져내사 그의 사랑의 아들의 나라로 옮기셨으니

14 그 아들 안에서 우리가 속량 곧 죄 사함을 얻었도다

15 그는 보이지 아니하는 하나님의 형상이시요 모든 피조물보다 먼저 나신 이시니

16 만물이 그에게서 창조되되 하늘과 땅에서 보이는 것들과 보이지 않는 것들과 혹은 왕권들이나 주권들이나 통치자들이나 권세들이나 만물이 다 그로 말미암고 그를 위하여 창조되었고

17 또한 그가 만물보다 먼저 계시고 만물이 그 안에 함께 섰느니라

18 그는 몸인 교회의 머리시라 그가 근본이시요 죽은 자들 가운데서 먼저 나신 이시니 이는 친히 만물의 으뜸이 되려 하심이요 ⬦엡 1:5

19 아버지께서는 모든 충만으로 예수 안에 거하게 하시고

20 그의 십자가의 피로 화평을 이루사 만물 곧 땅에 있는 것들이나 하늘에 있는 것들이 그로 말미암아 자기와 화목하게 되기를 기뻐하심이라 ⬦엡 2:13, 14

21 전에 악한 행실로 멀리 떠나 마음으로 원수가 되었던 너희를

22 이제는 그의 육체의 죽음으로 말미암아 화목하게 하사 너희를 거룩하고 흠 없고 책망할 것이 없는 자로 그 앞에 세우고자 하셨으니

23 만일 너희가 믿음에 거하고 터 위에 굳게 서서 너희 들은 바 복음의 소망에서 흔들리지 아니하면 그리하리라 이 복

음은 천하 ¹⁾만민에게 전파된 바요 나 바울은 이 복음의 일꾼이 되었노라

교회를 위하여 바울이 하는 일

24 ●나는 이제 너희를 위하여 받는 괴로움을 기뻐하고 그리스도의 남은 고난을 그의 몸된 교회를 위하여 내 육체에 채우노라

25 내가 교회의 일꾼 된 것은 하나님이 너희를 위하여 내게 주신 직분을 따라 하나님의 말씀을 이루려 함이니라 ⬦엡 3:2

26 이 비밀은 만세와 만대로부터 감추어졌던 것인데 이제는 그의 성도들에게 나타났고

27 하나님이 그들로 하여금 이 비밀의 영광이 이방인 가운데 얼마나 풍성한지를 알게 하려 하심이라 이 비밀은 너희 안에 계신 그리스도시니 곧 영광의 소망이니라

28 우리가 그를 전파하여 ²⁾각 사람을 권하고 모든 지혜로 각 사람을 가르침은 각 사람을 그리스도 안에서 완전한 자로 세우려 함이니

29 이를 위하여 나도 내 속에서 능력으로 역사하시는 이의 역사를 따라 힘을 다하여 수고하노라

2 내가 너희와 라오디게아에 있는 자들과 무릇 내 육신의 얼굴을 보지 못한 자들을 위하여 얼마나 힘쓰는지를 너희가 알기를 원하노니

2 이는 그들로 마음에 위안을 받고 사랑 안에서 연합하여 확실한 이해의 모든 풍성함과 하나님의 비밀인 그리스도를 깨닫게 하려 함이니

2장에는 무엇이 기록되어 있을까?

바울은 골로새 교인들의 이단 숭배를 꾸짖으며, 그들이 믿음 안에서 굳게 설 것을 당부했어요. 사실 골로새 교회는 바울이 개척한 곳이 아니었지만, 그는 모든 교회와 교인들이 바른 신앙으로 성장할 수 있도록 노력했어요. 1~8,23절에서는 골로새 교회에 들어와 있던 이단 사상을 구체적으로 반박하고 있어요.

골로새서 3장

라오디게아 교회의 유적(2:1)

3 그 안에는 지혜와 지식의 모든 보화가 감추어져 있느니라

4 내가 이것을 말함은 아무도 교묘한 말로 너희를 속이지 못하게 하려 함이니

5 이는 내가 육신으로는 떠나 있으나 심령으로는 너희와 함께 있어 너희가 질서 있게 행함과 그리스도를 믿는 너희 믿음이 굳건한 것을 기쁘게 봄이라

그리스도 안에서 행하라

6 ●그러므로 너희가 그리스도 예수를 주로 받았으니 그 안에서 행하되

7 그 안에 뿌리를 박으며 세움을 받아 교훈을 받은 대로 믿음에 굳게 서서 감사함을 넘치게 하라

8 ●누가 철학과 헛된 속임수로 너희를 사로잡을까 주의하라 이것은 사람의 전통과 세상의 초등학문을 따름이요 그리스도를 따름이 아니니라

9 그 안에는 신성의 모든 충만이 육체로 거하시고

10 너희도 그 안에서 충만하여졌으니 그는 모든 통치자와 권세의 머리시라

11 또 그 안에서 너희가 손으로 하지 아니한 할례를 받았으니 곧 육의 몸을 벗는 것이요 그리스도의 할례니라

12 너희가 ¹⁾세례로 그리스도와 함께 장사되고 또 죽은 자들 가운데서 그를 일으키신 하나님의 역사를 믿음으로 말미암아 그 안에서 함께 일으키심을 받았느니라

13 또 범죄와 육체의 무할례로 죽었던 너희를 하나님이 그와 함께 살리시고 우리의 모든 죄를 사하시고

14 우리를 거스르고 불리하게 하는 법조문으로 쓴 증서를 지우시고 제하여 버리사 십자가에 못 박으시고

15 통치자들과 권세들을 ²⁾무력화하여 드러내어 구경거리로 삼으시고 십자가로 그들을 이기셨느니라

창 3:15

16 ●그러므로 먹고 마시는 것과 절기나 초하루나 안식일을 이유로 누구든지 너희를 비판하지 못하게 하라

17 이것들은 장래 일의 그림자이나 몸은 그리스도의 것이니라

18 아무도 꾸며낸 겸손과 천사 숭배를 이유로 너희를 정죄하지 못하게 하라 그가 그 본 것에 의지하여 그 육신의 생각을 따라 헛되이 과장하고

19 머리를 붙들지 아니하는지라 온 몸이 머리로 말미암아 마디와 힘줄로 공급함을 받고 연합하여 하나님이 자라게 하시므로 자라느니라

그리스도와 함께 하는 내 사람

20 ●너희가 세상의 초등학문에서 그리스도와 함께 죽었거든 어찌하여 세상에 사는 것과 같이 규례에 순종하느냐

21 (곧 붙잡지도 말고 맛보지도 말고 만지지도 말라 하는 것이냐

22 이 모든 것은 한때 쓰이고는 없어지리라) 사람의 명령과 가르침을 따르느냐

23 이런 것들은 자의적 숭배와 겸손과 몸을 괴롭게 하는 데는 지혜 있는 모양이나 오직 육체 따르는 것을 금하는 데는 조금도 유익이 없느니라

3 그러므로 너희가 그리스도와 함께 다시 살리심을 받았으면 위의 것을

행 2:24

1:19

골

3장에는 무엇이 기록되어 있을까?

1, 2장이 그리스도의 위대하심과 이단 숭배의 위험성에 대해서 이야기하고 있다면, 3장부터는 성도가 어떻게 살아야 하는지에 대해서 말하고 있어요. 성도는 언제나 하늘에 속한 것을 생각하면서, 이 세상의 모든 죄악된 것을 버려야 해요. 그리고 오직 그리스도의 모습을 닮아가는 삶을 살도록 노력해야 하지요.

찾으라 거기는 그리스도께서 하나님 우편에 앉아 계시느니라

2 위의 것을 생각하고 땅의 것을 생각하지 말라

3 이는 너희가 죽었고 너희 생명이 그리스도와 함께 하나님 안에 감추어졌음이라
롬 6:2

4 우리 생명이신 그리스도께서 나타나실 그 때에 너희도 그와 함께 영광 중에 나타나리라

5 ●그러므로 땅에 있는 지체를 죽이라 곧 음란과 부정과 사욕과 악한 정욕과 탐심이니 탐심은 우상 숭배니라

6 이것들로 말미암아 하나님의 1)진노가 임하느니라
롬 1:18

7 너희도 전에 그 가운데 살 때에는 그 가운데서 행하였으나

8 이제는 너희가 이 모든 것을 벗어 버리라 곧 분함과 노여움과 악의와 비방과 너희 입의 부끄러운 말이라

9 너희가 서로 거짓말을 하지 말라 옛 사람과 그 행위를 벗어 버리고

10 새 사람을 입었으니 이는 자기를 창조하신 이의 형상을 따라 지식에까지 새롭게 하심을 입은 자니라

11 거기에는 헬라인이나 유대인이나 할례파나 무할례파나 야만인이나 스구디아인이나 종이나 자유인이 차별이 있을 수 없나니 오직 그리스도는 만유

시요 만유 안에 계시니라

12 ●그러므로 너희는 하나님이 택하사 거룩하고 사랑 받는 자처럼 긍휼과 자비와 겸손과 온유와 오래 참음을 옷 입고

13 누가 누구에게 불만이 있거든 서로 용납하여 피차 용서하되 주께서 너희를 용서하신 것 같이 너희도 그리하고

14 이 모든 것 위에 사랑을 더하라 이는 온전하게 매는 띠니라

15 그리스도의 평강이 너희 마음을 주장하게 하라 너희는 평강을 위하여 한 몸으로 부르심을 받았나니 너희는 또한 감사하는 자가 되라

16 그리스도의 말씀이 너희 속에 풍성히 거하여 모든 지혜로 피차 가르치며 권면하고 시와 찬송과 신령한 노래를 부르며 2)감사하는 마음으로 하나님을 찬양하고

17 또 무엇을 하든지 말에나 일에나 다 주 예수의 이름으로 하고 그를 힘입어 하나님 아버지께 감사하라 암송

주께 하듯 하라

18 ●아내들아 남편에게 복종하라 이는 주 안에서 마땅하니라

19 남편들아 아내를 사랑하며 괴롭게 하지 말라

20 자녀들아 모든 일에 부모에게 순종하라

1) 어떤 사본에, '진노가' 아래 '순종하지 아니하는 자식들에게 가 있음 2) 또는 은혜로

이는 주 안에서 기쁘게 하는 것이니라

21 아비들아 너희 자녀를 노엽게 하지 말지니 낙심할까 함이라

22 종들아 모든 일에 육신의 상전들에게 순종하되 사람을 기쁘게 하는 자와 같이 눈가림만 하지 말고 오직 주를 두려워하여 성실한 마음으로 하라

23 무슨 일을 하든지 마음을 다하여 주께 하듯 하고 사람에게 하듯 하지 말라

24 이는 기업의 상을 주께 받을 줄 아나니 너희는 주[1] 그리스도를 섬기느니라

25 불의를 행하는 자는 불의의 보응을 받으리니 주는 사람을 외모로 취하심이 없느니라

4 상전들아 의와 공평을 종들에게 베풀지니 너희에게도 하늘에 상전이 계심을 알지어다

2 ●기도를 계속하고 기도에 감사함으로 깨어 있으라

3 또한 우리를 위하여 기도하되 하나님이 전도할 문[2]을 우리에게 열어 주사 그리스도의 비밀을 말하게 하시기를 구하라 내가 이 일 때문에 매임을 당하였노라

4 그리하면 내가 마땅히 할 말로써 이 비밀을 나타내리라

5 외인에게 대해서는 지혜로 행하여[3] 세월을 아끼라 엡 5:15, 16

6 너희 말을 항상 은혜[4] 가운데서 소금으로 맛을 냄과 같이 하라 그리하면 각 사람에게 마땅히 대답할 것을 알리라

7 ●두기고가 내 사정을 다 너희에게 알

려 주리니 그는 사랑 받는 형제요 신실한 일꾼이요 주 안에서 함께 종이 된 자니라

8 내가 그를 특별히 너희에게 보내는 것은 너희로 우리 사정을 알게 하고 너희 마음을 위로하게 하려 함이라

9 신실하고 사랑을 받는 형제 오네시모를 함께 보내노니 그는 너희에게서 온 사람이라 그들이 여기 일을 다 너희에게 알려 주리라

10 ●나와 함께 갇힌 아리스다고와 바나바의 생질 마가와 (이 마가에 대하여 너희가 명을 받았으매 그가 이르거든 영접하라)

11 유스도라 하는 예수도 너희에게 문안하느니라 그들은 할례파이나 이들만은 하나님의 나라를 위하여 함께 역사하는 자들이니 이런 사람들이 나의 위로가 되었느니라

12 그리스도 예수의 종인 너희에게서 온 에바브라가 너희에게 문안하느니라 그가 항상 너희를 위하여 애써 기도하여 너희로 하나님의 모든 뜻 가운데서 완전하고 확신 있게 서기를 구하나니

13 그가 너희와 라오디게아에 있는 자들과 히에라볼리에 있는 자들을 위하여 많이 수고하는 것을 내가 증언하노라

14 사랑을 받는 의사 누가와 또 데마가 너희에게 문안하느니라

15 라오디게아에 있는 형제들과 눔바와 그 여자의 집에 있는 교회에 문안하고

16 이 편지를 너희에게서 읽은 후에 라오디게아인의 교회에서도 읽게 하고 또 라오디게아로부터 오는 편지를 너희도 읽으라

17 아킵보에게 이르기를 주 안에서 받은 직분을 삼가 이루라고 하라

18 ●나 바울은 친필로 문안하노니 내가 매인 것을 생각하라 은혜가 너희에게 있을지어다

4 에는 무엇이 기록되어 있을까?

바울은 항상 기도하고 깨어 있을 것을 당부하며, 감옥에 갇힌 자신을 위해서도 기도해 줄 것을 부탁했어요. 또한 믿지 않는 사람들을 대할 때 지혜롭게 행동해야 한다고 말해 주었어요. 마지막에는 바울의 동역자들에 대한 소개가 나오고 있어요. 이처럼 바울은 여러 동역자들과 협력하여 교회를 발전시켜 나가는 훌륭한 목자였답니다.

1) 헬, 그리스도께 종 노릇 하느니라 2) 또는 말씀의 문을 3) 헬, 기회를 사라 4) 또는 감사하는 가운데서

☆ 데살로니가전서를 읽기 전에

이 책은 사도 바울이 기록한 것으로, 바울의 편지 중에서 가장 먼저 쓴 것이라고 해요. 데살로니가는 바울이 2차 전도 여행 중에 방문한 많은 헬라 도시 가운데 하나로, 그리스의 북쪽에 있는 마게도냐의 수도이며 항구도시였지요.

☆ 언제, 왜, 누구를 위하여 썼나요?

이 책을 기록한 때는 A.D. 51~53년경이라고 해요. 바울은 데살로니가 교인들을 위해 이 편지를 썼어요. 그는 어려움을 당한 자들을 위로하고 거룩한 생활을 당부하며 다시 오실 예수님에 대한 궁금증을 풀어주려고 했답니다.

☆ 어떤 내용인가요?

바울은 어려움을 잘 이기고 있는 데살로니가 교회를 칭찬했어요. 그리고 다시 오실 예수님을 소망하면서 항상 깨어서 거룩한 생활을 하도록 가르치고 있어요.

인사

1 바울과 실루아노와 디모데는 하나님 아버지와 주 예수 그리스도 안에 있는 데살로니가인의 교회에 편지하노니 은혜와 평강이 너희에게 있을지어다

데살로니가 교인들의 믿음의 본 ─ A.D. 54년경

2 ●우리가 너희 모두를 말미암아 항상 하나님께 감사하며 기도할 때에 너희를 기억함은

3 너희의 믿음의 역사와 사랑의 수고와 우리 주 예수 그리스도에 대한 소망의 인내를 우리 하나님 아버지 앞에서 끊임없이 기억함이니

4 하나님의 사랑하심을 받은 형제들아 너희를 택하심을 아노라

5 이는 우리 복음이 너희에게 말로만 이른 것이 아니라 또한 능력과 성령과 큰 확신으로 된 것임이라 우리가 너희 가운데서 너희를 위하여 어떤 사람이 된 것은 너희가 아는 바와 같으니라

6 또 너희는 많은 환난 가운데서 성령의 기쁨으로 말씀을 받아 우리와 주를 본받은 자가 되었으니

7 그러므로 너희가 마게도냐와 아가야에 있는 모든 믿는 자의 본이 되었느니라

8 주의 말씀이 너희에게로부터 마게도냐와 아가야에만 들릴 뿐 아니라 하나님을 향하는 너희 믿음의 소문이 각처에 퍼졌으므로 우리는 아무 말도 할 것이 없노라

9 그들이 우리에 대하여 스스로 말하기를 우리가 어떻게 너희 가운데에 들어 갔는지와 너희가 어떻게 우상을 버리고 하나님께로 돌아와서 살아 계시고 참되신 하나님을 섬기는지와

10 또 죽은 자들 가운데서 다시 살리신 그의 아들이 하늘로부터 강림하실 것을 너희가 어떻게 기다리는지를 말하니 이는 장래의 노하심에서 우리를 건지시는 예수시니라

열두사도
기념교회

데살로니가에서 벌인 바울의 사역

2 형제들아 우리가 너희 가운데 들어
간 것이 헛되지 않은 줄을 너희가
친히 아나니라

2 너희가 아는 바와 같이 우리가 먼저 빌
립보에서 고난과 능욕을 당하였으나
우리 하나님을 힘입어 많은 싸움 중에
하나님의 복음을 너희에게 전하였노라

3 우리의 권면은 간사함이나 부정에서 난
것이 아니요 속임수로 하는 것도 아니라

4 오직 하나님께 옳게 여기심을 입어 복
음을 위탁 받았으니 우리가 이와 같이
말함은 사람을 기쁘게 하려 함이 아니
요 오직 우리 마음을 감찰하시는 하나
님을 기쁘시게 하려 함이라

5 너희도 알거니와 우리가 아무 때에도
아첨하는 말이나 탐심의 탈을 쓰지 아
니한 것을 하나님이 증언하시느니라

6 또한 우리는 너희에게서든지 다른 이
에게서든지 사람에게서는 영광을 구
하지 아니하였노라

7 우리는 그리스도의 사도로서 마땅히
1)권위를 주장할 수 있으나 도리어 너
희 가운데서 유순한 자가 되어 유모가
자기 자녀를 기름과 같이 하였으나

8 우리가 이같이 너희를 사모하여 하나
님의 복음뿐 아니라 우리의 목숨까지
도 너희에게 주기를 기뻐함은 너희가
우리의 사랑하는 자 됨이라

9 형제들아 우리의 수고와 애쓴 것을 너
희가 기억하리니 너희 아무에게도 폐
를 끼치지 아니하려고 밤낮으로 일하
면서 너희에게 하나님의 복음을 전하

였노라

10 우리가 너희 믿는 자들을 향하여 어떻
게 거룩하고 옳고 흠 없이 행하였는지
에 대하여 너희가 증인이요 하나님도
그러하시도다

11 너희도 아는 바와 같이 우리가 너희 각
사람에게 아버지가 자기 자녀에게 하
듯 권면하고 위로하고 경계하노니

12 이는 너희를 부르사 자기 나라와 영광
에 이르게 하시는 하나님께 합당히 행
하게 하려 함이라

13 ●이러므로 우리가 하나님께 끊임없
이 감사함은 너희가 우리에게 들은 바
하나님의 말씀을 받을 때에 사람의 말
로 받지 아니하고 하나님의 말씀으로
받음이니 진실로 그러하도다 이 말씀
이 또한 너희 믿는 자 가운데에서 역사
하느니라

14 형제들아 너희가 그리스도 예수 안에
서 유대에 있는 하나님의 교회들을 본
받은 자 되었으니 그들이 유대인들에
게 고난을 받음과 같이 너희도 너희 동
족에게서 동일한 고난을 받았느니라

15 유대인은 주 예수와 선지자들을 죽이
고 우리를 쫓아내고 하나님을 기쁘시
게 하지 아니하고 모든 사람에게 대적
이 되어

16 우리가 이방인에게 말하여 구원받게
함을 그들이 금하여 자기 죄를 항상 채
우매 노하심이 끝까지 그들에게 임하
였느니라

바울이 데살로니가에 다시 가기를 원하다

17 ●형제들아 우리가 잠시 너희를 떠난

고후 1:12

2:7

고후 4:5

2 에는 무엇이 기록되어 있을까?

데살로니가 교회에 갔을 당시 바울
은 많은 고난을 받으면서도 기쁨으로 복음을 전
했어요. 그는 자신이 전한 복음을 힘써 지키는
교인들을 격려하며, 그곳에 다시 돌아가기를 간
절히 바란다고 말했습니다. 한편 바울은 이방인
에게 복음 전하는 것을 방해하는 유대인들을 향
해 엄중히 책망했어요.

1)또는 폐를 끼칠 터이나

것은 얼굴이요 마음은 아니니 너희 얼굴 보기를 열정으로 더욱 힘썼노라

18 그러므로 나 바울은 한번 두번 너희에게 가고자 하였으나 사탄이 우리를 막았노라

19 우리의 소망이나 기쁨이나 자랑의 면류관이 무엇이냐 그가 강림하실 때 우리 주 예수 앞에 너희가 아니냐 빌 4:1

20 너희는 우리의 영광이요 기쁨이니라

3 이러므로 우리가 참다 못하여 우리만 아덴에 머물기를 좋게 생각하고 3:5

2 우리 형제 곧 그리스도의 복음을 전하는 하나님의 일꾼인 디모데를 보내노니 이는 너희를 굳건하게 하고 너희 믿음에 대하여 위로함으로

3 아무도 이 여러 환난 중에 흔들리지 않게 하려 함이라 우리가 이것을 당하게 세움 받은 줄을 너희가 친히 알리라

4 우리가 너희와 함께 있을 때에 장차 받을 환난을 너희에게 미리 말하였는데 과연 그렇게 된 것을 너희가 아느니라

5 이러므로 나도 참다 못하여 너희 믿음을 알기 위하여 그를 보내었노니 이는 혹 시험하는 자가 너희를 시험하여 우리 수고를 헛되게 할까 함이니

6 지금은 디모데가 너희에게로부터 와서 너희 믿음과 사랑의 기쁜 소식을 우리에게 전하고 또 너희가 항상 우리를 잘 생각하여 우리가 너희를 간절히 보고자 함과 같이 너희도 우리를 간절히 보고자 한다 하니 행 18:5

7 이러므로 형제들아 우리가 모든 궁핍과 환난 가운데서 너희 믿음으로 말미암아 너희에게 위로를 받았노라

8 그러므로 너희가 주 안에 굳게 선즉 우리가 이제는 살리라

9 우리가 우리 하나님 앞에서 너희로 말미암아 모든 기쁨으로 기뻐하니 너희를 위하여 능히 어떠한 감사로 하나님께 보답할까

10 주야로 심히 간구함은 너희 얼굴을 보고 너희 믿음이 부족한 것을 보충하게 하려 함이라

11 ●하나님 우리 아버지와 우리 주 예수는 우리 길을 너희에게로 갈 수 있게 하시오며

12 또 주께서 우리가 너희를 사랑함과 같이 너희도 피차간과 모든 사람에 대한 사랑이 더욱 많아 넘치게 하사 4:1, 10

13 너희 마음을 굳건하게 하시고 우리 주 예수께서 그의 모든 성도와 함께 강림하실 때에 하나님 우리 아버지 앞에서 거룩함에 흠이 없게 하시기를 원하노라

하나님을 기쁘시게 하는 생활—A.D. 54년경

4 그러므로 형제들아 우리가 끝으로 주 예수 안에서 너희에게 구하고 권면하노니 너희가 마땅히 어떻게 행하며 하나님을 기쁘시게 할 수 있는지를 우리에게 배웠으니 곧 너희가 행하는 바라 더욱 많이 힘쓰라

2 우리가 주 예수로 말미암아 너희에게 무슨 명령으로 준 것을 너희가 아느니라

3 하나님의 뜻은 이것이니 너희의 거룩함이라 곧 음란을 버리고

4 각각 거룩함과 존귀함으로 1)자기의 아내 대할 줄을 알고

5 하나님을 모르는 이방인과 같이 색욕을 따르지 말고

6 이 일에 분수를 넘어서 형제를 해하지 말라 이는 우리가 너희에게 미리 말하고 증언한 것과 같이 이 모든 일에 주께서 신원하여 주심이라

7 하나님이 우리를 부르심은 부정하게

3장 에는 무엇이 기록되어 있을까?

바울은 여러 차례 데살로니가 교회를 방문하려 했지만 뜻을 이루지 못했어요. 그들의 소식이 무척이나 궁금했던 바울은 디모데를 대신 그곳에 보냈지요. 디모데는 데살로니가 교인들이 열심히 신앙 생활을 하고 있다는 기쁜 소식을 바울에게 전해주었어요. 바울은 그들의 믿음을 칭찬하며 격려했답니다.

1) 혹, 자기 몸을 절제할 줄 알고

예수님의 승천터에
세운 기념 건물
(4:13-18)

하심이 아니요 거룩하게 하심이니

8 그러므로 저버리는 자는 사람을 저버림이 아니요 너희에게 그의 성령을 주신 하나님을 저버림이니라

9 ●형제 사랑에 관하여는 너희에게 쓸 것이 없음은 너희들 자신이 하나님의 가르치심을 받아 서로 사랑함이라

10 너희가 온 마게도냐 모든 형제에 대하여 과연 이것을 행하도다 형제들아 권하노니 더욱 그렇게 행하고

11 또 너희에게 명한 것 같이 조용히 자기 일을 하고 너희 손으로 일하기를 힘쓰라

12 이는 외인에 대하여 단정히 행하고 또한 아무 궁핍함이 없게 하려 함이라

주의 강림과 죽은 자들의 부활

13 ●형제들아 자는 자들에 관하여는 너희가 알지 못함을 우리가 원하지 아니하노니 이는 소망 없는 다른 이와 같이 슬퍼하지 않게 하려 함이라

14 우리가 예수께서 죽으셨다가 다시 살아나심을 믿을진대 이와 같이 1)예수 안에서 자는 자들도 하나님이 그와 함께 데리고 오시리라

15 우리가 주의 말씀으로 너희에게 이것을 말하노니 주께서 강림하실 때까지 우리 살아 남아 있는 자도 자는 자보다 결코 앞서지 못하리라

16 주께서 호령과 천사장의 소리와 하나님의 나팔 소리로 친히 하늘로부터 강림하시리니 그리스도 안에서 죽은 자들이 먼저 일어나고

17 그 후에 우리 살아 남은 자들도 그들과 함께 구름 속으로 끌어 올려 공중에서 주를 영접하게 하시리니 그리하여 우리가 항상 주와 함께 있으리라

18 그러므로 이러한 말로 서로 위로하라

5 형제들아 때와 시기에 관하여는 너희에게 쓸 것이 없음은

2 주의 날이 밤에 도둑 같이 이를 줄을 너희 자신이 자세히 알기 때문이라

3 그들이 평안하다, 안전하다 할 그 때에 임신한 여자에게 해산의 고통이 이름과 같이 멸망이 갑자기 그들에게 이르리니 결코 피하지 못하리라

4 형제들아 너희는 어둠에 있지 아니하매 그 날이 도둑 같이 너희에게 임하지 못하리니

5 너희는 다 빛의 아들이요 낮의 아들이라 우리가 밤이나 어둠에 속하지 아니하나니

6 그러므로 우리는 다른 이들과 같이 자지 말고 오직 깨어 정신을 차릴지라

7 자는 자들은 밤에 자고 취하는 자들은 밤에 취하되

8 우리는 낮에 속하였으니 정신을 차리고 믿음과 사랑의 호심경을 붙이고 구원의 소망의 투구를 쓰자

9 하나님이 우리를 세우심은 노하심에

1) 또는 자는 자들을 예수로 말미암아

이르게 하심이 아니요 오직 우리 주 예수 그리스도로 말미암아 구원을 받게 하심이라

10 예수께서 우리를 위하여 죽으사 우리로 하여금 깨어 있든지 자든지 자기와 함께 살게 하려 하셨느니라

11 그러므로 피차 권면하고 서로 덕을 세우기를 너희가 하는 것 같이 하라 [암송]

권면과 끝 인사

12 ● 형제들아 우리가 너희에게 구하노니 너희 가운데서 수고하고 주 안에서 너희를 다스리며 권하는 자들을 너희가 알고

13 그들의 역사로 말미암아 사랑 안에서 가장 귀히 여기며 너희끼리 화목하라

14 또 형제들아 너희를 권면하노니 게으른 자들을 권계하며 마음이 약한 자들을 격려하고 힘이 없는 자들을 붙들어 주며 모든 사람에게 오래 참으라

15 삼가 누가 누구에게든지 악으로 악을 갚지 말게 하고 서로 대하든지 모든 사람을 대하든지 항상 선을 따르라

16 항상 기뻐하라

17 쉬지 말고 기도하라

18 범사에 감사하라 이것이 그리스도 예수 안에서 너희를 향하신 하나님의 뜻이니라 [암송]

19 성령을 소멸하지 말며   엡 4:30

20 예언을 멸시하지 말고   고전 14:1

21 범사에 헤아려 좋은 것을 취하고

22 악은 어떤 모양이라도 버리라 [암송]

23 ● 평강의 하나님이 친히 너희를 온전히 거룩하게 하시고 또 너희의 온 영과 ¹⁾혼과 몸이 우리 주 예수 그리스도께서 강림하실 때에 흠 없게 보전되기를 원하노라   롬 15:33

24 너희를 부르시는 이는 미쁘시니 그가 또한 이루시리라

25 ● 형제들아 우리를 위하여 기도하라

26 ● 거룩하게 입맞춤으로 모든 형제에게 문안하라

27 내가 주를 힘입어 너희를 명하노니 모든 형제에게 이 편지를 읽어 주라

28 ● 우리 주 예수 그리스도의 은혜가 너희에게 있을지어다

1) 또는 목숨

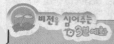

비전을 심어주는 ㄷ3분예화   하나님의 인도 방식

빌리 그래함 목사님의 집회 때 '킴 웍스'라는 맹인 아가씨가 간증시간에 이런 말을 했어요.

"사람들이 소경인 나를 인도할 때, 100미터 앞에 뭐가 있다고 말하지 않아니다. 단지 바로 앞에 물이 있으니 건너라고 하고, 층계가 있으면 발을 올려놓으라고 하지요. 나를 인도하는 사람을 믿고 내가 한 걸음씩 걸음을 옮기기만 하면, 나는 내가 가고자 하는 곳에 도착하게 됩니다.

하나님이 우리를 인도하는 방식이 꼭 이와 같아요. 우리는 1년 후나 10년 후를 알고자 할 필요가 없지요. 오늘 현재에 무엇을 해야 할지를 보이시는 하나님께 믿음으로 순종하면, 하나님께서 우리를 좋은 곳으로 인도하신답니다."

데살로니가후서

데살로니가후서를 읽기 전에

데살로니가전서에 이어 사도 바울이 데살로니가 교회에 보낸 두 번째 편지랍니다. 데살로니가전서에서와 같이 마지막 때에 예수님이 이 땅에 다시 오시는 것에 대해 자세히 이야기해주고 있어요.

언제, 왜, 누구를 위하여 썼나요?

이 책을 기록한 때는 A.D. 51~53년경이라고 해요. 바울은 예수님의 재림에 관해 오해한 데살로니가 교인들을 위해 이 편지를 썼어요. 또한 예수님이 곧 오신다고 말하면서 자신의 생활에는 충실하지 않은 사람들에게 바른 가르침을 주었지요.

어떤 내용인가요?

예수님이 다시 오실 날을 잘못 생각하는 사람들을 바르게 교훈하고 있어요. 현재의 어려움은 예수님의 재림을 생각하면서 이겨내야 하며, 자기의 맡은 일에 최선을 다해야 해요.

인사

1 바울과 실루아노와 디모데는 하나님 우리 아버지와 주 예수 그리스도 안에 있는 데살로니가인의 교회에 편지하노니

2 하나님 아버지와 주 예수 그리스도로부터 은혜와 평강이 너희에게 있을지어다

하나님의 공의로운 심판의 표 — A.D. 53년경

3 ●형제들아 우리가 너희를 위하여 항상 하나님께 감사할지니 이것이 당연함은 너희의 믿음이 더욱 자라고 너희가 다 각기 서로 사랑함이 풍성함이니

4 그러므로 너희가 견디고 있는 모든 박해와 환난 중에서 너희 인내와 믿음으로 말미암아 하나님의 여러 교회에서

우리가 친히 자랑하노라

5 이는 하나님의 공의로운 심판의 표요 너희로 하여금 하나님의 나라에 합당한 자로 여김을 받게 하려 함이니 그 나라를 위하여 너희가 또한 고난을 받느니라

6 너희로 환난을 받게 하는 자들에게는 환난으로 갚으시고

7 환난을 받는 너희에게는 우리와 함께 안식으로 갚으시는 것이 하나님의 공의시니 주 예수께서 자기의 능력의 천사들과 함께 하늘로부터 불꽃 가운데에 나타나실 때에

8 하나님을 모르는 자들과 우리 주 예수의 복음에 복종하지 않는 자들에게 형벌을 내리시리니

9 이런 자들은 주의 얼굴과 그의 힘의 영광을 떠나 영원한 멸망의 형벌을 받으리로다

10 그 날에 그가 강림하사 그의 성도들에게서 영광을 받으시고 모든 믿는 자들에게서 놀랍게 여김을 얻으시리니 이는 (우리의 증거가 너희에게 믿어졌음이라)

11 이러므로 우리도 항상 너희를 위하여

1장에는 무엇이 기록되어 있을까?

바울이 이 글을 쓴 이유는, 예수님의 재림에 대해서 잘못 알고 있는 데살로니가 교인들에게 바른 가르침을 주기 위해서였어요. 바울은 이런 혼란스러운 상황에서도 믿음과 사랑이 더해가는 데살로니가 교인들을 칭찬했어요. 또한 예수님께서 다시 오시면 모든 고통은 사라지게 된다고 위로해주었습니다.

롬 1:7

기도함은 우리 하나님이 너희를 그 부르심에 합당한 자로 여기시고 모든 선을 기뻐함과 믿음의 역사를 능력으로 이루게 하시고

12 우리 하나님과 주 예수 그리스도의 은혜대로 우리 주 예수의 이름이 너희 가운데서 영광을 받으시고 너희도 그 안에서 영광을 받게 하려 함이라

멸망하는 자들 —A.D. 53년경

2 형제들아 우리가 너희에게 구하는 것은 우리 주 예수 그리스도의 강림하심과 우리가 그 앞에 모임에 관하여

2 영으로나 또는 말로나 또는 우리에게서 받았다 하는 편지로나 주의 날이 이르렀다고 해서 쉽게 마음이 흔들리거나 두려워하거나 하지 말아야 한다는 것이라

3 누가 어떻게 하여도 너희가 미혹되지 말라 먼저 배교하는 일이 있고 저 불법의 사람 곧 멸망의 아들이 나타나기 전에는 그 날이 이르지 아니하리니

4 그는 대적하는 자라 신이라고 불리는 모든 것과 숭배함을 받는 것에 대항하여 그 위에 자기를 높이고 하나님의 성전에 앉아 자기를 하나님이라고 내세우느니라

5 내가 너희와 함께 있을 때에 이 일을 너희에게 말한 것을 기억하지 못하느냐

6 너희는 지금 그로 하여금 그의 때에 나타나게 하려 하여 막는 것이 있는 것을 아나니

7 불법의 비밀이 이미 활동하였으나 지금은 그것을 막는 자가 있어 그 중에서 옮겨질 때까지 하리라

8 그 때에 불법한 자가 나타나리니 주 예수께서 그 입의 기운으로 그를 죽이시고 강림하여 나타나심으로 폐하시리라

9 악한 자의 나타남은 사탄의 활동을 따라 모든 능력과 표적과 거짓 기적과

10 불의의 모든 속임으로 멸망하는 자들에게 있으리니 이는 그들이 진리의 사랑을 받지 아니하여 구원함을 받지 못함이라 고전 1:18

11 이러므로 하나님이 미혹의 역사를 그들에게 보내사 거짓 것을 믿게 하심은

12 진리를 믿지 않고 불의를 좋아하는 모든 자들로 하여금 심판을 받게 하려 하심이라

가르침을 받은 전통을 지키라

13 ● 주께서 사랑하시는 형제들아 우리가 항상 너희에 관하여 마땅히 하나님께 감사할 것은 하나님이 처음부터 너희를 택하사 성령의 거룩하게 하심과 진리를 믿음으로 구원을 받게 하심이니

14 이를 위하여 우리의 복음으로 너희를 부르사 우리 주 예수 그리스도의 영광을 얻게 하려 하심이니라

15 그러므로 형제들아 굳건하게 서서 말로나 우리의 편지로 가르침을 받은 전통을 지키라

16 ● 우리 주 예수 그리스도와 우리를 사랑하시고 영원한 위로와 좋은 소망을 은혜로 주신 하나님 우리 아버지께서

17 너희 마음을 위로하시고 모든 선한 일과 말에 굳건하게 하시기를 원하노라

우리를 위하여 기도하라 —A.D. 53년경

3 끝으로 형제들아 너희는 우리를 위하여 기도하기를 주의 말씀이

2 애는 무엇이 기록되어 있을까?

데살로니가 교인들은 예수님이 갑자기 오신다는 이야기를, 예수님이 지금 곧 오신다는 것으로 오해했어요. 바울은 그들의 혼란스러움을 없애주기 위해서, 마지막 때에 나타날 현상들에 대해 자세히 설명해주지요. 또한 하나님의 사랑과 구원을 말해주면서, 믿음 안에서 복음을 잘 지켜나갈 것을 당부했습니다.

3 당시 데살로니가 교인 중에는 곧 종말이 올 것이라며 아무 일도 하지 않는 사람들이 있었어요. 바울은 그들에게 성실하게 자기 양식을 스스로 마련할 것을 명령했습니다. 또한 말씀을 따르지 않는 사람들에게는 사랑으로 충고하라고 가르쳤어요.

1) 헬. 참

너희 가운데서와 같이 퍼져 나가 영광스럽게 되고

2 또한 우리를 부당하고 악한 사람들에게서 건지시옵소서 하라 믿음은 모든 사람의 것이 아니니라

3 주는 미쁘사 너희를 굳건하게 하시고 악한 자에게서 지키시리라 `암송`

4 너희에 대하여는 우리가 명한 것을 너희가 행하고 또 행할 줄을 우리가 주 안에서 확신하노니

5 주께서 너희 마음을 인도하여 하나님의 사랑과 그리스도의 인내에 들어가게 하시기를 원하노라

게으름을 경계하다

6 ●형제들아 우리 주 예수 그리스도의 이름으로 너희를 명하노니 게으르게 행하고 우리에게서 받은 전통대로 행하지 아니하는 모든 형제에게서 떠나라

7 어떻게 우리를 본받아야 할지를 너희가 스스로 아나니 우리가 너희 가운데서 무질서하게 행하지 아니하며 `살전 1:6`

8 누구에게서든지 음식을 값없이 먹지 않고 오직 수고하고 애써 주야로 일함은 너희 아무에게도 폐를 끼치지 아니하려 함이니

9 우리에게 권리가 없는 것이 아니요 오직 스스로 너희에게 본을 보여 우리를 본받게 하려 함이니라

10 우리가 너희와 함께 있을 때에도 너희에게 명하기를 누구든지 일하기 싫어하거든 먹지도 말게 하라 하였더니

11 우리가 들은즉 너희 가운데 게으르게 행하여 도무지 일하지 아니하고 일을 만들기만 하는 자들이 있다 하니

12 이런 자들에게 우리가 명하고 주 예수 그리스도 안에서 권하기를 조용히 일하여 자기 양식을 먹으라 하노라

13 형제들아 너희는 선을 행하다가 낙심하지 말라

14 누가 이 편지에 한 우리 말을 순종하지 아니하거든 그 사람을 지목하여 사귀지 말고 그로 하여금 부끄럽게 하라

15 그러나 원수와 같이 생각하지 말고 형제 같이 권면하라 `살후` `갈 6:1`

축복

16 ●평강의 주께서 친히 때마다 일마다 너희에게 평강을 주시고 주께서 너희 모든 사람과 함께 하시기를 원하노라

17 나 바울은 친필로 문안하노니 이는 편지마다 표시로서 이렇게 쓰노라

18 우리 주 예수 그리스도의 은혜가 너희 무리에게 있을지어다

주기도문이 뭐예요?

예수님이 가르쳐주신 이 기도는, 기도에 관한 중요한 내용들이 다 들어 있을 뿐만 아니라 우리에게 기도하는 방법도 가르쳐주고 있습니다.

제일 먼저 "하늘에 계신 우리 아버지여"라고 했어요. 하나님을 아버지로 부르는 것이 기도의 시작이랍니다. 다음은 하나님의 이름이 거룩하게 여김을 받게 해달라는 기도예요. 그리고 세 번째는 하나님 나라가 임하게 해달라는 기도입니다. 네 번째는 하나님의 뜻이 이 땅에 이루어지도록 하기 위한 기도, 다섯 번째는 일용할 양식을 달라는 기도예요. 여섯 번째는 나에게 죄를 지은 사람들을 용서하기 위한 기도지요. 그리고 시험에 들지 않기 위해 기도를 드려야 해요. 마지막으로 하나님께 영광을 돌립니다.

우리도 이 기도를 본받아야 해요.   `눅 11장 1-4절`

1 Timothy
디모데전서

디모데전서를 읽기 전에

이 책은 사도 바울이 기록했어요. 특별히 디모데전·후서와 디도서는 '목회 서신'이라고 불린답니다. 디모데와 디도가 목회자로서 교회를 감독하고 다스릴 때 갖추어야 할 것들에 대해 자세히 가르쳐주는 편지이기 때문이에요.

언제, 왜, 누구를 위하여 썼나요?

이 책을 기록한 때는 A.D. 63~65년경이라고 해요. 바울은 에베소에서 목회하고 있던 디모데를 위해 이 편지를 썼어요. 디모데를 격려해주고 교회 안에서 부딪히는 여러 가지 문제를 잘 해결할 수 있도록 가르치고 있답니다.

어떤 내용인가요?

거짓 교사들의 잘못된 가르침에 대해 선한 싸움을 싸우는 그리스도의 용사가 되도록 디모데를 훈련하고 있어요. 또 교회를 다스리는 법에 대해 교훈해주고 있지요.

1

인사

1 우리 구주 하나님과 우리의 소망이신 그리스도 예수의 명령을 따라 그리스도 예수의 사도 된 바울은

2 믿음 안에서 참 아들 된 디모데에게 편지하노니 하나님 아버지와 그리스도 예수 우리 주께로부터 은혜와 긍휼과 평강이 네게 있을지어다

딤후 1:2
다른 교훈을 가르치지 말라 —— A.D. 65년경

3 ●내가 마게도냐로 갈 때에 너를 권하여 에베소에 머물라 한 것은 어떤 사람들을 명하여 다른 교훈을 가르치지 말며

4 신화와 끝없는 족보에 몰두하지 말게 하려 함이라 이런 것은 믿음 안에 있는 하나님의 경륜을 이룸보다 도리어 변론을 내는 것이라

5 이 교훈의 목적은 청결한 마음과 선한 양심과 거짓이 없는 믿음에서 나오는 사랑이거늘

6 사람들이 이에서 벗어나 헛된 말에 빠져

7 율법의 선생이 되려 하나 자기가 말하는 것이나 자기가 확증하는 것도 깨닫지 못하는도다

8 그러나 율법은 사람이 그것을 적법하게만 쓰면 선한 것임을 우리는 아노라

9 알 것은 이것이니 율법은 옳은 사람을 위하여 세운 것이 아니요 오직 불법한 자와 복종하지 아니하는 자와 경건하지 아니한 자와 죄인과 거룩하지 아니한 자와 망령된 자와 아버지를 죽이는 자와 어머니를 죽이는 자와 살인하는 자며

10 음행하는 자와 남색하는 자와 인신 매매를 하는 자와 거짓말하는 자와 거짓 맹세하는 자와 기타[1] 바른 교훈을 거스르는 자를 위함이니

11 이 교훈은 내게 맡기신 바 복되신 하나님의 영광의 복음을 따름이니라

은혜를 감사하다

12 ●나를 능하게 하신 그리스도 예수 우

1 에는 무엇이 기록되어 있을까?

당시 디모데가 목회하던 에베소 교회에는 유대 율법과 헬라 철학에서 비롯된 거짓된 가르침이 돌고 있었어요. 이에 바울은 교회를 혼란스럽게 하는 거짓 가르침에 대해 경고하며, 교회의 순수성을 지켜나가게 했습니다. 한편 바울은 자신을 구원해주신 예수 그리스도의 은혜에 감사하며 죄를 고백하였어요.

1) 헬, 건전한

리 주께 내가 감사함은 나를 충성되이 여겨 내게 직분을 맡기심이니

13 내가 전에는 비방자요 박해자요 폭행자였으나 도리어 긍휼을 입은 것은 내가 믿지 아니할 때에 알지 못하고 행하였음이라

14 우리 주의 은혜가 그리스도 예수 안에 있는 믿음과 사랑과 함께 넘치도록 풍성하였도다

15 미쁘다 모든 사람이 받을 만한 이 말이여 그리스도 예수께서 죄인을 구원하시려고 세상에 임하셨다 하였도다 죄인 중에 내가 괴수니라

16 그러나 내가 긍휼을 입은 까닭은 예수 그리스도께서 내게 먼저 일체 오래 참으심을 보이사 후에 주를 믿어 영생 얻는 자들에게 본이 되게 하려 하심이라

17 영원하신 왕 곧 썩지 아니하고 보이지 아니하고 홀로 하나이신 하나님께 존귀와 영광이 영원무궁하도록 있을지어다 아멘

18 아들 디모데야 내가 네게 이 교훈으로써 명하노니 전에 너를 지도한 예언을 따라 그것으로 선한 싸움을 싸우며

19 믿음과 착한 양심을 가지라 어떤 이들은 이 양심을 버렸고 그 믿음에 관하여는 파선하였느니라

20 그 가운데 후메내오와 알렉산더가 있으니 내가 사탄에게 내준 것은 그들로 훈계를 받아 신성을 모독하지 못하게 하려 함이라

기도에 대한 가르침—A.D. 65년경

2 그러므로 내가 첫째로 권하노니 모든 사람을 위하여 간구와 기도와 도고와 감사를 하되

2 임금들과 높은 지위에 있는 모든 사람을 위하여 하라 이는 우리가 모든 경건과 단정함으로 고요하고 평안한 생활을 하려 함이라

3 이것이 우리 구주 하나님 앞에 선하고 받으실 만한 것이니

4 하나님은 모든 사람이 구원을 받으며 1)진리를 아는 데에 이르기를 원하시느니라

5 하나님은 한 분이시요 또 하나님과 사람 사이에 중보자도 한 분이시니 곧 사람이신 그리스도 예수라

6 그가 모든 사람을 위하여 자기를 대속물로 주셨으니 기약이 이르러 주신 증거니라

7 이를 위하여 내가 전파하는 자와 사도로 세움을 입은 것은 참말이요 거짓말이 아니니 믿음과 진리 안에서 내가 이방인의 스승이 되었노라

8 ●그러므로 각처에서 남자들이 분노와 다툼이 없이 거룩한 손을 들어 기도하기를 원하노라

9 또 이와 같이 여자들도 단정하게 옷을 입으며 소박함과 정절로써 자기를 단장하고 땋은 머리와 금이나 진주나 값진 옷으로 하지 말고

10 오직 선행으로 하기를 원하노라 이것이 하나님을 경외한다 하는 자들에게 마땅한 것이니라

11 여자는 일체 순종함으로 조용히 배우라

12 여자가 가르치는 것과 남자를 주관하는 것을 허락하지 아니하노니 오직 조

2장 에는 무엇이 기록되어 있을까?

바울은 예수 그리스도가 모든 사람을 구원하시기 위해 죽으신 것처럼, 믿는 자들도 모든 사람이 구원받을 수 있도록 기도할 것을 강조하고요. 그리고 이러한 예수님의 뜻에 따라 자신이 복음 전도자로 부름 받았음을 전하지요. 또한 바울은 교회의 하나님을 위해 남녀 성도가 각각 지켜야 할 질서를 말해주었어요.

1) 헬, 참

용할지니라

13 이는 아담이 먼저 지음을 받고 하와가 그 후며

14 아담이 속은 것이 아니고 여자가 속아 죄에 빠졌음이라

15 그러나 여자들이 만일 정숙함으로써 믿음과 사랑과 거룩함에 거하면 그의 해산함으로 구원을 얻으리라

초대 교회 대표적인 집사
스데반 기념 교회(3:8-13)

감독과 집사의 자격—A.D. 65년경

3 미쁘다 이 말이여, 곧 사람이 감독의 직분을 얻으려 함은 선한 일을 사모하는 것이라 함이로다

2 그러므로 감독은 책망할 것이 없으며 한 아내의 남편이 되며 절제하며 신중하며 단정하며 나그네를 대접하며 가르치기를 잘하며

3 술을 즐기지 아니하며 구타하지 아니하며 오직 관용하며 다투지 아니하며 돈을 사랑하지 아니하며

4 자기 집을 잘 다스려 자녀들로 모든 공손함으로 복종하게 하는 자라야 할지며

5 (사람이 자기 집을 다스릴 줄 알지 못하면 어찌 하나님의 교회를 돌보리요)

6 새로 입교한 자도 말지니 교만하여져서 마귀를 정죄하는 그 정죄에 빠질까 함이요

7 또한 외인에게서도 선한 증거를 얻은 자라야 할지니 비방과 마귀의 올무에 빠질까 염려하라

8 이와 같이 집사들도 정중하고 일구이언을 하지 아니하고 술에 인박히지 아니하고 더러운 이를 탐하지 아니하고

9 깨끗한 양심에 믿음의 비밀을 가진 자

라야 할지니

10 이에 이 사람들을 먼저 시험하여 보고 그 후에 책망할 것이 없으면 집사의 직분을 맡게 할 것이요

11 여자들도 이와 같이 정숙하고 모함하지 아니하며 절제하며 모든 일에 충성된 자라야 할지니라

12 집사들은 한 아내의 남편이 되어 자녀와 자기 집을 잘 다스리는 자일지니

13 집사의 직분을 잘한 자들은 아름다운 지위와 그리스도 예수 안에 있는 믿음에 큰 담력을 얻느니라

경건의 비밀

14 내가 속히 네게 가기를 바라나 이것을 네게 쓰는 것은

15 만일 내가 지체하면 너로 하여금 하나님의 집에서 어떻게 행하여야 할지를 알게 하려 함이니 이 집은 살아 계신 하나님의 교회요 진리의 기둥과 터니라

16 크도다 경건의 비밀이여, 그렇지 않다하는 이 없도다 ●그는 육신으로 나타난 바 되시고 영으로 의롭다 하심을 받으시고 천사들에게 보이시고 만국에서 전파되시고 세상에서 믿은 바 되시고 영광 가운데서 올려지셨느니라

거짓말하는 자들—A.D. 65년경

4 그러나 성령이 밝히 말씀하시기를 후일에 어떤 사람들이 믿음에서 떠나 미혹(迷惑)하는 영과 귀신의 가르침을 따르리라 하셨으니

2 자기 양심이 화인을 맞아서 외식함으로 거짓말하는 자들이라

3 에는 무엇이 기록되어 있을까? —

바울은 교회 지도자가 갖추어야 할 자격에 관해 말해주었어요. 초대 교회에서 지도자가 되기 위해서는 어떤 기술과 능력보다 훌륭한 인격을 갖추어야 했지요. 즉, 그들은 모든 면에 있어 복음에 합당한 인간성을 지녀야 했답니다. 그래서 교회 지도자는 영성을 계발하고 경건 훈련을 게을리 하지 말아야 했어요.

3 혼인을 금하고 어떤 음식물은 먹지 말라고 할 터이나 음식물은 하나님이 지으신 바니 믿는 자들과 진리를 아는 자들이 감사함으로 받을 것이니라

4 하나님께서 지으신 모든 것이 선하매 감사함으로 받으면 버릴 것이 없나니

5 하나님의 말씀과 기도로 거룩하여짐이라

그리스도 예수의 좋은 일꾼

6 ●네가 이것으로 형제를 깨우치면 그리스도 예수의 좋은 일꾼이 되어 믿음의 말씀과 네가 따르는 좋은 교훈으로 양육을 받으리라

7 망령되고 허탄한 신화를 버리고 경건에 이르도록 네 자신을 연단하라

8 육체의 연단은 약간의 유익이 있으나 경건은 범사에 유익하니 금생과 내생에 약속이 있느니라

9 미쁘다 이 말이여 모든 사람들이 받을 만하도다

10 이를 위하여 우리가 수고하고 힘쓰는 것은 우리 소망을 살아 계신 하나님께 둠이니 곧 모든 사람 특히 믿는 자들의 구주시라

11 너는 이것들을 명하고 가르치라

12 누구든지 네 연소함을 업신여기지 못하게 하고 오직 말과 행실과 사랑과 믿음과 정절에 있어서 믿는 자에게 본이 되어

13 내가 이를 때까지 읽는 것과 권하는 것과 가르치는 것에 전념하라

14 네 속에 있는 은사 곧 장로의 회에서 안수 받을 때에 예언을 통하여 받은 것을 가볍게 여기지 말며 〔민 6:6〕

15 이 모든 일에 전심 전력하여 너의 성숙함을 모든 사람에게 나타나게 하라

16 네가 네 자신과 가르침을 살펴 이 일을 계속하라 이것을 행함으로 네 자신과 네게 듣는 자를 구원하리라 〔겔 33:9〕

성도를 대하는 태도 — A.D. 65년경

5 늙은이를 꾸짖지 말고 권하되 아버지에게 하듯 하며 젊은이에게는 형제에게 하듯 하고

2 늙은 여자에게는 어머니에게 하듯 하며 젊은 여자에게는 온전히 깨끗함으로 자매에게 하듯 하라

3 참 과부인 과부를 존대하라

4 만일 어떤 과부에게 자녀나 손자들이 있거든 그들로 먼저 자기 집에서 효를 행하여 부모에게 보답하기를 배우게 하라 이것이 하나님 앞에 받으실 만한 것이니라

5 참 과부로서 외로운 자는 하나님께 소망을 두어 주야로 항상 간구와 기도를 하거니와

6 향락을 좋아하는 자는 살았으나 죽었느니라

7 네가 또한 이것을 명하여 그들로 책망 받을 것이 없게 하라

8 누구든지 자기 친족 특히 자기 가족을 돌보지 아니하면 믿음을 배반한 자요 불신자보다 더 악한 자니라 〔갈 6:10〕

9 과부로 명부에 올릴 자는 나이가 육십이 덜 되지 아니하고 한 남편의 아내였던 자로서

10 선한 행실의 증거가 있어 혹은 자녀를 양육하며 혹은 나그네를 대접하며 혹은 성도들의 발을 씻으며 혹은 환난 당한 자들을 구제하며 혹은 모든 선한 일을 행한 자라야 할 것이요

디모전

4장에는 무엇이 기록되어 있을까?

에베소 교회의 이단 문제 중 하나는 잘못된 금욕주의였어요. 이거을 영혼은 선하지만 육신은 악하다는 교리에 바탕을 두고, 결혼도 하지 말고 어떤 음식은 먹지 말라고 가르쳤어요. 바울은 이러한 잘못된 가르침을 바로잡고, 디모데에게 신앙이 성장하도록 열심히 노력해서 성도들을 말씀으로 잘 가르치라고 격려하였지요.

5장 바울은 디모데에게 교회 안의 문제를 목회자로서 어떻게 풀어야 하는지를 말해주었어요. 즉, 성도 간의 인간 관계와 과부에 대한 대우, 장로에 대한 태도 등의 문제였지요. 이처럼 바울이 교인들 사이의 관계에 깊이 신경 쓴 것은, 교회 지도자로서 그들을 올바로 다스리고 인도할 책임이 있기 때문이었어요.

11 젊은 과부는 올리지 말지니 이는 정욕으로 그리스도를 배반할 때에 시집 가고자 함이니

12 처음 믿음을 저버렸으므로 정죄를 받느니라

13 또 그들은 게으름을 익혀 집집으로 돌아 다니고 게으를 뿐 아니라 쓸데없는 말을 하며 일을 만들며 마땅히 아니할 말을 하나니

14 그러므로 젊은이는 시집 가서 아이를 낳고 집을 다스리고 대적에게 비방할 기회를 조금도 주지 말기를 원하노라

15 이미 사탄에게 돌아간 자들도 있도다

16 만일 믿는 여자에게 과부 친척이 있거든 자기가 도와 주고 교회가 짐지지 않게 하라 이는 참 과부를 도와 주게 하려 함이라

17 ●잘 다스리는 장로들은 배나 존경할 자로 알되 말씀과 가르침에 수고하는 이들에게는 더욱 그리할 것이니라

18 성경에 일렀으되 '곡식을 밟아 떠는 소의 입에 망을 씌우지 말라 하였고 또 일꾼이 그 삯을 받는 것은 마땅하다 하였느니라

19 장로에 대한 고발은 두세 증인이 없으면 받지 말 것이요

20 범죄한 자들을 모든 사람 앞에서 꾸짖어 나머지 사람들로 두려워하게 하라

21 하나님과 그리스도 예수와 택하심을 받은 천사들 앞에서 내가 엄히 명하노니 너는 편견이 없이 이것들을 지켜 아무 일도 불공평하게 하지 말며

22 아무에게나 경솔히 안수하지 말고 다른 사람의 죄에 간섭하지 말며 네 자신을 지켜 정결하게 하라

23 이제부터는 물만 마시지 말고 네 위장과 자주 나는 병을 위하여는 포도주를 조금씩 쓰라

24 어떤 사람들의 죄는 밝히 드러나 먼저 심판에 나아가고 어떤 사람들의 죄는 그 뒤를 따르나니

25 이와 같이 선행도 밝히 드러나고 그렇지 아니한 것도 숨길 수 없느니라

6 무릇 멍에 아래에 있는 종들은 자기 상전들을 범사에 마땅히 공경할 자로 알지니 이는 하나님의 이름과 교훈으로 비방을 받지 않게 하려 함이라

2 믿는 상전이 있는 자들은 그 상전을 형제라고 가볍게 여기지 말고 더 잘 섬기게 하라 이는 유익을 받는 자들이 믿는 자요 사랑을 받는 자임이라 너는 이것들을 가르치고 권하라

말씀과 경건에 관한 교훈

3 ●누구든지 다른 교훈을 하며 '바른 말 곧 우리 주 예수 그리스도의 말씀과 경건에 관한 교훈을 따르지 아니하면

4 그는 교만하여 아무 것도 알지 못하고 변론과 언쟁을 좋아하는 자니 이로써 투기와 분쟁과 비방과 악한 생각이 나며

5 마음이 부패하여지고 진리를 잃어 버려 경건을 이익의 방도로 생각하는 자들의 다툼이 일어나느니라   롬 16:17

6 그러나 자족하는 마음이 있으면 경건은 큰 이익이 되느니라   빌 4:11

7 우리가 세상에 아무 것도 가지고 온 것이 없으매 또한 아무 것도 가지고 가지 못하리니

8 우리가 먹을 것과 입을 것이 있은즉 족한 줄로 알 것이니라

9 부하려 하는 자들은 시험과 올무와 여러 가지 어리석고 해로운 욕심에 떨어지나니 곧 사람으로 파멸과 멸망에 빠지게 하는 것이라   3:7

1) 헬, 건전한 ㄱ. 신 25:4

10 돈을 사랑함이 일만 악의 뿌리가 되나니 이것을 탐내는 자들은 미혹을 받아 믿음에서 떠나 많은 근심으로써 자기를 찔렀도다 암송

믿음의 선한 싸움

11 ●오직 너 하나님의 사람아 이것들을 피하고 의와 경건과 믿음과 사랑과 인내와 온유를 따르며

12 믿음의 선한 싸움을 싸우라 영생을 취하라 이를 위하여 네가 부르심을 받았고 많은 증인 앞에서 선한 증언을 하였도다 암송

13 만물을 살게 하신 하나님 앞과 본디오 빌라도를 향하여 선한 증언을 하신 그리스도 예수 앞에서 내가 너를 명하노니

14 우리 주 예수 그리스도께서 나타나실 때까지 흠도 없고 책망 받을 것도 없이 이 명령을 지키라

15 기약이 이르면 하나님이 그의 나타나심을 보이시리니 하나님은 복되시고 유일하신 주권자이시며 만왕의 왕이시며 만주의 주시요

16 오직 그에게만 죽지 아니함이 있고 가까이 가지 못할 빛에 거하시고 어떤 사람도 보지 못하였고 또 볼 수 없는 이시니 그에게 존귀와 영원한 권능을 돌릴지어다 아멘 1:17

17 네가 이 세대에서 부한 자들을 명하여 마음을 높이지 말고 정함이 없는 재물에 소망을 두지 말고 오직 우리에게 모든 것을 후히 주사 누리게 하시는 하나님께 두며 눅 12:20

18 선을 행하고 선한 사업을 많이 하고 나누어 주기를 좋아하며 너그러운 자가 되게 하라

19 이것이 장래에 자기를 위하여 좋은 터를 쌓아 참된 생명을 취하는 것이니라

20 ●디모데야 망령되고 헛된 말과 거짓된 지식의 반론을 피함으로 네게 부탁한 것을 지키라

21 이것을 따르는 사람들이 있어 믿음에서 벗어났느니라 은혜가 너희와 함께 있을지어다

솔솔 풀리는 성경 말씀
바울의 동역자, 디모데

1. 출신 배경
디모데는 '하나님을 경외하다' 라는 뜻으로, 소아시아의 루스드라에서 태어났어요. 디모데는 어렸을 때부터 할머니 로이스와 어머니 유니게에게서 성경과 신앙을 배웠는데(딤후 3:15), 아버지의 반대가 있어서였는지 할례는 받지 못했어요(행 16:3).

2. 행적
디모데는 그의 고향 루스드라에서 제2차 전도 여행 중이던 바울을 만난 뒤 복음의 일꾼이 되었어요. 바울은 디모데에게 할례를 베풀었고(행 16:2~3;고전 9:20), 이후 디모데는 바울의 헌신적인 동역자가 되어 베뢰아, 데살로니가, 고린도, 마게도냐, 예루살렘 등 각지를 돌아다니며 복음을 전했습니다.

3. 인물됨
디모데는 몸이 좀 약하고(5:23), 감수성이 풍부하며(딤후 1:4), 다소 소극적인 성격이었던 것 같아요(딤후 1:7). 그러나 복음의 일을 하는 데 있어서는 매우 진실하고 헌신적이었답니다.

디모데후서

디모데후서를 읽기 전에

디모데전서에 이어 사도 바울이 기록했어요. 디모데는 2차 전도 여행 때부터 바울을 도우며 함께 사역했고, 이 편지를 받던 당시에는 잘못된 우상 숭배와 이방 문화가 많이 퍼져 있던 에베소에서 목회하고 있었지요.

🔶 **언제, 왜, 누구를 위하여 썼나요?**

이 책을 기록한 때는 A.D. 66~67년경이라고 해요. 바울은 로마 감옥에 갇혀 있으면서 에베소에 있는 디모데를 위해 이 편지를 썼어요. 디모데가 닥쳐오는 모든 어려움들을 잘 이겨낼 수 있도록 용기를 주기 위해 쓴 편지랍니다.

🔶 **어떤 내용인가요?**

바울은 디모데에게 복음을 전하는 것 때문에 받게 되는 어려움을 참고 견디며, 담대한 마음을 잃지 말고 선한 싸움을 싸우라고 교훈하고 있어요.

인사 ─ A.D. 66년경

1 하나님의 뜻으로 말미암아 그리스도 예수 안에 있는 생명의 약속대로 그리스도 예수의 사도 된 바울은
2 사랑하는 아들 디모데에게 편지하노니 하나님 아버지와 그리스도 예수 우리 주께로부터 은혜와 긍휼과 평강이 네게 있을지어다

복음과 함께 고난을 받으라

3 ●내가 밤낮 간구하는 가운데 쉬지 않고 너를 생각하여 청결한 양심으로 조상적부터 섬겨 오는 하나님께 감사하고
4 네 눈물을 생각하여 너 보기를 원함은 내 기쁨이 가득하게 하려 함이니 4:9
5 이는 네 속에 거짓이 없는 믿음이 있음을 생각함이라 이 믿음은 먼저 네 외조

모 로이스와 네 어머니 유니게 속에 있더니 네 속에도 있는 줄을 확신하노라
6 그러므로 내가 나의 안수함으로 네 속에 있는 하나님의 은사를 다시 불일듯 하게 하기 위하여 너로 생각하게 하노니
7 하나님이 우리에게 주신 것은 두려워하는 [1]마음이 아니요 오직 능력과 사랑과 절제하는 [1]마음이니
8 그러므로 너는 내가 우리 주를 증언함과 또는 주를 위하여 갇힌 자 된 나를 부끄러워하지 말고 오직 하나님의 능력을 따라 복음과 함께 고난을 받으라
9 하나님이 우리를 구원하사 거룩하신 소명으로 부르심은 우리의 행위대로 하심이 아니요 오직 자기의 뜻과 영원 전부터 그리스도 예수 안에서 우리에게 주신 은혜대로 하심이라 **암송**
10 이제는 우리 구주 그리스도 예수의 나타나심으로 말미암아 나타났으니 그는 사망을 폐하시고 복음으로써 생명과 썩지 아니할 것을 드러내신지라
11 내가 이 복음을 위하여 선포자와 사도와 교사로 세우심을 입었노라 2:7

1장에는 무엇이 기록되어 있을까?

바울은 옳은 복음 전도자에게는 고난이 따라온다고 말했어요. 이 편지를 쓸 당시, 바울은 두 번째로 로마의 감옥에 갇혀 순교 당하기 직전이었지요. 그는 자신의 고난을 설명하고 이는 비록 순교당하더라도 디모데가 흔들리지 않고 목회에만 마음을 쏟아주길 부탁했어요. 당시 힘들게 목회를 하는 디모데를 격려하기 위해서였답니다.

1월, 영

12 이로 말미암아 내가 또 이 고난을 받되 부끄러워하지 아니함은 내가 믿는 자를 내가 알고 또한 내가 의탁한 것을 그 날까지 그가 능히 지키실 줄을 확신함이라

13 너는 그리스도 예수 안에 있는 믿음과 사랑으로써 내게 들은 바 1)바른 말을 본받아 지키고

14 우리 안에 거하시는 성령으로 말미암아 네게 부탁한 아름다운 것을 지키라

15 ●아시아에 있는 모든 사람이 나를 버린 이 일을 네가 아나니 그 중에는 부겔로와 허모게네도 있느니라 딤후 4:10

16 원하건대 주께서 오네시보로의 집에 긍휼을 베푸시옵소서 그가 나를 자주 격려해 주고 내가 사슬에 매인 것을 부끄러워하지 아니하고

17 로마에 있을 때에 나를 부지런히 찾아와 만났음이라

18 (원하건대 주께서 그로 하여금 그 날에 주의 긍휼을 입게 하여 주옵소서) 또 그가 에베소에서 많이 봉사한 것을 네가 잘 아느니라

예수 그리스도의 좋은 병사 — A.D. 66년경

2 내 아들아 그러므로 너는 그리스도 예수 안에 있는 은혜 가운데서 강하고

2 또 네가 많은 증인 앞에서 내게 들은 바를 충성된 사람들에게 부탁하라 그들이 또 다른 사람들을 가르칠 수 있으리라

3 너는 그리스도 예수의 좋은 병사로 나와 함께 고난을 받으라

4 병사로 복무하는 자는 자기 생활에 얽매이는 자가 하나도 없나니 이는 병사로 모집한 자를 기쁘게 하려 함이라

5 경기하는 자가 법대로 경기하지 아니하면 승리자의 관을 얻지 못할 것이며

6 수고하는 농부가 곡식을 먼저 받는 것이 마땅하니라

7 내가 말하는 것을 생각해 보라 주께서 범사에 네게 총명을 주시리라

8 내가 전한 복음대로 다윗의 씨로 죽은 자 가운데서 다시 살아나신 예수 그리스도를 기억하라

9 복음으로 말미암아 내가 죄인과 같이 매이는 데까지 고난을 받았으나 하나님의 말씀은 매이지 아니하니라 행 9:16

10 그러므로 내가 택함 받은 자들을 위하여 모든 것을 참음은 그들도 그리스도 예수 안에 있는 구원을 영원한 영광과 함께 받게 하려 함이라

11 미쁘다 이 말이여 우리가 주와 함께 죽었으면 또한 함께 살 것이요

12 참으면 또한 함께 왕 노릇 할 것이요 우리가 주를 부인하면 주도 우리를 부인하실 것이라

13 우리는 미쁨이 없을지라도 주는 항상 미쁘시니 자기를 부인하실 수 없으시리라

인정 받는 일꾼

14 ●너는 그들로 이 일을 기억하게 하여 말다툼을 하지 말라고 하나님 앞에서 엄히 명하라 이는 유익이 하나도 없고 도리어 듣는 자들을 망하게 하느니라

15 너는 진리의 말씀을 옳게 분별하며 부끄러울 것이 없는 일꾼으로 인정된 자로 자신을 하나님 앞에 드리기를 힘

1) 헬, 건전한

2 에는 무엇이 기록되어 있을까?

바울은 전도자를 병사, 경기하는 자, 농부에 비유했어요. 이 비유를 통해 은연한 힘을 쏟는 열정이 없이는 복음 전도자가 될 수 없으며 따라서 상급도 받을 수 없다고 말했지요. 그러므로 바울은 디모데에게 거짓된 가르침으로부터 교회를 보호하고, 개인적으로는 경건한 생활을 통해서 참다운 목회자가 되라고 격려했답니다.

평강(1:2) 평안함.
간구(1:3) 간절히 구함.
은사(1:6) 하나님께서 내려주시는 재능, 소질, 선물.
의탁(1:12) 몸을 남에게 의뢰함. 남에게 의존함.
경기(2:5) 서로 재주를 겨루는 것.
범사(2:7) 모든 일.
총명(2:7) 영리하고 기억력이 좋은 것.
미쁘다(2:11) 신실. 진실함.

쓰라 ^{암송}

16 망령되고 헛된 말을 버리라 그들은 경건하지 아니함에 점점 나아가나니
17 그들의 말은 악성 종양이 퍼져나감과 같은데 그 중에 후메내오와 빌레도가 있느니라
18 진리에 관하여는 그들이 그릇되었도다 부활이 이미 지나갔다 함으로 어떤 사람들의 믿음을 무너뜨리느니라
19 그러나 하나님의 견고한 터는 섰으니 인침이 있어 일렀으되 ^ㄱ주께서 자기 백성을 아신다 하며 또 ^ㄴ주의 이름을 부르는 자마다 불의에서 떠날지어다 하였느니라
20 큰 집에는 금 그릇과 은 그릇뿐 아니라 나무 그릇과 질그릇도 있어 귀하게 쓰는 것도 있고 천하게 쓰는 것도 있나니
21 그러므로 누구든지 이런 것에서 자기를 깨끗하게 하면 귀히 쓰는 그릇이 되어 거룩하고 주인의 쓰심에 합당하며 모든 선한 일에 준비함이 되리라
22 또한 너는 청년의 정욕을 피하고 주를 깨끗한 마음으로 부르는 자들과 함께 의와 믿음과 사랑과 화평을 따르라
23 어리석고 무식한 변론을 버리라 이에서 다툼이 나는 줄 앎이라 ^{암송}
24 주의 종은 마땅히 다투지 아니하고 모든 사람에 대하여 온유하며 가르치기를 잘하며 참으며
25 거역하는 자를 온유함으로 훈계할지니 혹 하나님이 그들에게 회개함을 주사 진리를 알게 하실까 하며
26 그들로 깨어 마귀의 올무에서 벗어나

하나님께 사로잡힌 바 되어 그 뜻을 따르게 하실까 함이라

마지막 가르침 —A.D. 66년경

3 너는 이것을 알라 말세에 고통하는 때가 이르러 ^{4:1}
2 사람들이 자기를 사랑하며 돈을 사랑하며 자랑하며 교만하며 비방하며 부모를 거역하며 감사하지 아니하며 거룩하지 아니하며
3 무정하며 원통함을 풀지 아니하며 모함하며 절제하지 못하며 사나우며 선한 것을 좋아하지 아니하며 ^{딤1:8}
4 배신하며 조급하며 자만하며 쾌락을 사랑하기를 하나님 사랑하는 것보다 더하며
5 경건의 모양은 있으나 경건의 능력은 부인하니 이같은 자들에게서 네가 돌아서라
6 그들 중에 남의 집에 가만히 들어가 어리석은 여자를 유인하는 자들이 있으니 그 여자는 죄를 중히 지고 여러 가지 욕심에 끌린 바 되어
7 항상 배우나 끝내 진리의 지식에 이를

ㄱ. 민 16:5 ㄴ. 사 26:13

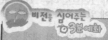

비전을 심어주는
3분예화

마지막 기회

R. A. 토레이 목사가 전도 집회를 할 때, 그 집회를 돕던 한 성도가 식당에서 식사를 하게 되었어요. 그는 음식을 가져다 주는 웨이터에게 전도하고 싶은 생각이 들었지만, '나 같은 게 무슬…' 하며 쑥스럽게 생각하여 전도하지 못한 채 식사를 마쳤습니다.

그는 식당을 나오자니 왠지 마음이 개운치 않아 다시 들어가, 그 웨이터를 만나게 해달라고 부탁했어요. 그러자 주인은 침통한 표정을 지으며 말했답니다.

"손님, 그 웨이터는 손님에게 음식을 가져다 준 후에 이층으로 올라가서 자살하고 말았습니다."

전도의 기회가 내일이면 없어질 수도 있어요. 기회를 놓치면 그 기회는 영원히 돌아오지 않으요. 지금 당신 앞에서 마지막 기회를 보내는 사람들이 있을지도 모릅니다.

3 장 에는 무엇이 기록되어 있을까?

바울은 3장에서 마지막 때에 있을 열아홉 가지 죄의 유형을 말하고 있어요. 이것은 복음의 사역자에게는 반드시 고난이 뒤따라온다는 것을 말해 주기 위함이에요. 즉 마지막 때가 가까울수록 핍박과 고난은 심해지지만, 사명을 받은 자는 그것에 상관하지 말고 자신의 길을 달려가야 한다는 것이에요.

수 없느니라

8 얀네와 얌브레가 모세를 대적한 것 같이 그들도 진리를 대적하니 이 사람들은 그 마음이 부패한 자요 믿음에 관하여는 버림 받은 자들이라

9 그러나 그들은 더 나아가지 못할 것은 저 두 사람의 된 것과 같이 그들의 어리석음이 드러날 것임이라 _{출 8:18}

10 나의 교훈과 행실과 의향과 믿음과 오래 참음과 사랑과 인내와

11 박해를 받음과 고난과 또한 안디옥과 이고니온과 루스드라에서 당한 일과 어떠한 박해를 받은 것을 네가 과연 보고 알았거니와 주께서 이 모든 것 가운데서 나를 건지셨느니라

12 무릇 그리스도 예수 안에서 경건하게 살고자 하는 자는 박해를 받으리라

13 악한 사람들과 속이는 자들은 더욱 악하여져서 속이기도 하고 속기도 하려니와

14 그러나 너는 배우고 확신한 일에 거하라 너는 네가 누구에게서 배운 것을 알며

15 또 어려서부터 성경을 알았나니 성경은 능히 너로 하여금 그리스도 예수 안에 있는 믿음으로 말미암아 구원에 이르는 지혜가 있게 하느니라

16 모든 성경은 하나님의¹⁾감동으로 된 것으로 교훈과 책망과 바르게 함과 의로²⁾교육하기에 유익하니 _{암송}

17 이는 하나님의 사람으로 온전하게 하며 모든 선한 일을 행할 능력을 갖추게 하려 함이라

4 하나님 앞과 살아 있는 자와 죽은 자를 심판하실 그리스도 예수 앞에서 그가 나타나실 것과 그의 나라를 두고 엄히 명하노니

2 너는 말씀을 전파하라 때를 얻든지 못 얻든지 항상 힘쓰라 범사에 오래 참음과 가르침으로 경책하며 경계하며 권하라 _{암송}

3 때가 이르리니 사람이 ³⁾바른 교훈을 받지 아니하며 귀가 가려워서 자기의

사욕을 따를 스승을 많이 두고 _{1:10}

4 또 그 귀를 진리에서 돌이켜 허탄한 이야기를 따르리라 _{1:4}

5 그러나 너는 모든 일에 신중하여 고난을 받으며 전도자의 일을 하며 네 직무를 다하라

6 전제와 같이 내가 벌써 부어지고 나의 떠날 시각이 가까웠도다

7 나는 선한 싸움을 싸우고 나의 달려갈 길을 마치고 믿음을 지켰으니 _{빌 3:12-14}

8 이제 후로는 나를 위하여 의의 면류관이 예비되었으므로 주 곧 의로우신 재판장이 그 날에 내게 주실 것이며 내게만 아니라 주의 나타나심을 사모하는 모든 자에게도니라

바나로운 부탁

9 ●너는 어서 속히 내게로 오라

10 데마는 이 세상을 사랑하여 나를 버리고 데살로니가로 갔고 그레스게는 갈라디아로, 디도는 달마디아로 갔고

11 누가만 나와 함께 있느니라 네가 올 때에 마가를 데리고 오라 그가 나의 일에 유익하니라

12 두기고는 에베소로 보내었노라

13 네가 올 때에 내가 드로아 가보의 집에 둔 겉옷을 가지고 오고 또 책은 특별히 가죽 종이에 쓴 것을 가져오라

14 구리 세공업자 알렉산더가 내게 해를 많이 입혔으매 주께서 그 행한 대로 그에게 갚으시리니

15 너도 그를 주의하라 그가 우리 말을 심히 대적하였느니라

16 내가 처음 변명할 때에 나와 함께 한

4장에는 무엇이 기록되어 있을까?

자신이 죽을 것을 짐작한 바울은 유언을 대신하여 디모데에게 당부를 했어요. 바울은 모든 환경을 뛰어넘어 하나님의 복음을 전하는 것보다 더 중요한 것이 없다고 강조했지요. 바울 자신이 철저히 복음 전도자로서의 삶을 살아왔기 때문에, 믿음의 아들인 디모데에게 그만큼 강력하게 당부할 수 있었답니다.

자가 하나도 없고 다 나를 버렸으나 그들에게 허물을 돌리지 않기를 원하노라

17 주께서 내 곁에 서서 나에게 힘을 주심은 나로 말미암아 선포된 말씀이 온전히 전파되어 모든 이방인이 듣게 하려 하심이니 내가 사자의 입에서 건짐을 받았느니라

18 주께서 나를 모든 악한 일에서 건져내시고 또 그의 천국에 들어가도록 구원하시리니 그에게 영광이 세세무궁토록 있을지어다 아멘

끝 인사

19 ●브리스가와 아굴라와 및 오네시보로의 집에 문안하라

20 에라스도는 고린도에 머물러 있고 드로비모는 병들어서 밀레도에 두었노니

21 너는 겨울 전에 어서 오라 으블로와 부데와 리노와 글라우디아와 모든 형제가 다 네게 문안하느니라 〔딛 4:9〕

22 ●나는 주께서 네 심령에 함께 계시기를 바라노니 은혜가 너희와 함께 있을지어다 〔갈 6:18〕

선생님!! 궁금해요

성경이 뭐예요?
왜 사람들이 특별한 책이라고 말하죠?

성경은 보통 책과는 너무나 다른 책이랍니다. 신·구약 성경 66권은 지옥으로 갈 수밖에 없는 사람들을 구원의 길로 이끌어주거든요.

성경책은 성령의 감동으로 기록된 생명의 책이에요. 도둑이나 강도가 되어 나쁜 짓만 하다가 성경을 읽고 변화되어 새로운 삶을 살아가는 사람도 많이 있고, 낙심한 사람들은 성경 말씀을 읽다가 용기를 얻지요. 성경 말씀을 읽고 듣다가 병이 낫는 기적도 일어난답니다. 남에게 받기만 좋아하고 잘 싸우던 욕심쟁이 아저씨가 성경을 읽고 변화되어 나누어주는 새 사람이 된 경우도 있어요.

이처럼 성경은 이 세상의 그 어떤 책보다도 귀중한 책이며, 하나님께서 인간에게 내려주신 최고의 선물이에요. 그런 귀한 선물을 우리도 열심히 봐야겠지요?

3장 15-16절

디도서

이 책은 사도 바울이 기록했어요. 디도서는 디모데전·후서와 함께 '목회 서신'이라고 불린답니다. 디도는 바울의 '믿음의 아들'(1:4)로서, 헬라인이었지만 예수님을 믿고 2차 전도 여행에서 바울을 도와준 신실한 하나님의 종이었어요.

🌸 언제, 왜, 누구를 위하여 쓰나요?

이 책을 기록할 때는 A.D. 63~65년경이라고 해요. 디도는 어려운 상황에 있는 그레데 교회에서 목회했어요. 바울은 자신의 동역자인 디도에게 목회 사역의 지침을 가르쳐주기 위해 이 편지를 썼답니다.

🌸 어떤 내용인가요?

바울은 디도에게 교회를 어지럽히는 거짓 교사를 물리치고 교회의 질서를 바로잡도록 가르치고 있어요. 또 성도의 개인 생활과 성도 간의 바른 관계에 대해서도 교훈하고 있지요.

인사

1 하나님의 종이요 예수 그리스도의 사도인 나 바울이 사도 된 것은 하나님이 택하신 자들의 믿음과 경건함에 속한 진리의 지식과

2 영생의 소망을 위함이라 이 영생은 거짓이 없으신 하나님이 영원 전부터 약속하신 것인데

3 자기 때에 자기의 말씀을 전도로 나타내셨으니 이 전도는 우리 구주 하나님이 명하신 대로 내게 맡기신 것이라 《딤전 2:4》

4 같은 믿음을 따라 나의 참 아들 된 디도에게 편지하노니 하나님 아버지와 그리스도 예수 우리 구주로부터 은혜와 평강이 네게 있을지어다

1 에는 무엇이 기록되어 있을까?

바울이 편지 첫머리에 하나님이 택하신 사도임을 강조한 것은, 자신의 편지가 하나님의 뜻으로 쓰인 것임을 해두기 위해서였어요. 이어 나오는 장로와 감독의 자격에 대한 이야기도 이와 같은 맥락에서 이해할 수 있지요. 바울은 그레데 교회를 바로잡기 위해 디도에게 장로를 세우라고 말했던 거예요.

그레데에서 해야 할 디도의 사역
— A.D. 65년경

5 내가 너를 그레데에 남겨 둔 이유는 남은 일을 정리하고 내가 명한 대로 각 성에 장로들을 세우게 하려 함이니

6 책망할 것이 없고 한 아내의 남편이며 방탕하다는 비난을 받거나 불순종하는 일이 없는 믿는 자녀를 둔 자라야 할지라

7 감독은 하나님의 청지기로서 책망할 것이 없고 제 고집대로 하지 아니하며 급히 분내지 아니하며 술을 즐기지 아니하며 구타하지 아니하며 더러운 이득을 탐하지 아니하며

8 오직 나그네를 대접하며 선행을 좋아하며 신중하며 의로우며 거룩하며 절제하며 《딤후 3:3》

9 미쁜 말씀의 가르침을 그대로 지켜야 하리니 이는 능히 [1]바른 교훈으로 권면하고 거슬러 말하는 자들을 책망하게 하려 함이라

10 불순종하고 헛된 말을 하며 속이는 자가 많은 중 할례파 가운데 특히 그러하니

1) 헬, 건전한

11 그들의 입을 막을 것이라 이런 자들이 더러운 이득을 취하려고 마땅하지 아니한 것을 가르쳐 가정들을 온통 무너뜨리는도다

12 그레데인 중의 어떤 선지자가 말하되 그레데인들은 항상 거짓말쟁이며 악한 짐승이며 배만 위하는 게으름뱅이라 하니

13 이 증언이 참되도다 그러므로 네가 그들을 엄히 꾸짖으라 이는 그들로 하여금 믿음을 1)온전하게 하고

14 유대인의 허탄한 이야기와 진리를 배반하는 사람들의 명령을 따르지 않게 하려 함이라

15 깨끗한 자들에게는 모든 것이 깨끗하나 더럽고 믿지 아니하는 자들에게는 아무 것도 깨끗한 것이 없고 오직 그들의 마음과 양심이 더러운지라

16 그들이 하나님을 시인하나 행위로는 부인하니 가증한 자요 복종하지 아니하는 자요 모든 선한 일을 버리는 자니라

교훈에 합당한 말 — A.D. 65년경

2 오직 너는 2)바른 교훈에 합당한 것을 말하여

2 늙은 남자로는 절제하며 경건하며 신중하며 믿음과 사랑과 인내함에 1)온전하게 하고

3 늙은 여자로는 이와 같이 행실이 거룩하며 모함하지 말며 많은 술의 종이 되지 아니하며 선한 것을 가르치는 자들이 되고

4 그들로 젊은 여자들을 교훈하되 그 남편과 자녀를 사랑하며

5 신중하며 순전하며 집안 일을 하며 선하며 자기 남편에게 복종하게 하라 이는 하나님의 말씀이 비방을 받지 않게 하려 함이라

6 너는 이와 같이 젊은 남자들을 신중하도록 권면하되

7 범사에 네 자신이 선한 일의 본을 보이며 교훈에 부패하지 아니함과 단정함과

8 책망할 것이 없는 2)바른 말을 하게 하라 이는 대적하는 자로 하여금 부끄러워할 것이 없게 하려 함이라

9 종들은 자기 상전들에게 범사에 순종하여 기쁘게 하고 거슬러 말하지 말며

10 훔치지 말고 오히려 모든 참된 신실성을 나타내게 하라 이는 범사에 우리 구주 하나님의 교훈을 3)빛나게 하려 함이라

11 모든 사람에게 구원을 주시는 하나님의 은혜가 나타나

12 우리를 양육하시되 경건하지 않은 것과 이 세상 정욕을 다 버리고 신중함과 의로움과 경건함으로 이 세상에 살고

13 복스러운 소망과 우리의 크신 하나님 구주 예수 그리스도의 영광이 나타나심을 기다리게 하셨으니

14 그가 우리를 대신하여 자신을 주심은 모든 불법에서 우리를 속량하시고 우리를 깨끗하게 하사 선한 일을 열심히 하는 자기 백성이 되게 하려 하심이라

15 ●너는 이것을 말하고 권면하며 모든 권위로 책망하여 누구에게서든지 업

딛전 4:12

살후 2:8

롬 5:15

선한 일을 가르치라

2장

딛에는 무엇이 기록되어 있습니까?

바울은 디도에게 남녀노소와 종 등 다양한 계층의 신자들을 다스리는 목회의 덕목을 실제적인 가르침을 주었어요. 그러나 목회자 자신부터 경건한 삶을 실천함으로써 모범을 보이는 것이 가장 중요하다고 말했지요. 이와 반대되는 지도자는 사람들을 멸망으로 인도하는 맹인 지도자와 같을 뿐입니다.

없는 자는 교회와 나라의 지도자에게 순종하고 모든 사람과 사이좋게 지내야 합니다. 또한 교회 역시 하나의 공동체이므로 성도와 성도 사이, 성도와 목회자 사이가 화목하고 질서 있어야 하지요. 특히 바울은 이단에 대해서는 논쟁을 삼가고 한두 번 경고 후에 멀리할 것을 주의시켰답니다.

1) 헬, 건전하게 2) 헬, 건전한 3) 헬, 단장하게

신여김을 받지 말라

딤후 4:2

3 너는 그들로 하여금 통치자들과 권세 잡은 자들에게 복종하며 순종하며 모든 선한 일 행하기를 준비하게 하며

2 아무도 비방하지 말며 다투지 말며 관용하며 범사에 온유함을 모든 사람에게 나타낼 것을 기억하게 하라

3 우리도 전에는 어리석은 자요 순종하지 아니한 자요 속은 자요 여러 가지 정욕과 행락에 종 노릇 한 자요 악독과 투기를 일삼은 자요 가증스러운 자요 피차 미워한 자였으나

4 우리 구주 하나님의 자비와 사람 사랑하심이 나타날 때에

2:11

5 우리를 구원하시되 우리가 행한 바 의로운 행위로 말미암지 아니하고 오직 그의 긍휼하심을 따라 중생의 씻음과 성령의 새롭게 하심으로 하셨나니

엡 5

6 우리 구주 예수 그리스도로 말미암아 우리에게 그 성령을 풍성히 부어 주사

7 우리로 그의 은혜를 힘입어 의롭다 하심을 얻어 영생의 소망을 따라 상속자가 되게 하려 하심이라

롬 3:24

8 이 말이 미쁘도다 원하건대 너는 이 여러 것에 대하여 굳세게 말하라 이는 하나님을 믿는 자들로 하여금 조심하여 선한 일을 힘쓰게 하려 함이라 이것은 아름다우며 사람들에게 유익하니라

9 그러나 어리석은 변론과 족보 이야기와 분쟁과 율법에 대한 다툼은 피하라 이것은 무익한 것이요 헛된 것이니라

10 이단에 속한 사람을 한두 번 훈계한 후에 멀리하라

롬 16:17

11 이러한 사람은 네가 아는 바와 같이 부패하여 스스로 정죄한 자로서 죄를 짓느니라

부탁과 끝 인사

12 ●내가 아데마나 두기고를 네게 보내리니 그 때에 네가 급히 니고볼리로 내게 오라 내가 거기서 겨울을 지내기로 작정하였노라

13 율법교사 세나와 및 아볼로를 급히 먼저 보내어 그들로 부족함이 없게 하고

14 또 우리 사람들도 열매 없는 자가 되지 않게 하기 위하여 필요한 것을 준비하는 좋은 일에 힘 쓰기를 배우게 하라

15 ●나와 함께 있는 자가 다 네게 문안하니 믿음 안에서 우리를 사랑하는 자들에게 너도 문안하라 ●은혜가 너희 무리에게 있을지어다

딛

술술 풀리는 **성경 말씀**

바울의 이방인 동역자, 디도

바울에게서 이 편지를 받은 사람은 헬라인 디도예요. 그는 바울을 통해 복음이 된 최초의 이방인 사역자지요.

이방인 그리스도인들이 할례를 받아야 하는가의 문제로 예루살렘에서 사도들의 회의가 열렸을 때, 디도는 할례 받지 않은 이방인 그리스도인으로서 오직 믿음으로 구원을 얻을 수 있음을 보여주었습니다(갈 2:1-5).

이후 고린도 교회가 분열과 도덕적 타락의 문제로 어려움에 빠져 있을 때(고전 1:11;5:1) 바울은 디도를 보내 고린도 교회의 문제를 해결하도록 했어요. 디도의 노력은 많은 결실을 거두어 바울에게 큰 기쁨을 주었답니다(고후 7:6-7,13-14;8:6,16,23;12:18).

빌레몬서

이 책은 사도 바울이 기록했어요. 바울이 로마 감옥에서 쓴 것으로, 바울의 편지 중에 내용이 가장 짧지요. 빌레몬은 골로새 교회의 지도자로서 신실한 사람이었어요. 그의 아들인 아킵보 역시 교회의 지도자였답니다.

언제, 왜, 누구를 위하여 썼나요?

이 책을 기록할 때는 A.D. 60~62년경이라고 해요. 바울이 빌레몬에게 보낸 편지로, 빌레몬의 집에서 재물을 훔쳐 도망쳤던 그의 노예 오네시모가 회개하고 돌아갈 때 용서해줄 것을 부탁하기 위해 쓴 것이랍니다.

어떤 내용인가요?

이 편지는 기독교의 핵심인 사랑과 용서의 내용을 담고 있어요. 바울은 빌레몬에게 믿음 안에서 한 형제인 오네시모를 용서해줄 것을 부탁했어요.

인사

1 그리스도 예수를 위하여 갇힌 자 된 바울과 및 형제 디모데는 우리의 사랑을 받는 자요 동역자인 빌레몬과
2 자매 압비아와 우리와 함께 병사 된 아킵보와 네 집에 있는 교회에 편지하노니
3 하나님 우리 아버지와 주 예수 그리스도로부터 은혜와 평강이 너희에게 있을지어다

빌레몬의 믿음과 사랑

4 ●내가 항상 내 하나님께 감사하고 기도할 때에 너를 말함은
5 주 예수 및 모든 성도에 대한 네 사랑과 믿음이 있음을 들으니
6 이로써 네 믿음의 교제가 우리 가운데 있는 선을 알게 하고 그리스도께 이르도록 역사하느니라

△ 1:4

7 형제여 성도들의 마음이 너로 말미암아 평안함을 얻었으니 내가 너의 사랑으로 많은 기쁨과 위로를 받았노라

오네시모를 위하여 간구하다

8 ●이러므로 내가 그리스도 안에서 아주 담대하게 네게 마땅한 일로 명할 수도 있으나
9 도리어 사랑으로써 간구하노라 나이가 많은 나 바울은 지금 또 예수 그리스도를 위하여 갇힌 자 되어
10 갇힌 중에서 낳은 아들 오네시모를 위하여 네게 간구하노라
11 그가 전에는 네게 무익하였으나 이제는 나와 네게 유익하므로
12 네게 그를 돌려 보내노니 그는 내 [1]심복이라
13 그를 내게 머물러 있게 하여 내 복음을 위하여 갇힌 중에서 네 대신 나를 섬기게 하고자 하나
14 다만 네 승낙이 없이는 내가 아무 것도 하기를 원하지 아니하노니 이는 너의

1 에는 무엇이 기록되어 있을까?

바울은 빌레몬에게 도망친 종 오네시모를 용서해줄 것을 부탁했어요. 당시 로마법에서 도망친 노예는 사형을 당하게 되어 있어서 오네시모가 빌레몬에게 돌아갈 경우 그의 생명이 위태로웠어요. 그래서 바울은 오네시모를 복음의 일꾼으로 추천하여 빌레몬에게 그를 종이 아닌 형제로 받아줄 것을 부탁했습니다.

1)혈, 심장

선한 일이 억지 같이 되지 아니하고 자의로 되게 하려 함이라

15 아마 그가 잠시 떠나게 된 것은 너로 하여금 그를 영원히 두게 함이리니

16 이 후로는 종과 같이 대하지 아니하고 종 이상으로 곧 사랑 받는 형제로 둘 자라 내게 특별히 그러하거든 하물며 육신과 주 안에서 상관된 네게랴　마 23:8

17 그러므로 네가 나를 동역자로 알진대 그를 영접하기를 내게 하듯 하고

18 그가 만일 네게 불의를 하였거나 네게 빚진 것이 있으면 그것을 내 앞으로 계산하라

19 나 바울이 친필로 쓰노니 내가 갚으려니와 네가 이 외에 네 자신이 내게 빚진 것은 내가 말하지 아니하노라

20 오 형제여 나로 주 안에서 너로 말미암아 기쁨을 얻게 하고 내 마음이 그리스도 안에서 평안하게 하라

21 나는 네가 순종할 것을 확신하므로 네게 썼노니 네가 내가 말한 것보다 더 행할 줄을 아노라

22 오직 너는 나를 위하여 숙소를 마련하라 너희 기도로 내가 너희에게 나아갈 수 있기를 바라노라　빌 1:25

끝인사

23 ●그리스도 예수 안에서 나와 함께 갇힌 자 에바브라와　골 1:7

24 또한 나의 동역자 마가, 아리스다고, 데마, 누가가 문안하느니라

25 ●우리 주 예수 그리스도의 은혜가 너희 심령과 함께 있을지어다

술술 풀리는 **성경말씀**

빌레몬과 오네시모

에베소에서 바울의 전도를 받고 그리스도인이 된 빌레몬은(1:19;행 19:9~10), 골로새 교회에서 중요한 인물이었어요(1:2). 빌레몬의 노예였던 오네시모는 주인집에서 도망쳐 나와 로마까지 갔는데, 그곳에서 바울을 만나 전도를 받고 신자로 변화되었지요.

빌레몬에게서 도망쳐 나올 때 오네시모는 쓸모없는 인간이었지만, 믿음을 갖고 나서는 그의 이름 뜻대로 '쓸모 있는 사람'이 되었어요. 바울은 오네시모를 빌레몬에게 보내면서 그를 사랑으로 대할 것과 자신에게 되돌려보내 감옥 생활을 도와주게 할 것을 편지로 당부했습니다.

1장 8~22절

히브리서를 읽기 전에

이 책은 누가 기록했는지 알 수 없어요. '히브리 사람'은 이스라엘 백성과 그들의 조상을 가리키는 말이지요. 신약 성경에서 '히브리 사람'은 팔레스타인 지역에 살던 유대인들과 여러 곳에 흩어져 있던 유대인들을 가리킨답니다.

언제, 왜, 누구를 위하여 썼나요?

이 책을 기록한 때는 A.D. 64-67년경이라고 해요. 그리스도인이 된 유대인들의 흔들리는 믿음을 굳게 잡아주고 장래에 대한 소망을 주기 위해 쓴 책이에요. 또 기독교의 확실함과 위대함을 굳게 믿도록 가르치고 있답니다.

어떤 내용인가요?

구약 성경의 여러 가지 교훈을 통해 가장 뛰어나신 예수님을 보여주고 있어요. 예수님은 천사보다도, 모세보다도, 멜기세덱이나 아론보다도 더 뛰어나신 구원의 주님이시랍니다.

하나님이 아들을 통하여 말씀하시다

1 옛적에 선지자들을 통하여 여러 부분과 여러 모양으로 우리 조상들에게 말씀하신 하나님이

2 이 모든 날 마지막에는 아들을 통하여 우리에게 말씀하셨으니 이 아들을 만유의 상속자로 세우시고 또 그로 말미암아 모든 세계를 지으셨느니라 갈 4:4

3 이는 하나님의 영광의 광채시요 그 본체의 형상이시라 그의 능력의 말씀으로 만물을 붙드시며 죄를 정결하게 하는 일을 하시고 높은 곳에 계신 지극히 크신 이의 우편에 앉으셨느니라

4 그가 천사보다 훨씬 뛰어남은 그들보다 더욱 아름다운 이름을 기업으로 얻으심이니

5 하나님께서 어느 때에 천사 중 누구에게
   『너는 내 아들이라 오늘 내가 너를 낳았다
하셨으며 또 다시
   『나는 그에게 아버지가 되고 그는 내게 아들이 되리라
하셨느냐

6 또 그가 맏아들을 이끌어 세상에 다시 들어오게 하실 때에
   『하나님의 모든 천사들은 그에게 경배할지어다
말씀하시며   10:5

7 또 천사들에 관하여는
   『그는 그의 천사들을 1)바람으로, 그의 사역자들을 불꽃으로 삼으시느니라
하셨으되   신 32:43

8 아들에 관하여는
   『하나님이여 주의 보좌는 영영하며 주의 나라의 규는 공평한 규이니이다

9 주께서 의를 사랑하시고 불법을 미워하셨으니 그러므로 하나님 곧 주의 하나님이 즐거움의 기름을 주께 부어 주를 동류들보다 뛰어나게 하

1 에는 무엇이 기록되어 있을까?

답 예수 그리스도는 선지자와 천사보다 더 뛰어난 분이십니다. 천사들은 불완전한 존재로, 하나님의 말씀을 전달할 뿐이에요. 하지만 그리스도는 완전하신 분으로, '하나님의 말씀' 그 자체입니다. 유대인들은 하나님과 인간을 이어줄 수 있는 대상이 천사뿐이라고 생각했지만, 사실은 주님만이 유일한 중보자랍니다.

---

1) 또는 영들로 ㄱ. 시 2:7 ㄴ. 삼하 7:14 ㄷ. 시 97:7; 벧전 3:22
ㄹ. 시 104:4 ㅁ. 시 45:6 이하

셨도다
하였고

10 또

주여 태초에 주께서 땅의 기초를 두셨
으며 하늘도 주의 손으로 지으신 바라

11 그것들은 멸망할 것이나 오직 주는
영존할 것이요 그것들은 다 옷과 같
이 낡아지리니

12 의복처럼 갈아입을 것이요 그것들은
옷과 같이 변할 것이나 주는 여전하
여 연대가 다함이 없으리라
하였으나

13 어느 때에 천사 중 누구에게

내가 네 원수로 네 발등상이 되게 하
기까지 너는 내 우편에 앉아 있으라
하셨느냐

14 모든 천사들은 섬기는 영으로서 구원
받을 상속자들을 위하여 섬기라고 보
내심이 아니냐

큰 구원

2 그러므로 우리는 들은 것에 더욱
유념함으로 우리가 흘러 떠내려가
지 않도록 함이 마땅하니라

2 천사들을 통하여 하신 말씀이 견고하
게 되어 모든 범죄함과 순종하지 아니
함이 공정한 보응을 받았거든

3 우리가 이같이 큰 구원을 등한히 여기
면 어찌 그 보응을 피하리요 이 구원은
처음에 주로 말씀하신 바요 들은 자들
이 우리에게 확증한 바니

4 하나님도 [1]표적들과 기사들과 여러 가
지 능력과 및 자기의 뜻을 따라 성령이
나누어 주신 것으로써 그들과 함께 증

겟세마네 교회에
있는 예수님이
기도하시던 바위와
가시 면류관 장식
(2:5-10)

언하셨느니라

구원의 창시자

5 하나님이 우리가 말하는 바 장차 올
세상을 천사들에게 복종하게 하심이
아니니라

6 그러나 누구인가가 어디에서 증언하
여 이르되

사람이 무엇이기에 주께서 그를 생
각하시며 인자가 무엇이기에 주께서
그를 돌보시나이까

7 그를 [2]잠시 동안 천사보다 못하게 하
시며 영광과 존귀로 관을 씌우시며[3]

8 만물을 그 발 아래에 복종하게 하셨
느니라
하였으니 만물로 그에게 복종하게 하셨
은즉 복종하지 않은 것이 하나도 없어
야 하겠으나 지금 우리가 만물이 아직
그에게 복종하고 있는 것을 보지 못하고

9 오직 우리가 천사들보다 [2]잠시 동안
못하게 하심을 입은 자 곧 죽음의 고난
받으심으로 말미암아 영광과 존귀로
관을 쓰신 예수를 보니 이를 행하심은
하나님의 은혜로 말미암아 모든 사람
을 위하여 죽음을 맛보려 하심이라

10 그러므로 만물이 그를 위하고 또한 그
로 말미암은 이가 많은 아들들을 이끌
어 영광에 들어가게 하시는 일에 그들
의 구원의 창시자를 고난을 통하여 온
전하게 하심이 합당하도다

11 거룩하게 하시는 이와 거룩하게 함을
입은 자들이 다 한 근원에서 난지라 그

13:8

시 110:1

2 장 에는 무엇이 기록되어 있을까?

초대 교회에서는 하나님의 아들이
인간으로 이 땅에 오신 성육신 사건을 두고, 그
리스도가 천사보다 낮아진 것이 아니냐는 주장
이 나왔어요. 그러나 성육신은 죄인을 구원하시
기 위해 그리스도께서 자발적으로 순종하신 것
으로, 하나님의 뜻을 성취하기 위해 잠시 동안
낮아지신 것이랍니다.

1) 또는 이적 2) 또는 조금 3) 어떤 사본에, 7절 끝에 '또한 주의 손
으로 만드신 것 위에 그를 세우시고'가 있음 ㄱ. 시 102:25 이하
ㄴ. 시 110:1 ㄷ. 시 8:4 이하

러므로 형제라 부르시기를 부끄러워하지 아니하시고

12 이르시되

ᄀ내가 주의 이름을 내 형제들에게 선포하고 내가 주를 교회 중에서 찬송하리라

하셨으며

13 또 다시

ᄂ내가 그를 의지하리라

하시고 또 다시

ᄃ볼지어다 나와 및 하나님께서 내게 주신 자녀라

하셨으니   ᄅ 10:29

14 자녀들은 혈과 육에 속하였으매 그도 또한 같은 모양으로 혈과 육을 함께 지니심은 죽음을 통하여 죽음의 세력을 잡은 자 곧 마귀를 멸하시며

15 또 죽기를 무서워하므로 한평생 매여 종 노릇 하는 모든 자들을 놓아 주려 하심이니

16 이는 확실히 천사들을 붙들어 주려 하심이 아니요 오직 아브라함의ᄇ자손을 붙들어 주려 하심이라

17 그러므로 그가 범사에 형제들과 같이 되심이 마땅하도다 이는 하나님의 일에 자비하고 신실한 대제사장이 되어 백성의 죄를 속량하려 하심이라

18 그가 시험을 받아 고난을 당하셨은즉 시험 받는 자들을 능히 도우실 수 있느니라 **할송**

하나님이 주시는 안식

3 그러므로 함께 하늘의 부르심을 받은 거룩한 형제들아 우리가 믿는

도리의 사도이시며 대제사장이신 예수를 깊이 생각하라

2 그는 자기를 세우신 이에게 신실하시기를 모세가 하나님의 온 집에서 한 것과 같이 하셨으니

3 그는 모세보다 더욱 영광을 받을 만한 것이 마치 집 지은 자가 그 집보다 더욱 존귀함 같으니라

4 집마다 지은 이가 있으니 만물을 지으신 이는 하나님이시라

5 또한 모세는 장래에 말할 것을 증언하기 위하여 하나님의 온 집에서 종으로서 신실하였고

6 그리스도는 하나님의 집을 맡은 아들로서 그와 같이 하셨으니 우리가 소망의 확신과 자랑을 끝까지 굳게 잡고 있으면 우리는 그의 집이라

7 그러므로 성령이 이르신 바와 같이

ᄀ오늘 너희가 그의 음성을 듣거든

8 광야에서 시험하던 날에 거역하던 것 같이 너희 마음을 완고하게 하지 말라

9 거기서 너희 열조가 나를 시험하여 증험하고 사십 년 동안 나의 행사를 보았느니라

10 그러므로 내가 이 세대에게 노하여

1)욀, 씨 ᄀ.시 22:22 ᄂ.사 8:17 ᄃ.사 8:18 ᄅ.시 95:7 이하

술술 풀리는 **성경 말씀**

광야의 이스라엘 백성처럼 되지 말라

본문은 옛날 이스라엘 백성들이 광야에서 저질렀던 것과 똑같은 잘못을 저지르지 말라는 경고의 말씀이에요. 이스라엘 백성들은 하나님의 구원하심에도 불구하고, 불평만 늘어놓고 우상 숭배에 빠졌고요.

그들은 하나님의 음성을 듣지 않았고(3:8), 악한 마음을 품었으며(3:12), 살아 계신 하나님에게서 떨어졌고(3:12), 유혹에 빠져 죄를 지었어요(3:13,17), 또한 처음 시작한 것을 끝까지 붙잡지 못했고요(3:14), 하나님을 분노하시게 하였으며(3:16), 순종하지도 않았지요(3:18). 만약 우리가 그들과 똑같은 실수를 저지른다면, 우리도 하나님의 안식에 들어가지 못하게 된답니다(3:19~4:1). **3장 7절~4장 1절**

3 에는 무엇이 기록되어 있을까?

3~4장에서는 그리스도를 모세와 비교하고 있어요. 모세는 하나님을 만나며 율법이 적힌 돌판을 직접 받기도 했지요. 그래서 유대인들은 모세를 역사상 가장 뛰어난 인물로 존경하였어요. 그러나 그는 하나님의 아들로서 인류의 죄를 대신해 죽으신 그리스도와는 비교가 안 된답니다.

이르기를 그들이 항상 마음이 미혹되어 내 길을 알지 못하는도다 하였고

11 내가 노하여 맹세한 바와 같이 그들은 내 안식에 들어오지 못하리라 하였느니라

4:3, 5

12 형제들아 너희는 삼가 혹 너희 중에 누가 믿지 아니하는 악한 마음을 품고 살아 계신 하나님에게서 떨어질까 조심할 것이요

13 오직 오늘이라 일컫는 동안에 매일 피차 권면하여 너희 중에 누구든지 죄의 유혹으로 완고하게 되지 않도록 하라

14 우리가 시작할 때에 확신한 것을 끝까지 견고히 잡고 있으면 그리스도와 함께 참여한 자가 되리라

3:6

15 성경에 일렀으되
오늘 너희가 그의 음성을 듣거든 격노하시게 하던 것 같이 너희 마음을 완고하게 하지 말라
하였으니

16 듣고 격노하시게 하던 자가 누구냐 모세를 따라 애굽에서 나온 모든 사람이 아니냐

17 또 하나님이 사십 년 동안 누구에게 노하셨느냐 그들의 시체가 광야에 엎드러진 범죄한 자들에게가 아니냐

18 또 하나님이 누구에게 맹세하사 그의 안식에 들어오지 못하리라 하셨느냐 곧 순종하지 아니하던 자들에게가 아니냐

19 이로 보건대 그들이 믿지 아니하므로 능히 들어가지 못한 것이라

4 그러므로 우리는 두려워할지니 그의 안식에 들어갈 약속이 남아 있을지라도 너희 중에는 혹 이르지 못할 자가 있을까 함이라

2 그들과 같이 우리도 복음 전함을 받은 자이나 들은 바 그 말씀이 그들에게 유익하지 못한 것은 듣는 자가 믿음과 결

부시키지 아니함이라

3 이미 믿는 우리들은 저 안식에 들어가는도다 그가 말씀하신 바와 같으니
내가 노하여 맹세한바와 같이 그들이 내 안식에 들어오지 못하리라 하셨다
하였으나 세상을 창조할 때부터 그 일이 이루어졌느니라

3:11

4 제칠일에 관하여는 어딘가에 이렇게 일렀으되 하나님은 제칠일에 그의 모든 일을 쉬셨다 하였으며

5 또 다시 거기에 그들이 내 안식에 들어오지 못하리라 하였으니

6 그러면 거기에 들어갈 자들이 남아 있거니와 복음 전함을 먼저 받은 자들은 순종하지 아니함으로 말미암아 들어가지 못하였으므로

7 오랜 후에 다윗의 글에 다시 어느 날을 정하여 오늘이라고 미리 이같이 일렀으되
오늘 너희가 그의 음성을 듣거든 너희 마음을 완고하게 하지 말라
하였나니

시 95:7, 8

8 만일 여호수아가 그들에게 안식을 주었더라면 그 후에 다른 날을 말씀하지 아니하셨으리라

9 그런즉 안식할 때가 하나님의 백성에게 남아 있도다

10 이미 그의 안식에 들어간 자는 하나님이 자기의 일을 쉬심과 같이 그도 자기의 일을 쉬느니라

11 그러므로 우리가 저 안식에 들어가기를 힘쓸지니 이는 누구든지 저 순종하지 아니하는 본에 빠지지 않게 하려 함이라

4장 에는 무엇이 기록되어 있을까?

이스라엘 백성들은 안식처에 들어갈 약속을 받았지만, 하나님께 불순종했기 때문에 복을 누리지 못했어요. 그들이 약속의 땅 가나안을 차지하지 못했듯이 복음을 거부하는 사람은 안식처에 들어가지 못합니다. 한편, 그리스도의 신(神)적 성품에 이어, 14절-10장 18절에는 그분의 신(神)적 사역이 소개됩니다.

---

1) 헬, 예수 ㄱ.시 95:7 ㄴ.시 95:11 ㄷ.창 2:2 ㄹ.시 95:11 시 95:7

완고(3:15) 성질이 검질기게 굳고 고집이 셈.

12 하나님의 말씀은 살아 있고 활력이 있어 좌우에 날선 어떤 검보다도 예리하여 혼과 영과 및 관절과 골수를 찔러 쪼개기까지 하며 또 마음의 생각과 뜻을 판단하나니 {암송}

13 지으신 것이 하나도 그 앞에 나타나지 않음이 없고 우리의 결산을 받으실 이의 눈 앞에 만물이 벌거벗은 것 같이 드러나느니라

큰 대제사장이신 예수

14 ● 그러므로 우리에게 큰 대제사장이 계시니 승천하신 이 곧 하나님의 아들 예수시라 우리가 믿는 도리를 굳게 잡을지어다

15 우리에게 있는 대제사장은 우리의 연약함을 동정하지 못하실 이가 아니요 모든 일에 우리와 똑같이 시험을 받으신 이로되 죄는 없으시니라 {암송}

16 그러므로 우리는 긍휼하심을 받고 때를 따라 돕는 은혜를 얻기 위하여 은혜의 보좌 앞에 담대히 나아갈 것이니라

5 대제사장마다 사람 가운데서 택한 자이므로 하나님께 속한 일에 사람을 위하여 예물과 속죄하는 제사를 드리게 하나니

2 그가 무식하고 미혹된 자를 능히 용납할 수 있는 것은 자기도 연약에 휩싸여 있음이라

3 그러므로 백성을 위하여 속죄제를 드림과 같이 또한 자신을 위하여도 드리는 것이 마땅하니라 {7:27}

4 이 존귀는 아무도 스스로 취하지 못하고 오직 아론과 같이 하나님의 부르심을 받은 자라야 할 것이니라 {대하 26:18}

5 또한 이와 같이 그리스도께서 대제사장 되심도 스스로 영광을 취하심이 아니요 오직 말씀하신 이가 그에게 이르시되
  너는 내 아들이니 내가 오늘 너를 낳았다
하셨고 {시 2:7}

6 또한 이와 같이 다른 데서 말씀하시되
  네가 영원히 멜기세덱의 반차를 따르는 제사장이라
하셨으니 {7:17}

7 그는 육체에 계실 때에 자기를 죽음에서 능히 구원하실 이에게 심한 통곡과 눈물로 간구와 소원을 올렸고 그의 경건하심으로 말미암아 들으심을 얻었느니라

8 그가 아들이시면서도 받으신 고난으로 순종함을 배워서 {빌 2:8}

9 온전하게 되셨은즉 자기에게 순종하는 모든 자에게 영원한 구원의 근원이 되시고 {2:10}

10 하나님께 멜기세덱의 반차를 따른 대제사장이라 칭하심을 받으셨느니라

변절을 경계하다

11 ● 멜기세덱에 관하여는 우리가 할 말이 많으나 너희가 듣는 것이 둔하므로 설명하기 어려우니라

12 때가 오래 되었으므로 너희가 마땅히 선생이 되었을 터인데 너희가 다시 하나님의 말씀의 초보에 대하여 누구에게서 가르침을 받아야 할 처지이니 단단한 음식은 못 먹고 젖이나 먹어야 할 자가 되었도다

ㄱ. 시 2:7 ㄴ. 시 110:4

예수님과 구약의 대제사장 비교(5, 10장)

대제사장	예수님
하나님이 부르심(5:4)	하나님이 부르심(5:4)
백성을 위해 제사를 드림(5:1,3) 예물을 드림(5:3)	자신이 친히 제물이 되심(10:10)
매일, 자주 드림(10:11)	단 한 번 드림(10:12)
죄를 완전히 속하지 못하는 불완전한 제사(10:11)	죄를 완전히 속하는 영원하고 완전한 제사를 드림(10:12)
연약하여 자신을 위해서도 속죄제를 드리는 불완전한 제사장(5:3)	완전한 제사장
아론의 반차(5:4)	멜기세덱의 반차(5:10)

5 예는 무엇이 기록되어 있을까? — 구약의 제사장과 그리스도의 공통점은, 하나님과 인간을 잇는 중보자이며 기름부음 받은 자로 하나님의 권위를 가졌다는 점이지요. 그러나 그리스도는 불완전한 제사장들과는 달리 아론의 계보를 잇는 지상의 제사장이 아니라 멜기세덱의 계보를 잇는 영원한 대제사장이셨어요.

13 이는 젖을 먹는 자마다 어린 아이니 의의 말씀을 경험하지 못한 자요

요 3:1

14 단단한 음식은 장성한 자의 것이니 그들은 지각을 사용함으로 연단을 받아 선악을 분별하는 자들이니라

6 그러므로 우리가 그리스도의 ¹⁾도의 초보를 버리고 죽은 행실을 회개함과 하나님께 대한 신앙과

2 ²⁾세례들과 안수와 죽은 자의 부활과 영원한 심판에 관한 교훈의 터를 다시 닦지 말고 완전한 데로 나아갈지니라

3 하나님께서 허락하시면 우리가 이것을 하리라

행 18:21

4 한 번 빛을 받고 하늘의 은사를 맛보고 성령에 참여한 바 되고

5 하나님의 ³⁾선한 말씀과 내세의 능력을 맛보고도

6 타락한 자들은 다시 새롭게 하여 회개하게 할 수 없나니 이는 그들이 하나님의 아들을 다시 십자가에 못 박아 드러내 놓고 욕되게 함이라

7 땅이 그 위에 자주 내리는 비를 흡수하여 밭 가는 자들이 쓰기에 합당한 채소를 내면 하나님께 복을 받고

8 만일 가시와 엉겅퀴를 내면 버림을 당하고 저주함에 가까워 그 마지막은 불사름이 되리라

9 ●사랑하는 자들아 우리가 이같이 말하나 너희에게는 이보다 더 좋은 것 곧 구원에 속한 것이 있음을 확신하노라

10 하나님은 불의하지 아니하사 너희 행위와 그의 이름을 위하여 나타낸 사랑으로 이미 성도를 섬긴 것과 이제도 섬기고 있는 것을 잊어버리지 아니하시느니라

11 우리가 간절히 원하는 것은 너희 각 사람이 동일한 부지런함을 나타내어 끝까지 소망의 풍성함에 이르러

골 2:2

12 게으르지 아니하고 믿음과 오래 참음으로 말미암아 약속들을 기업으로 받는 자들을 본받는 자 되게 하려는 것이니라

하나님의 확실한 약속

13 ●하나님이 아브라함에게 약속하실 때에 가리켜 맹세할 자가 자기보다 더 큰 이가 없으므로 자기를 가리켜 맹세하여

14 이르시되 내가 반드시 너에게 복 주고 복 주며 너를 번성하게 하고 번성하게 하리라 하셨더니

15 그가 이같이 오래 참아 약속을 받았느니라

16 사람들은 자기보다 더 큰 자를 가리켜 맹세하나니 맹세는 그들이 다투는 모든 일의 최후 확정이니라

17 하나님은 약속을 기업으로 받는 자들에게 그 뜻이 변하지 아니함을 충분히 나타내시려고 그 일을 맹세로 보증하셨나니

18 이는 하나님이 거짓말을 하실 수 없는 이 두 가지 변하지 못할 사실로 말미암아 앞에 있는 소망을 얻으려고 피난처를 찾은 우리에게 큰 안위를 받게 하려 하심이라

19 우리가 이 소망을 가지고 있는 것은 영혼의 닻 같아서 튼튼하고 견고하여 휘장 안에 들어가나니

20 그리로 앞서 가신 예수께서 멜기세덱의 반차를 따라 영원히 대제사장이 되어

1) 또는 말씀 2) 헬, 또는 침례 3) 또는 말씀의 선하심과 ㄱ. 창 22:16

우리를 위하여 들어 가셨느니라 4:14

멜기세덱

7 이 멜기세덱은 살렘 왕이요 지극히 높으신 하나님의 제사장이라 여러 왕을 쳐서 죽이고 돌아오는 아브라함을 만나 복을 빈 자라

2 아브라함이 모든 것의 십분의 일을 그에게 나누어 주니라 그 이름을 해석하면 먼저는 의의 왕이요 그 다음은 살렘 왕이니 곧 평강의 왕이요

3 아버지도 없고 어머니도 없고 족보도 없고 시작한 날도 없고 생명의 끝도 없어 하나님의 아들과 닮아서 항상 제사장으로 있느니라

4 ●이 사람이 얼마나 높은가를 생각해보라 조상 아브라함도 노략물 중 십분의 일을 그에게 주었느니라

5 레위의 아들들 가운데 제사장의 직분을 받은 자들은 율법을 따라 아브라함의 허리에서 난 자라도 자기 형제인 백성에게서 십분의 일을 취하라는 명령을 받았으나

6 레위 족보에 들지 아니한 멜기세덱은 아브라함에게서 십분의 일을 취하고 약속을 받은 그를 위하여 복을 빌었나니

7 논란의 여지 없이 낮은 자가 높은 자에게서 축복을 받느니라

8 또 여기는 죽을 자들이 십분의 일을 받으나 저기는 산다고 증거를 얻은 자가 받았느니라

9 또한 십분의 일을 받는 레위도 아브라함으로 말미암아 십분의 일을 바쳤다고 할 수 있나니

10 이는 멜기세덱이 아브라함을 만날 때에 레위는 이미 자기 조상의 허리에 있었음이라

11 ●레위 계통의 제사 직분으로 말미암아 온전함을 얻을 수 있었으면 (백성이 그 아래에서 율법을 받았으니) 어찌하여 아론의 반차를 따르지 않고 멜기세덱의 반차를 따르는 다른 한 제사장을 세울 필요가 있느냐 8:7

12 제사 직분이 바꾸어졌은즉 율법도 반드시 바꾸어지리니

13 이것은 한 사람도 제단 일을 받들지 않는 다른 지파에 속한 자를 가리켜 말한 것이라

14 우리 주께서는 유다로부터 나신 것이 분명하도다 이 지파에는 모세가 제사장들에 관하여 말한 것이 하나도 없고

15 멜기세덱과 같은 별다른 한 제사장이 일어난 것을 보니 더욱 분명하도다

16 그는 육신에 속한 한 계명의 법을 따르지 아니하고 오직 불멸의 생명의 능력을 따라 되었으니

17 증언하기를 ㄱ네가 영원히 멜기세덱의 반차를 따르는 제사장이라 하였도다

18 전에 있던 계명은 연약하고 무익하므로 폐하고

ㄱ. 시 110:4

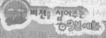

비전을 심어주는 **6컷 예화**

눈물 나눔 사랑

어떤 청년이 교통사고로 두 눈을 잃게 되었어요. 의사가 한 쪽 눈은 볼 수 있을 것이라고 말해주어, 청년은 그나마 볼 수 있다는 것을 다행으로 생각했습니다.

수술 후 붕대를 풀 때, 그는 침대 옆에 계신 어머니의 모습을 희미하게 바라볼 수 있었어요. 그런데 어머니는 한쪽 눈을 붕대로 감고 있는 것이었어요. 청년은 곧 어머니의 한쪽 눈이 자신의 눈에 이식된 것을 알게 되었지요. 청년의 두 눈에는 어느새 눈물이 고였어요.

예수님은 우리를 위해 눈뿐만 아니라 온 몸을 주셨어요. 그분은 피와 물을 모두 쏟아내시기까지 우리에게 모든 것을 주셨답니다.

7 장에는 무엇이 기록되어 있을까?

7장에서는 그리스도의 제사장직을 강조하기 위해 멜기세덱의 사역과 인물됨을 소개하고 있어요. 아브라함은 전쟁에서 얻은 물건 중 십분의 일을 멜기세덱에게 주어 축복을 받았는데, 이는 레위 족속이 제사장이 되었을 때보다 훨씬 앞서 있었던 일이지요. 이로써 멜기세덱 제사장직의 우월성을 밝히고 있답니다.

9 (율법은 아무 것도 온전하게 못할지라)
이에 더 좋은 소망이 생기니 이것으로
우리가 하나님께 가까이 가느니라

20 또 예수께서 제사장이 되신 것은 맹세
없이 된 것이 아니니

21 (그들은 맹세 없이 제사장이 되었으되
오직 예수는 자기에게 말씀하신 이로
말미암아 맹세로 되신 것이라 주께서
맹세하시고 뉘우치지 아니하시리니
네가 영원히 제사장이라 하셨도다)

22 이와 같이 예수는 더 좋은 언약의 보증
이 되셨느니라   8:6

23 제사장 된 그들의 수효가 많은 것은 죽
음으로 말미암아 항상 있지 못함이로되

24 예수는 영원히 계시므로 그 제사장 직
분도 갈리지 아니하느니라

25 그러므로 자기를 힘입어 하나님께 나
아가는 자들을 온전히 구원하실 수 있
으니 이는 그가 항상 살아 계셔서 그들
을 위하여 간구하심이라   얄송

26 ●이러한 대제사장은 우리에게 합당
하니 거룩하고 악이 없고 더러움이 없
고 죄인에게서 떠나 계시고 하늘보다
높이 되신 이라

27 그는 저 대제사장들이 먼저 자기 죄를
위하고 다음에 백성의 죄를 위하여 날
마다 제사 드리는 것과 같이 할 필요가
없으니 이는 그가 단번에 자기를 드려
이루셨음이라

28 율법은 약점을 가진 사람들을 제사장
으로 세웠거니와 율법 후에 하신 맹세
의 말씀은 영원히 온전하게 되신 아들
을 세우셨느니라   5:2

내 언약의 대제사장—A.D. 64년경

8 지금 우리가 하는 말의 요점은 이
러한 대제사장이 우리에게 있다는
것이라 그는 하늘에서 지극히 크신 이
의 보좌 우편에 앉으셨으니

2 성소와 참 장막에서 섬기는 이시라 이
장막은 주께서 세우신 것이요 사람이
세운 것이 아니니라

3 대제사장마다 예물과 제사 드림을 위
하여 세운 자니 그러므로 그도 무엇인
가 드릴 것이 있어야 할지니라

4 예수께서 만일 땅에 계셨더라면 제사장
이 되지 아니하셨을 것이니 이는 율법을
따라 예물을 드리는 제사장이 있음이라

5 그들이 섬기는 것은 하늘에 있는 것의
모형과 그림자라 모세가 장막을 지으
려 할 때에 지시하심을 얻음과 같으니
이르되 삼가 모든 것을 산에서 네게
보이던 본을 따라 지으라 하셨느니라

6 그러나 이제 그는 더 아름다운 직분을
얻으셨으니 그는 더 좋은 약속으로 세
우신 더 좋은 언약의 중보자시라

7 저 첫 언약이 무흠하였더라면 둘째 것
을 요구할 일이 있었으려니와

8 그들의 잘못을 지적하여 말씀하시되
ㄷ주께서 이르시되 볼지어다 날이 이
르리니 내가 이스라엘 집과 유다 집
과 더불어 새 언약을 맺으리라

9 또 주께서 이르시기를 이 언약은 내
가 그들의 열조의 손을 잡고 애굽 땅
에서 인도하여 내던 날에 그들과 맺
은 언약과 같지 아니하도다 그들은
내 언약 안에 머물러 있지 아니하므
로 내가 그들을 돌보지 아니하였노라

10 또 주께서 이르시되 그 날 후에 내가 이
스라엘 집과 맺을 언약은 이것이니 내
법을 그들의 생각에 두고 그들의 마음에
이것을 기록하리라 나는 그들에게 하나
님이 되고 그들은 내게 백성이 되리라

11 또 각각 자기 나라 사람과 각각 자기
형제를 가르쳐 이르기를 주를 알라

8 에는 무엇이 기록되어 있을까?

구약의 대제사장은 하나님과 모세
가 맺은 약속 안에서 여러 존재했어
요. 그들의 사역은 그리스도께서 몸소 죽으심으
로서 제사를 드린 것의 모형에 불과했지요. 그
러나 그리스도의 제사를 통해 새 약속이 맺어졌
으며, 그 자체가 완전하고 부족함 없는 희생이
므로 더 이상의 제사는 필요 없게 되었답니다.

하지 아니할 것은 그들이 작은 자로 부터 큰 자까지 다 나를 앎이라

12 내가 그들의 불의를 긍휼히 여기고 그들의 죄를 다시 기억하지 아니하리라 하셨느니라

10:17

13 새 언약이라 말씀하셨으매 첫 것은 낡아지게 하신 것이니 낡아지고 쇠하는 것은 없어져 가는 것이니라

고후 5:17

손으로 지은 성소와 온전한 성소

9 첫 언약에도 섬기는 예법과 세상에 속한 성소가 있더라

2 예비한 첫 장막이 있고 그 안에 등잔대와 상과 진설병이 있으니 이는 성소라 일컫고

3 또 둘째 휘장 뒤에 있는 장막을 지성소라 일컫나니

4 금향로와 사면을 금으로 싼 언약궤가 있고 그 안에 만나를 담은 금항아리와 아론의 싹난 지팡이와 언약의 돌판들이 있고

5 그 위에 속죄소를 덮는 영광의 그룹들이 있으니 이것들에 관하여는 이제 낱낱이 말할 수 없노라

6 이 모든 것을 이같이 예비하였으니 제사장들이 항상 첫 장막에 들어가 섬기는 예식을 행하고

7 오직 둘째 장막은 대제사장이 홀로 일 년에 한 번 들어가되 자기와 백성의 허물을 위하여 드리는 피 없이는 아니하나니

8 성령이 이로써 보이신 것은 첫 장막이 서 있을 동안에는 성소에 들어가는 길이 아직 나타나지 아니한 것이라

9 이 장막은 현재까지의 비유니 이에 따라 드리는 예물과 제사는 섬기는 자를 그 양심상 온전하게 할 수 없나니

10 이런 것은 먹고 마시는 것과 여러 가지 씻는 것과 함께 육체의 예법일 뿐이며 개혁할 때까지 맡겨 둔 것이니라

11 ●그리스도께서는 장래 좋은 일의 대제사장으로 오사 손으로 짓지 아니한 것 곧 이 창조에 속하지 아니한 더 크고 온전한 장막으로 말미암아

2:17

12 염소와 송아지의 피로 하지 아니하고 오직 자기의 피로 영원한 속죄를 이루사 단번에 성소에 들어가셨느니라

7:27

13 염소와 황소의 피와 및 암송아지의 재를 부정한 자에게 뿌려 그 육체를 정결하게 하여 거룩하게 하거든

민 19:9

14 하물며 영원하신 성령으로 말미암아 흠 없는 자기를 하나님께 드린 그리스도의 피가 어찌 너희 양심을 죽은 행실에서 깨끗하게 하고 살아 계신 하나님을 섬기게 하지 못하겠느냐

15 이로 말미암아 그는 새 언약의 중보자시니 이는 첫 언약 때에 범한 죄에서 속량하려고 죽으사 부르심을 입은 자로 하여금 영원한 기업의 약속을 얻게 하려 하심이라

16 유언은 1)유언한 자가 죽어야 되나니

17 1)유언은 그 사람이 죽은 후에야 유효한즉 1)유언한 자가 살아 있는 동안에는 효력이 없느니라

1) 헬, 언약 ㄱ. 대하 26:19; 겔 8:11

술술 풀리는 성경말씀

피흘림이 없으면 죄사함도 없나요?

거룩하고 의로우신 하나님께서는 죄를 그냥 지나치시지 않으세요. 죄에는 반드시 대가가 따라야 하는데, 그 대가란 바로 '죽음'입니다. 그러나 자비로운 신 하나님께서는 짐승으로 대신하는 '희생 제사'를 통해 인간들이 스스로 죄값을 치르지 않도록 하셨어요. 희생으로 바쳐진 짐승의 피는 인간의 생명을 대신한 죽음을 생생하게 보여주었지요.

하지만 신약 시대에 와서는 예수 그리스도께서 희생양으로서 완전한 제사를 드림으로써, 이제는 더이상 짐승의 피흘림이 필요 없게 되었답니다(7:27; 9:12-14; 10:18).

9장 12-14절

9 에는 무엇이 기록되어 있을까?

구약의 제사는 죄를 완전히 없애지 못해 불완전한 것으로, 반면에 그리스도의 제사는 단 한 번 자신을 제물로 드림으로 모든 죄를 깨끗하게 하는 완전한 것이었지요. 그러므로 그리스도의 제사장직은 구약의 제사장직과 비교할 수 없을 만큼 우월하답니다.

18 이러므로 첫 언약도 피 없이 세운 것이 아니니

19 모세가 율법대로 모든 계명을 온 백성에게 말한 후에 송아지와 염소의 피 및 물과 붉은 양털과 우슬초를 취하여 그 두루마리와 온 백성에게 뿌리며

20 이르되 "이는 하나님이 너희에게 명하신 언약의 피라 하고

21 또한 이와 같이 피를 장막과 섬기는 일에 쓰는 모든 그릇에 뿌렸느니라

22 율법을 따라 거의 모든 물건이 피로써 정결하게 되나니 피흘림이 없은즉 사함이 없느니라

그리스도의 희생으로 이루어진 속죄

23 ●그러므로 하늘에 있는 것들의 모형은 이런 것들로서 정결하게 할 필요가 있었으나 하늘에 있는 그것들은 이런 것들보다 더 좋은 제물로 할지니라

24 그리스도께서는 참 것의 그림자인 손으로 만든 성소에 들어가지 아니하시고 바로 그 하늘에 들어가사 이제 우리를 위하여 하나님 앞에 나타나시고

25 대제사장이 해마다 다른 것의 피로써 성소에 들어가는 것 같이 자주 자기를 드리려고 아니하실지니

26 그리하면 그가 세상을 창조한 때부터 자주 고난을 받았어야 할 것이로되 이제 자기를 단번에 제물로 드려 죄를 없이 하시려고 세상 끝에 나타나셨느니라

27 한 번 죽는 것은 사람에게 정해진 것이요 그 후에는 심판이 있으리니

28 이와 같이 그리스도도 많은 사람의 죄를 담당하시려고 단번에 드리신 바 되셨고 구원에 이르게 하기 위하여 죄와 상관 없이 자기를 바라는 자들에게 두 번째 나타나시리라

10 율법은 장차 올 좋은 일의 그림자일 뿐이요 참 형상이 아니므로 해

마다 늘 드리는 같은 제사로는 나아오는 자들을 언제나 온전하게 할 수 없느니라

2 그렇지 아니하면 섬기는 자들이 단번에 정결하게 되어 다시 죄를 깨닫는 일이 없으리니 어찌 제사 드리는 일을 그치지 아니하였으리요

3 그러나 이 제사들에는 해마다 죄를 기억하게 하는 것이 있나니

4 이는 황소와 염소의 피가 능히 죄를 없이 하지 못함이라

5 그러므로 주께서 세상에 임하실 때에 이르시되

하나님이 제사와 예물을 원하지 아니하시고 오직 나를 위하여 한 몸을 예비하셨도다

6 번제와 속죄제는 기뻐하지 아니하시나니

7 이에 내가 말하기를 하나님이여 보시옵소서 두루마리 책에 나를 가리켜 기록된 것과 같이 하나님의 뜻을 행하러 왔나이다

하셨느니라   렘 36:2

8 위에 말씀하시기를 주께서는 제사와 예물과 번제와 속죄제는 원하지도 아니하고 기뻐하지도 아니하신다 하셨고 (이는 다 율법을 따라 드리는 것이라)

9 그 후에 말씀하시기를 보시옵소서 내가 하나님의 뜻을 행하러 왔나이다 하셨으니 그 첫째 것을 폐하심은 둘째 것을 세우려 하심이라

10 이 뜻을 따라 예수 그리스도의 몸을 단번에 드리심으로 말미암아 우리가 거룩함을 얻었노라   요 17:19

10장에는 무엇이 기록되어 있을까?

구약의 제사는 제물의 불완전함 때문에 한계를 가질 수밖에 없었어요. 짐승의 피로 드린 구약의 제사는 죄를 완전히 없애지 못했지요. 하지만 그리스도는 완전하신 인간이시면서 동시에 신으로서 자신을 제물로 하나님께 드렸어요. 그 결과 죄의 문제가 완전히 해결되었답니다.

ㄱ. 출 24:8 ㄴ. 시 40:6 이하

우슬초(9:19) 꿀풀과에 속하는 향기로운 식물.
언약(9:20) 말로 약속하는 일, 또는 그 약속.
정결(9:23) 말쑥하고 깨끗함을 뜻함.

11 제사장마다 매일 서서 섬기며 자주 같은 제사를 드리되 이 제사는 언제나 죄를 없게 하지 못하거니와

12 오직 그리스도는 죄를 위하여 한 영원한 제사를 드리시고 하나님 우편에 앉으사

13 그 후에 자기 원수들을 자기 발등상이 되게 하실 때까지 기다리시나니

14 그가 거룩하게 된 자들을 한 번의 제사로 영원히 온전하게 하셨느니라

15 또한 성령이 우리에게 증언하시되

16 주께서 이르시되 그 날 후로는 그들과 맺을 언약이 이것이라 하시고 내 법을 그들의 마음에 두고 그들의 생각에 기록하리라 하신 후에

17 또 그들의 죄와 그들의 불법을 내가 다시 기억하지 아니하리라 하셨으니

18 이것들을 사하셨은즉 다시 죄를 위하여 제사 드릴 것이 없느니라

19 그러므로 형제들아 우리가 예수의 피를 힘입어 성소에 들어갈 담력을 얻었나니

20 그 길은 우리를 위하여 휘장 가운데로 열어 놓으신 새로운 살 길이요 휘장은 곧 그의 육체니라

21 또 하나님의 집 다스리는 큰 제사장이 계시매

22 우리가 마음에 뿌림을 받아 악한 양심으로부터 벗어나고 몸은 맑은 물로 씻음을 받았으니 참 마음과 온전한 믿음으로 하나님께 나아가자

23 또 약속하신 이는 미쁘시니 우리가 믿는 도리의 소망을 움직이지 말며 굳게 잡고

24 서로 돌아보아 사랑과 선행을 격려하며

25 모이기를 폐하는 어떤 사람들의 습관과 같이 하지 말고 오직 권하여 그 날이 가까움을 볼수록 더욱 그리하자

26 우리가 진리를 아는 지식을 받은 후 짐짓 죄를 범한즉 다시 속죄하는 제사가 없고

27 오직 무서운 마음으로 심판을 기다리는 것과 대적하는 자를 태울 맹렬한 불만 있으리라

28 모세의 법을 폐한 자도 두세 증인으로 말미암아 불쌍히 여김을 받지 못하고 죽었거든

29 하물며 하나님의 아들을 짓밟고 자기를 거룩하게 한 언약의 피를 부정한 것으로 여기고 은혜의 성령을 욕되게 하는 자가 당연히 받을 형벌은 얼마나 더 무겁겠느냐 너희는 생각하라

30 원수 갚는 것이 내게 있으니 내가 갚으리라 하시고 또 다시 주께서 그의 백성을 심판하리라 말씀하신 것을 우리가 아노니

31 살아 계신 하나님의 손에 빠져 들어가는 것이 무서울진저

32 전날에 너희가 빛을 받은 후에 고난의 큰 싸움을 견디어 낸 것을 생각하라

33 혹은 비방과 환난으로써 사람에게 구경거리가 되고 혹은 이런 형편에 있는 자들과 사귀는 자가 되었으니

34 너희가 갇힌 자를 동정하고 너희 소유

엡 2:18

5:1

시 110:1

암송

**비전을 심어주는 **
영분 예화

선교사와 빛된 생활

아프리카 오지에 선교하러 갔다가 돌아온 어떤 선교사에게 한 친구가 물었어요. "그곳 생활이 어땠나?" "그곳 원주민들은 굉장히 미개하고, 동정심이라는 것을 찾아볼 수가 없었네. 어떤 엄마는 아기가 심하게 울자 그냥 개천에 집어던져 죽게 만들었어. 또 다리가 부러진 늙은 아버지를 길가에 내버려 죽게 한 사람도 있었네."

"그럼 그들에게 어떻게 전도했나?" "전도라기보다 그냥 살았지. 울고 있는 아기는 안아서 달래주고, 다리가 부러진 사람은 치료해주고, 슬퍼하는 사람들은 보살펴주었지. 그랬더니 그들이 '이렇게 하는 이유가 뭐냐?' 라고 묻더군. 그래서 나는 복음을 전했지."

"그들이 복음을 받아들이던가?" "물론이지. 내가 그곳을 떠날 무렵에 교회가 하나 세워졌네."

1) 또는 한 제사를 드리고 영원히　ㄱ. 렘 31:33 이하　ㄴ. 신 32:35, 36

를 빼앗기는 것도 기쁘게 당한 것은 더
낫고 영구한 소유가 있는 줄 앎이라

35 그러므로 너희 담대함을 버리지 말라
이것이 큰 상을 얻게 하느니라

36 너희에게 인내가 필요함은 너희가 하
나님의 뜻을 행한 후에 약속하신 것을
받기 위함이라

37 『잠시 잠깐 후면 오실 이가 오시리니
지체하지 아니하시리라

38 나의 의인은 믿음으로 말미암아 살
리라 또한 뒤로 물러가면 내 마음이
그를 기뻐하지 아니하리라
하셨느니라

39 우리는 뒤로 물러가 멸망할 자가 아니
요 오직 영혼을 구원함에 이르는 믿음
을 가진 자니라

　믿음　·A.D. 64년경

11

믿음은 바라는 것들의 실상이요
보이지 않는 것들의 증거니 [암송]

2 선진들이 이로써 증거를 얻었느니라

3 믿음으로 모든 세계가 하나님의 말씀
으로 지어진 줄을 우리가 아나니 보이
는 것은 나타난 것으로 말미암아 된 것
이 아니니라

4 믿음으로 아벨은 가인보다 더 나은 제
사를 하나님께 드림으로 의로운 자라
하시는 증거를 얻었으니 하나님이 그
예물에 대하여 증언하심이라 그가 죽었
으나 그 믿음으로써 지금도 말하느니라

5 믿음으로 에녹은 죽음을 보지 않고 옮
겨졌으니 하나님이 그를 옮기심으로
다시 보이지 아니하였느니라 그는 옮
겨지기 전에 하나님을 기쁘시게 하는

노아의 방주가 안착한 아라랏 산의
방주터(11:7)

자라 하는 증거를 받았느니라

6 믿음이 없이는 하나님을 기쁘시게 하
지 못하나니 하나님께 나아가는 자는
반드시 그가 계신 것과 또한 그가 자기
를 찾는 자들에게 상 주시는 이심을 믿
어야 할지니라 [암송]

7 믿음으로 노아는 아직 보이지 않는 일
에 경고하심을 받아 경외함으로 방주
를 준비하여 그 집을 구원하였으니 이
로 말미암아 세상을 정죄하여 믿음을
따르는 의의 상속자가 되었느니라

8 믿음으로 아브라함은 부르심을 받았
을 때에 순종하여 장래의 유업으로 받
을 땅에 나아갈새 갈 바를 알지 못하고
나아갔으며

9 믿음으로 그가 이방의 땅에 있는 것 같
이 약속의 땅에 거류하여 동일한 약속
을 유업으로 함께 받은 이삭 및 야곱과
더불어 장막에 거하였으니

10 이는 그가 하나님이 계획하시고 지으
실 터가 있는 성을 바랐음이라

11 믿음으로 사라 자신도 나이가 많아 단
산하였으나 잉태할 수 있는 힘을 얻었
으니 이는 약속하신 이를 미쁘신 줄 앎
았음이라

12 이러므로 죽은 자와 같은 한 사람으로
말미암아 하늘의 허다한 별과 또 해변
의 무수한 모래와 같이 많은 후손이 생
육하였느니라

13 ●이 사람들은 다 믿음을 따라 죽었으
며 약속을 받지 못하였으되 그것들을
멀리서 보고 환영하며 또 땅에서는 외
국인과 나그네임을 증언하였으니

14 그들이 이같이 말하는 것은 자기들이

11
장　에는 무엇이 기록되어 있을까?

11장은 '믿음장'이라고도 불립니
다. 보이지 않는 대상을 믿는 것은 전적인 신뢰
가 바탕이 되어야해 하지요. 아벨과 에녹, 노아,
아브라함, 모세, 기생 라합 등 수많은 믿음의 조
상들이 하나님의 약속을 신뢰하고 인내하며 살
았답니다. 11장에서는 우리도 이들의 삶과 신앙
을 본받아 그 뒤를 따르라고 말하고 있어요.

ㄱ. 합 2:3 이하

본향 찾는 자임을 나타냄이라

15 그들이 나온 바 본향을 생각하였더라면 돌아갈 기회가 있었으려니와

16 그들이 이제는 더 나은 본향을 사모하니 곧 하늘에 있는 것이라 이러므로 하나님이 그들의 하나님이라 일컬음 받으심을 부끄러워하지 아니하시고 그들을 위하여 한 성을 예비하셨느니라

17 ●아브라함은 시험을 받을 때에 믿음으로 이삭을 드렸으니 그는 약속들을 받은 자로되 그 외아들을 드렸느니라

18 1)그에게 이미 말씀하시기를 네 2)자손이라 칭할 자는 이삭으로 말미암으리라 하셨으니

19 그가 하나님이 능히 이삭을 죽은 자 가운데서 다시 살리실 줄로 생각한지라 비유컨대 그를 죽은 자 가운데서 도로 받은 것이니라

20 믿음으로 이삭은 장차 있을 일에 대하여 야곱과 에서에게 축복하였으며

21 믿음으로 야곱은 죽을 때에 요셉의 각 아들에게 축복하고 그 지팡이 머리에 의지하여 경배하였으며 창 48:5

22 믿음으로 요셉은 임종시(臨終時)에 이스라엘 자손들이 떠날 것을 말하고 또 자기 뼈를 위하여 명하였으며

23 믿음으로 모세가 났을 때에 그 부모가 아름다운 아이임을 보고 석 달 동안 숨겨 왕의 명령을 무서워하지 아니하였으며

24 믿음으로 모세는 장성하여 바로의 공주의 아들이라 칭함 받기를 거절하고

25 도리어 하나님의 백성과 함께 고난 받기를 잠시 죄악의 낙을 누리는 것보다 더 좋아하고

26 그리스도를 위하여 받는 수모를 애굽의 모든 보화보다 더 큰 재물로 여겼으니 이는 상 주심을 바라봄이라 13:13

27 믿음으로 그는 애굽을 떠나 왕의 노함을 무서워하지 아니하고 곧 보이지 아니하는 자를 보는 것 같이 하여 참았으며

28 믿음으로 유월절과 피 뿌리는 예식을 정하였으니 이는 장자를 멸하는 자로 그들을 건드리지 않게 하려 한 것이며

29 믿음으로 그들은 홍해를 육지 같이 건넜으나 애굽 사람들은 이것을 시험하다가 빠져 죽었으며

30 믿음으로 칠 일 동안 여리고를 도니 성이 무너졌으며

31 믿음으로 기생 라합은 정탐꾼을 평안히 영접하였으므로 순종하지 아니한 자와 함께 멸망하지 아니하였도다

32 내가 무슨 말을 더 하리요 기드온, 바락, 삼손, 입다, 다윗 및 사무엘과 선지자들의 일을 말하려면 내게 시간이 부족하리로다

33 그들은 믿음으로 나라들을 이기기도 하며 의를 행하기도 하며 약속을 받기도 하며 사자들의 입을 막기도 하며

34 불의 세력을 멸하기도 하며 칼날을 피하기도 하며 연약한 가운데서 강하게 되기도 하며 전쟁에 용감하게 되어 이방 사람들의 진을 물리치기도 하며

35 여자들은 자기의 죽은 자들을 부활로 받아들이기도 하며 또 어떤 이들은 더 좋은 부활을 얻고자 하여 심한 고문을 받되 구차히 풀려나기를 원하지 아니하였으며

36 또 어떤 이들은 조롱과 채찍질뿐 아니라 결박과 옥에 갇히는 시련도 받았으며

술술 풀리는 성경 말씀

믿음의 위인들

여기에 언급된 믿음의 행적들 중 몇 가지는 특정 개인의 경험에서 그 예를 찾아볼 수 있어요. 다니엘은 "사자들의 입을 막았고"(11:33; 단 6:16-27), 사드락, 메삭, 아벳느고는 "불의 세력을 멸한" 인물들이에요(11:34; 단 3:8-30). 기드온과 300명의 군사는 "연약한 가운데서 강하게 되기도 한" 예를 보여주었지요(11:34; 삿 7:7). 또 사르밧(사렙다) 과부와 수넴 여인은 "자기들의 죽은 자를 부활로 받기도 한" 경우이며(11:35; 왕상 17:10-24; 왕하 4:8-37), "돌에 맞아 죽은" 인물로는 제사장 스가랴를 들 수 있답니다(11:37; 대하 24:20-22). 11장 32-38절

안디옥
베드로 동굴교회
(11:38)

37 돌로 치는 것과 톱으로 켜는 것과 시험과 칼로 죽임을 당하고 양과 염소의 가죽을 입고 유리하여 궁핍과 환난과 학대를 받았으니
38 (이런 사람은 세상이 감당하지 못하느니라) 그들이 광야와 산과 동굴과 토굴에 유리하였느니라
39 이 사람들은 다 믿음으로 말미암아 증거를 받았으나 약속된 것을 받지 못하였으니
40 이는 하나님이 우리를 위하여 더 좋은 것을 예비하셨은즉 우리가 아니면 그들로 온전함을 이루지 못하게 하려 하심이라

주께서 주시는 징계 — A.D. 64년경

12 이러므로 우리가 구름 같이 둘러싼 허다한 증인들이 있으니 모든 무거운 것과 얽매이기 쉬운 죄를 벗어 버리고 인내로써 우리 앞에 당한 경주를 하며
2 믿음의 주요 또 온전하게 하시는 이인 예수를 바라보자 그는 그 앞에 있는 기쁨을 위하여 십자가를 참으사 부끄러움을 개의치 아니하시더니 하나님 보좌 우편에 앉으셨느니라
3 너희가 피곤하여 낙심하지 않기 위하여 죄인들이 이같이 자기에게 거역한 일을 참으신 이를 생각하라
4 너희가 죄와 싸우되 아직 피흘리기까지는 대항하지 아니하고
5 또 아들들에게 권하는 것 같이 너희에게 권면하신 말씀도 잊었도다 일렀으되
내 아들아 주의 징계하심을 경히 여기지 말며 그에게 꾸지람을 받을 때에 낙심하지 말라
6 주께서 그 사랑하시는 자를 징계하시고 그가 받아들이시는 아들마다 채찍질하심이라
하였으니
7 너희가 참음은 징계를 받기 위함이라 하나님이 아들과 같이 너희를 대우하시나니 어찌 아버지가 징계하지 않는 아들이 있으리요
8 징계는 다 받는 것이거늘 너희에게 없으면 사생자요 친아들이 아니니라
9 또 우리 육신의 아버지가 우리를 징계하여도 공경하였거든 하물며 모든 영의 아버지께 더욱 복종하며 살려 하지 않겠느냐
10 그들은 잠시 자기의 뜻대로 우리를 징계하였거니와 오직 하나님은 우리의 유익을 위하여 그의 거룩하심에 참여하게 하시느니라
11 무릇 징계가 당시에는 즐거워 보이지 않고 슬퍼 보이나 후에 그로 말미암아 연단 받은 자들은 의와 평강의 열매를 맺느니라
12 그러므로 피곤한 손과 연약한 무릎을 일으켜 세우고
13 너희 발을 위하여 곧은 길을 만들어 저는 다리로 하여금 어그러지지 않고 고침을 받게 하라

하나님의 은혜를 거역한 자들에게 주는 경고

14 모든 사람과 더불어 화평함과 거룩

1) 또는 거리끼는 ㄱ. 잘 3:11, 12

본향(11:15) 본래 살던 고장. 고향.
임종(11:22) 죽음에 다다름.
장성(11:24) 커서 어른이 됨.

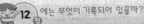

12장에는 무엇이 기록되어 있을까?

12장에서는 어떻게 하면 믿음을 삶 속에서 실천할 수 있는지 그 방법들을 알려 주고 있어요. 즉, 고난 받을 때 하나님의 훈계로 알고 견디고, 은혜를 놓치지 않도록 거룩하게 살며, 하나님을 기뻐하며 경건함과 두려움으로 예배해야 하지요. 그러므로 그리스도인의 생활은 푯대를 향해 달리는 경주자의 삶과 같답니다.

함을 따르라 이것이 없이는 아무도 주를 보지 못하리라

15 너희는 하나님의 은혜에 이르지 못하는 자가 없도록 하고 또 쓴 뿌리가 나서 괴롭게 하여 많은 사람이 이로 말미암아 더럽게 되지 않게 하며

16 음행하는 자와 혹 한 그릇 음식을 위하여 장자의 명분을 판 에서와 같이 망령된 자가 없도록 살피라

17 너희가 아는 바와 같이 그가 그 후에 축복을 이어받으려고 눈물을 흘리며 구하되 버린 바가 되어 회개할 기회를 얻지 못하였느니라

18 ●너희는 만질 수 있고 불이 붙는 산과 침침함과 흑암과 폭풍과

19 나팔 소리와 말하는 소리가 있는 곳에 이른 것이 아니라 그 소리를 듣는 자들은 더 말씀하지 아니하시기를 구하였으니

20 이는 짐승이라도 그 산에 들어가면 돌로 침을 당하리라 하신 명령을 그들이 견디지 못함이라

21 그 보이는 바가 이렇듯 무섭기로 모세도 이르되 내가 심히 두렵고 떨린다 하였느니라

22 그러나 너희가 이른 곳은 시온 산과 살아 계신 하나님의 도성인 하늘의 예루살렘과 천만 천사와

23 하늘에 기록된 장자들의 모임과 교회와 만민의 심판자이신 하나님과 및 온전하게 된 의인의 영들과

24 새 언약의 중보자이신 예수와 및 아벨의 피보다 더 나은 것을 말하는 뿌린 피니라

25 너희는 삼가 말씀하신 이를 거역하지 말라 땅에서 경고하신 이를 거역하는 그들이 피하지 못하였거든 하물며 하늘로부터 경고하신 이를 배반하는 우리일까보냐

26 그 때에는 그 소리가 땅을 진동하였거니와 이제는 약속하여 이르시되 내가 또 한 번 땅만 아니라 하늘도 진동하리

라 하셨느니라

27 이 또 한 번이라 하심은 진동하지 아니하는 것을 영존하게 하기 위하여 진동할 것들 곧 만드신 것들이 변동될 것을 나타내심이라

28 그러므로 우리가 흔들리지 않는 나라를 받았은즉 1)은혜를 2)받자 이로 말미암아 경건함과 두려움으로 하나님을 기쁘시게 섬길지니

29 우리 하나님은 소멸하는 불이심이라

13

하나님이 기뻐하시는 제사 ─ A.D. 64년경

형제 사랑하기를 계속하고

2 손님 대접하기를 잊지 말라 이로써 부지중에 천사들을 대접한 이들이 있었느니라

3 너희도 함께 갇힌 것 같이 갇힌 자를 생각하고 너희도 몸을 가졌은즉 학대받는 자를 생각하라

4 3)모든 사람은 결혼을 귀히 여기고 침소를 더럽히지 않게 하라 음행하는 자들과 간음하는 자들을 하나님이 심판하시리라

5 돈을 사랑하지 말고 있는 바를 족한 줄로 알라 그가 친히 말씀하시기를 내가 결코 너희를 버리지 아니하고 너희를 떠나지 아니하리라 하셨느니라

6 그러므로 우리가 담대히 말하되 ㄹ주는 나를 돕는 이시니 내가 무서워하지 아니하겠노라 사람이 내게 어찌하리요

하노라

7 하나님의 말씀을 너희에게 일러 주고 너희를 인도하던 자들을 생각하며 그들의 행실의 결말을 주의하여 보고 그

13 에는 무엇이 기록되어 있을까?

믿는 자는 그리스도 안에서 한 형제·자매나 배우자를 사랑하고, 영적 지도자에게 순종하며 그들의 권위를 존중하여야 합니다. 또한 참된 신앙을 지닌 자라면 하나님과 사람을 대할 때 늘 진실해야 하지요. 뒷부분은 이 편지를 받을 사람들에게 영적인 평안을 빌면서 글을 마무리 짓고 있답니다.

들의 믿음을 본받으라

8 예수 그리스도는 어제나 오늘이나 영원토록 동일하시니라

9 여러 가지 다른 교훈에 끌리지 말라 마음은 은혜로써 굳게 함이 아름답고 음식으로써 할 것이 아니니 음식으로 말미암아 행한 자는 유익을 얻지 못하였느니라

10 우리에게 제단이 있는데 장막에서 섬기는 자들은 그 제단에서 먹을 권한이 없나니

11 이는 죄를 위한 짐승의 피는 대제사장이 가지고 성소에 들어가고 그 육체는 영문 밖에서 불사름이라

12 그러므로 예수도 자기 피로써 백성을 거룩하게 하려고 성문 밖에서 고난을 받으셨느니라

13 그런즉 우리도 그의 치욕을 짊어지고 영문 밖으로 그에게 나아가자 11:26

14 우리가 여기에는 영구한 도성이 없으므로 장차 올 것을 찾나니

15 그러므로 우리는 예수로 말미암아 항상 찬송의 제사를 하나님께 드리자 이는 그 이름을 증언하는 입술의 열매니라

16 오직 선을 행함과 서로 나누어 주기를 잊지 말라 하나님은 이같은 제사를 기뻐하시느니라

17 너희를 인도하는 자들에게 순종하고 복종하라 그들은 너희 영혼을 위하여 경성하기를 자신들이 청산할 자인 것

같이 하느니라 그들로 하여금 즐거움으로 이것을 하게 하고 근심으로 하게 하지 말라 그렇지 않으면 너희에게 유익이 없느니라

18 우리를 위하여 기도하라 우리가 모든 일에 선하게 행하려 하므로 우리에게 선한 양심이 있는 줄을 확신하노니

19 내가 더 속히 너희에게 돌아가기 위하여 너희가 기도하기를 더욱 원하노라

축복과 끝 인사

20 ●양들의 큰 목자이신 우리 주 예수를 영원한 언약의 피로 죽은 자 가운데서 이끌어 내신 평강의 하나님이 롬 15:33

21 모든 선한 일에 너희를 온전하게 하사 자기 뜻을 행하게 하시고 그 앞에 즐거운 것을 예수 그리스도로 말미암아 우리 가운데서 이루시기를 원하노라 영광이 그에게 세세무궁토록 있을지어다 아멘

22 ●형제들아 내가 너희를 권하노니 권면의 말을 용납하라 내가 간단히 너희에게 썼느니라

23 우리 형제 디모데가 놓인 것을 너희가 알라 그가 속히 오면 내가 그와 함께 가서 너희를 보리라

24 ●너희를 인도하는 자들과 및 모든 성도들에게 문안하라 이달리야에서 온 자들도 너희에게 문안하느니라 13:7

25 ●은혜가 너희 모든 사람에게 있을지어다[1]

---

1) 어떤 사본에, 25절 끝에 '아멘'이 있음

선생님!! 궁금해요

어떻게 하면 하나님이 기뻐하실까요? 또 어떻게 하면 슬퍼하실까요?

하나님은 우리의 마음이나 행동에 따라 기뻐하시기도 하고 슬퍼하시기도 합니다. 하나님은 말씀대로 행동하며 살아가는 사람을 보면 무척 좋아하시지만, 말씀을 멀리하고 따르지 않는 사람들을 볼 때에는 슬퍼하세요. 때로는 의로운 화를 내셔서 벌을 주시기도 하시지요. 예를 들어 주일을 지키지 않을 때, 부모님을 공경하지 않을 때, 거짓말을 하거나 남을 미워할 때, 하나님은 무척 슬퍼하세요.

그러나 하나님과 이웃을 사랑하는 것, 주일을 지키는 것, 정직한 것, 돕는 것, 양보하는 것, 질서를 지키는 것, 하나님께 기도하는 것, 성경을 읽는 것, 복음을 전하는 것 등은 하나님께서 무척 좋아하시죠. 12장 28절

야고보서를 읽기 전에

이 책은 야고보가 기록했어요. 신약에는 네 명의 야고보가 나오는데, 그중에서 야고보서를 쓴 사람은 예수님의 동생 야고보랍니다. 이 당시에는 유대인 성도들이 신앙의 핍박을 받아 여러 지역으로 흩어져서 지내야 했어요.

언제, 왜, 누구를 위하여 썼나요?

이 책을 기록한 때는 A.D. 45~49년경이라는 의견과 A.D. 60년경이라는 의견이 있어요. 야고보는 각지에 흩어져 있는 유대인 그리스도인들을 격려하고, 믿음을 완전하게 하는 '행함'을 강조하기 위해 이 책을 썼답니다.

어떤 내용인가요?

야고보서는 신앙 생활의 실천을 강조하고 있어요. 믿음은 입술로만 말하는 것이 아니라 삶 속에서 행동으로 나타내야 하지요, 그럴 때 완전한 믿음이 된답니다.

인사

1 하나님과 주 예수 그리스도의 종 야고보는 흩어져 있는 열두 지파에게 문안하노라

믿음과 지혜—A.D. 60년경

2 ●내 형제들아 너희가 여러 가지 시험을 당하거든 온전히 기쁘게 여기라

3 이는 너희 믿음의 시련이 인내를 만들어 내는 줄 너희가 앎이라

4 인내를 온전히 이루라 이는 너희로 온전하고 구비하여 조금도 부족함이 없게 하려 함이라

5 ●너희 중에 누구든지 지혜가 부족하거든 모든 사람에게 후히 주시고 꾸짖지 아니하시는 하나님께 구하라 그리하면 주시리라 _암송_

6 오직 믿음으로 구하고 조금도 의심하지 말라 의심하는 자는 마치 바람에 밀려 요동하는 바다 물결 같으니

7 이런 사람은 무엇이든지 주께 얻기를 생각하지 말라 _암송_

8 두 마음을 품어 모든 일에 정함이 없는 자로다

낮은 형제, 부한 자

9 ●낮은 형제는 자기의 높음을 자랑하고

10 부한 자는 자기의 낮아짐을 자랑할지니 이는 그가 풀의 꽃과 같이 지나감이라

11 해가 돋고 뜨거운 바람이 불어 풀을 말리면 꽃이 떨어져 그 모양의 아름다움이 없어지나니 부한 자도 그 행하는 일에 이와 같이 쇠잔하리라

시험에 견디어 내는 자

12 ●시험을 참는 자는 복이 있나니 이는 시련을 견디어 낸 자가 주께서 자기를 사랑하는 자들에게 약속하신 생명의 면류관을 얻을 것이기 때문이라

13 사람이 시험을 받을 때에 내가 하나님께 시험을 받는다 하지 말지니 하나님은 악에게 시험을 받지도 아니하시고 친히 아무도 시험하지 아니하시느

니라

14 오직 각 사람이 시험을 받는 것은 자기 욕심에 끌려 미혹됨이니

15 욕심이 잉태한즉 죄를 낳고 죄가 장성한즉 사망을 낳느니라

16 내 사랑하는 형제들아 속지 말라

17 온갖 좋은 은사와 온전한 선물이 다 위로부터 빛들의 아버지께로부터 내려오나니 그는 변함도 없으시고 회전하는 그림자도 없으시니라

18 그가 그 피조물 중에 우리로 한 첫 열매가 되게 하시려고 자기의 뜻을 따라 진리의 말씀으로 우리를 낳으셨느니라

말씀을 듣음과 행함

19 ●내 사랑하는 형제들아 너희가 알지니 사람마다 듣기는 속히 하고 말하기는 더디 하며 성내기도 더디 하라 〔암송〕

20 사람이 성내는 것이 하나님의 의를 이루지 못함이라

21 그러므로 모든 더러운 것과 넘치는 악을 내버리고 너희 영혼을 능히 구원할 바 마음에 심어진 말씀을 온유함으로 받으라

22 너희는 말씀을 행하는 자가 되고 듣기만 하여 자신을 속이는 자가 되지 말라

23 누구든지 말씀을 듣고 행하지 아니하면 그는 거울로 자기의 생긴 얼굴을 보는 사람과 같아서

24 제 자신을 보고 가서 그 모습이 어떠했는지를 곧 잊어버리거니와

25 자유롭게 하는 온전한 율법을 들여다보고 있는 자는 듣고 잊어버리는 자가 아니요 실천하는 자니 이 사람은 그 행하는 일에 복을 받으리라

26 누구든지 스스로 경건하다 생각하며 자기 혀를 재갈 물리지 아니하고 자기

마음을 속이면 이 사람의 경건은 헛것이라

27 하나님 아버지 앞에서 정결하고 더러움이 없는 경건은 곧 고아와 과부를 그 환난중에 돌보고 또 자기를 지켜 세속에 물들지 아니하는 그것이니라

차별하여 대하지 말라 ─ A.D. 60년경

2 내 형제들아 영광의 주 곧 우리 주 예수 그리스도에 대한 믿음을 너희가 가졌으니 사람을 차별하여 대하지 말라

2 만일 너희 회당에 금 가락지를 끼고 아름다운 옷을 입은 사람이 들어오고 또 남루한 옷을 입은 가난한 사람이 들어올 때에

3 너희가 아름다운 옷을 입은 자를 눈여겨 보고 말하되 여기 좋은 자리에 앉으소서 하고 또 가난한 자에게 말하되 너는 거기 서 있든지 내 발등상 아래에 앉으라 하면

4 너희끼리 서로 차별하며 악한 생각으로 판단하는 자가 되는 것이 아니냐

5 내 사랑하는 형제들아 들을지어다 하나님이 세상에서 가난한 자를 택하사 믿음에 부요하게 하시고 또 자기를 사랑하는 자들에게 약속하신 나라를 상속으로 받게 하지 아니하셨느냐

6 너희는 도리어 가난한 자를 업신여겼도다 부자는 너희를 억압하며 법정으로 끌고 가지 아니하느냐

7 그들은 너희에게 대하여 일컫는 바 그 아름다운 이름을 비방하지 아니하느냐

약

구비(1:4) 필요한 것을 다 갖춤.
쇠잔(1:11) 쇠하여 약해짐.
미혹(1:14) 마음이 흐려져 무엇에 홀림.
은사(1:17) 하나님께서 내려주시는 재능, 소질, 선물.
재갈(1:26) 말(馬)의 입에 가로 물리는 쇠토막.
발등상(2:3) 발을 올려놓는 받침. 여기에서는 지배, 주권적 행사를 뜻한다.

2장 에는 무엇이 기록되어 있을까?

2장에서는 교회 안에서 부자인지 가난한 사람인지에 따라 형제를 차별하는 것을 옳 되게 꾸짖고 있어요. 이와 연결시켜 믿음에 행동이 따라와야만 진정한 믿음임을 자연스럽게 설명하고 있지요. 하나님은 약한 자들의 보호자 시므로, 교회는 세상적인 기준으로 성도를 차별 해선 안 됩니다.

8 너희가 만일 성경에 기록된 대로 `네 이 웃 사랑하기를 네 몸과 같이 하라 하신 최고의 법을 지키면 잘하는 것이거니와

9 만일 너희가 사람을 차별하여 대하면 죄를 짓는 것이니 율법이 너희를 범법 자로 정죄하리라

10 누구든지 온 율법을 지키다가 그 하나를 범하면 모두 범한 자가 되나니

11 `간음하지 말라 하신 이가 또한 살인 하지 말라 하셨은즉 네가 비록 간음하 지 아니하여도 살인하면 율법을 범한 자가 되느니라

12 너희는 자유의 율법대로 심판 받을 자처럼 말도 하고 행하기도 하라

13 긍휼을 행하지 아니하는 자에게는 긍휼 없는 심판이 있으리라 긍휼은 심판을 이기고 자랑하느니라

행함이 없는 믿음은 죽은 것

14 ●내 형제들아 만일 사람이 믿음이 있 노라 하고 행함이 없으면 무슨 유익이 있으리요 그 믿음이 능히 자기를 구원 하겠느냐

15 만일 형제나 자매가 헐벗고 일용할 양식이 없는데

16 너희 중에 누구든지 그에게 이르되 평

ㄱ. 레 19:18 ㄴ. 출 20:13,14; 신 5:17 ㄷ. 사 41:8; 대하 20:7

안히 가라, 덥게 하라, 배부르게 하라 하며 그 몸에 쓸 것을 주지 아니하면 무슨 유익이 있으리요

17 이와 같이 행함이 없는 믿음은 그 자체가 죽은 것이라 `암송`

18 어떤 사람은 말하기를 너는 믿음이 있고 나는 행함이 있으니 행함이 없는 네 믿음을 내게 보이라 나는 행함으로 내 믿음을 네게 보이리라 하리라

19 네가 하나님은 한 분이신 줄을 믿느냐 잘하는도다 귀신들도 믿고 떠느니라

20 아아 허탄한 사람아 행함이 없는 믿음이 헛것인 줄을 알고자 하느냐

21 우리 조상(祖上) 아브라함이 그 아들 이삭을 제단에 바칠 때에 행함으로 의롭다 하심을 받은 것이 아니냐

22 네가 보거니와 믿음이 그의 행함과 함께 일하고 행함으로 믿음이 온전하게 되었느니라

23 이에 성경에 이른 바 `아브라함이 하나님을 믿으니 이것을 의로 여기셨다 는 말씀이 이루어졌고 그는 하나님의 벗이라 칭함을 받았나니

24 이로 보건대 사람이 행함으로 의롭다 하심을 받고 믿음으로만은 아니니라

25 또 이와 같이 기생 라합이 사자들을 접대하여 다른 길로 나가게 할 때에 행함으로 의롭다 하심을 받은 것이 아니냐

26 영혼 없는 몸이 죽은 것 같이 행함이 없는 믿음은 죽은 것이니라

말에 실수가 없도록 하라 ─ A.D. 60년경

3

내 형제들아 너희는 선생된 우리가 더 큰 심판을 받을 줄 알고 선생이

약

많이 되지 말라

2 우리가 다 실수가 많으니 만일 말에 실수가 없는 자라면 곧 온전한 사람이라 능히 온 몸도 굴레 씌우리라 *삼상 8:46*

3 우리가 말들의 입에 1)재갈 물리는 것은 우리에게 순종하게 하려고 그 온 몸을 제어하는 것이라

4 또 배를 보라 그렇게 크고 광풍에 밀려가는 것들을 지극히 작은 키로써 사공의 뜻대로 운행하나니

5 이와 같이 혀도 작은 지체로되 큰 것을 자랑하도다 보라 얼마나 작은 불이 얼마나 2)많은 나무를 태우는가 *잠 12:18*

6 혀는 곧 불이요 불의의 세계라 혀는 우리 지체 중에서 온 몸을 더럽히고 삶의 수레바퀴를 불사르나니 그 사르는 것이 지옥 불에서 나느니라

7 여러 종류의 짐승과 새와 벌레와 바다의 생물은 다 사람이 길들일 수 있고 길들여 왔거니와

8 혀는 능히 길들일 사람이 없나니 쉬지 아니하는 악이요 죽이는 독이 가득한 것이라

9 이것으로 우리가 주 아버지를 찬송하고 또 이것으로 하나님의 형상대로 지음을 받은 사람을 저주하나니 *창 1:26*

10 한 입에서 찬송과 저주가 나오는도다 내 형제들아 이것이 마땅하지 아니하니라

11 샘이 한 구멍으로 어찌 단 물과 쓴 물을 내겠느냐

12 내 형제들아 어찌 무화과나무가 감람 열매를, 포도나무가 무화과를 맺겠느냐 이와 같이 짠 물이 단 물을 내지 못하느니라

위로부터 난 지혜

13 ●너희 중에 지혜와 총명이 있는 자가 누구냐 그는 선행으로 말미암아 지혜의 온유함으로 그 행함을 보일지니라

14 그러나 너희 마음 속에 독한 시기와 다툼이 있으면 자랑하지 말라 진리를 거

슬러 거짓말하지 말라

15 이러한 지혜는 위로부터 내려온 것이 아니요 땅 위의 것이요 정욕의 것이요 귀신의 것이니

16 시기와 다툼이 있는 곳에는 혼란과 모든 악한 일이 있음이라

17 오직 위로부터 난 지혜는 첫째 성결하고 다음에 화평하고 관용하고 양순하며 긍휼과 선한 열매가 가득하고 편견과 거짓이 없나니

18 화평하게 하는 자들은 화평으로 심어 의의 열매를 거두느니라

세상과 벗하지 말라——A.D. 60년경

4 너희 중에 싸움이 어디로부터 다툼이 어디로부터 나느냐 너희 지체 중에서 싸우는 정욕으로부터 나는 것이 아니냐

2 너희는 욕심을 내어도 얻지 못하여 살인하며 시기하여도 능히 취하지 못하므로 다투고 싸우는도다 너희가 얻지 못함은 구하지 아니하기 때문이요

3 구하여도 받지 못함은 정욕으로 쓰려고 잘못 구하기 때문이라

4 3)간음한 여인들아 세상과 벗된 것이 하나님과 원수 됨을 알지 못하느냐 그런즉 누구든지 세상과 벗이 되고자 하는 자는 스스로 하나님과 원수 되는 것이니라 *요 15:19*

5 너희는 하나님이 우리 속에 거하게 하신 성령이 시기하기까지 사모한다 하신 말씀을 헛된 줄로 생각하느냐

6 그러나 더욱 큰 은혜를 주시나니 그러므로 일렀으되 하나님이 교만한 자를

4장에는 무엇이 기록되어 있을까?

4장에서는 이기적인 욕망 때문에 짓게 되는 죄에 대해서 말하고 있어요. 사람들은 자신이 죄를 짓거나 실패하는 원인을 외부의 환경이나 남에게서 찾으려고 하지요. 하지만 궁극적으로 하나님보다 세상을 사랑하고 교만한 마음이 있을 때, 생활 속에서 번번이 죄를 짓게 된답니다.

물리치시고 겸손한 자에게 은혜를 주신다 하였느니라

7 그런즉 너희는 하나님께 복종할지어다 마귀를 대적하라 그리하면 너희를 피하리라

8 하나님을 가까이하라 그리하면 너희를 가까이하시리라 죄인들아 손을 깨끗이 하라 두 마음을 품은 자들아 마음을 성결하게 하라 **암송**

9 슬퍼하며 애통하며 울지어다 너희 웃음을 애통으로, 너희 즐거움을 근심으로 바꿀지어다

10 주 앞에서 낮추라 그리하면 주께서 너희를 높이시리라

서로 비방하지 말라

11 ●형제들아 서로 비방하지 말라 형제를 비방하는 자나 형제를 판단하는 자는 곧 율법을 비방하고 율법을 판단하는 것이라 네가 만일 율법을 판단하면 율법의 준행자가 아니요 재판관이로다

12 입법자와 재판관은 오직 한 분이시니 능히 구원하기도 하시며 멸하기도 하시느니라 너는 누구이기에 이웃을 판단하느냐

허탄한 생각을 경고하다

13 ●들으라 너희 중에 말하기를 오늘이나 내일이나 우리가 어떤 도시에 가서 거기서 일 년을 머물며 장사하여 이익을 보리라 하는 자들아

14 내일 일을 너희가 알지 못하는도다 너희 생명이 무엇이냐 너희는 잠깐 보이다가 없어지는 안개니라

15 너희가 도리어 말하기를 주의 뜻이면 우리가 살기도 하고 이것이나 저것을

16 이제도 너희가 허탄한 자랑을 하니 그러한 자랑은 다 악한 것이라 고전 5:6

17 그러므로 사람이 선을 행할 줄 알고도 행하지 아니하면 죄니라

부한 자에게 주는 경고 — A.D. 60년경

5 들으라 부한 자들아 너희에게 임할 고생으로 말미암아 울고 통곡하라

2 너희 재물은 썩었고 너희 옷은 좀먹었으며

3 너희 금과 은은 녹이 슬었으니 이 녹이 너희에게 증거가 되며 불 같이 너희 살을 먹으리라 너희가 말세에 재물을 쌓았도다

4 보라 너희 밭에서 추수한 품꾼에게 주지 아니한 삯이 소리 지르며 그 추수한 자의 우는 소리가 만군의 주의 귀에 들렸느니라

5 너희가 땅에서 사치하고 방종하여 살륙의 날에 너희 마음을 살찌게 하였도다 창 6:1

6 너희는 의인을 정죄하고 죽였으나 그는 너희에게 대항하지 아니하였느니라

인내와 기도

7 ●그러므로 형제들아 주께서 강림하시기까지 길이 참으라 보라 농부가 땅에서 나는 귀한 열매를 바라고 길이 참아 이른 비와 늦은 비를 기다리나니

8 너희도 길이 참고 마음을 굳건하게 하라 주의 강림이 가까우니라

9 형제들아 서로 원망하지 말라 그리하여야 심판을 면하리라 보라 심판주가

5장 에는 무엇이 기록되어 있을까?

5장에서는 믿는 자가 지켜야 할 개인적인 윤리뿐 아니라 사회적인 문제까지 다루고 있어요. 특히 주인이 종에게 심한 노동을 시키면서도 소득은 불공평하게 나눠주는 것을 강하게 꾸짖고 있지요. 이어서 마지막 때를 사는 믿는 자들이 인내하고 사랑으로 서로 도와주며 살 것을 당부하였어요.

약

문 밖에 서 계시니라

10 형제들아 주의 이름으로 말한 선지자들을 고난과 오래 참음의 본으로 삼으라 대하 36:16

11 보라 인내하는 자를 우리가 복되다 하나니 너희가 욥의 인내를 들었고 주께서 주신 결말을 보았거니와 주는 가장 자비하시고 긍휼히 여기시는 이시니라

12 ●내 형제들아 무엇보다도 맹세하지 말지니 하늘로나 땅으로나 아무 다른 것으로도 맹세하지 말고 오직 너희가 그렇다고 생각하는 것은 그렇다 하고 아니라고 생각하는 것은 아니라 하여 정죄 받음을 면하라 마 5:33-37

13 너희 중에 고난 당하는 자가 있느냐 그는 기도할 것이요 즐거워하는 자가 있느냐 그는 찬송할지니라 시 50:15

14 너희 중에 병든 자가 있느냐 그는 교회의 장로들을 청할 것이요 그들은 주의 이름으로 기름을 바르며 그를 위하여 기도할지니라

15 믿음의 기도는 병든 자를 구원하리니 주께서 그를 일으키시리라 혹시 죄를 범하였을지라도 사하심을 받으리라

16 그러므로 너희 죄를 서로 고백하며 병이 낫기를 위하여 서로 기도하라 의인의 간구는 역사하는 힘이 큼이니라

17 엘리야는 우리와 성정이 같은 사람이로되 그가 비가 오지 않기를 간절히 기도한즉 삼 년 육 개월 동안 땅에 비가 오지 아니하고 눅 4:25

18 다시 기도하니 하늘이 비를 주고 땅이 열매를 맺었느니라

19 ●내 형제들아 너희 중에 미혹되어 진리를 떠난 자를 누가 돌아서게 하면

20 너희가 알 것은 죄인을 미혹된 길에서 돌아서게 하는 자가 그의 영혼을 사망에서 구원할 것이며 허다한 죄를 덮을 것임이라

선생님!! 궁금해요

하나님은 우리의 기도를 빨리 들어 주세요, 아니면 천천히 들어 주세요?

하나님은 기도에 따라 빨리 응답하실 때도 있고 천천히 응답하실 때도 있어요. 하나님은 우리의 기도를 듣고 세 가지로 답해주시죠. 첫째, 어떤 기도는 들어주시지 않아요. 죄를 지었거나 욕심 때문에 기도할 때, 자기만을 위해 기도할 때는 들어주시지 않죠. 두 번째, 어떤 기도는 빨리 이루어주세요. 빠른 응답이 필요하다고 판단하실 때지요. 마지막으로 세 번째, 천천히 기다려야만 들어주시는 기도가 있어요. 그런 기도는 오랜 시간이 걸리죠. 그러니까 잘 참고 꾸준히 기도하는 것이 필요하답니다. 또한 하나님께서 "천천히 기다리라"고 말씀하실 때에도 기다릴 수 있어야 해요. 히 10장 22절

베드로전서를 읽기 전에

베드로가 실루아노(실라)의 도움을 받아 쓴 편지예요. 베드로는 예수님의 12제자 중 대표적인 사람이지요. 예수님은 고기 잡는 어부 베드로를 제자로 부르셨는데, 베드로는 훗날 예루살렘 교회를 이끄는 지도자가 되었답니다.

🌸 언제, 왜, 누구를 위하여 썼나요?

이 책을 기록한 때는 A.D. 54~68년경이라고 해요. 베드로는 성도들을 위로하고 다가올 교회의 핍박을 이겨내도록 용기를 주기 위해 이 편지를 썼어요. 소아시아의 다섯 교회와 흩어진 성도들에게 쓴 편지랍니다.

🌸 어떤 내용인가요?

교회들에게 앞으로 어려움이 다가와도 용기를 가지고 이겨내도록 격려하고 있어요. 성도가 승리하는 길은 오직 우리의 소망이 되시는 예수 그리스도를 굳게 붙잡는 거예요.

인사

1 예수 그리스도의 사도 베드로는 본도, 갈라디아, 갑바도기아, 아시아와 비두니아에 흩어진 나그네 행 2:5, 9

2 곧 하나님 아버지의 미리 아심을 따라 성령이 거룩하게 하심으로 순종함과 예수 그리스도의 피 뿌림을 얻기 위하여 택하심을 받은 자들에게 편지하노니 은혜와 평강이 너희에게 더욱 많을지어다

난 소망—A.D. 64년경

3 ●우리 주 예수 그리스도의 아버지 하나님을 찬송하리로다 그의 많으신 긍휼대로 예수 그리스도를 죽은 자 가운데서 부활하게 하심으로 말미암아 우리를 거듭나게 하사 산 소망이 있게 하시며

4 썩지 않고 더럽지 않고 쇠하지 아니하는 유업을 잇게 하시나니 곧 너희를 위하여 하늘에 간직하신 것이라

5 너희는 말세에 나타내기로 예비하신 구원을 얻기 위하여 믿음으로 말미암아 하나님의 능력으로 보호하심을 받았느니라

6 그러므로 너희가 이제 여러 가지 시험으로 말미암아 잠깐 근심하게 되지 않을 수 없으나 오히려 크게 기뻐하는도다

7 너희 믿음의 확실함은 불로 연단하여도 없어질 금보다 더 귀하여 예수 그리스도께서 나타나실 때에 칭찬과 영광과 존귀를 얻게 할 것이니라 약 1:3

8 예수를 너희가 보지 못하였으나 사랑하는도다 이제도 보지 못하나 믿고 말할 수 없는 영광스러운 즐거움으로 기뻐하니

9 믿음의 결국 곧 영혼의 구원을 받음이라

10 이 구원에 대하여는 너희에게 임할 은혜를 예언하던 선지자들이 연구하고 부지런히 살펴서

11 자기 속에 계신 그리스도의 영이 그 받으실 고난과 후에 받으실 영광을 미리 증언하여 누구를 또는 어떠한 때를 지시하시는지 상고하니라

1 에는 무엇이 기록되어 있을까?

'격려의 편지'라는 이름에 걸맞게 베드로는 1장 전 부분에 걸쳐 고난 중에 있는 성도들을 위로하고 있어요. 베드로는 큰 고난을 앞둔 소아시아 여러 지역 교회들에게, 마지막 때에 얻게 될 은혜를 소망하면서 현재의 고난을 극복할 것을 당부하였지요. 또한 하나님께서 거룩하신 것처럼 그들도 거룩한 사람이 되라고 말했어요.

갓난아기와 같이 말씀을 사모해야 함(2:2)

12 이 섬긴 바가 자기를 위한 것이 아니요 너희를 위한 것임이 계시로 알게 되었으니 이것은 하늘로부터 보내신 성령을 힘입어 복음을 전하는 자들로 이제 너희에게 알린 것이요 천사들도 살펴보기를 원하는 것이니라

모든 행실에 거룩한 자가 되라

13 ●그러므로 너희 마음의 허리를 동이고 근신하여 예수 그리스도께서 나타나실 때에 너희에게 가져다 주실 은혜를 온전히 바랄지어다

14 너희가 순종하는 자식처럼 전에 알지 못할 때에 따르던 너희 사욕을 본받지 말고

15 오직 너희를 부르신 거룩한 이처럼 너희도 모든 행실에 거룩한 자가 되라

16 기록되었으되 ㄱ내가 거룩하니 너희도 거룩할지어다 하셨느니라

17 외모로 보시지 않고 각 사람의 행위대로 심판하시는 이를 너희가 아버지라 부른즉 너희가 나그네로 있을 때를 두려움으로 지내라

18 너희가 알거니와 너희 조상이 물려준 헛된 행실에서 대속함을 받은 것은 은이나 금 같이 ㄴ없어질 것으로 된 것이 아니요

19 오직 흠 없고 점 없는 어린 양 같은 그리스도의 보배로운 피로 된 것이니라

20 그는 창세 전부터 미리 알린 바 되신 이나 이 말세에 너희를 위하여 나타내신 바 되었으니

21 너희는 그를 죽은 자 가운데서 살리시고 영광을 주신 하나님을 그리스도로 말미암아 믿는 자니 너희 믿음과 소망이 하나님께 있게 하셨느니라

22 너희가 진리를 순종함으로 너희 영혼을 깨끗하게 하여 거짓이 없이 형제를 사랑하기에 이르렀으니 마음으로 뜨겁게 서로 사랑하라

23 너희가 거듭난 것은 썩어질 씨로 된 것이 아니요 썩지 아니할 씨로 된 것이니 살아 있고 항상 있는 하나님의 말씀으로 되었느니라

24 그러므로
ㄷ모든 육체는 풀과 같고 그 모든 영광은 풀의 꽃과 같으니 풀은 마르고 꽃은 떨어지되

25 오직 주의 말씀은 세세토록 있도다 하였으니 너희에게 전한 복음이 곧 이 말씀이니라 요 1:1

산 돌과 하나님의 백성—A.D. 64년경

2 그러므로 모든 악독과 모든 기만과 외식과 시기와 모든 비방하는 말을 버리고

2 갓난 아기들 같이 순전하고 신령한 젖을 사모하라 이는 그로 말미암아 너희로 구원에 이르도록 자라게 하려 함이라

3 너희가 주의 인자하심을 맛보았으면 그리하라

4 사람에게는 버린 바가 되었으나 하나님께는 택하심을 입은 보배로운 산 돌이신 예수께 나아가

5 너희도 산 돌 같이 신령한 집으로 세워지고 예수 그리스도로 말미암아 하나님이 기쁘게 받으실 신령한 제사를 드릴 거룩한 제사장이 될지니라

6 성경에 기록되었으되

2장에는 무엇이 기록되어 있을까?

2장에서는 성령으로 성숙해진 삶을 살아가는 방법에 대해 다루고 있어요. 믿는 자는 주의 말씀에 의지하는 주님처럼 '성숙한 신앙에 이르도록 자라가야 하지요. 그리고 자신이 하나님의 성전이며 거룩한 제사장임을 기억해야 해요. 뒷부분에는 국가와 주인(고용주)이 지켜야 할 것들에 대해 말하고 있습니다.

1 ㄱ, 레 11:44; 19:2; 20:7 ㄴ, 사 40:6 이하 ㄷ, 헬, 썩어질 것으로

보라 내가 택한 보배로운 모퉁잇돌을 시온에 두노니 그를 믿는 자는 부끄러움을 당하지 아니하리라

하였으니 　　　　　　사 28:16

7 그러므로 믿는 너희에게는 보배이나 믿지 아니하는 자에게는

ᄀ건축자들이 버린 그 돌이 모퉁이의 머릿돌이 되고

8 또한

ᄂ부딪치는 돌과 걸려 넘어지게 하는 바위가 되었다

하였느니라 그들이 말씀을 순종하지 아니하므로 넘어지나니 이는 그들을 이렇게 정하신 것이라

9 그러나 너희는 택하신 족속이요 왕 같은 제사장들이요 거룩한 나라요 그의 소유가 된 백성이니 이는 너희를 어두운 데서 불러 내어 그의 기이한 빛에 들어가게 하신 이의 아름다운 덕을 선포하려 하심이라 ◑암송

10 너희가 전에는 백성이 아니더니 이제는 하나님의 백성이요 전에는 긍휼을 얻지 못하였더니 이제는 긍휼을 얻은 자니라

하나님의 종과 같이 하라

11 ●사랑하는 자들아 거류민과 나그네 같은 너희를 권하노니 영혼을 거슬러 싸우는 육체의 정욕을 제어하라 ◑암송

12 너희가 이방인 중에서 행실을 선하게 가져 너희를 악행한다고 비방하는 자들로 하여금 너희 선한 일을 보고 ¹⁾오시는 날에 하나님께 영광을 돌리게 하

려 함이라

13 ●인간의 모든 제도를 주를 위하여 순종하되 혹은 위에 있는 왕이나 　롬 13:1

14 혹은 그가 악행하는 자를 징벌하고 선행하는 자를 포상하기 위하여 보낸 총독에게 하라

15 곧 선행으로 어리석은 사람들의 무식한 말을 막으시는 것이라

16 너희는 자유가 있으나 그 자유로 악을 가리는 데 쓰지 말고 오직 하나님의 종과 같이 하라

17 뭇 사람을 공경하며 형제를 사랑하며 하나님을 두려워하며 왕을 존대하라

그리스도인의 고난

18 ●사환들아 범사에 두려워함으로 주인들에게 순종하되 선하고 관용하는 자들에게만 아니라 또한 까다로운 자들에게도 그리하라

19 부당하게 고난을 받아도 하나님을 생각함으로 슬픔을 참으면 이는 ²⁾아름다우나

20 죄가 있어 매를 맞고 참으면 무슨 칭찬이 있으리요 그러나 선을 행함으로 고난을 받고 참으면 이는 하나님 앞에 아름다우니라

21 이를 위하여 너희가 부르심을 받았으니 그리스도도 너희를 위하여 고난을

---

1) 또는 심판하시는 　**2)** 헬, 은혜. ᄀ.사 28:16 ᄂ.시 118:22 ᄃ.사 8:14

모퉁잇돌(2:6) 집을 짓거나 성을 쌓을 때 구부러진 곳에 두는 돌. 그리스도를 가리킨다.

긍휼(2:10) 가엾게 여겨서 도움.

거류민(2:11) 일시적으로 머물러 사는 사람.

제어(2:11) 통제하여 조종하는 일.

포상(2:14) 칭찬하여 장려함.

심령(3:4) 육체와는 따로 떨어져 있다고 생각되는 마음의 주체.

단장(3:5) 머리나 옷차림 등을 맵시나게 곱게 꾸밈.

비방(3:16) 남을 헐뜯어 욕함.

술술 풀리는 **성경 말씀**

그리스도인의 제사장직

구약 시대에는 이스라엘만이 제사장의 나라이며, 선택받은 민족이었어요. 또한 제사장 계급이 따로 있어서, 그들을 통해서만 하나님께 제사를 드릴 수 있었지요. 그러나 베드로는 모든 그리스도인이 하나님의 제사장이라고 말했어요.

그리스도인에게 제사장직이 주어졌다는 이 말은, 모든 그리스도인이 아무런 제한 없이 하나님께 나아갈 수 있게 되었다는 것을 의미해요. 또한 하나님의 백성을 위해 봉사할 의무가 주어졌다는 것도 뜻하지요. 따라서 제사장 된 모든 그리스도인들은 하나님께 직접 나아가는 것과 더불어, 온 세상에 그리스도를 전할 책임을 가지고 있답니다.

　　　　　　　　2장 5-9절

받으사 너희에게 본을 끼쳐 그 자취를
따라오게 하려 하셨느니라　행 14:22

22 그는 죄를 범하지 아니하시고 그 입에
거짓도 없으시며

23 욕을 당하시되 맞대어 욕하지 아니하
시고 고난을 당하시되 위협하지 아니
하시고 오직 공의로 심판하시는 이에
게 부탁하시며　사 53:7

24 친히 나무에 달려 그 몸으로 우리 죄를
담당하셨으니 이는 우리로 죄에 대하
여 죽고 의에 대하여 살게 하려 하심이
라 그가 채찍에 맞음으로 너희는 나음
을 얻었나니

25 너희가 전에는 양과 같이 길을 잃었더
니 이제는 너희 영혼의 목자와 감독 되
신 이에게 돌아왔느니라　5:4

아내와 남편 — A.D. 64년경

3 아내들아 이와 같이 자기 남편에게
순종하라 이는 혹 말씀을 순종하지
않는 자라도 말로 말미암지 않고 그 아
내의 행실로 말미암아 구원을 받게 하
려 함이니

2 너희의 두려워하며 정결한 행실을 봄
이라

3 너희의 단장은 머리를 꾸미고 금을 차고
아름다운 옷을 입는 외모로 하지 말고

4 오직 마음에 숨은 사람을 온유하고 안
정한 심령의 썩지 아니할 것으로 하라
이는 하나님 앞에 값진 것이니라

5 전에 하나님께 소망을 두었던 거룩한
부녀들도 이와 같이 자기 남편에게 순
종함으로 자기를 단장하였나니　딤전 5:5

6 사라가 아브라함을 주라 칭하여 순종

3장에는 무엇이 기록되어 있을까?

베드로는 아내와 남편이 서로를 대
할 때 아내는 남편에게 순종함으로, 남편은 아
내를 사랑으로 대하라고 말하고 있습니다. 그리
고 믿는 자가 고난을 당했을 때 해를 입힌 사람
을 욕하지 말고 오히려 축복하라고 말합니다. 또
한, 노아처럼 믿음으로 고난의 때를 담대히 이
겨내라고 당부하고 있어요.

한 것 같이 너희는 선을 행하고 아무
두려운 일에도 놀라지 아니하면 그의
딸이 된 것이니라

7 ●남편들아 이와 같이 1)지식을 따라 너
희 아내와 동거하고 그를 더 연약한 그
릇이요 또 생명의 은혜를 함께 이어받
을 자로 알아 귀히 여기라 이는 너희
기도가 막히지 아니하게 하려 함이라

선을 위한 고난

8 ●마지막으로 말하노니 너희가 다 마
음을 같이하여 동정하며 형제를 사랑
하며 불쌍히 여기며 겸손하며　5:5

9 악을 악으로, 욕을 욕으로 갚지 말고
도리어 복을 빌라 이를 위하여 너희가
부르심을 받았으니 이는 복을 이어받
게 하려 하심이라

10 그러므로
　생명을 사랑하고 좋은 날 보기를 원
하는 자는 혀를 금하여 악한 말을 그
치며 그 입술로 거짓을 말하지 말고

11 악에서 떠나 선을 행하고 화평을 구
하며 그것을 따르라

12 주의 눈은 의인을 향하시고 그의 귀
는 의인의 간구에 기울이시되 주의 얼
굴은 악행하는 자들을 대하시느니라
하였느니라

13 ●또 너희가 열심으로 선을 행하면 누
가 너희를 해하리요

14 그러나 의를 위하여 고난을 받으면 복
있는 자니 그들이 두려워하는 것을 두
려워하지 말며 근심하지 말고

15 너희 마음에 그리스도를 주로 삼아 거
룩하게 하고 너희 속에 있는 소망에 관
한 이유를 묻는 자에게는 대답할 것을
항상 준비하되 온유와 두려움으로 하고

16 선한 양심을 가지라 이는 그리스도 안
에 있는 너희의 선행을 욕하는 자들로
그 비방하는 일에 부끄러움을 당하게
하려 함이라

17 선을 행함으로 고난 받는 것이 하나님

1)또는 그 아내를 더 연약한 그릇 같이 여겨 지식을 따라 동거하고
또 생명의 은혜를 ㄱ. 시 34:12 이하

의 뜻일진대 악을 행함으로 고난 받는 것보다 나으니라

18 그리스도께서도 단번에 죄를 위하여 ¹⁾죽으사 의인으로서 불의한 자를 대신하셨으니 이는 우리를 하나님 앞으로 인도하려 하심이라 육체로는 죽음을 당하시고 영으로는 살리심을 받으셨으니

19 그가 또한 영으로 가서 옥에 있는 영들에게 선포하시니라

20 그들은 전에 노아의 날 방주를 준비할 동안 하나님이 오래 참고 기다리실 때에 복종하지 아니하던 자들이라 방주에서 물로 말미암아 구원을 얻은 자가 몇 명뿐이니 겨우 여덟 명이라

21 물은 예수 그리스도께서 부활하심으로 말미암아 이제 너희를 구원하는 ²⁾표니 곧 ³⁾세례라 이는 육체의 더러운 것을 제하여 버림이 아니요 하나님을 향한 선한 양심의 간구니라

22 그는 하늘에 오르사 하나님 우편에 계시니 천사들과 권세들과 능력들이 그에게 복종하느니라

4 그리스도께서 이미 육체의 고난을 받으셨으니 너희도 같은 마음으로 갑옷을 삼으라 이는 육체의 고난을 받은 자는 죄를 그쳤음이니

2 그 후로는 다시 사람의 정욕을 따르지 않고 하나님의 뜻을 따라 육체의 남은 때를 살게 하려 함이라

3 너희가 음란과 정욕과 술취함과 방탕과 향락과 무법한 우상 숭배를 하여 이 방인의 뜻을 따라 행한 것은 지나간 때로 족하도다

4 이러므로 너희가 그들과 함께 그런 극한 방탕에 달음질하지 아니하는 것을 그들이 이상히 여겨 비방하나

5 그들이 산 자와 죽은 자를 심판하기로 예비하신 이에게 사실대로 고하리라

6 이를 위하여 죽은 자들에게도 복음이 전파되었으니 이는 육체로는 사람으로 심판을 받으나 영으로는 하나님을 따라 살게 하려 함이라

7 만물의 마지막이 가까이 왔으니 그러므로 너희는 정신을 차리고 근신하여 기도하라

8 무엇보다도 뜨겁게 서로 사랑할지니 사랑은 허다한 죄를 덮느니라

9 서로 대접하기를 원망 없이 하고

10 각각 은사를 받은 대로 하나님의 여러 가지 은혜를 맡은 선한 청지기 같이 서로 봉사하라

11 만일 누가 말하려면 하나님의 말씀을 하는 것 같이 하고 누가 봉사하려면 하나님이 공급하시는 힘으로 하는 것 같이 하라 이는 범사에 예수 그리스도로

1) 어떤 사본에, 고난을 받으사 2) 또는 실체 3) 헬, 또는 침례

3:16 · 4:6 · 롬 6:11

말미암아 하나님이 영광을 받으시게
하려 함이니 그에게 영광과 권능이 세
세에 무궁하도록 있느니라 아멘

그리스도인이 받을 고난

12 ●사랑하는 자들아 너희를 연단하려
고 오는 불 시험을 이상한 일 당하는
것 같이 이상히 여기지 말고

13 오히려 너희가 그리스도의 고난에 참
여하는 것으로 즐거워하라 이는 그의
영광을 나타내실 때에 너희로 즐거워
하고 기뻐하게 하려 함이라　　　빌 3:10

14 너희가 그리스도의 이름으로 치욕을
당하면 복 있는 자로다 영광의 영 곧 하
나님의 영이 너희 위에 계심이라

15 너희 중에 누구든지 살인이나 도둑질
이나 악행이나 남의 일을 간섭하는 자
로 고난을 받지 말려니와

16 만일 그리스도인으로 고난을 받으면
부끄러워하지 말고 도리어 그 이름으
로 하나님께 영광을 돌리라

17 하나님의 집에서 심판을 시작할 때가
되었나니 만일 우리에게 먼저 하면 하
나님의 복음을 순종하지 아니하는 자
들의 그 마지막은 어떠하며

18 또 의인이 겨우 구원을 받으면 경건하
지 아니한 자와 죄인은 어디에 서리요

19 그러므로 하나님의 뜻대로 고난을 받는
자들은 또한 선을 행하는 가운데에 그
영혼을 미쁘신 창조주께 의탁할지어다

하나님의 양 무리를 치라　A.D. 64년경

5 너희 중 장로들에게 권하노니 나는 함
께 장로 된 자요 그리스도의 고난의
증인이요 나타날 영광에 참여할 자니라

2 너희 중에 있는 하나님의 양 무리를 치
되 억지로 하지 말고 하나님의 뜻을 따
라 자원함으로 하며 더러운 이득을 위
하여 하지 말고 기꺼이 하며

3 맡은 자들에게 주장하는 자세를 하지
말고 양 무리의 본이 되라

4 그리하면 목자장이 나타나실 때에 시

들지 아니하는 영광의 관을 얻으리라

5 젊은 자들아 이와 같이 장로들에게 순
종하고 다 서로 겸손으로 허리를 동이
라 하나님은 교만한 자를 대적하시되
겸손한 자들에게는 은혜를 주시느니라

6 그러므로 하나님의 능하신 손 아래에
서 겸손하라 때가 되면 너희를 높이시
리라　〔암송〕

7 너희 염려를 다 주께 맡기라 이는 그가
너희를 돌보심이라　〔암송〕

8 근신하라 깨어라 너희 대적 ²마귀가 우
는 사자 같이 두루 다니며 삼킬 자를 찾나니

9 너희는 믿음을 굳건하게 하여 그를 대
적하라 이는 세상에 있는 너희 형제들
도 동일한 고난을 당하는 줄을 앎이라

10 모든 은혜의 하나님 곧 그리스도 안에
서 너희를 부르사 자기의 영원한 영광
에 들어가게 하신 이가 잠깐 고난을 당
한 너희를 친히 온전하게 하시며 굳건
하게 하시며 강하게 하시며 ³터를 견
고하게 하시리라

11 권능이 세세무궁하도록 그에게 있을
지어다 아멘　　　롬 11:36

끝 인사

12 ●내가 신실한 형제로 아는 실루아노로
말미암아 너희에게 간단히 써서 권하
고 이것이 하나님의 참된 은혜임을 증
언하노니 너희는 이 은혜에 굳게 서라

13 택하심을 함께 받은 바벨론에 있는 ⁴교
회가 너희에게 문안하고 내 아들 마가
도 그리하느니라

14 너희는 사랑의 입맞춤으로 서로 문안
하라 ●그리스도 안에 있는 너희 모든
이에게 평강이 있을지어다　　　롬 6:23

1) 헐, 보이리라 2) 헐, 훼방자 3) 어떤 사본에, '터를 견고하게 가'가 없음 4) 또는 여자가

5 장에는 무엇이 기록되어 있을까?

교회 지도자들은 교회가 고난에 처했
을 때 믿는 자들을 위로해야 해요. 베드로는 이미
소아시아 지역의 일부 교회들이 고난을 겪고 있고,
조만간 더 큰 고난이 닥칠 것이라고 짐작하였어요.
그래서 교회 지도자들에게 믿음 위에 굳게 서서
기쁨으로 성도들을 돌볼 것을 당부했습니다.

베드로후서를 읽기 전에

베드로가 실루아노(실라)의 도움을 받아 쓴 편지로서, 베드로전서에 이은 두 번째 편지예요. 베드로는 복음을 전하다가 로마에서 순교했는데, 이 편지는 베드로가 순교하기 직전에 쓴 편지랍니다.

언제, 왜, 누구를 위하여 썼나요?

이 책은 A.D. 54~68년경 베드로가 소아시아 성도들에게 쓴 편지예요. 성도들이 교회 안에 들어온 거짓 선생들의 유혹에 빠지지 않고 다시 오실 예수님을 믿고 기다리도록 하기 위해 썼지요.

어떤 내용인가요?

교회 안에 생겨난 거짓 교사들을 경계하고 오직 예수님을 아는 지식 안에서 자라가도록 교훈하고 있어요. 또 예수님의 재림을 분명하고 단호하게 전한답니다.

부르심과 택하심

1 예수 그리스도의 종이며 사도인 시몬 베드로는 우리 하나님과 구주 예수 그리스도의 의를 힘입어 동일하게 보배로운 믿음을 우리와 함께 받은 자들에게 편지하노니

2 하나님과 우리 주 예수를 앎으로 은혜와 평강이 너희에게 더욱 많을지어다

3 그의 신기한 능력으로 생명과 경건에 속한 모든 것을 우리에게 주셨으니 이는 자기의 영광과 덕으로써 우리를 부르신 이를 앎으로 말미암음이라

4 이로써 그 보배롭고 지극히 큰 약속을 우리에게 주사 이 약속으로 말미암아 너희가 정욕 때문에 세상에서 썩어질 것을 피하여 신성한 성품에 참여하는 자가 되게 하려 하셨느니라

5 그러므로 너희가 더욱 힘써 너희 믿음에 덕을, 덕에 지식을,

6 지식에 절제를, 절제에 인내를, 인내에 경건을,

7 경건에 형제 우애를, 형제 우애에 사랑을 더하라 [암송]

8 이런 것이 너희에게 있어 흡족한즉 너희로 우리 주 예수 그리스도를 알기에 게으르지 않고 열매 없는 자가 되지 않게 하려니와

9 이런 것이 없는 자는 맹인이라 멀리 보지 못하고 그의 옛 죄가 깨끗하게 된 것을 잊었느니라

10 그러므로 형제들아 더욱 힘써 너희 부르심과 택하심을 굳게 하라 너희가 이것을 행한즉 언제든지 실족하지 아니하리라

11 이같이 하면 우리 주 곧 구주 예수 그리스도의 영원한 나라에 들어감을 넉넉히 너희에게[1] 주시리라

              뻗 3:21

그리스도의 영광과 성령의 예언

12 ●그러므로 너희가 이것을 알고 이미 있는 진리에 서 있으나 내가 항상 너희

1장 에는 무엇이 기록되어 있을까?

베드로는 교회 안에 어떤 사람들과 거짓 선지자의 잘못된 가르침이 퍼져 있다는 얘기를 듣고 이 편지를 쓰게 되었어요. 1장에서는 이런 문제를 해결하기 위해 영적으로 성숙한 믿음을 가지라고 당부하고 있지요. 특히 말씀에 근거한 믿음은 잘못된 가르침을 무찌르는 가장 큰 힘이 될 것이라고 말했답니다.

---

1) 헬, 공급하시리라

베드로가 순교했던 바티칸의 베드로 광장에 세워진 베드로 상 (1:1)

에게 생각나게 하려 하노라

13 내가 이 장막에 있을 동안에 너희를 일깨워 생각나게 함이 옳은 줄로 여기노니

14 이는 우리 주 예수 그리스도께서 내게 지시하신 것 같이 나도 나의 장막을 벗어날 것이 임박한 줄을 앎이라 딤후 4:6

15 내가 힘써 너희로 하여금 내가 떠난 후에라도 어느 때나 이런 것을 생각나게 하려 하노라

16 우리 주 예수 그리스도의 능력과 강림하심을 너희에게 알게 한 것이 교묘히 만든 이야기를 따른 것이 아니요 우리는 그의 크신 위엄을 친히 본 자라

17 지극히 큰 영광 중에서 이러한 소리가 그에게 나기를 이는 내 사랑하는 아들이요 내 기뻐하는 자라 하실 때에 그가 하나님 아버지께 존귀와 영광을 받으셨느니라

18 이 소리는 우리가 그와 함께 거룩한 산에 있을 때에 하늘로부터 난 것을 들은 것이라

19 또 우리에게는 더 확실한 예언이 있어 어두운 데를 비추는 등불과 같으니 날이 새어 샛별이 너희 마음에 떠오르기까지 너희가 이것을 주의하는 것이 옳으니라

20 먼저 알 것은 성경의 모든 예언은 사사로이 풀 것이 아니니

21 예언은 언제든지 사람의 뜻으로 낸 것이 아니요 오직 성령의 감동하심을 받은 사람들이 하나님께 받아 말한 것임이라

거짓 선지자들과 거짓 선생들 (유 4-13절)

2 그러나 백성 가운데 또한 거짓 선지자들이 일어났었나니 이와 같이

1) 또는 상전

너희 중에도 거짓 선생들이 있으리라 그들은 멸망하게 할 이단을 가만히 끌어들여 자기들을 사신 1)주를 부인하고 임박한 멸망을 스스로 취하는 자들이라

2 여럿이 그들의 호색하는 것을 따르리니 이로 말미암아 진리의 도가 비방을 받을 것이요

3 그들이 탐심으로써 지어낸 말을 가지고 너희로 이득을 삼으니 그들의 심판은 옛적부터 지체하지 아니하며 그들의 멸망은 잠들지 아니하느니라 딤전 6:5

4 하나님이 범죄한 천사들을 용서하지 아니하시고 지옥에 던져 어두운 구덩이에 두어 심판 때까지 지키게 하셨으며

5 옛 세상을 용서하지 아니하시되 오직 의를 전파하는 노아와 그 일곱 식구를 보존하시고 경건하지 아니한 자들의 세상에 홍수를 내리셨으며

6 소돔과 고모라 성을 멸망하기로 정하여 재가 되게 하사 후세에 경건하지 아니할 자들에게 본을 삼으셨으며

7 무법한 자들의 음란한 행실로 말미암아 고통 당하는 의로운 롯을 건지셨으니

8 (이는 이 의인이 그들 중에 거하여 날마다 저 불법한 행실을 보고 들음으로 그 의로운 심령이 상함이라)

9 주께서 경건한 자는 시험에서 건지실 줄 아시고 불의한 자는 형벌 아래에 두어 심판 날까지 지키시며

10 특별히 육체를 따라 더러운 정욕 가운데서 행하며 주관하는 이를 멸시하는

2 **장** 에는 무엇이 기록되어 있을까?

베드로는 교회 안에서 몰래 활동하던 거짓 선지자들의 유래와 일반적인 특징을 기까하면서, 그들에게 심판 받게 될 것을 경고하고 교인들에게 그들을 가까이하지 말 것을 당부했어요. 그러므로 거짓 선지자는 물론이거니와 그들에게 정신이 빼앗겨 그리스도를 배신한 자에게도 무거운 심판이 내려질 것입니다.

자들에게는 형벌할 줄 아시느니라 이들은 당돌하고 자긍하며 떨지 않고 영광 있는 자들을 비방하거니와

11 더 큰 힘과 능력을 가진 천사들도 주 앞에서 그들을 거슬러 비방하는 고발을 하지 아니하느니라 　유9:1~15?

12 그러나 이 사람들은 본래 잡혀 죽기 위하여 난 이성 없는 짐승 같아서 그 알지 못하는 것을 비방하고 그들의 멸망 가운데서 멸망을 당하며

13 불의의 값으로 불의를 당하며 낮에 즐기고 노는 것을 기쁘게 여기는 자들이니 점과 흠이라 너희와 함께 연회할 때에 그들의¹⁾속임수로 즐기고 놀며

14 음심이 가득한 눈을 가지고 범죄하기를 그치지 아니하고 굳세지 못한 영혼들을 유혹하며 탐욕에 연단된 마음을 가진 자들이니 저주의 자식이라

15 그들이 바른 길을 떠나 미혹되어 브올의 아들 발람의 길을 따르는도다 그는 불의의 삯을 사랑하다가

16 자기의 불법으로 말미암아 책망을 받되 말하지 못하는 나귀가 사람의 소리로 말하여 이 선지자의 미친 행동을 저지하였느니라

17 이 사람들은 물 없는 샘이요 광풍에 밀려 가는 안개니 그들을 위하여 캄캄한 어둠이 예비되어 있나니

18 그들이 허탄한 자랑의 말을 토하며 그릇되게 행하는 사람들에게서 겨우 피한 자들을 음란으로써 육체의 정욕 중에서 유혹하는도다

19 그들에게 자유를 준다 하여도 자신들은 멸망의 종들이니 누구든지 진 자는 이긴 자의 종이 됨이라

20 만일 그들이 우리 주 되신 구주 예수 그리스도를 앎으로 세상의 더러움을 피한 후에 다시 그 중에 얽매이고 지면 그 나중 형편이 처음보다 더 심하리니

21 의의 도를 안 후에 받은 거룩한 명령을 저버리는 것보다 알지 못하는 것이 도리어 그들에게 나으니라 　히6:4

22 참된 속담에 이르기를 개가 그 토하였던 것에 돌아가고 돼지가 씻었다가 더러운 구덩이에 도로 누웠다 하는 말이 그들에게 응하였도다

　하나님의 날 — A.D. 66년경

3 사랑하는 자들아 내가 이제 이 둘째 편지를 너희에게 쓰노니 이 두 편지로 너희의 진실한 마음을 일깨워 생각나게 하여

2 곧 거룩한 선지자들이 예언한 말씀과 주 되신 구주께서 너희의 사도들로 말미암아 명하신 것을 기억하게 하려 하노라

3 먼저 이것을 알지니 말세에 조롱하는 자들이 와서 자기의 정욕을 따라 행하며 조롱하여

4 이르되 주께서 강림하신다는 약속이 어디 있느냐 조상들이 잔 후로부터 만물이 처음 창조될 때와 같이 그냥 있다 하니 　히5:9

5 이는 하늘이 옛적부터 있는 것과 땅이 물에서 나와 물로 성립된 것도 하나님의 말씀으로 된 것을 그들이 일부러 잊으려 함이로다

6 이로 말미암아 그 때에 세상은 물이 넘침으로 멸망하였으되

7 이제 하늘과 땅은 그 동일한 말씀으로

3 에는 무엇이 기록되어 있을까?

1) 어떤 사본에 애연아 2) 장9:6,7? 일부

이성(2:12) 이치에 따라 사리를 분별하는 성품.
점과 흠(2:13) 점은 얼룩, 티를 말하며, 흠은 흉이다.
연단(2:14) 수련을 통해 몸과 마음을 굳세게 하는 것.
광풍(2:17) 미친듯이 휩쓸어 일어나는 바람.
강림(3:4) 하나님께서 세상에 내려오심.
더디다(3:9) 움직이는 시간이 오래 걸림.
미혹(3:17) 마음이 흐려져 무엇에 홀림.

거짓 선지자들 중에는 예수님이 내 일이라도 당장 오실 것처럼 부풀려 선동하거나, 결코 오시지 않는다고 부인하는 두 부류가 있었어요. 베드로는 믿는 자들에게 이런 거짓 선지자의 꼬임에 넘어가지 말고, 예수님이 언제 오실지는 아무도 모르므로 그때까지 순결한 생활을 할 것을 당부했습니다.

불사르기 위하여 보호하신 바 되어 경건하지 아니한 사람들의 심판과 멸망의 날까지 보존하여 두신 것이니라

8 ●사랑하는 자들아 주께는 하루가 천 년 같고 천 년이 하루 같다는 이 한 가지를 잊지 말라

9 주의 약속은 어떤 이들이 더디다고 생각하는 것 같이 더딘 것이 아니라 오직 주께서는 너희를 대하여 오래 참으사 아무도 멸망하지 아니하고 다 회개하기에 이르기를 원하시느니라 [암송]

10 그러나 주의 날이 도둑 같이 오리니 그 날에는 하늘이 큰 소리로 떠나가고 물질이 뜨거운 불에 풀어지고 땅과 그 중에 있는 모든 일이 1)드러나리로다

11 이 모든 것이 이렇게 풀어지리니 너희가 어떠한 사람이 되어야 마땅하냐 거룩한 행실과 경건함으로

12 하나님의 날이 임하기를 바라보고 간절히 사모하라 그 날에 하늘이 불에 타서 풀어지고 물질이 뜨거운 불에 녹아지려니와 \ 50:3

13 우리는 그의 약속대로 의가 있는 곳인 새 하늘과 새 땅을 바라보도다 계 21:1

14 ●그러므로 사랑하는 자들아 너희가 이것을 바라보나니 주 앞에서 점도 없고 흠도 없이 평강 가운데서 나타나기를 힘쓰라 빌 2:15

15 또 우리 주의 오래 참으심이 구원이 될 줄로 여기라 우리가 사랑하는 형제 바울도 그 받은 지혜대로 너희에게 이같이 썼고

16 또 그 모든 편지에도 이런 일에 관하여 말하였으되 그 중에 알기 어려운 것이 더러 있으니 무식한 자들과 굳세지 못한 자들이 다른 성경과 같이 그것도 2)억지로 풀다가 스스로 멸망에 이르느니라

17 그러므로 사랑하는 자들아 너희가 이것을 미리 알았은즉 무법한 자들의 미혹에 이끌려 너희가 굳센 데서 떨어질까 삼가라 2:18

18 오직 우리 주 곧 구주 예수 그리스도의 은혜와 그를 아는 지식에서 자라 가라 영광이 이제와 영원한 날까지 그에게 있을지어다 3)

---

1) 어떤 사본에, 타지리라 2) 또는 교묘하게 3) 어떤 사본에, 16절 끝에 '아멘'이 있음

선생님!! 궁금해요

지옥은 어떤 곳인가요?
누가 지옥에서 살아요?

지옥은 죄인들이 벌을 받아서 가는 곳이랍니다. 즉, 예수님을 믿지 않고 말씀에 불순종하며 죄를 지은 사람들이 영원한 벌을 받는 곳이에요. 꺼지지 않는 불이 영원히 타는 무서운 곳이랍니다. 하나님을 믿지 않고 거지 나사로를 돕지 않았던 욕심 많은 부자가 갔던 곳이지요.

우리는 가끔 힘들거나 어려운 일이 있을 때 "지옥 같다"는 말을 하지만 진짜 지옥과 비교하면 그것은 아무 것도 아니에요. 지옥은 그보다 천 배, 만 배 힘들고 고통스러운 곳이랍니다. 그렇기 때문에 우리는 가족과 친척, 그리고 친구와 이웃 사람들이 지옥에 가지 않도록 열심히 전도하며 매일 기도해야 한답니다.

2장 4절

요한일서

요한일서를 읽기 전에

이 책을 쓴 사람은 사도 요한이에요. 그는 세베대의 아들로서, 형 야고보와 함께 어부로 일하다가 예수님의 제자로 부름받았어요. 요한이 쓴 세 권의 짧은 책인 요한 일서, 요한 이서, 요한 삼서를 일컬어 '요한 서신'이라고 한답니다.

언제, 왜, 누구를 위하여 썼나요?

이 책을 기록한 때는 A.D. 85~96년경이라고 해요. 사도 요한은 교회를 어지럽히는 거짓된 가르침에 반대하고 오직 예수님만을 통해서 얻게 되는 구원의 확신을 심어주기 위해 모든 그리스도인을 대상으로 이 편지를 썼답니다.

어떤 내용인가요?

하나님은 빛이시며 사랑이십니다. 요한은 하나님의 자녀인 우리도 서로 사랑할 것을 교훈하고 있어요. 반면에 거짓 교사들에게 빠지지 않도록 경고하고 있지요.

생명의 말씀

1 태초부터 있는 생명의 1)말씀에 관하여는 우리가 들은 바요 눈으로 본 바요 자세히 보고 우리의 손으로 만진 바라

2 이 생명이 나타내신 바 된지라 이 영원한 생명을 우리가 보았고 증언하여 너희에게 전하노니 이는 아버지와 함께 계시다가 우리에게 나타내신 바된 이시니라

3 우리가 보고 들은 바를 너희에게도 전함은 너희로 우리와 사귐이 있게 하려 함이니 우리의 사귐은 아버지와 그의 아들 예수 그리스도와 더불어 누림이라

4 우리가 이것을 씀은 우리의 기쁨이 충만하게 하려 함이라

하나님은 빛이니라 —A.D. 90년경

5 ●우리가 그에게서 듣고 너희에게 전하는 소식은 이것이니 곧 하나님은 빛이시라 그에게는 어둠이 조금도 없으시다는 것이니라   3:11

6 만일 우리가 하나님과 사귐이 있다 하고 어둠에 행하면 거짓말을 하고 2)진리를 행하지 아니함이거니와

7 그가 빛 가운데 계신 것 같이 우리도 빛 가운데 행하면 우리가 서로 사귐이 있고 그 아들 예수의 피가 우리를 모든 죄에서 깨끗하게 하실 것이요

8 만일 우리가 죄가 없다고 말하면 스스로 속이고 또 2)진리가 우리 속에 있지 아니할 것이요

9 만일 우리가 우리 죄를 자백하면 그는 미쁘시고 의로우사 우리 죄를 사하시며 우리를 모든 불의에서 깨끗하게 하실 것이요

10 만일 우리가 범죄하지 아니하였다 하면 하나님을 거짓말하는 이로 만드는 것이니 또한 그의 말씀이 우리 속에 있지 아니하니라

대언자이신 예수 그리스도

2 나의 자녀들아 내가 이것을 너희에게 씀은 너희로 죄를 범하지 않게

1 에는 무엇이 기록되어 있을까?

예수 그리스도는 태초부터 생명의 말씀으로 존재하셨어요. 그리고 인간의 몸으로 이 땅에 오셔서 우리와 함께 교제하기 원하셨어요. 하지만 영지주의자들은 예수님이 완전한 인간이 아니라 단지 영적인 존재라고만 가르쳤어요. 1장에서는 요한이 이를 바로잡기 위해 이 편지를 쓰게 되었음을 소개하고 있답니다.

1)헬. 로고스 2)헬. 참

사도 요한으로부터 고난에 대한 경고를 들은 서머나 교회의 내부 (2:18-29)

하려 함이라 만일 누가 죄를 범하여도 아버지 앞에서 우리에게 ¹⁾대언자가 있으니 곧 의로우신 예수 그리스도시라

2 그는 우리 죄를 위한 화목제물이니 우리만 위할 뿐 아니요 온 세상의 죄를 위하심이라

3 우리가 그의 계명을 지키면 이로써 우리가 그를 아는 줄로 알 것이요 3:22, 24

4 그를 아노라 하고 그의 계명을 지키지 아니하는 자는 거짓말하는 자요 ²⁾진리가 그 속에 있지 아니하되

5 누구든지 그의 말씀을 지키는 자는 하나님의 사랑이 참으로 그 속에서 온전하게 되었나니 이로써 우리가 그의 안에 있는 줄을 아노라

6 그의 안에 산다고 하는 자는 그가 행하시는 대로 자기도 행할지니라 벧전 2:21

옛 계명과 새 계명

7 ●사랑하는 자들아 내가 새 계명을 너희에게 쓰는 것이 아니라 너희가 처음부터 가진 옛 계명이니 이 옛 계명은 너희가 들은 바 말씀이거니와

8 다시 내가 너희에게 새 계명을 쓰노니 그에게와 너희에게도 참된 것이라 이는 어둠이 지나가고 참빛이 벌써 비침이니라

9 빛 가운데 있다 하면서 그 형제를 미워하는 자는 지금까지 어둠에 있는 자요

10 그의 형제를 사랑하는 자는 빛 가운데 거하여 자기 속에 거리낌이 없으나

11 그의 형제를 미워하는 자는 어둠에 있고 또 어둠에 행하며 갈 곳을 알지 못하나니 이는 그 어둠이 그의 눈을 멀게 하였음이라

12 ●자녀들아 내가 너희에게 쓰는 것은 너희 죄가 그의 이름으로 말미암아 사함을 받았음이요

13 아비들아 내가 너희에게 쓰는 것은 너희가 태초부터 계신 이를 알았음이요 청년들아 내가 너희에게 쓰는 것은 너희가 악한 자를 이기었음이라

14 아이들아 내가 너희에게 쓴 것은 너희가 아버지를 알았음이요 아비들아 내가 너희에게 쓴 것은 너희가 태초부터 계신 이를 알았음이요 청년들아 내가 너희에게 쓴 것은 너희가 강하고 하나님의 말씀이 너희 안에 거하시며 너희가 흉악한 자를 이기었음이라

15 이 세상이나 세상에 있는 것들을 사랑하지 말라 누구든지 세상을 사랑하면 아버지의 사랑이 그 안에 있지 아니하니

16 이는 세상에 있는 모든 것이 육신의 정욕과 안목의 정욕과 이생의 자랑이니 다 아버지께로부터 온 것이 아니요 세상으로부터 온 것이라 ^{알총}

17 이 세상도, 그 정욕도 지나가되 오직 하나님의 뜻을 행하는 자는 영원히 거하느니라

적그리스도와 하나님의 자녀

18 ●아이들아 지금은 마지막 때라 적그리스도가 오리라는 말을 너희가 들은 것과 같이 지금도 많은 적그리스도가 일어났으니 그러므로 우리가 마지막 때인 줄 아노라

19 그들이 우리에게서 나갔으나 우리에게 속하지 아니하였나니 만일 우리에게

2 에는 무엇이 기록되어 있을까?

2장에서는 우리의 구원을 위해 화목제물이 되신 예수 그리스도와 적그리스도에 대해 말하고 있어요. 하나님과 교제하는 자들은 빛이신 하나님 안에 거하면서 그의 계명과 말씀을 지키고 사랑을 실천하지요. 한편 요한은 예수님이 그리스도가 아니라는 적그리스도의 거짓 가르침에 속지 말 것을 당부하고 있습니다.

요일

요일게

속하였더라면 우리와 함께 거하였으려니와 그들이 나간 것은 다 우리에게 속하지 아니함을 나타내려 함이라

20 너희는 거룩하신 자에게서 기름 부음을 받고 모든 것을 아느니라

21 내가 너희에게 쓰는 것은 너희가 ¹⁾진리를 알지 못하기 때문이 아니라 알기 때문이요 또 모든 거짓은 ¹⁾진리에서 나지 않기 때문이라

22 거짓말하는 자가 누구냐 예수께서 그리스도이심을 부인하는 자가 아니냐 아버지와 아들을 부인하는 그가 적그리스도니

23 아들을 부인하는 자에게는 또한 아버지가 없으되 아들을 시인하는 자에게는 아버지도 있느니라 ☩14:7

24 너희는 처음부터 들은 것을 너희 안에 거하게 하라 처음부터 들은 것이 너희 안에 거하면 너희가 아들과 아버지 안에 거하리라

25 그가 우리에게 약속하신 것은 이것이니 곧 영원한 생명이니라

26 너희를 미혹하는 자들에 관하여 내가 이것을 너희에게 썼노라

27 너희는 주께 받은 바 기름 부음이 너희 안에 거하나니 아무도 너희를 가르칠 필요가 없고 오직 그의 기름 부음이 모든 것을 너희에게 가르치며 또 참되고 거짓이 없으니 너희를 가르치신 그대로 주 안에 거하라 ☩14:26

28 자녀들아 이제 그의 안에 거하라 이는 주께서 나타내신 바 되면 그가 강림하실 때에 우리로 담대함을 얻어 그 앞에서 부끄럽지 않게 하려 함이라

29 너희가 그가 의로우신 줄을 알면 의를 행하는 자마다 그에게서 난 줄을 알리라

3 보라 아버지께서 어떠한 사랑을 우리에게 베푸사 하나님의 자녀라 일컬음을 받게 하셨는가, 우리가 그러하도다 그러므로 세상이 우리를 알지 못함은 그를 알지 못함이라 ☩1:12

2 사랑하는 자들아 우리가 지금은 하나님의 자녀라 장래에 어떻게 될지는 아직 나타나지 아니하였으나 그가 나타나시면 우리가 그와 같을 줄을 아는 것은 그의 참모습 그대로 볼 것이기 때문이니

3 주를 향하여 이 소망을 가진 자마다 그의 깨끗하심과 같이 자기를 깨끗하게 하느니라

4 죄를 짓는 자마다 불법을 행하나니 죄는 불법이라

5 그가 우리 죄를 없애려고 나타나신 것을 너희가 아나니 그에게는 죄가 없느니라

6 그 안에 거하는 자마다 범죄하지 아니하나니 범죄하는 자마다 그를 보지도 못하였고 그를 알지도 못하였느니라

7 자녀들아 아무도 너희를 미혹하지 못하게 하라 의를 행하는 자는 그의 의로우심과 같이 의롭고

8 죄를 짓는 자는 마귀에게 속하나니 마귀는 처음부터 범죄함이라 하나님의 아들이 나타나신 것은 마귀의 일을 멸하려 하심이라

9 하나님께로부터 난 자마다 죄를 짓지 아니하나니 이는 하나님의 씨가 그의 속에 거함이요 그도 범죄하지 못하는 것은 하나님께로부터 났음이라

3 에는 무엇이 기록되어 있을까?

요한은 하나님의 모조건적인 사랑을 얘기하면서 믿는 자들 역시 서로 사랑해야 한다고 말했어요. 또한 이런 사랑을 실제로 실천하는지 여부에 따라 진정 믿는 자인지 아닌지를 구별하였지요. 이렇게 자기 희생을 바탕으로 몸소 사랑을 실천하신 분이 바로 '예수 그리스도'입니다.

부인(2:22) 그렇지 않다고 보거나 주장함.
시인(2:23) 옳다고 인정함.
불법(3:4) 법이 없음. 하나님의 뜻에 어긋남.
하나님의 씨(3:9) 하나님의 말씀, 또는 성령님을 가리킨다.
무릇(3:10) 헤아려 생각하건대. 대체로 보아.
궁핍(3:17) 가난하고 구차함.
선지자(4:1) 하나님의 계시로 백성을 선도하는 자.

10 이러므로 하나님의 자녀들과 마귀의 자녀들이 드러나나니 무릇 의를 행하지 아니하는 자나 또는 그 형제를 사랑하지 아니하는 자는 하나님께 속하지 아니하니라 2:29

11 우리는 서로 사랑할지니 이는 너희가 처음부터 들은 소식이라

12 가인 같이 하지 말라 그는 악한 자에게 속하여 그 1)아우를 죽였으니 어떤 이유로 죽였느냐 자기의 행위는 악하고 그의 1)아우의 행위는 의로움이라

살았으나 죽었다고 책망을 들은 사데교회를 핍박하던 유대인들의 회당터 (4:1-6)

행함과 진실함으로 사랑하자

13 ●형제들아 세상이 너희를 미워하여도 이상히 여기지 말라

14 우리는 형제를 사랑함으로 사망에서 옮겨 생명으로 들어간 줄을 알거니와 사랑하지 아니하는 자는 사망에 머물러 있느니라

15 그 형제를 미워하는 자마다 살인하는 자니 살인하는 자마다 영생이 그 속에 거하지 아니하는 것을 너희가 아는 바라

16 그가 우리를 위하여 목숨을 버리셨으니 우리가 이로써 사랑을 알고 우리도 형제들을 위하여 목숨을 버리는 것이 마땅하니라

17 누가 이 세상의 재물을 가지고 형제의 궁핍함을 보고도 도와 줄 마음을 닫으면 하나님의 사랑이 어찌 그 속에 거하겠느냐

18 자녀들아 우리가 말과 혀로만 사랑하지 말고 행함과 진실함으로 하자 **암송**

19 이로써 우리가 2)진리에 속한 줄을 알고 또 우리 마음을 주 앞에서 굳세게 하리니 2:21

20 이는 우리 마음이 혹 우리를 책망할 일이 있어도 하나님은 우리 마음보다 크시고 모든 것을 아시기 때문이라

21 사랑하는 자들아 만일 우리 마음이 우리를 책망할 것이 없으면 하나님 앞에서 담대함을 얻고

22 무엇이든지 구하는 바를 그에게서 받나니 이는 우리가 그의 계명을 지키고 그 앞에서 기뻐하시는 것을 행함이라

23 그의 계명은 이것이니 곧 그 아들 예수 그리스도의 이름을 믿고 그가 우리에게 주신 계명대로 서로 사랑할 것이니라

24 그의 계명을 지키는 자는 주 안에 거하고 주는 그의 안에 거하시나니 우리에게 주신 성령으로 말미암아 그가 우리 안에 거하시는 줄을 우리가 아느니라

하나님의 영과 적그리스도의 영

4 사랑하는 자들아 영을 다 믿지 말고 오직 영들이 하나님께 속하였나 분별하라 많은 거짓 선지자가 세상에 나왔음이라

2 이로써 너희가 하나님의 영을 알지니 곧 예수 그리스도께서 육체로 오신 것을 시인하는 영마다 하나님께 속한 것이요

3 예수를 시인하지 아니하는 영마다 하나님께 속한 것이 아니니 이것이 곧 적그리스도의 영이니라 오리라 한 말을 너희가 들었거니와 지금 벌써 세상에 있느니라

4 자녀들아 너희는 하나님께 속하였고 또 그들을 이기었나니 이는 너희 안에 계신 이가 세상에 있는 자보다 크심이라

4 에는 무엇이 기록되어 있을까?

요한은 하나님의 영과 적그리스도의 영을 분별하는 능력을 강조하였어요. 왜냐하면 하나님의 영에 대해 바르게 이해하지 못하는 사람은 참된 신앙을 갖기가 힘들기 때문이에요. 그들은 적그리스도의 영에 홀려 신앙을 그르치기 쉬웠답니다. 또한 요한은 형제간에 사랑을 실천하기 위해 성령 안에 거하라고 가르쳤어요.

1) 헬, 형제 2) 헬, 참

5 그들은 세상에 속한 고로 세상에 속한 말을 하매 세상이 그들의 말을 듣느니라
6 우리는 하나님께 속하였으니 하나님을 아는 자는 우리의 말을 듣고 하나님께 속하지 아니한 자는 우리의 말을 듣지 아니하나니 1)진리의 영과 미혹의 영을 이로써 아느니라

하나님은 사랑이시다

7 ●사랑하는 자들아 우리가 서로 사랑하자 사랑은 하나님께 속한 것이니 사랑하는 자마다 하나님으로부터 나서 하나님을 알고
8 사랑하지 아니하는 자는 하나님을 알지 못하나니 이는 하나님은 사랑이심이라 암송
9 하나님의 사랑이 우리에게 이렇게 나타난 바 되었으니 하나님이 자기의 독생자를 세상에 보내심은 그로 말미암아 우리를 살리려 하심이라
10 사랑은 여기 있으니 우리가 하나님을 사랑한 것이 아니요 하나님이 우리를 사랑하사 우리 죄를 속하기 위하여 화목제물로 그 아들을 보내셨음이라
11 사랑하는 자들아 하나님이 이같이 우리를 사랑하셨은즉 우리도 서로 사랑하는 것이 마땅하도다

술술 풀리는 낱낱말씀
사망에 이르는 죄

'사망에 이르는 죄'가 무엇인지에 관해서는, 죽음의 의미에 따라 두 가지로 해석할 수 있어요.
첫 번째는 육체적인 죽음에 이르는 죄라고 보는 거예요. 초대 교회 당시에는 하나님께서 죄에 대한 징벌로 질병과 죽음을 내리신 경우가 많았답니다(고전 11:30). 그래서 야고보는 징벌을 받아 병든 사람은 회개한 후에, 장로들에게 부탁하여 기도를 받으라고 하였어요(약 5:14~15). 하지만 징벌의 결과가 죽음일 경우에는, 이러한 기도도 소용이 없었지요(행 5:1~10).
두 번째로는 영적인 죽음에 이르는 죄를 뜻해요. 그것은 드러내놓고 악의적으로 하나님과 복음을 거부하는 사람들의 죄를 말한답니다. 5장 16절

12 어느 때나 하나님을 본 사람이 없으되 만일 우리가 서로 사랑하면 하나님이 우리 안에 거하시고 그의 사랑이 우리 안에 온전히 이루어지느니라
13 그의 성령을 우리에게 주시므로 우리가 그 안에 거하고 그가 우리 안에 거하시는 줄을 아느니라
14 아버지가 아들을 세상의 구주로 보내신 것을 우리가 보았고 또 증언하노니
15 누구든지 예수를 하나님의 아들이라 시인하면 하나님이 그의 안에 거하시고 그도 하나님 안에 거하느니라
16 하나님이 우리를 사랑하시는 사랑을 우리가 알고 믿었노니 하나님은 사랑이시라 사랑 안에 거하는 자는 하나님 안에 거하고 하나님도 그의 안에 거하시느니라
17 이로써 사랑이 우리에게 온전히 이루어진 것은 우리로 심판 날에 담대함을 가지게 하려 함이니 주께서 그러하심과 같이 우리도 이 세상에서 그러하니라
18 사랑 안에 두려움이 없고 온전한 사랑이 두려움을 내쫓나니 두려움에는 형벌이 있음이라 두려워하는 자는 사랑 안에서 온전히 이루지 못하였느니라
19 우리가 사랑함은 그가 먼저 우리를 사랑하셨음이라 4:10
20 누구든지 하나님을 사랑하노라 하고 그 형제를 미워하면 이는 거짓말하는 자니 보는 바 그 형제를 사랑하지 아니하는 자는 보지 못하는 바 하나님을 사랑할 수 없느니라 암송
21 우리가 이 계명을 주께 받았나니 하나님을 사랑하는 자는 또한 그 형제를 사랑할지니라

세상을 이기는 믿음

5 예수께서 그리스도이심을 믿는 자마다 하나님께로부터 난 자니 또한 낳으신 이를 사랑하는 자마다 그에게서 난 자를 사랑하느니라
2 우리가 하나님을 사랑하고 그의 계명들을 지킬 때에 이로써 우리가 하나님의

1) 헬, 참

자녀를 사랑하는 줄을 아느니라 2:5

3 하나님을 사랑하는 것은 이것이니 우리가 그의 계명들을 지키는 것이라 그의 계명들은 무거운 것이 아니로다

4 무릇 하나님께로부터 난 자마다 세상을 이기느니라 세상을 이기는 승리는 이것이니 우리의 믿음이니라 ☆ 16:33

5 예수께서 하나님의 아들이심을 믿는 자가 아니면 세상을 이기는 자가 누구냐

6 이는 물과 피로 임하신 이시니 곧 예수 그리스도시라 물로만 아니요 물과 피로 임하셨고 증언하는 이는 성령이시니 성령은 1)진리니라

7 증언하는 이가 셋이니

8 성령과 물과 피라 또한 이 셋은 합하여 하나이니라

9 만일 우리가 사람들의 증언을 받을진대 하나님의 증거는 더욱 크도다 하나님의 증거는 이것이니 그의 아들에 대하여 증언하신 것이니라

10 하나님의 아들을 믿는 자는 자기 안에 증거가 있고 하나님을 믿지 아니하는 자는 하나님을 거짓말하는 자로 만드나니 이는 하나님께서 그 아들에 대하여 증언하신 증거를 믿지 아니하였음이라

11 또 증거는 이것이니 하나님이 우리에게 영생을 주신 것과 이 생명이 그의 아들 안에 있는 그것이니라 ☆ 1:4

12 아들이 있는 자에게는 생명이 있고 하나님의 아들이 없는 자에게는 생명이 없느니라

영생을 알게 하려 함이라

13 ● 내가 하나님의 아들의 이름을 믿는

폭풍의 신과 태양의 여신을 숭배하던 고대 신전터(5:21)

너희에게 이것을 쓰는 것은 너희로 하여금 너희에게 영생이 있음을 알게 하려 함이라 암송

14 그를 향하여 우리가 가진 바 담대함이 이것이니 그의 뜻대로 무엇을 구하면 들으심이라

15 우리가 무엇이든지 구하는 바를 들으시는 줄을 안즉 우리가 그에게 구한 그것을 얻은 줄을 또한 아느니라

16 누구든지 형제가 사망에 이르지 아니하는 죄 범하는 것을 보거든 구하라 2)그리하면 사망에 이르지 아니하는 범죄자들을 위하여 그에게 생명을 주시리라 사망에 이르는 죄가 있으니 이에 관하여 나는 구하라 하지 않노라 약 5:15

17 모든 불의가 죄로되 사망에 이르지 아니하는 죄도 있도다

18 ● 하나님께로부터 난 자는 다 범죄하지 아니하는 줄을 우리가 아노라 하나님께로부터 3)나신 자가 그를 지키시매 악한 자가 그를 만지지도 못하느니라

19 또 아는 것은 우리는 하나님께 속하고 온 세상은 악한 자 안에 처한 것이며

20 또 아는 것은 하나님의 아들이 이르러 우리에게 지각을 주사 우리로 참된 자를 알게 하신 것과 또한 우리가 참된 자 곧 그의 아들 예수 그리스도 안에 있는 것이니 그는 참 하나님이시요 영생이시라

21 자녀들아 너희 자신을 지켜 우상에게서 멀리하라

5 장 에는 무엇이 기록되어 있을까?

참된 사랑은 믿음에 기초합니다. 믿음이 있다고 하면서도 형제를 사랑하지 않거나, 사랑한다고 하면서도 믿음이 없는 것은 성도가 행할 바가 아니지요. 사랑과 믿음이 있는 자는 구원의 확신 속에서 승리의 삶을 이어갈 수 있답니다. 바로 믿음과 사랑의 힘이 험한 세상에서 이길 힘을 주는 것이지요.

1)헬, 참 2)또는 그러면 그에게 생명을 주시리니 곧 사망에 이르지 아니하는 범죄자에게니라 3)어떤 사본에, 난자가 자기를 지키매

요한이서

요한이서를 읽기 전에

이 책은 사도 요한이 쓴 것으로, 1장으로 된 짧은 편지예요. 사도 요한은 형인 야고보와 시몬 베드로와 함께 예수님의 특별한 사랑을 받았어요. 요한복음에서 저자 요한은 스스로 '그의 사랑하시는 자'라고 기록하고 있지요.

언제, 왜, 누구를 위하여 썼나요?

이 책을 기록한 때는 A.D. 85~96년경이라고 해요. 요한은 교회와 성도들을 향해 이 편지를 썼어요. 성도들의 신앙을 잘못된 길로 빠뜨리는 거짓 교사들을 조심하도록 가르치기 위해서 쓴 편지랍니다.

어떤 내용인가요?

서로 사랑하라고 하신 하나님의 계명을 잘 지키도록 가르치고 있어요. 또 거짓 교사들을 조심하고 예수님의 참된 교훈 안에서 살도록 가르치고 있답니다.

인사

1 장로인 나는 택하심을 받은 부녀와 그의 자녀들에게 편지하노니 내가 참으로 사랑하는 자요 나뿐 아니라 진리를 아는 모든 자도 그리하는 것은

2 우리 안에 거하여 영원히 우리와 함께 할 진리로 말미암음이로다

3 은혜와 긍휼과 평강이 하나님 아버지와 아버지의 아들 예수 그리스도께로부터 진리와 사랑 가운데서 우리와 함께 있으리라

진리와 사랑

4 ●너의 자녀들 중에 우리가 아버지께 받은 계명대로 진리를 행하는 자를 내가 보니 심히 기쁘도다

5 부녀여 내가 이제 네게 구하노니 서로 사랑하자 이는 새 계명 같이 네게 쓰는 것이 아니요 처음부터 우리가 가진 것이라

6 또 사랑은 이것이니 우리가 그 계명을 따라 행하는 것이요 계명은 이것이니 너희가 처음부터 들은 바와 같이 그 가운데서 행하라 하심이라

7 미혹하는 자가 세상에 많이 나왔나니 이는 예수 그리스도께서 육체로 오심을 부인하는 자라 이런 자가 미혹하는 자요 적그리스도니

8 너희는 스스로 삼가 우리가 일한 것을 잃지 말고 오직 온전한 상을 받으라

9 지나쳐 그리스도의 교훈 안에 거하지 아니하는 자는 다 하나님을 모시지 못하되 교훈 안에 거하는 그 사람은 아버지와 아들을 모시느니라

10 누구든지 이 교훈을 가지지 않고 너희에게 나아가거든 그를 집에 들이지도 말고 인사도 하지 말라

11 그에게 인사하는 자는 그 악한 일에 참여하는 자임이라

끝 인사

12 ●내가 너희에게 쓸 것이 많으나 종이와 먹으로 쓰기를 원하지 아니하고 오히려 너희에게 가서 대면하여 말하려 하니 이는 1)너희 기쁨을 충만하게 하려 함이라

13 택하심을 받은 네 자매의 자녀들이 네게 문안하느니라

1:1

1)어떤 사본에, 우리

1 에는 무엇이 기록되어 있을까?

요한은 하나님의 말씀 안에 거할 것을 권면하고 있어요. 결국 사랑은 진리에 기초하여야 하는데, 참다운 진리는 형제 사랑이라는 구체적인 삶으로 표현된답니다. 한편 요한이 영지주의자들을 집에 들이지도 말라고 하는 것은, 그들과 대화와 타협이 거의 불가능하다는 것을 보여주지요.

☆ 요한삼서를 읽기 전에.

이 책을 쓴 사람은 사도 요한이에요. 사도 요한은 편지를 보내는 자기 자신을 '장로'라고 밝히고 있어요. 이 편지를 기록할 당시, 초대 교회에서 '장로'는 교회 안에서 나이가 많고 존경받는 사람이었지요.

◈ 언제, 왜, 누구를 위하여 썼나요?

이 책을 기록한 때는 A.D. 85-96년경이라고 해요. 사도 요한은 가이오에게 이 편지를 썼어요. 가이오가 베푼 친절을 칭찬하고 디오드레베의 잘못된 행동을 야단치면서 선한 대접을 잘 하도록 하기 위해 기록한 편지랍니다.

◈ 어떤 내용인가요?

여러 지역을 다니면서 전도하던 사람들을 잘 대접했던 가이오를 칭찬하며 그를 본받도록 가르치고 있어요. 한편 전도자들을 악하게 대한 디오드레베는 책망을 받았지요.

인사

1 장로인 나는 사랑하는 가이오 곧 내가 참으로 사랑하는 자에게 편지하노라

2 ●사랑하는 자여 네 영혼이 잘됨 같이 네가 범사에 잘되고 강건하기를 내가 간구하노라

3 형제들이 와서 네게 있는 진리를 증언하되 네가 진리 안에서 행한다 하니 내가 심히 기뻐하노라

4 내가 내 자녀들이 진리 안에서 행한다 함을 듣는 것보다 더 기쁜 일이 없도다

영접함과 내쫓음

5 ●사랑하는 자여 네가 무엇이든지 형제 곧 나그네 된 자들에게 행하는 것은 신실한 일이니

6 그들이 교회 앞에서 너의 사랑을 증언하였느니라 네가 하나님께 합당하게 그들을 전송하면 좋으리로다

7 이는 그들이 주의 이름을 위하여 나가서 이방인에게 아무 것도 받지 아니함이라

8 그러므로 우리가 이같은 자들을 영접하는 것이 마땅하니 이는 우리로 진리를 위하여 함께 일하는 자가 되게 하려 함이라

9 ●내가 두어 자를 교회에 썼으나 그들 중에 으뜸되기를 좋아하는 디오드레베가 우리를 맞아들이지 아니하니

10 그러므로 내가 가면 그 행한 일을 잊지 아니하리라 그가 악한 말로 우리를 비방하고도 오히려 부족하여 형제들을 맞아들이지도 아니하고 맞아들이고자 하는 자를 금하여 교회에서 내쫓는도다

11 사랑하는 자여 악한 것을 본받지 말고 선한 것을 본받으라 선을 행하는 자는 하나님께 속하고 악을 행하는 자는 하나님을 뵈옵지 못하였느니라

12 데메드리오는 뭇 사람에게도, 진리에게서도 증거를 받았으매 우리도 증언하노니 너는 우리의 증언이 참된 줄을 아느니라

끝 인사

13 ●내가 네게 쓸 것이 많으나 먹과 붓으로 쓰기를 원하지 아니하고

14 속히 보기를 바라노니 또한 우리가 대면하여 말하리라

15 평강이 네게 있을지어다 여러 친구가 네게 문안하느니라 너는 친구들의 이름을 들어 문안하라

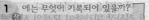

1 에는 무엇이 기록되어 있을까?

요한은 가이오에게 편지를 보내서, 복음 전도자들을 잘 대접하였던 것을 칭찬했어요. 그리고 전도자를 쫓아내던 디오드레베의 악한 행동을 꾸짖었지요.

유다서를 읽기 전에

이 책을 쓴 사람은 유다예요. 예수님께는 네 명의 형제가 있었는데, 야고보·요셉·시몬과 함께 유다도 그중의 한 명이었답니다. 유다는 그의 형제 야고보와 함께 예루살렘 교회의 지도자였고 복음을 전하는 전도자였어요.

언제, 왜, 누구를 위하여 썼나요?

이 책을 기록한 때는 A.D. 60~80년경이라고 해요. 이 편지는 당시 교회 안에 들어온 잘못된 신앙을 물리치고 성도들을 복음 안에서 바르게 세우기 위해 기록했어요. 예수님을 믿는 모든 그리스도인들을 위해 쓴 책이지요.

어떤 내용인가요?

교회 안에 들어온 거짓 교사들에 대해 조심할 것을 강하게 교훈하고 있어요. 또 경건하지 못한 성도들을 멀리하고 믿음 위에 굳게 서라고 가르치고 있답니다.

인사 · A.D. 65년경

1 예수 그리스도의 종이요 야고보의 형제인 유다는 부르심을 받은 자 곧 하나님 아버지 안에서 사랑을 얻고 예수 그리스도를 위하여 지키심을 받은 자들에게 편지하노라

2 긍휼과 평강과 사랑이 너희에게 더욱 많을지어다
_{벧전 1:2}

거짓 교사들에게 내릴 심판 (벤후 2:1~17)

3 ●사랑하는 자들아 우리가 일반으로 받은 구원에 관하여 내가 너희에게 편지하려는 생각이 간절하던 차에 성도에게 단번에 주신 믿음의 도를 위하여 힘써 싸우라는 편지로 너희를 권하여야 할 필요를 느꼈노니

4 이는 가만히 들어온 사람 몇이 있음이

라 그들은 옛적부터 이 판결을 받기로 미리 기록된 자니 경건하지 아니하여 우리 하나님의 은혜를 도리어 방탕한 것으로 바꾸고 홀로 하나이신 주재 곧 우리 주 예수 그리스도를 부인하는 자니라
_{갈 2:4}

5 ●너희가 본래 모든 사실을 알고 있으나 내가 너희로 다시 생각나게 하고자 하노라 주께서 백성을 애굽에서 구원하여 내시고 후에 믿지 아니하는 자들을 멸하셨으며

6 또 자기 지위를 지키지 아니하고 자기 처소를 떠난 천사들을 큰 날의 심판까지 영원한 결박으로 흑암에 가두셨으며

7 소돔과 고모라와 그 이웃 도시들도 그들과 같은 행동으로 음란하며 다른 육체를 따라 가다가 영원한 불의 형벌을 받음으로 거울이 되었느니라

8 그러한데 꿈꾸는 이 사람들도 그와 같이 육체를 더럽히며 권위를 업신여기며 영광을 비방하는도다

9 천사장 미가엘이 모세의 시체에 관하여 마귀와 다투어 변론할 때에 감히 비방하는 판결을 내리지 못하고 다만 말하되 주께서 너를 꾸짖으시기를 원하

1장에는 무엇이 기록되어 있을까?

유다는 당시 초대 교회의 큰 문제 중 하나였던 영지주의 이단을 물리치기 위해 이 편지를 썼어요. 특히 구약의 가인, 발람, 고라의 예와 외경의 내용까지 들어가서, 거짓 교사들이 지은 죄가 매우 심각하며 반드시 심판 받을 것임을 경고하고 있지요. 이는 결국 믿는 자들이 이단을 멀리하고 신앙을 더욱 굳게 하도록 하기 위해서였어요.

노라 하였거늘

10 이 사람들은 무엇이든지 그 알지 못하는 것을 비방하는도다 또 그들은 이성 없는 짐승 같이 본능으로 아는 그것으로 멸망하느니라

11 화 있을진저 이 사람들이여, 가인의 길에 행하였으며 삯을 위하여 발람의 어그러진 길로 몰려 갔으며 고라의 패역을 따라 멸망을 받았도다

12 그들은 기탄 없이 너희와 함께 먹으니 너희의 애찬에 암초요 자기 몸만 기르는 목자요 바람에 불려가는 물 없는 구름이요 죽고 또 죽어 뿌리까지 뽑힌 열매 없는 가을 나무요

13 자기 수치의 거품을 뿜는 바다의 거친 물결이요 영원히 예비된 캄캄한 흑암으로 돌아갈 유리하는 별들이라

14 아담의 칠대 손 에녹이 이 사람들에 대하여도 예언하여 이르되 보라 주께서 그 수만의 거룩한 자와 함께 임하셨나니

15 이는 뭇 사람을 심판하사 모든 경건하지 않은 자가 경건하지 않게 행한 모든 경건하지 않은 일과 또 경건하지 않은 죄인들이 주를 거슬러 한 모든 완악한 말로 말미암아 그들을 정죄하려 하심이라 하였느니라

16 이 사람들은 원망하는 자며 불만을 토하는 자며 그 정욕대로 행하는 자라 그 입으로 자랑하는 말을 하며 이익을 위하여 아첨하느니라

훈계와 권면

17 ●사랑하는 자들아 너희는 우리 주 예수 그리스도의 사도들이 미리 한 말을 기억하라

18 그들이 너희에게 말하기를 마지막 때에 자기의 경건하지 않은 정욕대로 행하며 조롱하는 자들이 있으리라 하였나니

19 이 사람들은 분열을 일으키는 자며 육에 속한 자며 성령이 없는 자니라

20 사랑하는 자들아 너희는 너희의 지극히 거룩한 믿음 위에 자신을 세우며 성령으로 기도하며

21 하나님의 사랑 안에서 자신을 지키며 영생에 이르도록 우리 주 예수 그리스도의 긍휼을 기다리라

22 어떤 의심하는 자들을 긍휼히 여기라

23 또 어떤 자를 불에서 끌어내어 구원하라 또 어떤 자를 그 육체로 더럽힌 옷까지도 미워하되 두려움으로 긍휼히 여기라

축복

24 ●능히 너희를 보호하사 거침이 없게 하시고 너희로 그 영광 앞에 흠이 없이 기쁨으로 서게 하실 이　롬 1:22

25 곧 우리 구주 홀로 하나이신 하나님께 우리 주 예수 그리스도로 말미암아 영광과 위엄과 권력과 권세가 영원 전부터 이제와 영원토록 있을지어다 아멘

술술 풀리는 **성경말씀**

가만히 들어온 사람

유다는 교회 공동체에 침입한 거짓 교사들(가만히 들어온 사람)을 경계하라고 말하기 위해 이 편지를 썼습니다.

거짓 교사들은 우선, 그리스도인들이 하나님께 죄 사함 받았기 때문에, 아무 거리낌 없이 자유롭게 살 수 있다고 가르쳤어요(1:4). 이러한 가르침은 그리스도인들을 도덕적으로 타락시킬 위험이 있었지요. 두 번째로, 그들은 교회 지도자들의 권위에 도전하였어요(1:11). 세 번째로, 그들은 재물을 노리고 돈 많은 교인들에게 아첨하였지요(1:11). 네 번째로는 예수 그리스도의 죽으심을 기념하는 애찬식을 단지 먹고 마시며 즐기는 자리로 전락시켰답니다(1:12). 유다는 이들에게 반드시 하나님의 심판이 내릴 것이라고 경고했어요(1:14~15).　1장 3~16절

유
다
서

요한계시록을 읽기 전에

이 책을 쓴 사람은 사도 요한이에요. 사도 요한이 그리스도의 복음을 전하다가 '밧모 섬'이라는 곳으로 쫓겨났을 때 기록하였지요. 이 책을 기록할 당시는 기독교의 박해가 가장 심한 때였답니다.

언제, 왜, 누구를 위하여 썼나요?

이 책을 기록한 때는 A.D. 90~96년경이라고 해요. 박해받고 있는 교회들에게 용기를 주고 다시 오실 예수님을 소망하게 하기 위해 기록했어요. 이 책은, 소아시아(현재 터키 지방)에 있는 일곱 교회를 위해 썼답니다.

어떤 내용인가요?

하나님의 숨겨진 뜻을 나타내는 '계시'와 미래를 보여 주는 '예언'의 글이에요. 마지막 때에 대환란이 있지만 결국 그리스도가 승리하신다는 내용이랍니다.

표제와 인사

1 예수 그리스도의 계시라 이는 하나님이 그에게 주사 반드시 속히 일어날 일들을 그 종들에게 보이시려고 그의 천사를 그 종 요한에게 보내어 알게 하신 것이라

2 요한은 하나님의 말씀과 예수 그리스도의 증거 곧 자기가 본 것을 다 증언하였느니라

3 이 예언의 말씀을 읽는 자와 듣는 자와 그 가운데에 기록한 것을 지키는 자는 복이 있나니 때가 가까움이라

4 ●요한은 아시아에 있는 일곱 교회에 편지하노니 이제도 계시고 전에도 계셨고 장차 오실 이와 그의 보좌 앞에 있는 일곱 영과
_{슥 3:14}

5 또 충성된 증인으로 죽은 자들 가운데에서 먼저 나시고 땅의 임금들의 머리가 되신 예수 그리스도로 말미암아 은혜와 평강이 너희에게 있기를 원하노라 우리를 사랑하사 그의 피로 [1]우리 죄에서 우리를 해방하시고

6 그의 아버지 하나님을 위하여 우리를 나라와 제사장으로 삼으신 그에게 영광과 능력이 세세토록 있기를 원하노라 아멘

7 볼지어다 그가 구름을 타고 오시리라 각 사람의 눈이 그를 보겠고 그를 찌른 자들도 볼 것이요 땅에 있는 모든 족속이 그로 말미암아 애곡하리니 그러하리라 아멘

8 ●주 하나님이 이르시되 나는 알파와 오메가라 이제도 있고 전에도 있었고 장차 올 자요 전능한 자라 하시더라

그리스도의 명령

9 ●나 요한은 너희 형제요 예수의 환난과 나라와 참음에 동참하는 자라 하나님의 말씀과 예수를 증언하였음으로 말미암아 밧모라 하는 섬에 있었더니

10 주의 날에 내가 성령에 감동되어 내 뒤에서 나팔 소리 같은 큰 음성을

1 에는 무엇이 기록되어 있을까?

요한서는 1장에서 먼저 요한계시록의 내용과 전달 과정, 목적 등을 소개하고 있어요. 즉, 요한계시록이 마지막 때에 이루어질 일들에 대한 '예수 그리스도의 계시'를 기록한 것과 소아시아의 일곱 교회에 보내는 편지임을 명백하게 밝히고 있지요. 이를 통해 요한계시록을 둘러싼 각종 억지스런 추측과 해석을 미리 막고 있답니다.

_{1) 어떤 사본에, 우리 죄를 씻으시고}

밧모 섬에서 주의 음성을 들은
요한(1:9-10)

들으니 ^{20:7}

11 이르되 네가 보는 것을 두루마리에 써서 에베소, 서머나, 버가모, 두아디라, 사데, 빌라델비아, 라오디게아 등 일곱 교회에 보내라 하시기로

12 몸을 돌이켜 나에게 말한 음성을 알아보려고 돌이킬 때에 일곱 금 촛대를 보았는데

13 촛대 사이에 인자 같은 이가 발에 끌리는 옷을 입고 가슴에 금띠를 띠고

14 그의 머리와 털의 희기가 흰 양털 같고 눈 같으며 그의 눈은 불꽃 같고 ^{7:9}

15 그의 발은 풀무불에 단련한 빛난 주석 같고 그의 음성은 많은 물 소리와 같으며 ^{겔 43:2}

16 그의 오른손에 일곱 별이 있고 그의 입에서 좌우에 날선 검이 나오고 그 얼굴은 해가 힘있게 비치는 것 같더라 ^{2:1}

17 내가 볼 때에 그의 발 앞에 엎드러져 죽은 자 같이 되매 그가 오른손을 내게 얹고 이르시되 두려워하지 말라 나는 처음이요 마지막이니

18 곧 살아 있는 자라 내가 전에 죽었었노라 볼지어다 이제 세세토록 살아 있어 사망과 음부의 열쇠를 가졌노니

19 그러므로 네가 본 것과 지금 있는 일과 장차 될 일을 기록하라 ^{4:1}

20 네가 본 것은 내 오른손의 일곱 별의 비밀과 또 일곱 금 촛대라 일곱 별은 일곱 교회의 사자요 일곱 촛대는 일곱 교회니라 ^{5, 4:2}

에베소 교회에 보내는 말씀

2 에베소 교회의 사자에게 편지하라 오른손에 있는 일곱 별을 붙잡고 일곱 금 촛대 사이를 거니시는 이가 이르시되

2 내가 네 행위와 수고와 네 인내를 알고 또 악한 자들을 용납하지 아니한 것과 자칭 사도라 하되 아닌 자들을 시험하여 그의 거짓된 것을 네가 드러낸 것과

3 또 네가 참고 내 이름을 위하여 견디고 게으르지 아니한 것을 아노라

4 그러나 너를 책망할 것이 있나니 너의 처음 사랑을 버렸느니라

5 그러므로 어디서 떨어졌는지를 생각하고 회개하여 처음 행위를 가지라 만일 그리하지 아니하고 회개하지 아니하면 내가 네게 가서 네 촛대를 그 자리에서 옮기리라

6 오직 네게 이것이 있으니 네가 니골라 당의 행위를 미워하는도다 나도 이것을 미워하노라

7 귀 있는 자는 성령이 교회들에게 하시는 말씀을 들을지어다 이기는 그에게는 내가 하나님의 낙원에 있는 생명나무의 열매를 주어 먹게 하리라

서머나 교회에 보내는 말씀

8 ● 서머나 교회의 사자에게 편지하라 처음이며 마지막이요 죽었다가 살아나신 이가 이르시되

9 내가 네 환난과 궁핍을 알거니와 실상은 네가 부요한 자니라 자칭 유대인이라 하는 자들의 비방도 알거니와 실상은 유대인이 아니요 사탄의 회당이라

10 너는 장차 받을 고난을 두려워하지 말라 볼지어다 마귀가 장차 너희 가운데에서 몇 사람을 옥에 던져 시험을 받게 하리니 너희가 십 일 동안 환난을 받으리라 네가 죽도록 충성하라 그리하면

일곱 별의 비밀과
일곱 금 촛대 환상(1:12-20)

내가 생명의 관을 네게 주리라

11 귀 있는 자는 성령이 교회들에게 하시는 말씀을 들을지어다 이기는 자는 둘째 사망의 해를 받지 아니하리라 20:14

버가모 교회에 보내는 말씀

12 ●버가모 교회의 사자에게 편지하라 좌우에 날선 검을 가지신 이가 이르시되

13 네가 어디에 사는지를 내가 아노니 거기는 사탄의 권좌가 있는 데라 네가 내 이름을 굳게 잡아서 내 충성된 증인 안디바가 너희 가운데 곧 사탄이 사는 곳에서 죽임을 당할 때에도 나를 믿는 믿음을 저버리지 아니하였도다

14 그러나 네게 두어 가지 책망할 것이 있나니 거기 네게 발람의 교훈을 지키는 자들이 있도다 발람이 발락을 가르쳐 이스라엘 자손 앞에 걸림돌을 놓아 우상의 제물을 먹게 하였고 또 행음하게 하였느니라

15 이와 같이 네게도 니골라 당의 교훈을 지키는 자들이 있도다

16 그러므로 회개하라 그리하지 아니하면 내가 네게 속히 가서 내 입의 검으로 그들과 싸우리라

17 귀 있는 자는 성령이 교회들에게 하시는 말씀을 들을지어다 이기는 그에게는 내가 감추었던 만나를 주고 또 흰 돌을 줄 터인데 그 돌 위에 새 이름을 기록한 것이 있나니 받는 자밖에는 그 이름을 알 사람이 없느니라

두아디라 교회에 보내는 말씀

18 ●두아디라 교회의 사자에게 편지하라 그 눈이 불꽃 같고 그 발이 빛난 주석과 같은 하나님의 아들이 이르시되

기둥만 남아있는
두아디라 교회의 유적(2:18)

19 내가 네 사업과 사랑과 믿음과 섬김과 인내를 아노니 네 나중 행위가 처음 것보다 많도다

20 그러나 네게 책망할 일이 있노라 자칭 선지자라 하는 여자 이세벨을 네가 용납함이니 그가 내 종들을 가르쳐 꾀어 행음하게 하고 우상의 제물을 먹게 하는도다

21 또 내가 그에게 회개할 기회를 주었으되 자기의 음행을 회개하고자 하지 아니하는도다

22 볼지어다 내가 그를 침상에 던질 터이요 또 그와 더불어 간음하는 자들도 만일 그의 행위를 회개하지 아니하면 큰 환난 가운데 던지고

23 또 내가 사망으로 그의 자녀를 죽이리니 모든 교회가 나는 사람의 뜻과 마음을 살피는 자인 줄 알지라 내가 너희 각 사람의 행위대로 갚아 주리라

24 두아디라에 남아 있어 이 교훈을 받지 아니하고 소위 사탄의 깊은 것을 알지 못하는 너희에게 말하노니 다른 짐으로 너희에게 지울 것은 없노라 행 15:28

25 다만 너희에게 있는 것을 내가 올 때까지 굳게 잡으라 3:11

26 이기는 자와 끝까지 내 일을 지키는 그에게 만국을 다스리는 권세를 주리니

27 그가 철장을 가지고 그들을 다스려 질그릇 깨뜨리는 것과 같이 하리라 나도 내 아버지께 받은 것이 그러하니라

28 내가 또 그에게 새벽 별을 주리라

29 귀 있는 자는 성령이 교회들에게 하시는 말씀을 들을지어다

사데 교회에 보내는 말씀

3 사데 교회의 사자(使者)에게 편지
하라 하나님의 일곱 영과 일곱 별
을 가지신 이가 이르시되 내가 네 행위
를 아노니 네가 살았다 하는 이름은
가졌으나 죽은 자로다

2 너는 일깨어 그 남은 바 죽게 된 것을
굳건하게 하라 내 하나님 앞에 네 행위
의 온전한 것을 찾지 못하였노니

3 그러므로 네가 어떻게 받았으며 어떻
게 들었는지 생각하고 지켜 회개하라
만일 일깨지 아니하면 내가 도둑 같이
이르리니 어느 때에 네게 이를는지 네
가 알지 못하리라

4 그러나 사데에 그 옷을 더럽히지 아니
한 자 몇 명이 네게 있어 흰 옷을 입고
나와 함께 다니리니 그들은 합당한 자
인 연고라

5 이기는 자는 이와 같이 흰 옷을 입을 것
이요 내가 그 이름을 생명책에서 결코
지우지 아니하고 그 이름을 내 아버지
앞과 그의 천사들 앞에서 시인하리라

6 귀 있는 자는 성령이 교회들에게 하시
는 말씀을 들을지어다

빌라델비아 교회에 보내는 말씀

7 빌라델비아 교회의 사자에게 편지
하라 거룩하고 진실하사 다윗의 열쇠
를 가지신 이 곧 열면 닫을 사람이 없고
닫으면 열 사람이 없는 그가 이르시되

8 볼지어다 내가 네 앞에 열린 문을 두었
으되 능히 닫을 사람이 없으리라 내가
네 행위를 아노니 네가 작은 능력을 가
지고서도 내 말을 지키며 내 이름을 배

사데 교회(3:1)

반하지 아니하였도다

9 보라 사탄의 회당 곧 자칭 유대인이라
하나 그렇지 아니하고 거짓말 하는 자
들 중에서 몇을 네게 주어 그들로 와
서 네 발 앞에 절하게 하고 내가 너를
사랑하는 줄을 알게 하리라

10 네가 나의 인내의 말씀을 지켰은즉 내
가 또한 너를 지켜 시험의 때를 면하게
하리니 이는 장차 온 세상에 임하여 땅
에 거하는 자들을 시험할 때라 *딤후 2:12*

11 내가 속히 오리니 네가 가진 것을 굳
게 잡아 아무도 네 면류관을 빼앗지
못하게 하라

12 이기는 자는 내 하나님 성전에 기둥이
되게 하리니 그가 결코 다시 나가지 아
니하리라 내가 하나님의 이름과 하나
님의 성 곧 하늘에서 내 하나님께로부
터 내려오는 새 예루살렘의 이름과 나
의 새 이름을 그의 위에 기록하리라

13 귀 있는 자는 성령이 교회들에게 하시
는 말씀을 들을지어다

라오디게아 교회에 보내는 말씀

14 라오디게아 교회의 사자에게 편지
하라 아멘이시요 충성되고 참된 증인
이시요 하나님의 창조의 근본이신 이
가 이르시되

15 내가 네 행위를 아노니 네가 차지도 아
니하고 뜨겁지도 아니하도다 네가 차
든지 뜨겁든지 하기를 원하노라 *3:1*

16 네가 이같이 미지근하여 뜨겁지도 아
니하고 차지도 아니하니 내 입에서 너
를 토하여 버리리라

17 네가 말하기를 나는 부자라 부요하여

? 에는 무엇이 기록되어 있을까?

3장에서는 사데, 빌라델비아, 라오
디게아 교회에 주어진 말씀을 전하고 있어요.
이처럼 각각의 교회에 주어진 말씀도 중요하지
만, 더욱 중요한 것은 전체 교회를 향한 주님의
말씀이지요. 주님은 우상을 숭배하도록 강요받
는 상황 속에서도 하나님을 향한 사랑과 믿음
을 잃버려 지키라고 강조하셨어요.

부족한 것이 없다 하나 네 곤고한 것과 가련한 것과 가난한 것과 눈 먼 것과 벌거벗은 것을 알지 못하는도다 ‡ 12:8

18 내가 너를 권하노니 내게서 불로 연단한 금을 사서 부요하게 하고 흰 옷을 사서 입어 벌거벗은 수치를 보이지 않게 하고 안약을 사서 눈에 발라 보게 하라

19 무릇 내가 사랑하는 자를 책망하여 징계하노니 그러므로 네가 열심을 내라 회개하라

20 볼지어다 내가 문 밖에 서서 두드리노니 누구든지 내 음성을 듣고 문을 열면 내가 그에게로 들어가 그와 더불어 먹고 그는 나와 더불어 먹으리라 영송

21 이기는 그에게는 내가 내 보좌에 함께 앉게 하여 주기를 내가 이기고 아버지 보좌에 함께 앉은 것과 같이 하리라

22 귀 있는 자는 성령이 교회들에게 하시는 말씀을 들을지어다

하늘의 예배

4 이 일 후에 내가 보니 하늘에 열린 문이 있는데 내가 들은 바 처음에 내게 말하던 나팔 소리 같은 그 음성이 이르되 이리로 올라오라 이 후에 마땅히 일어날 일들을 내가 네게 보이리라 하시더라

2 내가 곧 성령에 감동되었더니 보라 하

4 에는 무엇이 기록되어 있을까?

4장부터는 장차 되어질 일들에 대한 예언이 기록되었습니다. 그 첫 장으로 하늘 보좌에 앉으신 하나님이 네 생물과 24명의 장로의 호위와 찬양을 받고 계신 모습이 나오지요. 요한은 하나님의 주권과 영광을 상징으로 나타냄으로써 그분이 마지막 때의 심판주이심을 말하고자 하였어요.

5 일곱 개의 도장으로 봉인된 책과 어린 양이신 그리스도에 대한 환상이 나옵니다. 봉인된 책은 하나님의 비밀을 가리키고, 그것을 펼칠 유일한 자는 어린양이신 그리스도시지요. 그분은 역사의 시작이며, 또한 마지막 때에 심판과 완성을 이루실 분이십니다.

늘에 보좌를 베풀었고 그 보좌 위에 앉으신 이가 있는데 1:10

3 앉으신 이의 모양이 벽옥과 홍보석 같고 또 무지개가 있어 보좌에 둘렸는데 그 모양이 녹보석 같더라

4 또 보좌에 둘려 이십사 보좌들이 있고 그 보좌들 위에 이십사 장로들이 흰 옷을 입고 머리에 금관을 쓰고 앉았더라

5 보좌로부터 번개와 음성과 우렛소리가 나고 보좌 앞에 켠 등불 일곱이 있으니 이는 하나님의 일곱 영이라 ‡ 4:2

6 보좌 앞에 수정과 같은 유리 바다가 있고 보좌 가운데와 보좌 주위에 네 생물이 있는데 앞뒤에 눈들이 가득하더라

7 그 첫째 생물은 사자 같고 그 둘째 생물은 송아지 같고 그 셋째 생물은 얼굴이 사람 같고 그 넷째 생물은 날아가는 독수리 같은데

8 네 생물은 각각 여섯 날개를 가졌고 그 안과 주위에는 눈들이 가득하더라 그들이 밤낮 쉬지 않고 이르기를 거룩하다 거룩하다 거룩하다 주 하나님 곧 전능하신 이여 전에도 계셨고 이제도 계시고 장차 오실 이시라 하고 ‡ 6:2, 3

9 그 생물들이 보좌에 앉으사 세세토록 살아 계시는 이에게 영광과 존귀와 감사를 돌릴 때에

10 이십사 장로들이 보좌에 앉으신 이 앞에 엎드려 세세토록 살아 계시는 이에게 경배하고 자기의 관을 보좌 앞에 드리며 이르되 5:8

11 우리 주 하나님이여 영광과 존귀와 권능을 받으시는 것이 합당하오니 주께서 만물을 지으신지라 만물이 주의 뜻대로 있었고 또 지으심을 받았나이다 하더라 ‡ 1:1

책과 어린 양

5 내가 보매 보좌에 앉으신 이의 오른손에 두루마리가 있으니 안팎으로 썼고 일곱 인으로 봉하였더라

2 또 보매 힘있는 천사가 큰 음성으로 외

치기를 누가 그 두루마리를 펴며 그 인
을 떼기에 합당하냐 하나

3 하늘 위에나 땅 위에나 땅 아래에 능히
그 두루마리를 펴거나 보거나 할 자가
없더라

4 그 두루마리를 펴거나 보거나 하기에
합당한 자가 보이지 아니하기로 내가
크게 울었더니

5 장로 중의 한 사람이 내게 말하되 울지
말라 유대 지파의 사자 다윗의 뿌리가
이겼으니 그 두루마리와 그 일곱 인을
떼시리라 하더라

6 내가 또 보니 보좌와 네 생물과 장로들
사이에 한 어린 양이 서 있는데 일찍이
죽임을 당한 것 같더라 그에게 일곱 뿔
과 일곱 눈이 있으니 이 눈들은 온 땅에
보내심을 받은 하나님의 일곱 영이더라

7 그 어린 양이 나아와서 보좌에 앉으신 이
의 오른손에서 두루마리를 취하시니라

8 그 두루마리를 취하시매 네 생물과 이
십사 장로들이 그 어린 양 앞에 엎드려
각각 거문고와 향이 가득한 금 대접을
가졌으니 이 향은 성도의 기도들이라

9 그들이 새 노래를 불러 이르되
두루마리를 가지시고 그 인봉을 떼
기에 합당하시도다 일찍이 죽임을
당하사 각 족속과 방언과 백성과 나
라 가운데에서 사람들을 피로 사서
하나님께 드리시고

10 그들로 우리 하나님 앞에서 나라와
제사장들을 삼으셨으니 그들이 땅에
서 왕 노릇 하리로다

11 내가 또 보고 들으매 보좌와 생물들과
장로들을 둘러 선 많은 천사의 음성이
있으니 그 수가 만만이요 천천이라

12 큰 음성으로 이르되
죽임을 당하신 어린 양은 능력과 부
와 지혜와 힘과 존귀와 영광과 찬송
을 받으시기에 합당하도다
하더라　　　　　　　　　　　　4:11

13 내가 또 들으니 하늘 위에와 땅 위에
와 땅 아래와 바다 위에와 또 그 가운
데 모든 피조물이 이르되
보좌에 앉으신 이와 어린 양에게 찬
송과 존귀와 영광과 권능을 세세토
록 돌릴지어다
하니

14 네 생물이 이르되 아멘 하고 장로들은
엎드려 경배하더라

일곱 봉인에 담긴 심판 A.D. 95년경

6 내가 보매 어린 양이 일곱 인 중의
하나를 떼시는데 그 때에 내가 들
으니 네 생물 중의 하나가 우렛소리 같
이 말하되 오라 하기로

2 이에 내가 보니 흰 말이 있는데 그 탄
자가 활을 가졌고 면류관을 받고 나아
가서 이기고 또 이기려고 하더라　6:3

3 ●둘째 인을 떼실 때에 내가 들으니 둘
째 생물이 말하되 오라 하니　　　4:7

4 이에 다른 붉은 말이 나오더라 그 탄
자가 허락을 받아 땅에서 화평을 제하
여 버리며 서로 죽이게 하고 또 큰 칼

6 에는 무엇이 기록되어 있을까?

6장에는 여섯 개의 인을 떼는 모
습이 나옵니다. 첫째 인에서 넷째 인을 뗄 때까
지는 심판 도구로 여겨지는 말이 각각 한 마리
씩 등장하였어요. 그리고 다섯째 인 우에는 극
심한 고난이, 여섯째 인 우에는 하늘과 땅에 닥
칠 대재앙이 따라왔어요. 이는 역사의 마지막
때에 점차적으로 이루어질 그리스도의 심판을
상징적으로 보여주는 것이랍니다.

계

을 받았더라
5 ●셋째 인을 떼실 때에 내가 들으니 셋째 생물이 말하되 오라 하기로 내가 보니 검은 말이 나오는데 그 탄 자가 손에 저울을 가졌더라
6 내가 네 생물 사이로부터 나는 듯한 음성을 들으니 이르되 한 1)데나리온에 밀 한 되요 한 1)데나리온에 보리 석 되로다 또 감람유와 포도주는 해치지 말라 하더라
7 ●넷째 인을 떼실 때에 내가 넷째 생물의 음성을 들으니 오라 하기로
8 내가 보매 청황색 말이 나오는데 그 탄 자의 이름은 사망이니 음부가 그 뒤를 따르더라 그들이 땅 사분의 일의 권세를 얻어 검과 흉년과 사망과 땅의 짐승들로써 죽이더라
9 ●다섯째 인을 떼실 때에 내가 보니 하나님의 말씀과 그들이 가진 증거로 말미암아 죽임을 당한 영혼들이 제단 아래에 있어 20:4
10 큰 소리로 불러 이르되 거룩하고 참되신 대주재여 땅에 거하는 자들을 심판하여 우리 피를 갚아 주지 아니하시기를 어느 때까지 하시려 하나이까 하니
11 각각 그들에게 흰 두루마기를 주시며 이르시되 아직 잠시 동안 쉬어 그들의 동무 종들과 형제들도 자기처럼 죽임을 당하여 그 수가 차기까지 하라 하시더라
12 ●내가 보니 여섯째 인을 떼실 때에 큰 지진이 나며 해가 검은 털로 짠 상복 같이 검어지고 달은 온통 피 같이 되며
13 하늘의 별들이 무화과나무가 대풍에

7 에는 무엇이 기록되어 있을까?

7장은 여섯째 인을 뗀 다음 일곱째 인을 떼기까지의 사이에 들어가는 부분으로, '큰 진노의 날을 견딜 수 있는 자가 과연 누구냐'(6:17)는 질문에 대한 답이지요. 천사가 이마에 도장을 찍어 구별한 14만 4천 명의 성도와 흰 옷 입은 무리들이 큰 진노의 날을 통과하게 될 것입니다.

흔들려 설익은 열매가 떨어지는 것 이 땅에 떨어지며
14 하늘은 두루마리가 말리는 것 같이 떠나가고 각 산과 섬이 제 자리에서 옮겨지매 렘 3:2?
15 땅의 임금들과 왕족들과 장군들과 부자들과 강한 자들과 모든 종과 자유인이 굴과 산들의 바위 틈에 숨어
16 산들과 바위에게 말하되 우리 위에 떨어져 보좌에 앉으신 이의 얼굴에서와 그 어린 양의 진노에서 우리를 가리라
17 그들의 진노의 큰 날이 이르렀으니 누가 능히 서리요 하더라

인치심을 받은 144,000명

7 이 일 후에 내가 네 천사가 땅 네 모퉁이에 선 것을 보니 땅의 사방의 바람을 붙잡아 바람으로 하여금 땅에나 바다에나 각종 나무에 불지 못하게 하더라 9:4
2 또 보매 다른 천사가 살아 계신 하나님의 인을 가지고 해 돋는 데로부터 올라와서 땅과 바다를 해롭게 할 권세를 받은 네 천사를 향하여 큰 소리로 외쳐
3 이르되 우리가 우리 하나님의 종들의 이마에 인치기까지 땅이나 바다나 나무들을 해하지 말라 하더라 겔 9:4
4 내가 인침을 받은 자의 수를 들으니 이스라엘 자손의 각 지파 중에서 인침을 받은 자들이 십사만 사천이니

각 나라에서 온 무리

5 ●유다 지파 중에 인침을 받은 자가 일만 이천이요 르우벤 지파 중에 일만 이천이요 갓 지파 중에 일만 이천이요
6 아셀 지파 중에 일만 이천이요 납달리 지파 중에 일만 이천이요 므낫세 지파 중에 일만 이천이요
7 시므온 지파 중에 일만 이천이요 레위 지파 중에 일만 이천이요 잇사갈 지파 중에 일만 이천이요
8 스불론 지파 중에 일만 이천이요 요셉 지파 중에 일만 이천이요 베냐민 지파

1) 은전의 명칭

중에 인침을 받은 자가 일만 이천이라

9 이 일 후에 내가 보니 각 나라와 족속과 백성과 방언에서 아무도 능히 셀 수 없는 큰 무리가 나와 흰 옷을 입고 손에 종려 가지를 들고 보좌 앞과 어린 양 앞에 서서

10 큰 소리로 외쳐 이르되
구원하심이 보좌에 앉으신 우리 하나님과 어린 양에게 있도다
하니　슥 13:4

11 모든 천사가 보좌와 장로들과 네 생물의 주위에 서 있다가 보좌 앞에 엎드려 얼굴을 대고 하나님께 경배하여　4:6

12 이르되
아멘 찬송과 영광과 지혜와 감사와 존귀와 권능과 힘이 우리 하나님께 세세토록 있을지어다 아멘
하더라

13 장로 중 하나가 응답하여 나에게 이르되 이 흰 옷 입은 자들이 누구며 또 어디서 왔느냐

14 내가 말하기를 내 주여 당신이 아시나이다 하니 그가 나에게 이르되 이는 큰 환난에서 나오는 자들인데 어린 양의 피에 그 옷을 씻어 희게 하였느니라

15 그러므로 그들이 하나님의 보좌 앞에 있고 또 그의 성전에서 밤낮 하나님을 섬기매 보좌에 앉으신 이가 그들 위에 장막을 치시리니　사 4:5, 6

16 그들이 다시는 주리지도 아니하며 목마르지도 아니하고 해나 아무 뜨거운 기운에 상하지도 아니하리니　사 121:5, 6

17 이는 보좌 가운데에 계신 어린 양이 그들의 목자가 되사 생명수 샘으로 인도하시고 하나님께서 그들의 눈에서 모든 눈물을 씻어 주실 것임이라

8

일곱째 인을 떼실 때에 하늘이 반 시간쯤 고요하더니

2 내가 보매 하나님 앞에 일곱 천사가 서 있어 일곱 나팔을 받았더라

3 ●또 다른 천사가 와서 제단 곁에 서서 금 향로를 가지고 많은 향을 받았으니 이는 모든 성도의 기도와 합하여 보좌 앞 금 제단에 드리고자 함이라　7:2

4 향연이 성도의 기도와 함께 천사의 손으로부터 하나님 앞으로 올라가는지라

5 천사가 향로를 가지고 제단의 불을 담아다가 땅에 쏟으매 우레와 음성과 번개와 지진이 나더라

6 ●일곱 나팔을 가진 일곱 천사가 나팔 불기를 준비하더라

7 ●첫째 천사가 나팔을 부니 피 섞인 우박과 불이 나와서 땅에 쏟아지매 땅의 삼분의 일이 타 버리고 수목의 삼분의 일도 타 버리고 각종 푸른 풀도 타 버렸더라

8 ●둘째 천사가 나팔을 부니 불 붙는 큰 산과 같은 것이 바다에 던져지매 바다

8 에는 무엇이 기록되어 있을까?

마지막 일곱째 인을 떼자 일곱 천사가 나타나 나팔 불 준비를 하였어요. 8장에는 일곱 나팔 중 처음 네 나팔의 재앙이 나오는데, 나팔을 불 때마다 자연의 파괴가 점점 더 심해졌어요. 하지만 하나님은 심판 중에도 불쌍히 여기셔서 전체 자연의 1/3만 파괴되도록 하셨어요.

의 삼분의 일이 피가 되고 《겔 5:25》

9 바다 가운데 생명 가진 피조물들의 삼분의 일이 죽고 배들의 삼분의 일이 깨지더라

10 ●셋째 천사가 나팔을 부니 횃불 같이 타는 큰 별이 하늘에서 떨어져 강들의 삼분의 일과 여러 물 샘에 떨어지니

11 이 별 이름은 쓴 쑥이라 물의 삼분의 일이 쓴 쑥이 되매 그 물이 쓴 물이 되므로 많은 사람이 죽더라 《렘 9:15》

12 ●넷째 천사가 나팔을 부니 해 삼분의 일과 달 삼분의 일과 별들의 삼분의 일이 타격을 받아 그 삼분의 일이 어두워지니 낮 삼분의 일은 비추임이 없고 밤도 그러하더라

13 내가 또 보고 들으니 공중에 날아가는 독수리가 큰 소리로 이르되 땅에 사는 자들에게 화, 화, 화가 있으리니 이는 세 천사들이 불어야 할 나팔 소리가 남아 있음이로다 하더라

9 다섯째 천사가 나팔을 불매 내가 보니 하늘에서 땅에 떨어진 별 하나가 있는데 그가 무저갱의 열쇠를 받았더라

2 그가 무저갱을 여니 그 구멍에서 큰 화덕의 연기 같은 연기가 올라오매 해와 공기가 그 구멍의 연기로 말미암아 어두워지며

3 또 황충이 연기 가운데로부터 땅 위에 나오매 그들이 땅에 있는 전갈의 권세와 같은 권세를 받았더라

4 그들에게 이르시되 땅의 풀이나 푸른 것이나 각종 수목은 해하지 말고 오직 이마에 하나님의 인침을 받지 아니한

사람들만 해하라 하시더라

5 그러나 그들을 죽이지는 못하게 하시고 다섯 달 동안 괴롭게만 하게 하시는데 그 괴롭게 함은 전갈이 사람을 쏠 때에 괴롭게 함과 같더라

6 그 날에는 사람들이 죽기를 구하여도 죽지 못하고 죽고 싶으나 죽음이 그들을 피하리로다

7 황충들의 모양은 전쟁을 위하여 준비한 말들 같고 그 머리에 금 같은 관 비슷한 것을 썼으며 그 얼굴은 사람의 얼굴 같고

8 또 여자의 머리털 같은 머리털이 있고 그 이빨은 사자의 이빨 같으며

9 또 철 호심경 같은 호심경이 있고 그 날개들의 소리는 병거와 많은 말들이 전쟁터로 달려 들어가는 소리 같으며

10 또 전갈과 같은 꼬리와 쏘는 살이 있어 그 꼬리에는 다섯 달 동안 사람을 해하는 권세가 있더라

11 그들에게 왕이 있으니 무저갱의 사자라 히브리어로는 그 이름이 아바돈이요 헬라어로는 그 이름이 아볼루온이더라

12 ●첫째 화는 지나갔으나 보라 아직도 이 후에 화 둘이 이르리로다

13 ●여섯째 천사가 나팔을 불매 내가 들으니 하나님 앞 금 제단 네 뿔에서 한 음성이 나서

14 나팔 가진 여섯째 천사에게 말하기를 큰 강 유브라데에 결박한 네 천사를 놓아 주라 하매

15 네 천사가 놓였으니 그들은 그 년 월 일 시에 이르러 사람 삼분의 일을 죽이기로 준비된 자들이더라 《9:18》

16 마병대의 수는 1)이만 만이니 내가 그들의 수를 들었노라

17 이같은 환상 가운데 그 말들과 그 위에 탄 자들을 보니 불빛과 자줏빛과 유황빛 호심경이 있고 또 말들의 머리는 사

1) 또는 이억이니

9 에는 무엇이 기록되어 있을까?

다섯째 나팔과 여섯째 나팔 재앙이 나오는데, 이전까지 재앙의 대상이 자연계였던 것과는 달리 9장에서는 인간(불신자)을 대상으로 합니다. 황충을(메뚜기 떼)과 말들이 타고 있던 말들로 인한 재앙은 세상 사람들의 1/3을 죽게 만들었지요. 그러나 그 와중에도 회개를 거부하는 사람들이 있었습니다.

황충(9:3) 메뚜기과의 벌레. 풀무치와 비슷하다.
결박(9:14) 몸이나 손 따위를 마음대로 움직이지 못하게 단단히 동이어 묶음.

자 머리 같고 그 입에서는 불과 연기와 유황이 나오더라

18 이 세 재앙 곧 자기들의 입에서 나오는 불과 연기와 유황으로 말미암아 사람 삼분의 일이 죽임을 당하니라

19 이 말들의 힘은 입과 꼬리에 있으니 꼬리는 뱀 같고 또 꼬리에 머리가 있어 이것으로 해하더라

20 이 재앙에 죽지 않고 남은 사람들은 손으로 행한 일을 회개하지 아니하고 오히려 여러 귀신과 또는 보거나 듣거나 다니거나 하지 못하는 금, 은, 동과 목석의 우상에게 절하고

21 또 그 살인과 복술과 음행과 도둑질을 회개하지 아니하더라

천사와 작은 책

10 내가 또 보니 힘 센 다른 천사가 구름을 입고 하늘에서 내려오는데 그 머리 위에 무지개가 있고 그 얼굴은 해 같고 그 발은 불기둥 같으며

2 그 손에는 펴 놓인 작은 두루마리를 들고 그 오른 발은 바다를 밟고 왼 발은 땅을 밟고

3 사자가 부르짖는 것 같이 큰 소리로 외치니 그가 외칠 때에 일곱 우레가 그 소리를 내어 말하더라

4 일곱 우레가 말을 할 때에 내가 기록하려고 하다가 곧 들으니 하늘에서 소리가 나서 말하기를 일곱 우레가 말한 것을 인봉하고 기록하지 말라 하더라

5 내가 본 바 바다와 땅을 밟고 서 있는 천사가 하늘을 향하여 오른손을 들고

6 세세토록 살아 계신 이 곧 하늘과 그 가운데에 있는 물건이며 땅과 그 가운데에 있는 물건이며 바다와 그 가운데에 있는 물건을 창조하신 이를 가리켜 맹세하여 이르되 지체하지 아니하리니

7 일곱째 천사가 소리 내는 날 그의 나팔을 불려고 할 때에 하나님이 그의 종 선지자들에게 전하신 복음과 같이 하나님의 그 비밀이 이루어지리라 하더라

8 하늘에서 나서 내게 들리던 음성이 또 내게 말하여 이르되 네가 가서 바다와 땅을 밟고 서 있는 천사의 손에 펴 놓인 두루마리를 가지라 하기로 10:4

9 내가 천사에게 나아가 작은 두루마리를 달라 한즉 천사가 이르되 갖다 먹어 버리라 네 배에는 쓰나 네 입에는 꿀 같이 달리라 하거늘

10 내가 천사의 손에서 작은 두루마리를 갖다 먹어 버리니 내 입에는 꿀 같이 다나 먹은 후에 내 배에서는 쓰게 되더라

11 그가 내게 말하기를 네가 많은 백성과 나라와 방언과 임금에게 다시 예언하여야 하리라 하더라

두 증인

11 또 내게 지팡이 같은 갈대를 주며 말하기를 일어나서 하나님의 성전과 제단과 그 안에서 경배하는 자들을 측량하되

1) 또는 시간이 다시 없으리라

술술 풀리는 성경말씀
일곱 우레에 관한 환상을 기록하지 말라고 하신 이유는?

이것은 인간이 미래에 관해 다 알 수는 없다는 교훈을 주지요. "일을 숨기는 것은 하나님의 영화"(잠 25:2)입니다. 왜냐하면 인간은 숨겨진 미래를 통해 하나님임을 인정하는 분임을 인정하게 쓰게 되기 때문이지요. 하나님께서는 요한을 통해 드러내신 계시만으로 충분하다고 여기셨기 때문에 우레에 관한 계시를 감추셨을 거예요.

그러므로 성경에 예언되지 않은 미래 사건에 관해 분명히 알고 있다고 하는 주장은 반드시 경계해야 한답니다. 10장 4절

10 에는 무엇이 기록되어 있을까?

10장은 여섯째 나팔 재앙이 끝나고 일곱째 나팔 재앙이 일어나기 전에 본 환상을 전하고 있어요. 바다와 땅을 밟고 서 있는 천사는 요한에게 작은 두루마리를 먹으라고 했지요. 이것은 요한이 예언자로서 세상에 심판의 메시지를 선포하는 임무를 맡았음을 나타냅니다.

2 성전 바깥마당은 측량하지 말고 그냥 두라 이것은 이방인에게 주었은즉 그들이 거룩한 성을 마흔두 달 동안 짓밟으리라

3 내가 나의 두 증인에게 권세를 주리니 그들이 굵은 베옷을 입고 천이백육십 일을 예언하리라

4 그들은 이 땅의 주 앞에 서 있는 두 감람나무와 두 [1]촛대니 젤 11:16

5 만일 누구든지 그들을 해하고자 하면 그들의 입에서 불이 나와서 그들의 원수를 삼켜 버릴 것이요 누구든지 그들을 해하고자 하면 반드시 그와 같이 죽임을 당하리라

6 그들이 권능을 가지고 하늘을 닫아 그 예언을 하는 날 동안 비가 오지 못하게 하고 또 권능을 가지고 물을 피로 변하게 하고 아무 때든지 원하는 대로 여러 가지 재앙으로 땅을 치리로다

7 그들이 그 증언을 마칠 때에 무저갱으로부터 올라오는 짐승이 그들과 더불어 전쟁을 일으켜 그들을 이기고 그들을 죽일 터인즉

8 그들의 시체가 큰 성 길에 있으리니 그 성은 영적으로 하면 소돔이라고도 하고 애굽이라고도 하니 곧 그들의 주께서 십자가에 못 박히신 곳이라

9 백성들과 족속과 방언과 나라 중에서 사람들이 그 시체를 사흘 반 동안을 보며 무덤에 장사하지 못하게 하리로다

10 이 두 선지자가 땅에 사는 자들을 괴롭게 한 고로 땅에 사는 자들이 그들의 죽음을 즐거워하고 기뻐하여 서로 예물을 보내리라 하더라

11 삼 일 반 후에 하나님께로부터 생기가 그들 속에 들어가매 그들이 발로 일어서니 구경하는 자들이 크게 두려워하더라

12 하늘로부터 큰 음성이 있어 이리로 올라오라 함을 그들이 듣고 구름을 타고 하늘로 올라가니 그들의 원수들도 구경하더라

13 그 때에 큰 지진이 나서 성 십분의 일이 무너지고 지진에 죽은 사람이 칠천이라 그 남은 자들이 두려워하여 영광을 하늘의 하나님께 돌리더라

14 ●둘째 화는 지나갔으나 보라 셋째 화가 속히 이르는도다

15 ●일곱째 천사가 나팔을 불매 하늘에 큰 음성들이 나서 이르되
세상 나라가 우리 주와 그의 그리스도의 나라가 되어 그가 세세토록 왕 노릇 하시리로다
하니 단 2:44

16 하나님 앞에서 자기 보좌에 앉아 있던 이십사 장로가 엎드려 얼굴을 땅에 대고 하나님께 경배하여

17 이르되

1) 웰, 등잔대니

개구리의 죽음

어떤 실험실에서 개구리로 실험을 했습니다. 먼저 개구리를 뜨거운 물에 갑자기 넣자, 개구리는 놀라서 펄쩍 뛰어 달아났어요. 하지만 한 물에 넣은 개구리는 여유로이 찬물에서 헤엄치며 놀았답니다.

이번에는 개구리가 헤엄치고 노는 물그릇 밑에 약한 불을 놓았어요. 개구리는 물 밖으로 뛰어나갈 수 있었지만, 물의 온도가 올라가는 것을 모른 채 태평스럽게 ●●●●●●●●●●● ●●●●●●●● 개구리는 물이 뜨거워지는 것도 모른 채 삶겨져버렸답니다.

사람은 바위에 걸려 넘어지지 않고 작은 돌부리에 걸려 넘어집니다. 마귀는 아주 사소해 보이는 죄, 죄 같지도 않아 보이는 죄로 유혹하지요. 우리는 하나님의 말씀을 통해 작은 죄도 방심하지 않고 멀리해야 하겠어요.

예는 무엇이 기록되어 있을까?

11장은 내용상 세 부분으로 나뉘어 있어요. 성전을 측량하는 것은 불신자에게 임할 하나님의 심판을, 두 증인의 예언은 마지막 때에 믿는 자들이 받을 고난과 승리를 나타내지요. 마지막으로 일곱째 나팔 재앙은 최후에 거둘 하나님의 승리를 나타냅니다.

감사하옵나니 옛적에도 계셨고 지금도 계신 주 하나님 곧 전능하신 이여 친히 큰 권능을 잡으시고 왕 노릇 하시도다

18 이방들이 분노하매 주의 진노가 내려 죽은 자를 심판하시며 종 선지자들과 성도들과 또 작은 자든지 큰 자든지 주의 이름을 경외하는 자들에게 상 주시며 또 땅을 망하게 하는 자들을 멸망시키실 때로소이다 하더라

19 ●이에 하늘에 있는 하나님의 성전이 열리니 성전 안에 하나님의 언약궤가 보이며 또 번개와 음성들과 우레와 지진과 큰 우박이 있더라

여자와 용

12 하늘에 큰 1)이적이 보이니 해를 옷 입은 한 여자가 있는데 그 발 아래에는 달이 있고 그 머리에는 열두 별의 관을 썼더라

2 이 여자가 아이를 배어 해산하게 되매 아파서 애를 쓰며 부르짖더라

3 하늘에 또 다른 1)이적이 보이니 보라 한 큰 붉은 용이 있어 머리가 일곱이요 뿔이 열이라 그 여러 머리에 일곱 왕관이 있는데

4 그 꼬리가 하늘의 별 삼분의 일을 끌어다가 땅에 던지더라 용이 해산하려는 여자 앞에서 그가 해산하면 그 아이를 삼키고자 하더니

5 여자가 아들을 낳으니 이는 장차 철장으로 만국을 다스릴 남자라 그 아이를 하나님 앞과 그 보좌 앞으로 올려가더라

6 그 여자가 광야로 도망하매 거기서 천이백육십 일 동안 그를 양육하기 위하여 하나님께서 예비하신 곳이 있더라

7 ●하늘에 전쟁이 있으니 미가엘과 그의 사자들이 용과 더불어 싸울새 용과 그의 사자들도 싸우나 단 10:13

8 이기지 못하여 다시 하늘에서 그들이 있을 곳을 얻지 못한지라

9 큰 용이 내쫓기니 옛 뱀 곧 마귀라고도

하고 사탄이라고도 하며 온 천하를 꾀는 자라 그가 땅으로 내쫓기니 그의 2)사자들도 그와 함께 내쫓기니라

10 내가 또 들으니 하늘에 큰 음성이 있어 이르되 이제 우리 하나님의 구원과 능력과 나라와 또 그의 그리스도의 권세가 나타났으니 우리 형제들을 참소하던 자 곧 우리 하나님 앞에서 밤낮 참소하던 자가 쫓겨났고

11 또 우리 형제들이 어린 양의 피와 자기들이 증언하는 말씀으로써 그를 이겼으니 그들은 죽기까지 자기들의 생명을 3)아끼지 아니하였도다

12 그러므로 하늘과 그 가운데에 거하는 자들은 즐거워하라 그러나 땅과 바다는 화 있을진저 이는 마귀가 자기의 때가 얼마 남지 않은 줄을 알므로 크게 분내어 너희에게 내려갔음이라 하더라

13 ●용이 자기가 땅으로 내쫓긴 것을 보고 남자를 낳은 여자를 박해하는지라

14 그 여자가 큰 독수리의 두 날개를 받아 광야 자기 곳으로 날아가 거기서 그 뱀의 낯을 피하여 한 때와 두 때와 반 때를 양육 받으매

15 여자의 뒤에서 뱀이 그 입으로 물을 강 같이 토하여 여자를 물에 떠내려 가게 하려 하되

16 땅이 여자를 도와 그 입을 벌려 용의 입에서 토한 강물을 삼키니

17 용이 여자에게 분노하여 돌아가서 그 여자의 남은 자손 곧 하나님의 계명을 지

12 에는 무엇이 기록되어 있을까?

12-14장은 일곱 대접의 재앙이 일어나기 전에 본 환상들을 전하고 있어요. 12장에는 여자와 붉은 용의 대한 환상이 나오는데, 이것은 마지막 때에 교회와 사탄이 치열하게 영적 전투를 벌이는 것을 의미하지요. 교회는 잠시 박해를 받을 것이나, 하나님의 구원에 의해 결국 고난을 통과하고 승리하게 될 것입니다.

1)또는 표적 2)또는 천사들도 3)헬, 사랑하지

키며 예수의 증거를 가진 자들과 더불어 싸우려고 바다 모래 위에 서 있더라

13 내가 보니 바다에서 한 짐승이 나오는데 뿔이 열이요 머리가 일곱이라 그 뿔에는 열 왕관이 있고 그 머리들에는 신성모독 하는 이름들이 있더라

2 내가 본 짐승은 표범과 비슷하고 그 발은 곰의 발 같고 그 입은 사자의 입 같은데 용이 자기의 능력과 보좌와 큰 권세를 그에게 주었더라

3 그의 머리 하나가 상하여 죽게 된 것 같더니 그 죽게 되었던 상처가 나으매 온 땅이 놀랍게 여겨 짐승을 따르고

4 용이 짐승에게 권세를 주므로 용에게 경배하며 짐승에게 경배하여 이르되 누가 이 짐승과 같으냐 누가 능히 이와 더불어 싸우리요 하더라

5 또 짐승이 과장되고 신성모독을 말하는 입을 받고 또 마흔두 달 동안 일할 권세를 받으니라

6 짐승이 입을 벌려 하나님을 향하여 비방하되 그의 이름과 그의 장막 곧 하늘에 사는 자들을 비방하더라

7 또 권세를 받아 성도들과 싸워 이기게 되고 각 족속과 백성과 방언과 나라를 다스리는 권세를 받으니

8 죽임을 당한 어린 양의 생명책에 창세 이후로 이름이 기록되지 못하고 이 땅에 사는 자들은 다 짐승에게 경배하리라

9 누구든지 귀가 있거든 들을지어다

10 사로잡힐 자는 사로잡혀 갈 것이요 칼

13 에는 무엇이 기록되어 있을까?

13장은 교회에 대한 사탄의 공격을 구체적으로 그리고 있어요. 바다에서 나온 첫 번째 짐승은 교회를 대적하는 세속 권력을, 땅에서 나온 두 번째 짐승은 교회 안에서 소란을 피우는 적그리스도의 세력을 상징하지요. 마지막 때가 가까워질수록 이 두 세력은 힘을 합쳐 교회를 무너뜨리려고 한답니다.

에 죽을 자는 마땅히 칼에 죽을 것이니 성도들의 인내와 믿음이 여기 있느니라

11 내가 보매 또 다른 짐승이 땅에서 올라오니 어린 양 같이 두 뿔이 있고 용처럼 말을 하더라

12 그가 먼저 나온 짐승의 모든 권세를 그 앞에서 행하고 땅과 땅에 사는 자들을 처음 짐승에게 경배하게 하니 곧 죽게 되었던 상처가 나은 자니라

13 큰 이적을 행하되 심지어 사람들 앞에서 불이 하늘로부터 땅에 내려오게 하고

14 짐승 앞에서 받은 바 이적을 행함으로 땅에 거하는 자들을 미혹하며 땅에 거하는 자들에게 이르기를 칼에 상하였다가 살아난 짐승을 위하여 우상을 만들라 하더라

15 그가 권세를 받아 그 짐승의 우상에게 생기를 주어 그 짐승의 우상으로 말하게 하고 또 짐승의 우상에게 경배하지 아니하는 자는 몇이든지 다 죽이게 하더라

16 그가 모든 자 곧 작은 자나 큰 자나 부자나 가난한 자나 자유인이나 종들에게 그 오른손에나 이마에 표를 받게 하고

17 누구든지 이 표를 가진 자 외에는 매매를 못하게 하니 이 표는 곧 짐승의 이름이나 그 이름의 수라

18 지혜가 여기 있으니 총명한 자는 그 짐승의 수를 세어 보라 그것은 사람의 수니 그의 수는 육백육십육이니라

14 또 내가 보니 보라 어린 양이 시온 산에 섰고 그와 함께 십사만 사천이 서 있는데 그들의 이마에는 어린 양의 이름과 그 아버지의 이름을 쓴 것이 있더라

2 내가 하늘에서 나는 소리를 들으니 많은 물 소리와도 같고 큰 우렛소리와도 같은데 내가 들은 소리는 거문고 타는 자들이 그 거문고를 타는 것 같더라

3 그들이 보좌 앞과 네 생물과 장로들 앞

1) 어떤 사본에는, '칼로 죽이는 자는 마땅히 칼에 죽으리라'로 된 곳도 있음

에서 새 노래를 부르니 땅에서 속량함을 받은 십사만 사천 밖에는 능히 이 노래를 배울 자가 없더라

4 이 사람들은 여자와 더불어 더럽히지 아니하고 순결한 자라 어린 양이 어디로 인도하든지 따라가는 자며 사람 가운데에서 속량함을 받아 처음 익은 열매로 하나님과 어린 양에게 속한 자들이니

5 그 입에 거짓말이 없고 흠이 없는 자들이더라

세 천사가 전하는 말

6 ●또 보니 다른 천사가 공중에 날아가는데 땅에 거주하는 자들 곧 모든 민족과 종족과 방언과 백성에게 전할 영원한 복음을 가졌더라

7 그가 큰 음성으로 이르되 하나님을 두려워하며 그에게 영광을 돌리라 이는 그의 심판의 시간이 이르렀음이니 하늘과 땅과 바다와 물들의 근원을 만드신 이를 경배하라 하더라

8 ●또 다른 천사 곧 둘째가 그 뒤를 따라 말하되 무너졌도다 무너졌도다 큰 성 바벨론이여 모든 나라에게 그의 음행으로 말미암아 진노의 포도주를 먹이던 자로다 하더라

9 ●또 다른 천사 곧 셋째가 그 뒤를 따라 큰 음성으로 이르되 만일 누구든지 짐승과 그의 우상에게 경배하고 이마에나 손에 표를 받으면

10 그도 하나님의 진노의 포도주를 마시리니 그 진노의 잔에 섞인 것이 없이 부은 포도주라 거룩한 천사들 앞과 어린 양 앞에서 불과 유황으로 고난을 받으리니

11 그 고난의 연기가 세세토록 올라가리로다 짐승과 그의 우상에게 경배하고 그의 이름 표를 받는 자는 누구든지 밤낮 쉼을 얻지 못하리라 하더라

12 성도들의 인내가 여기 있나니 그들은 하나님의 계명과 예수에 대한 믿음을 지키는 자니라

13 ●또 내가 들으니 하늘에서 음성이 나서 이르되 기록하라 지금 이후로 주 안에서 죽는 자들은 복이 있도다 하시매 성령이 이르시되 그러하다 그들이 수고를 그치고 쉬리니 이는 그들의 행한 일이 따름이라 하시더라

마지막 수확

14 ●또 내가 보니 흰 구름이 있고 구름 위에 인자와 같은 이가 앉으셨는데 그 머리에는 금 면류관이 있고 그 손에는 예리한 낫을 가졌더라

15 또 다른 천사가 성전으로부터 나와 구름 위에 앉은 이를 향하여 큰 음성으로 외쳐 이르되 당신의 낫을 휘둘러 거두소서 땅의 곡식이 다 익어 거둘 때가 이르렀음이니이다 하니 ^렘 51:33

16 구름 위에 앉으신 이가 낫을 땅에 휘두

선생님!! 궁금해요

예수님이 올라가실 때처럼 다시 오신다면 혹시 내려오다 비행기에 부딪히지 않을까요?

예수님이 다시 이 땅에 오실 때 비행기에 부딪히거나 사고를 당하는 일은 결코 없어요. 예수님은 우주의 주인이시며 만왕의 왕이시고 전능하신 분이시기 때문에 결코 실수를 하는 일은 없으시죠. 그분은 완전하고 영원하시며 능력이 많으신 분이에요.

세상에 있는 가장 똑똑한 컴퓨터도 실수를 할 수 있지만 예수님은 조금의 실수나 사고도 없으세요. 아니, 우리의 생각으로는 예수님의 지혜를 결코 헤아릴 수 없답니다.

그리고 예수님은 우리와 다른 몸으로 오실 거예요. 부활하신 예수님의 새로운 모습처럼 말예요. 예수님이 다시 오실 때에는 천군 천사들을 거느리고 우렁찬 나팔 소리와 함께 오실 거예요. 믿음을 잘 지키며 그때를 기다려야겠죠.   살전 4장 16절

14 에는 무엇이 기록되어 있을까?

짐승의 표를 거절한 신자는 하나님의 인침을 받아 생명의 면류관을 상속받게 될 거예요. 그리고 불신자는 틀 속에서 익혀지는 포도송이와 같이 비참한 최후를 맞을 것입니다. 14장은 신자에게 고난을 극복할 용기와 소망을 주고, 의롭지 못한 자에게는 다가올 심판을 경고하며 회개할 것을 말하고 있어요.

르매 땅의 곡식이 거두어지니라
마지막 재앙을 가지고 온 천사

17 ●또 다른 천사가 하늘에 있는 성전에서 나오는데 역시 예리한 낫을 가졌더라

18 또 불을 다스리는 다른 천사가 제단으로부터 나와 예리한 낫 가진 자를 향하여 큰 음성으로 불러 이르되 네 예리한 낫을 휘둘러 땅의 1)포도송이를 거두라 그 포도가 익었느니라 하더라

19 천사가 낫을 땅에 휘둘러 땅의 포도를 거두어 하나님의 진노의 큰 포도주 틀에 던지매

20 성 밖에서 그 틀이 밟히니 틀에서 피가 나서 말 굴레에까지 닿았고 천육백 2)스다디온에 퍼졌더라

15 또 하늘에 크고 이상한 다른 3)이 적을 보매 일곱 천사가 일곱 재앙을 가졌으니 곧 마지막 재앙이라 하나님의 진노가 이것으로 마치리로다

2 ●또 내가 보니 불이 섞인 유리 바다 같은 것이 있고 짐승과 그의 우상과 그의 이름의 수를 이기고 벗어난 자들이 유리 바다 가에 서서 하나님의 거문고를 가지고

3 하나님의 종 모세의 노래, 어린 양의 노래를 불러 이르되 주 하나님 곧 전능하신 이시여 하시는

15장 에는 무엇이 기록되어 있을까?

15장은 마지막 일곱 대접 재앙의 서론 부분입니다. 앞에서 나팔 재앙의 경고를 받았으나 회개하지 않은 이들은 최후의 대접 재앙을 받게 되지요. 1~4절에서 하나님을 찬양하는 성도의 노래는, 애굽에서 구원받은 이스라엘처럼 성도들도 마지막 때의 고난에서 결국 승리할 것임을 나타냅니다.

16장 16장에서는 일곱 대접을 받은 천사들이 대접을 쏟음으로써 결정적인 심판의 재앙이 시작되는 것을 보여 줍니다. 이 일곱 대접의 재앙은 치명적이고 우주적이죠. 하나님은 이것이 마지막 재앙임에도 불구하고 구원의 기회를 주시고자 회개할 것을 요청하셨어요.

일이 크고 놀라우시도다 4)만국의 왕이시여 주의 길이 의롭고 참되시도다

4 주여 누가 주의 이름을 두려워하지 아니하며 영화롭게 하지 아니하오리이까 오직 주만 거룩하시니이다 주의 의로우신 일이 나타났으매 만국이 와서 주께 경배하리이다 하더라

5 ●또 이 일 후에 내가 보니 하늘에 증거 장막의 성전이 열리며

6 일곱 재앙(災殃)을 가진 일곱 천사가 성전으로부터 나와 맑고 빛난 5)세마포 옷을 입고 가슴에 금 띠를 띠고

7 네 생물 중의 하나가 영원토록 살아 계신 하나님의 진노를 가득히 담은 금 대접 일곱을 그 일곱 천사들에게 주니

8 하나님의 영광과 능력으로 말미암아 성전에 연기가 가득 차매 일곱 천사의 일곱 재앙이 마치기까지는 성전에 능히 들어갈 자가 없더라

진노의 일곱 대접

16 또 내가 들으니 성전에서 큰 음성이 나서 일곱 천사에게 말하되 너희는 가서 하나님의 진노의 일곱 대접을 땅에 쏟으라 하더라 15:1

2 ●첫째 천사가 가서 그 대접을 땅에 쏟으매 짐승의 표를 받은 사람들과 그 우상에게 경배하는 자들에게 악하고 독한 종기가 나더라

3 ●둘째 천사가 그 대접을 바다에 쏟으매 바다가 곧 죽은 자의 피 같이 되니 바다 가운데 모든 생물이 죽더라 8:8, 9

4 ●셋째 천사가 그 대접을 강과 물 근원에 쏟으매 피가 되더라

5 내가 들으니 물을 차지한 천사가 이르되 전에도 계셨고 지금도 계신 거룩하신 이여 이렇게 심판하시니 의로우시도다

6 그들이 성도들과 선지자들의 피를 흘

---

1) 헬, 포도나무 2) 한 스다디온은 약 192미터임 3) 또는 표적
4) 어떤 사본에, 만 대신 5) 어떤 사본에, 보석 ㄱ. 10:7

이적(15:1) 사람의 힘으로는 불가능한 일을 행하는 일.
영화(15:4) 권력과 부귀를 마음껏 누리는 일.

렸으므로 그들에게 피를 마시게 하신 것이 합당하니이다 하더라 ·사 49:26

7 또 내가 들으니 제단이 말하기를 그러하다 주 하나님 곧 전능하신 이시여 심판하시는 것이 참되고 의로우시도다 하더라

8 ●넷째 천사가 그 대접을 해에 쏟으매 해가 권세를 받아 불로 사람들을 태우니

9 사람들이 크게 태움에 태워진지라 이 재앙들을 행하는 권세를 가지신 하나님의 이름을 비방하며 또 회개하지 아니하고 주께 영광을 돌리지 아니하더라

10 ●또 다섯째 천사가 그 대접을 짐승의 왕좌에 쏟으니 그 나라가 곧 어두워지며 사람들이 아파서 자기 혀를 깨물고

11 아픈 것과 종기로 말미암아 하늘의 하나님을 비방하고 그들의 행위를 회개하지 아니하더라

12 ●또 여섯째 천사가 그 대접을 큰 강 유브라데에 쏟으매 강물이 말라서 동방에서 오는 왕들의 길이 예비되었더라

13 또 내가 보매 개구리 같은 세 더러운 영이 용의 입과 짐승의 입과 거짓 선지자의 입에서 나오니

14 그들은 귀신의 영이라 이적을 행하여 온 천하 왕들에게 가서 하나님 곧 전능하신 이의 큰 날에 있을 전쟁을 위하여 그들을 모으더라

15 보라 내가 도둑 같이 오리니 누구든지 깨어 자기 옷을 지켜 벌거벗고 다니지 아니하며 자기의 부끄러움을 보이지 아니하는 자는 복이 있도다 ·살전 5:2

1) 약 60킬로그램

16 세 영이 히브리어로 아마겟돈이라 하는 곳으로 왕들을 모으더라 ·19:19

17 ●일곱째 천사가 그 대접을 공중에 쏟으매 큰 음성이 성전에서 보좌로부터 나서 이르되 되었다 하시니 ·19:30

18 번개와 음성들과 우렛소리가 있고 또 큰 지진이 있어 얼마나 큰지 사람이 땅에 있어 온 이래로 이같이 큰 지진이 없었더라 ·4:5

19 큰 성이 세 갈래로 갈라지고 만국의 성들도 무너지니 큰 성 바벨론이 하나님 앞에 기억하신 바 되어 그의 맹렬한 진노의 포도주 잔을 받으때

20 각 섬도 없어지고 산악도 간 데 없더라

21 또 무게가 한 1)달란트나 되는 큰 우박이 하늘로부터 사람들에게 내리매 사람들이 그 우박의 재앙 때문에 하나님을 비방하니 그 재앙이 심히 큼이러라

큰 음녀에게 내릴 심판

17 또 일곱 대접을 가진 일곱 천사 중 하나가 와서 내게 말하여 이르되 이리로 오라 많은 물 위에 앉은 큰 음녀가 받을 심판을 네게 보이리라

2 땅의 임금들도 그와 더불어 음행하였고 땅에 사는 자들도 그 음행의 포도주에 취하였다 하고

3 곧 성령으로 나를 데리고 광야로 가니라 내가 보니 여자가 붉은 빛 짐승을 탔는데 그 짐승의 몸에 하나님을 모독하는 이름들이 가득하고 일곱 머리와 열 뿔이 있으며

4 그 여자는 자주 빛과 붉은 빛 옷을 입고 금과 보석과 진주로 꾸미고 손에 금잔을 가졌는데 가증한 물건과 그의 음

일곱 대접과 그 결과(16장)

순서	관련 성구	등장하는 대상	나타난 결과
첫째 대접	16:2	땅	악하고 독한 종기
둘째 대접	16:3	바다	바다의 모든 생물이 죽음
셋째 대접	16:4-7	강과 물 근원	물이 피로 변함
넷째 대접	16:8-9	해	해에서 나온 사람들을 태움
다섯째 대접	16:10-11	짐승의 왕좌	어둠과 고통
여섯째 대접	16:12-16	큰 강 유브라데	강이 마르고, 전쟁을 위해 왕들이 아마겟돈으로 모임
일곱째 대접	16:17-21	공중	번개, 음성, 우렛소리, 지진, 큰 우박

17 에는 무엇이 기록되어 있을까?

17장은 창녀로 상징된 바벨론에 대한 심판을 다루고 있어요. 여기서 바벨론은 역사상의 바벨론 국가라기보다는, 전 시대를 통틀어 하나님을 배반하는 우상 제국의 모든 것을 가리키는 것이지요. 또 바벨론이 올라탄 짐승은 사탄의 하수인 적그리스도를 상징합니다(13:1-8).

행의 더러운 것들이 가득하더라

5 그의 이마에 이름이 기록되었으니 비밀이라, 큰 바벨론이라, 땅의 음녀들과 가증한 것들의 어미라 하였더라 14:8

6 또 내가 보매 이 여자가 성도들의 피와 예수의 증인들의 피에 취한지라 내가 그 여자를 보고 놀랍게 여기고 크게 놀랍게 여기니 18:24

7 천사가 이르되 왜 놀랍게 여기느냐 내가 여자와 그가 탄 일곱 머리와 열 뿔 가진 짐승의 비밀을 네게 이르리라

8 네가 본 그 짐승은 전에 있었다가 지금은 없으나 장차 무저갱으로부터 올라와 멸망으로 들어갈 자니 땅에 사는 자들로서 창세 이후로 그 이름이 생명책에 기록되지 못한 자들이 이전에 있었다가 지금은 없으나 장차 나올 짐승을 보고 놀랍게 여기리라 11:7

9 지혜가 있는 뜻이 여기 있으니 그 일곱 머리는 여자가 앉은 일곱 산이요 13:18

10 또 일곱 왕이라 다섯은 망하였고 하나는 있고 다른 하나는 아직 이르지 아니하였으나 이르면 반드시 잠시 동안 머무르리라

11 전에 있었다가 지금 없어진 짐승은 여덟째 왕이니 일곱 중에 속한 자라 그가 멸망으로 들어가리라

12 네가 보던 열 뿔은 열 왕이니 아직 나라를 얻지 못하였으나 다만 짐승과 더불어 임금처럼 한동안 권세를 받으리라

13 그들이 한 뜻을 가지고 자기의 능력과 권세를 짐승에게 주더라

14 그들이 어린 양과 더불어 싸우려니와

어린 양은 만주의 주시요 만왕의 왕이시므로 그들을 이기실 터이요 또 그와 함께 있는 자들 곧 부르심을 받고 택하심을 받은 진실한 자들도 이기리로다

15 또 천사가 내게 말하되 네가 본 바 음녀가 앉아 있는 물은 백성과 무리와 열국과 방언들이니라

16 네가 본 바 이 열 뿔과 짐승은 음녀를 미워하여 망하게 하고 벌거벗게 하고 그의 살을 먹고 불로 아주 사르리라

17 이는 하나님이 자기 뜻대로 할 마음을 그들에게 주사 한 뜻을 이루게 하시고 그들의 나라를 그 짐승에게 주게 하시되 하나님의 말씀이 응하기까지 하심이라

18 또 네가 본 그 여자는 땅의 왕들을 다스리는 큰 성이라 하더라

바벨론의 패망

18 이 일 후에 다른 천사가 하늘에서 내려오는 것을 보니 큰 권세를 가졌는데 그의 영광으로 땅이 환하여지더라

2 힘찬 음성으로 외쳐 이르되 무너졌도다 무너졌도다 큰 성 바벨론이여 귀신의 처소와 각종 더러운 영이 모이는[1]곳과 각종 더럽고 가증한 새들이 모이는 곳이 되었도다

3 그 음행의 진노의 포도주로 말미암아 만국이 무너졌으며 또 땅의 왕들이 그와 더불어 음행하였으며 땅의 상인들도 그 사치의 세력으로 치부하였도다 하더라 렘 25:15, 27

4 ●또 내가 들으니 하늘로부터 다른 음성이 나서 이르되 내 백성아, 거기서 나와 그의 죄에 참여하지 말고 그가 받을 재앙들을 받지 말라

5 그의 죄는 하늘에 사무쳤으며 하나님은 그의 불의한 일을 기억하신지라

6 그가 준 그대로 그에게 주고 그의 행위대로 갑절을 갚아 주고 그가 섞은 잔에도 갑절이나 섞어 그에게 주라 14:10

7 그가 얼마나 자기를 영화롭게 하였으

18 편 에는 무엇이 기록되어 있을까?

18장에서는 바벨론의 멸망을 자세히 보여주고 있어요. 사탄 제국의 멸망은 두 가지 반대되는 반응을 불러일으킵니다. 악인은 더할 수 없이 큰 슬픔에 빠져 슬픈 노래를 부르지만, 의인은 기쁨의 찬양으로 하나님께 경배를 드립니다. 이는 결국 마지막 때의 대심판이 의인과 악인의 운명을 확실하게 갈라놓을 것임을 나타내는 것이지요.

1) 또는 육

바벨론의 성채(18:2)

며 사치하였든지 그만큼 고통과 애통함으로 갚아 주라 그가 마음에 말하기를 나는 여왕으로 앉은 자요 과부가 아니라 결단코 애통함을 당하지 아니하리라 하니

8 그러므로 하루 동안에 그 재앙들이 이르리니 곧 사망과 애통함과 흉년이라 그가 또한 불에 살라지리니 그를 심판하시는 주 하나님은 강하신 자이심이라

9 그와 함께 음행하고 사치하던 땅의 왕들이 그가 불타는 연기를 보고 위하여 울고 가슴을 치며

10 그의 고통을 무서워하여 멀리 서서 이르되 화 있도다 화 있도다 큰 성, 견고한 성 바벨론이여 한 시간에 네 심판이 이르렀다 하리로다

11 땅의 상인들이 그를 위하여 울고 애통하는 것은 다시 그들의 상품을 사는 자가 없음이라

12 그 상품은 금과 은과 보석과 진주와 세마포와 자주 옷감과 비단과 붉은 옷감이요 각종 향목이요 각종 상아 그릇이요 값진 나무와 구리와 철과 대리석으로 만든 각종 그릇이요

13 계피와 향료와 향과 향유와 유향과 포도주와 감람유와 고운 밀가루와 밀이요 소와 양과 말과 수레와 종들과 사람의 영혼들이라

14 바벨론아 네 영혼이 탐하던 과일이 네게서 떠났으며 맛있는 것들과 빛난 것들이 다 없어졌으니 사람들이 결코 이것들을 다시 보지 못하리로다

15 바벨론으로 말미암아 치부한 이 상품의 상인들이 그의 고통을 무서워하여 멀리 서서 울고 애통하여

16 이르되 화 있도다 화 있도다 큰 성이여 세마포 옷과 자주 옷과 붉은 옷을 입고 금과 보석과 진주로 꾸민 것인데

17 그러한 부가 한 시간에 망하였도다 모든 선장과 각처를 다니는 선객들과 선원들과 바다에서 일하는 자들이 멀리 서서

18 그가 불타는 연기를 보고 외쳐 이르되 이 큰 성과 같은 성이 어디 있느냐 하며

19 티끌을 자기 머리에 뿌리고 울며 애통하여 외쳐 이르되 화 있도다 화 있도다 이 큰 성이여 바다에서 배 부리는 모든 자들이 너의 보배로운 상품으로 치부하였더니 한 시간에 망하였도다

20 하늘과 성도들과 사도들과 선지자들아, 그로 말미암아 즐거워하라 하나님이 너희를 위하여 그에게 심판을 행하셨음이라 하더라

21 ●이에 한 힘 센 천사가 큰 맷돌 같은 돌을 들어 바다에 던져 이르되 큰 성 바벨론이 이같이 비참하게 던져져 결코 다시 보이지 아니하리로다

22 또 거문고 타는 자와 풍류하는 자와 퉁

비전을 심어주는
3분예화

마지막을 준비하는 신앙

어느 청년이 목사님과 대화를 나누었습니다.
"목사님, 사람이 죽기 전에 마지막 한 시간만 예수님을 믿어도 천국에 갈 수 있습니까?" "그렇다네." "그러면 죽기 몇 시간이나 몇 일 전부터 예수님을 믿는 것은 어떨까요?" "그것도 괜찮지."
"그래서 말씀드리는데요, 당분간 세상 구경 좀 하다가 나중에 교회에 다시 나오면 안 될까요?" "그러면 자네, 언제 죽을지 확실히 아는가?" "그건 모르지요." "그렇다면 금년에 죽을 수도 있겠군." "… 그럴 수도 있겠지요." "내일 죽을 리는 없겠는가?" "…"
"그러니깐 지금부터 열심히 신앙생활하게. 성도는 항상 마지막을 준비해야 하는 거야."

소 부는 자와 나팔 부는 자들의 소리가 결코 다시 네 안에서 들리지 아니하고 어떠한 세공업자든지 결코 다시 네 안에서 보이지 아니하고 또 맷돌 소리가 결코 다시 네 안에서 들리지 아니하고

23 등불 빛이 결코 다시 네 안에서 비치지 아니하고 신랑과 신부의 음성이 결코 다시 네 안에서 들리지 아니하리로다 너의 상인들은 땅의 왕족들이라 네 복술로 말미암아 만국이 미혹되었도다

24 선지자들과 성도들과 및 땅 위에서 죽임을 당한 모든 자의 피가 그 성 중에서 발견되었느니라 하더라

어린 양의 혼인 잔치

19 이 일 후에 내가 들으니 하늘에 허다한 무리의 큰 음성 같은 것이 있어 이르되

할렐루야 구원과 영광과 능력이 우리 하나님께 있도다

2 그의 심판은 참되고 의로운지라 음행으로 땅을 더럽게 한 큰 음녀를 심판하사 자기 종들의 피를 그 음녀의 손에 갚으셨도다

하고

신 32:43

3 두 번째로 할렐루야 하니 그 연기가 세세토록 올라가더라

4 또 이십사 장로와 네 생물이 엎드려 보좌에 앉으신 하나님께 경배하여 이르되 아멘 할렐루야 하니

5 보좌에서 음성이 나서 이르시되

하나님의 종들 곧 그를 경외하는 너희들아 작은 자나 큰 자나 다 우리 하나님께 찬송하라

하더라

시 134:1

6 또 내가 들으니 허다한 무리의 음성과도 같고 많은 물 소리와도 같고 큰 우렛소리와도 같은 소리로 이르되

할렐루야 주 우리 하나님 곧 전능하신 이가 통치하시도다

7 우리가 즐거워하고 크게 기뻐하며 그에게 영광을 돌리세 어린 양의 혼인 기약이 이르렀고 그의 아내가 자신을 준비하였으므로

8 그에게 빛나고 깨끗한 세마포 옷을 입도록 허락하셨으니 이 세마포 옷은 성도들의 옳은 행실이로다

하더라

15:4, 6

9 천사가 내게 말하기를 기록하라 어린 양의 혼인 잔치에 청함을 받은 자들은 복이 있도다 하고 또 내게 말하되 이것은 하나님의 참되신 말씀이라 하기로

10 내가 그 발 앞에 엎드려 경배하려 하니 그가 나에게 말하기를 나는 너와 및 예수의 증언을 받은 네 형제들과 같이 된 종이니 삼가 그리하지 말고 오직 하나님께 경배하라 예수의 증언은 예언의 영이라 하더라

백마를 탄 자

11 ●또 내가 하늘이 열린 것을 보니 보라 백마와 그것을 탄 자가 있으니 그 이름은 충신과 진실이라 그가 공의로 심판하며 싸우더라

12 그 눈은 불꽃 같고 그 머리에는 많은 관들이 있고 또 이름 쓴 것 하나가 있으니 자기밖에 아는 자가 없고

1:14

13 또 그가 피 뿌린 옷을 입었는데 그 이

할렐루야(19:1) '여호와를 찬양하라'는 뜻임.

세마포(19:8) 올이 고운 삼베. 여기서는 성도의 하늘 나라 예복을 뜻한다.

충신(19:11) 충성과 신의.

철장(19:15) 쇠로 만든 지팡이.

무저갱(20:1) 지옥. 음부.

인봉(20:3) 함부로 손을 대지 못하도록 봉한 물건에 도장을 찍음.

진(20:9) 전투나 야영을 할 때 군사가 머물러 둔치는 곳.

백마를 탄 자

백마는 승리를 상징하기 때문에 그리스도께서 백마를 타셨다는 것은 최후의 승리를 향해 나아가신다는 것을 뜻하지요. 그분은 심판하고 싸우기 위해 나아가시지만 세상의 정복자들과는 달리 모든 일을 의롭게 수행하신답니다.

19장 11~16절

름은 하나님의 [1]말씀이라 칭하더라

14 하늘에 있는 군대들이 희고 깨끗한 세마포 옷을 입고 백마를 타고 그를 따르더라

15 그의 입에서 예리한 검이 나오니 그것으로 만국을 치겠고 친히 그들을 철장으로 다스리며 또 친히 하나님 곧 전능하신 이의 맹렬한 진노의 포도주 틀을 밟겠고 　사 2:9

16 그 옷과 그 다리에 이름을 쓴 것이 있으니 만왕의 왕이요 만주의 주라 하였더라

17 ●또 내가 보니 한 천사가 태양 안에 서서 공중에 나는 모든 새를 향하여 큰 음성으로 외쳐 이르되 와서 하나님의 큰 잔치에 모여

18 왕들의 살과 장군들의 살과 장사들의 살과 말들과 그것을 탄 자들의 살과 자유인들이나 종들이나 작은 자나 큰 자나 모든 자의 살을 먹으라 하더라

19 ●또 내가 보매 그 짐승과 땅의 임금들과 그들의 군대들이 모여 그 말 탄 자와 그의 군대와 더불어 전쟁을 일으키다가

20 짐승이 잡히고 그 앞에서 표적을 행하던 거짓 선지자도 함께 잡혔으니 이는 짐승의 표를 받고 그의 우상에게 경배하던 자들을 표적으로 미혹하던 자라 이 둘이 산 채로 유황불 붙는 못에 던져지고

21 그 나머지는 말 탄 자의 입으로부터 나오는 검에 죽으매 모든 새가 그들의 살로 배불리더라

천 년 왕국

20 또 내가 보매 천사가 무저갱의 열쇠와 큰 쇠사슬을 그의 손에 가지고 하늘로부터 내려와서

2 용을 잡으니 곧 옛 뱀이요 마귀요 사탄이라 잡아서 천 년 동안 결박하여

3 무저갱에 던져 넣어 잠그고 그 위에 인봉하여 천 년이 차도록 다시는 만국을 미혹하지 못하게 하였는데 그 후에는 반드시 잠깐 놓이리라

4 ●또 내가 보좌들을 보니 거기에 앉은 자들이 있어 심판하는 권세를 받았더라 또 내가 보니 예수를 증언함과 하나님의 말씀 때문에 목 베임을 당한 자들의 영혼들과 또 짐승과 그의 우상에게 경배하지 아니하고 그들의 이마와 손에 그의 표를 받지 아니한 자들이 살아서 그리스도와 더불어 천 년 동안 왕 노릇 하니

5 (그 나머지 죽은 자들은 그 천 년이 차기까지 살지 못하더라) 이는 첫째 부활이라

6 이 첫째 부활에 참여하는 자들은 복이 있고 거룩하도다 둘째 사망이 그들을 다스리는 권세가 없고 도리어 그들이 하나님과 그리스도의 제사장이 되어 천 년 동안 그리스도와 더불어 왕 노릇 하리라

사탄의 패망

7 ●천 년이 차매 사탄이 그 옥에서 놓여

8 나와서 땅의 사방 백성 곧 곡과 마곡을 미혹하고 모아 싸움을 붙이리니 그 수가 바다의 모래 같으리라 　겔 11:2

9 그들이 지면에 널리 퍼져 성도들의 진과 사랑하시는 성을 두르매 하늘에서 불이 내려와 그들을 태워버리고

10 또 그들을 미혹하는 마귀가 불과 유황 못에 던져지니 거기는 그 짐승과 거짓

20편 에는 무엇이 기록되어 있을까?

20장에서는 짐승과 거짓 선지자의 우두머리인 사탄이 꽁꽁 묶여서 끝없는 구덩이 속에 천 년 동안 던져집니다. 사탄이 갇혀 있는 동안 성도들은 그리스도와 더불어 천 년 동안 세상을 다스리는데, 이를 두고 천 년 왕국이라고 하지요. 이것은 사탄이 멸망하고 주님의 주권이 굳건하게 세워질 날이 온다는 뜻이랍니다.

1) 헬, 로고스

선지자도 있어 세세토
록 밤낮 괴로움을 받
으리라

크고 흰 보좌에서
님판을 내리리라

11 ● 또 내가 크고 흰
보좌와 그 위에 앉
으신 이를 보니 땅과
하늘이 그 앞에서 피
하여 간 데 없더라

12 또 내가 보니 죽은 자
들이 큰 자나 작은 자
나 그 보좌 앞에 서 있는데 책들이 펴
있고 또 다른 책이 펴졌으니 곧 생명책
이라 죽은 자들이 자기 행위를 따라 책
들에 기록된 대로 심판을 받으니

13 바다가 그 가운데에서 죽은 자들을 내
주고 또 사망과 음부도 그 가운데에서
죽은 자들을 내주매 각 사람이 자기의
행위대로 심판을 받고

14 사망과 음부도 불못에 던져지니 이것
은 둘째 사망 곧 불못이라

15 누구든지 생명책에 기록되지 못한 자
는 불못에 던져지더라

새 하늘과 새 땅(21:1-7)

새 하늘과 새 땅

21 또 내가 새 하늘과 새 땅을 보니
처음 하늘과 처음 땅이 없어졌
고 바다도 다시 있지 않더라

2 또 내가 보매 거룩한 성 새 예루살렘이
하나님께로부터 하늘에서 내려오니
그 준비한 것이 신부가 남편을 위하여
단장한 것 같더라

3 내가 들으니 보좌에서 큰 음성이 나서
이르되 보라 하나님의 장막이 사람들
과 함께 있으매 하나님이 그들과 함께
계시리니 그들은 하나님의 백성이 되
고 하나님은 친히 그들과 함께1) 계셔서

4 모든 눈물을 그 눈에서 닦아 주시니 다
시는 사망이 없고 애통하는 것이나 곡
하는 것이나 아픈 것이 다시 있지 아니
하리니 처음 것들이 다 지나갔음이러라

5 보좌에 앉으신 이가 이르시되 보라 내
가 만물을 새롭게 하노라 하시고 또
이르시되 이 말은 신실하고 참되니 기
록하라 하시고

6 또 내게 말씀하시되 이루었도다 나는
알파와 오메가요 처음과 마지막이라
내가 생명수 샘물을 목마른 자에게 값
없이 주리니   ▲ 4:10

7 이기는 자는 이것들을 상속으로 받으
리라 나는 그의 하나님이 되고 그는 내
아들이 되리라

8 그러나 두려워하는 자들과 믿지 아니
하는 자들과 흉악한 자들과 살인자들
과 음행하는 자들과 점술가들과 우상
숭배자들과 거짓말하는 모든 자들은
불과 유황으로 타는 못에 던져지리니
이것이 둘째 사망이라

새 예루살렘

9 ● 일곱 대접을 가지고 마지막 일곱 재
앙을 담은 일곱 천사 중 하나가 나아와
서 내게 말하여 이르되 이리 오라 내가

21 에는 무엇이 기록되어 있을까?

21~22장은 요한계시록의 절정에 해
당합니다. 그것은 지금까지의 모든 재앙과 전쟁이
끝나고 하나님의 새로운 나라가 이루어졌기 때문
이지요. 구약의 이스라엘 백성들이 늘 희망했던 새
하늘과 새 땅이 드디어 열리게 됩니다(사 60,65장;
겔 40~48장). 21장은 새 하늘과 새 땅의 영광스러
운 모습과 새 예루살렘의 환상을 전하고 있어요.

1) 어떤 사본에, '계셔서 그들의 하나님이 되시고'가 있음

신부 곧 어린 양의 아내를 네게 보이리
라 하고

10 성령으로 나를 데리고 크고 높은 산으
로 올라가 하나님께로부터 하늘에서 내
려오는 거룩한 성 예루살렘을 보이니

11 하나님의 영광이 있어 그 성의 빛이 지
극히 귀한 보석 같고 벽옥과 수정 같이
맑더라

12 크고 높은 성곽이 있고 열두 문이 있는
데 문에 열두 천사가 있고 그 문들 위
에 이름을 썼으니 이스라엘 자손 열두
지파의 이름들이라

13 동쪽에 세 문, 북쪽에 세 문, 남쪽에 세
문, 서쪽에 세 문이니

14 그 성의 성곽에는 열두 기초석이 있고
그 위에는 어린 양의 열두 사도의 열두
이름이 있더라

15 내게 말하는 자가 그 성과 그 문들과 성
곽을 측량하려고 금 갈대 자를 가졌더라

16 그 성은 네모가 반듯하여 길이와 너비
가 같은지라 그 갈대 자로 그 성을 측
량하니 만 이천 1)스다디온이요 길이와
너비와 높이가 같더라

17 그 성곽을 측량하매 백사십사 2)규빗이
니 사람의 측량 곧 천사의 측량이라

18 그 성곽은 벽옥으로 쌓였고 그 성은 정
금인데 맑은 유리 같더라

19 그 성의 성곽의 기초석은 각색 보석으
로 꾸몄는데 첫째 기초석은 벽옥이요
둘째는 남보석이요 셋째는 옥수요 넷
째는 녹보석이요

20 다섯째는 홍마노요 여섯째는 홍보석
이요 일곱째는 황옥이요 여덟째는 녹
옥이요 아홉째는 담황옥이요 열째는
비취옥이요 열한째는 청옥이요 열두
째는 자수정이라　　　　4:3

21 그 열두 문은 열두 진주니 각 문마다
한 개의 진주로 되어 있고 성의 길은
맑은 유리 같은 정금이더라

22 성 안에서 내가 성전을 보지 못하였으
니 이는 주 하나님 곧 전능하신 이와 및

어린 양이 그 성전이심이라　　소 4:21, 23

23 그 성은 해나 달의 비침이 쓸 데 없으
니 이는 하나님의 영광이 비치고 어린
양이 그 등불이 되심이라

24 만국이 그 빛 가운데로 다니고 땅의 왕
들이 자기 영광을 가지고 그리로 들어
가리라

25 낮에 성문들을 도무지 닫지 아니하리
니 거기에는 밤이 없음이라

26 사람들이 만국의 영광과 존귀를 가지
고 그리로 들어가겠고

27 무엇이든지 속된 것이나 가증한 일 또
는 거짓말하는 자는 결코 그리로 들어
가지 못하되 오직 어린 양의 생명책에
기록된 자들만 들어가리라　　송 3:17

22 또 그가 수정 같이 맑은 생명
수의 강을 내게 보이니 하나님
과 및 어린 양의 보좌로부터 나와서

2 길 가운데로 흐르더라 강 좌우에 생명
나무가 있어 열두 가지 열매를 맺되 달
마다 그 열매를 맺고 그 나무 잎사귀는
만국을 치료하기 위하여 있더라

3 다시 저주가 없으며 하나님과 그 어린
양의 보좌가 그 가운데에 있으리니 그
의 종들이 그를 섬기며

4 그의 얼굴을 볼 터이요 그의 이름도 그
들의 이마에 있으리라

5 다시 밤이 없겠고 등불과 햇빛이 쓸 데
없으니 이는 주 하나님이 그들에게 비
치심이라 그들이 세세토록 왕 노릇 하
리로다

주 예수여 오시옵소서 —A.D. 95년경

6 ●또 그가 내게 말하기를 이 말은 신실

22장에는 무엇이 기록되어 있을까?

5절까지의 환상은 죄로 말미암아 잃
어버렸던 에덴동산의 축복이 그리스도로 말미암
아 새 하늘에서 성취될 것임을 보여줍니다. 요한
계시록의 결론 부분인 6절부터는 거짓 신을 섬기
지 말라는 경고와 함께 그리스도가 속히 오실 것
을 말씀하고 있어요. 이것은 성도에게 마지막 때
를 대비하는 삶을 살도록 하기 위해서랍니다.

1) 한 스다디온은 약 192미터임 2) 헬, 페기스

하고 참된지라 주 곧 선지자들의 영의 하나님이 그의 종들에게 반드시 속히 되어질 일을 보이시려고 그의 천사를 보내셨도다

7 보라 내가 속히 오리니 이 두루마리의 예언의 말씀을 지키는 자는 복이 있으리라 하더라

8 ●이것들을 보고 들은 자는 나 요한이니 내가 듣고 볼 때에 이 일을 내게 보이던 천사의 발 앞에 경배하려고 엎드렸더니

9 그가 내게 말하기를 나는 너와 네 형제 선지자들과 또 이 두루마리의 말을 지키는 자들과 함께 된 종이니 그리하지 말고 하나님께 경배하라 하더라

10 ●또 내게 말하되 이 두루마리의 예언의 말씀을 인봉하지 말라 때가 가까우니라

11 불의를 행하는 자는 그대로 불의를 행하고 더러운 자는 그대로 더럽고 의로운 자는 그대로 의를 행하고 거룩한 자는 그대로 거룩하게 하라

12 보라 내가 속히 오리니 내가 줄 상이 내게 있어 각 사람에게 그가 행한 대로 갚아 주리라

13 나는 알파와 오메가요 처음과 마지막이요 시작과 마침이라

14 자기 두루마리를 빠는 자들은 복이 있으니 이는 그들이 생명나무에 나아가며 문들을 통하여 성에 들어갈 권세를

받으려 함이로다

15 개들과 점술가들과 음행하는 자들과 살인자들과 우상 숭배자들과 및 거짓말을 좋아하며 지어내는 자는 다 성 밖에 있으리라

16 ●나 예수는 교회들을 위하여 내 사자를 보내어 이것들을 너희에게 증언하게 하였노라 나는 다윗의 뿌리요 자손이니 곧 광명한 새벽 별이라 하시더라

17 ●성령과 신부가 말씀하시기를 오라 하시는도다 듣는 자도 오라 할 것이요 목마른 자도 올 것이요 또 원하는 자는 값없이 생명수를 받으라 하시더라

18 내가 이 두루마리의 예언의 말씀을 듣는 모든 사람에게 증언하노니 만일 누구든지 이것들 외에 더하면 하나님이 이 두루마리에 기록된 재앙들을 그에게 더하실 것이요

19 ●만일 누구든지 이 두루마리의 예언의 말씀에서 제하여 버리면 하나님이 이 두루마리에 기록된 생명나무와 및 거룩한 성에 참여함을 제하여 버리시리라

20 ●이것들을 증언하신 이가 이르시되 내가 진실로 속히 오리라 하시거늘 아멘 주 예수여 오시옵소서

21 ●주 예수의 은혜가 2)모든 자들에게 있을지어다 아멘

1)웰, 대상 2)어떤 사본에, 성도들에게

술술 풀리는 성경 말씀

예언의 말씀을 인봉하지 말라

구약 시대의 선지자들은 종종 기대에 관한 환상을 보고 작은 것을 인봉하라는 명령을 받았어요(사 8:16; 단 8:26;12:4,9). 이는 그들이 본 사건들을 하나님께서 역사적으로 증명하실 때까지 알리지 말라는 뜻이었지요. 그러나 천사는 요한에게 그가 받은 계시의 말씀을 인봉하지 말라고 하면서, '때가 가까웠기' 때문이라고 덧붙입니다. 다시 말해 그리스도가 곧 다시 이 땅

에 오신다는 말이지요.

예수님이 처음 이 땅에 오시면서부터 하나님의 나라가 시작되었고, 동시에 종말의 때도 시작되었어요. 그러므로 이 시대를 살아가는 모든 성도들은 요한계시록에 예언된 말씀을 항상 읽고 묵상하고 연구함으로써 주님이 다시 오실 날을 준비하며 살아가야 합니다.

22장 10절

성경의 원본과 사본

성경 각 권의 원본은 모두 분실되었거나 파손되어 사라졌고, 다만 사본만 남아 있을 뿐입니다. 현재 보존되고 있는 사본들은 원본 또는 다른 사본을 베낀 것들입니다. 사본은 B.C. 11세기경부터 사용된 파피루스에 가장 많이 기록되었으며, 그 밖에 양피지나 송아지 가죽, 점토, 나무 껍질 등도 재료로 이용되었습니다.

〔1〕 구약의 사본

구약 성경의 사본은 그동안 A.D. 9세기의 것이 가장 오래된 것이었으나 사해 사본이 발견됨으로써 그 연대가 기원전까지 거슬러 올라가게 되었습니다.

(1) 사해 사본

1947년 사해 북방에 있는 동굴 속에서 구약 성경의 사본들이 적힌 가죽 두루마리들이 발견되었습니다. 이 동굴은 B.C. 2세기 말부터 A.D. 2세기 초까지 유대교의 한 종파인 에세네파에 속한 쿰란 공동체 사람들이 사용했던 것으로 추정됩니다. 발굴 작업을 통해 에스더서를 제외한 모든 구약 성경의 단편들과 함께 외경과 당시까지 알려지지 않았던 종파의 문헌들이 발견되었습니다. 그후 1951-1952년에 다른 동굴에서도 다른 사본들이 발견되었는데, 모두 11개의 동굴들에서 발견된 문서들은 고문서학적 분석 및 탄소 연대 측정법을 통해 B.C. 2세기경의 것으로 추정되었습니다. 그보다 앞선 것들로는 B.C. 3세기까지 거슬러 올라가는 레위기와 사무엘서의 단편들도 있고, 늦게는 2세기경의 사본들도 발굴되었습니다.

(2) 맛소라 사본

고대 유대인들은 모음 없이 자음만으로 글을 썼으며, 구약 성경의 내용을 거의 암기하여 그것을 구전으로 후대에 전해주었습니다. 그런데 시간이 흐르면서 히브리어는 점차 잊혀지게 되었고 대신 아람어가 통용어가 되었습니다. 유대인들은 회당에서 율법과 예언서를 낭독했는데, 히브리어가 점차 사어(死語)가 되어가자, 히브리어로 된 율법서와 예언서를 어떻게 읽어야 할지 중대한 문제에 봉착하게 되었습니다. 그래서 B.C. 7세기부터 자음만 있던 히브리어에 모음을 달기 시작했는데, 그 작업을 주도한 유대인 학자들을 '맛소라'라 불렀고 그들에 의해서 모음이 붙은 히브리어 구약 성경을 '맛소라 사본'이라 부릅니다.

(3) 사마리아 오경

사마리아인들은 구약 성경의 모세 오경만을 그들의 유일한 경전으로 여기는데 이를 사마리아 오경이라고 합니다. 1616년 이탈리아의 한 여행가가 다마스커스에서 처음 발견하였는데 단편들까지 합쳐서 150여 개의 두루마리들이 오늘날까지 보존되어 있으며, 가장 최초의 것은 A.D. 9세기경에 기록된 것이고 대부분은 14-15세기의 것들입니다. 특히 이 중에서도 오늘날 가장 권위 있는 것으로 꼽히는 사마리아 오경은 세겜의 그리심 산 기슭에 위치한 사마리아 회당에 보관되어 있는 것으로, 아론의 증손자 이름이 붙여져 아비샤 두루마리라고 불립니다. 아비샤 두루마리는 적어도 9명의 필사자들에 의해 편집된 것으로 여겨지며, 이 가운데 1149년에 기록된 것이 가장 최초의 것으로 밝혀졌습니다.

[2] 신약의 사본

전체이든 부분이든 신약 성경이 기록된 그리스어 사본은 대략 5,000여 개에 이르고 그 밖에도 초기 번역본에 대한 사본들이 약 1만 개 이상, 교부들의 인용문도 수천 개가 발견되었습니다. A.D. 9세기까지는 모든 사본이 그리스어 대문자로만 기록되었고, 소문자는 그 이후에 사용되었습니다. 대문자 사본으로 공식 목록에 올라 있는 것들은 214개에 달합니다. 그중 대표적으로 다음과 같은 사본들이 유명합니다.

(1) 시내 사본 (소캘)

1884년 시내 산의 성 캐더린 수도원에서 독일 신학자 티쉔도르프가 발견한 사본으로 4세기경의 것으로 추정됩니다. 현재 대영 박물관에 보관되어 있습니다.

(2) 알렉산드리아 사본

1627년 당시 알렉산드리아의 대주교였던 루카리스가 영국왕 찰스 1세에게 증정한 사본으로 5세기 초의 것으로 추정됩니다. 현재 대영 박물관에 보관되어 있습니다.

(3) 바티칸 사본

4세기 초의 사본으로 1457년 바티칸 도서관에 등록되어 계속 보관 중입니다.

이 밖의 중요한 대문자 사본들로는 에프라임 사본(5세기 초), 베자 사본(5∼6세기) 등이 있습니다. 한편 소문자 사본들은 9세기에서 17∼18세기에 기록된 것들입니다. 모두 2,500여 개가 넘는 사본이 남아 있지만 역시 대부분 단편들입니다.

| 편찬책임 |

이국진 목사

총신대학교(B.A.) 및 동 신학 대학원(M.Div.) 졸업
Gordon-Conwell Theological Seminary 졸업(Th.M.)
Westminster Theological Seminary 성경해석학 Ph.D. 과정 수학
Noordwes Universiteit (Potchefstroom) 신약학 Ph.D.

개역개정 4판

일러스트 어린이성경 (특소)

2011년 11월 20일 1판 1쇄 발행
2023년 3월 22일 1판 14쇄 발행

판권 본사 소유	편 자 : 개역개정판 일러스트 어린이성경 편찬위원회
	발행인 : 곽 성 종
	발행처 : (주)아가페출판사

등록번호 / 제21-754호(1995. 4. 12)
주 소 / 서울시 관악구 남부순환로 2082-33 (남현동)
전 화 / (02)584-4669

아가페 출판사

십계명
The Ten Commandments

하나님이 이 모든 말씀으로 말씀하여 이르시되,
나는 너를 애굽 땅, 종 되었던 집에서 인도하여 낸 네 하나님 여호와니라.

제일은, 너는 나 외에는 다른 신(神)들을 네게 두지 말라.

제이는, 너를 위하여 새긴 우상을 만들지 말고,
또 위로 하늘에 있는 것이나, 아래로 땅에 있는 것이나,
땅 아래 물 속에 있는 것의 어떤 형상도 만들지 말며,
그것들에게 절하지 말며, 그것들을 섬기지 말라.
나 네 하나님 여호와는 질투하는 하나님인즉 나를 미워하는 자의
죄를 갚되, 아버지로부터 아들에게로 삼사 대까지 이르게 하거니와,
나를 사랑하고 내 계명을 지키는 자에게는 천 대까지 은혜를 베푸느니라.

제삼은, 너는 네 하나님 여호와의 이름을 망령되게 부르지 말라.
여호와는 그의 이름을 망령(妄靈)되게 부르는 자를 죄 없다 하지
아니하리라.

제사는, 안식일을 기억하여 거룩하게 지키라.
엿새 동안은 힘써 네 모든 일을 행할 것이나, 일곱째 날은 네 하나님
여호와의 안식일인즉, 너나 네 아들이나 네 딸이나, 네 남종이나
네 여종이나, 네 가축이나, 네 문 안에 머무는 객이라도 아무 일도 하지
말라. 이는 엿새 동안에 나 여호와가 하늘과 땅과 바다와 그 가운데
모든 것을 만들고 일곱째 날에 쉬었음이라. 그러므로 나 여호와가
안식일(安息日)을 복되게 하여, 그날을 거룩하게 하였느니라.